SV

Brecht Chronik

1898-1956

Von Werner Hecht

Suhrkamp

Erste Auflage 1997

Satz und Repro: Jung Satzcentrum, Lahnau
Druck: Pustet, Regensburg
Printed in Germany

Inhalt

Augsburg. 1898-1917

1898

10. Februar, Donnerstag. Eugen Berthold Friedrich B wird in Augsburg, Auf dem Rain Nr. 7, 4 Uhr 30, als erstes Kind von Berthold Friedrich Brecht und Wilhelmine Friederike Sofie Brecht geboren (Geburtsschein Nr. 351 der Pfarrei Barfüßer vom 11. Februar 1898).

Vater: Geb. am 6. 11. 1869 als Sohn des Lithographen Stephan Berthold Brecht (1839-1910) und Karoline Brecht, geb. Wurzler (1839-1919), aus Achern/Baden. Nach einer kaufmännischen Ausbildung in Oberbayern ist er 1890-1893 in der Papiergroßhandlung Binder in Stuttgart tätig. Am 1. 9. 1893 beginnt er als kaufmännischer Angestellter (Commis) in der Georg Haindlschen Papierfabrik Augsburg. Am 15. 5. 1897 heiratet er und lebt in dem kleinen Haus Auf dem Rain Nr. 7, an einem der Lechkanäle gelegen.

Mutter: Geb. am 8. 9. 1871 als Tochter des Königlich-Württembergischen Stationsvorstands Josef Friedrich Brezing (1842-1922) und Friederike Brezing, geb. Gammerdinger (1838-1914), in Roßberg, Gemeinde Wolfegg.

Geboren am 10. Februar 1898 in Augsburg

20. März, Sonntag. Protestantische Taufe in der Kirche Zu den Barfüßern.

18. September, Sonntag. Familie Brecht zieht in das Bürgerhaus Bei den Sieben Kindeln Nr. 1.

1900

19. Juni, Dienstag. Geburt des Bruders Walter.

29. Juni, Freitag. Bs Vater schreibt seinem zweijährigen Sohn, der wegen der Geburt nach Pfullingen in Obhut gegeben worden ist: »Liebes Genele! Soeben hast Du ein kleines, nettes Brüderle bekommen, da weißt Du schon, wenn Du wieder zu Papale & Mamale kommen darfst. Herzlichen Gruß Dein Papa Berthold Brecht & Frau.« *(E 24/3.)*

12. September, Mittwoch. Umzug der Familie Brecht in das erste von vier zweistöckigen Häusern der »Georg und Elise Haindlschen Stiftung« in die Klaucke-Vorstadt, Bleichstr. 2. Die Häuser stellen die Unternehmer nach dem Modell der Fuggerschen Siedlung Angestellten, Invaliden und Pensionären der Haindlschen Papierfabrik zur Verfügung. Bs Vater wird von der Fabrikleitung als Verwalter und Pfleger der Häuser eingesetzt.

Die Familie Brecht bewohnt die zwei Wohnungen im ersten Stockwerk sowie zwei Mansarden. Das Grundstück grenzt an das Franziskanerinnenkloster St. Anna. B erinnert sich 1950: »Im Klostergarten der Ursulinerinnen sahen wir die Klosterfrauen in ihren dicken, bis zum Boden reichenden schwarzen Röcken arbeiten; manchmal hoben sie erschöpft die Gesichter für einige Sekunden, eingebunden mit den steifen weißen Hauben, schweißglänzend.« *(27,359.)*

12. September 1900 Umzug in die Bleichstr. 2

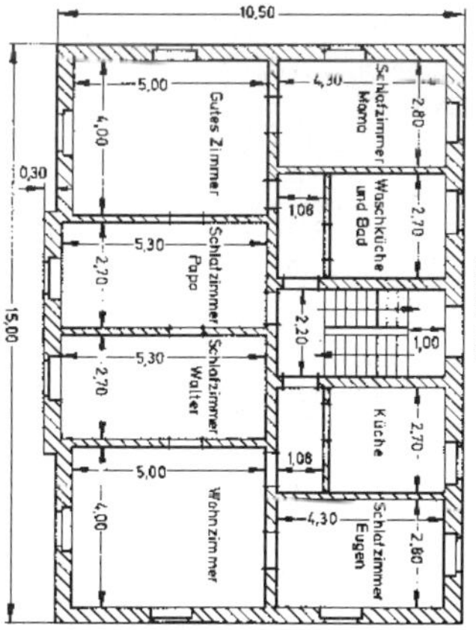

1901

1. Januar, Dienstag. Bs Vater wird Prokurist in der Georg Haindlschen Papierfabrik.

27. Mai, Montag. B besucht mit Walter und der Mutter die Großeltern in Achern.

1902

23. September, Dienstag. Bs Vater erhält das Augsburger Bürgerrecht und damit das Wahlrecht.

1903

Januar-Dezember 1903
Besuch des Kindergartens der Barfüßer-Gemeinde

Januar. B besucht ab Januar für knapp ein Jahr den Kindergarten der Barfüßer-Gemeinde.

30. Mai, Sonnabend. An Pfingsten schreibt die Mutter an B, der sich bei den Großeltern in Achern aufhält: »Wir alle, am meisten aber Walterle, haben sehr Heimweh nach Dir. Walterle will Dich immer holen. Bist Du auch brav?« *(E 24/19)* B ist gern in Achern, nach seiner Meinung kann niemand so gut kochen wie die Großmutter Karoline. Vgl. das ihr zum 80. Geburtstag (→ 17. 9. 19) gewidmete Gedicht *Aufgewachsen in dem zitronenfarbenen Lichte (13,132).*

1904

3. Januar, Sonntag. Aus Achern sendet ihm eine »Freundin« Neujahrsgrüße und fragt, ob B bald wieder zu Besuch kommt. *(E 24/25.)*

27. April, Mittwoch. Bs Mutter schickt während einer Kur in Oberdachstetten an ihre Söhne eine Ansichtskarte des Kurhauses »Waldheim«, in dem sie wohnt: »Ich bin sehr gerne hier. Da ists so schön ruhig.« *(E 24/79)* Seit sie kränklich ist, begibt sie sich des öfteren in Behandlung außerhalb von Augsburg. Ihre Nichte Fanny erinnert sich: »Aber immer war sie trotz ihrer zunehmenden Beschwerden aufopfernd um das Wohl der Familie besorgt. Die Kindererziehung war ganz ihre Angelegenheit, da der Vater im Geschäft alle Hände voll zu tun hatte. Sie war die Seele des Hauses.« *(Frisch, 23.)*

4. Juni, Mittwoch. Bs Mutter, die immer noch zur Kur ist, berichtet ihren Söhnen von ihrem Alltag: »Gar nichts darf man thun als ausruhen und essen und Milch trinken. Zugenommen habe ich diese Woche nicht, aber Essen habe ich doch gelernt.« Zur Übung empfiehlt sie den Kindern den Zungenbrecher: »Neun Hängematten hängen um einander herum.« *(E 24/85.)*

1. September 1904-Juli 1908
Besuch der Volksschule
Die Volksschule langweilte mich vier Jahre. *(1922; Br, 197)*

1. September, Montag. B wird eingeschult (Volksschule der Kirchengemeinde bei den Barfüßern), in der es insgesamt nur zwei gemischte Klassen gibt.

1905
20. Juni, Freitag. Erste überlieferte Handschrift Bs auf einer Postkarte des Vaters: Gruß an seine Mutter, die sich zu einer Kur in Bad Rain, Oberstaufen, aufhält. *(E 24/107f.)*
30. Juli, Sonntag. Von einer Wanderung zum Schloß Wellenborg bei Augsburg sendet Bs Vater Grüße an seine Frau in die Kur, denen sich B mit »Gruß und Kuß« auch im Namen des Bruders anschließt. *(E 24/109.)*
12. August, Sonnabend. Bs Mutter schickt eine Postkarte mit einer Zeichnung von zwei Knaben, die im Sand spielen. Den, der eine Brücke gebaut hat, nennt sie Eugen und den, der Sand mit Wasser mischt, Walter *(E 24/83)*.
24. August, Donnerstag. Bs Tante Marie und deren Tochter Fanny grüßen aus Hamburg und wünschen dem erkrankten B gute Besserung *(E 24/90)*.

1906
9. Februar, Freitag. Bs Vater, geschäftlich in Reutlingen, gratuliert seinem Sohn zum Geburtstag und fordert ihn auf: »Bleibe brav und lerne recht fleißig.« *(E 24/34.)*
17. Juli, Dienstag. Bs Vater schreibt aus Au an seine Söhne, die zeitweilig bei ihrer Mutter im Kurort Oberstaufen bei Schneidermeister Maurus untergebracht sind, einen gereimten Sechszeiler.

»Wir wanderten durch Tal und Hain.
Ich wollt, ihr könntet bei uns sein.
Doch sind zu klein noch eure Haxen
die müssen erst noch tüchtig wachsen
Erst wenn sie tüchtig sind gediehn
Könnt, wenn ihr brav seid,
mit mir zieh'n.« *(E 24/98.)*

Walter erinnert sich, daß der Vater nachgekommen ist: »Die in Oberstaufen mit den Eltern und dem Bruder verbrachten Tage [...] schufen Heimatgefühle.« *(Brecht, 123.)*
16. August, Mittwoch. Die Mutter schickt ihren Söhnen, inzwischen wieder in Augsburg, aus Oberstaufen eine Ansichtskarte, die 11 Kinder bei verschiedenen Tätigkeiten zeigt: »Gelt, die Kerls sind lustig?« *(E 24/37f.)*
1. September, Sonnabend. B wechselt von der Schule bei den Barfüßern in die Volksschule am Stadtpflegeanger (Klassen III und IV).

1907
Juli/August. Während des Urlaubs der Eltern auf der Nordsee-Insel Borkum verbringen B und Walter die Ferien bei Förster Knörzinger in Emmersacker, am Rande der Fürst Fuggerschen Wälder. Der Förster singt gern Moritaten, u.a. *Heinrich schlief bei seiner Neuvermählten*. In Walters Erinnerungen lebte sein Bruder »hier in der ländlichen Stille, ohne die Freunde, die ihm die Rolle des Primus inter pares zuerkannten. Er war auf sich angewiesen, sprach wenig, las viel, eigentlich immer. Bei aller ihm geläufigen Höflichkeit blieb er kühl, auch wenn die Förstersleute alles taten, um es dem nervösen Stadtkind erträglich zu machen.« *(Brecht, 150.)*
30. Dezember, Montag. Die Bekannte aus Stuttgart (→

Augsburg, Bleichstraße 2

27.4.06) bedankt sich bei B für sein »nettes Briefle«. Sie meint: »Heute wirst Du auch wieder auf der Eisbahn sein, es ist tüchtig kalt.« *(E 24/46.)*

1908

29. Februar, Sonnabend. Bs Mutter ist erneut zur Kur in Oberdachstetten und bedankt sich bei B für seinen Brief.

11. Juni-28. Juli 1908 Aufenthalt im Kindersolbad Bad Dürrheim

11. Juni, Donnerstag. B fährt mit seiner Mutter ins Kindersolbad von Bad Dürrheim. Im Schülerbogen steht: »Mußte vom 11. Juni bis 28. Juli im Bad Dürrheim wegen Nervosität Heilung suchen.« *(Frisch, 34)* Walter schreibt: »Eugen war ein nervöses Kind. Er konnte nur einschlafen, wenn auf dem Nachttisch ein Nachtlichtchen brannte. In ein zur Hälfte mit Wasser gefülltes Trinkglas, auf dem eine Schicht von Leinöl schwamm, war ein von einem Scheibchen festgehaltener Docht getaucht, der angezündet wurde; eine Einrichtung von geringer Leuchtkraft, die aber doch vieles, was im Dunkeln drohte, verscheuchte.« *(Brecht, 53f.)*

21. Juli, Dienstag. Hans Eberle, Kontorist bei Haindl, der im vierten der Stiftungshäuser wohnt, dankt B für die Karte aus Bad Dürrheim und bittet, auch die Mutter zu grüßen *(E 24/48)*.

24. Juli, Freitag. Eine Tante aus Wildbad lädt die Mutter und B ein, ihre Heimfahrt nach Augsburg bei ihr in Pforzheim zu unterbrechen. Als der Brief ankommt, sind beide schon zu Hause *(E 24/50)*.

Juli. B beendet die Volksschule; im Abschlußzeugnis werden seine Leistungen der beiden letzten Schuljahre zusammenfassend beurteilt: Geistesgaben: 1; Fleiß: 1; Betragen: 1; Religion: 1; Protestantische Geschichte: 1; Lesen: 1; Sprachlehre: 1–; Rechtschreiben: 1–; Aufsatz: 1–; Gedächtnisübungen: 1–; Schönschreiben: 2–; Rechnen mündlich: 2; Rechnen schriftlich: 2; Erdkunde: 2; Geschichte: 1; Naturkunde: 1; Gesang: 2; Zeichnen: 2; Turnen: 1. Gesamtnote: 1. *(Frisch, 33f.)*

18. September 1908-Ende März 1917 Besuch des Königlichen Realgymnasiums zu Augsburg

18. September, Freitag. B kommt in Klasse I^A^ (Sexta) des Königlichen Realgymnasiums zu Augsburg, An der Blauen Kappe (Klassenlehrer: Franz Xaver Herrnreiter). Bs protestantische Mutter hatte in Übereinstimmung mit dem (katholischen) Vater bei der Taufe festgelegt, daß B protestantisch erzogen wird. Er nimmt am Religionsunterricht (bei Paul Detzer) teil. Der Lehrplan sieht u.a. vor: Religion: 1. Hauptstück, 1. u. 2. Glaubensartikel, Geschichte der Schöpfung, Geschichte Jesu. Deutsch: Lektüre, Erklärung und Gliederung von literarischen Texten. Latein: Schriftliche und mündliche Übungen.

1909

9. Februar, Dienstag. Der Vater, geschäftlich in Crim-

mitschau (bei Zwickau), schreibt »Eugen Brecht, Gymnasialstudent« zum Geburtstag: »Du wirst nun immer älter, und gar schnell werden die Dir noch beschiedenen sorgenlosen Kinderjahre verstrichen sein. Lerne daher fleißig und nütze die Zeit, daß Du ein tüchtiger Mann wirst.« *(E 24/58.)*
14. Juli, Mittwoch. Zum Schuljahresabschluß wird B bescheinigt: »Dem fleißigen und braven Schüler gelang es durchweg, gute Leistungen zu erzielen.« Er erhält die Note 1 in Religion, die Note 2 in Deutsch, Latein, Mathematik, Naturbeschreibung, Geographie und Turnen, die Note 3 in Kalligraphie.
18. September, Sonnabend. Beginn des neuen Schuljahres, Klasse II^A (Quinta; Klassenlehrer: Philipp Hoffmann). Der Lehrplan sieht u. a. vor: Religion: der dritte Glaubensartikel, Patriarchengeschichte, David, Jesu Lehre und Taten, Himmelfahrt. Deutsch: Nacherzählungen, teilweise mit Veränderung des Standpunktes, wichtigste griechische Sagen. Latein: Memorieren lateinischer Merksprüche, Verse, Fabeln, Anekdoten *(Frisch, 39).*
30. Dezember, Donnerstag. Aus Karlsruhe sendet ein Spielgefährte Bs aus den Tagen von Bad Dürrheim (Kappler) Neujahrsgrüße und erinnert ihn daran, wie sie »zusammen den Räuberhauptmann« gespielt haben *(E 24/59).*

Realgymnasium An der Blauen Kappe

1910

Januar. Marie Roecker (geb. 27. 9. 1887 in Landshut) kommt 22jährig als »Hausdame« zur Familie Brecht, vor allem um Bs (zunehmend durch Krankheit behinderte) Mutter zu unterstützen und das Dienstmädchen anzuleiten. »Obgleich sie auch Eugen mit allem Nötigen versorgte, blieb es nicht aus, daß sie manchmal Papas Standpunkt kräftig vertrat.« *(Brecht, 261 f.)* Fräulein Roecker führt nach dem Tod von Bs Mutter (→ 1. 5. 20) den Haushalt des Vaters (bis zu dessen Tod → 20. 5. 39) weiter.
Mitte Juni. Für B und Walter dankt Bs Mutter ihren Neffen Fritz (Friedrich) und Richard Reitter für die Kartengrüße aus ihrem Kuraufenthalt in Krumbach und teilt mit, daß ihre Söhne (am Sonntag) nicht kommen konnten, weil sie sich »bei einem Förster bei Welden eingemietet« haben *(Z 24/78).* Die Neffen sind die Kinder von Sofie Brechts älterer Schwester Amalie und von Hermann Reitter, der als Ingenieur in der Haindlschen Papierfabrik arbeitet.
18. Juni, Sonnabend. Schlimmstes Hochwasser in Augsburg »seit Jahrhunderten« *(ANN).*
25. August, Donnerstag. Aus Oberammergau schreibt Emil Knötzinger an B, das auf seiner Postkarte abgebildete Passionsspiel habe er gesehen und sei »sehr davon entzückt« gewesen *(E 24/105).*

15. September, Donnerstag. Die Buch- und Kunsthandlung Georg C. Steinicke in München eröffnet in der Augsburger Ludwigstr. 173 eine Zweigstelle (mit Ausstellungssaal). B wird ständiger Kunde. Die Verkäuferin Käthe Steinicke (später: Hupfauer) schließt sich dem Freundeskreis Bs an.
September. Beginn des neuen Schuljahrs, Klasse III^{B} (Quarta). Raummangel im Hauptgebäude An der Blauen Kappe erfordert die Nutzung der St.-Georgs-Filiale des Gymnasiums (Georgenstr.). Wegen des kürzeren Schulwegs kommt B dort in eine neu zusammengesetzte Klasse (Klassenlehrer: Franz Xaver Herrnreiter). Der Lehrplan sieht u.a. vor: Religion: viertes bis sechstes Hauptstück, Geschichte Israels, Jesu Lehre und letzte Reden. Deutsch: Nacherzählungen aus Sage und Geschichte, Umbildung erzählender Gedichte. Latein: Formen- und Kasuslehre nach der Grammatik von Landgraf. Geschichte: Erzählungen der Sagen des klassischen Altertums, Geschichte der Griechen und Römer bis Augustus. *(Frisch, 40f.)*
14. Dezember, Mittwoch. Bs Vater grüßt seine Söhne aus Hamburg, wo er eine Hafenrundfahrt gemacht hat. Das »neue Bismarckdenkmal« sei »großartig«, ebenso der Hauptbahnhof *(E 24/66)*.
31. Dezember, Sonnabend. Tod von Bs Großvater Stephan Berthold Brecht.

1911

Januar. B fährt mit seinem Vater und Walter zur Beerdigung des Großvaters nach Achern.
11. März, Sonnabend. B nimmt nach einem Gottesdienst an einer Feier aus Anlaß des 90. Geburtstages des Prinzregenten von Bayern für Lehrer und Schüler des Realgymnasiums (im Börsensaal) teil.
22. März, Mittwoch. B besucht zum erstenmal mit der Schulklasse das Augsburger Stadttheater und sieht *Wallensteins Tod* von Friedrich Schiller (Regie: Wilhelm Benthien, mit Fritz Partsch als Wallenstein, Fritz Holl als Octavio Piccolomini). Er findet das Stück (in einer 1928 geschriebenen Erinnerung *Erstes Theatererlebnis*) »langweilig«: »Der Dreißigjährige Krieg war darin viel zu gemütlich aufgefaßt, und es steckte nach meiner damaligen Ansicht gar keine Menschenkenntnis darin.« *(21,265.)*
18. September, Montag. Beginn des neuen Schuljahrs, Klasse IV^{B} (Untertertia; Klassenlehrer: Otto Auer). Der Lehrplan sieht u.a. vor: Religion: vertiefte Behandlung des ersten Hauptstücks, Bergpredigt und Gleichnisse, Hiob. Deutsch: Umwandlung der direkten in die indirekte Rede und umgekehrt, Satzlehre, freie Wiedergabe der Lektüre. Latein: Cornelius Nepos, Alcibiades, Hannibal, Cato. Fran-

Brechts Mutter (1911)

zösisch: Diktate und leichte Konversation. Geschichte: Römische Kaisergeschichte, deutsche Geschichte bis Ende des Mittelalters. *(Frisch, 42f.)*

In die neue Klasse kommt Rudolf Caspar Neher, der bis dahin das St.-Anna-Gymnasium besucht hat und eine Klasse wiederholen muß. Neher ist Sohn eines Hauptlehrers der Roten-Tor-Schule in Augsburg.

Bekanntschaft mit Rudolf Caspar Neher

Die Neher-Kinder 1911: Marietta, Ernst, (unten:) Caspar, Margarete

B beteiligt sich an der Gründung des Schachklubs »Amicitia« (später »Die lustigen Steinschwinger«). Als eine Zeitung des nicht erlaubten »Vereins« entdeckt wird, löst die Schulleitung den Klub auf und bestraft die Mitglieder mit zwei Stunden Schulkarzer.

In Erinnerung an seine Schulzeit schreibt B später: »in meinem dreizehnten Lebensjahr erzielte ich durch Verwegenheit einen nachweisbaren Herzschock.« *(Br, 209).*

September. Konfirmandenunterricht in der Barfüßer-Pfarrei bei Paul Detzer (→ 18. 9. 08) und Pastor Krausser.

1912

29. März, Freitag. B wird in der Barfüßerkirche konfirmiert; er erhält den Spruch: »Lasset euch nicht durch mancherlei und fremde Lehren umtreiben, denn es ist ein köstlich Ding, daß mein Herz fest werde, welches geschieht durch Gnade, nicht durch Speisegebote, davon keinen Nutzen haben, die damit umgehen.« (Hebräer 13,9.) Nach der Zeremonie in der Kirche findet im familiären Kreis eine Feier statt; Bs Vetter Fritz Reitter erinnert sich: »Während wir an der großen Tafel saßen, fragte Eugen auf einmal seine Mutter, ob er den steifen Kragen abnehmen dürfe, er kratze ihn so. Erst verbot es die Mutter, aber nach mehrmaligen Bitten gab sie ihre Zustimmung, und er durfte unter allgemeinem Lachen den lästigen Kragen ablegen.« *(Frisch, 47.)*

9. Mai, Donnerstag. B nimmt am Maifest des Realgymnasiums teil, bei dem Ludwig Uhland geehrt wird.

21. Mai, Mittwoch. B geht am Luitpoldstag zur schulischen Festveranstaltung, auf der Bs Deutschlehrer Richard Ledermann eine Rede hält. Wegen seiner Herzbeschwerden darf er sich nicht an den sportlichen Wettkämpfen beteiligen.

September. Beginn des neuen Schuljahres, Klasse V[A] (Obertertia), wieder im Hauptgebäude des Realgymnasiums, An der Blauen Kappe (Klassenlehrer: Hans Weber). Der Lehrplan sieht u.a. vor: Religion: Neues Testament, Lukas-Evangelium. Deutsch: Verslehre, freier Vortrag von Gedichten, Erzählungen und Beschreibungen von Gebäuden der Stadt. Latein: Caesar, *De bello gallico* (I, III, IV), Auswahl von Ovid, Tibull und Phaedrus. Geschichte: deutsche (und bayerische) Geschichte von der Reformation bis zur Neu-

zeit. Vorgesehen sind Exkursionen zu historischen Denkmälern und Museen *(Frisch, 47-49)*.
In Zusammenhang mit einer schriftlichen Arbeit über Caesars *De bello gallico* berichtet Bs Freund Otto Müllereisert von folgender Begebenheit: Der Mitschüler Max Hohenester hat in einer Klassenarbeit in Latein nachträglich Fehler ausradiert, um eine Aufbesserung seiner schlechten Note zu erreichen. Der Lehrer entlarvt den Betrug. B probiert daraufhin später in einer Französischarbeit eine andere Taktik: er streicht sich zusätzlich zwei Fehler an und bittet den Lehrer um Aufklärung für die ihm wohl versehentlich angestrichenen Fehler. Der Lehrer soll sich entschuldigt und daraufhin die Zensur geändert haben. *(Frisch, 85f.)*
19. Dezember, Donnerstag. B nimmt an einem Gottesdienst für den verstorbenen Prinzregenten Luitpold und an der sich anschließenden Feier im Börsensaal teil *(Frisch, 48)*.
24. Dezember, Mittwoch. B erhält den Roman *Frau Sorge* von Hermann Sudermann (1911) mit der Widmung: »Meinem lieben Eugen von seiner Großmutter Brezing, Weihnachten 1912« *(BBAB)*.

1913
Februar. Im Rahmen einer Klassenveranstaltung lernt B die »Deutsche Koloniale Kunstausstellung« des Malers Ernst Vollbehr im Augsburger Kunst-Verein (Hallstr. 19) kennen; sein Klassenlehrer bespricht die Werke unter Beachtung »vaterländischer Aspekte« *(Frisch, 48)*.
10. Februar, Montag. B erhält zum Geburtstag die Bände 2 und 3 der Ausgabe Hebbel, *Werke in zehn Teilen*, 5 Bände, hg. v. Theodor Poppe, Berlin/Leipzig/Wien/Stuttgart o.J., mit der Widmung: »Zu Deinem Geburtstag 1913 / von / Deinen treuen Eltern« (→ 4. 6.).

Handschrift Brechts: *1913* / Tagebuch N° 10. / Vom 15. Mai 1913- / *Eugen Brecht*

17. Februar, Montag. Alle Klassen des Realgymnasiums besuchen in den Luitpoldlichtspielen eine Veranstaltung über die Befreiungskriege und über das Völkerschlachtdenkmal in Leipzig. 44 Schüler schließen sich dem Wehrkraftverein an, einer (1910 in München gegründeten) Organisation zur patriotischen Erziehung von Jungen.
24.-26. April, Donnerstag-Sonnabend. B spielt mit Oscar Lettner, einem Freund Georg Pfanzelts, täglich Schach.
15. Mai, Donnerstag. Beginn der Eintragungen in das *Tagebuch N° 10* (bis 25. 12.), das auch zahlreiche literarische Versuche enthält. (Die Tagebücher 1-9 und die vermutlich im Anschluß an No. 10 geschriebenen Tagebücher der Schulzeit sind nicht überliefert.) – Erster Schultag nach den Pfingstferien. B freut sich über seine »beste Arbeit« im Deutschen. Sein Gesundheitszustand (→ 21. 4. 12) hat sich verschlechtert: »Habe wieder Herzbeschwerden!« *(26,9.)*

17. Mai, Sonnabend. B geht mit Rudolf Hartmann, seinem Freund aus der Parallelklasse, spazieren und erfindet mit ihm »Themitas für Vorträge« *(26,9)*.
18. Mai, Sonntag. B besucht vormittags mit seinem Freund Fritz Gehweyer im Kunst-Verein eine Miniaturenausstellung, auf der u. a. Kollektionen von Franz Holper und Karl Gossner zu sehen sind. Nachmittags spielen sie Kompositionen von Chopin. »Die folgende Nacht war miserabel. Bis 11 Uhr hatte ich starkes Herzklopfen. Dann schlief ich ein, bis 12 Uhr, da ich erwachte. So stark, daß ich zu Mama ging. Es war schrecklich.« *(26,9.)*

Beunruhigung durch Herzbeschwerden

19. Mai, Montag. Wegen der Herzbeschwerden »schleppt« sich B zur Schule, bleibt aber dann dem Nachmittagsunterricht fern. Er schreibt das Gedicht *Sommer (26,10)*.
20. Mai, Dienstag. B fühlt sich etwas wohler und besucht nach der Schule Familie Reitter (→ Mitte Juni 10). Bs Vetter Fritz geht mit Walter in eine Schulklasse; Richard ist zwei Jahre jünger. Abends spielt B mit Rudolf Hartmann und Wilhelm Kölbig Schach. Er schreibt *Die Gewaltigen* und bezeichnet das als »Versuch, ein Sonett zu formen« *(26,12)*.
21. Mai, Mittwoch. Nachmittags spielt B erneut mit seinen Freunden Schach. Mit der Ballade *Heimat*, die an diesem Tage entsteht, ist er nicht zufrieden: »Ich beherrsche den Stil nicht!« *(26,13f.)*
22. Mai, Donnerstag, Fronleichnam. B freut sich über den schulfreien Tag, verbringt den Nachmittag bei Reitters und bei Hans Eberle (→ 21. 7. 08). »In der Nacht hatte ich zuerst entsetzlich Herzklopfen, dann wurde der Schlag ganz leis und schnell. Papa wachte lange am Bett. Ich hatte Angst. Eine schreckliche Angst. Die Nacht war endlos!« *(26,14.)*
23. Mai, Freitag. Bs Hausarzt Georg Müller stellt bei ihm ein »nervöses Leiden« fest. »Ich soll nur wieder in die Schule. Das mache absolut nichts!« B besorgt sich Otto Ernsts Auswahlband *Vom Strande des Lebens. Novellen und Skizzen*, Leipzig o. J. (»Sehr nett! Der deutsche Dickens!«), und geht zu seinem Mitschüler Oskar Sternbacher Schach spielen *(26,14f.)*.
24. Mai, Sonnabend. B findet die Schule »ganz unterhaltend«. Er kauft sich *Ausgewählte Gedichte* Detlev von Liliencrons und lobt darin »sehr schöne Balladen!« Abends geht er mit seinem Großvater (Josef Friedrich Brezing, der mit seiner Frau in der Bleichstraße 7 wohnt) in den Garten spielen *(26,15)*.
25. Mai, Sonntag. Im Augsburger Hygienischen Bad, in dem verschiedene Kuren angeboten werden, bekommt B »Nasenbluten und Angst« *(26,15)*. Die Familien Brecht und Reitter machen einen Spaziergang. Für B ist Vetter Richard ein »ganz kluger, kleiner Knirps«. Abends spielt er mit sei-

nem Vater Schach. Er plant einen Gedichtzyklus mit dem Titel »Leben« (nicht ausgeführt) *(26,15)*.

26. Mai, Montag. B findet die Schule »ein bißchen fad«. Den Nachmittag verbringt er mit Fritz Gehweyer. In sein Tagebuch schreibt er die Gedichte *Arbeiter*, *Übers Jahr* und *Der Kardinal (26,15-18)*.

27. Mai, Dienstag. B sieht sich nachmittags mit Gehweyer eine Ausgabe der »Modernen illustrierten Wochenschrift«, *Reclams Universum,* an. Er entwirft die Fabel zu einer »Tragödie in einem Akt« *Die Kindsmörderin*, scheut sich aber vor der Ausführung: »Zu Dramen habe ich die Kraft noch nicht.« (*26,18*; vgl. das Gedicht *Von der Kindesmörderin Marie Farrar* → 20. 5. 22.)

29. Mai, Donnerstag. Nach dem Schachspielen bei Hartmann erzählt B ihm von seinem »ersten Drama: ›Simson!‹ Sehr lustig« *(26,19)*.

30. Mai, Freitag. Am Vogeltor beobachtet B die Betonarbeiten an einem mit dem Kanal parallel laufenden Steg über den Stadtgraben und liest dann mit Hartmann einige Satiren Rudolf Presbers, die er »unterhaltsam« findet *(26,19)*.

31. Mai, Sonnabend. Nachmittags ist B bei seinen Vettern Reitter. »Habe jetzt gerade niemanden, an den ich mich anschließen könnte.« Er bedauert, daß er infolge seiner angegriffenen Gesundheit am Sonntag nicht mit Freunden an den Ammersee radeln kann. Es entstehen die Gedichte *Der alte Ritter* und *Juni* sowie die »Biographiesatire« *Der Bingen.* Die Kleidung seines Mitschülers Julius Bingen beschreibt B so: »Der blaue Anzug ist ein früherer Sonntagshabitus, den wahrscheinlich der Stiefbruder seines Urgroßvaters von dessen kleinem Jungen geerbt hat. Die blaue Hose verengert sich nach unten in zwei Trichter, in denen die schön nach außen geschwungenen Beine stecken.« Unzufrieden ist er, daß er mit seinem Drama »gar nicht vorwärts« kommt: »Das stockt.« *(26,20-23.)*

1. Juni, Sonntag. B schreibt eine weitere »satirische Biographie« auf seinen Mitschüler Georg Geyer: »Der Geyer hat eine Anlage zum Doktor: er hat ein ehrliches Heuchlergesicht, eine tiefe Stimme und eine der hohen Würde entsprechende Schrift.« (Geyer ist später als Röntgen-Facharzt tätig.) Im Tagebuch charakterisiert er weitere Mitschüler, bei deren Anblick es ihm »ganz warm ums Herz« wird: »Sie alle, alle habe ich gern!« Nach einem Besuch bei seiner Tante geht er in den Stadtgarten zu einer »Volks-Erinnerungsfeier 1913«, bei der die Helden geehrt werden, »die vor einem Jahrhundert dem deutschen Volke die Freiheit und damit seine nationale Zukunft erstritten haben«. *(ANN, 31. 5.)* Nachmittags wird ein Festzug für die Jugend veranstaltet, den B »ganz unterhaltend« findet. *(26,23f.)*

2. Juni, Montag. B fühlt sich von seinen Freunden verlassen und langweilt sich.
3. Juni, Dienstag. Nachmittags spielt er mit Rudolf Hartmann Schach.
4. Juni, Mittwoch. B erhält von seiner Mutter Band 4 von *Hebbels Werke in zehn Teilen* (5 Bände) (→ 10. 2.). Er freut sich darüber »riesig«, weil er die *Ästhetischen und kritischen Schriften* Hebbels als Ausgleich für einen Schulausflug bekommt, an dem er wegen seines labilen Gesundheitszustandes nicht teilnehmen darf. Er läßt sich darüber berichten *(26,25)*.
5. Juni, Donnerstag. Rudolf Hartmann liest nachmittags eine Satire über B vor, die der Betroffene »schwächlich und humorlos« findet. Ins Tagebuch schreibt er eine Szene für das geplante Stück *König Erich* (Episoden aus dem Leben König Erichs XIV. von Schweden; *26,26f.*), zu dem er angeregt wird durch August Strindbergs Tragödie *Erik XIV.* (die in deutscher Übersetzung gerade herausgekommen ist).
6. Juni, Freitag. B geht nachmittags ins Hygienische Bad. »Das Herz wieder unruhiger!« Er liest anschließend in der Novellensammlung *Unsichtbare Bande* von Selma Lagerlöf, die sein Vater gekauft hat. »Herrliches Buch!« *(26,28.)*
7. Juni, Sonnabend. B geht mit dem Mitschüler Heinrich Albrecht zum »Blumentag 1913«, einer Veranstaltung des Bayerischen Landesverbands zur Bekämpfung der Tuberkulose. Dabei werden die (für diesen Zweck überhöhten) Einnahmen aus dem Blumenverkauf der Tuberkulosevorsorge zur Verfügung gestellt. Ins Tagebuch schreibt er die Gedichte *Opfere!* (in dem zum Spenden aufgefordert wird), *Die beiden* sowie (in lateinischer Sprache) *Victor Mors (26,28-30)*.
8. Juni, Sonntag. B sieht sich am Vormittag im Kunst-Verein Gemälde von Franz Hoch sowie Arbeiten der Künstlervereinigung *Freie Gruppe Düsseldorf* an und besucht nachmittags Familie Reitter. »Erleben tue ich nichts, außer in der Schule. Sie ist meine einzige Unterhaltung. Solange ich dahinein kann, ist alles gut!« *(26,30.)*
9. Juni, Montag. B schreibt an einem Nachmittag, der »sehr fad« ist, Gedichte und die Konzeption für die einzelnen Akte von *König Erich* (→ 5. 6.) *(26,30)*.
10. Juni, Dienstag. Nachmittags ist B im Hygienischen Bad, dann langweilt er sich zu Hause: »Fahhd!« *(26,30.)*
11. Juni, Mittwoch. B macht nachmittags mit Fritz Gehweyer einen Rundgang. Er trägt ins Tagebuch mehrere Gedichte ein *(26,31-34)*. Wegen seiner anhaltenden nervösen Herzbeschwerden wird für ihn im Sommer die Teilnahme an einer Kur seiner Mutter im Bayerischen Bad Steben verordnet.

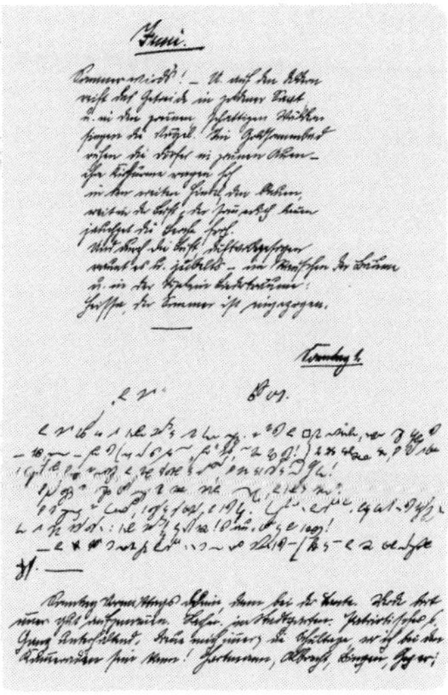

Tagebuchseite mit dem Gedicht *Juni* und (in Stenographie) der »Biographiesatire« über seinen Mitschüler Bingen

14. Juni, Sonnabend. Mit Hartmann nimmt er am öffentlichen Schulfest teil, das im Herrle-Saal zur Erinnerung an die Befreiungskriege und an den Regierungsantritt des deutschen Kaisers stattfindet. Tage zuvor haben alle Schüler die Gedenkschrift von Theodor Rethwisch, *Deutschlands Befreiungskämpfe 1813-1815*, erhalten. In der Feierstunde werden neben Freiheitsgedichten von Theodor Körner, Ernst Moritz Arndt, August Kopisch auch das Gedicht *Der Trompeter an der Katzbach* von Julius Mosen vorgetragen (das B 1951 als abschreckendes »Beispiel von Chauvinismus« für den Schullehrplan empfiehlt; → 29. 11. 51). B urteilt über die Feier: »Schön! – Aber lang.« Nachmittags nimmt er an einer Klassenwanderung teil, die ihn sehr anstrengt *(26,35)*.
15. Juni, Sonntag. Zu Besuch bei Reitters. Abends spielt B mit Oskar Sternbacher Schach. Er trägt weitere Gedichte ins Tagebuch ein *(26,35-40)*.
16. Juni, Montag. Bs Gesundheitszustand verschlechtert sich wieder. Er geht nachmittags nicht in die Schule und liest in der Anthologie *Moderne Deutsche Lyrik*, hg. v. Hans Benzmann *(26,40)*.
17. Juni, Dienstag. B freut sich über eine gute Note in Latein. »Abends ging das Herz sehr laut und schnell. Angst.« Er schreibt das Gedicht *Der Hagel (26,40f.)*.
18. Juni, Mittwoch. Nachmittags geht B mit Rudolf Hartmann zur Vorbereitung von sportlichen Schulwettkämpfen zum Schleifgraben, einem Sportgelände in der Nähe des Realgymnasiums.
19. Juni, Donnerstag. In der Schule wird ein Extemporale in Geschichte geschrieben. Nachmittags muß B wieder das Heilbad besuchen, danach geht er zu seiner Tante.
20. Juni, Freitag. Abends liest B die *Briefe aus meiner Mühle* von Alphonse Daudet und schreibt das Gedicht *Die Erinnerung (26,42)*.
21. Juni, Sonnabend. B freut sich über eine gute Note in Geschichte besonders deshalb, weil er für das Fach »nie was getan« hat. Er schreibt den ersten Teil einer »Ballade in Prosa« *Die Geige des Todes (26,43f.)*.
22. Juni, Sonntag. B geht vormittags in den Kunst-Verein und verbringt den Nachmittag bei seiner Tante. Er schreibt den zweiten Teil von *Die Geige des Todes* sowie das Gedicht *Fontainebleau (26,44f.)*.
23. Juni, Montag. B hat in Mathematik die Note 2 bekommen *(26,45)*.
24. Juni, Dienstag. Auf dem Exerzierplatz schaut B bei den Luitpoldspielen zu, einem Turn- und Spielfest der Augsburger Schulen zum »Luitpoldtag« (dem Gedenktag für den Prinzregenten Luitpold von Bayern). Das Fest bildet für B

vermutlich den Anlaß zu dem Gedicht *Galerie der Klasse 6 A (13,58)*, das in der von ihm mitinitiierten Schülerzeitschrift *Die Ernte* (Hefte 3 und 4, 1913) erscheint.

25.-28. Juni, Mittwoch – Sonntag. »Die ganze Woche sehr fad. [...] In der Schule der ewige Schlaf. Kein Leben und nichts. Alles ist so tot.« Eintrag der Sonette *An den scheidenden Freund* und *Die Alten* sowie der Gedichte *Emaus* und *Herbst* ins Tagebuch *(26,46f.)*.

27. Juni, Sonnabend. Abends besucht B ein Konzert der Musikschule.

29. Juni, Sonntag. Zu »Ehren Walters Geburtstag« (am 19. 6.) laden Reitters ein, auch Bs Freund Rudolf Prestel. Abends gehen sie zu Oskar Sternbacher. In Anlehnung an Gerhart Hauptmanns *Festspiel in deutschen Reimen*, dessen Aufführung in Breslau verhindert wird, will B selbst ein »Jahrhundertfestspiel« schreiben, »das sogar den Breslauern gefällt« (nicht ausgeführt). *(26,47f.)*

30. Juni, Montag. Den Abend verbringt B bei Hartmann. »Dichte und lese fast nichts. Schade! (Das Lesen!)« Er schreibt das Gedicht *Juli 1913 (26,48)*.

2. Juli, Mittwoch. Am Nachmittag ist B mit Heinrich Albrecht zusammen. Er plant ein neues Werk: *Das sterbende Dorf* (nicht ausgeführt), in dem er darstellen will, »was geschieht, wenn der Tod in eine Gemeinschaft von Menschen tritt«. Er meint, daß sich dann die Charaktere verändern bzw. verschärfen werden: »Da wandelt sich die Welt.« *(26,49.)*

3. Juli, Donnerstag. B bezeichnet seinen Lateinlehrer Hans Futterknecht als »Ideal des Lehrers« *(26,49)*.

4. Juli, Freitag. B geht abends mit Schulkameraden zum Siebentischwald, einer Parkanlage im Süden Augsburgs.

5. Juli, Sonnabend. Für das Sängerfest (→ 12. 7.) findet im Bamberger Hof eine Probe statt, die B besucht *(26,50)*.

6. Juli, Sonnabend. Nachmittags bei Reitters.

8. Juli, Dienstag. B leidet schon seit Tagen an einem Katarrh und muß wegen Atemnot vorzeitig die Schule verlassen.

9. Juli, Mittwoch. Hausarzt Müller stellt eine Bronchitis fest. Abends besucht ihn sein Klassenkamerad Joseph Schipfel *(26,50)*.

10. Juli, Donnerstag. B liest mit seiner Tante Amalie Reitter den Jahres-Bericht des Realgymnasiums, eine Dokumentation über Personal, Lehrgegenstände, Schulgeschichte sowie mit einem Verzeichnis der Schüler. Die Tante ist stolz auf ihren Sohn Fritz wegen seiner »noblen Passionen«, über die B ironische Bemerkungen aufschreibt, z.B.: »Er hat viele gute Eigenschaften und kennt die Söhne eines Direktors.« Nachmittags geht er nach einer Radtour mit Heinrich Albrecht zum Siebentischwald *(26,50f.)*.

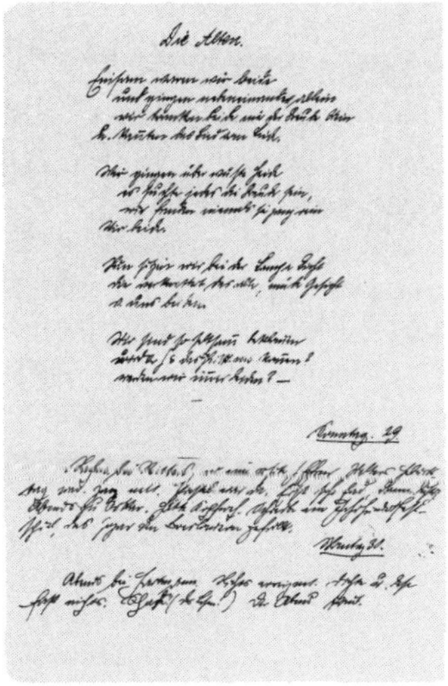
Die Alten.

Vorstand der »Augsburger Liedertafel«, links unten: der Vater Brechts

11. Juli, Freitag. B fühlt sich nicht wohl und bleibt zu Hause. Er beklagt sich über seine Mutter, die ihm deshalb Vorhaltungen macht: »Immer das Schimpfen!« Nachmittags besucht er mit Joseph Schipfel das Augsburg-Lechhauser Volksfest (5.-13. 7.), wo Preisschießen, Fahrradrennen und am Abend ein Feuerwerk stattfinden *(26,52)*.

12. Juli, Sonnabend. B nimmt an dem traditionellen Dankgottesdienst zum Schuljahresausklang teil. Er ist mit sich sehr zufrieden: »Bestes Schlußzeugnis seit Jahren!« Dafür erhält er von seinem Vater 5 Mark und kauft sich eine Anthologie mit französischer Lyrik. Nach der Lektüre lobt er insbesondere Emile Verhaerens »prachtvolles Gedicht« *Der Regen*. Abends trifft er sich mit Fritz Gehweyer auf dem Bahnhof, um die eintreffenden Sänger zu empfangen, die am 10. Schwäbisch-bayerischen Bundes-Sängerfest (12.-14. 7.) in Augsburg teilnehmen. Er notiert einen Schlußteil für *Tais Rottenbrocker (26,52)*.

13. Juli, Sonntag. Walter reist zur Großmutter nach Achern in die Ferien. Vormittags geht B mit Georg Eberle, dem Sohn des Kontoristen (→ 21. 7.), zum Empfang der 3500 Sänger. Nachmittags schaut er mit Gehweyer seinem Vater zu, der als Mitglied des Gesangsvereins »Augsburger Liedertafel« den Festzug ordnet. Den Abend verbringt er bei Gehweyer, den er für einen »Snob« hält. Er schreibt das Gedicht *Der Baum (26,52-54)*.

14. Juli-15. August 1913
Kuraufenthalt in Bad Steben

14. Juli, Montag. B und seine Eltern reisen nach Bad Steben im Frankenwald. »Aus dem Zuge sahen wir des Sommers festlichen Garten. 1 Uhr in Hof an. 3 Uhr in Bad Steben. Papa suchte Wohnungen.« *(26,52)* Bs Vater reist am 16. 7. »vor Tisch« ab *(Br, 1)*.

15. Juli, Dienstag. »Von Dienstag ab begann das Kurleben.« Der Kurarzt Heinrich Rubner bestätigt Bs starke Nervosität und verschreibt eisenhaltiges Heilwasser *(26,53)*. B berichtet der Familie Reitter von seinen ersten Eindrücken in Versform *(Br, 1)*.

»Vier Wochen hier sind ganz akzeptabel!
Schöne Anlagen, Bänke und Wandelhallen
Alles recht sauber und komfortabel
Alles zur Verfügung, nichts abgesperrt –
Manchmal Theater, und viel Konzert...
Schöne Spaziergänge, in den Wald, wenn's behagt
Das hat uns allen recht zugesagt.
Aber am meisten von allen Dingen
Die wir hier so loben
Hat mir doch der Lesesaal gefallen
Im Kurhaus droben!«
(Aus dem Brief an Reitters; 13,33)

19. Juli, Sonnabend. B antwortet Walter auf dessen französischsprachigen Brief in Gedichtform mit einem ebensolchen, in dem es u. a. heißt (übersetzt): »Meine Langeweile ist riesig / Es gibt viel Musik / Sehr schön und geschmackvoll / Und ich warte immer auf ein neues / Stück!« *(13,415.)*

19.-25. Juli, Sonnabend – Freitag. B beginnt seine *Chronika, 1. Teil* (»Aufzeichnungen über Bad Steben«). In der ersten Woche hält er die Kurvorschriften strikt ein und schreibt »keine Gedichte«, macht sich aber Gedanken über »Tanhäuser« und andere poetische Vorhaben.
In der zweiten Woche freundet er sich mit dem Sohn des Kapellmeisters Lind an und trägt ins Tagebuch das Gedicht *Herbststimmung aus »Tanhäuser«* ein *(26,55-57)*.

23. Juli, Mittwoch. B und seine Mutter sehen im Königlichen Kurtheater Hermann Bahrs Lustspiel *Das Konzert*, das aus Anlaß des 50. Geburtstag des Dichters (am 19. 7.) aufgeführt wird.

24. Juli, Donnerstag. Mutter und Sohn Brecht essen mit Gertrud Veeh aus Weimar, die sie am Vorabend im Theater kennengelernt haben. Sie »hatte Bahr sprechen gehört«. B beschreibt Frau Veeh: »Ein äußerst feines, interessantes Gesicht. Große, graue Augensterne. Eine feine, hochgebaute Alabasterstirne. Schmale, wohlgeformte Nase. Wundervolle Aussprache. Ich war begeistert. Sehr feine Dame.« B freundet sich mit ihrem Sohn Horst an *(26,66)*.

An Walter schreibt B einen Brief in Versen: »Wir waren im Theater hier / Da wurd ein Lustspiel aufgeführt / Das macht uns viel lachen und viel Plaisir / Und hat uns köstlich amüsiert. / Ich war in einem Sinfoniekonzert, / da wurden Mozart und Haydn beschert / Ich hörte so schöne Musik noch nie! / Beethoven hab ich ganz herrlich gehört!« *(13,39.)*

25. Juli, Freitag. B bestätigt seinen Vettern in Augsburg den Eingang ihres Briefs und beklagt sich über das andauernde Regenwetter. »Nun, wir halten's hier aus! Das Essen ist gut und die Wohnung nett. Man kann auf der Kolonnade im Trocknen wallfahren und sein Wasser, das süß wie Tinte schmeckt, verschlingen. Man badet jeden zweiten Tag und legt sich dann, *ohne zu lesen*, zwei Stunden ins Bett.« Das »einzige hier« seien die Konzerte der kleinen Kurkapelle *(Br, 4)*.

26. Juli, Sonnabend. B hält sich vormittags im Lesesaal des Kurhauses auf und plant unter dem Titel *Vision Karls V.* in einzelnen Erzählungen die Geschichte des Mittelalters darzustellen (nicht ausgeführt), außerdem nimmt er sich einen Gedichtzyklus *Stunden des Lichts* mit 12 Gedichten vor, von denen einige überliefert sind. Ins Tagebuch trägt er (bis zum 11.8.) weitere Gedichte ein: *Stunden des Lichts* (*Abend war es, 13,40*), *Leidenschaft, Tanhäuser, Bad Steben (26,57-60,63)*. In zwei weiteren Gedichten schildert er satirisch das Verhalten der Kurgäste beim täglichen Promenieren (*Die Leute, 26,60f.*) und ihre inkompetenten Meinungen zu den Konzerten (*Die Musik, 26,61-63*). Außerdem fügt er unter dem Titel *Dialoge* einen Szenenentwurf *Der Narr und der König (26,63f.)* hinzu.

12. August, Mittwoch. B schreibt in sein Tagebuch die Gedichte *Feiertag* und *August* sowie zwei *Witze* und die Glosse *Napoleon (26,65f.)*. Das Gedicht *Feiertag* sendet er an die Münchner illustrierte Kunst- und Literaturzeitschrift *Jugend (vgl. 26,67)*.

14. August, Donnerstag. Letzter Tag in Bad Steben. In ei-

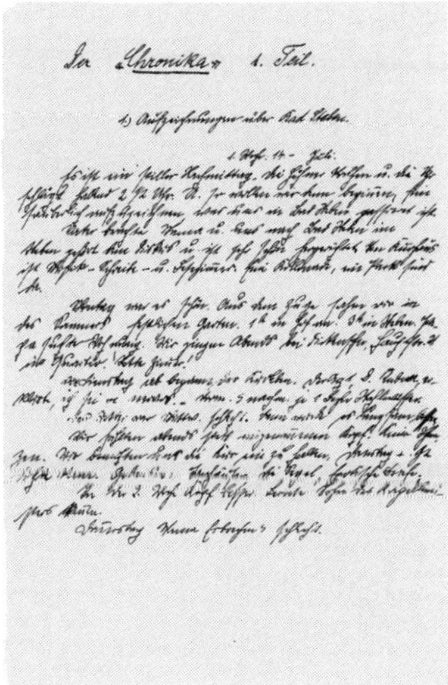

nem Rückblick auf die letzten beiden Wochen resümiert B, daß er viermal im Kurtheater gewesen ist (u.a. in dem Schauspiel *Der dunkle Punkt* von Gustav Kadelburg und Rudolf Presber) sowie zweimal in Sinfoniekonzerten und dreimal im Freilichttheater (in Gerhart Hauptmanns Drama *Die versunkene Glocke*, Karl Schönherrs Tragödie *Glaube und Heimat* sowie in *Iphigenie auf Aulis*). Er habe 14 Bäder genommen und »Stahlwasser« getrunken: »Befinden sehr gut. Herzbeschwerden jetzt fast verschwunden.«
Am Vormittag des 14. 8. geht B mit Frau Veeh (→ 24. 7.), die er »sehr lieb gewonnen« hat, allein spazieren. Die Weimaranerin prophezeit dem Fünfzehnjährigen: »Ich habe das Gefühl, Eugen, als ob Sie noch einmal ein ganz Großer unseres Volkes werden würden.« *(26,67.)*

15. August, Freitag. B fährt mit seiner Mutter über Bayreuth zurück und wird abends vom Vater in Augsburg abgeholt.

16. August, Sonnabend. B besucht Reitters.

17. August, Sonntag. Walter kommt aus Achern zurück. Die Einsendung des Gedichts *Feiertag* (→ 12. 8.), mit dessen Ertrag er sich einen Band von Emile Verhaeren kaufen wollte, wird von der Redaktion nicht bestätigt. In dem Gedicht *Die Ferien* resümiert B noch einmal die regenreichen Tage in Bad Steben. *(26,67f.)*

20. August, Mittwoch. Nachmittags ist B erst bei Reitters, dann bespricht Fritz Gehweyer mit ihm die Herausgabe einer Schülerzeitung. Den von ihm ausgesetzten »Gewinn – 25 Pfennig!« für Bs Redaktion, Konzeption sowie für die Vervielfältigung und den Vertrieb findet er nicht akzeptabel. B trägt in sein Tagebuch den *Prolog zur »Schöpfung«* und das Gedicht *Friedhof* mit dem Vermerk ein: »Dieses Gedicht ist Skizze und nichts wert«. Außerdem entstehen der Anfang des ersten Aktes und ein Versmonolog *(26,70f.)* für das Stück *König Erich von Schweden* (→ 9. 6.).

Mitarbeit an der Schülerzeitschrift *Die Ernte*

22. August, Freitag. An der Schülerzeitschrift, die den Namen *Die Ernte* erhält, arbeitet außer B und Gehweyer auch Max Hohenester mit, ein Freund aus der Parallelklasse. Bis Februar 1914 erscheinen sechs Ausgaben, eine siebente wird fertiggestellt, aber nicht mehr vervielfältigt. In der *Ernte* stellen die Schüler literarische Versuche vor (Format: DIN A 4, Umfang: 6 bis 10 Seiten, Auflage: 40 Exemplare, Preis: 15 Pfennige). In Nr. 1 (August) sind von B veröffentlicht *Die Geschichte von einem, der nie zu spät kam*, 1. Teil *(19,10f.)*, sowie die Prosaglossen *Balkankrieg (19,9)* und *Wagner (19,12)*.

27. August, Mittwoch. B hat einer Zeitschrift das Gedicht *Vor 100 Jahren* (nicht überliefert) eingeschickt und übt nachträglich Selbstkritik *(26,71)*.

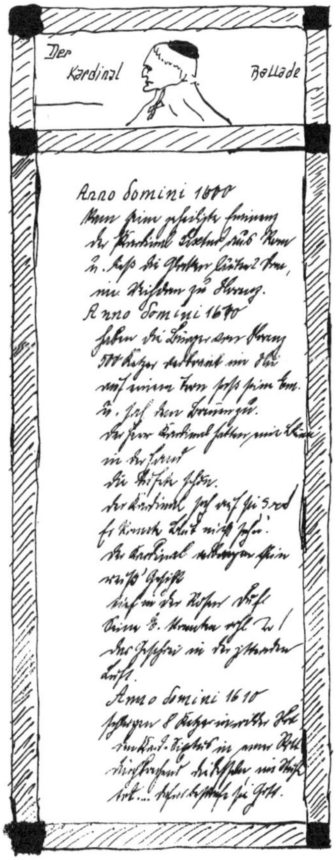

30. **August,** Sonnabend. B kauft sich Hermann Bahrs »Wiener Roman« *Theater* und findet nach der Lektüre, er habe damit die Zeit vertrödelt. Bis zum 7. 9. schreibt B die Gedichte *Der Königssohn*, *Der Narr*, *Aschermittwoch*, *Borodino*, *Savonarola*, *Die Vergessenen (26,71-74)*.

8. **September,** Montag. Zu ihrem 42. Geburtstag bereitet B seiner Mutter mit Ralph Waldo Trines Buch *In Harmonie mit dem Unendlichen* keine rechte Freude. Auf ihre Reaktion hin ist er froh darüber, daß er ihr ein eigenes (nicht überliefertes) »Gedichtbuch« noch nicht gegeben hat.

B »bekehrt« sich zu Stefan George (→ 6. 6. 28) und schreibt in seinem Gedicht *Mond!* in dessen Manier außer an den Versanfängen nur mit Kleinbuchstaben *(26,75)*.

10. **September,** Mittwoch. B schreibt selbstkritisch: »Meine ganze Dichterei ist Gefühlsfusel. Ohne Form, Stil und Gedanken.« Er plant eine Wendung und setzt sich zum Ziel: »kleine, feine Gedichtchen!« Ein erster Versuch in dieser Richtung ist das Gedicht *Der Abend (26,76)*.

11. **September,** Donnerstag. Vormittags ist B bei Reitters. Er plant eine einaktige Tragödie *Der Sohn (Fabius Maximus)* (nicht ausgeführt) und schreibt außerdem zwei Epigramme ins Tagebuch sowie (mit graphischer Ausgestaltung) die Ballade *Der Kardinal (26,76f.)*. Nachmittags macht B mit Oscar Lettner eine kleine Radtour *(Z 24/84)*.

16. **September,** Dienstag. Beginn des neuen Schuljahrs, Klasse VI^A (Untersekunda, Klassenlehrer: Anton Haas). Der Lehrplan sieht u. a. vor: Religion: Reformationsgeschichte, die Augsburger Konfession, Philipperbrief. Deutsch: Goethe, *Hermann und Dorothea*, Homer, *Ilias*, *Odyssee*, Theorie des Epos, Technik des Aufsatzes. Latein: Caesar, *De bello civili*, Ovid, aus den *Metamorphosen*, Perseus, *Curtius*. Französisch: Mérimée, *Colomba*. Geschichte: Geschichte des Altertums bis Augustus *(Frisch, 53)*. B spielt nachmittags Schach mit seinem (vier Jahre älteren) Freund aus früher Kindheit, Georg Pfanzelt (»George« oder »Orge«). Pfanzelt arbeitet (seit dem Schulabschluß 1912) als Volontär in der Stadtverwaltung und macht gerade Urlaub.

Freundschaft mit Georg Pfanzelt

17. **September,** Mittwoch. Eintrag des Gedichts *Paider, der Faun (26,78f.)* ins *Tagebuch*.

18. **September,** Donnerstag. B meint, er habe »ziemlich anständige Professoren«. Er ist wieder mit Pfanzelt zusammen *(26,79)*.

19. **September,** Freitag. »Abends gefaulenzt. Lese fast nichts!« *(26,79.)*

20. **September,** Sonnabend. B ist mit den Schülern aus anderen Klassen, Rudolf Hartmann, Heinrich Hofmann und Emil Enderlin, zusammen.

21. **September,** Sonntag. Der Physiotherapeut Engelbert

Löffler massiert B und macht mit ihm gymnastische Übungen. Nachmittags spielt Pfanzelt bei ihm Schubert und Chopin auf dem Klavier. Chopins *Trauermarsch* beeindruckt B besonders: »Eine wehe, gequälte Seele weint da. Und tröstet.« *(26,79.)*

22. September, Montag. Die zweite Nummer der Schülerzeitschrift *Die Ernte* wird fertiggestellt. Von B sind enthalten: *Der Dichter (19,12)* und das Gedicht *Der brennende Baum (13,48)*. Abends geht er mit seinem Klassenkameraden Max Schneider spazieren *(26,79)*.

23. September, Dienstag. B hat seine erste Klavierstunde. Abends hektographiert er die Schülerzeitschrift. »Mühsame Arbeit. Wir verdienen nicht viel! Na ja!« Er dichtet derzeit »fast nichts«, spürt aber eine Mission: »Nur manchmal mehr fühle ich in verloren Stunden, daß ich ein Dichter bin. Dann versinken die Welten. Die Zeit steht.« Er macht sich Gedanken über die Aufgabe eines Dichters. Eintrag der Gedichte *Herbst*, *Die große Straße*, *Der Vater*, *Der Sohn*, *Die Geiger* sowie *Sprüche (26,79-83)*.

Der Schüler Brecht fühlt sich »manchmal« als Dichter

24. September, Mittwoch. Nachmittags Massage durch Herrn Löffler. Er schreibt das Gedicht *Gethsemaneh (26,83)*.

16. Oktober, Donnerstag. B trägt in das Tagebuch einen Monolog Erichs für die Kerkerszene im gleichnamigen Drama (→ 20. 8.) ein sowie die Gedichte *Herbstmoor* und *Professor Sil Maria (26,84f.)*.

19. Oktober, Sonntag. B geht mit Georg Pfanzelt und Oscar Lettner zur Kirchweih nach Lechhausen *(Z 24/85)*.

23. Oktober, Donnerstag. »Herz sehr gut. Ebenso Kopf. Nerven schlecht.« B will Pfanzelt Texte für eine Oper schreiben (die nicht zustande kommt). Eintrag des Gedichts *November. (26,85f.)* Nr. 3 der Schülerzeitschrift *Die Ernte* kommt heraus. Von B sind darin die *Geschichte von einem, der nie zu spät kam*, 2. Teil *(19,11f.)*, sowie das Gedicht *Galerie der Klasse 6 A*, 1. Teil *(13,58)* veröffentlicht.

8. November, Sonnabend. B beschäftigt sich mit der Tragikomödie *Paider, der Faun*, zu der er Pläne für zwei Akte entwirft (→ 17. 9.).

28. November, Freitag. Eintrag der Gedichte *Campo Santo*, *Morgengebet*, *Die Mönche (26,86f.)*. Im November erscheint Nr. 4 der Schülerzeitschrift *Die Ernte* mit Bs Ballade *Der Wunsch (13,61)* und dem 2. Teil des Gedichts *Galerie der Klasse 6 A (13,58)*.

1. Dezember, Montag. B macht mit Freunden einen Rundgang durch die Stadt. Er hat »große Romanpläne« *(26,88)*.

2. Dezember, Dienstag. B geht mit Julius Bingen, Rudolf Hartmann und Heinrich Albrecht spazieren.

3. Dezember, Mittwoch. B und seine Mutter treffen sich mit

Maria Steiger, die beide schon auf der Reise nach Bad Steben kennengelernt hatten. Er schreibt in französischer Sprache das Gedicht *Verité* und arbeitet nach einem Besuch bei den Großeltern an *Paider, der Faun* (→ 8. 11.); außerdem schreibt er das Gedicht *Christus vor dem Hohen Rat* (→ 1. 4. 15). Bs Vater ist erkrankt. *(26,88f.)*

4. Dezember, Donnerstag. Nachmittags bekommt B eine Massage, dann unternimmt er mit Freunden einen Spaziergang. Wegen seines erkrankten Vaters, der zu Hause bleiben muß, hat er »schrecklich Angst« *(26,89)*.

5. Dezember, Freitag. B erhält für seinen Aufsatz über den Kampfplatz in Friedrich Schillers Ballade *Kampf mit dem Drachen* eine schlechte Note. Nach dem Urteil des Lehrers habe sich der Verfasser »zu sehr der Fantasie« überlassen. Als er von seiner Mutter erfährt, daß der Vater wahrscheinlich nach München in eine Klinik muß, macht er sich große Sorgen: »Es wird doch nicht Krebs oder Geschwür sein!« *(26,90.)*

Angst um den erkrankten Vater

6. Dezember, Sonnabend. B erhält in einer Mathematikarbeit die Note 2-3. Die Angst um den kranken Vater regt ihn zu dem Gedicht *Sorge* an. Außerdem schreibt er in einem *Prolog* »Knüppelverse auf unsere Zeit« (»Denn vorbei ist die Zeit der Händel und Raufleute / Nun kommt die der Händler und Kaufleute«). Abends darf er ins Augsburger Stadttheater (»That is fine!«) und sieht mit Fritz Reitter Shakespeares *Romeo und Julia* (Regie: Hermann Merz). B bewundert »diese klare, wunderschöne Konstruktion« des Stückes und beklagt sich über das geringe Verständnis seines Vetters. *(26,90f.)*

7. Dezember, Sonntag. B trägt in das Tagebuch eine Szene mit dem Titel *Das Spiegelchen* ein (nicht weitergeschrieben). Außerdem entwirft er die letzte Szene (mit dem Titel *Feuer*) des Stückes *Die Bibel* (dort *3. Szene; 1,14f.*), das in Nr. 6 der Schülerzeitschrift *Die Ernte* vollständig veröffentlicht wird (→ Januar 14). Am Nachmittag werden die Sachen seines Vaters für die Münchener Klinik (Israelisches Krankenheim) gepackt. Abends ist die Familie zusammen, Walter spielt ein Largo. »Mama weint. Es ist so still.« *(26,92f.)*

8. Dezember, Montag. B begleitet die Eltern zum Bahnhof. Nachmittags wandert er mit Fritz Gehweyer zum Siebentischwald. Abends weiß die zurückgekehrte Mutter noch »nichts Bestimmtes« zu berichten.

9. Dezember, Dienstag. Bs Mutter ist tagsüber wieder in der Münchner Klinik. B ist beunruhigt über die Krankheit des Vaters, weil ihm etwas verheimlicht wird *(26,94)*.

Vater Brechts, gezeichnet von seinem Sohn Walter

10. Dezember, Mittwoch. Bs Mutter teilt mit, daß der Vater in der Klinik bleiben und sich operieren lassen muß. »Wir haben Angst.« Er trägt ins Tagebuch ein: die »Romanskizzen« *Professor Sil Maria* und *Das Kloster* sowie die Gedichte *Die Zeit* und *Gewitterschwüle (26,94-96)*. Bs Mutter schreibt an ihren Mann, daß zu Hause alles in Ordnung sei. »Die Buben schicken Dir viele Grüße und Küsse, ebenso Dein Dich innig liebendes Weib.« Der Vater bedankt sich für die Mitteilung, die ihn sehr beruhigt habe. Außerdem dankt er für einen Brief Bs. Angesichts der »schweren Schicksalsprüfung«, die ihm selbst bevorstehe, sendet er ihm ein paar Zeilen, die dieser nicht als »Abschiedsbrief« auffassen soll; darin heißt es u. a.: »Sei immer brav und vernünftig; jetzt wo auch die liebe Mama, die mich so treu und aufopfernd gepflegt, nicht bei Euch sein kann, und aber auch später, besonders in einer Zeit, wo vielleicht einmal Vater oder Mutter nicht mehr hilfreich Dir und Walter zur Seite stehen können, ist es doppelt von Nöten, daß Du als der Ältere ein gutes Beispiel gibst. Es ist mir ein großer Trost, daß Ihr beide gutgeartete Jungen seid – bleibt so und dann werdet Ihr auch tüchtige, brauchbare, ins Leben passende Männer werden.« *(26,494)* B hat drei Briefe der Eltern dem *Tagebuch N° 10* beigelegt.

11. Dezember, Donnerstag. In Latein erhält B die Note 1-2. Ihn beunruhigt, daß nun auch seine Tante Amalie nach München gereist ist.

12. Dezember, Freitag. Die zurückkehrende Tante berichtet aus München von der schweren Operation des Vaters am Vortag. Er habe sich zuvor und danach nach seinen Söhnen erkundigt.

13. Dezember, Sonnabend. Nachmittags bespricht B mit Fritz Gehweyer die Ausgabe Nr. 5 der Schülerzeitschrift *Die Ernte* (nicht überliefert). Er freut sich, daß es seinem Vater »ordentlich« geht und daß »alles vorbei« ist *(26,96)*.

14. Dezember, Sonntag. B und Walter halten sich bei Familie Reitter auf, sie telefonieren mit ihrer Mutter in München. »Papa ist kränker als wir denken. Drüben Szene. Wie ich dieses Herumreiten auf den Gefühlen hasse.« Nachmittags spielt B mit Freunden Schach und musiziert. Er schreibt das Gedicht *Siegvater* und erwägt in einem Zyklus *Nächte* die Zusammenfassung mehrerer Arbeiten; außerdem will er in einem *Sternenbuch* »die Entwicklung der Menschheit« zeigen. *(26,96f.)* Während der Abwesenheit der Mutter kommt an den Abenden Bs Großmutter zu den Jungen.

Die Großmutter erzählt Geschichten aus der Bibel

Wie B im Mai 1926 Elisabeth Hauptmann berichtet, hat seine Großmutter oft gestrickt und vorwiegend Geschichten aus der Bibel erzählt. »Sie hätte die Sache immer spannend gemacht und zu Fragen angeregt. Über dumme Fragen habe sie sich sehr geärgert, auf andere Fragen sei sie eingegangen und habe meistens mit der Moral geantwortet.« *(155/47.)*

15. Dezember, Montag. B wünscht die baldige Rückkehr seines Vaters und schreibt das Gedicht *Nacht im Städtchen.* Nachmittags hält ihm seine Tante vor, daß er tags mit seiner Spieldose Musik gemacht hat. »Ich soll mich einmauern lassen.« Sie berichtet von dem immer noch kritischen Gesundheitszustand des Vaters. Angesichts dieser Lage kann B nicht stillsitzen: »Ich muß immer dichten. In dieser Zeit.« Es entstehen drei Gedichte: *Die Stadt der Rosen* sowie *Das Tal*, in *Der Strauß* stellt er sich das Krankenzimmer seines Vaters vor. Abends erzählt Bs Großmutter »über viele Leute« *(26,98f.)*.

Der Strauss
Im Krankenzimmer sind Nelken.
Ein großer Strauß.
Aber die kleinen, welken
Blättchen fallen aus.
Im Zimmer tanzen die müden
Sonnenstrahlen herum
Und die Nelkenblüten
Müssen sterben stumm.
(26,99.)

16. Dezember, Dienstag. Der Auskunft, daß es seinem Vater »ordentlich« geht, traut B nicht. Er druckt mit Fritz Gehweyer die erste und letzte Seite der Weihnachtsausgabe von *Die Ernte (26,99f.)*.

17. Dezember, Mittwoch. B holt mit Walter nachmittags die aus München kommende Mutter vom Bahnhof ab. Sie ist »sehr aufgeregt«, tröstet aber die Kinder *(26,100)*.

18. Dezember, Donnerstag. Abends ist B bei Fritz Gehweyer. Er darf mit Walter an Weihnachten zu seinem Vater nach München fahren.

19. Dezember, Freitag. Abends besucht B mit seiner Mutter und Walter die Reitters.

20. Dezember, Sonnabend. B berät sich nachmittags mit Gehweyer über Nr. 5 der *Ernte*. Abends berichtet die Tante, daß es Bs Vater »immer besser« gehe *(26,100)*.

21. Dezember, Sonntag. Vormittags geht B in die Kirche und spielt nachmittags mit Emil Enderlin und Heinrich Albrecht Schach. Abends hektographieren sie, auch unter Beteiligung von Fritz Gehweyer, die Schülerzeitschrift. Bs Mutter berichtet von einer weiteren Besserung ihres Mannes: »Welch eine Freude!« *(26,100.)*

23. Dezember, Dienstag. Letzter Schultag vor den Weihnachtsferien. B erhält das Zwischenzeugnis und ist damit zufrieden.

24. Dezember, Mittwoch. B verbringt den Vormittag bei Fritz Gehweyer. Die Bescherung findet bei Reitters statt, B erhält dort ein Messer und zu Hause Richard Dehmels *Aber die Liebe*, einen Band mit Gedichten und Erzählungen. Für beide Söhne hat Bs Vater vor seinem Weggang nach München als Weihnachtsgeschenk einen Billardtisch gebaut. »Daß wir ein schönes Weihnachten hätten, war seine letzte Sorge!« *(26,101.)*

25. Dezember 1913
Reise nach München

25. Dezember, Donnerstag. B fährt mit Walter vormittags zum Vater nach München. »Als er mir ins Auge sah, sah ich Tränen.« Während der Vater eine Stunde schläft, wird den Söhnen die Klinik gezeigt, dann feiern alle am Bett Weihnachten. »Es war sehr schön! – – – Welch ein Glück – – –«

Dank
Herr Gott, ich danke dir!
Ich schrei es heraus aus Not und Leid
Und meine Brust wird vor Liebe weit
Herr Gott, ich danke! *(26,103.)*

B schreibt ins *Tagebuch* die Gedichte: *Das Kind*, *Die Messerprobe* und *Die Väter*. Seine Freude über den genesenden Vater drückt er in dem Gedicht *Dank* aus *(26,101-103)*.
Seine Mutter sehe, als sie alle wieder zur Bahn gehen, »ganz lebensfroh« aus. B schließt sein *Tagebuch N° 10* mit: »Sie tut viel, viel über ihre Kraft. Dank, Dank ihr! Sie ist die geborene Pflegemutter!– – –« *(26,103)*.
31. Dezember, Mittwoch. Dem *Tagebuch N° 10* ist Bs Gedicht *Sylvester-Nacht (13,70)* beigelegt, auf blaugrauem Karton in Frakturschrift geschrieben und mit einer Graphik Fritz Gehweyers umrahmt.

1914
24. Januar, Freitag. B nimmt mit seiner Mutter und dem inzwischen genesenen Vater am Schulfest zu Ehren der Krönung von König Ludwig III. (am 12. 11. 1913) im Börsensaal teil.

Erstes Stück
Die Bibel

Januar. In Nr. 6 der Schülerzeitschrift *Die Ernte* erscheint Bs erstes abgeschlossenes Stück, das »Drama in 1 Act« *Die Bibel (1,9)*.
24. Februar, Dienstag. B geht mit Oscar Lettner, Ludwig Geier und anderen jungen Leuten ins Stadtzentrum.
Februar. In Nr. 7, der letzten Ausgabe von *Die Ernte,* werden mehrere Prosatexte Bs aufgenommen: *Karneval (19,16)*, *Der Tango (19,13f.)*, *Der Preußenbund (19,13)*, *Märchen (19,16f.)* sowie der 2. Teil von *Die Mutter und der Tod (19,15)*. Die Ausgabe wird zusammengestellt, aber – wegen der zu hohen Kosten – nicht abgezogen.
Mai. Anstelle einer Maifeier ordnet die Schulleitung Frühlingsausflüge mit Maifesten im Freien an. Die Fahrten werden von den Schülern gestaltet.
14. Juli, Dienstag. Am letzten Schultag wird das Jahreszeugnis 1914 ausgegeben: B hat an allen Unterrichtsgegenständen teilgenommen und (mit Ausnahme des Turnens) gute Beurteilungen: »1. Schulbesuch und Betragen: sehr lobenswert; 2. Aufmerksamkeit und Fleiß: groß; 3. Maß der erreichten Kenntnisse: gut.«
15. Juli, Mittwoch. B beteiligt sich an den Jubiläumsfeiern des Realgymnasiums zu seinem 50jährigen Bestehen (bis 16. 7.), mit Festessen, Ball und einem abschließenden Schulausflug. Bs Deutschlehrer in der Untertertia, Richard Ledermann, verliest seine »programmatische Festdichtung« *Der Schule treu! (Jahres-Bericht, 1915)*.
23. Juli, Donnerstag. Wilhelm Brüstle, Redakteur der literarischen Beilage der *ANN*, *Der Erzähler* (→ 17. 8.), schreibt dem jungen Lyriker Karl Lieblich, daß ihm seine Gedichtsammlung gefallen habe und in seinem Auftrag von einem »jungen Augsburger Dichter« rezensiert werde (→ 14. 9.).

Durch Brüstles Vermittlung lernt B den Lyriker kennen und führt mit ihm ein längeres Gespräch.

31. Juli, Freitag. Als bekanntgegeben wird, daß für Deutschland der Kriegszustand erklärt ist, versammeln sich in Augsburg zahlreiche Bürger auf dem Kaiserplatz und singen patriotische Lieder.

1. August, Sonnabend. Nach der Ermordung des österreich-ungarischen Thronfolgers, des Erzherzogs Franz Ferdinand (am 28. 6.) in Sarajevo, erklärt Österreich-Ungarn (am 28. 7.) Serbien den Krieg. Am 1. 8. folgt die Kriegserklärung Deutschlands an Rußland, am 3. 8. an Frankreich und am 4. 8. die Kriegserklärung Großbritanniens an Deutschland.

1. August 1914
Beginn des ersten Weltkriegs

Durch die Mobilmachung werden 10 von den 30 Lehrern des Augsburger Realgymnasiums sowie im Verlauf des Schuljahres 39 Schüler zum Kriegsdienst eingezogen. Da für die Lehrkräfte kein Ersatz beschafft werden kann, muß die Schulleitung in einzelnen Unterrichtsfächern die Stundenzahl herabsetzen. Die (in dieser Zeit erscheinenden) *Zehn Gebote einer Kriegspädagogik* von Theobald Ziegler schreiben vor: »Setze allen Unterricht in Beziehung zu den Ereignissen des Krieges [...], wo es schwer ist, da ziehe getrost an den Haaren herbei.«

Bs Bruder Walter erinnert sich: »In den ersten Tagen des August 1914 waren auch wir beide unterwegs, standen in den Straßen und sahen mit viel Volk die Bataillone unter klingendem Spiel zu den Verladeplätzen marschieren [...]. Am Bahnhof kündeten die mit Kreide beschriebenen Wände der Waggons mit der Inschrift ›Viel Feind, viel Ehr‹, ›Jeder Schuß ein Russ‹, ›Jeder Stoß ein Franzos‹ von übermütiger Siegesgewißheit.« *(Brecht, 218.)*

8. August, Sonnabend. Von diesem Tage ab erscheinen (bis zum 9. 10.) eine Reihe von Texten Bs in der Tageszeitung *Augsburger Neueste Nachrichten* (*ANN*), die der Verfasser mit »Berthold Eugen« zeichnet, einem aus seinen umgestellten Vornamen gebildeten Pseudonym. In *Turmwacht*, dem ersten dieser Texte (am 8. 8.), beschreibt B eine nächtliche Ausschau nach feindlichen Flugzeugen vom Perlachturm des Augsburger Rathauses und wirbt für freiwillige Meldungen zu solcher »Fliegerspähe«. »Es war eine schöne Nacht. Wenn wir auch keinen Flieger sehen.« *(21,8.)*

8. August 1914
Erste Zeitungsveröffentlichungen:
Augsburger Kriegsbriefe
unter dem Namen:
Berthold Eugen

10. August, Montag. In den »Aufzeichnungen eines Augsburger Mittelschülers« *Der Untergang der »Viktoria Luise«* berichtet B in den *ANN* vom Untergang des deutschen Torpedobootes, das kurz zuvor den englischen Kreuzer »Amphion« zerstört hat. »Sterbend, während sie versanken in den unergründlichen Fluten, sahen sie noch den Triumph, den Nutzen ihres Werkes« *(21,9).*

12. August, Mittwoch. Anläßlich der englischen Besetzung von Come, der Hauptstadt der deutschen Kolonie Togo, schreibt B satirisch, wie sich die Meldung zum Gerücht über den Einmarsch der Engländer in Deutschland verwandelt und Hamsterkäufe zur Folge hat *(Die Neuigkeit; 21,9)*.

14. August, Freitag. Neben den Beiträgen für die *ANN* publiziert B auch Texte in der *München-Augsburger Abendzeitung* (*MAAZ*), die er alle *Augsburger Kriegsbrief* nennt und mit dem jeweiligen Datum versieht. Die mit Pathos geschriebenen Berichte enthalten teilweise Formulierungen, die B zuvor in den Predigten seines Religionslehrers Paul Detzer, des Dekans der Barfüßerkirche, gehört hat. In dem ersten Kriegsbrief beschreibt B, mit welcher Begeisterung und Opferbereitschaft die Menschen in den Krieg ziehen: »Das ganze Volk steht auf.« In seinem »lieben Augsburg« werde »frisch und fröhlich gearbeitet für das Vaterland« *(21,11f.)*.

17. August, Montag. Wilhelm Brüstle erinnert sich, daß B eines Tages in sein Büro gekommen sei, »ein schüchterner, zurückhaltender junger Mensch«, »etwa aus der Sekunda«, und habe ihm Gedichte gebracht. »Sie hatten nichts mit dem Krieg zu tun, sie waren von einem gedrängten, mich fast berauschenden Rhythmus...« *(Frisch, 66)* Seitdem publiziert *Der Erzähler*, die literarische Beilage der *ANN*, mehrere Gedichte und auch Prosatexte Bs. Im ersten dieser Texte, den *Notizen über unsere Zeit*, bewundert B Kaiser Wilhelm II. »beinahe staunend« als »geistige Macht«. Es sei ein Trost, diesen Mann als Führer zu haben, »der mit solch schwerem Pflichtbewußtsein zu Werke geht« *(21,12f.)*.

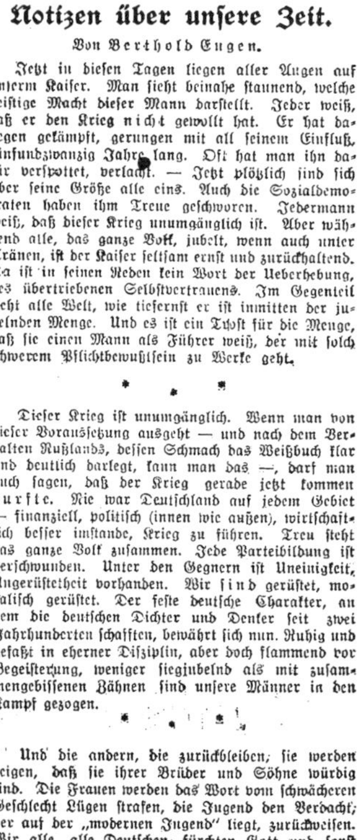

Notizen über unsere Zeit.

Von Berthold Eugen.

Jetzt in diesen Tagen liegen aller Augen auf unserm Kaiser. Man sieht beinahe staunend, welche geistige Macht dieser Mann darstellt. Jeder weiß, daß er den Krieg nicht gewollt hat. Er hat dagegen gekämpft, gerungen mit all seinem Einfluß, fünfundzwanzig Jahre lang. Oft hat man ihn dafür verspottet, verlacht. — Jetzt plötzlich sind sich über seine Größe alle eins. Auch die Sozialdemokraten haben ihm Treue geschworen. Jedermann weiß, daß dieser Krieg unumgänglich ist. Aber während alle, das ganze Volk, jubelt, wenn auch unter Tränen, ist der Kaiser seltsam ernst und zurückhaltend. Da ist in seinen Reden kein Wort der Ueberhebung, des übertriebenen Selbstvertrauens. Im Gegenteil sieht alle Welt, wie tiefernst er ist inmitten der jubelnden Menge. Und es ist ein Trost für die Menge, daß sie einen Mann als Führer weiß, der mit solch schwerem Pflichtbewußtsein zu Werke geht.

* * *

Dieser Krieg ist unumgänglich. Wenn man von dieser Voraussetzung ausgeht — und nach dem Verhalten Rußlands, dessen Schmach das Weißbuch klar und deutlich darlegt, kann man das —, darf man auch sagen, daß der Krieg gerade jetzt kommen durfte. Nie war Deutschland auf jedem Gebiet — finanziell, politisch (innen wie außen), wirtschaftlich besser imstande, Krieg zu führen. Treu steht das ganze Volk zusammen. Jede Parteibildung ist verschwunden. Unter den Gegnern ist Uneinigkeit, Ungerüstetheit vorhanden. Wir sind gerüstet, moralisch gerüstet. Der feste deutsche Charakter, an dem die deutschen Dichter und Denker seit zwei Jahrhunderten schafften, bewährt sich nun. Ruhig und gefaßt in eherner Disziplin, aber doch flammend vor Begeisterung, weniger siegjubelnd als mit zusammengebissenen Zähnen sind unsere Männer in den Kampf gezogen.

* * *

Und die andern, die zurückbleiben, sie werden zeigen, daß sie ihrer Brüder und Söhne würdig sind. Die Frauen werden das Wort vom schwächeren Geschlecht Lügen strafen, die Jugend den Verdacht, der auf der „modernen Jugend" liegt, zurückweisen. Wir alle, alle Deutschen fürchten Gott und sonst nichts auf der Welt.

21. August, Freitag. In seinem *Augsburger Kriegsbrief* vom 20. 8. schreibt B über das Bangen und Warten der Menschen in einer Zeit der Stagnation an der Front, auch über die Beunruhigung wegen der Mobilisierung des »Landsturms«, der Einberufung aller Männer zwischen 17 und 45 Jahren *(21,13-15)*.

24. August, Montag. In der *MAAZ* erscheint Bs Gedicht *Dankgottesdienst (13,71)*, in dem er einen »Siegsonntag« in der Kirche enthusiastisch schildert.

Gleichzeitig bringen die *ANN* Bs Gedicht *Der heilige Gewinn*, in dem es u. a. heißt: »Das ist so schön, schön über all' Ermessen / Daß Mütter klagelos die Söhne sterben sehn / Daß alle *ihre* Sorgen still vergessen / Und um des Großen Sieg nun beten gehn.« *(13,71.)*

26. August, Mittwoch. Abends ist B mit Georg Pfanzelt und Oscar Lettner in Augsburg unterwegs *(Z 24/89)*.

28. August, Donnerstag. Im *Augsburger Kriegsbrief* vom 27. 8. feiert B die deutschen Siege in Lüttich, Metz und Namur und gedenkt zugleich der vielen Gefallenen: »Oh, es ist, trotz aller Sorge und Not, doch schön, in dieser Zeit leben zu dürfen, in dieser Zeit, die, von Waffen starrend, den Menschen läutert und innerlich stärkt.« *(21,16.)* Am gleichen Tag erscheint im *Erzähler* (Beilage der *ANN*) *Der Freiwillige* (19,17f.).

September. Beginn des neuen Schuljahres, Klasse VII. Nach Abschluß der Klasse VI haben viele Schüler das Realgymnasium verlassen (Mittlere Reife), unter ihnen auch Caspar Neher und Fritz Gehweyer, die an die Kunstgewerbeschule in München überwechseln. Mit den verbleibenden 25 Schülern aus den Parallelklassen wird eine Klasse VII (Obersekunda) gebildet; Klassenlehrer ist Karl Bernhard, der Deutsch und Geschichte unterrichtet. Für den Deutschunterricht stehen Schillers *Wilhelm Tell*, Grillparzers *König Ottokars Glück und Ende*, Uhlands *Ernst, Herzog von Schwaben*, Kleists *Prinz Friedrich von Homburg* und *Michael Kohlhaas*, Lessings *Minna von Barnhelm*, das *Nibelungenlied* und *Gudrunlied* sowie Gedichte Walthers von der Vogelweide, Goethes, Schillers und Uhlands auf dem Lehrplan. Es werden Wesen und Arten lyrischer Dichtung mit den wichtigsten Arten der Reim- und Versstrophen durchgenommen. Für die Klassenstufe sind folgende Hausaufsatzthemen nachgewiesen: »Der Reichtum ist schlecht, als Herr und Knecht. / Wer ihn zum Freund macht, der müht ihn recht« sowie: »Der Krieg ist schrecklich, wie des Himmels Plagen, / Doch er ist gut, ist ein Geschick, wie sie« (Schiller). In lateinischer Sprache werden Ciceros *Laelius* in Auswahl, Ovids *Phaethon*, Vergils *Aeneis* in wesentlichen Abschnitten sowie Texte von Livius und Sallust gelesen. In französischer Sprache steht *La guerre 1870/71* auf dem Programm, in englischer Sprache wird die *Geography of the British Isles* durchgenommen. Religionslehre: Einführung in die Schriften des Alten Testaments; Lesung der Psalmen; alte und mittlere Kirchengeschichte; Philipper-Brief *(Frisch, 61f.)*.

2. September, Mittwoch. B nimmt an der Kundgebung vor dem Stadttheater zum Jahrestag der Schlacht von Sedan (1870) teil.

4. September, Freitag. Der *Augsburger Kriegsbrief* vom 3. September (*MAAZ*) gibt den Jubel über aktuelle deutsche Siege (bei Reims) wieder; B beschreibt außerdem die »patriotische Kundgebung« (vom 2. 9.) *(21,18-20)*.

5. September, Sonnabend. *Der Erzähler* (*ANN*) veröffentlicht Bs Gedicht *Die Toten vom 3. Regiment (13,72)*, einer Truppeneinheit, die in Augsburg stationiert ist.

11. September, Freitag. In dem *Augsburger Kriegsbrief* vom 10. 9. (*MAAZ*) gedenkt B des ersten Soldaten, der im Augsburger Lazarett gestorben und (am 5. 9.) auf dem Westfriedhof mit militärischen Ehren bestattet worden ist. Außerdem beschreibt er den Alltag in der Stadt mit den Reaktionen auf Siegesmeldungen, aber auch der Sorge über Nachlassen der Opferbereitschaft und über zunehmende Verluste *(21,20-22)*.

13. September, Sonntag. B nimmt an einer Feier zugunsten des Roten Kreuzes im Augsburger Stadttheater teil, in deren Mittelpunkt der Vortrag des Dramaturgen der Münchener Hoftheater, Karl Wolff, *Kriegsgefangen in Frankreich* steht. Auch Oberbürgermeister Georg Ritter von Wolfram hält eine »kernige, kraftvolle Ansprache«. Großen Eindruck macht auf B ein auf der Bühne gestaltetes »lebendes Bild«, das deutsche Soldaten um die Büste des Kaisers zeigt *(21,29)*.

14. September 1914
Erste Buchrezension veröffentlicht

14. September, Montag. Bs Text über die Lyriksammlung *Trautelse* von Karl Lieblich (→ 23. 7.) erscheint in *Der Erzähler* (*ANN*) unter dem Titel *Ein Volksbuch. Eine Würdigung*. In dieser ersten öffentlichen Äußerung über Literatur nennt B die Ausgabe ein »herzerfrischendes Buch«: »Es steckt viel Eigenart, viel Frische darinnen.« *(21,25.)*

16. September, Mittwoch. In *Der Erzähler* (*ANN*) wird Bs Rezension *»Krieg«. Eine Studie über Carl Hauptmanns Tedeum* veröffentlicht. Obwohl er dem Drama keine große Chancen auf der Bühne einräumt, hält es B für »eine wunderschöne Dichtung«, »die stillen Lesern Ewigkeitswerte bürgen kann« *(21,28)*.

Postkarte mit Brechts Gedicht und einer Graphik von Fritz Gehweyer

21. September, Montag. In seinem *Augsburger Kriegsbrief* vom 18. 9. (*MAAZ*) beschreibt B die Feier vom 13. 9. Er berichtet außerdem über das zunehmende Elend in der Heimat und ruft zur Linderung der Not von Familien auf, die »nichts mehr zu essen haben, weil ihre Ernährer kämpfen, sterben vielleicht, für... für uns«. Wer, bei 500 Mark Monatseinkommen nicht mindestens 20 Mark spende, sei ein »ganz unwürdiger Egoist« *(21,29f.)*. Wie im Vorjahr (→ 7. 6. 13) schreibt B für eine Spendenaktion im Herbst das Gedicht *Kriegsfürsorge*, das auf einer von Fritz Gehweyer graphisch gestalteten Postkarte (»Zum Besten des Roten Kreuzes und der Kriegsfürsorge«) verteilt wird: »Jetzt zeige Dich, mein Volk, der Opfer wert!« *(13,73)*

28. September, Montag. B beschreibt in seinem (letzten) *Augsburger Kriegsbrief* vom 27. 9. (*MAAZ*) den Ernst und die Trauer, die inzwischen im Land herrschen, gleichzeitig die Freude über den Sieg, den das deutsche U-Boot U 9 über drei englische Panzerkreuzer errungen hat *(21,31-33)*.

9. Oktober, Freitag. *Der Erzähler* (*ANN*) veröffentlicht Bs Rezension über Rabindranath Tagores Gedichtsammlung *Der Gärtner*. Die Gedichte kämen in dieser Kriegszeit zwar nicht gelegen, aber: »Sie können als Zeugnisse eines überragenden, gleichsam zeitlosen Geistes, der doch durch die feine Kultur seiner Heimat veredelt erscheint, auch heute Stunden der reinsten Erbauung verschaffen.« *(21,34.)*

10. Oktober, Sonnabend. B nimmt an der Schulfeier aus Anlaß der Eroberung Antwerpens teil.

1. November, Sonntag. Caspar Neher kommt von München nach Augsburg und will B besuchen, verfehlt ihn aber, weil B gerade auf dem Friedhof ist.

10. November, Dienstag. B bezeichnet sich in einem Brief an Neher als dessen »Bruder in arte«, er bedankt sich für die Farbskizzen zu *Faust*, teilt ihm aber seine andere Vorstellung der Geisterbeschwörung mit. B rät Neher »als Freund, nicht als Kritiker«, die »Behandlung des Lichtes nicht zu einer Manie auszugestalten«, der Dichter und der Maler seien von der Wirklichkeit abhängig: »Naturwahrheit *und* Idealismus zu verschmelzen ist Kunst.« *(Br, 5)* Er schickt Neher für eine Bildgestaltung das Motiv zu *Moderne Legende* (→ 2. 12.).

Veröffentlichung von Gedichten in Augsburger Zeitungen

2. Dezember, Mittwoch. In *Der Erzähler* (*ANN*) erscheint die *Moderne Legende* (*13,73f.*; → 10. 11.), in der B der Gefallenen gedenkt. Nach der Schlacht ist es still geworden »bei Freunden und Feinden«; das Gedicht endet: »Nur die Mütter weinten / Hüben – und drüben.« *(13,74.)*

3. Dezember, Donnerstag. Teilnahme an der Schulfeier aus Anlaß der Einnahme von Belgrad.

9. Dezember, Mittwoch. Bs Gedicht *Hans Lody* wird in *Der Erzähler (ANN)* gedruckt. Es ist bereits im September, von Fritz Gehweyer illustriert, zum Zwecke einer Spendenaktion in der Schule verteilt worden. Gedacht wird des deutschen Spions Lody, der in England festgenommen und im November 1914 erschossen worden ist *(13,74)*.

19. Dezember, Sonnabend. Teilnahme an einem Schulfest wegen der erfolgreichen Entlastung der bedrängten österreichisch-ungarischen Heeresteile durch deutsche Truppen an der Ostfront und des Zusammenbruchs der russischen Offensive bei Lodz.

25. Dezember, Donnerstag. B schreibt das Gedicht *Widmung* (datiert: »Weihnachten 1914«; *13,74f.*).

1915

27. Januar, Mittwoch. In den *ANN* erscheint aus Anlaß des Geburtstages von Kaiser Wilhelm II. Bs Gedicht *Der Kaiser. Silhouette*, in dem der »König des Lands / Immanuel Kants« als Friedensstreiter gepriesen wird: »Steil. Treu. Unbeugsam. Stolz. Gerad.« *(13,76.)*

29. Januar, Freitag. Teilnahme an der Schulfeier zum 70. Geburtstag des Königs von Bayern.

18. Februar, Donnerstag. Schulfest aus Anlaß der Schlacht an den Masurischen Seen.

1. März, Montag. In den *ANN* wird Bs Gedicht *Die Schneetruppe* veröffentlicht, das er seinem Onkel August Brecht widmet, der als Gebirgsjäger Kriegsdienst leistet *(13,76).*
22. März, Montag. Teilnahme an der Feier des Realgymnasiums zum 100. Geburtstag Otto von Bismarcks (am 1. 4.).
1. April, Donnerstag. Druck einer neuen Fassung von *Christus vor dem Hohen Rat (13,63 f.)* in *Der Erzähler* (*ANN*) (→ 3. 12. 13).
12. April, Montag. Bs *Deutsches Frühlingsgebet* erscheint im *Erzähler* (*ANN*), ein Gedicht auf den ersten Hungerwinter in Deutschland: »Herr! / Horch, wie die Mütter schreien im dämmernden Land voll Not: / Herr, sie schreien immer für ihre hungernden Kinder um *Brot*!« *(13,77.)*
26. April, Montag. In der *MAAZ* wird Bs *Der Geist der »Emden« (13,79 f.)* gedruckt, ein Gedicht auf einen kleinen Kreuzer dieses Namens, der im Indischen Ozean als Kaperschiff eingesetzt war und als Schrecken des Meeres gilt (am 9. 11. 14 von der englischen Marine zerstört).
28. April, Mittwoch. Im *Erzähler* (*ANN*) erscheint das Gedicht *Der Fähnrich (13,80 f.).*
5. Mai, Mittwoch. Teilnahme an der Schulfeier aus Anlaß der deutsch-österreichischen Gegenoffensive zwischen Gorlice und Tarnow und des erfolgreichen Durchbruchs durch die russische Front am Dunajec.
11. Mai, Mittwoch. In seinem Gedicht *Der Name der Mutter* (*MAAZ*) beschreibt B, wie Schwerverwundete in ihrer letzten Stunde nach der Mutter rufen, und »wären die Mütter schon zehn Jahre tot« *(13,81).*
In dieser Zeit entsteht auch das Gedicht *Karfreitag (13,78),* das (→ 18. 4. 19) auf einer Gedächtnisfeier des Turnvereins Augsburg »für unsere auf dem Felde der Ehre gebliebenen Helden« von der Schauspielerin Eberle vorgetragen wird.
15. Mai, Sonnabend. Die *ANN* veröffentlichen Brechts Kurzgeschichte *Ballade,* in welcher der Heldentod eines Fahnenjunkers dargestellt wird *(19,19 f.).*
29. Mai, Sonnabend. In dem in den *ANN* veröffentlichten Gedicht *Frühling* stellt B den Einbruch kriegerischer Truppen in die friedliche Landschaft dar: »Und wir stehen stumpf und gepackt und können das nicht verstehen« *(13,82).*
1. Juni, Mittwoch. Das diesjährige Luitpoldfest, an dem B teilnimmt, steht unter dem Motto: »Si vis pacem, para bellum!« (Wenn du den Frieden willst, bereite den Krieg vor!)
5. Juni, Sonnabend. Teilnahme an der Schulfeier aus Anlaß der Rückeroberung von Przemysl. Bs Freund Caspar Neher wird zum Militär eingezogen.
21. Juli, Mittwoch. Bs Gedicht *Der belgische Acker* wird im *Erzähler* (*ANN*) veröffentlicht. Anregung dazu hat der Artikel von P. Oßwald, *Belgiens Bevölkerung* (*ANN* vom 21. 6.)

gegeben. B beschreibt die »Gesänge von Deutschlands siegender Größe / Die aus Friedhöfen sich Brotäcker gräbt« *(13,83f.)*.

30. Juli, Freitag. In der *MAAZ* wird Bs Gedicht *Französische Bauern* veröffentlicht *(13,85)*.
12. August, Donnerstag. Bs Novelle *Dankgottesdienst* wird in *Der Sammler* (Wochenendbeilage der *MAAZ*) gedruckt *(19,20-22)*.
18. August, Mittwoch. Im *Erzähler* (*ANN*) wird das fragmentarische Gedicht *Der Tsingtausoldat* gedruckt *(13,85-87)*.
16. September, Donnerstag. Beginn des Schuljahres, Klasse VIII (Unterprima), der wegen der Einberufung von 11 Schülern nur noch 15 angehören (Klassenlehrer: Martin Schirmer, Lehrer für Geographie und Kunsterziehung). Im Literaturunterricht werden Schillers *Wallenstein* und *Braut von Messina*, Goethes *Iphigenie* sowie *Faust, 1. Teil*, außerdem Houston Stewart Chamberlains Kriegsaufsätze behandelt; im Lateinunterricht Ciceros *Pro Archia poeta*, ein Teil von Tacitus *Germania* sowie Oden des Horaz. In Französisch steht *Le Cid* von Corneille und neben weiteren Texten auch *Un collégien de Paris en 1870 ou Malin* auf dem Unterrichtsplan. In Englisch wird *Julius Caesar* von Shakespeare und ein Text über den amerikanischen Unabhängigkeitskrieg gelesen. In Geschichte wird der Stoff von der Reformation bis zum Beginn der Französischen Revolution behandelt. Anstelle des Turnunterrichts finden »Jungmannschaftsübungen« statt. *(Frisch, 75f.)* Bs Deutschlehrer Richard Ledermann erinnert sich: »Brecht gehörte zu den hochbegabten und originellen Schülern, die man zeitlebens nicht vergißt, wenn er auch nicht gerade zu den angenehmsten seiner Klasse zählte. [...] Von seiner Schule hielt er meines Erachtens nicht allzuviel. Unter seinen Mitschülern hatte er nur wenige, die er seines Umgangs würdigte.« Der Deutschlehrer gibt ein Aufsatzthema zu Schillers *Wallensteins Lager* und mokiert sich über Bs Urteil, dem zufolge es sich um ein »Oktoberfest mit Bockbierausschank« handele *(Frisch, 79)*.

Gründung des Augsburger Brecht-Kreises

20. September, Montag. B empfiehlt in einem Brief an seinen Freund Fritz Gehweyer in München die Lektüre von Frank Wedekinds Szenen *Bismarck*. Er schreibe derzeit am *Dictator* und an einem »Epilog der Moral« (beide Projekte nicht überliefert) und lese Strindbergs *Jahresfestspiele*. Inzwischen sei ein »alter Plan ausgeführt«: B habe mit Georg Pfanzelt, Max Hohenester und (dem Geiger) Johann Harrer einen Interessenkreis gegründet, der in einer Augsburger Restauration zusammentrifft. Als »Auswärtiger« werde Gehweyer zum »Ehrenmitglied« ernannt. Dies ist die erste überlieferte Mitteilung über die Gründung des Brecht-Kreises. B

stellt dem Freund eine der Zusammenkünfte so dar: »Ich monologisiere in Jamben. Hohenester schwingt eine Rede. Wir lesen zusammen *Hamlet*, eine Szene. Über Zarathustra wird gesprochen...« *(Br, 6.)*
Abends geht B zum Siebentischwald.
10. **Oktober,** Sonntag. Der Ludwigsbau wird als Konzert- und Veranstaltungssaal der Öffentlichkeit übergeben.
17. **Oktober,** Sonntag. Zum »Hindenburg-Tag« finden in Augsburg zahlreiche Veranstaltungen statt, u. a. eine vaterländische Feier im Ludwigsbau (mit einer Festansprache von Bs Deutschlehrer Richard Ledermann), bei dem auch Bs Vater mit der »Augsburger Liedertafel« auftritt.
8. **November,** Montag. Teilnahme an der Siegesfeier aus Anlaß der Unterwerfung von Nish mit einer Ansprache von Direktor Friedrich Braun.

Anmerkungen zu Oscar Wildes Lehren und Sprüchen

Dezember. B beschafft sich eine Aphorismensammlung Oscar Wildes, *Lehren und Sprüche* (Insel-Verlag). Das Buch versieht er mit zahlreichen Bemerkungen und Eintragungen, z.B.: »Ärgerlich, daß dieser feine Schwätzer nicht die Abhängigkeit der Wahrheiten kennt! Der Prophet der Selbstverständlichkeit! Wie wenn sich einer auf den Marktplatz stellt und mit viel Worten beweist, daß heute schön Wetter ist! Albern!« Desgleichen erwirbt er das im Müller Verlag erschienene *Wedekindbuch* und versieht es mit Anstreichungen *(BBAB)*.

1916
6. **Januar,** Donnerstag. In den *ANN* erscheint das Gedicht *Die Orgel*, das Clemens Haindl gewidmet ist. Der Mitinhaber der Haindlschen Papierfabrik spielt B und Walter hin und wieder auf seiner elektrischen Orgel vor *(13,87)*.
12. **Januar,** Mittwoch. Teilnahme an der Siegesfeier in der Schule wegen Vertreibung der englischen und französischen Truppen von der Halbinsel Gallipoli (Dardanellen).
20. **Januar,** Donnerstag. In der *Tanzballade*, die in den *ANN* gedruckt wird, berichtet B von einem Mädchen, deren Liebster gefallen ist: »Sie aber ward irr. Und tanzte auf Messen um Geld.« *(13,88.)*
20. **Februar,** Sonntag. In der *MAAZ* erscheint das Gedicht *Soldatengrab (13,89)*, in dem er der gefallenen Freunde und Schulkameraden gedenkt.
25. **Mai,** Donnerstag. Teilnahme am Programm zum Luitpoldfest, mit einer Ansprache des Konrektors Friedrich Gebhard.

Bekanntschaft mit der Schülerin Marie Rose Aman

Mai. B macht die Bekanntschaft der Schülerin Marie Rose Aman, Tochter des Damenfriseurs und Perückenmachers Karl Aman in Augsburg. Er holt sie täglich vom Englischen Institut ab. Als die Freundschaft auf die Kritik der Oberin stößt, erklärt B dem Präses, daß er die Schülerin heiraten wolle.

B schreibt 1916 das Gedicht *Bonnie Mac Sorel freite (13,89f.)* mit der Widmung: »Meiner kleinen Rosa Maria A.«

Marie Rose Aman

5. Juni, Montag. Schulfeier anläßlich der Seeschlacht am Skagerrak.

Juni. Der Klasse wird als Aufsatzthema der Horaz-Ausspruch *Dulce et decorum est pro patria mori* (Süß und ehrenvoll ist es, für das Vaterland zu sterben) gegeben. Nach Aufzeichnungen von Otto Müllereisert soll B geschrieben haben, daß der Abschied vom Leben immer schwer falle, »im Bett wie auf dem Schlachtfeld, am meisten gewiß jungen Menschen in der Blüte ihrer Jahre«. »Nur Hohlköpfe können die Eitelkeit so weit treiben, von einem leichten Sprung durch das dunkle Tor zu reden, und auch dies nur, solange sie sich weitab von der letzten Stunde glauben. Tritt der Knochenmann aber an sie selbst heran, dann nehmen sie den Schild auf den Rücken und entwetzen, wie des Imperators feister Hofnarr bei Philippi, der diesen Spruch ersann.« *(Frisch, 86f.)* Bs Aufsatz erregt Anstoß beim Konrektor und Lateinlehrer Gebhard, der den Vorfall im Lehrerrat zur Sprache bringt. Das Kollegium erwägt Bs Ausschluß aus der Schule. Auf Vermittlung und durch Einspruch des Benediktinerpaters Romuald Sauer, der als Aushilfslehrer 1914-1917 im Realgymnasium unterrichtet und mit der Familie B befreundet ist, darf B schließlich bleiben, erhält aber eine Strafe (→ 15. 7.).

Aufsatz über Horaz-Zitat erregt Anstoß im Lehrerkollegium

24. Juni, Sonnabend. B besorgt sich das Buch *20 Romanzen, Balladen, Serenaden, Mori und andere Taten nebst einem Prolog für Gesang und Gitarre* von Hannes Ruch und versieht es mit dem Datum des Kauftages.

13. Juli, Donnerstag. B, der bisher mit »Berthold Eugen« gezeichnet hat (→ 8. 8. 14), veröffentlicht im *Erzähler* (*ANN*) zum erstenmal einen Text *(Das Lied von der Eisenbahntruppe von Fort Donald; 11,82f.)* mit »Bert Brecht«. Mit dem Gedicht wendet er sich von der bis dahin bevorzugten deutschen Kriegsthematik ab.

13. Juli 1916
Abwendung von der Kriegsthematik: ***Lied von der Eisenbahntruppe von Fort Donald***
Von hier ab Namenszeichnung mit: Bert Brecht

15. Juli, Sonnabend. Am letzten Schultag werden die Zeugnisse ausgegeben. Wegen seiner Horaz-Verunglimpfung (→ Juni) erhält B den Eintrag: »Sein Fleiß hat im ganzen entsprochen, seine Leistungen waren daher auch nur im allgemeinen zufriedenstellend. Sein Betragen war nicht tadelfrei. Wegen Verfehlung gegen die Schulsatzungen wurde vom Lehrerrat gegen ihn eine Schulstrafe ausgesprochen.« Die Note 2 erhält B in den Fächern: Religion, Deutsch, Lateinisch, Geschichte, Turnen; die Note 3 in: Französisch, Englisch, Mathematik, Physik, Chemie und Zeichnen.

Juli. B bemüht sich um die Gunst der Schülerin Therese Ostheimer, die in die Lehrerinnenbildungsanstalt am Englischen Institut geht. In einem Brief bittet er sie um eine Unterredung: »Ich verzichte darauf, mich Ihnen vorzustellen. Man könnte höchstens *so* den Grundriß eines Kopfes geben, daß man seine Lieblingsideen aufzählt. Die meinigen gehen auf vier arme Seiten nicht hin. Außerdem was hülfe es, wenn ich Ihnen Namen nennte wie Shakespeare, Goethe, Verhaeren, Kleist, van Gogh, Marées, Bach, Mozart (nicht Wagner), Hamsun oder Strindberg – Namen also, die Sie hoffentlich nur zum Teil kennen – es wäre ein tönendes Erz oder eine klingende Schelle (I. Korinther 13,1-4).« *(Br, 7)* Seine monatelangen Bemühungen um Therese Ostheimer haben keinen Erfolg.

16. September, Sonnabend. B schreibt unter diesem Datum den Vierzeiler *Kalt oder Heiß (13,89)* als Spruch in das Poesiealbum von Lilly Krause (später verheiratete Prem; →4. 1. 19).

19. September, Donnerstag. B beginnt das letzte Schuljahr im Königlichen Realgymnasium, Klasse IX (Oberprima). Klassenlehrer ist August Frobenius, der Chemie unterrichtet. Bis zum Ende des Jahres werden 16 Schüler der Klasse zum Kriegsdienst eingezogen. Durch die Dezimierung der Klasse wird sie in allen Fächern mit der VIII. Klasse zusammengelegt. Im Deutschunterricht stehen Schillers *Maria Stuart* sowie *Demetrius*, Kleists *Hermannsschlacht* und *Der zerbrochne Krug* sowie Goethes *Torquato Tasso* und *Götz von Berlichingen* auf dem Lehrplan. Religionslehre: Johannesevangelium, Verfassung der Landeskirche; Glaubens- und Sittenlehre. In Latein wird die Lektüre von Tacitus *Germania* fortgesetzt, außerdem werden Ciceros *Reden gegen Catilina* sowie Oden, Epoden, Satiren und Episteln des Horaz durchgenommen. Im Englischen steht Shakespeare *Merchant of Venice* und *The Day of the Saxon* von Homer Lea, im Französischen Molières *Les Femmes Savantes* im Lehrprogramm. Der Stoff in Geschichte reicht von der Französischen Revolution bis auf die neueste Zeit und berücksichtigt auch hier besonders die bayerische Geschichte *(Frisch, 93)*.

7. Oktober, Sonnabend. Im Augsburger Stadttheater findet als Gastspiel der Münchener Kammerspiele die Aufführung der *Antigone* von Sophokles statt (Regie: Hermann Sinsheimer, mit Mary Dietrich als Antigone).

15. Oktober, Sonntag. In der Augsburger Dominikanerkirche wird eine historisch aufgebaute Ausstellung von Grabmälern eröffnet (Zeichnungen, Fotografien, Modelle, Totenschilder), die an einem der Folgetage von Bs Klasse besucht wird.

19. Oktober, Donnerstag. Auf einem gefalteten Blatt sind vier Tagebuchnotizen Bs vom 19. bis 22. 10. überliefert. Den Aufzeichnungen zufolge leidet B erneut an Herzkrämpfen. Er muß zu Hause bleiben und bekommt vom Arzt Bettruhe verordnet, die er aber nicht befolgt: »Ich sitze am Schreibtisch, morgens, mittags, abends, es ist immer halb dunkel, es geht immer Wind, und ich sehe, wie der Tag wächst und die kahlen Alleebäume vor dem Fenster, die mit dem Sturm kämpfen.« Er denkt an die Ostheimer (→Juli), »das Mädchen, das in der Gartenstraße wohnt und hauptsächlich stille Augen hat, die schön sind und klug« *(26,107).*

20. Oktober, Freitag. B notiert: »Ich lese die Bibel. Ich lese sie laut, kapitelweise, aber ohne auszusetzen: Hiob und die Könige.« Er will Therese Ostheimer treffen und mit ihr über Kinder reden: »Von denen weiß ich was, denn ich habe sie gern und erzähle ihnen gern. Sie kommen oft herauf zu mir.« *(26,108.)*

21. Oktober, Sonnabend. B liest Benedikt Spinoza, auch Friedrich Nietzsche, den er »nimmer« mag. Er macht sich Gedanken über seine Befähigung zum Dichten: »Schreiben kann ich, ich kann Theaterstücke schreiben, bessere als Hebbel, wildere als Wedekind. Ich bin faul. Berühmt werden kann ich nicht.« Sein Gesundheitszustand verbessert sich, weil er sich aktiv gegen die Herzbeschwerden wehrt: »Jetzt werde ich gesünder. Der Sturm geht immer noch, aber ich lasse mich nimmer unterkriegen. Ich kommandiere mein Herz. Ich verhänge den Belagerungszustand über mein Herz. Es ist schön, zu leben.« *(26,108.)*

Kampf gegen die Herzbeschwerden

22. Oktober, Sonntag. Ein nächtlicher Herzkrampf läßt B wieder resignieren. Er stellt sich das Leben eines Mannes »wie im Sturm« vor, »lachend und kämpfend, stark und schwach«. »Aber er braucht etwas, was ihn auf die Erde hält, einen Schoß, den müden Kopf hineinzulegen, weiche Hände, Natürlichkeit, Liebhaben, Reinheit.« *(26,109.)*

3. November, Freitag. B besucht Friedrich Hebbels *Gyges und sein Ring* im Rahmen eines Gastspiels des Königlichen Hoftheaters Stuttgart (Regie: Herr von Scholz, mit Emmy Remolt als Rhodope, Roderich Arndt als Kandaules, Raoul Aslan als Gyges).

15. November, Mittwoch. B nimmt an einer Feier zum 100. Geburtstag von Georg Haindl teil. Die drei Söhne und die Tochter des Gründers der Papierfabrik enthüllen für ihre Eltern eine Gedenktafel und pflanzen »als Wahrzeichen des Familiensinns auch für die kommenden Geschlechter« einen neuen Baum.

9. Dezember, Sonnabend. Teilnahme an der Schulfeier aus Anlaß der Einnahme von Bukarest.

Die Haindlsche Papierfabrik

25. Dezember, Montag. B schenkt der befreundeten Schüle-

rin Ernestine Müller (Cousine Rudolf Hartmanns) die Anthologie *Deutsche Liebeslieder*, hg. v. Weihardt, mit der Widmung: »Meinem lieben Mädel zu Weihnachten 1916«.
28. Dezember, Donnerstag. E. Krause fordert B auf, an seine »kleine Freundin« zu denken und mit ihr »ein Stündchen [...] zu plaudern«. Sie würde vielleicht auch »einen anderen Mut bekommen« *(SBA)*.

Die letzten Fünf der Klasse IX (März 1917). Von links nach rechts: Rudolf Hartmann, Georg Geyer, Ludwig Lang, Brecht und Alex Baldi

1917

1. Januar, Montag. B schickt Heinz Hagg eine Einladung für den Abend, an dem eine »Réunion der Sylvesterspukgestalten« stattfinden soll: »Rodelpartie im Sternenschein. Tee im Wald. Zweikämpfe mit Flurhütern.« *(Br, 8.)*
30. Januar, Dienstag. In einer Schulpause schreibt »Rosemarie« (Marie Rose Aman), daß sie »Ende dieser oder Anfang nächster Woche« mit Anna und Berta nach Stadtbergen geht, und lädt B ein mitzukommen. »Warum fährst Du gar nicht mehr auf dem Eis?« *(SBA.)*

März 1917
Schulabschluß mit Kriegs-Notabitur
Kriegshilfsdienst

März. B hat sich freiwillig zum Kriegshilfsdienst in der Heimat gemeldet und damit die Zulassung zum Kriegs-Notabitur erhalten. Die Prüfungsanforderungen sind dabei weniger streng als beim regulären Abitur. Ende März absolviert er mit einigen seiner Klassenkameraden das Notabitur und beendet damit die Schule.
Im Kriegshilfsdienst wird B zunächst für Schreibarbeiten in einem städtischen Amt verpflichtet, später arbeitet er in einer städtischen Gärtnerei.

April 1917
Bekanntschaft mit Paula Banholzer (Bi)

Paula Banholzer (geboren am 6. 8. 1901) ist die Tochter von Anna und Karl Banholzer, einem in Augsburg bekannten praktischen Arzt und Facharzt für Beinleiden.

April. B hat durch Marie Rose Aman deren Freundin Paula Banholzer kennengelernt, Schülerin der Maria-Theresia-Schule.
In dem ersten überlieferten Brief, in dem er sie mit »Teuerste Freundin« anredet, entschuldigt er sich dafür, daß er wegen einer notwendigen Reise nach München ein Rendezvous versäumen muß, und schlägt ihr für den Folgetag (einem Sonnabend) entweder vormittags oder nachmittags zwei verschiedene Orte für das Treffen vor *(Br, 10)*.
1. Mai, Dienstag. Bs Vater wird kaufmännischer Direktor in der Haindlschen Papierfabrik.
8. Mai, Dienstag. Abends »unterzieht sich« B einem Konzert der »Augsburger Liedertafel« (→ 13. 7. 13) im Ludwigsbau, dessen Reinerlös für die Unterbringung von Stadtkindern auf dem Lande gespendet wird. Zur Aufführung gelangt u. a. das Orchester-Chorwerk *Der Geiger zu Gmünd* von Jos. Krug-Waldsee (nach Justinus Kerner).

Zurückstellung vom Militärdienst

B berichtet Walter von der Musterung und seiner Zurückstellung vom Militärdienst. Er habe dem Oberstleutnant »eiskalt« gesagt: »Tut mir leid. Ich hätte Ihnen gern gedient, Herr, aber es ist mir leider unmöglich. Denn ich habe keine

Zeit, Herr.« *(Br, 11)* B erwähnt in dem Brief auch sein *Lied vom Geierbaum (13,95f.).*

Der Weltkrieg hat sich inzwischen erheblich ausgeweitet, ist aber an den Frontabschnitten zum Stillstand gekommen. An der Westfront sind im April die französischen Truppen (bei der Somme-Offensive) auf einer 20 km langen Linie 6 km vorgestoßen. Die Deutschen haben von der Offensive erfahren und sind zurückgewichen, um nun einen wirksamen Gegenschlag zu führen. Im Mai verschanzen sich die Truppen wieder in ihren Stellungen; es kommt zu Meutereien in der französischen Armee und vereinzelt zu Verbrüderungen der feindlichen Truppen. In Rußland ist in der Februarrevolution (am 12. 3.) der Zar abgesetzt worden. Deutschland verspricht sich von einer Rückkehr Lenins nach Rußland einen Friedensvertrag und läßt ihn (am 10. 4.) in einem plombierten Eisenbahnwaggon durch Deutschland reisen.

Paula Banholzer

Ende Mai. Caspar Neher ist an der Front verschüttet worden und erhält einen Genesungsurlaub in der Heimat.

8. Juni, Freitag. B ist durch eine »Bauchmuskelzerrung, die dem Doktor sonderbar« und ihm »schmerzlich vorkommt«, an das Haus gefesselt. Er schreibt an Max Hohenester: »Ab und zu besuchte mich Neher, der im Feld ein großes Original wurde, auch geradezu genial lächerlich, und stundenlang mit mir über die Weiber schimpfte. Dabei fiel manches bedeutende Wort, wie es bei zwei Männern, die das Leben durchschaut haben und, sei es durch Veranlagung oder Bauchweh, verachten, nicht anders sein darf.« Die »Geschichte mit Paula« Banholzer (→April) sei »unrühmlich und lächerlich« ausgegangen. Als er sie »aufgab«, habe sogleich ein »Handelsschuler« als »Ersatz« bereitgestanden. B schickt Hohenester drei Geschichten von Knut Hamsun und kündigt ihm sein Stück *Sommersinfonie (10,11-15)* an. Von seiner derzeitigen Lektüre, die nicht umfangreich sei, erwähnt er Shakespeares *Coriolan*: »Wundervoll!« *(Br, 12)*

B bewohnt seit einiger Zeit in der Bleichstraße 2 eine der Mansardenwohnungen.

Nach der Beschreibung seines Bruders besteht die Dachwohnung aus einem atelierartig eingerichteten Wohnzimmer und einem schmalen Schlafzimmer. »Beide Räume hatten ein Fenster zur Bleichstraße. Im Wohnraum stand gleich neben der Tür eine eiserne Liege, den meisten Raum nahm der große, mit Büchern und Manuskripten bedeckte Tisch ein. Eine aufgeschlagene Partitur lag auf dem Notenständer in der linken hinteren Zimmerecke. Einige Stühle vervollständigten die Einrichtung. Am Gestell der Liege hing die Gitarre. Schriftsätze und Zeitungsausschnitte lagen auf dem Boden herum, es herrschte wilde Unordnung, in der sich aber Eugen erstaunlich gut zurechtfand. An die Wände wa-

In seiner Mansarde

Rudolf Caspar Neher 1917

Arbeit an dem Stück *Sommersinfonie*

August-19. September 1917 Hauslehrer am Tegernsee

ren Blätter mit Auszügen aus Schriften, auch Entwürfe von Bildern geheftet.« *(Brecht, 261)* B gestaltet die Mansarde, die er »Wolfshöhle« oder »Zwinger« nennt (später auch »Kraal«), vor allem mit Zeichnungen Nehers aus.

12. Juni, Dienstag. B arbeitet mit Caspar Neher an dem Stück *Sommersinfonie (10,11-15).*

27. Juli, Dienstag. B besucht mit Neher, Rudolf Prestel und Georg Pfanzelt den Ludwigsbau. Der Vierzeiler *Augsburg. Im Ludwigsbau* entsteht: »Schau, schau / Der schönste Ort / Im Ludwigsbau / Ist der Abort.« *(13,109.)*

Anfang August. Neher muß seinen Genesungsurlaub (→ Ende Mai) beenden und wird wieder an der Front eingesetzt (wo Ende Juli bei Ypern und Langemarck die britische Großoffensive einsetzt).

20. August, Montag. B beklagt sich bei Neher, daß er seine Briefe zurückbekommt und nicht das ihm versprochene Tagebuch erhalten hat. Er fordert ihn auf, alles zu tun, um vom Militär möglichst bald freizukommen *(Br, 13).*

August. B fährt (nach dem 20. 8.) an den Tegernsee und verbringt dort (bis 12. 9.) einen Arbeitsurlaub in der Villa des Kommerzienrates Conrad Kopp, wo er dessen Sohn unterrichtet. Sein Schüler erinnert sich an Bs Hauslehrertätigkeit: »Ich war besonders in Latein schwach, hier konnte mir Herr Brecht sehr helfen. Er gab mir täglich vormittags in mehreren Fächern Nachhilfeunterricht, nachmittags tollten wir uns aus, fuhren Kahn, schwammen oder gingen spazieren.« *(Frisch, 114)* Caspar Neher schildert B seine Tätigkeit als Hauslehrer: »Drei Stunden im Tag muß ich eintrichtern, dann bin ich der Herr Baron.« Danach könne er schreiben, Schopenhauer lesen, Laute spielen, auf der Wiese liegen und nachts rudern. B beurteilt die ihm übersandten Zeichnungen und regt Neher durch verschiedene Gedichte (»Motive«) zu neuen Arbeiten an (*Die jungen Mädchen lieben uns nicht, Die Hörerin der Romanze in F.* und *Paula!*; *13,96f.*).

Nach einer zeitweiligen Abkühlung der Beziehung zu Paula Banholzer (aus Eifersucht, → 8. 6.) hat B erfolgreich erneut um sie geworben. Sein damaliger Nebenbuhler Heinz Hagg schildert später Bs Haltung zu Paula so: »Ihr konnte er seine Pläne entwickeln, sie hatte Geduld. Denn wenn Brecht anfing zu sprechen, dann hörte er so schnell nicht wieder auf. Er war ein Überredungskünstler und bei Frauen geistreich und galant. Mit Handküssen war er stets zu Diensten. Er war ja auch aus einem guten Haus, da war das damals allgemein üblich.« *(Frisch, 124f.)* In dem Brief, den er im August an Paula Banholzer schreibt, redet er sie an als seine »Angebetete«, als »süße Gazelle« seiner »dunklen Träume«, als »Stern in der Nacht« seines »Unglücks«, als »Geliebte vieler Liebhaber«, als »Zentralsonne« seiner Jugend, als »Sphinx« seines

»Mondscheinnachtskahnfahrtentraumwahnsinns«. Als er in Tegernsee angekommen ist, habe alles nach »Frauenzimmern und Kaffee« gerochen, »jetzt, da ich da bin, riecht alles nach meinen Zigaretten«. Er sei unglücklich. »Fehlen mir die Freunde, Schafe, Kamele, Ruhe meiner Heimat, oder fehlst *Du* mir, Gegenstand meiner Ekstasen?« Das Haar habe er sich kurz schneiden lassen. »Wie Simson.« *(Br, 14)* In dem Gedicht *Paula!* rät er ihr, der künftigen Sportlehrerin, gut zu turnen, damit sie den von ihrem Vater versprochenen Gaul bekommt, den sie dringend brauche, »um einen Reiter zu finden« *(Br, 15)*.

Die Geschwister
Frühjahr 1917

Anfang September. B fährt zu seinem Bruder Walter nach Schwaigen/Donauried, wo dieser vom April bis Oktober auf einem Einödshof Kriegshilfsdienst leisten muß. Nach Walters Erinnerungen wohnte er »ein paar Tage bei uns, machte Spaziergänge oder saß auf der Bank unter den drei Linden, sann nach und machte sich Notizen« *(Brecht, 259)*.

September 1917
Reise nach Schwaigen / Donauried

Etwa 10. September, Montag. B fordert Neher auf, soviel als möglich zu zeichnen und ihm alle Arbeiten zu schenken: »Das ist ein wesentlicher Punkt. Bitte, schreib mir noch einmal extra, daß ich sie behalten darf. Sonst müßte ich beten, daß Du bald stirbst.« *(Br, 16)* Er sendet ihm »als Dank« für seine Zeichnungen die Verse *Sagte mir einst eine Frau* und *An Cas Neher! (13,98f.)*

25. September, Dienstag. B liest Knut Hamsuns Schauspiel *Vom Teufel geholt*.

Augsburg und München. 1917-1920

Ende September. München. B mietet bei Caspar Nehers Tante in München, Maximilianstr. 43, ein Zimmer und schreibt seinem Freund, daß er an einem Theaterstück *Alexander der Große* arbeitet, von dem er »will, daß es unsterblich wird«. (Davon sind nur Notizen überliefert.)

Ende September 1917
Umzug nach München

Sein Freund Otto Andreas Bezold macht ihn mit Hanns Otto Münsterer bekannt, der in die vorletzte Klasse eines Augsburger Gymnasiums geht. Münsterer, der sich auch literarisch versucht, wird von B in seinen Freundeskreis einbezogen.

Bekanntschaft mit
Hanns Otto Münsterer

September. Auf Bs Wunsch hat Münsterer eine Begegnung mit Therese Ostheimer (→ Juli 16) arrangiert, aber »zwischen zwei so grundverschiedenen Menschen« habe sich keine Brücke bauen lassen *(Münsterer, 21f.)*. Geblieben sei das Gedicht *Romantik (13,97f.)*, das B kurz zuvor »in einem Kahn auf dem Tegernsee« (→ August) geschrieben hat. Es wird der Ostheimer in einem »nur für diesen Zweck beschafften Kuvert« zugestellt, aber auch anderen Freundinnen (wie z.B. Ernestine Müller) *(Münsterer, 121-123)*.

Anfang Oktober. B beschäftigt sich mit August Strindbergs *Der bewußte Wille in der Weltgeschichte* (mit dem Vermerk: »10.17.«).

2. Oktober, Dienstag. B zieht nach München und hält sich bis zu seiner endgültigen Übersiedlung nach Berlin (→ 1. 9. 24) in wechselnden Pensionsunterkünften auf. Er behält aber seine Mansardenwohnung in Augsburg, wo er vor allem an den Wochenenden und während der Sommermonate wohnt. Mitunter fährt B aber auch nur tagsüber nach München.

2. Oktober 1917
Immatrikulation an der Ludwig-Maximilians-Universität München

2. Oktober 1917-1. September 1924
Studium und Arbeit in München und Augsburg

B immatrikuliert sich als »stud. Phil. et Med.« in München an der Philosophischen Fakultät der Ludwig-Maximilians-Universität.

B belegt folgende Vorlesungen und Seminare: Leben-Jesu-Forschung (Karl Adam); allgemeine Geschichte der Philosophie (Erich Becher); Volkskrankheiten und ihre Bekämpfung (Walter Brasch); Entfaltung von Tier- und Pflanzenreich im Laufe der geologischen Perioden (Ferdinand Broili); Literatur und Philosophie / Sturm und Drang (Christian Janentzky); Stilkunde und Theaterkritik (Kutscher); Ibsen, Björnson, Strindberg (Friedrich v. d. Leyen); Religionspsychologie (Heinrich Mayer); allgemeine Anthropologie (Rudolf Martin); Unorganische Experimentalchemie (Richard Willstätter). *(Frisch, 116f.)*

Theaterseminare bei Artur Kutscher

Im dem außerdem besuchten Theaterseminar von Artur Kutscher belegt B Stilkunde und Theaterkritik (unter Berücksichtigung des Münchener Repertoires).

Im Kutscher-Seminar lernt B im Herbst die (am 8. 3. 1898 geborene) jüdische Medizinstudentin Hedda Kuhn (»He«) aus

Bekanntschaft mit der Medizinstudentin Hedda Kuhn

Rastatt (Baden) kennen, die einen Vortrag über Heinrich Manns Novellen hält und von Kutscher gelobt wird. B ist mit ihr bald in enger Freundschaft verbunden. Sie wird, wie er später schreibt, seine Geliebte »über sechzehn Monate« (*Über He. 9. Psalm*; → 5. 6. 20). Außerdem begegnet er in diesen Seminaren Otto Zarek (→ 27. 7. 20), damals noch stud. jur., sowie den Dichtern Hanns Johst (→ 28. 1. 20) und Frank Wedekind (→ 29. 1. 18).

Aus dem Gästebuch von Artur Kutscher: mit den Unterschriften von Hedda Kuhn und Brecht (oben)

Mitte Oktober. Augsburg. B bedankt sich bei Caspar Neher für zugestellte Zeichnungen und fordert ihn auf, sich auch über seine Gedichte und Aphorismen zu äußern: »Ich war nie für zarte Rücksicht, Klotz!« Die Neherschen Zeichnungen will er dem *Simplicissimus* anbieten: »Hier ist nicht der rechte Boden dafür.« B rät Neher, etwas Politisches zu machen, »natürlich im Großen – symbolisch«, er denkt an die Art Goya-Radierungen wie den Zyklus *Los desastres de la guerra (Br, 19).*

26. Oktober, Freitag. B beklagt sich über Nehers »geniale Faulheit«, die so zum Himmel stinke, »daß es droben nicht mehr auszuhalten sein soll«, und fordert ihn zu neuen Zeichnungen auf, damit B sich »in den exaltierten Zustand eines rasenden Wonnetaumels« versetzen kann *(Br, 20).*

27. Oktober, Sonnabend. B zieht in München näher zur Universität in ein Pensionszimmer Adalbertstr. 12.

Revolution in Rußland (Große Sozialistische Oktoberrevolution)

7. November, Mittwoch (= 26. 10. nach dem russischen Kalender). Oktoberrevolution in Rußland. Die Bolschewiki stürzen die Regierung Kerenski, übernehmen die Macht und proklamieren den Sowjetstaat.

8. November, Donnerstag. B beurteilt Zeichnungen, die ihm Caspar Neher während seines Kriegsdienstes ständig zuschickt, und bittet ihn um »ein Kartönchen« für Marie Rose (→ Mai 16): »Der holde Traum meiner kalten Nächte liebt mich nicht.« *(Br, 21.)*

23. November, Freitag. B teilt Neher mit, daß er bei der Redaktion des *Simplicissimus* zwar gute Beurteilung von dessen Zeichnungen erhalten habe, sie seien aber für die Publikation ungeeignet: »Hauptgrund: Zu wenig aktuell. Ich glaube aber, sie sind ihnen zu radikal im Menschlichen. Das macht nämlich gerade ihren Wert aus.« Zur Redaktion der Zeitschrift *Jugend* habe er nicht vordringen können. B weigert sich, in München neue Freundschaften zu schließen: »Es sind schreckliche Quatschköpfe trotz ihrer kultivierten Manieren«. Er sehnt sich nach Neher: »Wenn Du totgeschossen wirst, werde ich ein gewöhnlicher Singular von Leute.« *(Br, 22.)*

B beschreibt Heinz Hagg auf einer Postkarte seinen Tagesablauf in München folgendermaßen: »Von 8-11, von 12-1; von 3-$^{1}/_{2}$7; von 7-10$^{1}/_{2}$ in Laboratorium, Universität und

Theater. Täglich. Ich fresse alles Erreichbare hinein und lese unheimlich. Ich verdaue es dann beim Militär.« *(Br, 23.)*
29. November, Donnerstag. »Rosl« (Marie Rose Aman) bedankt sich für einen (nicht überlieferten) Brief, den ihr B aus München geschrieben hat. Sie will seinen Wunsch, ihm als Andenken »ein Band« zu schicken, erfüllen, sobald sie es hat *(SBA)*.
Ende November. B referiert im Kutscher-Seminar über Johsts *Der Anfang*. Hedda Kuhn erinnert sich: »Brecht verriß in seiner Kritik diesen Roman. Er verglich Johst mit einem Läufer, der einen ungeheueren Anlauf nimmt, aber vor der Startlinie stolpert. Ein Anlauf sei der Roman, sonst nichts. Kutscher war außer sich. Es kam zu einem totalen Bruch zwischen Kutscher und Brecht.« *(Frisch, 119)* Kutscher erinnert sich (1960) auch an ein »so unmögliches, von schiefer Grundauffassung und beißender Kritik strotzendes Referat über Johsts Roman *Der Anfang*, wie ich es noch nie erlebt hatte« *(Der Theaterprofessor, 73)*. Bei Gelegenheit einer Kutscher-Feier wird daraufhin (nach der Erinnerung von Michael H. Siegel) der Spottvers gesungen: »In Kutschers Seminarübungen / Da ist die Kritik nicht schlecht: / Da wird wohl über Hanns Johstens Werk / Empört der Stock ge-brecht.« *(Frisch, 121.)*
18. Dezember, Dienstag. Aus seiner »Wolfsgrube« in Augsburg bedankt sich B für Nehers neueste Zeichnungen und beurteilt sie. Er beklagt sich darüber, daß er Marie Rose nicht mehr küssen kann, weil sie einen anderen hat: »Kreuzteufel! Was sind 100 Möglichkeiten gegen *eine* Unmöglichkeit?« *(Br, 24.)*
29. Dezember, Sonnabend. B geht mit Max Hohenester und Fritz Gehweyer, die in Augsburg auf Heimaturlaub sind, Schlittschuh fahren und Eis essen. »Aber ich kenne sie kaum mehr: der Tod draußen hat sie fett gemacht.« (Gehweyer fällt im Spätsommer 1918 an der Front.) Caspar Neher teilt er mit, daß mit der Kunst nicht viel los sei: »Ich bin für die Schließung der Theater – aus künstlerischen Gründen. Bevor nicht der letzte Zuschauer an den Därmen des letzten Schauspielers aufgehenkt ist, gibt es keine Kunst!« *(Br, 25.)* Dem Brief fügt er aus dem (nicht erhaltenen) *Winterlied* den Vierzeiler bei: *Siehst du ihre blassen Fotzen (13,99)*.
30. Dezember, Sonntag. B schreibt Neher über beider Verhältnis: »Wir gingen lang nebeneinander und ich muß Dir genützt haben, als ich noch nicht von Dir profitierte. Ist es nicht so? Aber dann, wann war das?, beschworst Du meine Renaissance herauf und gabst mir mehr als irgendein andrer Mensch. Jetzt bin ich in Deiner Schuld – also hüte Dich!« *(Br, 26.)* In diesem Zusammenhang entsteht auch das Gedicht *Caspars Lied mit der einen Strophe*, deren Kehrreim

Kritik an Hanns Johst im Kutscher-Seminar

Artur Kutscher

endet: »Wenn nur der Krieg aus wäre und ich daheim!« *(13,99.)*

1918

Anfang 1918. B schreibt *Das Lied von der Wolke der Nacht* (ursprünglich *Liebeslied für Orchester*; *13,111*; es wird später in *Baal*, Fassungen 1918 und 1919, eingearbeitet).

14. Januar, Montag. B wird in Augsburg für den Garnisonsdienst bestimmt und muß (→ 1. 5.) zur Musterung.

29. Januar, Dienstag. B nimmt in München an der Semesterabschlußfeier teil: Im Kunstsaal der Buchhandlung Steinicke wird das »ekstatische Szenarium« *Der junge Mensch* von Johst von Studenten uraufgeführt. *(Frisch, 119f.)* An der Veranstaltung nimmt auch Frank Wedekind teil, der im Herbst in einem der Kutscher-Seminare sein Stück *Herakles* gelesen hatte.

Anfang Februar. B scheut sich, ein »Bleistiftbildchen«, das Neher von ihm gemacht hat, aufzuhängen und kommt mit der Bitte: »Könntest Du nicht das famose Seelenporträt von meiner Wenigkeit als Bazi auf der blumigen Wiese mit den unendlichen Knien ein wenig farbig machen?« B schreibt während der Semesterferien »vormittags Lieder für die Gitarre, die ich nachmittags niemand vorsingen kann«. Neher soll auf sich achtgeben und »sicher« aus dem Krieg zurückkommen, denn »das Wichtigste am Künstler ist der Mensch«. Dann werden beide »fest zusammen arbeiten«. Von Marie Rose Aman ist B erneut enttäuscht. Seine Freundin Paula Banholzer sei »freilich herrlich« *(Br, 28)*. B nennt sie in Anlehnung an eine Dialogpassage aus Paul Claudels Drama *Der Tausch*: »Bittersüß« (abgekürzt »Bi«).

LOUIS
Ich höre, Bittersüß
MARTHA
Warum nennst du mich Bittersüß, womit du mir Lust und Pein gibst? [...] Denn es ist nicht eine, die dich liebt wie ich und dich kennt, so wie ich dich kenne. Und das ist es, worin ich dir süß und bitter bin. – Ich bin schamlos, Louis.
(Paul Claudel, Der Tausch)

Paula Banholzer erinnert sich: »Der Brecht damals, das war schon meine große Liebe, meine erste große Liebe. Er war ein hochmoralischer Mensch. Und er äußerte kein unschönes Wort. Unter uns war er sehr beliebt. In seiner Art war Brecht warmherzig und verbindlich. Er konnte aber auch ein sehr großer Egoist sein. Wenn er Freunde um sich versammelt hatte, mußten sie ihm alle irgendwie dienlich sein.« *(Frisch, 125.)*

2. Februar, Sonnabend. Abschluß des Wintersemesters in München.

22. Februar, Freitag. B parodiert Goethes *Lied des Hafners* mit seinem *Lied der müden Empörer (11,9)*, das er schon früher zur Gitarre gesungen haben soll. Später ergänzt er es unter dem Titel *Philosophisches Tanzlied (13,112)*.

24. Februar, Sonntag. B teilt Caspar Neher (aus seinem »Zwinger«; → 8. 6. 17) mit, daß er »biblische Geschichten« und »Lieder für die Gitarre von ungemeiner Gemütstiefe und ungesunder Roheit« schreibt. Wegen seiner Beziehung

zu Paula Banholzer bittet er ihn um Rat: »Sie ist wundervoll weich und frühlingshaft, scheu und gefährlich. Tagtäglich führe ich mich in Versuchung, um mich von allen Übeln zu erlösen. Aber ich will nicht tun, was ich tun will? Was aber, wenn *sie* will?« *(Br, 29.)* Schon ein Dreivierteljahr zuvor hatte er Neher gestanden: »Die stärksten Männer haben Angst vor kleinen Kindern.« *(Br, 15.)*
B schreibt *Die Ballade von François Villon*, in deren 11. Strophe es heißt: »Ihm winkte nicht des Himmels süßer Lohn. / Die Polizei brach früh der Seele Stolz. / Und doch war dieser auch ein Gottessohn.« *(13,115*, in anderer Fassung auch in der *Hauspostille*, *11,55 f.)*
Februar. Entstehung von *Auslassungen eines Märtyrers* *(13,111 f.)*.
Anfang März. An Neher schreibt B: »Ich habe Ferien, hause einsam auf einem Zwinger unter Deinen Gemälden und erfinde zur Gitarre groteske Lieder.« Er treffe oft Paula Banholzer (»die Atmosphäre ist sinnlich«). B plant ein Stück über François Villon, »der im XV. Jahrhundert in der Bretagne Mörder, Straßenräuber und Balladendichter war« *(Br, 30)*. Statt dieses Stückes, das nicht geschrieben wird, verwendet er Ideen und Motive Villons später im *Baal* (→ 30. 3.).

Ideen für ein Stück über Villon (für *Baal* verwendet)

3. März, Sonntag. Friede von Brest-Litowsk zwischen den Mittelmächten und der Sowjetunion.

3. März 1918 Friede von Brest-Litowsk

9. März, Sonnabend. B »bummelt« mit Ludwig Prestel »am Lech herum, und weil wir die Gitarre dabei hatten, sang ich am Wehr ein paar Lieder von Frank Wedekind« *(Br, 31)*.
10. März, Sonntag. »Sonntag morgen lasen wir erschüttert, daß Frank Wedekind am Samstag gestorben sei.« *(21,35.)*
12. März, Dienstag. Im *Erzähler* (ANN) erscheint *Tod im Walde*, später *Vom Tod im Walde* (»Und ein Mann starb im Hathourywald / Wo der Mississippi brauste«). Das Gedicht wird auch in *Baal* verwendet und in die *Hauspostille* übernommen *(11,80-82)*. Die *ANN* veröffentlichen außerdem Bs Nekrolog *Frank Wedekind (21,35 f.)*. Das Schönste an ihm sei »seine Vitalität« gewesen. »Nie hat mich ein Sänger so begeistert und erschüttert. Es war die enorme Lebendigkeit dieses Menschen, die Energie, die ihn befähigte, von Gelächter und Hohn überschüttet, sein ehernes Hoheslied auf die Menschlichkeit zu schaffen, die ihm auch diesen persönlichen Zauber verlieh. Er schien nicht sterblich.« Erst wenn man ihn begräbt, könne er seinen Tod erfassen. »Er gehörte mit Tolstoi und Strindberg zu den großen Erziehern des neuen Europa. Sein größtes Werk war seine Persönlichkeit.« B geht zur Beerdigung Wedekinds und sieht den Leichnam im Sarg: »Er sah aus wie ein kleiner Junge, so um den Mund herum. Der süffisante, preziöse Zug der Lippen, das Übersättigte, Zynische ganz weg!« (→ Ende April.)

Frank Wedekind als Karl Hetmann in *Hidalla*

Mitte März. B berichtet Neher von Wedekinds Begräbnis. Er habe sich selbst auch eine Totenmaske machen lassen, was »sehr unangenehm« war. Schulfreund Georg Geyer, der Medizin studiert, besuche ihn manchmal und spiele ihm Haydn vor. Mit Georg Pfanzelt spotte er »nachts unter den immer noch kahlen Baumkaskaden über Gott und die Anarchisten«. Paula Banholzer habe er einen Ring geschenkt. »Sie zitterte und küßte mich. Wir haben nichts gesprochen. Ich bin voller Begierde, nach Asien zu reiten.« *(Br, 31.)*
Nach der Erinnerung Geyers spielte er B öfter in seiner Wohnung vor. Über das Komponieren Bs schreibt er: »Es ging letztlich ganz rasch. Aber es war so ungewohnt und regelwidrig wie alles, was Brecht tat. Er zog ganz hauchdünn die fünf Notenlinien, und dann machte er anstelle der üblichen Notenköpfe einfach nur kleine Kreuze mit nach unten gezogenen Strichen daran.« *(Frisch, 134.)*

Beginn der Arbeit an *Baal*

30. März, Ostersamstag. B sieht in den Münchener Kammerspielen Hanns Johsts Grabbe-Drama *Der Einsame. Ein Menschenuntergang* (Regie: Otto Falckenberg; mit Erwin Kalser; am 17. 4. gastieren die Kammerspiele damit im Augsburger Stadttheater). B nimmt sich vor, zu diesem Stück einen »Gegenentwurf« zu schreiben (erste Idee zu *Baal*) und hat vier Wochen später (→ 1. 5.) schon »die halbe Komödie *Baal*« fertig.
Anfang April. B bedankt sich für Nehers »Ostergrüßlein« und beschreibt ihm seinen Tageslauf: »Ich tue nicht sehr viel. Entweder ist Bittersüß da. Oder sie ist nicht da. Dann warte ich auf sie. Jondelfahrt am Pfuhle mit Lampions.« Bs Bruder Walter ist zur Infanterie ausgehoben (→ 25. 6.). »Er schwimmt in Wonne.« B selbst werde im Mai gemustert. »Aber ich habe ein schlechtes Herz. Ich laufe zuviel. Ich denke zuviel. Ich würde eine Offensive vereiteln.« *(Br, 32.)*
10. April, Mittwoch. B will Zeichnungen Caspar Nehers den Augsburger Zeitungen anbieten und selbst dazu die »auffallendste Kritik« in den *ANN* schreiben. »Bittersüß erdrückt mich.« *(Br, 33.)*
13. April, Sonnabend. B ist häufig auf dem Augsburger Plärrer. Er schreibt Neher, dieses Augsburger Volksfest sei »das Schönste, was es gibt«, und fügt den Vierzeiler hinzu: »Dort hab ich ein Kind gesehen / Die hat ein goldenes Haar / Und grüne Augen stehen / Ihr einfach wunderbar.« *(Br, 34.)* Die Strophe wird, leicht abgewandelt, in das (1917 geschriebene) *Plärrerlied (13,105)* einbezogen.
15. April, Montag. Beginn des zweiten Semesters. B belegt: Experimentalphysik, Mechanik, Akustik, Optik (Leo Graetz); Systematische Anthropologie (Rudolf Martin); Organische Experimentalchemie (Richard Willstätter); De-

skriptive Anatomie (Johannes Rückert); Geschichte der deutschen Lyrik im 19. Jahrhundert, Stilprobleme der deutschen Dichtung (Fritz Strich); Übungen in Literaturkritik über Literatur der Gegenwart (Artur Kutscher). *(Frisch, 126f.)*

Ende April. B teilt Neher mit, daß er für die *ANN* über einen Abend der Tänzerin Gertrud Leistikow geschrieben hat. Die Rezension wird nicht gedruckt, weil dem Verfasser die Phantasie »einen Streich gespielt habe«. B widmet und schenkt der Tänzerin ein Gedicht, von dem er Neher die (als einzige erhaltene) Schlußstrophe (*Aus Nachtsturm und aus Morgenlicht*; *13,116*) schickt. B freut sich, daß sein Freund nun etwas tun will, um vom Militär freizukommen, und macht ihm Lust auf das zivile Leben und die gemeinsame Arbeit: »Du wirst die Welt erobern und meine Lehren anhören und Du wirst alt und lebenssatt sterben wie Hiob, den 700 Kamele bewunderten. Und dann werden wir zusammen die Hölle reformieren und was draus machen.« *(Br, 35.)* Er schickt ihm den Vierzeiler zu *Wedekinds Begräbnis*: »Sie standen ratlos in Zylinderhüten. / Wie um ein Geieraas. Verstörte Raben. / Und ob sie (Tränen schwitzend) sich bemühten: / Sie konnten diesen Gaukler nicht begraben.« *(13,115.)*

1. Mai 1918
Musterung und Zurückstellung vom Militärdienst

1. Mai, Mittwoch. B muß zur Musterung (→ 14. 1.) gehen und wird »als Sanitätssoldat d.g.v.F.« (dauernd garnisonverwendungsfähig Feld) ausgehoben. Daraufhin richtet Bs Vater an den Zivilvorsitzenden der Ersatzkommission Augsburg ein »Gesuch um Beurlaubung« seines Sohnes vom Militärdienst für die Zeit des laufenden Semesters an der Universität. Dem Gesuch wird (am 14. 5.) stattgegeben.

Paula Banholzer bedauert, daß B in München ganz allein ist, »ohne ein menschliches Wesen, das Dich beschützt, vom Bösen abhält und immer mit dem Kochlöffel hinterdrein läuft«. Sie schließt ihren Brief: »Betrage Dich sittsam wie Deine Bittersweet!« *(SBA.)*

Bs Musterung fällt in die Zeit, als, wie B schreibt, »zum letzten Mal ganz Deutschland« durchkämmt wird, um »Menschenmaterial« für den Krieg zu sammeln. Er schreibt die *Legende vom toten Soldaten (11,112-115)*. Eine weitere Anregung erhält B von der 1918 entstandenen Zeichnung *Die Gesundbeter* (KV bedeutet »kriegsverwendungsfähig«) von George Grosz, auf der ein Militärarzt im Musterungsbüro ein Skelett als »k.v.« erklärt. Brecht widmet das Gedicht dem »Gedächtnis des Infanteristen Christian Grumbeis, geboren den 11. April 1897, gestorben in der Karwoche 1918 in Karasin (Süd-Rußland). Friede seiner Asche! Er hat durchgehalten.« *(11,323)* Für das Lied komponiert B eine eigene Melodie und trägt es von nun an häufig zur Gitarre vor. Er übernimmt es sowohl (unter dem Titel

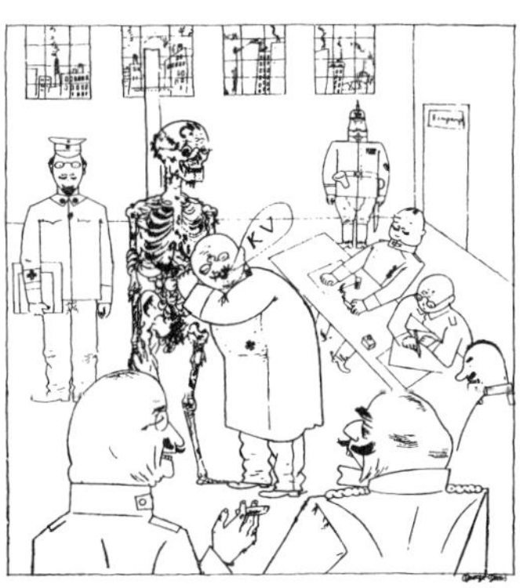

LEGENDE VOM TOTEN SOLDATEN

1
Und als der Krieg im fünften Lenz
Keinen Ausblick auf Frieden bot
Da zog der Soldat seine Konsequenz
Und starb den Heldentod.
[...]
4
Und es zog die ärztliche Kommission
Zum Gottesacker hinaus
Und grub mit geweihtem Spaten den
Gefallnen Soldaten aus.
5
Und der Doktor besah den Soldaten
genau
Oder was von ihm noch da war
Und der Doktor fand, der Soldat
war k. v.
Und er drücke sich vor der Gefahr.
6
Und sie nahmen sogleich den
Soldaten mit
Die Nacht war blau und schön.
Man konnte, wenn man keinen Helm
aufhatte
Die Sterne der Heimat sehn.
[...]
19
Die Sterne sind nicht immer da.
Es kommt ein Morgenrot.
Doch der Soldat, so wie er's gelernt
Zieht in den Heldentod.

Die Ballade vom toten Soldaten) in *Trommeln in der Nacht* *(1,230-232)* als auch in die *Hauspostille.*
(Das Gedicht wird in nationalistischen und militärischen Kreisen zum Ärgernis und wird als einer der Gründe für die Ausbürgerung am → 8. 6. 35 angegeben.)
B hat sich über einen Besuch von Hanns Otto Münsterer gefreut und teilt ihm (am 1. 5.) mit, daß die »halbe Komödie *Baal*« (→ 30. 3.) schon fertig sei.
6. Mai, Montag. B wohnt jetzt in München in der Kaulbachstr. 63A^{II} bei Fr. Krautloher. Er informiert Münsterer über den neuesten Stand der Arbeit: »Ich habe jetzt einen (guten?) Titel für den ›Baal‹: Baal frißt! Baal tanzt!! Baal verklärt sich!!!«
Abends besucht er im Schauspielhaus Frank Wedekinds von der Zensur verbotenes Stück *Simson* in einer einmaligen (geschlossenen) Aufführung für den Münchener Theaterverein.
11. Mai, Sonnabend. B fragt Neher, ob es nicht besser wäre, »Artillerist zu werden als Sanitäter«. München sei amüsant, aber die Leute entsetzlich. »Komme ich nach Augsburg, ist meine ganze Stube voll davon und Bittersüß und ich haben keinen Winkel, um im Dunkeln ungestört einiges zu besprechen. Wir zünden nachts auch Lampions an und ziehen durch die Stadt zu den schönen Mädchen und machen Musik, heulen wie die Wölf!« *(Br, 38.)*
17. Mai, Freitag. B macht Neher, der resigniert ist, Mut: »Blecke die Zähne und denke an die schöne Welt!« *(Br, 39.)*
Auf eine pessimistische und ironische Antwort Nehers schreibt B etwas später einen sehr verärgerten Brief: »Ich werde Dich in Deinem unverschämten Größenwahn nicht stören. Hol Dich der Teufel, lieber Cas! Wie alt bist Du?« *(Br, 40.)*

Erste Niederschrift von *Baal*

18.-19. Mai, Sonnabend-Sonntag. Otto Andreas Bezold diktiert Bs *Baal* Else Waibel, einer Sekretärin der Haindlschen Papierfabrik, der Bs Vater zu diesem Zweck eine Firmenschreibmaschine nach Hause bringen läßt.
20. Mai, Montag. B sieht zusammen mit Bezold die (erste) *Baal*-Abschrift durch.
28. Mai, Dienstag. B schreibt Paula Banholzer aus München über seine Tage an der Universität: »Heut auch schon wieder vier Stunden Kolleg, dazwischen Lesesaal, Billettenholen, Aufsatzschreiben.« Sie sei sein lichter »Stern über diesem Wasserfall, unter dem ich stehe«, »der selig in ewige Sonne getauchte Wipfel des Baums, an dem ich durch Dunkel usw. an einem aalglatten Stamm emporklettre«. In »ein paar Szenen eines Theaterstücks« (*Baal*) habe er »nachts auf dem Fensterblech« einiges hineingeschrieben, woraus sie »vielleicht einmal gelegentlich sehen« werde, daß er sie sehr lieb hat. Das Studium und was damit zusammenhängt, sei

»sehr schön«: »Es ist ein frischer Zug drinnen. Alles geht wie im Flug.« *(Br, 41.)*
Abends sieht B Hans Pfitzners »musikalische Legende« *Palestrina.*
30. Mai, Donnerstag, Fronleichnam. Auf Caspar Nehers Versöhnungsbrief entschuldigt sich B für seine »im Zorn« geäußerten Worte. (→ 17.5; »Ich bin ein Quartalsschimpfer.«) Über *Baal*: »Da kommt ein Hamster drin vor, ein ungeheurer Genüßling, ein Kloß, der am Himmel Fettflecken hinterläßt, ein maitoller Bursche mit unsterblichen Gedärmen!« B bedankt sich für Nehers Tagebuchblätter und Zeichnungen. »Die Theater spielen Mist. Sie warten...« *(Br, 42).*
Ende Mai. B schreibt die Vierzeiler *Oh, holde Jungfrau* und *Sie loben die Jungfrau (13,116).*
12. Juni, Mittwoch. Fritz Gehweyer schreibt B aus der Gefangenschaft, ihm zögen, wenn er die Augen schließt, die »Bilder aus der Heimat« vorbei. »Unsere Jugendjahre mit den tollen Streichen, die Tage auf dem Jakoberwall, der Plärrer, mein Urlaub...« *(SBA.)*
Mitte Juni. An Neher meldet er die Fertigstellung seiner »Komödie« *Baal frißt! Baal tanzt!! Baal verklärt sich!!! / Was tut Baal?*, 24 Szenen – »ein stattlicher Schmöker!« *(Br, 44.)* Nach der erneuten Durchsicht von *Baal* schreibt die Sekretärin Waibel, die dafür von Bs Vater bezahlt wird, das Stück ein zweites Mal ab (44 Seiten, 8 Durchschläge). B schenkt ihr eine Rose sowie den humoristischen Roman *Das Verlobungsschiff* von Richard Skowronnek (Widmung: »Aus Dankbarkeit / Ihr ergebener / Bert Brecht / Augsburg Juni 18«) *(SBA).*

Reinschrift von *Baal*
Versand an Theater und Kritiker
Der Choral vom großen Baal

B schickt die Reinschrift von *Baal* an Artur Kutscher, an die Dramaturgen der Münchener Kammerspiele, Lion Feuchtwanger und Jacob Geis, sowie an den Theaterkritiker Alfred Kerr.
(Beschreibung der Fassung 1918 → *1,507-511*; Text der Fassung 1919: *1,17-82*; darin *Der Choral vom großen Baal*, in der Erstfassung: *13,121-123*; mit dem Titel *Choral vom Manne Baal* in die *Hauspostille* übernommen: *11,107f.*)
Was den »Fall Bittersweet« betrifft, fürchtet er eine »Katharsis«, weil »sie ›es‹ nun zu wollen« scheint *(Br, 44).*
25. Juni, Dienstag. Bs Bruder rückt zum 3. Bayerischen Infanterieregiment in eine im Süden von Augsburg gelegene Kaserne ein.
Juni. B äußert sich Neher gegenüber pessimistisch über moderne Kunst: »Und ich stelle mich auf meine Füße und spucke aus und habe das Neue satt und fange mit dem Arbeiten an und dem ganz Alten, mit dem 1000mal Erprobten und mache, was ich will, auch wenn ich Schlechtes will. Und

ich bin Materialist und ein Bazi und ein Proletarier und ein konservativer Anarchist und ich schreibe nicht für die Presse, sondern für mich und Dich und die Japaner.« *(Br, 43.)*

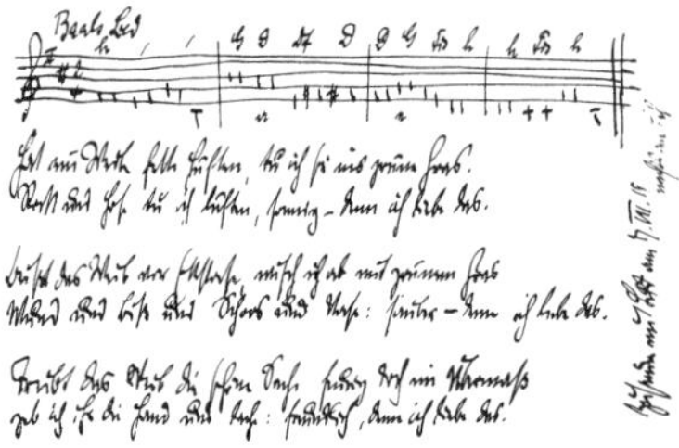

Anfang Juli. B hält Neher in einem »scharfen Brief« vor, daß er immer noch nicht genügend unternimmt, um Heimaturlaub zu bekommen: »Ein Jahr Frontdienst ist zu viel! Schlag Lärm! Himmelherrgottsackerment, laß doch nicht alles mit Dir anfangen! Ich verbitte mir das!« B drängt auf Eile, weil er davon ausgeht, daß er am 15. 8. (→ 1. 5.) selbst eingezogen wird *(Br, 45)*.

Baals Lied

7. Juli, Sonntag. B schreibt *Baals Lied* mit Ludwig Prestel »nachts am Lech« *(11,9)*. Es wird in die Kabarettszene von *Baal* eingearbeitet.

18. Juli, Donnerstag. B besucht mit Georg Geyer eine Kunstausstellung im Münchener Glaspalast.

21. Juli, Sonntag. Bs Vater reicht erneut beim Zivilvorsitzenden der Ersatzkommission für den Aushebungsbezirk des Stadtmagistrates Augsburg ein Gesuch ein: »Mein Sohn hat zwei Semester Medizin studiert, und wenn es ihm ermöglicht würde, das 3. Semester auch zu besuchen, dann könnte er später sein Physikum machen und als Unterarzt Verwendung finden. Dazu werden aber drei Semester vor Einrücken zum Heeresdienst verlangt. Ich habe zwei Söhne, der zweite dient beim 3. Infanterie Regiment. Hiermit stelle ich das ergebene Gesuch, meinen Sohn zum Studium des 3. Semesters bis 28. Februar geneigtest zurückstellen zu wollen. Mit aller Hochachtung! Berthold Brecht, Fabrikdirektor.« *(SBA)* (→ 15. 8.) Das Gesuch wird am → 15. 8. zurückgewiesen.

22. Juli, Montag. B war mit Paula Banholzer am Starnberger See und beichtet Neher: »Sie war eine Herzogin auf drei Tage, und dann kam die verfluchte Angst, weil die Periode ausblieb! [...] Ich werde mir vom lieben Gott das Wunder nicht versauen lassen, das wir ihm stehlen mußten. [...] Ich hoffe, Du betest für mich; denn einem Kind stände ich fassungslos gegenüber.« *(Br, 46.)*
Mit Geyer besucht er eine Kunstausstellung.

10.-13. August, Sonnabend-Dienstag. Nach Beendigung des Sommersemesters unternimmt B »mit Fritz« (wohl seinem Vetter Reitter) einen Ausflug in den Bayerischen Wald zum »Zwiesler Waldhaus«. Von dort berichtet er seinem »lieben Mädel« (Paula Banholzer) von der 12stündigen Bahnfahrt und von der Unterkunft. Am Sonntag (11. 8.) singt B nach ausgedehnter Waldwanderung zur Gitarre in einer Schenke (»viel besser als je daheim«), wofür beide »Milch und Butter« bekommen. Sie planen einen Nachtmarsch (»immer in Wäldern«). »Vielleicht haben wir Sternenhimmel.« Am Sonntag sind sie nach der nächtlichen Wanderung auf dem Berg Arber angekommen. Er schreibt an einer »Ballade, in der das Feuer der Sehnsucht aufflammt« *(Br, 47)*.

15. August, Donnerstag. Die Militärkommission weist das erneute Rückstellungsgesuch von Bs Vater (→ 21. 7.) mit der Begründung zurück: »Der Reklamierte ist erst 20 Jahre alt und g.v.F.« Man verfügt seine Einberufung zum Militär und »Überführung zu den Sanitätsmannschaften« (→ 1.10) *(SBA)*.

26. August, Montag. B teilt Neher in einem mißgelaunten Brief seine Unzufriedenheit mit: »Bittersweet ist fort, und es macht nichts, und ich kann nicht arbeiten, und der Himmel ist ein Loch, in das man nicht hineinspucken kann, und Du sagst nichts, und die deutsche Literatur ist Schund, und ich bin auch Schund [...].« *(Br, 48.)*

August. B schreibt an Neher über sich: »Hier war Plärrer. Ich habe mich halb kaputt geschiffschaukelt. Arbeiten kann man wenig, wenn der Sommer so verflucht schön ist.« Er berichtet ihm von der Arbeit an einem Stück »fürs Theater der Zukunft«: *Der dicke Mann auf der Schiffschaukel* (ursprünglicher Titel von *Galgei*; *10,16-48*).

B erhält von Artur Kutscher (→ Mitte Juni) eine ablehnende *Baal*-Kritik. Darüber schreibt B an Hanns Otto Münsterer: »Er hat mir etwas über den ›Baal‹ geschrieben. Zum Speien! Er ist der flachste Kumpan, der mir je vorgekommen ist.« *(Br, 49.)*

B schickt dem schwer verwundeten Rudolf Prestel ein Gedicht ins Lazarett, dessen 1. Strophe lautet: »*Eine kleine Weile wartet* / Ihr Verzweifelten! / Meint ihr, die Sonne sei untergegangen / Weil *ihr* blind seid? / Seht: die Sonne schien tausend Jahre.« *(13,116.)*

3. September, Dienstag. B schreibt für Otto Andreas Bezold, der ihm einen entwendeten Totenschädel geschenkt hat, die *Ballade an meinen Totenschädel (13,117f.)*.

An die Tür seines »Zwingers« hat B *Zwölf Suren für meine Besucher* geheftet. Münsterer erinnert sich: »Man wurde höflich gebeten, gesunden Verstand und gute Einfälle mitzubringen, dafür aber seine Vorurteile getrost zu Hause zu lassen – Sela – und bekam auch sonst noch einige kleinere Abreibungen auf Vorschuß.« *(Münsterer, 18.)*

8. September, Sonntag. B schreibt zum Geburtstag seiner Mutter (an diesem Tage) das Gedicht *Der Geschwisterbaum (13,118-120)*, das er ihr und seinem Bruder widmet.

23. September, Montag. B schreibt *Luzifers Abendlied* (späterer Titel: *Gegen Verführung*), mit der Schlußstrophe: »Laßt euch nicht verführen! / Zu Fron und Ausgezehr! / Was kann euch Angst noch rühren? / Ihr sterbt mit allen Tieren / *Luzifers Abendlied*

Und es kommt nichts nachher.« (In die *Hauspostille* übernommen, *11,116*.)

1. Oktober 1918-9. Januar 1919 Militärdienst als Krankenwärter im Reservelazarett Augsburg

Mit Otto Müllereisert

1. Oktober, Dienstag. B hat sich in München bei der Universität zum Militärdienst abgemeldet und Hedda Kuhn die Nachricht für Adolf Seitz gegeben: »Ich kann nicht kommen. Ich werde am Dienstag begraben.« *(Br, 50.)*
Nach Ablehnung des 2. Gesuchs von Bs Vater um Rückstellung von B (→15.8.) muß er den Dienst antreten als »Militärkrankenwärter« im Reservelazarett Augsburg (→9.1.19), das in Baracken auf dem Hof der Elias-Holl-Schule untergebracht ist. Er wird in der Station D (Dermatologie), Abteilung für Geschlechtskrankheiten (Leitung: Julius Raff) eingesetzt.

12. Oktober, Sonnabend. B schreibt an seinen Bruder Walter (→Anfang April) über seine Arbeit im Lazarett: »Ich habe es gut getroffen, aber es hat seine Schattenseiten, immer Operationen und Verbindungen zu sehen und dabei einiges zu hören. Aber ich darf schon daheim schlafen. [...] Ich freue mich enorm auf den Frieden, auch darauf, daß wir zwei eventuell zusammen studieren könnten« *(Br, 52)*.

21. Oktober, Montag. B teilt Walter mit, daß er jetzt als »Schreiber« tätig ist. Er gehe manchmal ins Theater, »aber es ist nicht viel los« *(Br, 53)*.

2. November, Sonnabend. B schreibt das *Lied an die Kavaliere der Station D*, das sind die geschlechtskranken Soldaten des Lazaretts: »O wie brannten euch der Liebe Flammen / Als ihr jung und voller Feuer wart. / Ach der Mensch haut halt *das* Mensch zusammen / Das ist nun einmal so seine Art.« *(11,11.)*

5. November, Dienstag. Nach einem Aufstand bei der deutschen Hochseeflotte in Kiel beginnen an zahlreichen Orten Deutschlands revolutionäre Aufstände, die (6.-10.11.) zur Bildung von Arbeiter- und Soldatenräten führen, welche die politische Macht übernehmen oder anstreben.

7. November 1918 Novemberrevolution in München

7. November, Donnerstag. Novemberrevolution in München und Ernennung Kurt Eisners zum provisorischen Ministerpräsidenten der von ihm (9.11.) ausgerufenen bayrischen Volksrepublik.

8. November, Freitag. Arbeiter und Soldaten versammeln sich in Augsburg im Ludwigsbau und wählen einen Soldatenrat (Vorsitz: Ernst Niekisch), der sich mit einem Aufruf »Gewalt in unseren Händen« an die Bevölkerung wendet.

9. November, Sonnabend. Der deutsche Kaiser Wilhelm II. dankt ab und flieht (10.11.) in die Niederlande. Der Abgeordnete Philipp Scheidemann (SPD) proklamiert die deutsche Republik vom Berliner Reichstag, zwei Stunden später ruft Karl Liebknecht (USDP) vom Berliner Schloß die »freie sozialistische Republik Deutschland« aus. Die Regierung wird von einem »Rat der Volksbeauftragten« (Vorsitzende: Vertreter der SPD und der USPD) übernommen. Der (am 11. 11. gegründete) Spartakusbund will »alle Macht den Arbeiter- und Soldatenräten« übertragen und strebt (nach sowjetischem Vorbild) eine sozialistische Republik an. B verfolgt die Forderungen und späteren revolutionären Kämpfe der Spartakisten (→ 5. 1. 19) mit großem Interesse und gestaltet sie später in dem Stück *Spartakus* (ursprünglicher Titel von *Trommeln in der Nacht*; → März 19).

11. November, Montag. Nach den schweren Niederlagen an der Westfront und den ausgebrochenen revolutionären Aufständen (→ 5. 11.) wird in Compiègne ein Waffenstillstandsvertrag zwischen den westlichen Alliierten und Deutschland unterzeichnet. Der deutsche Heeresbericht meldet, daß »heute mittag an allen Fronten die Feindseligkeiten eingestellt« werden *(Vossische Zeitung).*

11. November 1918
Ende des ersten Weltkriegs (Waffenstillstands-Vertrag)

B stellt *Baals Lied* (→ 7. 7.), *Lied der müden Empörer, Kleines Lied, Lied der Galgenvögel,* das *Lied an die Kavaliere der Station D* (→ 2. 11.), *Ein bitteres Liebeslied* und *Lied von der Liebe* zu der Sammlung *Lieder zur Klampfe von Bert Brecht und seinen Freunden. 1918 (11,7-14)* zusammen.

Lieder zur Klampfe von Bert Brecht und seinen Freunden. 1918

22. November, Freitag. Bs Mutter schreibt an Walter über B: »Man hat ihn in seinem Lazarett scheints allgemein gern. Sie sagen alle zu ihm: er werde wohl ein guter Arzt werden, wäre aber *nie* ein guter Soldat geworden. Aber sie nehmen ihn scheints, wie er ist, sogar sein Feldwebel, der sonst sehr kritisch sei.« *(Brecht, 363.)*

25. November, Montag. Hanns Otto Münsterer besucht B im Lazarett, wo auf der Station D Syphilisuntersuchungen angestellt werden. Er unterhält sich mit B u.a. über dessen *Ballade von den Seeräubern (11,85-89) (SBM).*

28. November, Donnerstag. Ein dem Augsburger Arbeiter- und Soldatenrat unterstehender Lazarettrat wird konstituiert, dem B eine Zeitlang angehört. Nach der Erinnerung von Ernst Niekisch sei B darin niemals besonders hervorgetreten.

Teilnahme an Sitzungen des Augsburger Soldatenrats (Lazarettrat)

B schreibt rückblickend 1928 darüber (→ 9. 11. 28): »In jener Zeit war ich Soldatenrat in einem Augsburger Lazarett, und zwar wurde ich das nur auf dringendes Zureden einiger Freunde, die behaupteten, ein Interesse daran zu haben. (Wie sich dann herausstellte, konnte ich jedoch den Staat nicht so verändern, wie es für sie gut gewesen wäre.) Wir alle litten unter einem Mangel an politischen Überzeugungen und ich speziell noch dazu an meinem alten Mangel an Begeisterungsfähigkeit.« *(21,250.)*

9. Dezember, Montag. Aufgrund des Waffenstillstandsvertrags (→ 11. 11.) besetzen französische Truppen Mainz. Das linke Rheinufer wird von deutschen Truppen geräumt. (Am 6.12. sind britische Truppen in Köln und Bonn einmarschiert.)

1919

4. Januar, Sonnabend. In Augsburg findet im Ludwigsbau eine Wahlversammlung der USPD (Unabhängige Sozialdemokratische Partei Deutschlands) statt, die Lilly Prem (→ 16.9.16) leitet. Bei einer Veranstaltung dieser Art lernt B auch ihren Mann, Georg Prem vom Augsburger Arbeiter- und Soldatenrat, sowie Wendelin Thomas kennen, später Herausgeber der USPD-Zeitung *Der Volkswille* (→ 13.10.).

5.-12. Januar 1919 Spartakusaufstand in Berlin

5. Januar, Sonntag. Am 1.1. haben Rosa Luxemburg und Karl Liebknecht (→ 15.1.) auf der Gründungskonferenz des Spartakusbundes (→ 9.11.18) mit Bremer Linkssozialisten die Kommunistische Partei Deutschlands (KPD) gegründet. Liebknecht und Georg Ledebour (SPD) rufen in Berlin zum Widerstand gegen die Regierung auf. Am 5.1. besetzen linke Kräfte das Berliner Zeitungsviertel und üben Kontrolle über die Publikationsmittel aus. Sie rufen die Arbeiterschaft zum bewaffneten Kampf gegen die Reichsregierung Ebert–Scheidemann (»Spartakusaufstand«) auf. Am 12.1. werden die Spartakisten von Regierungstruppen niedergeschlagen.

Entlassung vom Militärdienst

9. Januar, Donnerstag. Obgleich nach einem »Demobilisierungsplan« die Jahrgänge 1898/99 nicht entlassen werden dürfen, gelingt es B, den Militärdienst als Krankenwärter vorzeitig zu beenden. In einem »Führungszeugnis« wird seine Tätigkeit als »militärischer Krankenwärter« mit »sehr gut« bewertet.

B beschreibt das später folgendermaßen (→ 9.11.28): »Ich hatte es, durch Glück begünstigt, verstanden, meine militärische Ausbildung zu verhindern, nach einem halben Jahr beherrschte ich noch nicht einmal das Grüßen und war selbst für die damals schon gelockerten militärischen Verhältnisse zu schlapp. Ich verfügte dann aber sehr bald meine Entlassung.« *(21,250.)*

15. Januar, Mittwoch. Rosa Luxemburg und Karl Liebknecht, die nach dem Scheitern des Spartakusaufstands (→ 5.1.) in ihrem Versteck in Berlin entdeckt worden sind, werden festgenommen. Die Wachmannschaften ermorden beide beim Transport ins Untersuchungsgefängnis. Unter dem Eindruck des Mordes im Landwehrkanal schreibt B (im gleichen Jahr) das ursprünglich auf Rosa Luxemburg bezogene Gedicht *Vom erschlagenen Mädchen* (späterer Titel: *Vom ertrunkenen Mädchen*; *11,109*) sowie (1927) *Rosa (13,399)* und (→ Januar 1929) *Grabschrift 1919 (11,205).*

16. Januar, Donnerstag. B besucht mit Hanns Otto Münsterer Wahlversammlungen verschiedener Parteien. Die Zentrumspartei hat Heiligenbilder ausgegeben, auf denen steht, daß die ersten Christen ihr Blut für ihren Glauben hingegeben haben. Danach gehen sie zu den Unabhängigen, wo u. a. Felix Fechenbach, der Sekretär von Kurt Eisner, spricht.

18. Januar, Sonnabend. Mit Caspar Neher und Otto Müllereisert geht B in das Augsburger Tanzlokal Karpfen. Neher notiert in seinem Tagebuch: »Auch war dort ein schönes Orchestrion, das ein Bild hatte und immer wieder erleuchtet wurde und auf dem es blitzte, und dunkle Wolken zogen immer zu seiner Zeit.« *(SBA.)*

19. Januar, Sonntag. B feiert seine Entlassung vom Militärdienst mit Freunden in Gablers Taverne. Er singt seine *Lieder zur Klampfe von Bert Brecht und seinen Freunden. 1918 (11,7-14)* vor, die er 1918 in einem Heft zusammengestellt hat (→ 11. 11. 18).

An den Reichstagswahlen dürfen zum erstenmal in der deutschen Geschichte Frauen teilnehmen. Die SPD geht mit 37,9% als stärkste Partei hervor, muß aber mit bürgerlichen Parteien eine Koalition bilden, um die Mehrheit im Parlament zu erreichen. (Die verfassungsgebende deutsche Nationalversammlung wird am 6. 2. in Weimar eröffnet.)

Fortsetzung des Studiums an der Ludwig-Maximilians-Universität

20. Januar, Montag. Am 15. 1. beginnt in München ein von der Universitätsleitung für ehemalige Soldaten angesetztes »Kriegsnotsemester«. B belegt die Vorlesungen: Bau, Verrichtungen und Gesundheitspflege des menschlichen Auges (Gustav Freitag). Ein Antrag, ihn unter Anrechnung des Zwischensemesters von »weiteren Vorlesungen entbinden zu wollen«, wird (am 25. 6.) vom Prorektor genehmigt.

Am Abend trifft er mit Caspar Neher zusammen, der nach dem Demobilisierungsplan vom Militärdienst entlassen worden ist und nun an der Münchener Kunstakademie studiert.

Beginn der Arbeit an *Spartakus*

24. Januar, Freitag. B bezieht ein Zimmer in der Pension Trommer (Paul-Heyse-Str. 9). In einem Brief (aus diesen Tagen) an Paula Banholzer beklagt er sich, daß sie ihm nicht schreibt. Die Medizinvorlesungen würden erst später beginnen, deshalb habe er inzwischen ein neues Stück (*Spartakus*) zu schreiben angefangen. Bei ihm seien Neher, Bezold, Geyer, Münsterer »und die Kuhn« *(Br, 55)*.

25. Januar, Sonnabend. B singt in Augsburg Caspar Neher Lieder vor.

26. Januar, Sonntag. Neher und Hanns Otto Münsterer sind zu Besuch bei B. Er und sein inzwischen ebenfalls demobilisierter Bruder Walter tragen ihnen Wedekind-Balladen vor.

27. Januar, Montag. B besucht mit Hanns Otto Münsterer eine Protestversammlung, auf der Lilly Prem spricht und Verse zu Ehren Rosa Luxemburgs vorgetragen werden.

Abends äußert B auf der Bahnfahrt nach München Neher gegenüber, er wolle einen Roman schreiben, »der ihm 1000 Mark einbringen solle« *(SBA)*.

Mit Paula Banholzer in seiner Mansarde

Bs Wunsch nach Geldverdienst wird durch die inzwischen festgestellte Schwangerschaft seiner Freundin Paula Banholzer ausgelöst. Sie äußert sich über die Hindernisse einer dauerhaften Verbindung: »Obwohl mein Vater Direktor Brecht kannte, hätte er es nie geduldet, daß ich einen angehenden Dichter heirate. Einmal durfte ich ihn zum Kaffee bei uns einladen, da waren sie natürlich freundlich zu ihm. Bei mir wollte man's nicht haben, daß ich mich mit Brecht abgebe. So eine Berufswahl galt eben als unbürgerlich.« *(Frisch, 125.)*

28. Januar, Dienstag. B sieht sich mit Neher eine Aufführung von Strindbergs Einaktern *Paria* und *Der Gläubiger* an.

29. Januar, Mittwoch. B teilt Paula Banholzer mit, daß er an »dem Stück« (→ 24. 1.) weiterschreibt, »das 1000 Mark einbringt«. (Paula Banholzer soll auf Veranlassung der Eltern Augsburg verlassen und ihr Kind in dem Dorf Kimratshofen bei Kempten für ihre Augsburger Bekannten unbemerkt austragen und zur Welt bringen.) B fragt sie: »Das mit der Kinderwäsche, muß das schon jetzt sein? Das kann man doch immer noch besorgen!« Seine Beziehung zu Hedda Kuhn (→ 2. 10. 17) verharmlost er ihr gegenüber: »Ich kann sie gut leiden. Aber Du brauchst keine Angst zu haben. Sie ist viel zu gescheit.« *(Br, 56.)* Nach Hedda Kuhns Aussagen hat B in dieser Zeit nur wenige Vorlesungen und Seminare besucht: »Er schrieb in seinem Zimmer von morgens 6 bis 12 Uhr mittags, dann holte er mich oder Freunde zumeist von der Uni ab, um in einen Bräu oder zum Essen zu gehen.« *(Frisch, 161.)*

Abends ist B in Augsburg und besucht mit Hanns Otto Münsterer im Stadttheater die Aufführung *Die Frau vom Meer* von Ibsen, kurz darauf in München *Tod und Teufel* von Wedekind *(Münsterer, 102)*.

Januar. Nach Auskunft von Hanns Otto Münsterer hat B damals oft den *Gesang des Soldaten der roten Armee (11,48f.)* vorgetragen *(Münsterer, 101)*.

3. Februar, Montag. B geht mit Hedda Kuhn und Caspar Neher zur Semesterfeier des Kutscher-Seminars. In das Gästebuch schreibt B den Vierzeiler: »Unsereins weiß: es ist keiner zu beneiden. / Jeder hat sein Kreuz, wie er immer war. / Ich selber habe ein Nierenleiden / Ich darf nichts trinken seit Tag und Jahr.« *(13,139.)* Artur Kutscher beurteilt die Verse als »wehmütig-lächelnd« *(Der Theaterprofessor, 73)*. Es handelt sich um die letzte Strophe des Gedichts *Über die Sterblichkeit* (später *Der Virginienraucher*, geht unter dem Titel *Von seiner Sterblichkeit* leicht verändert in die *Taschenpostille* ein; → 29. 5. 26).

Nach der Erinnerung von Hanns Otto Münsterer hat B im Frühjahr im Kolleg von Artur Kutscher über Reinhard Goerings *Seeschlacht* eine kritische Analyse gegeben, die erneut den Unwillen des Professors hervorgerufen hat. B habe nach seiner Meinung bestätigt, daß ihm »jegliche Begabung mangle« *(Münsterer, 91)*.

6. Februar, Donnerstag. B besucht die USPD-Trauerfeier zu Ehren der (am 15.1.) ermordeten Kommunisten Luxemburg und Liebknecht (Rede: Gustav Landauer).

11. Februar, Dienstag. B bedankt sich bei Paula Banholzer, die inzwischen in Kimratshofen (→ 29.1.) eingetroffen ist, für deren Geburtstagswünsche. Hedda Kuhn sei abgereist und habe ihm »den Schwur der Treue abgenommen«. Er kündigt einen Besuch für die nächste Woche an und macht sich Gedanken, ob er dann bei der Hebamme Walburga Frick, die seine Freundin untergebracht hat, oder im Gasthof wohnen sollte. »Der *Spartakus* wächst und reift seiner ruhmvollen Laufbahn entgegen.« *(Br, 57.)*

13. Februar, Donnerstag. Abschluß der ersten Niederschrift des Stückes *Spartakus (vgl. 1,549-551)*.

Erste Niederschrift von *Spartakus* *(Trommeln in der Nacht)*

Neher notiert: »Wir [...] sind oft zusammen, immer wenn wir Zeit haben; es ist ganz wunderbar schön, so allein zusammen zu sein. Er erzählt seine Ästhetik und ich opponiere.« *(SBA.)*

B übermittelt Paula Banholzer eine Vision von der Geburt: »Und vielleicht sieht unser Kind zum erstenmal das Licht einer dämmrigen Bauernstube und hört als erstes das sanfte Blöken der guten Schafe und das dunkle Gemuhe mütterlicher Kühe – wie der kleine Jude in Bethlehem, nur daß damals ein noch heiligerer Geist schuld war als ich es bin.« *(Br, 58.)*

14. Februar, Freitag. B geht mit Neher zur Redaktion der Zeitschrift *Simplicissimus* und bietet dort sein Gedicht *Der Himmel der Enttäuschten (13,100f.)* mit einer Zeichnung Nehers an.

15. Februar, Sonnabend. B besucht mit Neher in Augsburg den kranken Otto Müllereisert und unterhält sich mit ihnen über die Spartakusbewegung.

16. Februar, Sonntag. Frühstück in Gablers Taverne, bei dem B Lieder singt.

17.-19. Februar, Montag-Mittwoch. B besucht Paula Banholzer in Kimratshofen.

20. Februar, Donnerstag. B singt vor Neher Lieder von sich und Wedekind und lehrt ihn das Gitarrespielen. Abends besucht er mit ihm in den Münchener Kammerspielen *Mandragola* von Machiavelli und *Der tapfere Cassian* von Schnitzler.

21. Februar, Freitag. Der bayerische Ministerpräsident Kurt

Eisner (USPD) wird in München von einem bayerischen Offizier bei der Fahrt zum Landtag erschossen.

22. Februar, Sonnabend. B fährt mit Neher und Geyers Schwester nach Augsburg. Neher notiert über die Situation: »Dann kamen wir hier an. Es war kein anderes Bild wie in München, höchstens schlimmer und harmloser. Raudis hatten in der Nacht vorher sämtliche Läden in der Bürgermeister-Fischer-Straße und der Bahnhofstraße erbrochen und beraubt. Es war geschossen worden – sonst war nichts los. Eine Menge Leute, die sich die Revolution ansahen mit tumben Gesichtern.« *(SBA.)* B und Neher schließen sich dem Augsburger Trauerzug für Kurt Eisner an.

23. Februar - 21. April 1919
Arbeiter- und Soldatenrat regiert Augsburg

23. Februar, Sonntag. Der »Revolutionssonntag«. In Augsburg übernimmt am 23./24. 2. der Arbeiter- und Soldatenrat die Macht (bis 21. 4.).

B trifft sich mit Neher in Gablers Taverne zum Frühstück.

24. Februar, Montag. Am Nachmittag ist Hanns Otto Münsterer bei B *(SBM)*.

25. Februar, Dienstag. Hanns Otto Münsterer trifft B an diesem und an den folgenden Tagen mehrfach in München. »Er haust dort in einer bravbürgerlichen, mit Plüschmöbeln ausstaffierten Stube zu ebener Erde [...]« Sie sprechen über *Spartakus* »und seine Aussichten« *(Münsterer, 103)*.

26. Februar, Mittwoch. B verbringt den Tag mit Caspar Neher. Teilnahme auch an dem Münchener Trauerzug (zum Ostfriedhof) aus Anlaß der Ermordung von Kurt Eisner. In der Stadt wird geschossen. Abends kommt Paula Banholzer aus Kimratshofen nach München.

28. Februar, Freitag. B und Paula Banholzer sprechen mit Neher über ihre Zukunft und die des erwarteten Kindes.

Abends besuchen sie Strindbergs *Totentanz* (mit Tilla Durieux und Albert Steinrück).

Bekanntschaft mit Lion Feuchtwanger

Lion Feuchtwanger, als Sohn eines Fabrikanten am 7. 7. 1884 in München geboren, studiert in München und Berlin und promoviert 1907 zum Dr. phil. Er gibt die Zeitschrift *Der Spiegel* heraus und schreibt für die *Schaubühne* (später: *Weltbühne*) Theaterkritiken. Seit 1905 schreibt er vor allem Dramen (z. B. 1916 *Warren Hastings, Governeur von Indien*), auch Romane (1910 *Der tönerne Gott*). Feuchtwanger ist dramaturgischer Berater der Münchener Kammerspiele.

Februar. Im Café Stephanie empfiehlt der Schauspieler Arnold Marlé, B solle sich mit *Spartakus* an den Schriftsteller Lion Feuchtwanger wenden, der guten Kontakt zu den Münchener Kammerspielen hat. Feuchtwanger erinnert sich an die erste Begegnung: »[...] bald nach Ausbruch der sogenannten deutschen Revolution kam in meine münchner Wohnung ein sehr junger Mensch, schmächtig, schlecht rasiert, verwahrlost in der Kleidung. Er drückte sich an den Wänden herum, sprach schwäbischen Dialekt, hatte ein Stück geschrieben, hieß Bertolt Brecht.« *(Bertolt Brecht, dargestellt für Engländer, in: Die Weltbühne, Nr. 36, 4. 9. 1928, S. 372.)*

1. März, Sonnabend. Nach Paula Banholzers Abreise Spaziergang mit Neher an der Isar, Gespräch über Kunst und beider Zukunft. Nachmittags fährt B nach Augsburg. Abends ist er mit Freunden und Freundinnen am Lech.

2. März, Sonntag. Teenachmittag in Gablers Taverne. Abends unternimmt B mit Heinz Hagg, Caspar Neher und einigen Mädchen einen Ausflug.
4. März, Dienstag. B bedankt sich aus München bei Hagg für den von ihm initiierten Ausflug und bittet darum, für den kommenden Sonntag etwas Ähnliches zu organisieren *(Br, 59)*. Neher erfährt von B, daß er ein Drama *David und Bathseba / Absalom* schreiben will.
Abends mit Neher in Maxim Gorkis *Nachtasyl*. Sie verlassen das Theater nach dem 2. Akt.
5. März, Mittwoch. B singt Neher neue Lieder vor.
7. März, Freitag. B besucht eine Aufführung von Franz Grillparzers *Medea* mit Tilla Durieux, die ihm sehr gefällt.
8. März, Sonnabend. B geht mit Neher und Georg Pfanzelt an den Lech. Neher: »Wir sangen und schrien, daß uns die Ohren gellten.« *(SBA.)*
10. März, Montag. B macht Hanns Otto Münsterer mit einem Projekt *Absalom oder Der Beauftragte Gottes* bekannt, das er ursprünglich als »wuchtiges« Drama gestalten wollte, von dem aber nur eine Prosafassung überliefert ist (*»Absalom reitet durch den Wald« oder »Der öffentliche Mann« aus den »Gesichten des Berthold Brecht«, 19,48f.) (SBM).*
11. März, Dienstag. B sieht mit Caspar Neher in München Wedekinds *Marquis von Keith.*
14. März, Freitag. Neher macht B mit neuen Zeichnungen zu *Baal* bekannt und porträtiert ihn.

Skizzen von Caspar Neher

18. März, Dienstag. B besucht mit Münsterer einen Rezitationsabend des Schauspielers Ernst von Possart im Ludwigsbau, bei dem u. a. Goethes *Gott und die Bajadere* vorgetragen wird. Münsterer erinnert sich: »[...] es ist einfach furchtbar. Natürlich imitiert ihn Brecht grandios, der Possart-Mahadöh ist eine seiner Glanznummern, bis er auf den Gedanken kommt, die Goethe-Ballade als Song zur Klampfe darzubieten« *(Münsterer, 106)*.
21. März, Freitag. Abends besucht er den Rezitationsabend des Münchener Schauspielers Hans Karl Müller (mit Gedichten von Schiller und Goethe bis Morgenstern, Wedekind und Rilke) im Augsburger Börsensaal und schreibt eine Rezension.
22. März, Sonnabend. In den *ANN* erscheint *Vortragsabend von Hans Karl Müller*, in dem er den Rezitator lobt: »Jeder Satz pointiert; es war ein Genuß zuzuhören!« *(21,37.)*

22. März 1919
Erste Veröffentlichung einer Theaterrezension

24. März, Montag. Hanns Otto Münsterer besucht B.
29. März, Sonnabend. B will mit Paula Banholzer einige Tage am Ammersee verbringen und hofft auf die Zustimmung ihrer Eltern zu der Reise. Er berichtet ihr aus München von einem 2. Atelierfest bei einer Malerin, einer Be-

kannten von Caspar Neher. In der ganzen Nacht habe er Gitarre gespielt und bei den Damen Chancen gehabt. »Aber ich lachte über sie und spottete sie aus, Cas bezeugt es; denn ich dachte an unser Kind und daß Du schöner bist als diese und reiner, und da liebten sie mich nicht mehr, und die eine nahm den Maler, obwohl er sehr häßlich war, und die andere nahm der Cas, so daß er sie jetzt mit an den Ammersee bringen will, wenn Du einverstanden bist.« B fragt Paula Banholzer, ob sie den *Faust* gelesen hat und mehr von Goethe haben will *(Br, 60)*.

Am gleichen Tage erfährt B, daß Paulas Eltern die Reise nicht wünschen. »Jetzt müssen wir uns wieder Sonnenschein machen.« Er schreibt ihr einen 2. Brief, dem er auch einen Brief an Paulas Mutter beilegt, »ein Meisterwerk« *(Br, 61)*.

März. Feuchtwanger hat *Spartakus* gelesen und ist zu einem günstigen Urteil (→ 4. 4.) gelangt. Auf Vorschlag seiner Frau Marta wird das Stück in *Trommeln in der Nacht* umbenannt.

3. April, Donnerstag. Auf einer großen Massenkundgebung wird in Augsburg die Ausrufung der Räterepublik gefordert. Nach Auskunft von Marie Rose Aman habe B gute Verbindung zu den Augsburger Spartakisten gehabt und ihr u. a. schnell zu einem (damals erforderlichen) Erlaubnisschein für eine Eisenbahnfahrt verholfen *(Frisch, 166)*.

4. April, Freitag. B berichtet Paula Banholzer über die günstige Aufnahme seines Stückes *Spartakus* durch Feuchtwanger. »Ein Doktor in München, der sehr viel gilt und selbst gute Stücke schreibt, findet den *Spartakus* genial. Er wird was dafür tun, und dann bekommen wir Geld. Er wird auch gedruckt werden: dann kannst Du's auch lesen. Er wurde doch nur für Dich geschrieben.« Mit kurzen Unterbrechungen wolle er jetzt drei Wochen in Augsburg bleiben *(Br, 62)*.

5. April, Sonnabend. B scheut sich, nach Kimratshofen zu fahren, weil er dort nicht mit seiner Freundin zusammen sein kann. »Wir hätten keine Gelegenheit, allein zu sein, ohne Anstoß zu erregen« *(Br, 63)*.

6. April, Sonntag. B beklagt sich bei Paula Banholzer darüber, daß deren Mutter seine Ausflüge in angeblich zweifelhafte Lechlokale, unter anderem mit ihrer Tochter Blanka, anstößig findet und ihn selbst für den »Schlechtesten« hält: »Bitte grüße Deine Mutter von mir, und sage ihr bitte, daß ich, wenn ich hinfort nichts mehr Schlechteres tue als um Deinen guten Ruf besorgt zu sein, nachdem ich daran schuld bin, daß er gefährdet wurde, immer noch recht gut unter die (minderen) Heiligen hineinpassen täte!« *(Br, 64.)*

6./7. April-2. Mai 1919
Räterepublik in München

6./7. April, Sonntag / Montag. In München wird vom linken Flügel der USPD und der SPD die Räterepublik ausgerufen, der sich später auch die KPD anschließt. Die gestürzte Regierung (unter Johannes Hoffmann, SPD) stellt zur Niederschlagung der Räterepublik in Bamberg Freiwilligenverbände auf und bittet die Reichsregierung um Entsendung von Truppen.

8. April, Mittwoch. B fährt mit Hanns Otto Münsterer nach München und erzählt ihm von Feuchtwangers Interesse an *Spartakus*.

12. April, Sonntag. Caspar Neher hat sich einer Eintragung in seinem Tagebuch zufolge mit B verstritten. Beide beschuldigen jeweils den anderen des Egoismus.

14. April, Dienstag. B geht mit Hanns Otto Münsterer zu Georg Prem, dem Rätekommandanten von Augsburg, und danach in ein Eiscafé am Kreuz. Georg Prem (→ 4. 1.) erinnert sich an die Gespräche: »Brecht war sehr an der revolutionären Entwicklung interessiert, er war mir und meiner Frau trotz harter Diskussionen sehr wohlgesonnen.« *(Frisch, 169.)* Münsterer erfährt, daß B für eine Feier zu Ehren der gefallenen Mitglieder des Turnvereins einen Prolog und einen Epilog gedichtet hat (→ 18. 4.). Nach Bs Meinung werden auf der Feier einseitig die Männer bevorzugt, man solle auch für die gefallenen weiblichen Mitglieder eine Feier veranstalten.

15. April, Dienstag. B liest Hanns Otto Münsterer Gedichte »aus seiner Jugend« vor und erzählt von Therese Ostheimer. Beim anschließenden Besuch im Eiscafé setzt B, nach Notierungen von Münsterer, einer »Dame auseinander, daß man nun bald mit der Kommunisierung der Weiber beginnen werde« *(SBM)*.

Mitte April. B will Paula Banholzer nun doch in Kimratshofen besuchen: »Und wie ist es dann mit dem Wohnen. Ich kann wirklich nicht im gleichen Dorf mit Dir eine ganze Nacht lang ohne Dich schlafen.« Er schickt ihr das für sie geschriebene Liebesgedicht *Als sie unschuldsvoll in Kissen (13,132)*, das seine Liebe zu ihr beweise. Seine beiden Stücke *Baal* und *Spartakus* werden nach seiner Überzeugung gedruckt und aufgeführt werden. »Der Doktor, der mich ›entdeckt‹ hat, scheint gute Arbeit zu tun.« Dennoch ist B pessimistisch, hat keine »rechte Lust« mehr daran und will etwas Neues schreiben. Über seine politische Haltung schreibt er: »Übrigens bin ich vollends ganz zum Bolschewisten geworden. Freilich bin ich gegen jede Gewalt, und da ich hier Einfluß habe, kann ich da einiges tun. Jetzt wird Widerstand mit allen Mitteln organisiert – aber wenn Ihr hört, daß Augsburg nicht gekämpft und Blut vergossen hat, dann kannst Du sicher sein, daß ich, ganz hinten stehend und den meisten unsichtbar, sehr darum verdient bin. Einmal wird die Räterepublik doch durchdringen.« Dann bittet er die

Als sie unschuldsvoll in Kissen
Weißen Kissen schuldlos lag
War sie so zum Schluchzen herrlich
Daß ich nicht dran denken mag.
Über uns war weiße Decke
Aber Himmel *über* der –
Wilder Himmel, blauer Himmel
Und erlöste die Begehr.
Und sie zitterte, ich glaube
Schon war Wiegen mir im Knie
Aber lang sah ich den Himmel
Und ich sah: ich darf es nie. –
Dies war Himmel. Aber Wolken
Weiße in der wilden Nacht
Die der Sturm trieb, die sich bangten
Sah ich – als sie halb erwacht
Halb im Schlaf die schwachen Arme
Hilflos lächelnd um mich schlang
Und mit ihr das milde warme
Leben selig an mich drang.

schwangere Freundin, sie solle »den kleinen Sohn des großen Brecht recht höflich« behandeln. Frank Warschauer (Filmkritiker und Journalist) sei B nach München nachgereist, um ihn zu treffen. Als er die spartanischen Verhältnisse in seiner Wohnung sah, habe er ihm ohne Umstände 100 RM aufgedrängt. »Und das ist nun ein Jude! Auch Dr. Feuchtwanger ist ein Jude! Die Christen tun so was nicht!« *(Br, 65.)*

16. April, Mittwoch. B kündigt Paula Banholzer einen neuen Besuch in Kimratshofen an. Da das Münchener Nationaltheater an *Baal* interessiert ist, möchte er sich gern an Orten aufhalten, an denen er leicht erreichbar ist. B sagt voraus, daß die Räterepublik »vielleicht nicht mehr lange dauern«, aber später wiederkommen wird *(Br, 66)*.

18. April, Karfreitag. B besucht mit Münsterer die Gedächtnisfeier des Turnvereins Augsburg »für unsere auf dem Felde der Ehre gebliebenen Helden«. Die Schauspielerin Vera-Maria Eberle vom Stadttheater Augsburg trägt (als Prolog) das im Frühjahr 1915 entstandene Gedicht *Karfreitag* (*13,78f.*; → 11. 5. 15) sowie zum Abschluß ein (nicht überliefertes Gedicht *Von den Geschlagenen und dem Meere* vor. Bei Otto Andreas Bezold setzt B seinen Freunden den »Vorteil einer Räterepublik« auseinander. Münsterer notiert: »Er kann überhaupt sehr gut überzeugen. Einmal sagt er: ›Der Bolschewismus ist eine Krankheit, die überwunden werden wird, nur gehen wir vorher zugrunde.‹« *(SBM.)* Caspar Neher bringt B weitere Zeichnungen zu *Baal*.

19. April, Ostersonnabend. B setzt Münsterer seine Auffassung zur Jugenderziehung auseinander: »Jedes Kind bekäme beim Schuleintritt eine Nummer und werde so lange nur als Nummer angesprochen, bis es sich durch kluge Antworten die Anteilnahme des Lehrers und damit das Recht auf den persönlichen Namen erworben hätte.« *(Münsterer, 127.)*

20. April, Ostersonntag. Die Freikorps (»weiße Garden«) unter General Franz Ritter von Epp besetzen Augsburg und gehen mit großer Übermacht gegen die rote Armee vor. Neher notiert: »Kanonendonner weckte uns auf. Ostern! Man glaubt kaum, daß Ostern ist. Weiße Garde gegen rote Garde. Bruderkrieg...« *(SBA.)*

Gewaltsame Auflösung des Augsburger Arbeiter- und Soldatenrates

21. April, Ostermontag. Der Augsburger Arbeiter- und Soldatenrat wird ausgehoben und aufgelöst, seine Mitglieder verhaftet. B gewährt Georg Prem, dem die Flucht gelingt, für zwei Nächte Unterschlupf in seiner Mansarde. Prem wird später wegen seiner revolutionären Tätigkeit ein Prozeß gemacht (→ 3. 3. 20).

22. April, Dienstag. Nachmittags Besuch von Hanns Otto Münsterer, mit dem er über eine neue *Baal*-Szene spricht. Münsterer notiert in sein Tagebuch: »Er hatte in den Nächten Prem bei sich. Die Leute der Nachbarschaft behaupteten, aus dem Fenster sei geschossen worden.« Dann holen beide Caspar Neher ab, der bereits 14 *Baal*-Zeichnungen fertiggestellt hat *(SBM)*. Neher berichtet vom verwundeten Otto Müllereisert; er habe darüber geklagt, daß B seine freiwillige Beteiligung bei den Weißgardisten mißbilligt und ihm hat ausrichten lassen, er wolle nicht an »seinem Leichenbegräbnis« teilnehmen *(SBA)*.

Zeichnung von Caspar Neher zu *Baal*

23. April, Mittwoch. Hanns Otto Münsterer kommt zu B. Dann geht B »gut gelaunt« zu Caspar Neher und spricht mit ihm und Georg Geyer über *Baal*, *Trommeln in der Nacht* und *Sommersinfonie (SBA)*.

24. April, Donnerstag. B besucht nachmittags Hanns Otto Münsterer und erklärt ihm, wie dieser in seinem Tagebuch notiert, »sehr viel Theoretisches, Fehler und Unoriginalität« der Gedichte Münsterers. »Er hat leider nur zu recht.« Dann gehen sie in den Eisladen, wo B mit der »Eismamsell« tanzt *(SBM)*.

25. April, Freitag. B stürzt beim Reitunterricht vom Pferd, verletzt sich und ist »halb lahm« *(Br, 67)*. Neher notiert: B »erhielt Schrammen, hatte aber Glück« *(SBA)*.

28. April, Montag. B teilt Jacob Geis, dem Dramaturgen des Bayerischen Staatstheaters München, mit, daß er eine neue Fassung von *Baal* hergestellt hat: »Jedenfalls hat ›Baal‹ viel gewonnen, besonders in der Kurve, aber auch im Detail, es sind Szenen ganz umgeändert, andre rausgeschmissen, etliche eingefügt. Er ist überhaupt erst jetzt aufführbar.« Er bittet ihn, das alte Manuskript, das Intendant Steinrück hat, gegen das neue auszutauschen, das er in der Folgewoche schicken will *(Br, 67)*.

1. Mai, Donnerstag. Die deutsche Nationalversammlung hat (am 12. 4.) den 1. Mai zum Feiertag für einen gerechten Frieden erklärt.

Niederschlagung der Räterepublik in München

2. Mai, Freitag. Mit einem Blutbad stürzen die Reichstruppen die Räterepublik in München (→ 6./7. 4.). In einem der Freikorps kämpft auch Bs Bruder Walter, der sich freiwillig dazu gemeldet hat; nach Aussagen Hedda Kuhns hat er sich aber von diesen Truppen bald distanziert, »da er nicht habe ahnen können, wie die Weißen sich gebärden« *(Frisch, 172)*. Auch von Otto Müllereisert, der mit Regierungstruppen gekämpft hat, erfährt B viel »über die Greuel, die sich beim Sturz der Räterepublik zugetragen hatten« *(Münsterer, 132)*.

Am 2. 5. liest B seinen Freunden die neue Fassung von *Baal* vor; »große Partien des ersten Teils, insbesondere auch die Redaktionsszenen, in denen sich Baal noch geradezu an eine geregelte Existenz klammert, sind gestrichen, das Ganze wirkt dadurch ungebärdiger und unbürgerlicher«. In den nächsten Tagen habe er aber schon weitere Änderungen gemacht *(Münsterer, 107)*.

4. Mai, Sonntag. Im weiteren Verlauf der Umarbeitung des *Baal* hat B die »ganze Johannes-Episode mit dem liegengebliebenen Regenschirm gestrichen, der Raub der Dechant, der Sophie Barger der Druckfassung, soll wegfallen, ebenso fehlen die prächtigen ersten Landstraßenszenen«. Die frühere Szene im Hotel Kontinental ist durch eine Fuhrmannskneipen-Szene ersetzt worden *(Münsterer, 107f.)*.

6. Mai, Dienstag. Anstelle des für diesen Tag vorgesehenen Semesterbeginns bleiben wegen der politischen Ereignisse alle bayerischen Universitäten geschlossen. Professoren und Studenten werden aufgerufen, sich zu den Freikorps zu melden. B liest seinen Freunden die neu geschriebene Stierszene aus *Baal* vor und diskutiert mit ihnen »eingehend« darüber. In dieser Art sei es weitergegangen, bis B Münsterer (am 20. 5.) das Typoskript zur Durchsicht mitgibt *(Münsterer, 108)*.

8. Mai, Donnerstag. B besucht Walter, der sich noch im Dienst des Freikorps (→ 2. 5.) befindet, in München.

9. Mai, Freitag. Neher geht mit B auf den Plärrer und notiert, daß »die Mädchen in der Schaukel mit Bert um die Wette fahren«; es sei »unglaublich schön und voll Körper, warm und geschmeidig und voll Kraft« *(SBA)*.

10.-11. Mai, Sonnabend-Sonntag. B geht an beiden Tagen abends mit Neher und dessen Schwester Marietta Schiffschaukeln.

12. Mai, Montag. B und Neher besuchen Georg Geyer, sind später mit Georg Pfanzelt und Hanns Otto Münsterer zusammen. Abends singt B in Gablers Taverne neue Lieder, z.B. *Larrys B (13,142f.)*.

14. Mai, Mittwoch. B fährt nach Kempten und trifft sich dort mit Paula Banholzer.

17. Mai, Sonnabend. B ist nach Augsburg zurückgekehrt und besucht Neher und Georg Geyer. Abends geht er mit Neher und Pfanzelt in den Ludwigsbau.

Baal (Fassung 1919) fertiggestellt

19. Mai, Montag. B fährt mit seinem Bruder Walter und Neher nach München. Er reicht beim Musarion-Verlag sein Stück *Baal* ein, das mit den Zeichnungen Nehers erscheinen soll.

Abends sieht B eine Aufführung des Stückes *Armut* von Anton Wildgans.

20. Mai, Dienstag. B gibt Hanns Otto Münsterer die neue *Baal*-Fassung zur Durchsicht: »ein paar Änderungsvorschläge werden von ihm wohlwollend aufgenommen«. B scheut sich aber vor einer von Münsterer vorgeschlagenen »Testvorlesung des Stücks vor einem größeren Publikum« *(Münsterer, 108f.)*.

22. Mai, Donnerstag. Münsterer, der mit B und Otto Müllereisert nachts durch die Lechauen streift, notiert in seinem Tagebuch: »Unten der gläsern, weißsprühende Fluß und fern die schwarze Silhouette der Stadt mit ihren Türmen und Giebeln. Das Gras war naß vom Tau. Brecht sang.« *(Münsterer, 116.)*

24.-26. Mai, Sonnabend-Montag. B trifft sich mit Hedda Kuhn, die auf Wunsch ihres Vaters (wegen der Unruhen in München) in Freiburg weiterstudieren muß, »auf halbem Wege« in Ulm. Sie hören einen Vortrag Rudolf Steiners (*Die Kernpunkte der sozialen Frage*), verlassen das Lokal jedoch vorzeitig und gehen an der Donau spazieren *(Frisch, 176)*. Nach Aussagen von Hedda Kuhn hat ihr B häufig Bücher zur Lektüre empfohlen, von denen er etwas hielt. Er schenkt ihr Rilkes *Aufzeichnungen des Malte Laurids Brigge*, Paul Claudels Drama *Der Tausch*, Gilbert Keith Chestertons *Der Mann, der Donnerstag war* und Jonas Lies *Madame d'Ora*. Bs »Lieblingsroman« sei Rudyard Kiplings *Das Licht erlosch* gewesen *(Frisch, 159)*.

26. Mai, Montag. In der Berliner *Vossischen Zeitung* erscheint ein Artikel der dänischen Schriftstellerin Karin Michaelis *Die Geburt des Genies*. Darin schildert sie den Eindruck, den das Vorsprechen eines jungen Mädchens vor dem Direktor der Wiener Volksbühne Arthur Rundt gemacht hat: »In der Kehle dieses häßlichen, unbeholfenen, neunzehnjährigen Mädchens ist der ganze Bann der Erkenntnis des Guten und Bösen enthalten, das Schluchzen und Klagen aller Vögel, das Rieseln aller Wasser, die Farben aller Regenbögen, Orgeltöne und Todesröcheln, die Schreie gebärender Frauen, der Jubel aller Liebes-Ekstase – das alles und noch mehr ist darin enthalten. Eine solche Stimme macht wilde Tiere fromm und friedlich wie Lämmer, bringt erfrorene Pflanzen wieder zum Blühen, macht Steine erbeben.« Der Theaterdirektor sagt ihr, sie brauche keinen Schauspielunterricht, und prophezeit am folgenden Tag: »Eines der größten dramatischen Genies, die jemals geboren wurden.« Der Name der unbekannten Wiener Schülerin ist Helene Weigel.

Helene Weigel mit Mutter und Schwester, etwa 1907

Mai. B bedauert gegenüber Neher, daß er wegen einer Reise an einem geplanten Lampionabend nicht teilnehmen kann, und gibt dafür vor allem dessen Schwester Marietta schuld, weil sie ihn nicht angerufen habe: »Sie ist schön wie das Licht am Morgen auf den großen Straßen, ehe der Staub da ist, und sie reitet wie ein junger Panther, aber wo reitet sie hin?« *(Br, 68.)*

8. Juni, Sonntag. B hält in der Augsburger Wolfszahnau vor vier Freunden »Grabreden und Maiandachten, die mit ›Geliebte in Christo‹ beginnen und so ungeheuer grotesk wirken, daß wir uns vor Lachen im Schilf wälzen« *(Münsterer, 117)*.

9. Juni, Montag. Nach Münsterer stellt B in einer philosophischen Betrachtung fest, »daß wir nur der Feuchtigkeit dieses Weltkörpers unser Dasein verdanken, ganz dem Zufall also, zwecklose Kreaturen, Erdklöße, gebildet durch eine unsinnige Laune und die Feuchtigkeit, und doch können wir denken und genießen«. Abends liest er ihnen aus Werken von Verlaine und Rilke vor *(Münsterer, 117)*.

11. Juni, Mittwoch. B schwimmt mit seinen Freunden im Hahnreibach, sie liegen »nackt im Gras der Wolfszahnau oder klettern auf Bäume« *(Münsterer, 117)*. Erlebnisse solcher Art verwendet B für (in dieser Zeit entstehende) Gedichte wie *Vom Klettern in Bäumen (11,71f.)* und *Vom Schwimmen in Seen und Flüssen (11,72f.)*.

12. Juni, Donnerstag. B meldet sich amtlich von Augsburg nach München ab.

15. Juni, Sonntag. B spaziert mit Neher und seiner Schwester Marietta im Stadtgarten.

16. Juni, Montag. B fährt mit Caspar Neher, Georg Geyer und Otto Müllereisert nach München. Im Sommersemester, das an diesem Tag beginnt, belegt B folgende Vorlesungen und Seminare: Experimentalphysiologie (Otto Frank); Entwicklungsgeschichte der Wirbeltiere und des Menschen (Siegfried Mollier); Die deutsche Literatur der letzten 40 Jahre (Artur Kutscher); Übungen zu stilgeschichtlichen Problemen (Fritz Strich) *(Frisch, 179f.)*. Da Bs Antrag auf Befreiung vom Vorlesungsbesuch (→ 20. 1.) bald nach Beginn des Sommersemesters am 25. 6. genehmigt wird, geht er nur noch selten zur Universität.

17. Juni, Dienstag. B teilt Neher mit, daß Lion Feuchtwanger an einem Stück *Thomas Brecht* arbeite.

22. Juni, Sonntag. B geht mit Georg Pfanzelt, Müllereisert und Otto Andreas Bezold im Augsburger Stadtgarten spazieren.

26. Juni, Donnerstag. B besucht mit Neher Feuchtwanger, den Abend verbringen sie im Zirkus.

28. Juni 1919
Unterzeichnung des Friedensvertrags von Versailles

28. Juni, Sonnabend. Unterzeichnung des Versailler Friedensvertrags (ab 10. 1. 20 in Kraft).

29. Juni, Sonntag. Besuch von Henrik Ibsens *Nordische Heerfahrt* im Münchner Prinzregententheater.

Juni. Für Paula Banholzer schreibt B das Gedicht *Die Tage deiner Bitternisse (13,132)*.

1. Juli, Dienstag. B nimmt an einem Atelierfest bei Caspar Neher teil, der darüber u. a. notiert: »Bert sang zum Schluß wie toll, und das Licht wurde ausgedreht, und man benahm sich der Frau gegenüber, wie man sich benehmen muß, wenn das Licht ausgedreht ist.« *(SBA.)*

7. Juli, Montag. B fährt mit Neher nach München. Der Musarion-Verlag (→ 19. 5.) sagt den Druck von *Baal* ab.
14. Juli, Montag. B hält Neher dessen Affären mit Mädchen vor, weil sie seine Kunst beeinträchtigten.
21. Juli, Montag. B rät Paula Banholzer: »Aber was hat denn der Pfarrer gesagt? Spricht er noch salbungsvoller als ich? Ich wollte lieber, Du gingest zum Arzt; das ist der bessere Idiot.« Auf eine Bekanntschaft anspielend, die sie gemacht hat, fordert er sie auf, zuzugreifen, »ich werde Hausfreund«. In München sei es »immer gleich«, er liege auf dem Diwan und reite auf seinen Dramen herum. »Die großen Dichter liegen immer auf dem Diwan.« *(Br, 69.)*
22. Juli, Dienstag. Im Pasinger Gartenhaus Hanns Otto Münsterers schreibt B mit Jacob Geis einen Szenenentwurf zu *Herr Makrok (10,49-74).*
30. Juli, Mittwoch. In Kimratshofen wird Bs und Paula Banholzers Sohn Frank Banholzer geboren. Am 1. 8. meldet die Hebamme Frick beim Standesbeamten die Geburt des Kindes. Den Akten ist ein beglaubigter Zusatz mit der Vaterschaftserklärung Bs beigefügt (→ 19. 2. 20).

30. Juli 1919
Geburt von Brechts Sohn Frank Banholzer

B teilt die Geburt des Kindes seinen Eltern erst im September mit.
Ende Juli. Nach Vermittlung von Lion Feuchtwanger erhält B vom Drei Masken Verlag München die Nachricht, daß *Baal* angenommen ist. Später nimmt der Verlag die Zusage zurück.
2. August, Sonnabend. (Katholische) Taufe des Sohnes »Frank Otto Walter« (nach Wedekind, Müllereisert und Bs Bruder) in der Pfarrkirche von Kimratshofen. Danach findet in der Gaststätte Zum Fäßle eine Feier statt, zu der B und Paula die Taufpaten Neher und Müllereisert sowie die Schwester Blanka Banholzer mit ihrem Verlobten Georg Wolf und Pfanzelt einladen.

Kimratshofen, nach der Taufe von Sohn Frank Banholzer

11. August, Montag. Neher notiert: »Ich bin in den letzten Tagen immer mit Bert zusammen. Abends am Lech und drunten bei den Schiffschaukeln auf dem Plärrer.« *(Völker 1,18.)*
14. August, Donnerstag. B trifft Neher beim Baden, spricht mit ihm über Walt Whitman. Abends auf dem Plärrer.
16. August, Sonnabend. An einem »Samstag abend« (das könnte auch der 9. 8. sein) schreibt B an Paula Banholzer, es habe sich »wenig zugetragen; ich habe gut gearbeitet, geschrieben und diktiert«. Sie möge viel in der Sonne liegen, Milch trinken und Frank ausfahren: »Ich habe Dich sehr gern, immer und überall, ich weiß manchmal nicht warum, aber ich habe Dich immer gern, *mit* Deinen Fehlern und denen Deiner ganzen Familie, auch wenn es einen trifft und man etwas erstaunt ist...« *(Br, 70.)*

18. August, Montag. Die *ANN* berichten über den Mord an den Eheleuten Apfelböck in München, die drei Wochen nach der Tat tot in der Wohnung gelegen haben, »bis der Leichengeruch im Hause verdächtig wurde«. Der sechzehnjährige Sohn Joseph Apfelböck sei festgenommen worden. Marta Feuchtwanger weist B auf die Meldung hin und regt dadurch das Gedicht *Apfelböck oder Die Lilie auf dem Felde* (→ 2. 9.) an.

23./24. August, Sonnabend/Sonntag. B fährt mit Neher, Pfanzelt und Müllereisert nach Kimratshofen zu Paula Banholzer und Frank; Neher notiert: »Orge spielt in Kimratshofen Orgel und Bert singt *Luzifers Abendlied* [→ 23. 9. 18] und *Baals Choral* [→ Juni 18].« *(SBA.)*

28. August, Donnerstag. Das Sommersemester geht in München zu Ende.

2. September, Dienstag. B zeigt Neher in Augsburg das fertiggestellte Gedicht *Apfelböck oder Die Lilie auf dem Felde* (»In mildem Lichte Jakob Apfelböck / Erschlug den Vater und die Mutter sein / Und schloß sie beide in den Wäscheschrank / Und blieb im Hause übrig, er allein.«), das er auf Grundlage eines Mordfalles geschrieben hat *(Hauspostille, 11,42 f.)*. Er widmet es »Frau Dr. Feuchtwanger« (→ 18. 8.). Das Gedicht wird 1920 in der Zeitschrift *Das Bordell*, Berlin, gedruckt, deren erste Ausgabe von der Staatsanwaltschaft (aber nicht wegen Bs Gedicht) noch vor der Auslieferung beschlagnahmt wird.

Abends geht B mit Caspar Neher und Georg Geyer nach Lechhausen zu den Seiltänzern. Neher notiert am 3. 9.: »Bert erzählte uns [...] einen Einakter, der ganz außerordentlich im Wurf ist und mir sehr gut gefällt. Er betitelt ihn ›August Strindbergs Hochzeit‹. Dann will er nochmal einen über Wedekind und sich machen« *(Völker 1,19)*.

8. September, Montag. Obwohl B in einem Brief an Paula Banholzer sein schlechtes Gedächtnis für Geburtstage beklagt *(Br, 57)*, widmet er seiner Mutter zu deren 48. Geburtstag (ihrem letzten) das Gedicht *Die Mutter*, in dem er besonders ihre aufopferungsvolle Gebefreudigkeit rühmt, die die Beschenkten staunen macht: »Diese / Hatte alles gegeben und nichts / Für sich behalten.« *(13,139 f.)*

Lob der Mutter

9. September, Dienstag. B hofft, daß Paula Banholzer wieder gut von Augsburg nach Kimratshofen gelangt ist. Er berichtet ihr von einem Gespräch mit ihren Eltern, wonach es am besten für Paula sein soll, wenn sie im Winter von Augsburg wegbliebe, damit keine Gerüchte aufkommen. Ihr Vater habe »fast wörtlich« gesagt: »Und jetzt soll sie halt fort, dann heißt's: Die ist immer fort, das fällt nimmer auf, dann sind die Leut auch still. Und gesund ist sie ja. Dann ist *die* Sache erledigt!« *(Br, 71.)*

17. September, Mittwoch. B hat zum 80. Geburtstag seiner Großmutter Karoline Brecht das Gedicht *Aufgewachsen in dem zitronenfarbenen Lichte* geschrieben *(13,132f.)*, das ihr in einer Reinschrift von Bs Vater überreicht wird (→ 17. 9. 39).

28. September, Sonntag. Mit Beginn der Spielzeit (21. 9.) wird die österreichische Opernsängerin Marianne Zoff an das Augsburger Stadttheater engagiert und tritt (am 28. 9.) zum erstenmal auf (als Zigeunermädchen Mercédès in George Bizets *Carmen*). Sie spielt bis zum Jahresende außerdem die Lola in *Cavalleria Rusticana* von Pietro Mascagni, die Venus in *Orpheus in der Unterwelt* von Jacques Offenbach und die Martha in *Der Evangelimann* von Wilhelm Kienzl. Die erste Hauptrolle erhält sie ebenfalls in *Carmen* (→ 23. 11.).

3. Oktober, Freitag. B beendet das Libretto für die Kurzoper *Prärie (1,329-341)* nach der Novelle *Zachäus* von Knut Hamsun (nicht vertont). B stellt im Herbst fünf Einakter fertig: *Die Hochzeit, Der Bettler oder Der tote Hund*, *Er treibt einen Teufel aus*, *Lux in tenebris* und *Der Fischzug (1,241-371)*.

Fünf Einakter fertiggestellt:
Die Hochzeit
Der Bettler oder Der tote Hund
Er treibt einen Teufel aus
Lux in tenebris
Der Fischzug

9. Oktober, Donnerstag. Die *Schwäbische Volkszeitung*, Augsburg, veröffentlicht in einer Leserzuschrift kritische Worte über die Schwierigkeiten des Betriebsrates im Umgang mit Bs Vater. Dem »sonst auch nicht so feinfühligen Direktor Brecht« habe »den Arbeitern gegenüber das Papier sowohl, als auch der Ton« nicht gefallen; auf jeden Fall ließen sich »die Betriebsräte durch Grobheiten nicht imponieren«.

13. Oktober, Montag. In der neu gegründeten Augsburger Tageszeitung *Der Volkswille (Vw)*, dem Organ der USPD für Schwaben und Neuburg, geleitet von Wendelin Thomas (→ 4. 1.) erscheint die erste von 27 Theaterkritiken bzw. Polemiken Bs (bis 12. 1. 21) über Aufführungen und Kunstprobleme des Augsburger Stadttheaters

13. Oktober 1919-21. Januar 1921
Augsburger Theaterkritiken

B rezensiert in der Kritik dieses Tages, die als einzige anonym erscheint, zwei Aufführungen: *»Jugend« von Halbe und »Über unsere Kraft« von Björnson (21,37-39)*. B hält beide Inszenierungen (die erste Premiere am 27. 9., die zweite am 8. 10.) in der Regie von Hermann Merz für verfehlt: »viel zu dick aufgetragen« *(21,39)*.

B meldet sich (→ 12. 6.) erst am 15. 11. in München an (bis 17. 2. 20), wieder in der Pension Trommer, Paul-Heyse-Str. 9. Im Wintersemester (13. 10. 19-31. 1. 20) belegt er nur zwei Vorlesungen: Geschichte der deutschen Literatur im 18. Jahrhundert vom Auftreten Klopstocks bis zum Tode Lessings (Franz Muncker), Experimentalphysiologie (Otto Frank) *(Frisch, 191f.)*. Mit diesem Semester immatrikuliert sich auch Marieluise Fleißer an der Ludwig-Maximilians-Universität und belegt bei Artur Kutscher und Fritz Strich Vorlesungen und Seminare.

21. Oktober, Dienstag. Der *Vw* publiziert Bs Rezension *»Gespenster« von Ibsen* (Premiere: 18. 10., Regie: Hermann Merz). »Das Stück behandelt eine starke Frau, die durch heldenmütiges Lügen etwas Gutes bewirken oder besser: etwas Schlechtes verdecken will.« B lobt besonders die »durchaus imponierende Leistung« des Schauspielers Rudolf Aicher als Oswald *(21,39f.)*.

22. Oktober, Mittwoch. Aus München teilt B Paula Banholzer mit, daß er über das Stück *Baal* Vertrag mit dem Drei Masken Verlag (→ Ende Juli) gemacht hat *(Br, 74)*.

B gibt Hanns Otto Münsterer den Einakter *Der Fischzug* (→ 12. 9.) zur Durchsicht.

So halb im Schlaf in bleicher Dämmerung
An deinem Leib, so manche Nacht: *der* Traum.
Gespenstige Chausseen unter abendbleichen
Sehr kalten Himmeln. Bleiche Winde. Krähen
Die nach der Speise schreien, und nachts kommt Regen.
Mit Wind und Wolken, Jahre über Jahre
Verschwimmt dein Antlitz, Bittersüße, wieder
Und in dem kalten Wind fühl ich erschaudernd
Leicht deinen Leib, so, halb im Schlaf, in Dämmerung
Ein wenig Bitternis noch im Gehirn.«

An Bittersweet, 31. 10. 19 (13,133)

31. Oktober, Freitag. B schreibt für Paula Banholzer das Gedicht *So halb im Schlaf (13,133)*. (Zum Namen Bittersüße: → Anfang Februar 18.)

3. November, Montag. B besucht einen Vortragsabend von Albert Steinrück *(Br, 75)*.

4. November, Dienstag. B lobt in einem Brief Paula Banholzers Kuchen, den er sich für sechs Tage in sechs Teile aufgeschnitten hat. Er empfiehlt ihr zu singen, sie habe »eine recht gute, brauchbare Stimme«. Angetan ist B von ihrem Urteil über den Roman *Niels Lyhne* des dänischen Dichters Jens Peter Jacobsen und bietet ihr weitere Lektüre an *(Br, 75)*.

Eloge auf den Vater

5. November, Mittwoch. Aus München schickt B zu dessen 50. Geburtstag (am 6. 11.) die *Ode an meinen Vater*, in der er Weg und Verdienst des Vaters herausstellt. Über seine Karriere heißt es: »In den Jahren der Arbeit / Vorschauend und kühn kämpft er sich vorwärts. / Alles verdankt er sich selbst: nichts ward ihm geschenkt.« *(13,134.)* In seinem Gratulationsbrief würdigt er auch die Art der väterlichen Erziehung, indem dieser den Söhnen beispielhaft »vorgelebt« hat. »Wir können sagen, daß wir Kinder, wenn aus uns nichts wird, voll und ganz selber daran schuld sind. Es ist eigentlich eine Gemeinheit. Ihr Eltern habt es uns schwer gemacht, nichts zu werden. Wir sind trotz aller Sorge um uns so frei wie möglich aufgewachsen.« Was er vom Vater »übernommen« hat, würden ihm »gelegentlich« die »Literaten« sagen, »wenn sie über meine literarischen Arbeiten reden«. B führt u. a. auf: das »Bestreben, klar zu sein«, den »Sinn für die Natur«, die »Liebe zum Einfachen«, den »Sinn für Witz« und vor allem die Lebensfreude *(Br, 76)*.

7. November, Freitag. Der *Vw* veröffentlicht eine Polemik Bs *Aus dem Theaterleben*, in der er »die Schweinereien« kritisiert, die unter dem Vorwand der »Aufklärung« derzeit in den Kinos gespielt werden dürfen *(21,40f.)*.

15. November, Sonntag. B trifft sich mit Heinz Hagg und Oscar Lettner.
23. November, Sonntag. Marianne Zoff (→ 28. 9.) spielt im Stadttheater Augsburg ihre erste große Rolle, die Carmen in Bizets Oper (Spielleitung: Passy-Cornet; musikalische Leitung: Karl Tutein; Wiederholung am 30. 11.). Möglicherweise hat sie B in dieser Rolle zum erstenmal auf der Bühne gesehen.
2. Dezember, Mittwoch. B liest Münsterer »große Teile einer packenden Flibustiergeschichte« (*Bargan läßt es sein, 19,24-37*) vor *(Münsterer, 109)*.
4. Dezember, Donnerstag. Paula Banholzer wird immer wieder von ihrer Mutter bezichtigt, schlecht zu sein. B gibt ihr Ratschläge, sich dagegen zur Wehr zu setzen: »Wenn ein Mensch zu glauben anfängt, er sei schlecht, dann bekommt er damit einen ganzen Haufen Entschuldigungsgründe und faule Ausreden in die Hand, und er meint in Zukunft bei jeder Dummheit, er kann nichts dafür.« Eine Mutter habe die Pflicht, Dummheiten zu kritisieren, »aber keine Mutter hat deswegen das Recht, die *Ehre* ihrer Kinder herabzusetzen«. Nach Augsburg könne er erst am Sonntag kommen, weil er tags davor »Radau im Theater« erwartet. »In allen Scherereien hier, unter Papierstößen begraben, von spitzigen Ellbogen durch die Garderoben gestoßen, mit schlechtem Essen gefüllt, freue ich mich die ganze Woche auf Dich und arbeite immer mit der Hoffnung: einmal bekomm ich Dich dadurch.« *(Br, 77.)*
6. Dezember, Sonnabend. B besucht die Aufführung von Frank Wedekinds *Schloß Wetterstein* in den Kammerspielen, die wegen lautstarker Proteste im 3. Akt unterbrochen, nach einer Pause aber weitergespielt wird.
7./8. Dezember, Sonntag/Montag. B trifft sich mit Paula Banholzer in Augsburg und wird von ihr am Montag zur Bahn gebracht. Wegen des Umwegs fürchtet sie Schelte der Mutter. B schreibt: »Aber Deine Mutter wird doch einsehen, daß Du einem (schönen) jungen Mann auf dem geraden Wege zur Bahn, mitten auf der Straße, keinen Abschiedskuß geben kannst! Ich habe dafür den Zug versäumt und bin eine Stunde lang auf dem windigen Bahnsteig von einem Fuß auf den anderen getreten, und dann mußte ich alle Nudeln im Zug aufessen, die für die ganze Woche langen sollten!« *(Br, 78.)*
10. Dezember, Mittwoch. B sitzt über seinen »ewigen Plänen, und das beschriebene Papier häuft sich« in seiner »Schublade, die voll Geld sein muß, wenn ich sie später einmal aufziehe«. Er fragt Paula Banholzer, ob sie das Weißnähen lernt. »Daß Du wenigstens einmal das Hungertuch, an dem wir nagen, besser nähen kannst als irgendeine andere

Fräulein *Zoff* wagte den bedeutungsschweren Schritt. Sie erweckte im ersten Akt allerbeste Hoffnungen, die sich leider im Verlauf des Abends nicht erfüllten. Die Künstlerin vermochte ihr Spiel nicht ins Tragische zu steigern, blieb einfach kühl und streng, gab mehr Figur als mimische und dramatische Durcharbeitung und hielt auch gesanglich, besonders in den tieferen Lagen den kräftigeren Orchesterklängen nicht stand. *(ANN, 1. 12.)*

Frau das Tanzen und das Kochen, das Beten und das Die-Dienstmädchen-Ausschimpfen.« *(Br, 78.)*

19. Dezember, Freitag. Tod der Großmutter Karoline Brecht.

27. Dezember, Sonnabend. B geht mit Oscar Lettner eine Runde durch München *(Z 4/91).*

Dezember. Über das Stück *Sommersinfonie (10,11-15)* notiert Hanns Otto Münsterer: »Als Mittelpunkt des mit Jahresende ›beinahe abgeschlossenen‹ Werkes erscheint die aus Petron bekannte Geschichte der Witwe von Ephesus, die in der Gruft ihres verstorbenen Mannes verhungern will, dann aber vom Galgenwächter getröstet wird und schließlich, als der Kadaver des Gerichteten gestohlen worden ist, die Leiche des Gatten dafür aufhängen läßt.« *(Münsterer, 139.)*

In München hält sich auch der junge Verlagsmitarbeiter und Schriftsteller Peter Suhrkamp auf. Im »frühen Winter 1919« trifft er in einem »ländlichen Gasthauszimmer [...] außer einigen Fuhrleuten« den Studenten Brecht, »der zu einer Laute ein paar Balladen sang, darunter auch den *Choral vom Manne Baal*« *(Suhrkamp, 65f.).*

1920

Das Ganze diesmals trefflich inszeniert
Drum auf zur Kassa und hereinspaziert!
Ihr seht im Stück, daß nur ein toter Mann
Noch mehr als eine Frau ertragen kann.
(21,45.)

6. Januar, Dienstag. Der *Vw* veröffentlicht Bs Rezension (in Jamben) *Schmidtbonns »Graf von Gleichen« im Stadttheater (21,44f.)* über die Aufführung des Stückes vom 3. 1. (Regie: Hermann Merz).

9. Januar, Freitag. B schreibt (vermutlich für Caspar Neher) die Kirchenlied-Parodie *Lobgesang nach: Befiehl du deine Wege (13,149).*

12. Januar, Montag. Neher notiert Bs Vorsatz, »seinen *Baal* zu kürzen, und zwar die Stellen zu streichen, die an Johst und Bruckner erinnern« *(SBA).*

Kleine Methoden
Es werden Werte gefragt: Ich habe den Sinn für Werte, Erbteil vom Vater her. Aber ich habe auch Empfindung dafür, daß man vom Begriff Wert ganz absehen kann (Baal). *(26,116.)*

13. Januar, Dienstag. Der Münchener Georg Müller Verlag ist bereit, *Baal* zu drucken, und drängt auf Lieferung einer Satzvorlage; B schreibt an Paula Banholzer: »Ich arbeite gerade viel an den Korrekturen zu *Baal*, der in die Druckerei muß.« *(Br, 79.)*

16. Januar, Freitag. Neher notiert, daß er seine restlichen Zeichnungen für *Baal* fertigstellen und ebenfalls an den Verlag geben muß *(SBA).*

30. Januar 1920
Reise zu Hanns Johst an den Starnberger See

28. Januar, Mittwoch. B will, wie er Paula Banholzer schreibt, am 30. 1. zu Hanns Johst nach Oberallmannshausen am Starnberger See fahren (um ihm sein Stück *Baal* zu bringen) und dabei u. a. versuchen, für sie eine Stellung in dessen Haushalt zu bekommen *(Br, 82).*

31. Januar, Sonnabend. Ende des Wintersemesters. An dem für ehemalige Soldaten angesetzten Zwischensemester vom 9. 2. bis 31. 3. wird B nicht teilnehmen.

Januar. Im Januar entstehen die Gedichte *Über die Vitalität (13,150)*, *Ich, Jüngling, sage mir (13,151)*, *Durch die Kammer ging der Wind* (21. 1.; *131,151*), *Liebe Marie, Seelenbraut (13,151f.)*. In ein Anfang 1920 geführtes Notizbuch schreibt B die theoretischen Texte: *Rettung eines Individuums*, *Patriotismus*, *Aufruf zum Streik*, *Über den Stil*, *Über das Unterhaltungsdrama*, *Über den Expressionismus*, *Über das Rhetorische*, *Folgen der Kritik*, *Über das Schreiben*, *Standpunkt unserer meisten Kritiker*, *Über den Dadaismus*, *Keine Hilfe*, *Das Theater gefällt mir*, *Ich im Theater*, *Über die deutsche Literatur*, *Theater als sportliche Anstalt (21,45-56)*.
10. Februar, Dienstag. Nach Nehers Tagebuchnotizen sieht er sich mit B »ein ganz blödes und dummes Stück« von Hermann Bahr an *(SBA)*.
11. Februar, Mittwoch. B zeigt Lion Feuchtwanger Nehers Zyklus *Paradies*. »Soviel mir Bert sagt, gefällt ihm dieser. Er will Propaganda machen.« Zur Vorbereitung des Druckes von *Baal* geht er mit Neher zum Münchener Verlag Georg Müller *(SBA)*.
14. Februar, Sonnabend. Nachmittags ist B in Augsburg mit Paula Banholzer zusammen, Neher kommt hinzu. Abends besuchen sie im Stadttheater die Premiere von Sternheims Stück *1913 (SBA)*.
15. Februar, Sonntag. B geht mit Paula Banholzer in das Restaurant Vier Jahreszeiten *(SBA)*.
Mitte Februar. Da ihm Hanns Johst noch nichts über *Baal* (→ 28. 1.) geschrieben hat, fühlt sich B »gedemütigt«. Möglicherweise sei er »verstimmt«, schreibt ihm B, weil er »stellenweise den gleichen Vorwurf benutzt« hat wie Johst in seinem Grabbe-Drama *Der Einsame*. Darauf liege aber »kein Nachdruck«, B könne »die Nabelschnur noch vollends abreißen« und Szenen entfernen *(Br, 80)*. Als dann die Antwort eintrifft, dankt er Johst und kündigt einen weiteren Besuch an, um »über Dramaturgisches« zu reden: »Da bringe ich den ganzen Quark (der jetzt bald anfängt, mir aus dem Hals zu wachsen) mit.« *(Br, 81.)*
Die Gedichte *Dunkel im Weidengrund* und *Der Seiltänzer (13,152f.)* entstehen.
B teilt Neher in diesen Tagen (vermutlich am 17. 2.) mit, daß dessen *Baal*-Zeichnungen Otto Falckenberg und dem Bühnenbildner Leo Pasetti gefallen und Aussicht bestehe, daß er in den Münchener Kammerspielen arbeiten könne. Da er nach Berlin fahren müsse, bittet B Neher, ihm im Berlin-Zug von München bis Augsburg einen Sitzplatz zu sichern.
»Liebster Cas, solltest Du *nicht* Samstag früh fahren können, dann telegrafiere mir gleich oder telefoniere gleich (4083), aber ich wäre Dir *sehr* dankbar. (Sonst muß ich zwölf Stunden stehen!) Ein guter Platz ist einen Kuß wert! /

Patriotismus
Nur in den Staaten, wo die Untertanen solche Schweine sind, daß sie ansonsten in die Hosen pissen, ist es wirklich nötig, die Pissoire zu Tempeln einzuweihen.
Sich mit dem Staat abfinden ist so notwendig als: sich mit dem Scheißen abfinden. Aber den Staat lieben ist nicht *so* notwendig.
(21,45.)

Über das Schreiben
Ich schreibe das an die Jünglinge, die noch nicht verdorben sind wie ich, der ich morgen wieder schreibe, weil ich diesem Laster verfallen bin, das abgefeimter und blutsaugerischer ist als der Morphinismus. Ich bin ihm noch nicht ganz verfallen, d. h., ich habe noch andere Laster, die fast ebenso schlimm sind, ich schreibe nur, wenn es mir so vorkommt, als falle mir was ein, bei mir ist es noch nicht umgekehrt. Noch sind mir die Dinge wichtiger als der Katalog, noch befällt mich kein Krampf, wenn ich etwas nicht haben kann, ich bin noch der Herr in meiner Haut. Ich weiß, mein Hals ist besser als mein Gesang, auch die Dinge, die ich besinge, sind besser. Ich »muß« noch nicht schreiben wie so viele, die doch nicht schreiben *können*. *(21,50.)*

Wiewohl ich erst 22 Jahre zähle, aufgewachsen in der kleinen Stadt Augsburg am Lech, und nur wenig von der Erde gesehen habe, außer den Wiesen um diese Stadt mit Bäumen und einige andere Städte, aber nicht lang, trage ich den Wunsch, die Welt vollkommen überliefert zu bekommen. Ich wünsche alle Dinge *mir* ausgehändigt sowie die Gewalt über die Tiere, und ich begründe meine Forderung damit, daß ich nur *ein*mal vorhanden bin. *(26,118.)*

Damit grüße ich Dich emphatisch! / Bleibe dick und regle Deinen Stuhlgang.« *(Br, 83.)*

18. Februar, Mittwoch. Caspar Neher findet, daß ihm die *Baal*-Bilder »nicht sonderlich« gelingen: »Man kommt schwer in die Art hinein.« *(SBA.)*

Das Münchner Nationaltheater kündigt für Mitte April die Uraufführung von *Baal* »des bisher unbekannten jungen Autors Bert Brecht« an (*Münchner Zeitung*). Das Projekt wird nicht realisiert.

19. Februar, Donnerstag. Die Vaterschaft Bs von Frank Banholzer wird in Kimratshofen am 8. 4. 20 im Geburtsregister eingetragen (→ 30. 7. 19).

Laut Protokoll des Amtsgerichtes in Augsburg vom 1. Oktober 1919 und 19. Februar 1920 hat sich der stud. med. Bert Brecht (Familienname sehr unleserlich / Dorn) in München, Paul-Heyse-Str. 9/IV, als Vater des von der led. Arztentochter Paula Banholzer, wohnhaft Augsburg, am 30. Juli 1919 außerehelich geborenen Kindes Frank Otto Walter Banholzer bekannt. *(Protokollarische Notiz des Standesbeamten Dorn)*

Augsburg, München und Berlin
1920-1924

21. Februar, Sonnabend. Paula Banholzer bringt B früh zum Augsburger Bahnhof, von wo aus er nach Berlin fährt. Er schreibt (»abends 7^h im Zug«, also kurz vor der Ankunft) das Gedicht *Sentimentales Lied No. 1004* (später: *Erinnerung an die Marie A.)*. Das Lied (das B nach einer eigenen Melodie häufig vorträgt) wird in die *Hauspostille* aufgenommen *(11,92f.)*.

21. Februar-14. März 1920
Erste Reise nach Berlin

Hedda Kuhn, die inzwischen ihr Medizinstudium in Berlin fortsetzt, holt B ab und bringt ihn zu dem Journalisten Frank Warschauer, Eislebener Str. 13, bei dem sie ihm eine Unterkunft verschafft hat.
An Hanns Johst schreibt B über Berlin: »Der Schwindel scheint hier größer als anderswo, und er wird mit mehr Ernst betrieben.« Er bedauert, daß sein angekündigter Besuch (→ Mitte Februar) noch nicht zustande gekommen ist, und bittet ihn um Zusendung der beiden *Baal*-Exemplare, er müsse hier mit seinem »Pfund wuchern« *(Br, 84)*.

24. Februar, Dienstag. B schreibt an Paula Banholzer: »In dieser Stadt kommt man zu gar nichts, weil die Entfernungen so groß sind« *(Br, 85)*.
In München verkündet Adolf Hitler, ehemaliger Infanterist eines Freikorpsregiments, jetzt Mitglied der Deutschen Arbeiterpartei, ein 25-Punkte-Programm der Partei, die von diesem Tage ab Nationalsozialistische Deutsche Arbeiterpartei (NSDAP) heißt.

29. Februar, Sonntag. B schreibt an Jacob Geis nach München: »Die Theater sind wundervoll: Sie gebären mit hinreißender Verve kleine Blasensteine. Ich liebe Berlin, aber m.b.H.« *(Br, 88.)* Bei Paula Banholzer beklagt er sich über deren Schweigen. »Ich wohne sehr gut, nur etwas kalt. Die Tage vergehen langsam, die Abende in den Theatern schnell. Ich laufe durch alle Warenhäuser, und Museen meide ich dafür.« *(Br, 86.)* Caspar Neher teilt B (eventuell schon früher) die folgenden Eindrücke mit: »Berlin ist eine wundervolle Angelegenheit, kannst Du nirgends 500 M stehlen und kommen? [...] Aber alles ist schrecklich überfüllt von Geschmacklosigkeiten, aber in was für einem Format, Kind!« Er bittet ihn, sich um den Druck des *Baal* beim Verlag Georg Müller zu kümmern. »Ich habe jetzt den Schädel voll von Neuem! Jetzt gehe ich aufs Ganze.« *(Br, 87.)*

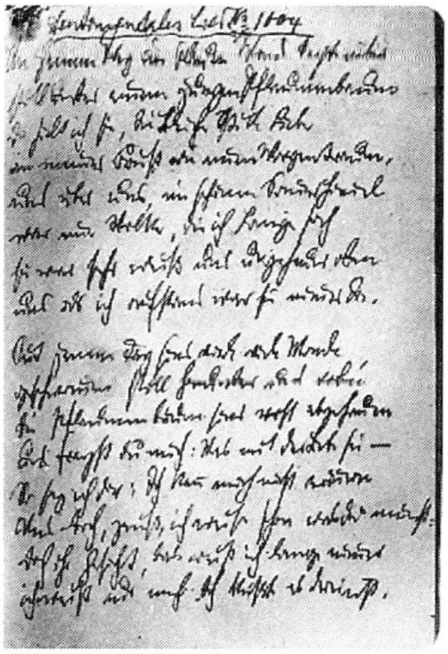

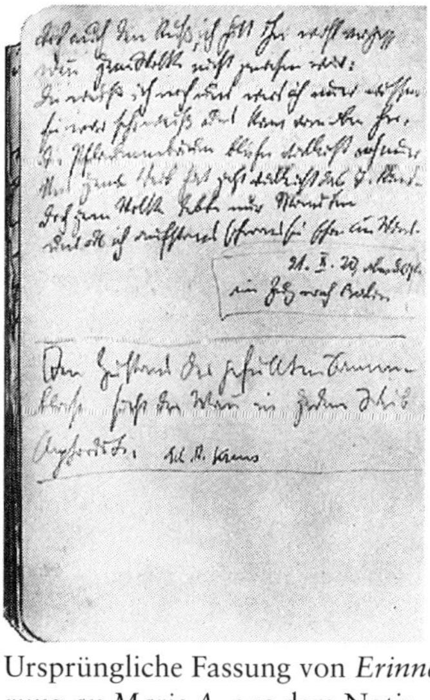

Ursprüngliche Fassung von *Erinnerung an Marie A.* aus dem Notizbuch, mit dem Zusatz: »Im Zustand der gefüllten Samenblase sieht der Mann in jedem Weib Aphrodite. Geh. R. Kraus.«

Februar. Bei dem ersten Kostümfest im Staatlichen Kunstgewerbemuseum (»Fest des Stakugemu«) nach dem Krieg lernt B Dora Mannheim (d. i. Doris Hasenfratz) kennen, die in einem echten afrikanischen Kostüm mit braunem Lederschurz bekleidet ist, schwarzer Perücke, braungeschminkt. Wie sie (*Alltag eines Genies*, in: *Die Zeit*, 19. 8. 66) berichtet, sei B als Mönch gekommen und habe sie zum Tanz aufgefordert. Nach durchtanzter Nacht seien sie im Morgengrauen bis zu ihrer Wohnung in die Uhlandstraße gegangen. B sei einer Einladung für den nächsten Nachmittag gefolgt. Er wolle sein Studium aufgeben, um »Theaterstücke zu schreiben«. B trifft sich mit ihr mehrfach und wird von ihr im Kabarett von Trude Hesterberg eingeführt, das im Café des Westens sein Domizil hat.

3. März, Mittwoch. B kündigt Paula Banholzer, die ihm inzwischen einen (nach seiner Ansicht »zu lauen«) Brief geschrieben hat, seine baldige Rückkehr an: »Mir kann das ganze Berlin gestohlen werden, aber vorher muß ich noch ein paarmal in die Theater, die für mich wichtig sind.« *(Br, 89.)* Caspar Neher notiert, daß er die Bühnenbild-Entwürfe für *Baal* fertiggestellt hat *(SBA)*.

4. März, Donnerstag. Die *ANN* berichten vom Prozeß gegen Georg Prem, der zu zwei Jahren Festungshaft verurteilt wird. Bs Fluchthilfe (→ 21. 4. 19) kommt nicht zur Sprache.

> In mehr als fünfstündiger Verhandlung hatte sich gestern vor dem hiesigen Volksgerichte der am 19. März 1892 in Amberg geborene verheiratete ehemalige Buchhandlungsgehilfe Georg Prem von hier zu verantworten, als der letzte jener »Führer«, die während der kurzen Zeit nach Eisners Tode bis zu den unheilvollen Ostertagen in Augsburg auch bei der Räteregierung eine Rolle spielten. [...] Die Anklage stellt sich selbst auf den Standpunkt, daß bei Prem egoistische, gewinnsüchtige Motive nicht vorlagen. [...] Der Sachverständige Dr. V. Schmidt bezeichnete ihn trotz seiner Intelligenz, die über das Durchschnittsmaß hinausgehe, als nicht voll zurechnungsfähig, jedoch nicht straffrei im Sinne des § 51 RStGB. *(ANN, 4. 3. 20.)*

7. März, Sonntag. B entschuldigt sich bei Paula Banholzer, daß er noch länger als beabsichtigt in Berlin bleiben muß: »Erstens ist Steinrück hier, und ich will ihn bearbeiten für mich. Zweitens ist die Reise sündteuer, und ich muß das Theater ausnützen. Und dann kriege ich erst Montag die Abschriften von *Baal* vom Verlag, die ich hier brauche.« Es gäbe in Berlin viele hübsche Mädchen, »aber ich bin Dir ohne große Mühe treu (obwohl ich überall Chancen habe, weil ich so ›indressand‹ bin!)« *(Br, 90)*.

B trifft sich während des Berlin-Besuchs häufig mit Hedda Kuhn. In seinem Auftrag hat sie Hermann Kasack, Lektor beim Kiepenheuer Verlag, ein *Baal*-Manuskript überreicht. Sie macht B im Studentenklub »Liga«, in dem er Lieder vorträgt, mit dem (zu dieser Zeit vor allem als Lyriker bekannten) Schriftsteller Klabund bekannt.

> *Etwas über mich*
>
> Man hat mir gesagt, ich soll etwas über mich schreiben, aber ich tue es nicht. Denn wenn es auch nur einigermaßen wahr sein soll, was ihr über mich lest, dann müßtet ihr erkennen können, auf was für Irrtümer ich verfallen bin, als ich über mich schrieb. Aber das kann ich euch nicht zumuten, weil ihr viel zu dumm dazu seid, meine Lieben! Wenn ihr aber die *Meinung* eines bedeutenden Mannes über mich hören wollt, brauche ich euch nur zu sagen, daß ich eine ausgezeichnete Meinung von mir habe.
>
> Ich habe so wenig einen Fuchs gestohlen wie jener Spartanerknabe, gegen den nur der Tod sich unfair benahm. *(26,115f.)*

Mitte März. B verhandelt mit Hermann Kasack über den Druck des *Baal* im Kiepenheuer Verlag. Kasack erinnert sich: »Ich habe kaum in meinem Leben wieder ein Gesicht gesehen, das einen so verschiedenen, so wandlungsfähigen Ausdruck zeigte. Es war alles darin, was später auch in seinen Arbeiten in Erscheinung trat: Naivität ebenso wie Zynismus, das Böse wie das Zarte, Wärme und Schroffheit – und das in einer elementaren Besessenheit und ohne jedes Zugeständnis an falsche Sentimentalität oder überlebte Konventionen.« *(Kasack, 3. 1. 47.)* An Paula Banholzer schreibt B: »Es ist schrecklich, aber ich komme nicht los von hier. Es ist noch einiges hier zu erledigen, rein Geschäftliches, das sich so lang hinzieht.« Sie solle vor seiner Rückkehr keine Arbeit (→ 28. 1.) annehmen *(Br, 91)*.

13. März, Sonnabend. In Berlin macht der Führer der Deutschen Vaterlandspartei Wolfgang Kapp zusammen mit dem Reichswehrgeneral Walther Freiherr von Lüttwitz (der wesentlichen Anteil an der Niederschlagung der Novemberrevolution hat) einen Putschversuch zum Sturz der republikanischen Reichsregierung, die nach Stuttgart flieht. (Der Putsch scheitert; die Regierung kehrt am 20. 3. zurück.) Nach Bekanntwerden des Putsches rät Hedda Kuhn B zur Abreise, »weil man natürlich nicht wußte, was einem solchen politischen Ereignis noch nachfolgen kann« *(Frisch, 203)*. Für den Abend hat B Dora Mannheim (→ Februar) seine Teilnahme an einem weiteren Kostümfest in ihrer Wohnung zugesagt. Er benachrichtigt sie telefonisch, daß er wegen des Putsches zurückfahren muß, weil er, »wenn es nötig sein sollte, bei seinem Vater sein« will. »Wir trafen uns am Potsdamer Bahnhof, ich brachte ihn zum Zug und schenkte ihm das Buch von Vischer *Auch einer*, das damals viel gelesen wurde.« *(Die Zeit, 19. 8. 1966.)* Im Buch steht als Widmung: »Dora Mannheim, März 1920.«

14. März 1920
Zurück in München

14. März, Sonntag. Rückfahrt nach München. B geht in eine Vorstellung des Komikers Karl Valentin (»wälzte mich fast vor Lachen«) *(Br, 92)*. In München gelingt an diesem Tage der Putsch des Generals Arnold von Moehl, der nach einem Ultimatum Vollmacht über Stadt und Land München erhält und einer rechtsorientierten Regierung unter Gustav von Kahr den Weg bereitet.

15. März, Montag. B trifft sich in Augsburg mit Neher und erzählt von seiner Berlin-Reise *(SBA)*.

B berichtet in diesen Tagen seiner neuen Freundin Dora Mannheim von der Rückfahrt und gesteht ihr, daß er das Buch (von Friedrich Theodor Vischer) nicht gelesen hat, es aber wegen ihrer darauf befindlichen Fingerabdrücke hoch schätzt. »Und jetzt küsse ich Dich auf den Mund und bitte Sie um Verzeihung!« *(Br, 92.)*

22. März, Montag. Neher stellt ein Porträt Bs fertig *(SBA)*.

23. März, Dienstag. Neher macht für B eine Zeichnung von Absalom *(SBA)*.

24. März, Mittwoch. B beklagt sich bei Dora Mannheim, daß sie ihm nicht auf seinen Brief antwortet: »Haben Sie alles vergessen, gnädiges Fräulein? Ich habe eine tiefe (entstellende) Falte in meiner Stirn deswegen.« *(Br, 93.)*

Er kondoliert Hanns Otto Münsterer zum Tod seines Vaters *(Br, 94)*.

26. März, Freitag. Der *Vw* veröffentlicht Bs Rezension *Georg Kaisers »Gas« im Stadttheater (21,58f.)*. Das Stück sei »visionär« und stelle »die soziale Entwicklung der Menschheit oder wenigstens die geistigen Gesetze, nach denen sie sich vollzieht«, dar. »Die Aufführung des Werkes bedeutet eine wirkliche Tat für Augsburg.« Der zweite Teil der *Gas*-Trilogie hat am 13. 3. unter der Regie von Hermann Merz Premiere gehabt.

Brechts Mutter

30. März, Dienstag. Neher notiert nach einem Besuch bei B: »Berts Sachen gefallen mir sehr gut; und ich bin sehr froh.« *(SBA.)*

Ende März. B bedankt sich bei Dora Mannheim für ein zugesandtes Foto, nicht aber für ihren Brief, aus dem »eine solche Eiskälte« vordringe, »daß man Husten kriegt. Ich fühle mich behandelt wie ein Waisenknabe. Haben Sie gar keinen Sinn für mein liebebedürftiges Herzchen?« *(Br, 95.)*

1. April, Donnerstag. B macht abends mit Caspar Neher einen langen Spaziergang *(SBA).*

2. April, Karfreitag. Nachmittags ist Neher bei B zu Gast.

4. April, Ostersonntag. Auf dem Plärrer trifft B am Abend Neher *(SBA).*

5. April, Ostermontag. B rät Neher, ein Bild von Karl dem Kühnen zu malen, und regt ihn zu einem Triptychon an: *Karl der Kühne für die reifere Jugend, Karl der Kühne in den Augen von sehr gescheiten ? Psychologen* und *Karl der Kühne – wie ihn der liebe Gott sieht (SBA).*

8. April, Donnerstag. Nachmittags trifft sich B mit Caspar Neher und Georg Geyer *(SBA).*

9. April, Freitag. Nachmittags geht B zu Neher, der an *Karl dem Kühnen* arbeitet *(SBA).*

10. April, Sonnabend. Nachmittags sind Neher und Geyer bei B zu Besuch, Gespräch über Nehers *Karl den Kühnen (SBA).* Im April entsteht *Das Porträt des Beschauers* für den (Fragment gebliebenen) Roman *Flucht Kaiser Karls des Kühnen nach der Schlacht bei Murten (17,414-417).*

Abends Besuch der Premiere von Schillers *Don Carlos, Infant von Spanien*, Regie: Merz, im Augsburger Stadttheater (→ 15. 4.).

13. April, Dienstag. Nachmittags ist B in München mit Neher zusammen *(SBA).*

Mitte April. Lektüre von Upton Sinclairs Roman *Der Sumpf* (1906).

Ich habe den Don Carlos, weißgott, je und je geliebt. Aber in diesen Tagen lese ich in Sinclairs »Sumpf« die Geschichte eines Arbeiters, der in den Schlachthöfen Chicagos zu Tod gehungert wird. Es handelt sich um einfachen Hunger, Kälte, Krankheit, die einen Mann unterkriegen, so sicher, als ob sie von Gott eingesetzt seien. Dieser Mann hat einmal eine kleine Vision von Freiheit, wird dann mit Gummiknüppeln niedergeschlagen. Seine Freiheit hat mit Carlos' Freiheit nicht das mindeste zu tun, ich weiß es: aber ich kann Carlos' Knechtschaft nicht mehr recht ernst nehmen. *(21,59.)*

B dankt Dora Mannheim für einen Brief und erinnert sie an seine Einladung nach München *(Br, 96).* Er schreibt ihr die Parabelgeschichte *Und es geschah, daß ein Mann hinabging (19,47f.).*

15. April, Donnerstag. Der *Vw* veröffentlicht Bs Rezension *»Don Carlos«* (→ 10. 4.).

22. April, Donnerstag. B besucht im Augsburger Börsensaal einen von der Schriftleitung der *ANN* veranstalteten *Literarischen Abend* mit einer Lesung Thomas Manns aus seinem noch in Arbeit befindlichen Roman *Der Zauberberg.* »Geschäftsbeflissene Ausbeuter«, meint B in seinem Bericht (den der *Vw* am 26. 4. veröffentlicht), hätten die Lesung in dem zu großen Saal veranstaltet, so daß Mann, einer »der bewußt repräsentativsten Vertreter deutschen Schrifttums«, daran gehindert worden sei, »die erlesene Kammermusik seiner fein ziselierten, zartfarbenen Wortkunst zur Wirkung zu bringen«. Die vorgelesene Geschichte sei »in ihrer Mischung tiefster Schauerlichkeit und liebenswürdiger Grandezza« unvergleichlich gewesen *(21,61)*.

27. April, Dienstag. Im *Vw* erscheint die Rezension *Crommelyncks »Maskenschnitzer« im Stadttheater* (Premiere: 24.4., Regie: Hermann Merz). Die Aufführung sei »klug und temperamentvoll geleitet, mehr als durchschnittliches Niveau« *(21,62)*. Nachts entsteht das Gedicht *Der Fluß lobsingt* für Paula Banholzer *(13,163)*.

Ende April. B bringt sich bei Dora Mannheim (→ Februar) in Erinnerung; er verheißt ihr neu entstandene Arbeiten: »Es sind neue Lieder da, genug davon, ein ganzer Haufen.« *(Br, 97.)*

1. Mai, Sonnabend. Bs Mutter stirbt abends neun Uhr, laut Totenschein von Dr. Otto Renner nach zweijähriger Krankheit an »Mammae Karzinom Rezidiv« (Brustkrebs). Walter Brecht erinnert sich: »An diesem Abend schlief Mama, und ohne daß etwas mit ihr vorgegangen wäre, starb sie in diesem Schlaf, still, wie sie immer gewesen war. – Später standen wir im Wohnzimmer. Es wurde nicht gesprochen. Doch wir drei, Papa, Eugen und ich, fühlten uns einander nah wie nie zuvor.« *(Brecht, 348f.)* Caspar Neher kondoliert; er notiert in sein Tagebuch: »Ich habe noch nie eine Frau tot gesehen. Es war furchtbar. Ich habe sie gezeichnet und hätte sie stundenlang zeichnen mögen.« *(SBA.)*

2. Mai, Sonntag. B schreibt das Prosagedicht *Der Beleidigte* *(13,168f.)*, in dem es heißt: »Meine Mutter ist seit gestern abend tot, ihre Hände wurden allmählich kalt, als sie noch schnaufte, sie sagte aber weiter nichts mehr, sie hörte nur zu schnaufen auf.«

6. Mai, Donnerstag. B beschafft mit Caspar Neher in München eine Wohnung *(SBA)*.

11. Mai, Dienstag. B entschuldigt sich bei Hanns Otto Münsterer, daß er zwei an ihn gerichtete Schreiben nicht abgesandt hat, und hofft, ihn bald in München zu treffen *(Br, 100)*.

12. Mai, Mittwoch. Um nach Aufhebung der Filmzensur gegen die Unmoral in den Filmen, die auch B kritisiert hat (→ 7.11.19), einzuschreiten, tritt ein Reichs-Lichtspielgesetz in Kraft.

14. Mai, Freitag. Der *Vw* veröffentlicht *Eine Abrechnung* *(21,63-65)*. Anlaß für den polemischen Artikel ist der (vom Theaterausschuß abgelehnte) Antrag des langjährigen privaten Theaterdirektors Carl Häusler, das Augsburger Stadttheater unter städtische Verwaltung zu nehmen. Häußler, selbst als Opernregisseur tätig, bevorzugt dieses Genre und

Der Fluß lobsingt. Die Sterne im
Gebüsch!
Geruch von Pfefferminz und
Thymian!
Ein kleiner Wind macht unsre Stirnen
frisch
So hat es Gott uns Kinder angetan
Das Gras ist weich: das Weib ohn
Bitternis
Die schönen Weiden machen alles
froh:
Heut ist die Lust den Willigen gewiß;
Es ist zum Nimmerwiederfortgehn
so.

1. Mai 1920
Tod der Mutter

Tod meiner Mutter
Meine Mutter ist gestorben am
1. Mai. Der Frühling erhob sich.
Schamlos grinste der Himmel.
(26,116.)

Als sie nun aus war, ließ man
in Erde sie
Blumen wachsen. Falter gaukeln
darüber hin...
Sie, die Leichte, drückte die Erde
kaum
Wieviel Schmerz brauchte es,
bis sie so leicht ward!
(13,177.)

hat finanzielle Einbußen beim Schauspiel. B schreibt: »So aber wird für die Oper vergleichsweise eine Masse Geld ausgeworfen, man bezahlt teure Gäste und lockt dadurch die Snobs ins Theater, man inszeniert Modenovitäten und verweigert dem Schauspiel die kleinste Neuanschaffung.« *(21,63f.)*

17. Mai, Montag. Caspar Neher freut sich, daß er B in München trifft, und notiert: »O ich möchte immer mit Bert zusammen sein. Immer.« *(SBA.)*

18. Mai, Dienstag. Mit Neher in *Taifun (SBA).*

22. Mai, Sonnabend. Schreibt »abends 10 h am Lech« in Augsburg auf Hedda Kuhn den *12. Psalm (11,25).*

27. Mai, Donnerstag. B besucht mit Paula Banholzer in Kimratshofen den Sohn Frank. Er schreibt abends das Gedicht *Laß auch das Gras bedeuten (13,169).*

29. Mai, Sonnabend. B besucht im Augsburger Metropoltheater die »Bauernposse mit Gesang und Tanz in vier Akten« *Bruder Martin* von Costa (Karl Kostia), Musik: Max von Weinzirl, die in einem Gastspiel vom Steirischen Bauerntheater aus Andritz bei Graz vorgestellt wird, und berichtet darüber (8. 6.).

Rechts neben Brecht: Karl Valentin und Liesl Karlstadt

Ende Mai. Lion Feuchtwanger übergibt *Trommeln in der Nacht* an den Dramaturgen der Münchener Kammerspiele Rudolf Frank, der vom »sagenhaft Balladesken« des Stükkes fasziniert ist.

31. Mai, Montag. B tritt als Gast in Karl Valentins Kabarett in der Szene *Orchesterprobe* auf (Klarinettenspieler).

Mai. B beschwert sich aus Augsburg bei Dora Mannheim: »Was ist Ihnen über die Leber gekrochen?« *(Br, 99.)* In einer Notiz aus dieser Zeit schreibt er über sich: »Er liest *Zarathustra.* Begeistert liest er nur einen Teil. Er hatte große Angst, das andere könne seine Illusion zerstören.« *(26,115.)*

George Beil hatte seine Mutter durch Krebs verloren und war dadurch mißtrauisch geworden. Er hatte mit einigen seiner Freunde aus lächerlichen Gründen Streit angefangen und sich ganz zu seiner Geliebten, einer jüdischen Medizinerin, zurückgezogen, bei der er fast jeden Nachmittag gegen fünf Uhr den Tee trank. *(17,398.)*

5. Juni, Sonnabend. B besucht Paula Banholzer und Frank in Kimratshofen. Vermutlich entsteht in diesen Tagen das Romanfragment *Das Buch Gasgarott,* in dem Autobiographisches, u.a. sein Liebesverhältnis zu Hedda Kuhn (→ 2. 10. 17), verarbeitet ist (*17,393-403*; überliefert in einem Heft mit Aufschrift: »Sommer 1920 Kimratshofen«).

Sammlung von *Psalmen*

B schreibt den *Gesang vom Sommer. 14. Psalm (11,26f.).* In diesem Prosagedicht wie in den meisten Psalmen ist seine erlöschende Beziehung zu Hedda Kuhn poetisch gestaltet (*Psalmen*; *11,15-35*). Bis auf den (1922 entstandenen) *Der 4. Psalm (11,32f.)* sind alle Gedichte im Jahre 1920 geschrieben.

7. Juni, Montag. In München ist B früh zusammen mit Caspar Neher, der notiert: »Wir kommen auf eine neue Idee, Psalmen auf Zeitungspapier herauszugeben.« (→ 31. 8.)

(SBA.) Abends besuchen beide mit Georg Geyer einen »Autorenabend des Schutzverbandes Deutscher Schriftsteller« im Kunstsaal Steinicke mit einer Lesung von Johannes R. Becher (der für den ursprünglich angekündigten Hanns Johst eingesprungen ist) *(Br, 102).*

8. Juni, Dienstag. Der *Vw* veröffentlicht die Rezension *Die Steirer im Metropol.* Obwohl der Schwank *Bruder Martin* (→ 29. 5.) »sehr mäßig« sei, hält B die Aufführung für »das Beste, was ich diesen Winter im Theater an der Schießgrabenstraße gesehen habe«; es spielten »gute Kräfte« mit »Schwung« in der Darstellung: »Der Eindruck des Ganzen war ausgezeichnet« *(21,66).*

9. Juni, Mittwoch. Neher vermerkt, daß *Baal* nun doch nicht aufgeführt wird (→ 18. 2.) *(SBA).*

10. Juni, Donnerstag. B ist mit Neher zusammen *(SBA).*

14. Juni, Montag. Nachmittags erneutes Gespräch mit Neher, bei dem B große Zuversicht in dessen künstlerische Entwicklung setzt *(SBA).*

15. Juni, Dienstag. Von diesem Tage an sind fortlaufende Tagebuchaufzeichnungen (bis 16. 2. 22) überliefert, in denen B sowohl über die Arbeit wie über private Probleme reflektiert.

Umarbeitung von *Trommeln in der Nacht* (→ Ende Mai). »Ich habe Zahnweh [...] – und die drückende Angst um Bi« (wegen einer Lungenentzündung), außerdem belasten ihn »die langsamen Gedanken an Mama« *(26,121).*

16. Juni, Mittwoch. Da der Generaldirektor der Bayerischen Staatstheater Karl Zeiß aus Angst vor einem Skandal die vorgesehene *Baal*-Uraufführung zurückzieht, geht B zum Chefdramaturgen des Residenztheaters Gerhard Gutherz und wird bereits auf dem Gang abgewiesen. »Damit fällt die Sensation des Winters in sich zusammen.« *(26,121.)*

17. Juni, Donnerstag. Nach einer Idee Bs entwirft Neher ein Altarbild. B gefällt, daß sein Freund im Stil Grecos arbeitet und Plutarch liest, »weil man da Sinn für Eleganz bekommt« *(26,121).*

18. Juni, Freitag. In Deutschland, das B »langweilt«, gäbe es einen »verkommenen Bauernstand«, einen »verfetteten Mittelstand« und eine »matte Intellektuelle«. »Bleibt: Amerika!« *(26,121.)* Neher notiert Bs Meinung, nach der ein Maler so schön sein muß wie eine Frau, »d.h., er muß immer können« *(SBA).*

20. Juni, Sonntag. B macht sich Sorgen um Paula Banholzer, die nun wegen ihrer Lungenbeschwerden in ärztlicher Behandlung ist *(26,121).*

21.-26. Juni, Montag bis Sonnabend. In München trinkt B »Tee beir Hedda, die immer fremd bleibt, seit vielen Monaten, und wie ein Strudel, der immer entsteht, wo ein Loch

Von He. 9. Psalm

1
Hört Freunde, ich singe euch das Lied von He, der Dunkelhäutigen, meiner Geliebten über sechzehn Monate bis zu ihrer Auflösung.

2
Sie wurde nicht alt, sie hatte wahllose Hände, sie verkaufte die Haut für eine Tasse Tee und sich selbst für eine Peitsche! Sie lief sich müd zwischen den Weiden, He!

3
Sie reichte sich dar wie eine Frucht, aber sie wurde nicht angenommen. Viele hatten sie im Maul und spieen sie wieder aus, He, die Gute! He, die Geliebte!

4
Sie wußte, was eine Frau ist im Hirn, aber nicht mit den Knieen, sie wußte den Weg, wo es hell war mit den Augen, aber im Dunkeln wußte sie ihn nicht.

5
Nachts war sie elend, blind vor Eitelkeit, He, und die Frauen sind Nachttiere und sie war kein Nachttier.

6
Sie war nicht weise wie Bi, die Liebliche, die Pflanze Bi, sie lief immerfort herum und ihr Herz war ohne Gedanken.

7
Dann starb sie im 5. Monat des Jahres 20, eines schnellen Todes heimlich, als niemand hinsah, und ging hin wie eine Wolke, von der es heißt: sie war nie gewesen.

(11,22.)

ist, eine leere Stelle«. An einem Abend besucht ihn (die spätere Modistin) Anni Bauer, er küßt sie, »aber sie riecht nach einem armen Mädchen und ich schicke sie heim«. Er habe mehr Einfälle als im Winter. Zwischendurch liest er im Plutarch den *Sulla* und in Barrés Buch *Greco*, das er »stark und zart« findet. Außerdem entwirft er *Die Fleischbarke (10,161f.)* und einen Aufsatz über Valentin (möglicherweise Vorarbeit zu *21,101*; → Oktober 1922).

Ende der Woche besucht B eine Lesung von Else Lasker-Schüler, sie liest »gute und schlechte Gedichte, übersteigert und ungesund, aber im einzelnen wunderschön«. Danach geht er mit Hedda Kuhn in den Englischen Garten (»erzähle ihr, daß ich sie nicht liebe, aber Bi und George«) *(26,122)*.

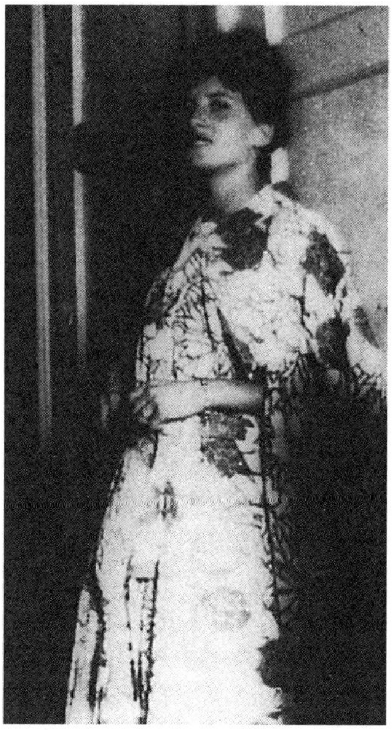

Paula Banholzer

27. Juni, Sonntag. B ist wieder in Augsburg; er zweifelt an seinen Arbeiten, die »vielleicht zu primitiv und altmodisch« seien, kommt aber zu der Erkenntnis, »daß das Wesen der Kunst Einfachheit, Größe und Empfindung ist und das Wesen ihrer Form Kühle«. Nachmittags und abends ist B mit Paula Banholzer bei Otto Müllereisert, wo sie Pfannkuchen brät und in einem Kimono fotografiert wird. Sie hat Fieber und muß B versprechen, ihre Stellung erst anzutreten, wenn der noch ausstehende Arztbefund die Arbeit zuläßt. Die begonnenen Stücke *Galgei* und *Sommersinfonie* könne er wegen der »in erster Instanz negativen Tendenz« nicht ausführen *(26,123)*.

28./29. Juni, Montag/Dienstag. Mit Hedda Kuhn, Caspar Neher und dessen Freundin Edith Blass macht B einen Ausflug nach Pöcking am Starnberger See. Neher notiert darüber: »Es war ganz wunderbar. Eine glühend heiße Sonne und ein wunderbares Wetter.« *(SBA.)*

30. Juni, Mittwoch. Eine Röntgenaufnahme bestätigt Paula Banholzers Lungenerkrankung. B rät ihr von der Reise nach Nürnberg ab, wo sie als Hauserzieherin anfangen will *(26,123)*.

Juni. B schreibt einen *Offenen Brief an die Augsburger Zeitungen*, in dem er zu einer Protestbewegung gegen den erzwungenen Weggang des Regisseurs Hermann Merz aufruft: »Merz hat in gewaltiger Arbeit eine lieblos zusammengepferchte Schar blutjunger Darsteller so weit diszipliniert, daß in einem einzigen Winter ein literarisch verblüffend gutes Repertoire durchgeführt werden konnte.« Eine Publikation des handschriftlich überlieferten Briefes ist nicht nachweisbar *(21,65)*.

Im Sommersemester belegt B Geschichte der deutschen Literatur (Franz Muncker) und Physiologie (Otto Frank).

Die Quästur gibt als Bs Wohnadresse Kaiserstr. 23^{IV} an *(Frisch, 205)*.

1. Juli, Donnerstag. B arbeitet an *Galgei*. Er hat die Idee zu einem Jesus-Stück und »einem Stück über Bi«. Viele »Erkenntnisse, wie man Romane schreiben könnte« und Überlegungen dazu. Er sieht drei Wege, auf denen man zu einer »großen Ansicht« gelangen kann: 1. man macht den Zwiespalt zwischen dem »inneren Leben« und den »äußeren Zufälligkeiten (der ›Politik‹)« zum Hauptkonflikt, 2. man stellt nur das innere Leben dar, 3. man leugnet das »innere Leben (und die großen Konflikte)« und gestaltet nur das äußere *(26,124)*.

4. Juli, Sonntag. Mit Paula Banholzer geht B in das Lokal Orchideengarten, in dem auch Konzerte stattfinden. Er notiert, daß sich Pfanzelt auf die Prüfung als Verwaltungssekretär vorbereitet und Otto Müllereisert alles mache, »ohne was zu tun« *(26,125)*.

6. Juli, Dienstag. B arbeitet an *Galgei* weiter. Er sieht sich oft Detektivfilme an wie z.B. in den Karolinen-Lichtspielen den Kriminalfilm *Die Brüder von St. Parasidus* mit Ernst Reicher als Stuart Webbs (auch Regisseur und Produzent). B hat ständig *Galgei* vor Augen und freut sich über Lion Feuchtwangers »achtungsvolles Interesse«; er sei »ein guter und starker Mensch, sehr klug und vornehm« *(26,125)*. Abends geht er mit Edith Blass im Englischen Garten spazieren.

7. Juli, Mittwoch. B hält alles, was er in diesen Tagen schreibt, für »schlecht und gewöhnlich, Kartoffeln für arme Leute«, weil ihn die Sommerhitze beeinträchtige. Er wünscht sich, ein Maler zu sein, denn die »können immer« (→ 18. 6.). Nach *Galgei* und *Sommersinfonie* soll der Expressionismus (»Ausdruck«) abgestreift und »das einfache, dunkle Leben« gestaltet werden, »hart und knechtisch, realistisch und grausam« *(26,126)*.

8. Juli, Donnerstag. Lektüre der *Briefe an seinen Bruder* von Vincent van Gogh (Berlin 1914), die ihm als »erschütternde Dokumente der Armut und der rasenden Arbeit« erscheinen; Reflexionen über die Arbeitsweise van Goghs. Am Nachmittag unternimmt er mit Edith Blass einen Ausflug nach Possenhofen am Starnberger See *(26,126f.)*.

9. Juli, Freitag. B besucht Hanns Johst, der »faltig« aussieht, in Oberallmannshausen und spricht mit ihm über den Erfolg seines Stückes *Der König* in Dresden. »Es sitzt ein junger, dünnlippiger, kühl-ironisch blickender Herr herum, Suhrkamp, der, wie Johst sagt: sauber ist im Dichterischen. ›Sie mögen ihn nicht.‹« *(26,127.)* B ist Peter Suhrkamp schon vor einem halben Jahr (→ Dezember 19) begegnet.

9. Juli 1920
Reise zu Hanns Johst an den Starnberger See

Bekanntschaft mit Peter Suhrkamp

11. Juli, Sonntag. Paula Banholzer befindet sich auf dem Wege der Besserung (→ 30. 6.). »Daheim ist es still. Ich gehe immer auf den Friedhof, und ich bin gerne dort.« *(26,127.)*

12. Juli, Montag. B kann Frauen wie Hedda Kuhn und

Edith Blass nicht erzählen hören (»alles falsch und geschminkt und stillos«), er mag auch deren »Lebensbeichten« nicht. Ganz anders sei Paula: »Ich weiß, wie sie ist, und sie tut nichts zu den Dingen hinzu.« *(26,128.)*

14. Juli, Mittwoch. B ist vier Stunden zu Besuch bei Lion Feuchtwanger, der ihm seine melancholische Komödie *Der Amerikaner oder Die entzauberte Stadt* vorliest. »Sie gefiel mir, weil *er* mir gefällt, und sie ist auch technisch interessant genug und hat schöne Bilder.« *(26,128.)*

Privatdruck *Baal* im Georg Müller Verlag

15. Juli, Donnerstag. *Baal* ist gesetzt worden. Vorgesehen ist eine »numerierte Auflage von 600 Exemplaren«; der Verlag Georg Müller entscheidet sich aber im Dezember 1920, das Werk nicht ausdrucken zu lassen. Da er zu dieser Zeit wegen der von ihm verlegten klassischen Erotica Schwierigkeiten mit der Zensur hat, befürchtet man auch bei Bs Stück eine Beschlagnahmung. Der Verlag kommt einem Verbot von *Baal* zuvor, indem er nur einige Exemplare für Bs privaten Gebrauch herstellt. Das Buch enthält die Widmung: »Meinem Freund George Pfanzelt.«

16. Juli, Freitag. Ausflug mit Caspar Neher nach Possenhofen an den Starnberger See. »Es ist besser mit einem Freund als mit einem Mädchen.« *(26,128f.)*

18. Juli, Sonntag. Am Nachmittag geht B (wie auch am Abend zuvor) mit Georg Pfanzelt und Neher an den Lechkanal im Klauckeviertel. Nachts essen sie Eis im Orchideengarten, danach schreibt B auf dem Weg den Psalm *Ich weiß, ihr Herz ist schlecht* (nicht überliefert) und kehrt in Gablers Taverne ein *(26,129)*.

19.-24. Juli, Montag bis Sonnabend. B ist wieder in München; er findet bei *Baal* den Schlußakt »gründlich verpfuscht« und schreibt einen abschließenden vierten Akt zu *Trommeln in der Nacht (26,129)*.

»Mitte der Woche« entsteht die *Ballade auf vielen Schiffen (11,78-80)*.

25. Juli, Sonntag. B geht mit Paula Banholzer an den Lech und badet.

26. Juli, Montag. Lektüre des Romans *Königin Tamara* von Knut Hamsun, »ein merkwürdiges Buch«, dennoch könne man »viel lernen, momentan das Entscheidende« *(26,129f.)*.

Beginn der Arbeit an dem Stück *David*

27. Juli, Dienstag. B ist mit Otto Zarek (→ 2. 10. 17) zusammen, dem »Bazarek« (jetzt Dramaturg an den Münchner Kammerspielen). »Ich singe meine Lieder, und er erzählt eine Szene aus einem *David* (David vor Saul).« Während Zarek sie nur mit einer Intrige gestalten kann, legt sie B ohne Intrige aus. »Er klappte den Mund auf.« Abends geht B mit Hedda Kuhn ins Kino und sieht »Szenen auf dem Meer« (vermutlich den Film *Der Seelenverkäufer* in den Bavaria-Lichtspielen). Er nimmt sich vor, »Piratenfilme« zu schreiben, »neue Moden« in Schwung zu bringen und »Dramen (Bücher?) auf Zeitungspapier« zu drucken, »mit Annoncen, die das Geschäft rentieren«. B schreibt die *Ballade von der Freundschaft (11,95-97)*, die er für das Kino bearbeiten will *(26,130)*.

27. Juli 1920
Ballade von der Freundschaft

28. Juli, Mittwoch. Durch Zareks *David*-Erzählung wird B zum Gegenentwurf einer Saul-David-Szene (vgl. *David*; *10,120-142*) angeregt *(26,130)*. Er schreibt dafür (im Stil der biblischen Psalmen) das Prosagedicht *Stark ist der Stier (13,177)*, das David dem Saul »ins Gesicht« singen soll *(10,129)*.

30. Juli, Freitag. Vormittags trifft B Klabund (→ 7. 3.), »der schlecht aussieht«, mit »einem hochblonden Mädchen«; nachmittags sind Lion Feuchtwanger und Otto Zarek zu Besuch. Danach schreibt er die 1. Szene »zu einem Stück *Saul und David*, das er »nebenher und ohne Plan machen will, obwohl es ein gutes Material verarbeitet« *(26,131)*.

Juli. Dora Mannheim (→ Februar), die aus Berlin auf der Durchreise zum Walchensee in München Station macht, wohnt zwei Tage in Bs Zimmer. »Am Nachmittag spazierten wir an der Isar entlang, lagen im Gras und sahen den Wolken zu. Brecht sang Balladen aus dem *Baal* vor sich hin.« *(Die Zeit, 19. 8. 66.)* Er gibt ihr ein Exemplar des *Baal* mit in den Urlaub und bittet sie um ihr Urteil.

2. August, Montag. B bringt Paula Banholzer zum Bahnhof, sie fährt zur Erholung nach Ziemetshausen, 40 km westlich von Augsburg. Dann begrüßt er (die von München kommende) Hedda Kuhn, die auf der Rückfahrt nach Berlin ist. Sie unterbricht die Reise und bleibt über Nacht. »Da sieht sie alt aus: Es rinnt Wasser aus einer Ruine.« *(26,132.)*

3. August, Dienstag. B faßt den Anfang des 3. Aktes von *Trommeln in der Nacht* neu und schreibt einen zweiten Schluß für den 4. Akt: »Jetzt ist das Ganze fertig« *(26,132)*.

4. August, Mittwoch. B geht mit Ludwig Prestel an den Lech schwimmen, macht »auf dem Heimweg abends das *Kinderlied vom Brot* und einige andere Kinderlieder« (vgl. *Vom Brot und den Kindlein*; *11,41f.*).

5. August, Donnerstag. In heißer Sonne entwickelt B neue Ideen für *Sommersinfonie* (*10,11-15*).

7. August, Sonnabend. Mit Caspar Neher besucht B Paula Banholzer in Ziemetshausen. Sie sehe nicht gut aus, weil sie zuviel herumläuft. »Wir liegen im Gehölz und üben Kino. Es ist schön zu sehen, wie die Bi spielt: ganz menschlich, ganz einfach.« *(26,133.)*

10.-14. August 1920
Wanderung im Donautal

10.-14. August, Dienstag-Sonnabend. B unternimmt mit Caspar Neher und Otto Müllereisert einen Ausflug durch das Donautal südwestlich von Ulm (Ehingen, Untermarchtal, Beuren und Möhringen): »Pfarrer schenken uns Brot oder 5 Mark, Bauern Most. Die Kartoffeln stehlen wir.« *(26,133.)*

17. August, Dienstag. Zurück in Augsburg liest B Shakespeares *Antonius und Kleopatra*, »ein prachtvolles Drama, das mich sogar ergriff«, und abends Gedichte Hebbels: »Es gibt prächtige Stücke darunter (und auch läppische!).« *(26,133.)*

18. August, Mittwoch. Nach Erhalt anklagender Briefe von Hedda Kuhn denkt B über seine Beziehung zu ihr nach (→ 5. 6.).

Der Himmel hätte die Pflicht, mir für meinen Hang zur Lüge und Eitelkeit die Schaufel hinaufzuschlagen. Wenn ich den kleinsten Zweifel über Bis Unschuld habe, fährt es mir in die Gedärme, und ich beneide den Hiob, so quält mich die Stechfliege. Aber wenn die He sich in Berg und Tal windet, weil ich sie aus ihrer Schale hervorgelockt und bloß liegengelassen habe, bleibe ich kalt wie ein Viehhändler. Sie hat sich oft gaulhaft benommen, wie Orge sagt, ich aber habe mich roh benommen und hart wie ein Stierbeutel. Man muß mir die Schaufel hinaufhauen. *(26,134f.)*

19. August, Donnerstag. B schreibt auf Hedda Kuhn das Gedicht *Sie wandte mir den Rücken (13,177).*

Sie wandte mir den Rücken
Da kroch ein großer Wurm heraus
(Der wollte mich beglücken
Er wollt die Hand mir drücken...)
Doch war er mir ein Graus...

B ist von Georg Pfanzelt enttäuscht, weil er »nichts mehr, als Sekretär werden«, und seine Freundin Franziska Lochinger, »Fannerl« genannt, »heimführen« will *(26,136).*

20. August, Freitag. B schreibt zwei Szenen für *David (10,120-142).* Abends geht er mit Georg Pfanzelt ins Kino: »Er sagt mir, daß ich eitel werde, und das ist nicht falsch, so etwas sieht er.« *(26,137.)*

21. August, Sonnabend. Lektüre der Tagebücher Friedrich Hebbels: »Das Pflichtgefühl drin ist mir widerlich, auch die Ordnung, die einer ungeheuren Einbildung gleichkommt: im Grund ist Hebbel eben Sammler.« *(26,137.)*
Abends geht B auf den Plärrer schiffschaukeln. »Das gewährt mir volle Befriedigung.« *(26,138.)*

22. August, Sonntag. Spaziergang mit Marie Rose Aman: »sie ist aufgegangen und verblüht, ich verlasse sie ganz, Gott behüte sie!« Nachmittags besucht B Paula Banholzer: »Das ist sehr angenehm, Teetrinken ist ein seelenvoller Sport. Bi hat so hübsche, weiße Beine, die etwas Aufmerksamkeit unbedingt beanspruchen können.« Lektüre von Hermann Hesses *Klingsors letzter Sommer*: »Diese Novelle ist sehr schön« *(26,138).*

23. August, Montag. B diktiert *Trommeln in der Nacht.*
Abends geht er auf den Plärrer schiffschaukeln. »Den David im Schädel.« *(26,139.)*

24. August, Dienstag. B fährt nach München und trifft sich mit Lion Feuchtwanger, der ihm rät, die Schlußszene von *Baal* nicht zu ändern: »Man soll es machen mit Gedärmen, Herz und Blut drin und Lungen und es laufen lassen, mit Fußtritt!«
Angesichts der »ausgewachsenen Philosophie« Goethes oder Hebbels, »die die Gedächtnisse von Trambahnschaffnern gehabt haben müssen«, zweifelt B an seinen eigenen philosophischen Möglichkeiten: »Ich vergesse meine Anschauungen immer wieder, kann mich nicht entschließen, sie auswendig zu lernen.« Am Abend ist B wieder in Augs-

burg auf dem Plärrer, wo ihm »Negermusiken mit Keulenschlägen« eingetrieben werden: »Mit Film und Bänkelsang werden wir uns noch einen halben Mond über Wasser halten, aber dann muß neuer Flug angehen« *(26,139)*.

Auf dem Plärrer

26. August, Donnerstag. B hat Schwierigkeiten bei der Arbeit. Abends erlebt er mit Marie Rose Aman in der Birkenau eine »liebliche Dämmergeschichte«, mit »viel Anmut in ihr drin, und sie ist nimmer so spuckselig« *(26, 140f.)*. Nachts arbeitet er an *Galgei (10,16-48)*; außerdem fängt er an, »Balladen für die Jugend« zu entwerfen: *Die Schlacht bei den Baumwurzeln* und *Goger Gog, der Zinnsoldat* (beide nicht überliefert). Auf Pfanzelt und Müllereisert schreibt er das Gedicht *Wenn George und Buschiri* ins Tagebuch *(26,140f.)*.

27. August, Freitag. B notiert: »Meine gewachsenen Werke unterscheiden sich von den gemachten durch ihren tierischen Ernst.« Er beschäftigt sich mit dem Schicksal eines Mannes, »der in den Vierzigern nach Südamerika flieht, um etwas für sich zu tun«; ähnliche Motive in den Erzählungen *Der Blinde (19,147-151)* und *Die Hilfe (19,159-163) (26,142)*.

28. August, Sonnabend. B arbeitet an *Galgei.* Abends schreibt er auf dem Weg zum Kirchhof die *Ballade von den Geheimnissen jedweden Mannes (11,74f.)* und nachts »zwischen Kino und Schiffschaukel« das *Lied von meiner Mutter. 8. Psalm (11,21f.) (26,144)*.

29. August, Sonntag. Nachmittags Besuch von Paula Banholzer; mit Otto Müllereisert und Rudolf Hartmann spielt B Karten und abends mit Georg Pfanzelt Billard »in den Zimmern des ersten Stocks, da Papa, wie immer, beim Fischen ist«. Nachts trifft er sich mit Wilhelm Brustle (→ 17. 8. 16) im Theatercafé *(26,145)*.

30. August, Montag. Abschied von Paula Banholzer, die früh nach Kimratshofen fährt. B entwirft die *Ballade von den Mitmenschen* (späterer Titel: *Vom Mitmensch*; *11,59-61)*. Er hält sich für das Romanschreiben »noch zu unreif«, weil dafür »Sitzleder« nötig ist *(26,145)*.

31. August, Dienstag. Die »gestillten« Briefe der Hedda Kuhn zeigen B, daß sie sich abgefunden hat: »ich habe unser Verhältnis ein Mittelding zwischen Ehe und Abenteuer geheißen, eine eigentliche Kompromißgeburt«. Mit Georg Pfanzelt führt er Gespräche über Katholizismus.

Lektüre von Paul Wieglers *Figuren*, »ein ausgezeichnetes Buch mit Schattierungen und viel Stoff«. B überlegt, ob er die »Lautenbibel hinausschmeißen« soll, »auf Zeitungspapier groß gedruckt, fett gedruckt auf Makulationspapier, das zerfällt in drei, vier Jahren, daß die Bände auf den Mist wandern, nachdem man sie sich einverleibt hat« (→ 19. 1. 19). Er will weitere Psalmen schreiben: »Das Reimen hält so sehr auf. Man muß nicht alles zur Gitarre singen können!« B stellt das Gedicht *Der besoffene Wald singt einen Choral* (nicht überliefert) fertig *(26,146f.)*.

1. September, Mittwoch. B ist in München auf Wohnungsuche und fragt Bezold nach einem Zimmer: »Diese Woche mußte ich viermal abends heimfahren! Kann ich Dich Montag mittag 11 Uhr in der Universität, im Lesesaal (Zeitschriften) treffen?« *(Br, 17)* Abends sieht er mit Wilhelm Brüstle im Varieté (Apollo-Saal) die Exzentrik-Clowns Metz und Metz, von denen er angetan ist: »Darin ist mehr Geist und Rasse als im gesamten zeitgenössischen Theater.« Anregungen der Clowns verarbeitet er im Abschnitt *»Beils Originaltragödientheater«* (für den Romanentwurf *Das Buch Gasgarott*; *17,402f.*). Die Gedichte *Traum des Branntweinverkäufers* (vermutlich *Vorbildliche Bekehrung eines Branntweinhändlers*; *11,63-65*) und *Der Mann auf der Hochzeit* (nicht identifiziert) entstehen. Für das »Arrangement« seiner Verse schwebt B Rodins auf dem Marktplatz von Calais stehende Plastik *Die Bürger von Calais* vor: »So sollen die Gedichte da stehen unter den Leuten.« *(26,150f.)*

Wenn ich ein Theater in die Kluven kriege, ich engagiere zwei Clowns. Sie treten im Zwischenakt auf und machen Publikum. Sie tauschen ihre Ansichten über das Stück und die Zuschauer aus. Schließen Wetten ab über den Ausgang. Alle Samstag ist Deuxière im Theater. Der Schlager der Woche wird persifliert. (Auch Hamlet, auch Faust.) In der Tragödie wird die Szenerie auf offener Bühne umgebaut. [...] Die Clowns reden über die Helden wie über Privatpersonen. Lächerlichkeiten, Anekdoten, Witze. Sie sagen von David: Er wäscht sich zuwenig. Und von Baal, in der letzten Zeit: Er ist verliebt in den Schmutzfinken. – Dadurch sollen die Dinge auf der Bühne wieder real werden. Zum Teufel, die *Dinge* sollen kritisiert werden, die Handlung, die Worte, die Gesten, nicht die Ausführung. *(26,150f.)*

Für die Winterspielzeit engagierte Beil zwei Clowns von einem verkrachten Zirkus weg. Sie traten in den Pausen, zwischen Shakespeare und auch sonst, auf, jeweils im Kostüm und Stil des Stückes, mitunter auch als Zuschauer. *(17,402.)*

2. September, Donnerstag. B arbeitet an einer Zusammenstellung von Gedichten und notiert sich dazu auch Titel, »die in dem Buch gar nicht vorkommen«. Erneute Überlegungen zum Schlußakt von *Trommeln in der Nacht*, damit der »starke, gesunde, untragische Ausgang« wirksam wird *(26,151)*.

3. September, Freitag. B reflektiert über Otto Zareks Mißerfolg mit seinem Drama *Karl V.* (Premiere: 29. 8. in Berlin) beim »Jungen Deutschland«, Reinhardts Förderverein für junge Talente. »Auf Parketts gehen keine Negertänze [...].« Für den Schlußakt von *Trommeln in der Nacht* ist nach seiner Ansicht die »Hauptsache: die Geste, mit der er heimgeht, den Rock auszieht, sich die Halsbinde herabreißt, mit den Händen am Hals aufschnauft; es ist ein Krampf sagt und mit der Frau ins Bett abgeht« *(26,152f.)*.

4. September, Sonnabend. B beendet die Lektüre von Alfred Döblins Roman *Wadzeks Kampf mit der Dampfturbine*. »Es ist überhaupt ein starkes Buch.« Abends besucht er die *Große deutsche Volkspassion* im Augsburger Metropoltheater, einem monumentalen Passionsspiel mit Massenchören, großem Orchester und 250 Mitwirkenden unter Leitung des damals bekannten Christus-Darstellers Adolf Faßnacht. B ist weniger von der »geschmacklosen Aufmachung« beeindruckt als von bestimmten Bibelworten. »Sie gehen durch und durch. Man sitzt unter Schauern, die einem, unter der Haut, den Rücken lang herunterstreichen, wie bei der Liebe.« *(26,153.)*

5. September, Sonntag. B schreibt auf Neher das Gedicht *Der dicke Cas ist gestorben (13,178-180)*. Er singt auf einer Fete, zu der Otto Müllereisert vier Mädchen und vier Freunde eingeladen hat. Nach Genuß von »Tee und Alkohol« geht es in der Wohnung wild zu; »es ist eine Lasterhöhle« *(26,156)*.

6. September, Montag. B arbeitet an *David* und stellt dabei Überlegungen über den Gebrauch der Wörter an: »Man hat nicht seine eigenen Wörter, und man wäscht sie nie. Im Anfang war nicht das Wort. Das Wort ist am Ende. Es ist die Leiche des Dinges.« *(26,158.)*

7. September, Dienstag. Als seine alten Kleider bezeichnet B: »Ziehharmonikahose, graue, dicke Socken, zerrissene Jacke und buntes Hemd«. Er rüttelt Caspar Neher auf, der mit einer »Armesündermiene« zu ihm kommt. Abends geht er mit Ludwig Prestel an den Lech, sie »schwatzen« über »das Gefühl der Dinge« *(26,159)*.

8. September, Mittwoch. B hat erneut Schwierigkeiten beim Überarbeiten des letzten Aktes von *Trommeln in der Nacht* und der letzten Szene von *Baal*. Nach dem Besuch des Stierkämpferfilms *Gallardo, der König der Arena. Liebesroman eines Toreros in 6 Akten*, schreibt B: »Er hatte soviel Eleganz im Nacken und im Arsch, und wie der Degen in die dicken Leiber glitt, schnellte, zischte: schicksalhaft.« Abends besucht er mit Otto Müllereisert und Hansi Haase ein Konzert im Ludwigsbau, danach spaziert er mit seinem Freund am Lech *(26,160)*.

9. September, Donnerstag. B kommentiert Paula Banholzers Nachricht, Sohn Frank »habe rote Haare, sei frech, liebe den Unsinn«, mit: »Bravo!« Nach einem ausgedehnten Spaziergang mit Hansi Haase, die er »dumm, schleckig und langweilig« findet (»aus einer Operette und einfach zu windig für mich«), denkt er über seine Ablehnung von »Geschlechtsweibchen« nach: »Lieber eine hundshäuterne Jungfrau abstechen als in so einem Allerweltslöchlein herumstochern!« Überlegungen fur eine (nicht geschriebene) Operette mit dem Couplet *Es muß ja bei uns nicht geweint sein (26,160f.)*.

10. September, Freitag. B erwägt ein Stückprojekt *Malvi*.

11. September, Sonnabend. B sieht in den Münchener Sendlingertor-Lichtspielen den Ausstattungsfilm *Sumurum* und lobt die Regie von Ernst Lubitsch. Klabund teilt ihm mit, daß er durch seine Dichtungen wenig Einnahmen hat. Mit Otto Müllereisert spricht er über Ideen für einen Film *Mormonenpapst (26,162)*.

12. September, Sonntag. Mit Müllereisert geht B ins repräsentative Preysing-Palais. Abends besucht er einen Vortrag von Alfons Goldschmidt über das Thema (das auch Titel seines 1920 erschienenen Buches ist) *Die Wirtschaftsorganisation in Sowjet-Rußland* und kommt zu dem Urteil: »Mir graut nicht vor der tatsächlich erreichten Unordnung dort, sondern vor der tatsächlich angestrebten Ordnung. Ich bin jetzt sehr gegen den Bolschewismus: Allgemeine Dienstpflicht, Lebensmittelrationierung, Kontrolle, Durchstecherei, Günstlingswirtschaft.« *(26,163.)*

13. September, Montag. In Augsburg arbeitet B am 3. Teil des *David*, in dem sich der Titelheld gegen Saul, Jonathan und Absalom verteidigen muß, mit der Tendenz: »der Untergang der starken Menschen«. In diesem Zusammenhang entsteht das Gedicht *Von Absalom (13,154)*. Nachts geht er mit Caspar Neher an den Lech. Dabei stellt er erneut Überlegungen für den Schlußakt von *Trommeln in der Nacht* an *(26,163f.)*.

14. September, Dienstag. B plant die Filme *G. Parkers Erziehung* und *Mormonenpapst*. Er ist mit den nicht abgeschlossenen Arbeiten unzufrieden, »das Chaos meiner Papiere«, gemeint sind *Sommersinfonie* (»grünes Obst«), *Hans im Glück* (»mißlungen«), *Trommeln in der Nacht* (»am Rand der Beendung«) sowie die Novellen (»skizzenhaft hingeworfen«). Auch *Baal* befriedigt ihn »nimmer« (»viel zu abgeschliffen, verfeinert, verflacht«). Er besucht das Schauspielerehepaar Aicher und liest die erste Szene seines *David* vor. B erwägt, einer Einladung Frank Warschauers (→ 21. 2.) nach Baden-Baden zu folgen, der dort an der Vorbereitung des Musikfestes in Donaueschingen mitarbeitet. Er notiert Aussprüche seiner Freunde Georg Pfanzelt, Otto Müllereisert und Caspar Neher *(26,165f.)*.

15. September, Mittwoch. Bs Vater, der »Unsinn über Kommunismus« redet, wirft seinem Sohn vor, er habe noch nichts für die Allgemeinheit getan, »noch rein gar nichts«. »Er wolle jetzt einmal eine ernste Arbeit bei mir sehen. Das, was ich mit meiner Literatur getan hätte, halte er persönlich für gar nichts. Das müsse sich erst noch beweisen.« B stellt Überlegung über den Geldwert von Gedichten an: »Wir machen keine Ware, wir machen nur Geschenke.« Nach der Lektüre von Alfred Döblins *Wadzeks Kampf mit der Dampfturbine* und nun *Die drei Sprünge des Wang-Lun* schreibt er: »Technisch ergriff mich unerhört stark die Kultur des Zeitworts.« *(26,167.)*

16.-21. September 1920
Reise nach Baden-Baden

16.-21. September, Donnerstag-Dienstag. B ist Gast bei Frank Warschauer (→ 14. 9.) in Baden-Baden und freundet sich »mit dieser mondänen Landschaft« an. Er führt mit Warschauer Gespräche über Oswald Spenglers *Untergang des Abendlandes* und über den Zionismus. Als ihn Warschauer mit Werken Lao-tses bekanntmacht, stellt B fest, »der stimmt mit mir so sehr überein, daß er immerfort staunt«. Einmal trifft B mit Hedda Kuhn zusammen, die sich vor dem Wintersemester in Berlin im nahegelegenen elterlichen Rastatt aufhält. Sie geraten wegen der abgekühlten Beziehung erneut in Streit. »Und einmal nehme ich sie in die Arme, und es wird besser, und ich küsse sie auch und bin zärtlich zu ihr.« Abends geht B mit ihr und Warschauer essen und bringt sie nachts zur Bahn *(26,168)*.

23./24. September, Donnerstag/Freitag. B trifft sich mit Paula Banholzer, die von Frank aus Kimratshofen kommt, auf halbem Wege in Buchloe und fährt mit ihr nach München: »Sie ist dick geworden [...] Die Lieblichkeit ist etwas in die Binsen gegangen.« Sie suchen nach einer Wohnung. B ärgert sich über die Unzuverlässigkeit seines Freundes Otto Müllereisert, der am 23. verspätet mit Georg Pfanzelt kommt und sich Paula Banholzer gegenüber »unliebenswürdig« benimmt *(26,168f.)*.

Ich gehöre nicht zu den nützlichen Gliedern der menschlichen Gesellschaft, die sich strecken, wenn sie an Anerkennung denken, und Wollust haben, wenn sie Reibung verursachen. Aber Verstand haben sie gar keinen. Sie wollen nur hinein in die menschliche Gesellschaft. Man soll sie abschneiden. *(26,114.)*

24. September, Freitag. Aufzeichnungen über den Untergang des deutschen Dramas. Vermutlich entsteht in diesem Zusammenhang der Text *Der Kampf ums Drama (21,72f.)*. B fühlt sich von seinen Freunden im Stich gelassen. Bei einem nächtlichen Spaziergang stellt er fest, er sei »fürchterlich unruhig und zappelig« *(26,170)*.

Vierzig Jahre, und mein Werk ist der Abgesang des Jahrtausends. Ich habe die Liebe zu den Untergehenden und die Lust an ihrem Untergang. *(26,116.)*

25. September, Sonnabend. B beklagt sich über die »vorbildlichen« Deutschen, die Willkürakte der französischen Negersoldaten im besetzten Rheinland (→ 9. 12. 18) stumm dulden: »Sie sind die Überreste des großen Krieges, der Abschaum der Bevölkerung, die niedergehauenen Mäuler, das entmenschte Massenvieh, deutsche Bürger von 1920.« Er fühlt sich »sehr allein«, liest Tagores *Das Heim und die Welt* (München 1920), über das er einen Tag später notiert: »ein wundervolles Buch, stark und mild« *(26,172)*.

26. September, Sonntag. Über den vergangenen Sommer schreibt B: »Ich habe nicht viel gemacht, etwas geschwommen, einiges gelesen, nichts geliebt. Aber die Zeit war nicht arm. Ich mußte umschaufeln und mich an den Anblick von Leichen gewöhnen. Schlimmer, als daß nichts getan wurde, ist, daß viel angefangen wurde. Immerhin sind einige Balladen fertig.« *(26,172.)*

29. September, Mittwoch. Der *Vw* veröffentlicht Bs Rezension *»Kabale und Liebe«* (Premiere: 20. 9.). »Zwischen Erzengeln und Teufeln eine wilde Balgerei, bis über dem Liebestod mit Limonade die bezwungenen Teufel den zerfleischten Engeln Beifall klatschen (und in die Binsen gehen...).« Er lobt die ausgezeichnete Regie Hans Oberländers *(21,74f.)*.

1. Oktober, Freitag. Im *Vw* wird die Rezension *»Rose Bernd«* (→ 23. 10.) publiziert (Premiere: 29. 9., Regie: Hans Oberländer): Das Stück sei nicht »so schön« wie *Kabale und Liebe*, »es hat eine dickere Luft, es spielt viel tiefer unten, es

Das deutsche Drama geht unter, anscheinend, schnell, gern, willfährig. Die Berliner Theaterkapitalisten übernehmen die Konkursmasse, vertrusten die Sache, der Film zieht den Boden weg, immerzu, zieht aus Leibeskräften seit Monden, der Krach sitzt auf den Galerien, auf den Sperrsitzen, in der Proszeniumsloge zuletzt und sieht sich die Sache mit an. Jetzt verlassen die Ratten das Schiff: Der Reinhardt zieht ab, der Kerr igelt sich in der Walhalla ein und findet das alles »so schön.« Aber wir wollen uns in ihm einquartieren und die Beine gegen die Planken spreizen und sehen, wie wir das Schiff vorwärtsbringen. Vielleicht saufen wir das Wasser auf, das durchs Leck quillt, vielleicht hängen wir unsre letzten Hemden an den Mast als Segel und blasen dagegen, das ist der Wind, und furzen dagegen, das ist der Sturm. Und fahren singend hinunter, daß das Schiff einen Inhalt hat, wenn es auf den Grund kommt. *(26,169f.)*

Stadttheater Augsburg

hat etwas Drohendes in sich«. Unvergeßlich sei, wie das alleingelassene Mädchen »alles schluckt, dran kaputtgeht hinterm Strauch wie ein Stück Vieh und dabei bös wird und zu schreien anfängt, sich beschwert, Rebellion macht« *(21,75)*.
13. Oktober, Mittwoch. Der *Vw* veröffentlicht Bs Rezension *»Tasso«* (Premiere: 9. 10., Regie: Hans Oberländer). Darin beginnt B einen Angriff auf Direktor Häusler, der das Augsburger Stadttheater »als zu melkende Kuh gepachtet hat«: er verstünde »von Literatur anscheinend soviel wie ein Lokomotivführer von Geographie« und leite das Schauspiel nach dem Prinzip: »Kosten darf es nichts, ziehen muß es!« *Tasso* sei eine »gute Aufführung mitten in einer Schmierendekoration« gewesen *(21,76)*.
15. Oktober, Freitag. Der *Vw* druckt die Rezension *»Alt-Heidelberg«* (Premiere: 13. 9.). Lob der Regie Kurt Hartls, aber Ablehnung des Schauspiels von Wilhelm Meyer-Förster, das B als »Saustück« bezeichnet *(21,77)*. Wegen dieser Charakteristik verweigert die Direktion dem Rezensenten eine Zeitlang weitere Theaterkarten.
In München beginnt das Wintersemester 1920/21 (bis Mitte Februar 1921). B belegt die Vorlesung: Geschichte der deutschen Literatur zur Zeit ihrer höchsten Blüte seit 1780 (Franz Muncker) und im Laboratorium für deskriptive Anatomie Präparierübungen (Joh. Rückert). In der Quästur gibt B die Wohnadresse Pestalozzistr, 46$^{\text{I,1}}$ an.
20. Oktober, Mittwoch. Die Augsburger Redaktion des *Vw* beklagt sich darüber, daß »die loyale Stadttheater-Direktion die Abgabe einer Karte an unseren Rezensenten verweigerte«. Daraufhin wird von Bürgermeister Friedrich Ackermann amtlich geregelt, daß der Rezensent des *Vw* jeweils eine Theaterkarte für »jede Saison-Erstaufführung« erhält *(Frisch, 211)*.
23. Oktober, Sonnabend. Der *Vw* veröffentlicht die Rezension *Schillers »Räuber« im Stadttheater* (Premiere: 22. 10., Regie: Hans Oberländer). »Da ist ein großes, bequemes Haus mit einer Menge schönen Dingen drinnen, jungen Leuten, die etwas sind oder werden, Vorhängen, Lichtmaschinen, Musik – und was wird daraus gemacht? – Es ärgert einen.« *(21,78f.)* (→ 16. 11.)
Zur »Einführung in die Vorstellung des Gewerkschaftsvereins am Montag, 25. Oktober« veröffentlicht der *Vw* am gleichen Tag den Text *»Rose Bernd« von Gerhart Hauptmann* (→ 1. 10.), in dem B erneut die Theaterleitung angreift (»Geführt von einem Geschäftsmann, einem ehemaligen Provinzschauspieler, dem jedes geistige Format abgeht«). Für die Arbeiter schreibt B, es ginge in dem Stück nicht um »Bühnenkaiser« und »Prinzessinnen«, auch »kommt kein Lohengrin zu dieser Beschimpften: aber wir müssen hinein-

gehen, es ist unsere Sache, die in dem Stück verhandelt wird, unser Elend, das gezeigt wird. Es ist ein revolutionäres Stück« *(21,79f.)*.

30. **Oktober,** Sonnabend. Im *Vw* erscheint die Rezension *Bernard Shaws »Pygmalion«* (Premiere: 27. 10.). B bezeichnet das Stück als »phonetischen Ulk mit viel Perspektiven«, die Regie Kurt Hoffmanns habe in einer »Art Expressionismus« ein »geistiges Gesicht« gezeigt, aber es handele sich um eine insgesamt enttäuschende Darstellung *(21,80-82)*. Abends besucht B im Augsburger Ludwigsbau den Tanzabend von Rita Sacchetto und ihrem Kammerballett.

6. **November,** Sonnabend. Der *Vw* veröffentlicht den kurzen Bericht *Tanzabend Rita Sacchetto* (»Sie ruhe und lasse uns in Frieden!«). Außerdem rezensiert B *Hofmannsthals »Jedermann« im Stadttheater* (Premiere: 1. 11.): Aichers Jedermann sei »eine gute Leistung, freilich wieder keineswegs gleichwertig«. Die Bühne zeige aber, daß sie für eine *Wallenstein*-Aufführung geeignet ist und »den unbestimmten Sternenglanz und die starre Größe dieser winterlichen Tragödie zum Leben bringen« kann *(21,82)*.

11. **November,** Donnerstag. Artur Kutscher hält im Augsburger Börsensaal einen Vortrag über die Entwicklung des Theaters von der Antike bis zur Gegenwart. Die *MAAZ* berichtet u. a.: »Er zeigte auch das Bedenkliche der Reinhardtschen Bestrebungen, um zum Schluß mit Recht Stil als Reinheit und Kraft des Ausdrucks zu verlangen.« Anschließend liest Hanns Johst aus seinen Werken.

16. **November,** Dienstag. Der *Vw* druckt »zur Gewerkschaftsvorstellung am Mittwoch« den Text *»Die Räuber«* (→ 23. 10.), in dem B in einem Satz die Fabel des Stückes erzählt *(21,83)*.

17. **November,** Mittwoch. Im *Vw* kommt Bs Rezension *Zwangseinquartierung im Stadttheater* (Premiere: 13. 11.) heraus. Kurt Hoffmann (Regisseur und Darsteller des Fabrikbesitzers) habe »den ganzen Quark irgendwie erträglich« gemacht. »Ich freute mich, daß dieser Künstler so viel Brettersinn hat, so mit Haut und Haar spielte, auf das Was pfiff und Theater machte, vitales, unliterarisches Theater.« *(21,83.)*

23. **November,** Dienstag. Der *Vw* veröffentlicht die Kritik zu *Strindbergs »Rausch«* (Premiere: 19. 11., Regie: Hans Oberländer). B bezeichnet die Aufführung als beste der Spielzeit: »Es war Spannung da, Elektrizität, manchmal sogar Strindberg« *(21,84f.)*.

27. **November,** Sonnabend. Die in verschiedenen Augsburger Zeitungen vorgenommene Kritik an der Leitung des Stadttheaters wird in einem (nicht überlieferten) Brief vom Betriebsrat des Theaters abgewiesen. Daraufhin erscheint im *Vw* unter der Rubrik »Kleines Feuilleton« Bs umfangrei-

2 Prinzipielles

1. Unsere Klassiker haben ihre Werke nicht dazu geschrieben, daß der Betrieb des Augsburger Stadttheaters fortgeführt werden kann.
2. Sachlichkeit in Kunstfragen bedeutet: innerste Teilnahme, Wahrhaftigkeit, Intoleranz gegen Schädigungen. Das Interesse der Kunst steht über dem Interesse der Künstler. Das persönliche Interesse der Künstler, soweit es mit der Kunst nichts zu tun hat, geht die Kritik nichts an.
3. Im Ausdruck können Zugeständnisse gemacht werden. Statt Saustück kann Schweinestückchen geschrieben werden.
4. Die Kritik muß den Künstler unter Berücksichtigung des Materials, das ihm zur Verfügung steht, zwingen, aus diesem Material so viel zu machen, als er kann. Die Kritik muß ihn aber auch selbst als Material betrachten im Sinne des Kunstwerkes, und sie muß seine Eignung für das Kunstwerk untersuchen.
5. Werden die Künstler zu unkünstlerischen Leistungen gezwungen, haben sie dagegen selbst aufzutreten. Ihre Leistung wird als Leistung gewertet.
6. Es ist die Unverschämtheit der Unfähigkeit, der Kritik bloße »Berichterstatterdienste« zuzumuten. Man heilt den Hustenden nicht dadurch, daß man ihm den Mund zubindet. *(21,86.)*

che *Erwiderung auf den offenen Brief des Personals des Stadttheaters (21,85-88)*. Darin geht er auf grundsätzliche Fragen des nach seiner Ansicht verkommenen Theaterbetriebs ein und wendet sich gegen die geforderte Einschränkung der Kritik.

Ende November. B verabredet sich mit Hanns Otto Münsterer *(Br, Z4,77)*.

1. Dezember, Mittwoch. Der *Volkswille* (*Vw*), bisher Zeitung der USPD (→ 13. 10. 19), wird Organ der KPD.

14. Dezember, Dienstag. B veröffentlicht im *Vw* eine Rezension der Buchreihe des Gustav Kiepenheuer Verlags *Der dramatische Wille* (Potsdam 1919/20). Darin schildert er unter dem Titel *Dramatisches Papier und anderes* seine Eindrücke bei der Lektüre der Stücke *Die Gewaltlosen* von Ludwig Rubiner, *Die Haft* von Eduard Trautner, *Die Wandlung* von Ernst Toller, *Die Unsterblichen* von Iwan Goll, *Hölle Weg Erde* von Georg Kaiser und *Bathseba* von André Gide. »Zusammenfassend: Bücher, die man lesen muß wie die Zeitung. Alle zusammen (ausgenommen nur *Bathseba*) Proklamationen des Menschen ohne Menschen, alle zusammen (ausgenommen vielleicht *Hölle, Weg, Erde*) ein dramatischer Wille ohne Drama.« *(21,89.)*

22. Dezember, Mittwoch. Die allgemeine öffentliche Kritik am Augsburger Stadttheater führt zur Forderung Häuslers an die Stadt Augsburg, das Schauspiel aus dem Theater herauszulösen (was 1921 realisiert wird). Der *Vw* veröffentlicht Bs Polemik gegen den Intendanten und gegen die Stadtväter, die ihm Unterstützung gewähren, unter dem Titel *Querulanterei oder ein Lauf gegen die Wand*. B fragt: »Sollen tausend ohne Theater leben, daß ein Mann, der nichts davon versteht, ein Dach über dem Kopf hat?« *(21,90.)*

Ende Dezember. B freut sich, daß Dora Mannheim einen weiteren Besuch (→ Juli) in München in Aussicht stellt, und schreibt ihr u. a.: »Es ist wieder eine Menge Sachen kaputtgegangen, wenn ich auch ganz gemütlich unter den Trümmern hause, mit Schnaps und Schimpfen den Leib warm halte und zwecks geistiger Exerzitien die Zeitung lese.« *(Br, 103.)*

Bekanntschaft und Freundschaft mit Marianne Zoff

Marianne Josefine Zoff, geboren am 30. 6. 1893 in Hainfeld/Niederösterreich, ist die Tochter eines (späteren) Eisenbahnoberinspektors (und Schwester des Schriftstellers Otto Zoff). Sie nimmt Schauspiel- und Gesangsausbildung in Wien,

Dezember. Marianne Zoff wird nach ihrem Erfolg als Carmen (→ 23. 11. 19) 1920 in vielen Rollen eingesetzt (z.B. als Agnes in *Die verkaufte Braut* von Smetana, als Magdalena in *Der Goldschmied von Toledo* von Jacques Offenbach, als Waltraude in *Walküre* von Richard Wagner, als Dunyazade in *Schachrazade* von Bernhard Sekles, als Siebel in *Margarethe* von Charles François Gounod, als Gräfin von Ceprano in *Rigoletto* von Giuseppe Verdi, als Hänsel in *Hänsel und Gretel* von Engelbert Humperdinck). B hat mehrere Vorstellungen besucht. Nach der Erinnerung von Marieluise

Fleißer soll B in einer (nicht nachweisbaren) Rezension »weniger ihre Stimme als vielmehr ihre Beine gelobt« haben *(Frisch, 209)*. Auf Marianne Zoffs Beschwerde darüber habe er sie zu sich eingeladen. Bei anderer Gelegenheit schildert sie die erste Begegnung mit B so: »Er lobte meine Stimme, meine Darstellung – das alles mit starkem schwäbisch-bayerischen Akzent. Ich dankte artig und hoffte, daß er bald wieder verschwinden würde. Er aber bat, Platz nehmen zu dürfen, und begann ohne Unterbrechung zu reden.« *(Eser, 157f.)* Es entwickelt sich eine Liebesbeziehung.
Möglicherweise stammt ein (nicht datierter) Brief Bs an Marianne Zoff schon aus dieser ersten Zeit der Bekanntschaft. Darin heißt es: »Ich habe hier gewartet auf Dich, wir werden nach der Vorstellung *allein* zusammen sein, nicht?« Er sei »so dumm und schlecht« gewesen, und Paula Banholzer habe im Hof geweint. B versichert, daß er ohne Marianne nicht sein kann *(Br, 104)*.

singt kleinere Partien als Mezzosopranistin, ehe sie nach Augsburg engagiert wird. Seit 1917 lebt Marianne Zoff in einer losen Verbindung mit dem Geschäftsmann und Verleger Oscar Camillus Recht in München zusammen.
Wegen seiner nicht immer gepflegten äußeren Erscheinung und seines Verhaltens wird B von der elegant und luxuriös auftretenden, fünf Jahre älteren Opernsängerin getadelt.
B schreibt daraufhin das Gedicht *Gardinenpredigt (13,180f.)*.

1921

1. Januar, Sonnabend. Marianne Zoff spielt im Augsburger Stadttheater die Rolle von Hoffmanns Freund Niklaus in *Hoffmanns Erzählungen* von Jacques Offenbach (Wiederholungen: 9. 1., 31. 1., 21. 2.).
8. Januar, Sonnabend. B besucht die Premiere von Hebbels *Judith* im Stadttheater (→ 12. 1.). Sein Verhalten während der Aufführung erregt bei anderen Theaterbesuchern Anstoß. In einer (am 14. 1.) publizierten Kritik der *Neuen Augsburger Zeitung* wird das »lümmelhafte Benehmen« einiger Zuschauer beklagt: »Zu diesen Theaterbesuchern gehörte auch der Kritiker des Augsburger U.S.P.-Organs, des *Volkswillen*, der an und für sich schon seine Genialität, die nur durch seine Jugend übertroffen wird, durch einen ungewöhnlichen rüden Ton in der Kritik darzutun versucht.« B habe »während der Vorstellung fortgesetzt« gelacht »und die übrigen Theaterbesucher durch auffallendes Benehmen in jeder Weise« gestört. B notiert dazu: »Es gibt hundert Arten, sich als Lümmel zu zeigen. / Wählen Sie eine bessere als das Theater.« *(21,624.)*
12. Januar, Mittwoch. Im *Vw* erscheint Bs Rezension *Hebbels »Judith« im Stadttheater* (→ 8. 1.). Die Regie Heinz Oberländers scheint ihm nur eine »(mißlungene) Karikatur dieses Stückes« zu sein, er habe »Mangel an Ehrfurcht vor dem Kunstwerk«. In der Rezension erregt Bs Satz: »Aber das gleiche Schwein, das die Lulu für eine Beschimpfung der Frau hält, schwärmt für die Judith«, großes Aufsehen. Die Äußerung bezieht die Darstellerin der Judith, Vera Maria Eberle, auf sich, weil sie in einem Artikel der *Augsburger Rundschau* gegen Frank Wedekinds *Büchse der Pandora*

12. Januar 1921
Beleidigungsklage gegen Brecht

Stellung bezogen hat, und reicht (auf Betreiben ihres Verlobten, Dr. Franz Reisert) eine Beleidigungsklage gegen B ein (→ 5. 4.).

Am gleichen Tage wird die Zeitung *Vw* vom Staatskommissar für Schwaben und Neuburg wegen aufreizender und die Ordnung gefährdender Artikel verboten, Chefredakteur Wendelin Thomas zu zwei Jahren Gefängnis verurteilt.

B arbeitet an *Galgei (10,16-48).*

13. Januar, Donnerstag. B, der sich immer häufiger mit Marianne (»Mar«) Zoff (→ Dezember 20) trifft, schreibt ihr »1/2 1 nachts« das Gedicht *An M* (»In jener Nacht, wo du nicht kamst / Schlief ich nicht ein, sondern ging oftmals vor die Türe«; *13,205*).

23. Januar, Sonntag. Marianne Zoff spielt am Augsburger Stadttheater die Zweite Dame der Königin der Nacht in *Die Zauberflöte* von Wolfgang Amadeus Mozart.

9. Februar, Mittwoch. Nach einer Pause von vier Monaten beginnt B (am 9. 2.) ein neues Tagebuch, an dessen Anfang er das Eigenzitat stellt: »Während das Gras wächst, stirbt der Gaul.« *(26,173.)* B besucht mit Marianne Zoff, Neher, Müllereisert und den Feuchtwangers in München einen Kostümball in der Buchhandlung Steinicke. Marianne trägt »ein Pagenkostüm und war die schönste Frau dort« *(26,175).* (Sie probt in der Oper eine Pagenrolle; → 13. 2.)

13. Februar, Sonntag. Nachmittags ist B in Augsburg bei dem Schauspielerehepaar Aicher eingeladen. Anwesend ist auch Marianne Zoffs Freund Oskar Camillus Recht (→ Dezember 20), der versucht, seinen Anspruch auf Marianne Zoff zu behaupten. B notiert: »Ich lasse Recht schauspielern. Richard III. Er nützt seine Bösewichtgesten ab, rapid. Ich sehe auch die Grenzen seines Temperaments.« Im Bett habe ihm Marianne dann »trübe Geschichtlein« über ihren Liebhaber erzählt: Um zu Geld (für sie) zu kommen, habe er sich nicht gescheut zu stehlen. Sie ekle sich vor ihm, habe ihn schon mehrfach hinausgeworfen, sich dann aber aus Mitleid immer wieder mit ihm versöhnt *(26,175 f.).* Am Abend spielt Marianne Zoff im Augsburger Stadttheater den Dritten Pagen in *Lohengrin* (Wiederholungen: 27. 3., 14. 4.).

Caspar Neher notiert, daß er seine enge Bindung zu B lokkern will: »Ich muß mir meine Eifersucht abgewöhnen, das ist das erste Gebot, und mit allen Mitteln versuchen, ein Mensch zu werden.« *(NT.)*

14. Februar, Montag. Marianne Zoff ist über Nacht bei B: »Einmal kann ich sie nicht nehmen, muß sie lassen, und da lacht sie, ganz leis und glücklich, und lacht mich aus.« *(26,176.)*

15. Februar, Dienstag. B arbeitet in München mit Neher am

Filmszenarium zu einem Piratenfilm *Die Seeräuber* (nicht überliefert) mit einer Rolle für Marianne Zoff. »Es ist viel von der Bi drin.« *(26,176.)*

Mit Hanns Otto Münsterer nimmt B am Prozeß gegen Georg Kaiser und dessen Frau Margarete im Landgericht München I teil. Die Kaisers haben aus dem Haus eines Gönners Gegenstände verkauft (um leben zu können) und werden »wegen dreier fortgesetzter Vergehen der Unterschlagung« jeweils zu einem Jahr Gefängnis, abzüglich vier Monaten Untersuchungshaft, verurteilt. *(Münchener Neueste Nachrichten, 17. 2. 21.)*

Mitte Februar wird das Wintersemester beendet. B belegt im Sommersemester 1921 keine Vorlesungen.

17. **Februar,** Donnerstag. Zum Prozeß des Vortags schreibt B, Kaiser »spreizt sich wie ein Pfau im Glanz seiner Dichteritis«, das Gericht sei »verblüffend großzügig und höflich« gewesen *(26,176)*.

18.-19. **Februar,** Freitag - Sonnabend. Von »6 abends bis 9 früh« sei Marianne im »Kraal« gewesen, wie B sein Augsburger Mansardenzimmer jetzt nennt. Dann geht er mit ihr zum Siebentischwald Kaffeetrinken *(26,176)*. Am 19. führt sich Marianne Zoff bei Aichers, die sie hin und wieder besuchen, »frech« auf, »raucht meine Zigaretten weiter, bietet mir Schinken auf ihrer Gabel usw.« *(26,176f.)*.

20. **Februar,** Sonntag. Nachmittags geht B mit Marianne Zoff, Nebenbuhler Recht und Aichers ins »Parkhäuschen«. »Heut spielen wir Fangen, ich bremse.« Dann ist er wiederum mit ihr »10-10 im Kraal« *(26,177)*.

21. **Februar,** Montag. Die öffentliche Verurteilung von Bs Verhalten während der *Judith* Aufführung (→ 12. 1.) ist Gegenstand einer Beratung des Theaterausschusses. Es wird vorgeschlagen, die Direktion des Stadttheaters solle dem Kritiker die Karte entziehen, falls er sich nochmals so verhält *(SBA)*.

25. **Februar,** Freitag. B arbeitet an Drehbüchern und will damit »hartes Gold scharren«. Er denkt an Marianne Zoff, »die im Auto fährt, wenn sie will. Sich Pelzmäntel schenken läßt, Ringe, Kostüme«. Gegen seinen Rivalen sei er ein »kleines freches Knäuel«, man sehe sein »Gesicht noch nicht«. »Ich kann sie nicht bezahlen [...].« Den Gedanken an eine Hochzeit schiebt er beiseite: »Ich muß Ellbögen frei haben, spucken können, wie mir's beliebt, allein schlafen, skrupellos sein.« Er liest Marianne, die »abends 7 bis morgens 9« im Kraal ist, die Totenmahlszene aus der *Sommersinfonie (10,11-15)* vor *(26,177)*.

27. **Februar,** Sonntag. »Helle, sonnige Tage, ich komme wieder in Form.« Marianne Zoff will Recht nicht heiraten, »sie heiratet jetzt mich, Gott wird wieder zuschauen, und

Mit seiner Frau Marianne

Asien bleibt unberührt«. Sie ändert aber dann mehrfach ihre Meinung und gibt zu, daß sie leicht zu beeinflussen ist *(26,178)*.

28. Februar, Montag. Wegen seines Geldmangels versucht sich B mit seinen Freunden zu arrangieren, die aber gegeneinander und gegen ihn intrigieren. Georg Pfanzelt, »der alte Schullehrer«, spricht sich »gegen die Zahl meiner Frauen« aus. »So beginnt die ganze Villa zu stinken, und es geht kein Wind!« *(26,179.)*

1. März, Dienstag. Nach einer Nacht mit Marianne Zoff fährt B morgens nach München, um mit Caspar Neher an einem Filmmanuskript für die Stuart Webbs Film Company weiterzuarbeiten. Pläne für »noch zwei oder drei Filme« und »drei Flibustierfilme für Marianne« *(26,180)*.

2. März, Mittwoch. In München arbeitet B mit Neher an dem Filmmanuskript *Die drehbare Weinbude* (späterer Titel: *Das Mysterium der Jamaika-Bar*; 19,53-84). Mittags geht er mit Marianne Zoff, die aus Augsburg kommt, in den Zoo, dann zu Otto Müllereiscrt *(26,180)*.

Arbeit am Drehbuch *Das Mysterium der Jamaika-Bar*

3. März, Donnerstag. Früh schreibt B für Marianne Zoff zwei Vierzeiler ins Tagebuch: *Das war die arme Marianne* und *Wenn immer aber sie bekümmert war*. Er bringt Marianne zum Zug nach Augsburg und hört dann mit Caspar Neher in der Münchener Kunstakademie ein Kolleg Alfred Kehrers über Cézanne. Später diktiert er dem Filmjournalisten und -agenten Werner Klette Teile seines Films *Das Mysterium der Jamaika-Bar (19,53-84)*. Abends besucht er Otto Zarek, dem er Teile seines *David (10,120-142)* mitnimmt *(26,180f.)*.

5. März, Sonnabend. In Augsburg liest B »nur bei Mahlzeiten« Alfred Döblins Roman *Wallenstein*, der ihm wegen der vielen »Äußerlichkeiten in kolossalischem Stil« nicht gefällt. *Wadzeks Kampf mit der Dampfturbine* sei »unvergleichlich wirksamer«. Abends sieht Marianne Zoff mit ihrem Freund Recht im Augsburger Stadttheater *Wallensteins Tod* von Schiller. Danach kommt es im Theatercafé Maxim zu einer eifersüchtigen Auseinandersetzung zwischen B und Recht, der wütend allein ins Hotel (Weißes Lamm) geht. B und Neher bringen Marianne zu Recht, der »einen Stockdegen« hat, »seit er nimmer bei ihr schläft« *(26,181f.)*.

Zunehmend eifersüchtige Auseinandersetzungen Brechts mit Recht

6. März, Sonntag. B spricht mit Neher über dessen Bilder: »Er muß vorn anfangen. Gesichter malen wie Stilleben, Landschaften wie Gesichter« *(26,182)*. Abends spielt Marianne Zoff die Rolle der Flora Bervoix in *La Traviata* von Giuseppe Verdi.

7. März, Montag. B hat *Franziskas Abendlied* und *Der Taler* aus Frank Wedekinds Gedichtsammlung *Die vier Jahreszeiten* für Marianne zur Gitarre gesetzt. Er hat »Schnaps getrunken« und schreibt »in Hemdärmeln« die Notiz: »Erst wenn man getrunken hat, ist man zurechnungsfähig.« *(26,183.)*

8. März, Dienstag. Früh schreibt B auf seinen Nebenbuhler Recht die *Ballade vom verliebten Schwein* (als *Historie vom verliebten Schwein Malchus* in die *Hauspostille* aufgenommen; *11,65-68*).

B fährt mittags nach München, wo er Werner Klette den 1. Akt des Films *Das Mysterium der Jamaika-Bar (19,53-57)* diktiert. Abends will Recht Marianne Zoff am Bahnhof in München zurückhalten. B schlichtet den Streit und schlägt Recht vor, nach Augsburg mitzufahren. Dort kommt es zum offen ausgetragenen Rivalitätskampf zwischen B und Recht, der mit »Konsequenzen« droht. B notiert im Tagebuch Teile des erregten Dialogs wörtlich *(26,183f.)*.

9. März, Mittwoch. B will, daß Marianne Zoff sich von ihrem Freund trennt und von ihm kein Geld mehr annimmt. Im schlimmsten Fall (der Gewaltandrohung) soll sie die Polizei verständigen. »Wenn er schießt, schießt er.« Fur noch wichtiger hält B aber, daß sie sich selbst bewaffnet: »Wenn er gegen sie angeht, muß sie ihn niederknallen wie einen tollen Hund.« B fährt mit ihr mittags zum Siebentischwald. »Von 4-7 Kraal. Das ist schön. Sie ist sehr lieblich im Glück, jung.« *(26,184f.)*

10. März, Donnerstag. Bei seiner Haltung zu Marianne Zoff wirft sich B Gleichgültigkeit vor, »im Bett genießend und ohne Verantwortung, betrügerisch vielleicht«, fähig, über seine »Verhältnisse hinauszustoßen, ziemlich kalt, ganz unpolitisch«, während sie von ihm ein Kind haben will und noch dem »Affenblut speienden Pappendeckel«, dem »Napoleonimitator mit dem Stockdegen und der Selbstverstümmelung« nachläuft, mit ihm schläft und sich von ihm aushalten läßt *(26,185f.)*. Caspar Neher bestreitet in einem Gespräch mit Georg Pfanzelt und Otto Müllereisert, daß B seine Freunde vernachlässige und politisch geworden sei: »Ich sehe nirgends in keinem Fall irgendeine politische Aktion.« *(SBA.)*

11. März, Freitag. B setzt sich mit Georg Pfanzelts negativer Einstellung zu ihm auseinander, wonach er ein berechnender Politiker sein soll. »So laufen wir auseinander.« B und Marianne Zoff vermuten eine Schwangerschaft. »Ich hatte es vergessen, bei Gott, und jetzt pfuscht wieder der liebe Gott darein! Nun, ich lache und bin gut zu ihr. Sie lacht auch.« *(26,188.)*

12. März, Sonnabend. B macht sich Gedanken uber seine Beziehung zu Marianne Zoff, die Recht vier Jahre »ausgehalten« hat; sie »ist vergewaltigt worden und fast zugrund gerichtet durch einen Abortus, oftmals gewürgt, viele Male

12
Und als nun die Sonne kam
Tat es voll Erregung
Halberstickt von edler Scham
Eine Fußbewegung

13
In der alles lag, was jemals ein Schwein empfunden
(Liebe läßt vergessen Weh
Und gesalzene Wunden!)

14
Und so legt nun diese Sau
Auf 'ner kleinen Wiesen
Tieferschüttert seiner Frau
Afrika zu Füßen.

15
Und diktiert zur selben Stund
Daß es einfach alle
Die ihm diesen Seelenbund
Störten, niederknalle.
(11,67.)

geliebt und immer gerettet worden«. Sie brauche ein Kind. »Es ist häßlich, wenn ich weggehe, aber was soll ich bei ihr, ich verdiene kein Geld und bin nicht gut und will mein Hemd auf dem Leib haben und mag Verträge nicht.« Nachts nimmt B Marianne Zoff mit in den Kraal und läßt sie nicht dorthin zurück, »wo er [Recht] hinkann« *(26,189)*.

13. März, Sonntag. »Nun kriege ich ein Kind von der schwarzhaarigen Marianne Zoff, der braunhäutigen, welche in der Oper singt. Ich knie mich auf die Erde, weine, schlage mir an die Brust, bekreuzige mich zu vielen Malen.« Von Kra, vermutlich dem Studenten Hermann Kramer, Theaterrezensent der *ANN*, auf den Wiesen am Bismarckturm liegend, erfährt er dessen Meinung über Gattenwahl: »Entweder eine Mutter oder eine Hure. *Ich* sage es nicht.« *(26,189.)*

14. März, Montag. In München diktiert B Werner Klette Texte zu seinem Film (→ 8. 3.), er will »Gold scharren«. Abends ist er mit Paula Banholzer bei Otto Müllereisert.
Hedda Kuhn hat ihm 300 Mark für eine Reise zu ihr nach Berlin geschickt. B hat zunächst den »Herzenswunsch«, herauszufinden, was er »mit Mar zu tun« hat: »Sie ist eine Frau. In Berlin habe ich eine Frau.« *(26,189.)*

15. März, Dienstag. Fahrradausflug mit Otto Müllereisert nach Starnberg. Abends arbeitet er in München wieder am *Mysterium (26,190)*.

16. März, Mittwoch. B diktiert Werner Klette »vier Stunden« Texte zu *Das Mysterium der Jamaika-Bar*. Er erhofft sich von diesem Film 5000 RM Honorar, dann wäre er »über den Berg«. Seine Vorfreude dämpft er: »Aber die schwangere Frau und der Herr mit dem Stockdegen! Pst!« Mittags fährt B nach Augsburg zurück und trifft sich mit Marianne Zoff. Abends hört er sie bei der Premiere im Stadttheater als Dorabella in Mozarts *Cosi fan tutte* (Wiederholungen: 31. 3., 14. 4.). »Ihr Spiel ist sehr schön, ruhig und graziös, und sie singt leicht trällernd, lerchenhaft.« *(26,190.)*

17. März, Donnerstag. Marianne Zoff hält eine Heirat für notwendig. »Aber das kann *ich* nicht.« *(26,190.)*

18. März, Freitag. B entwirft einen Film über Hanna Cash *(26,191)*. Ausarbeitungen sind nicht überliefert. B verwendet den Stoff später (→ Mitte März 22) für die *Ballade von der Hanna Cash (11,90-92)*.

Filmgeschichte
Der Orangenfresser fertiggestellt

20. März, Sonntag. B arbeitet »den ganzen Sonntag über« an dem Filmskript *Der Orangenfresser* und stellt es vorläufig fertig; vgl. *Der Brillantenfresser (19,84-105)*.

21. März, Montag. Während Marianne Zoff, die aussieht »wie von Gauguin«, bei ihm ist, arbeitet B an dem Film *Das Mysterium der Jamaika-Bar* weiter. Er hat Schwierigkeiten, weil die Intrigen darin »sauschwer« zu machen seien. Die Unentschiedenheit Marianne Zoffs, die zwischen Rückkehr zu Recht, Abortus und Heirat mit B schwankt, machen ihn unsicher: »Ich habe schon ein Kind, das unter den Bauern aufwächst, mag es dick werden und weise und mich nicht verfluchen! Aber jetzt reißen sich die Ungeborenen um mich!!« *(26,191f.)* Ins Tagebuch schreibt B den Vierzeiler *Der die Gestirne läßt (26,192).*

22. März, Dienstag. Vormittags verhandelt B in München mit Werner Klette, der ihm vorkommt wie ein »unsauberer Hundertmarkmann«. Er verdient u.a. sein Geld mit einem undurchsichtigen Agentur- und Vertriebsservice. Nach Augsburg zurückgekehrt, liegt B nachmittags mit Marianne Zoff in der Flußniederung Griesle am Lech, wo sie Brahms' *Feldeinsamkeit* singt: »ich hörte nie schöner singen«. Abends holt er sie vom Theater ab *(26,193).*

23. März 1921
Marianne Zoff schwankt zwischen ihren Liebhabern

23. März, Mittwoch. B erhält von Marianne Zoff einen Brief, in dem sie mitteilt, sie wolle Oskar Camillus Recht heiraten und mit B nicht mehr sprechen. »Es ist Rebellion in mir, ich schwanke, würge es hinunter, setze mich, warte.« B arbeitet an den Filmen weiter, »ihr ein Dach zu machen« *(26,193f.).* Zwischendurch notiert er die Verse *Aber unter der Beleidigung (13,206).* Abends »philosophiert« er mit Neher über seine Situation und seine Zukunft: »Freilich, ich will Timbuktu und ein Kind und ein Haus und ohne Tür und will allein sein im Bett und mit einer Frau im Bett, die Äpfel vom Baum und das Holz vom Baum und keine Axt führen und den Baum mit Blüten, Äpfeln, Blattwerk in Großaufnahme vor meinem Fenster! Und einen Knecht zum Düngen dazu.« *(26,194f.)*

24. März, Donnerstag. Früh sieben Uhr kommt Marianne Zoff zu B (»fällt her über mich«) und gelobt, mit Recht Schluß zu machen. »Timbuktu ist gut und ein Kind ist auch gut, man kann beides haben.« B will ihr helfen, wenn er sie auch nicht heiraten kann, weil er »ein Provisorium« sei und noch »Sprungweite« haben müsse. »Ich wachse noch.« *(26,195.)*

25. März, Freitag. B geht mit Marianne Zoff in »der Sonne der Lechauen«, sie bleibt die Nacht über bei ihm. Er schreibt »an diesem Tag und in dieser Nacht nahezu 80 Bilder« für *Das Mysterium der Jamaika-Bar (26,195).*

26. März, Ostersonnabend. »Ich lebe luxuriös, mit der schönsten Frau Augsburgs, schreibe Filme. Alles am hellen Tag, die Leute sehen uns nach. Wie lange noch und Gottes Geduld reißt, ich sitze auf dem Stein, und die Hunde schiffen mich an!?« Abends geschieht die »Katastrophe«: Von Aichers holt Recht Marianne Zoff ab. Sie gibt die heimliche Zusammenkunft mit B zu und wird von ihm verprügelt. B

»Das ist meine Frau Marianne!«

nimmt sie zu sich. »Nachts, die Flucht nach Ägyptenland, vor dem Kindermord!« *(26,195f.)*

27. März, Ostersonntag. Früh fahren B und Marianne Zoff mit Hermann Kramer nach München, wo sie bei ihrem Bruder Otto Zoff untergebracht wird. Recht kommt hinzu und führt mit B, im Beisein des Bruders, ein erregtes Gespräch über seine Ansprüche. Als B ihm mitteilt, daß sie von ihm ein Kind erwartet, und sie ebenfalls mit ihm spricht, ist Recht »tatsächlich erschüttert« und sagt: »Es war mir nicht vergönnt, diese Frau glücklich zu machen. Tun *Sie* es!« Marianne Zoff verbringt die Nacht bei B. *(26,196f.)*

29.-31. März, Dienstag-Donnerstag. Am Abend des 29. 3. spielt Marianne Zoff im Augsburger Stadttheater die Pepa in *Tiefland* von Eugen d'Albert.

Brecht wehrt sich gegen eine Heirat

B sagt ihr erneut, daß man ihn »nicht heiraten kann«. Nun beginnt Recht einen verzweifelten Kampf um die Frau, bereut seinen Jähzorn, will sich um das Kind kümmern und sendet Mittelsleute, u. a. auch ihre Mutter, zu ihr. Sie nimmt von ihrem Bruder 1000 Mark an, die Recht ihm gegeben hat, und verspricht, B fünf Tage lang nicht zu sehen *(26,197f.)*.

1.-3. April 1921
Reise nach Tutzing am Starnberger See

1.-3. April, Freitag-Sonntag. Marianne Zoff taucht trotz ihrer Vereinbarung mit Recht zusammen mit B in Tutzing am Starnberger See, Hotel Seehof, unter. Sie könne sich vorstellen, mit Recht zu leben, »nur nicht als Frau«. B bereitet mit Otto Müllereisert, der ihn (an einem der Tage) besucht, seinen Prozeß mit Vera Maria Eberle (→ 5. 4.) vor.

4. April, Montag. B fährt mit Marianne Zoff nach München. Er versucht für den Augsburger Prozeß Gutachten zu seinen Gunsten zu bekommen: Lion Feuchtwanger sei »gut wie immer« gewesen und (der Theaterkritiker) Hermann Sinsheimer habe ihm etwas gegen seine Überzeugung geschrieben, »Kutscher krebste«. Er holt Marianne Zoff bei ihren Eltern ab. Abends fahren sie nach Augsburg. Neue Engagements in Wiesbaden, Stuttgart oder Mannheim werden erwogen *(26,199)*.

5. April 1921
Vergleich im Rechtsstreit mit Eberle

5. April, Dienstag. Bei der Gerichtsverhandlung in Sachen Eberle / Brecht (→ 12. 1.) kommt es zu einem Vergleich: B versichert, die Bemerkungen in seiner Rezension vom 12. 1. bezögen sich »in keiner Weise auf die Privatklägerin Frl. Eberle«, und bittet sie wegen der Form seiner Veröffentlichung um Entschuldigung. Außerdem übernimmt er alle Kosten des Verfahrens und der Veröffentlichung des Vergleichs in drei Augsburger Zeitungen durch Justizrat Hermann Sand (am 14. 4.). B veröffentlicht eine Gegenerklärung (→ 19. 4.).

Marianne Zoff nimmt das Angebot Carl Hagemanns an, am Nassauischen Landestheater Wiesbaden zu arbeiten (→

16. 8.). B wirft ihr Karrieredenken vor: »Das Wort: Erfolg um jeden Preis, taucht wieder auf, Hagemann ist interessant, Kavalier, vielleicht verliebt er sich ernstlich, das ist die Karriere.« *(26,199.)*

11. April, Montag. Nach mehrjähriger Pause tritt der Gesangsverein »Augsburger Liedertafel« (→ 13. 7. 13) erstmals wieder in einem großen Konzert im Ludwigsbau auf, das auch B besucht.

12. April, Dienstag. Bs Filme *Das Mysterium der Jamaika-Bar* (→ 3. 3.) und *Der Brillantenfresser* (ursprünglicher Titel *Der Orangenfresser* → 20. 3.) liegen fertig bei Werner Klette. Nachmittags sind B und Marianne Zoff am Siebentischwald. Abends geht er mit seinem Bruder Walter zum Ingenieur Theodor Helm, »einem kleinen philiströsen Weinschläuchlein«, der von »Goethe schwärmt und Ideale an Schnüren wie Drachen fliegen läßt« *(26,200f.)*.

Filmgeschichte *Das Mysterium der Jamaika-Bar* fertiggestellt

13. April, Mittwoch. B macht sich Gedanken über seine Beziehung zu Paula Banholzer, der er die Heirat versprochen hat. Er hat festgestellt, daß sie Männerbesuche bekommt, und sie gefragt, ob sie für »immer frei sein« wolle: »das soll sie, ich gebe sie frei.« Paula Banholzer bittet um ein halbes Jahr Aufschub für eine Entscheidung. »Darauf schreibe ich ihr, daß ich sie liebhabe und warte. Und sie schreibt, sie wolle einige Zeit und sie bleibe mir treu.« Mittags geht B zu Marianne Zoff und verpaßt den Zug nach München. Abends spaziert er mit ihr zum Domplatz. Sie will nun doch Oskar Camillus Recht heiraten, »wenn er sie in Ruhe lasse«, aber sie habe ihm auch gesagt, »sie sei immer meine [Bs] Frau, auch wenn sie mich nie mehr sehe«. B verläßt sie, geht an den Lech und findet sie später in seinem Mansardenzimmer, wo sie ihn weinend bittet: »Halt mich! Ich kann nicht leben ohne dich.« *(26,201f.)*

14. April, Donnerstag. B verhandelt in München mit Werner Klette, der für den Film *Brillantenfresser* einen Produzenten sucht. Abends trifft sich B mit Paula Banholzer in einem Café. »Sie ist nett, ernsthaft und gescheit. Ich habe sie lieb, ich küsse sie im Gebüsch.« Dann fährt er heim und verbringt die Nacht mit Marianne. Sie hat inzwischen mit Recht gesprochen, »alles sei gut« *(26,202)*.

15. April, Freitag. B arbeitet vormittags an einem Filmlustspiel *Liebesmatch* (nicht überliefert). Mittags trifft er Recht bei Marianne. Es kommt erneut zu einer Auseinandersetzung. Danach geht sie mit in den Kraal. »Ich sage ihr, ziemlich roh, was sie gemacht hat, wie sie läuft wie ein besoffenes Schiff.« Er verbitte sich »Kindereien« dieser Art. »Ich schreibe ihr vor, was ich wünsche.« *(26,202.)*

16. April, Sonnabend. B trifft sich mit Oskar Camillus Recht, der bei einem dreistündigen Spaziergang auf ihn ein-

Zum Weggang von Marianne Zoff vom Augsburger Stadttheater: Marianne Zoff, die hier in weitesten Kreisen unbekannte, weil in zwei Jahren kaum nennenswert beschäftigte lyrische Mezzosopranistin unserer Bühne, ist ohne jegliches Gastspiel und sogar ohne Probesingen an Ort und Stelle von Professor Mannstedt, der ihre Dorabella sah, an das Nassauische Landestheater in *Wiesbaden* verpflichtet worden, und zwar als erste Vertreterin des Charakterfaches. Damit ist die an dieser Stelle öfter geäußerte Vermutung, ein auswärtiger weitblickender Intendant (Hagemann) würde uns diesen seltenen, eigenartigen Vogel wegfangen, prompt in Erfüllung gegangen.« *(Augsburger Rundschau, 16. 4. 1921.)*

Ich bin's müde. Die Affären verbrauchen mich. Der Film deckt mich zu, die Feinde scharren mich ein. Was soll ich mit der schwangeren Frau? Ich habe Lust, gut zu ihr zu sein. Die Hiebe sausen zu dick. *(26,203f.)*

spricht und die Frau zurückwünscht. Recht habe geweint und seinen bedauernswerten gesundheitlichen Zustand geschildert; »er schlägt Gott an Güte und den Teufel an Zähigkeit«. B bleibt gelassen, ist nur »verlegen, nicht erschüttert«. Abends holt er Recht zu der erkrankten Marianne Zoff, die sich von ihrem früheren Liebhaber »bis auf weiteres« verabschiedet *(26,202f.)*.

17. April, Sonntag. B sucht mit Ludwig Prestel für Marianne Zoff eine Unterkunft in Paar, einem Dorf östlich von Augsburg. Zu Hause hat B »Krach« mit seinem Vater, weil der den bekanntgewordenen Vergleich im Eberle-Prozeß (→ 5. 4.) negativ bewertet.

Abends spielt Marianne Zoff am Augsburger Stadttheater (trotz Krankheit) Jagos Gattin Emilia in *Othello* von Giuseppe Verdi (Wiederholung: 28. 4.). Danach erfährt B, daß sie wiederum mit Recht im Theatercafé Maxim gesprochen hat. Er droht damit, sie endgültig zu verlassen *(26,203)*.

18. April, Montag. B sorgt sich um die Zukunft. Er macht Finanzpläne, rechnet sich die Erträge für Filmbücher und Stücke aus und »wälzt« sich »in Scheinen«. Aber er muß sich »angeilen zum Geldverdienen« *(26,204)*.

19. April, Dienstag. Drei Augsburger Zeitungen veröffentlichen zum Rechtsstreit mit Eberle (→ 5. 4.) folgende Erklärung Bs: »Rechtsanwalt *Sand* veröffentlichte unberechtigterweise einen Vergleich, obwohl ich ihm über dies erklären ließ, daß ich nicht daran denke, den Vergleich zu erfüllen: Ich stehe nach wie vor sachlich auf dem Boden der Kritik. / Eugen Bert Brecht.« Diese Darstellung widerspricht dem Vergleich; Sand bezeichnet sie einen Tag darauf in den gleichen Zeitungen als »glatte Unwahrheit« und reicht eine weitere Klage gegen B ein (→ 22. 9.).

B arbeitet in München an *David* weiter *(26,204)*.

20.-23. April, Mittwoch-Sonnabend. B hat von einem Treffen Paula Banholzers mit Georg Hupfauer im Orchideengarten erfahren und hält es ihr vor. »Ich konnte nachts nicht schlafen, so traf es mich: Hier ist mein Zentrum, schießt nicht hinein!« Bi sei ihm »mehr wert als alles zusammen«.

Am Nachmittag des 20. 4. fährt B mit Marianne nach Burgadelzhausen und wohnt in dem Zimmer, das für sie ausgesucht worden ist (→ 17. 4.). Aber hier »zwischen Ratten« und »in Kuhdünger« will B sie nicht wohnen lassen.

Am 23. 4. kehrt er nach Augsburg zurück, Marianne fährt nach München zu ihren Eltern *(26,205)*.

24. April, Sonntag. Caspar Neher »schleift« B durch die Augsburger Gemäldegalerie, anschließend besuchen sie Otto Müllereisert und Rudolf Hartmann, mit dem B Gitarre spielt *(26,205f.)*.

25. April, Montag. B trifft sich mit Marianne in München.

Nach Auskunft ihres Theateragenten Frankfurter brauche sie nur zu heiraten, um in Wiesbaden am Landestheater trotz der Schwangerschaft Karriere zu machen. »Die Harpyie zwinkert auch der Schwangeren zu.« Abends besucht B mit Paula Banholzer einen Tanzabend der Ausdruckstänzerin Edith von Schrenck, die ihnen gefällt: anschließend gehen sie in ein Café *(26,206)*.

26. April, Dienstag. Vormittags besucht B mit Werner Klette im Bavaria-Filmstudio den Regisseur Franz Seitz, der einen »Pfundsschmarren für 15 000-Mark-Komparsen« (*Die sündige Vestalin*) dreht. Nachmittags hat er mit Marianne Zoff neue Auseinandersetzungen. Sie bleibt über Nacht bei ihm.

28.-29. April, Donnerstag-Freitag. B besucht mit Paula Banholzer in Kimratshofen den Sohn Frank, der bei dem Distriktwegemacher Xaver Stark und seiner Frau in Pflege ist. »Er ist schlank, zartgliedrig, mit feinem hellem Gesicht, roten gelockten Haaren, die vorn glatt sind, er ist lebhaft und hat große, dunkelbraune Augen.« B will seinen Vater bitten, Frank zu sich zu nehmen.

Am 29. 4. fährt er mittags mit Paula Banholzer nach Augsburg. In Gedanken ist er bei Marianne Zoff: »Es wird ein böser Sommer mit ihr an Bord« *(26,207)*. Noch in der Nacht sucht sie ihn auf und verspricht wieder, bei ihm zu bleiben.

30. April, Sonnabend. Marianne Zoff trifft sich mittags mit Recht in einem Café und teilt B in einem Brief mit, daß sie Recht heiraten wird. »Dann ging ich hinaus und diktierte ihr einen Brief, einen Zettel, daß sie ein Kind von mir trage und mich verlasse, obwohl ich sie bäte, bei mir zu bleiben bis zur Geburt.« *(26,208.)*

1. Mai, Sonntag. Am ersten Todestag seiner Mutter trauert B um sie und um die »weiße Squaw«, die »hinuntergeschwommen« ist. »Nun ist Manitu wieder allein in der Wolke.« *(26,209.)*

2. Mai, Montag. Der Weggang Mariannes beschäftigt B sehr. Am »Tage ihrer Hochzeit« mit Recht will er sie sich ausreißen »mit allen Wurzeln als eine alte Hure, die sie wieder geworden ist«. Er trifft sich mit Paula Banholzer. »Ich bin gut zu Bi und halte sie. Arbeiten kann ich nicht.« *(26,209.)*

3.-6. Mai, Dienstag-Freitag. B empfindet es als »die Vergeltung und das Fegefeuer«, als er über die Beziehung (→ 20.-23. 4.) Paula Banholzers mit dem »Kaffeehausgeiger« Georg Hupfauer, »einem schmierigen Burschen«, Gewißheit erhält und ihr die Einzelheiten »Fetzen für Fetzen« entreißt *(26,209)*.

Frank Banholzer in Kimratshofen

7. Mai, Sonnabend. B erfährt, daß Marianne Zoff Blutungen bekommen hat ohne Abgang des Kindes, das nun »äußerst gefährdet« sei. Er schreibt ihr etwas zur Beruhigung. Da Oskar Camillus Recht Besuche verbietet, schickt B Otto Müllereisert zu ihr. Sie willigt in den Vorschlag einer Abtreibung ein. »Aber ich liebe sie nicht mehr, sondern sehe kalt zu.« B hält sich jetzt wieder häufiger bei Paula Banholzer auf und geht mit ihr auf den Jahrmarkt Auer Dult schiffschaukeln *(26,210)*.

8. Mai, Sonntag. B läuft vormittags »im Grünen herum«. Später spielt ihm Ludwig Prestel Bach vor, »und ich mache Tee, und beides ist gleich viel wert« *(26,210)*.

Verunglimpfung von Marianne Zoff wegen Abtreibung des Kindes

9. Mai, Montag. B notiert: »Es ist merkwürdig, wie empfindsam ich geworden bin in dem Zirkus dieses Vierteljahrs!« Er trifft am Bahnhof Recht, der ihm mitteilt, daß Marianne Zoff zwei Tage zuvor operiert werden mußte und das Kind verloren hat. B macht ihr (in seinem Tagebuch) schwere Vorwürfe: »Die Hure sollte kein Kind haben, mein Kind ging von ihr, da sie kein reines Herz hatte!« Abends geht er an den Lech und denkt über *Galgei (10,16-48)* nach. »Nachts schlafe ich schlecht, als hätte ich einen Mord begangen.« *(26,211 f.)*

10.-14. Mai, Dienstag-Sonnabend. B besucht an einem der Tage Marianne Zoff in der Münchener Universitäts-Frauenklinik. Erst jetzt klärt er sie über seine Beziehung zu Paula Banholzer auf und zeigt ihr Bilder von seinem Sohn Frank. Sie weint, will aber nach zwei Monaten Alleinseins zu ihm zurückkehren.

B trifft sich mit Paula Banholzer, die »wieder gut ist und verliebt«.

Der Produzent und Hauptdarsteller der Kriminalfilme der Stuart Webbs Company, Ernst Reicher, gibt B das Drehbuch *Mysterium der Jamaika-Bar* zurück *(26,212)*.

15. Mai, Pfingstsonntag. B liest *Das gelbe Zimmer* von Gaston Leroux, »einen vorzüglichen Detektivschmöker«. Bs Vater lehnt es ab, Frank zu sich zu nehmen (→ 29. 4.). B ärgert sich über ihn und über die Hausdame Marie Roecker, die gegen B hetze und großen Einfluß auf die Entscheidung des Vaters genommen habe. »Ich aber stecke die Hände in Papier oder Hosentaschen, schmiere Zeug, das niemand kauft, rauche, denke an mein Kind und verdiene nichts.« *(26,213.)* Hanns Otto Münsterer notiert in sein Tagebuch, daß er an diesem Tag Paula Banholzer und B getroffen hat: »Wir sahen uns kaum eine halbe Minute. Man wird sich so fremd in all der vielen Zeit. Bert verspricht sich, stammelt manchmal Sie, wendet sich an Paula. Sie gehen fort zu Otto Müller, ich soll mit auf einen Sprung, aber ich mag nicht, und es hat keinen Sinn.« *(SBM.)*

16. Mai, Pfingstmontag. B geht »schwanger mit Plänen«,

seinen und Paulas Sohn bei Marianne in Pflege zu geben. »Immer Politik!!!« Vormittags diskutiert er mit Caspar Neher bei einem Ausflug an den Lech über seinen *Galgei*. Nachmittags liest ihm Rudolf Hartmann »widerstreitende Ansichten der Jesuiten über die erlaubten Formen der Sexualität vor«. Abends kriechen sie »wie Ichthyosaurier« im Stadtgarten herum *(26,213)*.
Marianne Zoff, aus der Klinik entlassen, tritt in Wagners *Walküre* letztmalig im Augsburger Stadttheater auf.
17. Mai, Dienstag. B liegt, »meist zu dritt«, mit Otto Müllereisert u.a. »im Wasser der Militärschwimmschule«. Nachts schläft er schlecht »in der heißen Budike«, verwikkelt in »Eifersuchtskrämpfe« *(26,213 f.)*.
19. Mai, Donnerstag. B wird wie schon am Vortag von Marianne Zoff besucht, entweder um sein »Mitleid zu kriegen« oder wegen der »Rivalität mit der Bi, die frisch ist«. B erklärt ihr, daß er »nicht ihr Lustknabe« sei. Er will ihr Frank geben und sie noch »einen Sommer über« halten *(26,214)*. Mit Paula Banholzer besucht er Hanns Otto Munsterer, der darüber in seinem Tagebuch notiert: »Ich habe wieder einmal gesehen, wie sehr ich ihn liebe und wie fern ich von aller Welt bin.« *(SBM.)*
20. Mai, Freitag. Marianne Zoff und Otto Müllereisert besuchen B. Oscar Camillus Recht sei über den Gedanken, Bs Sohn Frank käme zu Marianne Zoff, »tief erschrocken« und verbäte sich das. B läßt sich über seinen Nebenbuhler mit bösen Worten aus: »Er ist ein schmieriger Krüppel, ein weibischer Komödiant und ein brutaler Tyrann [...]« An Rechts Seite prophezeit B Marianne Zoffs sicheren Untergang »aus keinem andern Grund als ihrer Gemeinheit«. *(26,215 f.)* Nach der Auseinandersetzung zieht Marianne Zoff nach Bad Reichenhall zu Recht (der dort eine Spielkartenfabrik hat) *(Frisch, 210)*.
21. Mai, Sonnabend. B arbeitet an *Galgei* und findet, daß ihm eine »Gestalt von größtem Ausmaß« fehlt, »die die Fabel tragen kann«. Außerdem macht er sich Gedanken über eine literarische »Schilderung der Mariannengeschichte«: »Der Halbjude ist Geschäftsmann, die Frau Opernsängerin, der junge Mann Literat, der Geschäftsmann wünscht ihren Geist, der Literat ihren Körper zu besitzen, der Geschäftsmann ist Idealist in der Rede, Zyniker in der Tat, der Literat umgekehrt.« *(26,217.)*

Worauf man bei einer Schilderung
der Mariannegeschichte das sorgfältigste Gewicht legen müßte,
das ist die merkwürdige Färbung des
Milieus. Hier kommt eine Frau vor,
die ihrer Abstammung nach eine
(in sich vollendete) Kreuzung spanischer Adeliger und tschechischer
Juden ist, ferner ein Mann, der halb
Jude, halb Böhme (wenn ich nicht
irre) ist, und *ihre* Geschichte (denn
vielleicht ist es wirklich ihre
Geschichte) spielt in einer kühlen,
fast nüchternen Zone, für die man,
um sie besser sichtbar zu machen,
etwa den Schwarzwald wählen
könnte. Denn der dritte Beteiligte, in
dessen Zone sie spielt, ist eine im
Vergleich zu jenen fast trockene und
einer romantischen Entwicklung der
Fabel hartnäckig entgegenarbeitende
Natur. Welche Verwicklung der
Gesichtslinien noch gefördert wird
dadurch, daß der letztere der Literat
ist, diesmal nicht was seine Handlungen, wohl aber was seine Auffassung bestimmt. *(26,217.)*

22. Mai, Sonntag. B arbeitet an *Galgei*. Er notiert folgende Pläne: ein Stück für Alexander Granach (*Pestkaufmann*; nicht ausgeführt), das Stück *Galgei* für das Münchener Nationaltheater, einen der geplanten Seeräuberfilme für Marianne Zoff (→ 1. 3.), ebenso für sie *Sommersinfonie* und ein Stück *Der grüne Garraga* für die Münchener Kammerspiele.

Fortsetzung der Arbeit an *Galgei*

Ins Tagebuch schreibt er das Gedicht *Auf dem Wege von Augsburg nach Timbuktu (13,206).*

Auf dem Wege von Augsburg nach Timbuktu habe ich die Marianne Zoff gesehen;
Welche in der Oper sang und aussah wie eine Maorifrau
Und im Gras schön war, auch im Bett und in den Kleidern schön aussah
Und ich schlief auch mit ihr und machte ihr ein Kind.
(Sie rollte sich zusammen wie ein Igel im Schlaf.
Sie war schlau wie ein Tier und handelte ohne Schlauheit
Sie nickte beim Lachen mit dem Kopf, sah einen von unten schief an und zog einen Grashalm durch die Zähne
Sie ging aus Freude
Sie sagte einmal zu mir: Debb!
Sie war stolz auf ihre Beine.
Sie sah aus wie verbranntes Gras in der Leidenschaft.)

In einem Brief (der in diesen Tagen geschrieben ist) bedankt sich B für ein Schreiben von Marianne Zoff und teilt ihr mit, daß er nicht nach Bad Reichenhall kommen kann »mit 14 Mark in der Tasche«. Er bittet sie, ihn freitags in Otto Müllereiserts Pension anzurufen *(Br, 110).*

25. Mai, Mittwoch. B verbringt mit Paula Banholzer den Tag an einem See: »Ich habe sie sehr lieb.« *(26,221.)*

27. Mai, Freitag. Otto Müllereisert nimmt B mit zu den Maifestspielen, die 20.-27. 5. im Münchener Ausstellungspark zugunsten notleidender Akademiker stattfinden. B singt auf einer Groteskbühne das *Sentimentale Lied Nr. 1004* (→ 20. 2.). Elsa Joergen, die Frau eines Geschäftsmanns, besucht B und bespricht mit ihm ein (nicht ausgeführtes) Werbefilmprojekt für ein Kosmetikmittel (»Grundstein zu meiner ersten Milliarde«) *(26,221).*

28. Mai, Sonnabend. Die wirtschaftliche Entwicklung in den Jahren nach dem Weltkrieg führt in Deutschland zu einer sich immer mehr steigernden Geldentwertung (Inflation, → 15. 11. 23).

Marianne Zoff fährt nach Berchtesgaden (zu ihrer Familie), B hat ihr 7000 Mark »Kredit« mitgegeben. Recht nimmt ihr das Geld ab. Sie bittet B, heimlich zu kommen, aber er will nicht »durch den Lieferanteneingang« und »in den Wäscheschrank« *(26,222).* B schreibt ihr: »Soll mich ein Bursche, der in der Region meiner Fußsohlen (die für ihn eine ›höhere‹ war) winselte, ich solle ihm Deinen Anblick gestatten, bei einem seiner Einbrüche aus Deinem Kleiderschrank herausziehen?« *(Br, 117.)*

B kommt zu einer positiven Ansicht über die Eifersucht: nur sie sei »nicht allzu langweilig« und ermögliche günstige Urteile über einen Mann. An diesem Tag notiert er auch: »Wenn der Sinn für Literatur in einem Menschen sich erschöpft, ist er verloren; denn ein Gebildeter interessiert sich angesichts aller menschlichen Ereignisse immer nur für ihre literarische Aufmachung, ihren Stil, ihre Ethik, die Geschliffenheit ihrer Pointe oder die Brutalität ihres Raffinements.« *(26,222.)*

Im Zusammenhang mit seiner Arbeit an *Galgei* macht er sich Gedanken über Tragödie und Komödie.

Die Tragödie basiert auf bürgerlichen Tugenden, zieht daraus ihre Kraft und geht ein mit ihnen. Es hat keinen Sinn, einen Heiligen zu räuchern, ohne an irgendwelche Götter zu glauben. (Judas, der an den Gott des *Heiligen* glaubte – das ist ein Happen!) Und die Komödie, wo sie tief und ernst zu nehmen wird, läuft womöglich hinaus auf eine Anbetung der Henker oder der Ärzte. Die Schlachtung eines Schweins kann durch ein winziges heroisches Moment tragische Erschütterungen auslösen, die Opferung eines makellosen Rindviehs ohne diese (vielleicht betrügerische Manipulation) nicht. Pro domo: Ich weiß nicht, ob die ungeheuerliche Mischung von Tragik und Komik im *Galgei* überhaupt zu gestalten ist, welche darin besteht, daß ein Mann ausgestellt wird, der nach *solchen* Manipulationen an ihm noch lebt! *(26,223.)*

29. Mai, Sonntag. Nach der Lektüre von Detektivgeschichten Gilbert Keith Chestertons (eine seiner Lieblingsgeschichten ist *Der Mann, der Donnerstag war*) notiert B: »Ich habe keine bessern gelesen. Hier löst tatsächlich der Verstand die Aufgabe.« Ins Tagebuch schreibt er den *Psalm* (»Wir haben nicht mit den Lidern«; *26,224f.*; vgl. *13,207f.).* Nachmittags spricht er mit Caspar Neher über den Maler Hans von

Marées, der für ihn ein »sauberer Arbeiter« ist, »brav, talentvoll, reinlich« *(26,225)*.

30. Mai, Montag. Mit Neher spricht er über neue Bilder und gibt ihm Ratschläge für Materialien, Motive und Formen. »Man muß über den Barock hinauskommen!« *(26, 225f.)*

31. Mai, Dienstag. B hält Fritz Mauthners *Letzten Tod des Gautama Buddha* für ein »ausgezeichnetes Buch des großen Schriftstellers«; er will anschließend dessen *Der Atheismus und seine Geschichte im Abendland* lesen *(26,227)*.

Anfang Juni. B schreibt an Marianne Zoff: »Was machst Du mit Deinem braunen Körper? Wir sind noch nicht im grünen Sommer gelegen! Komm einen Sommer zu uns und tue im Winter, was Du willst!« *(Br, 111.)* In einem weiteren Brief (aus dieser Zeit) schreibt er an sie: »Ich habe mich wieder ganz in mein Augsburger Zimmer unter dem Dach verkrochen, komme nur wegen der Mahlzeiten hinunter und arbeite doch nichts, obwohl es noch dazu regnet. Soviel ich kann, schlafe ich und oft denke ich darüber nach, daß es viel zu leicht ist, zu leben – obwohl ich dieser Tage die Briefe Gauguins gelesen habe, die aus der Südsee (in der ›Wildnis‹ oder ›Natur‹ scheint man nur von Geld zu träumen!!!).« *(Br, 112.)*

1.-3. Juni, Mittwoch-Freitag. Mit Paula Banholzer, Otto Müllereisert und Caspar Neher fährt B nach Starnberg. Er liest und raucht viel. Eine Rubens-Nachahmung von Neher findet B widerlich. Marianne Zoff teilt ihm telefonisch mit, daß sie Montag zu ihm kommen will *(26,228)*.

4. Juni, Sonnabend. B stellt Überlegungen an über das Verhältnis von Männern und Frauen bzw. Söhnen und Vätern. Er fühlt sich von seinem Vater im Stich gelassen. Er habe sich weder nach Paula Banholzer erkundigt, als er sie zur Frau nehmen wollte, noch nach Frank und bei Marianne Zoff anderen mehr geglaubt als ihm. »Es wird bald soweit sein, daß ich zu Hause hinausgeworfen werde.« *(26,229.)*

Es hat alles seine Grenzen. Das, was die Frau für den Mann tut und was der Mann für die Frau tut. Das, was der Vater für den Sohn tut und was der Sohn für den Vater tut: es hat alles seine Grenzen. Der Sohn, der seine Mutter nicht schlägt, dem soll man ein Denkmal setzen. Die Frau, die ihren Mann nicht betrügt, die soll ihr Mann nicht an den Haaren ziehn. Der Vater, der seinem Sohn hilft, der soll in die Geschichtsbücher kommen. Ich lasse die Frau schlagen, die ein Kind von mir trägt. Und die Frau verrät mich an den, der sie geschlagen hat. Ich lasse mein Kind in die Fremde laufen. Und mein Vater hilft mir nicht in meiner schwersten Zeit, wie es mir leid tut. Meine Mutter hat ihre Mutter oftmals nicht geliebt, und ich habe meiner Mutter nicht gesagt, daß ich sie liebhatte *(26,228)*.

6. Juni, Montag. Marianne Zoff besucht B und weint über seine »gestorbene Liebe« *(26,229)*.

9. Juni, Donnerstag. B erhält von Marianne Zoff einen »eifersuchtstollen Brief«, in dem sie wünscht, »überhaupt allein in die Welt« zu wollen *(26,229)*.

13. Juni, Montag. B besucht mitunter die Münchener Pinakothek, wo ihm »übel vor dem Fleischbasar der Rubensorgien« wird. Er habe genug davon »intus« und müsse zum Tizian kommen *(26,229)*.

Mitte Juni: B beschwert sich bei Marianne Zoff, daß sie ihm zu wenig schreibt: »Im übrigen: ich habe Dich vielleicht etwas lieb. Und ich bemühe mich, auf meine Weise gegen die unerträgliche Situation anzukommen; d.h. mit Humor. Willst Du mir nicht helfen?« *(Br, 113.)*

17. Juni, Freitag. Sein »idiotisches« Gesicht im Spiegel betrachtend, kommt B zu der Meinung: »Es hat viele Elemente von Brutalität, Stille, Schlaffheit, Kühnheit und Feigheit in sich, aber nur als Elemente, und es ist abwechslungsvoller und charakterloser als eine Landschaft unter wehenden Wolken.« *(26,229f.)*

Brecht sieht sich als angehender »Klassiker«

Abends sieht er in der Neuen Bühne München Georg Kaisers *Von Morgens bis Mitternachts* mit Alexander Granach (Regie: Felber) und stellt Betrachtungen über dessen »äußerste Anstrengung des Wortes« an. Für sich selbst kommt er zu der Erkenntnis: »Ich beobachte, daß ich anfange, ein Klassiker zu werden.« *(26,229f.)*

In Augsburg

19. Juni, Sonntag. B hat Probleme (»es häuft sich«): Paula Banholzer ist bis zu ihrer Abreise (als Erzieherin zu der Nürnberger Familie Lessing) nur noch eine Woche in München, und für diese Woche hat Marianne Zoff ihren Besuch angekündigt. Zudem ist seine Tante Marie Zais aus Amerika zu Besuch beim Vater. B soll einen Ausflug nach Füssen mitmachen, aber sein Vater lehnt einen Abstecher zu seinem Enkel nach Kimratshofen ab. »Es wird für ihn schwer sein, dereinst zu ernten, was er jetzt sät, kalkuliere ich.« *(26,231.)*

23. Juni, Donnerstag. B verbringt die Nacht in einer Münchener Gaststätte mit Münsterer, Neher, Bezold und anderen Freunden. Münsterer kann »nicht mittun bei der Lustigkeit«; der Wirt beklagt sich und will Räume für die Beteiligten »nie wieder hergeben« *(SBM)*.

Aussöhnung mit Marianne Zoff

24.-30. Juni, Freitag bis Donnerstag. B ist mit Marianne Zoff eine Woche zusammen in München und dann in Possenhofen am Starnberger See. Er söhnt sich mit ihr aus. Trotz eines Telegramms von Georg Pfanzelt kommt B zu spät nach München zurück: Paula Banholzer hat bereits ihre Stellung angetreten. Da die Nürnberger Familie die Schulferien mit Paula Banholzer in Utting (Ammersee) verbringt, kann B sie dort besuchen.

Juli. »Ich bin faul wie eine Schlange, das geht immer so hin.« B denkt erneut über die *Sommersinfonie* nach. Er ist wieder in Possenhofen, wohin auch Marianne Zoff für eine Woche kommt: »Die Schatten fliehen, ich liebe sie, die schöner ist denn je: sie ist die Kuppel des Sommers.« Er geht mit ihr ihre Rollen in *Carmen* und im *Rosenkavalier* für Wiesbaden durch. Nachdem sie sich zwischendurch wieder mit Recht getroffen hat, fährt B mit ihr und Otto Müllereisert nach Kimratshofen zu seinem Sohn: »er erkennt mich sogleich«. B hofft noch immer darauf, daß Marianne Zoff Frank zu sich nimmt. In München macht er mit Neher für sie »einen großen Film in drei Tagen«, *Drei im Turm* (eine Dreiecksgeschichte; *19,106-135*) *(26,233)*. Er nennt den Film in einem Brief an Marianne auch *Der unverdauliche*

Filmgeschichte *Drei im Turm* fertiggestellt

Leichnam oder *Stärker als lebendig* oder *Das fabelhafte Tier Nichtsalsluft (Br, 114)*.
Außerdem notiert er im Juli, daß er Detektivgeschichten lese und auch »selber eine, den *Javameier*«, schreibe *(19,135-144)*. »Es ist spaßig, Ingenieur zu sein.« *(26,233.)*
30. Juli, Sonnabend. Zum zweiten Geburtstag von Frank trifft sich B mit Paula Banholzer in Utting *(26,233)*. Da sein »Geld zur Neige geht«, fährt er am Wochenanfang nach Augsburg zurück; er schreibt an Marianne Zoff: »Dienstag abend bin ich in München. Kommst Du da?« *(Br, 114.)*
2. August, Dienstag. B ist mit Marianne Zoff zwei Wochen in München zusammen.
13. August, Sonnabend. B notiert: »Jetzt ist Mar seit langem da, wir essen an einem Tisch, schlafen in einem Bett und haben Streit, wenn wir nicht auch an einen Gedanken denken. Sie ist schön und gut, sehr mannigfaltig, und nur das Zimmer ist zu eng und vielleicht auch ich selber...« Er arbeitet nichts *(26,234)*.
16. August, Dienstag. Früh fährt Marianne Zoff nach Wiesbaden (wo sie laut Vertrag bis 11. 1. 22 am Nassauischen Landestheater engagiert ist). Sie hat mit Oskar Camillus Recht gebrochen, »also keine Wohnung dort, kein Geld...« *(26,234)*.

16. August 1921
Engagement von Marianne Zoff am Nassauischen Landestheater Wiesbaden

17. August, Mittwoch. B hat sein Augsburger Mansardenzimmer »frisch tapeziert, Lektüre geholt, Schädelweh bekämpft und den ersten Abend überwunden« *(Br, 118)*. Er fürchtet, daß in Wiesbaden nun »wieder die Jagd« auf Marianne Zoff beginnen wird *(26,234)*. Hanns Otto Münsterer geht mit B abends auf den Plärrer und übernachtet bei ihm *(SBM)*.
20. August, Sonnabend. B geht mit Münsterer schwimmen. Sie dichten gemeinsam Lieder zu einer Sammlung *Des Knaben Plunderhorn oder Schatzkästlein des schweinischen Hausfreunds*, u. a. *Die Ballade vom Hauptmann Köpenick (13,222)*.
21. August, Sonntag. B fragt Marianne Zoff an diesem Tag (oder am 28. 8.), erneut von Eifersucht geplagt: »Was machst Du an solchen Sonntagen? Ist der rothaarige Gentleman [Recht] noch nicht auf der Szene? Vielleicht schickst Du mir gelegentlich die Kurliste, in der Du angestrichen hast, wer Dich nicht liebt.« *(Br, 119.)*
24. August, Mittwoch. B schreibt in einem Brief, daß er sich über ihre Unterbringung »kindisch« freut, und fragt: »Wie wird es Dir in dem Theater ergehen, das in einem Park liegt? Hier fließt das Wasser immer noch nach unten. Ich gehe mit G. Pfanzelt am Lech.« *(Br, 120.)*
Abends hat Marianne Zoff als Wellgunde in Richard Wagners *Rheingold* ihren ersten Auftritt.

25. August, Donnerstag. B arbeitet an neuen Filmplänen und liest Upton Sinclairs Roman *Metropolis (26,234).*

27. August, Sonnabend. B »schlägt« sich herum »mit den Mitteln der Poesie«: »Das Interessante und das Poetische ist verschiedener Natur. Die Farbe der Szene hat mit ihrer Spannung wenig zu tun.« *(26,234.)*

Die Ballade vom Liebestod

29. August, Montag. B schreibt das Gedicht *Die Ballade vom Liebestod (11,110)* »und das bedeutet eine Auflockerung der Sprache und einen Marsch in die Mitte«. Im Gegensatz dazu sei Georg Pfanzelt »gegen jede Einschränkung« *(26,235).*

Ende August. B versucht, einen seiner Filme für Marianne Zoff mit Oskar Camillus Recht als Produzenten zu realisieren. Für die möglicherweise beginnende Arbeit schreibt er ihr vor: »Du mußt Dich genau an die Richtlinien halten, die wir zusammen ausgearbeitet haben: ihn unbedingt persönlich abweisen, eventuell an mich. Sonst verspricht Recht die Himmel auf die Erde und tut gar nichts (außer bei Dir sitzen). Hat er nur irgendeine andere Chance, mit Dir zusammenzukommen, dann wird er nichts für Dich tun – alles für sich. Usw. Ça ira.« Er bittet sie um Rezensionen aus Wiesbaden, auch wenn sie darin nicht erwähnt sei *(Br, 121).* In einem weiteren Brief schildert er seine Situation so: »ich gäbe ein Pfund Nerven für den kleinsten Krach mit Dir und sieben Stunden Jagd auf Trams für ein winziges Gesprächlein. Ich bin nicht mehr allein mit dem Himmel und so weiter, sondern nur allein ohne Dich!« Er hofft, sie in drei Wochen in Wiesbaden besuchen zu können *(Br, 122).*

Anfang September: Marianne Zoff ist ungehalten darüber, daß B sie nicht früher besucht, und schreibt ihm, daß sie so lang nicht allein sein kann; er antwortet: »Es ist so verdammt kühl, was Du schreibst! Woher soll ich das Geld nehmen, zu Dir zu kommen, vor ich nach Berlin kann? Hier ist nichts, was mich hält – als höchstens die Arbeitsruhe.« *(Br, 124.)*

2. September, Freitag. B hat man einen vorderen Zahn gezogen und dabei »den halben Kiefer zermalmt«. Er geht mit Georg Pfanzelt zu Otto Müllereisert, wo Pfanzelt Klavier spielt »wie ein Schwein«. Sie singen Lieder und lesen aus *Apollonius von Tyrus (26,236).* An Marianne Zoff schreibt B, daß er »in Trübsinn« verfallen sei *(Br, 125).*

Plan, die große Stadt als Dschungel zu beschreiben

4. September, Sonntag. Beim Nachdenken über Rudyard Kipling kommt B »zu der epochalen Entdeckung, daß eigentlich noch kein Mensch die große Stadt als Dschungel beschrieben hat. Wo sind ihre Helden, ihre Kolonisatoren, ihre Opfer? Die Feindseligkeit der großen Stadt, ihre bösartige steinerne Konsistenz, ihre babylonische Sprachverwirrung, kurz: ihre Poesie ist noch nicht geschaffen.« *(26,236.)*

Nach einem Gespräch von Bs Vater mit dem Vater von Paula Banholzer über Frank schreibt B: »Geschiebe zwischen zwei Familien hinter dem spanischen Schirm.« *(Br, 125.)*

5. September, Montag. B fragt Marianne Zoff, ob sie »nicht einmal zwei Wochen frei« hätte. Er müsse sich bis Mitte Oktober »das Gebiß mauern« lassen: »Aber ohne Zähne kann ich nicht nach Berlin und auch nicht zu Dir.« *(Br, 125.)*

6. September, Dienstag. Während früher die Unterhaltung das Ziel des Theaters gewesen sei, notiert B, gibt es eine wesentliche Veränderung: »Jetzt, am Endpunkt einer Entwicklung, befriedigt nur mehr die Eitelkeit der Akteure jene eines Parterres von Köchen und Topfguckern.« *(26,236.)* Etwa um diese Zeit schreibt B an Marianne Zoff, daß er mit Otto Müllereisert Billard spielt und oft im Kino sitzt. Er macht ihr das Geständnis: »Ich liebe Dich ohne Bedingung.« *(Br, 126.)*

15. September, Donnerstag. »Ich habe nichts zu tun, schlafe schlecht, magere ab.« B fühlt sich vom Sommer »wie zerschlagen«: »Ich weiß jetzt (und erst jetzt), was eine Frau ist, und auch die Bettliebe weiß ich jetzt und vieles mehr, aber die Frechheit habe ich liegenlassen, die unglaubliche Naivität, den naiven Unglauben, die Sicherheit der Unwissenden.« (Dieses Gefühl drückt auch das 1921 entstandene Prosagedicht aus *Die Welt gefällt mir nicht mehr*; *13,225*, in dem es heißt: »Ich weiß alle Lüste der Welt, ich zähle sie an den Fingern her. Ich speie auf die Welt. Das ist meine Meinung.«)

15. September 1921
Beginn der Arbeit an *Im Dickicht*

B liest Charles-Louis Philippes Romane *Marie Gottgebe* und *Bübü* sowie Texte von Karl Kraus.

Nach der Entdeckung der Stadt als Dschungel (→ 4. 9.) »grübelt« B über ein neues Stück, das er zunächst *Freiheit* oder *Die Feindseligen* nennt: »Es ist ein Kampfstück, östlich-westlich, mit einem unterirdischen Austrag, Ort: die Hinterwelt.« Es soll »die großen Formen des *Baal* haben« *(26,237)*.

Zum Zerreißen verlockten, mein Fleisch, das mich kitzelte, sowie überhaupt jedes Fleisch, das der Tiere mit eingerechnet!
Außerdem verfluch ich besonders und in betont feierlicher Weise das Frühjahr, das an allen Kindern schuld ist, und ich schließe ein alle Frühjahre bis zum Jahr 2000.
Zudem verfluche ich alles das, woran ich gerade nicht denke, was mich aber verführt hat.
(13,225.)

16. September, Freitag. B arbeitet den ganzen Tag an dem Stück, das er u. a. erstmals *Dickicht* nennt: »Ich arbeite jetzt auf ganz kleinen, dünnen Papierblättchen, im Gehen in der Allee; keine Zeile im geschlossenen Raum. Es ist gutes Wetter, ich gehe stundenlang zwischen niederklatschenden Kastanien. Dabei gehe ich ganz lässig vor, indem ich mich nicht zu früh festlege.« Ihm »dringen Sätze direkt aus den Brüsten« herauf: »Ich schreibe nur auf.« Wegen des günstigen Fortgangs ist er »guter Dinge«, interessiert sich für nichts anderes als die Dichtung und vernachlässigt Kleidung, Essen und Gesellschaft. *(26,237f.)*

18. September, Sonntag. Die Arbeit an *Im Dickicht* geht schnell voran. Er hat bereits die 1., 2., die letzte und einen Teil der 3. Szene fertiggestellt. An Marianne Zoff schreibt er: »Das Stück heißt *George Garga oder das Dickicht*, und es handelt nicht von uns, aber es ist eine einzige Liebeserklärung an Dich. Es ist, als seien alle seine Proportionen von Deinem Körper genommen und die Milde der Worte von Deinem Gesicht, und von Dir ein Hauch ist noch das Goldene über den schwarzen Abwässern.« *(Br, 127.)*

19. September, Montag. Am Lech arbeitet B »drei bis vier Stunden«, bekommt dann stärkeres Fieber. »Morgen sind die zwei Prozesse, und ich soll vorgeführt werden. Ich besorge, die Arbeit einstellen zu müssen.« *(26,238.)*

20. September 1921 Urteil im Prozeß Brechts gegen Eberle

20. September, Dienstag. Erneute Gerichtsverhandlung in Sachen Eberle / Brecht. Für die erste Klage (→ 12. 1.) verurteilt das Gericht B »wegen Beleidigung« zu 100 Mark Geldstrafe oder zehn Tagen Gefängnis (*MAAZ*, 22. 9.). Über die zweite Klage (→ 19. 4.) heißt es in der *Neuen bayerischen Gerichtszeitung* (vom 24. 9.), der Gerichtsvorsitzende habe B vorgehalten, »ob er denn glaube, ein Marionettentheater vor sich zu haben, um nach seiner Laune handeln zu können; denn der Vergleich ist doch nur mit seiner Zustimmung geschlossen worden«. Das Urteil in diesem Fall lautet »auf eine Geldstrafe von 150 Mark oder 15 Tagen Gefängnis. [...] Das Gericht sah zugunsten des Angeklagten von einer absichtlichen verleumderischen Beleidigung ab, da sonst über Brecht eine Freiheitsstrafe verhängt worden wäre.« B notiert: »Die Frau hat den Größenwahn. / Man haut ein schwaches Kind doch nicht gerade auf den Kopf. / Ich kann alle Lokalblättchen durchsuchen, ob ich etwas von der Eberle finde.«

27. September, Dienstag. B liest in *Merkwürdige Kriminalrechtsfälle* und *Aktenmäßige Darstellung merkwürdiger Verbrechen,* die Paul Johann Anselm von Feuerbach zusammengestellt hat, insbesondere *Franz Riembauer – Tartuffe als Mörder*, Begebenheiten um den Priester Franz Salesius Riembauer, der schon als junger Mensch wegen Diebereien aufgefallen ist. Riembauer hat mehrere Geliebte, von denen er eine, Anna Eichstädter, umbringt. B schreibt dazu: »Es ist dies interessantes Material zur Geschichte Gottes.« *(26,241.)*

28. September, Mittwoch. Im Zusammenhang mit *Galgei* stellt B Überlegungen über die »Schwäche des Menschengeschlechts« an, »mit einem Herdentrieb geboren zu sein«. Galgei »mit den paar Gedanken im Dickschädel« sei einer, »der die Wirklichkeit nicht faßt« *(26,241 f.)*.

29. September, Donnerstag. Wie im Brief an Marianne Zoff (→ 18. 9.), notiert B ins Tagebuch, daß auch der Dichter »wohl fähig« sei, »nach einem Frauenkörper zu arbeiten«:

»Die Linien des Körpers werden zu jenen seiner Komposition; wie der Anblick dieser das Lebensgefühl steigert, so muß auch der Genuß jener es steigern.« Der Stil von *Dickicht* müsse »sachlich und trocken« sein, aber mit »Schwung«, der durch die Szenen reißt, und »so ernsthaft, als ein Spiel sein kann« *(26,242f.)*.

30. September, Freitag. B überlegt, wie die Handlung im *Dickicht* verlaufen soll: »Will ich einen Kampf darstellen, muß er wohl der zweier Menschen werden, nicht der zweier Systeme. Die äußeren Kurven aller Figuren sind dadurch bestimmt: sie haben den Kampf darzustellen.« Nachts unterhält sich B mit Georg Pfanzelt über den Typus des »Gent«: »Der Gent ist nie ironisch, immer ernsthaft und beir Sache.« *(26,243f.)* Walter Brecht inspiziert den Kraal, entdeckt eine Schnapsflasche und wirft B vor, er hätte sie ihm gestohlen, »und ich biß die Zähne zusammen vor Ärger auf ihn, denn es war wahr« *(Br, 132)*.

September. In der Münchener Zeitschrift *Der Neue Merkur* erscheint in der September-Ausgabe Bs Flibustiergeschichte *Bargan läßt es sein* (→ 30. 3.); es ist die erste überregionale Publikation eines seiner Texte. B dankt für die Veröffentlichung, »die mir augenscheinlich sehr von Nutzen gewesen ist«, und bietet der Redaktion einige Gedichte an *(Br, 130)*.

Erstdruck *Bargan läßt es sein* in einer überregionalen Zeitschrift

Anfang Oktober. B teilt Marianne Zoff, die ihn bald in Wiesbaden erwartet, mit, daß er weiterhin unentwegt arbeitet und nicht kommen kann. »Da nun aber die Zahnarbeit nicht vor 2-3 Wochen beendet sein kann und ich vorher nicht gut wegfahren kann, auch fast kein Geld habe und gern das Honorar des *Neuen Merkur* abwarten möchte, bin ich jetzt durch Deinen Brief in einer starken Unruhe.« *(Br, 131.)* B glaubt nicht, daß ihn Marianne Zoff in Augsburg besuchen wird. »Das kömmt nicht vor.« Er sei gelangweilt: »Wie alles überschwemmt ist mit Mitmenschen! Diese klebrichen Viecher, feucht-fröhlich, gutmütig, froschfingrig und ernsthaft! Ohne Inventar, aber mit ewiger Inventur.« *(Br, 133.)*

1. Oktober, Sonnabend. B überarbeitet die 2. Szene von *Im Dickicht*. Er möchte auch »Stücke mit dummen Menschen« machen *(26,245)*.

2. Oktober, Sonntag. Anhand der Fabel von *Im Dickicht* macht sich B Gedanken über Dramaturgie.

B geht, »mit steifem Hut zugedeckt«, mit seinen Freunden und ein paar Mädchen »die gelbe Herbstallee hinauf« zu einer Feier und singt »zur Gitarre, trotz der miesen Effs, die ohne Zähne nicht gut herstellbar sind«.

Hedda Kuhn, »die Jüdin von Berlin«, will sich wegen eines Freundes von B lossagen, »fühlt sich aber gebunden; ich kann sie nicht entbinden« *(26,246)*.

3. Oktober, Montag. B notiert im Tagebuch Überlegungen und Textpassagen für *Dickicht*. Sowohl der Paul Cassirer Verlag (→ Mitte März 20) und jetzt der Gustav Kiepenheuer Verlag lehnen einen Druck von *Baal* ab.

4. Oktober, Dienstag. B liest in einem Rimbaud-Band. »Leuchtendes Papier!« (Vermutlich eine Anspielung auf *Les Illuminations*, dt. *Erleuchtungen*.) Er macht »einige Anleihen« für *Dickicht (26,248)*. B ist häufig mit Georg Pfanzelt zusammen und macht sich Notizen über dessen Lebensauffassung. »Er ist unschuldig.« Abends besucht er im Stadttheater *Dantons Tod* von Georg Büchner (Regie: Georg Wittmann; mit Friedrich Geffers in der Hauptrolle). »Ein großartiges Melodrama.« *(26,248f.)*

5. Oktober, Mittwoch. B will Garga, die eine der beiden Hauptfiguren von *Im Dickicht,* zu einem »Genie« machen, damit er kein »Preiskämpfer« wird *(26,249)*.

6. Oktober, Donnerstag. B wendet sich gegen den Naturalismus »der Ära Hauptmann«, der »etwas Kleines« anhaftet durch die »etwas dumme Genauigkeit in der Zeichnung der Menschen« *(26,249)*.

7. Oktober, Freitag. B hat kein Vergnügen mehr am Plärrer, der gerade stattfindet: »Es ist so langweilig. Welche Abortwand-Visagen! Welch haustierische Stimmen!« *(26,250.)*

9. Oktober, Sonntag. Hedda Kuhn fragt B, ob sie ihm für seinen geplanten Berlin-Besuch ein Zimmer als »deine Frau« besorgen soll; dann hätte sie aber »diese ganzen Monate hindurch die Ehe gebrochen«. B notiert: »Zahn um Zahn. Horn um Horn.« Er nimmt sich vor, sie nun doch freizugeben *(26,250)*.

10. Oktober, Montag. »Ein Mädchen, das mich vor Jahren liebte« (vermutlich Ernestine Müller, die Cousine Rudolf Hartmanns) will B fotografieren, läßt ihn aber vergeblich warten. B entdeckt, daß ihn diese »Unhöflichkeit« »nur traurig, nicht zornig, noch rachsüchtig, noch verächtlich« werden läßt *(26,251)*.

Er kündigt in diesen Tagen Marianne Zoff seinen Besuch in Wiesbaden an: »Ich denke jetzt am Sonntag zu fahren! Hast Du ein Zimmer?« *(Br, 135.)*

12. Oktober, Mittwoch. B meint, in *Im Dickicht* sei zu wenig Handlung, die Dialoge hält er für das »Gewäsch zweier Literaten« *(26,251)*.

Ins Tagebuch schreibt er das Gedicht *Mond hing kahl am Lilahimmel (26,252f.)*. Einer späteren Fassung gibt er den Titel *März (13,208f.)*.

13. Oktober, Donnerstag. Beim »Vormittagsbrot« blättert B in »Strindbergs Romanschmökern« mit Kapiteln, wie er sie sonst nirgends findet: »Aber welche Waschtischzettel, und wie wäscht er immer seine Unterwäsche!« *(26,253.)*

14. Oktober, Freitag. »Langsam wächst das Stück *Dickicht*. In den Herbstnächten voll weißen Nebels. Es wächst nicht egal, etwas durcheinander.« *(26,253.)*

Auf der Reise nach Berlin
16.-17. Oktober 1921
Erste Zwischenstation in Nürnberg

16. Oktober, Sonntag. Auf dem Weg nach Berlin macht B Station in Nürnberg und besucht Paula Banholzer (→ 19. 6.). Er geht mit ihr ins Kino und nachts in ein Café. »Die Bi benimmt sich wunderbar. Sie sitzt unberührt inmitten vieler, die mich instinktiv hassen, und sie fühlt das.« Da sein Zug erst um 1.30 Uhr fährt, »treibt« er sich auf der Burg »herum« *(26,253)*.

17. Oktober 7. November 1921
Zweite Zwischenstation in Wiesbaden

17. Oktober, Montag. Die zweite Station auf der Reise nach Berlin ist Wiesbaden. »Bei Marianne bin ich gleich daheim.« *(26,253.)*
Für eine eventuelle gewaltsame Auseinandersetzung mit Oskar Camillus Recht hat B einen Revolver dabei und fürchtet bei den Grenzkontrollen in Höchst eine Visitation durch die französischen Besatzungstruppen.

24. Oktober, Montag. Nach einer Woche in Wiesbaden schreibt B: »Das ist die Kokottenstadt. Puder, Fleisch, Sensation. Glatter Asphalt, lineare Straßen. Trikotgesichter. Franzosen mit Niggerkapellen, Hunden, Kokotten. Illuminierte Cafés, Fabelpreise, schlechte Visagen, eine Stadt im Schaufenster. Es ist auch hier langweilig.« *(26,254.)*

25. Oktober, Dienstag. B wohnt bei Marianne Zoff in der Moritzstraße. Er schläft bis neun, ist mit ihr »bis elf in dem kleinen saubern Zimmer«, begleitet sie ins Theater und sieht sie in Puccinis *Madame Butterfly* als Kate Linkerton in »abscheulicher Regie«. Ihre Darstellung gefällt ihm nicht, da »im Niveau des ganzen Plempels«, ihre »herrliche Natur« »hier beim Teufel« sei. B entwirft ein (Fragment gebliebenes) Stück *Die Päpstin Johanna (10,163-175)*, vermutlich auch den zugehörigen *Vorspruch einer letzten Szene, in der ein guter Mensch straflos ausgeht (13,235)*. Über seine Beziehung zu Marianne Zoff meint er: »Es ist gut mit ihr leben und nie langweilig.« *(26,254.)*

26. Oktober, Mittwoch. Für *Die Päpstin Johanna* sucht B nach Informationen über die historische Figur und deren Umfeld, findet aber nur »Bauernlümmel und Abschriftsteller, die von der Gutmütigkeit erwachsener Volksschüler leben, diese impotenten Quellenknaben, die alles kennen und nichts wissen«. Wenn er einmal Zeit hat, will er »eine Darstellung der Sitten und Geschehnisse eines Jahres einer deutschen Stadt schreiben« *(26,255)*.

27. Oktober, Donnerstag. B streitet mit Marianne Zoff über Geschmack. Sie verteidigt »den Kokottengeschmack, ich erledige ihn als talentvoll, als Kammerspielgeschmack«: »Man darf nicht das Kleid, sondern die Frau sehen.« *(26,255f.)*

28. Oktober, Freitag. Zur Aufführung von Richard Wagners *Rheingold* meint B: »Das Orchester leidet an Knochenerweichung, hier hat alles Plattfüße. Die Göttchen deklamieren zwischen ziemlich sorgfältig ausgeführten Kopien von Versteinerungen der Juraformation, und die Dämpfe aus der Waschküche, in der Wotans schmutzige Herrenwäsche gewaschen wird, machen einem übel.« Mariannes »schöne, zarte Stimme« (→ 24. 8.) ist für ihn das einzig Erstaunliche *(26,256)*.

29. Oktober, Sonnabend. B sieht Charles Chaplins Film *Alkohol und Liebe*. Er ist sehr beeindruckt, beschreibt ihn ausführlich und kommt zu dem Urteil: »Aber er ist das Erschütterndste, was es gibt, es ist eine ganz reine Kunst.« *(26,257.)*

31. Oktober, Montag. B fragt sich, ob das »trostlose Gesetz der Kausalität im Menschen nicht durchbrochen werden kann«, warum »sie sich nicht einfach nicht beeinflussen« lassen *(26,258)*.

7. November 1921-26. April 1922
Zweite Reise nach Berlin

7. November, Montag. Nachts fährt B nach »einer guten Zeit in der Schaufensterstadt« nach Berlin. Er will Verträge abschließen und Verbindungen knüpfen. Hedda Kuhn hat ihm ein Zimmer in einer Parterrewohnung, Ziethenstraße 6, besorgt (»finster, kalt, erschreckend«). Er trifft sich mit ihr in einem Café am Potsdamer Platz und holt sich seine an sie umadressierte Post ab. Aus einem Brief von Paula Banholzer erfährt er, daß sie seit zwei Monaten schwanger ist: »ich liebe sie sehr, wie ich ihn lese, und erschrecke über die Maßen« *(26,259)*.

8. November, Dienstag. Angesichts seiner schwierigen privaten Situation meint B, »der Teufel hat sein Hauptquartier in mir aufgeschlagen«. Er schreibt (wegen der Schwangerschaft Paula Banholzers) sofort an Caspar Neher und Otto Müllereisert und bittet sie um Hilfe *(26,259)*.

Abends sieht er Goethes *Götz von Berlichingen* im Staatlichen Schauspielhaus mit Eugen Klöpfer in der Titelrolle (Regie: Karl Heinz Martin) *(26,261)*.

10. November, Donnerstag. B ißt bei Frank Warschauer (→ 16.-21. 9. 20) *(26,259)*.

11. November, Freitag. Von Paula Banholzer kommt die Nachricht, daß mit ihr alles »all right« sei, »sie habe sich selbst helfen können«. B kommentiert: »Ich schnaufe auf [...]« *(26,259)*.

Abends sieht B im Deutschen Theater Albert Bassermann (als Kean) in *Kean oder Genie und Leidenschaft* von Alexandre Dumas (Vater), in der Regie von Gustav Hartung *(26,261)*.

12. November, Sonnabend. »In guter Laune wegen der Briefe.« B trifft sich mit Hedda Kuhn und deren Verlobtem,

dem Arzt Ernst Wollheim. Er ist ein »junger, starker Mann mit dickem Kopf, etwas rohem Gesicht, langsam, zäh, spießig«.
B empfindet Berlin als »eine graue Stadt, eine gute Stadt«. Mittags ißt er mit Frank Warschauer, »abends Wurstbrot«. Hedda Kuhn hat Einladungen ins Theater zweimal abgesagt. Verärgert hält B ihre Gefühle endgültig für »verbraucht«, sie sei »in die niedere Arithmetik geraten« und »überhaupt von Qualität II«. »Aber sie sieht stark aus und gesund, besser als bei mir« *(26,259f.)*.
An Marianne Zoff schreibt er über die ersten Tage: »Dann beginnen die Tagemärsche durch den Steinhaufen, Feldzüge quer über Granit, durch Granit, Papier in der Tasche. Ich diktiere vormittags, esse kalt, mache die Wege doppelt, begucke nebenbei Chaplin, Bassermann als Kean (mein Gott, wie das geht!), jetzt drängle ich mich überall ein.« Hedda Kuhn hätte er einmal »angerufen« wegen seiner Post: »es war nichts da« *(Br, 136)*.

George Grosz, *Friedrichstraße* (1918)

16. November, Mittwoch. B macht Notizen über bisherige »Visiten«: Die russische Filmschauspielerin Olga Tschechowa imponiert ihm »mit Ausdruck und Wahrhaftigkeit«, und er gibt ihrem Produzenten Karl Heinz Jarosy eines seiner Filmskripte. Bei Hermann Kasack vom Kiepenheuer Verlag verbringt er einen Abend in Potsdam, bei dem Arbeiten des Philosophen und Schriftstellers Georg Kulka (»Literatengewäsch«) und Oskar Loerkes (»viel besser«) gelesen werden. B kritisiert diese Art von Nachkriegsliteratur sehr scharf: »In der Sezession hängen Bilder dieser Unterernährten, Hungerkünstler: Rachitiker am Kreuz, typische Fötusgestältchen, ›reiner Geist‹, Alkohol dient lediglich zum Konservieren.« *(26,260.)*
17. November, Donnerstag. Abends besucht B im Kleinen Schauspielhaus das Vaudeville *Kiki* von André Picard mit Käthe Dorsch, die gerade von der Operette zur Sprechbühne übergewechselt ist *(26,261)*.
18. November, Freitag. »Rasieren, frieren, mittagessen. – Telefon. Geschwätz. Visite. Straßen.« Er sieht die Filme *Chaplin an der Quelle* und *Charles im Sträflingskittel*. B arbeitet an *Im Dickicht* und schreibt Balladen, u.a. *Man raucht, man befleckt sich* (später in die *Hauspostille* aufgenommen mit dem Titel *Über die Anstrengung*; *11,70f.*). Außerdem entwirft er Pläne für das Große Schauspielhaus am Gendarmenmarkt, das auf ihn durch die »räumlichen und akustischen Bedingungen« *(10,1058)* einen großen Eindruck macht. B verbringt erneut einen Abend bei Kasack und lernt »nette Leute« kennen. Ihm wird aus der Hand gelesen: »Die Lebensfahne erstaunlich sicher, kühn, klar, gesund.« *(26,261.)*

Vormittags schrieb ich bis zehn einen Filmakt. Dann lief ich in die Universität, dann ins Deutsche Theater wegen der Proben, aß im Stehen rasch wo um drei Uhr, traf Klabund im Café, der den Vertrag mit Reiß schiebt, schwatzte bis sechs über die Verlagsgeschichten, dabei gingen wir durch drei Likörstuben mit einem Jüngling, der Vorschuß bekommen hatte und Likörs bezahlte, dann fuhr ich Untergrund in die »Scala«, wo Matray und Katta Sterna tanzten, dann mit Warschauer, Matray und Katta Sterna im Auto zu Warschauer, blieb dort zwei Stunden, indem ich »soupierte« und Weine trank, lief dann mit Matray ins Restaurant Maenz, wo mich Granach vielen Theaterleuten vorstellte, und gondelte um zwei Uhr mit einer Zigarre heim. *(Br, 146.)*

21. November, Montag. In einem (möglicherweise etwas später geschriebenen) Brief an Paula Banholzer stellt B seinen Tagesablauf dar. Wegen der Berliner Mädchen soll sie sich keine Sorgen machen: »Geistreichelnde, überspannte, verlebte Gänse, hurenhaft und verbildet und so dumm«: »Keine einzige richtige Frau, die was ist, o ich hab Dich lieb, Bi!« *(Br, 146.)*

24. November, Donnerstag. Im *Dickicht* bekomme die Stadt ihre Wildheit zurück, während *Baal* der »Schwanengesang« der Landschaft sei *(26,261)*.

25. November, Freitag. B geht abermals zu »Kasack, der [Hans] Reimann vorliest«. Karl Heinz Jarosay »bestellt« einen neuen Film *(26,261)*. An einem der Vortage sieht er im Staatlichen Schauspielhaus Leopold Jessners Inszenierung von Shakespeares *Othello* mit Fritz Kortner in der Titelrolle (Johanna Hofer als Desdemona und Albert Steinrück als Jago). Dazu schreibt B 1953, ein technisches Element habe ihn in dieser Aufführung beeindruckt: »die Art der Beleuchtung. Durch gekreuzte Scheinwerfer hatte Jessner ein eigentümlich zerstäubtes Licht auf der Bühne erzeugt, das die Figuren mächtig hervortreten ließ: sie bewegten sich im Licht wie die Figuren Rembrandts.« *(23,243.)*

Klabund setzt seine Beziehungen zu dem Verleger Erich Reiß für B ein und vermittelt eine Zusammenkunft, bei der B sein Interesse an einem Generalvertrag (→ 23. 12.) vorbringt *(26,261)*. Als B davon hört, daß der Wiesbadener Intendant Marianne Zoff privat eingeladen hat, schreibt er ihr eifersüchtig: »Ich mag nicht mehr, daß Du zu Hagemann gehst, bitte lehne die Einladungen ab. Ziehe es auch nicht hinaus, sondern erledige es. Sage ihm deutlich: ich will nicht und ich werde verhindern, daß Sie sich verlieben. Oder sage ihm von mir, wenn nötig.« Er lädt sie für Weihnachten nach Berlin ein *(Br, 137)*.

29. November 1921
Exmatrikulation in München

29. November, Montag. Da B im Sommersemester keine Vorlesungen mehr belegt hat, wird er aufgrund der Satzungen R.V. v. 6. 10. 21 gestrichen und exmatrikuliert.

November. Im November/Dezember schreibt B an Marianne Zoff zahlreiche Briefe, die nicht datiert sind.

Als Marianne meint, daß sie es in Wiesbaden nicht mehr aushält, rät ihr B davon ab, den Vertrag vorfristig zu lösen. Er wolle sich um eine Wohnung in Berlin bemühen. »Wenn Du glaubst, es sei möglich für Dich, in Wiesbaden zu bleiben, bis ich hier was habe, dann mußt Du den Urlaub auf Weihnachten legen. Aber es ist auf *alle* Fälle ausgeschlossen, daß ich Dich nach Wiesbaden zurückkehren lasse, wenn Du dort so leidest und Besserung der Lage nicht zu erwarten ist.« *(Br, 139.)*

In einem weiteren Brief schreibt er ihr: »Ich bin hier Tag und

Nacht auf den Füßen, um zu realen Grundlagen zu kommen, und werde bald Berlin in *meinen* Fangarmen haben.« Er ist froh, daß sie nun endgültig mit Oskar Camillus Recht gebrochen hat, und schlägt als künftigen Wohnsitz sein Zimmer in München vor, wohin er im März zurückkehren will *(Br, 140)*.
B ist noch nicht sicher, ob sie Weihnachten nach Berlin kommen soll, weil er keine Unterkunft findet und sein Zimmer ungeeignet ist: »Hier kann ich keine ›Dame‹ empfangen, auch nicht Schwester oder Braut (bist Du sonst froh darüber?) und es ist so sehr kalt und klein! Es ist ein buntes Bett und schmal und aus Eisen und die Leute sind arg!« *(Br, 141.)*
Als sich Marianne Zoff über die geringe Korrespondenz beklagt, verteidigt sich B: »Was für Opfer, Anstehen, treppauf, treppab, Abortwandvisagenvisite, ganz Ohr vor idiotischen Grammophonen und kein Mensch, kein Mensch!« Er lebe im »größten Stadtdschungel der Weltgeschichte« *(Br, 141)*.
Erstdruck des Gedichts *Vom Schwimmen in Seen und Flussen* (→ 11. 6. 19) in Heft 8/9 des *Neuen Merkur.*
Anfang Dezember. B ist wegen seiner und Mariannes Zukunft optimistisch: »Hier fange ich doch an, ein Fundament zu mauern, Du mußt nicht mehr lang aushalten, Liebste!« *(Br, 145.)* Später schreibt er ihr: »Hier wächst mein Ruf fabelhaft. Einige Projekte gewinnen Umrisse. Du mußt nicht verzweifeln.« *(Br, 147.)*
2. Dezember, Freitag. B will in seinem »dunklen Eiskeller« einen neuen Film für Olga Tschechowa schreiben und das in Wiesbaden begonnene Stück *Die Päpstin Johanna (10,163-175)* für Tilla Durieux beenden. Er bietet *Baal* dem Münchener Verlag Die Wende an, der ein Uraufführungstheater gegründet hat. Mittags ißt er »wie gewöhnlich« bei Frank Warschauer und kauft für Paula Banholzer eine Perlenkette. Mit Klabund vereinbart er ein Treffen bei Erich Reiß »zwecks Generalvertrags«. Er sieht sich mit ihm erneut Ernst Matray und Katta Sterna an, eines der erfolgreichen Tanzpaare der zwanziger Jahre. Bei Maenz trifft er Alexander Granach, der ihm eine Lesung vermittelt. »Ich laufe, etwas frierend, etwas fiebernd, heim, den Kopf voll, das Herz leer, und gänzlich unzufrieden, gänzlich unzufrieden.« *(26,262.)*
Paula Banholzer fordert er auf, ihm zu schreiben *(Br, 146)*.
Caspar Neher teilt er mit, daß er sich Werke von Henri Matisse angesehen hat und auch »zu Cézanne« gehen will, er berichtet von seinen Begegnungen und von seinen Plänen. B findet Nehers Korrekturen und Hinweise für *Dickicht* »ausgezeichnet«. Er bittet ihn, die Abschrift schnell zu organisieren und ihm zu schicken, »da ich hier viel gute Gelegenheit zum Vorlesen habe« *(Br, 149)*.

3. Dezember, Sonnabend. B will *Die Päpstin Johanna* abschließen, um Zeit zu haben für eine Trilogie *Asphaltdschungel*, drei Stücke für das Große Schauspielhaus, denen er die Titel gibt: *Die geldjagende Menschheit*, *Das kalte Chicago* und *Der Wald* (das Projekt wird so nicht ausgeführt) *(26,262)*.

7. Dezember, Mittwoch. B hat Henrik Ibsens Drama *Wenn wir Toten erwachen* am Lessingtheater gesehen (»Expressionismus eines Greises, dummes Zeug«) mit Tilla Durieux (als Irene), »einer ganz großen Darstellerin« *(26,262)*.

8. Dezember, Donnerstag. Bei einem Kinobesuch muß B an das Dienstmädchen bei Frank Warschauer denken, das »in einem Loch haust und arbeitet, die Schwindsucht hat, keine Heimat, keinen Mann, das tagelang nichts spricht, und die Wohnung ist finster« *(26,263)*.

11. Dezember, Sonntag. B besucht am Deutschen Theater einige Proben zu Ibsens *Traumspiel*, die Max Reinhardt leitet. In dieser Inszenierung spielt Eugen Klöpfer den Advokaten »und macht etwas Ungeheures daraus«. (In einer Notiz zum Tod von Reinhardt schreibt B 1943, er habe »beinahe alle Proben zum *Traumspiel*« gesehen; → 1. 11. 43.)

Drehbuchautor Alexander Engel vermittelt ihm Kontakte zur Richard-Oswald-Film-AG, Kiepenheuer zur Terra-Filmgesellschaft.

B hat jetzt Vertragsentwürfe von Erich Reiß, Gustav Kiepenheuer und Paul Cassirer.

Er resümiert verschiedene Atelierfeste, an denen er mit Frank Warschauer, Klabund, Heinrich Eduard Jacob teilgenommen hat. Letzterer »veräbbelt« B: »Sie sagen immerfort Becht, es heißt Brrrecht, ebenso wie es Girrtarre heißt und Jarcob!« *(26,264.)*

12. Dezember, Montag. Beim letzten Probenbesuch von *Traumspiel* entdeckt B »die Grundfehler«. Sein Urteil sei durch »die Glätte der Bilder« lahmgelegt worden. »Es ist kein Traum. Müßte schief sein, verquollen, zerknäult, schrecklich, ein Alpdruck mit Lieblichem, der Alpdruck eines göttlichen Wesens. Und ist etwas für die Recht-Denkenden, ohne Kurve.« Er geht früh zu Bett, kann aber nicht schlafen. »Es ist keine Luft in dieser Stadt, an diesem Ort kann man nicht leben.« *(26,264.)*

13. Dezember, Dienstag. B immatrikuliert sich an der Philosophischen Fakultät der Berliner Universität (laut Matrikelauszug, gelöscht am 24. 1. 22).

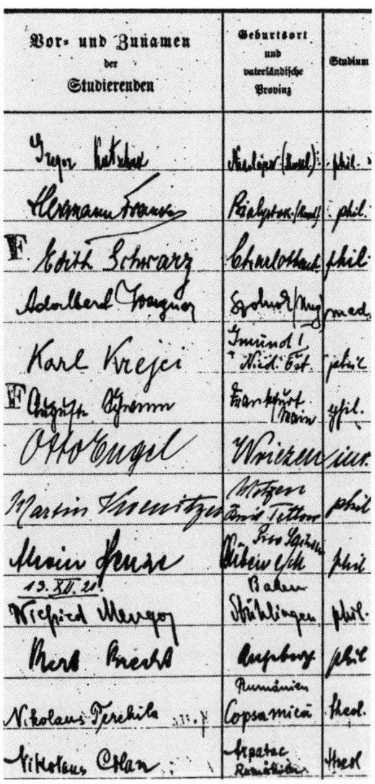

Matrikelauszug

Mitte Dezember. Über die nun beschlossene Reise Marianne Zoffs nach Berlin schreibt ihr B: »Meine liebe Freude, jetzt fange ich also an mit meiner barbarischen Erwartung! Zwei Tage: wie gut ist das!« Sie soll »die rote Zigeunerbluse, das blaue Kostüm, den braunen Federhut« mitbringen *(Br, 148)*.

In diesen Tagen ist B mit anderen jungen Schriftstellern und Künstlern von Otto Zarek (→ 28. 7. 20) eingeladen, der sich bei seinem Vater, einem wohlhabenden Geschäftsmann, in Berlin aufhält. B singt seine *Erinnerung an die Marie A.* Arnolt Bronnen, der sofort von dem Sänger fasziniert ist, schreibt: »In dem kleinen, unscheinbaren Menschen dort schlägt das Herz dieser Zeit. Er [Bronnen] hatte das Schülergefühl: Liebe, große Liebe in der Welt, gib mir den als Freund.« *(Bronnen, 14.)*

Bekanntschaft und Freundschaft mit Arnolt Bronnen

Arnolt Bronnen, geboren am 19. 8. 1895 in Wien als Sohn des Schriftstellers Ferdinand Bronner, studiert Germanistik und Jura. Er verbringt drei Jahre als Kriegsgefangener in Italien, geht 1920 nach Berlin und verdient sein Geld als Warenhausangestellter. Zur Zeit seiner Bekanntschaft mit B beginnt sich Bronnen schriftstellerisch zu betätigen. Aus der Bekanntschaft entwickelt sich bald eine enge Freundschaft.

19. Dezember, Montag. B berichtet von einem Besuch seines Vaters in Berlin: »wir saßen einander gegenüber an einem Wirtshaustisch, zwei Leute, die zusammengehören, eine vage Beziehung, die schon viel ist unter unsresgleichen«. Sein Vater habe sich »in einer sorgfältigen Art« für ihn interessiert, ihm 1000 Mark gegeben, sich nicht nach Marianne Zoff erkundigt, ein Paket mit »Schinken und Ente zu Weihnachten« versprochen (26,265). B schreibt in sein Tagebuch drei Gedichte *(26,265-267)*: *Gedicht* (später verändert und mit dem Titel *Epistel*; *13,209*), *Anderes Gedicht* (*Früher dachte ich; 13,209)* und *Noch eine Gedicht* (*Ich bin vollkommen überzeugt*; *13,210*).

21. Dezember, Mittwoch. Marianne Zoff ist in Berlin angekommen; sie »sieht nicht so gut aus, aber dann wird sie schöner«. Sie singt Mahler am Klavier. B geht zu Filmproben *(26,267)*.

23. Dezember, Freitag. B schließt einen Generalvertrag mit dem Verlag Erich Reiß ab (»Monatlich Zahlung von 750 Mark«) *(26,267)*. Er überträgt dem Verlag die Rechte für *Baal* sowie die Option auf sämtliche Stücke, die er seit 1. 1. 20 geschrieben hat bzw. bis 31. 12. 24 schreiben wird. Der Vertrag enthält den Passus: »Lehnt der Verlag den Druck eines Stückes ab, obwohl eine größere Bühne es zu einer Aufführung erworben hat, kann der Autor das Verlags- und Vertriebsrecht einem anderen Verlage übergeben, wenn dieser die Drucklegung übernimmt.« *(26,582.)*

Generalvertrag mit dem Verlag Erich Reiß

Mit der Schauspielerin und Kabarettistin Trude Hesterberg vereinbart er, für 500 Mark sechs Tage lang auf deren Wilder Bühne »Soldatenballaden« zu singen *(26,267)*.

24. Dezember, Sonnabend. Frank Warschauer lädt B und Marianne Zoff ein, bei ihm über die Jahreswende zu wohnen (Eislebener Str. 13). »Wir haben unsern eignen kleinen Baum.« B schenkt Marianne »eine türkische Zigarettenspitze, alt, Tula, einen eisernen Anhänger, eine Ballade in Handschrift« und erhält von ihr Dostojewskis Roman *Der Idiot*, eine »Krawatte, einen Affen, Socken«. Von Warschauer bekommt B Wedekinds *Lautenlieder* *(26,267)*.

25. Dezember, Montag. B hört eifersüchtig Marianne Zoff

Mit Freunden.
Stehend, von links:
Brecht, Frank Warschauer, Lion Feuchtwanger, dessen Schwager;
sitzend: Feuchtwangers Schwester, Marianne Zoff, Marta Feuchtwanger

über Oskar Camillus Recht und den Wiesbadener Intendanten Carl Hagemann reden: »er hat versucht, sie im Wagen zu küssen«. Hagemann lädt sie für Silvester ein und teilt ihr gleichzeitig als Intendant mit, daß sie in Wiesbaden »wohl nicht mehr engagiert wird« *(26,267f.)*.

30. Dezember, Freitag. B bedankt sich bei Hanns Otto Münsterer für ein Geschenk und schreibt ihm über Berlin: »es ist eine kalte Stadt und an Weihnachten habe ich mich hauptsächlich betrunken.« Er werde vor dem Frühjahr kaum nach München kommen *(Br, 150)*.

31. Dezember, Sonnabend. B sieht mit Marianne Zoff, Frank Warschauer und dessen Freundin Esther im Großen Schauspielhaus Jacques Offenbachs Operette *Orpheus in der Unterwelt*: »Dann Souper, Champagner, Rauchen, Bleigießen. So schließt das Jahr ab.« *(26,268.)*

1922

Anfang Januar. B bedankt sich für Caspar Nehers Durchsicht der fertigen Szenen von *Im Dickicht* und für seine Korrekturvorschläge. Er schickt ihm eine neue Textpassage und bittet ihn, sich um die Abschrift zu kümmern; Otto Müllereisert soll ein getipptes Exemplar zu Lion Feuchtwanger bringen. Das Typoskript soll »möglichst gut« aussehen. »Ich hoffe sehr *stark* auf eine Aufführung bei Reinhardt oder Jessner! Du wirst es dann bebildern müssen! Und noch was: ich halte das Stück für mindestens ebenso stark wie den *Baal*, dazu für reifer.« *(Br, 151.)*

7. Januar, Sonnabend. »Eine Woche noch schwatzen, lieben, sitzen wir.« Dann reist Marianne Zoff ab, und B versucht die Verhandlungen mit Verlagen voranzutreiben. »Reiß hat 750 Mark angeboten. Kiepenheuer 800. Beide wollen auch Bühnenvertrieb. Ich unterzeichne bei Reiß schon, hole aber den Vertrag zurück, um ihn Kasack zu zeigen. Dann muß ich mit Dreimasken sprechen. Es fällt mir ein, dort *1000* Mark zu verlangen, monatlich, auf ein Jahr. Kiepenheuer treibe ich ebenfalls auf 1000. Dazu erreiche ich, daß Kiepenheuer den Vertrieb der nächsten Stücke bei Dreimasken läßt.« *(26,269.)*

Mitte Januar 1922
Auftritt im Kabarett
Wilde Bühne

Mitte Januar. B tritt im Kabarett Wilde Bühne im Keller des Berliner Theaters des Westens auf (→23. 12. 21) und singt u.a. *Apfelböck oder Die Lilie auf dem Felde (11,42f.)* und *Legende vom toten Soldaten (11,112-115)*.

Bei der *Legende vom toten Soldaten* ging der Tumult los. Ich mußte notgedrungen den Vorhang fallen lassen, um dem Radau ein Ende zu machen, und Walter Mehring ging vor den Vorhang und sagte jene bedeutsamen

B bedankt sich (in diesen Tagen) für ein Paket von Marianne Zoff mit Kleidung; er beklagt sich, daß sie »eifersüchtig wie eine Negerfrau« sei. Bei seinem Geschenk, Paul Claudels *Der Tausch*, habe sie »eine teuflische Absicht herausgelesen«, während er das Stück (um einen Partnertausch) »ohne jede Tendenz« gekauft und nur an die dichterische »Schönheit, an nichts sonst« gedacht habe *(Br, 159)*. – Er hat das Stück auch Hedda Kuhn (→ 24./25. 5. 19) und Paula Banholzer (→ 8. 2.) geschenkt. Paula Banholzer bedankt sich für eine größere Geldsendung und beklagt sich, von ihm so wenig zu hören. Frau Lessing (→ 19. 6. 21) gebe ihr Klavierstunden sowie französischen und englischen Sprachunterricht. Sie möchte von B wissen, was er im Kabarett gesungen und wieviel er dafür bekommen hat. »Bert, ich weiß nicht, wie es kommt, aber ich habe immer Angst, Du betrügst mich. Schreibe es mir bitte!« *(E 21/102.)*

21. Januar, Sonnabend. B erkrankt. »Plötzlich schiffe ich Blut. [...] Ich liege zwei Tage allein in meinem kalten Loch, dann kommt Hedda und Bronnen. Montag bringt mich Frank [Warschauer] in die Charité« *(26,269)*.

22. Januar, Sonntag. Da B kein Studium beginnt, wird er von der Berliner Universität (→ 13. 12. 21) exmatrikuliert.

23. Januar, Montag. Auf Vermittlung von Hedda Kuhn wird der völlig unterernährte B auf die Station ihres Verlobten Ernst Wollheim in die Berliner Charité eingeliefert. Sie erinnert sich: »Die Untersuchung ergab, daß Brecht eine Nierenentzündung und Blut im Urin hatte. Eine der Hauptursachen der Krankheit war wohl bei zu knappem Essen zuviel Alkohol, den Brecht bei Bekannten und auf Einladungen eher angeboten bekam als was Eßbares.« B habe sich als »katholisch« einstufen lassen, weil »der katholische Pfarrer ein netterer Mensch sei« *(Frisch, 220f.)*. B schreibt an Marianne Zoff: »Du darfst nicht erschrecken, es ist nichts. Ich bin etwas krank (Nierenentzündung) und mußte auf ca. acht Tage in die Charité, wo ich warm habe. Ich wäre sehr froh, wenn Du kommen würdest, liebe Marianne, denn was tust Du in Wiesbaden, nicht?« *(Br, 160.)* Da ihr Vertrag mit dem Nassauischen Landestheater am 11. 1. abgelaufen ist, fährt sie erneut nach Berlin.

Anfang Februar. Marianne Zoff besucht B täglich in der Charité. Dann findet sie in seinem Zimmer Briefe Paula Banholzers. B schreibt ihr: »ich weiß, daß ich nicht gut gewesen bin, ich habe auch gelogen und mein Gesicht kaputtgemacht, aber ich bitte Dich, liebe Marianne, bei mir zu bleiben« *(Br, 162)*. In einem weiteren Brief heißt es: »ich kenne mich nicht aus, ich erwarte Dich in der Charité, unbedingt. Ich halte Dich nicht, wenn Du nicht bleiben kannst, liebe, liebe Marianne. Aber ich muß Dich sehen, das weißt Du« *(Br, 161)*.

3. Februar, Freitag. Die Entdeckung von Bs erneuter Untreue wirkt sich auf die Gesundheit von Marianne Zoff aus: »es fährt ihr in die Glieder, und zuletzt stellt ein Arzt fest, daß ihre Lunge angegriffen ist, und jetzt liegt sie bei Warschauer« *(26,270)*. Er schreibt ihr aus der Charité: »ich höre, daß Du

Worte: »Meine Damen, meine Herren, das war eine große Blamage, aber nicht für den Dichter, sondern für Sie! Und Sie werden sich noch eines Tages rühmen, daß Sie dabeigewesen sind!« *(Hesterberg, 106.)*

liegst und Du mußt auch heute und morgen liegen bleiben, solang *Du* Fieber hast. Mir geht es so gut, daß ich aufstehen will, und wenn es so bleibt, darf ich auch bald. Ich werde also bald bei Dir sein, meine liebe Freude.« *(Br, 163.)*

4. Februar, Sonnabend. Die Zeitschrift *Das Tage-Buch* ruft in einem Preisausschreiben der Richard Oswald A.G. »zur Gewinnung der besten Filmmanuskripte« auf. Die eingesandten Arbeiten dürfen nur mit einem Kennwort gezeichnet sein; als Juroren werden u. a. gewonnen: Stefan Großmann (→ 16. 4.), Alfred Polgar, Richard Oswald, Heinz Ullstein.

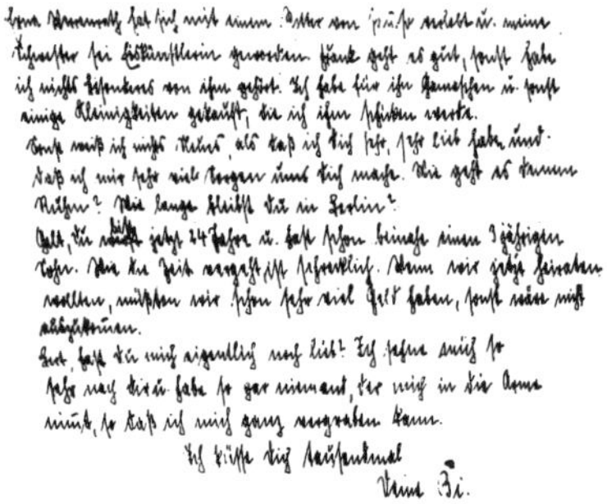

8. Februar, Mittwoch. Paula Banholzer schickt B einen Brief. Sie hat für ihn »eine Kleinigkeit zum Geburtstag gemacht«, will sie ihm aber lieber persönlich geben, wenn er wieder durchreist. »Mir geht es gut, ich werde immer dicker u. sehe glänzend aus.« Claudels *Der Tausch* (→ Mitte Januar) habe ihr sehr gut gefallen. »Frank geht es gut, sonst habe ich nichts Besonderes von ihm gehört. Ich habe für ihn Gamaschen und sonst einige Kleinigkeiten gekauft, die ich ihm schicken werde. / Sonst weiß ich nichts Neues, als daß ich Dich sehr, sehr lieb habe und daß ich mir sehr viele Sorgen um Dich mache. Wie geht es Deinem Ruhm? Wie lange bleibst Du in Berlin? / Gelt, Du bist jetzt 24 Jahre und hast schon beinahe einen dreijährigen Sohn. Wie die Zeit vergeht, ist schrecklich. Wenn wir jetzt heiraten wollten, müßten wir schon sehr viel Geld haben, sonst wäre nicht auszukommen.« *(26,562f.)*

10. Februar, Freitag. B liegt an seinem Geburtstag die dritte Woche in der Charité. Arnolt Bronnen besucht ihn fast jeden Tag und bringt seine Komödie *Spiel mit der Bewegung* mit. B urteilt: »Es ist kraftvoll und anmutig, greift tief in die Sprache, ist aber an Poesie und Philosophie schwächer.« Er arbeitet an kleinen Prosastücken und an dem Stück *Manuel* oder *Manuel Wasserschleiche*. Ihn beeindruckt Julius Meier-Graefes Satz über Delacroix: »Bei ihm schlug ein heißes Herz in einem kalten Menschen.« *(26,270.)*

11. Februar, Sonnabend. B kommt zu der Erkenntnis, daß ein Dichter nicht die Partei seines Tragödienhelden übernehmen darf, sondern »die Partei der Natur«. Er besucht Marianne Zoff bei Frank Warschauer und hat »einen Zug Nachmittagsluft« in sich. »Sie ist heiß und ungläubig« und schlägt ihm in diesen Tagen die endgültige Trennung vor. Er fleht sie an: »das ist Wahnsinn, ich gehe Dich suchen, ich kann nicht so sein ohne Dich, *liebe* Marianne. / Ich fahre an den Hohenzollerndamm und dann wieder hierher. Ich lasse Dich nicht, nicht, nicht! / Wir wollen nachdenken, o Marianne, irgendwas tun, sei doch nicht wahnsinnig.« *(Br, 164.)* Nachts liest er Briefe Gustave Flauberts *(26,271).*

12. Februar, Sonntag. Nach der Lektüre Flauberts, »diesen Schlachtberichten eines wahnsinnigen Mammuts«, schreibt er über ihn: »Was für ein lasterhafter, stiernackiger, besessener Gallier!« *(26,271.)*

14. Februar, Dienstag. B hält Arnolt Bronnens Komödie *Spiel mit der Bewegung* nach gründlicherer Lektüre (→ 10. 2.), obwohl »schwach in der Idee und dünn im Komischen«, für »eher episch als dramatisch« *(26,272).*

16. Februar, Donnerstag. B notiert, die »auf unserer Seite die Seligkeit haben wollen, die entdecken, daß es keine gibt« *(26,272).* Er verläßt in diesen Tagen nach der Abreise von Marianne Zoff (zu ihren Eltern nach Pichling bei Linz), »sich für gesund erklärend«, die Charité, fährt ihr aber nicht nach. Bronnen schreibt: »Sie hatte noch versucht, Brecht wieder zur Rückkehr nach München zu bewegen, doch Brecht meinte, jetzt Berlin verlassen hieße eine Niederlage eingestehen, und ließ sich von Bronnen bestärken, nichts einzugestehen.« *(Bronnen 1,29.)*

In dem letzten (überlieferten) Tagebuch der zwanziger Jahre, das er an diesem Tage abschließt, hält er am Ende die folgenden Pläne und Vorhaben fest: »*Im Dickicht*, Bronnen, Charité, Jessner, *Das kalte Chicago*, Aufzeichnungen« *(26,272).*

21. Februar, Dienstag. B nimmt (vermutlich an diesem Tage) mit Arnolt Bronnen an einem Faschingsfest des Kiepenheuer Verlags beim Cheflektor Hermann Kasack in Potsdam teil. Bronnen erinnert sich: »Er sang die Ballade vom toten Soldaten. Es war ungeheuerlich, wie er den Fasching, die Inflation, das Gehopse und das Gekicher den Menschen aus Bändern und Gebein sang.« B macht die Bekanntschaft von Oda Weitbrecht, Tochter eines Hamburger Buchhändlers und seit kurzem Lektorin bei Kiepenheuer. Bronnen findet sie »schön, klargesichtig, von der hellen, windfrischen Art norddeutschen Geistes«. *(Bronnen 1,31f.)* Oda Weitbrecht schreibt später: »Der Verlagsbetrieb war überaus turbulent und lustig. Die Autoren kamen morgens und feierten nachts. Arbeiten und Festivitäten gingen immer ineinander über [...].« *(Oda Weitbrecht – Oda Buchenau 1903-1988, Frankfurt/M. 1990, S. 15.)*

25. Februar, Sonnabend. Jacob Geis (vom Münchener Nationaltheater) bittet Caspar Neher um Zusendung der Bühnenbild-Entwürfe zu *Im Dickicht*, »da wir sie zu der Einstudierung benötigen« *(ÖNB).*

Anfang März. B beginnt mit der Dramatisierung von Selma Lagerlöfs Roman *Gösta Berling (10,176-231).* **Dramatisierung von *Gösta Berling***

8. März, Mittwoch. Nach einem Geheimbericht der Berliner Polizei (vom 13. 9. 32) meldet sich Brecht erstmals an diesem Tage in Berlin polizeilich an. Vermutlich ist die Anmeldung Bedingung für den Erhalt eines Reisepasses, den er benötigt, um zu Marianne Zoff nach Österreich fahren zu können.

10. März, Freitag. Hermann Kasack besucht B in Berlin und bespricht mit ihm weitere Verlagspläne.

Mitte März. Frank Warschauer heiratet. B nimmt die Einladung zur Hochzeit nicht an, ist mit ihm »aber nicht verkracht« *(Br, 166)*. Statt des geplanten Films über die Dirne Hanna Cash (→ 18. 3. 21) hat B die *Ballade von der Hanna Cash (11,90-92)* geschrieben und schenkt sie Esther und Frank Warschauer zur Hochzeit, außerdem ein Typoskript des *Baal* mit der Widmung: »Frank Warschauer / dem Moralisten / 1922.«

B lernt den Theaterdirektor Moriz Seeler kennen, der mit seiner Jungen Bühne neue Dramatik fördern will. Die Aufführungen sollen (einmalig) an Sonntagvormittagen in verschiedenen Berliner Theatern stattfinden. Die Junge Bühne ist auf Schauspieler und Regisseure angewiesen, die ohne Bezahlung mitwirken. B will Arnolt Bronnens *Vatermord* inszenieren.

Bekanntschaft mit Herbert Jhering
Herbert Jhering, geboren am 29. 2. 1888 in Springe bei Hannover als Sohn eines Amtsrichters, studiert in Freiburg, München und Berlin Literaturwissenschaft, Geschichte und Philosophie, ist 1914-1918 Dramaturg und Regisseur an der Volksbühne Wien und seit 1918 Theaterkritiker des *Berliner Börsen-Courier (BBC)*. Er gilt als einflußreicher und richtungsweisender deutscher Kritiker.

B teilt Marianne Zoff mit, er habe »jetzt doch die Regie im *Vatermord* übernommen. Ich half Bronnen, die Rolle mit der Straub durchzusprechen, und sie notierte sogleich alles und beschwor (beschwor) mich, die Regie zu führen, ich sei der erste (1.) Mensch, der ihr solche Dinge sage und dem Schauspieler sofort sachlich kommt.« Während ihm durch die Proben »der Schädel klirrt, von Betonungen usw.«, denke er »an Passau und Paß und Gott weiß was« *(Br, 165)*.

19. März, Sonntag. B besucht mit Bronnen im Neuen Volkstheater *Persephone* von Paul Gurk, einem Autor, der 1921 den Kleist-Preis bekommen hat. In der Pause treffen sie Herbert Jhering, den Bronnen mit Brecht bekanntmacht. Sie erfahren von dem Theaterkritiker, daß er 1922 den Kleist-Preis vergeben wird. Bronnen »deutete rasch auf Brecht: ›Na, dann haben Sie hier gleich den, dem Sie ihn geben müssen.‹« *(Bronnen 1,36.)*

Nach Auskunft Bronnens hat B »in Wochen mehr Bekannte in Berlin als andere in Jahren«. Obwohl er noch über keinen Aufführungsvertrag verfügt, hat er mit Eugen Klöpfer, Werner Kraus, Paul Wegener, Heinrich George »wegen der Übernahme von Rollen in seinen Stücken verhandelt«. In den dramaturgischen Abteilungen der wichtigsten Theater sowie in den Verlagen habe er eine »enragierte Anhängerschaft« gehabt, »die sich vom Chef bis zur jüngsten Sekretärin erstreckte« *(Bronnen 1,30)*.

20. März, Montag. B befindet sich in den Tagen der Proben von *Vatermord* »in einem schweren Kampf mit vielen Leuten, einer ganzen Meute«, er fürchtet »Krach, morgen oder übermorgen, ich vertrage mich nicht«. Er beklagt sich bei

Marianne Zoff, daß sie zu selten schreibe, und versichert sie seiner Liebe. »Sage mir doch, daß uns nichts trennen kann, was war!« *(Br, 166.)*

2. April, Sonntag. Bei den Proben zu Bronnens *Vatermord* kommt es zu immer größeren Konflikten Bs mit den Schauspielern. »Gerade an dem Tage, an welchem Seeler das Neue Theater am Zoo gemietet und die Anzeige für die Premiere am 2. April 1922 an die Zeitungen verschickt hatte, schrie George seinen Regisseur nieder [...].« Als auch Agnes Straub »in einem Weinkrampf« zusammenbricht und Hans Heinrich von Twardowski nicht mehr mitmacht, gibt B die Regie auf und sagt, »fast wie ein Triumph«, zu Bronnen: »Ich gratuliere dir. Mit denen wäre es nie was geworden.« *(Bronnen 1,42f.)* Das Stück wird am 14. 5. unter der Regie von Berthold Viertel uraufgeführt.

2. April 1922
Regie von Bronnens *Vatermord* scheitert

B berichtet, er habe die Regie von *Vatermord* »nach atemraubenden Krächen mit der Straub niedergelegt« und arbeite nun »am 200000-M-Film« (*Robinsonade auf Assuncion; 19,169-174*) sowie an der »Balladenherausgabe« (*Hauspostille*). Mitte April plant er, zu ihr nach Österreich zu kommen. Er ist über ihre Absicht, möglichst bald in Wien ein Engagement zu bekommen, deshalb nicht froh, weil er darin die Entscheidung vermutet: »ich oder Wien. Was soll ich da schreiben? Ich habe die Gurgel zu. / Ich sage Dir: Du bist meine Frau und ich bitte Dich, nichts ohne mich zu tun, wie ich nichts ohne Dich tue, was einschneidet.« *(Br, 167.)*

Anfang April. In der Aprilnummer der Zeitschrift *Der Feuerreiter* wird Bs Novelle *Ein gemeiner Kerl (19,38-44)* veröffentlicht.

Erstdruck der Novelle *Ein gemeiner Kerl*

9. April, Sonntag. B besucht mit Bronnen im Rahmen einer Veranstaltung des Vereins »Heute und Morgen« im Deutschen Theater Alfred Brusts *Singenden Fisch*.

Mitte April. B ist bestürzt über einen Brief der erkrankten Marianne Zoff. Er erhalte seinen Paß erst, wenn er aus Augsburg eine Steuererklärung vorweise. »Mitte der Woche werde ich kommen können (obwohl hier alles mitten im Zug ist); wenn nötig, versuch ich mich über die Grenze zu schmuggeln. Nur habe ich dann bei Euch die blödesten Scherereien ohne Paß.« *(Br, 169.)*

16. April, Ostersonntag. B hat noch keinen Paß und macht mit Bronnen einen Ausflug zu dem Fischerhaus Stefan Großmanns in Geltow (bei Caputh an der Havel), wo er Ernst Rowohlt, den Schauspieler Jacob Tiedtke sowie die Filmregisseure John Gottowt und Henryk Galén trifft. Sie erfahren von dem Preisausschreiben im *Tage-Buch* (→ 4. 2.). Großmann habe in der Jury eine wichtige Stimme und könne ihnen einen Preis vermitteln. Obwohl sich B bereits gesondert Gedanken über einen Film für dieses Preisaus-

16. April 1922
Ausflug nach Geltow bei Caputh

schreiben gemacht hat (→ 2. 4.), entsteht auf der Heimfahrt in Zusammenarbeit mit Bronnen eine neue Filmfabel, die B *Die zweite Sintflut* und Bronnen *Robinsonade auf Assuncion* nennt. Zur Niederschrift kommt es zunächst nicht, da B nach Österreich und Bronnen (zur Generalprobe seines Stückes *Vatermord*) nach Frankfurt/M. fährt.

22. April, Sonnabend. B erhält in Berlin einen (bis zum 22. 4. 23 gültigen) Reisepaß.

26. April-Ende Mai 1922
Reise nach Pichling bei Linz

Vom armen B. B.

26. April, Mittwoch. B fährt nach Pichling bei Linz zu Marianne Zoff. Auf der Reise schreibt er »nachts ½10 im De-zug« das Gedicht *Ich, Bertold Brecht (13,241f.;* später *Vom armen B.B.; 11,119f.)*

Ende April. B teilt seinem Vater mit, daß er sein »Zelt in Berlin abgebrochen« hat und sich »auf ein bis zwei Wochen« in Österreich aufhält. »Ich komme jetzt also bald heim, um dann nach München zu gehen, wenn Du nichts dagegen hast. Hier arbeite ich ziemlich viel an einem Geschichtenbuch usw.« Er bittet ihn um Zusendung von »etwas Geld« *(Br, 171).*

Anfang Mai. B berichtet Oda Weitbrecht von seinem Exkurs nach Österreich. »Übrigens bin ich ein Mastschwein, es gibt böhmische Küche und Marianne Zoff singt Mozart. Ich tue nicht viel, außer dem Rasieren.« *(Br, 174.)*

16. Mai 1922
Fertigstellung der Filmgeschichte ***Die zweite Sintflut*** **(später: *Robinsonade auf Assuncion*)**

16. Mai, Dienstag. B schickt Arnolt Bronnen den Filmtext *Die zweite Sintflut.* »Es wäre allerdings gut, wenn du die menschlichen Geschehnisse etwas verwickelter ›gestalten‹ würdest beim Tippen.« *(Br, 175.)* Bronnen redigiert das Filmskript »menschlich«, gibt es an Brecht zurück und unter dem Titel *Robinsonade auf Assuncion* auch an die Filmfirma (→ 4. 2.) *(Bronnen 1,58).* B hat erfahren, daß Bronnen *Baal* und *Im Dickicht* (wegen der Entscheidung für den Kleist-Preisträger) an Herbert Jhering geben will: »Ich hoffe, Du hast ihm klargemacht, daß Du mit der Hälfte des Preises nicht einverstanden bist. Jedenfalls mußt Du ihm sagen, daß *ich* es *auf keinen Fall* bin, wir müssen jeder den *ganzen* kriegen, nacheinander.« *(Br, 175.)*

Mitte Mai. B schreibt an Arnolt Bronnen: »aber ich fresse böhmische Küche, mein lieber Schwan, aber es gibt weiße und rosa Obstbäume, mein Täubchen, aber ich bringe ja den steifen Hut nicht vom Genick, mein Ottokar!« Er schickt ihm ein weiteres Filmskript (das der Dramatiker Hans Kyser angeregt hat); er verspricht ihm am Folgetag ein drittes mit Bitte um seine Kritik. Wie sich Bronnen erinnert, hat B später beide Filmbücher für eine Überarbeitung zurückverlangt *(Br, 172).*

20. Mai, Sonnabend. In der *Neuen Augsburger Zeitung* wird gemeldet, daß die ledige 27jährige Dienstmagd Walburga Ferber der fahrlässigen Kindestötung bezichtigt und zu sechs Monaten Gefängnis verurteilt worden ist. Sie hat das Kind auf dem Abort (am 19.3.1919) heimlich tot geboren, in ein Tuch gewickelt unter ihr Kopfkissen gepackt und später ins Wasser geworfen. B benutzt den Vorfall für das Gedicht *Von der Kindesmörderin Marie Farrar (11,44-46)*.

Anfang Juni. B ist nach Augsburg zurückgekehrt und Marianne Zoff nach München gefahren. Wegen der bevorstehenden (von B vermittelten) Münchener Premiere von Bronnens *Vatermord* an den Kammerspielen, möchte B seinen Freund in Augsburg unterbringen. Aber Bronnen meint, Marianne Zoff habe gefürchtet, »es möge in Augsburg eine Nebenbuhlerin auf den Geliebten warten« *(Bronnen 1,61)*. Hinzu kommt ihre Eifersucht auf Bs enge freundschaftliche Bindung mit Bronnen. In dieser Situation nimmt B seine Einladung zurück und schreibt Bronnen: »Ich bin erst gestern hierhergerollt, ich kam, unangemeldet, mitten in der Nacht, und sah, daß Maschinengewehre aufgestellt waren. Es herrscht ein aufreizender Ton hier und ich werde nicht lang hier ruhig essen und trinken können.« Er fragt Bronnen, ob er ihm in München eine Wohnung besorgen soll *(Br, 177)*.

Anfang Juni 1922
Zurück in Augsburg

Kurz danach schreibt ihm Oda Weitbrecht, die B nach Augsburg eingeladen hat, daß sie kommen will. Die Misere, in der er sich gerade befindet, schiebt er auf seinen Vater, mit dem er »totalement verkracht« sei, und erwägt für sie eine anderweitige Unterbringung. »Es hat diesen Sommer andauernd in alles hineingeregnet, ich glaube noch lang nicht, daß ich Sie sehen werde. Aber freuen, immerhin, kann ich mich ja.« *(Br, 176.)*

16. Juni, Freitag. B besucht mit Arnolt Bronnen die *Vatermord*-Premiere in den Münchener Kammerspielen (Regie: Otto Falckenberg). Bei der anschließenden Premierenfeier analysiert Bronnen B die bisherigen Inszenierungen seines Stückes. B bringt ihn anschließend für ein paar Tage in dem kleinen Münchener Zimmer Caspar Nehers unter. Hanns Otto Münsterer ist verbittert, daß ihn B nicht mehr in seinen Freundeskreis einbezieht; er notiert: »Sobald er bessere Freunde hat, schmeißt er die alten weg.« *(SBM.)*

23. Juni, Freitag. Lion Feuchtwanger berichtet bei einem Treffen mit B, Neher und Bronnen von nationalsozialistischen Jugendgruppen, die seit Tagen an seinem Haus vorbeiziehen und antisemitische Losungen ausrufen. Er befürchtet, nicht mehr lange in München bleiben zu können.

Otto Falckenberg von den Münchener Kammerspielen will im Herbst *Trommeln in der Nacht (1,175-232)* uraufführen.

Ende Juni. B schreibt an Oda Weitbrecht, daß er an Geldnot leidet, und fragt sie, ob Hermann Kasack etwas tun könne, so daß B der Kleist-Preis verliehen werde, was ihn

»über Wasser höbe«. Sie könne »einen Kuß dafür haben, unter Umständen«. Die *Hauspostille* verspricht er der Kiepenheuer-Angestellten für »Mitte der nächsten Woche«, sie sei komplett. »Es wäre wunderbar, wenn Sie mal kämen, es ist eine gute Stadt mit Wasser und Späßen und einem waagerechten Mann im 2. Stock eines Hauses in der Bleichstraße.« *(Br, 178.)*

Der Regisseur Erich Engel und der Dramaturg Jacob Geis setzen durch, daß das Residenz-Theater München mit Brecht einen Vertrag über die Uraufführung von *Im Dikkicht* abschließt.

Herstellung einer Spielfassung von *Trommeln in der Nacht*

2. Juli, Sonntag. Hanns Otto Münsterer notiert, daß B und Neher bei ihm in Pasing sind: »Neher skizziert mich und meine Tochter, die es natürlich gar nicht gibt [...]. Auch ein Szenenentwurf zu den *Trommeln*, der sich in meiner Sammlung erhalten hat, dürfte aus jenen Tagen stammen.« *(Münsterer, 177.)* Die Überarbeitung von *Trommeln in der Nacht*, die B (im Juli/August) vornimmt, führt zu der Fassung der Uraufführung.

Juli. B schreibt an Oda Weitbrecht: »ich rauche zu viel und schreibe zu wenig und kann nicht zu Streich kommen mit den Bargangeschichten, es ist auch so gottverflucht langweilig, 200 Seiten!« *(Br, 180.)* Nach dem Erfolg von *Bargan läßt es sein* (→September 21) plant B weitere Geschichten, schreibt *Bargans Jugend (19,174-177)* sowie *Larrys Mama* (nur in Notizen überliefert).

Ende Juli. Im Kiepenheuer Verlag werden (durch die fortschreitende Inflation) reduzierte Produktionspläne festgelegt. Von B sollen herauskommen von der *Hauspostille*: statt 2000 nur 1500 Exemplare, von *Baal*: statt 2000 nur 800, von *Im Dickicht*: statt 2000 nur 1500.

Anfang August. *Baal* liegt druckfertig im Kiepenheuer Verlag.

15. August, Dienstag. Gustav Kiepenheuer schreibt an Hermann Kasack, daß wegen der Auflagenhöhe der Brecht-Titel Rücksprache genommen werden muß mit dem Buchvertrieb. *(Berger, 14.)*

29. August-28. September 1922
Proben zu *Trommeln in der Nacht*, Münchener Kammerspiele

29. August, Dienstag. Hanns Otto Münsterer notiert: »Am 29. August ruft mich eine Karte Brechts in die Leopoldstraße. Er plant eine Komödie *Klamauk* und arbeitet am *Hannibal*, zu dem ihn schon früher die Aufführung des gleichnamigen Grabbeschen Stücks unter Steinrück angeregt hatte. [...] In diesen Tagen beginnen auch die Proben der *Trommeln*.« *(Münsterer, 177f.)*

Ende August. B erreicht, daß Marianne Zoff seinen und Paula Banholzers Sohn Frank, der bis dahin in Kimratshofen in Pflege ist, eine Zeitlang zu sich nimmt. Inzwischen hat sich bei Marianne Zoff eine Schwangerschaft bestätigt. B nennt das Ungeborene in seinen Briefen »Hannepeter«. Er habe die »Geschichte von *Jarrys Mamma* fertig, und den 1. Akt *Gösta*« *(Br, 185)*.

Anfang September. Bronnen hat B versprochen, sich in Berlin um eine gemeinsame Wohnung zu kümmern. Er teilt B mit, daß die Wohnung des Theaterkritikers Franz Servaes zeitweilig zur Verfügung steht. B antwortet ihm: »Aber natürlich brauche ich die Wohnung und sie muß warm sein. / Es genügt übrigens für den 15. Ich komme wohl früher, kann aber so lang woanders kampieren. / Wirf doch eigenhändig die Servaeswanzen aus den Kammern.« B seinerseits bemüht sich um eine gemeinsame Wohnung in München für Januar und Februar *(Br, 186)*.

In einem (im Sommer geschriebenen) Brief an Marianne Zoff schreibt B: »Ich sitze immer in meiner Kammer und arbeite – an der *Postille*, die schwierig ist, und dem *Gösta* und mit George an einer neuen Komödie; es ist gut, daß es regnet.« Er bedauert, daß er sich am »Freitag nicht beherrscht« und »wahrscheinlich viel Unsinn [...] hingequatscht« hat *(Br, 183)*.

5. September, Dienstag. Als ersten Text einer Serie *Deutsche Dichter über den Film* veröffentlicht der *BBC* Bs Ausführungen über Hindernisse, die einer »Beteiligung am Filmmanuskript« entgegenstehen: »Es gibt wirksame Filme, die auch auf Leute wirken, die sie für Kitsch halten, aber wirksame Filme, die von Leuten stammen, die sie für Kitsch halten, gibt es nicht.« *(21,100.)*

Mitte September. B will die Schauspielerin Annemarie Hase, die zu dieser Zeit an der Wilden Bühne in Berlin engagiert ist, in seiner Revue *Die rote Zibebe* besetzen und bittet Trude Hesterberg um Urlaub für sie (→ 30. 9.).

Herbert Jhering bittet B um ein Exemplar von *Trommeln in der Nacht*. Da B keines mehr besitzt, veranlaßt er die Zusendung über den Drei Masken Verlag.

20. September, Mittwoch. Hanns Otto Münsterer notiert, daß er viel mit B zusammen ist und mit ihm über *Trommeln in der Nacht* spricht *(SBM)*.

22. September, Freitag. B hat vom Drei Masken Verlag erfahren, daß das Berliner Lessing-Theater Interesse an einer Inszenierung von *Trommeln in der Nacht* hat. Er schreibt deshalb an den Dramaturgen des Theaters, Julius Berstl, daß das Stück während der Proben in den Münchener Kammerspielen »ziemlich vervollständigt, auch mit Strichen versehen« worden sei. B ist daran interessiert, in Berlin die Rolle des Kragler seinem Freund Alexander Granach und die Rolle der Anne Blandine Ebinger zu übertragen *(Br, 190)*. (Das Projekt kommt am Lessing-Theater nicht zustande.) Bei Herbert Jhering bedankt sich B für dessen

29. September 1922
Erste Aufführung eines Brecht-Stückes: Uraufführung *Trommeln in der Nacht*, Münchener Kammerspiele
Von den vielen deutschen Revolutionsstücken ist dies das einzige, das dichterisch bleibt. [...] Und der stärkste Grund, Otto Falckenberg und die Münchener Kammerspiele zu loben, die mit der Uraufführung Bert Brechts mehr für das deutsche Drama getan haben als in der letzten Zeit Berlin mit allen seinen Theatern zusammen. *(Herbert Jhering, BBC, 2. 10.)*

Der vierundzwanzigjährige Dichter Bert Brecht hat über Nacht das dichterische Antlitz Deutschlands verändert. Mit Bert Brecht ist ein neuer Ton, eine neue Melodie, eine neue Vision in der Zeit. [...] Das Geniezeichen Brechts ist, daß mit seinen Dramen eine neue künstlerische Totalität da ist, mit eigenen Gesetzen, mit eigener Dramaturgie. *(Herbert Jhering, BBC, 5. 10.)*

30. September 1922
Uraufführung der Revue *Die rote Zibebe* in den Kammerspielen München

Die rote Zibebe heißt, wild und süß, eine Schnapskneipe in *Trommeln in der Nacht* und so hieß auch das Kabarett, das die Kammerspiele als Nachtvorstellung am Samstag veranstalteten. Zuerst war da ein Abnormitätenkabinett, dessen einzelne

Notiz im *BBC*, die ihm das Interesse des Lessing-Theaters an der Aufführung eingebracht hat. Er bittet Jhering, zur Uraufführung des Stücks (am 29. 9.) nach München zu kommen. »Ich weiß genau, was ich Ihnen damit zumute, aber es hängt davon für mich außerordentlich viel ab. Seit Berlin nichts mehr wagt, ist es verdammt schwer, wesentliche Kritik zu einer Zeit zu hören, wo man sie am nötigsten braucht.« *(Br, 189.)*

29. September, Freitag. Uraufführung von *Trommeln in der Nacht* an den Münchener Kammerspielen; Regie: Otto Falckenberg, Bühnenbild: Otto Reigbert; mit Erwin Faber (Kragler), Felix Gluth (Balicke), Wilhelmine They (Anna), Hans Leibelt (Murk), Kurt Horwitz (Picadilly-Manke), Maria Koppenhöfer (Zeitungsfrau), Annemarie Hase (Marie). Bis zum 20. 1. 1923 finden 16 normale Aufführungen, fünf literarische Nachtvorstellungen und ein Gastspiel am Stadttheater Augsburg (→ 13. 12.) statt. Aus Berlin kommt zur Premiere Herbert Jhering, aus Augsburg reisen Paula Banholzer sowie Walter und Bs Vater mit der Hausdame Marie Roecker an. Die Premierenfeier findet im Münchener Hotel Wolf statt.

B beschreibt (für die Buchausgabe) in einer *Glosse für die Bühne* die Aufführung: »Dieses Drama wurde in München vor folgenden Kulissen gespielt: Hinter den etwa zwei Meter hohen Pappschirmen, die Zimmerwände darstellten, war die große Stadt in kindlicher Weise aufgemalt. Jeweils einige Sekunden vor dem Auftauchen Kraglers glühte der Mond rot auf. Die Geräusche wurden dünn angedeutet, die Marseillaise wurde im letzten Akt durch ein Grammophon gespielt. [...] Es empfiehlt sich, im Zuschauerraum einige Plakate mit Sprüchen wie: ›Jeder Mann ist der beste in seiner Haut‹ und ›Glotzt nicht so romantisch‹ aufzuhängen.« *(1,176.)*

30. September, Sonnabend. Uraufführung der Revue *Die rote Zibebe*, »Improvisationen in 2 Bildern von Bert Brecht und Karl Valentin« im Rahmen des Mitternachtstheaters der Münchener Kammerspiele mit Liedern und Gedichten von B, Klabund und Joachim Ringelnatz, dargeboten von Kurt Horwitz, Valeska Gert, Annemarie Hase u. a., B tritt als »Klampfenbenke« auf, Ringelnatz liest sein *Kuddel Daddeldu*. Im zweiten Teil spielen Karl Valentin, Liesl Karlstadt und Josef Eichheim den Sketch *Weihnachtsabend (→ Christbaumbrettl; Oktober 23).*

September. Im Kiepenheuer-Verlagsprospekt *Die Neuen Werke, Herbst 1922* wird Bs *Baal* angekündigt: »Mit Bertolt Brecht kommt ein originaler junger Dichter zu Worte, von einer Jugend, deren Modernität nicht Chaos, sondern Gestaltung ist.«

Anfang Oktober. Die Blätter der Münchener Kammerspiele, *Das Programm* (hg. v. Otto Falckenberg, Schriftleitung: Otto Zarek), erscheinen als »Bert Brecht-Sondernummer« mit dem Erstdruck von drei Szenen aus *Baal*, der *Ballade von den Seeräubern (11,85-89)* sowie dem Text *Karl Valentin (21,101)*. In seinem Aufsatz *Bertolt Brecht* stellt Lion Feuchtwanger dessen erste drei Dramen vor und kommt zu dem Resümee: »Bertolt Brechts Dramen sind von einer beseelten Sachlichkeit, die ohne Beispiel ist in der deutschen Dichtung.«

2. Oktober, Montag. Der *BBC* bringt unter der Überschrift *Eine literarische Sensationspremiere* eine begeisterte Notiz Herbert Jherings über die Uraufführung (→ 30. 9.).

Nach Hanns Otto Münsterer, der die Uraufführung des Stückes besucht hat, seien alle Probenergebnisse »unter den Tisch befördert« worden und die Münchener Kritiken »saudumm«. Für B und Faber aber bedeute die Premiere einen »beträchtlichen Erfolg«, wohingegen *Die rote Zibebe* »durch ihre allzu gehäuften Vorträge sehr langweilig« gewirkt hätte *(SBM)*.

Die von B aufgesetzte Todesanzeige für Karl Banholzer, den Vater von Paula, erscheint in den Augsburger Zeitungen: »Samstag abend verstarb nach langem Leiden, mein lieber Mann, unser guter Vater.« Paulas Mutter findet nachträglich den Text »zu karg«; sie meint, die Leute glaubten nun, daß sie eine schlechte Ehe geführt hätten. Auch mißfällt ihr Bs Auswahl des Ortes für die Grabstätte. (Sie läßt den Leichnam später umbetten.)

3. Oktober, Dienstag. Beerdigung des Vaters von Paula Banholzer auf dem Westfriedhof.

3.-8. Oktober, Dienstag bis Sonntag. B arbeitet in dieser Zeit in Augsburg mit Erich Engel (vermutlich an Filmskripten).

4. Oktober, Mittwoch. Felix Holländer vom Deutschen Theater Berlin telegrafiert, daß ihn Bs Dramen »leidenschaftlich bewegt« hätten, und bittet »herzlichst, Ihre Dichtungen *Baal*, *Trommeln*, *Dickicht* dem Deutschen Theater zu überlassen, zumal Verlag bereits einverstanden« *(911/111)*. Ein Telegramm mit der gleichen Mitteilung sendet auch der Kiepenheuer Verlag und stellt eine sofortige Garantiezahlung des Theaters von 30000 Mark für *Baal* in Aussicht *(911/112)*. B erklärt sein Einverständnis, wenn Eugen Klöpfer die Titelrolle spielt und die Aufführung noch 1922 stattfindet *(Br, 192)*.

Marieluise Fleißer (→ 13. 10. 19), die mit Lion Feuchtwanger über B gesprochen hat, beschreibt ihren Eindruck von *Trommeln in der Nacht*: »Seinen Geniestreich, den *Baal*, hatte ich in meinen vier Wänden gelesen, Herzklopfen hatte

Nummern sich mehr bemühten, für sich allein abnorm, als zusammen mit den andern kurzweilig zu wirken. Joachim Ringelnatz, der gespritzte und gequirlte Kreuz- und Querdichter, rief sogar die Entrüstung einiger unvorbereiteter Besucher hervor. Was sonst sich tat, war nicht weiter auf- und anregend. Besonders nicht der Kanailletanz Valeska Gerts mit Harmoniumbegleitung (!?) Das war vielleicht die größte Abnormität des Abends. *(hs., Telegramm-Zeitung, München, 2. 10.)*

Beginn der Zusammenarbeit mit Erich Engel

Der (am 14. 2. 1891 in Hamburg geborene) Erich Engel studiert an der Hamburger Schauspielschule Leopold Jessners. 1918-1921 arbeitet er als Regisseur an den Hamburger Kammerspielen und wird dann nach München engagiert. Von nun an kommt es zwischen Engel und B (mit einer größeren Unterbrechung von 1929 bis 1948) zu einer produktiven Zusammenarbeit bis zu Bs Tod (letzte Arbeit → 3. 4. 56).

Die Inflation weitet sich aus

Notenwert am 4. 10.:

30000 Mark = 1836,77 $

ich über dem Stück, und als ich die *Trommeln* leibhaftig auf der Bühne sah, war es um mich geschehen. Stundenlang lief ich nach dem Theater in der regennassen Oktoberluft herum und wußte, von diesem Dichter komme ich nicht los, der hat was für mich, der gräbt um mich, an dem komme ich im Leben nicht vorbei.« *(Fleißer 2,298.)*

5. Oktober, Donnerstag. B bedankt sich für Arnolt Bronnens Glückwunschtelegramm und berichtet über die Münchener Premiere von *Trommeln in der Nacht.* »Ich bin nur mehr Haut und Haar.« B kündigt seinen Besuch in Berlin an. »Es ist gut, daß Du eine Wohnung hast, ist es auch warm dort? / Die Füße untern Tisch und den Tabak in die Nase und eine freche Fotze geführt.« Er bittet ihn, Eugen Klöpfer »Feuer unter den Arsch« zu machen, weil er B in Anwesenheit von Bronnen die Übernahme der Rolle (Baal) zugesagt hat, nun aber zurücktreten will (»ein verdammter Wortbruch, Desertion vor dem Feind«). »Ich bringe einen Lampion mit in die Aussteuer, die Gitarre, die Schreibmaschine.« *(Br, 192.)* Aus dem Plan, eine gemeinsame Wohnung zu beziehen, wird nichts; Bronnen schreibt: »Ich zog mit Caspar Neher zusammen. Über uns beide brandeten die Wogen der Inflation. Unser Einkommen schrumpfte von Monat zu Monat, dann von Woche zu Woche; schon war die Zeit vorauszusehen, da es von Stunde zu Stunde schrumpfen sollte. Meist war der Topf mit dünnem Tee und ein Margarine-Brot unsere Hauptmahlzeit.« *(Bronnen 2,135.)*

7. Oktober, Sonnabend. Im *Tage-Buch* erscheint der Artikel *Bertolt Brecht* von Lion Feuchtwanger. Danach hält er unter den jungen Dichtern B für »am meisten reich, schöpferisch, repräsentativ«. Ihm erscheine die äußere Struktur seiner Dramen nicht provokatorisch revolutionär. »Es ist bei aller Wildheit der Stücke kein Geschrei darin, keine steile Geste, nichts Plakathaftes. Das Wesentliche ist nicht auf primitive Manier einfach durch Weglassung des weniger Wesentlichen plakatiert, die Formel für Brechts Technik findet man vielmehr vielleicht am besten in einem gewissen Hell-Dunkel: das Wesentliche hebt sich aus dem braungoldenen Schatten des minder Wesentlichen ins Licht, seine Wirkung erst erreichend durch die erregend dunkle Tönung des Hintergrunds. Es ist dem Dichter die Idee weniger wichtig als die Kurve, die Stelle, an der eine Situation steht, wichtiger als die Klarheit der Gesamthandlung, die Tönung der Aktion wichtiger als ihre äußere Logik.« Feuchtwanger stellt die Stücke *Trommeln in der Nacht*, *Baal* und *Im Dikkicht* vor.

9.-13. Oktober 1922
Dritte Reise nach Berlin

8./9. Oktober, Sonntag/Montag. B fährt mit dem Nachtzug nach Berlin und verhandelt mit dem Deutschen Theater über Aufführungen von *Baal* und *Hannibal.* Bronnen reist gleichzeitig nach Augsburg und wird von Bs Vater ein paar Tage in der Mansarde untergebracht; dann fährt er nach Berlin zurück und verfehlt B, der (am 13. 10.) wieder nach München abfährt, erneut. »Es war eine perfekte Anti-Verabredung, arrangiert von Mephistopheles.« *(Bronnen 1,93.)*

14. Oktober, Sonnabend. Der *BBC* meldet: »Zwischen Direktor Felix Holländer und Bertolt Brecht ist eine Vereinbarung getroffen worden, daß die gesamte Produktion Brechts auf den Bühnen des Deutschen Theaters (Berlin) zur Darstellung gelangen« wird, zuerst die Dramen *Trommeln in der Nacht*, *Baal* und *Im Dickicht*.

Mitte Oktober. Bs Stück *Baal* erscheint im Kiepenheuer Verlag (Auflage: 800 Exemplare). Das erste Exemplar widmet B seinem Verleger: »Mit unsrer zarten Freundschaft G.K. Bert Brecht«.

B schreibt an Herbert Jhering, er habe sich zuerst »noch in München herumgetrieben in einer Hundekälte« und sitze nun wieder in seinem »Kraal«. Er schreibt derzeit an *Hannibal* und beabsichtigt, das Stück auch selber zu inszenieren, »denn immer kann das mit dieser Art Spielen nicht weitergehen. [...] Ich habe mir Ihr Gesicht aus all dem Trubel gerettet.« *(Br, 196.)*

B teilt Marianne Zoff mit, daß er »sehr umgetrieben« wird und jetzt doch die »Dramaturgenstelle« an den Kammerspielen München annimmt. »Wenn Du nur ›durchhalten‹ könntest! Meinst Du, ich werd Hannepeter je hergeben? Sei noch einmal gut, liebe Marianne! Du hast versprochen, Du tust nichts, vor wir nicht redeten.« *(Br, 194.)*

In einem weiteren Brief an Marianne Zoff erkundigt sich B: »Wie ist es mit der Wohnung? Ich will aber unter keinen Umständen, daß Du zu viel herumläufst.« Er merke jetzt, nach seiner »Flucht« aus München, wie »knockout« er ist. »Ich werde viel Arbeit haben und doch frisch sein müssen, ich denke, Du hast begriffen, daß mein verfolgungswahnähnlicher Ausbruch neulich, diese Demonstration zugunsten meiner Gesundheit selber ein Ausfluß (und Beweis) meiner Krankheit war, ich wollte, ich hätte ausgehalten, bis Du selbst wieder im Besitz Deiner gesamten Vitalität bist, aber seit einem halben Jahr unablässig an allen Pumpen, pfeifend aus allen Ventilen, mit sämtlichen Notflaggen am Mast etwas lächerlich und nicht erfreulich, bin ich eben jetzt nicht besonders weitsichtig.« *(Br, 195.)* Beide kommen überein zu heiraten (→ 3. 11.).

15. Oktober, Sonntag. Die *MAAZ* meldet, daß B als Erster Dramaturg und Regisseur an die Münchener Kammerspiele verpflichtet worden ist. (Otto Zarek arbeitet als dramaturgischer Beirat von Berlin aus weiterhin mit.)

Erstdruck *Baal*

1953 schreibt B rückblickend über *Baal*:

Das Stück *Baal* mag denen, die nicht gelernt haben, dialektisch zu denken, allerhand Schwierigkeiten bereiten. Sie werden darin kaum etwas anderes als die Verherrlichung nackter Ichsucht erblicken. Jedoch setzt sich hier ein »Ich« gegen die Zumutungen und Entmutigungen einer Welt, die nicht eine ausnutzbare, sondern nur eine ausbeutbare Produktivität anerkennt. Es ist nicht zu sagen, wie Baal sich zu einer Verwertung seiner Talente stellen würde; er wehrt sich gegen ihre Verwurstung. Die Lebenskunst Baals teilt das Geschick aller andern Künste im Kapitalismus: sie wird befehdet. Er ist asozial, aber in einer asozialen Gesellschaft. *(23,241.)*

Ich habe das Licht der Welt im Jahr 1898 erblickt. Meine Eltern sind Schwarzwalder. Die Volksschule langweilte mich vier Jahre. Während meines neunjährigen Eingeweckt-seins in einem Augsburger Realgymnasium gelang es mir nicht, meine Lehrer wesentlich zu fördern. Mein Sinn für Muße und Unabhängigkeit wurde von ihnen unermüdlich hervorgehoben. Auf der Universität hörte ich Medizin und lernte das Gitarrespielen. In der Gymnasiumszeit hatte ich mir durch allerlei Sport einen Herzschock geholt, der mich mit den Geheimnissen der Metaphysik bekannt machte. Während der Revolution war ich als Mediziner an einem Lazarett. Danach schrieb ich einige Theaterstücke, und im Frühjahr dieses Jahres wurde ich wegen Unterernährung in die Charité eingeliefert. Arnolt Bronnen konnte mir mit seinen Einkünften als Kommis nicht entscheidend unter die Arme greifen. Nach 24 Jahren Licht der Welt bin ich etwas mager geworden.« *(Br, 197.)*

17. Oktober, Dienstag. Herbert Jhering bittet (für die Verleihung des Kleist-Preises) um die Zusendung einiger Lebensdaten. Auf Jherings Feststellung, daß in Berlin »eine große Brechthausse ausgebrochen« sei, antwortet B: »Ich bin nämlich überzeugt, daß die Brechthausse ebenso auf einem Mißverständnis beruht wie die Brechtbaisse, die ihr folgen wird. Inzwischen liege ich ziemlich ruhig in der Horizontalen, rauche und verhalte mich ruhig.« *(Br, 197.)*

22. Oktober, Sonntag. B arbeitet an *Hannibal.* Einem Brief an Arnolt Bronnen stellt er die Verse *An meiner Wiege (13,242f.)* voran, fragt ihn, was in *Hannibal* »drin sein muß«, und bittet um einen Abzug von dessen Drama *Verrat (Br, 198).*

23. Oktober, Montag. Dem Brief an Bronnen vom Vortag zufolge redet B (vermutlich in einer Diskussion) mit »Teufelszungen und Erzgurgel« über »das Lustspiel« *(Br, 198).*

3. November 1922
Hochzeit mit Marianne Zoff

Aufgebotsverzeichnis Nr. 1862: »Vor dem unterzeichneten Standesbeamten erschienen heute zum Zwecke der Eheschließung:
1. der Bühnenschriftsteller Eugen Bertold Friedrich Brecht, der Persönlichkeit nach auf Grund der Aufgebotsverhandlungen anerkannt, geboren am 10. Februar 1898 zu Augsburg, Geburtsregister Nr. 325 des Standesamts in Augsburg, wohnhaft München, Georgenstraße 24,
2. die Opernsängerin Marianne Josefine Zoff, der Persönlichkeit nach wie oben anerkannt, geboren am 30. Juni 1893 zu Hainfeld in Niederösterreich, Taufmatrikel des katholischen Pfarramtes in Hainfeld, Band IV, Seite 354, wohnhaft in München, Ohmstraße 3.
Als Zeugen waren zugezogen und erschienen:
3. der Schriftsteller, Doktor der Philosophie, Lion Feuchtwanger, der Persönlichkeit nach: aufgrund seines Reisepasses anerkannt, 38 Jahre alt, wohnhaft in München, Georgenstr. 24,
4. der Studierende der Medizin Otto Müller-Eisert, der Persönlichkeit nach: aufgrund seiner Heirats-

3. November, Freitag. Hochzeit Bs mit Marianne Zoff in München. Laut Personalbogen (Abmeldung am 6./7. 10. von Leopoldstr. 52a bei Schlinkert) hat B offiziell die erste Zeit in Augsburg gewohnt. Marianne Brecht erinnert sich: »Es war eine stille, kleine Hochzeit. [...] Wir hatten zwei Zimmer in der Akademiestraße, ein paar Möbel und eine ungewisse Zukunft. Trotz des ersten Erfolges von *Trommeln in der Nacht* verfiel Brecht jetzt immer wieder in Depressionen. ›Wir werden verhungern, unser Kind wird nichts zu essen haben, alles braucht so viel Zeit, nichts geht voran‹, sagte er. Er war ungeduldig, besonders weil er den süßen Geschmack des allerersten Erfolges kennengelernt hatte.« *(Eser, 171.)*

4. November, Sonnabend. Im *Tage-Buch* geben Stefan Großmann, Hans Kyser, Alfred Polgar und Richard Oswald das Ergebnis des Film-Preisausschreibens bekannt (→4. 2.): Nach dem Urteil der Prüfungskommission hat keines der Manuskripte »die bedingungslose Zustimmung aller Preisrichter gefunden«. Dennoch habe »die Fülle der beachtenswerten und geistvollen Manuskripte überrascht«. Vier der eingereichten Arbeiten hätten »Anspruch auf besondere Würdigung« und werden mit »Trostpreisen von je 50000 Mark« bedacht, darunter auch: »Arnolt Bronnen, Berlin, und Bert Brecht, Augsburg. (Kennwort: Gauguin. Filmtitel: *Robinsonade auf Assuncion.*)« Erstdruck am →26. 11. (50000 Mark am 4. 11. = 729,29 $.)

10. November, Freitag. Der Vorsitzende der Kleist-Stiftung, der Journalist Fritz Engel (vom *Berliner Tageblatt*), teilt B offiziell mit, daß ihm der diesjährige Kleist-Preis (in Höhe von 10000 Mark) von dem Vertrauensmann Herbert Jhering zuerkannt worden ist. Wie er erfahren hat, hält sich B derzeit in Berlin auf, und er bittet ihn zu sich.

Außer B waren für den Preis vorgeschlagen von Monty Jacobs: Paul Baudisch und Alfred Brust; von Julius Bab: Beson (München), Friedrich Griese, Inge von Holtzendorff, Leo Weismantel, Josef Winckler; von Herbert Jhering: Arnolt Bronnen; von Julius Bab und Fritz Engel: Joachim von der Goltz.

urkunde anerkannt, 22 Jahre alt, wohnhaft in München, Sendlingertorplatz 11.«

13. November, Montag. Herbert Jhering gibt im *BBC* die Verleihung des Kleist-Preises an B für seine Stücke *Trommeln in der Nacht*, *Baal* und *Im Dickicht* bekannt. In seiner Begründung heißt es u. a.: »Brecht gestaltet den Menschen in der Wirkung auf den andern Menschen und vermeidet deshalb auf der einen Seite die lyrische Deklamation, auf der anderen die isolierende Einzelcharakteristik. Brecht gewinnt die geistigen Hintergründe und Perspektiven allein aus der szenischen Anschauung.« Die Zeitung druckt in der gleichen Ausgabe die erste Szene von Bs *Hannibal* ab *(10,239-270)*. In einem Vorspann heißt es, das Stück sei »durch die räumlichen und akustischen Bedingungen des Großen Schauspielhauses angeregt« worden.

Verleihung des Kleist-Preises 1922
Notenwert am 10. 11.:
10 000 Mark = 132,35 $

Wegen der Auszeichnung Bs druckt der Kiepenheuer Verlag eine zweite Ausgabe von *Baal* in höherer Auflage.

14. November, Dienstag. Brecht fährt nach Berlin.

14. November-21. Dezember 1922
Vierte Reise nach Berlin

15. November, Mittwoch. Nach der Entgegennahme des Preises besucht B Proben zu *Trommeln in der Nacht*, die am Deutschen Theater unter der Regie Otto Falckenbergs begonnen haben. In einer kleineren Rolle wirkt die aus Wien stammende Helene Weigel mit. – B wohnt zunächst bei Frank Warschauer. Er trifft sich mit Dora Mannheim (→ Februar 20) und bittet sie, für ihn Schreibarbeiten zu übernehmen. Auf ihren Wunsch nimmt er sie mit auf eine Probe ins Deutsche Theater.

Teilnahme an Proben zu *Trommeln in der Nacht*

Verleihung des Kleistpreises an Berthold Brecht.

Ehrende Erwähnungen von Ernst Barlach, Ernst Weiß, Uli Klimsch.

Der Vertrauensmann der Kleiststiftung, Herbert Jhering, hat den Kleistpreis dieses Jahres Berthold Brecht für seine drei Dramen „Trommeln in der Nacht", „Baal" und „Im Dickicht" zuerkannt. Er hat ferner drei ehrende Erwähnungen ausgesprochen und zwar für Ernst Barlach mit seinen Dramen „Der arme Vetter", „Die echten Sedemunds" und „Der tote Tag", ferner Ernst Weiß mit seinem Drama „Olympia" und Uli Klimsch für sein Trauerspiel „Der Toten Heimkehr". Herbert Jhering begründet sein Urteil wie folgt: „Berthold Brecht wurde 1898 geboren. Als Zwanzigjähriger schrieb er das Revolutionsdrama „Trommeln in der Nacht", das die Stücke seiner Generationsgenossen schon dadurch übertrifft, daß die Revolution hier nicht herausspringende Tendenz, sondern Hintergrund für eine menschliche Handlung geworden ist. Wenn Brecht im ersten Akt noch manchmal in einer typisierenden Charakteristik befangen zu sein scheint (Sternheim, Kaiser), so kündigt sich sein Aufstieg schon darin an, wie er noch innerhalb dieses Dramas die Typisierung überwindet und in eine individuelle, sprachlich sinnbildliche, szenentragende Charakteristik hineinsteigert. — Brechts sprachliche Kraft entfaltet sich noch reicher im „Baal" und in dem Drama „Im Dickicht". Diese Sprache ist bildhaft ohne poetische Absicht, symbolisch ohne literarisierende Bedeutung. Brecht ist Dramatiker, weil seine Sprache zugleich körperlich und räumlich empfunden ist. Brecht gestaltet den Menschen in der Wirkung auf den andern Menschen und vermeidet deshalb auf der einen Seite die lyrische Deklamation, auf der anderen die isolierende Einzelcharakteristik. Brecht gewinnt die geistigen Hintergründe und Perspektiven allein aus der szenischen Anschauung. Nach-

Während der Proben schreibt B den Text *Zu den »Trommeln«* *(24,14f.)*.

18. November, Sonnabend. An seine Frau schreibt er (vermutlich an diesem Tage) aus der »Stadtbahn / Zoo-Lehrter / Nachts 1/2 1 Uhr / Samstag«: »Ich habe 8-9 Stunden Proben im Tag, Intrigen, Geschäfte, Wege, Boxkämpfe usw. und ich bin doch ganz nah bei Dir und habe das Gefühl von Dir und lege Dich zu Bett abends.« *(Br, 199.)* Einige der Proben sieht sich Max Reinhardt an, ohne sich einzumischen. Arnolt Bronnen schreibt: »Brecht war zu den Proben gekommen, nicht in guter Stimmung. Er hatte gewußt, daß Falckenberg zu sacht für Berlin sein würde, zu leise und zu langsam. Er hatte wenig Zuversicht, wenn er bei den Proben im Deutschen Theater Falckenbergs Bemühungen verfolgte. Er griff mehrmals ein, kletterte auf die Bühne, sprach vor, akzentuierte; die Schauspieler hörten es nicht gern.« *(Bronnen 1, 102.)*

20. November, Montag. Etwa in dieser Zeit berichtet B seiner Frau aus Berlin: »Hier ist es ein Höllenlärm. Grau, laut, sauer. In etwa zwei Wochen ist die Premiere, willst Du kommen? Ich schreibe Dir noch, ob sie gut wird. Es gibt Krach über Krach. Abends sinke ich, nach 14 Stunden Arbeit, tot ins Bett (ich wohne immer noch bei Franz [Frank Warschauer] – bis Montag! Sie sorgen so sehr nett für mich). Wie viele Abortwände es hier gibt! / Arnolt [Bronnen] treffe ich nicht sehr oft, Gerda Müller fast nie, Warschauers nur morgens.« *(Br, 200.)*

21. November, Dienstag. B teilt Marianne Brecht seine neue Adresse (Pension Ernst, Charlottenburg, Dahlmannstr. 2) mit. »Habe schrecklich Arbeit mit Granach und Ebinger usw. Komme nirgends hin, bin aber gesund. Wenn Du gesund bist (*ganz* gesund und Hannepeter), mußt Du zur Premiere kommen. In etwa 12 Tagen!« *(Br, 201.)* Für Blandine Ebinger, die in *Trommeln in der Nacht* die Anna spielt, schreibt er vermutlich in dieser Zeit *Kouplets für Blandy (13,258f.)*.

22. November, Mittwoch. »Heute ist hier Bußtag, alles geschlossen, totenstill, ich habe geraucht, gegessen, geschlafen, jetzt soll dann Jhering kommen [...]« *(Br, 202)*.

25. November, Sonnabend. *Das Tage-Buch* stellt B seinen Lesern als den »Träger des Kleist-Preises« vor mit dem Erstdruck der Gedichte *Ballade von der alten Frau (13,257)* und *Über den richtigen Genuß von Spirituosen (13,259f.)*. Jacob Geis vom Münchener Residenz-Theater erbittet von Caspar Neher »umgehend« dessen Entwürfe zu *Dickicht* zurück, »da wir sie zur Einstudierung benötigen« *(ÖNB)*.

26. November, Sonntag. Bs und Bronnens *Robinsonade auf Assuncion. Filmspiel in 5 Akten (19,169-174)* wird im *BBC* als »preisgekrönte Filmfabel« (→ 24. 8.) vorgestellt und abgedruckt. Der Stoff wird 1923 verfilmt (→ 8. 12. 23).

Notenwert am 26. 11.: 2000 Mark = 14,94 $

In Berlin beginnt ein Schauspielerstreik wegen der wirtschaftlichen Situation. Insbesondere müsse in einer Zeit, in der ein Brot »in absehbarer Zeit 2000 Mark« kostet, den minderbemittelten Künstlern 1000 Mark pro Tag ausbezahlt werden *(MAAZ, 28. 11.)*. Der Streik verzögert den Probenfortgang von *Trommeln in der Nacht*.

Ende November. B kündigt seiner Frau an: »Die Premiere ist *Dienstag, 5. Dezember*, aber fast sicher später, da jetzt gestreikt wird.« Er bittet sie, wenn es ihr nicht schadet, nach Berlin zu kommen. »Du darfst nur nicht ungeduldig sein, wenn ich die letzten Probentage fast nicht daheim bin, nicht? Ich habe wahnsinnige Arbeit.« *(Br, 204.)*

30. November, Donnerstag. Erstdruck der *Ballade vom ertrunkenen Mädchen* (späterer Titel *Vom ertrunkenen Mädchen, 11,109*) in *Die Weltbühne* (→ 15. 1. 19).

1. Dezember, Freitag. B teilt seiner Frau mit, daß die Proben durch den anhaltenden Schauspielerstreik unterbrochen sind und dadurch der Premierentermin immer noch nicht feststeht. »Wenigstens kann ich so meine Verlagsgeschäfte ordnen! Wenn Du kommst, bring, bitte, meinen Schlafanzug mit! Wie geht es Dir und Hannepeter?« *(Br, 205.)*

Anfang Dezember. Marianne Brecht hält sich wieder bei ihren Eltern in Pichling bei Linz auf. B schreibt ihr: »Ich bin Tag für Tag in Filmateliers mit Engel und Viertel. Der Film in München ist gegründet, ich inszeniere im Mai den *Turm*-Film mit Dir, Kortner, Faber.« *(Br, 206.)* (Die vorgesehene Verfilmung kommt nicht zustande.)

12. Dezember, Dienstag. B schreibt seiner Frau, daß er ihr 30 000 Mark geschickt hat, die sie noch in Empfang nehmen soll, bevor sie nach Berlin kommt. »Die Premiere ist etwa Mitte nächster Woche. Ich habe die Proben gerade allein zu leiten, alle Hände voll usw. Schreibe genau, wann Du kommst, ich freue mich *sehr*, komme jetzt bald, ich sehne mich sehr, es ist zu lang.« *(Br, 207.)*

Notenwert am 12. 12.: 30 000 Mark = 345,25 $

Im Dezember trifft B mehrfach mit Gustav Kiepenheuer und Hermann Kasack zusammen, die ihn drängen, das »Balladenbuch« (*Hauspostille*) fertigzustellen, weil das für ein Jahr vereinbarte monatliche Fixum allein aus den Verkäufen des *Baal* nicht abgedeckt werden kann.

13. Dezember, Mittwoch. Gastspiel der Münchener Kammerspiele mit *Trommeln in der Nacht* im Augsburger Stadttheater (in dieser Vorstellung spielt Christian F. Kayßler die Rolle des Kragler). In der Rezension der *Bayerischen Arbeiterzeitung*, München, vom 23. 12. schreibt Alexander Abusch u. a.: »Bei einem Gastspiel der Münchener Spieler im Augsburger Stadttheater saß die ganze Blase des kleinbürgerlichen Theaterpublikums wie angedonnert vom Inhalt des Brechtschen Stückes. Besonders die Gehirne der tonangebenden Bürger und Bürgerinnen versagten den Dienst ob der ungewohnten Speise.«

20. Dezember, Mittwoch. Premiere von *Trommeln in der Nacht oder Anna, die Soldatenbraut* im Berliner Deutschen Theater; Regie: Otto Falckenberg, Bühnenbild: T.C. Pilartz; mit Alexander Granach (Kragler) und Blandine Ebinger (Anna), Margarete Kupfer (Prostituierte), Paul Graetz (Babusch), Heinrich George (Glubb), Werner Hollmann (Murk).

20. Dezember 1922
Erste Brecht-Aufführung in Berlin
Trommeln in der Nacht oder Anna, Die Soldatenbraut,
Deutsches Theater
Die Sprache wird bei diesem begabten Ragoutkoch ein Sammelsur. *(Alfred Kerr, Berliner Tageblatt, 21. 12.)*

In den *Blättern des Deutschen Theaters* stellt Otto Zarek in seinem Aufsatz *Bert Brecht* vor: »Wenn Brecht sicherlich das stärkste Talent der sprachlichen Formulierung ist, wenn er nach Jahrzehnten wieder als erster eine deutsche *Ballade* gestaltete, wenn er, ohne Primitivität als Programm zu wollen, aus seiner Erdverbundenheit tief aus dem Volkshaften schöpfen konnte, so bestätigt er, daß niemals literarische

Als sie alle mit Dichter und Regisseur wieder und wieder vor den Vorhang gerufen wurden, war der schönste Gewinn des Abends geborgen: die Gewißheit, daß es, nach langem Versiegen, wieder strömt an der

Quelle des jungen deutschen Dramas. *(Monty Jacobs, Vossische Zeitung, 21. 12.)*

Dieser Schluß ist von einer phrasenlosen Kraft und Stärke, die mehr als alles andere für den Autor spricht. Unfertig, unselbständig ist dieses Stück, doch der Erstling eines starken zukunftsträchtigen Talents. *(Julius Bab, Hannoversches Tageblatt, 23. 12.)*

Ein Revolutionsdrama? Nein. Ein etwas höhnisches Volksstück über die deutsche Revolutionshysterie. *(Stefan Großmann, Tage-Buch, 23. 12.)*

Doktrin, daß nur das Schöpferisch-Ursprüngliche fähig ist, eine Richtung, einen Stil, eine Generation durchzusetzen.«

21. Dezember, Donnerstag. Bronnen schreibt: »An dem Abend des Tages, an dem die Kritik von Alfred Kerr im *Berliner Tageblatt* erschien, befand sich Brecht bereits wieder auf der Rückreise nach München. Zwar hatte Kerr nicht umhin können; die Begabung Brechts war unübersehbar geworden. Aber der Star-Kritiker hatte seine Anerkennung mit solcher Geringschätzung serviert, daß sie mehr schadete als der offene Angriff. Brecht hat, zum mindesten in den nächsten zehn Jahren, Alfred Kerr nicht verziehen.« *(Bronnen 1,103 f.)*

25. Dezember, Montag. B verbringt mit seiner Frau Weihnachten in Augsburg. Er schreibt das Gedicht *Maria (13, 243)* und deutet darin die Weihnachtsgeschichte um (1. Strophe: »Die Nacht ihrer ersten Geburt war / Kalt gewesen / In späteren Jahren aber / Vergaß sie gänzlich / Den Frost in den Kummerbalken / Ochsenpissengeruch und rauchenden Ofen / Und das Würgen der Nachgeburt gegen Morgen zu«; *13,488*). B entschuldigt sich in einem Brief bei Alexander Granach, daß er Berlin »plötzlich bis zum Hals« satt gehabt habe und weggefahren sei, er bedankt sich bei ihm für »den Kragler« *(Br, 208)*.

29. Dezember, Freitag. Brecht meldet sich in München (auf die Adresse seiner Frau) als Mieter von Aumer, Ohmstr. 3, Gartenhaus, polizeilich an.

Erstdruck
Trommeln in der Nacht

Dezember. Im Drei Masken Verlag, München, erscheint die Erstausgabe von *Trommeln in der Nacht* mit der Widmung: »Der Bie Banholzer 1918«.

1923

5. Januar, Freitag. Letzte Vorstellung von *Trommeln in der Nacht* in Berlin. Die Inszenierung wird wegen des geringen Erfolgs nach vier Aufführungen (20. u. 22. 12. 22, 3. u. 5. 1. 23) abgesetzt.

Von Jugend an kühn (in meinem dreizehnten Lebensjahr erzielte ich durch Verwegenheit einen nachweisbaren Herzschock) mit dem Theater vertraut, möchte ich Dir vorschlagen, das Stück noch einmal zu bearbeiten, und zwar ganz revolutionär mit Frische. *(Br, 209.)*

12. Januar, Freitag. B teilt Bronnen (aus Augsburg) mit, daß er dessen Stück *Verrat* noch einmal durchgelesen und dazu viele Einfälle hat (später in einer umgearbeiteten Fassung unter dem Titel *Anarchie in Sillian* an der Jungen Bühne im Deutschen Theater am 6. 4. 24 aufgeführt). Er beklagt sich, daß *Trommeln in der Nacht* in Berlin nicht mehr aufgeführt wird und daß der »Verräter« Neher sich noch nicht bindend darüber geäußert hat, ob er das Bühnenbild für die Münchener *Dickicht*-Inszenierung am Residenz-Theater übernehmen wird *(Br, 209)*. Neher hat in Berlin seinen ersten Bühnenbild-Auftrag zu Kleists *Käthchen von Heilbronn* am Staatlichen Schauspielhaus angenommen (Regie: Jürgen Fehling; Premiere: 1. 2.). Arnolt Bronnen bietet sein Stück *Verrat* Leopold Jessner am Staatlichen Schauspielhaus an und kann auch die Besetzung der Hauptrolle mit Gerda Müller durchsetzen. Als er aber B als Regisseur fordert, lehnt Jessner ab. Bronnen sieht u. a. dadurch seine Beziehung zu B gefährdet (»das war die Trennung«) *(Bronnen 1,115)*.

15. Januar, Montag. B fährt zur Vorbereitung der Inszenierung von *Im Dickicht* nach München und arbeitet das Stück in den folgenden Wochen mit Lion Feuchtwanger nochmals durch. Bronnen schreibt: »Der engere und nun mehr ausgewogene Kontakt mit Lion Feuchtwanger half Brecht bei der Ausmeißelung profilierter Züge für die beiden Antagonisten im individualistischen Endkampf dieses aus einer sportlichen Leidenschaft fürs Stückeschreiben geschriebenen Stücks.« *(Bronnen 1,106f.)*

Überarbeitung des Stückes *Im Dickicht* für die Aufführung

23. Januar, Dienstag. Angesichts der Verpflichtung Nehers in Berlin (→ 12. 1.) schreibt B an Bronnen: »Erfolge verändern die Eierstöcke. Die isolierten Erfolge in den großen Städten dauern zwei Winter. Schneide das aus.« *(Br, 210.)*

24. Januar, Mittwoch. Polizeiliche Anmeldung Bs und seiner Frau in der Münchener Akademiestr. 15 (bei Stockmayer). In dieser Zweizimmerwohnung gegenüber der Universität findet das Ehepaar eine Unterkunft, die nach Bronnens Meinung »ebenso für seine bescheidenen wie für Mariannes mäßige Ansprüche zureichte« *(Bronnen 1,118)*.

31. Januar, Mittwoch. Abschluß eines Jahresvertrags zwischen der Filmfirma Kunstproduktionsgesellschaft München (Kupro), Schneckenburger Str. 28, und B über dessen Tätigkeit als Dramaturg und Regisseur (→ März).

31. Januar 1923 Jahresvertrag mit der Filmfirma Kupro

Januar. Gustav Kiepenheuer besucht B in München.

2. Februar, Freitag. Hermann Kasack meldet, daß Caspar Neher nach München kommt und 14 Tage bleiben wird.
Die *ANN* kündigen in der Rubrik »Münchner Kunstbrief« die Uraufführung von *Im Dickicht* am Münchener Residenz-Theater für Februar an. (Nach mehreren Verschiebungen ist am → 9. 5. Premiere.)

5. Februar, Montag. Kasack vertritt Gustav Kiepenheuer gegenüber die Meinung, B irre sich, wenn er glaubt, daß er 1923 vom Verlag weiter bezahlt wird. »Es ist unverschämt von ihm. Ich gönne ja Brecht alles Gute, in dieser starren Zahl der Indexzahlung einer Rente ohne weitere Gegenleistung kann die Geschichte aber nicht weitergehen. Die Unterredung, auf die sich Brecht bezieht, ist von mir in einem Brief an Brecht festgelegt worden, in der mit großer Betonung ausgesprochen ist, daß die Rente nur bis zum 31. 12. 22 läuft. Sein Vorschuß beträgt gegenwärtig 50 000 M, wobei schon die ersten 600 Exemplare vom *Baal* voll honoriert sind.« Im Verlagsprogramm für 1923 werden neben der *Hauspostille* und einem Drama noch *Flibustier-Geschichten* aufgenommen. *(Berger, 13.)*

Notenwert am 5. 2.: 50 000 Mark = 109,19 $

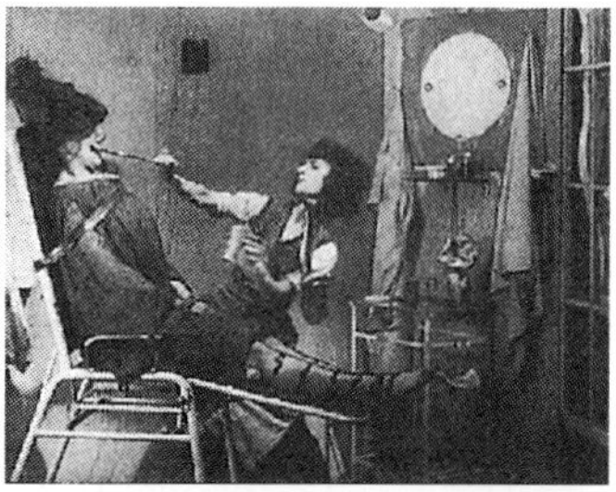

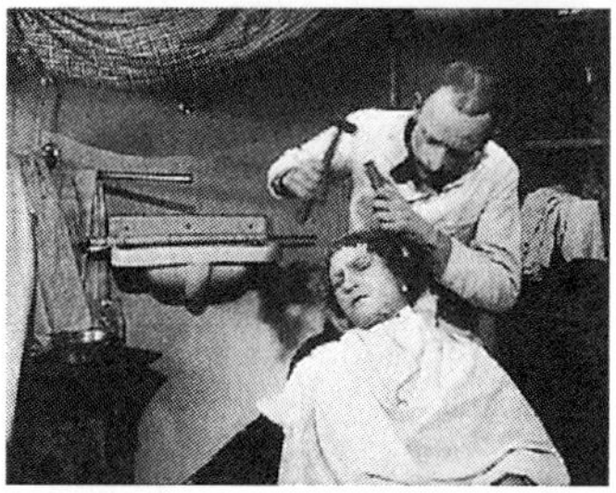

Szenen aus *Mysterien eines Frisiersalons*

6. Februar, Dienstag. Neher und Engel besuchen das Seminarfest von Artur Kutscher. Neher zeichnet eine Szene aus *Dickicht* ins Gästebuch. Die *Bayerische Staatszeitung*, München, reagiert auf eine Kritik des *Berliner Lokalanzeigers* über die im Programmheft des Deutschen Theaters zu *Trommeln* abgedruckte *Legende vom toten Soldaten (11, 112-115)*: »Brecht ist wie schon so manches sehr junge Talent in der Sucht, um jeden Preis originell zu sein, in eine Tonart verfallen, die nur noch Ekel erregen kann... Heute brauchen wir Dichter, die den Ernst der Stunde und den Herzschlag des Volkes spüren.«

Februar. B bedankt sich für einen Brief von Herbert Jhering und schreibt ihm aus München: »Was ich hier tue? Ich kaue Gummi. / In dieser Stadt kann man sich nicht umdrehen, und die Leute sind so dumm, daß man so viel Humor braucht, daß man schlechter Laune wird. Das kommt von schlechtem Wasser.« Er mache (für die Kupro; →31.1.) »kleine Filmchen zusammen mit Engel, Ebinger, Valentin, Leibelt, Faber«. Im Theater werde »nicht Wassersuppe, sondern Suppenwasser gekocht«. B verspricht ihm für den *BBC* »ein Kollektiönchen« Gedichte. Die Aufführung von *Dikkicht* ist auf März verschoben worden. »Jetzt wird *Nibelungen* gemacht. Das ist etwas anderes als der tote Soldat.« *(Br, 212.)*

27. Februar, Dienstag. Gustav Kiepenheuer, der sich kurz in München aufgehalten hat, bedauert gegenüber Caspar Neher, daß er ihn nicht getroffen hat. »Es tut mir doppelt leid, da wir zusammen mit Herrn Brecht, mit dem ich verschiedenes zu besprechen hatte, die ganze Angelegenheit sehr schnell hätten erledigen können.« *(ÖNB.)*

Ende Februar 1923
Fünfte Reise nach Berlin

Ende Februar. B fährt für einige Tage nach Berlin. »Der hatte in Berlin Geld zu kassieren«, schreibt Bronnen, »und man mußte sich damit in jenen Tagen beeilen; manchmal halbierte sich der Geldwert zwischen Mittag und Abend.« *(Bronnen 1,124.)* Er habe sich mittlerweile mit dem nach München zurückgekehrten Neher ausgesöhnt. In Berlin verhandelt B mit verschiedenen Theaterleitern über Aufführungsmöglichkeiten seiner Stücke. Ohne sich von Bronnen zu verabschieden, fährt er nach München zurück.

Fertigstellung des Stummfilms
Mysterien eines Frisiersalons

Anfang März. B lädt Bronnen und dessen Freundin, die Schauspielerin Gerda Müller, nach München ein; über sich schreibt er in der dritten Person: »Seine Nieren sind nicht besonders, aber sein Herz ist wie Gold. / Wenn er und sein Freund Caskopf rauchen, träumen sie von ihrem Bruder in der Asphaltdschungel, und ihre Augen werden naß.« *(Br, 211.)* B berichtet Bronnen, daß der Film *Mysterien eines Frisiersalons* (kein Text überliefert) am Folgetag fertig wird *(Br, 211)*. Das Buch und die Regie übernehmen B, Erich Engel und Karl Valentin gemeinsam, teilweise werden die Szenen am Drehort improvisiert; es spielen Blandine Ebinger (Frisiermamsell), Karl Valentin (Frisiergeselle), Erwin Faber (Professor Moras), Kurt Horwitz (Geköpfter), Liesl Karlstadt (weiterer Kunde) u. a. Die Dreharbeiten (bei der Kupro; → 31. 1.) finden in der Hohenzollernstraße im Dachgeschoß (Fotoatelier) eines Mietshauses statt (→ 14. 7.).

9. März, Freitag. Vermutlich an diesem Tage schreibt B Bronnen, er wolle »vielleicht auf zwei Wochen« nach Berlin kommen: »Baden, schreien, Kakao trinken. / Friedrichstraße, Aschinger, Charité. / Gleisdreieck, UFA, Wannsee.« Er beklagt sich über das Treiben der Nationalsozialisten in München, »diese Kavalkaden von trüben Hundsföttchen« *(Br, 213).*

12. März, Montag. Geburt von Hanne, der Tochter Bs und seiner Frau Marianne, in der Wohnung Akademiestraße (gemeldet beim Standesamt München, Registernr. 339). Auf Wunsch Bs wird Hanne in Starnberg katholisch getauft. Die Geburt liefert den Anlaß für die Kurzgeschichte *Der Machandelbaum (19,180)*, die er mit der Widmung versieht: »An Marianne allein«.

Geburt von Brechts Tochter Hanne Brecht

Er liebte die kleine Hanne, er war ein sehr zärtlicher Vater, aber er liebte auch seine Arbeit, seine Mitarbeiter, seine Gedanken. Das war dann schwer miteinander zu vereinbaren, wenn die temperamentvolle, laute, energische Frau die Grenzen zwischen Flascherlzeit und Arbeitszeit mehrmals des Tages sprengte. *(Bronnen 1,128f.)*

Der Direktor der Münchener Kammerspiele Rudolf Frank erinnert sich (*Spielzeit des Lebens*, Heidelberg 1960), daß B nach der Geburt der Tochter zu ihm mit dem Vorschlag einer Bearbeitung von Schillers *Jungfrau von Orleans* gekommen sei. Statt der von B angekündigten Striche sei im Textbuch aber nur »ab und zu eine Zeile unterstrichen« gewesen. Auf die Frage, was die unterstrichenen Verse bedeuten, habe B geantwortet: »Die werden gesprochen. Das übrige wird gestrichen.« *(268f.)*

Mitte März. Nach der Geburt von Hanne entwirft Marianne Brecht einen Brief an Paula Banholzer: sie sei bis zu ihrer Niederkunft von B abhängig gewesen und hätte »nicht gut ohne ihn sein können«, nun sei aber die Stunde, »die sie beide so wollten«, gekommen. »Ich bitte sie aber, Bert zu sagen, daß er frei ist, vollkommen frei – ich muß sagen, daß mich sein Brief an Sie gerührt hat – so viel Liebe und Zärtlichkeit hätte ich ihm eigentlich gar nicht zugetraut.« *(Zoff, 86.)*

17. März, Sonnabend. Erstdruck von Bs (1919 geschriebenem) Gedicht *Der Virginienraucher (13,138f.)* im *Tage-Buch.*

27. März, Dienstag. B entschuldigt sich bei Herbert Jhering, daß er ihm noch nicht, wie angekündigt (→ Februar), einige Gedichte geschickt hat. Er hofft ihn bald in Berlin besuchen zu können *(Br, 214).*

März. B hat in seiner Vereinbarung mit den Münchener Kammerspielen auch die Verpflichtung übernommen, Shakespeares *Macbeth* zu inszenieren. Er fühlt sich aber die-

Bearbeitung des Marlowe-Stückes *Leben Eduards des Zweiten von England* mit Lion Feuchtwanger

ser Aufgabe noch nicht gewachsen. Rudolf Frank (→ 12. 3.) erinnert sich, daß B im März »fieberhaft« auf der Suche ist nach einem Ersatz: »Es war der belesene Feuchtwanger, der für das damalige Spielplandilemma eine Lösung fand. Lächelnd nahte er mit einer deutschen Übersetzung des Königsdramas *Edvard the Second* von Christopher Marlowe.« *(Spielzeit meines Lebens, 269.)* B vereinbart mit Feuchtwanger eine gemeinsame Bearbeitung des Stückes.

1. April, Ostersonntag. Erstdruck der (1918 geschriebenen) *Ballade von den Seeräubern (11,85-89)* im *BBC.*

Proben zu *Im Dickicht* am Residenz-Theater München

Anfang April. B nimmt (wie auch Jacob Geis) an den Proben zu *Im Dickicht* im Residenz-Theater teil, die unter Leitung von Erich Engel beginnen. In seinen Notizen zur Vorbereitung der Aufführung schreibt Engel u. a.: »Garga hat viel von Brecht: Die nervöse Flugbewegung des Kopfes, die schief aus dem Hals heraus entsteht; die Grinsgrimasse; die qualvolle Belebung des ganzen Körpers; die Hektik; die seltsam zeichnerische Mimik.« *(Engel, 77.)* Der Darsteller des Garga, Erwin Faber, berichtet über die Proben: »Durch äußere unkünstlerische Einflüsse war alles mit Spannung belastet. Wir probten vier Wochen, und zwar sehr lange und ausführlich an den einzelnen Tagen. Der Text wurde noch auf der Bühne verändert. Ich selbst hatte mehrmals eine Textänderung vorgeschlagen.« *(Interview.)*

7. April, Sonnabend. In einer technischen Beratung im Residenz-Theater wird über die Bühnenlösung des zweiten Teils der *Dickicht*-Inszenierung entschieden.

18. April, Mittwoch. In der *MAAZ* berichtet Dr. Gehauser in seinem »Münchener Kunstbrief« von politischen Widerständen gegen die bevorstehende Uraufführung von Bs *Im Dickicht*: »Nun drohen Anhänger rechtsgerichteter Parteien bei der Uraufführung mit einem Skandal, weil das Stück einer Verherrlichung des Kommunismus gleichkomme. Wir können dieses Gerücht nicht nachprüfen, uns mutet aber diese Aufregung gegen ein literarisches Erzeugnis ähnlich wie der seinerzeitige Sturmlauf gegen Schillers *Räuber* und *Kabale und Liebe* seitens der berufenen Kapitolswächter an.«

26. April, Donnerstag. In seiner Funktion als Dramaturg der Münchener Kammerspiele lädt B Barrett O. Clark ein, um durch ihn in Kontakt mit der American Play Company zu kommen, von der sich das Theater Vorschläge für die Aufführung von amerikanischen Stücken erhofft *(Br, 216).*

4. Mai, Freitag. B lädt Bronnen durch eine Eilpostkarte zur (kurzfristig angesetzten) Premiere von *Im Dickicht* ein: »Du mußt unbedingt kommen.« *(Br, 217.)* Bronnen fährt aber nicht nach München und verfaßt ein »Epitaph«, in dem er mitteilt, daß er »als produktiver Faktor für das deutsche

Theater« ausscheidet und sich vielmehr dem Film verpflichtet sieht, »nun wird er in der Hölle sitzen und Filme schreiben« *(Bronnen 1,136)*.

5. Mai, Sonnabend. Auf einer Postkarte teilt B Herbert Jhering den Premierentermin der *Dickicht*-Uraufführung mit. »Es wäre wunderbar, wenn Sie kämen, ich glaube, es wird eine gute Aufführung, und Sie sehen Engel, Faber usw.« *(Br, 218.)*

9. Mai, Mittwoch. Uraufführung von *Im Dickicht. Drama in 10 Bildern* am Residenz-Theater München. Regie: Erich Engel, Bühnenbild: Caspar Neher; mit Otto Wernicke (Shlink), Erwin Faber (Garga), Maria Koppenhöfer als Gast von den Kammerspielen (Marie Garga). Für die Aufführung schreibt B den Text *Programmzettel (24,25f.)* mit einigen hervorgehobenen Passagen, die von Zeitungsjungen vor Beginn des Stückes ausgerufen werden sollen.

In der *Theaterzeitung der Staatlichen Bühnen Münchens* stellt Jacob Geis in seinem Text *Bertolt Brecht* den Autor und sein Schaffen vor. Außerdem ist auf der Titelseite der Theaterzeitung Bs Gedicht *Der Tod im Walde* (→ 12. 3. 18) veröffentlicht sowie u. a. Texte von H. Meißner (*Zu Brechts »Im Dickicht«*) und Caspar Neher (*Bericht über das Dikkicht*).

18. Mai, Freitag. Während der Vorstellung von *Im Dickicht* werfen Nazis Gasbomben in den Zuschauerraum, so daß das Publikum das Theater verlassen muß. »Nach gründlicher Lüftung des Hauses konnte die Vorstellung ohne weitere Zwischenfälle fortgesetzt und zu Ende geführt werden.« *(Bayerische Staatszeitung, 19. 5.)* Im *Tage-Buch* (26. 5.) heißt es dazu: »Bei der zweiten Aufführung veranstalteten die Hitlertruppen mit Stinkbomben einen abscheulichen Skandal. Die Hitlerei hat in München ihren eigenen Poeten, den dicken Dietrich Eckardt, der zu Wilhelm II. Lebzeiten Ibsens *Peer Gynt* verschandeln durfte. Sturmtruppen müssen beschäftigt werden. Können sie nicht gegen Arbeiter aufmarschieren, nun, so werden die armen Jungen gegen junge deutsche Dichter abkommandiert.«

29. Mai, Mittwoch. Wegen seines Fernbleibens (von der Premiere) wird Bronnen von B »Arnoltschurke« genannt: »denn Du wirst Dich von nun an Arne nennen, da Du das olt verwirkt hast wegen Meuterei«. Dennoch erwartet er den »Flimmerschurken« sobald als möglich in München. »Du Abschaum, ich umarme Dich.« *(Br, 221.)*

Im Augsburger Café Schachermeyer veranstaltet die Literarische Gesellschaft (ohne B) einen Diskussionsabend über sein Theater (Referent: Dr. Lutz). In einem Bericht heißt es, B habe nicht nur »lokalhistorisches Interesse für Augsburg«, in »weiten Literaturkreisen« sei für sein Werk begei-

Uraufführung *Im Dickicht*
Residenz-Theater München

Wir wissen nur eins, bescheiden, wie wir sind: Dieser Bert Brecht ist einer. Meinetwegen irgendeiner, der da oder dorthin gehört. Aber da ist er, mit einer Aufdringlichkeit da, die nur durch die Gnade einer großen Begnadung erträglich und erlaubt ist. Vorläufig fällt ihm noch zu viel ein, ein großer Fehler nach der Periode der potenten Unfruchtbarkeit, die man mit dem Sammelwort »Expressionismus« geschmückt hat – aber dieser Fehler legt sich schon einmal, und die Welt hat einen Dichter mehr. *(Jacob Geis, Bertolt Brecht)*

Im Dickicht ist Bertolt Brechts drittes und reichstes Drama. [...] Die rhythmisch-bildhafte Suggestion der Sprache auf die Suggestion der rhythmischen Szenen*folge* übertragen – und Brecht ist nicht nur die stärkste visionäre Kraft, sondern auch der größte Szenenbeherrscher des jüngeren deutschen Dramas. Mit allen Rätseln und allem Chaos, mit allem Dunkel und allem Licht einer verwesenden und aus der Verwesung wieder aufsteigenden Zeit – das Chaos durch Gestaltung und Form überwindend. *(Herbert Jhering, BBC, 12. 5.)*

sterte Anerkennung wie schroffster Widerspruch aufgekommen. B vertrete kein »eigenes, neues Programm« und wolle auch nicht »das Evangelium einer neuen Lebensart predigen«. Die Wirksamkeit seiner Werke auf der Bühne werde davon abhängen, ob es ihm gelingt, »die dazu nötige neue Form zu schaffen, deren Ansätze sich im sogenannten ›entfesselten Theater‹ zeigen« *(MAAZ, 3. 6.).*

2. Juni, Sonnabend. B holt Arnolt Bronnen am Hauptbahnhof ab. Bronnen schildert seinen Eindruck von München: »Hakenkreuze, Uniformen, provokante Plakate, knalliges Geschrei. Faschistische und revanchistische Kräfte hatten die Spannungen an der Ruhr geschürt, für sich ausgenutzt.« *(Bronnen 1,140.)*

Anfang Juni. B geht mit Bronnen zu einer Hitler-Veranstaltung in den Zirkus Krone, »wo der Viehentfessler Schicklgruber seine widerlichen Trapezakte vorführte«. Nach Bronnens Erinnerung meint B, Hitler habe »den Vorteil eines Mannes, der das Theater immer nur vom vierten Rang aus gesehen hat«. Das Fazit »jener ersten Hitler-Rede« sei »für sie beide nur ein nachtlanges Gespräch über ein heutiges Massenstück im Zirkus« gewesen, »das Hunger, Inflation und Befreiung darstellen sollte« *(Bronnen 1,141f.).* In diesem Zusammenhang benutzt B erstmals das Wort »Mahagonny« für »Spießers Utopia«. »Es war in ihm aufgetaucht, als er diese Massen braunbehemdeter Kleinbürger gesehen hatte, hölzerne Gestalten mit ihrer falsch eingefärbten, durchlöcherten roten Fahne.« *(Bronnen 1,143.)* Vgl. das Gedicht *Ach in Mahagonni (13,273).*

7. Juni, Donnerstag. Obwohl die Aufführung im Monat Juni an weiteren 13 Tagen im Spielplan steht, wird *Im Dikkicht* »wegen des Widerstands im Publikum« nach der sechsten Vorstellung abgesetzt; der artistische Sekretär des Theaters, Jacob Geis, der sich für die Aufführung nachdrücklich eingesetzt hat, verliert seine Stellung. Thomas Mann beurteilt die Absetzung des Brecht-Stückes in *The Dial*, New York, so: »Aber Münchens volkstümlicher Konservatismus [...] duldet keine bolschewistische Kunst.« *(Oktober 1923.)*

Anfang Juli. Bronnen fährt nach Berlin zurück; er glaubt, daß B bald folgen wird. »Die Ehe mit Marianne war am Auseinanderbrechen. Die Situation in München wurde von Tag zu Tag weniger erträglich. Alle Freunde Brechts trugen sich mit Übersiedlungsplänen.« *(Bronnen 1,143.)*

8. Juli, Sonntag. Erstdruck von Bs (1922 geschriebener) *Ballade vom Mazeppa (11,93f.)* im *BBC.*

14. Juli, Sonnabend. Der Kupro-Film *Mysterien eines Frisiersalons* (→ März 23), den die Verleihfirma Fulag, München, bei der Filmzensurbehörde in München eingereicht hat, wird (mit der Auflage einer Kürzung von 11,75 m beanstandeten Materials) mit Jugendverbot zur Aufführung freigegeben. (Als einziger der frühen Brecht-Filme erhalten.)

20. Juli, Freitag. Die *Vossische Zeitung* veröffentlicht Otto Zareks Artikel *Jüngstes Drama. Bert Brecht.* Darin schreibt er u. a.: »Aber ich sage denen ›vom anderen Lager‹, die frohlockend schon meinen, daß sie, frisch wie am ersten Tag, nun wieder einen Dichter mit ihren Kantkommentaren erschlagen dürfen: nur die Gefahren in uns zählen, die Gefahren um uns nicht (und seien es bajuwarische Stinkbomben). Wenn den Bert Brecht (nach besonderem Vorbild) der Film nicht frißt und nicht sein früher Ruhm, die kritischen Würmer werden diesen starken Knochen schon nicht zernagen!«

27. Juli, Freitag. B meldet dem Kiepenheuer Verlag seine baldige Ankunft in Berlin.

Juli. B arbeitet an *Gösta Berling* (→ Anfang März 22) weiter, zu dem er Ende August 1922 einen 1. Akt geschrieben hat. Nach Fertigstellung des 2. Aktes bittet er Bronnen, sich in Berlin um die Rechte für die Bearbeitung bei Ellyn Karin zu kümmern, die von Selma Lagerlöf mit Wahrnehmung der Rechte autorisiert ist. »Bitte mach doch das so gerissen und rasch wie möglich, sonst habe ich den ganzen Sommer umsonst gearbeitet, denn ich brauche das Geld für Marianne.« Frau Karin gehöre »in die Gattung der Aasgeier, die vermittels Verträgen von fremder Arbeit leben wollen« *(Br, 215)*. Da es zu keiner Einigung mit der Rechteinhaberin kommt, bleibt das Stück unvollendet *(10,176-231)*. Am 30. 7. teilt die *MAAZ* mit, daß *Gösta Berling* verfilmt wird; es handle sich um den bisher »größten Film« Skandinaviens. (Selma Lagerlöf hat den Erlös aus dem Vertrag mit der Filmfirma dem Schwedischen Schriftstellerverband für ältere Kollegen zur Verfügung gestellt. Der Film in zwei Teilen mit einer Gesamtlänge von über 4500 m wird 1924 aufgeführt.)

Arbeit an *Gösta Berling*

Ende Juli. Bronnen wird in Berlin von seinem Schulkameraden Jo Lherman angesprochen und mit Emil Szittya bekanntgemacht; beide wollen im Schwechten-Saal in der Lützowstraße ein neues Theater (DAS Theater) aufmachen. Er bietet ihnen seine Regie-Mitarbeit bei der Eröffnungsvorstellung an und wendet sich an B, ob er dafür ein Stück wüßte. Der »Herr des Südmeers« antwortet dem »Herrn des Nordmeers«: »Nachdem die nächstliegenden Dummheiten erschöpft waren, wurde zu den fernliegenden gegriffen. Sie sind nahezu aus nun. Was dann????« Das Stück *Dikkicht* habe er bereits Erich Engel versprochen *(Br, 223)*.

Anfang August. B reist nach Berlin, verhandelt mit Verlagen und Theatern, bearbeitet mit Bronnen für die Eröffnung von DAS Theater *Pastor Ephraim Magnus* von Hans Henny Jahnn, ein als unaufführbar geltendes Mysterienspiel, für das der Autor (durch den Lyriker Oskar Loerke,

Anfang August-September 1923
Sechste Reise nach Berlin

Lektor im S. Fischer Verlag) den Kleist-Preis bekommen hat.

4. August, Sonnabend. Fritz Schayer vom Bühnenvertrieb teilt Gustav Kiepenheuer mit: »Was das Geschäft anbetrifft, so geht alles seinen normalen Gang, wenn man von kleinen Aufsässigkeiten Kaisers und Brechts absehen will... Er wird nun Montag in den Verlag kommen, und ich hoffe, daß es Herrn Kasack gelingen wird, ihn zu besänftigen.« Einige Tage darauf trifft sich B mit Cheflektor Hermann Kasack. Er hat aber weder die Endfassung der *Hauspostille* noch die von *Leben Eduards des Zweiten von England* oder *Gösta Berling* fertiggestellt *(Berger, 13)*.

Ich habe die denkbar besten Verträge mit Vertrieben, Bühnen, Verlagen. Ich kann mich weder über die Presse noch über das Publikum beklagen. Wenn ich im Romanischen Café auftauche, werden sie an vielen Tischchen gell. Aber ich kann nicht leben. Ich fahr nicht Auto und besuch nicht Spielhöllen. Ich kann mit meinen Einnahmen meinen Lebensunterhalt nicht mehr bezahlen. *(26,278.)*

11. August, Sonnabend. Hermann Kasack informiert Gustav Kiepenheuer von einer Verhandlung Schayers mit B. »Er verlangt für *Gösta Berling* rund 100 Millionen Vorschuß (ca. 20 Dollar), die wahrscheinlich gewährt werden müssen.« *(Berger, 13)*. Der Verlag mahnt eine Überarbeitung des bereits im Drei Masken Verlag erschienenen Stükkes *Trommeln in der Nacht* an, B verschleppt aber die Abgabe des Manuskripts (→ Anfang 1924).

Mitte August. B schreibt an seine Frau, die sich mit Tochter Hanne bei ihren Eltern in Pichling bei Linz aufhält: »Es ist hier seehhr langweilig / Aber still / Essen, trinken, lesen / Schlangenfraß, Kako, Detektivgeschichten / Graues Wetter / Lherman (eine Zeitlang) / Magenweh / Schreibmaschine / Kein Geld (keine Butter. Kein Ei. Keine Marmelade) / Pläne.« Er habe »Minimum zwei Stunden täglich Pause« *(Br, 224)*.

18. August, Sonnabend. Caspar Neher heiratet Erika Tornquist.

Uraufführung *Pastor Ephraim Magnus* von Hanns Henny Jahnn, DAS Theater Berlin
Bronnen hat das Werk inszeniert. Es ging doch viel verloren. Freilich: ein wirkliches Theaterstück läßt sich nicht daraus machen. Wie aus den parallelen Werken Grabbes und Büchners. Das Publikum wurde ergriffen, erfaßte manches. Zischte auch. – Die Kritik zischte nur.« *(Döblin, Prager Tagblatt, 30. 8.)*

23. August, Donnerstag. Die von B vorgenommene dramaturgische Einrichtung von Jahnns *Pastor Ephraim Magnus* (→ Anfang August) kommt unter der Regie von Bronnen (der im Programmheft allein zeichnet) und B in DAS Theater zur Uraufführung; Orgelmusik: Friedrich Schwarz; mit Robert Taube (Ephraim), Walter Fried (Jakob).

Hanns Henny Jahnn erinnert sich: »Ich kam aus Hamburg zu den letzten Proben. Ich erkannte mein Stück nicht wieder. Es war leider auch kein Brechtsches Stück daraus geworden. Stundenlange Diskussionen bis zur Feindschaft. Das Publikum, das dann die Vorgänge auf der Bühne sah, begriff weder Handlung noch Tendenz (glücklicherweise).« *(SuF2, 424.)*

Die Gründung eines neuen Theaters in der Zeit der auf ihren Höhepunkt zutreibenden Inflation birgt erhebliche Risiken, denen sich Jo Lherman (→ Ende Juli) bewußt ist. Er schreibt in seinem *Programmatischen Aufsatz* im *BBC* u. a.: »Ich liebe den Dichter Brecht, dem ich diese Zeilen freundschaftlich zueigne, darum unendlich, weil er mir erklärt hat, er würde vom Tage meines etwaigen Bankrotts an sich mit mir zusammentun – und meine einzige Befürchtung ist, daß es zu diesem Bankrott nicht kommen wird – und darum, weil er wie ich die tiefe Erkenntnis hat, wie notwendig Bankrott ist.« *(23. 8.)* Jahnns Stück erlebt nur wenige Aufführungen. Die Theatergesellschaft wird eine Woche später (wegen ungedeckter Schecks) polizeilich aufgelöst, Lherman verhaftet.

August. Bronnen macht B auf die Wiener Schauspielerin Helene Weigel aufmerksam, die in seiner Nähe wohnt. Nach ihrer Auskunft hat sie aber B bereits während der Proben zu *Trommeln in der Nacht* (→ 15. 11. 22) im Deutschen Theater gesehen. B besucht Helene Weigel von nun an häufig in ihrer Atelierwohnung in der Spichernstr. 16 und zieht später zu ihr (→ 1. 9. 24).

Bekanntschaft mit Helene Weigel
Helene Weigl (ab 1922: Weigel), geboren am 12. 5. 1900 in Wien als Tochter des Prokuristen Siegfried Weigl (1941 »nach Litzmannstadt abgemeldet«, 1945 für tot erklärt) und der Inhaberin eines Spielwarengeschäfts Leopoldine Weigl (gestorben 24. 3. 27), beide mosaischer (jüdischer) Religion. Theaterdirektor Arthur Rundt erkennt die geniale schauspielerische Begabung des jungen Mädchens (→ 26. 5. 19). Ab 10. 9. 19 spielt Helene Weigel am Frankfurter Neuen Theater, ab 1922 am Staatlichen Schauspielhaus in Berlin.

Marianne Brecht, die sich noch in Pichling aufhält, hat Esther Warschauer in einem Brief mitgeteilt, daß sie die Münchener Wohnung nicht mehr halten kann. B bittet Marianne dringend, mit solchen Entscheidungen auf jeden Fall zu warten, bis er wieder in München ist; sie solle sich, falls dies nötig, bei Jacob Geis, Rudolf Frank oder bei seinem Vater Hilfe holen. Er selbst sei noch in Berlin mit »ganz vitalen wirtschaftlichen Fragen« befaßt und habe an sie bereits in der vorigen Woche 200 000 Mark (ca. 1,95 $) und an diesem Tage telegrafisch weitere 100 000 Mark abgesandt. »Daß es Hanne nicht gut geht, ist schrecklich, und daß Du wieder schlechter daran bist, als wie ich fortging, ist mir nicht verständlich, Du solltest nicht zu viel ins Café gehen. Das wird Dich zwar ärgern, aber das macht nichts.« *(Br, 226.)*

Ende August. Mit Beginn der Spielzeit 1923/24 werden Bernhard Reich (vom Deutschen Theater Berlin) als Regisseur und Otto Zarek erneut als Dramaturg an die Münchener Kammerspiele engagiert. Das anfangs kühle Verhältnis Bs zu Reich wird produktiv, als er an *Leben Eduards des Zweiten von England* mitarbeitet und Asja Lacis (Reichs spätere Frau) als Assistentin in die Probenarbeit einbezogen wird (→ Anfang März 24).

Bekanntschaft mit Bernhard Reich

Bernhard Reich, geboren 1893 in Olmütz/Mähren, studiert in Wien und beginnt dort seine Theaterlaufbahn an der Neuen Wiener Bühne; er geht Anfang der zwanziger Jahre als Regisseur nach Berlin.

September. B ist im September nach München zurückgekehrt, während sich seine Frau noch in Pichling (→ August) aufhält. Als Dramaturg an den Münchener Kammerspielen hat B verschiedene Verpflichtungen, widmet sich aber vor allem (zusammen mit Lion Feuchtwanger) der Überarbeitung von *Leben Eduards des Zweiten von England* für die Drucklegung. An Marianne Brecht schreibt er: »Ich mache mir eine Menge zu schaffen, aber ich weiß nicht genug gegen meine krankhafte Langeweile. Die Abende durch sitze ich meistens hinter den Kulissen des Theaters herum und lasse mir von den Bühnenarbeitern Zoten erzählen.« Er bittet sie, bald wieder nach München zu kommen »mit Hah neh der Erhabenen«, und fügt ein Schreiben an seine (sechs Monate alte) Tochter Hanne hinzu: »Willst Du nicht Deinen Erzeuger wieder betrachten, wie immer er auch aussieht, Deinen schwarzen Erzeuger, Hah-neh???« *(Br, 225.)*

4. September, Dienstag. Auf einen Briefumschlag (mit dem Stempel 4.9.) schreibt B die Gedichte *Eines Morgens, der Regen floß (13,270f.)* und *John Smith aus Chikago (13,271).*

28. September, Freitag. Bernhard Reich beschreibt die Situation: »Die Inflation raste die letzte Runde ihres Amoklaufes. Sie war Krieg mit anderen Mitteln. Es war die Zeit, als ein harter Dollar mit Billionen wertlosen deutschen Papiergelds aufgewogen wurde. Da fragte der Urmünchener Volkskomiker Karl Valentin erstaunt: ›Was, ein Dollar kostet 3 Billionen Mark? – Mehr ist er auch nicht wert.‹« *(Reich, 240.)*

In den *ANN* wird über die fortschreitende Inflation eine »Reimerei« veröffentlicht, »die gegenwärtig durch verschiedene deutsche Zeitungen die Runde macht«.

Wenn einer heut 2 Semmeln hat,
Dann ist er Millionär,
Und wenn er eine Bettstatt hat,
Dann ist er Milliardär,
Und hat er noch ein Bett dazu,
Dann ist er Billionär,
Und hat ein Haus er in der Stadt,
Dann ist er Trillionär,
Wer 3 Stück Vieh im Stalle hat,
Der ist Quadrillionär,
Und wer ein Auto fahren kann,
Der ist Quintillionär.
(Aus der Reimerei über die Inflation, ANN)

Anfang Oktober. Etwa Anfang Oktober lernt B an einem Abend mit Freunden Carl Zuckmayer kennen. Zuckmayer erinnert sich, daß er ihn und Erich Engel einmal mit zu Lion Feuchtwanger genommen habe, »der sehr viel vom Theater verstand und ein enormes literarisches Wissen« hatte. »Ich erinnere mich an eine bestimmte Szene, von der Engel und Feuchtwanger meinten, hier müsse ein Monolog hinein. In fünf Minuten, während drei Leute rauchend und kaffeetrinkend um ihn herumsaßen, hatte er den geschrieben und las ihn vor: man erfuhr in 20 Verszeilen den Einblick in ein halbverwestes, lurchenhaftes, algenverstricktes Totenreich tief unter den Erdgewässern, in dem ein Mensch die Unentrinnbarkeit seines Schicksals voraussieht.« B verwirft dann aber den Text, den die Zuhörer großartig fanden, weil er »fürs Theater viel zu lyrisch« sei. B schenkt später Zuckmayer ein Manuskript von *Im Dickicht* mit der Widmung: »Es geziemt dem Manne / Zu rauchen / Und zu kämpfen mit der Metaphysik.« *(Zuckmayer, Als wär's ein Stück von mir, 378,381.)*

17. Oktober, Mittwoch. B bittet Herbert Jhering, im *BBC* bekanntzugeben, daß er »*seit längerer Zeit* zusammen mit Lion Feuchtwanger an einer Neudichtung von Marlowes *Eduard II.*« arbeitet und das Stück am Anfang der Spielzeit in München und dann in Berlin inszenieren wird; er bietet ihm »Teile des Manuskripts zum Abdruck« an *(Br, 228).*

18. Oktober, Donnerstag. Der *BBC* veröffentlicht die von B gewünschte Meldung, an die sich die Mitteilung anschließt, daß das Berliner Schauspielertheater Marlowes Tragödie *Eduard II.* in einer Übersetzung von Alfred Walter Heymel aufführen wird. Daraufhin schreibt B an Alexander Granach, daß er seit drei Wochen mit einer Bearbeitung des Stückes beschäftigt ist. »Also seid nette Leute und laßt den armen *Edward* mir über. Denn ich will ihn selber gern inszenieren hier und in Berlin. Es ist ein ganz neues Stück, und ich schlage Euch damit an die Wand mit Eurer alten Übersetzung, so sicher, als ich lebendiger bin als Dein Urgroßvater, Alexander.« *(Br, 229.)* Die bereits in Vorbereitung befindliche Marlowe-Inszenierung hat im November Premiere (→ 12. 11.).

Oktober. In den Münchener Kammerspielen finden einige Nachtvorstellungen mit Einaktern von und mit Karl Valentin statt, u. a. auch das *Christbaumbrettl* (→ 30. 9. 22). Gegen die Vorstellung wendet sich die Polizeibehörde, weil sie »aus dem Rahmen eines Theaterunternehmens« falle. Bei einer Protestaktion verteidigt B (zusammen mit Arnolt Bronnen) das Stück als »dramatisches Produkt von Rang«, das »auf die Urformen jeder dramatischen Kunst« zurückgreife *(21,102)*. Der Münchener Sonderdruck *(Wie Dichter und Gelehrte über Karl Valentin und seine Kunst urteilen!)*, in dem dieser Text veröffentlicht wird, enthält weitere positive Meinungen zu Valentin von Wilhelm Mayer, Gerhard Gutherz, Fritz Strich und Eugen Frankfurter.

Oktober 1923
Erste Androhung einer Scheidung von Marianne Zoff

Ende Oktober. B schreibt an seine Frau Marianne: »Da ich Dir vor Deiner Abreise nach Pichling so dringend, als es mir möglich war, gesagt habe, eine Reise nach Wien bedeute unsere Trennung in der schärfsten Form, wird es Dich hoffentlich nicht überraschen, daß ich jetzt die Scheidungsklage gegen Dich wegen Ehebruch durchführen werde.« Er bezeichnet sich als »Idiot« und bedauert die Zeit, die er sich von ihr »habe stehlen lassen«; sie, der einzige Mensch, dem er außer seiner Mutter »jemals getraut habe«, sei ein »lächerlicher und gewöhnlicher Bluff« *(Br, 230)*. In einem späteren Brief gesteht er ihr, daß er Zeit seines Lebens in ihrer Schuld sein werde, »aber ich bitte Dich, von heute ab meinen Namen abzulegen«. Er habe weder gewünscht, sie zu verlassen, noch, daß sie ihn verläßt. »Ich möchte Dich nicht gerne sehen jetzt, nur im äußersten Fall, das heißt wenn es *Dir* schlecht geht. Ich bin ganz ratlos wegen Hanne, die ich nicht weglassen kann.« *(Br, 231.)*

Ende Oktober 1923
Probenbeginn *Leben Eduards des Zweiten von England*

In den Münchener Kammerspielen beginnt B mit den Proben zu *Leben Eduards des Zweiten von England.*

Hitler-Putsch in München

8. November, Donnerstag. Hitler überfällt am Abend mit einer bewaffneten Truppe im Münchener Bürgerbräukeller eine Versammlung mit dem bayerischen Generalstaatskommissar Gustav Ritter von Kahr und anderen Generälen und zwingt die Versammelten zu einer öffentlichen Zustimmung zum Sturz der Reichsregierung in Berlin. Nach Auflösung der Versammlung nehmen von Kahr, von Lossow und von Seiß ihre erpreßte Stellungnahme zurück.

Der possenhafte Ausgang des Staatsstreiches schien die von vielen geteilte Überzeugung zu bestärken: der Gefreite des Weltkrieges wäre bei weitem subalterner und harmloser zu bewerten als der Hauptmann von Köpenick, der Herr Voigt. Heute muß es uns jedoch äußerst bedenklich stimmen, daß der aufhaltsame Aufstieg des Adolf Schickelgruber mit einer anekdotischen Farce begann und sich dann zu einer gigantischen Katastrophenlawine des »Dritten Reiches« entwickeln konnte. [...] Den nächsten Tag nach dem Kehraus der Hitlerei probierte Brecht besonders intensiv, um den Zeitverlust vom Vortage wieder aufzuholen. *(Reich, 252f.)*

9. November, Freitag. Hitler erklärt die bayerische Regierung von Kahr für abgesetzt; ein Stoßtrupp nimmt am Vormittag auf Befehl Görings im Beratungszimmer des Münchener Rathauses den ersten Bürgermeister und die Stadträte als Geiseln. Der dann folgende Marsch zur Feldherrnhalle, den Hitler als Auftakt zum Marsch auf Berlin sieht, wird von Reichswehr und Polizei niedergeschlagen, die Beteiligten verhaftet, einigen gelingt die Flucht. Über Bayern wird der Belagerungszustand verhängt.

Als B am Morgen vom Putsch erfährt, läßt er die *Eduard*-Probe ausfallen. Am Nachmittag kommen bei Lion Feuchtwanger B und seine Frau (die aus Österreich zu Besuch gekommen ist) sowie Bernhard Reich und Asja Lacis zusammen; sie diskutieren über die Ereignisse und darüber, ob und wie lange sie sich noch in Deutschland aufhalten können.

10.-13. November, Sonnabend-Dienstag. Über die Münchener Theater wird wegen des Putschversuchs ein Spielverbot verhängt *(Bayerische Staatszeitung, 14. 11.).*

12.-14. November 1923
Siebente Reise nach Berlin

12. November, Montag. B fährt nach Berlin und besucht eine Vorstellung der Inszenierung von Christopher Marlowes *Eduard II.* (Regie: Karl-Heinz Martin), die trotz Bs Bitte um Aufschub (→ 18. 10.) vom Schauspielertheater im Friedrich-Wilhelmstädter-Theater gezeigt wird (Premiere: 2. 11.).

Mitte November. Berthold Viertel plant in Berlin eine Inszenierung von O'Neills *Kaiser Jones*; B empfiehlt ihm den Schauspieler Oskar Homolka, der in dem Stück schon in München aufgetreten sei *(Br, 232).*

Ende der Inflation
Einführung der Rentenmark (RM)

15. November, Sonnabend. Mit Einführung der »Rentenmark« (1 Rentenmark = 1 Billion Mark in Papiergeld) wird die Inflation gestoppt.

Anfang Dezember
Reise nach Leipzig

Anfang Dezember. Im Alten Theater Leipzig probiert Schauspieldirektor Alwin Kronacher Bs *Baal.* B reist zu den Endproben nach Leipzig und wird im Hotel Fürstenhof untergebracht. Nach der Erinnerung von Rudolf Fernau, der die Rolle des Johannes spielt, nimmt B seit seinem Eintreffen an allen Proben teil und arbeitet, unzufrieden mit den bisherigen Ergebnissen, mit einigen Schauspielern in seinem Hotel. »Die geistige Massage, der er unsere Rollen unterzog, gestaltete die Probleme immer interessanter und erregender. Wenn er hinter seiner Stahlbrille mit gefalteten Händen wie versenkt dasaß und wie ein Jäger, im Halbdämmer der

Bühne, sein Wild beobachtend verfolgte, bot er den Anblick eines Emissärs.« *(Fernau, 107.)*

7. Dezember, Freitag. Bei der Generalprobe geht es turbulent zu: »Schnaps- und Weinflaschen häuften sich in den Ekken der Garderoben, Kräche kamen, Kräche vergingen, und Lothar Körner schleuderte wutentbrannt, mit seiner Rolle auf Brecht zielend, sie in weitem Bogen in den Zuschauerraum, um sich dann brüllend in der Toilette einzuschließen.« B habe »unten in der dritten Reihe« ungerührt gesagt: »Jetzt müßte der George her.« *(Fernau, 110.)*

8. Dezember, Sonnabend. Uraufführung von *Baal* (Fassung 1922; *1,83-137*) am Alten Theater Leipzig unter der Regie von Alwin Kronacher, Bühnenbild: Paul Thiersch; mit Lothar Körner (Baal), Hans Zeise-Gött (Ekhart), Rudolf Fernau (Johannes), Thea Kasten (Johanna), Margarete Anton (Sophie Barger).

Auf der Grundlage von Bs und Bronnens *Robinsonade auf Assuncion* (→ 26. 11. 22) dreht die Maxim-Filmgesellschaft Ebner & Co. (in einer entstellenden Bearbeitung) den Streifen *SOS. Die Insel der Tränen* (Regie: Lothar Mendes; mit Paul Wegener, Rudolf Forster, Lia de Putti). Die Münchener *Allgemeine Zeitung* urteilt über den in den Regina-Lichtspielen laufenden Film, er leide nicht unter der allgemeinen »Unwahrscheinlichkeit der Handlung«. Es handele sich um eine »in jeder Beziehung starke Schöpfung«; vor allem seien »die Bilder eines Schulschiffes von gerade überragender Schönheit«. Wegener und Putti stünden sich ebenbürtig gegenüber. »Auch das Manuskript ist weit über dem Durchschnitt.«

11. Dezember, Dienstag. Auf Einspruch des Leipziger Stadtverordnetenkollegiums wird vom Gemischten Theaterausschuß die sofortige Absetzung des *Baal* beschlossen. Herbert Jhering schreibt dazu im *BBC* u. a.: »Kein Ministerium, kein Magistrat hütet die Tradition, wenn er sie dem Kampf entzieht. Und die künstlerische Gegenbewegung wird aus einer offenen, klaren, eine geheime, bohrende Bewegung. Verbote unterdrücken nicht die Entwicklung – sie schädigen nur die geistige Ehrlichkeit auf beiden Seiten.« *(14. 12.)*

12. Dezember, Mittwoch. In der *Neuen Rundschau*, Berlin, erscheint der Erstdruck des (1920 geschriebenen und nunmehr) Gerda Müller gewidmeten Gedichts *Über die Anstrengung (11,70f.)*.

15. Dezember, Sonnabend. Die *Bayerische Staatszeitung* kündigt für Dezember und Januar u. a. als Erstaufführungen der Münchener Kammerspiele an: »*Eduard II. Historie nach Marlowe* von Bertolt Brecht (Regie: Bertolt Brecht)«. Wegen der (noch bis Ende Februar 1924) anhaltenden Arbeit an diesem Stück wird die Premiere verschoben (→ 19. 3. 24).

ALTES THEATER
Sonnabend, den 8. Dezember 1923 – Außer Anrecht
Uraufführung:
Baal
von Bertolt Brecht – In Szene gesetzt von Alwin Kronacher

Baal	Lothar Körner	Bauern	Hans Beßler, Gustav Colmar, Artur Niklas
Ekart	Hans Zeise-Gott		
Johannes	Rudolf Fernau		
Mech	Karl Ekert	Der Pfarrer	Georg Czimeg
Emilie Mech	Thessa Wenk	Der Wirt	Rudolf Müller
Dr. Piller	Wilhelm Walter	Holzfäller	Wilhelm Walter, Wilhelm Engst, Herbert Hübner, Oskar Berger
Johanna	Thea Kasten		
Sophie Barger	Margarete Anton		
Fuhrleute	Herbert Hübner, Wilhelm Engst, Gustav Colmar	Bolleboll	Fritz Wendel
		Der alte Bettler	Ewald Schindler
Kellnerin Luise	Lotte Seidel	Maja	Maria Lorenz
Die ältere Schwester	Maria Lorenz	Gougou	Eugen Aberer
Die jüngere Schwester	Hanna Böldicke	Das junge Weib	Martina Otto
Die Hausfrau	Marie Schippang	Watzmann	Alfred Schlageter
Ein Strolch	Fritz Wendel	Zwei Landjäger	Herbert Becker, Frithjof Rüde
Lupu	Eugen Aberer		
Mjurk	Karl Ekert	Männer	Carl Huth, Karl Kendzia, Artur Niklas, Gustav Colmar
Die Soubrette	Marianne Kupfer		
Der Klavierspieler	Karl Kendzia		
Gäste	Frithjof Rüde, Walter Steinbach, Anneliese Frenzel, Albert Förste		21 Szenen

Der Choral vom großen Baal gesprochen von Eugen Aberer

Uraufführung *Baal*
Altes Theater Leipzig

Brechts genialische, szenische Ballade vom Baal wurde gestern bei der Uraufführung im Alten Theater in Leipzig mit dröhnendem, endlosen Beifall aufgenommen, der die Unruhe, die während der Vorstellung im Publikum einsetzte, und das Pfeifen am Schluß niederkämpfte. Die Aufführung war unzulänglich. Herr Lothar Körner arbeitete mit falschen Wegener-Tönen. *(Herbert Jhering, BBC, 9. 12.)*

Unter dem Kampfgetöse der Pfeifen, Pfuirufe und des Beifalls erschien ein verschüchterter, blasser, schmaler Knabe, der Dichter Bertolt Brecht, drückte sich sofort fluchtartig in die Kulisse und kam ängstlich wieder an der schützenden Hand des Schauspieldirektors hervor. *(Hans Natonek, Vossische Zeitung, 10. 12.)*

Und man erwartet mit einiger Spannung, ob Brecht, der nach *Baal* und *Im Dickicht* mit seinen *Trommeln* das beste deutsche Kriegs- und Nachkriegsstück gemacht hat, den Weg vom Verse-Gestalter und Worte-Former zum Dramen-Erbauer weitergehen wird. Ihn zu spielen, die uneinigen Häupter der Berliner Zeitungskritik, Kerr und Jhering, nach Leipzig zu locken und eben noch vor der sanften Weihnachtsmärchenzeit einen ausgewachsenen

Theaterskandal mit großem Schlußapplaus hereinzubringen, bleibt *Kronachers* Ruhm. *(Hans Georg Richter, Leipziger Tageblatt, 11. 12.)*

Der begabte Brecht ist ein schäumender Epigone. / Begabt im Lyrischen. Als ich sein Schreibmaschinenheft *Baal* 1918 am Starnberger See las, troff schon damals ein dampfender Dämmer aus dem Bruch-Stück. Waldfeuchtes; auch Schummriges verschollener Stuben; Schein umbuschter Schänken; Hauch vergessener Lichtungen. Oder so. Brecht ist neben der Krafthuberei ein Poet ... und *Baal* ist mir lieber als das unvermochte Gellwerk *Trommel in der Nacht* – (das mit dem Tiefsten der Zeit soviel Ähnlichkeit hat wie ich mit Hitler). *(Alfred Kerr, Berliner Tageblatt, 11. 12.)*

Marianne und Hanne Brecht

25. Dezember, Dienstag. Erstdruck der *Weihnachtslegende (13,271f.)* im *BBC.*
Dezember. B notiert: »*Zweite Hälfte Dezember / starke* Langeweile / 90% Nikotin / 10% Grammophon / offensichtlicher Mangel / an Büchern / Jahresende: auf nach Mahagonny / bevorzugt!« *(Br, 233.)*
Ende Dezember. B schreibt an Helene Weigel (→ August), die zu ihren Eltern nach Wien gefahren ist, daß er bis Mitte Januar zwei Stücke druckreif machen und die Inszenierung von *Leben Eduards des Zweiten von England* in München vorbereiten muß. Da er aber »den Schnee satt« hat, würde er gern mit ihr »nur für acht Tage« nach Paris reisen. Wenn sie mitkommen will, sollte sie gleich über München kommen. »Bist Du allein? Ich küsse Dich.« *(Br, 234.)*

1924

2. Januar, Mittwoch. Die abgesetzte Inszenierung von *Baal* im Alten Theater Leipzig wird an diesem Tage (und am 4. 1.) als geschlossene Vorstellung des Wirtschaftsvereins deutscher Lehrer für das Arbeiterbildungsinstitut aufgeführt.
5. Januar, Sonnabend. Der Dramaturg des Staatlichen Schauspielhauses Berlin Heinz Liepmann lobt in einem Brief an B *Leben Eduards des Zweiten von England* als das »durchformteste« seiner Stücke. B soll es als angenommen betrachten und überlegen, ob nicht diesmal die Berliner Uraufführung vor der Münchener kommen sollte. *(463/67f.)*
21. Januar, Montag. Im Alter von 53 Jahren stirbt Lenin in Gorki bei Moskau. B beginnt, sich mit ihm zu beschäftigen. Zwei Jahre später rechnet er das Buch *Wladimir Iljitsch Lenin. Ein treues Bild seines Wesens* von Henri Guilbeaux (dt. 1923) zu den besten Büchern des Jahres 26 (→ 4. 12. 26).
23. Januar, Mittwoch. Der Herstellungsleiter des Kiepenheuer Verlags Trojanus beklagt sich, daß Bs Manuskript von *Leben Eduards des Zweiten von England* immer noch nicht eingetroffen sei, obwohl B behauptet, es am Vortage abgegeben zu haben *(Berger, 14).*
31. Januar, Donnerstag. Hermann Kasack teilt Gustav Kiepenheuer mit, B habe auch »das Balladenmaterial natürlich noch nicht geschickt, es ist inzwischen gemahnt worden« *(Berger, 14).*
Januar. Im *Kunstblatt*, Berlin, wird das *Vorspiel* von *Gösta Berling (10,178-186)* veröffentlicht.
Anfang Februar. B schreibt an seine Frau Marianne, die ihm Untreue vorwirft, nach Wien u. a.: »Wer bei uns übernachtet hat, war die Frau des Cas [→ 18. 8. 23], etwa viermal. Mit der Bi bin ich seit vier Wochen nicht mehr zusammen gewesen, habe sie auch nicht mehr gesehen. Seit etwa drei Wochen ist sie verlobt. In einigen Wochen wird sie heiraten.« (→ 1. 3.) B

ist darüber verärgert, daß Marianne Brecht mit dem Kind in Wien bleibt und nicht bei ihm in München. Sie einigen sich auf mehrfache Besuche in München.
B meint: »Aber wenn es stimmt, was ich mit dem Begriff Wien verbinde, will ich Dich nicht mehr sehen und auch Dein Kind nicht, solang Du bei ihm bist.« Der Brief schließt: »Du kannst zum Teufel gehen.« *(Br, 235.)*
Helene Weigel hat, aus Wien kommend, in Augsburg Station gemacht. B begleitet sie, die zu Umbesetzungsproben von *Sonkin und der Haupttreffer* (→ 16. 2.) am Deutschen Theater gebraucht wird, nach Berlin und fährt nach München zurück; von dort fragt er an: »Wann hast Du wieder Zeit??? / Wirst Du so gut schlafen, als ich es wünsche, und fröhlich sein, allerdings nicht zu sehr, aber etwas / Ich bin Ihnen fortdauernd reichlich gewogen, Madamme.« *(Br, 236.)*

Mitte Februar-18. März
Proben zu *Leben Eduards des Zweiten von England* in München

Mitte Februar. B beginnt an den Münchener Kammerspielen mit den Proben zu *Leben Eduards des Zweiten von England.*
16. Februar, Sonnabend. In Berlin wird die Inszenierung von *Sonkin und der Haupttreffer* von Semjon Juschkewitsch vom Schauspielertheater an das Deutsche Theater übernommen. Helene Weigel spielt darin die Rolle der Latkina und erhält sehr gute Kritiken.

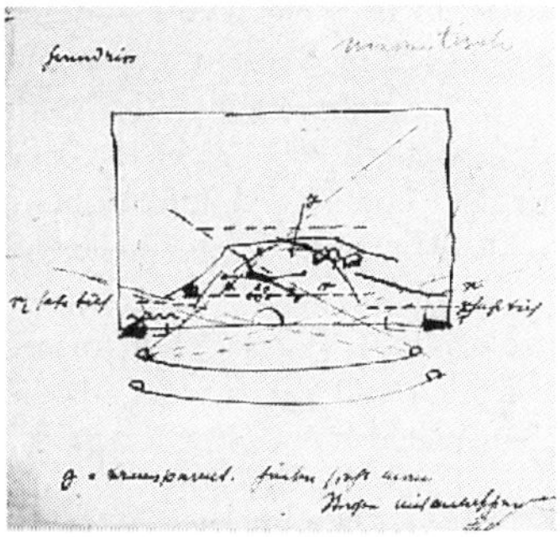
Bühnenskizze Caspar Nehers

24. Februar, Sonntag. Unter dem Titel *Ballade von den Männern im Holz* erscheint im *BBC* Bs (1920 geschriebene) *Ballade von den Selbsthelfern (11,69).*
28. Februar, Donnerstag. In der Zeitung *Boxsport* gibt Arthur Bülow einem *Kurzen Überblick über Paul Samson-Körner*, der am folgenden Tag durch K.-o.-Sieg über Hans Breitensträter in der dritten Runde neuer deutscher Schwergewichtsmeister wird. B beginnt später seine Biographie aufzuzeichnen in *Lebenslauf des Boxers Samson-Körner (19,216-235).*

Abschluß der Bearbeitung von Christopher Marlowes *Leben Eduards des Zweiten von England*

Ende Februar. B und Feuchtwanger beenden die Spielfassung von *Leben Eduards des Zweiten von England.*
Jhering soll Meinungsverschiedenheiten Bs mit Feuchtwanger schlichten, wie dessen Mitarbeit zum Ausdruck gebracht werden soll. B schlägt eine Widmung vor oder einen Mitarbeitervermerk, was Feuchtwanger als »schädigend energisch« ablehnt *(Br, 239).* Feuchtwanger ist schließlich mit der Erwähnung der Zusammenarbeit auf der zweiten Buchseite einverstanden (→ 30. 6.). B bedankt sich für Jherings Hilfe und schreibt: »Ich bin mitten in Proben, aber es ist leichter, mit den Zähnen Pflastersteine zurechtzubeißen als so was.« Den Schauspielern fehle »das theatralische Grunderlebnis«, sie hätten »in allerhand Bezirken Phantasie, nur nicht in dem des Theaters. Die phantastische Tatsache dieser

Ungeheuerlichkeit, daß bemalte Menschen mit eingelernten Sprüchlein auf einem Podest unter dem unerklärlichen Schweigen vieler Leute Szenen aus dem Menschenleben nachmachen, ist dieser Generation schon entrückt, die den Dilettanten als Beamten erfunden hat.« B lädt Jhering zur Premiere ein *(Br, 240)*.

Februar. Efraim Frisch vom *Neuen Merkur*, München, hat B (am 22. 10. 23) um einen von seinen Einaktern gebeten und statt dessen die ersten zwölf Szenen von *Leben Eduards des Zweiten von England* erhalten, die nun in der Zeitschrift zum erstenmal gedruckt werden.

1. März, Sonnabend. Paula Banholzer heiratet in Augsburg den Handelsvertreter Hermann Groß. Ihr und Bs Sohn Frank Banholzer wird von Groß nicht in die Familie aufgenommen.

2. März, Sonntag. Der *BBC* druckt Auszüge aus *Leben Eduards des Zweiten von England.*

Bekanntschaft mit Asja Lacis
Brecht führte merkwürdige Regie. Er arbeitete ungewöhnlich genau, einen Tonfall und eine Bewegung, die ihm wichtig schienen, konnte er unendlich oft wiederholen – er blieb dabei immer höflich und geduldig, pöbelte niemals die kleinen Schauspieler an. Er wollte, daß in jeder Bewegung der ganze Charakter aussage: Er formte Dialog und Vers anders, als die Schauspieler es gewohnt waren. Er wollte ihnen das Verschwommene, Nebelhafte, das Allgemeine abgewöhnen. Das war schon der Anfang des *gestischen Sprechens. (Lacis, 37.)*

Anfang März. Die Lettin Asja Lacis (→Ende August 23) nimmt in München als Assistentin an den Proben teil. Sie spielt (nur in der Premiere) die Rolle des jungen Eduard (ohne Erfolg).

Asja Lacis, geboren am 19. 10. 1891 in Ligatne b. Riga, baut 1920 ein Theater in Riga auf, kommt 1922 nach Berlin, lernt Bernhard Reich kennen und lebt mit ihm zusammen. Durch Lacis erfährt B von den Bemühungen um ein Theater für Arbeiter in Estland. Sie macht B später mit ihrem Freund Walter Benjamin bekannt (→Mai 29).

8. März, Sonnabend. Im *Erzähler*, der Beilage der *ANN*, erscheint eine zusammenfassende Darstellung über Bs Schaffen von Hanns Otto Münsterer. »Es wird noch lange Zeit hingehen, aber einmal wird die Stunde kommen, da von unseren Zeitgenossen keiner mehr da ist außer Brecht und Döblin, dessen sind wir sicher.« *(Berthold Brecht und sein neues Drama.)*

Mitte März. Vermutlich in dieser Zeit schreibt B an Helene Weigel: »Liebes Helletier, jetzt sitzt der große Manitu wiederum in seiner Wolke von holländischem Tabakrauch und blinzelt, wenn Licht durch den Zeltschlitz fällt, und lauscht dem Gramotier, das *Oh by Jingo* seufzt. / Was tust Du?« *(Br, 248.)*

17. März, Montag. B lädt Marieluise Fleißer (→4. 10. 22) in die Generalprobe von *Leben Eduards des Zweiten von England* ein. Sie schreibt darüber: »Brecht führte die Regie, auf eine unterkühlende Art, sehr fremd, Schauspieler sprachen absichtlich hölzern, marionettenhaft, sie ließen die Dinge in der Schwebe. Es war ungewohnt, manches herrlich, mit Elementen der Pantomime, sie gingen auf den Nerv, Brecht probierte was aus. Oft lief er über die kleine Treppe zum Schauspieler hinauf, rasch und jung, unbekümmert, als hätte er es ewig getan. Er sagte alles simpel.« *(Fleißer, 2,301.)*

18. März, Dienstag. Die *Bayrische Staatszeitung* gibt die Umverlegung der Premiere bekannt: »Die Uraufführung von Bertolt Brechts *Leben Eduards II.* findet am Mittwoch, 19. 3., abends 7 Uhr statt. Am 18. 3. bleibt das Theater wegen Vorbereitungen zu der Uraufführung geschlossen.« Generalprobe von *Leben Eduards des Zweiten von England.*

19. März, Mittwoch. Uraufführung von *Leben Eduards des Zweiten von England. Historie in einundzwanzig Szenen von Bert Brecht nach Christopher Marlowe* in den Münchener Kammerspielen. Regie führt B, Bühnenbild: Caspar Neher; mit Erwin Faber (Gast vom Staatstheater, als Eduard), Oskar Homolka (Mortimer), Maria Koppenhöfer (Anna), Erich Riewe (Gavestone), Hans Schweikart (Baldock).
Für das Stück schreibt B einen Vorspruch *(2,8)*.
Die Aufführung wird dadurch beeinträchtigt, daß der Darsteller des Mortimer, Homolka, unter Alkohol steht. Kurt Horwitz erinnert sich: »Homolka erschien im Eingang, blieb einen Augenblick stehen, in der Erwartung empfangen zu werden, er hatte sich eingebildet, daß er außerordentlich gut war. Brecht wandte sich nur kurz, mit den Augen funkelnd, um und sagte: ›Dieser hat die Vorstellung auf dem Gewissen!‹ Wir wandten uns ebenfalls von Homolka ab. Da wurde Homolka blaß und im Augenblick nüchtern, er blieb nicht mehr lange da.« *(Interview.)*

20. März, Donnerstag. Unmittelbar nach der Premiere wird Asja Lacis als Kommunistin aus München ausgewiesen. B bringt sie für einige Tage in seiner Augsburger Mansarde unter und bemüht sich gleichzeitig mit Marianne Brecht, die zur Aufführung nach München gekommen ist, um eine neue Aufenthaltserlaubnis für sie.

29. März, Sonnabend. Die Münchener Kammerspiele gastieren mit *Leben Eduards des Zweiten von England* am Stadttheater Augsburg. Friedrich Mayer, ein Jugendfreund Bs aus der Bleichstraße, berichtet über die Aufführung: »Anläßlich das Gastspieles stand meines Wissens Brecht das einzige Mal auf der Augsburger Bühne, deren Großräumigkeit besondere Probleme mit sich brachte. [...] Die Aufführung hatte bis nach 11 Uhr gedauert, dennoch war der Beifall, der viele mitgerissen hatte, anhaltend lang. Brecht war erst nach hartnäckigen Einreden hinter dem Vorhang hervorgekommen. Es war 1924 der eindrucksvollste Abend der Saison gewesen.« *(Interview.)*

Ende März. B ist für ein paar Tage in Berlin bei Helene Weigel. Da sie von B schwanger ist, nimmt sie in diesem Jahr keine Rollen an.

19. März 1924
Uraufführung *Leben Eduards des Zweiten von England,* Münchener Kammerspiele

Die Aufführung (wie gesagt, unter Brechts Regie) bot des Originellen die Fülle. Handlung war hier mit balladenhaftem Referat, mit fast parodistischem Schaustil, mit kinogemäßer Ankündigung des Geschehens (durch einen Ansager) auf das wirksamste durchgesetzt. Brecht hat sich auch als gewaltiger Bühnenfeldherr entpuppt. [...] Der Beifall war laut, herzlich; setzte schon nach dem zweiten Bild ein und wiederholte sich immer wieder, immer wieder. *(Roda-Roda, B. Z. am Mittag, 22. 3.)*

Daß ich es vorweg gestehe: dieses Schnuppern im Menschlich-Trüben, dieses Umwühlen und Bodensatz-Schnüffeln, dieses ... Dichten mit der Nase ist mein Geschmack und meine Freude nicht; doch verkenne ich nicht, daß menschliche Witterung szenenweis unerhört auftrieb: in zwielichte Bezirke von Gemeinheit und Trieb und Tierheit geschah manch erschreckend tiefer Blick, und Brecht hat, als sein eigner Regisseur, seinen Moritatenstil in außerordentlichem Maße zu realisieren vermocht. *(Hans Braun, Münchener Zeitung, 20. 3.)*

Ende März 1924
Achte Reise nach Berlin

April - Mitte Juni 1924 Reise auf die Insel Capri und nach Positano

Anfang April. B fährt mit seiner Frau Marianne und Tochter Hanne nach Capri, ist ab 9. 5. im Seebad Positano.

18. April, Karfreitag. Von einem Ausflug nach Neapel schreibt B Helene Weigel: »Ich bin in Capri mit Marianne, die sehr [wegen einer Lungenerkrankung] elend dran ist. Bitte schreib mir genau, was in Berlin los ist und wie es Dir geht! [...] Ich freue mich sehr auf Berlin und die Spichernstraße. Sei *nicht* blöd, kein Grund!!!« *(Br, 241.)*

Ende April. Brecht trifft sich mit Helene Weigel in Florenz.

9. Mai, Freitag. B ist mit seiner Familie nach Positano übergewechselt und berichtet Arnolt Bronnen: »wenn Du die italienische Landschaft kennenlernen willst, dann kaufe Dir eine Ansichtspostkarte; aber wenn Du die Deutschen kennenlernen willst, dann reise nach Italien!« *(Br, 243.)* Marianne Brecht fügt hinzu, sie sei »braun wie ein Negerweib und gesund wie noch nie«.

12. Mai, Montag. Fritz Sternberg schickt Helene Weigel zum Geburtstag sein (1921 erschienenes) Buch *Die Juden als Träger einer neuen Wirtschaft in Palästina. Eine Studie* mit der Widmung: »Eine Jugendsünde als Geburtstagsgruß« *(BBAB).*

Mitte Mai. Auf Capri halten sich auch Bernhard Reich und Asja Lacis (mit Tochter Daga) auf. B empfiehlt ihnen eine Tour nach Positano, wo Caspar Neher und seine Frau Erika im Urlaub sind. Über die Reise in das Seebad schreibt Bernhard Reich: »Neher rühmte sich, er habe Positano entdeckt. [...] Das Bild Positanos prägte sich in den künstlerischen Vorstellungsring Nehers tief ein. Seine Dekorationen zu *Leben des Galilei* sind der strengen Landschaft Positanos abgelauscht.« *(Reich, 275.)*

Auf eine Fronleichnamsprozession spielt das vermutlich dort entstandene Gedicht *Die Prozession in Capri (13,281)* an. Auf Capri kommt Asja Lacis erstmals mit Walter Benjamin zusammen (der an einer Begegnung mit B zu dieser Zeit nicht interessiert ist; → 8. 11. 26).

21. Mai, Mittwoch. Die *ANN* melden: »*Brecht bei Reinhardt in Berlin.* Vom kommenden Herbst an wird Prof. Reinhardt die künstlerische Gesamtleitung des Deutschen Theaters in Berlin, die Kammerspiele und das neue Haus am Kurfürstendamm übernehmen. Als Regisseur ist u. a. auch Bert Brecht verpflichtet, von dem das Drama *Im Dickicht* zur Aufführung kommt.«

Anfang Juni. B schreibt Helene Weigel: »Aber jetzt ist Cas gekommen, und morgen gehe ich mit ihm los auf Neapel. / Dort gibt es Drinks, Musik und Syphilis. / Ich denke, daß ich in ein bis zwei Wochen in Deutschland bin. / Marianne ist viel besser dran jetzt. / Sie bleibt noch in Capri sitzen. [...] Für die Lunge ist es gut hier, aber Landschaft und Bewohner und alles ist zum Kotzen. / Und alles ist teuer und schlecht, das Fleisch nicht zum Essen.« B erkundigt sich nach ihrem Befinden und dem des Ungeborenen (von ihm »Peter« oder »Pietro« genannt): »Wird er auch groß und dick und lustig / Und ist seine Mutter eine Augenweide / Und singt I have no bananas / Und hält seines Vaters Bett bereitet / Wie es geschrieben steht / Und weiß, was ist, und / kennt das Hohe Lied Salomos und weiß, es ist das zweite Kapitel, Vers 10-15« *(Br, 242)*.

Denn Weisheit wird in dein Herz eingehen, und Erkenntnis wird in deiner Seele lieblich sein, Besonnenheit wird dich bewahren und Einsicht dich behüten, – daß du nicht geratest auf den Weg des Bösen noch unter Leute, die Falsches reden, die da vergessen die rechte Bahn und gehen finstere Wege, die sich freuen, Böses zu tun, und sind fröhlich über böse Ränke, die krumme Wege gehen und auf Abwege kommen.
(Sprüche Salomos, 2,10-15.)

Mitte Juni. B reist aus Capri ab. Er trifft in Rom Bernhard Reich (zufällig) auf dem Bahnhof; sie besuchen ein Raucherkino. »Brecht studierte mit Genuß, wie das Rauchen während der Vorführung eines Films schmeckt. Das Ergebnis schien ihm vollauf zu befriedigen.« *(Reich, 273.)*
B fährt nach Deutschland zurück: Seine Frau und die Tochter bleiben (bis Mitte Juli) in Italien und kehren dann nach Mondsee bei Salzburg zurück, wo sich Marianne Brechts Mutter aufhält.

Mitte Juni - Anfang Juli 1924
Neunte Reise nach Berlin

Arbeit an der *Hauspostille*

17. Juni, Dienstag. B ist wegen seiner Verpflichtungen dem Kiepenheuer Verlag gegenüber nach Berlin gefahren und arbeitet mit Hermann Kasack an *Gösta Berling.* Vermutlich sieht er während der Arbeit an seinem Stück den sehr aufwendigen zweiteiligen schwedischen Film *Gösta Berling* (→ Juli 23) mit Lars Hanson und Greta Garbo (Regie: Mauritz Stiller), der 1924 nach Deutschland kommt. Das regt ihn zu einigen Überlegungen über den Film an *(Der deutsche Kammerfilm; 21,105)*. Da die Urheberrechtsfrage unklar ist, stockt die Arbeit an dem Stück.
18. Juni, Mittwoch. Kasack berichtet Gustav Kiepenheuer, der im Urlaub ist, B »wird Freitagabend zu mir kommen, um vor allen Dingen das Manuskript der *Hauspostille* fertig zu machen. Ich werde ihm das Versprechen abnehmen, nicht eher abzureisen, bis nicht die *Hauspostille* hier ist.« Die Arbeit an *Gösta Berling* sei freilich »wirklich nicht leicht«, weil die Bühne andere Anforderungen hat, als der Lagerlöfsche Roman liefert *(Berger, 14)*.
20./21. Juni, Freitag/Sonnabend. Fortsetzung der Arbeit mit Kasack an *Gösta Berling* sowie an der Herstellung satzfertiger Manuskripte für die *Hauspostille.*
26. Juni, Donnerstag. B bespricht mit Caspar Neher, der tags zuvor nach Berlin gekommen ist, und Kasack die Gestaltung der *Hauspostille.*
28. Juni, Sonnabend. B verschiebt seine Rückreise nach München erneut und redigiert mit Kasack weiterhin die *Hauspostille*; darüber berichtet dieser seinem Verleger: »Wir dichten dabei gemeinsam die schlechten Zeilen um und bemühen uns auch sonst, einige amüsante Abwechslungen in die *Hauspostille* zu bringen.« *(Berger, 14.)*

29. Juni, Sonntag. Erstdruck der (etwa 1923 geschriebenen) Geschichte *Der Tod des Cesare Malatesta (19,183-187)* im *BBC.*
Caspar Neher bringt Kasack Entwürfe für die Titelgestaltung der *Hauspostille*, über deren »Herstellung« B »noch besondere Wünsche« hat, die dem Cheflektor »einleuchten«.

Erstdruck von *Leben Eduards des Zweiten von England*
1953 urteilt B rückblickend: Mit der Bearbeitung von Marlowes *Leben Eduards des Zweiten von England*, die ich mit Lion Feuchtwanger zusammen unternahm, weil ich an den Münchener Kammerspielen eine Inszenierung zu machen hatte, kann ich heute nicht mehr viel anfangen. Wir wollten eine Aufführung ermöglichen, die mit der Shakespearetradition der deutschen Bühnen brechen sollte, jenem gipsig monumentalen Stil, der den Spießbürgern so teuer ist. *(23,244.)*

30. Juni, Montag. *Leben Eduards des Zweiten von England* wird vom Kiepenheuer Verlag fertiggestellt. Die Ausgabe (mit vier Radierungen Caspar Nehers) enthält auf der zweiten Seite den Vermerk: »Dieses Stück schrieb ich mit Lion Feuchtwanger. Bertolt Brecht.« Auf der vorletzten Seite wird angekündigt: »In Vorbereitung: Die Hauspostille – Balladen und Gedichte«.

Arbeit an dem Stück *Galgei oder Die vier Soldaten* (Urfassung von *Mann ist Mann*)

Anfang Juli. B fährt nach München zurück. Obgleich die *Hauspostille* durchgearbeitet ist, nimmt er das Manuskript für eine endgültige Einrichtung nochmals mit. Im Juli setzt er die unterbrochene Arbeit an einem Stück fort, das er *Klamauk oder Galgei auf der Schaukel* genannt hat, mit dem neuen Titel: *Galgei oder Die vier Soldaten* (→ Anfang Dezember). Den Sommer über arbeitet er vorwiegend in Augsburg.
Einer Eintragung im Notizbuch vom Juli zufolge hat B folgende Pläne: »*Flucht Karls des Kühnen* – ? / *Galgei* – Regie / *Gösta* – Geld / *Mortimer Fleischhacker* – Studium / *Dikkicht* – Position / Film – lernen / *Mahagonny-Oper* – Mar[ianne] / *Hannibal* / *John I'm happy* / Exzentrikposse« *(26,279)*. Obwohl die *Hauspostille* nicht erwähnt wird, hält er eine weitere Überarbeitung für nötig (→ 8. 8.).
5. Juli, Sonnabend. Caspar Neher schließt mit dem Deutschen Theater in Berlin einen Zweijahresvertrag ab. Er bittet Kasack, ihm bei der Suche nach einer Wohnung für sich und seine Frau in Potsdam behilflich zu sein; B habe ihn gebeten, das neue »Stück ›*Die vier Soldaten aus Kankerdan*‹ [*Galgei*] zu illustrieren« (→ Anfang Juli) *(ÖNB)*.

Lernen:
Chauffieren
Moderne Jamben
Stück komponieren
Fotografieren
Schifahren
Segeln
Reiten
Zeitung lesen auf Geld
Sprachen
Geldwirtschaft
Technik
Anatomie
Englisch
Jiu-Jitsu (26,279)

Mitte Juli. Bs Frau fährt mit der Tochter aus Italien nach Mondsee bei Salzburg. Von dort aus kommt sie zu ihm kurz zu Besuch; er schreibt ihr danach: »Ich hab mich sehr gefreut, daß Du gekommen bist, wenn auch mein Gesicht noch etwas zugefroren war! Schreib mir bald über die Hanne und wie es Dir geht, ruhe Dich aus!!!« *(Br, 245)*.
24. Juli, Donnerstag. B lädt seine Frau wiederum nach Augsburg ein. »Cas ist jetzt da und wir arbeiten. [...] Es ist hier so langweilig, als man es nur wünschen kann. Ich küsse Euch untertänigst beide auf den großen Zeh, der beir Hanne kleiner ist.« Von Otto Müllereisert habe er das Motorradfahren gelernt *(Br, 244)*. Nach ihrem erneuten Besuch bedankt er sich dafür und wünscht sich »gute Jahre« für beide *(Br, 245)*.

30. Juli, Mittwoch. An Helene Weigel, die in Wasserburg am Bodensee Urlaub macht, schreibt B über seine Arbeit mit Neher. »Ich bin *immer* ›aufgekratzt‹ bei Dir! Zum Erstaunen lebendig, jetzt wieder down. Ich küsse Dich, wirst Du tüchtig dick? Das ist gut. Da bist Du gut zu haben. Das festigt innerlich.« *(Br, 246.)* Sie besucht ihn in Augsburg, wofür er sich bedankt. »Wenn irgend möglich«, solle sie noch einmal auf zwei Tage kommen. »Nächste Woche etwa / Inzwischen mußt Du Deine Haare mit Lavendel waschen / Daß sie *riechen*« *(Br, 249).*

Juli 24
Armbanduhr
Hose aus Cord
Ledermütze
Hemden aus Khaki und Rohseide
Aga Kleinauto
Schwarzer Gummimantel
Unterwäsche
Feuerzeug
Jumper
Zeißfoto (26,279f.)

Anfang August. Marianne Brecht plant für die Familie einen Umzug nach Berlin und hat Gustav Kiepenheuer um Hilfe gebeten, die er zusagt. Sie schreibt ihm: »Wir freuen uns sehr über Ihr Schreiben, uns in der Wohnungssuche behilflich zu sein. Viel lieber wäre uns natürlich eine leere Wohnung. 4-5 Zimmer – wenn das unmöglich, dann müßten wir eben wieder eine möblierte Wohnung nehmen. 3-4 Zimmer; ganz separiert mit Küche und Bad – am liebsten in Berlin oder Potsdam, sonnig, trocken, möglichst im ersten Stock. Wir danken Ihnen herzlichst für Ihre Bemühungen und verbleiben mit vielen Grüßen Ihre Brechts.« Zur gemeinsamen Übersiedlung nach Berlin äußert sich B in einem Brief (vom August, wegen ihres Planes, in Wien ein Theaterengagement anzunehmen) zurückhaltend: »Erstens: kannst Du nur dann zunächst nach Wien, wenn Du ganz und gar und auf Lebenszeit verheiratet bist. Eine klare Sache. [...] Auf jeden Fall ist Wien nur ein Ausflug hauptsächlich für die Zeit, wo ich nicht in Berlin oder dort sehr beschäftigt bin.« *(Br, 254.)*

2. August, Sonnabend. Helene Weigel hat B um die Zusendung von Geld gebeten; er schreibt ihr, daß er an diesem Tag nichts beschaffen kann, und vertröstet sie auf Montag, wo er in den Münchener Kammerspielen zu tun hat *(Br, 247).*

4. August, Montag. Auf eine Anfrage Hermann Kasacks vom 31. 7., ob er die *Hauspostille* erhalten habe, antwortet Gustav Kiepenheuer: »Brecht hat noch nichts geschickt, ich bin dabei, für die beiden eine Wohnung zu suchen...« Obwohl B die Drucklegung der Gedichtsammlung weiterhin verzögert, sieht sie Kiepenheuer weiterhin als eines der Werke, »deren Erscheinen in erster Linie zu bevorzugen wäre« (Einstellung einer dafür zuständigen Mitarbeiterin →1. 1. 25, Abgabe →Oktober 25). Wegen ausbleibender Lieferung druckfertiger Manuskripte stellt der Verlag aber die monatliche Honorar-Vorauszahlung (→7. 1. 22) an B ein. Für einzelne Gedichte der *Hauspostille* schafft der Kiepenheuer Verlag Veröffentlichungsmöglichkeiten in Zeitschriften *(Berger, 14).*

11. August, Montag. Marianne Brecht bedankt sich bei

Hanne Brecht, 12. 8. 1924

Kiepenheuer für die Mühe um Vermittlung einer Wohnung und teilt mit, daß sie die Miete erst ab September bezahlen könnten. »100 Mark wäre nicht zu arg – es wäre uns aber eine leere Wohnung viel, viel lieber. Wir können ab 1. 9. die Wohnung von Kortner beziehn – die ist möbliert – und könnte ich ja dann von dort aus, mit Ihrer so liebenswürdigen Hilfe, eine leere Wohnung suchen...« *(Berger, 14.)* Bald danach gibt Marianne kurzfristig den Umzugsplan auf und bleibt mit der Tochter vorerst in München (ab 24. 8.).

Mitte August. B schreibt aus Augsburg an Helene Weigel, die wieder in Berlin ist, er gehe »immer noch promenieren in der Kastanienallee« und sei »nicht ohne Beschäftigung«. Ungefähr vier Akte (von *Galgei*) seien im Rohbau fertig. »Was ich habe, ist befriedigend, einiges gut.« Er kündigt ihr an, daß er »Mitte nächster, spätestens Ende nächster Woche« nach Berlin kommen wird, und schließt mit: »Ich bin Ihnen immer noch leidlich gewogen sowie Ihrem geheimnisvollen Inhalt.« *(Br, 252.)* B ist mit Helene Weigel übereingekommen, daß sie nach der Geburt des Kindes ihre Atelierwohnung Spichernstraße 16 für ihn räumt.

27. August, Mittwoch. B teilt Helene Weigel mit, daß er mit seinem Stück nur langsam vorwärts kommt. »Wirst Du dikker? Das freut mich. / Was tut mein Atelier?« *(Br, 250.)*

28. August, Donnerstag. Aus Augsburg bittet B Marianne, in München »das Soufflierbuch *Dickicht*, ein blau geheftetes Schreibmaschinenexemplar mit dem Stempel des Nationaltheaters, vielen umgebogenen Seiten und Strichen,« an das Deutsche Theater nach Berlin zu schicken. »Ich arbeite jetzt fieberhaft *Galgai*, muß vielleicht schon Anfang der Woche nach Berlin!!!« *(Br, 253.)*

Helene Weigel bittet er, Erich Engel, der für die *Dickicht*-Inszenierung nach Berlin gekommen ist, mit Neher zusammenzubringen *(Br, 251)*.

Berlin. 1924-1933

1. September, Montag. B reist nach Berlin und bereitet seinen Umzug vor. Er mietet sich ein Zimmer. Am 6. 10. meldet er sich in München ab und am 23. 10. in Berlin-Steglitz, Alsheimerstr. 4, an. Die Atelierwohnung von Helene Weigel bezieht er am → 15. 2. 25.

September 1924
Umzug nach Berlin
23. Oktober 1924-15. Februar 1925
Berlin-Steglitz, Alsheimerstraße 4

Er beginnt in Berlin als Dramaturg am Deutschen Theater und kümmert sich zunächst um die Inszenierung von *Dickicht.* Max Reinhardt kommt mit B überein, daß er auch Regie führen soll (nicht realisiert).

September 1924-Juni 1925
Dramaturg am Deutschen Theater Berlin

An Marianne Brecht schreibt er (Anfang September): »Meine Pleite hat mich schon Ende August hierher getrieben! Ich denke immer an Euch und denke immer, daß ich für Hanne arbeite. Ich will anfangs Oktober nach Wien kommen; denn im Oktober bin ich in Augsburg, um zu arbeiten.« *(Br, 255.)*

Mitte September. B nimmt an den Proben Erich Engels zu seinem Stück *Im Dickicht* teil.

29. Oktober, Mittwoch. Premiere von Bs *Dickicht (Untergang einer Familie)* am Deutschen Theater; Regie: Erich Engel, Bühnenbild: Caspar Neher; mit Fritz Kortner (Shlink), Walter Franck (Garga), Gertrud Eysoldt (Maë Garga), Walter Fried (John Garga), Franziska Kinz (Marie), Paul Bildt (Wurm), Gerda Müller (Jane), Lothar Müthel (Pavian).

29. Oktober 1924
Premiere *Dickicht*,
Deutsches Theater Berlin
Wenn man später auf dieses Stück von Bert Brecht zurücksehen wird, so wird man erkennen, wie sehr gerade in diesem Werk das Anfangsgefühl ausgedrückt ist. Das Anfangsgefühl nach einer erlebnisarmen, bildungsreichen, nach einer seelisch laschen, technisch angespannten Zeit.
(Herbert Jhering, BBC, 30. 10.)

31. Oktober, Freitag. B hat (im Oktober) mit Leopold Jessner vereinbart, daß er die Regie seines Stückes *Leben Eduards des Zweiten von England* am Staatlichen Schauspielhaus Berlin übernimmt. Aufgrund von Meinungsverschiedenheiten über die Inszenierungskonzeption tritt B von der Regie zurück; sie wird Jürgen Fehling übertragen. Rudolf Fernau, der in der *Eduard*-Inszenierung den Kent spielt, trifft (am 31. 10.) B in der U-Bahn und begleitet ihn in die Spichernstraße. Dabei erhält er von B Hinweise für eine Spielweise, die nicht zum Fehlingschen Konzept paßt *(Fernau, 129f.).*

Das Drama Brechts wäre kein Drama, wenn es nicht die Schauspieler reizte, wie es gestern tat, so aus sich heraustriebe. Kortner als Shlink ist unerhört stark, tierische Not in einem fahlen Mongolenantlitz, das mehr und mehr sich versteinert. Walter Franck, der robuste Helfer der neuen Dramatik, brutalisiert den George im Körperlichen und steigert ihn intellektuell durch seine Schärfe, seine explosive Wucht.
(Paul Wiegler, Der Tag, 31. 10.)

Herwarth Walden wirft B in der Zeitung *Die Republik* vor, er habe in *Im Dickicht* einige Passagen aus Arthur Rimbauds Prosadichtung *Ein Sommer in der Hölle* ohne Zitatnachweis verwendet (→ 4. 11.).

Oktober. Im Heft 3 der *Blätter des Deutschen Theaters* werden zwei Gedichte Bs veröffentlicht: die (um 1922 geschriebenen) *Gedanken eines Grammophonbesitzers (13,262f.)* und die (um 1919 geschriebene) *Matutin vom ertrunkenen Mädchen* (das nächtliche Stundengebet *Vom ertrunkenen Mädchen; 11,109*). Außerdem enthält das Heft den Aufsatz *Bert Brecht*, in dem Max Freyhan Bs Dramatik als »balladesk« einordnet, »in verschiedenen Stufungen. Denn sie hat dieses nackt-aufragende Faktische, eingesenkt in das Irrationale jener atmosphärischen Wesenheiten.«

Geburt von Brechts Sohn Stefan Weigel

Plagiatsvorwurf (Arthur Rimbaud)
Jetzt schon kann ihnen freilich verraten werden, daß das Drama, wenn es überhaupt schreiten sollte, in jedem Fall mit Gelassenheit über die Leichen der Philologen schreiten wird. *(21,103.)*

Bekanntschaft mit Elisabeth Hauptmann
Elisabeth (Else) Florence Hauptmann, geb. am 20. 6. 1897 in Peckelsheim, Kreis Warburg, Westfalen, ist die Tochter des Sanitätsrats Dr. Clemens Hauptmann. Sie schließt ein Lehrerseminar ab und unterrichtet als Hauslehrerin auf Gütern an der polnischen Grenze. 1922 geht sie nach Berlin, um zu studieren, kann aber ihren Plan wegen der Inflation und der zu hohen Lebenshaltungskosten nicht ausführen. Sie gibt Privatunterricht, übernimmt Schreibarbeiten, verkauft Übersetzungen aus dem Englischen und beginnt 1924 selbst zu schreiben.

4. Dezember 1924
Premiere *Leben Eduards des Zweiten von England* am Staatlichen Schauspielhaus Berlin
Nur wer die Gähnsucht kennt, / Weiß, was ich leide. / Die Kritik ist kurz. / Noch ein Auftritt. Noch ein Auftritt. Steigerungslos. Angeklebt. Vier Stunden fast. Wer nicht schläft,

3. November, Montag. Geburt von Stefan Weigel, Sohn Bs und Helene Weigels.

4. November, Dienstag. Auf den Plagiatsvorwurf Herwarth Waldens (→ 31. 10.) veröffentlicht der *BBC* unter der Überschrift *Eine Feststellung* mehrere Stellungnahmen. Herbert Jhering beschuldigt Walden, er sei von einer nicht endgültigen Stückfassung ausgegangen, um aus Anlaß der Aufführung von *Dickicht* »eine kleine Bombe« zu werfen. Der Rimbaud-Übersetzer Hans Jacob meint, B benutze die Zitate bewußt, um auszudrücken, »daß der Sprecher seine Bildung aus einer Leihbibliothek bezogen habe«, wirft ihm jedoch auch »Fahrlässigkeit« vor. B erklärt, die Zitate von Rimbaud und Verlaine seien im Buch durch Anführungszeichen als Zitate kenntlich gemacht. »Die Bühne besitzt anscheinend keine Technik, Anführungszeichen auszudrükken. Besäße sie eine, so würde sie eine große Anzahl anderer beliebter Werke für Philologen vielleicht schmackhafter, für das Publikum aber ziemlich unleidlich machen.« *(21,103.)*

15. November, Sonnabend. *Das Tage-Buch* veröffentlicht drei Szenen aus *Baal* (außerdem Nachdrucke der *Ballade von den Seeräubern, 13,85,* sowie von *Karl Valentin, 21,101*).

November. B trifft sich mehrfach mit Dora Mannheim (→ Februar 20). Eine ehemalige Kollegin aus einem Architekturbüro möchte B kennenlernen und wird von ihr zu einem Treff eingeladen. An diesem »trüben Tag im November« war B »gesprächiger als sonst, er stand auf, ging hin und her und versuchte, uns etwas klarzumachen. Elisabeth Hauptmann (so hieß meine Bekannte) schwieg die meiste Zeit, sie war entsetzlich erkältet, versuchte aber, Brecht aufmerksam zuzuhören. Am nächsten Tag bat mich Brecht um ihre Telefonnummer.« *(Die Zeit, 19. 8. 66.)*

Anfang Dezember. B arbeitet die Konzeption des Stückes *Galgei* um. Nach der Lektüre von Rudyard Kiplings Gedichtsammlung *Barrack Room Ballads* (1911, dt.: *Balladen aus dem Biwak*) und der Novellensammlung *Soldiers Three* (1900, dt.: *Soldaten-Geschichten*) verlegt er die Handlung in die britische Kronkolonie Indien und nennt die Hauptfigur nun Galy Gay. Das Stück erhält den Titel *Mann ist Mann.* In diese Arbeit bezieht er Elisabeth Hauptmann ein.

4. Dezember, Donnerstag. Premiere von *Leben Eduards des Zweiten von England* am Staatlichen Schauspielhaus Berlin; Regie: Jürgen Fehling; mit Erwin Faber (Eduard), Werner Krauß (Mortimer), Agnes Straub (Anna), Rudolf Fernau (Kent). Wegen der Ablehnung von Fehlings Regie bleiben B und Lion Feuchtwanger der Premiere fern; sie sehen sich den amerikanischen Film *Zsa Zsa* mit Gloria Swanson an und besuchen später die zweite Aufführung von *Leben Eduards des Zweiten von England.*

15. Dezember, Montag. Erstdruck von *Erinnerung an die Marie A.* (→ 20. 2. 20) in *Junge Dichter vor die Front!, Berlin, Heft 3.*
Im Landeshaus Berlin findet ein *Brecht-Abend* (mit Erna Feld und Konrad Hofert) statt, den Jo Lherman (→ Juli 23) einleitet. Zum Vortrag kommen eine Szene aus *Baal*, die Geschichte *Tod des Cesare Malatesta* sowie weitere Lieder und Gedichte (mit teilweise abweichenden Titeln, z.B.): *Kleine Ballade von der Kälte, Legende vom toten Soldaten, Ballade von Bertolt Brecht.* Das Gedicht *Das Schiff* erhält (nach der Plagiatsaffäre → 31. 10.) den ergänzenden Hinweis: »nach Rimbaud«.
Marianne Brecht fährt mit Tochter Hanne nach Baden bei Wien zu ihren Eltern (die dort wohnen).

wächst aus. / Jemand kann Zitterspieler werden. Jemand kann Möbeltischler werden. Jemand kann Lithograph sein oder im Baugeschäft. / Aber warum Dramatiker – wenn ihm just diese Fähigkeit mangelt. *(Alfred Kerr, Berliner Tageblatt, 5. 12.)*

18. Dezember, Donnerstag. Aus Anlaß der Uraufführung von Arnolt Bronnens *Katalaunischer Schlacht* (am 28. 11. im Frankfurter Schauspielhaus) rechnen die Rezensenten des *Berliner Tageblatts*, Fred Hildebrand (am 2. 12.), und Alfred Kerr unter Einbeziehung Bs mit der jungen Dramatik ab. Auf Veranlassung Kerrs ist der Plagiatsvorwurf Waldens (→ 31. 10.) im *Berliner Tageblatt* nachgedruckt worden. B schreibt als Entgegnung auf die Attacke das Gedicht *Kleine Epistel, einige Unstimmigkeiten entfernt berührend (13, 281f.)*, das in *Kiepenheuers Tabatiere* erscheint (→ 17. 1. 25), sowie *Bericht über die Vorpostengefechte im Winter 24/25 (13,282f.).*

Bronnens letztes Stück, seinerseits, ist zeithaft stark. Es macht sich ganz äußerlich an Aktuelles (Schützengraben, Kino, Grammophon) – gibt jedoch in der Kunst das Überlebteste, mit verstaubten Tricks, für die französische Vorstadt seit fünfzig Jahren nicht mehr annehmbar. Kurz: zeithaft stark. / Es ließe sich auch sagen: Bumms ohne Inhalt. Knall an sich. Leere mit Tempo. *(Alfred Kerr, Die launische Schlacht, Berliner Tageblatt, 18. 12.)*

19. Dezember, Freitag. Die Kritikerschlacht um B und Bronnen, die insbesondere zwischen Herbert Jhering und Alfred Kerr ausgetragen wird, gerät zunehmend selbst in die Kritik. In der politischen Wochenschrift *Der Deutschen-Spiegel* schreibt Luma in seinem Artikel *Brecht, Bronnen und ihre Kritiker* u. a.: »Die Kritiker kämpfen; Brecht ist für sie nur der belanglose Anlaß. Denn im wesentlichen liegt kein entscheidender Streit vor, Brecht und Bronnen sind ursprüngliche Dichter, ohne bisher ein großes Werk geschaffen zu haben. Jhering schoß weit über das Ziel hinaus, als er nach der Münchener Uraufführung des *Eduard II.* telegraphiert, daß sich das Gesicht des deutschen Dramas entscheidend gewandelt habe. Aber verwerflich ist es, wenn man – wie Kerr – einen Dramatiker verreißt, um seinen kritischen Herold zu treffen.«
25. Dezember, Donnerstag. Im *BBC* wird Bs Gedicht *Maria (25. 12. 22)* in einer überarbeiteten Fassung *(13,243)* zum erstenmal veröffentlicht.
Dezember. Am 1. 12. kündigt Gustav Kiepenheuer einen repräsentativen *Europa-Almanach* für das Jahr 1925 an (der zum Jahreswechsel ausgeliefert wird). In der (von Carl Einstein und Paul Westheim herausgegebenen) Anthologie wird

die *Ballade von der Freundschaft* (→ 27. 7. 20) aus der *Hauspostille (11,95-97)* vorabgedruckt (dazu Abbildungen des Holzreliefs *Die gemarterte Menschheit* von Ernst Barlach und eines Holzschnitts von Gerhard Marcks).

1925

1. Januar, Donnerstag. Auf Bs Wunsch wird Elisabeth Hauptmann (→ November 24) vom Kiepenheuer Verlag angestellt und dazu verpflichtet, die Stücke *Mann ist Mann* und *Im Dickicht* sowie die *Hauspostille* bis Ende des Jahres redaktionell zu betreuen und satzfertig abzuliefern.

Elisabeth Hauptmann erinnert sich: Er stellte fest, daß ich sein Stück *Im Dickicht der Städte* in Erich Engels Inszenierung in Reinhardts Deutschem Theater nicht gesehen hatte, und sagte, das sei unverzeihlich. Wahrscheinlich sei diese Inszenierung das Beste, was man im Moment in Berlin, wenn nicht in ganz Deutschland sehen könne. Und wenn ich schon dabei sei, mich ernsthaft mit literarischen und theatralischen Dingen zu befassen, dann sei mein Versäumnis wirklich ein Verbrechen gegen mich selber und mein Vorhaben, bei der Textfassung der Buchausgabe zu helfen. *(Engel, 221.)*

Anfang Januar. In Heft 4/5 der Zeitschrift *Das Dreieck* erscheint als Sonderheft unter dem Titel *Die Lyrik der Generation* eine von Jo Lherman herausgegebene und eingeleitete »Anthologie unveröffentlichter Gedichte sechzig deutscher Autoren«, darunter Bs *Erinnerung an die Marie A.* (Erstdruck → 15. 12. 24), *Ballade vom Brod (Vom Brod und den Kindlein; 11,41f.)* und *Morgendliche Rede an den Baum Green (11,55)*. Lhermans Vorwort ist auf den 1. 1. datiert.

Zu der Begründung Paul Fechters für seine Verleihung des Kleist-Preises 1925 an Carl Zuckmayer für dessen Lustspiel *Der fröhliche Weinberg* schreibt B (als Preisträger 1922 Mitglied der Kleist-Stiftung) einen *Offenen Brief an die Kleistpreis-Stiftung*. Er charakterisiert Fechters Urteil als »Maßregelung des Preisträgers«, in dem ein »unverantwortlicher Reaktionär«, dessen Berufung zur Preisverleihung ihm nicht verständlich ist, »einen Theaterschriftsteller dieser Generation im Unteroffizierston« beschulmeistert *(21,119)*.

7. Januar, Mittwoch. B bittet Efraim Frisch um Zusendung von Exemplaren des *Neuen Merkur*, in dem *Bargan läßt es sein* (→ Ende September 21) abgedruckt ist *(Br, 257)*.

17. Januar, Sonnabend. In Heft 1 von *Kiepenheuers Tabatiere* (einer verlagsinternen Publikation) erscheint der Erstdruck des Gedichts *Kleine Epistel, einige Unstimmigkeiten entfernt berührend* (→ 18. 12. 24) mit einer Zeichnung, die Kerrs geflügelten Kopf zeigt, mit winzigen Beinen auf einem Band *Die junge Dichtung* stehend. In dem Gedicht setzt sich B mit Kerrs Rezensionen zu *Dickicht* (→ 29. 10. 24) und zu Bronnens *Katalaunischer Schlacht* auseinander.

Wenn einer gern schreibt, ist er froh
Wenn er ein Thema hat.
Als der Suezkanal gebaut wurde
Wurde einer berühmt, weil er dagegen war.
Einige schreiben gegen den Regen
Andere bekämpfen den Mondwechsel.
Wenn ihr Feuilleton hübsch ist
Werden sie berühmt.
(13,281.)

23. Januar, Freitag. In dem Berliner Theater Komödie spielt Helene Weigel das Dienstmädchen in *Dardanelle, der Betrogene* von Emile Mazaud (Regie: Max Pallenberg, der den Dardanelle spielt; mit Sybille Binder als Madame Dardanelle).

1. Februar, Sonntag. Bei seiner Betrachtung der Plagiats-Affäre (→ 4. 11. 24) kommt Leo Rein in seinem Artikel *Der Brecht-Skandal* zu dem Urteil: »Es gibt wahrscheinlich keine absolute geistige Originalität. Jeder steht auf den Schultern eines andern; der eine höher, der andre tiefer.« *(Das Blaue Heft.)*

Anfang Februar. B bittet seine Frau, wegen einer ausgebliebenen Geldsendung nicht ungeduldig zu sein. Sobald er vom Deutschen Theater und vom Drei Masken Verlag Auszahlungen erhält, will er sie schicken. Zu ihrer Beziehung schreibt er: »Ich denke nicht daran, meine Ehe mit Dir aufzugeben, vergiß das nicht! *Wenn* Du es aber vergißt, wirst Du den härtesten Kampf Deines Lebens um *unsere* Hanne vor Dir haben.« *(Br, 258.)*

10. Februar, Dienstag. Helene Weigel spielt am Deutschen Theater die Schwester Martha in *Die Stützen der Gesellschaft* von Henrik Ibsen; Regie: Richard Gerner; mit Albert Bassermann (Konsul Bernick), Elsa Bassermann (Lona), Mathias Wieman (Johann).

15. Februar, Sonntag. Nach dem (vereinbarten) Umzug von Helene Weigel und Sohn Stefan in die nahegelegene Babelsberger Str. 52 zieht B in ihre Atelierwohnung Spichernstr. 16 ein und nutzt sie 3½ Jahre als Arbeits- und Wohnstätte.

Mitte Februar. Trotz seiner Bindung an Helene Weigel schreibt B an seine Frau Marianne: »Ich habe keine Frau außer Dir und werde keine haben. Ich weiß ganz gut, daß Du am meisten Klasse hast von allen Frauen ringsum und doch am besten zu mir paßt.« Elisabeth Hauptmann, die ihm »Kiepenheuer nach einer alten Ausmachung als Sekretärin« bezahlen muß, bemühe sich für sie und Hanne um eine Wohnung in Berlin *(Br, 259)*.

26. Februar, Mittwoch. Der Kiepenheuer Verlag freut sich über Bs Idee, die »besten und interessantesten Verse von Kipling« herauszubringen, und erwartet von ihm als einem »der prominentesten Schriftsteller des jüngeren Deutschlands« Vorschläge dafür, die er »sicher mit besonderem Geschmack« zu treffen wisse *(1080/36)*. (Das Projekt kommt nicht zustande.)

27. Februar, Freitag. B sieht Erich Engels Inszenierung von Shakespeares *Coriolan* am Deutschen Theater (gespielt im Lessingtheater); Bühnenbild: Caspar Neher; mit Fritz Kortner (Coriolan), Agnes Straub (Volumnia), Jakob Tiedtke (Menenius), Walter Franck (Aufidius). Die Inszenierung macht auf B großen Eindruck, und er beurteilt sie auch in den folgenden Jahren immer wieder als einen »entscheidend« wichtigen Versuch der Regie, zu einem epischen Theater zu kommen (so 1927: *21,196* oder 1929: *21,313*). Mit Elisabeth Hauptmann spricht B mehrfach über Engel: »Er beschrieb ihn mir u.a. als den Prototyp des ›urbanen, klugen Regisseurs, der nicht nur mit großer künstlerischer Verantwortung und Phantasie, sondern auch wissenschaftlich‹ an die Inszenierungsarbeit heranging. [...] Außerdem

15. Februar 1925 - 1. November 1928 Berlin-Wilmersdorf, Spichernstraße 16

Eine der ersten Anschaffungen war, neben einem Hammer und einem Schaukelstuhl, ein äußerlich sehr schönes, innerlich etwas ramponiertes Tafelklavier, für ganz wenig Geld in einer der Althändlerstraßen erworben. Es hatte einen dünnen, drahtig klingenden, leicht nachhallenden Ton. [...]
Brecht hatte auch seine Gitarre mit nach Berlin genommen. Aber er gab die im Augsburger und Münchener Freundeskreis gern und oft praktizierte Gewohnheit, die eigenen Lieder mit den meist selbst erfundenen Melodien zu singen und sich dabei auf der Gitarre zu begleiten, in Berlin bald auf. *(Hauptmann, 192f.)*

Man mußte vier beschwerliche Etagen hinaufsteigen, dann über ein steiles schmales Brett hinwegjonglieren, sich durch einen dunklen Raum hindurchtappen und eine schwere Eisentür aufstoßen, bevor man vor Brechts Behausung stand. Es war eine Atelierwohnung. Ans breite Fenster gerückt, befand sich ein langer Tisch. In der Ecke lagen Mappen, die Materialsammlungen enthielten; zumeist waren es Zeitungsausschnitte mit Berichten über seltsame Vorfälle, hauptsächlich aus der *Neuen Welt.* In einer anderen Ecke die aufgeklappte arbeitsfreudige Schreibmaschine. Arbeitend, sinnend hatte Brecht durchs Fenster ein Dächermeer vor sich, einen Teil der deutschen Hauptstadt, die zu erobern er sich vorgenommen hatte. *(Reich, 279.)*

lobte er Engels große Disziplin und Verläßlichkeit, die keine Schlamperei duldeten.« *(Hauptmann, 190.)* Seit seiner Münchener Zusammenarbeit mit Engel (→3.-8.10.22) schätzt B diesen Regisseur außerordentlich und verfolgt viele seiner Inszenierungen. In einem Notizbuch von 1924 hält B folgende Tugenden Engels fest: »Gewichtsverteilung, Klärung, Abrollung, Sauberkeit, Isolierung« *(461/59)*.
Nach der Haftentlassung Hitlers (→9.11.23) und der Aufhebung des Verbots der NSDAP in Bayern wird die Partei in einer Versammlung im Münchener Bürgerbräukeller neu gegründet.

Ich habe kein Bedürfnis danach, daß ein Gedanke von mir bleibt, ich möchte aber, daß alles aufgegessen wird, umgesetzt, aufgebraucht. *(1925; Autobiographische Notiz; 26,283.)*

Ende Februar. Marianne Brecht hat einen eifersüchtigen Brief geschrieben, auf den B beschwichtigend schreibt: »Was Fräulein Hauptmann betrifft, so schreibt sie einige Tage in der Woche auf der Maschine für mich und wird von Kiepenheuer bezahlt und beschäftigt. Ich bin mit ihr so wenig befreundet wie mit Kiepenheuer selber.« Seine Finanzlage sei nicht günstig. »Ich habe nach Abzug der Steuer 600 Mark vom Theater und sonst nicht einen Pfennig. Ich weiß nicht, wie ich für Dich Geld auftreiben soll. Dennoch werde ich Dir 100 schicken.« B bedauert, daß ihre einzige Verbindung darin besteht, daß sie von ihm Geld einfordert *(Br, 260)*.

Freundschaft und Zusammenarbeit mit Emil Hesse-Burri

Mit Emil Hesse-Burri bei der Arbeit.

Bei Boxkämpfen, die er immer wieder besucht, lernt B Emil Hesse-Burri (später bevorzugt: Emil Burri) kennen, der u.a. verschiedenen Boxern assistiert. Auf den Studenten und Schriftsteller hat ihn Lion Feuchtwanger aufmerksam gemacht. B befreundet sich mit Hesse-Burri und bezieht ihn in seine Arbeiten (*Galgei)* ein. Dieser macht B mit dem amtierenden deutschen Schwergewichtsmeister Paul Samson-Körner (→28.2.24) bekannt. Bernhard Reich berichtet über einen Besuch bei B: »An der Schreibmaschine saß ein blondes, braunäugiges, pausbäckiges Geschöpf. Er stellte vor: Elisabeth Hauptmann. Sie sprach vorzüglich englisch und versorgte ihn mit Materialien: mit Ausschnitten aus englischen und amerikanischen Zeitungen und Zeitschriften. Sie hatte da alle Hände voll zu tun; denn Brechts Appetit nach dem Amerikanischen war ungeheuer. Dann tauchte Emil Burri auf. Auch er war damals blutjung. Brecht rühmte ihn als einen sehr talentierten Schriftsteller neuen Schlages.« *(Reich, 282.)*
10. März, Dienstag. Im Deutschen Theater Aufführung von Alexandre Dumas' *Kameliendame* in einer Übersetzung von Ferdinand Bruckner (d.i. Theodor Tagger); Regie: Bernhard Reich (der ebenfalls in Berlin engagiert ist); mit Elisabeth Bergner als Marguerite Gautier. In einer *Richtigstellung* erklärt B (aufgrund einer nicht ermittelten Unterstellung), daß die am Premierenabend gespielte Fassung des 5. Aktes von ihm sei; er habe als Dramaturg »auf Wunsch der Regie die

vorläufige Skizze eines fünften Aktes« abgeliefert, »von der indessen nur wenige Stellen verwendet wurden« *(21,106f.)*.
12. März, Donnerstag. B schreibt seiner Tochter zu ihrem Geburtstag: »jetzt bist Du also schon zwei alt und bekommst also zwei Kerzen auf den Kuchen« *(Br, 261)*.
Ende März. B schreibt seiner Frau, er befinde sich »in einer grauenvollen Situation durch die plötzliche Zumutung des Theaters, irgendein Dreckstück von Pirandello zu inszenieren«. Die Inszenierung von Luigi Pirandellos *Die Wollust der Anständigkeit* übernimmt nach Bs Ablehnung Richard Gerner (Premiere: 24. 4.). B bedauert seine Finanzsituation: »Ich habe nur keine Mark Geld mehr, seit Tagen, und lebe eigentlich von Feuchtwanger, es ist sehr unangenehm!« Wegen einer »Rente« vom Verlag verhandele er jetzt wieder *(Br, 262)*.
12. April, Ostersonntag. Erstdruck der (1921 entstandenen) *Geschichte auf einem Schiff* in der *Vossischen Zeitung* *(19,145-147)*.
Im *BBC* wird eine »Szene aus dem Lustspiel *Galy Gay oder Mann ist Mann*« gedruckt.
B hat Marianne Brecht und Hanne »von den letzten zehn Mark« ein Ostergeschenk nach Wien geschickt, »darum ist es so klein« *(Br, 264)*.
26. April, Sonntag. Der von den Rechtsparteien (dem »Reichsblock«) nominierte 77jährige Generalfeldmarschall a. D. Paul von Hindenburg wird im zweiten Wahlgang zum Reichspräsidenten gewählt.
April. Im 100. Heft des *Kunstblattes* erscheint erstmalig der (1919 geschriebene) *Gesang des Soldaten der roten Armee* *(11,48f.)*.
B wird durch Herbert Jhering auf den Wiener Schriftsteller und Publizisten Karl Kraus aufmerksam gemacht, den Herausgeber der Zeitschrift *Die Fackel*. In der (im Frühjahr geschriebenen) *Verweisung an unseren Sohn Karl Kraus* bezeichnet er Kraus als »moralischen Narziß«, der seine »eigne Reinheit« beweisen will. »Keine Angst vor Banalität soll uns hindern, dir zu sagen, daß deine Eitelkeit und Bestechlichkeit das Maß deines Talentes übersteigen, und wir schreiben es nieder, obwohl wir dir dadurch die Mühe aufbürden, nunmehr unsere Theaterstücke vornehmen zu müssen.« *(21,106.)*
Bs Frau hat jetzt erst erfahren, daß er mit Helene Weigel ein Kind hat und mit ihr lebt. Auf ihre empörten Vorhaltungen schreibt er ihr: »Es ist natürlich falsch, was Du erfahren hast, und falsch, was Du darüber schreibst, ich habe mich an kein anderes Kind gewöhnt als die Hanne und werde mich an kein andres gewöhnen, nie!!! Wie ich es Dir immer gesagt habe, *ich kann sie auch nicht aufgeben*, es würde schlimme Kämpfe geben, *ich kann Dich auch nicht aufgeben!*« Er bittet sie, bei

Spichernstraße 16,
Atelierwohnung,
mit Elisabeth Hauptmann,
1927

Entschuldigen Sie, aber ich schreibe etwas auf, und da ich gerade nicht in Form genug bin, etwas Sinnloses zu unternehmen, mache ich einen Brief daraus. Und ich schreibe etwas auf, weil ich einen leeren Kopf habe und das das Ungesündeste für mich ist, was es gibt.

Ich glaube, daß die meiste Literatur (zumindest aber die von mir fabrizierte) von einem Mangel an Gedanken herrührt. Ich meine einen Mangel an Gedanken für den Hausgebrauch, wirklichen, angenehmen Ketten, die weitergehen. Wir können nur an der Hand von Vorgängen zu ein paar armseligen Gedanken gelangen. Es ist leichter, diese Vorgänge zu erfinden, als die Gedanken darüber ohne sie in den Kopf zu kriegen. Anstatt daß ich mich, wie es meine Bestimmung wäre, in ein Sofaeck zurückziehen könnte und fähig wäre, einige scharfe und befriedigende Behauptungen nebst den dazugehörenden scharfsinnigen und unerläßlichen Schlußfolgerungen aufzustellen (denn es muß doch über die Dinge des Planeten so viele und freie Ansichten geben!!), muß ich Kognak trinken, Frauen sezieren, kurz, ein Leben führen! Ich glaube, daß die Behauptung einiger fünfzigjähriger Leute, sie trieben Literatur, weil sie für das Leben nicht geeignet seien, ein armseliger Schwindel ist. Ich jedenfalls stürze mich hauptsächlich deswegen in das »Leben«, weil ich zu wenig Befähigung für die Literatur habe. *(26,285.)*

ihm zu bleiben, er habe eine schlechte Zeit, »die schlechteste, die ich je hatte«, und warnt sie davor, mit einem andern Mann zu gehen, dann »ist es aus mit uns« *(Br, 266)*.

Anfang Mai. B ist »bis über den Hals darin, das Geld für den Sommer für uns drei zu verdienen«, und kündigt seiner Frau für den 10., 20. und 30. Geldüberweisungen an. Er erkundigt sich, wieweit ihre Verhandlungen wegen eines neuen Theaterengagements sind *(Br, 267)*.

7. Mai, Donnerstag. Erstdruck der Geschichte *Das Kreuzwort (19,202-205)* in *Die Bühne*, Wien.

Im Zusammenhang mit der Einweihung des Deutschen Museums in München auf der »Kohleninsel« (am 7. 5.) schreibt B die Geschichte *Kurzer Besuch im Deutschen Museum (19,213f.)*.

9. Mai, Sonnabend. Der *BBC* veröffentlicht Bs Geschichte *Die höflichen Chinesen (19,200)* mit der Vorbemerkung, daß B sie für das Radio geschrieben habe.

11. Mai, Montag. Die Funk-Stunde Berlin sendet einen Abend der »Novembergruppe« unter Mitwirkung von B, der die *Ballade vom Mazeppa (11,93)* und die Erzählung *Die höflichen Chinesen* (→ 9. 5.) liest. (Außerdem beteiligen sich Martin Kessel und Carl Zuckmayer.)

14. Mai, Donnerstag. Walter Brecht ist zu den Verwandten nach New York gereist und schildert seinem Bruder (den er mit »Europäer! Windiger!« anredet) seine ersten Eindrücke. Er fordert ihn auf: »Spare jeden Groschen, jeden Hosenknopf verkaufe und spare den Erlös, und dann, wenn Du die Dampferkarte kaufen kannst, komm ungesäumt!« Auf der Fahrt nach Hamburg hat Walter Brecht in Berlin Station gemacht und ein Paket Elisabeth Hauptmanns für ihre Schwester in St. Louis mitgenommen. Er hat es eingeschrieben in New York abgeschickt und bittet B, sie solle ihm schreiben. »Mir für meine Liebenswürdigkeit danken.« *(26,563-565.)* B antwortet am → 30. 5.

Mitte Mai. B wirft Herbert Jhering vor, er habe die »Ruinierung der *Rheinischen Rebellen*« (von Arnolt Bronnen; Premiere am 16. 5. im Staatlichen Schauspielhaus) »schweigend geschehen lassen«, hingegen Jessners *Wallenstein*-Inszenierung »grundsätzlich für eine historische Tat erklärt« (Premiere am 10. und 11. 10. 24). Damit opfere er »das Drama dem Theater, und zwar das Drama unserer Generation dem Theater der alten Generation«. Er bittet ihn, »die ideelle Bedeutung dieses Briefes daraus zu ermessen, daß ich Ihnen versichere, daß ich weiß: Sie haben meine eigene Position zum Beispiel geradezu allein geschaffen, und daß ich außerdem weiß: Sie sind der erste Kritiker dieser Zeit.« *(Br, 297.)*

19. Mai, Dienstag. Der *BBC* veröffentlicht unter dem Titel

Glossen zu Stevenson eine Rezension Bs zur Neuübersetzung von Robert Louis Stevenson (erster Band von *Gesammelte Werke*, 8 Bände, hg. v. Marguerite und Curt Thesing, München/Berlin 1924/25). Er lobt die Übersetzung von Paul Baudisch und hebt insbesondere die »filmische Optik« hervor, die bereits vor dem Film dagewesen sei, etwa in dem Roman *Der Junker von Ballantrae*, dessen »Lebensbeschreibung« der Feind geschrieben habe. Dadurch erreiche der Autor, daß »die Sympathie des Lesers sich ihm um so heftiger zuwendet« *(21,107f.)*.
Helene Weigel spielt am Deutschen Theater die Frau des Landarztes Caramelle in *Dr. Knock oder Der Triumph der Medizin* von Jules Romains (Regie: Erich Engel, Bühnenbild: Caspar Neher; mit Eugen Klöpfer als Knock).
30. Mai, Pfingstsonnabend. B antwortet seinem Bruder (→ 14. 5.), am liebsten möchte er im Herbst nach New York kommen: »Es ist am besten, wenn man Euch Amerikanern mal auf den Milchzahn fühlt.« *(Br, 265.)*
Anfang Juni. Marianne Brecht nimmt ein Engagement an das Stadttheater Münster für die Spielzeit 1925/26 an.
B schreibt ihr, daß er »mit Hochdruck« arbeitet, um aus Berlin wegzukommen, »das heißt, meine Verträge für Juli usw. unter Dach zu bringen«, um sie dann in Wien »für den ganzen Sommer« zu besuchen *(Br, 269)*. In mehreren Briefen an seine Frau nennt er seine prekäre Finanzsituation als Grund für die ständig verschobene Reise nach Wien: »ich möchte sehr gerne nach Wien, aber immer noch habe ich keine Einnahmequelle außer dem Theater und kann also nicht fort. Die Verhandlungen ziehen sich. Ich arbeite sehr angestrengt und lebe mit sehr wenig Geld.« *(Br, 268.)*
2. Juni, Dienstag. Auf einem Notizblatt mit diesem Datum schreibt B das Gedicht *Schaut an die Gesichter an den Wänden (13,301)*.
16. Juni, Dienstag. Helene Weigel hat einen Gastspielvertrag in München und spielt in den Kammerspielen die Marie in *Woyzeck* von Georg Büchner (Regie: Hans Schweikart; mit Kurt Katsch als Woyzeck).
Mitte Juni. B klagt in einem weiteren Brief an Marianne Brecht, daß sich die Verhandlungen um den Verlagsvertrag immer noch hinziehen, und beteuert ihr, daß ihn in Berlin »bei Gott nichts« hält; »die Weigel« sei »schon längere Zeit weg« auf einem Gastspiel, »also ist sie es keineswegs, die mich hält, wie Du blöderweise anscheinend glaubst« *(Br, 272)*.
Ende Juni. B berichtet seiner Frau, daß der Vertrag mit dem Ullstein Verlag perfekt ist (»das ist der sicherste Verlag, ein großes Glück!«). Er will an diesem und dem folgenden Tag noch zu einer Vereinbarung mit dem Deutschen Theater

16. Juni 1925
Helene Weigel als Marie in *Woyzeck*
Die Marie war einem Gast vom Deutschen Theater in Berlin, Helene Weigel, übertragen. Ihre rassige Auffassung der Rolle, ihre geschlossene Gestaltung ursprünglichen Dirnentums gehörte zum Fesselndsten, was die Inszenierung bot. Sie war in der Maske nicht weniger ausgezeichnet als im Sprecherischen. *(Sp., Münchener Neueste Nachrichten, 18. 6.)*

Ich habe jedesmal nachgeprüft, ob ein momentaner Fehler meiner Konstitution vorlag, wenn ich plötzlich mit meinen Mitmenschen nicht zufrieden war. Einige Male war dies nicht der Fall, meines Wissens. Aber auch in diesen Augenblicken hatte ich nichts Eigentliches gegen die Menschen vorzubringen, vielleicht deswegen, weil mir eher der ganze Typus verfehlt schien. Ich glaube, der Mensch ist eine Rasse, die im Schöpfungsplan nicht vorgesehen war. Welche Tatsache im Laufe ihrer nur wenige Jahrtausende dauernden Lebenszeit nur von wenigen Exemplaren erkannt wurde, die übrigens selber noch nicht die Stufe der Ichthyosaurier erreicht haben können. Ich möchte damit, wie man sich wohl denken kann, keinem Menschen persönlich zu nahe treten. Ich würde zu keiner anderen Gruppe weniger gern gehören als zu der der Unzufriedenen. *(26,284.)*

Ende Juni - Ende Juli
Reise nach Wien und Baden b. Wien

kommen, kann deshalb »erst Freitag« nach Wien fahren. Für die Reise (über Prag) muß er sich noch ein tschechisches Visum beschaffen. »Sei also nicht grantig und freue Dich wie ich, ich freue mich sehr auf Dich und Hanne!« Das nächste Jahr sei gesichert *(Br, 273)*.

Er reist Ende Juni nach Wien (bis 1.7.: Mozartgasse 25). Gegenüber Helene Weigel, die in München gastiert hat (→ 16.6.), bedauert er, daß er sie nicht besuchen konnte. »Ich will im Sommer möglichst viel arbeiten. Hier habe ich ganz außerhalb des Ortes ein einsames Zimmer für mich allein. Mittags besuche ich die Hanne, die ungeheuer liebenswürdig zu mir ist.« Er bittet sie um *Woyzeck*-Kritiken und fragt sie, wann sie ihre Eltern in Wien besuchen wird. Seine Frau sei ab Mitte August in Münster engagiert, »Monatsgage 550 Mark erstaunlich.« Er fragt sie nach Stefan: »Ist er dick. Grinst er wieder.« *(Br, 274.)*

Mitte Juli. B erfährt durch Otto Müllereisert, daß sich Helene Weigel einer Operation unterziehen muß. B bittet um eine »rasche Nachricht« darüber, wie es ihr geht *(Br, 275)*.

18. Juli, Sonnabend. Erstdruck des (1921 entstandenen) Gedichts *Bericht eines Schiffbrüchigen (13,232f.)* in der *Vossischen Zeitung*.

19. Juli, Sonntag. Elisabeth Hauptmann in Berlin hat die überarbeiteten Typoskripte zur Durchsicht und Korrektur an B geschickt und bedankt sich für seine »Anweisungen«, die ihr »eine große Hilfe« sind. »Ich will nach Ihrem Rezept weiterversuchen, wirklich. Faul bin ich zwar etwas, aber es ist auch so schwer. Himbeeren und Stachelbeeren und Kirschen sind ganz gut, und mit zwei Hunden kann man aus Langeweile schon mal auskommen, aber ohne Menschen kommt man nicht lange aus.« Sie liest in einem Reklambändchen Texte von Francis Bret Harte, den sie »ungeheuer gern« hat. Auf Wunsch von Bernhard Reich hat sie die Schlüssel zu Bs Atelierwohnung in der Spichernstraße 16 an ihn geschickt. Bs »Anwurf« deshalb kontert sie, indem sie mitteilt, daß Reich sich auf eine Abmachung mit ihm berufen habe. Sie hofft nicht, daß die Angelegenheit eine »beabsichtigte Ausflucht« Bs gewesen sei. Hauptmann unterzeichnet ihren Brief mit: »Ihr Chiefgirl« *(654/3f.)*.

25. Juli, Sonnabend. B ist im Juli von Wien in die Vorstadt Baden gezogen und wohnt mit seiner Familie bei seinen Schwiegereltern.

In Baden entstehen die Gedichte *Sonett (13,302)*, *Sonett Nr. 5. Kuh beim Fressen (11,124f.)*, *Sonett Nr. 6. Ein Mann bringt sich zu Bett (11,125)*.

27. Juli, Montag. Erstdruck der Geschichte *Von der Sintflut (19,200-202)* in der *Frankfurter Zeitung*.

ANTWORT
Ich bin unlustig.
Ich habe, was ich will, und sehe nichts Besseres.
Ich will nichts lieber als etwas anderes. Ich will nicht lieber essen als nicht essen. Grün ist nicht rot, sauer und mild gibt keinen neuen

Ende Juli. Auf der Reise von Baden bei Wien nach Augsburg macht B in Kochel am Walchensee Station. Er stellt Überlegungen zu seinem bisherigen und künftigen Schaffen an *(26,282f.)*.

1. August, Sonnabend. Der Dramaturg des Berliner Theaters in der Königgrätzer Straße, Lutz Weltmann, hat B (am 27. 7.) gebeten, aus Anlaß des zwanzigjährigen Dienstjubiläums von Victor Barnowsky, Leiter mehrerer Berliner Bühnen, einen Beitrag zu der Umfrage über »Probleme des heutigen Theaters« zu schreiben *(219/31)*. B schickt seine Antwort aus Augsburg mit der Bemerkung: »Ich bin übri gens überzeugt, daß Sie im Grund ganz ähnlicher Ansicht sind, und würde es Ihnen keinesfalls verübeln, wenn Sie diese unsere Auffassung für nicht geeignet hielten, im Augenblick und für den gewünschten Zweck gedruckt zu werden.« *(Br, 289.)* Weltmann nimmt Bs Text auf (→ Anfang September).

Anfang August. Marianne Brecht teilt mit, daß sie schwanger ist, und fragt B, ob sie das Kind austragen oder abtreiben soll. Er antwortet in einem Brief mit sechs Punkten, von denen die ersten lauten: »1) Wenn Du das Kind willst, dann bekomm's. 2) Wenn nicht (und klüger ist's, zu warten, denn jetzt kostet's 6000 Mark und Deine Bühnenlaufbahn für immer, und im Frühjahr kannst Du Zwillinge haben. Du weißt, daß ich von Dir so viele Kinder will, als ich haben kann), dann warte auf meinen Brief von morgen mittag mit einem Rezept Ottos.« Er berichtet, daß sich sein »Pappa« sehr freuen würde, wenn sie und Hanne bei ihrer Reise nach Münster für drei oder vier Tage nach Augsburg kämen *(Br, 276)*.

Kurz darauf übersendet B seiner Frau, falls sie abtreiben will, ein Rezept für »chininum sulfuricum Tabletten«. »Wenn die Apotheker fragen wofür, sag wegen Malaria, die Du gehabt hast.« *(Br, 277.)*

3. August, Montag. B besucht »am Montag« (vermutlich 3. 8.) seinen Sohn Frank. »Er ist klug und brav.« *(Br, 276.)*

4. August, Dienstag. Der *Simplicissimus* veröffentlicht das Gedicht *Anna hält bei Paule Leichenwache (13,301)*.

B beschafft in München zehn Chinintabletten und schickt sie (vermutlich an diesem Tag) mit Flugpost an Marianne Brecht nach Baden bei Wien mit Hinweisen zur Dosierung, gleichzeitig durch Expreßpost nochmals zehn Tabletten, die er »der Vorsicht halber« an ihren Vater adressiert. »Es ist möglich, daß Du Ohrensausen kriegst, wenn es nicht sehr schlimm ist, mache ruhig weiter.« *(Br, 278.)*

7. August, Freitag. Vermutlich treffen Marianne und Hanne an diesem Tag in Augsburg ein und verbringen einige Tage bei B und dessen Vater, ehe sie nach Münster weiterreisen (→ Anfang Juni).

Geschmack. Das alte Gras, auch das ich noch gar nicht gesehen habe, ist mir zu alt. Das Leben ist zu kurz, und es vergeht zu langsam.
Ich bin nicht zufrieden; darum bin ich nicht zufrieden.
Nachts in Baden
Juli 25 *(26,281f.)*

Ich schwanke sehr, mich der Literatur zu verschreiben. Bisher habe ich alles mit der linken Hand gemacht. Ich schrieb, wenn mir etwas einfiel oder wenn die Langeweile zu stark wurde. *Baal*, das entstand, um ein schwaches Erfolgsstück in den Grund zu bohren mit einer lächerlichen Auffassung des Genies und des Amoralen. *Trommeln*, um Geld zu machen (es ist danach, hat aber kein Geld gemacht). Mit *Dickicht* wollte ich die *Räuber* verbessern (und beweisen, daß Kampf unmöglich sei wegen der Unzulänglichkeit der Sprache). Und *Edward*, weil ich den Marlowe inszenieren wollte und er nicht ausreichte. Die Balladen, um George und Otto in Schwung zu bringen für einige Stunden des Abends, der in Augsburg sehr trocken verläuft. Und die Sonette aus purer Langeweile. *Mannistmann* nur für das Theater, aber das Theater ist nichts, wo keine Appetite sind.
Würde ich mich entscheiden, es mit der Literatur zu versuchen, so müßte ich aus dem Spiel Arbeit machen. Aus den Exzessen ein Laster. *(26,282.)*

1. August - 10. September 1925
Reise nach Augsburg

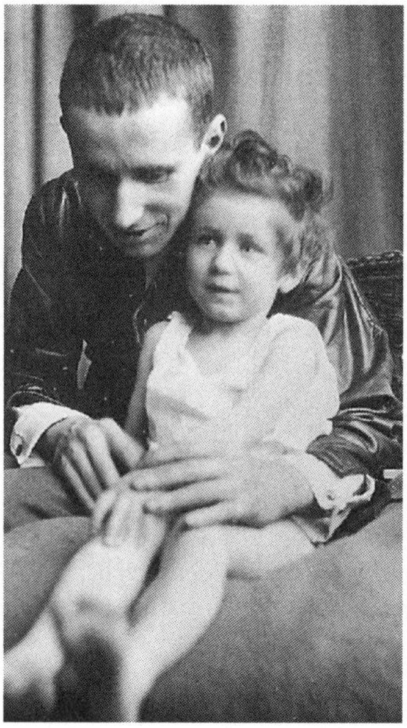

Mit Tochter Hanne

Mit Kindern kann man, auch wenn sie so erstklassig wie meine Tochter sind, mit Ausnahme von Fotografieren wenig anfangen. Sie sind zu weise und zu defektlos, um interessant zu sein. Dem Normalen, An-sich-Befriedigenden gegenüber aber versagt die Beobachtung. Übrigens hat sie die Unermüdlichkeit und den abnormen Konsum von ihrem Vater geerbt. Sie hat Augen, die sie zu einer großen Tragödin machen müssen, wenn sie nicht einfach nur die Merkmale des Unglücks sein werden. *(26,285.)*

13. August, Donnerstag. In einem Brief drückt B Sorgen um seine Frau aus, von der er aus Münster noch nichts gehört hat. »Wie geht es Hanne? Wie sind Zimmer, Hausfrau, Leben in Münster? Brauchst Du was?« Sein Vater sei sehr von ihr »eingenommen und erstaunlich von Hanne begeistert. Erster derartiger Fall seit 20 Jahren Beobachtung!« *(Br, 279.)* Erstdruck der (1924/25 geschriebenen) Geschichte *Brief über eine Dogge (19,189-195)* im *BBC.*

14. August, Freitag. Um eine Wohnung in Münster mieten zu können, bittet Marianne Brecht um eine Geldsendung. B bedauert, daß er in Augsburg nicht so schnell Geld beschaffen kann. »Eventuell muß ich nach Berlin fahren. Nach Münster zu kommen hat gar keinen Wert. Es ist teuer und nutzlos. Denn wo wohnen?« Auf keinen Fall solle sie Hanne wieder nach Wien bringen. »Du mußt Dir, auch wenn Du verzweifelt bist, jeden Vorwurf genau überlegen. Ich kann nicht jeden Augenblick anderes machen. Einmal Dich ins Engagement lassen, dann wieder nicht.« Sie soll die Wohnung, »wenn sie hübsch ist«, für ein halbes Jahr für höchstens 700 Mark Vorauszahlung nehmen, er werde das Geld dafür und den Rest für Anfang September auftreiben *(Br, 280).*

Mitte August. In dieser Zeit berichtet B Helene Weigel, daß er »mit viel Nikotin wenige Sonette hergestellt« habe *(Br, 271).* Bei den Gedichten handelt es sich um das *Sonett Nr. 10. Über die Notwendigkeit der Schminke (11,126)* und um das *Sonett Nr. 2. Von Vorbildern (11,129f.)*; weitere Gedichte, die er später zu der Sammlung *Augsburger Sonette* zusammenstellt, entstehen bereits im Juli. B vervollständigt die Sammlung in den Sommermonaten 1926 und 1927.

17. August, Montag. B verwahrt sich gegen eine ironische Bemerkung Marianne Brechts, sie hoffe, er habe »schöne Tage am See«. Er freut sich über die erfolgreiche Wohnungssuche und sagt ihr eine weitere Geldsendung zu *(Br, 282).*

19. August, Mittwoch. Marianne hat den Empfang des Geldes noch nicht bestätigt. B schreibt: »Ich bin ohne Pfennig Geld und kann nicht nur an keinen See, sondern nicht einmal ins Kino. / Ich glaube schon, daß Deine Situation ungewohnt ist, aber Deine Art mir gegenüber ist nicht so, daß sie mir gefallen kann.« *(Br, 283.)*

Die Leihbibliotheken sind ausgelesen. Mein Gehirn ist der Arbeit, mich zu unterhalten, nicht mehr entfernt gewachsen. Wenn ich zwei Selbste hätte, würde ich eines ermorden. *(Br, 271.)*

August. B bittet seinen Bruder Walter (→ 14. 5.), ihm in den USA für ein Stück »alles Auftreibbare über Weizenbörse, Weizenspekulation usw.« zu verschaffen. »Also Romane (außer denen von Norris), Stücke, short stories, Feuilletons, Popularwissenschaftliches« *(Br, 284).*

Anfang September. Im Blatt des Theaters in der Königgrätzer Straße, dem Komödienhaus und der Tribüne, *Zwischenakt*, erscheint unter der Überschrift *Aufgaben, Möglichkei-*

ten, Probleme des heutigen Theaters Bs ironische Antwort auf die Rundfrage (→ 1. 8.). Er spricht darin seine »unerschütterliche Überzeugung offen« aus, »daß die Probleme des heutigen Theaters mit Leichtigkeit gelöst werden können« *(21,110)*.

B beschäftigt sich mit Schwierigkeiten im Zusammenleben von Mann und Frau; er erhofft sich Lösungen durch den Abschluß von Verträgen und schreibt darüber den Text *Beziehungen der Menschen untereinander (21,111 f.)*.

7. September, Montag. B schreibt das Gedicht *Die Opiumraucherin (13,302)*.

9. September, Mittwoch. B berichtet seiner Frau, daß er mit *Galgei*, *Dickicht* und *Hauspostille* weit vorangekommen ist (»bin sehr erleichtert«). Otto Müllereisert bringe ihm das Autofahren bei, er sei »jetzt perfekt«. Am Folgetag will er (mit dem Nachtzug) nach Berlin reisen *(Br, 285)*.

11. September, Freitag. B ist »wieder in der Spichernstraße und im Berliner Rummel« *(Br, 286)*.

Vermutlich hat ihn Elisabeth Hauptmann auf Bernard Shaws Aufsatz *Die Bibel in Amerika* aufmerksam gemacht, der am 18. 7. im *Tage-Buch* erschienen ist. In *Bernard Shaw, »Die Bibel«* äußert B sich über die von Shaw erwähnte Tatsache, daß die Menschen »große und umwälzende Theorien [...] ohne weiteres schlucken«, bringt aber Einwände dagegen auf. »Es ist der Fortschritt, der mich so ankotzt. Ich geb zu, daß die Willfährigkeit der konservativen aller Zeiten, die Verantwortung zu übernehmen, mitunter etwas scharfe Formen annahm, aber es zeugte doch immerhin von wirklicher Erfahrung in bezug auf die vitalen Interessen der breiten Menschenmassen.« *(21,108 f.)*

Aus Münster hat Marianne B mitgeteilt, daß ihre erste Premiere am 20. 9. sein wird. Er will zu diesem Zeitpunkt bzw. zur Generalprobe nach Münster kommen. »Schminkkassette usw. bring ich mit, wenn Du nicht Eilbrief schickst!« Die Geldschulden für den Wiener Aufenthalt habe er inzwischen bei ihren Eltern beglichen *(Br, 286)*.

Mitte September. B begründet seiner Frau gegenüber die Rückkehr nach Berlin damit, daß er »eine Unterredung mit Reinhardt hatte und im Schlafwagen fahren konnte«; außerdem komme er von Berlin leichter nach Münster, was aber erst Anfang Oktober möglich sei; er schickt deshalb die Schminkkasette im voraus. »*Galy Gay* ist fertig / Ebenso *Dickicht* und *Hauspostille*.« *(Br, 287.)*

20. September, Sonntag. Zur Eröffnung der Spielzeit des Stadttheaters Münster tritt Marianne Brecht als Echo in der Oper *Ariadne auf Naxos* von Richard Strauß auf, außerdem als Sängerin in dem eingelegten Intermezzo *Der Bürger als Edelmann* von Molière.

Bei Mann und Frau ist es meistens so, daß der Mann kraft seines Vertrags ungeheuer viel verlangen kann und die Frau ungeheuer viel zugeben muß. Es ist wichtig, daß die Frau so bald wie möglich untersucht oder es instinktiv herausfühlt, welches die Punkte des gegnerischen Vertrages sind, ob sie berechtigt sind, ob angreifbar, ob zu beseitigen, oder ob sie sie als unabänderlich hinzunehmen hat. Manches muß die Frau als unabänderlich hinnehmen. [...] Lange Dauer macht einen Vertrag elastischer. Man darf einen Vertrag aber nicht überspannen und nicht unterspannen. Das Überspannen geschieht in verschiedener Form von beiden Seiten, bei Mann und Frau muß die Frau meistens draufzahlen. Das Unterspannen richtet sich vor allem gegen die Frau und äußert sich meistens in Gleichgültigkeit oder unzureichender Beschäftigung. Zum Einhalten von Verträgen gehört Takt. *(21,112.)*

Ab 11. September 1925: Zurück in Berlin

30. September, Mittwoch. Gottfried Benn berichtet, daß er »neulich [...] einen Abend bei Fräulein Weigel« gewesen sei; vermutlich hat er dort auch B getroffen. (B schenkt Benn 1927 ein Exemplar der *Hauspostille* mit handschriftlicher Widmung.) *(Marbacher Ausstellungskatalog Benn, 104.)*

September. B ärgert sich über »maßlose« Briefe mit Vorwürfen von Marianne. »Ich habe Dir geschrieben, ich wolle kommen, und Du hast geschrieben, ich solle nicht, es hätte keinen Sinn und Deine Premiere sei im Oktober. Wenn Du glaubst, ich komme jede Woche auf zwei Tage, ist das unmöglich. Ich muß 24 Stunden fahren und habe allerhand zu tun außerdem.« Versehentlich ist ein Honorar Bs an ihre Adresse geschickt worden, und sie hat es, außerhalb der ständigen Zahlungen, an sich genommen. »Natürlich ist mein Geld ebenso Deines. Ich muß nur auch irgendwie leben können und Du mußt Dich zumindest erkundigen, ob ich noch Geld habe zum Leben.« *(Br, 288.)*

Manuskript *Hauspostille* fertiggestellt und vom Verlag zurückgewiesen

Anfang Oktober. B gibt die satzfertige *Hauspostille* an Hermann Kasack vom Kiepenheuer Verlag. Er arbeitet seit 1921 an der Zusammenstellung des Gedichtbandes, der vom Verlag bereits 1922 und 1923 angekündigt worden ist. Die ständigen Änderungen und Ergänzungen, aber auch politische und moralische Vorbehalte gegen einige der aufgenommenen Gedichte führen dazu, daß der Verlag schließlich von seinem Vertrag über die *Hauspostille* zurücktritt (→ 28. 5. 26).

3.-7. Oktober 1925 Reise nach Münster

3. Oktober, Sonnabend. B besucht seine Frau und Tochter in Münster und teilt Helene Weigel in Berlin mit, daß Puppe und Affe, die sie ihm für Hanne ausgesucht hat, »ein *ganz* großer Erfolg« waren *(Br, 290)*.

7. Oktober, Mittwoch. B fährt nach Berlin zurück.

10. Oktober, Sonnabend. Marianne Brecht spielt am Stadttheater Münster die Rolle der Lotti Nachtigall in der Operette *Die beiden Nachtigallen.*

20. Oktober, Dienstag. Berliner Erstaufführung von Klabunds *Der Kreidekreis* am Deutschen Theater; Regie: Max Reinhardt, mit Elisabeth Bergner, für die die Rolle der Haitang geschrieben ist, und Eugen Klöpfer als Mandarin Ma. (Uraufführung: 3. 1. am Schauspielhaus Frankfurt/M.).

21. Oktober, Mittwoch. Marianne Brecht spielt im Stadttheater Münster die Katharina in der komischen Oper *Der Widerspenstigen Zähmung* von Hermann Goetz.

Das schauspielerische Erlebnis war, in einer winzigen Rolle über die Bühne geisternd, Helene Weigel als zermergelte, verkrümmte Magd, trotz der vom Dienen zerstörten Hände und Gesichtszüge mit erloschenen Augen und erloschener Stimme ins Jenseits tastend. Jedesmal, wenn sie auftritt, ruft man: eine außerordentliche Begabung. Aber kein Theaterdirektor will's hören. *(Kurt Pinthus, 8-Uhr-Abendblatt, 4. 11.)*

3. November, Dienstag. In Berlin spielt Helene Weigel im Renaissancetheater die Amme Elisabeth in Luigi Pirandellos *Das Leben, das ich dir gab*; Regie führt der Gründer des Theaters (1923) Theodor Tagger (Ferdinand Bruckner); mit Rosa Valetti (Anna) und Erika von Tellheim (Lucia).

November. B schreibt das *Sonett* (später mit dem Titel *Sonett über schlechtes Leben; 13,306).*

12. November, Donnerstag. Marianne Brecht spielt in Münster die Rolle der Bettina in der komischen Oper *Casanova* von Albert Lortzing (weitere Vorstellungen: 1. und 17. 12.).

20. November, Freitag. B hat (im Funkhaus Berlin) den jungen Komponisten Franz S. Bruinier kennengelernt und überläßt ihm einige seiner Lieder zur Vertonung. Meist gibt B die Melodien vor, die Bruinier arrangiert. (Auf diese Weise erklärt sich eine verblüffend ähnliche Melodieführung einiger später von Kurt Weill nochmals vertonten Songs.) In anderen Fällen komponiert Bruinier selbständig Melodien. Auf den 20. 11. datiert Bruinier seine Vertonungen von *Der Branntweinhändler. Ein Leierkastenlied* (das 1920 entstandene Lied *Vorbildliche Bekehrung eines Branntweinhändlers; 11,63-65*) und *Weib und Soldat. Melodramatischer Chanson* (die 1921/22 entstandene *Ballade von dem Soldaten; 11,98f.*). Am 21. 11. komponiert Bruinier *The Moon of Alabama. English Song* (der von Elisabeth Hauptmann ins Englische übersetzte *Alabama-Song; 11,104f.*).

Zusammenarbeit mit Franz S. Bruinier

Am Klavier, mit seinem Bruder August

Der am 13. 5. 1905 geborene Franz Servatius Bruinier besucht in Berlin ein Realgymnasium und gleichzeitig ein Privatkonservatorium, tritt früh mit seinen Brüdern in einem »Trio Bruinier« auf, begleitet den Chansonnier Jean Moreau, auch Tilla Durieux. Während Bruinier 1926 als Kapellmeister an der Grünen Bühne in Thale arbeitet, ist die Arbeit mit B unterbrochen, 1927 wird sie fortgesetzt (→ 5. 5. 27), dann favorisiert B als Komponisten Kurt Weill (→ 18. 3. 27). (Der an Tbc erkrankte Bruinier stirbt 23jährig am 31. 7. 28.)

24. November, Dienstag. B beklagt sich, daß er von seiner Frau nichts hört. »Ich bin unruhig. Was war mit *Casanova*? Aber, vor allem, was ist mit Hanne und Dir selber? Kannst Du herkommen?« *(Br, 291.)*

Ende November. Rudolf Leonhard ruft jüngere Schriftsteller zu einer Zusammenkunft auf, der B, Johannes R. Becher, Alfred Döblin, Manfred Georg, Willy Haas, Walter Hasenclever, Walter Mehring, Kurt Tucholsky u. a. Autoren folgen. Sie konstituieren sich zur Arbeitsgemeinschaft Schriftsteller 1925. (Die »Gruppe 1925« besteht bis Januar 27; → 3. 1. 27.)

B berichtet seiner Frau: »*Baal* kommt nach Neujahr. *Mann ist Mann* habe ich immer noch nicht *ganz* [...] Ich habe ungeheuer viel zu tun und immerfort Leute da. Suhrkamp, Feuchtwanger, Homolka.« Er hofft, »in etwa 14 Tagen herunterkommen zu können und dann über Weihnachten in Münster gleich bleiben zu können«. Er klagt über hohe

Großer Erfolg für Helene Weigel als Klara in *Maria Magdalene*

Dank aber für – man muß wohl sagen: für die *Entdeckung* der Schauspielerin *Helene Weigel*. Ein für das Berliner Theaterleben typischer Fall! Diese Darstellerin war jahrelang am Deutschen Theater. Aber dies Unternehmen, das über drei Häuser, ein Dutzend Regisseure, ein etwa zehnköpfiges dramaturgisches Büro und den Stardirektor des Kontinents verfügt, hatte keine Augen und fast keinen Platz für eine Begabung, auf die die Kritik schon damals hinwies und die sich jetzt, weil der kluge und couragierte Direktor unseres Montparnasse-Theaters das Abenteuer wagte, mit einem Schlag in die Reihe der ersten gestellt hat. Die Weigel löst, in schier somnambuler Hingegebenheit, das Drama heraus aus der Umklammerung von Tiefsinn und Epigramm, lockert die Hebbelsche Starrheit, bis sie reines, tiefstes, heißes Erlebnis wird, wandelt das viel zu gesetzte Wort in Bewegung, Menschenform, Menschenschrei. Alle Rhetorik des mit vorgestriger Problemhaftigkeit beladenen Stückes fällt ab und rechts und links neben dieser Darstellerin nieder, das Theater weicht aus ihrer Zone, das Menschliche erfüllt ihren Raum. *(Walter Steinthal, 12-Uhr-Mittagsblatt.)*

Ihr Durchbruch auf der Berliner Bühne ist merkwürdig spät, sozusagen im letzten Moment erfolgt. Sie hat sich an diese Klara herangesogen, hat sie mit der Inbrunst ihres Sich-in-die-Rolle-Einwühlens, das schon sonst bei kleineren Gelegenheiten auffiel, mit einer Kraft und einem Leid geladen, daß es war, als laufe plötzlich durch die gläsernen Adern der problematischen Figur helles Blut und färbe sie lebendig. [...] Im Bildhaften wird die Weigel am stärksten, wenn sie den Schnitt der Barlach-Figuren hat, deren schwere

Geldausgaben: »Dann muß ich 300 Mark für die Wohnung zahlen. Und eine neue Zahnbrücke machen lassen, wofür ich bis jetzt 150 Mark angezahlt habe. 100 Mark Kimratshofen und so geht es fort.« Einerseits bedauert B, daß sie so wenig schreibt, andererseits hat er vor jedem ihrer »Briefe Angst – seit Jahren« *(Br, 292)*.
Nach Aussagen von Helene Weigel arbeitet B mit ihr die Rolle der Klara für die Aufführung von *Maria Magdalene* (→ 8. 12.) durch.

5. Dezember, Sonnabend. Die *BZ am Mittag* veröffentlicht das Ergebnis der Rundfrage *Welche Stoffe liefert die Gegenwart dem Dramatiker?* B beglückwünscht die Redaktion in seiner ironischen Antwort zu der Idee, durch eine Rundfrage Theaterstoffe bekannt zu machen. »Die Öffentlichkeit hat auf diese Weise mehr Chancen, etwas über unsere Stoffe zu erfahren, als wenn sie etwa die Theater besuchte.« *(21,113.)* Weitere Antworten, die teilweise in einer zweiten Folge (am 10. 12.) gedruckt werden, stammen u. a. von Herbert Eulenberg, Georg Kaiser, Carl Sternheim, Ernst Toller, Carl Zuckmayer.

8. Dezember, Dienstag. Premiere von Friedrich Hebbels *Maria Magdalene* im Renaissancetheater; Regie: Theodor Tagger (Ferdinand Bruckner); mit Helene Weigel (Klara), Walter Fried (Anton), Grete Berger (Mutter), Manfred Fürst (Leonhard). Die Fünfundzwanzigjährige erreicht mit der Gestaltung dieser Rolle ihren Durchbruch als Schauspielerin in Berlin (→ Ende November).

12. Dezember, Sonntag. Marianne Brecht spielt in Münster die Rolle des Prinzen Orlofsky in der komischen Oper *Die Fledermaus* von Johann Strauß.

13. Dezember, Montag. B erkundigt sich bei seiner Frau nach der *Fledermaus*. »Schicke die Presse. Sie ist sicher lustig.« Er habe »in drei Tagen *Baal* umgeschrieben«; die Neufassung solle unter der Regie von Berthold Viertel herauskommen *(Br, 293)*.

Mitte Dezember. B schreibt Marianne Brecht, daß er *Baal* überarbeite und an der Jungen Bühne selbst inszenieren werde (→ 14. 2. 26). Er freut sich auf seinen Weihnachtsbesuch in Münster *(Br, 294)*.

22. Dezember, Dienstag. Im Centraltheater Berlin spielt Helene Weigel die Rolle des Dienstmädchens Stasia in *Der Fremde* von Jerome K. Jerome; Regie: Fritz Wendhausen; mit Erwin Kalser (der Fremde), Emilia Unda (Wirtin), Kurt Gerron (J.Samuels).

24. Dezember, Donnerstag. B hält sich in der Weihnachtszeit bei Frau und Tochter in Münster auf. B berichtet (Ende Dezember) seinem Bruder Walter davon: »Als Hanne den Christbaum sah, sagte sie: Teufel noch einmal. Sie bekam ein Kasperltheater. [...] Marianne singt viel und hat großen Erfolg. Besonders in der Operette. Wo sie großartig ist und herrlich aussieht.« *(Br, 298.)* Nach den Notizen von Elisabeth Hauptmann hat B »über Weihnachten« einige Seiten des Romans *Flucht Karls des Kühnen nach der Schlacht bei Murten* (Fragment: *17,409-419*) geschrieben *(1107/2)*.

25. Dezember, Freitag. Der *BBC* veröffentlicht das Ergebnis der Rundfrage: »Was, glauben Sie, verlangt Ihr Publikum von Ihnen?« B schreibt *An den Herrn im Parkett*: der Zuschauer wolle für sein »*Geld bei mir etwas vom Leben sehen*«, und dies seien »die Menschen dieses Jahrhunderts«, vor allem »deren Maßregeln gegen ihre Nebenmenschen, ihre Aussprüche in Stunden der Gefahr, ihre Ansichten und ihre Späße«. Desgleichen wolle der Zuschauer sein »Urteil über die Welt abgeben« sowie seine »Menschenkenntnis dadurch kontrollieren«, daß er »auf diesen oder jenen der Leute oben« setzt *(21,117)*.

Ende Dezember. Georg Kaiser hat auf die Rundfrage des *BBC* (› 25. 12.) geschrieben: »Meine Antwort: Dichter haben mit dem Publikum nichts zu schaffen.« Das regt B zu einem (nicht verschickten) *Offenen Brief an Georg Kaiser* an, in dem er ihm zugesteht, er sei wieder einmal der Originellste gewesen. »Haben Sie noch nie bemerkt, daß unten, über der Rampe drüben, noch ein Räumchen an die Bühne angebaut ist und daß da zuweilen etwas saß und klatschte, was auf den Namen Publikum hörte? Ach, George, Sie wissen, daß wir für Sie sind, aber, bitte, George, sind Sie auch für uns und glauben Sie uns, mit Augenrollen ist es nicht getan.« *(21,118.)*

Ende des Jahres stellt B die Manuskripte mit den Fassungen von *Mann ist Mann* zusammen und schenkt sie Elisabeth Hauptmann.

Dezember. B schreibt das Gedicht *Bidis Ansicht über die großen Städte (13,306 f.)*.

1926

3. Januar, Sonntag. Elisabeth Hauptmann notiert in ihrem Tagebuch, daß B ein Lustspiel über die Nachkriegsjugend mit dem Titel *Inflation* plant *(Hauptmann, 169)*. In einer weiteren Notiz schreibt sie von zwei Lustspielplänen, die »auf den *Fröhlichen Weinberg* gesetzt« werden sollen: »1. Bier, 2. Mentscher«. Am Abend sucht B Fritz Kortner auf, um mit seiner Hilfe eine Aufführung von *Trommeln in der Nacht* am Staatlichen Schauspielhaus zu erreichen *(1107/2)*.

4. Januar, Montag. Am Nachmittag verhandelt B mit Vertretern der Münchener Kammerspiele über eine Freigabe Oskar Homolkas für eine Aufführung von *Galgei*.

Abends sieht er mit Elisabeth Hauptmann im Ufa-Theater

Körperbeuge, jene unwiderrufliches Elend bezeugende Knickung des Leibes, die Last des Draußen und die Not des Innen in einem zentralen Schmerz zu erfahren scheint.
(Manfred Georg, 8-Uhr-Abendblatt.)

Helene Weigels Leistung beherrscht, ohne das Ensemble zu sprengen. Sie spielt – über das Problem der Ehre hinweg – die junge Generation, die am Starrsinn der alten zerbricht, mit Akzenten des Körpers und der Sprache, die weniger Hebbel als der jüngsten Dramatik zukommen, die dennoch bezwingen und mitreißen (bis auf die Übertreibungen im letzten Akt), weil sie durchgehalten und gesteigert werden, weil sie die Enge der Tragödie erweitern und die Gültigkeit der Dichtung bestätigen.
(F.Jo., BBC.)

Weihnachten 1925
Reise nach Münster

Das sind die Hauptmanuskripte des Lustspiels »Mann = Mann« oder »Galy Gay« nebst dem viele Jahre vorher geschriebenen »Urgalgeianfang«. Ich schenke sie am Ende des Jahres 1925 Beß Hauptmann, die dieses ganze Jahr ohne Lohn mit mir gearbeitet hat. Es ist ein schwieriges Stück gewesen und sogar das Zusammenstellen des Manuskriptes aus 20 Pfund Papier war Schwerarbeit. Ich brauchte dazu zwei Tage, 1/2 Flasche Kognak, vier Flaschen Selters, 8-10 Zigarren und alle Geduld und es war das einzige, was ich allein gemacht habe. Brecht
(Handschriftliche Widmung Bs)

Bekanntschaft mit Hannes Küpper
Der am 25. 12. 1897 geborene Hannes Küpper absolviert (mit Gustaf Gründgens) die Hochschule für Bühnenkunst Dumont-Lindemann in seiner Heimatstadt Düsseldorf und geht als Schauspieler nach Frankfurt/M. und Zürich; 1923 gibt er sein Engagement auf und arbeitet (bis 1927) als freier Schriftsteller in Berlin.

am Zoo den Film *Buster Keaton, der Matrose*. Danach trifft er im Café Nürnberg Hannes Küpper und Oskar Homolka. Hauptmann äußert sich lobend über »Erwerbungen« Bs: »Brauner Hausanzug, elegante Pantoffeln – dann im Ausverkauf heute Schuhe – Anzug für 120 M – Schlips für 90 Pfennige.« *(151/2.)*

5. Januar, Dienstag. B trifft letzte Vorbereitungen zu den Proben seiner »dramatischen Biografie« *Lebenslauf des Mannes Baal* (Titel der Bühnenfassung; *1,139-167*). Wegen Verhinderung von Berthold Viertel (→ 13. 12. 25) führt B selbst Regie (→ Mitte Dezember 25). »Es ist schrecklich, ich bin bis zum Hals in Arbeit, weil ich den *Baal* zuerst selber arrangieren muß [...], und der Text gefällt mir noch nicht, wie gewöhnlich.« *(Br, 301.)*

6. Januar, Mittwoch. Am Vormittag spricht B mit Moriz Seeler (→ Mitte März 22) über das *Baal*-Projekt. Dann trifft er sich mit der Schauspielerin Sybille Binder. Abends erzählt ihm der Boxer Paul Samson-Körner (→ Ende Februar 25) aus seinem Leben *(151/3)*.

Erstdruck der Kurzgeschichte *Der Kinnhaken (19,205-209)* in *Scherl's Magazin* (Illustrationen von Gustav Kamelhard).

7. Januar, Donnerstag. Früh arbeitet B mit Elisabeth Hauptmann an der Geschichte *Der Lebenslauf des Boxers Samson-Körner (19,216-235)*. Er besucht die Generalprobe von *Lysistrata* (Regie: Erich Engel; Bühnenbild: Caspar Neher; Premiere: 8. 1. in den Kammerspielen des Deutschen Theaters).

8. Januar, Freitag. In der (von Willy Haas) neu begründeten literarischen Wochenzeitung *Die Literarische Welt* erscheint der (1920 geschriebene) *Große Dankchoral (11,77)*, eine Parodie auf das Kirchenlied *Lobe den Herren, den mächtigen König der Ehren* von Joachim Neander. Zugleich bringt die Zeitung den Auszug einer Rezension aus dem *Berliner 8-Uhr-Abendblatt*, in der es über B heißt: »Aber der Poet unserer Tage wird er niemals sein – so wenig wie der Genosse *Bronnen*. Dazu mangelt es beiden an Güte des Herzens, an Humor und Einfall.« *(11,317.)*

13. Januar-13. Februar 1926
Proben zu
Lebenslauf des Mannes Baal

13. Januar, Mittwoch. B kommt »müde« von der ersten *Baal*-Probe. Frank Warschauer spricht im Auftrag der *Literarischen Welt* mit B über ein geplantes Interview *(151/4)*.

18. Januar, Montag. B schreibt den Text *Das Urbild Baals (24,11)*. »Die dramatische Biographie *Baal* behandelt das Leben eines Mannes, der wirklich gelebt hat.« *(Hauptmann, 169)* Der Text wird im Januarheft der Zeitschrift *Die Scene* veröffentlicht. Zur Erleichterung der Arbeit an *Mann ist Mann* schreibt er (in diesen Tagen) auch eine weitere Fabel in Form des Zeitungsberichts *(Für Zeitungen*; *24,31)*.

Während der *Baal*-Proben erläutert er Elisabeth Hauptmann in zahlreichen Gesprächen, wie nach seiner Meinung Theater gespielt werden soll. Sie notiert dabei Aussagen Bs, z. B.: »Wir sind in den alten Theatern ebenso wenig am Platze, wie Jack Dempsey bei einer Rauferei in einer Kneipe voll zur Geltung kommen kann. Da haut ihm einer einfach einen Stuhl über den Kopf und er ist k.o. Ebenso peinlich ist es, wenn sie [...] ein Stück von uns in den Fingern haben, sich damit abplagen, es möglichst hellblau zu spielen, wo doch rosa gemeint war.« Aus Anlaß des Durchfalls von Emil Hesse-Burris *Amerikanischer Jugend* in Hannover kritisiert B, in dem Stück ginge es »nicht um Handlung, sondern um Delikatessenhandlung«; die Probleme des Autors seien interessant wie z. B. im *Mangelhaften Mahl.* »Aber diese Stücke sind nicht deutlich genug für die Leute.« *(151/6-8.)*

20. Januar, Mittwoch. B liest abends im Rittersaal der Oper am Königsplatz aus eigenen Werken. Elisabeth Hauptmann notiert: »Er war vollkommen unpräpariert und las alles bis auf *Bargan* sehr schlecht.« Danach arbeitet er an *Baal (151/8).*

22. Januar, Freitag. Vormittags probt B *Baal,* für dessen Aufführung die Besetzung erst jetzt endgültig feststeht. »Er hat immer die besten Leute.« *(151/8.)*

22.-24. Januar, Freitag-Sonntag. Wie B seiner Frau mitgeteilt hat, fährt er abends (»am Freitag«) für zwei Tage nach München »(und Sprung nach Augsburg), um einen Schauspieler für Galy Gay anzuschauen« *(Br, 301).*

22.-24. Januar 1926
Reise nach München

26. Januar, Dienstag. Elisabeth Hauptmann verhandelt, während B täglich probiert, mit dem Ullstein Verlag über den Stand der Arbeit und den Druck von *»Taschenpostille, Samson-Körner, Kampfmaschine«* (gemeint ist *Mann ist Mann*) und teilt B abends telefonisch das Ergebnis mit *(151/9).*

29. Januar, Freitag. Premiere von Arnolt Bronnens *Ostpolzug* am Staatlichen Schauspielhaus (Regie: Leopold Jessner, mit Fritz Kortner). Elisabeth Hauptmann notiert: »Eine schlechte Regie – ein Gemisch von Naivem und Intellektuellem. Auch bei Kortner.« *(151/10.)* B hält das Stück (wie auch Marieluise Fleißers *Fegefeuer in Ingolstadt*) für einen Versuch in epischer Technik.

30. Januar, Sonnabend. Carl Zuckmayer bedauert, nicht zur Premiere des *Baal* kommen zu können, da er in München an Endproben seines *Fröhlichen Weinbergs* teilnehmen will (erfolgreiche Uraufführung war im Berliner Theater am Schiffbauerdamm am 22. 12. 25). Er wünscht B alles Gute und fügt ein Zitat aus dem 3. Akt seines Lustspiels bei: »Steche se gut!« (nämlich die Sau) *(720/7).*

B wird von einem Reporter der italienischen Zeitschrift *Secolo* interviewt.

Januar. An seine Frau schreibt B, daß er »tief« im *Baal* stecke und kaum noch nach Hause komme. »Ich versuche alles, um eine Kombination zu schaffen, daß Ihr im Herbst nach Berlin könnt. Es ist eine reine Geldfrage und nicht ganz leicht.« *(Br, 299.)*
Im Januar-Heft des Magazins *Uhu* wird ein Artikel von Frank Thieß veröffentlicht (*Dichter sollten boxen*), durch den der an diesem Thema sehr interessierte B zu dem Text *Sport und geistiges Schaffen (21,122f.)* angeregt wird; B spricht sich darin gegen eine bestimmte Art von sportlicher Betätigung aus und schreibt: »Sport aus Hygiene ist etwas Abscheuliches. [...] Ich selber hoffe meinen körperlichen Verfall auf mindestens noch 60 Jahre auszudehnen.«
1. Februar, Montag. B sagt anläßlich einer persönlichen Auseinandersetzung zu Elisabeth Hauptmann: »Es scheint in dieser Stadt noch schrecklich viele Menschen mit Privatangelegenheiten zu geben. Alle stellen unbillige Forderungen und fällen selbständige Entscheidungen. Alle sind zu sentimental und lächerlich.« Der Journalist Bernard Guillemin, der nun das Interview mit B für die *Literarische Welt* (anstelle von Warschauer; → 13. 1.) macht, kann früh nicht kommen, weil er »vor 12 unausgeschlafen und unberechenbar« ist (→ 30. 7.). »Brecht ist erstaunt darüber« und spricht mit Hauptmann über »die Unfähigkeit der Rasse« *(151/11)*.
2. Februar, Dienstag. Valeska Gert erscheint nicht auf der *Baal*-Probe; B überträgt ihre Rolle Margo Lion. In der fortgeschrittenen Probenphase tauscht er noch weitere Schauspieler aus.
6. Februar, Sonnabend. Im *BBC* erscheint der Aufsatz *Mehr guten Sport*, zu dem B von Alfred Flechtheims Bericht *Gladiatoren* (*Der Querschnitt*, H.1, 1926) angeregt wird. B stellt fest, daß das alte Theater »heute kein Gesicht« mehr hat und mit Gewinn Impulse beziehen sollte durch das Publikum der großen Sportarenen. Wenn man in den Theatern »guten Sport« macht, wird man »zweifellos auch aus ihnen etwas herausholen können, was einem Publikum, das wirklich heute heutiges Geld verdient und heute heutiges Rindfleisch ißt, etwas geben kann« *(21,119-122)*.
7. Februar, Sonntag. Elisabeth Hauptmann besucht die *Baal*-Probe und notiert: »Wenn B keinen Spaß hat an den Sachen, die er gemacht hat, geht er sofort hin und ändert um... Er sagt, Shakespeare sei sicher auch sein bester Zuschauer gewesen, der in erster Linie Sachen geschrieben habe, die ihm und seinen Freunden Spaß gemacht hätten...« *(Hauptmann, 170.)*
13. Februar, Sonnabend. Die Generalprobe für *Baal* dauert bis 1 Uhr nachts.

0,50 M.

Im
Deutschen Theater
Schumannstr. 13/14

Sonntag, 14. Februar 1926

Die Junge Bühne

Erstaufführung:

Baal

Dramatische Biographie von Bertolt Brecht (14 Scenen)
Regie: Bertolt Brecht.

Baal	Oskar Homolka
Ekart	Paul Bildt
Sophie Barger	Gerda Müller
Mäch	Kurt Gerron
Emilie Mäch	Sybille Binder
Johannes Schmidt	Hans Heinrich von Twardowski
Johanna Schreiber	Blandine Ebinger
Mjurk, Direktor des Cabarets „Zum Stachelkaktus"	Fritz Strehlen
Lupu, Zigarettenverkäuferin	Helene Weigel
Savetka, Soubrette	Margo Lion
Klavierspieler	Heinz Carell
Piller	Ludwig Roth
Horgauer, ein Chauffeur	Alfred Tragau
Ein anderer Chauffeur	Josef Bunzl
Dritter Chauffeur	Ernst Walter Mitulski
Kellnerin	Lilli Sandrezki
Ein Mann	Leonhard Steckel
Erster Holzfäller	Heinz Goedecke
Zweiter Holzfäller	Hans Jenkner
Dritter Holzfäller	Ernst Walter Mitulski
Erster Landjäger	Josef Bunzl
Zweiter Landjäger	Otto Eduard Hasse
Erster Cabaretgast	Heinz Kahnemann
Zweiter Cabaretgast	Kurt Levin
Dritter Cabaretgast	Kurt Glass
Hausbesorgerin	Helene Weigel
Der Ansager	Hans Heinrich von Twardowski

Bühnenbild: R. C. Neher.

Eine Pause findet nicht statt. — Anfang $11^1/_2$ Uhr.

14. Februar, Sonntag. Matinee: Premiere vom *Lebenslauf des Mannes Baal*, Regie: B, Bühnenbild: Caspar Neher; mit Oskar Homolka (Baal), Paul Bildt (Eckart), Sybille Binder (Emilie), Gerda Müller (Sophie Barger), Heinrich von Twardowski (Johannes und Ansager), Blandine Ebinger (Johanna), Helene Weigel in einer kleineren Rolle. Hans Henny Jahnn berichtet: »Die Aufführung begann mit großer Verspätung. Der Raum war mit Spannung und Ungeduld geladen, geradezu vergiftet. Es war heiß. Es war unnatürlich. Irgendwann, ich glaube, es war nach dem Gesang Orges [...], brach der Tumult aus. Baal war abgetreten, die Chansonette war allein auf der Bühne. Man pfiff, schrie, heulte, klatschte im Zuschauerraum. Die Schauspielerin schwang sich aufs Klavier, bearbeitete mit den Füßen die Tasten und sang dazu: ›Allons, enfants de la patrie!‹ Der Lärm wurde ungeheuer. Ich glaubte, eine Panik werde ausbrechen.« *(SuF 2,425.)*

Mitte Februar. B setzt sich bei Moriz Seeler für Marieluise Fleißers Komödie *Fegefeuer in Ingolstadt* ein. Sie schreibt in ihren *Erinnerungen an Brecht*: »Er hatte ebendort die Annahme meines Jugendstückes durchgesetzt.« (→ 20. 4.) Seeler habe eigentlich das Stück eines jungen Mannes spielen wollen. »Aber Brecht sagte, ›nein, den jungen Mann spielen Sie nicht, Sie spielen die Fleißerin.‹ Es war die Zeit der frühen Glücksfälle für mich.« *(Fleißer, 2,302.)*

20. Februar, Sonnabend. Abends besucht B mit Elisabeth Hauptmann die Premiere von Hans J. Rehfischs *Duell am Lido* im Staatlichen Schauspielhaus; Regie: Leopold Jessner; mit Fritz Kortner (Limal), Lucie Mannheim (Ellen), Rudolf Forster (Cederström). Nach der Aufführung geht B (im Baal-Anzug) mit ihr zu einem Kostümfest des Deutschen Theaters. An einem weiteren Abend sieht sich B mit Elisabeth Hauptmann eine Negerrevue mit Josephine Baker an; sie notiert: »Man wird ganz deprimiert, wenn man an die Schauspieler hier denkt.« *(151/15.)*

22. Februar, Montag. B besucht die Premiere von Ernst Tollers Hochstaplerkomödie *Der entfesselte Wotan* in der Tribüne (Regie: Jürgen Fehling; mit Ralph Arthur Roberts). Im Zusammenhang mit der Aufführung spricht B viel »über Schwierigkeiten des Stückeschreibens« *(151/14)*.

25. Februar, Donnerstag. Als ihn Emil Hesse-Burri fotografiert, macht B die Bemerkung, »er sei ein Gebirge von einem Gent« *(151/15)*.

26. Februar, Freitag. B schreibt am Morgen den *Mann-ist-Mann-Song (13,303-305)*.

B erfährt, daß sich seine Frau in Münster mit einem Schauspieler (wie er erst später erfährt: Theo Lingen) angefreundet hat, der sich auch um seine Tochter Hanne kümmert. In

14. Februar 1926
Premiere
Lebenslauf des Mannes Baal
Junge Bühne Berlin

Es ging ganz munter zu bei dieser dramatischen Biographie, wie Brecht diese Szenenfolge nennt. Die ersten vier, fünf Bilder nahm das Publikum ohne Aufregung hin: dann setzte leise, gemütvoll flötend der Protest ein. Und nach der 6. Szene, in der »Baal zum letztenmal Geld verdient«, ging das Flöten in Sturm über! In Geheul, Gebrüll und Trillerpfeifen, also daß es beinahe zweifelhaft schien, ob die Sache würde zu Ende gespielt werden können. Aber man beruhigte sich wieder, pfiff, klatschte, schrie weiter und ermattete langsam. Am Schluß mußte der Beifall erst durch die Pfeifer neu angefacht werden. Dann allerdings wurde er demonstrativ. *(Paul Fechter, Deutsche Allgemeine Zeitung, 15. 2.)*

Es ist die Ballade von der Schwermut des Schicksals, das Menschen vor die Hunde gehen läßt. Dieses Schicksal tönt deutlich genug aus der Melodie des Ganzen. Aber Brecht hat sein Drama, in der Naivität des Anfängers, auch noch obendrein von seiner besten Kust, vom Bänkelsang segnen lassen. *(Monty Jacobs, Vossische Zeitung, 15. 2.)*

Um Brechts Frühwerk »Baal« wurde gestern mittag im Deutschen Theater nicht etwa gekämpft, sondern vorbereiteter Skandal gemacht. Indirekt ermutigt durch die Kritiken des Herrn Kerr, der in ähnlichen Fällen den Beifall für Dichter und Werk zu verschweigen pflegt, um schadenfroh auf Pfiffe und Zwischenrufe hinzuweisen, glaubten skandalsüchtige Theaterbesucher die Pflicht zu haben, sich zu entfesseln. Es gab einst eine Kritik, die das Publikum zu führen suchte. Heute stellt sie sich unter das Publikum. Herr Kerr schnüffelt sogar neuerdings nach »Schweinereien«, nicht etwa in Boulevardstücken, nicht etwa in seinen eigenen hanebüchenen, dumm-dreisten *Caprichos*, sondern bei Bronnen, und fördert so die Wiedereinführung der Zensur. Beim *Baal* machte Herr Kerr sogar einige geglückte Versuche, höchst persönlich durch provozierendes Lachen und Reden die Vorstellung zu stören. [...] Es war trotz allem ein Ereignis. *(Herbert Jhering, BBC, 15. 2.)*

Es kommt nämlich auf die Art an. Die Art ist krafthuberisch, aber matt. Es empfiehlt sich, das Wort »Bilderbogen«, das Wort »Ballade« gefurchten Antlitzes in der Verlegenheit hinzuschreiben – damit ist aber nichts wettgemacht. Es muß halt ein guter Bilderbogen, es muß halt eine gute Ballade sein... *(Alfred Kerr, Berliner Tageblatt, 16. 2.)*

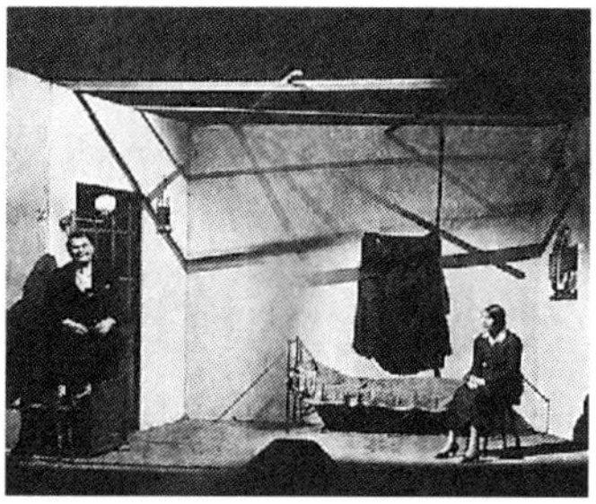

einem Brief an Marianne ohne Anrede und ohne Gruß drückt er seinen Zorn aus: »Ich bin vollkommen außer mir. Ich werde *alles* tun, um das Kind vor diesem Burschen in Sicherheit zu bringen.« Er kündigt ihr alle Zahlungen auf *(Br, 303)*.

27. Februar, Sonnabend. Elisabeth Hauptmann hat nach der *Baal*-Premiere wieder mehr Gelegenheit gehabt, mit B zu arbeiten und zu sprechen, und notiert über die zurückliegenden Tage: B empfinde es als eine Widerlegung der negativen Kritiken zu seinem *Baal*, daß in Wien die neue Stückfassung *Lebenslauf des Mannes Baal* herauskommen wird (→ 21. 3.). Er bespricht mit ihr mehrere Pläne für Romane und Stücke (von denen er aber keinen zu Ende führt: eine »Robinsonade in der Stadt«, eine Revue für Max Reinhardt (»Parodie auf den Amerikanismus«) sowie die Stücke *Dan Drew* und *Fleischhacker*. *(151/14)* Die Geschichte *Vier Männer und ein Pokerspiel oder Zuviel Glück ist kein Glück (19,245-252)* entsteht (Erstdruck → 3. 5.).

Als in der *Berliner Illustrirten* unter dem Titel *Köpfe der jungen Generation* auch B erscheint, rechnet B in einem Gespräch zu dieser Kategorie außerdem: »Burri, Benn, Bronnen stünde an der Grenze«; außerdem fehlten auch Toller und Rehfisch. B will sich vornehmen, auch einmal ein »Zugstück« zu schreiben. B »verwickelt sich mit Feuchtwanger in den Hastings«, eine Überarbeitung von dessen Stück *Warren Hastings* (neuer Titel *Kalkutta, 4. Mai*). B wolle zeigen, wie Hastings mit 80 Jahren ins Unterhaus einzieht und sich alle erheben *(1107/3)*.

28. Februar, Sonntag. B schreibt die Kurzgeschichte *Gespräch über die Südsee* (*19,252-254*; Erstdruck → Mai). Er spricht mit Ernst Toller und rät ihm, »Dokumentenstücke zu machen«. B will jetzt *Jae Fleischhacker* und das »Hurrikanstück« zusammenlegen. Abends verhandeln Jo Lherman und Hannes Küpper mit B über die Inszenierung eines Stükkes von Küpper *(1107/4)*.

Ende Februar. B verständigt sich mit Ullstein wegen einer Verlängerung seines Verlagsvertrages.

B informiert seinen Bruder Walter über seine *Baal*-Inszenierung: »Und es war ein Riesenskandal, aber auch Erfolg und vor allem eine annehmbare Art, einige Vormittage und Abende zuzubringen, nämlich mit Probieren.« Da er jetzt an einem Stück arbeite, »das an der Chikagoer Weizenbörse spielt« (*Jae Fleischhacker*), bittet er ihn erneut, aus den USA »Lektüre« darüber zu schicken. Frau und Tochter begänne er zu vermissen. »Hanne ist wunderbar, hat viel Humor und sieht so schön aus. Sie gleicht ein wenig Mama, besonders genau in den Augen.« B schickt ihm eines der fünf fertiggestellten Exemplare seines Stückes *Galygay* (der frühen Fassung von *Mann ist Mann*) mit, das er sich vorstellen soll »wie ein Chaplinlustspiel, den Verwandlungsakt mit Jazzband, jede Nummer einzeln und dazwischen, während sie ihren Mann und ihre Kantine ummontieren, singen sie mit Steps den *Mann-ist-Mann-Song.*« Walter solle ihm »gleich sofort auf der Stelle momentan« seinen Eindruck schreiben *(Br, 302)*.

1. März, Montag. B nimmt an der Zusammenkunft der »Gruppe 1925« (→Ende November 25) im Café Alschäfsky teil, bei der über das Verhältnis zum Schutzverband Deutscher Schriftsteller (SDS) und über eine gruppeneigene Zeitschrift diskutiert wird *(Petersen, 196)*.

2. März, Dienstag. B bedankt sich in einem Telegramm bei seiner Frau für deren »Ehrlichkeit« (über ihre Bindung an einen anderen Mann; →26. 2.), zeigt sich aber zugleich bedrückt *(Br, 305)*.

3. März, Mittwoch. B schreibt an Marianne Zoff: »Nach der *Baal*-Aufführung bin ich in einen harten Existenzkampf gezogen worden; vor einigen Tagen habe ich aber meinen Vertrag mit Ullstein verlängert und damit, nach meiner Ansicht, war der nächste Winter und Sommer 1927 gerettet; man versprach mir eine Wohnung.« *(Br, 306.)* Kurz darauf schickt Marianne B Fotos von Hanne, für die er sich in einem weiteren Brief bedankt. Er möchte seine Tochter möglichst bald sehen und bittet Marianne Zoff um Auskunft darüber, mit wem sie zusammen (→26. 2.) ist *(Br, 307)*.

Brecht auf einem Zigarettenbild 1926

10. März, Mittwoch. Elisabeth Hauptmann notiert in ihrem Tagebuch (an anderer Stelle unter dem 13. 3.), daß sie Gedichte Rudyard Kiplings übersetze. Ein Band von dessen Gedichten (→26. 2. 25), meine B, macht die ganze deutsche Lyrik kaputt. Im Zusammenhang mit einer Rundfrage der *Vossischen Zeitung* (→4. 4.) sagt B zu seiner Mitarbeiterin, daß es im Drama nur ihn gäbe, »und nur ihn würde man 1975 noch lesen«. Verschiedene Prosa-Arbeiten, die an Zeitungen und Zeitschriften eingesandt worden sind, kommen zurück. Überall herrsche »große Geldknappheit« *(1107/4)*. B schreibt das *Gedicht vom Unbekannten Soldaten unter dem Triumphbogen (11,202f.)*. Er sieht (»erst ziemlich spät«) den Film *Goldrausch* (Produktion: United Artists, Premiere: 16. 8. 25, Buch, Regie und Hauptdarsteller: Charles Chaplin). In dem Text *Weniger Sicherheit!!!* schreibt er, was sich in dem Film abspielt, könne »nirgends, weder im Theater noch im Varieté, noch im Film« gemacht werden, »wo nicht Charlie Chaplin ist. Dieser Künstler ist ein Dokument, das heute schon durch die Kraft historischer Ereignisse wirkt.« *(21,135.)*

Elisabeth Hauptmann ist um B besorgt: »Wenn ich jetzt mit Brecht machen könnte, was ich könnte, dann würde ich 1.

dafür sorgen, daß er ringsherum 1 cm fetter würde und schwerer. Daß er 2. eine andere, weniger provisorische Wohnung bezöge. (Er würde mit einem Atelier tauschen, nach Osten, Südosten, damit er früh Sonne hat.) Ich würde ihn an eine längere richtige Arbeit kriegen – nicht nur an Essays usw., kurze Sachen, Fetzen, Halbfertiges. Er muß schwerer werden.« *(151/16.)*

11. März, Donnerstag. Willy Haas (von der *Literarischen Welt*) bestätigt B den Empfang seines Artikels *Kehren wir zu den Kriminalromanen zurück!* (→ 2. 4.).

12. März, Freitag. B besucht abends Hans J. Rehfisch.

13. März, Sonnabend. Elisabeth Hauptmann übersetzt weiterhin Gedichte Kiplings. B arbeitet mit Feuchtwanger täglich drei Stunden an *Kalkutta, 4. Mai* (→ 27. 2.). B diktiere dabei Feuchtwanger die Veränderungen und lasse sich auf keine Diskussionen ein, »weil es ihm zu langweilig ist«. Er beurteilt neuere Werke von Bronnen, Rehfisch und Döblin negativ. Er »möchte mal wissen, was Goethe wirklich von Schiller dachte und Schiller von Goethe. Es sei gut, daß niemand seine wirkliche Meinung hörte.« Im Café Nürnberger läßt sich B Geschichten über den »Radrennfahrer Rütt« erzählen. Er beginnt einen Aufsatz, in dem er jetzt aggressiv werden und nicht mehr auf die »alten Leute im Theater« eingehen will, die durch »Kondensmilch und Rübenmarmelade« ernährt worden sind *(1107/4f.)*.

Mitte März. Erneut bemüht sich B darum, Tochter Hanne aus Münster wegzubekommen. In einem langen Brief macht er Marianne Zoff auf die Folgen aufmerksam, die durch ihren neuen Partner (den »Burschen«) bei der Tochter entstehen müssen. Selbst wenn sie »vielleicht sonst irgendwas Gutes von dem Mann« hat, solle sie versuchen, »nüchtern« zu bleiben »und hart an die wirklichen Dinge zu denken«. Er habe bereits mit ihren Eltern gesprochen und möchte Hanne für drei Monate zunächst nach Baden bei Wien schicken und sich dort einige Wochen selbst um sie kümmern. B bietet sich außerdem an, sie im Schlafwagen nach Wien zu bringen, er müsse aber am folgenden Wochenende erst noch eine Lesung absolvieren *(Br, 309)*.

17. März, Mittwoch. B trifft (in Begleitung von Elisabeth Hauptmann) im Englischen Café Paul Baudisch, dessen Stevenson-Übersetzung er in einer Rezension gelobt hat (→ 19. 5. 25). Als B England günstiger beurteilt als Amerika, versucht ihm Baudisch klarzumachen, »daß Amerika nicht nur aus der Standard Oil« bestehe. Baudisch hält B für einen Romantiker, während B »ihm klar macht, daß er ein Klassiker ist« *(1107/05)*.

20./21. März 1926
Reise nach Dresden

20. März, Sonnabend. B teilt Elisabeth Hauptmann mit, daß er sich scheiden lassen will. »Er sieht elend aus!« *(151/*

20.) Später notiert sie: »Er hat keine Lust zum Arbeiten; es ist maßlos schwer für mich.« *(675/77.)*
Auf Einladung der Generalintendanz der Sächsischen Staatstheater fahren B, Arnolt Bronnen und Alfred Döblin mittags nach Dresden. Bronnen schreibt darüber: »Wir sollten als Ehren-Gäste Repräsentanten der deutschen Literatur sein und am folgenden Morgen aus neuen Werken im Staatlichen Schauspielhaus vorlesen. Aus irgendeinem Grunde machte es uns allen drei Spaß, Ehren-Gäste und Repräsentanten zu sein, und so fuhren wir unter munteren Gesprächen gen Dresden. Das Hotel Weber war schön, Dresden war schön, wir kannten es alle drei nicht, ergingen uns am Zwinger und in den schönen Elb-Anlagen, während uns die untergehende Märzen-Sonne südlichere Zonen vorgaukelte.« *(Bronnen 2,192.)* Abends erhalten sie für die Premiere von Franz Werfels Neuübersetzung des Librettos von Verdis Oper *Die Macht des Schicksals* schlechte Plätze im 2. Rang, fühlen sich dadurch brüskiert und senden die Karten zerrissen an den Intendanten. B schreibt daraufhin das Gedicht *Matinee in Dresden (13,334f.)* auf einen Briefbogen des Palast-Hotels Weber.
21. März, Sonntag. Ehe die drei Dichter am Vormittag (ohne Auftritt) beleidigt wieder nach Berlin zurückfahren wollen, erreicht Leo Franck vom Dresdner Sybillen-Verlag eine Vermittlung mit der Generalintendanz und rettet die Matineeveranstaltung. Als »9. Morgenfeier« steht sie unter dem Titel *Kämpfe der Gegenwart* (künstlerische Leitung: Fritz Busch / Karl Wolff). Zwischen den Rezitationen werden Musiken von Béla Bartók, Paul Hindemith, Arnold Schönberg sowie Gesänge verschiedener weiterer Komponisten vorgetragen.
Alfred Döblin liest aus der unveröffentlichten epischen Dichtung *Manas* und bekommt starken Beifall. Brecht rezitiert die angekündigten Balladen aus der *Taschenpostille* und (statt der Kriegsszene aus *Eduard II.*) das in der Nacht entstandene Gedicht *Matinee in Dresden*, das wegen seiner verschlüsselten Anspielungen auf den Vorfall des Vorabends niemand im Publikum versteht. Schließlich verzichtet Bronnen auf den angekündigten Vortrag *Über Erfindung und Erfinder der Theaterkrise* und spricht über das »schamlose« Verhalten des Staatstheaters den jungen Dichtern gegenüber; danach liest er eine Szene aus den *Rheinischen Rebellen (Bronnen 2,192f.)*. Der Vorfall geht durch die Presse und wird zum »Skandal« aufgewertet (→25. 3.).
Im Wiener Theater an der Josefstadt wird *Lebenslauf des Mannes Baal* (Regie: Herbert Waniek; Bühnenbild: Georg Telcher; mit Oskar Homolka als Baal) im Rahmen einer Reihe »Theater des Neuen« erfolgreich aufgeführt. Hugo

21. März 1926
Matinee am Sächsischen Staatstheater Dresden
Selten hat man solchen Einblick in große Geister erlebt. Gekränkte Eitelkeit mischte sich mit zaghafter Anmaßung und dreister Selbstgefälligkeit. Der einfache Anstand gebot, eine versammelte Öffentlichkeit mit privaten Empfindsamkeiten unbehelligt zu lassen. Klugheit und Würde geboten, stark und repräsentativ aufzutreten. Was wir sahen, waren neben dem ruhigen Döblin – der ein bedeutender literarischer Könner ist, aber nicht aufzutreten vermag, zwei haltlos ungezogene Herren, die zwar nicht darauf verzichtet hatten, gegen Bezahlung in einer Morgenfeier aufzutreten, es aber für richtig hielten, an der Öffentlichkeit ihren kleinen, nichtigen Ärger, ihr Gekränktsein, ihre spießbürgerlich-großmannssüchtige Überreiztheit auszulassen und ihre Gastgeber öffentlich zu beleidigen.«
(ws, Dresdner Volkszeitung. 22. 3.)

von Hofmannsthal hat dafür ein Vorspiel geschrieben (*Das Theater des Neuen*), in dem einige Hauptdarsteller, der Regisseur und der Dramaturg (Egon Friedell) über die antiindividualistische Tendenz in der neueren Dramatik diskutieren und als deren Hauptvertreter den jungen Brecht ansehen. Oskar Maurus Fontana schreibt im *BBC* über die Wiener Aufführung: »Noch eine Überraschung. Das Publikum. Aber eine Überraschung nur für Theaterroutiniers. Auf einmal war Publikum da. Viel zu viel für das kleine Josefstädter Theater. Und das Publikum füllte nicht nur das Haus, es ging sogar mit.« *(25. 3.)*

22. März, Montag. Der *BBC* druckt Bs Gedicht *Matinee in Dresden* ab.

B wird von dem holländischen Maler Ernst Leyden gemalt *(1107/5)*. Er »laboriert« an einem Artikel über Erwin Piscator (*Der Piscatorsche Versuch; 21,196f.*), in dem er die allgemeine Theatersituation untersucht. B geht dabei von Piscators Inszenierung des Stückes *Sturmflut* von Alfons Paquet in der Volksbühne aus, die er (nach der Premiere am 20. 2.) besucht hat. Auf dem Gebiet der Dramatik hält B seinen *Lebenslauf des Mannes Baal*, Emil Hesse-Burris *Amerikanische Jugend* (→ 18. 1.) und Arnolt Bronnens *Ostpolzug* (→ 29. 1.) für Versuche in der Richtung des »epischen Theaters«. (Mit dieser Bezeichnung charakterisiert er von nun an seine Form des Theaters; öffentlich macht er den Begriff erstmals am → 30. 7.). Der »Piscatorsche Versuch« biete einen neuen Ansatz von der Regie her, nachdem bereits Erich Engel mit seiner *Coriolan*-Inszenierung (→ 27. 2. 25) »für das epische Theater Punkte gesammelt« habe.

Versuche für ein »episches Theater«

23. März, Dienstag. »Brecht findet die Formel für das ›epische *Theater*‹: aus dem Gedächtnis spielen (Gesten, Haltungen zitieren), und arbeitet beim Schreiben ganz in dieser Richtung. Er spielt sich Vorgänge vor. So entstehen die ›Zeigeszenen‹, wie er sie nennt.« *(Hauptmann, 172.)* Für *Jae Fleischhacker* wird eine Gliederung aufgestellt. B antwortet auf die Rundfragen »Stirbt das Drama?« für die *Vossische Zeitung* (→ 4. 4.) und »Die Jungen über die Alten« für die *Neue Freie Presse*, Wien (→ 4. 6.).

24. März, Mittwoch. Elisabeth Hauptmann hat sich mehrfach über B geärgert, z. B. weil er sie zu bestimmten Zeiten zu sich »bestellt« hat, dann aber nicht oder viel später gekommen ist *(151/21)*. B spricht mit ihr über das Theater Shakespeares, der nur geschrieben hat, was ihm und seinen Freunden Spaß gemacht hat. »Genauso Brecht. Er will das auf der Bühne sehen, was er gut findet. Deshalb schreibt er (in seinem Sinn) gute Stücke. Deshalb sagt er so oft ›ausgezeichnet‹ zu seinen eigenen Sätzen und wird maßlos wütend, wenn ihm ein Regisseur was versaut.« Außerdem vertritt B die Ansicht, »daß seine Sachen eigentlich alt sind mit einem neuen Dreh«: »›Ganz neue‹ Sachen sind nichts.« *(151/23f.)*

25. März, Donnerstag. Martin Elsner bezeichnet in einem *Offenen Brief* die drei Dichter, die sich in Dresden einen »Dumme-Jungen-Streich« (→21. 3.) geleistet hätten, als hochnäsig und undankbar. »Und ist es die Hauptsache, daß Brecht, Bronnen und Döblin immer im ersten Rang sitzen? Oder ist das einzig Wichtige heute, immer und in aller Welt nicht, daß *erstrangige Werke* geschrieben werden? Ist die Fassade etwas so Entscheidendes?« (*Allgemeine Zeitung*, Chemnitz). B antwortet Elsner (Ende März), es habe sich bei der Dresdner Matinee nur um einen Scherz gehandelt. »Es war eine Mücke. (Nur in Dresden wirken Mücken wie Elefanten – Sie hätten es merken müssen.) Sie hätten ebenso gelacht wie wir.« Er schickt ihm »die gescholtene Ballade« (→21. 3.) mit *(Br, 311)*.

26. März, Freitag. B besucht die Premiere von Friedrich Hebbels *Herodes und Mariamne* im Staatlichen Schauspielhaus; Regie: Leopold Jessner; mit Fritz Kortner (Herodes), Lina Lossen (Mariamne), Erwin Faber (Titus), Irene Triesch (Alexandra), Helene Weigel (Salome).
B bezeichnet das Stück in seiner Antwort auf die Rundfrage, ob das Drama stirbt, als Beispiel für »billiges und gestammeltes Zeug« und als »Gipsrelief«, das »uns nicht mehr befriedigen kann« (→4. 4.).
Elisabeth Hauptmann ist B gegenüber immer noch verstimmt. Sie besucht am gleichen Abend mit Alice und Carl Zuckmayer die 100. Aufführung von dessen Stück *Der fröhliche Weinberg* im Theater am Schiffbauerdamm und trifft anschließend im Hackerbräu einige dort ebenfalls feiernde Beteiligte der Hebbel-Premiere mit B. »Brecht sieht mich entgeistert an, es gehen einige Pflaumereien zwischen den Tischen hin und her – ich sitze mit dem Rücken zu B. Später gehen wir in die hintere Ecke. Der andere Tisch bricht um 12 Uhr auf. Um 1 Uhr rief B. an. Ob ich im Theater gewesen sei.« *(151/17.)*

29. März, Montag. Vormittags arbeitet Elisabeth Hauptmann wieder ein paar Stunden mit B zusammen; er fährt anschließend zum Staatlichen Schauspielhaus und zum Ullstein Verlag. Nachmittags wird die Arbeit fortgesetzt. B meint, »daß er wahrscheinlich als einzigster den Anbruch der neuen Zeit so erfasse und beobachte. Er will ein Traktat (oder Abhandlung) schreiben über diese gute Zeit. Er ist *für* die Zeit. Das gute an der Zeit ist, daß sie *neu* ist. ›Alt‹ ist ein Schimpfwort. Eine neue Zeit ist bestimmt durch ein neues Weltbild.« Eine solche Zeit bringe »heroische Typen hervor« wie z. B. Lenin *(675/96)*.

26. März 1926
Helene Weigel als Salome in *Herodes und Mariamne*

Daneben [neben Kortner] behauptet sich nur noch die aus gleichen modernen seelischen Bezirken stammende Salome der Helene Weigel als ein neurasthenisches Nervenbündel. *(Franz Köppen, Börsenzeitung, 27. 3.)*

Die Schwester-Witwe Salome daneben: hysterisch und heut. Helene Weigel, wie aus Kautschuk oder molluskig voll Gift und Weh. Jeder dieser Menschen wird bei Jessner ein Drama. (Die Weigel fast zu gesondert.) *(Alfred Kerr, Berliner Tageblatt, 27. 3.)*

Der Triesch bleibt eigentlich nur eine angemessen: die problematische Weigel. Ihre Salome hat, bei aller Schreckhaftigkeit des Äußeren, selbst wenn sie bei der Bergner Anleihen macht, aufreizende Gesten und Töne. *(L. R., Nachtausgabe, 27. 3.)*

Bemerkenswert, und trotz mangelnder Erscheinung glaubhaft, die Salome der Helene Weigel. Da war Blut und Dampf drin. *(Emil Faktor, BBC, 27. 3.)*

Abends geht B mit seinem Vater, der (am 26. 3.) geschäftlich in Berlin zu tun hat, ins Theater.
In der Vor-Osterwoche sieht sich B mit Elisabeth Hauptmann und Ernst Leyden den Marionettentrickfilm *Wak-Wak* von Carl Koch und seiner Frau Lotte Reiniger an, danach lernen sie in Potsdam die Entstehung eines solchen Filmes kennen. »Zwei Jahre Arbeit Tag und Nacht. Herrliche aus Schwarzpapier geschnittene Marionetten mit fabelhaften Gelenken. Material nur Papier!« B will mit beiden arbeiten und diskutiert über eine Verfilmung von Kafkas Erzählung *Die Verwandlung*. Ernst Leyden filmt B bei der Rückfahrt im Zuge *(151/29f.)*.

Mit Stefan Weigel

Ende März. Marianne Zoff hat B wegen ausbleibender Zahlungen mit dem Gericht gedroht. B entgegnet u. a.: »Was Geld für Hanne betrifft, so schreibe mir bitte, wo Du wohnst und wie. Solltest Du nicht vollständig allein wohnen oder mir keine Sicherheit geben können, daß Hanne mit Herrn Lingen nicht zusammenlebt, dann verlange ich, daß Hanne nach Wien oder hierher kommt.« *(Br, 310.)*
31. März, Mittwoch. Bs Bruder Walter, dem B ein Manuskript von *Galygay* geschickt hat (→ Ende Februar), lehnt das Stück »in dieser Form« ab, es sei »zu ungentlemanlike«, alles stünde und fiele mit der Aufführung *(151/30)*.
1. April, Donnerstag. B schreibt seiner Frau: »bitte schreib *sogleich* an Deinen Rechtsanwalt, Du bätest ihn, Deine Vertretung niederzulegen, da Du Dich mit mir geeinigt hättest. (Er hat von mir einen einklagbaren Vorschuß von der dreimaligen Höhe des tariflichen verlangt!!!) Und schreibe mir auf einen Zettel: ich bevollmächtige Herrn Rechtsanwalt (freie Stelle lassen! --- mit der Führung meines Ehescheidungsprozesses. Marianne Brecht. (Datum.) Du mußt es bitte sogleich machen, sonst habe ich große Kosten für nichts!!!« *(Br, 323.)*
2. April, Karfreitag. *Die Literarische Welt* veröffentlicht Bs Artikel *Kehren wir zu den Kriminalromanen zurück!* Er greift darin Thomas Manns »billige Ironie« im *Zauberberg* (→ 22. 4. 20) an. »Da erfindet einer im Schweiße unseres Angesichts lauter Dinge, über die er ironisch lächeln kann.« Auf jeden Fall sei es besser, »ruhig zu den Kriminalromanen« zurückzukehren *(21,128)*. Bs Vergnügen an der Lektüre von Kriminalromanen kommt auch in den (etwa zu gleicher Zeit entstandenen) *Glossen über Kriminalromane (21,130-132)* zum Ausdruck.
Ernst Leyden wird von B und Elisabeth Hauptmann zum Bahnhof gebracht und filmt beide vom Zug aus. B will Leydens Auto kaufen und erinnert deshalb Elisabeth Bergner an das noch zu zahlende Honorar für die Bearbeitung der *Kameliendame* (→ 10. 3. 25).

4. April, Ostersonntag. Bs Beitrag zur Rundfrage *Stirbt das Drama?* (→ 23. 3.) wird in der *Vossischen Zeitung* veröffentlicht. Er hält es für »beschämend«, wenn eine Generation an ihrem Ende die Frage stellt, »ob eine Arbeit wie die ihrige sich überhaupt rentieren könne«. Ihm erscheint wenig wahrscheinlich, daß sich »Leute jüngeren Datums [...] das ganze Theater überhaupt wegnehmen oder verekeln lassen« *(21,133).*

»Gegen Ostern« hat B eine neue gute Leihbibliothek ausfindig gemacht »und verschlingt sehr viele Bücher« *(151/48),* u. a. zahlreiche Kriminalromane, *Der arme Weiße* von Sherwood Anderson (→ 23. 5.), *Dr. med. Arrowsmith* von Harry Sinclair Lewis (dazu äußert er sich in *Materialismus; 21,178*). Mit Elisabeth Hauptmann spricht B über die falsche Haltung von Stückeschreibern; er meint: »Die heutigen Stückeschreiber haben keine Ahnung vom Theater, sie schreiben Stücke wegen der Premiere und um sich zur Geltung zu bringen.« *(151/30.)*

10. April, Sonnabend. Bs Antwort auf die Rundfrage der *Vossischen Zeitung,* nach der das alte Theater tot sei, was das kürzlich aufgeführte (→ 26. 3.) »Gipsrelief *Herodes und Mariamne*« deutlich zeige, ruft bei einigen der Beteiligten dieser Inszenierung Ärger hervor. An den Regisseur Leopold Jessner schreibt B: »Ich wies dabei hin auf das Gefühl der Unbefriedigtheit, das jüngere Leute bei der Aufführung von *Herodes und Mariamne* verspürten, also eines Dramas, das nach der übereinstimmenden Ansicht der herrschenden Kritik als Standardwerk betrachtet werden muß und dessen Darbietung durch das zeitgenössische Theater als meisterhaft und repräsentativ gelten kann.« Auf keinen Fall sehe B einen Grund, dem »Staatstheater als dem repräsentativen deutschen Theater« zu schaden, zumal er »mit Freude der Aufführung« von *Trommeln in der Nacht* entgegensieht *(Br, 317).* Den ebenfalls verärgerten Fritz Kortner (Herodes) hat er (Anfang April) ebenfalls aufgeklärt: »Glauben Sie mir: das Theater ist wirklich tot. Und es gäbe für Leute, deren beste Art, ihre Abende zu verbringen, das Theater ist, nichts Schlimmeres als der Glaube, es lebe noch. Dies wäre der äußerste Nihilismus, der sogar zerstören müßte, was es noch an Aussicht gibt.« Er sei »zu faul« gewesen, sich »gründlich für die Allgemeinheit zu äußern«, aber Kortner sei es wert, »daß ich das für Sie allein nachhole« *(Br, 316).* Durch seine Kritik an Jessner kommt die von B erhoffte Inszenierung seines Stückes *Trommeln in der Nacht* (→ 3. 1.) am Staatlichen Schauspielhaus nicht zustande.

13. April, Dienstag. Im Café Alschäfsky findet eine Zusammenkunft der »Gruppe 1925« statt, an der B teilnimmt. Es wird über gegenseitige Kritik gesprochen, über den Plan einer Buchgemeinschaft, über eine Gruppenbibliothek und über die Verbindung zur Schauspielergruppe »Der Block« *(Petersen, 198)*.

20. April, Dienstag. Marieluise Fleißer reist für die Uraufführung ihres Stückes (*Die Fußwaschung*) an, das auf Drängen von Moriz Seeler in *Fegefeuer in Ingolstadt* umbenannt wird. Sie schreibt: »Brecht wollte in meinem Stück ganz radikal alles Atmosphärische streichen, nur – was blieb dann noch?« *(Fleißer, 1,248.)* Sie besucht mit B die Endproben. Über Marieluise Fleißer schreibt später Marta Feuchtwanger: »Wie ich die Beziehungen der Fleißer zu Brecht sah, waren diese, von Brecht aus gesehen, weniger erotisch, als es bei der Fleißer den Anschein hat. Er war vor allem an ihrem Talent interessiert, etc.« *(Tax, 138.)*

24. April, Sonnabend. Marieluise Fleißer schreibt in ihren *Erinnerungen an Brecht*: »Geprobt wurde wenig, die Schauspieler mußten es beinahe aus dem Handgelenk machen.« Nach der Generalprobe seien die Schauspieler wegen der Striche verunsichert gewesen. »Über Nacht setzte sich der Regisseur noch einmal hin, und die Schauspieler waren fesch und kamen in der Früh noch einmal zur Probe zusammen, sie spielten die Premiere dann gleich hintereinander weg.« *(Fleißer, 2,303.)*

Uraufführung *Fegefeuer in Ingolstadt* von Marieluise Fleißer Junge Bühne Berlin

Eine blonde, schlanke, straffe Bürgerin aus Ingolstadt ist – nicht die Heldin, sondern die Verfasserin dieses düster-peinigenden Stücks. In zwei Stunden, die es pausenlos spielt, baut sich nicht auf, rollt sich nicht ab, was wir »Drama« nennen, sondern eine grausige Tiefbohrung wird vorgenommen in die Gründe und Schlünde eines Jünglings hinab, aus dem teils Ekel, teils Mitleid entspringt. *(Kurt Pinthus, 8-Uhr-Abendblatt, 26. 4.)*

Marieluise Fleißer hat die entscheidende Begabung der dichterischen Erzählerin: die Mitteilung sofort als Ausdruck zu geben. Dieses ursprüngliche Material- und Werkgefühl bleibt das Wesen ihrer Begabung. [...] Helene Weigel als eifersüchtige, beiseite gestellte

25. April, Sonntag. Matinee der Jungen Bühne im Deutschen Theater: Uraufführung von *Fegefeuer in Ingolstadt* von Marieluise Fleißer (→ Mitte Februar); Regie: Paul Bildt; mit Mathias Wieman (Roelle), Maria Koppenhöfer (Olga), Helene Weigel (Jüngere Schwester), Aribert Wäscher (Individuum).

Die Aufführung ist erfolgreich. Fleißer schreibt (am 28. 4.) an ihren Vater: »Ich weiß nicht, ob in Ingolstadt was über die Kritiken bekannt geworden ist, sie sind von den wichtigsten Zeitungen durchaus gut, wie mir gesagt wird, ich selber verstehe das ja nicht besonders, da ich nicht weiß, wie hier die Kritiken gehandhabt werden. Jedenfalls war die von meinem Stück die erste Aufführung der Jungen Bühne, bei der nicht wütende Zischkämpfe einsetzten und bei der keine faulen Äpfel geflogen sind.« *(Tax, 69.)*

29. April, Donnerstag. B spricht mit Elisabeth Hauptmann über die »Wichtigkeit guter Geschichten- und Stückanfänge«. Er halte die Anfangsszene von *Mann ist Mann* für »klassisch« *(Hauptmann, 179)*. Der Film *Panzerkreuzer Potemkin* von Sergej Eisenstein, von der deutschen Zensur verboten, ist durch zahlreiche öffentliche Proteste, an denen sich u. a. Erwin Piscator und B beteiligt haben, freigegeben worden und läuft in Deutschland an.

30. April, Freitag. Elisabeth Hauptmann notiert, daß *Mann ist Mann* nochmals (»das siebente Mal, einige Szenen öfter«) umgebaut wird *(Hauptmann, 179)*. »Da Helene Weigel eine Woche auf Gastspiel« ist, treffe sie sich oft mit B und Marieluise Fleißer. »Viel geredet. Krach mit Dr. Seeler.« Sie sucht für Fleißers Arbeiten einen Verlag und bringt sie bei Ullstein unter *(675/77)*. Fleißer schreibt (am 28.4.) an ihren Vater: »Ich kann jetzt mit einem Verlag in eine Geschäftsbeziehung treten und mir zunächst einmal auf ein Jahr eine Monatsrente ausbedingen. Ich gehe nicht eher von hier weg, bis ich nicht einen Vertrag dieser Art in der Tasche habe und komme auf keinen Fall vor Sonntag.« Im Herbst will sie »für lang« nach Berlin *(Tax, 69)*.

Schwester, eindrucksvoll, nur etwas zu nachdrücklich. *(Herbert Jhering, BBC, 26.4.)*

Am stärksten: Helene Weigels Halbflügge, mit dem scheelen Blick auf die Große, die schon erleben darf, mit dem denunzierenden Lächeln, mit dem Eifer der Jugend, das eigene Weh zu beweinen. *(Monty Jacobs, Vossische Zeitung, 27.4.)*

April. In mehreren im April geschriebenen Briefen macht B seiner Frau bittere Vorwürfe, daß sie die Tochter Hanne immer noch nicht aus Münster weggebracht hat.

»Immer noch sitzt der Bursche mit Hanne zusammen! Bist Du irrsinnig, mich so gegen Dich aufzubringen? Du kannst leben, mit wem Du willst. Nur mit mir nicht mehr. Nie mehr.« *(Br, 312.)* »Diese bösartige niedere Frechheit, bei der es Dir ganz gleich ist, wie sie Deinem Kind schadet, macht, daß ich jetzt jede Stunde bereue, die ich mit Dir sein mußte, und nicht mehr begreife, daß ich Dir ein Kind machte.« *(Br, 313.)*

April 1926
Scheidungsklage eingereicht

Auch in der zweiten Aprilhälfte schreibt er weitere, teilweise umfangreiche Briefe, durch die er versucht, einen erzieherischen Einfluß des nach seiner Meinung nicht akzeptablen Theo Lingen zu vereiteln. B hat bei Gericht die Scheidungsklage eingereicht. Er schildert Marianne »möglichst nüchtern [...], wie die Lage ist« und diskutiert alle möglichen Streitpunkte im Kampf um die Tochter. »Du kannst gegenklagen auf *beider*seitiges Verschulden. Aber dann muß ich durch Zeugen (was ich kann) beweisen, daß Du einverstanden warst (Du hast es zu Otto gesagt) und daß Du es lang wußtest, ohne zu klagen.« *(Br, 318.)* »Was ich will, ist, ein Recht haben, Hanne vor solchem Umgang zu schützen; was immer Du tust und mit wem Du zusammen bist, Marianne, ich werde Dir Hanne lassen und Dir nichts dreinreden, wenn es *Hanne* nicht schädigt; Du kannst das doch nicht für *schlecht* halten von mir; ich will Dich nicht einmal mit Lingen auseinanderbringen, nur soll Hanne weg, wenn er gerade da ist oder umgekehrt.« *(Br, 319.)* »Lingen hat mir einen frechen und dummen Brief geschrieben. Willst Du wirklich jetzt mit diesem *zehn* Jahre jüngeren Komiker herumziehen, ein Künstlerpärchen? Und mein Kind herumschleifen durch die ganze Provinz?« *(Br, 320.)* »Die Sachen für Hanne möchte ich selber kaufen. Ich bitte Dich, alles, was ihr von Onkeln gekauft wurde (Lingen schrieb irgendwas in der Richtung), in Münster zu lassen.« *(Br, 322.)*

1. Mai, Sonnabend. B sieht einen Film von seiner Tochter,

Hanne Brecht

den ihm Marianne geschickt hat, und schreibt an sie:. »Sie ist wunderbar schön, einmal wie eine kleine Kerze und sie hat ungeheure Augen! Es ist etwas für Lebenszeiten, sie bewegt sich so natürlich und anmutig und lebendig!« *(Br, 325.)*

Anfang Mai. Marianne kommt dem Drängen Bs nach und bringt Hanne, nach einem Zwischenaufenthalt in Berlin, zu ihren Eltern nach Baden bei Wien. B drückt ihr gegenüber seine Freude darüber aus, daß Hanne gut in Wien angekommen ist. Über die angestrebte Scheidung bittet er sie, Stillschweigen zu wahren. »Ich will mich wirklich scheiden lassen, denn diese Ehe hast Du kaputt gemacht, oder, wenn Du willst, ich auch, aber ich fange auch wirklich wieder an, Dich anders anzusehen, *und das ist sehr wichtig.*« Oskar Camillus Recht habe ihn besucht und über finanzielle Verluste in Wien berichtet; er »fängt frisch an, mit einem Branchentelefonbuch bewaffnet« *(Br, 324).*

3. Mai, Montag. Erstdruck der Geschichte *Vier Männer und ein Pokerspiel oder Zuviel Glück ist kein Glück (19,245-252)* im Stuttgarter *Simplizissimus* (→ 27. 2.).

In einer Notierung, die Elisabeth Hauptmann unter einer Rubrik »bis 3. Mai« anordnet, erwähnt sie ein Stückprojekt über Rosa Luxemburg: »R.L. ist *anders*, fremd, was hat sie in *unserm* Land aufzuhetzen? Keine Privatgeschichte darin. (B. meint, bei diesem Stück würde er vor der Generalprobe in die Schweiz fahren.)« *(675/79.)*

7. Mai, Freitag. Für einen Druck von *Dickicht* hat B den Plan, das Stück »in Granit« zu machen, und beginnt mit einer Versifizierung in Jamben. Nach Elisabeth Hauptmanns Urteil wirkt das »sehr gut und klassisch« *(151/43).*

9. Mai, Sonntag. In der polnischen Zeitschrift *Wiadomosci Literackie* erscheint ein Interview von Regina Reicher mit B, dem zufolge er sich für eine Reise nach Polen und für die Aufführung seiner Stücke dort interessiert.

12. Mai, Mittwoch. Ernst Hardt, Intendant des Schauspielhauses Köln, bereitet eine Aufführung von *Leben Eduards des Zweiten von England* vor; er berichtet B über seine Regiekonzeption und lädt ihn zur Premiere ein. B antwortet: »ich bin mit Ihren Ideen *sehr* einverstanden: je lebendiger und skrupelloser die Aufführung ist, desto besser. Sehr wichtig: enorme Striche! Eine Reise nach Köln ist eine reine Geldfrage. Es würde mich außerordentlich interessieren.« *(Br, 326.)*

14. Mai, Freitag. Auf Initiative der »Gruppe 1925« veranstaltet *Die Literarische Welt* eine Rundfrage *Was erwarten Sie von der Berliner Tagung des PEN-Klubs?* B äußert sich pessimistisch: da die deutsche Gruppe »*bewußt alles Junge ausgeschlossen*« habe, hält er die Tagung (16.-19. 5.), die nach seiner Meinung »*unter dem Zeichen der Festessen*«

stehen wird, für »*absolut hoffnungslos überflüssig und schädlich*« *(21,136)*.
15. Mai, Sonnabend. Ende der Spielzeit 1925/26 in Münster.
Mitte Mai. Immer noch verärgert über Bs Kritik an der Inszenierung von *Herodes und Mariamne* (→ 26. 3.) empfängt Leopold Jessner B nicht, der mit ihm über eine Aufführung von *Mann ist Mann* verhandeln will. »Es wäre mir, angesichts der künstlerischen Situation, in der sich das deutsche Theater im Augenblick befindet, ungeheuer wertvoll gewesen, wenn Sie das Stück hätten am Staatstheater plazieren können.« B gibt nun seinem Verlag freie Hand für den Vertrieb des neuen Stückes *(Br, 327)*.
Nach einer Notierung (vom 8. 6.) hat B Elisabeth Hauptmann Mitte Mai vorgeworfen, »es sei eine der übelsten Auswirkungen« ihrer Faulheit, daß sie »nicht immer alle Sachen gleich von ihm aufschriebe«. Sie hätten damit ein »ganzes Arsenal von Material« zur Verfügung gehabt, das sukzessive aufgearbeitet werden könnte. Dies tut ihr selber leid, aber andererseits könne sie Bs Sätze »nie so wiedergeben, wie sie waren« *(151/37)*.
Während der PEN-Tagung sieht Elisabeth Hauptmann »die ganze Gesellschaft« bei Hermann Borchardt. John Galsworthy lädt B und Ernst Toller zum Mittagessen ein.
Eines Tages bringt vormittags »ein etwa fünfzehnjähriger Judenknabe in blauem Anzug und gelben abgenutzten Halbschuhen«, der eigentlich zu Ernst Toller wollte, B seine Geschichten zur Beurteilung (weil Toller nicht im Telefonbuch steht). Durch den Besuch wird B angeregt, Elisabeth Hauptmann »von seiner Zeitungszeit in Augsburg« zu erzählen. Bei ihm sei es »ein eigenartiges Gemisch aus Schüchternheit, Frechheit, Höflichkeit, Bescheidenheit, Bescheidwissen gewesen, was ihm immer sehr genützt habe. Er habe auch immer gefragt.« *(151/47.)*
B und Frank Warschauer sind mehrfach mit Carl Koch und Lotte Reiniger zusammen und sprechen über Grundfragen des Filmemachens. In dem Zusammenhang schreibt er die Filmfabel *Marie kommt (19,254f.)* und (für Valeska Gert) das Exposé für die Filmburleske *Die Erschießung der Tänzerin Mata Hari zu Paris am 12. März 1917 (19,266f.)*. Die Filmprojekte, die Koch »in etwa drei Wochen machen« will, kommen nicht zustande *(151/42)*.
Sybille Binder besucht B; sie schließt mit dem Berliner Theaterunternehmer Heinz Saltenburg Vertrag *(151/43)*.
20.-23. Mai, Donnerstag-Sonntag. Elisabeth Hauptmann notiert: »Nicht dagewesen, da Kind und Frau da, heute wieder weg. Schon zweimal angerufen.« *(675/80.)*
21. Mai, Freitag. Befragt nach der stilistischen Phrase, die

Mit dem Kapellmeister Tantz und Sybille Binder

er am meisten haßt, antwortet B in der *Literarischen Welt*, es gäbe deren so viele, daß man eine »Enzyklopädie, ein Schwarzbuch der Phrase« herausbringen müßte. Die gleiche Zeitung veröffentlicht das Ergebnis einer Abstimmung, welche Dichter in die Sektion für Dichtkunst der Akademie der Künste gehören. Danach gehört B zwar zu den 27 Dichtern, die mehr als 100 Stimmen erhielten, liegt aber (mit 120 Stimmen) an einer der letzten Stellen.

22. Mai, Sonnabend. Im *Berliner Tageblatt* wird Alfred Kerrs Rezension zur Aufführung *Das trunkene Schiff* von Paul Zech (Regie: Erwin Piscator) veröffentlicht, bei der der Kritiker nochmals auf das Plagiatsproblem zurückkommt. Zech habe Verlaine und Rimbaud nicht so heimlich verborgen wie B, »welcher beiden *incognito* gehuldigt hat mit hochherzigem Verzicht auf Quellennachweis«. B erwidert in *Über Plagiate*, er habe seine »immer schon geplante Ehrung des literarischen Plagiats« noch nicht zu einem Zeitpunkt öffentlich machen wollen, wo er »selbst auf dem Gebiet des Plagiats noch nichts Rechtes geleistet hatte« *(21,174)*. In der gleichen Rezension schätzt Kerr Zechs Stück »nicht feierlicher als der Bubikopf nach dem Langhaar« ein. B bezieht sich darauf *(Theater für Weiber; 21,125 f.)* und verunglimpft (den kahlköpfigen) Kerr als einen »wegen seiner Reiseschilderungen geschätzten« Bubikopf, als »gewiegten Männerimitator, »der kleine Stimmungsbilder herstellt, nachdem er jedesmal vorher sorgfältig Bart geklebt hat«.

23. Mai, Sonntag. Die *Vossische Zeitung* veröffentlicht Bs *Kohlen für Mike (12,40)*, ein Gedicht, zu dem B durch Sherwood Andersons Roman *Der arme Weiße* (→ 4. 4.) angeregt worden ist.

26. Mai, Mittwoch. B erwägt eine kurzfristig angesetzte Reise nach Paris und interessiert auch Caspar Neher dafür. Die Kosten bestreitet Neher vom Verkauf seiner Zeichnung für die *Hauspostille* (200 RM). Elisabeth Hauptmann beschafft »mit einiger Anstrengung« die Visa. Während sie auf die Ausfertigung des Passes warten, entwickelt B ihr den Plan für einen neuen Einakter (*Der Postschalter*, nur in Notizen überliefert), in dem eine Frau zwei Abschiedsbriefe vom Leben aus einem Postkasten zurück haben will; nach dem Gespräch mit einem Beamten wird sie zur Kommunistin und verläßt das Postgebäude »zornentbrannt [...], um die Stadt aufzuwiegeln« *(151/45)*.

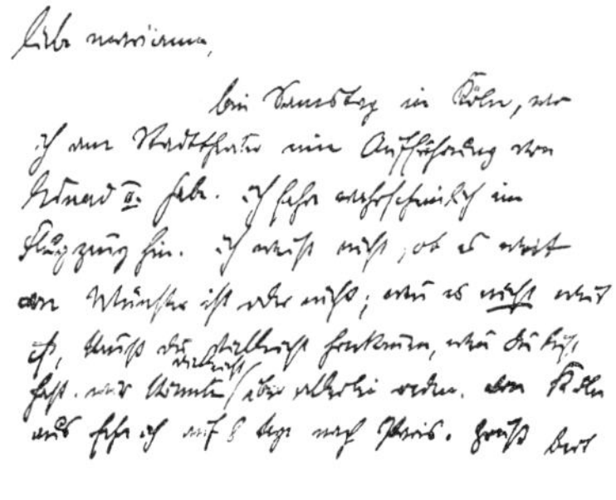

B teilt Marianne Zoff mit, daß er am Sonnabend in Köln sein wird, und lädt sie dahin ein. »Wir könnten vielleicht über allerlei reden.« *(Br, 328.)*

28. Mai, Freitag. B berichtet Marieluise Fleißer, daß er ihretwegen mit Kiepenheuer verhandelt. Seit »dieses alte und harmvolle Städtchen« nach der Premiere »ganz abgewrackt«

sei, liest er »2-3 Pfund Kriminalromane täglich«. »Vergessen Sie Berlin. Es ist die Welt. / Aber lernen Sie Kartenspielen für mich.« Ab 10. 7. sei er in Augsburg zu erreichen *(Br, 330)*.

Lektüre von Kriminalromanen

Vor Bs Abreise werden »verzweifelte Anstrengungen unternommen, ein Auto zu bekommen«. Bs Jugendfreund Otto Müllereisert, der inzwischen nach Berlin gezogen ist, wird in die Aktion einbezogen, ebenso Helene Weigel. Elisabeth Hauptmann fragt in verschiedenen Autofirmen nach einem »Reklamewagen«, hat aber keinen Erfolg. Auch wegen einer neuen Schreibmaschine versucht sie »auf dem Wege der Reklame« ihr Glück; sie bekommt »nur eine neue gegen die alte + 100 Mark« *(151/38)*. B will einen Illustrierten-Roman schreiben, aber sie finden keinen Abnehmer. »Eines Morgens« machen sie »bei heruntergelassenem Vorhang, hinter rotem Paravent, bei Whisky und Tabak ein 12 Seiten langes Exposé des Boxerromans, aber auch das hilft nicht« *(151/40)*; gemeint ist *Das Renommee. Ein Boxerroman (17,421-439)*. Elisabeth Hauptmann verschickt den Text mit *Der Lebenslauf des Boxers Samson Körner (19,216-235)* an den »Volksverband«, erhält aber von dort keinen Vorschuß, wodurch das Projekt für B »uninteressant« wird. Um zu Geld zu kommen, erwägen sie sogar, »irgend einer reichen Frau ein Bändchen Sonette, nur für sie, zu verkaufen« (einer Frau Hirsch aus Frankfurt), lassen aber den Plan fallen. Die Geschichte *»Nordseekrabben« oder Die moderne Bauhaus-Wohnung (19,267-275)*, in der die Wohnung des Chefredakteurs des Magazins *Uhu*, Friedrich Kroner, beschrieben ist, bringen sie ebenfalls nicht unter *(151/40f.)*.

B erhält von Hermon Ould das Stück *Between Sunset and Dawn* mit einer Widmung *(BBAB)*.

Sonderdruck *Taschenpostille*

Nachdem die *Hauspostille*, der B inzwischen den Namen *Taschenpostille* gegeben hat, im Kiepenheuer-Verlag nun doch gesetzt wird (→ Anfang Oktober 25), gibt es in der Verlagsleitung Auseinandersetzungen wegen des Inhalts der Gedichtsammlung. Elisabeth Hauptmann schreibt dazu: »Deutschnationales Geld im Kiepenheuer Verlag widersetzte sich dem Abdruck der *Legende vom toten Soldaten* [...] Darüber ging der ganze Kiepenheuer-Vertrag in die Binsen. Der Propyläen-Verlag (Ullstein) nahm Brecht, der mehr und mehr Verlegern zu unangenehm politisch wurde, als Autor auf.« *(11,301.)* Der Verlag schickt B die *Taschenpostille* mit der Bemerkung auf der Rückseite des Titelblattes: »Diese Ausgabe wurde im Auftrag des Verfassers als einmaliger unverkäuflicher Privatdruck in 25 Exemplaren hergestellt.« B läßt davon zunächst zwei in rotem und sechs in schwarzem Leder binden. Den Kontakt zum Hause Ullstein hatte ihm Julius Elias verschafft, der Leiter von dessen Bühnenvertrieb Arcadia.

29. Mai-9. Juni 1926
Reise über Köln nach Paris

29. Mai, Sonnabend. Durch Vermittlung von Elisabeth Hauptmann erhält B einen Freiflug nach Köln. In Zusammenhang mit diesem ersten Flug Bs entsteht wahrscheinlich die Geschichte *Müllers natürliche Haltung (19,285-291)*. Am Nachmittag trifft er sich zu einer Aussprache mit Marianne Zoff (→ 26. 5.). Caspar Neher fährt mit dem Zug und trifft am Nachmittag in Köln ein. Abends besuchen B und Neher die Premiere von *Leben Eduards des Zweiten von England*; Regie: Ernst Hardt, mit Lothar Müthel (Eduard), Gerhard Bienert (Gaveston), Elsa Baumbach (Anna).

30. Mai, Sonntag. Hans Reisiger hat B (am 1. 1.) um Mitarbeit an einem Band mit Gedichten von Rudyard Kipling für den List-Verlag nachgesucht. B zeigt sich sehr interessiert; ein solcher Band wäre »eine große Chance« (→ 10. 3.). Er sei »jetzt den ganzen Sommer über von Berlin weg« und werde »überall viel Zeit haben« *(Br, 329)*.

B und Neher reisen von Köln nach Paris weiter. B schreibt im Zug *Zur Kölner Aufführung* seines *Eduard* und schickt die Anmerkungen an Herbert Jhering mit der Bitte, sie im *BBC* »so hervorstechend wie möglich« zu veröffentlichen. Darin beurteilt er die Aufführung als eine »die geistige Struktur des Stückes vorbildlich ausleuchtende *musische* Inszenierung der Historie [...] durch den Dichter Ernst Hardt« *(24,30)*. Lothar Müthel habe seine »eminente Bedeutung« sichtbar gemacht *(Br, 331)*.

Der *BBC* veröffentlicht in seiner Beilage *Reise-Courier* unter dem Titel *Arbeit auch im Urlaub. Die Reisepläne von Männern der Kunst und Wissenschaft* neben Beiträgen von Egon Erwin Kisch, Walter von Molo, Hans J. Rehfisch u. a. den folgenden Text Bs: »Wohin ich fahre? Das möchte ich auch wissen. Fest steht, daß ich *Paris* in diesem Sommer *unter allen Umständen* sehen will.« *(26,287.)*

Mai. Erstdruck der Kurzgeschichte *Gespräch über die Südsee* (→ 28. 2.) in der Zeitschrift *Die Dame*, Berlin *(19,252-254)*.

2. Juni, Mittwoch. B schickt Helene Weigel aus dem Hotel de Chemin de Fer de l'ouest, Boulevard Montparnasse 43, eine Postkarte. »Paris, seit Sonntag abend, angenehm, Cas Führernatur.« Da Marianne Zoff angekündigt hat, für einige Tage nach Berlin zu kommen, soll sich Helene Weigel »bei Berta« (Zugehfrau) erkundigen, »ob sie da ist, vor Du raufgehst« *(Br, 333)*.

Anfang Juni. B teilt, »von Berlin mehr als nur 600 Kilometer entfernt und auf kleinen Autotouren die Zementdiners des letzten Winters verdauend«, Herbert Jhering einige Gedanken über das heutige Theater mit. »Und selbst wenn Sie glaubten, daß etwa der einzige Ansatz einer Theaterauffassung, nämlich der Jessners, so etwas wie ein neues für die Städte dieses Jahrhunderts genügendes Theater ergeben könnte, müßten Sie diese Ansicht durch den Verzicht auf die Entstehung neuer Theaterwerke erkaufen; denn bis jetzt hat dieser Stil ältere Werke bis zur Unkenntlichkeit verarmt (nicht verändert!) und neuere uralt aussehen gemacht.« B verläßt sich auf Jherings »leidenschaftliche Sachlichkeit« und rechnet damit, daß er ihm dabei hilft, das alte Theater »je relativ besser es arbeitet, desto absoluter« zu bekämpfen *(Br, 332)*.

4. Juni, Freitag. Die Wiener *Neue Freie Presse* veröffentlicht das Ergebnis einer Rundfrage, zu der sie »die bekannten Schriftsteller der jungen und jüngsten Schule über ihr Verhältnis zur alten Generation« aufgefordert hat (Klaus Mann, Arnolt Bronnen und B). In Bs Antwort heißt es: »Ich gebe zu, daß mir die Werke *der letzten ›Generation‹ mit wenig Ausnahmen wenig Eindruck* machen. Ihr Horizont scheint mir sehr klein, ihre Kunstform roh und blindlings übernommen, ihr kultureller Wert verschwindend.« *(Die Jungen über die Alten; 21,137.)*

8. Juni, Dienstag. Helene Weigel schließt auf ihren Namen eine Versicherung ab für das von ihr im Auftrag Bs gekaufte Auto. Den Kauf hat Otto Müllereisert vermittelt; der gebrauchte Wagen (Englischer Daimler, Baujahr 1921) steht in Wittenberg und muß erst repariert werden.

10. Juni, Donnerstag. B ist von Paris nach Augsburg gefahren und beklagt sich bei Herbert Jhering, daß er seine Zeilen (→ 30. 5.) im *BBC* nicht gedruckt hat. »Es ist, in diesen Jahren, eine dünne Luft um meine Angelegenheiten.« *(Br, 334.)*

Mitte Juni. B erhält durch einen Mittelsmann den Betrag von 1200 RM zurück, den er Otto Müllereisert 1925 geliehen hat. Von dem Auto, das ihm sein Freund beschafft hat, ist B nicht angetan und will es wieder verkaufen.

B erfährt, daß Marianne Zoff in Berlin mit Helene Weigel gesprochen hat, und schreibt ihr in einem Brief: »Ich höre, Du denkst, ich wolle die Weigel heiraten, und es liegt mir daran, Dir mitzuteilen, daß ich das *nicht* will. Ich habe nicht vor, ein anderes Kind der Hanne gleichzusetzen, das weißt Du.« Nach seinem Eindruck habe sich die Beziehung zu ihr, seit sie sich in Köln ausgesprochen haben, gebessert. »Wenn Du mir die Hanne nimmst, können wir nie mehr ›gut werden‹.« *(Br, 335.)* Wegen des Autokaufs, von dem Marianne ebenfalls Kenntnis hat, schreibt er: »Ich habe 1500 M für ein Auto entliehen, Otto und Weigel haben es gekauft, auf den Namen der Weigel, da ich nicht da bin, es gehört mir, das heißt, ich verkaufe es wieder, da ich die 1500 M nicht zurückzahlen könnte, wie ich geglaubt habe. Dieses Geld

(1500 M) habe ich also nicht etwa in Form eines Autos der Weigel geschenkt!«
Durch Beschuldigungen, Vorhaltungen und Forderungen Marianne Zoffs ist B über sie »mehr verzweifelt als zornig«. Er kritisiert in einem längeren Brief ihr Verhalten und versucht (in Thesenform) eine Richtigstellung der Sachverhalte aus seiner Sicht. B protestiert dagegen, daß Marianne aus seiner Wohnung Gegenstände mitgenommen und außerdem vom Ullstein-Verlag aus seinen Tantiemen einen Betrag abgehoben hat *(Br, 336)*. In einem weiteren (unmittelbar danach geschriebenen) Brief stellt B ihr für die Korrektur ihrer Haltung und die Entschuldigung ein Ultimatum bis zum 1.7. *(Br, 337.)*

Juni 1926
Differenzen mit Otto Müllereisert wegen Autokauf

18. Juni, Freitag. B hat Otto Müllereisert Vorhaltungen wegen des Autokaufs gemacht; dieser rechtfertigt sich: »Ich habe der Weigel zugeraten zum Kaufe dieses Wagens, weil ich ihn für preiswert hielt. Die Entscheidung lag bei der Weigel.« Zugleich bietet er ihm die von ihm zurückgezahlten Schulden (→ 10.6.) als Vorschuß für die noch notwendige Reparatur an. Auf Bs Vorwurf, Müllereiserts Leben werde in letzter Zeit »immer unsicherer und hochstaplerischer«, reagiert der Gescholtene verärgert, er verschaffe einem Freund Geld, das dieser dann unterschlägt, »weil er gegen Hochstapelei ist«. Eine Hochstapelei sei vielmehr, »sich von fremdem Geld ein Auto zu kaufen, wenn man es sich nicht leisten kann« *(720/18)*.
22. Juni, Dienstag. Das Amtsgericht Berlin-Charlottenburg verhandelt über eine Klage von Paulas Mutter, »Maria Banholzer, Arztwitwe, gegen den Regisseur Bert Brecht (Wilmersdorf)«, und entscheidet, daß B (ab 7.6.26) neun Jahre lang eine Unterhaltszahlung von jährlich 480,00 RM für seinen unehelichen Sohn Frank entrichten muß.
Otto Müllereisert steht B in der Autoangelegenheit nur deshalb zur Verfügung, weil er es versprochen hat. Er will aber »in jedem Falle endgültige Konsequenzen« ziehen. »Ich verzichte, die Resultate einer fast zwanzigjährigen Freundschaft bis zu Ende auszukosten. Es genügt mir für dauernd.« *(720/19.)*
29. Juni, Dienstag. Otto Müllereisert schickt B eine Kostenaufrechnung für die Reparatur des Autos und legt fest, daß sein vorgeschossenes Geld nur bis zum Weiterverkauf des Fahrzeugs (spätestens 1.10.) zur Verfügung steht. Die Autopapiere will er ihm nach Eintreffen eines Schuldscheins aushändigen. Eine weitere Anmahnung seiner Außenstände schickt Müllereisert (am 5.4.27) an B.
Juni. In seinen Erinnerungen schreibt Bs Bruder Walter: »Im Juni 1926 bekam die Geschäftsleitung [der Firma Haindl] einen Brief, unterschrieben ›Ihre Angestellten und

Arbeiter‹, in dem unter unflätiger Beschimpfung von Bertolt Brecht und seinem ›moralisch und sittlich ebenso verkommenen Vater‹ dessen Entlassung gefordert wurde. Diesen Brief händigte Kommerzienrat Haindl unserem Vater mit dem Bemerken aus, er möge ihn vernichten.« *(Brecht, 155.)* Walter wird am 19. 7. in der Haindlschen Papierfabrik eingestellt (und arbeitet dort bis zum 10. 5. 1931).

Anfang Juli 1926
Anregung für ein Stück ***Pioniere in Ingolstadt***

Anfang Juli. Marieluise Fleißer, die sich im Spätsommer in Süddeutschland aufhält, trifft sich mehrfach mit B in Augsburg. Nach ihrer Erinnerung erzählt sie ihm bei einem dieser Gespräche »auf einem Spaziergang am Augsburger Stadtgraben« von einer Übung, die Pioniere aus Küstrin in Ingolstadt gemacht haben. »Brecht wollte sofort, daß ich eine solche militärische Invasion in einer kleinen Stadt mit ihren Auswirkungen auf die Bevölkerung beobachte und aus eigener Anschauung ein Stück darüber mache.« Nach Ingolstadt zurückgekehrt, beginnt sie, angeregt durch Bs Vorstellungen und Einführungen in das Soldatenmilieu, mit dem Stück (*Pioniere in Ingolstadt*; →30. 3. 29) *(Fleißer 3,442)*.

14.-26. Juli 1926
Reise nach Wien

14. Juli, Mittwoch. B reist mit Elisabeth Hauptmann nach Wien und wohnt in der Porzellangasse 37 (bei Leo Perutz).

Mitte Juli. B schreibt Helene Weigel, er wolle in das Hotel Bristol zu Lion Feuchtwanger umziehen. Sie möchte Erich Engel bitten, (bei der Volksbühne) einen »festen Termin für *Mann ist Mann* im Herbst« (erst realisiert: →4. 1. 28) durchzusetzen *(Br, 339)*.

21. Juli, Mittwoch. B wird von der Wiener *Neuen Freien Presse* aufgefordert, einen Text für den bevorstehenden 70. Geburtstag von George Bernard Shaw zu schreiben. Er macht sich sofort an die Arbeit und kündigt Emil Faktor den gleichen Text für den *BBC* (→25. 7.) an *(Br, 341)*.
Nach der Ablieferung des Artikels bei der *Neuen Freien Presse* (→25. 7.) bedauert B gegenüber Elisabeth Hauptmann, daß er »früher beim deutschen Schulaufsatz nicht achtgegeben hätte«. Er wäre sonst besser in der Lage gewesen, einen Plan zu machen *(151/32)*.
Als er mit ihr »auf Zinkabfallbehältern in der Bösendorferstraße« auf die Straßenbahn nach der Vorstadt Baden wartet, spricht er darüber, welche Gesichtspunkte einen Stoff für Lyrik geeignet machen *(450/54)*.

23. Juli, Freitag. Aus Anlaß des bevorstehenden Geburtstags von Shaw (am 26. 7.) veröffentlicht der *BBC* im Rahmen einer »Festadresse des S. Fischer Verlags« *Dem siebzigjährigen Bernard Shaw* einen weiteren Text Bs, in dem er Shaw insbesondere »zu dem Spaß« beglückwünscht, »den ihm seine Arbeit anscheinend immer gemacht hat« *(21,148)*.

Behauptung
1
Schweig
Was, meinst du, ändert sich leichter
Ein Stein oder deine Ansicht
darüber?
Ich bin immer gleich gewesen.
2
Was besagt eine Fotografie?
Einige große Worte
Die man jedem nachweisen kann?
Ich bin vielleicht nicht besser
geworden
Aber
Ich bin immer gleich geblieben.
(13,335.)

25. Juli, Sonntag. Erstdruck von Bs Text *Ovation für Shaw (21,149-153)* sowohl im *BBC* wie auch in der Wiener *Neuen Freien Presse* (→ 21. 7.). Darin behauptet B, »Shaws Terror« bestehe darin, daß er sich einer »ungewöhnlichen Waffe« bediene, »nämlich des Humors«. Er lobt Shaws Vergnügen, durch seine Figuren »unsere Gewohnheitsassoziationen in Unordnung zu bringen«. Trotz Distanzierung von Shaws »Evolutionstheorie« bekennt sich B unumwunden zu dem Dichter: »Denn: mir scheint ein Mann von solcher Verstandesschärfe und unerschrockener Beredsamkeit absolut vertrauenswürdig. Wie mir denn überhaupt zu jeder Zeit und in jeder Situation die Kraft einer Äußerung immer wichtiger erscheint als ihre Verwendung und ein Mann von Format wichtiger als die Richtung seiner Betätigung.« Aus Anlaß dieses Artikels sagt B Elisabeth Hauptmann, daß er Shaws Cäsar für »eine der gelungensten Gestalten« halte. »Er sei sich bloß immer gleich geblieben, sonst sei er ganz gewöhnlich gewesen.« *(450/54.)* Den gleichen Gedanken drückt er auch in dem Gedicht *Behauptung* (→ 31. 7.) aus.

Ende Juli. B teilt Helene Weigel mit, seine Tochter Hanne (die er bei Marianne Zoffs Eltern in Baden besucht hat) sei »sehr klug und nett« gewesen. Das Geld wäre knapp, er versuche aber, »welches zu beschaffen«, und sehe dafür »einige Chancechen« *(Br, 340)*.

Ende Juli 1926
Beginn von Ökonomie-Studien für das Stück *Jae Fleischhacker*

Egon Erwin Kisch hat B einen Kontakt mit dem Ökonomen Dr. Singer vermittelt, mit dem er über Vorgänge an der Börse spricht. Elisabeth Hauptmann notiert darüber (am 26. 7.): »Die wichtigste Umstellung der Arbeit geschah bei der Überarbeitung des Materials für *Joe Fleischhacker.* Dieses Stück sollte in Chicago spielen, und zwar in großem Stil, und sollte innerhalb einer Reihe ›Einzug der Menschheit in die großen Städte‹ den aufsteigenden Kapitalismus zeigen. Für das Stück sammelten wir Fachliteratur, ich selber fragte eine Reihe von Spezialisten aus, auch auf den Börsen in Breslau und Wien, und am Schluß fing Brecht an, Nationalökonomie zu lesen. [...] Im Verlauf dieser Studien stellte Brecht seine Theorie des ›epischen Dramas‹ auf.« *(Hauptmann, 171.)*

26. Juli - Mitte September 1926
Reise nach Augsburg

26. Juli, Montag. B fährt von Wien nach Augsburg, Elisabeth Hauptmann nach Berlin.

Oft wundere ich mich selber, daß mein Gedächtnis so schwach ist. Alle meine Angelegenheiten, auch die gefährlichsten, vergesse ich umgehend. Selbst die Geliebte meiner Jugend, der ich sehr zugetan war und die mir wegen einer merkwürdigen Gleichgültigkeit meinerseits entglitt,

30. Juli, Freitag. In der *Literarischen Welt* erscheint in der Reihe *Was arbeiten Sie?* das Interview (→ 1. 2.), das Bernard Guillemin mit B gemacht hat. B erteilt der Lyrik, die »des mimischen Vortrags bedarf, [...] mehr privaten Charakter«, während das Drama »eine objektiv angeschaute Sache« sei, »das Gegenteil von Stimmung im gewöhnlichen und poetischen Sinn«. »Ich schreibe nicht für den Abschaum, der Wert darauf legt, daß ihm das Herz aufgeht.« Er appelliere an den

Verstand. Wirkliche Stücke seien »überhaupt nur aufgeführt zu verstehen. [...] Ich bin für das epische Theater.« (→ 22. 3.) Über die Figurengestaltung sagt B: »Auch wenn sich eine meiner Personen in Widersprüchen bewegt, so nur darum, weil der Mensch in zwei ungleichen Augenblicken niemals der gleiche sein kann. Das wechselnde Außen veranlaßt ihn beständig zu einer inneren Umgruppierung. Das kontinuierliche Ich ist eine Mythe.« *(Gespräch, 189.)*

In der gleichen Ausgabe der *Literarischen Welt* berichtet Hans Tasiemka unter der Überschrift *Samson-Körner schreibt mit Bert Brecht ein Buch »Der Meisterboxer«* über ein Treffen mit dem Boxer, bei dem dieser über seine literarischen Interessen (letzte Lektüre: Stevensons *Südseegeschichten*) und die Arbeit mit B erzählt (»Ein prächtiger Kerl, der Brecht«).

31. Juli, Sonnabend. Erstveröffentlichung des Gedichts *Behauptung (13,335 f.)* im Tage-Buch (→ 25. 7.).

2. August, Montag. Im Magazin *Uhu* erscheint im August ein Artikel *Die neuen Eltern* von Klaus Mann zusammen mit einem Interview, das Wilhelm Emanuel Süßkind mit Thomas Mann geführt hat (*Die neuen Kinder*). Klaus Mann nimmt darin Bs Formulierung vom »schrecklichen Gerümpel« in dessen Antwort auf die Frage *Stirbt das Drama?* (→ 4. 4.) auf und interpretiert sie: »Unnützes Zeug! Wir sind dran! Mit euch in die Ecke!« B schreibt dazu »eine kleine melancholische Meditation«, die er Willy Haas für eine Publikation in der *Literarischen Welt* überläßt (→ 14. 8.).

5. August, Donnerstag. B klagt (aus Augsburg) in einem Brief an Helene Weigel, die mit Stefan in Kochel (am See) Urlaub macht, daß er Langeweile hat, und bittet sie, ihm seinen Schlüssel gleich »als Sache ohne Wert« zu schicken *(Br, 343)*.

9. August, Montag. Erstdruck der Kurzgeschichte *Schlechtes Wasser (19,235-240)* im Stuttgarter *Simplizissimus*.

14. August, Sonnabend. Da die *Literarische Welt* Bs Glosse über den *Uhu*-Bericht (→ 2. 8.) nicht bringt, hat B sie im *Tage-Buch* untergebracht. In *Wenn der Vater mit dem Sohne mit dem Uhu... (21,158-160)* unterstellt B, Thomas Manns literarischer Vater sei der »Revolutionär« Friedrich Spielhagen gewesen. »Sollten sie [die Kinder] sich aber wirklich erdreisten, etwa gar ebenso stille und feine Menschen werden zu wollen, wie ihre Opapas [...], so werden wir unserem unumstrittenen Ruhm als Vatermörder den ganz unbestreitbaren als Kindesmörder hinzufügen.« (*21,160*; Thomas Mann reagiert auf den Text am → 10. 10.).

B schreibt an Helene Weigel: »Hier Wagen, Cooncannot, Billard, Langeweile. Denke mir Kochel noch schlimmer.« *(Br, 344.)*

kommt mir heute in der Erinnerung vor wie die Gestalt in einem Buche, das ich gelesen habe. *(26,288.)*

Erste publizistische Erwähnung des Begriffs »das epische Theater«

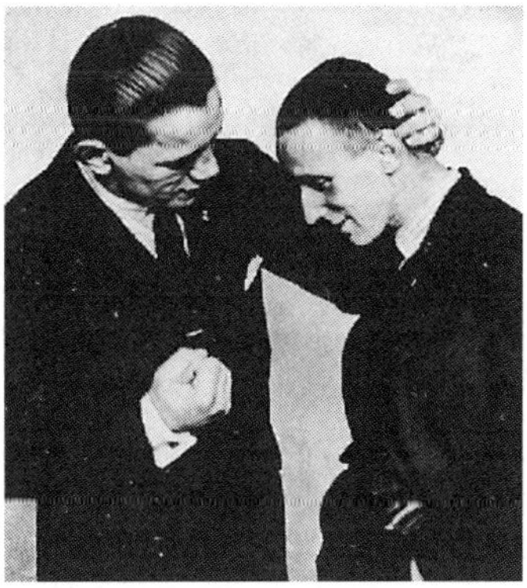

Mit Paul Samson-Körner

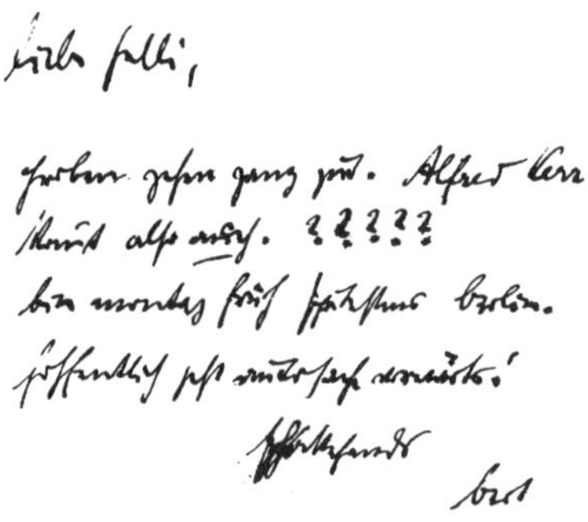

17. August, Mittwoch. B trifft sich mit Helene Weigel in München (Pension Döring).

August. In ein Notizbuch schreibt B die Gedichte *Und stopft ein Grammophon hinein (13,337), Sintflut, Die Städte mit den schwarzen Blattern (13,338).*

9. September, Donnerstag. In einer (fingierten scherzhaften) Umfrage der *Literarischen Welt* (*Was haben unsere Dichter im Sommer gemacht?*) steht als vermeintliche »Antwort« Bs, er sei »von morgens bis abends im Wald« geblieben, um »gebührend Erdgeruch mit nach Hause zu bringen, dessen Fehlen viele Kritiker im letzten Winter konstatierten«.

Mitte September - 26. September 1926 Reise nach Darmstadt Teilnahme an den Proben von *Mann ist Mann*

Mitte September. B fährt nach Darmstadt und nimmt an den Proben von *Mann ist Mann* teil, die unter Leitung von Jacob Geis begonnen haben. Er lädt Herbert Jhering zur Premiere ein und empfiehlt ihm in Darmstadt das Hotel Traube. »Natürlich steht hier alles kopf (soweit Kopf da ist...).« *(Br, 347.)* Für die Aufführung schreibt er *Aus: Über Kunst und Sozialismus (Bruchstück einer Vorrede zu dem Lustspiel »Mann ist Mann«).* Darin heißt es: »Nach meiner Ansicht ist es sicher, daß der Sozialismus, und zwar der revolutionäre, das Gesicht unseres Landes noch zu unseren Lebzeiten verändern wird. Unser Leben wird mit Kämpfen gerade dieser Art ausgefüllt sein.« *(21,142.)* An Helene Weigel schreibt er: »Proben gehen ganz gut.« *(Br, 348.)*

21. September, Dienstag. In den *Darmstädter Blättern für Theater und Kunst* gibt Jacob Geis einen Überblick über die bisherigen Dramen Bs und schreibt über *Mann ist Mann* zusammenfassend: »Wenn man will, ist dies das neue Lustspiel, der härteren Zeit angemessen, von jener Munterkeit, die aus Verachtung des Daseins entspringt und doch weit entfernt ist von einem resignierenden Galgenhumor. Soll es philosophisch begründet werden, so könnte man sagen, daß hier das Thema von der Überflüssigkeit des Individuellen behandelt wird, ein Thema, das in der Luft zu liegen scheint [...].« Speziell auf das Stück geht Jacob Geis (am 22. 9.) im *Darmstädter Tageblatt* ein.

Ernst Legal als Galy Gay

B hat dem Feuilletonredakteur und Theaterkritiker Bernhard Diebold von der *Frankfurter Zeitung* das Stück *Eine amerikanische Jugend* von Emil Hesse-Burri geschickt. Obwohl Diebold den Autor für einen »zweifellos begabten Mann« hält, hat er Einwände und gibt das Stück an B zurück *(720/29).*

22. September, Mittwoch. B bittet auch Arnolt Bronnen, zur Premiere zu kommen: »Gib Dir einen Schwung!« *(Br, 346.)*

25. September, Sonnabend. Gleichzeitige Uraufführung von *Mann ist Mann* am Hessischen Landestheater in Darmstadt und am Düsseldorfer Schauspielhaus. Regie in Darm-

stadt: Jacob Geis, Bühnenbild: Caspar Neher; mit dem Intendanten Ernst Legal (Galy Gay), Robert Klupp (Uria), Joachim Büttner (Jesse), Walter Bluhm (Polly), Bessie Hoffarth (Begbick), Max Nemetz (Fairchild). In dieser Aufführung verwendet Caspar Neher erstmals einen halbhohen Leinenvorhang, damit das Publikum den Umbau auf der Bühne verfolgen kann. Da in der Darmstädter Inszenierung mehrere Persönlichkeiten mitwirken, die sich bereits um Brecht-Stücke verdient gemacht haben, richtet sich das Interesse der Berliner Kritiker auf diese Aufführung.
Regie bei der gleichzeitigen Uraufführung im Kleinen Haus Düsseldorf: Joseph Münch, Bühnenbild: Harry Breuer, mit Ewald Balser als Galy Gay; Musik der Songs: Josef Vorsmann (als Jazzstücke).
Helene Weigel spielt im Berliner Lessing-Theater die Mutter in *Veronika* von Hans Müller, Regie: Reinhard Bruck, mit Käthe Dorsch (Veronika), Franziska Kinz (Pauline), Karl Ettlinger (Dr. Löwenstamm).
Wiederholte Attacken Alfred Kerrs nimmt B (in dieser Zeit) zum Anlaß für den *Brief an einen Redakteur*, in dem er die Frage verneint, ob er Kerr »persönlich irgendwie zu nahe getreten sei«. Der Zusammenhang zwischen ihm und Kerr bestehe darin, »daß man ihm anläßlich meiner und anderer Werke gestattet, seine Ansichten über eine Reihe von Gegenständen zu äußern, die mit diesen Werken selbst in keinerlei erkennbarem Zusammenhang stehen«. *(21,172f.)*
27. September, Montag. Nach zweimonatiger Abwesenheit (in Wien, Augsburg und Darmstadt; → 14. 7.) kehrt B nach Berlin zurück. Elisabeth Hauptmann notiert im Oktober: »Nach der Aufführung von *Mann ist Mann* beschafft sich Brecht Arbeiten über den Sozialismus und Marxismus und läßt sich aufschreiben, welche Grundwerke er davon zuerst studieren soll. Aus dem Urlaub schreibt er in einem Brief kurze Zeit später: ›Ich stecke acht Schuh tief im *Kapital*. Ich muß das jetzt genau wissen...‹« *(So 2,243)*.
September. B schreibt an Berthold Viertel, der als Regisseur am Düsseldorfer Schauspielhaus engagiert ist, daß er keinen Einfluß auf die Entscheidung des Verlags hatte, *Mann ist Mann* an das Kleine Haus der Städtischen Theater (→ 25. 7.) zu geben, und fragt ihn, ob er an *Dickicht* oder *Leben Eduards des Zweiten von England* interessiert ist *(Br, 349)*.
Erstdruck der Kurzgeschichte *Eine Pleite-Idee (19,241-245)* im Magazin *Uhu* (mit Zeichnungen von Eichenberg).
Marianne Zoff-Brecht wechselt für die Spielzeit 1926/27 an das Theater nach Recklinghausen.
10. Oktober, Sonntag. Auf Bs Polemik gegen die Äußerungen Thomas Manns in dem Interview im Magazin *Uhu* (→ 14. 8.) gibt Mann in seinem Artikel *Die Unbekannten* im

25. September 1926
Uraufführung *Mann ist Mann*
Landestheater Darmstadt
Es ist staunenswert, daß Herr Jacob Geis, der Spielhüter, welcher auf dem Programmzettel durch ernstgemeinten Unsinn den Leser in Darmstadt viel mehr erheitert als das Stück – daß er trotzdem in dieser Verfassung eine recht hübsche Regie zustande bringt. Alles, was wahr ist. Er hat ja Brecht gemeinsam mit Engel und Falckenberg entdeckt. *(Alfred Kerr, Berliner Tageblatt, 27. 9.)*

Brecht will das Ich vernichten mit dem Mechanismus-Menschen – und weiß kein passenderes Symbol für ihn als die Uniform. Die Gleichung: Masse Mensch = Militär! ist nunmehr evident. Die Szene wird unweigerlich militaristisch. Wer will unter die Soldaten...? Brecht wird sich hüten. »Mann ist Mann!« – das tönt bedenklich. Aber wieviel ist ernst an dieser Devise? *(Bernhard Diebold, Frankfurter Zeitung, 27. 9.)*

Brecht ist der erste deutsche Bühnendichter, der die Mechanik des Maschinenzeitalters weder feiert noch angreift, sondern selbstverständlich nimmt und dadurch überwindet. Er baut mechanische Montageszenen und findet eine Heiterkeit der Anschauung, eine Grazie des Tons, die um so mehr für seine Zukunft sprechen, als er die innere Freiheit in einer Zeit fortgesetzter Angriffe und äußerer Mißerfolge fand, in der andere gallig geworden wären. [...] Diese Brecht-Aufführung war die »richtigste«, die stilistisch deckendste Aufführung, die ich überhaupt in der Provinz sah. *(Herbert Jhering, BBC, 28. 9.)*

September 1926
Studien im *Kapital* von Karl Marx

25. September 1926
Uraufführung *Mann ist Mann*
Kleines Haus Düsseldorf
Wenn der Regisseur Joseph Münch dieses Stück nicht falsch inszeniert hätte, wenn Josef Vorsmann nicht dazu eine Musik geschrieben hätte, die in überhaupt keinem Zusammenhang mit ihm stand, so hätte das Gros der Bürger sein Mißfallen noch viel deutlicher als durch eisiges Schweigen ausgedrückt.
(Volkszeitung, Düsseldorf, 9. 10.)

Berliner Tageblatt zu, er habe sich so ungeschickt geäußert, »daß es für den wachsamen Bert Brecht allzuschwer war, keine Satire zu schreiben«. Er korrigiert einige seiner im *Uhu* vertretenen Thesen. Gegen Bs Unterstellung, Thomas Manns literarisches Vorbild sei Friedrich Spielhagen, stellt dieser die Behauptung, er habe »nie eine Zeile von Spielhagen gelesen«. B geht auch in seinen Texten *Schlechter als Spielhagen (21,161f.)*, *Kleiner Rat, Dokumente anzufertigen (21,163-165)* und *Wer meint wen? Oder »Valencia« contra »Tod und Verklärung« (21,165-167)* nochmals auf diesen Zusammenhang ein. In einer Erwiderung auf Manns Äußerung in *Die Unbekannten*, daß der Unterschied der Generationen nur geringfügig sei, schreibt B: »Dazu kann ich nur sagen, daß nach meiner Ansicht in einem eventuellen Disput zwischen einer Droschke und einem Auto es bestimmt die Droschke sein wird, die den Unterschied geringfügig findet.« (*Unterschied der Generationen; 21,160f.*)

12. Oktober, Dienstag. Ein Aufruf der »Kampfgemeinschaft für Geistesfreiheit« gegen das *Gesetz zum Schutz der Jugend vor Schund- und Schmutzschriften*, den auch B u. a. Mitglieder der »Gruppe 1925« unterschrieben haben, erscheint in vielen Berliner Zeitungen.

Oktober. B bezeichnet es in einem Brief an Marieluise Fleißer als »Glanzpunkt« in seiner »Verbrecherlaufbahn«, daß er ihren Besuch in Augsburg vergessen hat. In zwei Wochen wolle er nach Augsburg kommen. B fragt, wie weit sie mit dem Lustspiel (*Pioniere in Ingolstadt*; → Anfang Juli) ist *(Br, 350)*.

Oktober 1926-Januar 1927
Erstveröffentlichung von
Der Lebenslauf des Boxers Samson-Körner
in mehreren Folgen

Im Oktoberheft des Sportmagazins *Die Arena*, Berlin, wird die erste Folge von *Der Lebenslauf des Boxers Samson-Körner (19,216-235)* veröffentlicht. Weitere Folgen erscheinen im November und Dezember 1926 sowie Januar 1927. Die Biographie wird nicht, wie *Die Arena* (im Februar/März 27) mitteilt, »mit frischer Kraft« fortgesetzt, sondern bleibt fragmentarisch.

7. November, Sonntag. Der *BBC* veröffentlicht *Vom fünften Rad (11,258)*, ein Gedicht (das später ohne Titel in das *Lesebuch für Städtebewohner* aufgenommen wird).

8. November, Montag. Nachdem die »Gruppe 1925« im Herbst beschlossen hat, Diskussionen über literarische Fragen zu veranstalten, findet z. B. ein »Literaturgericht« über Johannes R. Bechers Roman *Levisite oder Der einzig gerechte Krieg* statt. Der Roman ist (am 4. 2.) vom Reichsgericht beschlagnahmt worden, wogegen die »Gruppe 1925« bei verschiedenen Anlässen öffentlich protestiert hat. B fungiert (am 8. 11.) in der »Verhandlung« als »Gerichtsvorsitzender«; zur Seite stehen ihm als »Schöffen« Rudolf Leonhard und Klabund; die »Anklage« vertritt Alfred Döblin.

Das »Gericht« spricht den ebenfalls anwesenden Becher frei, da er die Romanform nicht mißbraucht, sondern nur schlecht gebraucht habe. An der Veranstaltung nehmen acht Mitglieder der Gruppe und Walter Benjamin als Gast teil *(Petersen, 167-169)*. Zu den bei diesem Treffen ebenfalls diskutierten Protesten gegen das Schmutz-und-Schund-Gesetz meint B: »Dieses Gesetz ist gegen uns gerichtet. Sie sagen Buffalo-Bill und meinen die Wahrheit.« *(Verbot der Wahrheit; 21,175.)*

27. November, Sonnabend. Erstdruck des Gedichts *Vom Klettern in Bäumen* (→ 11. 6. 19) im *Tage-Buch* mit dem Vermerk: »Aus dem Gedichtband *Hauspostille*, der demnächst im Propyläen-Verlag erscheint.«

4. Dezember, Sonnabend. *Das Tage-Buch* veröffentlicht das Ergebnis seiner Rundfrage unter Prominenten über die »besten Bücher des Jahres 1926«. B drückt in seiner Antwort seinen Vorsatz aus, Bücher nach ihrem Materialwert zu beurteilen und nur solche zu lesen, in denen »Methode oder Information« steckt. Zu den lesenswerten Büchern zählt er: *Wladimir Iljitsch Lenin* von Henri Guilbeaux, *Geist und Gesicht des Bolschewismus* von René Fülöp-Miller, *Amerika. Bilderbuch eines Architekten* von Erich Mendelsohn, *Wie ich um die Erde schwamm* von Arne Borg, *Die Geschichte der großen amerikanischen Vermögen* von Gustavus Myers und *Krieg dem Kriege* von Ernst Friedrich *(21,176)*.

4. Dezember 1926
Beste Bücher des Jahres

B probiert sein neues Auto aus. Elisabeth Hauptmann notiert: »Am 4. fährt Brecht schon erstklassig nach Brandenburg, durch Potsdam, teils durch Brandenburg, teils durch Berlin am Abend.« Sie notiert folgende Pläne: »Polemik Jhering! / Sechstagerennen! / Proletarischer Totentanz. / Von den vier Leuten. / Fleischhacker. / Dan Drew.« *(151/36.)*

5. Dezember, Sonntag. Der *BBC* veröffentlicht *An Chronos (11,159)*, ein Gedicht, das B später um eine Strophe verkürzt und ohne Titel *(11,159)* in das *Lesebuch für Städtebewohner* aufnimmt.

6. Dezember, Montag. Walter Benjamin fährt nach Moskau und wird dort von Asja Lacis und Bernhard Reich empfangen. Er erzählt ihnen in einem Café von B, den er in der »Gruppe 25« (→ 8. 11.) kennengelernt habe.

11. Dezember, Sonnabend. Nachdem B den Pkw (→ 8. 6.), wieder weggegeben hat, kauft er einen »kleinen Opel, neueres Modell, nach langen Scherereien« (Opel 4/14, Baujahr 1926). Das Fahrzeug wird wiederum auf den Namen von Helene Weigel zugelassen *(151/36)*.

In der Hamburger Theaterzeitschrift *Die Rampe* wird *Der Choral vom großen Baal (Choral vom Manne Baal, 11,107)* veröffentlicht.

Brecht in seinem Opel

11. Dezember 1926
Uraufführung
Die Hochzeit
Schauspielhaus Frankfurt/Main
Warum will diese Hochzeit denn »Komödie« sein, wo sie als »Schwank« viel weniger erwarten ließe. Brecht hat so viel Humor, daß er den Tiefsinn an der falschen Stelle sparen müßte. *(Bernhard Diebold, Frankfurter Zeitung, 13. 12.)*

Uraufführung von Bs (1919 geschriebenem) Einakter *Die Hochzeit* (→ 2.u. 12. 9. 19) im Frankfurter Schauspielhaus (Regie: Melchior Vischer).

21. Dezember, Dienstag. Alfred Kantorowicz hat sich (am 18. 12.) bei B dafür entschuldigt, daß er (als Feuilletonredakteur der Mannheimer *Neuen Badischen Landeszeitung*) am 14. 12. ein ihm zugesandtes Gedicht *Urlicht* unter dem Namen Bs abgedruckt hat. Erst als der Autor (E. Hiefer) erklärt hat, dies sei der Scherz eines Bekannten von ihm gewesen, ist ihm das Versehen bekannt geworden. B antwortet ironisch, was Kantorowicz passiert ist, sei das Gleiche wie ihm mit der Mannheimer *Mann-ist-Mann-Kritik*: »ich hielt sie für die Ihre«. Er nehme an, daß »sich hier bestimmt ein Schäker auf der Durchreise Ihres ernsten Namens bedient haben muß« *(Br, 351)*.

25. Dezember 1926
Über die aktuelle Präsentation von Klassikern auf dem Theater

25. Dezember, Sonnabend. Der *BBC* veröffentlicht Antworten auf die Rundfrage *Wie soll man heute Klassiker spielen?*, zu der zahlreiche Theaterleute ihre Meinung wiedergeben. B findet, daß Leute »auf absteigenden Ästen« nur mehr Sägen erfinden. »Sie mögen sich ausdenken, was sie wollen, am Schluß ist es doch immer eine Säge geworden, und sie mögen sich beherrschen, wie sie wollen, ihre geheime Lust ist zu übermächtig: plötzlich merken sie, sie haben wieder an ihrem Ast herumgesägt.« B hält klassische Stücke nur für spielbar, wenn ihr »Materialwert« etwas für die Gegenwart aussagt. »Ganz unumwunden: ich meine, daß es nicht den geringsten Sinn hat, ein Stück von Shakespeare aufzuführen, bevor das Theater imstande ist, die zeitgenössische Produktion zur Wirkung zu bringen.« *(21,182.)*

Die *Vossische Zeitung* veröffentlicht Bs Weihnachtsgedicht *Die gute Nacht* (»Die Niederkunft fiel in die kalte Zeit«; *13,338f.*). Gleichzeitig entstehen die Gedichte *Die gute Nacht (13,339f.)* und *Als der Krist zur Welt geboren wurd (13,340)*.

Erstdruck der Kurzgeschichte *Das Paket des lieben Gottes (19,276-279)* in der *Magdeburgischen Zeitung* und in den *Münchener Neuesten Nachrichten.*

31. Dezember, Freitag. B wünscht Helene Weigel und sich »gute neue Jahre«; er schreibt ihr: »Ich glaube, daß Du ein wenig betrübt bist, weil auf dem Theater nichts los ist, aber ich glaube, Du weißt, daß ich ungeheuer viel von Dir halte, auch wenn ich es selten oder nie sage.« *(Br, 352.)*

In der literarischen Jahresrevue *Larifari* werden von der Funk-Stunde Berlin »literarische Originalbeiträge« von B und Lion Feuchtwanger gesendet.

Im Almanach des Vereins Berliner Presse, Ballfest 1926, erscheinen die anekdotischen Geschichten *Kritik* und *Ein kleines Gespräch* (19,279f.).

1927

2. Januar, Sonntag. In der Zeitschrift des Berliner Senders *Funkstunde* erscheint Bs Text *Junges Drama und Rundfunk*, dem zufolge das Theater »allzulange Eigentum einer kleinen Schicht« gewesen und nunmehr im Untergang begriffen sei. Eine »Erfindung wie der Rundfunk, der doch sozusagen viel zu tun hat«, müsse die »Verpflichtung des Theaters, sich um Kunst zu kümmern,« einfach mit übernehmen *(21,189)*. Im redaktionellen Vorspann der Zeitschrift heißt es: »Wohl kaum je ist die Absage an das Theater von heute so radikal, das Vertrauen in die Zukunft des Rundfunks so hoffnungsfroh ausgesprochen worden.« *(21,666.)*

Anfang Januar. Anfang des Jahres erscheint im Propyläen-Verlag, Berlin, die Buchausgabe von *Mann ist Mann.*

3. Januar, Montag. In der »Gruppe 1925« wird über das Für und Wider einer Trauerfeier für den (am 29. 12. 26) verstorbenen Rainer Maria Rilke diskutiert. Alfred Döblin erinnert sich: »Einige hielten eine Trauerfeier für notwendig, die sanfteren; andere waren durchaus dagegen, besonders Brecht.« *(Petersen, 79.)* B schreibt in diesem Zusammenhang, daß Rilkes Ausdruck in Gedichten, in denen »er sich mit Gott befaßt, absolut schwul« sei. »Niemand, dem dies je auffiel, kann je wieder eine Zeile dieser Verse ohne ein entstellendes Grinsen lesen.« *(Rilke; 21,158.)* Die Trauerfeier der Gruppe findet ohne Beteiligung Bs im Hotel Kaiserhof und (öffentlich, am 16. 1.) im Renaissancetheater statt (Gedenkredner bei beiden Veranstaltungen: Robert Musil).

9. Januar, Sonntag. Erstdruck der (1926 geschriebenen) Kurzgeschichte *»Nordseekrabben« oder Die moderne Bauhaus-Wohnung (19,267-275)* in den *MNN.*

10. Januar, Montag. Premiere des Ufa-Films *Metropolis* (Regie: Fritz Lang), in dem auch Helene Weigel mitspielt.

Januar. Erstdruck des (1926 entstandenen) Gedichts *Dreihundert ermordete Kulis berichten an eine Internationale (13,343f.)* in *Der Knüppel.*

4. Februar, Freitag. Aus Anlaß ihres einjährigen Bestehens hat die Zeitschrift *Die Literarische Welt* (1926) für verschiedene Kunstgattungen ein Preisausschreiben veranstaltet, das der jüngsten Generation eine Chance bieten will, künstlerische Anerkennung zu erlangen. Für die Beurteilung der Lyrik ist B als Preisrichter festgelegt worden. Am 4. 2. veröffentlich *Die Literarische Welt* seinen Urteilsspruch *Bericht über 400 (vierhundert) junge Lyriker.* Er behauptet darin, sich »niemals besonders für Lyrik interessiert« zu haben. Seine Unfähigkeit, »Erzeugnisse dieser oder verwandter Art irgendwie« beurteilen zu können, weist er mit dem Zugeständnis nach, daß er »von der Lyrik Rilkes (eines sonst wirklich guten Mannes), Stefan Georges und Werfels we-

2. Januar 1927
Vertrauen in die Zukunft des Rundfunks

Erstdruck
Mann ist Mann
1953 urteilt B rückblickend über *das Stück*:
Das Problem des Stückes ist das falsche, schlechte Kollektiv (der »Bande«) und seine Verführungskraft, jenes Kollektiv, das in diesen Jahren Hitler und seine Geldgeber rekrutierten, das unbestimmte Verlangen der Kleinbürger nach dem geschichtlich reifen, echten sozialen Kollektiv der Arbeiter ausbeutend. *(23,245.)*

Der Inneneinband des Galy Gay zeigt vorn eine Massenversammlung, Männerkopf an Männerkopf, hinten einen Autopark, Wagen an Wagen: ein Mensch wird abmontiert und aufmontiert wie ein Auto: *Mann ist Mann*. Photographische Belege, nicht Buchschmuck. Sachdarstellung, nicht Illustration. Auch das ist ein Hinweis. *(Herbert Jhering, BBC, 30. 4.)*

Vorsatzpapier des Erstdrucks *Mann ist Mann*

4. Februar 1927
Urteilsspruch über junge Lyriker löst Skandal aus

nig« hält. Mit der Lektüre der eingesandten Gedichte habe er »eine Sorte von Jugend kennengelernt, auf deren Bekanntschaft« er mit größerem Gewinn verzichtet hätte. Es seien »ja wieder diese stillen, feinen, verträumten Menschen, empfindsamer Teil einer verbrauchten Bourgeoisie«, mit denen er nichts zu tun haben will. B erkennt keinem der Einsender einen Preis zu und läßt das Gedicht *He! He! The Iron Man!* von Hannes Küpper abdrucken (das gerade im Januar-Heft des Sportmagazins *Die Arena* erschienen ist). B fordert den Song von Küpper am 11. 1. an, »möglichst mit Rohrpost« *(Br, 355)*. Die Redaktion distanziert sich von der Entscheidung und erklärt, »daß Verdienst wie Verantwortung dafür ausschließlich auf Bert Brecht ruht« *(21,667)*. Bs Urteil ruft zahlreiche Proteste hervor. Bs Bericht sind die Anfangsverse des *Mandelay Songs* vorangestellt *(13,359)*.

18. Februar, Freitag. Ernst Türk, der ein Gedicht zum Preisausschreiben eingesandt hat, kritisiert Bs Urteil: »Er verwirft einfach von vornherein unsere Einstellung.« *(Die Literarische Welt.)*

Anfang März. Bruno Nelisse veröffentlicht in *Der Kreis* eine empörte Kritik über Bs Entscheidung im Preisausschreiben: »Eine Zufallsreimerei von erschütternder Belanglosigkeit stellt er über die Lyrik Rainer Maria Rilkes, Stefan Georges und Franz Werfels.« *(Heft 3.)* In Heft 4 der Zeitschrift fragt Rudolf Klutmann schon im Titel seiner Kritik *Bert Brecht: Praeceptor Germaniae?* In der *Neuen Bücherschau* (5. u. 6. Schrift) veröffentlicht Gerhard Pohl einen *Bericht über 1 (einen) jungen Schiedsrichter.*

B setzt sich mit den Meinungen in *Weder nützlich noch schön* auseinander: »Man hatte mich dabei ertappt, wie ich, einem Haufen von über 500 lyrischen Erzeugnissen gegenüber, mich auf einen Nützlichkeitsstandpunkt gestellt hatte.« *(21,193.)*

Durch das Urteil Bs werden Willi R. Fehse und Klaus Mann angeregt, eine *Anthologie jüngster Lyrik* herauszugeben (erscheint im Herbst). Mann verteidigt in seinem Nachwort die Beschäftigung mit Lyrik und übt sehr scharfe Kritik an B.

3. März, Donnerstag. Der Maler und Dramatiker Peter Martin Lampel schickt B (über die Adresse der *Literarischen Welt*) einen Brief, in dem er dessen Urteilsspruch *Bericht über 400 (vierhundert) junge Lyriker* »ebenso famos« findet wie seine »sonstigen Äußerungen im *Berliner Börsen-Courier*«. Er habe das »lebhafte Verlangen«, ihn persönlich kennenzulernen *(320/20)*.

13. März, Sonntag. In der Berliner *Rundfunk-Rundschau* erscheint aus Anlaß der Sendung von *Mann ist Mann* (→ 18. 3.) Bs Artikel *Zur Aufführung im Rundfunk.* Er schreibt darin u. a.: »Wenn man jedoch will, kann man in

Mann ist Mann jene große Bewegung verfolgen, die heute die wichtigste der Welt ist: die Auseinandersetzung der Masse mit dem Individuum.« *(24,37.)* In der Berliner Programmzeitschrift *Funkstunde* wird *Die Geschichte des Pakkers Galy Gay (24,38-40)* veröffentlicht.

16. März, Mittwoch. Hans Reisiger bittet B um die Übersetzung weiterer Kipling-Gedichte für die geplante Gesamtausgabe (→ 30. 5. 26) im List-Verlag *(720/37-40)*.

Erstdruck der (etwa 1926 geschriebenen) Kurzgeschichte *Barbara (19,280-283)* in der *Magdeburgischen Zeitung*.

18. März, Freitag. Die Funk-Stunde Berlin strahlt eine Sendespielfassung von *Mann ist Mann* aus (Regie: Alfred Braun; mit Ernst Legal (Galy Gay), Helene Weigel (Begbick), Paul Bildt (Polly), Erwin Faber (Jeraiah Jip), Aribert Wäscher (Fairchild), Frieda Richard (Frau Gay). Die Musik schreibt Edmund Meisel (dessen Kompositionen für Eisensteins Film *Panzerkreuzer Potemkin* große Anerkennung gefunden haben). Vor der Sendung liest B die *Rede im Rundfunk (24,40-42)* sowie *Zwischenspruch* vor der 9. Szene *(2,123)*. Die *Rede* veröffentlicht der *BBC* (am 19. 3.). B charakterisiert darin den neuen Typus Mensch, der sich jetzt herausbildet und den er in dem Stück zu gestalten versucht hat. »Ich glaube: er wird sich nicht durch die Maschinen verändern lassen, sondern er wird die Maschinen verändern, und wie immer er aussehen wird, vor allem wird er wie ein Mensch aussehen.« *(24,41.)* Der Kritiker Arno Schirokauer schreibt zur Sendung, daß B eine »überzeugende, kluge, hinreißende Einleitung« geboten und »an der Spitze der Jugend eine tolle Attacke gegen das niedergehende Zeitalter von gestern« geritten habe *(Funk, März 1927)*.

Der Komponist Kurt Weill schreibt (April 25-Mai 29) als Chefkritiker und Berliner Korrespondent der Wochenschrift *Der deutsche Rundfunk* regelmäßig Rezensionen. In einer Ankündigung des Sendespiels (am 13. 3.) bezeichnet er das Lustspiel »als das neuartigste und stärkste Theaterstück unserer Zeit«. Seiner Rezension (vom 27. 3.) zufolge gehe das Sendespiel »an unmittelbarer und bleibender Wirkung weit über alles hinaus, was der Berliner Sender bisher auf diesem Gebiet unternommen hat«. Für Weill ist B »ein wirklicher Dichter«, der »einen wesentlichen Teil aller Sendespielfragen« gelöst habe, alles sei »Ergebnis einer dichterischen Vision« gewesen, »anschaulichstes Rundfunktheater« *(Weill, 175f.)*.

Durch diese Einschätzung kommt es zum persönlichen Kontakt zwischen B und Weill, der in der Folgezeit zu vielfältiger Zusammenarbeit führt (→ 30. 5. u. 17. 6.). Weill hat den Auftrag zu einer Komposition für das Musikfest in Baden-Baden erhalten und ist an einer Vertonung von Bs (1920 ent-

18. März 1927
Sendespiel
Mann ist Mann
Funk-Stunde Berlin
Das Spiel, die Sprecher waren bis auf Einzelheiten gut (die Richard wie immer ausgezeichnet). Hervorgehoben muß aber Helene Weigel werden, die die nicht leichte Rolle der Witwe Begbick wundervoll gestaltete. Ihre Stimme machte diese plakathafte Figur, die eine Kreuzung zwischen Schankweib und philosophierendem Wesen ist, glaubhaft. Das Radio sollte auf sie achten.
(Walter Israel, Rundfunk-Rundschau, 27. 3.)

Fritz Wäscher, Weigel, Richard, Legal,
Das große Bert Brecht-Drama . . . vor dem Mikrophon

Aus der *Berliner Zeitung*

standenen und in die *Hauspostille* aufgenommenen) *Mahagonnygesängen (13,100-106)* interessiert (→ 2. 5.).

Beginn der Zusammenarbeit mit Kurt Weill

Der am 2. 3. 1900 in Dessau geborene Kurt Weill hat an der Berliner Hochschule für Musik studiert, ist dann ein Jahr Kapellmeister in Lüdenscheid. Danach studiert er drei Jahre an der Akademie der Künste (als Schüler Ferruccio Busonis) und komponiert verschiedene Orchesterwerke. Seit 1924 arbeitet er mit Georg Kaiser zusammen und schreibt nach dessen Einakter die Oper *Der Protagonist.* Weill lernt die Schauspielerin Lotte Lenja kennen, die nach dem damaligen Scheitern ihrer schauspielerischen Karriere seit 1924 bei Kaiser als Au-pair-Mädchen arbeitet. Er widmet ihr seinen Operneinakter *Der Protagonist* (und heiratet sie am 26. 3., einen Tag vor der Uraufführung des Werkes in Leipzig).

23. März, Mittwoch. Premiere von *Gewitter über Gottland* von Ehm Welk an der Volksbühne; Regie: Erwin Piscator, Bühnenbild: Traugott Müller; mit Heinrich George (Störtebeker), Alexander Granach (Asmus, in der Maske Lenins). Piscator bezieht im Stück den Kampf der Hansa gegen die Vitalienbrüder auf den Kampf der Arbeiterklasse gegen die Kapitalisten und blendet entsprechende Filmdokumente ein. Die politische Tendenz Piscators stößt auf heftige Kritik des Volksbühnenvorstands, der politische Neutralität fordert. Im Laufe der Auseinandersetzungen schneidet der Vorstand wichtige Teile des Films für die nächste Vorstellung ohne Einwilligung des Regisseurs heraus. Das löst einen entschiedenen Protest von Schauspielern, Regisseuren und Dichtern aus. Auf einer vom linken Flügel der Volksbühne (am 30. 3.) einberufenen Kundgebung im Berliner Herrenhaus versammeln sich nahezu 2000 Menschen und protestieren gegen den Theatervorstand, der politische »Tendenzen« auf der Bühne zugunsten einer »reinen Kunst« untersagen will. In der Abendausgabe des *BBC* erscheint eine Polemik Herbert Jherings und ein Teilabdruck von Bs *Tendenz der Volksbühne: reine Kunst.* B bekennt sich darin zu allen Inszenierungen Piscators. »Aber wenn in ihnen selbst nur die einzige Tendenz wäre, die Herren, die die Volksbühne leiten und die der Ansicht sind, daß Löffelerbsen und Kunstwerke keine Tendenz zu haben brauchen, aus diesem Haus zu vertreiben, so wären sie schon dadurch Zeugnisse eines künstlerischen Willens.« Das »große epische und dokumentarische Theater, das wir erwarten«, könne von der Volksbühne weder gemacht noch verhindert werden *(21,195f.).* In diesem Zusammenhang entsteht auch der Text *Piscatortheater (21,197f.).*

Bekenntnis zum politischen Theater Erwin Piscators

Erwin Piscator, als Sohn eines Kaufmanns am 17. 12. 1893 in Ulm geboren, wächst in Marburg auf, studiert in München. Er spielt während seines Einsatzes im ersten Weltkrieg an Fronttheatern und ist danach als Schauspieler und Regisseur am Königsberger Theater »Tribunal« tätig. Im Juni 1920 geht Piscator nach Berlin und inszeniert am neu gegründeten Proletarischen Theater, das in verschiedenen Sälen spielt, aber schon im April 1921 polizeilich verboten wird. Ab 1924 ist Piscator an der Volksbühne engagiert. Die Auseinandersetzungen bei *Gewitter über Gottland* führen zu seinem Weggang und zur Gründung der 1. Piscator-Bühne am Nollendorfplatz (Eröffnung mit der politischen Revue *Hoppla, wir leben!* von Ernst Toller, mit Chansontexten von Walter Mehring am → 3. 9.) B sagt seine Mitarbeit am Piscator-Theater zu (→ 6. 8.).

Erwin Piscator

28. März, Montag. Erstdruck des (1926 entstandenen) Gedichts *Vom Geld (13,332f.)* im *Simplizissimus*, München, zusammen mit einem Artikel von Erich Czech *Der Schatz in Österreich*, in dem satirisch der Geldmangel in Österreich dargelegt wird.

3. April, Sonntag. Erstdruck der (1921 geschriebenen) Geschichte *Der Vizewachtmeister* in der *Magdeburgischen Zeitung (19,152-156)*.

9. April, Sonnabend. B informiert Emil Hesse-Burri darüber, daß in der Jungen Bühne dessen Stück *Tim O'Mara* (→ 15. 5.) probiert wird. Da nach Bs Meinung die Junge Bühne (nach erfolgreicher Durchsetzung einiger junger Dramatiker) inzwischen reaktionäre Tendenzen zeigt, fordert er Hesse-Burri auf, er solle »sich doch sehr energisch um die Sache kümmern, da die ›Junge Bühne‹ wirklich das gefährlichste und korrumpierteste Unternehmen der Berliner Theaterbourgeoisie ist« *(Br, 357)*.

13. April, Mittwoch. B hat von Hesse-Burri erfahren, daß dieser von der geplanten Aufführung seines Stückes in der Jungen Bühne (→ 9. 4.) »keine Ahnung hatte« und dies verhindern will. Herbert Jhering gegenüber widerspricht er der Ansicht »der Kritik«, der zufolge »die Aufführung oder Zurschaustellung eines neuen Werkes allein [...] ein Verdienst« ist. Solche Aufführungen seien »bloße Stützungsaktionen des alten zu beseitigenden Theaters« *(Br, 358)*. Diesen Brief sendet er auch an Hesse-Burri und gibt ihm den Rat: »Wenn Sie wirklich die Aufführung inhibieren wollen (Sie geben damit unter Umständen eine Chance auf), so können Sie dies nur, indem Sie an die Schauspieler schreiben.« *(Br, 359.)*

19. April, Dienstag. Alfred Döblin schickt B sein Buch *Manas. Epische Dichtung* mit der Widmung: »Für Bert Brecht! / Was sollen alle Wege nach Rom! / Ich bin in Rom« (aus dem er bei der Dresdener Matinee gelesen hat; → 21. 3. 26) *(BBAB)*.

Bekanntschaft mit Fritz Sternberg
Der 1895 geborene Fritz Sternberg siedelt Ende 1926 nach Berlin über. Er schreibt für die *Weltbühne*; 1926 erscheint sein Buch *Der Imperialismus* im Malik-Verlag.

B besucht häufig mit Alfred Döblin, Arnolt Bronnen u.a. das in Literaten- und Künstlerkreisen beliebte Restaurant Schlichter in der Anspacher Straße. Der Gastwirt Max Schlichter nutzt sein Lokal als Verkaufsgalerie für die Arbeiten seines Bruders, des Malers Rudolf Schlichter. Durch Schlichter wird B auch mit Fritz Sternberg bekannt (der bereits Kontakte zu Helene Weigel hat; → 12. 5. 24).

Im ersten Gespräch Bs mit Sternberg geht es vor allem darum, ob die Darstellung der Liebe eines Mannes zu einer Frau für die Gegenwart noch symptomatisch sein kann. Sternberg erinnert sich: »Seit dieser ersten Nacht im Frühling 1927 sahen wir uns, wenn wir beide in Berlin waren, ziemlich regelmäßig, im allgemeinen mindestens einmal in der Woche.« B besucht einige Kurse, in denen Sternberg »gewisse Zusammenhänge des Marxismus mit den Geisteswissenschaften zu analysieren versuchte«. Das habe B aber bald aufgegeben. »Das systematische Denken lag ihm nicht.« Nach Sternbergs Meinung dachte B »im Rösselsprung«, in »Assoziationen, auf die sonst kaum jemand käme«. B bringt ihm seine Stücke und Gedichte zur Kritik. Seine Erstausgabe von *Mann ist Mann* schenkt ihm B mit der Widmung: »Meinem ersten Lehrer.« *(Sternberg, 12f.)*

April 1927
Erstdruck
Bertolt Brechts Hauspostille

Denn die Lyrik des Dichters Brecht ist nicht »privat« und darum auch nicht Privatsache. Sie gehört den Lebenden; sie bildet einen entscheidenden Abschnitt in dem lyrischen Schaffen der Gegenwart. Wie wir uns auch zu ihr stellen, wie wir im einzelnen sie beurteilen, dies steht fest: die *Hauspostille* ist die wesentlichste lyrische Edition seit Jahren. [...] Aber die Absonderlichkeit der Brechtschen Stoffe ist selten im Objektiven, selten im Ablauf äußeren Geschehens begründet, sondern meist im Subjektiven, wir dürfen eigentlich sagen: im Subjekt, das Wort in der ganzen Zweideutigkeit seines Inhalts genommen. Denn es sind »Subjekte«, verkümmerte, belastete, krankhafte, verirrte und verwirrte Kreaturen, deren Taten besungen werden. *(Otto Zarek, Vossische Zeitung, 20. 5.)*

April. Im Propyläen-Verlag, Berlin, erscheint *Bertolt Brechts Hauspostille. Mit Anleitungen, Gesangsnoten und einem Anhange.* Die Sammlung enthält Gedichte aus den Jahren 1916-1925. Für den Klappentext schreibt B, die Sammlung sei nicht so genannt, »um mit der Form der Postille seinen Spott zu treiben«. Vielmehr hält er diese Form deshalb für ausgezeichnet, weil sie »den Inhalt seinem Gebrauchswert nach, den verschiedenen Bedürfnissen der Leser entsprechend, anordnet und bestimmt« *(»Hauspostille«; 21,202).*

Die Mitarbeiterin des Propyläen-Verlags Grete Fischer erinnert sich, daß B große Anforderungen an die Typographie des Buches gestellt hat. Er sei deshalb »an den phantasievollsten, handwerklich besten Drucker: Jacob Hegner in Hellerau« gegangen. Als die Vorschläge Hegners von B abgelehnt werden, muß sie schlichten. Fünf Exemplare der *Hauspostille* habe B »in schwarzes Kaliko mit rotem Schnitt binden« lassen und ihr eines mit Widmung geschenkt. *(Fischer, Dienstboten, Brecht und andere, 249f.)*

2. Mai, Montag. Kurt Weill schreibt an die Universal-Edition Wien, er habe »plötzlich einen schönen Einfall gehabt«, an dessen Ausführung er jetzt arbeite: »Titel: *Mahagonny*, ein Song-Spiel nach Texten von Brecht«. Im Verlauf des Mai hofft er damit fertig zu werden *(MW).*

5. Mai, Donnerstag. Auf diesen Tag datiert Franz S. Bruinier (→ 20. 11. 25) die Fertigstellung seiner Vertonung der

(1921 entstandenen) *Ballade von der Hanna Cash (11,90-93)* (am 26. 4.) »für Gesang und Klavier« sowie (am 5. 5. erweitert) »für Violine, Saxophon, Trompete, Schlagzeug«. In der eineinhalbjährigen Zusammenarbeit sind zahlreiche weitere Lied-Kompositionen entstanden (→ 17. 3.).

6. Mai, Freitag. In einem Handschreiben überträgt B die gesamten Einnahmen für *Leben Eduards des Zweiten von England* auf Helene Weigel *(1697/1)*.

15. Mai, Sonntag. Uraufführung an der Jungen Bühne im Theater in der Königgrätzer Straße von *Tim O'Mara* (ursprünglich *Amerikanische Jugend*) von Emil Burri (wie Hesse-Burri jetzt zeichnet) unter der Regie von Lothar Müthel. Bs Proteste (→ 9. 4.) haben die Aufführung der Jungen Bühne nicht verhindern können.

16. Mai, Montag. Aus Anlaß einer Theaterausstellung der Genossenschaft Deutscher Bühnenangehöriger im Sommer in Magdeburg fragt das Blatt der Genossenschaft *Der neue Weg* Schauspieler, Regisseure, Dramatiker u.a. nach dem »Hauptgrund ihrer heutigen Kunstfreude« sowie nach den Ursachen »ihrer heutigen Kümmernis«. B bezeichnet in seiner Antwort (*Theatersituation 1917-1927*) das gegenwärtige Theater als ein *»reines Provisorium«*. »Ich gebe zu, daß ein Mensch, der für das Theater eine Passion hat, heute den alten Typus des Theaterbesuchers nicht mehr ernst nehmen kann. Aber, wenn man einen neuen Typus erwartet, so darf man keinen Augenblick vergessen, daß dieser Typus das Theaterbesuchen erst zu lernen haben wird, daß also auf seine ersten Forderungen einzugehen keinen Sinn hätte, da es einfach mißverständliche Forderungen sein werden.« Der Regisseur habe die Verpflichtung, »die alten Werke des alten Theaters rein als Material zu behandeln, ihre Stile zu ignorieren, ihre Verfasser vergessen zu machen und allen diesen für andere Epochen gemachten Werken den Stil unserer Epoche aufzudrücken«. Diesen neuen Stil müsse er aus der *»dramatischen Produktion* dieser Zeit« gewinnen *(21,199f.)*.

18. Mai, Mittwoch. Kurt Weill schickt den ersten Teil der Musik für das Song-Spiel *Mahagonny* an die Universal-Edition Wien und bittet um einen Klavierauszug *(MW)*.

21./22. Mai, Sonnabend/Sonntag. Der amerikanische Flieger Charles Lindbergh überquert in einem 33½-stündigen Flug den Atlantischen Ozean von West nach Ost. Lindbergh bringt im gleichen Jahr seinen Bericht heraus *Wir zwei. Im Flugzeug über den Atlantik*. B ist von der technischen Leistung ebenso beeindruckt wie vom menschlichen Mut; er benutzt den Stoff später (→ Dezember 28; → 27. 7. 29) für das Radiolehrstück *Der Flug der Lindberghs*.

23. Mai, Montag. Die Universal-Edition Wien informiert

Das Anti-Sentimentale tritt in Brechts Gedichten noch viel zu stark als boheme Verherrlichung von alkoholischen Sensationen in Erscheinung, als Schnapsseligkeit à la Jessenin. Er ist antibürgerlich, aber noch ohne innere Beziehung zum Proletarischen. In seinen Balladen und Legenden fehlt meist jener Schuß Gesinnung, der erst einen Stoff zur *wahrhaft lebendigen* Gestaltung führen kann. Solange sich Brecht die Beziehung zum kämpfenden Proletariat noch nicht erarbeitet hat, wird sein großes Talent nicht zur Wirksamkeit, der Klang seines Dichtens nicht in Hunderten von Versammlungen und Veranstaltungen der Arbeiterschaft widerhallen können. Versackung im Snobismus ist für Brecht eine reale Gefahr. *(Alexander Abusch, Die Rote Fahne, 15. 10.)*

Dieser Mann ist auf dem Theater ein sehr beachtliches Talent, und in der Lyrik mehr als das. [...] Er und Gottfried Benn scheinen mir die größten lyrischen Begabungen zu sein, die heute in Deutschland leben. *(Peter Panter, Die Weltbühne, 28. 2. 28.)*

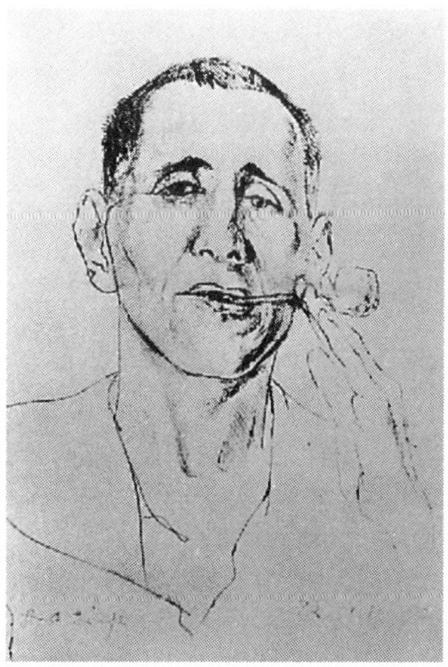

Radierung von Rudolf Schlichter 1927

Weill (und B) von der Erlaubnis des Kiepenheuer-Verlags für einen separaten Textdruck der *Mahagonnygesänge (MW)*.

26. Mai, Donnerstag. Die restliche Musik für das Song-Spiel *Mahagonny* ist fertiggestellt und wird nach Wien geschickt. Der »richtige Text« werde in den nächsten Tagen folgen *(MW)*.

Mai. Franz S. Bruinier vertont den Song *Surabaya-Johnny*, den B 1926 für *Kalkutta, 4. Mai* (nach Kiplings Ballade *Mary, Pitty Women)* geschrieben hat *(13,344-346)*. Der Song wird später für *Happy End* nochmals von Kurt Weill vertont (→ 2. 8. 29).

Mai/Juni. In Heft 4 der Dresdener Zeitschrift *Die neue Zeit* wird (im April) das Gedicht *Die Melodie* von Hellmut Schlien abgedruckt, das zum Lyrik-Preisausschreiben der *Literarischen Welt* eingesandt und von B verworfen worden ist, zusammen mit einem Beschwerdebrief des Autors, in dem er B erklärt: »Ihr Kritisieren ist ein Übermut.« In der Mai/Juni-Ausgabe der Zeitschrift wird *Bert Brechts Erwiderung* publiziert, in der es am Ende heißt, er gestehe, daß Schlien »eine Art Problem« ist. »Ich glaube nur nicht, daß dieses Problem zu jenen Problemen gehört, die in Zukunft noch gelöst werden.« *(21,200f.)*

30. Mai-2. Juni 1927
Reise nach Essen

Studien für das *Ruhrepos*

30. Mai-2. Juni, Montag-Donnerstag. Auf Einladung der Stadtverwaltung fliegen B, Kurt Weill und Carl Koch (→ 29. 3. u. Anfang Mai 26) am 30. 5. nach Essen. Der für die neue Spielzeit designierte Essener Operndirektor Rudolf Schulz-Dornburg hat Oberbürgermeister Bracht (am 17. 5.) vorgeschlagen, für die Stadt eine künstlerische »Eroika der Arbeit« an die drei Künstler in Auftrag zu geben.

Einem ausführlichen Brief Kurt Weills (vermutlich vom 3. 6.) an seine Frau Lotte Lenja zufolge (in englischer Übersetzung in: *Weill2,20*; deutsch bei: *Bock*) ist die Reise folgendermaßen verlaufen:

30. Mai, Montag. Am Nachmittag findet eine Vorbesprechung über die Besichtigung des Ruhrgebiets statt. Abends werden verschiedene Fabrikgebäude angesehen, wobei »einige überwältigende akustische Eindrücke« Weill »plötzlich eine ganz neue Klangvorstellung für das Stück« geben.

31. Mai, Dienstag. Zehnstündige Rundfahrt durch das Ruhrgebiet und an den Rhein. »Als wir aus dem giftigen Qualm des Ruhrtales an den klaren hellen Rhein kamen, dachten wir schon: bloß nicht mehr zurück in die Giftgase! und weiter: wie schön wäre es, die bunte Lebendigkeit dieses Stromes zu gestalten anstelle der düstergrauen Fabriken da hinten.«

1. Juni, Mittwoch. »Aber als wir dann am anderen Mittag aus dem Bergwerk wieder ans Tageslicht kamen, da war es klar: das furchtbare Grauen da unten, die maßlose Ungerechtigkeit, daß Menschen 700 Meter unter der Erde in völliger Finsternis, in dieser dicken schweligen Luft eine unerträglich schwere Arbeit verrichten, nur damit Krupp zu ihren 200 Millionen jährlich noch fünf hinzuverdienen – das muß gesagt werden, und zwar so, daß es keiner vergißt.«

2. Juni, Donnerstag. Flug über das Ruhrgebiet und anschließende Besichtigung der Kruppschen Gußstahlfabrik. »Dazwischen waren wir im Rathaus, in Bochum und Duisburg, in Museen und Archiven.« Ein Vertrag über ein Werk mit dem Titel *»REP (Ruhrepos), Essen Dokumentarium«* wird aufgesetzt. An den Verhandlungen ist Hannes Küpper (→ 4. 2.) beteiligt, der als Dramaturg nach Essen engagiert wird.

2. Juni 1927
Diskussion über Brauchbarkeit der Ästhetik für den Dramenbau

Der *BBC* hat (am 12. 5.) unter der Überschrift *Der Niedergang des Dramas* einen »Brief an einen Dramatiker von Herrn X.« veröffentlicht, auf den B mit *Sollten wir die Ästhetik liquidieren?* antwortet. Der Diskussion liegen Gespräche zugrunde, die B und Fritz Sternberg (→ 19. 4.) geführt haben (und auch in den folgenden Jahren weiter pflegen; → 11. 1. 29). Sternberg sieht im *Niedergang des Dramas* eine »historische Notwendigkeit«, weil auch das Individuum mit seinen Konflikten »als Individualität, als Unteilbares, als Unvertauschbares immer mehr schwindet«, und schlägt die Liquidierung des Dramas vor *(21,674f.)*. B gesteht in seiner Antwort, er habe von der Soziologie tatsächlich eine Liquidierung des Dramas erwartet, weil keine »andere Wissenschaft [...] genügend Freiheit des Denkens« besitzt und ihre Skala der Beurteilung »nicht zwischen ›gut‹ und ›schlecht‹, sondern zwischen ›richtig‹ und ›falsch‹« liegt. Nach Liquidation des alten Dramas sieht B die Chance für ein neues *(21,202-204)*. Mit Bs Antwort wird zugleich ein Schlußwort Sternbergs veröffentlicht, in dem er B unterstellt, nicht durch Marx zu seinen Ansichten über das Drama gekommen zu sein, sondern durch sich selbst *(21,675)*.

Anfang Juni 1927
Konzeption für das *Ruhrepos*

Anfang Juni. In Berlin entsteht eine Konzeption für das *Ruhrepos*, in der sich B über die Dichtung, Weill über die Musik und Koch über das Bühnenbild äußern. Nach B wird »ein zeitgeschichtliches Dokument« beabsichtigt »etwa von der Bedeutung des im 17. Jahrhundert entstandenen *Orbis pictus*, der das Weltbild dieses Jahrhunderts in einfachen Bildern wiedergibt«. Zu großen Tafeln mit Bildern von Werken und Menschen sollen »Gesänge gedichtet und komponiert« werden, »die sie erläutern«. Dabei soll auch die Geologie berücksichtigt werden, »die heute keine trockene Sache mehr« sei. Die »Geschichte der ständigen Umgestaltung der Erdoberfläche« sei »heute einer der spannendsten Stoffe, die die Kunst hat«. B macht genauere Ausführungen über die

Form des Werkes, das für ein Publikum bestimmt sei, »das sich aus allen Schichten der Bevölkerung zusammensetzt«. *(Ruhrepos. Die Dichtung; 21,205f.)* Weill erscheint Bs Grundgedanke »für die Musik überaus fruchtbar«. Er beabsichtigt, in einem Oratorium »die klassischen Formen der konzertanten Musik neben freieren, aus der jeweiligen Situation erwachsenen Formen zu verwenden«. Koch will für das Bühnenbild »Filme und Lichtbilder« einsetzen.
Für das *Ruhrepos* schreibt B (im Mai/Juni) die Gedichte *An Karl, Sang der Maschinen, Kinderlied (13,374-379).*

4. Juni, Sonnabend. In der Scheidungsklage Bs ist angegeben, daß Marianne mit Theo Lingen zusammenlebt. Das Gericht Berlin-Charlottenburg will den Schauspieler als Zeugen vernehmen. Lingen hat aber schriftlich erklärt, daß er von seinem Zeugnisverweigerungsrecht Gebrauch macht.

8. Juni, Mittwoch. Die Universal-Edition Wien hat B um den vollständigen *Mahagonny*-Text gebeten, »mit szenischen Zwischentexten und Finale« *(MW).*

9. Juni, Donnerstag. B schickt dem Essener Kulturdezernenten Dr. Hüttner den in Essen ausgehandelten Vertragsentwurf über das *Ruhrepos* (→ Anfang Juni) mit einer Ergänzung des § 4 zurück (mehr Rechte für Carl Koch) *(Br, 360).* Koch schickt (am 13. 6.) an Hüttner einen Kostenvoranschlag für den Film (43.500,00 RM). In seiner Antwort an B (vom 24. 6.) berichtet Hüttner von der positiven Aufnahme des Exposés, aber macht aufkommende Finanzierungsprobleme dafür verantwortlich, daß vorerst der Auftrag noch nicht gegeben werden kann.

11. Juni, Sonnabend. Als »Nachdruck« aus einer (nicht ermittelten) Wiener Zeitung veröffentlicht der *Film-Kurier*, Berlin, Bs Antwort auf eine Rundfrage, wie oft und worüber er gelacht hat. B schreibt, er habe fünfmal gelacht: u.a. »schallend« über Thomas Manns Ansicht, »daß der Unterschied zwischen seiner und meiner Generation nicht so groß sei« und »ungläubig« über die Feststellung, daß Alfred Kerr in zehn Bänden nicht mehr ausdrücken konnte als seine »große Tante Friederike (Kempner) in einem einzigen monumentalen Poem« (nämlich einem Vierzeiler) *(21,207).*

16. Juni, Donnerstag. Kurt Weill informiert die Universal-Edition Wien von Bs Wunsch, das Song-Spiel *Mahagonny* als selbständiges Buch herauszubringen und die Bedingungen zu nennen. Die Zwischentexte, die er in dem Brief mitteilt, würden »sowieso deutlich sichtbar auf die Leinwand projiziert« *(MW).*

21. Juni, Dienstag. Der Generalintendant des Reußischen Theaters in Gera, Heinrich XLV., Erbprinz Reuß, bittet B, für ein Jahrbuch zum 25jährigen Bestehen seines Theaters einen Text zu schreiben, der »nicht zu feierlich sein sollte«

Ich sitze nicht bequem auf meinem Hintern: er ist zu mager! Das Schlimmste ist: ich verachte die Unglücklichen zu stark. Ich mißtraue den Mißtrauischen, habe etwas gegen die, denen es nicht gelingt, zu schlafen...
Mein Appetit ist zu schwach. Ich bin gleich satt!! Die Wollust wäre das einzige, aber die Pausen sind so lang, die sie braucht! Wenn man den Extrakt ausschlürfen könnte und alles verkürzen! Ein Jahr vögeln oder ein Jahr denken! Aber vielleicht ist es ein Konstitutionsfehler, aus dem Denken eine Wollust zu machen; es ist vielleicht zu etwas anderm bestimmt! Für einen starken Gedanken würde ich jedes Weib opfern, beinahe jedes Weib. Es gibt viel weniger Gedanken als Weiber. Politik ist auch nur gut, wenn genug Gedanken vorhanden sind. (Wie schlimm sind auch hier die Pausen!) Der Triumph über die Menschheit. Das Richtige tun zu dürfen, unnachsichtig, mit Härte!
Als ich, nach einer in jeder Hinsicht betrübenden Woche, meinem ältesten Freund sagte: ich sei niedergedrückt, lachte er und sagte überlegen: das bist du nicht oft! – Nein, sagte ich. Aber ich weiß, daß die Eroberer von Weltreichen geneigt sind, beim Verlust einer Pfeife Selbstmord zu begehen. So wenig hält sie. *(26,289.)*

(21,678). B antwortet in den Tagen darauf mit einem Brief, in dem es u. a. heißt: »Das Schlechteste, was es heute gibt, ist das, was gestern gut war.« *(21,206.)* Bs Brief wird wenig später in dem *Jahrbuch des Reußischen Theaters. Zum Jubiläum des Theaters 1902-1927* zusammen mit Texten zahlreicher Theaterleute und anderer Persönlichkeiten abgedruckt.

25. Juni, Sonnabend. Erstdruck der (1921 geschriebenen) Kurzgeschichte *Der Blinde* in der *Magdeburgischen Zeitung* *(19,147-151)*.

29. Juni, Mittwoch. B ist mit dem Auto (nach einer Zwischenstation in Berneck/Bayreuth) nach Augsburg gefahren und teilt Helene Weigel (in der letzten Juniwoche) mit, daß er keine Panne hatte, »nur Sonnenbrand im Gesicht«. Ein Malheur sei aber, daß er seine Brieftasche mit den Autopapieren und dem Führerschein verloren hat. Er bittet sie, ihm bei der Beschaffung neuer Papiere in Berlin behilflich zu sein. *(Br, 361)* Am 29. 6. mahnt er sie um Eile in der Angelegenheit. Auch soll sie ihm die von ihm ausgesuchten Bücher nach Augsburg schicken. »Ich spiele immerzu Cooncannot, da ich nicht autofahren kann.« *(Br, 362.)*

29. Juni-Anfang 1927
Reise nach Augsburg

30. Juni, Donnerstag. B bedankt sich bei Helene Weigel für die inzwischen eingetroffene Steuerkarte und fragt, wann sie bei ihrer Urlaubsreise mit Stefan durch Augsburg kommt. »Selbstverständlich will ich Dich sehen!« *(Br, 363.)*

Der Kölner Rundfunk sendet *Mann ist Mann* mit einem einführenden Vortrag von Hanns Ulmann (→ 18. 10.).

Juni. In der Zeitschrift *Der Knüppel* (Nr. 4, Sondernummer *Der Klempnerladen*) erscheint die *Ballade vom Stahlhelm* (zu singen nach der Melodie *Prinz Eugenius, der edle Ritter*), in dem B zum Ausdruck bringt, daß im proletarischen Rußland weder Stahlhelm noch Kanone »der Weltgeschichte Rad« aufhalten können *(13,373)*.

1. Juli, Freitag. B bittet Dr. Hüttner, das Honorar für das Exposé zum *Ruhrepos* (→ Anfang Juni) nach Augsburg zu schicken. Da Hüttner in seinem Brief an B Bedenken darüber zum Ausdruck bringt, das Projekt könne den Etat der Stadt übersteigen, empfiehlt er ihm, Carl Koch »eine Summe zu nennen, die für die Stadt tragbar wäre, und ihn zu fragen, ob dafür ein Film hergestellt werden kann, der den künstlerischen Rahmen ausfüllt, den wir uns denken« *(Br, 366)*.

Anfang Juli. B wünscht Helene Weigel, daß sie sich »nicht zu stark« langweilt. »Ich schlafe sehr viel, heute früh bis 101/4 Uhr, jetzt wieder! Ich glaube, ich erhole mich hier noch besser als auf der Fahrt!« *(Br, 365.)* In einem weiteren Brief bedauert er, daß sie nicht über Augsburg gekommen ist. Seine restlichen Papiere seien immer noch nicht angekommen *(Br, 367)*.

11.-18. Juli 1927
Reise nach Baden-Baden
Proben zum Song-Spiel *Mahagonny*

11. Juli, Montag. Einer Nachricht im *Badblatt* zufolge trifft B in Baden-Baden zu den Proben für das Song-Spiel *Mahagonny* ein und wohnt im Hotel Gunzenbachhof, wohin nun auch Kurt Weill umzieht. In den ersten Tagen seines Aufenthalts fragt B Marianne Zoff, ob sie nicht mit Hanne zum »Musikfest« nach Baden-Baden »herüberkommen« wolle *(Br, 368)*. Hannes Küpper ist aus Bochum angereist und verhandelt mit B und Weill über die Produktionskosten des *Ruhrepos*, dessen Filmteil jetzt auf 12 000 RM herabgesetzt ist (→ Anfang Juni; über das Scheitern des für 1928 geplanten Projekts → 29. 7.).

15.-17. Juli, Freitag-Sonntag. Veranstaltungen der »Deutschen Kammermusik Baden-Baden 1927«. Im Kammerkonzert am 15. 7. wird u. a. Hanns Eislers »kleine Kantate für Frauen-Terzett, Tenor, Geige, Klavier« mit dem Titel *Tagebuch* aufgeführt, zu der der Komponist schreibt, die Texte hätten »keinerlei literarischen Wert«; sie seien »sehr banal und ordinär«. Er habe vor allem Redewendungen vertont *(Programm 1927)*. Am 16. 7. spielt Eisler seine Kammermusik zu dem Film *Walter Ruttmann op. 4*.

17. Juli 1927
Uraufführung
Song-Spiel *Mahagonny*
in Baden-Baden

Das Enfant terrible des Musikfestes war entschieden das Songspiel *Mahagonny*, durch das sich *Bert Brecht* und *Kurt Weill* lebhaft zum Worte meldeten. Wie stets bei den vorlauten Kindern der Muse versteckte sich hinter dem allgemeinen Kopfschütteln und der Mißbilligung der leidtragenden Angehörigen alias Publikum nur die grenzenlose Verwunderung über die Nacktheit solcher offenen Aussprache. [...] Brecht muß den Musiker besonders anregen und fesseln. Er ist ein Volkssänger im Zeitalter der Wolkenkratzer, der eben nur das Pech hat, kein aufnahmefähiges Volk oder Publikum hinter sich zu haben. Denn sonst wäre manches von Brechts Gesängen, sicher aber seine *Legende vom toten Soldaten* längst Allgemeingut des Volkes. *(Eberhard Preussner, Die Musik, September 27.)*

17. Juli. Sonntag. Uraufführung des Song-Spiels *Mahagonny (2,323-331)* im Kurhaus, unter der Regie von B, Dirigent: Ernst Mehlich, Bühnenbild: Caspar Neher; mit Lotte Lenja (Jessie), Irene Eden (Bessie), Erik Wirl (Charlie), Georg Rippberger (Billy), Karl Giebel (Bobby), und Gerhard Pechner (Jimmy). Im Programmheft schreiben B und Kurt Weill: »Das kleine epische Stück *Mahagonny* zieht lediglich die Konsequenz aus dem unaufhaltsamen Verfall der bestehenden Gesellschaftsschichten. Es wendet sich bereits an ein Publikum, das im Theater naiv seinen Spaß verlangt.« *(2,454.)* Das Song-Spiel (rekonstruiert: 2,448-453) wird im Rahmen einer »Aufführung musikalischer Bühnenwerke« nach der Kurzoper *Die Prinzessin auf der Erbse* von Ernst Toch und der »Opéra-minute« *Die Entführung der Europa* von Darius Milhaud vorgeführt. Nach *Mahagonny* folgt der »Sketch« *Hin und zurück* von Paul Hindemith. Das Song-Spiel Bs und Weills wird von dem größeren Teil des Festival-Publikums abgelehnt, eine Minderheit spendet begeisterten Beifall. Zu den Letzteren gehört auch Hanns Eisler, der B bei dem Festival zum erstenmal begegnet (→ 22. 1. 28).

18. Juli, Montag. Ehe B (in dieser Zeit) nach Augsburg zurückreist, berichtet er aus Baden-Baden an Helene Weigel, daß die Aufführung von *Mahagonny* ein »großer Regieerfolg« gewesen sei: »15 Minuten Skandal!« – Sein Auto habe er »gerade noch rechtzeitig herausgekriegt«; die Papiere seien an eine falsche Adresse gegangen. Er plant eine Zweitagereise zu Jacob Geis nach Puch *(Br, 369)*.

29. Juli, Freitag. Auf das Ergebnis der Verhandlungen von Hannes Küpper mit B und Weill (→ 11. 7.) schreibt ihm Dr. Hüttner, das *Ruhrepos*-Projekt (→ Anfang Juni) sei mittlerweile »durch Indiskretion in die Öffentlichkeit gedrungen« und habe ein unerfreuliches Echo gefunden. Vorerst müsse das Projekt zurückgestellt werden. Zur Argumentation könne Küpper gegenüber B, Weill und Koch »die Kostenfrage« vorgeben *(BJ 77,66)*. Die eigentliche Entscheidung der Stadtverwaltung wird aber wesentlich beeinflußt durch ein in Essen (Mitte Juli) verschicktes Flugblatt aus völkisch-nationalistischen Kreisen über die *Essener Theater und Kunstverhältnisse*. Darin wird vor der Überhandnahme jüdischer Einflüsse im Essener Kunstbetrieb gewarnt. Auf das *Ruhrepos*-Projekt bezogen, heißt es im Flugblatt: »Zur Ausführung sind aber von den Hintermännern des Planes die zwei Juden Brecht und Weill vorgeschoben, welche schon fest von der Stadt engagiert sind.« B sei der »Verfasser wertloser, dekadenter, perverser Schauspiele« und Weill ein »kleiner, gekrampfter Operettenverfertiger«. In einer Schlagzeile wird festgestellt: »Diese zwei Juden sollen jetzt die ›große Kunst‹ von Berlin nach Essen bringen.« *(Bock.)* Rudolf Schulze-Dornburg geht (am 3. 5.) in einem Brief an Koch auf diese Verleumdung ein, in der die beteiligten Künstler »als eine geschlossene sogenannte Berliner Clique dargestellt« werden, »die die Provinz unsicher machen wollte« *(BJ 77,79f.)*.

Juli. Erstdruck von *Im Dickicht der Städte* in Propyläen-Verlag und im Arcadia-Verlag (beide im Ullstein-Haus). In der Erstausgabe steht der Vermerk: »Die hier gedruckte Fassung ist die Bearbeitung des Stückes *Im Dickicht*, das 1922 in München und 1924 in Berlin aufgeführt wurde. Es ist meiner Frau Marianne Brecht gewidmet.« Eine Abbildung von ihr befindet sich unter den vier Tafeln mit Fotos von »Städte- und Menschentypen aus den ersten Jahrzehnten des Jahrhunderts« (→ 18. 9. 21).

In einem Brief an Marianne gibt B seiner Hoffnung Ausdruck, daß das Foto (in der Erstausgabe), das »allen Leuten gefallen« hat, auch ihr Freude macht. Er unterstützt ihren Wunsch, mit Hanne an die Adria zu reisen, und sagt finanzielle Hilfe zu *(Br, 370)*.

Anfang August. Wie er Helene Weigel schreibt, fühlt sich B in Augsburg »sehr wohl«. Er lese »die Klassiker (Engels und Marx)«, esse und gehe spazieren. Er bittet sie, mit seinem Sohn Frank, der in Wien bei einer Schwester der Weigel in Pflege ist, einen Arzt zu konsultieren und über »den für ihn günstigsten Beruf« zu sprechen. B hat sie selbst in München bei Ludwig Schmitt für eine Untersuchung angemeldet und erwartet sie danach (am »Montag«) in Augsburg *(Br, 371)*.

Erstdruck
Im Dickicht der Städte

1953 schreibt B über das Stück:
In meinem Stück sollte die pure Lust am Kampf gesichtet werden. Schon beim Entwurf merkte ich, daß es eigentlich schwierig war, einen sinnvollen Kampf, d.h. nach meinen damaligen Ansichten, einen Kampf, der etwas bewies, herbeizuführen und aufrechtzuerhalten. Mehr und mehr wurde es ein Stück über die Schwierigkeit, einen solchen Kampf herbeizuführen. Die Hauptpersonen trafen diese und jene Maßnahme, um zu Griff zu kommen. Sie wählten die Familie des einen Kämpfers zum Kampfplatz, seinen Arbeitsplatz usw. usw. Auch der Besitz des andern Kämpfers wurde »eingesetzt« (und damit bewegte ich mich, ohne es zu wissen, sehr nahe an dem wirklichen Kampf, der vor sich ging und den ich nur idealisierte, am Klassenkampf. Am Ende entpuppte sich tatsächlich der Kampf als pures Schattenboxen; sie konnten auch als Feinde nicht zusammenkommen. *(23,242f.)*

Das neue *Dickicht, das Dickicht der Städte*, hat an Farbe und Atmosphäre verloren. Es hat an Übersichtlichkeit und Konzentration gewonnen. »Allein sein ist eine gute Sache. Das Chaos ist aufgebraucht. Es war die beste Zeit« – lautet der neue Schluß. Brecht war allein. Brecht hat das Chaos aufgebraucht. Es war seine beste Zeit, weil sie den trächtigen Boden abgab für seine Entwicklung. Jetzt kommt seine stärkste Zeit. *(Herbert Jhering, BBC, 30. 4.)*

B schreibt an den literarischen Mitarbeiter Erwin Piscators Felix Gasbarra, er entnehme der »bürgerlichen Presse« zahlreiche Notizen über personelle Schwierigkeiten bei der Gründung des Piscator-Theaters (→ 23. 5.). Der als Dramaturg vorgesehene Wilhelm Herzog tritt zurück, an seiner Stelle soll ein Kollektiv unter Gasbarras Leitung geschaffen werden. »Besonders glücklich ist die Veröffentlichung dieser Notiz vom Kollektivum deswegen, weil sich die Tätigkeit des Kollektivums, bevor es irgendeine reale Arbeit bekommt, so nur auf die Übernahme der Verantwortung für die Aufführung des ersten Stückes erstrecken kann.« *(Br, 372.)*

5. August, Freitag. Im *Simplicissimus*, München, wird Bs Vierzeiler *Die Städte (13,356*, später in: *Aufstieg und Fall der Stadt Mahagonny*) veröffentlicht.

Unter dem Titel *Ballade vom Kriegerheim* erscheint in *Der Knüppel* das Gedicht *Zu Potsdam unter den Eichen (11,205)*. Es nimmt Bezug auf eine Demonstration des Roten Frontkämpferbundes (im Mai) in Potsdam, die von der Polizei gewaltsam aufgelöst wird.

6. August, Sonnabend. Erwin Piscator bereitet die Eröffnung seines Theaters am Nollendorfplatz (1. Piscatorbühne) vor und versucht, Schriftsteller und Theaterleute für die Mitarbeit zu gewinnen. B hat zugesagt, schreibt aber an Piscator, er sei nicht bereit (→ Anfang August), »unter der *literarischen* Leitung Gasbarras zu arbeiten. Wohl aber unter der politischen. Ich bin vielleicht Ihr Genosse, aber ich bin bestimmt nicht Ihr Dramaturg usw.)«. Er schlägt ihm vor, den literarischen Charakter des Theaters in einen politischen umzuändern und es *R.K.T.* (Rotes Klubtheater) zu nennen *(Br, 373)*. Gleichzeitig informiert er Herbert Jhering von seinem Vorschlag an Piscator und präzisiert ihn. Das neue Theater wäre dann »ein politischer Klub, der das Theater zu seinen Zwecken benützt«. »Von Anfang an könnten besonders interessierte Zuschauer als Mitglieder aufgenommen und so ein wirklicher Kontakt zwischen Zuschauerraum und Bühne hergestellt, vor allem aber die Arbeit des Theaters politisch ausgewertet werden.« B fragt Jhering, wie er darüber denkt *(Br, 374)*.

Beide Briefe sendet er an Helene Weigel mit der Bitte, sie abzuschreiben und den beiden Adressaten zuzustellen. Er empfiehlt ihr, den Roman *Tampico* sowie das neueste Buch von Jack London zu lesen. Sie möchte ihm »alle marxistische Literatur« schicken, »besonders die neuen Hefte der Revolutionsgeschichte« (*Illustrierte Geschichte der Russischen Revolution*, eine Folge von 20 Lieferungen zu je 24 Seiten, die der Neue Deutsche Verlag ab 4.5 herausgibt). »Wenn Du dann noch den Steff fotografierst (in der Sonne, Moment

1/25, Blende halb zu), dann bist Du gut aufgehoben.« *(Br, 376.)* (Joseph Hergesheimers 1927 deutsch erschienenen Roman *Tampico* findet B, nach einer *Journal*-Notiz (vom → 8. 1. 41), unter den Büchern »auf Steffs Tisch«; 26,463.)

15. August, Montag. B und Kurt Weill haben nach der Aufführung von *Mahagonny* in Baden-Baden beschlossen, das Song-Spiel zu einer Oper auszuweiten (→ 17. 11.). Davor warnt Emil Hertzka, der Direktor der Universal-Edition Wien; er bittet um »größte Vorsicht«, weil »Herr B. bisher noch kein Opernbuch geschrieben hat«. In seiner Antwort (vom 16. 8.) schlägt Weill eine *Mahagonny*-Revue vor *(MW)*.

15. August 1927
Plan einer Ausweitung des *Mahagonny*-Songspiels zu einer Oper

17. August, Mittwoch. Erstdruck der (etwa 1924 geschriebenen) Geschichte *Die Antwort (19,196-198)* in der *Magdeburgischen Zeitung.*

25. August, Donnerstag. Kurt Weill schreibt an die Universal-Edition Wien, ihn ziehe zu B »zunächst das starke Ineinandergehen meiner Musik mit seiner Dichtung«, das die maßgebenden Rezensenten in Baden-Baden überrascht habe. »Dann aber glaube ich bestimmt, daß aus der intensiven Zusammenarbeit zweier gleichermaßen produktiven Leute etwas grundlegend Neues entstehen kann.« *(Weill 2,24.)*

Ich selber arbeite fast alles mit andern zusammen, ließ also den Photographen zu einer Zeit kommen, wo ich das Zimmer voll hatte, wenn auch nicht gerade zum Arbeiten. *(21,207.)*

August. Das August-Heft des Magazins *Uhu*, Berlin, druckt ein (gestelltes) Foto unter der Überschrift ab: *Der Dichter Bert Brecht bei der Arbeit.* Es zeigt in der Berliner Atelierwohnung Spichernstraße 16 u.a. an der Schreibmaschine Elisabeth Hauptmann, neben ihr Hannes Küpper, stehend B, am Klavier den Boxer Paul Samson-Körner.

Erstdruck des Gedichts *The Ladies (13,360-362)* in der Zeitschrift *Die Dame*, Heft 8.

B teilt Helene Weigel mit, er arbeite »am *Fatzer* sehr langsam, aber nicht schlecht«. Außerdem schreibe er, »wie immer, wenn unbeschäftigt und verwaist, pornografische Sonette« (*Die Augsburger Sonette; 11,123-130;* → Mitte August 25). Er bittet sie, für ihn ein Atelier zu suchen, »das nicht viel mehr als etwa 50 Mark im Monat Miete kostet«. Sie solle nicht zuviel Zigaretten rauchen. »Ich nehme an, Du hast massenhaft Zeit, Dir die Pfeifen herzurichten.« *(Br, 376.)* Außer den Gedichten für die Sammlung der *Augsburger Sonette* entsteht *Ratschläge einer älteren Fohse an eine jüngere (13,386-388).*

Mit dem Stück *Fatzer* (auch: *Untergang des Egoisten Johann Fatzer; 10,387-529*) versucht B für das Lehrstück eine neue Form zu finden. Noch im gleichen Jahr gibt er Hermann Borchardt die bis dahin fertiggestellten Szenen in einem »*Fatzer*-Exemplar« (→ 18. 11.). Die Arbeit an dem (nicht abgeschlossenen) Stück beschäftigt ihn noch bis 1931.

Beginn der Arbeit an *Fatzer*

3. September, Sonnabend. Zur Eröffnung der Piscatorbühne im Theater am Nollendorfplatz (→ 6. 8.) bringt das Programmheft zu *Hoppla, wir leben!* von Ernst Toller zahlreiche Äußerungen von Persönlichkeiten zum Verhältnis von Politik und Kunst. B schreibt über die Herausbildung eines neuen Typus Mensch, der nicht so sein werde, wie ihn sich der alte Typus Mensch gedacht hat. »Ich glaube: er wird sich nicht durch die Maschinen verändern lassen, sondern er wird die Maschinen verändern, und wie er immer aussehen wird, er wird stets wie ein Mensch aussehen.« *(Neuer Typus Mensch; 21,208f.)* B arbeitet später mehrfach im Team Piscators mit (→ 23. 1. 28).

9. September, Freitag. Erstdruck der (1926 geschriebenen) Kurzgeschichte (→ 29. 5. 26) *Müllers natürliche Haltung (19,285-291)* in *Ikarus*, Berlin.

14. September, Mittwoch. Aus Augsburg schreibt B an Helene Weigel, er komme »mit *Fatzer* gut vorwärts in der absoluten Langeweile hier« *(Br, 377).*

18. September, Sonntag. Bei der Überarbeitung seiner Komödie *Die Bluttat von Germersheim* (vgl. *21,212*) muß Hermann Borchardt, wie er B schreibt, noch dessen Rat befolgen und »das dem Tag Anhängende, Zufällige« weglassen, »daß man das Innere sieht und die Verhältnisse (›große Form‹, sagt Grosz)«. Er hat von B ein *Fatzer*-Exemplar bekommen und fragt, ob er es an Jhering geben soll *(654/5-8).*

Anfang Oktober 1927
Rückkehr nach Berlin

Anfang Oktober. B ist aus Augsburg nach dreimonatiger Abwesenheit (→ 29. 6.) nach Berlin zurückgekehrt.

14. Oktober 1927
Sendespiel
der Bearbeitung
Macbeth von Shakespeare
Funk-Stunde Berlin

14. Oktober, Freitag. B liest in der Berliner Funk-Stunde vor der Sendung des von ihm und Alfred Braun (auch Regisseur des Sendespiels) bearbeiteten Shakespeare-Stückes *Macbeth* den Text *Vorrede zu »Macbeth« (24,52-55).* Er versucht zu erklären, daß »das Beste bei Shakespeare« im Widerspruch zur »herrschenden Ästhetik« steht und nicht aufgeführt werden kann. In der Sendung lesen Werner Krauss (Macbeth), Helene Weigel (Lady Macbeth), Theodor Loos (Duncan), Erich Riewe (Banquo).
(Die Bearbeitung ist nicht überliefert.)

18. Oktober, Dienstag. B bedankt sich bei Ernst Hardt für Heft 2 von *Die Werag* (Kölner Rundfunkprogramm), in dem die Vorrede von Hanns Ulmann *Bert Brechts Lustspiel »Mann ist Mann«* (→ 30. 6.) abgedruckt ist. Mit Hardt will B »über die Möglichkeit eines wirklichen Sendespiels« sprechen (Titel: *Sintflut*; *10,535-545),* das er »skizziert hat« *(Br, 379).*

29. Oktober, Sonnabend. Im Rahmen der »Nacht der Berliner Sportpresse« findet im Ufa-Palast am Zoo in Anwesenheit Paul Samson-Körners (und vermutlich auch Bs) die Erstaufführung des »einzig existierenden Originalfilms des ganzen Kampfes« von William H. Dempsey und Gene Tunney statt (mit einer »Zeitlupen-Aufnahme der berühmten 7. Runde«).

31. Oktober, Montag. Der *Berliner Lokalanzeiger* berichtet vom »Schaukampf über drei Runden« der Mittelgewichtsboxer Hans Breitensträter und Paul Samson-Körner sowie von weiteren Sportdarbietungen. Zwischen den Kämpfen führt Valeska Gert die Tanzgroteske *Boxen* vor; Fritz Kortner liest u.a. »aus einem Roman *Der Boxer und die Lady* (vermutlich Auszug aus Bs *Der Lebenslauf des Boxers Samson-Körner; 19,216-235*) sowie ein Gedicht Bs unter dem Titel *Ehrentafel der Mittelgewichtsmeister* (gemeint ist: *Gedenktafel für zwölf Weltmeister; 13,379-382*).

Oktober. Aus Anlaß des 25jährigen Bestehens des Schauspielhauses Frankfurt/M. erscheint in der Festschrift u.a. ein Brief Bs, in dem er erbittert feststellt, daß er »selbstverständlich« nicht in den Kreis der Autoren des Theaters gehört *(21,209)*. Arthur Sakheim, der die Festschrift herausgegeben hat, berichtigt B im gleichen Heft: im Frankfurter Schauspielhaus sei 1922 sehr oft *Trommeln in der Nacht* gespielt worden, 1926/27 neben der Uraufführung von *Die Hochzeit* (→ 11. 12.) im Austausch mit dem Hessischen Landestheater Darmstadt auch *Mann ist Mann (21,680f.)*.

10. November, Donnerstag. Premiere des Stückes *Rasputin, die Romanows, der Krieg und das Volk, das gegen sie aufstand* von Alexej Tolstoi und P. Schtschegolew in der 1. Piscator-Bühne. Als »Bearbeiter« werden Erwin Piscator, Felix Gasbarra, Leo Lania und B genannt. (Piscator kündigt für die Spielzeit 1927/28 Bs Stück *Weizen* an, d.i. *Jae Fleischhacker in Chikago; 10,271-318*.)

11. November, Freitag. Marianne Zoff hat auf die Scheidungsklage Bs hin eine Gegenklage erhoben, in der angegeben ist, daß B mit Helene Weigel zusammenlebt und von ihr ein Kind hat. Wie Theo Lingen (→ 4. 6.) macht daraufhin auch Helene Weigel bei der an diesem Tag angesetzten Verhandlung von ihrem Zeugnisverweigerungsrecht Gebrauch.

17. November, Donnerstag. B und Kurt Weill lassen sich nicht von dem Opernprojekt *Mahagonny* abbringen (→ 15. 8.). Weill bittet die Universal-Edition Wien für diesen Zweck um eine Partitur des Song-Spiels *Mahagonny*.

22. November, Dienstag. Die Ehe von B und Marianne Zoff-Brecht wird geschieden. Das Preußische Landesgericht III, Charlottenburg, erkennt als Recht: »Die Ehe der Parteien wird auf Klage und Widerklage geschieden. Die Parteien tragen die Schuld an der Scheidung.« *(Protokoll vom 28. September 1928, verkündet am 22. November 1927)*.

Scheidung der Ehe mit Marianne Zoff-Brecht

24. November, Donnerstag. Einer Mitteilung Kurt Weills

an die Universal-Edition Wien zufolge ist er mit dem 2. Akt der Oper *Mahagonny* fertig.

25. November, Freitag. Premiere von Ernst Tollers *Hinkemann* in der Berliner Volksbühne; Regie: Ernst Toller / Ernst Lönner; mit Heinrich George (Hinkemann), Helene Weigel (Grete Hinkemann), Peter Ihle (Großhahn), Victor Schwannecke (Budenbesitzer).

27. November, Sonntag. Das Literaturblatt der *Frankfurter Zeitung* veröffentlicht Bs Text *Schwierigkeiten des epischen Theaters.* B fordert von den Theatern eine »totale Umstellung« und nennt als den »Theaterstil unserer Zeit *das epische Theater*« (→ 22. 3. 26). Die Prinzipien seien nicht in Schlagworten darzulegen. »Sie betreffen, im einzelnen noch größtenteils unentwickelt, Darstellung durch den Schauspieler, Bühnentechnik, Theatermusik, Filmverwendung usw. Das Wesentliche am epischen Theater ist es vielleicht, daß es nicht so sehr an das Gefühl, sondern mehr an die Ratio des Zuschauers appelliert. Nicht miterleben soll der Zuschauer, sondern sich auseinandersetzen.« *(21,210.)* B beginnt mehrere Versuche, die Prinzipien des epischen Theaters darzustellen, bricht sie aber ab *(Aus dem Abc des epischen Theaters; 21,210-212; Captatiae. Traktat über ein episches Theater* und *Schwierigkeiten der Selbstbefreiung; 21,682f.).*

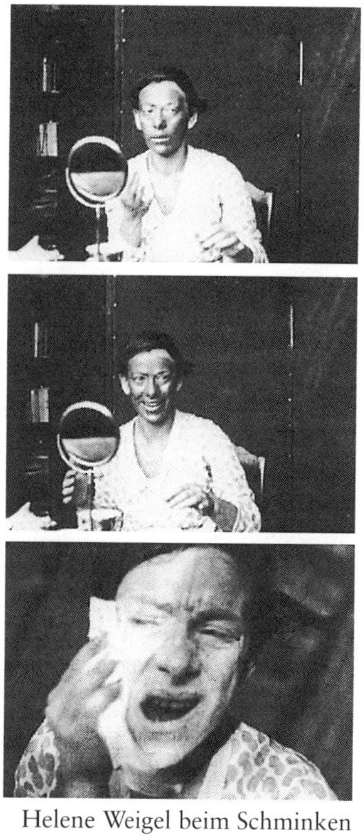

Helene Weigel beim Schminken

8. Dezember, Donnerstag. Auf Wunsch der Universal-Edition Wien schickt Kurt Weill eine Inhaltsangabe der Oper *Mahagonny*; angestrebt werde eine spannende Handlung, ein vollkommen neuer Opernstil mit Schlagern und Revue-Szenen. Direktor Emil Hertzka ist (am 16. 12.) vom Inhalt enttäuscht; er will mit Weill und B im Januar in Berlin darüber sprechen. Da er B nicht verstimmen will, soll Weill ihm nur »das Unerläßliche« sagen *(MW).*

16. Dezember, Freitag. Dem Finanzamt Berlin Wilmersdorf-Nord erklärt B, warum er statt einer Steuererklärung eine Erklärung darüber abgibt, weshalb er sich für »steuerfrei« hält. Er lebe »ausschließlich von Vorschüssen der Verlage, die in der Form von Darlehn« an ihn gegeben werden. »Da ich mit den Stücken *vorläufig* beinahe nichts einnehme, bin ich bis über den Hals meinen Verlagen gegenüber in Schulden geraten. Ich wohne in einem kleinen Atelier in der Spichernstraße 16 und bitte Sie, wenn Sie Reichtümer bei mir vermuten, mich zu besuchen.« *(Br, 382.)*

25. Dezember, Sonntag. Der *BBC* veröffentlicht unter der Überschrift *Wie können die Rundfunk-Programme künstlerischer und aktueller werden?* einen Text von Carl Hagemann (→ 5. 4. 21 u. 25. 11. 21), der inzwischen die Intendanz des Berliner Rundfunks übernommen hat, und danach Bs *Vorschläge für den Intendanten des Rundfunks.* Nach seiner Ansicht sollte man »aus dem Radio eine wirklich demokratische Sache« machen, z. B. Reichstagssitzungen und Prozesse direkt übertragen und statt »toter Referate wirklich *Interviews*« und »Disputationen zwischen bedeutenden Fachleuten« veranstalten. Weiterhin sollten spezielle Kompositionen und literarische Arbeiten für das Radio entstehen. Dafür müßte ein Studio eingerichtet werden. »Es ist ohne Experimente einfach nicht möglich, Ihre Apparate oder das, was für sie gemacht wird, voll auszuwerten.« *(21,215 f.)* In diesem Zusammenhang entsteht auch der Text *Radio – eine vorsintflutliche Erfindung? (21,217 f.)* Später beschäftigt sich B nochmals grundsätzlich mit den Aufgaben des Rundfunks (→ 1. 11. 30).

27. Dezember, Dienstag. Auf Emil Hertzkas ablehnende Haltung *Mahagonny* gegenüber (→ 8. 12.) sucht ihn Kurt Weill zu beruhigen. Die Oper werde keinen Moment langweilig sein. »Ich habe mit vieler Mühe Brecht soweit gebracht, daß es ihn gerade reizte, einen Text für die Bedürfnisse der Musik zu schreiben, und jedes Wort darin ist von mir auf die Erfordernisse der Opernbühne hin geprüft worden.« *(MW.)*

Dezember. B hat für Piscator die Übersetzung und Nachdichtung einer Ballade (»die von den Rosen auf dem Grab«) aus Upton Sinclairs Stück *Singende Galgenvögel* übernommen, das für eine Studio-Aufführung vorbereitet wird. Er kommt, wie er (aus Oldenburg) schreibt, mit dem Gedicht nicht zurecht; es sei »sehr hübsch« und lese »sich sehr rührend«, aber es stecke »nicht ein Gramm revolutionäre Wirkung darin«; vielmehr sei es ein »historisches Genrebildchen mit poetischem Ausdruck und peinlicher Wirkung« *(Br, 383).*

Helene Weigel mit Steffi Spira und Hans Leibelt

1928

4. Januar, Mittwoch. Premiere von *Mann ist Mann. Oder: Die Verwandlung des Packers Galy Gay in den Militärbaracken von Kilkao im Jahre neunzehnhundertsiebenundzwanzig*, Lustspiel in fünf Bildern, an der Volksbühne Berlin; Regie: Erich Engel, Bühnenbild: Caspar Neher; mit Heinrich George (Galy Gay), Helene Weigel (Begbick), Harry Lamberts-Paulsen (Uria), Victor Schwannecke (Jesse), Friedrich Gnass (Polly), Armin Schweizer (Jeraiah Jip), Hans Leibelt (Fairchild), Steffi Spira (Hiobja, Schwester der Begbick, eine in späteren Fassungen gestrichene Rolle). – Die Aufführung hat großen Erfolg.

Im Zusammenhang mit der Thematik des Stücks kommt es (später) zu einer Diskussion mit Engel, in deren Verlauf B schreibt: »Ist der Massemensch ein Mythos, so halten wir uns an ihn. Dann gibt es keinen einzelnen, der die Mensch-

4. Januar 1928
Berliner Erstaufführung
Mann ist Mann
Volksbühne

Die Rolle der Kantinenwirtin, die in Darmstadt fast unbemerkt blieb, hebt Helene Weigel zur Bedeutung des Chorus. Die Künstlerin gerät leicht in die Gefahr der Überschärfung. Aber noch nie zuvor war ihre Linie so fest, so präzis der Einsatz, so stahlhart ihr Ton. »Daß das Leben auf der Erde gefährlich sei«, will Brecht in der Komödie zeigen. Im Grunde sagt er zwar nur, daß er es will. Aber wenn er es durch

Helene Weigels Mund sagt, so glaubt es im Moment, erschauernd, jeder Zuhörer. *(Monty Jacobs, Vossische Zeitung, 5. 1.)*

Die Schauspielerin Helene Weigel gab mir in der Rolle der Leokadja viel. Anderen – zu viel. Norbert Falk fand in der BZ, daß »Fräulein Weigel die lärmendste Schauspielerin Berlins und zum Davonrennen ist«. Ich blieb ergriffen sitzen. *(Das Theater, Januar.)*

heit reproduziert. Dann gibt es für diesen einzelnen keine Totalität. Sondern nur für den Massemenschen.« *(Br, 390.)*
8. Januar, Sonntag. Die *Vossische Zeitung* veröffentlicht das (1927 entstandene) Gedicht *Von der Sparsamkeit der reichen Leute (13,385).*
22. Januar, Sonntag. Hanns Eisler (→ 17. 7. 27) veröffentlicht in der *Roten Fahne* einen Aufsatz über *Die neue Religiosität in der Musik.* Darin beklagt er, daß es in der Musik weniger linksgerichtete revolutionäre Künstler gäbe als in der »bürgerlichen Literatur und Malerei«. In diesem Zusammenhang weist er erstmals öffentlich auf B hin: »In der Musik gibt es keinen Upton Sinclair, keinen George Grosz, Rudolf Schlichter, keine Dichter wie Bert Brecht oder Journalisten wie Kurt Tucholsky; in der Musik macht sich das schäbigste Kleinbürgertum breit, selbst bei den besten Talenten.« *(Eisler, 1,64.)* B schlägt Feuchtwanger Hanns Eisler als Komponisten für die Uraufführung von *Kalkutta, 4. Mai* vor (→ Anfang Juli). Eislers erste Vertonung eines Textes von B ist die in diesem Stück verwendete *Ballade von dem Soldaten (11,98f.).* Seitdem kommt es zu häufigeren Begegnungen zwischen B und Eisler.

Beginn der Zusammenarbeit mit Hanns Eisler

Der am 6. 7. 1898 in Leipzig als Sohn des österreichischen Philosophen Rudolf Eisler geborene Hanns Eisler wächst in Wien auf, studiert am Neuen Wiener Konservatorium, setzt seine Studien (1919-1923) privat bei Arnold Schönberg fort, bekommt für seine Kompositionen 1925 den Kunstpreis der Stadt Wien, siedelt im gleichen Jahr nach Berlin über, schreibt ab 1927 Musikrezensionen für die *Rote Fahne.* Zur ersten größeren Zusammenarbeit mit B kommt es bei dem Lehrstück *Die Maßnahme* (→ Februar 30).
23. Januar, Montag. Premiere von *Die Abenteuer des braven Soldaten Schwejk* nach dem Roman Jaroslav Hašeks von Max Brod und Hans Reimann im Piscator-Theater, Bearbeitung: Erwin Piscator, Felix Gasbarra, Leo Lania und B, Bühnenbild: George Grosz. Für den Stoff des Romans interessiert sich B weiterhin: 1932 will er daraus mit Hanns Eisler eine Oper schreiben (→ 17. 3. 32); das Projekt scheitert wegen der Bedingungen der Hašek-Erben. (In den USA schreibt er dann *Schweyk;* → April 43.)

Zusammenarbeit mit George Grosz

Der am 26. 7. 1893 in Berlin geborene George Grosz studiert an der Akademie in Dresden und danach an der Kunstgewerbeschule Berlin (bis 1916) bei Emil Orlik. 1918 ist er Mitbegründer der Dada-Gruppe Berlin und 1924 der »Roten Gruppe«. Bekannt wird Grosz durch

Beim *Schwejk*-Projekt befreundet sich B mit George Grosz. B ist zu seiner *Legende vom toten Soldaten* von der Grosz-Zeichnung *K.V.* beeinflußt worden (→ 1. 5. 18). Durch Begegnungen mit Grosz entsteht innerhalb des *Vorworts zu »Trommeln«* der Abschnitt »Gespräch mit George Grosz«, in dem B unterstellt, daß die »Physiognomie« des Bürgers den Zeichner zum »Feind des Bourgeois« gemacht habe. »Sie, George Grosz, und ich sind gegen Unrecht (wie alle Welt), aber wir hätten weniger dagegen, wenn vom Proletariat aus Unrecht getan werden könnte. Ich will damit sagen: Das Unrecht kann es nicht sein, das Ihnen ›den Pinsel in die Hand drückt‹. Wäre es aber doch nicht das Unrecht, das Sie nicht sehen können, dann wären Sie konterrevolutionär, und ich würde Sie erschießen und Ihnen ein Denkmal setzen.« *(24,15f.)* Grosz illustriert Bs Kinderbuch *Die drei Soldaten* (→Dezember 32).

Januar. In der Zeitschrift *Das Theater*, Berlin, erscheint unter dem Haupttitel *Vier Autoren* Bs Text *Der Mann am Regiepult (21,220)* zusammen mit Beiträgen von Arnolt Bronnen, Hans J. Rehfisch und Carl Zuckmayer.

Im Buch *Der Sport am Scheidewege* von Willy Meisl, Heidelberg, wird Bs Beitrag *Die Krise des Sportes* veröffentlicht, in dem er das Credo abgibt: »Ich bin für den Sport, weil und solange er riskant (ungesund), unkultiviert (also nicht gesellschaftsfähig) und Selbstzweck ist.« *(21,224.)* In diesem Zusammenhang schreibt B auch den Text *Die Todfeinde des Sportes (21,224f.)*.

26. Februar, Sonntag. In den *Münchner Neuesten Nachrichten* erscheint das Ergebnis der Rundfrage *Was halten Sie für »Kitsch«?* In der »Reihe bekannter schöpferischer Persönlichkeiten«, die sich dazu äußern, schlägt B vor, »einfach den Kürschner abzudrucken«; die Namen der zu streichenden Dichter könnte er in einem »Drei-Minuten-Gespräch durchsagen« *(21,227f.)*.

Februar. In der Schrift *Der literarische Hochverrat von Joh. R. Becher*, die den (für März angesetzten) Prozeß gegen Becher beeinflussen soll, wird neben Texten zahlreicher Persönlichkeiten auch ein Protest Bs gedruckt, der schließt: »Nicht nur die deutsche Justiz ist heute unbestechlich: auf der ganzen Welt können sie mit der größten Geldsumme keinen Richter mehr dazu verführen, Recht zu sprechen.« *(Der Fall Becher; 21,225.)* (Über frühere Aktivitäten der »Gruppe 1925« in dieser Angelegenheit →8. 11. 26.)

Auf den Artikel *Piscatordrama* von Bernhard Diebold (*Die Scene*, Berlin, Heft 2) reagiert B mit der Replik *Primat des Apparates*. Nach Bs Meinung ermöglicht Piscator »das Erfassen neuer Stoffe« *(21,227)*.

6. März, Dienstag. Das Magazin *Uhu* veröffentlicht das Gedicht *Das Frühjahr (14,7)*.

17. März, Sonnabend. In einem Programm des Berliner Kabaretts MA (Montags-Abendveranstaltungen), das Franz S. Bruinier (→20. 11. 25) u. a. begründen, wird auf einer Gastspielreise in Amsterdam das von Bruinier vertonte (1926 für Feuchtwangers *Kalkutta, 4. Mai* geschriebene) Lied Bs vom *Surabaya-Johnny (11,344-346)* vorgetragen sowie der im Programm wie auf dem Notenblatt ebenfalls auf B zurückgeführte *Auto-Song* (bei dem die Verfasserschaft Bs später

seine kritischen Graphiken, für die er mehrfach zu Geldstrafen verurteilt wird. Mit Piscator und den Brüdern Herzfelde ist Grosz der KPD beigetreten.

Das Theater am Schiffbauerdamm

von Elisabeth Hauptmann angezweifelt wird) *(Lucchesi 1,340f.,379f.)*. Von Bruinier sind u. a. auch *Erinnerung an die Marie A.* und der *Barbara-Song* arrangiert.

20. März, Dienstag. Nach den Plänen von Kurt Weill wird seine Komposition der Oper *Mahagonny* im Mai fertiggestellt sein. B bittet um einen Vorschuß (von etwa 4000 RM), »da er für einen bestimmten Zweck das Geld braucht« *(MW)*. Die Universal-Edition will den Vorschuß in Teilbeträge aufgliedern und in Raten (jeweils verbunden mit der Lieferung von Texten) zahlen. Die Verhandlungen mit B soll Weill führen. B beharrt auf der größeren Anfangszahlung *(MW)*.

25. März, Mittwoch. Auf Anregung Bs (→ Anfang Juli 26) wird von der Jungen Bühne Fleißers Stück *Pioniere in Ingolstadt* in Dresden uraufgeführt. Herbert Jhering schreibt eine anerkennende Kritik und empfiehlt das Stück für eine Berliner Aufführung (→ 30. 3. 29).

29. März, Donnerstag. B, Carl Koch und Kurt Weill beklagen sich bei der Stadtverwaltung Essen darüber, daß sie bereits sehr viel für das von dort angeregte *Ruhrepos* (→ Anfang Juni 27) gemacht, aber immer noch keinen Vertrag erhalten haben. Sie beziehen sich auf ihr Schreiben (vom 14. 3.) an Rudolf Schulz-Dornburg, in dem sie auf dessen Vorschlag zurückgriffen, den beteiligten Künstlern »eine Teilentschädigung für die bisher aufgewandten Mittel zu erwirken«, und bitten um eine Antwort *(Br, 386)*. Dr. Hüttner weist die Forderungen zurück, weil von seiten der Stadt für das Projekt weder ein Auftrag erteilt wurde noch einer in absehbarer Zeit erteilt werden kann (→ 4. 5.).

Beginn der Bearbeitung von John Gays *Beggar's Opera*

März. Elisabeth Hauptmann hat B auf den anhaltenden Theatererfolg der wiederentdeckten *Beggar's Opera* von John Gay in London aufmerksam gemacht und für ihn (Ende 27) eine Übersetzung des Stücks angefertigt. B beginnt, die *Beggar's Opera* (1728) zu bearbeiten, als ihn Ernst Josef Aufricht für die Eröffnungspremiere im (von ihm übernommenen) Theater am Schiffbauerdamm um ein neues Stück bittet (→ Mai).

Elisabeth Hauptmann, 1928

1. April, Sonntag. Elisabeth Hauptmann liest im Sender Breslau »aus eigenen Werken«. Von ihr war (unter dem Pseudonym »Catherine Ux«) die Kurzgeschichte *Julia ohne Romeo (Hauptmann, 7-16)* im August-Heft 1926 des Leipziger Magazins *Das Leben* erschienen. Im April-Heft 28 des Magazins *Uhu* wird *Bessie Soundso. Eine Geschichte von der Heilsarmee (Hauptmann, 17-26)* gedruckt, dazu ein Foto von ihr in einem Kostüm der Heilsarmee (das Lucie Mannheim in einem Kaiser-Stück getragen hat).

3. April, Dienstag. Da B für die *Mahagonny*-Oper einen Vorschuß in Anspruch nehmen will (→ 20. 3.), bittet die

Universal-Edition Wien Kurt Weill, mit ihm über 2500 RM zu verhandeln (davon 1000 RM bei Ablieferung des fertigen Buches). B ist damit nicht einverstanden und fordert »wenigstens« 3000 RM bei Ablieferung des Buches.

13. April, Freitag. Nach der gelungenen Überquerung des Atlantiks von Ost nach West (durch Fitzmaurice, Köhl und Hünefeld) spricht sich B *Für einen deutschen Ozeanflug (21,228f.)* aus.

14. April, Sonnabend. Hans Reisiger (→ 16. 3. 27) hat Bs Wunsch, einige Balladen Kiplings in seiner Bearbeitung der *Beggar's Opera* zu verwenden, an den List-Verlag weitergeleitet. »Ich persönlich würde mich *sehr* freuen, wenn eine oder mehrere Ihrer so sehr schönen Kipling-Übersetzungen in dem Singspiel verwendet werden könnten.« *(720/75f.)*

Alfred Kerr, Brecht und (stehend) Hans Weichert beim Rundfunkgespräch *Die Not des Theaters*

15. April, Sonntag. Der Sender Deutsche Welle, Frankfurt/M. und Stuttgart, strahlt unter dem Titel *Die Not des Theaters* ein Gespräch des Rundfunkintendanten Hans Weichert mit B und Alfred Kerr aus. Das Gespräch ist nicht aufgezeichnet. Nach den Notizen Bs wollte er, da er seine beiden Gesprächspartner »schon nicht aufhängen kann«, ihnen ganz »unverhohlen und offen« seine Meinung sagen. Es folgt: »Brechtsche Hinrichtung des jetzigen Theaters.« *(21,692.)* Ein ausgearbeiteter (oder im nachhinein rekonstruierter) Text Bs, in dem nur Weichert und er zu Wort kommen, ist unter der Überschrift *Die Not des Theaters* überliefert *(21,229-232)*.

20. April, Freitag. Vom Sender Frankfurt/M. wird *Trommeln in der Nacht* ausgestrahlt.

26. April, Donnerstag. Bs Textbearbeitung der *Beggar's Opera* (→ März) ist so weit fortgeschritten, daß Kurt Weill mit der Vertonung der Songs beginnen kann. B und Weill schließen mit Bloch Erben den Buch-Vertrag über eine Bearbeitung von John Gays *The Beggar's Opera* ab. Der Vertrag tritt erst in Kraft, wenn mit der Direktion des Theaters am Schiffbauerdamm ein Abkommen über die Aufführung des Stückes getroffen worden ist. Vereinbart wird folgende Tantiemenverteilung: 62 % für B, 25 % für Kurt Weill und 12 % für Elisabeth Hauptmann *(784/3-7)*.

30. April, Montag. B bestätigt Emil Hertzka von der Universal-Edition Wien eine vertragliche Vereinbarung über die Weiternutzung von *Mahagonny* im Film und in Werkausgaben *(Z2/34)*.

Fertigstellung der *Ludenoper* (erste Fassung der *Dreigroschenoper*)

Anfang Mai. B stellt mit Elisabeth Hauptmann die erste Fassung der Bearbeitung von John Gays *Beggar's Opera* unter dem Titel *Die Ludenoper* fertig (→ März) und gibt sie dem Verlag Felix Bloch Erben (→ 26. 4.) für die Herstellung eines Bühnenmanuskripts *(1782/1-66)*.

4. Mai, Freitag. Nach der Absage des *Ruhrepos*-Projekts in

Zeichnung von B. F. Dolbin

Essen (→ 29. 3.) macht B gegenüber dem Operndirektor Rudolf Schulz-Dornburg finanzielle Ansprüche geltend: für Carl Koch 6000 RM, für Kurt Weill und sich selbst je 1500 RM. »Nachdem wir auf Ihre Einladung hin nach Essen gekommen und von der Stadt aufgenommen worden sind, mußten wir annehmen, daß Ihr Einfluß so groß ist, daß der Vertrag wirklich nur eine formale Angelegenheit sei. Der Brief von Herrn Dr. Hüttner zeigt, daß wir uns leider getäuscht haben. Es bleibt also lediglich noch die Regelung der uns entstandenen Kosten. Wir haben selbstverständlich dabei auch unsere eigene Arbeit in Ansatz gebracht, da wir nicht festbezahlte Stellungen einnehmen, sondern freie Künstler sind.« *(Br, 388.)* Obwohl das Projekt scheitert, drückt Schulz-Dornburg in einem Brief (vom 29. 11.) an Kurt Weill die Hoffnung aus, daß »in absehbarer Zeit« die Reformierung des Theaterbetriebs eine Realisierung des *Ruhrepos* noch möglich macht *(BJ 77,73 f.)*.

9. Mai, Mittwoch. B nimmt das Angebot des amerikanischen Autors Ferdinand Reyher, etwas für die Verbreitung seiner Stücke in den USA zu tun, gern an. Er hatte ihn 1927 in Berlin kennengelernt. Von Reyhers Boxer-Stück *Don't Bet On Fights* (deutscher Titel *Boxer*, bei der Aufführung: *Harte Bandagen*; → 31. 12. 29) habe Elisabeth Hauptmann »eine Art Exposé« angefertigt und Erich Engel gegeben, »dem Oberregisseur am Staatstheater, der sicher unser bester Regisseur überhaupt ist«. Auch Fritz Kortner sei von dem Stück angetan. Es müsse nun übersetzt werden, was am besten von Hauptmann und Reyher »schnell und zuverlässig« gemacht werden sollte. B hofft, daß Reyher zu diesem Zweck »noch mal herüberkommen« kann. Sonst würde es Elisabeth Hauptmann (wegen der Fachausdrücke) mit Samson-Körner versuchen *(Br, 389)*.

10. Mai-13. Juni 1928
Reise nach Saint Cyr (Südfrankreich)

10. Mai, Donnerstag. B fährt nach Saint Cyr (Südfrankreich) ab. Kurt Weill ist bereits (am 5. 5.) nach Bandol bei Marseille gereist. Seine Briefadresse lautet (am 26. 5.) ebenfalls Hostellerie de la Plage (in Saint Cyr bis 4. 6.). Beide arbeiten an der *Beggar's Opera* weiter. Es entstehen u. a. einige Lieder, die B dann nicht für das Stück verwendet: *Als ich mein Brautkleid anzog*, *Die Jungfraunballade*, *Maria, Fürsprecherin der Frauen*, *Wenn's einer Hur gefällt*, *Ballade von der Traurigkeit der Laster*, *Der Ehesong (14,7-12)*.

27. Mai, Sonntag. B schickt an Friedrich Kroner, den Chefredakteur des Magazins *Uhu*, »etwas verspätet« sein Gedicht *Singende Steyrwagen (13,392 f.)*. Wenn beim Abdruck dazu Fotos gestellt werden sollen, müßte sie Carl Koch machen, »und zwar so, daß sie direkt brüllen, nämlich die Wägen« *(Br, 392)*. (Warum das Gedicht im *Uhu* nicht gedruckt wird, ist nicht bekannt. Vermutlich wurde es in die Firmen-

Werbeschrift *Steyr-Revue* übernommen.) Den Erinnerungen Elias Canettis zufolge soll B das Gedicht für ein Preisausschreiben der österreichischen Autofirma Steyr geschrieben und dafür einen Wagen »gewonnen« haben *(Die Fackel im Ohr. Lebensgeschichte 1921-1931, München/Wien 1980, S.306f.).*

Ende Mai. B liest »aus Mangel an Schundromanen die *Bekenntnisse* des Augustinus«, die in »einem sehr guten Stil geschrieben« seien. Gegenüber seinen Entdeckungen nehme Augustinus eine »eifersüchtige, geizige, ja schadenfrohe Haltung« ein. Die Religion werde von ihm »wie sein Steckenpferd« behandelt. »Sehr viel erwartet er sich von der Keuschheit. Was die betrifft, glaube ich übrigens, daß wir eine ganz mangelhafte und plumpe Anschauung über die Gewinne haben, die man aus ihr ziehen kann.« *(26,290.)*
In diesem Zusammenhang entstehen auch die Texte *Zum Augustinus* und *Zu Augustinus (21,246f.).*
In einer autobiographischen Notiz schreibt B (1928):

Nicht für Geselligkeit	sondern für Männergespräche
Nicht für Liebe	sondern für Wollust
Nicht für gut essen	sondern für Hungerstillen
Nicht für spielen	sondern für arbeiten
Nicht für Muße	sondern für Faulheit
Nicht für Mädchen	sondern für Frauen

(26,290).

4. Juni, Montag. Kurt Weill fährt nach Frankfurt/M. ab; der Universal-Edition Wien gibt er an, daß er am 6. 6. in Frankfurt (Verhandlung wegen Aufführung der *Mahagonny*-Oper) und ab 8. 6. in Berlin sein wird. »Unterdessen arbeite ich mit Hochdruck an der Komposition der *Beggar's Opera*, die mir viel Spaß macht. Sie wird in einem sehr leicht sangbaren Stil geschrieben, da sie ja von Schauspielern aufgeführt werden soll. Ich hoffe, bis Ende Juni damit fertig zu sein, um dann in einem Zuge *Mahagonny* fertigzustellen.« *(MW.)*

6. Juni, Mittwoch. B schickt an Willy Haas den Text für eine Umfrage zum 60. Geburtstag von Stefan George, weil er »bei gewissen reaktionären Veranstaltungen keinesfalls fehlen« dürfe. »Durch Ihre Umfrage werden Sie, wie ich hoffe, feststellen, daß der Einfluß dieses Schriftstellers auf die jüngeren Leute ganz unbedeutend ist, freilich kann Ihnen dies nur glücken, wenn Sie sich an die richtigen Leute gewendet haben. Ich selber wende gegen die Dichtungen Georges nicht ein, daß sie leer erscheinen: ich habe nichts gegen Leere. Aber ihre Form ist zu bombastisch.« *(Br, 393.)*
Der Text *Über Stefan George (21,247)* erscheint (am 13. 7.) in der *Literarischen Welt.*
In der von Hannes Küpper (ab Oktober 1927) in Essen her-

ausgegebenen Theaterzeitschrift *Der Scheinwerfer* erscheint im Rahmen einer Rundfrage über die »Hauptaufgabe der Kritik« neben den Texten von Kritikern und Schriftstellern auch Bs Beitrag *Kritik der Kritik*, in dem er den »prinzipiellen Vorschlag« macht, »Kritik solle statt des ästhetischen, kulinarischen den soziologischen, wissenschaftlichen Standpunkt einnehmen« *(21,232)*. Zu dieser Problematik schreibt B auch den Text *Soziologische Betrachtungsweise (21, 233f.)*.

Helene Weigel mit Stefan, 1928

14. Juni, Donnerstag. B schreibt an Helene Weigel, die mit Stefan in Utting am Ammersee Urlaub macht: »kam ersten Tag bis Genf, war heute mit Hesse zusammen, fuhr nachmittags vier Uhr ab und übernachte jetzt in Aarburg (zwischen Bern und Zürich). Alles in Ordnung! Geht nicht zuviel ins Wasser!« Er bittet sie, auch Grüße an Marianne Zoff und Hanne auszurichten (die ebenfalls in Utting sind) *(Br, 394)*.

18. Juni, Sonntag. B informiert Helene Weigel aus Augsburg, er sei »glänzend gefahren, ohne Schwierigkeit« und wolle am Montag zum Ammersee kommen *(Br, 395)*.

22. Juni, Donnerstag. Die Morgenausgabe der *Frankfurter Zeitung* bringt unter der Überschrift *Ein Wiedererkennen* den Kurzbericht über die Dreharbeiten in einem Moskauer Studio für den Film *Der weiße Adler*. Für die Darstellung des berüchtigten Gouverneurs Muratow wird ein Amateur bevorzugt, der dem Original ähnlich sieht. Mitwirkende jüdische Mitspieler erkennen in dem Laien den wirklichen Gouverneur. B benutzt den Bericht für seine Geschichte *Die Bestie* (→ 9. 12.).

Juni. Der Lyriker Georg Ulrich übermittelt B sein Buch *Triptichon. Ein Kreis Gedichte* mit der Widmung: »in großer Verehrung zugeeignet« *(BBAB)*.

Anfang Juli 1928
Nach Zwischenaufenthalt in Augsburg und Utting zurück in Berlin

Anfang Juli. Nach einem kurzen Aufenthalt in Utting ist B nach Berlin zurückgekehrt und legt mit Kurt Weill und Elisabeth Hauptmann letzte Hand an die *Beggar's Opera*. Mit Aufricht finden Gespräche über die Besetzung statt.

Bei Helene Weigel entschuldigt er sich, daß er lange nicht zum Schreiben gekommen ist: »ich habe *Beggar's Opera* usw. fertiggemacht und war fast immer schlecht gelaunt, weil es zu heiß war«. Auf seiner bevorstehenden Fahrt nach Augsburg und Utting will er wegen einer *Dickicht*-Aufführung in Heidelberg (→ 14. 7.) Station machen. Vorher habe er noch einen Besuch »bei Sternberg in Homburg« geplant. In Berlin hat er sich inzwischen auch eine Aufführung der Neufassung von Lion Feuchtwangers *Kalkutta, 4. Mai* im Staatlichen Schauspielhaus angesehen (Premiere: 12. 6.); Musik: Hanns Eisler (→ 22. 1.), Regie: Erich Engel, Bühnenbild: Caspar Neher; mit Rudolf Forster (Hastings), Walter

Franck (Francis), Paul Bildt (Impely), Sybille Binder (Lady Majorie). B urteilt: »*Kalkutta* war eine furchtbare Aufführung, Forster ganz miserabel, ein exzentrischer Kommis – aber scheint's gute Kasse!« *(Br, 396.)*

Bekanntschaft mit Bernard von Brentano

Bernard von Brentano hat (in der *Frankfurter Zeitung*) Bruno Franks *Politische Novelle* angegriffen und (am 21.6.) dafür von Thomas Mann im *Tage-Buch* eine Schelte erhalten. B »gratuliert« Brentano zu diesem von ihm ausgelösten Angriff Manns: »Sie müssen fortfahren mit ihm, sich häuslich einnisten in ihm, sich eine Zeitlang nicht mehr von ihm trennen.« Auch Brentanos Aufsatz über die Generalversammlung (des Schutzverbands Deutscher Schriftsteller) sei »glänzend« *(Br, 400)*. Brentano wird u.a. auch durch Bs Rat zu der Polemik *Antwort an Thomas Mann* (am 5.8. in der *Frankfurter Zeitung*) angeregt.

Mit Helene Weigel, Bernard von Brentano und Stefan, um 1931

Der am 15.10.1901 in Offenbach geborene Bernard von Brentano stammt aus einer bekannten Dichter- und Politikerfamilie. Er studiert in Freiburg i.B., in München und in Frankfurt/M., kommt durch Joseph Roth in den Journalismus und ist seit seiner Übersiedlung nach Berlin Lokal-Korrespondent für die *Frankfurter Zeitung*. In den zwanziger Jahren publiziert er zwei Gedichtbände, die aber (wie auch eine Komödie) weniger erfolgreich sind als seine späteren Reiseberichte und politischen Schriften (z.B. 1930 *Kapitalismus und schöne Literatur*).

14. Juli - 5. August 1928 Reise über Heidelberg und Augsburg nach Utting

14. Juli, Sonnabend. B sieht die Premiere von *Im Dickicht der Städte* in Heidelberg und schreibt (am 24.7.) den Text *Für das Programmheft zur Heidelberger Aufführung*. B verteidigt darin den Grundgedanken des Stückes. »Nämlich den, daß purer Sport zwei Männer in einen Kampf verwikkeln könnte, der ihre wirtschaftliche Situation sowie sie selbst bis zur Unkenntlichkeit verändert.« Die Wahl des amerikanischen Milieus entspringe nicht »einem Hang zur Romantik«, er glaube dadurch »das Augenmerk am leichtesten auf die eigenartige Handlungsweise zeitgemäßer großer Menschentypen lenken zu konnen« *(24,28f.)*.

19. Juli, Donnerstag. B informiert nochmals Ferdinand Reyher über die Art des Bühnenvertriebs in Deutschland. Reyhers Stück (→9.5.) sei an den Verlag Felix Bloch Erben gegeben worden, wo man eine Chance sieht, es unterzubringen. Auch ein Buchverlag sei interessiert worden *(Br, 398)*.

26. Juli, Donnerstag. B schreibt Helene Weigel aus Augsburg, daß er »erst Freitag abend« kommt, weil er noch Emil Hesse-Burri in Augsburg erwartet. Sollte Hesse-Burri direkt nach Utting kommen, bittet B Helene Weigel um einen Telefonanruf *(Br, 399)*.

5. August, Sonntag. B wollte mit Caspar Neher im Auto

nach Berlin mitfahren. Da dieser aber eine Panne hat, reist B mit dem Nachtschnellzug *(Br, 401)*.

10.-31. August 1928
Proben zu
Die Dreigroschenoper

10. August, Freitag. Einer Mitteilung Kurt Weills an die Universal Edition Wien zufolge beginnen an diesem Tage die Proben der *Beggar's Opera* im Theater am Schiffbauerdamm. Ernst Josef Aufricht hat für die Eröffnungsvorstellung des Theaters unter seiner Direktion Erich Engel als Regisseur verpflichtet sowie Schauspieler, die er zum großen Teil aus der Zeit seiner Schauspielertätigkeit in verschiedenen Theatern kennt; B setzt sich für Carola Neher und Helene Weigel ein, Weill für Lotte Lenja. Durch die kurze Probenzeit und durch Empfindlichkeiten verschiedener Mitwirkender kommt es während der Proben zu mehreren unvorhersehbaren Komplikationen, über die von Betroffenen (teilweise von den Fakten abweichende) Legenden verbreitet worden sind.

14. August, Dienstag. Carola Neher hat sich auf die Nachricht von einer Verschlechterung des Zustandes ihres todkranken Mannes Klabund hin von den Proben beurlauben lassen und ist nach Davos gefahren, wo er (am 14. 8.) stirbt (und am 20. 8. dort eingeäschert wird). Anschließend reist sie wieder nach Berlin zurück, legt aber kurz vor der Premiere die Rolle der Polly nieder (die B ihretwegen während der Proben erweitert hat). Vermutlich drückt B seine Enttäuschung über diesen Entschluß in der fingierten *Grabrede für C N* aus *(19,299)*. Für die Rolle der Polly wird kurzfristig Roma Bahn engagiert. Auch Helene Weigel, die ihre Rolle der Puffmutter »als Beinamputierte à la Lon Chaney in einem altertümlichen Rollstuhl« spielen wollte, scheidet wegen einer Blinddarmentzündung aus, und die Rolle wird gestrichen *(Lenya-Weill, DGB, 220-225)*. Da die Darstellerin der Lucy, Kate Kühl, über eine tiefe Stimme verfügt, muß eine Szene der Lucy, in der sie eine Arie singt, ausgelassen werden. Kurt Weill schreibt (1932) in seiner Anmerkung *Zur ›Unterdrückten Arie‹ der Lucy*: »Sie wäre ohnehin gestrichen worden, weil sich im Laufe der Proben herausgestellt hatte, daß die ganze Szene überflüssig war.« *(Weill, 56.)*

Zusammenarbeit und Freundschaft mit Carola Neher

Carola Neher als Polly, 1930

Die Schauspielerin Carola Neher, geboren am 2. 11. 1900, hat B nach Aussage von Bronnen – wie auch er – schon 1922 in München kennengelernt, wo sie ihnen Lion Feuchtwanger als eine »so nette kleine Hur'« empfohlen hat *(Bronnen 1,79)*. Nach einem Engagement in Breslau (1924-1926), wo sie am Theater den Lyriker und Dramatiker Klabund kennenlernt und u. a. auch in dessen sehr erfolgreichem *Kreidekreis* die Haitang spielt, heiratet sie Klabund. Er widmet ihr 1926 das Stück *Brennende Erde*; sie spielt in der Uraufführung des Stücks in Frankfurt/M. (am 21. 4. 26) sehr erfolgreich die weibliche Hauptrolle. Im gleichen Jahr wechselt sie nach Berlin über, 1927 tritt sie in Wien auf, dann erneut in Berlin.

Mitte August. In einem fortgeschrittenen Probenstadium gibt es Probleme mit dem Darsteller des Macheath Harald Paulsen, der für sich einen effektvolleren Auftritt beansprucht. B schreibt dafür die *Die Moritat von Mackie Messer (2,231f.)*. Karl Kraus soll an einigen Proben »versteckt« teilgenommen haben und die zweite Strophe des *Eifersuchtsduetts (2,278-280)* geschrieben haben. »Brecht akzeptierte gern dieses Gastgeschenk.« *(Aufricht, 73.)* B geht auf einen Vorschlag Lion Feuchtwangers ein und nennt das Stück um in *Die Dreigroschenoper*.

21. August, Dienstag. Nach Abschluß der Arbeiten an der *Dreigroschenoper* versichert Kurt Weill der Universal-Edition Wien, daß ihm »hier ein gutes Stück gelungen ist«, einiges daraus hätte »jedenfalls musikalisch die größten Aussichten [...], in kürzester Zeit populär zu werden«. Da sein Beitrag »weit über dem Rahmen einer Schauspielmusik« hinausgehe, bittet er den Verlag, bei den Theatern auf Nennung seines Namens zu bestehen *(MW)*.

30. August, Donnerstag. Wegen der mutwilligen Schnitte an dem Silhouetten-Film von Lotte Reiniger *Die Abenteuer des Prinzen Achmed*, dem ersten abendfüllenden Trickfilm der Filmgeschichte, in dem Kino »Die Kamera« publiziert B im *BBC* eine Polemik. Darin wendet er sich gegen die Aufführung des wichtigen Films »in einer völlig zerstörten und durch Schnitte albern gemachten Form« und regt eine »Untersuchung solcher Vorfälle« an *(Verstümmelte Filme; 21,248)*.

In der letzten Probenphase der *Dreigroschenoper* ist das Probenergebnis wegen der Umbesetzungen und ständigen Änderungen des Textes unbefriedigend. Ernst Josef Aufricht besteht aber auf der festgesetzten Aufführung am 31. August, seinem Geburtstag: »Meine Unbefangenheit war mein Glück, sonst wäre die Aufführung endlos verschoben worden.« *(Aufricht, 71.)* Abends findet die Generalprobe statt. Nach den Erinnerungen von Lotte Lenya-Weill (1955) sei sie »ein Witz« gewesen: »Sie dauerte bis 5 Uhr früh. Wir waren alle miteinander vollständig erledigt. Alles schrie und fluchte durcheinander.« *(Lenya-Weill, DGB, 224.)*

31. August, Freitag. Nach der am frühen Morgen endenden Generalprobe wird die überlange Aufführung von B, Weill, Neher und Aufricht um eine Dreiviertelstunde gekürzt.

Als die Striche bekannt werden, gibt es vereinzelt Proteste. Mittags findet eine erneute Durchlaufprobe statt. »Diesmal ging es ruhiger zu. Niemand hatte mehr die Kraft, sich aufzuregen.« *(Lenya-Weill, DGB, 224.)*

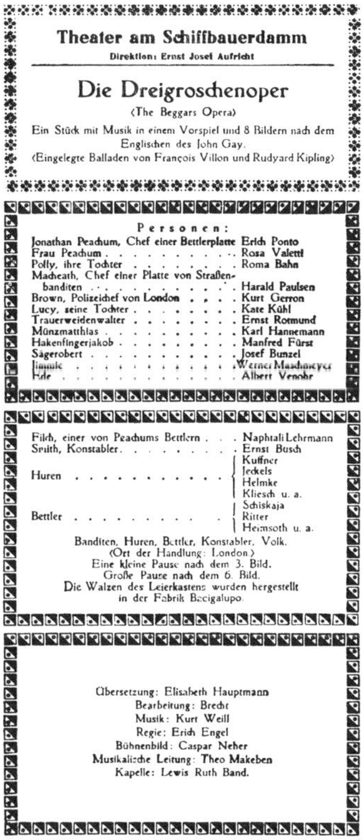

Theater am Schiffbauerdamm

Direktion: Ernst Josef Aufricht

Die Dreigroschenoper

(The Beggars Opera)

Ein Stück mit Musik in einem Vorspiel und 8 Bildern nach dem Englischen des John Gay.

(Eingelegte Balladen von François Villon und Rudyard Kipling)

Personen:

Jonathan Peachum, Chef einer Bettlerplatte	Erich Ponto
Frau Peachum	Rosa Valetti
Polly, ihre Tochter	Roma Bahn
Macheath, Chef einer Platte von Straßenbanditen	Harald Paulsen
Brown, Polizeichef von London	Kurt Gerron
Lucy, seine Tochter	Kate Kühl
Trauerweidenwalter	Ernst Rotmund
Münzmatthias	Karl Hannemann
Hakenfingerjakob	Manfred Fürst
Sägerobert	Josef Bunzel
Jimmie	Werner Maschmeyer
Ede	Albert Venohr
Filch, einer von Peachums Bettlern	Naphtali Lehrmann
Smith, Konstabler	Ernst Busch
Huren	Kuffner, Jeckels, Helmke, Kliesch u. a.
Bettler	Schiskaja, Ritter, Heimsoth u. a.

Banditen, Huren, Bettler, Konstabler, Volk.

(Ort der Handlung: London.)

Eine kleine Pause nach dem 3. Bild.

Große Pause nach dem 6. Bild.

Die Walzen des Leierkastens wurden hergestellt in der Fabrik Bacigalupo.

Übersetzung: Elisabeth Hauptmann

Bearbeitung: Brecht

Musik: Kurt Weill

Regie: Erich Engel

Bühnenbild: Caspar Neher

Musikalische Leitung: Theo Makeben

Kapelle: Lewis Ruth Band.

31. August 1928
Uraufführung
Die Dreigroschenoper
Theater am Schiffbauerdamm Berlin

Es ist der Triumph der offenen Form. Was Brecht als Bearbeiter, was Weill als Komponist in diesem leichten Nebenwerk geleistet haben, das ist zugleich die Überwindung der Revue zu einer neuen Gattung und die Verschmelzung von Elementen des Variétés [...] zu einem lebendigen, theatralischen Ausdruck. *(Herbert Jhering, BBC, 1. 9.)*

Nun, Brecht hat eine Moriballade, vom tiefgesunkenen (aber netten) Verbrecher mit mehreren Bräuten, reizvoll durch Gesang belebt. Sein glücklicheres Element. / Weill hat es lieblich vertont, ja, sehr fein in der Grobheit, mit Jazz und Kitsch und Orgelharmonium und Leierkasten. (War ein Musikkritiker, zufällig mein Freund, im Parkett? ich verstumme dann; armer Laie.) / Sicherlich schien der Beaumarchais-Spruch »Ce qui trop bête pour être dit, on le chante« (was als gesprochenes Wort nicht hinreichend gut ist, das kann man immer noch singen) hier nicht begründet. *(Alfred Kerr, Berliner Tageblatt, 1. 9.)*

Wenn trotzdem das Publikum zeitweilig Beifallsstürme raste, so ist das aus dessen besonderer Psychologie zu erklären. Einzelne Szenen, wie die Banditenhochzeit unter Assistenz des befreundeten Polizeichefs, waren ja mit frischem Humor arrangiert. Auch wirkten die meisten Couplets – glänzend vorgetragen, als richtige Schlager. Wie denn überhaupt die Darstellung als solche, sowie Erich Engels schmissige Inszenierung lobend zu erwähnen bleiben. *(Franz Servaes, Berliner Lokal-Anzeiger, 1. 9.)*

Der Bohemien Bert Brecht und der Musiker Kurt Weill haben unter dem Titel *Die Dreigroschenoper* die alte parodistische *Bettler-Oper* des Engländers John Gay aufgefrischt. [...] Von moderner sozialer oder politischer Satire keine Spur. Alles in allem aber ein abwechslungsreicher unterhaltsamer Mischmasch. *(-er-, Rote Fahne, 4. 9.)*

Weill hat eine Region, die Strawinsky erschloß, um sie scheu sogleich wieder zu verlassen, mit Mut und Sicherheit betreten: die, darin Musik aus der Nachbarschaft des Wahnsinns, ihre sprengende, erhellende Macht

Am Nachmittag entdeckt Kurt Weill, daß im Personenverzeichnis die Rolle der Jenny, die seine Frau spielt, versehentlich ausgelassen wurde. »Während seiner ganzen Theaterkarriere war das das erste und einzige Mal, daß Kurt vollständig die Beherrschung verlor.« *(Lenya-Weill, DGB, 224.)* Für das Programmheft wird ein Einlagezettel gedruckt. Durch den unbefriedigenden Verlauf der Endproben und die chaotische Situation vor der ersten öffentlichen Aufführung rechnet die Theaterleitung mit einem Skandal und macht sich bereits Gedanken für ein Ersatzstück, das schnell an diese Position gebracht werden kann.

Abends findet die Uraufführung der *Dreigroschenoper* im Theater am Schiffbauerdamm statt, nach dem Programmzettel »ein Stück mit Musik in einem Vorspiel mit 8 Bildern nach dem Englischen des John Gay (eingelegte Balladen von François Villon und Rudyard Kipling, Übersetzung: Elisabeth Hauptmann, Bearbeitung: Bertolt Brecht)«. Musik: Kurt Weill, Regie: Erich Engel, Bühnenbild: Caspar Neher, musikalische Leitung: Theo Mackeben, Kapelle: Lewis Ruth Band; mit Harald Paulsen (Macheath), Erich Ponto (Peachum), Rosa Valetti (Celia Peachum), Roma Bahn (Polly), Lotte Lenja (Jenny), Kathe Kühl (Lucy), Brown (Kurt Gerron), Ernst Busch (Moritatensänger und Smith).

Nach einem einführenden Text, der (ab September) in der »Zeitung des Theaters am Schiffbauerdamm« *Das Stichwort* abgedruckt ist, fehle »heute ein großer Anlaß zur Parodie wie die Händelsche Oper«, deshalb sei die Musik völlig neu komponiert. »*Nicht* fehlen uns Heutigen die soziologischen Anlässe von *The Beggar's Opera*: wie vor zweihundert Jahren haben wir eine Gesellschaftsordnung, in der so ziemlich alle Schichten der Bevölkerung, allerdings auf die allerverschiedenste Weise, moralische Grundsätze berücksichtigen, indem sie nicht *in* Moral, sondern natürlich *von* Moral leben.« *(24,56f.;* der vollständige Texte erscheint am 9. 1. 29 in den *ANN.)*

Die Aufführung wird ein sehr großer Erfolg.

15. September, Sonnabend. Der russische Regisseur Alexander Tairow hat die *Dreigroschenoper* in Berlin besucht und bedankt sich bei Erich Engel für die Aufführung. Er wolle nicht versäumen zu sagen, »welch ein großes Vergnügen ich von dieser Vorstellung bekommen habe und welchen Eindruck mir Ihre Arbeit machte« *(EEN).*

24. September, Montag. Carl Koch hat »große Teile der *Dreigroschenoper* während der Vorstellung filmisch aufgenommen« (nicht erhalten) *(MW).*

26. September, Mittwoch. Nach einer persönlichen Erklärung vor dem Amtsgericht wird auf einer Karteikarte der

Jüdischen Gemeinde vermerkt, daß Helene Weigel aus dem Judentum ausgetreten ist.

30. September, Sonntag. Der Sender Breslau bringt *Kalkutta, 4. Mai. Ein Abschnitt Kolonialgeschichte* von Bertolt Brecht und Lion Feuchtwanger.

Ende September. Erwin Piscator hat B (am 24. 9.) geschrieben, u. a. daß er ihn für einen Dichter hält »trotz der *Dreigroschenoper*« *(219/44-46)*. B erwidert (aus Augsburg), das Stück habe »nichts Falsches an sich, eine gute alte ehrliche Haut«. »Daß sie eingeschlagen hat, ist sehr angenehm. Es widerlegt die allgemeine Ansicht, man könne das Publikum nicht befriedigen – worüber ich ja etwas enttäuscht bin.« In Berlin gäbe es »außer dem Revolutionären nichts Geistiges«. Bei einer Aufführung des *Roten Generals* (von Hermann Ungar im Theater an der Königgrätzer Straße, Premiere: 15. 9., Regie: Erich Engel) sollen »aus der Loge Brechts, in der auch ein junger Marxist namens Sternberg gesessen haben soll«, Pfiffe ertönt sein. B ist über die Entwicklung einiger Intellektueller enttäuscht. »In Wirklichkeit sind diese Revolutionäre über den Marxismus der Gracchen nie hinausgelangt, und jetzt kommt eine Wartezeit von langen Jahren! Für einigermaßen ernsthafte Arbeit ist jetzt die allerbeste Zeit. In diesem Winter mußt Du Zeit haben!« fordert B Piscator auf. Er habe Walter Mehring das Stück *Der Kaufmann von Berlin* (Uraufführung durch Piscator am 6. 9. 29) vorlesen hören. »Am Anfang gute Figur, gutes Milieu, aber dann hält er die Juden leider für tragisch. Von der zweiten Szene ab blödsinnige Romantik, in der Technik assoziierende Schreibweise (von mir seit fünf Jahren totgesagt) und farbiger Impressionismus.« *(Br, 406.)*

B erhält durch die Schauspielerin Sybille Binder (→ 2. 11.) die Möglichkeit zum Umzug in eine größere Wohnung (Hardenbergstraße 1A). Mit den dafür nötigen Arbeiten beauftragt er Helene Weigel, mit dem Transport der Arbeitsmaterialien Elisabeth Hauptmann. Um in dieser Zeit ungestört an *Fatzer* weiterarbeiten zu können, reist er nach Augsburg.

1. Oktober, Montag. Die Zeitschrift *Die Dame* veröffentlicht in der Beilage *Die losen Blätter* das Ergebnis der Umfrage »Welches Buch hat in Ihrem Leben den stärksten Eindruck gemacht?« Bs Antwort lautet: »Sie werden lachen: die Bibel.« *(21,248.)*

12. Oktober, Freitag. B beschwert sich beim Ullstein-Verlag, daß seine seit drei Jahren im Verlag liegende Bargan-Geschichte *Jarry's Mama* (nicht überliefert) weder, wie damals vereinbart, in der *Vossischen Zeitung* noch anderswo erschienen ist, und bittet um Publikation oder um Freigabe des Textes *(Br, 408)*.

gewinnt. Die völlige Destruktion der Opernform in Nummernbrocken ist dem höchst angemessen. Seit Bergs *Wozzeck* scheint mir die *Dreigroschenoper*, nach einmaligem Hören, das wichtigste Ereignis des musikalischen Theaters: tatsächlich beginnt so vielleicht die Restitution der Oper durch Wahrheit. *(Theodor W. Adorno; Die Musik, März 29)*

Schlußszene mit Kurt Gerron, Roma Bahn, Harald Paulsen und Erich Ponto

Ende September-Ende Oktober 1928 Reise nach Augsburg

13. Oktober, Sonnabend. Für das (vom 13. bis 16. 10. stattfindende) »Berlin-im-Licht«-Fest komponiert (und schreibt) Kurt Weill den Song *Berlin im Licht*, für den B einen Textentwurf liefert. Darin heißt es: »Berlin ist 'ne ziemliche Stadt / Da genügt 'ne Sonne nicht / Wer da nicht Bogenlampen hat / Sieht nie Berlin im Licht.« *(Wir haben zu viel parat; 14,12f.)*

Fortsetzung der Arbeit an *Fatzer*

Mitte Oktober. B schreibt an Helene Weigel: »Dieser *Fatzer* ist ein harter Bissen. Ich baue immer noch am Rahmen herum.« In Augsburg sei es »langweilig bis zur Verzweiflung und Arbeit«. Sie solle Sohn Stefan »zur Unterhaltung kahlscheren mit einer Maschine auf 3-5 Millimeter«, damit er sich »an eine Kopfform« gewöhnt *(Br, 407)*. In einem anderen (nicht genau datierbaren) Brief bittet er sie, vorsichtig zu fahren und »Step mit Achtung« zu behandeln *(Br, 385)*. Etwas später kalkuliert er für *Fatzer* noch »14 Tage« ein, bis ein »Urfatzer« fertig ist. »Die Frauenrolle drin wird Dir gefallen.« Er freut sich auf die neue Wohnung (→ 2. 11.), die zu dieser Zeit noch hergerichtet wird *(Br, 404)*. Dann schlägt er ihr einen Telefon-Nebenanschluß in der neuen Wohnung vor. »Ich könnte alles abriegeln und die Telefonate würden dennoch abgenommen werden.« B lobt den Roman *Die dunklen Schiffe* (→ 8. 12.) und fragt, ob »der Mann mehr geschrieben« hat. »Macht die Wohnungssache viel Arbeit? Aber Du mußt ja erst das Streichen abwarten.« *(Br, 403.)*

Aus Anlaß der soeben erschienenen 4. Auflage von Bernhard Diebolds Buch *Anarchie im Drama* schlägt B Alfred Döblin vor, dem Frankfurter Literaturkritiker mehr leicht faßliche »Anweisungen« zu geben. Er dankt für Döblins Einladung, »im Herrenhaus Lyrik zu lesen«, er hat »aber schwere Hemmungen, da man mir meine Lyrik immer so schwer ankreidet, daß mir seit langem schon jeder Reim in Hals steckenbleibt! Meine Lyrik ist nämlich das schlagendste Argument gegen meine Dramen! Alle sagen, sofort befreit aufatmend, mein Vater hätte mich eben Lyriker und nicht Dramatiker werden lassen sollen!« B wünscht sich eine Fortsetzung der »wöchentlichen Abende« in diesem Winter. »Ich habe immer gewußt, daß die Art Ihrer Dichtung etwa das neue Weltbild ausdrücken kann, aber jetzt wird es auch noch klar, daß sie gerade jenes Loch ausfüllt, das durch die jetzige marxistische Kunstauffassung gebildet wird!« *(Br, 411.)* In einem weiteren Brief an Döblin, der Bezug nimmt auf einen Text von H. M. Grünwald in der *Literarischen Welt* (am 12. 10.: *Selbstmord im Zuchthaus*), bittet B Döblin, seinen Namen im Kampf gegen das Schmutz-und-Schund-Gesetz (→ 12. 10. 26) »automatisch« unter alles zu setzen, worunter auch der von Döblin steht *(Br, 410)*.

19. Oktober, Freitag. Gründung des »Bundes proletarisch-revolutionärer Schriftsteller« (BPRS). In diesem Zusammenhang bittet B Bernard von Brentano (einige Tage vorher), ihm »etwas Privates« über den »Kongreß der proletarischen Schriftstellereibesitzer« zu schreiben. Auf den Kongreß solle er Peter Suhrkamp mitnehmen, der für das *Berliner Tageblatt* darüber schreiben könnte. Die sich an dem Bund beteiligen, hätten keine anderen Gegner mehr als sich selbst. »Sie sind nur Feinde der bürgerlichen Schriftsteller, und ihr Kongreß soll den proletarischen Markt für sie monopolisieren – was Kreugern sein Zündholz, ist ihnen ihre Feder.« Außerdem bittet er Brentano, ihm »eine kleine Sammlung von Literatur zusammenzustellen, aus der man als Intellektueller die Grundzüge der materialistischen Dialektik studieren kann? Also eventuell Angabe der doch verstreuten Stellen bei Hegel, Marx, Engels usw.« *(Br, 402.)*

19. Oktober 1928
Gründung des Bundes proletarisch-revolutionärer Schriftsteller (BPRS)

B bittet (etwas später) Herbert Jhering, ihn bei der Unterbringung von *Trommeln in der Nacht* in Piscators Theater behilflich zu sein. »Die bloße Tatsache der Zusammenarbeit in diesem Zeitpunkt wäre nach außen hin eine wichtige Demonstration.« Das »Zustandekommen dieser Sache ist weitaus das Wichtigste«, das er sich in diesem Winter vorstellen kann, obgleich es ihm »bloß Arbeit« bereitet, »den Erfolg der *Dreigroschenoper* kann ich damit nicht steigern und brauche ich nicht zu ›vertiefen‹«. Mit seinem Stück *Fatzer* gehe es »gut vorwärts«, es werde aber erst im nächsten Jahr fertig *(Br, 412)*.

30. Oktober, Dienstag. B ist aus Augsburg nach Berlin zurückgekehrt und zieht in seine neue, von Helene Weigel eingerichtete Wohnung Hardenbergstraße 1A ein. Auf seinen Wunsch hat auch Elisabeth Hauptmann einen Schlüssel bekommen, »daß sie die Papiere hereinkramen kann« *(Br, 404)*.

30. Oktober 1928
Zurück in Berlin

Einer Tagebucheintragung Harry Graf Kesslers zufolge lernt er bei Piscator B kennen. Piscator habe Theaterleute zu einer Party eingeladen für den russischen Regisseur Aleksis Granowski (der mit dem Moskauer Jüdischen Akademischen Theater in Berlin ein Gastspiel gibt). Kessler schreibt über B: »Auffallender Dekadentenkopf, fast schon Verbrecherphysiognomie, sehr dunkel, schwarzes Haar, schwarze Augen, dunkle Haut, ein eigenartig lauernder Gesichtsausdruck: fast der typische Ganove. Aber wenn man mit ihm spricht, taut er auf, wird fast naiv. Ich erzählte ihm, wie es schien, zu seinem größten Vergnügen, d'Annunzio-Anekdoten. Er ist jedenfalls ›ein Kopf‹, wenigstens äußerlich, und nicht unsympathisch (wie Bronnen).« *(Kessler, Tagebücher 1918-1937, 577.)*

2. November 1928-27. Februar 1933
Berlin-Charlottenburg
Hardenbergstraße 1A
(Am Knie)

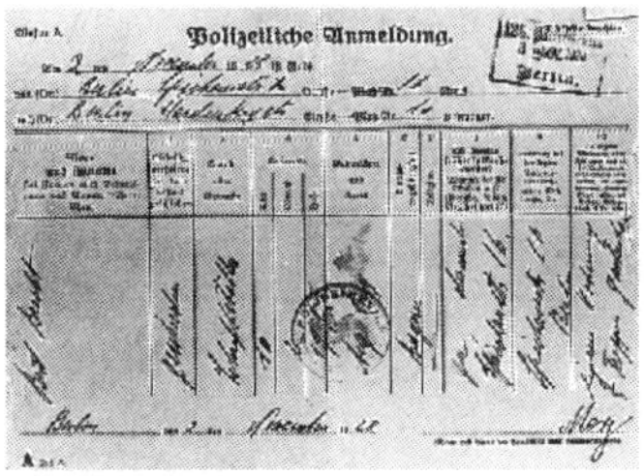
Polizeiliche Anmeldung.

Polizeiliche Anmeldung Brechts, von Helene Weigel ausgeschrieben

In meinem Schlafzimmer, das klein ist, habe ich zwei Tische stehen, einen großen und einen kleinen, ein hölzernes altes Bett, das nicht länger als ich, aber etwas breiter ist, wenngleich nicht so breit wie die meisten anderen Betten, zwei niedere normannische Stühle mit Strohsitzen, zwei chinesische Bettvorleger und einen großen Manuskriptschrank aus Holz mit Leinwandzügen. Darauf habe ich einen Filmvorführungsapparat, eine Projektionslampe und eine Heizsonne stehen sowie einen *Gipsabdruck meines Gesichtes*. In zwei eingebauten Schränkchen sind meine Kleider, Wäsche und Schuhe. An Wäsche habe ich   Hemden, Bettzeug, um   mal das Bett zu beziehen, sieben Anzüge, acht Paar Schuhe. An der Decke ist eine Lampe und auf dem Tisch am Bett eine zweite. Das Zimmer und die meisten dieser Dinge gefallen mir, aber des Ganzen schäme ich mich, weil es zuviel ist. *(26,295.)*

2. November, Freitag. Polizeiliche Anmeldung Bs in der Hardenbergstraße 1A (am »Knie«). Die neue Wohnung befindet sich in der 5. Etage und besteht aus zwei Zimmern, Kammer, Küche, Bad und Korridor. Über diese Wohnung hat die Vormieterin Sybille Binder einen (vom 1. 4. bis 30. 9. 28) gültigen Mietvertrag. Die darin festgelegten Rechte und Pflichten werden auf B abgetreten. (In die Atelierwohnung Spichernstraße 16 zieht Elisabeth Hauptmann am 30. 12. 29 ein.)
9. November, Freitag. Zum 10. Jahrestag der Novemberrevolution in Deutschland veröffentlicht die Tageszeitung *Der Filmkurier*, Berlin, das Ergebnis einer Rundfrage. Unter dem Titel *Der neunte November* werden Texte von Schauspielern, Regisseuren und Schriftstellern veröffentlicht, u.a. auch Bs *Nachdruck verboten!* Er schreibt darin, daß er sich, obwohl er »Soldatenrat in einem Augsburger Lazarett« war (→ 28. 11. 18), »nicht besonders gern daran« erinnert: »Kurz: ich unterschied mich kaum von der überwältigenden Mehrheit der übrigen Soldaten, die selbstverständlich von dem Krieg genug hatten, aber nicht imstande waren, politisch zu denken.« *(21,250f.)*
18. November, Sonntag. Zur Vorbereitung einer Inszenierung von *Trommeln in der Nacht* (→ 19. Oktober) verständigt sich B mit Fritz Sternberg und Erwin Piscator über eine Umarbeitung des Stückes. B steht dem Stück inzwischen »relativ fremd gegenüber«. Er habe damals vieles nicht gesehen, deshalb sei der »Gesamteindruck falsch«. Piscator hält das Stück nicht für antirevolutionär, aber für lyrisch: »Herr Kragler ist wie Brecht.« B will die Geschichte von 1918 durch einen Mann von 1928 vorstellen lassen, der durch die verstärkten wirtschaftlichen Zwänge politischer denkt. In einem weiteren Gespräch (am 24. 11.) werden konkrete Überlegungen für die Umarbeitung der einzelnen Akte angestellt. Es sollen die Hintergründe der Revolution und ihres Scheitern gezeigt werden. B stellt sich eine Inszenierung im Staatlichen Schauspielhaus vor, Piscator im Schiller-Theater. Als B einwendet, daß das Stück bei der Generalprobe verboten werden könnte, meint Piscator: »Auf der Generalprobe spielen wir nur Kragler.« *(Protokolle in: Schriften zum Theater, 1963,2,292-317.)* Das Projekt kommt nicht zustande.
20. November, Dienstag. Die *Weltbühne* druckt einen Brief Bs an Harry Kahn ab, der in seiner Rezension (am 25. 9. in der gleichen Zeitschrift) die *Dreigroschenoper* als einen »mit viel zu großartigen Mitteln« aufgezogenen »Künstlerklamauk« und »Schwabinger Atelierscherz« abgetan hatte. B erklärt sich die Kritik damit, daß er Kahn abwies, als der ihn vor einer Aufführung der *Dreigroschenoper* im Foyer um ei-

nen besseren Platz gebeten hat; er gibt Kahn recht: »Ihr Platz war für eine objektive Kritik zu weit hinten.« *(Kleiner Brief an einen Kahn; 21,251.)*

24. November, Sonnabend. Der *BBC* veröffentlicht am Vorabend des 50. Geburtstags von Georg Kaiser die Meinungen mehrerer Künstler und Kritiker. B antwortet: »Gefragt nämlich, ob ich die Dramatik Georg Kaisers für entscheidend wichtig, die Situation des europäischen Theaters für durch ihn verändert halte, habe ich mit Ja zu antworten.« *(21,252.)* In diesem Zusammenhang entsteht auch (im November) der Text *Theater als geistige Angelegenheit (21,252f.).*

25. November, Sonntag. B informiert Karl Kraus über seine Mitarbeit bei einer Berliner *Macbeth*-Inszenierung von Leo Reuß. Er habe Reuß lediglich in »Textdingen etwas geholfen«, ohne eine Verantwortung zu übernehmen, »da ich vom Ganzen eine völlig andere Vorstellung habe und auch für eine *Bearbeitung* viel mehr Zeit brauchen würde«. Da die Volksbühne Kraus einen falschen Eindruck von Bs tatsächlicher Mitarbeit gegeben hat, stellt er richtig: Für die eine Hexenszene habe er »wegen ihrer unerhörten sprachlichen Schönheit« Krausens Nachdichtung empfohlen. Auf die Beschwerde des Verlags hin findet B seinen Rat falsch und hat inzwischen Reuß eine andere Fassung der Szenen übermittelt. Er entschuldigt sich bei Kraus. *(Br, 413.)* Kraus dankt in einem Telegramm für die »freundliche Aufklärung« *(720/49).*

Karl Kraus

November. Das Novemberheft des *Scheinwerfer*, Essen, widmet sich der Frage *Soll das Drama eine Tendenz haben?* Neben den Äußerungen zahlreicher Persönlichkeiten schreibt B, neben der Tendenz, »Geld zu machen«, habe jedes Drama mit Sicherheit »irgendeine andere Tendenz«. Das jetzige Drama »steht in wirklichster Bedeutung außer Diskussion, und vom zukünftigen ist bisher vielleicht nur die Tendenz vorhanden« *(21,251).*

Im November spielt Helene Weigel im Berliner Kabarett der Komiker in der von Jürgen Fehling inszenierten Legende *Die Himmelfahrt der Galgentoni* die Rolle der Frieda Kniefall; mit Rosa Valetti, Paul Morgan, Kurt Gerron.

Karl Korsch kennengelernt

Der Philosoph Karl Korsch beginnt in den Akademischen Bierhallen mit *Vorlesungen über den wissenschaftlichen Sozialismus* (bis Februar 29), von denen B einige besucht. Es kommt zu einer ersten Bekanntschaft (die von beiden später intensiviert wird; → 14. 11. 31).

Der russische Literaturwissenschaftler und Übersetzer Alexander Deutsch erinnert sich, daß er (im »Spätherbst 1928«) B in Berlin bei einem Gespräch mit dem sowjetischen Volkskommissar für Erziehungswesen Anatoli Lunatscharski kennengelernt hat: »Auffällig war Brechts Wortkargheit; er zog es vor, zuzuhören und Fragen zu beantworten. Als man aber auf die *Dreigroschenoper* zu sprechen kam, lebte Brecht auf, sein Gesicht zeigte einen Anflug von Röte.« B sei an einer Moskauer Inszenierung interessiert gewesen, und Lunatscharksi habe das Aufführungsmaterial mitgenommen, um es Alexander Tairow für das Kammertheater zu geben (→ 16. 5. 32).

1. Dezember, Sonnabend. B bedankt sich bei seinem Vater für die Zusendung einiger Möbel aus Augsburg; seine Postkarte schreibe er schon »auf dem kleinen roten Tisch«. In der neuen Wohnung (→ 2. 11.) »ist es sehr warm, hell und angenehm« *(Br, 414)*.

Beste Bücher des Jahres

8. Dezember, Sonnabend. In seiner Antwort auf die Rundfrage nach den besten Büchern des Jahres 1928 gibt B im *Tage-Buch* die folgenden Titel an: den Roman *Ulysses* von James Joyce, weil er »die Situation des Romans verändert« und den inneren Monolog eingeführt hat; den Roman *Jenseits der Berge* von Samuel Butler »wegen seiner wichtigen Gedankengänge über den Staat«; die Biographie *Marx. Leben und Werk* von Otto Rühle »wegen ihrer klaren Darstellung einer großen Lehre« und die Broschüre *Volksbühnenverrat* von Herbert Jhering, »weil sie einen Versuch darstellt, das Theater als öffentliche Angelegenheit zu betrachten und darauf Einfluß auszuüben«. Als »Unterhaltungsliteratur« empfiehlt B »eventuell« den Roman *Der Titan. Trilogie der Begierde* von Theodore Dreiser und *Dunkle Schiffe* von Ronald Stuart Thomas. Von B verworfen werden Jakob Wassermanns *Der Fall Maurizius*, Herbert George Wells' *Die Welt des William Clissold* sowie allgemein die Betrachtungsweise »des Salonhistorikers Emil Ludwig« *(21,255 f.)*.

Für dieses Jahr, wie auch schon für 1926, hat B (außerhalb der Rundfrage) als ein für ihn wichtiges Werk *Das Kapital* von Karl Marx hervorgehoben, dessen »ausgiebige Verbreitung« er wünscht. Erst bei der Lektüre dieses Werkes habe er seine eigenen Stücke verstanden *(21,256 f.)*.

1. Preis für die Kurzgeschichte *Die Bestie*
Erstveröffentlichung

9. Dezember, Sonntag. B hat mit der Kurzgeschichte *Die Bestie* (→ 22. 6.) in einem Preisaussschreiben der *Berliner Ilustrirten Zeitung* (vom 10. 6.) den 1. Preis (in Höhe von RM 3000) gewonnen; die Geschichte wird in der Wochenzeitschrift veröffentlicht.

Mitte Dezember. Kurz nach der 100. Aufführung der *Dreigroschenoper* schreibt B an seinen Vater, daß er Weihnachten nicht nach Augsburg kommen kann; »ich stecke in zuviel Schererei mit Theaters usw.«. Für seinen Sohn Frank, dem der Großvater etwas besorgen will, schickt er 50 RM mit *(Br, 415)*.

21. Dezember, Freitag. Aus Anlaß eines deutsch-russischen

Dichterabends lesen B, Alfred Döblin, Ilja Ehrenburg u.a.
Ende Dezember. Der *Deutsche Theaterdienst*, Heidelberg, widmet Heft 10 (2. Weihnachtsausgabe) dem Thema *Das neue deutsche Drama*. Unter der Zwischenüberschrift *Bekenntnisse* wird neben den Beiträgen anderer Schriftsteller auch Bs Text *Erstes Theatererlebnis* gedruckt, in dem er von seinem Besuch des *Wallenstein* im Augsburger Stadttheater (→ 22.3.14) berichtet *(21,265-267)*.

Beginn der Arbeit an dem Radiolehrstück *Der Flug der Lindberghs*

Dezember. Kurt Weill sucht für seine Beteiligung am Baden-Badener Musikfest 1929 nach einem Text, den er dafür vertonen kann. Auf dem Festival soll »Originalmusik für den Rundfunk« vorgestellt werden *(3,401)*. B vereinbart mit ihm ein Radiolehrstück über die Ozeanüberquerung des amerikanischen Fliegers Charles Lindbergh (→ 21./22.5.27), dessen Buch *Wir zwei. Im Flugzeug über den Atlantik* (1927) Material bietet und Anregungen gibt. B beginnt mit der Arbeit am Text (Erstdruck → April 29; Uraufführung → 27.7.29).
Zum Tod des Dramatikers Hermann Sudermann (am 21.11.) werden in Heft 19 der Bühnenzeitschrift *Das Prisma*, Bochum, die Ansichten von Bühnenleitern und jungen Dramatikern veröffentlicht. B gibt zu, »gar nichts« von Sudermann zu kennen. An eine Aufführung seines Dramas *Die Raschhoffs*, das er einmal gesehen hat, könne er sich nicht mehr erinnern. »Die Werke Hermann Sudermanns, so schätzenswert sie vermutlich sind, liegen außerhalb des Vorstellungskreises, in dem wir leben.« *(21,253.)*
Im Dezember-Heft des Magazins *Uhu*, Berlin, werden Antworten verschiedener Persönlichkeiten auf die Frage »Was halten Sie von Eifersucht?« abgedruckt, darunter auch *Bert Brechts Meinung über Eifersucht*: »Spießer sind heute die letzten Träger dieser einst tragischen Leidenschaft.« Er gibt offen zu, selbst Eifersucht zu entwickeln, »denn wie könnte jemand behaupten, daß nichts Spießiges in ihm wäre« *(21,259)*.
31. Dezember, Montag. In dem Text *Silvester 1928* behauptet B, Berlin sei anderen Städten vorzuziehen, »weil es sich ständig verändert«. Wie seine Freunde wünscht er »dieser großen und lebendigen Stadt, daß ihre Intelligenz, ihre Tapferkeit und ihr schlechtes Gedächtnis, also ihre revolutionärsten Eigenschaften, gesund bleiben« *(21,267)*.
Premiere von *Das Mädel aus der Vorstadt* von Johann Nepomuk Nestroy in der Volksbühne Berlin mit Helene Weigel als Madame Storch; Regie: Jürgen Fehling; mit José Almas (Agent Schnoferl), Ilse Baerwald (Vorstadtmädel), Agnes Straub (Witwe).

1929

Anfang Januar. Bs Bruder Walter hat sein Studium in den USA beendet (→ Februar 26) und an der Technischen Hochschule Darmstadt eine Lehrtätigkeit (Papierherstellung) aufgenommen. B teilt ihm mit, daß er dort »immer mal ›plötzlich‹ auftauchen« wollte, aber das sei ihm noch nicht gelungen; deshalb lädt er ihn nach Berlin ein *(Br, 416)*.

Helene Weigel als Magd in *Ödipus*

4. Januar, Freitag. Premiere von *Ödipus* im Staatlichen Schauspielhaus Berlin (einer Zusammenfassung der Sophokles-Tragödien *König Ödipus* und *Ödipus auf Kolonos* durch Heinz Liepmann), Regie: Leopold Jessner; mit Fritz Kortner (Ödipus), Walter Franck (Kreon), Ida Roland (Jokaste), Eleonore von Mendelsohn (Antigone), Lotte Lenja (Ismene), Helene Weigel (Magd der Jokaste). B mißt dieser Aufführung (neben der seiner *Dreigroschenoper*) eine große Bedeutung bei, weil die »Formfrage angeschnitten« wird (→ 1. 2. *Letzte Etappe: Ödipus*).
B hat mit Helene Weigel die Rolle der Magd einstudiert und das Ergebnis der Arbeit beschrieben (→ 17. 2. *Dialog über Schauspielkunst*). Max Hochdorf schreibt über die Weigel, sie schmettere »mit bewältigender und schneidender Stimme den Greuelbericht aus dem Königspalast von Theben« heraus und »erschütterte die Hausträgödie bis in die tiefen Nerven« *(Vorwärts, 6. 1.)*.

11. Januar 1929
Kölner Rundfunkgespräch
über *Neue Dramatik*

11. Januar, Freitag. Im Westdeutschen Rundfunk Köln findet ein Gespräch des Intendanten Ernst Hardt mit B, Herbert Jhering und Fritz Sternberg unter dem Titel *Neue Dramatik* statt. Das Gespräch ist nicht aufgezeichnet. Ein überlieferter, von B zusammengestellter Dialog ist vermutlich eine Vorarbeit für die Sendung. Danach nimmt der Dialog wesentliche Gedanken des Briefwechsels von B und Sternberg auf (→ 2. 6. 27). Die »ewigen Werte« im Drama werden abgestritten, das europäische Drama sei keinen Schritt über Shakespeare hinausgegangen, der »große Einzelne«, der den Stoff lieferte, sei durch vier Akte getrieben worden, »wo er im Untergang sich groß zu zeigen« hatte. B führt die Entwicklung des epischen Theaters in Europa auf die Anfänge des Naturalismus zurück. Für ihn ist die dramaturgische Technik Georg Kaisers weiter fortgeschritten als etwa die des Stücks *Revolte im Erziehungshaus* von Peter Martin Lampel, obwohl das aktivierend auf das Publikum wirkt. Kaiser habe den Theatern »jene ganz neue Haltung des Publikums« ermöglicht, »jene kühle, forschende, interessierte Haltung, nämlich die Haltung des Publikums des wissenschaftlichen Zeitalters« *(21,270-275)*. In der Programmzeitschrift *Der deutsche Rundfunk*, Berlin, räumt ein Kritiker (am 18. 1.) dem Gespräch eine »einschneidende Bedeutung« ein: »Bert Brecht besitzt die Gabe, ein Gespräch mit präzisen, drastischen Formulierungen bei den Fragen festzuhalten, auf die es heute ankommt.« Nach dem Rundfunkgespräch strahlt der Westdeutsche Rundfunk eine Sendung des Lustspiels *Mann ist Mann* aus (Musik: Edmund Meisel; Regie: Ernst Hardt).

27. Januar, Sonntag. Im Berliner Rundfunk findet im Rahmen der *Abendunterhaltung* ein Rundfunk-Gespräch über den Sport statt, an dem B, Rolf Nürnberg, Willy Meisl und Antonie Straßmann teilnehmen.

Januar. Zum 10. Todestag der Ermordung von Rosa Luxemburg (→ 15. 1. 19) schreibt B das Gedicht *Grabschrift 1919 (11,205).*

1. Februar, Freitag. Im *BBC* veröffentlicht B den Text *Letzte Etappe: Ödipus*, in dem er die Inszenierung des Stückes (→ 4. 1.) zum Anlaß nimmt, den damit versuchten »Vorstoß des Jahres« in der »Bemühung um die große Form« zu analysieren. Für ihn ist: »Wichtig 1. die große Form. Wichtig 2. die Technik des zweiten Teils [...], wo mit großer theatralischer Wirkung erzählt wird. Hier hat bisher als lyrisch Verschrieenes Theaterwirkung. Hier kommt das ›Erlebnis‹, wenn, dann aus dem philosophischen Bezirk.« B regt die Inszenierung zu theoretischen Überlegungen allgemeiner Art an. Auf die Frage, wie »also unsere große Form« sein muß, gibt er die Antwort: »Episch. Sie muß berichten. Sie muß nicht glauben, daß man sich einfühlen kann in unsere Welt, sie muß es auch nicht wollen.« *(21,278f.)*

16. Februar, Sonnabend. B liest im Berliner Rundfunk im Rahmen der Sendung *Balladen von heute*, zusammen mit Johannes R. Becher, Erich Kästner, Ernst Hardt.

17. Februar, Sonntag. Seine Gedanken über das epische Theater setzt B im *BBC* mit dem *Dialog über Schauspielkunst* fort. Der Text schließt unmittelbar an *Letzte Etappe: Ödipus* (→ 1. 2.) an (mit dem er zusammen konzipiert ist). Die Schauspieler sollen beim Spiel ihr Wissen über die menschlichen Beziehungen und die menschlichen Haltungen zeigen, indem sie dies bewußt schildern und sich sowie das Publikum dabei nicht in Trance versetzen. Befragt, wie der »Vorgang« sein soll, antwortet B: »Spirituell. Zeremoniell. Rituell. Nicht nahekommen sollten sich Zuschauer und Schauspieler, sondern entfernen sollten sie sich voneinander. Jeder sollte sich von sich selber entfernen. Sonst fällt der Schrecken weg, der zum Erkennen nötig ist.« B beschreibt als einen Versuch der neuen Art ausführlich die Darstellung Helene Weigels als Magd in der *Ödipus*-Aufführung, gesteht aber ein, daß sie nur bescheidenen Erfolg hatte, »außer bei den Kennern« *(21,279-282).*

In einer (wieder gestrichenen) Passage charakterisiert B Helene Weigel so: »Sie ist von kleinem Wuchs, ebenmäßig und

Mit Stefan und Hanne, um 1929

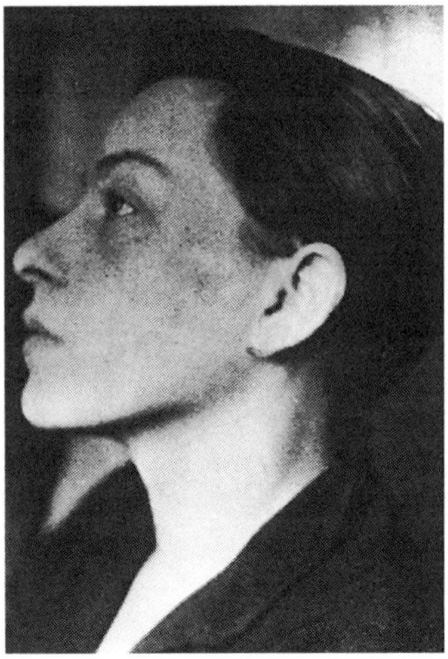
Helene Weigel

kräftig. Ihr Kopf ist groß und wohlgeformt. Ihr Gesicht schmal, weich, mit hoher, etwas gebogener Stirn und kräftigen Lippen. Ihre Stimme ist voll und dunkel und auch in der Schärfe und im Schrei angenehm. Ihre Bewegungen sind bestimmt und weich. – Wie ist ihr Charakter? – Sie ist gutartig, schroff, mutig und zuverlässig. Sie ist unbeliebt.« *(21,711f.)*

19. Februar, Dienstag. B liest im Frankfurter Sender aus seinen Werken.

In der *Weltbühne* erscheint der (Kurt Weill und Lotte Lenja gewidmete) Text *Lied der Seeräuberjenny* von Ernst Bloch; darin sieht er eine Verbindung zu den Heilsarmeeliedern: »dies erste Programm der Heilsarmee ist schon Jennystil, wenn auch nur demagogisch und mit Zuckerwasser am Ende. Im Weill-Brecht-Land macht sich aber nicht nur Frömmigkeit gemein, sondern die Blasphemie rechtgläubig. Der himmlische Bräutigam erscheint der Schubertschen Nonne, die hier die Seeräuberjenny ist, als Pirat, und das Hoppla ist apokalyptisch, wie man nur will.«

Februar. In seiner Antwort auf die Rundfrage, ob die *Dreigroschenoper* eine neue Form der Operette sei, antwortet B in der Theaterzeitschrift *Die Scene*, Berlin, das Stück sei »eher ein Versuch, der völligen Verblödung der *Oper* entgegenzuwirken« *(24,57)*.

6. März, Mittwoch. Im Kölner Sender wird eine Hörfolge *Tanz ums Geld* mit Beiträgen von B, Kurt Weill, Upton Sinclair u. a. übertragen.

Mitte März 1929
Provokation gegen den Vorstand der Volksbühne

Mitte März. In der März-Ausgabe (Nr. 2) der neu gegründeten Zeitung *Die Junge Volksbühne. Kampfblatt für proletarisches Theater*, Berlin (Schriftleitung: Felix Gasbarra), gibt B in einer Rundfrage über eine mögliche *Rettung der Volksbühne* den Rat: »Bereitet dem Vorstand seelische Aufregungen, soweit dies möglich ist. Dann geht er *vielleicht* früher mit Tod ab, als jetzt zu befürchten steht.« Er spricht sich dafür aus, daß diese Leute »einfach körperlich verschwinden müssen« *(21,285)*. Die auch von anderer Seite vorgebrachten heftigen Angriffe auf den Vorstand der Volksbühne veranlassen diesen zu einer Außerordentlichen Hauptversammlung (am 19. 3.), in der beschlossen wird, die »Sonderabteilung« Junge Volksbühne nicht aus dem Verein auszuschließen. In dem Bericht heißt es: »Aber für diejenigen, die hinter Brecht stünden, müsse es eine Anstandspflicht sein, von sich aus der Volksbühne den Rücken zu kehren! (Starker Beifall.)« *(Blätter der Volksbühne.)*

Marieluise Fleißers Lustspiel *Pioniere in Ingolstadt*, das Herbert Jhering für Berlin empfohlen hat (→ 25. 3. 28), wird in einer inzwischen angefertigten Bearbeitung im Theater am Schiffbauerdamm probiert. Für die Regie zeichnet Jacob Geis, B nimmt an den Proben teil. Die Autorin kommt nach

Berlin und läßt sich auf Bs Vorschläge für Textänderungen ein, die er noch bis zuletzt macht.

25. März, Montag. Kurt Weill arbeitet immer noch an der Musik zur Oper *Aufstieg und Fall der Stadt Mahagonny*, verspricht aber der Universal-Edition Wien den 2. Akt in einer Woche.

26. März, Dienstag. Im Großen Saal des Zentral-Instituts für Erziehung und Unterricht findet als Sonderveranstaltung der Volksbühne e.V. ein Vortrag von Hans Curjel, Dramaturg der Staatsoper, über *Die Oper unserer Zeit. Kurt Weill mit besonderer Berücksichtigung der »Dreigroschenoper«* statt unter Mitwirkung von Sängern der Staatsoper.

29. März, Freitag. Generalprobe von *Pioniere in Ingolstadt*. Marieluise Fleißer bleibt der Probe demonstrativ fern. In der autobiographischen Geschichte *Avantgarde* gibt sie ihre Situation (aus dem Blickwinkel Bs) so wieder: »Blieb von der Probe weg, die Person, wo der Schluß nicht einmal stand, ließ sich nicht finden! Das wurde ihr lang nicht verziehn, das wußte sie schon. Sie konnte nicht helfen. Sie war einfach fertig. / Das war offener Aufstand im ungeeigneten Moment gegen einen Allmächtigen sogar und ihren persönlichen Herrn, wenn nicht den Schöpfer.« *(Fleißer, 3,152.)*

30. März, Ostersonnabend. Premiere von Marieluise Fleißers Stück *Pioniere in Ingolstadt* im Theater am Schiffbauerdamm; Regie: Jacob Geis (und B), Bühnenbild: Caspar Neher; mit Peter Lorre (Fabian), Albert Hoerrmann (Korl), Lotte Lenja (Alma), Hilde Körber (Berta).

Im Programmheft *Das Stichwort* schreibt B: »Das Lustspiel *Pioniere in Ingolstadt* stellt die Sitten und Gebräuche im innersten Bayern dar. Man kann an ihm sehr gut gewisse atavistische und prähistorische Gefühlswelten studieren. So ist die Urform der Liebe in ihm, wie eine gewisse Urflora in Kalkformationen, noch ziemlich rein erhalten geblieben.« *(21,300.)* In dem Heft wird auch *Das zehnte Sonett (13,394)* veröffentlicht.

Die Polizei nimmt Anstoß an einigen (angeblich anstößigen) Liebesszenen im Stück und zwingt Aufricht zu Kürzungen.

31. März, Sonntag. Der *BBC* hat sich mit der Rundfrage »Welche neuen Stoffgebiete können das Theater befruchten? Verlangen diese Stoffe eine neue Form des Dramas und des Spiels?« an Dramatiker und Theaterleute gewandt und publiziert die zahlreich eingegangenen Antworten unter dem Titel *Das Theater von morgen*. B schreibt in seinem Beitrag *Über Stoffe und Form* u. a., daß schon »die Erfassung der neuen Stoffgebiete [...] eine neue dramatische und theatralische Form« kostet. »Das Petroleum sträubt sich gegen die fünf Akte, die Katastrophen von heute verlaufen nicht geradlinig, sondern in der Form von Krisenzyklen, die ›Helden‹

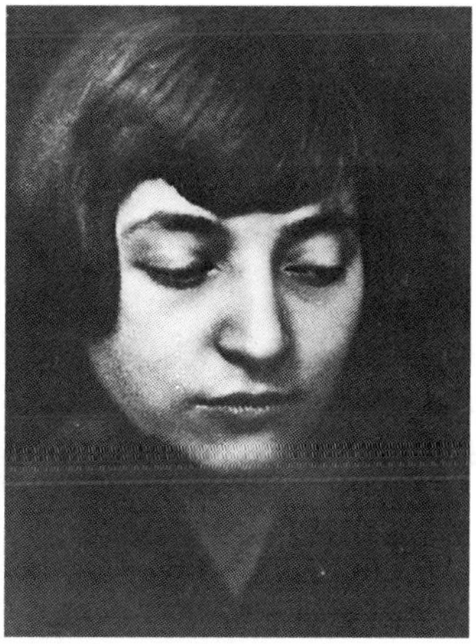

Marieluise Fleißer 1924

30. März 1929
Premiere von *Die Pioniere in Ingolstadt* von Marieluise Fleißer im Theater am Schiffbauerdamm, Berlin

Begabt-naturalistisch ist die Fleißer, wenn's die gibt... und so sie nicht ein Pseudonym für Brecht ist... Im dritten Akt ist sie aber wirklich mit Brecht zu vertauschen, haben sie's zusammen gemacht? *(Alfred Kerr, Berliner Tageblatt, 26. 4.)*

Die Worte der Fleißer tragen erstaunlich viel. Sie haben das Gestische in der Sprache des Volkes, schöpferische Gewalt, die sich zu gleichen Teilen aus einem entschiedenen Ausdruckswillen und aus Verfehlen und Ausgleiten zusammensetzt, vergleichbar der Geste des Exzentrikers. *(Walter Benjamin, Notizen, IV/2,1028)* wechseln mit den einzelnen Phasen, sind auswechselbar usw., die Kurve der Handlungen wird durch *Fehl*handlungen kompliziert, das Schicksal ist keine einheitliche Macht mehr, eher sind Kraftfelder mit entgegenwirkenden Strömungen zu beobachten, die Mächtegruppen selber zeigen nicht nur Bewegungen gegeneinander, sondern auch in sich selber usw. usw.« Die Form müsse das vereinfachen, und das sei nur durch eine »völlige Änderung der Zwecksetzung der Kunst« zu erlangen. »Der neue Zweck heißt: Pädagogik.« *(21,303f.)*

Arbeit am *Lehrstück*

März. Bei Überlegungen zu einem weiteren Projekt für das Baden-Badener Musikfest 1929 (→Dezember 28) schwebt B ein Stück vor, dem er den Titel *Lehrstück* gibt (später: *Das Badener Lehrstück vom Einverständnis*; Uraufführung →28.7., Erstdruck →Oktober). Als Mitarbeiter zieht er Slatan Dudow und Elisabeth Hauptmann heran und gewinnt den Komponisten Paul Hindemith für die Vertonung.
In den *Blättern des Deutschen Theaters,* Berlin (Heft 7), wird für die Zeitschrift *Die Auslese* geworben. Dabei ist auch Bs Urteil zitiert, daß die Zeitschrift »ausgezeichnet« sei und er sie bestellen möchte.

Heirat mit Helene Weigel

Helene Weigel 1928

10. April, Mittwoch. B heiratet Helene Weigel.
Elisabeth Hauptmann ist über die Entscheidung Bs für die Schauspielerin sehr tief betroffen. Einen Selbstmordversuch übersteht sie. In dem Gedicht *Du, der das Unentbehrliche* bittet sie B um Einsicht. »Frage nicht nach deinem Anteil am Essen«; er brauche »den kleinsten Fingerzeig« für das Richtige: »Nenne nicht einen Ersatz / Wenn *du* gebraucht wirst!« (Elisabeth Hauptmann ordnet das Gedicht, vermutlich um den Anlaß zu verschleiern, später dem *Lesebuch für Städtebewohner* zu; *13,364f.*) Es kommt zur Aussöhnung mit B und zu weiterer Zusammenarbeit. (Elisabeth Hauptmann heiratet am 14.12.31 den Verlagsangestellten Friedrich Hacke und wird im März 1932 von ihm wieder geschieden.)
14. April, Sonntag. In der *Münchener Illustrierten Presse* erscheint der Text *Meine Frau* von Kurt Weill, in dem er Lotte Lenja als »miserable Hausfrau, aber eine sehr gute Schauspielerin« bezeichnet. »Sie hat mich geheiratet, weil sie gern das Gruseln lernen wollte, und sie behauptet, dieser Wunsch sei ihr in ausreichendem Maße in Erfüllung gegangen.« *(Weill1,9.)*
16. April, Dienstag. Elisabeth Hauptmann will ein Stück für das Theater am Schiffbauerdamm schreiben und interessiert B für die Songs dazu. Aus dem Projekt wird das Stück *Happy End* (→2.5.).
21. April, Sonntag. Otto Klemperer, einer der Intendanten im Triumvirat der Berliner Krolloper und Leiter des Philharmonischen Chores, bittet Kurt Weill, ihm die *Mahagonny*-Oper vorzuspielen. Weill ersucht deshalb die Universal-Edi-

tion Wien um Zusendung der Partitur der ersten beiden Akte.

28. April, Sonntag. Der Westdeutsche Rundfunk sendet unter dem Titel *Klassikertod?* nach einer ausführlichen Einleitung durch Ernst Hardt ein halbstündiges Gespräch Bs mit Herbert Jhering. Hauptthema ist Jherings (im Frühjahr erschienene) Broschüre *Reinhardt, Jessner, Piscator oder Klassikertod?* B hat das Gespräch schriftlich fixiert, bestimmte Passagen aus der Broschüre ausgewählt und dazu seine Fragen bzw. Meinungen notiert *(Gespräch über Klassiker; 21,309-315)*. B stellt fest, daß Jhering die Klassiker nicht mordet, sondern lediglich ihren Tod feststellt. Erst durch den »Vorstoß zum Materialwert der Klassiker« könne man sie noch einmal nutzbar machen. Als Beispiel einer gelungenen Klassikerverwertung betrachten beide Gesprächspartner Erwin Piscators Inszenierung von Schillers *Die Räuber* (Premiere: 11. 9. 26), die ein »Wutgeheul der Klassikerfreunde« ausgelöst habe. Auch Erich Engels Inszenierung von Shakespeares *Coriolan* (am Deutschen Theater, Premiere: 27. 2. 25) hält B für einen gelungenen Versuch.

28. April 1929
Rundfunkgespräch über den »Klassikertod«

April. Erstdruck des Radiolehrstücks (mit dem Titel der Urfassung) *Lindbergh* im Magazin *Uhu* (→ 27. 7.). Eine überarbeitete Fassung erscheint in Heft 1 der *Versuche* unter dem Titel *Der Flug der Lindberghs* (→ Juni 30).

Erstdruck des Radiolehrstücks *Lindbergh*

1. Mai, Mittwoch. B ist bei Fritz Sternberg zu Gast, der in der Nähe des Karl-Liebknecht-Hauses, der Zentrale der KPD, wohnt. Um Zusammenstöße zwischen Sozialdemokraten und Kommunisten zu verhindern, hatte der Berliner Polizeipräsident Karl Zörgiebel (SPD) alle öffentlichen Veranstaltungen verboten und zur Sicherung der Maßnahme 13 000 Polizisten aufgeboten. Bei den Unruhen werden 31 Menschen getötet (»Berliner Blutmai«). B und Sternberg sehen, wie vor dem KPD-Haus Demonstranten von Polizisten niedergeschossen werden. »Als Brecht die Schüsse hörte und sah, daß Menschen getroffen wurden, wurde er so weiß im Gesicht, wie ich ihn noch nie zuvor in meinem Leben gesehen hatte. Ich glaube, es war nicht zuletzt dieses Erlebnis, was ihn dann immer stärker zu den Kommunisten trieb.« *(Sternberg, 25.)*

1. Mai 1929
»Berliner Blutmai«

2. Mai, Donnerstag. Elisabeth Hauptmann schließt mit dem Verlag Felix Bloch Erben Berlin einen Vertrag über das Stück *Happy End* (→ 16. 4.) und verpflichtet sich B gegenüber, ihm seinen Anteil, »welcher ein Drittel der Autoreneinnahmen beträgt«, zu überweisen *(783/12)*.

2. Mai 1929
Vertrag über *Happy End*

3. Mai, Freitag. Premiere von Shakespeares *König Johann* im Staatlichen Schauspielhaus mit Helene Weigel als Konstanze; Regie: Leopold Jessner, mit Rudolf Forster (König Johann), Alexander Granach (Bastard).

Plagiatsvorwurf gegen Brecht

Finden Sie, daß sich Brecht richtig verhalten hat? (Der Montag Morgen, 13. 5.):
Der Kampf Kerr-Kraus geht die deutsche Öffentlichkeit soviel an wie das Hufaufschlagen zweier alter ausgedienter Mähren; Brecht, dessen Genie unbezweifelbar ist, sollte seine Ohren besser verstopfen.
(Arnolt Bronnen)
Die Ankündigung eines Berliner Blatts, die zukünftigen Werke von Brecht besonders unter die Lupe zu nehmen, hat mich nicht davon abgehalten, mir diese zukünftigen Werke für alle Fälle zu sichern. Lebendiges Theater wird Brecht sicher schaffen.
(Fritz Wreede)

6. Mai, Montag. Das *Berliner Tageblatt* hat (am 3. 5.) eine Polemik Alfred Kerrs gegen B unter dem Titel *Brechts Copyright* veröffentlicht. Der Kritiker wirft B vor, in der *Dreigroschenoper* und in der Broschüre *Die Songs der Dreigroschenoper* ohne Nachweis Texte anderer Autoren wörtlich übernommen zu haben. Kerr stellt an einigen Beispielen Texte aus Bs Stück den (1907 erschienenen) Villon-Übersetzungen von K. L. Ammer (Karl Klammer) gegenüber und kommt zu der Schlußfolgerung: »Mit ehrfürchtigem Staunen erkennt man: daß der vergriffene K. L. Ammer 1907 geahnt hat, was der Zeitdichter Brecht einst dichten würde.« B bekennt sich (am 4. 5.) im *Filmkurier*, Berlin, dazu, daß er »in Sachen des geistigen Eigentums ganz lax« denkt und einige Namen aus »Vergeßlichkeit« nicht erwähnt hat *(Bert Brecht sagt; 21,315)*. Am 6. 5. folgt auch im *BBC* ein ähnlicher Text Bs, in dem er »wahrheitsgemäß« die Nichterwähnung des Übersetzers K. L. Ammer mit seiner »grundsätzlichen Laxheit in Fragen geistigen Eigentums« erklärt *(Eine Erklärung Brechts; 21,315f.)*. Die Plagiatsaffäre wird in zahlreichen Zeitungen und Zeitschriften diskutiert, z.B. in *Der Montag Morgen*, Berlin, die fragt *Finden Sie, daß Brecht sich richtig verhalten hat?*
Karl Kraus meint: »Eine Bewußtseinshandlung, die hier noch ein »Copyright« anbringt, zu unterstellen, ist nicht die Bosheit der Satire, sondern der Idiotie, oder gar die Gesinnung, die deren Anschein nicht verschmäht, um auf Idioten eine Augenblickswirkung zu erzielen.« *(Die Fackel, Anfang August.)*

13. Mai, Montag. Im Theater am Schiffbauerdamm ist die *Dreigroschenoper* mit wenigen Unterbrechungen en suite gespielt worden (→ 1. 6.). Durch Verpflichtungen der Schauspieler anderen Theatern gegenüber mußten bereits mehrfach Umbesetzungen vorgenommen werden. Nun ist die Aufführung in neuer Besetzung herausgekommen, mit Hermann Thimig als Macheath, Leonard Steckel als Peachum, Hans Leibelt als Brown und mit Carola Neher als Polly. Über diese Darstellerin schreibt Herbert Jhering: »Im Mittelpunkt die Polly Peachum von Carola Neher. Aus einer manchmal drolligen, manchmal matten Zufallsschauspielerin war eine witzige, genaue, prägnante Darstellerin geworden. Eine verblüffende Wandlung.« *(Die neubesetzte Dreigroschenoper, BBC.)*

Generalvertrag über sieben Jahre mit dem Theaterverlag Felix Bloch Erben, Berlin

17. Mai, Freitag. B und der Verlag Felix Bloch Erben schließen einen »Gesellschaftsvertrag« ab, in dem sich beide »zur gemeinsamen Verwertung des geistigen Eigentums an den von dem Herrn Bert Brecht vom heutigen Tage an bis zum 1. 6. 1936 fertigzustellenden abendfüllenden Bühnenwerken« (mindestens 3 Stücke) bereit finden. Ausgenommen bleiben die Rechte der Rundfunkübertragung und die Buchrechte, außerdem Rechte an Operntexten sowie an Bearbeitungen ausländischer Stücke und Werke, die B mit Lion Feuchtwanger schreibt. Dafür sichert der Verlag B eine Vorschußzahlung von 1000 Goldmark monatlich für die Dauer der 7 Jahre zu *(784/8-12)*.

In *Charivari. Für Theater, Film und Rundfunk*, dem »offiziellen Organ des Verlags Felix Bloch Erben«, wird (am 1. 7.) in einer groß aufgemachten Anzeige mitgeteilt, daß B dem Verlag »den Vertrieb sämtlicher zukünftiger Bühnenwerke übergeben« hat. In den Ausgaben der Zeitung wird aber in den folgenden Jahren nur für die *Dreigroschenoper* und für *Happy End* (→ 2. 9.) geworben.

19. Mai, Sonntag. Der *BBC* veröffentlicht Meinungen von Dramatikern über die Wirkung ihrer Werke im Ausland. Um über die »deutsche Sprachgrenze« hinaus zu gelangen, müßte nach Bs Meinung das Drama in der »Richtung des Kitsches« entwickelt werden; er hält eine Wirkung im Ausland »nicht unbedingt« für wünschenswert *(21,342)*.

20. Mai, Montag. B will mit seinem Pkw der Marke Steyr (→ 27. 5. 28) nach Saint Cyr fahren und verunglückt bei Fulda, wo er sich mit dem ebenfalls nach Südfrankreich reisenden Kurt Weill zum Essen verabredet hat. Kurt Weill berichtet der Universal-Edition Wien (aus Saint Cyr am 25. 5.), er habe B »mit einem Kniescheibenbruch nach Berlin zurückschaffen lassen«. B wollte sich in Südfrankreich die Songtexte für *Happy End* (→ 16. 4.) und eine Überarbeitung von *Mahagonny* (insbesondere die »Darstellung der Liebe« im 2. Akt) vornehmen. Das müsse nun nach seiner Gesundung gemacht werden, sie wollten sich dazu am Ammersee treffen. Weill schreibt auch über den Plan, die *Mahagonny*-Oper an der Berliner Krolloper zu realisieren. B sei bereit, selbst Regie zu führen, wolle aber nicht auf dem Programmzettel genannt werden, »weil er das nie tut« *(MW)*.

20. Mai 1929
Autounfall bei Fulda

Um wieder zu einem neuen Fahrzeug zu kommen arrangiert Elisabeth Hauptmann mit dem Ullstein Verlag eine Vereinbarung mit der Autofirma, die eine erneute Reklame für Steyr zur Bedingung macht. Bs Unfall wird in der November-Ausgabe des Magazins *Uhu* unter der Überschrift *Ein lehrreicher Auto-Unfall* in einer Bildfolge rekonstruiert: B fährt mit seinem Steyr (IA 26225) mit 70 km/h auf einer Landstraße, als ein entgegenkommender Lastwagen von einem Pkw riskant überholt wird. Hinter den Bäumen am Straßenrand ist eine Böschung von etwa 5 Metern. »Brechts Wagen war also gezwungen, auszuweichen, und Brecht vermochte, die Bremsen mehrfach stark anziehend und wieder öffnend, auf den ihm zunächst erreichbaren Baum aufzufahren. Es gelang ihm, genau mit der Mitte des Kühlers den

Baum zu treffen und so den Wagen abzufangen.« Das Auto hat Totalschaden.
Durch die Geschichte, an der Peter Suhrkamp mitarbeitet, sei dieser zunehmend von der Redaktion des *Uhu* für weitere Aufgaben herangezogen worden.
21. Mai, Dienstag. Der Oberstleutnant Karl Klammer, dessen Villon-Übersetzungen 1907 unter dem Pseudonym K. L. Ammer erschienen sind, wird in Wien auf die Plagiatsanschuldigungen gegen B (→ 6. 5.) aufmerksam gemacht. Er bedankt sich bei Franz Blei und bei Alfred Kerr für deren »Schützenhilfe«. Die zu erwartenden Tantiemen will er einer bereits bestehenden »Stiftung für notleidende Schriftsteller od. dgl.« zukommen lassen *(Z4/19-22)*. Durch die in breiter Öffentlichkeit diskutierte Plagiatsaffäre schlägt der Hyperionverlag Leipzig Klammer (am 31. 5.) eine Neuauflage der Villon-Ausgabe vor, für die B ein Vorwort schreibt (→ 23. 10.).

22. Mai 1929
Erstsendung des *Berliner Requiems* im Rundfunk

22. Mai, Mittwoch. Nach mehrfachem Verbot durch die Zensur wird im Sender Frankfurt (Südwestfunk Baden-Baden) *Das Berliner Requiem*, eine Kantate von Kurt Weill nach Texten von B, zum erstenmal gesendet, mit Hans Grahl, Johannes Willy, Jean Stern und dem Orchester des Senders (Leitung: Ludwig Rottenberg). Weill notiert dazu in *Der deutsche Rundfunk* (am 17. 5.): »Die Kantate *Das Berliner Requiem*, die dem Frankfurter Sender gewidmet ist, gehört innerhalb meiner Produktion zu dem Umkreis einer Reihe von Arbeiten, die gewissermaßen als Studien zu der jetzt vollendeten Oper *Aufstieg und Fall der Stadt Mahagonny* gedacht sind.« *(Weill, 139.)* Die einzelnen Stücke gibt er folgendermaßen an: »Eine Ballade *Vom Tod im Wald [11,80-82]* für eine Baßstimme und 10 Bläser, ein Lied *Können einem toten Mann nicht helfen [Können ihm Essig holen; 13,316]*, das dem Finale der Mahagonny-Oper entnommen ist, ein Gesang *Vom ertrunkenen Mädchen [11,109]* und ein *Marterl [Hier ruht die Jungfrau; 13,316]* für den Grabstein des Mädchens, 2 Gesänge über den unbekannten Soldaten unter dem Triumphbogen *[11,202-204]*, der erste für mehrere Stimmen und Orchester, der 2. für Bariton und Orgel, und zum Schluß der Dankchoral *[Großer Dankchoral; → 8. 1. 26]* für Männerchor und Orchester.« Später wird in das Requiem noch aufgenommen *Zu Potsdam unter den Eichen (→ 5. 8. 27)*.
Mai. In einem im Mai geführten Notizbuch beschäftigt sich B u. a. mit dem Problem der Bearbeitung fremder Werke und beurteilt Plagiieren als Kunst. »Es ist gesellschaftlich wertvolle ›Arbeit‹. Der ›Urheber‹ ist belanglos, er setzt sich durch, indem er verschwindet. Wer es erreicht, daß er umgearbeitet, also im Persönlichen entfernt wird, der hält ›sich‹.« *(21,318.)*

In dem Text *Was den Fall des Herrn Kerr betrifft* wehrt B Kerrs Polemik ab, ihm »aus einem erwiesenen Plagiat einen Vorwurf zu machen«. In der Literatur sei so »ziemlich jede Blütezeit« charakterisiert »durch die Kraft und Unschuld ihrer Plagiate«. Shakespeare habe sich ganze Akte anderer einverleibt und »mit schöner offener Großmut alles, was bei ihm auf der Bühne während eines Stückes gesprochen wird, mit seinem großen Namen« gedeckt *(21,323 f.)*.

Asja Lacis (→ Anfang März 24) ist aus der Sowjetunion, wohin sie mit ihrem Mann Bernhard Reich 1926 übergesiedelt war, von Sojuskino im Herbst 1928 »nach Deutschland abkommandiert« worden, um Kontakte zu dem Bund proletarisch-revolutionärer Schriftsteller (→ 19. 10. 28) aufzunehmen *(Lacis, 58)*. Sie vermittelt häufigere Begegnungen Bs mit ihrem Freund Walter Benjamin, den er schon bei anderer Gelegenheit kennengelernt hatte (→ 8. 11. 26). Durch ihn kommt B auch mit dem Philosophen Erich Unger in Kontakt, dessen Buch *Politik und Metaphysik* Benjamin für eine der bedeutendsten zeitgenössischen Schriften über Politik hält. B interessiert sich für die »Philosophische Gruppe«, die sich um den jüdischen Philosophen Oskar Goldberg gebildet hat. An den Diskussionen der Gruppe, die Unger leitet, nehmen neben Benjamin und B u.a. auch Gershom Scholem, Karl Korsch, Alfred Döblin, Werner Kraft teil. Mit der Philosophie Ungers setzt sich B in *Mißtrauen gegen eine Richtung der modernen Philosophie (21,345-347)* auseinander. Werner Kraft, der B bei dieser Gelegenheit kennenlernt, schreibt: »Was Brecht dort eigentlich wollte, weiß ich nicht. Er war jung und übermütig, mit Lederhose und Lederjacke.« Bei den Ausführungen eines Teilnehmers habe B gerade beim Höhepunkt von dessen Rede heftig gelacht, worauf ihn der Redner mahnte: »Es ist Zeit umzulernen, auch Sie, Brecht, müssen umlernen, und wenn Sie auch der große Brecht sind!« *(Kraft.)*

Mai 1929
Teilnahme an Diskussionen der Philosophischen Gruppe von Oskar Goldberg

1. Juni, Sonnabend. In *Charivari* werden die Erfolge der *Dreigroschenoper* gemeldet: In 9 Monaten liefen über 280 Aufführungen im Theater am Schiffbauerdamm, über 80 Aufführungen im Raimund Theater Wien, nahezu 75 im Alten Theater Leipzig und nahezu 50 im Schauspielhaus Stuttgart. (Am 9. 12. meldet *Charivari* im Theater am Schiffbauerdamm »fast 400« Aufführungen.)

4. Juni, Dienstag. Kurt Weill schreibt an die Universal-Edition Wien, daß er mit Paul Hindemith für Baden-Baden den *Lindberghflug* komponieren wird. Anfang Juli will er aus Saint Cyr zurück sein und mit B am Ammersee arbeiten.

6. Juni, Donnerstag. Walter Benjamin rechnet zu den nenneswerten Bekanntschaften, die er gemacht hat, auch die »nähere« mit B (→ Mai) *(Benjamin, Briefe, Nr. 168)*.

Bekanntschaft mit Walter Benjamin

Der am 15. 7. 1892 in Berlin geborene Walter Benjamin, Sohn eines Bankfachmanns, studiert in Berlin und München. Er plant eine akademische Laufbahn und reicht 1925 seine Habilitationsschrift in Frankfurt ein; sie wird nicht angenommen. Durch Gershom Scholem bekommt er Verbindung mit der zionistischen Bewegung, lebt in Berlin und arbeitet als Schriftsteller für Zeitschriften, Zeitungen, Sender. Durch seine Bekanntschaft mit Asja Lacis beschäftigt er sich mit marxistischen Ideen.

11. Juni, Dienstag. Emil Hertzka von der Universal-Edition Wien informiert Kurt Weill (am 12. 6.) von einem ausführlichen Gespräch über *Mahagonny* mit B, Heinz Tietjen, Otto Klemperer und Rudolf Schulz-Dornburg; die Oper sollte nach seinem Wunsch nicht an der Krolloper, sondern entweder im Großen Schauspielhaus am Gendarmenmarkt oder im Schillertheater untergebracht werden. »Brecht ist von der Idee begeistert.« *(MW.)*

22. Juni, Sonnabend. Für den neuen Pkw Steyr 8/4, polizeiliches Kennzeichen IA 13352, schließt Helene Weigel, auf die das Fahrzeug geschrieben wird, eine Versicherung bei der Agrippina (→ 20. 6. 33) ab.

23. Juni, Sonntag. Walter Benjamin bezeichnet in einer Rezension *Die Gedichte und Chansons des Walter Mehring* (im *Literaturblatt* der *Frankfurter Zeitung*) B als den »besten Chansonnier seit Wedekind«. Das Chanson habe sich mit ihm »vom Brettl emanzipiert«; es »ist ein Esperanto der Dichtung, der Effekt ist sein letztes Wort, und niemals liegt er in der Nuance. Ein Mann wie Brecht kann das Massivste anheben, wir werden immer unsere Freude daran haben, wie zart er es niederlegt.« *(Benjamin, III, 183f.)*

Ende Juni-23. Juli 1929 Reise nach Unterschondorf

Ende Juni. Nach Genesung von seinen Verletzungen (→ 20. 5.) fährt B nach Unterschondorf an den Ammersee.

Arbeit an *Mahagonny* und *Happy End*

Juni. B bietet Elisabeth Hauptmann eine Fabel an, aus der sie »ein kleines Stück [...] ganz locker und schlampig meinetwegen auch fetzchenweise« zimmern soll. »Sie müßten es zeichnen, aber das würde Ihnen natürlich kolossal nützen. Denn die Sache könnte ganz anständig werden durch einfache Offenheit und eine Art rührende Bescheidenheit!!« Die Fabel umreißt B so: »Milieu: Heilsarmee und Verbrecherkeller / Inhalt: Kampf des Bösen mit dem Guten / Pointe: Das Gute siegt.« Im folgenden führt er einige Gedanken zu der Geschichte aus, die Elisabeth Hauptmann mit erheblichen Änderungen für ihr schon in Arbeit befindliches Stück *Happy End* (→ 2. 9.) verwertet *(Br, 417)*. Nach ihren späteren Erinnerungen hat sie sich damals u. a. »mit der Kirche und kirchlichen Organisationen und insbesondere mit der Heilsarmee« beschäftigt (→ 1. 4. 28). »Weill wollte gern wieder eine Musik schreiben in der Art der *Dreigroschen-*

oper, und alle zusammen hatten wir Lust, die Serie der überdimensionalen Hollywood-Happy-Ends durch ein eigenes Supergigant-Happy-End zu mißkreditieren.« *(Hauptmann, 245.)*

2. Juli, Dienstag. B hat in Unterschondorf für Bernard von Brentano ab 1. 7. »ein (sehr hübsches) Zimmer« bestellt und beklagt sich bei ihm, daß er noch nicht eingetroffen ist und seinen Besuch für unsicher hält. B bittet Brentano um »den Aufsatz von Jacobs«, denn er halte diese »Front Kerr-Jacobs-Tucholsky schwarzrotgold« für »sehr beachtenswert«. B rechnet mit Brentanos Kommen. »Es ist *überall* langweilig!« Er möchte mit ihm über ein Zeitschriften-Projekt (→ Oktober 30) sprechen, für das er »auch immer mehr Mitarbeiter jetzt« sieht *(Br, 418)*.

Mit Stefan

4. Juli, Donnerstag. Kurt Weill trifft (über München kommend) mit Lotte Lenja in Unterschondorf ein.

13. Juli, Sonnabend. Weill hat Otto Klemperer den 3. Akt von *Mahagonny* vorgespielt. Sein Ko-Intendant Ernst Legal habe die Aufnahme der Oper in den Spielplan der Krolloper verlangt, und Klemperer sei damit einverstanden, bestünde aber auf einer Voraufführung an einem anderen Theater. Der dritte der Intendanten, Hans Curjel, wünsche, wie Legal, die Uraufführung in der Krolloper. »Legal sagte Klemperer in meiner Gegenwart: ›Von diesem Tage ab ist unser Haus nicht mehr als Klemperer-Oper zu bezeichnen!‹« *(MW.)* Mit diesem Plan ist Emil Hertzka nicht einverstanden; er schlägt (am 18. 7.) ein Berliner Privattheater vor, ev. das Theater Aufrichts. Weill und B sind für ein »Provinztheater«, Hertzka setzt sich schließlich mit dem Opernhaus Leipzig in Verbindung. Nach mehrfachen Verhandlungen kommt es (am 9. 9.) zum Vertragsabschluß *(MW)*.

17. Juli, Mittwoch. Erich Engel, der in Sils Maria im Engadin Urlaub macht, hat eine neue Fassung des letzten Aktes von *Happy End* gelesen und schickt B umfangreiche Änderungsvorschläge. Sie zielen auf eine einfachere Fabelführung und auf eine Vereinfachung der Handlung. Er teilt gleichzeitig B mit, daß ihm Neher Skizzen für das Bühnenbild gegeben hat, die er für geglückt hält.

Elisabeth Hauptmann, die zur Arbeit an *Happy End* inzwischen auch in Unterschondorf eingetroffen ist, dankt wenige Tage später Erich Engel für die Vorschläge; B stelle sich das Schlußbild als »modernen Tempel« vor anstelle der ursprünglichen Bar, »damit der *Bilbaosong* bleiben kann« *(Engel, 81-84)*.

20. Juli, Sonnabend. Die Arbeit an *Mahagonny* und *Happy End* muß wegen der Beteiligung am Baden-Badener Musikfestival für eine Woche unterbrochen werden. Vor seiner Abreise (eventuell vor dem 20. 7.) teilt B dem Regisseur des

Radiolehrstücks Ernst Hardt seine Gedanken zu der geplanten öffentlichen Generalprobe des *Lindberghflugs* mit. »Diese könnte man zu einem Experiment verwenden. Es könnte wenigstens optisch gezeigt werden, wie eine Beteiligung des Hörers an der Radiokunst möglich wäre.« Solch eine Beteiligung sei »notwendig zum Zustandekommen des ›Kunstaktes‹«. B stellt sich während der Vorführung im Konzertsaal projizierte Texte mit Grundsätzen über die Radioverwendung vor. Auf der einen Seite sollen die »Sänger, Musiker, Sprecher usw.« sitzen, »auf der anderen Seite der Bühne ist durch einen Paravent ein Zimmer angedeutet und auf einem Stuhl vor einem Tisch sitzt ein Mann in Hemdärmeln mit der Partitur und summt, spricht und singt den Lindberghpart. *Dies ist der Hörer.*« B schickt Hardt Projektionstexte (teilweise in den *Erläuterungen; 24,87-89*) sowie neue Texte des *Lindberghflugs* mit *(Br, 419)*.

23. Juli-Ende Juli 1929
Reise nach Baden-Baden

Teilnahme am Deutschen Kammermusik-Festival

23. Juli, Dienstag. B nimmt am Festival »Deutsche Kammermusik Baden-Baden 1929« teil. Er wohnt im Hotel Gunzelbachhof. Kurt Weill trifft ebenfalls in Baden-Baden ein.

Auch der Komponist und Kapellmeister Paul Dessau ist nach Baden-Baden gekommen und lernt B »flüchtig« kennen. »Er saß in einem weißen Anzug und rauchte seine Zigarre vor einer Bar auf einem Barstuhl, und da sagten wir uns Guten Abend, und da lernte ich einen freundlichen jungen Mann kennen. Dabei blieb es, denn ich wußte genau, was ich tat, als ich nicht mit ihm zusammenkommen wollte.« *(Dessau, 63.)* Zur ersten Zusammenarbeit kommt es erst bei der Uraufführung von *Furcht und Elend des III. Reiches* in Paris (→ 18. 5. 38).

25. Juli, Donnerstag. Am Abend wird u. a. der Film *Episode* von Hans Conradi gezeigt, mit der Musik von Paul Dessau.

27. Juli 1929
Uraufführung des Radiolehrstücks *Lindberghflug* in Baden-Baden

Bert Brecht, der literarische Autor, der Mann der *Dreigroschenoper*, hat für so eine Zeit-Mythe die rechte Nase und die sichere Diktion. Daß ausgerechnet er den Elementen Sprache verleiht wie weiland die alten Opernlibrettisten den Geistern von Wald und Wasser, [...] ist freilich seltsam genug. [...] Alles in allem hat der *Lindberghflug* uns Hörern, den Leuten vom Rundfunk und den zahlreichen Künstlern, die dank der Bemühungen der Sendegesellschaften am Schicksal dieses eminenten Kulturfaktors schon heute tätigen Anteil nehmen, einen ebenso neuartigen wie fruchtbaren Weg gewiesen. In dieser Hinsicht war die Aufführung der Kantate wohl das wichtigste Ereignis des ganzen Badener Programms. *(Karl Holl, Frankfurter Zeitung, 2. 8.)*

27. Juli, Sonnabend. Vormittags öffentliche Generalprobe des *Lindberghflugs*, die im Rundfunk übertragen wird.

17.30 Uhr findet die Uraufführung von *Lindberghflug* statt (späterer Titel: *Der Flug der Lindberghs*; 1949/50 nochmals umbenannt in: *Der Ozeanflug*; *3,7-24*); Musik von Kurt Weill und Paul Hindemith; Regie: Ernst Hardt, musikalische Leitung: Hermann Scherchen; mit Josef Witt (Lindbergh), außerdem: Johannes Willy, Oskar Kálman, Betty Megier; mit dem Frankfurter Rundfunkorchester. Die Aufführung wird am 28. 7. im Sender Köln übertragen.

28. Juli, Sonntag. In der Stadthalle Uraufführung von *Lehrstück*; Musik von Paul Hindemith; Regie: Brecht; musikalische Leitung: Alfons Dressel/Ernst Wolff, Bühne und Projektionen: Caspar Neher; mit Josef Witt (Erste Männerstimme), Oskar Kálman (Zweite Männerstimme), Theo Lingen, Karl Paulsen, Benno Carlé (3 Clowns). Dabei läuft der (von Carl

Koch gefilmte) Tanz von Valeska Gert unter dem Titel *Tod.* (In einer späteren überarbeiteten Fassung erhält das *Lehrstück* den Titel: *Das Badener Lehrstück vom Einverständnis*; → Dezember 30.) Die Aufführung besucht auch der nach Baden-Baden gekommene und von B (am 27. 7.) persönlich eingeladene Gerhart Hauptmann. Der Sender Frankfurt/M. überträgt die Uraufführung.

Im Programmheft schreibt B: »Das *Lehrstück*, gegeben durch einige Theorien musikalischer, dramatischer und politischer Art, die auf eine kollektive Kunstübung hinzielen, ist zur Selbstverständigung der Autoren und derjenigen, die sich dabei tätig beteiligen, gemacht und nicht dazu, irgendwelchen Leuten ein Erlebnis zu sein. Es ist nicht einmal ganz fertig gemacht. Das Publikum würde also, *sofern es nicht bei dem Experiment mithilft*, nicht die Rolle des Empfangenden, sondern eines schlicht Anwesenden spielen.« *(24,90.)*

Hanns Eisler (der in Baden-Baden seine Kantate *Tempo der Zeit* vorstellt) ist ebenfalls zur *Lehrstück*-Premiere gekommen. Er berichtet von einem bekannten Musikkritiker neben ihm, der beim Clownsspiel ohnmächtig wurde, als einer der Darsteller dem anderen die Füße absägte. Über den Vorfall habe sich B sehr gewundert, weil bei Sinfoniekonzerten normalerweise niemand umfiele, obwohl da »immer gesägt wird« (B haßte Geigen) *(Eisler, 2,371f.).*

Juli. Erstdrucke der zweiten Fassung des *Lindberghflugs* in der Programmzeitschrift des Westdeutschen Rundfunks Köln (*Die Werag*) und im Programmheft der *Deutschen Kammermusik Baden-Baden.* (Eine weitere Fassung in *Versuche* → Juni 30.)

Anfang August. B kehrt nach Berlin zurück.

Im Berliner Theater am Schiffbauerdamm beginnen unter Leitung von Erich Engel die Proben zu *Happy End.* Elisabeth Hauptmann beschreibt die Entstehungsgeschichte des Stükkes so: »Das Stück *Happy End* folgt inhaltlich einer kleinen Geschichte [*Unter dem Mistelzweig*], die ich in einer alten amerikanischen Magazinnummer gelesen habe. Brecht riet mir, sie zu bearbeiten, da sie so ziemlich alle Elemente einer gewissen volkstümlichen Literatur enthielt, von der Film und Magazine leben. Brecht versprach mir sogleich, einige Songs beizusteuern, wenn ich sie für die Bühne bearbeiten würde. Außerdem enthält die Geschichte einen nicht uninteressanten Teil des Begriffs Amerika.« *(Hauptmann, 246.)*

2. August, Freitag. Kurt Weill komponiert die restlichen Songs für *Happy End.*

19. August, Montag. B nimmt an den Proben zu *Happy End (Hauptmann, 65-134)* teil und ärgert sich über Engels Weigerung, sich auf die Textänderungen einzulassen, die er ständig vornimmt.

28. Juli 1929
Uraufführung *Lehrstück*
(späterer Titel: *Das Baden-Badener Lehrstück vom Einverständnis*)
in Baden-Baden

Was ist das für ein Volk, das sich von solchen literarischen Sadisten nicht nur am Narrenseile führen läßt, sondern sie auch noch auf den Schild erhebt? Unwillkürlich kam der Gedanke angesichts dieser Schinderei, die allen Gesetzen der Ästhetik und Moral Hohn sprach: ein Schubert ist am Hungertyphus gestorben, ein Kleist elend zugrunde gegangen, und ein Brecht, absoluter Nichtskönner und Bluffer, genießt die »Segnungen der Kultur«, wie das schöne Wort heißt. Dieses *Lehrstück* (schreib: *Leerstück*) war der absolute Bolschewismus auf dem deutschen Theater. *(Elsa Bauer, Badische Volkszeitung, 30. 7.)*

Fragt sich nur, was dieses moderne Lehrstück denn lehren soll. Brecht und Hindemith haben mit dem Ansatz zur Form auch die Idee von Moskau übernommen und predigen radikal-sozialistische Weltanschauung. Man ging aus dem Tod eines Fliegers, äußerlich akzentuiert durch einen Film *Totentanz* von Valeska Gert, und kam dann vom Besonderen aufs Allgemeine, symbolisiert im

Spiel von 3 Clowns, die dem »Herrn Schmidt«, wenn ihm irgendwas nicht wohl ist, die betreffenden Glieder amputieren.
Gerade dieses *Intermezzo politico* war in einer so widerlich rohen Weise aufgezogen, daß es die Wirkung des ganzen Versuchs schwer schädigte und beim Publikum schärfsten Protest auslöste. *(Karl Holl, Frankfurter Zeitung, 2. 8.)*

Brechts *Lehrstück* ist eine erste großartige Verwirklichung der modernen Theorien von der Kunst als kollektivem Willensausdruck. Es wird kein schöner Schein vorgegaukelt, sondern gemeinsam wird etwas *erarbeitet*. Musik und Schauspiel, Ausführende und Publikum wirken zusammen. Hindemiths Musik ist so einfach komponiert, daß sie von Laien gespielt werden kann. *(Heinrich Strobel, Der deutsche Rundfunk, Heft 3)*

In einem Brief macht er dem Regisseur den Vorwurf, daß er an Änderungen nicht interessiert sei, »wenn sie Geld kosten«. »Ich halte Sie keineswegs für geldgierig, aber eine passive Abhängigkeit vom Geld (und vielleicht auch Geltung) hat eben auch schon genügt, Sie für jede künstlerisch oder intellektuell verantwortliche Arbeit untauglich zu machen.« Er wolle und könne aus *Happy End* »nur altes Theater machen«. Damit ende die »mehrjährige Zusammenarbeit«, mit der B so lange zufrieden gewesen sei, als sie »geistige Zwecke« verfolgt hätte *(Br, 421)*.

20. August, Dienstag. Erich Engel beschwert sich bei Josef Aufricht über Bs Beschuldigungen und macht dem Theaterdirektor den Vorwurf, er habe nicht genügend Vorsorge getroffen, so einen Konflikt zu vermeiden *(EEN)*.

21. August, Mittwoch. Erich Engel wird, wie er an Aufricht schreibt, seine weitere Mitarbeit an den Proben davon abhängig machen, »welches Verhalten Herr Brecht mir gegenüber für gut befinden wird«. Er will sofort abbrechen, wenn es zu »einem weiteren unerträglichen aggressiven Verhalten des Herrn Brecht« kommt *(EEN)*.

Im weiteren Verlauf der Arbeit kommt es zum Eklat; nach Engels Weggang übernimmt B die Regie für den noch nicht probierten zweiten Teil des Stückes.

In seinen kritischen Bemerkungen *Der Typus Engel (21,341 f.)* schätzt B den Regisseur zwar als begabten Menschen »mit höheren Interessen«, reduziert aber seine Brauchbarkeit als »Kontrollorgan während der Arbeit«, und auch nur, »solange er nicht persönlichen Schaden fürchtet«. Man werde kompromittiert durch sein »reaktionäres Verhalten, wenn man nicht dabei ist«.

2. September 1929
Uraufführung *Happy End*
Theater am Schiffbauerdamm

Das Eindruckserlebnis, wenig vor Mitternacht, am Telefon war: »In diesem Stück, das unter Brechts Firma und unter der Firma einer nicht sicher existierenden Dame geht, hat Brecht von sich selber abgeschrieben. Ein paar nette Einfälle. Eine schmeichelnde Musik. Aber manchmal ein Gipfel der Stupidität. Der Beifall kam von einem bestimmten Teil der Zuschauerschaft (›bestimmt‹ ist hier nicht Partizipium).« *(Alfred Kerr, Berliner Tageblatt, 3. 9.)*

2. September, Montag. Im Theater am Schiffbauerdamm Uraufführung von *Happy End*, »eine Magazingeschichte von Dorothy Lane, deutsche Bearbeitung von Elisabeth Hauptmann, Songs von B und Weill«; Regie: Erich Engel u. B; Bühnenbild: Caspar Neher, musikalische Leitung: Theo Mackeben, Kapelle: Lewis Ruth Band; mit Carola Neher (Lilian Holliday), Oskar Homolka (Bill Cracker), Helene Weigel (Dame in Grau), Peter Lorre (Dr. Nakamura), Kurt Gerron (Sam Worlitzer), Theo Lingen (Jimmy Dexter).

Der Verlag Felix Bloch Erben kündigt das Stück so an: »*Happy End* von Dorothy Lane, Songs von Bert Brecht und Kurt Weill« *(Charivari, 10. 9.)*. Das Stück wird auch in Dresden, Frankfurt/M., Hamburg, Hannover und Leipzig angenommen *(11. 9.)*.

Bei *Happy End* kommt es zu einer weiteren Zusammenarbeit zwischen B und dem neuen Partner seiner ersten Frau, Theo Lingen (→ Ende März u. April 26). (Der Schauspieler übernimmt im Theater am Schiffbauerdamm in der immer noch erfolgreichen *Dreigroschenoper* auch eine Zeitlang die Darstellung des Macheath.)

8. Oktober, Dienstag. B ist abends bei dem Maler Rudolf Schlichter zu Gast.

10. Oktober, Donnerstag. Der *General-Anzeiger* druckt das Ergebnis einer Rundfrage bei Schriftstellern nach ihren Plänen ab. B verweist auf seine Bemühungen, die Bühne zu einem »Lehrstuhl für das breite Publikum« zu machen. Er habe sich die Aufgabe gestellt, »eine Art Lehrstücke zu geben und von der Bühne herunter zu philosophieren und zu reformieren« *(21,342f.)*.

14. Oktober, Montag. Kurt Weill schreibt Hans Heinsheimer von der Universal-Edition Wien (auf dessen Brief vom 10. 10., in dem er Weills Stilwandel seit der *Dreigroschenoper* analysiert) u.a. auch über den Mißerfolg von *Happy End*: »Wir dürfen uns auch nicht dazu verleiten lassen, das, was durch die *Dreigroschenoper* nicht nur für meine, sondern für die allgemeine musikalische Situation erreicht worden ist, zu bagatellisieren, weil meine neuen Arbeiten zufällig einmal in einem schlechten Stück schlecht eingebaut waren.« *(MW.)*

16. Oktober, Mittwoch. Gottfried Benn hat versucht, Bs *Lindberghflug* in der französischen Zeitschrift *Bifur* unterzubringen, und übermittelt B nun die Nachricht, daß sich die Franzosen nicht in der Lage sehen, das Stück richtig zu übersetzen; sie bitten um ein anderes Werk. Er schickt B das letzte Heft der *Neuen Bücherschau* mit, in dem ein Artikel von ihm publiziert ist.

21. Oktober, Montag. Der Musikverlag B. Schott's Söhne, Mainz, schließt mit B eine Vereinbarung über das *Lehrstück* ab, wonach er für die Partitur bzw. den Klavierauszug 30% erhält (Paul Hindemith 50% und der Verlag 20%) *(Z3/322f.)*.

23. Oktober, Mittwoch. Der Verlag Felix Bloch Erben, der die Neuauflage der Villonschen *Balladen* selbst übernehmen will, schickt dem Übersetzer Karl Klammer ein Vorwort, das B dafür geschrieben hat. B erklärt darin, daß er die Balladen für die Bühne stellenweise stark verändern mußte, um das Gestische zu betonen. »Wer also (auch außerhalb des Theaters) selbst die Möglichkeit hat, die betreffenden Balladen zu singen oder darzustellen, wird die theatralische Form benützen können. Wer aber liest, und das werden hoffentlich sehr viele sein, wird dieses Buch nötig haben. Es ist eine klassische Nachdichtung.« *(21,429.)* Die Neuauflage erscheint im → September 30.

25. Oktober, Freitag. An der New Yorker Börse kommt es zu Kurseinbrüchen in einem Ausmaß wie nie zuvor (»Schwarzer Freitag«); die Aktien fallen bis zu 50 $, in den

25. Oktober 1929
»Schwarzer Freitag«
Beginn der Weltwirtschaftskrise

Folgetagen (bis zum 29.10.) noch mehr. Mit den »schwarzen Tagen von Wallstreet« beginnt eine weltweite Wirtschaftskrise.
B hat sich schon vorher für die Spekulationen an Börsen interessiert und (nach Lektüre von Bouck Whites *Das Buch des Daniel Drew. Leben und Meinungen eines amerikanischen Börsenmannes*, München 1922) Ende 1925 mit einem Stück *Dan Drew (10,334-381)* angefangen; eine Getreidespekulation bildet das Hauptmotiv in *Jae Fleischhacker in Chikago* (auch unter dem Titel: *Weizen; 10,271-318*), einem Stück, das er gleichzeitig vorbereitet. Beide Stücke werden abgebrochen, das letzte, weil ihm »niemand [...] die Vorgänge an der Weizenbörse hinreichend erklären« konnte *(22,139)*. Die Spekulationen an den Börsen, die durch den Börsenkrach in New York aktuelles Interesse bekommen, werden schließlich in dem Stück *Die heilige Johanna der Schlachthöfe* gestaltet, das er in diesem Jahr beginnt (→ November).
29. **Oktober,** Dienstag. Am 28. u. 29.10. findet eine Sitzung der Sektion Dichtkunst in der Preußischen Akademie der Künste statt, die B zum Anlaß einer ironischen Darstellung nimmt. In »wilder Kampfeslust« hätten sich »die schlimmen Greise auf die Statuten« gestürzt. Thomas Mann sei »sein zügellosen Temperament« durchgegangen. Angesichts »derart würdelosen und allen Sitten hohnsprechenden Verhaltens« könne man »uns nie und nimmer zumuten [...], uns mit solchen Leuten, in deren Gesellschaft man ja seines Lebens nicht mehr sicher ist, an einen Tisch zu setzen« *(21,350f.)*. Darin drücken sich die Vorbehalte des 31jährigen B gegen die Akademiemitglieder aus, die für ihn Repräsentanten einer vorangegangenen Generation sind. (An der Sitzung nehmen teil: der 67jährige Ludwig Fulda, die 65jährige Ricarda Huch und ihr gleichaltriger Kollege Hermann Stehr, der 64jährige Max Halbe, der 58jährige Heinrich Mann, der 57jährige Alfred Mombert, der 56jährige Jakob Wassermann und der 54jährige Thomas Mann).
30. **Oktober,** Mittwoch. In der *Frankfurter Zeitung* erscheint ein Bericht *Ein Denkmal für Lenin (936/11-13)*, dem zufolge in dem Ort Kujan-Bulak (Usbekistan) Geld für eine Lenin-Büste zur Anschaffung von Petroleum benutzt wird, mit dem man die Sümpfe von Mücken befreit, die Malaria verbreiteten. B übernimmt (teilweise wörtlich) die Angaben des Berichts für sein Gedicht *Die Teppichweber von Kujan-Bulak (11,181f.)*, das er später in die Sammlung *Geschichten aus der Revolution* aufnimmt (→ Januar 33).
Oktober. Erstveröffentlichung des *Lehrstücks* in einer Partiturausgabe des Verlags B. Schott's Söhne, Mainz (Überar-

beitung des Textes für die *Versuche* mit einem neuen Titel →Dezember 30).

15. November, Freitag. Die Universal Edition Wien, schließt mit Kurt Weill einen Vertrag über die *Dreigroschenoper* ab *(578/10f.)*.

Mitte November. B reist nach Augsburg. Angeregt von *Happy End*, schwebt B die Idee vor, eine Johanna-Figur in die Partnerschaft von harten Geschäftsleuten zu stellen *(Die heilige Johanna der Schlachthöfe)*. Beim Erstdruck in *Versuche*, H.5, heißt es in einer Vorbemerkung: »Das Stück ist entstanden aus dem Stück *Happy End* von Elisabeth Hauptmann.« Bei der Ausarbeitung des neuen Stückes kommen ihm die Studien für *Jae Fleischhacker* und *Dan Drew* (→Ende Februar 26) sowie für das (gleichzeitig mit *Johanna* entstehende) Stück *Der Brotladen* zugute. Für die Arbeit zieht er Elisabeth Hauptmann heran sowie Emil Burri (→November) und später auch Hermann Borchardt.

Mitte November-Anfang Dezember 1929
Reise nach Augsburg

Beginn der Arbeit an
Die heilige Johanna der Schlachthöfe

28. November, Donnerstag. B bedankt sich bei seiner Tante Lisbeth Brecht für Fotos aus New York, die »*außerordentlich* gut« seien *(Br, 423)*.

November. B ist deprimiert über den Mißerfolg von *Happy End* (→2.9.) und hätte gern Emil Burri, der bei Ernst Josef Aufricht im Theater am Schiffbauerdamm arbeitet, bei sich in Augsburg, schon wegen der »kürzlichen Niederlage plus erfolgender Um- und Einstellung der ferner oder näher Beteiligten«, aber auch, weil in Augsburg eine ganz anders »mögliche positive Arbeit« gemacht werden kann, »die besser als alle Taktik ist (sehr wichtig)« *(Br, 424)*.

Kurt Weill schließt die Partitur von *Aufstieg und Fall der Stadt Mahagonny* ab. Während der Arbeit kommt es zwischen B und Weill zu Meinungsdifferenzen über die Funktion dieser Oper. Weill beginnt deshalb, mit Caspar Neher einen »Aufführungskommentar« zu schreiben *(MW)*, den er später zu einem Regiebuch erweitern will (aber nicht abschließt; vgl. sein im Januar 1930 geschriebenes *Vorwort zum Regiebuch der Oper »Mahagonny«; Weill, 57-60)*.

Anfang Dezember. B ist nach Berlin zurückgekehrt und übernimmt für die Konzertaufführung des Lehrstücks *Der Lindberghflug* die Regie.

5. Dezember, Donnerstag. Konzertaufführung von *Der Lindberghflug*, »Kantate für Soli, Chor und Orchester« in Berlin (erstmals nur mit der Musik Kurt Weills); Regie: B, musikalische Leitung: Otto Klemperer.

Nach dem Erfolg des *Lindberghflugs* planen B und Weill für das Festival der Neuen Musik Berlin 1930 einen neuen gemeinsamen Beitrag. Als Grundlage dient das No-Spiel *Taniko oder Der Wurf ins Tal*, das dem japanischen Dramatiker Zenchiku zugeschrieben wird. Elisabeth Hauptmann

Konzertaufführung *Der Lindberghflug*

hat das Spiel aus dem Englischen des Arthur Waley übersetzt (und in der Zeitschrift *Der Scheinwerfer*, Essen, im Dezember veröffentlicht). Kurt Weill schreibt (→August 30) über die Arbeit: »Das alte japanische Stück, das wir (Brecht und ich) als Textunterlage der ersten Schuloper auswählten, schien uns zwar seiner ganzen Grundhaltung nach sofort für den Gebrauch in Schulen geeignet, aber den Vorgängen fehlte noch jene Begründung, die erst eine pädagogische Verwertung berechtigt erscheinen läßt. Wir fügten den Begriff ›Einverständnis‹ hinzu und änderten danach das Stück um: der Knabe wird jetzt nicht mehr (wie im alten Stück) willenlos ins Tal hinabgeworfen, sondern er wird vorher befragt, und er beweist durch die Erklärung seines Einverständnisses, daß er gelernt hat, für eine Gemeinschaft oder für eine Idee, der er sich angeschlossen hat, alle Konsequenzen auf sich zu nehmen.« *(Über meine Schuloper »Der Jasager«; Weill1,62f.)* B stellt eine Bearbeitung her, die im →Januar 1930 in den Grundzügen abgeschlossen ist (und im April/Mai 30) von Weill vertont wird (Erstdruck →April, Uraufführung →23. 6.).

B bemüht sich in verschiedenen Texten über das epische Theater, die er zur Selbstverständigung schreibt, um einen *Weg zu großem zeitgenössischem Theater (21,377-381)*. Darin sucht er nach Vorbildern und findet »das ›asiatische‹ Vorbild« besonders brauchbar. Er beginnt sich mit Elementen einer »fremdländischen Schauspielkunst« zu beschäftigen *(21,391f.)*. In dieser Zeit beginnt auch sein Interesse an chinesischer Philosophie *(21,369* und *369f.)*. Elisabeth Hauptmann überprüft in seinem Auftrag chinesische Stücke. In dem Zusammenhang wird er auf die (nach einer nicht ermittelten französischen Vorlage) von ihr überlieferte Geschichte *Die zwei Mantelhälften* aufmerksam, die später (→16. 5. 31) als Grundlage für das Lehrstück *Die Ausnahme und die Regel* dient.

Thomas Mann

6. Dezember, Freitag. Einer protokollarischen Notiz zufolge sprechen Schauspieler mit B über Episoden »aus der deutschen Revolution«, die sie sich herausgesucht haben. Maxim Vallentin und Harry Wilde wollen mit den Fällen der (1917 hingerichteten) revolutionären Matrosen Albin Köbes und Max Reichpietsch den Ausbruch der Revolution weit »weg von der Etappe« bzw. »in der Etappe« zeigen. B rät, sich erst zu entscheiden, wenn genügend Fälle geprüft sind, und will von Peter Lorre, Theo Lingen, Ernst Busch, Carola Neher und Helene Weigel »verschiedene Szenen vorspielen« lassen *(330/55)*.

10. Dezember, Dienstag. Thomas Mann erhält den Nobelpreis für Literatur.

21. Dezember, Sonnabend. B rezensiert in der Wochenschrift *Das Tage-Buch*, Berlin, Samuel Butlers Roman *Der Weg allen Fleisches* (2 Bände, ins Deutsche übersetzt von Herberth E. Herlitschka, Phaidon Verlag, Wien 1929). Butler scheue sich »nie, von Geld zu sprechen,« was sich »als literarisch außerordentlich fruchtbar« erweist. Am Ende empfiehlt B, »den Gebrauch etwa der dialektischen Methode, die Butler mit solchem Erfolg handhabt, wenigstens jetzt, ein Vierteljahrhundert nach seinem Tode, als allgemein obligatorisch in die Romanliteratur« einzuführen *(21,361f.)*. Bei seiner Beschäftigung mit diesem Romanautor schreibt B auch eine umfangreiche Rezension über dessen im gleichen Verlag erschienenen Roman *Jenseits der Berge oder Merkwürdige Reise ins Land Aipotu* (ebenfalls übersetzt von Herlitschka). Nach einer Darstellung verschiedener Lebensnormen im utopischen Aipotu kommt B zu dem Schluß, daß man »nach der Lektüre des Buches den Eindruck gewinnt, daß die Ansichten der Leute von Aipotu nicht unvernünftiger sind als die unsern, kurz: wir gewinnen einen sehr eigentümlichen Eindruck von unsern Ansichten« *(21,368)*.

29. Dezember 1929
Matinee über die Aufgaben des Schriftstellers in unserer Zeit

29. Dezember, Sonntag. Im Berliner Theater des Westens findet eine Matinee der Universum-Bücherei zum Thema *Die Aufgaben des Schriftstellers in unserer Zeit* statt, an der B, Johannes R. Becher, Alfred Döblin, Manfred Georg, Herbert Jhering, Alfred Kerr, Gerhard Pohl und F. C. Weiskopf mitwirken. Die Veranstaltung wird von der Berliner Funk-Stunde übertragen.

Ende Dezember. B wendet sich erneut an Emil Burri (der am Schiffbauerdamm-Theater arbeitet): Er möchte sich mit ihm in Augsburg »*Aus nichts wird nichts* und die Daniel-Drew-Geschichte vornehmen, eventuell auch *Fleischhacker*, das Weizenstück«. B hofft, daß ihn Aufricht für »8-10 Tage freigeben wird« *(Br, 422)*. (Die Fragmente *Daniel Drew*, *Jae Fleischhacker in Chikago* und *Aus nichts wird nichts*; *10,334-381, 271-318, 679-718.*)

Fritz Sternberg schenkt B sein Buch *Der Imperialismus und seine Kritiker* mit der Widmung: »mit einem sehr schönen Gruß« *(BBAB)*.

31. Dezember, Dienstag. Wie er der Universal-Edition Wien mitteilt, hat Kurt Weill B davon überzeugen können, daß die »Verwendung amerikanischer Namen für *Mahagonny*« die Gefahr einer falschen Verwendung der »Begriffe von Amerikanismus, Wildwest oder dergl.« einschließt. Für die Leipziger Uraufführung werden bereits deutsche Namen eingesetzt *(MW)*.

Uraufführung von Ferdinand Reyhers Boxer-Stück *Harte Bandagen* (→ 9. 5. 28) am Staatlichen Schauspielhaus Berlin: im Verlagsblatt *Charivari. Für Theater, Film und Rundfunk* wird es (am 6. 9.) unter dem Titel: »*Boxer* (*Don't Bet On*

Fights), Schauspiel von Ferdinand Reyher, übersetzt von Elisabeth Hauptmann« angekündigt, bei gleichzeitiger Mitteilung, daß es von Theatern in Berlin, Dortmund und Würzburg angenommen sei.

1930

23. Januar, Donnerstag. Bei Bildung der Landesregierung Thüringen wird erstmals in Deutschland ein Mitglied der NSDAP (Wilhelm Frick als Innenminister) in ein Regierungsamt gewählt.

26. Januar, Sonntag. In einer Rundfrage *Wie stehen Sie zum § 218 Str.G.B.?*, bei der sich zahlreiche Personen aus allen Berufen äußern, schreibt B, der Staat »verbietet uns, unsere Nachkommen am Leben zu verhindern – er wünscht, dies selber zu tun. Er behält sich vor, selber abzutreiben, und zwar erwachsene, arbeitsfähige Menschen.« *(21,373.)* Die Umfrage erscheint im *Generalanzeiger für Dortmund und das gesamte rheinisch-westfälische Industriegebiet* (als Nachdruck der Mannheimer *Volksstimme*); sie wird teilweise, mit Bs Text unter der Überschrift *Weg damit!* in die *Blätter der Piscatorbühne, Kollektiv Berlin* zu dem Stück *§ 218* von Paul Credé übernommen (→ 17. 11. 31).

31. Januar, Freitag. Kurt Weill ist für einige Tage nach Leipzig gefahren und arbeitet mit dem Regisseur Walther Brugmann an *Aufstieg und Fall der Stadt Mahagonny.* Wie er Lotte Lenja mitteilt, habe sich Brugmann »zuerst entsetzlich doof angestellt«, dann aber bei dem Gedanken an die Verwendung von Masken plötzlich »Feuer gefangen«. Die Besetzung scheint ihm »sehr gut« zu sein, auch mit Nehers Bühnenbild ist Weill sehr zufrieden. *(Weill 2,62.)*

Fertigstellung von *Der Jasager (1. Fassung)*

Januar. Die Schuloper *Der Jasager* ist in einer 1. Fassung fertiggestellt.

3. Februar, Montag. Kurt Weill berichtet seiner Frau, daß er am Vortag (in Berlin) mit Elisabeth Hauptmann und Emil Burri zusammengetroffen sei, »die zur Abwechslung wieder einmal ganz eng liiert sind«. Die Hauptmann hätte »zum Kotzen« ausgesehen, und sei »furchtbar aufgezogen« worden; man nenne sie in den Theatern nur noch »Tantiemensaidie«; Heinz Liepmann habe sich »krummgelacht« *(Weill 2,28).*

14. Februar, Freitag. Bei einer Abstimmung für einen Dichterpreis in der Sektion Dichtkunst der Preußischen Akademie der Künste stimmt Georg Kaiser für B.

15. Februar, Sonnabend. B beklagt sich bei der Universal-Edition Wien über eine Publikation des Verlags, in der der »Anschein vermieden« wird, *Aufstieg und Fall der Stadt Mahagonny* sei eine Oper von ihm. »Es ist dies das unartigste Vergehen, das ich bisher bei einem Verlage erfahren habe.« *(MW.)* Der Verlag entschuldigt sich (am 19. 2.).

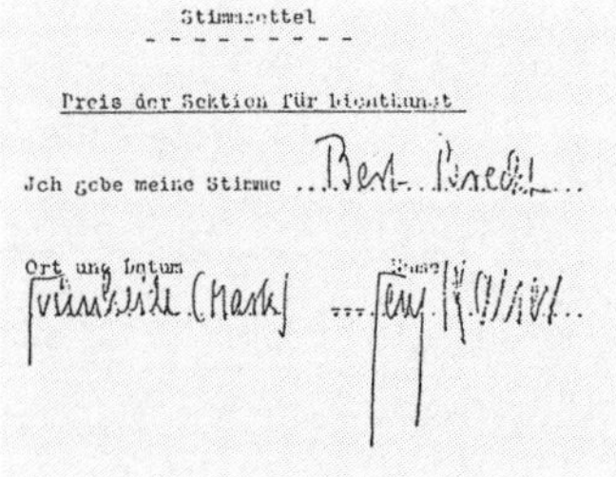
Stimmzettel

Jch gebe meine Stimme ..Bert Brecht...

Ort und Datum

Stimmzettel von Georg Kaiser

21. Februar, Freitag. Kurt Weill fährt erneut nach Leipzig und bleibt bis zur Uraufführung.

22. Februar, Sonnabend. Hanns Eisler hat (im Sommer 1929) den Sänger und Schauspieler Ernst Busch auf den Proben zu Walter Mehrings *Kaufmann von Berlin* in der Piscator-Bühne kennengelernt. Seitdem tritt er mit ihm häufig im Kabarett »Die Katakombe« und auf politischen Massenveranstaltungen auf. Von ihrer »schweren, aber nützlichen Arbeit« grüßen beide B aus Amsterdam *(1844/ 24f.)*.

Februar. B beginnt mit der Arbeit an dem Lehrstück *Die Maßnahme* (→ Anfang Mai).

Beginn der Arbeit an dem Lehrstück *Die Maßnahme*

Am Anfang der ersten Arbeitsphase, die parallel läuft mit der weiteren Arbeit an *Der Jasager* (→ 5. 12. 29), übernimmt B aus der Schuloper die Figur des »Knaben« und funktioniert sie zunehmend in die des »Jungen Genossen« um. Das Motiv des Einverständnisses im *Lehrstück* und der Opfertod des Knaben im *Jasager* werden in der *Maßnahme* im Zusammenhang mit einer revolutionären Aktion in China auf eine andere Ebene gebracht. Mit dem Komponisten Hanns Eisler (→ 22. 1. 28), den B als Mitarbeiter in allen Arbeitsphasen am Lehrstück einbezieht, kommt es zur ersten größeren Zusammenarbeit (der bis zu Bs Tod viele weitere folgen). Ein weiterer Mitarbeiter ist Slatan Dudow.

Zusammenarbeit mit Slatan Dudow

B hat den am 30. 1. 1903 geborenen bulgarischen Regisseur, der in Berlin Schauspielkunst und Theaterwissenschaft studiert, 1929 kennengelernt, als dieser nach Moskau eingeladen wird, um dortige Bühnen über das Theater in Berlin zu informieren. Nach dessen Rückkehr erkundigt sich B nach seinen Eindrücken. Dudow erinnert sich: »Schon nach einigen Minuten ging die Unterhaltung in ein produktives Streitgespräch über. Ich fand meine Ansichten denen Brechts gegenübergestellt; deshalb war ich im Laufe des Gesprächs sehr überrascht, mich schließlich als Parteigänger Brechts wiederzufinden.« *(Gersch, 104.)*

In der *Maßnahme* führt B einen Leiter des Parteihauses ein und gibt ihm den Namen »Keuner«, den er im gleichzeitig entstehenden *Fatzer* verwendet. Im weiteren Verlauf der Arbeit löst er die *Keuner*-Figur aus den Stücken heraus und schreibt für sie selbständige Geschichten, die dann in der Sammlung *Geschichten vom Herrn Keuner* (→ Dezember 32) zusammengestellt und mehrfach ergänzt werden.

6. März, Donnerstag. Kurt Weill hält über den Leipziger Sender einem Einführungsvortrag zur Oper *Aufstieg und Fall der Stadt Mahagonny.*

8./9. März 1930 Reise nach Leipzig

8. März, Sonnabend. B ist ebenfalls nach Leipzig gereist und nimmt an der Generalprobe der Oper *Aufstieg und Fall der Stadt Mahagonny* teil.

Teilnahme an der Generalprobe von *Aufstieg und Fall der Stadt Mahagonny*

In seinen Bemerkungen *Zur Uraufführung der Oper »Mahagonny«*, die in den *Leipziger Neuesten Nachrichten* erscheinen, erläutert Kurt Weill die Oper, in der »die Geschichte einer Stadt« nur in den Etappen aufgezeigt werde, die eine »gehobene Darstellung« zulassen. »Da wir die Geschichte der Stadt in ihrer Rückwirkung auf die Beziehungen der Menschen untereinander schildern, kamen wir von selbst auf die großen Begriffe des Zusammenlebens der Menschen, wie sie zu allen Zeiten und überall in der Kunst gestaltet wurden: Freundschaft und Verrat, Armut und Wohlstand, Bescheidung und Auflehnung, Angst und Mut. Aus diesem menschlichen Geschehen, eingebettet in die Erzählung von Aufstieg und Fall der Stadt Mahagonny, entstand eine Form des Operntheaters, die man etwa als ›musikalischen Bilderbogen‹ bezeichnen kann.« *(Weill 1,60f.)*

Zusammenarbeit mit Peter Suhrkamp

9. März, Sonntag. In der Zeitschrift *Musik und Gesellschaft*, Wolfenbüttel/Berlin, erscheint der Essay *Zur Soziologie der Oper – Anmerkungen zu »Mahagonny«*, den B zusammen mit Peter Suhrkamp zeichnet.

Der am 28. 3. 1891 in Kirchhatten bei Oldenburg geborene Peter Suhrkamp besucht das Lehrerseminar, arbeitet ab 1911 als Volksschullehrer, studiert nach dem ersten Weltkrieg in Heidelberg, Frankfurt/M. und München Germanistik (→ Dezember 19 u. → 9. 7. 20), 1921-1925 ist er Dramaturg am Landestheater Darmstadt, 1925-1929 Pädagogischer Leiter der Freien Schulgemeinde Wickersdorf. 1929 siedelt Suhrkamp nach Berlin über, schreibt als freier Mitarbeiter für das *Berliner Tageblatt*, ist außerdem in der Zeitschriften-Redaktion des Ullstein Verlags tätig, wo er vor allem das Magazin *Uhu* betreut (→ 20. 5. 29) und B zur Publikation einiger Texte verhilft. Durch diese Verbindung, die Elisabeth Hauptmann vermittelt, kommt es zu einer Zusammenarbeit mit B.

Wirklicher Fortschritt ist nicht Fortgeschrittensein, sondern Fortschreiten. Wirklicher Fortschritt ist, was Fortschreiten ermöglicht oder erzwingt. Und zwar in breiter Front die angeschlossenen Kategorien mitbewegend. Wirklicher Fortschritt hat als Ursache die Unhaltbarkeit eines wirklichen Zustandes und als Folge seine Veränderung. *(24,83.)*

Die *Anmerkungen zu »Mahagonny«* überarbeitet B für eine Publikation des Operntextes in *Versuche*, Heft 2 (→ Dezember). Damit greifen B und Suhrkamp in eine laufende Diskussion ein, die sich mit der Zukunft der Oper beschäftigt (z. B. in der Rundfrage *Was denken Sie über die zeitgenössische Weiterentwicklung der Oper* in den *Blättern der Staatsoper*, Berlin, im Mai 1927 sowie *Über die Erneuerung der Oper* im *BBC* vom 19. 2. 30); sie behandeln in dem Essay erstmals umfassend grundlegende Fragen des epischen Theaters in Übertragung auf eine zeitgenössische Oper. Beide sprechen sich nicht für »Erneuerungen«, sondern für »Neuerungen« in der Oper aus, weil nur diese »die Basis« angreifen. In einer Fußnote wird ihre Auffassung vom Fortschritt formuliert.

Für Mißverständnisse sorgt eine Liste, in der in Schlagworten die »Dramatische Form des Theaters« und die »Epische Form des Theaters« gegenübergestellt ist. Da dieses Schema, meist separat, nachgedruckt wird (auch im von B betreuten Programmheft der Uraufführung von *Die Mutter*, → 17. 1. 32) kommt es zu öffentlichen Angriffen und Diskussionen (→ Dezember 32). Insbesondere erregt die Kritiker Bs Zuweisung von »Gefühl« in das dramatische und von »Ratio« in das epische Theater *(24,74-84)*. Aus diesem Grund verändert B später die Gegenüberstellung *(24,85)*.
Abends Uraufführung der Oper *Aufstieg und Fall der Stadt Mahagonny* im Neuen Theater Leipzig; Regie: Walther Brugmann, Bühnenbild: Caspar Neher, musikalische Leitung: Gustav Brecher; mit Paul Beinert (Ackermann), Mali Trümmer (Jenny), Marga Dannenberg (Begbick).
11. März, Dienstag. Ein Abgeordneter der Deutschnationalen Volkspartei fordert im Theaterausschuß des Leipziger Stadtrats die sofortige Absetzung der Oper *Aufstieg und Fall der Stadt Mahagonny* und erreicht damit die Verschiebung der für diesen Tag angesetzten zweiten Vorstellung. Der Stadtrat lehnt (am 14. 3.) den Antrag des Theaterausschusses ab und erwägt als »Kompromißlösung« geschlossene Vorstellungen der Oper vor Arbeiter-Organisationen. B erklärt sich mit dieser Lösung nicht einverstanden: »Bühnenwerke gehören an die Öffentlichkeit. Eine geschlossene Vorstellung nützt uns nichts.« *(Deutscher Theaterdienst, 16. 3.)* So kommt schließlich (am 16. 3.) eine zweite Vorstellung zustande (der bis Ende März nur noch drei weitere folgen).
Wegen der landesweit verbreiteten Presseartikel über den Leipziger Theaterskandal und dessen politischen Hintergrund setzen einige Theater ihre bereits vertraglich vereinbarten Inszenierungen der Oper von den Spielplänen ab. Für die in Braunschweig und Kassel (beide am 12. 3.) angesetzten Premieren der Oper nehmen B und Weill auf Bitten der Intendanten größere Striche vor. Dennoch kommt es bei der Premiere in Braunschweig zu vorprogrammierten Tumulten, die von nationalsozialistischen Studenten organisiert werden (→ 12. 4.). Zu erfolgreichen Aufführungen der Oper kommt es in der Frankfurter Oper (am → 15. 10.) und im Berliner Theater am Kurfürstendamm (am → 21. 12. 31).
Ein neuer Plagiatsskandal kündigt sich an: Der Leipziger Schriftsteller Walter Gilbricht beschuldigt B, er habe in *Mahagonny* eines seiner Stück benutzt (→ Juni).
14. März, Freitag. Gegenüber der Universal-Edition Wien beurteilt Kurt Weill die Presse zur Uraufführung von *Aufstieg und Fall der Stadt Mahagonny* »keineswegs ungünstig«. Auch aus ablehnenden Kritiken spreche »noch der Respekt vor einem großen Theaterereignis und die Angst

9. März 1930: Uraufführung *Aufstieg und Fall der Stadt Mahagonny* Opernhaus Leipzig

In *Mahagonny* gibt es keine Liebe, es gibt nur Geld, den Trieb in allen Gestalten, die letzte Trostlosigkeit, die letzte Entseeltheit. Aber die Liebe ist vielleicht gerade dadurch gefordert; und die Leipziger, die pfiffen und sich absentierten, haben sicherlich Bert Brechts und Kurt Weills Aggressivität richtig gespürt, aber nicht ihren Ernst. Darin hatten sie unrecht. *(Alfred Einstein, Berliner Tageblatt, 10. 3.)*

Es gab eindrucksvolle Episoden. Ein würdiger Herr mit gesottenem Antlitz hatte seinen Schlüsselbund gezogen und kämpfte duchdringend gegen das epische Theater. Vier Schlüssel hingen an langer Kette, vermutlich der Haus-, der Wohnungs-, der Lift-, der Schreibtischschlüssel. Den fünften hielt der Mißvergnügte an die Unterlippe gepreßt und ließ über die Bohrung im Metall Luftströme von höchster Schwingungszahl streichen. Der Ton, den das Instrument erzeugte, hatte etwas Erbarmungsloses, in den Magen Schneidendes: es muß der Kasse-Schlüssel gewesen sein, auf dem der Wilde blies. *(Alfred Polgar, Das Tage-Buch, 22. 3.)*

Das Werk steht entwicklungsgeschichtlich an der Spitze der musikdramatischen Produktion der Gegenwart. Es trägt, all seinen Bierulk, all seine gymnasiastische Romantik zugegeben, aufs wirksamste zur Legitimierung des neuen Theaters bei und ist schon aus diesem Grunde leidenschaftlich zu bejahen. Es macht die Möglichkeiten der Oper für Gegenwart und Zukunft wieder plausibel und sprengt gleichzeitig ihre Grenze. *(Hans Heinz Stuckenschmidt, Die Szene, März.)*

Die Stadt Mahagonny ist eine Darstellung der kapitalistischen Welt, in der wir leben, entworfen aus der Vogelperspektive der klassenlosen Gesellschaft. Kein Symbol für dämonische Geldgier, kein Traum desparater Phantasie, überhaupt nichts, was ein anderes bedeutete, als es selber ist: sondern die exakte Projektion der gegenwärtigen Verhältnisse auf die unberührte weiße Fläche des Zustandes, der werden soll, im Bilde flammender Transparente. *(Theodor W. Adorno, Der Scheinwerfer, 13. 4.)*

vor Blamage«. Alles bestätige ihm die Richtigkeit seines Weges, den er auf keinen Fall aufgeben will, »weil seine Anfänge zufällig in eine Strähne schwerster Kulturreaktion kommen« *(MW)*.

28. März, Freitag. Reichspräsident von Hindenburg beauftragt den Führer der Zentrumsfraktion Heinrich Brüning mit der Bildung einer Regierung (ab 1. 4. mit Brüning als Reichskanzler mit Vollmachten im Amt).

März. In der Zeitschrift *Die Musik* erscheinen Kurt Weills *Anmerkungen zu meiner Oper »Mahagonny«*, in der »›Sittenbilder aus unserer Zeit‹, auf eine vergrößerte Ebene projiziert«, vorgestellt sind: »Diesem Inhalt entsprechend konnte hier die reinste Form des epischen Theaters gewählt werden, die auch die reinste Form des musikalischen Theaters ist.« *(Weill1,57.)*

12. April, Sonnabend. Der *BBC*-Musikkritiker Heinrich Strobel beschäftigt sich in der Funk-Stunde Berlin mit der Frage *Für und wider Mahagonny?* Im Anschluß daran werden vom Berliner Funk-Orchester unter Leitung von Theo Mackeben sieben Musiknummern aus *Aufstieg und Fall der Stadt Mahagonny* in einer instrumentalen Fassung gespielt. Die Regensburger *Zeitschrift für Musik* reagiert darauf (in Nr. 6) mit einer scharfen Kritik von Fritz Stege. Der Rezensent attackiert den »Propaganda-Feldzug« Strobels und bekennt sich zur Ansicht des Zentrumsblattes *Germania*, das B und Weill als »unreife Autoren« bezeichnet, »die nur darum eine Rolle spielen, weil sie, so wie sie sind, *einer mächtigen, an der Zersetzung unserer Kultur interessierten Clique* gerade recht sind« *(2,467)*.

14. April 1930
Rundfunkgespräch über *Mahagonny*

14. April, Montag. Die Sendereihe *Für und wider Mahagonny?* in der Funk-Stunde Berlin wird durch ein (nicht überliefertes) Gespräch von Kurt Weill und B fortgesetzt.

25. April, Freitag. Walter Benjamin teilt Gershom Scholem mit, der Text *Aus dem Brecht-Kommentar*, den er eben abgeschlossen hat (am 6. 7. im Literaturblatt der *Frankfurter Zeitung* gedruckt, auch in der Rundfunkrede verwertet → Mitte Juni), sei ein »erster Niederschlag« seines »in letzter Zeit sehr interessanten Umgangs mit Brecht«. Er fügt hinzu, es habe der Plan bestanden, »in einer ganz engen kritischen Lesegemeinschaft unter Führung von Brecht und mir im Sommer, den Heidegger zu zertrümmern«. Leider werde aber B, »dem es ziemlich schlecht geht«, bald verreisen, und Benjamin wolle es allein nicht auf sich nehmen *(Benjamin, III/2,1374f.)*.

April. Erstdruck des Textes *Der Jasager* (→ 5. 12. 29) in der Monatsschrift *Die Musikpflege*, Leipzig, zusammen mit dem Text *Aktuelles Zwiegespräch über die Schuloper* (mit Kurt Weill). Die Uraufführung findet am → 23. 6. statt.

In der pädagogischen Zeitschrift *Die Musikpflege* wird ein längeres *Aktuelles Zwiegespräch über die Schuloper zwischen Kurt Weill und Dr. Hans Fischer* veröffentlicht, in dem Weill auf sein »Bestreben« hinweist, wie viele andere Komponisten »eine einfache, volkstümliche Musik« zu schreiben. »Die Musik soll für uns keine Privat- und Stubenangelegenheit bleiben, sondern wir suchen nach breiteren, neuen Auswirkungsmöglichkeiten.« *(Weill1,63.)*
Der russische Regisseur Wsewolod Meyerhold kommt im April mit dem nach ihm genannten Moskauer Theater, das er seit 1923 leitet, nach Berlin und zeigt die Inszenierungen *Der Revisor* von Nikolai Gogol, *Brülle, China!* von Sergej Tretjakow, *Der Wald* von Alexander Ostrowski und *Der gewaltige Hahnrei* von Fernand Crommelynck. Auf B wirken die Rezensionen der Berliner Kritiker »sehr niederdrükkend«, weil darin »die historische Stellung des Meyerholdschen Experimentes innerhalb der Versuche zu einem großen rationellen Theater« nicht erkannt wird *(21,374f.)*.

***Die Maßnahme* fertiggestellt (1. Fassung)**

B schließt mit Hanns Eisler eine 1. Fassung des Lehrstücks *Die Maßnahme* (→ Februar) ab.
Nach Eislers Erinnerungen fand die Zusammenarbeit täglich »von neun bis eins« statt *(Eisler/Bunge, 105)*. Das Lehrstück ist für eine Aufführung beim Festival »Neue Musik Berlin 1930« vorgesehen; der Text wird bei der Leitung des Musikfests eingereicht (→ 12.5).

Mit Hanns Eisler 1931

Der Leipziger Lyriker und Publizist René Schwachhofer hat an einem »dummen Abend der Mißverständnisse« eigene Gedichte gelesen und (mit dem Datum vom 9. 3.) B zwei ihm gewidmete Gedichte zugesandt *(An die großen Schornsteine der Werke von X.* und *Anrede an den Raumraketenmann)*. B dankt Schwachhofer und bittet ihn um weitere Gedichte, die er gern lesen würde. »Sie wissen, es gibt wenig Leser im Moment – ich bin einer.« Dem Schreiben ist auch ein Gruß Peter Suhrkamps angefügt (der Schwachhofer unterrichtet hat) *(Br, 428)*.

12. Mai 1930
Protest gegen Zensurmaßnahmen der Festival-Leitung »Neue Musik Berlin 1930«

12. Mai, Montag. Die Leitung des Musikfestivals »Neue Musik Berlin 1930« (der Kapellmeister Heinrich Burkard, der Komponist Paul Hindemith, der Musikwissenschaftler und Komponist Georg Schünemann) sendet den (noch unfertigen) Text des Lehrstücks *Die Maßnahme* (→ April) an B zurück und fordert zur Überprüfung eine vollständige Textfassung mit der Musik an. Dies hält B für eine Vor-Zensur und lehnt einen Versand des Aufführungsmaterials ab. Er schreibt zusammen mit Hanns Eisler an die Festivalleitung einen Offenen Brief (der leicht gekürzt am 13. 5. im *BBC* gedruckt wird). Darin verwahren sich beide gegen eine politische und künstlerische Bevormundung: »So wenig es Ihre künstlerische Aufgabe sein kann, etwa die Polizei zu kritisieren, so wenig rätlich wäre es etwa, ausgerechnet von der Polizei Ihre künstlerischen Veranstaltungen finanzieren zu lassen: Sie setzen sie nämlich eventuell der Vorkritik der Polizei aus.« B und Eisler fordern die Leitung auf, »diese wichtigen Veranstaltungen aus allen Abhängigkeiten« herauszunehmen und sie von »Arbeiterchören, Laienspielgruppen, Schülerchören und Schülerorchestern« machen zu lassen, »also von solchen, die weder für Kunst bezahlen noch für Kunst bezahlt werden, sondern Kunst machen wollen«. Einer neuen Musik am nützlichsten sei der Rücktritt der Leitung des Festivals *(24,97f.)*. In ihrer Antwort im *BBC* (vom 15. 5.) verwahrt sich die Leitung des Musikfestivals gegen eine Ablehnung aus politischen Gründen. »Szenische Stücke kommen für eine Aufführung nur in Betracht, wenn die Musik von entscheidender Bedeutung für die Haltung des Werkes ist.« Durch die Abweisung der *Maßnahme* sehen sich B und Kurt Weill veranlaßt, auch ihre Schuloper *Der Jasager* als Beitrag zum Musikfest zurückzuziehen (→ 23. 6.).

21. Mai 1930
Vertrag über eine Verfilmung der *Dreigroschenoper*

21. Mai, Mittwoch. Der Verlag Felix Bloch Erben schließt (im Einvernehmen mit B und Kurt Weill) mit der Nero-Film AG einen Vertrag über die Verfilmung der *Dreigroschenoper* ab.

24. Mai-Ende Juni 1930
Reise nach Le Lavandou

24. Mai, Sonnabend. B ist auf dem Wege nach Le Lavandou. Er trifft sich mit Georg Pfanzelt und Rudolf Hartmann in Genf, von wo aus sie (mit einem handschriftlichen Gruß Bs) eine Postkarte an Pfanzelts Frau schicken.

Arbeit an *Die heilige Johanna der Schlachthöfe*

B arbeitet in Südfrankreich u. a. an *Die heilige Johanna der Schlachthöfe*. In dieser Zeit schreibt er auch das Gedicht *Es war einmal ein Fisch mit Namen Fasch (14,62f.)* als »kleines Lehrgedicht« für seinen Sohn Stefan.

2. Juni, Montag. Die *MNN* melden, daß B an neuen Stücken arbeite: an »*Johannes Fatzer* und der Komödie *Aus nichts wird nichts*. Ferner schreibt er neben der Opernbearbeitung des *Schwejk* an einem anderen Opernlibretto *Der Brotladen* zu der Musik von Kurt Weill.« (Das Opernprojekt *Schwejk* nimmt B, zusammen mit Hanns Eisler, erst wieder am → 18. 3. 32 auf.)

Erneuter Plagiatsvorwurf gegen Brecht

Die Berliner Zeitung *Der Montag Morgen* macht unter der Überschrift *Neue Plagiatsaffäre um Brecht* die Anschuldigung des Leipziger Schriftstellers Walter Gilbricht bekannt, B habe in *Aufstieg und Fall der Stadt Mahagonny* (→ 30. 3.) sein »Spiel in 15 Bildern« *Die Großstadt mit einem Einwohner* (1927) plagiiert. Gilbricht hatte sein Stück 1928 an Erwin Piscator schicken lassen und vermutet, daß B bei dieser Gelegenheit Einsicht nehmen konnte. Nachdem sowohl der Dramaturg der Piscator-Bühnen Felix Gasbarra als auch Kurt Weill in der gleichen Zeitung bestätigen, daß B das

Stück nicht gekannt haben kann, bekräftigt Gilbricht (am 16. 6.) in fünf Punkten seine Anschuldigung.

6. Juni, Freitag. Die Universal-Edition Wien fragt bei B an, ob er den Wunsch hat, daß der Verlag »in der Plagiatsanschuldigung *Mahagonny* Schritte« unternehmen soll. Außerdem wird um Rücksendung der Verträge (vom 12. 5.) über *Lindberghflug, Jasager,* Songtexte zu *Happy End,* Texte zum *Songalbum, Songs aus der Dreigroschenoper, Berliner Requiem* gebeten *(MW).*

In einem Text zum 50. Geburtstag von Gustav Kiepenheuer (am 10. 6.) wird im *BBC* u. a. über die *Versuche* Bs geschrieben, daß sie »Theoretisches und Dichterisches in neuem interessanten Zusammenhang bringen sollen«. Der Verlag hat einen Sonderdruck *Gustav Kiepenheuer zum 50. Geburtstag* (in *einem* Exemplar) gedruckt, in dem nach dem Wunsch des Jubilars die Autoren humoristische Beschreibungen aus ihrem eigenen Leben erzählen sollen. B stellt sein (1920 geschriebenes) Gedicht *Erinnerungen (13,184)* zur Verfügung (das darin zum erstenmal gedruckt wird).

10. Juni, Dienstag. Der Verlag Felix Bloch Erben bittet B, wegen des Films *Dreigroschenoper* bald wieder nach Berlin zurückzukommen; Weill sei bereits mit Neher an der Arbeit.

15. Juni, Sonntag. B schlägt der Universal-Edition vor, in der »Gilbrichtsache« (→ 2. 6.) »gegen den jungen Mann einfach auf Schadenersatz zu klagen« *(MW).*

Mitte Juni. Mit der Reihe *Versuche* will B im Verlag Gustav Kiepenheuer seine Werke in einer neuen Form herausbringen (broschiert, in grauem Pappumschlag, Druckbögen nicht aufgeschnitten). In Heft 1 (Versuche 1-3), das Mitte Juni herauskommt, schreibt er einleitend: »Die Publikation der *Versuche* erfolgt zu einem Zeitpunkt, wo gewisse Arbeiten nicht mehr so sehr individuelle Erlebnisse sein (Werkcharakter haben) sollen, sondern mehr auf die Benutzung (Umgestaltung) bestimmter Institute und Institutionen gerichtet sind (Experimentcharakter haben) und zu dem Zweck, die einzelnen sehr verzweigten Unternehmungen kontinuierlich aus ihrem Zusammenhang zu erklären.« *(S. 1.)*

Heft 1 enthält:

1. Versuch: *Der Flug der Lindberghs (3,7-24),* »ein Radiolehrstück für Knaben und Mädchen, nicht die Beschreibung eines Atlantikflugs, sondern ein pädagogisches Unternehmen« für eine »bisher nicht erprobte Verwendungsart des Rundfunks, bei weitem nicht die wichtigste, aber einer aus der Reihe von Versuchen, welche Dichtung für Übungszwecke verwenden«. Dazu gehören *Erläuterungen (24,87-89),* die »Teile einer Musiktheorie« enthalten.

2. Versuch: Die *Geschichten vom Herrn Keuner (18,13-17)*

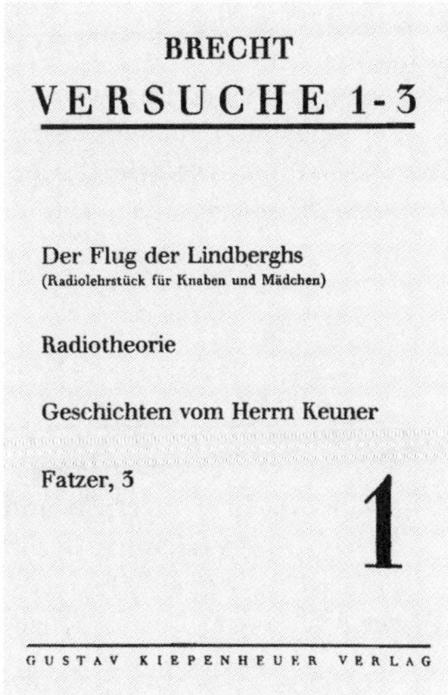

Erstdruck von Heft 1 der *Versuche (Versuche 1-3)*

Nicht Erneuerung wird proklamiert; Neuerungen sind geplant. Die Dichtung erwartet hier nichts mehr von einem Gefühl des Autors, das nicht im Willen, diese Welt zu ändern, sich mit der Nüchternheit verbündet hat. [...] Aber zitierbar ist nicht nur Herrn Keuners Haltung, genauso ist es, durch Übung, die der Schüler im *Flug der Lindberghs,* und die des Egoisten Fatzer ist es auch, und wiederum: was an ihnen zitierbar ist, das ist nicht nur die Haltung, genauso sind es die Worte, die sie begleiten. Auch diese Worte wollen geübt, das heißt erst gemerkt, später verstanden sein. Ihre pädagogische Wirkung haben sie zuerst, ihre politische dann und ihre poetische ganz zuletzt. *(Walter Benjamin, Vortrag am 24. 6. im Frankfurter Rundfunk; Benjamin, II/2,661 f.)*

Brecht ist eine schwierige Erscheinung. Er lehnt es ab, seine großen schriftstellerischen Talente ›frei‹ zu verwerten. Und es gibt vielleicht keinen Vorwurf gegen sein literarisches Auftreten – Plagiator, Störenfried, Saboteur –, den er nicht für sein unliterarisches, anonymes, aber spürbares Wirken als Erzieher, Denker, Organisator, Politiker, Regisseur wie einen Ehrennamen beanspruchen würde. *(Walter Benjamin, Aus dem Brecht-Kommentar → 6. 7.; Benjamin, II/ 2,506.)*

23. Juni 1930: Uraufführung *Der Jasager* Zentralinstitut für Unterricht und Erziehung Berlin

Dieser Abend der »Neuen Musik Berlin 1930« darf als Höhepunkt gelten. Mit dieser Schuloper ist dem Gebiet, das man unter dem Namen »Gemeinschaftsmusik« zusammenfaßt, neues Land erobert, wiedererobert worden. Man muß zu diesem *Jasager* als Ganzes Ja sagen. Es ist, nach der *Dreigroschenoper*, Weills zweiter großer Wurf. *(Alfred Einstein, Berliner Tageblatt.)*

Was die ausführenden Berliner Schüler unter ihrem Leiter Heinrich Martens geleistet haben, ist wahrhaft erstaunlich. Sie gehen an ihre nicht leichte Aufgabe mit jener beglückenden Freude und Konzentration, die man im Musikbetrieb oft so schmerzlich vermißt. *(H.H. Stuckenschmidt, B. Z. am Mittag.)*

In dieser Tendenzfabel wird als zentrale Lebensweisheit gelehrt: handle nicht vernünftig und menschlich; sondern tu vor allem eins, mein Kind, gehorche! Gehorche der Konvention, ohne sie überhaupt zu prüfen, mag sie auch noch so irrsinnig sein! Wenn sie es bestimmt, dann fordere nicht Hilfe, sondern laß dich schleunigst in den Abgrund werfen. Denke nicht, das sei eine ethisch verbrämte Gemeinheit! Man sieht: diese Jasager erinnern frappant an die Jasager während des Krieges. *(Frank Warschauer, Die Weltbühne, 8. 7.)*

stellen »einen Versuch dar, Gesten zitierbar zu machen«. Diese erste Zusammenstellung enthält die (elf) Geschichten: *Weise am Weisen ist die Haltung; Organisation; Maßnahmen gegen die Gewalt; Von den Trägern des Wissens; Der Zweckdiener; Die Mühsal der Besten; Die Kunst, nicht zu bestechen; Vaterlandsliebe, der Haß gegen Vaterländer; Das Schlechte ist auch nicht billig; Hunger; Vorschlag, wenn der Vorschlag nicht beachtet wird.*
3. Versuch: *Fatzer, 3. Rundgang des Fatzer durch die Stadt Mühlheim* sowie *Fatzers zweite Abweichung;* außerdem *Fatzer, komm (Aus: Fatzer; 10,499; 506; 511)*
Im Berliner Zentralinstitut für Unterricht und Erziehung beginnen unter Leitung von Heinrich Martens die Proben zur Schuloper *Der Jasager* (→ Januar), die wegen der Meinungsverschiedenheiten Bs und Kurt Weills mit dem Direktorium der »Neuen Musik Berlin 1930« (→ 12. 5.) nicht im Rahmen dieser Festwoche uraufgeführt wird, sondern innerhalb einer Veranstaltung der Musikabteilung des Zentralinstituts. Der Mitwirkende Otto Hopf schreibt darüber: »Wir waren bei der Sache und erlebten den Text und die Musik immer wieder von neuem.« *(Musik und Gesellschaft, Wolfenbüttel, 4. 8.)*
21. Juni, Sonnabend. Die Nero-Film AG schließt mit Kurt Weill eine Vereinbarung ab, der zufolge er bei der Verfilmung der *Dreigroschenoper* an der »Herstellung des Manuskripts« mitwirkt, soweit es »die musikalischen Teile des Tonfilms betrifft«. Außerdem soll er eine für den Film notwendige neue Instrumentation vornehmen und die musikalischen Aufnahmen im Atelier leiten *(1234/4f.).*
23. Juni, Montag. Uraufführung der Schuloper *Der Jasager* (1. Fassung: *3,47-55*); Leitung: Heinrich Martens. Die Ausführenden sind Schüler von Berliner Lehranstalten (darunter »Kräfte des Jugendchors« sowie die »Jugendgruppe und Instrumentalgruppe der Staatlichen Akademie für Kirchen- und Schulmusik«). Die Aufführung wird im Rundfunk übertragen.
B hält sich zur Zeit der Premiere noch in Südfrankreich auf. Wegen der Reaktion der Kritik und nach einer Diskussion der Oper mit Schülern in Berlin-Neukölln (→ 9. 12.) überarbeitet er später den *Jasager.*
Filmregisseur G.W. Pabst, Drehbuchautor Leo Lania und der Anwalt der Nero-Film AG Löwenberg reisen (am 23. 6.) nach Le Lavandou, können sich aber mit B nicht über einen von ihm geforderten Vertragszusatz für die Verfilmung der *Dreigroschenoper* einigen.
Ende Juni. B schreibt (wahrscheinlich Ende Juni) aus Le Lavandou an Hanns Eisler, daß er den (Münchener Arzt Johann Ludwig) »Schmitt überstanden« hat, »und Anfang

nächster Woche [...] wohl auch das Mittelmeer«. Zwar sei einiges gearbeitet worden, aber noch nichts »an der *Maßnahme*, da es hierfür zu südlich babylonisch hier ist (trotz der Engelsschen Naturdialektik auf dem Tisch unter dem Wallace)«. B möchte im Herbst mit Eisler am Ammersee weiterarbeiten *(Br, 429)*.

Anfang Juli. B kehrt nach Deutschland zurück und macht zunächst Station in Augsburg.

Anfang Juli-20. Juli 1930
Reise nach Augsburg und München

Er arbeitet im Juli, zeitweise in München, mit Caspar Neher, Slatan Dudow und Leo Lania am Drehbuch zum *Dreigroschenoper*-Film.

Arbeit am Film *Dreigroschenoper*

6. Juli, Sonntag. Im *Literaturblatt* der *Frankfurter Zeitung* erscheint Walter Benjamins Essay *Aus dem Brecht-Kommentar.* Darin wird Heft 1 der *Versuche* rezensiert (→ Mitte Juni).

10. Juli, Donnerstag. Die Universal-Edition Wien hat sich (nach dem Brief an B vom 21. 6.) ein Textbuch von Walter Gilbrichts Stück *Die Großstadt mit einem Einwohner* (→ 2. 6.) besorgt und B nach Augsburg geschickt. B verfaßt nach der Lektüre eine Erklärung und sendet sie an den Verlag, der sie (nach einem Brief vom 10. 7.) an die Presse geben will. Nach Bs Meinung sei das Stück »inhaltlich konventionell, formal eine scheußliche Imitation jenes dramatischen Stils, mit dem vor zehn Jahren Bronnen und ich anfingen«. Er habe bereits im Frühjahr dem Verlag mitgeteilt, daß *Mahagonny* abgeschlossen ist, ehe Gilbricht sein Stück bei Piscator eingereicht hat. B sieht deshalb in der Affäre einen »unfairen Reklametrick [...], um das Zeug einigermaßen interessant zu machen«. Da nach seiner Ansicht »die Plagiierkunst zum Handwerk des Schriftstellers« gehört, billigt er sich einige »Autorität auf diesem Gebiete« zu und muß feststellen: *»Gilbrichte sind nicht plagiierbar.« (21,399.)* Bs Erklärung wird in mehreren Zeitungen und Zeitschriften veröffentlicht. Sie wird z. B. vollständig von Heinrich Strobel in seiner Rubrik *Zeitschau* in *Melos* (der Mainzer Zeitschrift für Musik) zitiert. »Dieser Abfuhr ist nichts hinzuzufügen«, meint Strobel.

21. Juli, Montag. B fährt zu Helene Weigel und Sohn Stefan nach Unterschondorf.

21. Juli-Anfang September 1930
Reise nach Unterschondorf

Er arbeitet mit Elisabeth Hauptmann und Slatan Dudow, die ebenfalls angereist sind, an *Die heilige Johanna der Schlachthöfe* (→ November 29). B lädt auch Bernard von Brentano ein, ihn dort zu besuchen *(Br, 430)*. Bei der intensiven Arbeit an dem neuen Stück entschließt er sich für eine Umstellung von Prosatexten in Verse und fixiert die Johanna-Figur auf Jeanne d'Arc (→ 25. 12.). Während dieser Änderungen entstehen auch die Texte *Darstellung der Geschäfte des Pierpont Mauler* und *Erklärung des Sinns der*

Arbeit an *Die heilige Johanna der Schlachthöfe*

»*Heiligen Johanna der Schlachthöfe*« *(24,102f.)* sowie *Über die Darstellung von Geschäften im Drama (21,376f.).*
25. Juli, Freitag. B, seine Frau und sein Sohn sowie Slatan Dudow schicken aus Unterschondorf an Hanns Eisler eine Postkarte mit der Abbildung eines Mannes, der – wie fragend – auf einem Korbstuhl hockt, mit der darunter gedruckten Legende: »Herrgott, mehr Seele... mehr Ausdruck...«. Die »Unterzeichneten« richten auch an Eisler »diese nicht mehr ungewöhnliche Bitte bzw. Forderung« *(Br, 431).*
2. August, Sonnabend. Die Berliner Zeitung *Tempo* bringt den ersten öffentlichen Hinweis auf Bs neues Stück (→ 21. 7.): »Bert Brechts nächstes Drama *Die heilige Johanna der Schlachthöfe* wird den Fall der Jungfrau von Orleans sozusagen in modernstem Milieu wiederholen und zur Diskussion stellen. Auch gegenüber Shaws *Johanna* wird der Unterschied darin liegen, daß Leben und Schicksal der Brechtschen Heldin [...] unmittelbar den materialistischen Bedingungen der Gegenwart unterliegt. Geschrieben wurde die Titelrolle für Carola Neher.«

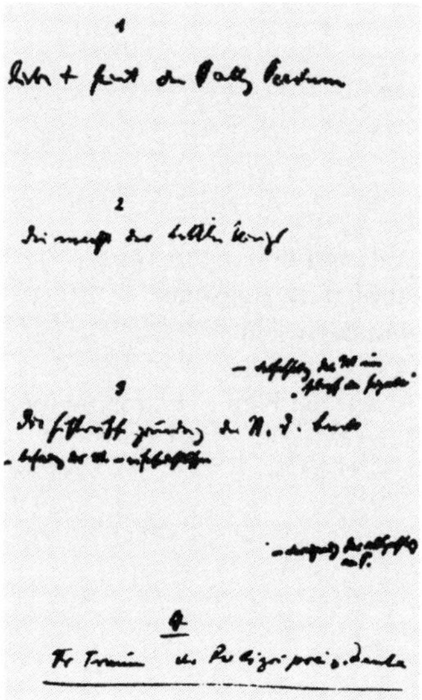

Plan für *Die Beule*
Transkription:

1 / Liebe und Heirat der Polly Peachum
2 / Die Macht des Bettlerkönigs
3 / Die historische Gründung der N. D.-Bank – Verhaftung des M. im »Sumpf von Highgate« – Befreiung des M. – Eifersuchtsszene – Verweigerung der Auszahlung an P.
4 / Der Traum des Polizeipräsidenten

3. August, Sonntag. Die Nero-Film AG hat mit den unmittelbaren Vorbereitungen für die Verfilmung der *Dreigroschenoper* begonnen. Die Firma unterschreibt ein »Übereinkommen« mit B, der für einen Tag nach Berlin gekommen ist, nach dem er die »Grundlage« für ein Drehbuch liefert und das Recht eingeräumt bekommt, daran Änderungen zu verlangen, wenn es nicht den Grundlagen entspricht. B setzt als weitere Mitarbeiter Caspar Neher und Slatan Dudow durch, die Filmfirma Leo Lania als Drehbuchautor. Am 18. 8. versucht die Nero-Film AG vergeblich, B von der Arbeit am Drehbuch auszuschließen; am 23. 8. kündigt sie die Zusammenarbeit mit B auf und erklärt sich zur Zahlung von Schadenersatzansprüchen bereit. Nach der Entlassung Lanias wird Béla Balázs als neuer Drehbuchautor engagiert.
13. August, Mittwoch. Die Universal-Edition Wien hat am 12. 8. mit Hanns Eisler über die *Maßnahme* verhandelt und schlägt eine Honoraraufteilung zwischen ihm und B von je 50% vor.

14. August 1930
Weitere Arbeit am Filmexposé wird von Filmfirma behindert

14. August, Donnerstag. Leo Lania kommt nach Unterschondorf und spricht mit B über den *Dreigroschenoper*-Film. B teilt ihm mündlich den Fortgang der Filmhandlung mit. Die Filmgesellschaft verhindert aber die weitere Zusammenarbeit, indem sie Lania vor Fertigstellung des Exposés nach Berlin zurückbeordert.
18. August, Montag. Rechtsanwalt Dr. Berger versucht B zur Vertragsauflösung zu bewegen, was ihm nicht gelingt; B überreicht ihm die Grundlagen seines Film-Exposés. Die Nero-Film AG erklärt den Vertrag durch B für gebrochen. Am 23. 8. kündigt die Firma die Zusammenarbeit mit B end-

gültig auf. Dennoch arbeitet B daran weiter und liefert Anfang September das fertiggestellte Filmexposé *Die Beule (19,307-320)* ab.

20. August, Mittwoch. Auf der Hamburger Generalversammlung des Reichsverbandes der Deutschen Filmtheaterbesitzer protestiert der Vorsitzende Ludwig Scheer gegen eine Verfilmung der *Dreigroschenoper*. Er verlangt, »auch die Sprache des Films unter Zensur zu stellen« *(Film-Kurier, 21. 8.)*. Herbert Jhering verwahrt sich gegen Scheers Attacke und fragt, ob er zusätzlich zur staatlichen Filmzensur noch eine Zensur der Filmtheaterbesitzer einführen will *(BBC, 21. 8.)*. Auch Seymour Nebenzahl, der bei der Nero die Gesamtleitung für den Film übernommen hat, protestiert gegen Scheers Angriff und unterstellt, ihm sei wohl unbekannt, »daß der Verfasser der *Dreigroschenoper* einer der bemerkenswertesten Repräsentanten der jungen deutschen Literatur und deren Komponist ein anerkannter Musikautor ist« *(Kinematograph, 23. 8.)*.

20. August 1930
Protest gegen die Verfilmung der *Dreigroschenoper*

Denken Sie sich einmal aus, daß diese Reminiszenzen eines alten Zuhälters in Ihren schönen Theatern frivol und nackt aus dem Schalltrichter quellen sollen. Welchen Erfolg können Sie damit erzielen, überhaupt mit den Erzeugnissen von so unheilbar Sexual-Verblödeten? Doch nur den, daß Ihr gutes Publikum fluchtartig auf Nimmerwiedersehen Ihre Theater verläßt. *(Ludwig Scheer vor Filmtheater-Besitzern in Hamburg.)*

August. In der Zeitschrift *Die Scene* schreibt Kurt Weill *Über meine Schuloper »Der Jasager«*, es sei »unbedingt erstrebenswert, daß ein Schulstück den Knaben außer der Freude am Musizieren auch Gelegenheit bietet, etwas zu lernen« (*Weill 1,62*; → 5. 12. 29).

Anfang September. Nach dreimonatiger Abwesenheit fährt B wieder nach Berlin zurück.

Anfang September 1930
Zurück in Berlin

Filmexposé *Die Beule* fertiggestellt

14. September, Sonntag. Bei den Reichstagswahlen kommt es zu einem Rechtsrutsch: die KPD erhält 77 (statt bisher 23) Sitze und die NSDAP 107 (statt bisher 12) Sitze im Reichstag. Das Ergebnis der fünf stärksten Parteien in Prozenten: SPD 24,5%, NSDAP 18,3%, KPD 13,1%, Zentrum 11,8%, DNVP 7%.

19. September, Freitag. Obgleich keine Einigung mit B über das *Dreigroschenoper*-Drehbuch zustande gekommen ist, beginnt die Nero-Film AG unter der Regie von G. W. (Georg Wilhelm) Pabst im Efa-Studio (alte Zeppelinhalle) in Berlin-Staaken mit den Dreharbeiten. Es werden gleichzeitig zwei Versionen gedreht: neben der deutschen Fassung in der gleichen Dekoration mit französischen Schauspielern eine französische.

19. September 1930
Beginn der Dreharbeiten an dem Film *Die Dreigroschenoper*

25. September, Donnerstag. Die Universal-Edition Wien berichtet B (wie auch schon am 23. 9.) von dem großen Interesse der Schulen am *Jasager*. Zehn Schulen hätten die Schuloper bereits angenommen, und täglich kämen neue hinzu. Aus diesem Grunde will der Verlag ein Textbuch herausbringen und bittet B, dies mit dem Kiepenheuer Verlag zu arrangieren.

27. September, Sonnabend. Kurt Weill, der noch am Film mitgearbeitet hat, gibt seine Mitarbeit unter Protest auf.

30. September 1930
Klage Brechts und Weills gegen die Nero-Filmgesellschaft

30. September, Dienstag. Wegen seines Ausschlusses an weiteren Arbeiten am Drehbuch des *Dreigroschenoper*-Films erheben B am 30. 9. und Kurt Weill am 1. 10. Klage gegen die Nero-Film AG vor dem Landgericht I Berlin. Sie beantragen ein Verbot der Verfilmung bzw. deren Vertrieb.
September. Die Neuauflage der *Balladen* von François Villon, um die sich mehrerer Verlage beworben hatten, kommt schließlich im Kiepenheuer Verlag heraus. Anstelle des vom Übersetzer Karl Klammer abgelehnten Vorworts von B (→ 23. 10. 29) wird das (1930 geschriebene) *Sonett zur Neuausgabe von François Villon* vorangestellt, das mit den Versen endet: »Nehm jeder sich heraus, was er grad braucht! / Ich selber hab mir was herausgenommen ...« *(14,99)*. Am 6. 10. schickt Karl Klammer eines der neuaufgelegten Villon-Bücher mit einer Widmung an B, um damit »für uns beide diese Angelegenheit zu versöhnlichem Abschluß zu bringen« *(Z 4/41)*. B revanchiert sich bei Klammer am → 16. 2. 31.
1. Oktober, Mittwoch. In einer Presseerklärung wirft die Filmfirma B vor, dem Film (in seinem Exposé *Die Beule*) im Gegensatz zum Stück *Dreigroschenoper* eine »ausgesprochen politische Tendenz zu geben«, die mit »Rücksicht auf unsere Stellung als politisch neutrale Firma« nicht zugelassen werden kann.
2. Oktober, Donnerstag. Auf Wunsch Bs veröffentlicht der *BBC* eine im Einvernehmen mit den Klägern verfaßte Erklärung der Rechtsanwälte Joseph und Caspar, der zufolge die »Tonverfilmungsrechte der *Dreigroschenoper*« unter der Bedingung gegeben wurden, »daß der Film nur auf Grund eines im Benehmen mit dem Autor ausgearbeiteten kurbelfertigen Manuskriptes hergestellt werden dürfe«. Die Autoren hielten sich »der Öffentlichkeit gegenüber für berechtigt und verpflichtet, die inhaltlichen und stilistischen Eigenarten der *Dreigroschenoper* auch bei einer Verfilmung des Werkes zu wahren« *(21,770f.)*.
12. Oktober, Sonntag. Die Berliner Funk-Stunde sendet ein Porträt Bs von Hermann Kasack, in dem er dessen Persönlichkeit im Spiegel der öffentlichen Meinung wiedergibt. Kasack weist mit einem längeren Zitat auch auf die Verwertung Bs als Romanfigur (Ingenieur Kaspar Pröckl) in Lion Feuchtwangers *Erfolg* hin:
»Man kann in dem gesamten Schaffen von Brecht und in seiner Art, wie er sich der Öffentlichkeit gegenüber verhält, eine ausgesprochene Tendenz erkennen. Nämlich die Tendenz, die konventionellen Apparate des allgemeinen geistigen Lebens zu bekämpfen. Als konventionelle Apparate wurden bisher bekämpft: Theater, Radio, Oper, Tonfilm. Was darunter zu verstehen ist, drückt recht gut ein Satz aus,

der in der bürgerlich anerkannten Zeitung *Die Münchener Neuesten Nachrichten* anläßlich des *Badener Lehrstücks* veröffentlicht wurde: ›Brechts Lehrstück, als Fragment und Versuch aufgeführt, ist eine geniale einmalige Skizze des lebendigen, aktivierten Theaters der Zukunft, das in seiner Idee sich polar gegen unser heutiges Theater des bequemen Genusses zu stellen gewillt ist.‹ Also noch einmal: Die Quintessenz des Brechtschen Schaffens ist der Kampf gegen die Diktatur der konventionellen Apparate. Daher kommt, daß er immer wieder einen anderen Teil der Öffentlichkeit und des Publikums vor den Kopf stößt.« *(Hermann Kasack, nach dem Typoskript des Rundfunkporträts; DLM.)*
Aus dem Bericht des *BBC* (am 15. 10.) über das Funkporträt geht hervor, daß in der Sendung auch eine Rezitation mit der Stimme Bs von einer Schallplatte sowie Gedichte aus der *Hauspostille* von Maria Czanska zu hören waren.

13. Oktober, Montag. Bei der ersten Sitzung des neuen Reichstags (→ 14. 7.) ziehen die 107 Abgeordneten der NSDAP geschlossen in Uniform ein und sorgen für einen Skandal.

15. Oktober, Mittwoch. Abends findet in der Frankfurter Oper als ein Beitrag zum 50jährigen Jubiläum des Opernhauses die Premiere von *Aufstieg und Fall der Stadt Mahagonny* statt (Regie: Herbert Graf, Dirigent: Wilhelm Steinberg). Der große Erfolg der Aufführung ist für Kurt Weill (wie er am 21. 10. der Universal-Edition Wien mitteilt) ein eindeutiger Beweis dafür, »daß *Mahagonny* in der vorliegenden Fassung ganz außerordentliche Erfolgsmöglichkeiten hat und vor jedem Publikum bestehen kann«. Er erwähnt, daß sogar die katholische *Rhein-Mainische Zeitung* »in absolut positiver, geradezu begeisterter Form Stellung zu dem Werk« genommen und festgestellt habe, »daß auch der katholische Mensch oder gerade er zu dem Inhalt der *Mahagonny*-Oper ja sagen muß«. Die Störung der zweiten Vorstellung durch Nazis habe sich »in keiner Weise gegen das Werk« gerichtet *(MW)*.

17. Oktober, Freitag. Prozeß in Sachen Brecht/Weill gegen die Nero-Film AG. In der ersten Verhandlung wird für den 19. 10. ein Lokaltermin im Theater am Schiffbauerdamm anberaumt.

17. Oktober 1930
Beginn des Prozesses Brecht/Weill gegen die Nero-Film AG

19. Oktober, Sonntag. Das Gericht tagt während einer Nachmittags-Aufführung der *Dreigroschenoper* im Theater am Schiffbauerdamm. Der Prozeß wird am 20. 10. weitergeführt, das Urteil am → 4. 11. verkündet.
»Unter Führung von Landgerichtsdirektor Weigert wird also das Gericht heute nachmittag im Theater erscheinen, und die Moritat von Mackie Messer wird wie ein finsterer Spuk an den Herren des Gerichts vorbeigehen. Ja, werden

die Herren dann am Ende noch wissen, über wen sie zu Gericht sitzen? Über Mackie Messer oder über den sauberen Herrn Peachum oder etwa über Tiger-Brown, persönlich, den Gewaltigen von Scotland Yard?« *(Berliner Tageblatt, 19. 10.)*

28. Oktober 1930
Geburt von Tochter Barbara Brecht

28. Oktober, Dienstag. Geburt von Barbara Marie Brecht, Tochter von B und Helene Weigel.

Plan für eine Zeitschrift *Kritische Blätter* (auch: *Krisis und Kritik*)

Oktober. Seit 1929 planen B, Walter Benjamin und Herbert Jhering die Herausgabe einer Zeitschrift (*Krisis und Kritik* oder *Kritische Blätter*). Benjamin schreibt darüber (im Oktober) an Gershom Scholem: »Ich habe diesem Plan zum Verleger Rowohlt den Weg gebahnt, indem ich mich zum Vertreter der organisatorischen und sachlichen Losungen machte, die ich gemeinsam mit Brecht in langen Gesprächen für diese Zeitschrift ausgearbeitet habe. Ihre Haltung soll, formal, eher wissenschaftlich, ja akademisch als journalistisch sein und sie soll *Krisis und Kritik* heißen.« *(Benjamin, II, 517f.)* B hat Gedanken dazu in dem (1929 geschriebenen) *Entwurf zu einer Zeitschrift »Kritische Blätter«* notiert: »Die ›K.B.‹ errichten den Standpunkt, daß es in der Literatur Erfindungen und Entdeckungen gibt, die die Methoden sämtlicher Schriftsteller verändern müssen, so wie alle wissenschaftlichen und handwerklichen Sparten in jedem Augenblick einen technischen Standard haben, den der einzelne in ihnen Beschäftigte erreicht haben muß.« (*21,331.*) Weitere Überlegungen dazu stellt er in *Über neue Kritik (21,402-404)* an. In diesem Zusammenhang entstehen Texte über die Art der Kritik *(21,331-334)*. Über den Fortgang der konkreten Verhandlungen über die Zeitschrift schreibt B an Brentano: »Anfang nächster Woche soll aber eine Besprechung sein. [...] Über das eigentliche Direktorium wurde noch gar nichts vereinbart. Ich denke mir Jhering, Benjamin (den Rowohlt haben möchte und der uns absolut unterstützen wird, soweit ich ihn kenne), Sie und mich.« Ernst Rowohlt hatte zwar (am 25. 7.) Bernard von Brentano seine Vorbehalte gegenüber dem Projekt mitgeteilt, macht ihm aber (am 8. 9.) Vorschläge für Umfang, Ausstattung, Vertrieb von *Krisis und Kritik*. Als Mitarbeiter wünsche er sich nur solche, deren Einstellung »scharf nach links« geht *(Wizisla, 374)*. (Über das Scheitern des Zeitschriftenprojekts → Februar 31.) B kündigt Brentano (am 30. 10.) wegen einer Radioveranstaltung (→ 1. 11.) eine Reise nach Frankfurt/M. an. Er bedauert Brentanos Abwesenheit aus Berlin, weil er ihn u. a. auch gern wegen seines Prozesses gesprochen hätte. Die *Maßnahme* will er ihm am Folgetag schicken *(Br, 433)*.

30. Oktober - 1. November 1930
Reise nach Frankfurt/M.

Teilnahme an Arbeitstagung des Südwestdeutschen Rundfunks

1. November, Sonnabend. Einer Mitteilung der *Frankfurter Zeitung* zufolge findet in Frankfurt eine Arbeitstagung des

Südwestdeutschen Rundfunks zur Erarbeitung von Leitsätzen »für die zukünftige Praxis in der Grenzbestimmung und Zusammenarbeit von Oper, Schauspiel und Rundfunk« statt.

Vortrag *Der Rundfunk als Kommunikationsapparat*

B referiert zum Thema *Der Rundfunk als Kommunikationsapparat* (Teilpublikation →Juli 32). B möchte den Rundfunk »aus einem Distributionsapparat in einen Kommunikationsapparat« umfunktionieren (wie schon in seinen *Vorschlägen für den Intendanten des Rundfunks*, →31. 12. 27). So sollte der Rundfunk organisieren, daß die Regierenden von ihrer Tätigkeit berichten und Fragen der Regierten beantworten. »Der Rundfunk muß den Austausch ermöglichen. Er allein kann die großen Gespräche der Branchen und Konsumenten über die Normung der Gebrauchsgegenstände veranstalten, die Debatten über Erhöhungen der Brotpreise, die Dispute der Kommunen.« Vor allem müsse der Rundfunk bei seinen Bemühungen »jener *Folgenlosigkeit*« entgegentreten, »die beinahe alle unsere öffentlichen Institutionen so lächerlich macht« *(21,553f.)*. Als Beispiel für eine Unternehmung gegenseitiger pädagogischer Beeinflussung erläutert B seine Versuche mit dem *Flug der Lindberghs* (→27. 7. 29) und mit dem *Badener Lehrstück vom Einverständnis* (→28. 7. 29). Mit solcher Umfunktionierung setzt er sich »für Neuerungen, gegen Erneuerung« ein. *(21,557.)* Auf der Arbeitstagung spricht u. a. auch der künstlerische Leiter des Südwestdeutschen Rundfunks Ernst Schoen.

4. November 1930
Urteilsverkündung im *Dreigroschenoper*-Prozeß: Klage abgewiesen

4. November, Dienstag. Urteilsverkündung im Prozeß gegen die Nero-Filmgesellschaft (→17.-20. 10.).

Brecht und Weill legen Berufung ein

Im Urteil heißt es: »Der Kläger wird mit der Klage abgewiesen und verurteilt, die Kosten des Rechtsstreits einschließlich der durch Nebeninterventionen entstandenen Kosten zu tragen.« B und Weill legen Berufung ein. In der umfangreichen Urteilsbegründung *(21,770-776)* kommt das Gericht zu der Auffassung, daß die »filmische Bearbeitung eines Bühnenwerks [...] erhebliche Veränderungen des Originalwerks« erfordere. Daß die Filmfirma dem Autor die Einwilligung für getroffene Veränderungen versagt hat, sei nicht ausschlaggebend: »Da sich die Beklagte, wie das vorgelegte Manuskript ergibt, um die Stilwahrung bemüht hat, wenn auch im einzelnen die Grundlagen des Klägers besonders für die Anfangsszenen bessere Vorschläge enthalten mögen, hat sie Änderungen nur im Rahmen des § 9 Abs.2 LitUG. vorgenommen.« *(21,776.)* B schreibt über den Prozeß und die künstlerischen Folgen den Text *Der Dreigroschenprozeß* (→Mitte Mai 31). Über den Prozeß und das Urteil wird in den Zeitungen des Landes sehr ausführlich berichtet.

6. November, Donnerstag. Der Sender Hamburg überträgt

aus dem Landestheater Oldenburg *Aufstieg und Fall der Stadt Mahagonny.*

Teilnahme an Veranstaltungen der MASCH (Marxistische Arbeiterschule)

Hermann Duncker

14. November, Freitag. Albert Einstein hält in der MASCH (Marxistische Arbeiterschule) eine Vorlesung; die zweite findet am 26. 10. 31 statt. B hat (wie er später Käthe Rülicke berichtet) beide Veranstaltungen besucht. Nach seiner eigenen Auskunft sowie nach Auskünften anderer Lehrer der MASCH (Karl Korsch, Hermann Duncker, Albert Schreiner) ist B mehrfach Gast der Schule. Ihn interessieren vor allen Dingen Veranstaltungen über Fragen der materialistischen Dialektik, des philosophischen und historischen Materialismus sowie des Individualismus und Kollektivismus. Durch die Vernichtung nahezu aller Unterlagen der MASCH in der Nazizeit kann Bs Teilnahme an einzelnen Kursen oder Vorlesungen konkret nicht nachgewiesen werden. Wieland Herzfelde schreibt in seinem Nachwort zu *Hundert Gedichte* (→ 29. 9. 51) über Brecht: »1929 besucht er die Marxistische Arbeiterschule in Berlin. Er diskutiert über seine Arbeiten mit den Lehrern und Schülern.«

Durch die Besuche derartiger Veranstaltungen und sich daran anschließender Diskussionen mit Fachleuten und Freunden entstehen zahlreiche Notizen zu Fragen der Dialektik *(21,519-525)* und zu anderen philosophischen Problemen *(21,531-535).*

15. November, Sonnabend. Abschluß der Dreharbeiten der deutschen und französischen Version des *Dreigroschenoper*-Films.

17. November, Montag. Lotte Eisner berichtet von der 1. Matinee der Liga für unabhängigen Film, auf der auch B und Weill sprechen. »Brecht geht auf eine Umwertung aller geistigen Werte in Ware ein. Das Manuskript, der Vertrag, sei, wie die Vorgänge bewiesen hätten, eine Ware. Auch der Prozeß selber sei es. Man kaufe das Billett zu einem Tonfilm und bekomme seine Ware.« Weill habe betont, daß »eine musikalische Komposition im Theater und noch stärker beim Film keine nur gefällige Untermalung« sei *(Film-Kurier, 17. 11.).*

19. November 1930
Vor dem Berufungsprozeß: Vergleich mit der Nero-Film AG

19. November, Mittwoch. In dem Rechtsstreit mit der Nero-Film AG erzielt B unmittelbar vor der Berufungsverhandlung eine »gütliche Verständigung«, indem er seinen »Einspruch gegen die derzeitige Verfilmung« zurücknimmt und die Filmfirma ihm eine Entschädigungssumme von 25 000 RM auszahlt sowie »die nochmalige eigene Verfilmung der *Dreigroschenoper* nach einigen Jahren« freigibt *(21,777).*

21. November, Freitag. B nimmt mit Walter Benjamin und Herbert Jhering an einer internen Redaktionssitzung der geplanten Zeitschrift *Krisis und Kritik* teil. Eine erweiterte Sitzung, zu der Ernst Bloch, Siegfried Kracauer und Gustav

Glück hinzukommen, findet am 26. 11. statt. Im Dezember teilt Benjamin B mit, er wolle seinen Namen als Mitherausgeber der Zeitschrift zurückziehen.

Anfang Dezember. Im Dezemberheft des Magazins *Uhu* werden unter dem Titel *115 000 Mark für eine alte Konfektschachtel* kritische Meinungen zur Versteigerung der Kunstsammlung von Albert Figdor gedruckt, die 6 Millionen Mark eingebracht hat. Die Redaktion kritisiert, daß in einer Zeit, »die wirtschaftlich, politisch und menschlich unter einem beispiellosen und unermeßlichen Druck steht«, eine Auktion von Kunstgegenständen veranstaltet wird, »die selbst in den Kreisen künstlerisch empfindender Menschen ein gewisses Unbehagen, zum Teil auch ernstliche Mißbilligung auslöst«. B stellt in seiner Polemik *Über die Notwendigkeit von Kunst in unserer Zeit (21,429-431)* im Dezember-Heft des *Uhu* den »schreienden Gegensatz zwischen der Tatsache« fest, »daß für hungernde Kinder kein Geld für Milch da ist, und der Tatsache, daß für ein paar Meter bemalter Leinwand Riesensummen vorhanden sind«. Zwischen beiden Tatsachen bestünde ein »tiefer und böser Zusammenhang«. Über den »Wert einer Sache« solle ihre »direkte Brauchbarkeit« entscheiden. »Wozu sind alte Kunstwerke brauchbar? Vielleicht können sie, dem Studium unserer Künstler überliefert, die technische Grundlage für neue Werke abgeben, für Werke, die wir brauchen? Aber eine neue Kunst wird endlich ihren Gebrauchswert nennen und angeben müssen, wozu sie gebraucht werden will.« Die Mitinhaberin der Kunsthandlung Paul Cassirer, Grete Ring, der die Auktion anvertraut war, nimmt zu den Anschuldigungen in ihrem Text *Milch contra Kunst* Stellung und polemisiert besonders gegen B, »der, brauchbar wie stets, hält, was man von ihm erwarten durfte« *(Tage-Buch, 6. 12.)*.

Anfang Dezember 1930 Protest gegen Kunstauktionen mit hohen Geldeinsätzen in Notzeiten

Wegen des großen Erfolgs der *Dreigroschenoper* kommen zahlreiche Schallplatten mit Songs heraus (zwischen 1929 und 1931 insgesamt 21 Platten). Für eine Produktion der Ultraphon/Telefunken, die (am 7. 12.) auf vier Schellack-Platten aufgenommen wird, schreibt B verbindende Texte *(»Dreigroschenoper« 2; 24,68-70)*, die Kurt Gerron spricht. In der Aufnahme singen: Willy Trenk-Trebitsch (Macheath), Lotte Lenja (Polly, Jenny, Lucy), Erika Helmke (Polly, Frau Peachum), Erich Ponto (Peachum), Kurt Gerron (Brown).

Schallplattenerfolg der *Dreigroschenoper*: 1929-1931 kommen insgesamt 21 Platten auf den Markt

9. Dezember, Dienstag. Inzwischen haben die Proben zu *Die Maßnahme* begonnen. In einem Bericht steht darüber in der *Welt am Abend* u. a.: »Die Überzeugung, ein nicht alltägliches Werk hier zur Uraufführung zu bringen, läßt die proletarischen Sänger die nicht geringen Schwierigkeiten des Werkes überwinden. Die Exaktheit, mit der *Karl Rankl* dies Werk studiert, sein Humor, mit dem er die schwierigen Situationen in den Proben überwindet und immer von neuem die Energie der Sänger aufpeitscht, geben die Sicherheit vom Gelingen dieses Unternehmens.« In seinem später veröffentlichten Artikel *Probenerfahrungen bei der »Maßnahme«* erwähnt Friedrich Deutsch zahlreiche Proben, die »aus technischen Gründen spät nachts abgehalten werden« mußten. »Es war nun beinahe unheimlich, wie sich dabei die Arbeitersänger, durchweg nach vielstündiger körperlicher Schwerarbeit« hielten. Sie hätten den »Weg ins Neuland« gespürt: »Den äußerst merkwürdigen Versuch beider Autoren – über dessen Sinn die nächste Zukunft entscheiden wird –, den Menschen nicht zu Erlebnissen zu bringen, sondern ihn zu verändern.« *(Der Anbruch, Berlin,H.1,31.)*

Erste Zusammenarbeit mit Teo Otto
Der (1904 geborene) Teo Otto studiert in der Kasseler Kunstakademie. Er beginnt 1924 als Bühnenbildner am Staatstheater Kassel, geht danach als Assistent an die Berliner Staatsoper.

Bei der Gestaltung der Bühne ist der Bühnenbildner Teo Otto behilflich, den B über Helene Weigel kennenlernt.

In der Karl-Marx-Schule Berlin-Neukölln ist die Schuloper *Der Jasager* gelesen und durchgesprochen worden. Das Ergebnis einer Diskussion (vom 16. 11.) wird B vom Kunsterzieher Freese zugeschickt, der zugleich »für die nächste Woche« um einen Termin für eine Begegnung Bs mit den Schülern bittet. »Wir freuen uns auf die Arbeit.« *(407/2.)*

Änderung des *Jasagers* aufgrund von Schülermeinungen

Nach Erinnerung der an der Aufführung beteiligten Gerda Kade folgt B der Einladung und diskutiert mit den Schülern, von denen einer zusammenfaßt: »Wir haben ihn davon überzeugen können, daß nein sagen besser, ja richtiger wäre. Er schreibt für uns einen Neinsager.« *(Kieler Nachrichten, 1.3.73.)* Elisabeth Hauptmann erinnert sich: »Einige der Meinungen und Vorschläge der Schüler fand er so wichtig und nützlich, daß er sie bei der Änderung des *Jasagers*, die er vornahm, beachtete; und noch mehr berücksichtigte er sie bei der weiteren Bearbeitung: *Der Neinsager.*« *(Hauptmann, 177.)*

13. Dezember, Sonnabend. Im Zusammenhang mit dem Verbot von Alfred Döblins Stück *Die Ehe* in München (wegen »kommunistischer Tendenzen«) informieren die *Münchener Neuesten Nachrichten* über einen »Protest aus den Kreisen der früheren Mitarbeiter«. Das Stück sei aus der kollektiven Arbeit am Piscatortheater hervorgegangen: »Die Idee und der dramaturgische Rahmen, insbesondere die Einführung des Sprechers stammt von Erwin Piscator. Der wesentliche Teil des dramaturgischen Aufrisses und seiner Durchführung von Bert Brecht.«

13./14. Dezember 1930
Uraufführung von *Die Maßnahme*
Philharmonie, Berlin

13./14. Dezember, Sonnabend/Sonntag. In einer Nachtvorstellung wird das Lehrstück *Die Maßnahme* (Text der Fassung 30: *3,73-98*) im Haus der Berliner Philharmonie (→ 12. 5.) uraufgeführt. Veranstalter ist die Internationale Tribüne (ein »Arbeitskreis zur Förderung der internationalen revolutionären Kunst und Literatur«); Regie: Slatan Du-

Erschütternd und hinreißend ist die von Arbeiterchören getragene

dow, musikalische Gesamtleitung: Karl Rankl; mit dem Schubert-Chor (unter Karl Rankl), dem Gemischten Chor Groß-Berlin (unter Anton Deutsch) und dem Fichte-Chor (unter Karl Vollmer); die vier Agitatoren werden dargestellt von Helene Weigel, Ernst Busch, Alexander Granach und dem Sänger Anton Maria Topitz. Außerdem wirkt Hanns Eisler mit.
Für das Programmheft der Uraufführung gibt B den Inhalt des Stückes wieder: »4 kommunistische Agitatoren stehen vor einem Parteigericht, dargestellt durch den Massenchor. Sie haben in China kommunistische Propaganda getrieben und dabei ihren jüngsten Genossen erschießen müssen. Um nun dem Gericht die Notwendigkeit dieser Maßnahme der Erschießung eines Genossen zu beweisen, zeigen sie, wie sich der junge Genosse in den verschiedenen politischen Situationen verhalten hat. Sie zeigen, daß der junge Genosse gefühlsmäßig ein Revolutionär war, aber nicht genügend Disziplin hielt und zu wenig seinen Verstand sprechen ließ, so daß er, ohne es zu wollen, zu einer schweren Gefahr für die Bewegung wurde.« *(24,96.)*
Der Zweck des Lehrstückes sei, »politisch unrichtiges Verhalten zu zeigen und dadurch richtiges Verhalten zu lehren«. Im Programmheft werden vier Fragen über die Veranstaltung und ihren »politischen Lehrwert« (für Zuschauer und Darsteller) gestellt *(24,96)*. Die schriftlich eingehenden Antworten regen B und Eisler zu mehreren Veränderungen am Lehrstück an. Außerdem bilden die Fragen die Grundlage für eine Diskussion (→ 20. 12.).
Eine zweite Aufführung der *Maßnahme* findet am › 18. 1. 31 statt.
Eine theoretische Vertiefung versucht B in mehreren Texten über die Lehrstücke. »Die Große Pädagogik verändert die Rolle des Spielens vollständig. Sie hebt das System Spieler und Zuschauer auf. Sie kennt nur mehr Spieler, die zugleich Studierende sind.« Der Zuschauer müsse »Partei ergreifen, statt sich zu identifizieren« *(21,396)*. Zur Frage der Aufhebung des Gegensatzes von Betrachtenden und Tätigen äußert er sich in *Theorie der Pädagogien (21,398)*. Empfehlungen für die Spielweise der Lehrstücke enthalten die Texte *Über die Aufführung von Lehrstücken* und *Zur Theorie des Lehrstücks (21,397)*.
20. Dezember, Sonnabend. In der Schule in der Weinmeisterstraße findet die Diskussion über die *Maßnahme* statt. Sie wird von Karl August Wittfogel geleitet und am Ende zusammengefaßt. Es seien »viele kritische Argumente« vorgebracht worden, z. B. »ob nicht doch ein anderer Ausweg möglich gewesen wäre als die Erschießung des jungen Kommunisten«, heißt es in einem Bericht der *Welt am Abend.*

Aufführung. Wochenlang haben die Männer und Frauen ihre Abendstunden der Vorbereitung des Werkes geopfert. Phänomenal, wie *Karl Rankl* als Dirigent Chor und Orchester zusammenfaßt. Die vier Sprech- (und Sing-) Rollen geben Helene *Weigel*, Ernst *Busch*, Alexander *Granach* und A. *Topitz*, geführt von der strengen, wuchtigen Regie S. *Dudows*. Eisler selbst, im Chor versteckt, macht den Ansager, stellt Fragen, diskutiert. / Man registriert: ein Werk prophetischer Art, ein Riesenerfolg. *(H.H. Stuckenschmidt, BZ, 15. 12.);*

Die *Maßnahme* ist kein Werbestück. Sie setzt die Bejahung der Idee voraus. Sie belehrt die ideell Verbundenen, wie sie sich zu verhalten haben. Völlige Übereinstimmung zwischen Lehrzweck und Form ist erreicht. *(Heinrich Strobel, BBC, 15. 12.)*

Das Ganze ist von primitiver Wucht, von einer gedanklichen Spannkraft, es ist eben das, was es sein will. Versuch eines neuen Kultes. Lehrstück einer neuen Religion und darüber hinaus eine dichterische Kundgebung. *(Rolf Nürnberg, 12-Uhr-Zeitung, 15. 12.)*

An dem Text von Brecht ist das Interessanteste der Zweck: politische Belehrung der Massen-Unterweisung in dem Sinne: der Kommunismus kann sich keinen Gefühlsluxus leisten: er muß hart sein bis zum Töten der eigenen Leute. *(Paul Fechter, Deutsche Allgemeine Zeitung, 15. 12.)*

Die Nachtaufführung des politischen Lehrstücks von Bert Brecht und Hanns Eisler, *Die Maßnahme*, in der Philharmonie gestaltete sich zu einem außergewöhnlichen Erfolg, trotz eines abzulehnenden Textes, da unmarxistisch. Ein voller Erfolg des Komponisten, des Dirigenten und der anderen Mitwirkenden, vier Schauspieler, drei hoffentlich nicht nur vorübergehend vereinigte Chöre des Arbeitersängerbundes und ein kleines Bläserorchester mit Schlagzeug. *(Die Rote Fahne, 16. 12.)*

Die Veranstaltung als solche, die noch dazu den Charakter einer unverhüllten Aufreizung zum Klassenkampf in sich trug, ist also nicht nur von rein künstlerischen Standpunkten aus grundsätzlich abzulehnen. Die bedeutet auch eine gefährliche Verseuchung der uns gemäßen kulturellen Werte, die energisch zu schützen jedem von uns, der noch einen Funken Volksbewußtsein in sich birgt, als selbstverständlich gelten muß. *(H. W., Münchner Neueste Nachrichten, 20. 12.)*

»*Brecht* antwortete, das Stück sei so angelegt, daß man jederzeit Änderungen vornehmen könne. Es sei möglich, Teile hinein- oder herauszumontieren. Schon jetzt seien viele Änderungen, die sich aus den Anregungen der beantworteten Fragen ergeben hätten, vorgenommen worden.« *(22. 12.)* In der *Roten Fahne* urteilt Durus (Alfred Kemény) zusammenfassend: »Jene Auffassung drang fast einstimmig durch, daß der Aufführung ein hoher politischer Lehrwert zukommt und daß sie zwangsläufig zur Auseinandersetzung mit entscheidenden politischen Problemen der Gegenwart führt [...]« Durus nutzt den Bericht erneut (wie auch die Rezension vom 16. 12.) zu einer scharfen Kritik der Fabelführung Bs: »Falsch ist vor allem die Erschießung des jungen Genossen, da es den Tatsachen der revolutionären Wirklichkeit widerspricht und einen kaum möglichen extremen Fall darstellt; schief ist, daß ein gefühlsmäßig unklarer Genosse vom erprobten Bolschewisten zu immer schwierigeren illegalen Aufgaben herangezogen wird.« *(24. 12.)*

21. Dezember, Sonntag. Der Sender Frankfurt/M. bringt Auszüge aus der Schuloper *Der Jasager* im Rahmen einer Sendung *Stunde der Jugend.*

23. Dezember, Dienstag. Zu dem an diesem Tage für die Berufungsverhandlung angesetzten Termin erreicht Kurt Weill, der seinen Prozeß gewonnen hat, eine einstweilige Verfügung gegen die Nero-Film AG (→ 9. 2. 31).

25. Dezember, Donnerstag. B übergibt Elisabeth Hauptmann die von ihm zusammengestellten, aber noch nicht vollständigen Unterlagen zum Stück *Die heilige Johanna der Schlachthöfe* (→ 21. 7.) mit dem Bedauern, daß er keine Zeit zum Binden hatte.

27. Dezember, Sonnabend. In der Zeitschrift *Filmtechnik Filmkunst*, Berlin/Halle, beklagt sich Hans Erdmann über Bs Verhalten gegenüber der Nero-Film AG. Statt am Drehbuch mitzuarbeiten, habe er sich nach Südfrankreich aus dem Staub gemacht. »Herr Brecht fährt ins Ausland in dem Augenblick, wo für ihn eine – so muß man doch schließen – ungemein wesentliche Sache zur Entscheidung steht.« B habe in einem (nicht überlieferten) Brief an die Firma geschrieben: »Ich möchte niemals in die entsetzliche Lage kommen, Herrn Nebenzahl oder Herrn Löwenberg [den Anwälten der Firma] auf Grund eines Vertrages klarmachen zu müssen, wie man ein künstlerisches Manuskript für einen Dreigroschenfilm macht.«

Erstdruck von Heft 2 der *Versuche (Versuche 4-7)*

Dezember. Heft 2 der *Versuche* (Versuche 4-7) erscheint im Kiepenheuer Verlag Berlin.
Heft 2 enthält:
4. Versuch: *Aufstieg und Fall der Stadt Mahagonny (2,333-389).*

5. Versuch: *Anmerkungen zur Oper »Aufstieg und Fall der Stadt Mahagonny« (24,74-84).*
6. Versuch: *Aus dem Lesebuch für Städtebewohner (11,157-165).*
7. Versuch: *Das Badener Lehrstück vom Einverständnis (3,25-46)* sowie *Anmerkung (24,90f.).*
Auf den Umschlägen der *Versuche*-Hefte 1 und 2 wird für eines der nächsten Hefte ein Text *Über eine dialektische Dramatik (21,431-443)* angekündigt. Dieser Versuch einer ersten größeren Zusammenfassung der Theatertheorie wird nicht abgeschlossen. B geht darin auf die historische Entwicklung der Dramatik ein und auf »die *dramatische* Form des Dramas« und die ihm entsprechende »stockbürgerliche *kulinarische Kritik* eines Alfred Kerr«. Eine neue Generation habe nun nach dem Krieg mit der »Einführung des dialektischen Gesichtspunktes« begonnen. B bezeichnet die Neuerungen als »dialektische Dramatik«, die mit formalen, nicht stofflichen Versuchen eingesetzt habe. »Sie arbeitete ohne Psychologie, ohne Individuum und löste, betont episch, die *Zustände* in *Prozesse* auf.« Vorausgesetzt werde dabei eine »fast wissenschaftliche, interessierte, nicht hingebende Haltung des Zuschauers«. Der notwendige »Funktionswechsel des Theaters« betrifft die Gesamtheit des Theaters: »nicht nur der Text oder der Schauspieler oder selbst die ganze Bühnenaufführung – auch der Zuschauer wird einbezogen«.
Im Dezember-Heft von *Der Scheinwerfer*, Essen, erscheint Bs Text *Zur Tonfilmdiskussion (21,444)*, in dem er nochmals auf den Warencharakter des *Dreigroschenoper*-Prozesses eingeht (→ 17. 11.).
31. Dezember, Mittwoch. Zur Silvesterfeier bei B und Helene Weigel sind zu Gast: Walter Benjamin, Karola Bloch, Margot von Brentano, Elisabeth Hauptmann, Alfred Kurella, Carola Neher, Fritz Sternberg.

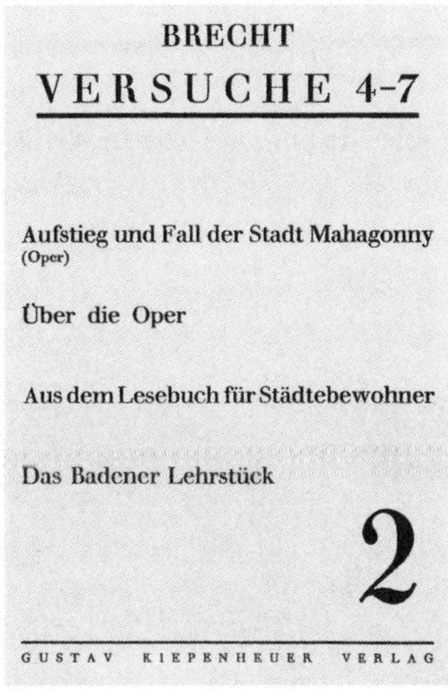

Vorn, von links: Walter Benjamin, Carola Neher, Bianca Minotti, Elisabeth Hauptmann; dahinter: Margot von Brentano, Unbekannter, Valentina Kurella, Alfred Kurella

1931

Mitte Januar - 5. Februar 1931
Proben für
Mann ist Mann

Mitte Januar. Am Staatlichen Schauspielhaus Berlin laufen die Proben zu der von B dafür hergestellten neuen Fassung von *Mann ist Mann.* Regie führt Ernst Legal; er folgt zunächst Bs Intentionen. Als es dann zu Auseinandersetzungen mit den Schauspielern kommt, legt Legal die Regie nieder und überläßt sie B.
18. Januar, Sonntag. In einer Matinee-Vorstellung findet im Schauspielhaus am Gendarmenmarkt die zweite Aufführung des Lehrstücks *Die Maßnahme* statt. Es wird in der gleichen Besetzung wie bei der Uraufführung gespielt (lediglich singt den Part von Anton Maria Topitz jetzt Erik Wirl). Argumente der Diskussion (→ 20. 12. 30) und Antworten auf den Fragebogen (→ 13./14. 12. 30) haben B und Eisler

zu Änderungen veranlaßt, die in die neue Fassung eingehen (*Versuche*, Heft 4). Der Reinerlös der Veranstaltung wird dem Kinderheim der Roten Hilfe übergeben.

Verschärfte kommunistische Kritik an der *Maßnahme*

Im Januar werden von Kommunisten die kritischen Einwände zur *Maßnahme*, die bereits in der KPD-Zeitung *Die Rote Fahne* unmittelbar nach der Uraufführung anklangen (→13./14. u. 20.12.) in erheblich schärferer Form vorgebracht und präzisiert.

In der *Linkskurve* zeigt sich Otto Biha sehr erfreut, daß ausgerechnet B, dessen »Produktion« bisher keiner »als die eines revolutionären Kameraden« betrachtet hatte, nunmehr »alle Erwartungen übersteigt« und das Wort im Klassenkampf ergreift. Trotz Anerkennung der Stoffwahl und insbesondere der Loblieder kann er eine grundsätzliche Kritik an B nicht zurückhalten: »Man fühlt, daß er seine Erkenntnisse nicht aus der Erfahrung schöpft, daß er lediglich von der Theorie her deduziert (ableitet).« Die reale Gestaltung der Partei sei falsch *(Nr. 1/31, Januar)*. Auch Durus (Alfred Kemény) bringt in der Zeitschrift *Arbeiterbühne und Film* seine Kritik auf den Punkt: »*Die Maßnahme* ist ein *idealistisches* Lehrstück mit marxistischer Terminologie und mit marxistisch-leninistisch einwandfreien Einzelheiten.« *(Nr. 2, Februar.)* Der schärfste Angriff von kommunistischer Seite wird in einer »grundsätzlichen Kritik« Alfred Kurellas in der Moskauer *Literatur der Weltrevolution* vorgebracht. B und Hanns Eisler hätten ein »bolschewistisches Lehrstück« schreiben wollen, dem er weder dichterische noch musikalische »Schönheiten« abstreitet, aber es sei »das Gegenteil erreicht«. »Wir können hier zum ersten Mal die klassenmäßigen Wurzeln dieser idealistischen Betrachtungsweise der Autoren feststellen. Wir haben hier den idealistischen Rest der Denkweise des radikalen Kleinbürgers vor uns, den die Erfahrung aus dem Lager der Bourgeoisie zum Proletariat treibt.« *(Nr. 4, April.)*

Bekanntschaft und Freundschaft mit Sergej Tretjakow

Der am 20. 6. 1892 geborene russische Dramatiker, Übersetzer und Publizist Sergej Tretjakow ist Gast der Gesellschaft der Freunde des Neuen Rußland. B hat bereits 1929 eine deutsche Übersetzung (von Ernst Hube) von Tretjakows Stück *Ich will ein Kind haben* bearbeitet. 1930 sieht er bei einem Berliner Gastspiel die Meyerhold-Inszenierung von Tretjakows Stück *Brülle, China!* (→April 30.) Zwischen ihm und Tretjakow entwickeln sich freundschaftliche Beziehungen. Tretjakow macht auf B in der Sowjetunion durch mehrere Artikel aufmerksam und übersetzt zahlreiche Werke.

20. Januar, Dienstag. Im Berliner Russischen Hof hält Sergej Tretjakow den Vortrag *Der Schriftsteller und das sozialistische Dorf*, in dem er ästhetische Positionen einnimmt, die denen Bs, Benjamins, Brentanos nahe sind, während sie von parteiverbundenen Schriftstellern abgelehnt werden (z. B. beurteilt Johannes R. Becher in seinem Vortrag *Unsere Wendung* Tretjakows Ausführungen als »Unfug vom ›Ende der Literatur‹«). Es kommt zu mehreren Begegnungen Bs mit Tretjakow, der sich mehrere Monate in Deutschland aufhält.

30. Januar 1931
Sendefassung von Shakespeares *Hamlet* in der Funk-Stunde Berlin

30. Januar, Freitag. Die Funk-Stunde Berlin sendet *Hamlet* von Shakespeare, eingerichtet von B (Regie: Alfred Braun). Dazu entstehen die Verse *Ein junger Mann, der tut's, Wie find ich den Liebsten aus* sowie *Und morgen ist Sankt Valentins Tag (14,105f.)*.

31. Januar, Sonnabend. Auf eine Rundfrage der Berliner *Welt am Abend*, wie man gegen das Dritte Reich kämpfen soll, antwortet Lion Feuchtwanger u. a., die Intellektuellen und Künstler erwarteten vom Dritten Reich die »Ausrottung« und bereiteten sich deshalb auf ihre Auswanderung vor. »Man hat, wenn man unter den Intellektuellen Berlins herumgeht, den Eindruck, Berlin sei eine Stadt von lauter künftigen Emigranten.«

Januar. B und Bernard von Brentano sind an einer Mitarbeit des ungarischen Literaturkritikers Georg Lukács an der von ihnen geplanten Zeitschrift nicht interessiert; B begründet das in einem (unvollständigen) Briefentwurf an Lukács: »Eine Zeitschrift in der von Ihnen zuletzt vorgeschlagenen Form hielten wir für nicht wirkungsvoll genug, unter Umständen für einen Fehlschlag. Eine rein dozierende, unsere Überlegenheit allzu betonende Haltung ist auch dann unpraktisch, wenn wir wissen, daß die Intellektuellen, auf Grund der Erschütterung ihrer ökonomischen Grundlage, jetzt zu Diskussionen in gewissem Umfang bereit wären.« Lukács habe auch in dem Gespräch mit Brentano und B seine »Überlegenheit fühlen lassen, und Brentanos Temperamentsausbruch, als er verlangte, Sie müßten auf seine Argumente eingehen und ihm zuhören, hat Ihnen gezeigt, wie weit man im Diktieren gehen kann« *(Br, 434)*.

6. Februar, Sonnabend. Premiere von *Mann ist Mann. Parabel von Bertolt Brecht* (Fassung 1931) im Staatlichen Schauspielhaus. Auf dem Programmzettel ist kein Regisseur (→Mitte Januar) angegeben. Bühnenbild: Caspar Neher; mit Peter Lorre (Galy Gay), Helene Weigel (Begbick), Theo Lingen (Uria), Wolfgang Heinz (Polly), Alexander Granach (Jesse), Leo Reuß (Jeraiah Jip), Paul Bildt (Fairchild).

Im Programmheft geht Emil Burri in seinen *Anmerkungen zu den Proben von »Mann ist Mann«* auf die »prinzipiellen Auseinandersetzungen zwischen Schauspielern und Regie« ein; der Regisseur erklärt in dem Dialog beispielsweise: »Im epischen Theater hat der Schauspieler mehrere Funktionen, und je nachdem, welche Funktionen er erfüllt, ändert sich der Stil, in dem er spielt. Das epische Stück ist ein Gebäude, das rationell betrachtet werden muß, in dem Dinge erkannt werden müssen, seine Darstellung muß also diesem Betrachten entgegenkommen.« *(1089/45.)*

Bei der Premiere kommt es zu tumultartigen Szenen im Zuschauerraum, so daß die Aufführung nicht zu Ende gespielt werden kann. Als auch die folgenden Aufführungen vorzeitig abgebrochen werden müssen, setzt die Intendanz die Inszenierung nach vier weiteren Vorstellungen ab.

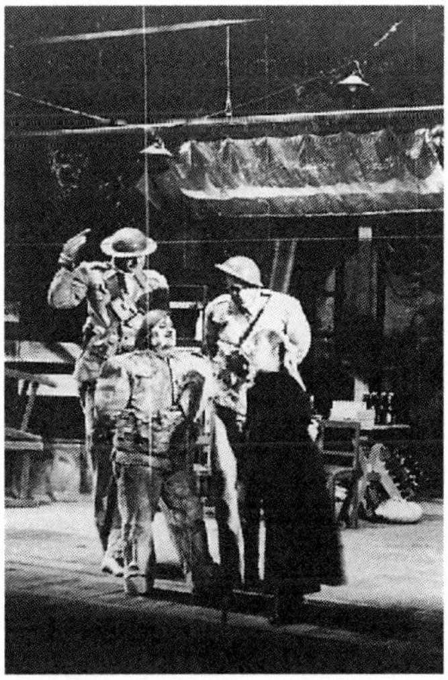

6. Februar 1931
Premiere
Mann ist Mann
Staatliches Schauspielhaus Berlin

Im Einzelfall: Ein unter anderen Bedingungen geschaffenes Werk wie *Mann ist Mann* verträgt nicht seine nachträgliche Ummontierung. Im Prinzipiellen: Daß die Schauspielkunst durch Übernuancierung verdorben und an den einzelnen Schauspieler und Regisseur ausgeliefert, daß die Grundlage zerstört worden war, ist ebenso sicher, wie daß eine Fixierung und Typisierung helfen kann. Aber indem Brecht den Versuch an einer Menschengruppe macht, die er gleichzeitig bekämpft, die er also durch die schauspielerische Form einer weltanschaulichen Kritik ausliefert, macht er den Typischen Fall wieder zum Einzelfall, wieder zur – Regienuance. Zu einer schematischen, verrannten Regienuance. *(Herbert Jhering, BBC, 7. 1.)*

Es war ein tonloses Aufsagen, was der »epische« Dramatiker von den unglücklichen Spielern verlangte: Lorre, Lingen, Granach, Heinz und die anderen Gehemmten. Opfer nicht des lachenden Publikums, sondern Opfer des epischen Regisseurs und seiner blind geladenen Dichtung. Lorre ist nicht dumm genug für den guten Galy Gay; nicht wild genug für die tierische Soldateska, die ihn schließlich zum Mann unter Männern macht. *(Bernhard Diebold, Frankfurter Zeitung, 11. 2.)*

Elisabeth Hauptmann, gezeichnet von B. F. Dolbin

19. Februar 1931
Uraufführung des Films
Die Dreigroschenoper
Lichtspieltheater Atrium Berlin

Man weiß auch nicht, von wem der völlig neue zweite Teil stammt, der in Nichts der Vorlage gleicht. Jetzt löst sich alles legal: Mackies Frau Polly mit der Bande vollführt keinen

B schreibt den Text *Zur Aufführung 1931 (24,44f.).*
Auf Grund der Kritik an der Spielleitung entsteht auch der Text *Zur Frage der Maßstäbe bei der Beurteilung der Schauspielkunst* (→ 8.3).
9. Februar, Montag. Nach der einstweiligen Verfügung gegen die Nero-Film AG (→ 23. 12. 30) scheitern die Versuche, den Film zu pfänden, weil er, einem »Offenbarungseid« der Gesellschaft zufolge, nicht mehr auffindbar sei. Um das letzte Hindernis für eine Aufführung des *Dreigroschenoper*-Films aus dem Weg zu räumen, schließt die Nero-Film AG mit Kurt Weill nun auch einen Vergleich.
10. Februar, Dienstag. Die *Weltbühne* veröffentlicht eine Zuschrift des Mitarbeiters am Drehbuch zum Film *Die Dreigroschenoper* Béla Balázs, in der er mit Ironie das Eintreten Herbert Jherings für B in der Beurteilung des Dreigroschenprozesses kritisiert. Dies löst (am 17. 2., 24. 2. und 3. 3.) polemische Erwiderungen Jherings und Balázs' aus, die von der Redaktion (am 17. 3.) mit einer scharfen Kritik an B abgeschlossen werden; darin heißt es u. a.: »Sie haben Brecht gelästert? Das wird Ihnen nicht gut bekommen. Denn wahrlich, er wird Sie heimsuchen und sich rächen an Ihnen und an Ihren Herren Kindeskindern bis, mit Verlaub zu sagen, ins dritte und vierte Glied.« B sei von einem »lächerlichen Machttrieb besessen« und setze seine »Trabanten in Bewegung, die ihre Clique gern zu einer literarischen Gruppe umlügen wollen«.
12. Februar, Donnerstag. Abends sendet die Funk-Stunde Berlin das (von B angeregte) Hörspiel *Ein Gespräch mit Henry Ford. Die Geschichte des Automobils* von Emil Burri und Elisabeth Hauptmann.
14. Februar, Sonnabend. Der *Dreigroschenoper*-Film wird von der Filmprüfstelle mit Jugendverbot freigegeben.
16. Februar, Montag. B bedankt sich bei Karl Klammer für die Übersendung seines »so ausgezeichneten Buches herzlich« (→ September 30) und schickt ihm sein *Versuche*-Heft 2. Die *Songs aus der Dreigroschenoper* (die er für Klammer bereits signiert hat) behält er zurück und will sie ihm »in einer Ausgabe der Oper selbst« zustellen *(Br, 435).*
19. Februar, Donnerstag. Im Berliner Film-Lichtspieltheater Atrium findet die festliche Uraufführung der deutschen Version des Films *Die Dreigroschenoper* statt, der vorgestellt wird als Tonfilm der Tobis-Warner-Produktion, »frei nach Brecht, Musik von Weill, Manuskript: Lania, Vajda, Balázs«. Regie: G. W. Pabst, Gesamtleitung: Seymour Nebenzahl, Bild: F. A. Wagner, Bauten: Andrej Andrejew, musikalische Leitung: Theo Mackeben; mit Rudolf Forster (Macheath), Carola Neher (Polly), Fritz Rasp (Peachum), Valeska Gert (Frau Peachum), Lotte Lenja (Jenny), Reinhold

Schünzel (Brown), Ernst Busch (Moritatensänger), Hermann Thimig (Pfarrer).
Die Aufführung hat großen Erfolg. Die (parallel gedrehte) französische Version wird am → 8. 6. in Berlin und im Oktober in Paris gezeigt.
Nach mehreren Berichten des *Deutschen Theaterdienstes* gibt es bei der Vorführung des *Dreigroschenoper*-Films Proteste: So wird eine Aufführung des Films (am 26. 2.) in Nürnberg von »berufsmäßigen Radaumachern« gestört. Wegen »Stinkbomben, Feuerwerkskörpern und tätlichen Angriffen« mußte die Vorstellung mehrfach unterbrochen werden *(28. 2.)*. In Thüringen wird der Film (am 28. 2.) verboten, weil seine Vorführung geeignet sei, »das religiöse Empfinden zu verletzen und verrohend und entsittlichend zu wirken«. Er muß nochmals der Film-Oberprüfstelle vorgelegt werden *(6. 3.)*. Dem Verbot schließt sich (am 13. 3.) auch Baden an, wo der Einspruch vom Jugendamt Karlsruhe vorgebracht wird (→ 15. 6. 32), »obwohl der Film für Jugendliche ohnedies verboten ist, das Jugendamt also wohl kaum zu interessieren hat« *(21./22. 3.)*. Auch das Land Braunschweig schließt sich dem Verbot (am 24. 3.) an. Die Film-Oberprüfstelle entscheidet über die Anträge am → 1. 4.
21. Februar, Sonnabend. Der Journalist und Kulturphilosoph Ludwig Marcuse hatte (am 14. 2.) im *Tage-Buch* eine »parodistische Szene« unter dem Titel *Brecht ist Brecht* veröffentlicht, in der »Brecht« in einem Dialog mit der »Filmindustrie« nicht nur eine Entschädigungssumme versprochen, sondern auch »der ganze Shakespeare« übereignet wird. Am 21. 2. erscheint im *Tage-Buch* eine Erklärung des Anwalts von B, der zufolge B keine »Abfindungssumme« erhalten hat, sondern lediglich das auf Grund des Vertrags »vereinbarte restliche Honorar für die von ihm geleistete Arbeit«. In der gleichen Ausgabe erscheint ein weiterer Text von Marcuse *(Brecht ist doch nicht Brecht)*, in dem er ihm unlautere Motive vorhält: »Die Moral, die er unverbindlich für die Bühne verkündet, wagt er nicht, verbindlich als sein Lebensprinzip zu bekennen.« Daraufhin wird Marcuse, wie er später (in *Mein Prozeß mit Brecht*) berichtet, vor den Friedensrichter geladen. Erst in einer Verhandlungspause habe B seine feindselige Haltung aufgegeben und Marcuse versichert, »[...] es komme ihm nicht darauf an, was ich oder irgendwer in der Welt von ihm denke, nur was gedruckt würde; denn das könnte geschäftsschädigend sein« *(Stuttgarter Zeitung, 7. 4. 60)*.
Ende Februar. Walter Benjamin erhält von Brentano die Manuskripte (Texte von Brentano, Kurella und Plechanow) für das 1. Heft von *Krisis und Kritik* (→ Oktober 30) und

Bankeinbruch, sondern kauft die Bank real. Die Verbrecher werden Gentlemen. Mackie flieht zwar aus dem Gefängnis, wird aber gleichzeitig durch eine Kaution freigekauft. *(Kurt Pinthus, 8-Uhr-Abendblatt, 20. 2.)*

Der Film mußte mißglücken, als der Stoff der *Dreigroschenoper* aus seiner Form genommen wurde. Selbst eine begabtere, lebendigere Regie hätte versagen müssen, wenn sie diesen Stoff in die Form der großen Oper übertragen hätte. Das Theaterstück von Brecht und Weill ist hundertmal mehr Tonfilm als dieser monumentale Schinken. *(Herbert Jhering, BBC, 20. 2.)*

Der Premierenabend stand auch äußerlich im Zeichen eines Ereignisses; man sah markante Köpfe aus Politik, Wirtschaft, Kunst und Wissenschaft. Der Beifall war stark. *(Kurt London, Der Film, 21. 2.)*

Der Tonfilm *Die Dreigroschenoper* ist ohne Frage gut. Er gehört zu den besten Tonfilmen, die bis jetzt herausgekommen sind, und ist vor allem technisch mehr als einwandfrei. Er ist technisch sogar zeitweise so gut, wie wir es bisher bei deutschen Tonfilmen noch nicht erlebt haben. [...] Es fehlt dem Film die Dynamik des Bühnenwerks, es fehlt ihm seine Sachlichkeit, seine Nüchternheit, es fehlt ihm die Stoßkraft in geistiger, in sozialer Hinsicht, es fehlt ihm der zündende Funke, der jede Bühnenaufführung der *Dreigroschenoper*, ganz gleichgültig, wo und wie oft man sie sah, zum Erlebnis werden ließ. *(O. G., Deutscher Bühnendienst, 24. 2.)*

Die Dreigroschenoper von Brecht und Weill war zwar kein revolutionäres, aber immerhin aggressiv gesellschaftskritisches Werk. Die Pabstisch veräppelte *Dreigroschenoper* ist ein harmloser Unterhaltungsfilm mit einer stellenweise vorgetäuschten Gesinnung. *(Durus = Alfred Kemény, Die Rote Fahne, 26. 2.)*

meldet bei B seine Bedenken an. Zugleich erklärt er seinen Rücktritt aus der Herausgeberrunde, da die vorliegenden Manuskripte nicht dem ursprünglichen Konzept der Zeitschrift gerecht würden *(Benjamin, Versuche, Nr. 1)*.

8. März, Sonntag. Im *BBC* erklärt B in *Zur Frage der Maßstäbe bei der Beurteilung der Schauspielkunst* am Beispiel der (umstrittenen) Darstellung von Galy Gay durch Peter Lorre in *Mann ist Mann* (→ 6. 2.) Prinzipien der Spielweise des epischen Theaters, die »mehr als anderes Theater Kredit a priori benötigt, um zur vollen Geltung zu kommen« *(24,51)*. Der Text wird später in den *Anmerkungen zum Lustspiel »Mann ist Mann«* (*Gesammelte Werke*, Band 1; → Ende Mai 38) verwendet.

12. März, Donnerstag. Meldungen der *Neuen Augsburger Zeitung* und der *Neuen Badischen Landeszeitung* zufolge hat B auf einer Pressekonferenz das Erscheinen der neuen Zeitschrift *Krisis und Kritik* angekündigt, die sich hauptsächlich mit der Kritik auseinandersetzen wird.

14. März, Sonnabend. Heirat Elisabeth Hauptmanns mit dem Verlagsangestellten Friedrich Hacke (Scheidung ein Jahr später).

28. März, Sonnabend. Der Reichspräsident erläßt eine Notverordnung zur Bekämpfung politischer Ausschreitungen.

Ende März. Karl Kraus nimmt B durch seine Wertschätzung des »Kraniche-Duetts« aus *Mahagonny* (vgl. *Terzinen der Liebe* → 21. 12.) gegen Alfred Kerr in Schutz: »Doch alle zusammen [Kästner, Tucholsky u. a.] können sie das Wasser, aus dem sie schöpfen, nicht dem einen Brecht reichen, selbst wenn er sich als sein eigener Vampir mit Doktrinen das Blut abzapft: es bleibt immer noch so viel, um das Gedicht von Kranich und Wolke und die Gerichtssitzung in *Mahagonny* hervorzubringen – was durch keine (auf oder ohne Kerrpfiff erfolgte) Preßhetze aus der Welt zu schaffen ist.« *(Die Fakkel, Wien, Nr. 847-851, Ende März, S. 78.)*

1. April, Mittwoch. Die Film-Oberprüfstelle lehnt die Verbotsanträge des *Dreigroschenoper*-Films (→ 19. 2.) ab, macht aber die Streichung des Satzes »Gib, auf daß dir gegeben werde!« zur Auflage. Schon bei der ersten Prüfung sei der Film als »Possenspiel« gewertet worden. »Diese Auffassung gründet sich auf die Unwirklichkeit von Inhalt und Darstellung des Bildstreifens, der in grotesker und parodistischer Umwelt abläuft und auf die in ihm deutlich zutage tretende Umkehrung alles Möglichen.« *(Film-Oberprüfstelle, Nr. 1975.)*

11. April, Sonnabend. B schreibt seinem erkrankten Vater, er wolle bei seiner Reise Ende April nach Südfrankreich gern vorher eine Woche in Augsburg verbringen. Er beabsichtigt, für ihn noch das Urteil des Münchener Arztes Johann Ludwig Schmitt einzuholen. »Hier ist alles in Ordnúng. Steff kommt in ein paar Tagen in die Schule und hat sich schon einen Ranzen ausgesucht, auf den er kolossal stolz ist. Die kleine Barbara ist dick und rotbackig und kann enorm brüllen.« *(Br, 436.)*

17. April, Freitag. Gershom Scholem gegenüber solidarisiert sich Benjamin mit B als Teil einer kleinen, aber wichtigen Avantgarde *(Benjamin, Briefe, Nr.203)*.

22. April, Mittwoch. Valeska Gert schickt B ihr Buch *Mein Weg* mit einer Widmung *(BBAB)*.

1. Mai, Freitag. B schließt mit dem Musikverlag Universal-Edition, Leipzig/Wien, Vertrag über die Texte von *Der Jasager* sowie über die Songs aus *Happy End (576/19-23)*.

14. Mai, Donnerstag. B ist – nach einem Zwischenaufenthalt in Augsburg – mit dem Pkw nach Südfrankreich gefahren, hat sich in Lausanne mit Bernard von Brentano und dessen Frau getroffen und ist nach Marseille weitergereist. Am Folgetag will er (mit den in Marseille angekommenen Brentanos) nach Le Lavandou zu Kurt Weill, Lotte Lenja, Emil Hesse-Burri und Elisabeth Hauptmann fahren. Seinem Vater, so teilt er Helene Weigel außerdem mit, gehe es wieder »erstaunlich gut«; er werde sich um ihre Reise mit den Kindern an den Ammersee kümmern. Er bittet sie darum, das *Tage-Buch*-Heft mit der *Erklärung* Ludwig Marcuses zu schicken *(Br, 437)*.

15. Mai-18. Juni 1931
Reise nach Le Lavandou

Arbeit am Lehrstück
Wer wen? Die Geschichte einer Reise
(später: *Die Ausnahme und die Regel*)

16. Mai, Sonnabend. Helene Weigel versichert den Hausrat in ihrer Berliner Wohnung Babelsberger Str. 52 (→ 15. 2. 25) mit 20 000 RM *(721/13)*.

Mitte Mai. Da B im Sommer bereits mit Dudow an dem Film *Kuhle Wampe* arbeitet, hat er wahrscheinlich in Südfrankreich wesentliche Teile seines »soziologischen Experiments« im Zusammenhang mit dem Prozeß um die Verfilmung der *Dreigroschenoper* (→ 17.-20. 10. 30, → 4. 11. 30) geschrieben (→ 6. 6.). Außerdem arbeitet er mit Elisabeth Hauptmann und Burri auf Grundlage der chinesischen Geschichte *Die zwei Mantelhälften* (→ 5. 12. 29) an einem Lehrstück, das zunächst den Titel *Wer wen? Die Geschichte einer Reise* erhält (später: *Die Ausnahme und die Regel;* → Januar 33).

B berichtet Helene Weigel, daß er in Le Lavandou, wie auch Kurt Weill und Lotte Lenja, im Hotel Provence wohnt, während Burri und Hauptmann in einer Privat-Pension untergebracht sind, »ich glaube nicht, daß es so ein Gerede geben kann«. Das »Hotelwohnen« sei »nicht so angenehm wie voriges Jahr der Bungalow, man hat keine Zwischenmahlzeiten und keinen richtigen festen Punkt für alle«. Er fragt seine Frau, ob sie Lust hätte, sich mit ihm »für 3-4 Tage« in Paris zu treffen. Außerdem möchte er über Dudows »Film-

1
Seit langem schon denke ich, daß ich nicht recht imstande bin, mich unter den Menschen und Dingen zurechtzufinden, und daß ich doch dazu besser imstande sein könnte. Diese beiden Gedanken zusammen haben mich zu vielen Nachforschungen und Versuchen gebracht, zu denen mich einer allein bestimmt nicht veranlaßt hätte; denn wenn ich zum Beispiel nur gedacht hätte, ein Leben wie das meine sei nicht zu meistern, so wäre eine Religion oder eine der mannigfachen skeptischen Haltungen der Philosophen ausreichend gewesen, mich zu beruhigen. Hätte ich nur gedacht, ich müßte meine Aussichten verbessern, so würde ich mich mit dem Erwerb einiger schlauer Handgriffe begnügt haben und wäre in jene so häufige Betriebsamkeit verfallen, die aus allem das Beste herausholt und damit im Grunde alles sein läßt, indem sie sich eben an sein Bestes hält. So aber hielt ich meine zwei Gedanken immer beisammen und wurde so weder die Unruhe los noch die Vorsicht: ich wollte alles so betrachten, daß ich mich zurechtfände, weder länger noch kürzer; ich wollte mich nicht zu lange beim Unvermeidlichen aufhalten, noch zu früh etwas für vermeidlich erklären

2
Es war besonders schwierig, meinen Gedanken immer festzuhalten, daß ich mich nicht auskenne, und gerade das war besonders notwendig.
(26,296.)

sache« (*Kuhle-Wampe-Filmprojekt*; → August) Näheres wissen *(Br, 438)*. In einem späteren Brief macht B Helene Weigel auf eine freie 5-Zimmer-Wohnung in der Berliner Str. 45 aufmerksam, die sie sich ansehen soll. »Hier ist das Wetter etwas besser. Ich bade regelmäßig jetzt, obwohl es kalt ist! Post habe ich von Dir überhaupt noch nicht, auch nicht das *Tage-Buch*.« Er erwartet Walter Benjamin Ende Mai in Le Lavandou. Er bittet sie um Zusendung von Büchern *(Br, 439)*.

Ende Mai. B bittet Helene Weigel, ihm in einem Geschäft auf dem Kurfürstendamm einen bestimmten Rasierapparat zu kaufen, den er bei Kurt Weill gesehen hat, und fragt, wann sie den Urlaub antritt. In einem Postskriptum grüßen Lotte Lenja und Kurt Weill, die (am »Donnerstag«) nach Spanien weiterfahren wollen *(Br, 440)*.

3. Juni, Mittwoch. Walter Benjamin ist in Le Lavandou eingetroffen. Er hat sich intensiv mit Bs Theorie des epischen Theaters beschäftigt und (im März) seine grundlegende Studie *Was ist episches Theater?* für die *Frankfurter Zeitung* geschrieben, die nach bereits vorliegenden Druckfahnen den Text (auf Veranlassung von Bernhard Diebold) zurückzieht. Benjamin macht über seine Diskussionen mit B in Südfrankreich Tagebuchnotizen. Unter dem 3. 6. schreibt er: »Ich bin am Orte mit Brecht, Hesse-Burri, der Hauptmann, Brentanos und Marie Großmann zusammen.« Die Gespräche hätten die »verschiedensten Gegenstände« gestreift: »die internationale Gesellschaft materialistischer Freunde der hegelschen Dialektik; die Idee zu einem Kriminaldrama; der Prozeß gegen Friedrich Schiller; am Ende sogar – gestern – in einem einstündigen Gespräch, dem Marie Großmann beiwohnte, Proust.« An einem anderen Abend sei im Café du Centre mit B, Brentano und Burri über Trotzki gesprochen worden. B habe der Meinung vertreten, Trotzki sei der »größte lebende Schriftsteller von Europa«, und habe dazu einige Anekdoten erzählt *(Benjamin, VI,430f.)*.

Im Zusammenhang mit der internationalen Gesellschaft schreibt B die Texte *Betreffend: eine Organisation der Dialektiker* und *Grundlinie für eine Gesellschaft für Dialektiker* *(21,526f.)* sowie die *Satzungen (der G.M.F.H.D.)*. Danach solle die Gesellschaft »eingreifendes Denken« lernen und lehren, »welches zur Weltrevolution führt«. Die Mitglieder sollen ihren bürgerlichen Beruf ohne Erlaubnis der Gesellschaft nicht aufgeben und die von der Mehrheit gutgeheißenen Thesen »unter Aufgabe jeder Kritik nach außen« vertreten *(21,528)*.

Gemäß den Zielen dieser Gesellschaft will B »unmittelbar verwertbares Wissen, d.h. eingreifendes Wissen« *(21,526)* auch in dem *Dreigroschenprozeß* (→ Mitte Mai) verbreiten.

Arbeit am »soziologischen Experiment« *Der Dreigroschenprozeß*

Der Prozeß Bs mit der Nero-Film AG und sein Ergebnis werden kritisch dargestellt, sind aber nicht eigentlicher Gegenstand der Studie, sondern Untersuchungsmaterial für die Zustände, die so einen Prozeß und so ein Ergebnis ermöglichen. Die Erkenntnis vom Warencharakter auch der Kunst in der kapitalistischen Gesellschaft handelt B am Beispiel von 14 Thesen ab. In seiner »Zusammenfassung« kommt er u. a. zu dem Ergebnis: »In diesem Sinne ist die Umschmelzung geistiger Werte in Waren (Kunstwerke, Verträge, Prozesse sind Waren) ein fortschrittlicher Prozeß, und man kann ihm nur zustimmen, vorausgesetzt, daß der Fortschritt als Fortschreiten gedacht wird, nicht als Fortgeschrittenheit, daß also auch die Phase der Ware als durch weiteres Fortschreiten überwindbar angesehen wird. Die kapitalistische Produktionsweise zertrümmert die bürgerliche Ideologie.« *(21,508f.)* In diesem Sinne betrachtet B seinen Prozeß als soziologisches Experiment, welches »das Funktionieren der ›Kultur‹« begreifbar macht. »Öffentliches Denken wird entfesselt und findet mit verteilten Rollen statt. Es handelt sich beinahe im Wortsinn um einen Denkprozeß.« *(21,508.)* Ein Druckmanuskript des *Dreigroschenprozesses* (das nicht überliefert ist), wird im Sommer (für die Veröffentlichung in Heft 3 der *Versuche*; →Januar 32) an den Kiepenheuer Verlag gegeben; auf den Druckfahnen arbeitet B (im Herbst) den Text nochmals um und ergänzt ihn.

5. Juni, Freitag. B beklagt sich bei Helene Weigel, daß sie ihm nicht schreibt *(Br, 442)*.

6. Juni, Sonnabend. Walter Benjamin hält in seinem Tagebuch ein Gespräch über Franz Kafka fest. B sehe in Kafka »einen prophetischen Dichter«, der nur ein Thema hat, das »Staunen von einem Menschen, der ungeheuere Verschiebungen in allen Verhältnissen sich anbahnen fühlt, ohne den neuen Ordnungen sich selber einfügen zu können«. B habe »den Kafka – die Figur des K. – dem Schwejk« gegenübergestellt: »der, welchen alles, und der, den nichts wundert« *(Benjamin, VI,43)*.

7. Juni 1931 **Gespräch über die Lage der Intellektuellen**

7. Juni, Sonntag. Benjamin berichtet in seinem Tagebuch von einer Diskussion, die Brentano (»vor einigen Tagen«) über die schlechte Lage der Intellektuellen begann, »als Brecht ziemlich heftig einfiel«. Die Intelligenz überarbeite sich nach Bs Meinung nicht, ihre Situation sei nicht mit der des Proletariers zu vergleichen. Auf die Frage, was die Intellektuellen mit 60 Jahren machen, »wenn sie sich nichts zurückgelegt haben«, antwortet B »ganz aufgebracht« mit: »In Gottes Namen, dann krepieren sie eben. Viel zu spät. Täten sies lieber jetzt schon.« *(Benjamin, VI,434.)*

Über die Rolle der Intelligenz und über das Denken liegt auch das (nicht datierte) Protokoll eines Gesprächs von B mit Benjamin und Herbert Jhering vor *(217/4-7)*. B spricht sich darin »für ledigliche Produktion von Intellekt« aus. »Wir kümmern uns um die Intellektuellen gar nicht, als Klasse existieren sie nicht für uns, eine andere Art von Intelligenz muß aufgebaut werden.« Bereits 1930 entstehen zahlreiche Texte über Arten des Denkens *(21,408-427)*.

8. Juni, Montag. Benjamin führt mit B einen »Diskurs« über seinen »Lieblingsgegenstand, das Wohnen«. B sei vom »›mitahmenden‹ Wohnen« ausgegangen. »Das ist ein Wohnen, das seine Umwelt ›gestaltet‹, sie passend, gefügig oder gefügt anordnet; eine Welt, in der der Wohnende auf seine Weise zu Hause ist.« *(Benjamin, VI,435 f.)*

8. Juni 1931 Uraufführung der französischen Fassung des *Dreigroschenoper*-Films

In Berlin wird die französische Version des *Dreigroschenoper*-Films uraufgeführt *(L'opera de quat'sous)*; französische Texte: André Mauprey; mit Albert Préjean (Macheath), Odette Florelle (Polly), Gaston Modot (Peachum), Lucy de Matha (Frau Peachum), Margo Lion (Jenny), Jacques Henley (Brown), Hermann Thimig (Pfarrer). Herbert Jhering meint, es handele sich nicht um eine französische Fassung, sondern um »die deutsche Fassung in französischer Besetzung«. Das Ganze sei »dadurch noch gefälliger geworden« *(BBC, 14.6)*.

11. Juni, Donnerstag. Walter Benjamin berichtet von einem abendlichen Gespräch »oben in Mar belo«, bei dem er B mit dem Schriftsteller Wilhelm Speyer und seiner Frau bekannt gemacht hat. Es sei »ein besonderer Glücksfall« gewesen, »daß B auf seine Knabenjahre zu sprechen kam« *(Benjamin, VI,437)*.

12. Juni, Freitag. B kommt schon am frühen Morgen »sehr aufgekratzt« zu Walter Benjamin. Die politischen Nachrichten aus Berlin hätten ihn in der Überzeugung gestärkt, »in Deutschland werde man auf eine revolutionäre Situation noch jahrelang zu warten haben«. Für den Fall eines »sehr plötzlichen Umschlags«, der eintreten kann, habe er sich auf »einige sehr interessante Thesen über die Massen« gestützt. »Der Wirklichkeitssinn der Proletarier ist unbestechlich. Man könne den Proletariern Zusicherungen machen, soviel man wolle, wenn sie zu dem Ergebnis kommen, der Betreffende könne sie nicht halten, auch wenn er's wollte, so gehen sie darüber zur Tagesordnung über, sehr im Gegensatz zu den Intellektuellen. Im übrigen sei der Kapitalismus jetzt an einem Punkt angekommen, wo vielleicht auch seine gutgemeinten Versprechungen bei den Massen keinen Kredit mehr finden.« *(Benjamin, VI,438.)*

B teilt Helene Weigel mit, er habe von seinem Vater erfahren, daß sie mit den Kindern und der Haushälterin in Unterschondorf eingetroffen sei. Er wolle sich »ungefähr Montag [...] hier in Bewegung« setzen *(Br, 443)*.

15./16. Juni, Montag/Dienstag. Inzwischen ist auch Carola Neher in Le Lavandou eingetroffen und kommt häufig mit B zusammen. Beide bringen Walter Benjamin, Margot und Bernard von Brentano nach Marseille, die von dort nach Paris weiterreisen.

17. Juni, Mittwoch. Aus mehreren Gesprächen, die B mit ihm, »teils in Gegenwart von Speyer, teils von Carola Neher« hatte, hält Walter Benjamin Folgendes fest: Georg Kaiser sei für B sehr wichtig als »der Dramatiker vor dem Umschlag«. Von Calderón und Shakespeare habe B Beispiele des epischen Theaters ausgewählt. In *Coriolan* sei er wieder auf »seine Lieblingsstelle« zu sprechen gekommen, die Rede der Volumnia vor ihrem Sohn. »Es ist ein Wunder, sagt Brecht von Shakespeare, wo er diese Rede hat auftreiben können; er muß weiß Gott lange danach gesucht haben.« Auf der Fahrt Bs mit Carola Neher und Benjamin von Le Lavandou nach Marseille habe er gewünscht, »kleine Aufzeichnungen von Leuten zu bekommen, die über das ›Verhalten‹ der Menschen auf Grund von Beobachtungen berichten«, und die Neher ermutigt, ihre Notierungen fortzusetzen und dabei vor allem »keine Pointen« zu setzen *(Benjamin, VI,439f.)*.

19. Juni, Freitag. B ist aus Le Lavandou nach Augsburg abgefahren. Er schickt aus Brenmero bei Bolzano (Bozen) Esther Warschauer »die besten Grüße aus der Ferne« *(Br, 444)*.

19. Juni - Mitte September 1931
Reise nach Augsburg
und Unterschondorf

Mit dem Vater und Bruder Walter

8. Juli, Mittwoch. In der Tageszeitung *Film-Kurier* wird erstmals das Filmprojekt *Kuhle Wampe* erwähnt.

15. Juli, Mittwoch. Die Zahl der Arbeitslosen in Deutschland erreicht einen bisherigen Höchststand von 3 956 000. Die Banken und Börsen werden durch eine Notverordnung vorübergehend geschlossen. Die ständig wachsende Zahl der Arbeitslosen wird von B auch im Film *Kuhle Wampe* (in einer Schnittfolge von Zeitungs-Headlines) dokumentiert.

Arbeit an dem Film
Kuhle Wampe oder
Wem gehört die Welt?

August. B, Ernst Ottwalt, Hanns Eisler und Slatan Dudow schreiben das Drehbuch *Weekend – Kuhle Wampe* (*19,441-571*; späterer Filmtitel: *Kuhle Wampe oder Wem gehört die Welt?*), der Schicksale von Proletariern in der Zeit der zunehmenden Arbeitslosigkeit und immer drastischerer Notverordnungen zeigen soll. Sie nennen ihn nach der Wochenend-Siedlung Kuhle Wampe am Müggelsee. Der Film wird (mit zahlreichen Unterbrechungen) bei der Prometheus GmbH gedreht und zum großen Teil fertiggestellt. Die Filmfirma geht (im Herbst) in Konkurs (→ 22. 1. 32).

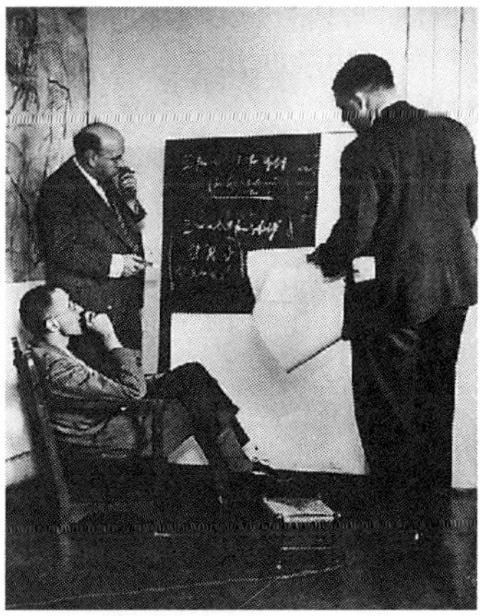

Mit Hanns Eisler und Slatan Dudow bei der Arbeit an *Kuhle Wampe*

»Im Sommer 1931 hatten wir durch die Ausnutzung besonders günstiger Umstände (Auflösung einer Filmgesellschaft, Bereitwilligkeit eines Privatmanns, eine nicht zu hohe Summe Geldes zusammen mit seiner schauspielerischen Fä-

Bei den Dreharbeiten

higkeit in einen Film zu investieren usw.) die Möglichkeit, einen kleineren Film herzustellen. Unter dem frischen Eindruck der Erfahrungen aus dem Dreigroschenprozeß setzten wir, erstmalig in der Geschichte des Films, wie man uns sagte, einen Vertrag durch, der uns, die Hersteller, zu den Urhebern im rechtlichen Sinne machte.« Dadurch habe das Team keinen Anspruch auf eine feste Bezahlung gehabt, aber dafür über »sonst unerlangbare Freiheiten« verfügt *(21,544f.)*.

Der Film ist in drei selbständige Teile gegliedert, die jeweils durch Zwischentitel gekennzeichnet sind: 1. Ein Arbeitsloser weniger; 2. Das schönste Leben eines jungen Menschen; 3. Wem gehört die Welt? *Kuhle Wampe* endet mit einem Gespräch in der S-Bahn über die skandalöse Vernichtung von Kaffee in Brasilien. Die Unzufriedenheit mit den gegenwärtigen Verhältnissen führt zu der Frage, wer die Welt ändern wird. Die Antwort lautet: »Die, denen sie nicht gefällt!«

31. August, Montag. B entschuldigt sich bei dem Schriftsteller Armin Kesser, daß er ihm erst so spät schreibt. »Es ging hier alles drunter und drüber, da wieder einmal der Versuch gemacht wird, einen Film herzustellen [...].« Zum »Thema episches Theater« gäbe es »hier mancherlei Akten, die unlesbar, und Geheimnisse in den Brüsten schlecht rasierter Männer, die sehr verschlossen sind«. B fragt Kesser, ob er nicht zu ihm nach Unterschondorf kommen kann *(Br, 445)*.

Mitte September 1931
Zurück in Berlin
Teilnahme an den Dreharbeiten zu *Kuhle Wampe*

Von früh bis spät steht der Dichter selbst im ›Bau‹, um den Dialog zu überwachen und ihn in unzähligen Arrangier- und Abhörproben bis ins kleinste auszufeilen und so einen überaus großen Teil der Regie selbst zu übernehmen. *(Film-Kurier, 30. 9.)*

Mitte September. Nach viermonatiger Abwesenheit kehrt B in dieser Zeit nach Berlin zurück und nimmt an den Dreharbeiten zu *Kuhle Wampe* teil.

September 1931
Beginn der Arbeit an *Die Mutter*

September. Im September beginnt B eine Bearbeitung von Maxim Gorkis Roman *Die Mutter* für die Bühne. Er benutzt dafür eine Dramatisierung, die Günther Weisenborn mit dem Dramaturgen der Volksbühne Günther Stark 1930 angefertigt hatte. Nach Weisenborns Ausführungen im Programmheft der Uraufführung (→ 17. 1. 32) hatte er sich mit B mehrfach über die Entwicklung in Deutschland unterhalten. Als er dabei auch Bs Theorie des epischen Theaters in den Grundzügen kennenlernte, »lag der Gedanke nahe, diesen Stoff [den Roman *Die Mutter*] für das epische Theater einzurichten«. Über eine neue Bearbeitung seien (im Herbst 31) Diskussionen geführt worden, »an denen sich Eisler und ich beteiligten. Wir begannen die Arbeit zunächst mit formalen Erwägungen. Es stellte sich jedoch bald heraus, daß sie zwangsläufig politische wurden, so daß von Anfang an weltanschaulich-politische Diskussionen die Hauptarbeit bildeten.« Hanns Eisler erinnert sich, bei der Arbeit an dem Stück »jeden Vormittag, meistens von neun bis eins, in seiner Wohnung da am Knie« gewesen zu sein. Die Musik habe er in zehn Tagen geschrieben *(Eisler/Bunge, 105 und 74)*.

Nach Weisenborns Erinnerung liebte es Eisler, »jedes auftauchende Problem in das Licht eines Witzes zu setzen und auf diese Weise zu klären. Elisabeth Hauptmann, Brechts ständige Mitarbeiterin, war dabei und Slatan Dudow, der Filmregisseur. [...] Brecht liebte eine gemeinschaftliche Arbeitsweise.« *(Weisenborn, 240f.)*

10. Oktober, Sonnabend. Das wieder eingesetzte Kabinett (mit Brüning als Reichskanzler und Außenminister) fungiert nur noch als Beratungs- und Exekutivorgan des Reichspräsidenten (»Präsidialkabinett«). In Bad Harzburg tagen (am 11. 10.) die Parteien der Rechtsopposition (die NSDAP mit Hitler, die DNVP mit Alfred Hugenberg sowie die DVP und der Stahlhelm), der sich einige Großindustrielle anschließen, auch der frühere Reichsbankpräsident Hjalmar Schacht. Die »Harzburger Front« richtet einen Appell an Hindenburg und fordert die Absetzung der Regierung Brüning.

12. Oktober, Montag. Auf den Vorschlag eines Mitarbeiters der Berliner *Montagspost*, zu den abendlichen Kinovorstellungen (kurze) Szenen (sogenanntes »Kurztheater«) zu bringen, äußert sich neben Ferdinand Bruckner und Karl-Heinz Martin auch B. Nach seiner Vorstellung erfordere ein solches Theater »nicht nur neue, moderne Autoren, sondern auch neue Darsteller« wie z.B. Peter Lorre, Helene Weigel und Carola Neher.

15. Oktober, Donnerstag. Unter der Überschrift *Neue Bert-Brecht-Filme* berichtet die Zeitschrift *Licht Bild Bühne* von den Dreharbeiten zu *Kuhle Wampe*. Der Stab, der sich bei diesem Film zusammengefunden hat, erwäge weitere Filmprojekte (so auch in der *B.Z. am Mittag* am 24. 9. gemeldet). »Schon jetzt ist das Manuskript für einen zweiten Brecht-Film in Arbeit. Es soll den Titel *Santa Lucia oder Der Gelegenheitskauf* führen.«

Nach einer Meldung der *Welt am Abend* (vom 13. 10.) findet im Bankettsaal des Lehrervereinshauses eine Kundgebung statt, auf der Willi Münzenberg zum Thema *Der Kampf gegen den Vormarsch der faschistischen Film-Reaktion* spricht. Neben Hanns Eisler, Johannes R. Becher, Ernst Busch, Herbert Jhering, Joris Ivens ist u.a. auch B angekündigt, spricht aber nicht zur Versammlung.

15. November, Sonntag. Aus Anlaß des 100. Todestages von Georg Wilhelm Friedrich Hegel (am 14. 11.) veranstaltet die MASCH eine Kundgebung, bei der Karl August Wittfogel, Hermann Duncker und Joachim Schmidt über das Thema *Hegel und der Marxismus* sprechen.

In Bs Wohnung trifft sich (bis Januar 1933) ein Interessentenkreis, der sich unter Leitung von Karl Korsch (nach dessen zweitem Vortrag bei der Gesellschaft für empirische Philosophie *Der Empirismus der Hegelschen Philosophie* am

Bekanntschaft mit Karl Korsch

Karl Korsch, geboren 1886 in Tostedt bei Hamburg, studiert Jura und promoviert 1911 in Jena; danach Studien in England bis 1912. 1919 Eintritt in die USPD (1921 unter Vorbehalt in die KPD übernommen). Er habilitiert in Jena und lehrt dort als Professor. 1921-1924 Mitglied des Thüringischen Landtags, 1923 Justizminister, 1924-1928 Mitglied des Reichstags. 1923 erscheint *Marxismus und Philosophie*. 1926 Ausschluß aus der KPD wegen oppositioneller Haltung.

27. 10.) mit Fragen des dialektischen Materialismus beschäftigt.

18. November 1931
Premiere der »roten Revue«
Wir sind ja sooo zufrieden

18. November, Mittwoch. Im Bachsaal Aufführung der »roten Revue« *Wir sind ja sooo zufrieden* (durch die Junge Volksbühne) mit Texten von B, Bernard von Brentano, Ernst Ottwalt, Erich Weinert, Günther Weisenborn u. a.; mit Ernst Busch, Helene Weigel, Valeska Gert, Margarete Steffin und der Gruppe Junger Schauspieler sowie dem Uthmann-Chor. Im Programmheft werden Bs (1929 geschriebene) *Ballade zu Paragraph 218 (14,40f.)* sowie das (1930 entstandene) Gedicht *Artikel 115 (14,92)* gedruckt. Im Zusammenhang mit seiner Kritik an der Weimarer Verfassung entstehen auch (1930) die Gedichte *Paragraph 1 (14,91f.)* und *Paragraph 111 (14,93).*

Bekanntschaft mit Margarete Steffin

Bei der Arbeit an der roten Revue lernt B die junge arbeitslose Kontoristin und Amateurschauspielerin Margarete Steffin kennen (→ Anfang Januar 32).

24. November, Dienstag. Wegen der Aufdeckung geheimer Aufrüstungspläne in einem Artikel der *Weltbühne* werden Carl von Ossietzky und der Schriftsteller Walter Kreiser vom 4. Strafsenat des Reichsgerichts Leipzig (unter Ausschluß der Öffentlichkeit) zu je eineinhalb Jahren Gefängnis verurteilt. *Berlin am Morgen* startet eine Protestbewegung, an der sich Bernard von Brentano, Lion Feuchtwanger, Ernst Gläser und B beteiligen; B schreibt: »Das Reichsgerichtsurteil gegen Carl v. Ossietzky zeigt, wie sich das deutsche Bürgertum auf allen Punkten für den Endkampf rüstet: Jetzt fängt es an, seine Pazifisten einzusperren.« Den Protesten schließen sich in den Folgetagen weitere Schriftsteller an.

Bearbeitung
von Shakespeares
Maß für Maß

November. Der Theater- und Filmregisseur Ludwig Berger bittet B, bei einer Bearbeitung von Shakespeares *Maß für Maß* behilflich zu sein, die er mit der Gruppe Junger Schauspieler in der Volksbühne aufführen will.

B kommt mehrfach zu Berger, der die Ergebnisse der Arbeit mit der Schreibmaschine aufzeichnet. »Wir improvisierten, gewissermaßen vierhändig, die Gespräche der handelnden Personen, immer freier nach Shakespeare, bis schließlich nicht viel mehr als das Gerüst der Szenenfolge übrigblieb, und dann auch das nicht mehr. [...] Brecht ging zwischen meinen Biedermeiermöbeln auf und ab, die aus Mainz stammten, und wo ihm die Gegenrede auf eine seiner dialogischen Wendungen nicht gleich kam, erfand ich sie, ihm zuvorkommend. Manches übernahm er, so, wie ich es sagte, manches veränderte er, eh' ich es niederschrieb. Es war eine Wonne zuzusehen, wie konzentriert und locker zugleich, wie ernst und vergnügt zugleich, wie musikalisch und wie zelebral, wie kritisch und wie schöpferisch zugleich der

Geist der Arbeit in ihm tätig war.« *(Das Neue Mainz, 1.-31. 3. 65.)* B bezieht auch Elisabeth Hauptmann und Emil Burri in die Arbeit ein (mit einer größeren Unterbrechung durch die Proben zur Oper *Aufstieg und Fall der Stadt Mahagonny* im Dezember und zur *Mutter* bis März 1932). Zunächst benutzt er die Übersetzung des Stückes durch Wolf Graf von Baudissin, entfernt sich aber schon in der ersten Arbeitsphase erheblich davon. (Eine nochmalige Überarbeitung mit einer deutlicheren Aktualisierung nimmt B 1932 in Unterschondorf und in Utting vor und schließt sie am → 20. 9. 32 ab.)

Teilnahme an den Proben zu *Aufstieg und Fall der Stadt Mahagonny*

Anfang Dezember. B nimmt an Proben zu *Aufstieg und Fall der Stadt Mahagonny* in Berlin teil, die in einer Produktion von Ernst Josef Aufricht im Theater am Kurfürstendamm stattfinden. Um den Bedingungen einer Opernaufführung zu genügen, muß erst der Orchesterraum des Theaters umgebaut werden.

Trude Hesterberg (Begbick) und Lotte Lenja (Jenny)

6. Dezember, Sonntag. Erstdruck von *Das Lied vom SA-Mann (11,209f.)* in der *Illustrierten Roten Post*, Berlin.

15. Dezember, Dienstag. Die Zahl der Arbeitslosen in Deutschland steigt auf 5 349 000 an.

21. Dezember, Sonnabend. Berliner Erstaufführung der Oper *Aufstieg und Fall der Stadt Mahagonny*, Regie und Bühnenbild: Caspar Neher, musikalische Leitung: Alexander von Zemlinsky; mit Harald Paulsen (Ackermann), Lotte Lenja (Jenny), Trude Hesterberg (Begbick).

Als »Aufmerksamkeit der Direktion« erhalten die Besucher eine der ersten in Deutschland hergestellten Bildschallplatten mit zwei Songs aus der Oper in instrumentalen Tanzbearbeitungen. B schreibt für das Programmheft eine *Erklärung*. Gegen die »Skandale«, die *Aufstieg und Fall der Stadt Mahagonny* bewirkt hat, habe er nichts einzuwenden, sofern sie nicht auf dem Mißverständnis beruhen, die Oper sei für Exzesse. »In Wirklichkeit bemüht sich das Werk, wie schon die letzte große Demonstrationsszene beweist, gerade den Zusammenhang der Käuflichkeit von Freude (Unterhaltung, Erholung) und ihren exzessiven Charakter aufzuzeigen.« *(24,86.)* Im Programmheft sind außerdem ein Auszug aus den *Anmerkungen zur Oper »Aufstieg und Fall der Stadt Mahagonny«* (→ Dezember 30), eine Passage Pierpont Maulers aus *Die heilige Johanna der Schlachthöfe (3,203,36-204,7)* abgedruckt sowie die *Terzinen über die Liebe (14,15f.)*, ferner zwei Bildtafeln Caspar Nehers.

Die Oper ist sehr erfolgreich und wird etwa 60mal gespielt.

21. Dezember 1931
Aufstieg und Fall der Stadt Mahagonny
Theater am Kurfürstendamm Berlin

Brechts angebliche Satire auf die Macht des Geldes kann nur abstoßen. Kurt Weill hat sich völlig der Jazz- und Negermusik verschrieben. Gelegentlich wirkt er peinlich sentimental. [. . .] Gesucht primitiv und für das Auge unerfreulich war die Inszenierung Caspar Nehers. *(W. A., MNN, 24. 12.)*

Aber siehe da: gestern gab es *keinen* Skandal. – Das primitivste Mißverständnis liegt nämlich bei Herrn Brecht selber: nämlich in seiner Einstellung zum Publikum. Will er zu *Proletariern* reden? Sie werden seine bacchantischen Freuden ganz ohne Satire aufnehmen und ohne aktivistische Bekehrung die Sache amüsant oder weniger amüsant finden. Denn für derart verkappte Ironie ist die Masse nicht zu haben. (Piscator weiß, was er sagt, und zu *wem* er's

22. Dezember, Sonntag. B hatte die von Ludwig Berger initiierte Shakespeare-Bearbeitung (→ November) für die Gruppe Junger Schauspieler als nächstes Projekt vorgesehen; die Gruppe ist aber viel mehr an dem inzwischen abgesagt.) – Oder will Brecht zum *Kurfürstendamm* sprechen? Nun, der geht im feinen Smoking mal zu Herrn Brecht, genauso wie man mit seinen Damen ein Apachenlokal im Osten besucht, um sich mal, von den Verbrechern eins gruseln zu lassen. Jedenfalls hat sich der Kurfürstendamm an Weills sauberer Musik, entschleimt von allem Farbenkitsch, höchlichst ergötzt – und hat den Brechtschen Operntext so mitgenommen – eben als Operntext. *(Bernhard Diebold, Frankfurter Zeitung, 29. 12.)*

22. Dezember 1931 - 16. Januar 1932 Teilnahme an den Proben und Voraufführungen von *Die Mutter*

Zusammenarbeit mit Margarete Steffin
Die am 21. 3. 1908 in Rummelsburg/ Kreis Niederbarnim geborene Margarete Steffin ist die Tochter eines Bauarbeiters und einer Näherin (Heimarbeit). Trotz ihrer großen Begabung vereitelt ihr Vater eine höhere Schulbildung, weil er dadurch eine Entfremdung von der Arbeiterklasse befürchtet. Sie lernt in Berlin Kontoristin beim Globus Verlag und findet Anschluß an die Arbeiterbewegung. In der kommunistischen Fichte-Wandersparte redigiert sie die Klubzeitung und tritt im Großberliner Sprechchor auf.

schlossenen Stück *Die Mutter* (→September) interessiert. Die Aufführung wird über die Aufricht-Produktion (bereits während der *Mahagonny*-Inszenierung) gemanagt. Die Regie hat Emil Burri übernommen. Da ein Teil der ehemaligen Gruppe Junger Schauspieler abgefallen ist, werden auch andere Darsteller wie Helene Weigel, Ernst Busch, Albert Hoerrmann verpflichtet, außerdem Theo Lingen, mit dem B schon bei *Pioniere in Ingolstadt* (→2. 9. 29) und *Mann ist Mann* (→6. 2.) zusammengearbeitet hat. Burri hat bereits vorbereitet, von nun an besucht B alle Proben und nimmt wesentlichen Einfluß auf die Inszenierung.

Dezember. Veröffentlichung des hektographierten Bühnenmanuskripts von *Die heilige Johanna der Schlachthöfe* im Verlag Felix Bloch Erben. In der Zeitschrift *Der Querschnitt*, Berlin, erscheint unter der Überschrift *Sullivan Slift zeigt Johanna Dark die Schlechtigkeit der Armen* Szene 4 aus *Die heilige Johanna der Schachthöfe (3,148-154).*
Nach den Eingangslisten der Deutschen Bücherei Leipzig, ist Heft 3 der *Versuche* (vom Verlag für 1931 ausgewiesen) erst →Mitte Januar 32 erschienen, eine Verzögerung, die vermutlich durch Bs Umarbeitung von *Der Dreigroschenprozeß* in den Fahnen (→3. 6.) zustande kommt.

1932

Anfang Januar. Für B ist die Besetzung der Pelagea Wlassowa mit Helene Weigel ein Risiko. Nach ihren Aussagen hatte B von ihr »als Schauspielerin am Anfang keine sehr hohe Meinung«. Das habe sich erst mit der Darstellung der Mutter geändert: »Der Humor, die Wärme, die Freundlichkeit, das sind alles erst Entdeckungen gewesen, die wir bei der Rolle der Wlassowa machten. Das war auch für Brecht überraschend.« *(Weigel Tb.)*
B besetzt die Rolle des Dienstmädchens mit der 23jährigen Margarete Steffin, die er bei der Aufführung der roten Revue *Wir sind ja sooo zufrieden* (→18. 11. 31) kennengelernt hat. Steffin hat auch bei anderen Veranstaltungen sowie in der Gruppe Junger Schauspieler mitgewirkt, wahrscheinlich auch im Film *Kuhle Wampe*. Bei Helene Weigel hat sie (in der MASCH) einen Kurs in Sprechtechnik absolviert. Während der Proben und der Aufführungen von *Die Mutter* ist die an Tuberkulose erkrankte Steffin für die Dauer mehrerer Monate in der Lungenheilstätte Hohenlychen bei Fürstenberg untergebracht und muß von dort geholt und wieder zurückgebracht werden.

11. Januar, Montag. In einer Lesung trägt Karl Kraus (→Ende März 31) in Berlin die Szenen 14 und 18 der Oper *Aufstieg und Fall der Stadt Mahagonny* vor; er wird am Klavier von Kurt Weill begleitet.

12. Januar, Dienstag. Erste geschlossene Aufführung von Bs Stück *Die Mutter* durch die Aufricht-Produktion mit der Gruppe Junger Schauspieler (im Rahmen der Jungen Volksbühne) im Wallner-Theater. Das Stück wird auch an den folgenden Tagen in geschlossenen Aufführungen gezeigt und bis zur öffentlichen Uraufführung von B bei Verwertung der Wirkungen mehrfach geändert. Die Zeitung *Berlin am Morgen* berichtet: »Hunderte von Betriebsräten und Frauenvertrauensleuten haben die vier geschlossenen Aufführungen der Jungen Volksbühne im Wallner-Theater mit großer Begeisterung gesehen.« Von der Jungen Volksbühne sei der gesamte »Kartenvertrieb für alle Mitglieder proletarischer Organisationen übernommen« worden, für alle Tage »zum Preise von 1,20 und 1,80 Mark (Erwerbslose die Hälfte)« *(17. 1.)*. Heinz Lüdecke besucht eine Generalprobe und berichtet in der *Illustrierten Roten Post*, »daß hier etwas entsteht, was positiv gewertet werden muß« *(3/1932)*.

14. Januar, Donnerstag. B antwortet dem Verlag B Schott's Söhne, daß er mit einer Aufführung des *Badener Lehrstücks* in Osnabrück einverstanden ist, wenn es ungekürzt gebracht wird. Dies ist auch seine Bedingung bei allen weiteren Anfragen *(Br, 446)*.

16. Januar, Sonnabend. Presseaufführung des Stücks *Die Mutter.*

17. Januar, Sonntag. Uraufführung von *Die Mutter* im Komödienhaus am Schiffbauerdamm (nicht mit dem Theater am Schiffbauerdamm identisch); Musik: Hanns Eisler, Regie: Emil Burri (unter Mitwirkung von B), Bühnenbild: Caspar Neher (Projektionen: Wolfgang Roth); mit Helene Weigel (Pelagea Wlassowa), Ernst Busch (Pawel Wlassow), Martha Wolter (Mascha), Gerhard Bienert (Lehrer Wessowtschikow), Theo Lingen (Polizeikommissar), Albert Hoerrmann (Gutsmetzger), Lily Schönborn (seine Frau), Margarete Steffin (Dienstmädchen).

Auf dem Programmzettel schreibt Günther Weisenborn unter dem Titel *Über die epische Fassung der Mutter* über die Arbeit am Stück und zitiert Bs Schema von der dramatischen und epischen Form des Theaters (aus den *Anmerkungen zur Oper »Aufstieg und Fall der Stadt Mahagonny«*; 24, 78f.).

Das Stück wird (bis zum 24. 1.) im Komödienhaus und vom 25. 1. bis 8. 2. im Lustspielhaus in der Friedrichstraße aufgeführt. In einem Bericht des Polizeipräsidenten von Berlin an den Generalstaatsanwalt des Berliner Landgerichts (→ 11. 3.) heißt es: »Zu Störungen der öffentlichen Sicherheit und Ordnung ist es in diesen Aufführungen, die von hier aus laufend überwacht worden sind, nicht gekommen.« *(Landesarchiv Berlin, No. 1046.)*

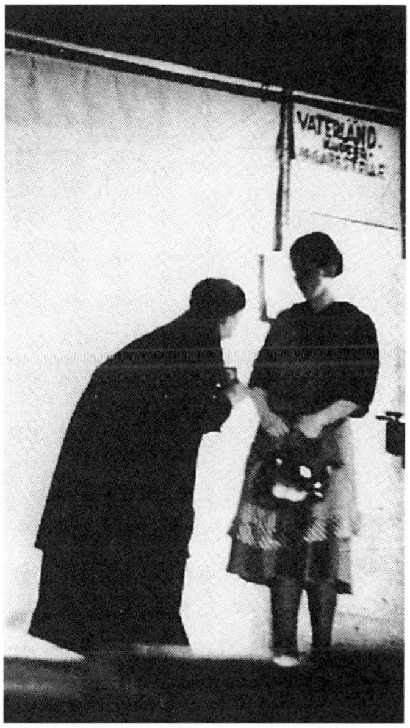

Helene Weigel mit Margarete Steffin in *Die Mutter*

17. Januar 1932
Uraufführung
Die Mutter
Komödienhaus am Schiffbauerdamm
Berlin

Nach Überwindung einiger nervöser Hemmungen hatte Helene Weigel den Stil schon in der Vollkommenheit. Sie war dialektisch gewandt, geistig überlegen und niemals doktrinär. Im Gegenteil: sie war spielerisch gelöster als jemals. Empfindung ging eine geistige Melodie ein. Dialektik wurde gestisch gelöst. Das ist nicht nur meisterhaft, es zeigt auch, daß gewisse schauspielerische Begabungen in diesem Stil erst frei werden. *(Herbert Jhering, BBC, 18. 1.)*

Nicht seine Formabsicht. Hinter ihm steht – das beweist der Abend im Komödienhaus! – die ganze kommunistische Ideologie. Sie steht hinter Brecht als einem Bühnenschriftsteller, der sich langsam durchentwickelt hat zu einem der literarischen Interpreten des Bolschewismus in Deutschland. Damit ist er nicht mehr ästhetisch zu werten, sondern politisch. *(Hans Heinrich Bachmann, Germania, 19. 1.)*

Rotestes, allerrotestes Parteitheater im Zeichen von Hammer und Sichel – Gorkis uralter Roman, verstümpert für Analphabeten, papriziert mit »Songs«. Und wer nicht vorher an Langeweile eingegangen, hat vielleicht noch das Ende erlebt... *(Ludwig Sternaux, Berliner Lokal-Anzeiger, 17. 1.)*

Gerade weil die geistige Wirkung dieser Lehrstücke so lähmend und ertötend ist, soll man die politische nicht unterschätzen. *(Paul Fechter, Deutsche Allgemeine Zeitung, 17. 1.)*

Brecht wendet sich an Ohr und Verstand und läßt fast gänzlich die Grundlagen der russischen Umwelt und Psychologie fallen, durch deren Darstellung Gorkis Tendenzwerk zum Kunstwerk wird. *(Kurt Pinthus, Acht-Uhr-Abendblatt, 18. 1.)*

Was geschieht, vor den Augen des Publikums abläuft, ist vernichtend dürftig und kindlich. *(Hugo Kubsch, Deutsche Tageszeitung, 18. 1.)*

Ein Pfingstfest für die Gesinnungsgenossen, wirksamer als Reden und Zeitungen. Ein Irrsinn für den Außenstehenden. *(Junghans, Neue Preußische Kreuzzeitung, 18. 1.)*

B hält die Aufführungen für bedeutungsvoll: »Zusammen mit hochqualifizierten, ersten Schauspielern des bürgerlichen Theaters spielten Mitglieder proletarischer Agitproptruppen. Der szenische Rahmen war von großer Einfachheit, stellte aber zugleich mit seinem Verzicht auf jede Illusion – es gab weder richtige Zimmer noch Straßen, nur einfache Leinwandwände, auf denen Texte und Zitate standen – große Anforderungen an das Denken des Publikums. Alles Russische war in Kostüm und Dekoration vermieden. Die einzelnen Szenen wirkten wie Gleichnisse.« Die Aufführung habe den Zweck verfolgt, »ihren Zuschauern gewisse Formen des politischen Kampfes zu lehren«. »Etwa 15 000 Berliner Arbeiterfrauen wohnten der Aufführung des Stükkes bei, das Methoden des illegalen revolutionären Kampfes demonstriert.« *(24,110.)* Mit dem Vorwurf einiger Kritiker, Stück und Autor seien primitiv, befaßt sich B in *Was ist primitiv?*: »Während die Arbeiter auf die feinsten Wendungen der Dialoge sofort reagierten und die kompliziertesten Voraussetzungen ohne weiteres mitmachten, begriff das bürgerliche Publikum nur mühsam den Gang der Handlung und überhaupt nicht das Wesentliche.« *(24,114.)*

Mitte Januar. Der Gustav Kiepenheuer Verlag Berlin gibt im *Börsenblatt des deutschen Buchhandels* (am 5. 1.) die Festpreise für die bisher erschienenen *Versuche*-Hefte 1 und 2 bekannt. Das 1931 angekündigte Heft 3 kommt nunmehr verspätet heraus (ebenso Heft 4; → Ende Dezember).

Heft 3 der *Versuche* (Versuche 8-10) enthält:

8. Versuch: *Die Dreigroschenoper (2,229-308)*, »ein Versuch im epischen Theater«.

9. Versuch: *Anmerkungen zur »Dreigroschenoper« (24,57-68)* als erster Teil von *Über eine nichtaristotelische Dramatik* (→ Anfang Januar 33, Heft 7 und 8: weitere Teile des 9. Versuchs).

10. Versuch: *Die Beule. Ein Dreigroschenfilm (19,307-320)*, der »Entwurf zu einem Dreigroschenfilm«, der aber »bei der Verfilmung der *Dreigroschenoper* nicht verwendet« wurde, sowie *Der Dreigroschenprozeß. Ein soziologisches Experiment (21,448-514)*, ein »Versuch, auf Grund eines Vertrages Recht zu bekommen«.

In den *Anmerkungen zur »Dreigroschenoper«* geht B darauf ein, daß ein gedrucktes Stück »kaum mehr als das Soufflierbuch« sein kann. Da andererseits das Theater alles »eintheatert«, geben seine Anmerkungen Hinweise für die von ihm gewünschte epische Spielweise. So nehme der Zuschauer durch das Lesen der Szenen-Titel auf Tafeln »die Haltung des Rauchend-Beobachtens ein«. Da ein solcher Zuschauertyp nicht vom Schauspieler »in den Bann« gezogen werden kann, erzwinge er von ihm »ohne weiteres ein besseres und anständigeres Spiel« *(24,59)*. Außerdem beschreibt B die Hauptpersonen und gibt »Winke für Schauspieler« *(24,59-64)*. Beim Singen der Songs müsse der Schauspieler einen Funktionswechsel vollziehen und »nicht nur singen, sondern auch einen Singenden zeigen«. Die zwei Verhaftungen des Räubers Macheath erklärt B damit, daß die epische Dramatik »materialistisch eingestellt« und weniger an »Gefühlsinvestierungen ihres Zuschauers« interessiert sei *(24,66)*.

Mitte Januar 1932
Erstdruck von Heft 3 der *Versuche (Versuche 8-10)*

Die Beule ist Bs Treatment für das Drehbuch des *Dreigroschenfilms*, das er im September der Filmfirma übergeben hat (→ 3. 8. 30). In seiner Vorbemerkung schreibt B: »Die Abhandlung über ihn [den Prozeß] zeigt eine neue kritische Methode, das soziologische Experiment.« (→ Mitte Mai 31.)

Denn um ganz davon abzusehen, daß der Dreigroschenoper-Prozeß als Experiment tatsächlich bedeutungsarm ist: die Wirklichkeit ist, vor allem im gegenwärtigen Stadium, schon so provozierend, daß man sie nicht erst noch durch »Experimente« zu provozieren braucht. Im Gegenteil, diese »soziologischen Experimente«, wie Brecht sie gar zu organisieren vorschlägt, schädigen ihrer Überflüssigkeit wegen eher die Aktionen, die in dem von ihm bejahten Interesse des Klassenkampfes als notwendig zu erachten sind. Nicht nur ihrer Überflüssigkeit wegen, sondern auch darum, weil sie einer *individualistischen* Haltung entspringen. [...] Immerhin zeugt die Schrift von der angestrengten Bemühung eines hochbegabten Autors um die materialistische Dialektik und sollte darum gerade unter den Literaten Interessenten finden. Brecht gibt nicht nur die erworbenen Kenntnisse in scharfen, ersichtlich von den Marxschen Antithesen beeinflußten Formulierungen wieder, er wendet sie auch manchmal erfolgreich an. *(Siegfried Kracauer, Frankfurter Zeitung, Literaturblatt, 28. 2.)*

In diesem Jahr ist B intensiv damit beschäftigt, die Druckfassungen seiner Stücke und Arbeiten für die weiteren *Versuche*-Hefte (4-8) herzustellen, die »in rascher Reihenfolge« innerhalb eines Jahres herauskommen sollen. Dabei entsteht auch (ohne daß der Arbeitsprozeß genau datiert werden kann) eine vorläufige Druckfassung des Lehrstücks *Wer wen? Die Geschichte einer Reise* (→ Mitte Mai 31). In einem Bücherverzeichnis des Verlags Gustav Kiepenheuer werden die *Versuche* folgendermaßen angekündigt: »Wir veröffentlichen hiermit eine Folge von Arbeiten Brechts auf dem Gebiete der Schaubühne, des Radios, der Oper, des Tonfilms und der Theorie. Bert Brecht versucht, diese Gebiete einer kollektiven Pädagogik unterzuordnen.« *(Archiv Kiepenheuer Verlag.)*

22. Januar, Freitag. Nach dem Konkurs der Filmfirma Prometheus GmbH (→ August 31) werden mit der Tobis-Filmgesellschaft Verhandlungen wegen einer Übernahme des vorhandenen Filmmaterials von *Kuhle Wampe oder Wem gehört die Welt?* geführt. B hält nach einem Gespräch die Argumente der Firma fest: »Ein kommunistischer Film hat keinen Geschäftswert mehr, da für das bürgerliche Publikum der Kommunismus keine Gefahr mehr ist. Er löst also kein Interesse mehr aus. Anders wäre es bei einem nationalsozialistischen Film.« Die Firma ist zu einer Übernahme bereit, wenn die Hersteller ihre finanziellen Ansprüche zurücksetzen, eine Forderung, die B als Strafe für ihre »Gegnerschaft zum Kapitalismus« und für »den Aufsatz *Dreigroschenprozeß*« empfindet *(21,544)*. Die Verhandlungen mit der Tobis werden abgebrochen; der Film wird bei der Praesens-Film untergebracht. Nunmehr beginnen die Endarbeiten an *Kuhle Wampe oder Wem gehört die Welt?*, der Anfang März bei der Filmprüfstelle eingereicht wird (→ Anfang März).
Erstdruck des Chores *Die Partei ist in Gefahr* (aus *Die Mut-*

ter) in *Die Rote Fahne (14,122.)*. Das (1931 geschriebene) Lied wird im Stück in einer Szene gesungen, als Pelagea Wlassowa krank darniederliegt *(3,318f.,382)*. Bei der Aufführung des Stückes durch die Theatre Union in New York kritisiert B später den Einfall des Regisseurs Victor Wolfson, das Lied direkt an die Kranke zu adressieren statt an das Publikum (→ 17. 11. 35).

Januar 1932
Mehr als 6 Millionen Arbeitslose in Deutschland

Januar. Nach der amtlichen Statistik gibt es in Deutschland 6 041 910 Arbeitslose, von denen 5 194 649 vom Staat unterstützt werden, sowie 327 845 von der Arbeitslosenversicherung unterstützte Kurzarbeiter.

26. Februar, Dienstag. Bei einer Kundgebung der KDP im Sportpalast für die Wahl des Reichspräsidenten (am → 13. 3.) spielt die Gruppe Junger Schauspieler Szenen aus *Die Mutter.*

Helene Weigel erinnert sich: »Eine polizeiliche Genehmigung lag vor. Aber in einem Schreiben der Theaterabteilung der Baupolizei, das wir erst kurz vorher erhielten, wurde die Aufführung untersagt, weil die Sache in dem Saal ›zu feuergefährlich‹ sei. Wir begannen trotzdem, und nun wurde die Aufführung ständig unterbrochen. Das ging in Phasen vor sich und war sehr lustig. Wenn also die Aufführung aus feuerpolizeilichen Gründen nicht gespielt werden darf, meinten wir, dann werden wir den Text nur sprechen. Dabei haben wir ihnen nun wieder zuviel Gesten gemacht. Dann sagten sie, Gänge auf der Bühne zu machen, das geht auch nicht. Und schließlich hatten sie auch etwas gegen die Kostüme. So haben wir uns vor den Vorhang gesetzt und das Stück ›gelesen‹.« Die Aufführung sei auf diese Weise zu einer der erfolgreichsten geworden, »weil die Leute herrlich fanden, daß wir uns nicht kleinkriegen ließen und weitermachten unter immer schwierigeren Bedingungen«. *(WeigelTb.)*

29. Februar, Freitag. Eine Aufführung von *Die Mutter* im Moabiter Gesellschaftshaus für die Internationale Arbeiterhilfe wird durch die Polizei erschwert.
In seinem (um 1945 entstandenen) Text *»Abstieg der Weigel in den Ruhm« aus der »Dritten Nacht« des »Messingkaufs« (22,796-798.)* schreibt B über ihre Darstellung der Wlassowa u. a.: »Sie verstand es, den Menschen nicht nur Gefühle, sondern auch Gedanken zu erregen [...]. Jetzt spreche ich aber von den Arbeitern, die zu ihrem Spiel kamen. Die Kunstkenner blieben weg, und statt ihrer kamen die Polizisten. Die Wahrheiten, denen sie ihre Stimme und ihre Deutlichkeit lieh, riefen die Justiz herbei, welche dazu da ist, die Gerechtigkeit zu bekämpfen.« *(22,797.)*
Der Verlag Felix Bloch Erben macht B auf einen Brief der Intendanz des Mannheimer Nationaltheaters aufmerksam, dem zufolge diese von der *Heiligen Johanna der Schlachthöfe* einen »außerordentlich starken Eindruck« gewonnen hat und sich für eine Aufführung vormerken läßt. Fritz Wreede, der Eigentümer des Verlags, bittet um eine »grundsätzliche Aussprache« mit B, »damit bezüglich der Uraufführung Klarheit geschaffen wird« *(783/15)*.

Februar. B findet zunehmend Gefallen an Margarete Steffins Einsatzbereitschaft (→ Anfang Januar), an ihrem politischen Engagement, an ihrem Interesse für das Theater und an ihrer vielseitigen Bildung. Er überträgt ihr Schreibarbeiten, auch die Organisation von Diskussionen usw., und zieht sie auch zu Arbeiten für Helene Weigel heran. Zeitweilig beherbergt er die Tbc-Kranke in seiner Wohnung in der Hardenbergstraße. Das erregt das Mißfallen seiner Frau. Margarete Steffin wird für einige Zeit in eine Spezialabteilung von Ferdinand Sauerbruch eingeliefert. Nach heftigen Vorwürfen Helene Weigels bittet B sie (in dieser Zeit), »nicht ohne jeden Sinn eine nicht nötige Kluft unnötig« zu verbreitern; bei der »Unterbringung der Grete« habe es sich nicht darum gehandelt, »sie in der Nähe zu haben, sondern sie unterzubringen«. B fände besser, wenn Helene Weigel sich um Steffin kümmerte. »Sie liegt in der Charité und soll dann nach Rußland, in die Krim. In die Hardenbergstraße kann sie nicht zurück, weil es ungesund für sie und gefährlich für mich wäre, aber wie Du weißt, möchte ich ihr gern helfen (es dürfte nur eben nicht zu viel kosten).« Er bittet Helene Weigel, »keine große Sache« daraus zu machen. »Ich habe einen großen Widerwillen dagegen, mich von Klatsch und Rücksicht auf die Phantasie einiger Spießer beeinflussen zu lassen, das weißt Du. Aber ich habe Dich gern und nicht weniger als je.« *(Br, 456.)*

Anfang März. Der Film *Kuhle Wampe oder Wem gehört die Welt?* ist fertiggestellt und wird von der Filmfirma der Filmprüfstelle mit Bitte um Freigabe eingereicht. Der *Film-Kurier* berichtet (am 9. 3.) über den Abschluß der Dreharbeiten dieses ersten Filmwerkes, »das den Stempel Bert Brechts als Mitschöpfer« trage. »Das Manuskript ist von ihm (in Gemeinschaft mit Ernst Ottwalt) geschrieben, bei den Dialogstellen hat er Regie geführt. Man erkennt die suggestive Art, in der von ihm Schauspieler zu sich selbst geführt werden.«

Fertigstellung des Films *Kuhle Wampe oder Wem gehört die Welt?*

11. März, Freitag. Der Generalstaatsanwalt beim Berliner Landgericht ist von seinem Kollegen des Kammergerichts auf den Artikel *Unhaltbare Passivität* in der Tageszeitung *Germania* aufmerksam gemacht worden. Darin wird die Zuschrift eines »staatsbewußten Mannes« zur Rezension der *Mutter* in dieser Zeitung (vom 19. 1.; → 17. 1.) wiedergegeben, die von der Redaktion geteilt wird: die »fast liebevolle Passivität« sei nicht zu begreifen, »die das Polizeipräsidium gegenüber dieser aufreizenden Verhöhnung des Staates an den Tag legt« *(Germania, 29. 1.)*. Ein zur Klärung des Sachverhalts eingebrachtes Gutachten des Polizeipräsidenten von Berlin (vom 29. 2.) legt das Stück *Die Mutter* so aus, daß Pelagea Wlassowa »lediglich aus ihrem Mutterinstinkt heraus in die revolutionäre Bewegung, die ihr innerlich widerstrebt, hereingerät und sich schließlich für sie opfert«. Da B »dem ursprünglichen Stoff [dem Roman Maxim Gorkis] sehr stark verbunden bleibt«, werde »dessen unmittelbare Übertragung auf Gegenwärtiges schon dadurch wesentlich abgeschwächt«. Der Berichterstatter findet in seiner Analyse (die er »in Vertretung« des Polizeipräsidenten zeichnet) durch den Bezug auf Verhältnisse im zaristischen Rußland keine »unmittelbare Beschimpfung oder Hetze gegen die *deutsche* Justiz, Polizei und Staatsform« und sieht deshalb keinen Anlaß für eine Klageerhebung. *(Landesarchiv Berlin, No.1046.)*

11. März 1932
Berliner Landgericht beschäftigt sich mit dem Stück *Die Mutter*

17. März, Donnerstag. In einer ersten Stellungnahme zu

dem von der Praesens eingereichten *Kuhle-Wampe*-Film schlägt der Filmzensor Oberregierungsrat Hans Erbe dem Innenminister Groener eine »Besichtigung des Bildstreifens« vor, nach der ein Gutachten besprochen werden soll. *Kuhle Wampe* unterscheide sich »dadurch von anderen kommunistischen Filmen, daß er künstlerisch – Manuskript und Regie sind von Bert Brecht – erheblich über dem Durchschnitt steht« *(Kuhle Wampe, 183)*. Wegen der noch ausstehenden Verhandlungen der Filmprüfstelle (→ 31. 3.) wird die (für den 18. 3.) im Filmtheater Atrium angekündigte Uraufführung verschoben und statt dessen *Der Frauendiplomat* (mit Max Hansen und Leo Slezak) gespielt.

18. März 1932
Plan einer *Schwejk*-Oper

18. März, Freitag. Seit seiner Beschäftigung mit Jaroslav Hašeks Roman *Der brave Soldat Schwejk* (→ 12. 1. 28) ist B an einer Verarbeitung dieses Stoffes interessiert. Er nimmt einen alten Plan (→ 2. 6. 30) wieder auf und denkt mit Hanns Eisler an eine Schwejk-Oper. Die Universal-Edition Wien hat sich deshalb an den Prager Rechtsanwalt der Erben Hašeks gewandt und von ihm eine »prinzipielle Zustimmung« erhalten; der Vertrag folge in Kürze (am 25. 3.). B und Eisler könnten mit der Arbeit beginnen *(MW)*.

31. März 1932
Erstes Verbot von *Kuhle Wampe oder Wem gehört die Welt?*

Ein neuer Streich der Filmzensur! Der Film *Weekend Kuhle Wampe* ist gestern von der Zensur verboten worden. Die Begründung steht noch aus. Die Herren nehmen sich Zeit; die Untertanen haben zu warten. [...] Es muß protestiert werden. Dieser Film muß gerettet werden. Eine Protestaktion muß sofort eingeleitet werden. So kann es doch nicht weitergehen. *(Welt am Abend, 1. 4.)*

Daß ein solcher Film »Ruhe und Ordnung« stören sollte, kann nur als die Ausrede einer politisch bestimmten Zensur aufgefaßt werden, die eben dem Publikum nur Filme zeigen will, in denen die Welt, so wie sie ist, als gut und unabänderlich hingestellt wird.
(-r, 8 Uhr-Abendblatt, 2. 4.)

31. März, Donnerstag. Infolge der Vorwarnung durch Hans Erbe (→ 17. 3.) wird der Staatssekretär im Innenministerium, Erich Zweigert, beauftragt, den Fall *Kuhle Wampe oder Wem gehört die Welt?* zu übernehmen. Er verfügt (am 19. 3.) eine vorbereitende Zensurkontrolle durch die »Abteilung I für Politik, Verfassung, Verwaltung und Beamtentum«. Der Film wird (am 21. und 23. 3.) von Beamten des Reichsinnenministeriums und des Reichsarbeitsministeriums angesehen. Ministerialdirigent Kurt Haentzschel schlägt dem Staatssekretär danach vor, »den Film im Ganzen abzulehnen, weil er in allen wesentlichen Teilen entsittlichend wirkt und die öffentliche Sicherheit und Ordnung und lebenswichtige Interessen des Staates gefährdet«. Dieses Urteil bildet die Grundlage für die Verhandlung in der Filmprüfstelle Berlin, an der als Beisitzer Vertreter der Filmindustrie und verschiedener öffentlicher Gremien teilnehmen. Die Firma ist durch Rechtsanwalt Otto Landsberg vertreten, seit 1924 Reichtagsabgeordneter der SPD (1919/20 Reichsjustizminister). Der Sachverständige des Ministeriums Hans Erbe vertritt den vorher festgelegten Standpunkt seiner Behörde. Am Ende der Verhandlung wird *Kuhle Wampe* für eine öffentliche Aufführung im Reich verboten. Als Entscheidungsgründe werden u. a. angegeben: Die kommunistische Tendenz des Films sei »deutlich herauszufühlen«, wenn auch »der Form nach zurückhaltend« und ohne »parteipolitische Schlagworte«. Nach einer ausführlichen Inhaltsangabe des Films beanstandet die Prüfstelle die »Typisierung«

der Einzelschicksale in der Familie Bönicke als »Absicht des Films«. So werde der Selbstmord des jungen arbeitslosen Bönicke »auf die mangelnde Fürsorge des Staates und insbesondere auf die zweimal ausdrücklich erwähnten Notverordnungen der Reichsregierung« zurückgeführt. Er nehme außerdem gegen den § 218 des Strafgesetzbuches Stellung. In dem S-Bahn-Gespräch am Ende käme die Meinung zum Ausdruck, »daß eine Abhilfe nur dann zu erwarten sei, wenn die Welt geändert werde von denen, ›denen sie nicht gefällt‹«. Der Sinn des Films laufe auf Mißtrauen gegen den Staat und auf Selbsthilfe hinaus. Damit würden die »Grundlagen des Staates erschüttert, der sich auf einer republikanisch-demokratischen Verfassung aufbaut«. Die Beisitzer Rudolf Olden und Paul Otto erheben gegen die Entscheidung Beschwerde *(Kuhle Wampe, 103-113)*. Durch die Amtsbeschwerde muß eine weitere Verhandlung über den Film in der Film-Oberprüfstelle (→ 9. 4.) anberaumt werden. Das Filmverbot löst eine Protestwelle in der linksbürgerlichen und in der kommunistischen Presse aus. *Die Welt am Abend* veröffentlicht (am 6. 4.) ein Protestschreiben gegen das Verbot, das von 19 linken Organisationen unterschrieben ist (darunter auch dem Bund proletarisch-revolutionärer Schriftsteller und der MASCH).

Ende März. In der Zeitschrift *Kampfmusik*, Berlin, erscheint in Nr. 3 (März/April) Hanns Eislers Text *Einige Ratschläge zur Einstudierung der Maßnahme*. Er tritt für ein »sehr straffes, rhythmisches, präzises Singen« ein. Der Sänger soll sich nicht »in die Musik einfühlen wie bei einem Liebeslied, sondern er soll seine Noten referierend bringen, also kalt, scharf und schneidend«. Vor allem müsse er sich »über den politischen Inhalt seines Gesanges völlig im klaren sein und ihn auch kritisieren« *(Eisler1,1,168)*.

1. April, Freitag. Helene Weigel zieht mit ihren Kindern und ihrer Hausangestellten Martha Franke aus Wilmersdorf, Babelsberger Str. 52 (→ 15. 2. 25), für einen »vorübergehenden Aufenthalt« in den an der Peripherie Berlins gelegenen Bezirk Zehlendorf, Am Hegewinkel 118. Bs Wunsch (→ Februar) folgend, verschafft sie in einem gegenübergelegenen Haus (Am Hegewinkel 115) auch Margarete Steffin eine Wohnmöglichkeit (von wo sich Steffin aber bereits sechs Wochen später für eine Reise zur Kur in die Sowjetunion wieder abmeldet) *(461/100-103)*.

An der Berliner Volksbühne wird *Kamrad Kaspar* von Paul Schurek uraufgeführt, für das B den Vierzeiler *Ach, des Armen Morgenstund (14,149)* geschrieben hat (Musik: Hanns Eisler, in der Titelrolle: Ernst Busch). B übernimmt später die Verse in den *Salzburger Totentanz* (→ Mitte April 49).

Warum sagen sie nicht einfach »Die janze Richtung paßt uns nicht«? Der Gardeton, in dem es geschmettert werden muß, ist schon da.
(Rudolf Olden, Berliner Tageblatt, 2. 4.)

Also meinen die Zensoren, es habe sich noch nicht herumgesprochen, daß die Notverordnungen recht hart sind? Also wirkt bereits die unparteische Schilderung des Erwerbslosenelends, die Darstellung der Resignation, die Propaganda der Arbeitersportbewegung aufreizend? Darf nicht mehr die Freiheit als Forderung, sondern nur noch die Zufriedenheit als Zustand »leben«? Gehört die Welt wirklich schon den Filmzensoren? Liegen Metternich und Mitternacht über Deutschland?
(Der Film, 2. 4.)

»Da wir in paradiesischen Zeiten, leben, verordne ich hiermit für Euch ein Feigenblatt!«
(8-Uhr-Abendblatt, 26. 4.)

9. April 1932
Zweites Verbot von *Kuhle Wampe oder Wem gehört die Welt?*

Am Sonnabend hat die Film-Oberprüfstelle den Film *Kuhle Wampe oder Wem gehört die Welt?* verboten. Damit ist das Urteil der höchsten Filmzensurbehörde der freien deutschen Republik gesprochen, und ein Konsortium verknöcherter und vermuckerter Beamter hat das Schicksal dieses Films, der es wagt, sich mit Arbeitslosigkeit, Notverordnung, Solidarität und Weltänderung zu beschäftigen, endgültig besiegelt. *(E.P.N., Welt am Abend, 11. 4.)*

Man müßte die Frage eingehend untersuchen, ob der Staat heute die Herstellung von Kunstwerken überhaupt noch erlaubt oder aber, welche Vorschriften er der Produktion macht. Denn die Zensur ist ja doch nur ein Organ des Staates, eine Sonderabteilung der Polizei. Ein Kampf gegen die Zensur allein ist nur ein Kampf mit Symptomen, also mit Windmühlenflügeln. Darf Deutschland fotografiert werden oder nicht? Das ist die erste Frage. Die zweite Frage lautet: Wie darf es fotografiert werden? *(Bernard von Brentano, Die Literarische Welt, 22. 4.)*

9. April, Sonnabend. Auf Grund der Beschwerde gegen das Filmverbot (→ 31. 3.) und der Anschlußbeschwerde der Filmfirma wird über *Kuhle Wampe oder Wem gehört die Welt?* in der Film-Oberprüfstelle, der höchsten Prüfungsinstanz des Landes, verhandelt. Unter Vorsitz von Ministerialrat Ernst Seeger nehmen an der Verhandlung 4 Beisitzer, 2 Rechtsanwälte der Filmfirma (u. a. Otto Landsberg) sowie Ministerialdirigent Kurt Haentzschel (→ 31. 3.) als Sachverständiger des Reichsinnenministeriums und Harry Graf Kessler als Sachverständiger der Filmfirma teil. Außerdem sind B, Ernst Ottwalt und Slatan Dudow geladen. Die Oberprüfstelle übernimmt die Argumentation der 1. Instanz und geht ausführlich auf die einzelnen Tatbestände ein. Sie bestätigt das »Vollverbot des Bildstreifens« und weist die Anschlußbeschwerde der Filmfirma zurück *(Kuhle Wampe, 122-135).*
Harry Graf Kessler, der sich in der Verhandlung für eine Freigabe des Filmes einsetzt, hält seine Eindrücke von der Verhandlung in seinem Tagebuch fest. Der Film habe auf ihn »wie ein Propagandafilm für den Arbeitersport« gewirkt. Wegen seiner (politischen) Tendenz dürfe der Film nicht verboten werden. »Wenn ich an die Aufführungen von Stücken wie Hauptmanns *Weber* und *Biberpelz* unter dem Kaiserreich denke (ich wies in meinem Gutachten darauf hin), dann frage ich mich, ob die Republik nicht ängstlicher und kulturell reaktionärer als das Kaiserreich geworden ist, oder richtiger nicht die ›Republik‹, sondern die republikanische Bürokratie?« *(DLM.)*
Die Entscheidung führt nicht nur in den Zeitungen zu erneuten, heftigen Angriffen gegen die Filmzensur, sie löst auch öffentliche Protestkundgebungen aus.
B hält zur Argumentation des Sachverständigen Haentzschel fest: »Der Zensor erwies sich als ein kluger Mann. Er sagte: Niemand bestreitet Ihnen das Recht, einen Selbstmord zu schildern. Selbstmorde kommen vor. Sie können ferner auch den Selbstmord eines Arbeitslosen schildern. Auch sie kommen vor. Ich sehe keinen Grund, das zu verheimlichen, meine Herren. Ich erhebe aber einen Einwand gegen die Art, in der sie den Selbstmord ihres Arbeitslosen geschildert haben. Sie verträgt sich nicht mit den Interessen der Allgemeinheit, die ich zu verteidigen habe. Es tut mir leid, Ihnen hier einen *künstlerischen* Vorwurf machen zu müssen. [...] Der Zensor betonte, wir hätten dem Selbstmordvorgang einen ausgemacht demonstrativen Charakter verliehen. Er gebrauchte den Ausdruck ›so etwas Mechanisches‹. [...] Aus dem Haus gehend, verhehlten wir nicht unsere Wertschätzung des scharfsinnigen Zensors. Er war weit tiefer in das Wesen unserer künstlerischen Absichten einge-

drungen als unsere wohlwollendsten Kritiker. Er hatte ein kleines Kolleg über den Realismus gelesen. Vom Polizeistandpunkt aus.« *(21,548-550.)*

10. April, Sonntag. In einem zweiten Wahlgang der Reichspräsidentenwahl wird Paul von Hindenburg (mit 53%) wiedergewählt (Hitler erhält 36,8%, Thälmann 10,2%). Wegen zunehmender Radikalisierung der politischen Auseinandersetzungen auf der Straße verbietet die alte Reichsregierung (am 13. 4.) Hitlers Schlägertruppen SA und SS (→ 14. 6.).

11. April, Montag. In der Funk-Stunde Berlin werden Ausschnitte aus sieben Szenen von *Die heilige Johanna der Schlachthöfe* gesendet; Regie: Alfred Braun; mit Carola Neher (Johanna), Fritz Kortner (Mauler), Peter Lorre (Slift), Helene Weigel (Luckerniddle) sowie Ernst Busch, Paul Bildt, Friedrich Gnass. Herbert Jhering spricht einleitende und verbindende Worte.

Am gleichen Tag findet eine Protestkundgebung der Deutschen Liga für Menschenrechte im Herrenhaus gegen das erneute Verbot von *Kuhle Wampe oder Wem gehört die Welt?* (→ 9. 4.) statt. Es sprechen u. a. Rudolf Arnheim, Rudolf Olden, Ernst Ottwalt, Herbert Jhering. Ernst Toller, der die Veranstaltung leitet, bezeichnet die Entscheidung der Filmprüfstellen als »geistigen Terror« und das Verbot von *Kuhle Wampe* als das »lächerlichste, dümmste Verbot, das die Zensurpraxis bisher gezeitigt« habe. Arnheim sieht in dem Verbot keinen Willkürakt, es »handele sich vielmehr um einen systematischen Machtkampf«. Ottwalt meint: »Man räumt den Dreck nicht weg, sondern verbietet, daß er photographiert wird.« *(8 Uhr-Abendblatt, 13. 4.)*

Die Neue Filmgruppe, die Junge Volksbühne und die Liga für unabhängigen Film führen (am 18. 4.) gemeinsam eine weitere Protestkundgebung (in den Sophiensälen) durch. An der Diskussion über das Thema *Warum darf man im Tonfilm die Wahrheit nicht sagen?* beteiligen sich u. a. B, Ernst Ottwalt, Hanns Eisler, Slatan Dudow, Rudolf Arnheim, Hans Rodenberg. Während der Veranstaltung sei »das Gelöbnis, am 24. [Wahltag] die Lehren der Kulturreaktion, an der die Sozialdemokratie bekanntlich hervorragend beteiligt ist, zweckentsprechend zu verwerten, mehrfach zum Ausdruck« gekommen *(Welt am Abend, 21. 4.)*.

Die Landtagswahlen am 24. 4. in Berlin und Preußen bringen den Nationalsozialisten Stimmengewinne, es kommt zu einer parlamentarischen Pattsituation.

21. April, Donnerstag. Die Praesens-Filmfirma hat inzwischen von sich aus einige Schnitte (von beanstandeten Sequenzen) vorgenommen und den Film *Kuhle Wampe oder Wem gehört die Welt?* erneut bei der Filmprüfstelle eingereicht. In der Verhandlung gibt das Gremium den Film (bei

11. April 1932
Rundfunk-Uraufführung
Die heilige Johanna der Schlachthöfe
(Auszüge)
Funk-Stunde Berlin

Es wird einmal zu den denkwürdigsten, aber unrühmlichsten Merkmalen in der Kulturgeschichte unserer Zeit gehören, daß das Theater die Vermittlung eines der größten und bedeutendsten Dramen der Epoche dem Rundfunk überlassen mußte. *(Fritz Walter, BBC, 12. 4.)*

Im Gegensatz zu *Aufstieg und Fall der Stadt Mahagonny*, in der das Geld Gegenstand romantisch-anarchistischer Betrachtung war, wird hier die unmoralische gesellschaftliche Funktion des Privat-Geldes in einer Schärfe demonstriert, wie es bisher noch keinem Dramatiker eingefallen ist. Und das mag der Grund dafür sein, warum dieses bedeutsame Drama noch keine Bühne gefunden hat, um nicht nur politische Diskussionen, sondern auch neue Versuche auf dem Wege zu einer neuen Dramaturgie anzuregen. *(H.G.B., Berlin am Morgen, 14. 4.)*

Trotz so guter Schauspieler wie Carola Neher, Helene Weigel und Fritz Kortner es sind, sehnte man sich während der Rundfunk-Aufführung nach einer neuen organischen Sprachform, die ohne indirekte literarische Spiegelungen das Wesen der eigenen Zeit ausgedrückt hätte. *(Erich Franzen, Frankfurter Zeitung, 14. 4.)*

21. April 1932
Nach Bearbeitung des Films Freigabe von *Kuhle Wampe oder Wem gehört die Welt?*

Jugendverbot) mit der Auflage von vier weiteren Schnitten frei. Die Entscheidung wird (am 25.4.) in der Presse bekanntgegeben *(Kuhle Wampe, 136-139)*. Nach einer Vorführung in Moskau (Welturaufführung → 14. 5.) wird der Film am → 30. 5. in Berlin gezeigt.

26. April, Dienstag. Der akademische Senat genehmigt die (von nationalsozialistischen Kreisen geforderte) *Satzung der Studentenschaft der Friedrich-Wilhelms-Universität zu Berlin*. Danach muß jeder Student seine deutsche Abstammung ehrenwörtlich versichern, er muß »nationalpolitische Ziele«, insbesondere den »großdeutschen Gedanken« vertreten.

In diesem Zusammenhang beschäftigt sich auch B mit der Faschisierung der Hochschulen in seiner *Darstellung der geistigen Situation der Berliner Universität*, in der er Vorschläge für die taktische »Kampfführung« macht, die »gegen die Faschisierung« angewandt werden muß. Es gehe um »die Umwandlung des Guerillakrieges in den modernen organisierten, auf Arbeitsteilung basierten Krieg« *(21,586f.)*.

Im Wiener Raimund-Theater hat *Aufstieg und Fall der Stadt Mahagonny* Premiere; Regie: Max Brand / Hans W. Heinsheimer, mit Lotte Lenja (Jenny), Otto Pasetti (Jim). Kurt Weill kommt für zwei Wochen nach Wien; nach seiner Abreise zieht Pasetti mit Lenja zusammen.

2. Mai, Montag. Die Universal-Edition Wien informiert B über eine weitere Verlängerung der Aufführungsserie der im Wiener Raimundtheater gespielten Oper. Die zehn Aufführungen, die nunmehr zustande kommen, bedeuteten für Wien einen großen Erfolg. B dankt für die Aktivitäten des Verlags: »Sie machen ja aus Wien nachgerade eine Hochburg!« In der *Schwejk*-Angelegenheit hat er den Prager Vertragsentwurf (→ 18. 3.) erhalten, lehnt aber (darin geforderte) »allgemeine Kontakte irgendwelcher Leute« ab; er sei selbst imstande, »den Geist des Hašekschen Werkes zu begreifen«. Im »äußersten Fall« wäre er mit einem Schiedsgericht einverstanden (Max Brod, Herbert Jhering, Alfred Döblin, Leopold Jessner, Erwin Piscator) *(MW)*. Nach einem Brief der Universal-Edition Wien (vom 19. 5.) an B nehmen die Erben Hašeks Bs Bedingungen nicht an. Erst im amerikanischen Exil kommt es zu einer Bearbeitung des Schwejk-Stoffes (→ April 43).

Mit Sergej Eisenstein

7. Mai, Sonntag. B und Slatan Dudow sind von Jourgaz (dem sowjetischen Verband für Zeitschriften und Zeitungen) nach Moskau eingeladen worden, um an der Premiere des in Deutschland noch nicht aufgeführten, aber bereits freigegebenen (→ 21. 4.) Films *Kuhle Wampe oder Wem gehört die Welt?* teilzunehmen. Da sich der Filmregisseur Sergej Eisenstein auf der Rückreise (aus Mexiko) gerade zu einem kurzen

Zwischenaufenthalt in Berlin befindet, treten sie die Reise mit ihm zusammen an. Über die Bahnreise schreibt B: »Der Spruch über der Grenze: vorn die Begrüßung der ausländischen Genossen. Hinten: ›Die Revolution bricht alle Grenzen.‹ Literarisierung. / Dann, im Schlafwagen, der geräumiger ist als der europäische, beginnt der Orient. Es sind alte, prunkvolle Wägen, notdürftig imstand gehalten, faute de mieux [in Ermangelung eines Besseren]. Später fragen uns die russischen Genossen, was für Gefühle wir bei der Überschreitung der Grenze hatten, und bringen uns so etwas in Verlegenheit.« *(26,297.)* Die Eindrücke der ersten Reise Bs in die Sowjetunion hat er auch in dem Gedicht *Fahrend über die Grenze der Union (14,150)* verarbeitet.

9.-21. Mai 1932
Reise nach Moskau

Von links: Slatan Dudow, Kirsanow, Tretjakow, Asja Lacis, Piscator, Daga Lacis, Brecht, Bernhard Reich, Deutsch, Frau Kirsanow.

9. Mai, Montag. Vormittags kommen B, Slatan Dudow und Sergej Eisenstein in Moskau an. Sie werden von Sergej Tretjakow, Bernhard Reich, Asja Lacis, Erwin Piscator und Alexander Deutsch (→November 28), der Michail Kolzow vertritt, abgeholt. Den Abend verbringen sie bei Reich, »der Professor ist, Prorektor an einer Universität für Theaterwissenschaft. Ein Zimmer in zwei Teile geteilt, aber ganz angenehm. Eier, Brot, Butter, Tee, Kaviar.« Die Gegend erinnert ihn an Schwabing, »ist jedenfalls nicht etwa schlimmer (drei Personen, darunter ein Kind). Vorn Komsomolzenklubs. Nachts elf noch großer Verkehr auf den Gängen.« *(26,297.)*
10. Mai, Dienstag. B besucht Erwin Piscator, der auf Einladung der Sojusfilm in Moskau ist und den Film *Aufstand der Fischer von St. Barbara* (nach der gleichnamigen Novelle von Anna Seghers) vorbereitet. Piscator sei »sehr vermekkert«, werde »aber gut verpflegt«. Er »beklagt sich über mangelnde Ordnung – mit Recht, greift aber viel zuwenig ein, verläßt sich und wird verlassen, statt verläßlich zu sein. Fährt abends nach Odessa.« B findet die »Arbeiter auf der Straße in auffallend guter, freier Haltung, sehen ganz gut aus, anders als in Europa geschildert, keineswegs hungernd«. Sergej Tretjakow geleitet ihn mit dem Auto durch die Stadt; sie besuchen eine »Geheimdruckerei« sowie das Lenin-Mausoleum. Nachmittags ist B bei dem Schriftsteller Ossip Brik (der mit Wladimir Majakowski eng zusammengearbeitet hat): »Große Wohnung, sehr gut eingerichtet.« In dem Gespräch geht es um »Schädlinge«.
Am Abend sieht B (mit seinen Begleitern) im 3. Studio des Moskauer Akademischen Künstlertheaters (MChAT), dem späteren Wachtangow-Theater, die »1000. Aufführung« von Carlo Gozzis tragikomischem Märchenspiel *Turandot*, das Jewgeni Wachtangow in einer spektakulären Inszenierung (Premiere: 28. 2. 22) herausgebracht hat und das als wesentlicher Bestandteil seit elf Jahren auf dem Spielplan des Theaters steht *(26,297)*.

14. Mai 1932
Uraufführung *Kuhle Wampe oder Wem gehört die Welt?* Moskau

Aber die Wirkung von *Kuhle Wampe* wird dadurch geschwächt, daß die Handlung im Film ihren Ausdruck nur im Dialog, im Gespräch findet. Deutsche Proletarier führen nicht nur nette Gespräche in der U-Bahn, sondern sie führen einen Kampf mit dem Hitlerismus und der sozialfaschistischen Reaktion. Dieser Kampf wird im Film durch Andeutungen wiedergegeben. Und sogar diese Andeutungen sind in den Episoden, wo die Arbeitslosenkolonie gezeigt wird, nicht spürbar. – Brecht ist ein großer revolutionärer Künstler, aber wir können seinen ersten Film nicht als einen vollkommen gelungenen anerkennen. *(A.Petrowitsch, Moskau am Abend, 19. 5.)*

In der Sowjetpresse findet der Film eine sehr kühle Aufnahme. Die Kritiker stellen fest, daß Brecht und der Filmregisseur Dudow die große revolutionäre Bedeutung der jetzigen Entwicklung in Deutschland nicht begriffen hätten. Brecht und Dudow stünden der revolutionären Bewegung hilflos gegenüber. Der Film baue eine Idylle auf und zeige

12. Mai, Donnerstag. In der *Literaturnaja gazeta* wird die *Legende vom toten Soldaten* (in der Übersetzung von Semjon Kirsanow) abgedruckt sowie ein Interview mit B und Dudow. Außerdem erscheint ein größerer Artikel von Sergej Tretjakow: *Bert Brecht* (überarbeitet in: *Das internationale Theater*, Moskau, 1934, Heft 3/4).
B trifft sich mit Hanns Eisler, der mit Joris Ivens (in Moskau und in Magnitogorsk) den Film *Heldenlied* vorbereitet. Eisler und B verhandeln mit sowjetischen Kulturfunktionären über ein musikalisches Werk zum 15. Jahrestag der Oktoberrevolution (wird nicht realisiert).
13. Mai, Freitag. In der *Prawda* erscheinen die Porträts *Brecht – Eisler* von Sergej Tretjakow (in deutscher Sprache auch in Nr. 3, Juni/Juli, der *Internationalen Literatur*, Moskau).
14. Mai, Sonnabend. Premiere von *Kuhle Wampe oder Wem gehört die Welt?* (die wegen der Verzögerung der Freigabe des Films in Deutschland damit zur Uraufführung wird; Besetzung → 30. 5.). *Kuhle Wampe* kommt in Moskau weder in der Presse noch beim Publikum an. Auf völliges Unverständnis stößt der Umstand, daß Arbeitslose im Besitz von Armbanduhren, Fahrrädern und Motorrädern sind.
15. Mai, Sonntag. Margarete Steffin ist (am 13. 5.) von Berlin nach Moskau abgereist und begleitet nun B während seines Aufenthalts (bis zum 21. 5., ehe sie nach Sewastopol und von dort zur Kur in ein Sanatorium weiterfährt). Sie hilft B in Moskau als Übersetzerin. Es entwickelt sich eine Liebesbeziehung. B lädt sie für den Herbst nach Unterschondorf ein. In ihren Briefen wahren sie eine Zeitlang noch die Sie-Form.
16. Mai, Montag. B besucht die Ausstellung *Wladimir Majakowski* in einem Moskauer Elektrowerk und schreibt seine Eindrücke im Gästebuch nieder.
An einem der Abende seines Moskauer Aufenthalts geht B, einem Bericht Bernhard Reichs zufolge, mit Asja Lacis in eine Aufführung der *Dreigroschenoper* im Kammertheater, die Alexander Tairow 1930 (→ November 28) herausgebracht hat. Als Lacis wegen der Umfunktionierung des Stückes in ein »tänzerisches Musical« Tairow zu kritisieren beginnt, entschuldigt ihn B: »Versteh doch, Tairow hat die Aufführung durchgesetzt ... Im Augenblick ist dies das Wichtigste.« *(Reich, 369.)*
In Moskau dazu aufgefordert, zum 40jährigen Schriftstellerjubiläum von Maxim Gorki seine Meinung über dessen Wirkung zu äußern, schreibt B, er habe Gorkis Roman *Die Mutter* dramatisiert und sei »also ein lebendiges Beispiel für die Art seines Einflusses«. Seine »ungeheure Wirkung auf den Leser« hänge mit der »unvergleichlichen (und darum

schwer imitierbaren) Schreibweise Gorkis« zusammen, »die ein Ausdruck seiner außerordentlichen und eigenartigen Person ist« *(21,550f.)*. Der Text wird in russischer Sprache im Oktober-Heft von *Literatura mirovoi revoluzii* (Literatur der Weltrevolution), Moskau/Leningrad, und in deutscher Sprache im Dezember-Heft von *Internationale Literatur*, Moskau, gedruckt.

21. Mai, Sonnabend. B fliegt früh nach Kowno/Litauen (Kaunas) ab. Von dort reist er nach Berlin weiter. Am Moskauer Flughafen werden ihm Manuskripte und zwei Hefte mit Aufführungsfotos (*Mann ist Mann* und *Die Mutter*) abgenommen.

30. Mai, Montag. In Berlin findet die deutsche Premiere des Films *Kuhle Wampe oder Wem gehört die Welt?* im Filmtheater Atrium statt; Manuskript: B und Ernst Ottwalt, Musik: Hanns Eisler, Regie: Slatan Dudow, Kamera: Günther Krampf, Architekten: Robert Scharfenberg, Carl P. Haakker, Produktionsleitung: Georg Höllering, Robert Scharfenberg, Musikalische Leitung: Josef Schmid (mit der Lewis Ruth Band). Es spielen: Hertha Thiele (Anni Bönicke), Ernst Busch (Fritz), Martha Wolter (Gerda), Lili Schönborn (Mutter Bönicke), Max Sablotzki (Vater Bönicke), Alfred Schäfer (Bönickes Sohn), Fritz Erpenbeck (Fahrgast in der S-Bahn). Außerdem: 4000 Arbeitersportler, die Spieltruppe »Das Rote Sprachrohr«, der Uthmann-Chor, die Sängervereinigung Norden, die Arbeitersänger Groß-Berlin sowie der Chor der Berliner Staatsoper.

Wegen seiner Thematik, aber auch wegen des mehrfachen Verbots findet der Film ein sehr interessiertes Publikum. Einer Presseanzeige (vom 3. 6.) zufolge besuchen ihn in der ersten Woche allein im Uraufführungstheater 14 000 Zuschauer. *Kuhle Wampe* wird im Atrium prolongiert und in 15 weiteren Berliner Kinos gespielt. Der *Film-Kurier* meldet (am 23. 6.), daß *Kuhle Wampe* »auffällig gute Kassen« erzielt habe. Da der Film vor seiner Freigabe von der Filmfirma schon in geschlossenen Pressevorführungen gezeigt wurde, sind einige Rezensionen bereits vorher erschienen (und haben Druck auf die Filmprüfstelle ausgeübt).

Durch den Film wird das darin mehrfach gesungene (1931 geschriebene) *Solidaritätslied. Sonntagslied der freien Jugend (14,116-118)* sehr populär. Die Universal-Edition Wien druckt das Lied mit Gesangsnoten und vertreibt es 1932/33 in nahezu 20 000 Exemplaren. Das *Solidaritätslied* wird auf zahlreichen Veranstaltungen gesungen und in den Folgejahren (auch mit eigenen Texten von Eisler oder Busch) mehrfach ergänzt bzw. aktualisiert *(14,512-518)*.

1. Juni, Mittwoch. B bittet den Verlag Felix Bloch Erben um Zustimmung zur weiteren Bearbeitung von Shakespeares

statt des Klassenkampfes schöne Landschaftsbilder und Aufnahmen von Sportfesten. Vom Kampf gegen den Faschismus und die Sozialdemokratie spüre man im Film sehr wenig. *(Drahtbericht aus Moskau v. 24. 5., Der Mittag.)*

30. Mai 1932
Deutsche Premiere
Kuhle Wampe
oder Wem gehört die Welt?
Filmtheater Atrium
Berlin

Der Film ist unsentimental und deshalb gerecht. Er färbt nicht. Er idealisiert die Arbeiter nicht. Im Gegenteil: er zeigt auch ihre philiströsen Seiten, die Hinneigung zum Kleinbürgertum (bei einer Verlobungsfeier und bei der Lektüre). Er zeigt nicht die Rührseligkeit, sondern auch die böse Spießigkeit der Enge. Er zeigt dagegen die Arbeitersportjugend.
Der Film arbeitet oft mit Landschaftsmotiven wie früher der russische Film. Manche Übergänge sind plötzlich. Es fehlt oft am rhythmischen Ausgleich. Aber gerade diese Mängel sind auch der Wert des Films. Er ist ein Experiment. Er ist jenseits des Betriebs gemacht, mit künstlerischer Überzeugung und restlosem Einsatz. Eine Fahrt im überfüllten Stadtbahnwagen vom Arbeitersportfest nach Berlin ist sogar ungewöhnlich gut. *(Herbert Jhering, BBC, 1. 4.)*

Im übrigen dreht es sich bei dem Film ein bißchen um Abtreibung, um die Arbeitslosen und um die Segnungen des offensichtlich marxistischen Arbeitersportvereins. Man bewundert nur die eiserne Gefühlskälte, mit der hier die Tragik eines Volksschicksals als Ornament für private Parteizwecke gemißbraucht ist und die Not als Zierat verwandt wird für ein ausländisches Fremdwort, das »Solidarität« geheißen hat. *(Deutsche Allgemeine Zeitung, 31. 5.)*

Maß für Maß, die er zusammen mit Ludwig Berger (→ November 31) begonnen hat, für eine Aufführung an der Volksbühne (→ 20. 9.).
Helene Weigel meldet sich in Berlin bei der Polizei nach Unterschondorf ab.
10. Juni, Freitag. Margarete Steffin berichtet B (wie auch in einem Brief vom 14. 6.) von ihrem Aufenthalt in einem sowjetischen Tbc-Sanatorium auf der Krim. Sie fragt, wie *Kuhle Wampe* (→ 30. 5.) in Berlin aufgenommen worden ist.
14. Juni, Dienstag. Am 2. 5. stellt der (am 31. 5.) mit der Regierungsbildung beauftragte neue Reichskanzler Franz von Papen (vom rechten Flügel der Zentrumspartei) seine neue Regierung vor (»Kabinett der Barone«); sie hebt (am 14. 6.) das Verbot der nationalsozialistischen Schlägertruppen SA und SS (→ 10. 4.) auf. Es kommt in den Folgemonaten zunehmend zu Straßenschlachten.
In der Notverordnung vom 14. 6. über Neuregelungen im Sozialbereich werden u. a. Leistungen der Versicherungen eingeschränkt, die Arbeitslosenunterstützung um 23 % gesenkt, ebenfalls die Sätze der Fürsorge. Zur Verbesserung der Finanzlage wird die Salzsteuer wiedereingeführt. Dieses Thema wird von B in seiner Bearbeitung von *Maß für Maß* verwendet.
Im Zusammenhang mit den Einschränkungen der öffentlichen Meinungsäußerung schreibt B den Text *Verbot kommunistischer Zeitungen (21,551)*.

15. Juni 1932
Anzeige wegen
Legende vom toten Soldaten

15. Juni, Mittwoch. Das Badische Landesjugendamt Karlsruhe (→ 19. 2. 31) erstattet beim Landgericht Berlin Anzeige gegen B und gegen den Propyläen-Verlag wegen »Beschimpfung der Beerdigungszeremonien der katholischen Kirche« in den Strophen 8 und 16 *(11,113f.)* der *Legende vom toten Soldaten*. Die Anzeige wird (am 23. 7.) wegen Verjährung abgewiesen (die letzte Auflage von *Bertolt Brechts Hauspostille* erschien 1929). Für die Beurteilung der Sachlage sei auch »die Tendenz des ganzen Gedichts zu berücksichtigen, die sich offenbar ausschließlich gegen den Krieg richtet, ohne daß zu erkennen wäre, daß es dem Verfasser auf einen Angriff gegen die Kirche bzw. ihre Gebräuche und Einrichtungen ankommt« *(Landesarchiv Berlin, No.1183)*.

Mitte Juni -
Mitte September 1932
Reise nach Augsburg,
Unterschondorf
und Utting

Arbeit an *Maß für Maß*

Mitte Juni. B kündigt (einige Tage vorher) Bernard von Brentano einen kleinen Aufsatz an, »den Ihnen Suhrkamp auf mein Anraten schickt«. Er käme »erst Mitte Juni von hier weg, dann nach Augsburg - 1. Juli, dann Ammersee, wo wir uns hoffentlich sehen« *(Br, 447.)*.
Mitte Juni reist B nach Augsburg, kurz darauf an den Ammersee nach Unterschondorf und (ab → 11. 8.) nach Utting.
1. Juli, Freitag. Nach einem kurzen Aufenthalt in Augsburg ist B (im Juni) nach Unterschondorf gekommen, wo seine

Frau und die Kinder bereits seit einiger Zeit ihren Urlaub verbringen (→ 1. 6.).
B arbeitet zunächst an *Maß für Maß* und nimmt aktuelle politische Ereignisse (→ 14. 6.) in seine Bearbeitung auf. An Margarete Steffin schreibt er (ins Sanatorium auf der Krim), sie sollte noch zehn Tage zusätzlichen Aufenthalt in Moskau »für den Bericht über die deutschen Arbeiter in der Union« anfordern. In Berlin ginge alles in Ordnung. Nach ihrer Rückkehr möge sie sich erst bei einem Arzt in Berlin untersuchen lassen, ob der Ammersee für sie »das Richtige« ist. »Hier ist es sehr angenehm. Helli wird Ihnen auch schreiben. Wir freuen uns sehr auf Ihren Bericht.« *(Br, 448.)*

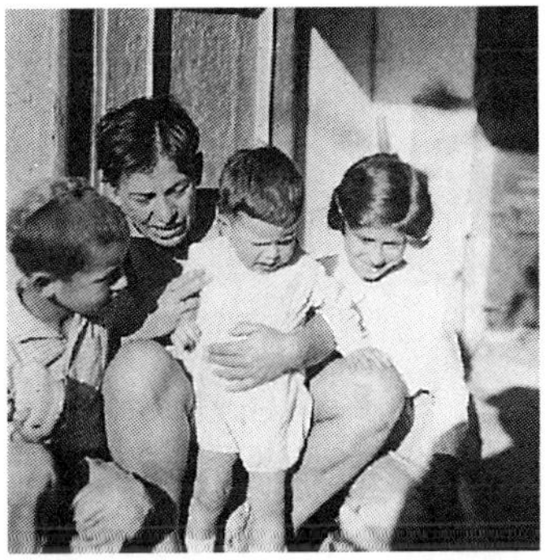

Helene Weigel mit Stefan, Barbara und Hanne.

3. Juli, Sonntag. B fragt Bernard von Brentano, ob er, ehe er sich in Tutzing einmietet, nicht über Unterschondorf kommen kann *(Br, 449).*
11. Juli, Montag. Mitglieder der kommunistischen Wandersparte Fichte-Sportler (nach eigener Bezeichnung »die einzige revolutionäre Organisation aller werktätigen Wanderer, Wochenendler und Ausflügler«) haben ohne Honorar bei den Dreharbeiten des Sportfestes in *Kuhle Wampe* mitgewirkt. Nach der Aufführung des Films schickt die Leitung der Fichte-Sportler der Nero-Film AG einen kritischen Brief, in dem es u. a. heißt: »Wir als Fichte-Wanderer sind gewöhnt, mit Flugblättern und Broschüren im Rucksack auf Fahrt zu gehen. Für uns gibt es diesen herrlichen Übergang von krassester Not der Erwerbslosen in die, ach, so herrliche Natur nicht, wie sie die Bilderfolge vom ersten Akt zum zweiten ohne Kommentar aufzeigt. Unser Kampf besteht in mehr als in einer Diskussion über die nichtswürdige Verbrennung des Kaffees in Brasilien.« *(656/2.)*
16. Juli, Sonnabend. B kündigt Ernst Hardt die Zusendung seiner *Heiligen Johanna der Schlachthöfe* für eine Rundfunkaufführung an *(Hardt-Nachlaß).* (Da das Stück, wenn auch nur auszugsweise, bereits am → 11. 4. gesendet worden ist, nimmt der Kölner Sender das Stück nicht in sein Programm.)
20. Juli, Mittwoch. Franz von Papen (→ 14. 6.) läßt das Preußische Kabinett von Otto Braun (SPD) durch eine Notverordnung Hindenburgs absetzen und sich selbst als »Reichskommissar« für das Land Preußen bestellen. In Berlin und im Land Brandenburg wird der Ausnahmezustand verhängt.
Juli. Nach ihrer Rückkehr aus der Sowjetunion, läßt sich Margarete Steffin in Berlin untersuchen und folgt Bs Einladung (→ 16. 5.) nach Unterschondorf. Dort bezieht B sie in die Arbeit an *Maß für Maß* ein.
30. Juli, Sonnabend. Der Verlag Felix Bloch Erben gibt B einen Brief Heinz Hilperts (von diesem Tag) zur Kenntnis,

wonach der Regisseur mit B über eine Aufführung der *Heiligen Johanna der Schlachthöfe* verhandeln will und um Bs Adresse bittet.

31. Juli 1932
NSDAP wird stärkste Partei

Als der Faschismus immer stärker
wurde in Deutschland
Und sogar Massen der Arbeiter ihm
immer mehr zuströmten
Sagten wir uns: unser Kampf war
nicht richtig.

31. Juli, Sonntag. Bei den Reichstagswahlen wird die NSDAP (mit 37,4% der Stimmen) stärkste Partei im Lande. Die Verhandlungen Hitlers mit dem Reichspräsidenten von Hindenburg scheitern an den Forderungen, Hitler den Kanzlerposten und der Partei den Posten des Preußischen Ministerpräsidenten sowie einige Ministerien zu überlassen. B schreibt dazu das Gedicht *Als der Faschismus immer stärker wurde (14,150f.).*

Juli. Die *Blätter des Hessischen Landestheaters* bringen ein Sonderheft unter dem Titel *Theater und Rundfunk* heraus, in dem u. a. Walter Benjamins *Theater und Rundfunk* sowie Auszüge aus Bs Referat *Der Rundfunk als Kommunikationsapparat* (→ 1. 11. 30) veröffentlicht werden.

2. August, Dienstag. B teilt der Universal-Edition Wien seinen Wunsch mit, in die *Versuche* zusammen mit dem Text der *Mutter* auch die Partitur von Eislers Musik aufzunehmen *(MW).*

8. August, Montag. B hat in Utting am Ammersee (in unmittelbarer Nachbarschaft zu Unterschondorf) ein Grundstück (Anwesen Nr. 100) ausfindig gemacht, das ihm gefällt und das zum Verkauf steht. Nach Absprache mit seinem Vater schließt er darüber am 8. 8. mit Josef Ritter von Reis, Polizeioberst a. D., einen Kaufvertrag ab. Da B das Geld nicht zur Verfügung hat, schießt sein Vater die Gesamtsumme von 11 400 M vor und kommt für die laufenden Ausgaben auf. In einem »Schuldbekenntnis« seines Sohnes (vom 10. 8.) ist die Rückzahlung in Raten zu 2000 M sowie die Verzinsung (mit 5%) festgelegt *(E 21/170).* B bevollmächtigt seinen Vater zu allen Verfügungen über das Grundstück, »insbesondere auch zur Bestellung von Hypotheken« *(590/11).* (Auf das Grundstück wird am 28. 12. 33 für ein Darlehen zu 7500 M eine Hypothek eingetragen.)

10. August, Mittwoch. Da die Universal-Edition Wien nicht das ganze Risiko des Kiepenheuer Verlags (im Fall der Einbeziehung von Eislers *Mutter*-Partitur; → 2. 8.) beim Vertrieb der *Versuche* übernehmen kann, bittet sie um eine Beteiligung. Der Verlag wünscht eine Auskunft über das Opernprojekt *Der Aufbau des neuen Menschen*, an dem B mit Eisler arbeite.

Kauf eines Grundstücks in Utting am Ammersee

11. August, Donnerstag. Die »Besitzübergabe erfolgt« – laut Kaufvertrag – am 11. 8. B zieht (mit Helene Weigel und den Kindern sowie mit Margarete Steffin und Slatan Dudow) von Unterschondorf nach Utting. Über das Grundstück, das er nur »sieben Wochen« (August/September) nutzen kann, schreibt er einen Prosatext und (1934 in

Svendborg) das Gedicht *Zeit meines Reichtums (14,278f.)*. »Etwa fünfzig Meter von meinem Grundstück entfernt erhebt sich über die Gesträucher wie eine breite grüne Wolke eine riesige Erle, die ich auch noch zu meinem Besitz rechne, da von einem bestimmten Punkt meines Gartens aus ihr vielleicht vollkommenster Anblick gewährt ist. Gleichsam um ihre Schönheit erst voll zu zeigen, steht hinter ihr eine in ihrer Art ebenso schöne Fichte von dunklem Grün, eine kleine zapfenbehangene Zacke über der wogenden Erle. – Der Garten ist auf welligem Gelände angelegt, so daß man von seinen Enden die Enden nicht sieht. So wirkt er, der keineswegs sehr groß ist – nicht über ein Tagwerk –, wie ein gewaltiger Park. – Die Bäume sind in Gruppen gepflanzt. Sieben oder acht bilden eine Wand, mitunter erwecken zwei oder drei den Eindruck eines einzigen Baumes, ihr Blätterdach ist ihnen gemeinsam. – Etwa in der Mitte des Gartens halten sich wunderbare, fast schwarze Fichten auf. Es ist, als träte man in einen kleinen Wald. Sie umgeben einen etwas finsteren Karpfenteich. – Die vielen und außerordentlich schönen und verschiedenen Pflanzen sind so gescheit angeordnet, daß der Garten keineswegs allzu reich bepflanzt wirkt. Die Anordnung verbirgt glücklich seinen wirklichen Reichtum. Es gibt auf dem welligen Gelände die schönsten Wiesen. Darauf stehen kleine Büsche von lang blühenden Blumen in halber Männerhöhe und einfarben. Je nach den verschiedenen Einblicksmöglichkeiten sieht man den einen oder den andern. Von einer bestimmten Stelle aus sieht man nachts, fast erschreckt, einen schneeweißen.« *(26,298.)*

Utting, Nr. 100

31. August, Mittwoch. B fragt Brentano erneut, ob er »herunterkommen« könnte. Helene Weigel würde »in den nächsten Tagen« abfahren, und es sei leicht, »hier unterzukommen« *(Br, 451)*.

August. Auch Hanns Eisler wird von B nach Utting eingeladen. »Ein Zimmerchen wäre da. Wollen Sie nicht einen Blick in Gretes blaue Augen tun? Die Maßfürmaßbearbeitung ist fertig und ganz gut (unaufführbar) geworden. Ich hoffe, Sie werden einer der drei Leser sein, die das Werk (unter Anwendung der gebotenen Vorsichtsmaßregeln) lesen.« *(Br, 452.)* Trotz dieser Meldung über die Fertigstellung wird an *Maß für Maß* weitergearbeitet. Das Manuskript der 2. Fassung wird erst am → 29. 9. dem Verlag übergeben.

In Wien soll Das Proletarische Theater mit einer Aufführung von *Die Maßnahme* eröffnet werden. Die Leitung bittet B um Zustimmung zu einigen Strichen. Obwohl er zu Konzessionen bereit ist, stimmt B nicht allen Vorschlägen zu, weil er fürchtet, »daß sonst die Grundhaltung des Werkes, in der wir seinen hauptsächlichen Wert erblicken, verändert würde«. So sollen u. a. die Verse nicht gesprochen werden, in denen »die Begründung (und damit Entschuldigung!) der Tötung« gegeben wird. »Ihre Weglassung würde dem ganzen Stück einen Charakter abstoßender Roheit geben [...] die Tötung ist ja nur der gleichnishafte, äußere Ausdruck für die Tatsache, daß der junge Genosse es mit seinen Fehlern so weit gebracht hat, daß es besser ist, ohne ihn zu kämpfen als mit ihm.« *(Br, 453.)* Die Aufführung findet in Wien am 20. 9. statt, eine Wiederholung muß wegen Protestaktionen rechter Kräfte wenige Tage später abgesetzt werden.

Öffentliches Aufsehen erregt in Mainz der Prozeß gegen Maria Einsmann, die sich (nach dem Tod ihres Mannes) bereits zwölf Jahre lang unter dem Namen »Josef Einsmann« als Ehemann ihrer Freundin Helene Müller und deren Kindern ausgibt und als Nachtwächter, Erdarbeiter, Bügler und Maschinenarbeiter den Lebensunterhalt der »Familie« verdient. B macht sich in diesem Zusammenhang über *Das Aufgeben des Geschlechts (21,539f.)* Notizen und bringt den Fall bereits zu diesem Zeitpunkt mit »ökonomischem Druck – sinkender Nachfrage nach Arbeitskraft« in Beziehung. Elisabeth Hauptmann schreibt ihm (nach Abschluß des Gerichtsprozesses gegen Maria Einsmann) detaillierte Angaben aus dem Ullsteinarchiv auf. B verwendet den Stoff später (→ 15. 4. 33) in seiner Geschichte *Der Arbeitsplatz oder Im Schweiße Deines Angesichts sollst Du kein Brot essen (19,345-349).*

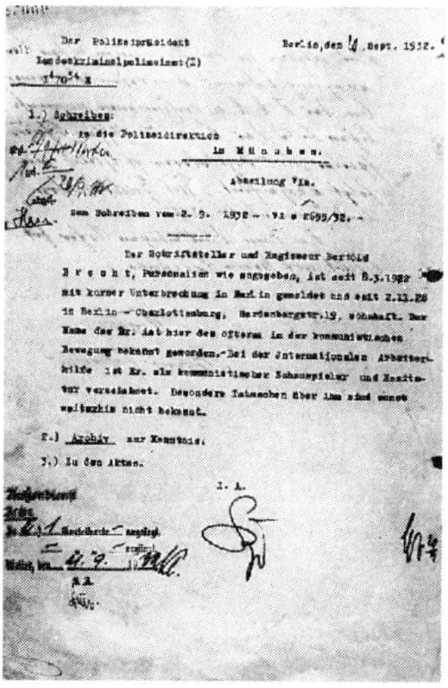
Der Polizeipräsident Berlin, den [illegible] Sept. 1932.
Landeskriminalpolizeiamt (I)

1.) Schreiben:
an die Polizeidirektion
in München.
Abteilung VIa.

Zum Schreiben vom 2. 9. 1932 – VI a [illegible]

Der Schriftsteller und Regisseur Bertold Brecht, Personalien wie angegeben, ist seit [illegible] mit kurzer Unterbrechung in Berlin gemeldet und seit [illegible] in Berlin-Charlottenburg, Hardenbergstr. 19, wohnhaft. Der Name des Br. ist hier des öfteren in der kommunistischen Bewegung bekannt geworden. Bei der Internationalen Arbeiterhilfe ist Br. als kommunistischer Schauspieler und Rezitator verzeichnet. Besondere Tatsachen über ihn sind sonst weiterhin nicht bekannt.

2.) Archiv zur Kenntnis.
3.) Zu den Akten.

I. A.

Bericht des Polizeipräsidenten von Berlin über Brecht, 20. 9. 1932.

2. September, Freitag. Das Polizeipräsidium in München gibt dem Berliner Präsidium Auskünfte über Bs Ferienaufenthalte 1931 und 1932 in Bayern. »Vertraulich wurde mitgeteilt, daß Brecht überzeugter Kommunist und als solcher auch schriftstellerisch für die KPD tätig ist. Öffentlich ist er jedoch politisch noch nicht hervorgetreten. B. soll durch seine Schriftstellerei, die sich angeblich auf einem sittlichen Tiefstand bewegt, sehr viel verdienen.« Es wird angefragt, was in Berlin über B »in politischer Beziehung« bekannt ist. Das Berliner Präsidium macht (am 13. 9. und nochmals am 20. 9.) Angaben zur Person und zum Wohnsitz Bs. Sein Name sei »hier des öfteren in der kommunistischen Bewegung bekannt geworden«, aber: »In dem diesseitigen Archiv hat Brecht noch keine Vorgänge.« *(Mittenzwei, 366f.)*

3. September, Sonnabend. Wegen der »skandalösen Fortsetzung der infamen Lügenwelle gegen die UdSSR durch die Deutsche Welle« (und ihre Station Deutschlandsender) wendet sich die *Rote Fahne* (Anfang September) an verschiedene Schriftsteller. Unter der Überschrift *»Ich höre lieber Moskau«. Bekannte Schriftsteller zur Rußlandhetze des Deutschlandsenders* veröffentlicht die Zeitung Meinungen von Alfred Wolfenstein, Alfred Döblin, Alfred Kerr, Ludwig

Renn und B, der eine Möglichkeit fordert, »auf diese *subjektiv hetzerischen* Reden gegen die Sowjetunion von derselben Stelle aus zu *antworten*« *(21,515)*.

20. September, Dienstag. B und Margarete Steffin sind aus Utting nach Berlin zurückgekehrt. Sie zieht (am 20. 9.) in die Hardenbergstraße 37 (nahe der Wohnung Bs).

20. September 1932
Zurück in Berlin

Die Umarbeitung von *Maß für Maß* (→ August) wird nochmals durchgesehen. In dieser zweiten Fassung bezieht B den erstarkenden Faschismus in Deutschland ein. So wird die Figur des Statthalters erheblich umgeformt. Es entsteht ein Fanatiker, der seine antikapitalistische Phraseologie selbst ernst nimmt und von der herrschenden Klasse zur Durchsetzung ihrer Politik mißbraucht wird. Ein fertiggestelltes Manuskript der Bearbeitung läßt B dem Verlag Felix Bloch Erben (→ 1. 6.) zukommen.

Österreichische Erstaufführung der *Maßnahme* durch das Proletarische Theater Wien (→ August). Regie: Hans Vogel, Musikalische Leitung: Alex Sjegoff. Eine Wiederholung muß wegen Protestaktionen rechter Kräfte wenige Tage später abgesetzt werden.

Österreichische Erstaufführung
Die Maßnahme
Proletarisches Theater Wien

29. September, Donnerstag. Felix Bloch Erben dankt B für die Übersendung der Bearbeitung *(783/19)* und läßt den Text als Bühnenmanuskript drucken; der Titel lautet: »*Maß für Maß oder die Salzsteuer.* Nach Shakespeare von Brecht.« (→ Anfang Januar 33.)

Abgabe der Bearbeitung
Maß für Maß
oder die Salzsteuer
(2. Fassung)

September. Albert Einstein (→ 14. 11. 30) wird vom Internationalen Institut für geistige Zusammenarbeit (das dem Völkerbund untergliedert ist) aufgefordert, mit einem Forscher oder Denker seiner Wahl über ein ihn beschäftigendes Problem in Verbindung zu treten. Er wendet sich (am 30. 7. 32) an Sigmund Freud und will mit ihm die Frage erörtern: »Gibt es einen Weg, die Menschen vom Verhängnis des Krieges zu befreien?« Freud antwortet im September 1932. B bekommt Kenntnis von dem Briefwechsel (ehe dieser vollständig im März 1933 in Paris von dem Institut dreisprachig unter dem Titel *Warum Krieg?* herausgegeben wird). In seinem Text *Einstein – Freud* kritisiert B Einsteins Annahme, daß die Menschen durch »einen dunklen Trieb« angehalten werden, »ab und zu in scheußlichen Ausschreitungen, Kriege genannt, ihre ganze Zivilisation zu vergessen und ihre mit solcher Mühe hergestellte Gemeinschaft zu besudeln«. B sieht die realen Gründe von Kriegen in »materiellen Interessen«, erklärbar durch den Klassenkampf, den Einstein »nicht wahrnimmt«. Für die unterdrückte Klasse biete der Krieg gegebenenfalls die »einzige Aussicht, ihr Los zu verbessern – manchmal sogar die Aussicht, sich ihrer Peiniger selber zu entledigen« *(21,588f.)*.

6. Oktober, Donnerstag. B und Helene Weigel unterzeichnen gemeinsam einen Mietvertrag (gültig 1. 10.-31. 12.) über eine Wohnung mit 4 Zimmern, Küche, Bad und Mädchenkammer in Berlin-Charlottenburg, Leibnizstraße 108.

10. **Oktober,** Montag. Helene Weigel meldet sich mit den Kindern und der Hausangestellten Franke polizeilich mit der neuen Adresse an. Sie findet ihre Bereitschaft, sich mit B zu arrangieren, von ihm nicht in gleichem Maße erwidert. Durch sein Zusammensein mit der kranken Margarete Steffin sieht sie außerdem die ganze Familie gesundheitlich gefährdet. Die Ehe gerät in eine schwere Krise (→ Anfang Dezember).

Margarete Steffin (→ 20. 9.) ist inzwischen von B schwanger; sie entschließt sich zu einer Abtreibung. Da sie bereits vor ihrer Bekanntschaft mit B 1928 und 1930 Schwangerschaftsabbrüche vornehmen ließ, belastet sie der erneute Entschluß sehr stark. Sie schreibt darüber das Gedicht *Natürlich hab ich als Kind*, in dem eine Strophe lautet: »Auch die größte Liebe weiß uns / Bei der Sorge um Brot keinen Rat. / Wer keine Stellung hat, muß sorgen / Daß er keine Kinder hat.« *(Steffin, 189.)*

11. **Oktober,** Dienstag. Beginn des Wintersemesters der Gesellschaft für wissenschaftliche Philosophie im Großen Hörsaal der 2. medizinischen Klinik der Charité (jeweils dienstags, geplant bis 11. 7. 33). In Bs Nachlaß befindet sich eine Liste des Programms der Gesellschaft, dessen Geschäftsstelle von Walter Dubislav geleitet wird. Angestrichen sind Vorträge von Otto Meyerhof (Heidelberg), Werner Wolf (Berlin), Otto Neurath (Wien), Otto Mangold (Berlin), Hans Reichenbach (Berlin), Alfred Adler (New York), Philipp Frank (Prag), Moritz Schlick (Wien).

Anfang November. Ernst Josef Aufricht will zusammen mit Heinrich Neft das Berliner Admiralstheater übernehmen und nach der Eröffnung mit *Liliom, Leben und Tod eines Vagabunden* von Ferenc Molnár auch Bs *Dreigroschenoper* neu herausbringen. In beiden Aufführungen ist Hans Albers für die Hauptrollen vorgesehen. (Das Projekt kommt wegen der politischen Entwicklung in Deutschland nicht mehr zur Ausführung.)

6. **November,** Sonntag. Bei den Reichstagswahlen verliert die NSDAP gegenüber dem Vorjahr etwa 2 Millionen Stimmen. B schreibt darauf ein Lied *Der Führer hat gesagt (14,151-153)*, das nach der Melodie des englischen Soldatenlieds *It's a long way to Tipperary* gesungen werden soll. Es wird von Ernst Busch (am 11. 12.) erstmals öffentlich vorgetragen und erscheint als Druck und Schallplatte beim Deutschen Arbeiter-Sängerbund (→ 19. 3. 33).

14. **November,** Montag. In der Neuköllner Karl-Marx-Schule beginnt Karl Korsch im Rahmen des Studienzirkels

Helene Weigel mit den Kindern

»Kritischer Marxismus« eine mit acht Vorlesungen geplante Reihe über *Lebendiges und Totes im Marxismus.*

November. B schickt Helene Weigel die Moritat *Zehr und Patschek (14,157-159)*, die vor einer primitiven Tafel mit Bildern (nach der Melodie von *Heinrich schlief bei seiner Neuvermählten*) gesungen werden soll, sowie *Der Führer hat gesagt* (→ 6. 11.). Wegen Margarete Steffin brauche sie sich keine Sorgen mehr zu machen, sie sei jetzt »in der Charité zur Beobachtung« *(Br, 455)*.

Die Lieder sind für eine Matinee *Lied der Zeit* vorgesehen, die Hanns Eisler und Ernst Busch für Dezember planen (Premiere: 11. 12. in Berlin).

Anfang Dezember 1932 Scheidungsabsicht von Helene Weigel

Anfang Dezember. Helene Weigel macht B (wegen seiner anhaltend engen Bindung an Steffin) Vorhaltungen und trägt sich mit dem Gedanken einer Scheidung. B bemüht sich, unter allen Umständen die Ehe aufrechtzuerhalten. In einem Brief schreibt er ihr u. a.: »Ich habe nun oft gemeint, man sollte sich bemühen, das Körperliche nicht nach dem Psychischen zu richten, da es die naivere und unbelastetere Verständigung ergibt. Und auch ist es fast immer ein Mißverständnis, wenn man das Körperliche (wenn einmal etwas nicht klappt) als Ursache nimmt. Ich weiß von mir, daß ich Dir immer nah stehe darin, auch über Verstimmungen hinweg, auch während derselben. Wenn es nicht so scheint, vergiß nicht, ich lebe gerade (und meistens) in schwieriger Arbeit und schon dadurch ohne rechte Möglichkeit, mimisch usw. mich auszudrücken, und fürchte Privatkonflikte, Szenen usw., die mich sehr erschöpfen. Nicht aber lebe ich ausschweifend. Davon ist keine Rede.« *(Br, 454.)*

7. Dezember, Mittwoch. Der Verlag Felix Bloch Erben gibt B einen Brief Heinz Hilperts (→ 30. 7.) vom Theater am Bülowplatz (Volksbühne) zur Kenntnis, in dem Gründe für eine Ablehnung Carola Nehers in der Titelrolle von *Die heilige Johanna der Schlachthöfe* vorgebracht werden. Nun schickt der Verlag den Aufführungsvertrag und teilt B den Wunsch mit, sich wegen der Besetzung der weiblichen Hauptrolle direkt mit Hilpert zu verständigen.

21. Dezember 1932 Vorwurf, *Die Maßnahme* zersetze Reichswehr und Polizei

21. Dezember, Mittwoch. Über die »Zersetzungstätigkeit« in Reichswehr und Polizei wird vom Polizeipräsidenten, Landeskriminalpolizeiamt Berlin-I eine Zusammenstellung von Aktivitäten verbreitet, die u. a. auch Bs Lehrstück *Die Maßnahme* erwähnt. Der Kölner Polizeipräsident habe von einer Düsseldorfer Aufführung des »Chorwerks« berichtet, das »nach außen hin getarnt« ist, indem es in China spielt. »Der Inhalt zeigt aber, daß nur anstelle des Wortes ›China‹ das Wort ›Deutschland‹ gesetzt werden brauchte und daß das gesamte Chorwerk auf deutsche Verhältnisse anzuwenden war.« Während der Vorführung von Szenen, die insbesondere die Taktik der Zersetzungstätigkeit vorführen, seien »Bravo-Rufe aus dem Zuschauerraum laut« geworden *(1707/14f.)*.

31. Dezember, Sonnabend. Die Berliner *Welt am Abend* veröffentlicht *Überraschungen und Erlebnisse*, die einige Persönlichkeiten in diesem Jahr hatten. Die »tollste Überraschung« für B sei »die Kundgebung« gewesen, »daß sich der General Schleicher zum Sozialismus bekenne«.

Ende Dezember. In der *Internationalen Literatur*, Moskau, erscheint in deutscher Sprache der von B (im Mai in Moskau geschriebene) Text *Ausländische Schriftsteller über Gorki* (→ 16. 5.).

Margarete Steffin ist von Ferdinand Sauerbruch operiert worden. B schreibt ihr in einem Brief, er sei (nach seinem Besuch in der Charité) noch bei dem Internisten Selig gewesen, der »eine sehr erfreuliche Mitteilung machen« konnte: »Sauerbruch habe den Pneu in Ordnung gebracht und sehe die Sache sehr optimistisch an.« Auch Otto Müllereisert habe von einer »Paradeoperation« gesprochen. »Wir haben also die allergrößten Chancen. Liebe Grete, altes Scheusal, ich freue mich sehr.« Der Anblick der »Wachtstation« sei für ihn allerdings schrecklich gewesen, so daß er davon »direkt schwer krank« geworden sei, »es ist wie in einem Fritz-Lang-Film« *(Br, 457)*.

Ab Dezember 1932
Austausch von Sonetten mit Margarete Steffin

Vermutlich schreibt B für Margarete Steffin im Dezember *Das erste Sonett* und (auf ihre Schwangerschaft bezogen; → 10. 10.) *Das zweite Sonett* (beide: *11,185*). Sie »antwortet« ebenfalls mit Sonetten, die auch künftig als Ausdruck gegenseitiger Gewogenheit geschrieben werden *(11,361)*, wenn sich beide nicht am gleichen Ort aufhalten.

Dezember 1932
Polemik von Georg Lukács gegen Brecht

Dezember. In Heft 11/12 der Zeitschrift *Die Linkskurve*, dem Organ des Bundes proletarisch-revolutionärer Schriftsteller (BPRS), polemisiert Georg Lukács gegen Bs Schema (aus den *Anmerkungen zur Oper »Aufstieg und Fall der Stadt Mahagonny«*; → 9. 3. 30), das im *Mutter*-Programmzettel (→ 17. 1.) zitiert war. So ist nach seiner Meinung die Gegenüberstellung von »Interpretieren« und »Verändern«, die sich auf die letzte Feuerbach-These stützt, »mechanisch und verfälscht den wirklichen Sinn der Marxschen These« *(S.18)*. Im gleichen Heft kritisiert auch Andor Gábor das Schema, das B konstruiert habe. »Es ist aber für einen dialektischen Materialisten klar, daß diese starre Gegenüberstellung der hier genannten Begriffe, soweit sie wirklich Begriffe und wirklich Gegensätze sind, mit beiden Füßen auf idealistischem Postament stehen.« *(S.29.)* Die kritischen Bemerkungen und die Mißverständnisse veranlassen B bei Gelegenheit des nächsten Drucks der *Anmerkungen zur Oper »Aufstieg und Fall der Stadt Mahagonny«* (in der Ausgabe

Gesammelte Werke; →Ende Mai 38) zu einer grundlegenden Überarbeitung des Schemas *(24,85)*.

Nach den Angaben in den *Versuche*-Heften des Verlags Gustav Kiepenheuer sind die Hefte 4-6 im Jahre 1932 erschienen. Der Verlag hat aber in keiner der täglich erscheinenden Ausgaben vom *Börsenblatt des Deutschen Buchhandels* die *Versuche*-Hefte 1932 mit genauen Erscheinungsdaten angezeigt. Es muß angenommen werden, daß die Hefte 4 und 5 erst in der 2. Jahreshälfte (oder am Jahresende) erschienen sind und infolge der zunehmenden faschistischen Einflußnahme auf das Kulturleben ohne öffentliche Propagierung vertrieben wurden. Walter Benjamin (→19.4.33) glaubte deshalb, Heft 6 habe nur in Fahnen vorgelegen. Der Umstand, daß der Verlag (am →19.6.33) noch größere Bestände angibt, die ein österreichischer Antiquar übernimmt (→29.10.34), legt die Vermutung nahe, daß nur ein sehr kleiner Teil der *Versuche* zum Verkauf gelangt ist. Das könnte auch erklären, warum keine Rezensionen mehr veröffentlicht wurden.

Heft 4 der *Versuche* (Versuche 11-12) erscheint.

Erstdruck von Heft 4 der *Versuche (Versuche 11-12)*

Heft 4 enthält:

11. Versuch: Die Schulopern *Der Jasager (*überarbeitete Fassung: *3,59-65)* und *Der Neinsager (3,66-72)*. Über den Zusammenhang des *Jasagers* mit dem neu entstandenen *Neinsager* heißt es in einer Erklärung am Anfang: »Die zwei kleinen Stücke sollten womöglich nicht eins ohne das andere aufgeführt werden.« Außerdem gehören zum 11. Versuch die *Protokolle von Diskussionen über den »Jasager« (auszugsweise) in der Karl-Marx-Schule, Neukölln (24,92-95)*. Diese Protokolle sind Äußerungen 10- bis 17jähriger Schüler sowie eines 20jährigen Teilnehmers des Arbeiter-Kurses, die B teilweise vom Kunsterzieher der Schule (→9.12.30) schriftlich übermittelt worden waren. Im Druck sind die von B berücksichtigten Argumente der Schüler hervorgehoben, die zu Textänderungen geführt haben.

12. Versuch: Text des Lehrstücks *Die Maßnahme* (in der überarbeiteten Fassung 1931: *3,99-125*) sowie *Anmerkungen* dazu *(24,97-101)*; sie enthalten: 1) den Offenen Brief Bs und Hanns Eislers (→12.5.30), 2) einige Erläuterungen über die *Musik zur »Maßnahme«*, 3) zusätzliche *Sätze des Sprechers bei öffentlichen Aufführungen*, 4) Hinweise zur *Einübung der »Maßnahme«* und 5) ein Zitat von *Lenin über das Lernen* (von 1920).

Heft 5 der *Versuche* (Versuche 13) erscheint.

Erstdruck von Heft 5 der *Versuche (Versuch 13)*

Heft 5 enthält:

13. Versuch: *Die heilige Johanna der Schlachthöfe*, Schauspiel *(3,127-227)*. In der Vorbemerkung heißt es: »*Die heilige Johanna der Schlachthöfe* soll die heutige Entwick-

Geschichten vom Herrn Keuner

Die überzeugenden Fragen
Es ist ein Irrtum zu glauben, daß man eine Dummheit nur durch eine Klugheit widerlegen kann. Sehr viele Dummheiten werden nur in die Welt gesetzt, um Dummheiten zu widerlegen. Ich habe bemerkt, sagte Herr Keuner, daß wir viele abschrecken von unserer Lehre dadurch, daß wir auf alles eine Antwort wissen. Könnten wir nicht im Interesse der Propaganda eine Liste der Fragen aufstellen, die uns ganz ungelöst erscheinen? *(18,20.)*

Das Wiedersehen
Ein Mann, der Herrn Keuner lange nicht gesehen hatte, begrüßte ihn mit den Worten: »Sie haben sich gar nicht verändert.«
»Oh!« sagte Herr Keuner und erbleichte. *(18,21.)*

Erstdruck von Heft 6 der *Versuche (Versuch 14)*

lungsstufe des faustischen Menschen zeigen. Das Stück ist entstanden aus dem Stück *Happy End* von Elisabeth Hauptmann. Es wurden außerdem einige klassische Vorbilder und Stilelemente verwendet: die Darstellung bestimmter Vorgänge erhielt die ihr historisch zugeordnete Form. So sollen nicht nur die Vorgänge, sondern auch die Art ihrer literarisch-theatralischen Bewältigung ausgestellt werden.« *(3,128.)* Als Mitarbeiter nennt B: Hermann Borchardt, Emil Burri, Elisabeth Hauptmann (→Dezember 1931).
Außerdem sind in dem Heft weitere neun dem 2. Versuch (→Mitte Juni 30) zugehörige *Geschichten vom Herrn Keuner* enthalten: *Herr Keuner und die Originalität; Herr Keuner und die Frage, ob es einen Gott gibt; Das Recht auf Schwäche; Herr Keuner und der hilflose Knabe; Herr Keuner und die Natur; Die überzeugenden Fragen; Der Mantel; Das Wiedersehen; Über die Auswahl der Bestien.*
Versuche Heft 6 (Versuche 14) liegt in den Druckfahnen vor. Heft 6 enthält:
14. Versuch: *Die drei Soldaten. Ein Kinderbuch (14,68-90).* Mit 25 Illustrationen von George Grosz.
B erwähnt den Plan eines »Kinderbilderbuchs«, das »billig« sein sollte, bereits in einem Notizbuch von 1929 *(26,291).* Es besteht aus 14 Gedichten über drei Soldaten, die nach dem 1. Weltkrieg die miserablen Zustände in der Weimarer Republik erfahren und sich dagegen auflehnen. In der Vorbemerkung heißt es: »Das Buch soll, vorgelesen, den Kinder Anlaß zu Fragen geben.« *(14,498.)*

1933

Anfang Januar. Der Theaterverlag Felix Bloch Erben schränkt seine Werbung für Bs neue Stücke ein; von der *Heiligen Johanna der Schlachthöfe* (→Dezember 32) konnte man (am 31. 1. 33) lediglich erfahren, daß das Stück vom Landestheater Darmstadt angenommen wurde (→Ende Januar). Nach Abgabe des Manuskripts von *Maß für Maß oder die Salzsteuer* an diesen Verlag (→29. 9. 32) hat B am Stück weitere Änderungen vorgenommen. Er benutzt z. B. den im *Völkischen Beobachter* (vom 21. 10. 32) abgedruckten Artikel *Adolf Hitlers Antwort an Reichskanzler von Papen* für die Figur des Statthalters. Der Text erhält nun den neuen Titel *Die Spitzköpfe und die Rundköpfe oder Reich und reich gesellt sich gern* und wird dem Kiepenheuer Verlag zum Druck in den *Versuchen* gegeben. Felix Bloch Erben gibt das Stück (am 1. 2.) zur Uraufführung frei.
Anatoli Lunatscharski, den B bereits im →November 28 kennengelernt hat, hält sich zu einer Augenbehandlung mit seiner Frau in Berlin auf. Bei einer Theatervorstellung tref-

fen sie B, der sie zum Tee einlädt. Lunatscharskis Frau Natalja Rosenel erinnert sich, daß an der Gesprächsrunde »eine seinerzeit sehr volkstümliche Schauspielerin« und ein bekannter linker Architekt teilgenommen haben. Es sei über Möglichkeiten des Widerstandes gegen Hitler gesprochen worden, auch über die Notwendigkeit einer möglichen Emigration. Lunatscharski habe nicht daran gezweifelt, daß B weiterhin Stücke schreiben wird, wenn sie auch eine Zeitlang nicht gespielt werden können. Das sei aber eine vorübergehende Phase, dann werde es in Berlin ein Brecht-Theater geben *(Theater der Zeit, 3/63).*

Anfang Januar 1933
Gespräch über Notwendigkeit der Emigration

In diesen Tagen ist Heft 7 der *Versuche* vom Gustav Kiepenheuer Verlag hergestellt.

Erstdruck von Heft 7 der *Versuche (Versuche 15/16)*

Es enthält:
15. Versuch: *Die Mutter (nach Gorki)*, Schauspiel *(3,261-324).* In der Vorbemerkung heißt es: »*Die Mutter* mit einer Musik von Eisler ist der 15. der *Versuche*, eine Dramatisierung des Romans von Maxim Gorki. Benutzt wurde außerdem eine Dramatisierung von G. Stark und G. Weisenborn. Die Aufführung fand am Todestag der großen Revolutionärin Rosa Luxemburg statt.« Als Mitarbeiter nennt B: Hanns Eisler und Günther Weisenborn. (Das Stück wird für die Ausgabe der *Gesammelten Werke* bearbeitet; → Ende Mai 38.)
16. Versuch: *Geschichten aus der Revolution*, eine Zusammenstellung der Gedichte *Die Bolschewiki entdecken im Sommer 1917 im Smolny, wo das Volk vertreten war: in der Küche*, geschrieben 1931 *(11,179f.)* und *Die Teppichweber von Kujan-Bulak* (→ 30. 10. 29). An dritter Stelle war in der Sammlung das (1932 geschriebene) Gedicht *Die Internationale (14,153f.)* bereits gesetzt; es wird von B in den Korrekturfahnen gestrichen.
Die *Anmerkungen* zur *Mutter (24,115-135)* gehören, nach der Vorbemerkung, »zum 9. Versuch *Über eine nichtaristotelische Dramatik*«. In den *Anmerkungen* charakterisiert B das Stück als eines, das »im Stil der Lehrstücke geschrieben« ist, aber für Schauspieler, »ein Stück antimetaphysischer, materialistischer, *nichtaristotelischer Dramatik*« (→ Mitte Januar 32). Mit der Positionsbestimmung gegen die Dramaturgie des Aristoteles gibt B nicht alle Thesen des griechischen Philosophen auf, wendet sich aber insbesondere gegen die »Katharsis« und »Mimesis«: »So wie sie [die nichtaristotelische Dramatik] etwa nicht darauf ausgeht, ihren Helden der Welt als seinem unentrinnbaren Schicksal auszuliefern, liegt es auch nicht in ihrem Sinn, den Zuschauer einem suggestiven Theatererlebnis auszuliefern.« *(24,115.)* In diesem Sinn hat B auch seine Grundhaltung für Romane ausgewiesen *(Über den aristotelischen Roman; 21,538f.* und *Über ein nichtari-*

stotelisches Romanschreiben, 21,541). B geht in den *Anmerkungen* zu *Die Mutter* auf die »mittelbare Wirkung der epischen Bühne« und auf die »epische Darstellungsweise« ein. Er beschreibt »als Beispiel« die Darstellung der Pelagea Wlassowa durch Helene Weigel *(24,119-121)*. Es handelt sich um die erste ausführliche Beschreibung von Schauspielkunst an Hand einer Rolle (die er später vielfach fortsetzt; z. B. *Aufbau einer Rolle. Laughtons Galilei; 25,7-66; Antigonemodell 1948; 25,71-168; Couragemodell 1949; 25,169-385)*. In den *Anmerkungen* geht B auch auf die Resonanz der *Mutter*-Aufführung in der Presse ein, zitiert zahlreiche Passagen und handelt daran die Frage ab, ob der »Kommunismus exklusiv« ist. B meint: »Aber wenn schon nicht die ganze Welt den Kommunismus für ihre Sache hält, so ist doch die Sache des Kommunismus die ganze Welt. Der Kommunismus ist keine Spielart unter Spielarten. Radikal auf die Abschaffung des Privateigentums an Produktionsmitteln ausgehend, steht er allen Richtungen, die sich durch was immer unterscheiden, aber in der Beibehaltung des Privateigentums einig sind, als einer einzigen Richtung gegenüber.« *(24,130.)* (Auch die *Anmerkungen* werden für die Ausgabe der *Gesammelten Werke* um Kritiken der New Yorker Aufführung 1935 ergänzt und bearbeitet; → Ende Mai 38.)

8. Januar, Sonntag. Brechts Sohn Frank Banholzer ist bei Vertrauenspersonen von Helene Weigel in Wien untergebracht. Frank schreibt seiner Mutter (Paula Groß, geb. Banholzer; → 1. 3. 24) nach Augsburg, daß er von einem Erholungsaufenthalt nach Wien zurückgekommen sei, und bedankt sich für das ihm zugesandte Tischtennisspiel und ein Buch von Jules Verne, der sein Lieblingsdichter ist.

17. Januar, Dienstag. Erstdruck des Gedichts *O Falladah, die Du hangest! (14,142-144)* in der *Weltbühne*. B schreibt die Verse 1931 für das Revueprojekt *Es war einmal... Ein Weihnachtsmärchen für Erwachsene*, das Friedrich Hollaender für die Weihnachtszeit vorgesehen hat.

30. Januar 1933
Ernennung Adolf Hitlers zum Reichskanzler

30. Januar, Montag. Reichspräsident von Hindenburg ernennt Hitler zum Reichskanzler und beauftragt ihn mit der Regierungsbildung.

Januar 1933
Beratung über Möglichkeiten der Opposition gegen Hitler

Wenige Tage später treffen sich bei Bernard von Brentano einige linke Schriftsteller (B, Heinrich Mann, Johannes R. Becher, Ernst Gläser, Leonhard Frank, Hermann Kesten) und beraten die Taktik ihrer Opposition gegen die Hitler-Regierung. Wie sich Hermann Kesten erinnert, habe B sofort seine Bereitschaft erklärt: »Bräuchte es Proklamationen, Aufrufe, Reden, Taten, Theaterstücke, dazu sei er da.« Für seine Auftritt habe er aber »eine faustfeste, schußbereite Leibwache« gefordert, ohne die »keiner diesen Horden« entgegentreten könne *(Kesten 2,34f.)*.

Januar. Beim Kiepenheuer-Verlag liegen zu dieser Zeit von Heft 8 der *Versuche* die Korrekturfahnen des 17. Versuchs vor. Der Druck des Heftes wird von den Nationalsozialisten gestoppt, der Satz vernichtet.

Korrekturfahnen (Satz vernichtet) von Heft 8 der *Versuche (Versuche 17)*

Das Heft sollte enthalten:
17. Versuch: *Die Spitzköpfe und die Rundköpfe oder Reich und reich gesellt sich gern.* Erläuternd heißt es: »Dieses Schauspiel ist auf Grund von Besprechungen entstanden, welche eine Bühnenbearbeitung von Shakespeares *Maß für Maß* bezweckten. Der Plan einer Erneuerung von *Maß für Maß* wurde während der Arbeit fallengelassen.« *(4,8.)*
Die Versuche 18 und 19 liegen noch nicht im Satz vor. Nach Angaben von Elisabeth Hauptmann waren für das Heft theoretische Texte wie *Über eine nichtaristotelische Dramatik* (also weitere Teile zum 9. Versuch) und *Über das Denken als ein Verhalten* vorgesehen (ein früher entstandener Text mit diesem Titel: *21,421f.*) Vermutlich sind die Manuskripte der Versuche 18 und 19 verlorengegangen. (Bei der späteren Weiterführung seiner *Versuche* mit Heft 9 zählt B mit Versuch 20 weiter.)

Fertigstellung des Lehrstücks *Die Ausnahme und die Regel* (1. Fassung)

Teilweise ist in den Druckfahnen das mittlerweile fertiggestellte Lehrstück *Wer wen? Die Geschichte einer Reise* (→ Mitte Januar 32) mit dem neuen Titel *Die Ausnahme und die Regel* überliefert (das später als 24. Versuch in Heft 10 der *Versuche* übernommen wird.)
Margarete Steffin muß erneut in die Berliner Charité und wird operiert. Sie schreibt (am 2. 1.) das Sonett *Heute träumt ich, daß ich bei dir läge (Steffin, 197).* Nach dem Aufenthalt in der Klinik bekommt sie eine Kur in einem Spezialsanatorium in der Schweiz vermittelt (→ 23. 2.).

Ende Januar. B sichert Fritz Wreede, dem Eigentümer des Theaterverlags Felix Bloch Erben, in kurzer Frist Vorschläge für neue Stücke zu (→ 27. 2.).

Politische Einwände gegen *Die heilige Johanna der Schlachthöfe* in Darmstadt

Nach Bekanntgabe der Annahme von Bs *Heiliger Johanna der Schlachthöfe* zur Uraufführung im Hessischen Landestheater (→ Anfang Januar) geraten das Stück und dessen Befürworter im Darmstädter Stadtrat in den Mittelpunkt heftiger politischer Auseinandersetzungen (→ 24. 4.). Oberbürgermeister Mueller hält die Planung für nicht mehr haltbar; nach Ansicht des nationalsozialistischen Stadtrats Abt wachse die Aufführung übelster Schmutz- und Schundstücke zu einem Skandal aus; er hetzt gegen den Intendanten Gustav Hartung und gegen den »Stockjuden« Kurt Hirschfeld, Dramaturg des Theaters, der die *Blätter des Hessischen Landestheaters* herausgibt und in erster Linie für die Annahme von Bs Stück verantwortlich sei. Mit Ausnahme der sozialdemokratischen Mitglieder protestiert der Stadtrat gegen die geplante Aufführung und beschließt einstimmig eine

Das Erfreuliche an dem Darmstädter Widerstand gegen diese Dichtung liegt darin, daß er sich *nicht mit ästhetischem Wenn und Aber* abgibt, sondern auf den Kern der Sache geht. Der Kern der Sache ist eindeutige bolschewikische Gottlosenpropaganda. Der Kern der Sache ist die Teufelsklaue, die sich gegen Grundpfeiler des abendländischen Lebens ausstreckt. [...] Der Widerstand, den die Brechtsche Dichtung in Darmstadt findet, ist als eine beglückende Regung ungebrochener Lebensinstinkte gegen einen künstlerisch verkappten Mordversuch an unserer Seele zu bewerten. *(Wilhelm Michel, Kölnische Zeitung, 1. 2.)*

An seinem Schreibtisch in seiner letzten Berliner Wohnung. Auf der Rückseite steht: »Berlin, Hardenbergstr. 1A Febr. 33 ›die kisten sind gepackt‹«

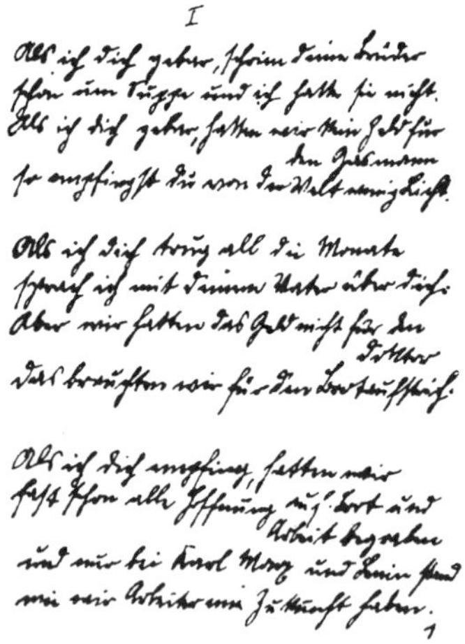

Aus der Handschrift der *Wiegenlieder*.

»Klärung der Personalfragen im Theaterausschuß« *(Darmstädter Tagblatt, 3. 2.)*.

4. Februar, Sonnabend. Hitler setzt eine Notverordnung »zum Schutz des deutschen Volkes« durch, die ihm eine gesetzliche Handhabe gegen alle widerstrebenden Kräfte gibt (Presse- und Versammlungsverbot).

Anfang Februar. In einem Brief an den Wiener Buchhändler Richard Lanyi, einem Vertrauensmann von Karl Kraus, entschuldigt sich B für seine späte Antwort (auf einen nicht überlieferten Brief). »Die politischen Verhältnisse, die ja in die literarische Produktion stark eingreifen, haben mich gezwungen, die Herausgabe meiner Arbeiten sehr zu beschleunigen. Dadurch und durch andere dringlich gewordene Verrichtungen ist meine Korrespondenz, auch die wichtigste, ganz zusammengebrochen.« B hat mit dem Leiter der (sozialdemokratischen) Kunsthalle in Wien David Josef Bach eine *Mutter*-Aufführung vereinbart. B ersucht um die Möglichkeit einer Lesung in Wien und will sie am liebsten so legen, daß er einige Proben der *Mutter*-Aufführung sehen kann. B wünscht die Anzeige der Veranstaltung durch Karl Kraus (→ 20. 2.) *(Br, 458)*. (Eine Wiener Aufführung des Stückes ist bereits Ende 1932 im Theatersaal Hotel Post herausgekommen, Anfang 1933 findet eine konzertante Aufführung im Großen Konzerthaus statt.)

Die von B (1932) geschriebenen und von Hanns Eisler vertonten *Wiegenlieder (11,206-209)* werden, wie bereits mehrfach zuvor, von Helene Weigel auf öffentlichen Veranstaltungen vorgetragen. Der damals als Pianist tätige Georg Knepler erinnert sich, daß eine der Darbietungen (im Februar) von der Polizei abgebrochen wurde *(Gedanken über Musik, 48)*. B widmet Helene Weigel ein handgeschriebenes Exemplar der Gedichte.

10. Februar, Freitag. B hat von der Steuerkasse des Finanzamtes Berlin-Charlottenburg eine Aufforderung zu Steuernachzahlungen 1932 erhalten. Da es ihm nicht möglich sei, »diese Beträge zu überweisen«, bittet er um Aufschub und um Festlegung von Raten *(Br, 459)*.

15. Februar 1933
Verfahren wegen Hochverrats gegen die Veranstalter von *Die Maßnahme* in Erfurt

15. Februar, Mittwoch. In der Mitteilung Nr. 4 der Landeskriminalpolizei Berlin wird festgestellt, daß eine Aufführung der *Maßnahme* in Erfurt als kommunistische Veranstaltung »aufgelöst« und gegen die Veranstalter ein Verfahren wegen Vorbereitung zum Hochverrat eingeleitet wurde. Es handele sich um ein proletarisch-revolutionäres Lehrstück, »das nach außen hin getarnt ist« (→ 21. 12. 32). Man brauche nur China gegen Deutschland auszutauschen *(1707/16f.)*.

Mitte Februar. B muß sich in einer Privatklinik in der Augsburger Straße an einem Bruch operieren lassen. Vor seiner

Abreise nach Wien stattet ihm Hanns Eisler (am 23. 2.) einen Besuch ab.

20. Februar, Montag. B akzeptiert den von Richard Lanyi angegebenen Termin (16. 3.) für die Lesung in Wien (→ Anfang Februar). »Ich werde aus den *Versuchen* und aus unveröffentlichten Schriften vorlesen. Der Titel der Vorlesung könnte also *Versuche* sein. Wenn Ihnen der Titel, vom propagandistischen Standpunkt aus, zu trocken ist, dann nennen Sie die Vorlesung *Aus dem Lesebuch für Städtebewohner.*« Der Brief ist von fremder Hand geschrieben und von B unterzeichnet; in einem Postskriptum fragt er, wo man sich vergewissern kann, daß er nach Österreich hereingelassen wird *(Br, 460).*

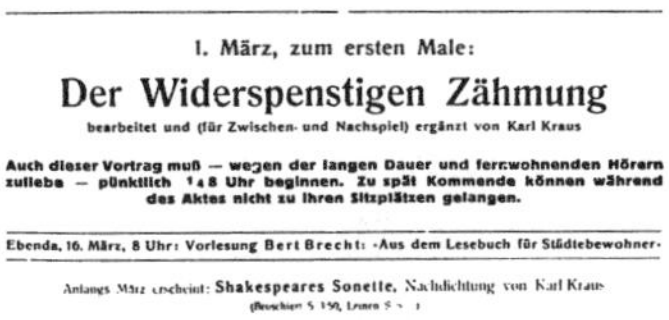
1. März, zum ersten Male:
Der Widerspenstigen Zähmung
bearbeitet und (für Zwischen- und Nachspiel) ergänzt von Karl Kraus
Auch dieser Vortrag muß — wegen der langen Dauer und fernwohnenden Hörern zuliebe — pünktlich ¼ 8 Uhr beginnen. Zu spät Kommende können während des Aktes nicht zu ihren Sitzplätzen gelangen.
Ebenda, 16. März, 8 Uhr: Vorlesung Bert Brecht: ›Aus dem Lesebuch für Städtebewohner‹
Anfangs März erscheint: Shakespeares Sonette, Nachdichtung von Karl Kraus

Ankündigung der Lesung Brechts in Wien für den 16. 3. 1933

23. Februar, Donnerstag. Der Verlag Felix Bloch Erben informiert B vom Wunsch der Freien Vereinigung sozialistischer Akademiker, Prag, zu deren Mai-Feier (am 30. 4.) die *Heilige Johanna der Schlachthöfe* aufzuführen, möchte aber diese Uraufführung nicht genehmigen, weil sie »in der heutigen Zeit unter Umständen weit mehr schaden als nützen könnte« *(783/20).*

Margarete Steffin hält sich schon einige Zeit an verschiedenen Orten in der Schweiz auf und tritt nun ihren Kuraufenthalt im Sanatorium der Deutschen Heilstätte in Agra bei Lugano an. Sie bleibt dort (mit kurzen Unterbrechungen) bis Mai.

25. Februar, Sonnabend. In der *Kölnischen Zeitung* wird Walter Benjamins Textsammlung *Kurze Schatten (II)* veröffentlicht. In einem der Texte *(Spurlos wohnen)* zitiert Benjamin eine Verszeile aus Bs *Lesebuch für Städtebewohner/1 (11,157)*: »Ein schönes Wort von Brecht hilft von hier fort; weit fort. ›Verwisch die Spuren!‹« *(Benjamin, IV/1,427.)*

27. Februar, Montag. Fritz Wreede weist B auf seine Besorgnis hin, als »damals nicht innerhalb der in unserem Vertrag vorgesehenen Frist von 18 Monaten das erste Bühnenwerk« abgeliefert wurde. Der Verlag habe dann das Stück *Die heilige Johanna der Schlachthöfe* verspätet geliefert bekommen und »die begrenzten Möglichkeiten einer Verwertung dieses eigenartigen Bühnenwerkes« erkannt. Wreede sei mit der Bearbeitung von Shakespeares *Maß für Maß* mit Ludwig Berger (für die Volksbühne; → 1. 6. 32) einverstanden gewesen, aber entgegen der Vereinbarung habe B »ein völlig eigenes Stück geschrieben« und abgeliefert. »Daß die Aufführungsmöglichkeiten dieses Stückes schlechthin schwierig sind, ist unbestreitbar, daß sie jetzt ganz geschwunden sind, steht außer Zweifel.« B habe die in dem Gespräch mit Wreede (→ Ende Januar) versprochenen Vorschläge noch nicht vorgebracht. Vom Verlag aus erscheint deshalb eine Weiterzahlung von 1000 M Monatshonorar unter den jetzigen Bedingungen »einfach untragbar« *(738/ 22-25)*.

27. Februar 1933
Brand des Reichstags

Der Berliner Reichstag geht in Flammen auf. Die Brandstiftung lasten die Nationalsozialisten der KPD an und setzen deshalb (am 28. 2.) eine Notverordnung zum »Schutz von Volk und Staat« und gegen »Verrat am deutschen Volk und hochverräterische Umtriebe« durch. Der Reichstagsbrand wird von B später in mehreren Werken als Motiv verwendet (z. B. *Die Ballade vom Reichstagsbrand; 14,173-176; Der Aufstieg des Arturo Ui, Der Speicherbrandprozeß; 7,63-71*). Für B ist der Brand Anlaß für die Flucht, die er schon Tage vorher vorbereitet hat (→ Anfang Februar). Er begibt sich mit Helene Weigel zu Peter Suhrkamp, der sie in der Nacht außerhalb ihrer Wohnung unterbringt.

Suche nach einem Exilort. 1933

28. Februar, Dienstag. B und Helene Weigel fliehen aus Deutschland und reisen früh (mit F. C. Weiskopf und Bruno Frei) mit dem Zug aus Berlin ab, zunächst nach Prag. Da B die Einladung zu einer Lesung nach Wien vorweisen kann (→ 20. 2.), werden ihm beim Grenzübertritt keine Schwierigkeiten bereitet. Nach einem Bericht Bs kommt sein Sohn Stefan, der zeitweilig bei Elisabeth Hauptmann untergebracht war, mit dem Flugzeug nach Prag (→ 4. 3.). Tochter Barbara ist bereits vorher von Bs Hausangestellter Maria Hold zu Bs Vater nach Augsburg gebracht worden (→ 16. 3.).
B schreibt 1947 über die Gründe seiner Flucht: »Die Verfolgungen auf dem Gebiet der Kultur nahmen gradweise zu. Bekannte Maler, Verleger und Zeitschriftenherausgeber wurden gerichtlich verfolgt. An den Universitäten wurden politische Hexenverfolgungen inszeniert, gegen Filme wie *Im Westen nichts Neues* Kesseltreiben veranstaltet. Dies waren natürlich nur Vorbereitungen zu drastischeren Maßnahmen. Als Hitler die Macht ergriff, verbot man Malern das Malen, Schriftstellern das Schreiben, und die Nazipartei riß die Verlage und Filmstudios an sich. [...]
Ich mußte Deutschland im Februar 1933, am Tag nach dem Reichstagsbrand, verlassen. Ein Exodus von Schriftstellern und Künstlern begann, wie ihn die Welt noch nicht gesehen hatte.« *(23,60.)*

28. Februar 1933
Flucht aus Deutschland

28. Februar - 3. März 1933
Reise nach Prag

1./2. März, Mittwoch/Donnerstag. Nach der Erinnerung von Lenka Reinerová hat sich B in Prag mit Wieland Herzfelde getroffen, ehe er mit Frau und Sohn Stefan (am 3. 3. oder später) nach Wien weiterreist.

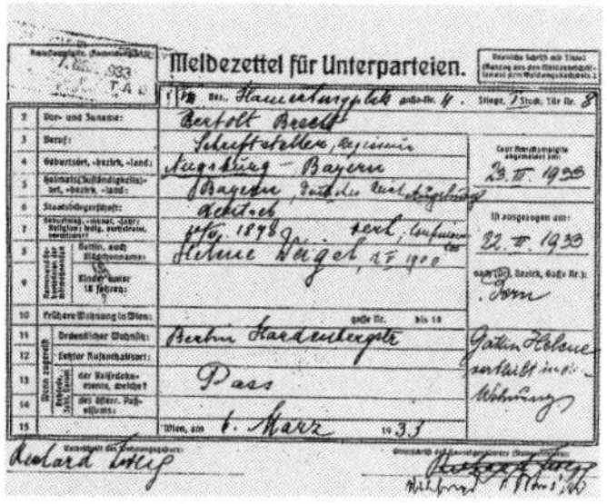
Meldezettel für Unterparteien.
Vor- und Zuname: Bertolt Brecht
Beruf: Schriftsteller
Geburtsort, -bezirk, -land: Augsburg - Bayern
Staatsbürgerschaft: deutsch
Gattin, auch Mädchenname: Helene Weigel
Früherer Wohnung in Wien:
Ordentlicher Wohnsitz: Berlin
Letzter Aufenthaltsort:
Pass
Wien, am 6. März 1933

4. - 12. März 1933
Reise nach Wien

4. März, Sonnabend. Nach ihrem Eintreffen in Wien kommen B, Helene Weigel und Stefan zunächst bei deren Vater in der Berggasse 30 unter. Laut amtlichem Meldezettel wohnen sie (ab 6. 3.) in der Josefstadt am Hamerlingplatz 4 bei Helene Weigels Schwester Stella und Schwager Richard Zweig (1942 nach Theresienstadt »abgemeldet«).
Bs von Karl Kraus öffentlich angekündigte Lesung (→ 20. 2.) findet nicht statt.
In einer autobiographischen Notiz (von 1943) schreibt B über seinen Sohn: »Von Berlin wurde er, als der Anstreicher zur Macht kam, nach der Tschechoslowakei geflogen; von da kam er nach Österreich, wo uns alle ein weiser Freund [Karl Kraus] mit den Worten begrüßte: ›Die Ratten besteigen das sinkende Schiff‹, von da nach der Schweiz, von da nach Dänemark.« *(27,354.)*

B über Wien:
Wie jeder Zeitungsleser weiß, ist diese Stadt um einige Kaffeehäuser herumgebaut, in denen die Bevölkerung beisammensitzt und Zeitungen liest. In diesen Kaffeehäusern hört man über das Besuchen von Kaffeehäusern übrigens sehr verschiedene Ansichten. Viele der dort Sitzenden halten Leute, die dort sitzen, für nutzlose Tagediebe, andere wieder erzählen spöttisch die Anekdote, in der einige Wiener Kaffeehausgäste (kürzer: Wiener) in einer politischen Debatte höhnisch ausrufen: wer soll denn, bitteschön, diese russische Revolution, von der hier immerzu geredet wird, machen? Etwa der Herr Trotzki aus dem Kaffeehaus Stefanie? *(22,13.)*

7. März, Dienstag. Fritz Wreede bestätigt eine (telefonische) »Unterhaltung vom letzten Dienstag« und erwartet »nunmehr mit tunlichster Beschleunigung« Bs »Vorschläge wegen Abänderung des zwischen uns derzeit bestehenden *Vertragsverhältnisses*« *(738/26f.)*.

10. März, Freitag. Helene Weigel trifft in Wien u. a. mit ihrer Lehrerin Eugenie Schwarzwald und ihrer früheren Mitschülerin Maria Lazar zusammen (die Oskar Kokoschka als »Dame mit Papagei« gemalt hat). Die drei sind mit der dänischen Schriftstellerin Karin Michaelis (→ 28. 5. 19) befreundet. Im Einvernehmen mit Helene Weigel fragt Maria Lazar nach dem Aufwand für eine mehrmonatige Unterbringung für sich, ihre Tochter sowie Familie Brecht bei Michaelis auf der dänischen Insel Thurø. »Und wie hoch veranschlagst Du die Kosten einer, sagen wir sechsköpfigen Familie? Das Leben ist doch nicht teuer bei Euch? Und wie denkst Du überhaupt über diesen Plan. Bitte, schreib uns gleich, wir sind ungeheuer gespannt auf Deine Antwort. Würden eventuell Mitte Mai oder so kommen.« (→ Mitte Mai). Karin Michaelis antwortet → Mitte März.
Als B erfährt, daß Alfred Döblin, Lion Feuchtwanger, Bernard von Brentano u. a. ihm gut bekannte Schriftsteller in die Schweiz gegangen sind oder gehen wollen, kommt er mit seiner Frau überein, ebenfalls dort nach einer Wohn- und Lebensmöglichkeit zu suchen.
Während Helene Weigel mit Stefan vorerst noch in Wien bleibt, entschließt B sich zu einer baldigen Abreise. (Nach dem amtlichen Meldezettel ist er am 22. 3. ausgezogen und am 23. 3. nach Bern abgemeldet. Diese späte Meldung und unkorrekte Angabe des Reiseziels macht Helene Weigel vermutlich aus taktischen Gründen.)

13. März - Anfang Juni 1933 Reise nach Zürich, St. Anton und Carona

13. März, Montag. B ist in Zürich eingetroffen und findet einen Brief Margarete Steffins (aus dem Sanatorium in Agra; → 23. 2.) vor. »Es ist gut, daß Du so ruhig und tapfer kämpfst um Deine Gesundheit, die wir brauchen. Und es ist gut, daß Du in dieser scheußlichen Umgebung von Nichtstuern und Rentnern bleibst, was Du bist: Du gehörst nicht dazu, in nichts und niemals.« Was jetzt »in Deutschland an Metzeleien, Feigheit und Sorglosigkeit« getrieben wird, sei ungeheuerlich. Sie soll ihren nächsten Brief an die Adresse von Lion Feuchtwanger nach St. Anton (Österreich) schikken *(Br, 461)*. Im gleichen Sinne schreibt er für die Kranke die sechs *Regeln für M.S.*, in denen es u. a. heißt: »Kämpfe gegen die Krankheit nicht als Kranker, sondern als Gesunder. Kampf gegen Krankheit ist etwas Gesundes.« *(22,7.)* Es entsteht auch *Wollen Ärzte heilen? (22,8)*.
In Zürich trifft B den ihm aus Berlin bekannten Schriftsteller Kurt Kläber, der (seit 1924) mit seiner Frau Lisa Tetzner im Bergdorf Carona bei Lugano einen zweiten Wohnsitz hat. Da sich dieser Ort in unmittelbarer Nähe der Heilanstalt Agra befindet, nimmt B die Einladung ins Tessin gern an. Kläber (der auch mit »Kurt Held« zeichnet) war Gründungsmitglied des Bundes proletarisch-revolutio-

närer Schriftsteller sowie Redaktionsmitglied der *Linkskurve*.

16. März, Donnerstag. Margarete Steffin erhält von B einen Brief mit dem *Dritten Sonett (11,186)*, das er als »sehr schlimm« bezeichnet. Sie soll es »mit einem Bleistift lesen und das letzte Reimwort eintragen« (das er ausgelassen hat) *(Br, 462)*.

Mitte März. Von Zürich reist B zunächst nach St. Anton (am Arlberg) und besucht dort Lion und Marta Feuchtwanger. Er wohnt im Hotel Post.

Aus Dänemark trifft von Karin Michaelis in Wien die Antwort auf die Anfrage von Maria Lazar (→ 10. 3.) ein: Sie stellt den Familien Lazar und Brecht zwei ihrer Häuser für ein halbes Jahr unentgeltlich in Aussicht.

Nach einigen Tagen Aufenthalt in St. Anton fährt B nach Lugano (Tessin) weiter und wohnt im Hotel Bellerive.

Von seiner Reise berichtet B Helene Weigel nach Wien, daß er in Zürich Alfred Döblin, Anna Seghers und deren Mann (den Gesellschaftswissenschaftler Johann Lorenz Schmidt) getroffen hat. Kläber habe sie nach Carona eingeladen. »Wir beschlossen, für alle was am Luganer See zu suchen. Klähers wollen es in die Hand nehmen. Es soll sehr billig sein. Heute gehe ich hin (ich fuhr abends nach Lugano).« Lion Feuchtwanger wolle ebenfalls nach Carona reisen. B bittet Helene Weigel, mit Stefan zu kommen, und erkundigt sich nach Barbara (→ 28. 2.). Weigel soll sich »aus Eislers Mappe« das *Gedicht vom unbekannten Soldaten unter dem Triumphbogen (11,202-204)* sowie die *Ballade zu § 218 (14,40f.)* geben lassen und der *Arbeiterzeitung* (→ 1. 5.) zustellen. »Weil das Geld gibt!« *(Br, 466.)*

In Wien gewinnt Helene Weigel (im März) die englische Quäkerin Irena Grant dafür, die in Augsburg (→ 28. 2.) befindliche Tochter Barbara (als ihr Kind) über die Grenze zu bringen. Barbara wird Frau Grant von Maria Hold an einem Bahnhof in der Nähe von Augsburg übergeben. Die Hausangestellte Bs kommt gesondert über die Grenze, nimmt Barbara auf österreichischer Seite wieder in Empfang und fährt mit ihr nach Wien. (Sie geht mit Bs Familie ins dänische Exil.)

Mitte März 1933
Barbara Brecht wird illegal aus Deutschland nach Österreich gebracht

B listet in einem weiteren Brief an Helene Weigel die Preise für Miete und Lebensmittel auf. Die Wohnung bei Kurt Kläber in Lugano »wäre wunderbar, aber *sehr* entfernt von Lugano, also der Stadt, *sehr* einsam«. Mit Auto wäre alles einfacher. »In Lugano ist eine sehr gute Schule, deutsch, freireligiös; aber da könnte Steff nur hin, wenn wir unten wohnen. Morgen suche ich unten weiter.« Er hofft, in einigen Tagen etwas Passendes gefunden zu haben *(Br, 467)*.

18. März, Sonnabend. Die Universal-Edition Wien bestätigt

B, daß er 1932 seine Reise nach Moskau (→ 9.-21. 5. 32), die »Mißdeutungen ausgesetzt sein könnte«, angetreten hat, um bei einer Aufführung seiner *Dreigroschenoper* im Tairoff-Theater anwesend zu sein *(MW)*.

19. März, Sonntag. In Wien wird unter dem Titel *Das Lied vom Kampf* eine Montage aus Liedern, Chören und Rezitativen aus *Die Maßnahme* und *Die Mutter* aufgeführt, aus der B einige Texte an die *Arbeiterzeitung* (→ 1. 5.) zum Abdruck geben läßt.

23. März, Donnerstag. Unmittelbar nach ihrem 25. Geburtstag (am 21. 3.) besucht B Margarete Steffin in dem nahe Lugano gelegenen Agra. Die nun folgenden zahlreichen Treffen mit B hat Margarete Steffin in dieser Zeit in ihrem Tageskalender mit »LB« (Lieber Bidi) markiert; an »ihren Donnerstagen« trägt B »grüß gott« ein, eine Grußformel, die sich (abgekürzt »gg«) nahezu auf allen Briefen Bs an sie findet. Dieses »unauffällig Wort« hatte die Bedeutung: »ich berühre dich«, wie es im *Ersten Sonett* erklärt wird: »Und wenn um uns die fremden Leute standen / Gebrauchten wir geläufig dieses Wort / Und wußten gleich: wir waren uns gewogen.« *(11,185.)* Während der Zeit des Aufenthalts von Margarete Steffin in Agra entstehen insgesamt acht Sonette Bs *(11,185-188,191)*, auf die sie meist mit eigenen Sonetten reagiert. In einem Gedichtentwurf aus dieser Zeit *(Der schnelle Überfall)* schreibt B: »Ach, daß sie schön, ehrt sie, und daß sie jung, ehrt mich.« *(14,167.)*

In Berlin nimmt der Reichstag das »Gesetz zur Behebung der Not von Volk und Reich« an, das die Reichsregierung für vier Jahre ermächtigt, die Regierungsgeschäfte ohne Parlament durchzuführen (»Ermächtigungsgesetz«).

26. März, Sonntag. B bittet die Universal-Edition Wien um Zusendung eines Klavierauszugs der *Dreigroschenoper* nach Lugano *(MW)*.

27. März, Montag. Zur endgültigen Festlegung des Wohnortes hält B die Anwesenheit Helene Weigels für dringend nötig und bittet sie (in einem Brief aus diesen Tagen), mit den Kindern nach Lugano zu kommen. »Ich wäre jetzt froh, wenn wir alle zusammen wären!« Er möchte sich noch erkundigen, »wie es am Züricher See ist: dort ist Döblin und Seghers und eine deutsche Stadt. Billiger allerdings als ein paar Tage Zürich mit Familie ohne Wohnung ist, wie mir scheint, Lugano doch und man kann nachher von hier aus einmal hin.« In Zürich wolle Anna Seghers mit Helene Wei-gel zusammentreffen. »Wenn wenigstens die noch herkämen! Der Schmidt ist kein Marx, aber immerhin ...« Das Wohnen in Carona sei sehr schön und billig. Sie soll ein Exemplar von Karl Marx' *Kapital* beschaffen und mitbringen, das Karl Korsch im Kiepenheuer Verlag herausgegeben hat *(Br, 468)*.

B richtet an den ebenfalls emigrierten Armin Kesser (→ 31. 8. 31) nach Zürich die Anfrage, »was um den Züricher See herum die 3-4-Zimmerwohnungen kosten (mit Küchenbenutzung)«. Außerdem erkundigt er sich, wo in Zürich »Helli mit Mädchen und zwei Kindern für 3-4 Tage billigst unterkommen« kann bei ihrer Reise nach Lugano *(Br, 463)*.

Am gleichen Tage informiert er Bernard von Brentano (in Basel) über die Wohnbedingungen im Tessin. Mit Auto sei es billiger und viel schöner. »Zum Beispiel geradezu ideal in Carona, wo Kläbers wohnen.« *(Br, 464.)*

29. März, Mittwoch. Nach einem Telegramm der Polizeidirektion München an das Polizeipräsidium Berlin ist die (Ende 1932 erschienene) Platte und der Notendruck des Deutschen Arbeiter-Sängerbundes *Der Marsch ins Dritte Reich. Text: Bert Brecht. Nach einem englischen Soldatenlied arrangiert von Hanns Eisler* (das ist: *Der Führer hat gesagt* (→ 6. 11. 32) »für Bayern polizeilich beschlagnahmt und eingezogen« worden *(14,538)*.

30. März, Donnerstag. Thomas Mann, der ebenfalls in Lugano untergekommen ist, erhält von B einen Brief. Darin versichert er ihn seiner Sympathie wegen der »Stellungnahme für die deutsche Arbeiterschaft« (in der sich Mann im Februar in Berlin auf dem Kulturkongreß »Das freie Wort« zu »Freiheit, Volk und Sozialismus« bekannt hat). »Ich schreibe Ihnen dies, weil Ihre Erklärung, durch die die deutsche Literatur ihr Gesicht wahrt, Ihnen, wie man allgemein weiß, Anfeindungen in großer Menge und wohl auch persönliche Gefährdung eingetragen hat und weil ich annehme, daß Sie angesichts der totalen Einschüchterung des fortschrittlichen Bürgertums nicht allzu viel über die Wirkung Ihrer Parteinahme für den großen unterdrückten Teil unseres Volkes erfahren dürften.« *(Br, 465.)* Thomas Mann antwortet am → 27. 4.

30. März 1933
Sympathieerklärung an Thomas Mann

B besucht mit Kurt Kläber, Bernard von Brentano und Margarete Steffin den seit 1919 in (dem von Lugano nicht weit entfernten) Montagnola lebenden Hermann Hesse.

Mit Kurt Kläber, Bernard von Brentano und Margarete Steffin in Montagnola.

1. April, Sonnabend. B drückt in einem Brief an Margarete Steffin seine Freude darüber aus, daß aller Wahrscheinlichkeit nach der neue Wohnsitz Lugano sein wird. »So werde ich Dich immer sehen können.« Er ermuntert sie, ihre Kur tapfer weiterzumachen. »Wenn ich Mittwoch komme, gehen wir spazieren, aber nicht wie in Utting!« *(Br, 469.)* (Gemeint ist: ohne auf Beobachter Rücksicht nehmen zu müssen.)

Anfang April. Helene Weigel ist mit Stefan und Barbara nach Carona gekommen.

Der englische Kunstliebhaber Edward James will seiner

Frau, der aus Deutschland emigrierten Tänzerin Tilly Losch, ein Ballett mit der Truppe »Les ballets 1933« finanzieren. Er beauftragt mit der Komposition Kurt Weill, der aus Deutschland geflohen ist und (seit dem 23. 3.) in Paris lebt. Weill einigt sich mit James darüber, daß das Ballett eine tanzende und eine singende Hauptrolle erhält (damit auch Lotte Lenja eine Auftrittsmöglichkeit erhält). Für das Libretto wird Jean Cocteau angesprochen. Als dieser ablehnt, bittet James B um Mitarbeit.

4. April, Dienstag. Bernard von Brentano grüßt B von Walter Benjamin, Hanns Eisler und Gustav von Wangenheim, die er in Paris getroffen hat, und informiert ihn über die Lage der emigrierten Schriftsteller in der französischen Hauptstadt und die politische Situation in Deutschland.

7.-20. April 1933
Reise nach Paris

7. April, Freitag. B reist nach Paris.

Arbeit am Ballett-Libretto ***Die sieben Todsünden***

Vom Hotel Splendide Etoile, in dem er untergekommen ist, teilt er Helene Weigel mit, daß er zusammen mit Kurt Weill an dem Ballett (→ Anfang April) arbeitet *(Br, 470)*. In der ersten Niederschrift des Librettos, das B während seines kurzen Aufenthalts in Paris abschließt, ist der Titel des Balletts *Die sieben Todsünden* handschriftlich mit »der Kleinbürger« ergänzt. (Für die Aufführung am → 7. 6. wird der Kurztitel verwendet, ab 1937 bevorzugt B den erweiterten Titel *Die sieben Todsünden der Kleinbürger; 4,265-277.*)

13. April 1933
Amerikanische Erstaufführung der ***Dreigroschenoper*** **im New Yorker Empire Theatre**

13. April, Donnerstag. Im New Yorker Empire Theatre amerikanische Erstaufführung der *Dreigroschenoper* in einer Übersetzung von Jerrold Krimsky und Gifford Cochran; Regie: Francesco von Mendelssohn; mit Robert Chisholm (Macheath), Steffi Duna (Polly). Die New Yorker Inszenierung beruht auf einer mangelhaften Übersetzung und wird nur 12mal gespielt.

Die Deutsche Studentenschaft eröffnet in Berlin eine Kampagne »Wider den undeutschen Geist«. In Satz 7 wird die Ausmerzung des »undeutschen Geistes« aus den Leihbüchereien verlangt (→ 10. 5.).

Mitte April. B prüft, ob Paris als Exilort für seine Familie in Frage kommt. Es sei schon warm und grün, schreibt er an Helene Weigel. »Die Stadt ist eben wenigstens groß, Kinos, Theater, Einwohner, Autos usw. Und auch Gelegenheit zu verdienen. Balletts, Film, Theater. Das Leben (Haushalt) *sehr* billig. Man müßte so im Oktober hergehen.« Er sieht sich nach geeigneten Wohnmöglichkeiten um. *(Br, 470.)*

In dieser Zeit entsteht *Zweifel am Mythos (19,338f.;* später *Berichtigung alter Mythen; 19,340f.)*.

In Paris trifft er sich mit verschiedenen Emigranten, u. a. mit Hanns Eisler und der inzwischen aus Zürich übergesiedelten Anna Seghers.

Arbeit an der Geschichte *Der Arbeitsplatz oder Im Schweiße Deines Angesichts sollst Du kein Brot essen*

Vermutlich kommen B und Seghers auch auf den Fall Einsmann (→August 32) zu sprechen, den sie gerade in einer Erzählung gestaltet. Ob B dadurch angeregt wird, die Geschichte *Der Arbeitsplatz oder Im Schweiße Deines Angesichts sollst Du kein Brot essen* (als Gegenentwurf) zu schreiben oder zu diesem Zeitpunkt schon einen eigenen Text vorliegen hat, ist auf Grund der Materiallage nicht auszumachen *(19,345-349)*. Anna Seghers stellt ihre Geschichte *Der Vertrauensposten* für die Weiterverwertung dem DAD (→19.6.) zur Verfügung, so daß sie B (durch Margarete Steffin) auch im Wortlaut vorgelegt bekommt. Im Gegensatz zu Seghers' Darstellung führt B die Verwandlung seiner »Frau Hausmann« in einen Mann auf ihre ökonomische Zwangslage zurück, wie er das schon nach Bekanntwerden des Falles (→August 32) konzipiert hat. (Bs Geschichte könnte in ihrer ersten Fassung auch im Spätsommer entstanden sein.)

Mitte April 1933
Versuch einer Einigung über Generalvertrag mit dem Berliner Verlag Felix Bloch Erben

Aus Paris macht B (am 15.4.) Fritz Wreede in Berlin (mit dem er am →17.5.29 einen bis zum 1.6.36 gültigen Vertrag abgeschlossen hat) folgenden Vorschlag für eine Vertragsänderung (→7.3.): »Wir kürzen die noch verbleibende Zeit von drei Jahren auf ein und ein halbes Jahr ab und meine Rente von 1000 Mark auf 600 Mark. Dann hätte ich noch Anspruch auf 1200 Mark, damit es im ganzen 12 000, also ein Drittel von 36 000 Mark sind. Mit diesen 1200 Mark kann ich meine Übersiedelung bewerkstelligen, falls sie notwendig sein sollte (vorläufig scheint sie nicht notwendig). Die Einnahmen der *Dreigroschenoper* behalten Sie für diese Zeit von einundeinhalb Jahren zurück.« B glaubt nicht, daß seine Arbeiten »in Deutschland für allzu lange Zeit unverwertbar sein können« und räumt ihnen im Ausland »allerhand Möglichkeiten« ein *(Br, 471)*. B reagiert auf die Antwort des Verlags am →2.5.

19. April, Mittwoch. In einem Brief an Gershom Scholem hält Walter Benjamin die *Drei Soldaten (14,68-90)* für ein »enorm provokatorisches und gleichzeitig äußerst geglücktes Werk von Brecht« und meint sogar, daß es »nicht erschienen ist und nur in Fahnen existiert« *(Briefe, 2,572)*.

20. April, Donnerstag. Rückreise Bs von Paris nach Carona.

21. April, Freitag. Erstveröffentlichung des Gedichts *Sonnenburg (11,225f.)* im *Gegen-Angriff*, Prag. B beschäftigt sich in dem Gedicht mit dem Konzentrationslager Sonnenburg bei Küstrin, in dem u.a. Erich Mühsam und Carl von Ossietzky inhaftiert sind. (Eine erste offizielle Nachricht über die Errichtung des KZ Dachau auf dem Gelände einer ehemaligen Pulverfabrik durch den Reichsführer der SS Heinrich Himmler war am 20.3. bekanntgegeben worden.)

Ein weiteres Gedicht adressiert B direkt *An die Kämpfer in den Konzentrationslagern* (→ 12. 11.).

24. April, Montag. Hans Baumeister vom Hessischen Landestheater Darmstadt (→ Ende Januar) bittet den Verlag Felix Bloch Erben um Aufhebung des Aufführungsvertrags über die *Heilige Johanna der Schlachthöfe* mit der Begründung: »Nach dem Sieg der Volksrevolution ist die Aufführung dieses Stückes schon angesichts der Tatsache eine Unmöglichkeit geworden, daß Bert Brecht als einer der entscheidendsten Vertreter der kommunistischen Gedankenwelt anzusprechen ist.« *(783/33.)*

25. April, Dienstag. Das Sanatorium für Tbc-Kranke in Agra, das die Patienten als »Gäste des Hauses« behandelt, bietet ihnen auch vielfältige kulturelle Veranstaltungen. Bei einer Lesung trägt Margarete Steffin Werke von B und von anderen Dichtern vor.

26. April, Mittwoch. B versucht, Armin Kesser zu einem Besuch an den Luganer See zu überreden. »Genügend Langeweile für Arbeit!« Er solle auch an Bernard von Brentano, dessen Baseler Adresse B nicht hat, eine Einladung weiterleiten *(Br, 473).*

Über Bs Aufenthalt in Carona schreibt Kurt Kläber 1958: »In Carona waren wir beide allein, das heißt, seine Frau, Helene Weigel, und die Kinder waren mit ihm, außerdem ein bayerisches Mädchen, das den Haushalt übernahm. In dem kleinen Haus hatte früher der französische Dichter P. J. Jouve gewohnt [...] Brecht kam gewöhnlich dreimal am Tag in unseren Garten. Einmal, um sich Detektivromane zu holen, einmal, um Sechsundsechzig mit meiner Frau oder mit mir zu spielen, und dann sprachen wir natürlich über die Ereignisse in Deutschland und über seine Arbeit. Die Worte, daß Niederlagen Siege sind, gingen ihm nie ganz ein, und das war wohl das schwierigste Problem, um das er täglich kreiste.« *(Frankfurter Rundschau, 10. 2. 68)* B schreibt zu dieser Thematik (später unter Bezug auf Fritz Heckerts Broschüre *Was geht in Deutschland vor? KPD und Hitlerdiktatur*) die Texte *Über die Niederlage* und *Fragen nach einer Niederlage (22,19-22).*

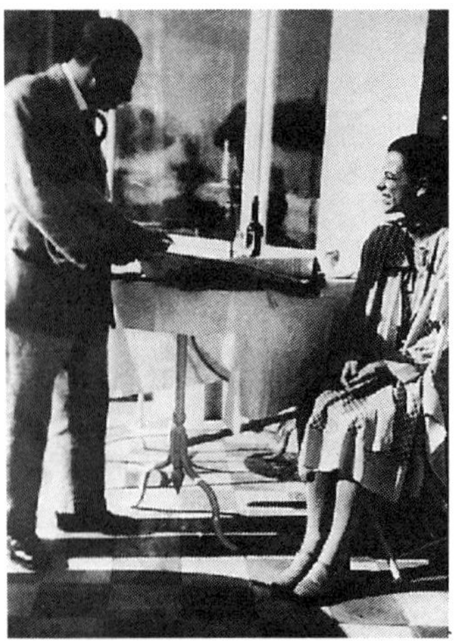

Lion Feuchtwanger und Helene Weigel

27. April, Donnerstag. Thomas Mann, der B auf seinen Brief (→ Ende März) nicht geantwortet hat, lehnt eine Zusammenkunft mit ihm ab. Er notiert in seinem Tagebuch: »Bert Brecht und Kläber in Carona hier in der Nähe, wünschen mich zu sprechen: doch ich weiche aus.« *(Tagebücher 1933-1934, S. 61.)*

Ende April. B berichtet Margot von Brentano, daß in Berlin eine Durchsuchung seiner Wohnung stattgefunden, aber die Polizei »hauptsächlich Bücher mit weggenommen« hat. Elisabeth Hauptmann sei »noch nicht belästigt« worden. Paris

hat ihm sehr gefallen, »da ich diesmal beschäftigt war«; er erwägt, im Herbst dorthin überzusiedeln. »Die Schweiz ist zu teuer, hat keine Städte und ist eine Theaterdekoration (aber ohne Bühnenarbeiter).« Brentano, den er erneut nach Lugano einlädt, möchte ihm das Buch *Empirische Soziologie. Der wissenschaftliche Gehalt der Geschichte und Nationalökonomie* von Otto Neurath zur Lektüre überlassen, weil er dem Autor eine »Antwort« (→ Juni) versprochen habe *(Br, 474)*.
B schildert in einem für Sergej Tretjakow in Moskau geschriebenen Brief die Situation der Emigranten: »Unter den Genossen habe ich überall nicht wenig Wirrwarr angetroffen, nach so kurzer Zeit schon Gegeneinanderarbeiten, Mißtrauen, Skepsis oder Illusionen.« Die Existenz der Partei behindere »eher den Zusammenschluß der Emigrierten, als daß sie ihn fördert«; man warte »auf Direktiven, Linien, Abrechnungen, Umgruppierungen usw. usw.« *(Br, 475)*.
1. Mai, Montag. Die *Arbeiterzeitung*, Wien, druckt Chöre aus *Die Maßnahme* und *Die Mutter* in einer Beilage (→ 19. 3.).
2. Mai, Dienstag. Die Rechtsabteilung des Verlags Felix Bloch Erben geht (am 26. 4.) nicht auf Bs Vorschlag (→ 15. 4.) ein. »Die Verhältnisse haben sich seit unserer Verhandlung und seit unserem Brief vom 7. 3. 1933 noch wesentlicher verändert und vor allem die Klarheit gebracht, daß Ihr bisher geschaffenes Bühnenwerk vom Spielplan der deutschen Bühnen nicht aufgenommen wird.« Die Weiterzahlung der monatliches Salärs sei »unter den obwaltenden Verhältnissen wirtschaftlich und auch in sonstiger Hinsicht nicht zumutbar«. Die Rechtsabteilung geht davon aus, daß die »exorbitant hohen Summen«, die B seit der Uraufführung vom Verlag für die *Dreigroschenoper* bekommen habe, ihm die »Überbrückung der gewiß mißlichen Sachlage« ermögliche *(783/34)*. B ist über die Maßnahme »sehr verblüfft« und bittet um eine Revision dieses Standpunkts. »Schließlich sind Sie keineswegs berechtigt, mit absoluter Sicherheit vorauszusagen, daß meine nächsten Arbeiten nicht aufgeführt werden können. Es besteht kein Zweifel, daß die Zeit für Schriftsteller meiner Art sehr schwierig ist, aber gerade das sollte Sie abhalten, so ganz und gar unbedenklich und so hemmungslos kaufmännisch vorzugehen.« Er weist auf die Gültigkeit des Vertrags hin und droht einen Prozeß an *(Br, 477)*. Gleichzeitig teilt er Fritz Wreede mit, daß ihn der Brief der Rechtsabteilung »entsetzt« hat. »Ich bin von Ihnen weggegangen mit Ihrem herzlich gegebenen Versprechen, Sie dächten nicht daran, mich fallen zu lassen; ich solle, lediglich um unser weiteres Zusammenarbeiten so loyal und freundschaftlich wie bisher zu erhalten, meine bisherigen Bezüge in der Höhe zurücksetzen.« *(Br, 478.)*

Mit Marta Feuchtwanger, Lugano

5./6. Mai, Freitag/Sonnabend. Unter diesen Daten vermerkt Margarete Steffin: »BB in Agra« *(2112/14)*. Bei den Gesprächen über ihre Zukunft wird eine Rückkehr nach Deutschland ausgeschlossen; sie planen zunächst einen gemeinsamen Aufenthalt in Paris.

8. Mai 1933
Personalveränderungen in der Preußischen Akademie der Künste

8. Mai, Montag. In Berlin legt der Maler Max Liebermann (am 7. 5.) sein Amt als Ehrenpräsident der Preußischen Akademie der Künste nieder und erklärt seinen Austritt. Ihm folgen nahezu alle anderen Mitglieder der Dichterakademie (die zum großen Teil bereits emigriert sind). Der Preußische Kulturminister Bernhard Rust beruft im Zuge einer Neuordnung der Dichterakademie an deren Stelle Heinrich Blunck, Hans Carossa, Paul Ernst, Hanns Johst, Erwin Guido Kolbenheyer, Will Vesper. B hört davon, daß Stefan George (→ 6. 6. 28) gewonnen werden soll, das Präsidium zu übernehmen, und schreibt das Gedicht *Als ich las, daß sie die Schriften*, in dem er ihn als »den Schwätzer George, den Schönredner«, bezeichnet. B hofft auf die Zeit, in der George »einen Schubkarren mit Mörtel über den Bauplatz« schiebt für den Bau einer Vorstadt, damit »*einmal* einer von ihnen *eine* nützliche Handlung verrichte« *(14,166)*. Stefan George lehnt das Präsidentschafts-Angebot ab.

10. Mai 1933
Bücherverbrennung in Deutschland

Verbot aller Werke Brechts

10. Mai, Mittwoch. Nach der Eröffnung der Kampagne zur Ausmerzung »undeutschen Geistes« (→ 13. 4.) fordert (am 6. 5.) der *Völkische Beobachter*, Berlin, die Entfernung aller Bücher, Zeitschriften und Zeitungen, »die ihrem Charakter nach geeignet sind, das von der Reichsregierung und den Staatsregierungen unternommene Werk der nationalen Erziehung zu stören, zu verzögern oder zu verhindern«. Daraufhin werden mehrere schwarze Listen mit Aufzählungen von Autoren und Titeln herausgegeben. Über B wird ein Verbot aller Werke ausgesprochen. Am 10. Mai zünden die Nazis auf dem Opernplatz in Berlin etwa 10 000 Zentner Bücher »undeutschen Geistes« an, darunter auch Werke Bs. Reichspropagandaminister Joseph Goebbels fordert auf einer Konferenz der (zum großen Teil ausgetauschten) Theaterleiter eine Konformität der Dichter mit der neuen Staatsführung und prangert Experimente auf der Bühne an.

11. Mai, Donnerstag. Alfred Rosenberg, Leiter des (am 5. 4. geschaffenen) außenpolitischen Amts der NSDAP und Chefredakteur des *Völkischen Beobachters*, versucht (erfolglos) bei einer »Aufklärungsreise« in Großbritannien Sympathien für die Politik seiner Partei zu wecken. B nimmt den viertägigen Besuch als Anlaß für seine *Außenpolitische Ballade (14,166)*.

Mitte Mai. In einem (in etwa um diese Zeit geschriebenen) fingierten Interview berichtet B, daß er »an einem Roman« schreibe:

»Sind Sie Jude? – Nein. – Warum stehen Ihre Bücher als undeutsch auf der schwarzen Liste? – Die Nationalsozialisten halten nur einen Teil aller Deutschen für Deutsche. Diejenigen, welche über die soziale Frage eine andere Ansicht als Herr Hitler haben, halten sie ganz allgemein für undeutsch. Und ich habe ebenso wie viele Millionen Deutscher über die soziale Frage eine andere Ansicht als Herr Hitler. – Sind Sie aus Deutschland geflohen? – Ich war gerade einer Vorlesung wegen in Wien. Dann hörte ich, daß Herr Hitler wünsche, eine Zeitlang die Angelegenheiten Deutschlands, ohne Leute meiner Meinung dabei zu haben, zu führen. Da er sich zu diesem Zweck ganz außergewöhnliche Vollmachten geben ließ, mußte ich meine Rückkehr verschieben. – Ich habe gehört, Sie wollten in Paris ein Theater aufmachen? – Das ist nicht richtig. Ich arbeite an einem Roman. – Was, meinen Sie, macht den Erfolg der *Dreigroschenoper* aus? – Ich fürchte, all das, worauf es mir nicht ankam: die romantische Handlung, die Liebesgeschichte, das Musikalische. Als die *Dreigroschenoper* Erfolg gehabt hatte, machte man einen Film daraus. Man nahm für den Film all das, was ich in dem Stück verspottet hatte, die Romantik, die Sentimentalität usw., und ließ den Spott weg. Da war der Erfolg noch größer. – Und worauf wäre es Ihnen angekommen? – Auf die Gesellschaftskritik. Ich hatte zu zeigen versucht, daß die Ideenwelt und das Gefühlsleben der Straßenbanditen ungemein viel Ähnlichkeit mit der Ideenwelt und dem Gefühlsleben des soliden Bürgers haben. – Hm. – Hm. – Die *Dreigroschenoper* darf wohl jetzt in Deutschland kaum mehr aufgeführt werden? – Ich kann es mir nicht denken. – Was halten Sie eigentlich von der Zukunft Deutschlands? – Ich glaube, daß Hitler mit seinem Versuch keinen Erfolg hat. Er wird mit dem riesigen Elend in Deutschland nicht fertig werden, da er nicht an seine wirklichen Ursachen herangeht. Aber die Zukunft Deutschlands hängt nicht nur von ihm und seiner Bewegung ab. Er ist nicht Deutschland. Es ist von großer Wichtigkeit, daß kein Deutscher, wer und wo immer er sei, glaubt, die Zukunft Deutschlands hänge von ihm nicht ab. Ich meine: was ich tun kann, werde ich tun, daß die Zukunft Deutschlands nicht finster ist.« *(26,299f.)*

Beginn der Arbeit am *Dreigroschenroman*

Da B nach den Mitteilungen des Verlags Felix Bloch Erben (→ 2. 5.) mit der Einstellung der vertraglich geregelten Zahlungen rechnen muß und auch keine Tantiemen mehr erwarten kann, beschäftigt ihn ein anderes Projekt: die Verarbeitung der erfolgreichen *Dreigroschenoper* als Roman.

Maria Lazar reist mit ihrer Tochter und ihrer Schwester Auguste Wieghardt-Lazar zu Karin Michaelis nach Thurø, einer Ortschaft auf der gleichnamigen, Svendborg (Fünen) vorgelagerten Insel (sie schreibt dort unter dem Pseudonym

Thurø, Haus »Torelore«

Esther Grenen mehrere Romane). Helene Weigel folgt mit ihren Kindern (etwa 2-3 Wochen) später nach (→ 10. 6.). Gleichzeitig in Thurø halten sich im Sommer u. a. Ernst Ottwalt und seine Frau Waltraud Nicolas auf. Karin Michaelis berichtet (im August) ihrer Schwester in Amerika, sie sei im Augenblick sehr in Anspruch genommen, da sie zur Zeit in ihren »Häusern unten am Wasser nicht weniger als 15 deutsche Gäste« habe. Sie kochten zwar selber, aber häufig hole sie sie in ihr großes Haus. »Wir haben herrliche Abende, es wird nur Kaffee und Kuchen serviert, aber wir fühlen uns wie im Paradies.« *(Nielsen, 170.)*

15. Mai, Montag. B bedauert, daß er Armin Kesser in Zürich nicht getroffen hat. Er versucht, ihn für Geschichte zu interessieren. Für die »Aufklärung und Propaganda« wären »*wirkliche Geschichtsbücher*« nötig. Es würde mehr bedeuten, »wenn auf diesem Gebiet etwas geschaffen wäre als auf dem der Literatur!« B fragt Kesser, was er zu seinem »aus der Pistole geschossenen Vorschlag« meint *(Br, 479)*.

15. Mai 1933
Polemik gegen Gottfried Benns Eintreten für die nationalistische Bewegung

Gottfried Benn hat sich (am 24. 4.) in Berlin in einer Rundfunkrede für die nationale Bewegung ausgesprochen, deren Formel in seinem Sinne heißt: »internationale Sammlung, Rückzug auf die gemeinsam von einem Volk geschichtlich durchlebte Landschaft, auf die sprachliche und kulturelle Tradition«. Der in Südfrankreich lebende Klaus Mann übt daran (am 9. 5.) auch im Namen anderer Autoren scharfe Kritik, denn Benn laufe Gefahr, Gewalt und Hitler zu akzeptieren. Daraufhin erscheint (am 15. 5.) in der *Deutschen Allgemeinen Zeitung* eine Erwiderung Benns *(Antwort auf die literarischen Emigranten)*, in der er in der nationalsozialistischen Bewegung »eine neue Vision von der Geburt des Menschen« sieht, »die letzte großartige Konzeption der weißen Rasse« *(22,874f.)*. B reagiert darauf mit den Texten *Notizen zu Gottfried Benn (22,8f.)* und *Benn*; in letzterem unterstellt er dem Lyriker: »Dieser Schleim legt Wert darauf, mindestens eine halbe Million Jahre alt zu sein. Während dieser Zeit ist er immer von neuem geworden, mehrmals vergangen, leider immer wieder geworden. Ein Schleim von höchstem Adel.« *(22,9.)*

16. Mai, Dienstag. Lion Feuchtwanger berichtet B von seiner Übersiedlung in die Nähe von Sanary-sur-Mer (Departement Var in Südfrankreich, auf die Halbinsel La Gorguette), wo er sich »ein sehr nett gelegenes Häuslein« (Villa Lazare) gemietet habe. Er wie auch seine Frau laden B »dringend« ein; Marta Feuchtwanger werde ihm »besonders viel Reis und Kalbfleisch vorsetzen und nur sehr wenig Fische«. *(Feuchtwanger, 2.)*

20. Mai, Sonnabend. Bernard von Brentano kommt für ein paar Tage zu B nach Lugano.

26. Mai, Freitag. B teilt Fritz Wreede in Berlin mit, daß Ernst Josef Aufricht »in Paris für das Komitee der aus Deutschland vertriebenen Juden die *Dreigroschenoper* herausbringen« will, und macht darauf aufmerksam, daß »Aufführungen solcher Art« von seiner Zustimmung abhängig sind *(783/42)*. Vom Verlag Felix Bloch Erben erfährt B in einem Schreiben vom 29. 6., in Berlin sei von einem solchen Unternehmen »unter so delikaten Umständen und zu so delikatem Zweck« nichts bekannt, und man müsse sich vorbehalten, »eine solche Aufführung zu verhindern« *(783/4f.)*.
29. Mai, Montag. Wilhelm Speyer hat mit B in Lugano eine »reizende Stunde« verlebt, berichtet er Walter Benjamin. »Wir haben beschlossen, in Paris eine Tafelrunde im Winter zu gründen, eine Goncourt'sche.« B wolle nach Paris übersiedeln *(Wizisla, 382)*.
Auf eine Anmahnung des Charlottenburger Finanzamtes in Berlin antwortet Elisabeth Hauptmann (die bereits in den vergangenen Jahren Bs Steuerzahlungen geregelt hat) »für Bertolt Brecht«, daß er »ab 1. 4. 33 keine Einnahmen mehr hat und wohl auch nicht zu erwarten hat, da sein Verlagsvertrag mit Wirkung ab 1. 4. gekündigt wurde«. Er sähe sich »deshalb außerstande, weiterhin Bürgersteuer zu zahlen« *(722/18)*. In einem weiteren Schreiben (vom 31. 5.) bittet sie das Amt, eine Bescheinigung darüber, daß B keine Steuerschuld mehr hat, an Bs Vater nach Augsburg zu schicken.
Ende Mai. Auf die Antwort Fritz Wreedes (→ 2. 5.) möchte B mit ihm klären, »wie nunmehr Ihrer Ansicht nach das zwischen uns bestehende Verhältnis anzusehen ist«. Bei Einstellung der an ihn »kontraktlich fälligen Zahlungen« könne der Verlag Felix Bloch Erben keinen Anspruch mehr auf weitere Arbeiten erheben. Wreede hatte B zugesagt, Einnahmen aus der *Dreigroschenoper*-Inszenierung in New York, falls diese erfolgreich wird, für eine Weiterzahlung der »Rente« zu verwenden (→ 13. 4.). »Nunmehr leisten Sie plötzlich die Zahlungen nicht mehr, obgleich Sie dadurch den Vertrag brechen, und zu meinem Staunen muß ich sehen, daß Sie auch die letzten Einnahmen aus der *Dreigroschenoper* zurückbehalten. Ich hoffe, dies ist ein Versehen der Buchführung.« B fragt, ob der Verlag seine Stücke *Die heilige Johanna der Schlachthöfe* und *Die Spitzköpfe und die Rundköpfe* weiterhin in Deutschland und im Ausland vertreiben und propagieren will, und bittet um baldige Antwort. »Es geht mir finanziell nicht zum besten und ich muß über meine Produktion verfügen können.« *(Br, 481.)*
Wreede will in einem Brief (vom 16. 6.) mit B »ganz offen« reden: »Sie haben sich auf unsere Kosten ein sehr luxuriöses literarisches Eigenleben gestattet. Die Belastung, die dies für uns bedeutete, als Monat für Monat verstrich, ohne daß Ihr

Kurt Kläbers Haus in Carona

dramatisches Werk auch nur eine Mark ins Verdienen bringen konnte, habe ich immer als Druck empfunden und Ihnen das auch in vielleicht zu taktvoller Weise zu erkennen gegeben.« Wreede hält ihm das Darlehen von 44 000 M vor, das B ohne Gegenleistung kassiert habe (→ 10. 1. 34) *(783/49-51)*.

30. Mai, Dienstag. Im Sanatorium von Agra werden unter der Regie von Margarete Steffin *Der Bär* von Anton Tschechow und *Kleptomanie* von Hugo Hartung aufgeführt; sie hat selbst auch zwei Rollen übernommen.

1. Juni, Donnerstag. B bestätigt »auf Anraten Ihrer Finanzkasse« dem Finanzamt Berlin-Charlottenburg, daß sein Verlagsvertrag am 1. 4. gekündigt worden ist und er keine Einnahmen mehr erhält *(722/21)*.

Margarete Steffins Behandlung wird abgeschlossen. Sie trifft sich mit B in Lugano (und folgt ihm am → 3./4. 6. über Basel nach Paris).

1.-20. Juni 1933
Reise nach Paris

In einem Bericht des leitenden Arztes des Sanatoriums Agra Prof. H. Alexander (vom 8. 7.) an Margarete Steffins Vater in Berlin war eine »kavernöse Tuberkulose der oberen Partien der rechten Lunge« diagnostiziert worden. Die »große Höhle« sei durch Operation »günstig beeinflußt, aber doch nicht zu einem völligen Verschluß gebracht« worden. Seine Tochter habe sich aber gut erholt. Eine endgültige Besserung könne aber erst durch eine weitere Operation (»Oberlappenplastik, ev. eine Plombe«) erzielt werden, die man »nicht auf die lange Bank schieben sollte« *(ZGALI 394/2)*.

Kurt Weill berichtet B über die Vorbereitung der Uraufführung des Balletts *Die sieben Todsünden* und schickt ihm Geld für die Reise nach Paris.

3. Juni, Sonnabend. In Paris wohnt B in der Pension de Famille, 269 Rue de Saint Jacques, in die dann auch einen Tag später Margarete Steffin zieht. Er nimmt an den Proben des Balletts *Die sieben Todsünden der Kleinbürger* teil. Edward James und Kurt Weill haben Lotte Lenja, die aus Berlin nach Wien gefahren war, wie auch ihren Freund Otto Pasetti (→ 26. 4. 32) nach Paris geholt und ihr in dem Ballett die Rolle der 1. Anna übertragen. Das Bühnenbild gestaltet Caspar Neher. Für B ist das bis 1947 (→ 5. 11. 47) die letzte Zusammenarbeit mit Neher und die letzte überhaupt mit Weill.

Teilnahme an den Ballettproben

4. Juni, Pfingstsonntag. Margarete Steffin trifft in Paris ein. An diesem Tage wird der von Willi Münzenberg organisierte Antifaschistische Arbeiterkongreß eröffnet.

Kurt Kläber, der sich im Juni ebenfalls in Paris aufhält, erinnert sich (1958) an die Pariser Tage: »Es war eine schwere Zeit, und Brecht war wohl einer der tröstlichsten Kameraden. Es gäbe so viel über damals zu erzählen: vom Mädchen

Steffin, das er aus Berlin gerettet hatte und das so gut Schifferklavier spielen konnte, von den morgendlichen Aperitifs im Haus eines Pariser Arztes, wo alles aus Glas war, die Wände, die Böden, die Teller und Tische, und bei denen wir plötzlich, durch die Teller und Tische hindurch, unsere zerbeulten und dreckigen Schuhe sahen – Emigrantenschuhe –, oder den Zeiten, in denen wir diskutierten« *(Frankfurter Rundschau, 10. 2. 68).*

7. Juni, Mittwoch. Uraufführung des Balletts *Die sieben Todsünden* im Théâtre des Champs-Elysées in Paris (zusammen mit weiteren Einstudierungen des Ensembles zu Musiken von Wolfgang Amadeus Mozart, Peter Tschaikowski, Darius Milhaud, Franz Schubert, Henri Sauguet und Ludwig van Beethoven); Choreographie: Georges Balanchine, Regie: Edward James, musikalische Leitung: Maurice de Abravanel; Bühnenbild: Caspar Neher; mit Lotte Lenja (Anna I), Tilly Losch (Anna II). – Nach der Pariser Aufführung gastiert das Ballettensemble mit der Inszenierung im Londoner Savoy-Theatre (28. 6.-17. 7.).

10. Juni, Sonnabend. Helene Weigel ist inzwischen von Carona durch Frankreich (ohne bei B in Paris Station zu machen) nach Thurø gereist und mit dem achtjährigen Stefan und der zweijährigen Barbara in einem der Häuser von Karin Michaelis (»Torelore«) untergekommen. Die Freundschaft von Helene Weigel zu ihrer Gastgeberin Karin Michaelis besteht schon seit ihrer Jugendzeit in Wien (→ 28. 5. 19).

B berichtet seiner Frau Helene Weigel über die Uraufführung: »Das ging ganz hübsch, war allerdings nicht so bedeutend.« Er hofft, in »etwa acht Tagen« nach Thurø kommen zu können *(Br, 483).*

Mitte Juni. B hat »Stockschnupfen« und streut »schockweise Bakterien« um sich aus. Deshalb bittet er Margarete Steffin zu entschuldigen, daß er zu Hause bleibt *(Br, 482).*

19. Juni, Montag. Durch Bs Entschluß, zu Helene Weigel und den Kindern nach Thurø zu gehen, sieht sich Margarete Steffin getäuscht und erwägt eine Trennung von ihm. B kann sie aber überreden, weiter mit ihm zusammenzuarbeiten. Um für sie eine angemessene Aufgabe zu schaffen, die beide verbindet, begründet er mit ihr den »Deutschen Autorendienst« (DAD), eine Agentur, die kleinere Arbeiten emigrierter Schriftsteller an Zeitungen und Zeitschriften zu vermitteln sucht.

Der Verlag Gustav Kiepenheuer ist wegen des Verbots seiner Hauptautoren durch die Nationalsozialisten in eine »Absatzkrise« gekommen und stellt Antrag auf »Eröffnung des gerichtlichen Vergleichsverfahrens zur Abwendung des Konkurses über unser Vermögen«. Darin werden die (am

7. Juni 1933: Uraufführung *Die sieben Todsünden* Théâtre des Champs-Elysées Paris
Lotte Lenja, als Ansagerin, knüpft die Episoden durch ihre seltene Energie. Und die Tänzerin Tilly Losch durchdringt mit Anmut und Süße die ironische Theoretik Brechts. Es wurde ein großer Abend. Eine Elite feierte Künstler und Interpreten, wie man sie aus der Epoche der großen deutschen Theaterkunst gewohnt war. *(Walter Mehring, Das neue Tagebuch, Paris, H. 1.)*

Übersiedlung von Helene Weigel und den Kindern nach Thurø

Vertiefung der Freundschaft mit Karin Michaelis

Karin Michaelis (geboren 23. 3. 1872 in Randers/Jütland) ist mit ihren Romanen, die in viele Sprachen übersetzt sind, sehr erfolreich. Sie nimmt viele deutsche Emigranten auf.

30. 4.) festliegenden Bestände von Bs Werken (in »Anlage 18«) angegeben: *Eduard*: 539, *Baal*: 35, *Jasager*: 2035, *Maßnahme*: 331, *Songs*: 2887; *Versuche 1*: 1070, *Versuche* 2: 826, *Versuche 3*: 152, *Versuche* 4: 1478, *Versuche 5*: 1897, *Versuche* 6: 1160, *Versuche 7*: 1200; *Spitzköpfe*: Satz. Die *Versuche* werden zur »ramschmäßigen Verwendung« nach Wien abgegeben (→ 29. 10. 34).

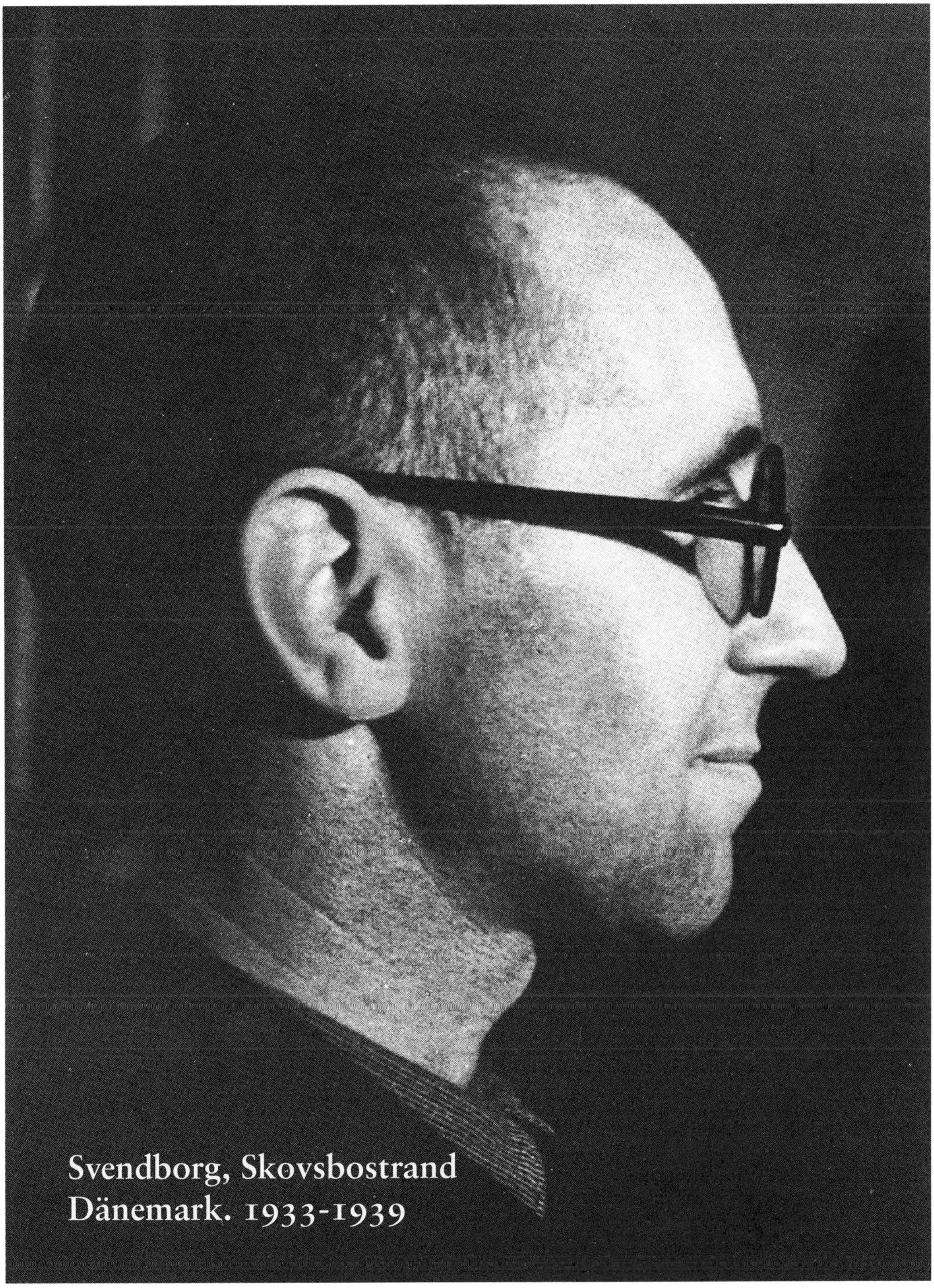
Svendborg, Skovsbostrand
Dänemark. 1933-1939

20. Juni, Dienstag. B reist früh nach Thurø ab, einen Teil der Strecke mit Willi Münzenberg.
Am Abend findet in Paris in der Salle Gaveau eine Aufführung des Songspieles *Mahagonny* statt (mit Lotte Lenja und Otto Pasetti).
22. Juni, Donnerstag. B ist in Thurø eingetroffen. Helene Weigel hat »Torelore« (→ 10. 6.) inzwischen für die Familie eingerichtet. Das Wichtigste war ihr, B einen geeigneten Arbeitsplatz zu schaffen. Diese Aufgabe wird sie an allen folgenden Exilorten übernehmen: »Ich habe versucht, unter allen Lebensumständen das Notwendige beizubehalten. Es war nötig, daß Brecht ein Zimmer hatte, in dem er ungestört arbeiten konnte, und das mußte ziemlich groß sein, denn er lief gern bei der Arbeit. Und es mußte möglich sein, daß die Kinder ohne Furcht aufwachsen konnten. Das ist gelungen.« *(Weigel Tb.)*
Da Bs Auto auf den Namen von Helene Weigel in Berlin gemeldet und versichert ist, hat sie inzwischen die Versicherung gekündigt und erklärt, daß sie für das 2. Halbjahr keine weiteren Beiträge an die Agrippina abführen wird. Daraufhin nach dem Standort des Fahrzeugs befragt, erklärt sie (am 20.6) der Versicherung, es sei jetzt bekannt geworden, daß der »Steyr 8/40, Polizei Nr. IA 13352 (→ 22. 6. 29), vor etwa 14 Tagen in Verlust geraten ist«. Da zu diesem Zeitpunkt noch Versicherungsschutz bestanden hat, bittet sie die Versicherung, entsprechende Nachforschungen anzustellen und dem Diebstahl nachzugehen. Ihren Informationen zufolge habe »die Polizei den Wagen aus der Garage entfernt« *(722/32)*. Mit Eintreffen in Dänemark übernimmt B die Formulierung der Korrespondenz, läßt die Briefe von Helene Weigel als Versicherungsnehmerin zeichnen. Die Agrippina weist (am 23. 6.) die Erstattungspflicht ab, weil eine Beschlagnahme durch die Polizei nicht als Diebstahl betrachtet werden könne. Aus den Leistungen der Versicherung werden Schäden ausgeschlossen, »die mittel- oder unmittelbar durch Aufruhr, bürgerliche Unruhen, Kriegsereignisse, Verfügungen von hoher Hand und Erdbeben eingetreten sind«. Helene Weigel wird nahegelegt, »mit der hiesigen Polizei zu verhandeln«, damit sie ihren Wagen zurückerhält *(722/33f.)*. B akzeptiert die Haltung der Versicherung nicht und erhält (in einem Brief vom 1. 7.) den Entschädigungsanspruch aufrecht. Daß die Polizei den Wagen entfernt hat, sei nur eine Vermutung. Es könne sich auch um »einen Diebstahl unverantwortlicher Personen« handeln, »die sich vielleicht unbefugterweise als Polizeiorgane ausgegeben haben mögen« *(722/35)*. Über den weiteren Verlauf der Korrespondenz → 24. 7.
26. Juni, Montag. Der holländische Verlag Allert de Lange

20.-22. Juni 1933
Reise nach Thurø

Übersiedlung nach Dänemark

Wissen, an welchem Ende man
sich seine Zigarre anzündet.

Eine Zigarre muß brennen,
bevor man sie rauchen kann.

Desto gleichmäßiger, desto teurer.

Trotz Drehen, trotz Wenden
sie hat bloß zwei Enden.

Ich rauche meine Zigarre *langsam.*

Schnell denken, langsam rauchen.

(26,300.)

26. Juni 1933
Interesse des Verlags Allert de Lange am *Dreigroschenroman*

hat (durch den Lektor der deutschsprachigen Abteilung Hermann Kesten, der B in Paris aufsuchte) sein Interesse am *Dreigroschenroman* bekundet und betrachtet ein Telegramm Bs an seinen Londoner Vertreter als Zusage. Allert de Lange ist auch an dem »Chinesischen Roman« (*Tuiroman*; → 15. 12.) interessiert, an dem B arbeite *(580/4)*.
28. Juni, Mittwoch. B fordert Johannes R. Becher auf, eine »autorisierte Konferenz zwischen einigen Kollegen« einzuberufen, »auf der Zahl und Methoden unserer zukünftigen Arbeit endgültig festgelegt werden«. Er habe »beinah überall stärkste Entmutigung und Verwirrung« angetroffen. »Getrennt vom Proletariat, mehr und mehr beschäftigt, ihren nackten Lebensunterhalt zu verdienen, was nur durch Kompromisse in allen entscheidenden Dingen möglich ist, dazu über eine Reihe weiter auseinanderliegender Städte verstreut, werden die proletarischen Schriftsteller ihre revolutionäre Produktion nur sehr schwer weiterführen können.« Die linken bürgerlichen Schriftsteller hätten »für einen Kampf mit dem Faschismus keinen Standpunkt« und bekämen ihn auch nicht, wenn man sich »ab und zu für irgendwas ihre Namen ausborgt«. Dabei sei gerade jetzt die Zeit am günstigsten, sie »für eine wirkliche politische Schulung« bereit zu finden. Ernst Ottwalt (→ Mitte Mai) habe bei den Genossen in Deutschland dasselbe festgestellt wie B auch im Ausland: »das rapid sinkende Verständnis für die Schwierigkeiten und für die Fortschrittlichkeit der Union«. Man müsse auf eine Konferenz »drängen und sehen, daß wirklich autoritative Freunde dort hinkommen (zum Beispiel Radek, Kolzow, Tretjakow, Dinamow usw.)« *(Br, 485)*.
Ende Juni. B geht auf den Vorwurf Fritz Wreedes (→ 16. 6.) ein, er habe »außer Theaterstücke zu schreiben noch andere« vom Verlag »nicht verwertbare literarische Arbeiten produziert«. Sofern das geschehen ist, sei das seinem »allgemeinen Ansehen als Schriftsteller durchaus zugute« gekommen und habe auch im Interesse Wreedes gelegen. Der Verlagsvertrag (→ 17. 5. 29) hätte für die Zeitdauer von 7 Jahren 3 Stücke vorgesehen, und er habe innerhalb von 4 Jahren bereits 2 abgeliefert. »Sie sind meine Hauptarbeiten während dieser Zeit, und ich habe große Sorgfalt auf sie verwendet (nebenbei erwähnt: auch Geld, denn ich habe einen nicht unbeträchtlichen Teil meiner Rente an Mitarbeiter weitergeleitet).« B glaubt nicht, daß er dem Verlag Felix Bloch Erben außer dem »Anteil an den beiden Stücken irgend etwas schuldig sein könnte«, falls er angesichts der »Nichterfüllung des Vertrags [durch den Verlag] diesen Anteil schuldig« ist *(Br, 487)*.
Margarete Steffin hat in Paris für den DAD (→ 19. 6.) Kontakt zu zahlreichen emigrierten Schriftstellern aufgenom-

men und fordert von ihnen Artikel und Kurzgeschichten zur Weitervermittlung an. Sie ist nach Beauchamp (Avenue Morère 36) umgezogen und fährt zur Erledigung ihrer Arbeiten einmal wöchentlich nach Paris. Ende Juni schreibt sie an B: »Ich vertrete Dich bei Deinen Freunden, Bewunderern, Feinden, Genossen, bloß nicht bei Deinen Frauen.« *(654/22.)* In ihrem Kalender numeriert Steffin jeden Tag der Trennung von B mit einer Ziffer (bis zu seiner Wiederkehr nach 82 Tagen am → 10. 9.).

Juni. B schildert Kläber seinen Eindruck von den deutschen Emigranten in Paris. »Wenig Verbindung mit dem Land, wo einst Milch und Honig floß, und das Ausbleiben der Linie wirkt, wie wenn man Hennen den Kreidestrich wegnimmt.« *(Br, 486.)*

B schreibt Otto Neurath, er habe sein Buch *Empirische Soziologie* (→ April) »mit großem Gewinn gelesen« und sich auch »Anmerkungen gemacht und Fragen notiert«, die er mit ihm diskutieren möchte, aber teilweise bereits ausführt. B will wahrscheinlich im Herbst in Paris »eine kleine Gesellschaft starten, die in enger Zusammenarbeit einen *Katalog eingreifender Sätze* in Angriff nehmen soll«. »Unter ›eingreifend‹ ist natürlich gemeint ›in die Gestaltung des gesellschaftlichen Lebens eingreifend‹, und die Zusammenarbeit soll nach neuen Methoden kollektiven Denkens erfolgen, und zwar dergestalt, daß auch diese Methoden immer Gegenstand der Arbeit bleiben sollen.« *(Br, 488.)*

Anfang Juli. B schickt Karl Kraus, der das Erscheinen seiner Zeitschrift *Die Fackel* vorübergehend eingestellt hat (die letzte Nr. 885-887 erschien im Dezember 1932; → Oktober), einen Zeitungsausschnitt aus dem *Wiener Tag*, dem zufolge in den Wäldern am Eichberg ein verwildert aussehender Mann ausfindig gemacht wurde, der den Touristen scheu ausweicht, kaum bereit ist zu reden und nur den Wunsch hat, von niemanden gestört zu werden. »Hoffentlich sind das nicht Sie!«

Der Einsiedler von Gloggnitz.

Aus Gloggnitz wird gemeldet: In den ausgedehnten Wäldern am Eichberg entdeckten dieser Tage mehrere Touristen an einer schwer zugänglichen Stelle einen verwildert aussehenden Mann, der in einer Felsenhöhle lag und den Touristen scheu auszuweichen wollte. Schließlich gelang es, ihm zum Reden zu bringen, und es stellte sich heraus, daß man es mit einem ungemein kultivierten Menschen zu tun hatte, der Wiener ist, und einst bessere Tage gesehen hatte. Arbeitslosigkeit und Not hatten ihn menschenscheu gemacht und so zog er sich in eine einsame und primitiv eingerichtete Höhle zurück, wo er seit Monaten unbeachtet von den Menschen haust. Er nährt sich von Beeren, Schwämmen und verschiedenen Kräutersuppen, geht den Menschen ängstlich aus dem Wege, und wurde er bis heute noch von niemand entdeckt. Hie und da tauscht er bei den Bauern Schwämme und Beeren gegen Brot ein; diese hielten ihn für einen Arbeitslosen aus Gloggnitz. Der Mann fühlt sich ganz glücklich und hat nur den einen Wunsch, von niemand gestört zu werden. Vor Einbruch des Winters will er nach dem Süden wandern, um dortselbst ebenfalls in einem Walde zu hausen. Beim Abschied bat er die Touristen händeringend, niemand von seiner Existenz zu erzählen, um nicht seine liebgewordene Höhle verlassen zu müssen.

B hat gehört, Kraus wolle nach Nordwestfrankreich reisen, und lädt ihn ein, über Dänemark zurückzufahren. »Wir sind seit Wochen auf der kleinen Insel Thurø, einem flachen grünen Eiländchen, mit Wald und Badegelegenheit. In der Nähe gibt es ein kleines Städtchen, das gar nicht übel ist. Und es ist ganz außerordentlich billig, viel billiger als in Österreich.« *(Br, 490.)* In einem weiteren nicht zu Ende geschriebenen Brief bittet er Kraus um eine »Sprachlehre«, über die er mit ihm gesprochen hat. Man habe Sprache »nur nach der Richtung ihrer Verfeinerung hin mit Interesse betrachtet«, obwohl »vermittels der Sprache die schrecklichsten Verwüstungen angerichtet« wurden. »Sie haben dann die Greueltaten der Tonfälle enthüllt und eine Sittenlehre der

Sprache geschaffen; die Grammatik wurde zu einem Teil der Ethik, und Sie entlarvten Verbrecher, indem Sie ihre Sprache als Indizium vorwiesen.« *(Br, 491.)*

4. Juli 1933
Erneuter Versuch einer Einigung mit dem Verlag Felix Bloch Erben

4. Juli, Dienstag. B ist immer noch an einer Einigung mit seinem Verleger Fritz Wreede interessiert. »Für mich wie für Sie geht es dabei um hohe Werte. Ich kann nicht annehmen, daß Sie vorhaben, mir grundsätzlich Schaden zuzufügen, und auch ich versichere Ihnen, daß mir nichts ferner liegt, als Ihnen leichtfertig Verluste zufügen zu wollen.« B schlägt ihm eine mündliche Aussprache vor und lädt ihn nach Dänemark ein *(Br, 489)*. Wreede gibt (am 18. 7.) Arbeitsüberlastung an, die ihn an einem Treffen hindere, und versichert: »Sie kennen meine verehrungsvolle Zuneigung für Sie und werden mir glauben, daß ich in unserem Verhältnis niemals kaufmännische oder juridische Gesichtspunkte allein habe gelten lassen. Heute aber sind die Verhältnisse doch so, daß ich mich in jeder Hinsicht höheren Geboten zu fügen habe.« *(783/56f.)*

11. Juli, Dienstag. B möchte »ganz gern irgendwann im Herbst in Rußland etwas arbeiten«, wie er an Sergej Tretjakow schreibt. Da er kein Exemplar mehr von *Mann ist Mann* hat, bittet er Tretjakow um das »Schreibmaschinenexemplar«, das er ihm gegeben hat. Er fragt nach der Vorbereitung einer Aufführung von *Die heilige Johanna der Schlachthöfe.* »Haben Sie übrigens jemals etwas gehört von der Schauspielerin Carola Neher, die seit über einem halben Jahr nicht mehr in Deutschland ist und in Rußland sein soll?« B empfiehlt sie als Johanna. »Wenn die Rolle schon besetzt ist, könnte sie doch eventuell die Rolle nachspielen?« B kündigt für die Zeitschrift *Internationale Literatur* seine *Wiegenlieder (11,206-209)* (→ Anfang Februar) mit den Noten Hanns Eislers an *(Br, 493)*. Tretjakow antwortet (am 16. 7.), daß er in den nächsten Tagen mit Erwin Piscator und Carola Neher in Moskau über die Möglichkeit einer *Johanna*-Aufführung sprechen will. Das *Mann-ist-Mann*-Manuskript habe er B bei seinem Besuch in Moskau zurückgegeben *(477/144f.)*.

In einem Brief an Helene Weigel schreibt Lion Feuchtwanger von seinem neuen Domizil (→ 16. 5.) und seinen neuesten Arbeiten. Sie solle B mahnen, den »chinesischen Roman« (→ 26. 6.) nicht liegenzulassen. »Was ich las, hat mir starken Eindruck gemacht.« *(Feuchtwanger, 3.)*

13. Juli, Donnerstag. Margarete Steffin meldet sich aus Paris und gesteht B, sie habe Angst vor den Nächten, weil sie ständig das gleiche träumt: »Ich sehe Dich mit irgendwelchen Frauen, rege mich sehr auf, wache dauernd auf, heulend sogar, und immer solches blödes Theater.« Sie erinnert sich daran, daß ihr Helene Weigel in Berlin gesagt hat: »Du tust mir leid, mein liebes Kind.« *(Steffin, 315.)* Einen Traum ähnlicher Art hatte sie schon kurz zuvor (am 8. 7.) in dem Sonett *Stell dir vor: es kommen alle Frauen* aufgeschrieben. Darin stehen die Frauen, die B einmal hatte, an seinem Bett, und alle, »die du einst zum Spaß erkoren / Treiben mit dir einen bösen Spaß« *(Steffin, 199)*.

Mitte Juli 1933
Vertrag über den *Dreigroschenroman*

Mitte Juli. Beim Vertragsabschluß über den *Dreigroschenroman* (→ 26. 6.) läßt sich B von der Londoner Agentur European Books Ltd. beraten und vertreten. Er erhält vom Inhaber Elias Alexander (am 10. 7.) den Vertragsentwurf des holländischen Verlags Allert de Lange (vom 7. 7.) über die deutschsprachigen Rechte an dem »Roman der Dreigroschenoper« (→ Mitte Mai). B schickt Alexander kritische Bemerkungen zum Vertragsentwurf. »Was die mögliche Entwertung der Mark betrifft: soll man da etwas in den Vertrag einfügen? Ich müßte natürlich so viel kriegen, wie die Mark jetzt wert ist! Könnten Sie den Verlag veranlassen, mir diesbezüglich eine beruhigende Erklärung zukommen zu lassen?« Er hofft, mit dem Roman »verhältnismäßig frühzeitig fertig« zu sein. »Die Arbeit macht mir großen Spaß!« *(Br, 496.)* Im Vertrag wünscht B, wie er dem Verlag (Mitte Juli) mitteilt, einige Änderungen: So soll u. a. ein Absatz gestrichen werden, dem zufolge B Allert de Lange eine Option auf seine Werke erteilt, falls die deutschen Verlage die Rechte abstoßen. B meint, die Zustände seien noch ungeklärt, und es könnte sein, daß er seine Rechte nur »unter Schwierigkeiten« zurückerhält. Den Abgabetermin verschiebt er (nach hinten) auf 30. 6. 34. »Ich glaube ja viel früher fertig zu sein, arbeite aber umso ruhiger, je mehr Zeit ich vor mir sehe.« B teilt die Nachricht seines deutschen Verlegers Gustav Kiepenheuer mit, daß seine »alten Bücher, darunter auch das Theaterstück *Dreigroschenoper* nach wie vor unbehelligt in Deutschland ausgeliefert werden« *(580/8f.)*. Der Verlag stimmt den Änderungen (am 27. 7.) im wesentlichen zu. B bedankt sich für die Erfüllung seiner Bitten, modifiziert aber (am 2. 8.) den neu abgefaßten Vertrag nochmals geringfügig *(580/15)*. Über die eigenmächtigen Verhandlungen beklagt sich Elias Alexander, der sich als Bs Vertreter übergangen fühlt *(580/16)*. Lion Feuchtwanger warnt B (am 31. 7.) vor Alexander; dessen Pläne hätten sich »bis jetzt immer als recht luftig, man kann schon sagen windig, erwiesen« *(Feuchtwanger, 4)*.

Dänische Fremdenpolizei: Brecht-Akte Udl.Nr. 36316-57120

20. Juli, Donnerstag. Einem amtlichen Bericht zufolge meldet sich B, begleitet von Karin Michaelis, bei der Svendborger Fremdenpolizei und bittet um Auskunft, ob er seine Aufenthaltserlaubnis in Dänemark nach Ablauf der üblichen 6 Monate verlängert bekommt. Im Falle der Zusage wolle er ein Haus kaufen, in dem »seine Familie wohnen kann, er selbst ist viel auf Reisen, um den Aufführungen seiner

Werke beizuwohnen«. Seine Lage sei finanziell gesichert, so daß er keine Arbeitserlaubnis benötigt. In dem Bericht heißt es: »Sofort nach dem Systemwechsel in Deutschland ist der Zeuge mit seiner Familie nach Frankreich gefahren, da seine Frau Jüdin ist, aber im Falle, daß er eine längere Aufenthaltserlaubnis hier im Lande erhoffen kann, wünscht er sich hier vorläufig eine Freistätte für die Familie zu sichern.« Karin Michaelis setzt sich für B ein und benennt den dänischen Dramatiker und Kritiker (der Zeitung *Politiken*) Svend Borberg als Experten, der über B Auskunft geben kann. (Borberg hatte am 13. 2. in seiner Zeitung auf *Die heilige Johanna der Schlachthöfe* aufmerksam gemacht.) Auf seine Aussage hin wird B bei der Polizei als rassisch Verfolgter eingestuft und auch künftig (Akte der Fremdenpolizei, Udl.Nr. 36316-57120) nicht wegen antifaschistischer oder politischer Aktivitäten behelligt. Auch bei seinen Reisen nützt ihm an den Grenzen die jüdische Herkunft seiner Frau. Vom Justizministerium wird B (am 2. 8.) eine Regelung nach einem »normalen Verfahren« zugesichert, aber soweit sich die Verhältnisse nicht ändern, könne er »eine Aufenthaltserlaubnis über die üblichen 6 Monate hinaus erhoffen« *(Nørregaard, 96-98).*

Juli 1933
Beginn der Arbeit für die Gedichtsammlung ***Lieder Gedichte Chöre***

B dankt Hermann Kesten (→ 26. 6.) für den Vorschlag, »eine Ausgabe meiner Gedichte zu veranstalten«. Zuvor will er »generell die Frage klären, wie es überhaupt mit den Rechten auf jene Bücher steht, die durch die deutschen Verlage jetzt nicht oder kaum mehr vertrieben werden« *(Br, 495).* B ist mit Hanns Eisler übereingekommen, die Sammlung (mit Gedichten aus den Jahren 1918-1933) gemeinsam zu zeichnen, und hat Margarete Steffin mit einer Zusammenstellung beauftragt (→ 11. 9.).

22. Juli, Sonnabend. Franz Leschnitzer von der Redaktion der Moskauer *Internationalen Literatur* bestätigt den Eingang der *Wiegenlieder* (→ 11. 7.) Bs mit den Noten von Eisler. Er ist mit B der Meinung, »daß Eislers Kompositionen im Interesse des Gebrauchswerts der Gedichte mitgedruckt werden müßten«, weiß aber noch nicht, ob das drucktechnisch bewerkstelligt werden kann. *(654/29.)* (Der Notenabdruck kommt beim Erstdruck in Heft 4 nicht zustande; → Anfang September.)

24. Juli, Montag. Einer der Gäste von Karin Michaelis ist der aus seinem Amt entlassene jüdische Volkshochschulbeamte Franz Mockrauer, dessen Frau einer Verwandten berichtet: »Hier wohnt Bert Brecht mit seiner Familie, sie ist Schauspielerin, zwei Kinder: ein schmächtiger Junge, der Steffi, wirkt wie ein kleiner Gassenjunge und ein dreijähriges schon sehr intelligentes, sehr niedliches Mädchen Barbara ist der Verzug der Sommerhüttenkolonie. Brecht läuft

immer in einer Art blauen Schlosseranzug herum mit Reisemütze und ganz kurzgeschorenem Kopf, sieht sehr proletarisch betont aus, ist aber ein feiner liebenswürdiger Mann aus guter Familie.« *(KBK, 37.)*
Bs Aufforderung (vom 1. 7.) an die Agrippina (→ 20. 6.), den Diebstahl seines Autos in Berlin aufzuklären, beantwortet die Versicherung Helene Weigel gegenüber (am 7. 7.) mit dem Hinweis, daß der Wagen »z.Z. von der Feldpolzei (SA-Polizei) in Gewahrsam gehalten« werde. »Nachdem die Verhältnisse in Deutschland jetzt vollkommen klar und übersichtlich geworden sind und Übergriffe einzelner Personen nicht vorkommen, können wir uns die Beschlagnahme Ihres Fahrzeugs nur so erklären, daß die Polizei Ihre Ausreise aus Deutschland mit politischen Gründen in Zusammenhang bringt.« *(722/36f.)* B bezweifelt (am 9. 7.), daß die SA-Polizei »legitimiert« ist und »im Sinne unseres Vertrages ›Verfügungen von hoher Hand erlassen kann‹«. Nach den Gesetzesnormen eines Rechtsstaates bedürften solche Verfügungen »einer gewissen schriftlichen Formulierung«. B informiert die Versicherung darüber, daß er »gewohnheitsmäßig seit etwa zehn Jahren die Sommermonate im Ausland zu verbringen pflege« und politische Gründe für seine Reise lediglich eine Vermutung der Versicherung sind. Er bezweifelt, daß »ein solcher willkürlich konstruierter Zusammenhang« eine SA-Formation dazu berechtigt, »sich den Wagen einer Privatperson kurzerhand anzueignen«. Er erwartet das Ergebnis korrekter Nachforschungen und beschuldigt den Korrespondenzpartner der Inkompetenz. »Warum erwecken Sie, *nur um Ihrer Entschädigungspflicht enthoben zu sein*, durch die Behandlung meines Schadenanspruchs den Eindruck, als könne man der Agrippina nicht zumuten, heute in Deutschland dem Verbleib eines verschwundenen Autos nachzuforschen?« B droht, »von einer führenden englischen und von einer führenden Schweizer Firma« Gutachten über den Fall einzuholen und keineswegs den »Präzedenzfall [...] im Dunkel einer Privatkorrespondenz« zu belassen *(722/38f.)*.
Bs Vater, der sich offenbar (am 17. 6.) ebenfalls wegen des Autos an die Polizei gewandt hat, erhält am 24. 7. die Abschrift einer Erklärung (II 4363) der Gestapo (Geheime Staatspolizei). Demnach wird das Fahrzeug Bs »hiermit auf Grund der Verordnung zum Schutz von Volk und Staat vom 2. 2. 33 (RGBl. I S.83) in Verbindung mit § 1 des Gesetzes über die Einziehung kommunistischen Vermögens vom 26. 5. 33 (RGBl. I S.293) beschlagnahmt und zu Gunsten des Staates Preußen eingezogen, weil es zu kommunistischen Umtrieben benutzt worden ist«. Desgleichen werden Zulassungsschein, Steuerkarte und Führerschein eingezogen bzw. für ungültig erklärt *(722/41f.)*.

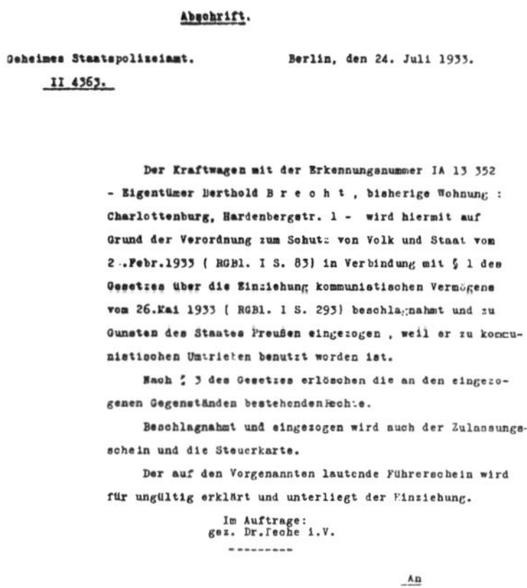

Abschrift.

Geheimes Staatspolizeiamt. Berlin, den 24. Juli 1933.
II 4363.

Der Kraftwagen mit der Erkennungsnummer IA 13 352 - Eigentümer Berthold B r e c h t , bisherige Wohnung : Charlottenburg, Hardenbergstr. 1 - wird hiermit auf Grund der Verordnung zum Schutz von Volk und Staat vom 2..Febr.1933 (RGBl. I S. 83) in Verbindung mit § 1 des Gesetzes über die Einziehung kommunistischen Vermögens vom 26.Mai 1933 (RGBl. I S. 293) beschlagnahmt und zu Gunsten des Staates Preußen eingezogen , weil er zu kommunistischen Umtrieben benutzt worden ist.

Nach § 3 des Gesetzes erlöschen die an den eingezogenen Gegenständen bestehenden Rechte.

Beschlagnahmt und eingezogen wird auch der Zulassungsschein und die Steuerkarte.

Der auf den Vorgenannten lautende Führerschein wird für ungültig erklärt und unterliegt der Einziehung.

Im Auftrage:
gez. Dr.Feche i.V.

An

27. Juli 1933
Gestapo beschlagnahmt in Berlin Brechts Auto

Juli. In der Korrespondenz von B und Margarete Steffin geht es vor allem um die Auswahl der Schriftsteller, deren Arbeiten durch den DAD (→ 19. 6.) vertrieben werden sollen. Sie informiert ihn über die Gründungen von deutschsprachigen Exilzeitschriften im Ausland. Die 7 Sonette, die sie von ihm erhalten hat *(11,185-188)*, »gehören zu dem schönsten und mir liebsten, was ich habe« *(Steffin, 314)*. In einem Brief erinnert sie ihn an den Text *Über das Anfertigen von Bildnissen (22,10f.)*, den er ihr (am 14. 7.) geschickt hat, und versucht, sich auch von ihm ein Bild zu machen *(Steffin, 167f.)*.

31. Juli, Montag. Für diesen Tag kündigt Helene Weigels Schwager Herbert Zweig seine Ankunft in Svendborg an.

1. August, Dienstag. Erwin Piscator teilt B aus Moskau mit, daß er eine Verfilmung des *Schwejk* plant und mit Bs Mitarbeit rechnet (→ 27. 8.); außerdem beschäftige er sich mit einem Film »über das Eigentum«. Bs Stück *Die Spitzköpfe und die Rundköpfe* hat Piscator »sehr gut« gefallen *(477/115f.)*.

Anfang August 1933
Warnung Brentanos vor stalinistischer Kulturpolitik

Anfang August. Bernard von Brentano hat B (und Ernst Ottwalt) in einem vertraulichen Brief (vom 23. 7.) Einzelheiten über eine Beratung mit Johannes R. Becher in der Schweiz mitgeteilt. Darin kritisiert er dessen Argumentation und Haltung, die »völlig auf der Linie« (der stalinistischen Politik) liege. Becher lehne ein »westeuropäisches Sekretariat« der emigrierten revolutionären Schriftsteller ab und werde in Moskau die *Internationale Literatur* übernehmen. Wieland Herzfelde werde in Prag Verlage aufmachen. Die Schriftsteller müßten sich »nur um Literatur kümmern; da seien große Fragen zu lösen, die Frage der Erbmasse, die Frage große oder kleine Form usw.«. Da Brentano vermutet, daß Becher bald zu B kommt, um ihn für seine Projekte zu werben, rät er: »Bleibt hart. Macht diese unverantwortliche Politik nicht mit.« *(481/50-52.)* An Bechers Stelle wird Otto Bihalji zu B geschickt und berät sich zwei Tage lang mit ihm. B informiert Becher über das Ergebnis: Eine Mitarbeit in der Redaktion der *Neuen Deutschen Blätter* (die Wieland Herzfelde in Prag plant) weist B »schon wegen der 3000 Kilometer« geographischer Entfernung ab; Beiträge habe er in Aussicht gestellt. »Die Genossin Grete« (Steffin), die seine »Angelegenheiten in Paris besorgt«, stelle Verbindungen zu Schriftstellern her, die »Arbeiten vertrieben haben« wollen und »gegen den Faschismus« stehen, »so daß verdient werden kann und der Schornstein ein wenig raucht«. Das habe Anlaß »zu allerhand Getratsche gegeben«, dem Becher entgegenwirken soll. B verteidigt den »Plan eines festen Punktes« in Paris, den man »von drüben jetzt ganz planmäßig mit Material, Rat, Mitarbeit unterstützen« müsse. Er kritisiert, daß Verabredungen nicht eingehalten werden. »Mich ärgern solche Hinundherschwankungen und mich ärgert auch die verdammte Atmosphäre von Mißtrauen und Ungründlichkeit, die immer wieder plötzlich sich breitmacht.« *(Br, 497.)*

2. August., Mittwoch. B bedankt sich beim Verlag Allert de Lange für die Berücksichtigung seiner Änderungswünsche im Vertrag über den *Dreigroschenroman* (→ 30. 7.) und bittet um zwei weitere Änderungen, die fremdsprachige Rechte betreffen *(580/15)*.

3. August, Donnerstag. Auf Bs Wunsch hat sich Margarete Steffin in Paris und Umgebung nach einer Wohnmöglichkeit für ihn und für seine Familie umgesehen, sowohl nach Häusern als auch nach größeren Wohnungen, die aber meist ziemlich teuer sind. Als sie nun von einer preiswerten kleinen Wohnung hört, rät ihr B, sie zu nehmen, weil er »so was« braucht, wenn er »auf etwa zwei Monate« nach Paris kommt. Er verschweigt ihr den geplanten Hauskauf in Dänemark (→ 9. 8.) und schreibt: »Helli bleibt mit den Kindern hier.« B ist für eine Aufnahme von Texten Arnold Zweigs in den DAD (→ 19. 6.) und will sich mit Oskar Maria Graf in Verbindung setzen. Für die nächste Woche kündigt er Steffin »ein Drittel des *Dreigroschenromans*« an mit der Hoffnung, daß sie ihn nicht gleich »verreißt«.

Bs *Achtes Sonett* (in dem B Orte und Zeiten ihrer intimen Zusammenkünfte aufführt; *12,191*) hat Margarete Steffin zu einem Zeitpunkt bekommen (wie sie ihm Ende Juli schreibt), als sie das gleiche Thema zu gestalten versuchte. »Aber ich habe es weggeworfen und mich geschämt, als ich das Deine sah.« In seiner Aufzählung habe er freilich »den Wagen« (→ 27. 7.) vergessen. B antwortet: »Auf das achte bin ich sehr stolz, aber den Wagen hätte ich noch hineinnehmen sollen.« *(Br, 498.)*

5. August, Sonnabend. Die dänische Schauspielerin Lulu Ziegler, Frau des Regisseurs Per Knutzon, informiert B von einem Abend, an dem sie u. a. Gedichte von ihm vortragen will, und bittet um Hilfe. Wenn Helene Weigel einen eigenen Abend veranstalten wolle, würde man sie »nach allen Kräften unterstützen«. Da die Weigel in Dänemark wenig bekannt ist, schlägt Lulu Ziegler einen gemeinsamen Abend vor *(476/39)*. Es kommt in der Folgezeit zu einer (vorübergehenden) produktiven Zusammenarbeit Bs mit Lulu Ziegler und Knutzon, die in zahlreichen Gesprächen und in der Korrespondenz Niederschlag findet.

9. August, Mittwoch. B und Helene Weigel haben (mit Hilfe von Karin Michaelis) ein ihren Vorstellungen entsprechendes Haus, Skovsbostrand Nr. 8 in Svendborg, gefunden und erwerben es (für 7000 Dkr). Nach einem Vorvertrag (vom 31. 7.) wird nun der endgültige Kaufvertrag unterzeichnet. B

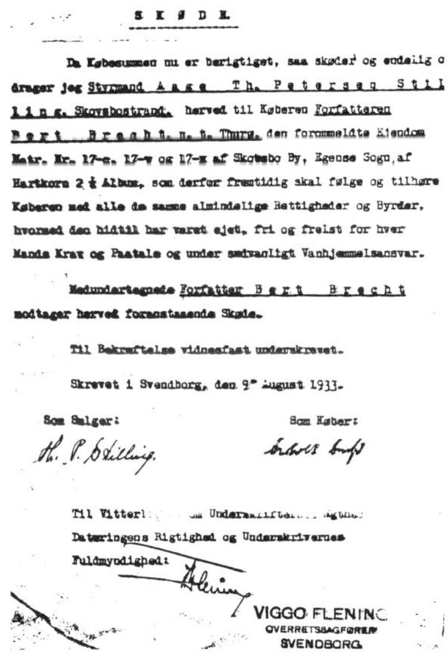

S K Ø D E.

Da Købesummen nu er berigtiget, saa skøder og endelig o
drager jeg Styrmand Aage Th. Petersen Stilling, Skovsbostrand, herved til Køberen Forfatteren Bert Brecht ... den forommeldte Ejendom Matr. Nr. 17-e, 17-v og 17-x af Skovsbo By, Egense Sogn, af Hartkorn 2 ¼ Album, som derfor fremtidig skal følge og tilhøre Køberen med alle de samme almindelige Rettigheder og Byrder, hvormed den hidtil har været ejet, fri og frelst for hver Mands Krav og Paatale og under sædvanligt Vanhjemmelsansvar.

Medundertegnede Forfatter Bert Brecht modtager herved foranstaaende Skøde.

Til Bekræftelse vidnesfast underskrevet.

Skrevet i Svendborg, den 9" August 1933.

Som Sælger: Som Køber:

Th. P. Stilling. Bertolt Brecht

Til Vitterl[illegible] Underskrifternes [illegible]
Dateringens Rigtighed og Underskrivernes
Fuldmyndighed:

Fleming

VIGGO FLEMING
OVERRETSSAGFØRER
SVENDBORG

9. August 1933
Hauskauf
Skovsbostrand 8
Svendborg

Skovsbostrand, Nr. 8

finanziert den Hauskauf mit Honoraren für den *Dreigroschenroman*; die Restsumme steuern Bs und Weigels Vater bei. Die Raten für das Haus sind so aufgeteilt, daß nach Verlauf von sechs Monaten Aufenthalt (die die Polizei zugesichert hat) die Bezahlung abgeschlossen sein muß. Helene Weigel, beraten von dem dänischen Architekten Mogens Voltelen, einem Freund Ruth Berlaus (→ August), läßt das Haus umgestalten, so daß es erst im Dezember (→ 21. 12.) bezogen werden kann.

10. August, Donnerstag. Hanns Eisler berichtet B über seine Arbeiten, die ihn an einem Besuch Bs in Dänemark hindern. Er habe Bs Gedicht *Das Lied vom Anstreicher Hitler (11, 215)* »recht lustig komponiert«. Eisler schickt B ein von ihm geschriebenes *Kleines Requiem über den Tod der unbekannten Proleten* mit. »Können Sie es a) verbessern, b) länger machen?« *(479/53-56.)*

11. August, Freitag. B ist zu einer Konferenz Ende September nach Moskau eingeladen worden und fragt Margarete Steffin, ob sie sich »drüben besser kurieren« kann und für September bis Oktober auf die Krim will. »Ob ich hinübergehe, weiß ich noch nicht. Außerdem hat Illés auch Helli eingeladen, sie möchte am Moskauer Sender einen Monat lang referieren. Kurz, ich bin gar nicht schlüssig...« Er bittet sie um »die Teile der *Spitzköpfe*, die wiederentdeckt sind«. B hat ihr eine »alte scheußliche Harmonika« geschickt *(Br, 499)*.

B dankt dem Verlag Allert de Lange für die Übersendung des nun gültigen Vertrags über den *Dreigroschenroman* und für eine Geldüberweisung (am 8. 8.).

Mitte August. B fragt Bernard von Brentano nach dessen neuesten Arbeiten. »Meine theoretischen Sachen gehen langsam vorwärts, da ich die Manuskripte nicht habe.« Brentanos Vorschlag (vom 18. 7.), im Tessin eine Sommerkolonie zu gründen, weist B ab. »Im Tessin leben ist reiner Wahnsinn, alles dreimal so teuer und dreimal so schlecht. Dafür können Sie hier wie ein Fürst leben. Kopenhagen ist mindestens Zürich.« Er will wissen, ob Brentano wegen einer Spielmöglichkeit für Helene Weigel am Zürcher Schauspielhaus nachgefragt hat. Außerdem bittet er um Auskunft über Alfred Döblin, Fritz Sternberg und Armin Kesser. Ihn interessiert das »Buch des Silone über den Faschismus« *(Der Faschismus, seine Entstehung und seine Entwicklung) (Br, 503)*.

Besuch Elisabeth Hauptmanns in Svendborg

Im Sommer kommt Elisabeth Hauptmann nach Svendborg. Nach Bs Flucht (→ 28. 2.) hat sie sich (mit seinem Vater) um die Sicherstellung von Manuskripten und Büchern gekümmert und Bs Haushalt aufgelöst. Sie bringt B zurückgelassene Manuskripte mit und bespricht das weitere taktische Vorgehen den Nazibehörden in Berlin gegenüber.

16. August, Mittwoch. B informiert Margarete Steffin in Paris von der im September bevorstehenden Moskau-Reise Helene Weigels. »Also käme Dänemark für Dich doch in Frage, das heißt wenn Du mich abholen willst. Es gibt auch billige Kleider hier und solche Sachen... Du siehst, ich will Dich da verlocken, wenigstens unter Umständen.« Den *Dreigroschenroman* habe er nahezu fertig. »Allerdings, gegen Ende zu (so sehr lang wird er nicht) und beir Korrektur mußt Du mir helfen, nicht nur mit Abschreiben.« B erkundigt sich nach dem Preis eines Ford, »am liebsten das letzte kleine Modell, Viersitzer, schnittig, niederer als die alten« *(Br, 500)*.

19. August, Sonnabend. Da Margarete Steffin wegen des DAD (→ 19. 6.) Anfeindungen ihrer Genossen ausgesetzt ist, charakterisiert B für sie die Aufgabe der Agentur folgendermaßen: »Die Korrespondenz ist ein Privatunternehmen, besprochen mit Kläber, Brecht, Brentano, Seghers, Balk. [...] Sie ist keine Parteisache und soll keine werden, das heißt, sie erlaubt keine Beaufsichtigung.« Nach Bs Meinung sollte der DAD keinesfalls auf »bestimmte bürgerliche Schriftsteller« verzichten. »Die Bindung zur Partei ist stark genug, siehe oben und siehe Dich.« Er will ihr weitere Lieder »für die Harmonika« schicken, die Eisler so komponieren soll, »daß die Adamsorgel ausreicht« *(Br, 501)*. Da B einen Brief mit Hinweisen von Margarete Steffin zum *Dreigroschenroman* erhält, schreibt er am gleichen Tage einen weiteren Brief. Ihre Kritik sei »zu wenig ausführlich«, sie habe nicht auf alle seine Fragen geantwortet. Auf keinen Fall soll sie etwas abschreiben, was ihr nicht gefällt. »Sondern: schicke alles, in Partien, zurück, und zwar die Stellen angestrichen, die nachlässig gearbeitet sind, Kraftausdrücke oder absichtliche Witzigkeiten.« Er will dann alles wieder zurückschicken, »geändert oder – versteckt beibehalten« *(Br, 502)*.

19. August 1993
Brecht will DAD (Deutschen Autorendienst) vom Einfluß der Partei fernhalten

24. August, Donnerstag. Wegen des Versands der von Margarete Steffin gesammelten Texte für den DAD bittet B um Geduld; er schlägt vor, bis September zu warten, »und dann können wir uns ausrechnen, ob es mehr einbringt, nur meine Sachen zu vertreiben oder auch andere«. Er fragt, ob seine Gedichte angekommen sind. »Einige davon sind nicht zuletzt für Dich gemacht, Du! Ich kann also einiges Lob usw. beanspruchen. Statt dessen sprichst Du mit Deinem alten Vater, als ob er im Verein [Partei] wäre und eine Abreibung brauchte!« Er beklagt sich darüber, daß er in ihren Briefen von der im *Ersten Sonett* »festgesetzten und der Ewigkeit überantworteten Formel« (»gg« → 23. 3.) nichts mehr findet *(Br, 504)*.

26. August, Sonnabend. B findet Margarete Steffins »Bemerkung über die etwas unglückliche Gewichtsverteilung am Anfang der Geschichte (Fewkoombeys Erfahrungen mit dem Bettlertrust)« richtig und will sie mit ihr »zusammen in Ordnung bringen«. Er bittet um weitere derartige Einwände gegenüber dem Roman. Wegen einer abweisenden Haltung Ernst Ottwalts gegenüber dem DAD, weil das B mache, erklärt er ihr seine Beziehung zu Freunden in dieser Zeit: »Du kennst mein Prinzip: das Brückenprinzip. Brücken vertragen soundso viel Belastung. Es gibt Freunde, über die kann man mit einem Tausendtonnengüterzug fahren, andere, die vertragen einen Autobus und die meisten einen Kinderwagen. Aber Brücken, die einen Kinderwagen aushalten, sind auch Brücken.« Er bittet sie um ein neues Sonett *(Br, 505)*.

27. August 1933 Erklärung des »Brückenprinzips« bei Freundschaften

27. August, Sonntag. Erwin Piscator freut sich, daß B sich (in einem nicht überlieferten Brief) »prinzipiell« bereit erklärt hat, »beim *Schwejk* und auch sonst mitzuarbeiten« (→ 1. 8.). Bs »Andeutungen über die spezielle Form des internationalen Theaters und Films« interessierten ihn »riesig«. Freilich müßten »alle Arbeiten mit dem Gesicht nach innen und dem Gesicht nach außen« gemacht werden. Das Moskauer Theaterprojekt mit der *Heiligen Johanna der Schlachthöfe* sehe »günstig« aus, stehe »aber noch nicht endgültig« fest *(477/101)*. (Weder der *Schwejk*-Film noch die Theaterinszenierung kommen zustande.)

28. August, Montag. B kündigt Margarete Steffin seine bevorstehende Reise nach Paris an. »Ich bleibe mindestens drei Monate, und wir können dann überlegen, was weiter. Eventuell Mekka [Moskau].« Sie soll »alle Dinge mit dem Verein« (der KPD) aufschieben und sich nicht beunruhigen lassen. »Selbstverständlich hat niemand das Recht, mir meine Sekretärin herumzubefehligen.« Vom *Dreigroschenroman* habe er »schon 95 Seiten jetzt, also fast ganze zwei Drittel (Gesamtumfang 150). Dazu mache ich aber noch Gedichte usw.« Die (Berliner) Möbel seien inzwischen eingetroffen. »Ich habe mich in einem kleinen Fischerhaus eingekauft, so daß Helli und die Kinder (und wenn nötig, Gäste) hier ungeheuer billig leben können.« *(Br, 506.)*

Ruth Berlau

August. Bei Karin Michaelis macht B im August erste Bekanntschaft mit der 27jährigen dänischen Schauspielerin Ruth Berlau, als sie die Dichterin in Thurø aufsucht, um sie (im Namen von Edvard Heiberg) für eine Rede vor den neuimmatrikulierten Studenten zu gewinnen. Ruth Berlau wird mit ihren Begleitern von Helene Weigel zum Essen eingeladen und bekommt zu B einen »guten Kontakt, denn er war sehr humorvoll, und ich war es auch«. Er erzählt ihr von seinem Stück *Die Mutter* und von der Berliner Aufführung. Als sie um eine Beteiligung an der Studentenveranstaltung bittet, wird schließlich auch Helene Weigel für eine Rezitation gewonnen (→ 5. 9.). In ihrer Erinnerung beschreibt Ruth

Berlau die erste Begegnung mit B und Helene Weigel so: »Die Weigel empfing uns mit einer Herzlichkeit, wie sie selbst bei den Dänen, die ja sprichwörtlich freundlich und gastfreundlich sind, ungewöhnlich ist. Ihre große Persönlichkeit strahlte eine Souveränität aus, die uns beeindruckte, aber anfangs doch auch ein wenig bedrückte. Wo nahmen diese Vertriebenen ihre Sicherheit her? / In diesem Haus war nichts von tragischer Emigrantenstimmung. Ich kannte viele Flüchtlinge, die vor den Nazis nach Dänemark geflohen waren. Niemand war mit der Weigel vergleichbar. Eine zarte Person von fremdartiger Schönheit.« *(Berlau/Bunge, 41-46.)*
B kündigt Olga Tretjakowa in Moskau die Ankunft von Helene Weigel für etwa den 24. 9. an und bittet sie, ihr behilflich zu sein *(Br, 507)*.

Bekanntschaft mit Ruth Berlau

Die am 24. 8. 1906 in Kopenhagen geborene Ruth Berlau ist die Tochter eines Kaufmanns. Sie besucht eine Nonnenschule und ist, nach dem Scheitern der Ehe ihrer Eltern, auf eigenen Gelderwerb angewiesen. Sie hilft in einer Zahnarztpraxis aus, dann schreibt sie für eine Zeitung einen Bericht über ihre Reise mit dem Fahrrad nach Paris. Sie besucht 1929 eine Schauspielschule, die der Regisseur Knutzon leitet. Dort wirkt sie in einer einmaligen Aufführung von *Trommeln in der Nacht* mit. Danach fährt sie für eine Zeitung nach Moskau, kehrt ohne Bericht zurück und knüpft Verbindungen zur kommunistischen Partei. Das Königliche Theater Kopenhagen nimmt sie als Schauspiel-Elevin auf. Als sie Brecht kennenlernt, ist sie (seit 1928) mit dem 20 Jahre älteren wohlhabenden Hals-Nasen-Ohren-Arzt Robert Lund verheiratet.

Anfang September. In einer größeren Arbeit mit dem Titel *Die Reisen um Deutschland* möchte B die aktuelle politische Situation beschreiben. Der 1. Teil (»Wien und das folgenlose Denken«) ist in dem Text *Unpolitische Briefe (22,11-17)* ausgeführt. Nach einem Plan sind u. a. auch folgende Kapitel vorgesehen: »Thurø oder das Rasseproblem«, »Paris oder das Rasseproblem«, »Rede des Führers: Kultur und Eigentum«, »Moskau oder das eingreifende Denken« *(22,876)*.
Einleitend heißt es: »Nach mancherlei Enttäuschungen, die ihnen innere und äußere Feinde bereitet hatten, entschlossen sich die Kleinbürger meiner Heimat, die sehr zahlreiche Kaste der Kleingewerbetreibenden, Schullehrer, Ladenbesitzer, Subalternoffiziere, Anstreicher, Studenten usw., nunmehr große Taten zu verrichten. [...] Ein Führer fand sich glücklicherweise, und die Macht wurde ihm übergeben. Aller Erwartung richtete sich auf das, was er nun mit ihnen zu tun gedächte. Der Führer hatte sein Programm zunächst nur andeutungsweise erwähnt, teils deshalb, weil es ihm sonst von Unwürdigen gestohlen hätte werden können, teils aus anderen Gründen.« *(22,11f.)*
Erstdruck der *Wiegenlieder* in der *Internationalen Literatur*, Moskau, Heft 4 (August/September), unter dem Titel *Kinderlieder für proletarische Mütter* (→ 22. 7.).

5. September 1933
Teilnahme an Veranstaltung für Studenten in Kopenhagen

5. September, Dienstag. Ruth Berlau holt B, Helene Weigel und Karin Michaelis nach Kopenhagen ab. In der Wohnung macht die Weigel mit B und dem Komponisten Otto Mortensen, der sie am Klavier begleitet, eine Probe für ihren Auftritt, an der sich auch Berlaus Ehemann Robert Lund beteiligt.
Bei der Abendveranstaltung für die neuimmatrikulierten Studenten singt Helene Weigel *Vier Lieder proletarischer Mütter* (*Wiegenlieder; 11,206-209*). Ruth Berlau muß die Notenblätter wenden. »Zwei Blätter schaffte ich gerade noch umzudrehen, dann vergaß ich alles und hörte nur noch

zu. Diese Stimme da oben! Kam sie wirklich von dieser zarten Gestalt? Ihre strahlenden Augen durchbohrten uns. Ihre Kunst, trotz des ergreifenden Textes frei von jeder Sentimentalität, brachte uns alle zum Heulen.« *(Berlau/Bunge, 50.)*
Karin Michaelis spricht zu den Studenten von der Mißhandlung von Gegnern des Nationalsozialismus und zitiert aus dem soeben erschienenen *Braunbuch über Reichstagsbrand und Hitler-Terror.*
8. September, Freitag. Margarete Steffin notiert (am 80. Tag ihres Wartens auf B): »Kommt er? Allein? Zu mir?« *(2112/34.)*

10.-16. September 1933
Reise nach Paris

Arbeit an der Sammlung
Lieder Gedichte Chöre

10. September, Sonntag. B trifft in Paris ein.
11. September, Montag. Die Fahrt sei »gut (und lang)« gewesen, schreibt B an Helene Weigel, »Paris heiß und umständlich«. Er wolle »bald weiter zu Lio, dem Löwen« (Lion Feuchtwanger). Er bittet um Zusendung des Heftes 2 der *Versuche* an Feuchtwangers Adresse. Für Paris gibt er eine postlagernde Adresse an, »das 1. Hotel, wo ich abstieg, ist zu heiß« *(Br, 508).* In seinem nächsten Brief schildert er, daß in dem Abteil des Zuges von Antwerpen nach Paris Fahrgäste gewesen seien, die sich in einem merkwürdigen Französisch zu verständigen versuchten, bis sich herausgestellt habe, daß sie Deutsche sind *(Br, 509).*
Dazu schreibt er in sein Notizbuch: »Der Jude, der im Coupé sagt: Ich bin Bayer. Ich staunte: Die Bayern sind doch Türken, dachte ich.« *(26,300.)*
In der folgenden Woche sehen B und Hanns Eisler mit Margarete Steffin die von ihr vorgeschlagene Anordnung der Gedichtsammlung *Lieder Gedichte Chöre* (→ 20. 7.) an, arbeiten an der Zusammenstellung und am Text (→ 12. 11).

17. September - 17. Oktober 1933
Reise nach Sanary-sur-Mer
(Südfrankreich)

Arbeit am *Dreigroschenroman*

17. September, Sonntag. Für eine geplante Aufführung von *Die Spitzköpfe und die Rundköpfe* in Paris hat B, wie er Helene Weigel schreibt, »die Übersetzung in Schwung« bringen können. Am Abend wolle er nach Sanary weiterfahren. In Paris seien »noch nicht genug Leute, das heißt Koch und Renoir machen einen Film und sind beschäftigt und andere kommen erst« *(Br, 509).* Döblin habe ihn entsetzt, »indem er einen Judenstaat proklamierte, mit eigener Scholle, von Wallstreet gekauft« *(Br, 510).*
B reist mit Margarete Steffin (über Marseille) nach Sanary-sur-Mer zu Lion Feuchtwanger.
30. September, Sonnabend. In Berlin zieht Elisabeth Hauptmann aus ihrer Charlottenburger Wohnung (Berliner Str. 45) in die Pension Savigny, Schlüterstraße 57, um. Sie steht als Mitglied der KPD (seit 29) unter Beobachtung der Polizei (→ 11./12. 11.). Nach einer späteren Hausdurchsuchung (→ 15./16. 11.) wird sie festgenommen und u. a. beschuldigt, für B Material ins Ausland zu schleusen.

Ende September. B und Margarete Steffin wohnen im Hotel La Plage und überarbeiten den *Dreigroschenroman*. Sie treffen sich mit zahlreichen emigrierten deutschen Schriftstellern, die sich in Sanary angesiedelt haben. Arnold Zweig hat ein Jahr später »die besten Erinnerungen an unsere Sanary-Zeit und an die Eisenbahnfahrt nach Paris« *(478/31)*.
B schreibt an Helene Weigel: »Hier am Mittelmeer ist es langweilig.« Die »Emigration« sei »nicht besonders angenehm zu sehen. [...] Die eigentlichen Angelegenheiten Deutschlands interessieren hier niemand. Heinrich Mann imitiert Victor Hugo und träumt von einer zweiten Weimarer Republik.« B erkundigt sich nach den Renovierungsarbeiten im Haus im Skovsbostrand. Er gibt ihr für ihre Moskau-Reise verschiedene Aufträge. Falls ein Band mit seinen Dramen herauskommt, will er den deutschen und russischen Text synchron gedruckt haben, »dann können die Leser gleich dabei ein wenig Deutsch lesen, und die es können, vergleichen«. Sie werde sich viele Freunde erwerben, wenn sie »für 50 Mark Sachen« mitnehme. »Und das ist die Hauptaufgabe, Freunde zu bekommen, bitte, streit nicht und laß Dich auf kein Disputieren ein!« *(Br, 510.)*

Oktober/November 1933
Reise Helene Weigels nach Moskau
Erkrankung und Operation

Anfang Oktober. B will in »etwa zehn Tagen« in Paris zurück sein und Bernard von Brentano dort treffen. Er fragt ihn, ob die Büchergilde Karl Korsch, der gegenwärtig in Svendborg ist, »ein Werk über den unbekannten Marxismus in Auftrag geben« kann, »das heißt drucken würde«. Brentano empfiehlt er, als ständigen Wohnsitz Dänemark zu wählen. »Dänemark ist näher an Deutschland, das heißt Berlin, als die Schweiz. Kopenhagen ist eine große Stadt mit guter Bibliothek.« *(Br, 511.)* Brentano antwortet (am 4.10.), die Büchergilde sei »momentan unter den Einfluß Wilhelm Herzogs geraten«. Er könne erst im Januar nach Paris kommen, eine Stadt, nach der er »so wenig Verlangen« habe, daß er überhaupt nicht kommen würde, »wenn Sie nicht da sind«. Kurt Kläber habe seine »Kaltstellung« bei der Partei »tatsächlich Ihrem Aufenthalt in Carona zu verdanken. Diese Bürschleins haben ihm das ›übel genommen‹.« *(481/48f.)*
9. Oktober, Donnerstag. B ist über die Mitteilung von Allert de Lange (vom 25.8.), der Verlag werde kein gegen das Regime in Deutschland gerichtetes Schrifttum publizieren, empört: »Ein solches Zensurrecht über die geistig-politische Haltung einer meiner Arbeiten kann ich natürlich unter keinen Umständen zugestehen – so wenig wie irgendein anderer Autor von Gesinnung.« Die Arbeit am *Dreigroschenroman* ginge gut voran, er hoffe, »ihn geraume Zeit vor dem vereinbarten Endtermin abliefern zu können« *(Br, 512)*.

18. Oktober - 18. Dezember 1933 Reise nach Paris

Arbeit am *Dreigroschenroman*

18./19. Oktober, Mittwoch/Donnerstag. B fährt mit Margarete Steffin (am 18. 10.) nach Avignon, von dort nach Paris; sie wohnen im Hotel Trianon Palace *(2112/40)*.
In Paris findet B Briefe Helene Weigels vor und erfährt von ihrer Erkrankung in Moskau. Er hält das für ein »schreckliches Pech«. Er habe »von der alten Studiengesellschaft eine kleine, aber wichtige Arbeit aufgehalst« bekommen (Zuarbeit zum Braunbuch). »Ich bin immer noch beschäftigt mit dem Gedanken, wie ich selber hinkommen könnte, wenn es nur nicht so weit wäre, und ich hätte Paris gern hinter mir. Noch einmal hierher zurück; es graust mir etwas davor. Hoffentlich ist das Fieber nichts Blödes, das Du wieder bekommen hast!« Am liebsten hätte er, wenn Sergej Tretjakow sie zurückbegleitet und »ein wenig« in Svendborg bleibt. Sie soll in Moskau versuchen, »einen ganzen Lenin und Marx« zu kaufen: »auch die drei oder vier Jahrgänge des *Banner des Marxismus*« *(Br, 513)*.

Zuarbeit zum zweiten *Braunbuch*

Anfang September ist in Basel (anonym) ein *Braunbuch über Reichstagsbrand und Hitler-Terror* herausgekommen. Noch vor Beginn des Leipziger Reichstagsbrandprozesses (21. 9.-23. 12.) findet in London (14.-20. 9.) ein Gegenprozeß der englischen Law Society (Rechtsgesellschaft) statt. In Paris planen exilierte Kommunisten, ein 2. Braunbuch zusammenzustellen (Redaktion: Otto Katz unter Mitarbeit von Alexander Abusch). Darum gebeten, sagt B seine Mitarbeit zu, läßt sich Verhandlungsprotokolle schicken und entwirft Texte (→ Ende Dezember). Zu dem Thema gehört auch *Die Ballade vom Reichstagsbrand (14,173-176)*, die er für das Pariser Kabarett »Roter Pfeffer« schreibt (→ 25. 2. 34); sie ist zu Kurt Weills Melodie der *Moritat von Mackie Messer* geschrieben.
Ende Oktober. B bittet Hans Jaray, ihm eine Auskunft über Karl Kraus zukommen zu lassen. Er habe »von einem Vorschuß« in Svendborg ein kleines Fischerhaus gekauft. »Wenn die Situation in Österreich, die von hier aus ganz unübersehbar ist, Herrn K. nicht mehr zusagen sollte, würden wir uns sehr freuen, ihn hier im Norden zu sehen. Es ist nicht allzu unangenehm hier. Vielleicht könnten Sie ihn, wenn es soweit ist, daran erinnern?« *(Br, 514.)*
B ist von dem (im September) nach Moskau gereisten Ernst Ottwalt davon informiert worden, daß Helene Weigel operiert werden mußte, und schreibt ihr, daß ihn die Nachricht »sehr erschreckt« habe, »trotz Ottwalts vorsichtiger Ausdrucksweise«. Er hofft auf gute Pflege. »Sag doch Ottwalts, sie sollen mir so oft wie möglich schreiben, wie es Dir geht. Wenn Du kannst, schreib selber! Ich bin ein wenig unruhig.« Sein Pariser Hotelzimmer sei »angenehm, Blick über Dächer, Telefon, in großem Hotel, Preis pro Tag – 2,20 (Mark)« *(Br, 515)*.

Als er später Näheres über die Operation erfährt, schreibt er ihr: »es ist schrecklich, daß Du so gequält wurdest und daß es so weit weg ist!« Sie soll versuchen, beste Verpflegung zu bekommen. »Der Roman ist fast ganz fertig – im Rohen!« *(Br, 516.)*

31. Oktober, Dienstag. B dankt Hermann Kesten für eine Geldüberweisung *(Br, 517)*.

12. November, Sonntag. Im Restaurant Deux Magots liest Hermann Kesten vor B, Walter Benjamin, Klaus Mann, Siegfried Kracauer und André Germain seine Rezension von Heinrich Manns Buch *Der Haß (Mann, K, 179)*.

12. November 1933
Fertigstellung der Gedichtsammlung *Lieder Gedichte Chöre*

Die Gedichtsammlung *Lieder Gedichte Chöre (11,197-254)* wird (im Oktober) nochmals überprüft und (im November) zum Satz an den Verlag Éditions du Carrefour gegeben. Die Lektorierung im Verlag Willi Münzenbergs übernimmt Alexander Abusch.

Der 1. Teil der Sammlung *(11,199-214)* wird eröffnet mit der *Legende vom toten Soldaten* (→ 1. 5. 18), es folgen weitere, bis 1933 entstandene Gedichte (darunter auch das 1933 entstandene *Lied vom Klassenfeind*).

Das Motto des 2. Teils *(11,215-230)* lautet: »Sie tragen ein Kreuz voran / Auf blutroten Flaggen / Das hat für den armen Mann / Einen großen Haken« (später verwendet im *Kälbermarsch; 7,236*); er umfaßt Lieder und Gedichte aus dem Jahr 1933, die sich mit dem Faschismus in Deutschland auseinandersetzen, darunter *Das Lied vom Anstreicher Hitler*, die nach Melodien alter Kirchenlieder zu singenden *Hitler-Choräle* sowie *An die Kämpfer in den Konzentrationslagern* und *Begräbnis des Hetzers im Zinksarg.*

Also seid ihr
Verschwunden, aber
Nicht vergessen
Niedergeknüppelt, aber
Nicht widerlegt
Zusammen mit allen unverbesserbar
Weiterkämpfenden
Unbelehrbar auf der Wahrheit
Beharrenden
Weiterhin die wahren
Führer Deutschlands.
(Aus: An die Kämpfer in den Konzentrationslagern; 11,227.)

Im 3. Teil *(11,230-238)* sind Lieder und Chöre aus den Stücken *Die Mutter* und *Die Maßnahme* versammelt.

Im »Anhang« *(11,239-254)* sind die Gedichte *Ballade von der Billigung der Welt* (von 1932), *Verschollener Ruhm der Riesenstadt New York* (von 1929), *Lied der Lyriker* (von 1930) und *Deutschland* (von 1933) angefügt. Über den Erstdruck und die Wirkung → März 34.

15./16. November, Mittwoch/Donnerstag. In der Berliner Pension Savigny (→ 30. 9.) befindet sich noch ein Koffer mit Manuskripten von B, den die Haushälterin Elisabeth Hauptmanns zum Portier in der Hardenbergstraße 1A bringen soll. Sie habe sich das aber aus Furcht nicht getraut, weil an diesem Tage in Gegenwart von Hauptmann eine jüdische Bekannte verhaftet wird. In der Nacht vom 15. zum 16. 11. wird in ihrem Pensionszimmer »eine lange Haussuchung« vorgenommen. Der Koffer mit den Manuskripten Bs sei geöffnet worden. »Es wurde Blatt für Blatt durchgesehen«, schreibt Hauptmann (am 10. 12. an Bs Vater), »ich mußte verschiedenes erklären, aber es wurde *kein* Blatt mitgenom-

15./16. November 1933
In Berlin durchsucht die Polizei Manuskripte Brechts

Verhaftung von Elisabeth Hauptmann in Berlin

men.« Die Kriminalbeamten hätten nichts beanstandet (»alles Theatersachen, Gedichte«). Dennoch wird Elisabeth Hauptmann kurz darauf in Haft genommen. Eine Frau, die B benannt hat, sei beauftragt gewesen, den Koffer (am 16. 11.) in der Pension abzuholen. Man habe sie mit der Auskunft, Frau Hauptmann sei »verreist«, abgewiesen. U.a. wirft ihr die Polizei vor, B Material ins Ausland geliefert zu haben. Sie erklärt schriftlich, es handele sich um »dramatisches Fachmaterial«, das sie vor ihrer »Reise schließlich jemand zu treuen Händen übergeben müsse« *(480/124-132)*. Anfang Dezember kommt Elisabeth Hauptmann frei (weil man ihren Onkel für einen amerikanischen Senator hält).

16. November, Donnerstag. Klaus Mann (→ Anfang März 1927) besucht im Hotel B (später kommt Walter Benjamin dazu); er bezeichnet die Begegnung mit B in seinem Tagebuch (am 16. 11.) als eine »Art Versöhnung« *(Mann, K, 180)*.

Mitte November. B fragt Helene Weigel (die ihn gebeten hat, die Post wieder nach Svendborg zu schicken), ob sie im Dezember in Paris rezitieren kann. Außerdem berichtet er von einem Projekt Ernst Josef Aufrichts, Anfang des nächsten Jahres *Die Mutter* aufzuführen (kommt nicht zustande). Ende der Woche will er für »ein, zwei Tage nach Belgien deshalb« *(Br, 518)*.

Ende November. Da er aus Svendborg keine Nachricht von Helene Weigel erhält und aus Moskau erfährt, daß sie von dort abgereist sei, ist B »schrecklich beunruhigt«. »Jetzt bin ich aber so unruhig, daß ich am liebsten abreiste, ich weiß nur nicht wohin. Hoffentlich hattest Du nicht einen Rückfall und liegst jetzt weiß Gott wo.« *(Br, 519.)*

November. B, Margarete Steffin und Walter Benjamin wohnen im Palace Hotel, Rue de Four. B und Benjamin erwägen den Plan, gemeinsam einen Kriminalroman zu schreiben.

Nach zehnmonatiger Pause (→ Anfang Juli) veröffentlicht Karl Kraus im Oktober 33 Nr. 888 seiner Zeitschrift *Die Fackel*. In der vierseitigen Ausgabe ist (in großer Schrift) ein dreiseitiger Nachruf auf den Architekten Adolf Loos enthalten sowie das Gedicht *Man frage nicht, was all die Zeit ich machte*: »Ich bleibe stumm; / und sage nicht, warum.« B reagiert darauf mit seinem Gedicht *Über die Bedeutung des zehnzeiligen Gedichtes in der 888. Nummer der »Fackel« (Oktober 1933)* *(14,95-197)*. Er meint im Gegensatz zu Kraus, daß trotz des »Siegs der Gewalt« gegen sie gekämpft werden muß: »Ehe die Gewalt ihr äußerstes Maß erreicht hat / Beginnt aufs Neue der Widerstand.« *(14,197.)* Als Kraus auf die Seite der »Unterdrücker« umschwenkt, kritisiert ihn B → Ende Juli 34.

Anfang Dezember. B hat von Helene Weigel ein Telegramm erhalten, dem zufolge sie wieder wohlbehalten in Svendborg eingetroffen ist. »Mittwoch werde ich also auch einlaufen.« (Wahrscheinlich gemeint ist der 14. 12.) B fürchtet, Karl Korsch nicht mehr anzutreffen, hofft aber, daß dieser von Schweden aus wieder zurückkommt. »Hier ist es ziemlich trist, scheußliches Wetter seit Monaten und wenig Bewegung. Theater gleich null.« *(Br, 520.)*

3. Dezember, Sonntag. Einzelveröffentlichung von *Lob des Kommunismus* (aus *Die Mutter*, in *Lieder Gedichte Chöre* übernommen; *11,234*) in *Der Gegen-Angriff*, Prag.

10. Dezember 1933
Flucht Elisabeth Hauptmanns aus Deutschland

10. Dezember, Sonntag. Elisabeth Hauptmann ist nach ihrer Haftentlassung nach Paris gereist und schreibt Bs Vater ausführlich von der letzten Zeit in Berlin, von dem in ihrer Pension zurückgelassenen Koffer mit Manuskripten Bs (→ 15./16. 11.) und von ihrer Verhaftung. Man müsse versuchen, direkt oder über ihre frühere Haushälterin an den Koffer heranzukommen. »Für die Leute drüben bin *ich* jetzt in Paris krank geworden und verlasse kaum das Hotelzimmer. Mit Ihrem Sohn bin ich, auch für die Leute (= Polizei), verkracht« *(480/124-132)*. B bereitet sich zu diesem Zeitpunkt mit Margarete Steffin gerade zur Abreise nach Dänemark vor. Er beschuldigt Elisabeth Hauptmann, seine Manuskripte in Berlin nicht genügend vor der Gestapo gesichert zu haben. Sie schickt ihm den Brief, den sie an seinen Vater gerichtet hat; dies sei alles, was sie in der Sache habe machen können. Auf einen (nicht erhaltenen) Brief Bs, in dem er den »Zusammenbruch« der Beziehung zu Elisabeth Hauptmann endgültig bestätigt, reagiert sie distanziert; der Brief sei »wie an einen Strafgefangenen« geschrieben. Da sie an »Pariser Ränkespielen« nicht interessiert ist, schlägt auch sie vor, »diese Art von Beziehung gänzlich« abzubrechen. »Sie sind anscheinend glücklich. Auch ich, das glauben Sie mir, werde bei *gänzlicher* Trennung von Ihnen, eine große selbstverständliche und sehr zärtliche Beziehung zu einem Menschen, auch in der Arbeit, was ich mir wünsche, finden. Unsere Beziehung war etwas karg und unzärtlich und ungeschickt, aber es war die *größte* Arbeitsfreundschaft, die Sie je haben werden und die ich je haben werde. Ich werde wieder ein *gutes* Herz haben, und vielleicht sehen wir uns dann später mal wieder.« *(480/133f.)*

11. Dezember, Montag. Walter Landauer vom Verlag Allert de Lange fixiert ein Gespräch mit B über den *Dreigroschenroman*; danach wurde festgelegt: 1. daß Caspar Neher möglichst den Schutzumschlag des Romans gestalten soll; wenn dies (aus politischen Gründen) nicht möglich ist, soll ein Foto von Carola Neher für den Umschlag verwendet wer den (das B zweckmäßigerweise jetzt schon zur Verfügung stellen soll); 2. liefert B sukzessive die bereits fertigen Texte des Romans, damit sie gesetzt und für die Werbung verwendet werden können; 3. hat B dem Verlag die Rechte für den Auslandsvertrieb (außer England und Amerika) zugesprochen.

Mitte Dezember 1933
Kurze Reise nach Straßburg

Zusammenkunft mit dem Vater

Mitte Dezember. Nach Angaben Bs in einem Brief an Helene Weigel hat ihn sein Vater aus Straßburg angerufen und gebeten, sich mit ihm dort zu treffen. Er macht die Reise und verschiebt seine Rückkehr nach Svendborg *(Br, 521)*.

Verhandlung über einen *»Chinesischen Roman« (Tuiroman)*

15. Dezember, Freitag. Hermann Kesten hat (am 14. 12.) mit B über eine weitere Zusammenarbeit mit dem Verlag Allert de Lange verhandelt. In einem Brief an B hält Kesten am Folgetag fest, daß er sich auf die Vereinbarung eines »literarischen Freundschafts-Paktes«, nach dem sie sich verpflichten, auf die Zeitdauer von fünf Jahren von beider Werke »mit Respekt zu sprechen, wenn auch mit weltanschaulichen Vorurteilen« (→ Ende Dezember), als Lektor nicht einlassen könne. Was Bs neuen »Roman unserer Zeit in einem Phantasie-China« betrifft, solle er vom Angebot des Verlags Éditions du Carrefour absehen und mit Allert de Lange abschließen *(17,462f.)*.

B hat bereits etwa zwei Jahre zuvor satirische Texte zu *Denke und der Denkismus (17,11-17)* geschrieben und ein *Turandot*-Stück erwogen, zwei Projekte, die er nun mit dem neuen Plan zu einem *Tuiroman* verknüpfen möchte. Das Buchprojekt scheitert, weil B den *Tuiroman (17,9-161)* nicht schreibt, obwohl er im Exil noch bis 1943 damit beschäftigt ist.

16. Dezember, Sonnabend. Erstdruck des (im September geschriebenen) Gedichts *Adresse an den Genossen Dimitroff, als er in Leipzig vor dem faschistischen Gerichtshof kämpfte (11,229f.)* in *Unsere Zeit*, Paris.

20. Dezember 1933
Rückkehr nach Dänemark

20. Dezember 1933 - 22. April 1939
Skovsbostrand 8
Svendborg

19./20. Dezember, Dienstag/Mittwoch. B und Margarete Steffin fahren gemeinsam (am 19. 12.) von Paris nach Dünkirchen, von dort nach Esbjerg an der dänischen Nordseeküste *(2112/46)*. Margarete Steffin reist nach Kopenhagen weiter. Sie wird im Hotel Nordland (Vesterbrogade 22) untergebracht, der Anlaufstelle der Komintern, fühlt sich dort außerordentlich einsam und bittet (am 20. 12.) Walter Benjamin, nach Kopenhagen zu kommen.

B kehrt nach dreieinhalbmonatiger Abwesenheit nach Dänemark zurück, wo Helene Weigel (von Mogens Voltelen beraten) nach dem Umbau (→ 9. 8.) das neu erworbene Haus Skovsbostrand 8 eingerichtet hat.

21. Dezember, Donnerstag. B informiert Ruth Berlau telegrafisch über die Ankunft seiner Mitarbeiterin Margarete Steffin in Kopenhagen und bittet darum, sich um sie zu kümmern. Berlau schlägt eine Unterbringung in ihrer Wohnung (Kronprinsessegade 18) vor, wohin Steffin auch am nächsten Tag umzieht. Ruth Berlau erinnert sich später:

»Am Weihnachtsabend brach Grete zusammen und erzählte mir alles: sie liebte Brecht. Natürlich, selbstverständlich. Aber warum Brecht sie so lange in Kopenhagen warten ließ, bevor er sie sah, ist mir immer noch rätselhaft. Es nützt nichts, mal muß ich es trotz aller Liebe sagen: Er war feige.« *(Berlau/Bunge, 110.)* Nach drei Wochen zieht Margarete Steffin in eine Pension um (→ 15. 1. 34).

22. Dezember, Freitag. Walter Benjamin hatte B gebeten, seine in Berlin verbliebene Bibliothek in Dänemark aufzubewahren. B gibt ihm dafür die Adresse von Maria Lazar an. In Paris habe er seine Hotelrechnung nicht rechtzeitig erhalten und bittet Benjamin, sie ihm zuzuschicken; außerdem sei ein »Roßhaarkissen (flach, weiß eingenäht)« zurückgeblieben, »eventuell noch in den oberen Zimmern«. B findet den neuen Exilort in Dänemark angenehm: »Gar nicht kalt, viel wärmer als in Paris. Sie kämen nach Ansicht Hellis mit 100 Kr (60 Reichsmark, 360 Fr) im Monat aus. Außerdem verschafft die Svendborger Bibliothek *jedes* Buch. – Wir haben Radio, Zeitungen, Spielkarten, bald Ihre Bücher, Öfen, kleine Kaffeehäuser, eine ungemein leichte Sprache und die Welt geht hier *stiller* unter.« *(Br, 523.)*

Ende Dezember. Karl Korsch gegenüber bedauert B, daß er zu spät in Dänemark angekommen ist, um ihn noch anzutreffen. (Korsch war, auf der Durchreise nach Schweden, einige Wochen Gast von Karin Michaelis auf Thurø.) »Eine Reihe von Arbeiten, die, unerledigt gelassen, mich zu einer nochmaligen Rückkehr nach Paris gezwungen hätten, zuletzt ein Wunsch meines Vaters, ich möchte nach Straßburg kommen, hielten mich so lange zurück.« Er bittet Korsch, »von Schweden aus hierher zurückzukehren« und unter keinen Umständen nach Deutschland. »Sie sind hier ganz außerordentlich willkommen, ungefähr so, wie der Auszubeutende dem Ausbeuter.« Das politische Leben in Paris habe er nicht als angenehm empfunden: »Lauter Grüppchen, besser gesagt Klümpchen, keine Perspektive! Hauptfrage: wie lange wird ›das‹ dauern? Im übrigen: das übliche Verratgeschrei.« *(Br, 524.)*

Zu gleicher Zeit bedankt sich B bei Sergej Tretjakow und bei dessen Frau »für die Energie und Freundlichkeit«, mit der sie sich um seine Frau gekümmert haben. Er hatte gehofft, daß Tretjakow mit Helene Weigel nach Svendborg kommt. »Sie könnten sich hier erholen und zugleich könnten wir mancherlei durcharbeiten.« B berichtet ihm von der Fertigstellung seines Bandes *Lieder Gedichte Chöre* in Paris (→ 12. 11.), den er ihm schicken will, sobald er die Korrekturfahnen hat. »Ein großer Teil der Ausgabe geht nach Deutschland.« Im April plane er mit Hanns Eisler eine Reise nach Moskau. Mit Kurt Kläber und einigen anderen laufe ein Versuch, »ein Archiv zum Studium des Faschismus zu gründen« *(Br, 526)*.

Ende Dezember 1933
Versuch, mit Kesten als Verlagslektor umzugehen

B wendet sich erneut an Hermann Kesten, der sich in einem Gespräch mit B skeptisch gegenüber dessen *Dreigroschenroman*, andererseits aber interessiert an anderen Arbeiten gezeigt hat (→ 15. 12.): »Sie selber aber wüßten ja nicht, ob ich überhaupt Romane schreiben könnte. Da für mich die Möglichkeit besteht, über Romane ebenso wie das beim *Dreigroschenroman* der Fall war, *ohne* vorherige Prüfung abzuschließen, wie das ja auch für andere Autoren meines Ranges möglich ist (eine der Möglichkeiten nannte ich Ihnen), schied für mich nach dieser Ihrer Erklärung eigentlich die Möglichkeit, mit de Lange zu weiteren Abschlüssen zu kommen, aus.« Nach Lektüre zweier Bücher von Kesten habe er »eine große Differenz unserer Anschauungen über Zwecke und damit über Maßstäbe literarischer Arbeiten« festgestellt und fürchte nun, daß »die Arbeiten, die ich Ihnen als dem Lektor vorlegen würde, von Ihnen als dem Romanautor begutachtet würden«. Er könne dem Verleger gegenüber die Haltung einnehmen, daß er zwar Bs Meinung nicht teile, aber dessen Literatur anerkenne. »Ich sagte Ihnen, daß ich selber, wäre ich Lektor, so etwa mit Döblin oder Feuchtwanger verfahren würde, deren einzelne Werke nicht eben meinen Auffassungen entsprechen, die ich aber in ihrer Gesamtheit soweit akzeptiere, daß ich immer sagen würde, man muß sie drucken und zur Diskussion stellen, und zwar alles, was sie schreiben.« *(Br, 522.)*

Bernard von Brentano hat B (am 6. 12.) seine Broschüre *Der öffentliche Dienst* zugeschickt und um seine Meinung gebeten. Brentano gibt B, dessen »eindeutige revolutionäre kommunistische Haltung« zu bewundern ist, zu bedenken, »ob diese Haltung auf die Dauer einzunehmen der Sache nützt – oder aber nur einem Apparat, den am Leben zu halten, in seiner heutigen personellen und theoretischen Zusammensetzung, der Sache nicht nützt«. Er habe die deutschen Kommunisten niemals für Bolschewiken gehalten, sondern für »eben unzufriedene Sozialdemokraten. Hyperreformisten.« B hat sich mit der Lektüre des Brentano-Artikels Zeit gelassen und schreibt ihm (Ende Dezember) einige Gedanken dazu. B rät ihm, »eine längere Arbeit über *Die Unfähigkeit der Bourgeoisie und Kleinbourgeoisie, den Staat ordentlich zu verwalten*«, zu schreiben. »Darin könnten Sie die Hauptfrage, nämlich daß der Sozialismus eine Sache der Produktion ist, klären!« *(Br, 525.)*

Vorschläge für ein *Braunbuch*

B hat an Texten für ein *Braunbuch* gearbeitet und schreibt an Otto Katz: »Jetzt muß man natürlich mit umso größerer Wucht die gerichtsnotorische Brüchigkeit der Grundlage der Kommunistenverfolgungen darlegen. Also jetzt am besten

nur Dokumente, ausschließlich Montage. Das muß selbst reden! Nur jetzt nichts Gefühlsmäßiges mehr! Die stufenweise Anordnung, allmähliche Entblätterung dieses Anklagebaumes wird jetzt noch wirksamer sein.« Er macht in 7 Punkten Vorschläge zur Montage der Texte *(Br, 527)*. Zu diesem Projekt gibt es die Texte *Entwurf für ein Braunbuch* und *Zwei Voruntersuchungen (22,30f.)*, außerdem ein Gesamtkonzept mit folgender Gliederung: »*I. Teil: Der Reichstagsbrand* oder ›*Hitler rettet Europa*‹. *Wie die Hitlerregierung die Lage in Deutschland im Februar und März 1933 der Welt darstellt.*« – »*II. Teil: Zwei Voruntersuchungen.*« – »*III. Teil: Zwei Prozesse. Das weltgeschichtliche Duell zweier Gerichtshöfe: Leipzig gegen London.*« – »*IV. Teil: Der Vernichtungskampf gegen die deutsche Arbeiterbewegung soll moralisch-politisch begründet werden.*« – »*V. Teil: Zwei Urteile.*« – »*VI.Teil: Nachwort.*« *(22,885-887.)* Im *Braunbuch II. Dimitroff gegen Goering. Enthüllungen über die wahren Brandstifter* (1934 in Paris anonym erschienen) sind keine Texte Bs enthalten.
B ermutigt Ernst Ottwalt, der von Moskau (im November) in die Redaktion der *Neuen Deutschen Blätter* nach Prag delegiert wurde, in die neuen Ausgaben der Zeitschrift »allerhand Arbeit« zu investieren, »damit die ersten in Vergessenheit gebracht sind«. Er möchte jetzt nicht noch etwas dafür beisteuern und wünscht nicht schlechter behandelt zu werden »als die Kesten usw.«. B fragt, ob Ottwalt lange in Prag bleiben will. »Hier ist es übrigens auch im Winter nicht übel! Übel aber ist es in Paris, wenn es auch Möglichkeit für Arbeiten dort gibt, freilich wenige.« *(Br, 528.)*
31. Dezember, Sonntag. Nach der Abreise Bs sei Paris für ihn wie ausgestorben, schreibt Benjamin an Gershom Scholem. B habe ihn nach Dänemark eingeladen, und er erwäge die Vorzüge und Nachteile so einer Veränderung *(Wizisla, 385)*.
Dezember. Die Nationalsozialisten haben den Kommunisten Hans Otto, seit 1930 Schauspieler am Staatlichen Schauspielhaus Berlin, verhaftet. Goebbels verhängt über das Schicksal des Schauspielers eine Nachrichtensperre. Als B im Dezember (im Auftrag des Bundes proletarisch-revolutionärer Schriftsteller) wegen des Verschwindens von Otto einen *Offenen Brief an den Schauspieler Heinrich George* schreibt, weiß er nicht, daß der Schauspieler bereits (am 4. 11.) ermordet wurde. B wendet sich an George (der in *Mann ist Mann* Galy Gay gespielt hatte; → 4. 1. 28), weil der Schauspieler »unter keinerlei Verdacht« steht, etwas »gegen das gegenwärtige Regime« zu haben. »Sehr frühzeitig sollen Sie es als einen Fehler eingesehen haben, daß Sie so lange mit uns Kommunisten arbeiteten. Durch völlige Unterwerfung

Dezember 1933
Offener Brief an den Schauspieler Heinrich George

sollen Sie sich das höchste Lob unserer und früher auch Ihrer Feinde zugezogen haben. Wir können also annehmen, daß Sie ganz unbehelligt und frei herumgehen und nach Ihrem Kollegen Otto sich umsehen können.« *(22,21.)*

1934

Anfang Januar. Elisabeth Hauptmann kümmert sich (nach der Abreise von B und Margarete Steffin nach Dänemark) mit Walter Benjamin, der darüber berichtet, um die Endfertigung von *Lieder Gedichte Chöre*. Benjamin lehnt wie sie den Umschlag in »einem ebenso mißverständlichen wie ungefälligen Braun« ab und will bei Otto Katz intervenieren (→ 15. 1.). Die Hauptmann habe Benjamins Aufsatz *Die gegenwärtige gesellschaftliche Lage des französischen Schriftstellers* gelesen; auf ihren Rat fragt er bei B an, ob er ihn über Michail Kolzow an die Redaktion der *Internationalen Literatur* schicken soll. Aus Berlin hat Benjamin gehört, daß »ein erheblicher Teil« seiner Bücher (→ 22. 12. 33) demnächst nach Dänemark abgesandt wird *(Benjamin, Versuche, Nr. 3)*.

3. Januar, Mittwoch. Bernard von Brentano stimmt Bs »Formulierungen über Diktatur« nicht zu. Er sei zwar auch für die Diktatur der Klasse, »aber nicht für die der Clique« *(481/22)*.

10. Januar 1934
Verlag Felix Bloch Erben fordert gezahltes Darlehen zurück

10. Januar, Mittwoch. B hat sich in einem (nicht erhaltenen Brief vom 26. 12.) erneut an Fritz Wreede gewandt, um die »Vertragssache« zu klären. Wreede weist Bs »auf die Ansicht mehrerer Juristen gestützte Meinung« ab, er habe den zwischen Felix Bloch Erben und B bestehenden Vertrag »in seinen Hauptpunkten verletzt und aufgehoben«, weil darin »das Moment der höheren Gewalt« außer acht gelassen worden sei, unter dem er handeln mußte. »Es war mir doch nicht zuzumuten, Ihnen, der Sie Deutschland verlassen haben und dessen Werk unter den gegenwärtigen Verhältnissen hier nicht verwertbar ist, weiterhin einen Vorschuß zu zahlen auf Einnahmen aus künftigen Werken, wo doch schon in der abgelaufenen Vertragsfrist das Werk, das Sie mir ablieferten, auch in der Vergangenheit als unverwertbar sich erwies.« Wreede kündigt das B gezahlte Darlehen (→ Ende Mai 33) zum 15. 4. und fordert ihn zur Rückzahlung auf. In einem PS bietet Wreede B die Bühnenexemplare zu *Die heilige Johanna der Schlachthöfe* und zu *Die Spitzköpfe und die Rundköpfe* an und fügt hinzu: »Es wird sich aber dringlich empfehlen, bei der Behörde festzustellen, ob dieselben nach dem Ausland ausgeführt werden dürfen.« *(783/64-66.)*

13. Januar, Sonnabend. Margarete Steffin ist aus der Wohnung von Ruth Berlau und Robert Lund (→ 21. 12. 33) ausgezogen und hat sich in der Kopenhagener Pension Westergaard (Amagerbrogade 29) eingemietet. Von da aus unterhält sie Kontakte zu den nach Dänemark emigrierten führenden Vertretern der KPD (ihr Kontaktmann ist Willi Adam). Von B erhält sie weitere Kapitel des *Dreigroschenromans* mit der Bitte um Durchsicht. (B hat Helene Weigel noch nicht von der Übersiedlung Steffins nach Dänemark informiert und ist sich unsicher, was den Zeitpunkt ihres »Auftauchens« betrifft. Die bevorstehende Ankunft Hanns Eislers (→ 25. 2.) hält er für eine günstige Gelegenheit. »Ich dachte, Du solltest etwa gleichzeitig auftauchen, aber zuvor will ich noch nach Kopenhagen kommen.« Er sei jetzt »mitten in Arbeit am Schlußkapitel« des *Dreigroschenromans* und erbittet ihre Kritik über *Das Lied vom Klassenfeind (11,210-214)*, das er (für *Lieder Gedichte Chöre*) bald abschicken muß *(Br, 529)*.

Mitte Januar. Auf Walter Benjamins Anfrage, ob er der »Reichsschrifttumskammer« in Berlin beitreten soll (weil in Deutschland nur Texte ihrer Mitglieder veröffentlicht werden dürfen), rät B zu einem solchen Schritt, aber so spät als möglich *(Br, 532)*.

15. Januar, Montag. B schickt an den Verlag Allert de Lange »das Einleitungskapitel des *Dreigroschenromans* für den Vorverkauf«. Er habe jetzt die 1. Fassung des Romans (mit einem Umfang von 250-280 Seiten) fertiggestellt. »Die endgültige Fassung wird vielleicht länger, aber keinesfalls kürzer werden.« Er bittet, bei der typographischen Einrichtung »für eine möglichst *bequeme* Lesbarkeit zu sorgen«, und möchte eine »Druckprobe« sehen *(Br, 530)*. Der Verlag bestätigt den Eingang der Sendung und bittet um das Neher-Foto (→ 11. 12. 33) und eine kurze Inhaltsangabe des Romans. Vom Vcrlag wird dcr Titel *Dreigroschenroman* ohnc Artikel bestatigt *(780/4)*.

Carola Neher als Polly, Aquarell Caspar Nehers, 1929

17. Januar, Mittwoch. B schickt dem Verlag Allert de Lange für die Umschlaggestaltung des *Dreigroschenromans* ein Aquarell Caspar Nehers, das Carola Neher als Polly in der *Dreigroschenoper* darstellt. Er erwartet einen sorgsamen Umgang mit dem Bild, »es ist für mich tatsächlich unersetzlich« *(Br, 531)*.

Elisabeth Hauptmann (die das kurz vor ihrer Überfahrt in die USA am 17. 1. B mitteilt), Walter Benjamin und Otto Katz legen fest, daß der Einband von *Lieder Gedichte Chöre* (→ Anfang Januar) »grau-glänzend« sein soll *(480/116-119)*.

18.-Ende Januar 1934
Reise nach Kopenhagen

Arbeiten am *Dreigroschenroman*

18. Januar, Donnerstag. B kommt für mehrere Tage nach Kopenhagen und arbeitet mit Margarete Steffin am *Dreigroschenroman* und an letzten Details von *Lieder Gedichte Chöre*.

20. Januar, Sonnabend. Erstdruck der (1933 geschriebenen) *Ballade vom Baum und den Ästen (11,224f.)* in *Unsere Zeit*, Paris/Basel.

28. Januar, Sonntag. Elisabeth Hauptmann berichtet B von der Überfahrt und ihrer Ankunft in New York, wo sie durch Bs Vermittlung für acht Tage bei seinen Verwandten untergebracht ist. Auf dem Schiff sei auch Ferdinand Bruckner (Theodor Tagger) gewesen, der etwas für B in den USA machen will. »Die Art wie so jemand über Sie sprach, war mir ganz überraschend und hinterließ sogar einen wirklichen Eindruck. Erstens kennt er alles von Ihnen, er hat es förmlich studiert [...].« Sie bittet B, an Bruckner die *Versuche* zu schicken. Auch sollte er sich überlegen, ob er nicht im Frühjahr für zwei Monate in die USA kommt. »In Paris ist sowieso jetzt große Pleite und es wird dort immer verrotteter. Ich würde Ihnen nicht zuraten, wenn ich nicht wirklich das Gefühl hätte, daß Sie sich wohl fühlen würden.« *(480/107-112.)*

Januar 1934
Stellungnahme zur Kautsky-Kritik von Karl Korsch

Januar. B hat Karl Korschs »große Kautskykritik« gelesen *(Die materialistische Geschichtsauffassung. Eine Auseinandersetzung mit Karl Kautsky)* und schreibt ihm dazu einige Bemerkungen. Angesichts einer »Demokratie durch Sozialisierung«, wie sie Kautsky vorschwebe, scheint B die »tiefe Weisheit der Klassiker« angeraten, »das Proletariat auf eine Revolution zum Zweck der Umwälzung der materiellen Produktion zu verweisen«. Die »materielle Produktion« sei »nicht nur ihr ›Hebel‹«, sondern »das Ziel«. Wenn dabei eine Demokratie herauskommen sollte, müßte aber ihr »Inhalt jedenfalls grundsätzlich gewechselt« werden. B glaubt nicht an eine (vielerorten im Exil geäußerte) Tendenz zu einer europäischen Faschisierung. »Der deutsche Fascismus hat recht ausschlaggebende Gründe, die für andere Staaten wegfallen.« Er verspricht sich nur etwas »von einem möglichst beim Konkreten bleibenden Studium der Lage«. Man müsse »das Handwerkszeug in Ordnung bringen«. Bei seinem nächsten Besuch in Svendborg soll Korsch genügend Zeit mitbringen *(Br, 533)*.

Auch Kurt Kläber wird von B eingeladen, nach »Dänisch-Sibirien« zu kommen, um sich auszuruhen und zu arbeiten. »Vor allem aber kämen wir zu etwas Zuspruch.« Auch Kläbers Frau, Lisa Tetzner, habe Interesse an einem Besuch bekundet. »Greift zu, Ihr Pioniere, jetzt sind noch die schönsten Weideplätze zu haben, die Goldadern liegen dicht unter dem Boden, die Terrains warten auf Eure Initiative.« Helene Weigel habe in Moskau wenig gesehen, »sie lag fast immerzu krank und fuhr weg, als sie wieder halbwegs auf dem Damm war« *(Br, 534)*.

Ende Januar. B macht auch Bernard von Brentano Svendborg schmackhaft: »Neben unserm steht ein Haus mit etwa fünf Zimmern, das ungefähr 7-800 Kronen – 420-480 Mark – Jahresmiete kostet, allerdings möbellos ist.« Hier könne

man im Radio »die geistigen Kämpfe in Deutschland verfolgen«. B plane eine Reise nach Moskau, »um mit Josef [Stalin] ein ernstes Wort unter 150 000 000 Augen zu sprechen. Im Namen des Pfarrernotbundes.« B erkundigt sich nach Sternberg, Dudow und Kesser und will wissen, wovon Herbert Jhering lebt. »Hoffentlich nicht nur von der Zuversicht, daß ich bald zurückkomme.« *(Br, 536.)*
Alfred Döblin gegenüber bedauert B, daß er ihn in Paris wegen einer Erkältung nicht besuchen konnte. »Dann fuhr ich ab, ohne mich noch einmal melden zu können, da ich als guter Kommunist den Weihnachtsbaum im Kreise meiner Familie betrachten muß.« Er schildert seinen neuen Exilort: »Fünen ist der gesündeste und angenehmste Teil Dänemarks. Bücher beschafft einem die hiesige Bibliothek. Zeitungen und Radio halten einen auf dem kriechenden.« *(Br, 537.)*
1. Februar, Donnerstag. Elisabeth Hauptmann hat in New York verschiedene Leute für B interessiert, benötigt aber für konkrete geschäftliche Abschlüsse Texte. Sein Vorschlag, sie solle das Thema von Karl dem Kühnen gestalten, erscheint ihr »sehr kühn«; sie will es erst mit »Geschichten« versuchen *(480/105f.)*.
10. Februar, Sonnabend. B reist (zu seinem 36. Geburtstag) nach Kopenhagen und mietet sich (bis 12. 2.) im Grand-Hotel ein.
13. Februar, Dienstag. B trifft wieder in Svendborg ein. In einem (kurz nach seiner Abreise geschriebenen) Brief dankt ihm Margarete Steffin für die Zeit, in der er »ungeheuer nett und rücksichtsvoll« ihr gegenüber gewesen sei. »Daß Du es sein konntest, könnte mich zur Schuldnerin machen, aber ich bin eh' schon versklavt. Aber diese Haltung sollst Du nicht wieder nötig haben, obwohl es sehr sehr sehr gut von Dir war.« *(388/1f.)*
Mitte Februar. Margarete Steffin, die für B in Kopenhagen Verhandlungen mit Verlagen führt und den Kontakt mit dem Übersetzer Otto Gelsted intensiviert, schreibt ihm von den Querelen (»Hintertreiben und Verfälschen und Herumerzählen«) Ruth Berlaus. Gelsted wünsche keinen weiteren Kontakt mit Berlau. »Wenn dich mal ein schönes Mädchen anruft, mußt Du von Klatsch bis Kinderkriegen selbst die Folgen überlegen. Geht mich alles nichts mehr an. Du sitzt im Nebel.« *(ZGALI 388/1-2.)*
15. Februar, Donnerstag. Erstdruck der (1933 geschriebenen) *Hitler-Choräle* 2 *(11,217f.)* und 4 *(11,221)* in *Neue Deutsche Blätter*, Prag (Nr. 6).
17. Februar, Sonnabend. Leo Lania hat in London Verhandlungen »mit Korda persönlich« über den »Semmelweis-Stoff« geführt und teilt B mit, daß dieser »daran sehr interessiert« sei (→ 19. 8.) *(479/73)*.

10.-12. Februar 1934
Reise nach Kopenhagen

Ich bin jetzt 36 Jahre alt und habe diese Jahre nicht müßig verbracht [...]. Ich habe nicht für mich gelebt, sondern in großer Öffentlichkeit, denn seit meinem 21. Lebensjahre bin ich durch literarische Werke und manche Unternehmung, die damit zusammenhängt, bekannt geworden. Auch habe ich heute schon Schüler und habe oft andere beraten oder geleitet. Dies alles erwähne ich nur, um dem einigen Nachdruck zu geben, daß ich sage: ich kenne mich im Leben nicht aus. Dabei bin ich nicht etwa unpraktisch, schwebe keineswegs in großen Höhen, meide durchaus nicht das »Getriebe der Welt«, bin kaum ein »unschuldiges Gemüt«. Ich habe vorteilhafte Verträge abgeschlossen, die mir ein meinen Wünschen entsprechendes Leben ermöglichten, ich besitze Häuser, einen Wagen, ich unterhalte eine Familie, beschäftige Sekretäre, und das, obwohl der Charakter meiner

Arbeiten ein eher marktfremder genannt werden muß. Aber selbst wenn ich unpraktisch wäre, in dem Sinn, wie ich mich ratlos genannt habe, sind auch Praktische ratlos, ich weiß es. *(Mitte 1934; 26,302.)*

25. Februar, Sonntag. Hanns Eisler und dessen Freundin Lou Jolesch treffen in Dänemark ein. B bringt sie in der Pension Stella Maris in Svendborg unter (nahe von Bs Haus Skovsbostrand 8) und nutzt die Ankunft auch dazu, Margarete Steffin (die seit dem →20. 12. 33 in Kopenhagen wohnt) nach Svendborg zu holen (→ 13. 1.) und in der gleichen Unterkunft einzuquartieren. Helene Weigel hatte versucht, für Brecht Arbeiten auf der Schreibmaschine zu erledigen. Ruth Berlau erinnert sich: »Eines Tages sah ich sie mit einem Gipsverband ums Handgelenk, sie hatte eine Sehnenscheidenentzündung beim Tippen bekommen. Sie konnte viel, aber das konnte sie nicht. / Als Sekretärin war Margarete Steffin nicht zu ersetzen, durch niemanden.« *(Berlau/Bunge, 110.)*

Arbeit an einer Bühnenfassung ***Die Spitzköpfe und die Rundköpfe***

B, Eisler und Steffin arbeiten von nun an täglich an einer Fassung von *Die Spitzköpfe und die Rundköpfe* für eine Kopenhagener Aufführung.

Im Moskauer Klub Ausländischer Arbeiter vom Deutschen Theater »Kolonne links« findet der erste öffentliche Vortrag von *Die Ballade vom Reichstagsbrand* (→ 18./19. 10. 33) statt. Ernst Ottwalt hat die Ballade »szenisch bearbeitet« und Gustav von Wangenheim inszeniert.

26. Februar, Montag. Elisabeth Hauptmann hat unter anderem Material Bs Geschichte *Der Arbeitsplatz* (→ 15. 4. 33) gefunden, freilich ohne die letzte Seite, und sie »der Vorsicht halber« abgeschrieben. Sie habe auch eine »Geschichte über Frau Einsmann« geschrieben und bittet B, sie ihr zu schicken. »In Ihrer Geschichte ist so gut, daß die Frau selber zwei Kinder hat, daß der Mann tot ist, und die Geschichte mit dem erpresserischen Portier.« *(480/99-104.)*

5. März, Montag. Walter Benjamin informiert B von einem Brief Elisabeth Hauptmanns aus St. Louis (wohin sie zu ihrer Schwester weitergereist ist), dem zufolge B dort »keinerlei Schwierigkeiten« haben würde, »sich schnell und ziemlich breit durchzusetzen«. Benjamins Bibliothek sei inzwischen aus Berlin auf dem Weg nach Svendborg. »Daß die Bücher sogleich zu Ihrer Verfügung stehen, brauche ich wohl kaum zu bemerken.« Benjamin schreibt über den Plan einer Vortragsreihe, in deren Rahmen er auch über das Theater Bs sprechen will *(Benjamin, Versuche, Nr. 4.)*

15. März, Donnerstag. Margarete Steffin bestätigt Walter Benjamin, daß seine Bücher (→ 5. 3.) in Svendborg angekommen sind. B, Eisler und sie seien noch mit den *Spitzköpfen* beschäftigt: »So wie die Motte um das Licht (um mit deutschen Dichterworten zu sprechen) gehen meine Gedanken bloß immer um die Pferde des Callas (kennen Sie die *Spitzköpfe*?) und um die Pacht. Ich kann nichts lernen, schlafe bereits 10 Uhr abends beim Lesen ein, wache erst gegen 8 auf, und der Tag ist erfüllt mit Pacht und Pferden.« B und Eisler, die Benjamin grüßen, laden ihn nach Svendborg ein *(WBA 23/86)*.

Hanns Eisler fühlt sich bald von B zu stark in die Arbeit am Text einbezogen und vom Komponieren abgehalten. Er reist mit dem Versprechen, bald wieder zurückzukehren, nach Paris ab. Da sich Steffins Gesundheitszustand erneut verschlechtert hat, bemüht er sich dort mit Lou Jolesch, über Willi Münzenberg für sie wiederum einen Sanatoriumsaufenthalt in der Sowjetunion vermittelt zu bekommen (→ Anfang Oktober).

Mitte März. Auf Anfrage stellt B Ernst Schoen (→ 1. 11. 30), dem es »nicht allzu rosig« geht, Arbeiten von sich zur Verfügung, wenn er »in England damit etwas anfangen« kann. Er fragt ihn nach Jacob Geis *(Br, 538)*.

17. März, Sonnabend. Karl Korsch teilt B mit, daß er vorläufig in London bleiben wird. Er gibt ihm Ratschläge für den englischen Titel des *Dreigroschenromans* und schickt ihm ein (von dem Arzt Herbert Levy überprüftes) und »den hiesigen Verhältnissen angepaßtes Exposé über relativ beste und billigste Abtreibungsmittel«. B arbeitet es in das Kapitel »15 Pfund« des *Dreigroschenromans* ein *(16,67-83)*. Da B auf den Brief nicht antwortet, bittet Korsch (am 14. 5. in einem chiffrierten Brief) Maria Lazar um Nachrichten an »Berta« und Auskünfte darüber, ob seine »Einlage über das *Problem Ihrer Barbara im letzten Akt*« (Abtreibung) angekommen ist *(alternative, Berlin, H.105,245f.)*.

Ende März. B möchte von Karl Korsch zwei Fragen beantwortet wissen, die ihm wichtig erscheinen: die Frage nach den »marxistischen leninistischen Methoden und Konstruktionen«, die »Ideologiecharakter angenommen« haben, und nach denen, die zu Unrecht »nicht mehr praktiziert« werden, sowie die Frage nach den Erfahrungen der Arbeiterklasse »bei Versuchen, ihre Stellung in der Produktion politisch auszunützen«. Er regt ihn zu einer Kritik von Stalins *Probleme des Leninismus* an. »Ich stecke immer noch in schwerer Arbeit an den *Spitzköpfen*, und wenn ich da herauskomme, beginnt wieder die am Roman.« *(Br, 539.)*

31. März, Sonnabend. B schreibt an seinen englischen Agenten Elias Alexander, daß er ihm den *Dreigroschenroman* sofort nach Erscheinen zuschicken wird, und schlägt ihm drei Varianten eines englischen Titels vor. »Übrigens habe ich dieser Tage eine völlige Neuformung meines Stükkes *Die Rundköpfe und die Spitzköpfe* fertiggestellt. Es enthält Balladen und Songs mit einer Musik von Hanns Eisler, und ich glaube, es hätte im englischen Theater eine große Chance.« *(Br, 540.)*

31. März 1934
Fertigstellung der Bühnenfassung von *Die Rundköpfe und die Spitzköpfe*

B mahnt den Verlag Allert de Lange um die fällige Zahlung

seiner zweiten Vorschußrate für den *Dreigroschenroman*. Den Rest des Textes will er »in sechs bis acht Wochen« abschicken *(Br, 541)*. Im Bücherverzeichnis des Verlags wird der *Dreigroschenroman* als »literarisches Ereignis« angekündigt. »Nicht nur deshalb, weil die epische Bearbeitung der *Dreigroschenoper* Aufsehen erregen wird, sondern weil Brecht einen Prosastil gefunden hat, der von größter Bedeutung ist. Mit einer erstaunlichen Kraft und Härte und mit suggestiver Anziehungskraft läßt er die bekannten Figuren und die klassische Fabel voll symbolischer Bedeutung und in einer großartigen Weise wieder aufleben.« *(Deutsche Bücher des Verlags Allert de Lange, Amsterdam, Frühjahr 1934.)*

März. Erstdruck des (1929 geschriebenen) Gedichts *Verschollener Ruhm der Riesenstadt New York (11,243-250)* in *Die Sammlung*, Amsterdam (Heft 7).

9. April, Montag. Lion Feuchtwanger berichtet B von seinen Plänen in diesem Jahr und lädt ihn erneut nach Sanary-sur-Mer ein, wo er wiederum für den Sommer ein geräumiges Haus mieten wird *(478/100f.)*.

11. April, Mittwoch. Margarete Steffin, die weiterhin in der Pension Stella Maris wohnt (→ 25. 2.), muß bei der Svendborger Polizei vorsprechen. Um eine Verlängerung ihrer Aufenthaltserlaubnis zu bekommen, täuscht sie eine Erholungsreise in Dänemark vor (→ 15. 5.). Durch Rückfrage bei der Pension erfährt die Polizei von ihrer Arbeit als Sekretärin, aber Margarete Steffin dementiert ihre Anstellung bei B (→ 12. 8. 35) *(Nørregaard, 100)*.

16. April, Montag. Erstdruck des (1933 geschriebenen) Gedichts *An die Kämpfer in den Konzentrationslagern (11,227)* unter dem Titel *In den Konzentrationslagern* in *Die Neue Weltbühne*, Prag.

April 1934
Erstdruck der Gedichtsammlung *Lieder Gedichte Chöre*

Wie Chaplin in dem Film *Chaplin joins Arms* [*Shoulder Arms*, 1918, dt. *Gewehr über*] behauptet, er habe fünf bierbäuchige Bayern ›umzingelt‹, so kann Brecht von sich sagen, ganz allein das nazistische Deutschland eingekreist zu haben. *(Kai Friis Møller, Extra Bladet, Kopenhagen, 20. 4.)*

Brecht stellt ein literarisches Talent von seltenem Rang und Ausmaß in den Dienst der allerdringlichsten Sache: der Zukunft; er tut es mit einer

Mitte April. Die Gedichtsammlung *Lieder Gedichte Chöre* erscheint in einer Auflage von 3000 Exemplaren bei Editions du Carrefour, Paris.

20. April, Freitag. Die Kopenhagener Zeitung *Extra Bladet* veröffentlicht eine Rezension zu *Lieder Gedichte Chöre* von dem Literaten und Kritiker Kai Friis Møller und veröffentlicht dessen Übersetzung des in der Sammlung enthaltenen Gedichts *Verschollener Ruhm der Riesenstadt New York (11,243-250)*. Daran schließt sich unter dem Titel *Jannings und Reumert können nach Hause gehen und sich schlafen legen* ein Interview mit B an, das Luth Otto in Bs Wohnung geführt hat. Otto ist von der Einrichtung des Hauses Skovsbostrand stark beeindruckt: »Brecht und seine begabte Frau, die Schauspielerin Helene Weigel« hätten »das Haus im Laufe von vier Monaten so geprägt, wie andere Heime von ihren Bewohnern erst im Laufe eines langen Lebens« eingerichtet würden. »Im Arbeitszimmer nimmt ein langer, über und über mit Büchern und Papieren bedeckter Tisch die ganze Breite des Hauses ein, und durch drei Fenster mit den kleinen Scheiben im Giebel blickt man über den beinahe zu freundlichen Svendborgsund.« *(Engberg, 122f.)*

B legt in dem Interview seine Ideen über ein zeitgemäßes Theater dar, solidarisiert sich mit Erwin Piscator und Ferdinand Bruckner sowie mit Sergej Tretjakow und Wsewolod Meyerhold. Wie er hätten diese selbst Stücke geschrieben oder die Stücke anderer auseinandergenommen, daß man sie am Ende kaum wiedererkennen konnte, und »die Vorstellung der Leute über Dramatik völlig durcheinandergebracht«.

24. April, Dienstag. B hat mehrere Texte zum 60. Geburtstag von Karl Kraus *(Über Karl Kraus; 22,33-36)* geschrieben. Er wünscht ihm Glück, »da er wenig Glück hat und viel braucht«. In Ergänzung der Kritik am »Schweigen« von Kraus (→ November 33) sieht er in dieser Haltung jetzt ein »Urteil«, das durch die Autorität von Kraus zustande kommt. »Damit sein Schweigen auffällt, darf keines andern Reden erwartet werden.« Kraus ist für B »der erste Schriftsteller unserer Zeit«, der »in einem riesigen Werk [...] die Entartung und Verworfenheit der zivilisierten Menschheit« darstellt. »Als Prüfstein dient ihm die Sprache, das Mittel der Verständigung zwischen Mensch und Mensch.« Zur Beantwortung der von ihm aufgeworfenen Fragen kann nach Bs Meinung der Marxismus beitragen. Bs ursprüngliche Idee, die Gedanken der Texte in einem *Offenen Brief an Karl Kraus* zusammenzufassen, wird nicht ausgeführt.

Margarete Steffin bittet Walter Benjamin in Bs Auftrag um ein Urteil uber *Die Rundköpfe und die Spitzköpfe*. Die *Zeitschrift für Sozialforschung*, die er ihr geschickt hat, sei von B sofort in Beschlag genommen worden *(WBA, 2358-60)*.

30. April, Montag. B ist, »offen gesagt, ziemlich schwer enttäuscht«, daß Hanns Eisler die gemeinsame Arbeit (→ 15.3.) in Dänemark aufgeben will. »Ich weiß nicht, warum Sie Ihre so feste Zusage, sogleich zu kommen, sogar nach kaum achttägigem Aufenthalt in Paris, jetzt einfach zurücknehmen. Schließlich hängt davon unter Umständen das Schicksal gemeinsamer Arbeit ab. Wir sind sowieso fünf Minuten vor Torschluß und wir wissen es. Die Vorführung der Musik ist entscheidend. Ich kann nicht anders, als Ihnen die ganze Verantwortung für ein endgültiges Versäumnis zuzusprechen.« *(Br, 543.)*

1. Mai, Dienstag. Erstveröffentlichung von *Die Ballade vom Wasserrad (14,207)* in: *Unsere Zeit*, Paris/Basel/Prag (Nr. 5).

Anfang Mai. Seit seiner Ankunft in Dänemark unterhält B den Kontakt zu Per Knutzon und Lulu Ziegler (→ 5.8.33). Beide bemühen sich, Stücke von B in Kopenhagener Bühnen

Unbedingtheit, für die unsere Bewunderung groß ist: wir sagen das umso lieber und umso nachdrücklicher, als wir früher nicht immer zu seinen Bewunderern gehört haben. [...] Man soll das Buch kaufen, es ist unbedingt anzuraten. Viele Leute werden viele von diesen Gedichten, die in fünfzig Jahren klassisch sein könnten, auswendig lernen und sie singen, in Versammlungen, oder um sich und Freunde im stillen Zimmer zu ermutigen. Die beigefügten Noten von Hanns Eisler machen das Buch noch verwendbarer, es soll wirklich eine »Hauspostille« sein. *(Klaus Mann, anonym in: Die Sammlung, Amsterdam, Mai.)*

30. April 1934
Differenzen mit Hanns Eisler

unterzubringen. Das neue Stück *Die Rundköpfe und die Spitzköpfe* wird (in Otto Gelsteds Übersetzung) verschiedenen Theatern angeboten. Wie Knutzon (am 30. 4.) B mitteilt, habe Jørgen Rothenborg nach der Lektüre des Stückes gemeint, die »Zensur oder die deutsche Botschaft« würde es vermutlich verbieten, und auf keinen Fall würden »Juden Geld in ein so riskables Geschäft stecken«. B glaubt aber nicht, daß das Stück »die Judenfrage« zur Diskussion stellen werde. »Das geschähe doch nur, wenn es die ungerechtfertigten Leiden der Juden darstellte. Es stellt aber dar, daß das ›Jüdische‹ bei der politischen Verwendung der Rassenfrage durch den Nationalsozialismus (und andere reaktionäre Systeme, zum Beispiel den alten Zarismus, den Pilsudskismus usw.) gar keine Rolle spielt.« Wenn das Stück richtig aufgeführt werde, sind keine »wirklichen Unterschiede« zwischen den Rundköpfen und den Spitzköpfen zu bemerken. Er hofft, daß das Stück »eher wie ein indisches Märchen à la *Vasantasena* wirken« wird *(Br, 542)*.

4. Mai, Sonnabend. B dankt Walter Benjamin für die Zusendung des Aufsatzes *Zum gegenwärtigen und gesellschaftlichen Standort des französischen Schriftstellers* (in: *Zeitschrift für Sozialforschung*, Paris; *Benjamin, II, 2,776-803*). »Er liest sich wirklich ausgezeichnet und sagt mehr als ein Buch von 400 Seiten, wenn es anständig ist.« B lädt Benjamin erneut für den Sommer nach Svendborg ein. In einem Postskriptum versucht Margarete Steffin die Einladung dadurch attraktiv zu machen, daß sie schreibt: »B bekommt außerdem nächste Woche einen ganz alten Wagen (lächerlich billig, 350 Kr.), und da ich *vielleicht* einen Führerschein bekomme, würde ich mich für diesen Fall verpflichten, Sie ins Café zu fahren, so oft Sie wollen – obwohl die Weigel wundervollen Kaffee kocht, zu dem Sie von vornherein eingeladen sind.« *(Br, 544.)*

Ford hat ein Auto gebaut
Das fährt ein wenig laut
Es ist nicht wasserdicht
Und fährt auch manchmal nicht
(Aus: Alfabet; 14,231.)

10. Mai, Donnerstag. In dieser Zeit erwirbt B ein gebrauchtes altes T-Modell von Ford.

B dankt Herbert Levy für die Zusendung eines Lyrikbandes und erkundigt sich nach dem Befinden von Karl Korsch. »Es ist hier sehr viel langweiliger geworden ohne ihn: das Radio bietet nur mehr halb soviel Genuß.« *(Br, 546.)*

Mitte Mai. Seine Korrespondenzpause mit Karl Korsch begründet B mit »einer letzten Kraftanstrengung für die *Rundköpfe*, die wir, nachdem Madamme Lou [Jolesch] in die Flucht geschlagen war, ganz befriedigend in Ordnung bringen konnten«. Er habe neulich Charles Laughton (»unsern 8. Heinrich«) im Rundfunk »ausgezeichnet« den Macbeth sprechen hören. »Wenn ich in London wäre, würde ich versuchen, ihn für den Mauler in der *Johanna* zu interessieren.« *(Br, 548.)*

14. Mai, Montag. Elisabeth Hauptmann schreibt B (aus St. Louis) Anmerkungen zu der neuen Fassung von *Die Rundköpfe und die Spitzköpfe*. Sie gibt ihm ein »ganz grobes und en gros-compliment«: die neue Fassung sei in sich geschlossener, leider habe sie aber auch »etwas von der Grobheit und Turbulenz« verloren, die sie so mochte *(480/89-96)*. Hanns Eisler teilt B u.a. mit, daß sich in London Charles Laughton für die *Spitzköpfe* interessiert *(479/63f.)*. (Mit ihm kommt keine Aufführung dieses Stückes zustande.)

15. Mai, Dienstag. Aufgrund neuerlicher Nachfrage muß Margarete Steffin bei der Fremdenpolizei glaubwürdig erklären, daß sie nirgends angestellt ist, also keinem Dänen die Arbeit wegnimmt (→ 11.4.). Nach ihren Angaben schreibt sie an einem Roman, der in der Schweiz erscheinen soll. Arbeiten für B muß sie verleugnen, um nicht ausgewiesen zu werden.

19. Mai, Sonnabend. Gustav Regler bittet B im Namen der Redaktion *Der Gegenangriff*, der Zeitschrift zu ihrem einjährigen Bestehen (am 23.4.) einen telegrafischen Gruß zukommen zu lassen. Regler hat (mit anderen Zuhörern) am Vortag von Hanns Eisler einige Musiknummern aus *Die Rundköpfe und die Spitzköpfe* vorgespielt bekommen und sei dadurch »in der angenehmsten Weise« an B erinnert worden *(479/65)*.

21. Mai, Montag. Walter Benjamin hält die *Rundköpfe* für »ungemein wichtig und vollkommen geglückt«. Er vergleicht die Methode mit dem chinesischen Brettspiel Go (das er in Svendborg einführen will), bei dem die Steine nicht bewegt, sondern nur auf das leere Brett gesetzt werden. »Sie *setzen* jede Ihrer Figuren und Formulierungen an die richtige Stelle, von der aus sie von selber, ohne sich gebärden zu müssen, die richtige strategische Funktion ausüben.« Er kündigt seine Ankunft in Svendborg für Juni an *(Benjamin, Versuche, Nr. 5)*.

27. Mai, Sonntag. Sergej Tretjakow berichtet B aus Moskau von Karin Michaelis, die sich auf einer Besuchsreise in Moskau (→ 22.7.) befindet. Ihre Rede vor den Schriftstellern sei »energisch witzig und intim« gewesen. Tretjakow hätte gern B, Weigel und Steffin bei sich, der Platz werde reichen, wenn auch nicht für alle die Handtücher, »aber das ist 'ne Kleinigkeit«. Tretjakow ist an der Übersetzung Brechtscher Dramen und Gedichte interessiert, Gustav von Wangenheim denke an eine Aufführung der *Dreigroschenoper* und der *Rundköpfe* in der Kolonne links *(477/137f.)*.

28. Mai, Montag. Elisabeth Hauptmann bedankt sich bei B für die Zusendung des Gedichtbandes *Lieder Gedichte Chöre*, der ihr sehr gut gefällt. Sie suche zur Zeit an Frau Schaffauer heranzukommen, die in London lebt; sie habe

Handschrift Brechts:
»Steff und Barbara im ersten Jahr des Exils (1933)«

damals Teile des *Lindberghflugs* hervorragend übersetzt *(480/81f.)*.

29. Mai, Dienstag. Hanns Eisler hat, wie er B schreibt, mit der Direktion des Zürcher Schauspielhauses über eine Uraufführung von *Die Rundköpfe und die Spitzköpfe* verhandelt, bei der Erwin Piscator die Regie führen soll, und eine befristete Option ausgesprochen. Eisler beurteilt das Duett Isabella – Judith als »recht gut« und fordert von B weitere Texte an *(479/66-69)*. (Die Züricher Aufführung kommt nicht zustande.)

Ende Mai. B (als »Herr der Strohhütte«) schreibt an George Grosz nach New York (als »Herrn der Wolkenkratzer«), er wohne seit einigen Monaten »in einem strohgedeckten, länglichen Hause auf einer Insel mit einem alten Radiokasten«. Ihn habe der »Zorn des Volkes« hinweggespült. »Obwohl seine Nase einen Sattel und sein Haar keine Locken im Nacken hat, mußte auch er den goldenen Staub seiner Heimat von den Füßen schütteln. Vorüber sind die Zeiten der Asphaltliteratur. Die Gesellschaft zur Förderung gemäßigten Fortschritts [SPD] innerhalb der Grenzen des Erlaubten hat sich aufgelöst, auch die Gesellschaft der Freunde des bewaffneten Aufstands [KPD].« B lädt Grosz nach Svendborg ein: »Ein kleiner Ford aus der Urzeit verschafft Bequemlichkeit. Nirgends sitzest Du näher an Deiner Heimat!« *(Br, 547.)* Grosz freut sich (am 1.6.), daß B »der Nacht der langen Messer entronnen« ist und »oben bei der gemütlichen Karin« sitzt; er bedankt sich für die Einladung, aber es ziehe ihn nicht »nach dem lausigen beschissenen Europa« *(Grosz, Briefe, S. 196)*.

31. Mai, Donnerstag. Bernard von Brentano berichtet über seine erfolglosen Versuche in der Schweiz, Bs *Rundköpfe* bei Hans Curjel unterzubringen. Auch Ernst Ginsberg habe ihm das Manuskript ohne Begleitbrief zurückgeschickt; »ich weiß nicht, ob das Schauspielermanieren sind« *(481/25)*.

Anfang Juni. B leidet an Nierenschmerzen und muß sein Arbeitspensum einschränken.

Auf Gretel Karplus' (später Adorno) Warnung (vom 27. 5.) an Walter Benjamin, B bedeute für ihn »eine große Gefahr«, klärt er sie über die Beziehung auf: B ermögliche ihm, einen dem Pol seines ursprünglichen Seins entgegengesetzten zu behaupten; neben den Gefahren, die auf der Hand liegen, müsse auch die Fruchtbarkeit dieser Bindung erkannt werden.

Mit Margarete Steffin

2. Juni, Sonnabend. Walter Benjamin kündigt Margarete Steffin seine Ankunft in Dänemark für den 13. bzw. 20. 6. an; er will bis Oktober bleiben; er freut sich auf die Lektüre des *Dreigroschenromans* und hofft, daß der »Romancier« wieder ganz gesund ist *(478/23f.)*.

Mitte Juni. Wegen seiner zunehmenden Nierenschmerzen muß B in das Krankenhaus nach Svendborg. An Lion Feuchtwanger berichtet er (am 7. 7.): »Ich liege im Augenblick in der Svendborger Klinik mit einem kleinen Ureterstein aus hübschen Oxalatkristallen. Es ist ein bißchen schmerzhaft und verdirbt die Laune.« *(Br, 554.)*

Mitte Juni–5. Juli 1934 Krankenhaus Svendborg

In einem Brief an Bernard von Brentano kommt B auf die Rezension Franz Leschnitzers über Brentanos *Berliner Novellen* im Heft 2 der *Internationalen Literatur* (März/April) zu sprechen. Das »törichte Feuilletongewäsch« habe ihn »hoffentlich nicht allzu sehr« erbost; »es ist ja substanzlos. Übler Wille ohne Kraft.« B hält Brentanos Frage über die »schwache Besetzung wichtiger Posten« für eine »Nebenfrage«. »Im großen und ganzen hat die KP eine proletarische Linie eingeschlagen, wenn sie bei Führerstreitigkeiten sich an die KI [Kommunistische Internationale] wandte. Ich weiß kein Vorkommnis, wo dadurch eine revolutionäre Aktion zugunsten einer konterrevolutionären gelähmt würde.« Von allen »Anti-KP-Richtungen und -Maßnahmen« seien die wenigsten revolutionär gewesen, sie hätten eher konterrevolutionär gewirkt *(Br, 550)*.

17. Juni, Sonntag. Nachdem die *Berlingske Tidende* (am 10. 6.) bereits die »sensationelle Welturaufführung« von *Die Rundköpfe und die Spitzköpfe* in Kopenhagen angekündigt hat, gibt der Direktor des Dagmar-Theaters Knud Rassow die geplante Inszenierung auf. Enttäuscht schreibt Per Knutzon (→ Anfang Mai) an B, Rassow könne das Stück ebensowenig begreifen wie dessen reaktionärer und altmodischer Hauptregisseur und Dramaturg Dr. Rostrup.

20. Juni, Mittwoch. Walter Benjamin kommt in Svendborg an und wird in der Pension Stella Maris nahe von Bs Haus untergebracht. Er hat den Aufsatz *Der Autor als Produzent* geschrieben, den er als »Pendant« zu seiner Arbeit über das epische Theater einstuft *(Benjamin, Versuche, Nr. 5)*. B liest den Aufsatz im Krankenhaus.

23. Juni, Sonnabend. Durch seine Krankheit behindert, läßt B durch Margarete Steffin an den Verlag de Lange die Korrektur vom 1. Buch des *Dreigroschenromans* schicken und verspricht den Rest »laufend«. Er fände ganzseitige Illustrationen (von Caspar Neher oder Th. Th. Heine) sehr gut, »mit einem Satz aus dem Roman darunter, wie das in Büchern der neunziger Jahre üblich« gewesen sei. Auf einem beigelegten Blatt sind zahlreiche Angaben für typographische Lösungen zusammengestellt *(Br, 551)*.

Ende Juni. B schreibt an Karl Korsch, er nutze die Zeit seiner Krankheit und lese in Ermangelung von Kriminalromanen die »Kriegsdiskussion« in der *Neuen Zeit* (deren gesammelte Jahrgänge er aus Berlin nach Dänemark geschickt bekam).

Helene Weigel und Barbara

»Die Mehrheit der Sozialdemokratie (fast alles, was praktiziert) vollendeter Nationalsozialismus – auch so genannt!« Die »guten Argumente« von Kautsky und Mehring seien »wirklich Marxismus«. B zweifelt an Korschs Gedanken, »den Marxismus einer als verhältnismäßig kurz anzunehmenden Phase zu verhaften«, und erklärt ihn sich aus der intellektuellen »Ungeduld, in der er das zu oft Gewendete, nach allen Richtungen abprobierte Einunddasselbe als Ganzes weglegen will – eine gefährliche Ungeduld!«. Das Proletariat werde nach Bs Meinung »nicht so leicht ›neu‹ beginnen können«. Der mißglückte Weltkrieg werde wiederholt, die marxistische Bewegung in die »Illegalität« zurückgeschleudert *(Br, 552)*.

30. **Juni,** Sonnabend. Zur Minderung der Stärke der »Sturmabteilung« werden der gegen Hitler opponierende Stabschef der SA Ernst Röhm und weitere SA-Führer verhaftet und erschossen (»Röhm-Putsch«). B benutzt den Mord u. a. in der *Ballade vom armen Stabschef (14,213-216)* sowie in der Garagen-Szene von *Der Aufstieg des Arturo Ui (7,86-90)*.

2. **Juli,** Montag. Eine Freundin von Elisabeth Hauptmann, Margret Mynatt, die in London Literatur an Verlage vermittelt, hat auf Hauptmanns Veranlassung die *Rundköpfe* und den *Dreigroschenroman* zur Übersetzung gegeben. Sie bittet B um weitere Werke, mit denen sie in London etwas anfangen kann *(480/8)*.

3. **Juli,** Dienstag. Erneut kommen B Bedenken wegen der Kursivpassagen im 1. Buch des *Dreigroschenromans*; er bittet (über Margarete Steffin) den Verlag Allert de Lange um möglichst schnelle Zusendung der Fahnenabzüge, damit er von dem »Satzbild« einen Eindruck bekommt. Erst danach will er das Startsignal für den »Weiterdruck« geben *(Br, 555)*.

Eisler hat (am 18. 6.) mitgeteilt, daß er am 3. 7. in Svendborg ankommt *(479/58)*.

4. **Juli,** Mittwoch. Benjamin macht sich an diesem Tag Notizen über ein »langes Gespräch« in Bs Krankenzimmer über den Aufsatz (→ 20. 6.). B wolle Benjamins Theorie nur für den Typus des »großbürgerlichen Schriftstellers« gelten lassen, »dem er sich selber zuzählt«. Dieser sei an einem Punkt mit den Interessen des Proletariats solidarisch: an der »Fortentwicklung seiner Produktionsmittel«. Sie kommen bei Gelegenheit der Diskussion eines Gedichts von Johannes R. Becher auf Lehrgedichte (als Modelle) zu sprechen, in denen der Lernende bestimmt ist, »an die Stelle seines ›Ichs‹ zu treten« *(Benjamin, VI, 524)*.

5. **Juli,** Donnerstag. In einer Sonderbeilage der Zeitschrift *Rundschau über Politik, Wirtschaft und Arbeiterbewegung*, Basel, erscheint ein gemeinsamer Aufruf des Zentralkomi-

tees der Kommunistischen Parteien Deutschlands, Frankreichs, Großbritanniens und Polens *An das arbeitende Volk aller Länder*. B findet den Aufruf »*sehr* gut« und macht Bernard von Brentano darauf aufmerksam (→ Mitte Juli).

6. Juli, Freitag. Über ein Gespräch vom Vortag notiert Walter Benjamin, B habe zwei literarische Typen unterschieden: den »des Visionärs, welchem es ernst ist, auf der einen und des Besonnenen, dem es nicht ganz ernst ist, auf der andern Seite«. Dabei kommen sie auf Franz Kafka zu sprechen, »den er für einen großen Schriftsteller hält, wie Kleist, wie Grabbe oder Büchner«. Nach seiner Meinung habe Kafka »seine eigene Form nicht ohne den Großinquisitor von Dostojewski und jene andere parabolische Stelle in den *Brüdern Karamasoff* gefunden [...], wo der Leichnam des heiligen Staretz zu stinken anfängt«. Das Parabolische läge mit dem Visionären im Streit. »Er betont, wie schon früher in Le Lavandou [→ 6. 6. 31] und mir deutlicher, die prophetische Seite an seinem Werk.« Kafka habe das »Verfahren der GPU« und andere Formen des entfremdeten Zusammenlebens vorausgesehen, eine Lösung habe er aber nicht gefunden *(Benjamin, VI, 525f.)*. Benjamin gibt ihm seinen Artikel *Franz Kafka*, den er aus Anlaß von dessen 10. Todestag (am 6. 3.) geschrieben hat (→ 4. 8.).

6. Juli 1934
Erneutes Gespräch über Kafka mit Benjamin

Elisabeth Hauptmann kümmert sich von St. Louis aus weiterhin um den Vertrieb von Bs Werken in den USA und in Großbritannien. Sie erkundigt sich bei ihm nach dem *Dreigroschenroman*. Über Margret Mynatt (→ 2. 7.) habe sie inzwischen in London Kontakte zu Fritz Kortner und Frau Schaffauer hergestellt *(480/79f.)*.

7. Juli, Sonnabend. Zum 50. Geburtstag von Lion Feuchtwanger dankt ihm B dafür, »daß Sie in 15 Jahren von Ihren 50 mir so viel und so gut geholfen haben, wie kaum jemand«. Er teilt mit, daß ihn die Redaktion der *Sammlung*, Amsterdam, mit einer »Expreßforderung überfallen« und er einen Geburtstagstext abgeliefert habe, den Feuchtwanger »mit Nachsicht« lesen sollte. »Den üblichen Salat wollte ich vermeiden, Sie verstehen.« *(Br, 554.)* Bs Text ist unter dem Haupttitel *Lion Feuchtwanger fünfzig Jahre* mit Glückwünschen vieler anderer emigrierter Schriftsteller im Juli-Heft der Zeitschrift veröffentlicht. B verteidigt darin den auch gegen Feuchtwanger ins Feld geführten nazistischen Begriff der »Asphaltliteratur«. Was spreche gegen den Asphalt »außer diesen Unheilbaren, denen kein heil! helfen kann?«. Im Grunde seien alle Werke Asphaltliteratur, »die wenigstens ein bestimmtes *Minimum* jener bürgerlichen rationellen Vernünftigkeit enthalten, welche die Werke der Swift, Voltaire, Lessing, Goethe usw. in so hohem Maße auszeichnet« *(22,36f.)*.

Mit seinem Vater, Skovsbostrand

Feuchtwanger beklagt sich in seiner Antwort (am 13.7.), daß es erst seines »Eintritts ins Greisenalter« bedarf, ehe er von B etwas hört. Bs derzeitige Erkrankung habe gewiß damit zu tun, daß er »eigensinnig die Landstriche der Hyperboreer unserem zivilisierten Mittelmeerklima« vorziehe. Feuchtwanger empfiehlt B »ernstlich« eine Übersiedlung in den Süden. »Auch würden mit den nördlichen Nebeln in der klaren Luft hier viele Ihrer Ideen sicherlich verschwinden.« *(Feuchtwanger, 10.)*

10. Juli, Dienstag. In Zürich hat Armin Kesser über einen Buchhändler Bs »Lebensanzeige« erhalten und schildert nun seinerseits seine eingeschränkten schriftstellerischen Arbeiten. Bei einer Reise (vor sechs Monaten) »in Teufels Küche« (nach Berlin) habe er auch Herbert Jhering getroffen. »Er hat seine alte Anhänglichkeit bewahrt und freute sich besonders darüber, daß Sie sein Verbleiben in B. – entgegen den blöden Angriffen der Prager-Bühne & Co. – für richtig und begründbar halten.« Bs Sammlung *Lieder Gedichte Chöre* hält Kesser »nach dem Auftreten Dimitroffs« für »das zweite große antifaschistische Ereignis«. »Wir müssen hier schon sehr verkommen sein, denn solche große Form, solche Weiterbildung des lyrischen Textes habe ich nicht mehr für möglich gehalten.« *(481/10.)*

12. Juli, Donnerstag. Einer Notiz Walter Benjamins zufolge hat B am Vortag nach dem Schachspiel vorgeschlagen, für Karl Korsch ein neues Spiel auszuarbeiten; er habe gesagt: »Ein Spiel, wo sich die Stellungen nicht immer gleich bleiben; wo die Funktion der Figuren sich ändert, wenn sie eine Weile auf ein und derselben Stelle gestanden haben: sie werden dann entweder wirksamer oder auch schwächer.« *(Benjamin, VI, 526.)*

Mitte Juli. B entschuldigt sich bei Bernard von Brentano wegen seines langen Schweigens und führt das auf seine immer noch nicht ganz auskurierte Erkrankung zurück. Auf den Röhm-Putsch eingehend (→ 30.6.), findet B, Hitler könne sich »der maßgeblichen Clique immer noch mannigfach nützlich machen, immerhin, es sind wenig Mittel da: die revolutionären Forderungen der SA waren wohl hauptsächlich ein *bezahlter* Urlaub und dann haben sie auch außer dem Ehrenkleid kein anderes Kleid. Uniformverbot ist da gleich Nacktkultur.« B geht nochmals auf »Leschnitzers Schmarren« (→ Ende Mai) ein und empfiehlt Brentano, er soll »dem Verein« wieder nähertreten, »um solche Quatschköpfe zur Ruhe zu bringen«. Er weist ihn auf einen politischen Aufruf hin (→ 5.7.) und bewertet den täglichen Nachrichtendienst der Züricher *Rundschau Nachrichten-Agentur* (Redakteur: Theo Pinkus) als »ausgezeichnet (für eine Korrespondenz)«. Weiterhin macht er Brentano auf den

Aufsatz *Bemerkungen zur Wirtschaftskrise* von Friedrich Pollock aufmerksam, der in der (jetzt in Paris erscheinenden) *Zeitschrift für Sozialforschung* (Heft 3, 1933) erschienen ist. B erkundigt sich nach Fritz Sternberg sowie nach Kurt Kläber und lädt Brentano nach Svendborg ein. »Es ist hübsch und billig.« *(Br, 556.)*

20. Juli, Freitag. B ist »etwas unglücklich über den Satz« des *Dreigroschenromans*, teilt er dem Verlag Allert de Lange mit. »Meine dänischen Freunde, denen ich die Bogen zeigte und die gut Deutsch können, versichern mir, die Schrift sei für sie fast unlesbar.« Es käme aber gerade jetzt »auf die Auslandsleser« an. »Natürlich weiß ich nicht, ob Sie es überhaupt noch ermöglichen können, eine andere Schrift zu wählen, aber wenn die Kosten nicht *sehr* groß wären, würde ich es Ihnen unbedingt empfehlen.« Er schickt als Beispiel für einen gelungenen Schriftsatz eine Ausgabe des Insel Verlags von Rilkes *Malte Laurids Brigge* zur Ansicht *(Br, 557)*.

Brechts Vater mit den Enkeln Stefan und Barbara, Skovsbostrand

22. Juli, Sonntag. Karin Michaelis ist von ihrer Reise in die Sowjetunion (→ 27. 5.) zurückgekehrt und berichtet über ihre Eindrücke. Auch Margarete Steffin, die (16.-20. 7.) wegen einer Blinddarmreizung im Krankenhaus war, hört sich die Berichte aus der Sowjetunion mit an. Walter Benjamin notiert (am 23. 7.), B habe sich daran erinnert, wie stolz Sergej Tretjakow 1932 auf alles war, was er dem Gast bei einer Führung durch Moskau zeigte (→ 10. 5. 32). B sei aber der Bewunderung »müde« geworden: »Es ist ja so: es sind seine Soldaten, seine Lastautos: Aber eben leider nicht meine.« *(Benjamin, VI, 526.)*

23. Juli, Montag. Über das Problem der typographischen Gestaltung des *Dreigroschenromans* berichtet B sowohl Walter Landauer als auch Gerard de Lange und bittet um Änderung des Schriftsatzes. »Es ist ein so feierlicher, langbärtiger, würdevoll wandelnder Satz.« *(Br, 558.)* Mit gleicher Post gehen die ersten Korrekturen an den Verlag zurück.

24. Juli, Dienstag. Walter Benjamin beschreibt Bs Arbeitszimmer in Skovsbostrand: »Auf einen Längsbalken, der die Decke von Brechts Arbeitszimmer stützt, sind die Worte gemalt: ›Die Wahrheit ist konkret.‹ Auf einem Fensterbord steht ein kleiner Holzesel, der mit dem Kopf nicken kann. Brecht hat ihm ein Schildchen umgehängt und darauf geschrieben: ›Auch ich muß es verstehen.‹« *(Benjamin, VI, 526.)* Den Esel hatte B als Geschenk von Helene Weigel zum Geburtstag erhalten. Wie sie berichtet, haben Gäste bei Vorlesungen neuer Texte den Kopf des Esels angetippt, wenn sie schwerverständliche Stellen enthielten.

Ende Juli. Karl Kraus äußert sich in der Nummer 890-905 der *Fackel* unter dem Titel *Warum die Fackel nicht erscheint* zur Lage in Österreich, rechtfertigt Kanzler Dollfuß als

Arbeitszimmer, Skovsbostrand

»Retter«, ist bereit, den klerikalen Austrofaschismus zu akzeptieren, und stellt sich hinter die Niederschlagung des Februaraufstandes in Wien. B nimmt seine Verteidigung von Kraus (→ November 33) zurück und kritisiert dessen Gesinnungswandel in dem Gedicht *Über den schnellen Fall des guten Unwissenden (14,216f.)*, in dem es heißt: »Der da auszog gegen die Unterdrückung, selber satt / Wenn es zur Schlacht kommt, steht er / Auf der Seite der Unterdrücker.« Walter Benjamin gibt seiner Freundin, der holländischen Malerin Toet Blaupot den Cate, eine Darstellung seines Aufenthalts in Svendborg. Die Geschichten von Karin Michaelis an den belebten »lärmenden« Sonntagnachmittagen entschädigten ihn »für ihr Vorhandensein nicht«, er spüre jedesmal das Spießbürgertum »in seiner liberalen Verkleidung nur um so provozierender«. Sein Dasein sei nicht nur »durch trübes Wetter, wenige Wege, armen und steinigen Sand beschränkt«; er suche auch aus anderen Gründen mitunter nach einer Unterbrechung seiner Arbeit. »Daß die Nähe der Steffin die Atmosphäre im Hause von B manchmal drückend macht, können Sie ohnehin sich leicht denken. Im übrigen wird sie so abgeschieden gehalten, daß öfter Tage vergehen, ohne daß ich sie sehe.« *(Benjamin, VI, 811.)*

Mit Karin Michaelis

Juli. Erstdruck des (Anfang 1934 entstandenen) Gedichts *Erwartung des zweiten Plans (14,189)* in *Unsere Zeit*, Paris (Heft 11). Das Gedicht bezieht sich auf den 2. Fünfjahresplan, der auf dem XVII. Parteitag der KPdSU (für die Jahre 1933/34 bis 1937/38) beschlossen wird. In den *Neuen Deutschen Blättern*, Prag, wird in Nr. 10 das Gedicht *Die Käuferin (14,202)* zum erstenmal gedruckt.

2. August, Donnerstag. Arnold Zweig hat Bs Glückwünsche für Lion Feuchtwanger (→ 7. 7.) »mit tiefem Vergnügen geschlürft (meine Sekretärin sträubt sich, diesen kulinarischen Ausdruck aus der Maschine zu lassen)«; er habe ihm »die besten Erinnerungen an unsere Sanary-Zeit und die Eisenbahnfahrt nach Paris aufgefrischt«. Seine Bemerkungen zur Gedichtsammlung *Lieder Gedichte Chöre* will sich Zweig für einen Artikel in den *Neuen Deutschen Blättern* (→ 20. 12.) aufsparen. »Sie haben hier [in Haifa] eine kleine, aber gewichtige Anhängerschar, Brecht, und dies Gedichtbuch, die *Versuche* würdig fortsetzend, wird von ernsthaften Menschen mit tiefer Freude und Dankbarkeit gelesen, laut gelesen. [...] Sie sind der wichtigste Mann, der nach dem Krieg angefangen hat, zu schreiben. Ihr Tonfall, und was Sie in ihm vorbringen, ist so unersetzlich wie der Georg Büchners, und den haben Sie zum Glück überlebt und müssen zunächst einmal mich und dann Feuchtwanger einholen, ehe Sie ernsthaft an Gallensteine denken dürfen.« *(478/31f.)*

3. August, Freitag. B schickt den 3. Teil des *Dreigroschen-*

romans an den Verlag Allert de Lange. »Es fehlt nun nur noch das Schlußkapitel, das ich Ihnen in den nächsten Tagen senden werde.« Er bittet um Zusendung des Schutzumschlags. »Vielleicht wird es mir bei seinem Anblick leichter, eine Einführung zu finden.« *(Br, 561.)*

3. August 1934
Versand von Teilen des *Dreigroschenromans* nach Amsterdam

4. August, Sonnabend. B sei, wie Walter Benjamin (am 5. 8.) notiert, von sich aus auf dessen Aufsatz über Kafka (→ 6. 7.) zu sprechen gekommen, nachdem er sich wochenlang dazu nicht geäußert hat. Benjamin habe Kafka »aus allen Zusammenhängen« herausgelöst. Man müsse fragen, was Kafka getan und wie er sich verhalten hat. Seine Geheimniskrämerei sei Unfug *(Benjamin, VI, 528).*

6. August, Montag. B sendet dem Verlag »für den Almanach einen Druckstock mit einer Fotografie einer Gesichtsmaske«. Das Schlußkapitel des *Dreigroschenromans* kündigt er für den Abend an *(Br, 562).*

13. August, Dienstag. George Grosz bedankt sich bei B für den »schönen Gedichtband« *(Lieder Gedichte Chöre)* und fragt, ob er »noch einige Exemplare von den *Drei Soldaten*« (*Versuche*, Heft 6) bekommen könnte. Er findet die Hitlerchoräle »sehr gut und nützlich«; im New-York-Gedicht *(11,243-250)* habe B begreiflicherweise »ein bißchen daneben gehauen«. Grosz meint: »no Bert, das mußt Du erst mal selbst gesehen haben« *(Grosz, Briefe, S. 200).*

15. August, Mittwoch. B schickt nun laufend ausgeführte Korrekturen in den *Dreigroschenroman*-Fahnen an den Verlag zurück und gibt weitere typographische Ratschläge. »Die neue Kursivschrift ist sehr schön, wie denn überhaupt der Druck sehr schön und sorgfältig aussieht.« *(Br, 563.)*

16. August, Donnerstag. Margret Mynatt hat in London *Die Rundköpfe und die Spitzköpfe* Fritz Kortner zu lesen gegeben und richtet B in dessen Auftrag aus, das Stück habe in England nach Kortners Meinung große Chancen, wenn B »die Leute in politischer Beziehung nicht allzu sehr auf den Kopf hauen« und »sich bestimmte Beschränkungen auferlegen« würde. Man dürfe in diesem Land nicht »eindeutig« werden und könne viel erreichen, wenn man sich »etwas tarnt«. Kortner würde gern seine sehr guten Beziehungen zur britischen Filmindustrie auch für B ausnutzen. »Wie er sagt, nicht nur aus Freundschaft, sondern auch aus egoistischen Gründen, vom Schauspielerstandpunkt aus. Er würde Ihnen raten, mal für ein paar Wochen herzukommen, sobald Sie wieder hergestellt sind und es finanziell können.« *(480/9.)*

18. August, Sonnabend. Mit einer neuen Rücksendung von Korrekturen schreibt B an de Lange: »bei der Korrektur sehe ich, daß die Absätze des Manuskriptes vom Setzer immer noch nicht beachtet werden. Diese Angelegenheit ist mir von großer Wichtigkeit. Natürlich gehören die Absätze genau so zum Roman wie Titel und Motti; sie sind noch wichtiger.« *(Br, 564.)*

19. August, Sonntag. Leo Lania teilt B aus London mit, daß er das Angebot angenommen hat, einen Film zu schreiben. Bei dieser Gelegenheit wolle er versuchen, »unseren Semmelweis-Stoff« (→ 17. 2.) über Oskar Homolka bei einer Filmfirma unterzubringen *(479/74).*

Nach dem Tod des (86jährigen) Reichspräsidenten Paul von Hindenburg (am 2. 8.) wird Hitler (mit 89,9 % Ja-Stimmen) als dessen Nachfolger gewählt.

23. August, Donnerstag. B schickt alles, was er »an Korrekturbogen noch hatte«, an de Lange und bedauert das Fehlen der Anschlußbögen, »da dadurch ein Aufenthalt entsteht und ich die Arbeit gern bald abgeschlossen hätte«. Für die Copyright-Seite wünscht B die Anmerkung: »Dem Roman liegt das Theaterstück *Die Dreigroschenoper* und John Gays *Beggar's Opera* zugrunde.« *(Br, 565.)*

26. August, Sonntag. B hat von »befreundeten Schriftstellern« gehört, daß Nico Rost ein »besonders guter Übersetzer« sein soll, und wäre dem Verlag Allert de Lange verbunden, wenn man den Holländer, falls »die Übersetzung nicht schon vergeben« ist, in Erwägung zöge *(Br, 566).* In einem weiteren Brief von diesem Tag dankt B für den letzten Teil der Korrekturen. Die neue Kursivschrift füge sich aber zu gut ins Satzbild ein, so daß »nicht so der Eindruck« entstünde, »daß hier etwas *zitiert* wird, daß hier bestimmte Sprüche und Redereien *ausgestellt* werden«. Von den letzten Korrekturen erbittet B fünf Exemplare, »da ich dann, indem ich mehrere Personen gleichzeitig lesen lasse, die Arbeit viel schneller bewältigen kann« *(Br, 567).*

Schlußkorrekturen für den *Dreigroschenroman*

Wegen einer Epidemie (spinale Kinderlähmung), die im rund 20 Kilometer von Svendborg entfernten Fåborg grassiert, fährt Helene Weigel mit den Kindern in den südlich von Kopenhagen gelegenen Badeort Dragør. In dieser Zeit zieht Margarete Steffin vermutlich ins Haus Skovsbostrand 8 ein und arbeitet mit B an den Korrekturen zum *Dreigroschenroman.* B schreibt an Helene Weigel, daß neue Fälle von Kinderlähmung sowohl in Svendborg als auch in Kopenhagen aufgetreten seien. Wichtig sei, daß sie zu Robert Lund geht »und wegen des Ausschlags ebenfalls« fragt. In Svendborg sei es ohne die Kinder »öde«, »die Schaukeln schauen trostlos aus«. Vom *Dreigroschenroman* seien die letzten Korrekturen eingelaufen. »Es sind 483 Seiten, ganz stattlich.« *(Br, 569.)*

28. August, Dienstag. B bittet den Verlag um Auszahlung der letzten Rate seines Vorschusses für den *Dreigroschenroman* in holländischen Gulden *(Br, 568).*

29. August, Mittwoch. Walter Benjamin notiert (am 31. 8.) eine »lange und erregte Debatte« mit B über dessen Kafka-Artikel, der nach Bs Ansicht »dem jüdischen Faszismus Vorschub leiste«. Das »Dunkel um diese Figur« werde vermehrt, während es darauf ankäme, »die praktikabeln Vorschläge« Kafkas zu formulieren. Den *Prozeß* nennt B ein »prophetisches Buch«. »Was aus der Tscheka werden kann, sieht man an der Gestapo.« *(Benjamin, VI, 529.)* In diesem Zusammenhang schreibt B *Über die moderne tschechoslowakische Literatur.* Darin bekennt er sich zu Schriftstellern wie Hašek, Kafka und Bezruc. Insbesondere fände sich bei Kafka »in merkwürdigen Verkleidungen vieles Vorgeahnte«. Er schildere »mit großartiger Phantasie die kommenden Konzentrationslager, die kommende Rechtsunsicherheit, die kommende Verabsolutierung des Staatsapparats, das dumpfe, von unzugänglichen Kräften gelenkte Leben der vielen einzelnen« *(22,37f.).*

Ende August. B teilt Helene Weigel mit, daß Margarete Steffin am 4. 9. nach Moskau fahren wird. Da aber von dort noch keine Antwort da sei, soll die Weigel die Fahrkarte so spät als möglich kaufen. »Es ist fade hier. Was sagt der Lund zu Deiner Stirnhöhle? Versäume das ja nicht!« *(Br, 570.)*

August. Erstdruck des Gedichts *Das Kreidekreuz (14,236f.)* in *Die Sammlung*, Amsterdam, Heft 12 (August).

1. September, Sonnabend. B beklagt sich beim Verlag Allert de Lange, daß man für die Kursivpassagen »neuerdings« eine Fettschrift gewählt hat. »Es genügt nicht, daß die Schrift schön, und nicht einmal, daß sie deutlich ist. Sie muß Zitatcharakter haben. Außerdem *darf* sie nicht kleiner sein als die andere, sonst entsteht der Eindruck, es handele sich um Zusätze von untergeordneter Bedeutung.« *(Br, 572.)*

2. September, Sonntag. B lobt in einem unvollständig überlieferten Brief an George Grosz (→ 10. 10.) seinen Exilort. B hat sich wieder die Zeichnungen angesehen, die Grosz für das Kinderbuch *Die drei Soldaten* gemacht hat. Er beschreibt ihm ein großes chinesisches Gemälde (das er bei Karin Michaelis gesehen hat) *(Br, 572).*

Die Insel Fünen wird der Garten Dänemarks genannt. So weit man blickt, ist alles grün und, was wichtiger ist, die Leute haben gute Handelsverträge mit England. [...] Ich kann gut leben, habe einen 500 Seiten langen Roman geschrieben und, was wichtiger ist, ich habe einen guten Handelsvertrag mit einem holländischen Verlag. Dennoch plane ich fortwährend Schläge gegen die Verbrecher, die im Süden hausen, verstehst Du? *(An Grosz, 2. 9.)*

4. September, Dienstag. Der Internationale Revolutionäre Theaterbund Moskau hat bei Per Knutzon angefragt, ob er behilflich sein kann, ihm das Stück *Die Rundköpfe und die Spitzköpfe* zu verschaffen. In dem Brief, den Knutzon B zuleitet, heißt es u. a.: »Überhaupt wäre es uns sehr lieb, mit Brecht in persönlichen Kontakt zu kommen, und wir wären Dir sehr dankbar, wenn Du uns das vermitteln könntest.« *(476/25.)*

8. September, Sonnabend. Aus Moskau berichtet Sergej Tretjakow B vom Allunionskongreß der Sowjetschriftsteller (27. 8.-1. 9.), der nach seiner Meinung »bedeutungsvoll«

gewesen sei. Von Maxim Gorki sei das Thema des sozialistischen Realismus angesprochen worden, und »viele haben nach allerlei Arten diesen Begriff erklärt und bewiesen«. Tretjakow habe das dringende Bedürfnis, mit B über eine Reihe theoretischer Fragen zu diskutieren, die sich ihm stellen. Für Margarete Steffin sei nach Bs Aufforderung das Geld nach Leningrad geschickt worden *(477/139f.)*. B beschäftigt sich mit dem Kongreßthema in seinem Text *Über die Devise revolutionärer Realismus (22,38f.)*.

8.-Ende September 1934
Reise nach Dragør

B fährt (»am Samstag«) zu Helene Weigel und seinen Kindern nach Dragør, »aber zunächst ohne Benjamin«. Er bittet sie (in seinem Ankündigungsbrief von Anfang September), sich um die Verlängerung von »Gretes Paßvisum« zu kümmern und den Paß bei Per Knutzon zu deponieren *(Br, 573)*.

11. September, Dienstag. B schreibt Margarete Steffin (die am 9. 9. die Reise nach Moskau angetreten hat), daß er mit »einem ganz großen Schnupfen in Dragør« angekommen sei. Er hofft, daß sie sich (am 12. 9.) »im Zug nach Leningrad« befindet. Mit Karl Korsch will er die Geschichte des »Ui« *(Wenige wissen heute; 19,367-375)* besprechen. »Liebe Grete, Du kommst mir vor wie eine Tochter, die ins Feld zog.« *(Br, 574.)*

14. September, Freitag. B bittet den Verlag Allert de Lange um eine dritte Korrektur und um den Schutzumschlag. Wegen der Urheberschaft müßte man Caspar Neher erst fragen, ob sein Name genannt werden soll. »Herr Neher könnte, da er in Deutschland lebt, sonst Anstände bekommen.« *(Br, 576.)*

Mitte September. B schreibt Walter Benjamin (nach Svendborg), er habe sich (wegen seiner Erkältung) für ihn in Kopenhagen noch nicht verwenden können. Notfalls müsse er selbst kommen. »Es wird Ihnen wohl auch langweilig werden allein in Svendborg.« *(Br, 578.)*

Benjamin kündigt seine Ankunft in Kopenhagen für den 25. 9. an und hofft auf »ein bekanntes Gesicht an der Bahn«, da er den Weg nach Dragør nicht kennt; anschließend will er weiter nach Gedser, um Gretel Adorno zu treffen. Machiavellis *Geschichte von Florenz* – eine Quelle für den Ui (→ 19. 10.) – schickt er vorab *(Benjamin, Versuche, Nr. 6)*.

16. September, Sonntag. B versichert seinem holländischen Verlag, daß er über den *Dreigroschenroman* »keinerlei Auslandsabschluß gemacht und also auch noch nichts eingenommen« habe *(Br, 577)*.

Vertrag mit dem Malik-Verlag über das Erscheinen der *Gesammelten Werke*

20. September, Donnerstag. B hat mit Wieland Herzfelde, der nach Dänemark gekommen ist, Verhandlungen über das Erscheinen seiner *Gesammelten Werke* im Malik-Verlag geführt und schließt mit ihm einen Vertrag ab. Dem zufolge sind drei Bände geplant: Band 1 mit *Die Rundköpfe und die*

Spitzköpfe und *Die Ausnahme und die Regel*, Band 2 mit *Die Dreigroschenoper* und *Die heilige Johanna der Schlachthöfe*, Band 3 mit *Der Jasager*, *Der Neinsager*, *Die Maßnahme*, *Die Mutter* und *Das Badener Lehrstück vom Einverständnis*. Für jeden Band sind 8 Illustrationen vorgesehen (→ 10. 10.).

Er informiert Gerard de Lange über diesen Plan. »Es erscheinen vorläufig drei Bände. Da meine bisherigen Bücher durch die Ihnen bekannten Umstände buchstäblich in alle Winde zerstreut wurden, liegt mir besonders viel daran, daß man aus jedem Buch erfährt, wo die übrigen zu erhalten sind.« Er wünscht sich, daß in der Erstausgabe des *Dreigroschenromans* mit Anzeigen für die *Versuche* und für *Lieder Gedichte Chöre* geworben wird *(Br, 579)*.

Der Plan zu den *Gesammelten Werken* wird in der Form nicht eingehalten (→ Ende Mai 38).

Auch den Pariser Verleger Rosner (von der Edition Bernard Rosner, mit dem er wegen einer Ausgabe seiner Werke verhandelt hat) informiert B (am 20. 9.) über den Malik-Plan. »Nach dem, was ich durch Eisler von Ihnen gehört habe, hätte ich sehr gern mit Ihnen zusammengearbeitet; aber es wäre eine zu große Unfreundlichkeit, Wieland Herzfelde jetzt, wo er ein altes Projekt verwirklichen kann, einfach eine Absage zu erteilen.« *(Br, 580.)*

21. September, Freitag. B bedankt sich bei Margarete Steffin für eine Büchersendung aus Moskau. Er schlägt ihr vor, den *Dreigroschenroman* dem sowjetischen Staatsverlag anzubieten, und schickt ihr eine Vollmacht mit. Er ist besorgt, daß sie noch kein Zimmer gefunden hat. »Bei einem Mann solltest Du aber nicht wohnen, wenn das wäre, müßtest Du es mir schreiben. Wenn es auch nur ein Tag ist oder aus Zufall!« Für die Bezahlung ihres Aufenthalts im Sanatorium läßt B durch Wieland Herzfelde Geld anweisen. »Auf jeden Fall mußt Du den besten Sanatoriumsplatz nehmen, ich treibe *bestimmt* das Geld auf.« *(Br, 581.)*

Einladung nach London

Leo Lania und Hanns Eisler schicken B eine Einladung nach London, um gemeinsam Lanias Stück *Ölfeld* für eine Aufführung am Guild Theatre in New York herzustellen *(479/78f.)*.

24.-26. September, Montag – Mittwoch. B hat mit Margarete Steffin telefoniert und versichert ihr, daß er etwas gegen ihre »Armut« tun wolle, vielleicht könne Willi Bredel etwas für sie tun *(Br, 582)*.

26. September, Mittwoch. Da »die Verbreitung der *Versuche* seit über einundeinhalb Jahren sehr im argen liegt«, entbindet B den Verlag Gustav Kiepenheuer aller Verpflichtungen und sich dem Verlag gegenüber. »Damit nehme ich die Rechte an den in der Reihe der *Versuche* erschienenen Dramentexten, Gedichten usw. in vollem Umfang wieder an mich.« *(Br, 583.)*

27. September, Donnerstag. Walter Benjamin ist (am 25. 9.) in den Badeort Dragør gefahren und berichtet in seinem Tagebuch von »einem abendlichen Gespräch, das vor einigen Tagen stattfand«. Dabei habe B die sonderbare »Unschlüssigkeit« entwickelt, »die zur Zeit der Bestimmung seiner Pläne im Wege ist«. Auf der einen Seite plane er kleine Prosaarbeiten wie die Geschichte des »Ui« (→ 11. 9.), »eine Satire auf Hitler im Stile der Historiographen der Renaissance«, und andererseits einen *Tuiroman*; dieser sei bestimmt, »einen enzyklopädischen Überblick über die Torheiten der Tellektuall-Ins zu geben (der Intellektuellen); er wird wie es scheint zumindest zum Teil in China spielen«. B sehe sich immer wieder auf die Parabel verwiesen, »in der sich die artistische Meisterschaft dadurch bewährt, daß die Elemente der Kunst am Ende sich in ihr wegheben«. Ebendiese Bemühungen setzten sich aber »in radikalerer Gestalt zur Zeit in den Überlegungen durch, die aufs Lehrgedicht gehen« *(Benjamin, VI, 530f.)*.

B drängt den Verlag Allert de Lange um die Übersendung des letzten Teils der dritten Korrektur vom *Dreigroschenroman*.

Ende September 1934
Zurück in Svendborg

Ende September. B ist zurück in Svendborg.

In Moskau trifft Margarete Steffin u. a. mit Gustav von Wangenheim zusammen, der sie von den Plänen für das Deutsche Theater Moskau informiert. Dabei kommt auch der Konflikt Wangenheims mit Erwin Piscator zur Sprache, insbesondere über Wangenheims Bevorzugung von Lotte Loebinger (für die Hauptrolle im Film *Die Kämpfer*) vor Helene Weigel. Wangenheim sagt zu diesem Vorfall in einer geschlossenen Parteiversammlung der deutschen Schriftsteller in Moskau (am 8. 9. 36) u. a. aus: »Aus dieser Geschichte ist eine teuflische Geschichte von Brecht gemacht worden, indem er erklärte, ich verfechte den Standpunkt, Juden dürfen in Moskau nicht spielen. Steffin hat vor Parteigenossen erklärt, das muß in die ausländische Presse, der Wangenheim muß aus der Partei ausgeschlossen werden.« Ernst Ottwalt erinnert sich in derselben Versammlung an Bs Meinung: »Es hieß: Wenn ich das meinem Freund Feuchtwanger schreibe, daß sie in Berlin nicht spielen kann, weil sie Kommunistin ist, und in Moskau nicht, weil sie Jüdin ist.« *(Lukács, Säuberung, 416.)*

1. Oktober, Montag. Bernard Rosner ist über Bs (→ 20. 9.) Verhandlungen mit Wieland Herzfelde »etwas bestürzt« und bittet B um eine Korrektur seiner Entscheidung *(774/30)*. B bleibt bei Herzfelde.

Anfang Oktober. Margarete Steffin beginnt ihre Kur in

einem Sanatorium in Arasindo, vier Autostunden entfernt von Tiflis im Kaukasus.
B ist zur Abreise nach London bereit, muß aber noch auf das dafür benötigte Geld des holländischen Verlags warten. Er schickt Helene Weigel nach Dragør das »einzige, geänderte« Exemplar *Rundköpfe* für Per Knutzon. »Da ich es auch für England brauche, muß es wie ein rohes Ei behandelt werden. Vielleicht läßt Per zunächst die ganz neue 7. Szene deutsch abtippen, damit sowohl für die Übersetzung als auch für mich Exemplare da sind (ich brauche mindestens fünf).« Da die Epidemie zurückgegangen ist, glaubt auch Mari Hold (→ 16. 3. 33), daß Helene Weigel bald zurückkommen kann.
B erkundigt sich bei Margarete Steffin (in einem Brief, den sie am 22. 10. erhält), warum ihre letzten Briefe »so wenig freundlich« waren. Er schickt ihr wieder Sonette, die sie numerieren soll. »Ich habe sie im Autobus und so weiter gemacht.« *(Br, 585.)* Vermutlich handelt es sich um *Das zehnte Sonett* und um *Das elfte Sonett (11,189)*.
3. Oktober, Mittwoch. B reist nach London ab. Er wohnt im Parma House (WC 1 Calthorpe Street).
Nach Bs Abreise hält Benjamin in seinem Tagebuch fest, daß B als Hauptgrund seiner Krankheit die Lektüre von Dostojewskis *Schuld und Sühne* angenommen habe. Zur gleichen Zeit sei B (in Dragør) in Hašeks Roman *Die Abenteuer des braven Soldaten Schwejk* vertieft gewesen. »Dabei konnte Dostojewski sich neben Hašek nicht sehen lassen [...]«, weil ihm »ein aufklärender Charakter fehlt« *(Benjamin, VI, 532)*.
5. Oktober, Freitag. Mari Hold, seit 1923 im Augsburger Haushalt des Vaters von B tätig, ab 1928 Haushälterin Bs in Berlin, war der Familie nach Dänemark gefolgt (→ 16. 3. 33). Sie heiratet in Svendborg den Fleischermeister Ohm und beendet ihre Arbeit im Haushalt von B und Helene Weigel. (Damit wird auch das Problem gelöst, daß sie, den dänischen Gesetzen zufolge, ohne eine Arbeitserlaubnis bei B angestellt ist.) B schreibt das *Dankgedicht an Mari Hold zum 5. Oktober 1934*, in dem er die Abschnitte ihres Lebens darstellt sowie ihre zuverlässige und umsichtige Arbeit würdigt *(14,217-219)*. Die Hochzeit von Maria Hold findet erst am 5. November statt (→ 7. 11. und 12. 11.); B hat sich beim Monat geirrt.
6. Oktober, Sonnabend. Walter Benjamin informiert B, daß ein (weiterer) Teil seiner Berliner Bibliothek nach Svendborg geschickt wird. Willi Münzenberg gründe in Paris mit amtlicher Unterstützung ein »Archiv zum Studium des Faschismus« *(478/22)*.
In einer weiteren Nachricht von diesem Tag bittet Benjamin

Das elfte Sonett

Als ich dich in dies fremde Land verschickte
Sucht ich dir, rechnend mit sehr kalten Wintern
Die dicksten Hosen aus für den (geliebten) Hintern
Und für die Beine Strümpfe, gut gestrickte!

Und für die Brust und für unten am Leibe
Und für den Rücken sucht ich reine Wolle
Damit sie, was ich liebe, wärmen solle
Und etwas Wärme von mir bei dir bleibe.

So zog ich diesmal dich mit Sorgfalt an
Wie ich dich manchmal auszog (viel zu selten!
Ich wünscht, ich hätt das öfter noch getan!)

Mein Anziehn sollt dir wie mein Ausziehn gelten!
Nunmehr ist, dacht ich, alles gut verwahrt
Daß es auch nicht erkalt, so aufgespart!

3. Oktober-20. Dezember 1934
Reise nach London

Arbeit an Filmgeschichten

B, Helene Weigels Konto auszugleichen, damit er wieder an sein darauf eingezahltes Geld komme; er wolle am 19. 10. Svendborg verlassen, um sich mit seinem Sohn zu treffen *(Benjamin, Versuche, Nr. 7)*.

10. Oktober, Mittwoch. B beklagt sich bei Walter Landauer, daß ihm der Verlag die letzte Rate noch nicht ausbezahlt hat, »obwohl er sie mir bereits annonciert hat«. Er hofft, daß er dadurch keiner Pression ausgesetzt werden soll, weil er dem Verlag die »anderssprachigen Rechte am Roman« nicht gegeben hat. Er habe in England und Frankreich Gelegenheit, direkt mit solchen Verlagen zu verhandeln, die sich bereits interessiert gezeigt hätten, als er gerade mit dem Roman anfing *(Br, 588)*.

George Grosz schreibt B (→ 2. 9.), er habe »große Lust, die Dramen zu illustrieren«, und verhandelt über das Honorar *(Grosz, Briefe, 202)*.

12. Oktober, Freitag. B hat inzwischen vom Verlag Allert de Lange telefonisch bestätigt bekommen, daß sein Geld an die Svendborger Adresse überwiesen wurde. Er teilt dies Helene Weigel mit, auch, daß er sich inzwischen aus der Schweiz Geld bestellt hat. »Hier alles all right, vielleicht sogar Geschäfte.« *(Br, 590.)*

13. Oktober, Sonnabend. B bittet Helene Weigel um Zusendung einer Szene aus den *Rundköpfen*. »Ich wohne in einer Pension, ohne Essen, Korsch wohnt über mir. – Die Theater sind vorsintflutlich.« *(Br, 591.)*

14. Oktober, Sonntag. B bestätigt Margarete Steffin den Eingang des von ihr besorgten 2. Bandes von Hašeks *Schwejk*-Roman und der Kriminalromane, »die ich natürlich kenne«. Vor seiner Abreise sei er »noch bei dem ersten Spezialisten Kopenhagens« seines Katarrhs wegen gewesen; »er hat gesagt, der Svendborger Arzt sei ein Esel und der Katarrh kommt von seiner Medizin. Deine Darmverwachsung war ja auch eine Blinddarmreizung.« Auf die eifersüchtige Anfrage Steffins, wer ihn nach London begleitet hat, antwortet B: »Natürlich hab ich mir 3-4 Mädchen mitgenommen, lieber Muck.« Außer der »schönen Lou [Jolesch] gibt's hier nichts und da müßte schon *sehr* starker Nebel sein ...« Er wohne »mit dem Professor [Korsch], aber der ist kein Ersatz«. Mit Hanns Eisler habe er das *Saarlied (14,219f.)* geschrieben *(Br, 592)*.

14. Oktober 1934
Das *Saarlied* entsteht

Das Saarlied soll die Abstimmung der Saarländer am 13. 1. 35 beeinflussen, in der darüber entschieden wird, ob das nach dem Versailler Vertrag (für 15 Jahre) dem Völkerbund unterstellte Gebiet im Status quo verbleibt oder an Deutschland bzw. Frankreich fällt. Angesichts einer chauvinistischen Hetze des faschistischen Deutschland gegen den Versailler Vertrag treten die aus dem Exil wirkenden Kom-

munisten für Beibehaltung des Status quo ein (→ 13. 1. 35). In diesem Sinne heißt es bei Brecht-Eisler: »Die uns das große Deutschland / Zerfleischten ganz und gar / Jetzt strekken sie die Hände aus / Nach unserer kleinen Saar.« Das Lied fordert auf, die Saar zu »halten«, danach werde das Blatt gewendet, »ab 13. Januar«.
Elisabeth Hauptmann schreibt B aus St. Louis über Wieland Herzfeldes Plan, die *Versuche* fortzusetzen; er preise Bs Werke in allen Ländern laut, auch in den USA; sie meint, B werde »innerhalb der nächsten fünf Jahre auch hier einziehen«. »Ich freue mich natürlich sehr, daß ich aus den Sachen nicht ganz verschwunden bin. Es ist einem leider nicht immer vergönnt, direkt nützlich zu sein und verwendet zu werden.« *(480/75-78.)* In einem weiteren (undatierten) Brief regt sie ihn wiederholt zu einer Übersiedlung in die USA an: »Wenn Sie aber kommen, können Sie keinen Besseren als mich finden, der Sie führt und Ihnen Sachen zugänglich macht. Und ich würde mich auch ganz privat sehr über Ihr Kommen freuen.« *(480/69-74.)*

19. Oktober, Freitag. B unterrichtet Walter Landauer davon, daß es in Dänemark (beim Verlag Hasselbalch) Interesse am *Dreigroschenroman* gäbe. Er bittet um möglichst rasche Zusendung einiger (der ersten) Exemplare des Romans nach London. Da er nicht sicher ist, ob der Verlag Allert de Lange »sich für weitere Bücher von mir interessieren würde«, bietet er ihm, »schon aus Loyalität«, eine »satirische Arbeit« an, »*Leben und Taten des Giacomo Ui aus Padua*, eine im Stil altitalienischer Chroniken abgefaßte Geschichte des Hitleraufstiegs« *(Wenige wissen heute; 19,367-375)*. Der »Ton des 17. Jahrhunderts« passe zu dem Stoff. »Das Ganze ist vom Standpunkt eines Historikers aus verfaßt, der den Ui verherrlichen will und also, da zur Zeit der Abfassung Ui schon lange gestürzt und vergessen ist, das paduanische Volk angreift, weil es den hohen Ideen dieses großen Mannes nicht zu folgen vermochte. Der Stil ist ein wenig nach dem Machiavelli.« *(Br, 593.)*

Arbeit an der satirischen Erzählung über das Leben des Giacomo Ui *(Wenige wissen heute)*

Margarete Steffin charakterisiert er seinen Aufenthalt in London: »Hier ist wieder das Herumlaufen auf dem Markt, die öden Zwischenzeiten, die Fleißaufgaben mit der Metro und den Bussen. Nur gibt es dieses Jahr keinen Tee, noch Kaffee zu Hause und das Mittagessen selb alleinig. Sonst ist London besser als Paris, größer und grauer, also besser.« *(Br, 594.)*

20. Oktober, Sonnabend. Der Verleger Steen Hasselbalch bekundet B das Interesse am *Dreigroschenroman* und an den Dramen Bs *(744/8f.)*.
Walter Benjamin reist von Dänemark (über Paris) nach Nizza.

Oktober 1934
Erstdruck vom *Dreigroschenroman* in Amsterdam

21. Oktober, Sonntag. B erkundigt sich nach Margarete Steffins Gesundheitszustand. Er möchte den Entwurf für ihr Stück *Wenn er einen Engel hätte ... (Steffin, 207-301)* sehen. »Vielleicht kann ich was dazu machen.« In London sei es langweilig. Er mache mit Eisler Marschlieder »für die Saarkampagne« (→ 14. 10.; z. B. *Krieg eurem Krieg; 14,220f.*). Wieland Herzfelde und Leo Lania seien vom *Dreigroschenroman* »begeistert«, Lion Feuchtwanger stoße sich dagegen »an dem Schiffegeschäft, da die englischen Beamten nur ganz reiche und also unbestechliche Leute seien, und das Peachumsche Bettelgeschäft sei auch in London nicht möglich«. Der Roman soll an diesem Tag in Amsterdam herauskommen, er habe aber noch kein Exemplar erhalten *(Br, 595).*
B erhält ein Vorausexemplar des Romans am Folgetag und bedankt sich bei Walter Landauer. »Der Umschlag sieht schön aus.« *(Br, 597.)* Die allgemeine Auslieferung des Buches beginnt im November.
Neben den zahlreichen positiven Besprechungen des Romans gibt es eine Ausnahme; Alfred Kantorowicz schreibt: »Brecht führt hier durch, was in seinen theoretischen Bemühungen in den *Versuchen*, die ihm ein Mittel zur Selbstverständigung waren, immer wieder zum Durchbruch kommt: seine Pädagogik. Die ihn für einen *Zyniker* halten, werden jetzt merken, daß er ein *Moralist* ist; immerhin ein Moralist mit revolutionären Konsequenzen. – Den (auch sehr weit gefaßten) Forderungen des *Realismus* entspricht der Roman von Brecht nicht. Man darf, ohne zu schematisieren, sagen, daß es ein *idealistisches* Buch ist. Es ist ein Buch, das Diskussionen sehr fruchtbarer Art anregen wird.« *(Unsere Zeit, Paris, Dezember.)*
Der Vorwurf löst einige Reaktionen aus, und nach Bs Intervention gegen die Kritik (→ Anfang Januar 35) erscheinen in *Unsere Zeit* zwei weitere (»bestellte«) Rezensionen (→ 16. 1. 35): »Ist dieser Text richtig oder falsch? Möglich, daß dieser Frage Beantwortung Verwirrung hervorruft, daß im Streit die Melodie vergessen wird, deren neuer Text den Kritikern vor Augen steht, daß die Form Brechts, die dem Titel Roman im herkömmlichen Sinne beileibe nicht entspricht, Irrtümer auch für die Beurteilung des in dieser Form Ausgesagten hervorruft. Nicht ob Brechts lehrhafte Aussagen bis aufs i-Tüpfelchen richtig sind – sie sind es nicht (und nicht nur das i-Tüpfelchen steht falsch) – ist die Frage, die wir uns vor seinem Buche vorlegen, sondern wem das Buch nützt und wem es schadet, wessen Schande es singt und wessen Ruhm, wen sein Spott vernichtet und wen er mit Ruten vorwärts treiben möchte. – Es kann keinen Zweifel über die Beantwortung dieser Fragen geben. Wir bejahen sie mit aller Freude an dieser unerhörten großen Zeitsatire, die nicht so

Rezensionen zum *Dreigroschenroman*

Sollte es im deutschen Sprachbereich noch einmal die Gelegenheit einer fundamentalen Schulreform geben, dann wäre Bert Brechts *Dreigroschenroman* in den Unterrichtsanstalten als Lehrbuch einzuführen. Eine unbelogene, skeptischere und darum glücklichere Jugend könnte aus diesem Roman Geschichte und Nationalökonomie, Soziologie und Psychologie erlernen. Und vor allem auch ihre Muttersprache, deren zulänglicher Unterricht – wie am Buch Brechts überzeugend klar wird – wahrscheinlich die sicherste Prophylaxe gegen die Berufskrankheit der heutigen Intellektuellen ist, nämlich gegen die fascistische Infektion. *(Wilhelm Stefan [Schlamm], Europäische Hefte, Prag, 8. 11.)*

Man liest das Buch, immer wieder stockend, oft verwirrt, in einem Zug wie einen Kriminalroman. Und dann beginnt man sofort wieder von vorne; erst bei der zweiten Lektüre, nachdem man die komplizierten Geschäfte und finanziellen Intrigen in ihrem Mechanismus begriffen hat, kommt man zum wahren Genuß des Werkes. – Dieser Roman hat die Bitterkeit und Schärfe Swifts, Szenen wie die Gedenkfeier für die untergegangenen Soldaten, bei der die Festgäste – die Schuldigen an diesem Massenmord – sich im Nebel so verirren, daß der Geistliche im Schlachthof landet, die Gerichtsverhandlung gegen Macheath, der Traum des Kriegskrüppels vor seiner Hinrichtung, eine Parabel über die kapitalistische Ausbeutung des Menschen, haben klassisches Format. *(Leo Lania, Pariser Tageblatt, 2. 12.)*

Der Dreigroschenroman [...] ist Brechts erste epische Arbeit. Es ist daher erstaunlich, mit welcher Sicherheit sich Brecht auf einem umfänglich, so gründlich und treffend hätte sein können, wäre sie nicht geschrieben von einem, dem die materialistische Betrachtung der Welt weder fremd noch eine Gewohnheit ist, sondern eine Methode, deren Anwendung immer wieder aufs neue erlernt werden muß.« *(Bodo Uhse, Unsere Zeit, April 1935.)* – »Brecht gehört zu uns. Wir sind stolz auf ihn und darauf, daß er zu uns gehört. Bert Brecht gehört zu uns und zur Zukunft der proletarischen Revolution.« *(Paul Haland, Unsere Zeit, April 1935.)*

Kunstgebiet bewegt, das für ihn neu ist. Und es ist überraschend, daß der als Dramatiker und Lyriker bekannte Dichter mit der epischen Variierung eines schon mehrmals behandelten Themas ein Werk geschaffen hat, das man als sein wichtigstes und reifstes bezeichnen darf. *(Werner Türk, Die Neue Weltbühne, Paris, 21. 3. 35.)*

22. Oktober, Montag. B erbittet von Helene Weigel je ein Exemplar der *Hauspostille* und der *Lieder Gedichte Chöre*. Er fragt sie, ob »in der Kiste«, die von seinem Vater aus Augsburg eingetroffen ist, »auch die Nehersche Zeichnung *Herr der Fische* aus Unterschondorf« gewesen sei, »die immer über dem Manuskriptschränkchen hing« *(Br, 598)*.

25. Oktober, Donnerstag. Auszüge aus dem dritten Buch des *Dreigroschenromans* erscheinen in *Europäische Hefte*, Prag. Der Roman wird u. a. folgendermaßen angekündigt: »Dieses Buch wird mehr als irgendeines der letzten Jahre das Bewußtsein der Gegenwart verändern helfen.«

Oktober 1934
Wiener Antiquar »verramscht« die *Versuche*-Hefte

29. Oktober, Montag. Der Wiener Antiquar Franz Deuticke hat (nach seiner Mitteilung vom 18. 10.) die Bestände der *Versuche*-Hefte des Gustav Kiepenheuer Verlags »zur ramschmäßigen Verwendung übernommen« und bittet B um die Erlaubnis zu einem fotomechanischen Nachdruck des vergriffenen Heftes 3. In seiner (nicht erhaltenen) Antwort verbietet B den Nachdruck. Auf Bs Anfrage gibt Deuticke (am 29. 10.) seinen derzeitigen Bestand an *Versuche*-Heften so an: Heft 1 = 850 Exemplare; Heft 2 = 600; Heft 4 = 1300; Heft 5 = 1200; Heft 6 = 2300; Heft 7 = 1800. Er bietet B einen Bezug der *Versuche* für seinen »persönlichen Gebrauch« zum Nettopreis an *(589/7)*.

29. Oktober 1934
Paula Groß (Bi) will Sohn Frank ausbilden lassen und erwartet finanzielle Unterstützung des Vaters

Helene Weigel hat B darüber informiert, daß Paula Groß Bs Sohn Frank Banholzer (→ 8. 1. 33) nach Augsburg holen und ihm mit Bs finanzieller Unterstützung eine Ausbildung als Dentist ermöglichen will. B findet »den Preis der Bi wahnsinnig hoch und unerschwinglich«. Er fragt Helene Weigel, ob sie ihn aus London abholen kommt. *(Br, 599.)* Auch am 31. kommt er noch einmal auf »Bis Angebot« zurück und hält es erneut wegen der hohen Kosten für »nicht annehmbar« *(Br, 600)*.

Ende Oktober. Die *Neuen Deutschen Blätter*, Prag, drucken »aus dem soeben erschienenen *Dreigroschenroman*« den Schluß *Das Pfund der Armen (16,375-391)* ab, eingeleitet durch einen kurzen biographischen Abriß Bs.

31. Oktober, Mittwoch. B benötigt das Exemplar der *Rundköpfe* mit den Korrekturen (→ Anfang Oktober) »für den Druck bei Malik« *(Br, 600)*.

Anfang November. B hat für Helene Weigel »Formalitäten« auf dem Konsulat erledigt und bittet um Zusendung von zwei weiteren Exemplaren des *Dreigroschenromans.* »Befinden gut. Etwas Langeweile. Heute nett. Etwas langweilig.« *(Br, 601.)*

Margarete Steffin fordert er auf, »die Marx-Bände« zu lesen. »Es ist nur nicht erhebend, danach die *Volkszeitung* zu lesen.« Die Parabel (um Giacomo Ui) mache ihm Schwierigkeiten *(Br, 602).* Die Geschichte wird nicht zu Ende geschrieben; den Familiennamen der Hauptfigur und Motive der Handlung übernimmt er in das Stück *Der Aufstieg des Arturo Ui* (→ 10. 3. 41).

2. November, Freitag. B beklagt sich bei Margarete Steffin über Mangel an Korrespondenz, zugleich über die Londoner Kälte. »Ich friere jedenfalls. Es gibt nur Kamine hier. Meiner ist mit Kohlen zu heizen; über mir Korsch hat einen Gasofen in seinem Kamin. Er friert auch. Essen tun die Engländer Leder und Gras.« Wie in Paris gehe alles »sehr langsam«, er mache »wieder lange Wege« und verbringe seine Tage »in Unschuld« *(Br, 604).*

November 1934
Rat an Korsch, Karl Marx nicht als Helden zu beschreiben

B diskutiert mit Korsch mehrfach über dessen Projekt einer Marx-Darstellung. Dafür entstehen die *Anmerkungen zu einem Manuskript (22,41)*; in denen B zum 1. Kapitel des Buches von Korsch Stellung nimmt. In *Marxbeschreibungen (22,40f.)* rät B von der klischeehaften Heldendarstellung ab: »zum Teufel mit diesen prächtigen Kerlen, wackeren Kumpanen, echten Kämpfernaturen! Genug von der Löwenbrust oder Löwenmähne Marxens, des verteufelten Mohren!« Auf den »besseren Daguerrebildern« habe Marx schon »ein ganz angenehmes Aussehen, nichts daran von einem Preisringer oder Maulhelden«. B bittet um Verschonung »mit diesem Popanz eines jupiter tonans« (donnernden Jupiter).

Ergebnis der Unterhaltungen sind weitere Texte über philosophische und politische Themen *(22,42-49).* In der Betrachtung *Über meinen Lehrer* bekennt sich B zur Schülerschaft des marxistischen Philosophen und beschreibt ihn als einen enttäuschten Mann, der die Dinge für den Gang der Ereignisse verantwortlich macht, nicht seine Vorstellungen. »Allerdings ist er sehr mißtrauisch geworden. Mit scharfem Auge sieht er überall die Keime zukünftiger enttäuschender Entwicklungen.« Korsch leiste eine unschätzbare Hilfe bei Bs Arbeiten. »Er entdeckt alle Schwächen. Und er macht sogleich Vorschläge. Er weiß viel. Ihm zuzuhören ist schwierig, seine Sätze sind sehr lang. So bringt er mir Geduld bei.« Beim Proletariat sei Korsch »wohl nur ein Gast. Man weiß nicht, wann er abreist. Seine Koffer stehen immer gepackt.« *(22,45f.)*

6. November, Dienstag. Für die Auslandsabschlüsse über den *Dreigroschenroman* in der Tschechoslowakei, in Polen und Ungarn legt B gegenüber dem Verlag Allert de Lange fest: »Die Abschlüsse dürfen nur mit meinem Einverständnis erfolgen und die betreffenden Verträge sowie die Vorschußzahlungen gehen, letztere abzüglich Ihre 15% und der aus unserem Hauptvertrag für Sie vorgesehenen Teilsumme, direkt an mich, die Rechte selber also bleiben mir.« *(Br, 605.)*
7. November, Mittwoch. B rät Helene Weigel, (wegen eines Engagements am Theater) erst nach Weihnachten nach Zürich und Wien zu reisen. »Jetzt ist für Frühjahr und nächste Saison sowieso die schlechteste Zeit. Hol mich lieber hier ab. Ich bin kaum noch ganze vier Wochen hier in London.« Er fragt, ob Mari Hold »noch« sein Gedicht (→ 5. 10.) bekommen hat *(Br, 606)*.
8. November, Donnerstag. B dankt Alexander Moritz Frey, der ihm seine Rezension über den *Dreigroschenroman* geschickt hat (erscheint am 25. 11. in der *National-Zeitung*, Basel). »Was Sie mir schreiben, ist das erste, was ich über meinen Roman höre, und es ist so sehr freundlich. Die Art meiner Arbeiten bringt es mit sich, daß man mir im allgemeinen mit einiger Kälte begegnet.« Die Benutzung einer Schreibmaschine für den Brief entschuldigt B »wegen unleserlicher Handschrift« *(Br, 607)*.
12. November, Montag. B erkundigt sich nach der Hochzeitsfeier von Maria Hold (am 5. 11.) sowie nach dem Verlauf von Stefans Geburtstag (am 3. 11.). Er brauche zwei Exemplare der *Drei Soldaten* und eines der *Heiligen Johanna der Schlachthöfe* (*Versuche*, Heft 6 und 5; → 29. 10.). »Wenn's Dir langweilig wird, dann komm her! Übrigens habe ich nur noch zehn Schillinge!« *(Br, 608.)*
Vom Verlag Allert de Lange erbittet B einen Vertriebsvertrag, der alle weiteren Übersetzungsvergaben des *Dreigroschenromans* regelt *(Br, 609)*.
13. November, Dienstag. B schreibt an Margarete Steffin: »Gestern abend ging ich durch die Tottenham Court Road. Da stand ein Händler mit einem Wagen voll Apfelsinen. Ich muß der Grete ein paar kaufen, dachte ich. Und für ein paar Minuten, als ich meinen Irrtum schon erkannt hatte, sah ich Dich doch in meinem Zimmer auf mich warten, angenehm. Im übrigen gehe ich die Treppen auf und ab, von denen der verbannte Dante berichtet.« *(Br, 610.)* B verarbeitet das Erlebnis in *Orangenkauf (Englische Sonette; 11,195)*.
15. November, Donnerstag. Mit Magenschmerzen »(die englische Küche ist lebensgefährlich)« offeriert B Margarete Steffin seinen guten Eindruck von deren zweiseitigem *Engel*-Entwurf (→ 21.10). Er rät ihr, den Stoff erst als Erzählung zu schreiben. »Ganz einfach und realistisch. Also wenn er

Der Orangenkauf

Bei gelbem Nebel in Southampton-
street
Plötzlich ein Karren Obst mit einer
Lampe
An Tüten zupfend eine alte Schlampe
Ich blieb stumm stehn wie einer, der
was sieht
Nach was er lief: nun wurd's ihm
hingestellt.

Orangen mußten es doch immer sein!
Ich haucht in meine Hand mir
Wärme ein
Und fischte in der Tasche schnell
nach Geld

Doch zwischen dem, daß ich die
Pennies griff
Und nach dem Preis sah, der auf
Zeitungsblatt
Mit schmieriger Kohle aufge-
schrieben war
Bemerkte ich, daß ich schon leise pfiff
Mit einem wurd's mir nämlich bitter
klar:
Du bist ja gar nicht da in dieser Stadt.

durchs Zimmer schwebt, wie er das macht, wenn die Stube arm, das heißt klein ist. Auch die Mutter, wenn sie betet, genau beschreiben, von außen, wie sie da aussieht, daß das Knien sie schmerzt usw. Mach das!« *(Br, 611.)* In dem Zusammenhang entstehen auch die *Thesen für proletarische Literatur (22,39f.)*, in denen es u. a. heißt: »Kämpfe, indem du schreibst! Zeige, daß du kämpfst! Kräftiger Realismus! Die Realität ist auf deiner Seite, sei du auf ihrer! Laß das Leben sprechen!«

Ihrem Buch *Dienstboten, Brecht und andere* (1966) zufolge hat Grete Fischer (→ 19. 4. 27) ebenfalls in der Pension Bs gewohnt. Er habe sich mehrfach mit ihr getroffen. »Ich erinnere mich an Spaziergänge im alten proletarischen London um Sadlers Wells; an ein Kino in Kings Cross. An eine Hafersuppe, die ich für ihn in der Küche der Wirtin kochte, weil er Magenschmerzen und Angst hatte. Ich erinnere mich besonders an die ein, zwei Abende, wo er in meiner Bude saß und mich ernstlich zu bekehren versuchte. Denn damals warb er, und er hatte viele Gründe für sich, um Mitarbeiter an der ›Sache‹. Die Kommunisten waren scheinbar die einzigen, die aktiv gegen Hitler kämpften.« *(251.)*

November 1934

Reise Helene Weigels in die Schweiz und nach Österreich

Mitte November. Entgegen Bs Rat (→ 7. 11.) ist Helene Weigel in die Schweiz gereist. B beauftragt sie, Klābers und Brentanos für einen Besuch in Svendborg zu überreden. Bei ihrer Weiterreise nach Wien solle sie »nett« zu Karl Kraus sein. Da sich B kritisch zu Krausens ablehnender Haltung gegenüber dem Februaraufstand der österreichischen Arbeiter geäußert hat (→ Ende Juli), schreibt er ihr: »Von mir kannst Du ihm erzählen, daß ich eben bekümmert gewesen sei, weil er gegen Arbeiter Stellung genommen hat, die sich wehrten (und für die Beauftragten von Unternehmern, Bankiers und Grundbesitzern).« Sie solle sich in Wien auch erkundigen, ob man »eventuell tschechischer Staatsbürger werden kann«. B ist an den Shakespeare-Übertragungen von Kraus interessiert.

Arbeit an den Filmgeschichten *Semmelweis* und *Safety First*

»Hier geht alles langsam, aber es geht. Ich versuche Filmstories zu verkaufen, das würde einbringen. Habe aber langsam genug von London.« *(Br, 613.)* B arbeitet mit Leo Lania an dem Filmstoff *Semmelweis (19,375f.)* und an einem weiteren Stoff für einen Film, der ihn schon 1933 beschäftigt hat: das Verhalten eines Kapitäns bei einer Schiffskatastrophe *(Safety First; 19,350-361)*.

19. November, Montag. B berichtet Margarete Steffin, es sei »eine harte Arbeit, diese Engländer zu bewegen, etwas Geld herauszurücken. Das ist ein sehr alter, abgehärteter, ausgekochter Kapitalismus. Die Schillinge werden und werden nicht locker.« *(Br, 612.)*

27. November, Dienstag. B schickt seinem Sohn eine Postkarte mit einem chinesischen Bild aus der Ming-Dynastie

»The Hundred Children« (A Puppet Show) aus dem Britischen Museum. Er fordert seinen Sohn auf, genau anzusehen, was für ein Stück die theaterspielenden Kinder aufführen. »Ich glaube, Du wirst es ganz modern finden. Was macht Dein Theater?« Das Bild sei »gut für die Wand« *(Br, 615)*. Als Stefan später die Postkarte an der Wand angebracht hat, schreibt B dafür das Gedicht *Wehe! (14,221)* und klebt es an die Karte.

ɾehe!
ıuf den tischen stehen die unmündigen
ıpielend
zeigen sie was sie gesehen haben
wie sich der mensch verhielt zu den menschen und ihm ein wolf war
schon
muss einer knieen vor einem andern (ach, er erreicht nichts!)
vier bemühen sich, zu zeigen was sie gesehen haben, nur zwei
sind geblieben ihnen zu zu sehen, die andern
sind weggelaufen, von furcht erfasst.
bald
werden die unseligen spieler
ihre staatsbürgerschaft verloren haben!

Postkarte Brechts an seinen Sohn Stefan mit angeklebtem Gedicht

29. November, Donnerstag. Slatan Dudow ist, wie er B am 5. 10. schreibt, nach Paris geflohen und später nach Brüssel weitergereist. Er berichtet von den Schwierigkeiten, seinen Film *Seifenbläser* aus Deutschland herauszuschmuggeln und nun fertigzustellen *(478/59-61)*.

Ende November. B bittet Helene Weigel, in der Wiener Buchhandlung Reitzel Exemplare seiner Stücke-Ausgaben zu kaufen. »Such zu handeln!« Wenn sie »ein *gebrauchtes* großes Schach« sieht, soll sie es kaufen. »Es muß aber billig sein!« *(Br, 614.)*

B bittet Walter Landauer um den Versand des *Dreigroschenromans* an Willy Haas nach Prag und Eugenie Schwarzwald nach Wien.

November. Nach einem Bericht von Lou Jolesch macht B den Versuch, mit Hilfe von Elisabeth Prinzessin Bibesco Geld zu beschaffen. Als er ihrer Einladung zu einem Diner in das vornehme Hotel Savoy folgen will, wird er seiner Kleidung wegen nicht eingelassen. B schreibt der Prinzessin, der Hotelportier, »ein Herr im Range eines Ministers«, habe ihn »nicht als einen Mann von hohem Geistesflug, einen wirklichen Sozialisten usw.« erkannt, sondern sich durch sein Äußeres verleiten lassen, ihn »für ein entweder gefährliches oder doch wenigstens die Atmosphäre des Savoys trübendes Subjekt zu halten«. Auch an einem anderen Eingang sei ihm der Zutritt nicht gestattet worden. »Es war mir klar: ohne eine Hilfstruppe von mindestens 50 schwerbewaffneten Leuten von den Docks konnte ich nicht hoffen, Sie aus diesem Gebäude herausholen zu können. Ich ging betrübt weg, da ich Sie sehr gerne gesprochen hätte.« *(Br, 626.)*

2. Dezember. Bernhard Reich informiert (am 2. 12.) von seiner Zusammenarbeit mit Erwin Piscator an verschiedenen Filmprojekten. Piscator habe auch die Leitung des Internationalen Revolutionären Theaterbundes (MORT) übernommen und bittet B um Beiträge für eine geplante Zeitschrift. Kurz nach Erhalt schickt ihm B ein Gedicht zur Weitergabe an Carola Neher. Er wendet sich gegen Reichs kritische Bemerkungen über das *Saarlied* (→ 14. 10.): »Es ist in 10 000 Exemplaren im Saargebiet verbreitet, stand in allen antifaschistischen Zeitungen, auch in englischen, und hat mehr Wichtigkeit als ein halbes Dutzend Dramen.« B fragt Reich, ob die Zeitschrift auch Noten drucken kann *(Br, 617)*. Das *Saarlied* wird von Willi Münzenberg zur Wahlwerbung im Saarland verbreitet; es erscheint außerdem in *Unsere Zeit*, Paris/Basel/Prag, in *Deutsche Freiheit*, Saarbrücken, und im *Pariser Tageblatt*.

Anfang Dezember. B dankt Margot Brentano für die Zusendung der Basler *National-Zeitung* mit der *Dreigroschenroman*-Rezension von Alexander Moritz Frey (→ 8. 11.). »London ist ein böses und zähes Städtchen. Die Eingeborenen hier gehören zu den heimtückischsten Europas. Es gibt eine hohe Kultur der Korruption, die dem Reisenden kaum zugänglich ist.« B erkundigt sich nach den Arbeiten ihres Mannes und lädt beide zum wiederholten Male nach Dänemark ein *(Br, 621)*.

3. Dezember, Montag. Elisabeth Hauptmann teilt B ausführlich ihre Eindrücke von einer Reise nach Detroit und nach Chicago mit. Sie warte auf Nachrichten aus Moskau, wo sie sich um eine Stelle beworben hat. In ihrer literarischen Arbeit sei sie nicht weit gekommen. Ihre mangele es an Konzentration. Sie habe auch »keine übergroße Lust am Formulieren und sehe Szenen sicher nicht komplex genug«. *(480/45-57.)*

8. Dezember, Sonnabend. B hofft, daß Margarete Steffin den *Dreigroschenroman* in der Sowjetunion unterbringt (→ 21. 9.). In London ginge alles »zäh«, das Leben sei »puritanisch, das kannst Du glauben, Muck«. Er schickt ihr das Sonett *Fragen (11,195)* und kündigt ihr weitere »englische« Sonette an *(Br, 619)*.

9. Dezember, Sonntag. B hat beim »Verkauf« seiner Arbeiten Schwierigkeiten. »Ich habe die Tricks verlernt. Mühsam erinnere ich mich, wie man Waren verkauft bzw. sich selber. Daß man nie Zeit haben darf, nur Andeutungen machen soll, Leute zu kaufen hat, Untergehende meiden muß usw. usw. Eine scheußliche Kunst!« Der *Dreigroschenroman* sei »hymnisch« rezensiert worden, schreibt er an Margarete Steffin *(Br, 620)*.

Wieland Herzfelde berichtet B (aus Prag) über die bevorstehenden Buchveröffentlichungen des Malik-Verlags. Bei der Reise durch verschiedene Städte habe er in Zürich Bs *Versuche* in Warenhäusern »als Ramsch« gefunden (→ 29. 10.). Das sei »insofern ganz gut, als man annehmen darf, sie werden bis zum Erscheinen unserer Bände ausverkauft sein«. Er habe Helene Weigel in Wien und in Zürich »bei den Unruhen wegen Aufführung von *Professor Mannheim*« getroffen (unter diesem Titel wird Friedrich Wolfs *Professor Mamlock* am 8. 11. im Schauspielhaus Zürich aufgeführt). Die Situation in Prag sei insofern nicht günstig, weil zur Ablehnung von Juden und Emigranten eine traditionelle Distanz zu Deutschen hinzukomme. Zu Bs Plan, eine Gruppe von kooperierenden Künstlern zu bilden, macht Herzfelde den folgenden vorläufigen Vorschlag einer »Union der Zwölf«: Grosz, Brecht, Heartfield, Eisler, Piscator, Kisch, Herzfelde, Becher, Weiskopf, Graf, Arnold Zweig und einen Bildhauer. Er bittet B um seine Meinung. Bis Ende des Jahres möchte er das Manuskript des 1. Bandes der *Gesammelten Werke* sowie ein korrigiertes Exemplar von *Die Ausnahme und die Regel* zugesandt haben. Vor einigen Tagen habe in Prag im (neugegründeten) Bert-Brecht-Klub ein Brecht-Abend stattgefunden, bei dem Stefan Heym einige Gedichte Bs und aus den Lehrstücken gelesen und Herzfelde über B gesprochen habe. »Der Besuch war sehr gut, die Diskussion dürftig.« Der *Dreigroschenroman* habe den meisten außerordentlich gefallen *(477/60f.)*.

Anfang Dezember 1934
Brecht-Abend im Prager Bert-Brecht-Klub

10. Dezember, Montag. Aus Paris schickt Eugenie Schwarzwald (→ 10. 3. 33) B ein handgebundenes Konvolut mit Gedichten, die ihr Mann Hermann Schwarzwald (»Hemme«) in den Jahren 1913-1920 geschrieben hat, meist Huldigungsgedichte auf Persönlichkeiten seiner Bekanntschaft, darunter auch eine Auswahl aus der Sammlung *Liederkranz an Karin* (Michaelis). Auf dem Deckblatt steht Eugenias Widmung: »Dem Kollegen Bert Brecht schicke ich Hemmes Gedichte. Wenn der wüßte, daß ich das tue, würde er sich scheiden lassen. Ermiß, mein lieber Brecht, was ich Deinetwegen riskiere.« *(BBAB.)*

Otto Bork von der Verlagsgesellschaft Ausländischer Arbeiter in der UdSSR teilt B (auf Wunsch von Margarete Steffin) mit, daß er mit dem Malik-Verlag Verhandlungen über eine gemeinsame Ausgabe »eines oder mehrerer Bände« seiner Werke führt *(722/51)*.

12. Dezember, Mittwoch. In der Jubiläumsausgabe des *Pariser Tageblatts* wird das Ergebnis einer Rundfrage über die *Mission des Dichters 1934* abgedruckt. B hatte seine Antwort (am 5. 12.) mit der Feststellung eingeschickt, sie sei zu lang geraten. Falls die Redaktion Striche erwäge, möchte er lieber, daß sein Beitrag »*nicht* als gekürzt erscheint«. Zum Thema äußern sich u. a. Alfred Döblin, Lion Feuchtwanger, Heinrich Mann, Klaus Mann, Robert Neumann, Walter Mehring, Ernst Toller, Arnold Zweig. In Bs Artikel *Dichter sollen die Wahrheit schreiben* werden drei Schwierigkeiten abgehandelt, die beim Schreiben der Wahrheit zu überwinden sind: Einmal müsse er *bereit sein, die Wahrheit zu sagen* und sich beim Schreiben der Wahrheit nicht »den Mächtigen beugen« und »die Schwachen nicht betrügen«. Zum zweiten müsse er fähig sein, die *Wahrheit zu erkennen*, d. h. »ausfindig« machen, »welche Wahrheit zu sagen sich lohnt«. Dafür seien, außer der Gesinnung, »erwerbbare Kenntnisse und er-

12. Dezember 1934
Dichter sollen die Wahrheit schreiben
(Erste Fassung von *Fünf Schwierigkeiten beim Schreiben der Wahrheit*)

lernbare Methoden« nötig. »Um nicht zu allgemein zu bleiben, scheint mir selber nötig für alle Schreibenden eine Kenntnis der materialistischen Dialektik und der Ökonomie und der Geschichte.« Zum dritten müsse man die so erkannte Wahrheit »dem schreiben, der damit etwas anfangen kann«, die Erkenntnis der Wahrheit sei ein gemeinsamer Prozeß. »Die Wahrheit muß mit List gesagt und mit List gehört werden.« Für die »große Wahrheit unseres Zeitalters« hält B die Erkenntnis, »daß unser Erdteil in Barbarei versinkt, weil die Eigentumsverhältnisse mit Gewalt festgehalten werden«. Dies zu erkennen sei aber ebenso schwierig, wie es zu schreiben *(22,71-74)*. Die Jubiläumsausgabe legt Johannes R. Becher dem Rundbrief (vom 15. 12.) an die Mitglieder des Schutzverbands Deutscher Schriftsteller (SDS) bei und macht auf »den ausgezeichneten Artikel von Bert Brecht« aufmerksam (→ 21.12).

Mitte Dezember. B schreibt an Helene Weigel, daß er Kläber nach Svendborg eingeladen hat. »Sonst wird es etwas still oben.« Sie solle auch Dudow ansprechen. Wenn sie auf ihrer Rückreise über London kommen will, müsse sie sich beeilen, weil man die Schiffskarten wegen des Andrangs zu Weihnachten zeitig bestellen muß *(Br, 622)*.

Die *Neuen Deutschen Blätter*, Prag, veröffentlichen im Dezember-Heft unter der Überschrift *Brecht-Abriß* einen Überblick Arnold Zweigs über Bs Schaffen und über *Lieder Gedichte Chöre* (→ 20. 12.).

16. Dezember 1934
Zu erwartende Schwierigkeiten bei der Übersiedlung des Sohnes Frank Banholzer von Österreich nach Deutschland

16. Dezember, Sonntag. Aus Augsburg berichtet Bs Vater Helene Weigel über die Schwierigkeiten, die eine Übersiedlung von Bs Sohn Frank Banholzer aus Österreich nach Deutschland bereitet (→ 29. 10.). Obwohl er deutscher Staatsangehörigkeit ist, sei eine Einreiseerlaubnis für jemanden, der längere Zeit im Ausland gelebt hat, »mit nicht unwesentlichen Formalitäten verknüpft«. Wenn dies aber auch bewerkstelligt werden könne, so sei andererseits »Franks Zeugnis leider nicht besonders«. Es würden von allen »der Lebenslauf und die *Abstammung* verlangt, und es muß befürchtet werden, daß so ein armer Bub vom Lehrer oder Lehrherrn vielleicht angenommen, aber von allen andern drangsaliert würde«. Wer unter den gegenwärtigen Verhältnissen in Deutschland nicht »von der Partei protegiert« werde, bleibe hängen. In Österreich sei es zwar auch »nicht gut, aber zweifellos 100mal aussichtsvoller«. An die Zeit nach seinem Tod denkend, bedauert er, B und Helene Weigel die Sorge um Frank nicht abnehmen zu können, und fragt, ob sie ihn »nicht nach dorten« holen wollen. Er informiert sie über (an eine Deckadresse) abgesandte Weihnachtspakete mit Nürnberger Lebkuchen und Geschenken für die Kinder sowie eine Kiste u. a. auch mit zwei Teppichen *(654/128-131)*.

20. Dezember, Donnerstag. B fährt aus London (nach zweieinhalbmonatiger Abwesenheit) zurück »nach Dänisch-Sibirien« (wie er an Margot Brentano schreibt; *Br, 621*).

20. Dezember 1934
Zurück in Svendborg

Lion Feuchtwanger hat den *Dreigroschenroman* zweimal gelesen und hält es für »eine ausgezeichnete Karikatur auf das Weltbild des extremen marxistischen Doktrinärs«. Den »kleinen Artikel Zweigs« (gemeint ist *Brecht-Abriß*; → Mitte Dezember) hält Feuchtwanger für »ungefähr das Treffendste«, was über B geschrieben wurde. Er lädt B nach Sanary ein *(Feuchtwanger, 12)*.

21. Dezember, Freitag. Johannes R. Becher informiert B (aus Paris) vom Plan einer internationalen Schriftstellerkonferenz und bittet ihn um eine Meinungsäußerung dazu. Er hält Bs Beitrag *Dichter sollen die Wahrheit schreiben* (→ 12. 12.) für »eine der besten ›theoretischen Arbeiten‹«, die er in der letzten Zeit gelesen habe *(Becher,Briefe, S. 194)*. Dadurch wird B angeregt, den Aufsatz zu überarbeiten und zu erweitern (→ 26. 12.).

21. Dezember 1934
Ankündigung eines internationalen Schriftstellerkongresses

Bernhard Reich übermittelt im Auftrag Erwin Piscators (aus Moskau) an B die Bitte des Internationalen »Musik-Bureaus«, ein Lied für die Propagierung der Einheitsfront zu schreiben. »Gerade jetzt ist es selbstverständlich sehr notwendig, unsere Sängerchöre mit diesem Material zu beliefern. Abgesehen von der politischen Situation bereiten sie sich auf eine große Olympiade vor, die im Frühjahr des nächsten Jahres voraussichtlich in Elsaß-Lothringen stattfinden soll.« *(477/118.)* Das *Einheitsfrontlied (12,26)* entsteht noch in diesem Jahr (mit einer Musik von Hanns Eisler) und wird bei der Internationalen Arbeitermusik-Olympiade Pfingsten 1935 in Straßburg (→ 8. 6. 35) uraufgeführt.

Dezember 1934
Auftrag für die Abfassung eines *Einheitsfrontliedes*

24. Dezember, Montag. B berichtet dem Verlag Allert de Lange über das internationale Interesse am *Dreigroschenroman* und nennt seine Bedingungen für Vertragsabschlüsse. »Aus Österreich und der Schweiz höre ich, daß der Preis des Buches vielen, die sonst kaufen würden, zu hoch ist. Das ist schade. Aber da kann man ja jetzt wohl nichts mehr tun? An sich wäre es geschäftlich, wie ich glaube, durchaus richtig, mit diesem Buch à la long zu rechnen, so daß auch der ganze deutsche Markt einmal noch in Betracht kommt.« *(Br, 623.)*

George Grosz schickt B das Buch *Behind the Green Lights* von Cornelius W. Willemse, in das er eigene Zeichnungen einfügt und mit der Widmung versieht: »Zur Belehrung und freundlichem Studium der amerikanischen Verbrecherwelt und die Methoden der Bekämpfung – Bertolt mit herzlichem Weihnachtsgruß« *(BBAB)*.

26. Dezember, Mittwoch. B benutzt den Text einer Weihnachtsbotschaft von Rudolf Heß, die (am 26. 12.) in der *Na-*

26. Dezember 1934
Wiederherstellung der Wahrheit in Texten von Nazi-Führern

tional-Zeitung, Basel, abgedruckt ist, zur »Wiederherstellung der Wahrheit«, indem er synoptisch zum Originaltext von ihm korrigierte Formulierungen setzt, die die Verlogenheit der Aussagen von Heß bloßlegen *(Weihnachtsbotschaft des Stellvertreters des Führers (Heß) im Jahre 1934; 22,93-96)*. In der gleichen Art hat er auch Texte aus der Rede Görings zum Reichstagsbrand (die am 12. 12. in der gleichen Zeitung gedruckt wurde) auseinandergenommen. *(General Göring über die Überwindung des Kommunismus in Deutschland; 22,90-93.)* Die Texte zur »Wiederherstellung der Wahrheit« entstehen zu gleicher Zeit wie die (in der zweiten Dezemberhälfte betriebene) Überarbeitung und Erweiterung seines Artikels *Dichter sollen die Wahrheit schreiben* (→ 21. 12.). Zur Diskussion des Themas sowie zur Selbstverständigung schreibt B in diesem Zusammenhang auch weitere Texte über Charakter und über Gefahren beim Verschweigen der Wahrheit *(22,96-98)*.

28. Dezember, Freitag. Margarete Steffin erhält von B die Mitteilung, er habe ohne sie »Größeres« nicht angefangen, aber »die *Rundköpfe* für Wieland [Herzfelde] hergerichtet und Aufsätze geschrieben« (→ 21. 12.). Er plane eine Reise nach Moskau und habe Piscator um eine Einladung gebeten *(Br, 625)*. Am selben Tag berichtet er ihr von seiner Rückkehr nach Dänemark (→ 20. 12.). »Es ist wirklich ein wenig still hier. Ich arbeite ein paar Sachen auf, nichts Großes.« Er schickt seine Anmerkungen zum 1. und 2. Akt ihres Stücks *Wenn er einen Engel hätte...* (→ 21. 10.) und fordert sie auf, es fertigzuschreiben. »Es ist so leicht und angenehm geschrieben und sehr zum Lachen. Gut für Kinder, aber nicht nur.« Natürlich könne er, »der Alte, der Meister, noch eine Menge beitragen am Ende, aber umso besser«. Die von ihr in Moskau beschafften Bände des *Schwejk*-Romans von Hašek habe er inzwischen alle bekommen. »Ein schönes Schach habe ich hier machen lassen für zehn Kronen, schöner und ebenso groß wie Benjamins.« *(Br, 624.)*

Ende Dezember 1934
Vorschlag einer antifaschistischen Enzyklopädie

Ende Dezember. Auf die Anfrage von Becher (→ 21. 12.) antwortet B, er halte nichts von »Zusammenkünften zum Zwecke des Zusammenseins«. Etwas anderes wäre ein Kongreß aus Anlaß einer gemeinsamen Arbeit. »Sagen wir, die Herausgabe einer neuen Enzyklopädie. Eines literarischen Werkes also, das in Heften herauskommen könnte, in Zusammenarbeit einer Art Akademie, die aber ganz locker organisiert sein müßte.« Darin sollte von mehreren Autoren (wie z. B. »Wells, Shaw, Gide usw.«) jeweils über »bestimmte Themen, Schlagwörter, politische Parolen, Sätze wie ›Gemeinnutz geht vor Eigennutz‹« geschrieben werden. Ihm schwebt »eine Art Nachschlagewerk der Ansichten der Antifaschisten« vor. Er verweist auf den großen »Erfolg«,

den das Interview von Herbert George Wells mit Stalin (*A Conversation Between Stalin and Wells*, in: *The New Statesman and Nation*, London, 27. 10.) hatte *(Br, 627)*.
B hat sich mit mehreren Texten von Wells beschäftigt, z. B. unter Bezug auf das genannte Interview: *Meinungsfreiheit (22,53f.)*. Wells' Verwendung des Begriffs »fairplay« (Ehrlichkeit) in dessen Buch *Über Arbeit, Wohlstand und das Glück der Menschheit* (Berlin/Wien/Leipzig 1932) ist Gegenstand einer kritischen Betrachtung *Über Ehrlichkeit (22,51-53)*. Demnach könne über solche Begriffe »an sich« nicht gesprochen werden, »ohne ihre Rolle in der Gesellschaft zu untersuchen«. Die von Wells gelobte Ehrlichkeit der Rothschilds in der Finanzwelt habe z. B. in der »sauberen« Abwicklung des Menschenhandels bestanden, den der Landgraf von Hessen-Kassel betrieben hat: »Die Ehrlichkeit ist eine Methode wie andere Methoden, jedem Gauner vertraut und auch dem Ehrenmann gestattet.« *(22,52.)*
Im Zusammenhang mit der Untersuchung von politischen Parolen, die er für die zu schaffende Enzyklopädie empfiehlt, entstehen die Texte *Was meint der Satz »Das wirtschaftliche Denken ist der Tod jedes völkischen Idealismus« (22,57f.*, in dem er auf einen Satz Hitlers Bezug nimmt, der auch schon bei der Arbeit an *Die Rundköpfe und die Spitzköpfe* eine Rolle gespielt hat) sowie *Über den Satz »Gemeinnutz geht vor Eigennutz« (22,58f.)* und *Wie kann man erreichen, daß gute Sätze einer schlechten Sache dienen (22,59f.)*. Es entsteht auch die Prosaarbeit *Gemeinnutz geht vor Eigennutz (19,390-392)*.

Dezember 1934
Fertigstellung des Aufsatzes *Fünf Schwierigkeiten beim Schreiben der Wahrheit*

Seinem Brief an Becher legt B eine erweiterte und überarbeitete Fassung des Artikels *Dichter sollen die Wahrheit schreiben* (→ 12. 12.) bei, dem er nun den Titel *Fünf Schwierigkeiten beim Schreiben der Wahrheit* gegeben hat *(22,74-89)*. »Er ist lang, kann aber vielleicht in Fortsetzungen erscheinen. Mir schien die Materie wichtig.« Erstveröffentlichung im → April 35.
Die Schwierigkeiten beim Schreiben der Wahrheit für den Schriftsteller formuliert er jetzt so: »Er muß den *Mut* haben, die Wahrheit zu schreiben, obwohl sie allenthalben unterdrückt wird; die *Klugheit*, sie zu erkennen, obwohl sie allenthalben verhüllt wird; die *Kunst*, sie handhabbar zu machen als eine Waffe; das *Urteil*, jene auszuwählen, in deren Händen sie wirksam wird; die *List*, sie unter diesen zu verbreiten. Diese Schwierigkeiten sind groß für die unter dem Faschismus Schreibenden, sie bestehen aber auch für die, welche verjagt wurden oder geflohen sind, ja sogar für solche, die in den Ländern der bürgerlichen Freiheit schreiben.« In dem Artikel wird jeder These ein Kapitel gewidmet. Als Beispiel für die List der Verbreitung benutzt er die

Mahnworte eines Propheten des ägyptischen Dichters Ipuwer (etwa 2500 v.d.Z.), die er dem Buch *Die Literatur der Ägypter* von Adolf Ermann entnimmt und teilweise umdichtet (*Es ist doch so* und *Lied vom Chaos*; *14,224-226*).

1935

1. Januar, Dienstag. B »fällt der Bleistift aus der Hand«, als Margarete Steffin »so gleichgültig den Erhalt zweier Sonette« quittiert (→ 8. 12. 34). »Das sind immer mehrere Tage Arbeit, die mir viel Spaß machte, weil ich dachte, das freut Dich ein wenig.« Es sei derzeit grau, und niemand spiele mit ihm Schach. »Ich schreibe Theoretisches.« *(Br, 630.)*

2. Januar, Mittwoch. Wieland Herzfelde erbittet das Manuskript der *Rundköpfe*; da er in Prag finanzielle Schwierigkeiten hat, erwägt er, den Malik-Verlag in Kopenhagen anzusiedeln *(47/47f.)*.

3. Januar 1935
Kurze Reise nach Kopenhagen

3. Januar, Donnerstag. B teilt Helene Weigel mit, daß er im »Gemle Morison Hotel« (vermutlich im alten Missionshotel) kein Zimmer erhalten hat und in dessen Annex (am Bahnhofsplatz) wohne *(Br, 631)*.

Anfang Januar. B dankt Bernard von Brentano für die Zusendung der erfrischend kleinen »Beschimpfung zum Jahreswechsel«; Alfred Kantorowicz habe sich (in seiner Rezension des *Dreigroschenromans* in *Unsere Zeit*; → 21. 10. 34, die B noch nicht gelesen hatte) wohl »zu eng mit den Kesten und Roth« verbündet. »Es ist ein wenig hart, wenn Sie annehmen, ich glaubte, jedes Würstchen könne durch die bloße Zugehörigkeit zu dem alten kleinen Verein [der KPD] davon bewahrt bleiben, Quatsch zu äußern.« *(Br, 632.)*

Anfang Januar 1935
Verärgerung über Kritik am *Dreigroschenroman*

Mit Kenntnis der Vorwürfe von Kantorowicz beklagt sich B bei Johannes R. Becher. Da Kantorowicz dessen »Sekretär« sei, bekommt »dieser Angriff eine sehr offizielle Note«. Die Attacke sei »in der schärfsten Form« erfolgt, zugleich »in der schlampigsten, leichtfertigsten Weise«, denn »die schleimige Freundlichkeit drum rum ist ganz uninteressant angesichts des zentralen Vorwurfs, der Roman sei nicht realistisch und er sei idealistisch«. Weil er »die Realität so dargestellt« hat, »daß man Ursachen und Wirkungen deutlich sieht, also eingreifen kann«, glaubte er »einen Roman für Realisten geschrieben zu haben, nicht nur einen Roman, in dem Realität vorkommt«. Verärgert dankt er für die »Belehrung« *(Br, 633)*. (In diesem Brief drückt sich zum erstenmal die prinzipielle Meinungsverschiedenheit Bs mit den parteitreuen Theoretikern über Realismus aus; Becher antwortet am → 16. 1.)

B entwirft einen offenen Brief an Paul Hindemith. Der Komponist, der die Musik zu Bs *Badener Lehrstück vom Einver-*

ständnis (→28.7.29) und (zusammen mit Kurt Weill) zu *Der Lindberghflug* (→27.7.29) geschrieben hat, ist in die Kritik der Nationalsozialisten geraten. Obwohl seine Sinfonie *Mathis der Maler* bei ihrer Uraufführung im März 1934 erfolgreich ist, verbietet Göring auf Veranlassung von Hitler weitere Vorstellungen. Goebbels hatte Hindemith bereits vorher (am 8.12.33) als »atonalen Geräuschemacher« denunziert. In seinem Brief bestätigt B dem Komponisten, »daß nicht die ›zerstörenden‹ Tendenzen in meinen Arbeiten Sie zu einer Zusammenarbeit mit mir veranlaßt haben«. Es sei »nämlich keineswegs nur eine Frage des guten Willens, was für eine Musik Sie schreiben, sondern hauptsächlich eine des Könnens. Ob Sie wollen oder nicht, Sie können eine Musik, wie sie in Hitlerdeutschland verlangt wird, nicht schreiben. Es nützt nichts, wenn Sie *Mein Kampf* vertonen, ein Buch, dessen Autor die höchsten Spitzen der Polizei zu Freunden hat.« B gibt den »braunen Herren« recht, daß Hindemiths Musik »nicht ihrer Sache dienen kann, die die Sache des Rückschritts ist«, und fordert ihn auf: »Räumen Sie das Feld!« *(22,101f.)* Hindemith geht 1934 als Bratscher auf Gastspielreisen ins Ausland und emigriert 1940 in die USA.

Anfang Januar 1935
Offener Brief an Paul Hindemith

9. Januar, Mittwoch. Walter Benjamin informiert (am 7.1.) Theodor W. Adorno darüber, daß ihn B erneut nach Dänemark eingeladen habe, daß er aber San Remo erst im Mai verlassen werde. Der *Dreigroschenroman* (mit dem er sich für eine Rezension ausgiebig beschäftigt hat) erscheint ihm »im höchsten Maße geglückt« *(Wizisla, 391)*. An B schreibt Benjamin, er habe den Roman »mit immer wieder erneutem Vergnügen an vielen Stellen« gelesen. »Das Buch scheint mir sehr dauerhaft.« Benjamin macht auf Ernst Blochs *Erbschaft unserer Zeit* aufmerksam, in der auch B »behandelt« ist *(Benjamin, Versuche, Nr. 8)*.

Johannes R. Becher hat die *Fünf Schwierigkeiten beim Schreiben der Wahrheit* (→Ende Dezember 34) erhalten und schlägt ihre Verbreitung in einem Sonderdruck des Schutzverbands Deutscher Schriftsteller vor. Gleichzeitig soll der Text aber von *Unsere Zeit* in voller Länge veröffentlicht werden *(477/75)*.

Michael Tschesno beteuert B (vermutlich auf Anregung Bechers; →16.1.), die »unmögliche Kritik von Kantorowicz« sei »ein Privatvergnügen von ihm gewesen« und werde »von keinem der Mitglieder der Pariser Schriftstellerorganisation auch nur im entferntesten geteilt«. Einige Gegen-Kritiken seien in Arbeit *(477/77)*.

12. Januar, Sonnabend. Elisabeth Hauptmann berichtet B über ihre Bemühungen, den *Dreigroschenroman* über einen Agenten in den USA unterzubringen. Sobald er erschienen ist, sei es leicht, auch »Theoretisches« von ihm zu publizieren.

Sie unterhält gute Beziehungen zur sehr verbreiteten *Post Dispatch*, von der die Mitarbeiter schon einen »Heidenrespekt« vor B hätten, »Sie wissen: Ehrfurcht, gemischt mit Grausen«. Es gäbe einen Plan William Dieterles, die *Dreigroschenoper* in einer amerikanischen Version herauszubringen, für welchen Fall B sie als »Supervisor« für ihn einsetzen könne. »Es wäre eine Möglichkeit, den Fuß zwischen die Türe zu setzen oder Geld zu verdienen oder einen Krach zu kriegen oder sonst was.« Für ihn wolle sie »eine Lanze brechen«, für Weill aber »nicht nur keine«. Der Plan von Elisabeth Hauptmann, in Moskau eine Stelle anzunehmen (→ 3. 12. 34), habe sich zerschlagen; sie sollte sich an das Korrespondenz-Büro des Moskauer Instituts in New York wenden. Von deren Mitarbeitern habe sie aber einen verheerenden Eindruck *(480/28-33)*.

13. Januar, Sonntag. Bei der Abstimmung über das Saarland (→ 14. 10. 34) stimmen 90% für den Anschluß an Deutschland.

14. Januar, Montag. Willi Münzenberg versucht Bs Eindruck zu entkräften, in der Redaktion von *Unsere Zeit* hätte »irgendjemand« etwas gegen ihn; es lägen auch keine »Privatressentiments« gegen ihn vor. Daß im Inhaltsverzeichnis des Jahrgangs 1934 die in der Zeitschrift veröffentlichten Gedichte Bs *(Die Ballade vom Baum und den Ästen, 11,224f.; Die Ballade vom Wasserrad, 14,207; Das Saarlied, 14,219f.)* fehlten, habe mit »technischen Gründen beim Umbruch« zu tun, der sie gezwungen habe, den Rest des Inhaltsverzeichnisses (darunter auch die Rubrik »Literarische Beiträge«) in die Januarnummer 1935 zu nehmen *(477/79)*.

Mitte Januar 1935 Verteidigung der sowjetischen Innenpolitik mit Vorbehalten gegen Stalin

Mitte Januar. Auf einen kritischen Brief Bernard von Brentanos stellt B fest, daß nach seiner Meinung die Kritik von Alfred Kantorowicz (→ Anfang Januar) »einen Betriebsunfall darstellt«. B teile mit Brentano das »Mißtrauen gegen die Allgemeingültigkeit von Ansichten solcher Leute, die ohne diese Ansichten materielle Einbußen erleiden würden«; doch könnten »solche Ansichten dennoch richtig sein«. Er weist Brentano auf die Schwierigkeiten beim Aufbau der Industrie in der Sowjetunion hin und verteidigt diktatorische Maßnahmen: »Die Umwälzung ist nicht ohne Unterdrückung der Widerstrebenden, kaum ohne die der Willigen zu bewerkstelligen. Diese Unterdrückung nimmt zeitweise, wie wir sehen, privaten Charakter an.« Stalin sei zwar »kein besonders glänzender Schriftsteller«, und auf seinen »schlechten Geschmack« führe er zurück, daß »er gewisse Verhimmlungen duldet«, aber jemand sei »noch nicht klein, weil er sich gern den Großen nennen hört«. Am meisten kritisiert B Brentanos Gleichstellung der Bolschewiken mit den Faschisten. »Dann schafften also Fascisten das Privateigentum an Produktionsmitteln ab? Dann errichteten und unterbauten Fascisten die

Diktatur des Proletariats?« B bittet, den Brief als »eine kleine Arbeit aus Freundschaft« zu verstehen *(Br, 636)*.

16. Januar, Mittwoch. Johannes R. Becher erklärt sich mit Bs Kritik an der Rezension von Kantorowicz (→Anfang Januar) »einverstanden« und findet »vor allem Etikettierungen« schädlich. In *Unsere Zeit* werde eine neue Rezension erscheinen. Becher lehnt jedoch Bs Meinung ab, daß die Kritik von Kantorowicz dadurch eine »offizielle Note« bekäme, daß er sein Sekretär sei. Er könne ihn außerhalb seiner Arbeit weder kontrollieren noch administrieren *(477/76)*. In der April-Ausgabe von *Unsere Zeit* erscheinen die beiden (»bestellten«) Rezensionen von Bodo Uhse und von Paul Haland (→21. 10. 34).

18. Januar, Freitag. B dankt Lion Feuchtwanger für seine Einladung nach Sanary (→20. 12. 34). Arnold Zweigs Artikel über B (→Dezember 34), den Feuchtwanger lobt, findet auch B »außerordentlich anständig, ich sage ja: ein Frontsoldat« *(Br, 635)*.

Ideen für die inhaltliche Gestaltung einer Theaterzeitschrift

Offener Brief an den Schauspieler Heinrich George

An Bernhard Reich schickt B als »Beitrag für die Theaterzeitschrift« (→2. 12. 34) den *Offenen Brief an den Schauspieler Heinrich George* (→Dezember 33; 22,21-25). B empfiehlt für die Zeitschrift »unbedingt kurze Inhaltsangaben von Stücken« sowie »Aufsätze über Regieprinzipien (Inhaltsangabe von Regiebüchern)«, außerdem: »Schauspieler über Rollenstudium. Öffentliche Veranstaltungen vom Standpunkt der Theaterregie aus. Beispiele für Dramatisierungen von Gerichtsszenen, politischen Diskussionen, Interviews (links das Authentische, rechts die Gestaltung). Preisausschreiben dafür.« Er tritt für die »Eröffnung einer Umfrage über die Parole sozialistischer Realismus und Theater« ein *(Br, 634)*. Reich bestätigt (am 31. 1.) den Eingang des *Offenen Briefes* und plant ihn in der ersten Nummer der Theaterzeitschrift ein (die aber noch vor Erscheinen eingestellt wird). Er äußert sich sehr anerkennend über den *Dreigroschenroman*: »Großartig. Trifft ins Ziel. Besonders bewundere ich die Anlage. Erster Teil tastend, sucherisch, zweiter Teil zusammenfassend, scharf und kalt; dritter Teil ›dichterisch‹ – erinnerst Du Dich, wie wir und was wir darüber in der Spichernstraße sprachen.« *(477/87.)*

Mit Heinrich George und Helene Weigel bei Proben zu *Mann ist Mann*, Ende 1927

Elisabeth Hauptmann hat den *Dreigroschenroman* an Blanche Knopf gegeben, Frau eines amerikanischen Verlegers, und dankt B für seine Empfehlung an Wieland Herzfelde, durch sie in den USA Kurzgeschichten für einen Band zu sammeln *(480/34)*.

21. Januar, Montag. Wieland Herzfelde referiert in Prag über *Ehre und Wahrheit bei Heinrich Mann und Bertolt Brecht* und legt dabei Bs *Fünf Schwierigkeiten beim Schreiben der Wahrheit* zugrunde.

27. Januar, Sonntag. Erwin Piscator bestätigt den Eingang des *Einheitsfrontlieds* (→21. 12. 34) und regelt mit B die Kostenfrage einer Reise nach Moskau. MORT (der Internationale Revolutionäre Theaterbund) will die Reisekosten in der Sowjetunion übernehmen. »Im übrigen mußt Du doch hier genug Geld haben von der *Dreigroschenoper* und auch von Deinem Roman. Es ist doch unmöglich, daß Steffin alles verbraucht hat, denn die Grundspesen sind doch in derartigen Anstalten hier sehr niedrig.« Es sei gelungen, den Verlag für ausländische Arbeiter für einen Band mit Bs Stücken (voraussichtlich *Die heilige Johanna der Schlachthöfe* und *Die Rundköpfe und die Spitzköpfe*) zu interessieren *(477/ 114)*.

28. Januar, Montag. Bs ein Jahr zurückliegende Einladung, nach Dänemark zu kommen *(Br, 537)*, kann der in Paris lebende Alfred Döblin nicht nachkommen, weil er für seine vier Söhne einen Ortswechsel nicht für zweckmäßig hält. Der *Dreigroschenroman* habe ihm »größten Spaß« bereitet. Die Zukunft sieht Döblin in keinem guten Licht: »Ja, lieber Brecht, wir gehen herrlichen Zeiten entgegen, und da Hitler immer neue Triumphe hat und kriegt, so werden wir in absehbarer Zeit wohl einen Berufswechsel vornehmen müssen, etwa vom Lebenden zum Toten [...]« *(Döblin, 200f.)*

Zeichnung von Robert Storm Petersen, abgedruckt in der dänischem Übersetzung des *Dreigroschenromans*, 1935

Januar. B drückt dem dänischen Zeichner Robert Storm Petersen seine Freude darüber aus, daß er für den Umschlag der dänischen Ausgabe seines *Dreigroschenromans* eine Zeichnung machen will. »Auf dem Umschlag könnte man die Figur des Jonathan Jeremiah Peachum darstellen, einen kahlköpfigen Mann mit steifem schwarzem Hut im Genick, in Hemdärmeln, beide Hände vorgestreckt, auf der einen ein kleines Segelschiff, auf der andern seine Tochter Polly, beides gleichsam zum Verkauf bietend. Die beiden Artikel könnten Preisschildchen tragen.« B legt ihm die Charakteristik des Peachum aus den *Anmerkungen zur »Dreigroschenoper«* (→Mitte Januar 32; *24,59f.*) bei *(Br, 637)*.
Gleichermaßen freut sich B, daß George Grosz die Zeichnungen zu den Stücken für die Malik-Ausgabe machen will. Er legt ihm dazu Notizen bei. Darin sieht er die »Hauptlinie« der *Dreigroschenoper* so: »Die Räuber sind Bürger«, und die von *»Rundköpfe und Spitzköpfe«*: »Unhaltbare Einteilung: nach Rassen. Haltbare: nach Klassen. Rundköpfe ebenso komisch (mißgestaltet) wie Spitzköpfe.« Daran schließt er für Grosz einen kleinen »Exkurs über das epische Theater (pat. gesch.)« an *(Br, 638)*.
Karl Korsch kommt im Januar nach Svendborg (bis Anfang März).

Ende Januar. Bernard von Brentano erinnert (in seiner Antwort auf Bs Brief von →Mitte Januar) daran, daß B ihm in

Paris gesagt habe, »wenn der Augenblick kommt, wo die Partei objektiv gegen die Interessen der Arbeiter arbeitet, werden Sie mich gegen die Partei stehen sehen«. Dieser Augenblick sei längst gekommen. Ein Beweis dafür ist ihm die Niederlage im Saarland. Die gegenwärtigen Machthaber, Stalin, Hitler und Mussolini, hätten eines gemeinsam: ihren Haß gegen die Intellektuellen. Er habe die Faschisten nicht mit den Bolschewiken gleichgestellt, sondern mit den Stalinisten. Er beklagt sich über den rauhen Ton und die zornige Haltung in Bs Brief *(481/14-17)*. B verwahrt sich dagegen, daß seine Briefe »zornig« (→ Mitte Januar) seien, »vielleicht ein wenig ungeduldig, weil ich denke, daß Sie in die falsche Richtung lernen«. Die Art, wie der Sozialismus aufgebaut wird, sei von außen schwierig zu verstehen, zumal sich alles in Widersprüchen bewegt. »Das Proletariat baut: es muß fremdes Geld verzinsen, das in den Maschinen steckt, es muß Brot heranschaffen, den Feldbau umwälzen, mit Gewalt, dann wieder nachgebend, alten Lastern schmeichelnd hier, neue Tugenden produzierend dort. Es muß mit den Raubstaaten ringsum um jeden Monat seiner Herrschaft kämpfen, feilschen, kriechen. Es muß alle Freunde einspannen, bis zum Aufopfern; es muß Unterdrückung anwenden, sich selber gegenüber, ein ganzes gleitendes System des Zwangs; es muß Klassenkampf führen, aufbauen, verschwenden, einsparen. Und es erhofft alles *(alles)* von der Entwicklung der Produktivkräfte, alles erst in zweiter Linie, die Entspannung, die Freiheit des einzelnen, das lebenswerte Leben.« Das »Weltproletariat« habe »an einer Stelle eine riesige Anstrengung unternommen, nun schreitet es dort vor, leidet dort, zahlt für dort, hofft auf dort« *(Br, 639)*.

Ende Januar 1935
Fortführung der Diskussion mit Brentano über das Versagen der Partei

3. Februar, Sonntag. Helene Weigel hat in Bs Auftrag Walter Benjamin (am 20. 1.) nach einem französischen Buch über Massenpsychosen gefragt. Benjamin identifiziert es als Henry Damayes *Psychatrie et Civilisation*, das 1934 in Paris erschienen ist. Es handele sich, berichtet er (am 3. 2.; *Benjamin, Briefe, Bd. 2, Nr. 253*), »nicht um *Massen*psychosen, sondern um Bakterien als Erreger von Individualpsychosen« *(22,914)*. B setzt sich in dem satirischen Text *Eine Befürchtung* mit der These Damayes auseinander. Er befürchtet, daß er gegen die Psychose immun sein könnte. Bereits im ersten Weltkrieg habe er, 16jährig, nicht »an der allgemeinen Begeisterung« teilnehmen können. Er malt sich aus, wie er mit einer allgemeinen Verachtung rechnen müsse, wenn er beispielsweise nicht an einer Hexenverfolgung oder nicht am ausbrechenden Jubel einer »Messiasbegrüßung« teilnähme, »unfähig, die göttlichen Züge zu erkennen, womöglich sie mit denen eines Spießers verwechselnd«. Auch eine Kriegspsychose hätte auf ihn die Wirkung, daß er vor sich

»leider keinen Feind, sondern einen armen Teufel« sähe *(22,103-105)*. Die Satire erscheint am 14. 3. in der *National-Zeitung*, Basel.
Georg Frankl, dem Helene Weigel in Wien die pädagogische Fürsorge für Bs Sohn Frank Banholzer übertragen hat, antwortet auf eine Anfrage, daß dem Jungen noch nicht daran gelegen sei, »jetzt bereits in einen Beruf zu treten, etwa gar als Lehrling bei einem Handwerker«. Er erwäge, eine Handelsschule zu besuchen; Frank interessiere sich für den Buchhandel. Eine Unterbringung in einer Lehre mit Kost und Quartier gäbe es aber nicht *(654/132f.)*.
5. Februar, Dienstag. Slatan Dudow informiert B, daß er aus Paris ohne weitere Begründung »plötzlich ausgewiesen« worden sei und »Frankreich innerhalb von 24 Stunden verlassen« müsse. In Dänemark sei B seine »letzte Rettung« *(478/47)*. Er erhält von den französischen Behörden aber, wie er B (am 18. 2.) mitteilt, »eine Ruhepause« und will erst noch seinen Film *(Der Feigling)* fertigstellen und versuchen, ihn zu verkaufen *(478/55)*.
6. Februar, Mittwoch. Helene Weigel bedauert, daß Walter Benjamin noch nicht wieder nach Svendborg kommen kann. Sie schickt ihm Rezensionen des *Dreigroschenromans*, über den er auch schreiben will. B fügt dem Brief hinzu, daß Elisabeth Hauptmann seinen »Aufsatz für Amerika« erwartet und daß er ihn bald schreiben sollte *(Br, 640)*.
An Asja Lacis schreibt Benjamin (Mitte Februar): »Ich denke, daß er [*Der Dreigroschenroman*] in der Weltliteratur einen Platz neben Swift haben wird.« Die Rezension ist, wie Benjamin (am 5. 3.; *Benjamin, Versuche, Nr. 9*) an B schreibt, in der »ersten Februarhälfte« fertiggestellt und wird an Klaus Mann geschickt (zur Veröffentlichung in der Zeitschrift *Die Sammlung*). Mann akzeptiert aber die von Benjamin geforderte Erhöhung des Honorars nicht und schickt ihm die Rezension (Ende März) zurück *(Wizisla, 392)*. Benjamins Besprechung bleibt zu seinen Lebzeiten ungedruckt.

Walter Benjamin über den *Dreigroschenroman*

Aber Marx, der es zuerst unternahm, die Verhältnisse zwischen Menschen aus ihrer Erniedrigung und Verneblung in der kapitalistischen Wirtschaft wieder ans Licht der Kritik zu ziehen, ist damit ein Lehrer der Satire geworden, der nicht weit davon entfernt war, ein Meister in ihr zu sein. In seine Schule ist Brecht gegangen. Die Satire, die immer eine materialistische Kunst war, ist bei ihm nun auch eine dialektische. Marx steht im Hintergrund des Romans – ungefähr so wie Konfuzius und Zoroaster für die Mandarine und Schahs, die in den Satiren der Aufklärung unter den Franzosen sich umsehen. Marx bestimmt hier die Weite des Abstandes, den der große Schriftsteller überhaupt, besonders aber der große Satiriker seinem Objekt gegenüber einnimmt. Es war immer dieser Abstand, den die Nachwelt sich zu eigen gemacht hat, wenn sie einen Schriftsteller klassisch nannte. Vermutlich wird sie sich im Dreigroschenroman ziemlich leicht zurechtfinden. *(Aus Walter Benjamins Rezension »Brechts Dreigroschenroman«, Benjamin, III,449.)*

10. Februar, Sonntag. Wie B Margarete Steffin mitteilt, wolle Erwin Piscator ihn und Hanns Eisler zugleich in Moskau haben, er wisse aber noch nicht, ob Eisler mitkommt. Slatan Dudow habe ihm (→ 5. 2.) geschrieben, daß er aus Paris ausgewiesen worden sei und nach Svendborg kommen wolle. Er werde dadurch noch in Dänemark aufgehalten. Ein neues Sonett wolle er ihr selber vorlesen, »mit Tuchfühlung«. Er ist froh, daß sie in Moskau seine Angelegenheiten mit den Verlagen ordnet, und fordert sie auf, seinen »Ruhm in Mekka« (Moskau) zu verbreiten *(Br, 641)*.
Hanns Eisler befindet sich schon auf der Überfahrt in die USA, wo er bis März in 15 größeren Veranstaltungen auftre-

ten wird. Da er über keine Brecht-Texte verfügt, bittet er um Zusendung von *Die heilige Johanna der Schlachthöfe*, die *Rundköpfe* und *Die Mutter.*

13. **Februar,** Mittwoch. Margaret Mynatt schickt B aus London die Rohübersetzungen der *Heiligen Johanna der Schlachthöfe* und der Clownsszene aus dem *Badener Lehrstück vom Einverständnis*. Ihre Bemühungen, den *Dreigroschenroman* unterzubringen, sind gescheitert, weil B, ohne sie zu informieren, zur gleichen Zeit Optionsrechte an andere Personen gegeben hat.

16. **Februar,** Sonnabend. Lion Feuchtwanger berichtet B, er sei mit der Arbeit an seinem »zweiten Josephus« noch bis zum Juli beschäftigt und könne erst dann seinen Reiseplan in die Sowjetunion terminieren. Feuchtwanger schlägt B zum Scherz eine Zusammenarbeit für ein Werk *Hermann der Cherusker* vor: »Sie steuern das Marxistische und das Rassistische bei, ich das Menschliche, Piscator macht einen Film daraus, Weill schreibt die Musik, und wir teilen uns die Tantiemen.« *(Feuchtwanger, 14.)*

17. **Februar,** Sonntag. B hat die Einreise Dudows nach Dänemark noch nicht bewerkstelligen können, schreibt er an Margarete Steffin. Den neuen Szenenentwurf für das Kinderstück *Wenn er einen Engel hätte ...* will er mit ihr mündlich besprechen. Er »murkse« am *Tuiroman* herum und könne ihr »eine Menge Sachen vorlesen«. Die Kürzungen, die in der russischen Ausgabe am *Dreigroschenroman* vorgenommen werden sollen, will er erst in einem deutschen Exemplar prüfen. Er erbittet von ihr Werke von Lenin und »überhaupt marxistische Literatur«. B fragt Steffin, ob man in Moskau etwas für Alfred Döblin machen kann (»als Arzt«). Auch habe Hanns Eisler den nach London emigrierten Ernst Schoen, »der in Frankfurt Rundfunkleiter war, erstklassiger Fachmann« (→ Mitte März 34), in Moskau unterbringen wollen: Sie solle sich in der Angelegenheit mit Hedi Gutmann (Hanns Eislers jetzt in Moskau tätiger früherer Freundin) verständigen *(Br, 642)*.

Arbeit am *Tuiroman*

25. **Februar,** Montag. Nach Mitteilung von Slatan Dudow ist für diesen Tag in Paris »im Schriftstellerverband ein Diskussionsabend« über Bs *Dreigroschenroman* angesetzt.

26. **Februar,** Dienstag. Kurt Kläber ist über Bs *Dreigroschenroman* »bis auf einige zu große Vereinfachungen« sehr erfreut und denkt »augenblicklich viel darüber nach, wie man ihn an die Massen bringen kann, denn für die Masse ist er nötiger als für die besseren Leute« *(481/2)*.

Februar. Wieland Herzfelde hat B einen Brief von Götz Mayer (vom 17. 2.) weitergereicht, in dem dieser das Interesse von Frau Malraux am Kinderbuch *Die drei Soldaten* für ihre Kinderzeitschrift signalisiert. B antwortet Mayer, daß die Rechte an ihn zurückgefallen seien, für die Illustrationen aber eine Zustimmung von George Grosz eingeholt werden muß *(Br, 643)*.

B hat von dem Kopenhagener Verleger Steen Hasselbalch Storm Petersens Entwurf für den Umschlag seines *Dreigroschenromans* (→Januar) erhalten und findet ihn »bezaubernd«. Das Bild »enthält die ganze Kümmerlichkeit der Dreigroschenwelt und ist doch nicht ohne Größe«; außerdem bereite es »den Leser auf einen satirischen Roman vor« *(Br, 644)*. Die Zeichnung wird in der dänischen Ausgabe des Romans, die im April (in der Übersetzung von Johannes Weltzer und Otto Gelsted) erscheint, nicht auf dem Umschlag, sondern gegenüber dem Innentitel gedruckt.

Fertigstellung des Aufsatzes *Vergnügungstheater oder Lehrtheater?*

B schreibt *Vergnügungstheater oder Lehrtheater? (22,106-116)*. In diesem grundlegenden Aufsatz, den er für Moskau schreibt, gibt er eine Übersicht über das epische Theater und die nichtaristotelische Dramatik. Er verwendet darin die schematische Gegenüberstellung der epischen und der dramatischen Form des Theaters, die er bereits in seinen *Anmerkungen zur Oper »Aufstieg und Fall der Stadt Mahagonny«* (→9. 3. 30) veröffentlicht hatte, arbeitet sie aber an einigen Stellen um. Das neue Theater habe eine Lehrfunktion. »Das Theater bleibt Theater, auch wenn es Lehrtheater ist, und soweit es gutes Theater ist, ist es amüsant.« Dabei spiele für ihn die Wissenschaft eine große Rolle. Die Bedingungen, episches Theater zu spielen, seien nicht überall gegeben. Voraussetzung seien ein bestimmter technischer Standard des Theaters und »eine mächtige Bewegung im sozialen Leben« des Landes. »Das epische Theater ist der breiteste und weitestgehende Versuch zu modernem großen Theater, und er hat alle die riesigen Schwierigkeiten zu überwinden, die alle lebendigen Kräfte auf dem Gebiet der Politik, Philosophie, Wissenschaft und Kunst zu überwinden haben.«

2. März, Sonnabend. B benachrichtigt Margarete Steffin, daß er demnächst sein Visum für die Reise nach Moskau bekommen wird. Er will Gedichte für die *Internationale Literatur* mitbringen *(Br, 645)*.

Anfang März. B schickt (über Margarete Steffin) zum 50. Geburtstag von Egon Erwin Kisch (am 29. 4.) einen Text, der am Geburtstag in der *Deutschen Zentral-Zeitung* und im April-Heft der *Internationalen Literatur*, beide Moskau, gedruckt wird. Danach schätzt er Kisch als einen größeren Schriftsteller als die »meisten deutschen Literaten« ein, seine »Gesichtspunkte« seien »bedeutender«, sein »Gesichtsfeld größer«, sein »Stil eleganter und lebendiger«; deshalb könne sein »Schreiben weniger leicht entbehrt werden« als das anderer *(22,119)*. Margarete Steffin teilt er den Zeitpunkt seiner Abfahrt in Kopenhagen mit und fragt sie, ob sie ihn in Leningrad abholen (oder für ihn an der Grenze Rubel hinterlegen lassen) kann *(Br, 647)*.

8. März, Freitag. Auf eine Anfrage Johannes R. Bechers (vom 26. 2.), ob B aus Anlaß der geplanten Tagung in Barcelona wieder in den PEN-Club eintreten will, antwortet B zustimmend.

9. März, Sonnabend. B würde sich freuen, wenn Armin Kesser, wie er das Helene Weigel angekündigt hat, nach Svendborg käme. »Das wäre großartig. Es werden Eisler, Korsch und vielleicht auch George Grosz hier sein. Wohl auch Benjamin.« *(Br, 649.)*

10. März, Sonntag. B fährt nach Kopenhagen und trifft letzte Vorbereitungen für seine Reise in die Sowjetunion. Wie er Helene Weigel nach Svendborg schreibt, fährt er »Dienstag früh 5^{25}« ab. Sie solle die Kronen in Francs umtauschen, »sie sinken so sehr«. Er ist froh, daß er für Asja Lacis einen Sweater gekauft hat. »Hoffentlich kommen Steffs Augen in Ordnung. Er darf nicht soviel lesen.« Barbara soll sie von ihm »noch den Abschiedskuß« geben *(Br, 648)*.

12./13. März, Dienstag/Mittwoch. B reist über Stockholm nach Helsinki.

12./13. März 1935
Reise über Stockholm nach Helsinki

13. März, Mittwoch. B informiert Helene Weigel, daß der Aufenthalt (am 12. 3.) in Stockholm zu kurz gewesen sei, um sich bei Karl Korsch zu melden (dessen Frau dort an einer Reformschule tätig ist). Der Dampfer nach Helsinki sei »ganz manierlich durch die Eisschollen« gefahren. Er habe im Hotel Societethuset übernachtet. Abends sieht er sich *Bengalische Lanzenreiter* an; im Theater gibt es *Minna von Barnhelm*, »das kenne ich ja« *(Br, 650)*.

14. März, Donnerstag. Obwohl sie an einer Grippe erkrankt ist, holt Margarete Steffin B in Leningrad ab und begleitet ihn nach Moskau. B wird im Intourist-Hotel »Nowoja Moskowskaja« untergebracht.

14. März-17. Mai 1935
Reise nach Moskau

Mitte März. Unmittelbar nach seiner Ankunft führt B ein Gespräch, das unter dem Titel *Interview mit Brecht* von A. Brustow in der deutschsprachigen Ausgabe einer sowjetischen Zeitung (vermutlich *DZZ*) erscheint. Der »kleinbürgerliche Intellektuelle Brecht« habe sich »nur allmählich der revolutionären Arbeiterbewegung genähert«, dann aber mit dem Lehrstück *Die Maßnahme* einen »Wegweiser [...] durch das revolutionäre Leben des Proletariats« geschaffen. Gegenwärtig arbeite er an einer endgültigen Fassung von *Die Rundköpfe und die Spitzköpfe* sowie an einem Roman *Das goldene Zeitalter der Tuis*. Für B sei Moskau eine Theaterstadt, in der es noch »große Ereignisse der Bühnenkunst« gibt. Mit besonderer Spannung erwarte er das Gastspiel von Mei Lan-fang. In der gleichen Ausgabe erscheint eine erste Fassung von Bs Gedicht *Lied gegen den Krieg (12,24-26)*.

März/April 1935
Besuch von Veranstaltungen des chinesischen Schauspielers Mei Lan-fang

Erwin Piscator mit Mei Lan-fang (in Kostüm und Maske eines Mädchens), Moskau 1935

20. März, Mittwoch. Der chinesische Schauspieler Mei Lan-fang, der mit seiner Theatertruppe in Moskau ein Gastspiel gibt, hat (am 19. 3.) im Hause des chinesischen Botschafters eine private Vorstellung gegeben. Für die Leiter und Schauspieler der Moskauer Theater findet (am 20. 3. nachts) eine Sondervorstellung statt, bei der ein chinesischer Theaterwissenschaftler einen Vortrag über chinesische Schauspielkunst hält und Mei Lan-fang dazu Beispiele vorführt. Sergej Tretjakow, der den chinesischen Schauspieler und seine Truppe betreut, verschafft B und Margarete Steffin Zugang zu den Aufführungen und zu mehreren Begegnungen mit den Chinesen (→ 14. 4.). Mei Lan-fang tritt in zwei chinesischen Stücken auf: *Kuei-fei tsui-chiu* (Die betrunkene Schönheit), einer Alltagsgeschichte aus dem Leben von Yang Kuei-fei, einer der berühmtesten Konkubinen in den chinesischen Legenden, und *Ta-yü sha chia* (Die Rache des Fischers), einem populären unterhaltsamen Stück mit Songs.
B berichtet Helene Weigel von der gut überstandenen Reise und den Lebensbedingungen in Moskau. Er habe schon »eine Menge Theater und Film« gesehen. Mei Lan-fang sei für ihn »der größte chinesische Schauspieler«. Sie solle Karl Korsch nach dem Autor des »amerikanischen Buches über die Gewalt« fragen (Louis Adamic, *Dynamite. The Story of Class Violence in America*, 1931) *(Br, 651)*.
Ende März. B kündigt Helene Weigel »sieben eingeschriebene Pakete mit Büchern« an. Ihn plage derzeit ein lästiges »rheumatisches Kopfweh hinten links«. Mei Lan-fang, der Mädchen spielt, sei »wirklich herrlich«. Ernst Ottwalt (seit September 1934 in Moskau) wohne mit seiner Frau im selben Hotel, er sei »wieder Dampf in allen Gassen, verliert viel und hat nichts«. B führe gerade einen »wilden Kampf um eine Filmrolle« für sie (Weigel), »zwar nur eine alte Frau, aber in einem Dimitroff-Film (unter der Regie von Ivens; Manuskript leider Wangenheim) und in deutscher Sprache« (die Besetzung mit ihr kommt nicht zustande). Die deutschen Schauspieler in Moskau hält er für schlecht, »außer der Neher, die aber nicht besonders geschätzt« werde. »Ihr Kind ist kräftig, sie selbst ziemlich dick und recht nervös.« B fragt, ob sie den *Mê Ti des Sozialethikers und seiner Schüler philosophische Werke*, Berlin 1922, schon vom Buchbinder zurückgeholt habe. »Ist er hübsch geworden?« *(Br, 652.)*
5. April, Freitag. Wegen der Tantiemenzahlungen für die Aufführungen der *Dreigroschenoper* am Theater von Frantisek Burian in Prag hat sich B an das Theater gewandt und bekommt die Antwort, daß die Zahlungen, die an die Universal-Edition nach Österreich geleistet wurden (von wo sie

nach Deutschland gehen), auf Bs Wunsch nunmehr eingestellt worden sind. B trage an den bisher weitergeleiteten Zahlungen, die ihm nicht zugänglich geworden sind, selbst die Schuld, weil er weder der Einladung des Theaters nach Prag noch der Aufforderung, sich mit ihm in Verbindung zu setzen, nachgekommen sei. Er habe sich »nicht der Mühe unterzogen, einem Theater, dessen Inszenierung der *Dreigroschenoper* von der Presse als die beste der Welt bezeichnet wurde und von unserem Standpunkt als die Ihrer Weltanschauung« nächststehende, zu antworten. »Wie Sie sehen, trägt diese Ihre Erhabenheit entsprechende Früchte.« *(783/80f.)* Gleichzeitig informiert das Theater die Universal-Edition in Wien von der Maßnahme und distanziert sich von den Rechtsprinzipien der Nazis. Ein Land, das »seine besten Söhne« wirtschaftlich vernichte, habe einen sehr problematischen Rechtsbegriff. Bs Tantiemen würden an ein Prager Gericht überwiesen *(783/82f.)*.

Mit Frans Masereel, Sergej Tretjakow (rechts) und der Fallschirmspringerin Kamenew, Moskau 1935

10. April 1935
Satire *Horst-Wessel-Legende*

10. April, Mittwoch. In Berlin-Plötzensee werden die Kommunisten Sally Epstein und Hans Ziegler hingerichtet, die aufgrund einer Denunziation verhaftet, des »Mordes« (am 23.2.30) an Horst Wessel beschuldigt und (am 15.6.34) zum Tode verurteilt worden sind. B schreibt aus Anlaß dieser Ereignisse die Satire *Horst-Wessel-Legende (19,381-389)*, die er in zahlreichen Fassungen für eine Publikation immer wieder ändert (und mit dem Tarnnamen »Kinner« zeichnet). Er benutzt für seine Geschichte mehrere Zeitungsmeldungen (u.a. die Meldung *Hinrichtung von Sally Epstein und Hans Ziegler* in der *Frankfurter Zeitung* vom 11.4.) sowie das Buch von Hans Heinz Ewers *Horst Wessel. Ein deutsches Schicksal.*

13. April, Sonnabend. B spricht über den Unionssender RCS in der »Moskauer Abendstunde für deutsche Arbeiter und Spezialisten« *An die Gleichgeschalteten (12,47-49)*, das er später in die Sammlung *Svendborger Gedichte* (→22.7.38) aufnimmt, sowie weitere revolutionäre Gedichte.

Chinesische Schauspieler geben Brecht Anregungen für das epische Theater

14. April, Sonntag. Nach Beendigung des Moskauer Gastspiels findet mit Mei Lan-fang eine abschließende Diskussionsrunde statt. Die Aufführungen und Gespräche machen auf B einen nachhaltigen Eindruck. In Moskau entstehen zahlreiche Notierungen über die Besonderheiten des chinesischen Theaters und das Spiel von Mei Lan-fang, die B für seine Theorie eines epischen Theaters verarbeiten will. Eine erste Zusammenfassung dieser Gedanken bilden die noch während des Aufenthalts in Moskau oder kurz danach geschriebenen *Bemerkungen über die chinesische Schauspielkunst (22,151-155)*.
In diesem Zusammenhang weisen die sowjetischen Gesprächspartner auf den Theoretiker Viktor Schklowski hin,

der in seinem Essay *Kunst als Kunstgriff (1917)* u. a. auf die Methode der »Verfremdung« hingewiesen habe. Um »ein Empfinden für das Ding zu geben, ein Empfinden, das Sehen und nicht nur Wiedererkennen ist«, benutze die Kunst »zwei Kunstgriffe: die Verfremdung der Dinge und die Komplizierung der Form« (*Verfremdung in der Literatur*, Darmstadt 1984, S. 76).

Mitte April. B liegt »mit dickem Kopf und Fieber« *(Br, 653)*: »dumme Grippe, hauptsächlich Kopfweh, so vom Genick herauf zur Schläfe« *(Br, 654)*.

26. April, Freitag. Festabend zur 5. Internationalen Dekade der revolutionären Kunst.

Ende April. B übermittelt Helene Weigel verschiedene Aufträge: Eisler soll noch einmal ein Exemplar der *Mutter* bekommen sowie die »*Rundköpfe* (letzte Fassung)«. Er selbst braucht in Moskau die »Novelle *Der Arbeitsplatz* (oberste Schublade im Manuskriptschränkchen)« (→ 15. 4. 33). Karl Korsch soll noch bleiben, bis B nach Svendborg zurückkommt *(Br, 654)*. Etwas später berichtet er über seine gesundheitliche Besserung: »Ich [...] lag über zwei Wochen im Bett, damit keine Weiterungen kommen konnten. Jetzt ist es wieder in Ordnung, bis auf einen Rest gelegentlichen Kopfwehs. Nur habe ich so eben wenig gesehen.« Wegen der Filmrolle für die Weigel (→ Ende März) sieht B keine Chancen mehr. Wangenheim habe sich »saumäßig und unvergeßlich« benommen. Er habe wegen eines Gastspiels der Weigel für den Frühsommer verhandelt, aber es sei »natürlich keine erstklassige, kaum eine drittklassige Sache«. B wundert sich, daß Slatan Dudow (→ 10. 2.) immer noch nicht in Kopenhagen ist. Ruth Berlau, der er eine Empfehlung aushändigte, habe versprochen, für ihn etwas beim Königlichen Theater zu versuchen. Am Abend spreche er »zum zweiten Mal im Radio« *(Br, 655)*.

Ende April 1935
Radiovorträge im Moskauer Rundfunk

In dem *Radiovortrag Bertolt Brecht* geht B auf die »Entwicklung des revolutionären deutschen Theaters und der deutschen revolutionären Dramatik« nach dem ersten Weltkrieg ein, die durch den Faschismus in Deutschland abgebrochen worden sei, aber außerhalb weitergeführt werde *(22,119-121)*.

Erstdruck
Fünf Schwierigkeiten beim Schreiben der Wahrheit

April. In *Unsere Zeit*, Paris/Basel/Prag, wird Bs Aufsatz *Fünf Schwierigkeiten beim Schreiben der Wahrheit* (→ Ende Dezember 34) zum erstenmal veröffentlicht.

B versichert Helene Weigel, daß »der Kampf um die Berufung« (der Weigel für den Film; → März) gegen Wangenheim weitergehe, »mehr dem Prinzip wegen«. Er bittet sie, »die letzte (Staatstheater-)Fassung von *Mann ist Mann*« (für den Druck in der Malik-Ausgabe) abzuschreiben *(Br, 656)*.

1. Mai, Mittwoch. Margarete Steffin gibt (am 31. 7.) Arnold Zweig einen Bericht: »Einen ungeheuren Eindruck hat der Erste Mai gemacht. Wir bekamen – was schwer ist – Karten für den Roten Platz und sahen alles wunderbar mit an. Ich habe derartige Demonstrationen auf dem Roten Platz ja öfter in der Wochenschau gesehen, aber das ist überhaupt kein Vergleich mit der Wirklichkeit. Vor allem die ungeheuren Farben!« *(2200/48f.)*

Maidemonstration in Moskau

Ich sah am 1. Mai den Triumph über die Schwierigkeiten, die die Umgestaltung einer neuen Welt bringt. Den Triumph, daß man jene Schwierigkeiten hier nicht kennt, unter denen die ganze übrige Welt leidet und die sie nicht überwinden kann.
Besonders fiel mir auf, wie stark das Wort die Massen ergriffen hat, wie es durch Losungen, Bücher, Zeitungen, Versammlungen in ihr Bewußtsein gedrungen ist. Ich möchte es die Literarisierung der Massen nennen.
(Brecht in: DZZ, Moskau, 23. 5.; 22,929.)

Anfang Mai. B macht Joris Ivens und Gustav von Wangenheim darauf aufmerksam, daß »bestimmte Schauspieler, welche für das Proletariat gearbeitet haben, die Möglichkeit künstlerischer Betätigung verloren« haben, darunter »hochqualifizierte Kräfte«. Nach seiner Meinung müßten besonders im Film »zweifellos die allerbesten Artisten vorgeschickt werden«. B kritisiert separate Arbeitsgruppen, die »jedes Hereinkommen neuer Kräfte« verhindern; sie müßten vielmehr flexibel auf die neuen Bedingungen reagieren. »Ein anderes Vorgehen würde zu einer unfruchtbaren Kliquenbildung führen und die Sache schädigen.« *(Br, 657.)*

B übermittelt Walter Landauer von Theodor Plivier (den er in Moskau trifft), er müsse für den letzten Teil seines Romans (dessen Abgabezeitpunkt beim Verlag de Lange schon überschritten ist) noch weitere Studien in der Sowjetunion machen. Plivier habe B gebeten, den Verleger zu »beruhigen« *(Br, 660)*.

Von links: S. Michoels, Dsiga Wertow, Erwin Piscator, Gertrud Azossew, Brecht, M. Azossew, Moskau 1935

B fragt seine Tochter Barbara, ob sie schon begonnen habe, »den Garten herzurichten«, und ob die Bäume schon ein wenig grün sind. »Hoffentlich ißt Du viel, damit Du rund und dick bist, wenn ich komme.« Er kündigt seine Ankunft in »ungefähr zwei Wochen« an. Sie solle auch »Helli« ermutigen, richtig zu essen und nicht zuviel zu rauchen *(Br, 658)*.

7. Mai, Dienstag. Helene Weigel rät Paula Groß (in Augsburg) davon ab, ihren und Bs Sohn Frank Schauspieler werden zu lassen. Dazu gehöre »außer einem besonderen Talent eine ungewöhnlich stabile Gesundheit«; sie schlägt »einen praktischen Beruf« vor *(654/140)*.

7. Mai 1935
Vorbehalte Helene Weigels gegenüber dem Schauspielerberuf

8. Mai, Mittwoch. Bs Vater berichtet Helene Weigel von einem Zusammentreffen mit seinem Enkel Frank Banholzer, der inzwischen nach Augsburg zurückgebracht worden sei (→ 16. 12. 34). Er habe von ihm einen »guten und befriedigenden Eindruck«. Obwohl er die hauptsächliche Verantwortung über das Kind der Mutter (Paula Groß) zuspricht, will er sich um den Enkel kümmern und ihn monatlich mit RM 25 unterstützen. Die Hausdame von Bs Vater, Maria Roecker (→ 11. 5. 21), befinde sich noch in Kopenhagen und habe ihm »sehr vergnügt ihre Aufnahme bei Euch und den ganzen dortigen Aufenthalt« geschildert *(654/135)*.

9. Mai, Donnerstag. Hanns Eisler schreibt B (auf der Überfahrt von New York nach London) von seiner Berufung zum Visiting Professor for Music an der New School for Social Research. Er unterrichtet für zwei Semester (1.10.35-15.5.36) eine Kompositionsklasse und hält Vorlesungen über die Krise in der modernen Musik. Bei seinem Aufenthalt hat er für die Inszenierung von Bs Stücken geworben. Er warnt B vor George Grosz, der in den USA »Anti-Sozialist« geworden sei, den man aber »schleunigst ändern« müsse, weil er immer noch ein »ganz großer Maler« ist *(479/22-28).*

12. Mai 1935
Brecht-Abend
Klub für ausländische Arbeiter, Moskau

Dann liest Brecht selbst. Seine antifaschistischen Gedichte treffen den Gegner mit der vollen Wucht der Satire. [...] Brecht verzichtet auf jede rhetorische Steigerungsmöglichkeit, ohne daß dadurch die tiefgehende Wirkung vermindert worden wäre, die seine Dichtungen hinterlassen. *(DZZ, Moskau, 14. 5.)*

Der Saal ist brechend voll. Brecht liest Gedichte. Carola Neher singt Songs aus der *Dreigroschenoper.* Alexander Granach zeigt mit Amateuren Szenen aus dem Stück *Die Rundköpfe und die Spitzköpfe.* Jungen und Mädchen der deutschen Karl-Liebknecht-Schule singen die Lieder Brechts und lesen seine Gedichte. *(Lew Kopelew.)*

12. Mai, Sonntag. Die Verlagsgenossenschaft Ausländischer Arbeiter (VEGAAR) veranstaltet (unter Leitung von Otto Bork) im Klub für ausländische Arbeiter einen Brecht-Abend. Wieland Herzfelde spricht über Bs Werk, B rezitiert einige Gedichte, Alexander Granach stellt zwei Szenen aus *Die Rundköpfe und die Spitzköpfe* vor, Carola Neher bringt mehrere Songs zum Vortrag, und Hanni Rodenberg singt die *Wiegenlieder.* An der Veranstaltung nehmen u. a. Gustav von Wangenheim, Wilhelm Pieck, Fritz Heckert, Arthur Pieck, Margarethe Lode, Erwin Piscator, Johannes R. Becher, Erich Weinert, Friedrich Wolf, Asja Lacis teil. Nach Bernhard Reichs Erinnerungen waren außerdem Béla Kun, Wilis Knorin, Sergej Tretjakow und Semjon Kirsanow gekommen. »Béla Kun war von Brecht fasziniert und lud ihn und ein paar Freunde Brechts zu sich ein. Der Gastgeber und seine Freunde – Anatol Gidash, Béla Illés, T. Motiljowa – empfingen uns.« *(Reich, 370.)*

Durch »Betriebsunfall« zum Marxismus

Im *Entwurf einer Vorrede für eine Lesung* (die vermutlich im Zusammenhang mit dem Auftritt geschrieben wurde) gibt B zunächst einen kurzen Überblick über seine Entwicklung als Dramatiker. Obwohl er schon ein »namhafter Schriftsteller« gewesen sei, habe er damals noch nichts »von Marx oder über Marx zu Gesicht bekommen«. Ihm habe erst »eine Art Betriebsunfall« weitergeholfen. Zur Feststellung der Fakten über Vorgänge an der Chicagoer Börse für ein Stück (*Jae Fleischhacker*; → 25. 10. 29) hätten ihm auch Experten keine hinreichenden Auskünfte geben können. »Das geplante Drama wurde nicht geschrieben, statt dessen begann ich Marx zu lesen, und da, jetzt erst, las ich Marx.« *(22,138f.)* Anschließend erläutert er die Gedichte des folgenden Programms: *Legende vom toten Soldaten* (→ 1. 5. 18), *Lied vom SA-Mann* (→ 6. 12. 31) sowie zwei *Wiegenlieder* (→ Anfang Februar 33) und *Die Teppichweber von Kujan-Bulak ehren Lenin* (→ 30. 10. 29).

13. Mai, Montag. Margarete Steffin berichtet Walter Benjamin über Bs Erfolg in der Sowjetunion und über das Gastspiel Mei Lan-fangs.

Der Unionssender strahlt in seiner »Moskauer Radiostunde für deutsche Arbeiter und Spezialisten« aus: *Bert Brecht liest revolutionäre Gedichte. Zwiegespräch zwischen zwei Schutzbundgenossen aus dem Moskauer Stalinwerk.*

Mitte Mai. B unterrichtet Helene Weigel von einer bevorstehenden Verhandlung mit der Filmfirma Meshrabpom über ein Rolle für sie. Er sehe sich jetzt »viel Theater« an *(Br, 659)*.

Vor seiner Abreise gibt B ein Interview für die DZZ, in dem er u. a. sagt: Die Union sei »ein wunderbares Land für Lyriker«. Er wünschte sich, daß in jeder Metrostation »in Stein gemeißelt ein literarischer Bericht über die Geschichte des Baues und über seine Helden zu lesen sein« sollte. »Die Eindrücke, die ich gewonnen habe, werde ich [...] noch in einer Reihe von Gedichten wiedergeben und Euch senden. Überdies arbeite ich an einer Komödie [*Turandot*], in der ich darstelle, wie die bürgerlichen Ideologen auf ihrem Markt der Ansichten die jeweils von der Bourgeoisie gewünschte Ideologie verkaufen. Hanns Eisler schreibt die Musik dazu. Dieses Thema werde ich auch in einem satirischen Roman behandeln.« *(23. 5.; 22,929.)* In dem Text *Über die Verbindung der Lyrik mit der Architektur (22,140f.)* lobt B den »einzigartigen Formensinn« der Arbeiter »mit ihren Emblemen«. Bei der Maidemonstration habe er »schöne Embleme der Textilfabriken (aus weißer Wolle), schmale, leicht flatternde Fahnen von neuer Form« u. a. gesehen. »Die qualifizierte Lyrik der Union hat mit dieser Entwicklung der Massenkunst nicht Schritt gehalten.«

Erstdruck des *Hammer- und Sichel-Liedes (14,227)* in der *Deutschen Zentral-Zeitung*, Moskau.

15. Mai, Mittwoch. Die ersten Linien der Moskauer Metro sind (am 27. 4.) fertiggestellt und werden (am 15. 5. mit einer offiziellen Eröffnung) in Betrieb genommen. B ist von dem kurzfristigen Bau und der aufwendigen Gestaltung der Stationen stark beeindruckt und schreibt das Gedicht *Inbesitznahme der großen Metro durch die Moskauer Arbeiterschaft am 27. April 1935 (12,43-45)*: »Denn es sah der wunderbare Bau / Was keiner seiner Vorgänger in vielen Städten vieler Zeiten / Jemals gesehen hatte: *als Bauherren die Bauleute!*« Das Gedicht wird (am 16. 5.) in der *DZZ* abgedruckt.

17. Mai, Freitag. B macht auf der Rückreise mit Margarete Steffin ein paar Tage Station in Leningrad.

Bei einem Brecht-Abend im Haus der Sowjetschriftsteller halten Konstantin Fedin und Theodor Plivier Reden, B liest aus seinen Werken, von einer Schallplattenaufnahme sind Lieder Bs, gesungen von Carola Neher, zu hören. »Am besten aber und eindrucksvollsten wirkten die von Genossin

„Die Wirklichkeit übertrifft alles“

Bert Brecht über seine Eindrücke in der Sowjetunion

Der deutsche Dichter und Dramaturg *Bert Brecht* äusserte sich knapp vor seiner Abreise über die von ihm in der Sowjetunion gewonnenen Eindrücke zu unserem Mitarbeiter:

„Selbst in den wenigen Wochen, die ich in Moskau war, hat sich das Gesicht der Stadt deutlich verändert. Aber man sieht nicht nur diese Änderungen, den steten Aufschwung. Man sieht auch die grosse historische Grundänderung gegenüber der alten Welt. Es gibt Veränderungen, die betreffen Tage, Jahre. Hier betreffen die Veränderungen Jahrhunderte, Jahrtausende. Ich kann mir vorstellen, dass es dabei grosse Schwierigkeiten gegeben hat, die den Ruhm noch vermehren.

Noch ehe ich in die Sowjetunion kam, hatte ich schon viel von diesem Aufstieg erfahren. Die Wirklichkeit aber hat alles übertroffen, was darüber gesagt und gedichtet wird. Die Stimme der Tatsachen spricht viel lauter, als all das, was uns die Stimmen über die Tatsachen berichten.

Das Sowjetleben zeigt das Resultat, das Ungeheure der ständigen Massenleistungen. Ich sah am 1. Mai den Triumph über die Schwierigkeiten, die die Umgestaltung einer neuen Welt bringt. Den Triumph, dass man jene Schwierigkeiten hier nicht kennt, unter denen die ganze übrige Welt leidet und die sie nicht überwinden kann.

Besonders fiel mir auf, wie stark das Wort die Massen ergriffen hat, wie es durch Losungen, Zitate, Bücher, Zeitungen, Versammlungen in ihr Bewusstsein gedrungen ist. Ich möchte es die Literarisierung der Massen nennen. Es sind aber keineswegs nur Worte, denn ihnen folgt ständig die Erkenntnis, die Tat.

Die Sowjetunion ist ein wunderbares Land für Lyriker. Die historisch berichtende Lyrik tritt noch zu wenig in den Vordergrund. In jeder Metrostation sollte in Stein gemeisselt ein literarischer Bericht über die Geschichte des Baues und über seine Helden zu lesen sein.

Die Eindrücke, die ich gewonnen habe, werde ich, wie in dem von der DZZ veröffentlichten Metrogedicht, noch in einer Reihe von Gedichten wiedergeben und Euch senden. Überdies arbeite ich an einer Komödie, in der ich darstelle, wie die bürgerlichen Ideologen auf ihrem Markt der Ansichten, die jeweils von der Bourgeoisie gewünschte Ideologie verkaufen. *Hanns Eisler* schreibt die Musik dazu. Dieses Thema werde ich auch in einem satirischen Roman behandeln.“ *E. F.*

Deutsche Zentral-Zeitung, Moskau, 23. 5. 1935

17.-21. Mai 1935
Rückreise über Leningrad und Kopenhagen

Brecht-Abend
Haus der Schriftsteller, Leningrad

Steffin vorgetragenen *Kinderlieder für proletarische Mütter*, deren dichterische Stärke die Zuhörer mächtig mit sich riß und einen nicht endenwollenden Beifallssturm auslöste.« *(Rote Zeitung, Leningrad, 22. 5.)* B schreibt Michail Kolzow (nach seiner Rückkehr) u. a.: »Einige Tage war ich noch in Leningrad, wo ich ebenfalls ungemein freundlich aufgenommen wurde.« *(Br, 664.)*

19. Mai, Sonntag. B beschwört Joris Ivens, ihm das Foto der Weigel in der Rolle der Mutter zurückzugeben. Es sei das »einzige Exemplar« und stelle »also für Helene Weigel einen unersetzbaren Wert« dar. Er habe das Foto ausdrücklich nur ihm gegeben, nicht für Gustav von Wangenheim »zum Zwecke der Diskussion ihres ›jüdischen Aussehens‹« *(Br, 661).* B bezieht sich auf die Diskussion um die Besetzung des Films *Die Kämpfer* (→ Ende September 34).

20. Mai, Montag. Walter Benjamin berichtet B von »dem elenden Vorfall mit Klaus Mann«, der ihm wegen seiner Honorarforderung (→ 6. 2.) die Rezension über den *Dreigroschenroman*, die bereits gesetzt gewesen sei, zurückgeschickt hat, und überläßt ihm den Text. »Selbstverständlich hätte ich die Zumutung von Mann eingesteckt, wenn ich das Ergebnis vorausgesehen hätte. Ich habe mich für dieses Leben nicht klug genug erwiesen, und das an einem Punkt, an welchem Klugheit mir viel wert gewesen wäre.« Bs *Fünf Schwierigkeiten beim Schreiben der Wahrheit* haben nach Benjamins Ansicht »die Trockenheit und daher die unbegrenzte Konservierbarkeit durchaus klassischer Schriften«; sie seien »in einer Prosa geschrieben, die es im Deutschen noch nicht gegeben hat« *(Benjamin, Versuche, Nr. 10).*

21. Mai 1935
Zurück in Svendborg

20./21. Mai, Montag/Dienstag. B reist mit Margarete Steffin von Leningrad nach Kopenhagen, wo sie zunächst wieder in der Pension Westergaard (→ 13. 1. 34) untergebracht wird. B kehrt (am 21. 5. nach einer Abwesenheit von reichlich zwei Monaten) nach Svendborg zurück.

23. Mai, Donnerstag. George Grosz schreibt B, daß er sich (von New York) auf den Weg »nach drüben« befindet und ihn treffen will. Hanns Eisler habe sich als glänzender Dialektiker erwiesen. Erwin Piscator möchte gern in die USA kommen, und Eisler wünsche auch B dort. Grosz würde B am liebsten, wenn er Geld hätte, einladen und »unter komfortablen Bedingungen einsperren lassen«, damit er »eine Art Don Quichote von heutzutage« schreibt. Er wünscht sich den »Satiriker großen Formats, der endlich einmal all diese linken Phrasen usw. heilsam zerpflückt« *(Grosz, Briefe, S. 216f.).*

28. Mai, Dienstag. Elisabeth Hauptmann schickt B einige amerikanische Kurzgeschichten, die sie übersetzt hat, für Wieland Herzfelde. Sie schreibt ihm von ihrer angespannten

Finanzlage und dem weiterhin bestehenden Plan, in der Sowjetunion eine Stellung zu bekommen.
Sergej Tretjakow beschwert sich bei B, daß er einige Manuskripte, die er ihm zur Übersetzung in Moskau lassen wollte, wieder »mitgeschleppt« hat (wie *Die Mutter* und *Vergnügungstheater oder Lehrtheater?*). Sein Gedicht *Inbesitznahme der großen Metro durch die Moskauer Arbeiterschaft am 27. April 1935* (→ 15. 5.) sei »von mehreren Lesern gelobt« worden *(477/135f.)*.

29. Mai, Mittwoch. Helene Weigel hat sich (am 3. 5.) bei Georg Frankl und bei Frau Bader in Wien für die Fürsorge bedankt, die sie Bs Sohn Frank Banholzer zuteil werden ließen. B wendet sich wegen Frank an Paula Groß (→ 29. 10. 34). Er findet schlimm, daß Frank, den sie aus Wien nach Augsburg geholt hat, weder bei ihr noch bei ihrer Mutter untergebracht werden kann und keine Lehrstelle hat. »Unter den jetzigen Umständen sind meine Vermögensverhältnisse so, daß ich Dir eine so große Summe, wie sie für den Dentistenberuf nötig wäre, unmöglich zur Verfügung stellen kann; ganz abgesehen davon, daß dieser Beruf sich für Frank kaum eignet.« Er stellt ihr für ein Jahr eine monatliche Zahlung von 50 RM in Aussicht. »Durch die Ungunst der Verhältnisse hast Du nun doch die ganze Verantwortung für ihn übernehmen müssen. Im selben Augenblick, wo meine Verhältnisse sich bessern, werde ich Dir sofort wieder helfen.« *(Br, 662.)* Paula Groß bedankt sich (am 11. 6.) für das finanzielle Angebot Bs und bittet um pünktliche Zahlungen, denn sie habe keinen Menschen, der ihr »in der Sorge um Frank« beisteht. Sie will den Sohn nun in eine kaufmännische Lehre geben, aber er habe »die Eignungsprüfung unter den Jungens am schlechtesten bestanden«. Eigentlich passe gar kein Beruf zu ihm, »er ist furchtbar unpraktisch, langweilig, faul und dazu noch leidend« *(654/143)*.

29. Mai 1935
Zusage finanzieller Unterstützung für den Sohn Frank Banholzer

30. Mai, Donnerstag. Margarete Steffin erhält (in Kopenhagen) von B einen Brief mit der Auskunft, in Skovsbostrand sei »alles ziemlich unverändert«. »Nur ist Helli ein wenig krank, mit dem Hals, eine Drüsengeschichte.« Er rät, mit Ihrem »Herkommen« zu warten (→ 13. 6.), weil ihre Unterbringung »vis-à-vis« erst noch gesichert werden muß *(Br, 663)*.

Ende Mai. Michael Kolzow hat seiner Hoffnung Ausdruck gegeben, B beim Schriftstellerkongreß in Paris wiederzusehen, aber B »kann noch nicht überblicken«, ob er im Juni weg kann, weil zu dieser Zeit die Vorbereitungen für eine »wichtige Premiere in Kopenhagen« im Gange seien. In Paris solle man versuchen, »die Leute in Arbeit zu verwickeln: den Schriftsteller interessiert vor allem das Schriftstellern«.

Er schlägt eine *Neue Enzyklopädie* (→ Ende Dezember) der besten Schriftsteller vor, »laufende Publikationen, in denen sie sich über Schlagworte des Faschismus und Militarismus hermachen können, jeder in 2-10 Seiten, das heißt zu jeder Verdummungsthese der Faschisten müßten sich immer gleichzeitig 10-15 Schriftsteller äußern« *(Br, 664)*.

Mai. B erbittet von Herbert Levy (aus London) Material über »Hunderennen, wie sie ja in London immer noch im Schwang sind«. Ihn interessiert besonders, wie gewettet wird, ob die Wetter am Ort sein müssen, wie groß die Distanzen und die Schnelligkeit sind. »Wie wird geschoben? Kann man die Champions arretieren? beschleunigen? doppen?« Er will in seinem Roman den Hundewetten, die »so ziemlich die einzige Unternehmung mit Chance für den römischen Bürger gewesen« seien, »einen gewissen Teil des Buches« widmen *(E 24/9)*.

1. Juni, Sonnabend. Hanns Eisler ist zur Vorbereitung der Musikolympiade (→ 8. 6.) in Straßburg eingetroffen und verspricht sich, wie er B schreibt, davon musikalisch nichts. In den USA habe er mit ziemlicher Sicherheit *Die Mutter* und *Die Maßnahme* untergebracht.

Bemühungen um Alfred Döblin

Anfang Juni. B informiert Alfred Döblin von seiner Reise in die Sowjetunion und davon, daß er eine größere Summe Rubel als Honorar für die russische Ausgabe des Romans *Berlin Alexanderplatz* im Staatsverlag liegen hat. Er könne davon in der Sowjetunion »ungefähr ein halbes Jahr bequem leben«. B würde »ungeheuer gern« mit Döblin sprechen und bedauert, daß Reisen teuer ist. »Und gerade wir hätten so gut in ein perikleisches Zeitalter hineingepaßt! Darüber sind wir wohl einig.« *(Br, 665.)*

2. Juni, Sonntag. B wünscht nicht, daß die Universal-Edition Wien ihm zustehende Tantiemen aus Aufführungen der *Dreigroschenoper* an Felix Bloch Erben abführt, weil sie dieser Verlag unerlaubt mit Vorschüssen verrechne *(MW)*. In ihrer Antwort (vom 17. 6.) verweist die Universal-Edition darauf, daß sie laut Vertrag eine von diesem Verlag Beauftragte sei; Bloch kassiere (außer in Österreich oder in der Tschechoslowakei) sowieso direkt ein *(783/87f.)*.

5. Juni, Mittwoch. Margarete Steffin soll jetzt bei Karin Michaelis in Torelore auf Thurø unterkommen, und B macht ihr die Vorteile einer solchen Lösung schmackhaft: »Wenn ich Dich da besuche, sind wir für uns. Nach Svendborg kommt man von da leicht und mit Karin kannst du Schach spielen.« *(Br, 666.)*

6. Juni, Donnerstag. Wieland Herzfelde gibt die Mahnung der VEGAAR an B weiter, die Stücke *Mann ist Mann*, *Die Ausnahme und die Regel* sowie *Die Maßnahme* für die *Versuche* zu liefern (bei allen diesen Projekten von Sammelausgaben denkt B ursprünglich an eine Fortsetzung der *Versuche*-Reihe und verwendet diesen Titel, auch nach den Abmachungen über die *Gesammelten Werke*, die sich daraus entwickeln; →20.9.34). Eine Auswahl sowjetischer Dramen, die Herzfelde mit B gemacht haben soll, wird von der Verlagsgesellschaft wegen Einseitigkeit abgelehnt. Herzfelde kommt von seinem Plan ab, nach Kopenhagen zu übersiedeln (→2.1.), weil sein Vaterland dort sei, wo seine Schulden sind.

7. Juni, Freitag. Margarete Steffin erhält einen Brief Bs, in dem er mitteilt, daß Ruth Berlau angekommen sei, »leider nur per Rad«, Samstag wolle sie zurück *(Br, 667)*. Berlau hat bereits ein Jahr zuvor mit der Übersetzung von Bs Stück *Die Mutter* für das Amateurtheater *RT* (Revolutionäres Theater) begonnen. Sie ist (wegen ungenügender Kenntnis der deutschen Sprache) mit ihrer Arbeit nicht zufrieden und gewinnt den dänischen Dichter Otto Gelsted für die Übertragung der Songs. Mit B geht sie den ganzen Text nochmals durch. Es kommt zu einer intensiven Zusammenarbeit, bei der sich auch eine Liebesbeziehung entwickelt.

Beginn der Zusammenarbeit und Freundschaft mit Ruth Berlau

8. Juni, Pfingstsonnabend. Ausbürgerung Bs. In Deutschland gibt der Reichsminister des Innern Wilhelm Frick (unter dem Aktenzeichen »IA 5541/5013c«, veröffentlicht im *Deutschen Reichsanzeiger und Preußischen Staatsanzeiger*, Nr. 133, 11.6.) die Liste 4 mit deutschen Reichsangehörigen bekannt, die »durch ein Verhalten, das gegen die Pflicht zur Treue gegen Reich und Volk verstößt, die deutschen Belange geschädigt haben« und deshalb ausgebürgert werden.

Auf der gleichen Liste stehen u.a.: Hermann Budzislawski (→Ende Mai 43), Kurt Hiller (→7.7.56), Max Hodann (→25.11.39), Kurt Haentzschel (→17.3.32), Heinz Liepmann (→4.1.29), Erika Mann, Walter Mehring, Erich Ollenhauer, Friedrich Wolf.

8. Juni 1935
Ausbürgerung Brechts aus Deutschland

Die Begründung für die Ausbürgerung Brechts lautet:

Bertold (Bert) Brecht, marxistischer Schriftsteller, der in der Nachkriegszeit durch seine tendenziösen Theaterstucke und Gedichte für den Klassenkampf Propaganda machte. Nach der nationalsozialistischen Erhebung sind in der Emigrationspresse und in Broschürenform zahlreiche deutschfeindliche Artikel und Gedichte von ihm erschienen. Seine Machwerke, in denen er unter anderem den deutschen Frontsoldaten beschimpft, zeugen von niedrigster Gesinnung.

Um nach seiner Ausbürgerung Repressalien gegen seinen in Augsburg wohnenden Vater vorzubeugen, entwirft B einen (undatierten) Brief an ihn, als sei er von einer dritten Person geschrieben. Danach ist es »Herrn Bert Brecht« unmöglich, »sich von öffentlichen Äußerungen gegen das nationalsozialistische Regime zurückzuhalten«. Der Sohn habe niemals die politischen Meinungen des Vaters geteilt. Außerdem heißt es: »Von dritter Seite hat er gehört, daß Sie schon vor geraumer Zeit gedroht haben, ihn zu enterben, oder dies schon getan haben. Er beauftragt mich, Ihnen darauf zu antworten, daß auch dies ihn nicht abhalten kann, seine Überzeugung zu äußern. Er verzichtet auf sein Erbe. Jedoch bittet er Sie, zu erwägen, daß seine Tochter Hanne Brecht, die weiterhin in Deutschland lebt, für sein Verhalten, daß Sie mißbilligen, nicht verantwortlich ist.« Dennoch haben sich

Schutzerklärungen für Verwandte in Deutschland

»seine Gefühle der Dankbarkeit und seine Liebe zu Ihnen sich nicht verändert« *(Br, 673)*.
Aus gleichem Anlaß teilt er dem Ehemann seiner ersten Frau, dem Schauspieler Theo Lingen, mit, er wolle gegen den Wunsch Marianne Zoffs, daß Lingen seine Tochter Hanne adoptiert, »nicht opponieren«, wenn sie auch für ihn »immer Brecht heißen wird«. Er versichert Lingen, daß er zu ihm und zu Marianne »volles menschliches Vertrauen« hat *(Br, 674)*. (Hanne behält den Namen Brecht auf eigenen Wunsch bei.)

8. Juni 1935
Eröffnungskonzert der Internationalen Arbeiter Musik- und Gesangs-Olympiade in Straßburg, u. a. mit dem *Einheitsfrontlied*

In Straßburg findet (8.-10. 6.) die I. Internationale Arbeiter Musik- und Gesangs-Olympiade statt, bei der B zum Mitglied des Ehrenkomitees berufen ist und in Abwesenheit zeichnet. Hanns Eisler und Ernst Busch nehmen teil und studieren mit den 3000 Teilnehmern das für die Olympiade geschriebene *Einheitsfrontlied* (→ 21. 12. 34) ein, das beim Eröffnungskonzert gemeinsam uraufgeführt wird. Busch singt, am Klavier begleitet von Eisler, außerdem Bs *Lied vom SA-Mann* und Wolfgang Langhoffs *Lied der Moorsoldaten*. Auf der theoretischen Konferenz spricht Eisler (am 9. 6.) über Wesen und Ziele der Arbeitermusik.
12. Juni, Mittwoch. Margarete Steffin erhält die Mitteilung Bs, daß ihm eine Reise nach Paris vom Komitee des Internationalen Schriftstellerkongresses bezahlt wird. »Ich will also doch hin. Das letzte Schiff geht aber schon Samstag.« Er bittet sie, seinen Paß zum französischen Konsulat zu bringen *(Br, 668)*. Am selben Tag erhält sie einen weiteren Brief Bs mit der Anfrage, wieso Per Knutzon ihm mitteilt, daß der Chefregisseur des Königlichen Theaters Thorkild Roose von der geplanten Inszenierung der *Heiligen Johanna der Schlachthöfe* zurücktritt. Er hält dies für eine Frechheit und will sich bei dem Theater beschweren »über die Form, daß ich nicht selber verständigt wurde und daß Außenstehenden gegenüber das Stück schlechtgemacht wurde«. B bittet Steffin, nach Thurø zu kommen, sobald ihre Mutter (die sie gerade in Kopenhagen besucht) abgereist ist *(Br, 669)*.

Margarete Steffin mit ihrer Mutter in Kopenhagen

Per Knutzon informiert B von der Kritik Thorkild Rooses an der *Heiligen Johanna der Schlachthöfe*, die ihm zu »skizzenmäßig« sei *(476/24)*. B schreibt Roose, er habe nichts gegen eine Verschiebung der gewünschten Besprechung auf den Herbst, aber er stellt richtig, daß das Stück durchaus fertiggestellt sei. Die »Einfügungen, die es dem Publikum erleichtern sollen, jenen Teil der Handlung zu verstehen, der aus Geschäften besteht«, habe er fertiggestellt. »Wenn eine breite Ausmalung der einzelnen Szenen fehlt, so ist das künstlerische Absicht.« *(Br, 670.)* (Die Aufführung kommt in Kopenhagen nicht zustande.)

Bei den »Einfügungen« handelt es sich um die *Anmerkungen zur »Heiligen Johanna der Schlachthöfe« (24,106-108)*, die er nach der Rückkehr aus der Sowjetunion geschrieben hat. Knutzon teilt B seinen Plan mit, *Die Rundköpfe und die Spitzköpfe* am Theater Riddersalen zu inszenieren, und will mit ihm Ende des Monats darüber sprechen *(476/24)*.

13. Juni, Donnerstag. B informiert Walter Benjamin von seiner Teilnahme am Pariser Schriftstellerkongreß. »Ich brauche für mich und Karin [Michaelis] je ein nicht zu teures, aber wanzenfreies Zimmer in Ihrem oder Dudows Hotel.« Er fragt ihn, ob er nicht nach dem Kongreß mit ihm nach Dänemark kommen wolle *(Br, 671)*.

15.-26. Juni 1935
Reise nach Paris

15. Juni, Sonnabend. B reist mit Karin Michaelis per Schiff von Kopenhagen nach Dünkirchen und fährt (am 16. 6.) von dort mit dem Zug nach Paris.

Ausarbeitung der Rede *Eine notwendige Feststellung zum Kampf gegen die Barbarei*

16. Juni, Sonntag. B und Karin Michaelis werden abends in Paris im Gare du Nord von Walter Benjamin abgeholt. Michaelis schreibt in ihren Lebenserinnerungen *(Der kleine Kobold)*: »Bert Brecht war ein wunderbarer Reisegefährte. Er hatte mich sehr gern, wie ein Mann eine Frau gern hat, die dem Alter nach seine Mutter sein könnte. Wir mieteten Zimmer in einem bescheidenen Hotel im Quartier Latin. Vom ersten Tag an setzte mich Brecht durch seine Höflichkeit und Rücksichtnahme in Erstaunen. Obgleich er von den berühmtesten Künstlern und den schönsten Frauen, die alle den ›Meister‹ anbeteten, umgeben war, vergaß er nie [...] mich. Wenn ich nicht selbst mit interessanten Leuten beisammen war, bat er mich stets, mit ihm zu kommen.« *(285.)*

17. Juni, Montag. Einem handschriftlichen Plan zufolge trifft sich B mit Slatan Dudow, mit »Marie (Bibaro) (1^h)« und mit »Walter Benjamin (5^h)«, außerdem notiert er die Namen: »Döblin, Grosz, Feuchtwanger« *(477/73)*.

20. Juni, Donnerstag. Vor dem Züricher Schauspielhaus kommt es bei einem Gastspiel des Prager Theaters von Frantisek Burian mit Bs *Dreigroschenoper* (wie schon bei der Aufführung von Friedrich Wolfs *Professor Mamlock*; › 9. 12. 34) zu judenfeindlichen Demonstrationen der schweizerischen Frontisten gegen »die Herren Brecht und Weill, welche das Unglück haben, nichtarischen Geblüts zu sein«. In der *Neuen Zürcher Zeitung* (vom 28. 6.) stellt »a.k.« (Armin Kesser) richtig, daß »der in Augsburg gebürtige Dichter *Bert Brecht nachweislich ›arischer‹ Abstammung ist* und keineswegs aus rassistischen Gründen der Reichsschrifttumskammer ferngeblieben ist«. Kesser informiert B (am 7. 7.), daß er in seiner Entgegnung einige Verse aus der *Ballade vom Baum und den Ästen (11,224f.)* habe anbringen können, nach der alles gleichgeschaltet ist: »Sie dachten, da springen wir gleich!« *(481/8f.)*

21.-25. Juni 1935
Teilnahme am I. Internationalen Schriftstellerkongreß zur Verteidigung der Kultur, Paris

Mit Johannes R. Becher, Ilja Ehrenburg und Gustav Regler, Paris 1935

21.-25. Juni, Freitag-Dienstag. Der I. Internationale Schriftstellerkongreß zur Verteidigung der Kultur findet im Theatersaal der Mutualité statt. An ihm nehmen 250 Schriftsteller aus 27 Ländern teil; 89 Reden sind vorbereitet worden (davon 20 von deutschen, 30 von französischen, 15 von sowjetischen Autoren) mit den Themen: Faschismus, Weltwirtschaftskrise und Fünfjahrplan in der Sowjetunion. Ein Ergebnis des Kongresses ist die Gründung der *Internationalen Schriftstellervereinigung zur Verteidigung der Kultur.*
B nimmt Kontakte zu zahlreichen teilnehmenden Schriftstellern auf.

23. Juni 1935
Rede *Eine notwendige Feststellung zum Kampf gegen die Barbarei*

23. Juni, Sonntag. Punkt 3 der Tagesordnung steht unter dem Thema *Das Individuum.* André Gide hält die einleitende Rede; unter Leitung von Heinrich Mann und Jean-Richard Bloch trägt B seine Rede *Eine notwendige Feststellung zum Kampf gegen die Barbarei (22,141-146)* vor; außerdem sprechen zum Thema Henri Clerc, Pierre Hubermont und Max Brod.
(Über die Veröffentlichung der Rede → 27. 6. und August.)
Bei der Arbeit an seiner Rede habe ihm, wie B später Karl Korsch mitteilt, »Freund Paul Parthos« viel helfen können *(Br, 672).*
24. Juni, Montag. B hat Sergej Tretjakow (in einem nicht erhaltenen Brief nach Moskau) gegenüber seiner Verwunderung Ausdruck verliehen, daß dieser nicht zum Schriftstellerkongreß nach Paris gekommen ist. »Du bist ein alter Komiker«, meint Tretjakow dazu; ob er nicht wisse, daß so eine Ausreise »ja gar nicht« seine »private Sache« sei *(477/131f.).*
25. Juni, Dienstag. So wichtig der Kongreß für B ist, so stark sind auch die Zweifel an seiner politischen Wirksamkeit. Er studiert das Verhalten der Teilnehmer und sammelt dabei Material für seinen *Tuiroman.* So sieht ein Plan mit der Überschrift *Tuis retten die Kultur* drei Teile für die Gestaltung eines Kongresses vor: »1 Die großen Tuis erklären den Mangel für natürlich und unbeseitigbar / 2 Tuis erklären den Mangel für beseitigbar (ohne Gefährdung des Privateigentums) / 3 Verjagung der unfähigen Tuis« *(17,155).*

26. Juni 1935
Rückreise nach Svendborg

26. Juni, Mittwoch. B reist (vermutlich unmittelbar nach Beendigung des Kongresses) von Paris ab und kehrt nach Svendborg zurück.

Brecht an George Grosz:
Wir haben soeben die Kultur gerettet. Es hat 4 (vier) Tage in Anspruch genommen und wir haben beschlossen, lieber alles zu opfern, als die Kultur untergehen zu lassen. Nötigen Falles wollen wir 10-20 Millionen

Von dort gibt B George Grosz einen ironischen Bericht über den Pariser Kongreß.
B stilisiert in dem Brief die separat vorgetragenen Meinungsverschiedenheiten von Henry Barbusse, der sich mehrfach (am 23. und 25. 6.) zu Wort meldet, und André Gide, den er zu einer direkten Auseinandersetzung auffordert. Im *Tuiroman* sieht er vor: »Redekampf Barbusse – Gide. / Gide

gütig, Barbusse gütiger, Gide haßt Barbusse deswegen und spricht wie Christus. / Barbusse geht hinaus auf die Toilette und schleift seine Zähne spitz mit einer Feile (mit der er sonst seine Sätze feilt.)« *(17,156.)*
Auch in einem (etwa zur gleichen Zeit geschriebenen) Brief an Karl Korsch erwähnt B, daß Heinrich Mann »seinen Vortrag über die menschliche Würde und die Freiheit des Geistes« vorher der Sicherheitsüberwachung eingereicht habe. Auf dem Kongreß sei »viel« für seinen *Tuiroman* zu »buchen« gewesen *(Br, 672)*.
In Moskau hat Bernhard Reich von B *Die Rundköpfe und die Spitzköpfe* erhalten und zur Vervielfältigung weitergegeben. Er arbeitet an einem Artikel über B *(477/81)*.
27. Juni, Donnerstag. Bs Rede *Eine notwendige Feststellung zum Kampf gegen die Barbarei* (→ 23. 6.) erscheint mit dem Untertitel *Entwurf der Rede, gehalten auf dem »Internationalen Schriftsteller-Kongreß«, Paris*, in einer mehrsprachigen (hektographierten) Sonderausgabe der *Mitteilungen der Deutschen Freiheitsbibliothek*, Paris, Nr. 4, in der auch die Reden von Ernst Bloch, Johannes R. Becher, Alfred Kantorowicz, Egon Erwin Kisch, Klaus Mann, Hans Marchwitza, Ludwig Marcuse, Robert Musil, Anna Seghers, Erich Weinert u. a. veröffentlicht werden. B ist mit den redaktionellen Veränderungen in seiner Rede, die Slatan Dudow und Paul Parthos ohne seine Zustimmung vorgenommen haben, nicht einverstanden. Seine Rede wird deshalb in Nr. 5 der (ebenfalls hektographierten) *Mitteilungen der Deutschen Freiheitsbibliothek* (Ende Juli) mit Korrekturen Bs nochmals veröffentlicht und mit dem Vermerk versehen: »Vom Verfasser für die deutsche Veröffentlichung autorisiert.« *(22,930.)* Der Erstdruck erscheint im August in Nr. 6 der *Neuen Deutschen Blätter*, Prag. (Mehrfache Nachdrucke; B überarbeitet den Text 1956 nochmals geringfügig für den Abdruck in *Versuche*, Heft 15; *22,931f.*)
29. Juni, Sonnabend. Elisabeth Hauptmann hat (in St. Louis) wegen der Schulferien keine Einkünfte und bittet B um finanzielle Unterstützung *(480/1)*. Kurz zuvor (am 27. 6.) hatte sie in Aussicht gestellt, die Frau-Einsmann-Geschichte (*Der Arbeitsplatz*; → 15. 4. 33) in den USA unterzubringen *(480/2-5)*.
Ende Juni. B bedankt sich bei Karl Korsch für die »chinesischen Karten«. Er bittet ihn, bei seinem nächsten Besuch den *Leviathan* und »das andere Tier« *(Behemoth or The Long Parliament)* von Thomas Hobbes mitzubringen. Auch sollte er versuchen, »unserem Freund, dem Definitor [Rudolf Carnap], nicht eine Ermunterung zukommen lassen, er möge sich in unserer Nähe ansiedeln« *(Br, 672)*.
Gegenüber George Grosz bedauert B, daß er gerade erst in

Menschen dafür opfern. Gott sei Dank haben sich genügend gefunden, die bereit waren, die Verantwortung dafür zu übernehmen. Übrigens sind wir sowohl kühn als auch vorsichtig vorgegangen. Unser Bruder Henricus Mannus hat seine flammende Rede für das freie Wort, bevor er sie hielt, der Sûreté vorgelegt. Ein kleiner Zwischenfall hat Aufsehen erregt: Bruder Barbussius fraß gegen Schluß Bruder Andreas Gideus bei offener Bühne mit Haut und Haaren auf, welcher Vorgang tragisch ausging, da ein Zuschauer, wie es heißt, aus Langeweile Selbstmord verübte, als er das sah. – Der Faschismus wurde allgemein verurteilt, und zwar wegen seiner *unnötigen Grausamkeiten.*« *(Br, 675.)*

Dänemark angekommen ist, als Grosz (→ 23. 5.) abreiste. Er hofft Grosz »am Samstag« in seine »Arme schließen zu können« *(Br, 675)*. Grosz erinnert sich in seiner Autobiographie *Ein kleines Ja und ein großes Nein* insbesondere an Bs »uraltes Fordmodell, das man noch ankurbeln mußte, worauf es, wenn es überhaupt ansprang, heftig zu zittern anfing«. B sei es aber »völlig untertan« gewesen. »Als ich ihn damals wiedersah, wie er in Arbeitsanzug und Ledermütze neben dem schlotternden Ford stand, mußte ich laut lachen; es war wie ein Bild einer Brechtschen Varieténummer: ›Bert Brecht und sein komisches Automobil‹, mit Kurbelmusikbegleitung.« *(182.)*

2. Juli, Dienstag. Sergej Tretjakow hat von B einen (nicht überlieferten) Bericht vom Schriftstellerkongreß erhalten, außerdem von ihm und Karin Michaelis ein Glückwunschtelegramm (zu seinem Geburtstag am 20. 6.), das ihn »sehr gerührt hat«, weil es auch von André Gide und Lion Feuchtwanger gezeichnet war, die ihn nicht kennen *(477/129f.)*.

Anfang Juli 1935
Fortsetzung eines Meinungsaustauschs über Philosophen

Anfang Juli. B ist durch die Gespräche mit Ernst Bloch (in Paris) wieder (→ 9. 1.) auf dessen Sammlung *Erbschaft dieser Zeit* »gestoßen« (die Anfang des Jahres bei Oprecht in Zürich erschienen ist). Darin ist auch Blochs Aufsatz *Zur Dreigroschenoper* aufgenommen. In einem Brief drückt B Bloch seine »Indignation« wegen dessen regelwidrigen Benehmens als Philosoph aus; er verlange ja keinen »Bratenrock«, aber auch beim Philosophen müsse der »Arsch am Hosenboden bleiben«. Bloch solle sich die Philosophie vornehmen und »untersuchen, wo das abendländische Berufsdenken absackt, weil es auf Anpassung an nicht mehr haltbare ökonomische, politische Zustände ausgeht«. Freilich müsse das alles »unter allen Umständen im akademisch-philosophischen Jargon« geschrieben werden, »ja, in diesem Gaunerwelsch, Sie verstehen: in wissenschaftlichem Ton« *(Br, 676)*. Wenig später kommt B in einem weiteren Brief an Bloch auf den »Problemabschnitt Frigisierung des Zusammenlebens« zu sprechen. Der Faschismus habe die »furchtbaren Konkurrenzkämpfe der einzelnen auf dem Arbeitsmarkt« beendet, »wo die Ware Arbeitskraft frei verkauft wurde, diesen schauerlichen Wettlauf um die knapp gewordene Chance, ausgebeutet zu werden«. Nun würden »Winterhilfe und Volksgemeinschaft mit ›Kraft durch Freude‹« das Gemütsleben auffüllen. »Die großen Klassen traten in umso unbarmherzigere Kälte. Wir haben die Güte verlacht, die Humanität durch den Kakao gezogen. Das war *vor* der Niederlage. Jetzt stoßen wir ein Geheul aus und betteln um Demokratie als um ein Almosen.« *(Br, 677.)*

7. Juli, Sonntag. Wahrscheinlich aus Anlaß des 51. Geburtstags von Feuchtwanger schreibt B das Gedicht *Und in eurem*

Lande? (12,83), das er ihm mit der Widmung schickt: »Geschrieben 1935 in Dänemark für Lion Feuchtwanger, der sich in Frankreich aufhielt.« 1943 gibt er eine handschriftliche Fassung des gleichen Gedichts an Berthold Viertel (→ 28. 7. 43).

10. Juli, Mittwoch. B informiert Walter Landauer, er habe in Moskau davon Kenntnis bekommen, daß ein Arbeiterverlag dort den *Dreigroschenroman* nachdruckt. Den Vertrag, der ihm darüber angeboten wurde, habe er nicht angenommen. Der Druck könne aber dadurch nicht verhindert werden, lediglich »daß ganz bestimmt außerhalb der Sowjetunion keines der Bücher auf den Markt komme«. Er schreibt ihm von der Vergabe der Rechte an französische und dänische Verlage und über Angebote aus England, Ungarn und Polen. »Ich finde es immer noch schade, daß ich auf meine vorjährige Anfrage in betreff weiterer Zusammenarbeit so gar keine Antwort erhalten habe.« *(Br, 678.)* In der Antwort des Verlags (vom 15. 7.) wird B über den Tod des Verlegers Allert de Lange informiert. Der *Dreigroschenroman* sei bisher »nur ein Verlustgeschäft, in Anbetracht des sehr großen Vorschusses« gewesen, obwohl »der Verkauf, der immer noch nicht aufgehört hat, keineswegs schlecht« war. Bis zu diesem Zeitpunkt seien »ungefähr 2000 Exemplare« weggegangen *(580/26f.)*.

Umschlag der Ausgabe Moskau 1935 nach einem Entwurf von W. Leistikow.

13. Juli, Sonnabend. Willi Münzenberg informiert B, daß er die *Fünf Schwierigkeiten beim Schreiben der Wahrheit* bereits an André Gide, André Malraux, Heinrich und Thomas Mann sowie an Lion Feuchtwanger verschickt hat. Bs Vorschlag, »Propaganda mit kleinen Materialien zu machen«, findet Münzenberg »absolut richtig« *(477/69)*.

Mitte Juli. Karl Korsch wird im Zusammenhang mit dem Selbstmord zweier deutscher Emigrantinnen aus London ausgewiesen und kommt in Svendborg unter. Mit Unterbrechung durch einige Reisen bleibt er bis Ende Oktober 1936. Er ist in dieser Zeit vor allem mit seinem Buch *Karl Marx* (→ Ende Oktober 36) beschäftigt.

19. Juli, Freitag. Nach Bs strengem Tadel korrigiert Sergej Tretjakow bei seinen Brecht-Übersetzungen und -Artikeln den (von ihm bevorzugten) Vornamen »Bert« in »Bertolt« *(477/127f.)*.

20. Juli, Sonnabend. Hanns Eisler berichtet B aus Moskau von einer schweren Hauterkrankung, die ihn vorläufig nicht reisen läßt. »Das ist eine Katastrophe für mich, denn d.h. meinen Urlaub statt mit Dir zu arbeiten, krank im Bett zu verbringen.« Er werde in der Sowjetunion sehr geschätzt und plane eine Symphonie, in der er auch Bs Gedichte *Begräbnis des Hetzers im Zinksarg (11,227f.)* und *An die Kämpfer in den Konzentrationslagern (11,227)* verwenden will. Eisler beklagt sich über Bs Schreibfaulheit; gerade jetzt würden ihn seine »bewährten Formulierungen über das menschliche Leben und dessen Hinfälligkeit sehr erfrischen« *(479/15 f.)*. B wollte mit Eisler ein neues Lehrstück erarbeiten, zu dem er ihn angeregt hatte. Nunmehr beginnt B allein die Arbeit an *Die Horatier und die Kuriatier* (→ 29. 8.).

Beginn der Arbeit an dem Schulstück *Die Horatier und die Kuriatier*

24. Juli, Mittwoch. Wieland Herzfelde bittet B um Lieferung weiterer Stücke-Texte für die *Versuche (477/27)* (→ 6. 6.).

Juli. Einige Aufsätze in der *Basler National-Zeitung* deuten auf eine »gute Wirkung« des Pariser Kongresses hin. Man solle, schreibt B an Johannes R. Becher, die Reden in Buchform herausbringen, aber nicht so verfahren wie in der *Rundschau über Politik, Wirtschaft und Arbeiterbewegung*, Basel, in der (wie auch in den *Mitteilungen der Deutschen Freiheitsbibliothek* → 27. 7.) sein Text »völlig entstellt« wiedergegeben worden sei. »Was da steht, habe ich nicht gesagt, und was ich gesagt habe, steht nicht da.« Die neugegründete Vereinigung müsse »ein Sprachrohr« erhalten. »Es muß ein Prozeß der *Selbstverständigung der Schriftsteller* eingeleitet werden. Der Kongreß ist da immerhin ein Anfang. Aber eben nur ein Anfang.« Zusammenfassend hält er den Kongreß »im ganzen für gelungen, in Anbetracht der geringen Mittel und der kurzen Vorbereitungszeit sogar für hervorragend gelungen«, er meint aber, »daß nun gearbeitet werden muß, damit man ihn voll ausschöpft« *(Br, 679)*.
B ist besorgt, daß sich Arnold Zweigs Sehkraft verschlechtert hat. »Nun werden Sie womöglich nicht so bald reisen und wir vermissen unsere kleinen Spaziergänge von Sanary.« Er wünscht sich bald Zweigs Roman *Erziehung vor Verdun* (er erscheint noch in diesem Jahr) und schickt ihm ein Gedicht, das er in Moskau geschrieben hat. B bedankt sich für den »großartigen Aufsatz über meine Arbeiten« (→ 18. 1.) *(Br, 680)*. Zweig antwortet am → 18. 8.

31. Juli, Mittwoch. B bedauert, Alfred Döblin vor der Abreise aus Paris nicht noch einmal gesprochen zu haben. Da er dessen literarische und theoretische Arbeiten in der Sowjetunion unterbringen will, bittet er um Zusendung. Karl Korsch sei gerade in Svendborg, weil seine Aufenthaltsgenehmigung in London nicht erneuert worden ist. »Ein paar hysterische Weiber beiderlei Geschlechts werfen immer noch mit allem erreichbaren Unrat nach ihm.« Über den Kongreß schreibt er: »Ich zweifle manchmal sogar, ob wir neulich die Kultur wirklich gerettet haben. Vielleicht ist auch das nur eine Illusion? Es war auch zu heiß.« *(Br, 681.)*

Anfang August. B rät Wieland Herzfelde ab, ein Stück von »H. K.« (Hermann Kesten) zu veröffentlichen. Er kündigt ihm die Lieferung der Texte des 2. Bandes an, sobald die *Heilige Johanna der Schlachthöfe* verfügbar ist. Auch von Wolfgang Langhoffs Buch *Die Moorsoldaten* (das nach seiner Meinung heißen könnte »Wie ich in die Hände eines wilden Völkerstamms fiel«) rät er ab zugunsten von Willi Bredels Roman *Die Prüfung*; das sei ein »kämpferisches Buch« *(Br, 683)*.

Helene Weigel und Margarete Steffin

10. August, Sonnabend. Lion Feuchtwanger lädt B zu einem Besuch nach Sanary ein, wo zur Zeit Heinrich Mann, Ernst Toller, Alfred Kantorowicz, Ludwig Marcuse und Aldous Huxley seien. »Und Sie wissen, Brecht, wie sehr ich daran Anteil nehme, in welcher Form sich jeweils ihr Marxismus präsentiert.« *(Feuchtwanger, 15.)*

12. August, Montag. Nach einer erneuten (→ 11. 4. 34) Befragung Margarete Steffins protokolliert die Svendborger Fremdenpolizei: »Sie erklärt, daß sie keine Arbeit für hier Ansässige ausführt und auch kein Geld hier empfängt, sondern ausschließlich von verschiedenen ausländischen Zeitungen.« Sie beantragt Aufenthaltsgenehmigungen für kürzere Zeit mit wechselnden Adressen (→ 2. 12.).

Frank Banholzer hat sich für die RM 50 von seinem Vater (→ 29. 5.) einen Anzug gekauft, »den ich dringend gebraucht habe«. Er erkundigt sich nach dem Befinden Bs und der Familie: »Hörte von dem Unglück, daß Ihr aus Deutschland verbannt wurdet, und hoffe, daß es hier bald anders wird und Ihr zurückkommen könnt.« *(654/145.)*

Zeugnis für eine Bewerbung Elisabeth Hauptmanns in Minsk

18. August, Sonntag. Auf Wunsch von Elisabeth Hauptmann schreibt B ihr für eine Bewerbung als Dozentin (in Minsk) ein Zeugnis. Demzufolge sei sie bald seine »beste Mitarbeiterin« geworden. »Sie besitzt eine außergewöhnliche sprachliche Begabung und hat aktiv und kritisch an allen meinen dramatischen Arbeiten mitgearbeitet, auch selber Novellen geschrieben.« Elisabeth Hauptmann sei während der »letzten fünf Jahre vor der Machtübernahme Hitlers [...] politisch tätig« gewesen, »zuerst durch literarische Arbeiten mit mir zusammen, dann trat sie der KPD bei«. Sie lebe jetzt bei ihrer Schwester in St. Louis und arbeite dort wieder als Lehrerin. »Sie ist einer der verläßlichsten und tüchtigsten Menschen, die ich kenne.« *(22,149.)* Wie Hermann Borchardt (am 21. 8.) aus Minsk an B schreibt, werde für die Bewerbung außer der Brechtschen »noch eine zweite Rekommandation eines Kommunisten« benötigt. Elisabeth Hauptmann könne, wenn sie nicht zu lange zögert, schon ab September im Pädagogischen Institut Englisch- und Französischunterricht geben *(482/25 f.)*. Am 27. 8. informiert Borchardt darüber, daß Elisabeth Hauptmann aus finanziellen Gründen erst Ende September reisen könne und die Überfahrtskosten von New York nur bis Plymouth habe. Er bittet

B um die Beschaffung weiterer Geldmittel durch einen Emigrantenfond. Am wichtigsten seien aber weitere Rekommandationen *(482/19-24)*.
Arnold Zweig, der B aus Haifa schreibt, ist eigentlich der Meinung, man müsse für eine geleistete Arbeit nicht besonders danken (→ Juli), aber unter den Bedingungen des Exils, durch das sie »auseinandergesprengt sind«, trage das zum Zusammenhalt bei. Er habe mit sehr großer Wirkung Bs Gedichte aus dem *Lesebuch für Städtebewohner* »mit veränderten Überschriften vorgelesen, nämlich mit solchen, die die Erfahrungen der Menschen in der Emigration bezeichnen«, und rät einen Neudruck der Sammlung in den *Neuen Deutschen Blättern* unter dem Titel *Bertolt Brecht gestaltet die Erlebnisse der Emigration vor der Emigration*. Die *Fünf Schwierigkeiten beim Schreiben der Wahrheit* seien »das Verwendbarste für die Aufklärung einfacher Leser« *(478/29f.)*.
28. August, Mittwoch. Wieland Herzfelde, der (am 22. 8.) bereits mitgeteilt hatte, daß das Papier für die Brecht-Ausgabe eingetroffen sei, fragt Margarete Steffin, ob B eine Einleitung für nötig hält. Otto Bork (von der VEGAAR) habe, zumindest für die russische Ausgabe, eine Einleitung Tretjakows vorgeschlagen *(477/22)*.

29. August 1935
Erneute Kritik an Hanns Eisler wegen unzuverlässiger Mitarbeit

29. August, Donnerstag. Gegenüber Hanns Eisler stellt B klar: Er habe die Arbeit an dem Schulstück *Die Horatier und die Kuriatier* auf Eislers Initiative begonnen, obwohl er gerade »mitten in der Arbeit« (an der Umarbeitung von *Die Rundköpfe und die Spitzköpfe* für eine Kopenhagener Aufführung) steckte, »da es sich um einen Auftrag der Roten Armee handelte und ein beträchtlicher Propagandawert herauskommen konnte, wenn man das Stück in den amerikanischen, englischen, französischen, nordischen linksstehenden Schulen zur Aufführung brachte«. B hält Eisler vor, nicht die Zeit für die Fertigstellung des Schulstücks aufgebracht zu haben. »In der Diskussion darüber machtest Du geltend, daß die daraus erwachsenden Strapazen Dir nicht dafür stünden, so wichtig sei das Lehrstück nicht. Du schlugst vor, wir sollten von vornherein auf die Schlußredaktion verzichten, Du wolltest von Amerika aus brieflich Deine Kritik üben.« B bedauert den Streit mit Eisler und erwartet von ihm, daß er alles tut, um sich »an der Herstellung des Lehrstücks mit dem Rest der [...] verbleibenden Zeit beteiligen zu können« *(Br, 684)*. Hanns Eisler schreibt dazu an B: »Ich möchte über diesen Streit, nach der mündlichen, nicht noch eine lange schriftliche Debatte führen, denn ich verspreche mir davon keinen Nutzen. Ich hoffe sehr, daß Du das Stück doch noch schreiben wirst, trotzdem ich daran verhindert bin, an der Arbeit teilzunehmen.« *(479/14.)*

Ende August. Durch Hanns Eislers Vermittlung (→ 1. 6.) hat die Theatre Union Bs Stück *Die Mutter* auf den Spielplan gesetzt, durch den Schriftsteller Paul Peters eine Übersetzung und Bearbeitung (im Sinne eines naturalistischen Theaters) herstellen und B zuschicken lassen. B gesteht, daß ihm die Lektüre des Stückes »allerdings schwer« falle. »Ich hatte mir meinerseits große Mühe gegeben, Naturalismen zu vermeiden, weil es mir schien, daß die Arbeiterbewegung große und einfache Formen braucht.« B erklärt sich »mit einer naturalistischen Aufführung des Stückes« nicht einverstanden. »Es täte mir leid, wenn Sie gegen mich verstimmt wären, aber ich muß zu meiner Arbeit stehen.« Er sei gern bereit, mit ihm über die Bearbeitung zu sprechen, »auch wenn keine Chance mehr für eine Aufführung bestünde« *(Br, 685).*

August. Durch ein (nicht überliefertes) Schreiben von Elisabeth Prinzessin Bibesco kommt B nochmals auf das gescheiterte Zusammentreffen im Hotel Savoy (→ November 34) zurück. »Hätte Ihre Zofe meinem Butler ausgerichtet, was sie mir ausrichtete, und mein Ober das, was er Ihnen bestellte, Ihrer Sekretärin bestellt, hätte man mich eingelassen oder wäre ich gekommen –, dann müßte ich mich nicht darüber wundern, daß zwischen zwei so alten Freunden wie uns es so schwer fällt, das Zeremoniell einer Zusammenkunft auszuarbeiten.« B lädt die Prinzessin »zu einer Tasse Tee, einem Gang durch den Garten (der sehr klein ist) und einem Gespräch nach Skovsbostrand« ein *(Br, 686).*

Anfang September. B schreibt an den Leiter der Agitpropabteilung der KP der USA Victor Jerry Jerome, er habe mit Hanns Eisler das *Mutter*-Aufführungsprojekt an der Theatre Union durchgesprochen und sehe »keine andere Möglichkeit, als auf eine Aufführung unter den gegebenen Umständen zu verzichten«. Er habe »die Inszenierungsschwierigkeiten für das Originalstück« vorausgesehen und gewußt, »daß der jeweilige Regisseur sich wohl nur damit würde helfen können, daß er Milieuschilderungen einfügte und eine naturalistische Atmosphäre aufzog«. Aus diesem Grunde habe er zugleich seine »Regie angeboten, und heute noch meine ich, daß es gelingen müßte, die Kosten der Reise aufzubringen, wenn man damit die zu erwartenden Tantiemen bevorschussen würde«. Der politische Inhalt des Stückes könne in keiner anderen als der von ihm gewählten Form herauskommen. Mit der mißratenen New Yorker *Dreigroschenoper*-Inszenierung (→ 13. 4. 33) habe er schon eine schlechte Erfahrung gemacht. »Die alte naturalistische Spielerei hängt mir ganz einfach zum Halse heraus. Das paßt für Petroleumfunzeln, aber nicht für elektrisches Licht.« *(Br, 687.)*

Anfang September 1935
Regieangebot für eine Inszenierung der *Mutter* in New York

B kündigt Hanns Eisler an, daß er mit dem Schulstück *Die Horatier und die Kuriatier* »im Rohen« fertig ist (→ 8. 9.)

und mit ihm dringend die Musik besprechen möchte. »Den Chören habe ich vorläufig nur soviel gegeben, als für die Handlung nötig ist. Einzelstücke wären noch zu machen. Die Musikfrage ist diesmal wirklich nicht ganz einfach, für einzelne Partien fehlt mir vorläufig die Form.« Die Bewegung der »Heere« müsse musikalisch »genau fixiert« werden. B rechnet mit einem kurzen Besuch Eislers in Dänemark *(Br, 688)*.

B möchte gern mit George Grosz, ehe dieser in die USA zurückfährt, nochmals in Svendborg zusammentreffen. Mit Eisler, der »mit Riesenschritten seinem Lehrstuhl« (in der New Yorker New School of Social Researches) entgegeneilt, habe er sich »ein wenig zerstritten« *(Br, 689)*.

8. September 1935
Fertigstellung von *Die Horatier und die Kuriatier*

8. September, Sonntag. Aufgrund eines umfangreichen Briefs der Theatre Union (vom 4. 9.) mit einer Zusammenstellung der vorgenommenen Änderungen bittet Margarete Steffin (im Auftrag Bs) Hanns Eisler, in New York einige Bedingungen durchzusetzen: Grundlage bildet die Originalfassung des Stücks; B übernimmt Regie; Zahlung der Reisekosten bei Verrechnung der Tantiemen. B fürchte »eben auch sehr stark die Wiederholung des New Yorker *Dreigroschenoper*-Fiaskos« (→ 13. 4. 33). Sie schickt Eisler eine Abschrift der *Resolution (12,27f.)*. Das Schulstück *Die Horatier und die Kuriatier (4,279-303)* sei »fast fertig« geworden, »sogar *eine* Klebephase ist schon überstanden« *(479/7)*.

9. September, Montag. Auf Wunsch Bs will Erwin Piscator wegen der geplanten Übersiedlung Elisabeth Hauptmanns in die Sowjetunion nach Minsk schreiben (→ 18. 8.). Durch »Zwischenleute« darauf hingewiesen, macht Piscator auf Béla Kuns Geburtstag (20. Februar) aufmerksam und dessen Wunsch, von B etwas geschrieben zu bekommen (→ 25. 9.) *(177/100)*.

11. September, Mittwoch. Aus Prag bedankt sich Hanns Eisler für das Lied *Resolution (12,27f.)*, das ihm »ganz ausgezeichnet« gefällt. Er berichtet von der Gründung des deutschen Theaters in Prag und der Idee, Ernst Busch und Helene Weigel zu engagieren; als Eröffnungsvorstellung sei *Die Rundköpfe und die Spitzköpfe* unter der Regie von Erwin Piscator geplant. In Sachen Theatre Union hält Eisler Bs Standpunkt für berechtigt. Er erklärt sich bereit, die Hälfte seiner Tantiemen als Garantiesumme für die Reise Bs zur Verfügung zu stellen *(479/12f.)*.

Zusammenarbeit mit Fredrik Martner

13. September, Freitag. In der Odenseer Zeitung *Fyns Social-Demokrat* veröffentlicht der junge Journalist Knud Rasmussen (der sich ab 1940 Fredrik Martner nennt) unter dem Titel *Ein Dichter in der Verbannung* ein Interview mit B, das durch die Vermittlung von Karin Michaelis zustande gekommen ist. Darin gibt B Auskunft über seine gegenwärtige Si-

tuation sowie über die Möglichkeiten eines Emigranten in Dänemark. Die unfreiwillige Wahlheimat auf Fünen erinnere ihn an die Gegend seiner Heimat bei Augsburg; es falle ihm schwer, in ausländischen Großstädten zu arbeiten. Außerdem berichtet er über seine derzeitigen Projekte (einen »satirischen Roman über China« und die Vorbereitung von *Die heilige Johanna der Schlachthöfe* für eine dänische Inszenierung (→ 12. 6. 34). Der Kontakt Martners zu B vertieft sich; er wird zu einem Helfer und Wegbereiter Bs in Dänemark.
In *Fyns Social-Demokrat* erscheinen hin und wieder Übersetzungen Martners von Gedichten und anderen Arbeiten Bs (→ 13. 9. 36). Martner erinnert sich (am 1. 12. 48 in *Social-Demokraten*) u. a. an die Besuche bei B: »In den letzten 4/5 Jahren, die Brecht sich in Svendborg aufhielt, war ich sozusagen jede Woche einen oder zwei Tage mit ihm zusammen. Wir arbeiteten gemeinsam in seinem Arbeitszimmer, einem sehr langen schmalen Raum am Giebelende des Hauses. Ein Arbeitstisch aus gebeizter Kiefer nahm die ganze Längsseite des Zimmers ein. An den Wänden hingen chinesische Theatermasken und eine riesige Fotografie seiner Frau Helene Weigel.«

Brechts Arbeitszimmer in Skovsbostrand

15. September, Sonntag. Hitler verkündet auf dem Parteitag in Nürnberg das »Reichsbürgergesetz« und das »Gesetz zum Schutz des deutschen Blutes und der deutschen Ehre«, die auch Nürnberger Gesetze genannt werden. B bezieht sich mehrfach darauf, z. B. in dem im Herbst geschriebenen Gedicht *Ballade von der Judenhure Marie Sanders (12, 16f.).*

15. September 1935
Nürnberger Gesetz »zum Schutz des deutschen Blutes und der deutschen Ehre«

16. September, Montag. Hanns Eisler freut sich, daß B nun doch die Reisekosten von der Theatre Union erstattet werden und er nach New York kommen wird, denn persönlich könne sich B so durchsetzen »wie das Rasiermesser in der Butter« *(497/11).*
17. September, Dienstag. Einem Brief Sergej Tretjakows (aus Moskau) zufolge hat ihm B den Ratschlag gegeben, Tagebuch zu führen und Protokolle zu sammeln. Er interessiert sich für Feuchtwanger, dessen Roman *Erfolg* er gelesen hat *(477/123-126)*, und bittet B um die Vermittlung eines Kontakts *(477/121f.).*
25. September, Mittwoch. B will gern etwas für Béla Kun schreiben (→ 9. 9.), teilt er Piscator mit, »nur nicht gerade eine Broschüre, da ich, wie Du weißt, an einer schweren Broschürophobie leide«. Falls Piscator am Jüdischen Theater die *Rundköpfe* machen würde, schlägt B für die Rolle der Cornamontis Helene Weigel vor *(Br, 690).*
Margarete Steffin schickt Walter Benjamin (am 15. 9.) die *Bemerkungen über die chinesische Schauspielkunst* (→ 14. 4.) und (am 25. 9.) das Schulstück *Die Horatier und die*

Kuriatier mit der Bitte Bs um Meinungsäußerung. Benjamin hält (in einem Brief an Steffin von Ende Oktober) den Aufsatz für »ein ganz ausgezeichnetes Stück«, in dem »unübertreffliche Formulierungen« seien wie beispielsweise »die vom Gesicht als dem leeren Blatt, das durch den Gestus beschrieben wird«. Für eine Übersetzung ins Französische fehle ihm leider ein geeigneter Experte. In dem neuen Lehrstück kämen B »die Erfahrungen mit der chinesischen Bühne seiner eigenen Sache zunutze«. Es sei »unter allen der Art das vollkommenste« *(Benjamin, Briefe, Bd. 2, Nr. 267)*.

Ende September-6. Oktober 1935
Reise nach Kopenhagen

Teilnahme an den Proben zu *Die Mutter*
Amateurtheater RT

Du, der Schauspieler
Mußt vor allen anderen Künsten
Die Kunst der Beobachtung
beherrschen

Nicht wie du aussiehst nämlich ist
wichtig, sondern
Was du gesehen hast und zeigst.
Wissenswert
Ist, was du weißt
Man wird dich beobachten, um zu
sehen
Wie gut du beobachtet hast
(12,324.)

Ende September. In Kopenhagen beginnen am RT (→ 7. 6.) die Proben für *Die Mutter*. B unterstützt, solange er noch in Dänemark ist, Ruth Berlau bei der Regie. Sie erinnert sich: »Von meinen Arbeitern sprach nur Dagmar Andreasen, die Darstellerin der Mutter, deutsch. Brecht mußte sich bei den Proben mit der gestischen Sprache helfen. Die Arbeiter haben ihn aber sehr gut verstanden, und es wurde eine wirklich schöne Aufführung.« *(Berlau/Bunge, 55 f.)* Als Inszenierungsmodell wird die Berliner Aufführung (→ 17. 1. 32) zugrunde gelegt, die B und Helene Weigel mit Berlau detailliert durchsprechen. B schreibt das Gedicht *Rede an dänische Arbeiterschauspieler über die Kunst der Beobachtung (12,322-327.)*.

Nach Bs Abreise (→ 7. 10.) beteiligt sich Helene Weigel weiterhin an der Inszenierung, bei der nochmals die Übersetzung überprüft wird. Ruth Berlau: »Helene Weigel hat uns sehr geholfen, als sie zu den Proben kam. Sie sprach zwar nicht dänisch, hörte aber trotzdem, was nicht stimmte, und konnte Gelsted Ratschläge geben.« *(Berlau/Bunge, 54.)* Die Aufführung wird (im Herbst) mit der Auswahl einiger Szenen in der Borups Højskole, im Studentenverein sowie in Betrieben und auf Parteiversammlungen gespielt. Mit einem Projektionsapparat werden Ausschnitte und Fotos aus Tageszeitungen eingeblendet.

Anfang Oktober. B hat Fritz Sternbergs Buch *Der Faschismus an der Macht* »mit großem Gewinn gelesen, es ist wirklich Masse darinnen (mangels derer die Analysen so weltbildhaft auszufallen pflegen.)«. Es sei schade, daß er »an wichtigen Punkten, in der zweiten Hälfte, so ›politisch‹« verfährt. B legt am Beispiel eines Krieges die verschiedenen Haltungen der nationalen Proletariate dar und die Chancen für die Länder. »Die Sache ist doch die, daß es heute kaum noch einen Staat gibt, der seine Niederlage im Krieg überleben könnte! Und einige überleben den Sieg nicht!« *(Br, 691.)*

3. Oktober 1935
Abschluß eines Aufführungsvertrags über *Die Mutter* mit der Theatre Union, New York

3. Oktober, Donnerstag. Die New Yorker Theatre Union schickt Manuel Gomez von der Leitung der Theatre Union (Ende September) für einige Tage nach Svendborg. Am 2. 10. telegrafiert die Theaterleitung an Gomez, daß im Falle einer

Einigung B die Reisekosten überwiesen werden. Gomez und B einigen sich auf eine Spielfassung und schließen einen Vertrag über die Aufführung von *Die Mutter* ab. Danach darf u. a. ohne Bs Zustimmung kein Text gestrichen werden. B berichtet (am 3. 10.) Paul Peters ausführlich von den Festlegungen für den Text. Er bittet Peters um die Übersetzung der ersten sieben Kapitel aus den *Mutter*-Anmerkungen *(24,115-127)* für den Regisseur und für den Bühnenbildner. »Wir erzielten in Berlin eine große und reine Wirkung durch eine Dekoration, die nur aus Leinwand bestand. Wir benutzten sehr viel Licht, so daß die Figuren, umgeben von Schriften und projizierten Fotografien, außerordentlich plastisch hervortraten.« *(Br, 692.)* Dem Brief fügt er die *Empfehlungen für die Theatre Union (24,135-137)* bei.

7. Oktober 1935-16. Februar 1936
Erste Reise nach New York

7. Oktober, Montag. Kurz vor seiner Abreise (an diesem Tage) von Kopenhagen nach Southampton bedankt sich B bei Helene Weigel für ein Notizbuch und wünscht ihr »gute Arbeit« (bei der Mitarbeit an der Kopenhagener *Mutter*-Aufführung).

Margarete Steffin schreibt für B das Gedicht *Als der Klassiker am Montag / Dem siebenten Oktober 1935 / Es verließ, weinte Dänemark*, einem Akrostichon, dessen Buchstaben der Versanfänge »ADE GRUESS GOTT BIDI« ergeben *(Steffin, 206)*.

15. Oktober, Dienstag. B kommt mit der SS Aquitania aus Southampton in New York an und wird von Mitarbeitern der Theatre Union abgeholt. Vom FBI wird über die Einreise später folgendes recherchiert: »He was issued a P V Visa Number 219 3-3/2 at Copenhagen on October 4, 1935.« B gibt als den Grund seines Aufenthalts den »Verkauf« eines Stuckes an *(Z 12/156)*. Wie er nach seiner Ankunft an Helene Weigel schreibt, sei die Überfahrt »zuerst etwas bewegt, dann schön« gewesen. »Hereinkommen leicht. Deine jüdische Abkunft rentiert sich sehr.« *(Br, 694.)* Er wohnt – wie auch Hanns Eisler – in 104 East 9th Street. Dem FBI-Bericht (vom 2. 5. 45) zufolge sind in diesem Haus etwa 100 Firmen untergebracht, einschließlich der Redaktion von *New Masses*. In dem Gebäude wohnen u. a. auch: Paul Czinner und Elisabeth Bergner *(Z 12/154f.)*.

17. Oktober-17. November 1935
Teilnahme an Proben zu *Die Mutter*
Theatre Union

17. Oktober, Donnerstag. Beginn der Proben zu *Die Mutter* an der Theatre Union, an denen B, Hanns Eisler und bald auch Elisabeth Hauptmann (→ Ende Oktober) täglich teilnehmen.

B hat von vornherein Schwierigkeiten mit dem 23jährigen Regisseur Victor Wolfson, der über einige Erfahrungen bei der Inszenierung von Bergarbeiterstücken und bei der Organisation von Bergarbeiterstreiks verfügt und die Auffassung vertritt, das Stück müsse nach der Konzeption der Theatre

Union ohne den Einfluß des Autors inszeniert werden. Hanns Eisler erinnert sich: »Der Regisseur war ein siebzehntklassiger Imitator des großen Stanislawski – aber ohne dessen Talent. Es ging auf der Bühne zu [...] wie bei den Tegernseer Bauernfestspielen.« *(Eisler/Bunge, 100.)*
Der amerikanische Dramatiker, Mitbegründer der Theatre Union und Mitglied des Theatre-Boards, Albert Maltz erinnert sich an die Probenarbeit mit B: »Als der Mann, der er war, versuchte er, die Regie zu übernehmen, indem er Wolfson fortwährend mit kritischen Bemerkungen belästigte, indem er ständig auf die Bühne sprang, indem er mit Hilfe eines Dolmetschers versuchte, den Schauspielern ihre Rolle klarzumachen, oder indem er auf Deutsch mit Donnerstimme brüllte: ›Das ist Scheiße!‹« Diese Art der Einflußnahme sei in der Leitung der Theatre Union, die mit großem Einsatz für die Existenz dieses linken Theaters gefochten hat, auf wenig Zustimmung gestoßen. Schließlich wird B verboten, während der Proben Anweisungen zu geben. Nunmehr habe B ständig Proben unterbrochen und in »Sitzungen« mit dem Theatre-Board seine Auffassungen vorgetragen *(Baxandall, 74)*.
29. Oktober, Dienstag. B legt dem Theatre-Board der Theatre Union die Grundzüge seiner Theorie des epischen Theaters dar, stößt aber dort auf keine Zustimmung.
Ende Oktober. B schreibt an Helene Weigel: »Luft hier wie in Neapel. Schade, daß die Reise so teuer ist. Hier wäre es erschwinglich, da Essen billig.« Er nehme an allen Proben teil. »Text der meine. Nur: die Mutter; furchtbar. Wird schon umbesetzt. Haben aber noch keine neue. Gibt's hier noch weniger als in Berlin. Wird Dir auf diesem Planeten nicht leicht nachgespielt werden. Trotz gleichem Arrangement nichts wiederzuerkennen!« *(Br, 694.)* Elisabeth Hauptmann zieht während Bs Aufenthalt nach New York und hilft ihm bei den Proben.
30. Oktober, Mittwoch. Aus Paris informiert Slatan Dudow B darüber, daß er als Geschäftsführer der neugegründeten »Dudafilm« fungiert und vier Kurzfilme montiert hat. Bei seinen theoretischen Überlegungen über den Film sei er zu der Ansicht gekommen, das Theater werde bis auf ein Spezialgebiet (das »philosophische Theater«) verdrängt *(478/48f.)*.

31. Oktober 1935
***The Daily Worker* stellt Brecht in einem Interview vor**

31. Oktober, Donnerstag. Die kommunistische Zeitung *The Daily Worker*, New York, veröffentlicht ein Interview von Martha Dreiblatt mit B *(Der Autor des neuen Stückes der Theatre Union erzählt, wie er zum Arbeiterpublikum kam)*. B schildert darin u. a., wie er durch die Arbeit an dem Stück *Jae Fleischhacker* zum Studium des Marxismus gekommen sei. Dadurch habe er auch die Arbeitertheater in

Deutschland kennengelernt. »Ich stellte fest, daß das Arbeiterpublikum das beste Publikum war für das, was ich im Theater sagen wollte.« *(Lyon2, 19-21.)*

Anfang November. B steckt »tief in den Proben«, die Schauspieler seien »sehr, sehr schwach«. B rät der Weigel, Englisch zu lernen, und erkundigt sich danach, wann seine Tochter Hanne zu Besuch kommt *(Br, 695)*. B erneuert die Einladung mehrfach (→April 36).

1. November, Freitag. Margarete Steffin beschwert sich bei B darüber, daß er ihr längere Zeit nicht geschrieben hat. »Vergiß nicht, da ist niemand, weder Kind noch Magd, der guten Morgen sagt, der fragt Nagehtsheutebesser, der gute Nacht wünscht, der mich anlächelt und ein bißchen gern hat, und das brauche ich sehr.« *(Z 23/155.)*

6. November, Mittwoch. Margarete Steffin möchte ihre Tuberkulosebehandlung in der Sowjetunion fortsetzen und freut sich darauf, eventuell zusammen mit B zu reisen *(Z 23/159)*.

Hanne Brecht 1935

9. November, Sonnabend. In der Phase der Endproben kommt es zu weiteren Schwierigkeiten in der Zusammenarbeit der Autoren mit dem Theater. Die Theatre Union hält Striche in der *Mutter* für notwendig und will eine gekürzte Fassung (am 11. 11.) vorstellen. Es kommt außerdem mit Eisler zu Unstimmigkeiten über die Musik. B weist die Leitung der Theatre Union darauf hin, daß er sich »alle Schritte, die mir nötig erscheinen, vorbehalte« anläßlich der Weigerung, Eislers Vorschläge für die Musik durchzuführen, sowie der »Unmöglichkeit, Ihr Theater zu betreten, nachdem Sie es gebilligt haben, daß ein Pianist, an dem ich berechtigte Kritik übte, mich mit Tätlichkeiten bedrohte«, und schließlich »Ihrem Entschlusse, entgegen unserem Kontrakt Striche ohne mein Einverständnis vorzunehmen« *(Br, 696)*. In einem weiteren Brief verwahrt sich B gegen die »Beleidigung«, die ihm im Theater widerfahren sei. »Selbstverständlich muß ich mir vorbehalten, gegen dilettantische Entstellungen einer Arbeit, die unter meinem Namen öffentlich herausgebracht werden soll, in der schärfsten Weise protestieren zu können.« Durch einen Überwachungsausschuß werde in die Arbeit Nervosität gebracht, »die sich in einem primitiven Schrei nach Strichen um jeden Preis äußert«. Falls er keine Möglichkeit erhält, »einige letzte *ungestörte* Proben« zu bekommen, fühle er sich »verpflichtet, gegen eine Aufführung zu protestieren« *(Br, 697)*. Auch Hanns Eisler protestiert in einem gesonderten Brief und droht, seine Musik zurückzuziehen, wenn nicht beide Pianisten ausgetauscht werden und einem Vertrauensmann Eislers gestattet wird, mit den Schauspielern die Chöre und Gesänge zu proben *(2220/64f.)*.

Zunehmende Schwierigkeiten mit der Theatre Union

Aus Augsburg informiert Bs Sohn Frank Banholzer (→ 12. 8.) »Tante Helli« Weigel über eine Lehrstelle bei Augsburg und über den Besuch einiger Kurse *(654/144)*.

11. November, Montag. B und Hanns Eisler haben sich wegen der Meinungsdifferenzen mit der Theatre Union an Victor J. Jerome (→ Anfang September) gewandt, der dem Theater nahesteht, aber nicht weisungsberechtigt ist (da die Theatre Union kein von der KP verwaltetes Theater ist). Jerome besucht die Probe an diesem Tag.

12. November, Dienstag. In einer Sitzung der Partei mit der Theaterleitung wird der Beschluß durchgesetzt, den ursprünglichen Text Bs ungekürzt zu spielen. Dennoch nimmt sich die Theaterleitung vor, nunmehr die Landstraßenszene zu streichen. B wendet sich erneut an Jerome und bittet um Hilfe der Partei. Er droht, die Kritiker von der Verstümmelung zu informieren.

Aus Dänemark bedankt sich Margarete Steffin für den Brief Bs und fragt ihn, ob er Weihnachten zurück ist. In Kopenhagen sei Per Knutzon der wichtigste Regisseur und seine Inszenierung von *Nieder mit dem Krieg* von Albert Maltz und George Sklar ein »Riesenerfolg« *(Z 23/153)*.

14. November, Donnerstag. B schildert Margarete Steffin New York als »ziemlich unbewohnbar. Verkehrsmittel, Wohnung, Essen recht ungesund. Ohne reichliche Dosen Kino würden die Leute das nicht aushalten. (Nach dem Essen fressen sie Kohletabletten, um das durch allerhand Chemie am Verfaulen gehinderte Essen aus dem Magen zu kriegen.)« Mit dem Theater habe er ständig Krach. »Es gibt da ein Board von circa zehn Leuten, verkrachten Stückeschreibern, schrecklichen Pinschern, die immerfort Urteile abgeben und Forderungen stellen. Wird eine Szene schlecht gespielt, wollen sie einfach streichen, was immer.« B findet die letzte Szene von Steffins Kinderstück *Wenn er einen Engel hätte...* (die sie ihm am 28. 10. geschickt hat) »ein wenig zu politisch im Weltmaßstab. Es erinnert an *Faust*, 2. Teil, wenn es auch amüsanter ist« *(Br, 698)*.

15. November 1935
Erste Voraufführung von *Die Mutter* in der Theatre Union

15. November, Freitag. Einem Bericht zufolge sei die 1. Probeaufführung der *Mutter* vor Arbeitern »eine üble, technisch unzulängliche, ja, in vielen Teilen dilettantische gewesen«. Das entspreche, wie B der Theaterleitung mitteilt, seinem Eindruck bei der Generalprobe. »Der Regisseur Wolfson, der anfänglich sich angesichts seiner Unerfahrenheit damit begnügte, meine Anweisungen auszuführen, hat in letzter Zeit, durch Euch anscheinend darin bestärkt, sich ›selbständig‹ gemacht. Er traf eine ganze Reihe dilettantischer Anordnungen, die eine grobe Unkenntnis des Stils und des politischen Inhalts meines Stückes zeigen.« Sollte die Leitung B weiterhin abhalten, die Aufführung in Ordnung zu bringen, weist er ihr die »Verantwortung für einen großen künstlerischen und politischen Skandal« zu *(Br, 699)*.

17. November, Sonntag. B und Hanns Eisler machen der Theaterleitung Vorschläge für Veränderungen der *Mutter*-Aufführung. »Teilt uns das Ergebnis Eurer Beratungen mit. Wir werden dann bei der Ausführung helfen. / Auf keinen Fall dürfen ohne uns irgendwelche Text- oder Musikänderungen vorgenommen werden.« B besteht zudem auf der »Wiederaufnahme jener Textstellen in der Bibel- und Kupferkesselszene, deren Integrität mir in dem Entscheid des Genossen Jerome zugesagt wurde« *(Br, 700)*.

17. November 1935
Vorschläge für Veränderungen bei *Die Mutter*

Als Wolfson den Chor »Steh auf, die Partei ist in Gefahr« *(3,382)* an die kranke Wlassowa adressiert, statt, wie B das wünscht, an das Publikum, kommt es zu einem Eklat. B und Eisler werden aus dem Theater verwiesen. Der Bühnenbildner der Aufführung Mordecai Gorelik, mit dem B produktiv zusammengearbeitet hat, versucht zu schlichten. Aber die Situation ist außerordentlich angeheizt. B und Eisler wagen nicht, noch einmal ins Theater zu gehen, und bitten Gorelik, ihre dort liegengelassenen Mützen zu holen.

Zusammenarbeit mit Mordecai Gorelik

Plakat der Aufführung

Der amerikanische Bühnenbildner Mordecai Gorelik (geb. 1899) ist stark durch Meyerholds Bühnenkonstruktivismus des frühen Agitproptheaters beeinflußt. Er beginnt sich aber bei der Arbeit an der New Yorker *Mutter* zunehmend mit Bs Theorie des epischen Theaters zu beschäftigen. B setzt die Zusammenarbeit mit Gorelik bei der Kopenhagener Uraufführung von *Die Rundköpfe und die Spitzköpfe* fort (→4.11.36).

19. November, Dienstag. Am Tag der Premiere erfahren B und Eisler von der Absicht des Theaters, gegen alle Absprachen auch die Szene 13 *Vor einer Vaterländischen Kupfersammelstelle* zu streichen.

Abends Premiere von *Die Mutter* mit der Theatre Union am Civic Repertory Theatre (einem Theater mit 1100 Plätzen); Regie: Victor Wolfson; Bühnenbild: Mordecai Gorelik; mit Helen Henry (Pelagea Wlassowa), John Boruff (Pawel), Martin Wolfson (Iwan Wessowtschikow), Hester Sondergaard (Mascha), Lee J. Cobb (Smilgin, Metzger), Stanley G. Wood (Nikolai Wessowtschikow).

19. November 1935
Premiere von *Die Mutter* Theatre Union New York

Mit Bert Brechts freier Bearbeitung von Gorkis Roman *Die Mutter* hat die Theatre Union einen gewichtigen Traktat über Klassenkampf und verschiedene neuartige Theatereffekte entdeckt. Doch so, wie das Werk letzte Nacht im Civic-Repertory-Theater aufgeführt wurde, hatte es wenig von der Schärfe und Aufreizung rhetorischer Propaganda, und es zeigte einen bedauerlichen Mangel an dramatischer Notwendigkeit. *(Howard Barnes, The New York Herald-Tribune, 20. 11.)*

B und Eisler sind zur Premiere unerwünscht. Lou Jolesch und Elisabeth Hauptmann werden heimlich in den 3. Rang des Theaters eingeschleust, wie Jolesch berichtet, »um über Aufführung und Reaktion des Publikums berichten zu können« *(Eisler 3,449)*.

Die Inszenierung wird 36mal aufgeführt.

21. November, Donnerstag. B und Hanns Eisler schreiben an die Leitung der Theatre Union ein Memorandum, in dem sie feststellen, daß ihre »Vorschläge politischer und artisti-

Die gestrige Aufführung erwies sich als eine Art Fibel, die Kinder im Vorschulalter über die eher elementaren Stadien des Klassenkampfes unterrichten soll. *(Wilella Waldorf, The New York Post, 20. 11.)*

Was aber das Stück *Die Mutter* im Theater nicht gewinnt, ist Schwung. Nachdem der Reiz der neuen Inszenierungsform nachgelassen hat, verwandelt die bewußte Einfachheit der Darstellungsmethode das Stück in einen Vortrag mit Illustrationen über das Thema Revolution, einen Vortrag, der vielleicht einen erzieherischen Wert hat, der aber nur halbherziges Theater ist. *(Brooks Atkinson, New York Times, 20. 11.)*

Es mag vielleicht bis jetzt noch keine kommunistische Sünde sein, den Kinderwagen als ungeeignet für Reisen von Erwachsenen zu betrachten, denn die Mutter wendet sich immer noch an die Intelligenz von Kinderwagenkindern. Die Lätzchenbrigade mag es vielleicht für schmackhaften Brei halten. Ich fand, daß es fad und geschmacklos war. *(John Anderson, New York World Telegramm, 20. 11.)*

Aber diese Version der Mutter, obschon als dramatische Neuheit ausgezeichnet und mit aller erwarteten Ernsthaftigkeit und mit Enthusiasmus gemacht, schwindet zu praktisch nichts anderem dahin als einer Reihe von bewegten Bildern über das vorsowjetische Rußland und den Kampf seiner Arbeiter für die Freiheit, die die Revolution ihnen später bringt. *(Burns Mantle, The New York Daily News, 20. 11.)*

Die Theatre Union hat nun nicht versucht, die Mutter ganz gemäß der Brecht-Eisler-Theorie aufzuführen. Ihre eigenen Erfahrungen mit früheren Aufführungen machten einige drastische Veränderungen

scher Art bei den Proben der *Mutter* nicht oder nur zu kleinem Teil berücksichtigt wurden«, daß die Aufführung »politisch und artistisch ein Mißerfolg war«, aber weiterhin aufgeführt werden soll. Sie bieten nochmals ihre Hilfe an, um »wenigstens jetzt eine Qualifizierung der Aufführung zu ermöglichen« *(Br, 701)*.

24. November, Sonntag. Durch Vermittlung von Jerome lernt B die Schriftstellerin und Journalistin Eva Goldbeck und ihren Mann, den Komponisten und Schriftsteller Marc Blitzstein, kennen. Goldbeck übersetzt mit Unterstützung Bs (und Elisabeth Hauptmanns) den Artikel *Das deutsche Drama vor Hitler (22,164-168)*, der unter dem Titel *The German Drama: Pre-Hitler* (am 24. 11.) in der Theaterbeilage der *New York Times* erscheint *(22,939-944)*. B hat in dem Artikel die Thematik seines *Radiovortrags Bert Brecht* (→ Ende April) erweitert. Es geht ihm insbesondere um die Darlegung der Prinzipien einer nichtaristotelischen Dramatik: »Bemüht, ihren Zuschauer ein ganz bestimmtes praktisches, die Änderung der Welt bezweckendes Verhalten zu lehren, verleiht sie ihm schon im Theater eine grundsätzlich andere Haltung, als er gewohnt ist. Er wird in die Lage versetzt, eine kritische, kontrollierende Haltung einzunehmen.« Am Ende analysiert B seine Experimente mit Lehrstücken, die »weniger für die Zuschauer als für die Mitwirkenden« stattgefunden haben.
Ein Nachdruck des Artikels erscheint in *Left Review* im Juli 1936 in London; ein Teildruck in Kopenhagen im Programmheft der Uraufführung von *Die Rundköpfe und die Spitzköpfe* (→ 4. 11. 36).
Unter Bezug auf die *Mutter*-Aufführung macht Eva Goldbeck Ende des Jahres in einem grundsätzlichen Artikel mit den Prinzipien des nichtaristotelischen Theaters bekannt, die ihr B und Eisler in zahlreichen Gesprächen darlegen (→ 31. 12.).

25. November, Montag. Über das Thema der nichtaristotelischen Dramatik ist mit der Datierung des 25. 11. ein Text überliefert, den Elisabeth Hauptmann ins Englische übertragen hat, vermutlich für eine kurze Rede Bs vor Theaterleuten *(22,168f.)* Im Zusammenhang mit dieser Thematik entstehen zahlreiche weitere Texte, die auch scharfe Kritik an der (von der Theatre Union bevorzugten) Einfühlung üben *(22,169-182)*.

30. November, Sonnabend. Margarete Steffin schreibt B, Kopenhagen fange an, scheußlich auszusehen: man spanne in den Straßen Tannengirlanden auf.

2. Dezember, Montag. Nach erneuten Verhören (→ 11. 4. 34) Margarete Steffins durch die Kopenhagener Staatspolizei wird in einem größeren protokollarischen Bericht festgehalten, daß sie für die Emigrationszeitschriften *Aufbau*, Paris, und *Neue Deutsche Blätter*, Prag, schreibt. »Die Betreffende ist Mitglied einer kommunistisch orientierten Parteiorganisation gewesen und kann deshalb unter den jetzigen Verhältnissen nicht ohne Gefahr nach Deutschland zurückkehren. Sie bestreitet, sich hier im Lande mit Politik zu beschäftigen, und erklärt, daß sie im Augenblick an einem Roman arbeitet.« Die Polizei registriert ein Barvermögen von 600 Dkr *(Nørregaard, 101)*.

6. Dezember, Freitag. B, Hanns Eisler und Elisabeth Hauptmann werden von der Theatre Union zu einem Symposium (am 11. 12.) über das Thema *Dichtung und Musik im Arbeitertheater* eingeladen, bei dem Archibald MacLeish, Aaron Copeland, John Gassner und Fannia M. Cohn sprechen werden. (Ob B teilgenommen hat, ist nicht überliefert.)

8. Dezember, Sonntag. B setzt Erwin Piscator davon in Kenntnis, daß die *Mutter* in New York »sehr verhunzt worden« sei, »dumme Verstümmelungen, politische Ahnungslosigkeit, Rückständigkeit aller Art usw.«. Die Partei habe sich auf Eislers und seine Seite gestellt, »konnte aber nicht durchdringen«. Die »sogenannten linken Theater« seien »durch kleine Cliquen beherrscht, in denen die Stückeschreiber dominieren, und haben die übelsten Producer-Manieren des Broadway ohne dessen Fachkenntnisse«. Eine wichtige Erfahrung sei, über die Arbeiten einen guten Vertrag abzuschließen, den man sich »genauest anschauen« muß. Er legt ihm die Probleme dar, die er und Eisler bei Verhandlungen mit Agenten wegen einer Inszenierung der Piscatorschen Bühnenfassung von Theodore Dreisers Roman *Eine amerikanische Tragödie* in New York hatten. B gibt ihm die Erfahrung weiter: »Was den Regievertrag anbetrifft, so muß man zunächst weniger darauf sehen, wieviel Geld Du zu Beginn bekommst (es muß natürlich halbwegs anständig sein), als vielmehr darauf, daß Du nicht Stücke machen mußt, die Dir nicht passen, und Stücke, die Dir passen, woanders machen kannst, wenn Shubert sie zurückweist.« B hofft darauf, daß Piscator mit dem Moskauer Jüdischen Theater die *Rundköpfe* inszenieren wird, das dann damit auf eine »herrliche amerikanische Tournee« gehen könnte. »Vergiß nicht die Weigel für die Cornamontis« (→25. 9.). Er schickt Piscator den Artikel *The German Drama: Pre-Hitler* (→24. 11.), der »an prominentester Stelle« stand und »sehr gewirkt haben« soll *(Br, 702)*.

Mitte Dezember. Wie B Helene Weigel versichert, hat er »*alle* Anstrengungen gemacht, hier wegzukommen, aber es wäre eine *zu* große Dummheit gewesen, da noch einige Verhandlungen über [*Dreigroschen*]Roman und *Rundköpfe* ›schweben‹«. Er fürchtet ein »tristes New Yorker Weihnach-

ratsam. Was jetzt am Civic-Repertory gespielt wird, ist deshalb eine Bearbeitung des Brecht-Eisler-Stükkes in Übereinstimmung mit der Auffassung der Theatre Union über den Geschmack und die Bedürfnisse des amerikanischen Publikums.
Ist dies ein interessantes Stück? Ist es eine lohnende Erfahrung? Ist es wirklich sehenswert? / Die Antwort ist ein uneingeschränktes Ja. Mit überraschender Schlichtheit erzählen die Schauspieler und der Chor die Geschichte der Arbeiterwitwe Pelagea Wlassowa, die plötzlich durch ihren Sohn in den Klassenkampf gezogen wird. *(Stanley Burnshaw, The New Masses, 3. 12.)*

Szene aus *Die Mutter*, New York 1935

ten im Schoße der Eislerfamilie«. Das »Svendborger Weihnachten« werde aber nachgeholt, »die Sachen bringe ich mit. Steff und Barbara gehen mir sehr ab, schon jetzt und an Christbäume ohne Dich kann ich mich nicht mehr erinnern; es war immer ein guter Abend und eine gute Nacht, *liebe Helli.*« *(Br, 703.)*
Gleichzeitig fordert er seinen elfjährigen Sohn Stefan (in einem gesonderten Brief) auf, »heuer das Familienoberhaupt« zu spielen und »streng« zu sein. »Helli mußt Du in meinem Auftrag küssen und Barbara eine kleine Geschichte erzählen (vielleicht die von Joseph in Ägypten). Vor dem Einschlafen.« *(Br, 704.)*
Margarete Steffin gibt er einen Kommentar zu Geschenken, die er ihr geschickt hat. Ein Elfenbein-Elefant, den er den »New Yorker« nennt, sei zwar »klein, aber oho«. Sie fehle ihm »im ›Geschäft‹ wie zu Hause. So sagt mir niemand die Meinung und mit Eisler Schach spielen (1:11) ist nicht wie mit Dir, liebe Grete.« Rezensionen der *Mutter*-Aufführung will er schicken. »Das Theater hat sich scheußlich benommen, der Verein großartig.« *(Br, 705.)*
12. Dezember, Donnerstag. B läßt seinen Aufenthalt in den USA bis 29. 1. 36 verlängern. Seine derzeitige Adresse gibt er mit 225 West 69th Street an *(Z 12/156).*
18. Dezember, Mittwoch. B unterrichtet Maxim Gorki von der Aufführung der *Mutter* in New York, die vom 19. 11. bis 15. 12. »allabendlich, sowie an einigen Nachmittagen, und fast ausschließlich vor Arbeiterorganisationen« gespielt worden ist. Er listet die Gesamteinnahmen (16.031,09 $) auf; von den Honoraren stünden Gorki und B als »gemeinschaftlicher Anteil« 320,64 $ zur Verfügung. B bittet Gorki um Mitteilung, wieviel er ihm schicken soll, gibt aber zu bedenken, daß ihm vom Theater nur die Reisekosten, nicht der Aufenthalt während der Proben erstattet worden sei. »Was die Aufführung betrifft, so entfesselte sie eine ziemlich große Diskussion über dramatische Darstellung, politisches Theater usw. Die unsterbliche Figur der Pelagea Wlassowa stand jedoch außerhalb jeder Diskussion, und auch die bürgerliche Presse sprach von dem Roman mit größtem Respekt als von einem klassischen Werke.« *(Br, 706.)*
21. Dezember, Sonnabend. Zwei Kriminalbeamte begleiten Margarete Steffin zum Kopenhagener Hafen und bezeugen ihre Abreise mit der SS Ilmatar nach Leningrad.
25. Dezember, Mittwoch. Weihnachten sei »scheußlich« gewesen, schreibt B (Ende Dezember) an Helene Weigel. »Ich war mit Eisler bei Leuten, die keine Kinder hatten, und dann sang jemand schottische Balladen ohne Ende. Ich hätte Dich gern zu Bett gebracht, Helli, wie jedes Jahr.« *(Br, 707.)*
27. Dezember, Freitag. Fredrik Martner (→ 13. 9.) hat B

um Zusendung neuer Übersetzungsvorlagen seiner Texte gebeten. Helene Weigel antwortet ihm, daß ihr Mann erst im nächsten Jahr aus New York zurückkehren wird, und bittet Martner, sie zu besuchen.

Ende Dezember. B bedauert, daß seine Tochter Barbara das Schlüsselbein gebrochen hat, und freut sich über eine sehr schöne Zeichnung seines Sohnes Stefan. »Es ist langweilig hier, meist spiele ich Schach mit Eisler und jeden Tag sind wir im Kino, was hier sehr billig ist – 15 Cents. Ich freue mich sehr nach Hause. Man kann hier nur sehr schwer arbeiten und es ist langweiliger als in Skovsbostrand.« Er bittet seine Frau, eine Abschrift des Vertrags über die *Dreigroschenoper* an Kurt Weill zu schicken *(Br, 707)*. Über die »Erleichterung«, die sich in New York ein »Fremdling«, der sich »vielleicht nicht sehr aussichtsreichen Geschäften, zum Beispiel dem Theatergeschäft«, widmet, in den Kinos verschaffen kann, schreibt B in *The World is Yours (22,168)*.

New York, 1935

31. Dezember, Dienstag. Eva Goldbeck stellt in dem umfangreichen Artikel *Prinzipien des »Lehr-Theaters«* in *The New Masses* die künstlerische Arbeit Bs und Hanns Eislers dar.

Dezember. B sieht im Madison Square Garden einige Szenen aus *Waiting for Lefty* von Clifford Odets und ist davon stark beeindruckt (→ 30. 5. 42). Er besucht auch eine Aufführung von *Paradise Lost* (→ Mitte Februar 36).

1936

6. Januar, Montag. Arnold Zweig bedauert Margarete Steffin gegenüber (die während der Abwesenheit Bs dessen Korrespondenz führt), daß ein Brief über seinen Roman *Erziehung vor Verdun* verlorengegangen ist (→ 30. 5.). Er freut sich über Bs Aufenthalt in New York; »nachdem er Amerika doch schon vielfältig bedichtet hat, wird ihm die persönliche Bekanntschaft doppelten Spaß machen.« *(478/25 f.)*

7. Januar, Dienstag. B ist »sehr niedergeschlagen«, weil seine Überraschung für Margarete Steffin durch deren frühe Abreise in die Sowjetunion (→ 21. 12. 35) »so ins Wasser fiel«. Außer der Nachtwäsche, »alles sorgfältig ausgesucht«, habe er einen sehr kleinen Elfenbeinelefanten beschafft und auf ihn ein Gedicht angefangen (→ 21. 9. 37: *19. Sonett. Begegnung mit den elfenbeinernen Wächtern; 12,354*). »Ich fühle mich nicht wohl hier, keineswegs, die Tage vergehen unschilderbar grau.« Er habe am 8. 1. zurückfahren wollen, aber als er von ihrer Abreise hörte, die Reise nochmals verschoben. Es sei nur »die Übersetzung von ein paar Sachen in Schwung« gebracht worden. »Ich bin *jeden* Tag im Kino (manchmal zweimal).« *(Br, 708.)*

13. Januar, Montag. B hat (im Dezember) die Herausgeberin der Zeitschrift *Modern Music*, Minna Lederman, bei einer Party Marc Blitzsteins und Eva Goldbecks (→ 21. 11. 35) kennengelernt. Sie berichtet, Blitzstein habe nach dem Cocktail sein Lied über die Prostitution, *The Nickel under the Foot* (Der Fünfer unter dem Fuß), vorgespielt. B sei davon angetan gewesen, habe aber empfohlen, »ein ganzes Stück über alle Spielarten der Prostitution – Presse, Klerus usw.« zu schreiben. Bs Vorschlag regt Blitzstein zu der Oper *The Cradle Will Rock* (Dann schaukelt die Wiege) an, die er B widmet *(Lyon 1,35f.)*.

13. Januar 1936
Über die Verwendung von Musik für ein episches Theater

Minna Lederman erhält (am 5. 1.) Bs Text *Über die Verwendung von Musik für ein episches Theater (22,155-164)* zum Abdruck in der von ihr geleiteten Zeitschrift *Modern Music*; Eva Goldbeck fertigt die Übersetzung (in drei Tagen) an. Minna Lederman erkennt nach der Lektüre des Aufsatzes, daß die »Schimpfkanonade auf sämtliche etablierten Musikeinrichtungen« bei den Mitgliedern ihres Herausgeberkollegiums keine Chance für eine Veröffentlichung bekommen wird. Sie macht B (am 11. 1.) einen umfangreichen Kürzungsvorschlag und schickt ihm zugleich die Vorauszahlung des Honorars. B stimmt ihren Vorschlägen nicht zu. »Gerade um nicht allzu politisch zu werden, habe ich die Form eines historischen Überblicks gewählt und auf eine Behandlung des Lehrstücks verzichtet, das natürlich eine rein politische Behandlung verlangt.« Er habe die »Kernpartien des Aufsatzes unmöglich streichen« können. B verwahrt sich gegen die Ausnahme, die Minna Lederman in seinem Falle gemacht habe, nämlich »bei Meinungsverschiedenheiten zwischen dem Autor eines Aufsatzes und Redaktion den Aufsatz ohne Bezahlung zu retournieren«. B rät ihr: »Mit diesem Prinzip sollten Sie unbedingt und so bald wie möglich brechen. Es stellt den Schriftsteller vor die Wahl, entweder seine Meinung aufzugeben oder die Bezahlung für geleistete Arbeit.« *(Br, 709.)* Bs Beharren auf der ungekürzten Fassung vereitelt den Druck des Aufsatzes.

Durch Blitzstein lernt B auch den jungen Regisseur John Houseman kennen, der sich daran erinnert, mit B über eine amerikanische Aufführung von *Die Rundköpfe und die Spitzköpfe* bzw. von Shakespeares *Maß für Maß* gesprochen zu haben, bei der B für die USA eine Besetzung mit Farbigen vorschlug.

21. Januar, Dienstag. Am Todestag Lenins (→ 21. 1. 24) erscheint im *Daily Worker* das (von Eva Goldbeck übersetzte) Gedicht *Die Teppichweber von Kujan-Bulak ehren Lenin* (→ 30. 10. 29).

27. Januar, Montag. B bedauert, daß die begonnenen Proben für das Lehrstück *Die Maßnahme* (im Group Theatre von Lee Strasberg) aus politischen Gründen unterbrochen werden mußten, besonders deshalb, weil er den Eindruck hatte, daß er mit Strasberg sehr gut zusammenarbeiten kann. Am Beispiel seines Theaters habe B gesehen, daß in den USA auch ein revolutionäres pädagogisches Theater möglich ist *(Br, 710)*. Mit der Schauspielerin Stella Adler, der Frau des Regisseurs Harold Clurman (beide ebenfalls aus dem Group Theatre), probiert B als Übung eine Szene aus *Die heilige Johanna der Schlachthöfe*.

Zur Verlängerung der Aufenthaltserlaubnis melden sich Helene Weigel und ihr Sohn Stefan bei der Svendborger Polizei. Im Protokoll wird vermerkt, daß »der Ehemann der Antragstellerin, dessen Aufenthaltserlaubnis gleichzeitig abläuft, sich seit einiger Zeit in Amerika aufhält« (→ 20. 2.).

28. Januar, Dienstag. Obwohl ihm die deutsche Staatsbürgerschaft aberkannt worden ist (→ 8. 5. 35), bekommt B vom Deutschen Generalkonsulat in New York seinen deutschen Reisepaß (Nr. 538) mit Gültigkeit bis zum 26. 1. 41 verlängert *(2214/3)*.

28. Januar 1936 Deutsches Generalkonsulat verlängert Brechts Paß

Januar. Nach der Erinnerung des amerikanischen Regisseurs Joseph Losey (der B schon 1935 in Moskau kennengelernt hatte) besucht B dessen Inszenierung im Rahmen des Federal Theatre Project *The Living Newspaper*. Er sei von der Art der Darstellung »begeistert« gewesen. Bei einem Gespräch in Bs Wohnung habe B seine Ideen über Theater dargelegt, die mit denen Loseys in vielen Punkten übereinstimmten. »Aber wir waren uns damals dieser Parallelen nicht bewußt.« *(Lyon 1,36f.)*

Aus Tageszeitungen schneiden B und Elisabeth Hauptmann Berichte über die Ermordung des Gangsters Dutch Schulz und seiner Leibwächter sowie Meldungen über die blutigen Kämpfe von Gangsterbanden und Morde, über Wucher und Korruption aus, die er mit nach Dänemark nimmt (BBA-Mappen *469* und *470*).

Januar 1936 Materialsammlung über Verbrechen und Verbrecher

Hanns Eisler berichtet, daß er mit B bis zu dessen Abreise häufig im Kino war, meist in Gangsterfilmen, »um, wie wir uns beide lügnerisch versicherten, soziale Studien zu betreiben«. Eisler wußte von B, daß er normalerweise höchstens mal ein Glas Bier trank, aber damals habe er zu ihm gesagt: »Hör zu jetzt, du weißt doch, ich trinke nie, aber in dieser Stadt muß ich von Zeit zu Zeit, [...] ich halte es ohne Whisky nicht aus.« *(Eisler/Bunge, 101.)*

Häufige Kinobesuche

1. Februar, Sonnabend. B, Hanns Eisler und Elisabeth Hauptmann besuchen ein Abschiedskonzert für Eisler in der Steinway Hall, bei dem die New Singers Lieder aus der *Mutter* vortragen.

Nach einer (auf den 1. 2. datierten) Meldung im *Pariser Tageblatt* (Nr. 782, 2. 2.) haben »in den letzten Tagen« in New York zwei große Anti-Nazikundgebungen stattgefunden. In

Teilnahme an Anti-Nazikundgebungen

der einen, die von Deutsch-Amerikanern veranstaltet wurde, »traten auch die bekannten Schriftsteller Bert Brecht und Rudolf Broda sowie der berühmte Komponist Hanns Eisler auf. Die Versammlung gestaltete sich zu einer mächtigen Kundgebung des New Yorker Deutschtums gegen die Barbarei des Dritten Reiches.« *(474/41.)*

4. Februar, Dienstag. Wieland Herzfelde, der durch Margarete Steffin von der beabsichtigten Rückkehr Bs hört, schreibt ihm aus Prag nach Svendborg. Seit dem Sommer habe George Grosz nichts von sich hören lassen, obwohl er ihm für seine Zeichnungen bereits ein Honorar geschickt hat. Er bittet noch um den gültigen Text für die *Maßnahme.* Carola Neher sei zur Zeit in Prag und wolle in ein paar Tagen wieder nach Moskau zurückfahren.

5.-16. Februar 1936
Rückreise nach Dänemark

Die nicht zu vergessende Nacht
Der Himmel über mir in der nicht zu vergessenden Nacht
War hell genug. Der Stuhl, auf dem ich saß
War bequem genug. Das Gespräch
War leicht genug. Das Getränk
War scharf genug. Und weich genug
War dein Arm, Mädchen, in der
Nicht zu vergessenden Nacht
(14,320.)

5. Februar, Mittwoch. B fährt mit der SS Majestic von New York nach Southampton/England ab. An George Grosz schreibt er (Ende Februar): »Durch die Februarstürme kam ich gut durch und die Majestic kann jetzt abgewrackt werden.« *(Br, 714.)* Er dankt Elisabeth Hauptmann (am 6. 2.) sehr dafür, daß sie ihn »in USA geführt« hat, »wie es immer vorgesehen war« (→ 14. 10. 34). Er werde nichts vergessen. »Ich werde Dich nicht für immer in St. Louis lassen.« *(Br, 711.)* Auf einen Briefbogen mit der Kopfzeile »Cunard White Star On Board ›Majestic‹« schreibt B die Gedichte *Einst dachte ich: in fernen Zeiten* und (vermutlich für Elisabeth Hauptmann) *Die nicht zu vergessende Nacht (14,320f.).*

Auf der Reise trifft B mit Heinz Liepmann zusammen, für den er sich später einsetzt (→ November).

7. Februar, Freitag. Margarete Steffin informiert B von einem Plan der Leningrader Len-Film, eine von ihm geschriebene Fassung des *Schwejk* zu drehen. In Leningrad würde für ihn und seine Familie eine Wohnung zur Verfügung stehen. Sie bedauert, schon seit Wochen von ihm nichts mehr gehört zu haben.

13. Februar, Donnerstag. Aus Briefen Eva Goldbecks an Victor J. Jerome (vom 13. 2. und 12. 3.) geht hervor, daß B sowohl sie als auch ihn autorisiert hat, mehrere seiner Texte zu übersetzen, u. a. auch *Die drei Soldaten* und die Chöre aus der *Maßnahme* für eine geplante New Yorker Aufführung (→ 27. 1.). Durch den Tod Eva Goldbecks in diesem Jahr kommt es nicht mehr zur Ausführung dieser Projekte.

16. Februar 1936
Zurück in Svendborg

16. Februar, Sonntag. B trifft nach einer Abwesenheit von viereinhalb Monaten in Svendborg ein.

Mitte Februar. B denkt an das letzte Gespräch mit Victor J. Jerome, das zu kurz gewesen sei, um auch über die amerikanische Literatur diskutieren zu können. Nach Bs Ansicht ist »der Fall Odets« besonders typisch. »Der starke, positive

Eindruck, den so aufgeschlossene und intelligente Leute wie Eva Goldbeck von *Paradise Lost* haben, zeigt, wie wichtig eine breite Diskussion dieser Angelegenheit wäre. Welch ein verräterischer Schritt von *Waiting for Lefty* (das ich sehr schätze) zu *Paradise Lost*!« (→ Dezember 35.) »Das nächste Stück wird zeigen, daß auch die Familie Rockefeller an moral insanity oder an anderer insanity leidet und daß der einzige Arzt, an den sie sich wenden kann, der Kommunismus ist.« B fordert Jerome auf, solche Probleme regelmäßig in einer Kolumne zu diskutieren; »ich sehe keinen andern, der es könnte und also muß«. B fragt Jerome, ob er Lust hat zu »kleinen Gesprächen über Nat Turner« auf seiner »grünen Insel« *(Br, 712)*.

B hat während seiner Rückreise nach Svendborg aus der dänischen Hafenstadt Esbjerg an Margarete Steffin telegrafiert und später auch geschrieben, aber außer der Telegramm-Mitteilung, daß sie erkrankt sei, noch keine weitere Nachricht von ihr erhalten. Von George Grosz sei am 12. 2. die Meldung gekommen *(Grosz, Briefe, S. 231-233)*, daß Hermann Borchardt (aus der Sowjetunion) ausgewiesen wurde, »angeblich ohne Begründung, innerhalb von 24 Stunden«, und nun »verzweifelt in Berlin« sitze. Steffin solle sich im Augenblick nicht um die Anstellung von Elisabeth Hauptmann (in Minsk) kümmern, da Borchardt sie empfohlen hat, »und er scheint keine Empfehlung mehr zu sein«. B bezweifelt, daß Borchardt »etwas angestellt hat«, er habe »höchstens ein etwas böses Mundwerk, aber wahrscheinlich hat ihn einfach eine Maßnahme getroffen, die alle deutschen Spezialisten betraf« *(Br, 713)*.

Bemühungen um Hermann Borchardt

Grosz gegenüber zeigt sich B »in einige Unruhe« versetzt. Borchardt musse »so schnell wie möglich aus Deutschland« heraus. B will ihn nach Svendborg einladen. »Eine Stelle zu finden, die ihn und die Familie nährt, sehe ich mich allerdings kaum fähig. Ich kenne keine Schulen und bin außer der Welt hier. Sonst hätte ich schon für Hauptmann etwas getan. Kannst Du da etwas tun, tue es!« B bedankt sich für »die schönen Blätter aus dem Kinderbuch« *[Die drei Soldaten]*, die seinen »Schlupfwinkel beträchtlich« verändern *(Br, 714)*.

20. Februar, Donnerstag. B meldet sich bei der Polizei in Svendborg. Da die Gültigkeit von Bs Paß verlängert wurde (→ 28. 1.), akzeptiert die dänische Fremdenpolizei seinen weiteren Aufenthalt in Dänemark.

Margarete Steffin hat von B einen (nicht überlieferten) Brief (→ 3. 2.) erhalten und berichtet über die ungünstigen Bedingungen in der Moskauer Klinik. Sie hofft auf ein baldiges Zusammentreffen mit ihm, gleich wo, »bloß nicht gern Kopenhagen« (wegen Ruth Berlau). Sie unterrichtet ihn über ihre Bemühungen, seine Gedichte unterzubringen, und bittet um neue Sendungen. *Die Horatier und die Kuriatier* seien inzwischen gedruckt (Erstdruck in *Internationale Literatur*, Heft 1, Januar 1936). Sie kündigt bald das erste Exemplar an. Zwei Tage später schreibt sie nochmals über die einzelnen Projekte in der Sowjetunion, um die sie sich gekümmert hat. Piscator rate ihm von der Zusammenarbeit mit Len-Film ab (→ 7. 2.) und lade ihn zu einer Mitarbeit am Wolga-Film-Projekt ein. Der *Dreigroschenroman* komme in Moskau bald sowohl in deutscher wie in russischer Sprache heraus.

Mit Ruth Berlau, 1935

Nach einem Besuch Ruth Berlaus in Svendborg schreibt B (im Februar) das Gedicht *Einmal nur über dem Pfühle*; mit der ersten Strophe: »Einmal nur über dem Pfühle / Sah er dies Pfirsichgesicht / Sah es mit dem Gefühle: / Zweimal sieh du es nicht.« *(14,321.)*

26. Februar, Mittwoch. B stellt Margarete Steffin in Aussicht, daß er im April in die Sowjetunion kommen wird. Mit der WOKS (Gesellschaft für kulturelle Beziehungen mit dem Ausland) sollte sie über eine Einladung von George Grosz für eine Ausstellung im Frühsommer verhandeln. Er erkundigt sich, ob er in den russischen Schriftstellerverband aufgenommen worden ist, ob die *Rundköpfe* einstudiert und die *Versuche* (→ 6. 6. 35) gedruckt werden. Sehr interessiert ist er an dem »Buch Stanislawskis über sein System der Schauspielkunst« *(Mein Leben in der Kunst)*, aus dem sie ihm das Wichtigste übersetzen soll *(Br, 715)*.

4. März, Mittwoch. Margarete Steffin kündigt B die Auslieferung der in Moskau gedruckten deutschsprachigen Ausgabe des *Dreigroschenromans* »in den nächsten Tagen« an. Durch den Übersetzer Valentin Stenitsch hat sie erfahren, wie sie (am 5. 3.) schreibt, daß durch den Beginn »der Diskussion über den Formalismus« das Theaterprojekt *Die Rundköpfe und die Spitzköpfe* unsicher geworden sei. Ochlopkow soll im Scherz gesagt haben: »Stellen Sie sich vor: Brecht, Ochlopkow und dazu noch Eisler! Untragbar!« Auf einem Bild, das ihr B mitgeschickt hat, findet sie ihn »nicht ganz richtig« und fügt hinzu: »Oder bist Du das jetzt?« *(Z 13/128-131.)* B schreibt dazu vermutlich die Verse *Als wir so lang getrennt*, denen zufolge er ihre Briefe auf gewisse ihm »unbekannte Wörter« durchsucht, die ihm sagten, »du seist nicht mehr die / Die ich so kenne und so sehr vermisse« *(14,332)*.

6. März-28. Juli 1936
Reise nach London

5. März, Donnerstag. B hat von Fritz Kortner eine Einladung für eine Filmarbeit in London bekommen und fährt, wie er Margarete Steffin schreibt, sofort ab. »Ich weiß noch nicht den Umfang der Arbeit. Dauert sie länger als April, mußt Du eben mich in London abholen, sonst komme ich hinüber.« *(Br, 717.)*

Arbeit an einem Drehbuch für den Film *Der Bajazzo*

Der nach London emigrierte deutsche Filmproduzent Max Schach engagiert für den Richard-Tauber-Film *Der Bajazzo* (nach Ruggiero Leoncavallos Oper *Pagliacci*) auf Kortners (und Eislers) Wunsch B zur Überarbeitung seines Drehbuchs. Eisler war für Musikaufnahmen verpflichtet worden, die er aber nach seinen Aussagen nicht sehr ernst nahm. Er sei an den Wochenenden nach Paris gefahren und habe auf Kosten der Filmproduktion die *Deutsche Symphonie* geschrieben. Eisler berichtet: »Aber der Brecht arbeitete – und das war sein Verderben. Der Mann war fleißig. Er wollte auch etwas leisten. Das heißt, unter seinen Händen nahm das *Bajazzo*-Skript die merkwürdigsten Formen an. Große dichterische Schönheiten tauchten auf, die unerträglich waren für die Produzenten, vor allem für Tauber.« *(Eisler/ Bunge, 104.)*

10. März, Dienstag. Maria Osten, deutsche Emigrantin in Moskau und Lebensgefährtin von Michail Kolzow, bittet B um Mitarbeit in der Redaktion einer in Moskau neu herauskommenden Exilzeitschrift (→ 24. 3.).

13. März, Freitag. Margarete Steffin beklagt sich bei B, immer noch keine Post erhalten zu haben, und fragt ihn, »ob all das stimmt, was ›die Leute‹ sagen« (über sein Zusammenleben mit Elisabeth Hauptmann in New York) *(E 13/ 110)*.

Mitte März. B berichtet Helene Weigel von seiner Unterbringung »in einem (kleinen) Zimmer in der Abbey Road 148, ein Pfund die Woche. Kamin.« Die Arbeit mit Kortner sei angenehm. Ihm fehle ein grauer Rock. »Kannst Du ihn vergessen haben beim Einpacken? Sonst müßtest Du bei der Dampfschiffgesellschaft nachfragen. (Boot England, Abgang Donnerstag, 5. März, glaube ich, 1. Klasse.)« Sie soll Paula Groß (→ 29. 5. 35) noch einmal Geld nach Augsburg schicken. Ihre Hand müsse sie schonen und nicht überanstrengen, »das kann sonst chronisch werden« *(Br, 718)*. Helene Weigel hatte sich erneut bei Schreibarbeiten für B eine Sehnenscheidenentzündung zugezogen.

Die Wohnung in London hat ihm (auf Wunsch des ebenfalls in der Abbey Road wohnenden Hanns Eisler) die Emigrantin Gerda Singer (die spätere Theaterfotografin Gerda Goedhart) vermittelt. Sie ist von Berlin über Wien nach London gekommen und verdient ihren Lebensunterhalt durch Heilgymnastik und -massage. Gerda Singer erinnert sich: »Damals wußte ich lediglich, daß Brecht ein paar mehr oder weniger umstrittene Theaterstücke geschrieben hatte. Zu seinem ersten Besuch zog ich mein schönstes langes taubenblaues Taft-Abendkleid an, hochgeschlossen, mit langen Ärmeln, zündete den Kamin an, und wir aßen Butterbrot und tranken Rotwein. Plötzlich fragte mich Brecht, ob ich Kommunistin sei. Als ich entsetzt antwortete: ›Nein, natürlich nicht!‹, brach Brecht in ein großes Gelächter aus, das ich in den kommenden Jahren noch oft hören sollte, immer dann, wenn jemand etwas für ihn unerwartet Absurdes sagte.« *(Brecht-Porträts.)*

B hat, wie er Margarete Steffin (zu deren Geburtstag am 21. 3.) ironisch schreibt, seinem Sohn Stefan abgeraten, »eine besonders schöne (und zeitraubende)« von ihm gezeichnete Karte zu schicken, denn sie könne sie »dann womöglich nicht zurückbringen, weil man Gott weiß was denkt an der Grenze, wenn jemand Karten hat, wahrscheinlich, daß er ein gefährlicher Spion ist«. Auch »ein seidenes Tüchlein« von B sei auf der Post nicht angenommen worden, »so daß jetzt das Geschenklein äußerst mager ist« *(Br, 716)*.

»Ich bin Stückeschreiber. – Eigentlich wäre ich gern Tischler geworden, aber damit verdient man natürlich zu wenig. Die Bearbeitung der Hölzer hätte mir Spaß gemacht. Gibt es doch heute kaum mehr wirklich gut gebeiztes oder gelacktes Holz, diese schönen Täfelungen und Geländer früherer Zeiten, diese hellen Tischplatten aus Ahorn, dick, wie eine Hand breit ist, die wir vergilbt in den Zimmern unserer Großeltern vorfanden, geglättet durch die Hände ganzer Generationen. Und was habe ich für Schränke gesehen! Wie waren da die Kanten eingeschliffen, die Türen eingelegt, die Fächer abgesetzt, und was waren das für herrliche Maße! Solch ein Möbel sehend, kam man auf bessere Gedanken. Was konnten diese Verstorbenen aus dem hölzernen Griff einer Gabel machen! Auch noch in unserer Zeit erblickt man Gutes. In der Bond Street, in London, sah ich in einem Schaufenster eine große Kiste für Zigarren, sechs einfache Ahornbretter mit einem Eisenhaken, aber wie sah das aus! Jede Zigarre kostete eine Guinee. Bei flüchtigem Hinblicken konnte man angesichts dieser schmucklosen Kiste glauben: Dieser Tabak ist so köstlich, daß für die Verpackung auch nicht ein Schilling gespendet werden konnte, eine Guinee ist der niederste Preis, der genommen werden kann, da verhungern schon die Pflanzer. Beim zweiten Blick sah man, daß die Firma es für angemessen gehalten hatte, solche Kenner edlen Tabaks auch mit der Kiste zufriedenzustellen.« *(26, 304.)*

März 1936
Bereitschaft zur Mitarbeit als Redaktionsmitglied der neuen Zeitschrift *Das Wort* (zusammen mit Willi Bredel und Lion Feuchtwanger)

Das Format entspricht etwa dem der *Neuen Deutschen Blätter*. Der Umfang wird circa 100 Seiten betragen.
Es wird eine Zeitschrift auf breiter Basis sein, die möglichst die ganze antifaschistische Literatur vereinigen soll. Das erste Heft wird am 1. Juli erscheinen. Die Redaktion dafür schließen wir am 10. Mai ab. *(Maria Osten, an Ernst Bloch, 2. 4., ZGALI.)*

24. März, Dienstag. Die Len-Film bietet über Margarete Steffin B neben dem *Schwejk*-Film nun auch einen Film über Horst Wessel an. (In diesem Zusammenhang arbeitet B vermutlich die *Horst-Wessel-Legende* um; → 10. 4. 35.)

Nach Brechts Zusage, in der Redaktion der neuen Moskauer Zeitschrift (→ 10. 3.) mitzuarbeiten, die *Das Wort* heißen soll, werde er nunmehr offiziell als einer der drei Redakteure (im Sinne von Herausgeber) genannt.

Steffin fügt dem Brief Mitteilungen von Erwin Piscator bei, die er ihr durchtelefoniert hat. Darin erklärt Piscator nochmals den Stand des Wolga-Projekts. Er rät von dem Len-Film-Projekt ab und bittet B inständig, an der Wolga mitzumachen und in Engels, der damaligen Hauptstadt der Wolgadeutschen ASSR, seinen Dauersitz aufzuschlagen. Piscator will dort mit B zusammen ein deutsches Theater und eine Filmproduktion aufbauen.

27. März, Freitag. Unter Bruch des Versailler Vertrags (→ 28. 6. 19) marschiert die deutsche Wehrmacht am 7. 3. in das entmilitarisierte Rheinland ein. Hitler begründet den Einmarsch mit dem Recht auf Sicherung der Grenzen Deutschlands und verkündet sieben Vorschläge zur Sicherung des Friedens in Europa. Unter Bezug auf diese Hitler-Rede sowie auf eine Rede vom 27. 3. in der Lokomotiv-Halle des Krupp-Konzerns in Essen schreibt B (später) *Über die Frage, ob es Hitler ehrlich meint (22,184f.)*. Hitler könne ehrlich und »doch Deutschlands schlimmster Feind« sein. »Aber er ist nicht ehrlich.« In einem zweiten (satirischen) Text, dem er den Untertitel *Auslassungen des Chauffeurs Schicklgruber* gibt *(22,185-188)*, geht B auf Hitlers Essener Bemerkung ein, er sei der einzige Staatsmann der Welt, der »kein Rittergut und kein Bankkonto besitzt«. Wenn man aber bedenkt, meint B, daß Hitlers Buch *Mein Kampf* (nach einer Verfügung vom April) allen Neuverheirateten von den Gemeinden zu übergeben ist, müsse sein Bargeldbestand durch die Tantiemen ständig im Steigen begriffen sein, und es sei »eine große Unvorsichtigkeit von ihm«, sein Geld zu Hause, womöglich in einem »Sparstrumpf«, aufzubewahren. Das Thema benutzt B (1939/40) auch in den *Flüchtlingsgesprächen (18,232)* sowie in *Mies und Meck (18,335-337)*.

27. März 1936
Unter Bruch des Versailler Vertrags Einmarsch deutscher Truppen in das Rheinland

2. April, Donnerstag. Maria Osten wendet sich als Redaktions-Mitarbeiterin von *Das Wort* an verschiedene Schriftsteller und stellt das neue Projekt vor (→ 24. 3.).

April. Gerda Singer erinnert sich an die Londoner Tage: »Abends trafen wir uns oft bei Eislers. Die Gespräche waren für mich ungeheuer interessant und anregend, auch wenn ich nur die Hälfte begriff. / Manchmal ging ich mit Brecht in ein kleines Beißel um die Ecke zum Abendessen, manchmal auch ins Kino. Ich erinnere mich, wie wir *Modern Times* von Chaplin sahen.« An einem Abend habe es bei Eislers »ein kleines Fest« gegeben. Ernst Busch, der ebenfalls nach London gekommen sei, »sang die *Erinnerung an die Marie A.*«, und Eisler, der dazu eine Musik geschrieben hatte, begleitete ihn am Klavier. »Wir waren alle beflügelt, wie trunken.« *(Brecht-Porträts.)*

Nach dem Londoner Bericht Gerda Singers habe B für einige Tage auch Besuche von Helene Weigel und später von Ruth

Brecht in London bei einer Rezitation

Berlau bekommen. Für ein von Ruth Berlau geplantes Stück (*Freuden und Leiden der kleineren Seeräuber*; nicht ausgeführt) schreibt B das Gedicht *Lied der liebenden Witwe (14,328)*.
B ist von Karl Korsch auf Walter Benjamins Aufsatz *Probleme der Sprachsoziologie* (erschienen in der *Zeitschrift für Sozialforschung*, Paris, Heft 4) aufmerksam gemacht worden und ist davon – wie auch Korsch – sehr angetan: »Er ist in großartigem Stil geschrieben, gewährt einen weiten Überblick über die Materie und zeigt die Zurückhaltung, die der zeitgenössischen Forschung gegenüber am Platze ist. So könnte man durchaus eine neue Enzyklopädie schreiben.« In London sei ihm erlaubt worden, am »internationalen Rauschgifthandel« teilzunehmen. »Ich glätte Filmdialoge und hoffe, dadurch den Svendborger Schornstein wieder etwas rauchen zu machen. Mein unmittelbares Ziel ist der Erwerb einer kleinen Handdruckmaschine, auf der man kleinere Arbeiten selbst drucken kann: Sie sind sowohl als Autor als auch als Setzer für den Sommer eingeladen.« B fragt Benjamin, ob er Brentanos Buch *(Theodor Chindler)* gelesen habe. Es sei besser geschrieben »als die Romane der Glaeser, Reger, Roth, Kesten und Konsorten, aber es ist auch nicht viel mehr als der alte Klagegesang, daß mit der Demokratie in Form von Parteiherrschaft die bürgerliche Revolution nicht durchgeführt werden kann« *(Br, 719)*.
B hat (in dieser Zeit) aus London eine Einladung an seine erste Frau Marianne Zoff und an seine Tochter Hanne (die in Wien sind) geschickt. Marianne Zoff schreibt ihm, sie habe Angst, Hanne zu verlieren, wenn sie beide wieder nach Deutschland zurückkehren. Dabei würden sowohl sie als auch Hanne sich sehr nach B sehnen. »Hanne ist ein merkwürdiges Mädchen – sie hängt absolut an Dir – und ist so wunderbar gescheit.« Marianne sieht eine Möglichkeit, wenn ihr Mann (Theo Lingen) in London einen Film machen könnte. »Für die Kinder wäre es das Beste. Mit der Kleinen [ihrer und Lingens Tochter Ursula] kann ich nicht über alles reden, sie kann noch nicht schweigen, und das ist ein Unglück.« Mit ihrem Bruder Otto Zoff habe sie erwogen, nach London überzusiedeln. »Wenn ich bloß wüßte, was man tun soll.« *(Undatierter Brief aus dem Graben-Hotel, Wien; Briefe an Zoff, S. 163 f.)*

2. Mai, Sonnabend. B teilt dem Ko-Produzenten des *Bajazzo*-Films Lawrence mit, nach einem Gespräch mit Kortner sei der Produzent Max Schach damit einverstanden, seinen Vertrag um zwei Wochen zu verlängern *(Br, 720)*.

Die Erfahrungen, die ich im Augenblick mache, sind nicht ohne Wert. Ich dachte, das Filmschreiben lernen zu können, sehe aber, daß ich dazu nicht mehr als einen Vormittag brauche; die Technik ist auf einer ganz primitiven Stufe. Dagegen lerne ich etwas anderes. Obgleich Kortner mich ganz auf gleich und gleich behandelt, bringt es doch die Art

16. Mai, Sonnabend. Da B eine geplante Reise nach Moskau aufgegeben hat, entschließt sich Margarete Steffin, mit Ablauf ihres Visums zu ihm zu fahren. Sie schreibt an Walter

Benjamin, sie sitze im Zug nach Leningrad, »und dann geht es auf Arbeit nach London« *(WBA 23/54)*.

21. Mai, Donnerstag. Margarete Steffin trifft in London ein und kommt in der Abbey Road unter, in unmittelbarer Nähe der Wohnung Bs. Gerda Singer beschreibt sie als »klug, zuverlässig, in der Arbeit sachlich«. »Vorschläge von ihr waren kritisch und anregend. Sie arbeitete an Stücken Brechts mit und übersetzte für ihn aus dem Russischen und aus skandinavischen Sprachen.« *(Brecht-Porträts.)*

24. Mai, Sonntag. Margarete Steffin berichtet Walter Benjamin von einigen »sehr schönen Sachen«, die B geschrieben habe, »die Sie sich von dem ›Meister‹, um mit Eisler zu sprechen, unbedingt vorlesen lassen müssen« *(2173/28)*.

26. Mai, Dienstag. B bittet den Übersetzer Charles Wolff, ein handgebundenes Exemplar der *Versuche*, das ihm ausgeliehen wurde, »für eine bestimmte Arbeit« an Walter Benjamin zu geben *(Br, 722)*.

29. Mai, Freitag. B fordert von der MORP (Internationale Vereinigung Revolutionärer Schriftsteller) in Moskau einen Vertrag sowie Korrekturfahnen der Dramenbände an (→ 20. 7.) *(Br, 723)*.

30. Mai, Sonnabend. B bedauert, daß Arnold Zweig in Haifa seinen (auch in Bs Nachlaß nicht überlieferten) Brief nicht erhalten hat, in dem er über dessen Roman *Erziehung vor Verdun* geschrieben hat. »Ich habe versucht, darin auseinanderzusetzen, wodurch es anderen Kriegsromanen so sehr überlegen ist. Nämlich einfach dadurch, daß es den Krieg als einen gigantischen Klassenkampf beschreibt. Der Grund, warum dieser Krieg für Deutschland in dieser Weise begonnen und in dieser Weise verloren wurde, ist eben die niemals vollzogene bürgerliche Revolution. Das steht sehr deutlich hinter allen Geschehnissen des Buches. Ich freue mich sehr, daß dieses Buch von Ihnen ist.« B rät Zweig, den »ausstehenden Weltkrieg« auf keinen Fall in Palästina, »diesem Pulverfaß«, zuzubringen. »Man wird da unter den Pulverfässern sehr sorgfältig wählen müssen.« Er lädt ihn nach Svendborg ein *(Br, 724)*. Margarete Steffin berichtet am selben Tage Arnold Zweig von ihrer ersten Woche in London, wo es »grau und unfreundlich« ist. »Um Scotland Yard sind wir mal herumgeschlichen und am Hyde Park vorbeigefahren. Brecht und Eisler, denen mit jeder Woche London Amerika besser gefällt, erzählen viel von diesem wunderbaren Lande, ich revanchiere mich dann und erzähle von dem Wunderlande USSR.« *(2200/44.)*

Ende Mai. B bittet Erwin Piscator, sich um eine Aufenthaltserlaubnis von Mordecai Gorelik in der UdSSR zu bemühen, der »der technisch am meisten fortgeschrittene als auch der politisch uns am nächsten stehende Bühnenmaler«

meiner Arbeit mit sich, daß ich als Angestellter zu fühlen beginne. Ich habe mir den Stoff, den ich bearbeite, nicht selber gewählt, habe auch gar keine Beziehung dazu und weiß nicht, was aus meiner Arbeit wird, wenn sie auf den Markt kommt. Ich habe nur meine Arbeitskraft zu verkaufen, was damit gemacht wird, geht mich nichts an. Mein Interesse ist dem der Arbeitsgeber durchaus entgegengesetzt. Da ich auf Wochenlohn gesetzt bin, ist es für mich nicht gut, wenn die Arbeit rasch fortschreitet, ganz im Gegenteil. Ich merke sogar schon, daß ich gegen Abend häufig die Uhr ziehe: ich will weg, das eigentliche Leben soll jetzt beginnen. Es ist von der Arbeit ganz getrennt, übrigens reizlos. Jedoch verliere ich in »meiner« Zeit keinen einzigen Gedanken an die Tagesarbeit. Wenn ich zusammen mit einem kleinen Engländer, der als Übersetzer mitarbeitet, weggehe, vermeiden wir auch streng, noch etwas zu berühren, was an unsere Arbeit erinnern könnte. Ich fühle mit ihm, wenn er am Sonntag nicht arbeiten will, streng solidarisch. Kortner scheint dieses aufkeimende Klassenbewußtsein gemerkt zu haben, denn er äußert jetzt häufig am Telefon, wenn er Verabredungen absagt, er sei Angestellter und müsse eine Arbeit abliefern – genau wie jeder Boß es tut. So oft wie möglich macht er sich auch über seine Auftraggeber lustig, weist auf ihre Minderwertigkeit und Faulheit hin, aber dann schweigen wir beiden.
Beim Mittagessen – ich esse dort, und Hanna Kortner ist sehr nett – hört alles wie mit einem Schlage auf, da bin ich wieder der große Dichter. Danach habe ich das Vorrecht, mich niederlegen zu können, aber dann, nach dem Kaffee, ändert sich die Situation wieder. Das Papier, auf das ich dies schreibe, ist übrigens von meinem Arbeitsplatz: ich habe es mitgenommen. *(26,303.)*

sei. »Er bekommt nirgends Antworten, da keine Institution sich für ihn interessiert. Es ist wirklich ein Saustall.« *(Br, 721.)* Durch Piscators Fürsprache kann Gorelik (am 25. 8.) reisen, um in Leningrad und Moskau Studien für sein Buch (→ 19. 3. 37) zu machen.

Mai. Hanns Eisler berichtet von einer Begegnung Bs (in dieser Zeit) mit Stefan Zweig und einem Zeitungsredakteur in Eislers Wohnung. B habe Eisler aufgefordert, dem (sehr wohlhabenden) Zweig u.a. das *Lied von der belebenden Wirkung des Geldes (14,209-211)* vorzuspielen. Stefan Zweig habe »mit steinernem Gesicht« zugehört, aber nichts dazu gesagt. »Ein sehr höflicher Salonherr.« *(Eisler/Bunge, 102.)*

12. Juni, Freitag. Karl Kraus (→ Mitte November 34) stirbt in Wien.

Mitte Juni 1936
Erkundigung nach Arbeitsmöglichkeiten in der Sowjetunion

Mitte Juni. B schreibt an Erwin Piscator, er könne derzeit nicht aus London weg, weil er »einen kleinen Vertrag mit einer Filmgesellschaft« hat, »einen der wenigen kleinen Jobs, die es noch gibt«. Er werde »ganz gut« bezahlt. »So stelle ich also einige Pfund Abendunterhaltung her, damit der Schornstein wieder raucht. Dabei könnte ich ganz gut ein wenig die Chancen einer englisch-sowjetischen Filmzusammenarbeit untersuchen.« Er denkt an eine Verfilmung von Tolstois *Krieg und Frieden.* »Das könnte man doch *nur* in der USSR drehen und nur wir könnten so was machen.« B schreibt seine Meinung zu dem von Piscator vorgelegten Plan eines Zentrums für deutschsprachiges Emigrationstheater in Engels (das dann wegen der innenpolitischen Entwicklung nicht zustande kommt). In diesem Zusammenhang macht B auf Slatan Dudow (als Dramaturgen) aufmerksam. »Sein Ehrgeiz geht allerdings in der Richtung auf Regie. Aber ich glaube, seine Sache in Paris steht nicht so sehr gut.« Außerdem fragt er, ob Helene Weigel »sich die Verhältnisse ansehen kann? Für einige Monate könnte ich immer allein hinüberkommen, aber für länger müßte man wissen, wie es mit den Kindern geht usw.« *(Br, 725.)* Piscator lädt Helene Weigel für das Engels-Projekt ein und fragt sie: »1. Kannst Du überhaupt? 2. Wann? 3. Kommst Du allein oder mit der Familie? 4. Wer ist die Familie, Du und die Kinder? 5. – ? 6. Gehört Brecht auch dazu? 7. Kommt er also auch? 8. Kommt er allein? Vorher oder nachher? 10. Hat er ein neues Stück?« *(477/111.)* An B schreibt er (am 3. 7.) weitere Einzelheiten über das Engels-Projekt, das am 1. 10. begonnen werden soll.

18. Juni, Donnerstag. Maxim Gorki stirbt. B schreibt aus diesem Anlaß das Gedicht *Grabschrift für Gorki,* in dem er ihn »Gesandter der Elendsquartiere« nennt und »Lehrer des Volkes / Der vom Volk gelernt hat« *(12,60).*

21. Juni, Sonntag. B entschuldigt sich bei der International Association of Writers for the Defence of Culture, daß er am Vortag nicht zu deren Kongreß kommen konnte, da er »durch kontraktliche Arbeit außerhalb Londons verhindert war«. Von dem Kongreß in London habe er durch Zufall erst am Abend vor seiner Eröffnung erfahren. Da für den 21. 6. nachmittags über die Herausgabe einer Enzyklopädie gesprochen werden soll, kündigt B sein außerordentliches Interesse an. »In dieser Angelegenheit habe ich schon vor mehr als einem Jahr an den Genossen Becher detaillierte Vorschläge geschrieben. Leider habe ich mein Material nicht hier.« (→ Ende Dezember 34.) Er bittet, dem Plenum von der Existenz des Materials und von seiner Bereitschaft zur Mitarbeit Kenntnis zu geben *(Br, 726)*.
In seinem Gedichtfragment *Inselbriefe 1* nimmt er Bezug auf den Kongreß (an dem er nicht teilgenommen hat) und beschreibt, wie »der redegewandte Malraux, der preisgekrönte«, den Vorschlag für »ein umfassendes Werk« macht, das aber längst in der *Enzyklopädia Britannica* vorliege *(14,328f.)*. Maria Osten, die ebenfalls nach London gekommen ist, schreibt nach dem Kongreß (am 24. 6.) an ihre Kollegin L. Scheinina (von der Redaktion der Zeitschrift *Das Wort*), man könne in London kaum atmen. »Brecht, der mich dauernd nach Dänemark entführen möchte, sagt, unten bei Feuchtwanger würde ich vor Hitze acht Tage nicht schlafen können.« *(notate, 90,2,17.)*
25. Juni, Donnerstag. Wieland Herzfelde bestätigt B aus Prag, »daß die beiden Manuskriptteile an die VEGAAR« eingetroffen seien. Von George Grosz habe er aber immer noch keine Zeichnungen erhalten und ihm nunmehr einen letzten Termin gesetzt *(477/18)*.
In Moskau wird (nach der Festnahme ihres Mannes am 12. 5.) Carola Neher verhaftet. Als B im Frühjahr 1937 davon erfährt, bittet er Lion Feuchtwanger um Auskunft und Hilfe (→ Mitte Mai 37, Ende November 37).
Ende Juni. B schickt an Helene Weigel einen Brief von Mordecai Gorelik, in dem dieser eine Reise mit seiner Familie nach Svendborg ankündigt. »Es sind nette Leute. Und die Frau könnte Dir noch etwas Englisch beibringen. Das Kind ist erst ein paar Monate alt. *Ganz* nahes Wohnen ist also nicht gerade das beste.« *(Br, 727.)* Mordecai Gorelik ist wegen der Erkrankung seiner Frau noch in Stockholm aufgehalten und möchte nun, wie er Helene Weigel schreibt, den angekündigten Besuch in Svendborg im späten Sommer nachholen.
Anfang Juli. Die Art von Bs (nicht überlieferter) Umarbeitung des *Bajazzo*-Drehbuchs (→ 5. 3.) entspricht nicht den Vorstellungen der Produzenten. Hanns Eisler erinnert sich:

»Was soll das? Es tauchten interessante Dialoge auf. Na, ganz unerträglich. Also, kurz und gut, es kam so weit, daß die Leute sagten: ›Das geht jetzt zu weit, Herr Brecht. Nach dem letzten Entwurf... Hier ist das Restgeld, auf Wiedersehen Herr, kommen Sie gar nimmermehr her.‹ / Und das hat den Brecht ungeheuer gekränkt. Was, nicht einmal in der Kloake will man ihn benutzen!« Der Film (bei dem dann Roger Burford und John Drinkwater als Autoren zeichneten, Regie: Karl Grune) sei, wie Eisler meint, »katastrophal« geworden und habe zum Bankrott der Filmfirma beigetragen *(Eisler/Bunge, 104).*

B hat von Margarete Steffin weitere Einzelheiten über das Theaterprojekt in Engels (→ Mitte Juni) erfahren und schreibt an Piscator: »Den Gedanken, ein großes Experimentaltheater zu machen, in dem wir unsere theatralischen Untersuchungen wieder aufnehmen und weiterführen können, finde ich großartig.« Er habe in New York das große Interesse an der neuen Spieltechnik gespürt. »Diese Leute merken immer deutlicher, daß sie mit den alten Mitteln und dem kümmerlichen ideologischen Rüstzeug, das sie haben, die neuen Aufgaben nicht mehr lösen können.« Auch stünden ihnen dafür die besten Schauspieler zur Verfügung. »Warum willst Du nicht einmal auf der grünen Insel Fünen die Sache bei einer Zigarre mit mir durchsprechen? Du könntest schwimmen und auf meinem alten Ford herumfahren. Es gibt auch Zeitungen und Bücher, und Du bekommst ein hübsches Zimmer.« Er schlägt Piscator vor, in einer Broschüre mit Texten und Fotos »das ganze riesige Material« verwendbar zu machen. Er habe Stanislawskis Buch *My Life in Art* »mit Neid und Unruhe gelesen« *(Br, 729).*

Juni/Juli 1936
Lektüre von Stanislawskis
My Life in Art

Der Mann hat sein System in Ordnung gebracht und die Folge ist, daß sie in Paris und New York Stanislawski-Schüler werden. Muß das sein? Wir sind wirklich weltfremde Träumer. *(Br, 729.)*

4. Juli, Sonnabend. B entschuldigt sich bei Helene Weigel für die mehrfach verschobene Abreise aus London und hofft nun, »Mittwoch« (den 8.7.) bestimmt fahren zu können (→ 28.7.). »Ich habe London schon bis obenhin und freue mich sehr auf Skovsbostrand.« *(Br, 728.)*

9. Juli, Donnerstag. In Deutschland meldet die Reichsautobahngesellschaft die Freigabe von 340 km Autobahn; 1882 km seien im Bau. B schreibt darauf das Gedicht *Wir brauchen keine Autostraßen (14,319)* und *Auf einen Meilenstein der Autostraßen* (*14,323*; »Wir, die diese Straße gebaut haben / Werden auf ihr fahren nur / In Tanks und Lastwagen.«).

14. Juli, Dienstag. B kündigt Helene Weigel seine wiederum verschobene Rückreise für Ende der Woche an (→ 28.7.). »Bitte, sei nicht böse, aber es wäre sehr dumm, wegzufahren, ohne die Geldsache geordnet zu haben.« Er bedauert, daß (der in Skovsbostrand zu Gast weilende) Karl Korsch so schnell wieder wegmuß. Für Margarete Steffin brauche sie noch nicht in Svendborg zu mieten. »Sie fährt erst nach Kopenhagen.« *(Br, 730.)*

18. Juli, Sonnabend. Nach einem Militärputsch faschistischer Kreise in Spanisch-Nordafrika unter General Franco beginnt in Spanien ein Bürgerkrieg. Abgesandte des Generals vereinbaren (am 22. 7.) mit Hitler militärische Hilfeleistungen. Die republikanischen Kräfte werden von internationalen Brigaden unterstützt. Für sie schreibt B das Gedicht *Mit Schiff, im Plan (14,329f.).*

18. Juli 1936
Beginn des Bürgerkriegs in Spanien

20. Juli, Montag. B teilt Otto Bork von der Moskauer VEGAAR mit, daß er die geplante deutschsprachige Ausgabe seiner Gedichte selber zusammenstellen will. »Natürlich habe ich nicht das Geringste gegen Becher einzuwenden, aber die Herausgabe erfolgt in deutscher Sprache und im Deutschen ist mein Name genügend bekannt.« Von einem Vorwort für die Neuauflage des *Dreigroschenromans* bittet B abzusehen und nochmals mit ihm darüber zu sprechen. Er ist besorgt darüber, daß er noch keine Korrekturen seiner Dramenbände erhalten hat (→ 29. 5.). »Du weißt, wie genau ich es mit meinen Texten nehme. Ich könnte es nie zulassen, daß ein Buch herauskommt, dessen Korrektur ich nicht gelesen habe, und wir haben ja auch bindend vereinbart, daß ich die Korrekturen rechtzeitig bekommen muß. Du wirst verstehen, daß es keine Schikane von mir bedeutet, wenn ich auf der Zusendung der Korrekturfahnen bestehe: tatsächlich müßte ich das Herauskommen eines Buches, zu dem ich nicht die Korrekturen gelesen habe, unter allen Umständen *verhindern.*« *(Br, 731.)*

Den französischen Verlag Editiones socialistes internationales bittet B um eine gemeinsame Festlegung des Übersetzers für den *Dreigroschenroman.* »Am liebsten wäre mir, wenn Ihr die Angelegenheit mit meinem Freund Dr. Walter Benjamin [...] besprechen würdet.« *(1396/77.)*

Margarete Steffin schreibt an Walter Benjamin, daß B fünf Gedichte (für die Sammlung *Deutsche Kriegsfibel 36; 14,322-325*) geschrieben hat, die in einer Vertonung von Hanns Eisler (am 9. 7. als Kantate für Chor a capella) unter dem Titel *Krieg* vorliegen *(2173/29).* (Die Sammlung wird später ergänzt; *Deutsche Kriegsfibel 1937; 12,88-92.*)

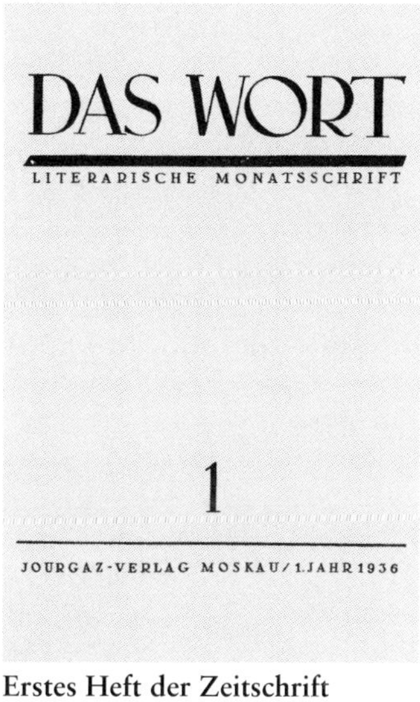

Erstes Heft der Zeitschrift *Das Wort* erscheint

21. Juli, Dienstag. Im Moskauer Jourgaz-Verlag erscheint die erste Ausgabe der »Literarischen Monatsschrift« *Das Wort,* für die als »Redaktion« zeichnen: »Bertolt Brecht, Lion Feuchtwanger, Willi Bredel.«

Die Herausgabe einer neuen Zeitschrift war auf dem Internationalen Schriftstellerkongreß zur Verteidigung der Kultur (→ 21.-25. 6. 35) beschlossen worden (um auch bürgerliche Autoren zunehmend in die antifaschistische Volksfrontbewegung zu integrieren). In einem redaktionellen *Vorwort* wird zum Ausdruck gebracht, daß im Gegensatz zu den beiden Literaturzeitschriften *Die Sammlung* und *Neue Deutsche Blätter*, die »politischen und ökonomischen Schwierigkeiten« erlegen seien, *Das Wort* »unter ungleich günstigeren Voraussetzungen« erscheint, weil es in einem Lande herauskommt, »das die heutigen deutschen Machthaber zwar offen verleumden und mit Krieg bedrohen, das aber darauf nicht etwa mit Chauvinismus reagiert, sondern mit unveränderter Liebe und Achtung für den wahren, den humanen deutschen Geist, der der Welt so viel gegeben hat«. Das »deutsche Wort« sei durch das »Gelalle der Hitler und Goebbels« verdorben worden. »Da das wahre deutsche Wort innerhalb der Grenzen des Dritten Reiches nicht leben darf, hüten und pflegen es die Berufenen außerhalb der Grenzen. Es wird, wenn die Verderber weggefegt sind, dem deutschen Volk rein und klar zurückgegeben werden können, ein wohlbehütetes Erbe.« *(H. 1,3f.)* Von B wird in dem Heft das (im April 34 entstandene) *Lied von der belebenden Wirkung des Geldes (14,209-211)* aus dem Stück *Die Rundköpfe und die Spitzköpfe* zum erstenmal gedruckt.

Arbeitsregelungen der Moskauer Redaktion von *Das Wort*

Die neue Zeitschrift wird durch Johannes R. Becher initiiert (der in Moskau für die deutschsprachige Ausgabe der Zeitschrift *Internationale Literatur*, ab Januar 1937 mit dem Untertitel *Deutsche Blätter*, verantwortlich ist) und durch Michail Kolzow realisiert (den Leiter des Jourgaz-Verlags und Vorsitzenden der Auslandskommission des sowjetischen Schriftstellerverbandes). Die praktische Redaktionsarbeit leistet (der in Moskau lebende) Willi Bredel und nach seinem Weggang nach Spanien der nach Moskau emigrierte deutsche Schauspieler und Publizist Fritz Erpenbeck (→ 30. 5. 32). Wie Hugo Huppert (in seinem *Vorwort* zu *Das Wort, Moskau 1936-1939. Bibliographie einer Zeitschrift*, 1975) berichtet, wurde auch Alfred Kurella, der Sekretär Dimitroffs, »zu jeder Sitzung des kleinen Redaktionsstabs, der *Das Wort* von Monat zu Monat zusammenstellte und ausformte, eingeladen, ebenso zwei, drei andere Agitprop-Genossen von der KPD-Emigrationsvertretung« *(9)*. Im Redaktionssekretariat arbeiten auch Wieland Herzfelde sowie Maria Osten (→ 2. 4.). B und Lion Feuchtwanger fungieren als Repräsentanten und als Korrespondenzpartner. Obwohl ihnen, wie Erpenbeck in seinem *Nachwort* zur Reprintausgabe (1968) vermerkt, die wichtigsten Beiträge zugesandt wurden, ist infolge der langen Postwege ein tatsächlicher Einfluß auf die Zusammenstellung und auf den Inhalt der Texte nicht möglich gewesen: »Tatsache ist denn auch, daß ich mit nahezu allen Heften längst hatte in Druck gehen müssen, bevor ich dazu das Einverständnis Brechts, Bredels und Feuchtwangers erhalten konnte.« *(10.)* Maria Osten ge-

genüber beschwert sich Willi Bredel (am 26.7.) über Bs mangelhafte Mitarbeit. Er habe noch nichts über die ihm zugeschickten Beiträge der ersten Hefte geschrieben. Sie solle ihn dazu bewegen, einige eigene Beiträge zu schicken.
In seinen *Richtlinien für die Literaturbriefe der Zeitschrift »Das Wort« (22,188)*, die Walter Benjamin schreiben soll, versucht B, die Diskussion über die Literatur und das literarische Leben verschiedener Länder zu fördern. Im *Wort* kommt es aber nur zu einem einzigen Druck eines solchen Literaturbriefs (im November-Heft; → 5.9.).
25. Juli, Sonnabend. B vereinbart mit dem amerikanischen Theateragenten Berthold Fles eine Verhandlungsvollmacht für die englische Übersetzung des *Dreigroschenromans* in den USA und eine Übersetzungsautorisierung an Auden für *Die Dreigroschenoper* oder *Die heilige Johanna der Schlachthöfe (Br, 732)*.
27. Juli, Montag. Im Auftrag von Herzfelde bestätigt Grete Weiskopf, daß der Malik-Verlag alle durch Margarete Steffin mitgeteilten Forderungen nach Korrekturexemplaren und Honorarforderungen erfüllen wird. George Grosz wolle sich jetzt, wie er (am 14.7.) geschrieben hat, »energisch hinter die Illustrationen« klemmen.
28./29. Juli, Dienstag/Mittwoch. B und Margarete Steffin fahren aus London ab. Nach viereinhalb Monaten Abwesenheit kehrt er nach Svendborg zurück.

29. Juli 1936
Zurück in Svendborg

29. Juli, Mittwoch. Die *Neue Zürcher Zeitung* schreibt über das Erscheinen der zweiten Literaturzeitschrift in Moskau, beide bemühten sich um Thomas Mann, obwohl B einer der Redakteure von *Das Wort* sei, und zitiert dessen 16. Strophe aus der *Ballade von der Billigung der Welt*: »Der Dichter gibt uns seinen Zauberberg zu lesen. / Was er (für Geld) da spricht, ist gut gesprochen! / Was er (umsonst) verschweigt: die Wahrheit wär's gewesen. / Ich sag: der Mann ist blind und nicht bestochen.« *(Lieder Gedichte Chöre; 11,241.)*
Ende Juli. Helene Weigel und B haben (über Ruth Berlau) für Erwin Piscator eine Drüsenoperation durch Dr. Lund (der noch bis zum 3.8. im Urlaub ist) vermittelt und empfehlen diesen Spezialisten dringend. Beide freuen sich auf Piscators Besuch (der aber dann nicht zustande kommt).
Juli. B schreibt das Gedicht *Und marschiert mit euch (14, 329)*.
1. August, Sonnabend. In Berlin eröffnet Hitler die XI. Olympischen Spiele, für die das Olympiastadion errichtet wurde. B schreibt dazu das Gedicht *Auf ein Stadion* (»Dieses Stadion, erbaut / Aus dem Volk gestohlenen Geldern / Soll dienen / Der Ertüchtigung der Mörder«; *14,322*).
4. August, Dienstag. Walter Benjamin trifft an diesem Tage

(oder am 3. 8.) in Svendborg ein (und bleibt bis Mitte September).

9. August, Sonntag. B informiert seinen Moskauer Herausgeberkollegen Willi Bredel, daß er sich an der Redaktion von Benjamins Aufsatz *Das Kunstwerk im Zeitalter seiner technischen Reproduzierbarkeit* beteiligt habe und Benjamin dadurch etwas Aufschub für seinen ersten *Pariser Brief* brauche *(ZGALI 141/98).*

13. August, Donnerstag. Walter Benjamin fordert von dem Schweizer Theologen Fritz Lieb dessen Aufsatz *Die biblische Botschaft und Karl Marx* an (erschienen in: *Orient und Occident, 1936, H. 2*), da er ihn B zur Lektüre geben will.

19. August, Mittwoch. Per Knutzon informiert Hanns Eisler von einem geplanten Vertrag über eine Aufführung von Bs *Die Rundköpfe und die Spitzköpfe* am Theater Riddersalen in Kopenhagen. Er dürfe aber mit keinem »zu großen finanziellen Erfolg rechnen [...], da unser Theater nur klein ist«. Die Musik könne nur mit vier Musikern gemacht, die aber verschiedene Instrumente spielen, und von Eisler entsprechend angeleitet werden. Ein weiteres Lied, das B noch schreiben will, sei neu zu komponieren. Er bittet Eisler um einen Klavierauszug *(476/19f.).*

21. August, Freitag. Auf ihren Brief hin wird Margarete Steffin vom Malik-Verlag mitgeteilt, daß Wieland Herzfelde sich »sogleich an drei verschiedene Stellen« in Moskau gewandt hat, damit die Korrekturen (→ 27. 7.) an B geschickt werden.

24. August 1936
Erster Schau-Prozeß
(»Prozeß der 16«)
gegen das »antisowjetische vereinigte trotzkistisch-sinowjewsche Zentrum« in Moskau beendet
(16 Todesurteile)

24. August, Montag. In Moskau geht der (seit 19. 8. geführte) erste Schau-Prozeß gegen das »antisowjetische vereinigte trotzkistisch-sinowjewsche Zentrum« mit Todesurteilen und sofortiger Hinrichtung aller 16 Angeklagten zu Ende. Ignazio Silone veröffentlicht (am 30. 8.) in der Basler *Arbeiter-Zeitung* einen Offenen Brief an die Zeitschrift *Das Wort*, in dem es u. a. heißt: »Nur mit Sophismen und verächtlichen Wortspielen können Sie leugnen, daß die Prozesse, die heute in Rußland durchgeführt werden, keinen Kollektivmord darstellen, der an allen jenen verübt wird, die mit der herrschenden politischen Linie nicht einig gehen. Diese Ermordungen gefällt man sich in gerichtliche Formen einzukleiden, die wirklich nichts als eine makabre Karikatur sind.« Eine von Ernst Bloch für das *Wort* geschriebene Antwort an Silone wird nicht gedruckt. In Heft 6 (Dezember) antwortet die Redaktion des *Wort* auf die Frage »eines Lesers aus Kopenhagen, daß [...] kein Brief von Herrn Ignazio Silone eingegangen« sei *(111).*

Offener Brief Silones
an *Das Wort*

26. August, Mittwoch. Slatan Dudow bedankt sich bei B für die Zusendung der (1933 in Dänemark entstandenen)

Geschichte *Die Denkaufgabe (19,361-363)*. Dudow hält die Einbeziehung der Zuschauer in den Denkprozeß für das wichtigste und sieht Schwierigkeiten, das in einem Film umzusetzen. Er ist daran interessiert, mit B zusammen ein Treatment auszuarbeiten, und will sich für die Produktion bei Hans Richter um Mittel kümmern (→ 4. 9.). Gleichermaßen ist er noch an der Verfilmung der Geschichte *Der Feigling* (*Safety First*; → Mitte November 34) interessiert.
Per Knutzon will am 1. 9. eine Leseprobe von *Die Rundköpfe und die Spitzköpfe* machen und bittet B, den versprochenen Brief an Hanns Eisler wegen der Musik zu schreiben. Margarete Steffin wohne bei Lulu Ziegler »draußen auf dem Lande« und sei »dicker und braun« geworden *(476/18)*.

29. August, Sonnabend. Um ihren Aufenthalt in Dänemark zu sichern, wird für Margarete Steffin eine Pro-Forma-Ehe mit einem Dänen vereinbart, den Ruth Berlau ausfindig macht. Steffin heiratet im Rathaus Kopenhagen-Fredriksberg Svend Jensen Juul, einen Journalisten, Mitarbeiter der Komintern, und erwirbt dadurch die dänische Staatsbürgerschaft.

29. August 1936
Margarete Steffin heiratet pro forma einen dänischen Journalisten

30. August, Sonntag. Helene Weigel bittet Fredrik Martner (→ 27. 12. 35) »in den nächsten Tagen zwischen sechs und sieben Uhr abends« vorbeizukommen. »Mein Mann wird sich freuen, sich mit Ihnen zu unterhalten« *(E 10/97)*. Das Ergebnis der Gespräche geht in den Artikel Martners *Das epische Theater* ein (→ 12. 9.).

August. B informiert Wystan Hugh Auden von einem Abkommen Bs mit seinem Agenten, daß ihm dieser einen Vorschuß von 25 Pfund für die Nachdichtung eines seiner Stücke zahlt. »Das ist nicht viel Vorschuß, aber es ist etwas. Eines der Stücke *Die Rundköpfe und die Spitzköpfe* wird voraussichtlich in Kopenhagen im Herbst aufgeführt [→ 4. 11.], Sie könnten, wenn Sie mich besuchten, noch einige Proben sehen.« *(Br, 735.)*
In der Moskauer Zeitschrift *Internationalnaja Literatura*, Heft 8, erscheint Bs Stück *Die Rundköpfe und die Spitzköpfe*, übersetzt von Valentin Stenitsch und Semjon Kirsanow. Gleichzeitig kommt es im Moskauer Staatsverlag für schöngeistige Literatur heraus.
Gerda Singer (→ Mitte März) schickt B aus London *Rudyard Kipling's Verse. Inclusive Edition 1885-1932* mit einer Widmung. *(BBAB.)* B gibt es später seinem Sohn Stefan.
Erstdruck des (1935 entstandenen) Gedichts *Fragen eines lesenden Arbeiters (12,29)* in *Das Wort*, Heft 2. Darin läßt B einen Arbeiter aus Darstellungen der bürgerlichen Geschichtsschreibung zitieren und daran seine Fragen anschließen.

Jede Seite ein Sieg.
Wer kochte den Siegesschmaus?
Alle zehn Jahre ein großer Mann.
Wer bezahlte die Spesen?

So viele Berichte
So viele Fragen.
(12,29.)

In der gleichen Ausgabe der Zeitschrift schreibt Wieland Herzfelde in seinem Bericht *Wie ein Verlag entstand* über

Gründung und Verbot seiner Zeitschrift *Neue Jugend*, in der Else Lasker-Schülers Roman *Der Malik* in Fortsetzungen erschien. Um den Roman vollständig zu veröffentlichen, wird der Malik-Verlag geschaffen (in dem auch wieder die *Neue Jugend* herausgegeben wurde). Nach zwanzigjähriger Existenz des Verlags sieht Herzfelde für den Malik-Verlag den Auftrag: »Geboren aus dem Kampf gegen den Krieg, den jeder echte Künstler einfach aus Liebe zum Leben und zum Menschen führen muß, wäre der Verlag nach dem Kriege ohne Aufgabe geblieben, hätte er nicht rechtzeitig begriffen: es gilt, die Ursachen des Krieges zu erkennen und sie im Frieden, und vor allem im Frieden, zu bekämpfen.« *(102.)*

Anfang September - 9. November 1936
Reise nach Kopenhagen

Teilnahme an Proben von *Die Rundköpfe und die Spitzköpfe* Riddersalen

Anfang September. B quartiert sich mit Margarete Steffin in Kopenhagen bei Per Knutzon und Lulu Ziegler (im Nyelandvej 82) ein und nimmt an den Proben von *Die Rundköpfe und die Spitzköpfe* im Theater Riddersalen teil. Steffin hilft B, den Schauspielern seine Vorschläge zu übersetzen (→ 10. 10.).

Erste schriftliche Verwendung des Begriffs »Verfremdungseffekt«

Es handelt sich hier um Versuche, so zu spielen, daß der Zuschauer gehindert wurde, sich in die Figuren des Stückes lediglich einzufühlen. Annahme oder Ablehnung ihrer Äußerungen oder Handlungen sollten im Bereich des Bewußtseins, anstatt wie bisher in dem des Unterbewußtseins des Zuschauers erfolgen. [...] Alle Vorgänge unter Menschen werden geprüft, alles muß vom gesellschaftlichen Standpunkt aus gesehen werden. Ein neues Theater wird unter anderen Effekten für seine Gesellschaftskritik und seinen historischen Bericht über vollzogene Umstellungen den V-Effekt nötig haben. *(22,200 u. 210.)*

Im Zusammenhang mit der Vorbereitung der Kopenhagener Theaterinszenierung entstehen im Sommer und Herbst mehrere Texte, in denen B seine theoretischen Überlegungen zusammenfaßt und dabei erstmals den Begriff »Verfremdungseffekt« (oder abgekürzt »V-Effekt«) verwendet.
In einer nochmaligen Betrachtung der chinesischen Schauspielkunst, wie er sie im Theater des Mei Lan-fang in Moskau kennengelernt und beschrieben hat (→ 14. 4. 35), schreibt er den Aufsatz *Verfremdungseffekte in der chinesischen Schauspielkunst* (*22,200-210*, der Ende des Jahres in englischer Übersetzung von Walter White in *Life and Letters To-Day*, London, Nr. 6, unter dem Titel *The Fourth Wall of China. An essay on the effect of disillusion in the Chinese Theatre* erscheint). Der Verfremdungseffekt sei zuletzt in Deutschland angewendet worden »bei den Versuchen, zu einem *epischen Theater* zu kommen, für Stücke *nichtaristotelischer* (nicht auf Einfühlung beruhender) *Dramatik*«. In dem Aufsatz legt B dar, wie die chinesische Schauspielkunst, die diesen Effekt kennt, »ihn in sehr raffinierter Weise« anwendet. So wisse der Schauspieler, daß ihm zugesehen wird, und er schaut sich gleichermaßen auch selber zu. Damit sei eine transportable Technik geschaffen worden, die auf das europäische Theater übertragen werden könne. Zugleich schreibt er eine Reihe weiterer Texte, in denen er den neu eingeführten Begriff an verschiedenen Beispielen erläutert *(22,211-223.)*. Schon früher dafür kritisiert, rationales Theater zu machen, schreibt er in einer Notiz: »Man darf den V-Effekt nicht für etwas Kaltes, Bizarres, etwa Wachsfiguren Anhaftendes halten. Eine Figur verfremden, bedeutet nicht, sie aus der Sphäre des Liebenswerten zu rücken.

Der Prozeß wird durch die Verfremdung nicht unsympathisch.« *(22,214.)*

4. September, Freitag. Slatan Dudow rechnet sich für die Verwirklichung eines Filmprojekts von B bei Hans Richter (→ 26. 8.), der jetzt in Zürich sei, keine allzu großen Chancen aus, da er bei seinen Entscheidungen zunehmend Geschäftsleute vorschütze. *Kuhle Wampe oder Wem gehört die Welt* (→ 30. 5. 32) sei in Zürich mit großem Erfolg gelaufen, in Paris werde es »ab und zu in kleinen Kinos, sehr oft in den Arbeiter-Veranstaltungen« gezeigt und von einer privaten Gesellschaft ausgewertet, die dafür keine Rechte besitzt. Dudow bittet B um Zusendung der vertraglichen Grundlagen mit der Filmfirma Prometheus, da seine Unterlagen in Berlin von der Gestapo beschlagnahmt wurden. Die »spanischen Ereignisse« haben »ganz Frankreich aufgewühlt«. Dudow bedauert, daß B so weit entfernt wohnt, er hätte ihm sonst vorgeschlagen, »eine Sache über dieses Thema zu machen« *(478/43 f.)*. B nimmt später die Anregung auf (→ 26. 4. 37).

5. September, Sonnabend. Walter Benjamin hat an Willi Bredel (nach Moskau) seinen *Pariser Brief. André Gide und sein neuer Gegner* (→ Juli) für eine Publikation im *Wort* geschickt und betont in einem weiteren Brief Bs »besonderen Wunsch«, die klassisch-literarische Briefform im Titel beizubehalten. B ergänzt auf Benjamins Brief u. a.: »Der Pariser Aufsatz ist einfach als *Brief* geschrieben, d. h. ziemlich lokker konzipiert. Auch für die Zeitschrift ist es gut, solche *regelmäßigen* Briefe zu haben, denke ich.« *(22,955.)* Der Literaturbrief erscheint in Heft 5 (November).

8. September 1936
Julius Hay denunziert in Moskau den »Brecht-Kreis«

8. September, Dienstag. Im Rahmen der Säuberungsmaßnahmen nach dem Moskauer Schauprozeß (→ 24. 8.) diskutiert die deutsche Kommission des sowjetischen Schriftstellerverbandes in einer geschlossenen Parteiversammlung (einer Fortsetzung der Versammlungen am 4., 5. und 7. 9.) kritisch und selbstkritisch über von der Parteilinie abweichendes Verhalten einzelner Mitglieder und Verbündeter. Der ungarische Schriftsteller Julius Hay denunziert den »Brecht-Kreis« aufgrund einer Begegnung vom Februar/März 1933 in Wien: »Diese Tendenzen, diese Stimmungen, von welchen sowohl Genosse Günther als (auch) Genosse Ottwalt berichtet haben, habe ich in diesem Brecht-Kreis auch feststellen können, also es war miesester Defaitismus und Liquidatorentum [...].« *(Lukács, Säuberung, 431 f.)*

12. September, Sonnabend. Die Gespräche von Fredrik Martner mit B (→ 30. 8.) werden in seinem Artikel *Das epische Theater* (in *Fyns Social-Demokrat*) zusammengefaßt, der die Theatertheorie Bs vor der Uraufführung von *Die Rundköpfe und die Spitzköpfe* (→ 4. 11.) darlegt.

Verstärkte Aufrüstung in Deutschland

14. September, Montag. Nach Verlängerung der Wehrpflicht auf zwei Jahre (am 24. 8.) wird auf dem »Parteitag der Ehre« in Nürnberg in einem Vierjahrplan eine verstärkte Aufrüstung in Deutschland festgelegt.
Mitte September. Walter Benjamin reist aus Svendborg ab und begibt sich über Paris nach San Remo. Von dort berichtet er B über den unveränderten Stand der französischen Übersetzung des *Dreigroschenromans (Benjamin, Versuche, Nr. 11).*
September. Die Zeitschrift *Internationale Literatur* widmet ihr Heft dem verstorbenen Maxim Gorki und veröffentlicht erstmals Bs Gedicht *Grabschrift für Gorki* (→ 18. 6.). *Das Wort* stellt den ersten Akt von Julius Hays Stück *Haben* vor (→ Juni 37). Außerdem druckt die Zeitschrift (→ März 37) den Entwurf der Oper *Der Chronoplan* von Alfred Kerr (→ März 37) ab.
1. Oktober, Donnerstag. Im Auftrag Bs lädt Margarete Steffin Arnold Zweig zur Premiere von *Die Rundköpfe und die Spitzköpfe* nach Kopenhagen ein: »Brecht hat einige sehr schöne neue Sachen gemacht, die Sie kennenlernen müssen. Kommen Sie auf die grüne Insel.« *(220/45.)*
10. Oktober, Sonnabend. Wegen zunehmender Ohrenbeschwerden muß sich Margarete Steffin in stationäre Behandlung begeben in einer Spezialabteilung des Öresund-Hospitals. Ruth Berlaus Ehemann Dr. Lund unterstützt die Maßnahmen seines Kollegen Blegvad. B beabsichtigt wegen des Ausfalls seiner Mitarbeiterin eine Verschiebung der Premiere von *Die Rundköpfe und die Spitzköpfe.* Als (am 14. 10.) festgestellt wird, daß es sich bei ihr um Tuberkulose im rechten Zwischenohr handelt und auch die Lungentuberkulose wieder aktiv aufbricht, also ein längerer Krankenhaus-Aufenthalt zu befürchten ist, setzt B aber die Proben fort und besucht Margarete Steffin allabendlich.
12. Oktober, Montag. B berichtet Erwin Piscator von den Proben an den *Rundköpfen.* Wenn er im November nach Kopenhagen komme, könne er die Aufführung sehen. »Du mußt nur ganz sicher kommen. Und Dir ein wenig Zeit nehmen hier. Recreation. Du bekommst ein nettes Zimmer usw. und wir können einiges besprechen. Ich denke, Du weißt, daß Du auf mich rechnen kannst, und ich rechne mit Dir. Es ist ja weiß Gott kein Überfluß an Leuten.« *(Br, 736.)*
14. Oktober, Mittwoch. Hanns Eisler schreibt B über seine Arbeitsprojekte in Frankreich, Belgien und Großbritannien, die ihn daran hindern, an den Kopenhagener Proben teilzunehmen *(479/2-5).*
19. Oktober, Montag. Slatan Dudow, der aus finanziellen Gründen nicht von Paris nach Kopenhagen zu den Proben kommen kann, wünscht B, daß die Aufführung von *Die*

Rundköpfe und die Spitzköpfe einen Impuls für weitere Aufführungen des Stückes im Ausland geben möge *(478/42)*.

21. Oktober, Mittwoch. Mordecai Gorelik, der mit seiner Familie am 21. 10. in Kopenhagen eintrifft, bittet Margarete Steffin um Beschaffung einer Unterkunft.

24. Oktober, Sonnabend. Lion Feuchtwanger schreibt B über seine bevorstehende Reise in die Sowjetunion (→ 1. 12.) und den Plan für einen Abstecher nach Kopenhagen; er fürchtet aber Zeitschwierigkeiten wegen der immer größeren Verzögerung bei der Beschaffung des Visums. Über die »Arbeit« an der Redaktion der Zeitschrift *Das Wort* schreibt er: »Als Herausgeber sind wir beide wirklich weniger bedeutend.« *(478/80.)*

Brecht und Helene Weigel vor dem Theater Riddersalen, fotografiert von Mordecai Gorelik

26. Oktober, Montag. Erwin Piscator, der inzwischen in London bei Hanns Eisler war, schreibt B aus Paris, daß er leider nicht zu den Proben (→ 12. 10.) kommen kann. Er beschäftigt sich mit verschiedenen Möglichkeiten, »im Westen« in die Film- oder Theaterarbeit einzusteigen *(477/102f.)*.

Ende Oktober. Karl Korsch beendet seinen Aufenthalt in Svendborg (→ Mitte Juli 35), während dem er wesentliche Teile seiner Monographie *Karl Marx* ausgearbeitet hat (die er in Anlehnung an die *Svendborger Gedichte* Bs *Svendborger Marx* nennt). Nach der Erinnerung von Hedda Korsch haben B und Korsch häufig »fast jeden Morgen [...] mehrere Stunden« zusammengearbeitet *(Rasch, 990)*. In einem längeren Schreiben, das B Korsch nach Svendborg schickt, gibt er seine ersten Eindrücke über das erste Kapitel wieder, das er »ausgezeichnet« findet, und listet die Vorzüge von Korschs Darstellung auf. Das Buch beteilige »sich so sichtbar an der Begründung einer ganzen Literatur: es gibt noch andere Bücher, aber es enthält auch, was sie enthalten, mit. Es kann ankristallisiert werden.« *(Br, 740.)* Korschs Werk erscheint 1938 in englischer Sprache (in der Reihe *Modern Sociologists*) in London (die deutschsprachige Version ist nicht überliefert).

Oktober 1936
Georg Lukács beginnt eine Diskussion über Naturalismus und Realismus

Oktober. In der Zeitschrift *Das Wort* beginnt Georg Lukács eine »Diskussion über Naturalismus und Formalismus« *(4,112)*, deren erster Teil in Heft 4 unter dem Titel *Die intellektuelle Physiognomie der künstlerischen Gestalten* veröffentlicht wird. Darin vertritt er u. a. die (von B später scharf kritisierte) These, der Reichtum und die Tiefe einer literarischen Gestalt entstünden »in der Wirklichkeit selbst aus der vielfältigen und *kampfvollen* Wechselwirkung der menschlichen Leidenschaften der Menschen« *(75)*. Der zweite Teil erscheint in Heft 6 (→ Dezember); ein angekündigter dritter Teil *(Probleme der Sowjetliteratur)* wird nicht veröffentlicht.

Kurz vor der Premiere schickt Hanns Eisler die Noten für zwei Lieder, die B während der letzten Probenphase in *Die Rundköpfe und die Spitzköpfe* eingefügt hat: *Nannas Lied (14,334)* und das *Kuppellied (14,333)*. Eisler schreibt dazu: »Die Wirkung daran liegt, daß die Musik furchtbar gemein und ordinär ist. Das muß eine dicke versoffene Vettel singen mit Resten von Tizian-Schönheit. Musikalisch leicht zu singen, aber schwer vorzutragen.« *(479/1.)*

1. November, Sonntag. B macht mit Margarete Steffin, die dafür vom Krankenhaus Urlaub bekommt, einen Ausflug aufs Land, für den sie sich in einem Brief (vom 2. 11.) bedankt.

4. November 1936
Uraufführung
Die Rundköpfe und die Spitzköpfe
Riddersalen
Kopenhagen

Über die Einzelheiten des Stückes nicht viele Worte. Es waren herbe Einfälle in seiner Schilderung der traurigen Folgen der Rassenverfolgung in einer Gesellschaft, die am Rande des Untergangs steht, ein gewisses trockenes Pathos und eine echte, aber magere Satire in der Schilderung des kleinen Mannes. »Wo bleibt das Positive, Herr Brecht?« Hier, wie in seinen anderen Stücken, ist die begabte Hauptperson der Handlung eine Hure! Brecht hat eine verwunderliche Vorliebe dafür, seine Ratschläge für die Gesellschaft Huren in den Mund zu legen. Das läßt sich mit makabrer Wirkung einmal oder zweimal machen, aber nicht dreimal. *(Frederik Schyberg, Berlingske Tidende, 5. 11.)*

Die Aussage ist das Wichtigste des Stücks und lautet etwa so: Diktatoren entstehen auf der Grundlage der Massen, die mit Hilfe eines agitatorischen Gedankens – hier z. B. Rassenhaß – in Erregung und Aufruhr versetzt werden. Alles scheint gut zu laufen – den Massen wird glauben gemacht, daß ihnen die Diktatur bessere Lebensbedingungen schaffen wird, aber bald erkennen sie, daß sie betrogen werden. Die

4. November, Mittwoch. Uraufführung von *Rundhoder og Spidshoder (Die Rundköpfe und die Spitzköpfe)* im Theater Riddersalen in der Übersetzung Otto Gelsteds und Børge Houmanns; Regie: Per Knutzon, Bühnenbild: Svend Johansen (unter Verwendung von Ideen Mordecai Goreliks); mit Asbjørn Andersen (Angelo Iberin), Lulu Ziegler (Nanna), Per Knutzon (Vicekönig), Sigurd Langberg (Callas), Niels Bing (Emmanuele de Guzman), Tove Bang (Frau Cornamontis), Astrid Schmahl (Isabella).

Um die Publikumsreaktionen zu testen, wird – wie bei der *Maßnahme* (→ 13./14. 12. 30) – ein Zettel mit acht Fragen ausgegeben.

Brecht schreibt im Programmheft: »Das Stück *Die Rundköpfe und die Spitzköpfe* ist eine neue dichterische Bearbeitung der altitalienischen Fabel, die Shakespeare in seinem Stück *Maß für Maß* benutzte. *Maß für Maß* gilt für viele als das philosophischste aller Shakespearischen Werke, es ist zweifellos sein fortschrittlichstes. Es verlangt von den Hochgestellten, daß sie nicht nach anderem Maße messen, als sie selbst gemessen sein wollen. Und es zeigt, daß sie nicht von ihren Untertanen eine moralische Haltung verlangen dürfen, die sie selber nicht einnehmen. Das Stück *Die Rundköpfe und die Spitzköpfe* vertritt nach Möglichkeit für unsere Zeit den gleichen fortschrittlichen Standpunkt, den der große Dichter des Humanismus für die seine vertreten hat.« *(24,203.)*

Die Aufführung wird vom Premierenpublikum mit großem Applaus bedacht. Zwei Tage nach der Premiere demonstriert eine kleine Gruppe dänischer Faschisten mit antisemitischen Plakaten vor dem Theater. In der darauf einsetzenden Pressekampagne rechter Zeitungen wird das Stück als kommunistisch verunglimpft; der christliche Glaube werde darin beschmutzt und verhöhnt. In die politische Debatte mischen sich auch der dänische katholische Frauenbund und der Vorsitzende des Kirchlichen Zentrums ein. Einer der wenigen Verteidiger des Stücks ist der Zensor J.C. Normann. Zum Eingreifen aufgefordert, hält der Justizminister aber am Prinzip der Rede- und Pressefreiheit fest und sieht von einem Aufführungsverbot ab. Wegen der Auseinandersetzungen und des ausbleibenden Publikums wird *Die Rundköpfe und die Spitzköpfe* bald abgesetzt (→ 24. 11.).

12. November, Donnerstag. Dänische Premiere von *De syv Dødssynder (Die sieben Todsünden)* im Königlichen Theater Kopenhagen, Choreographie und Regie: Harald Lander, musikalische Leitung: Johan Hye-Knudsen, Bühnenbild: Svend Johansen, mit Illona Wieselmann (Anna I), Margot Lander (Anna II). Das Ballett wird zusammen mit der einaktigen Oper von August Enna *Den lille Pigen med Svovlstikkerne (Das kleine Mädchen mit den Zündhölzern)* aufgeführt.

Mitte November. B hat in einer Kopenhagener Zeitung ein Gedicht über Lulu Ziegler gelesen. Er schlägt Per Knutzon vor, die Popularität seiner Frau »auszunützen, und zwar so schnell und so vollständig wie möglich, also Reklame zu machen mit ›Lulu Ziegler als Kellnerin Nanna in *Die Rundköpfe und die Spitzköpfe*‹, auch auf den Plakaten sie groß herauszuheben usw.«, auch wenn das ihren »Gepflogenheiten und Anschauungen über kollektives Arbeiten« widerspreche *(Br, 737)*.

15. November, Sonntag. B fährt aus Kopenhagen nach Svendborg zurück. Margarete Steffin berichtet Erwin Piscator (der B zur Premiere aus Paris am 13. 11. gratuliert hat) vom Presse-Mißerfolg. Dabei sei es eine sehr gute Vorstellung. »Die Bühnenbilder sind schön. Per Knutzon als Regisseur und die Darsteller der Nanna, des Callas, des Iberin und des Haupthua hatten einen großen Erfolg. Sie waren aber auch wirklich glänzend.« Mit der Musik Eislers habe niemand (auch nicht die Schauspieler) etwas anfangen können. Von B seien politische Angriffe erwartet worden, »aber da kamen nur ein paar Nazis mit Flugzetteln und Plakaten eines Abends ans Theater, wurden dann teilweise verhaftet, und es herrschte Ruhe«. Der Beifall sei jeden Abend stark. »Es wird immer sehr viel gelacht. Trotzdem hat sich herumgesprochen: In Dänemark sind weder Rund- noch Spitz-, sondern nur Flachköpfe, und die flachsten sitzen in der Theaterkritik.« *(Z 2/85 f.)*

Helene Weigel lädt (am 14. 11.) Fredrik Martner an einem Tag der kommenden Woche zu einem Gespräch ein; er könne dann auch B treffen.

21. November, Sonnabend. Per Knutzon gibt B einen Bericht über den finanziellen Mißerfolg von *Die Rundköpfe und die Spitzköpfe* und die dadurch nötige Absetzung der Aufführung vom Spielplan. Er lädt B und Helene Weigel zur Aufführung für den Studentenverein und einer anschließenden Diskussion am 23. 11. nach Kopenhagen ein.

Oberklasse hält durch dick und dünn zusammen und sitzt nach Entschärfung des Kampfes am gedeckten Tisch, während die Masse an den Nägeln kauen muß wie bisher. Nur Kommunismus kann helfen. [...] Der Verfasser empfiehlt sich im Programm als Erfinder des epischen Dramas. Wenn er uns einige dramatische Dramen erfinden würde, wären wir zufriedener. *(Hans Brix, Berlingske Tidende, Abendausgabe, 5. 11.)*

23. November, Montag. Ebbe Neergaard nimmt an der Diskussion der sozialistischen Studenten über die Wirkungsmöglichkeiten des nichtaristotelischen Theaters teil, weil er dort B zu treffen hofft. Da B nicht gekommen ist, schickt er ihm in einem ausführlichen Brief (vom 24. 11.) die Fragen, die er ihm stellen wollte. B möchte das Gespräch mit Neergaard (wie er ihm kurz darauf schreibt) gern nachholen und teilt ihm zunächst einige grundlegende Gedanken zu den aufgeworfenen Fragen mit: So halte er »unsern Gefühlsapparat für weitgehend desorganisiert«; es sei individuell sehr verschieden, wofür ein Mensch in einem Stück Gefühle aufbringt. »Was die Aktivisierung anlangt, die Sie verlangen, so weiß ich ebenfalls nicht, ob ich sie zustande bringen kann, wenn ich Ihre ratio so in Anspruch nehme, wie es mir geraten erscheint, aber wenn ich eine Lähmung gewisser konventioneller aktiven Gefühlskomplexe erreichen könnte, wäre auch schon viel erreicht, nicht?« Man könne »von einer mangelnden Wirkung des Stückes nicht sprechen, wenn das Stück auf seine Zuschauer so wirkt« wie auf Neergaard *(Br, 738)*.

24. November, Dienstag. Nach der letzten Aufführung von *Die Rundköpfe und die Spitzköpfe* schreiben die Schauspieler der Aufführung »bei einem Glase Bier« ein Grußschreiben an B und an Helene Weigel und danken für das Stück, »das wir spielen durften«. Lulu Ziegler fügt hinzu: »Das war ein schöner Kampf jeden Abend, in Deinem Stück zu spielen«, ein anderer Mitarbeiter: »Die Kasse war ja leider nicht so gut, auf Wiedersehen.« *(476/2f.)*

27. November, Freitag. In Deutschland gibt Goebbels als Präsident der Reichskulturkammer einen Erlaß zum Verbot der Kunstkritik bekannt; anstelle der Kritik solle der »Kunstbericht« stehen, anstelle des Kritikers der »Kunstschriftleiter«. B schreibt dazu in dem Text *Selbstkritik*, einmal brauche man keine Kritik mehr, »wenn man keine Kunst mehr hat«, zum anderen sei »Kritik als *Lebenshaltung* dem Nationalsozialismus verhaßt«. Er benutzt seine Betrachtung, um sich auch kritisch mit Artikeln in der Zeitschrift *Das Wort* auseinanderzusetzen. »Ich muß sagen, daß weder ich selbst noch einer meiner Redaktionskollegen mit allen Beiträgen einverstanden waren«; sie seien dennoch gedruckt worden, weil die Literatur der Emigration »beschwerliche, unebene und verwickelte Wege« gehe, »wie jener Teil des deutschen Volkes, mit dem sie verbunden ist«. Die Darstellung des menschlichen Zusammenlebens werde »desto schwieriger, je schwieriger dieses Zusammenleben selber wird« *(22,224f.)*. Mit dem Thema setzt sich auch das (in diesem Jahr geschriebene) Gedicht *Verbot der Theaterkritik* *(12,79f.*; → Dezember 37) auseinander.

November 1936
Distanzierung von
Beiträgen in *Das Wort*

30. November, Montag. B bittet Otto Bork von der VEGAAR um einige Tage Geduld mit dem Stück *Die Rundköpfe und die Spitzköpfe*, weil er »noch einige Retuschen« machen und ein *Nachwort*, »eventuell auch eine Biographie«, schreiben will. Er entschuldigt die säumigen Lieferungen neuer Texte mit der Arbeit an der Inszenierung des Stückes und mit dem Umstand, daß Margarete Steffin lange Zeit im Krankenhaus verbringen mußte; »sie kennt sich, was Korrekturlesen und Manuskripte angeht, viel besser aus als ich«. Wenn die neuen Korrekturen viele Mehrkosten verursachen, bietet B an, ihm »vom Honorar einen Ihnen billig erscheinenden Teil der Mehrkosten für das Umsetzen« abzuziehen. Gleichzeitig bedankt er sich für die Zusendung des *Dreigroschenromans*, der »wunderschön gedruckt« sei, »weit besser als beim holländischen Verlag« *(Br, 739)*.
B hat Margarete Steffin das Nachwort *Anmerkung zu »Die Rundköpfe und die Spitzköpfe« (24,207-219)* zur Lektüre gegeben und erhält von ihr (aus dem Krankenhaus) eine zögerliche Antwort, weil sie sich kritische Bemerkungen »auf solche Distanz hin« kaum aufzuschreiben wagt. Vor allem stört sie, daß B das neu eingeführte Wort »Verfremdungseffekt« (→ Anfang September), das der Leser zum erstenmal erfährt, nicht ausreichend erläutert. Man erfahre zwar, was in der Aufführung verfremdet wurde, aber nicht, wie das geschah *(ZGALI 441/9)*.

November. B teilt der Redaktion der *Times* sein Befremden mit über die zustimmende Haltung der Zeitung (am 30. 10.) bezüglich der »Verurteilung des Schriftstellers Heinz Liepmann in London wegen des Nehmens von Rauschgiften« (→ 5. 2.). »Was ist das für ein Urteil? Was geht es den Staat an, ob jemand Rauschgift nimmt oder nicht? Meiner Meinung nach steckt in einer einzigen Nummer der *Times* mehr Rauschgift, als ein Leser in einem Monat vertragen kann. Werden die Leser der *Times* ins Gefängnis gesteckt?« Liepmann habe durch seine Bücher (z.B. *Die Hilflosen*, 1930) »und durch Vortragsreisen in Amerika zur Verbreitung der Wahrheit über Hitlerdeutschland beigetragen« *(22,477f.)*.

Bemühungen um Heinz Liepmann

Im Heft 5 (November) der Zeitschrift *Das Wort* erscheint der von B lancierte *Pariser Brief* von Walter Benjamin (→ Juli und 5. 9.). In der Rubrik »An den Rand geschrieben« wird kritisch über den »Arier« Herbert Jhering geschrieben, der im faschistischen Berlin (nach dem Verbot des *BBC*) den »verwaisten Thron des Erbfeindes Kerr« im *Berliner Tageblatt* eingenommen habe. »Nun kommt aus Berlin die Nachricht, daß dieser Mann zum Berufstod verurteilt worden ist. Aufgrund der alten Sünden? Aufgrund neuer Konflikte?« *(107f.)*

Dezember 1936-Februar 1937 Studienreise Lion Feuchtwangers in die Sowjetunion

1. Dezember, Dienstag. Wie Lion Feuchtwanger (am 4. 11.) mitgeteilt hat, mußte er wegen einer Erkältung seine Reise in die Sowjetunion (auf den 1. 12.) verschieben. Er trifft mit Ludwig Marcuse (und Maria Osten) in Moskau ein, wo ihm »ein herzlicher Empfang bereitet« wird *(Das Wort, 1937, H. 1, 101).*

Anfang Dezember. Nach der Veröffentlichung von Benjamins Literaturbrief im *Wort* fordert ihn B zu einem weiteren derartigen Brief auf. Außerdem habe er der Zeitschrift Benjamins *Das Kunstwerk im Zeitalter seiner technischen Reproduzierbarkeit* zum Druck empfohlen, aber »noch keine Nachricht, wann es erscheint«. (Der Artikel wird am 28. 3. 37 von Willi Bredel abgewiesen.) B bittet Benjamin um André Gides Buch *Retour de l'U.R.S.S. (Zurück aus Sowjet-Rußland)*, von dem er »in der *Prawda* einen bösen Artikel und etwas recht übel Triumphierendes in der Baseler *National-Zeitung* gelesen habe. »Und wissen Sie etwas von den Motiven? Hat der Prozeß eine Rolle gespielt? Wie haben es unsere Leute aufgenommen?« *(Br, 741.)* Über Bs Beschäftigung mit Gides Thesen → 26. 3. 37. Benjamin verspricht B in einem Brief an Margarete Steffin (vom 12. 12.), das Buch bald zu schicken; die Empörung darüber kenne keine Grenzen.

9. Dezember, Mittwoch. Der Kopenhagener Arbejderforlaget schickt B und Helene Weigel das Weihnachtsheft mit dem Abdruck von Bs *Grabschrift für Gorki* (→ 18. 6.).

14. Dezember, Montag. Wieland Herzfelde beklagt sich bei Margarete Steffin, daß er von B keine Briefe mehr erhält. Er habe ihm aus seiner Verlagsproduktion die Bücher von Agnes Smedley *China kämpft* (*China's Red Army Marches*, 1935), von Klaus Hinrichs (d.i. Karl August Wittfogel) *Staatliches Konzentrationslager VII* sowie von Oskar Maria Graf *Der Abgrund* geschickt und auf keine der Sendungen eine Nachricht erhalten. Der Malik-Verlag wird die Stücke Bs nicht einzeln herausbringen, weil dann »die Sammelbände kaum absetzbar sein dürften« *(477/50).* Die von Steffin zugesandten Korrekturen für die *Gesammelten Werke* hat er nahezu alle noch berücksichtigen können, schreibt er ihr (am 17. 12.), aber es sei ärgerlich, daß nun die Bände nicht mehr vor Weihnachten erscheinen werden. Den für die Reihe vorgesehenen Lyrik-Band würde er gern als Band 4 einreihen und einen 3. Band weiteren Bühnenwerken vorbehalten.

20. Dezember, Sonntag. Auf Bs erneute (nicht überlieferte) Anfrage nach einer französischen Ausgabe des *Dreigroschenromans* berichtet Walter Benjamin von gescheiterten Verhandlungen mit seinem Übersetzer Pierre Klossowski; der französische Verlag (→ 20. 7.) habe für die Arbeit zuwe-

nig Honorar ausgesetzt. Benjamin fragt B, ob man an einen anderen Verlag herantreten sollte. Er legt seinen zweiten *Pariser Brief* für *Das Wort* bei sowie eine in der *Humanité* nachgedruckte Kritik an André Gides Rußland-Buch, die in der *Prawda* erschienen ist. Gides Buch will er schicken, sobald er es selbst hat *(Benjamin, Versuche, Nr. 12)*.
28. Dezember, Montag. Bs Sohn Frank Banholzer bedankt sich aus Friedberg (bei Augsburg, wo er eine Lehre absolviert) für ein »reizendes Weihnachtsgeschenk«, das B ihm mit einem Brief zugesandt hat. »Von Großpapa höre ich, daß von Dir Theaterstücke in der ganzen Welt aufgeführt werden. Hoffentlich hast Du recht viel Erfolg!« *(654/141 f.)*
Dezember. In Heft 6 von *Das Wort* setzt Georg Lukács seine Diskussion über Naturalismus und Formalismus (→ Oktober) mit dem Essay *Niedergang des bürgerlichen Realismus* fort. In der gleichen Nummer wird das Gedicht *Lied des Schiffsjungen* von Margarete Steffin gedruckt. Die Auflage der Zeitschrift (7000 Exemplare) wird am Jahresende auf 10 000 erhöht (Ende 1937 auf 12 000).

Dezember 1936
Erhöhung der Auflage von *Das Wort* auf 10 000 Exemplare

1937

9. Januar, Sonnabend. Wieland Herzfelde schreibt an B aus Prag einen Brief mit dem Absender »Malik-Verlag Publishing Company, London«, weil er jetzt an diesem Ort die Genehmigung für eine Verlagsniederlassung erhalten hat. Bianca Minotti sei von ihm als »Privatsekretärin ernannt, wie es einem Geschäftsmann in England ziemt«. Von da aus werde es leichter sein, auch in Kopenhagen eine Verlagsfiliale zu gründen. Da seine Finanzmittel aufgebraucht seien, bittet er B, mit Ruth Berlaus Hilfe Kontakt zu Finanziers aufzunehmen und schickt ihm das neue Verlagsprogramm mit *(477/38 f.)*.
13. Januar, Mittwoch. Margarete Steffin wird aus dem Krankenhaus mit der Auflage entlassen, sich auf dem Land zu erholen; sie zieht nach Svendborg in die Valdemarsgade 9A (zu Familie Thomsen). Da der Weg nach Skovsbostrand zu weit ist, lernt sie Auto fahren und benutzt Bs alten Ford für ihre Fahrten.
18. Januar, Montag. Helene Weigel ist nach Barcelona eingeladen worden und fragt Erwin Piscator, ob er dort Arbeitsmöglichkeiten sieht. In einem Postskriptum erkundigt sich B nach Piscators Plänen. »Können wir nicht zusammen was machen, wieder einmal?« *(Z 2/87.)* Als Piscator Helene Weigel von dem Projekt abrät, schreibt sie ihm: »Meine idiotische Existenz hängt mir sehr zum Hals raus. Ich war und bin auch noch immer eine brauchbare Person, und der Winterschlaf dauert zu lange.« *(Z 2/88.)*

Klage Helene Weigels über ihre Existenz

23. Januar, Sonnabend. Bernard von Brentano klagt bei B

über russische Falschmeldungen. Ihnen zufolge sei Ernst Ottwalt in Moskau als Nazispion verhaftet worden (→ 8.9.36), weil er an Brentano »prohitlerische Briefe« geschrieben habe, die dieser wiederum an die russische Regierung ausgehändigt habe. Ottwalt habe nie derartige Briefe geschrieben. »Diese infame Lüge reiht sich ebenbürtig den Behauptungen über Trotzki, Radek usw. an, mit denen die russische Regierung neuerdings ihren Kampf gegen die alten Kommunisten ausficht.« Brentano bittet B dafür zu sorgen, daß im *Wort* ein Dementi erscheint (→ 10. 2.) *(481/4)*.

27. Januar, Mittwoch. Hanns Eisler und Lou Jolesch sind nach Svendborg gekommen und wohnen (bis Anfang März) im Turist-Hotel. Mit kleinen Unterbrechungen hält sich Eisler (bis September) ein Dreivierteljahr in Dänemark auf. Er sagt später darüber: »Ich erinnere mich auch an gewisse Winterzeiten an der dänischen Küste auf der Insel Fünen, wo vormittags ich in meinem Haus – ›wie ein Wilder‹, sagt man in Wien – komponierte und der Brecht ›wie ein Wilder‹ Verse schrieb.« *(Eisler/Bunge, 71.)*

29. Januar, Freitag. Wieland Herzfelde hat vorgeschlagen, die zwei Dramenbände in Prag zu drucken und auf das Papier zu verzichten, daß er dafür der VEGAAR geliefert hat. Er fragt (am 27. 2.) bei Margarete Steffin an, ob außer den Korrekturen, die B nach Moskau geschickt hat, weitere Veränderungen beabsichtigt sind, und will den Satz erst in Auftrag geben, wenn die Texte abgesichert sind. Sie kündigt (am 3. 3.) nur Korrekturen im Text von *Die Mutter* an.

30. Januar 1937 Zweiter Schau-Prozeß (»Prozeß der 17«) gegen das »antisowjetische trotzkistische Zentrum« in Moskau beendet (13 Todesurteile und hohe Haftstrafen)

30. Januar, Sonnabend. Der (seit dem 23. 1. geführte) Moskauer Prozeß gegen Pjatakow, Sokolnikow, Radek u. a., die beschuldigt werden, in einem »antisowjetischen trotzkistischen Zentrum« aktiv gewesen zu sein (»Prozeß der 17«), wird mit der Urteilsverkündung abgeschlossen (für 13 Angeklagte Todesurteile, für die übrigen hohe Freiheitsstrafen). *Das Wort* berichtet in seiner März-Ausgabe (Heft 3) davon und veröffentlicht neben Texten von Martin Andersen Nexø und Willi Bredel auch einen von Lion Feuchtwanger (der als Zuschauer dem Prozeß am 23. 1. beigewohnt hat); nach dessen Meinung sei dadurch aufgeklärt worden: »der Weg nach rechts ist der Weg in den Krieg. Daß und wie er dies zeigt, ist der historische Sinn dieses Prozesses. Er hat eine neue Barriere gegen den Krieg errichtet.« *(Das Wort, 1937, H.3,100f.)* B beschäftigt sich schon seit dem »Prozeß der 16« (vom 19.-24. 8. 36) sehr interessiert mit den Stalinschen Säuberungsprozessen; er sammelt einschlägige Zeitungsausschnitte und versucht nach gründlichen Recherchen mehrfach, dazu seine Meinung zu fixieren (→ 22. 6. 38).

Januar. In Heft 1 von *Das Wort* wird das *Vorspiel zu der Parabel »Die Rundköpfe und die Spitzköpfe« (4,149-152)* so-

wie der Essay *Zur Methodik der deutschen antifaschistischen Dramatik* von Bernhard Reich veröffentlicht. Reich beschäftigt sich darin u. a. mit Bs *Die Rundköpfe und die Spitzköpfe*: »Mit penibler Genauigkeit, welche Brecht überhaupt bei der Durchleuchtung von heimtückischen Illusionen aufbringt, zeigt er auf das Warum, auf die Art und Weise, auf die Zweckhaftigkeit, auf die Folgen der vom Faschismus in Betrieb gesetzten Rassenspaltung, dieser satanischen politischen Machination.« *(65.)* In seiner Beurteilung einiger Stücke von Julius Hay sieht Reich »eine auffallend enorme Mannigfaltigkeit des Stoffes«, die »auf eine Unsicherheit in den Fragen der künstlerischen Taktik« hinweise *(71)*. (Die Kritik an Hay führt zu einer Kampfansage des ungarischen Dramatikers an B; → Februar.) Die Zeitschrift berichtet außerdem über den Besuch Lion Feuchtwangers (→ 1. 12. 36) in der UdSSR und listet elf Ausgaben seiner Romane und Erzählungen auf, die 1935/36 in russischer Sprache in hohen Auflagen (bis zu 50 000) erschienen sind bzw. für 1937 vorbereitet werden.
In der Rubrik »An den Rand geschrieben« berichtet Michael Mendelsohn ausführlich über den »ideologischen Theaterkrieg in Kopenhagen« und bezieht sich auf Per Knutzons Inszenierung von Kjeld Abells Stück *Die verschwundene Melodie* im Theater Riddersalen und seine Wirkung auf die »Kleinbürger«, ohne mit einem Wort die Uraufführung von Bs *Die Rundköpfe und die Spitzköpfe* (→ 4. 11. 36) zu erwähnen.

Idee zur Gründung einer Theatergesellschaft

9. Februar, Dienstag. Mordecai Gorelik berichtet B aus New York über den Plan einer *Society for Inductive Theatre*, den er mit B beraten hat. Auf einen Artikel Ernst Tollers in der *Sunday Times*, in dem das epische Theater attackiert wird, hat Gorelik eine Erwiderung geschrieben (*Found in the Drama Mailbag*, erschienen am 7. 2.), die er B mitschickt *(482/52f.)*. In dieser Zeit erhält B auch zwei Hefte der Zeitschrift *Theatre Workshop*, in dessen Redaktionsbeirat Gorelik arbeitet.

10. Februar, Mittwoch. Auf einen Brief Bernard von Brentanos wegen der Verhaftung Ernst Ottwalts (→ 23. 1.) fragt B zurück, wie »russische Stellen« an diese Briefe herangekommen sein sollen. »Mir ist, jedenfalls bisher, von sowjetrussischer Seite nichts bekannt geworden, was darauf schließen läßt, man vermute in Ihrem Besitz konterrevolutionäre Briefe Ottwalts, man hat sich auch, soweit ich weiß, nicht auf Aussagen Ihrerseits bezogen.« Er habe auch von Ottwalts Verhaftung aus bürgerlichen Blättern gelesen, wisse aber »sonst absolut nichts«. B will »abwarten, bis es Authentisches gibt (Ottwalt ist Parteimitglied, was ich nicht bin)«. Der Redaktion vom *Wort* will er mitteilen, daß Brentano »keinen hitlerfreundlichen Brief von Ottwalt erhalten« hat und daß von ihm »kein Material an irgendeine russische oder sich als russisch bezeichnende Stelle abgegangen ist« *(Br, 743)*. – Ottwalt und seine Frau Traute Nicolas sind im November 1936 verhaftet worden. Das Politbüro schließt ihn am 28. 1. 1938 aus der KPD aus. (1939 wird Ottwalt zu fünf Jahren Lagerhaft verurteilt, seine Frau wird nach Deutschland an die Gestapo ausgeliefert. Am 23. 8. 1943 kommt Ottwalt in einem sibirischen Lager ums Leben.)

11. Februar, Donnerstag. B antwortet auf einen (nicht überlieferten) Brief Georg Höllerings, den er wegen der Probenarbeiten zu den *Rundköpfen* liegengelassen hat. Er sei »mit einem Vergleich einverstanden« und dankt »sehr für all Ihre Bemühungen« *(Br, 744)*. (Vermutlich handelt es sich um einen Vergleich über noch ausstehende Honorarzahlungen für den *Bajazzo*-Film; → Anfang Juli 36.)

Margarete Steffin hat Walter Benjamins zweiten Pariser Brief sofort an das *Wort* weitergeleitet, aber trotz Reklamation noch nichts von der Redaktion gehört. »Brecht steht mit den Leuten jetzt auf etwas strengem Ton.«

Fertigstellung der Gedichtsammlung *Deutsche Kriegsfibel*

17. Februar, Mittwoch. Margarete Steffin berichtet Arnold Zweig, daß Hanns Eisler an einer *Deutschen Symphonie* arbeitet, für die B Texte »untergelegt« hat. B habe außerdem »eine Sammlung Kriegsgedichte« geschrieben. Die (erst 1958 abgeschlossene) *Deutsche Symphonie* enthält von B drei Verszeilen aus *O Deutschland, bleiche Mutter* sowie *An die Kämpfer in den Konzentrationslagern*, *Zu Potsdam unter den Eichen*, *Sonnenburg*, *Begräbnis des Hetzers im Zinksarg*, *Das Lied vom Klassenfeind*, eine Bearbeitung des *Liedes von der Tünche*. Bei den Kriegsgedichten handelt es sich um die *Deutsche Kriegsfibel (12,9-15)*, mit denen er die *Svendborger Gedichte* eröffnet.

18. Februar, Donnerstag. B berichtet Arnold Zweig über die Aufführung von *Die Rundköpfe und die Spitzköpfe*, die ein »interessantes Experiment« gewesen sei, »aber natürlich waren Form und Inhalt des Stückes sehr fremdartig, und außer bei den jüngeren Architekten, die hier den fortschrittlichsten Teil der Intellektuellen ausmachen, gab es nicht viel Verständnis. Somit war im Grund die Lage nicht viel anders als seinerzeit in Berlin. Dies sehen wir ja jetzt hinterher auch allzusehr in rosigem Licht.« Er legt ihm ein Sonett bei: vermutlich das 1934 entstandene *Über die Gedichte des Dante auf die Beatrice*; *11,269 (Br, 745)*.

26. Februar, Freitag. In der *Times* wird für die soeben erschienene englische Übersetzung des *Dreigroschenromans* geworben.

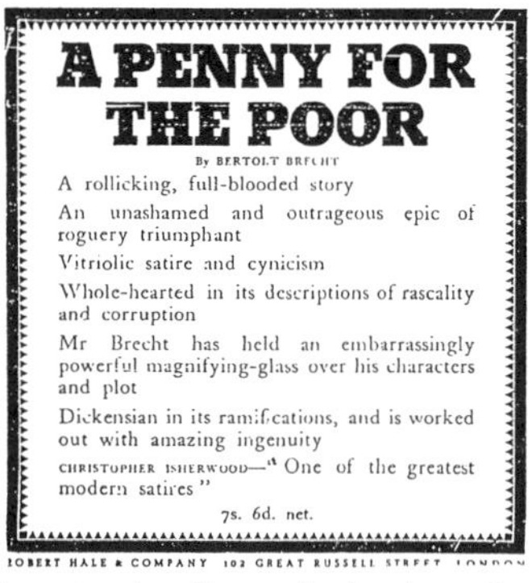

Anzeige für die englische Ausgabe des *Dreigroschenromans* *(A Penny for the Poor)*

28. Februar, Sonntag. Wie Margarete Steffin an Walter Benjamin schreibt, habe B »einen Bruegel-Band zu Weihnachten

Anfang 1937
Anregungen durch Breughel

geschenkt bekommen und ist augenblicklich ganz davon eingenommen«. Die Ausgabe von *Bruegels Gemälde*, die Gustav Glück herausgegeben hat, schleppt er mit sich »um die ganze Welt« (→ 19. 11. 42) und entnimmt den Bildern viele Anregungen für das Arrangieren von Szenen auf dem Theater. Er schreibt dazu die Texte *Verfremdungstechnik in den erzählenden Bildern des älteren Breughel*, *V-Effekte in einigen Bildern des älteren Breughel* sowie weitere Notizen zum Thema *(22,270-273)*. Darin interpretiert er einzelne Gemälde des niederländischen Malers, der für ihn »unter den bedeutenden Malern [...] einer der größten Erzähler« ist. Besonderen Eindruck macht auf ihn das Bild *Die tolle Grete*, eine »Furie«, die »ihren kümmerlichen, stückweisen Hausrat mit dem Schwert« verteidigt; für sie sei die Welt »aus den Fugen«. (B erhält durch das Bild Anregungen für die Gestaltung der Grusche im *Kaukasischen Kreidekreis*; → 15. 6. 44.) Von kaum einem anderen sei die Welt so schön wie von Breughel gemalt worden, »welcher das Treiben der Menschen als so verkehrt darstellte«. Die Schönheit habe bei ihm »etwas Übermächtiges, Unausgenutztes: sie ist noch nicht überwunden, von den Menschen noch kaum infiziert« *(22,271)*.

Februar. B bittet auch George Grosz in New York, etwas »für den alten Borchardt« (→ Mitte Februar 36) zu tun. Wie er gehört hat, sei Otto Rühle (dessen Buch *Marx, Leben und Werk* B 1928 zu den besten Büchern des Jahres gezählt hat; → 8. 12. 28) im Kultusministerium Mexikos beschäftigt. Grosz solle bei ihm anfragen, ob er Borchardt helfen kann (→ Anfang März) *(Br, 748)*.

Erwin Piscator ist, wie er B in einem (nicht überlieferten) Brief geschrieben hat, sehr an einer Zusammenarbeit interessiert und sieht dazu eventuell die Möglichkeit, in Mexiko einen Film zu machen. B findet die Idee »hübsch«. »Wir könnten Professoren werden, das ist gar nicht so schlimm.« Er legt ihm »ein Blatt bei mit einem (in Frankreich spielenden) kleinen Filmstoff, der nicht mein allerbestes Œuvre ist, aber wenigstens eine (1) Chance für ein paar Bilderchen in sich hat (die Rettung von Paris 1914)«. *(Die Judith von Saint Denis; 19,395 f.)*. (Der Film kommt nicht zustande.)

Februar 1937
Versuch einer Attacke von Julius Hay gegen Brecht im *Wort*

Außerdem berichtet B von einem »netten kleinen dreckigen Aufsatz von Hay über antifaschistisches Theater mit klotzigen Attacken auf Reich, mich und, getarnt, Dich«, den ihm die Redaktion von *Das Wort* zugeschickt hat. (Der Text ist Hays »Antwort« auf Bernhard Reichs Essay in der Januar-Ausgabe.) B hofft, er »kann das Geschmier inhibieren« (was ihm auch gelingt) *(Br, 750)*.

Im Februar-Heft von *Das Wort* äußert sich Lion Feuchtwanger in *Der Ästhet in der Sowjetunion* kritisch über das Buch von André Gide, *Retour de l'U.R.S.S.* (*Zurück aus Sowjet-Russland*), das 1936 in französischer Sprache in Paris und 1937 deutsch in Zürich erscheint (1937 ergänzt Gide seine Darstellung durch einen weiteren Band: *Retuschen zu meinem Russlandbuch*). Feuchtwanger hält das Bekenntnis Gides zum Kommunismus, das er nach einer Afrika-Reise gemacht hat, für »eine Sache des Gemüts; es war ein Zufall, daß er sich damals nicht für den Katholizismus entschied«. In die Sowjetunion sei Gide nicht unbefangen gereist, sondern als »übersättigter Ästhet, gierig nach neuen Geschmacksreizen«, und er habe mit seinen Äußerungen einen »Schlag gegen den Sozialismus und gegen den Fortschritt der Welt« geführt *(86, 88)*. Margarete Steffin fragt Walter Benjamin (am 11. 2.), ob er »die großen Worte Feuchtwangers gelesen« hat. »Wird er nie bereuen, daß man ihm quasi diese aus der Nase gezogen hat, dem klugen Feuchtwanger?« Brecht habe »seine Entgegnung« nicht abgeschickt, weil ihm »englische Auszüge aus dem Buch« einen anderen Eindruck vermittelt hätten *(AdK Nachlaß WB, 23/4)*. B macht Notizen zu André Gides Buch nach der Lektüre am → 26. 3.

Anfang März. B bittet anonym gehaltene Adressaten (vermutlich ein jüdisches Komitee in Berlin) um Hilfe für Hermann Borchardt, der ins KZ Dachau eingeliefert worden sei. Er könne freikommen, »wenn man ihm einen Anstellungsvertrag oder auch nur eine Einladung aus dem Ausland verschafft«. Borchardt habe sich in Minsk geweigert, den deutschen gegen einen russischen Paß auszutauschen. Daraufhin sei er ausgewiesen worden und »anscheinend in einem Zustand völliger Verwirrung und nervösen Zusammenbruchs« nach Deutschland gefahren *(Br, 752)*.

B hat die von Gorelik zugesandten Hefte von *Theatre Workshop* (→ 9. 2.) »mit großem Interesse« gelesen. »Mit dieser Zeitschrift scheint die erste Welle russischen Theaters die Staaten zu erreichen. Es ist eine reichlich trübe Welle und das einzige Fortschrittliche daran ist wohl, daß es überhaupt so etwas wie ein System ist, immerhin einige Verhaltensmaßregeln, ein bißchen Technik.« Wegen der Bemühungen Goreliks, für die Theatergesellschaft (→ 19. 3.) Verbindungen zu Theaterleuten zu nutzen, freut sich B. Man müsse (als Gegengewicht zu den propagierten Ansichten, die sich an Stanislawski orientieren) mit kleinen Artikeln und Berichten anfangen. »Gerade in der Pionierzeit, in der wir uns befinden, am allerersten Anfang, brauchen wir die kleinen, unbelasteten, freimütigen Berichte über einige Versuche, einige aufgetauchte Probleme, Teilversuche, Teilprobleme, einen kurzen Vorschlag für einen neuen terminus technicus, eine einfache Beschreibung der Anwendung des laufenden Piscatorbands oder einer bestimmten Lichtwirkung in dem und

Konstantin Stanislawski

dem Fall usw.« B will Gorelik eine Untersuchung von Bernhard Reich über Shakespeare zuschicken sowie Walter Benjamins *Das Kunstwerk im Zeitalter seiner technischen Reproduzierbarkeit.* Mit seiner größeren Arbeit über den Bühnenbau, die er für die Zeitschrift beisteuern möchte, sei er noch nicht fertig. B dankt Gorelik für die Stellungnahme in der *Sunday Times* (→ 9. 2.) *(Br, 754).*

Erste Auseinandersetzung mit dem System Stanislawskis

In den beiden Ausgaben der Vierteljahresschrift *Theatre Workshop* interessieren B besonders die Artikel über das Schauspielsystem Stanislawskis (→ Anfang Juli 1936): in Heft 1 (Oktober – Dezember 1936) *The Work of the Actor* (Die Arbeit des Schauspielers) von Josef Rapoport und in Heft 2 (Januar - März 1937) *The Actor's Creative Work* (Die schöpferische Arbeit des Schauspielers) von Ilja J. Sudakow. In *Das verräterische Vokabular* setzt sich B mit der Wortwahl Stanislawskis und seiner Schüler auseinander, die einen religiös-mystischen Charakter habe. »Der Schauspieler ›verwandelt sich‹, wie bei der Messe das Brot in Seinen Leib. [...] / Die vorgestellte vierte Wand läßt den Schauspieler ›allein‹ sein, mit seinem Gott, der Kunst.« *(22,279.)* In seinem Brief an Gorelik fügt er hinzu: »Von Klassen nichts, von Gesellschaft nichts, von Ökonomie nichts und die Revolution hat überhaupt nicht stattgefunden. Diese ganze Technik war schon vorher da, in den Tagen des Väterchen Zar.« *(Br, 753.)*
Unter direkter Bezugnahme auf die Artikel und in Auseinandersetzung mit ihnen entstehen zahlreiche weitere kritische Notizen und Artikel zum System Stanislawskis *(22,280-286).* Auf einige Probendetails, die Rapoport und Sudakow beschreiben (z. B. eine hingeworfene Mütze, mit der der Schauspieler so spielen muß, daß dem Zuschauer eine Ratte suggeriert wird), kommt B später in weiteren theoretischen Arbeiten immer wieder zurück (z. B. in *Der Messingkauf,* 22,776, und *Kurze Beschreibung einer neuen Technik der Schauspielkunst, die einen Verfremdungseffekt hervorbringt,* 22,649*f.*). Trotz seiner scharfen Kritik beurteilt B das System Stanislawskis als »Fortschritt schon deswegen, weil es ein System ist« *(Fortschrittlichkeit des Stanislawski-Systems;* 22,284*f.).*
3. **März,** Mittwoch. Max Warburg aus London hat von George Grosz gehört, daß B Hermann Borchardt (→ Mitte Februar 36) helfen will, und gibt ihm (am 27. 2.) nach Recherchen beim »Hilfsverein Deutscher Juden« in Berlin Hinweise, mit Hilfe welcher Unterlagen Borchardt aus dem Lager herauskommen kann. B erbittet weitere Auskünfte, insbesondere über die Motive der Rückkehr Borchardts nach Deutschland. Wenn er nicht »als politischer Fall behandelt wird«, dürfe man ihn durch die Art der Hilfeleistung nicht zu einem solchen machen *(Br, 753).* Nach den

Informationen, die Warburg von Borchardts Frau erhalten hat (und am 13. 3. mitteilt), sei dessen deutscher Unterricht bei der sowjetischen Schulbehörde auf Kritik gestoßen, u. a. weil er Grimmsche Märchen behandelt hat. Gründe für die Entlassung nach Deutschland kenne er nicht. Der Hilfsverein könne Borchardt eine Fahrkarte in die USA bezahlen.

11. März, Donnerstag. B hat Exemplare der russischen Ausgabe von *Die Rundköpfe und die Spitzköpfe* (→ August 36) erhalten. Wie er Bernhard Reich mitteilt, hofft er, »daß die russischen Genossen das Stück mit etwas mehr Verstand lesen als unser Hayhaufen«. Julius Hay habe »listige Einwände« gegen sein Stück vorgebracht (→ Februar), mit denen sich B auseinandersetzt. »Der Rassismus wird eben nicht nur vom deutschen Faschismus (der übrigens darin anders ist als der italienische) zum Zweck, das Volk zu betrügen, installiert, sondern auch seit jeher von andern reaktionären Regierungen (seinerzeit in Polen, Armenien, in Amerika usw.).« B hofft, daß Reich sich wegen seines Artikels in *Das Wort* (→ Januar) das Leben »nicht allzu sauer gemacht« hat. »In meinen Augen sind diese Leute, die in solcher Lage nichts als die Form zu diskutieren wünschen und die größten Streitigkeiten deswegen vom Zaun zu brechen bereit sind, eine sehr unangenehme Sorte von Formalisten.« – B berichtet außerdem, daß er gerade mit Hanns Eisler an einer Oper arbeite (*Goliath*; *10,753-789*) *(Br, 755)*. Eisler erinnert sich, daß in dieser Zeit ein Akt der Oper geschrieben, aber dann abgebrochen und auch später (wegen der räumlichen Entfernung beider) nicht fertiggestellt wurde *(Eisler/Bunge, 81)*.

Julius Hay

Auf Hays Beschwerde über Bs Intervention gegen seinen Artikel (→ Februar) legt ihm B seine Prinzipien der Redaktionsarbeit klar: »Wenn Sie einen Invektiven vermeidenden, informativen Aufsatz schreiben, so kann er, er mag so viele Kritizismen wie immer an Arbeiten von mir enthalten, im *Wort* natürlich erscheinen, genau so, wie dramatische Arbeiten von Ihnen dort erschienen, ob ich mit deren Form nun einverstanden war oder nicht.« Ohne sachliche Argumente könne nichts zur Sache gesagt werden. B rät Hay von der Veröffentlichung seines Artikels ab, »er nützt unserer gemeinsamen Sache nicht und Sie machen besser keine Renommeesache daraus« *(Br, 757)*.

Zugleich wird Johannes R. Becher von B um »Vermittlung« in der »ärgerlichen Sache« mit Hay gebeten. Dessen Aufsatz, den B »mit einem freundlichen Brief an Hay« abgelehnt hat, sei an direkten Invektiven reich und inhaltlich arm. »Da der Angriff namentlich gegen mich erfolgte, hätte ich antworten müssen, und ich fürchtete von der Wucht meines Gegenangriffs entschieden mehr als von der des Angriffs.« Leute wie Hay hätten »über ihren formalistischen Interessen alles Praktische des wirklichen Kampfes einfach vergessen«. Nun habe ihm Hay »in einem recht dreisten Brief« versichert, »einen Streit unter allen Umständen in Schwung zu bringen«, seine Meinung werde »von allen Genossen, die er bis jetzt sprach, geteilt«. B habe vor einer Auseinandersetzung keine Angst; es müsse aber »verhindert werden, daß jetzt in der Emigration ein öffentlicher literarischer Formenstreit entsteht«, bei dem größte Schärfe nicht zu vermeiden sein wird. »Kurz, wir können keinen Hayschnupfen brauchen.« *(Br, 756.)*

14. März, Sonntag. B schickt Walter Benjamin einen »Aufruf zur Gründung einer Diderot-Gesellschaft« mit der Bitte, sein Urteil darüber abzugeben und den Text an Jean Renoir und an Léon Moussignac weiterzureichen *(Wizisla, 399)*.

Aufruf zur Gründung einer Diderot-Gesellschaft

In dem Aufruf *Die Diderot-Gesellschaft* (zu dem es zwei Entwürfe gibt; *22,273 f.*) legt B die Notwendigkeit einer internationalen Theatergesellschaft auf der Basis der gegenwärtigen Theaterentwicklung dar. Aufgabe sei es, »Erfahrungen ihrer Mitglieder systematisch zu sammeln, eine Terminologie zu schaffen, die theatralischen Konzeptionen des Zusammenlebens der Menschen wissenschaftlich zu kontrollieren«. Die Gesellschaft soll »Berichte von mit Theater und Film experimentierenden Künstlern über ihre Arbeiten« sammeln und deren Austausch (in Buchform) organisieren *(22,276)*. In der *Diderot-Gesellschaft* sieht B u. a. die Möglichkeit, sich mit dem System Stanislawskis auseinanderzusetzen (→ Anfang März), dessen Publikationen er bereits 1936 gelesen hat (→ Anfang Juli 36). Die von B vorgeschlagenen Texte für eine Zeitschrift der Gesellschaft bieten einen kritischen Gegenentwurf an.

Mitte März. B stellt zahlreiche Notizen (aus den zurückliegenden Monaten) über den Bühnenbau aufgrund seiner Erfahrungen u. a. mit Caspar Neher in Berlin, mit Mordecai Gorelik in New York und mit Svend Johansen in Kopenhagen *(22,227-270)* zusammen; er will sie in einer größeren Arbeit (vgl. den Beginn *Über den Bühnenbau der nichtaristotelischen Dramatik, 22,227-234*) für die geplante Zeitschrift der *Diderot-Gesellschaft* ausarbeiten. (Das Projekt wird schließlich abgebrochen, weil die *Diderot-Gesellschaft* nicht zustande kommt.)

16. März, Dienstag. B schickt Erwin Piscator seinen Aufruf »für eine zu gründende kleine Gesellschaft, die nur aus produzierenden Leuten bestehen soll«. Er will ihn außerdem senden an Wystan Hugh Auden, Christopher Isherwood und Rupert Doone in England, an Frantisek Burian in Prag, an Mordecai Gorelik und Archibald MacLeish in Amerika, an Léon Moussignac und Jean Renoir in Frankreich, an Per

Knutzon, Nordahl Grieg und Per Lindberg in Skandinavien. Auch Eisler werde dabei sein, bei »den Russen« denkt B »an Eisenstein, Ochlopkow und Tretjakow«. Er bittet Piscator um weitere Namen, »aber nur solche erster Güte«. Die Gesellschaft sollte sich von den »vielen nur repräsentierenden Gesellschaften« dadurch unterscheiden, daß sie eine produzierende ist *(Br, 758)*. In der gleichen Angelegenheit wendet er sich (am 17. 3.) direkt an Jean Renoir (→ 14. 3.) und bittet ihn, nicht zu erschrecken: »Sie gehen, wenn Sie uns beitreten, keinerlei Verpflichtungen ein und es wird auch keinerlei Tamtam geschlagen werden. Wir hoffen, mit der Zeit einige kleinere oder größere Arbeiten (eine Arbeit kann aus einer einzigen Schreibmaschinenseite bestehen) zu bekommen.« *(Br, 759.)*

18. März, Donnerstag. B hat die seiner Familie bekannte, in Dänemark tätige Schulleiterin Minna Specht gebeten, Hermann Borchardt bei einer Anstellung als Lehrer zu helfen (→ 3. 3.). In ihrer Antwort (vom 18. 3.) berichtet Specht über ein Hilfeersuchen an »zwei Stellen in England«, die Borchardt einen Anstellungsvertrag beschaffen wollen *(482/12)*. Von Hilda Schuster in London erhält B (am 24. 3.) die Auskunft, es sei aussichtslos, als deutscher Lehrer in England eine Stelle zu bekommen.

19. März, Freitag. Mordecai Gorelik gegenüber begründet B den Namen *Diderot-Gesellschaft*: »Dieser große Enzyklopädist hat über Theater sehr philosophisch und materialistisch-philosophisch geschrieben. Natürlich vom bürgerlichen Standpunkt aus, aber doch von revolutionär-bürgerlichem. [...] Es wäre gut, wenn wir die Sache so frisch wie möglich starten würden.« B bittet Gorelik (→ Ende Mai 36) um die fertigen Teile seines in Arbeit befindlichen Buches *New Theatres for Old (Br, 760)*.

Der Übersetzer Desmond I. Vesey berichtet (am 12. 3.) B von Gerüchten, denen zufolge in der englischen Ausgabe des *Dreigroschenromans* (die in seiner Übersetzung und der Christopher Isherwoods unter dem Titel *A Penny for the Poor* erschienen ist; → 26. 2.) einige Passagen unterdrückt worden sein sollen. B versichert seinem englischen Verleger Robert Hale, daß »nichts verändert und nichts politisch Wichtiges in der englischen Ausgabe ausgelassen worden« ist *(Br, 761)*. Gleichzeitig informiert er seinen Agenten James Pinker über diese Erklärung.

23. März, Dienstag. Margarete Steffin erwägt, einer Einladung Arnold Zweigs nach Haifa zu folgen. Sie berichtet Zweig über Bs Arbeit am *Tuiroman*, für den er einen Umfang von »drei dünnen Bändchen« sieht, obwohl er Material für drei dicke Bände hätte. »Brieflich darüber zu diskutieren, ist bei der Fülle des Materials fast unmöglich.« Im

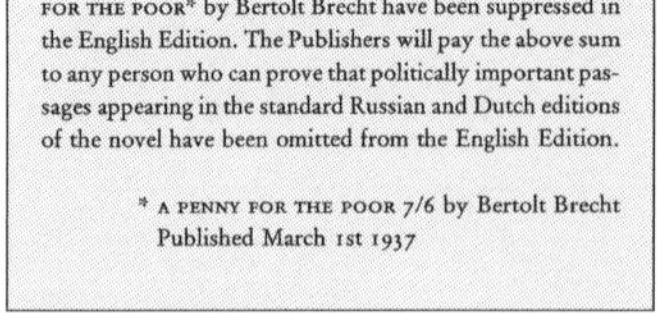
£100 REWARD

The rumour has been spread that certain passages in A PENNY FOR THE POOR* by Bertolt Brecht have been suppressed in the English Edition. The Publishers will pay the above sum to any person who can prove that politically important passages appearing in the standard Russian and Dutch editions of the novel have been omitted from the English Edition.

* A PENNY FOR THE POOR 7/6 by Bertolt Brecht
Published March 1st 1937

Anzeige aus einer englischen Zeitung *(1396/39)*

Augenblick arbeite B an einem Aufsatz über den Verfremdungseffekt. Steffin bittet um ein Foto von Zweig. »Von Brecht Ihnen eins zu schicken, hat keinen Zweck, er sieht genauso aus wie damals.« *(2202/36f.)*

26. März, Freitag. Margarete Steffin macht sich stenografische Notizen zu André Gides *Zurück aus Sowjet-Russland,* das B inzwischen von Walter Benjamin bekommen hat (→ Anfang Dezember 1936). Davor kannte B u. a. den kritischen Artikel *Lachen und Weinen André Gides,* der (am 4. 12. 36 als Übersetzung aus der *Prawda*) in der *Deutschen Zentral-Zeitung,* Moskau, erschienen war. In *Kraft und Schwäche der Utopie, Die ungleichen Einkommen* und *Zweierlei Versprechungen (22,286-295)* zeichnet B seine Gedanken über die Sowjetunion-Kritik Gides auf. Er sei wie jemand losgefahren, »der ein neues Land sucht, müde des alten, zweifellos begierig, seinen eigenen Glücksschrei zu hören, aber was er wirklich suchte, war *sein* neues Land, nicht ein unbekanntes, sondern ein bekanntes, nicht eines, das andere, sondern eines, das er selber gebaut hatte, und zwar in seinem Kopf. Er fand dieses Land nicht. Es liegt anscheinend nicht auf diesem Planeten.« *(22,286.)* B geht insbesondere auf Gides Kritik an der Schein-Demokratie ein, an der Art der Meinungsbildung, an der Kollektivierung, an der Entpersönlichung des Menschen, an der Generallinie der Partei, an den Einkommensunterschieden und an der Unfreiheit.

Gedanken über die Stellung zur Sowjetunion

In diesem Zusammenhang entstehen auch die Texte *Über meine Stellung zur Sowjetunion* und *Sollen die Menschen unter eine neue Diktatur kommen? (22,297-299),* in denen B sich besonders mit Freiheit und Diktatur in der Sowjetunion beschäftigt. Nach seiner Ansicht werden die Menschen »genau so weit frei sein, genau so weit diktieren können, als sie die Bedingungen für die allgemeine Freiheit herstellen helfen«.

29. März, Montag. Walter Benjamin findet Margarete Steffin gegenüber die Gründung einer Diderot-Gesellschaft (→ 14. 3.) »ausgezeichnet«, zweifelt aber an einem Interesse in Frankreich. Für den *Dreigroschenroman* sei ein neuer Übersetzer (→ 20. 12. 36) gefunden worden. Bei der *Ballade von der Judenhure Marie Sanders* (→ August) interpretiert er die Refrainverse »Gott im Himmel, wenn sie etwas vorhätten / Wäre es heute nacht« *(12,16f.)* als »nächtlichen Aufstand« und findet das »bedenklich«. Er habe inzwischen seinen Aufsatz *Eduard Fuchs, der Sammler und Historiker* fertiggestellt (→ Mitte Mai) *(AdK, Nachlaß WB, 36/10).* Über Benjamins Mißverständnis der Ballade sei B »etwas betrübt« gewesen, antwortet Steffin (am 9. 4.); es handele sich nicht um einen Aufstand, sondern um ein Pogrom *(AdK, Nachlaß WB, 36/11).*

Ende März. Erwin Piscator unterrichtet B (am 25. 3.) über seine Film- und Theaterpläne, vor allem über Details für einen *Schwejk*-Film, der aber wegen der Urheberrechte auf Schwierigkeiten stoße. Infolge des Osterfestes (am 28. 3.) antwortet B »nur kurz in aller Eile«, daß er den Plan für »eine großartige Idee« hält. »Selbstverständlich bin ich zu jeder Zeit zur Mitarbeit bereit.« *(Br, 765.)*

März. B bedankt sich bei Bernard von Brentano für die Zusendung des Romans *Theodor Chindler* und bedauert die »unglückliche Besprechung im ersten Heft des *Worts*« (Richard Stoltzenbergs Rezension *Ein neuer deutscher Romancier...; 1936,H.1,84-87*). »Sie gehörte zu den Dingen, die mich sehr ärgerten und unter denen auch etwa der Abdruck einer Oper der Sau Kerr ist.« (Gemeint ist der Opernentwurf Alfred Kerrs *Der Chronoplan*; → September 36.) B könne in die Zeitschrift »bei der Entfernung, eher was hineinbringen als heraushalten«. Brentanos Roman, den er mit »allergrößtem Interesse gelesen« hat, sei »so leicht und elegant geschrieben, wie man bei uns sonst nicht eben oft schreibt, und wenn ich mit etwas unzufrieden bin, dann damit, daß er zu kurz ist«. Für ihn ist er eine »Konkretisierung des Kafkaschen *Prozeß*« *(Br, 763)*.

31. März, Mittwoch. Der amerikanische Literaturagent Barthold Fles hat sich über die (nicht überlieferte) Nachricht Margarete Steffins empört, daß sich Bs englischer Agent Pinker um die Vergabe der amerikanischen Rechte für den *Dreigroschenroman* (→ 25. 7. 36) kümmere. B erklärt seinen Auftrag mit der mangelhaften Aktivität von Fles. Es tue ihm leid, daß sich Fles schon viel Arbeit gemacht hat. »Sie haben nichts davon und ich konnte weder, was ich doch wollte, die amerikanische Ausgabe des Romans mit der Übersetzung einiger meiner Stücke verknüpfen, noch das Buch schon vor dem endgültigen Erscheinen in London verkaufen.« B fragt Fles, ob er daran interessiert sei, einen Verlag zu suchen zur Finanzierung einer Übersetzung der *Dreigroschenoper* für eine Londoner Produktion, die Isherwood und Auden machen wollen *(Br, 764)*.

Erwin Piscator will in der Diderot-Gesellschaft (→ 16. 3.) mitarbeiten und schickt den Entwurf eines Aufsatzes über *Filmlänge* (→ 21. 4.).

3. April 1937
Ausbürgerung von Helene Weigel und den Kindern Stefan und Barbara

3. April, Sonnabend. Der deutsche Innenminister dehnt die Ausbürgerung ehemaliger deutscher »Reichsangehöriger« (→ 8. 6. 35) auch auf deren Familienangehörige aus. Nach Liste 10 fallen darunter auch Helene Weigel und ihre Kinder Stefan und Barbara *(Deutscher Reichsanzeiger und Preußischer Staatsanzeiger, Nr. 76, 5. 4.)*.

15. April, Donnerstag. Hanns Eisler vertont das (bereits 1934 geschriebene) Gedicht *In die Städte kam ich zu der*

Zeit der Unordnung (am 13. 4.) sowie das in dieser Zeit entstandene *An die Überlebenden* (am 15. 4.). Er regt B an, noch eine Elegie als Einleitung zu den beiden Gedichten zu schreiben. Auf diesen Rat schreibt B *Wirklich, ich lebe in finsteren Zeiten*. Unter dem Titel *An die Überlebenden* nimmt er das zweite und dritte Gedicht in die Sammlung *Svendborger Gedichte* auf. Im »Prager Satz« der *Gesammelten Werke* enthält das Gedicht alle drei Teile nunmehr unter dem endgültigen Titel *An die Nachgeborenen (12,85-87)*. Erstdruck am → 1. 6. 39.

April 1937
An die Nachgeborenen

20. April, Dienstag. Margarete Steffin vermerkt in ihrem Taschenkalender, daß sie sich mit Ruth Berlaus Roman *Videre* (dt. Weiter) beschäftigt.

21. April, Mittwoch. B bedankt sich bei Erwin Piscator für die Skizze *Filmlänge* (→ Ende März). »So etwas wäre natürlich ungemein geeignet für die Gesellschaft.« Für einen guten Filmstoff hält er auch den *Kartoffel-Jones*, »der immerfort Versuche unternimmt, durch die ›spanische‹ Blockade vor Bilbao durchzustoßen, und immer von *englischen* Schiffen zurückgeschickt wird. Sein Herzenswunsch, den Bilbaoer Kindern Kartoffeln zu bringen, wird umso stärker, je mehr seine Kartoffeln faulen.« Man brauche dafür nur fünf Schauspieler, einen Frachtkahn und »ein paar hundert Meter spanischer Wochenschauen« (zu dem Filmprojekt gibt es einen kurzen Entwurf *Kartoffeljohns*, 5/41; → 26. 4.). – B mahnt Piscator, den *Schwejk*-Film auf keinen Fall ohne ihn zu machen *(Br, 766)*.

22. April, Donnerstag. Margarete Steffin schickt das Stück *Die Ausnahme und die Regel* an Johannes R. Becher.

26. April, Montag. Deutsche Bomber der Legion Condor zerstören die spanische Stadt Guernica, um den Vormarsch der Franco-Truppen auf Bilbao zu unterstützen. In seiner *Rede zum II. Internationalen Schriftstellerkongreß zur Verteidigung der Kultur* (→ 16./17. 7.) charakterisiert B den Terrorangriff: »Die ungeheuerlichen Vorgänge in Spanien, Bombardierungen offener Städte und Dörfer, Abschlachtungen ganzer Bevölkerungen, öffnen nun immer mehr Menschen die Augen für die Bedeutung der im Grund nicht weniger ungeheuerlichen, nur nicht so dramatisch erscheinenden Vorgänge, die sich damals in Ländern wie dem meinigen, wo der Faschismus die Macht eroberte, abgespielt haben. Sie entdecken nunmehr für die Zerstörung von Guernica und die Besetzung der deutschen Gewerkschaftshäuser im Mai 1933 die gemeinsame schreckliche Ursache.« *(22,323 f.)*

Bomber der deutschen Legion Condor zerstören die spanische Stadt Guernica

Der Filmplan *Kartoffel-Jones* wird umgewandelt in einen Plan zu einem Spanien-Stück, zu dem ihn Slatan Dudow angeregt hatte (→ 4. 9. 36). B nennt es in der 1. Fassung *Gene-*

Beginn der Arbeit an
Die Gewehre der Frau Carrar

räle über Bilbao (später: *Die Gewehre der Frau Carrar*), an dem er nun mit Margarete Steffin zu arbeiten beginnt. Beide verfolgen die Vorgänge im spanischen Bürgerkrieg vor allem in der Berichterstattung der Kopenhagener Zeitung *Politiken*. Als Ausgangspunkt für das Stück werden Details der Fabelführung und Motive des Einakters von John Millington Synge *Riders to the Sea* (1904) benutzt (*Reiter ans Meer*, Basel 1935). Über die Fertigstellung (→ 24. 8.) und Uraufführung (→ 16. 10.).

Auf der Mauer stand mit Kreide
Sie wollen den Krieg.
Der es geschrieben hat
Ist schon gefallen.
(12,12.)

April. In Heft 4-5 (April/Mai) der Zeitschrift *Das Wort* wird erstmals eine Kurzfassung (→ 15. 5.) von Bs *Deutsche Kriegsfibel* mit dem Titelzusatz *1937* veröffentlicht *(12,88-92)*. B kritisiert in den kleinen Gedichten der Sammlung *Deutsche Kriegsfibel 1937* (→ 20. 7. 36) die Unterdrükkungsmaßnahmen in Deutschland und die intensive Kriegsvorbereitung der Nazis.

In der gleichen Ausgabe der Zeitschrift *Das Wort* werden von nahezu 100 antifaschistischen Schriftstellern selbst geschriebene kurze Biographien und Bibliographien veröffentlicht, auch eine von B.

Bertolt Brecht
Geboren 1898 in Augsburg. Studierte Naturwissenschaften und Medizin. Kam dann als Dramaturg und Regisseur an die Münchner Kammerspiele. Schrieb ein Stück *Trommeln in der Nacht*, das 1923 über alle deutschen Bühnen ging, und bekam den höchsten deutschen Preis für Dramatik, den Kleistpreis. Nach einer Inszenierung an den Münchner Kammerspielen wurde er von Max Reinhardt als Regisseur an das Deutsche Theater in Berlin engagiert. Machte methodisch Kopien elisabethanischer, spanischer und chinesischer Stücke, darauf eine Serie von Aufführungen eigener Stücke. Beginnend mit der *Dreigroschenoper*, stellte sich das Schiffbauerdammtheater in Berlin für Brechts episches Theater zur Verfügung. Eine Gruppe von jungen Schauspielern begann unter seiner Leitung mit der Ausbildung eines epischen Darstellungsstiles. Brecht beteiligte sich gleichzeitig an den Experimenten Piscators und schrieb für die Piscatorbühne *Der brave Soldat Schwejk* (nach dem Roman Hašeks). – Für die Internationalen Musikfestspiele schrieb und inszenierte er 1927 *Das kleine Mahagonny* (Musik Weill); 1929 *Flug der Lindberghs*, ein Lehrstück für die Zusammenarbeit von Radio

In einer Auflistung der Veröffentlichungen des Staatsverlags in Moskau wird die Auflagenhöhe von Bs Band *Epische Dramen* (1934) mit 2000 angegeben.

3. Mai, Montag. Sergej Tretjakow bittet (nach längerer Schreibpause wegen Krankheit) B um seine neuesten Werke. Er selbst habe die Arbeit an seinem Chinabuch wiederaufgenommen. B schreibt (vermutlich bei anderer Gelegenheit) das Gedicht *Rat an Tretjakow, gesund zu werden (14,66)*. (Im Juli wird Tretjakow verhaftet, wegen Spionage angeklagt und 1939 hingerichtet.)

8. Mai, Sonnabend. B kann wegen einer Erkrankung nicht zur Premiere der *Dreigroschenoper* (Regie: Frantisek Burian) nach Prag fahren.

10. Mai, Montag. Erwin Piscator schickt B eine vorläufige Skizze des *Schwejk*-Films, an dessen Fertigstellung er unbedingt mit B arbeiten will.

15. Mai, Sonnabend. Fredrik Martner macht B auf ein Stück über die Pariser Commune, *Nederlaget (Die Niederlage)* des norwegischen Autors Nordahl Grieg, aufmerksam, das in Oslo mit unerwartet großem Erfolg aufgeführt wird. Margarete Steffin fragt Arnold Zweig, ob er an einer Rohübersetzung des Stückes interessiert sei. (Nach Zweigs Zögern verschafft sie sich einen Auftrag für das *Wort* und arbeitet nunmehr selbst an dieser Übersetzung; sie dient später als Grundlage für *Die Tage der Kommune*; → 9. 2. 49.) Steffin bedauert, daß B die Gedichte der *Deutschen Kriegsfibel* (→ April) für den Druck in *Das Wort* »kolossal verkürzt« hat. B stelle aber bereits einen »Lyrikband mit sehr schönen, neuen Sachen« zusammen. Für die *Gesammelten Werke* bei Malik (→ 24. 8.) habe B eine »Arbeit über die Aufführung von *Die Rundköpfe und die Spitzköpfe*« geschrieben *(Anmerkungen zu »Die Spitzköpfe und die Rundköpfe«; 24,207-219)*. Nach Mordecai Goreliks Auskunft bestünde unter den jungen Theaterleuten in New York ein wachsendes Interesse am epischen Theater. Das hält sie für günstig, weil sich B in seiner Arbeit als »Stückeschreiber« dadurch gehindert fühle, »daß er seine Stücke nicht auf der Bühne einstudieren kann«. Während der Proben an der Kopenhagener Aufführung (→ 4. 11. 36) habe er die *Rundköpfe* »kolossal« verbessert; sie seien jetzt »tatsächlich eines seiner abgerundetsten Stücke« *(2200/38-40)*.

Mitte Mai. Lion Feuchtwanger hat B (am 27. 3.) über seine Reise in die Sowjetunion berichtet. Die 80 Zeilen, die er über Gides Buch (→ Februar) veröffentlichte, und die 20 Zeilen über den Prozeß (→ 30. 1.) hätten ihm »mehr Angriffe eingebracht als *Erfolg* oder die *Oppermanns*«. Im Sommer wolle er in Sanary bleiben und sich bemühen, »Moskau zu verdauen« *(Feuchtwanger, 19)*. B fragt ihn, ob er in Moskau etwas über Carola Neher erfahren habe (→ 25. 6. 36). Helene Weigel beabsichtige, »für ein kleines deutsches Kabarett« im Juni nach Paris zu gehen. »Wenn mich, was nicht ausgeschlossen ist, Piscator für einen Film dorthin holt, könnte ich Sie vielleicht sogar sehen.« *(Br, 770.)* Feuchtwanger antwortet (am 30. 5.), Carola Neher sei inhaftiert, weil sie »in ein verräterisches Komplott ihres Mannes mit verwickelt« sein soll *(Feuchtwanger, 22)*.

Im Sommer von einer Reise in die Sowjetunion zurückkehrend, kommt der (im schwedischen Exil lebende) deutsche Schauspieler Hermann Greid zu B, der sich auch bei ihm nach dem Schicksal Carola Nehers erkundigt. Greid berichtet: »Ich wußte nur, daß sie verurteilt worden war und dann verschwand. Da kannte seine Wut auf diesen ›schändlichen und schamlosen Henkersknecht Stalin‹ und dieses ›ganze Pack‹ um ihn herum keine Grenzen.« *(Greid, 4.)* B schreibt in dieser Zeit über Carola Neher das Gedicht *Das Waschen*, das er 1956 (ohne Bezug auf ihre Verhaftung) in einer Neufassung für die Auswahl Peter Suhrkamps (→ 22. 5. 56) *Rat an die Schauspielerin C.N.* nennt *(14,360f.)*.

Wegen des Gastspielplans von Helene Weigel wendet sich B an Walter Benjamin und bittet ihn, Erkundigungen über das Kabarett »Die Laterne« einzuziehen: »1) Wie oft in der Woche spielen sie? 2) Wo und vor was für Publikum? 3) Wo könnte Helli unterkommen? Wie teuer? Wie heiß? 4) Kann sie außerhalb wohnen? Wie spät schließt das Kabarett nachts? Gibt's da noch Zugverbindung? – Könnte sie bei Anna Seghers wohnen, das heißt vom Standpunkt der Zug-

und Schulen (Musik Hindemith und Weill) und das *Badener Lehrstück* (Musik Hindemith). Während der Berliner Musikwoche 1930 wurde *Der Jasager*, eine kleine Oper für Kinder (Musik Weill), aufgeführt. *Die Maßnahme*, ein Lehrstück für Arbeiterchöre (Musik Eisler), wurde 1930 in Berlin aufgeführt.

Für das Radio bearbeitete er seine Stücke *Mann ist Mann* und *Die heilige Johanna der Schlachthöfe* sowie Shakespeares *Hamlet* und *Macbeth*.

Für Slatan Theodor Dudow schrieb er den Film *Kuhle Wampe*.

Veröffentlichte Schriften vor 1933: *Trommeln in der Nacht*, Drama, Propyläen-Verlag 1922, 98 S. *Das Leben König Eduards II., Historie*, Kiepenheuer Verlag 1924, 121 S. *Baal. Dramatische Biographie*, Kiepenheuer Verlag 1924. *Hauspostille*, Propyläen-Verlag 1925, 156 S. »Im Dickicht der Städte«, Schauspiel, Propyläen-Verlag 1927, 120 S. »Mann ist Mann. Die Verwandlung des Packers Galy Gay in den Militärbaracken von Kilkoa«, Lustspiel, Propyläen-Verlag 1926, 159 S. *Die Augsburger Sonette*, Privatdruck.

Ab 1930 Publikation der *Versuche* mit Beiträgen zu einer nichtaristotelischen Dramatik, Kiepenheuer Verlag: 1. *Der Flug der Lindberghs* (Radiolehrstück für Kinder). – Radiotheorie. – Geschichten von Herrn Keuner. – *Fatzer*, 3. 2. *Aufstieg und Fall der Stadt Mahagonny* (Oper, Musik Weill). – Über *die Oper*. – *Aus dem Lesebuch für Städtebewohner*. – *Das Badener Lehrstück*. 3. *Die Dreigroschenoper* (Musik Weill). – *Der Dreigroschenfilm*. – *Der Dreigroschenprozeß*. 4. *Der Jasager und Der Neinsager*. – *Die Maßnahme* (Lehrstück). 5. *Die heilige Johanna der Schlachthöfe* (Schauspiel). – *Geschichten von Herrn Keuner*.

6. *Die drei Soldaten* (ein Kinderbuch, mit Zeichnungen von Grosz). 7. *Die*

Mutter (Schauspiel, nach Gorkis Roman, Musik Eisler). – *Geschichten aus der Revolution.* *Nach 1933: Dreigroschenroman*, Allert de Lange, Amsterdam 1934, 492 S. *Lieder, Gedichte, Chöre*, Editions du Carrefour, Paris, 116 S. *Fünf Schwierigkeiten beim Schreiben der Wahrheit*, Essay, Editions du Carrefour, Paris. *Die Rundköpfe und die Spitzköpfe*, ein Greuelmärchen, (Musik Eisler), Malik-Verlag, London. *Über den Verfremdungseffekt auf der chinesischen Bühne, Life and Letters.* *(26,305f.)*

verbindung aus?« B wünscht einen »schnellen Report« *(Br, 771)*. In einem weiteren (etwas später geschriebenen) Brief findet B Benjamins Studie über Eduard Fuchs (→ 29. 3.) nach erneuter Lektüre »noch besser«. »Da ist kein Stück Zierat, aber alles ist zierlich (in der alten guten Bedeutung) und die Spirale ist nie verlängert durch einen Spiegel.« *(Br, 767.)*

29. Mai, Sonnabend. Slatan Dudow klagt B gegenüber von den schlechten Arbeitsbedingungen für sein Kabarett »Die Laterne«, das in den Programmen nichts über den italienischen und deutschen Faschismus bringen darf.

Mai. B schreibt für seine Kinder die Kindergedichte *Hoppeldoppel Wopps Laus* und *Wo soll das hin? (14,350f.)*.

18. Juni, Freitag. B hat den Auftrag, etwas für den in der Nähe von Madrid stationierten Deutschen Freiheitssender zu schreiben; er bittet Margarete Steffin, ihre Mutter (die seit 13. 6. zu Besuch in Kopenhagen ist) zu fragen, »ob sie ihn hört, was sie da senden und was gefällt« *(Br, 772)*. Margarete Steffin bleibt bis 28. 6. in Kopenhagen und fährt dann nach Svendborg zurück.

30. Juni, Mittwoch. Lion Feuchtwanger hat einen Gedichtband Bs erhalten: »vieles von dem, was in dem kleinen Band steht, gehört zum Besten«, was B je gemacht habe. Feuchtwanger freut sich auf Bs angekündigten Besuch in Sanary im September (→ Ende September) *(Feuchtwanger, 24)*.

Juni. Die Zeitschrift *Das Wort* veröffentlicht den letzten Teil von Percy Bysshe Shelleys *The Masque of Anarchy* (*Der Maskenzug der Anarchie*) in einer Nachdichtung von Alfred Wolfenstein. B benutzt Verse des Poems sowohl für seinen Aufsatz *Weite und Vielfalt der realistischen Schreibweise* (→ Juli 38) als auch (1947) für das Gedicht *Freiheit und Democracy (15,183-188)*. Unter den Meinungsäußerungen über *Das Wort* aus Anlaß des einjährigen Bestehens der Zeitschrift findet sich auch Elisabeth Hauptmanns Ansicht, das *Wort* sei »darum so besonders gut, weil man alle bekannten Namen endlich einmal auf einem Haufen hat« *(111)*.

Als B von der Entlassung Hermann Borchardts aus dem KZ (→ 3. 3.) und von seiner Ankunft in den USA erfährt, drückt er ihm seine große Freude darüber aus und fragt, ob er seinen Roman (*Suum quique*) gerettet hat. B fügt hinzu: »Ich wäre gern auch in den USA.« *(Br, 774.)* Borchardt dankt (am 12. 8.) für einen weiteren (nicht überlieferten) Brief Bs und will demnächst ausführlicher berichten. Er habe auch an Elisabeth Hauptmann geschrieben.

In ein Notizbuch, das B zwischen Mai und August 1937 führt, sind die Gedichte eingetragen *Unermüdlich*; *Freilich wurde der Browning gefunden*; *Wenn ich mit deinem Wagen fahre* und *Wenn sie trinkt, fällt sie in jedes Bett (14,351f.)*.

Ende Juni. B schreibt Erwin Piscator zu einem weiteren Entwurf für einen *Schwejk*-Film (vom 23. 6.). Er entwickelt seine Konzeption dazu so: »Und er muß, in aller Gutmütigkeit, die Dinge nicht in Ordnung, sondern in Unordnung bringen, was manchmal die eigentliche Ordnung ist. Vor allem muß man *sehr* deutlich das Beispielhafte, groß Typische der Schweykfigur herausbringen, sonst wird der Sinn nicht aufgenommen, man meint sonst, lediglich einen Blödian zu sehen, wie er in vielen Kasernenhofschwänken auftritt und von Tiedtke verkörpert wird.« Schwejk sei »nichts Geringeres als der Angsttraum der Diktatoren, dieser ›niedrig‹ denkende, für Höheres taube, die wundervollen Pläne durch seine Unzulänglichkeit unterwühlende ›Dutzendmensch‹, das fehlerhafte Opfertier.« *(Br, 773.)*

Bemühungen um Carola Neher

5. Juli, Montag. B fragt Feuchtwanger, der bei seiner Rußland-Reise (→ 13. 11. 36) ein Gespräch mit Stalin geführt und dadurch Kontakt zu dessen Büro hatte, ob es ihm möglich wäre, »sich beim Sekretariat Stalins nach der Neher zu erkundigen«. Wenn sie sich »tatsächlich an hochverräterischen Umtrieben beteiligt hat, kann man ihr nicht helfen, aber man kann vielleicht durch einen Hinweis auf ihre große künstlerische Begabung erreichen, daß das Verfahren beschleunigt und ihr Fall besonders geklärt wird (was bei dem Ruf, den sie in Deutschland, der Tschechoslowakei und der Schweiz genießt, auch für die Union nötig ist)« (→ Mitte Mai). Er wünscht, seine »Bitte ganz vertraulich« zu behandeln, da er »weder ein Mißtrauen gegen die Praxis der Union säen noch irgendwelchen Leuten Gelegenheit geben will, solches zu behaupten«.

5. Juli 1937
Kritik an Feuchtwangers Wertschätzung von *Haben*

Unter Bezug auf Feuchtwangers Text über *Hays »Haben«* (→ Juli), der B von der *Wort*-Redaktion im Juni vorab zugeschickt wird, warnt er ihn, »alles, was in der Zeitschrift *Wort* steht, für marxistisch zu halten«. Für B wäre es »schmerzlich«, wenn Feuchtwanger »in Zukunft den Kapitalismus für etwas« hielte, »das am besten durch eine dörfliche Giftmischerin verkörpert wird. Hay kann sich da nicht auf Marx stützen, wissen Sie.« Er hält ihm vor, daß sowohl Feuchtwangers Frau als auch er ihm oft auseinandergesetzt hätten, »daß das Goethesche ›Am Gelde hängt, zum Geld drängt doch alles‹ noch nicht reiner Marxismus ist!« *(Br, 751.)*

B bedauert gegenüber Martin Andersen Nexø, daß er eine Einladung zum II. Internationalen Schriftstellerkongreß zur Verteidigung der Kultur (der am 4. 7. in Valencia begonnen hat und danach in Madrid weitergeführt wird) zu spät erhalten hat. »Es ist wirklich ein Skandal, mich so spät einzuladen. Es ist schon das zweite Mal: in London hatte mich die deutsche Sektion überhaupt nicht eingeladen, obwohl ich gerade dort war.« *(Br, 775.)* B schickt an seiner Stelle Ruth

Berlau nach Spanien und gibt ihr seine Rede mit. Nach den Erinnerungen Ruth Berlaus vermied B die Reise in die Nähe der Fronten des spanischen Bürgerkriegs, weil er »etwas gegen Bomben« hatte.

7. Juli, Mittwoch. Margarete Steffin kündigt Walter Benjamin an, daß B zur Pariser Abschlußveranstaltung des Schriftstellerkongresses kommen wird. (Da sich Benjamin zu diesem Zeitpunkt in San Remo aufhält, begegnen sie sich nicht.)

9. Juli, Freitag. Wieland Herzfelde mahnt bei B ausstehende Manuskripte an, da die Bände der *Gesammelten Werke* in diesem Jahr nicht erscheinen können, wenn die Texte nicht im Juli geliefert werden.

12.-20. Juli 1937
Reise nach Paris

12. Juli, Montag. B reist mit dem Schiff von Esbjerg nach Dünkirchen und weiter nach Paris.

Teilnahme an der Abschlußveranstaltung des II. Internationalen Schriftstellerkongresses

16./17. Juli, Freitag/Sonnabend. B nimmt an der Abschlußveranstaltung des II. Internationalen Schriftstellerkongresses teil und liest seine *Rede zum II. Internationalen Schriftstellerkongreß zur Verteidigung der Kultur (22,323-325)*. Angesichts des Krieges in Spanien vertritt B den Standpunkt, daß der »Gewalt der einzelnen wie der privilegierten Klasse« die »volle zerschmetternde Gewalt des Volkes entgegengesetzt werden« müsse. Die Kultur sei »allzu lange nur mit geistigen Waffen verteidigt« worden; durch den Angriff mit materiellen Waffen sei sie selbst eine »materielle Sache« geworden und müsse »mit materiellen Waffen verteidigt werden«. Die Rede wird, zusammen mit anderen Reden, im *Wort*, Heft 10, veröffentlicht.

19. Juli, Montag. In der Pariser Buchausstellung hält Heinrich Mann ein Referat, B liest bei einem Autorenabend aus eigenen Werken.

In München eröffnet der Präsident der Reichskammer der Bildenden Künste Adolf Ziegler (→ 22. 12.) eine Ausstellung »Entartete Kunst« und charakterisiert die Exponate als »Ausgeburten des Wahnsinns, der Frechheit, des Nichtkönnertums und der Entartung«, die »Erschütterung und Ekel« verursachen.

20. Juli, Dienstag. Im Auftrag Bs schickt Margarete Steffin an Walter Benjamin einige *Kinderlieder* und bittet um seine Meinung. B wäre sehr an neuen Büchern von Trotzki und Stanislawski interessiert.

Juli. In *Das Wort* wird Lion Feuchtwangers Rezension über Julius Hays Stück *Haben* veröffentlicht. (Der 1. Akt des Stückes war im September-Heft 1936 vom *Wort* vorgestellt worden; im Dezember-Heft 1937 der *Internationalen Literatur* erscheint das ganze Stück in deutscher Sprache.) In *Hays »Haben« (22,305f.)* widerlegt B Feuchtwangers These, das Stück sei marxistisch (→ Juni). Hays »Reißer«

zeige nicht einmal »einzelne Züge, die einen Marxisten interessieren könnten«. Feuchtwangers Irrtum über den Kapitalismus, »wie ihn die Marxisten sehen«, ginge auf Hays Konto. Aufgrund der aggressiven Haltung Hays zu ihm und zu Bernhard Reich (→ Februar und 11. 3.) befaßt sich B auch mit Hays Komödienfragment *40 Watt* (erschienen in *Internationale Literatur*, Heft 12/1936) und bereitet sich auf einen Gegenangriff vor (→ 11. 3.). Es entsteht der kritische Text *Hay (1)*, in dem er den ungarischen Dramatiker als Epigonen des Naturalismus interpretiert. »Gestellte Fotografie ist noch nicht Realismus.« *(22,307.)* In *Die Sprache des Dramatikers ist keine Formsache* weist ihm B nicht nur »Grammatikschnitzer« nach, sondern setzt die Sprache auf dem Niveau von Max Halbe und Georg Hirschfeld an, obgleich diese bei der Festlegung der Charaktere »freigiebiger, wenn auch nicht weniger tyrannisch und pedantisch« gewesen seien *(22,309)*.

Ruth Berlau hatte B versprochen, unmittelbar nach dem Schriftstellerkongreß nach Dänemark zurückzukehren; sie bleibt aber (bis → Mitte November) in Spanien. Wegen ihrer verspäteten Rückkehr ist B verstimmt und schreibt mehrere Gedichte: *Kin-jeh sagte von seiner Schwester, (14,352)*; *Unser unaufhörliches Gespräch (14,354f.)*; *2. Lied des Kin-jeh an seine Schwester (14,353f.)*; *Zweites Gedicht Kin-jehs über seine Schwester (14,356)*, die er in das *Buch der Wendungen* aufnimmt *(18,165f.)*.

Juli 1937
Vorbereitung der Aufführung von *Die Gewehre der Frau Carrar*

B fragt Slatan Dudow, ob er die Inszenierung von *Die Gewehre der Frau Carrar* in zeitliche Nähe zu der Aufricht-Produktion der *Dreigroschenoper* in Paris bringen kann; Aufricht habe ihn zu den Proben einladen wollen, »und er sollte es wirklich tun, ich kann da doch viel machen«. Er sei »nicht mehr so reich«, daß er »Fahrten und Aufenthalte so leicht finanzieren kann«. Für die Inszenierung des Spanienstückes gibt B folgende Empfehlungen: »Den Stil der Aufführung denke ich mir sehr einfach. Die Figuren plastisch vor gekalkten Wänden, die einzelnen Gruppierungen sehr sorgfältig durchkomponiert wie auf Gemälden. Nichts Zappliges, alles ruhig, überlegten Realismus. Die Details mit Humor, das Ganze überhaupt ja nicht zu drückend. Gute Zäsuren.« Helene Weigel könne jederzeit kommen und benötige »etwa zwei Wochen Proben«. Er schreibe derzeit »noch eine Reihe kleiner Stücke (zu zehn Minuten) ›Seelischer Aufschwung des deutschen Volkes unter dem Naziregime‹; die würden zusammen mit dem Spanienstück einen Abend geben. Besetzung minimal. Sie sehen, ich komme auch zur kleinen Form, auf diese Weise.« (B konzipiert zunächst die Szenen unter dem Titel *Die Angst* für den Deutschen Freiheitssender.) Über Dudows theoretische Arbeit

Juli 1937-Juli 1938
Arbeit an der Szenenfolge *Die Angst* (später: *Furcht und Elend des III. Reiches*)

Grenzbestimmungen (die vermutlich für die Diderot-Gesellschaft vorgesehen ist) möchte B mit ihm in Paris sprechen. In der Sowjetunion erscheine derzeit »beinahe nichts Theoretisches (im *Wort* habe ich Versuche dazu bisher unterbunden, da sie allerhand Leute vor den Kopf gestoßen hätten, darunter mich)«. Mit formalen Fragen beschäftige sich Georg Lukács, »der einiges Primitives über Romantechnik schreibt«, sich dabei aber »stets eng an bestimmte Romane (von Zola oder Balzac oder Tolstoj oder Gorki)« klammert. »Mein Standpunkt ist es, daß jede Form, die sich, anstatt sich zu ergeben aus dem Thema, dem Stand des gegenwärtigen Wissens und den Bedürfnissen des Klassenkampfs, aus ästhetischen Postulaten herleitet, ob es nun Naturalismus oder was anderes ist, Formalismus bedeutet.« Schließlich weist er ihn auf Lion Feuchtwangers eben im Querido-Verlag erschienenes Buch *Moskau 1937. Ein Reisebericht für meine Freunde* hin, das er »sehr interessant« findet *(Br, 776).*

In einem wenig später geschriebenen Brief an Dudow geht er nochmals auf die *Grenzbestimmungen* ein. Der »beste Ausdrucksstil für Polemik, Feststellung von Fortschritten, Unstimmigkeiten usw.« sei »von den neueren Wissenschaften entwickelt, besonders von der Physik, aber auch von der Biologie usw.« und in Arbeiten von Arthur Stanley Eddington (*Das Weltbild der Physik und ein Versuch seiner philosophischen Deutung*) und Bertrand Earl of Russell (*Unser Wissen von der Außenwelt*) dargestellt. Beide hätten »eine ausgezeichnet vorsichtige Art, die behutsame Art des Forschens selber, sie widersprechen dem Gegner (oder Besitzer einer überwundenen Ansicht) nicht anders, als sie sich selber während eines Forschungsaktes widersprechen«. Leider müßte man polemisieren, »allerdings habe ich im *Wort* zum Beispiel keine Kommandogewalt« *(Br, 777).*

Unterstützung der Vierteljahresschrift *Theatre Workshop*

Anfang August. Etwa in dieser Zeit wendet sich B, um das Redaktionsmitglied Mordecai Gorelik in seinen Bemühungen für das epische Theater zu unterstützen, in einem längeren Brief an die amerikanische Vierteljahresschrift *Theatre Workshop*. Darin stellt er die Zeitschrift als »ein Unikum nicht nur in englisch sprechenden Ländern« dar, vor allem durch ihren »leidenschaftlichen Ernst und die Gründlichkeit, die sie dem Theater widmet«. Sie habe die »Prinzipien der großen Russen in erschöpfenderer Form dargestellt [...], als dies bisher irgendwo in Europa oder Amerika geschehen ist«. Dies sei zu einem Zeitpunkt geschehen, an dem bereits (z. B. durch Gorelik) Zweifel an diesem System und an der ihm zugrundeliegenden Technik der Einfühlung angemeldet worden sind. B erklärt in einer umfangreichen Darstellung die historische Entwicklung und die Schwierigkeiten des epischen Theaters und der nichtaristotelischen Dramatik, vor allem bei der Gestaltung großer zeitgemäßer Stoffe *(Br, 778)*.

Anfang August 1937
Lob des Rußland-Buches von Feuchtwanger

B dankt Lion Feuchtwanger für seine (wiederholte) Einladung nach Sanary (→ Ende September) und für die Zusendung des Romans *Der falsche Nero*, den er »eben mit großem Vergnügen« gelesen habe (»Sie wissen, wie gern ich Sie Satiren schreiben sehe«). Den »Rußlandtraktat« (*Moskau 1937. Ein Reisebericht für meine Freunde;* → Ende Juli) hält er für »das Beste, was von seiten der europäischen Literatur bisher in dieser Sache erschienen ist«, ein »so entscheidender Schritt, die Vernunft als etwas so Praktisches, Menschliches zu sehen«.

Bemühungen um ein Stipendium der American Guild for German Cultural Freedom

B bedauert, daß der Preis der Deutschen Akademie der Künste und Wissenschaften im Exil nur für Prosawerke vergeben wird. »Ich hätte das Geld brauchen können.« (Die Gründung der Akademie, unterstützt von der American Guild for German Cultural Freedom, die Hubertus Prinz zu Löwenstein initiiert hatte, ist im Juni 1937 beim 15. Internationalen PEN-Kongreß in Paris bekanntgegeben worden; Feuchtwanger hat die deutsche Delegation geleitet und B über den 2500 $-Preis informiert.)

Der *Dreigroschenroman* sei in England in der Presse »erstaunlich gut« besprochen worden, wenn auch als »recht unangenehm« *(Br, 780)*.

Gegenüber Hubertus Prinz zu Löwenstein drückt B seine Überraschung darüber aus, daß »Nichtprosawerke für den Wettbewerb nicht zugelassen sind«; in dem Aufruf zur Einsendung von Werken sei davon keine Rede gewesen. Er bittet, noch einmal zu diskutieren, ob Bs Arbeiten (er hat die *Svendborger Gedichte* eingereicht) »deswegen, weil sie Gedichte sind und nicht Prosastücke, nicht weniger repräsentativ für das deutsche Schrifttum der Emigration sind« *(Br, 781)*. – B erhält durch Vermittlung Löwensteins von der American Guild for German Cultural Freedom ab Mai 1938 ein Stipendium zugeprochen, für das er sich am → 28.5.38 bedankt.

5. August, Donnerstag. Hanns Eisler stellt die schon seit langer Zeit (→ 4.1.32) in Arbeit befindliche Komposition für die *Kantate zu Lenins Todestag (12,57-59)* fertig.

B hat ihm in *Über gestische Musik (22,329-331)* Hinweise für die Vertonung gegeben. Während seines Svendborger Aufenthalts entstehen außerdem Kompositionen zu den *Gedichten im Exil*, zu einigen Kinderliedern und zu Sonetten. (Eisler beendet seinen Aufenthalt in Dänemark im September.)

11. August, Mittwoch. Bs Unruhe wegen der in Spanien verbliebenen Ruth Berlau verrät seine intensivierten Beziehungen zu ihr und macht Margarete Steffin sehr betroffen. Sie schreibt in ihren Kalender, daß sie den Ring nicht mehr trägt (das Symbol ihrer Zugehörigkeit zu B).

18. August 1937
Fertigstellung von Szenen zu *Furcht und Elend des III. Reiches*

18. August, Mittwoch. Einer Datierung auf dem Typoskript zufolge ist der Einakter *Der Spitzel (4,391-400)* fertiggestellt, am 20. 8. *Das Kreidekreuz (4,345-360)*, zunächst in einer Dialektfassung. Zusammen mit *Die jüdische Frau (4,385-390)*, *Rechtsfindung (4,363-378)*, *Medizin* (später: *Die Berufskrankheit; 4,379-381*) werden die Einakter (im August) zu einer Szenenfolge unter dem Titel *Die Angst. Seelischer Aufschwung des deutschen Volkes unter der Naziherrschaft* zusammengestellt (→ Ende Juli). Über die weitere Arbeit daran → Anfang November.

Die Gewehre der Frau Carrar **fertiggestellt**

Das kleine Stück wurde im ersten Jahr des spanischen Bürgerkrieges für eine deutsche Truppe in Paris geschrieben. Es ist aristotelische (Einfühlungs-)Dramatik. Die Nachteile dieser Technik können bis zu einem gewissen Grade ausgeglichen werden, wenn man das Stück zusammen mit einem Dokumentenfilm, der die Vorgänge in Spanien zeigt, oder irgendeiner propagandistischen Veranstaltung aufführt. *(24,225.)*

24. August, Dienstag. Eine von Margarete Steffin auf diesen Tag datierte Textüberarbeitung von *Die Gewehre der Frau Carrar* liegt fertig vor. Das Stück wird in dieser Fassung für die Uraufführung (→ 16. 10.) freigegeben.
B freut sich über Wieland Herzfeldes Mitteilung (vom 21. 8.), daß seine Dramen jetzt im Malik-Verlag in zwei Bänden herauskommen werden (es handelt sich um das ursprüngliche Projekt einer Weiterführung der *Versuche* und erscheint schließlich als *Gesammelte Werke*). Herzfelde habe in der Anordnung freie Hand. Das »doch noch sehr artistische *Mahagonny*« hätte er aber nicht gern in der Nähe der *Mutter.* »Wenn Du die *Rundköpfe* in den zweiten Band gäbest, wo sie gut hinpaßten, könntest Du die *Johanna* in den ersten geben, wo sie auch hinpaßt. Und die *Johanna* ist ja auch nicht sehr bekannt.« Mit dem kleinen Stück *Die Gewehre der Frau Carrar*, das B noch schicken will, könne man die beiden Bände vom Umfang her ausgleichen. Die (ihm zugesandten) Nachdichtungen tschechoslowakischer Lyrik von F. C. Weiskopf *(Das Herz – ein Schild)* findet B »sehr schön, ausgenommen die zwei Balladen dieses ›Fahrenden Studenten‹, aber da liegt es sicher am Original« *(Br, 782).*
Margarete Steffin schickt zwei Szenen aus *Furcht und Elend des III. Reiches* an Benjamin, von dem B eine Beurteilung wünscht.

August. Erstdruck von Bs (1935 geschriebener) *Ballade von der Judenhure Marie Sanders (12,16f.)* in *Das Wort.*
An Ruth Berlau schickt er nach Madrid das Gedicht *Morgens und abends zu lesen (14,353).*

9. September, Donnerstag. Abschriften seiner Verträge mit dem Berliner Verlag Felix Bloch Erben, sollen Per Knutzon »unzweideutig« zeigen, »daß dieser Vertrieb kein Recht hat, meine *Dreigroschenoper*-Tantiemen wegen einer angeblichen ungetilgten Vorschußzahlung aus dem zweiten Vertrag einzukassieren«. Gleichzeitig bestätigt B den Inhalt einer Unterredung (vom 7. 9.), »wonach das Theater sich verpflich-

tete, die Tantiemen an meinen Anwalt abzuführen, und ich mich verpflichtete, sie zurückzuzahlen, wenn das Theater von einem dänischen Gericht gezwungen werden sollte, sie doch an Felix Bloch Erben abzuführen« *(Br, 785)*. In einem offiziellen Schreiben vom gleichen Tage an den Regisseur heißt es: »Der deutsche Vertrieb hat seit Jahren nachweisbar meine mir zustehenden Tantiemen mir vorenthalten und seine Verpflichtungen, das Stück ordnungsgemäß zu vertreiben, nicht eingehalten. Es ist ihm von mir zur rechten Zeit untersagt worden, über das Stück Verträge abzuschließen und Tantiemen einzukassieren.« Sollte Knutzon die Tantiemen nach Berlin abführen, müßte B, so leid es ihm täte, »mit allen Mitteln« gegen die Aufführung einschreiten *(Br, 786)*.
Gleichzeitig informiert B den schwedischen Regisseur Per Lindberg, der die *Dreigroschenoper* in Stockholm inszenieren will, daß der Kopenhagener Bühnenvertrieb Carl Strakosch darüber nur direkt mit ihm, nicht mit dem Verlag Felix Bloch Erben einen Vertrag abschließen kann. Es sei ihm unangenehm, daß er Lindberg »mit dieser geschäftlichen Seite der Sache behelligen« muß, »aber schließlich lebe ich von meiner Arbeit, und der Vertrieb Bloch Erben zahlt mir Tantiemen, die er für mich einkassiert, schon seit langem nicht mehr aus« *(Br, 787)*.
Den Rechtsanwalt Gustav Vøhtz bittet B, eingehende Tantiemen für ihn in Empfang zu nehmen und während seiner Abwesenheit aus Dänemark seinen Standpunkt zu vertreten *(Br, 784)*.
11. September, Sonnabend. Nach der Abreise von B und Helene Weigel nach Paris zieht Margarete Steffin in das Haus Skovsbostrand 8 ein. Sie kümmert sich um Stefan und Barbara, die bei der Nachbarin Anna Andersen untergebracht sind.
Wieland Herzfelde kündigt der Presse die beiden *Stücke*-Bände als die ersten Bände der *Gesammelte Werke* an. Er möchte die Reihe auf jeden Fall fortsetzen und den *Dreigroschenroman* aufnehmen. Herzfelde bittet B um eine Klärung mit dem Verlag Allert de Lange. George Grosz habe ihm das Honorar für die Illustrationen (→ 27. 7. 36) zurückgeschickt. »Es gelang ihm nichts, wie er schrieb.« *(477/10.)*
In einer Rückschau auf die Stücke-Bände der Malik-Ausgabe schreibt B später das Gedicht *Adresse an die Figuren der beiden ersten Bände (14,371)*.
12. September, Sonntag. B und Helene Weigel kommen in Paris an.

12. September - 19. Oktober 1937
Reisen nach Paris und Sanary-sur-Mer

B arbeitet an der Inszenierung der *Dreigroschenoper* mit; an einigen Proben nimmt auch Walter Benjamin teil. Er schreibt (vermutlich durch die Aufführung dazu angeregt, im September/Oktober) den kleinen Aufsatz *Die Dreigro-*

Teilnahme an den Proben zur *Dreigroschenoper* in Paris

schenoper (Benjamin, VII, 1,347-349), der unter Bezug auf die Aufführung endet: »William Hogarth, der Moralist unter den englischen Malern, war der erste Illustrator der *Beggar's Opera*. Das Theater illustriert sie auf seine eigene Weise. Brecht hat die Bühnenbilder mit Sprüchen versehen, wie man sie auf alten Bilderbogen zur Verdeutlichung der Geschichte finden kann.«
In *Ein alter Hut* beschreibt B, wie sich der junge Schauspieler Jean Mercure in einem Kostümhaus für seine Rolle (Filch) einen Hut aussucht. »Während ich der Hauptdarstellerin half, Kostüme zusammenzustellen, was einige Stunden in Anspruch nahm, beobachtete ich ihn aus den Augenwinkeln bei seiner Hutsuche.« B gefällt die Unzufriedenheit des Schauspielers, der immer neue Hüte probiert und sich erst sehr spät für einen entscheidet. Als Mercure am nächsten Probentag mit einer Zahnbürste in der oberen Jackentasche erscheint, die erzählen soll, daß »Filch unter den Brückenbogen die allerunentbehrlichsten Requisiten der Zivilisation nicht aufgab«, findet B »beglückt«, daß dies »ein Schauspieler des wissenschaftlichen Zeitalters« ist *(24,71-73)*. In *Aufbau der »Dreigroschenopern«-Bühne (24,70f.)* beschreibt B neben Dekorationslösungen in Berlin (→ 31. 8. 28) und in Moskau (→ 16. 5. 32) auch den Bühnenaufbau in Paris: »Prunk und Patina« seien nach vorn verlegt. »Auf einer roten Samtdraperie mit goldenen Fransen waren seitlich und oben große Karussellampen aufgehängt, welche während der Songs brannten.« Der Vorhang sei »mit zwei überlebensgroßen Bettlergestalten« bemalt gewesen, die auf den Titel zeigten.
17. September, Freitag. In Kopenhagen Premiere von *Laser og Pjalter* (Lumpen und Fetzen, Titel der dänischen Übersetzung der *Dreigroschenoper* von Mogens Dam) im Theater Riddersalen; Regie: Per Knutzon; mit Erling Schroeder (Macheath), Lulu Ziegler (Polly), Peter Nielsen (Peachum), Ann Sofi Norin (Frau Peachum), Tove Bang (Jenny), Vald. Skjerning (Brown).
21. September, Dienstag. B schreibt Margarete Steffin über die Arbeit an der *Dreigroschenoper* in Paris: »Hier ist ein wenig Chaos. Aber gute Besetzung (so gut wie in Berlin). Und das Stück ist enorm lebendig. Keine Stelle verstaubt. Aber ob das Stück gut liegt gerade jetzt in Paris, c'est une question.« Es sei das 3. Stück, das er im Exil inszeniere, »in der 3. Sprache«. Helene Weigels Arbeit mit Dudow gehe »nicht so gut, alles Brei und Sumpf«. B bittet Margarete Steffin, sie solle dem *Wort* schreiben, daß Nordahl Griegs Stück *Die Niederlage* (→ 15. 5.) sofort erscheinen soll (→ Januar 38), außerdem müßte Benjamins Honorar für den (nicht angenommenen) zweiten Pariser Brief ausgezahlt

werden. Ihren Brief soll sie mit »Brecht« unterzeichnen *(Br, 788).* B macht sich zum 1. Akt des Stückes die Notizen *Griegs »Die Niederlage« (22,347).* In dieser Zeit schreibt er für Margarete Steffin das *19. Sonett. Begegnung mit den elfenbeinernen Wächtern (14,354).*

28. September, Dienstag. Premiere von *l'Opéra de Quat' Sous* (französische Übersetzung der *Dreigroschenoper* von André Mauprey, überarbeitet von Nina Tallon) im Théâtre de l'Étoile; Regie (unter Beteiligung Bs und Raymond Rouleaus): Francesco von Mendelssohn; Bühnenbild: Eugéne Bermann, musikalische Leitung: Meyrowitz; mit Raymond Rouleau (Macheath), Renée Saint-Cyr (Polly), René Bergeron (Peachum), Yvette Guilbert (Frau Peachum), Raymond Cordy (Brown), Suzy Solidor (Jenny), Jean Mercure (Filch).

Ernst Josef Aufricht erinnert sich: »Die Premiere der *Opéra de Quat'Sous* wurde stark applaudiert. Die Presse fand Aufführung und Stück interessant und bizarr. Bei aller Achtung konnten sie sich nicht dafür erwärmen. Wir spielten 50mal, von den Intellektuellen gefeiert, das große Publikum blieb aus.« *(Aufricht, 153.)* Die Besetzung besteht aus bekannten Künstlern von Film und Kabarett, die nicht alle Theatererfahrungen haben.

B berichtet Karl Korsch Anfang November, die französische Aufführung »mit der Guilbert als Frau Peachum und auch sonst gut besetzt«, sei »ganz gut« gegangen, »nur kriege ich keine Tantiemen heraus, die frißt der deutsche Verlag« *(Br, 801).*

September. Im September-Heft von *Das Wort* eröffnet Alfred Kurella unter dem Pseudonym Bernhard Ziegler (das er nach Verhaftung seines Bruders vorübergehend führt) mit dem Essay *»Nun ist dies Erbe zuende ...«* (auf der Basis der sowjetischen Formalismus-Naturalismus-Diskussion) eine Auseinandersetzung mit dem Formalismus. Unter Bezug auf den im gleichen Heft abgedruckten Aufsatz von Klaus Mann über *Gottfried Benn* meint Kurella, es sei heute klar zu erkennen, »wes Geistes Kind der Expressionismus war, und wohin dieser Geist, ganz befolgt, führt: in den Faschismus«. Jeder »Rest aus jener Gedanken- und Gefühlswelt« sei »ein Fremdkörper in unserem Lager«. Die Ausführungen erregen viele exilierte Künstler, die in ihrer Entwicklung vom Expressionismus entscheidende Anregungen bekommen hatten. Es kommt zu der (später so genannten) »Expressionismus-Debatte« (→ 22. 12.). B schreibt dazu zahlreiche Texte, die aber, sofern er sie nicht selbst zurückhält, zum größten Teil nicht veröffentlicht werden.

Ende September. B nimmt die Einladung Lion Feuchtwangers an (→ Anfang August) und fährt (mit Maria Osten, die

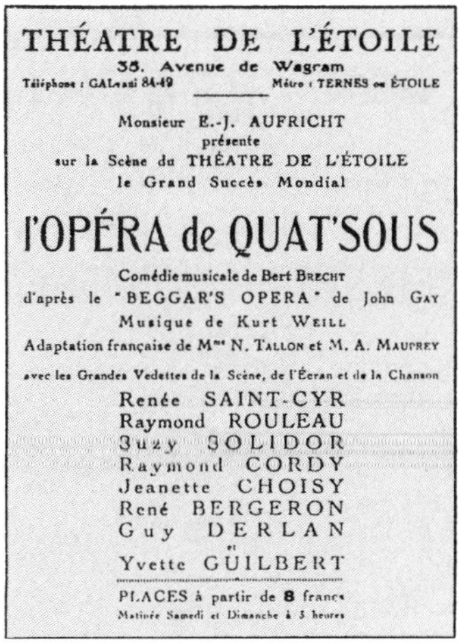

Premiere
Die Dreigroschenoper
Théâtre de l'Étoile
Paris

Aus der rhythmisierten Paraphrase, zu der Brecht das englische Kuriosum zuspitzte, schlägt nun gar der Ludergeruch antichambrierender Revolution. / Vom Theater am Schiffbauerdamm zum Théâtre l'L'Étoile: das ist der Lauf der braunen Schmach. Wiederum wagt Aufricht, unter den Theaterdirektoren des gewesenen Deutschlands ein Pionier, kühnen Wurf. Auch in Paris setzt er, den Sieg zu sichern, eine Phalanx von Prominenten ein. [...] Im ganzen hielt sich das Spiel zwischen Wirklichkeit und Traum, zwischen attackierendem Naturalismus und freskal entschwebendem Symbol; es zerfiel, vom harmonischen Gespinst der knarrenden Dissonanzen des Orchesters begleitet, in flackernde Exzesse und fand sich großen Formates in dem machtvollen Schlußchoral sozialer Verklärung. *(R. Br., Pariser Tageszeitung, 29. 9.)*

in Paris eine Außenredaktion von *Das Wort* vorbereitet; → Januar 38) nach Sanary. Er schreibt an Helene Weigel, es sei gut, daß *Die Gewehre der Frau Carrar* in Paris probiert werden, und freut sich »auf die kleine Arbeit« *(Br, 789).*

5. Oktober, Dienstag. Wieland Herzfelde bestätigt Margarete Steffin in Svendborg, daß Änderungen am Text der *Maßnahme* gemacht werden können, weil das Stück noch nicht gesetzt ist. Für die *Stücke*-Ausgabe habe er schon eine Menge Vorbestellungen, »nur selten begegnet man dem Hinweis, daß von Wien aus noch Kiepenheuer-Ausgaben verramscht werden« (→ 29. 10. 34) *(477/7).*

6. Oktober, Mittwoch. Aus Sanary teilt B Helene Weigel mit, daß seine Erkältung »fast ganz weg« sei. Er kündigt seine Ankunft in Paris am »Samstag« (9. 10.) an *(Br, 790).*

9. Oktober, Sonnabend. B kehrt nach Paris zurück und nimmt an den Endproben von *Die Gewehre der Frau Carrar* teil.

16. Oktober, Sonnabend. Uraufführung von *Die Gewehre der Frau Carrar* in der Salle Adyar (in deutscher Sprache) unter dem Protektorat des Schutzverbandes Deutscher Schriftsteller (SDS). Künstlerische Gesamtleitung: Slatan Dudow, Bühnenbild: Heinz Lohmar; mit Helene Weigel (Carrar), Steffi Spira, Walter Florian, Günther Ruschin, Hans Altmann, Walter Hain, S. Schidloff. Im Anschluß an die Aufführung werden Songs und Balladen Bs vorgetragen und der Film *Der letzte Milliardär* von René Clair gezeigt. Am 19. 10. findet eine Wiederholung der Vorstellung statt.
B schreibt (Anfang November an Karl Korsch): »Helli war besser als je, sie hat nichts eingebüßt durch die Pause und war froh drüber. Ihr Spiel war das Beste und Reinste, was bisher an epischem Theater irgendwo gesehen werden konnte. Sie spielte eine andalusische Fischerfrau und es war interessant, wie der sonstige Gegensatz zwischen realistischer und kultivierter Spielweise ganz aufgehoben werden konnte.« *(Br, 801.)*
Unter den Besuchern der Aufführung ist auch der schwedische Rechtsanwalt Georg Branting, der als Vorsitzender des Schwedischen Hilfskomitees für Spanien Interesse für eine schwedische Aufführung des Stückes ankündigt (→ Anfang März 38).
Vermutlich schreibt B das Gedicht *Den Sohn zum Fischen schickend (14,389-391)* in Zusammenhang mit der *Carrar*-Uraufführung.

18. Oktober, Montag. An die 2. Generalversammlung des SDS, die an diesem Tage im Pariser Café Méphisto beginnt, richtet B sein Memorandum *Hauptaufgabe der antifaschistischen Schriftsteller (22,332f.).* B geht (als Vorstandsmitglied des SDS) darin auf Diskussionen ein, die das Übergewicht

Teilnahme an den Endproben zu *Die Gewehre der Frau Carrar* Paris

Uraufführung von *Die Gewehre der Frau Carrar* Salle Adyar, Paris

S. Th. Dudow, der die künstlerische Gesamtleitung der Aufführung hatte, wußte diese gegenseitige Steigerung von Knappheit und Reichtum wirkungsvoll herauszuarbeiten. Das eigentliche Ensemble stellte das Pariser Kabarettkollektiv »Die Laterne«. H. Lohmar lieferte das realistisch-eindringliche Bühnenbild. [...] Die Hauptrolle aber, die Frau Carrar, die Mutter, verkörperte Helene Weigel als Gast. Hier blutete und litt, kämpfte und überwand sich eine Mutter für alle Mütter, und es gab niemand, der nicht von dieser höchsten, herb-verhaltenen Leistung im Innersten erschüttert war. / Das überfüllte Haus dankte ergriffen dem Dichter für dieses wahrhafte deutsche Werk und seinen Darstellern in einer minutenlangen Ovation. *(Wolf Franck, Deutsche Volkszeitung, Paris, 24.20.)*

der Kommunisten im Verband kritisieren. Nach Bs Meinung haben aber »die Kommunisten unter uns immer jedes Opfer gebracht«, »um einen gemeinsamen Kampf um Freiheit und Demokratie für Deutschland zu ermöglichen«. Er fordert auch alle anderen zu solchem Verhalten auf. Wichtig sei in dieser Zeit »allein der umfassende, mit allen Mitteln geführte, unermüdliche Kampf gegen den Faschismus auf breitester Grundlage«.

19. Oktober, Dienstag. B beschuldigt den Verlag Felix Bloch Erben in Berlin des mehrfachen Vertragsbruchs hinsichtlich der *Dreigroschenoper* (→ 26. 4. 28). Den festgelegten Vertrieb des Stückes habe der Verlag seit Anfang 1933 »vollständig vernachlässigt«; die Inkasso überantworteten Beträge, insbesondere aus der Tschechoslowakei, wurden nicht an B abgeführt. Aus diesem Grunde macht B von seinem Recht der Vertragsaufhebung Gebrauch *(783/95-97)*. Nach Ansicht des Verlags Felix Bloch Erben (vom 22. 10.) erfordern die Ansprüche Bs »eine energische und strikte Zurückweisung«. Bereits in früherer Korrespondenz sei der Zusammenhang dieses Vertrags mit dem Generalvertrag (→ 17. 5. 29) erklärt worden. Danach habe B nach Aufhebung des Darlehens (→ 15. 4. 34) noch Verpflichtungen zur Rückzahlung (von RM 42 508,36) an den Verlag *(576/30)*.

20. Oktober, Mittwoch. B trifft in Svendborg ein.

Helene Weigel steht in Paris (am 19. 10.) zum zweiten Mal als Carrar auf der Bühne; sie fährt nach Wien und Prag. Wegen der Beziehungen Bs zu Margarete Steffin und Ruth Berlau erwägt sie erneut eine Trennung von ihrem Mann und will sich in Österreich, der Schweiz und in der Tschechoslowakei nach Arbeits- und Lebensmöglichkeiten umsehen.

B arbeitet mit Margarete Steffin in seinem Haus Skovsbostrand 8 (das sie schon seit dem 11. 9. bewohnt).

28. Oktober, Donnerstag. Nach dem 7. Geburtstag seiner Tochter Barbara (an diesem Tage) schreibt B an Helene Weigel nach Wien, es sei »alles in Ordnung«. Barbara käme selten aus ihrem »Hotel« zu ihm, »Steff kommt jeden Nachmittag und spielt mit mir Billard, die neue Sensation«. Der Garten sei »schön jetzt, gelb und durchsichtig«. *Die Gewehre der Frau Carrar* schicke er an Fritz Lieb nach Basel sowie an Wieland Herzfelde und Frantisek Burian nach Prag, ein weiteres sei bereits an den französischen Übersetzer Grünberg abgegangen. »Es ist wirklich eine klassische Arbeit von Dir und ich bin sehr froh darüber.« *(Br, 795.)*

Ende Oktober. Als B (nach seiner Rückkehr aus Frankreich) davon Kenntnis bekommt, daß Knutzon entgegen der Absprache (→ 9. 9.) doch die Tantiemen der *Dreigroschenoper* über Strakosch an den Verlag Felix Bloch Erben geschickt hat, schreibt er ihm einen empörten Brief. Wie Knut-

Brecht selbst sagt über sein Stück, es sei unexperimentelles, echtes, altes, handfestes Theater. Jedenfalls war es das Stück, das bitter nötig war. Endlich nämlich *war ein Stück da*. Man konnte es spielen, man konnte in Paris deutsches Theater hören. Es war unser Stück, gespielt für uns und von uns. [...] Was aber macht die Stimme der Weigel jetzt? Eine Stimme, die soviel wert sein könnte wie Zeitungsauflagen oder viele Packen Flugblätter oder ein paar Waggons Munition. Kann man mit dieser Stimme doch Stumpfe erregen und Feinde unsicher machen und die Unsrigen stärken. Man spricht hier von ihrer Stimme, weil man sie nach langer Zeit wiedergehört hat. *(Anna Seghers, in: Internationale Literatur, H. 4, April 1938.)*

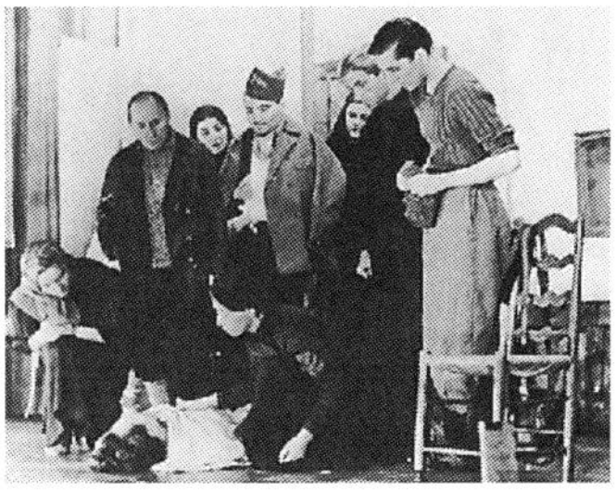

20. Oktober 1937
Zurück in Svendborg

20. Oktober-17. November 1937
Reise Helene Weigels nach Wien und Prag

zon aus der Presse wisse, werden die »Auslandstantiemen der emigrierten deutschen Autoren von Berlin nicht ins Ausland an die betreffenden Autoren weitergeleitet. Die Devisensperre, sowie andere Ausreden (Beschlagnahmung des Vermögens von Ausgebürgerten, oder irgendwelche Konstruktionen angeblicher Verschuldung der Autoren usw.), gibt den Verlagen dazu die Handhabe.« Er habe B bewußt weder zu den Proben noch zur Aufführung eingeladen. Zu prozessieren sei nicht möglich, da für B Berlin als Prozeßort nicht in Frage kommen kann. »Moralisch sind Sie dafür verantwortlich, daß Sie ein Präjudiz schufen, auf Grund dessen bereits einige skandinavische Theater meine Tantiemen nach Hitlerdeutschland abführen. Sie berufen sich auf Ihr, als ›meines Freundes‹, Beispiel. Die in Frage kommenden Tantiemen sind die einzige Einnahmequelle, mit der ich in der Emigration noch geglaubt habe rechnen zu dürfen.« *(Br, 812.)*

30. Oktober, Sonnabend. Auf einen (nicht überlieferten) Brief Helene Weigels aus Prag, in dem sie B von einem dortigen Aufführungsprojekt *Die Gewehre der Frau Carrar* berichtet, meint er, sie müsse es machen, »Prag ist das zweite Zentrum der Emigration und Deine Arbeit ist zu gut, um versteckt zu werden. Sie ist das einzige, was eine Weiterentwicklung im Exil zeigt.« Er bittet sie, in Prag mit Burian zu sprechen und auf der Rückreise in Zürich (bei der Credite Suisse) und in Wien (bei der Universal-Edition) nach dem Geldbestand zu fragen. Die Kinder seien noch bei Frau Andersen in Obhut. »Barbara sehe ich immer nur für Sekunden, sie ist gesellschaftlich überbürdet. Steffs Erziehung muß ausreichen.« Da sie viel reisen muß, solle sie sich bemühen, nicht zu dünn zu werden, »besonders, Du weißt schon wo. Und benimm Dich sittlich. Ich denke sehr gern an Paris und bin Dir sehr gewogen.« *(Br, 798.)* In einem weiteren (später geschriebenen) Brief an seine Frau bittet B um eine Mahnung an den Pariser Fotografen Breitenbach, die Szenenfotos der Uraufführung von *Die Gewehre der Frau Carrar* nach Kopenhagen zu schicken. Ihre Kriminalromane seien angekommen, »Steff und ich vertilgen sie«. Helene Weigel solle versuchen, in Wien Mommsens *Römische Geschichte* aufzutreiben, die er für das »Caesarstück« braucht. »Hetz Dich nicht zu sehr ab, aber schreib mir.« *(Br, 799.)*

Beginn der Arbeit an einem Stückprojekt *Die Geschäfte des Herrn Julius Caesar*

Wieland Herzfelde bestätigt den Eingang des Manuskripts von *Die Gewehre der Frau Carrar*; er habe es sofort in Satz gegeben. Wegen der in Prag geplanten Aufführung des Einakters wolle er davon als erstes einen Sonderdruck machen lassen. Helene Weigel, die ihn besucht habe, gibt er die gewünschten Bücher von Bredel und Graf mit *(477/5f.)*.

Oktober. Die *Neue Weltbühne* veröffentlicht Bs Text

Hauptaufgabe der antifaschistischen Schriftsteller (→ 28. 10.). In der *Internationalen Literatur*, Heft 10, werden die in diesem Jahr entstandenen satirischen Gedichte *Schwierigkeit des Regierens* und *Notwendigkeit der Propaganda (12,63-67)* zum erstenmal gedruckt (weitere → Dezember 37 u. Januar 38).

Anfang November. Wegen der von Helene Weigel bewußt verzögerten Rückkehr nach Dänemark macht B mehrere Versuche, sie wieder in seine Nähe zu locken. So schreibt er eine von ihm und Stefan unterzeichnete »Resolution«. Demnach hat der »Gatten- und Söhnerat« beschlossen, »Dich aufzufordern, nach Erledigung Deiner Obliegenheiten *ohne Verzug* zurückzukehren und Deine Tätigkeit hier wieder aufzunehmen. Du hast Dich also baldmöglichst bei Untigen zu melden.« *(Br, 800.)*
In einem späteren Brief schickt er seiner Frau »als kleines Angebinde« das Gedicht *Die Schauspielerin im Exil (14,355)*. »Abgesehen davon, daß es ein Schmuckstück meiner Arbeiten über Schauspielkunst sein wird, könnte es nützlich sein, wenn es vor der Premiere in Prag dort (mit einem Foto) irgendwo erschiene; das richtet die Aufmerksamkeit des Zuschauers ein.« Er will es an Herzfelde schicken. Helene Weigels Mitteilung, daß sie erst gegen Weihnachten wieder nach Svendborg kommen will, habe ihn und die Kinder »ein wenig erschreckt«. Sie solle zusehen, »daß es nicht zu anstrengend wird, und *rauch nicht zu viel*«. Bis zu ihrer Rückkehr hofft B »die paar kleinen Stücke über Deutschland fertig zu haben«. Ihm schwebe wieder eine Uraufführung in Paris vor. »So kann man besser als irgend sonst die epische Spielweise weiterbilden. Ich bin sehr stolz auf Dich, wie Du siehst.« Der Haushalt ginge »halbwegs, wenn auch ein wenig provisorisch«, die Kinder seien lustig. Stefan wachse sehr und gehöre »jetzt schon zu den Größten in der Klasse« *(Br, 803)*.
B berichtet Karl Korsch von seiner Paris-Reise (→ 28. 9. und 16. 10.). Dort habe er auch Paul Partos (→ 23. 6. 35) getroffen, der aber nur für kurze Zeit aus Spanien gekommen sei. Er will ihm *Die Gewehre der Frau Carrar* schicken, sobald er die zwei Bände seiner Dramen (vom Malik-Verlag; → 24. 8.) bekommen hat. »Ich schrieb auch noch sieben kleine Stücke, die in Deutschland spielen, und ein Dutzend Satiren für den ›Freiheitssender‹.« Augenblicklich arbeite er an dem Stück *Die Geschäfte des Herrn Julius Caesar* (→ 30. 10.), für das in Paris eine Aufführungschance bestehe. (Als Stück nicht realisiert; B benutzt den Stoff für sein gleichnamiges Romanfragment; *17,163-390.*) Korsch fehle ihm dabei zur Beratung »beträchtlich«. Er beabsichtigt zwei Schwerpunkte zu behandeln: »1) wie der Diktator zwischen den

Helene Weigel mit den Kindern, Skovsbostrand

Für Helene Weigel 1938 geschriebenes Gedicht:

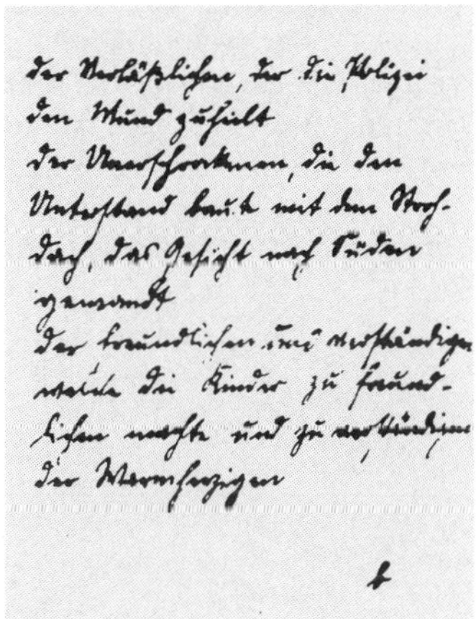

Der Verläßlichen, der die Polizei
Den Mund zuhielt
Der Unerschrockenen, die den
Unterstand baute mit dem Strohdach, das Gesicht nach Süden
gewandt
Der freundlichen und verständigen
welche die Kinder zu freundlichen machte und zu verständigen
Der Warmherzigen

Klassen pendelt und damit die Geschäfte einer Klasse führt (hier der equites) und 2) daß Kriege (hier der Gallische) zur Ausbeutung des eigenen Volkes unternommen werden, nicht so sehr des bekriegten.« B kennt als Quellen Plutarchs *Lebensbeschreibungen*, Dio Cassius' *Römische Geschichte*, Suetons *Kaiserbiographien*, Sallusts *Die Verschwörung des Catilina*, Theodor Mommsens *Römische Geschichte*, Max Webers *Die Agrarverhältnisse im Altertum* und William Ward Fowlers *Caesar*-Buch und fragt Korsch nach weiterer einschlägiger Literatur, besonders »über die Klassenkämpfe und die Ökonomie«. Seit der Verhaftung Sergej Tretjakows (→ 3. 5.) seien für B die »literarischen Verbindungen mit der Union sehr dünn geworden« *(Br, 801)*.
Bis zu diesem Zeitpunkt entstehen zu der 5 Szenen umfassenden Sammlung *Die Angst* (→ 18. 8.) weitere zwei Szenen. Fortsetzung der Arbeit daran → März 38.

Ihr kennt den wissensdurstigen Brecht
Ihr sangt ihn allesamt.
Dann hat er euch zu oft gefragt
Woher der Reichen Reichtum stammt
Da habt ihr ihn jäh aus dem Land gejagt.
Wie wissensdurstig war doch meiner Mutter Sohn!
Und sieh, da war es noch nicht Nacht
Da sah die Welt die Folgen schon:
Sein Wissensdurst hat ihn so weit gebracht –
Beneidenswert, wer frei davon!
(2,309.)

1. November, Montag. Margarete Steffin schickt die Korrekturen der *Dreigroschenoper* an den Malik-Verlag. Brecht würde gern dem *Salomon-Song* noch eine neue Strophe hinzufügen, und fragt, ob das noch zu machen ist. »Er hält sie für einen ganz guten Scherz.« *(477/9.)*
3. November, Mittwoch. Helene Weigel kündigt (aus Wien) Walter Benjamin ihre Ankunft in Paris für den 12. 11. an und fragt, ob er für sie etwas Zeit hat.
4. November, Donnerstag. Der (13.) Geburtstag von Stefan (am Vortag) sei »befriedigend« gewesen, schreibt B an Helene Weigel, »Essen und Kuchen bekam er bei Frau Andersen, hier bekam er Deinen Buchumschlag, Bücher (*Brot und Wein* von Silone usw.), ein Notizbuch, 5 (fünf) Kronen bar, zwei kleine Bälle usw.« Ihr »Schokoladenkistchen« habe er »stehenden Fußes« aufgefressen, »um seinem »schwachen Magen etwas aufzuhelfen«. B gibt Helene Weigel Ratschläge für ihre Darstellung der Carrar in Prag *(Br, 802)*.
5. November, Freitag. Einer Datierung von Margarete Steffin zufolge beendet B an diesem Tage die *Rede über die Widerstandskraft der Vernunft (22,333-336)*, in der er zu dem Schluß kommt: »Sie [die herrschenden Schichten] benötigen zur Aufrechterhaltung ihrer Herrschaft ebensoviel Vernunft bei den Massen, als zur Beseitigung dieser Herrschaft nötig ist.« Steffin schickt kurz danach die Rede an Walter Benjamin mit der Bemerkung: »Ich hätte nicht geglaubt, daß in so finsterer Zeit Brecht einen derart optimistischen Aufsatz schreiben könnte wie beiliegenden.« *(AdK, Nachlaß WB, 26,2.)*
7. November, Sonntag. Wieland Herzfelde schickt B Restkorrekturen von *Aufstieg und Fall der Stadt Mahagonny* sowie die Korrekturfahnen von *Die Gewehre der Frau Carrar*.
9. November, Dienstag. B vermißt Notizen zum Caesar-

Stoff von Martin Domke (einem aus Deutschland nach Paris emigrierten Rechtsanwalt). Er studiere inzwischen Plutarch, Sueton und Mommsen (→ Anfang November). Außerdem bittet er Domke um Beistand in einer Meinungsdifferenz mit Tommy Banyai, der über französische Aufführungsrechte von Bs Stücken verfügt. Er habe sich darüber beklagt, daß B (auf Domkes Rat) die Société des Auteurs et Compositeures bevollmächtigt, alle Tantiemen aus französischen Aufführungen seiner Stücke an Fritz Lieb, einem Freund Benjamins, auszuhändigen *(Br, 804)*.

11. November, Donnerstag. Margarete Steffin hat Wieland Herzfelde Bs Kritik am Satz der Dramenbände mitgeteilt (Vorbild sollten die Kiepenheuer-Ausgaben sein) und erhält nun die Auskunft, daß beide Bände bereits fertig gesetzt sind.

14. November, Sonntag. Erstdruck von *Die Schauspielerin im Exil* (→ Anfang November) in der *Pariser Tageszeitung*.

Mitte November. Ruth Berlau kehrt aus Spanien zurück. Nach ihren Erinnerungen hat B sie nicht freundlich empfangen und sogar zum erstenmal angeschrien, als sie ihm nicht alles über den Bürgerkrieg sagen konnte, was er wissen wollte. »Aber vielleicht war Brecht auch böse, weil ich so spät nach Dänemark zurückkam. [...] Brecht hat meine lange Abwesenheit und mein Schweigen mit Mißtrauen beobachtet und mich – wie er es gern tat – durch seine *Lai-tu*-Geschichten belehren und erziehen wollen.« *(Berlau/Bunge, 77f.)* In *Kien-leh und der Schüler, der wegging (18,165)* nennt B Ruth Berlau »Tu« (Kurzform von: Lai-tu) und meint, nach der Rückkehr sei Tu wieder aufgenommen worden, »aber das Verhältnis wurde nie mehr dasselbe«.

Sie hatte in einem Brief ihre Rückkehr angekündigt, B aber vergeblich auf sie am Hafen warten lassen, weil sie Michail Kolzow (nach anderen Angaben: Georg Branting) erst nach Kopenhagen begleitete; er schreibt in dem Gedicht *Wenn der Stein sagt (14,353)*: »Wenn deine Freundin schreibt, daß sie kommen will / Glaube ihr nicht. Hier / Ist keine Naturkraft am Werke.« (Im *Buch der Wendungen* überschrieben *Kin-jeh und seine Schwester* 4; *18,167*.)

Vor der Ankunft von Berlau beschließt Margarete Steffin, »gute Miene zum bösen Spiel« zu machen; sie will nicht zeigen, wie ihr zumute ist. In einer Kalendernotierung wünscht sie ihrer Rivalin ein baldiges Ende; sie werde »ihr einen schönen Kranz kaufen« *(2112/155f.)*.

17. November, Mittwoch. Rückkehr von Helene Weigel. Margarete Steffin zieht wieder in die Valdemarsgade 9A.

17. November 1937
Rückkehr von Helene Weigel nach Svendborg

19. November, Freitag. B informiert Martin Domke über seinen Plan für ein Stück *Die Geschäfte des Herrn Julius Caesar* (→ 30. 10.), das mit dem Jahr 691 beginnt: »C ist in die Catilinaverschwörung verwickelt. In der zweiten Szene ist er Prätor (692). In der dritten packt er die Koffer für Spanien.« Anschließend legt er ihm ausführlich die Fabelführung dar und fragt ihn nach der Art der Geldgeschäfte. Der politische Grundgedanke sei: »Hochkommen der Diktaturen zwischen sich heftig bekämpfenden Klassen. Als Zünglein an der Waage. Und: Abhängigkeit der Diktaturen von der herrschenden Klasse.« *(Br, 805.)*

November 1937
Korrektur der *Gesammelten Werke*

20. November, Sonnabend. Wieland Herzfelde schickt Korrekturfahnen der Stücke und informiert Margarete Steffin über Probleme und Termine zu den in Vorbereitung befindlichen Drucken. Die von B gewünschten Sonderabzüge einzelner Stücke sollen gemacht werden. Bei der Nennung von Mitarbeiternamen bittet Herzfelde von solchen abzusehen, die ihm »Unannehmlichkeiten« bereiten könnten (wie z. B. Hermann Borchardt) *(477/55f.).*

Ende November. B fragt Lion Feuchtwanger erneut, was man »für die arme Carola Neher« machen kann. »Wenn sie verurteilt wurde, geschah das keinesfalls ohne reichliches Material, aber man hat ja drüben nicht die Auffassung ›ein Pfund Verbrechen – ein Pfund Strafe‹, man will lediglich den Sowjetstaat schützen, da kann man Nichtrussen vielleicht ausweisen? Sie ist immer noch ein Wert, eine große Schauspielerin.« Er arbeite gerade an kleinen Szenen für den Freiheitssender und will wissen, ob Feuchtwanger auch etwas dafür hat. Außerdem schreibe er »an einem Stück über – Julius Caesar« und sucht gute Bücher über ihn, »Mommsen habe ich, er ist solch ein Spießer!« Besonders interessiere ihn eine deutsche Übersetzung der *Historiae Romanae* von Dio Cassius. B bedauert die weite Entfernung zwischen beiden: »Das wäre ein Stoff für Zusammenarbeit wie am *Edward.*« (→ Ende Februar 24.) Ein von beiden geschriebener (nicht überlieferter, vermutlich kritischer) Brief an *Das Wort* sei noch nicht beantwortet. »Erpenbecks Mühlen mahlen langsam.« *(Br, 806.)*

Margarete Steffin bittet in Bs Auftrag Walter Benjamin um zwei Aufsätze aus Anlaß der *Gesammelten Werke* im Malik-Verlag.

4. Dezember, Sonnabend. Am Kopenhagener Königlichen Theater hat das Stück *Nederlaget* (Die Niederlage) von Nordahl Grieg Premiere.

9. Dezember, Donnerstag. Fritz Erpenbeck von der *Wort*-Redaktion bittet (auf Vorschlag Bs) Walter Benjamin um einen Text zu Bs demnächst erscheinenden *Gesammelten Werken*; Erpenbeck zitiert aus einem Brief Bs an die Redaktion: »Zu Weihnachten bringt der Malik-Verlag zwei große Bände gesammelte Werke von mir heraus. Da meine Arbeiten für das Theater beim Leser, der die Bühne nicht vor sich hat, mitunter auf Schwierigkeiten stoßen, überdies ein Gesamtüberblick überhaupt fehlt, hätte ich gern eine Arbeit darüber im *Wort*, und zwar, dachte ich mir, damit Konkretes geschrieben werden kann, einen Essay *Zwölf Gestalten* über die Hauptpersonen meiner Stücke. Es scheint mir wichtig, daß sowohl die Zuschauer als auch die Dramatiker auf die Notwendigkeit der Kreierung großer Menschengestalten hingewiesen werden.« Da Benjamin mehrere ihm zugesicherte und zustehende Honorare immer noch nicht erhalten hat, lehnt er (am 22. 12.) das Angebot ab.

19. Dezember, Sonntag. Vor Emigranten findet eine interne dänische Amateuraufführung von *Die Gewehre der Frau Carrar* mit Mitgliedern des Arbejdernes Teater Kopenhagen statt; Regie: Ruth Berlau (unter Mitarbeit Bs); mit Dagmar Andreasen als Carrar. In einer Rezension des *Aftenbladet* heißt es: »Das stark dramatische Stück wurde ausgezeichnet dargeboten, geprägt sowohl von der Begeisterung dieser Laienschauspieler als auch von der gekonnten Regie Ruth Berlaus. Namentlich Dagmar Andreasen als Mutter spielte fein und empfindsam.« *(20. 12.)* Nach der Vorstellung werden Geschenkpakete an Emigranten verteilt; in einer Resolution fordern die Anwesenden vom dänischen Ministerpräsidenten eine Erweiterung des Asylrechts für deutsche Flüchtlinge. Die Aufführung wird in Arbeiterversammlungen und in Vereinen gespielt und hat keine weitere publizistische Wirkung.

Ruth Berlau mit Helene Weigel und Dagmar Andreasen

Vermutlich schreibt B für die Arbeiterschauspieler das Gedicht *Darstellung von Vergangenheit und Gegenwart in einem (14,372f.)*.

29. Dezember, Mittwoch. Margarete Steffin schickt Walter Benjamin Bs Gedicht *Über die Bezeichnung Emigranten (12,81)*.

30. Dezember, Donnerstag. In der *Neuen Weltbühne*, Paris/Prag, wird erstmals das Gedicht *Über die Bezeichnung Emigranten (12,81)* gedruckt. Hermann Budzislawski, der die Redaktion der Zeitschrift übernommen hat, nimmt für sich in Anspruch, B für die Mitarbeit an der *Neuen Weltbühne* gewonnen zu haben, die er zuvor (wegen der Mitarbeit des mit B verfeindeten Kurt Tucholsky) strikt abgelehnt habe. Im Erstdruck des Gedichts heißt es versehentlich »Ach, die Stille der Sünde täuscht uns nicht« (statt »der Sunde«), was B zu einer empörten Reaktion und Budzislawski zu einer Richtigstellung veranlaßt *(Die neue Weltbühne, 6. 2. 38)*.

Über die Bezeichnung Emigranten

Dezember. Im Dezember-Heft von *Das Wort* werden von den in diesem Jahr geschriebenen *Deutschen Satiren* die Gedichte *Dauer des Dritten Reiches (12,78f.)*, *Verbot der Theaterkritik (12,79f.)* sowie *Die Jugend und das Dritte Reich (12,71f.)* zum erstenmal gedruckt. Die Debatte über

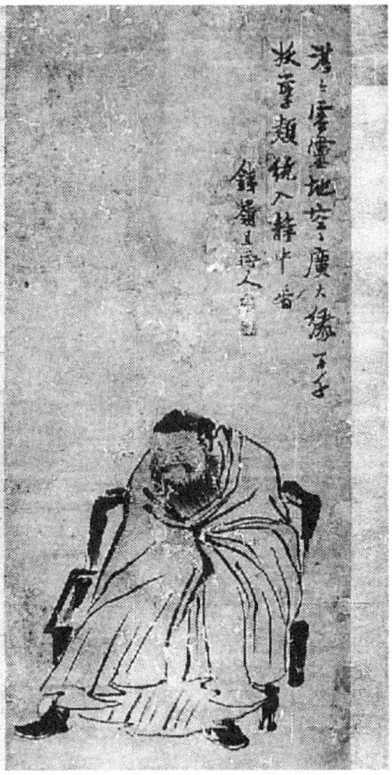

Das chinesische Rollbild, Anlaß für das Gedicht *Der Zweifler*

den Expressionismus (→ September) wird mit Franz Leschnitzers Artikel *Über drei Expressionisten* (Kurt Pinthus, Georg Heym, Ernst Wilhelm Lotz) fortgesetzt.
B schreibt für Margarete Steffin das Gedicht *Die gute Genossin M.S. (14,357f.)*. In diesem Zusammenhang entstehen auch die Gedichte *Reglement für den Soldaten GGGGGGG*, *Vom Glück des Soldaten der Revolution*, *Zweites Lied vom Soldaten der Revolution (14,367-371)*.
Über die Art der Arbeit mit Gleichgesinnten im Kollektiv schreibt B in diesem Jahr das Gedicht *Der Zweifler (14,376f.)*.

1938

2. Januar, Sonntag. B bringt Margarete Steffin wegen der Verschlechterung ihres Gesundheitszustandes (Ohrenschmerzen und Gleichgewichtsstörungen) nach Kopenhagen ins Öresund-Hospital; er bleibt bis 4. 1. in Kopenhagen (und kommt erneut am 7. u. 8. 1.). Sie wird am 20. 1. entlassen und fährt (am 25. 1.) wieder nach Svendborg. In dieser Zeit schreibt er die drei Gedichte *Appell an einen kranken Kommunisten*, *Antwort des kranken Kommunisten an seine Genossen* und *Appell an die Ärzte und Krankenpfleger*, die unter dem Titel *Appell (12,54-56)* in die *Svendborger Gedichte* eingehen.

Mitte Januar
Beginn der Arbeit am Roman
Die Geschäfte des Herrn Julius Caesar

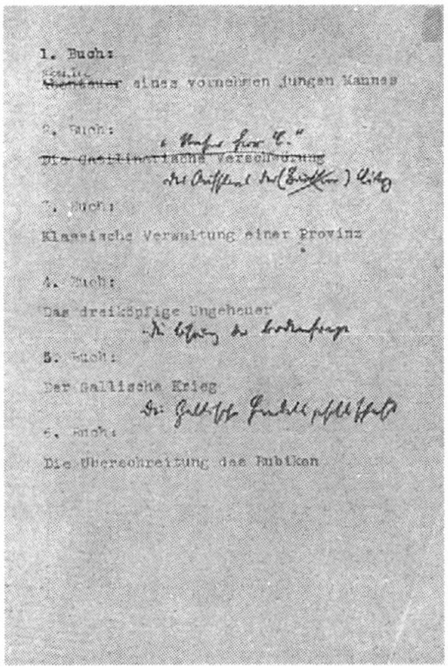
1. Buch:
eines vornehmen jungen Mannes
[illegible] Buch:
[illegible] Buch:
Klassische Verwaltung einer Provinz
4. Buch:
Das dreiköpfige Ungeheuer
5. Buch:
Der Gallische Krieg
6. Buch:
Die Überschreitung des Rubikon

Brechts Plan für den *Caesar*-Roman

Mitte Januar. B gibt den Plan zu dem Stück *Die Geschäfte des Herrn Julius Caesar* (→ 30. 10. 37) auf und benutzt den Stoff für einen Roman gleichen Titels.
17.-23. Januar, Montag-Sonntag. Niederschrift des ersten Buches von *Die Geschäfte des Herrn Julius Caesar*.
31. Januar, Montag. B will vom Verlag Allert de Lange wissen, ob er sich mit der Universum-Bücherei Basel wegen Übernahme des *Dreigroschenromans* geeinigt hat *(Br, 814)*. Die Universum-Buchgemeinschaft übernimmt einen Teil der Auflage des Romans von 1934 als »7. Sonderband der Jahresreihe 1937 / 272. Band der Universum-Bücherei« *(4)*; in die Amsterdamer Leinenbände wird ein neues Titelblatt *(3f.)* mit UB-Signet eingeklebt.
Januar. In Heft 1 von *Das Wort* erscheinen zwei weitere Satiren, die B für den deutschen Freiheitssender (→ Anfang November 37) geschrieben hat: *Der Krieg soll gut vorbereitet sein (12,72)* und *Die Ängste des Regimes (12,68-70)*. Der vollständige Abdruck der Satiren kommt erst 1939 im Rahmen der Sammlung *Svendborger Gedichte* (→ Juni 39) zustande. – Das Heft enthält außerdem Margarete Steffins »Autorisierte Übertragung aus dem Norwegischen« (die aber von der Redaktion der Zeitschrift verstümmelt wird) von Nordahl Griegs »Schauspiel über die Pariser Kommune« *Die Niederlage* (1. Bild des 1. Akts; → 15. 5. u.

21. 9. 37); die weiteren Teile der Übersetzung erscheinen in den Heften 3 und 4. – Walter Haenisch macht im gleichen Heft in seinem Essay über *Percy Bysshe Shelley* auf dessen Poem *Maskenzug der Anarchie* aufmerksam und zitiert mehrere Strophen. B übersetzt mit Margarete Steffin später das Gedicht und zitiert daraus in seinem Aufsatz *Weite und Vielfalt der realistischen Schreibweise* (→ Juli).
Michail Kolzow setzt die Gründung einer Pariser Außenstelle der Redaktion von *Das Wort* durch, für die seine Lebensgefährtin Maria Osten (→ Ende September 37) offiziell delegiert wird. Sie nimmt die Auswahl der Beiträge von Autoren vor, die in den westlichen Exilländern leben, und verfügt über genügend Finanzmittel, die eine problemlose Überweisung der Honorare für gedruckte Arbeiten sowie Vorschußzahlungen für Aufträge möglich machen.
1. Februar, Mittwoch. Margarete Steffin bekräftigt Bs Wunsch (→ 9. 12. 37), Benjamin möge anläßlich des Erscheinens der *Gesammelten Werke* etwas über die Gestalten und Fabeln seiner Stücke schreiben.
14. Februar, Montag. Als Wohltätigkeitsveranstaltung findet die deutschsprachige Premiere der *Gewehre der Frau Carrar* (für die Deutsch-Schüler) in der Borups Højskole Kopenhagen statt; Regie: Ruth Berlau (unter Mitarbeit Bs), Bühnenbild: Heinz Lohmar; mit Helene Weigel, die als einzige auf dem Programmheft mit Namen genannt ist.
Die Aufführung findet in den Zeitungen eine gute Resonanz. Besondere Aufmerksamkeit widmen die Kritiker Helene Weigel. Vor Beginn der Vorstellung liest die bekannte dänische Schauspielerin Bodil Ipsen aus literarischen Werken über den spanischen Bürgerkrieg. Ergriffen von der dann folgenden Aufführung von Bs Einakter trägt Ipsen, Helene Weigel umarmend, die dänische Fassung des Gedichts *Die Schauspielerin im Exil* (→ Anfang November 37) vor.
B greift in die Diskussion über die Spielweise von Helene Weigel mit dem Gedicht *Beschreibung des Spiels der H.W. (14,372)* ein.
Mitte Februar. B hat mit den Darstellern der Aufführung von *Die Gewehre der Frau Carrar* »die positiven Seiten der Aufführung« besprochen und teilt ihnen jetzt in einem Brief die »Schwächen« mit. Für besonders wichtig hält B, »daß zwischen den Repliken Löcher sind« und empfiehlt Durchsprechproben. Außerdem gibt er detaillierte Anweisungen an die Darsteller. Zusammenfassend schreibt er: »Meine Meinung ist jedenfalls, daß Eure Aufführung der *Gewehre* eine schöne Leistung der Kopenhagener Emigranten ist, die in Dänemark, wie die Zeitungen zeigen, uns nützt.« *(Br, 815.)* Die Schauspieler senden ihm eine »Selbstkritik«, auf die B wenige Tage später reagiert *(Br, 816)*.

14. Februar 1938
Premiere von
Die Gewehre der Frau Carrar
Borups Højskole, Kopenhagen

Sie [Helene Weigel] ergreift mit ihrer tief ins Menschliche gehenden Einfachheit. Aber es ist nicht zu leugnen: ihre charaktervolle intelligente Physiognomie wirkt ihren Bestrebungen, im Allgemein-Menschlichen aufzugehen, entgegen. Es will ihr einfach nicht glücken, ihre Individualität auszulöschen. *(Frederik Schyberg, Politiken, 15. 2.)*

Sie ist eine Künstlerin jenes neuen Typs, den die proletarischen Kämpfe nach dem Weltkrieg in Ländern wie Deutschland und Rußland hervorgebracht haben und den wir in Skandinavien noch nicht erreichten: knapp, stark, elementar wie die Elemente selbst. *(Martin Andersen Nexø, Arbejderbladet, 18. 2.)*

In *Weigel und Andreasen als Frau Carrar. Unterschiede der Spielweise (24,223-225)* stellt B fest, daß die dänische Arbeiterschauspielerin (→ 19. 12. 37) die Figur nicht so glaubwürdig habe darstellen können, weil es ihr »an Übung und Technik für die Spielweise des alten wie des neuen Theaters« fehlt. »Sie muß, wenn sie eine Proletarierin spielt, nicht nur eben eine solche sein, sondern zeigen, wodurch sich eine Proletarierin von einer Bürgerin oder Kleinbürgerin unterscheidet.«

17. Februar, Donnerstag. B gibt Jonny G. Rieger recht, der sich an ihn wegen nicht abgestimmter Eingriffe der Redaktion von *Das Wort* in sein Erinnerungsbild *Ecke Hongkong-Road* (Januar-Heft 1938) gewandt hat. Das sei »natürlich ein (hoffentlich nicht wieder vorkommender) Mißstand«, über den er die Moskauer Redakteure informieren wird *(Br, 817)*.

Februar. In Heft 2 von *Das Wort* erscheint unter dem Titel *Der Ochse Amor* in der Übersetzung von Margarete Steffin ein Auszug aus dem 2. Band der *Erinnerungen* von Martin Andersen Nexø. Im gleichen Heft wird die Expressionismusdebatte mit Beiträgen von Herwarth Walden (*Vulgär-Expressionismus*), Klaus Berger (*Das Erbe des Expressionismus*) und Walter Haenisch (*Im Kampf ums freie Wort*) fortgesetzt. Gregor Gog stellt in seinem Artikel *Hans Tombrock, ein deutscher Malervagabund* (mit dem B in Schweden zusammentrifft; → Mitte August 39) den Maler und Grafiker vor.

Anfang März 1938
Reise nach Stockholm
Teilnahme an Proben zu
Die Gewehre der Frau Carrar

Anfang März. Auf Initiative des schwedischen linksdemokratischen Senators Georg Branting, der *Die Gewehre der Frau Carrar* in Kopenhagen gesehen hat (→ 16. 10. 37), wird der Einakter im Stockholmer Odeonteatern von Hermann Greid (→ Mitte Mai 37) inszeniert. Nach dem Bericht des Regisseurs (der auch die Rolle des Pedro spielt) habe man eine Aufenthaltserlaubnis für B von drei Tagen erwirken können: »So kam er von Dänemark herüber, um an den Proben etwas teilnehmen zu können.« *(Greid, 19.)* B lernt die Darstellerin der Carrar, die Schauspielerin Naima Wifstrand, kennen (die auch die Übersetzung gemacht hat). Die Premiere findet am 5. 3. statt.

3. März, Donnerstag. Auf Wunsch Bs berichtet Margarete Steffin Arnold Zweig von der Arbeit. Er sei sehr fleißig und arbeite an dem satirischen Roman *Die Geschäfte des Herrn Julius Caesar*. »Es handelt sich um den richtigen großen Caesar, der diesmal als Geschäftsmann geschildert wird.« B lese »in den verschiedensten Sprachen die dicksten Wälzer durch«, die ihm die Svendborger »Miniatur-Bibliothek« aus aller Welt beschafft. Außerdem habe B »eine Reihe von Einaktern fertiggestellt, die unter dem Titel *Deutschland – ein*

Greuelmärchen erscheinen sollen«, sowie für den Gedichtband der *Gesammelten Werke* die Sammlung *Gedichte im Exil* abgeschlossen.

12. März, Sonnabend. B fragt Walter Benjamin, ob dessen Rezension des Romans *Die Rettung* von Anna Seghers für das *Wort* geeignet wäre.

12. März 1938
Deutsche Truppen marschieren in Österreich ein

Nach dem Rücktritt des österreichischen Bundeskanzlers Kurt von Schuschnigg (am 11. 3.) marschieren deutsche Truppen in Österreich ein (→ 10. 4.).

13. März, Sonntag. Die *Deutsche Volkszeitung*, Paris/Prag/Kopenhagen, meldet, daß B »gegenwärtig an einem satirischen Roman *Die Geschäfte des Herrn Julius Caesar*« arbeite, der im Malik-Verlag erscheinen soll.

18. März 1938
Fertigstellung des Artikels *Über reimlose Lyrik mit unregelmäßigen Rhythmen*

18. März, Freitag. Nach einer Datierung von Margarete Steffin hat B den Artikel *Über reimlose Lyrik mit unregelmäßigen Rhythmen (22,357-364)* fertiggestellt. Er schickt den Text (später) an die Redaktion mit einer Vorbemerkung, in der er Bezug auf Beiträge zur Expressionismus-Debatte nimmt und die »Diskussion zum großen Teil etwas allgemein geführt« findet. Seine »kleine Studie« soll »detaillierte Untersuchungen über lyrische Formen« anregen *(22,1014)*. Der Text wird ein Jahr später im *Wort* ohne die Vorbemerkung gedruckt (→ März 39).

25. März, Freitag. Wegen seiner Auseinandersetzung mit (den Mitgliedern der KP) Per Knutzon und Lulu Ziegler (→ Ende Oktober 37) wendet sich B an den Vorsitzenden der Kommunistischen Partei Dänemarks Aksel Larsen. Beide Theaterleute hätten »durch ihr Benehmen den Antifaschismus« kompromittiert. Einer Anzeige des *Arbejderbladet* von diesem Tage entnehme er, daß eine Aufführung von *Die Gewehre der Frau Carrar* mit Rezitationen von Lulu Ziegler geplant sei. »Das geht mir entschieden zu weit. Ich habe nicht die geringste Lust, meinen Namen in einem Atem mit dem von Frau Lulu Ziegler genannt zu haben.« *(Br, 821.)*

Beginn der Übersetzung von Martin Andersen Nexøs *Erinnerungen*

Die Züricher »Büchergilde Gutenberg« plant eine deutschsprachige Publikation der *Erinnerungen* von Martin Andersen Nexø, für die eine vom Autor bezahlte Rohübersetzung von Alfred Ostermoor (auch Alfred Bertolt) vorliegt. B schreibt an Andersen Nexø, diese Übersetzung sei nicht verwendbar. Für die umfangreiche Arbeit, die B mit Margarete Steffin zu leisten hat, wolle der Verlag kein Honorar aussetzen. B sieht sich nicht imstande zu helfen, da er an seinem *Caesar*-Roman arbeite, »der viel wissenschaftliche Vorarbeit verlangt und den ich, um den Vorschuß zu kriegen, möglichst bald fertig haben muß«. Margarete Steffin könne, »wenn man ihr Zeit läßt, wenigstens die gröbsten Schnitzer beseitigen«. Sobald ein Kapitel fertig ist, will es B an *Das Wort* schicken. »Dadurch bekommt das *Wort* für mindestens ein halbes Jahr ein Rückgrat.« Andersen Nexøs »schönen Aufsatz über *Die Gewehre der Frau Carrar*« hätten sie an das *Wort* geschickt (→ März). »Ich bin sehr froh darüber.« Sein Verleger Wieland Herzfelde sitze in der Tschechoslowakei, »welche England nicht schützen will, obgleich er eine Gesamtausgabe meiner Dramen herausbringt: Gott straft ihn.« *(Br, 822.)*

26. März, Sonnabend. B fragt bei der amerikanischen Schriftstellerin und Journalistin Ernestine Evans an, ob sie in den USA etwas für *Die Gewehre der Frau Carrar* tun kann, und bevollmächtigt sie, »für Druck und Aufführung des Stückes Verträge abzuschließen«. Für die Hauptrolle müsse man »eine Schauspielerin von Format« nehmen. Die Rolle sei »dankbar, aber auch schwierig«. Aufführungen von Amateuren »ohne eine große Schauspielerin in der Hauptrolle« hätten in Skandinavien nur einen »Minimumerfolg erzielt«. Auf Rat Hanns Eislers, der sich inzwischen endgültig in den USA niedergelassen hat, schickt er ihr auch *Die heilige Johanna der Schlachthöfe* und *Die Rundköpfe und die Spitzköpfe (Br, 823).*

März 1938
Erstdruck der Einzelausgabe von
Die Gewehre der Frau Carrar

Brecht hat die nicht enttäuscht, die bereits damals auf ihn als auf einen neuen Kämpfer sahen. War er böse mit dem anscheinend abdankenden imperialistischen Deutschland, so wurde er erbarmungslos mit ihm, als es, makabrer denn je, im Dritten Reich wieder auferstand. Kaum einer hat wie Brecht so zudringliche Fragen an den Fachismus und seine Koryphäen gestellt: seine scheinbar unschuldig fragenden Gedichte, in denen er – wie es scheint, mit der Neugierde eines Kindes – an dem Flitterkram der faschistischen Ideologie zupft, wirken auf die Auguren des Dritten Reichs wie eine Züchtigung mit Skorpionen. Nur wenige der kämpfenden Dichter des Antifaschismus sind heute so gehaßt und gefürchtet wie er. [...] Frau Carrars Liebe zu ihren Jungen enthält symbolisch all die Zärtlichkeit und Fürsorge, die der arbeitende Mensch dem Leben gegenüber nährt, das er geschaffen hat; des einfachen Volkes

März. Einzelausgabe von *Die Gewehre der Frau Carrar* im Malik-Verlag, London, als Sonderdruck aus den *Gesammelten Werken*, zusammen mit dem Gedicht *Die Schauspielerin im Exil* (→ Anfang November 37). Versehentlich wird das Jahr des Copyrights »1937« auch als Erscheinungsjahr angegeben.

Im *Wort* wird die Szene *Der Spitzel* (→ 18. 8. 37) aus »einem Zyklus antifaschistischer Einakter« gedruckt.

B hat inzwischen die Szenenfolge *Die Angst* (→ Anfang November 37) um weitere 12 Szenen ergänzt. Als neuen Titel erwägt er die Überschrift einer Ballade, welche die einzelnen Szenen verbindet, *Die deutsche Heerschau* (vgl. auch 14,395-401), oder (in Anlehnung an *Glanz und Elend der Kurtisanen* von Honoré de Balzac) den dann bevorzugten Titel *Furcht und Elend des III. Reiches*. Er kündigt Erwin Piscator, der in die USA reisen will, die neue Szenenfolge an. Alle Welt interessiere »sich sehr für die Wirkungen, welche die Diktatur des Hakenkreuzes auf die verschiedenen Schichten hat«, und das Projekt gebe einen »Querschnitt durch alle Schichten in 19 Szenen (es können noch etliche dazukommen)«. Stilistisch denke er an die »Goyaschen Radierungen über den Bürgerkrieg« *(*den Zyklus *Los desastres de la guerra)*. B ist an einer Aufführung in New York sehr interessiert *(Br, 824)*.

3. April, Sonntag. In einem (nicht erhaltenen) Brief hat Martin Andersen Nexø seinen Wunsch ausgedrückt, B sollte unbedingt an der deutschen Fassung seiner *Erinnerungen* (→ 25. 3.) beteiligt sein. B erklärt sich dazu bereit, es müsse aber der Name von Margarete Steffin an erster Stelle genannt werden, da er, »wie jedermann weiß, ja nicht Dänisch« versteht und die »Hauptarbeit tatsächlich von Grete gemacht wird«. Er erörtert Probleme der Rechtslage (gegenüber den Verfassern der Rohübersetzung) und der Arbeitsplanung *(Br, 825)*.

5. April, Dienstag. Margarete Steffin teilt Walter Benjamin mit, daß B immer noch an der Szenenfolge *Furcht und Elend des III. Reiches* arbeitet.

10. April, Sonntag. Wenige Wochen nach dem Einmarsch deutscher Truppen in Österreich (→ 12. 3.) stimmen in dem besetzten Land und im »Altreich« mehr als 99% für die »Wiedervereinigung« und für »die Liste unseres Führers Adolf Hitler«. B verarbeitet diese Wahl in der Szene *Volksbefragung (4,441 f.)*.

Mitte April. B teilt nicht die Befürchtung Slatan Dudows, eine Aufführung von Szenen aus *Furcht und Elend des III. Reiches* würde depressive Wirkungen auslösen. »Immerhin wird hier, denke ich, die ganze Brüchigkeit des Dritten Reiches in all seinen Einzelheiten sichtbar werden und daß nur Gewalt es zusammenhält.« Es gäbe schließlich ein Widerstand leistendes »Volk, das dieses Regime in einen der größten und schwierigsten Kriege aller Zeiten hineintreiben will«. Dazu führt B als Beispiel einzelne Szenen an. »Im ganzen glaube ich nicht, daß die Aufführung deprimieren wird. So wenig und noch weniger als ein Gemälde des Brueghel oder ein Zyklus von Daumier-Zeichnungen.« *(Br, 826.)*

17. April, Ostersonntag. B schreibt die Verse *Heute, Ostersonntag früh (12,95)* und stellt sie mit zwei weiteren Teilgedichten zu *Frühling 1938* zusammen (→ 6. 5.).

19. April, Dienstag. Nach Bs Meinung hat Dudow den Premierentermin von *Furcht und Elend des III. Reiches* zu früh angesetzt. Die Aufführung von *Die Gewehre der Frau Carrar* (→ 16. 10. 37) sei ein Erfolg geworden, weil das Stück für Helene Weigel »geschrieben war, und zwar so geschrieben war, daß es allein mit ihr ging«. Jede Szene von *Furcht und Elend des III. Reiches* müsse ein »Kabinettstück« werden, und das könne es nur »mit ausreichenden Schauspielern (und ausreichender Arbeitszeit)«. B plädiert für eine Verschiebung der Premiere, wenn Dudow nicht die »wirklich erforderlichen Schauspieler« zusammenbekommt, und macht Vorschläge für die Reihenfolge und die Besetzung der Szenen. Für B ist die künstlerische Qualität Voraussetzung für die politische Wirkung: »Wir zeigen ja nicht die Arbeiterbewegung und ihren Widerstand, sondern wir kritisieren das Hitlersystem, und von der Schärfe der Kritik hängt alles ab. Die hängt aber wieder ab von der Schärfe der Darstellung, das heißt von der Qualität der Schauspieler.« *(Br, 827.)*

Liebe zum Frieden und sein Haß gegen den Krieg ist personifiziert und potenziert in Frau Carrars Gestalt. Und ihr Schicksal ist der friedliebenden Menschheit Schicksal. Sie will dem Krieg um jeden Preis entgehen, sie will den Kopf in den Sand stecken, will »neutral« sein und wiederholt ihr »Der Mensch soll nicht töten« so lange, bis man ihr den ältesten Sohn als Leiche in die Stube tragt.Sie hatte ihm nicht erlauben wollen, in den Kampf um die Freiheit zu gehen, und da hat ihn die Reaktion ihr hinterrücks abgeschlachtet. *(Martin Andersen Nexø, Die Gewehre der Frau Carrar, Das Wort, Juni)*

22. April, Freitag. Slatan Dudow weist B auf die Schwierigkeiten einer Theateraufführung »in der Emigration *ohne Geld, ohne Zuschauer*« hin. Die von B vorgeschlagene Besetzung lasse sich nicht verwirklichen. »Nicht im Mai – nicht im September. Leider.« Bekannte, von Dudow angesprochene Schauspieler vermuten in der Aufführung eine parteipolitische Veranstaltung und lehnen eine Beteiligung ohne Lektüre der Szenen von vornherein ab. »Wir dürfen nicht mit viel Pathos große Pläne schmieden, die alles andere als realisierbar sind.« Im Falle einer Verschiebung der Premiere auf den Herbst sieht Dudow kaum noch Chancen und bittet B um Vertrauen und Zustimmung *(478/34-36)*.
24. April, Sonntag. In seinem Antwortbrief macht B Dudow Vorhaltungen, daß er ihm energisch und gereizt schreibt, »wie ein Theaterdirektor an einen Autor, der für sein Stück Chaplin, Mae West, Laughton und Shirley Temple verlangt«. Ihn habe der kurzfristige Aufführungstermin erschreckt. Gegen den von Dudow vorgeschlagenen Titel *99%* (unter Anspielung auf den Ausgang der Reichstagswahl → 10. 4.) hat B keinen Einwand, obwohl er ihm »zu witzig« ist und nicht »zu den Balladenstrophen« paßt. Wenn B auch mit allen Besetzungen einverstanden sein muß, so müsse das nicht Helene Weigel. »Ich kann sie doch nicht einfach abkommandieren.« Inzwischen habe er »noch weitere sechs kleine Stücke geschrieben, so daß ich jetzt bei 25 halte«. Das Stück sei »ein sehr repräsentatives Werk der Emigration« geworden. »Auch technisch interessant« *(Br, 828)*. Aufgrund des Briefes arbeitet Dudow an den Vorbereitungen zur Uraufführung (→ 22. 5.) weiter und setzt die Proben an.
25. April, Montag. Margarete Steffin zieht in ein möbliertes Zimmer im Enkehuset der Pension Stella Maris, unweit des Hauses von B.
April. B berichtet Karl Korsch von *Furcht und Elend des III. Reiches*, einer Reihe von »(Schreckens-) Szenen«. »*Die Geschäfte des Herrn Julius Caesar* wachsen langsam, langsamer als Hitlers Aufrüstung.« Helene Weigel trete mitunter in Kopenhagen auf, »und die Arbeit bekommt ihr, sie hat mindestens zehn Pfund zugenommen«. Stefan erziehe Barbara »zu einer orthodoxen Atheistin, und der Ford zeigt weiter seinen unerschütterlichen Entschluß, uns alle zu überleben« *(Br, 830)*.
B will Martin Domke (→ 9. u. 19. 11. 37) »die beiden ersten Kapitel des kleinen Romans über *Caesar*« in zwei Wochen schicken. Er bedankt sich für das Buch *Histoire Romaine. Tome 2: La République Romaine de 133 à 44 avant J.-C.* von Jérôme Carcopino, das ihm für den Roman »sehr nützlich« gewesen sei *(Br, 831)*.

Anfang Mai. Helene Weigel trifft für die Proben zu *Furcht und Elend des III. Reiches* in Paris ein. Walter Benjamin empfängt sie mit Nelken und läßt sich von ihr neue Texte Bs geben.

1. Mai, Sonntag. Uraufführung von *Die Ausnahme und die Regel* (in hebräischer Sprache) in Givat Chaim (Palästina), dargestellt von einer Amateurgruppe des Kibbuz von Masbaroth; Regie: Alfred Wolf (der zuvor die *Dreigroschenoper* als erstes Werk Bs in Palästina inszeniert hat), Musik: Nissim Nissimow, Bühnenbild: Anatol Gurevitsch.

1. Mai 1938
Uraufführung
Die Ausnahme und die Regel
Amateurgruppe des Kibbuz Masbaroth / Givat Chaim (Palästina)

Sie [die Darsteller] besorgten den Umbau zu den Szenen selbst und trugen einheitliche Arbeitskleidung. Der Regisseur gab nur jedem irgendein prägnantes Attribut seiner Rolle an die Hand. Vor allem aber waren sie, um das Typische der einzelnen Gestalten zu betonen, mit eindrucksvollen Gesichtsmasken versehen. Zwischentexte zwischen den Szenen und farbige Hintergrund-Bilder wurden projiziert. Das Interessante und Charakteristische der Vorstellung war somit eine besonders gelungene Synthese von ganz primitiven und von modernen technischen Mitteln zu einer gemeinsamen Wirkung, die der Eigenart Brechtscher Lehrstücke entsprach. *(Dr. G. C., Pariser Tageszeitung, 4. 8.)*

5. Mai, Donnerstag. B unterstützt bei der American Guild for German Cultural Freedom Peter Blachsteins Gesuch um ein Arbeitsstipendium. Er findet dessen Theaterstück *Ein Prozeß* »sehr interessant« und seinen Plan für ein Spanienstück »so versprechend«, daß er es für nützlich hielte, »ihm die Ausführung dieser Arbeit zu ermöglichen« *(Br, 832)*.

6. Mai, Freitag. B schreibt das Gedicht *In den Weiden am Sund* und stellt es mit *Heute, Ostersonntag früh* (→ 17. 4.) und *Über dem Sund hängt Regengewölke* zu dem Gedicht *Frühling 1938 (12,95f.)* zusammen; in den *Gedichten im Exil* erhält *In den Weiden am Sund* später den Titel *Der Totenvogel (12,120)*.

7. Mai, Sonnabend. Helene Weigel berichtet B vom Stand der Proben in Paris. Sie ist weder mit der geringen Qualität einzelner Schauspieler noch mit der Arbeit Slatan Dudows einverstanden. Er verbiete sogar Piscator und Benjamin Probenbesuche. »Es stört ihn. Ich habe eine Wut.« *(1298/14-21.)*

Nach einer Datierung von Margarete Steffin schreibt B die *Legende von der Entstehung des Buches Taoteking auf dem Weg des Laotse in die Emigration (12,32-34)*. Eine Prosafassung der Legende *(Die höflichen Chinesen; 19,200)* hat B bereits im *BBC* veröffentlicht (→ 9. 5. 25).

7. Mai 1938
Legende von der Entstehung des Buches Taoteking auf dem Weg des Laotse in die Emigration

13. Mai, Freitag. B akzeptiert gegenüber Aksel Larsen die Rüge der Partei für Per Knutzon »wegen seines Verhaltens in der Sache Aufführung der *Dreigroschenoper*« (→ 25. 3.), lehnt aber weiterhin jegliche Zusammenarbeit mit Knutzon ab. »Er hat mir jede Möglichkeit genommen, daraus eine politische Aktion gegen den Faschismus zu gewinnen.« *(Br, 833.)*

14. Mai, Sonnabend. Anläßlich des Todes von Carl von Ossietzky (am 4. 5.) hat B das Gedicht *Auf den Tod eines Kämpfers für den Frieden (12,50)* geschrieben und rezitiert es bei einer Gedenkfeier im Kopenhagener Emigrantenheim; er leitet seine Lesung mit einigen Worten über die Verdienste des Journalisten ein, der nach seiner Meinung »ohne weiteres den Nobelpreis« verdient habe *(Carl von Ossietzky; 22,370)*. (Die Nazis hatten verhindert, daß der im KZ gefan-

14. Mai 1938
Teilnahme an einer Gedenkveranstaltung für Carl von Ossietzky

gengehaltene Ossietzky den ihm 1935 zuerkannten Nobelpreis entgegennehmen konnte.)

18. Mai, Mittwoch. In einem Brief an Wilhelm Pieck berichtet der Leiter des Kopenhagener Emigrantenheims Otto Piehl, daß B und Helene Weigel auf eine Initiative von Margarete Steffin mehrfach zu Gesprächen bei Abendveranstaltungen aufgetreten seien. (Piehls Sympathie-Erklärungen für Willi Münzenberg haben zu Boykotten von KPD-Besuchern geführt.)

Beginn der Zusammenarbeit mit Paul Dessau

Paul Dessau komponiert die bis zu diesem Zeitpunkt fertiggestellten Verse der *Deutschen Heerschau* (→ März) sowie einen von B für die Uraufführung geschriebenen Epilog.

Der am 19. 12. 1894 in Hamburg geborene Paul Dessau ist nach dem ersten Weltkrieg in Hamburg, Köln und Mainz als Kapellmeister tätig; 1925-1933 übt er diese Tätigkeit an der Städtischen Oper Berlin aus und schreibt ab 1928 Kompositionen für Filme, Orchester- und Kammermusiken sowie Chöre für den Arbeitersängerbund. 1933 emigriert er nach Frankreich. Dessau begegnet B erstmals beim Musikfestival in Baden-Baden (→ 17. 7. 27). Zu einer intensiven Zusammenarbeit kommt es ab 1943 (→ 6. 3. 43).

19. Mai, Donnerstag. In der *Neuen Weltbühne*, Prag/Paris, erscheint als Erstdruck das Gedicht *Auf den Tod eines Kämpfers für den Frieden* (→ 14. 5.). Außerdem wird in der Wochenschrift Ernst Blochs Rezension über Bs *Gesammelte Werke* unter der Überschrift *Ein Leninist der Schaubühne* veröffentlicht (→ Ende Mai).

21. Mai, Sonnabend. Henry Jul Andersen schickt B einen Brief von Harald Herdal an ihn und beurteilt dessen schriftstellerischen Qualitäten. Er legt seine dänische Übersetzung von Bs Ossietzky-Gedicht (→ 19. 5.) bei.

Eine einmalige Aufführung von *Die Gewehre der Frau Carrar* in Prag, veranstaltet von der Gesellschaft für ein demokratisches Spanien und vom Volksbühnenbund, wird als »deutsche Uraufführung« angegeben. In den Theaterabend führt F.C. Weiskopf ein; Regie: Paul Witt; mit Charlotte Küter als Carrar. Einem Bericht der *Roten Fahne*, Prag, zufolge wird der Aufführung »begeisterter, minutenlang anhaltender Beifall« gezollt. Die Zeitung schreibt abschließend: »Nach dem Erfolg in Prag wäre es nur zu wünschen, daß möglichst viele Aufführungen im *sudetendeutschen Gebiet* folgen.«

Unter dem Protektorat des SDS findet in Paris in der Salle d'Iéna unter dem Titel 99%. *Bilder aus dem Dritten Reich* die deutschsprachige Uraufführung von 8 Szenen aus *Furcht und Elend des III. Reiches (Das Kreidekreuz; Winterhilfe, Die jüdische Frau, Zwei Bäcker, Der Bauer füttert die Sau, Der Spitzel, Rechtsfindung* und *Arbeitsbeschaffung)* statt;

UNTER DEM PROTEKTORAT DES SCHUTZVERBANDES

URAUFFUEHRUNG

"99 %"

Bilder aus dem Dritten Reich

von

Bertolt Brecht

Regie : S. THEODOR DUDOW

Die Ballade "Deutsche Heerschau" singt : Fritz Seiffert

Bühnenbild : Heinz Lohmar

I

DAS KREIDEKREUZ

Die Köchin .... Nora Reissmann
Der SA-Mann .... Josef Leininger
Das Dienstmädchen .... Steffi Spira
Der Chauffeur .... Hans Altmann
Der Arbeiter .... Günter Ruschin

II

WINTERHILFE

Die alte Frau .... HELENE WEIGEL
Die junge Frau .... Friedel Ferrari
Der erste SA-Mann .... Hans Altmann
Zweiter SA-Mann .... Ludwig Turek

DEUTSCHER SCHRIFTSTELLER - SEKTION PARIS

III

DER SPITZEL

Die Frau .... Steffi Spira
Das Mädchen .... Nora Reissmann
Der Mann .... ERICH SCHŒNLANK
Das Kind .... Hans

IV

DIE JÜDISCHE FRAU

Die Frau .... HELENE WEIGEL
Der Mann .... Erich Berg

PAUSE

V

ZWEI BÄCKER

Der eine .... Hans Altmann
Der andere .... Ludwig Turek

VI

RECHTSFINDUNG

Der Richter .... ERICH SCHŒNLANK
Der Inspektor .... Hans Altmann
Der Gerichtsdiener .... Jup Leininger
Der Landgerichtsrat .... Günter Ruschin
Das Dienstmädchen .... HELENE WEIGEL
Der Staatsanwalt .... Erich Berg

VII

DER BAUER FÜTTERT DIE SAU

Der Bauer .... Ludwig Turek
Die Bäurin .... FRIEDL FERRARI

VIII

ARBEITSBESCHAFFUNG

Die Nachbarin .... Steffi Spira
Der Mann .... ERICH SCHŒNLANK
Die Frau .... HELENE WEIGEL

Regie: Slatan Dudow, Musik: Paul Dessau, der unter dem Pseudonym Peter Sturm mitwirkt und die Strophen der Ballade *Die deutsche Heerschau* vorträgt, Bühnenbild: Heinz Lohmar, Kostüme: Sylta Busse; mit Helene Weigel (als Judith Keith in *Die jüdische Frau* und als Frau in *Arbeitsbeschaffung*) sowie Nora Reißmann, Steffi Spira, Hans Altmann, Günther Ruschin, Ludwig Turek und Erich Schoenlank.
Walter Benjamin besucht die Aufführung und berichtet darüber.
Nach der Premiere informiert Helene Weigel B vom Erfolg der 8 Szenen. Die Zuschauer hatten viel gelacht und nach jeder Szene Applaus gespendet. Sie selbst sei aber mit ihrer Leistung wegen Übermüdung nicht zufrieden gewesen. In einem Postskriptum gratuliert auch Erwin Piscator zum großen Erfolg.
23. Mai, Montag. Diskussionsabend *Das deutsche Theater in der Emigration – über Brechts »99%«*, veranstaltet vom SDS, Leitung: Egon Erwin Kisch und Anna Seghers.
Über Margarete Steffin bittet B Walter Benjamin um einen Bericht von der Aufführung der 8 Szenen (erscheint in der *Neuen Weltbühne* am 30. 6.; → 21. 5.).
25. Mai, Mittwoch. Wegen seines geplanten längeren Aufenthalts in Svendborg beantragt Walter Benjamin ein Aufenthaltsvisum bei der dänischen Gesandtschaft in Paris, die den Wunsch zu einem »Ferienbesuch« an die Reichspolizei in Kopenhagen weiterleitet und als Referenzen B und Karin Michaelis angibt. Bs Auskünften (vom 30. 5.) zufolge handele es sich um einen »gewöhnlichen Ferienbesuch«, Benjamin werde sich nicht »mit etwas Bestimmtem beschäftigen«. Benjamin wird daraufhin die Einreise und der Aufenthalt für zwei Monate gestattet (und auf Antrag vom 29. 8.) bis zum 1. 11. verlängert *(Nørregaard, 466)*.
26. Mai, Donnerstag. Nach einem Bericht der Berliner Zeitung *DAZ* werden in der Düsseldorfer Ausstellung *Entartete Musik* u. a. das von Paul Hindemith vertonte *Lehrstück* sowie die von Kurt Weill komponierte *Dreigroschenoper,* das Lehrstück *Der Jasager* und die Oper *Aufstieg und Fall der Stadt Mahagonny*, außerdem Hanns Eislers *Ballade* (das spätere *Solidaritätslied*) aus dem Film *Kuhle Wampe oder Wem gehört die Welt?* als »entartet« vorgestellt.
Erstdruck der Szene *Physiker 1935* aus der Szenenfolge *Furcht und Elend des III. Reiches* in *Die neue Weltbühne*, Prag/Paris.
28. Mai, Sonnabend. B dankt der American Guild for German Cultural Freedom für das ihm gewährte Stipendium (→ Anfang August 37). Es sei ihm sehr willkommen, da er »gegenwärtig weder von Verlagen noch von Bühnen Einnahmen« hat. Wegen seiner Arbeit an *Die Geschäfte des Herrn*

Uraufführung von acht Szenen aus *Furcht und Elend des III. Reiches* unter dem Titel:
99%. Bilder aus dem Dritten Reich
Paris, Salle d'Iéna

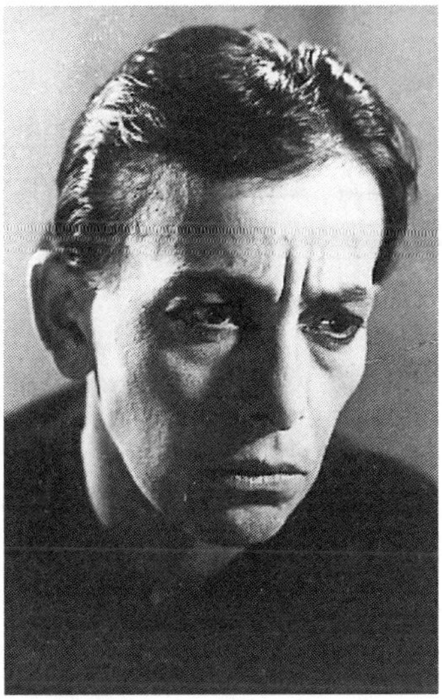

Helene Weigel als alte Frau
in *Arbeitsbeschaffung*

Brecht hat diese Aufgabe hervorragend gelöst, mit ihm vor allem seine Mitarbeiterin Helene Weigel, die in der Wiedergabe einer jüdischen Frau eine tiefe erschütternde Wirkung auslöste, in der Darstellung einer trauernden Frau, die sich zum Widerstand bekennt, nicht nur mahnend und beispielgebend wirkte, sondern als eine tapfere Vorkämpferin im Ringen um die Freiheit unseres Volkes dastand. Was Helene Weigel an diesem Abend gab, war sehr reife Schauspielkunst, aber weit mehr noch ein kämpferisches Bekenntnis zum Antifaschismus.
(G. F., Deutsche Volks-Zeitung, Paris, 29. 5.)

Furcht und Elend des III. Reiches ist ein Zyklus, der von 27 Einaktern gebildet wird, die nach den Vorschriften der traditionellen Dramaturgie gebaut sind. Manchmal flammt das Dramatische wie ein

Julius Caesar, die »sehr viel Quellenstudium fordert«, bittet er um eine Verlängerung des Stipendiums (die ihm auch zugesprochen wird; → Ende April 39) *(Br, 834)*.

Ende Mai. Die Bände 1 und 2 der *Gesammelten Werke* von B erscheinen im Malik-Verlag, London.

Die beiden (in Prag gedruckten) Bände erscheinen mit der Angabe »Malik-Verlag London« in einer Auflage von je 2000 Exemplaren.

Band 1 enthält: *Die Dreigroschenoper (2,229-308)*; *Anmerkungen zur »Dreigroschenoper« (24,57-68)*; *Aufstieg und Fall der Stadt Mahagonny. Oper (2,333-389)*; *Anmerkungen zur Oper »Aufstieg und Fall der Stadt Mahagonny« (24,74-84)*; *Mann ist Mann. Die Verwandlung des Packers Galy Gay in den Militärbaracken von Kilkoa im Jahre Neunzehnhundertfünfundzwanzig. Lustspiel (2,169-227)*; *Anmerkungen zum Lustspiel »Mann ist Mann« (24,45-51)*; *Die heilige Johanna der Schlachthöfe. Schauspiel (3,127-227)*, *Anmerkungen zur »Heiligen Johanna der Schlachthöfe« (24,106-108)*. Band 2 enthält: *Die Rundköpfe und die Spitzköpfe oder Reich und Reich gesellt sich gern. Ein Greuelmärchen (4,147-263)*; *Anmerkung zu »Die Spitzköpfe und die Rundköpfe«. Beschreibung der Kopenhagener Uraufführung (24,207-219)*; *Die Mutter. Leben der Revolutionärin Pelagea Wlassowa aus Twersk (3,325-398)*; *Anmerkungen zur »Mutter« (24,150-190)*; *Der Jasager. Schuloper (3,59-65)*; *Der Neinsager. Schuloper (3,66-72)*; *Protokolle von Diskussionen über den »Jasager« in der Karl-Marx-Schule, Neukölln (Auszugsweise) (24,92-95)*; *Die Ausnahme und die Regel. Lehrstück (3,235-260)*; *Die Horatier und die Kuriatier. Schulstück (4,279-303)*; *Anweisung für die Spieler (24,221f.)*; *Die Maßnahme. Lehrstück (3,99-125)*; *Anmerkungen zur »Maßnahme« (24,97-101)*; *Die Gewehre der Frau Carrar (4,305-334)*; *Anmerkungen zu »Die Gewehre der Frau Carrar« (24,225)*. Die in Band 2 angekündigten Bände 3 (mit *Furcht und Elend des III. Reiches*, mit nunmehr 27 Szenen, *Baal*, *Das Leben König Eduard II. von England*, *Im Dickicht der Städte*, *Trommeln in der Nacht*) und 4 (mit den gesammelten Gedichten: *Die Hauspostille*, *Die drei Soldaten*, *Aus dem »Lesebuch für Städtebewohner«*, *Lieder, Gedichte, Chöre 1933*, *Gedichte im Exil*) werden in den Korrekturfahnen an B geschickt, können aber nicht mehr erscheinen, weil der Einmarsch der deutschen Truppen in Prag die Fertigstellung und Auslieferung der Bände verhindert.

Mai. Erstdruck der »*Deutschen Satiren*. Für den Freiheitssender«: *Die Regierung als Künstler (12,77f.)*, *Kanonen nötiger als Butter (12,70)* und das (bereits 1937 geschriebene) Gedicht *Trost vom Kanzler (12,76)* in *Das Wort*, Heft 5.

Magnesiumlicht am Ende eines scheinbar idyllischen Vorgangs auf. [...] Jeder dieser kurzen Akte weist *eines* auf: wie unabwendbar die Schreckensherrschaft, die sich als Drittes Reich vor den Völkern brüstet, alle Verhältnisse zwischen Menschen unter die Botmäßigkeit der Lüge zwingt. Lüge ist die eidliche Aussage vor Gericht (*Rechtsfindung*); Lüge ist die Wissenschaft, welche Sätze lehrt, deren Anwendung nicht gestattet ist (*Die Berufskrankheit*); Lüge ist, was der Öffentlichkeit zugeschrieen wird (*Volksbefragung*), und Lüge noch, was dem Sterbenden in die Ohren geflüstert wird (*Die Bergpredigt*). Lüge ist es, die mit hydraulischem Druck in das gepreßt wird, was sich in der letzten Minute ihres Zusammenlebens Gatten zu sagen haben (*Die jüdische Frau*); Lüge ist die Maske, die selbst das Mitleid anlegt, wenn es noch ein Lebenszeichen zu geben wagt (*Dienst am Volke*). Wir sind in dem Land, in dem der Name des Proletariats nicht genannt werden darf. *(Walter Benjamin, Die neue Weltbühne, 30. 6.)*

Ende Mai
Gesammelte Werke
Band 1 und 2
erscheinen im Malik-Verlag

Das Gesammelte stellt keine Ernte dar, die zufrieden in die Scheune eingefahren wird. Säen, schneiden, dreschen, die Arbeit des vergangenen wie des nächsten und übernächsten Sommers sind vielmehr noch alle erkennbar. [...] Brechts Einfachheit sieht genau so variabel drein wie die Natur ihrer Gegenstände, sie klingt schnöde (»da können Sie was lernen, Brown«), dann vertrackt (»Das Leben ist am größten, es steht nichts mehr bereit«), dann formulatorisch (»Über das Fleisch, das in der Küche fehlt, wird nicht in der Küche entschieden«). Und wo die Natur des

Mitte Juni. In Heft 6 von *Das Wort* wird die Szene *Rechtsfindung* aus *Furcht und Elend des III. Reiches* abgedruckt. Außerdem erscheint (in der Übersetzung von Margarete Steffin) die Rezension der Buchausgabe von »*Die Gewehre der Frau Carrar*«. *Ein deutscher Emigrantendichter über den spanischen Volkskampf* von Martin Andersen Nexø (→ März). Die Expressionismus-Debatte wird in *Das Wort* mit Beiträgen von Peter Fischer, Alfred Durus, Heinrich Vogeler, Werner Ilberg, Rudolf Leonhard, Ernst Bloch und Georg Lukács (*Es geht um den Realismus*; → 17. 6.) abgeschlossen. »Die Redaktion« bedankt sich für die Beiträge und bittet »alle Autoren um Entschuldigung, deren Beiträge« sie »(wegen der Überfülle an Material und da sie bereits vorgebrachte Argumente wiederholten) nicht veröffentlichen« konnte.

Nach einer Datierung von Margarete Steffin auf einem Typoskript hat B den Aufsatz *Grundmodell einer Szene des epischen Theaters* fertiggestellt. In einer wenig später abgeschlossenen Überarbeitung (→ 15. 8.) nennt B den Text *Die Straßenszene* und verwendet die ursprüngliche Überschrift als Untertitel *(22,370-381)*. Beim Erstdruck in *Versuche* Heft 10 (→ 26. 11. 50) gibt B als Entstehungsjahr 1940 an (möglicherweise unter Bezug auf eine weitere Überarbeitung).

Als geeignetes Grundmodell seines Theaters erscheint B das alltägliche Theater auf der Straße, wie es sich z. B. nach einem Verkehrsunfall abspielt. Augenzeugen demonstrieren den Passanten, wie das Unglück passiert ist. In diesem »Beispiel epischen Theaters primitivster Art« sei der Demonstrierende weder an der Erzeugung von Emotionen interessiert noch an der Übermittlung von Erlebnissen; seine Nachahmung von Haltungen der Betroffenen diene der Aufklärung, eine restlose Verwandlung in die Personen schließe sich von vornherein aus. Von dieser Grundsituation der »Straßenszene« aus kommt B zu Schlüssen für die »Theaterszene«.

17. Juni, Freitag. B schreibt die Geschichte *Ein Irrtum (19,399-403)*.

Er bedankt sich bei Ernestine Evans (→ 26. 3.) für die Zusendung der Zeitschrift *Theatre Workshop* mit einem von ihr initiierten Abdruck von *Die Gewehre der Frau Carrar*. Für eine eventuelle Aufführung gibt B ihr einige Hinweise zur Übersetzung. Sie richten sich vor allem gegen »eine Menge Saloppheiten in der Übersetzung, lose Naturalismen, die ich nicht leiden kann«. Er schickt ihr die 27 Szenen von *Furcht und Elend des III. Reiches (Br, 838)*.

B übermittelt Alfred Kurella für den Glossenteil im *Wort* seine *Kleine Berichtigung (22,402f.)*, in der er polemisch auf

Gegenstands selbst keine Einfachheit zeigt, bildet sich vieltöniger Ausdruck. Etwa in dem Zwiegesang von den Kranichen (aus *Mahagonny*), einer Dichtung von außerordentlicher Kostbarkeit und des späten Goethe nicht unwürdig (»So, unter Sonn und Monds wenig verschiedenen Scheiben / Fliegen sie hin, einander ganz verfallen«). Es ist der Alte in Brecht, der seine Einfachheit gebraucht oder bricht; der Alte mit Lutherdeutsch und Realismus aus Shakespeare; der Revenant aus den Bauernkriegen, der in Amerika Behaviorismus studiert; der Besonnene aus Altchina, der in der Revolution das Maß verehrt und von ihr spricht als einer Legende. *(Ernst Bloch, Ein Leninist der Schaubühne; → 19. 5.)*

Einen »Leninisten der Schaubühne« hat kürzlich ein Kritiker Brecht genannt. Mit Recht. Aber hinzuzufügen ist, daß Brecht mehr ist als Theoretiker des Theaters, wie es etwa Lessing war. Er ist bei aller Festigkeit und Stahlhärte der theoretischen Grundlage der große, einfallsreiche sprachgewaltige und von einer tief unter dem Strom des Gedankens fließenden Phantasie beflügelte Dichter dieser Zeit. Diese beiden Bände sind nicht nur eine dramaturgische Bibel von heute, sondern das Heute selbst. *(m. g., Pariser Tageszeitung, 18. 6.)*

Mitte Juni 1938
***Die Straßenszene. Grundmodell einer Szene des epischen Theaters* geschrieben**

eine Passage im Essay *Es geht um den Realismus* (→ Mitte Juni) von Georg Lukács eingeht, der dort abwertend im Plural von »den Eisler« geschrieben hatte. B fordert, Lukács solle »es unbedingt unterlassen, solch eine Mehrzahl anzuwenden, solange es unter unsern Musikern tatsächlich nur einen Eisler gibt«. In seinem Brief an die Redaktion trägt B auch seinen »alten Plan« vor, im *Wort* »eine groß angelegte Folge von Monographien über bedeutende deutsche Emigranten zu veröffentlichen« und nennt »Einstein, Reinhardt, Hindemith, Eisler, Freud, Piscator, Grosz, Heartfield, Gropius, Schrödinger, Duncker, Jessner, Kortner, Bassermann, Kokoschka, Wolfgang Köhler, Fritz Lang, Klemperer«. Seinen Beitrag *Volkstümlichkeit und Realismus* kündigt er für die nächsten Tage an *(Br, 839)*. Hanns Eisler schickt seine Erwiderung *Antwort an Lukács* (am 20. 8.) an die Redaktion von *Das Wort*. Erpenbeck sieht (am 4. 9.) keine Möglichkeit der Veröffentlichung, weil die Expressionismus-Debatte bereits abgeschlossen sei, und empfiehlt Eisler einen Aufsatz über Volkstümlichkeit. Daraufhin gibt Eisler seine *Antwort an Lukács* an *Die neue Weltbühne*, Prag/Paris, wo sie (am 15. 12.) veröffentlicht wird. B schreibt in diesem Zusammenhang *Der Musiker Hanns Eisler (22,404f.)*.

Aufsatz *Volkstümlichkeit und Realismus*

Texte mit Kritik an der Realismusauffassung von Georg Lukács werden nicht veröffentlicht

Durch den Aufsatz *Es geht um den Realismus* (→ Mitte Juni), in dem Georg Lukács die Expressionismus-Debatte zusammenfassend behandelt, wird B zu seinem Text *Volkstümlichkeit und Realismus* angeregt. Die Aufsätze von Lukács bezeichnet B als »sehr bemerkenswert«, fügt aber hinzu, daß darin der Realismusbegriff »zu eng« definiert werde. Seine Empfehlungen, Formelemente von Balzac und Tolstoi zu übernehmen, lehnt er ab. »Wir würden, die Schreibweise dieser Realisten kopierend, nicht mehr Realisten sein.« *(22,409.)* In dem Aufsatz gibt B seine Definitionen von Volkstümlichkeit und Realismus. Weder dieser Text noch *Kleine Berichtigung* werden im *Wort* veröffentlicht.

22. Juni, Mittwoch. Ankunft Walter Benjamins in Svendborg. Er wohnt in der Nähe des Hauses von B bei dem Obstplantagenbesitzer Thomsen. Bei den zahlreichen Gesprächen, die er mit B und Margarete Steffin führt, geht es um Kindertheater, um die sowjetische Literatur und um die Moskauer Prozesse und deren Auswirkungen auf gemeinsame Bekannte und Freunde in Moskau. Benjamin hält einige Themen von Gesprächen mit B in seinem Tagebuch fest. In den ersten Tagen habe er »auf die Eleganz und Lässigkeit in der Haltung Vergils und Dantes« hingewiesen; die *Hölle* könne man »im Grünen lesen«. B sei ein von seiner Großmutter ererbter »Haß gegen die Pfaffen« zugekommen. Die sich die theoretischen Lehren von Marx zu eigen gemacht hätten, bildeten immer »pfäffische Kamarilla«. Bei einem Gespräch über die sowjetrussische »Lyrik aus den verschiedensten Sprachen« habe B auf die Schwierigkeiten der »Autoren drüben« hingewiesen, bei denen es schon »als Vorsatz« ausgelegt werde, »wenn in einem Gedicht der Name Stalin nicht vorkommt« *(Benjamin, VI, 534).*

Gegenstand der Gespräche ist insbesondere der Prozeß gegen den »antisowjetischen ›Block der Rechten und Trotzkisten‹« (2.-23. 3.), über den in Moskau ein vollständiger stenografischer Bericht herauskommt. In einem (nach dem Prozeß geschriebenen) Text für einen nicht identifizierten Bekannten *(Über die Moskauer Prozesse)* schließt B eine Haltung gegen die Sowjetunion deshalb aus, weil sie sich automatisch »in eine Haltung gegen das heute vom Weltfaschismus mit Krieg bedrohte russische Proletariat und seinen im Aufbau begriffenen Sozialismus verwandeln müßte« *(22,365).* Die Stimmung der Arbeiter und Intellektuellen in Skandinavien sei »sehr unionfeindlich« und konzentriere das Interesse auf die Unwahrscheinlichkeit der Geständnisse. »Die Leute reagieren so: wenn ich höre, daß der Papst verhaftet wurde wegen Diebstahls einer Wurst und Albert Einstein wegen Ermordung seiner Schwiegermutter und Erfindung der Relativitätstheorie, dann erwarte ich, daß die beiden Herren das leugnen. Gestehen sie diese Vergehen, dann nehme ich an, sie wurden gefoltert.« B versucht die Beweggründe der Angeklagten mit früherem taktischen Verhalten zu erklären, das »*heute* ganz und gar anachronistisch, konterrevolutionär, verbrecherisch« geworden sei. Die These von den bezahlten Agenten, die sich in die Regierung der UdSSR eingeschlichen haben sollen, um den Kapitalismus wiedereinzuführen, hält B für »unwahrscheinlich«, weil »sie das Moment der Entwicklung außer acht läßt, mechanisch, undialektisch, starr ist« *(22,367f.).* In einem weiteren Text *Über die Prozesse in der USSR (zur Selbstverständigung)* betrachtet er die Prozesse als »Akt der Kriegsvorbereitung« *(22,369)*

Kritik an den Moskauer Prozessen

29. Juni, Mittwoch. B spricht mit Walter Benjamin über seine Theatererfahrungen in München bei der Inszenierung von *Leben Eduards des Zweiten von England.* Zum erstenmal habe B die »Oberflächlichkeit seiner Formulierungen« eingestanden, dem »tiefen Bedürfnis« entspreche »ein oberflächlicher Zugriff« *(Benjamin, VI, 634f.).*

1. Juli, Freitag. Wenn Walter Benjamin auf russische Verhältnisse (politische Verfolgungen) zu sprechen kommt, gäbe B »sehr skeptische Antworten«. Als sich Benjamin nach Bs Mitarbeiter am Film *Kuhle Wampe oder Wem gehört die Welt?*, Ernst Ottwalt, erkundigt, der 1936 in Moskau verhaftet worden war (→ 8. 9. 36), habe B gesagt: »Wenn er noch sitzen kann, sitzt er.« Margarete Steffin habe gemeint, Sergej Tretjakow »sei wohl nicht mehr am Leben« *(Benjamin, VI, 535)*.

3. Juli, Sonntag. Walter Benjamin spricht mit B über Baudelaire und notiert dessen Meinung: »Ich bin ja nicht gegen das Asoziale – ich bin gegen das Nichtsoziale.« *(Benjamin, VI, 535.)*

4. Juli, Montag. Benjamin schreibt an Friedrich Pollock über die Arbeit an seinem Baudelaire-Aufsatz (für die *Zeitschrift für Sozialforschung)* und über seine Unterbringung in Svendborg: »Ich habe, in unmittelbarer Nachbarschaft von Brecht, ein ruhiges Zimmer, den schönen Garten an seinem Haus teile ich mit den Kindern; und der Umgang mit ihnen ist nicht der kleinste Teil meiner Ausspannung, deren bewegtester eine Partie Schach ist.« *(Benjamin, I, 3,1078.)*

Mitte Juli 1938
Studium weiterer Arbeiten von Georg Lukács über den Realismus

Ab diesem Zeitpunkt: *Journal* mit Eintragungen zu Zeitereignissen, eigenen Werken und denen anderer

Mitte Juli. Im Zusammenhang mit dem polemischen Artikel *Es geht um den Realismus* von Georg Lukács und wegen einiger Schwierigkeiten bei *Die Geschäfte des Herrn Julius Caesar* (→ 30. 10. 37) beschäftigt sich B intensiv mit dessen Essay *Marx und das Problem des ideologischen Verfalls*, der in Heft 7 (Juli) 1938 der Zeitschrift *Internationale Literatur. Deutsche Blätter* (Moskau) erschienen war. In seinem (von diesem Zeitpunkt an geführten) *Journal*, das er mit dieser Notiz beginnt, geht er ausführlich auf die Argumente von Lukács ein. »Die Rede ist wieder vom Realismus, den sie jetzt glücklich so heruntergebracht haben wie die Nazis den Sozialismus.« Lukács werde »von dem Problem der ideologischen Verfälle magisch angezogen«, die Kategorien von Marx »werden da von einem Kantianer ad absurdum geführt, indem sie nicht widerlegt, sondern angewendet werden«. Der Klassenkampf sei »bei den Lukács' [...] nur noch ein Dämon, ein leeres Prinzip, das die Vorstellungen der Leute verwirrt, nichts mehr, was stattfindet«.

In seinem Roman müsse Caesar »doch noch mehr als einzelner herausgearbeitet werden« und »zwischen den Klassen heraufkommen«. Er stellt Überlegungen an über die Rolle der Plebs, die »das Reservoir für die Armee« darstelle, »mit der die fremden Nationen niedergeworfen und -gehalten werden, solange sie als Nationen auftreten« *(26,313f.)*.

20. Juli, Mittwoch. B macht im *Journal* Notizen über die Figur des Lucius Sergius Catilina, für ihn »der tiefste Griff der Plebs« *(26,311)*.

Walter Benjamin schreibt in einem Brief an Kitty Marx-Steinschneider u. a.: »Bei aller Freundschaft mit Brecht muß ich dafür sorgen, meine Arbeit in strenger Abgeschiedenheit durchzuführen. Sie enthält ganz bestimmte Momente, die für ihn nicht zu assimilieren sind. Er ist lange genug mit mir befreundet, um das zu wissen und einsichtig genug zu respektieren.« *(Benjamin, I, 3,1080.)*

21. Juli, Donnerstag. Benjamin findet, daß B die »Publikationen der Lukács, Kurella u. ä.« viel zu schaffen machen. Man solle ihnen »im theoretischen Bezirk nicht entgegentreten«. Die sozialistische Wirtschaft benötige keinen Krieg; die Rüstung werfe das russische Proletariat schwer zurück. »In Rußland herrscht das persönliche Regiment. Das können natürlich nur die Holzköpfe leugnen.« *(Benjamin, VI, 525f.)*

22. Juli, Freitag. B überarbeitet die *Gedichte im Exil* für die Malik-Ausgabe und hat Schwierigkeiten mit dem Gedicht *An die Gleichgeschalteten* (→ Ende April 35), das sich »nicht nur an die Berufsideologen wenden« darf, weil es die »Millionen jetzt politisch ›erfaßter‹ Kleinbürger und Kopfarbeiter« betrifft. »Die Verbrechen des Regimes bestehen in seinen Verbrechen gegen das proletarische Arbeitertum, die Gleichschaltung schaltet gewisse Individuen und Schichten dieser verbrecherischen Tätigkeit bei.« *(26,311f.)*

23. Juli, Sonnabend. Beim Schreiben von *Die Geschäfte des Herrn Julius Caesar* zwingt sich B, keinen Augenblick zu glauben, »daß es so kommen mußte, wie es kam«. Bei der Suche nach Gründen für das Geschehene würden Geschichtsschreiber zu Fatalisten. Er will zu zeigen versuchen, »wie bei dem Versuch, die Sklaverei aufrechtzuerhalten, die ganze Gesellschaft in Sklaverei versinkt« *(26,312)*.

24. Juli, Sonntag. B hält den Begriff der décadence (der in der Realismus-Diskussion abwertend benutzt wird) für schwer bekämpfbar, weil er »solche Langeweile« um sich verbreitet. Er gesteht »so etwas wie eine Literatur des Abstiegs einer Klasse« zu, die Klasse verliere »ihre schöne Sicherheit, ihr ruhiges Selbstvertrauen, sie verhehlt sich ihre Schwierigkeiten, sie befaßt sich mit Details, sie wird parasitär kulinarisch usw.«, aber die Werke, die das darstellen, möchte er nicht als dekadent bezeichnet wissen *(26,312)*.

Am Vormittag bringt B Walter Benjamin sein (»nach einem ägyptischen Bauernlied aus dem Jahre 1400 v. Chr.« geschriebenes) Gedicht *Ansprache des Bauern an seinen Ochsen (12,52)*, das er ihm als »sein Stalin-Gedicht« offeriert. B verstünde die Verse als »eine Ehrung Stalins – der nach seiner Meinung immense Verdienste habe«. Andererseits seien in Rußland »gewisse verbrecherische Cliquen am Werke«; man ersehe es »von Zeit zu Zeit aus ihren Untaten«. Bei einem Gespräch am Abend über die russische Literaturpolitik habe Benjamin gemeint, mit Leuten wie Lukács, Gabor, Kurella sei »eben kein Staat zu machen«. Bs Antwort: »Oder *nur* ein Staat, aber kein Gemeinwesen. Es sind eben Feinde der Produktion. [...] Sie wollen den Apparatschik spielen und die Kontrolle der anderen haben. Jede ihrer Kritiken enthält eine Drohung.« Sie sprechen außerdem über

24. Juli 1938
Stalin-Gedicht *Ansprache des Bauern an seinen Ochsen*

Goethes Romane, von denen B nur die *Wahlverwandtschaften* kennt und schätzt, und über die *Schönsten Sagen vom Räuber Woynok* von Anna Seghers *(Benjamin, VI, 536-538)*.

25. Juli, Montag. Die Konzeption des *Caesar*-Romans kommt B »unmenschlich« vor, aber Unmenschlichkeit könne nicht dargestellt werden ohne Vorstellung von Menschlichkeit. »Eine kalte Welt, ein kaltes Werk. Und doch sehe ich, zwischen dem Schreiben und beim Schreiben, wie wir heruntergebracht sind menschlich.« Mit Walter Benjamin diskutiert er über dessen Essay *Das Paris des Second Empire bei Baudelaire* und notiert einzelne Punkte zu Benjamins Begriff der »Aura«. Bei der Arbeit mit Margarete Steffin an den *Erinnerungen* Martin Andersen Nexøs (→ 3.4.) findet er Gefallen am Stoff »trotz der Seelenzergliederungen und Moralismen, da noch Rohstoff darinsteckt« *(26,314f.)*.

Aufsatz Benjamins regt zu Baudelaire-Studium an

Durch die Lektüre des Baudelaire-Aufsatzes von Benjamin angeregt, schreibt B die Texte *Die Schönheit in den Gedichten des Baudelaire, Notizen über Baudelaire* und *Zu: »Les Fleurs du mal« (22,450-453)*.

26. Juli, Dienstag. Benjamin hält Bs Ausspruch fest, wonach »die Bekämpfung der Ideologie [...] zu einer neuen Ideologie geworden« sei *(Benjamin, VI, 238)*.

27. Juli 1938
Empörung über die »Moskauer Clique«

27. Juli, Mittwoch. B empört sich über die »Moskauer Clique« (gemeint sind u. a.: Georg Lukács, Alfred Kurella, Johannes R. Becher, Fritz Erpenbeck), die Julius Hays Stück *Haben* (→ 5.7. u. Juli 37) »über den roten Klee« lobt. Das sei »echter sozialistischer Realismus. Neu, weil alt.« Das Stück ist für B »trauriger Schund, Sudermann ist dagegen ein Fortschritt«. Darin komme »ein Dämon in Gestalt einer alten Hexe vor, die das ganze Dorf, d. h. die Weiber, zu Morden verführt und einmal, Höhepunkt, einen dämonischen Tanz vollführt«. B geht auf Lion Feuchtwangers Rezension (→ Juli 37) und auf eine positive Beurteilung Kurellas ein *(26,316f.)*.

29. Juli, Freitag. B liest Walter Benjamin mehrere seiner polemischen Auseinandersetzungen mit Georg Lukács vor, »Studien zu einem Aufsatz, den er im *Wort* veröffentlichen soll«, und bittet ihn um Rat. Da es sich »um Machtfragen« handelt, verweist Benjamin auf Bs russische Freunde. B meint: »Eigentlich habe ich dort keine Freunde. Und die Moskauer selber haben auch keine – wie die Toten.«

Bei den Texten handelt es sich vor allem um Bs polemische Artikel *Die Expressionismusdebatte*, *Praktisches zur Expressionismusdebatte (22,417-423)*, *Über den formalistischen Charakter der Realismustheorie (22,437-445)* und *Die Essays von Gerog Lukács (22,456f.)*. B weist die »gepflegte marxistische Analyse, welche die Kunstrichtungen mit einer erschreckenden Ordnungsliebe in gewisse Schubkästen legt, wo schon politische Parteien liegen«, als unmenschlich ab, weil sie nicht durch Produktion, sondern durch Eliminierung Ordnung schaffe *(22,417)*. »Wir müssen den Kampf gegen den Formalismus als Realisten und als Sozialisten führen.« *(22,419.)*

Seit 1936 habe ich folgendes geschrieben:
Die Rundköpfe und die Spitzköpfe (Stück)
Die Gewehre der Frau Carrar (Stück)
Gedichte im Exil (Gedichtband)
Deutsche Satiren (für den deutschen Freiheitssender)
und gegenwärtig arbeite ich an einem satirischen Roman *Die Geschäfte des Herrn Julius Caesar*. Caesar, das Vorbild vieler Diktatoren und der Gründer des ersten europäischen Imperiums, tritt in diesem Roman als Geschäftsmann vor das Publikum. *(26,308.)*

Am Abend erwägt B mit Benjamin, ob »ein Teil des Zyklus *Kinderlieder* in den neuen Gedichtband aufzunehmen sei«. Wie Benjamin berichtet, habe B »mit einer Heftigkeit [...], die er selten hat«, die ungeheueren Verbrechen des Faschismus, die begangenen und die geplanten, beschrieben. »Mich haben sie auch proletarisiert. Sie haben mir nicht nur mein Haus, meinen Fischteich und meinen Wagen abgenommen, sie haben mir meine Bühne und mein Publikum auch geraubt.« Die Faschisten »verkrümmen das Kind im Mutterleib«, deshalb dürften die Kinder nicht ausgelassen werden *(Benjamin, VI, 538f.)*. B meint eine Auswahl aus seinen Kinderliedern: die 1934 entstandenen Gedichte *Ulm 1592*; *Das Kind, das sich nicht waschen wollte*; *Kleines Bettellied*; *Der Pflaumenbaum; Der Gottseibeiuns* und das 1937 geschriebene Gedicht *Mein Bruder war ein Flieger (12,19-23)*.

Juli 1938
Abschluß der Expressionismus-Debatte in *Das Wort*

Juli. Erstdruck der Szenen *Arbeitsdienst (4,403f.)*, *Die Stunde des Arbeiters (4,405-407)* und *Die Kiste (4,408f.)* aus der Szenenfolge *Furcht und Elend des III. Reiches* unter der Überschrift *Deutschland – ein Greuelmärchen* in Heft 7 von *Das Wort*. Die Zeitschrift schließt mit dem *»Schlußwort«* von Bernhard Ziegler (d.i. Alfred Kurella) und dem Artikel *Volkstümlichkeit* von Fritz Erpenbeck die Expressionismus-Debatte endgültig ab.

B übersetzt zusammen mit Margarete Steffin Percy Bysshe Shelleys Gedicht *Hell (Hölle; 14,404f.)* und Teile von dessen *The Masque of Anarchy (Ich traf den Mord unterwegs; 14,405-409)*.

Weite und Vielfalt der realistischen Schreibweise

B schreibt den Aufsatz *Weite und Vielfalt der realistischen Schreibweise (22,424-433)* als einen Beitrag zur Realismusdebatte für das *Wort*. Er stellt die Ballade *Maskenzug der Anarchie* von Percy Bysshe Shelley im Original und in einer Übersetzung als ein Beispiel realistischer Schreibweise vor, die weder auf Symbolik noch auf Phantasie verzichtet. B wendet sich gegen eine einseitige Orientierung auf Tolstoi oder Balzac und kommt zu dem Schluß: »Über literarische Formen muß man die Realität befragen, nicht die Ästhetik, auch nicht die des Realismus. Die Wahrheit kann auch viele Arten verschwiegen und auf viele Arten gesagt werden.« *(22,433.)*

Bei Willi Bredel, der aus Spanien zurückgekehrt ist, beklagt sich B über die immer problematischer werdende Mitarbeit

Juli 1938
Klage über Attacken einer »Clique« im *Wort*

am *Wort*. »Die Zeitschrift scheint immer mehr in eine eigentümliche Front einzuschwenken, in der eine kleine Clique, anscheinend geführt von Lukács und Hay, ein ganz bestimmtes literarisches Formideal aufstellt, was die Bekämpfung alles dessen bedeutet, was sich diesem, den bürgerlichen Romanciers des vorigen Jahrhunderts abgezogenen Formideal nicht anpaßt.« In Heft 7 der *Internationalen Literatur* schlage Lukács gegen ihn los und werfe ihn in einen Topf mit »mit der bürgerlichen Dekadenz, und das jetzt, wo wir, weiß der Teufel, andere Sorgen als formale haben sollten«. B hält »solche Debatten für höchst schädlich und verwirrend«, vor allem »wenn dann jedesmal am Schluß die Meinung des guten Lukács als *die* marxistische gepriesen wird«. Von den Texten für *Das Wort* bekomme er »ein schon ausgesuchtes Material« und seine Einwände würden »fast nie berücksichtigt«. »Ich kann Ihnen versichern, das geht nicht mehr lang so.« *(Br, 844.)*
Für den Deutschen Freiheitssender schreibt B die Satire *Die Bücherverbrennung (12,61)*. Er geht auf den Artikel von Oskar Maria Graf *Verbrennt mich!* (vom 12.5.33) ein, in dem dieser von den Nazis die Verbrennung seiner Bücher verlangt.
Anfang August. Nach Benjamins Aufzeichnungen sagt B, in Rußland herrsche »eine Diktatur *über* das Proletariat«; solange aber diese Diktatur »noch praktische Arbeit für das Proletariat leistet«, müsse man sich von ihr nicht lossagen. Später habe er auch von »Arbeitermonarchie« gesprochen *(Benjamin, VI, 539)*.
3. **August,** Mittwoch. B geht im *Journal* auf den Vorwurf ein, er sei ein Formalist. »Sie finden die alten Formen nicht in meinen Arbeiten, schlimmer, sie finden neue, und da meinen sie, es sind die Formen, die mich interessieren.« Tatsächlich habe er aber das Formale eher gering geschätzt. »Beinahe auf jedem Feld habe ich konventionell begonnen.« B legt das am Beispiel seines lyrischen Werkes dar *(26,315f.)*.
Gretel Adorno bittet Walter Benjamin um eine Arbeit Bs über dessen politische Situation, die sie dem Institut für Sozialforschung vorlegen will. Außerdem könne ihr Benjamin mit einer Abschrift der pornographischen Gedichte Bs eine besonders große Freude bereiten.
12. **August,** Freitag. B beklagt sich darüber, daß bei den Deutschen der »Materialismus ohne Sinnlichkeit« sei. In ihrer Literatur spüre man »überall dieses Mißtrauen gegen die Lebendigkeit des Körperlichen«. »Unsere Helden pflegen der Geselligkeit, aber essen nicht; unsere Frauen haben Gefühle, aber keinen Hintern, dafür reden unsere Greise, als hätten sie noch alle Zähne.« *(26,317)*
13. **August,** Sonnabend. B arbeitet mit Ruth Berlau an de-

ren Novellensammlung *Jedes Tier kann es* (das dänisch mit dem Titel *Ethvert dyr kan det* 1940 unter dem Pseudonym Maria Sten herauskommt). »70 % aller Frauen sollen frigid sein. [...] Der Orgasmus als Glücksfall.« Bei seinen Gesprächen mit Walter Benjamin über das Thema erinnert dieser an die Meinung von Sigmund Freud, daß die Sexualität »einmal überhaupt absterben« werde. »Als der Kopf des Adels fiel, stand ihm wenigstens noch der Schwanz. Der Bourgeoisie ist es gelungen, sogar die Sexualität zu ruinieren.« *(26,317f.)* Zu gleicher Zeit entsteht das Gedicht *Über den Verfall der Liebe*, das mit der Versen endet: »Jedes Tier kann es. Unter diesen / Gilt es für eine Kunst.« *(14,416.)* Das Thema behandelt B auch in dem Tuitraktat *Über die Kunst des Beischlafs (17,145-147).*

August 1938
Arbeit an *Jedes Tier kann es*

Mit Ruth Berlau

Für den von Ruth Berlau bearbeiteten englischen Schwank, den sie *Alle wissen alles* nennt, schreibt B ein Vorwort, in dem er seiner »Sympathie zu dieser Art Gattung der Dramatik« Ausdruck verleiht. Alle Menschen könnten ein »Naturrecht« beanspruchen, »Spaß an Niedrigem« zu haben. »Was mich betrifft, muß es nur ganz unverhüllt auftreten, damit ich mich auf seine Seite stellen kann.« *(22,502f.)*

14. August, Sonntag. B schreibt in sein *Journal* Verse aus dem 5. Gedicht des Zyklus *An den Triumphbogen* von Victor Hugo *(26,318).*

15. August, Montag. Die Szenenfolge *Furcht und Elend des III. Reiches* wird gedruckt. Georg Lukács hat die Szene *Der Spitzel* (abgedruckt in *Das Wort*; → März) »bereits begrüßt, als sei ich ein in den Schoß der Heilsarmee eingegangener Sünder« (in seinem Essay *Es geht um den Realismus*; → Juni). Lukács habe dabei übersehen, daß es sich um »die Montage von 27 Szenen« handelt, die »eigentlich nur eine Gestentafel« sei. Die Schauspieler sollten zuvor die *Straßenszene* (→ Juni) studieren *(26,318f.).*

16. August, Dienstag. B erscheinen seine *Gedichte im Exil* »natürlich einseitig«, aber er findet, die Vielfalt könne »nur im Ganzen entstehen, durch Zusammenbau in sich geschlossener Werke«. So müßten *Die Geschäfte des Herrn Julius Caesar* zusammen mit dem *Tuiroman* und die Dramen zusammen mit den Lehrstücken betrachtet werden. Er macht sich Gedanken über zukünftige Arbeiten und findet: »30 Jahre sind nicht zu viel für das noch zu Schaffende.« – Bei der Lektüre der Gedichte Shelleys (→ Januar) und ägyptischer Bauernlieder »von vor 3000 Jahren« mit Klagen über die Unterdrückung und Ausbeutung ist B entsetzt: »Wird man so uns lesen, immer noch unterdrückt und ausgebeutet, und sagen: schon damals...?« *(26,319.)*

Die Überarbeitung seiner *Gedichte im Exil* nimmt B für die *Gesammelten Werke* vor (→ September). Im Sommer entstehen die Gedichte *Der Kirschdieb (12,120)* und *Verjagt mit gutem Grund (12,84f.)*. Über die Gründe seiner Ausbürgerung (→ 8.6.35), die ihm die Nazis angelastet haben, schreibt er auch in *Die »niedrige Gesinnung« (22,468)*.

Porträt Brechts auf der Bauchbinde der *Gesammelten Werke*

18. August, Donnerstag. Nach Bs Meinung liefert Georg Lukács, »dessen Bedeutung darin besteht, daß er von Moskau aus schreibt«, durch seine formale Kennzeichnung des Realismus die Leser an die »berühmten bürgerlichen Romanciers aus, welche diese formalen Kennzeichen aufweisen«. Insbesondere auf einzelne Urteile in dem Aufsatz *Marx und das Problem des ideologischen Verfalls* (→ Mitte Juli) eingehend, kommt er zu dem Schluß: »Dieser Stumpfsinn ist gigantisch.« *(26,320f.)*
B studiert nun auch frühere Arbeiten von Lukács, z.B. *Erzählen oder Beschreiben?* in der *Internationalen Literatur*, Moskau, Hefte 11 und 12 (November/Dezember), 1936. In einer weiteren *Journal*-Notiz kritisiert er, »der Herr Professor« überbewerte die frühen bürgerlichen Romane in ihrer Bedeutung für die neuere Produktion. Lukács lobt den darin enthaltenen breiten »Reichtum des Lebens« und empfiehlt die Nachahmung. »Die Realismusdebatte blockiert die Produktion, wenn sie so weitergeht.« *(26,321f.)*
In weiteren Texten *(22,482-496)* setzt sich B erneut kritisch mit dem Dekandenzbegriff und mit dem Formalismusbegriff von Lukács auseinander und bezichtigt diesen selbst des Formalismus: »Wer sich an Formen klammert, ist Formalist, ob er Dichtungen schreibt oder Dichtungen kritisiert.« *(22,493.)*
25. August, Sonntag. Walter Benjamin notiert Bs Maxime: »Nicht an das gute Alte anknüpfen, sondern an das schlechte Neue.« *(Benjamin, VI, 539.)*

August 1938
Zusammenstellung der *Svendborger Gedichte* beendet

August. Abschluß der Arbeiten an der geplanten Einzelausgabe der Sammlung *Svendborger Gedichte*.
In Heft 8 von *Das Wort* werden *Sechs chinesische Gedichte (Die Freunde*; *Die Decke*; *Der Politiker*; *Der Drache des schwarzen Pfuhls*; *Ein Protest im sechsten Jahre des Chien Fu* und *Bei der Geburt seines Sohnes; 11,257-260)* zum erstenmal gedruckt, ebenfalls eine Anmerkung *(22,454f.)* zur Entstehung (nicht aus der originalen Sprache, sondern der Übersetzung von Arthur Waley) sowie eine Darstellung von Po chü-i und einiger seiner Ansichten. Mit dem Rückgriff auf asiatische Vorbilder polemisiert B damit gegen die von Georg Lukács empfohlenen europäischen Traditionsmuster.
5. September, Montag. B erklärt dem schwedischen Regisseur Per Lindberg die Problematik mit dem Verlag Felix Bloch Erben und gestattet ihm eine Aufführung der *Dreigroschenoper* in Stockholm unter der Bedingung einer Direktauszahlung der Tantiemen an ihn *(Br, 845)*.

7. September, Mittwoch. B befürwortet gegenüber der American Guild for German Cultural Freedom ein Stipendium für den Wirtschaftshistoriker Heinz Pächter *(Br, 846)*.
10. September, Sonnabend. Erneut setzt sich B mit dem Begriff der Dekadenz auseinander, der in den »literarischen Abhandlungen der von Marxisten herausgegebenen Zeitschriften« wieder häufiger auftauche. Auch er selber gehöre zur Dekadenz (→ 24. 7.). Er gesteht, daß die *Hauspostille* »den Stempel der Dekadenz der bürgerlichen Klasse« trägt. Dagegen hält er die *Svendborger Gedichte* ebensogut für »einen Abstieg wie einen Aufstieg«, weil darin »vom bürgerlichen Standpunkt aus« »eine erstaunliche Verarmung eingetreten« sei. Aber der Kapitalismus habe ihn »zum Kampf gezwungen«: »Ich gehe nicht mehr ›im Walde vor mich hin‹, sondern unter Polizisten. Da ist noch Fülle, die Fülle der Kämpfe.« *(26,322f.)*
11. September, Sonntag. Für die Gesamtausgabe seiner Werke hat B den *Baal* »überflogen«. Wegen der zahlreichen Bearbeitungen für Buchausgaben und Aufführungen sei der Sinn fast verlorengegangen. Er fragt sich, ob er das Stück nochmals vornehmen soll, um die These »Mach, was dir Spaß macht!«, die viel hergäbe, stärker herauszustreichen *(26,323)*.
12. September, Montag. Nach der Lektüre einiger Texte zum Tod von Konstantin Stanislawski (am 7. 8.) in der Moskauer *Deutschen Zentral-Zeitung* (vom 8.,9. und 10. 8.) findet B (→ Anfang März 37), daß »sein Orden [...] ein Sammelbecken für alles Pfäffische in der Theaterkunst« sei. Die Art, wie der Verstand in seiner Methode als »Kontrolleur« benutzt wird, sei »der Tuismus selber«. Ein paar »Murxisten« versuchten in den Texten »tintetriefend« nachzuweisen, »daß das eben die ewige Kunst sei«. In bezug auf Bs Betonung des Verstandesmäßigen spreche man »von einer krankhaften Trennung von Gefühl und Verstand«. Seine Überzeugung ist: »Jeder Gedanke, der notwendig ist, hat seine emotionelle Entsprechung, jedes Gefühl seine gedankliche.« *(26,324f.)*
Der Begriff des »Murxismus« als einer »sehr verbreiteten Ausführung des Marxismus« hatte B schon in dem 1934 geschriebenen Text *Eine deutsch-jüdische Arztfamilie (22,32f.)* verwendet und deshalb als »furchtbar« gekennzeichnet, weil er »Esel in der Debatte unschlagbar macht«.

»Murxismus« macht »Esel in der Debatte unschlagbar«

20. September, Dienstag. Seit geraumer Zeit erhebt Hitler Gebietsansprüche auf das Sudetenland (das 1918 im Friedensvertrag von Versailles der Tschechoslowakei zugesprochen wurde), provoziert einerseits Grenzzwischenfälle und wirbt andererseits bei den Westmächten um Zustimmung zu seinen Forderungen. B telegrafiert dem tschechischen Staatspräsidenten: »Kämpfen Sie und die Schwankenden werden mitkämpfen.« *(Br, 849.)*

21. September, Mittwoch. B versieht mit diesem Datum einen Notizzettel seines Sohnes Stefan, auf dem dieser (vermutlich nach einer Nachrichtensendung im Radio) »das letzte von Prags Antwort« mitteilt, die eine »Einleitung der diplomatischen Verhandlungen bedeutete« *(158/67).*

22. September, Donnerstag. In der *Neuen Weltbühne*, Prag/Zürich/Paris, wird der Artikel *Der größte aller Künstler (22,469f.)* gedruckt, in dem B unter Bezugnahme auf den Reichsparteitag der NSDAP (der am 5. 9. in Nürnberg beginnt) satirisch Hitler als angeblichen Kunstverständigen kritisiert. In diesem Zusammenhang ist auch das Gedicht *Die Regierung als Künstler* (→ Mai) geschrieben.

September 1938 Anspruch Deutschlands auf das Sudetenland

22./23. September, Donnerstag/Freitag. In Bad Godesberg berät Hitler mit dem englischen Premierminister Chamberlain ein Abkommen (→ 29. 9.), das den deutschen Anspruch auf das Sudetenland festschreibt, und erhält dessen Zustimmung. B verfolgt, zusammen mit Fritz Sternberg, der nach einer Lesereise in Svendborg Station macht, die Nachrichten. »Das Radio bringt alle 10 Minuten in anderer Sprache Berichte.« *(26,325.)* Sternberg erinnert sich: »Das war eine aufwühlende Zeit. Wir saßen natürlich in diesen Tagen viele Stunden am Radio. Die übrige Zeit war ausgefüllt mit Diskussionen über die Lage und über manche Werke, die Brecht mir damals im Manuskript gab.« *(Sternberg, 38.)*

25. September, Sonntag. Im Rahmen der sich zuspitzenden Sudetenkrise droht Hitler mit einem Krieg, worauf sich auch die anderen Westmächte verhandlungsbereit zeigen. B hält den »Umfall der herrschenden Klasse Frankreichs vor Hitlers Kriegsdrohung« sowie den »Vertragsbruch, der die Tschechoslowakei von der Landkarte wischt und Frankreichs Großmachtstellung erledigt«, in bezug auf seinen *Caesar*-Roman für »sehr bemerkenswert«. Es würden nur Raubkriege geführt. »Sie verteidigen den Raub nur, wenn es ihrer ist und bleibt.« *(26,325.)*

In diesem Zusammenhang entsteht der Prosatext *Der Gallische Krieg oder Die Geschäfte des Herrn J. Caesar (19,416-418)*, der möglicherweise auch als Filmexposé dienen soll.

28. September, Mittwoch. B gratuliert Alfred Döblin zum 60. Geburtstag (am 10. 8.). Mit »außerordentlichem Fleiß« habe er »die literarischen Werke Döblins studiert«. Döblin machte sich »die vielfachen Neuerungen« zu eigen und brachte sie in »die Betrachtungs- und Beschreibungsweise unserer Umwelt und des Zusammenlebens der Menschen« ein. Beschreibungen »von Bewegungen großer Menschenmassen«, auch »der Stellung des Individuums in Massenvorgängen und seiner Entwicklung« seien nur nach dem Studium seiner Werke möglich. Bedeutsam erscheint B auch Döblins »Theorie von der Autonomie der Teile« sowie dessen »Stellung zum Phänomen der Einfühlung«. Er hält seine Werke »für eine Fundgrube des Genusses und der Belehrung« *(Br, 850)*. Den Brief schickt er über Hans Siemsen (der sich am 5. 10. dafür entschuldigt, daß er die Gratulation verlegt hat und nicht an Döblin weitersenden konnte).

29. September 1938
Münchener Abkommen

29. September, Donnerstag. Die Regierungschefs von Großbritannien Arthur Neville Chamberlain, von Frankreich Edouard Daladier, von Italien Benito Mussolini und Hitler einigen sich im Münchner Abkommen auf die Abtretung des Sudetenlands an Deutschland und die Räumung des Gebiets von Tschechen. B schreibt dazu die Erklärung *Nicht Deutschlands Interessen*. Niemand glaube an Hitlers Befreiung der Deutschen im Sudetenland, »jedermann weiß, daß er die Tschechoslowakei als Ganzes zertrümmern, gleichschalten, besetzen will, um damit ein Sprungbrett nach Osten zu schaffen, eine Ausfallpforte für reine Raubkriege« *(22,471)*. Seine Enttäuschung über das Versagen des britischen Premierministers beschreibt er in *Traum des Herrn Chamberlain: Der Elefant als Elfenbeinhändler* und in dem Prosatext *Furcht und Elend des Dritten Reiches (22,472-477)*, der auch Bezug auf die gleichnamige Szenenfolge nimmt.

30. September, Freitag. B reicht (unter dem Pseudonym Larsen) der American Guild for German Cultural Freedom den Roman *Die Geschäfte des Herrn Julius Caesar* ein, obwohl er »leider nicht ganz fertig« ist. Für die fehlenden drei Kapitel legt er ein Exposé bei *(Br, 852)*.

Der Eingang wird (am 5. 10.) bestätigt; es sei aber unklar, ob ein unfertiges Werk berücksichtigt werden kann. Hubertus Prinz zu Löwenstein schreibt B (am 3. 11.), daß der *Caesar*-Roman nicht zugelassen werden kann, weil B mit der Nennung des Titels gegen das Anonymitätsgebot verstoßen habe.

Walter Benjamin, der zur störungsfreien Fertigstellung seines Baudelaire Aufsatzes für zehn Tage nach Kopenhagen gezogen ist, kehrt auf Bs Wunsch vor seiner Abreise noch einmal nach Svendborg zurück.

Ende September. B bedankt sich bei der American Guild for German Cultural Freedom für die Verlängerung seines Stipendiums (→ 28. 5.). Auf Anforderung gibt er eine Aufstellung seiner Arbeiten. Fertiggestellt sei der »Zyklus *Furcht und Elend des Dritten Reiches*«, der soeben vom Malik-Verlag vorbereitet werde; außerdem der neue Gedichtband *Svendborger Gedichte*, der auch die *Deutschen Satiren* enthalte. Neben der Redaktion des 4. Bandes seiner *Gesammelten Werke* nennt B von den theoretischen Arbeiten: »*Die Straßenszene*, ein Grundmodell des Epischen Theaters, und *Theorie des Verfremdungseffekts*«, worin er »die Schau-

Wenn ich bedenke, wozu mich das begeisterte Mitgehen geführt hat und was mir das oftmalige Prüfen genützt hat, so rate ich zum zweiten. Hätte ich mich der ersten Haltung überlassen, dann lebte ich noch in meinem Vaterland, da ich aber die zweite Haltung nicht eingenommen hätte, wäre ich kein ehrlicher Mensch mehr. *(26,308.)*

spielkunst des Epischen Theaters darstelle«. Seine Hauptarbeit sieht er in dem Roman *Die Geschäfte des Herrn Julius Caesar*. Für diese Arbeiten sei das Stipendium »von großem Nutzen, da ich fast gar keine Einnahmen mehr aus meinen literarischen Arbeiten habe« *(Br, 848)*.

1.-10. Oktober 1938 Deutsche Truppen besetzen das Sudetenland

1. Oktober, Sonnabend. In Erfüllung des Münchner Abkommens (→ 29. 9.) wird das Sudetenland von den Tschechen geräumt und innerhalb von zehn Tagen (1.-10. 10.) durch deutsche Truppen besetzt.

5. Oktober, Mittwoch. Nachdenkend über den literarischen Wert von Büchern, schätzt B André Gides »Buch über die irdischen Freuden« *(Der Liebesversuch)* hoch ein, weil es »im Tornister die Armee der französischen Volksfront marschiert«. Hingegen verringere sich der Wert von Jaroslav Hašeks *Abenteuer des braven Soldaten Schwejk während des Weltkriegs*; es sei der »Siegesbericht eines unterdrückten Volkes« gewesen, aber der Sieg habe nur kurze Zeit vorgehalten *(26,325f.)*.

7. Oktober, Freitag. Zur »Prozedur« beim »Untergang der Tschechoslowakei« meint B: »›England‹ konnte nicht einen Krieg führen, den der russische Bundesgenosse gewonnen hätte. Der russische Bundesgenosse konnte nicht einen Krieg führen, den die russischen Generäle gewonnen hätten. Frankreich konnte nicht einen Krieg führen, den die Volksfront gewonnen hätte. Und keines von ihnen konnte einen Krieg verlieren, natürlich.« *(26,326.)*

14. Oktober, Freitag. B dankt Rechtsanwalt Lindh für seine Bemühungen in Sachen der Tantiemen für die schwedische Aufführung der *Dreigroschenoper* (→ 5. 9.) und bittet darum, die Beträge an »eine neutrale Stelle« zu geben *(Br, 857)*.

16. Oktober, Sonntag. Walter Benjamin reist aus Dänemark ab und nimmt einen großen Teil seiner bei B eingelagerten Bibliothek mit. Am 4. 10. hat er gegenüber Theodor Adorno die folgende Bilanz gezogen: »Je natürlicher und je spannungsloser mein Umgang mit Brecht im vergangenen Sommer gewesen ist, desto weniger unbekümmert lasse ich ihn diesmal zurück. Denn ich bin befugt, in dieser Kommunikation, die diesmal weit weniger problematisch war als ich es gewohnt war, einen Index seiner wachsenden Isolierung zu sehen. Ich will die banalere Deutung der Tatsache – daß diese Isolierung ihm das Vergnügen an gewissen provokatorischen Finten, zu denen er im Gespräche neigte, herabmindere – nicht ganz ausschließen; authentischer aber ist die, in jener wachsenden Isolierung die Folge der Treue zu dem zu erkennen, was uns gemeinsam ist. Unter den Lebensumständen, die die seinen geworden sind, wird er von dieser Vereinsamung während eines Svendborger Winters gewisserma-

ßen Auge in Auge herausgefordert.« *(Benjamin, Briefe, 304.)* – Es war die letzte Begegnung von B und Benjamin (→ 27. 9. 40).
Abends verursacht B, der mit Helene Weigel und Margarete Steffin im Auto unterwegs ist, einen Unfall, über den die Kopenhagener Zeitung *Politiken* berichtet. B korrigiert die Meldung in einem Brief an die Redaktion. Er sei nicht von Scheinwerfern eines entgegenkommenden Autos geblendet gewesen. Um einen vor den Wagen springenden Jungen nicht zu verletzen, sei er nach rechts ausgewichen, wo er die Mutter des Jungen streifte. »Vielleicht hätte ich auf keinen Fall auf den Fußweg abbiegen dürfen, auch nicht, um ein Menschenleben zu schonen, und ganz gleichgültig, ob der Fußweg mir frei schien. Das mag, ich weiß es nicht, juristisch eingewendet werden können, aber schon aus Menschlichkeit wird wohl jeder Fahrer in solcher Situation vor allem zu vermeiden suchen, jemanden zu überfahren.« *(Br, 858.)* Im Verlauf mehrerer Verhandlungen wird, wie Margarete Steffin (im Dezember 39) Fredrik Martner mitteilt, ein Gerichtstermin über den Unfall auf den 14. 12. 39 festgesetzt. Ob Steffin beim Gericht eine Verschiebung durchsetzen konnte, wie sie das wünscht, um daran teilzunehmen, ist nicht bekannt.

20. Oktober, Donnerstag. Margarete Steffin ist mit Unterstützung von Helene Weigel in eine kleine Wohnung in unmittelbarer Nähe Bs (Strandløkken 17) gezogen, in der sie erstmals über ein eigenes Arbeitszimmer verfügt.
Ende Oktober. Nach der Rückkehr von Kopenhagen nach Svendborg beginnt B (mit Margarete Steffin) das Stück *Die Erde bewegt sich* (späterer Titel: *Leben des Galilei*) auszuarbeiten und stellt es in einer ersten Fassung fertig.

Ende Oktober-23. November 1938
Leben des Galilei
Erste Niederschrift

Das *Leben des Physikers Galilei* wurde in jenen finsteren letzten Monaten des Jahres 1938 geschrieben, als viele den Vormarsch des Faschismus für unaufhaltsam und den endgültigen Zusammenbruch der westlichen Zivilisation für gekommen hielten. In der Tat stand die große Epoche vor dem Abschluß, die der Welt den Aufschwung der Naturwissenschaften und die neuen Künste der Musik und des Theaters gebracht hatte. Die Erwartung einer barbarischen und »geschichtslosen« Epoche war beinahe allgemein. Nur wenige sahen die neuen Kräfte sich bilden und spürten die Vitalität der neuen Ideen. Selbst die Bedeutung der Begriffe »alt« und »neu« war

28. Oktober, Freitag. Ferdinand Reyher macht bei einer Reise nach Europa (bis zum 4. 11.) Zwischenstation in Kopenhagen; B trifft sich in dieser Zeit mehrfach mit ihm und berichtet von der Arbeit an dem Galilei-Projekt. Reyher schlägt zu dem Thema einen Filmtext vor, für den er versuchen will, in den USA einen Produzenten zu finden.
30./31. Oktober, Sonntag/Montag. B bringt Margarete Steffin zu Kontrolluntersuchungen nach Kopenhagen. Eine einsetzende Schwerhörigkeit von Steffin, die sie als Folgeerscheinung des Autounfalls betrachtet (→ 16. 10.), beeinträchtigt die Zusammenarbeit. In Kopenhagen wird ein Ohrenarzt konsultiert. Tatsächlich war aber (ohne ihre Kenntnis) bereits im Öresund-Hospital (→ 2. 1.) eine Erweiterung der Tuberkulose auf das Mittelohr diagnostiziert worden.
31. Oktober, Montag. In der Odenseer Zeitung *Fyns Social-Demokrat* erscheint unter dem Titel *Die Weigel* ein Porträt

verdunkelt. Die Lehren der sozialistischen Klassiker hatten den Reiz des Neuen eingebüßt und schienen einer abgelebten Zeit anzugehören. *(24,239f.)*

Helene Weigels von Fredrik Martner (unter dem Pseudonym »Crassus«). Er hält sie für »Europas erste Arbeiter-Schauspielerin«. Martner zitiert Äußerungen von Karin Michaelis über Helene Weigel und beschreibt Weigels Laufbahn vor der Machtübernahme Hitlers.

3. November, Donnerstag. Martin Andersen Nexø schickt B sein Buch *For Lud og koldt Vand* mit der Widmung: »Til Bertolt Brecht den gode Kammerat« *(BBAB).*

9. November 1938
Judenverfolgung in Deutschland: »Reichskristallnacht«

9. November, Mittwoch. Nach der Erschießung des deutschen Botschaftsangehörigen Ernst vom Rat in Paris durch den jungen jüdischen Emigranten Herschel Grynszpon (am 7. 11.) beginnt eine Judenverfolgung großen Ausmaßes. Hitler hält (anläßlich des Jahrestags seines Marsches auf die Feldherrnhalle am 8. 11.) eine Hetzrede auf die Juden, nach der in ganz Deutschland ein vorbereitetes Pogrom gegen jüdische Geschäftshäuser und Synagogen und eine Verhaftungswelle ausgelöst werden (»Reichskristallnacht«). Dem Terror folgen (am 17. 1. 39) gesetzliche Zwangsmaßnahmen gegen die Juden, die ihnen u. a. den Besuch von Kunstveranstaltungen und das Fahren von Autos verbieten; jüdischen Kindern wird der Besuch deutscher Schulen untersagt. Pässe jüdischer Bürger werden mit einem »J« gekennzeichnet.

23. November, Mittwoch. Im *Journal* vermerkt B den Abschluß von *Leben des Galilei.* »Brauchte dazu drei Wochen. Die einzigen Schwierigkeiten bereitete die letzte Szene.« Dafür habe er – wie in *Die heilige Johanna der Schlachthöfe* einen »Kunstgriff« benötigt, um »dem Zuschauer den nötigen Abstand zu sichern«. Bei »streng epischer Darstellung« käme »eine Einfühlung erlaubter Art zustande« *(26,326).*
Margarete Steffin berichtet Fredrik Martner (in diesen Tagen) von der Fertigstellung des *Galilei*, eines Stückes, »das sehr lustig ist, sehr schön und bestimmt sogar für das *Kongelige* [das Königliche Theater] geeignet« *(E 10/38).*

24. November, Donnerstag. Martin Andersen Nexø schenkt B sein Buch *Mod Lyset. En haandfuld Æventyr og Lignelser* (dt. Dem Licht entgegen. Eine Handvoll Märchen und Gleichnisse) mit einer Widmung *(BBAB).*

26. November, Sonnabend. In der dänischen Zeitung *Social-Demokraten* stellt der Justizminister K. K. Steincke die Flüchtlingspolitik der Regierung vor. In der gleichen Ausgabe wird für ein kameradschaftliches Treffen der Sozialdemokratischen Jugend Dänemarks mit heimgekehrten Spanienkämpfern geworben, bei der auch die »Premiere von zwei Sketchen des weltbekannten deutschen, jetzt natürlich landflüchtigen Schriftstellers Bert Brecht« aus dem »Deutschland unserer Tage« stattfinden soll (*Arbeitsbeschaffung* und *Die Stunde des Arbeiters*, aus: *Furcht und Elend des III. Reiches).*

November. B informiert Hubertus Prinz zu Löwenstein vom Versand der bisher ausgearbeiteten Teile des Romans *Die Geschäfte des Herrn Julius Caesar* an die American Guild for German Cultural Freedom (→ 30. 9.) und bittet ihn um Unterstützung beim Antrag auf Verlängerung des Stipendiums *(Br, 859)*.

Ende November. B bedankt sich bei Wieland Herzfelde für einen Brief und eine Geldanweisung, die er als eine »Geste von historischer Größe« empfindet. Das *Galilei*-Manuskript will er ihm am Montag schicken. Die in Prag gesetzten Texte seien noch nicht alle zu Ende korrigiert. Ihm scheint die Sonderausgabe der *Svendborger Gedichte* »besonders dringend« *(Br, 860)*.

Anfang Dezember. Fredrik Martner ist häufig bei B zu Gast und diskutiert mit ihm über neue Arbeiten; mit Margarete Steffin geht er Übersetzungen durch. Auch zu Helene Weigel und zu Bs Kindern findet Martner einen guten Kontakt. Anfang Dezember legt Steffin ihm den »Lyrikaufsatz« Bs bei, den sie seinetwegen noch einmal abgetippt hat *(E 9/1)*. In einem weiteren Brief teilt sie ihm mit, daß sie angefangen hat, *Leben des Galilei* abzuschreiben. »Sie dürfen Brecht gratulieren zu diesem schönen Stück, das so schnell fertig wurde. Es war sozusagen eine Rekordarbeit.« Sie hält es für wichtig, daß sich Martner vor seinem nächsten Besuch in Svendborg eine Meinung zum *Caesarroman* bildet, damit er mit B »sehr ausführlich« darüber sprechen kann. »Sie können sich denken, wie sehr er in dieser Svendborger Abgeschiedenheit immer auf Stimmen zu seinen noch unveröffentlichten Arbeiten wartet.« *(E 9/18.)*

2. Dezember, Freitag. B bedankt sich bei Ferdinand Reyher für die Zusendung von Büchern. Es sei für ihn »eine große Erfrischung« gewesen, ihn wiederzusehen (→ 28. 10.). Statt des zugesagten Filmexposés schickt er Reyher »zunächst einmal das Stück« *Leben des Galilei.* Es enthalte »eine Riesenrolle, und wenn man an einen einflußreichen großen Schauspieler damit käme, würde er vielleicht etwas für eine Aufführung tun«. B fragt Reyher, ob er »für die Verfilmung aus dem Stück etwas herauslesen« kann. Reyhers »kameradschaftliches Interesse« an dem Stoff hätte genügt, »mich sofort zu einer doch immerhin ganz umfangreichen Arbeit zu ermuntern« *(Br, 861)*. Reyher bittet (am 8. 12.) um weiteres *Galilei*-Material und will mit dem Filmregisseur William Dieterle darüber reden. Für die Szenenfolge *Furcht und Elend des III. Reiches* bittet Reyher um die Autorisierung für eine amerikanische Bearbeitung und meldet ein Interesse Fritz Kortners an *(E 18/46f.)*.

Gleichzeitig wendet sich B an Herbert Levy und bittet ihn, in London, eventuell über Berthold Viertel, etwas für eine

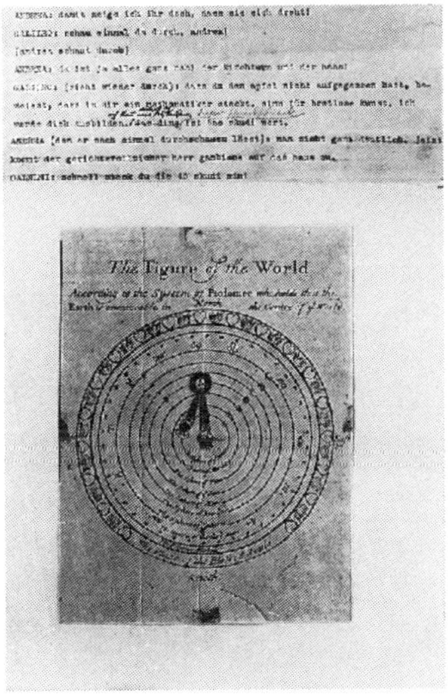

Leben des Galilei, Typoskriptseite mit eingeklebtem Weltbildschema nach Ptolemäus

Aufführung von *Leben des Galilei* zu tun. »Ich dächte nicht im Traum daran, Ihnen dergleichen zuzumuten, wenn ich auch nur einen Menschen in London hätte, der mir da sonst helfen könnte.« *(Br, 862.)*

7. Dezember, Mittwoch. Wieland Herzfelde flieht aus Prag auf dem Luftwege nach London. Er kann einen Teil der Unterlagen des Malik-Verlags retten, muß aber den »Prager Satz« von Band 3 der *Gesammelten Werke* Bs zurücklassen.

12. Dezember, Montag. Im Auftrag Bs fragt Margarete Steffin bei Walter Benjamin an, warum sein *Baudelaire*-Aufsatz vom Institut für Sozialforschung abgelehnt wurde. Wenig später erkundigt er sich, ob Teilstücke daraus für das *Wort* geeignet wären.

Eine für den 9. 12. geplante Aufführung von Szenen aus *Furcht und Elend des III. Reiches* in Kopenhagen, bei der auch Helene Weigel auftreten soll, kommt aufgrund gesetzlicher Bestimmungen nicht zustande. Erlaubt wird die Aufführung der Szenen mit dänischen Schauspielern am 12. 12., während Helene Weigel am 14. 12. aus klassischen Werken lesen darf *(E 9/13)*.

13. Dezember 1938
Schutzverband Deutsch-Amerikanischer Schriftsteller veranstaltet in New York Kunstabend, u. a. mit dem Vortrag von Gedichten Brechts

13. Dezember, Dienstag. Der Schutzverband Deutsch-Amerikanischer Schriftsteller veranstaltet in der New Yorker Steinway Hall seinen ersten Kunstabend. Oskar Maria Graf und Paul Tillich sprechen über die Aufgaben der Emigration. Danach werden Lieder von Brahms und Schubert gesungen und aus Werken u. a. von Johannes R. Becher sowie Gedichte von B gelesen.

22. Dezember, Donnerstag. Vermutlich im Zusammenhang mit einem von Ernestine Evans (→ 26. 3.) initiierten Plan einer Aufführung von *Die Rundköpfe und die Spitzköpfe* in New York schickt B einem Theaterunternehmer die letzte Fassung des Stücks sowie seine Anmerkungen zur Kopenhagener Uraufführung (→ 30. 11. 36) und verweist auf Mordecai Gorelik, der die Proben und die Aufführung gesehen und für die Dekoration Anregung gegeben hat *(Br, 866)*.

24. Dezember, Sonnabend. Über die Feiertage ist B erkältet, Stefan und Barbara haben Masern.

Dezember. Einer Datierung von Margarete Steffin zufolge hat B die Geschichte *Der verwundete Sokrates* (→ 12. 2. 39) abgeschlossen.

Der Leiter des Jourgaz-Verlags Michail Kolzow (→ Juli 36) ist (am 12. 12.) in Moskau verhaftet und der Spionage für Großbritannien verdächtigt worden. Die Nachricht erreicht seine Lebensgefährtin Maria Osten in der von Kolzow geschaffenen Außenstelle der Zeitschrift *Das Wort* in Paris (→ Januar 39), von wo aus sie verschiedene Freunde über »politische Schwierigkeiten« Kolzows informiert. Wegen

Kolzows Verhaftung wird die Dezember-Ausgabe von *Das Wort* durch Fritz Erpenbeck zunächst zurückgehalten und erst später vertrieben, weil darin in dem Aufsatz von Alfred Kantorowicz *Fünf Jahre Schutzverband deutscher Schriftsteller im Exil* u. a. Kolzow und Ilja Ehrenburg als Freunde des SDS lobend erwähnt werden. Die leitenden Redakteure der Zeitschrift B und Feuchtwanger erfahren von diesen Maßnahmen nichts.

1939

1. Januar, Sonntag. Margarete Steffin erklärt Fredrik Martner, daß sie nicht zum Schreiben kam, weil sie »seit Heiligabend von früh bis spät bei Brechts saß«. »Hier ist sonst nur Arbeit. Mit großem Eifer übersetzen Brecht und ich den letzten Teil des Nexø.« *(E 10/43.)*

Anfang Januar. B erhält die Mitteilung von Maria Osten über Kolzow (→ Dezember 38) und ist von den (nur andeutungsweise vorgebrachten) Angaben »sehr erschreckt«. Er berichtet ihr von Gerüchten in Kopenhagener Zeitungen über eine Verhaftung ihres Lebensgefährten in Moskau. »Ich kann mir einfach nicht denken, was er getan haben könnte, ich habe ihn wirklich nur immer unermüdlich für die Sowjetunion arbeiten sehen.« Er will sich bei Fritz Erpenbeck beschweren, daß ihm Maria Ostens Balladen niemals von der Moskauer *Wort*-Redaktion zugeschickt worden seien. »Und dabei werden die Hefte immer inhaltsloser und formloser. Es ist eine Schande, was aus dem schönen Gedanken gemacht wurde.« *(Br, 868.)*

Verhaftung von Michail Kolzow in Moskau

4. Januar, Mittwoch. Fredrik Martner arbeitet seit November 1938 an einer Übersetzung von *Leben des Galilei* ins Dänische, die (wegen der politischen Vorurteile gegen B) den Theatern anonym angeboten werden soll. Durch unbedachte Äußerungen Martners gegenüber einem Kollegen wird die Autorschaft Bs in *Fyns Venstreblad* öffentlich gemacht und mit der Bemerkung, das Stück berühre gegenwärtige Verhältnisse, eine Aufführungschance eingeschrankt. B gefällt diese Anzeige nicht, wie er Fredrik Martner (am 6. 1.) schreibt. Es wäre jetzt wichtig, möglichst bald seine Rohübersetzung zur Verfügung zu haben. »Selbst wenn man für Dänemark keinerlei Hoffnungen nähren sollte, bliebe doch noch das übrige Skandinavien.« *(Br, 869.)* Trotz der ungünstigen Voraussetzungen bemüht sich Margarete Steffin um den Vertrieb des Stückes beim Theaterverlag Strakosch.

11. Januar, Mittwoch. B hat sich erneut an eine Überarbeitung von *Leben des Galilei* gemacht. Margarete Steffin bittet Fredrik Martner, das *Galilei*-Typoskript noch nicht binden zu lassen: »es kommen noch (kleinere) Änderungen und

11. Januar 1939 Überarbeitung von *Leben des Galilei*

zwei neue Szenen hinzu«, die sie ihm am nächsten Tag schikken will *(E 10/44)*.

14. Januar, Sonnabend. Für diesen Tag wird Fredrik Martner zu B eingeladen. Margarete Steffin bittet ihn zuvor, alles zu schicken, was er von *Leben des Galilei* bereits übersetzt hat, so daß es bei seinem Besuch durchgesprochen werden kann.

20. Januar, Freitag. Die dänische Aufenthaltserlaubnis von B, Helene Weigel und Stefan, die sich an diesem Tage bei der Polizei melden müssen, wird nur bis zum 1. 4. verlängert, da die Pässe von Weigel und ihrem Sohn am 12. 4. ablaufen (→ 22. 3.).

30. Januar, Montag. Wieland Herzfelde erbittet von B *Leben des Galilei* für Band 4 der *Gesammelten Werke*.

Januar. Margarete Steffin schickt an Fredrik Martner die Geschichte *Der Mantel des Nolaners* (→ 12. 2.), die B eben geschrieben habe, und fragt, ob er Lust hätte, sie zu übersetzen. Erstdruck → August.

Weitere Verhaftungen von Freunden und Bekannten Brechts in Moskau

Im *Journal* gibt B seiner Enttäuschung über die Vorgänge in der Sowjetunion Ausdruck: »Auch Kolzow verhaftet in Moskau. Meine letzte russische Verbindung mit drüben. Niemand weiß etwas von Tretjakow, der ›japanischer Spion‹ sein soll. Niemand etwas von der Neher, die in Prag im Auftrag ihres Mannes trotzkistische Geschäfte abgewickelt haben soll. Reich und Asja Lacis schreiben mir nie mehr, Grete bekommt keine Antwort mehr von ihren Bekannten im Kaukasus und in Leningrad. Auch Béla Kun ist verhaftet, der einzige, den ich von den Politikern gesehen habe. Meyerhold hat sein Theater verloren, soll aber Opernregie machen dürfen. Literatur und Kunst scheinen beschissen, die politische Theorie auf dem Hund, es gibt so etwas wie einen beamtenmäßig propagierten dünnen blutlosen proletarischen Humanismus.« *(26,326f.)*

Über die weiteren Schicksale seiner Freunde und Bekannten erfährt B lange Zeit nichts. Kolzow (→ 14. 3. 35) wird 1942 hingerichtet; Tretjakow (letzter Brief an B → 3. 5. 37), seit 1937 verhaftet, wird 1939 erschossen. Carola Neher, ebenfalls seit 1937 verhaftet (→ Mitte Mai 37 und Ende November 37) und zu zehn Jahren Gefängnis verurteilt, stirbt während der Haft 1942. Reich und seine Frau Lacis (→ 12. 5. 35) werden 1938 festgenommen (→ 17.-28. 5. 41), kommen aber später wieder frei; Reich wird rehabilitiert (→ 4. 4. 56). Kun (→ 12. 5. 35), seit 1937 inhaftiert, wird 1939 hingerichtet; Meyerhold, 1939 verhaftet, kommt 1940 im Gefängnis ums Leben.

Gegenüber Fritz Kortner (der inzwischen in die USA übergesiedelt ist) legt B Wert auf eine Berichtigung einer üblen Nachrede: »Sie waren mir gegenüber außerordentlich

freundlich, sowohl in Deutschland als im Exil, ich war oft Ihr Gast, Sie waren der meine, und wir haben zusammen gearbeitet, wie mir immer schien, in guter Kameradschaft.« Er schätze ihn »als Theatermann hoch ein« *(Br, 870).*
Bei Egon Erwin Kisch beschwert sich B über dessen Eintreten für Alfred Kerr (→ März 37), »diesen melodischen Lustgreis«. »Wäre dieser oder jener nicht so, wie er ist, wäre er eben nicht eine der größten Säue der Epoche gewesen.« Wenn Kerr als Emigrant Unrecht geschehe, so nur, weil »die ihn diesmal (zugegeben unter nichtigen Vorwänden) nicht mitmachen lassen«. Man solle jetzt »mit den Kerrs« nicht »aufräumen«, sondern sich »ein wenig zurückhalten«. B schickt Kisch »ein kleines Plagiätchen« auf Kerr mit: »Mir san ja die lustigen Emigrantengsölln / Emigrantengsölln, Emigrantengsölln / kinnan weggehn, kinnan dobleibn, kinnan dean, was mir wölln / dean, was mir wölln, juchhe!« *(Br, 871.)*
B sendet Hubertus Prinz zu Löwenstein (auf dessen Wunsch vom 5. 1.) »eine kleine, unveröffentlichte, in sich abgeschlossene Sammlung von Sonetten, die *Studien*« für eine Autographen-Auktion, welche die American Guild for German Cultural Freedom und die League of American Writers zugunsten eines Hilfsfonds veranstalten wollen. »Die Schwierigkeit ist, daß ich beinahe alles auf der Maschine schreibe und sehr wenig Korrekturen habe, und es widerstrebt mir sehr, etwas zurechtzumachen.« *(Br, 872.)*
In Auseinandersetzung mit dem von Georg Lukács propagierten literarischen Erbe schreibt B (größtenteils 1938) die sechs Gedichte *Über Shakespeares Stück »Hamlet«, Über Kants Definition der Ehe in der »Metaphysik der Sitten«, Über das bürgerliche Trauerspiel »Der Hofmeister« von Lenz, Über Schillers Gedicht »Die Glocke«, Über Schillers Gedicht »Die Bürgschaft«, Über Goethes Gedicht »Der Gott und die Bajadere« (11,269-272)* und stellt sie mit dem 1934 geschriebenen Sonett *Über die Gedichte des Dante auf die Beatrice (11,269;* → *18. 2. 37)* zu der Gedichtsammlung *Studien* zusammen. *Der Gott und die Bajadere* ist eine Geschichte *(19,422f.)* zu dem Stoffgebiet, die gleichzeitig entsteht.

Gedichtsammlung *Studien* abgeschlossen

Anfang Februar. Margarete Steffin erwägt einen Wechsel des Exilortes und fragt Walter Benjamin, ob *Galilei* am Broadway eine Chance haben könnte. »Ich meine ja, aber Brecht kann wenig von hier aus machen. Es wäre wichtig, daß er dies Nest endlich verließe. Ich predige dauernd: Amerika!« *(WBA 23/27.)*
3. Februar, Freitag. Von der San Francisco Theatre Union wird im Green Street Theatre *Die Gewehre der Frau Carrar* und *Der Spitzel* aufgeführt; Regie: George Altman.

Fertigstellung der Geschichten *Der Mantel des Nolaners* *Der verwundete Sokrates* *Die Trophäen des Lukullus*

Mit Margarete Steffin Übersetzung von drei Bänden *Erinnerungen* Martin Andersen Nexøs abgeschlossen

12. Februar, Sonntag. B resümiert im *Journal* die in der letzten Zeit fertiggestellten Arbeiten: »Mit Grete die Übersetzung der drei Bände Nexøsche Erinnerungen abgeschlossen. Drei Novellen geschrieben (*Mantel des Nolaners, Der verwundete Sokrates, Die Trophäe des Lukullus*). Viel Theorie in Dialogform *Der Messingkauf* (angestiftet zu dieser Form von Galileis *Dialogen*).« *(26,327.) Der Mantel des Nolaners* (→ Januar) wird später erweitert und heißt *Der Mantel des Ketzers (18,374-382). Der verwundete Sokrates (18,410-425)* entsteht im → Dezember 1938 und wird, wie auch die erste Geschichte, in die Sammlung *Kalendergeschichten* aufgenommen. Das Thema von *Die Trophäe des Lukullus* (ursprünglich: *Die Beute des Lukullus*, auch: *Die Trophäen des Lukullus; 19,425-433*) ist sowohl im Roman *Die Geschäfte des Herrn Julius Caesar* als auch im Hörspiel *Das Verhör des Lukullus* vorgezeichnet. Die Geschichte soll ursprünglich in die *Kalendergeschichten* aufgenommen werden, sie scheint B dann aber »zu kompliziert« *(18,627)*.

Beginn der Arbeit an *Der Messingkauf*, einem »Viergespräch über eine neue Art, Theater zu spielen« (1939-1955)

In *Der Messingkauf* streiten ein Schauspieler und eine Schauspielerin mit dem Dramaturgen des Theaters und einem Philosophen, der mit ihnen nach einer Vorstellung auf der Bühne zusammentrifft, »über eine neue Art, Theater zu spielen«. Die ersten Pläne sehen einen Dialog in »vier Nächten« vor. Der Philosoph wünscht ein Theater für Lehrzwecke, das »einfach die Bewegungen der Menschen (auch der Gemüter der Menschen) zum Studium modelliert, das Funktionieren der gesellschaftlichen Beziehungen zeigt, damit die Gesellschaft eingreifen kann«. Das Ganze ist »einstudierbar gedacht, mit Experiment und Exerzitium« *(26,327f.)*. B arbeitet daran (bis 1955) in mehreren Arbeitsphasen (1939-1941; 1942/43; 1945; 1948-1955), verändert die Konzeption und gibt schließlich die Arbeit an dem Projekt auf *(22,695-869)*. Das (1948 geschriebene) *Kleine Organon für das Theater* ist nach seiner Ansicht eine »kurze Zusammenfassung des *Messingkauf*« (→ 18. 8. 48).

Mitte Februar. B schreibt an Karl Korsch, der 1936 in die USA emigriert ist, er habe dessen (in großen Teilen in Svendborg geschriebene) Monographie *Karl Marx* erhalten, die 1938 in englischer Sprache erschienen ist. Er lese das Buch »mit Heißhunger«; es verschaffe »die nötige Klärung«. In Dänemark werde es »sehr ungemütlich«. Wenn er Einwanderungspapiere bekommen könnte, käme er mit Helene Weigel »auch in die Staaten«. Er fragt Korsch, wie er dort »irgendeine formelle Berufung als Lehrer kriegen könnte« *(Br, 873)*. Nach weiterer Lektüre findet B, daß sich Korsch in der Kritik Marxens »durchaus weise« zurückhält, weil dadurch seine Arbeit »ihren methodischen Wert« behält *(Br, 874)*.

Die Lektüre des Buches regt B, einer *Journal*-Eintragung zufolge, auch zu einer Kritik des Formalismus darin an: »Sehr auf das Schematische aus, die Methode, die herausgezogen ist. Sie wird nicht im Betrieb gezeigt, nicht in der Anwendung.« *(26,328.)* B kommt auf die Diskussion »bei den Lukács'« über den literarischen Formalismus zu sprechen: »Nach diesen Murxisten ist es dann so: Die bürgerlichen Realisten hatten einen unvollständigen Realismus, hatten noch Idola; lassen wir die weg, und alles ist in Ordnung. Ihre Fakten werden akzeptiert und neu geordnet. Marx ist der mit den richtigen Folgerungen versehene Ricardo, nichts weiter. Scholochow der von einigen Scheuklappen befreite Balzac.« *(26,329.)*

19. Februar, Sonntag. Wegen einiger »Alpdrücke« schlafe die Emigration, »aber unruhig«. Man sorge sich, daß »Hitler das Kleingeld doch nicht ausgeht, daß der falsche Papst gewählt wird, daß Churchill schlappmachen könnte«. Tatsächlich bestünde »eine Furcht vor dem Krieg in Deutschland«. In seinen Studien für den *Caesar*-Roman habe er gesehen, »wie leicht die schnell verlumpende römische Plebs in Eroberungskriege zu bringen war«. Die Arbeiter hätten zur Beseitigung der Arbeitslosigkeit »viel geschluckt«. »*Kein* Krieg bedeutet Arbeitslosigkeit, wird das Regime sagen (mit Recht).« *(26,329.)*

22. Februar, Mittwoch. Aus Leningrad bittet die russische Übersetzerin Elizawieta Polonskaja im Auftrag des Staatsverlags um Übersendung der neuesten Arbeiten Bs. Sie hatte B 1935 in Anwesenheit von Konstantin Fedin im Haus der Schriftsteller ihre Übersetzung der *Ballade vom toten Soldaten* vorgelesen und ist nun beauftragt worden, eine Zusammenstellung Brechtscher Werke zu machen.

25. Februar, Sonnabend. Für B ist *Leben des Galilei* »technisch ein großer Rückschritt, wie *Frau Carrars Gewehre* allzu opportunistisch«. Eine Neufassung »könnte nur in einem Praktikum gemacht werden, im Kontakt mit einer Bühne«. Dazu sollten *Fatzer* und *Der Brotladen* studiert werden. »Diese beiden Fragmente sind der höchste Standard technisch.« *(26,330.)*

26. Februar, Sonntag. B hält Hegels *Philosophie der Geschichte* für ein »unheimliches Werk«, weil ihm seine dialektische Methode nicht nur gestatte, »das positive und negative jeder geschichtlichen Erscheinung zu sehen, sondern auch diese Polarität zur causa der Entwicklung zu gestalten«. Ihn interessieren (während der Arbeit am *Caesar*-Roman) besonders die Ausführungen Hegels über Caesar, dem »Geschäftsführer des Weltgeistes«. Bei seiner Arbeit am Roman sind B durch Bedenken Walter Benjamins und Fritz Sternbergs Zweifel über die Verständlichkeit der Darstellung gekom- Hegel-Studien men, aber durch die Urteile von Margarete Steffins Schwester Hertha Hanisch, die aus Berlin zu Besuch gekommen ist, und die seines Sohnes Stefan wird er zu einer Fortführung angeregt. »Das sollte ausreichen.« *(26,330f.)*

28. Februar, Dienstag. Margarete Steffin schickt *Leben des Galilei* an den Theaterverlag Strakosch (→ 4. 1.).

Februar. B sendet an Victor Jerome und seine Frau anläßlich der Geburt ihres Sohnes das (1938 nach Versen von Su Tung-p'o geschriebene) Gedicht *Bei der Geburt seines Sohnes (11,259f.)* aus der Sammlung seiner *Chinesischen Gedichte* (→ August 38).

3. März, Freitag. Margarete Steffin fährt nach Stenløse zu Martin Andersen Nexø, spricht mit ihm über die Übersetzung seiner *Erinnerungen* und erhält von ihm für B und sich einen Honorarzuschuß.

B hat »mit großer Freude« Heinrich Manns Aufsatzsammlung *Der Mut* gelesen (die soeben in Paris erschienen ist). Besonders gefallen hat ihm der satirische Anti-Hitler-Artikel *Die Rede*. Er fordert Mann auf, »in dieser so glücklichen Form der Monographie und des ›inneren‹ Monologs noch mehr Stücke, so viele als irgend möglich zu verfassen«. Er schreibe dies »nicht nur als einer der Herausgeber des *Wortes*, das natürlich glücklich wäre, solch ein Werk von Ihnen zu bekommen, sondern mindestens ebensosehr als Leser« *(Br, 876)*. Über die Aufsatzsammlung schreibt B *Notizen zu Heinrich Manns »Mut«* (→ Mitte Mai).

3. März 1939
Angebote von Freunden, Brechts Übersiedlung in die USA zu fördern

In einem ausführlichen Brief berichtet Erwin Piscator, der in die USA übergesiedelt ist, von seinen ersten Eindrücken und den vergeblichen Versuchen der deutschen Emigranten, in dem Land politische Kunst zu machen. Er, Eisler und Kortner halten für notwendig, Bs Übersiedlung in die USA zu befördern. (Die bekannte amerikanische Journalistin und Schriftstellerin) Dorothy Thompson könnte für die Einreise Bs 1000 $ bereitstellen. Piscator will eine »Produktionsgemeinschaft auf die Beine« stellen: »ich glaube, wenn wir uns alle verbinden – zusammenhalten – *kann, muß* etwas herauskommen.« Die neue Situation mache ihm zu schaffen. »Mein Gott, Bert, die Sprache – nicht Deine und meine – eine andere, fremde – wie unverschämt das Verlangen, daß wir uns darin ausdrücken sollen [...]. Aber doch mußt Du kommen. Hier ist die Welt – und ein Stückchen der unsern!« *(911/71-86.)* In einem weiteren Brief (vom 13. 6.) bekräftigt er seinen Wunsch, B bald in den USA zu wissen.

Bemühungen um eine Einreise nach Schweden

4. März, Sonnabend. Bs schwedische Freunde sehen die beste Chance, für ihn eine Einreiseerlaubnis zu bekommen, wenn der Reisegrund mit einer gesellschaftlich nützlichen Tätigkeit verbunden wird. Deshalb sprechen Henry Peter Matthis und Georg Branting den Verband der schwedischen

Laienspielgruppen (Amatörteatern Riksförbund) an und arrangieren für B eine Vortragsreise. Matthis übermittelt B die Einladung nach Stockholm. B erklärt sich in einem offiziellen Brief »sehr gern bereit, eine Serie von Vorträgen über die Themen *Volksbühne, Laientheater* und *experimentelles Theater* zu halten, besonders wenn die Möglichkeit besteht oder entstehen könnte, solche Vorträge oder Diskussionen mit praktischen Kursen zu verknüpfen«. Helene Weigel könne ihn dabei »ausgezeichnet unterstützen«. Er bittet Matthis darum, die Voraussetzungen für einen problemlosen Grenzübertritt zu schaffen. Die (eben erfolgte) Gründung des schwedischen Spanienkomitees findet er in einer Zeit außerordentlich, »wo jedem freien geistigen Austausch immer mehr ganz mittelalterliche Schranken gesetzt werden« *(Br, 877)*.
In einem auf den gleichen Tag datierten Brief an Henry Peter Matthis mahnt Ruth Berlau zur Eile; B bedankt sich in einem Zusatz für die Hilfe. Die schlechten Zeiten seien schlechter geworden. »Franco hat uns *alle* besiegt.« *(Zit. nach Olsson, S.77.)* Dem Brief fügt B das Gedicht *Legende von der Entstehung des Buches Taoteking auf dem Weg des Laotse in die Emigration* bei (→ 7. 5. 38) mit der Widmung: »Henry Peter Matthis in Kameradschaft«.
In einer *Journal*-Notiz kommt B zu der Erkenntnis, daß ihm »die kleinen Lehrstücke von den Abenteuern des *Bösen Baal des asozialen*« nicht gelungen sind, weil die asozialen Leute keine Rolle spielen, sondern »die Besitzer der Produktionsmittel und sonstigen Lebensquellen« *(26,331)*.

5. März 1939
Meinung zur neueren amerikanischen Literatur

5. März, Sonntag. B äußert sich im *Journal* über die »neuere ›realistische‹ amerikanische Literatur«. Ziel der Darstellung sei der »hochtourige Kleinbürger, eine romantische Natur«, der in Wahrheit »der ganz und gar ausgepowerte (high strung), durch die Rationalisierung zum second spirit gebrachte, keuchende, von der Arbeitslosigkeit bedrohte, mit letzter Kraft rivalisierende arme Teufel« ist *(26,332)*. In einem Brief an Elisabeth Hauptmann (der Anfang März geschrieben ist) drückt B ebenfalls sein Mißfallen über diese amerikanische Literatur aus. Sowohl *Of Mice and Men* von John Ernst Steinbeck als auch die Novellen von James Mallahan Cain präsentieren »patentiert echte lebendige Pflanzen (aus dem Treibhaus), mit den verblüffenden Triebkräften«. Der »ganze ›romantische Realismus‹« sei für ihn »schreckliche Kraftmeierei«. Er berichtet Elisabeth Hauptmann von der Fertigstellung des Stückes *Leben des Galilei* und von der Vernichtung der Unterlagen zu den Bänden 3 und 4 der *Gesammelten Werke*: »Zweite Verbrennung.« *(Br, 875.)* In dem Artikel *Der »Realismus« der jüngeren amerikanischen Literatur (22,538f.)* faßt er diese Gedanken nochmals zusammen und kritisiert die Motivierung der Menschen von ihren Trieben aus. »›Hunger und Liebe regieren das Getriebe.‹ Der Literat greift nonchalant nach dem Krassen. Man lebt sich aus, man lebt sich einen herunter.« Er sieht »diesen hektischen Verismus« nicht als Realismus an.

12. März, Sonntag. Erstdruck des (1938 geschriebenen) Prosagedichts *Der Disput anno Domini 1938 (12,111f.)* in der *Pariser Tageszeitung.*

Mitte März 1939-Januar 1941
Arbeit an
Der gute Mensch von Sezuan

Mitte März. Mit einem von Fredrik Martner leihweise zur Verfügung gestellten Vervielfältigungsgerät arbeitet Margarete Steffin an Duplikaten von *Leben des Galilei* und andern Arbeiten für den Versand.

15. März, Mittwoch. Hitler und sein Generalstab erzwingen unter Androhung eines Bombardements von Prag eine Unterwerfungserklärung des nach Berlin beorderten tschechischen Präsidenten Emil Hácha und gibt den deutschen Truppen Befehl zur Okkupation der Tschechei; 9 Uhr ist bereits die Hauptstadt Prag besetzt. B kommentiert im *Journal*: »Das *Reich* vergrößert sich. Der Anstreicher sitzt im Hradschin.«

Er nimmt sich einen »alten Entwurf«, den er in Berlin als *Die Ware Liebe* begonnen hat, vor und beginnt die Arbeit an dem Stück *Der gute Mensch von Sezuan.* »Es ist Scharadenarbeit, schon der Umkleide- und Umschminkakte wegen. Ich kann aber dabei die epische Technik entwickeln und so endlich wieder auf den Standard kommen.« *(26,332.)* Die Arbeit am Stück wird wegen *Mutter Courage und ihre Kinder* und *Das Verhör des Lukullus* unterbrochen und im → Januar 41 fertiggestellt.

Dazu schreibt Brecht später den Vierzeiler:

Ich bin »der Doktor«, dokternd die Berichte.
Und sei es eure Welt, mir fällt was ein.
Was tut's? Ich schreibe selbst die Weltgeschichte.
Man glaubt mir nicht einmal mein kurzes Bein.
(12,180f.)

20. März, Montag. B schneidet das an diesem Tage in der New Yorker Zeitschrift *Life* erscheinende Foto von Goebbels aus und benutzt es später für ein (1944 entstandenes) Fotoepigramm der *Kriegsfibel.*

22. März, Mittwoch. Die Svendborger Fremdenpolizei gibt in einem außerordentlichen Bericht an die vorgesetzte Kopenhagener Dienststelle bekannt, daß sich B mit Helene Weigel für fünf Monate auf eine Vortragsreise nach Schweden begeben will und eine Verlängerung der dänischen Aufenthaltserlaubnis um sechs Monate beantragt hat.

Die von Georg Branting und Henry Peter Matthis unterzeichneten Visa-Anträge werden mit den Pässen Bs und Helene Weigels an das schwedische Außenministerium weitergereicht. Als Referenzen sind genannt: Fredrik Ström und Oscar Olsson (von der Arbeiterbewegung) sowie Gustaf Collijn und Ernst Eklund (von den Theatern). In der Begründung heißt es u. a.: »Bert Brecht ist bekanntlich einer der ersten Vertreter einer modernen volksnahen Richtung des Theaters, und als Dramaturg und Autor international

bekannt und anerkannt.« Einige seiner Dramen seien »mit großem Erfolg in den Vereinigten Staaten aufgeführt worden, wohin er nach dem Aufenthalt in Schweden aus Dänemark übersiedeln wird«. Den Antragstellern erscheint es wünschenswert, daß B »durch Vorträge und praktische Instruktion schwedisches Publikum und schwedische Bühnenkunst an seinem schöpferischen Einsatz für das moderne Theater teilhaben« läßt *(Olsson, 1,82)*. Das Außenministerium befürwortet (am 12. 4.) eine Aufenthaltserlaubnis für die Zeit von drei Monaten.
Die Schauspielerin Naima Wifstrand (→ Anfang März 38) hatte B im Herbst 1938 in Svendborg besucht und für ihre Darstellung der Frau Peachum in der Stockholmer *Dreigroschenoper* (→ 5. 9.) um einen zusätzlichen Song gebeten (wofür er ihr eine Variante des *Lieds der Jenny* aus *Mahagonny* zur Verfügung gestellt hat). Nun bitten B und Helene Weigel die schwedische Schauspielerin um die Vermittlung einer Wohnung für eine geplante Übersiedlung der Familie nach Stockholm.
23. März, Donnerstag. Kurt Weill (der 1935 in die USA gegangen ist) hat B (am 9. 2.) ein gemeinsames Vorgehen gegen den Verlag Felix Bloch Erben vorgeschlagen, der die Aufführungsrechte an der *Dreigroschenoper* nicht mehr wahrnehmen kann und dadurch Aufführungen im Ausland blokkiert. B ist »mit jeder Aktion einverstanden, die uns von Bloch Erben und Universal-Edition befreit«. Die deutschen Verlage könnten »weder das Werk propagandieren noch die Tantiemen an uns abführen«. Er bedauert die räumliche Trennung. Gegenwärtig arbeite er »gerade an der Parabel *Der gute Mensch von Sezuan*, von der ich Ihnen in New York erzählte« *(Br, 878)*.
26. März, Sonntag. Angesichts der inzwischen eingestürzten Welt, »die Demokratie hieß«, hält Arnold Zweig (in Haifa) Bs Rat, nicht »allzuweit zu emigrieren, weil wir in fünf Jahren alle wieder in Deutschland sein würden«, für fragwürdig. Er schickt ihm Fotos und Rezensionen einer israelischen Aufführung von *Die Gewehre der Frau Carrar* *(211/5f.)*.
27.-29. März, Montag-Mittwoch. Einer Kalendereintragung zufolge schickt Margarete Steffin die hektographierten Exemplare von *Leben des Galilei* u. a. nach Amerika an: Albert Einstein, Karl Korsch, Fritz Kortner, Erwin Piscator, Elisabeth Hauptmann, Ferdinand Reyher, Mordecai Gorelik; nach Frankreich an: Ernst Josef Aufricht, Pierre Abraham, Lion Feuchtwanger, Slatan Dudow, Martin Domke sowie an das Zürcher Schauspielhaus und an Naima Wifstrand.

März 1939
Versand von hektographierten Exemplaren *Leben des Galilei*

29. März, Mittwoch. B erhält von dem Direktor der Moskauer Meshdunarodnaja Kniga, Gittermann, die Mitteilung, daß der Verlag bezüglich der Zeitschrift *Das Wort* wegen des Verlusts der Absatzgebiete Österreich und Tschechoslowakei die »Rentabilitätsfrage ernstlich« stellen mußte und daher gezwungen sei, die Zeitschrift »ab Nr. 4 mit der deutschen Ausgabe der *Internationalen Literatur*« zusammenzulegen; selbstverständlich solle die Zeitschrift dann umgestaltet werden *(911/92)*. B reagiert darauf am → 25. 7. Der geschäftsführende Moskauer Redakteur Fritz Erpenbeck fügt dem (am 1. 4.) noch »einige sachliche und persönlich Bemerkungen« hinzu. Es sei ihm gelungen, wegen eines Artikels, der »ausfallen mußte«, Bs Text *Über reimlose Lyrik mit unregelmäßigen Rhythmen* (→ 18. 3. 38) »noch in letzter Minute« unterzubringen (→ März). Die für Heft 4 vorgesehene Fortsetzung der *Erinnerungen* von Martin Andersen Nexø und Bs Eisler-Aufsatz sollen honoriert werden. Erpenbeck dankt B für die Mitarbeit. Trotz »gelegentlicher sachlicher Meinungsverschiedenheiten und kleiner Mißverständnisse« sei die Zusammenarbeit der »gemeinsamen großen Sache« nützlich gewesen *(1395/88)*.

März 1939
Antrag für Einreisevisum in die USA

März. B beantragt im Konsulat der USA für sich, Helene Weigel und die beiden Kinder ein Einwanderungsvisum und die Aufnahme in die Einreisequote. Wegen der zunehmenden Kriegsgefahr hält sich B vorwiegend in Kopenhagen auf. In Svendborg wird der Umzug nach Schweden vorbereitet und Manuskripte, Bücher und Hausrat in 34 Kisten verpackt. Margarete Steffin schreibt an Fredrik Martner: »Es ist scheußlich hier bei uns, alles durcheinander und so viel zu tun.« *(E 10/7.)*

An Erwin Piscator schreibt B (am 17. 5. 40): »An sich standen wir seit März 1939 auf der Quote, aber ich weiß nicht, wie lange wir noch zu warten hätten.« *(Br, 922.)* In mehreren Briefen benachrichtigen er und in seinem Auftrag Margarete Steffin Freunde und Bekannte in den USA und bitten sie um Unterstützung bei der Regelung von Einreiseformalitäten.

Im letzten Heft von *Das Wort* erscheinen die Szenen *Die jüdische Frau* und *Arbeitsbeschaffung* (aus *Furcht und Elend des III. Reiches*) sowie *Über reimlose Lyrik mit unregelmäßigen Rhythmen* (→ 18. 3. 38). In dem Aufsatz weist B Verse, wie er sie schon in frühen Arbeiten gebraucht und in der letzten Zeit bevorzugt verwendet hat, der Lyrik zu, »weil sie zwar keinen regelmäßigen, aber doch einen (wechselnden, synkopierten, gestischen) Rhythmus haben«. Zu Beginn war sein »politisches Wissen [...] beschämend gering; jedoch war ich mir großer Unstimmigkeiten im gesellschaftlichen Leben der Menschen bewußt«. Die Disharmonien und Interferenzen habe er nicht »formal zu neutralisieren« beabsichtigt und sei deshalb zum unregelmäßigen Rhythmus gekommen. Zudem sei es ihm bei den Texten für das Theater auf den »Gestus der sprechenden Person« angekommen, wie er bei Ausrufern auf der Straße und bei Sprechchören in Demonstrationen studiert werden kann *(22,357-364)*.

5. April, Mittwoch. B bestätigt Hans Peter Matthis die Verlängerung seiner dänischen Aufenthaltsgenehmigung um 6 Monate (die eine Bedingung für das schwedische Visum ist) und bittet um Forcierung der Einreiseformalitäten *(Br, 880)*. Wenige Tage später erhält er die Visa und bedankt sich bei Matthis: »Glauben Sie mir, daß ich Ihre Arbeit dafür sehr hoch anschlage und genau weiß, wieviel Mühe so etwas kostet und wie sehr so eine Bemühung mit Ämtern einem die produktive Arbeit unterbricht.« Wegen des Termins für seinen Vortrag bittet er um etwas Aufschub, damit er nicht nur ihn besser vorbereiten, sondern auch seine »Svendborger Angelegenheiten in Ordnung bringen« kann. Er wolle seinen »Aufenthalt in Fünen« nach Ostern (9. 4.) abbrechen. »Ich habe mein kleines Haus zum Verkauf ausgeschrieben, die Formalitäten sind natürlich zeitraubend. Dann ist das Packen der Bücher und Möbel, und die Papiere für die Kinder müssen in Ordnung kommen.« Die Kinder sollen zunächst nach Kopenhagen, da sei »wenigstens ein Sund weniger zu überqueren« *(Br, 881)*.

11. April, Dienstag. Wie B Henry Peter Matthis mitteilt, haben ihn Zeitungsmeldungen über die Zusammenziehung deutscher Truppen an der dänischen Grenze beunruhigt. Er entschuldigt sich für seine Ungeduld bei einem Anruf (am 8. 4.): »ich bin sicher, Sie haben eine Vorstellung von der Peinlichkeit, auf einem dieser Inselchen zu sitzen im Augenblick, wo die Schlächterei anzufangen scheint.« In diesem Jahr sei »jede Woche ohne Weltkrieg für die Menschheit ein bloßer unbegreiflicher Glückstreffer« *(Br, 882)*.

Arbeit an dem Einakter *Dansen*

Die Expansion Deutschlands und die aggressive Politik gegenüber den Nachbarstaaten, auch die Bedrohung Dänemarks, bringen B auf die Idee, diese Problematik in dem Einakter *Dansen* zu behandeln. Er verspricht sich für das Zweipersonenstück eine Aufführungschance in einem schwedischen Arbeitertheater.

15. April, Sonnabend. In einem an diesem Tage amtlich bestätigten Pfandbrief nehmen B und Helene Weigel von der Bodenkreditanstalt für Grundbesitzer auf Fünen (für den Verkauf ihres Hauses) ein Darlehen von 5000 Dkr auf. Die Richtigkeit von Bs Unterschrift wird durch Ruth Berlau und den Architekten Mogens Voltelen (→ 9. 8. 33) bestätigt, die von Weigel durch zwei Büroangestellte.

19. April, Mittwoch. Margarete Steffin fährt wegen des Drucks der *Svendborger Gedichte* nach Kopenhagen und vertritt B (nach dessen Abreise am 23. 4.) als seine dänische Bevollmächtigte. Sie verkauft die Möbel, die nicht nach Stockholm mitgenommen werden. Außerdem kümmert sie sich um die Kinder. Mit Stefan, der täglich 7 km in die Schule nach Kopenhagen-Vanløse fahren muß, besucht sie hin und wieder das Kino. Anfang Mai liest sie die Korrekturen der neu gesetzten *Svendborger Gedichte.* (Als die schwedischen Visa für die Kinder eintreffen, fährt sie mit ihnen über Malmö nach Stockholm; → 7. 5.).

Von Brecht am Ende des dänischen Exils eingeklebtes Foto des Fischerhauses Skovsbostrand 8

22. April, Sonnabend. Bis kurz vor der Abreise wird an weiteren Vervielfältigungen der Arbeiten Bs gearbeitet. An Fredrik Martner schreibt Steffin: »Frau Brecht und ich konnten zum Schluß nicht mehr, es war zuviel. Wir haben jeden Abend bis 1 Uhr gearbeitet und mußten zeitig aufstehen.« *(E 9/103 f.)*

In einem Brief an den Verleger Bruno Dressler (Büchergilde Gutenberg, Zürich) setzt sich B polemisch mit den Korrekturvorschlägen auseinander, die der Lektor der Übersetzung von Martin Andersen Nexøs *Erinnerungen* gemacht hat, und weist sie durchgängig ab. Er bittet Dressler, nicht »die Absurdität der Situation aus den Augen zu verlieren. Wenn ich bei meinen Originalarbeiten Standpunkte wie den Ihres Lektors zu berücksichtigen hätte, dann würden sie ja schön aussehen.« *(Br, 885.)*

Lidingö, Schweden
1939/40

23. April, Sonntag. B und Helene Weigel fahren am Abend des 22. 4. per Schiff nach Malmö und mit dem Nachtzug weiter nach Stockholm. B notiert im *Journal*: »Reise nach Stockholm, der Kriegsgefahr wegen« und registriert Schweden als »Land Nr. 3« *(26,337)*.
B und seine Frau sowie Ruth Berlau, die für ein paar Tage Urlaub genommen hat, um bei der Unterbringung zu helfen, kommen zunächst im Hotel Pallas, Klarabergsgatan 37, unter. Durch vorbereitende Absprachen von Naima Wifstrand (→ Anfang März 38) und Henry Peter Matthis mit Ninnan Santesson können sie aber bald das Haus der Bildhauerin auf der Insel Lidingö, Lövstigan 1, mieten. B und seiner Familie stehen dort vier Zimmer und nach dem Auszug von Ninnan Santesson auch ein an das Haus angebautes Atelier zur Verfügung. B beschreibt das rote Holzhaus (am 15. 7.): »Das Haus ist ideal. Es liegt auf Lidingö, von zwei Seiten geht Tannenwald heran. Das Arbeitszimmer, bisher ein Bildhaueratelier, ist sieben Meter lang, fünf Meter breit. Ich habe also viele Tische.« *(26,339.)*
Da der »Prager Satz« der *Svendborger Gedichte* verlorengegangen ist (→ 7. 12. 38), hat Ruth Berlau von B den Auftrag, in Kopenhagen einen neuen Druck zu arrangieren. Sie erinnert sich: »Die Ausgabe der Svendborger Gedichte wurde noch in Dänemark geplant, aber nachdem Brecht nach Stockholm übergesiedelt war, mußte ich die Sache allein weiterbetreiben. Dabei hat mich Grete Steffin selbstlos beraten, denn ich war ganz unerfahren.« *(Berlau/Bunge, 90.)*
Nachdem Walter Benjamin von Margarete Steffin gehört hat, daß die Zeitschrift *Das Wort* eingestellt ist, bittet er (am 18. 4.) darum, daß B die Honorierung seiner im Auftrag der Redaktion geschriebenen *Kommentare zu Gedichten von Brecht* veranlaßt. Im Juni ersuchte er ihn, sich wegen eines Drucks der Kommentare bei der *Internationalen Literatur* zu verwenden. Schließlich erscheint (am 23. 4.) in der *Schweizer Zeitung am Sonntag* der Erstdruck von Bs Gedicht *Legende von der Entstehung des Buches Taoteking auf dem Weg des Laotse in die Emigration* (→ 7. 5. 38) und von den zahlreichen Kommentaren Benjamins nur der zu diesem Gedicht gehörige.

23. April 1939-16. April 1940
Lidingö / Stockholm

Exil in Schweden

Lidingö, Lövstigan 1

Ende April. B bedankt sich bei Hubertus Prinz zu Löwenstein für dessen Mitteilung (vom 27. 3.), daß sein Stipendium (→ 28. 5. 38) auf 60 Dollar erhöht und ab 1. 4. um weitere 6 Monate verlängert worden ist.

Ende April 1939
Erhöhung und Verlängerung des Stipendiums der American Guild for German Cultural Freedom

Anfang Mai. B stellt die erste Fassung des (in Dänemark begonnenen) Vortrags *Über experimentelles Theater (22,540-557)* fertig (der für spätere Wiederholungen mehrfach überarbeitet wird; → 18. 11. 40).
2. Mai, Dienstag. Carl Ivar Sandström und Claes Hoogland

vom Vorstand des Studententheaters besuchen B und sprechen über die bevorstehende Veranstaltung. Hoogland veröffentlicht in der Mai-Ausgabe der Studentenzeitschrift *Gaudeamus* einen Artikel über Bs Leben, über die Werke und über seine Auffassungen vom Theater.

3. Mai, Mittwoch. Der Antrag von Helene Weigel (vom 25. 4.) auf ein Einreisevisum für die Kinder Stefan und Barbara wird genehmigt.

4. Mai 1939
Vortrag
Über experimentelles Theater
Studentenbühne Stockholm

4. Mai, Donnerstag. B hält seinen Vortrag *Über experimentelles Theater* (der nicht übersetzt wird) in der Studentenbühne Stockholm. »Die Arbeit scheint ganz brauchbar. Natürlich sind keine so bewußten Fragen gestellt und keine so zielstrebigen Experimente gemacht worden, wie der Aufsatz vielleicht glauben läßt.« Nach seiner Meinung ist der Vortrag zum Aufsatz *Über eine neue Technik der Schauspielkunst* »eine gute Einleitung« *(26,337)*. B verweist auf eine Vorarbeit zu der ein Jahr später fertiggestellten *Kurzen Beschreibung einer neuen Technik der Schauspielkunst, die einen Verfremdungseffekt hervorbringt (22,641-659)*.

In *Social-Demokraten* wird (am 5. 5.) in einem zusammenfassenden Referat über den Inhalt von Bs Vortrag berichtet. Der Geschäftsführer der Stockholmer Studentenbühne bedankt sich (am 20. 5.) bei B und hofft auf eine Fortsetzung im Herbst.

Auf einem Schriftstück in schwedischer Sprache, das B unterschrieben hat, sind auch Vorträge vorgesehen für den 14. 5. (vor Studenten der Hochschule und des Opernhauses), für den 16. 5. (in einer Sektion des Theaterverbandes) und am 22. 5. (bei einer Amateurgruppe des Verbandes der Handelsarbeiter). Weitere Termine sind für den 6. 6. und den 15. 8. angegeben. Im Herbst plant er demzufolge in Eskilstuna und in Stockholm Regiearbeiten und Demonstrationen zum epischen Theater. Helene Weigel werde bei den Veranstaltungen praktische Beispiele zeigen und außerdem deutsche Klassiker in schwedischen Schulen rezitieren. (Ob dieser Plan durchgeführt wurde oder als Begründung für die Einladung geschrieben ist, konnte nicht ermittelt werden.)

7. Mai, Sonntag. Margarete Steffin (→ 19. 4.) kommt mit den Kindern Stefan und Barbara in Stockholm an. Barbara geht in die Schule auf der Insel und Stefan in eine Schule nach Viggbyholm. Steffin wohnt unweit des Hauses in einem Bungalow.

8. Mai, Montag. Zeitungen aus der schwedischen Stadt Eskilstuna berichten über Bs Ankunft in Schweden. Er wolle bis auf weiteres in Schweden bleiben, beabsichtige aber, in die USA überzusiedeln *(Folket, 8. 5.)*. Man sieht eine Möglichkeit, B für die Inszenierung seiner *Dreigroschenoper* mit Amateuren in die Stadt zu bekommen *(Eskilstuna-Kuriren,*

3. 5.). (Das Projekt kommt nicht in dieser Form zustande, aber B besucht Eskilstuna am → 6. 8.)
Wieland Herzfelde macht (aus London) Margarete Steffin und B Vorschläge über die Gestaltung der *Svendborger Gedichte* und ihren Vertrieb *(911/88-91)*.

11. Mai, Donnerstag. B nimmt an einer Abendveranstaltung im Filmstudio der Stockholmer Studenten teil, bei der Kurzfilme von Studenten aus Uppsala gezeigt und diskutiert werden. U.a. gibt B Auskünfte über seine Probleme mit der Filmindustrie an Hand des Films *Dreigroschenoper.*

11. Mai 1939
Teilnahme an Filmabend schwedischer Studenten

12. Mai, Freitag. Der Freie Deutsche Kulturbund in England veranstaltet in der Londoner West Central Hall ein literarisch-künstlerisches Programm, bei dem auch Bs Einakter *Der Spitzel* aus der Szenenfolge *Furcht und Elend des III. Reiches* gespielt wird und u. a. die Sängerin Charlotte Eisler (verheiratet mit Hanns Eisler von 1920 bis 1935) drei Songs von ihm vorträgt. Ein Beteiligter hat B davon berichtet. Auf dem überlieferten Programmzettel macht B einige kritische Notizen. Der Lehrer im *Spitzel* sei von keinem so guten Schauspieler gegeben worden, was ihn in seiner Ansicht bestärkt, daß die Wirksamkeit der Szene darunter nicht leidet. Ludwig Renn sprach über die deutsche Kultur in der Internationalen Brigade in Spanien, die sich besonders in der Pflege der Folklore gezeigt habe. »Den gleichen Blut- und Boden-Inhalt hatten die Becherschen Gedichte: der Wald im allgemeinen und die deutsche Eiche im Besonderen spielten eine große Rolle.« *(384/3.)*

13. Mai, Sonnabend. Helene Weigel bedankt sich bei Walter Benjamin für seine Glückwünsche zu ihrem Geburtstag (am 12. 5.). Sie beschreibt ihm das Haus, das die Familie inzwischen ganz nutzen kann. Der »Clou« sei »ein riesiges Atelier für Brecht«. B erwarte von ihm kritische Bemerkungen über *Leben des Galilei* und die ganze Familie seinen Besuch im Sommer *(2171/20)*.

Mitte Mai. B bedankt sich bei Fredrik Martner für die (am 3. 5.) zugesandten Gedichtübersetzungen und beschreibt sein neues Domizil: »Das Haus ist geräumig und die Leute sind freundlich.« Den Vortrag vor den Studenten will er schicken, sobald ihn Margarete Steffin abgeschrieben hat. »Er ist ein wenig allgemein gehalten, aber wie ich glaube, ermöglicht er ein erstes Verständnis des Prinzipiellen.« Seine Umzugskisten seien noch nicht angekommen, so daß er eine »schreckliche, die radiolose Zeit« durchstehen muß. Aber er prophezeit Martner, daß Hitlers Versprechen, ihn nicht anzugreifen, das Versprechen folgen werde, ihn zu schützen, auch vor sich selber, »was am besten im Konzentrationslager geschehen kann« *(Br, 889)*. Am 29. 5. unterzeichnet Dänemark in Berlin als einziges skandinavisches Land einen

Nichtangriffsvertrag mit Deutschland (am → 9. 4. 40 besetzen deutsche Truppen Dänemark).

In einem Brief an Martner berichtet Margarete Steffin über die langanhaltende Wirkung von Bs Vortrag. Viele junge Leute kämen immer noch zu B und stellten Fragen. »Gestern war eine kleine Sitzung von arbeitslosen Schauspielern, zu der Brecht geladen war; d. h. er war nur zu einem ›Nachmittag‹ geladen, und plötzlich mußte der arme Nichtsahnende einen Vortrag halten über den V-Effekt. Die Weigel war mit, sie sagte, es sei ein sehr guter, wenn auch ganz unvorbereiteter Vortrag gewesen.« B habe die Arbeit an dem *Caesar*-Roman unterbrochen und sitze über *Der gute Mensch von Sezuan*. Helene Weigel sei nach den Strapazen des Umzugs wieder ausgeruht und sehe aus »wie nach einem Sanatoriumsaufenthalt« *(E 10/1f.)*. In einem weiteren (wenig später geschriebenen) Brief entschuldigt sich Steffin bei Martner, daß es die von B versprochene Abschrift noch nicht gebe; er habe aber »noch immer keine Ruhe gehabt, den Aufsatz fertig durchzugehen«. Überhaupt wäre »in diesen Tagen nicht die wahre Arbeitsfreude« aufgekommen. Man höre fast nur Radio. Alle freuten sich auf Martners geplanten Besuch in Stockholm *(E 10/3f.)*. Als sich die Durchsicht weiterhin verzögert, schreibt sie: »Immer verspricht mir Brecht, daß wir ›morgen‹ den Aufsatz durchgehen, aber ›morgen‹ kommt scheints nie. Er macht so was ungern, aber er hält es für nötig, daß er es durchgeht, Sie müssen sich also gedulden.« *(E 10/30.)*

In einem weiteren Brief berichtet sie davon, daß B »eine sehr schöne Arbeit fertiggemacht« hat, »über Heinrich Manns Essayband *Mut*«, der bereits in Svendborg begonnen wurde (→ 3. 3.). In den *Notizen zu Heinrich Manns »Mut« (22,528-537)* äußert sich B auch allgemein über den Schriftsteller. Für B ist Manns Roman *Der Untertan* »der erste große satirische politische Roman der deutschen Literatur«. Das Bürgertum tritt nach unten »mit dem Stiefel, von oben muß es sich auf die Schulter klopfen lassen« *(22,531f.)*. *Die Rede* sei ein »erstaunliches Werk«. »In ihr redet der *neue Herr*. Für den *Untertan* kommt er nicht von oben, wie der letzte, sondern von unten.« Damit eröffne sich für Mann »nach dem Heraufkommen des Faschismus ein neuer Weg« *(22,533)*.

19. Mai, Freitag. Victor Jerry Jerome (→ Anfang September 35) hat über Alice Evans von Bs Absicht gehört, in die USA überzusiedeln, und bereits Bekannte informiert, die für die Einreise etwas tun können *(1396/95)*.

20. Mai 1939
Abschluß der Korrektur
Svendborger Gedichte

20. Mai, Sonnabend. Margarete Steffin schickt die 2. Korrektur der *Svendborger Gedichte* an die Setzerei nach Kopenhagen.

20. Mai 1939
Tod des Vaters in Darmstadt

Bs Vater ist (am 19. 4.) zu seinem Sohn Walter nach Darmstadt gefahren (wo dieser als Professor an der Technischen Hochschule tätig ist) und muß wegen Gallenkoliken mehrfach ins Krankenhaus gebracht und schließlich operiert werden. Dort stirbt er am 20. 5. im Alter von 69 Jahren. Betriebsleitung und Belegschaft der G. Haindlschen Papierfabriken veröffentlichen in Augsburg folgenden Nachruf auf Direktor Berthold Brecht: »46 Jahre lang hat er in rastloser Arbeit und unwandelbarer Treue an dem Aufbau und an der Leitung unseres Unternehmens entscheidend mitgewirkt und uns durch seine hervorragende kaufmännische Begabung, seinen klugen Rat, seine reichen Kenntnisse und Erfahrungen äußerst wertvolle Dienste geleistet. Dazu war er uns allen ein treuer, selbstloser Freund und Arbeitskamerad von lauterstem Charakter. Sein Andenken wird in unseren Herzen und in den Annalen unserer Firma allzeit in Ehren fortleben.« *(Neue Augsburger Zeitung, 22. 5.)* Eine Reaktion Bs auf den Tod seines Vaters ist nicht überliefert. In seinem Testament hat der Vater Marie Roecker, die als Hausdame weiterhin für ihn tätig war (→ Januar 10), mit 12 000 Mark bedacht und seinen Sohn Walter als Alleinerben eingesetzt (Reinnachlaß: 77 559,78 RM), so daß B von der Erbfolge ausgeschlossen ist. (Als Ausgebürgerter kann B in Nazideutschland ohnehin keine rechtlichen Ansprüche geltend machen.) Auf das Erbe und das von B mit einem Darlehen des Vaters gekaufte Grundstück in Utting, Haus Nr. 100 (→ 8. 8. 32), besteht aber ein Pflichtanspruch von Bs und Mariannes Tochter Hanne. Das Grundstück ist seit dem 23. 12. 33 mit einer Hypothek von 7500 RM belastet (die an den Vater Bs ausgezahlt wurde), so daß das von B noch nicht getilgte Darlehen des Vaters noch 4000 RM zuzgl. Zinsen beträgt. In einem Schreiben an das Amtsgericht Augsburg (vom 9. 8.) macht der von Walter Brecht beauftragte Justizrat Adolf Deiler auf die Ausbürgerung Bs, seiner Ehefrau und der beiden Kinder aufmerksam und begründet den Anspruch der nicht ausgebürgerten Tochter Hanne auf den Pflichtteil. Für das Haus in Utting wird eine Versteigerung erwogen, »wenn es nicht überhaupt vom Reiche beschlagnahmt wird«. Da Walter Brecht keinerlei Vollmachten über das Haus besitzt, muß er einen staatlichen Vertreter beantragen. Daraufhin wird vom Amtsgericht Landsberg/Lahn sein Augsburger Anwalt Adolf Deiler, wie dieser (am 10. 8.) schreibt, »als Pfleger über Ihren Herrn Bruder aufgestellt« und legt eine »Pflegeschaftsakte« an. Über die weiteren Aktivitäten der Verwandten Bs → 6. 11.

Bemühungen Walter Brechts, das Haus in Utting dem Zugriff des Staates zu entziehen

23. Mai, Dienstag. Fredrik Martner schickt B das Buch *The Analects of Confucius. Translated and annotated by Arthur Waley* (London 1938) als Geschenk (→ Anfang Juni). Falls

Ruth Berlau Bs Vortrag *Über experimentelles Theater* nicht schon zum Übersetzen gegeben hat, will er sich daran machen.

25. Mai 1939
Diskussionen mit Hermann Greid über Dialektik und Ethik

25. Mai, Donnerstag. Auf der Insel Lidingö wohnt auch der emigrierte Schauspieler und Regisseur Hermann Greid, der u. a. *Die Gewehre der Frau Carrar* am Stockholmer Odeonteatern inszeniert hat (→ Anfang März 38). B trifft häufig mit ihm zusammen. Sie diskutieren (nach Eintragungen im Taschenkalender Steffins am 25. und 29. 5.) u. a. über Greids Buchmanuskript *Kritischer Optimismus* (nicht publiziert). B urteilt über Greid im *Journal*: »Ins Denken gefallener Kleinbürger mit ethischen Interessen.« Bei der Dialektik interessiere ihn nur die dritte Stufe. »Alles Geschehen verläuft in der bekannten »Spirale« nach oben. 3 = 1 plus 2. Eine Aussöhnung der Gegensätze mit ›Akzentverschiebung‹.« Sozial sehe das so aus: »ohne Befriedigung der materiellen Bedürfnisse keine Ethik, das wird akzeptiert. Aber: die Ethik zur Befriedigung dieser Bedürfnisse wird nicht akzeptiert.« B findet in dieser Denkhaltung Greids »allerhand Material« für das *Buch der Wendungen. (26,337f.)* Nach einem (auf den 26. 5. datierten) Gesprächsprotokoll führt B aus: »Es folgen nicht die drei Stufen aufeinander, sondern sie sind immer gleichzeitig in einem Ding vorhanden. Eine dialektische Kritik ist eo ipso ein negativer *und* ein positiver Vorgang (Werden der Klasse – Hegel – enthält die drei Stufen in sich), Sein allein gibt es nicht.« *(Gespräch, 54.)* Die Diskussionen über das Buch Greids sowie weitere Gespräche sind vermutlich Grundlage der Geschichte *Me-ti und die Ethik (18,179)* sowie weiterer Texte im *Buch der Wendungen* (→ 15. 1. 40).

28. Mai, Pfingstsonntag. B stellt für Sitzungen sozialdemokratischer Gewerkschaften, bei denen für die Gründung von Amateurtheatergruppen geworben wird, sein Gedicht *Rede an dänische Arbeiterschauspieler über die Kunst der Beobachtung* (→ Ende September 35) zur Verfügung (und streicht im Titel »dänische«). Bei der Arbeit am *Guten Menschen von Sezuan* versucht B in die Fabel »Luxus« zu bringen und Chinoiserie zu vermeiden *(26,338)*.

1. Juni, Donnerstag. Erstdruck des Gedichts *An die Nachgeborenen* (→ 15. 4. 37) in der *Neuen Weltbühne*, Paris.

Mit Henry Peter Matthis, Margarete Steffin und Stefan

Auf eine Bitte Bs an Mordecai Gorelik versichert dieser, ihm bei einer Einreise in die USA zu helfen, so gut er kann. Wenn B kommen sollte, bietet ihm Gorelik sein Haus in Pennsylvania an, in dem derzeit Erwin Piscator und seine Frau für einige Tage wohnen. Die Ausgaben seien verhältnismäßig gering, und er könne dort gut arbeiten und sich erholen. Von *Leben des Galilei* sei er begeistert.

Anfang Juni. B bedankt sich bei Fredrik Martner für das

ihm (am 23. 5.) zugesandte Konfuzius-Buch (→ 23. 5.). Daß der Übersetzer Waley für »der Weise« immer »der Gentleman« genommen hat, versteht B als Kritik, die Waley wahrscheinlich nicht gewünscht hat, die B aber »großartig« findet, weil sie ihm das Verständnis erleichtert. Er lädt Martner erneut für den Sommer nach Lidingö ein *(Br, 891)*.

2. Juni, Freitag. Auf der skandinavischen Außenministerkonferenz in Stockholm (am 9. 5.) ist die Entscheidung über ein von Deutschland ergangenes Gewaltverzichts-Angebot den Regierungen überlassen worden. Schweden lehnt den Vorschlag ab und bekennt sich zur Neutralität. Diese Ereignisse sind Grundlage für Bs Einakter *Was kostet das Eisen? (5,309-324)*, der in einer ersten Niederschrift am 2. 6. mit dem Titel *Kleine Geschäfte mit Eisen* vorliegt.

Einakter *Was kostet das Eisen?* fertiggestellt

Ruth Berlau erinnert sich: »Schweden war zwar neutral, lieferte aber Eisenerze nach Deutschland und unterstützte damit die Rüstungsindustrie der Nazis.« *(Berlau/Bunge, 118.)* In diesem Zusammenhang habe B den Einakter geschrieben. Weil deutsche Emigranten grundsätzlich gefährdet sind, verbirgt B seine Autorschaft unter dem Pseudonym John Kent. Während der Proben (→ 14. 8.) wird das Stück überarbeitet.

4. Juni, Sonntag. B informiert Kurt Weill, daß er aus Paris eine Anfrage wegen einer Verfilmung der *Dreigroschenoper* erhalten habe, und erkundigt sich nach den Verfilmungschancen in den USA.

7. Juni, Mittwoch. Wieland Herzfelde meldet B seine Ankunft in New York; er erkundigt sich nach dem Vertrieb der *Svendborger Gedichte* und nach der Verwirklichung von Bs Plan, auch in die USA zu kommen.

Mitte Juni. Margarete Steffin berichtet in einem Brief an Fredrik Martner, daß die neue Umgebung, auch die neue Sprache alle sehr belaste. Besonders sei Helene Weigel mit sehr viel Hausarbeit beschäftigt: »Sie kocht allein für 6 Leute [für Familie Brecht, Ninnan Santesson und Margarete Steffin]! Und da sie jetzt, weiß der Teufel, aus welchen Gründen immer, zweimal am Tag warmes Essen macht (ich glaube, ›man‹ macht das in Schweden), hat sie furchtbar viel zu tun. Nur ein paar Stunden am Tag kommt eine Hilfe, aber die schafft nicht mal, das ganze Haus sauber zu machen.« Helene Weigel habe für September vier Vortragsabende an Göteborger Schulen vermittelt bekommen *(E 9/29f.)*.

12. Juni, Montag. Elisabeth Hauptmann dankt in einem Brief aus St. Louis Margarete Steffin für die Informationen über B und über den Umzug nach Schweden. Sie hofft, daß dies »nur ein Halt auf dem Wege nach hier« sein wird. Ausführlich geht sie auf die Lebens- und Arbeitsbedingungen in Mexiko ein. Das ihr übersandte Stück *Leben des Galilei* gefällt ihr sehr, »es war eine glänzende Idee«. Sie will ihre Bemerkungen dazu später ausführlicher aufschreiben *(1396/79)*.

15. Juni, Donnerstag. Erstdruck des (1937 entstandenen) Gedichts *Zufluchtsstätte (12,83)* in der *Neuen Weltbühne*, Paris.

26. Juni, Montag. Wie Margarete Steffin Fredrik Martner mitteilt, hat B zum 70. Geburtstag für Martin Andersen Nexø (am 26. 6.) auf eine Pergamentrolle eine Adresse geschrieben, die »alle deutschen Emigranten« unterzeichnet haben *(E 10/26f.)*. In Stockholm findet (am → 4. 7.) eine Nachfeier statt.

Aus Basel teilt Gustav Hartung mit, daß er beim Verleger Kurt Reiss, der bereits (am 15. 3.) einen Vertragsentwurf für den Vertrieb von Theaterstücken an B geschickt hat, ein gutes Wort einlegt. Hartung war an der Gründung des Verlags beteiligt und lobt das Geschick des Verlegers, Stücke bei Theatern zu plazieren.

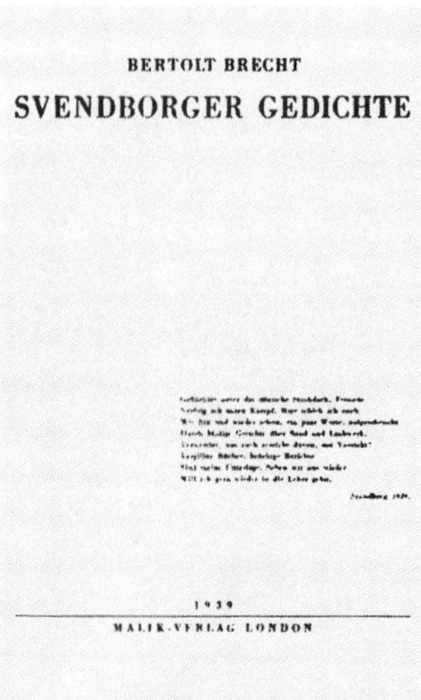

Erstdruck
Svendborger Gedichte
Kopenhagen

30. Juni, Freitag. Der schwedische Schriftsteller und Übersetzer Johannes Edfelt, der bereits 1938 über die Pariser Uraufführung von *Furcht und Elend des III. Reiches* berichtet hat, heißt B in Stockholm willkommen und bittet ihn, in Schweden zu bleiben, »solange Hitler besteht«. Er kündigt eine Rezension der *Svendborger Gedichte* an, die am 9. 8. in *Social-Demokraten* erscheint *(911/67)*.

Juni. B schickt an Hubertus Prinz zu Löwenstein für die American Guild for German Cultural Freedom ein Vorausexemplar der *Svendborger Gedichte*. Die Ausgabe sei von der »Diderot-Gesellschaft in Kopenhagen veranstaltet«; er habe aber auch den Namen der American Guild erwähnt, »da ja auch sie mir schon geholfen hat und jetzt wieder hilft, etwas so Uneinträgliches wie antifaschistische Gedichte zu schreiben« *(Br, 892)*. (Obwohl es in der Ausgabe heißt, das Buch sei »unter dem Patronat der Diderot-Gesellschaft« herausgegeben, existiert die Gesellschaft auch zu diesem Zeitpunkt nicht).

B hat die Sammlung, die Gedichte aus den Jahren 1934-1938 enthält, im August 1938 für den Druck der *Gesammelten Werke* und für den Einzeldruck im Malik-Verlag bearbeitet und zusammengestellt. In der nun vorliegenden Ausgabe ist vermerkt: »Vordruck aus Brecht, *Gesammelte Werke*, Band IV«; sie erscheint in einer Auflage von 1000 Exemplaren.

1. Juli, Sonnabend. Zusammen mit der Mitteilung über eine Honoraranweisung teilt die Geschäftsleitung der *Neuen Weltbühne* B mit, daß er von nun an Freiexemplare zugeschickt bekommen werde. Obwohl die Zeitschrift mit großen finanziellen Schwierigkeiten zu kämpfen hat, sei Hermann Budzislawski der Meinung, daß »wir Ihnen gegenüber zu einem solchen Entgegenkommen verpflichtet sind« *(911/55)*.

Anfang Juli. Margarete Steffin schickt Fredrik Martner das Gedicht *Wie künftige Zeiten unsere Schriftsteller beurteilen werden (14,433f.)*, das B zum Geburtstag von Martin Andersen Nexø geschrieben hat (Erstdruck am 6.7. in der *Neuen Weltbühne*, Paris). B habe inzwischen »ein wunderschönes, riesiges Atelier« bezogen. »Weigel läßt extra grüßen. Sie hat uns viele schöne Kuchen gebacken in dieser Woche. Und heute sagte sie träumerisch: Ich hätte Lust einzukochen (Sie wissen, die herrlichen Dinge, von denen Sie einige Gläser bekamen).« *(E 10/34f.)*

4. Juli, Dienstag. Nach der Übersiedlung Bs hat sich die skandinavische Sektion des SDS reaktiviert (Vorsitzender: B, Sekretär: Wolfgang Steinitz). Eine erste Veranstaltung ist die Feier zum 70. Geburtstag Martin Andersen Nexøs (→ 26.6.) im Stockholmer Folkets Hus, bei der B das Gedicht *Wie künftige Zeiten unsere Schriftsteller beurteilen werden* vorträgt. Außerdem wirken mit Rezitationen und Reden mit: Helene Weigel, Margarete Steffin, Hermann Greid, Günther Dallmann, Hans Holewa, Gerhard Scholz sowie der Stockholmer Deutsche Volkschor.

4. Juli 1939
Teilnahme an Veranstaltung des SDS im Folkets Hus Stockholm

Margarete Steffin berichtet Fredrik Martner von dem Erfolg der Nexø-Feier, zu der 200 Interessenten gekommen seien. Sie richtet von B »nachdrücklichst« aus, daß er vom Honorar für alle Texte, die Martner in dänischen Zeitungen unterbringt, für sich einen Teil einbehalten soll. Ruth Berlaus Mutter sei für 14 Tage nach Lidingö gekommen *(E 10/11f.)*.

6. Juli, Donnerstag. Wieland Herzfelde (→ 7.6.) fragt Margarete Steffin nochmals nach dem Vertrieb der *Svendborger Gedichte*.

Um einen Teil der von ihr beigebrachten Mittel für die Druckkosten einzutreiben, läßt Ruth Berlau 100 Exemplare von B signieren und verkauft sie zu einem angehobenen Preis.

Hanns Eisler dankt B für die Zusendung der *Svendborger Gedichte*, die zu seinem Geburtstag (am 6.7.) in Mexiko City eintrafen, wo er in einer Konservatoriumsklasse Arbeit gefunden hat. Er ist von der Sammlung, wie auch seine Freunde, »begeistert«. Seine Produktivität leide durch die bürokratischen Paßangelegenheiten *(911/98)*.

8. Juli, Sonnabend. Hermann Borchardt, der mit seiner Familie in New York lebt (→ Juni 37), bedankt sich bei B für die *Svendborger Gedichte*, deren Verse er lobt, an deren Inhalt er aber »als gebrannter Renegat« nicht mehr glauben kann. Trotz seiner politischen Kehrtwendung habe er seine Haltung zu B nicht verändert: »gegen Sie kann ich mich niemals stellen« *(654/82f.)*.

Mit Helene Weigel

Wieland Herzfelde hat inzwischen den Band *Svendborger Gedichte* erhalten und gratuliert B dazu. Er bemüht sich, in den USA eine Leserorganisation aufzubauen, und bittet B, die Fahnenkorrekturen des Bandes 3 seiner *Gesammelten Werke* sowie *Leben des Galilei* zu schicken.

15. Juli, Sonnabend. B hat die erste Szene des *Guten Menschen von Sezuan* umgearbeitet, um in die Figur des Vetters (in dieser Fassung: Lao Go, später: Shui Ta) »Entwicklung hineinzubringen«. Dadurch sei das Stück zu lang geworden. Er freut sich über Stefans geschickte Übersetzung der *Chicago Poems* von Carl Sandburg (aus dem Schwedischen): »Gute Sachen, mit Verbindung zu chinesischen Formen.« B versucht, emigrierte Wissenschaftler, die ihn »ab und zu« besuchen, für ein »Schlagwörterbuch des Faschismus« zu motivieren *(26,339)*. Er hat bereits früher im Zusammenhang mit einem »Nachschlagewerk der Ansichten der Antifaschisten« (→ Dezember 34) faschistische Redewendungen wie *Was meint der Satz »Das wirtschaftliche Denken ist der Tod jedes völkischen Idealismus«?* und *Über den Satz »Gemeinnutz geht vor Eigennutz« (22,57-59)* analysiert.

25. Juli 1939
Beschwerde über Liquidierung der Zeitschrift *Das Wort* ohne vorherige Information an die Herausgeber

25. Juli, Dienstag. B beschwert sich bei Fritz Erpenbeck über die grobe und verstimmende Art, »wie den Herausgebern die Liquidierung der Zeitschrift [*Das Wort*; → 29. 3.] ›mitgeteilt‹ wurde«, zu der dann noch »eine schäbige und unwürdige finanzielle Abwicklung« gekommen sei. Er empfindet das als »ungefähr das Schäbigste«, was er »bisher in 15 Jahren literarischer Tätigkeit von irgendeiner Zeitschrift erlebt« habe *(Br, 894)*. Gleichzeitig fordert er vom Verlagsdirektor Gittermann die Bezahlung der Übersetzungsarbeit von Margarete Steffin für die abgedruckten Teile der *Erinnerungen* von Martin Andersen Nexø im *Wort* ein *(Br, 895)*.

Ende Juli. B fragt Rudolf Olden, ob er Mitglied des PEN-Clubs ist, und erklärt ihm sein Interesse daran wie auch das an der Teilnahme an einem für Herbst in Stockholm geplanten Kongreß *(Br, 893)*. B hatte schon Johannes R. Becher ermächtigt, ihn anzumelden (→ 8. 3. 35). Olden trägt (nach einer Mitteilung vom 29. 7.) B auf der Mitgliederliste handschriftlich nach und schickt ihm ein Heft über den bevorstehenden PEN-Kongreß in Stockholm (→ 1. 9.) mit.

Juli. B gibt einem »Genossen M.«, der gerade seine »theoretischen Dinge« durcharbeitet, Auskünfte über die Anmerkungen zu den Stücken, die »mehr oder weniger polemisch geschrieben« seien und »nicht komplette Definitionen« enthielten. So hätten die *Anmerkungen zur Oper »Aufstieg und Fall der Stadt Mahagonny«* (→ August und Dezember 30) wegen der Gegenüberstellung von Gefühl und Verstand Mißverständnisse hervorgerufen. »Daß ich mich nur an den Verstand wenden wolle, finden meist die Leute, welche bei meinen Arbeiten nur verstandesmäßig mitkommen (oder jedenfalls glauben, sie kämen mit), gefühlsmäßig aber streiken, das heißt dieselben Leute, die den Kommunismus etwa für ein kaltes Verstandesprodukt halten, das den Gefühlen der Menschen (das heißt der großen und kleinen Ausbeuter) nicht ›gerecht wird‹.« B legt eher Wert darauf, die Einfühlung mehr oder weniger auszuschalten *(Br, 896)*.

Anfang August. In der von Thomas Mann herausgegebenen »Zweimonatsschrift für freie deutsche Kultur« *Maß und Wert* erscheint anläßlich der Publikation der *Gesammelten Werke* (→ Ende Mai 38) in Heft 6, Juli/August, Bs *Bergpredigt* aus der Szenenfolge *Furcht und Elend des III. Reiches*, außerdem (anonym) Walter Benjamins zweiter (→ 3.6.31) Aufsatz *Was ist das epische Theater?* und (ebenfalls anonym) der wahrscheinlich von Ferdinand Lion stammende Text *Grenzen des Brecht-Theaters*.

4. August, Freitag. Wieland Herzfelde schickt B einen neuen Plan für die von ihm angestrebte Leserorganisation (Deutsche Literatur Liga), für die er hofft, auch Bs *Gesammelte Werke* herausbringen zu können.

6. August, Sonntag. B, Helene Weigel und Margarete Steffin fahren in den (120 km westlich von Stockholm gelegenen) Ort Eskilstuna, um dort bei den Zentralen Schwedischen Jugendtagen eine Aufführung von *Die Gewehre der Frau Carrar* anzusehen. Einstudiert hat das Stück der emigrierte deutsche Schauspieler Kurt Trepte mit seinen Aros-Amateuren aus Västerås (Premiere: 4.10.38; die 15. Aufführung des Stücks in Eskilstuna ist zugleich die letzte *Carrar*-Aufführung der Truppe). Auf Bitten Treptes hat B für die Aufführung einen *Prolog* und einen *Epilog* geschrieben *(4, 335 337)*.

6. August 1939
Reise nach Eskilstuna

Aufführung von
Die Gewehre der Frau Carrar
Aros-Amateure Västerås

Als B vom *Eskilstuna-Kuriren* nach seiner Meinung zur politischen Situation befragt wird, beklagt er die Lähmung Europas und sieht wenig Chancen für die Kultur. Er spricht sich gegen eine Neutralitätspolitik aus. »Neutralität führt zu Verfall und Unterwerfung. Wir laufen Gefahr, wie Heringe von den Handlangern der Diktatoren zerquetscht zu werden, wenn wir fromm auf unser Schicksal warten.« *(7. 8.)* Am gleichen Tage erscheint in *Folket* ein Interview, in dem sich B zur Lage des deutschen Theaters äußert. »Die Gestapo hat das deutsche Theaterleben erstickt. Mit den sozialen Diskussionen ist Schluß. Es geht nicht, mit der Gestapo im Salon Kunst zu machen.« Die »deutsche sozialgerichtete dramatische Literatur« lebe im Ausland und werde vor allem von Amateurtheatern bewahrt. »Überhaupt ist meine Meinung die, daß das, was das Ausland an deutscher Kultur nicht rettet, untergehen wird.«

Warnung Brechts
vor Neutralitätspolitik

Während der Reise wird Steffin von heftigen Blinddarmschmerzen geplagt. Wie sie Fredrik Martner schreibt, will sie sich in Dänemark operieren lassen (weil das für sie als dänische Staatsbürgerin kostenfrei ist). Bs Sohn Stefan dürfe bei Schulbeginn eine Klasse überspringen. »Das ist doch viel, wo er sich auf die neue Sprache umstellen mußte, nicht? Die Weigel ist sehr stolz auf ihn. – Barbara hingegen ist lernunlustig. Sie verläßt sich ganz auf den weiblichen Charme. Sie ist wirklich gescheit, lernt aber nur, wenn's ihr Spaß macht.« *(E 10/31f.)*

Mit dem Datum »13. 8. 39« in das *Journal* eingeklebtes Foto mit (v.l.) Brecht, Martin Andersen Nexø, Hausangestellte, Margarete Steffin, Frau Andersen Nexø

13. August, Sonntag. Martin Andersen Nexø und seine Frau machen bei ihrer Rückreise aus Moskau in Stockholm Zwischenstation und treffen mit B zusammen.

14. August 1939
Uraufführung des Einakters
Vad kostar järnet? (Was kostet das Eisen?)
Amateurtruppe Volkshochschule Tollare

14. August, Montag. In der Volkshochschule von Tollare bei Stockholm wird während eines Kurses für Laienspielinstrukteure mehrfach der Einakter *Vad kostar järnet? (Was kostet das Eisen?)* aufgeführt, Regie: Ruth Berlau (→ 2. 6.). Bei den Proben hilft B; unter seinen Händen, meint Berlau, sei das »Agitpropstück eine eher lustige Sache in Knockaboutstil« geworden. »Als Schlußpointe wollte Brecht unbedingt, daß sich bei dem Darsteller des Eisenhändlers die Haare sträuben wie bei einem Clown. Das ist uns mit Hilfe einer Perücke auch gelungen.« *(Berlau/Bunge, 118f.)* Dies beruht auf Vorschlägen Bs, die er in den *Anmerkungen* zum Einakter macht. Er fordert auch sehr große Schuhe und Zigarren. »Als Rahmen der Dekoration werden am besten Zitate aus den Reden nordischer Staatsmänner dienen.« *(24,257.)*

Der Redakteur Rokotow von der *Internationalen Literatur*, Moskau, teilt B, angeregt durch einen Besuch Martin Andersen Nexøs in der Redaktion, das Interesse der Zeitschrift an einem ständigen freundschaftlichen Kontakt mit B mit.

Bekanntschaft und Freundschaft mit Hans Tombrock

Mitte August. B hat bei der Geburtstagsfeier für Martin Andersen Nexø (→ 4. 7.) Hans Tombrock persönlich kennengelernt. Er war auf ihn im Vorjahr durch einen Auszug aus einer Tombrock-Biographie von Gregor Gog aufmerksam geworden (→ Februar 38).

Hans Tombrock, als 16. Kind einer Bergarbeiterfamilie am 21. 7. 1895 in Benninghofen (Dortmund) geboren, arbeitet 14jährig in einer Zeche, 1913 als Schiffsjunge. Er ist in den zwanziger Jahren als Arbeiter in Bergwerken und anderen Betrieben tätig und zieht als Vagabund im Land umher. Seit 1929 findet er eine Tätigkeit in der von Gregor Gog gegründeten »Bruderschaft der Vagabunden«: er zeichnet für die Zeitschrift *Der Vagabund.* 1933 emigriert Tombrock und kommt (über andere Länder) 1939 nach Schweden, wo er sich als Maler seinen Unterhalt verdient. Schon kurz nach ihrem Kennenlernen schließen B und Tombrock Freundschaft und treffen sich häufig in Bs Haus. B geht mit Tombrocks Vorsatz konform, Kunst für das Volk zu machen, und diskutiert mit ihm über die Möglichkeiten, dies zu realisieren. In einem von B geschriebenen (nur in schwedischer Sprache überlieferten) »Dialog zwischen einem Maler und einem Lyriker über neue Kunstformen« mit dem Titel *Konst för Folket* (Die Kunst dem Volke) werden einige der Gespräche zusammengefaßt. Der »Maler« und der »Lyriker« kommen auf die Idee, Gedichte und Bilder auf Tafeln in Volkshäusern den Arbeitern vorzustellen *(22,579-583; 1078-1083)*.

Unter Bezug auf diesen Plan gibt B im August Tombrock Hinweise für eine Bildgestaltung seines (1935 entstandenen) Gedichts *Fragen eines lesenden Arbeiters* (→ August 36). Der dargestellte Arbeiter sollte »überlebensgroß« sein, »ein junger großer Kerl [...], der sowohl mächtig als drohend aussieht«, dem nur die Macht zur Herrschaft fehlt, »der wahre Erbauer des siebentorigen Theben, der Eroberer Asiens«, der »finster die Lügen über seine Eroberungen und Bauten« studiert *(Br, 899)*. Diese Gedanken legt B nochmals in dem Artikel *Lyrik und Malerei für Volkshäuser (22,575-579)* nieder; darin kommt er zu dem Schluß: »Ohne Zweifel würden solche Tafelwerke, in Volkshäusern ausgestellt, mehr Diskussion verursachen, als ein Bild oder ein Gedicht allein auslösen könnten. Und die Diskussion ist eine der höchsten Stufen des Kunstgenusses, welche die Gesellschaft erklimmen kann.«

Ruth Berlau, die in Kopenhagen Theater spielt, besucht B mehrfach an spielfreien Tagen. Im Sommerurlaub schlägt sie in der Nähe von Bs Haus ein Zelt auf. »In dieses Zelt wurde nur Hans Tombrock eingeladen, naturlich zusammen mit Brecht. Daß mich jemand anders im Zelt besuchte, hätte Brecht nicht gern gesehen, nur bei Tombrock machte er eine Ausnahme.« *(Berlau/Bunge, 121.)*

16. August, Mittwoch. Bernard von Brentano schreibt B aus Küßnacht. Er versucht, den unterbrochenen Briefwechsel wiederzubeleben, und bedankt sich für die *Svendborger Gedichte*. Besonders haben ihn die *Gedanken über die Dauer des Exils* bewegt. Wie er hörte, seien Bs »Beziehungen zu Moskau [...] nicht mehr so herzlich wie früher«; er bittet ihn um nähere Auskunft *(911/5f.)*.

Auf eine Einladung Bs an Lion Feuchtwanger zum PEN-Kongreß nach Stockholm (→ Ende Juli) reagiert dieser ablehnend, weil ihm die Arbeit an seinen historischen Romanen mehr Arbeit macht, »als man denkt«. Er dankt für die Zusendung von *Leben des Galilei* (→ 27.-29. 3.) und bittet um ein Exemplar von *Furcht und Elend des III. Reiches* für einen holländischen Schauspieler *(Feuchtwanger, 28)*.

21. August, Montag. Henry Peter Matthis hat mit B ein

21. August 1939
Filmexposé *Vi vill flyga* (Wir wollen fliegen)

Filmexposé *Vi vill flyga* (Wir wollen fliegen) geschrieben (das in schwedischer Sprache überliefert ist; *19,433-437; 714-717)*. Am 21. 8. bittet Matthis B um biographische Angaben für seine Verhandlungen mit Filmfirmen. B schreibt dazu rückblickend im *Journal*: »Als ich in Schweden, vor dem Krieg, einen Film vorschlug, der die Parole ›Das Flugzeug der Arbeiterjugend!‹ hatte – diese Waffe ist in festen Händen – und den einfachen Traum der Menschheit vom Fliegen ausdrücken wollte, wandte man sofort ein: Sollen sie Bombenflieger werden?« *(26,420.)*

27. August, Sonntag. B informiert Martin Domke (in Paris) über die Übersetzung Pierre Abrahams von *Furcht und Elend des III. Reiches* und über ein Aufführungsprojekt in Frankreich. Er berichtet von seiner Arbeit an *Der gute Mensch von Sezuan* und am *Caesar*-Roman, den er hofft, »bis zur nächsten Krise fertig zu haben«. »Man muß sich ja in dieser schweren und blutigen Friedenszeit unbedingt in die Arbeit stürzen (die Römer sagten: ins Schwert stürzen).« *(Br, 897.)*

Das nach dem 28. 5. ins *Journal* eingeklebte Foto mit dem handschriftlichen Vermerk »Lidingö August 39« zeigt Brecht mit Tochter Barbara und Helene Weigel

Bei Ferdinand Reyher, der von *Furcht und Elend des III. Reiches* eine englische Übersetzung hergestellt hat und sich in den USA um eine Aufführung von *Leben des Galilei* bemüht, entschuldigt er sich für seine Schreibpause wegen des Umzugs nach Schweden, »das war ein großer Trubel«. Er wünscht sich von Reyher Hinweise für Veränderungen, die er bei einer Aufführung der Szenenfolge in den Staaten für notwendig hält *(Br, 898)*.

August. Erstdruck der Geschichte *Der Mantel des Nolaners* (→ 12. 2.) in der ursprünglichen Fassung in Heft 8 der *Internationalen Literatur*, Moskau. Die Geschichte wird später um vier Abschnitte erweitert und *Der Mantel des Ketzers* genannt.

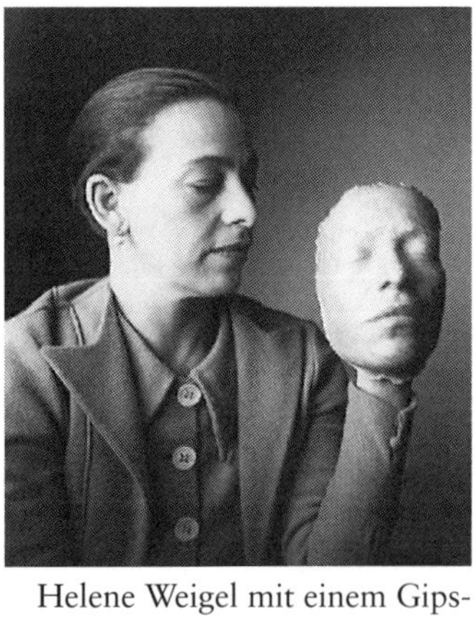

Helene Weigel mit einem Gipsabdruck ihres Gesichtes, nach dem Ninnan Santesson eine Plastik anfertigt.

B schreibt einen Aufsatz *Notizen zu einer Plastik von Ninnan Santesson*, zu dem ihn Fotos von der Arbeit seiner Gastgeberin an einer Kopfplastik von Helene Weigel anregen. Später überarbeitet er ihn und nennt ihn nun *Betrachtung der Kunst und Kunst der Betrachtung. Reflexionen über die Porträtkunst in der Bildhauerei (22,569-574)*. Im *Journal* notiert er dazu (am 11. 9.), man sehe auf den Fotos »die Stadien der Knetarbeit«, und am Schluß käme »etwas eigentümlich Gutes heraus: der Kopf darf seine Widersprüche unausgeglichen behalten« *(26,346f.)*. In dem Artikel setzt B für den Kunstgenuß Kennerschaft voraus und hält es für demokratisch, »den ›kleinen Kreis der Kenner‹ zu einem ›*großen* Kreis der Kenner‹ zu machen«. Die Tafel mit den Fotos klebt er auf und hängt sie in seiner Wohnung auf.

Für Ruth Berlau schreibt B das Gedicht *Ardens sed virens* (»Herrlich, was im schönen Feuer / Nicht zu kalter Asche

kehrt! / Schwester, sieh, du bist mir teuer / Brennend, aber nicht verzehrt.«) *(14,438.)*
Mit dem Einmarsch der Trupppen Francos (am 28. 3.) in Madrid endet der spanische Bürgerkrieg. Einige deutsche Emigranten und aus Spanien zurückkehrende Teilnehmer an den Kämpfen bilden, wie Margarete Steffin (im Juli) an Martner schreibt, eine »Arbeitsgemeinschaft« und treffen sich mehrfach bei B. Sie hat dafür einen »sehr langen Artikel der russischen Enzyklopädie« übersetzt *(E 10/18f.)*. Die Teilnehmer diskutieren über die Ursachen der Niederlage. Hans Tombrock hat eine dieser Zusammenkünfte vom August in einem Bild gestaltet.

Zeichnung Tombrocks, mit dem Hinweis: »Am Tischchen rechts: Brecht, rechts daneben: selbst, mit Manuskript: Paul Verner, rechts daneben (noch nicht so dick): Herbert Warnke, daneben Anton Plenowski, genannt Pleni, Rücken umdrehend: Siggi Neumann †, links von ihm: Lotte Bischoff, Gruppe: Spanienkämpfer, im Hintergrund: Nina Santesson.«

Bei einer dieser Zusammenkünfte lernt Peter Weiss B kennen. Weiss war 1934 aus Deutschland emigriert und hat 1939 eine Aufenthaltsgenehmigung für Schweden erhalten, wo er sich den Lebensunterhalt als Arbeiter verdient. Als damals 22jähriger empfindet er für »den berühmten« B großen Respekt, hat zugleich Minderwertigkeitskomplexe. Als Weiss drei Jahrzehnte später seine Erlebnisse aus dieser Zeit in Romanform aufzuschreiben beginnt (*Ästhetik des Widerstands*), frischt er sein Gedächtnis durch die Lektüre von Bs Werken und durch Gespräche mit Kennern und Freunden Bs auf. Die Figur Bs, die im Roman eine große Rolle spielt, beruht zwar auf gründlich recherchierten Fakten, erscheint aber aus der Sicht des jungen, von B zu wenig beachteten Ich-Erzählers nicht ohne Vorurteil dargestellt; sein »Brecht« wird in Gespräche und Zusammenkünfte verwickelt, die in der Chronologie nicht immer belegbar sind. (Weiss: »Ich benutze die authentischen Namen im Roman als *Chiffren.*« *Notizbücher 1971-1980, 1,117.*)
Der tschechische Schauspieler und Regisseur Valtr Taub hatte (am 1. 8.) einen Briefkontakt zu B aufgenommen und darum gebeten, zum PEN-Kongreß eine Sympathie-Erklärung für die tschechischen Schriftsteller abzugeben. B lädt ihn zu sich ein; danach nimmt Taub an einigen Sonntags-Diskussionen auf Lidingö teil. Taub erinnert sich, daß einmal die Rede auf das Treffen von Hitler und Mussolini am Brennerpaß kam, bei dem der Duce seine Bereitschaft zu einem Krieg an der Seite Deutschlands ausgesprochen, sich aber den Zeitpunkt des Kriegseintritts offengehalten habe. Bs Vorschlag sei ein Rollenspiel gewesen, um hinter Beweggründe der Diktatoren zu kommen. Zunächst sei eine »Analyse der Situation« gemacht worden, aus der sie die »Stimmung der Herren« abgeleitet hätten. »Und dann begannen wir zu spielen, Brecht den Hitler und ich den Mussolini. Und weil wir mit der absoluten Logik der Figuren überlegten und uns nicht um einen satirischen Blick bemühten, gelangten wir oft zu Ergebnissen, Erwägungen und Entschei-

dungen, die genauso überraschend für die Zuschauer waren wie für uns.« *(Taub.)*

1. September 1939
Beginn des zweiten Weltkrieges

Von Brecht für die *Kriegsfibel* ausgewähltes Foto vom deutschen Überfall auf Polen:

Ihr Leute, wenn ihr sagen hört
Er habe nun ein großes Reich zerstört
In achtzehn Tagen, fragt, wo ich geblieben
Ich war dabei und lebte davon sieben.

1. September, Freitag. Deutschland und die Sowjetunion haben (am 23. 8.) in Moskau einen Nichtangriffspakt abgeschlossen und eine Aufteilung Polens festgelegt. Damit sind die Voraussetzungen für einen militärischen Überfall Deutschlands auf Polen in den Morgenstunden des 1. 9. geschaffen. B schildert den Beginn des 2. Weltkriegs im *Journal*: »Früh 8 Uhr 45. Deutschland warnt alle Neutralen, das polnische Staatsgebiet zu überfliegen. Hitler an die Wehrmacht. Dazwischen die melancholische Marschmusik, mit der die deutschen Militaristen ihre Schlächtereien einleiten.« B findet Hitlers Radiorede »auffallend unsicher«. Was da tönt, sei »die Clique, der gang, der Fremdkörper, der den Krieg beginnt ohne Gott und mit Brotkarte« *(26,340f.)*.

Für Anfang September ist in Stockholm ein PEN-Kongreß einberufen. Wie Margarete Steffin (Ende August) Fredrik Martner mitgeteilt hat, will B an den Arbeitssitzungen teilnehmen, »aber nicht an den Essen und dem Tee-Empfang beim König (für den auch Frack oder ähnliches vorgeschrieben ist, können Sie sich Brecht darin vorstellen? Ich meine, er würde ihm gut stehen. Aber er hat keinen, dieser Unglückliche).« *(E 10/33.)*

Teilnahme am Empfang des Oberbürgermeisters für Thomas Mann

Wegen der zugespitzten politischen Lage wird ein öffentlicher Auftritt des zum Kongreß angereisten Thomas Mann vom schwedischen Außenministerium nicht gewünscht. Dafür lädt ihm zu Ehren der Stockholmer Oberbürgermeister Fredrik Ström am Mittag zu einem repräsentativen Essen ein, an dem u. a. Mitglieder des schwedischen Schriftstellervereins sowie B und der nach Schweden emigrierte Verleger Thomas Manns, Gottfried Bermann-Fischer, teilnehmen. Wie B notiert, hat sich Thomas Mann »gegen die Schützenhilfe der USSR für Hitler« ausgesprochen; seine Tochter Erika erwarte von dem deutsch-sowjetischen Pakt keine Wirkungen *(26,341)*.

Wegen Bs laufendem Einwanderungsantrag in die USA benötigt er eine Verlängerung seines dänischen Identitätszertifikats. Der dänische Reichspolizeichef bittet den Polizeiobersten von Svendborg um Aufklärung, »ob der Betreffende noch einen festen Wohnsitz hier im Lande behalten hat«. Der neue Besitzer des Hauses Skovsbostrand bestätigt den Kauf des Hauses; das Einwohnermeldeamt von Egense erklärt die Abmeldung der Familie B. Obwohl damit die »Sache Udl.Nr. 36326-57120« (→ 20. 7. 33) als abgeschlossen gelten kann, verlängern die dänischen Behörden aus taktischen Gründen das dänische Identitätszertifikat (»bis sie Wurzeln schlagen«) *(Nørregaard, 112)*.

Anfang September. B schreibt in dieser Zeit für Margarete Steffin ein Gedicht mit dem Titel *Sonett (14,437)*.
Steffin hat Martners inzwischen fertiggestellte Übersetzung des Aufsatzes *Über experimentelles Theater* noch nicht mit B durchgehen können, da er »nicht ganz auf dem Posten« ist und sie »nicht gern allein entscheiden möchte«. Sie erkundigt sich »in diesen ersten Kriegstagen« nach der Stimmung in Dänemark. »Hier gehört es zum guten Ton, wie mir Schweden versichern, deutschfeindlich zu sein. Und ich muß sagen, man versteht es.« *(E 10/36.)*

3. September 1939
Großbritannien und Frankreich erklären Deutschland den Krieg

3. September, Sonntag. Nach Nichtbefolgung eines britischen und französischen Ultimatums an Hitler, bis zum 3. 9. die Kriegshandlungen in Polen einzustellen, erklären beide Länder Deutschland den Krieg, ohne Kampfhandlungen zur Entlastung ihres Bündnispartners Polen einzuleiten. Beim Anhören der englischen Radioberichte über die Unterhaussitzung, notiert B, »dämmerte allen die furchtbare Wahrheit« *(26,343)*.
4. September, Montag. Während die deutschen Truppen (ohne Kriegserklärung) in Polen schnell vorrücken, halten sich die Westmächte zurück. »Juristisch herrscht in Polen jetzt Frieden und wird gekämpft, während im Westen der Krieg erklärt ist und Frieden herrscht.« *(26,343.)*
5. September, Dienstag. B findet den Krieg »gespenstig«, weil er »nicht geführt wird«. Die Neutralitätserklärungen (am 2. 9. von Portugal, Schweden, Dänemark, Norwegen, Lettland, Estland, Finnland, Litauen; am 4. 9. von Belgien und Holland und am 5. 9. von Spanien) scheinen Hitler zu isolieren, ermöglichen ihm aber »nur seinen Vernichtungskrieg gegen Polen« *(26,342)*.
7. September, Donnerstag. Der deutsch-sowjetische Nichtangriffspakt mache in dem merkwürdigen Krieg nach Bs Meinung »zunächst die Luft klarer«. »Man hat einen Krieg zwischen imperialistischen Staaten. Man hat Deutschland als Angreifer und Kriegsbrandstifter. Man hat einen aggressiven Kapitalismus gegen einen defensiven.« Man habe »soviel Barbarei, als zur Aufrechterhaltung barbarischer Zustände nötig ist« *(26,344)*.
9. September, Sonnabend. In acht Tagen Feldzug sind die deutschen Truppen bis Warschau vorgedrungen, »die Westmächte haben, wie Hitler es voraussah, nicht eingegriffen«. Die Flugblätter, die britische Flugzeuge über Deutschland abwerfen, seien ein »kindischer Illusionismus, wenn es nicht einfach Augenwischerei wäre«. B beschäftigt sich mit den Auswirkungen des deutsch-sowjetischen Paktes. Nach Meinung der Kommunisten »sei es ein Respekt verlangender Beitrag der Union zum Frieden«, auch wenn kurz darauf der Polen-Krieg ausbrach. Die Union trage »vor dem Weltprole-

tariat das fürchterliche Stigma einer Hilfeleistung an den Faschismus, den wildesten und arbeiterfeindlichsten Teil des Kapitalismus«. B vermutet, »daß die Union sich eben rettete, um den Preis, das Weltproletariat ohne Losungen, Hoffnungen und Beistand zu lassen« *(26,343f.)*.

10. September, Sonntag. Von Goethes Fragment *Pandora* machen B die *Hirtengesänge* erneut betroffen. »Wie sich da das Verfeinerte mit dem Primitiven berührt!« *(26,343.)*

11. September, Montag. B beklagt sich über eine Rede von Herbert George Wells, in der das »Gebirg von einem Spießer« Hitler und Mussolini »einfach als Schriftsteller« betrachtet und sie »dumm« findet. »Als ob nicht literarische Talentlosigkeit den Klügsten daran hindern könnte, in einem literarischen Werk klug zu erscheinen!« – Mit der Fabel des *Guten Menschen von Sezuan* ist B ins Stocken gekommen. »Sie fließt nicht voll. Vieles ist zu spitzfindig, das Ganze besteht noch aus Stellen. Schönen, realistischen, scharfsinnigen – und anderen.« *(26,346f.)*

15. September, Freitag. B schreibt die Fabel von *Der gute Mensch von Sezuan* in Form eines Zeitungsberichts auf *(24,283-287)*.

Mitte September. B und Helene Weigel sind bei Naima Wifstrand eingeladen. Als Wifstrand sich einen wirkungsvollen Auftritt mit einer Mundharmonika verschafft, erkundigt sich B nach einer berühmten schwedischen Marketenderin. Wifstrand erzählt ihm von dem Gedicht-Zyklus *Fähnrich Stahl* von Johan Ludvig Runeberg und schickt ihm Tage darauf eine Übersetzung. Wenig später habe B ihr die erste Szene von *Mutter Courage und ihre Kinder* (→ 27. 9.) vorgelesen *(Olsson, 3,21)*.

Geschichte *Die unwürdige Greisin*

17. September, Sonntag. In Verbindung mit dem 100. Geburtstag seiner Großmutter Karoline Brecht (→ 17. 9. 19) entsteht die Geschichte *Die unwürdige Greisin (18,427-432)*.

18. September 1939 Rote Armee okkupiert Ostpolen

18. September, Montag. Gemäß einem geheimen Zusatzprotokoll zum deutsch-sowjetischen Nichtangriffspakt (→ 1. 9.) hat die Rote Armee die ostpolnischen Gebiete bis zu der festgelegten Demarkationslinie besetzt und der Sowjetunion eingegliedert. In einer Ansprache des Außenministers Molotow (am 17. 9.) werden die Ostpolen als »blutsverwandte Ukrainer und Belorussen« angesprochen, denen »hilfreich die Hand zu bieten«, für die Sowjetunion eine »heilige Pflicht« sei *(26,636)*. B kritisiert bei dieser vierten Teilung Polens in der sowjetischen Propaganda die »Aneignung der faschistischen Heuchlereien von ›Blutsverwandtschaft‹, Befreiung der ›Brüder‹ (slawischer Abstammung), der ganzen nationalistischen Terminologie« *(26,346)*.

19. September, Dienstag. Nach Bs Ansicht ist der Einmarsch der Roten Armee in »einer eigentümlich napoleonischen Form« vor sich gegangen, ohne »Räte, die etwas beschlossen oder genehmigten«. Die Regierung habe einfach verfügt und argumentiert nun nationalistisch. »Der Text ist wie von Hitler revidiert.« Er beschäftigt sich mit verschiedenen Möglichkeiten einer nun folgenden internationalen Entwicklung *(26,345)*.

21. September, Donnerstag. Entgegen dem »Gerede«, die KPdSU habe sich verändert, hält B für ein Unglück, »daß sie sich nicht verändert hat«. Stalin habe nicht vermocht, den Krieg als »Volkskrieg« zu eröffnen. »Immer noch nicht entscheidet das Volk, die Masse, das Proletariat, sondern die Regierung entscheidet für das Volk, die Masse, das Proletariat.« B erwartet »mit dem allergrößten Interesse« die »Begegnung der roten mit der braunen Armee in Polen« *(26,348)*.

27. September, Mittwoch. Beginn der Arbeit an *Mutter Courage und ihre Kinder*; B schließt (bis zum 3. 10.) eine erste Fassung ab.

Die Uraufführung von *Mutter Courage und ihre Kinder (6,7-86)* findet am → 19. 4. 41 im Schauspielhaus Zürich statt.

27. September - 3. Oktober 1939
Mutter Courage und ihre Kinder
geschrieben

Brecht erinnert sich im September 1953:
Ich schrieb mein Stück, soweit mir bekannt war, für Skandinavien [...]. Es mag heute schwierig sein, sich daran zu erinnern, daß es damals in Skandinavien Leute gab, die nicht abgeneigt waren, sich an den Unternehmungen jenseits der Grenze ein wenig zu beteiligen. Sie werden kaum davon reden. Nicht so sehr, weil es sich um einen Raubzug handelte, sondern weil dieser Raubzug mißglückte. *(24,271.)*

4. Oktober, Mittwoch. Lion Feuchtwanger informiert B darüber, daß er zehn Tage im Lager (Les Milles) interniert war und nun zwar freigelassen ist, aber keine Bewegungsfreiheit mehr hat. Er will versuchen, nach Amerika überzusiedeln *(Feuchtwanger, 29)*.

Mitte Oktober. Margarete Steffin informiert Fredrik Martner über die Arbeit an *Mutter Courage und ihre Kinder*. »Darin ist die Hauptrolle für Naima Wifstrand, aber auch für die Weigel ist eine sehr schöne Rolle drinnen: ein stummes Mädchen. Brecht ist ungeheuer fleißig, fast jeden Tag macht er eine Szene fertig.« *(E 10/15.)*

23. Oktober, Montag. Als Begründung für die Verlängerung seiner Aufenthaltsgenehmigung in Schweden gibt B auf seinem Gesuch an, er habe 1933 Deutschland verlassen und könne ohne Repressalien nicht dorthin zurückkehren.

5. November, Sonntag. B beginnt das Hörspiel *Das Verhör des Lukullus* (am 11. 11. abgeschlossen).

Das Hörspiel wird am → 12. 5. 40 vom schweizerischen Sender Radio Beromünster zum erstenmal gesendet.

5.-11. November 1939
Hörspiel
Das Verhör des Lukullus
geschrieben

6. November, Montag. Zur Regelung der Eigentumsfrage für das Haus in Utting (→ 20. 5.) schreibt Walter Brecht (am 25. 8.) an Theo Lingen als Stiefvater von Hanne: »Vater hat meinen Bruder enterbt.« Im Grundbuch sei als Besitzer des Uttinger Hauses noch Bert Brecht eingetragen, obwohl auf die gesamte Kaufsumme ein ungetilgter Schuldschein vorliegt. Wenn Hanne das Haus übernehmen soll, müsse dies

Walter Brecht besucht seinen Bruder in Lidingö 1939

Lingen dem staatlichen »Pfleger« anzeigen und ein Kaufangebot machen. Da sich noch zu Lebzeiten seines Vaters eine »Parteistelle« um den Erwerb des Hauses bemüht hat und auch die Gemeinde Utting interessiert ist, sei Eile geboten. Nachdem Lingen den Pflichtanteilsanspruch seiner Pflegetochter Hanne angemeldet hat, wird er (am 20. 9.) aufgefordert, als Vertretung von Hanne einen Pfleger zu bestellen. Marianne bittet (am 22. 9.) Walter Brecht um Verständnis, daß durch Lingens Kauf eines Hauses am Wolfgangsee im Augenblick die Summe für das Uttinger Haus nicht verfügbar ist. Um das Anwesen vor einer staatlichen Beschlagnahme zu retten, schlagen Walter und seine Frau (am 26. 9.) vor, das benötigte Geld aus dem Pflichtanteil von Hanne an Lingen auszahlen zu lassen. »Wie Du weißt, ist es Eugens dringender Wunsch, daß Hanne das Haus haben soll, damit er, wenn er wiederkommen kann, dort wohnen könnte.« Wenn der gesamte Pflichtanteil ausgezahlt ist, werden beide gebeten, sich um Bs Sohn Frank zu kümmern, der »der Ärmste« ist. Vom verstorbenen Vater hätte Frank monatlich »einen kleinen Zuschuß« erhalten. Theo Lingen erklärt sich (am 27. 9.) sowohl bereit, den Hauskauf über sich laufen zu lassen, um »auf diesem Umwege mit Hannes juristischen Rechten die Erbschaft Bs zu schützen«, als auch mit dem Erbgeld Frank zu unterstützen. Als Pflegerin der minderjährigen Hanne wird (am 6. 11.) ihre Mutter »Marianne Schmitz (Lingen), geb. Zoff« benannt. Der Hauskauf wird am → 24. 1. 40 vollzogen *(Z 47/127-239)*.

Hanne Brecht mit Theo Lingen am Lido 1937

7. November, Dienstag. B bemerkt zum »Radiostück« *Das Verhör des Lukullus*, das er dem Komponisten Hilding Rosenberg zur Vertonung gegeben hat, es erreiche »so ziemlich die Grenze dessen [...], was noch gesagt werden darf« *(26,347)*. (Der schwedische Rundfunk, der das Hörspiel für die Uraufführung angenommen hat, tritt später von dem Projekt zurück.)

B beschäftigt sich mit Aufzeichnungen und Erzählungen des nach Stockholm geflohenen österreichischen Arztes Waldemar Goldschmidt über dessen Erlebnisse im 1. Weltkrieg und als Emigrant seit 1938.

Der Krieg enthülle seine ökonomischen Zwecke schamlos. »Auf die Eroberung der Märkte antwortet die Blockade, auf die Aufrüstung der Rohstoffeentzug.« *(26,348.)*

8. November 1939 Attentat auf Hitler in München

8. November, Mittwoch. In München wird im Bürgerbräukeller auf Hitler ein Attentat verübt; die Bombe explodiert, als er den Saal bereits verlassen hat. B nimmt auf das Attentat in *Schweyk* mehrfach Bezug *(7,184 und 191)*.

13. November, Montag. B beschreibt die Stellung von Mitgliedern der Sozialistischen Arbeiterpartei (SAP) und von Syndikalisten (SAC) zu Stalin, der für sie »die größte Gefahr für eine deutsche Revolution« ist, weil Rußland »aus Deutschland eine Kolonie machen« würde. Falls Rußland »gegen Hitler und die Westmächte eingreifen« sollte, wäre die »Stellung der Sozialisten an der Seite der Westmächte« für B eine Bestätigung, daß »an eine Wiederholung von 1918 gedacht« wird *(26,347)*.

Mitte November. Margarete Steffin hat an Fredrik Martner *Mutter Courage und ihre Kinder* geschickt und reicht nun auch *Das Verhör des Lukullus* nach. »Schreiben Sie bitte Brecht über die Sachen, wie Sie Ihnen gefallen haben.« Nach dem Hörspiel habe sich B jetzt wieder den *Guten Menschen von Sezuan* vorgenommen. Steffin plant einen Aufenthalt in Kopenhagen, bei dem sie auch ihre Ohren untersuchen lassen will *(E 10/20)*.

Mitte November 1939
Erneute Arbeit an
Der gute Mensch von Sezuan

21. November, Dienstag. Wegen der erneuten Verschlechterung ihres Gesundheitszustandes fährt Margarete Steffin nach Kopenhagen und begibt sich (am 29. 11.) zur Untersuchung ihrer neuerlichen Blinddarmentzündung und des Ohrenleidens ins Øresund-Hospital, später ins Bispebjerg-Hospital.

Vermutlich in diesem Zusammenhang schreibt ihr B das *Sonett Nr. 19*, das mit den Versen schließt: »Du weißt es: wer gebraucht wird, ist nicht frei. / Ich aber brauche dich, wie's immer sei / Ich sage ich und könnt auch sagen wir.« *(14,437.)*

25. November, Sonnabend. Nach Mitteilung von Margarete Steffin über eine günstige Diagnose der Ohrenerkrankung ist B beruhigt, möchte aber, wie er ihr in einem Brief mitteilt, daß die notwendige Blinddarmoperation »sehr gut gemacht« wird. Er will sich bei Max Hodann, der in Stockholm ist, für sie verwenden. Auch wenn eine Blinddarmoperation »für simpel« gilt, müsse man bei ihr jedes Risiko vermeiden und ständig die Lunge überwachen. Er arbeite jetzt am 4. Buch des *Caesar*-Romans *(Br, 900)*. Sie fährt für einige Tage zu Martin Andersen Nexø und kehrt (am 29. 11.) wieder nach Kopenhagen zurück.

30. November, Donnerstag. Als Verhandlungen zwischen der UdSSR und Finnland über sowjetische Militärbasen keinen Erfolg haben, marschiert die Rote Armee ohne Kriegserklärung in Finnland ein, stößt aber auf militärischen Widerstand der finnischen Truppen. B äußert sich zum Ausbruch des Krieges am → 9. 12.

30. November 1939
Beginn des sowjetisch-finnischen Winterkriegs

Maria Osten (→ Anfang Januar) ist mit materieller Unterstützung von Lion Feuchtwanger in die Sowjetunion zurückgekehrt und findet in der Moskauer Filiale von Len-Film eine Anstellung. In einem vertraulichen Parteidokument (vom 3. 7.) der Kleinen Kommission der KPD, das u. a. von Walter Ulbricht und Kurt Funk (d.i. Herbert Wehner) unterschrie-

Repressalien gegen
Maria Osten

ben ist, werden ihr Zusammenkünfte in einem »Versöhnlerkreis« (z. B. mit John Heartfield, Ernst Ottwalt und Carola Neher) vorgeworfen. Durch ihre Bekanntschaft mit Michail Kolzow sei sie mit Aufgaben für die Zeitschrift *Das Wort* »ohne Kenntnis der KPD« betraut worden. Ihre Partei-Mitgliedschaft wird stillgelegt (Lukács, *Säuberung*, 570f.). Maria Osten teilt B mit, daß die Entwicklung der weltpolitischen Lage sie daran gehindert habe, früher zu schreiben, und erkundigt sich, wie es ihm in Schweden ergehe. In Moskau sei kaum jemand, dem sie – wie in Paris Lion Feuchtwanger, Heinrich Mann und B – ihre eigenen Arbeiten zeigen könnte. Sie dankt B für die *Svendborger Gedichte*.

1. Dezember, Freitag. Nachdem Margarete Steffin B telefonisch informiert hat, hält er den vorgesehenen Professor Abrahamson, der »einer der besten Chirurgen Skandinaviens« sein soll, als Operateur für sehr gut geeignet. Er selbst arbeite noch am 4. Buch des *Caesar*-Romans und will ihr das 1. Kapitel (von 6 geplanten) schicken, sobald es zusammengestellt ist. Im Augenblick sei er, »was geistigen Stoffwechsel betrifft,« auf Hermann Greid angewiesen. Mit Waldemar Goldschmidt spiele er hauptsächlich Schach *(Br, 901)*. Für die Operation wird Margarete Steffin ins Kopenhagener Bispebjerg-Hospital überwiesen.

5. Dezember, Dienstag. B fixiert zwei »auch in bürgerlichen Zeitungen« kolportierte Konzeptionen (über das strategische Ziel des deutsch-russischen Paktes): Stalin sei bereit, »an der Seite Hitlers gegen die Westmächte in den Kampf zu gehen«; in diesem Falle würden »›Staatskapitalismus‹ und ›Staatssozialismus‹ zusammen die formaldemokratische, formalliberalistische Welt unter sich« aufteilen. Oder: Stalin sichere sich »lediglich gegen den Sieger im imperialistischen Weltkrieg« *(26, 351)*.

7. Dezember 1939
Inszenierung von *Das Verhör des Lukullus* als Schattenspiel

7. Dezember, Donnerstag. Unterstützt von einer Hilfsorganisation jüdischer Einwanderer aus Deutschland (Emigranternas Självhjälp), macht sich Hermann Greid mit einer Jugendgruppe an die Inszenierung von *Das Verhör des Lukullus* als Schattenspiel. B rät, »die Gedichte darin als Gedichte zu sprechen, poetisch, und die Charakteristiken der Figuren daraus zu holen«. Er zieht theoretische Schlußfolgerungen über Lösungsmöglichkeiten, »wenn man die *Haltung* des Formenden, Erzählenden, Singenden, Musizierenden, Agierenden beobachtet«.

Bei der Arbeit am 4. Buch des *Caesar*-Romans stellt er Überlegungen zum Stil an: so erheischten die Rarus-Partien (gemeint sind die *Aufzeichnungen des Rarus 3* im 4. Buch; *17,323-347*) einen »schlechten Stil«, worunter er »Uneleganz, Schlampigkeit, Unplastik« versteht; die Spicer-Partien (die Teile des Bankiers Mummlius Spicer) hingegen »erlauben bessere Reflexionen, und das Satirische wird direkter« *(26,349f.)*.

8. Dezember, Freitag. Im *Journal* listet B seinen Besitz auf *(26,350f.)*.

9. Dezember, Sonnabend. B vermutet im »finnischen Krieg« (→ Januar 40), »daß die Russen sich vor dem Sieger im zweiten Weltkrieg, oder nur vor dem Bundesgenossen sichern wollen« *(26,352)*. In einer weiteren Notierung (am 10. 12.) geht er der Parole nach, daß sich die Finnen einer Grenzverletzung schuldig gemacht hätten, was zeige, »wie weit entfernt die Russen von der Möglichkeit sind, dialektische Parolen zu geben«. Die andere Parole von der Befreiung des finnischen Proletariats werde »als Argument« gebraucht und »ist als solches schwach«, weil es die finnischen Arbeiter und Bauern zwinge, »ihre nationale Freiheit gegen ihre soziale Freiheit« einzutauschen. In Schweden sei man über die Entwicklung »sehr aufgestört«, es würden »Freikorps für Finnland« gebildet *(26,351f.)*. B schreibt später darüber den satirischen Text *Det finska undret* (*Das finnische Wunder,* → Januar 40). Der Krieg wird am → 12. 3. 40 beendet.

20. Dezember, Mittwoch. Nach einer Mitteilung des emigrierten deutschen Journalisten und Schriftstellers Alfred Ostermoor über den günstigen Ausgang der Operation von Margarete Steffin (am 18. 12.) schreibt ihr B erleichtert ins Hospital und kündigt ein Weihnachtsgeschenk an *(Br, 902)*. Gleichzeitig bedankt er sich bei Ostermoor für den »schnellen Bericht«. Er bittet ihn, für Steffin einen kleinen Weihnachtsbaum zu besorgen, »(3 - 5 Dezimeter) mit paar Kerzen und Flitter«; das sei ein »schöner alter heidnischer Brauch« *(Br, 903)*. Er schickt Margarete Steffin zu Weihnachten das ihr gewidmete *Lied des Glücksgotts (14,440f.)*. In diesem Zusammenhang entsteht auch das *Siebente Lied des Glücksgotts (14,441f.)*. In einem weiteren (wenig später geschriebenen) Brief beruhigt er sie wegen der Besorgnis ihres Hauswirts auf Lidingö, der von ihrer Lungenerkrankung gehört habe. »Helli sagte ihm, Du seiest viel besser, und sie selber sei ja *auch* der Kinder wegen lang vorsichtig gewesen.« Obwohl er, entgegen der Meinung seiner Frau, »kein großer Freund von Weihnachten« sei, hätten sie »ein paar Deutsche eingeladen« *(Br, 904)*.

24. Dezember, Sonntag. Im *Journal* notiert B, es sei »für den *Caesar*-Roman von der größten Bedeutung, vom Standpunkt der Retroperspektive herunterzukommen«. Dem Geschichtsforscher erscheine »immer der Abschluß als das Ziel, und beim Herbeischleppen der Motive passiert es ihm, daß er den Sektor des Geplanten unwillkürlich vergrößert«. Er überträgt diese Gedanken auf die gegenwärtige politische Entwicklung in Europa und spekuliert über Motive und

Brechts Besitz, Dezember 1939:

ein chinesisches Rollbild
»Der Zweifler«
3 japanische Masken
2 kleine chinesische Teppiche
2 bayerische Bauernmesser
1 bayerisches Jägermesser
einen englischen Kaminstuhl
kupferne Fußwanne, kupferne Krüge, kupferne Aschbecher
Messingwännchen
2 große Bretter von Neher, »Alter Mann« und »Baal«
6 Bretter von Neher »Die Maßnahme«
ein paar Abzüge »Der Herr der Fische« von Neher
eine silberne Whiskyflasche
eine Dunhillpfeife
Caesar in Schweinsleder
Lukrez alte Ausgabe
vollständige »Neue Zeit«
»Me-Ti« in Leder
alte hölzerne Bettstelle
graue Bettdecke
stählerne Taschenuhr
2 Bände der »Versuche«
einen Leica-Fotoapparat mit Theaterlinse
Gips- und Erzabgüsse meines Gesichts und Kopfes
Büste der Weigel von *Santesson*
eine Mappe mit Fotos
die Manuskripte der »Heiligen Johanna«, »Rundköpfe«, »Galilei«, »Courage«
2 Bände *Breughelbilder*
ein ledernes Taschennotizbuch
einen ledernen Tabakbeutel
einen schwarzen Ledermantel
einen alten runden Tisch
(26,350f.)

Ziele der verfeindeten Länder. Dabei kommt er u. a. zu dem Schluß: »An der Seite Hitlers gibt es für jedes Regime der Welt nur den Untergang, nichts sonst.« *(26,352f.)*
Dezember. »Meiner Mutter Courage Naima Wifstrand in Dankbarkeit« lautet die Widmung Bs auf einem der Schauspielerin übergebenen Typoskript des Stückes (→ Mitte Oktober).
Ende Dezember. Als Margarete Steffin ihrer Hoffnung Ausdruck gibt, bald (am 28. 12.) entlassen zu werden, schmiedet B bereits Pläne, Silvester mit ihr und ihrer Schwester, die sie dazu einladen soll, auf Lidingö zu feiern *(Br, 905)*.
Auf ihre Beunruhigung wegen des nochmals einsetzenden Fiebers, das die Entlassung verzögert, schreibt ihr B, auch nach seiner Bruchoperation (→ Mitte Februar 33) sei Fieber aufgetreten *(Br, 908)*

1940
1. Januar, Montag. B hat (am Vortag) mit August Enderle über die Situation der Arbeiterbewegung diskutiert, die nach Meinung des Gewerkschaftspolitikers (SAP) »ein Teil des Kapitalismus« ist. Die Sowjetunion habe »noch lange nicht den Stand der Produktivkräfte erreicht, auf dem Führung z. B. nicht mehr Herrschaft bedeutet«; ihre Außenpolitik ist »zwar die Außenpolitik eines Staates, in dem ein Aufbau sozialistischer Elemente stattfindet, aber es ist keine sozialistische Außenpolitik« *(26,353)*.
B erkundigt sich bei Margarete Steffin nach ihrem Befinden. Er sei bei Greids zum Essen gewesen. Sie habe viele Freunde überall. »Ich werde nirgendshin eingeladen, ohne daß Du mitkommen sollst.« Ringsum liege »tiefer Schnee« und im Atelier sei es »etwas kühl«. Er habe in den Biographien Thomas Babington Macaulays gelesen, sie seien »unterhaltend« und »sehr gut geschrieben« *(Br, 910)*.
Anfang Januar. Wenig später beschwert er sich, daß er von ihr so wenig erfährt; er habe ihr »fortlaufend« Briefe geschickt und halte es nicht für richtig, daß er »so wichtige Auflösungen wie die Feststellung der Influenza über andere erfuhr«. Im übrigen finde er »überlegene und ironische Briefe in so feindlicher Haltung wie den vorletzten nicht schön« *(Br, 907)*.
Bei Fredrik Martner bedankt sich B für »die Weihnachtskriminalromane«. Er habe die Arbeit am *Caesar*-Roman wiederaufgenommen, »ermutigt durch das Interesse, das einige proletarische Leser hier gezeigt haben, denen Grete das halbe Buch lieh«. Zur Fertigstellung brauche er »noch geraume Zeit«, deshalb rät er Martner, zuerst *Mutter Courage und ihre Kinder* zu übersetzen. B erkundigt sich nach Island: »Ich glaube, das wäre ein Land für unsereinen.« Das *Con-*

fucius-Buch, das ihm Martner geschenkt hat, sei »wirklich interessant« (→ 23. 5. 39). »Wenn man bedenkt, mit wie wenig Moral und mit wie wenig Berufung auf ›höhere Ideale‹ dieser große Sittenlehrer auskam, sieht man den Tiefstand unserer Zeit deutlicher.« *(Br, 911.)* Martner antwortet (am 24. 1.), er habe leider keine Beziehungen zu Island: Sicher könne man wohl überhaupt nicht sein, weder »was die kriegerischen Dänen betrifft«, noch die nicht »besonders friedfertigen« Schweden.

7. Januar, Sonntag. In der Stockholmer Zeitung *Social-Demokraten* erscheint in schwedischer Sprache *Bild och Dikt i Förbund* (*Lyrik und Malerei für Volkshäuser*; → Mitte August 39).

Januar-April 1940
Unterricht an der Schauspielschule von Naima Wifstrand in Stockholm

Texte zur Ausbildung von Schauspielern

14. Januar, Sonntag. Naima Wifstrand hat (Anfang des Jahres) in einem leerstehenden Architektenatelier an der Drottninggatan eine private Schauspielschule eröffnet und Helene Weigel für praktische Lehrstunden engagiert. Bis zu ihrer Abreise nach Finnland leitet Helene Weigel an drei bis fünf Tagen in der Woche Szenenstudien und Exerzitien, an denen B mehrfach teilnimmt. Am Semesterende findet ein Vorspielen statt (ohne B und Weigel, die zu diesem Zeitpunkt bereits nach Helsinki geflohen sind; → 17. 4.).

Mit Helene Weigel 1940

In *Helene Weigel (22,609f.)* stellt B seine Frau als »eine der interessantesten deutschen Schauspielerinnen« vor; bei ihrer Arbeit im Berliner Schiffbauerdammtheater habe sie sich »vollständig diesem modernsten Theater Deutschlands zur Verfügung« gestellt und wisse »stilisiertes Theater und realistisches Theater zu verschmelzen«. B berichtet im *Journal* von der Arbeit an der Schauspielschule: »Sie treibt Shakespearestudien. Es wird eine Szene (*Macbeth* II,2) gespielt, dann eine improvisierte Szene aus dem Alltagsleben mit dem gleichen theatralischen Element, dann wieder die Shakespeareszene.« Die Schüler reagierten »stark auf die Technik des V-Effekts« *(26,354)*.

Arbeit am *Messingkauf*

Übungsstücke für Schauspieler

B schreibt für diesen Zweck u. a. erste *Übungsstücke für Schauspieler (22,830-846)*. Weigels Übungen an der Schule regen ihn auch an, die Arbeit am *Messingkauf* weiterzuführen (dem er auch solche *Übungsstücke* zuordnet). Für die Schule schlägt er folgendes Repertoire vor: »1) Bibelszene, 2) Shakespearestudium: a) *Hamlet*, b) *Romeo und Julia*, 3) Eröffnung und erste Szene von *Aus nichts wird nichts*, 4) ›Ein Hund ging in die Küche‹, 5) *Die Mutter*, 5. Szene« (22,1091) und notiert eine Liste mit *Übungen für Schauspielschulen (22,614f.)*. Ein Teil der Übungen wird in den *Messingkauf* übernommen. In diesem Zusammenhang entstehen Notizen zu den Shakespeareszenen *(22,610-614)* und zahlreiche weitere Texte über schauspielerische Techniken *(22,615-620* und *660-679)*.

Kurze Beschreibung einer neuen Technik der Schauspielkunst, die einen Verfremdungseffekt hervorbringt
Der Schauspieler läßt es auf der Bühne nicht zur *restlosen Verwandlung* in die darzustellende Person kommen. Er ist nicht Lear, Harpagon, Schwejk, er zeigt diese Leute. Er bringt ihre Aussprüche so echt wie möglich, er führt ihre Verhaltensweise vor, so gut es ihm seine Menschenkenntnis erlaubt, aber er versucht nicht, sich (und dadurch andern) einzubilden, er habe sich hiermit restlos verwandelt. *(22,643.)*

Eine Zusammenfassung seiner Ideen zur Schauspielkunst, die zugleich die Hauptgedanken der *Straßenszene* (→ Mitte Juni 38) und des Vortrags *Über experimentelles Theater* (→ 4. 5. 39) fortführt und auf die Praxis bezieht, ist der Aufsatz *Kurze Beschreibung einer neuen Technik der Schauspielkunst, die einen Verfremdungseffekt hervorbringt (22,641-659).*

15. Januar, Montag. B findet »einen Traktat über *Marxistische Ethik*«, den Hermann Greid (→ 25. 5. 39) geschrieben hat, »äußerst dilettantisch, in dem bekannten Vokabular«. Sein »naives Interesse an der Spekulation« veranlaßt B, »gelegentlich einiges mit ihm« durchzugehen *(26,354)*. Ähnliche Gedanken zur Ethik behandelt B auch im *Buch der Wendungen*, u. a. in den Abschnitten *Verurteilung der Ethiken (18,152-154)* und *Über das Verhalten des einzelnen (18,134f.)*.

Mitte Januar 1940
Geschichte *Der Augsburger Kreidekreis* fertiggestellt

Mitte Januar. Nachdem B das Motiv der Probe mit dem Kreidekreis im Zwischenspiel von *Mann ist Mann* benutzt hat, plant er in Dänemark ein Kreidekreis-Stück, das auf der Insel Fünen angesiedelt sein sollte (*Der Odenseer Kreidekreis*); es wird wegen anderer Arbeiten zurückgestellt. In Schweden nimmt B das Motiv wieder auf. Im Januar stellt er die Erzählung *Der Augsburger Kreidekreis (18,341-354)* fertig. Er verwendet die Schwertprobe des weisen Salomon aus dem *Alten Testament* (1 Könige 3, 16-28), das später auch Grundlage für das Stück *Der kaukasische Kreidekreis* ist. Die Gerichtsverhandlung siedelt er im Goldenen Saal des Augsburger Rathauses an.

16. Januar, Dienstag. B hat einen Vortrag von Günther Dallmann über Pär Lagerkvists (1939 geschriebenes) Drama *Sieg im Dunkeln* im Volkshaus an der Barnhusgatan besucht. Nach der Lektüre des Stücks bemüht er sich bei Gottfried Bermann-Fischer (→ 1. 9. 39) um einen Übersetzungsauftrag für Margarete Steffin (die am 12. 1. aus dem Kopenhagener Krankenhaus entlassen wurde und einer Einladung Martin Andersen Nexøs nach Stenløse gefolgt ist.). Im *Journal* beschreibt er eine Diskussion über das Drama mit August Enderle und Gerhard Scholz. »Der schwedische Mystiker und Symbolist geht hier bis an die Grenze der Realität und des Naturalismus.« Das Stück sei »rein phänomenologisch« und registriere, »lyrisch ungenau, gewisse Situationen, die primitiviert werden«. Trotz dieser Schwächen hält Enderle das Stück für nützlich, da es nach seiner Meinung die »Versäumnisse der Demokratie« zeige und »mahnend zur rechten Zeit« wirke. Für B wirkt es hingegen »defätistisch für die Demokratie, da der gesellschaftliche Kausalnexus nicht aufgezeigt ist, so daß keine praktikable Definition gegeben wird«. Das Stück werde

»Lehrstück« genannt, sei aber ein »Klagegesang« *(26, 355f.)*.

18. Januar, Donnerstag. Lion Feuchtwanger stört die Sprache der Courage. Das »Böhmakel«, das sich B zurechtgemacht hat, rücke das Stück in »eine (äußerliche) Nähe des Schwejk, die einen, oder wenigstens mich, ärgert«. Feuchtwanger weist B auf *Früchte des Zorns* von John Ernst Steinbeck hin *(Feuchtwanger, 30)*.

24. Januar, Mittwoch. Als Begründung für die Verlängerung seiner Aufenthaltsgenehmigung in Schweden verweist B auf das erste Gesuch (→ 23. 10. 39) und schreibt über seine jetzige Tätigkeit: »Gegenwärtig arbeite ich an einem Stück für Naima Wifstrand und zusammen mit Hilding Rosenberg an einem Oratorium für den Stockholmer Rundfunk.« *(KBK.)*

Nach Rücksprache mit einem Anwalt informiert Fredrik Martner B über den Prozeßausgang in der Sache seines Autounfalls in Kopenhagen (→ 16. 10. 38). Demnach hat B neben einer Geldbuße auch Schadenersatz zu zahlen, den aber vermutlich die Versicherung übernehmen wird.

Zum Verkauf von Bs Haus in Utting (→ 6. 11. 39): Der gerichtliche Pfleger Bs Adolf Deiler teilt Walter Brecht (am 16. 1.) mit, daß er das Haus Utting, Nr. 100, »an Fräulein Hanne Brecht um 12 000 RM veräußert« hat, die gegen »die Forderungen aufgerechnet« werden, die ihr aus dem Pflichtanteil ihres Großvaters zustehen. Marianne Zoff, die ihren Mann Theo Lingen zu Filmarbeiten nach Wien begleitet hat, schreibt ihrem ehemaligen Schwager Walter Brecht, daß nun »alles mit dem Haus in Ordnung« sei und »Hanne im Besitz eines Hauses, das wir alle nicht kennen«. Mit der Umschreibung im Grundbuch (am 22. 5.) geht das Haus in den Besitz von Hanne Brecht über. Das Uttinger Haus ist dadurch dem Anspruch des deutschen Reiches entzogen worden, das in einem Reichsgesetz (vom 5. 11. 37) »ausgebürgerte Personen vom Erwerb von Todes wegen und vom Erwerb durch Schenkung« grundsätzlich ausgeschlossen hat. Von der später ausgezahlten Restsumme des Pflichtteils zweigen Theo Lingen und seine Frau, wie mit Bs Bruder vereinbart, einen Betrag zur Unterstützung von Bs Sohn Frank Banholzer (→ 13. 11. 43) ab *(Z 47/127-239)*.

Brechts Haus in Utting

26. Januar, Freitag. B hat »eine kleine Detektivnovelle« geschrieben und dafür »als Milieu ein Abendessen mit Renoir und Koch« (1933 in Paris) benutzt *(Eßkultur; 20,7-12)*.

Hans Tombrock (→ Mitte August 39) arbeitet »heftig an großen Zeichnungen über *Furcht und Elend*«. B will ihn nicht zu früh mit dem V-Effekt bekannt machen, weil er fürchtet, daß sein Freund dann nicht mehr »realistisch genug« zeichnet.

B stellt »überall« Streit darüber fest, ob in der Sowjetunion sozialistische Verhältnisse herrschen oder nicht. Nach seiner Meinung gibt es »sehr beträchtliche sozialistische Elemente materieller Art und die betreffenden Überbauten«; es seien aber auch gewisse »Erleichterungen für die Menschen« noch ausgeblieben *(26,356)*.

Von Brecht am 29. 1. im *Journal* eingeklebtes Foto vom Internationalen Vagabundenkongreß in Stuttgart mit Hans Tombrock als Redner

28. Januar, Sonntag. Vermutlich an diesem Tage kehrt Margarete Steffin, die nach dem Besuch bei Nexøs (→ 16. 1.) nochmals einige Tage in Kopenhagen verbracht hat, nach Lidingö zurück.

29. Januar, Montag. B beschäftigt sich mit der Zeichentechnik von Tombrock. Er hat ihn gebeten, Blätter zu *Leben des Galilei* in einer Bleistift-Technik zu gestalten; dabei stelle Tombrock »alle Unebenheiten und Ungleichmäßigkeiten seines ›Stils‹ nackt heraus und zeichnet sich sozusagen ›hinauf‹« *(26,357)*.

Für B wird die Weltlage (nach dem deutsch-russischen Pakt; → 23. 8. 39) »immer wirrer« *(26,357)*.

Er hat von Arnold Ljungdal, einem Beamten der Stockholmer Stadtbibliothek, den Essay *Weltbild der Dialektik* (der später als Kapitel in dessen Buch *Marxismens världsbild* eingeht) erhalten und gelesen. Er findet ihn »klug und vorsichtig geschrieben«, stellt aber (ironisch) »den üblichen Mangel« fest: »die Dialektik Hegels wird nicht aus der Realgeschichte abgeleitet, sondern aus der Philosophiegeschichte«. »Alles geht nach oben, das Alte stirbt und das Neue siegt, es handelt sich um einen ›Übergang von einem alten qualitativen Zustand zu einem neuen qualitativen Zustand‹. Das Neue ist natürlich von besserer Qualität.« *(26,358f.)* B rückt damit von einer Meinung ab, die er in seinem (1929 geschriebenen) Gedicht *Alles Neue ist besser als alles Alte (14,46f.)* ausgedrückt hat.

In einem Brief an Ljungdal bedankt sich B »für das schöne Kapitel«. Er werde natürlich »gern noch weitere Kapitel lesen« und fragt ihn, ob es in der Bibliothek »Literatur über das Theater zur Zeit Shakespeares in London, oder direkt über das *Globe*-Theater« gäbe *(Br, 912)*.

31. Januar, Mittwoch. Unter den Bedingungen eines verschärften Klassenkampfes, der »Freiheit der Ausbeutung«, der »Akkumulation des Elends durch die Akkumulation des Kapitals« u. a. wird für B die Dialektik »immer mehr die einzige Möglichkeit [...], sich zu orientieren« *(26,359)*.

Det finska undret
(Das finnische Wunder)

Januar. In Schweden ist eine allgemeine Begeisterung über einige Siege finnischer Truppen im »Winterkrieg« gegen die Sowjetunion (→ 9. 12. 39) aufgekommen. Weil sich Schweden seinem finnischen Nachbarn verbunden fühlt, schenkt man den Berichten über die heroisiert dargestellten militärischen Erfolge der Finnen nur allzu gern Glauben. B unterhält sich darüber mit seinen Freunden, u.a. auch mit Elsa Björkman-Goldschmidt (der Frau von Waldemar Goldschmidt), die als Sekretärin des Zentralkomitees für die Finnland-Hilfe tätig ist. B läßt sich zu einer satirischen Darstellung anregen, die er dem Chefredakteur der kommunistischen Zeitung *Ny Dag*, Stockholm, Gustav Johansson, anbietet. Den Angaben Johanssons zufolge hat ihm B den Text Anfang 1940 deutsch diktiert; Johansson übersetzt ihn sogleich ins Schwedische und bringt ihn in Heft 2 von *Ungdomens röst* (unter dem Pseudonym »Sherwood Paw« als »Nachdruck« aus einer fingierten Zeitschrift *Shrewd Man's Review*) unter (*Det finska undret*; *22,607-609*, dt.: Das finnische Wunder; deutsch nicht überliefert; vgl. *22,1087-1090*). B bezieht seine Kenntnisse aus einer Zusammenstellung schwedischer Zeitungsausschnitte über den Winterkrieg, die Johansson ausgewählt und in einer Sonderausgabe von *Ny Dag* zu Weihnachten herausgebracht hat.

5. Februar, Montag. Nach dem Ausbruch des zweiten Weltkriegs (→ 1. 9. 39) überwacht der schwedische Sicherheitsdienst bestimmte Personengruppen. Aufgrund einer Bestimmung vom 5. 2. werden (am 10. 2.) im ganzen Land bei Kommunisten Hausdurchsuchungen vorgenommen. Ein Drittel der in Schweden lebenden deutschen Kommunisten wird interniert. Paul Verner und Herbert Warnke, die in Bs Wohnung an den Diskussionen über Spanien teilgenommen hatten (→ August 39), sind bereits seit November 1939 in Haft. B sieht seine Sicherheit und die seiner Familie zunehmend bedroht.

10. Februar, Sonnabend. B hat 42. Geburtstag.

Bidi hieß »der Alte«, obwohl er nicht vierzig war und hatte kein graues Haar, und so nannten ihn die Bauern zweier Länder, aber Steff, der klügere, hatte keinen Namen, hier nicht und dort nicht. *(26,367.)*

B liest in dem Aufsatz *Life and Writings of Addison* von Thomas Babington Macaulay (→ 3. 1.) und beneidet die Engländer »um ihre Literatur, die eine wirkliche Geschichte und wirkliche Kontinuität hat, weil frühzeitig ein nationales Leben vorging und das Bürgertum an die Macht kam«. Er lobt die Analyse des englischen Historikers und geht auf Details seiner Formulierungen ein. Dagegen hätten die Deutschen »überhaupt noch keine Literatur, genau betrachtet«, vor allem, weil »einfach schon ein Mittelpunkt« gefehlt hat, »eine Stadt wie London (oder Paris oder Rom)« *(26,359f.)*.

12. Februar, Montag. B schließt mit dem Stockholmer Teaterförlag Arvid Englind einen Vertrag ab für Aufführungen von *Leben des Galilei* sowie *Mutter Courage und ihre Kinder* in allen skandinavischen und weiteren europäischen Ländern.

Februar. B tritt an Etti Santesson, die Schwester seiner Gastgeberin Ninnan, mit »einer recht ungenierten Bitte« heran. Er habe mit (dem Folkteatern-Direktor) »Karl Gerhard über eine Revue nach dem *Pluto* des Aristophanes gesprochen« und danach »eine kleine Fabel niedergeschrieben«, die er sie bittet ins Schwedische zu übersetzen *(Br, 913)*. Etti Santesson kommt Bs Bitte nach *(Pluto; 10,824-831)*.

12. März, Dienstag. Die finnische Armee unterliegt im »Winterkrieg« (→ 30. 11. 39 und Januar 40) der sowjetischen Übermacht. In einem in Moskau unterzeichneten Friedensvertrag werden Gebietsabtretungen im Osten festgelegt, die 11 % der finnischen Bevölkerung betreffen (→ 6. 5.). Durch die Befriedung wird für B andererseits eine Reiseroute in die USA über Finnland möglich.

19. März, Dienstag. B hat drei Wochen mit Influenza im Bett gelegen. »Dergleichen faßt mich wie einen Hilflosen, wenn ich ohne größere Arbeit bin.« Er erwägt »jetzt eine kleine epische Arbeit *Die Befürchtungen des Herrn Keuner*, etwas in der Art des *Candide* oder des *Gulliver*« *(26,360)*. Die Arbeit ist unter diesem Titel nicht realisiert worden und geht konzeptionell in die *Flüchtlingsgespräche* (→ 1. 10.) ein.

Ende März. Margarete Steffin leidet, wie sie Fredrik Martner schreibt, unter der Kälte in Stockholm. In ihrer Unterkunft könne sie »nur fest eingepackt in Decke und Shawl drinnen arbeiten«, während glücklicherweise Bs Atelier gut heizbar sei *(E 9/61)*.

8. April, Montag. Zur Vorbereitung des Unternehmens »Weserübung« (Landung in Skandinavien) werden deutsche Kriegsschiffe in der Nordsee zusammengezogen; es kommt zu Gefechten mit der britischen Marine.

B besucht nachmittags den Schauspieler Valtr Taub (→ August 39). Taub berichtet: »Große Unruhe hatte ihn ergriffen. Er sagte, man könne für den nächsten Tag mit der Okkupation Norwegens und Dänemarks rechnen, und es werde ratsam sein, wenn wir alle unverzüglich Schweden verließen.« *(Taub.)* Von dieser Zeit an werden die Passanten auf der Brücke von Stockholm zur Insel Lidingö von der Polizei kontrolliert. Alfred Giehsmann, ein Freund von Bs Sohn Stefan, der darüber berichtet, ist bereits vorher von der Lidingöer Polizei über die Besucher in Bs Haus ausgefragt worden.

9. April 1940
Deutsche Truppen besetzen Dänemark und landen in Norwegen

9. April, Dienstag. Deutsche Truppen marschieren in Dänemark ein und beginnen Norwegen zu besetzen. Norwegische Truppen leisten eine Zeitlang Widerstand (Kapitulation am 10. 6.). In Noten an die beiden Regierungen erklärt das Hitlerregime, die Besetzung diene dem Schutz der Länder vor einem britischen Angriff, und fordert sie auf, den Maßnahmen keinen Widerstand entgegenzusetzen. Dänemark beugt sich den deutschen Forderungen; das Land wird bis zum Abend nahezu vollständig besetzt. Danach erklärt die schwedische Regierung erneut die Neutralität des Landes; dennoch nimmt (unter dem Einfluß der Nazis) der Druck auf deutsche Emigranten zu. Schweden geht auf die Forderung ein, »Versorgungstransporte« für die deutschen Truppen in Norwegen durch Schweden zu gestatten.

9. April 1940
Hausdurchsuchung der Polizei bei Brecht auf Lidingö

Im Beisein von Ninnan Santesson wird ihr Haus auf Lidingö, in dem B wohnt, von der Polizei nach politischen Publikationen durchsucht. Nach Aussagen der Gastgeberin sei B sehr nervös gewesen und habe sich zur sofortigen Flucht aus Schweden genötigt gefühlt. Nach der Hausdurchsuchung ruft B Hermann Greid (der auch auf Lidingö wohnt) nach Mitternacht zu sich und bittet ihn um Informationen, ob die Deutschen bereits angefangen hätten, Schweden zu besetzen. Greid weiß, daß zwar noch keine Invasion im Gange sei, übermittelt aber B den Rat von Ström und Branting, sobald als möglich zu fliehen; für die schwedische Regierung und für die politischen Führungskräfte sei (für den Fall eines deutschen Einmarschs) bereits ein Flugzeug bereitgestellt.
Um die Übersiedlung nach Finnland zu bewerkstelligen, wendet er sich durch Vermittlung von Mary Pekkala (die B bei Georg Branting kennengelernt hatte) an deren Schwägerin, die finnische Schriftstellerin Hella Wuolijoki. Er teilt ihr in diesen Tagen mit, seine Familie und er könnten wahrscheinlich »hier nicht mehr lang« bleiben. »Vielleicht bekämen wir ein finnisches Einreisevisum, wenn wir von Ihnen eine Einladung zeigen könnten.« Die Angelegenheit sei sehr eilig *(Br, 915)*.
Mitte April. B schreibt an Ruth Berlau nach Kopenhagen, daß er Schweden verlassen muß, vor allem »wegen einigen beunruhigenden Anzeichen hier, Kontrolle, keine neue Aufenthaltserlaubnis usw.« Er wolle von jetzt ihre Reisen mitorganisieren und rechne mit ihr. Er versuche, Hella Wuolijokis Hilfe in Anspruch zu nehmen. »In Finnland wollen wir womöglich alles weitere abwarten, hauptsächlich, ob wir nach Amerika hineinkommen können. Das bleibt das Hauptziel.« Sie solle ebenfalls schnell ein Visum für die USA beantragen und über Schweden nach Finnland kommen. B rechnet mit Unterstützung der League of American Writers, bei der er auch für Berlau um Unterstützung gebeten habe. »Und für Lai-tu: sie bekommt den Auftrag, auf sich achtzugeben und sich durch die Gefahren zu bringen, bis *unsere* Sache beginnt, die echte, für die man sich aufsparen muß.« *(Br, 914.)*

Helsinki, Marlebäck
Finnland. 1940/41

17. April, Mittwoch. B verläßt Schweden mit seinen Angehörigen, mit Margarete Steffin und mit Hermann Greid. »Unter Hinterlassung der Möbel, Bücher usw. nach Finnland mit Schiff.« Bei der Überfahrt schreibt er für Hans Tombrock drei Vierzeiler *(26,371; Durch die Ungunst der Zeit, Aufblickend vom Studium der Weltgeschichte, Tag und Nacht, ohne auszuruhen; 15,10)* und schickt sie ihm mit der Aufforderung, dazu Zeichnungen zu malen »oder was sich eben am teuersten verkauft, vielleicht richtige Bilder« *(Br, 920)*. Das Schiff legt in Turku (schwedisch Åbo) an. Von dort reist die Gruppe mit dem Zug nach Helsinki weiter.

17./18. April 1940
Flucht nach Helsinki

18. April 1940-13. Mai 1941
Exil in Finnland

Henry Peter Matthis hat den finnischen Lyriker Elmer Diktonius auf die Ankunft Bs und seiner Familie in Helsinki vorbereitet und um Hilfe für den Durchreisenden gebeten.

18. April, Donnerstag. Nach der Ankunft in Helsinki kommt B mit seinen Angehörigen zunächst in der Pension Hospiz, Vuorikatu 17, in unmittelbarer Nähe des Bahnhofs unter.

In einem Brief an Curt Trepte (→ 6. 8. 39) äußert B Verständnis für dessen Ungeduld, ebenfalls schnell nach Amerika zu kommen. »Auch wir sind sehr darauf aus, obwohl wir doch hier wenigstens für einen Monat Aufenthalt haben, also verhältnismäßig leichter warten können. Nachdem bisher nämlich, soviel mir bekannt ist, von drüben noch gar nichts über eine Einreisebewilligung gemeldet ist, fürchte ich sehr, daß das alles noch eine Zeit dauern kann, bis man die Einreise bekommt.« Für Trepte ergäben sich noch mehr Probleme, weil die Aktivitäten der amerikanischen Schriftstellervereinigung sich nur auf Schriftsteller erstreckten. B will Erwin Piscator Treptes Fall vorlegen. Am besten wäre das von Finnland aus zu regeln. Aber er wisse, selbst in einen Hotel wohnend, keine Unterkunft für ihn *(Br, 916)*.

21. April, Sonntag. Nach Bs Ankunft werden zwei Interviews geführt, eines von Martin Söderhjelm erscheint am 21. 4. in dem schwedischsprachigen *Hufvudstadsbladet*, ein weiteres von Jarno Pennaen am 26. 4. in *Suomen Sosiaalidemokraatti*. Der in Finnland durch erfolgreiche Aufführungen bekannte B spricht seine Ansichten über Theater und Zeit aus. Nach konkreten Projekten gefragt, meint B, der Krieg habe einige vorgesehene Premieren (*Die heilige Johanna der Schlachthöfe* in Kopenhagen und *Leben des Galilei* in Oslo) vereitelt; er rechne nun aber mit einer Aufführung von *Mutter Courage und ihre Kinder* in Stockholm und Zürich.

April 1940
Interviews mit Brecht in schwedischen Zeitungen

22.-28. April, Montag-Sonntag. Da nach dem finnischen Winterkrieg in Helsinki große Wohnungsnot herrscht, bedarf es der Anstrengung von Freunden, um B im Stadtteil

22. April-5. Juli 1940
Helsinki
Linnankoskenkatu 20 A

Töölö eine »kleine leere Wohnung« zu beschaffen. Helene Weigel sei »mit einem Lastauto« herumgefahren und habe »in zwei Stunden die nötigen Möbel« besorgt. Fünf Leute, »die wir gestern nicht kannten«, hätten sie geborgt *(26,371)*. (Die Helfer sind Mary Pekkala, Frau eines Juristen, der Komponist Simon Parmet und Hella Wuolijoki, wahrscheinlich auch Elmer Diktonius und Eric Olsoni.)
B wohnt mit Helene Weigel und den Kindern in der Linnankoskenkatu (schwed. Linnankoskigatan) 20 A (polizeilich gemeldet ab 26. 4.).
Wegen der Ungewißheit, wie lange die Unterkunft bewohnt werden kann (vermutlich auch, um die Anschrift nicht über die Grenzen preiszugeben), führt B gelegentlich als Briefadresse die eines österreichischen Ehepaars in der nahegelegenen Valhallankatu (schwed. Walhallagatan) 9 A an.
Margarete Steffin berichtet Fredrik Martner über »die schöne 4-Zimmer-Wohnung«: »Die Kinder wohnen zusammen in einem Zimmer, wir anderen haben jeder eins für uns«. Bs Arbeitszimmer sei »wie gewöhnlich das schönste von allen« *(E 10/57)*. Da nicht genügend Kochtöpfe zur Verfügung stünden, werde »öfter recht gut im Restaurant« gegessen *(E 9/53)*. Ruth Berlau erwähnt in ihrer späteren Erinnerung, daß Helene Weigel in der Küche »eine Schnur mit einer Gardine gezogen und dadurch ›zwei Räume‹ bekommen« habe. »Die eine Seite war zum Kochen und Abwaschen bestimmt, auf der anderen Seite schlief sie. Helli hatte alles auf so selbstverständliche Art gemacht, daß Brecht gar nicht anders konnte, als in den einzigen größeren Raum einzuziehen.« *(Berlau/Bunge, 127f.)*

Intensivierung der Bemühungen um ein Einreisevisum in die USA

Angebot einer Gast-Dozentur in New York

Die Bemühungen der Freunde Bs in den USA, für ihn ein Einreisevisum in die USA durch Nachweis einer Arbeit zu beschleunigen (→ Mitte Februar 39), haben Erfolg: In Finnland erreicht B ein Telegramm von Alvin S. Johnson, dem Präsidenten der New School for Social Research in New York, dem zufolge er in der Zeit von Mai 1940 bis Januar 1941 als Dozent für Literatur arbeiten könne *(E 17/4)*.
Johnson informiert wenig später Archibald MacLeish von der Einladung Bs als Gastdozent an seine Schule. Bei der Prüfung des Einreisebegehrens werde die Frage gestellt, ob B Kommunist und somit ein »Trojanisches Pferd« sei; er bittet MacLeish um Auskunft über Bs politische Ansichten und seine Aktivitäten *(Z 4/9)*. MacLeish antwortet Johnson (am 2. 5.), daß er B sehr bewundere, weil er großen Einfluß auf das zeitgenössische Theater habe. Als er ihn vor einigen Jahren kennengelernt hat, sei B wohl Kommunist gewesen, aber er wisse nicht, ob er das noch ist. Vermutlich müsse er als »Fellow Traveller« (Sympathisant) eingeschätzt werden *(Z 4/10)*.

April. B schreibt Henry Peter Matthis, mit Hilfe aller möglichen Leute sei es gelungen, »eine kleine Wohnung zu möblieren, so daß ich bereits wieder zur Arbeit komme«. Eine »große Sache« sei es, »daß auch (und gerade) in diesen finsteren Zeiten in den verschiedenen Ländern soviel geistige Solidarität herrscht«. B bittet Matthis, Ruth Berlau aus (dem von deutschen Truppen besetzten) Kopenhagen herauszuhelfen, indem er ihr eine Einladung nach Stockholm verschafft. »Ich würde Sie nicht damit belasten, wenn ich nicht in Sorge um Ruth wäre.« *(Br, 917.)* Auch Hella Wuolijoki bittet er (in zwei Briefen), Berlau bei der Übersiedlung zu helfen. Er fühle »eine ziemliche Verantwortung für Ruth«: »es kann, wenn sich der Naziapparat in Kopenhagen erst einmal einspielt, unmöglich verborgen bleiben, was sie in Zusammenarbeit mit mir alles gemacht hat.« *(Br, 919.)* Auch diese Bemühungen haben Erfolg: Ruth Berlau trifft, nach einem kurzen Zwischenaufenthalt in Stockholm, Mitte Mai in Helsinki ein (ab 20. 5. polizeilich in einer Pension gemeldet).

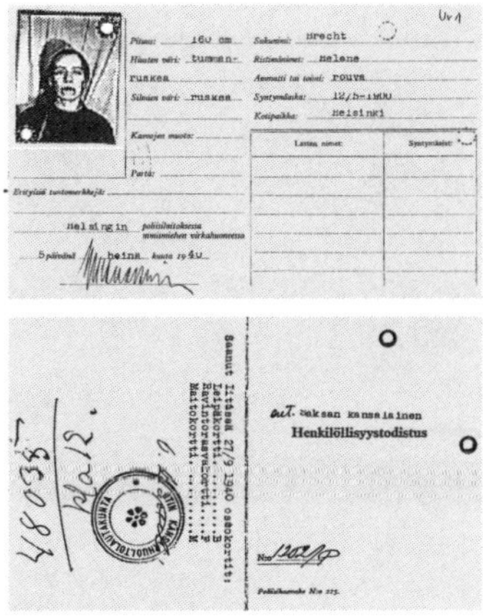

Finnischer Ausweis von Helene Weigel

Im Frühjahr schreibt B an Fritz Lieb in die Schweiz, er habe seit dem Sommer 1939 nichts von Walter Benjamin gehört: »Wissen Sie irgend etwas über ihn oder andere gemeinsame Bekannte?« *(Br, 930.)* Lieb (den Bs Brief in Basel erst im September erreicht) leitet die Anfrage am 22. 9. an Benjamin (→ 26./27. 9.) weiter, sie erreicht aber den Empfänger nicht mehr. Benjamin verläßt Paris zusammen mit seiner Schwester Dora (im Juni) unmittelbar vor der Besetzung durch deutsche Truppen (→ 14. 6.).

Mai-August 1940
Fortführung der Arbeit an *Der gute Mensch von Sezuan*

2. Mai, Donnerstag. Margarete Steffin berichtet Ninnan Santesson über die neue Situation in Helsinki. B sei hier sehr berühmt und habe sich schon mit einigen Schriftstellern und mit einem Theaterdirektor getroffen. Außerdem arbeite er am *Guten Menschen von Sezuan*, »und es geht ganz glänzend«. Im Hinterkopf habe er schon ein nächstes Stück. Für Helene Weigel gäbe es »nicht mehr so viel Arbeit wie auf Lidingö«. Stefan bedauere, »daß die Schulen geschlossen sind, er würde jetzt so gerne gehen. Nicht einmal Privatschulen sind offen. Aber Barbara freut sich darüber, sie sagt, sie halte nichts von Schulen.« *(KBS, Neureuter, A 188f.)*
Alvin S. Johnson informiert das amerikanische Konsulat in Helsinki von der Berufung Bs (→ 22. 4.) und bittet darum, B bei der baldigen Beschaffung eines Visums behilflich zu sein.

4. Mai, Sonnabend. B rät Hans Tombrock, einmal »eine größere Leinwand« zu bemalen, denn Arbeit sei die »beste Droge«. Auf keinen Fall soll er sich von »all dem Ungemach« abhalten lassen. »In sogenannten historischen Zeitläuften, d. h. solchen, wo Geschichte gemacht wird (Wurst gemacht

wird), gibt es nur ein Gegenmittel: man muß sich selber in eine historische Persönlichkeit verwandeln.« *(Br, 921.)*
6. Mai, Montag. B hat sich das Stück *Der gute Mensch von Sezuan* »ernstlich« vorgenommen: »Ich hoffe es hier fertigzubekommen.« Abends sind meist Hermann Greid und Arnold Ljungdal, der inzwischen auch nach Finnland geflohen ist, bei B zu Besuch. »Ljungdal erklärte Steff die Einsteinsche Relativitätstheorie. Greids marxistische Moral liegt in den letzten genießerischen Zügen.« Außerdem trifft B mit Hella Wuolijoki und Elmer Diktonius zusammen. Finnland befinde sich »in sehr schwieriger Lage, vom Import abgeschnitten, auch verarmt, mit den über 400 000 karelischen Emigranten belastet«. Das Versagen Englands in Skandinavien »erweckt Entsetzen« *(26,372)*.
9. Mai, Donnerstag. Margarete Steffin berichtet Ninnan Santesson erneut über das Leben in Helsinki. B und Helene Weigel hätten sich noch nicht entschließen können, aufs Land zu Hella Wuolijoki zu ziehen, weil dies mehr als vier Stunden von Helsinki entfernt ist. Sie gingen so gut wie nie ins Kino. Jeden Abend kämen Leute zu B, oder sie seien eingeladen. B arbeite viel; das Stück *Der gute Menschen von Sezuan* sei schon halb fertiggestellt. Steffin bedauert, daß sie sich, um richtig Lebewohl zu sagen, nicht noch einmal sehen können vor der Reise in die USA. »Vielleicht passiert da dies oder das? Oder sollte da nichts dergleichen passieren?« *(KBS; Neureuter, A 196-198.)*

12. Mai 1940
Ursendung des Hörspiels *Das Verhör des Lukullus*
Radio Beromünster

Weit zurück in die Vergangenheit, in das Jahrhundert vor unserer christlichen Zeitrechnung führt uns das Stück und, nicht genug damit, die Handlung spielt überdies noch in dem unwirklichen Reich der Schatten. Dort nämlich hat sich Lukullus nach glanzvoller leiblicher Beerdigung zu verantworten und Rechenschaft über seine Taten abzulegen. [...] Wie gesagt, es ist lange her, daß der mächtige Krieger in das Schattenreich einging, aber unsere ernste Anteilnahme an Brechts ausgezeichnetem Stück in der eindrucksvoll-schlichten Wiedergabe konnte dadurch nicht beeinträchtigt werden. *(Jakob Ernst, Der Bund, Bern, 17. 5.)*

12. Mai, Pfingstsonntag. Erste Sendung des Hörspiels *Das Verhör des Lukullus* (→ 5. 11. 39) durch den schweizerischen Sender Radio Beromünster (Studio Bern); Regie: Ernst Bringolf.
17. Mai, Freitag. B berichtet Erwin Piscator (der jetzt als Direktor des 1939 eingerichteten »Dramatic Workshop« an der New Yorker New School for Social Research arbeitet) von seinem Umzug. In Schweden habe es »nicht mehr so rosig« ausgesehen. Den Lehrauftrag der Schule habe er bekommen (→ 22. 4.) und dankt Piscator »und allen Freunden« sehr für die Bemühungen. B hofft, auf dieser Grundlage bald das Touristvisum zu bekommen. Die Lage sei dadurch erschwert, »daß Helli und die Kinder nur dänische Flüchtlingspapiere haben, die im August 1940 ablaufen«. Er habe auch von einer ziemlich hohen Kaution gehört, die man bei der Einreise in die USA hinterlegen oder nachweisen muß. B erkundigt sich nach Piscators neuer Tätigkeit. »Es wäre gut, wenn man in absehbarer Zeit etwas zusammen arbeiten könnte.« Am Ende fragte er an, ob Curt Trepte (→ 22.-28. 4.), »der in Stockholm ziemlich verzweifelt« zurückgeblieben sei, geholfen werden kann *(Br, 922)*.

27. Mai, Montag. Erwin Piscator hat B Ratschläge für die Übersiedlung gegeben, wofür sich B bedankt. Er wolle »alles so energisch wie möglich« betreiben. »Ich bringe neue Stücke mit und vor allem viel Lust zur Arbeit. Ich glaube, die USA gehören jetzt zu den wenigen Ländern, in denen man noch frei literarisch arbeiten und Stücke wie *Furcht und Elend* vorzeigen kann.« B erkundigt sich bei Piscator, ob sich dessen Schule auch um ein Einreisevisum für Margarete Steffin kümmern kann. »Tatsächlich überblickt nur sie meine Tausende von Manuskriptblättern, und ohne sie würde ich nur mit ungeheurem Zeitverlust Vorlesungen zustande bringen können.« Er könne sie »unmöglich einfach zurücklassen«. Sie sei seine »engste Mitarbeiterin und steht mir menschlich viel zu nahe«. *(Br, 923.)*

Hoch erfreut hat uns ein Hörspiel von Bert Brecht *Das Verhör des Lukullus*. Wir haben dazu wenig zu sagen. Wer es hörte, weiß genau, um was es ging. Es bleibt uns nur die angenehme Pflicht, Autor, Regisseur und Darsteller aufs Beste zu der famosen Leistung zu beglückwünschen. *(Fritz Hug, Die Radiowoche, Bern, 18. 5.)*

Bei Alwin S. Johnson bedankt sich B (am 12. 6., nach einer Mahnung Piscators) für den Lehrauftrag. »Sie können sich denken, was es bedeutet, in dem durch Kriege verwüsteten Europa eine solche Aussicht, kulturelle Arbeit fortzuführen, geboten zu bekommen.« *(Br, 929.)*

In diesem Zusammenhang bittet Margarete Steffin (in der 2. Maihälfte) auch Ninnan Santesson um Hilfe in der Visaangelegenheit. Sie möchte beim dänischen Konsul in Stockholm die Flüchtlingspapiere für Helene Weigel und die Kinder auf ein Jahr verlängern lassen oder sie gegen Pässe austauschen. »Helli ist ganz verzagt wegen der USA-Reise, sie hat gehört, daß man kein Visum bekommt, wenn man nur das Flüchtlingszertifikat hat.« *(KBS, Neureuter, A 200f.)*

Mai. Einem Brief Bs an Ruth Berlau zufolge hat Helene Weigel fünf Plätze des Schiffes Mathilda Thordén (für den 5. 8. ab Petsamo, im Norden der Halbinsel Kola) reservieren lassen. B fordert seine Freundin auf, für das gleiche Schiff zu buchen *(Br, 924)*.

Mai 1940
Vorsorgliche Schiffskarten-Reservierung für die Reise nach Amerika

Ende Mai. Margarete Steffin informiert Ninnan Santesson von den Schwierigkeiten, für die USA Einreisevisa zu erhalten. Helene Weigel habe »hier keine Arbeit so wie wir anderen«, und es tut Steffin leid, »wie sie ihre Zeit vertut und ihre besten Jahre« *(KBS, Neureuter A 204f.)*.

1. Juni, Sonnabend. Hella Wuolijoki bietet B und seiner Familie eine Übersiedlung auf ihr Gut in Marlebäck an, das etwa 120 km nordöstlich von Helsinki entfernt in Kausala liegt. Wegen Erledigung der amtlichen Formalitäten für die Übersiedlung in die USA ist jedoch der Aufenthalt in Helsinki erforderlich, und B kommt der Einladung erst später nach (→ 5. 7.).

3. Juni, Montag. Deutsche Truppen haben (am 10. 5.) mit dem Einmarsch in Belgien und den Niederlanden begonnen, sind in Nordfrankreich bis an die Nordsee vorgedrungen und haben belgische und alliierte Truppen von der französi-

3. Juni 1940
Vorstoß deutscher Truppen durch Belgien und die Niederlande nach Nordfrankreich

Einschluß der Alliierten bei Dünkirchen

Von Brecht (am 1. 7.) in sein *Journal* eingeklebte Zeitungsabbildung von Dünkirchen

Der deutsche Generalstab hat sich durch die Mechanisierung frei gemacht von den persönlichen Eigenschaften der Soldaten, vom »Geist der Truppe«. Der Soldat wird unter die Kampfmittel gerechnet. Die Motoren »nehmen ihn mit«. Die Pünktlichkeit der Operation wird nicht mehr durch den Verantwortlichkeitssinn, sondern durch die Stoppuhr gewährleistet. Unermüdlich müssen die Motoren sein. *(26,373f.)*

Brecht klebt das Zeitungsfoto vom Einmarsch der deutschen Truppen in Paris in sein *Journal* ein

schen Armee abgeschnitten, am 3. 6. stehen sie vor Dünkirchen. Großen Teilen der eingeschlossenen englischen Expeditionsarmee und der französischen Truppen gelingt die Flucht nach Großbritannien.
B wendet sich gegen die Ansicht, der Vormarsch der Deutschen auf allen Kriegsschauplätzen sei zu erklären mit »dem unwiderstehlichen ›Geist, der die deutschen Soldaten beseelt‹« *(26,373)*.
6. Juni, Donnerstag. Margarete Steffin bittet Ninnan Santesson (für die Arbeit an *Der gute Mensch von Sezuan*) um Nachsendung einiger in Schweden zurückgelassener Bücher Bs, vor allem um die »Geschichten aus der chinesischen Revolution« *(Chinese Destinies)* von Agnes Smedley. (Da sie auch die Farbe für den Vervielfältiger braucht, scheint sie mit einer baldigen Fertigstellung des Stückes zu rechnen.) Verschiedene »feine Leute« hätten inzwischen mit dem amerikanischen Konsul geredet »und haben ihm gesagt, wer Brecht ist«. Man sähe jetzt »trotz allem einen ›Silberstreifen‹« *(KBS, Neureuter A 207f.)*.
8. Juni, Sonnabend. Motorisierte deutsche Truppen dringen in Norwegen täglich 100 km weiter vor und brechen an nahezu allen Frontabschnitten den anfangs vorhandenen Widerstand (→ 9. 4.). An der Westfront wird die französische Hafenstadt Dünkirchen (am 4. 6.) eingenommen; die Wehrmacht beginnt, nach Süden und Südwesten ins Innere Frankreichs vorzustoßen. Angesichts des nahezu ungehinderten Vormarschs meint B: »Der deutsche Blitzkrieg wirft alle Berechnungen über den Haufen, indem die vorhergesehenen Vorgänge so schnell eintreffen, daß ihre Folgen ganz unvorhergesehen sind.« Auch die »armen Franzosen« verstünden nicht, was passiert: »den Bewegungskrieg führen sie wie einen Stellungskrieg«. »Die letzten Darbietungen der Marseillaise werden jetzt von den deutschen Stukas zum ewigen Schweigen gebracht.« *(26,377.)*
10. Juni, Montag. B schickt dem Direktor des Schwedischen Theaters, Nicken Rönngren, das Stück *Mutter Courage und ihre Kinder (Br, 927)*.
11. Juni, Dienstag. B geht »zum x-ten Male den *Guten Menschen von Sezuan* durch, Wort für Wort mit Grete«. Seit die Nachrichten »so schlecht werden«, erwägt er, ob er »das Frühradio abstellen soll«. »Der kleine Kasten steht neben dem Lager, meine letzte Handlung am Abend ist, ihn aus-, meine erste am Morgen, ihn anzudrehen.« *(26,377.)*
14. Juni, Freitag. Deutsche Truppen besetzen Paris. B notiert: »Es wird vielleicht in späteren Zeiten schwierig sein, die Ohnmacht der Völker in diesen unseren Kriegen zu begreifen.« *(26,377.)*
Bei Hans Tombrock bedankt sich B für die Zusendung von

Briefen, Fotos und Radierungen. Er sei gerade dabei, den *Guten Mensch von Sezuan* fertig zu machen, »und das ist allerhand Arbeit. (Zwischen Radioabhören und Wegen nach Paßverlängerung usw.).« Er beurteilt die Bilder und gibt Ratschläge für weitere Arbeiten *(Br, 928)*.

Mitte Juni. Im Zusammenhang mit der geplanten Abreise in die USA schreibt B (in einem undatierten Brief) an Ruth Berlau, sie solle (als Dänin), nicht allein von Petsamo abreisen, was »andere« raten, sondern den »gemeinsamen Weg« wählen.

20. Juni, Donnerstag. B ist im »großen und ganzen fertig mit dem *Guten Menschen von Sezuan*« und reflektiert die »großen Schwierigkeiten«, die ihm der Stoff bereitet hat. »Das Ineinanderübergehen der beiden Figuren [Shen Te und Shui Ta], ihr ständiger Zerfall usw. scheint nun halbwegs gelungen [...].«

Über das Waffenstillstandsangebot, das die französische Regierung unter Marschall Pétain (am 17. 6.) macht, schreibt er: »Die französischen Generale beenden den Krieg so lahm, untüchtig und verräterisch, wie die französischen Politiker ihn begonnen haben.« *(26,392.)*

24. Juni, Montag. B besucht die Schriftstellerin und Kritikerin Hagar Olsson und zeigt sich von einer Darstellung aller Entstehungsphasen von Pablo Picassos Wandbild *Guernica* in einer französischen Kunstzeitschrift stark beeindruckt. B nimmt sich vor, »in dieser Richtung einmal etwas zu machen« *(26,393)*.

Vermutlich an diesem Tage beklagt sich B bei Arnold Ljungdal darüber, daß die geplante Amerikareise »nicht recht in Schwung« komme. Die Abfahrt von Petsamo scheide (durch die Kontrolle deutscher Truppen über das Nordmeer) inzwischen aus. Bei der Suche nach einer neuen Route will sich B auch um eine Schiffskarte für Ljungdal bemühen und bittet ihn um Mitteilung seines Limits für die Kosten der Reise. Er wäre »mehr als erfreut«, mit ihm zusammen zu reisen. Außerdem gefällt ihm Ljungdals Absicht, über Bs neuere Produktion zu schreiben; er könne »alle diese Idiotien«, die über B geschrieben worden sind, »endlich einmal aus der Literaturgeschichte fetzen«. Für die Form der Arbeit empfiehlt er ihm »kurze glossarische Kapitelchen«, wie sie Francis Bacon in seinem *Neuen Organon* verwendet hat. Das Stück *Der gute Mensch von Sezuan* sei »nahezu fertig«. »Das Stück hat einiges Technisches, das so alt und so neu ist wie die Streitwagen.« *(Br, 931.)*

28. Juni, Freitag. B beschäftigt »Frankreichs Fall, Sturz eines Weltreichs in drei Wochen« und führt die Niederlage auf das Vertrauen in die »Maginotlinie« zurück *(26,393 f.)*.

Brecht schreibt zu dem Zeitungsfoto von der Inhaftierung Lion Feuchtwangers (das er auch am 22. 7. 41 in sein *Journal* einklebt) 1944 den Vierzeiler:

Er war zwar ihres Feindes Feind, jedoch
War etwas an ihm, was man nicht verzeiht
Denn seht: ihr Feind war seine Obrigkeit.
So warfen sie ihn als Rebell ins Loch.
(12,154f.)

B erhält »dieser Tage« einen Brief von Lion Feuchtwangers Sekretärin (Lola Sernau), wonach der Freund Bs (am 21. 5.) in Südfrankreich »wieder ins Lager geführt worden« ist (Les Milles; → 4. 10. 39) *(26,394)*.

29. Juni, Sonnabend. Seit B die letzte Fassung des *Guten Menschen von Sezuan* (am 6. 5.) in Finnland begonnen hat, sei ein Weltreich »zusammengestürzt, und ein zweites wankt in seinen Grundfesten«. Es habe ihm »mehr Mühe als je ein anderes Stück vorher« gemacht; er hält es noch nicht für »ganz fertig«. Vom amerikanischen Konsulat habe er immer noch keine Antwort wegen der beantragten Visen, auch wisse er nicht, »welche Route in Frage kommt und was sie kosten würde«.

Eine Hungersnot ziehe über Europa herauf: »Hier geht der Kaffee nun aus, der Zucker wird knapp, Zigarren (für mich Produktionsmittel) werden unerschwinglich.« *(26,395.)* Das Brot ist rationiert (300 Gramm täglich auf Bezugsschein).

30. Juni, Sonntag. Ohne Erprobung auf der Bühne kann B kein Stück abschließen. »Außer *Mutter* und *Rundköpfe* ist seit der *Johanna* alles, was ich schrieb, ungetestet.«

B wird von Elmer Diktonius, für ihn »der finnische Horaz«, in eine Bierstube geholt. »Er ist kurzleibig und vierschrötig, wie mit der Axt aus einer Eichenwurzel gehauen, sein eigenes wandelndes Monument.« *(26,395.)*

Juni. Da für die Erteilung der Einreisevisen immer neue Schwierigkeiten auftauchen, rechnen B und seine Familie mit einer längeren Wartezeit in Finnland als gewünscht. Stefan lernt das Maschineschreiben, und Margarete Steffin übt mit ihm Englisch. B entschließt sich, die Einladung Hella Wuolijokis (→ 1. 6.) anzunehmen.

1. Juli, Montag. »Die Welt ändert sich jetzt stündlich.« Nach und nach verschwinden die deutschsprachigen Zeitungen und Sender in Finnland. Nur London sei geblieben. »Für wie lang?« B hatte mit seinem Sohn »nacheinander immer neue Landkarten zu betrachten« und jetzt »liegt England offen« *(26,396f.)*.

In das *Journal* klebt B die Abbildung einer Pferdeplastik und notiert, daß die Ausstellung chinesischer Kunst (1929 in Berlin), in der das Pferd gezeigt wurde, nach seiner Meinung Picasso »wohl gesehen« haben müsse *(26,402)*.

2. Juli, Dienstag. B grübelt bei der Arbeit am *Guten Menschen von Sezuan* über die Frage nach, ob er für die Parabel, in der er sonst »alle Folklore [...] sorgfältig« vermieden hat, »Brot und Milch oder Reis und Tee« verwenden soll. »Natürlich, es gibt in diesem Sezuan schon Flieger und noch Götter.«

Hans Tombrock hat B ein Foto seines ersten Ölgemäldes geschickt *(Die Witwen von Osseg vor dem Prager Magistrat)*

nach Bs 1934 geschriebenem Gedicht *(Ballade von den Osseger Witwen; 12,17f.)*, das B ins *Journal* einklebt. Tombrock habe »enorme Fortschritte gemacht, weg vom Romantischen und Verlumpten« *(26,397f.)*. Dies teilt er auch dem Maler mit; das Bild sei »ernsthaft und ohne Witze, dem Sujet entsprechend und doch heiter« *(Br, 932)*.
Der Buchhändler und Kritiker Eric Olsoni kommt zu B mit einem Literaturhistoriker, »der über Mallarmé arbeitet«. Es wird über »einige der berühmten Gedichte« diskutiert, die keinen Sinn haben sollen. B meint: »Natürlich haben sie Sinn, freilich sehr unstabilen. Die Zerstörungen der gewohnten Zusammenhänge ergeben kleine shocks, das ist alles.« Er hält es für einen Fehler Mallarmés, »daß er die Wörter (die Assoziierungskeime) oft zu gleichartig mischt, was konkrete und abstrakte angeht« *(26,398)*.

Ballade von den Osseger Witwen, Gemälde von Hans Tombrock

5. Juli, Freitag. B und seine Familie fahren auf das Gut von Hella Wuolijoki nach Marlebäck (Landgemeinde Kausala, nahe Iitti; → 1. 6.). Sie beziehen dort ein kleines Nebengebäude »zwischen schönen Birken«. Margarete Steffin und Ruth Berlau kommen im Gutshaus unter. B fürchtet, daß das Kochen für Helene Weigel schwierig wird, »es ist nötig, den Ofen zu heizen, und das Wasser ist nicht im Haus«. Die Leute seien »sehr freundlich«. Hella Wuolijoki wisse »unzählige Geschichten« *(26,399)*.

5. Juli–6. Oktober 1940
Reise nach Marlebäck, Kausala (bei Iitti)

Wohnhaus Brechts und seiner Familie in Marlebäck

6. Juli, Sonnabend. B findet Gefallen an den hellen Sommernächten, denkt aber »nie an Arbeit zu solcher Stunde«. Er wendet sich gegen einen von vielen vorausgesagten »Sieg des deutschen Faschismus und damit einen Sieg des Faschismus überhaupt in Europa (zumindest)«, durch den es zu einer »Epoche neuer Stabilität« kommen könne. B hält solche Voraussagen für »wenig wahrscheinlich« *(26,399)*.
7. Juli, Sonntag. B entwirft »mehr als Handgelenkübung« den Plan zu einem Stück *Die Straße der Ministerien*. Ein blinder Bettler sitzt in der Straße der Ministerien; er sieht den Krieg und sein unrühmliches Ende voraus. »Er ist so imstand, seinen Freunden gute Ratschläge zu geben, damit sie sich in Sicherheit bringen können.« Später (→ 16. 4. 41) notiert B, der Plan sei bei der Lektüre von André Maurois' *Tragedy in France* (dt. *Tragödie in Frankreich*) entstanden. Zugleich erwägt er eine »Variante« dazu: »Eine junge Französin in Orléans, in Abwesenheit ihres Bruders eine Tankstation bedienend, träumt im Wachen und Schlafen, sie sei die Jeanne d'Arc und erlebe ihr Schicksal.« *(26,399f.)* Diesen letzten Plan realisiert B später (→ 19. 12. 41) in *Die Gesichte der Simone Machard*.
8. Juli, Montag. B versteht, daß die Finnen »ihre Landschaft lieben«; sie sei »so sehr reich und zeigt Großes gemischt«. Er lobt »die fischreichen Gewässer und schönbäu-

Wir sprechen von der Stille hier heraußen. Aber es ist nicht still; bloß sind die Geräusche viel natürlicher, der Wind in den Bäumen, das Rascheln des Grases, das Gezwitscher und was vom Wasser her kommt. Das Gutshaus, weiß, mit zwei Reihen von je acht großen Fenstern, ist über 100 Jahre alt, im Empirestil gebaut. Die Zimmer sind museumsreif. Neben dem Gutshaus liegt ein riesiger Steinbau für die Kühe (etwa 80 Stück) mit Fütterungsluken von oben, wohin das Lastauto mit dem Futter fährt, und schöner Wasserspülung, alles in Eisen und herrlichem Holz, der rötlichen Fichte des Nordens.« *(26,398.)*

migen Wälder mit ihrem Beeren- und Birkengeruch«; die Luft sei kräftig und wohlschmeckend. »Und welch eine Musik füllt diesen heiteren Himmel! Beinahe unaufhörlich geht Wind, und da er auf viele verschiedene Pflanzen trifft, Gräser, Korn, Gesträuche und Wälder, entsteht ein sanfter, an- und abschwellender Wohlklang, der kaum mehr wahrgenommen wird und dennoch immer da ist.« *(26,400.)*

Mitte Juli. An Hagar Olsson schreibt B: »Wir wohnen und wirtschaften also in einer Villa in einem Birkengarten am Wasser, und da die Radiomeldungen eine Woche lang gnädig waren und der Geier keinen Appetit auf Leber zeigte, können wir uns geradezu der Natur widmen. Frivoler Weise.« Von Dänemark nach Schweden reisend, sei er in den Norden gekommen, »alles wird strenger, einförmiger, selbst ein wenig finsterer«, aber nun in Finnland sei er »wieder in den Süden« gekommen. Er bittet sie, »zwei Zeilen« zu schreiben. »Hier ist die Post das Ereignis.« *(Br, 935.)*

16. Juli, Dienstag. B notiert, daß die Deutschen »Neuordnungspläne für Europa« machen, »ein gewaltiges Mitropa wird entworfen« *(26,400f.)*.

25. Juli, Donnerstag. Bs Sohn Stefan »bringt« seinem Vater die altgriechische Epigrammsammlung *Kranz des Meleagros von Gadara* in der Auswahl und Übertragung von August Oehler (d. i. August Mayer). Die Epigramme erinnern B an sein (1935 entstandenes) Sonett *Vorschlag, die Architektur mit der Lyrik zu verbinden (14,301f.)*. Er ändert einige der Epigramme und schreibt »neue, als Beispiele« *(Nun, Timon, Menschenfeind; Der krumme Bogen; Du Speer aus Eschenholz; Einst war ich das geschwungne Hörnerpaar; 15,14f.)*.

30. Juli, Dienstag. Durch die Anregung der altgriechischen Epigramme schreibt B, »ganz unfähig, Dramatisches zu arbeiten«, die Gedichte *Die Requisiten der Weigel (15,11)*, *Die Pfeifen (12,109f.)*, *Finnische Gutsspeisekammer 1940 (12,99)* sowie weitere »Finnische Epigramme« (zusammengestellt in der *Steffinschen Sammlung; 12,93-110*). Er bedauert, den *Guten Menschen von Sezuan* immer noch nicht fertiggestellt zu haben. »In solchen Zeiten des Stockens wäre journalistische oder Theaterarbeit nötig, beides ist jetzt gehindert.« *(26,402.)*

Herrenhaus in Marlebäck

Ruth Berlau, die im Königlichen Theater Dänemarks die Rolle der Marta Niskavuori spielte, saß unter meiner Tizian-Kopie, schön wie eine Blume, und legte ihr geheimnisvolles Mona-Lisa-Lächeln Brecht zu Füßen. Neben meinem Schreibtisch, hinter meinen Blumenvasen versteckt, die mit den Marlebäckschen Madame-

B ist häufig mit Hella Wuolijoki zusammen und findet die Geschichten »wunderbar«, die sie »vom Volk auf dem Gut« erzählt. »Sie sieht schön und weise aus, wenn sie, ständig sich ausschüttend vor Lachen, von den Listen der einfachen Leute und den Dummheiten der feinen erzählt, ab und zu einen mit listig zugekniffenen Augen anblickend und die Reden der Personen mit epischen, fließenden Bewegungen ihrer dicken schönen Hände begleitend, als schlüge sie den Takt zu einer nur ihr hörbaren Musik.« *(26,402f.)*

Die von Margarete Steffin mitstenografierten Geschichten Hella Wuolijokis nimmt B zum Teil in *Herr Puntila und sein Knecht Matti*, Szene 8 *(Finnische Erzählungen)* auf *(6,338-342.)*.

Juli. B hält Hans Tombrocks Arbeit an dem *Furcht-und Elend-Zyklus* für »sehr fruchtbar« und analysiert die weiteren Fortschritte seines Malerfreundes *(Br, 933)*. Er gibt ihm Ratschläge für ein Porträt Galileis, den er nicht idealisieren soll: »Bei mir ist es ein kräftiger Physiker mit Embonpoint, Sokratesgesicht, ein lärmender, vollsaftiger Mann mit Humor, der neue Physikertyp, irdisch, ein großer Lehrer.« *(Br, 936.)*

1. August, Donnerstag. B dankt der American Guild for German Cultural Freedom für das monatliche Stipendium (→ Januar 39). »Im März 1939 habe ich um Immigration Visa für USA eingereicht und bin auf der Warteliste. Leider weiß ich gar nicht, wie lange es mit den Visa dauern wird. Und es ist finanziell nicht ganz einfach, hier durchzukommen, da ja im Augenblick kaum noch Verdienstmöglichkeiten für literarische Arbeiten existieren.« Geplante Aufführungen von *Mutter Courage und ihre Kinder* in Oslo, Stockholm, Zürich und Basel seien durch die veränderte weltpolitische Lage »jetzt natürlich nicht möglich«. Seinen »satirischen Roman *Die Geschäfte des Herrn Julius Caesar*« habe er unterbrechen müssen, »da er viel Bibliotheksarbeit verlangt«, die er »hier nicht machen kann«. B erwähnt sein »großes Parabelstück *Der gute Mensch von Sezuan*« sowie die Arbeit »an einem kleinen satirischen Roman mit einem zeitgenossischen Sujet« (eine ursprünglich geplante Prosafassung der späteren *Flüchtlingsgespräche*). »Wenn es der *American Guild* möglich ist, mir die Scholarship zu verlängern, würde mir das eine weitere große Hilfe bedeuten.« Besorgt wartet er »auf Nachrichten über das Schicksal meines Freundes L. Feuchtwanger und auch anderer Kollegen« und bittet um Auskunft *(Br, 938)*. (B erfährt am → 27. 8. von Feuchtwangers Flucht aus Südfrankreich.)

Auf eine Anfrage der (mit Hella Wuolijoki befreundeten) Ernestine Evans stellt Alvin Johnson fest, die Schwierigkeit der Einreise bestünde darin, daß B als Kommunist angesehen wird. Er selbst habe ihn als Sympathisanten (→ 22.-28. 4.) eingeordnet. Johnson hält B für einen »großen Mann« und hofft, die politischen Aspekte bleiben bei der Bearbeitung unberücksichtigt. In der Folgewoche wolle er sich in Washington erneut bemühen *(Z 4/13)*.

2./3. August, Freitag/Sonnabend. B beschäftigt sich wieder einmal mit dem *Messingkauf* (→ 12. 2. 39) und schreibt zur Selbstverständigung die konzeptionellen Grundgedanken

Heriot-Rosen gefüllt waren, saß die kleine Margarete Steffin, Brechts Sekretärin, und spielte mit ihrem Bleistift. (Später stellte sich heraus, daß sie Brechts und meine Geschichten mitstenographiert hatte.) Die arme Grete mit ihren großen, treuen Augen, immer lächelnd und lebensfroh – mit sonniger Gelassenheit trug sie den Stempel des Todes auf ihrem Gesicht. *(Wuolijoki, 229.)*

Freundschaft und Zusammenarbeit mit Hella Wuolijoki

Die Schriftstellerin Hella Wuolijoki, geboren am 22. 7. 1886 in Estland als Tochter eines Rechtsanwalts, studiert in Helsinki Literatur und Geschichte. Sie wird insbesondere durch einen mehrteiligen Dramenzyklus um den Bauernhof in Niskavuori (1936-1939) bekannt. Bis 1923 ist sie mit dem sozialdemokratischen Politiker Sulo Wuolijoki verheiratet und betätigt sich auch danach weiterhin politisch, u. a. vermittelt sie die Friedensverhandlungen mit der UdSSR (→ 12. 3.). Außerdem ist sie besonders im Holzhandel erfolgreich und bewirtschaftet das Gut Marlebäck, das sie seit 1920 besitzt.

Hella Wuolijoki 1939

als Nachträge zur Theorie des *Messingkaufs (22,697-702)* ins *Journal (26,403-408).*

4. August, Sonntag. Die »gewöhnliche Anschauung«, daß ein Kunstwerk »desto realistischer ist, je leichter die Realität in ihm zu erkennen ist«, wird von B mit der Definition gekontert, es sei »desto realistischer [...] je erkennbarer in ihm die Realität gemeistert wird« *(26,408).*

5. August, Montag. B wehrt sich dagegen, daß er – wie auch Jaroslav Hašek, Ignazio Silone und Sean O'Casey – als proletarischer Dichter angesehen wird. »Wir mögen die Sache des Proletariats zu der unsrigen machen, wir mögen sogar für eine gewisse Zeitspanne die Dichter des Proletariats sein – dann hat eben das Proletariat in dieser Zeitspanne bürgerliche Dichter, die für seine Sache eintreten.« Am sichersten ginge man, »wenn man uns als die Dialektiker unter den bürgerlichen Dichtern anführt und benutzt« *(26,408f.).*

9. August, Freitag. B befaßt sich mit der Verknappung des »klassischen Stils«. Er liest Lytton Stracheys Essay *Racine* (in dessen *Landmarks in French Literature*).

Inzwischen hat er mit einer erneuten Überarbeitung des *Guten Menschen von Sezuan* begonnen und findet, daß ihn die »kleinen Korrekturen« soviel Wochen Zeit kosten, »wie die Niederschrift der Szenen Tage gekostet hat«. Besonders beschäftigt ihn die Aufteilung von Gut und Böse in zwei Personen (die in dieser Fassung noch Li Gung und Lao Go heißen, später: Shen Te und Shui Ta). »Hier liegt eine wichtige Erkenntnis: wie leicht es ist für sie, gut zu sein, und wie schwer es ist, böse zu sein.« *(26,409-411.)*

10. August, Sonnabend. Nach der deutschen Besetzung Dänemarks und Norwegens sowie der Niederlande, Belgiens und großer Teile Frankreichs schreibt B: »Der eiserne Ring schließt sich um England.« *(26,411.)*

Mitte August. B hat von Hans Tombrock einige erste Radierungen zu *Leben des Galilei* erhalten und kritisiert einzelne Blätter. Er hält die Radiertechnik für wichtig. »Z.B. die *Courage* wäre großartig, ich würde eine Art Novelle dazu schreiben können, das gäbe ein kleines Buch.« *(Br, 938.)*

16. August, Freitag. B diskutiert mit seinem Sohn, der sich mit der französischen Revolution beschäftigt, über den Kommunismus *(26,413).*

18. August, Sonntag. Hella Wuolijoki erzählt B »nach der Sauna bei gehamstertem Kaffee von dem schwedischen Journalisten *Snellman*, dem eigentlichen Begründer des finnischen Nationalismus«. Für ein Stück, das sie über den Philosophen, Politiker und Publizisten Johan Vilhelm Snellman plant, stellt B ihr »einige Technik aus der nichtaristotelischen Dramaturgie [...] zur Verfügung« *(26,412f.).*

19. August, Montag. B beschreibt die Sauna des Gutes und ihre Benutzung.
B schreibt vorwiegend Epigramme (»Achtzeiler und jetzt nur noch Vierzeiler«). Weder für den *Caesar*-Roman noch für den *Messingkauf* habe er die nötige Energie. Diese mißliche Situation sei nicht erzeugt durch »Hitlers augenblickliche Siege«, sondern durch seine »Isolierung, was die Produktion betrifft«. »Das ist die *Inzwischenzeit.*« B liest *The Life of Samuel Johnson*, das Standardwerk des schottischen Biographen James Boswell *(26,413f.)*.
20. August, Dienstag. B bekommt am Abend »die *Hauspostille* wieder in die Hand« und findet darin »Entmenschtheit« und »Ausweglosigkeit«. »Der Großteil der Gedichte handelt von Untergang, und die Poesie folgt der zugrunde gehenden Gesellschaft auf den Grund.« Der Dichter solidarisiere sich »nicht einmal mehr mit sich selber«. »Risus mortis. Aber kraftlos ist das nicht.« *(26,414.)*
21. August, Mittwoch. Die Lektüre von Boswells Buch (→ 19. 8.) macht B bewußt, wie wenig der »schnelle nationale Einband« die Provinzialität Deutschlands beseitigt hat. Erst das Hitlerregime habe »Hintergründe geschaffen, grausige«. »Spät tritt Deutschland als Nation auf, und als was für eine!« *(26,414-416.)*
Helene Weigel reist wegen der ablaufenden dänischen Flüchtlingszertifikate nach Helsinki und sucht nach einer Unterkunft für Stefan, der (ab 9. 9.) die Schule (Töölö Svenska Samskola) besuchen muß.
22. August, Donnerstag. B nimmt mit seinen Epigrammen eine »Sprachwaschung« vor und denkt dabei an die Entwicklung der deutschen Lyrik. Nach Goethe sei die »schöne widersprüchliche Einheit« zerfallen in eine »profane« (Heine) und in eine »pontifikale Linie« (Hölderlin, George, Kraus). »Kraus gibt in seiner eigenen Lyrik kaum Muster für seine Sprach- und Verslehre, man muß sich ziemlich direkt an diese halten.« *(26,416f.)*
Während der Abwesenheit von Helene Weigel, schreibt Margarete Steffin an Ninnan Santesson, müsse sie (Steffin) nun für die Familie kochen. »Ist das nicht furchtbar? Wie sie da in Helsingfors leiden wird.« Sie berichtet von Aussichten, daß *Mutter Courage und ihre Kinder* am Arbeitertheater finnisch gespielt wird, Helene Weigel würde dann die Rolle der stummen Kattrin übernehmen *(KBS, Neureuter A 232f.)*.
24. August, Sonnabend. B wirft »nicht viel mehr als einen Blick« in einen Gedichtband von William Wordsworth und kommt zu der Erkenntnis: »Die Kunst *ist* ein autonomer Bezirk, wenn auch unter keinen Umständen ein autarker.« Dazu notiert er einige Thesen *(26,417f.)*.

Sauna in Marlebäck

Die *Sauna* des Gutes ist ein kleines viereckiges Holzhaus am Fluß. Durch das Auskleidezimmerchen kommt man in den kleinen, dunklen Baderaum, der von einem riesigen Steinofen beherrscht wird. Man nimmt den Holzdeckel ab und gießt aus einem danebenstehenden großen Eisentopf heißes Wasser über faustgroße runde Steine, die direkt über dem Feuer gehäuft sind. Dann klettert man ein paar Stufen hoch auf eine Holzestrade, wo man sich niederlegt. Wenn der Schweiß ausbricht, peitscht man die offenen Poren mit Birkenwedeln, und dann geht man auf den Steg hinaus und steigt in den Fluß. Klettert man wieder hoch – das kühle Wasser erscheint einem nicht kalt –, läßt man Birkenblätter zurück. Auch nachts, im Bett, findet man einige. »Man schläft mit der Birke«, sagt Hella Wuolijoki. *(26,413.)*

Eine der *Galilei*-Radierungen Hans Tombrocks

27. August, Dienstag. B erfährt zu seiner »großen Freude«, daß Lion Feuchtwangers Flucht nach Lissabon gelungen ist. »Er ist mir keinen Tag seit vielen Wochen aus dem Kopf gewesen.« Von Hans Tombrock (→ Mitte August) erhält er weitere Radierungen zu *Leben des Galilei* (→ 25. 9.), die er wegen ihrer »Leichtigkeit und Heiterkeit« sehr schön findet *(26,418)*. Tombrock teilt er (in diesen Tagen) mit, die Zeichnung sei »so präzis, die Komposition so reich und der Geist so heiter«; Tombrock habe »das epische Prinzip besser erfaßt [...] als die meisten Theaterleute« *(Br, 940)*.
Mit Hella Wuolijoki überarbeitet B deren Volksstück *die Sägemehlprinzessin* für einen nationalen Wettbewerb des Finnischen Dramatikerverbands und des Finnischen Kultusministeriums: »Abenteuer eines finnischen Gutsbesitzers und seines Schofförs. Er ist nur menschlich, wenn er betrunken ist, da er dann seine Interessen vergißt.« *(26;419.)* Grundlage der Bearbeitung ist eine Übersetzung des Volksstücks aus dem Finnischen, die Wuolijoki mit einigen Änderungsvorschlägen Margarete Steffin diktiert.
28. August, Mittwoch. B stellt fest, daß in den altgriechischen Epigrammen »die von den Menschen verfertigten Gebrauchsgegenstände ohne weiteres Gegenstände der Lyrik« gewesen seien, »auch die Waffen«, während heute »moralische Hemmungen [...] das Aufkommen solcher Lyrik der Gegenstände verhindern« *(26,419f.)*.
29. August, Donnerstag. B schreibt ins *Journal* seine Bearbeitung von drei Epigrammen (→ 25. 7.) nach Oehler *(26,420f.)*.
Ende August. B versichert Naima Wifstrand, daß eine Zeitungsmeldung, der zufolge er die Uraufführung von *Mutter Courage und ihre Kinder* an ein Theater in Helsinki gegeben haben soll, nicht stimmt. Er betont ihr gegenüber, daß sie jederzeit, wie abgemacht, die Uraufführung in Stockholm machen kann, und bittet sie, »auf jeden Fall« Hilding Rosenberg die Songs komponieren zu lassen. »Wenn das Stück wirklich hier gespielt wird, wird Helli die Stumme statt auf schwedisch auf finnisch spielen, aber was wird aus der Courage werden hier?« B erkundigt sich nach Ninnan Santesson, der er empfiehlt, »eine realistische Büste« von Dr. Goldschmidt zu machen, dessen Kopf ihn an römische Plastiken erinnert. Er hofft, daß sie »Hellis Kopf« (→ August 39) gut aufhebt, »er muß einmal ins Staatstheater« *(Br, 939)*. Der finnische Regisseur Eino Salmelainen, der die meisten Stücke Hella Wuolijokis inszeniert hat, ist an einer Aufführung des *Courage*-Stückes sehr interessiert und bekundet dies auch öffentlich (→ 4. 10.); es kommt aber weder zu einem Vertragsabschluß noch zu einer Aufführung.

2. September, Montag. B entwickelt für Hella Wuolijokis Volksstück (→ 27. 8.), das den Charakter einer »Konversationskomödie« aufweist, ein neues Konzept. »Was ich zu tun habe, ist, den zugrunde liegenden Schwank herauszuarbeiten, die psychologisierenden Gespräche niederzureißen und Platz für Erzählungen aus dem finnischen Volksleben oder für Meinungen zu gewinnen, den Gegensatz ›Herr‹ und ›Knecht‹ szenisch zu gestalten und dem Thema seine Poesie und Komik zurückzugeben.« *(26,421 f.)*
Wuolijoki sei »mit all ihrer Gescheitheit, Lebenserfahrung, Vitalität und dichterischen Begabung durch die konventionelle dramatische Technik gehindert« *(26,422).*
6. September, Freitag. B ist »tief« in der Arbeit am *Puntila.* »Das Ganze beruht auf einem Tonfall. Es macht mir viel Vergnügen.« Puntila und sein Knecht Kalle paßten gut in die »Galerie« seiner bisherigen Hauptfiguren *(26,422).*
10. September, Dienstag. B hört über einen britischen Sender von den Bombardements der deutschen Luftwaffe auf London *(26,422).* Es handelt sich um die am 13. 8. begonnene »Luftschlacht um England« (Operation »Adlertag«), die nach den einsetzenden Gegenangriffen britischer Flugzeuge auf deutsche Städte als Vergeltungsschlag bezeichnet wird.
14. September, Sonnabend. B erfährt von der erfolgreichen Flucht Slatan Dudows aus Paris in die Schweiz, wo er jetzt mittellos sei. B bedauert, daß er »ihm nichts schicken kann«.
Er arbeitet an der vorletzten Szene des *Puntila* und benutzt für das Stück den »Schwejk-Ton«, der Grenzen setze, ihm aber Vergnügen macht, »eine Erholung nach dem *Sezuan* Stück«. Zwischendurch liest er die Auseinandersetzung des englischen Kritikers Matthew Arnold mit seinem Kollegen F.W. Newman über das Übersetzen von Homer und stellt anerkennend fest: »Immer wieder: Was diese Engländer für eine Literatur haben!«
B hat einen Gutsarbeiter beim Holzhacken beobachtet und beschreibt die Art seiner Geschicklichkeit und Arbeitsökonomie *(26,423).*
15. September, Sonntag. Ruth Berlau ist inzwischen wegen ihres Verhaltens (und wohl auch angeregt durch Helene Weigel) von Hella Wuolijoki aus dem Gutshaus (→ 5. 7.) verwiesen worden. Berlau erinnert sich: »Ich zog von ihr weg und schlug ein Zelt in dem Birkenwäldchen auf. Es war nur einen Katzensprung von Brechts Haus entfernt. Ich hatte meine Schreibmaschine bei mir. Brecht besuchte mich in dem Zelt, und wir arbeiteten miteinander.« *(Berlau/Bunge, 130 f.)* Da sie ihn mehr für sich beansprucht, als ihm lieb ist, versucht ihr B zu erklären, daß er inmitten von Arbeiten »ganz und

2.-19. September 1940
Arbeit an dem Stück
Puntila oder Der Regen fällt immer nach unten

Hella Wuolijoki über die gemeinsame Arbeit:
Die größte Veränderung im Stück betraf also die Struktur. An die Stelle meiner 4 Aufzüge traten 9 Bilder, der Aufbau geht somit ganz und gar auf Brecht zurück, desgleichen die Anordnung der epischen Erzählungen in den Bildern mit den Frauen. Die Erzählungen stammen ganz und gar von mir. *(26,662.)*

Hella Wuolijoki mit einem Gutsarbeiter auf Marlebäck

Mit Ruth Berlau 1939.

gar unsinnlich« sei und ihm »die harmlosesten Bemerkungen erotischer Art fast unerträglich werden«. »In solchen Zeiten finde ich jeden Gedanken von Dir, ich könnte hier eine finnische Sommernacht etablieren, schrecklich unadaequat, in der Tat beleidigend.« *(Br, 943.)*
Auf die zeitweilige Verschlechterung der Beziehung geht er in einem weiteren (undatierten) Brief ein. »Nun ist es so gewesen, daß in vielem unsere Gespräche wie ein Unterricht waren, und ich denke, sie sind so wie ein Unterricht geworden, weil Du eben Fragen stelltest und Spaß hattest an Antworten. Daraus ist jetzt wohl für Dich eine Knechtschaft geworden und ich bin für Dich ein Tyrann geworden. Aber das ist schlechter Unterricht und schlechtes Gespräch.« *(Br, 956.)*
16. September, Montag. B hält es für schwierig, seinen »Gemütszustand auszudrücken«, in dem er »am Radio und in den schlechten finnisch-schwedischen Zeitungen der Schlacht um England« folgt und den *Puntila* schreibt. »Der Puntila geht mich fast nichts an, der Krieg alles; über den Puntila kann ich fast alles schreiben, über den Krieg nichts.« *(26,423f.)*

19. September 1940
Herr Puntila und sein Knecht Matti
fertiggestellt

19. September, Donnerstag. B hat *Puntila* beendet. »Die Arbeit ging sehr glatt, als ich einmal ein paar Sprechmodelle hatte, jedes etwa 20 Zeilen (Puntila-Ton, Kalle-Ton, Richter-Ton).« Es sei ein »kleines fettes Kalb von einem Stück« geworden *(26,424)*.
20. September, Freitag. Die Lektüre englischer Literatur im Sommer (durch die sich B auf das amerikanische Exil vorbereitet) habe ihm klargemacht, »was eine nationale Literatur und hiermit eine Literatur schlechthin ist« *(26,425)*.
21. September, Sonnabend. B montiert für das *Journal* aus verschiedenen Ausgaben der *Berliner Illustrirten Zeitung* den Titel »Deutsche Baumeister« über der Luftaufnahme von einem Bombenangriff auf London.
22. September, Sonntag. B äußert sich stolz über seinen Sohn Stefan, der »zwei Wochen auf der Schule in Helsingfors, den *Faust* (beide Teile) durchgelesen« hat und einige Verse auswendig kann. Außerdem habe er sich mit Jacob Burckhardt beschäftigt (*Die Kultur der Renaissance in Italien*), mit Goethes Übersetzung der Lebensbeschreibung Benvenuto Cellinis sowie mit Werken Giorgio Vasaris (Künstlerbiographien). Einen großen Eindruck habe auf Stefan die Lektüre des Romans *Der Prozeß* von Franz Kafka gemacht *(26,428)*.
23. September, Montag. Ein Abkommen zwischen Finnland und Deutschland gestattet deutschen Divisionen die Durchfahrt durch Finnland (nach Nordnorwegen).
24. September, Dienstag. Hella Wuolijoki übersetzt den Brechtschen *Puntila* ins Finnische und ist »sehr erschrok-

ken«, weil das Stück »nicht dramatisch, nicht lustig usw.« geworden sei. Trotz ihrer zahlreichen weiteren Einwände kann B sie beruhigen und bestärken, »das Stück für das Richterkomitee zurechtzumachen« *(26,428)*. Die finnische Fassung wird unter dem Decknamen »Ursus« eingereicht (→ 26. 1. 41).

25. September, Mittwoch. Hans Tombrock schickt B seine vollständige Sammlung der Radierungen zu *Leben des Galilei* (→ 27. 8.). »Es sind schöne Stücke darunter, obgleich er im Ganzen noch keinen Stil durchhalten kann.« B stellt sich den Galilei weniger »ätherisch« vor, eher »dick, sokratisch häßlich, auf festen Beinen stehend«.

Von Hella Wuolijoki erhält B das Stück *Chink Okichi* des Japaners Yamamoto Yuzo, für das er »schnell eine Rahmenhandlung und gewisse Markierungen anhand der englischen (schlechten) Übersetzung« entwirft (nicht erhalten). Hella Wuolijokis Meinung, das Stück sei »zu episch«, regt B zu einigen grundlegenden Betrachtungen seiner Dramaturgie an *(26,429f.)*.

26./27. September, Donnerstag/Freitag. Walter Benjamin nimmt auf der Flucht von Frankreich nach Spanien in Port Bou eine tödliche Dosis Morphium. B erfährt davon erst in den USA (→ 9. 8. 41).

26./27. September 1940
Tod Walter Benjamins

1. Oktober, Dienstag. »Das Laub wird gelb, die Kühe werden dem Stall zu getrieben, häufig gibt es Regen.«

Oktober 1940
Arbeit an *Flüchtlingsgespräche*

Nach der Lektüre von Denis Diderots Roman *Jakob und sein Herr* sieht B eine neue Möglichkeit, »den alten *Ziffel*-Plan zu verwirklichen«. Auch durch Aleksis Kivis eingeflochtene »Zwiegespräche« sei er angeregt worden. B schreibt »probeweise« zwei Dialoge und nennt sie *Flüchtlingsgespräche (26,430)*. Einige dieser Texte zeichnet B bei Ruth Berlau im Zelt auf (→ 15. 9.). »Brecht hat sich beim Schreiben fast totgelacht. Es war keine ›ernsthafte‹ Arbeit, sondern mehr eine Lockerungsübung.« *(Berlau/Bunge, 131.)* Vgl. *Flüchtlingsgespräche (18,195-327)*.

Anfang Oktober. B freut sich über Hans Tombrocks Plan, nach Helsinki zu kommen, und schickt ihm eine Liste von Gegenständen, die er aus der Lidingöer Atelierwohnung mitbringen soll (2 kleine Masken, 2-3 Aschenbecher aus Zink oder Kupfer, eiserne Kochtöpfe und Teekessel, 2 Bratpfannen, Kartoffelpresse, Schreibtischlampe, Kulissenlampen, 4-5 Kissen, englische und französische Wörterbücher, Sachen von Margarete Steffin, 1 Bügeleisen, Schreibmaschinenpapier, Kupfersachen) *(Br, 947)*. Tombrocks Reise kommt nicht zustande.

3. Oktober, Donnerstag. Wegen zunehmender wirtschaftlicher Probleme will Hella Wuolijoki Marlebäck verkaufen. Beim Übertragen des *Puntila* ins Finnische habe sie gesehen,

»daß das Stück sehr reich und Puntila eine nationale Figur geworden sei« *(26,430)*.

4. Oktober, Freitag. Vor der Eröffnung seines neuen finnischsprachigen Theaters erklärt Eino Salmelainen in einem Interview seine Absicht, Bs *Mutter Courage und ihre Kinder* zu inszenieren (→ Ende August).

7. Oktober 1940-13. Mai 1941
Zurück in Helsinki
Köydenpunojankatu 13 A

7. Oktober, Montag. Auch B ist wieder in Helsinki; die Familie wohnt Köydenpunojankatu (schwed. Repslagaregatan) 13 A.

Zusammenarbeit mit Simon Parmet

B möchte für eine Aufführung von *Mutter Courage und ihre Kinder* (→ 4. 10.) die nötigen Vorbereitungen treffen und gewinnt den Komponisten Simon Parmet für eine Zusammenarbeit. »Ich möchte die Nummern als mechanische Einsprengseln, etwas darin von dem plötzlichen Aufschallen jener Butiken-Apparate, in die man einen Groschen wirft.« *(26,431.)* Parmet sträubt sich vorerst, kann sich aber dem Drängen Brechts, wie er sich später in seinem Bericht *Die ursprüngliche Musik zu »Mutter Courage«* erinnert, nicht widersetzen: »Er hatte ein einzigartiges, rücksichtsloses Argumentationsvermögen, das sehr wirksam die eigenen Zweifel zermahlte und einen dazu brachte, daß man, was es auch sei, ausrichten konnte.« *(Schweizerische Musikzeitung, 1957, H. 12.)*

Unaufhörlich in seinem Arbeitszimmer auf und ab wandernd und ohne mit seinen Äußerungen abzubrechen, zauberte er die Zeit des Dreißigjährigen Krieges hervor, der, wie die unendlichen Leiden, die er verursachte, bis in unsere Zeit sich zu erstrecken schien und nach Brecht mit Recht der Dreihundertjährige Krieg genannt werden sollte. Er versetzte mich unwiderstehlich in die Stimmung, die er beabsichtigte, und hoffte, dadurch meine Phantasie nach der richtigen Richtung hin anzuregen. Aber er beschränkte sich nicht nur darauf, zu reden oder durch Gesten sich verständlich zu machen. Auch rein musikalisch suchte er mich zu beeinflussen. Einmal trommelte er einen Rhythmus auf den Tisch, ein andermal sang er dazu mit seiner unmusikalischen Stimme ein inspirierendes trat-ta-ta, trat-ta-ta. *(Parmet, 467.)*

8. Oktober, Dienstag. Zu einem Zeitungsfoto, das den Empfang des deutschen Außenministers von Ribbentrop bei Mussolini in Rom zeigt, schreibt B, die »faschistischen illustrierten Wochenblätter« lieferten »Ausbeute« für das Theater. »Diese Akteure verstehen die Kunst des epischen Theaters, Vorkommnissen banaler Art den historischen Anstrich zu geben.« *(26,431 f.)*

10. Oktober, Donnerstag. B klebt ins *Journal* Fotos aus der deutschen (in englischer Sprache erscheinenden) Propagandazeitschrift *Signals*, die mikroskopische Aufnahmen vom »Krieg zwischen den unsichtbaren Mikroben« zeigen *(26,433)*.

15. Oktober 1940
Erste Fotoepigramme

15. Oktober, Dienstag. B montiert zu zwei Hitler-Fotos seine Vierzeiler *Hier seht mich froh bei einem Topfgericht* und *Die alten Weiber lasset zu mir kommen! (26,434 f.)* Aus dieser Gedicht-Bild-Zusammenstellung, die er später »Fotoepigramm« nennt, entwickelt er die *Kriegsfibel (12,127-283)*.

16. Oktober, Mittwoch. Simon Parmet hat inzwischen drei Kompositionen zu *Mutter Courage und ihre Kinder* (→ 7. 10) fertiggestellt, aber auf den Vorwurf von Kritikern hin, er kopiere Weill, die Arbeit unterbrochen. Vergeblich versucht ihm B zu erklären, daß nur »das Prinzip« beibehalten sei, »ein Prinzip, das nicht Weill gefunden hat« *(26,436)*.

17. Oktober, Donnerstag. Erneut mit dem *Messingkauf* be-

schäftigt, setzt B im *Journal* seine Notizen über die Konzeption des theoretischen Dialogs fort (→ 2. 8.) und gibt den Inhalt der *Ersten Nacht* wieder *(26,436f.)*.
Hermann Greid verwendet B gegenüber »anstatt ›verfremden‹ immer ›objektivieren‹ und meint damit Darstellungen ohne Gefühl«. B klärt auf, daß der »*Einfühlungsakt* auch unter Verwertung rationeller Elemente« vorkommt wie »der V-Effekt auch rein gefühlsmäßig gesetzt« werden kann *(26,438)*.
28. Oktober, Montag. B klagt über einen leichten Anfall von Ischias, »immerhin unangenehm genug, mich am Arbeiten zu hindern«. »Ich stelle bei solchen Gelegenheiten fest, wie sehr ich beim Schreiben auf Gesundheit angewiesen bin, ich schreibe von oben herab.« Der finnische Kunst- und Literaturkritiker Olavi Paavolainen bezeichnet Hella Wuolijoki gegenüber *Puntila* »als klassisches finnisches Nationallustspiel« *(26,438f.)*.
1. November, Freitag. B beschäftigt sich mit »*praktikablen Abbildern* von Vorgängen unter Menschen, welche das nichtaristotelische Theater liefern will« *(26,439)*.
5. November, Dienstag. Er hält die an diesem Tage stattfindenden amerikanische Präsidentschaftswahl für sehr wichtig. »Seit dem *Pakt*« sei »keine so wichtige« Entscheidung gefallen. (Franklin D. Roosevelt wird zum drittenmal wiedergewählt.) Trotz der Einnahme der französischen Hafenstadt Dunkerque (am 6. 6.) glaube in Finnland »niemand mehr ernstlich an Deutschlands Sieg« *(26,439)*.
Margarete Steffin berichtet Ninnan Santesson über Bs Erkrankung. Angenehm daran sei, daß keine Operation nötig ist, und unangenehm, daß es lange dauern kann. Helene Weigel, die Kreuzschmerzen hat und stark abgemagert ist, sei aber nach ärztlicher Auskunft gesund. Steffin dankt für das Verpacken der Sachen für Hans Tombrocks beabsichtigte Reise (→ Anfang Oktober).
Die finnische Journalistin Sylvi-Kyllikki Kilpi wird gebeten, sich um Bs Visa zu kümmern und stellt eine Verbindung zu Prof. Yrjö Hirn her, der sich in der Angelegenheit an den Schriftstellerverband der USA wendet. Kilpi schreibt in ihrem Tagebuch: »Frau Brecht schien überanstrengt und bedrückt zu sein. Sie tat mir unsagbar leid.« *(2177/31.)*
6. November, Mittwoch. Nach Erhalt eines Briefes, den Lion Feuchtwanger während seiner Überfahrt von Lissabon nach New York geschrieben hat, drückt ihm B seine »ungeheure Erleichterung« aus. »Ich habe mich selten über einen Brief so gefreut.« Er berichtet von den eigenen Bemühungen um ein Immigrationsvisum und fragt ihn, ob er mit Dorothy Thompson (der Präsidentenberaterin) sprechen könnte *(Br, 948)*.

Hier seht mich froh bei einem Topfgericht
Mich, der ich keinerlei Gelüsten fröne
Als dem nach Weltherrschaft. Mehr will ich nicht.
Ich brauche nichts von euch als eure Söhne.

Aus dem *Journal* vom 15. Oktober

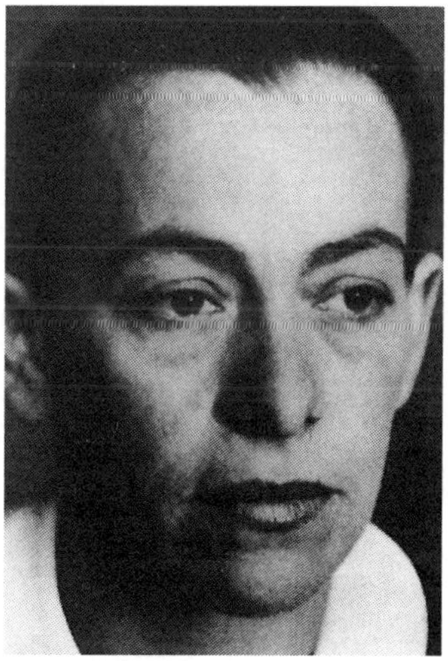

Helene Weigel

11. November 1940
Plan eines Stückes
Leben des Konfutse

11. November, Montag. B liest Berichte über das Leben des Konfutse und erwägt, es in einem Stück darzustellen. Er möchte verschiedene Lebensstationen »humoristisch behandeln und dazwischen, unvermittelt, seine Lehre bringen, soweit sie noch weise erscheint« *(26,440)*.
Sylvi-Kyllikki Kilpi besucht B, der immer noch Ischiasschmerzen hat, aber wieder mit Simon Parmet arbeitet. Abends geht sie mit ihm und Weigel zur Generalprobe von Hella Wuolijokis neuem Stück *Die junge Herrin von Niskavuori*. B gratuliert Hella Wuolijoki »von Herzen zu der ›Niskavuori‹-Trilogie« *(Br, 949)*.
15. November, Freitag. Da gewöhnlich »*nichtaristotelisches Theater* als besonders intellektualistisches Theater definiert wird«, erwägt B, es »zur Abwechslung in den emotionellen Kategorien« darzustellen *(26,441)*.
16. November, Sonnabend. Hella Wuolijokis Stück *Die junge Herrin von Niskavuori* (Premiere: 13. 11. im Finnischen Nationaltheater), dessen Generalprobe B gesehen hat (→ 11. 11.), zeigt nach seiner Ansicht, wie der Hof nicht für die Menschen, sondern die Menschen für den Hof da sind«. Da das Stück nach seiner Meinung »in der naturalistischen Manier verfaßt« ist, »kommt alles nur vor« und »nicht nach vorn« *(26,440f.)*.
Eugenie Schwarzwald (→ 10. 12. 34), die Freundin von Karin Michaelis und Lehrerin von Helene Weigel, ist in der Schweiz gestorben. Aus diesem Anlaß veröffentlicht das deutschsprachige *Argentinische Tageblatt*, Buenos Aires, (am 16. 11.) einen Nekrolog, in dem die pädagogischen und schriftstellerischen Leistungen Eugenie Schwarzwalds gewürdigt werden. In weiteren Ausgaben der Zeitung sind verschiedene Aufsätze der Pädagogin abgedruckt; in *Erziehung zum Glück* kommt sie auf Grund der Verhältnisse in Deutschland zu der sarkastischen Schlußfolgerung: »Das Kind kommt menschenfreundlich zur Welt. Es gehört schon eine lange sorgfältige Erziehung durch Schule und Haus dazu, um es so böse, unfreundlich und streitsüchtig zu machen, als die Menschen gegenwärtig sind.« *(25. 1. 41.)*

18. November 1940
Vortrag über Theater vor Studenten

18. November, Montag. Der Buchhändler Eric Olsoni hat B (am 16. 10.) gebeten, vor dem Ensemble des Studententheaters einen Vortrag zu halten *(26,436)*. B wählt dafür die Stockholmer Rede (→ 4. 5. 39) *Über experimentelles Theater*, kürzt aber den Text und bearbeitet ihn geringfügig. Bei den Zuhörern der Veranstaltung habe es sich um »nette junge Leute« gehandelt, »anscheinend ganz ohne Interesse, weder am Studieren noch am Theater« *(26,443)*.
19. November, Dienstag. Die sich in Hollywood aufhaltende Elisabeth Hauptmann bittet Lion Feuchtwanger (in New York) um Hilfe, für B »ein gutes Affidavit von jeman-

dem« zu bekommen, das er für seine Einreise in die USA braucht *(notate, 3/84)*. Feuchtwanger berichtet ihr (am 23. 11.) über seine Aktivitäten für B. »Ich bin mit allen Leuten in Verbindung, die ihm ein Visum besorgen können.« *(Z 19/130.)*

Vorbereitungen für die Überfahrt nach Amerika

20. November, Mittwoch. B dankt Michail Apletin vom Sowjetischen Schriftstellerverband für seine Auskünfte (hinsichtlich eines Transits durch die Sowjetunion nach Wladiwostok für die Schiffsreise in die USA) und bittet, die Fahrtkosten für 5 Personen (B und seine Familie sowie Margarete Steffin) von seinem Moskauer Konto beim Staatsverlag und bei der *Internationalen Literatur* zu begleichen. Da er für das Visum auf dem amerikanischen Konsulat die Fahrkarten für die gesamte Reise vorlegen muß, bittet er um eine Zusendung der Billette. Außerdem möchte Apletin Bs 750 Rubel, die er auf seinem Konto hat, in Dollar transferiert an die amerikanische Gesandtschaft in Helsinki schikken, weil die Karten für die Schiffsreise in dieser Währung zu zahlen sind. Darüber hinaus erwarten B und Margarete Steffin vom Verlag Meshdunarodnaja Kniga für die Übersetzung der *Erinnerungen* von Martin Andersen Nexø (Bände 2-4) noch Honorare in Höhe von 3000 Rubel, die B ebenfalls für die Überfahrt nach San Francisco benutzen will. B legt der Sendung die Geschichte *Der Augsburger Kreidekreis* (→ Januar) für Johannes R. Becher bei, der möglicherweise eine Veröffentlichung in russischer Sprache arrangieren kann *(Br, 950)*.

29. November 1940 Mexikanische Einreisevisen für Brecht und seine Familie

29. November, Freitag. Das mexikanische Konsulat bestätigt die Erteilung der Einreisevisen für B, Helene Weigel und die beiden Kinder.

30. November, Sonnabend. Margarete Steffin dankt Elisabeth Hauptmann für ihre Bemühungen um ein Affidavit für B. Am Vortag habe der mexikanische Konsul angerufen und das Eintreffen der Visen für Familie Brecht bestätigt. Für sie selbst bestehe keine Aussicht auf ein Visum. Außerdem fehle B noch das Geld für die Reise, das in Dollar aufgebracht werden muß. »Ich bin sehr betrübt, daß ich voraussichtlich dann wohl allein irgendwo, weiß nicht mal wo, sitzen werde, aber das ist klar: wenn Brecht die Chance USA hat, muß er sie ergreifen.« *(Z 19/133.)* Der Brief bleibt wegen Erkrankung Margarete Steffins einige Tage liegen, ehe er abgeschickt wird. Zugleich bittet sie Ninnan Santesson in Stockholm, die mitgeschickten »Pässe der Brecht-Familie mitsamt den ausgefüllten Formularen und Fotos zum mexikanischen Konsul zu bringen, damit er die Visen einträgt«. Helene Weigel fügt Steffins Paß und Fotos bei und bittet Santesson, persönlich zum haitianischen Konsulat zu gehen und für Margarete ein Durchreisevisum zu beantragen.

Dann könnten sie die lange Reise zusammen antreten und Steffin über Haiti nachfolgen.

2. Dezember 1940
Feuchtwanger rät Brecht zu sofortigem Reiseantritt

2. Dezember, Montag. Trotz des erteilten mexikanischen Visums bemüht sich Lion Feuchtwanger (mit anderen) weiterhin um ein US-Visum für B, rät ihm aber »dringlich, es nicht abzuwarten, sondern so rasch wie möglich abzufahren«. Auch dürfe er nicht zögern, allein zu reisen, falls sich wegen seiner Angehörigen Schwierigkeiten einstellen sollten. Um das Reisegeld nach Wladiwostok aufzubringen, stellt Feuchtwanger B sein »russisches Konto zur Verfügung« und weist dies mit gleicher Post in Moskau an. Die weiteren Reisekosten übernehme ein »Geldmann« (William Dieterle) *(Feuchtwanger, 33)*.

4. Dezember, Mittwoch. B betrachtet die Entwicklung des Kunstinteresses von Stefan. Vor einem Jahr habe er nur Jazzmusik gehört, jetzt »geht er jeden Samstag in eine kleine Kirche, wo alte Kirchenmusik gespielt wird«. In der Malerei habe er sich zuerst für »Futurismus und Surrealismus« interessiert, »jetzt kauft er sich Dürer- und Holbeinmappen«. Vor zwei Jahren habe er »wie eine Ratte Grammophonplatten in Läden, Bücher in Bibliotheken« gestohlen. »Ich versuchte das ohne Diskussion des Eigentumbegriffs abzustellen, indem ich auf unsere exzeptionelle Lage verwies und an seine politische Einsicht appellierte. Es war anscheinend nicht erfolglos.« *(26,442.)*

B ist in Sorge um Margarete Steffin, die in den »letzten Wochen sehr abgenommen hat« und mit hohem Fieber liegt. »Die Blinddarmoperation im Frühjahr kann die Tbc aktivisiert haben.« Außerdem ist sie beunruhigt, weil für B und seine Angehörigen die Visa aus Mexiko eingetroffen sind, »die sie nicht einschließen« *(26,446)*.

B beschreibt das (rückblickend am 13. 7. 41) im *Journal* so: »Im Dezember 40 wurden wir von Stockholm aus verständigt, daß für mich, Helli und die Kinder mexikanische Einwanderungsvisen bewilligt waren. Grete bekam keines, Kabels und Eingaben blieben fruchtlos, uns teilte man aus USA mit, wir sollten fahren, die neue mexikanische Regierung könne jeden Tag die Visen annullieren.« *(26,484.)*

6. Dezember, Freitag. Nach Überarbeitung der (im → Juni 38 geschriebenen) *Straßenszene (22,370-381)* hält B seinen Essay für »einen großen Schritt entgegen der Profanisierung, Entkultisierung, Säkularisierung der Theaterkunst«. Im Zusammenhang damit erwägt er Beschreibungen anderer »Arten alltäglichen Theaters« (»in der Erotik, im Geschäftsleben, in der Politik, in der Rechtspflege, in der Religion usw.«). Die »Theatralisierung der Politik durch den Faschismus« habe er schon bearbeitet *(Über die Theatralik des Faschismus; 22,561-569) (26,443)*.

B hat Erwin Piscator (Anfang Dezember) mitgeteilt, daß ihm vom amerikanischen Konsul die Visen in Aussicht gestellt worden sind. Nun ist er besorgt; denn die Gültigkeit seines Anstellungsvertrags in der New School for Social Research (→ Juni 40) laufe vorher ab. Er bittet Piscator um die Vermittlung einer Verlängerung des Vertrags bei Alwis S. Johnson. »Ich müßte eine Bestätigung darüber vorzeigen können.« B freut sich sehr über die Fortsetzung der gemeinsamen Arbeit mit Piscator. »Ich war ungeheuer isoliert hier und es ist unendlich schwer, unter solchen Bedingungen literarisch zu arbeiten.« *(Br, 952.)* Johnson verlängert auf Piscators Antrag (in einem Schreiben vom 6. 12.) Bs Anstellung als Dozent mit einem Gehalt von $ 1500 vom Februar bis September 1941.

8. Dezember, Mittwoch. Bei der Diskussion über deren Autor glaubt B, »daß ein kleines Kollektiv die Shakespearestücke angefertigt hat«. Er hält Shakespeare für den »Chef der Dramaturgie« *(26,443 f.).*

9. Dezember, Donnerstag. B hatte Nicken Rönngren vom Schwedischen Theater in Helsinki *Mutter Courage und ihre Kinder* angeboten, der Interesse an einer Aufführung bekundet. (Sie kommt nicht zustande.) B versucht daraufhin mit Hermann Greid, die Fabel durch Titel (der 2. Szene) zu erzählen, und listet im *Journal* seine Vorschläge und die für ihn unbefriedigenden Vorschläge Greids auf. Wegen dieses enttäuschenden Ergebnisses sucht er nach »Methoden zur Titelfindung« und will die einzelnen Szenen nach einem »Schema von Wirkungsquanten« befragen *(26,445).*

10. Dezember, Freitag. Elmer Diktonius hat seine staatliche Pension verloren. B hält staatliche Aufträge (z.B. Übersetzungen klassischer Werke) aber für notwendig, sie gehörten »zum Kulturaufbau jedes Staates« *(26,444).* Wie er in der aus diesem Anlaß geschriebenen Geschichte *Über staatliche Renten an Dichter* im *Buch der Wendungen (18,185 f.)* schreibt, dürfe sich der Dichter dadurch auf keinen Fall in eine »gefährliche Abhängigkeit vom Staat« begeben, der möglicherweise dann von ihm »Gegendienste« erwartet. Deshalb sei am vernünftigsten die staatliche Bezahlung von Übersetzungen aus fremden Sprachen. Dadurch werde der Nation ein nützlicher Dienst erwiesen, und der Dichter lerne seine eigene Sprache besser kennen.

11. Dezember, Sonnabend. B findet, die Ausgabe vom 5. 12. der *Berliner Illustrirten Zeitung* unterscheide sich nicht von der antisemitischen Hetzzeitung *Der Stürmer* und beschreibt die Titelgeschichte *(Im Ghetto von Ljublin)*, in der das Vorgehen eines Sonderkommandos der Polizei gegen ein jüdisches Warenlager dargestellt wird. B hält das für einen

»zweiten Feldzug in Polen«, den die »Germanen« siegreich beendet haben *(26,446)*.

Besuch von *Hamlet* am Schwedischen Theater in Helsinki

Wegen der in Aussicht stehenden Inszenierung von *Mutter Courage und ihre Kinder* am Schwedischen Theater sieht sich B eine in Helsinki vielgerühmte Aufführung von Shakespeares *Hamlet* an (Premiere: 26. 11.; Regie: Gerda Wrede; mit Erik Lindström in der Titelrolle). Er hält sie für »sehr provinziell (d. h. repräsentativ)«. Bei den sich anschließenden Betrachtungen über das Stück ist für ihn Hamlet »einfach ein Idealist, den der Zusammenprall mit der realen Welt aus der Bahn schleudert. Der Idealist, der zum Zyniker wird. Nicht: handeln oder nicht handeln ist die Frage, sondern schweigen oder nicht schweigen, billigen oder nicht billigen.« *(26,447f.)*

12. Dezember, Sonntag. Bei einer Diskussion über den »neuen Menschen« entdeckt Hella Wuolijoki »überall den alten Menschen ›mit seinen ewigen Eigenschaften, Passionen, Problemen usw.‹«, während für B »der neue Mensch der alte Mensch in den neuen Situationen« ist *(26,448)*.

15. Dezember, Mittwoch. Bei seinen theoretischen Erörterungen kommt B auf eine Problematik, die er in seinem *Tuiroman (17,9-161)* zu gestalten begonnen hat: »Die goldene Zeit der *Tuis* ist die liberale Republik, aber den Gipfel erklimmt der Tuismus im Dritten Reich. Der Idealismus, auf seiner niedersten Stufe angelangt, feiert seine gigantischsten Triumphe.« Als »Teilaspekt« sieht er den »Streit der demokratischen Tuis mit den autoritären Tuis« *(26,448)*.

18. Dezember, Sonnabend. Bei der Aufstellung von Titeln für *Mutter Courage und ihre Kinder* (→ 9. 12.) vernachlässigt B »alles Psychologische« sowie das »Zeitkolorit« *(26,450)*.

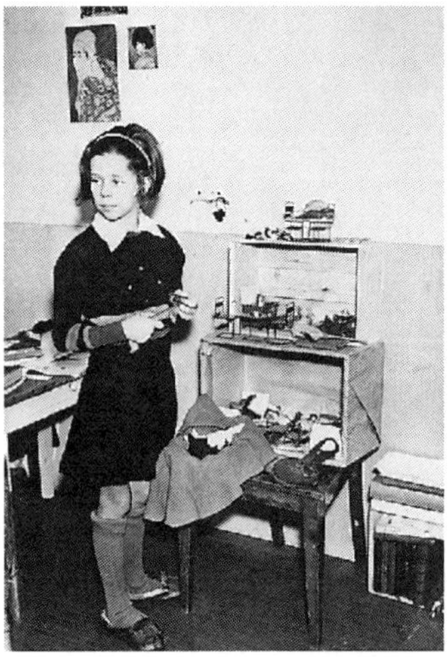

Barbara mit ihrem Weihnachtsgeschenk, einer Puppenstube aus Obstkisten und Packpapier

19. Dezember, Sonntag. Nach Bs Meinung beginnt die Geschichte des neuen Theaters mit dem Naturalismus, mit »Zustandsschilderungen, wo alle menschlichen Handlungen pure Reaktionen sind« *(26,449)*.

20. Dezember, Montag. B sieht das »Theater der Verfremdung« als ein »Theater der Dialektik«, hat es aber »durch Anwendung des Begriffsmaterials der Dialektik« noch nicht zu erklären gewußt *(26,449f.)*.

25. Dezember, Sonnabend. B will »ein für Kinder spielbares Stück« schreiben und denkt erneut an ein *Leben des Konfutse* (→ 11. 11.). »Es muß eine bedeutende Figur sein, dazu eine, welche eine humoristische Darstellung aushält.« Was das Verständnis der Kinder betrifft, sieht er keine Probleme: es habe sich immer wieder gezeigt, »daß Kinder das, was zu verstehen sich einigermaßen lohnt, ganz gut verstehen, ebenso wie Erwachsene« *(26,450)*.

31. Dezember, Freitag. B und Helene Weigel feiern mit ande-

ren Gästen bei Hella Wuolijoki Silvester. Ruth Berlau erinnert sich, daß sie bei dieser Gelegenheit B »ein einziges Mal [...] mit einem Schwips erlebt« hat: »Bei den Finnen muß man einfach mittrinken, man kann nicht nein sagen, wenn sie einem zuprosten. Brecht, der wohl merkte, daß er ein bißchen beschwipst war, versuchte, sich das nicht anmerken zu lassen. Aber das schlug ins Gegenteil um. Er wurde auffällig steif und machte ganz schnelle hölzerne Bewegungen, wenn er durch die Räume ging.« *(Berlau/Bunge, 157.)*
Dezember. Erstdruck der 6. Szene von *Mutter Courage und ihre Kinder* in Heft 12 der *Internationalen Literatur*, Moskau.

1941
2. Januar, Donnerstag. B hat »in einigen Werken über das *Weltbild der neuen Physik* geblättert, die Steff herbeischleppt« und sieht »mit einigem Schrecken« den »neuen Positivismus in einen robusten Seelenglauben einmünden, denn wenn unser Körper so unentflechtbar mit der übrigen Materie gedacht wird, ist der Punkt, der all die Meldungen der Sinne entgegennimmt, eben die gute alte Haut, die Seele.« Statt ihre Logik zu revidieren, verlangen diese Physiker »den Verzicht auf Logik« *(26,451)*.
3. Januar, Freitag. B beschäftigt sich mit estnischen Kriegsliedern, die Hella Wuolijoki ihm und Margarete Steffin in Marlebäck vorgesungen und ins Deutsche übersetzt hat. »Das estnische Volk hat kein einziges kriegsbegeistertes Lied.« Er ist von den darin vorkommenden Doppelversen beeindruckt und verwendet diese Form später im *Kaukasischen Kreidekreis* wie auch einen Teil des *Estnischen Kriegslieds* (*Soja lau; 8,44)*.
Er macht eine Notiz über die Aufführung eines (nicht identifizierten) Sketches, den Ruth Berlau mit Kindern einstudiert. B stellt »interessante V-Effekte« fest und bekommt »große Lust, den *Konfutse* zu machen« (→ 25. 12. 40) *(26,452)*.
5. Januar, Sonntag. Bei der Durchsicht von *Mutter Courage und ihre Kinder* (für eine erhoffte Aufführung; → 21. 4. 40) sieht B »mit einiger Zufriedenheit, wie der Krieg als riesiges Feld erscheint, nicht unähnlich den Feldern der neuen Physik, in denen die Körper merkwürdige Abweichungen erfahren« *(26,452)*.
7. Januar, Dienstag. Elisabeth Hauptmann schickt Lion Feuchtwanger (nach New York) einen Brief Margarete Steffins weiter und bittet ihn erneut um Hilfe für die Übersiedlung Bs aus Finnland in die USA. »Heute wie vor 15 Jahren werfen wir mal wieder alle unsere Sorge auf Sie. Damals war es unter anderem die Miete, die Sie vorstreckten, heute sollen Sie die ganze Familie Brecht aus Finnland herausholen.«

Feuchtwanger weist sie in seinem Antwortbrief (vom 10. 1.) auf seine eingeschränkten Möglichkeiten hin; er werde »viel angefeindet«, nämlich »von derselben Seite wie Brecht« *(notate, 3/84)*.

8. Januar, Mittwoch. B listet in seinem *Journal* 37 Bücher auf, die er auf dem Tisch seines Sohnes findet, darunter auch die von ihm gelesenen Bücher der neueren Physik: Chr. Møller/Ebbe Rasmussen, *Atome und andere Teilchen*, Vorwort von Nils Bohr; Brenner, *Die moderne Physik* sowie *Über die Kernphysik und ihre Entwicklung*. Von seinen eigenen Büchern findet B im Buchbestand des Sohnes die *Hauspostille*. Außerdem hält er fest, welche Bilder Stefan in seinem Zimmer aufgehängt hat *(26,453f.)*.

10. Januar, Freitag. Das Versagen von Dichtern »wie Gelsted im Politischen« erklärt sich B mit deren Auffassung, wonach »die Ausbeutung oder der Klassenkampf keine poetische, sondern eine moralische Kategorie« sei. Sie bürden »den Arbeitern gern eine hohe Mission« auf, was diese »mit berechtigtem Mißtrauen« erfüllt *(26,454)*.

Januar 1941
Weiterführung der Arbeiten am *Messingkauf*

11. Januar, Sonnabend. Sich (für den *Messingkauf*) mit »der Rolle der *Einfühlung* auf dem nichtaristotelischen Theater« beschäftigend, hält er Einfühlung auf der Probe für nützlich, jedoch nur als »eine Phase, eine Maßnahme, die ihm zu vollerer Erfassung eines Types verhelfen soll«. Wichtig sei, »daß die jeweilige Einfühlung ohne Suggestion stattfindet, d. h. es soll nicht auch ein Zuschauer zur Einfühlung veranlaßt werden« *(26,454f.)*.

12. Januar, Sonntag. In der Selbstverständigung über seine Theatertheorie kommt B zu dem Schluß, »daß *nichtaristotelisches Theater* zunächst nur *eine* Form des Theaters darstellt; es dient bestimmten gesellschaftlichen Zwecken und hat keine usurpatorische Bedeutung, was das Theater im allgemeinen angeht«. Er hält unter bestimmten Bedingungen auch Mittel des aristotelischen Theaters für möglich *(26,455)*.

13. Januar 1941
Bemühungen einer »kleinen Armee« um Brechts Einreise in die USA

13. Januar, Montag. Lion Feuchtwanger schreibt aus New York an B, sie seien »hier eine ganze kleine Armee«, die sich bemühe, ihm und seiner Familie weiterzuhelfen. Aufs neue rät er B, mit dem mexikanischen Visum erst einmal auf den amerikanischen Kontinent zu kommen, denn von dort erhielte er »bestimmt viel leichter« das Immigrationsvisum in die USA. »Wir atmen alle auf, wenn wir Sie einmal aus Finnland heraus wüßten und an einem Meer, über das man Sie hierher befördern kann.« *(Feuchtwanger, 35.)*

14. Januar, Dienstag. B diskutiert mit Helene Weigel und Hermann Greid über die Einfühlung des Schauspielers in seine Rolle und notiert im *Journal* weitere Überlegungen zur Rolle der Einfühlung *(26,455f.)*.

Außerdem beschäftigt er sich weiterhin (→ 3. 1.) mit *Leben des Konfutse (10,878-894)* und konzipiert Details der Figur. Margarete Steffin, die »das (bißchen) Material studierte, darunter die *Analects*« (→ 23. 5. 39), findet »alles enorm reaktionär« *(26,456f.)*.
Trotz eisiger Kälte (-20°) sieht sich B am Abend, wie Sylvi-Kyllikki Kilpi notiert, in einem dicken Ulster »und einer fast über die Ohren gehenden Schafsfellmütze« mit ihr und Helene Weigel im Kino Astoria den Gangsterfilm *Unsichtbare Fesseln* an.

Januar 1941
Zur Vorbereitung auf die Dozententätigkeit in New York entstehen zahlreiche Texte über die Arbeit des Schauspielers

15. Januar, Mittwoch. Die Weiterarbeit am *Messingkauf* und die Vorbereitungen für eine Dozententätigkeit in New York führen zu zahlreichen Aufzeichnungen über die Arbeit des Schauspielers *(22,680-691)*. B beschäftigt sich mit der von vielen Akteuren für notwendig erachteten Suggestionstechnik, die »Wirkungen« hervorruft. Er glaubt bei seiner Theaterarbeit ohne sie auszukommen, schreibt aber einschränkend: »Das Wirkungsfeld der von mir aufgestellten und beschriebenen Spielart ist durchaus begrenzt; sie verfolgt ganz bestimmte Ziele und läßt andere außer acht, und selbst ihre Ziele können vielleicht auch auf andere Art erreicht werden.« *(26,457f.)*
16. Januar, Donnerstag. Für eine (geplante) Aufführung spricht B mit Simon Parmet (→ 7. 10. 40) auch über eine Musik für das Lehrstück *Die Horatier und die Kuriatier* (→ 8. 9. 35). Er vermißt darin ein Schlußkapitel: »Die Horatier siegen militärisch, aber die Kuriatier erleben eine Umwälzung und kämpfen mit neuen Mitteln, so daß ein echter Friede möglich wird, der beiden Völkern recht ist.« *(26,458.)*
17. Januar, Freitag. Sylvi-Kyllikki Kilpi ist mit Grete Krett bei Brechts zu Gast. Helene Weigel mache sich immer mehr Sorgen um die wirtschaftliche Lage der Familie. »Sie sagte, das Geld hätte sie jetzt völlig ausgegeben, und unsere Zeitungen zahlten so elend wenig für Novellen.« *(2177/34.)*
19. Januar, Sonntag. Aufgrund der enorm angestiegenen Kindersterblichkeit ihn Lappland, über die *Social-Demokraten* berichtet, werden B die »großen Schwierigkeiten« bewußt, mit denen Finnland kämpft *(26,459)*.
22. Januar, Mittwoch. B hat den Film *Grapes of Wrath* (nach dem Roman von John Ernst Steinbeck *Früchte des Zorns*, Regie: John Ford, mit Alfred Newman, Jane Darwell, Russell Simpson), gesehen und erkennt danach, »daß es sich um ein großes Buch handeln muß«; der Film koche aber »das Thema in Tränen weich« *(26,460)*.

Fertigstellung des Stückes *Der gute Mensch von Sezuan*

25. Januar, Sonnabend. B beendet die Arbeit an *Der gute Mensch von Sezuan*, die er wegen Erkrankung Margarete Steffins und eigener »Unlust« hinausgeschoben hatte. »Da das Stück sehr lang ist, will ich es noch mit Poetischem versehen, einigen Versen und Liedern.« Das Stück beweise, »daß die neuere Dramatik eine Kürzung der Arbeitszeit verlangt«, vielleicht sogar »Mittagsstunden« *(26,460)*.

26. Januar 1941
Lieder für
Der gute Mensch von Sezuan

26. Januar, Sonntag. Für den *Guten Menschen von Sezuan* schreibt B *Das Lied vom Rauch* (mit Margarete Steffin; *6,192f.*), *Der achte Elefant* (angeregt durch Rudyard Kiplings Erzählung *Toomai, der Liebling der Elefanten*; *6,257f.)* sowie *Das Terzett der entschwindenden Götter (6,277f.)*.
Die Jury für den finnischen Dramen-Wettbewerb (→ 24. 9. 40) gibt die ausgewählten Werke bekannt; *Puntila* wird nicht ausgezeichnet. B erklärt sich diese Entscheidung damit, daß Wuolijoki »nicht intrigiert« hat: »Als ob nicht gerade das Gute unbedingt am meisten Reklame, Intrige und Schiebung benötigte!« *(26,460f.)*
27. Januar, Montag. Nach Bs Meinung macht die neue Kriegstechnik solche »technischen Unternehmungen« wie eine Invasion in England »kalkulierbar«, eine immer neue Technik sei nötig. »So bekämpfen sich die Industrien ökonomisch und militärisch.« *(26,462.)*
28. Januar, Dienstag. Nochmals auf die Formalismus-Debatte (→ September 37) eingehend, kommt B zu dem Schluß, man könne die formalistische Kritik »nur ausschalten, wenn man halbwegs intelligente und leicht anwendbare Kriterien für die gesellschaftliche Wirkung von Kunstwerken ausarbeitete«. Dazu nütze die Rückbesinnung auf Balzac und Tolstoi nicht viel. »Das sind Gemeinplätze, aber auf ihnen spielt sich ja der Kampf ab.« *(26,461.)*
B bittet Ruth Berlau, sich über eine schwedische Tänzerin von Robert Lund aus Kopenhagen die »Anämiemedizin« zu beschaffen, die sie braucht *(Br, 959)*.
30. Januar, Donnerstag. Für B ist sein Stück *Der gute Mensch von Sezuan* »das sechste Stück, das zunächst nicht wird aufgeführt werden können«. Bei seiner Aufzählung läßt B *Trommeln in der Nacht* und *Im Dickicht* aus, weil sie ihm »fremd geworden sind« *(26,462)*.
31. Januar, Freitag. Angesichts der Tatsache, daß die Schriftsteller »unaufhörlich« idealisieren, »da wir eben unaufhörlich Partei nehmen und damit propagandieren müssen«, fragt sich B: »Wann wird die Zeit kommen, wo ein Realismus möglich ist, wie die Dialektik ihn ermöglichen könnte?« *(26,462f.)*
1. Februar, Sonnabend. Da das Schauspielhaus in Zürich eine Aufführung von *Mutter Courage und ihre Kinder* vorbereitet, schickt B den inzwischen von Simon Parmet (→ 26. 1.) fertiggestellten Klavierauszug an den Schweizer Theaterverlag Kurt Reiss und legt die Tantiemenaufteilung

fest. Prinzipiell soll allen Theatern gestattet sein (wenn auch zunächst noch nicht mitgeteilt werden), eine andere Musik zu verwenden, die aber von B gebilligt sein muß. Parmet werde die Instrumentierung nach Basel schicken, sobald der Verlag über »eine definitive Annahme des Stückes« entschieden hat *(Br, 960)*.

Helene Weigel dankt Ninnan Santesson in einem Brief für ihre Hilfe in der Paßangelegenheit und bittet erneut um Unterstützung: Sie solle sich beim Konsulat erkundigen, ob nach Einstempelung der (inzwischen eingetroffenen) mexikanischen Visa (→ 29. 11. 40) für B und seine Angehörigen »unsere Nichte M.S. Juul [Margarete Steffin] *nachträglich* ihr Visum in ihren Paß eintragen kann«. Sie wollten »sicher sein«, daß auf keinen Fall dadurch die Visaerteilung für sie erschwert wird *(KBS, Neureuter, A 278)*.

2. Februar, Sonntag. Nach Versand des Klavierauszugs spricht B mit Simon Parmet (→ 7. 10. 40) »über die Orchestrierung seiner Musik zur *Courage*« *(26,464)*.

4. Februar, Dienstag. B beschäftigt ein Aufsatz, den sein (fünfzehnjähriger) Sohn Stefan »über die englische Revolution im 17. Jahrhundert für die Schule« ausarbeitet. Er habe »auf Grund sehr schlechter Geschichtsbücher« und des *Caesar*-Romans die »materialistische Methode« bevorzugt, »weil sie praktisch (und elegant) ist, für jetzt Winke erhält, mit heute plastischem Vokabular zu bedienen ist« *(26,463 f.)*.

Mit Margarete Steffin

10. Februar, Montag. Margarete Steffin schenkt B zum 43. Geburtstag eine literarische »Aufzählung seiner Stücke« *(26,465 f.)*.

Sylvi-Kyllikki Kilpi streitet mit B und Helene Weigel über die finnischen Politiker, die jetzt den Deutschen das Durchfahrrecht nach Schweden und Norwegen gewährt haben. B hält den sozialdemokratischen Parlamentarier Cay Sundström »für einen der gebildetsten Finnen, die er getroffen« habe *(2177/35)*.

11. Februar, Dienstag. Hubertus Prinz zu Löwenstein von der American Guild for German Cultural Freedom drückt gegenüber Charlotte Dieterle seine Freude darüber aus, daß B und seine Familie mexikanische Visa (→ 1. 2.) erhalten haben, und schlägt vor, das Visum für Margarete Steffin auf dem gleichen Wege zu beantragen.

18. Februar, Dienstag. B notiert, daß norwegische Zeitungen »Kochrezepte neuer Art« veröffentlichen, z.B. »wie man Krähen und Möwen zubereitet« *(26,464)*. Von der angeblichen Kriegsmüdigkeit der Deutschen, von der ihm Reisende berichten, hält B nicht viel: »Der Krieg ist zu einer Industrie geworden. Er hängt hauptsächlich davon ab, ob das Öl ausgeht, nicht davon, ob der Fleiß ausgeht.« *(26,467.)*

22. Februar, Samstag. B verbringt einen Teeabend mit Helene Weigel bei Sylvi-Kyllikki Kilpi.

25. Februar, Dienstag. B findet »die dialektische Wendung in der *Vierten Nacht* des *Messingkaufs*«: »Dort geht der Plan des Philosophen, die Kunst für Lehrzwecke zu verwerten, auf in dem Plan der Künstler, ihr Wissen, ihre Erfahrung und ihre Fragen gesellschaftlicher Art in der Kunst zu plazieren.« *(26,457.)*

3. März, Montag. B bedankt sich bei dem amerikanischen Schriftsteller Hoffman Reynold Hays, der ihm (im Februar) seine Übersetzung einiger Gedichte Bs und des Hörspiels *Das Verhör des Lukullus* geschickt und Hilfe angeboten hat, und bittet ihn um ein Affidavit (Bürgschaftserklärung) für Ruth Berlau, das an den amerikanischen Konsul in Mexico-City, bzw. wie er in einem weiteren Brief (vom 4. 3.) korrigiert, nach Helsinki geschickt werden soll.

Weitere Vorkehrungen für die Reise nach Amerika

4. März, Dienstag. B schreibt an Michail Apletin (→ 20. 11. 40) nach Moskau, daß die Visen für Mexico angekommen sind. Er und seine Angehörigen beabsichtigen, über Wladiwostok, Yokohama, San Francisco nach Mexico zu reisen und dort auf die Einreiseerlaubnis in die USA zu warten; entsprechende Durchreisevisen seien beantragt. B bittet um eine Geldüberweisung von seinem Honorar beim Staatsverlag und erhofft vom Schriftstellerverband »ein wenig Hilfe bei der Beschaffung von Hotelzimmern« *(Br, 962)*. B erhält von Mordecai Gorelik das inzwischen fertiggestellte Buch *New Theatres for Old* (Neue Theater für alte; → 19. 3. 37). »Er behandelt episches Theater sehr fähig und vorsichtig, wenn es auch ein wenig nach Karbol riecht, da er seine Vorliebe für Laboratorien nicht verleugnen kann.« B wird klar, daß er »von Kampfstellung ›hie ratio – hie emotio‹ loskommen« sollte: »Das Verhältnis von ratio zu emotio in all seiner Widersprüchlichkeit muß exakt untersucht werden, und man darf den Gegnern nicht gestatten, episches Theater als einfach rationell und konteremotionell darzustellen.« *(26,467f.)* Eine weitere Meinungsäußerung Bs über Goreliks Buch → 25. 8. 43.

7. März, Freitag. Nach Bs Meinung hat ihn ein großer Irrtum daran gehindert, die »Lehrstückchen vom *Bösen Baal dem asozialen*« herzustellen, nämlich seine »Definition des Sozialismus als einer *Großen Ordnung*«; Sozialismus sei »viel praktischer als *Große Produktion* zu definieren« *(26,468)*.

8. März, Sonnabend. Bei erneuter Beschäftigung mit Denis Diderots *Jacques le Fataliste et son Maître* (dt. *Jakob und sein Herr*; → 1. 10. 40) stellt B fest, »daß wir in Deutschland keinerlei Anzeichen einer verfeinerten Sinnlichkeit haben« *(26,468)*.

10. März, Montag. Für das amerikanische Theater denkt B an ein Gangsterstück, »das gewisse Vorgänge, die wir alle kennen, in die Erinnerung ruft«, und entwirft den ersten Plan für *Der Aufstieg des Arturo Ui*: »Natürlich muß es in großem Stil geschrieben werden.« *(26,468.)*

10.-29. März 1941
Arbeit an dem Stück
Der Aufstieg des Arturo Ui

12. März, Mittwoch. Lion Feuchtwanger hat die vier notwendigen Affidavits für die Einreise in die USA beschafft und (am 23. 2.) an den amerikanischen Konsul nach Helsinki abgeschickt. Ebenso stünden die Geldmittel für die Überfahrt von Wladiwostok nach Los Angeles zur Verfügung. Ihm ginge es »leidlich« gut. »Mein Hauptsorgenkind sind Sie.« *(Feuchtwanger, 36.)*

28. März, Freitag. »Inmitten all des Trubels um die Visas und die Reisemöglichkeit arbeite ich hartnäckig an der neuen *Gangsterhistorie*. Nur noch die letzte Szene fehlt.« Bei der Ausarbeitung seien ihm »Steffs Kenntnisse über die Verwebungen der Gangsterwelt mit der Verwaltung« zustatten gekommen *(26,469)*.

29. März, Sonnabend. B schließt eine erste Niederschrift des neuen Stückes ab unter dem Titel *Der aufhaltsame Aufstieg des Arturo Ui* (B verwendet diesen Titel später ebenso wie *Der Aufstieg des Arturo Ui*).

29. März 1941
Der aufhaltsame Aufstieg des Arturo Ui
(1. Niederschrift) abgeschlossen

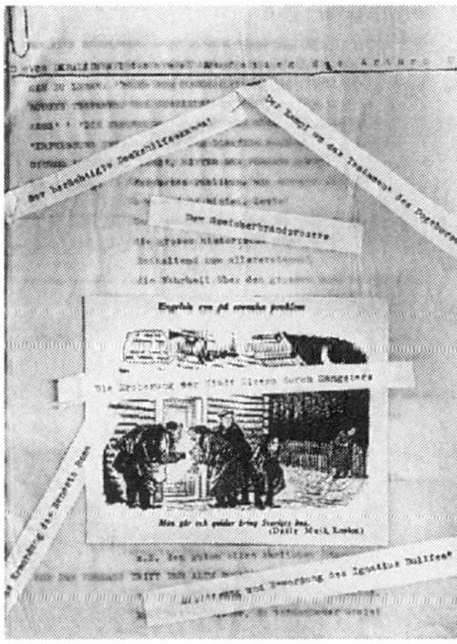

Titelseite des Typoskripts mit aufgeklebten Headlines

Ruth Berlau (→ 3. 3.) erhält als erste ihr Einreisevisum in die USA.

Ende März. Margarete Steffin berichtet Fredrik Martner von ihren abgeschlossenen Arbeiten: der Abschrift von *Der gute Mensch von Sezuan* sowie der Übersetzung von Hella Wuolijokis Stück. Wegen der anhaltenden Kälte in Finnland ginge es ihr »nicht so besonders gesundheitlich«. »Das Klima ist nix für meinen Husten. Er gedeiht mir zu sehr. Und ich nehm ab. Sie würden erschrecken, wie dünn ich geworden bin.« *(E 9/82.)*

Anfang April. B schreibt an Hella Wuolijoki, die Japaner stellten »keine Durchreisevisen mehr« aus, und bittet sie um die Feststellung von Möglichkeiten, »wie man von Murmansk oder Odessa oder Wladiwostock aus auf einem Frachtdampfer Plätze bekommen kann«; es sei nun alles »*überaus eilig*« geworden *(Br, 964)*.

1. April, Dienstag. Bei dem (in 1. Fassung vorliegenden) Stück *Der Aufstieg des Arturo Ui* kam es B darauf an, hinter der eigentlichen Handlung »immerfort die historischen Vorgänge durchscheinen zu lassen«, ohne dabei die »beiden Handlungen (*Gangster-* und *Nazihandlung*)« zu sehr zu verknüpfen. »Das war besonders schwer.« *(26,469.)* Im Zusammenhang mit diesem Stoff empfiehlt B (in einem undatierten Brief) Hans Tombrock, »große Tafeln« über die »Zustände im ›Vaterland‹« zu gestalten, die »auch drüben« Aufsehen erregen müßten *(Br, 958)*.

Sylvi-Kyllikki Kilpi kommt bei Brechts mit Margarete Steffin und Ruth Berlau zusammen. Die schöne Dänin sei von »Brechts Zauber gefangen«, bei Steffin entwickele sich die Tuberkulose »in diesem Frühjahr gefährlich«. Kilpi schließt ihre Tagebucheintragung: »Und Frau Helli ist freundlich zu allen diesen Frauen Brechts.« *(2177/36.)*

Überarbeitung von *Der Aufstieg des Arturo Ui*

2. April, Mittwoch. B hat viel Arbeit, »die Jamben des *Aufhaltsamen Aufstieg des Arturo Ui* zu glätten«. »Grete rechnete aus, daß von 100 Versen 45 hinkten.« B ist gespannt, ob es ihm »gelungen ist, dem Epischen Geschwindigkeit zu verleihen« *(26,470).*

3. April, Donnerstag. Im Zusammenhang mit dem *Messingkauf* notiert B über Theater und Zuschauer: »Das herrschende Theater machte aus einem Publikum von Ingenieuren und Revolutionären einfach ein Theaterpublikum (von Ästheten, passiven Genießern). Das neue aus Theaterpublikum (aktiven Genießern) Ingenieure und Revolutionäre.« *(26,469.)*

7. April, Montag. Immer noch sitzt B an der Überarbeitung der Jamben des *Arturo Ui*, und Margarete Steffin will ihm »immer noch keine beruhigenden Versicherungen abgeben«, Wedekind bringe z. B. nach ihrer Meinung »den Sinn immer auf *eine* Zeile« *(26,470).*

8. April, Dienstag. In Finnland hält man »die Invasion Englands für abgelöst durch den Balkankrieg«, der mit dem Vorrücken deutscher Truppen nach Jugoslawien und Griechenland (am 6. 4.) begonnen hat. B vermutet in diesem Angriff eher eine »Vorbereitung zur Invasion« *(26,471).*

B bedankt sich bei Lion Feuchtwanger für seine Bemühungen. Er hofft, daß er die amerikanischen Emigrationsvisen bald erhält, will aber darauf nicht warten, sondern »bei der allerersten Gelegenheit« (innerhalb der nächsten zwei Wochen) losfahren. Die Reise mache große Schwierigkeiten. »Nachdem wir wochenlang auf die Transitvisen warteten, wurde plötzlich Japan gesperrt für uns, der Weg über Petsamo ist es ebenfalls.« Für ein Touristenvisum, das ihr der amerikanische Konsul in Aussicht gestellt hat, benötigt Margarete Steffin »Einladungen von prominenten Leuten«, den Nachweis von Geld und eine Bürgschaftserklärung von William Dieterle und Luise Rainer, die diese nach Washington telegrafieren müßten. »Gearbeitet habe ich ganz gut. Die Aussicht, hinüberzukommen, begeisterte uns alle sehr. Dieser Kontinent muß ja wohl für einige Zeit unter sich bleiben!« *(Br, 965.)*

9. April, Mittwoch. Als drei Tage nach Beginn des deutschen »Balkanfeldzugs« (→ 6. 3.) Saloniki von deutschen Panzern besetzt wird, schreibt B: »Die Welt hält wieder den

Atem an.« Es scheine sich nur diese Armee bewegen zu können. »Die veralteten Armeen konkurrieren da wie der Spinnrocken gegen die Jenny.« *(26,471.)*
Abends besuchen B, Weigel und Kilpi eine Premiere im Nationaltheater.

12. April, Sonnabend. Der Blankvers hat für B »immer dieses Anachronistische an sich, das fatale Feudale«. Wenn er in seinem Stück die Gangster und Händler in Jamben sprechen läßt, will er »hauptsächlich Travestiewirkung«, verspricht sich aber auch »neues formales Material für einen modernen Vers mit unregelmäßigen Rhythmen« *(26,472)*. In diesem Zusammenhang beschäftigt er sich mit Goethes *Torquato Tasso* und schreibt den Text *Der regelmäßige Jambus im Drama (22,692f.)*.

12. April
Abschluß der Überarbeitung von *Arturo Ui* (2. Fassung)

Das Manuskript als Fetisch

Für B wird »das Manuskript während der Arbeit zum Fetisch. Ich bin ganz abhängig vom Aussehen meines Manuskripts, in das ich immerfort einklebe und das ich ästhetisch auf der Höhe halte«. Während der Arbeit an *Arturo Ui* hat B ständig »die Aufführungsmöglichkeit vor Augen« gehabt. Nun plant er etwas Unaufführbares: »*Ui, Zweiter Teil.* Spanien / München / Polen / Frankreich« (nicht ausgeführt) *(26,472)*. Das (am 12. 2.) gründlich überarbeitete Stück trägt den Titel *Arturo Ui (Dramatisches Gedicht) von K. Keuner.* (1953 gibt er der letzten Fassung den Titel *Der Aufstieg des Arturo Ui.*)

13. April, Sonntag. Angesichts der vorrückenden Hitlerarmeen in Europa wird B klar, »ein Sieg Hitlers würde das Zeitalter der eisernen Ferse einleiten«. In dieser »Phase des Monopolkapitals« wäre zu erwarten: »Liquidierung der kleinen Nationen, Schließung des freien Arbeitsmarktes, Sistierung der formalen Demokratie, Produktionskontrolle (ohne Aufhebung des Profits) usw.« *(26,472f.)*.

14. April, Montag. Im *Journal* kritisiert B Intellektuelle »wie die Kritikerin und Romanschriftstellerin Hagar Olsson« wegen ihrer Tendenz zur Mystik und zum Pessimismus. Für sie sei Hitler »nicht der Hauptweg des Kapitalismus, sondern der Abweg«. Wenn B dagegensetzt, Hitler sei »die feinste Blüte, die der Kapitalismus hervorgebracht hat«, hält man ihn für »ein betrübendes Opfer seiner Propaganda« *(26,473)*.

15. April, Dienstag. Erkki Vala macht B mit Arvo Turtiainens Gedicht *Der Kriegshund* bekannt, der ausgeschickt wird, den letzten Truppen im Gebirge Hilfe zu holen. »Irgendwo muß Hilfe sein, wir wissen nicht, wo, sagen sie. Der Schluß des Gedichts: Fallen darfst du nicht, du Hund, denn mit dir stürbe alle unsere Hoffnung.« Das sei auch die Stimmung »vieler Intellektueller, die von der deutschen Panzerwaffe erschrecken« *(26,473f.)*. Nach einer Rohübersetzung des Gedichts (vermutlich von Vala) stellt B eine freie Bearbeitung her *(Der Kriegshund, 15,39f.)*.

16. April, Mittwoch. B erinnert sich an einen Plan, den er bei der Lektüre von André Maurois' *Tragedy in France* (dt. *Tragödie in Frankreich*) hatte, ein Stück »*Die Straße der Ministerien (Governmentsstreet)*« *(26,474)* zu schreiben (→ 7. 7. 40). Der Plan wird nicht ausgeführt.

Aus Anlaß einer Rezension des Buches von Mordecai Gorelik (→ 4. 3.) in der Zeitschrift *New Masses* kritisiert B den Fehler Goreliks, »zuviel Funktionalismus in das epische Theater hineinzutheoretisieren«. Sonst ziehe er aber »gegen das Theater der Illusionen [...] wacker zu Felde« *(26,474)*.

18. April, Freitag. B bemerkt, daß es ihm unmöglich ist, »wishful thinking zu vermeiden«, und ertappt sich »auf dem Gedanken: das überdenke ich in USA«. Er will »eine *Kassandra*« schreiben. »Sie hat natürlich nicht das Zweite Gesicht, sie benützt nur ihr gewöhnliches Sehen. Und ihre schwarzen Voraussagen haben den praktischen Zweck, die Menschen aufzurütteln.« *(26,474f.)* Auch diese Idee wird nicht ausgeführt.

19. April, Sonnabend. Uraufführung von *Mutter Courage und ihre Kinder* (→ 27. 9. 39) im Schauspielhaus Zürich; Musik: Paul Burkhard; Regie: Leopold Lindtberg, Bühnenbild: Teo Otto; mit Therese Giehse (Courage), Erika Pesch (Kattrin), Wolfgang Langhoff (Eilif), Karl Paryla (Schweizerkas), Wolfgang Heinz (Feldkoch), Sigfrit Steiner (Feldprediger). Das Stück wird zehnmal gespielt.

Mit dem nach seiner Ansicht falschen Verständnis von *Mutter Courage und ihre Kinder* bei der Uraufführung als »Loblied auf die unerschöpfliche Vitalität des Muttertiers« (→ 7. 1. 48) beschäftigt sich B 1948 in der Schweiz *(Anmerkung, 24,260-264)* und arbeitet den Text für seine Berliner Inszenierung (→ 11. 1. 49) um.

20. April, Sonntag. B beklagt sich darüber, daß er auf den Versand von zahlreichen Exemplaren des *Guten Menschen von Sezuan* bisher noch keine Antwort erhalten hat: »Mit jedem Siegesrapport Hitlers verliere ich an Bedeutung als Schriftsteller.« *(26,475.)*

21. April, Montag. B begründet das Fehlen privater Notierungen in seinem *Journal* vor allem damit, »daß ich von vornherein damit rechnete, sie über Grenzen von nicht übersehbarer Anzahl und Qualität bringen zu müssen, der letztere Gedanke hält mich auch davon ab, andere als literarische Themen zu wählen« *(26,475)* (→ 21. 1. 42).

Er beurteilt »die Krise der Dramatik« als »sehr tief«. Es komme darauf an, »reiche, komplexe, sich entwickelnde Figuren zu schaffen – ohne introspektive Psychologie«.

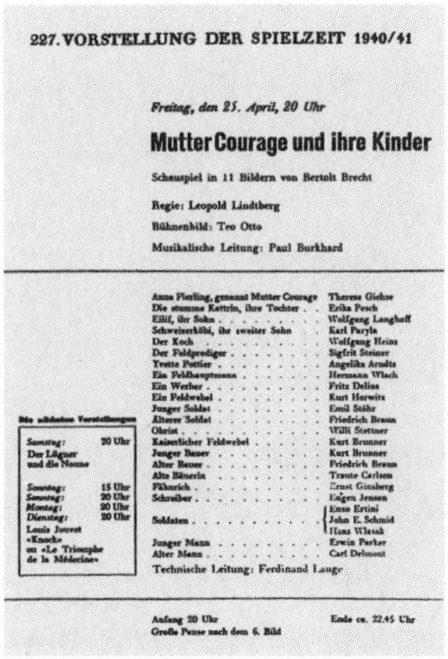

227. VORSTELLUNG DER SPIELZEIT 1940/41

Freitag, den 25. April, 20 Uhr

Mutter Courage und ihre Kinder

Schauspiel in 11 Bildern von Bertolt Brecht

Regie: Leopold Lindtberg
Bühnenbild: Teo Otto
Musikalische Leitung: Paul Burkhard

Anna Fierling, genannt Mutter Courage	Therese Giehse
Die stumme Kattrin, ihre Tochter	Erika Pesch
Eilif, ihr Sohn	Wolfgang Langhoff
Schweizerköbi, ihr zweiter Sohn	Karl Paryla
Der Koch	Wolfgang Heinz
Der Feldprediger	Sigfrit Steiner
Yvette Pottier	Angelika Arndts
Ein Feldhauptmann	Hermann Wlach
Ein Werber	Fritz Delius
Ein Feldwebel	Kurt Horwitz
Junger Soldat	Emil Stöhr
Älterer Soldat	Friedrich Braun
Obrist	Willi Stettner
Kaiserlicher Feldwebel	Kurt Brunner
Junger Bauer	Kurt Brunner
Alter Bauer	Friedrich Braun
Alte Bäuerin	Traute Carlsen
Fähnrich	Ernst Ginsberg
Schreiber	Eugen Jensen
Soldaten	Enzo Ertini, John E. Schmid, Hans Wlasak
Junger Mann	Erwin Parker
Alter Mann	Carl Delmont

Technische Leitung: Ferdinand Lange

Die nächsten Vorstellungen
Samstag: 20 Uhr
Der Lügner und die Nonne
Sonntag: 15 Uhr
Sonntag: 20 Uhr
Montag: 20 Uhr
Dienstag: 20 Uhr
Louis Jouvet «Knock» ou «Le Triomphe de la Médecine»

Anfang 20 Uhr Ende ca. 22.45 Uhr
Große Pause nach dem 6. Bild

Im *Journal* eingeklebter Personenzettel zur Aufführung vom 25. 4. 1941

19. April 1941
Uraufführung
Mutter Courage und ihre Kinder
Schauspielhaus Zürich

Wir lernen die Frau in jenen reifen Jahren kennen, da Frauen- und Muttertum sich am ungehemmtesten entfalten. Ihre erwachsenen Kinder stammen alle von anderen Vätern, der Schweizerkörbi (Paryla), Eilif der Finne (Langhoff) und Kattrin, die stumme Tochter, von Erika Pesch in qualvoller Echtheit dargestellt. Wie der Prototyp der Urmutter umfängt die Mutter Courage alles, was in ihre Nähe kommt, mit mütterlicher Fürsorge – eine Figur von Format wie geschaffen für die weise Kunst einer Therese Giehse. *(Elisabeth Thommen, National-Zeitung, Basel, 22. 4.)*

Mutter Courage selber wird also keineswegs nur in Verklärung beleuchtet. Sie ist in ihrer Derbheit ein warmblütiges Muttertier, das seine eigene Brut vor Greuel und Kriegsdienst bewahren möchte – und ebenso eine Kriegslieferantin und

Dazu liefere aber die behavioristische Psychologie nur flache und verwischte Bilder *(26,476)*.

22. April, Dienstag. B erhält Telegramme aus Zürich mit der Mitteilung, daß die Premiere von *Mutter Courage und ihre Kinder* (→ 19. 4.) erfolgreich war. »Es ist mutig von diesem hauptsächlich von Emigranten gemachten Theater, jetzt etwas von mir aufzuführen. Keine skandinavische Bühne war mutig genug dazu.« *(26,476.)*

In diesem Zusammenhang notiert B vier Gründe, warum die *Courage* ein realistisches Werk ist *(26,476f.)*.

23. April, Mittwoch. B plant eine Komödie mit dem Titel *Das schwache Fleisch*, in deren Mittelpunkt ein Mann steht, »der in Anbetracht schlimmer Welt gewillt ist, ein Bösewicht zu werden, es jedoch nicht vermag« *(26,477)*. Die Idee wird nicht ausgeführt.

24. April, Donnerstag. Seine letzten sechs Stücke miteinander vergleichend, stellt B eine abnorme Uneinheitlichkeit in jeder Weise fest: »Selbst die Genres wechseln unaufhörlich. Biographie, Gestarium, Parabel, Charakterlustspiel im Volkston, Historienfarce – die Stücke streben auseinander wie die Gestirne im neuen Weltbild der Physik, als sei auch hier irgendein Kern der Dramatik explodiert.« *(26,477.)*

B notiert über die beabsichtigte (klassische) Wirkung seiner Arbeiten: »Werken eine lange Dauer verleihen zu wollen, zunächst nur eine ›natürliche‹ Bestrebung, wird ernsthafter, wenn ein Schreiber Grund zu der pessimistischen Annahme zu haben glaubt, seine Ideen (d. h. die von ihm vertretenen Ideen) könnten eine sehr lange Zeit brauchen, um sich durchzusetzen.« *(26,477-479.)*

25. April, Freitag. »Meine beiden Produktionsmittel, die Zigarren und die (englischen) Kriminalromane, gehen aus und müssen rationalisiert werden.« *(26,480.)*

29. April, Dienstag. B hält folgende »Feste« für nötig: »Die *Siegesfeier*, die *Präsentennacht* [Weihnachten], der *Solidaritätstag*, der *Weltkampftag*, der *Karneval*.« *(26,480.)*

30. April, Mittwoch. Margarete Steffin schreibt (vermutlich an diesem Tage) an Ninnan Santesson, daß B und seine Familie vermutlich »am Freitag« (nun auch noch) die US-amerikanischen Visen bekommen (→ 2. 5.) und sie »absolut dafür« ist, daß sie die nächste Gelegenheit zur Ausreise nutzen: »Aber nun einfach los. Finde ich. Diese Warterei kann ja endlos dauern.« Sie selbst habe mit ihrem Touristenvisum weiterhin große Schwierigkeiten. Eislers hätten ihr »sehr pessimistische Briefe« über ihre Chance geschrieben, nach Mexico zu gelangen *(KBS, Neureuter A 292f.)*.

April. B entschuldigt sich bei Hagar Olsson, daß er lange nicht bei ihr war. Er habe Ischias und »auch die dazu passende Laune« gehabt. »Dann begann die Odyssee um Visen,

»Hyäne des Schlachtfelds«, die selbst noch während des Standgerichts gegen den eigenen Sohn das Markten nicht vergißt und, um sich selbst zu retten, die Leiche des Sohnes verleugnet. Denn von heldischem Verhalten hält diese Landstörzerin nicht viel. *(Bernhard Diebold, Die Tat, Zürich, 22. 4.)*

Das Elfbilder-Stück von Mutter Courage führt uns mitten in die dunkle Zeit des dreißigjährigen Krieges hinein – es ist aber nicht etwa ein im engern Sinne historisches Spiel, sondern vielmehr eine dramatische Ballade, die uns das Schicksal der Mutter Courage und ihrer Kinder erzählt, die vom blindwütenden Krieg erfaßt, fortgetrieben, getrennt werden, bis die Marketenderin, ihrer Kinder beraubt, einsam in der vom grausen Krieg zerstörten Welt steht und dazu verdammt ist, ihren armseligen Karren allein auf verfallenen Straßen weiterzuschleppen. Mit tiefer Erschütterung leben wir das Geschick dieser von der Fuchtel Krieg Gepeitschten mit und wissen mit jedem Atemzug: hier geschieht, was heute Tausenden wieder auferlegt ist [...]. *(B, Zürichsee-Zeitung, 23. 4.)*

Es ist aber immer der gleiche Schauplatz: der *Kriegsschauplatz*, überall und nirgends. Es ist auch immer, in hundert Variationen, in Dialogen, Monologen und Balladen, die Rede vom nichtsnutzigen *Leben im Krieg*, und es ist immer wieder der gleiche Aufschrei, der in der Anklagerede von Mutter Courage in einem Satz zum Ausdruck kommt: *Der Krieg soll verflucht sein!* Das ist der tiefe Sinn der episch-dramatischen Erzählung von Bertolt Brechts *Mutter Courage und ihren Kindern*, die uns lehren soll, wohin der Krieg führt: er frißt seine eigenen Kinder, selbst die, die vom Krieg leben und von ihm angeblich Nutzen ziehen.

[...] Dem Werk des Dichters, der kongenialen Regie und der Erlebnisdarstellung [...] wurde fünf Minuten lang mit enthusiastischem Beifall gedankt. Bertolt Brechts *Mutter Courage und ihre Kinder* ist auch für uns in der Schweiz ein Menetekel. *(Hans Ott, Volksrecht, Zürich, 24. 4.)*

besonders um ein Visum für meine Mitarbeiterin. Ich glaube, Sie können sich vorstellen, was es bedeutet, befürchten zu müssen, daß man einen Menschen, mit dem man sich auf den langen Weg der Emigration gemacht hat, allein und wer weiß, ob nicht für immer, zurücklassen muß – sich selber rettend.« Er schickt ihr ein Exemplar des *Guten Menschen von Sezuan*, in dem er zu zeigen versucht, »wie schwer es ist, in dieser Zeit ein guter Mensch zu sein« *(Br, 968)*.

B bittet Hans Tombrock, sich in Stockholm nach einem schwedischen Schiff zu erkundigen, das von Wladiwostok regelmäßig nach Amerika fahren soll. Da von Helsinki nicht gebucht werden kann, soll Tombrock für die nächste Tour sechs Plätze buchen. »Ich wäre froh, wenn es endlich los ging (und wenn Du mitfahren könntest), aber es hängt von so vielem ab.« Außerdem erkundigt er sich danach, ob Tombrock die »kleinen Geschichten von Grete« (Steffin) unterbringen bzw., wenn dies nicht möglich ist, an Ninnan Santesson schicken kann *(Br, 967)*.

3. Mai 1941
Einwanderungsvisa der USA für Brecht und seine Familie

3. Mai, Samstag. B und seine Angehörigen erhalten die amerikanischen Immigrationsvisen. Rückblickend schreibt B (am 13. 7.) im *Journal*: »Ich betrieb also die amerikanischen Visen, für Grete ein Besuchsvisum, da sie die medizinische Untersuchung für ein Einwanderungsvisum nicht passieren konnte. Die Lage in Finnland wurde schnell bedrohlich.« Nach Erhalt der Visa drängten die finnischen Freunde »heftiger auf unsere Abreise«. »Die deutschen motorisierten Divisionen vermehrten sich im Land, Helsinki war voll von deutschen ›Reisenden‹, die Spannung zwischen Deutschland und der USSR nahm zu.« *(26,484.)*

5. Mai, Montag. Helene Weigel kommt »in völliger Panikstimmung« zu Sylvi-Kyllikki Kilpi, weil deutsche Kriegsschiffe vor Turku gesichtet worden seien *(2177/37)*.

9. Mai, Freitag. B liest den Bericht von Andreas Schleicher *Schillers Flucht von Stuttgart und Aufenthalt in Mannheim* und notiert »die Unterschiede in der Arbeitsweise, die sich aus den Unterschieden der aristotelischen und nichtaristotelischen Dramaturgie ergeben« *(26,482f.)*.

12. Mai 1941
Besuchervisum der USA für Margarete Steffin

12. Mai, Montag. B notiert (am 13. 7.) rückblickend im *Journal*: »Endlich, am 12. Mai bekam Grete [Steffin] als Hellas Sekretärin für Amerika ein Besuchervisum. Wir fuhren am 13. ab und waren am 15. in Leningrad.« *(26,484.)* Tatsächlich findet die Reise nach Leningrad am 16. 5. statt. Am Abend geben finnische Freunde, darunter Sylvi-Kyllikki Kilpi, Erkki Vala und Elmer Diktonius, B und Helene Weigel (es ist ihr 41. Geburtstag) »ein Abschiedsessen in einem Turmrestaurant«. Sie erfahren vom Flug des Rudolf Heß nach Schottland (am 10. 5.). »Hitler sagt die Vernichtung der Insel voraus, sein Stellvertreter bringt sich dorthin in Sicherheit! Sehr epische Dramatik, das!« *(26,483.)* Nach Kilpis Notierungen habe B nach Lösungen für ein besseres Verhältnis Finnlands zu Rußland gesucht.

13. Mai, Dienstag. Mit Erkki Vala sieht B den deutschen Fliegerfilm *D III 88*, »Thema: rauhe Schale, goldenes Herz bei Vorgesetzten« *(26,483)*.

15. Mai, Donnerstag. Vor seiner Abreise erklären B und Hella Wuolijoki in einer beiderseitigen Abmachung ihre Zusammenarbeit an dem Stück *Herr Puntila und sein Knecht Matti* und regeln die Aufteilung der Tantiemen zu gleichen Teilen. Wuolijoki kann Verträge in den skandinavischen Ländern abschließen, B in allen übrigen. Solange B in Deutschland keine Verträge schließen darf, übernimmt das Hella Wuolijoki unter einem Pseudonym.

Nach Erhalt ihres Visums schreibt Margarete Steffin einen Abschiedsbrief an Fredrik Martner. Sie sei »todmüde von dem Hin und Her und der Warterei«, müsse noch rasch packen und Sachen kaufen, »soll noch zum Arzt...« *(E 10/85)*.

Reise nach Amerika
1941

16. Mai, Freitag. B reist mit seiner Familie, Margarete Steffin und Ruth Berlau nach Leningrad.

16. Mai-21. Juli 1941
Reise über Leningrad, Moskau, Wladiwostok nach San Pedro (Kalifornien)

Ankunft und Übernachtung in Leningrad. Ruth Berlau, die mit Margarete Steffin in einem Hotelzimmer untergebracht ist, wird »endgültig klar, wie krank sie war«: »Sie hustete so heftig, daß ich ihr meine Decke noch überlegte. Aber auch das half nichts.« *(Berlau/Bunge, 112.)*
Margarete Steffin schreibt der Familie ihrer Schwester (nach Deutschland) von der Reise Richtung USA. Ihr Neffe soll erzählen, daß sie in ein »ganz, ganz feines Klima« kommt und »da sicherlich ganz gesund werden kann« *(E 13/20f.)*.

17. Mai, Sonnabend. Weiterfahrt mit dem Expreßzug nach Moskau. B und seine Angehörigen sowie seine Mitarbeiterinnen Steffin und Berlau übernachten im Hotel Metropol in einem Doppel-Appartement. Um die Reisenden kümmert sich Michail Apletin vom sowjetischen Schriftstellerverband; für die tägliche Betreuung hat er seine Sekretärin Lydia Gerassimowa eingesetzt. Ihr hilft Maria Osten (→ 31. 11. 39). (Nach Verhören in der Kleinen Kommission der KPD wird Osten unmittelbar nach Bs Abreise aus Moskau im Juni verhaftet; → 6. 5. 42.)

17.-30. Mai 1941
Zwischenstation in Moskau

Von Moskau aus wird die Zugreise nach Wladiwostok und die Schiffsreise über den Ozean arrangiert. Der Schriftsteller Hugo Huppert erinnert sich: »Helene Weigel hatte alle Hände voll zu tun mit den Kindern, mit der Nahrungsbeschaffung, mit behördlichen Laufereien, Honorarbehebungen an Verlagskassen, Geldwechsel, – denn die Familie (›der ganze Troß‹, wie sie sagte) sollte mit dem Transsibirien Expreß bald weiterrollen [...].« *(Huppert, 31f.)* Margarete Steffin, die anfangs noch die Gespräche Bs mit russischen Partnern übersetzt, muß sich wegen ihres immer schlechter werdenden Gesundheitszustandes im Hotel aufhalten, wo sie in einer anderen Etage ein gesondertes Zimmer erhält und ärztlich versorgt wird. B schreibt ihr das Gedicht *Und läg er auf dem Krankenbett (15,58)*.
B besucht eine Ausstellung und trifft sich mit verschiedenen Schriftstellern und Redakteuren der Moskauer Exilzeitschriften. Bernhard Reich, der in diesem Jahr aus der Haft (→ Januar 39) entlassen worden ist, erinnert sich an ein Gespräch mit B im Hotelzimmer: »Überall lagen Koffer und Bündel. Im Schaukelstuhl der Knabe Steff. In der Ecke kauerte Barbara; Helli ordnete das Gepäck. Irgendwo saß verloren Margarete Steffin. Brecht okkupierte einen Tisch. Eine Auswandererfamilie!« B habe sich sogleich nach Reichs Frau, Asja Lacis (die sich seit 1938 in Haft befindet), erkundigt und eine Intervention »bei einem ihm bekannten Sowjetbotschafter« arrangiert. B spricht mit Reich über seine

Arbeiten in Skandinavien und über seine Pläne. *(Reich, 376-379.)*
Zu einer Unterhaltung, an der auch Helene Weigel und Margarete Steffin teilnehmen, lädt B den Schriftsteller und Zeichner Gregor Gog und dessen Frau ins Hotel Metropol ein. Hauptthema sind der gemeinsame Freund Hans Tombrock und seine Werke.

18. Mai, Sonntag. Lion Feuchtwanger versichert B noch einmal, für ihn werde alles getan, was man tun kann; vielleicht helfe ihm »das Bewußtsein, daß Sie eine ganze Reihe uns sehr treuer Freunde haben«. Über den *Guten Menschen von Sezuan*, den er erhalten hat, urteilt Feuchtwanger: »Es ist ein kleines Wunder, daß Sie inmitten der barbarischen Wirrnis ringsum so etwas Schönes, Klares, Ruhiges, Klassisches haben zustandebringen können.« *(Feuchtwanger, 39.)*

22. Mai 1941
Teilnahme an Feier zum 50. Geburtstag von Johannes R. Becher

22. Mai, Donnerstag. B nimmt an einer Feier des Schriftstellerklubs teil, die aus Anlaß des 50. Geburtstags von Johannes R. Becher stattfindet. An den Folgetagen ist B mehrfach mit Hugo Huppert in der Stadt unterwegs. Sie unterhalten sich u. a. über den kurz zuvor in Moskau verhafteten Herwarth Walden, von dem B meint: »Einer der makellosesten Charaktere, die ich je gekannt habe.« Nach einem Fußmarsch durch das Moskauer Zentrum sehen sie sich im ältesten Wochenschau-Kino Aktualitäten an, auch aus Nazideutschland. »Dieselben provokanten Alfanzereien«, habe B gesagt, »die Goebbels auch in Finnland flimmern läßt.« Er sei daran interessiert gewesen, »sich die Chroniknummer von Hitlers Soldateska in Westeuropa noch bis zu Ende« anzuschauen. »Dabei blieb er nun schweigsam, fühlbar entnervt und verdrossen.« *(Huppert, 30.)*

Margarete Steffin wird in ein Moskauer Krankenhaus eingeliefert

29. Mai, Donnerstag. Vormittags helfen B und Helene Weigel Margarete Steffin, die sich durch ihre Krankheit sehr schwach fühlt, beim Packen. B notiert: »Ich weiß, daß ihre Überführung lebensgefährlich ist.« *(26,489.)* Im Verlauf des Tages bricht Margarete Steffin zusammen. »Die karge Kost in Finnland (fast kein Fleisch, wenig Fette, kein Gemüse, kein Obst), die Aufregungen und Ängste, besonders auch die Furcht, sie könne schuld daran sein, daß wir alle nicht mehr wegkommen würden, dann auch die Reise hatten sie völlig erschöpft. Von ihren sechs Lungenflügeln arbeiteten noch fünf.« *(26,485.)* B begleitet sie mittags im Krankenwagen ins Zentrale Tuberkuloseinstitut des Sanatoriums Hohe Berge in Moskau. »Sie muß mehrmals Sauerstoff nehmen, sieht sehr müd und verändert aus und sagt oft: Schreib mir.« *(26,489.)* »Als wir unsere Billette für ein schwedisches Schiff nach harten Kämpfen endlich bekamen, versuchte ich sie umzutauschen gegen die auf einem späteren Schiff; es wurde mir aber gesagt, das sei nicht möglich. Jedoch wurde mir versprochen, für Grete, falls sie erholt war, würde bestimmt ein Schiffsbillett besorgt werden können.« *(26,485.)* B geht am Nachmittag nochmals zu Margarete Steffin und sagt ihr, daß er die Bahn-Fahrkarten besorgt hat. »Sie lächelt und sagt mit tiefer Stimme: Das ist gut.« *(26,489.)* Hugo Huppert ist von dieser Haltung beeindruckt: »Und ich konnte es kaum fassen, daß die Todkranke darauf Wert legte und drängte, die Brechts sollten sofort *ohne* sie weiterreisen und sich um sie keine Sorgen machen. Sie finde sonst nicht Ruhe.« Huppert habe sie oft besucht, »und meistens leistete Maria Osten der Patientin Pflegedienste und Gesellschaft« *(Huppert, 33f.)*.

30. Mai-10. Juni 1941 Reise von Moskau nach Wladiwostok

30. Mai, Freitag. Mittags besucht B Margarete Steffin im Sanatorium und schenkt ihr einen »kleinen Elefanten, der sie sehr freut«. Sie verspricht ihm, daß sie nachkommt; davon abhalten könne sie nur »Lebensgefahr und der Krieg« *(26,489)*. »Ich ließ ihr Manuskripte und alles zurück. Den Ernst ihrer Lage ahnte sie, jedoch schob ich alles auf ihr Herz, was sie glaubte.« *(26,485.)*

Kurz vor der Abreise bedankt sich B in einem Brief bei Michail Apletin, für »die Aufnahme in Moskau, für den Tag auf der Ausstellung, für die Sorge um meine Schiffsbilletts, für die Freundlichkeit zu meiner erkrankten Mitarbeiterin Steffin«. Nur Apletins »warmherziges Versprechen, für sie zu sorgen und, falls sie gesund wird, ihre Weiterreise zu organisieren«, gebe ihm den Mut, selbst weiterzufahren; sie sei ihm bei seiner Arbeit »unentbehrlich« *(Br, 970)*. In einem weiteren Brief, den B Apletin mit den Reisedokumenten, dem Geld und dem Gepäck Margarete Steffins übergibt, bittet er ihn für den Fall ihres Todes, »die Manuskripte (versiegelte und unversiegelte) und Fotografien« für ihn zu verwahren, ebenso »die kleinen Figuren und Elefanten sowie das Reiseschach« *(Br, 971)*.

Um 17 Uhr fahren B, seine Familie sowie Ruth Berlau mit dem Transsibirischen Expreß in Moskau ab. »Den ganzen Juni geht kein anderes Schiff mehr. Der Eintritt Amerikas in den Krieg steht bevor. Auch Flugverkehr nach Wladiwostok gibt es nicht.« *(26,489.)* Die Zugreise dauert zehn Tage. Ruth Berlau erinnert sich: »Im Zug gab es richtige kleine Salons, in denen man Schach spielen konnte oder Radio hören oder Tee aus dem Samowar holen konnte.« *(Berlau/Bunge, 135.)*

31. Mai, Sonnabend. B und Margarete Steffin stehen während der Reise in telegrafischer Verbindung.

1. Juni, Sonntag. Margarete Steffin telegrafiert B: »Am 31. Mai während der Nacht fühle ich mich mittel. Am 1. während des Tages fühle ich mich schlecht.« *(26,485.)*

3. Juni, Dienstag. Nach einem Bericht von Maria Osten fühlt sich Margarete Steffin »etwas frischer« und bestellt sich Bücher (von Wladimir Majakowski, Johannes R. Becher und Anna Seghers). Sie berichtet vom Aufenthalt bei Hella Wuolijoki in Marlebäck. Ruth Berlau habe sich ihr gegenüber nicht immer gut verhalten. »Ich war oft sehr gekränkt.« Auch in Moskau »auf dem Volksabend«, als sich Margarete Steffin »kaum noch aufrecht halten konnte«, habe die Berlau sie am Morgen angerufen und gefragt, warum sie so böse mit ihr gewesen sei. Steffin erzählt, sie habe oft geweint, weil ihr »die kleinen Schwindeleien so nahe gegangen« seien. Ein paarmal habe sie versucht, nicht mehr mit B weiterzuarbeiten. »Aber dann tat es mir leid, denn er hat dann wirklich nicht gearbeitet. Und ich habe wieder mit ihm gearbeitet.« *(Steffin, 340.)*

4. Juni 1941
Tod von Margarete Steffin

4. Juni, Mittwoch. Nach dem Bericht Maria Ostens hat Margarete Steffin nach einer ruhigen Nacht zeitig gefrühstückt und 8.30 Uhr ein Glas Champagner verlangt. Danach verschlechtert sich ihr Zustand, und Maria Osten wird ins Krankenhaus gerufen. Als sie eintrifft, ist Margarete Steffin bereits (8.55 Uhr) gestorben. Maria Osten versichert B, daß alles getan wurde, »was man machen konnte« *(Steffin, 381).* Um 22 Uhr Ortszeit erhält B im Expreß, »jenseits des Baikalsees«, aus Moskau von Alexander Fadejew und Michail Apletin das Telegramm mit der Todesnachricht *(26,485).*

5. Juni, Donnerstag. B gibt im *Journal* den Wortlaut des Telegramms von Maria Osten wieder.

Telegramm von Maria Osten aus Moskau an Brecht (5. 6.):
Grete wünschte nicht zu sterben. Dachte nur zu leben. Bat um Bücher. Dachte an Sie. Sie hatte den Wunsch, bald gesund zu sein und Ihnen nachzufahren. Nach der nächsten Nacht frühstückte sie ruhig, las gut Ihr Telegramm und bat um Champagner. Bald fühlte sie sich schlecht und zitterte und dachte, es würde besser. In diesem Moment kam der Arzt. Im nächsten Moment wiederholte sie dreimal das Wort Doktor. Starb ruhig. Der Doktor fand bei der Obduktion die beiden Lungen im letzten Stadium. Große Kavernen, Herz und Leber stark vergrößert. Der Abguß des Gesichts wurde für Sie gemacht. *(26,486.)*

Hugo Huppert nimmt an der Beerdigung (am 6. 6.) teil. Margarete Steffin sei »so einfach und ohne Aufsehen« dahingegangen, als wäre es in frühem Alter »das Natürlichste, klaglos zu erlöschen, im Vollbesitz eines hohen künstlerischen Intellekts, einer bedeutenden kreativen Begabung und einer zartfühlenden, ungemein innigen Liebesfähigkeit« *(Huppert, 33).*

B ist von Margarete Steffins Tod sehr stark betroffen und schreibt (während der Überfahrt und in der 2. Hälfte 1941) mehrere Gedichte (*Als es soweit war*, 15,40; *Die Trümmer*, 15,42; *Eingedenk meiner kleinen Lehrmeisterin*, 15,43; *Im neunten Jahre der Flucht*, 15,44; *Mein General ist gefallen*, *Nach dem Tod meiner Mitarbeiterin M.S.*, 15,45).

Mein General ist gefallen
Mein Soldat ist gefallen

Mein Schüler ist weggegangen
Mein Lehrer ist weggegangen

Mein Pfleger ist weg
Mein Pflegling ist weg.
(15,45.)

10.-13. Juni, Dienstag-Freitag. Nach Ankunft des Transsibirischen Expresses in Wladiwostok (am 10. 6.) müssen die Reisenden drei Tage bis zur Abfahrt des Schiffes warten.

11. Juni, Mittwoch. Aus Wladiwostok dankt B Michail Apletin für die Nachsendung der für Margarete Steffin hinterlegten Dollar. Er regelt mit ihm den Versand der Manuskripte, Fotos und anderen Erinnerungsgegenstände an ihn über William Dieterle. Aus den USA will er an Apletin »unter dem Namen Karl Kinner oder nur K. K.« schreiben *(Br, 973).*

12. Juni, Donnerstag. Der gleichzeitig ausreisende Max

Barth erinnert sich (in seinem Bericht *Brechts Ausreise nach Amerika*), daß B vom Zoll »kurioserweise nicht mit Vorzug behandelt« worden ist. Die »22 Gepäckstücke, die die Gruppe Brecht bei sich hatte«, hielt die Abfertigung der anderen Passagiere eine Stunde auf. »Ich ging schließlich in den Zollraum und sagte zum Intouristmann: ›Warum nehmen Sie es mit Brecht so genau? Wissen Sie nicht, daß er einer der bekanntesten proletarischen Dichter ist?‹ [...] ›Das wissen wir‹, sagte er scharf.« *(Stuttgarter Zeitung, 12. 2. 58.)*

Der schwedische Frachter »S. S. Annie Johnson«

13. Juni, Freitag. Mit dem schwedischen Frachtschiff »S. S. Annie Johnson«, das über 51 Passagierplätze verfügt, fahren B, Helene Weigel, die Kinder sowie Ruth Berlau nach Amerika ab.

13. Juni-21. Juli. Das Schiff ist, einschließlich eines Zwischenaufenthalts in Manila, über fünf Wochen unterwegs nach San Pedro (Los Angeles).

13. Juni-21. Juli 1941
Schiffsreise von Wladiwostok über Manila nach San Pedro (Los Angeles)

Ruth Berlau erinnert sich an die Fahrt: »Leider wurde die ›Annie Johnson‹ später torpediert und ging mit der ganzen Besatzung unter, mit dem Kapitän und all den lustigen Leuten. Es war ein schönes Schiff mit angenehmen Salons und einem Swimmingpool. Die Verpflegung war überreichlich. Wir fühlten uns sehr geborgen.« *(Berlau/Bunge, 136.)*

22. Juni, Sonntag. B erfährt vom deutschen Angriff auf die Sowjetunion (»Unternehmen Barbarossa«): Ohne Kriegserklärung überschreiten deutsche Truppen in den frühen Morgenstunden auf breiter Front die Grenze. Hitler kündigt in einem Aufruf an, daß sich jetzt ein Aufmarsch vollziehe, »der in Ausdehnung und Umfang der größte ist, den die Welt bisher gesehen hat«.

22. Juni 1941
Beginn des Krieges gegen die Sowjetunion

26. Juni, Donnerstag. Arnold Zweig berichtet B in einem Brief aus Haifa von einer hebräischen Rundfunkübertragung des *Jasagers* sowie der *Two and Halfpenny Opera*. Er hofft auf ein Wiedersehen mit B und beider kalifornischen Freunden.

Ende Juni. In Manila, einer großen Hafenstadt auf der Insel Luzón (Philippinen), wird die Ladung (Kopra) gelöscht. Nach Ruth Berlaus Erinnerungen hat B dabei die Arbeiter genau beobachtet. »Es waren schöne Menschen, aber so dünn, wie man sich das gar nicht vorstellen kann. Zwischendurch aßen sie aus einem ganz kleinen grünen Blatt ein winziges bißchen Reis. Brecht war sehr beeindruckt und hat dieses kleine Blatt mit dem bißchen Reis nie vergessen.« *(Berlau/Bunge, 137.)* Die Weiterfahrt verzögert sich wegen eines Taifuns (vgl. *Der Taifun;* 15,42); nach fünf Tagen wird die Reise fortgesetzt. Es entsteht das Gedicht *Fürchtend, ach, für unser Leben.*

Fürchtend, ach, für unser Leben
Fliehend die gehaßten Hasser
Haben wir uns nun begeben
Auf die vielgeschmähten Wasser.

Mögen nunmehr die Taifune
Seine Kreuzer uns vertreiben
Daß wir ferner als immune
Gifte ihm im Fleische bleiben.

Mögen uns vor seinen Spähern
Nun die bösen Nebel bergen
Daß sie, wenn sie sich uns nähern
Seine Gäste nicht bemerken.

Daß wir von Taifuns Gnaden
Unter dem Protektorate
Der verhaßten Nebelschwaden
Nahn dem gastlichen Gestade.
(15,40.)

Mitte Juli. Bei der Überquerung des Pazifik sei B, wie Ruth Berlau berichtet, »ausgeglichen« gewesen; er habe jeden Tag

gebadet und sich Zeit »für Helli und die Kinder« genommen. »Wirklich gekümmert hat sich Brecht niemals um seine Kinder. Er verließ sich ganz auf die Weigel. Sie ist die großartigste Mutter, die ich je gesehen habe. [...] Brecht hat Steff und Barbara nie wie Kinder behandelt, sondern er unterhielt sich ganz ernsthaft mit ihnen. Als die Kinder größer wurden, hat er sie, vor allem Steff, an seinen Arbeiten teilnehmen lassen.« *(Berlau/Bunge, 138.)*
20. Juli, Sonntag. Lion Feuchtwanger schreibt an B, er erwarte ihn am Kai. Für B und seine Familie sei eine Wohnung gemietet.

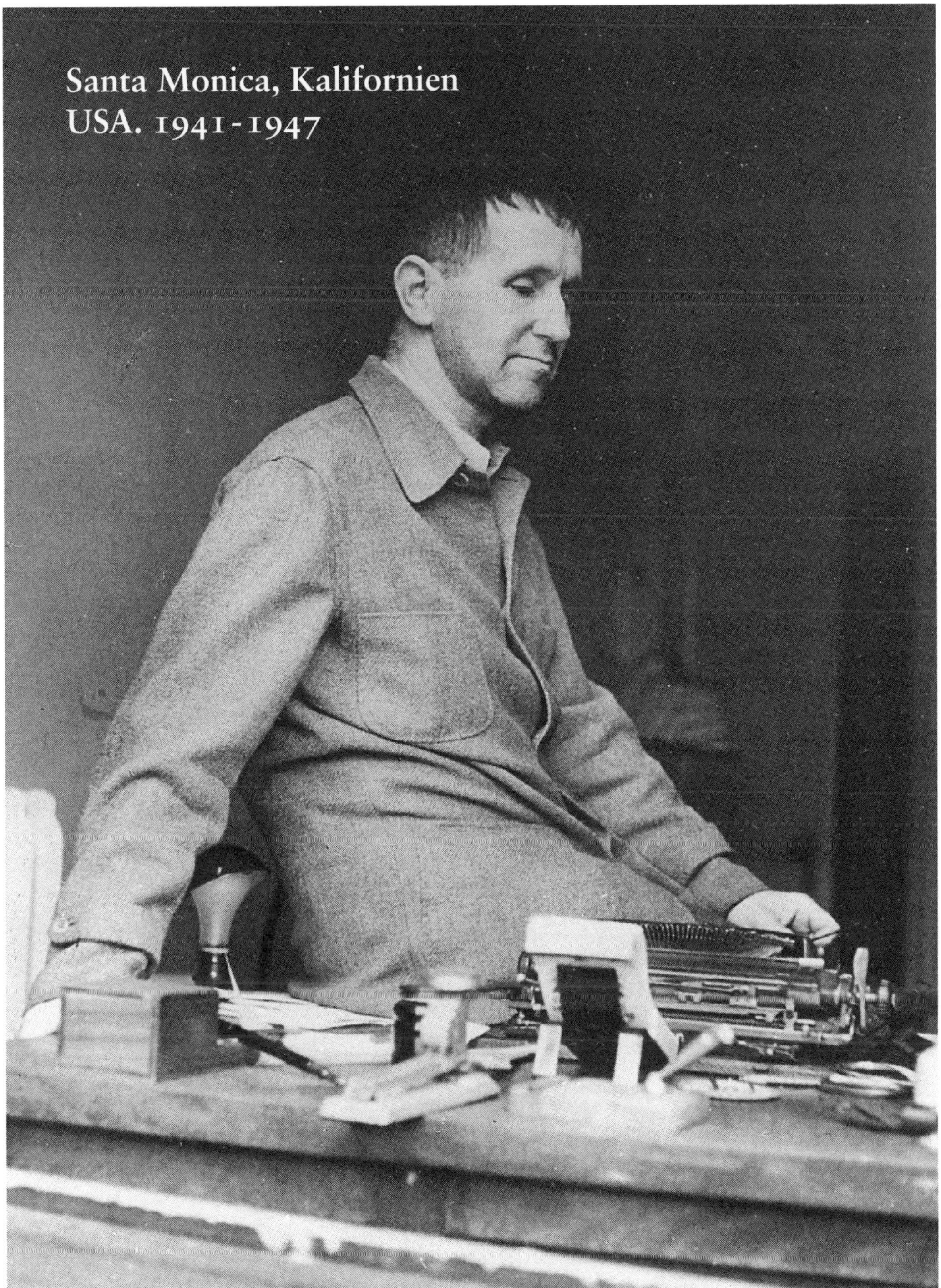
Santa Monica, Kalifornien
USA. 1941-1947

21. Juli, Montag. Ankunft in San Pedro, dem Hafen von Los Angeles. B wird von Marta Feuchtwanger und Alexander Granach abgeholt *(27,9)*. Granach hat sich ebenso wie die mit ihm bekannte Journalistin Dorothy Thompson und Fritz Kortner finanziell für B eingesetzt. Kortner schreibt: »Ihr und in einem bescheidenen Maße mir gelang es, so viel Geld aufzubringen, daß Brecht mit seinen Angehörigen die Fluchtreise nach Amerika antreten konnten. Es war wirklich Rettung in der höchsten Not.« *(Kortner, 500.)* Aussagen Elisabeth Hauptmanns zufolge hatte B sie in einem (nicht überlieferten) Brief von Honolulu aus gebeten, ihm eine Wohnung zu besorgen. Da sie inzwischen aber nach einem mehrmonatigen Aufenthalt in Santa Monica (→ 19. 11. 40) nach New York gefahren war, bat sie »Granach und eine Freundin«, die Wohnung zu suchen *(Kebir, 186)*. B und seine Familie ziehen für kurze Zeit in die (mit finanzieller Unterstützung von William Dieterle) gemietete Wohnung in Hollywood, Nr. 1954, Argyle Avenue.

21. Juli 1941-31. Oktober 1947
Exil in den Vereinigten Staaten von Amerika

Hollywood, Nr. 1954, Argyle Avenue

22. Juli, Dienstag. B besucht Lion Feuchtwanger, der nach Los Angeles übergesiedelt ist, in seinem angemieteten Haus »in mexikanischem Stil« (1650 North Amalvi Drive) in Pacific Palisades. Er sei »im Wesen unverändert, sieht jedoch gealtert aus«. Feuchtwanger rät B, in Kalifornien zu bleiben, »wo es billiger ist als in New York und wo mehr Aussichten zu verdienen bestehen« *(27,9f.)*.

23.-31. Juli, Mittwoch-Donnerstag. B schreibt an Hoffman R. Hays, daß er in Kalifornien angekommen ist und vorläufig auch nicht woanders hin will. Von seinen dramatischen Arbeiten empfiehlt er dem Übersetzer insbesondere die Szenenfolge *Furcht und Elend des III. Reiches (Br, 974)*.

Gedanken über die Arbeit an der Schauspielschule

Auch Erwin Piscator meldet er seine Ankunft. Die Arbeit an der New Yorker New School (→ 6. 12. 40) würde ihn interessieren, obwohl die (weitere) Verlängerung des Vertrags unsicher sei. »Wenn ja, würde es sich fragen, was ich machen kann. Rein theoretische Vorlesungen würden mir sehr viel schwerer fallen als seminaristische Veranstaltungen, mehr Vorbereitung brauchen, Studien, Schreiben von Essais, mehr oder weniger pedantische Ausdrucksweise usw.« Ihm gefiele es besser, »auf dem Grenzgebiet zwischen Dramenbau und Darstellungsstil« zu arbeiten, »und da einige Grenzpfähle zwischen Dramatiker und Regisseur, Regisseur und Schauspieler, Schauspieler und vernünftiger Mensch usw.« zu setzen. Er würde gern »›inszenieren‹, aber nicht ›richtige‹ Stücke, sondern ganz seminaristisch« auch »mit Dramaturgen, Regisseuraspiranten usw.«. Er verweist auf seine *Übungsstücke für Schauspieler* (→ 14. 1. 40). Außerdem verspricht er sich in den USA Wirkung von einer Aufführung seiner Szenenfolge *Furcht und Elend des III. Rei-*

ches. »Das Stück wäre enorm aktuell, da es das soziale Milieu zeigt, aus dem Hitlers Soldaten kommen, es ist eine riesige Heerschau, die außerdem noch zeigt, was die Leute hier erwartet, wenn sie hier Diktatur kriegen.« *(Br, 975.)*
Karl Korsch berichtet B über die Stationen in Stockholm und Helsinki. »Helli geht es gut, sie ist nur ein wenig dünn geworden; Barbara nimmt menschenähnliche Formen an und Steff ist ein großer Lackel geworden mit guten Muskeln vom Koffertragen.« B bittet um Zusendung der neuen Arbeiten Korschs sowie um dessen Marx-Biographie (→ Mitte Februar 39), die er nicht in die USA mitbringen konnte. Thomas Mann treffe er »höchstens zufällig und dann schauen 3000 Jahre« auf ihn herab. B grüßt Korsch »herzlich und enthusiastisch« *(Br, 976).*

1. August 1941 - 11. August 1942
Santa Monica
Nr. 817, 25th Street

Über sein Domizil schreibt Brecht am 16. 7. 1942:
Mein Arbeitszimmer mißt elf Fuß zu zwölf Fuß, ist stickig und hat rosa Türen. Da an drei Wänden Tische und an der vierten das Schlafsofa, kann ich beim Arbeiten nur drei sehr kleine Schritte machen. Etwas unbeschreiblich Niedliches, Unedles haftet dem Raum an, der nicht einmal aus seiner Kleinheit etwas machen kann. Mein schwarzer Soldatenkoffer, ein episches Stück, dominierend in dem Lidingöer Waldhaus und der Helsingforser Hafenkaserne, unterliegt hier schmählich und ist lediglich »not a nice thing«. *(27,115.)*

1. August, Freitag. B hat ein Haus (Nr. 817, 25. Straße) gemietet und ist mit seinen Angehörigen von Hollywood nach Santa Monica umgezogen. Er notiert seine ersten Eindrücke im *Journal*: »Fast an keinem Ort war mir das Leben schwerer als hier in diesem Schauhaus des easy going. Das Haus ist zu hübsch, mein Beruf ist hier Goldgräbertum, die Glückspilze waschen sich aus dem Schlamm faustgroße Goldklumpen, von denen dann lange die Rede ist, wenn ich gehe, gehe ich auf Wolken wie ein Rückenmärkler.« Der Verlust von Margarete Steffin wird ihm gerade hier schmerzlich bewußt: »Es ist, als hätte man mir den Führer weggenommen gerade beim Eintritt in die Wüste.« *(27,10.)*
9. August, Sonnabend. B kommt sich vor »wie aus dem Zeitalter herausgenommen«, Los Angeles sei »ein Tahiti in Großstadtform« *(27,10).* Er hat William Dieterle besucht und von seinem Haus aus einen Blick auf das Fernandovalley geworfen. Alles Grüne sei »nur durch Bewässerungsanlagen der Wüste« abgerungen. »Kratz ein bißchen, und die Wüste kommt durch: zahl die Wasserrechnung nicht, und nichts blüht mehr.« Das blutige Gemetzel, das Tag und Nacht in Europa tobt, »unser Schicksal entscheidend, erzeugt einen schwachen Widerhall im Treiben des Kunstmarktes«.
B erfährt erst jetzt (→ April 40) vom Selbstmord Walter Benjamins (am 26./27. 9. 40). Er liest Benjamins letzte Arbeit, die dieser für das Institut für Sozialforschung geschrieben hat *(Über den Begriff der Geschichte).* B findet nicht, daß sie verworren ist, wie der Philosoph und Schriftsteller Günther Anders meint (der ihm die Arbeit gegeben hat); er hält sie eher für »klar und entwirrend (trotz aller Metaphorik und Judaismen)« *(27,12).* Im Zusammenhang mit dem Tod seines Freundes entstehen die Gedichte *An Walter Benjamin, der sich auf der Flucht vor Hitler entleibte (15,41), Zum Freitod des Flüchtlings W.B. (15,48)* und *Die Verlustliste (15,43).*

Santa Monica, Nr. 817, 25th Street

Auf einer Party des Journalisten Rolf Nürnberg trifft B »den Doppelclown Horkheimer und Pollock«, die er als »zwei Tuis vom Frankfurter Soziologischen Institut« bezeichnet. (Max Horkheimer ist Direktor und Friedrich Pollock Gründungsmitglied des Frankfurter Instituts für Sozialforschung, das 1933 nach Paris emigriert und 1939 wegen der Arbeitsmöglichkeiten nach New York umzieht.) Mit ihrer *Zeitschrift für Sozialforschung* (in den USA: *Studies in Philosophy and Social Science*), meint B, »halten sie etwa ein Dutzend Intellektuelle über Wasser, die dafür alle ihre Arbeiten abliefern müssen ohne die Gewähr, daß die Zeitschrift sie jemals druckt« *(27,12f.)*.

12. August, Dienstag. Aus New York dankt Hermann Borchardt B für zahlreich erwiesene Hilfe »in schwarzen Tagen«. Er freut sich über Bs Übersiedlung in die USA. Da er selbst keine Anstellung als Lehrer fand, habe er zu schreiben angefangen und sei »von Mißerfolg zu Mißerfolg« geschritten *(1298/36f.)*.

August/September 1941
Pläne für New York

August. B teilt Kurt Weill, dem er aus Finnland ein Typoskript des *Guten Menschen von Sezuan* geschickt hat, seine Ankunft in Kalifornien mit; »unser letzter Absprung war etwas knapp«. Er erkundigt sich bei Weill nach den Rechten der *Dreigroschenoper* in den USA. »Gern würde ich das Stück gelegentlich mit Negern versuchen, das könnte von hier aus geschehen, es gibt herrliche Negerschauspieler hier [...].« *(Br, 977.)*

Mehrere Filmgeschichten entstehen

Erwin Piscator hat B inzwischen sein Interesse an *Der gute Mensch von Sezuan* mitgeteilt. Aber B wünscht, daß er erst den *Aufstieg des Arturo Ui* liest, und arrangiert eine Zustellung über Elisabeth Hauptmann. *Der gute Mensch von Sezuan* sei »so sehr artistisch«, daß man (auch für eine Übersetzung) viel Zeit braucht. Für die Arbeit an der New School, die er nur machen würde, wenn er davon leben kann, ergänzt er seine Vorschläge (→ 23.-31.7.): »ich könnte aber auch ein Praktikum abhalten und mit den Schülern zusammen ein Stück schreiben.« Außerdem schlägt er eine Bearbeitung (die er mit den Studenten machen würde) und eine Inszenierung von Shakespeares *Troilus und Cressida* vor, was ihn »seit vielen Jahren brennend« interessiert.

Erwägung einer Übersiedlung nach New York

Die »große Crux« sei »eben immer wieder« die Finanzierung von Anreise und Aufenthalt in New York. Er und seine Angehörigen brauchten nur das »Existenzminimum«: »wir leben ja einfach und könnten etwas außerhalb wohnen.« Er möchte mit Piscator »überlegen, wie wir eine gute Zusammenarbeit organisieren können«. Sollte das Projekt an der Schule nicht realisierbar sein, will B versuchen, ob er »nicht doch hier etwas Geld machen kann«, um damit einen New Yorker Aufenthalt selbst zu finanzieren *(Br, 978)*.

20. September, Sonnabend. F. C. Weiskopf, der sich ebenfalls um Bs Einreise in die USA gekümmert hat, fragt Lion Feuchtwanger, was »eigentlich mit Brecht los« sei. »Hier [in New York] wundert man sich, daß er mit niemand in Verbindung getreten ist, weder mit seinem früheren Verleger noch mit den amerikanischen Kollegen, die sich doch auch für ihn bemüht haben« *(Feuchtwanger, 432).*

September. Auf einen Brief Piscators drückt ihm B seine Freude darüber aus, daß ihm *Der Aufstieg des Arturo Ui* gefallen hat, ebenso darüber, daß er über den *Guten Mensch von Sezuan* »mit der Guild« verhandelt hat. B bittet aber um eine Übersetzungsprobe und will erst die finanziellen Bedingungen festlegen (»ich zahle keine 50% dafür von den Tantiemen«). Bei *Der Aufstieg des Arturo Ui* möchte B gern beteiligt sein. »Wünschbar wäre, daß ich dabei bin, denn es muß ja frei übersetzt werden und da kann ich dem Übersetzer viel helfen (andere Bilder wählen, den eigentlichen Witz erklären usw.).« B schlägt für diese Arbeit Christopher Lazar vor, den ihm Lion Feuchtwanger empfohlen hat. »Der Mann macht einen sehr guten Eindruck, kennt deutsches Theater und meine Hauptarbeiten und würde mit mir zusammen arbeiten.« B fragt Piscator, ob er Oskar Homolka für die Hauptrolle interessieren soll. Wegen der zögerlichen Korrespondenz bittet er ihn um Geduld, »ich muß hierher und dorthin, um zu sehen, wie ich etwas verdienen kann« *(Br, 979).*

B bedauert gegenüber Karl Korsch, daß dieser bei einer Reise nach dem Westen nicht über Los Angeles kommen konnte. »Ich selber habe wohl noch einige Zeit hier zu bleiben, um eine kleine finanzielle Plattform zu zimmern. Sobald ich damit halbwegs fertig bin, mache ich mich auf nach New York, wenigstens für einige Wochen.« Er fragt nach der von Korsch herausgegebenen Ausgabe des *Kapitals* von Karl Marx und erneut (→ 23.-31.7.) nach der Marx-Biographie. Hans Reichenbach, der in seiner Nähe wohnt, treffe er mitunter, außerdem »mit sehr viel weniger Gewinn, außer für den *Tuiroman* – Herbert Marcuse, Horkheimer und Pollock, die letzteren beiden nur auf Gesellschaften«. Er sei »im hintersten Finnland [...] nicht so aus der Welt« gewesen wie hier: »Die Feindschaften gedeihen hier wie die Orangen und haben wie die keine Kerne.« *(Br, 980.)*

Freundschaft und Zusammenarbeit mit Ferdinand Reyher
Der amerikanische Schriftsteller Ferdinand Reyher, geboren am 26.7.1891 in Philadelphia, ist seit Ende der zwanziger Jahre mit B im Kontakt; er besucht B in Dänemark

4. Oktober, Sonnabend. Bei einem ersten Treffen mit Ferdinand Reyher (→ 9.5.28) erzählt ihm B den »Plan zu *Jae Fleischhacker in Chikago*, und in ein paar Stunden entwikkeln wir eine Filmstory *Der Brotkönig lernt Brot backen*« *(The King's Bread; 20,30-39).* »Es gibt kein richtiges Brot in den Staaten, und ich esse gern Brot, meine Hauptmahlzeit ist nachts, und es ist Brot mit Butter.« Im Gespräch meint

Reyher, die »Amerikaner seien immer noch Nomaden, und Nomaden verstehen nichts vom Essen« *(27,13)*.

5. Oktober, Sonntag. B findet, daß sich »der Interessenkonflikt zwischen den verschiedenen Schichten in Frankreich und England, die Außenpolitik betreffend«, rapid verschärft hat und diese Länder »kaum noch als Nationen« kämpfen *(27,14)*.

7. Oktober, Dienstag. B montiert in das *Journal* unter der Headline *Hitler hurls 6000 planes, 2 armies against Moscow* verschiedene amerikanische Zeitungsausschnitte: eine Meldung über Eleanor Roosevelts Verteidigung der Religionspolitik Stalins, eine Notiz über die Absage eines Austauschs von 100 britischen und deutschen Gefangenen, eine Meldung über die Einstellung einer sowjetischen Zeitschrift der Atheistischen Liga, eine Nachricht über die Entlassung von 2000 Arbeitern wegen »Einschränkung der zivilen Autoproduktion« sowie Zitate des Erzbischofs von Canterbury, die seine Überzeugung ausdrücken, daß in der Sowjetunion mit der »Erhebung eines ganzen Volkes die Wiedererweckung ihres tiefen unauslöschlichen religiösen Gefühls eintreten wird« *(27,16)*.

8. Oktober, Mittwoch. Bei einem Gespräch über den Nachruhm Caesars gerät B in Streit mit Lion Feuchtwanger »über die Omnipotenz der Geschichtsschreiber« *(27,15)*.

20. Oktober, Montag. Abends ist B bei dem Drehbuchautor Hermann Mankiewicz zu Gast und spricht mit ihm über Orson Welles' Film *Citizen Cane*. Der aus New York eingetroffene Schriftsteller Ben Hecht gibt Mankiewicz »eine deliziöse Aufzählung aller New Yorker flops, sozusagen sein Gastgeschenk«; niemand schreibe mehr »ernsthafte Stücke« *(27,17f.)*.

21. Oktober, Dienstag. B besucht eine Party des Regisseurs Fritz Lang, der seit 1934 in den USA lebt und zahlreiche Filme inszeniert hat. In seinem *Journal* beklagt sich B darüber, daß bei dieser Zusammenkunft »erwachsene Leute, Flüchtlinge«, auf die Deutungen von Kriegsereignissen durch einen Astrologen hören *(27,18)*.

22. Oktober, Mittwoch. Die spezifischen Hindernisse des amerikanischen Theaters sind für B »die allgemeinen einer total kommerzialisierten Bühne«. Wenn es auch »scheußlich« ist, so könnte dieses System funktionieren, »wenn die politische Situation anders wäre«.

Erneut stellt B das Nomadendasein der Amerikaner fest: alle Leute seien, »wo sie sind, nur um wegzukommen«. Auch das Theater hat etwas davon, »von Leuten unterwegs für Leute, die sich verlaufen. Time is money, die Typen werden fertig zusammenmontiert, die Proben sind reine Montagearbeit.« *(27,19.)*

(→ 28. 10. 38) und korrespondiert mit ihm. Reyher liest Arbeiten Bs, die er von ihm laufend zugeschickt bekommt; er stellt eine Übersetzung von *Furcht und Elend des III. Reiches* her (→ 27. 8. 39). B ist daran interessiert, mit Reyher Filmstories zu schreiben. Zwischen den beiden Schriftstellern entwickelt sich in den USA eine enge Freundschaft. B bezeichnet Reyher später als einen »guten Cicerone für die Staaten« (→ 13. 2. 42).

Mit Ferdinand Reyher, 1946

23. Oktober, Donnerstag. B hat Karl Korschs Brief (vom 14. 10.) erst jetzt erhalten und antwortet ihm auf seine Fragen über Details der Überarbeitung der *Kapital*-Ausgabe (→ September). Er ermutigt ihn zu numerierten Paragraphen, »weil sie das Zitieren erleichtern« und Überschriften »Gold wert« sind. B ist außerdem für eine »Verwertung spezifizierter Begriffe: ›Klasse‹, ›Arbeit‹, ›Produktivkräfte‹«. Zu genauerer Beurteilung benötige er aber das Buch. B empfiehlt Korsch am Ende, möglichst viel aus seiner »Kiste« in den USA drucken zu lassen: »besonders Historisches, das gäbe eine gute Basis«, und wünscht sich seinen baldigen Umzug nach Santa Monica.

25. Oktober, Sonnabend. B besucht Alfred Döblin. »Kleines möbliertes Haus für 60 $ im Monat, aus dem sie heraus müssen«, weil er und Heinrich Mann ihre »Picturewriterkontrakte« (von der Filmgesellschaft Warner Brothers) gekündigt bekamen. Döblin »steht vor dem Nichts, zeigt aber seinen alten Berliner Humor«. B schlägt ihm vor, »ein halbes Dutzend klassischer Werke zu verzeitlichen« *(27,17)*.

26. Oktober, Sonntag. B besucht am Nachmittag den Physiker Hans Reichenbach (→ 11. 10. 32), »der hier an der kalifornischen Universität Philosophie liest, Empiriker, Logistiker, Einsteinschüler«, und spricht mit ihm über *Leben des Galilei*, den er ihm zur Lektüre überlassen hatte. Als »ein paar Psychoanalytiker« dazukommen, lenkt B das Gespräch auf die Astrologie. Aus »dem Glauben an die Astrologie wird sogleich ein Mutterkomplex – der Glaube an Hitler ist auch nur so was« *(27,18f.)*. In den *Tuiroman* führt B Reichenbach als »Bo-en-reich« ein, einen Logiker, der versucht, die Verwirrung der Begriffe »ähnlich zu lösen wie der Papst durch Entwirrung der Begriffe« *(17,39)*.

B erscheinen »Stücke wie die *Shakespeare*schen Historien« der Realität am nächsten und geeignet für »Kurse über Dramatik« *(27,19f.)*.

27. Oktober, Montag. B hat von Karl Korsch einige Artikel erhalten, die dieser in der Zeitschrift *Living Marxism* veröffentlicht hat. Nach der Lektüre findet er: »In gewisser Hinsicht treten die Ähnlichkeiten der beiden großen Bewegungen Faschismus und Bolschewismus, welche den planwirtschaftlichen Tendenzen entsprechend die neuen autoritären Staatsgebilde geschaffen haben, mehr hervor als ihre Unähnlichkeiten.« *(27,20.)* »Anfangs November« schreibt er Korsch, daß er seine »Artikel mit dem tiefsten Interesse« gelesen habe; seit Jahren wäre es »wieder die erste Kost« gewesen. Mit Korschs Stellung zur Sowjetunion sei er »immer noch nicht glücklich«: »Es ist eben nicht nur ein Arbeiter*staat*, sondern auch ein *Arbeiter*staat!« B beurteilt »die spezifische Staatsform (die stalinistische)« in engem Zusammenhang »mit der Sozialisierung der Wirtschaft (den Fünfjahresplänen), der Kollektivisierung und Industrialisierung der Landwirtschaft und der Landesverteidigung«. Ihn interessieren die »spezifischen Gründe des Unterliegens der Räte, die historischen Gründe«. Max Horkheimer sehe er selten, weil Herbert Marcuse, der »ganz zugänglich« sei, wieder in New York ist. »Ich werde aber zäh an dem Plan arbeiten, Sie hierher zu kriegen, da können Sie sicher sein.« – Der Familie ginge es gut. »Steff lernte Auto fahren, er fährt aber zu schnell und ich habe auch Mühe, ihn von einer allzu soziologischen Bearbeitung seiner Aufsatzthemen zurückzuhalten. Ich glaube, er wird Ihnen gefallen, im ganzen. Barbara studiert Sex-Appeal und hält literarisch beim ›Superman‹.« Bei der Filmarbeit, die B betreibt, habe er sich »von einer allzu soziologischen Bearbeitung des Themas boy meets girl zurückzuhalten« *(Br, 982)*.

In einer Gesprächsrunde erzählt Berthold Viertels Frau Salka (die an Drehbüchern für Greta Garbo beteiligt ist), daß in dem in Vorbereitung befindlichen Garbo-Film *Madame Curie* (MGM 1943) eine wichtige Szene gestrichen wurde. Darin weisen die Curies »ein amerikanisches Riesenangebot für ihre Radiumerzeugung ab, da sie als Wissenschaftler Erfindungen nicht monopolisieren können«. Das wollte die Industrie nicht: »Es ist unsittlich, etwas umsonst zu machen.« *(27,20f.)*

Von Brecht ins *Journal* geklebtes Foto mit einem deutschen Soldaten, der auf das zerstörte Dneprostroj blickt, das größte Wasserkraftwerk der Sowjetunion

Trotz der Erfolge der Nazis auf der Krim, vor dem Kaukasus, vor Moskau und Leningrad und der Tatsache, daß die Engländer »beunruhigt« zuschauen, rechnet Lion Feuchtwanger mit einem russischen Sieg. »Ein Zweifel daran erscheint ihm reiner Aberwitz. Ich freue mich sehr.« *(27,21.)*

Bei einem Essen, das der Rezitator Ludwig Hardt gibt, wird über die Lyrik Rilkes und Goethes gesprochen, vor allem über »die Entwicklung des Geschmacks auf Kosten des Appetits« *(27,21f.)*.

Oktober. In einem Brief an Karin Michaelis (vom Herbst) beschreibt Helene Weigel die neue Situation so: »Ich habe viel zu tun, das heißt keine wirkliche Arbeit, aber Haushalt, Leute – und Dreck wegputzen.« B arbeite viel, »versucht was zu verkaufen, bis jetzt aber gelingt nichts«. In einem Postskriptum findet es B »scheußlich, daß wir so weit auseinander wohnen« *(KBK)*.

1. November, Sonnabend. Wie ihm Lion Feuchtwanger erzählt, ist ein Artikel von ihm über Hitler von der Zeitschrift *Colliers* wegen »wishful thinking« nicht angenommen worden. »Er hatte *Hitler* als ein Nichts dargestellt, ein bedeutungsloses Sprachrohr der Reichswehr, einen Schauspieler, der den Führer spielt usw. Kurz, Hitler soll keine ›Persönlichkeit‹ sein.« Hier könnte man offensichtlich nicht verstehen,

»wie ein Mann nichts sein könnte, wenn die USA 40 Milliarden zu seiner Vertilgung ausgeben wollen« *(27,22)*.
B notiert außerdem: »Über Theater zu schreiben nirgends schwieriger als hier, wo lediglich theatralischer Naturalismus betrieben wird.« *(27,23.)*
14. November, Freitag. Die Emigranten würden »entweder in ein wildes Geschimpfe auf ›die Amerikaner‹« verfallen oder »mit dem Wochenscheck im Maul« reden, »wie Kortner es denen vorwirft, die gut verdienen und gut reden« *(27,23)*.

16. November 1941
Plan für ein Stück
Die Reisen des Glücksgotts

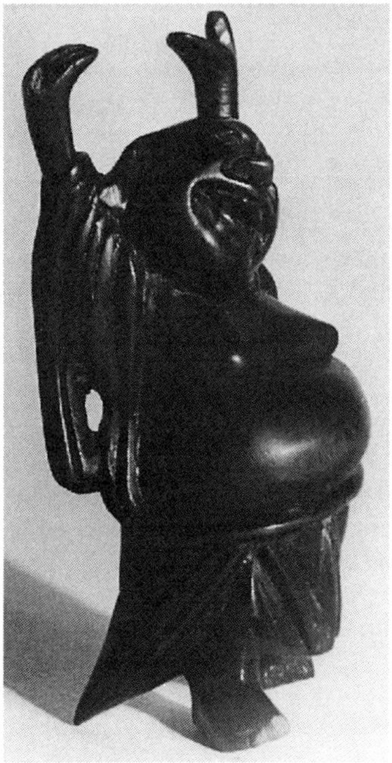

16. November, Sonntag. B kauft in Chinatown von Los Angeles »für 40 Cts. einen kleinen chinesischen Glücksgott« und macht sich Gedanken zu einem Stück *Die Reisen des Glücksgotts (10,922-937)*. »Der Gott derer, die glücklich zu sein wünschen, bereist den Kontinent. Hinter ihm her eine Furche von Exzessen und Totschlag.« Die Behörden zwingen ihn in die Illegalität. Schließlich wird er verhaftet und zum Tode verurteilt, aber er ist unsterblich *(27,23)*.
B berichtet von einer Rezitationsveranstaltung in einem jüdischen Club, bei der Ernst Deutsch, Helene Thimig und Fritz Kortner lesen. Kortner trägt aus der *Deutschen Kriegsfibel* »nicht die einzelnen lakonischen Gedichte« vor, »sondern macht eine Rhapsodie aus dem Ganzen, zuerst leise, musikalisch, ein wenig traurig lesend, dann sehr aggressiv endend, meisterhaft« *(27,26)*.
17. November, Montag. Karl Korsch hat den *Kinderkreuzzug 1939 (15,50-56)* gelesen und »nicht mit Beifall« gespart, aber lakonisch auf die »Änderung des Tons seit den *Drei Soldaten*« hingewiesen *(27,26)*.
18. November, Dienstag. Fritz Kortner sei »exemplarisch in seiner Fähigkeit, sich nicht anzupassen«; er denunziere »selbst das Klima«, auch den ewigen Sonnenschein, »der die Gehirne so austrocknet, daß die Leute am End nur noch Hollywoodfilme schreiben können«. 1940 habe er Dorothy Thompson überredet, für die Wiederwahl Roosevelts einzutreten und ihr Reden und Artikel geschrieben, aber nach der erfolgreichen Wahl fehlte ihm »das Kleingeld«, »zu einem Tee ins Weiße Haus zu fahren« *(27,24)*.
20. November, Donnerstag. Helene Weigel hat Elisabeth Bergner die Fabel von *Der gute Mensch von Sezuan* erzählt und ihr Interesse geweckt. Nach der Lektüre habe sie nun aber das Stück »so langweilig wie großartig« gefunden; es sei undramatisch, »niemand wird sich im geringsten interessieren«. B empfiehlt ihr eine nochmalige Lektüre. Außerdem

Bearbeitung der Tragödie
A Woman Killed with Kindness
von Haywood

möchte er wissen, ob sie in einer Version *(10,895-911)* der Tragödie *A Woman Killed with Kindness* (dt. Sie starb an ihres Gatten Güte) von Thomas Haywood, »im elisabethanischen Stil produziert, als exotischen Leckerbissen«, mitspielen würde. Die Bergner sei »nicht uninteressiert« gewesen *(27,25)*.

21. November, Freitag. Der Erfolg des Abends im jüdischen Club (→ 16. 11.) bringt den Veranstalter Leo Reuss auf die Idee, »im Dezember einen reinen Brechtabend« zu machen. B stimmt aber der Besetzung der *Jüdischen Frau* durch Fritzi Massary (unter der Regie von Max Reinhardt) nicht zu, »da ja Helli viel besser« wäre. Dann wird aber der Abend überhaupt abgesagt, »es sind Widerstände da ...« *(27,26)*.

22. November, Sonnabend. Der amerikanische Schauspieler Clarence Muse hat »eine Bearbeitung von *Dreigroschenoper* gemacht und will eine Negeraufführung produzieren« *(27,26)*.

2. Dezember, Dienstag. B arbeitet »mit dem deutschen Schauspieler und Conferencier Robert Thoeren (der für die MGM tätig ist) an einem Filmlustspielstoff«. »Er hat eine luxuriöse Villa und eine Hühnerranch zur Erholung.« Thoeren schwadroniere »mit sorgfältigster Vermeidung alles Nachdenkens drauflos«; beispielsweise könne der Held »seine Mutter ohrfeigen oder schwängern oder um Geld bitten oder aushalten oder sein Leben für sie aufs Spiel setzen. Gesetzt, er tut das erste ... usw.« Für ihn gelte als richtig, »was ein Honorar erhöhte« *(27,27f.)*.

3. Dezember, Mittwoch. B ist mit Fritz Kortner, Heinrich Mann, Ludwig Marcuse bei Lion Feuchtwanger. Die Gäste sind »etwas irritiert über den schlechten Start der englischen Libyen-Offensive«, aber durch »die erste militärische Niederlage der Nazis, die im Donezbecken«, kommt doch wieder Hoffnung auf *(27,28f.)*.

4. Dezember, Donnerstag. B hat Fritz Lang einen Glücksgott geschenkt (→ 16. 11.) und ihm das Epigramm *Ich bin der Glücksgott* gewidmet *(27,30)*.

5. Dezember, Freitag. Barbara hat eine weiße Hündin namens Wriggels geschenkt bekommen. Das schwerkranke Tier muß in die Klinik gebracht werden; es hat aber Überlebenschancen. »Für mich liegt ein Schatten über dem Tag, aber Barbara ist ganz kühl.« *(27,30.)*

7. Dezember, Sonntag. Japanische Streitkräfte greifen den amerikanischen Stützpunkt Pearl Harbor auf Hawaii an und zerstören große Teile der Pazifikflotte der USA.

8. Dezember, Montag. Gemäß einem Bericht des FBI (→ 6. 3. 43) erklärt B in Los Angeles seine Absicht, Staatsbürger der USA zu werden.

Bei der Arbeit mit Fritz Kortner an einer »Filmstory für [Charles] Boyer« (*Days on Fire*) erfährt B von dem Angriff auf Pearl Harbor. »Als wir das Radio andrehten, wurde es uns klar, daß wir wieder ›auf der Welt‹ waren. Eine riesige Nation erhob sich, halb schlaftrunken, um in den Krieg zu

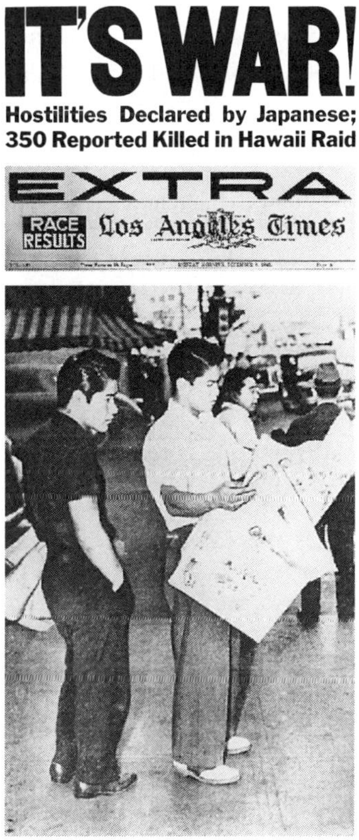

Ins *Journal* eingefügte Zeitungsmeldungen. Das Foto zeigt japanische Jugendliche in Los Angeles, die bestürzt die Berichte über den Angriff Japans auf Hawaii lesen.

8. Dezember 1941
Kriegserklärung der USA und Großbritanniens an Japan

gehen.« *(27,30f.)* Die USA und Großbritannien erklären Japan den Krieg (am 11. 12. folgen die Kriegserklärungen der mit Japan verbündeten Länder Deutschland und Italien an die USA).

Berlin

Nazis Claim Zero Weather Blocks Red Battle

BERLIN, Dec. 7.—(AP)—subzero weather virtually paralyzed both armies on the Moscow front today, German war reports indicated.

Extremely reticent, the German high command passed in silence both the Moscow front, where the heaviest Nazi push was reported underway yesterday, and the Rostov front, where the Russians were on the offensive.

Bericht über die lähmende Kälte *(27,34)*

Unter einen Zeitungsausschnitt mit der Meldung, daß das kalte Wetter an der russischen Front die Kampfhandlungen lähmt, schreibt B: »So merkt Hitler in den Tagen, wo die größte Industriemacht der Welt in den Krieg eintritt, daß der Winter in Rußland kalt ist.« *(27,34.)*

9. Dezember, Dienstag. B bietet dem Schriftsteller und Archivar Archibald MacLeish an, »zum Kampf gegen die Nazis, die Geißel der Welt, beizutragen«. Er schlägt Rundfunkübertragungen nach Deutschland vor, in denen die Wahrheit vermittelt wird, »die leicht als Antrieb wirken könnte, sich in der herannähernden Stunde der Verzweiflung zu erheben«, und stellt sich »für derartige Bemühungen« zur Verfügung *(Br, 984)*.

10. Dezember, Mittwoch. Aus Furcht vor japanischen Angriffen wird ein Blackout (Verdunkelung) an der kalifornischen Küste verordnet *(27,35)*.

Weitere Filmgeschichten fertiggestellt

17. Dezember, Mittwoch. B listet einige Filmgeschichten auf, die er fertiggestellt hat oder an denen er arbeitet (keine davon wurde verfilmt): »mit *Kortner* etwas für Boyer *Days on Fire* und eine Reigenparaphrase *Karussell*, mit Thoeren *Bermuda Troubles*, mit Reyher *Der Brotkönig lernt Brot backen*, mit Ruth *Der Schneemann*«. *Days on Fire* (→ 8. 12.) *Bermuda Troubles; 20,40-46 – Der Brotkönig lernt Brot backen* (→ 4. 10.).

Er entwirft »für das Theater eine *Jeanne d'Arc 1940*« (→ 19. 12.). Aus dem *Kinderkreuzzug* (→ 17. 11.), zunächst als Filmstory geplant, sei eine »Ballade« geworden *(27,35)*. Auch beim Versand dieses Gedichts (um diese Zeit) an Berthold Viertel schreibt er von dem Filmplan für diesen Stoff, habe aber »keine andere Form« gefunden (→ 4. 6. 43); nun fragt er, ob Viertel »Isherwood oder Auden oder sonstwen zum Nachdichten überreden« kann. An einer Inszenierung Viertels von *Der Aufstieg des Arturo Ui* (inzwischen von Hays ins Englische übersetzt) wäre B sehr interessiert. Er freut sich über die in New York bevorstehende Publikation von Viertels Gedichtsammlung *Fürchte dich nicht.* »Nun, unsere Bücher sind leichter verbrannt als gedruckt.« *(Br, 983.)*

18. Dezember, Donnerstag. »Kortner erzählt B eine klassische Geschichte über Hollywood.« Als der deutsche Schauspieler und Regisseur Curt Goetz, zu dieser Zeit bei MGM tätig, für »seine wertvolle Hündin keinen Liebhaber finden könne«, habe ihm sofort »ein berühmter Regisseur« der MGM mit seinem Hund ausgeholfen. Ein Jahr später setzte aber die Hilfe aus: »Goetzens Kontrakt bei der Metro-Goldwyn-Mayer ist nicht erneuert worden, er ist joblos.« *(27,35 f.)*

19. Dezember, Freitag. B hat das Stück über »Jeanne d'Arc 1940« (erste Idee dazu → 7. 7. 40; vgl.auch 17. 12.) entworfen und nennt es jetzt *Die Stimmen* (später *Die Gesichte der Simone Machard*, → 15. 11. 42). »Ich habe neun Szenen, davon vier Träume.« Gemeint seien »die Stimmen des Volkes, Jeanne vertritt, was das Volk sagt«. Außerdem will er darin verarbeiten, »daß in Kriegen zwischen zwei Ländern nicht nur die Beherrschten, sondern auch die herrschenden Schichten der beiden Länder gemeinsame Interessen haben«, nämlich die »Anerkennung des Eigentums« *(27,37)*.

Beginn der Arbeit an dem Stück *Die Stimmen* (später: *Die Gesichte der Simone Machard*)

20. Dezember, Sonnabend. B bereitet die 1. Szene des Stükkes *Die Stimmen* Schwierigkeiten *(27,37)*.

23. Dezember, Dienstag. Hitler hat (am 19. 12.) den für die »Winterkrise« an der Ostfront verantwortlichen Generalfeldmarschall von Brauchitsch abgesetzt und den Oberbefehl selbst übernommen. Die Wahrheit sei, wie B meint, daß die Russen »Hitlers ›größte Armee der Welt‹ zerbrochen« haben *(27,37)*.

24. Dezember, Mittwoch. B kauft vormittags in Los Angeles als Weihnachtsgeschenk für Helene Weigel einen Schminkspiegel. »Entreiße einem Chinesen den vierteiligen Rahmen und lasse Spiegel einsetzen. Sehe wieder einmal, wie sehr es hier drauf ankommt, daß man dem Handwerker sagt, wozu, warum und wie, kurz, daraus eine persönliche Sache macht.« *(27,37.)*

B liest in Lion Feuchtwangers Manuskript zu *Unholdes Frankreich. Meine Erlebnisse unter der Regierung Pétain*, »wahrscheinlich sein schönstes Buch«; Feuchtwangers Humanismus habe »eine gesunde Grundlage« *(27,38)*.

Zum Heiligabend sind bei B Elisabeth Bergner und ihr Mann Paul Czinner, Marta und Lion Feuchtwanger, Alexander Granach und später auch Fritz Lang zu Gast *(27,37)*.

25. Dezember, Donnerstag. B hört die Rede Winston Churchills vor dem amerikanischen Senat. »Längster Beifall, wenn er von Rußland, langer, wenn er von China, sehr kurzer, wenn er von den Engländern in Libya spricht.« *(27,38.)*

26. Dezember, Freitag. Bei B sind William und Charlotte Dieterle sowie Ferdinand Reyher zu Besuch und sprechen über Hitlers Übernahme des militärischen Oberkommandos (→ 23. 12.). Reyher fürchtet Hitler mehr als die Generäle, weil »der Wahnsinnige [...] sich nicht um die Gesetze der Kriegskunst« kümmern wird. »Das Unmögliche versuchend, versucht er lediglich das, was den Generälen unmöglich ist.« *(27,38.)*

27. Dezember, Sonnabend. B erzählt beim Schachspiel Oskar Homolka von *Leben des Galilei*, »als erinnerte ich mich an ein seltsames versunkenes Theater alter Zeiten in untergegangenen Kontinenten«. In den USA handele es sich »lediglich um den Verkauf von Abendunterhaltung«. In diesem Zusammenhang beschäftigt er sich mit der großen Bedeutung des Begriffs »to sell« *(27,39)*. Ausführlich behandelt B das Thema in dem (1944 geschriebenen) Text *Die amerikanische Umgangssprache (23,44-46)*.

28. Dezember, Sonntag. Bei B sind zu Gast Hans Viertel, der Sohn von Berthold Viertel, der in einer Schiffswerft, und Hans Winge, der in einer Fabrik in Los Angeles arbeitet, sowie zwei Franzosen. Als sie den Film *Citizen Kane* »eklektisch und den Stil zu uneinheitlich« finden, verteidigt B Orson Wells, der »sozial Interessantes« zeige *(27,40)*.

29. Dezember, Montag. Fritz Kortner ruft B an und drückt seinen Ärger darüber aus, daß jemand Hitler einen zweiten Napoleon genannt hat; er sei aber ein »zweiter Mussolini« *(27,40)*.

31. Dezember, Mittwoch. B und Helene Weigel sind am Silvesterabend mit Marta und Lion Feuchtwanger sowie Alexander Granach bei Elisabeth Bergner und Paul Czinner. Dazu kommt später mit der mexikanischen Filmschauspielerin Lupe Velez der Schriftsteller Erich Maria Remarque, der im Smoking wie Hanns Heinz Ewers aussehe, »irgend etwas fehlt mir an seinem Gesicht, wahrscheinlich ein Monokel« *(27,40)*.

1942

6. Januar, Dienstag. Fritz Lang macht B auf das Buch *Education of Death. The Making of the Nazi* von Gregor Athalwin Ziemer aufmerksam. »Tatsächlich handelt es sich um die wildeste Ausschweifung des deutschen Idealismus«, urteilt B. »So furchtbar diese Kinderschändungen im Millionenmaßstab sind, ihr praktischer Effekt wird gleich Null sein.« *(27,45.)*

8. Januar, Donnerstag. B findet den Begriff der »Klasse« zu mechanisch angewendet: »Mit dem rein statistischen Begriff einer deutschen Arbeiterklasse ist nichts mehr anzufangen; er sitzt aber sehr tief: Gewerkschaften und Parteien sind gewohnt, Mitglieder zu zählen. [...] Was allerdings noch vorhanden ist, ist die Klasse selber. Glücklicherweise ist sie kein Begriff.« *(27,46.)*

Von Brecht nach der Notierung vom 8. 1. ins *Journal* eingeklebtes Zeitungsfoto mit im Schnee liegenden Leichen deutscher Soldaten vor Moskau

9. Januar, Freitag. B schreibt für das Moskauer Radio *An die Hitlersoldaten*, späterer Titel: *An die deutschen Soldaten im Osten (15,64-68)*.

14. Januar, Mittwoch. B liest »mit Interesse Louis Fischers *Soviets in World Affairs. A history of relations between the Soviet Union and the rest of the World*. Die »russische Frage« habe die Pariser Friedenskonferenz 1919 beherrscht;

die interalliierten Armeen seien »untauglich zur Bekämpfung der Sowjets« gewesen *(27,47)*.

16. Januar, Freitag. B notiert, daß die amerikanischen Regisseure und Schauspieler »Storys mit einer ›message‹, d.h. einer Moral«, suchen, mit »einem Metro-Goldwyn-Mayer-Evangelium für den kleinen Mann« *(27,48)*.

B beschäftigt sich mit der Moral von Kunst und Gesellschaft. In einer produktiven Gesellschaftsordnung werde »in der Artistik zusammen mit der Handwerksmoral auch gesellschaftliche Moral« entwickelt. Es handele sich »für den Schauspieler um die Emanzipation, um die Erwerbung des Rechts, auf die Gestaltung der Gesellschaft Einfluß zu nehmen, produktiv zu sein. Er muß aus einem moralischen Objekt ein moralisches Subjekt werden.« *(27,49.)*

Foto mit Brechts Handschrift »in Lorres erstem Haus. Gorelik, Lorre.« *(27,47.)*

17. Januar, Sonnabend. Der »Rezitator alten Stils« Ludwig Hardt ist abends bei B zu Besuch. Der Gastgeber propagiert »Deklamation in offenem, unpfäffischem Ton, mit Vermeidung sonorer Kadenzen, Crescendi und Tremolos« und fällt »dabei über Goethes *Mahomets Gesang* her, dessen Pantheismus, Spießertum und Programm-Musik« ihn abstößt. Kommentare zu Gedichten findet B »begrüßenswert, da sie die Gedichte voneinander trennen, mit einem V-Effekt versehen und auf dem realen Boden plazieren« *(27,49)*.

18. Januar, Sonntag. B trifft mit Theodor Wiesengrund-Adorno zusammen, der »rund und dick geworden« ist. Sein Aufsatz *Versuch über Wagner* sei »nicht uninteressant«, wenn er auch darin vor allem »nach Verdrängungen, Komplexen, Hemmungen im Bewußtsein des alten Mythenschmieds« sucht *(27,49f.)*.

19. Januar, Montag. B ist bei Fritz Lang zu Besuch und setzt sich mit dessen Lobpreis von »Atlantis« (für: USA) auseinander. »Er sieht einen speziellen Lebensstil, wo ich Hochkapitalismus sehe: möglich, daß ich eben vor lauter Hochkapitalismus das ›eigentliche‹ Atlantis nicht sehe; er verstellt es eben.« *(27,50.)*

21. Januar, Mittwoch. Nach Durchsicht seines *Journals* findet er seine Eintragungen (im allgemeinen) verzerrt, »unerwünschter Leser wegen« (→ 21.4.41). »Da werden gewisse Grenzen eingehalten, weil eben Grenzen zu überschreiten sind.« *(27,51.)*

22. Januar, Donnerstag. »Eigentlicher Dienst der Dialektik«, so B, sei es, »einem das Operieren mit widerspruchsvollen Einheiten zu gestatten« *(27,51)*.

23. Januar, Freitag. B amüsiert sich über das Verhalten der (inzwischen wieder genesenen) Hündin Wriggels. Er könne nicht widerstehen, wenn »Hunde um ein Kraulen betteln«: »Es kommt mir vor, als dürfe ihr Appell nicht abgeschlagen werden, da es eben ein Appell ist, ein Anruf, der, einmal ent-

Merkwürdig, ich kann in diesem Klima nicht atmen. Die Luft ist völlig geruchlos, morgens und abends gleich, im Haus wie im Garten. Und es gibt keine Jahreszeiten. Überall gehörte es zu meinen Morgenverrichtungen, mich aus dem Fenster zu beugen und Luft zu schnappen; hier habe ich diese Verrichtung gestrichen. Da ist weder Rauch noch Grasgeruch zu haben. Die Pflanzen kommen mir vor wie die Zweige, die wir als Kinder in den Sand steckten; zehn Minuten später hingen die

Blätter welk herab. Immerfort wartet man, auch hier könne die Bewässerung plötzlich abgestellt werden, und was dann? Mitunter, besonders im Auto nach Beverly Hills fahrend, nehme ich so etwas wie Züge einer Landschaft wahr, die »eigentlich« anziehend wirken: sanfte Hügellinien, Zitronengebüsch, eine kalifornische Eiche und auch die eine oder andre Tankstation ist eigentlich lustig; aber all das steht wie hinter einer Glasscheibe, und ich suche unwillkürlich an jeder Hügelkette oder an jedem Zitronenbaum ein kleines Preisschildchen. Diese Preisschildchen sucht man auch an Menschen. – Es liegt mir an sich nicht, mit einer Umgebung, unter diesen Umständen besonders, nicht zufrieden zu sein. Ich lege großes Gewicht auf meinen Stand, den distinguierten des Flüchtlings, und dem Flüchtling gegenüber schickt es sich eben gar nicht, so servil und gefallsüchtig zu sein, wie es diese Umgebung ist. Wahrscheinlich aber sind es die Arbeitsverhältnisse, die mich ungeduldig machen. Die Sitte hier verlangt, daß man alles, von einem Achselzucken bis zu einer Idee, zu »verkaufen« sucht, d. h. man hat sich ständig um einen Abnehmer zu bemühen, und so ist man unaufhörlich Käufer oder Verkäufer, man verkauft sozusagen dem Pissoir seinen Urin. Für die höchste Tugend gilt der Opportunismus, die Höflichkeit wird sogleich zur Feigheit. *(27,50f.)*

täuscht, womöglich nicht mehr wiederholt würde, womit jede Beziehung aufgehoben wäre, die Vernunft selber abgeschafft wäre. Keine Antwort, keine Frage.« *(27,52.)*

24. Januar, Sonnabend. B ist bei Lion Feuchtwanger zu Besuch und trifft dort Emil Ludwig, der die Voraussage macht, »daß Hitler in diesem Jahr von seinen Generälen umgebracht werden wird«. Ludwig erzählt ihm Goethe-Anekdoten, »sehr gute, mit dem Stolz eines Sammlers, der für seltene Stücke über Leichen geht, ein sehr gehemmter, etwas angetrunkener, subalterner, aber mit dem ›Funken‹ versehener Mensch«. Von ihm erfährt B, daß sich Frank Warschauer (→ 15. 11. 22), Ludwigs Neffe, in Holland umgebracht hat *(27,52)*.

25. Januar, Sonntag. B zeigt sich interessiert an Augenzeugenberichten über das Auftreten Lenins, dessen »Unscheinbarkeit« manche »durchzuromantisieren« versuchen; er vermutet: »Er war hauptsächlich ein Funktionär und bewies sich, indem er funktionierte.« *(27,53.)*

Januar. B empfiehlt Erwin Piscator (in New York) »Louise Craig, befreundet mit Granach und uns und mir in allerlei Übersetzungsangelegenheiten sehr behilflich«. Sie habe in Kalifornien eine Schauspielschule besucht, aber noch nicht professionell gespielt. *(Br, 985.)*

In der Stockholmer Zeitschrift *Realisten* erscheint in Nr. 1 der (1939 geschriebene) Text *Konst för Folket* (Die Kunst dem Volke) (→ Mitte August 39).

1. Februar, Sonntag. Elisabeth Hauptmann hat Ruth Berlau das Kapitel über die chinesische Sprache aus der geplanten Biographie Horst Baerensprungs für B zugesandt. B fertigt daraus einen handschriftlichen »Katalog der Charaktere« (Schriftzeichen), klebt das Blatt ins *Journal* ein und plant für das *Buch der Wendungen* ein Kapitel mit »Beratungen über eine Schrift« (nicht realisiert) *(27,54)*.

7. Februar, Sonnabend. Abends ist B mit Herbert Kline zusammen. Kline erhoffe sich vom »demokratischen Sinn der Amerikaner [...] einige Widerstandskraft gegen Faschismus«, Leonhard Frank und Fritz Kortner – so B – seien da »skeptisch« *(27,55)*.

9. Februar, Montag. Herbert Kline führt seine Reportagefilme *Heart of Spain*, *Crisis. A film of »The Nazi-Way«* und *Lights Out in Europe* vor, die B als »wirklich großartige Dokumente« einschätzt *(27,55)*.

Unter Mitarbeit von B ist (im Januar) eine Stellungnahme *Zur Erklärung der 26 Vereinigten Nationen (23,7-9)* ausgearbeitet worden. In acht Abschnitten schlagen die Verfasser Maßnahmen »für eine vereinheitlichte Propaganda« vor, die eine »Isolierung der Nazis und Militaristen innerhalb Deutschlands« bezwecken. Der Text ist eine Reaktion auf die *United Nations Declaration* der Anti-Hitler-Koalition vom 1. 1. 1942. In diesem Zusammenhang entsteht (am 9. 2.) auch ein Appell, der am → 19. 3. veröffentlicht wird. Lion Feuchtwanger meint (in einem Brief an F. C. Weiskopf vom 17. 3.), den Verfassern sei »mit kleinbürgerlichen Änderungen fürchterlich in den Aufruf hineingepfuscht« worden *(Feuchtwanger, 437)*.

9. Februar 1942
Beteiligung an politischen Erklärungen

11. Februar, Mittwoch. Max Horkheimer schlägt vor, in eine Gedenkschrift für Walter Benjamin auch einen Text von B aufzunehmen (in dem von Horkheimer und Adorno in diesem Jahr herausgegebenen Sammelband *Walter Benjamin zum Gedächtnis* nicht realisiert).

13. Februar, Freitag. B und Helene Weigel sind bei Ferdinand Reyher zum Abendessen. B hält ihn für einen guten »Cicerone für die Staaten, wenn er, auf seinem linken Schienbein kauernd, mit der rechten Hand sich unterm Hemd in der Achselhöhle kratzend, die jettschwarzen Äuglein in seinem gelblichen Fuchsgesicht funkelnd, die komischen Besonderheiten dieses Riesenbabys Amerika erläutert« *(27,55)*.

16. Februar, Montag. Da B noch nicht 45 Jahre alt und deutscher Abstammung ist, muß er sich als Kriegsdienstpflichtiger (→ 18. 3.) und als »enemy alien« (feindlicher Ausländer; → 26. 2.) registrieren lassen (Nr. 7624464).

16. Februar 1942
Registrierung als »enemy alien«

18. Februar, Mittwoch. Die »sensationelle Enthüllung der Geschäfte des bürgerlichen Staats« durch den Marxismus habe in Europa Wirkung gehabt, notiert B; das falle in den USA weg. »Hier hat man einen direkt vom Bürgertum eingerichteten Staat vor sich, der sich natürlich keinen Augenblick schämt, bürgerlich zu sein.« *(27,56.)*

19. Februar, Donnerstag. B liest in der zweiten Februar-Ausgabe (Nr. 4, vom 15. 2.) der in Mexico erscheinenden deutschen Exilzeitschrift *Freies Deutschland* den Aufruf Ludwig Renns zu einer Bewegung »Freies Deutschland« sowie den Artikel *Ein Held unserer Zeit*, in dem Gustav Regler von Egon Erwin Kisch politisch scharf attackiert wird *(27,56)*.

20. Februar, Freitag. Bei seinen Überlegungen über die Entwicklung der Produktivkräfte in Kriegen kommt B zu der Ansicht: »Die herrschenden Klassen zeigen sich außerstand, diese Geschäfte mit anderen Mitteln weiterzuführen. Die Uneffektivität der gedrosselten Destruktion ist gefährlicher als die der gedrosselten Produktion (der Friedenszeit).« B erwartet einen langen Krieg, »geführt bis zur Erschöpfung der Staaten und mächtigen Klassen« *(27,57f.)*.

23. Februar, Montag. Stalin gibt an die Rote Armee einen Tagesbefehl aus, in dem es u. a. heißt, »daß die Hitler kommen und gehen, aber das deutsche Volk, der deutsche Staat

Die Karikatur der »Mörder AG« klebt Brecht ins *Journal* ein und schreibt darunter: »siehe ›Aufstieg des Arturo Ui‹.«

bleibt«. B nimmt den Befehl zum Anlaß für das Gedicht *Deutschland* (»In Sturmesnacht...«; *15,76*).
Karl Korsch berichtet B (aus Boston) von seiner Arbeit und bittet ihn um eine genaue Information über seine »Pläne und Planierungen« *(211/6)*.
25. Februar, Mittwoch. B notiert im *Journal*, daß auf die Nachricht des Kongresses, den Abgeordneten eine Pension auszusetzen, eine Bewegung eingesetzt habe, »Geschenke für den hungernden Kongreß zu sammeln«. Er fügt einige Zeitungsfotos von gesammelten Lebensmitteln und Kleidungsstücken hinzu *(27,59-61)*.
26. Februar, Donnerstag. Wegen der Registrierung als enemy alien (→16. 2.) befürchtet B, daß er und die Familie von der Westküste wegziehen müssen; die Japaner seien bereits in Camps gebracht worden *(27,62)*.
27. Februar, Freitag. B hat sich mit Lion Feuchtwanger über das »Phänomen *Hitler*« unterhalten und festgestellt, daß viele darin nicht »das Phänomen ›herrschendes Kleinbürgertum‹« sehen. In der Dramatik könne Hitler »nur als Charge (Galionsfigur) gestaltet werden«, das sei aber »unzulänglich« *(27,58)*.
28. Februar, Sonnabend. Beim Abenddessen kommen Lion Feuchtwanger und B erneut auf die Frage zu sprechen, ob Hitler ein Hampelmann ist. Im Gegensatz zu seinem Gast meint B: »Man bekämpft Hitler nicht, wenn man ihn als besonders unfähig, als Auswuchs, Perversität, Humbug, speziell pathologischen Fall hinstellt und ihm die andern bürgerlichen Politiker als Muster, unerreichte Muster, vorhält« *(27,63)*. Durch das Gespräch angeregt, entsteht vermutlich die Geschichte *My most unforgettable Character* (→21. 4.).
Anfang März. Nach einer längeren Schreibpause spricht B Kurt Weill seinen Dank aus für die finanzielle Unterstützung bei der Übersiedlung in die USA: »ohne die Hilfe von hier hätte ich es nicht schaffen können.« Das Anliegen des Briefes ist aber, daß ein zukünftiges national negro theatre unter Clarence Muse (→22. 11. 41) an einer Aufführung der *Dreigroschenoper* interessiert ist; B bittet Weill um seine Zustimmung (→28. 3. u. 15. 4.). »Es wäre natürlich fein, wenn Sie herkommen könnten, da könnten wir auch noch andere Dinge besprechen, ich habe eine Menge wahrscheinlich Verwertbares und mehrere Projekte.« *(Br, 986.)*
2. März, Montag. Kurt Weill beklagt sich bei B, nicht zeitig genug in die Problematik der *Dreigroschenoper*-Rechte einbezogen worden zu sein. Jedenfalls hätte er B in dieser Frage bestens beraten können. Der Durchfall des Stückes in Amerika 1933 habe an einer zu wörtlichen Übersetzung gelegen; man müsse eine gute Adaptation für das amerikanische Theater anstreben. Eine Negeraufführung in Kalifornien

würde solche Bemühungen für zehn Jahre vereiteln. Außerdem habe er in den sieben Jahren seines Amerikaaufenthalts noch nicht erlebt, daß eine Theaterproduktion, die in Kalifornien gestartet wurde, in New York, dem einzigen Theaterzentrum in den USA, ebenfalls Erfolg gehabt hätte *(1183/4f.)*.

8. März, Sonntag. Die Tatsachen, daß (am 12. 2.) drei schwere deutsche Kriegsschiffe ohne Behinderung durch den Kanal fahren und Anfang März englische Flugzeuge Paris bombardieren sowie »die Verzögerung des Dominionstatus für Indien« deuten nach Bs Meinung »auf Sabotageversuche englischer Torykreise in der Armee« hin *(27,64)*.

13. März, Freitag. Kurt Weill bedankt sich für ein zugesandtes Lied Bs, das er komponieren will. In Sachen *Dreigroschenoper* warnt er B aber vor unüberlegter Hast. Weill schlägt vor, daß möglichst bald eine Übersetzung hergestellt wird. Er wolle dann zunächst prüfen, ob sich über Paul Robeson eine bessere Produktionsmöglichkeit finden läßt *(Z 23/22f.)*.

14. März, Sonnabend. B spricht mit Elisabeth Bergner über episches Theater. »Sie ist die erfolgreichste Vertreterin des herrschenden Theaters, darum ihr Reagieren interessant.« Bergner sieht Bs Theater »als einen neuen ›Stil‹, etwas Modisches, Willkürliches und erkennt niemals, daß, was sie macht, auch nur ein ›Stil‹ ist«. Unter den Gästen ist auch der Schriftsteller Arch Oboler, erfolgreicher Verfasser von Hörspielen, »zotenreißend, smart, nicht uninteressant, wenn über Technik sprechend« *(27,66f.)*.

16. März, Montag. B hat »häufig« Margarete Steffins mit ihren Sachen, die sie an alle Exilorte mitgenommen hat, vor Augen: »Das seidene Tuch mit dem Porträt, von Cas gemalt; die hölzernen und elfenbeinernen kleinen Elefanten aus den verschiedenen Städten, in denen ich war; den chinesischen Schlafmantel; die Manuskripte; das Leninfoto; die Wörterbücher. Sie verstand schöne Dinge, wie sie sprachliche Schönheiten verstand.« *(27,67.)*

B hält einige »Voraussagen zum Zweck späterer Nachprüfung« fest. *(27,68.)*

17. März, Dienstag. Das Auslosen der Kriegsdienstpflichtigen (→ 16. 2. und 26. 2.) beginnt. »Dieses Losen hat etwas Merkwürdiges für Europäer, obwohl es aus Europa stammt. Dieses Blindwählen unter den Millionen, Glückskonkurrenz zwischen Staat und Staatsbürger!« *(27,70.)*

B hört an der Universität einen Vortrag Hans Reichenbachs über Determinismus und stellt Überlegungen zur neuen Physik an. Besonders beschäftigt ihn die Akzeptanz der Größe Null: »In einem System von Größen kann Null vielleicht als Größe angeführt werden, besser gesagt, es kann schwer anders bezeichnet werden, aber ohne ›Gefühl‹ für Dialektik

Fast ein Jahr fühle ich mich jetzt schon bedrückt durch den Tod meiner Mitarbeiterin und Genossin Steffin. Wirklich darüber nachzudenken habe ich bisher vermieden. Ich fürchte nicht so sehr den Schmerz, als daß ich mich seiner schäme. Aber vor allem habe ich nicht genug Gedanken darüber. Freilich weiß ich, ich kann den Verlust nicht verschmerzen, höchstens ihn mir verheimlichen. Manchmal habe ich sogar einen Schluck Whisky getrunken, wenn ihr Bild vor mir aufstieg. Da ich das selten tue, wirkt schon ein Schluck stark auf mich. Ich bin der Meinung, daß solche Mittel ebenso tauglich sind wie andere, die für respektabler gelten. Sie sind gewiß äußerlich, aber ich kann keine innerliche Lösung dieses Problems sehen. Der Tod ist zu nichts gut. *(27,353.)*

Am 16. 3. ins *Journal* eingeklebtes Foto mit Soldaten der Roten Armee in weißer Tarnkleidung

bringt man den logischen Sprung von den andern Größen in diese *Nichtgröße* nicht fertig. So wird der Raum als Eigenschaft der Materie für die Philosophen unvorstellbar. Daß Raum nur das sein soll, was die Materie einnimmt, ist ihnen unheimlich.« Darüber habe Reichenbach allerdings »kein Wort« gesagt *(27,69)*.

18. März, Mittwoch. B macht sich Gedanken über »die Welt der Physiker«, die ihm gefällt, weil sie durch die Menschen verändert wird. »So kann wieder mehreres zum Erfolg führen, nicht nur ein Weg ist beschreitbar.« *(27,67.)* Horkheimer und Adorno, die ebenfalls bei Reichenbach waren, »grübeln« noch über dessen Vortrag: die physikalischen Entdeckungen von Vorgängen im Mikromosmos führen zu Überlegungen, sich Gründe vorzustellen, »die man sich nicht vorstellen kann« *(27,70)*.

19. März, Donnerstag. In den *Intercontinent News*, New York, wird der Appell von Heinrich Mann, Lion Feuchtwanger und B (→ 9. 2.) veröffentlicht. Er enthält eine Aufforderung an die Deutschen, »den verderblichsten und sinnlosesten aller Kriege« abzubrechen. »Überwältigt euren Führer, der euch, mit Haß und Unehre beladen, ins Verderben führt.« *(23,423.)*

20. März, Freitag. B hat (am 15. 3.) zum 70. Geburtstag von Karin Michaelis an Chefredakteur Manfred George den *Geburtstagsbrief zum 23. März* für dessen New Yorker deutschsprachige Wochenzeitung *Aufbau – Reconstruction* geschickt *(Br, 989)*, der (am 20. 3.) veröffentlicht wird. Darin heißt es: »Wir waren immer darin einig, daß die Zeit, in der wir leben, für Kämpfe eine vortreffliche Zeit ist. In welcher anderen Zeit hätte Vernunft eine solche Chance?« *(23,9.)*

21. März, Sonnabend. Nach Bs Meinung spiegelt sich die Natur »merkwürdig« in seinen Arbeiten. In *Trommeln in der Nacht*, *Im Dickicht*, *Die heilige Johanna der Schlachthöfe* und in *Mutter Courage und ihre Kinder* sei sie ein »Schlachtfeld«, in *Baal* seien »Landschaft und Sexualität dem großen Asozialen ausgeliefert«, in *Leben Eduards des Zweiten* gäbe es eine »artistische Landschaft«, in *Mann ist Mann* sei sie ein »Knockaboutapparat«, *Leben des Galilei* habe in der Mönchszene »ein Stückchen Interieur« und *Der gute Mensch von Sezuan* »ein Stückchen Stadtansicht«, *Herr Puntila und sein Knecht Matti* habe »beinahe ›Baal‹sche Landschaft«. Im *Arturo Ui* benutze er *Dickicht*- und *Eduard*-Cartoons, während *Die Mutter* und *Die Spitzköpfe und die Rundköpfe* keine Landschaft haben. *(27,70.)*

22. März, Sonntag. B denkt darüber nach, daß »in gewissem Sinn« die Nazis mit Recht »ihre Leistungen eine Revolution« nennen: »Das deutsche Bürgertum vollzieht da seine Revolution in Form eines Versuchs der Welteroberung. Es emanzipierte sich sofort als Sklaventreiber und meldete sich zur Stelle – als Räuber.« *(27,71.)*

23. März, Montag. B wird durch »eine alles depravierende billige Hübschheit« daran gehindert, »halbwegs kultiviert, d. h. würdig zu leben«. Sowohl in Utting als auch in Svendborg habe er »in der Frühe den *Bellum gallicum*« durchblättern können. In Lidingö, Marlebäck und in der Zweizimmerwohnung in Helsinki haben wichtige Unterhaltungen stattfinden können. »Diderot und die griechischen Epigramme des Meleander paßten gut hin, wo auch Marx hinpaßte.« In Kalifornien komme er sich vor »wie Franz von Assisi im Aquarium, Lenin im Prater (oder Oktoberfest), eine Chrysantheme im Bergwerk oder eine Wurst im Treibhaus« *(27,70f.)*.

23. März 1942
Die Umgebung hindert Brecht an kultiviertem, würdigem Leben

Erneut denkt B über den Determinismus nach: »Wenn alles, was geschieht, determiniert ist, sind die Ketten der Determinierungen unendlich, und unendliche Ketten können wir nicht überblicken. So ist also ein völliges Ausdeterminieren unmöglich.« *(27,71.)*

24. März, Dienstag. B hält sich »hier in den Staaten« für »ein Objekt der Literatur, nicht ein Subjekt«. Mit Paul Czinner und dessen Frau Elisabeth Bergner habe er »ein paar Wochen« täglich »an einer Filmstory gearbeitet, jetzt ist sie in Washington, er in einem Film, die Story ist nicht fertig, aber auf Eis gelegt«.

24. März 1942
Brecht sieht Dieterles Film *Syncopation*

William Dieterle zeigt B seinen Film *Syncopation (27,72)*; vgl. auch Bs *History of J. (20,58f.)*.

25. März, Mittwoch. B berichtet im *Journal* von der Evakuierung der Japaner von der Westküste »aus militärischen Gründen«, eine Maßnahme, die bei den Einheimischen zu Sympathiehandlungen führe *(27,73)*.

26. März, Donnerstag. B plant als »Gegenstück zu *Ui* und *Furcht und Elend*« den *Markt der Nationen* (nicht realisiert) *(27,73f.)*.

An diesem letzten Abend vor der Ausgangssperre für feindliche Ausländer (→ 26. 2.) geht B zu Hans Reichenbach. »Diese Physiker nehmen ihre Erfahrungen jedenfalls ernst. In ihrem Mikrokosmos geht es höchst anarchisch zu. Die Elektronen benötigen keinerlei Gründe für ihr Benehmen.« *(27,75.)*

27. März, Freitag. B spricht mit Theodor Adorno über die Spezifik des Theaters gegenüber dem Film. Für einen der wesentlichen Vorteile des Theaters hält B, »daß die Wirkung einer Kunstdarbietung auf die Zuschauer nicht unabhängig ist von der Wirkung der Zuschauer auf die Künstler. Das Publikum im Theater reguliert die Aufführung.« In Film hingegen habe das Publikum »keine Gelegenheit mehr, die Leistung des Künstlers zu verändern, es sitzt gegenüber keiner Produktion, sondern dem Resultat einer Produktion, die in seiner Abwesenheit stattfand« *(27,75)*.

März/April 1942
Bemühungen um eine *Dreigroschenoper*-Aufführung mit Farbigen

28. März, Sonnabend. B wendet sich wegen der geplanten Aufführung der *Dreigroschenoper* (→ Anfang März) nochmals an Kurt Weill und bittet um dessen Zustimmung zu der Adaption. »Was Muse mir bisher gezeigt hat, ist zugleich verständnisvoll und originell, alles von einer lässigen Grandezza und doch schnell und nervig.« *(Br, 991.)*
In einem wenige Tage später geschriebenen Brief informiert B Kurt Weill über den Werdegang des *Dreigroschenoper*-Projekts: Clarence Muse habe den Inhalt des Stückes von Robert Thoerens Bruder erfahren und sei zu B gekommen, der ihm eine Rohübersetzung beschafft hat. Diese habe Muse aus eigenem Antrieb bearbeitet und nach einigen Wochen »fix und fertig« gebracht. Auf ihrer Grundlage hat Muse mit Geldgebern verhandelt. Obgleich die Theaterleute auf einen sofortigen Vertrag drängten, habe B den Abschluß von Weills Zustimmung abhängig gemacht. B beschwört Weill, dem Projekt zuzustimmen. »Ich möchte Ihnen vorschlagen, unsere Zusammenarbeit wieder aufzunehmen und alle die Mißverständnisse und langweiligen halben Zerwürfnisse, die sich aus der Ungunst der Zeit, der Entfernung usw. so leicht ergeben, einfach zu liquidieren. Bisher habe ich eigentlich keinen meiner Freunde verloren und in unserer Arbeit war so viel Spaß und Fortschritt.« *(Br, 992.)*
Als B von den Theaterleuten hört, daß Weill in einem Telegramm erneut Bedenken gegen die Aufführung geäußert hat, schreibt er ihm ein weiteres Mal. Die »Leute um Clarence Muse« seien »sehr ernsthafte Leute und alles, was sie mir über ihre Auffassung und Besetzung erzählt haben, klingt ausgezeichnet«. Bisher habe noch niemand mit ihm in den USA »so ernsthaft und künstlerisch« über Theater gesprochen. »Es ist auch so, daß ich eine gute Chance nur sehr schwer in den Wind schlagen könnte, etwa einer noch besseren wegen, die aber vielleicht erst in Jahren realisierbar wäre: ich habe gar keine Einnahmen und muß immerfort diese Filmstories auf ›gut‹ Glück entwerfen, so daß ich zu gar keiner richtigen Arbeit mehr komme, ein unerträglicher Zustand, wie Sie sich denken können.« *(Br, 988.)* (→ 15. 4.)

29. März, Sonntag. Arch Oboler hat von Ruth Berlau ein Hörspiel über den Freiheitskampf Norwegens erhalten, das dieser nun unter seinem Namen senden läßt. Als sie sich über den Diebstahl beklagt, wundert er sich, »daß Ruth nichts für defence tun will«. B notiert: »Unterschied zwischen Opferbringen und Opfersuchen.« *(27,76.)*

30. März, Montag. B schreibt: »Die Elemente der Lebensweise hier sind unedel. Es muß die Unwürdigkeit der Produktionsverhältnisse sein, die da alles banal macht.« *(27,76.)*

März. B dankt dem Besitzer einer chemischen Reinigung Sam Bernstein, der ihm (nach dem Vortrag der Gedichte *Und was bekam des Soldaten Weib?* und *An die deutschen Soldaten im Osten*) einen Anzug geschenkt hat: »Im allgemeinen mache ich mir durch meine Gedichte Feinde. Es ist schön zu wissen, daß ich mir durch sie auch Freunde machen kann.« *(Br, 987.)* B. nimmt auf das Geschenk in seinem Gedicht *Die finnischen Arbeiter (15,72)* Bezug.

Alexander Abusch, jetzt in Mexico untergekommen, erinnert B an den Arbeitskontakt in Paris (→ 12. 11. 33) und bittet ihn um Texte für die von ihm herausgegebene Zeitschrift *Freies Deutschland* (→ 19. 2.). In Heft 5 werden die Gedichte *An die deutschen Soldaten im Osten (15,64-68)* und *Und was bekam des Soldaten Weib? (15,71f.)* abgedruckt.

3. April, Freitag. B ist abends bei Ludwig Hardt zu »einem guten Mahl« eingeladen und spricht mit ihm über die Evakuierung der Japaner ins Landesinnere und über die Erhaltung der Demokratie *(27,79)*.

4. April, Sonnabend. B versucht, Hardt »an einer neuen Rezitationsweise zu interessieren«, und erklärt ihm seine Vorstellungen am Beispiel der Rezitationsweise Frank Wedekinds, die ihm »übernehmbar« und »entwickelbar« erscheint, »zugleich äußerst raffiniert und variationenreich«. Er empfiehlt ihm, »Goethegedichte auf ›wedekindisch‹ zu probieren« *(27,79)*.

5. April, Sonntag. Für B bedeutet, in den USA Lyrik zu schreiben: »sich in den Elfenbeinturm zurückziehen«, selbst wenn sie aktuelle Themen behandelt. »Solche Lyrik ist Flaschenpost. Die Schlacht um Smolensk geht auch um die Lyrik.« *(27,79f.)*

7. April, Dienstag. Auf einen Brief, den er von Clarence Muse erhalten hat, erläutert Weill gegenüber B seinen Standpunkt und nennt seine Bedingungen *(23/25f.)*.

8. April, Mittwoch. William und Charlotte Dieterle sind zu Besuch. Sie betreibe die Astrologie »leidenschaftlich«, und ihr Mann richte sich auch nach den Voraussagen, wenn er einen großen Film beginnt *(27,80)*. Am »komischsten« kommt B »die Charakterbestimmung nach Monaten der Geburt vor, hauptsächlich, weil ich kaum irgendeine der zwölf Charakterisierungen hören kann, die nicht auf mich paßt«. Dieterle fragt B »immerzu nach dem Filmstoff *Caesars letzte Tage*«, den er ihm einmal erzählt hat. Obwohl er für eine Verfilmung keine Chance sieht, skizziert B die Filmgeschichte *(20,62-79; 79-88)*.

9. April, Donnerstag. B schreibt den Vierzeiler *Und der Regen regnete jeglichen Tag (27,81)*.

Von Brecht ins *Journal* eingeklebtes Foto einer Frau nach einem Bombardement in Singapur. Helene Weigel benutzt die Haltung der Frau 1949 für die Courage, um ihren Schmerz beim Tod des Schweizerkas im »stummen Schrei« auszudrücken.

10. April, Freitag. Der Lordsiegelbewahrer Sir Richard Stafford Cripps ist im März aus Indien unverrichteter Dinge nach London zurückgekehrt, weil dort die unzureichenden Angebote vom Nationalkongreß abgelehnt wurden. B meint, wenn es den Indern »jetzt gelingt, einen Volkskrieg [...] zu entfesseln, werden sie sowohl sich selber als den alliierten Nationen einen besseren Dienst erweisen können als durch faulen Kompromiß mit den Tories« *(27,81)*.

11. April, Sonnabend. Der Film, den B mit Czinner und Bergner begonnen hat (→ 24. 3.), ist inzwischen »eben von jemand anderem (für 35 000 $) verkauft worden, einem Freund Wilders, in allen Details der Fabel, nur in anderem Milieu«; die Bergner habe ihn »charmant« gefunden *(27,81 f.)*. B nimmt den Diebstahl zum Anlaß für das Gedicht *Als ich bestohlen wurde (15,75)*.

12. April, Sonntag. B notiert: »Und Tag und Nacht tobt auf den Schneefeldern von Smolensk der Kampf um die Würde des Menschen.« *(27,82.)*

Ins *Journal* geklebtes Foto, das Maxwell Anderson und Kurt Weill (auf der Treppe) bei der Ausschau nach Flugzeugen zeigt

14. April, Dienstag. Alfred Döblin und seine Frau Erna sind bei B. »Döblin ist witzig und schnoddrig wie je. Lange sehr antirussisch, ist er jetzt von den Büchern des Dean von Canterbury und des amerikanischen Botschafters Davis konvertiert.« B spricht mit Döblin über dessen Romanwerk *November 1918. Eine deutsche Revolution*, von dem er den 2. Band abgeschlossen hat (über 1100 Seiten), ohne daß es eine Chance für eine Veröffentlichung gebe *(27,82)*.

15. April, Mittwoch. Kurt Weill hat, auch unter dem Einfluß von Lotte Lenya, das Projekt einer »Negroaufführung der *Dreigroschenoper* durch Clarence Muse« (→ Anfang März) endgültig abgewiesen. Auf einen Vermittlungsversuch Adornos, um den B gebeten hatte, antwortet Weill »mit einem bösen Brief voll von Angriffen auf mich und einem Lobgesang auf den Broadway, der alles brächte« *(27,82)*.

B wundert sich über den (am 11. 4. erschienenen) Artikel *Vor einer kritischen Sommersaison* von Rudolf Katz in der New Yorker sozialdemokratischen *Neuen Volkszeitung*, weil der SPD-Politiker darin die »Wintererfolge der Russen als ›nicht sehr vielversprechend‹« darstellt und England und die USA als »die wichtigsten der Vereinten Nationen« nennt *(27,84)*.

16. April, Donnerstag. Am Vormittag besuchen B der österreichische Emigrant Egon Breiner und die Wirtschaftswissenschaftlerin Helene Bauer, Witwe Otto Bauers, die beide mit Familie B auf der »Annie Johnson« von Wladiwostok nach San Pedro (→ 13. 6. 41) gefahren sind *(27,84)*.

17. April, Freitag. B sieht den Unterschied in den Romanen von Arthur Conan Doyle und Georges Simenon wie den

»zwischen aristotelischer und nichtaristotelischer Dramatik« *(27,84)*.

18. April, Sonnabend. »Dieses Land zerschlägt mir meinen *Tuiroman*. Hier kann man den Verkauf der Meinungen nicht enthüllen. Er geht nackt herum.« *(27,84.)*

20. April, Montag. B trifft nach längerer Zeit wieder mit Hanns Eisler zusammen; er sei »ganz der Alte in Witz und Weisheit« und habe (mit einem Stipendium der Rockefellerfoundation) *Vierzehn Arten, Regen zu beschreiben*, komponiert. B fragt sich, ob sein *Tuiroman* doch nicht überflüssig ist *(27,84f.)*.

20. April 1942
Wiedersehen mit Hanns Eisler

Kurt Weill bedankt sich bei B für die genaue Darstellung der *Dreigroschenoper*-Angelegenheit. Auch er möchte Mißverständnisse mit ihm vermeiden. Mit »großer Freude« denke er an die Arbeit mit B zurück und hofft, daß sie bald wieder zusammenarbeiten werden *(Z 23/28f.)*.

21. April, Dienstag. B hat an das Monatsmagazin *Reader's Digest* für die Rubrik *My most unforgettable Character* (Mein unvergeßlichster Charakter) den Text über eine fingierte Begegnung Bs und Feuchtwangers mit Hitler 1922 im Münchener Café Hofgarten *(20,59-62)* eingeschickt und ihn »prompt« zurückbekommen. Ähnliches sei auch Thomas Mann und Franz Werfel passiert. In der Redaktion des Magazins prüfe einer nur, »ob das Ding auch braun ist, ein zweiter, ob es auch stinkt, ein dritter, ob es auch nicht feste Brocken enthält usw.« *(27,85.)*

Durch Eisler wird B klar, daß er »allerlei seit Juni 41 nicht gut verwunden« hat, »nicht Gretes Ausscheiden, nicht das neue Milieu, nicht einmal das weiche Klima hier«. »Zum erstenmal seit zehn Jahren arbeite ich nichts Ordentliches, als Resultat von alldem und mit den zu erwartenden Folgen.« *(27,85.)*

23. April, Donnerstag. Oskar Homolka ist daran interessiert, den Galilei zu spielen. B wäre ein aktuellerer Stoff lieber; Homolka empfiehlt ihm »*Henri Dunant*, den Gründer des Roten Kreuzes« *(27,85)*. Vgl. Bs Entwürfe zu *Leben des Menschenfreunds Henri Dunant (10,912-917)* und die (Film-)Erzählung *Die seltsame Krankheit des Herrn Henri Dunant (20,89-95)*.

23. April 1942
Interesse an einem Stück oder Film über Henri Dunant

24. April, Freitag. B hört sich bei Theodor Adorno Eislers »Platten mit der Regenlyrik« an. »Sie ist sehr schön, hat etwas von chinesischer Tuschzeichnung.« Danach diskutiert er mit ihnen über Schönbergs Musik *(27,87)*.

26. April, Sonntag. Von Kortner über das New Yorker Theater befragt, habe Hanns Eisler geantwortet: »Davon weiß ich nur vom Weghören, wenn meine Frau darüber schimpft.« *(27,87.)*

27. April, Montag. B beschäftigt sich mit dem von Ho-

molka vorgeschlagenen Henri-Dunant-Stoff (→ 23. 4.) und meint, es »könnte so etwas wie ein Timon von Athen werden, Tragödie eines gigantischen Schimpfers« *(27,87)*.
Hanns Eisler drückt B seine Freude darüber aus, daß sein Lehrer Arnold Schönberg die *Vierzehn Arten, den Regen zu beschreiben*, »beifällig aufgenommen hat« und die Musik mit Joris Ivans Stummfilm *Der Regen* in seiner Vorlesung vorführen will. B kommt der Gedanke, neue Volkslieder zu schreiben, »komponiert in der neuen Art«.
B erfährt von finanziellen Problemen, die Fritz Lang in Hollywood hat und die sich auf seine Gesundheit auswirken *(27,87f.)*.
Anfang Mai. Ruth Berlau fährt, für B unerwartet, mit einer Quäkerfrau aus Santa Monica, die für die Gleichberechtigung der Frauen eintritt, zu einem Frauenkongreß nach Washington. B gibt ihr für ihren Auftritt Ratschläge: »Sag in der Rede, daß Demokratie nicht etwas ist, was man hat oder nicht hat, sondern etwas, um das man ständig kämpfen muß, wenn man es hat.« *(Br, 993.)* Auf einen Brief, den sie aus dem Zug schreibt, gesteht ihr B, daß er durch ihre unerwartete Reise durcheinandergekommen sei; sie habe »wirklich manchmal was vom Galy Gay (aus *Mann ist Mann*)« an sich, »der ausging, einen Fisch zu kaufen. Und den Himalaja eroberte.« Die Zeitung (die sie ihm immer gebracht hat) hole er sich selber, »vor acht Uhr«, lasse es aber nicht zur Gewohnheit werden und bitte mitunter seinen Sohn darum. »Die Tage gehen langsam hier, es ist eben das Paradies. Wie lang willst Du eigentlich bleiben?« *(Br, 994.)*
Ruth Berlau erinnert sich später an ihren Vortrag in Washington: »Mein Thema war: Was bedeutet der Nazismus für die Frauen? Ich habe berichtet, was Hitler aus den Frauen gemacht hat: eine deutsche Hausfrauenbewegung.« *(Berlau/Bunge, 161.)* In Washington erfährt sie vom dänischen Botschafter, daß sie aufgrund ihres in Finnland (von Helene Weigel) ausgefertigten Scheidungsvertrags Anspruch auf eine monatliche Unterhaltszahlung von 75 $ hat.

Mai 1942
Ruth Berlau nimmt in New York eine Arbeit an

Die dänische Abteilung des Office of War Information bittet Ruth Berlau, im Rundfunk über den Washingtoner Frauenkongreß zu berichten, und zahlt ihr die Reisekosten nach New York. Dort kommt sie zu dem Entschluß, vorläufig nicht zu B nach Santa Monica zurückzukehren und sich eine Arbeit zu suchen. »Mir war auch wichtig, daß ich unabhängig bin und meinen Lebensunterhalt selbst verdiene und nicht immer als Anhängsel von Brecht behandelt werde.« *(Berlau/Bunge, 163.)*
Durch Vermittlung von Ida Bachmann, der dänischen Leiterin des Büros, bekommt Ruth Berlau ein festes Engagement am Office of War Information und spricht auf einem Kurz-

wellensender für dänische Hörer. Sie mietet mit Bachmann eine Zwei-Zimmer-Wohnung »in einer vornehmen Gegend: Nummer 124 in der 57. Straße« *(Berlau/Bunge, 165)*.
B hatte Berlau bald wieder erwartet und ist von der veränderten Situation betroffen. In einem Brief findet er zwar gut, daß sie Möglichkeiten für eine Arbeit sucht, wehrt sich aber gegen ihre Anschuldigung, er habe sie nicht genügend beachtet. »Ich sah immer, wenn Du schlecht behandelt wurdest, tat oft etwas dagegen, aber was soll ich viel tun können, wenn ich nicht mehr gut bin mit Helli? Du darfst nicht von ›erst-müssen-wir-alles-zwischen-uns-ordnen‹ reden. So was ist schrecklich.« Er versuche gegenwärtig, aus *Furcht und Elend des III. Reiches* »eine Art Stück zu machen« *(Br, 1002)*.

Mai 1942
Arbeit an einer Fassung von *Furcht und Elend des III. Reiches* für Amerika

2. Mai, Sonnabend. Bei seinen Überlegungen für ein *Dunant*-Stück erwägt B, die Hauptperson »als eine Art Heiligen Antonius« darzustellen, »der vergebens versucht, sich der Verführung durch die wollüstige Caritas zu erwehren«. Humanität sei »in der heutigen Gesellschaft ein Laster, und keines von den geduldeten« *(27,88f.)*.
Im Kino sieht B den Film *Deputat Baltschiki* (dt. *Stürmischer Lebensabend*) und ist »ziemlich erschüttert, da diese kleine Geschichte die klassische Haltung der Sozialisten zur Wissenschaft spiegelt«. Da B in diesen Tagen für Hanns Eisler einige Gedanken *Über Filmmusik (23,10-20)* aufzeichnet, stellt er fest, daß dieser sowjetische Film mit ziemlich wenig Musik auskommt und sie nur bei emotionellen Höhepunkten einsetzt *(27,89)*.

Für Eisler entstehen Notizen *Über Filmmusik*

3. Mai, Sonntag. Bs und Helene Weigels Tochter Barbara mußte wegen einer Hylusdrüsen-Tbc in ein Erholungscamp und kehrt nach einer Kur in den Bergen geheilt zurück *(27,90)*.
5. Mai, Dienstag. B meint, »so etwas wie die Cripps-Mission« (→ 10. 4.) könne nur durch epische Dramatik dargestellt werden: »Und der rote Lord kehrt nach London town zurück, beleidigt, weil die ›uneinigen‹ Inder aus einer so freundschaftlichen Hand nicht nichts annehmen wollten.« *(27,90.)*
6. Mai, Mittwoch. B hat die Sachen von Margarete Steffin, die ihm nachgeschickt worden sein sollen, nicht bekommen und hält sie für verloren *(27,90)*. Er erfährt nichts vom Schicksal Maria Ostens (→ 17. 5. 41): Nach dem Einfall der deutschen Truppen in die Sowjetunion wurde Osten (mit Billigung der nach Moskau emigrierten KPD-Führung) vom sowjetischen Geheimdienst NKWD verhaftet. In einem »vertraulichen Protokoll« wirft man ihr Beziehungen zu der ebenfalls verhafteten Carola Neher vor. Am 8. 8. 42 wird Maria Osten erschossen.

Maria Osten

7. Mai, Donnerstag. Der Schauspieler Erwin Kalser erzählt von seiner Zeit am Züricher Schauspielhaus *(27,90f.)*.
B hält die »halbfeudale Armut Finnlands, als Gütermangel vielleicht ärger«, für »menschenwürdiger als die dieses Landes«. Der Mangel habe die »Stetigkeit von Jahrhunderten« an sich, »denn die Bewegungen der Menschen vereinfachen und veredeln sich im Elend wie in einer lange ausgeübten schweren Arbeit« *(27,91)*.
8. Mai, Freitag. Beim Einmarsch deutscher Truppen (am 22.6.41) von Finnland aus in die Sowjetunion schließen sich auch finnische Truppen an. B denkt an seine entbehrungsreichen Monate in Finnland: »Die menschliche Geduld ist etwas zum Verzweifeln. Welch ein Hunger schon vor einem Jahr!« *(27,91.)*
9. Mai, Sonnabend. B diskutiert mit Hanns Eisler über das Lied *Und was bekam des Soldaten Weib? (15,71f.)* Nach dessen Meinung nehmen sich im Krieg die Generäle »die Klaviere und Teppiche, und der gemeine Mann hält sich ein bissel schadlos, indem er seiner Frau Schuh kauft«. B sieht die Problematik, notiert aber, er hätte das Gedicht nicht geschrieben, »wenn der Witwenschleier aus Paris gekommen wäre« *(27,92)*.
B schließt sich Eislers Erkenntnis an, daß es gefährlich war, aktivisierende Musik technisch ohne soziale Funktion zu fordern. »100mal am Tag kann man aus dem Radio hier aktivisierende Musik hören: Chöre, die zum Kauf von Coca-Cola animieren. Man ruft verzweifelt nach L'art pour l'art.«
Nach Theodor Adornos Ansicht ist »die unnatürliche Deklamation der Texte durch die Schönbergschule«, die B verspottet, von der »Entwicklung der Musik« veranlaßt worden. »So sind es also ausschließlich bautechnische, beinahe mathematische Erwägungen und Postulate der Logik bei der Anordnung des tonalen Materials, was die Musiker zwingt, wie die sterbenden Schlachtpferde zu wiehern...« *(27,92)*.
10. Mai, Sonntag. B ist darüber verwundert, »wie kalt dieser Krieg ausgefochten wird«. Die »riesige Maschinerie zur Güterbeseitigung« bedürfe »so wenig des ideologischen Antriebs wie die Maschinerie zur Gütererzeugung, solang sie eine Profiterzeugung ist«, das »einstmalige Handgemenge wird zum Maschinengemenge« *(27,92f.)*.
Bei der Arbeit am *Dunant*-Stoff (→ 23.4. und 2.5.) entwickeln sich »riesige Schwierigkeiten«. Der »satirische Aspekt [...] eröffnet keinen Zugang zur Timonphase« *(27,93)*.

11. Mai 1942
Über die Notwendigkeit, Stücke durch Aufführungen zu testen

11. Mai, Montag. Auf kritische Bemerkungen des Schauspielers und Regisseurs Richard Revy an *Der gute Mensch von Sezuan*, notiert B: »Allen nicht aufgeführten Stücken fehlt dies und das. Ohne das Ausprobieren durch eine Aufführung kann kein Stück fertiggestellt werden.« Auf Eislers

Kritik an den *Anmerkungen* zu den Stücken meint B: »Geschrieben sind sie in dem Gefühl des Beginns einer neuen Zeit, als kleine Proben einer fröhlichen Wissenschaft, in der Lust des Lernens und Probierens.« *(27,93f.)*

12. Mai, Dienstag. B ist mit Hanns Eisler bei Max Horkheimer zum Lunch. Eisler schlägt »für den *Tuiroman* als Handlung vor: die Geschichte des Frankfurter soziologischen Instituts«: der reiche Weizenspekulant Weil stirbt und »stiftet in seinem Testament eine große Summe für die Errichtung eines Instituts, das die Quelle des Elends erforschen soll. Das ist natürlich er selber.« *(27,94.)*

15. Mai, Freitag. An einem dieser Tage trifft B bei einem Lunch Max Reinhardt und seine Frau Helene Thimig. »Der alte Zauberer, klein, fest auf seinen Beinen stehend, abgeblaßt wie eine mit dem Löschblatt behandelte Tuschzeichnung, mit den langsamen, wirkungsvollen Bewegungen, der tiefen Stimme, immer noch die Zunge genießerisch in der Backe, die Thimig, ein müder, abgearbeiteter Todesengel.« *(27,95.)*

15. Mai 1942
Wiederbegegnung mit Max Reinhardt

B notiert sich Argumente gegen die Vansittart-These; die Unterscheidung zwischen Hitlerdeutschland und Deutschland sei immer »schwerer einleuchtend vorzutragen« *(27,95f.).*

16. Mai, Sonnabend. B liest *A Short History of Scientific Ideas* von Charles Singer und findet u. a. die alte Zeichnung eines Bisons aus einer Höhle an der Ariège mit einem ins Herz zielenden Pfeil. »Das sind gute Exemplare praktikabler Definitionen in der Kunst. [...] Das Wissen, wo das Herz des Büffels sitzt, gibt dem Jäger allerdings magische Kräfte.« *(27,97.)*

Brecht zeichnet den Bison aus dem Buch Singers ab und fügt das Bild ins *Journal* ein.

19. Mai, Dienstag. B hat von Ruth Berlau erfahren, daß sie von Washington nach New York gefahren ist, und schreibt ihr (in diesen Tagen): »Hier geht die Zeit zwischen Radio, Kriminalroman und Schach. Arbeiten ist schwierig. Ich war ja immer gegen Tahiti. Eislers Anwesenheit ist ein Glück.« *(Br, 1000.)*

20. Mai, Mittwoch. Max Reinhardt plant eine Inszenierung der Szenenfolge *Furcht und Elend des III. Reiches* in New York. B will dafür »einen theatralischen Rahmen« schaffen: »Man könnte den klassischen Blitzkriegswagen mit den bestahlhelmten Soldaten des Dritten Reiches auf die Bühne stellen, der Europa die neue Ordnung bringt, die dann in den Hauptszenen in Deutschland in Funktion gezeigt wird.« Reinhardt gefällt diese Idee *(27,99).*

20. Mai 1942
Gedanken für einen theatralischen Rahmen zu *Furcht und Elend des III. Reiches*

Nach dem für ihn »ermutigenden Gespräch« entwickelt B (wenige Tage später) Max Reinhardt in einem Brief genauere Vorstellungen über den Rahmen, damit dieser bei seiner bevorstehenden Reise nach New York über das Projekt sprechen kann; als Karren denkt er sich einen »gepanzerten Lastkraftwagen der Stoßarmee, der vom Nordkap bis zum Mittelmeer und vom Kanal bis zur Wolga auftaucht«. »Dieser Truck ist besetzt mit den kalkweißgesichtigen Soldaten der Hitlerarmee, diesen Geknechteten, die überallhin die Knechtschaft bringen.« Ein Vorteil wäre, »daß man bei einer solchen Aufführung keine Stars bräuchte, dafür aber viele Gesichter zeigen kann« *(Br, 998)*. Die für diesen »Kriegskarren« geschriebenen Texte nennt B *Anmerkungen (24,227-232)*.

23. Mai 1942
Durch wiederholte Aufforderungen, nach New York zu kommen, will Ruth Berlau Brecht von seiner Familie trennen

23. Mai, Sonnabend. B schreibt auf Ruth Berlaus wiederholte Aufforderung, nach New York zu kommen, er wolle das machen, sobald er sich in Kalifornien etwas finanzielle Sicherheit geschaffen hat. Er brauche außerdem für die Erlaubnis zur Reise noch »irgendeinen Defencejob«. Die »kleine Rente«, die Berlau inzwischen aus dem Scheidungsvertrag (→Anfang Mai) erwirkt hat, sei »großartig« *(Br, 995)*.

25. Mai, Montag. B beklagt sich bei Ruth Berlau, daß sie ihm »immerfort so saure Briefe« schreibt, »vermischt mit Klagen bitterster Art« *(Br, 996)*.

27. Mai, Mittwoch. Bei einem Gespräch mit Lion Feuchtwanger in dessen »schönem Garten« erfährt B von »Hormoneninjektionen in der Armee, welche Homosexualität restlos entfernen« und notiert dazu: »So macht jetzt auch den Homosexuellen die Armee keinen Spaß mehr.« *(27,99.)* Tschechische Patrioten verüben in Prag auf den Stellvertretenden Reichsprotektor von Böhmen und Mähren Reinhard Heydrich ein Attentat, an dessen Folgen er (am 4. 6.) stirbt.

Erste Ideen für den Geiselfilm *Hangmen Also Die*

28. Mai, Donnerstag. B denkt mit Fritz Lang »anläßlich Heydrichs Exekution in Prag« über einen »Geiselfilm« nach *(27,99)*. Dies teilt er auch Ruth Berlau mit, bittet sie aber, nicht darüber zu sprechen; die Story hätte vielleicht »eine Chance« *(Br, 1001)*. Fritz Lang erinnert sich: »In ein paar Tagen, kaum mehr als vier oder fünf, hatten wir zusammen eine kurze Outline zu Papier gebracht.« *(Lang, 300.)*

28. Mai 1942
»Amerikanische Uraufführung« von Szenen aus *Furcht und Elend des III. Reiches*
Tribüne für Freie Deutsche Literatur und Kunst in Amerika, New York

Die Aufführung, unter der Leitung von Berthold Viertel, verspricht der Höhepunkt der künstlerischen Abende der Tribüne zu werden. Es wirken wieder die Mitglieder der ausgezeichneten Schauspielergruppe

Aufführung der Szenen *Rechtsfindung*, *Das Kreidekreuz*, *Die jüdische Frau*, *Der Spitzel* aus *Furcht und Elend des III. Reiches* durch die »Tribüne für Freie Deutsche Literatur und Kunst in Amerika« im New Yorker Fraternal Clubhouse (Regie: Berthold Viertel; Begrüßungsworte: Jakob Ausländer; Ansprachen: Maria Deutsch, Ver Lynn Sprague). Mit diesem als »Amerikanische Uraufführung« angekündigten Abend wird B erstmals nach seiner Ankunft in den USA als Dramatiker vorgestellt. Die Zuschauer sind vor allem deutsche und österreichische Emigranten. Spontan werden 400 Dollar für die Rettung von Flüchtlingen aus Frankreich gesammelt (→Anfang Juni u. 14. 6.). Viertel notiert nachträglich: »Die Bühnenaufführung eines in dramatischer Form geschaffenen Literaturwerkes ist die Probe auf das Exempel. Wollte man nur die Spielbarkeit einiger zu diesem Zweck ausgewählter Akte aus Bertolt Brechts Zyklus *Furcht und Elend des III. Reiches* beweisen, so war es – mit lebendigen deutschen Schauspielern in der Ursprache – ein Leichtes. Die Aufführung der ›Tribüne‹ in New York, im ersten Jahr der Beteiligung Amerikas am Kriege von Emigranten veranstaltet, war in mehr als einer Hinsicht ein Unikum der Theatergeschichte.« *(Marbacher Magazin, 9/78, S.18).* Wegen des Erfolgs wird die Aufführung (am → 14. 6.) wiederholt.

29. Mai, Freitag. Während eines Besuchs von Herbert Kline und dessen Verwandten wird B abends von zwei FBI-Leuten kontrolliert.

30. Mai, Mittwoch. Hanns Eisler »bringt« Clifford Odets, »white hope des amerikanischen Theaters«, zu B. Odets berichtet über den Zusammenbruch von allem, »was in diesem Land etwas bedeutete, [...] Moral, Charakter, Kunst, personality«. Heute sei »alles nivelliert«. B teilt ihm den »großen Eindruck« mit, den er »von einigen Szenen aus *Waiting for Lefty* hatte« (→ Dezember 35), »als sie bei einem Meeting im *Madison Square Garden* aufgeführt wurden«. Er sagt »demogogisch« zu Odets, er solle für den Broadway schreiben, aber bedenken, »daß er bald mitten in der Welt liegen wird«. Zum erstenmal habe Amerika »eine Rolle in der Weltpolitik« *(27,100f.).*

31. Mai, Sonntag. B beobachtet den amerikanischen Gewerkschaftsführer John L. Lewis im Zusammenhang mit dem New Deal. Als Dramatiker erscheint er ihm als ein Fortintas *(27,101).*

Mai. »Wenn Eisler nachmittags nicht kommt, bleibt nur der Simenon«, schreibt B an Ruth Berlau und bittet sie, mit Berthold Viertel zu sprechen, ob er ihm einen »Job am Radio« verschaffen kann: »Ich meine, wenn ich eingezogen würde zum Militär. Das kann ich doch wirklich besser.« *(Br, 997.)* In einem weiteren Brief bittet er sie, mit Max Reinhardt in New York die zweite Aufführung der Szenen von *Furcht und Elend des III. Reiches* anzusehen. Ein vom Office of War Information erbetenes *Freiheitslied* will B nicht schreiben, »nicht für 1000 $«. Helene Weigel habe gerade »Nesselfieber oder so was« und liege im Bett. »Wir gehen lunchen im Drugstore (den ich hasse).« *(Br, 1004.)*

Anfang Juni. B dankt Berthold Viertel für die Inszenierung der Szenen aus *Furcht und Elend des III. Reiches* in New York (→ 28. 5.) und den Bericht über die Aufführung. Er widmet ihm dafür das Gedicht *Sah, verjagt aus sieben Ländern.* Außerdem informiert ihn B über seine mit Max Rein-

mit. [...] Der Reinertrag wird für die Rettung bedrohter antifaschistischer Flüchtlinge durch Vermittlung der »Austro-German Division des Joint Anti-Fascist Refugee Committee« verwendet. *(Joe Gussner, Neue Volkszeitung, New York, 23. 5.)*

Die Tribüne für Freie Deutsche Literatur und Kunst in Amerika hat unter der ausgezeichneten Regie von *Berthold Viertel* und mit schönem Idealismus die »amerikanische Uraufführung« dieser vier Szenen im Fraternel Clubhouse unternommen. Der treffliche *Ludwig Roth, Lotte Stein, Elisabeth Neumann, Eleonore von Mendelsohn, [Paul] Marx, [Peter] Preses* und die andern Darsteller haben ihren Part mit Humor und Schärfe gesprochen. Rev. *Ver Lynn Sprague* hat seine Rolle – im mittleren Teil der Ansprachen und der Geldsammlung – mit Herz und Glück gespielt. [...] Karin Michaelis, die vor mir saß, war begeistert – wie sie mir sagte. Das Publikum, das sehr zahlreich erschienen war, schien ihre Begeisterung, nach der Größe seines Beifalls und seiner Beiträge zu schließen, vollkommen zu teilen. *(Hermann Kesten, Aufbau, New York, 5. 6.)*

Sah, verjagt aus sieben Ländern
Sie die alte Narrheit treiben:
Jene lob ich, die sich ändern
Und dadurch sie selber bleiben.
(15,73.)

hardt erörterte Idee, den Szenen einen theatralischen Rahmen (→ 20. 5.) zu geben. Er wünscht sich die beigelegten Balladenstrophen, die beim Erscheinen des Kriegskarrens gesungen werden, übersetzt und fragt Viertel, ob er Auden dafür gewinnen kann *(Br, 1005)*.

1. Juni, Montag. B malt für sich vier »Chancen« aus: eine Verfilmung der *Dreigroschenoper* durch die MGM, ein Filmskript mit Jean Renoir, eine Aufführung des *Guten Menschen von Sezuan* mit May Wong am Broadway sowie eine Max-Reinhardt-Inszenierung von *Furcht und Elend des III. Reiches (27,102)*. (Keine der Möglichkeiten wird verwirklicht.)

B bittet Ruth Berlau um Beschaffung und Zusendung der »(in Buchform und in Zeitschriften) erschienenen Übersetzungen von Szenen« aus *Furcht und Elend des III. Reiches*, auch der »Rohübersetzung Reyhers« *(Br, 1006)*.

4. Juni, Donnerstag. B gedenkt des Todestags von Margarete Steffin (→ 13. 6. 41). *(27,102.)*

5. Juni, Freitag. B ist mit Hanns Eisler und Clifford Odets bei Fritz Lang zum Lunch und spricht mit ihnen über einen Filmrahmen für *Furcht und Elend des III. Reiches*.

Mit Fritz Lang beginnt B die Arbeit an dem Geiselfilm (→ 28. 5.).

Nachmittags ist B »auf Granachs Betreiben« bei der chinesischen Schauspielerin Anna May Wong, die in Klabunds *Kreidekreis* erfolgreich in London aufgetreten ist, und spricht mit ihr über den *Guten Menschen von Sezuan (27,102f.)*.

Abends trifft er mit Eisler, Fritz Kortner, Robert Thoeren, Hans Viertel und Hans Winge zusammen und diskutiert über Praktiken der Filmbranche in Hollywood *(27,103)*.

6. Juni–18. Oktober 1942
Arbeit am Geiselfilm
Hangmen Also Die

6. Juni, Sonnabend. »Ich selber arbeite mit Lang an einer Story, gewöhnlich von früh neun bis abends acht. Ob was daraus wird, weiß ich nicht.« *(Br, 1012.)*

7. Juni, Sonntag. B entdeckt in den Zeitungen immer mehr Texte, »die sich in großen Hoffnungen auf die Zeit nach dem Krieg ergehen«. Das Produktionsvermögen zeige sich für die Kriegstechnik als leistungsstark: »Kriege sind nötig, um unsere Industrie in Schwung zu bringen, und die Nationen sehen staunend, was sie leisten könnten ...« *(27,103.)*

8. Juni, Montag. Angesichts der Rezension Hermann Kestens (→ 28. 5.) über Bs *Furcht und Elend des III. Reiches* in der New Yorker deutschsprachigen Emigrantenzeitung *Aufbau*, die er in das *Journal* einklebt, erinnert sich B an die für ihn unerfreuliche Zusammenarbeit mit Kesten beim Erstdruck des *Dreigroschenromans* im Verlag Allert de Lange (→ 15. 12. 33 u. Ende Dezember 33). »Die literarische Charakteristik, die er von mir entwirft, gibt ganz gut die Auffassung etwa des Thomas-Mann-Kreises wieder.« *(27,103.)*

9. Juni, Dienstag. Der 25jährige Eric Bentley, ein Englischlehrer an der University of California, Los Angeles (UCLA), besucht B und berichtet ihm von einer Arbeit, die er über Stefan George schreibt. B ist von dem »Hohepriesterton« abgestoßen, von den »Zwangsanleihen bei der französischen und italienischen Literatur« und stellt mißbilligend fest: »Und was für eine Tugend die aus der Fußnote machen!« *(27,104.)* Dennoch nimmt B das Angebot Bentleys an, einige seiner Arbeiten zu übersetzen.

Bekanntschaft mit Eric Bentley

Der 1916 in England geborene und aufgewachsene Eric Roussell Bentley studiert in den USA vergleichende Literaturwissenschaft und unterrichtet an der UCLA. Er erwirbt Brechts Vertrauen und erhält Autorisierung für die Übersetzung seiner Stücke.

12. Juni, Freitag. B hat Gedichte von Thomas Stearns Eliot und Wysten Hugh Auden gelesen und kommt zu dem Urteil: »Eine veritable Augurendichtung. Katholizismus (oder Marxismus) und Intimes. Sie beobachten – in der Dämmerung – den Flug der Vögel und kramen aus den Eingeweiden der Opfer böse Omen für die Herrschenden.« *(27,104.)*

14. Juni, Sonntag. Wegen des Erfolgs zweite Aufführung von Szenen aus *Furcht und Elend des III. Reiches* (→ 28. 5.) im New Yorker Palm Garden Theater, diesmal zusätzlich mit der bereits für die erste Vorstellung angekündigten Szene *Die Kiste*. In der Pause werden (von Oskar Maria Graf) Literaturpreise an die in New York lebenden Autoren Fritz Zorn (für *Sturz ins Nichts*), Hilde Schottländer (für *Das Mädchen aus der Dummenschule*) und Hans Marchwitza (für *Familie*) verliehen.

Karin Michaelis . . war begeistert. . . Das Publikum, das sehr zahlreich erschienen war, schien ihre Begeisterung, nach der Grösse seines Beifalls zu schliessen, vollkommen zu teilen.
HERMAN KESTEN im "Aufbau"

. . . Brecht hat ein Zeitgemälde geschaffen, aus dem die Flamme des Geschehens infernalisch zuckt und unbarmherzig die zum Kulturprozess gewordene Barbarei des Dritten Reiches ausstrahlt . . .
N. Y. Staats-Zeitung

Der sensationelle Erfolg

Einmalige Wiederholung am Sonntag, den 14. Juni, abends 8 Uhr im Palm Garden Theater, 306-12 West 52. St. (Ecke 8. Ave.)

BERTOLT BRECHT:

FURCHT UND ELEND DES DRITTEN REICHES

5 Szenen

RECHTSFINDUNG
Der Amtsrichter .... Peter Preses
Der Kriminal-Inspektor .... Theo Goetz
Der Staatsanwalt .... Ludwig Roth
Der Gerichtsdiener .... Julius Bing
Das Dienstmädchen .... Paula Janower
Der Landesgerichtsrat .... Paul Marx

DAS KREIDEKREUZ
Das Dienstmächen .... Elisabeth Neumann
Der S A Mann .... Ludwig Roth
Die Köchin .... Lotte Stein
Der Chauffeur .... Peter Preses
Der Arbeiter .... Theo Goetz

Zwischenakt
Verkündung und Verteilung der
LITERATUR-PREISE DER "TRIBUENE"

DIE JUEDISCHE FRAU
Eine Frau .... Eleonore v. Mendelsohn
Der Mann .... Paul Marx

DER SPITZEL
Das Dienstmädchen .... Anna Schmidt
Der Mann .... Ludwig Roth
Die Frau .... Lotte Stein
Der Knabe .... Henry Rosen

DIE KISTE
Die Frau .... Elisabeth Neumann
Ihre beiden Kinder ....
Ein S A Mann .... Ludwig Roth
Ein junger Arbeiter .... Lothar Rewalt
Seine Frau .... Anna Schmidt
Der Sprecher: Lothar Rewalt

Regie: BERTHOLD VIERTEL

DIE TRIBUENE

Bestellen Sie unbedingt noch heute Ihre Karten
(50c, 75c, $1.00, $1.50 plus Steuer)

Vorverkauf: "Aufbau", 67 W. 44th St.; Nierendorf Gallery, 18 E. 57th St.; Café Eclair, 141 W. 72nd St.; Friedrich Alexan, 187 Pinehurst Ave.

Mitte Juni. B dankt Ruth Berlau für Zusendung eines Fotos von Karl Valentin. Für ihn sei Valentin das gewesen, »was für Eisler Schönberg war« *(Br, 1009)*. In einem weiteren Brief wirft er seiner Freundin vor, ihn »zu wirklicher Bitterkeit« zu bringen: »Willst Du wirklich aus dem Exil nichts anderes machen als nur eine unendliche Lovestory mit Auf und Ab, Vorwürfen, Zweifeln, Verzweiflungen, Drohungen usw. usw.« Sie wirft ihm u. a. vor, daß er noch nicht nach New York gekommen ist. »Und ich habe dazu, wie Du weißt, weder das Geld, noch die Zeit, denn ich muß Geld verdienen, noch die Erlaubnis, denn ich bin Emigrant, noch einen Grund meinen Bekannten hier gegenüber, die nur darauf warten, mich als Don Juan zu entlarven.« Seinen Tagesablauf schildert er so: »Um acht Uhr früh mache ich Barbara das Frühstück, um neun bin ich bei Lang. Da bleibe ich bis sechs Uhr dreißig, dann gehe ich mit Steff und Barbara in den Drugstore, dann kommen Leute, und das nicht immer zur Unterhaltung.« Sie solle ihn »nicht ganz und gar unsicher und böse« machen: »vermeide einmal dieses ›Alles-oder Nichts‹ Gehabe, alles, was wie ›vielleicht sollten wir uns trennen‹, und sei einmal ernst und freundlich und einsichtig, wie Du es oft warst, Ruth.« *(Br, 1011.)*
Als ihre Antwort auf den Brief »sehr kursorisch und beiläufig« ausfällt, schreibt B später: »Ich kenne mich nicht mehr

richtig aus. Hast Du vor, unsere ganze Beziehung zu ändern? Hattest Du das schon vor, als Du wegfuhrst? Bitte, sag das doch wenigstens.« *(Br, 1025.)*

16. Juni, Dienstag. B verfolgt über Eisler ein Seminar Theodor Adornos am Frankfurter Institut für Sozialforschung, an dem Horkheimer, Nürnberg, Eisler, Ludwig und Herbert Marcuse sowie Pollock teilnehmen (B wird nicht eingeladen) *(27,105)*.

18. Juni, Donnerstag. B fühlt sich an einer Stelle in seinem kleinen Garten wohl, wo er »nur von Grünem umringt« ist, »Büschen und großblättrigen Feigenbäumen (den Athleten unter den Bäumen)«. Dort sieht er »nichts von den nuttigen Kleinbürgervillen mit ihren deprimierenden Hübschheiten« *(27,106)*.

Die Frau des österreichischen Schauspielers Paul Henreids wundert sich darüber, daß Fritz Kortner nicht ein in der Nähe von Bs Haus leerstehendes »kleines Theaterchen« mietet und »einfach ›etwas spielt‹, da hier ein Hunger nach *gutem* Theater bestehe«. Aber Kortner, notiert B, sage: »Sie erlauben es hier nur den Negern, Kunst zu machen, [...] der weiße Mann hat sein Gesicht zu wahren.« In diesem Zusammenhang wird B klar, daß gutes Theater viele Voraussetzungen braucht; außer dem »politische Milieu«, der Umwälzung sei auch Tradition nötig *(27,106)*.

20. Juni, Sonnabend. B zitiert im *Journal* eine Passage, die er einem Dritten zuweist, die aber vermutlich auf sein Verhältnis zu Ruth Berlau bezogen ist: »Jemand erzählt: Als diese Frau anfing, mir durch ihre Egozentrizität die Arbeitskraft zu bedrohen, beschloß ich, mich ihrem Einfluß zu entziehen. Ich machte den Entschluß möglichst beiläufig und für mich gleichsam unbemerkt und schob die Gedanken an sie zu den Fragen, welche ihrer Natur nach unlösbare sind. Ich hütete mich aber, schlecht von ihr zu denken, im Gegenteil, ich zwang mich eher, gut von ihr zu denken, wenn auch in einer objektiven und also fremden Art, wie man über nicht eben Nahestehende denkt. Anstelle Zorn zu nähren über ihren Mangel an Stetigkeit, gewann ich mir die Billigung ihrer sprunghaften Freundlichkeiten ab, anstatt mich ihrer Zuneigung zu freuen, applaudierte ich ihrer Unabhängigkeit usw. Nichts ist schwerer, als jemanden aufzugeben, ohne ihn zu entwerten, aber eben das ist das richtige.« *(27,106f.)*

Fritz Lang

27. Juni, Sonnabend. B schreibt mit Fritz Lang weiter an der Geisel-Film-Story (→ 5. 6.), die nach Meinung des Regisseurs, der sie einem Produzenten vorträgt, »einige Aussicht hat«. B ist von der Möglichkeit eines bevorstehenden gesicherten Gelderdienstes aber auch abgestoßen: »Wie ich diese kleinen Hitzewellen hasse, die in der Nähe von Geld jedermann erfassen (gesicherte Arbeitszeit, bessere Wohnung, Musikstunde für Steff, keine Wohltaten mehr nötig).« *(27,107.)*

28. Juni, Sonntag. Nach der Eroberung der Festung Tobruk (am 21. 6.) durch deutsche Truppen und der Besetzung einiger ägyptischer Forts meint B, daß der deutsche Generalfeldmarschall Erwin Rommel »zu weit« zu gehen scheine. »Aber wenn Rommel nach Suez geht, kann Hitler wirklich noch die zweite Front auf den Hals bekommen.« *(27,107.)* Mit Herbert Kline diskutiert B erneut über die Notwendigkeit, »einen Unterschied zwischen den Nazis und den Deutschen zu sehen«, und bietet ihm »diese Formel« an: »Faschismus ist eine Regierungsform, durch welche ein Volk so unterjocht werden kann, daß es dazu zu mißbrauchen ist, andere Völker zu unterjochen.« *(27,107-109.)*

29. Juni, Montag. B arbeitet mit Fritz Lang »für gewöhnlich von früh neun Uhr bis abends sieben Uhr an der Geisel-Story«. Ein wesentliches Kriterium Langs ist, ob ein Vorgang oder Fortgang vom Publikum »akzeptiert« wird. »Derlei ›kauft‹ Lang. Interessant auch, daß er weit mehr an Überraschungen interessiert ist als an Spannungen.«

»Eisler hat die meisten der finnischen Gedichte in einem *Hollywooder Liederbüchlein* komponiert. Er sang das Odets vor, und der sagte: So was kann man nur machen, wenn man arm ist.« *(27,109.)*

B ist bei dem französischen Filmregisseur Jean Renoir zu Gast. »Es sieht absolut französisch bei ihm aus. Er hat das dadurch bewerkstelligt, daß er ein echtes amerikanisches Haus kaufte (einen Holzkasten von der Art, wie man ihn in den historischen Filmen sieht, keine Imitation) und lauter alte amerikanische Möbel. Diese Stücke setzte er sparsam ein, und einigen Stuck schlug er mit der Axt vom Kamin, und jetzt wohnt er in kultivierter Umgebung.« *(27,110.)*

30. Juni, Dienstag. B nimmt sich vor, nichts zu tun, »den Verlust Gretes zu ›verwinden‹. Sich mit Geschehenem aussöhnen – wozu sollte das gut sein? Da sind viele Enden an diesem Strick, an die noch angeknüpft werden muß. Hitler hat sie umgebracht und der Hunger.« (→ 4. 6.) Er meint, die »gelungenen Werke soll man vergessen, aber nicht die mißlungenen« *(27,110)*.

B ist beunruhigt über das Ausbleiben einer zweiten Front. »Dumpfe Ahnung überall, daß die Zweitefrontpolitik die militärische Fortführung der diplomatischen Münchenpolitik ist.« *(27,110.)*

1. Juli, Mittwoch. B listet im *Journal* Kriegserfolge der Deutschen und der Japaner in den letzten Monaten in Europa, in Afrika und in Übersee auf und ist über die Unentschiedenheit der alliierten Führung enttäuscht, eine zweite Front zu schaffen *(27,111f.)*.

Sowjetischer Episodenfilm *Ubizy wychodjat na dorogu* (mit fünf Szenen aus *Furcht und Elend des III. Reiches*) Filmstudio Alma-Ata, 1942

A. Wiolinow als Lehrer in *Der Spitzel*

2. Juli, Donnerstag. B liest im *Information Bulletin* der sowjetischen Botschaft eine Mitteilung, der zufolge demnächst der Film *The Face of Fascism* nach Kurzgeschichten des bekannten antifaschistischen deutschen Schriftstellers B zu sehen sein wird *(27,112)*.

Die Meldung bezieht sich auf den (1941/42 gedrehten) Film *Ubizy wychodjat na dorogu* (Die Mörder machen sich auf den Weg) mit den Szenen *Volksgemeinschaft, Winterhilfe, Das Kreidekreuz, Der Spitzel, Arbeitsbeschaffung* (aus Bs Szenenfolge *Furcht und Elend des III. Reiches*) sowie einer neu hinzu geschriebenen Szene; Drehbuch: E. Bolschinzow und Pudowkin, Regie: Wsewolod Pudowkin / Juri Taritsch, Kamera: Boris Wolschok, Musik: Nikolai Krykow; mit P. Sobolewski, W. Kulakow, A. Antonow, O. Shakow, B. Blinow, A. Wiolinow. Der Film ist in dem nach Alma-Ata evakuierten Filmstudio gedreht worden; er kommt nicht in die Kinos.

5. Juli, Sonntag. B diktiert einer Sekretärin die Geisel-Film-Story und hört Fetzen der Verhandlung Fritz Langs mit Geldleuten. »Wie in einem Propagandafilm dringen herunter die Ziffern und todwunden Aufschreie, 30 000 $, 8 %, I can't do it. Ich ziehe mit der Sekretärin hinaus, in den Garten. Kanonendonner vom Meer her…« *(27,112f.)*

8. Juli, Mittwoch. In diesen Tagen, notiert B, sei die Nachricht durch die Presse gegangen, »daß Londoner Kreise in der serbischen Insurgentenarmee […] die von allerlei Leuten geforderte zweite Front sehen« *(27,113)*.

Emil Ludwig

macht die deutsche Bevölkerung voll mitverantwortlich und erklärt in den New York Times: "Wir können uns gegen die Kriegsleidenschaft des deutschen Volkes nur schützen, indem wir ihm drei Dinge aus den Händen nehmen: Waffen, Erziehung und Regierung. Die Erziehung soll von Nichtdeutschen ausgeübt werden, die die deutsche Sprache beherrschen." Der Vorschlag bedeutet nach Ludwigs Umschreibung keine Bestrafung, sondern eine zeitweise Erklärung der Unreife für das deutsche Volk.

9. Juli, Donnerstag. B klebt einen Zeitungsausschnitt ins *Journal*, in dem Emil Ludwigs Ansicht wiedergegeben wird, das deutsche Volk sei für den Hitler-Krieg verantwortlich zu machen; ihm müßten Waffen, Erziehung und Regierung aus den Händen genommen werden *(27,113)*.

11. Juli, Sonnabend. Mit Hanns Eisler unterhält sich B über die Frage, warum Fritz Kortner in den USA keine Rolle bekommt: Hier sei »eigentliches Spiel« verpönt. »Die Stars spielen nicht Rollen, sondern kommen in ›Situationen‹.« Angesichts dieser anderen Wertmaßstäbe sähe sich Kortner veranlaßt, »sogar im Privatleben sehr viel mehr zu spielen, als er es je auf der Bühne tat« *(27,113f.)*.

12. Juli, Sonntag. Für B ist der in den USA übliche Gallup poll test (Meinungsumfrage) »in Wirklichkeit ein Test auf die Wirkung von Reklame und Propaganda« *(27,114)*.

15. Juli, Mittwoch. Mordecai Gorelik besucht B (mit einem Drehbuchautor und Oskar Homolka); beide erinnern sich an unliebsame Begebenheiten bei den Proben zur *Mutter* 1935 an der Theatre Union in New York (→ 17. 10. 35). B möchte in den USA gern den *Schweyk* machen, »mit Szenen aus *Die letzten Tage der Menschheit* dazwischengeschnitten, so daß

Erste Idee für das Stück *Schweyk*

man oben die herrschenden Mächte sehen kann und unten den Soldaten, der ihre großen Pläne überlebt« *(27,114)*.

16. Juli, Donnerstag. B freut sich darüber, daß er seine »schreckliche Kleinbürgervilla mit Gärtchen« (→ 1. 8. 41) bald loswerden kann *(27,115)*.

18. Juli, Sonnabend. In einer Unterhaltung kommt man auf Gabriele d'Annunzio zu sprechen. B möchte den italienischen Dichter nicht »in der Nachbarschaft der Werfel, Hecht, Odets verächtlich nennen« hören, schließlich sei »sein Lebensziel nicht ein Wochenscheck von L. B. Mayer« gewesen. »Er eroberte Fiume, die Duse und das Besitztum am Gardasee, nicht einen Filmkredit. Er war ein Scharlatan, aber dieser Scharlatan schrieb Hirtengedichte, die kaum untergehen werden [...].« *(27,115.)*

20. Juli, Montag. B betreibt die »ganze Zeit Brotarbeit an der Geiselstory«; er soll dafür »5000 $ bekommen, dazu weitere 3000 $ für weitere Mitarbeit« *(27,115)*.

26. Juli, Sonntag. Für B bedeutet die Vertonung der Gedichte (Hanns Eisler hat die Musik für die *Finnischen Gedichte* fertig; → 29. 6.) das, »was für Stücke eine Aufführung ist: der Test«. Eisler lese die Gedichte »mit enormer Genauigkeit« und polemisiert gelegentlich gegen einzelne Wörter oder Titel *(27,115 f.)*. – Diese Kompositionen seien »das einzige Erfreuliche«, teilt er (in diesen Tagen) Ruth Berlau mit; vom Ausgang der Filmarbeit habe er zunächst nichts geschrieben, »weil ihr Abschluß nicht definitiv war, der Vertrag ist jetzt noch nicht unterschrieben«. Fritz Lang halte »die Sache allerdings für sicher«, aber er müsse »erst einen Scheck sehen«. Für die unmittelbare Vorarbeit bekomme er aber einen Vorschuß und zweige 250 $ in die gemeinsame Kassette ab. Inzwischen hat sich B Häuser in Santa Monica angesehen »mit größerem Arbeitszimmer (und hier ist Barbaras Zimmer muffig). Ich will aber nicht viel mehr ausgeben, um das Budget niedrig zu halten. So ist nicht leicht was zu finden. Was die Gegend anlangt, gebe ich acht, daß was für Dich in Nähe ist, das heißt, ich zöge nirgends hin, wo nicht andere Wohngelegenheiten unmittelbar dabei sind. Suche sehr was mit Zimmer über Garage im Garten, so daß ich isoliertes Arbeitszimmer hätte.« *(Br, 1020.)*

Juli 1942
Suche nach einem anderen Haus

27. Juli, Montag. Über seine Aufzeichnungen schreibt B: »Dieses Journal zeigt allein durch die vielen Eintragungen die bedrängte Lage, in der ich bin, geworfen in das Zentrum des Weltrauschgifthandels unter die Allerletzten der Tuis dieses Gewerbes.« Für ihn ist der Geisel-Film »ein unendlich trauriges Gemächte«, mit dem er sich zu beschäftigen hat. »Was für Schemen, Intrigen, Falschheiten!« *(27,116.)*

28. Juli, Dienstag. B notiert: »Hier erlebe ich, wie lächerlich und unverschämt es ist, dem Arbeiter zu sagen, er solle die

große Literatur lesen! Ich selbst kann sie nicht mehr lesen, hier, in dieser Umgebung.«
Das »russische Milieu« sei jetzt »große Mode«. »Es ist die Möglichkeit, eine Love-Story in einen Tank hineinzubringen.« *(27,116.)*
B verfolgt weiterhin die Presseberichterstattung über die zweite Front *(27,117)*.
Ins *Journal* klebt er eine Zeitungsmeldung (dt. *Lang -Produzent und Regisseur von »Never Surrender«*), in der von den Arbeiten am Geisel-Film berichtet wird. B stellt aber in einem (in diesen Tagen geschriebenen) Brief an Ruth Berlau richtig: »Der Verkauf, wiewohl in der Zeitung stehend, ist noch nicht absolut perfekt, wenn auch bevorstehend, wie Lang glaubt. [...] Ich bekomme nicht die phantastischen Hollywoodhonorare, aber ein paar tausend Dollars doch, so daß ein bis zwei Jahre gesichert sind. Wahrscheinlich müßte ich aber noch zwei Monate mitarbeiten am shooting script.« *(Br, 1017.)*

29. Juli 1942
Besuch einer Vorlesung Arnold Schönbergs

29. Juli, Mittwoch. Zusammen mit Hanns Eisler besucht B eine Vorlesung Arnold Schönbergs in der UCLA. »Er ist sehr lebhaft, und die Haltung ist polemisch. Er spricht von der Emanzipation der Dissonanz.« Im Anschluß sind er und Eisler in Schönbergs »Villa am Sunset mit sehr kleinen Kindern« eingeladen. Der 70jährige »etwas vogelartige Mann, der viel Charme hat, bei angenehmer Trockenheit und Schärfe«, gefällt B »sehr gut«. »Er sieht sich mit Recht historisch.« *(27,117f.)*
Juli. B entschuldigt sich bei Heinrich Mann, daß er an einer Literatur-Veranstaltung, für die er angekündigt ist, nicht teilnehmen wird: »Der Grund ist einfach, daß ich mich beim Vorlesen so ungeheuer wenig wohl fühle.« Außerdem habe Helene Weigel ohnehin lesen sollen, »und ich bin überzeugt, sie liest sehr schön« *(Br, 1013)*.
4. August, Dienstag. Stefan spielt seinem Vater eine Platte mit einem »alten St. Louis Blues vor, auf der ein Klarinettensolo vorkommt« *(27,118)*.

8. August 1942
Fortsetzung der Arbeit am Geiselfilm in einem Hollywood-Büro

Zusammenarbeit mit John Wexley

8. August, Sonnabend. B setzt die Arbeit an der Geisel-Film-Story »in einer office von United Artists in Laspalmasstreet in Hollywood« fort: »Heiße Büroräume mit Sekretärinnen. Ein amerikanischer writer, John Wexley, der 1500 $ in der Woche bekommt. Er gilt als sehr links und anständig. Zuerst nehme ich mit ihm eine Sequenz durch, er diktiert sie englisch der Sekretärin. Sie macht vier Kopien, und als ich eine haben will, macht er die kindischsten Ausflüchte.« *(27,118f.)*
10./11. August, Montag/Dienstag. B schreibt an Ruth Berlau: »Ich ziehe morgen oder übermorgen um, in die 26. Straße, sehr nah. Das Haus kostet 12 $ 50 mehr im Monat, hat aber mehr Zimmer, denn es ist zweistöckig.«

»Du siehst, Du kannst von vorn als auch vom Garten aus herein, ohne durch bewohnte Räume zu müssen. Helli und die Kinder haben im ersten Stock ihre Zimmer. Im Garten ist ein Werkschuppen, sehr klein und heiß, aber jedenfalls ein Zufluchtsräumchen. Ich habe alle Häuser abgeschlagen, die keinen eigenen Eingang hatten.« *(Br, 1021.)*

12. August, Mittwoch. B zieht in die 26. Straße, Nr. 1063, Santa Monica, um.

Am Nachmittag ist er auf einer Party bei Oskar Homolka. Abends kommen Alfred Döblin und seine Frau Erna, den Hanns Eisler als »den Armendoktor der Frankfurter Allee« preist; er schildert »aber auch die kleinbürgerliche Wohnung, besonders einen Schreibtisch mit Schnörkeln und ausschweifenden Beinen und einen Weinbrand, der ihm kredenzt wurde«. Über die Darstellung des leicht angetrunkenen Eisler wird gelacht, »bis uns der Bauch weh tut« *(27,119)*.

B teilt Ruth Berlau mit, daß er »alle Sachen jetzt herüben in der 26. Straße« hat. »Der kleine Kupferne steht neben der Schreibmaschine, das Zündholzbrett liegt neben mir, das Zwergtischchen mit dem Holzkasten für die Briefkouverts ist auch da.« Über die Arbeit (mit John Wexley) schreibt er: »Der amerikanische Schreiber, der 1500 $ die Woche einschiebt, liefert unglaublichen Dreck und ist ein ›Linker‹ und sagt mir: ›That's what they want me to do.‹« *(Br, 1022.)*

12. August 1942-16. Oktober 1947, Neues Domizil: Santa Monica, Nr. 1063, 26th Street

Das Haus ist eines der ältesten, etwa 30 Jahre alt, ein kalifornisches Holzhaus, getüncht, mit oberem Stockwerk, in dem vier Schlafzimmer sind. Ich habe einen langen (fast sieben Meter) Arbeitsraum, den wir sogleich weiß tünchten und mit vier Tischen versahen. Im Garten sind alte Bäume (Pfeffer- und Feigenbaum). Miete 60 $ im Monat, 12 $ 50 mehr als in der 25. Straße. *(27,119.)*

13. August, Donnerstag. »Bei Adorno diskutieren Horkheimer, Pollock, Adorno, Marcuse, Eisler, Stern, Reichenbach, Steuermann über *Huxleys* ›Brave New World‹.« Es geht insbesondere um Huxleys These, mit der Befriedigung der körperlichen Bedürfnisse würden die geistigen und kulturellen Bedürfnisse absinken. »Das Leiden hat die Kultur geschaffen; so wird wohl Barbarei entstehen, wenn das Leiden abgestellt wird?« B und Eisler werden »ungeduldig« und setzen sich »ins Unrecht« *(27,119f.)*.

14. August, Freitag. »Eigentlich zum erstenmal fühle ich mich halbwegs wohl hier heute. Ich bin allein im untern Stockwerk, es ist halb ein Uhr nachts. Auch in den Garten kann ich hinaus, ohne wo durch zu müssen. Vom Tisch aus sehe ich die Straße hinunter die Autos fahren.« *(27,120.)* B arbeitet an *Der Messingkauf*.

16. August, Sonntag. Mit Ferdinand Reyher spricht B über die japanische Filmtechnik, bei der im Gegensatz zur europäischen und amerikanischen Filmkunst erst Großaufnahmen und danach die Aktionen gezeigt würden. Nach Reyhers Ansicht denken die Japaner »erst und handeln dann«; dadurch seien deren Filme »aufregender als die unsern« *(27,120)*.

17. August, Montag. »Das Haus ist sehr schön. In diesem Garten ist der Lukrez wieder lesbar.« *(27,120.)*

Liebe zur Klarheit
Meine Liebe zur Klarheit kommt von meiner so unklaren Denkart. Ich wurde ein wenig doktrinär, weil ich dringend Belehrung brauchte. Meine Gedanken verwirren sich leicht, das auszusprechen beunruhigt mich gar nicht. Die Verwirrung beunruhigt mich. Wenn ich etwas gefunden habe, widerspreche ich sogleich heftig und stelle unter Kummer gleich wieder alles in Frage, dabei freute ich mich eben vorher noch kindisch, daß wenigstens etwas mir einigermaßen gesichert schien, wie ich mir sagte, für bescheidene Ansprüche. Solche Sätze wie der, daß der Beweis für den Pudding im Essen liege, oder der, daß das Leben die Daseinsweise des Eiweißes sei, beruhigen mich ungemein, bis ich von neuem in Ungelegenheiten gerate. Auch Szenen, die zwischen Menschen vorfallen, schreibe ich eigentlich nur auf, weil ich mir sie sonst nur so sehr undeutlich vorstellen kann. *(27,353.)*

19. August, Mittwoch. B arbeitet immer noch täglich im Filmbüro. »Ich fahre die zwölf Meilen morgens halb neun, frühstücke gegen ein Uhr in der office meine mitgebrachten Brote zu einem Schluck kalifornischen Weißweins. Es ist heiß, aber wir haben Ventilatoren.« *(27,121.)*

20. August, Donnerstag. B staunt »über die Primitivität des Filmbaus«, die »mit einem erstaunlichen Minimum an Erfindung, Intelligenz, Humor und Interesse« auskommt. »Es wird damit gerechnet, daß die Schauspieler nicht spielen und die Zuschauer nicht denken können.« *(27,121.)*

21. August, Freitag. Abends trifft B mit Eisler sowie den österreichischen Schriftstellern Gina Kaus und Soma Morgenstern zusammen und spricht mit ihnen über das »Tachinieren«, die Schlauheit, sich dem Kriegsdienst zu entziehen *(27,122).*

22. August, Sonnabend. B ist bei den »Frankfurtisten«. Hans Reichenbach macht sich Sorgen, wie »das ›Erbe‹ auch unbeschädigt in die klassenlose Gesellschaft geborgen werden kann«, die »Rettung der Kulturgüter« hielte ihn schlaflos, während sie B »einschläfert« *(27,122).*

Seit der Ausgangssperre (→ 26. 3.) spricht Lion Feuchtwanger abends telefonisch oft lang mit B. Er berichtet ihm an diesem Tag, daß das Zürcher Schauspielhaus nach dem Erfolg von *Mutter Courage und ihre Kinder* (→ 19. 4. 41) nun auch den *Guten Menschen von Sezuan* aufführen will (→ 4. 2. 43). Thornton Wilder habe in Zürich die *Courage* gesehen und sei davon »sehr beeindruckt« gewesen *(27,122f.).*

B schreibt in sein *Journal* aus dem Gedicht *Der Dichter und der Krieg* von Klara Blum die Strophen 2, 5 und 6. Desgleichen zitiert er aus Johannes R. Bechers *Rede an die deutschen Dichter* eine Passage, in der dieser seine Dichtung auf das »Miterleben des Schicksals« seines Volkes zurückführt; immer habe »jener dunkle zugleich und lichtvolle Ton: mein Deutschland« mitgeschwungen. »Dies und Ähnliches«, merkt B an, stünde in der in Moskau herauskommenden *Internationalen Literatur*, Heft 9/41. *(27,123.)*

3. September 1942
Teilnahme an Filmvorführungen für Besetzungsvorschläge

3. September, Donnerstag. Wegen der Besetzung der Rollen werden in der Produktionsfirma Filme vorgeführt, die sich B ansieht. Dabei denkt er »über die Handicaps unserer Kortner und Homolka nach«, deren Spielweise als übertrieben angesehen wird. Bei den deutschen Schauspielern spiele »der Muskel immerfort [...], der die Augenbrauen hochzieht«; er sei bei den Amerikanern »stillgelegt«. Diese hätten »etwas Fließendes, Plastisches, was sich besser fotografiert« *(27,123f.).*

7. September, Montag. B sieht den »hübschen Film« *The Remarkable Andrew* (nach einem Roman von Dalton

Trumbo), der »mit bemerkenswerter Phantasielosigkeit fotografiert« sei *(27,124)*.

10. September, Donnerstag. B schreibt an Ruth Berlau, er halte ihre Arbeit in New York für nützlich. »Wenn ich wüßte, daß alles, was wir ausmachten, bestehen bliebe, *und Du sofort kämest, wenn die geringste Änderung drohte*, würde ich es nicht unvernünftig finden, daß Du noch etwas in New York bleibst.« Er schickt ihr 400 $ für »unsere Kasse«, die nun wieder auf 1000 $ angefüllt ist *(Br, 1024)*.

14. September, Montag. Die Arbeit am Drehbuch des Geisel-Films (den er gern *Trust the People*, Vertraut dem Volke, nennen möchte) gehe mit Wexley »besser vorwärts«. Vor allem habe er Wexley dafür gewonnen, mit ihm und in seinem Haus »abends ein völlig neues Idealscript zu schreiben, das Lang vorgelegt werden soll«; darin lege er natürlich »das Schwergewicht auf die Volksszenen« *(27,124)*.

Mitte September. B hat sich drei Zähne ziehen lassen und liegt mit einem »»greulichen Schnupfen« im Bett *(Br, 1026)*.

17. September, Donnerstag. B schickt Ruth Berlau eine Skizze seines Arbeitszimmers.

20. September, Sonntag. Der österreichische Journalist Hans Winge, der in einer Wäschefabrik arbeitet und B wöchentlich besucht, urteilt über Bs *Hollywoodelegien (12,113-116)*, sie seien »wie vom Mars aus geschrieben«. Diese »Distanz«, meint B, werde von dieser Stadt geliefert: die Häuser »werden nicht Eigentum durch Bewohnen, nur durch Schecks, der Eigentümer bewohnt sie nicht so sehr, als er über sie disponiert«, sie seien »Anbauten von Garagen« *(27,125)*.

25. September, Freitag. »Im Hintergrund der Filmarbeit lauert eine graue, saure Langeweile, weil man nie kann, was man könnte.« *(Br, 1027.)*

28. September, Montag. B schickt Ruth Berlau das Gedicht *Die Maske des Bösen (12,124)*.

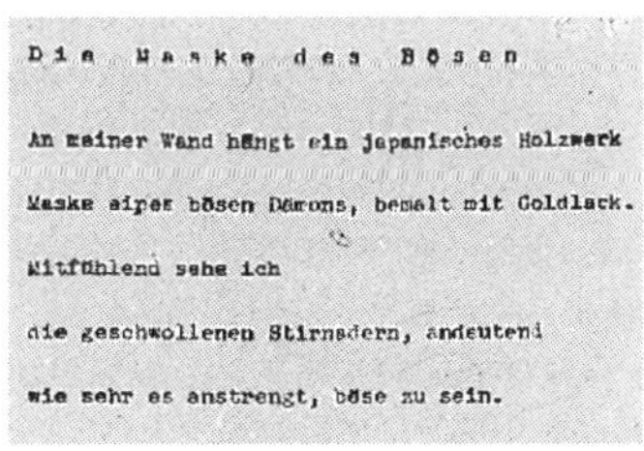
Die Maske des Bösen

An meiner Wand hängt ein japanisches Holzwerk
Maske eines bösen Dämons, bemalt mit Goldlack.
Mitfühlend sehe ich
die geschwollenen Stirnadern, andeutend
wie sehr es anstrengt, böse zu sein.

1. Oktober, Donnerstag. B trifft (erstmals seit 1935) wieder mit Kurt Weill zusammen.

3. Oktober, Sonnabend. Hanns Eisler spielt B, Hans Winge und Herbert Marcuse einige der *Hollywoodelegien* sowie *Finnische Epigramme* (→ 26. 7.) vor und bezeichnet sie als »kleine, nicht sehr bedeutende Gelegenheitsarbeiten in der Art eines Tagebuchnotierens«. B widerspricht dem: »Aber in der Tat haben die Kompositionen wirkliche Bedeutung wahrscheinlich auch als Musik, sicher aber für die Epigramme, indem sie zu einem studierenden Lesen anhalten, zu einem nachgrabenden Studium.« *(27,125.)*

5. Oktober, Montag. Da sich John Wexley für die abendliche Arbeit mit B am Idealscript des Geisel-Films (→ 14. 9.) eine finanzielle Entschädigung ausbedungen hat, fordert sie

B auch ein. Fritz Lang erwartet aber das »Hauptscript«, so daß sich Wexley daraufhin weigert, weiter am Idealscript zu arbeiten. Es umfasse »erst 70 Seiten« (nicht überliefert).

6. Oktober, Dienstag. An Berlau schreibt B, daß er auch an den Abenden mit Wexley arbeitet und erst spät in der Nacht Zeit für Briefe hat. Wegen des Films sieht er keine Aussicht auf eine baldige Reise nach New York *(Br, 1029)*.

10. Oktober 1942
Weitere Pläne für den *Messingkauf*

10. Oktober, Sonnabend. B will für den *Messingkauf* »das Thema *angewandtes Theater*« ausarbeiten, »es müßten einige Grundbeispiele des Einander-etwas-Vormachens im täglichen Leben beschrieben werden sowie einige Elemente theatralischer Aufführung im privaten und öffentlichen Leben« *(27,126)*.

16. Oktober, Freitag. »Keine schlechte Woche ist vorüber: Stalingrad hielt, Willkie forderte eine zweite Front von Tschunking aus. USA-Flugzeuge griffen in den Kampf über Deutschland ein – und Wexley und ich arbeiteten ›nach bestem Wissen und Gewissen‹ an dem script von *Trust the People* (unser Titel).«

Für die Einfügung der Volksszenen bekommt Wexley mit Lang Ärger: »Die Veränderung, die mit ihm in der Nähe der 700 000 $ vorgeht, ist bemerkenswert. Er sitzt, mit den Allüren eines Diktators und alten Filmhasen, hinter seinem Boßschreibtisch, voll von drugs und resentments über jeden guten Vorschlag, sammelnd ›Überraschungen‹, kleine Spannungen, schmutzige Sentimentalitäten und Unwahrhaftigkeiten [...].« B spürt »die Enttäuschung und den Schrecken der geistigen Arbeiter, denen ihr Produkt weggerissen und verstümmelt wird« *(27,126f.)*.

17. Oktober, Sonnabend. B liest Jean-Richard Blochs Kommentare für Radio Moskau, Ilja Ehrenburgs *Der Fall von Paris* und Pieter van Paasens *The Time is Now!*, alles Beiträge »über den Untergang Frankreichs«.

In das *Journal* klebt B einen Brief Ruth Berlaus ein, in dem sie von einem Meeting mit Orson Welles und Charles Chaplin in New York berichtet *(27,127)*.

Fritz Kortner ist »gekränkt«, weil ihm B in dem Lang-Film keine Rolle verschafft hat. »Jetzt spricht Kortner von einer ›Atmosphäre der Millionen, Intrigen usw.‹, die er nicht aushalte. Lang, der ihm eine Rolle verweigert, nennt er einen Mörder, und natürlich, ich arbeite mit ihm...« *(27,128.)*
Fritz Lang rechtfertigt seine Besetzung damit, daß er die Rolle des Quislings Czaka ohne inhaltliche Mißverständnisse unter keinen Umständen mit einem Schauspieler besetzen konnte, dessen deutscher Dialekt zu erkennen ist *(Lang, 304)*.

18. Oktober, Sonntag. Falls B die Reihe der *Versuche* weiterführen könnte, würde er »außer den Epigrammen und den lyrischen Kurzgedichten in der Versart der *Kriegsfibel* doch auch einige Szenen aus dem Drehbuch von *Trust the People* abdrucken«. Der Geisel-Film sei »episch konstruiert, aus drei Geschichten, die sich ablösen«. Die Geschichte sei »nicht schlecht; auch nicht, daß die Untergrundbewegung Fehler macht, die das breite Volk korrigiert usw. usw.« *(27,129.)*

19. Oktober, Montag. B reflektiert über die Arbeit am Film und gesteht, daß er mitunter Mühe hatte, sich »nicht an der Lösung der kleinen schmutzigen Problemchen zu beteiligen«. Das habe er anderen überlassen. »Dergleichen kann tatsächlich die Handschrift schädigen, jedenfalls hatte ich das Gefühl.« *(27,130.)*

20. Oktober, Dienstag. B gefällt »das Wässern des Gartens« und er findet es merkwürdig, »wie das politische Bewußtsein all diese alltäglichen Verrichtungen beeinflußt« *(27,130)* (→ 9. 8. 43.).

22. Oktober, Donnerstag. B findet, die Arbeit am Film habe ihn »fast krank gemacht«, insbesondere die Änderungen, die bei der Realisierung vom »Besteller« noch »hineingeschmiert« werden. Ihn entsetzen »diese Ausbrüche verschmutzter Phantasie, nach Geld stinkender Sentimentalität, tiefsitzender triumphierender Reaktion, wilden verbissenen Ressentiments über die Zumutungen, hier einen großen Film zu machen, wo man auf Teilung inszeniert ...« Er sei daran gewöhnt, seine »Würde zu nehmen von der Würde der Aufgabe«, und fragt sich, wo er bleibt, »wenn die Aufgabe unwürdig, die Allgemeinheit depraviert ist und wenn in der Umwelt keine Energie sich sammeln kann« *(27,130f.)*.

22. Oktober 1942
Krise durch Filmarbeit in Hollywood

24. Oktober, Sonnabend. Nach Bs Meinung geben die Tories »der Welt in diesem Krieg einen gigantischen Unterricht in der neuen Streikform, dem slowdown, besser stay in strike genannt. Da wird kein Verbrechen geplant ohne ein Alibi, kein Versprechen gegeben, ohne daß die Mittel für das Brechen bereitstehen.« *(27,131f.)*

28. Oktober, Mittwoch. Alfred Döblin teilt Arthur Rosin mit, daß er von Brecht und Feuchtwanger eine finanzielle Unterstützung erhalten wird *(Döblin, Briefe, S. 284)*.

30. Oktober, Freitag. B spricht mit Lion Feuchtwanger über einen Stückplan mit dem ursprünglichen Titel *Die heilige Johanna von Vitry (»Die Stimmen«)*, das er später *Die Gesichte der Simone Machard (7,117-178)* nennt. »In den Träumen einer verwirrten Person nehmen die Gestalten der patriotischen Legende die Züge ihrer Obern an, und sie erfährt, wie, warum und wie lang die Obern ihren Krieg führen.« Außerdem diskutieren sie über *Die Reisen des Glücksgotts* (→ 16. 11. 41) und die von B geplante Version (→ 20. 11. 41) von Thomas Heywoods *A Woman killed with Kindness (27,132)*.

Plan zu dem Stück *Die heilige Johanna von Vitry* (später: *Die Gesichte der Simone Machard*)

Oktober. Nach längerer Zeit schreibt B wieder an Karl Korsch: »Die heutige Isolierung hier ist ungeheuer, im Vergleich zu Hollywood war Svendborg ein Weltzentrum.« Er gibt ihm einen »kurzen Überblick« über die Situation, »wo man den wichtigsten Besuch immer wieder aufschiebt, weil man erst die Hose geflickt kriegen muß«. B möchte gern weitere Arbeiten von Korsch lesen. Er dankt für das Manuskript von Heinz Langerhans (*Deutsche Märtyrer in Konzentrationslagern*, erscheint 1945), das er »mit großem Interesse gelesen, besonders nachdem Weil und das [Frankfurter Soziologische] Institut es ›einfach verrückt‹ nannten«. Zur familiären Lage teilt er mit: »Helli geht es, glaube ich, gut, sie arbeitet wieder einmal einen kleinen Garten um und hat eine kleine Aussicht auf eine Rolle. Steff studiert Chemie, fährt einen 1928 Ford und hat eine Sammlung elisabethanischer Dramatiker. Barbara ist auf der Junior High, was immer das bedeuten mag, und bekommt eine Büste.« *(Br, 1032.)*

Anfang November 1942
Dreharbeiten enttäuschen Brecht

2. November, Montag. B ist zu den Dreharbeiten des Geisel-Films eingeladen worden. Fritz Lang beginnt mit einer Szene, die B und Wexley gestrichen hatten. »Die Heldin ist mit einer fünftklassigen englischen Schauspielerin besetzt [Anna Lee], einer glatten, eigenschaftslosen Puppe.« *(27,132f.)* Nach Langs Erinnerungen mußte er mit den Dreharbeiten drei Wochen früher beginnen als vorgesehen. Zu diesem Zeitpunkt habe ein (noch unfertiges) Drehbuch von 280 Seiten vorgelegen, während der übliche Umfang ca. 150 beträgt. Lang habe die notwendigen Kürzungen zusammen »mit Hilfe eines jungen Writer« (Henry Guinsberg) selbst vorgenommen und das Manuskript auf 192 heruntergeschnitten *(Lang, 306)*.
B hat die kalifornische Wohnung von Ruth Berlau aufgelöst, »nehme Schreibmaschinentischchen, Teppich, Konfutse zu mir«. Nach New York will er erst fahren, wenn er mehr Zeit hat als »nur zwei Wochen« *(Br, 1033)*.
4. November, Mittwoch. B geht erneut zu den Dreharbeiten und muß feststellen: »Wexley hat für zwei Wochenschecks (3000 $) alles wieder eingerissen, was er in zehn Wochen aufgebaut hat. Ich hatte beinahe fertiggebracht, die Hauptdummheiten aus der Story zu entfernen, jetzt sind alle wieder drinnen.« *(27,133.)*
Der Dozent Lewis Brown ist bei B und berichtet ihm »von den losangelesischen kleineren Faschisten ganz erschütternde Episoden«, weil sie mit »bitterer Armut« kämpfen müssen. So blieben »die größten Schandtaten [...] womöglich ungetan, nur weil es an Unterstützung fehlt« *(27,133f.)*.
5. November, Donnerstag. Hans Winge informiert sich über Arbeitsmöglichkeiten in der Verteidigungsindustrie

und erfährt, daß dort Flüchtlinge und Hitlergegner nicht gern gesehen werden *(27,134)*.

15. November, Sonntag. B arbeitet an den Vormittagen mit Lion Feuchtwanger an den *Gesichten der Simone Machard* (→ 30. 10.). Danach besucht er mitunter das Filmstudio *(27,134)*.

15. November 1942-Anfang Februar 1943
Mit Lion Feuchtwanger Arbeit an dem Stück
Die Gesichte der Simone Machard

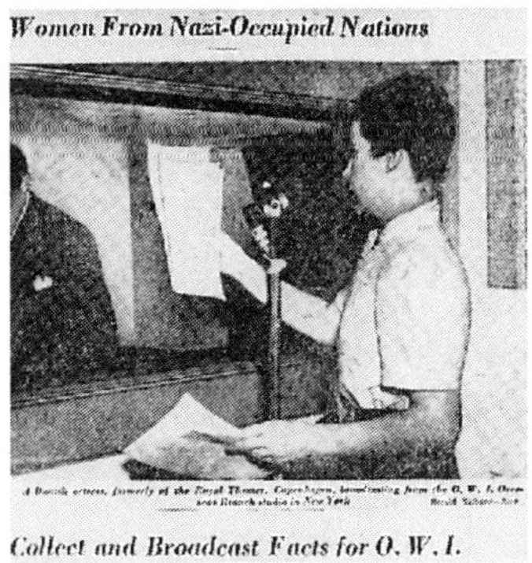

Von Brecht ins *Journal* eingeklebter Zeitungsausschnitt, der Ruth Berlau bei einer Sendung des New Yorker OWI (des Amtes für Kriegsinformation) zeigt.

16. November, Montag. B liest ein Stück des sowjetischen Autors Konstantin Finn mit dem englischen Titel *Ruza Forest* (vermutlich das Stück *Pjotr Krymow*), dessen Naturalismus für ihn schönfärberisch erscheint. Solche Literatur stünde »auf den Fußspitzen [...], um dem Proletariat den Spiegel vorzuhalten« *(27,134f.)*. B wird durch die Lektüre zu Überlegungen für ein eigenes Stück angeregt *(Ruza Forest; 10,918-921)*.

19. November, Donnerstag. B und Helene Weigel essen bei Paul Henreid, der »hier eine schnelle Filmkarriere gemacht« hat, in dessen neuem Haus, »einem geräumigen Gebäude im Cottagestil«. »Seine Frau, die Tochter des Kunsthistorikers Glück, dessen Breughelausgabe [→ 29. 2. 37] ich um die ganze Welt mitschleppte, hat zusammen mit Helli, die viel Spürsinn hat, alte kalifornische Möbel zusammengekauft.« B hat den Eindruck, »daß Amerika eine Kulturnation *gewesen* ist ...« *(27,139)*.

20. November, Freitag. Eine Anzeige in Versen, die in einer amerikanischen Zeitung ganzseitig für den Kauf von Opfermarken auf Weihnachtskarten wirbt (und die er in das *Journal* einfügt), ist für B ein Beweis dafür, daß sich der reimlose Vers mit unregelmäßigen Rhythmen »hier als nützlich erwiesen zu haben« scheint *(27,135f.)*.

24. November, Dienstag. B hat die Rolle einer Gemüsefrau im Geisel-Film »nahezu« stumm angelegt, damit sie von Helene Weigel gespielt werden kann. Fritz Lang bricht aber »die strikte Abmachung« auf »besonders rüde Art«, indem er von John Wexley »einige überflüssige Sätze« hineinschreiben läßt, sich nun »auf Akzentfreiheit« versteift und die Rolle ohne Rücksprache mit B durch eine andere Schauspielerin spielen läßt (Sarah Padden). »Die alte Verpflichtung, gegen private Unmoralität heftig zu reagieren, muß angesichts der allgemeinen Zustände als verfallen angesehen werden, dieser gegenseitige Lehrgang ist eingestellt, da aussichtslos geworden.« *(27,139f.)* Nach Langs Erinnerung hatte er »niemals auch nur die geringste Absicht [...], auch nur die kleinste Rolle mit Helene Weigel zu besetzen« *(Lang, 304)*.

25. November, Mittwoch. B arbeitet jetzt regelmäßig von »elf bis zwei in Feuchtwangers Haus am Sunset« an *Die Gesichte der Simone Machard*. Er gibt den Disput wieder, den er mit ihm über dessen »veraltete ›biologische‹ Psychologie« und über Handlungsdetails führt. Feuchtwanger habe sich

Am 2. 12. ins *Journal* eingeklebtes Zeitungsfoto: Gefangennahme eines deutschen Offiziers in Afrika

aber »ziemlich versöhnt« gezeigt, als B ihm in der zweiten Woche vorschlägt, die Simone »zum Kind zu machen« *(27,140-142)*.

November. B bedankt sich bei Karl Korsch für die Übersendung seiner Monographie *Karl Marx* (London 1938), deren amerikanische Ausgabe vergriffen ist; Korsch hatte noch einige Exemplare aus London bekommen. B gesteht: »Ich betrachte Sie als meinen Lehrer, Ihre Arbeiten und Ihre persönliche Freundschaft bedeuten viel für mich [...].« In der »Einschätzung der UdSSR« stellt B Differenzen fest; Korschs Einstellung zur Sowjetunion sei nicht »die einzige Anwendung«, die man von seinen wissenschaftlichen Forschungen machen kann *(Br, 1035)*.

Da B immer noch nicht weiß, wann er nach New York reisen kann, schlägt er Ruth Berlau vor, daß sie »im Notfall« im Dezember »für acht Tage« nach Santa Monica kommen soll. Im Januar glaubt er, »für einige Wochen« wegzukönnen. »Nicht übermäßig erfrischt« haben ihn Nachrichten von Nordafrika: »Mit diesem Kolonialfeldzug wird wieder ein Jahr vergehen, fürchte ich. Wahrscheinlich wurde die zweite Front einfach aufgegeben, damit Ägypten gestützt werden konnte. Rommels Ablenkungsmanöver [→28. 6.] glückte hiermit, ganz gleich, was jetzt das Ende davon wäre.« *(Br, 1036.)* In einem weiteren Brief bittet er sie, ihm durch Piscator eine »Anforderung« für New York schicken zu lassen, damit er (Brecht) in Santa Monica (als enemy alien) die Reiseerlaubnis bekommt *(Br, 1037)*.

2. Dezember, Mittwoch. B findet *Die Gesichte der Simone Machard* jetzt »in der Fabel klargelegt«. »Was die Figur der Simone betrifft, so denke ich vage daran herum, daß das Kindhafte mit einem V-Effekt versehen werden muß, etwa dadurch, daß die Dreizehnjährige gezeigt wird, die vorzeitig in die Arbeit getrieben ist und gezwungen wird, die Dienste einer Erwachsenen zu leisten, also auch zu sprechen und zu denken und sich zu verhalten wie eine Erwachsene; dann tritt das Kindhafte als schmerzhafte Unzulänglichkeit hervor, als Unbehilflichkeit einer eigentlich noch lange der Hilfe Bedürftigen.«

B spürt an sich die Nützlichkeit der »Vitaminzufuhr«, die sein Gehirn funktionstüchtiger macht und die Lebensgeister weckt. »Welch schlagender Beweis für die soziale Herkunft der proletarischen ›Unzulänglichkeit im Denken‹!« *(27,142.)*

Mit Oskar Homolka

7. Dezember, Montag. B und Helene Weigel »essen bei Homolkas, am Kamin, schauend über die herbstlichen Gärten mit den Öltürmen am Horizont, und bauen ein Stück über die Bemerkung, in Mexiko sei die Ausübung von Religion eigentlich ungesetzlich« (nicht realisiert) *(27,143)*.

8. Dezember, Dienstag. B beginnt mit der zweiten Realszene zu *Die Gesichte der Simone Machard*, »da sie die schwierigste zu sein scheint« *(27,144)*.

10. Dezember, Donnerstag. B liest Leo Trotzkis »kleines, 24 herausgegebenes Buch über *Lenin* mit großem Vergnügen« und zitiert Beispiele *(27,144 f.)*.

11. Dezember, Freitag. B erfährt aus Zeitungen, daß Herbert Jhering »Intendant des Hofburgtheaters geworden« sei (tatsächlich ist er zwei Jahre als Künstlerischer Beirat des Generalintendanten Lothar Müthel tätig), und kommt zu dem Urteil: »Jedenfalls fuhle ich nichts Schockähnliches. Bauschundbogenurteile kann ich nicht leiden, derlei Leute – bauschundbogenmäßig gesprochen – sind nicht die Hauptfeinde, nehme ich an. Das Urteil muß drinnen gefällt werden.« *(27,145.)*

11. Dezember 1942
Brecht will über das Verhalten der in Deutschland Gebliebenen differenziert urteilen

12. Dezember, Sonnabend. B kritisiert Feuchtwanger, daß er dem Herausgeber Emil Ludwig »einen Aufsatz über *Ovid* für ein Buch von Exilierten über Exilierte zugesagt« hat, weil Ludwig »das deutsche Volk für Jahrzehnte von amerikanischen Lehrern erziehen lassen will« *(27,145)*.

13. Dezember, Sonntag. B schreibt aus dem Geisel-Film das Lied *Bruder, es ist Zeit (15,74)*, das er »nach der Melodie des K.I.-Liedes (*Eisler*)« gestaltet, ins *Journal*, »weil es sonst kaum wo stehen wird« *(27,145 f.)*.

17. Dezember, Donnerstag. B schildert verärgert die »Entstehung von Filmwirkungen« bei Lang, der für die Übersetzung des Liedes *Bruder, es ist Zeit* einen »›hochbezahlten‹ hitparademan« hinzuzieht, der »prompt für 500 $ einen unglaublichen Dreck abliefert« *(27,146)*.

20. Dezember, Sonntag. »Angenehme Arbeit an dem »Simone-Machard«-Stück mit Feuchtwanger.« *(27,146.)*

22. Dezember, Dienstag. B teilt Berlau mit, daß er erst im Januar nach New York kommen kann, weil ihn Eisler noch für den Song im Lang-Film braucht *(Br, 1038)*.

24. Dezember, Donnerstag. Zum Heiligabend sind bei B und Helene Weigel zu Gast: »Eislers, Reyher, Feuchtwangers, später Homolkas« *(27,146)*.

30. Dezember, Mittwoch. B schickt Ruth Berlau in einem Brief ein Telegramm, das ihm nicht abgenommen wsurde, weil es »nicht wichtig« sei, und schreibt von seiner Vorfreude auf New York *(1797/4)*.

31. Dezember, Donnerstag. Silvester verbringen B und Helene Weigel bei Kortners. »Anwesend Eislers, Viertel, Henreids, Thoerens, Donaths.« *(27,147.)*

Dezember. B schlägt Ruth Berlau (wahrscheinlich in dieser Zeit) für ihre Radiosendungen vor: »Man müßte den Dänen möglichst viel darüber mitteilen, wie es den französischen, norwegischen, tschechischen Geschäftsleuten erging und er-

Foto Brechts mit Feuchtwanger, das (am 20. 3. 1945) ins *Journal* eingeklebt ist

Die Zusammenarbeit geht gut und ist eine Erholung nach der Filmarbeit [...]. Er hat Sinn für Konstruktion, versteht sprachliche Feinheiten zu schätzen, hat auch poetische und dramaturgische Einfälle, weiß viel von Literatur, respektiert Argumente und ist menschlich angenehm, ein guter Freund. *(27,147.)*

geht und was man den rumänischen und bulgarischen versprochen und gehalten hat. Dann Aufforderungen an die Dänen, sich alle Leute zu merken, die mit den Deutschen mehr kooperieren, als erzwungen werden kann.« *(Br, 1010.)*

1943

3. Januar, Sonntag. B arbeitet mit Lion Feuchtwanger »jeden Vormittag« an *Die Gesichte der Simone Machard.*

5. Januar, Dienstag. B erwägt zwei Fassungen für die »letzte Realszene«, da ihm die (historisch) »richtige unaufführbar« scheint *(27,147).*

9. Januar, Sonnabend. Ruth Berlau und Lilli Laté ziehen wegen einer Nachricht von Georg Branting im Zusammenhang mit Hella Wuolijoki die Aufmerksamkeit des FBI auf sich und werden beobachtet.

13. Januar, Mittwoch. B erhält zu seinem Registrations-Zertifikat (→ 16. 2. 42) eine Klassifikationskarte (Nr. T 11647).

20. Januar 1943
Schiedsgericht weist Brechts Antrag ab, als Drehbuchautor des Films *Hangmen Also Die* mitgenannt zu werden

20. Januar, Mittwoch. Der Produzent von *Hangmen Also Die*, Arnold Pressburger, plant, im Vorspann John Wexley als alleinigen Drehbuchverfasser zu nennen, und bringt dadurch B um den »screen credit«, der ihm weitere Aufträge verschaffen könnte. B wendet sich aus diesem Grund an das Schiedsgericht der Screen Writers Guild (Vereinigung der Drehbuchautoren). »Vor einem halben Zentner Manuskripten« sitzend, habe John Wexley behauptet, »er hätte mich kaum je gesprochen«. Obgleich Fritz Lang und Hanns Eisler für die Mitautorschaft Bs plädieren, entscheidet sich die Vereinigung dagegen. B urteilt darüber: »Der Anblick geistiger Verstümmelung macht mich physisch krank. Diese geistig Verkrüppelten und moralisch Verletzten kann man kaum im selben Zimmer aushalten.« *(27,148.)*

30. Januar, Sonnabend. Das FBI registriert, daß B mit William Dieterle im Filmarte Theater beobachtet wurde, einem Kino, das früher russische Filme bevorzugte.

Anfang Februar 1943
Abschluß von *Die Gesichte der Simone Machard* (1. Fassung)

Anfang Februar. B und Lion Feuchtwanger schließen die 1. Fassung des Stückes *Die Gesichte der Simone Machard* ab.

4. Februar 1943
Uraufführung *Der gute Mensch von Sezuan* Schauspielhaus Zürich

4. Februar, Donnerstag. Uraufführung von *Der gute Mensch von Sezuan* im Schauspielhaus Zürich; Musik: Huldreich Georg Früh; Regie: Leonard Steckel; Bühnenbild: Teo Otto; mit Maria Becker (Shen Te/Shui Ta), Karl Paryla (Yang Sun), Therese Giehse (Mi Tsü), Heinrich Gretler (Wang), Mathilde Danegger (Witwe Shin), Kurt Horwitz (Shu Fu).

8. Februar, Montag. B reist um 17 Uhr (mit dem Southern Pacific Train 44, The Californian) von Santa Monica nach New York ab *(Br, 1044).* Dies ist (nach 7 Jahren; → 7. 10. 35) seine zweite Reise in die amerikanische Metropole. Bei seiner offiziellen Abmeldung in Santa Monica gibt B für Kontakte die Telefonnummern von Erwin Piscator, Elisabeth Bergner und Paul Czinner an. Im Zug fahren vor allem Soldaten mit, »meistens Chargen, ausgesprochen ›nice boys‹ mit sehr guten Manieren, Karten spielend, Limonade und Bier trinkend, Radiomusik hörend«, außerdem »ältliche Damen mit Abzeichen, die immer zwei oder drei der jungen Leute um sich hatten, die sie bedienten, Konversation machten, lächelten«. Arizona und Texas erinnern B »vom Zug aus« an Sibirien. »Die grauen zweistöckigen Holzfarmen und die Leute wirken sehr arm.« *(27,148.)*

9. Februar, Dienstag. B möchte über seine Ankunft in New York Stillschweigen bewahren. Sollte sich Ruth Berlau auf Arbeit befinden, will er direkt in ihre Wohnung in die 57. Straße, Nr. 124, gehen, für die sie ihm einen Schlüssel geschickt hat *(Br, 1045).*

11. Februar, Donnerstag. B trifft in Chicago ein und fährt 14.30 nach New York weiter *(Br, 1045).*

12. Februar, Freitag. B kommt 8.30 Uhr in New York an. Sowohl die Abreise in Santa Monica wie Ankunft und Aufenthalt in New York werden vom FBI registriert. Ruth Berlau erinnert sich: »Ida Bachmann war so freundlich, zu einer Freundin zu ziehen, so daß Brecht und ich allein in der Wohnung waren. Ich gab Brecht das Balkonzimmer, weil man von da eine schöne Aussicht hatte und die Sonne hineinschien. Aber es war kleiner als meins, und Brecht fragte sehr bald, ob wir nicht tauschen könnten, obwohl er nun nichts Grünes gegenüber hatte, sondern nur ein langweiliges Haus.« *(Berlau/Bunge, 166.)*

14. Februar, Sonntag. B trifft sich mit Karl Korsch, der dikker geworden sei und »noch etwas mehr Fußnoten« mitspricht. »Ist jetzt fleischig, stämmig, die Augen kleiner, fast listig.« Korsch werde vom Institut für Sozialforschung unterstützt und dichte, wie er B wiederholt sagt, »seine Wissenschaft«, während B seine Gedichte »mache wie ein Schuster den Schuh« *(27,148).*

16. Februar, Dienstag. Am Abend spricht B mit dem Politiker und Sinologen Karl August Wittfogel (→ 20. 12. 30 und 14. 12. 36) und dessen Frau sowie mit Karl Langerhans. Wittfogel sei »ein etwas vorgebeugter Gymnasiast mit schüchterner Stimme« und habe sich durch eine reiche Heirat finanziell stabilisiert. »Im übrigen ist er Antistalinist, ein Job, der seinen Mann ausfüllt.« Langerhans sei »sympathisch wie je« und erzählt von seinen Erlebnissen in verschiedenen Konzentrationslagern. Das Lied *Die Moorsoldaten* von Johann Esser und Wolfgang Langhoff sei »in allen Lagern verbreitet und erlaubt« gewesen *(27,149).* B hat nach diesem Lied (1942) bzw. dem gleichnamigen Bericht von Wolfgang Langhoff (1935) die Szene *Moorsoldaten* für

Was soll man noch von der Zürcher Aufführung sagen? Daß sie von einer großartig stillen Alltäglichkeit ist, in den Nebenfiguren von zarter Profilierung bei feinster Rücksicht auf die Perspektive, in den Hauptfiguren von hoher Kraft – daß eine unscheinbare Phantastik dem simpelsten Requisit magische Kraft verleiht – daß sie jeder billigen Aktualität aus dem Weg geht – kurz, daß sie sich des Ruhms, ein solches Stück zum erstenmal erklingen zu lassen, würdig zeigt? Karge Feststellungen – gemessen am Gelingen. *(Elisabeth Brock-Sulzer, Die Tat, Zürich, 6. 2.)*

Glückliche Besetzung und sorgfältige Vorbereitung unter Leonard Steckels Leitung haben unser Ensemble die Schwierigkeiten überwinden lassen und ihm eine prachtvolle Schlagkraft verschafft. Wer von Steckel entfesseltes Theater erwartet hatte, war wohl baß erstaunt, wie straff und fest dieser so gerne selbstherrlich mit den Möglichkeiten der Bühne spielende Regisseur die Parabel Brechts führt, die schlichte Ansprache von der dramatischen Aktion zu distanzieren weiß, dem pathetischen Aufruf der Songs Auftrieb gibt und diese verschiedenen Elemente doch wieder zu binden versteht. *(Jakob Welti, Neue Zürcher Zeitung, 6. 2.)*

8. Februar-26. Mai 1943
Zweite Reise nach New York

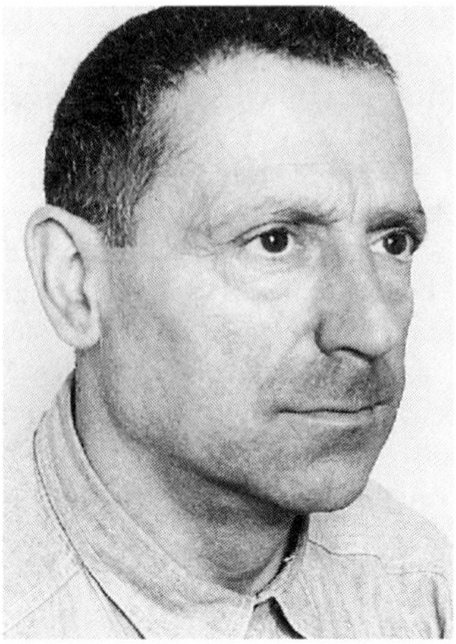

Paul Dessau

6. März 1943
Erster Brecht-Abend in New York
Tribune for Free German Literature and Art in America

Während Brecht in seinem Heimatdialekt spricht und gelegentlich seine etwas unsteten Augen dem Besucher zuwendet, zieht er an seiner Zigarre auf eine Weise, die dem Nichtraucher fast dilettantisch erscheint. Seine Sprechweise ist sanft, sein Ausdruck betont, doch nie von Gesten begleitet. Aber es geht von ihm ein Ernst und eine geistige Kraft aus, die nicht nur durch sein asketisches Wesen unterstrichen wird, sondern ganz einfach den Menschen kennzeichnet und der man sich nicht entziehen kann. Es unterliegt keinem Zweifel, daß man von und über Brecht noch hören wird, wenn manche literarische Eintagsfliege ihr von ein oder zwei Erfolgen genährtes geistiges Leben schon ausgehaucht hat. Denn in diesem Manne brennt ein Feuer und eine Idee. *(Henry Marx, New Yorker Staatszeitung und Herold, 7. 3.)*

die New Yorker Fassung von *The Private Life of the Master Race (Furcht und Elend des III. Reiches; 4,453-455)* geschrieben.

21. Februar, Sonntag. In einem Brief an seinen Sohn (vom 23. 2.) berichtet der Publizist und Schrifteller Maximilian Scheer von einer Begegnung mit B bei Hermann Budzislawski. Scheer habe mit B 1928 »in Köln, nahe dem Dom, in der ›Ewigen Lampe‹ mal zu Mittag gegessen«. Bei dem neuerlichen Treffen sei B »sehr amüsant« gewesen und hätte vom skandinavischen Exil und der Filmarbeit in Hollywood erzählt *(Scheer, 188f.)*.

3. März, Mittwoch. In Kalifornien bereiten emigrierte deutsche Künstler dem 65jährigen (in den USA erfolglosen) Regisseur Leopold Jessner eine Geburtstagsfeier, bei der Lion Feuchtwanger die Festrede hält und Helene Weigel, Johanna Hofer, Ernst Deutsch, Alexander Granach, Fritz Kortner u. a. rezitieren.

6. März, Sonnabend. Abends findet in New York ein Vortragsabend mit Brecht-Gedichten im Studio Theater der New School for Social Research statt, den die »Tribune for Free German Literature and Art in America« veranstaltet. Wieland Herzfelde hält einen einführenden Vortrag, Majory Hess singt Brecht-Eisler-Lieder aus *Die Rundköpfe und die Spitzköpfe*, Elisabeth Neumann, Ludwig Roth u. a. lesen zwei Szenen *(Die Bergpredigt* und *Volksbefragung)* aus *Furcht und Elend des III. Reiches*, Peter Lorre rezitiert Gedichte, u. a. die *Deutschen Satiren*, *An die deutschen Soldaten im Osten* und *An die Nachgeborenen*, Paul Dessau (→ 18. 5. 38) singt seine Vertonung des *Kampflieds der schwarzen Strohhüte*, und Elisabeth Bergner trägt am Ende den *Kinderkreuzzug 1939* vor. Der Brecht-Abend findet viel Beifall, B muß mit Elisabeth Bergner und Peter Lorre mehrfach auf die Bühne. – Mit der Rezension des Brecht-Abends gibt Henry Marx ein Gespräch mit B wieder. B sagt darin u. a. aus, »daß er wahrscheinlich niemals in der englischen Sprache schreiben werde«. Er sei sich »der ganz besonderen Tragik seiner Stellung bewußt«: die Übertragung von Gedichten sei nur mit großen Schwierigkeiten möglich, und für die Übersetzung von Dramen mache »notwendigerweise die Rücksichtnahme auf die Theaterlage des betreffenden Landes vieles unmöglich« *(Lyon2,97-101)*.

Nach der Veranstaltung findet bei Erwin Piscator eine Cocktailparty statt. B erklärt sich mit einem weiteren Brecht-Abend einverstanden (→ 24. 4.).

16. März, Dienstag. William Dieterle findet Bs *Gesichte der Simone Machard* »wunderbar«, »das Dynamische der Handlung« sei besonders geglückt *(1185/15)*.

26. März, Freitag. Uraufführung des Films *Hangmen Also*

Die in Hollywood (Westküstenpremiere). Arnold Pressburger Produktion für United Artists, Drehbuch: John Wexley, »nach einem Originalmanuskript von Bert Brecht und Fritz Lang«, Regie: Fritz Lang, Kamera: James Wong Howe, Musik: Hanns Eisler, Szenenbild: William Darlin.

März. In einem umfangreichen Bericht, der auf Informationen von Fritz Nürnberger und Frau sowie T. W. Baumfeld (von Arnold Production) beruht, werden im FBI Angaben über B gesammelt, darunter u. a. folgende zur Person (dt.): »Alter 45, Größe 5' 9'', Gewicht 130, Augen braun, Haar dunkelbraun, Aussehen dunkel, [...] Narbe auf der linken Backe.« Zum Nachweis kommunistischer Betätigung werden in dem Bericht Übersetzungen zahlreicher politischer Gedichte Bs wiedergegeben *(Z 12/1-11)*. Eine weitere Akte (vom 30. 3.), für deren Inhalt (der in Los Angeles lebende) Friedrich Torberg als Informant angegeben wird, geht ausführlich auf Bs Lehrstück *Die Maßnahme* ein. Beide Dokumente liefern die Grundlage für ein Memorandum (→ 16. 4.).

3. April, Sonnabend. Im Rahmen der antifaschistischen Massenveranstaltung *We Fight Back* (Wir schlagen zurück), die Ernst Josef Aufricht und Manfred George auf der Bühne des Hunter College in Manhattan zum Gedenken des (am 13. 3.) verstorbenen Stephen Vincent Benet organisieren, kommen Texte von Benet, Heinrich Mann, Fritz von Unruh und Franz Werfel zum Vortrag. Lotte Lenya singt, begleitet von Kurt Weill, Lieder aus der *Dreigroschenoper* sowie *Und was bekam des Soldaten Weib? (15,71f.)*. In einer Zusammenstellung von Erwin Piscator werden (mit Verwendung von Dias) unter dem Titel *Zeitgenössisches Bilderbuch* von Herbert Berghof Epigramme aus der *Kriegsfibel* erstmals vorgetragen.

In der Veranstaltung rezitieren auch Peter Lorre und Elisabeth Bergner, über die B urteilt: »Beide haben nichts verlernt, die Technik hat sie völlig frisch gehalten.« *(27,150.)* In der Veranstaltung kommen auch zwei emigrierte tschechische Schauspieler (Jan Werich und Jirí Voscovec) mit ihrem Sketch *Schwejk's Spirit Lives On* (Schwejks Geist lebt weiter) zu Wort, wodurch B erneut (→ 15. 7. 42) auf den Roman Jaroslaw Hašeks aufmerksam gemacht wird.

6. April, Dienstag. Lion Feuchtwanger (der B schon am 27. 3. über seine Aktivitäten für *Simone* berichtet hat) kündigt B für Mitte April eine englische Rohfassung von *Die Gesichte der Simone Machard* an, von der er ein Exemplar seinem Agenten in London schicken will (→ 18. 4.), und bittet um entsprechende Vollmachten.

16. April, Freitag. Der Leiter der FBI-Filiale (SAC) in Los Angeles, R.B. Hood, schickt an FBI-Direktor John Edgar Hoover ein Memorandum und empfiehlt, über den »United

26. März 1943
Uraufführung von
Hangmen Also Die

In seinem neuesten Film werden Sie diese Meisterschaft Langs auf ihrem Höhepunkt erleben können. Die Ermordung Heydrichs, des Henkers, ist der Hintergrund der Story, die voll auf Action setzt. Der europäische Handlungsort mit seiner Nazimaschinerie gibt dem Film alle Möglichkeiten für solche Gestaltung. Szenen, in denen die Strategie gezeigt wird, mit der ein »Verräter« am Reich erfolgreich verborgen wird, geben Lang alle Möglichkeiten, um eine spannende Verfolgung in Szene zu setzen. *(Edwin Schallert, Los Angeles Examiner, vor der Premiere am 2. 3.)*

Eine große Besetzung ausgezeichneter Schauspieler ist aufgeboten. Brian Donlevy als der gehetzte Mann muß zuerst genannt werden. Anna Lee als das Mädchen, das zufällig gezwungen wird, sein Geheimnis zu teilen, hat ihre bisher beste Leistung gezeigt. Walter Brennan als ihr Vater, der unter die Geiseln fällt, ist großartig, und Gene Lockart übertrifft sich selbst in einer dieser katzbuckelnden Feiglingsrollen, die er so oft verkörperte. Alexander Granach liefert das eindringliche Porträt eines Gestapoinspektors. Viele andere Darsteller tragen zum Erfolg bei. *(Hollywood Reporter, 27. 3.)*

Hangmen Also Die singt das Hohelied der tschechischen Einigkeit angesichts Hitlers Brutalität. Der Film zeigt eindringlich, daß Faschismus tödlich ist. Gleichzeitig sagt er: »Wir ergeben uns nicht!« Der Kampf ist nicht zu Ende – das ist die Botschaft dieses bewegenden Anti-Nazi-Beitrags. *(San Francisco Star, 27. 3.)*

16. April 1943
FBI erwägt Internierungsverfahren gegen Brecht

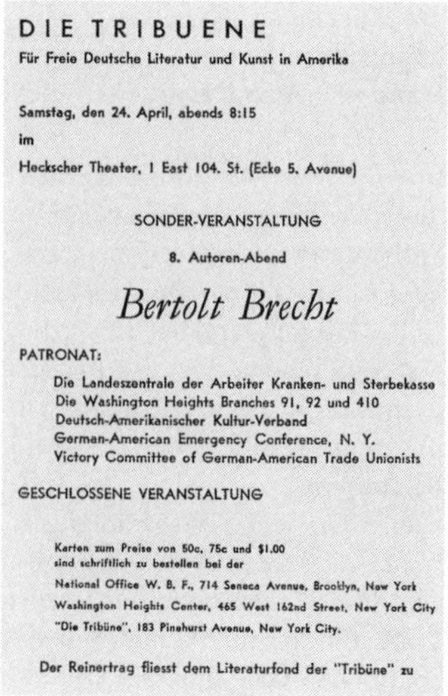
DIE TRIBUENE
Für Freie Deutsche Literatur und Kunst in Amerika

Samstag, den 24. April, abends 8:15
im
Heckscher Theater, 1 East 104. St. (Ecke 5. Avenue)

SONDER-VERANSTALTUNG
8. Autoren-Abend
Bertolt Brecht

PATRONAT:
Die Landeszentrale der Arbeiter Kranken- und Sterbekasse
Die Washington Heights Branches 91, 92 und 410
Deutsch-Amerikanischer Kultur-Verband
German-American Emergency Conference, N. Y.
Victory Committee of German-American Trade Unionists

GESCHLOSSENE VERANSTALTUNG

Karten zum Preise von 50c, 75c und $1.00
sind schriftlich zu bestellen bei der
National Office W. B. F., 714 Seneca Avenue, Brooklyn, New York
Washington Heights Center, 465 West 162nd Street, New York City
"Die Tribüne", 183 Pinehurst Avenue, New York City.

Der Reinertrag fliesst dem Literaturfond der "Tribüne" zu

Anzeige in der Wochenschrift *Aufbau*, 16. 4. 1943

24. April 1943
Zweiter Brecht-Abend in New York Tribune for Free German Literature and Art in America

April 1943
Beginn einer Bearbeitung von John Websters Tragödie *The Duchess of Malfi*

States Attorney« ein Internierungsverfahren gegen B einzuleiten. Er beruft sich dabei auf zwei FBI-Reporte vom März, wonach B ein kommunistischer Schriftsteller sei und bei den deutschen Kommunisten als Hofdichter gelte. Nach einem FBI-Report vom 10. 7. besteht jedoch kein Interesse an einer weiteren Untersuchung von Bs Aktivitäten hinsichtlich einer Internierung *(Stephan, 195-198)*.

18. April, Sonntag. Lion Feuchtwanger schickt an B die englische Übersetzung von *Gesichte der Simone Machard*; »sie ist natürlich roh, wird aber von Amerikanern für lesbar und unterbreitbar erklärt«. Er solle sich bei eventuellen Verhandlungen vorerst zu nichts verpflichten *(Feuchtwanger, 43)*.

24. April, Sonnabend. Die Tribüne bringt als geschlossene »Sonderveranstaltung« unter dem Protektorat der Landeszentrale der Arbeiter-Krankenkasse von Amerika und des Washington Height Centers« sowie anderer Organisationen im New Yorker Heckscher Theater (als geschlossene Veranstaltung) den zweiten *Brecht-Abend* heraus. Zahlreiche Gedichte, die bereits (am → 6. 3.) vorgetragen wurden, stehen erneut auf dem Programm; Mitwirkende sind: Elisabeth Bergner, Hertha Glaz, Grete Wittels, Herbert Berghoff. B rezitiert an dem Abend selbst einige Gedichte; Wieland Herzfelde leitet den Abend mit einem Überblick über das Werk Bs ein.

April. B beginnt mit Hoffman Hays (und Elisabeth Hauptmann) eine Bearbeitung von John Websters *Duchess of Malfi* für Elisabeth Bergner *(27,150)*. Seine Überlegungen zur Lesart der Fabel sind in *Brechts Version von Websters »Duchess of Malfi« (24,335 f.)* zusammengestellt.
Während seines Aufenthalts in New York trifft B »viele Leute«, die aus Deutschland oder Österreich emigriert sind. In dieser Zeit macht er keine Eintragungen ins *Journal* und listet seine Begegnungen und Eindrücke (nach der Rückkehr unter der Zeitangabe »März, April, Mai 43«; *27,150*) in einer zusammenfassenden Notiz auf.
Elisabeth Hauptmann (→ 21. 7. 41) lebe mit dem sozialdemokratischen Politiker Horst Baerensprung zusammen »und hat nicht sehr viel Zeit übrig, jedoch würde sie gern wieder arbeiten«. Sie notiert über die damalige Arbeit mit B: »Mit Brecht an der *Malfi* gearbeitet, mit ihm bei Grosz auf Long Island, Verhandlungen mit Verlegern über Buchausgaben der Stücke, Bentley [→ 9. 6. 42] ist als general editor vorgesehen.« *(EHN.)* Die (seit 1941 bestehende) Lebensgemeinschaft Elisabeth Hauptmanns mit Baerensprung wird gelöst, als sie 1946 wieder für B arbeitet (→ Juni 46) und Ende August 1946 nach Kalifornien zieht.
George Grosz »ist der Alte, etwas enttäuscht von Amerika«.

B besucht eine Ausstellung seiner Bilder und ist von den Stillleben beeindruckt, »weil da in die deutsche Malerei ein großartiges materialistisches sensuelles Moment hineinkommt«. Der Verleger Wieland Herzfelde (→ 6. 7. 39) führe »einen winzigen Markenladen« (Seven Sea Books), klage aber nicht und plane die Gründung eines neuen Verlags (den er *Tribüne* nennen will, B schlägt dagegen *Aurora* vor; → Juni.) Oskar Maria Graf sei »etwas vereinsmeierisch, dick, hinterfotzig« und glaube an eine »jahrzehntelange Reaktionsperiode« *(27,150)*.

Mit Oskar Maria Graf in New York

Der Philosoph und Soziologe Fritz Sternberg (→ 22./23. 9. 38) komme »vor Artikeln nicht zum Bücherschreiben«. Sternbergs Frau (Erna von Pustau) arbeite an einer Autobiographie, deren Material sie später der amerikanischen Autorin Pearl S. Buck zur Verfügung stellt *(27,150)*. Wie Sternberg berichtet, sei er mit B mehrfach in der Wohnung Ruth Berlaus zusammengetroffen; ein- oder zweimal habe ihn B auch in seiner Wohnung in Greenwich Village besucht. »Unsere Beziehungen waren mittlerweile noch kühler geworden.« Bei B hätten sich die Tendenzen verstärkt, »in der russischen Politik nur die positiven und in der der Westmächte nur die negativen Elemente zu sehen. Es kam zu Auseinandersetzungen zwischen uns und mindestens einmal sogar zu einem richtigen Wutausbruch Brechts.« *(Sternberg, 45.)* Tatsächlich habe B »zeitweilig die schwarzen Punkte des russischen Regimes mit aller Deutlichkeit« gesehen; aber »sie zu verdrängen« gesucht, »so daß er gerade an dieser Stelle seine Gefühlsausbrüche nicht mehr zu kontrollieren vermochte« *(Sternberg, 50)*. Sternberg habe auch an Gesprächen mit B und Aufricht sowie Hermann Borchardt und dem Literaturkritiker Franzen teilgenommen. Außerdem sei B durch ihn bekannt geworden mit Salomon Trone, einem leitenden Ingenieur der General Electric, der als geborener Russe die Oktoberrevolution miterlebt hat. B war von Trone »begeistert«, und auch »für Trone wurde dieses lange Gespräch zu dreien eine große Freude« *(Sternberg, 51f.)*.

Ernst Josef Aufricht (→ 31. 8. 28) bringt B mit Kurt Weill zusammen, der »großen Broadwayerfolg« hat, »aber nicht mehr so sicher an seiner Zukunft hier« ist. Weill ist an einer Musical-Fassung des *Guten Menschen von Sezuan* interessiert *(27,150)*. Weills Frau Lotte Lenja (die ihren Künstlernamen in »Lenya« amerikanisiert hat) hilft B »bei einer Aufnahme des *Liedes einer Deutschen Mutter* für die Office of War Information, Komposition von Dessau« *(15,80)*; für diese Schallplattenaufnahme erweitert B das (1942 entstandene) Lied auf 6 Strophen. Lenya singt Bs Lieder »auch öffentlich« bei einer der Veranstaltungen (→ 3. 4.).

Kurt Weill

In New York lernt B den emigrierten deutschen Philosophen und Psychologen Kurt Lewin kennen *(27,150)*.

Anfang Mai 1943
Gast von Kurt Weill in New City

Arbeit an einer Musical-Variante von *Der gute Mensch von Sezuan*

Plan für ein Stück *Schweyk*

Anfang Mai. Auf Einladung Kurt Weills wohnt B eine Woche in dessen »Brook House« in New City und arbeitet an einer Musical-Variante von *Der gute Mensch von Sezuan*. Aufricht, B und Weill sind durch die *Schwejk*-Szene der tschechischen Schauspieler (→ 3. 4.) zu einem *Schweyk*-Stück inspiriert worden. B ist von diesem Plan (nach dem Scheitern der 1932 geplanten *Schwejk*-Oper; → 17. 3. 32) sehr angetan. Aufricht schreibt: »Ich machte mit beiden bei Weills Anwalt, einem Theaterspezialisten, einen Vertrag. Er war so ausführlich wie ein Buch, niemand konnte ihn lesen.« *(Aufricht, 256.)* In New City schreibt B die ausführliche Fabelerzählung *»Schweyk« (24,325-333)*.

10. Mai, Montag. Aus Anlaß des 10. Jahrestags der Bücherverbrennung in Nazi-Deutschland findet unter der künstlerischen Leitung von Friederich Georg Alexan im Studio Theater eine *Internationale Gedenkfeier* statt, für die Bs Teilnahme (neben Iwan Goll, Oskar Maria Graf, Alfred Kantorowicz, Elmer Rice u. a.) angekündigt ist.

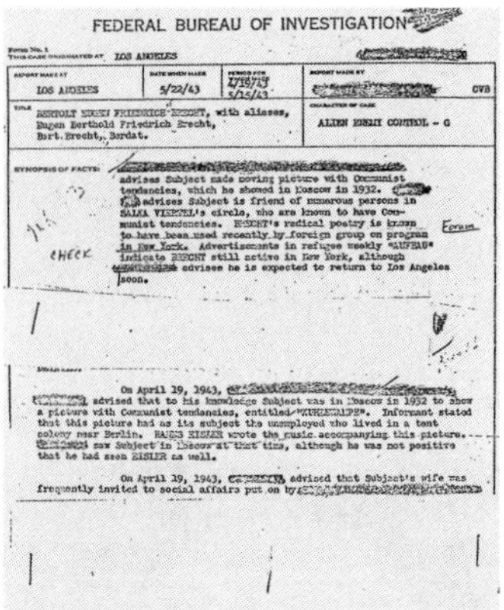
FEDERAL BUREAU OF INVESTIGATION [redacted]

THIS CASE ORIGINATED AT LOS ANGELES [redacted]

REPORT MADE AT	DATE WHEN MADE	PERIOD FOR	REPORT MADE BY
LOS ANGELES	5/22/43	5/15/43	[redacted] CVB

TITLE: BERTOLT [illegible] FRIEDRICH BRECHT, with aliases, Eugen Berthold Friedrich Brecht, Bert. Brecht, Berdat.

CHARACTER OF CASE: ALIEN ENEMY CONTROL - G

SYNOPSIS OF FACTS: [redacted] advises Subject made moving picture with Communist tendencies, which he showed in Moscow in 1932. [redacted] advises Subject is friend of numerous persons in SALKA VIERTEL's circle, who are known to have Communist tendencies. BRECHT's radical poetry is known to have been used recently by foreign group on program in New York. Advertisements in refugee weekly "AUFBAU" indicate BRECHT still active in New York, although [redacted] advises he is expected to return to Los Angeles soon.

CHECK

Forum

On April 19, 1943, [redacted] advised that to his knowledge Subject was in Moscow in 1932 to show a picture with Communist tendencies, entitled "KUHLE WAMPE". Informant stated that this picture had as its subject the unemployed who lived in a tent colony near Berlin. HANNS EISLER wrote the music accompanying this picture. [redacted] saw Subject in Moscow at that time, although he was not positive that he had seen EISLER as well.

On April 19, 1943, [redacted] advised that Subject's wife was frequently invited to social affairs put on by [redacted]

Seite aus einem FBI-Bericht vom 22. 5. 1943.
Die Tilgung von Personennamen und die Abdeckungen wurden vom FBI vorgenommen

15. Mai, Sonnabend. Nach der Aussage eines FBI-Informanten reist B »etwa am 15. Mai«, tatsächlich aber einige Tage später, von New York nach Santa Monica ab. Eine Telefonüberwachung der Wohnung Ruth Berlaus während der drei Monate von Bs Aufenthalt in New York ergibt, daß unter den angerufenen Personen Peter Lorre, Alexander Granach, Nelly Mann, Ludwig Marcuse, William Dieterle und Oskar Homolka gewesen sind.

24. Mai, Montag. Vor dem Zwischenaufenthalt in Chicago bedankt sich B in einem Brief bei Ruth Berlau, sie sei *»so* freundlich gewesen alle die drei Monate« *(Br, 1046)*. In einem späteren Brief (vom 23. 7.) erinnert B an diese Zeit: »Löffelchenliegen / Baden / *Sezuan* korrigieren / Zeitunglesen am Abend / Bettbauen / Nachts zudecken / Im Amt (Office) anrufen / Vorlesen / Geschichten anhören von Sailors / Portionen.« *(Br, 1075.)*

26. Mai 1943
Zurück in Santa Monica

26. Mai, Mittwoch. B schreibt aus El Paso in Texas, daß der Zug auch auf der Rückreise »natürlich voll von Soldaten« sei *(Br, 1047)*. In der Nacht kommt B (nach dreieinhalb Monaten Abwesenheit) wieder in Santa Monica an. Er hat sich während der Reise mit dem Roman *Die Abenteuer des braven Soldaten Schwejk während des Weltkriegs* von Jaroslav Hašek beschäftigt und ist »wieder überwältigt von diesem riesigen Panorama«. Auf keinen Fall dürfe Schweyk »ein listiger hinterfotziger Saboteur werden«, sondern »lediglich der Opportunist der winzigen Opportunitäten, die ihm geblieben sind« *(27,150f.)*.

27. Mai, Donnerstag. B unterhält sich mit seinem Sohn Stefan über das *Schweyk*-Projekt *(27,150)*. Außerdem arbeitet er erneut, in dieser Phase weitestgehend allein, an *Die Gesichte der Simone Machard*. Er bekommt einige wesentliche Hinweise von Hanns Eisler.

27. Mai-4. Juni 1943
Erneute Arbeit an
Die Gesichte der Simone Machard
(2. Fassung)

28. Mai, Freitag. Nach Hanns Eislers Ansicht, der »eine herrliche Musik geschrieben« hat für »die erste Aufforderung des Engels«, ist die Simone »zu sehr ›natürliche Patriotin‹« und sollte mehr »das Opfer patriotischer Erziehung« sein *(27,151)*.

29. Mai, Sonnabend. Das FBI registriert ein Treffen »unbekannten Charakters« in Bs Wohnung, an dem u.a. Fritz Kortner teilgenommen habe *(Z 12/60.)*. Nach seinen *Journal*-Eintragungen unterhält sich B mit Peter Lorre, den er als Schweyk sieht, über das Stück. Der Schauspieler, der »eine gruselige Vergangenheit als Horrorspieler in den Filmen niederzuleben« hatte, bringt Einwände gegen die Szene vor, »in der Schweyk einen gestohlenen Hund schlachtet und der Kelchwirtin bringt, damit sein Freund Baloun ein richtiges Gulasch gekocht bekommen kann«, begeistert sich aber dafür, »daß Schweyk ein Hundeliebhaber« sein soll. »Das ist Schweyk natürlich nicht, da er ja Hundehändler ist.« *(27,151f.)*

Ende Mai. B informiert Hermann Budzislawski in New York von der Absicht Wieland Herzfeldes, »einen Miniaturverlag« aufzumachen »mit kleinen Bändchen von der ›Aktions‹- und ›Neuer Tag‹-Art des ersten Weltkrieges«, und fragt, »ob man nicht so einem Unternehmen eine gesunde Funktion geben könnte«. Ihm schwebt »eine Reihe sehr komprimierter Bändchen« vor, die man aus Bombern über deutschen Städten abwerfen könnte, »eine ›Erziehung‹ zur Erledigung Hitlers, nicht nur postwareducation, sondern antiwareducation«. »Die Flugzeuge der Alliierten bringen Deutschland seine Literatur zurück.« B bittet Budzislawski, die Idee mit Dorothy Thompson zu besprechen, denn ein »Interesse von Ihrer Ecke wäre beinahe die Vorbedingung für den Start« *(Br, 1049)*.

Mai. Obwohl der Leiter der FBI-Filiale die notwendige Genehmigung für eine telefonische Überwachung Bs erst viel später erhält (→ 18. 4. 45), läßt er bei B in Santa Monica bereits zu dieser Zeit eine technische Abhöreinrichtung installieren. B (und andere Emigranten) wußten von der Bespitzelung. Um das FBI zu irritieren, haben sich (nach deren Auskünften) Helene Weigel und Marta Feuchtwanger hin und wieder am Telefon aus Kochbüchern in polnischer Sprache vorgelesen (die sie beide nicht verstanden).

Mai 1943
FBI installiert Abhöreinrichtung in Brechts Wohnung

4. Juni, Freitag. B macht sich an den letzten Akt von *Die Gesichte der Simone Machard*. Sein Sohn Stefan, der Ferien hat, findet die Bearbeitung von *Die Herzogin von Malfi* »etwas dünn«. Für Peter Lorre schreibt B zwei Filmfabeln *(Br, 1052)*, vermutlich *The Crouching Venus* (nicht überliefert) und das schon 1941 begonnene Drehbuch *The Children's Crusade (20,26-30)* nach der Ballade *Der Kinderkreuzzug 1939*. Mittags fährt B wegen *Die Gesichte der Simone Machard* zu Hanns Eisler.

6.-24. Juni 1943
Arbeit an dem Stück ***Schweyk***

6. Juni, Sonntag. B hat die Arbeit an *Schweyk* aufgenommen (→ Anfang Mai), will aber Ruth Berlau erst einen Teil schicken, wenn eine Szene fertig ist; er sei noch »beim Konstruieren«. Er fordert sie auf, Notizen »von den Sailorsgeschichten« zu machen. Abends will er zu Peter Lorre gehen. »[...] ich möchte eben, daß er mir einen Film verkauft.« *(Br, 1053.)*

8. Juni, Dienstag. B hört im Radio nachts *Don Giovanni* und findet, daß »dieser Gipfel [...] nie wieder erreicht worden« ist *(27,152)*.

9. Juni, Mittwoch. B beendet den 1. Akt von *Schweyk*. Abends sind Fritz Kortner, Hanns Eisler und Berthold Viertel bei ihm. Eisler habe *Deutschland* (→ 23. 2. 42) *(15,76)*, *Deutsches Miserere (12,124)* und den (1934 geschriebenen) *Kälbermarsch (14,228)* »sehr schön« vertont *(27,152)*. Die letzten beiden Gedichte übernimmt B in *Schweyk*.

Der französische Schriftsteller Vladimir Pozner hat B kennengelernt und berichtet von einem Besuch in seinem Haus. Bs Zimmer sei »ziemlich lang, nicht sehr breit, nicht sehr gut beleuchtet« gewesen, »mit einem Tisch, Stühlen, einem Schachbrett, einem Klavier«. An einem Abend habe Eisler den *Kälbermarsch* gespielt und B gesungen. »Mitten im Refrain unterbrachen sich Eisler und Brecht und bogen sich vor Lachen, so komisch kam ihnen Schweyks Lied vor und so vorausschaubar der Ausgang des Krieges.« *(Pozner, 17.)*

Hanns Eisler

12. Juni, Sonnabend. Ein FBI-Informant beobachtet, daß Hanns Eisler B besucht. Außerdem werden die Pkws registriert, die vor Bs Haus parken (Fritz Kortner, Charles Duffey, Ruth A. Myers).

13. Juni, Sonntag. Fritz Kortner, Hanns Eisler und Berthold Viertel sind bei B *(Br, 1057)*.

16. Juni, Mittwoch. Zwei der drei Akte des *Schweyk* sind fertiggestellt. B hat gelesen, daß Hella Wuolijoki in Helsinki (wegen Spionage und Kollaboration mit der Sowjetunion) verhaftet worden ist, und fragt Ruth Berlau in New York, ob man etwas für sie tun kann *(Br, 1058)*.

22. Juni, Dienstag. Um seinen Vorschlag für die Benennung des neuen Verlags (→ April) zu bekräftigen, hat B an Wieland Herzfelde (in einem undatierten Brief) das zu diesem Zweck geschriebene Gedicht *Aurora (15,84)* mitgeschickt. Herzfelde schreibt B, »alle hier« seien mit dem Namen ein-

verstanden. (Der Aurora-Verlag wird Anfang 1944 gegründet.)
23. Juni, Mittwoch. B verspricht Kurt Weill für das kommende Wochenende ein vollständiges Typoskript von *Schweyk*, »wenn es auch noch ein bißchen roh ist«. »Die Arbeit macht mir viel Freude.« Außerdem schreibt er ihm seine Meinung zu dem Vertrag über die Zusammenarbeit an dem Stück (→ Anfang Mai). B gefällt u.a. nicht, daß er darin »auf ewige Zeiten als reiner Librettist ohne jede Rechte eines Autors abgestempelt« wird. Er will sich gern von Weill beraten lassen und glaubt nicht, daß sie »auf Grund unserer neuerlichen Zusammenarbeit, die mir viel Spaß gemacht hat«, stark differieren werden *(Br, 1059)*.
In einem am gleichen Tage geschriebenen Brief an Ruth Berlau begründet er seine Forderung so: »Es muß mein Stück sein, das es ja ist (nicht eine amerikanische Version wie vom *Sezuan*-Stück), und ich habe nicht nur Amerika zu beachten. Außerdem sind da politische Fragen involviert in diesem Stück, ich muß mitzureden haben.« *(Br, 1060.)*
24. Juni, Donnerstag. B notiert, als »Gegenstück zur *Mutter Courage*« habe er »im großen den ›Schweyk‹ beendet«. Im Vergleich mit der Dramatisierung des Romans für die Aufführung am Piscatortheater (→ 23. 1. 28) sei »der jetzige (des zweiten Weltkriegs) erheblich schärfer, entsprechend dem Wechsel von der eingesessenen Gewaltherrschaft der Habsburger zur Invasion der Nazis« *(27,152)*.

24. Juni 1943
Fertigstellung von *Schweyk* (1. Fassung)

Der Geisel-Film, der nun endgültig den Titel *Hangmen Also Die* erhält, habe ihm »Luft für drei Stücke verschafft. (*Die Gesichte der Simone Machard, Die Herzogin von Malfi, Schweyk*).« *(27,152.)* B erhält für die Mitarbeit insgesamt etwa 10 000 $.
25. Juni, Freitag. B lobt Eislers *Anakreontische Fragmente* und die *Hölderlin-Gedichte*, weil sie eine Möglichkeit sichtbar werden lassen, »zu dramatischen Chören zu gelangen, da die Vertonungen nunmehr ganz und gar gestisch sind« *(27,154)*.
An Ruth Berlau schreibt B, daß noch nicht alle Lieder für den *Schweyk* geschrieben sind. Kurt Weill sei nach Hollywood gekommen, um über eine Besetzung für seine neue »musikalische Komödie« *One Touch of Venus* zu verhandeln *(171/38f.)*.

Ende Juni 1943
Gespräche mit Kurt Weill über *Schweyk*

26. Juni, Sonnabend. B hört im Radio von einem Unfall der Anna Seghers (am 24. 6.) in Mexico *(27,154)*.
Abends ist Kurt Weill bei B und spricht mit ihm über *Schweyk*. »Er hat ein gutes dramaturgisches Urteil. Z.B. fehlt ihm das Element des Überlebens des *Schweyk*, das ich in der kleinen Plangeschichte hatte.« *(27,154.)*
28. Juni, Montag. B verhandelt mit Lorre erneut »wegen

Peter Lorre mit einer Ausgabe der *Svendborger Gedichte*

3.-6. Juli 1943
Reise nach Arrowhead
Gast bei Peter Lorre

Arbeit an der Filmerzählung
The Crouching Venus
(mit Peter Lorre)

einer Filmstory, die würde ich Juli und August arbeiten, so daß wieder etwas Geld im Beutel wäre« *(Br, 1062)*.

30. Juni, Mittwoch. Ruth Berlau soll Alfred Kreymborg gewinnen, den »*Schweyk* von 1943«, an dem er arbeitet, zu übersetzen, und Ernst Josef Aufricht möchte Piscator, der B wegen einer Revue angesprochen hat, dessen Verstimmung ausdrücken, daß er sich in dieser Sache nie wieder gemeldet hat *(Br, 1063)*.

3. Juli, Sonnabend. Auf Bedenken, Alfred Kreymborg als Übersetzer für das *Schweyk*-Stück zu nehmen, schreibt B an Ruth Berlau, er sei »immerhin ein Dichter«. Die Übersetzung sollte »spätestens Ende August« vorliegen. »Wenn nicht Kreymborg, dann Reyher, nur nicht ein Jahr suchen.« Polieren könne man immer noch *(Br, 1065)*.

3.-6. Juli, Sonnabend-Dienstag. B wird von Peter Lorre eingeladen, in dessen Haus in der Ferienkolonie Lake Arrowhead zusammen mit dem Drehbuchautor und Filmproduzenten Ernest Pascal an einem Film zu arbeiten.

Der Antrag für die Reise, den B als enemy alien (→ 16. 2. 42) stellen muß, wird von der zuständigen Polizeimeldestelle genehmigt und dem FBI gemeldet.

In Arrowhead sitzt er »in einem Holzbungalow unter Fichten« *(Br, 1065)*; es sei ein »Rekreationsort der Reichen; es ist ein künstlicher Bergsee mit Fichten und Eichen, das Ganze abgesperrt, da es einer Privatgesellschaft gehört.« Lorre lebe mit einer Millionärin zusammen. »Die Story bespricht man vormittags, das ist eine Konzession an mich, es ist sonst nicht üblich, daß man arbeitet, wenn man wegfährt, zu arbeiten.« *(Br, 1066.)* Ins *Journal* notiert er: »Lorre reitet, schwimmt, fährt speedboat, schießt Tonpfeifen und ist nett, zwischen Patronage und Schülertum.« *(27,155.)* Es entsteht *The Crouching Venus* (Die kauernde Venus); in der (nicht überlieferten) Filmerzählung sollte es um einen französischen Museumsdirektor gehen, der 1940 eine wertvolle Holzschnitzerei (Die kauernde Venus) an die deutschen Okkupanten ausliefern soll, aber mit Hilfe der Unterwelt von Marseille einen Diebstahl vortäuscht und dann selbst, um sich zu retten, in diesem Milieu untertauchen muß.

7. Juli, Mittwoch. Zurück in Santa Monica liest B *History of English Dramatic Literature to the Death of Queen Anne* von Adolphus William Ward und kommt zu dem Schluß, daß das elisabethanische Theater in vielem dem »Hollywoodbetrieb« gleicht. »Kollektives Schreiben, schnelles Schreiben auf Bestellung, mehrmaliges Verwenden von Motiven, die Einflußlosigkeit der Schreiber auf ihre Produkte, der Ruhm nur unter den Schreibern selber, dann die leidenschaftlichen Handlungen, die Plots, die neuen Milieus, die politischen Interessen usw. usw.« Auch Shakespeares »seltsame Flucht ins Wirtshausgeschäft am Ende gleicht der Flucht auf die Ranch, die alle hier planen« *(27,156)*.

9. Juli, Freitag. B war von dem chinesischen Schauspieler H. T. Tsiang eingeladen »zu einer Vorstellung zweier langer Einakter in einem extra gemieteten Lokal«. Er findet das Spiel, auch wenn darin einiges von Stanislawski ist, »äußerst interessant, Versuch der Vereinigung asiatischer Ausdrucksformen mit den unsrigen«. Dann ist Tsiang bei ihm zu Gast und »demonstriert Helli und mir einiges«, z. B. wie ein Stock als Symbol für ein Gewehr genommen wird *(27,156)*.

B schickt Kurt Weill »stückweise« den *Schweyk*. Einiges sei davon »etwas unflätig und kann wahrscheinlich nur am Schiffbauerdamm [in Berlin] aufgeführt werden«. Er erwartet sich Weills »Strichvorschläge und überhaupt noch Vorschläge« und wünscht sich als amerikanischen Übersetzer den Lyriker Alfred Kreymborg. »Polituren können wir immer kriegen, der Politör hätte dann jedenfalls eine glänzende Übertragung vor sich.« *(Br, 1068.)*

B bittet Ruth Berlau, sich in New York »nicht zu sehr wegen Job oder gar Wohnung« zu kümmern. Wenn im Herbst in New York eine Brecht-Aufführung zustandekommt, will er für diese Zeit wieder hinkommen und bei ihr wohnen *(Br, 1069.)*. In einem weiteren (in dieser Zeit geschriebenen) Brief schickt er Ruth Berlau die Verträge zur Weitergabe an Kurt Weill und Ernst Josef Aufricht. »Wenn der *Schweyk*-Vertrag Weill so recht ist, kann Aufricht sofort mit Kreymborg verhandeln, da ich ihn sofort unterschreibe.« *(Br, 1071.)*

11. Juli, Sonntag. In einem Gespräch mit Peter Lorre über Verfremdungseffekte findet der Schauspieler, daß B (in Berlin) »das eigentlich Handwerkliche bei den Schauspielern vernachlässigt« habe. Er sei zufrieden gewesen, wenn er bei Artisten wie Dilettanten »die allgemeine Anwendbarkeit der neuen Prinzipien« nachweisen konnte. Auf jeden Fall will er aber »die Interessantheit des Schauspielers auf sein Interesse an dem gesellschaftlichen Phänomen, mit dem er sich darstellend beschäftigt, gründen« *(27,157)*.

12. Juli, Montag. Sich mit der Sprache in seinem *Schweyk* beschäftigend, konstatiert B einen wesentlichen Unterschied zum böhmischen Dialekt der deutschen Romanfassung (in der Übersetzung von Grete Reiner), weil er »süddeutsche Elemente hineingearbeitet« und einen anderen Gestus verwendet hat *(27,157)*.

17. Juli, Sonnabend. B trifft bei Lion Feuchtwanger den Schriftsteller John Howard Lawson *(27,157)*.

18. Juli, Sonntag. B entschuldigt sich bei Ruth Berlau, daß er am Vorabend so spät angerufen habe: Fritz Kortner und der Produzent Goldsmith seien zu Besuch gewesen. Im Ge-

gensatz zu ihrem Wunsch, nach Santa Monica zurückzukommen, rät er ihr, in New York zu bleiben: »Es ist absolut nur, wann hab ich die meiste Zeit? Haben wir genug Geld? Gefährden wir nicht New York im Herbst?« *(Br, 1070.)*
B glaubt, »daß die deutsche Armee wieder im Ausland besiegt werden wird« *(27,158)*.
19. Juli, Montag. B hat das Buch *Stalin. Aperçu historique du bolchévisme* von Boris Souvarine gelesen und findet, daß die »Umwandlung des Berufsrevolutionärs in den Bürokraten« und die der Partei »in einen Beamtenkörper« durch den Faschismus »tatsächlich eine neue Beleuchtung« gewinnt. »Im Faschismus erblickt der Sozialismus sein verzerrtes Spiegelbild. Mit keiner seiner Tugenden, aber allen seinen Lastern.« *(27,158.)*
B schickt Ruth Berlau neue bzw. veränderte Texte des *Schweyk* sowie den korrigierten Vertrag; er erklärt seine Veränderungen und beauftragt sie mit den Verhandlungen *(Br, 1072)*.

Projekt eines Zyklus *Lieder des Glücksgotts*

20. Juli, Dienstag. B erwägt »einen Zyklus *Lieder des Glücksgotts*, ein ganz und gar materialistisches Werk, preisend ›das gute Leben‹ (in doppelter Bedeutung). Essen, Trinken, Wohnen, Schlafen, Lieben, Arbeiten, Denken, die großen Genüsse« *(27,159)*.
B wundert sich über die negative Reaktion der »Hearstpresse« wegen der »Gründung eines Komitees zur Befreiung Deutschlands vom Faschismus in Moskau, bestehend aus Emigranten und Kriegsgefangenen« *(27,159)*.
21. Juli, Mittwoch. B läßt die Stücke Revue passieren, die er in den zehn Jahren seit seiner Flucht aus Deutschland geschrieben hat, und kommt zu dem Urteil: »Kein schlechtes Repertoire einer völlig besiegten Klasse.« *(27,159.)*
23. Juli, Freitag. B bittet Ruth Berlau um Recherchen, ob »die Tschechen in USA (Chicago?) eine Abart des Englisch erfunden« haben »wie ihre Abart des Deutschen« *(Br, 1074)*.
24. Juli, Sonnabend. Auf Berlaus Befürchtung, daß sie ihre Arbeit in New York verliert und ihre Wohnung nicht mehr halten kann, rät ihr B: »Entlaste Dich, so gut Du kannst im Augenblick, Du bist ja praktisch und solche Sachen machst Du immer sehr gut, Ruth.« *(Br, 1076.)*

Rücktritt und Verhaftung Mussolinis

25. Juli, Sonntag. Bei B sind Fritz Kortner, H. T. Tsiang, Hans Winge, Berthold Viertel, Edward Steuermann, Hanns Eisler und Gina Kaus zu Gast und hören im Radio Kommentare zum Rücktritt des italienischen Ministerpräsidenten Mussolini; er sei »nunmehr in die Gosse (gutter) zurückgefallen, aus der er aufstieg« *(27,160)*.
26. Juli, Montag. B kommentiert die seit drei Tagen alle 12 Stunden erfolgenden Bombenangriffe der englischen und amerikanischen Flugzeuge (Operation »Gomorrha«):

»Hamburg geht unter. Über ihm steht eine Rauchsäule, die doppelt so hoch ist wie der höchste deutsche Berg, 6000 m.« *(27,160.)*
Nach einem Telefongespräch mit Ruth Berlau schreibt ihr B: »Ich *muß* ja hier Geld verdienen, da hat mich nur die *Schweyk*-Arbeit zurückgeworfen.« Er schickt ihr einen Brief für Ernst Josef Aufricht und bittet sie, ihn zu Entscheidungen zu drängen *(Br, 1079)*.
28. Juli, Mittwoch. B spricht nach dem Sturz Mussolinis mit Theodor Adorno und anderen über die Voraussage Friedrich Pollocks, »der ein faschistisches Jahrhundert erwartete« *(27,160f.)*. Zum 58. Geburtstag von Berthold Viertel schickt ihm B mit einer Widmung das Gedicht *Und in eurem Lande?* (→ 7. 7. 35.)
29. Juli, Donnerstag. B beschäftigt sich mit dem »Rätsel des deutschen Durchhaltens (zweier Winter in Rußland, jetzt wieder in Sizilien, dann aber auch, mehr bedeutend, in den antifaschistischen deutschen Fabriken)«, die dem Nicht-Dialektiker kaum erklärbar ist. »Da ist eine Totalität faschistischer Zielstrebigkeit, die nur sprunghaft in eine Totalität anderer Art übergehen kann.« *(27,161.)*
Juli. B wendet sich in einem Brief an Ruth Berlau gegen das Argument (Aufrichts), Kreymborg (→ 9. 7.) sei kein Humorist, und meine, er sei »auch keiner«. Die bisherige Erfolglosigkeit dieses Dichters hätte nichts mit der gewünschten Arbeit zu tun: »Er ist doch hier Übersetzer-Bearbeiter und nicht Dramatiker, das heißt eventuelle Mißerfolge als Dramatiker beweisen uns doch nicht, daß er schlecht übersetzt.« Er gibt ihr Hinweise für Verhandlungen über die finanzielle Beteiligung Kreymborgs *(Br, 1080)*.
B widmet das Gedicht *Landschaft des Exils (15,88)* mit der Datierung »Juli 1943« William Dieterle.
Beobachtungen des FBI zufolge hat B eine Veranstaltung mit einer jungen sowjetischen Journalistin besucht. Nach einem vom Geheimdienst abgefangenen Brief Charlotte Dieterles hat die gleiche Frau auch bei einem Treff im Hause William Dieterles im Beisein von Thomas Mann, Bruno Frank, Hanns Eisler, de Kobra und Ernst Lubitsch mit B gesprochen.
1. August, Sonntag. Bei Berthold Viertel treffen sich B, Thomas Mann, Heinrich Mann, Lion Feuchtwanger, Bruno Frank, Ludwig Marcuse, Hans Reichenbach und entwerfen eine öffentliche Erklärung, in der sie »eine Kundgebung der deutschen Kriegsgefangenen und Emigranten in der Sowjetunion« (des »Nationalkomitees Freies Deutschland«, am 12./13. 7.) begrüßen, »die das deutsche Volk aufrufen, seine Bedrücker zu bedingungsloser Kapitulation zu zwingen und eine starke Demokratie in Deutschland zu erkämpfen«. Au-

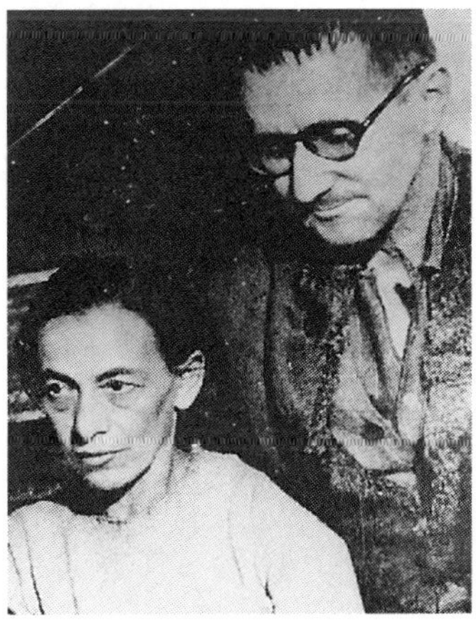

1. August 1943
Mit anderen Schriftstellern Unterzeichnung einer Erklärung, in der eine Kundgebung der deutschen Kriegsgefangenen und Emigranten in der Sowjetunion (Nationalkomitee Freies Deutschland) begrüßt wird.

ßerdem legen sie Wert darauf, »scharf zu unterscheiden zwischen dem Hitlerregime und den ihm verbundenen Schichten einerseits und dem deutschen Volke andrerseits«. Thomas Mann habe die Erklärung, die alle unterzeichneten, »befriedigt [...] vor den Frauen« verlesen *(27,161f.)*. Die Vorgänge an diesem Tage und in der Folge werden vom FBI registriert.

2. August, Montag. Thomas Mann informiert Feuchtwanger davon, daß er seine am Vortag gegebene Unterschrift zurückzieht. Die Stellungnahme »sei eine ›patriotische Erklärung‹, mit der man den Alliierten ›in den Rücken falle‹, und er könne es nicht unbillig finden, wenn ›die Alliierten Deutschland zehn oder zwanzig Jahre lang züchtigen‹«. B ist durch »die entschlossene Jämmerlichkeit dieser ›Kulturträger‹« gelähmt, »der Modergeruch des Frankfurter Parlaments betäubt einen heute noch« *(27,163)*.

B will von Ruth Berlau genauere Angaben über die Arbeit haben, die sie inzwischen in einer Fabrik aufgenommen hat. Er ermutigt sie, ihre »Sailorgeschichten« weiterzuschreiben. »Ich helfe gern beim Durchgehn, aber kümmere Dich nicht um meine Theorien dabei, schreib einfach los.« Er ist verärgert über die Aufgabe des *Schweyk*-Projekts durch Weill und hält Lotte Lenya (die die Kopecka spielen sollte) für »ein dummes Luder, einen großen Erfolg wegzuwerfen«; Kurt Weill sei »weniger smart«, als er gedacht hat. »Wahrscheinlich ist es dieser Dummkopf Maxwell Anderson, der ihn abgebracht hat.« *(Br, 1082.)*

5. August, Donnerstag. B will das *Schweyk*-Projekt ohne Aufricht und notfalls ohne Weill machen *(Br, 1084)*.

7. August, Sonnabend. Durch die Kriegsverluste der Deutschen im Osten, den Zusammenbruch des faschistischen Italien und die alliierten Luftangriffe auf deutsche Städte hält B einen baldigen Sturz Hitlers für möglich *(27,163)*.

8. August, Sonntag. Nach einem Besuch Tsiangs und Mordecai Goreliks notiert B sein Entsetzen, daß »auch der skeptische und linke Gorelik die Vansittartthese« vertritt *(27,163f.)*. (Robert Gilbert Lord Vansittart ist der Ansicht, daß alle Deutschen an den Naziverbrechen schuldig sind und nach Kriegsende bestraft werden müssen.)

Kritik am Verhalten Thomas Manns

9. August, Montag. B ärgert sich nochmals über das Verhalten Thomas Manns (→ 1. 8.). Als Mann, »die Hände im Schoß, zurückgelehnt sagte: ›Ja, eine halbe Million muß getötet werden in Deutschland‹, klang das ganz und gar bestialisch« *(27,164)*. In diesem Zusammenhang entsteht das Gedicht *Als der Nobelpreisträger Thomas Mann den Amerikanern und Engländern das Recht zusprach, das deutsche Volk für die Verbrechen des Hitlerregimes zehn Jahre lang zu züchtigen (15,90f.)*.

Gedichte wie *Vom Sprengen des Gartens (15,89)* und *Die*

Rückkehr (12,125) veranlassen B zu Überlegungen über lyrische Gesamtwerke, die eine »(innere) Geschichte haben« müßten *(27,164)*.
Da ihn Ruth Berlau erneut beschuldigt, er wolle sie nicht in Santa Monica haben, schreibt B: »Ich glaube, nichts braucht mehr Freundlichkeit, als wenn man in einer freundlichen Haltung überrascht und beschuldigt wird, man plane das genaue Gegenteil, etwas Schäbiges.« Wenn sich das Projekt im Herbst in New York nicht realisieren läßt, sei es »wahnsinnig«, wenn sie bliebe, andererseits könnten sie es dort besser haben als in Santa Monica, und es wäre wichtig »für das Zustandekommen von N.Y.er Unternehmungen, ob Du daran arbeitest oder nicht« *(Br, 1087)*. Einem weiteren Brief legt er eine Liste der Sachen bei, die sich in seinem Arbeitszimmer befinden: »Die Kupfersachen von Dir. / Der Konfutse (an der Wand) / Der helle Tisch / Der Manuskriptschrank / Das Stehpult / Die Zinnwanne.« *(Br, 1086.)*
10. **August,** Dienstag. B beschäftigt sich mit Vorwürfen, »die den ehemals sozialistischen Mitgliedern der Hitlerarmee wegen der entsetzlichen Greuel im Osten gemacht werden«. Sie würden die auch von ihnen zerstörte Ukraine wieder aufbauen müssen, meinten schon »linke Leute« *(27,165)*.
11. **August,** Mittwoch. »[...] ich mache mein Lager immer abends selber, jeden Tag, ohne Ausnahme. So wie ich mir mein Frühstück mache (oft mit Steff, der in die Universität muß, oder mit Barbara, die Ferien hat).« Für Kreymborgs Übersetzungsarbeit, schreibt er an Ruth Berlau, könne er sich 100 $ ausborgen, »aber dann muß ich alle und jede Verfügung über das Werk haben und der tschechische Vertrag über die Rechte muß auf mich allein übertragen werden«. Dennoch ist er an einer Zusammenarbeit mit Aufricht, »wie besprochen«, interessiert. Er schreibt in sieben Punkten auf, wie er den Herbst mit ihr in New York plant *(Br, 1088)*.
12. **August,** Donnerstag. B teilt Ruth Berlau mit, der Samen einer Blumensorte, den sie geschickt hat, sei beim Gießen weggeschwemmt worden. »Aber die andere Sorte ergriff die Gelegenheit.« Die Laube im Garten sei »eigentlich kein Häuschen, nur eine mit Hobelbank und Hühnerkasten verbaute Werkzeughütte, fähig nur, so etwas abzugeben wie die Bank in Svendborg (mit Wänden drum herum).« *(Br, 1090.)* In einem weiteren Brief drückt er seine Freude darüber aus, daß Kreymborg die Übersetzung des *Schweyk* machen will. »Was Aufricht betrifft: das Stück ist jetzt mein alleiniges Eigentum, weder er noch Weill hat irgendein Recht darauf, das laß ihn mir bitte schriftlich bestätigen.« Lilli Laté hat auf Anregung Bs für George Grosz eine Ausstellung seiner Bilder im Museum von San Francisco abgesprochen. Da

Grosz nicht antwortet, bittet B Ruth Berlau, sich mit ihm in Verbindung zu setzen *(Br, 1089)*.

14. August 1943
Teilnahme an Feier für Alfred Döblin

14. August, Sonnabend. B arbeitet mit Hans Viertel »an einer Story für Lorre« *(Br, 1091)*.
Aus Anlaß des 65. Geburtstags von Alfred Döblin (am 10. 8.) haben Helene Weigel und Elisabeth Reichenbach eine Feier arrangiert, die im Play House, Montana Avenue, stattfindet. Helene Weigel liest eine Rede Bs vor, in der es heißt: »Von Döblin habe ich mehr als von jemand anderm über das Wesen des Epischen erfahren. Seine Epik und sogar seine Theorie über Epik hat meine Dramatik stark beeinflußt, und sein Einfluß ist spürbar noch in englischen, amerikanischen und skandinavischen Dramen, welche wiederum von den meinen beeinflußt sind.« *(23,23f.)* Mit weiteren Reden und Lesungen beteiligen sich u. a. Heinrich Mann, Fritz Kortner, Peter Lorre, Alexander Granach und Ludwig Hardt, mit den *Liedern eines armen Mädchens* (von Friedrich Hollaender) auch Blandine Ebinger. »[...] am Schluß hielt Döblin eine Rede gegen moralischen Relativismus und für feste Maße religiöser Art, womit er die irreligiösen Gefühle der meisten Feiernden verletzte.« *(27,165f.)* B nimmt das Ereignis zum Anlaß für das Gedicht *Peinlicher Vorfall (15,91f.)*.

Ins *Journal* eingeklebtes Zeitungsfoto mit von der Roten Armee gefangenen deutschen Piloten

15. August, Sonntag. »Jetzt ist Sonntag nachmittag, später kommt Eisler zum Schach, ich habe immer noch Asche im Mund von gestern abend [...].« *(Br, 1091.)*
Mit Alexander Granach, Tsiang und amerikanischen Schauspielern unterhält sich B am Abend über die Frage, warum sie Theater spielen *(27,166)*.
Mitte August. B gibt Ruth Berlau Anregungen für dänische Sendungen. Ihre Tendenz, immer weniger zu schreiben, lasse in ihm das Gefühl aufkommen, »daß es wieder ist wie mit Deiner Spanienfahrt« (→ Mitte November 37), auf diese Weise »treiben wir auseinander« *(Br, 1010)*.
18. August, Mittwoch. B dankt Ruth Berlau für ihren Einsatz, das *Schweyk*-Projekt zu fördern. Telegrafisch wegen der Weiterarbeit an *The Duchess of Malfi* befragt, schickt er ihr einen Brief zur Weiterleitung an Elisabeth Bergner mit. An einer Reise nach New York hindere ihn seine Finanzlage: »Natürlich würde ich *alles* tun, zu kommen, das weißt *Du*. Nur habe ich wirklich für den Herbst kein Geld mehr für hier und muß da was tun.« *(Br, 1093.)*
Thomas Mann notiert in seinem Tagebuch, es habe ein »längerer Besuch von zwei FBI-Gentlemen« stattgefunden, »wegen der Gruppe in Mexiko, Katz, B. Brecht« *(Tagebücher 1940-1943, 614)*.
19. August, Donnerstag. Zu Ruth Berlaus eifersüchtiger Unterstellung, B habe das Gedicht *Vom Sprengen des Gartens* (→ 9. 8.) für eine andere Frau geschrieben, meint er:

»Wirklich, wie kannst Du glauben, daß ich Dir ausgerechnet ein Gedicht schicke, das auf jemand anders geht? Und wie dumm wäre es, jemand andern einen Befehl zu geben, wie er den Garten zu sprengen hat. Ich tue es tatsächlich mitunter und es sind, glaub das, meine Gedanken dabei.« *(Br, 1094.)*

24. August, Dienstag. B notiert: »Die großen Verbrechen sind nur möglich durch ihre Unglaublichkeit.« *(27,167.)*

25. August, Mittwoch. B nimmt sich nochmals das Buch *New Theatres for Old* von Mordecai Gorelik (→4.3.41) vor und findet, daß es sehr wenig über das epische Theater aussagt. Es behandele »beinahe nur die Intellektualisierung des Theaters« und bringe »sehr wenig über die neuen Stoffe, die zu bewältigen sind«. Außerdem beachte es »nicht die Adresse an ein neues Publikum, das die Welt nicht mehr zu interpretieren, sondern zu ändern gekommen ist« *(27,167).*

25. August 1943
Urteil über Goreliks Buch *New Theatres for Old*

27. August, Freitag. B liest einen Artikel des Journalisten Kingsley Smith im *American Mercury*, in dem dieser sich Deutschland und Italien »beherrscht wie etwa Indien« vorstellt; B hält das für »schauerliche Lehrstunden« *(27,167f.).*

28. August, Sonnabend. Einem Artikel über die Kriegswirtschaft in Deutschland, der in der konservativen englischen Zeitschrift *The Economic Journal* erscheint, entnimmt B, daß Ende 1942 »die Trusts, über das Kriegsministerium, endgültig die Überhand gegenüber der Staatskontrolle gewonnen« haben; »Rationalisierung, Spezialisierung, Standardisierung haben die Produktion weiter vermehrt« *(27,168).*

29. August, Sonntag. Aufgrund der zunehmenden Bombenangriffe auf Berlin schreibt B: »Das Herz bleibt einem stehen, wenn man von den Luftbombardements Berlins liest. Da sie nicht mit militärischen Operationen verknüpft sind, sieht man kein Ende des Kriegs, nur ein Ende Deutschlands.« *(27,168.)*

Betroffen von der zunehmenden Zerstörung Deutschlands

Seit Beginn des Jahres nimmt in Dänemark der Widerstand gegen die deutschen Okkupanten zu. Deshalb fordert der Reichsbevollmächtigte (am 28.8.) die Entwaffnung und Internierung der dänischen Restwehrmacht und die Verkündung des militärischen Ausnahmezustandes. Dies wird von der dänischen Regierung verweigert; sie tritt zurück. Über Dänemark wird das Kriegsrecht verhängt.

30. August, Montag. Hermann Budzislawski hat die Erklärung der deutschen Schriftsteller (→1.8.) umgeformt, »so daß die Bezugnahme auf die Kriegsgefangenenerklärung vermieden ist« *(27,168).*

31. August, Dienstag. B findet das (Film-)»Storyschreiben [...] schrecklich«; er bekomme davon einen »schlechten Geschmack im Mund« *(Br, 1097).*

B beschreibt Ruth Berlau das neue Haus in Santa Monica

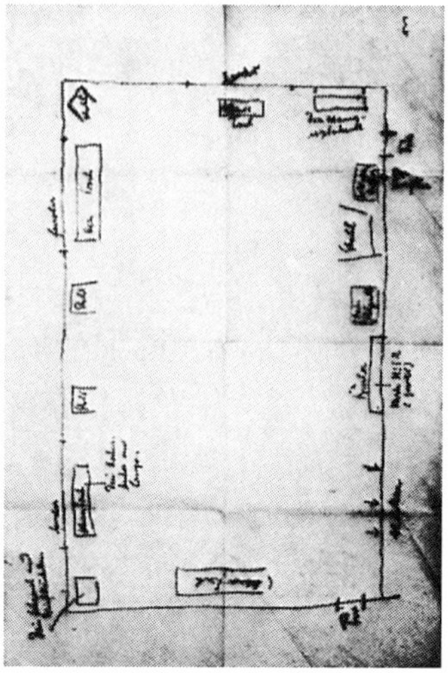

Brechts Zeichnung von der Einrichtung seines Arbeitszimmers in Santa Monica

(→ 12. 8. 42), das sie noch nicht kennt: »Das Haus ist viel besser als das vorige, in der 25. Straße. Es ist alt, vierzig Jahre, aus der Zeit, wo es kein Hollywood gab, und auch der Garten ist angenehm, weder so klein noch so hübsch wie der andere; man kann sogar menschliche Arbeit erkennen an ihm, fortgesetzt durch Jahrzehnte. Aber die unbeschreibliche Häßlichkeit des Lügenmarkts durchdringt alles hier. Selbst die Feigenbäume sehen zuweilen aus, als hätten sie eben sehr niedrige Lügen erzählt und verkauft.« Er kann »fast nur in den frühen Morgenstunden bessere Dinge schreiben«; zur Zeit arbeite er am *Moldaulied (Es wechseln die Zeiten; 15,92)* für *Schweyk (Br, 1098).*

2. September, Donnerstag. B schreibt eine umfangreiche Liste aus *The Economic Journal* (vom Dezember 41) ab mit Angaben über wirtschaftliche Leistungen der UdSSR in den Jahren 1928-1932. Ohne deren Kenntnis sei »die Entwicklung in der USSR schwerlich verständlich« *(27,169f.).*

4. September, Sonnabend. In der inzwischen abgeschlossenen *Schweyk*-Übersetzung von Alfred Kreymborg fehlen noch die Verse *Es wechseln die Zeiten* (→ 31. 8.), die B Schwierigkeiten machen: »Ich habe den Inhalt und Verse, aber das Ganze wird nichts.« *(27,170.)*

5. September, Sonntag. B hält das Entwerfen von Filmfabeln (→ 31. 8.) für Zeitvergeudung, weil »man niemals längere Zeitspannen vor sich gesichert sieht, materiell«. Dadurch liege noch vieles unfertig da: der Roman *Die Geschäfte des Herrn Julius Caesar (17,163-390)*, der *Tuiroman (17,9-161), Der Messingkauf (22,695-869)* sowie *Die Reisen des Glücksgotts (10,922-937)*, »ein halb lyrisches, halb prosaisches Werk« *(27,170).*

B wehrt sich gegen Vorwürfe Ruth Berlaus, daß er ihre Briefe nicht ordentlich liest und ihr kein Geburtstagsgeschenk geschickt hat: »Ich muß den ganzen Tag dummes Zeug schreiben, am Abend dumme Diskussionen führen, und jetzt werden Deine Briefe wieder rar und so, daß ich sie nur mit Besorgnis aufmachen kann.« *(Br, 1099.)*

Bemühungen um Hella Wuolijoki

6. September, Montag. Auf eine telegrafische Bitte von Georg Branting machen B, Helene Weigel und der Rechtsanwalt Eduard Frischauer, der Mann von Gina Kaus, beim schwedischen Konsul »Zeugenaussagen« zugunsten der verhafteten Hella Wuolijoki, gegen die ein Hochverratsprozeß läuft (→ 16. 6.) *(27,170).* Später (am 27. 12. 46) schreibt Wuolijoki an B und Helene Weigel u. a.: »Und ich habe Euch nicht danken können für die Hilfe, die ich von Euch in meinem Prozeß erhielt. [...] Viel hat es ja nicht geholfen; unsere kleinen Himmlers haben es als ein Zeugnis vom ›Juden‹ Brecht dargestellt, dem man nicht Glauben schenken dürfte.« *(211/32-36.)*

7. September, Dienstag. B fügt unter diesem Datum einen englischsprachigen Zeitungsartikel (vom 6. 9.) in sein *Journal* ein, dem zufolge nach den Aussagen von Finanzminister Henry Morgenthau jr. ein vernichtendes Bombardement (»wiping out«) Berlins etwa sechsmal soviel kosten würde wie der Luftangriff auf Hamburg (für den 346 000 000 $ aufgebracht wurden), das entspräche einem »Kostenvoranschlag« von 18,75 $ für jeden Amerikaner *(27,172)*.
Karin Michaelis ist 1939 in die USA gereist. Ihr auf acht Monate geplanter Aufenthalt muß wegen des Krieges in Europa bis 1946 ausgedehnt werden. Nach einem Anruf Ruth Berlaus mit einer Anfrage von Karin Michaelis, ob sie zu einem Besuch nach Santa Monica kommen könne (→ 28. 10.), hat ihr Helene Weigel eine Einladung geschickt. Da B Berlaus Wunsch, die Michaelis bei der Reise zu begleiten, skeptisch gegenübersteht, vermutet sie erneut, er wolle sie nicht in Santa Monica haben. B schreibt: »Dein Ton ist haßerfüllt und ironisch. Dieses Kleinbürgerthema, daß ich Dich nicht genug liebe, das dümmste und niedrigste aller möglichen Themen, weil es so entnervt und so unzeitgemäß und so unbeantwortbar ist zwischen zwei Leuten, behandelst Du jetzt als das absolute Hauptthema.« Anstatt sich an die gegenseitigen Abmachungen zu halten, mache sie ihm fortdauernd Vorhaltungen. »Du ziehst es aber vor, mich andauernd damit zu demütigen, daß ich schlicht und einfach ein spießiges Idyll hier bewahren will und mich ängstige, Du könntest mein Familienglück stören usw. Wiederum in fünf Minuten könnte ein total Fremder herausfinden, daß ich nicht gerade dieser Typ bin.« *(Br, 1100.)*

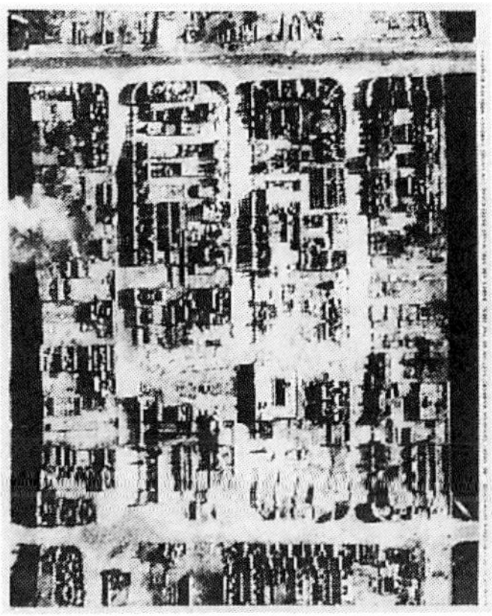
Die Zeitungsabbildung einer Luftaufnahme vom zerstörten Hamburg klebt Brecht in sein *Journal*.

9. September, Donnerstag. Wie B hört, erzählt Thomas Mann, »›diese Linken wie Brecht‹ führten Befehle von Moskau aus, wenn sie versuchten, ihn zu Erklärungen zu veranlassen, daß man einen Unterschied zwischen Hitler und Deutschland machen müsse«. B bezeichnet Mann verbittert als ein »Reptil«, das in Deutschland nichts »anderes erblikken kann als ein zahlkräftiges Leserpublikum«. Das Ausstreuen solcher Verdächtigungen hält B für eine »Perfidie«, da Mann und seine Frau wüßten, daß sie damit »jedem großen Schaden tun können« *(27,172)*.
Uraufführung von *Leben des Galilei* (unter dem Titel *Galileo Galilei*) im Zürcher Schauspielhaus; Musik: Hanns Eisler; Regie: Leonard Steckel, der auch die Titelrolle spielt; Bühnenbild: Teo Otto; mit Robert Bichler (Andrea), Mathilde Danegger (Frau Sarti), Erika Pesch (Virginia), Karl Paryla (Kleiner Mönch), Kurt Horwitz (Kardinalinquisitor), Hermann Wlach (Papst), Wolfgang Heinz (Kurator).

9. September 1943
Galileo Galilei
Uraufführung am Schauspielhaus Zürich

Die Gestalt des bedeutendsten italienischen Naturforschers, der zu den Begründern der modernen Naturwissenschaft zählt, steht heute nicht in der geschichtlichen Distanz des als finster verschrienen Inquisitions-Zeitalters vor uns. Sondern sie wirkt in unserer verfinsterten Epoche beängstigend zeitnah. Der Kampf des freien, wagemutigen Denkens gegen eine unheimliche Übermacht hat in Brechts Schauspiel eine Geltung gewonnen, die nicht im historischen Fresco befangen bleibt. *(Der Bund, Bern. 11. 9.)*

11. September, Sonnabend. B erwartet eine Entscheidung

Kurt Weills für das *Schweyk*-Projekt, »sonst entscheide ich mich« *(Br, 1101)*.

14. September, Dienstag. B hat jetzt Kreymborgs *Schweyk*-Übersetzung erhalten und gelesen. »Natürlich sind so viele Fehler vorhanden wie bei einem Hund Flöhe, aber das ist natürlich, es ist Dialekt, nicht einfaches Deutsch.« Er beginnt mit einer Korrektur. B fände gut, wenn Elisabeth Hauptmann seine Bemerkungen zum Text noch einmal mit Kreymborg durchginge (was von Berlau abgelehnt wird). »Die Fehler sind einfach zu berichtigen, der Ton wäre nicht leicht zu korrigieren.« *(Br, 1102.)*

15. September, Mittwoch. B schickt Ruth Berlau für Alfred Kreymborg die Korrekturen der 1. Szenen des *Schweyk* sowie für Lotte Lenya zwei neue Szenen, »damit sie sieht, wie leicht man die Figur [der Kopecka] ein wenig ausbauen kann« *(Br, 1103)*. In dem Brief an Kreymborg lobt B dessen Arbeit, der Ton sei »sehr schön, einfach und kräftig«. Die Berichtigung einiger Fehler begründet er mit den Dialektika, die »sogar für Deutsche nicht sofort verstehbar« seien, »besonders für Norddeutsche« *(Br, 1104)*.
In einem kurz danach geschriebenen weiteren Brief bittet er um Zusendung der Korrekturen des Übersetzers, die er mit Peter Lorre besprechen will, und bedankt sich für die Übertragung des *Kinderkreuzzugs (Br, 1105)*.

18. September, Sonnabend. B teilt Ruth Berlau für ihre Gespräche mit Alfred Kreymborg seine Einwände gegen Details der *Kinderkreuzzug*-Übersetzung mit, obwohl sie Peter Lorre »sehr gut« gefunden hat. »Daß der Sinn in der ersten Übersetzung oft dunkel ist, darf man nicht zu sehr übelnehmen: im allgemeinen ist Lyrik eben dunkel und kein Mensch beschwert sich.« Nach Kurt Weills Ablehnung hat B für die *Schweyk*-Musik Hanns Eisler gewonnen (der bereits den *Kälbermarsch* und das *Deutsche Miserere* komponiert hat; →9.6.). Gegen die Realisierung einer Aufführung mit dem amerikanischen Komiker Zero Mostel hat B ebensowenig etwas einzuwenden wie gegen eine Regie Erwin Piscators; er möchte jedoch »bei der Regie das letzte Wort behalten«. Andererseits fühle er sich Lorre gegenüber verpflichtet, der ihm die 100 $ für die Übersetzung vorgestreckt hat, und will ihn »zu einem Gegenvorschlag treiben« *(Br, 1106)*.
Bei intensiverer Beschäftigung mit der *Schweyk*-Übersetzung, die B in diesen Wochen mit Peter Lorre, Hans Viertel, Mordecai Gorelik und mit seinem Sohn Stefan durchgeht, ist er zunehmend »verzweifelt«; sie scheint ihm »kaum eine repräsentierbare Rohübersetzung« zu sein: »Es ist doch unmöglich, daß man daraufhin eine Produktion erhalten kann.« *(Br, 1107.)*

Das Publikum – ja, manchmal erlebt man in Zürich große Überraschungen! – applaudierte nach jedem Bild, wollte sich vor der ersten großen Pause kaum beruhigen lassen und fand zum Schluß kein Ende mehr und zwang alle Mann wieder und wieder vor den Vorhang. Natürlich ist Erfolg längst kein ausreichender Beweis für oder gegen den Wert eines Werkes. Doch ein Erfolg, der gegen alle Regeln der Kunst des Erfolges errungen wurde, der nur noch mit den strengsten Mitteln geistiger Disziplin angestrebt wurde, beweist zum mindesten die Richtigkeit der Form, in die ein Dichter seine Gedanken goß, und hier – im vorliegenden Falle – die Berechtigung des »epischen« Theaters Brechts. Freilich könnte man auch versuchen, diesen erstaunlichen Erfolg allein durch die Aufführung zu erklären, die, denkbar gründlich von Steckel, Teo Otto und dem Ensemble vorbereitet, auch schon als solche großen Beifall verdient hatte, oder, um das Thema erschöpfend zu behandeln, darin einfach eine Bestätigung der Grundthesen Brechts durch das Publikum zu sehen, der Sieg der Vernunft sei ein Sieg der Vernünftigen. *(Bernhard Kissel, Tages-Anzeiger für Stadt und Kanton Zürich, 11. 9.)*

Brecht ist Aufklärer geblieben, Agitator gegen bürgerliche und politische Engherzigkeit, gegen niederträchtige Selbstsicherheit, gegen den Dogmatismus der Kirche, gegen soziale Entrechtung, gegen die Beeinträchtigung der Wissenschaft und der persönlichen Freiheit, aber er glaubt trotz allem an den Menschen, an die sanft wirkende Gewalt der Vernunft. Leonard Steckel hat sich als Regisseur des Werkes angenommen. Die sorgfältige dramaturgische Bearbeitung des Textes, die verschiedenen, aufs vorsichtigste vorgenommenen Kürzungen und die Streichung des ganzen letzten Bildes zeugen von der

20. September, Montag. Der Dramatiker Christopher Isherwood ist bei B zum Abendessen, »klein, sanft, zäh, geduldig und geduldheischend«. Er macht ihm zum *Guten Menschen von Sezuan* »einige höfliche Komplimente und zeigt Unbehagen wegen der Götter«. Isherwood ist für eine Übersetzung des Stückes nicht zu gewinnen. Später kommt Berthold Viertel dazu, der Isherwood von London her kennt, und das Gespräch »kommt auf die Schreiber der englischen Oberklasse«, Isherwood, Wysten Hugh Auden und Aldous Huxley. Als B Huxleys »geistreiche, feinnuancierte, umständliche Beschreibungen der Seelenqualen der Parasiten« kritisiert und ihn für »gekauft« hält, verläßt Isherwood die Runde. »Derlei kann nicht diskutiert werden, Kellner, zahlen. Ich habe das Gefühl, das der Chirurg haben müßte, wenn der Patient während der Operation aufsteht und weggeht: Nun hat er nur eine Wunde empfangen.« *(27,172f.)*

23. September, Donnerstag. B schickt Ruth Berlau eine Vollmacht für weitere geschäftliche Verhandlungen in seinem Auftrag *(Br, 1109)*.

25. September, Sonnabend. B hält die an diesem Tag erfolgte Einnahme von Smolensk (→ 5. 4. u. 12. 4. 42) durch die russischen Truppen (die seit dem 7. 8. einen Großangriff zwischen dem Dnjepr und der westlichen Dwina führen) für entscheidend. Sie verändere »die Weltlage vollständig«; die Aufstellung des »Nationalkomitees Freies Deutschland« (→ 1. 8.) ist für ihn »Teil der Endoffensive« *(27,173)*.
B arbeitet mit Stefan und mit Mordecai Gorelik weiter an den Korrekturen der Übersetzung des *Schweyk* und fragt Ruth Berlau, wie seine »Verpflichtungen gegenüber Kreymborg wirklich sind« *(Br, 1110)*.

26. September, Sonntag. B stellt »die hier geschriebenen Gedichte zusammen«. Er führt im einzelnen an: *Landschaft des Exils* (→ Juli; *15,88*), *Kinderkreuzzug 1939* (→ 17. 11. 41; *15,50-56*), *An die deutschen Soldaten im Osten* (→ 9. 1. 42; *15,64-68*), *Und was bekam des Soldaten Weib?* (→ 9. 5. 42; *15,71f.*), *Deutschland* (→ 9. 6.; *15,76*), *Deutsches Miserere* (→ 9. 6.; *12,124*), *Die Maske des Bösen* (*12,124*), *O Sprengen des Gartens* (→ 9. 8.; *15,89*), *Die Rückkehr* (→ 9. 8.; *12,125*) sowie das Gedicht *Aurora* (→ Juni; *15,84*) *(27,173f.)*. Er schickt an Ruth Berlau einen weiteren »Packen« seiner Überarbeitung der *Schweyk*-Übersetzung *(Br, 1111)*.

27. September, Montag. Unter einem im *Journal* eingeklebten Zeitungsfoto mit Mussolini (→ 25. 7.) und deutschen Fallschirmjägern, die ihn (am 12. 9.) aus seiner Haft befreit haben, drückt B seine Überraschung über »die Verlumpung der Politik in diesen hochzivilisierten Industriestaaten Deutschland und Italien« aus: »Gangsters an der Spitze von 300 motorisierten Divisionen.« *(27,174.)*

hohen Verantwortung Brecht gegenüber, aber auch von dem Willen, alles Überflüssige, vom Kern des Werkes sich Entfernende auszumerzen. *(Annemarie Schwyter, Volksrecht, Zürich, 11. 9.)*

[Leonard Steckel] brachte das oft raffinierte Frage- und Antwortspiel der Brechtschen Sätze zur vollen verstandesmäßigen Prägnanz, überzeugte mit oft fast salopp redender Selbstverständlichkeit des Tonfalls; ließ aber nicht auch das Geheimnis aus sich reden, das in der Voraussetzung allen Denkens und Findens eines Genies träumt und zum Schauen drängt. Manche Szene bleibt daher nüchtern. *(Bernhard Diebold, Die Tat, Zürich, 11. 9.)*

25. September 1943
Die Rote Armee drängt die deutschen Truppen aus dem Gebiet zwischen Dnjepr und Dwina zurück und nimmt Smolensk und Poslawl ein.

B ist im Zweifel darüber, ob er die *Schweyk*-Korrekturen allein schaffen kann; er schreibt an Berlau: »Ich werde natürlich versuchen, fortzufahren mit den Korrekturen, aber wenn man doch noch die Hauptmann dazu kriegen könnte, wäre es eine enorme Zeitersparnis, meinst Du nicht?« *(Br, 1113.)*

30. September, Donnerstag. B stellt »bei den Emigranten heftigen Abscheu« fest gegen den in englischer Sprache erschienenen Roman Hermann Borchardts *Die Verschwörung der Zimmerleute*. B hat das Buch zwar noch nicht gelesen, räumt aber ein, daß Borchardt, »bösartig wie viele Moralisten, ein abgründiger Provokateur, Übertreiber von Beruf als Satiriker usw. usw. usw.« sei; er ordnet seine Werke »turmhoch über denen der Werfels und Konsorten« ein *(27,176)*.

B schickt an Ruth Berlau die letzten Korrekturen für den 2. Akt des *Schweyk* sowie eine Bühnenskizze von Gorelik, die sie Kurt Weill zeigen soll *(Br, 1113)*.

2. Oktober, Sonnabend. Bei Hanns Eisler trifft B den Filmregisseur Jean Renoir (→ 17. 9. 33). Die Verwüstung Neapels, die er beklagt, führt zu einem Gespräch über die italienische und die französische Bauweise. »Lustig, beinahe aufregend, Monsieur Renoir eine Wurst essen sehen. *Seine* Sinne sind in Ordnung.« *(27,176.)*

3. Oktober, Sonntag. Nachdem die sowjetische »Zentral-Front« (am 21. 9.) in 80 km Breite einen Übergang über den Dnjepr erzwungen hat und die deutschen Truppen an allen östlichen Kriegsschauplätzen zurückgeschlagen werden, hält es B für möglich, »daß die deutschen Generäle dasselbe machen, was die italienischen machten« (→ 25. 7.) *(27,177)*.

6. Oktober, Mittwoch. B beschreibt Ruth Berlau seine Lage: »Die Filmmöglichkeiten sind scheußlich schwankend, oft in Greifweite, dann wieder ganz schlecht, nie völlig verschwindend. Glückt da irgendwas, ist freilich alles in Ordnung, ich komme sofort und wir bringen eine Theaterproduktion auf die Beine. Geld habe ich fast keines mehr im Augenblick (jedoch ist die Miete bis Frühjahr bezahlt), ich muß mir Geld ausborgen, für eine sehr kleine Basis.« *(Br, 1116.)*

10. Oktober, Sonntag. Nach einem Besuch Theodor Adornos findet B erneut bestätigt, daß das Frankfurter Institut »eine Fundgrube für den *Tuiroman*« ist *(27,177)*.

Rezept für Filmschreiben in Hollywood

12. Oktober, Dienstag. Für Erfolge im Filmschreiben empfiehlt B das Rezept: »Man muß so gut schreiben, als man kann, und das muß eben schlecht genug sein.« *(27,177.)*

15. Oktober, Freitag. B stellt in den Zeitungsartikeln und in seinen Gesprächen eine »graue, trübe, schale Stimmung« fest; der ursprünglich vorhandene Auftrieb sei »ganz und gar verschwunden« *(27,177)*.

B hat die Erinnerungen von Alexander Granach (*There Goes an Actor*, dt. 1945: *Da geht ein Mensch*) gelesen. »Am Ende, als Höhepunkt, Reinhardts Deutsches Theater geschildert wie ein echtes Hollywood (ganz richtig).« B hält die Berufsentwicklung Granachs für einen »Jammer«: »Läßt sich die Beine brechen, damit sie grad sind, und dann das Rückgrat, damit es krumm ist!« *(27,178.)*

16. Oktober, Sonnabend. B liest eine »Kontroverse zwischen Sowjetliterarhistorikern über die Beurteilung großer Schriftsteller der Vergangenheit«. Er ist von der Art abgestoßen, wie in der (1936/37 geführten) Kampagne (von Michail Lifschiz und Isaak Nusinow), in die sich die KPdSU einmischt, gegen »vulgärsoziologische« Theorien in der Erbeauffassung vorgegangen wird: »Eigentliche Untersuchungen werden nicht veranstaltet, oder sie haben Prozeßcharakter. Der Ton ist erschreckend unproduktiv, gehässig, persönlich, autoritär und servil zugleich. Offensichtlich ist das keine Atmosphäre, in der eine lebendige, kämpferische, üppige Literatur gedeihen könnte.« *(27,179.)*

16. Oktober 1943
Art der sowjetischen Literaturdiskussion erzeugt unproduktive Atmosphäre

17. Oktober, Sonntag. Bei Überlegungen über die realistische »Kunstpolitik der Arbeiterklasse« kommt B zu dem Schluß: »Realistische Kunst ist Kunst, welche die Realität gegen die Ideologien führt und realistisches Fühlen, Denken und Handeln ermöglicht.« *(27,180.)*

20. Oktober, Mittwoch. B hat von Paul Czinner für die *Malfi*-Bearbeitung 225 $ erhalten und beabsichtigt zur Fertigstellung des Stücks eine Reise nach New York. Er bittet Ruth Berlau um Vermittlung, daß ihm (für die Reiseerlaubnis) ein »offizielles Telegramm« von Elisabeth Bergner zugeht. Seine Arbeit mit Peter Lorre will er in 8-10 Tagen erledigt haben. Für den Besuch von Karin Michaelis in Santa Monica seien Vorbereitungen getroffen: »das Zimmer geweißnet, ein Stuhl überzogen, sind Vorhänge genäht, Verhandlungen mit einem Arzt eingeleitet« *(Br, 1119)*.

25. Oktober, Montag. Einem Bericht des FBI zufolge hat der sowjetische Vizekonsul in Los Angeles Gregori Kheifetz nachmittags B in seinem Haus besucht.

28. Oktober, Donnerstag. Zum 13. Geburtstag seiner Tochter Barbara zitiert B im *Journal* deren besorgte Frage: »Helli, do you think somehow in the management of this hectic day you could do my hair?« (Helli, glaubst du, du kriegst es in diesen hektischen Tag rein, mir die Haare zu machen?) *(27,180.)*

Karin Michaelis ist »sehr, sehr ruhebedürftig« eingetroffen, »und ich werde energisch sein müssen, daß sie ruht«. Er hofft, bald seine Fahrkarte nach New York für den lange Wochen im voraus ausverkauften Transatlantik-Expreß zu bekommen *(Br, 1120)*. Karin Michaelis schreibt in ihren Le-

Oktober 1943-August 1944
Besuch von Karin Michaelis in Santa Monica

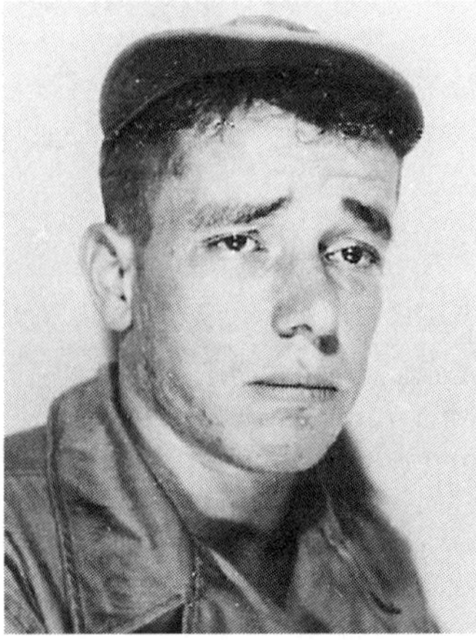

Stefan Brecht 1944

Mein Sohn, so jung er ist, erst neunzehn Jahre zählend, hat doch schon viele Länder gesehen, und das nicht als Tourist. Er ist in Berlin geboren, einer Stadt, deren er sich, wie er behauptet, gut erinnert; er wird sie nicht mehr zu Gesicht bekommen, auch wenn er dahin zurückkehren sollte. Von Berlin wurde er, als der Anstreicher zur Macht kam, nach der Tschechoslowakei geflogen; von da kam er nach Österreich, wo uns alle ein weiser Freund mit den Worten begrüßte: »Die Ratten besteigen das sinkende Schiff«, von da nach der Schweiz, von da nach Dänemark. Wir wohnten fünf Jahre auf einer Insel in einem Fischerhaus. Auf dem Strohdach lag ein Ruder, damit das Stroh in den Frühjahrsstürmen nicht wegflöge. Je ein Jahr wohnten wir dann in Schweden und Finnland, und am Ende fuhren wir über Sibirien und den Pazifischen Ozean nach Kalifornien. Der Krieg folgte uns wie unser eigener Schatten. Dieses Länderwechseln hatte nichts so Befremdliches, als man denken könnte. Es besaß einen klaren Grund in den Eroberungen unsrer Landsleute und erfolgte in einer Welt mit erleichterten Kommunikationen. Wir waren nicht wohlhabend, jedoch auch nicht mittellos. Und wir fanden überall Freunde. *(27,354.)*

benserinnerungen *(Der kleine Kobold)* über den Besuch u. a.: »Ich liebte die heiße Sonne Kaliforniens und freute mich, wieder mit meinen alten Freunden beisammen sein zu können. Ihre kleine dreizehnjährige Tochter [Barbara] war meine ständige Begleiterin. Sie hatte mich gern und ›beschützte‹ mich, weil ich, wie sie sagte, viel zu kindisch wäre!« *(292.)*

Oktober. Einem Informanten des FBI zufolge initiiert Robert Thoeren (wie auch Lilli Laté) eine Spendenaktion für B und Hanns Eisler.

1. November, Montag. Über den Tod Max Reinhardts (am 30. 10.) schreibt B: »Die Stilelemente bei ihm alterten so rasch wie bei andern in unserer Epoche, die einen klaffenden Gegensatz zwischen Kunst und Leben hat, so daß im Leben wenig Kunst, in der Kunst wenig Leben ist. Kunst ist da nichts Natürliches, wo Leben etwas Künstliches ist.« *(27,180.)*

2. November, Dienstag. Einer Tagebuchnotiz Thomas Manns zufolge triff er B in Hollywood bei der Signierung einer »Glückwunsch-Adresse an Reinhardt« *(Tagebücher 1940-1943, 620).*

3. November, Mittwoch. 19. Geburtstag von Bs Sohn Stefan.

7. November, Sonntag. Einem Bericht des FBI zufolge nehmen B und Helene Weigel an einem Empfang (aus Anlaß der Oktoberrevolution) im Sowjetischen Konsulat in Los Angeles teil. Alle wären auf der Party – zusammen mit Eislers und Kortners – »very much encouraged and reassured« (sehr stimuliert und beruhigt) aufgetreten *(Z 12/64).*

10. November, Mittwoch. Alfred Döblin bringt B Heft 4 der Zeitschrift *Internationale Literatur. Deutsche Blätter.* Nach Bs Meinung stinke der darin abgedruckte Artikel *Deutsche Lehre* von Johannes R. Becher von Nationalismus: »Wieder wird der Nationalismus der Hitler ganz naiv akzeptiert; Hitler hatte nur den falschen, Becher hat den richtigen.« B zitiert einige Passagen Bechers und schließt seine Eintragung (in Anspielung auf Goethes »Nachbarin! Euer Fläschchen!«) angeekelt: »Nachbar, euren Speikübel!« *(27,181.)*

11. November, Donnerstag. B liest in der Zeitschrift *19th Century and After* einen Bericht über die Ausrottung der Juden in Polen und wünscht sich die Verallgemeinerung »vom ›deutschen Menschen‹ (lies: ›doidschen‹)« künftig weder geschrieben noch gesprochen. »Alle diese Redensarten einer pfiffigen salesmanship von ›deutscher Wissenschaft‹, ›deutschem Gemüt‹, ›deutscher Kultur‹ führen unhinderbar dann zu diesen ›deutschen Schandtaten‹.« *(27,181f.)*

B beschäftigt sich mit dem erfolglosen Dasein von großen Schriftstellern in Hollywood wie Alfred Döblin und Heinrich Mann. Letzterer habe »nicht das Geld, einen Arzt zu rufen, und sein Herz ist verbraucht«. Sein Bruder Thomas kümmere sich nicht um ihn *(27,182)*.

13. November, Sonnabend. Bs Sohn Frank Banholzer (→ 29. 5.) ist (am 6. 10. 39) zu einer Fliegerausbildung eingezogen und danach im Luftkrieg gegen England eingesetzt worden. Nach Genesung von einer Verletzung wird er (am 2. 9. 1943) in einem Landjägerregiment an der Ostfront eingesetzt und kommt (am 13. 11.) bei einem Bombardement ums Leben. (B erfährt erst später davon.)

13. November 1943
Tod von Brechts Sohn Frank Banholzer

Frank Banholzer 1942

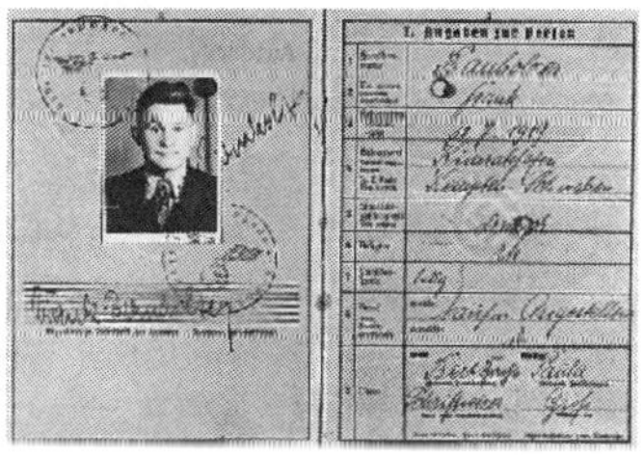

Im Wehrpaß von Brechts Sohn Frank Banholzer ist der Familienname des Vaters (nach dem Krieg) ergänzt worden; als Brechts Beruf ist »Schriftsetzer« angegeben.

15. November, Montag. B fährt 19.15 Uhr (mit dem *Scout*) in Los Angeles nach New York ab. Wie er Ruth Berlau (am 17. 11.) mitteilt, hat der Zug in Texas bereits fünf Stunden Verspätung. Er vermutet, daß er am 18. 11. den Anschlußzug in Chicago nicht erreicht *(Br, 1122)*.

19. November, Freitag. B kommt in New York an und wohnt wiederum bei Ruth Berlau in der 57. Straße, Nr. 124.

19. November 1943-22. März 1944
Dritte Reise nach New York

29. November, Montag. In einem (durch das FBI abgefangenen und überlieferten) Brief Helene Weigels an B informiert sie ihn über die familiären Ereignisse in Santa Monica sowie ihre Teilnahme mit Karin Michaelis an der Trauerfeier für den verstorbenen Max Reinhardt (→ 1. 11.), auf der Fritz Kortner sehr gut in Erscheinung getreten sei.

1. Dezember, Mittwoch. B schreibt an Thomas Mann einen längeren Brief, um ihn »von dem schmerzlichsten Erstaunen zu unterrichten«, das sein »so betonter Zweifel an einem starken Gegensatz zwischen dem Hitlerregime und seinem Gefolge und den demokratischen Kräften in Deutschland allen erregt hat«. Er weist ihn auf die Hitlergegner in Deutschland hin: so »opferten auch über 300 000 Menschen in Deutschland ihr Leben in den meistens unsichtbaren Kämpfen mit dem Regime allein bis zum Jahre 42, und nicht weniger als 200 000 aktive Hitlergegner saßen zu Beginn des Krieges in Hitlers Konzentrationslagern«. In der Auseinandersetzung um ein neues Deutschland nach dem Krieg spiele Thomas Manns Haltung eine bedeutende Rolle. »Ich stelle dann auch eine echte Furcht bei allen unsern Freunden fest, daß Sie, sehr geehrter Herr Mann, der Sie mehr als irgendein anderer von uns das Ohr Amerikas haben, die Zweifel an der Existenz bedeutender demokratischer Kräfte in Deutschland vermehren könnten, denn die Zukunft nicht nur Deutschlands, sondern auch Europas hängt wohl davon ab, daß diesen Kräften zum Sieg verholfen wird.« *(Br, 1123.)* Thomas Mann registriert (am 8. 12.) den Empfang eines »strengen« Briefes von B wegen seines »Unglaubens an die Demokratie« *(Tagebücher 1940-1943, 655)*. In seiner Antwort (vom 10. 12.) bedauert er, daß bei einem politischen Vortrag, den er Mitte November an der Columbia

Universität New York gehalten hat, keiner von Bs »Leuten« anwesend war. Wenn er auch eine Gesamtschuld der Deutschen annimmt, habe er doch sehr wohl differenziert. »Nicht Deutschland oder das deutsche Volk sei zu vernichten oder zu sterilisieren, sondern zu zerstören sei die schuldbeladene Machtkombination von Junkern, Militär und Großindustrie, die für zwei Weltkriege die Verantwortung trage.« Die Bildung eines Free Germany Committee in Amerika halte er aber für verfrüht. Mit der Forderung nach einer »starken deutschen Demokratie« würde ein Gegensatz beschworen »zu den Gefühlen der Völker, die unter dem Nazijoch schmachten und nahe dem Zugrundegehen sind«. B und seine Freunde sollten abwarten, bis die militärische Niederlage Deutschlands vollzogen ist *(1185/86f.)*.

Initiative für Gründung eines Council for a Democratic Germany

Anfang Dezember. B lernt den Theologen Paul Tillich kennen und nimmt an dem ersten nachweisbaren Treffen von Exilpolitikern in dessen Wohnung teil, bei dem ein Council for a Democratic Germany beschlossen wird (→ Mai 44). Ziel des Council ist die Einigung der deutschen demokratischen Kräfte im Exil. Zur Vorbereitung wird ein »Ausschuß zur Gründung des Komitees für deutsche Demokratie« ins Leben gerufen.

Vom FBI wird das Council von Anfang an in Verbindung zum »Nationalkomitee Freies Deutschland« (→ 1. 8.) gebracht und kommunistischer Tendenzen bezichtigt. Mit Bs zunehmenden Aktivitäten in politischen Fragen verstärkt der Geheimdienst seine Observationen (→ 30. 9. 44).

5. Dezember, Sonntag. Kurt Weill, der sich noch in Los Angeles aufhält, bedauert, daß er B vor seiner Abreise in Santa Monica nicht noch einmal sprechen konnte. Er drängt auf einen Vertragsabschluß über das *Sezuan*-Stück, der ihm Freiheiten zur Herstellung einer amerikanischen Fassung ermöglicht. Dem *Schweyk* gibt er in der vorliegenden Fassung keine Chance auf der amerikanischen Bühne. Seine weitere Mitarbeit an dem Stück macht er von verschiedenen Bedingungen abhängig (Bearbeitung durch einen Autor vom Range Ben Hechts, Besetzung der Wirtin durch Lenya und Veränderung des Stücktypus in ein »musical play«) *(1185/85)*.

B fragt Wysten Hugh Auden, ob er seine in englischer Sprache vorliegende Bearbeitung von *The Duchess of Malfi* für Elisabeth Bergner überarbeiten könnte. »Ich bin sehr vorsichtig mit dem Websterschen Text verfahren, mußte jedoch einige neue Szenen und Verse einfügen.« *(Br, 1124.)*

29. Dezember, Mittwoch. Alfred Döblin hat B versprochen, Wieland Herzfelde für den von ihm geplanten Verlag etwas zur Verfügung zu stellen, und macht ein Angebot. Er möchte freilich nicht als »Gründer« des Verlags fungieren, sondern als »Mitautor oder Mitarbeiter« *(Döblin, 299)*.

Dezember. B hofft, die Frage der Rechte für die Benutzung des *Schwejk*-Romans bald geklärt zu haben. Wegen des *Guten Mensch von Sezuan* würde er auch am liebsten jetzt schon mit Weill ein Abkommen treffen, damit bald die Rohübersetzung gemacht werden kann *(Br, 1125)*.
Den Beobachtungen des FBI zufolge verhandelt B wegen der Hašek-Rechte mit Eduard Beneš (Neffe des gleichnamigen tchechoslowakischen Ex-Präsidenten), den er bereits als Konsul seines Landes in Los Angeles kennengelernt hat. Außerdem habe er sich mit einem Tschechen namens Gustav Machaty über die Lebensbedingungen in dessen Land unterhalten.

1944

7. Januar, Freitag. Aufgrund der beschlossenen Selbstauflösung der amerikanischen kommunistischen Partei notiert B, sie habe »der heroischen Roten Armee ein kleines Kompliment in Form eines Harakiris« gezollt *(27,182)*.
17. Januar, Montag. Ein FBI-Informant registriert den Besuch des »vermeintlichen Comintern-Agenten« Gerhart Eisler bei B in der New Yorker Wohnung von Ruth Berlau und Ida Bachmann.
24. Januar, Montag. B hatte die österreichische Schauspielerin Luise Rainer in Kalifornien kennengelernt und war durch sie angeregt worden, ein *Kreidekreis*-Stück mit einer Rolle für sie zu schreiben. Rainer gelingt es, dafür Produzenten zu interessieren (→ 4./5. 2.). Sie fragt (gerade unterwegs auf Mittelmeertournee zur amerikanischen Truppenbetreuung) B, wie die Arbeit an dem Stück vorangeht. Sie wolle nach ihrer Rückkehr gleich damit anfangen.
30. Januar, Sonntag. Kurt Weill, der bis Mitte Februar in Hollywood ist, schreibt B nach New York, er habe sich wegen der musikalischen Fassung des *Guten Menschen von Sezuan* an die Agentur Maurice J. Speiser gewandt. Einen Versuch, *Mahagonny* als Film zu verkaufen, hält er von vornherein für aussichtslos.
Januar. B arbeitet im November 1943 mit Hoffman R. Hays und Elisabeth Bergner, ab Dezember, nach Ausscheiden von Hays mit Wysten Hugh Auden (5. 12. 43) an *The Duchess of Malfi*. »Nicht vollständig abgeschlossen, da Bergner wenig Zeit hat.« *(27,182.)* Gleichzeitig überprüft er die von Eric Bentley mit Elisabeth Hauptmann hergestellte englische Übersetzung von *Furcht und Elend des III. Reiches* (*Private Life of the Master Race*).

Januar - Februar 1943
Erneute Überarbeitung von *The Duchess of Malfi*

Bei seinem Aufenthalt in New York trifft B mehrfach mit dem (1938 in die USA emigrierten) Bühnenbildner und Maler Wolfgang Roth zusammen (der die Projektionen der Uraufführung von *Die Mutter* gemalt hat; → 17. 1. 32). Roth

Brecht in New York

erinnert sich später: »Brecht und ich saßen in der 57. Straße von New York und diskutierten für *The Duchess of Malfi*.« Sie hätten auch englische Krimis ausgetauscht und seien zu Boxkämpfen sowie ins Kino gegangen; »er liebte Wildwest- und Gangsterfilme und Chaplinkomödien« *(Brecht-Jahrbuch 1972, 131-135)*.
Mit Kurt Weill schließt B eine Vereinbarung über *Der gute Mensch von Sezuan* »als halbe Oper« ab *(27,183)*.
Mitte Januar. B sieht eine Aufführung von Thornton Wilders *Our Town* (*Unsere kleine Stadt*) in der Inszenierung von Jed Harris (Premiere: 10. 1.), die er als »fortschrittlich« beurteilt. Mit Harris verhandelt er über eine Produktion von *Leben des Galilei (27,183)*.
31. Januar, Montag. Einem FBI-Informanten zufolge beantragt B beim Bevollmächtigten in Los Angeles eine Verlängerung seines Aufenthalts in New York um zwei Monate.
Anfang Februar. B schickt Ferdinand Reyher den *Schweyk*. »Davon existiert eine Rohübersetzung, die freilich nichts von dem Charme hat, den, wie ich hoffe, das Original aufweist.« Er fragt Reyher, ob er an einer Überarbeitung der Übersetzung interessiert ist. Die Hauptsache wäre, den richtigen »Ton zu finden«. Eine gute Übersetzung des Stücks könnte Kurt Weills Zweifel zerstreuen, die dieser hinsichtlich der Chancen einer Theaterproduktion hat. B erkundigt sich nach Reyhers Gesundheit. »Man sollte ein Bein nur einmal brechen; auch hier ist Maß nötig.« In Deutschland »wird es viele Unebenheiten der Straßen geben und eine Zeitlang wird man gut laufen können müssen« *(Br, 1128)*.

4./5. Februar 1944
Vertrag über das Stück
Der kaukasische Kreidekreis

4./5. Februar, Freitag / Sonnabend. B unterzeichnet (auf Vermittlung der Schauspielerin Luise Rainer; →24. 1.) einen Vertrag mit den Produzenten Jules J. Leventhal und Robert Reud über das neues Stück *Der kaukasische Kreidekreis (27,183)*.
8. Februar, Dienstag. B teilt dem Verleger von New Directions, James Laughlin, mit, Eric Bentley habe ihn von der Absicht unterrichtet, in dem Verlag den *Kinderkreuzzug 1939* zu veröffentlichen. So sehr er sich darüber freut, gefalle ihm aber die Übersetzung Alfred Kreymborgs nicht, und er wolle sich um eine neue bemühen *(Br, 1129)*.
15. Februar, Dienstag. Ein Brief Karl Korschs an B wird vom FBI abgefangen, registriert und für die Akten in großen Auszügen ins Englische übersetzt.
19. Februar, Sonnabend. B schließt mit Elinor Rice einen Übersetzervertrag für die *Dreigroschenoper*.

24. Februar 1944
Lion Feuchtwanger schließt Vertrag
mit MGM über *Simone*

24. Februar, Donnerstag. Lion Feuchtwanger unterzeichnet einen Vertrag mit der Filmgesellschaft Metro Goldwyn Mayer über die Filmrechte an seinem *Simone*-Roman. Dies teilt er B (am 25. 2.) mit: Danach dürfe das Stück in den nächsten dreieinhalb Jahren nur mit Zustimmung Goldwyns gespielt werden. B stehen aus dem Vertrag »etwas über 22.000 $« jederzeit zur Verfügung, von denen Feuchtwanger bereits Helene Weigel, »die Geld dringend benötigte«, 2000 gegeben habe *(Feuchtwanger, 46)*. Auf die Nachricht vom unerwarteten Geldfluß schreibt B ins *Journal*: »Kaufe neue Hose.« *(27,183.)*

Anfang März. In New York beginnt B die Arbeit an *Der kaukasische Kreidekreis* (→ 4./5. 2.). Er greift auf den Stückplan *Der Odenseer Kreidekreis* und auf die Erzählung *Der Augsburger Kreidekreis* (→ Mitte Januar 40) zurück.

Anfang März - 5. Juni 1944
Arbeit an
Der kaukasische Kreidekreis
(1. Fassung)

Politisches Engagement für Einigung der deutschen demokratischen Kräfte im US-Exil

13. März, Montag. B schreibt im Auftrag des Ausschusses zur Gründung des Komitees für deutsche Demokratie (→ Anfang Dezember 43) an Heinrich Mann und bittet ihn, »dem geschäftsführenden Ausschuß beizutreten« (Council for a Democratic Germany). Nach Bs Meinung handelt es sich um einen ernsthaften Versuch, »die deutschen demokratischen Kräfte im Exil zu einigen« *(Br, 1130)*. Als Sekretärin des Council wird Elisabeth Hauptmann gewonnen. Für die Arbeit werden sechs Unterkomitees gebildet: eines für die Erarbeitung der Richtlinien, zwei für die europäischen und amerikanischen Kontakte sowie ein Studienkomitee und ein Fürsorgekomitee. B ist vor allem in den beiden letzten Arbeitsgruppen aktiv. Er beschafft Dokumente (z. B. über die Vansittart-These) und ist an der Ausarbeitung von Informationsschriften beteiligt. Ziel ist, nach den *Vorläufigen Richtlinien der Studienkommission* (vom 21. 2.), eine »Library of Information der deutschen demokratischen Opposition gegen den Nationalsozialismus«.

22. März, Mittwoch. B fährt nach Santa Monica zurück.

27. März, Montag. Nach viermonatiger Abwesenheit kommt B wieder in Santa Monica an.

27. März 1944
Zurück in Santa Monica

28. März, Dienstag. B bedauert Karl Korsch gegenüber, daß er ihn in New York nicht angetroffen hat, und fragt ihn (der auf der Suche nach einer Anstellung ist), ob er und wann er in Kalifornien vorsprechen könnte. Über seine persönlichen Verhältnisse schreibt er: Stefan studiert an der UCLA Chemie, Barbara geht zur High School und hat »drei Gedichte geschrieben, humoristische, was den Schock milderte«. Er selbst habe »ein gutes halbes Jahr Geldschwierigkeiten« gehabt, jetzt aber »in der Hollywoodlotterie etwas gezogen, was für etwa zwei Jahre reichen sollte« (→ 24. 2.). Außerdem berichtet er über seine Arbeit an *The Duchess of Malfi*, am *Kaukasischen Kreidekreis* und am *Schweyk*. Er informiert Korsch über den Council und seine personelle Zusammensetzung. Hervorgerufen sei es »durch leisen Alarm über gewisse imperialistische Tendenzen, ohne Zusammenhang mit den Komitees in Mexiko, London, Moskau«. Zielrichtungen sind: »Gegen Ost- oder Westorientierung eines demokratischen Deutschland, gegen Aufteilung, Deindustrialisierung, gegen Intervention bei eventueller Selbstbefreiung Deutschlands von Hitler und den Klassen hinter ihm, gegen Pangermanismus. Was herauskommen kann, einiges gegen die Ludwigs, Vansittarts, Ehrenburgs.« Zu Korschs Arbeit schreibt B: »Ich kann Ihnen nur versichern, daß mir wirklich jedes Wort fehlt, das Sie nicht aufschreiben.« *(Br, 1132.)*

29. März, Mittwoch. B teilt Ruth Berlau mit, daß ihn Hans Winge und der »Chinese« von der Station abgeholt haben. »An den *Kreidekreis* muß ich mich wieder gewöhnen, das dritte Exemplar wird hergestellt.« Er bittet sie herauszufinden, wo der amerikanische Übersetzer des *Schwejk*-Romans wohnt und ob »der Villon-Übersetzer noch lebt und wo« *(Br, 1133).*

Ende März. B lernt bei Salka Viertel den englischen Schauspieler Charles Laughton kennen.

2. April, Sonntag. B hat die neue Übersetzung des *Schweyk* Laughton zu lesen gegeben; »er hat sie nachts gleich ganz gelesen und ist, jedenfalls fürs erste, anscheinend wirklich begeistert«. Hans Winge ist bei B *(Br, 1135).* Er schreibt (später) über Bs Vorliebe für Kriminalliteratur: »Er konnte ohne seinen täglichen Krimi ebensowenig leben wie ohne seine Zigarre. Neben seinem sargähnlichen Bett lag am Kopfende immer ein Stapel von Krimiheften. Rechts waren die neuen, die er noch nicht gelesen hatte, hinten die ausgelesenen. Vor dem Schlafengehen las er einen ganzen Band, gab die Brille weg, drehte dann das Licht ab, legte die Hände an die Naht der (ausgezogenen) Hosen und schlief kerzengerade daliegend, ein, auch im Schlaf noch ein Deutscher.« *(Die Presse, Wien, 8. 3. 68.)*

5. April, Mittwoch. B schickt Ruth Berlau Texte aus dem 2. Akt der Überarbeitung vom *Kaukasischen Kreidekreis.* »Schreib mir immer darüber!« F. C. Weiskopfs »Berichte, Anekdoten, Legenden« unter dem Titel *Die Unbesiegbaren* findet B »*sehr* gut, ungemein geeignet als eines der ersten Bändchen« des neuen Aurora-Verlages (→ 22. 6. 43), den Herzfelde inzwischen gegründet hat *(Br, 1136).*

6. April 1944
Überprüfung der »Moral«
in *Leben des Galilei*

6. April, Donnerstag. Wegen des Interesses von Jed Harris an *Leben des Galilei* (→ Mitte Januar) überprüft B noch einmal »die Moral«, die ihn »immer leise beunruhigt hat«. Mit »Unwillen« hört B, er habe es »für richtig gehalten, daß Galilei öffentlich widerrufen hat, um insgeheim seine Arbeit fortsetzen zu können«. Das sei aber »zu flach und zu billig«. Sein Held habe »schließlich nicht nur sich als Person, sondern auch den wertvollsten Teil seiner wissenschaftlichen Arbeit« zerstört *(27,183).*

10. April, Montag. B arbeitet hauptsächlich an *Der kaukasische Kreidekreis (27,184).*

11. April, Dienstag. B schreibt an Ruth Berlau: »Im *Kreidekreis* blieb ich für ein paar Tage stecken, morgen kann ich Dir wieder etwas schicken.« *(Br, 1137.)*

14. April, Freitag. B will Bemerkungen Berlaus »zu der Karawansereiszene« (im *Kreidekreis*) berücksichtigen. Außerdem trägt er ihr auf, den *Galilei* in Washington »copyrighten« und Ernest Pascal ein englisches Exemplar der *Dreigroschenoper* zukommen zu lassen. Brecht schickt ihr »für die Mitarbeit, die Du in New York leistest«, für Januar bis März 600 $ und kündigt die gleiche Summe nochmals für April bis Juni an *(Br, 1138).*

Arbeitszimmer Brechts in Santa Monica

18. April, Dienstag. B sendet Ruth Berlau eine Ergänzungsseite für die Szene, »in der *Katja* den Panzerreiter niederschlägt«. Charles Laughton habe gestern Hanns Eisler, Hans Winge und ihm zwei Akte der *Schweyk*-Übersetzung vorgelesen. »Tatsächlich lachten wir schrecklich, er hatte *sämtliche* Jokes verstanden!« *(Br, 1140.)* Informanten des FBI registrieren den Besuch des Verlegers Felix Guggenheim aus Los Angeles sowie von Charles Laughton bei B. Der Geheimdienst registriert die im April und Mai bei B eingehende Post.

20. April, Donnerstag. »Da ist weiteres vom dritten Akt. Die Vortragsart des Sängers ist ein wenig anders in diesem Akt (man braucht Variation). [...] Ich habe arabische und chinesische Platten gehört mit epischen Vorträgen, und so verschieden diese Musiken sind – alle passen sie zu den *Sänger*-Texten.« Berlau solle die letzte Szene, die er ihr schickte, »durchstudieren und vielleicht selber, mit oder ohne Benützung des Vorhandenen, mir einen Entwurf dafür machen« *(Br, 1142).*

27. April, Donnerstag. Dem FBI zufolge wird B (15-17 Uhr) vom sowjetischen Konsul in San Francisco, Gregori Kheifetz, besucht.

Ruth Berlaus Wunsch, das Fotografieren zu erlernen, hält B für »eine gute Idee«. Er rät ihr, einen Vergrößerungsapparat anzuschaffen. Vom *Kaukasischen Kreidekreis* schickt er ihr den »Rest« *(Br, 1144).*

29. April, Sonnabend. B trifft mehrfach mit dem Schauspieler Charles Laughton zusammen, »der einen Narren am *Schweyk* gefressen hat«. Er erzählt »mit Bitterkeit von der Verachtung, mit der England die Schauspieler behandelt«. In Kalifornien gelte dieser Beruf mehr, und er könne gut davon leben. Bei B liest er Shakespeares *Maß für Maß* und bei sich *Der Sturm* vor *(27,184).*

Leopold Lindtberg berichtet nach einem Besuch bei B im Mai 1946: »Mit beinahe scheuer Bewunderung sprach er davon, daß Laughton ihm und seinen nahen Freunden aus der Bibel und Shakespeare vorgelesen hatte und daß kein Schauspieler ihn auf der Bühne so beeindruckt habe wie dieser bei der Vorlesung.« *(Lindtberg, 124.)*

30. April, Sonntag. Karin Michaelis (→20. 10. 43) »ist angenehm und so leicht zu haben, aber sie arbeitet zu viel«. Obwohl ihr B anbietet, sie könne »jahrelang hier wohnen«, schreibt sie unentwegt »diese Filme mit sechs Durchschlägen«. Sie hat B in der vorangehenden Woche zu einer Auktion nach Hollywood mitgenommen. Dort ersteht sie für 50 $ »ungeöffnete Pappschachteln, Kisten, Köfferchen« in der Hoffnung, darin – wie das vorgekommen war – Goldklumpen zu finden. Als Karin Michaelis und Brecht-Tochter Barbara bereits »Millionärsträume niedrigster Art träumten«, kamen die erworbenen Teile zutage, »altes Haushaltsgerät, ein Grammophon ohne Schalldose, Männerunterwäsche, eine kaputte Uhr, zahnlose Haarkämme, Kinderschuhe, zehnmal geflickt, Fußabstreifer, Kalender, ein Irrigationsapparat ohne Schlauch« *(Br, 1145).*

April 1944
Aktivitäten für den Council for a Democratic Germany

April. B hat die Werbung von Mitarbeitern für den Council for a Democratic Germany übernommen und berichtet dem Theologen Paul Tillich, er habe »die Herrn, an die ich mich wenden sollte, samt und sonders sehr interessiert gefunden«. Wegen der Entfernungen und der »Beschäftigtheit« gehe »alles ein wenig langsam«. »Zugesagt haben bisher: Heinrich Mann, Fritz Kortner, Lion Feuchtwanger, Elisabeth Bergner, Paul Czinner, Professor Leopold Jessner, Berthold Viertel.« Alfred Döblin, Max Horkheimer, Fritz Lang und Hans Reichenbach wünschten noch »Unterhaltungen«. Reichenbach wolle auf einer Reise auch »mit Einstein und anderen« sprechen, »die, wie er denkt, mitmachen werden«. B bittet Tillich um Geduld. Das Interesse kann nicht größer sein, »jedoch stellt eben jede dieser Persönlichkeiten ein kleines Komitee für sich selbst dar, das sich erst klären und sammeln muß, was, wie wir ja wissen, Zeit braucht, aber doch dann gelingt«. B hält es für wichtig, »jetzt eine regelmäßige kleine Kommunikationsschrift« herauszubringen, »welche die Mitglieder über die Bestrebungen des Komitees auf dem laufenden erhält«. B denkt »mit wirklichem Vergnügen an die Diskussionen in N.Y. zurück und habe ein sehr gutes Gefühl ›nach Hause‹ gebracht« *(Br, 1146).*

Ab April liegen beim FBI Listen vor über Briefe, die B erhalten hat (darunter mehrere nicht überlieferte); gleichermaßen registriert der Geheimdienst weiterhin die vor Bs Haus parkenden Pkw (und gibt die auf die Kennzeichen eingetragenen Eigentümer an, in der Regel die Frauen der Besucher).

3. Mai, Mittwoch. Das Council for a Democratic Germany (→Anfang Dezember) gibt in einer Erklärung seine Grün-

dung bekannt. Im Council seien »Persönlichkeiten vertreten, die in Deutschland den verschiedensten politischen Richtungen angehört haben und die sich zur Verhinderung des Nazismus leider nie zu einigen vermochten: Katholiken, Demokraten, Sozialisten verschiedener Gruppen, unabhängige Schriftsteller, Künstler, Professoren«. Obgleich die Unterzeichner der Erklärung keinen Auftrag vom deutschen Volk erhalten haben, verkörpern sie ihrer Zusammensetzung nach »Kräfte und Tendenzen [...], die für den Aufbau eines neuen Deutschland im Rahmen Europas und der Welt unentbehrlich sein werden« *(The German America, 15. 5.)*. Bei der Zusammensetzung wird Wert auf eine umfassende und ausbalancierte Front verschiedener antifaschistischer politischer Kräfte Wert gelegt. Dem Council gehören u. a. an: Paul Tillich, Friedrich Bärwald, Theodor Lips, Hermann Budzislawski, Albert Grzesinski, Paul Hertz, Felix Boenheim, Kurt Glaser, Maria Juchacz, Horst Baerensprung, Jakob Walcher, Albert Schreiner.
Vom FBI werden alle Aktivitäten des Councils überwacht. Ein Informant zitiert Tillich mit den Worten : »Wir haben zweieinhalb kommunistische Repräsentanten im Council. Der halbe ist Brecht.« *(Z 12/66.)*
4. Mai, Donnerstag. Das FBI registriert den Besuch von Lotte Spitz (»mit einem dreijährigen Jungen«) bei B und am 6. Mai einen Besuch Kortners.
8. Mai, Montag. B hat die Gestaltung des Azdak im *Kaukasischen Kreidekreis* zwei Wochen aufgehalten, bis er nun auf »den sozialen Grund seines Verhaltens« gekommen sei. Er habe seinem Richter die »selbstsüchtigen, amoralischen, parasitären Züge« verliehen, so daß er der »niedrigste, verkommenste aller Richter« werden konnte. Was ihm aber gefehlt hat, sei »noch eine elementare causa gesellschaftlicher Art«. »Ich fand sie in seiner Enttäuschung darüber, daß mit dem Sturz der alten Herrn nicht eine neue Zeit kommt, sondern eine Zeit neuer Herrn.« *(27,184-186.)*
9. Mai, Dienstag. B ist unzufrieden mit dem 4. Akt des *Kaukasischen Kreidekreises*.
Er findet »großartig«, daß Ruth Berlau fotografieren lernen will (→ 27. 4.), »das können wir so gut brauchen, besonders für Theater«. B bittet um Aufnahmen von ihr, »eine mit einer Pfeife (es muß noch eine herumliegen, nicht?), eine mit den Ohrringen und eine mit dem schwarzen Hütchen« *(Br, 1149)*.
10. Mai, Mittwoch. Angaben eines FBI-Informanten zufolge parkt vor Bs Haus das Auto von Erich F. Steuwe, von dem bekannt ist, daß er in Kontakt zu Vizekonsul Kheifetz steht.
12. Mai, Freitag. Das FBI registriert einen bei B ankommenden (im Nachlaß nicht erhaltenen) Brief von Anna Seghers,

die als dem Komitee Freies Deutschland in Mexiko nahestehend charakterisiert wird.

16. **Mai,** Dienstag. Thomas Mann notiert in seinem Tagebuch, daß er abends in einer Gesellschaft auch B mit Helene Weigel und Feuchtwangers getroffen habe. Nach Lion Feuchtwangers Ansicht werden im Herbst die deutschen Truppen bis an die Grenzen des Landes zurückgeschlagen sein und »die Vereinigung der russischen und angelsächsischen Heere im Inneren des Reiches geschehen« *(Tagebücher 1944-1946,56)*.

Mit Florence Homolka, 1942

17. **Mai,** Mittwoch. B hat Christopher Isherwood um eine Übersetzung des *Kaukasischen Kreidekreises* gebeten. »Er schlug ab, da er zuviel Arbeit habe, Übersetzungen aus dem Indischen, eines Buches seines Swami, Filmstorys usw., Arbeit mit Huxley.« Am Ende habe er B Geld angeboten, falls er bis zur Produktion des Stückes etwas benötigt. »Mein Vergehen bestand darin, daß ich einen Freund von ihm bestochen hatte, ihn noch einmal zu bearbeiten.« *(27,186.)*

18. **Mai,** Donnerstag. B fragt Ruth Berlau, ob man für winzig kleine Fotos spezielle Apparate braucht. »Da könnte man Manuskripte vervielfältigen und das wäre nicht teuer, nicht?« Von sich selbst habe er »kein gutes Bild im Stehen« und will Florence Homolka bitten, ihn zu fotografieren *(Br, 1150)*.

Bei einem an diesem Tag abgestempelten Brief von Donald Ogden Stewart von der MGM (den er 1942 kennengelernt hat) an B weist das FBI auf den Kontakt Stewarts zu dem Initiator der sowjetisch-amerikanischen Freundschaftsgesellschaft hin.

20. **Mai,** Sonnabend. B, der seit dem 19. 1. auf der nationalen Überwachungsliste steht, wird für 90 Tage auch auf die lokale Liste des FBI gesetzt.

22. **Mai,** Montag. B läßt in seinem *Journal* »die Prozession der Figuren« vorüberziehen: »Baal, Garga, Shlink, Maë Garga, Eduard, Gaveston, Königin Anna, Galy Gay, Begbick, Joan Dark, Mauler, Wlassowa, Callas, Iberin, Judith Callas, Galilei, Shen Te, Sun, Der Wasserverkäufer, Mutter Courage, Die stumme Kattrin, Puntila, Matti, Ui, Malfi, Der Herzog, Simone, Grusche, der Azdak.« *(27,186.)*

23. **Mai,** Dienstag. Ruth Berlau ist von B schwanger. Er fragt, ob sie sich hat »untersuchen lassen wegen Maria«; sie müsse jetzt »doppelt vorsichtig sein«. Vom *Kaukasischen Kreidekreis* schickt er ihr den »Hauptteil des 4. Akts« *(Br, 1151)*.

24. **Mai,** Mittwoch. Auch Alfred Döblin ist von B aufgefordert worden, die Erklärung (→ 1. 8. 43) zu unterzeichnen. Er ist dem Wunsch aber nicht nachgekommen, weil auch Thomas Mann und andere abgelehnt hätten. Döblin hält es

»nach sorgfältiger Überlegung« u. a. für unsinnig, »eine Sache mitzumachen, die die U.S. nicht von vornherein unterstützen« *(Döblin, 302)*.

25. Mai, Donnerstag. Vertragsabschluß zwischen New Directions, B, Eric Bentley und James Laughlin über die amerikanischen Buchrechte der Bentleyschen Übersetzung von *Furcht und Elend des III. Reiches*.

28. Mai, Sonntag. Mordecai Gorelik hat den Drehbuchautor und Produzenten George Auerbach mit zu B gebracht und diskutiert, im Beisein von Hans Winge, über den *Kaukasischen Kreidekreis*. Beide verstehen weder Sinn noch Bau des Stückes. B könne »keine Emotionen erzeugen« und mache daraus »dann eine Theorie«. B kommt es (angesichts dieser Zuhörer) vor, »als schreibe man ein Stück für die Tungusensteppe« *(27,186f.)*.

5. Juni, Montag. B schließt das Stück *Der kaukasische Kreidekreis* (1. Fassung) ab und schickt es an Luise Rainer *(27,191)*.

5. Juni 1944
Fertigstellung des Stückes
Der kaukasische Kreidekreis
(1. Fassung)

6. Juni, Dienstag. Dem FBI zufolge sprechen B und Hanns Eisler mit dem tschechischen Konsul in Los Angeles Eduard Beneš (→Dezember 43) über die Möglichkeit, zur Reiseerleichterung tschechoslowakische Pässe zu erhalten. Beide erwögen eine frühe Rückkehr nach Europa. Diese Absicht sei auch nochmals durch eine Bemerkung Bs am 23. 8. bestätigt worden: er wolle »sobald als möglich« die USA verlassen *(Z 12/70)*.

B hat sich abends mit Oskar Homolka und Karin Michaelis den (von Louis de Rochemont im Auftrag der Marine produzierten) Dokumentarfilm *Memphis Belle, the Fighting Lady* angesehen und erfährt beim Schachspiel von Hanns Eisler, daß englisch-amerikanische Truppen in Frankreich gelandet sind *(27,187)*.

»Das Radio spie Nachrichten; ein Augenzeuge sprach schon von der Normandie aus.« *(27,187.)*

6. Juni 1944
Beginn der Operation »Overlord«: Alliierte Truppen landen in der Normandie
(Bildung einer zweiten Front)

B hat der 5. Akt des *Kaukasischen Kreidekreises*, den er termingerecht für Luise Rainer fertigstellen mußte, sehr angestrengt. »Die Rainer sah ich nur einmal, sie redet immer noch von der Enttäuschung, daß das Stück nicht schon vor Monaten fertig war, und ist mir schon reichlich widerlich, ich habe nichts dagegen, wenn sie das Stück ablehnt.« Als Verfasserin einer Rohübersetzung vom *Kaukasischen Kreidekreis* schlägt B Elinor Rice vor. Da Isherwood abgelehnt hat, die »Adaption« zu machen, schlägt B jetzt Wystan Hugh Auden vor *(Br, 1152)*. Die Übersetzung von James und Tania Stern (Prosa; →13. 12.) und Auden (Verse) erscheint erstmals in einer Teilpublikation (5. Akt) in: *The Kenyon Review*, 2 (Spring), Ohio 1946 (der englische Erstdruck des Stückes postum 1960 in London).

Breughels *Tolle Grete*

Neue Serie Fotoepigramme für die *Kriegsfibel*

Brecht hat zu Fotos aus Magazinen und Wochenschauen Epigramme geschrieben. Die aus der Antike stammende Form des Epigramms dient hier zur Beschriftung zeitgeschichtlicher Dokumente. Das umfangreiche Werk scheint uns ein Gegenstück zu Goyas *Schrecken des Krieges. (Austro American Tribune, Februar, S. 7.)*

12. Juni, Montag. Bs Versuche, Mordecai Goreliks (veränderte) Ansichten über Dramen zu korrigieren, scheitern. »Er kann von dem Interesse am ›to sell the story‹ nicht weggebracht werden. Und am Verkauf von shocks und Emotionen.« *(27,191.)* B schreibt ihm dazu elf Thesen in *Kleines Privatissimum für meinen Freund Max Gorelik (23,37-39).*
15. Juni, Donnerstag. B ist »plötzlich« unzufrieden mit der Figur der Grusche im *Kaukasischen Kreidekreis.* »Sie sollte einfältig sein, aussehen wie die *Tolle Grete* beim Breughel [→ 29. 2. 37], ein Tragtier. Sie sollte störrisch sein statt aufsässig, willig statt gut, ausdauernd statt unbestechlich usw. usw.« *(27,191f.)*
16. Juni, Freitag. Dem FBI zufolge stattet der sowjetische Vizekonsul Gregori Kheifetz B (»from 2 to 3:50 p.m.«) einen Besuch ab *(Z 12/70).*
20. Juni, Dienstag. B arbeitet (seit Anfang des Jahres) an »neuer Serie der Fotoepigramme« (→ 10. 10. 40), die nun »über 60 Vierzeiler« umfaßt *(Kriegsfibel; 12,127-283).* Von den bisher Geschriebenen, »aus der ersten Zeit des Kriegs stammend«, habe er aus politischen Gründen »überhaupt nichts« eliminieren müssen, was für ihn »ein guter Beweis für den Wert der Betrachtungsweise« ist. Die Epigramme stellen für B »zusammen mit *Furcht und Elend des Dritten Reiches*, den Gedichtbänden und vielleicht *Fünf Schwierigkeiten beim Schreiben der Wahrheit* [...] einen befriedigenden literarischen Report über die Exilszeit« dar *(27,196).* Drei der neuen Epigramme sind in der New Yorker Zeitschrift *Austro American Tribune* (Februar, März, Juni) veröffentlicht: Nr. 60 und 61 *(12,248-251)* sowie *Als sie mich blutig (12,273).*
25. Juni, Sonntag. Max Horkheimer berichtet B über Franz Werfel (den »heiligen Frunz von Hollywood«), dieser habe für seine Komödie *Jacobowsky und der Oberst* die Erzählungen eines armen Emigranten verwertet und ihn dafür nicht bezahlt: es solle genügen, daß er ihm »ein unsterbliches Denkmal gesetzt« hat *(27,196).*
3. Juli, Montag. B überarbeitet den *Kaukasischen Kreidekreis* und beschäftigt sich mit der Figur des Sängers, der »das Ganze zum Vortrag bringt«. Er müsse außerdem als Regisseur der Truppe agieren. »Das ist nötig, damit ein berauschender Illusionismus vermieden wird.« *(27,197.)*
7. Juli, Freitag. Zu dessen 60. Geburtstag schenkt B Lion Feuchtwanger nochmals das Gedicht *Und in eurem Lande?* (→ 7. 7. 35), in einer handgeschriebenen Reinschrift mit der Widmung: »Für Lion Feuchtwanger zum 7. Juli 44« *(Z 17/18).*
21. Juli, Freitag. Am 20. 7. verübt Oberst Graf von Stauffenberg bei der Lagebesprechung im Führerhauptquartier

»Wolfsschanze« einen Bombenanschlag auf Hitler, bei dem dieser nur leicht verletzt wird. Der geplante Putschversuch (Kennwort »Walküre«) bricht dadurch zusammen; zahlreiche Beteiligte werden noch am selben Abend und in den folgenden Wochen hingerichtet. B vermutet, daß das Attentat ausschließlich von »Junkergenerälen« versucht worden ist; er habe deshalb »für den Augenblick Hitler den Daumen« gehalten; »denn wer, wenn nicht er, wird uns schon diese Verbrecherbande austilgen?« *(27,197.)* (B hat keine Kenntnis davon, daß neben einer größeren Gruppe antifaschistischer Offiziere auch zivile Hitlergegner an dem Anschlag beteiligt sind.)

20. Juli 1944
Attentatsversuch auf Hitler (»Walküre«)

26. Juli, Mittwoch. Ruth Berlau (→ 23. 5.) ist im Juni aus New York nach Kalifornien gekommen und wohnt zunächst im Haus von Peter Lorre in Pacific Palisades. Sie zieht in das Chalet Motor Hotel in Santa Monica um. Ein FBI-Informant beobachtet, daß ein »kleiner Mann mit schwarzem Haar«, der ein »hartes Englisch« gesprochen und ein »Wrack von Auto« gefahren hat, ihre Sachen hinterhergetragen habe. Dem auf B angesetzten FBI-Sachverständigen reicht diese Beschreibung aus, um den beobachteten Mann »zweifelsfrei« als B zu identifizieren *(Z 12/170)*.

30. Juli, Sonntag. Charles Laughton rezitiert aus Shakespeares *Lear* vor B, Feuchtwanger, Tsiang, Winge, Dessau, Gorelik und Sohn Stefan *(27,197)*.

»*Dessau* macht gute Fortschritte mit dem *Deutschen Miserere*.« B hat ihm vorgeschlagen, »den ›einheitlichen Klangkörper‹ zu liquidieren und für die einzelnen Stücke eigene Instrumentgruppen zu bilden, auch die Chöre zu individualisieren« *(27,198)*.

31. Juli, Montag. Lion Feuchtwanger ist Bs Grusche (in der 1. Fassung: Katja) im *Kaukasischen Kreidekreis* »zu heilig«. B lobt die Kritik seines Freundes: »Feuchtwanger ist erfrischend klug und erträgt meine Beschimpfungen – wenn er einen Plot vorschlägt – mit philosophischer Geduld und Freundlichkeit.« B bearbeitet das Stück erneut *(27,198)*.

Erneute Überarbeitung von *Der kaukasische Kreidekreis*

Juli. »An einem dieser Tage ist Otto Klemperer hier (und Kortners).« B rät dem Dirigenten, in Berlin »eine *Oper der Gewerkschaften* aufzubauen«. Klemperer erschrickt, als B »eine Karenzzeit für Richard Wagner« vorschlägt *(27,198)*.

8. August, Dienstag. Die Umarbeitung der Grusche im *Kaukasischen Kreidekreis*, bei der er das Bild der *Tollen Grete* von Pieter Breughel vor sich hat (→ 15.6.), kosten ihn drei Wochen, »eine Fleißarbeit, denn für hier (und jetzt) ist die nettere Katja der ersten Fassung ja viel wirkungsvoller.« *(27,198.)*

9. August, Mittwoch. »Dieses Land stellt für seine Schauspieler keinen Ruhm zur Verfügung, nur credit und success.« Die riesigen »Gemeinden für Stars, fanmail und Autogrammhandel« seien ein »Typenkult« und hätten »mit Kunst kaum etwas zu tun« *(27,199)*.

10. **August,** Donnerstag. Fritz Kortner und Oskar Homolka »nähren einen Mythos vom deutschen Theater der Weimarer Republik«, das nach Bs Meinung »schlecht war« *(27,199)*.

14. **August,** Montag. B hat, »wie seit Jahren«, vor seinem Schreibmaschinentisch »die Karte Europas, auf der die Eroberungen der Nazis in einem krebsigen Rot prangen«, angebracht. »Jetzt reißt diese Armee wie Zunder.« *(27,200.)*

15. **August,** Dienstag. Auf die immerzu gestellte Frage, warum die Deutschen noch kämpfen, meint B, die Bevölkerung habe »die SS auf dem Genick« und »keine politische Willensrichtung«; vor allem kämpfen sie noch, »weil die herrschende Klasse noch herrscht« *(27,200)*.

16. **August,** Mittwoch. Als am Abend der Pianist Edward Steuermann ein kleines privates Konzert gibt, erinnert sich B daran, daß ihn als Jungen bestimmte Musik aufregte und er Schäden an seinem Herz befürchtete. Jetzt könne er aber Bach »ungestraft hören«, während er Beethoven »immer noch nicht« mag, »dieses Drängen zum Unter- und Überirdischen, mit den oft (für mich) kitschigen Effekten und der ›Gefühlsverwirrung‹« *(27,200)*.

19. **August,** Sonnabend. Ein FBI-Informant registriert, daß Vladimir Pozner eine Einladung für sich und seine Frau zu einem »quiet evening« bei Brechts annimmt *(Z 12/105)*.

20. **August,** Sonntag. B wirft »einen Blick« in André Gides *Der Immoralist*. Die Erzählung ist ihm zu hektisch, »die Alltäglichkeit bekommt die Schwindsucht« *(27,201)*.

24. **August,** Donnerstag. B registriert im *Journal* das Vorrücken der Roten Armee in Rumänien auf Bukarest (Einmarsch am 31. 8.) und der Alliierten in Frankreich auf Paris (Einmarsch am 25. 8.). »Frankreich ist befreit, es betrachtet seinen Befreier.« *(27,201.)*

Brecht und Charles Laughton in dessen Garten in Pacific Palisades

28. **August,** Montag. B (der oft bei Charles Laughton in dessen Villa in Corona del Mar zu Gast ist) hat über den sehenswerten Garten des Schauspielers ein Gedicht begonnen *(Garden in progress; 15,109f.)*. Als wieder ein Stück Erdreich des an der Steilküste gelegenen Gartens abrutscht, kommt Laughton abends »mit seinem Kummer« zu B und liest »aus dem Leben Davids«, außerdem aus verschiedenen Stücken Shakespeares. Auch im Beisein seiner Frau, der Schauspielerin Elsa Lanchester, die ihn abholen kommt, bleibt der sich verändernde Garten erneut das Hauptthema. B zeigt sein Gedicht und meint, Laughtons Garten »wird eine Mythe werden«; man sage, »die Vergänglichkeit ist ein Wesentliches der Schönheit«, sie steigere den Genuß *(27,201f.)*.

31. **August,** Donnerstag. B meint, »in Augenblicken der

Verstörung« fielen »im Gemüt die Bestände auseinander«. »Gesundheit besteht aus Gleichgewicht.« *(27,201.)*

August. Ein FBI-Bericht (vom 31. 3. 45) gibt den Inhalt eines (nicht überlieferten) Briefes (vermutlich vom August 44) von B an Ruth Berlau wieder, in dem er ihr die Abfahrt von Karin Michaelis mit Florence Homolka nach New York mitteilt. B sei für den Herbst an einem Haus am Wasser interessiert, nach dem Ruth Berlau Ausschau halten soll. Sie möge außerdem Hermann Budzislawski mitteilen, daß William Dieterle dem American sponsoring comittee des Council beitreten will. Die weitere Information, daß die »KKK-Kopie« am folgenden Sonnabend abgeschickt wird, kann das FBI nicht entschlüsseln *(Z 12/169)*; gemeint ist: *Kaukasischer Kreidekreis.*

1. September 1944
Fertigstellung
Der kaukasische Kreidekreis
(2. Fassung)

1. September, Freitag. B stellt die Überarbeitung von *Der kaukasische Kreidekreis* mit einer »Neufassung des Vorspiels und des (Adlibitum-) Nachspiels« fertig *(8,186-191).*

3. September 1944
Geburt des Sohnes
von Brecht und Ruth Berlau
Er stirbt wenige Tage später

3. September, Sonntag. Ruth Berlau, im siebenten Monat schwanger, muß sich wegen eines Tumors in Los Angeles (im Krankenhaus Cedars of Libanon) einer Operation unterziehen. Dabei wird ihr und Bs Sohn (Michel) vorzeitig geboren und stirbt wenige Tage danach. Ruth Berlau erinnert sich später: »Ich war tatsächlich schwerkrank und lag mit hohem Fieber. Der Arzt verlangte eine Entscheidung: die Mutter oder das Kind? Ich sagte: ›Rettet das Kind!‹ [...] Brecht kam jeden Tag. Davon hatte ich aber nicht viel, denn ich lag unter einem Atemgerät und war dem Sterben näher als dem Leben.« *(Berlau/Bunge, 200.)* Wegen der hohen Kosten des privaten Krankenhausaufenthalts holt B Ruth Berlau aus der Klinik. Sie ist von ihrem persönlichen Unglück zutiefst betroffen und niedergeschlagen. B schreibt ihr (einige Tage später) zum Trost: »Es sind jetzt mehr als zehn Jahre, daß wir einander nahe sind. Du bist mit mir über die halbe Welt gekommen, hast für mich gearbeitet, wie ich für Dich gearbeitet habe, und hast mir ein Kind geboren. Da es uns gestorben ist, macht keinen Unterschied in dem, was es für uns bedeutet. Ich bin sehr froh, daß ich Dich nicht dabei verloren habe. So hat sich zwischen uns nichts geändert außer zum Guten, und vor uns stehen Jahre, die wir zusammen zu verbringen beabsichtigen.« *(Br, 1157.)*

Ruth Berlau, um 1945

Berlau wird bei Salka Viertel untergebracht. Das FBI hat inzwischen die Beziehung zwischen B und Berlau herausgefunden (»mistress of Bert Brecht«) und überwacht nunmehr auch deren neues Quartier. In einigen Berichten sind die Inhalte von Briefen Bs wiedergegeben, die von FBI-Informanten dort eingesehen wurden.

5. September, Dienstag. B notiert über seinen Tagesablauf: »Aufstehen sieben Uhr. Zeitung, Radio. Kaffee kochen, in der kleinen Kupferkanne. Vormittags Arbeit. Leichter Lunch um zwölf. Ruhe mit Kriminalroman. Nachmittags Arbeit oder Besuche machen. Abendessen sieben Uhr. Danach Gäste. Nachts halbe Seite Shakespeare oder Waleys Sammlung chinesischer Gedichte. Radio. Kriminalroman.« *(27,203.)*

10. **September,** Sonntag. In einem Gespräch mit Charles Laughton kommt B auf seinen »alten Plan, ein Stück *Leben des Konfutse (10,878-894)* zu schreiben«, zurück (→ 25. 12. 40) und erinnert sich auch eines weiteren Projekts: *Leben und Tod der Rosa Luxemburg (10,530f.; 980-983).* Beide Stücke (die Fragmente geblieben sind) sieht er in beziehungsreichem Zusammenhang: »Der Konfutse wäre das Satyrspiel zur Luxemburg mit seiner Entlarvung des Formalismus, der Revolution der Begriffe, der Etablierung des Benehmens aus der Zeit des Urkommunismus.« *(27,203.)*

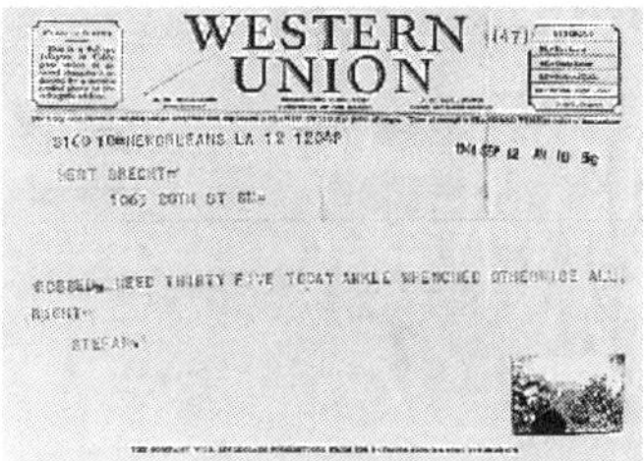

Ins *Journal* eingeklebtes Telegramm Stefans vom 12. 9. Wortlaut: »Bestohlen, brauche fünfunddreißig, heute Knöchel verrenkt, sonst alles in Ordnung = Stefan« *(27,205).*

16. **September,** Sonnabend. Die Niederlage der Nazis in Frankreich habe »nichts Erstaunliches«, und Hitler keinen Grund, »die amerikanisch-englische Armee eher hereinzulassen als die russische« *(27,203).*

17. **September,** Sonntag. B rät seiner Tochter Barbara, die bei ihren Steppübungen schwitzt, »lieber mehr zu können, als sie macht, als mehr zu machen, als sie kann, bis sie soviel macht, als sie kann« *(27,204).*

18. **September,** Montag. Nachdem Bs Sohn Stefan erfahren hat, daß er (am 26. 9.) zur Armee eingezogen wird, beschließt er, »sich das Land anzusehen, bereist San Francisco, Saint Louis, New Orleans« *(27,204).*

20. **September,** Mittwoch. Der Aufsatz Bruno Bettelheims *Behavior in Extreme Situations* (dt. Verhalten in Ausnahmesituationen), in dem er das Verhalten in Konzentrationslagern analysiert, regt B zu Gedanken über den »Persönlichkeitsschwund« an. »Solche Beschreibungen müßten Leute interessieren, die an dem liberalen Persönlichkeitsbegriff festhalten und besonders heftig gegen die Unterdrückung der persönlichen Freiheit in der USSR reagieren.« *(27,205.)*

25. **September,** Montag. B diskutiert mit Helene Weigel, Hanns Eisler und Stefan über einen »brillanten und reaktionären Preston-Sturges-Film« sowie über das Vorspiel zum *Kaukasischen Kreidekreis.* Stefan ist für einen härteren und realeren Konflikt der Dörfer »auf Grund eines echten Nachteils für den Ziegenkolchos« *(27,206).*

26. **September,** Dienstag. B bringt Stefan »an nebligem Morgen« zur Bahnstation, von wo aus er zu seiner Armee-Einheit (→ 18. 9.) fährt *(27,206).*

30. **September,** Sonnabend. Im Gespräch mit einem FBI-Mitarbeiter streitet B (nach dessen Bericht) Kontakte zu den

Bewegungen »Freies Deutschland« in der Sowjetunion und in Mexiko ab und weiß nichts von Aktivitäten für eine solche Bewegung in Los Angeles, auch nichts von Zusammenkünften, in denen über eine deutsche Nachkriegsregierung gesprochen worden ist; das Council for a Democratic Germany sei nicht identisch mit der Bewegung »Freies Deutschland«. Es ginge dort darum, zu bewirken, daß weder Mitglieder der Nazipartei oder deren Sympathisanten noch die Militaristen nach dem Kriege Regierungspositionen erhalten. Auf die Frage, ob B in Deutschland eine Regierungsfunktion übernehmen wurde, antwortet er abweisend: alles, was er wünscht, sei, zu seiner Arbeit nach Deutschland zurückzukehren *(Z 12/103f.)*.

5. Oktober, Donnerstag. B spricht mit Paul Dessau und Hans Winge über den Opernstoff *Die Judenhure Marie Sanders*, vor allem über darin vorgesehene Chöre *(27,206)*. Zu dem Projekt sind nur Notizen überliefert.

14. Oktober, Sonnabend. B nimmt (einem FBI-Bericht zufolge) an einer Abschiedsparty für den Filmregisseur Michail Kalatosow im sowjetischen Konsulat in Los Angeles teil.

16. Oktober, Montag. B diskutiert (nach einem weiteren FBI-Bericht) an diesem und dem folgenden Tag mit Vladimir Pozner und »einer weiteren Person« (Salka Viertel) über ein Filmskript *(Z 12/105)*. Es handelt sich um die Filmerzählung *Silent Witness (20,97-120)*. Salka Viertel berichtet, B habe vor allem ihr helfen wollen und versucht, eine »Story nach rein ›kommerziellen‹ Gesichtspunkten zu schreiben«. Sie kamen auf die Geschichte einer jungen französischen Widerstandskämpferin, deren Kopf ein deutscher SS-Offizier vor seiner Flucht aus Paris kahl scheren läßt, um sie so als Kollaborateurin öffentlich zu denunzieren. Als Berater wird Vladimir Pozner herangezogen. »Unser Team arbeitete jeden Morgen in meinem Haus von zehn bis eins mittags.« *(Salka Viertel, Das unbelehrbare Herz, 414-416.)* Pozner erinnert sich an heftige Diskussionen, die bei der Arbeit an dem Szenarium geführt wurden. »Wir einigten uns immer, und sobald die Leidenschaften abgeklungen und die Ruhe wiederhergestellt war, diktierte ich der Sekretärin die neue Szene, da man behauptete, ich schriebe ein korrektes Englisch.« Die Geschichte sei dann aber nicht genommen worden, weil man sie für »zu realistisch oder zu romantisch, wahrscheinlich beides« gehalten hat *(Pozner, 19f.)*.

Salka Viertel

18. Oktober, Mittwoch. In der historischen Entwicklung sieht B »das große Dialektikum« immer mehr entfaltet: etwa bei der Einnahme der finnischen Nickelgruben durch die Russen und der Verweigerung von iranischem Öl an die Rote Armee *(27,206)*.

19. Oktober, Donnerstag. Hanns Eislers Urteil, wonach

Thomas Manns *Tonio Kröger* schlechter abschneidet als André Gides *Paludes* (*Die Sümpfe*), bringt B zu der Feststellung: »Im Grund haben wir eben keine Literatur.« Die Bourgeoisie habe ihre Revolution literarisch vorbereitet und sie dann verkauft *(27,207)*.

21. Oktober, Sonnabend. Während B Arnold Schönbergs *Thema mit sieben Variationen* im Radio hört, bettelt eine »blutlose jungalte Frau« um Geld für eine Busfahrkarte. »Ich gebe ihr schnell 10 Cent und höre weiter das romantische Werk mit seiner prästabilisierten Harmonie.«

Nach Bs Ansicht »verwertet« Schönberg die klassische Musik, sie habe »etwas Kreisendes, die Bewegung führt nicht fort, die Logik genügt nur sich selbst« *(27,207)*.

22. Oktober, Sonntag. Bei Mordecai Gorelik kommt B mit »einigen jüdischen Linken« ins Gespräch über die jüdische Kultur. B ist gegen eine Einschränkung auf die hebräische oder jiddische Sprache. Er versucht zu erklären, daß »Schönberg, Einstein, Freud, Eisenstein, Meyerhold, Döblin, Eisler, Weigel nicht jüdische, sondern andere Kulturen verkörpern usw. usw.« *(27,208)*.

23. Oktober 1944
Sammlung von Material über Rosa Luxemburg

23. Oktober, Montag. Das FBI registriert im Besitz von Ruth Berlau eine (ins Englische übersetzte, nicht überlieferte) Notiz (einer dritten Person), der zufolge B Material über Rosa Luxemburg sammelt (→ 10. 9.; *Leben und Tod der Rosa Luxemburg*; *10,530f.; 980-983*). Er wolle ihre Geschichte in biblischem Stil erzählen, nur die großen Ereignisse benutzen. Die 1. Szene soll nach der russischen Revolution 1905 ihre Flucht nach Finnland darstellen. In den folgenden Szenen wird die Flucht mit anderen Revolutionären (bereits mit theatralischer Realisierung: auf einem Laufband) beschrieben, ihre Gedanken über die Niederlage, die Verluste und über die Notwendigkeit eines revolutionären Neubeginns umrissen *(Z 12/173)*.

29. Oktober, Sonntag. B hat am Vortag seinen Sohn Stefan vom (260 Meilen entfernten) Militärcamp auf Urlaub abholen wollen und sich die Reiseerlaubnis und für sein Auto neue Reifen beschafft. Als er dann aber keine Telefonverbindung zum Camp bekommt und Bekannte von der Fahrt mit dem schadenanfälligen Auto abraten, fährt er nicht und fragt sich im Nachhinein, »ob es nicht doch nur Bequemlichkeit war, Unterlassung einer *besonderen* Anstrengung«. Er sieht plötzlich »den Urlaub als die verzweifelte Flucht ins Private, Menschliche, was er wohl war« *(27,209)*.

30. Oktober, Montag. B trifft (einem FBI-Bericht zufolge) bei Heinrich Mann den sowjetischen Vizekonsul Michail Wawilow.

Ende Oktober. B ist mit Hanns Eisler und Paul Dessau bei Arnold Schönberg »zu Dinner«. »Der erstaunlich temperamentvolle, gandhigleiche Schönberg in seiner blauen kalifornischen Seidenjacke, ein Gemisch von Genie und Verdrehtheit.« Bei B »klingt eine Saite mit«, als Schönberg für die Musik »kein rein musikalisches Begriffsmaterial« geltend macht. Form sei für ihn »ein Ruhezustand zwischen aufeinander einwirkenden Kräften« *(27,208f.)*.

Oktober. »Bei einer Abschiedsparty für die russische Schauspielerin Kalatosowa, »die in Leningrad die *Jüdische Frau* vor Frontsoldaten gespielt hat«, spricht B mit Clifford Odets u. a. über den Film *Das siebte Kreuz* und stellt fest, daß dieser bestimmte schauspielerische Ausdrücke, »hier sonst unüblich«, gar nicht bemerkt hat. »Für ihn ist das Kino eine Art Elektrisiermaschine, und er registriert Stöße.« *(27,207.)*

Helene Weigel klagt gegenüber Karin Michaelis über ihre Arbeits- und Lebenssituation: »Mein bescheidener Lebenszweck schrumpft mehr und mehr zusammen. Und ich bringe es nicht mehr fertig, mich wichtig zu nehmen.«

6. November, Montag. B hat häufiger »Gespräche über Musik mit Eisler (wegen *Goliath-Oper*) und Dessau, der viel weniger entwickelt und festgefahren ist« *(27,209)*. Die (1937 begonnene) Oper bleibt Fragment *(10,753-789)*.

7. November, Dienstag. Am Abend der (4.) Wiederwahl Theodore Roosevelts zum Präsidenten der USA geht B mit Helene Weigel, Tochter Barbara (»in schwarzem Abendkleid«) und Charles Laughton zu Ernest Pascal und trifft dort Charles Chaplin und Groucho Marx. »Helli, ich und Chaplin die einzigen am Radio.« *(27,209f.)*

15. November, Mittwoch. B nimmt sich die *Flüchtlingsgespräche* (→ 1. 10. 40) wieder vor und liest »einige Kapitel Winge und Dessau vor sowie dem österreichischen Arbeiter Breiner«. Ihre positive Reaktion ermutigt ihn, daran weiterzuarbeiten *(27,210)*.

17. November, Freitag. »Hin und wieder vergesse ich jetzt ein deutsches Wort, ich, der sich nur hin und wieder eines englischen erinnert. Suche ich dann, kommen mir nicht die hochdeutschen, sondern die Dialektwörter in den Sinn, wie Dohdle für godfather.« *(27,210.)*

27. November, Montag. B liest »gegen elf Uhr nachts« bei einem Whisky (»wie nicht oft«) in André Gides *Journal 1940*. Obgleich er Stille und Abgeschlossenheit angenehm empfindet, kann er es sich »nicht versagen, das Radio anzudrehen, der Nachrichten wegen, wiewohl sie nichts Neues enthalten werden«. Die Ruhe kann er nur von seiner »Umgebung (in weitestem Sinn)« nehmen: »Sich abschließen vor der Welt heißt, sich in das reißende Nichts legen.« *(27,210.)*

28. November, Dienstag. B überklebt in einer Ausgabe von Arthur Waleys *Translations from the Chinese* »billige Chi-

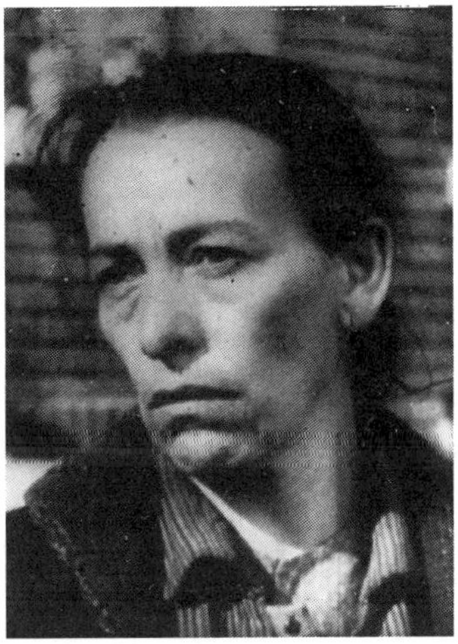
Helene Weigel in einer stummen Rolle im Hollywood-Film *Das siebte Kreuz* (nach dem Roman von Anna Seghers), ihrer einzigen Arbeit als Schauspielerin im amerikanischen Exil

noiserien«, die der Verleger zwischen die Gedichte eingedruckt hat, »mit Papierflecken« und findet dadurch den Wert der Gedichte angehoben: »ich hatte ihn mir dadurch bewiesen, daß ich Arbeit investierte«.
B ärgert sich über den Sinologen Waley, weil er – im Gegensatz zu Po Chü-i – zwischen Didaktik und Amüsement einen Unterschied machen will. »Kein Wunder, wenn Lernen uns, betrieben als schneller Einkauf von Kenntnissen zum Zweck des Wiederverkaufs, Mißvergnügen erregt.« Didaktische Dichtung könne in Wahrheit »unsern Lebensgenuß« erhöhen: »Sie schärft die Sinne und verwandelt selbst die Schmerzen in Genuß.« *(27,210f.)*

29./30. November, Mittwoch/Donnerstag. B hat »nichts Rechtes zu tun und die alten russischen Kopfschmerzen«. Deshalb übersetzt er »ein wenig« aus der chinesischen Gedichtausgabe. Ins *Journal* schreibt er eine Nachdichtung des Gedichts *Resignation* von Po Chü-i und im Anschluß eine Übersetzung »in unregelmäßigen Rhythmen ohne Reim«. Einen Tag später übersetzt er Po Chü-is Gedicht *Der Hut, dem Dichter geschenkt von Li Chien (27,211f.).*

10. Dezember 1944
Beginn der Übersetzung und Erarbeitung der amerikanischen Bühnenfassung von ***Leben des Galilei (Galileo)***

10. Dezember, Sonntag. B beginnt mit Charles Laughton »nun systematisch« mit der Übersetzung und Erarbeitung der amerikanischen Bühnenfassung von *Leben des Galilei (27,212).*

12. Dezember, Dienstag. B spricht mit »Eislers, Kortner, Henreids, Thoerens, Kaus« über »die Stellung der emigrierten französischen Künstler zu de Gaulle und Vichy« *(27,212f.).*

13. Dezember, Mittwoch. B hat die »Blitzübertragung« des *Kaukasischen Kreidekreises* (von James und Tania Stern; → 6. 6.) erhalten und findet sie »recht gelungen«. Die inzwischen fertiggestellte »neue Fassung« will er Stern zustellen, hoffend, daß die Änderungen im Falle einer Aufführung arrangiert werden können. Mit Wystan Hugh Auden ist nach seiner Ansicht nicht wirklich verhandelt worden. »Mir liegt ungeheuer viel daran. (An einer Nachdichtung von ihm mehr als an einer Broadwayaufführung!)« *(Br, 1156.)*

Englische Erstausgabe ***The Private Life of the Master Race (Furcht und Elend des III. Reiches)***

Um jede sentimentale Identifikation mit den Figuren zu verhindern, tauscht er sie mit jeder neuen Szene aus; Das einzige ständig gebrauchte Requisit ist ein Panzer, der von der Bühne rumpelt und ab und zu, mit zwölf kreidegesichtigen Soldaten besetzt, erscheint. Das geschieht nicht

17. Dezember, Sonntag. In der *New York Times* rezensiert Marjorie Farber die eben beim New Yorker Verlag New Directions erschienene »English version« *The Private Life of the Master Race* (übersetzt und mit einem Essay begleitet von Eric Bentley) von Bs *Furcht und Elend des III. Reiches.*

18. Dezember, Montag. B fügt in das *Journal* einen Brief an seinen Sohn Stefan ein, in dem er ihm über das Frankfurter Soziologische Institut berichtet, insbesondere, was das Verhalten gegenüber Juden betrifft. – Im Hause B fänden »gigantische Vorbereitungen der Weihnachtsfeier statt«, und alle hofften sehr, daß er dabei sein kann *(27,213f.).*

Nach Beobachtungen eines FBI-Informanten leiht sich Ruth Berlau (für die Arbeit an einer gebundenen Ausgabe der *Kriegsfibel* mit montierten Fotos) von der Venive High School, in der sie einen Fotokurs besucht, gegen Hinterlegung eines von B gezeichneten 20-$-Schecks für 14 Tage einen Vergrößerungsapparat aus *(Z 12/107)*.

Dezember. Über die ständige Arbeit Charles Laughtons an der amerikanischen Fassung von *Leben des Galilei* notiert B: »Er überträgt Satz für Satz, zunächst mit der Hand meine schwerfällige Übersetzung niederschreibend, dann die seine, vielmehr die seinen. Zugleich nehmen wir Änderungen vor.« Außerdem macht B »fotografische Experimente mit Ruth, bestimmt, ein Archiv von Filmen meiner Arbeiten anzulegen«. Die Archivierung beginnt mit den *Gedichten im Exil (12,117-125)*, deren Kontaktabzüge er in das *Journal* einklebt. Neu in die Sammlung nimmt er auf: *1941. Die Tür, Hollywood, Lektüre ohne Unschuld, Bei der Nachricht von der Erkrankung eines mächtigen Staatsmanns, Zeitunglesen beim Teekochen, Die Maske des Bösen, Deutsches Miserere, Ich, der Überlebende, Die Rückkehr« (12,122-125)*. »Im Grund sind die Gedichte in einer Art ›Basic German‹ geschrieben. Das entspricht durchaus nicht einer Theorie, ich empfinde den Mangel in Ausdruck und Rhythmus, wenn ich solch eine Sammlung durchlese, aber beim Schreiben (und Korrigieren) widerstrebt mir jedes ungewöhnliche Wort.« *(27,215f.)*

Zusammenstellung der Sammlung *Gedichte im Exil*

Für den weiteren Aufbau des Archivs soll die Sammlung *Studien (11,267-273)* fotografiert werden, die B zu diesem Zweck erneut durcharbeitet *(27,214f.)*.

B beklagt das Mißtrauen, das Ruth Berlau erneut ihm gegenüber zeigt. »Ich glaube, ich kann immer noch Deine schwierige Lage sehen und auch, wieviel Tapferkeit und Selbstlosigkeit und Großartigkeit Du produzierst; ich werde nur so müde, wenn ich so oft höre, wie wenig ich gebe und wie viel ich verlange, besonders wenn ich selber nicht produzieren kann wie eben jetzt, aus mehreren Gründen.« *(Br, 1161.)*

20. Dezember, Mittwoch. B schickt Heinrich Mann seine *Gedichte im Exil* und bedauert, sie nicht als Druck überreichen zu können, »jedoch müssen wir ja mit diesem Rückfall ins frühe Mittelalter eben vorliebnehmen« *(Br, 1158)*.

um der Einheit willen, sondern als kalkulierte »Unterbrechungen«, um das Durchschnittspublikum aus seinen Gewohnheiten aufzurütteln. *The Jewish Wife [Die jüdische Frau]* oder der junge *Informer [Der Spitzel]*, dessen Eltern fürchten, daß er sie verraten wird, bewegen das Publikum in der traditionellen Weise, aber diese Wirkung ist dem Ganzen untergeordnet und soll dazu dienen, eher zum Handeln als zum Mitleid anzuregen. *(The New York Times, 17. 12.)*

1945

12. Januar, Freitag. An der deutschen Ostfront beginnt die sowjetische Großoffensive.

12. Januar 1945
Beginn der sowjetischen Großoffensive an der Ostfront

15. Januar, Montag. Mordecai Gorelik bringt B »mehr und mehr auf die theoretischen Lücken«; er erkennt die Mißverständnisse. Goreliks Interpretation des epischen Theaters habe »etwas Laboratoriumhaftes«, das »Theater eines wissenschaftlichen Zeitalters wird zum wissenschaftlichen Theater« *(27,216)*.

16. Januar, Dienstag. »Im *Galilei* mit seinen Interieurs und Stimmungen wirkt die dem epischen Theater entnommene Bauart der Szenen merkwürdig theatralisch.« *(27,216.)*

19. Januar, Freitag. B trifft bei William Dieterle den amerikanischen Gewerkschaftsführer Sidney Hillman, der von einer Konferenz aus London kommt, und diskutiert mit ihm über die Rolle der deutschen SPD. Am Ende hält er es für »unmöglich, Leuten über die deutschen Zustände Klarheit zu verschaffen, die nichts von zumindest zwei Sätzen der Dialektik gehört haben« *(27,216)*.

20. Januar, Sonnabend. »Mitunter ruft Dessau an und spielt mir übers Telefon einen neuen Vierzeiler vor. Da kommt er wie von einem andern Planeten.« *(27,218.)*

21. Januar, Sonntag. B und seine Angehörigen sind froh darüber, daß Stefan nach der militärischen Grundausbildung (→ 26. 9. 44) zur Universität gehen will *(27,218)*. »Während seiner Ausbildung im Lager ließ er sich prüfen in Chemie und fremden Sprachen: die Kurse für Deutsch waren zur Zeit eingestellt. Jedoch waren Kurse für Japanisch noch offen. Die Kandidaten wurden mit Regeln einer erfundenen Sprache versehen und hatten Sätze in diesem abstractum zu bauen. S. bestand die Prüfung gut und wurde an die Universität in Chicago zum Studium der japanischen Sprache abkommandiert.« *(27,356.)*

23. Januar 1945
Opernprojekt
Die Reisen des Glücksgotts

23. Januar, Dienstag. »Beginne mit der Oper *Die Reisen des Glücksgotts*.« *(27,218*; vgl. *10,922-937.)*

24. Januar, Mittwoch. Stefan ist für drei Tage auf Urlaub und gibt eine Party für Freunde, zu der er auch Hanns Eisler und Egon Breiner einlädt, weil eine Diskussion über elisabethanische Dramatik stattfinden soll. Ein Mädchen abholend, fährt er einen alten Mann an. »Er erzählt nicht alles am Abend, bringt Eisler und Breiner zu seiner Party. Eisler sagt am andern Morgen, er war sehr vergnügt, aber dann kommt er, doch ziemlich angeknockt. Es ist möglich, daß ihm das Unglück die Chicagoer Zeit kostet.« *(27,219.)* Den Vorfall beschreibt B ausführlich in *Porträt eines jungen Mannes*: Er habe Stefans Verhalten »im großen und ganzen« richtig geheißen. »Für sich billigte er seine lustige Gastlichkeit auf dem Fest im Zusammenhang mit seinem Erbrechen am nächsten Tag.« *(27,357.)*

28. Januar 1945
Sowjetische Truppen haben
Oberschlesien erreicht

28. Januar, Sonntag. In der 2. Januarhälfte haben sowjetische Truppen (→ 12. 1.) Oberschlesien und die Oder bei Frankfurt erreicht. B ist betroffen, daß immer noch nichts »über die Haltung der Arbeiter« bekannt ist *(27,219)*.

Januar. B schreibt dem amerikanischen Bühnenbildner Leo Kerz, er hätte »am liebsten eine Aufführung des *Sezuan-*

Stückes in einer Negerbesetzung (der Schauplatz könnte Jamaica sein?)«. Das Stück sei jetzt »wieder frei von Weill«. B bittet Kerz, für eine Übersetzung Auden zu gewinnen, der eben mit Stern den *Kaukasischen Kreidekreis* adaptiert (→ 6. 6. 44) hat *(Br, 1162)*.

Mit W. H. Auden

Wystan Hugh Auden gegenüber drückt B seine Freude darüber aus, daß er ihn für die Mitarbeit am *Kaukasischen Kreidekreis* hat gewinnen können; falls er die Lieder zuerst übersetzt, möchte er sie gleich an Hanns Eisler geben *(Br, 1163)*.

30. Januar, Dienstag. Erwin Piscator unterrichtet B von einer an der New School for Social Research (am 11. 3.) geplanten Gedenkfeier für den am 30. 12. 44 verstorbenen Romain Rolland und bittet ihn, in einem Organisationskomitee unter Leitung von Eugene O'Neill mitzuwirken.

Anfang Februar. Berthold Viertel hat (Ende Januar) eine Regiekonzeption von *Furcht und Elend des III. Reiches* ausgearbeitet. Danach sollen vor den Szenen, wie er B mitteilt, Projektionen mit aktuellen Kriegsereignissen eingeblendet werden. In der ersten Szene besetzen amerikanische Soldaten die Ausgänge, deutsche Kriegsgefangene werden hereingeführt und verhört. Es handelt sich um die Berufsgruppen, die in Bs Szenenfolge vorkommen *(Viertel, 216-221)*. B gefällt diese »Rahmenidee« für das Stück, er fragt sich aber, »ob eine Aufführung jetzt wirklich richtig ist«. Er ist sich nicht sicher, ob man einen »guten Kern« im deutschen Volke zeigen soll. Das Nazitum müsse unterdrückt werden »durch Unterdrückung der deutschen Bourgeoisie«. B bittet Viertel um seine Meinung, möchte aber diese »ein wenig radikalen Gedanken« nicht dem Council for a Democratic Germany unterbreiten. Der Council müsse »*hier* den vollen Umfang des deutschen Imperialismus« zeigen, »der weit über die Reihen der Nazis hinausgeht«. Es dürfe nichts getan werden, »was einer totalen Niederwerfung der ganzen deutschen Bourgeoisie (inklusive die Physiker, Lehrer, Richter von *Furcht und Elend*) in den Arm fallen könnte« *(Br, 1165)*.

4. Februar, Sonntag. Beginn der Konferenz von Winston Churchill, Franklin D. Roosevelt und Josef Stalin auf Jalta.

4. Februar 1945
Beginn der Konferenz von Jalta

11. Februar, Sonntag. Charles Laughton ist für zwei Monate durch die Dreharbeiten für den Abenteuerfilm *Captain Kidd* (in dem er die Titelrolle spielt) unabkömmlich. Die Überarbeitung von *Leben des Galilei* (→ 10. 12. 44) wird deshalb (→ 14. 5.) unterbrochen.

Unterbrechung der Übersetzung und Neufassung von *Leben des Galilei (Galileo)*

B beginnt nunmehr das *Kommunistische Manifest* »zu versifizieren, in der Art des Lukrezischen Lehrgedichts, als Fleißarbeit«. Das *Manifest* sei »als Pamphlet selbst ein Kunstwerk«; jedoch scheint es ihm möglich, »die propagandistische Wirkung heute, hundert Jahre später, und mit

Beginn einer Versifizierung des Kommunistischen Manifests *(Das Manifest)*

neuer, bewaffneter Autorität versehen, durch ein Aufheben des pamphletischen Charakters, zu erneuern« *(27,219f.)*.

13.-15. Februar 1945 Zerstörung von Dresden

13.-15. Februar, Dienstag-Mittwoch. In mehreren Angriffen zerstören englische und amerikanische Bomber die bisher verschonte Stadt Dresden, die mit Flüchtlingen überfüllt ist. Mehr als 30 000 Menschen werden getötet und durch einen Feuersturm auf einer Fläche von 20 Quadratkilometern nahezu alle historischen Gebäude der Innenstadt vernichtet.

Mitte Februar. B schickt Karl Korsch nach New Orleans Fotoepigramme aus der *Kriegsfibel* sowie einige der *Studien* als »ein kleines Angebinde« und wünscht »scharfe Kritik«. Für Korsch stünde das Zimmer in Santa Monica »nach wie vor bereit« *(Br, 1164)*. Korsch hält in seiner Antwort (vom 25. 2.) die *Kriegsfibel* für »das beste, was es über diesen Krieg gibt«; desgleichen lobt er den »high-brow staff über die großen Dichter«. Er bittet B um Textbeiträge für Lesebücher, die seine Frau für deutsche Kriegsgefangene herausbringt *(1185/57-64)*.

Februar 1945 Vorbereitungen für ein Brecht-Archiv

20. Februar, Dienstag. Allmorgendlich schreibt B am *Manifest*. »Arbeite am Stehpult, auf das ich die Schreibmaschine gestellt habe, um herumgehen zu können, da die Schwierigkeiten groß sind. Überall herum habe ich fotografische Abzüge des Urtexts liegen.« Am Nachmittag hilft er Ruth Berlau bei der »Herstellung des Archivs« *(27,220)*.

25. Februar, Sonntag. B ist das »hier so erzürnt kommentierte Ausbleiben von Aufständen gegen Hitler in Deutschland vollkommen verständlich«. Er sieht aber jetzt zum erstenmal Voraussetzungen dafür (»Mangel an Arbeitskräften für die Kriegsindustrie und zugleich Arbeitslosigkeit, weil es an Rohstoffen fehlt«) *(27,220)*.

3. März, Sonnabend. Lion Feuchtwanger, dem B das *Manifest* zur Lektüre gegeben hat, findet die Hexameter schlecht. »Das bedeutet viel Polierarbeit. Tatsächlich weiß ich zuwenig davon.« *(27,220.)*

Nach einem Memorandum des FBI ergibt die Überwachung Bs, daß er mit Personen zusammentrifft, die der Spionage für die UdSSR verdächtigt werden, ebenso mit kommunistisch aktiven Personen in der Hollywooder Filmindustrie. B selbst sei ein mutmaßlicher Sowjetagent; er unterhalte Kontakt zu Gregori Kheifetz (→27. 4. 44 und 16. 6. 44), dem früheren Vizekonsul der Sowjetunion in San Francisco (dem seit seiner Ankunft im Juli 1944 Spionage-Aktivitäten an der Westküste unterstellt werden). Das Memorandum verlangt eine weitere Überwachung Bs.

Charles Chaplin

4. März, Sonntag. Auf einer Party bei Hanns Eisler, an der auch B teilnimmt, kopiert Charles Chaplin »meisterhaft« den Schauspieler Paul Muni als Professor in dem Film *A Song to remember* (dt. Ein unvergeßliches Lied). Chaplin er-

zählt von dem »geplanten Blaubart-Film« (*Monsieur Verdoux*) und seiner Absicht, »den *Charlie* der klassischen Filme aufzugeben« *(27,220)*.
Chaplin erinnert sich: »Im Hause der Familie Eisler trafen wir mit Bertolt Brecht zusammen, der mit seinem kurzgeschorenen Haar ausgesprochen männlich aussah, und, wie ich mich erinnere, eine Zigarre rauchte. Monate später zeigte ich ihm das Drehbuch zu *Monsieur Verdoux*, das er durchblätterte. Sein einziger Kommentar war: ›Oh, Sie schreiben ein Drehbuch auf chinesische Art‹.« *(Chaplin, 408.)*
5. März, Montag. Fritz Kortner, der auf der Party ebenfalls die Muni-Kopie Chaplins gesehen hat, ist darüber enttäuscht. Sie zeige, »daß der Charakterspieler veraltet ist« oder wie es Kortner »natürlich« formuliert: »Der Charakterspieler hier hat in veralteter Form überlebt.« *(27,221.)*
10. März, Sonnabend. Der Krieg ist in seine Endphase getreten. Die Alliierten kämpfen im Westen, die Rote Armee im Osten bereits auf deutschem Gebiet. Amerikanische Einheiten erreichen (am 7. 3.) Köln und (am 9. 3.) Bonn. Alliierte Bombenangriffe werden jede Nacht auf zahlreiche deutsche Städte geflogen; am häufigsten ist Berlin betroffen. Hitler mobilisiert die letzten Reserven. Jugendliche ab 16 Jahre werden eingezogen, ältere Männer im »Volkssturm« erfaßt.

März 1945
Endphase des zweiten Weltkriegs in Europa

Während B an seinem *Lehrgedicht (Das Manifest)* schreibt, beunruhigen ihn die »schrecklichen« Zeitungsberichte aus Deutschland; er notiert: »Ruinen und kein Lebenszeichen von den Arbeitern.« *(27,221.)*
20. März, Dienstag. B beschäftigt sich mit dem Verfall der Industrie, die Kraft habe, sich wiederherzustellen, »so lange als die Grundmaschinerie nicht zerstört ist«. Die Kultur verfalle dagegen »unglaublich schnell (wie die künstliche, auf Wüstenboden gepflanzte Flora Kaliforniens, wenn nicht gewässert)«. *(27,221 f.)*
Einem vom FBI eingesehenen (nicht überlieferten) Brief von Paolo Milano an B zufolge ist Ignazio Silone, der in Rom ein Theater betreibt, sehr daran interessiert, Bs *Guten Menschen von Sezuan* herauszubringen, und bittet um ein deutsches Manuskript. Ein (ebenfalls durch das FBI eingesehener) Brief ähnlichen Inhalts wird von Berthold Viertel an B gerichtet. (Eine Antwort Bs ist nicht überliefert; das Projekt kommt nicht zustande.)
24. März, Sonnabend. Bei einer Abschlußfeierlichkeit für Billy Wilder spricht B (laut einem FBI-Bericht) mit Wilder über Möglichkeiten, mit amerikanischen Spielfilmen in Deutschland umzugehen. In diesem Zusammenhang habe B die Namen einiger deutscher Persönlichkeiten genannt, von denen dem Informanten nur Herbert Jhering erinnerlich ist.

B schenke ihm volles Vertrauen. Außerdem habe B über Otto Katz und über Robert Riskin vom OWI gesprochen, in dessen Office er um eine Stellung nachsucht, um leichter nach Europa zu kommen.

27. März 1945
FBI ordnet technische Überwachung Brechts an

27. März, Dienstag. Nach Einschätzung des FBI-Direktors John Edgar Hoover wird B (erneut) als Spion verdächtigt; er ordnet deshalb eine technische Überwachung Bs an, die (am 18. 4.) bestätigt und unter »symbol BB-L.« registriert wird. Tatsächlich praktiziert das FBI die Telefonüberwachung bereits seit → Mai 43.

30. März, Freitag. Nach Beobachtung des FBI richtet B einen Brief an Anna Seghers, in dem er sich für seine schleppende Korrespondenz entschuldigt. Helli und den Kindern ginge es gut, von dem Umstand abgesehen, daß allen ein kälteres Klima besser bekommen würde. B hofft, Anna Seghers wiederzusehen. Das FBI schließt daraus, daß B eine baldige Rückkehr nach Deutschland erwägt. Dem Brief liegen bei: *»Sketches«* (Szenen; vermutlich: *Furcht und Elend des III. Reiches*) mit einer Widmung für Egon Erwin Kisch und *Gedichte im Exil* mit einer Widmung für Anna Seghers.

Einem weiteren FBI-Bericht zufolge treffen B und Ruth Berlau Vorbereitungen für die Abreise.

31. März, Sonnabend. Auf Wunsch Bs fährt Ruth Berlau von Los Angeles wieder nach New York. Das FBI registriert, daß sie im voraus ihre Sachen an ihre New Yorker Adresse abgesandt habe, darunter sechs Behälter mit fotografischer Ausrüstung, eine umfangreiche Sammlung von kopierten Gedichten und Akten. Außerdem seien aber auch Sachen zu B gebracht worden. B habe sie zum Bahnhof begleitet und ihr »zwei volle Aktentaschen« getragen. Ein FBI-Informant hat herausgefunden, daß Ruth Berlau nach 2-3 Monaten zurückkehren und im Chalet Motor Hotel wohnen will; er schlägt für den Fall ihrer vorzeitigen Rückkehr schon jetzt den rechtzeitigen Einbau einer Abhöranlage vor. Im Besitz von Ruth Berlau hätten sich auch drei ärztliche Rechnungen (über insgesamt 740 $) befunden *(Z 12/144)*.

Von B und Ruth Berlau sei über die Kopierarbeiten sowie über die Größe der Abzüge gesprochen worden. Sie wolle in 60 oder 90 Tagen zurücksein.

Der Inhalt des Handgepäcks von Ruth Berlau wird vom FBI durchgesehen und aufgelistet, darunter auch ein Brief Bs, den sie erst während der Fahrt öffnen soll. Die drei Briefe, die sie während der Reise an B schreibt und auf verschiedenen Bahnstationen aufgibt, sind in den Akten vollständig zitiert.

März. B hat über den Inhalt seines Briefes an Berthold Viertel (→ Anfang Februar) mit Freunden diskutiert und findet, daß er »den *taktischen* Charakter« seines Vorschlags nicht deutlich genug herausgebracht hat. »Der Unterschied liegt darin, ob man formuliert ›Hitler und Deutschland sind nicht dasselbe, entfernt den Nazismus und es bleibt das deutsche Volk‹ oder ›Der Nazismus stellt ein Prinzip und einen Apparat der Unterdrückung nach außen und innen dar und hat tiefe Wurzeln in der wirtschaftlichen Struktur D.s‹.« Die Vereinten Nationen seien nicht »zur Rettung des deutschen Volkes ausgezogen«, »sondern zur Vernichtung der imperialistischen Nazis«. »Unsere Aufgabe« sei es, »das letztere in das erstere umzuwandeln«. B entschuldigt sich bei Viertel fur den »doktrinären Ton« in seinem letzten Brief *(Br, 1166)*.

B schreibt der jungen amerikanischen Lyrikerin Naomi Replansky, er sei bei der nochmaligen Lektüre ihrer Gedichte noch mehr beeindruckt gewesen als beim erstenmal. Sie hätten Schwung, Kraft und Vitalität. Er wolle versuchen, einige ins Deutsche zu übersetzen *(Br, 1167)*.

Erneute Arbeit am Lehrgedicht *(Das Manifest)* Vorstellung des Konzepts

B informiert Karl Korsch über »eine Art Fleißarbeit«, für die dessen Hilfe »eigentlich absolut unentbehrlich ist«. »Ich versuche mich an einem Lehrgedicht in der respektablen Versart des Lukrez'schen *De rerum natura* über so etwas wie die Unnatur der bürgerlichen Verhältnisse. Das Kernstück bildet das *Manifest*, das ich in den zwei mittleren Gesängen darstelle.« Er schickt Korsch den 2. Gesang, den er zuerst geschrieben hat. B hat die Verse numeriert, »damit eine briefliche Kritik möglich ist«. Natürlich sei alles änderbar, »Einschiebsel sind möglich, Striche erwünscht, Ausdrücke auswechselbar usw. usw.« Er habe im *Manifest* einiges »so vorsichtig wie mir möglich geändert, anstelle der Verelendungstheorie die Unsicherheit durch die konstitutionelle Arbeitslosigkeit gesetzt« und fragt Korsch, ob er das für richtig hält. B glaubt, wie auch Helene Weigel und Fritz Kortner bestätigen, daß der »Gesang« vorlesbar ist. Er wolle sich jetzt an das 2. Kapitel des *Manifests* machen, in dem »die Klassiker Fragen beantworten«. B hofft, daß Korsch wegen der vielen Fragen nicht »zu sehr« stöhnt, »aber Sie wissen, Lehrer sind Sie lebenslänglich«. Für die Quellenstudien bittet er Korsch um ein Exemplar seines Buches *Kernpunkte der materialistischen Geschichtsauffassung (Br, 1168)*. Einen Durchschlag des Briefes findet das FBI bei Ruth Berlau und zitiert in einem Bericht nahezu den gesamten (ins Englische übersetzten) Inhalt.

2. April, Montag. Mit Mordecai Gorelik arbeitet B »an einem amerikanischen Stück *Der Essigschwamm*«. B ärgert sich darüber, daß auf dem amerikanischen Theater grundsätzlich nicht von Geld gesprochen werden darf, »sowenig wie vor Krebskranken vom Krebs« *(27,222f.)*. (Nach Goreliks Erinnerung soll das Stück das Streben der amerikanischen Arbeiter nach hohem materiellen Komfort zeigen. Das Projekt wird nicht ausgeführt.)

3. April, Dienstag. B spricht mit William Dieterle über »Filme für die deutschen Kriegsgefangenen in USA«. Sie sehen zu diesem Zweck das Lied *Und was bekam des Soldaten Weib? (15,71f.)* durch und erwägen mögliche Mißverständnisse. »Das Thema ist, daß der Raubkrieg nicht lohnt; alle die Feldzüge und Schreckenstaten bringen noch nicht so viel, das Weib zu kleiden, und sie nehmen ihr den Mann.« *(27,223.)*

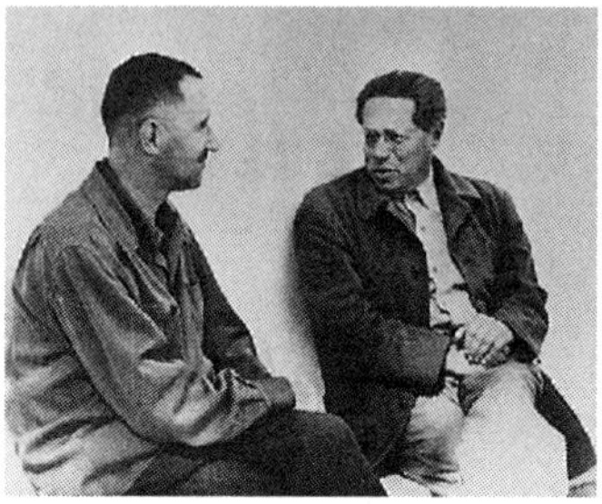
Brecht und Feuchtwanger in dessen Haus in Pacific Palisades

7. April, Sonnabend. Einer Beobachtung des FBI zufolge stattet Hans Reichenbach B einen Besuch ab.

Auf einer Dinner-Party mit amerikanischen und deutschen Gästen trifft Thomas Mann u. a. mit B, Lion Feuchtwanger und Maxwell Anderson zusammen. »Viel über Deutschland, dessentwegen Brecht optimistisch. Gegenteilige Neigung meinerseits [...].« *(Tagebücher 1944-1946,185.)*

9. April, Montag. Ruth Berlau soll die Journalistin Ella Winter, die in *Colliers* »über die Deutschen in Moskau« geschrieben hat, um die »wichtigsten ihrer Aufsätze« für B bitten. Außerdem möchte er größere Abzüge von den Fotos mit Feuchtwangers, die Berlau aufgenommen hat *(Br, 1169).*

In einem weiteren Brief an Ruth Berlau fragt B, wie man aus Wystan Hugh Auden, der die *Kreidekreis*-Übersetzung durcharbeiten soll, »noch die Verbesserungen herausholen« kann. Er schickt ihr eine (alte) *Kreidekreis*-Fassung mit, in die sie mit James Stern die Veränderungen eintragen soll. Zu dem mit »Pokerfaced Girl« untertitelten Foto, das sie aus dem Magazin *Life* ausgeschnitten haben, teilt er Berlau den Vierzeiler *Ich hör die Herrn in Downingstreet euch schelten* mit *(Kriegsfibel; 12,262f.).* B stimmt der Meinung zu, »daß man eine schludrige und billige *Masterrace*-Aufführung sich nicht leisten sollte«. Eric Bentley habe nur das Recht, »seine Übersetzung zu verweigern, Aufführungsrechte vergebe ich allein«.

Im Council for a Democratic Germany müsse man Heinrich Mann »nach vorn spielen«. Sein Name sei sowohl in Berlin als auch in Paris sehr gewichtig *(Br, 1170).*

Nachdem Ruth Berlau ihm die überarbeitete Übersetzung des *Kaukasischen Kreidekreises* (von Auden) schnell zugeschickt hat, teilt er ihr sein erstes Urteil mit: »Einige Gedichte scheinen mir schön. Nicht alle Lyrik ist gleich gearbeitet und vor allem hat *Auden* an der Prosa nicht ein Wörtlein geändert. Ich glaube nicht, daß das gehen wird.« Er bittet sie, Berthold Viertel, der Stern kennt, einzuschalten, »bevor die beiden nach England flüchtig gehen«. B schickt seine Anmerkungen zu den beiden ersten Akten mit, die Viertel »(vorsichtig) verwenden« sollte *(Br, 1171).*

11. April, Mittwoch. Salka Viertel besucht B, bei dem es, wie sie Berthold Viertel berichtet, »wie immer [...] sehr langweilig« gewesen sei. B habe vorgeschlagen, daß die Amerikaner »doch schnell Frieden mit den Deutschen machen« und sich mit ihnen gegen die Russen verbünden sollten *(Salka Viertel, Das unbelehrbare Herz, 412).*

12. April, Donnerstag. Der amerikanische Präsident Franklin D. Roosevelt stirbt. Sein Nachfolger wird Harry S. Truman. Nach Bs Meinung geht mit dem Tod »des aufgeklärten Demokraten [...] die Führung der Demoratien an Churchill über« *(27,223).* Den Gedanken drückt er in einem (in diesen Tagen geschriebenen) Brief an Ruth Berlau aus und schickt ihr das Gedicht *Ich, der Überlebende (12,125)* für Berthold Viertel (zu dessen 60. Geburtstag am 28. 6.) *(Br, 1172).*

15. April, Sonntag. Karl Korsch schreibt B zahlreiche Anmerkungen zum *Manifest.* Auch von seinem Sohn Stefan erhält er viele Hinweise zu den einzelnen Versen.

16. April, Montag. Beginn der sowjetischen Offensive auf Berlin (das am 21. 4. erreicht und 24. 4. eingeschlossen ist).

16. April 1945
Sowjetische Offensive auf Berlin

19. April, Donnerstag. Das FBI überwacht B in einem Postamt von Santa Monica und ermittelt, daß er sich nach Versandmöglichkeiten für Pakete nach Finnland erkundigt.

21. April, Sonnabend. Einem FBI-Bericht zufolge nehmen B und Helene Weigel in Begleitung von Charlotte Dieterle an einem Dinner von Archibald MacLeish teil.

24. April, Dienstag. Nach Angaben des FBI kommen Mordecai Gorelik und Hans Reichenbach zu B.

Ende April. B bedauert, daß Auden vor Beendigung seiner Übersetzung des *Kaukasischen Kreidekreises* nach England fahren muß. – Charles Laughton sei »wenig gestimmt, die Arbeit am *Galilei* wieder aufzunehmen« *(27,223).*

29. April, Sonntag. Bei Berlin trifft die »Gruppe Ulbricht« ein, das sind in Moskau ausgewählte deutsche Kommunisten, die politische und administrative Aufgaben in der sowjetischen Besatzungszone (SBZ) übernehmen sollen.

29. April 1945
»Gruppe Ulbricht« trifft aus Moskau in Berlin ein

30. April, Montag. B besucht einem FBI-Bericht zufolge Mordecai Gorelik.

April. Nach Angaben des FBI kommt Leo Lania, der in New York für das OWI arbeitet, im April zu einer Vortragsreise an die Westküste und trifft auch zu einem längeren Gespräch mit B zusammen. Lania sei von der kommunistischen Parteilinie abgekommen. Zu den Theorien Lanias habe B keinen Kommentar gegeben.

Anfang Mai. B schickt Ruth Berlau den unterschriebenen Vertrag zur Aufführung von *The Private Life of the Master Race* in New York und bittet sie, ihn durch einen Fachmann prüfen zu lassen. Eric Bentley habe »keinerlei Bühnenrechte«. Da Elisabeth Hauptmann an der Übersetzung mitgearbeitet hat, soll sie 17 % und Bentley 33 % der Tantiemen erhalten. B hat *Tree Grows in Brooklyn* gesehen und empfiehlt ihr den Film *(Br, 1173)*.

1. Mai, Dienstag. B wird nach Erkundungen des FBI zu der tschechischen Familie Machaty eingeladen.

2. Mai, Mittwoch. B klebt einen Zeitungsausschnitt in das *Journal*, in dem eine Meldung der *Herald Tribune* über eine russische Radiosendung vom 3. 4. referiert wird. Danach hat der von den Sowjets eingesetzte deutsche Bürgermeister der Stadt Landsberg, der von den Nazis mehrfach gemaßregelt worden war, alle Deutschen aufgerufen, »unserem Beispiel zu folgen und sich von Hitler zu befreien« *(27,224;497)*.

3. Mai 1945
Vortrag der Schöpfungsgeschichte in verschiedenen Haltungen

3. Mai, Donnerstag. B hilft Charles Laughton, »für eine Platte die Schöpfungsgeschichte einzustudieren«. Er rät ihm »zu einigen Exerzitien«. Sie nehmen die Schöpfungsgeschichte in sechs verschiedenen Haltungen auf (gesprochen wie Renoir, wie ein Yorkshire-Mann, ein Londoner, ein Pflanzer, ein Butler und ein Soldat) *(27,224)*.

8. Mai 1945
Bedingungslose Kapitulation Deutschlands

8. Mai, Dienstag. »*Nazideutschland kapituliert bedingungslos*. Früh sechs Uhr im Radio hält der Präsident [Harry S. Truman] eine Ansprache. Zuhörend betrachte ich den blühenden kalifornischen Garten.« *(27,224.)*

12. Mai, Sonnabend. B spricht über zwei Filme, »die man für Deutschland machen könnte: *Dr. Ley* und die Geschichte einer Bauernfrau«, die einem Gefangenen Brot zusteckt und »ihren Sohn, den Soldaten, gefesselt mit Ochsenstricken auf einem Leiterwagen zu den Alliierten (in Sicherheit)« bringt *(27,225)*. Während das erste Projekt nicht realisiert wird, arbeitet B das zweite später (1946) nicht als Film aus, sondern als »Kalendergeschichte« *(Die zwei Söhne; 18,357-359)*.

13. Mai, Sonntag. Nach Beobachtung des FBI wird B von Eugenie Meyer, Mitarbeiterin der *Washington Post*, besucht.

Fortsetzung der Übersetzung und Bearbeitung von *Leben des Galilei (Galileo)*

14. Mai, Montag. B setzt die Arbeit an der amerikanischen Fassung von *Leben des Galilei* mit Charles Laughton fort. »Wir addieren einiges wirklich Gute, so in der Sonnenflekkenszene die Kontroverse mit Ludovico.« *(27,225.)*

Mitte Mai. B schreibt an Ruth Berlau, er warte noch auf sein Billett für die Reise nach New York. Unsicher sei auch, ob Hanns Eislers Reise und Aufenthalt gezahlt werden kann *(Br, 1174)*.

17. Mai, Donnerstag. Dem FBI zufolge sind Charles Laughton und ein weiterer Gast bei B.

19. Mai, Sonnabend. Nach Angaben des FBI ist Mordecai Gorelik vor Bs Abreise in dessen Wohnung.

B und Hanns Eisler fahren von Los Angeles mit der Union Pacific Challenger nach New York zu den Proben Erwin Piscators für *The Private Life of the Master Race*. Eisler will eine Musik dazu schreiben.

23. Mai, Mittwoch. Bei der Ankunft in New York erhält Eisler ein Telegramm, dem zufolge er »sofort zum Filmstudio zurückmüsse«. B schreibt: »In Anbetracht, daß er Urlaub bekommen hatte, fuhr er in etwas unziemlicher Hast zurück; die Musik schrieb er wartend auf die Fahrkarte. Sie war Filmkitsch, und auf mein Drängen schrieb er sie noch einmal. Dann war sie glänzende Theatermusik.« *(27,226.)*

24. Mai, Donnerstag. Einem FBI-Bericht zufolge nimmt Helene Weigel auf Veranlassung von Lion Feuchtwanger in der Wohnung von Charles Chaplin an einer privaten Vorführung des sowjetischen Films *Iwan der Schreckliche* teil. Anschließend habe eine Diskussion unter Beteiligung einiger sowjetischer Diplomaten stattgefunden.

29. Mai, Dienstag. Bei der Vorbereitung der Proben zu *The Private Life of the Master Race* kommt es zwischen B und Erwin Piscator zu Differenzen über dessen Konzeption und die Besetzung der Szenenfolge. Piscator tritt von der Regie zurück, stellt aber die Schauspieler des vom ihm geleiteten Theatre Workshop weiterhin zur Verfügung und wünscht B für die Arbeit Erfolg.

2. Juni, Sonnabend. B schreibt Piscator, wegen der Zeitnot bestehe keine Möglichkeit, »theoretische Dispute wirklich durchzudenken«, und dankt ihm, daß er durch Überlassung seiner Leute »und andere Arbeitserleichterungen« hilft. »Schon dadurch kann nicht der (eventuell andern willkommene) Eindruck entstehen, wir seien in tiefe Feindschaft gefallen.« *(Br, 1177.)* In seiner Antwort an B (vom 11. Juni) meint Piscator: »Ich glaube, daß die Unstimmigkeit nicht so sehr in unseren unterschiedlichen Regieauffassungen liegt, sondern in dem möglichen persönlichen Konflikt, der aus all dem entstehen könnte.« *(1185/35.)* Für die Inszenierung ist inzwischen Berthold Viertel eingesprungen, der zusammen mit B in wenigen Tagen die Szenen einstudiert.

7. Juni, Donnerstag. In Berkeley bei San Francisco findet unter der Schirmherrschaft des Instituts für Theaterwissenschaft und des Little Theatre die amerikanische Erstaufführung (17 Szenen) der Bühnenbearbeitung von *The Private Life of the Master Race (Furcht und Elend des III. Reiches)* im Saal der UCLA statt (Regie: Henry Schnitzler, mit Studenten des Instituts). Die erste Vorstellung gehört zum offiziellen Programm für die Delegierten des Gründungskongresses der Vereinten Nationen in San Francisco. Es folgen drei weitere Aufführungen. Einen Tag nach der Premiere telegrafiert der Regisseur (der Sohn Arthur Schnitzlers) an B: »Das Publikum folgte jeder Szene mit gespannter Aufmerksamkeit.« *Die jüdische Frau* und *Der Spitzel* werden in den

19. Mai-15. Juli 1945
Vierte Reise nach New York

Teilnahme an den Proben für *The Private Life of the Master Race*

Die Szenenfolge *The Private Life of the Master Race* schildert nicht etwa das private Leben der Menschen im Dritten Reich – sondern, im Gegenteil, dargestellt wird, daß unter der Herrschaft des Nationalsozialismus ein Privatleben gar nicht möglich war; daß ein solches an dem System zerbrach und zerbröckelte; daß es von dessen Praxis unterhöhlt, am natürlichen Verhalten gehindert, in jedem Atemzug gestört wurde. Die Ehe, die Familie, die Beziehung zwischen Liebenden, Freunden, Kameraden, Berufsgenossen, zwischen den Eltern und Kindern, Lehrern und Schülern, zwischen den Arbeitern in der Fabrik, Wissenschaftlern im Laboratorium, zwischen den Richtern und Angeklagten und den Funktionären der Justiz unter sich, zwischen dem Geistlichen und dem Sterbenden, dem er den letzten Trost spenden soll, sogar zwischen Nazi und Nazi: überall schleicht sich der Verrat ein, überall hin reicht der Terror. *(Berthold Viertel, Austro-American Tribune, New York III, 12, Juli.)*

7. Juni 1945
Amerikanischen Erstaufführung
The Private Life of the Master Race
Little Theatre UCLA, Berkeley

Abgesehen von der Tatsache, daß das Material überholt ist, liegt der Hauptfehler des Stückes im Text. Brecht hat versucht, seine Geschichte in 17 Szenen zu erzählen, von denen einige nur aus wenigen Zeilen bestehen, andere aber von unerhörter Länge sind. [...] Sein kommerzieller Erfolg ist gleich null. *(Variety, 13. 6.)*

studentischen Zeitungen als eindrucksvollste Szenen herausgestellt.

11. Juni 1945
Premiere
The Private Life of the Master Race (Furcht und Elend des III. Reiches)
Theatre of All Nations
New York

11. Juni, Montag. Premiere (9 Szenen) *The Private Life of the Master Race* (*Furcht und Elend des III. Reiches*) im City College Auditorium, gespielt vom Theatre of All Nations. Regie: Berthold Viertel (unter Mitwirkung von B), Musik: Hanns Eisler, Bühnenbild: Leo Kerz; mit Albert und Else Bassermann, Elisabeth Neumann, Clarence Derwent, Vilma Kurer u. a. Die Aufführung wird en suite bis 17. 6. gespielt. Gesponsert ist das Unternehmen u. a. von: Ferdinand Bruckner, Paul Czinner, Manfred George, Oscar Homolka, Paul Muni, Reinhold Niebuhr, Paul Tillich, Fritz von Unruh, F.C. Weiskopf.

B schreibt über die Arbeit an der Inszenierung und über die Wirkung: »Zuerst soll Piscator inszenieren; er hat mit Schülern und Emigranten besetzt (den *Spitzel* mit den Bassermanns) und will einen neuen Rahmen. Ich hole Viertel, und wir machen die Aufführung in ein paar Probentagen. Die Presse greift die Produktion an, schont das Stück. Zu einer Diskussion des Inhalts kommt es nirgends. Technik ist so teuer am Broadway, daß sie nur für Musicals geliefert werden kann.« *(27,225 f.)*

Berthold Viertel hat es so »eingefärbt«, daß es mit der gegenwärtigen Moskauer Politik hinsichtlich des inneren Neuaufbaus von Deutschland übereinstimmt. Diese Moskauer Politik besagt, daß die Deutschen an sich wirklich ein sehr gutes Volk seien. Leider wären sie von ein paar Fanatikern verleitet worden, aber alles würde wieder gut sein, wenn Rußland nur freie Hand in Deutschland hätte. *(Burton Rascoe, New York World Telegraph, 13. 6.)*

The Private Life of the Master Race scheint jetzt natürlich überholt zu sein, denn der Panzer fährt nicht mehr. Wäre es vor ein paar Jahren inszeniert worden, hätte es ein wichtiger Beitrag des Theaters im Kampf gegen die Nazilehre sein können. Heute ist es nur noch ein interessantes Experiment. *(Lewis Nichols, New York Times, 13. 6.)*

In der Aufführung [...] wurde es so gräßlich gespielt und so grauenhaft inszeniert, als ginge es darum, ein Stück, das von einiger Bedeutung ist, absolut lächerlich und fast völlig langweilig erscheinen zu lassen. *(George Freedley, New York Morning Telegraph, 14. 6.)*

Brecht hat in diesen neun Bildern [...] einen rein dichterischen Prozeß eröffnet. Er zeigt mit der Genauigkeit eines Zeugenberichts, wie die Nazis zu Nazis wurden, als ein psychologisches, nicht ein irgendwie tendenziöses Faktum. Über billige Gemüts-

13. Juni, Mittwoch. Charlotte Dieterle informiert B von einer Umstrukturierung des European Film Fund im Rahmen des International Committee for Professional Workers. Sie schlägt für die nächste Sitzung (am 21. 6.) als Vorstandsmitglieder u. a. B, Thomas Mann, Lion Feuchtwanger, Max Horkheimer, Hans Reichenbach, William Dieterle vor. Die Arbeit im Office würde sie zusammen mit Helene Weigel, Hannah Budzislawski, Eva Heymann u. a. übernehmen. Monatliche finanzielle Unterstützungen seien u. a. gegangen an: Leopold Jessner, Max Osborn, Alfred Döblin, Heinrich Mann.

Mitte Juni. Die verbleibende Zeit in New York (bis zu seiner Abreise am 11. 7.) nutzt B u. a., um mit zwei Verlagen über eine englische Gesamtausgabe der Dramen zu verhandeln. – Wieland Herzfelde will in seinem Aurora-Verlag (→ 5. 4. 44) eine Einzelausgabe von *Furcht und Elend* drukken. – Mit Elisabeth Bergner stellt B in New York und dann in (ihrem Landhaus in) Vermont die Bearbeitung von Websters *The Duchess of Malfi* »im rohen« fertig *(27,226)*.

In Vermont besucht B auch Hermann Budzislawski. Als er ihn einlädt, den Kaffee im Freien auf der Veranda zu trinken, habe B gemeint: »Nein, keine Natur; wir haben zu reden.« *(Die Weltbühne, 6. 2. 68.)*

Bei einer Lesung des *Lehrgedichts* vor Albert Schreiner, Jakob Walcher und Hermann Duncker sei der »Eindruck überraschend« gewesen *(27,226)*.

15. Juni, Freitag. B hat vor seiner Abreise aus Santa Monica Eric Bentley als einen der Übersetzer von *The Private Life of the Master Race* über seine Beweggründe für die Erlaubnis von Aufführungen der Szenenfolge in New York und Berkeley informiert. Er stellt ihm gegenüber klar, daß sich die Autorisierung Bentleys nur auf Buchausgaben bezogen hat: »Sie werden sich erinnern, daß ich mir für die Bühne alle Rechte vorbehielt. Dabei müssen wir absolut bleiben.« *(Br, 1175.)* Nun schließt er mit ihm darüber einen Vertrag ab.
Erwin Piscator (→ 2. 6.) setzt sich in einem langen Brief sehr kritisch mit dem Ergebnis der Inszenierung von *The Private Life of the Master Race* (→ 7. 6.) auseinander. Er wolle B nicht verletzen, eher versuchen, eine Verständigung herzustellen. Wie B habe auch er ein Leben lang am Theater gearbeitet und nach neuen Gesichtspunkten gesucht. Zeitweilig seien beide gleiche, zeitweilig getrennte Wege gegangen. Aber im Falle dieser Inszenierung habe B Wirkungen vergeben und sich als Stückeschreiber durchgesetzt. Piscator halte aber die Forderungen des Theaters für ebenso wichtig und erklärt sich bereit, mit B darüber zu sprechen.
24. Juni, Sonntag. Einem Bericht des FBI zufolge besucht Curt Bois (in Kalifornien) Helene Weigel und spricht mit ihr über Bs und ihre eigenen Pläne.
25. Juni, Montag. B besucht in New York zusammen mit anderen Emigranten den Schriftsteller Hans Marchwitza (zu dessen 55. Geburtstag). Marchwitza erinnert sich: »Wir saßen einige Stunden zusammen, und nur seine Miene deutete an, daß er sich keines der gesprochenen Worte entgehen ließ und daß er jedes nach seinem Wert oder Unwert, ob ernst oder leichtfertig, abwägte, hier sein kleines sparsames Lächeln, bei einem anderen, das ihm nicht gefiel, seine unwillige Miene hervorkehrend.« *(Sächsische Neueste Nachrichten, 17. 2. 76.)*
28. Juni, Donnerstag. Helene Weigel bietet dem »Korsch Professor, Korsch Freund, Korsch Nichtschreiber« nochmals eine Unterkunft in ihrem Haus in Santa Monica an. »Hier gäb's ein gutes Zimmer, mit Feigenbaum davor, Sie müßten nur aufs Dach klettern aus dem Fenster, ein Schritt, und die Feigen platschen Ihnen auf den Kopf.« Sie will auch Korschs Frau wegen einer Schule, »die nicht zu vertrottelt wäre«, für die jetzt 14jährige Barbara um Rat bitten. »Barbara ist intelligent, aber uninteressiert und im ganzen keine gute Schülerin.« *(2181/18.)*
Juni. Auf dem Broadway, der das geistige Leben der USA »nervös, merkantilisiert, standardisiert« widerspiegele, sieht B im Playhouse »in einem idiotischen Stück« (*Die Glasmenagerie* von Tennessee Williams) die »völlig mo-

entrüstung ist er weit hinaus. *(Ludwig Ullmann, Austro-American Tribune, New York, III, 12, Juli.)*

The Private Life of the Master Race, Szene *Rechtsfindung*, New York, 1945

Helene Weigel

derne Schauspielerin« Laurette Taylor (als Mutter): »sie spielt episch« *(27,226)*.

1. Juli 1945
Aufteilung Berlins in vier Sektoren

1. Juli, Sonntag. Die amerikanischen und britischen Verbände räumen die von ihnen besetzten Gebiete in Sachsen, Thüringen und Mecklenburg, sowjetische Truppen rücken nach. Berlin wird in vier Sektoren aufgeteilt; eine Alliierte Militärkommandantur eingerichtet (am 11. 7.).

Brecht in New York

6. Juli, Freitag. Nach Informationen des FBI erhält B eine telegrafische Einladung zum Internationalen Filmkongreß (30. 8.-8. 9.) in Bern.
11. Juli, Mittwoch. Vermutlich reist B an diesem Tage aus New York ab.
12. Juli, Donnerstag. In der *Austro-American Tribune*, New York, erscheint auf einer Doppelseite Bs *Lied der Besatzung des Panzerkarrens (15,72f.*; aus *Furcht und Elend des III. Reiches)* sowie der Aufsatz *Der Dramatiker Bertolt Brecht* von Berthold Viertel (→ 2. 6.) und eine Rezension *Die Brecht-Aufführung* von Ludwig Ullmann (→ 12. 6.), dem Theaterkritiker der deutschsprachigen Zeitschrift, der B »antikes Format« attestiert und die »Blitzlichtdramatik seiner Szenenreihe« hervorhebt *(Lyon 2, 204-207)*.
13. Juli, Freitag. Vor seiner Ankunft in Chicago bittet B Ruth Berlau, sich bei dem Schauspieler Clarence Derwent zu erkundigen, wie er »auf *Kreidekreis* reagiert hat« und ob Fritz Kortner etwas »wegen der Salzburger Festspiele tun kann«; dafür in Betracht kämen Kortner, Hanna Hofer, Weigel *(Br, 1178)*.
14. Juli, Sonnabend. B trifft in Chicago seinen Sohn Stefan, der »wegen dauerndem Kopfweh« im Hospital liegt und auf seine Entlassung vom Militär wartet *(27,226)*. Er möchte »*sehr* gern, für acht Tage« nach New York, »er ist eingeladen von einem Freund, einem Meteorologen«. Dies teilt B Ruth Berlau mit und bittet sie, ihn eventuell unterzubringen. Bei seinem Zwischenaufenthalt besucht B mit seinem Sohn ein Museum und wird mit einem »netten Kameraden« Stefans bekanntgemacht. *(Br, 1179.)*
15. Juli, Sonntag. B hat im Zug ein Abteil für sich und »kann gut arbeiten«. Er schickt Ruth Berlau einen Brief an Elisabeth Bergner mit, der er »am letzten Tag etwas ungeduldig« gesagt hatte, *The Duchess of Malfi* sei »aufführungsreif«. Natürlich sei er bereit, »an Details weiter zu arbeiten – ich schicke ihr auch zwei Änderungen« *(Br, 1182)*.
Maximilian Scheer (→ 21. 2. 43) berichtet seinem Sohn (am 15. 7.) von Begegnungen in den vergangenen Wochen mit B, der mit Elisabeth Bergner im »Carter-Haus« am Silbersee gearbeitet habe. Dorothy Thompson habe an einigen Nachmittagen »eine Menge höchst interessanter Berichte über

ihre Reisen nach London, Mittelosten, Paris und Deutschland« gegeben *(Scheer, 215)*.

16. Juli, Montag. B trifft in Santa Monica ein (laut FBI). Er nimmt mit Charles Laughton sofort die Überarbeitung von *Leben des Galilei (Galileo)* wieder auf (bis → 30. 7.).

16. Juli 1945
Zurück in Santa Monica

17. Juli, Dienstag. Beginn der Potsdamer Konferenz → 2. 8.

17. Juli - 2. August 1945
Potsdamer Konferenz

19. Juli, Donnerstag. Charles Laughton kann noch zwei Wochen mit B am *Galilei* arbeiten, ehe er mit einem neuen Film anfängt; »er hat fleißig übersetzt in der Zwischenzeit« *(Br, 1184)*.

20. Juli, Freitag. B dankt Ruth Berlau (in diesen Tagen) für die Fotos von der Aufführung *The Private Life of the Master Race*, von denen ihm am besten die gefallen, auf denen man die ganze Bühne sieht. Er arbeitet beständig mit Laughton, »und das Immerfort-Englisch-Reden ist so anstrengend«. Er habe nach dem Sturz Churchills gleich gewußt: »Jetzt kann ich *Galilei* in London spielen!« *(Br, 1186.)*

Der mit Arbeit überlastete Hanns Eisler hat Paul Dessau gebeten, von ihm eine Filmkomposition zu übernehmen, für die er das Honorar mit ihm teilen wolle. Da Eisler dann die Musik für nicht verwendbar hält, zahlt er auch nichts, obwohl Dessau »in miserablen Umständen« lebt. »In meinem Arbeitszimmer sitzend, mit Dessau in der Küche, beschwerte sich Eisler, daß die Hollywoodmusik seine Ohren ruiniere.« *(27,226.)*

22. Juli, Sonntag. Ruth Berlau soll B schreiben, wieviel er »vom Theater of All Nations bekam, damit ich diesem irren Bentley antworten kann«. Sein Sohn Stefan sei jetzt »frei vom Militärdienst« *(Br, 1185)*.

25. Juli, Mittwoch. B notiert im *Journal* folgende Meinungen, die er »eher« nicht teilt:

»Daß die amerikanische Bourgeoisie das Heft für lange Zeit in der Hand haben wird, wie man aus dem Fehlen einer Umsturzpartei sehen kann.

- Daß der Faschismus nicht diskreditiert ist und man hier nicht weiß, daß die deutsche Bourgeoisie ihr Debakel ihm zu verdanken hat.
- Daß so etwas wie eine deutsche Literatur die Hitlerzeit überlebt hat.
- Daß die Russen aktiv in den japanischen Krieg eintreten.
- Daß Hemingway ein Gehirn hat.
- Daß Amerika keine Kunst hat, weil es jung ist.« *(27,227.)*

26. Juli, Donnerstag. Nach einer Information des FBI besuchen B und Helene Weigel mit Lion Feuchtwanger und Hanns Eisler den Schauspieler Ernst Deutsch.

30. Juli, Montag. Nach der Lektüre von *The Duchess of Malfi* greift Hans Winge »die Introduktion des Inzestmotivs an«, aber B verteidigt »die poetische Idee«, Malfis Anerkennung der »Liebe des Bruders als Naturrecht«. Zu *Leben des Galilei*, das Winge ebenfalls für eine »Nebenwerk« hält, erklärt B, »wie das Stück ohne jede Absicht, etwas zu beweisen, geschrieben wurde«, jetzt aber, »bei der Durcharbeitung einer Theaterfassung zusammen mit dem politisch gedankenlosen Schauspieler Laughton«, u.a. als Thema erscheint: »der entscheidende Unterschied zwischen dem ›reinen Fortschritt einer Wissenschaft‹ und ihrem sozial revolutionären Fortschritt«. Das Stück sei innerhalb seines Werks »immerhin interessant als Gegenbeispiel zu den Parabeln« *(27,217f.)*.

30. Juli 1945
Fertigstellung der Übersetzung und Überarbeitung von *Leben des Galilei* unter dem Titel *Galileo*

B und Charles Laughton stellen die 1. Fassung der Übersetzung und Überarbeitung von *Leben des Galilei* ins Amerikanische unter dem Titel *Galileo* fertig.

Juli. B dankt Berthold Viertel noch einmal für seine schnelle, sein »eigenes Interesse nicht rechnende, ganzherzige Hilfe in der *Masterrace*-Sache«. Da er am Nachmittag vor seiner Abreise noch an der Fassung von *The Duchess of Malfi* gearbeitet hat, konnte er nicht noch einmal bei ihm vorbeikommen und bittet ihn, mit Elisabeth Bergner nicht über das Stück zu reden, da das »zu einem Verlangen nach völliger Umarbeitung führen und damit zu einer Hinausschiebung« führen könnte.

B hält die Salzburger Festspiele für wichtig, worüber er »auch zum Zuckmayer gesprochen« habe. Viertel solle auf Fritz Kortner, Helene Weigel, Hanna Hofer, Elisabeth Neumann und Oskar Homolka hinweisen, auch auf Peter Lorre als Schweyk. Mit Kortner habe er über »eine neue Fassung des *Faust* (1. und 2. Teil in einem Abend) gesprochen«, Otto Klemperer wäre an der *Zauberflöte* interessiert *(Br, 1180)*.

2. August 1945
Potsdamer Abkommen

Deutschland-Plan der Potsdamer Konferenz. Das wichtigste: daß die ökonomische (und damit politische) Einheit statuiert ist. Auch wenn es Mühe macht, muß man in dieser Zeit im Kopf behalten, daß Deutschland eben ein völlig zu Boden geworfener kapitalistischer Staat ist. [...] Was die Gebietsabtretungen anlangt, siehe *Kreidekreis*. Und die Moabiter Proleten sehe ich noch nicht ganz als Hirten. Freilich, wir, die mit Hitler nicht gesiegt hätten, sind mit ihm geschlagen. *(27,228.)*

2. August, Donnerstag. Abschluß der Potsdamer Konferenz (→ 17. 7.). Der neue amerikanische Präsident Harry S. Truman, Josef Stalin, Winston Churchill (nach seiner Wahlniederlage während der Konferenz abgelöst durch Clement Richard Attlee) beschließen die konkreten Durchführungsbestimmungen des Abkommen von Jalta (→ 4. 2.). Im Potsdamer Abkommen werden in einer europäischen Nachkriegsordnung die Grenzen Deutschlands, seine Aufteilung in Besatzungszonen, die Art und Höhe der Reparationsleistungen usw. festgelegt. B billigt das Abkommen *(Potsdamer Beschlüsse; 23,55)*.

Er trifft Arnold Schönberg vor einem Drugstore. Zum dritten Mal klagt dieser »über seine Krankheiten und das Autorenrecht, nach dem sein Sohn womöglich schon im Alter von 28 Jahren keine Tantiemen mehr bekommen wird« *(27,228)*.

Einem FBI-Bericht zufolge diskutiert B mit einem Dr. A. J. Cardinal über die neuesten sowjetischen Nachrichten, die über die Radiostation KHJ ausgestrahlt wurden. Darin wird über die Teilung Deutschlands berichtet.

3. **August,** Freitag. B schreibt an Paul Tillich; er vermutet, daß das Potsdamer Abkommen »das Komitee wohl in so etwas wie eine Krise bringen« wird: »unser nationalistischer Flügel wird in heftige Zuckungen verfallen«. B schlägt vor, »die neue Situation als Grundlage für einen Wiederaufbau Deutschlands anzusehen« *(Br, 1188)*. Tatsächlich spalten die Meinungsverschiedenheiten über das Abkommen die Mitglieder des Council for a Democratic Germany und führen zu dessen Auflösung (→ 15. 10.).

4. **August,** Sonnabend. B und Helene Weigel gehen (laut FBI) zu einer Geburtstagsparty in das neue Haus von William Dieterle.

5. **August,** Montag. B spricht sich gegen die These Eric Bentleys aus, wonach die Qualität eines Literaturkritikers gemessen wird an der Beurteilung eines anonymen Gedichts. Nach seiner Meinung gehört zum Wert eines Gedichts »das ›Gesicht‹ des Verfassers« *(27,233 f.)*.

6. **August,** Montag. Ein amerikanisches Flugzeug wirft über Hiroshima die erste amerikanische Atombombe ab und macht die japanische Stadt dem Erdboden gleich. Das gleiche wiederholt sich (am 9. 8.) in Nagasaki. (Japan erkennt am 14. 8. die bedingungslose Kapitulation an.) B äußert sich dazu am → 10. 9.

6. August 1945
Abwurf der ersten Atombombe auf Hiroshima

B und Charles Laughton erhalten durch den Einsatz des Massenvernichtungsmittels einen neuen Blick auf die Gestalt ihres Galilei (→ 10. 9.).

Neue Überlegungen zur Figur des Galilei

8. **August,** Mittwoch. Einer FBI-Information zufolge nimmt B vormittags bei Dr. Cardinal an einer Diskussion über Fragen der Entwicklung Deutschlands nach dem Krieg teil.

15. **August,** Mittwoch. Das FBI registriert ein Treffen verschiedener Personen in Bs Wohnung, darunter ist auch Alfred Döblin.

15. August 1945
Erste Brecht-Aufführung in Berlin nach dem Krieg
Die Dreigroschenoper
Hebbel-Theater

Im Berliner Hebbel-Theater hat *Die Dreigroschenoper* Premiere (zugleich Eröffnung der ersten Spielzeit nach dem Kriege). Regie: Karl-Heinz Martin; mit Hubert von Meyerinck (Macheath), Reva Holsey (Polly), Josef Sieber (Peachum), Kate Kühl (Frau Peachum), Hans Leibelt (Brown), Roma Bahn (Lucy), Helga Zülch (Jenny). Karl-Heinz Martin spricht von der Bühne aus über B und Kurt Weill, die nunmehr in Deutschland wieder die Anerkennung finden werden, die ihnen vor 1933 niemand streitig gemacht hat.

Der Name Ihres Theaters verpflichtet, lieber Karl-Heinz Martin. Diese *Dreigroschenoper*, heute vor Menschen gespielt, die sich inmitten der Trümmerstätten unverdrossen an den Wiederaufbau begeben und mit abertausend Schwierigkeiten aus einer Zeit des zwölfjährigen geistigen Tiefstandes fertig werden – denen kann und darf von den Brettern herunter nicht zugeschrien werden: »Erst kommt das Fressen und dann

Während die Aufführung beim Publikum gut ankommt (→ 25. 9.), startet der aus dem Moskauer Exil (mit der »Gruppe Ulbricht«; → 29. 4.) zurückgekehrte Kritiker und Schriftsteller Fritz Erpenbeck (Gegner Bs seit der Moskauer die Moral!« *(Hans Jendretzky, Deutsche Volkszeitung, 18. 8.)*

Meyerinck [Macheath] bleibt ein Bösewicht, nicht aus Kraftüberschuß, sondern aus Mangel an Gewissen, und die großartigen Ausbrüche Villons, eines verrannten Titanen, der an den Kerkerstäben seines Ichs rüttelt, bleiben bei Meyerinck nur krampfhafte Ausbruchsversuche aus einem sehr realen Gefängnis. *(Werner Fiedler, Neue Zeit, 19. 8.)*

Die eigentliche Sensation des Berliner Vergnügungslebens sind jedoch nicht die Kabaretts, Varietés und Tanzlokale, sondern die Aufführungen der *Dreigroschenoper*, des von den Nationalsozialisten so verhaßten Werkes von Bert Brecht und Kurt Weill, das seinerzeit auf Order von Goebbels von den deutschen Bühnen verschwinden mußte. [...] Das Publikum, das heißt die gleichen Leute, welche vor 13 Jahren sich mit Abscheu oder Erbitterung von dem abwandten, was sich auf der Bühne begab, dieses Publikum identifiziert sich heute mit den Rollen und applaudiert heftig und begierig allem, was auf die eine oder andere Weise als Ausdruck der Armut und des tiefen Elends aufgefaßt werden kann, die heute in Berlin herrschen. Der ohrenbetäubende und langanhaltende Beifall nach dem Finale der *Dreigroschenoper* kann als die *erste Demonstration* gegen die Okkupationsmächte bezeichnet werden. *(anon, Nationalzeitung, 24. 9.)*

Plakat der Berliner *Dreigroschenoper* 1945

Realismusdebatte; → 27. 7. 38) eine Attacke gegen das Hebbel-Theater.

Mitte August. B mahnt Ruth Berlau, auf sich acht zu geben: sie sei sein »Liaison-Offizier zu Bergner *(Malfi)* und zum Verlag *(Gesamtausgabe in englisch)*«. Außerdem bereite sie seine »Arbeiten und Beziehungen für Deutschland vor« *(Br, 1190)*.

20. August, Montag. Am Abend werden B und Laughton, die den ganzen Tag zusammenarbeiten, wie das FBI beobachtet, vom sowjetischen Vizekonsul Eugen Tumantsew besucht.

23. August, Donnerstag. Das FBI vermerkt die Lesung einiger Szenen aus *Galileo* durch Charles Laughton vor einem interessierten Regisseur, dessen Namen (»Cohen oder Corwin«) der Geheimdienst nicht identifizieren kann.

Günther Weisenborn antwortet in der *Deutschen Volkszeitung* auf die Kritik des damaligen Berliner Stadtrats für Arbeit Hans Jendretzky an der Wahl der *Dreigroschenoper* im Hebbel-Theater (Kritikauszug → 15. 8.). Weisenborn schreibt: »Wenn draußen vor dem Theater Dynamit an die Ruinen gelegt wird, um sie wegzusprengen, so wirkt das Dynamit der *Dreigroschenoper* ebenso in den Ruinen hinter den Stirnen der heutigen Öffentlichkeit.« Die Theaterleute wollten mit der *Dreigroschenoper*, die sie »mit größter Begeisterung aufgeführt« haben, »die stärkste dramatische Potenz unseres Landes über den Ozean hinweg grüßen« *(Deutsche Volkszeitung)*.

25. August, Sonnabend. Das FBI ermittelt, daß B bei einer Firma in Los Angeles 100 Kopien von *Galileo* in Auftrag gibt.

5. September, Mittwoch. Das FBI registriert, daß B mit Peter Lorre eine dem Geheimdienst unbekannte Arbeit beginnt; es handelt sich um die Filmgeschichte *Lady Macbeth of the Yards* (→ 20. 9.).

10. September, Montag. Der Abwurf der Atombomben (→ 6. 8.) berühre »die ›einfachen Leute‹ als lediglich furchtbar«, der Sieg in Japan scheine den auf die heimkehrenden Truppen wartenden Angehörigen vergällt. »Dieser Superfurz übertönt alle Siegesglocken.« Laughton befürchtet dadurch eine Diskreditierung der Wissenschaft, so daß »ihre Geburt – im *Galilei* – alle Sympathie verlöre« *(27,232)*. Sie machen sich erneut an eine Überarbeitung ihrer Übersetzung. »Das ›atomarische Zeitalter‹ machte sein Debüt in Hiroshima in der Mitte unserer Arbeit. Von heute auf morgen las sich die Biographie des Begründers der neuen Physik anders. Der infernalische Effekt der Großen Bombe stellte den Konflikt des Galilei mit der Obrigkeit seiner Zeit in ein neues, schärferes Licht. Wir hatten nur wenige Änderungen zu machen, keine einzige in der Struktur.« *(24,241.)*

Helene Weigel hat von Karl Korsch einen (nicht überlieferten) Brief mit der Mitteilung erhalten, daß er nach Santa Monica kommen will. Sie bedauert, noch keinen genauen Zeitpunkt zu wissen. Man diskutiere schon, wie groß das Bücherregal für sein Zimmer zu sein hat. Barbara sei an diesem Tage zum erstenmal in der Highschool. In seinem Postskriptum erkundigt sich auch B nach dem Ankunftstermin Korschs.

12. September, Mittwoch. B will Ruth Berlau »den englischen *Galilei*« in der Folgewoche schicken. »Das war viel Arbeit. Jetzt bin ich wieder bei dem Lehrgedicht.« Da Dorothy Thompson nach dem Tod Roosevelts auf den militanten Kurs Trumans einschwenkt, hält B eine weitere Tätigkeit Hermann Budzislawskis als ihres Sekretärs für »eine schwer tragbare Belastung des Council« *(Br, 1191)*.

15. September, Sonnabend. B erinnert Ruth Berlau an Leute, die ihn gefragt haben, ob er Berlin wiedersehen will. »Ich antwortete, es werde wohl noch einige Zeit dauern, dann freilich möchte ich das. Sie stimmten mir zu. Sie würden mir behilflich sein.« Er hofft, vorher »noch den *Galilei* in N.Y. auf die Beine zu bringen, das wäre wichtig in mancher Hinsicht« *(Br, 1189)*.

16. September, Sonntag. Dem FBI zufolge ist Ferdinand Reyher in der Zeit 16. 9.-15.10 acht- oder neunmal in Bs Wohnung beobachtet worden (→ 20. 9.).

17. September, Montag. Ein FBI-Bericht bezieht sich auf einen Informanten, der an den sonnabendlichen »open house meetings« der Familie Brecht teilnimmt.

18. September, Dienstag. Alfred Döblin informiert B über seine beabsichtigte Rückkehr nach Frankreich und über eine Zusage Washingtons für die Ausreise im Oktober.

20. September, Donnerstag. »Wir arbeiten die meiste Zeit immer noch am *Galilei*, der bei Laughtons Hörern im Lazarett völlig ungewöhnliches Interesse findet.« Die Atombombe habe »tatsächlich die Beziehungen zwischen Gesellschaft und Wissenschaft zu einem Leben-und-Tod-Problem gemacht«. Neben der *Galilei*-Übersetzung schreibt B mit Peter Lorre (→ 5. 9.) und Ferdinand Reyher »eine ›*Macbeth*‹-*Kopie* für den Film« *(Lady Macbeth of the Yards; 20,143-162; 27,232)*. Ruth Berlau teilt er mit, eben sei Reyher weggegangen, mit dem er »für Lorre eine Filmstory« macht, von der er nicht wisse, »was draus wird« *(Br, 1193)*.

25. September, Dienstag. Der Sieg der Labour-Partei in England (am 5. 7.) erfüllt B »mit sehr gemischten Gefühlen«, er befürchtet eine verwirrte Toleranz der Massen zur »sozialdemokratischen Parteimaschine«; der »Westblock« werde »pseudoprogressiv« *(27,232)*. Das FBI beobachtet, daß B, Helene Weigel sowie Hanns und Louise Eisler, Peter Lorre

Es wäre also spießig und banausenhaft, an irgendeiner Stelle der *Dreigroschenoper* »Anstoß« zu nehmen. Kunstwerke sind keine Moraltraktate für Höhere Töchter und altjüngferliche Seelen.
Nicht darüber also sprechen wir im Augenblick, sondern darüber, ob es kulturpolitisch, also im Interesse des Publikums wie der Bühne, vertretbar ist, im Jahre 1945, genauer: im August 1945, in einem führenden Theater ein Stück mit lumpenproletarischer Tendenz zu spielen. Wir meinen: nein. Denn wir sind Kommunisten. Auch beim Kunstgenuß. *(Fritz Erpenbeck, Deutsche Volkszeitung, 19. 8.)*

Vor siebzehn Jahren war *Die Dreigroschenoper* am Schiffbauerdamm ein frech-heiterer Vorstoß gegen die satte Bürgerlichkeit. Heute scheint es, als horche im Hebbel-Theater Karl-Heinz Martin tastend und zögernd ins Publikum, besorgt um das Echo. Der zwiespältige Eindruck rührt nicht allein von der Unzulänglichkeit einiger Hauptfiguren her. Dieser Macheath Hubert von Meyerincks ist kein Mann, der die Frauen umreißt, mit Pastoren höfliche und mit Polizeichefs höllische Reden führt. Daß seine Damen ihn zweimal verraten, nahmen wir ihnen damals recht übel, wenn wir es auch verstanden; bei diesem hier verstehen wir es doppelt und verzeihen es ihnen dreifach. *(Walther Karsch, Der Tagesspiegel, 27. 9.)*

u. a. von Bs Wohnung ins Kino Marquise Theater fahren und den Film *Lady of My Dreams* ansehen.
B hört von der Berliner Aufführung der *Dreigroschenoper* (→ 15. 8.; sie wird am 23. 1. 46 zum 100. Male gegeben). Auf die Meldung der BBC (die auf einem Gerücht beruht), die Russen hätten die Aufführung wegen der Ballade »Erst kommt das Fressen, dann kommt die Moral« abgesetzt, schreibt B: »Ich selbst hätte das Stück nicht aufführen lassen. In Abwesenheit einer revolutionären Bewegung wird die ›message‹ purer Anarchismus.« *(27,232.)* Der BBC-Meldung Glauben schenkend, teilt B Ruth Berlau mit, es sei richtig gewesen, die *Dreigroschenoper* in Berlin zu verbieten. »Wenn es *eine* Situation gibt, für die es nicht geeignet ist, ist es die jetzige.« In der Spielplanung des Deutschen Theaters in Berlin sei auch *Leben des Galilei.* »Ich werde versuchen, auch das zu verhindern, bis ich selber da bin (mit Dir).« *(Br, 1192.)*

Versand von CARE-Paketen

1. Oktober, Montag. Durch Telefonüberwachung hat das FBI Kenntnis von allen Gesprächen. Danach hat sich Helene Weigel über Egon Breiner nach der Adresse eines amerikanischen Soldaten in Österreich erkundigt, um Pakettransporte zu arrangieren. Eine weitere Adresse habe sie (am 12. 10.) über Charlotte Dieterle erhalten. Ein Versand von Paketen sei u. a. an Herbert Jhering und Peter Suhrkamp vorgesehen. Auch an den folgenden Tagen registriert das FBI Aktivitäten von Helene Weigel, über Bekannte in Kalifornien Adressen von Soldaten zu erhalten, über die Pakete sicher an ihre und Bs Freunde in Deutschland und Österreich gelangen.
2. Oktober, Dienstag. B erwägt ein Stück *Die Verurteilung des Prometheus* (zu dem nur einzelne Notizen überliefert sind) *(27,233).*
3. Oktober, Mittwoch. Ein FBI-Informant ermittelt, daß B ein »interessantes Gespräch« mit einer nicht identifizierten Frau führt, in dem es um die Nazi-Hauptverbrecher gegangen sei. Er habe auf der Liste den Namen von Hjalmar Schacht vermißt. Sie solle darüber einen Artikel schreiben.

»Sie sind durch Glück in eine Position gekommen, wo man Sie auffordert zu reden, die deutschen Antinazisten zu vertreten, Sie haben kein Recht, Ihren Roman weiterzuschreiben«, sage ich. »Reden Sie schlecht, stottern Sie, lassen Sie sich knebeln, aber erscheinen Sie auf dem Kampfplatz.« »Sie wissen, es ist nicht Feigheit«, sagt er. »Ich weiß Schlimmeres«, sage ich. »Es ist Bequemlichkeit.« *(27,233.)*

5. Oktober, Freitag. Als B erfährt, daß Lion Feuchtwanger eine Einladung ausschlägt, nach Nürnberg zu fahren, um für AP über den dortigen Prozeß gegen die deutschen Kriegsverbrecher (→ 14. 11.) zu schreiben, versucht er ihn von der Wichtigkeit solch einer Mission zu überzeugen.
Der 75jährige Heinrich Mann »würde morgen fahren. Aber, natürlich, niemand lädt ihn ein.« *(27,233.)* Das Telefonat, das B mit Feuchtwanger über diese Angelegenheit führt, ist vom FBI mitgehört und auf den 3. 10. datiert worden.
10. Oktober, Mittwoch. Charles Laughton arbeitet im *Galilei,* »getrieben von seinem theatralischen Instinkt, [...] auch die politischen Elemente ruhelos heraus«. Er sei vollkommen bereit, »seine Figur vor die Wölfe zu werfen«, und

bestünde auf der vollen »Darstellung der Verkommenheit, resultierend aus dem Verbrechen, das Galileis negative Züge zur Entfaltung gebracht hat«. »Erhalten bleibt nur das exzellente Gehirn, das leer funktioniert, unhaltbar durch den Besitzer, der sich sinken lassen möchte.« *(27,234.)*

15. Oktober, Montag. Erhebliche Meinungsdifferenzen im Council for a Democratic Germany über das Potsdamer Abkommen (→ 3. 8.) sind der Grund für dessen Auflösung, die mit der letzten Sitzung an diesem Tag beschlossen wird.
Der frühere französische Ministerpräsident Pierre Laval, der mit den Nazis zusammengearbeitet hat, wird wegen Kollaboration mit den Deutschen verurteilt und hingerichtet. B kommentiert: »Diese durch und durch verräterische Klasse erwürgt öffentlich einen der Ihrigen, den Tiger, der der Klasse Sünde trägt.« *(27,234.)*

17. Oktober, Mittwoch. Das FBI ermittelt einen vergeblichen Versuch Bs, über Billy Wilder an die Adresse von Caspar Neher heranzukommen.

18. Oktober, Donnerstag. Dem FBI zufolge planen B und Lion Feuchtwanger am Nachmittag eine Zusammenkunft.

20. Oktober, Sonnabend. B und Helene Weigel besuchen (laut FBI-Information) William Dieterle im seinem neuen Haus. Frau Weigel habe am Folgetag einige Zeitungsausschnitte aus einer Basler Zeitung abgeholt, die B vergessen hat und dringend benötigt.

23. Oktober, Dienstag. Laut FBI-Bericht wird B von einem unbekannten Anrufer darüber informiert, daß Virginia Wright für die *Los Angeles Daily News* einen Artikel über Bs *Dreigroschenoper* geschrieben und dabei B als einen der bekanntesten Juden Deutschlands vorgestellt habe. Lachend hätte B gesagt: »Ein Jude sagen Sie? Sie haben drüben so viele Juden umgebracht, daß sie Nachwuchs (crop) brauchen und mich dafür anheuern.« *(Z 12/283.)* In dem genannten Artikel wird u. a. von dem amerikanischen Kulturoffizier Robert Joseph in Berlin (»Brief von Joseph«) über die Aufführung der *Dreigroschenoper* am Hebbel-Theater in Berlin (→ 15. 8.) berichtet.

Aufforderung, nach Berlin zu kommen

24. Oktober, Mittwoch. Herbert Jhering schickt B aus Berlin einen Brief, in dem er den Wunsch nach einer baldigen Rückkehr Bs ausdrückt. Jhering erinnert an die Gespräche, die er und seine Frau mit B und Helene Weigel in Dänemark geführt haben. »Lieber Brecht, wir haben große Sehnsucht nach Ihnen und nach Gesprächen mit Ihnen.« Am Deutschen Theater Berlin (dessen Chefdramaturg Jhering ist) bestünde großes Interesse an *Mutter Courage und ihre Kinder* und *Leben des Galilei*. Er bittet um die Textbücher *(211/28)*.

25. Oktober, Donnerstag. B und Helene Weigel sprechen (laut FBI) mit Peter Lorre und Maria Donath über mögliche

Hilfeleistungen (durch ein »Austrian Committee«) für österreichische Freunde. Durch das Gespräch werden weitere Aktivitäten Bs und Helene Weigels ausgelöst.

28. Oktober, Sonntag. B ist über Albert Einsteins Forderung erstaunt, »die Atombombe dürfe nicht andern Mächten ausgeliefert werden, besonders nicht Rußland«. Die »Weltregierung«, die Einstein verlange, »scheint nach dem Bilde der Standard Oil gedacht, mit Unternehmern und Unternommenen« *(27,234f.)*.

29. Oktober, Montag. B zitiert im *Journal* aus einem »Amtlichen Bericht«, dem zufolge »die erwarteten militärischen Vorteile der Uranbomben« spektakulärer gewesen seien »als die eines Urankraftwerkes« *(27,235)*.

Dank an Peter Suhrkamp für Hilfe bei der Flucht

Oktober. Auf einen Brief Peter Suhrkamps antwortet B: »Sie waren einer der letzten, die ich in Deutschland sah – ging ich doch von Ihrer Wohnung an die Bahn am Tag nach dem Reichstagsbrand; ich habe Ihnen Ihre Hilfe bei meiner Flucht nicht vergessen.« B berichtet von den Stationen seines Exils. »Natürlich schrieb ich eine Menge und ich hoffe, wir können einiges davon zusammen durchnehmen.« Von ihm dürfe kein Werk, »alt oder neu«, aufgeführt werden, ohne daß er dazu Stellung nehmen kann: »Alles braucht Änderungen.« B sucht einen Kontakt zu Caspar Neher, von dem er hofft, »daß er sich aus dummer Politik gehalten hat«, weil er sich »Theater ohne seine Bilder kaum vorstellen« kann. Außerdem fragt er nach Herbert Jhering, Ernst Legal, Emil Burri und Otto Müllereisert *(Br, 1194)*.

B hatte in New York Otto Zoff getroffen und von ihm »eine schöne Fotografie« von dessen Nichte (Bs Tochter) Hanne erhalten, »die im Hause ein großer Erfolg war«. Nun berichtet er ihr und seiner früheren Ehefrau Marianne Zoff ebenfalls über das Exil. »Steff war ein halbes Jahr beim Militär und studiert jetzt weiter Chemie. Barbara spricht nur gebrochen deutsch, ist sonst aber gesund. Ich selber habe viel gearbeitet.« B will Pakete schicken und fragt, wie man das am besten bewerkstelligen kann. Er erkundigt sich nach seinem Bruder Walter und nach dem Haus in Utting. B bedauert, daß in der Berliner *Dreigroschenoper*-Aufführung (→ 15. 8.) nicht Theo Lingen (Marianne Zoffs Mann) den Macheath spielt. Außerdem berichtet er von dem *Galileo*-Projekt mit Charles Laughton *(Br, 1197)*.

Von rechts: die Schauspielerin Ella Rains, Barbara Brecht, Charles Laughton und eine Freundin. Mit dem Foto, das in einer Zeitung veröffentlicht wurde, solidarisieren sich Laughton und Rains mit Barbara, als sie in der Schule politisch diskriminiert wird.

30. Oktober, Dienstag. B erkundigt sich bei Ruth Berlau nach dem Verlagsprojekt bei Hitchcock, das am besten mit dem *Kaukasischen Kreidekreis* beginnen sollte. B will seine geplante Reise mit Charles Laughton nach New York (wegen einer Produktion von *Galileo*) beschleunigen. Elisabeth Bergner habe er »Abänderungen« von *The Duchess of Malfi* geschickt, aber keine Antwort erhalten *(Br, 1195)*.

14. November, Mittwoch. In Nürnberg beginnt der Prozeß gegen 24 deutsche Hauptkriegsverbrecher vor einem internationalen Gericht, in dem vier Richter aus den USA, der Sowjetunion, aus Großbritannien und aus Frankreich Anklage erheben. B äußert sich zum Verlauf der Verhandlungen am → 5. 1. 46.

14. November 1945
Beginn des Nürnberger Prozesses

20. November, Dienstag. Aus Anlaß der Auslieferung des amerikanischen Schriftstellers Ezra Pound (der in Italien zum Fürsprecher der Faschisten geworden ist und nun in den USA des Hochverrats angeklagt wird) meint B, »etwas von feudaler Würde« hinge »um diese *George, Kipling, d'Annunzio, Pound*«; sie seien »immerhin historische Figuren, nicht gerade auf den Märkten zu finden, eher in den Tempeln – am Rande der Märkte« *(27,235)*.

22. November, Donnerstag. In der *Täglichen Rundschau*, Berlin, der Zeitung der SMAD (Sowjetische Militäradministration in Deutschland), wird von Johannes R. Becher über den neugegründeten Kulturbund ein Ruf an die Emigranten veröffentlicht, in dem es heißt: »Laßt Euch sagen, daß Deutschland Eurer bedarf; so wie Ihr in brennender Ungeduld den Tag der Heimkehr kaum erwarten könnt, so rast- und ruhelos sind wir am Werk, um Euren Werken eine Heimstätte zu bereiten.«

22. November 1945
Berliner Kulturbund lädt Emigranten zur Rückkehr ein

25. November, Sonntag. Alfred Döblin ist nach Deutschland zurückgekehrt (→ 18. 9.). Er fungiert in Baden-Baden als literarischer und kulturpolitischer Mitarbeiter der französischen Militärregierung und gibt (bis 1951) die Zeitschrift *Das Goldene Tor* heraus. Döblin wendet sich an B und bittet ihn um Mitarbeit: »Ich brauche Sie, für Lyrik und Dramatik, und Sie sollen Ihren Platz finden.« Er berichtet ausführlich über die Zustände in Deutschland *(Döblin, 328-330)*.

1. Dezember, Sonnabend. »*Galileo* (amerikanische Fassung) abgeschlossen (bis auf Ballade). *Laughton* liest sie vor Helli, Eisler, Reichenbach, Hans Viertel, Salka Viertel, Steff, seinem Freund, dem jungen Physiker Wirtele, Feuchtwanger, Brush.« *(27,235f.)* In der Überarbeitung (→ 10. 9.) des Stückes wird die Figur des Galilei der Kritik preisgegeben *(Galileo. English Adaption by Charles Laughton; 5,117-181)*. In *Preis oder Verdammung des Galilei?* sowie in weiteren Anmerkungen *(24,240-246)* geht B auf die Notwendigkeit der Veränderungen nach dem Abwurf der Atombombe ein. »Die Atombombe ist sowohl als technisches als auch als soziales Phänomen das klassische Endprodukt seiner wissenschaftlichen Leistung und seines sozialen Versagens.«

1. Dezember 1945
Fertigstellung der Überarbeitung von *Galileo* (2. Fassung)

VORWORT

Geehrtes Publikum der Breiten
Straße
Wir laden Sie heut in die Welt der
Kurven und Maße
Zu entschleiern vor Ihrem
Kennerblick
Die Geburtsstunde der Physik.
Sie sehen das Leben des großen
Galileo Galilei

2. Dezember, Sonntag. »Rufe nachts Ruth an und höre Ungünstiges.« *(27,236.)* B erfährt bei dem Anruf von Ruth Ber-

Den Kampf des Fallgesetzes mit dem Gratias dei
Der Wissenschaft mit der Obrigkeit
An der Schwelle einer Neuen Zeit
Sie sehen die Wissenschaft jung, geil und drall
Und Sie sehen ihren Sündenfall.
Sie muß essen und ihr wird Gewalt getan
Und so kommt sie auf die schiefe Bahn
Und wird, die Meisterin der Natur
Billige Gesellschaftshur.
Noch ist das Wahre nicht die Ware
Doch hat es schon dies Sonderbare
Daß es die vielen nicht erreicht
Und macht ihr Leben schwer statt leicht.
Solches Wissen ist aktuell
Die Neue Zeit läuft ab besonders schnell.
Wir hoffen, Sie leihen Ihr geneigtes Ohr
Wenn nicht uns, so doch unserm Thema, bevor
Infolge der nicht gelernten Lektion
Auftritt die Atombombe in Person
(27,235 f.)

Mit Charles Laughton

lau, daß sie sich »frei« von B fühlt (→ 11. 1. 46) und eine intime Beziehung zu einem dänischen Seemann aufgenommen hat. Bs Mitarbeiterin und Freundin hatte sich durch das gemeinsame Kind (→ 3. 9. 44) eine Veränderung des Zusammenlebens mit ihm erhofft. Die von B gewünschte Abreise nach New York (→ 31. 3.) führt bei ihr zu einer schweren psychischen Krise.

10. Dezember, Montag. B resümiert seine Zusammenarbeit mit Charles Laughton am *Galileo* (10. 12. 1944-1. 12. 1945): es sei »die klassische in der Profession, Stückschreiber und Schauspieler« gewesen. Laughton habe das Stück in einer unzulänglichen Übersetzung kennengelernt. »Nun übersetzte ich selbst Satz für Satz ins Englische (Laughton kennt kein einziges deutsches Wort), und er schrieb das wörtlich nieder. Dann machte er Vorschläge und spielte alles vor, bis es stimmte, d. h. bis der Gestus da war.« Die aus ästhetischen Gründen vorgenommenen Änderungen führten »zu einer politischen Verschärfung, und Laughton war jedesmal sehr zufrieden hiemit«.
Laughton habe das Stück Orson Welles vorgelesen, »der sofort die Regie zusagt« (im Herbst 46 an seinem Mercury Theatre in New York; das Projekt kommt nicht zustande) *(27,236)*.

15. Dezember, Sonnabend. B reflektiert über seine Enttäuschung gegenüber dem Verhalten Ruth Berlaus (→ 2. 12.): »Schlechtes Benehmen verschlechtert, gutes verbessert. Die Strafe für den Enttäuscher besteht darin, daß die Erwartungen gestrichen werden. Der Zorn verwandelt sich in die Gleichgültigkeit. Die Beziehungen werden wiederhergestellt, auf einer niedrigeren Plattform. Der Prozeß des Verfalls freilich geht weiter.« *(27,237.)* In diesem Zusammenhang entsteht das Gedicht *Der Schreiber fühlt sich verraten durch einen Freund (15,160)*.

17. Dezember, Montag. Charles Laughton liest den *Galileo* vor »Soldaten, Millionären, Agenten, Kunstfreunden, unermüdlich«, um eine Produktion zu initiieren. Ein Agent plädiert auf Herbst 1946, und Orson Welles stimmt B zu, »daß Frühjahr politisch besser ist (Interesse am Kampf der Wissenschaftler mit dem Staat, Atombombe usw.)«, könne aber bei diesem frühen Zeitpunkt »den Geldleuten gegenüber keine Verantwortung übernehmen«. B schenkt Laughton zu Weihnachten eine Sammlung unveröffentlichter Gedichte mit einer Collage und einer Widmung in japanischer und englischer Sprache: »Stückeschreiber Brecht überreicht dem höchst ehrenwerten Laughton einige seiner subversiven Gedanken.«

20. Dezember, Donnerstag. B ist besorgt über die »schlampigen kleinen Bemerkungen« Ruth Berlaus (→ 2. 12.). Wie

»betrübt und verständnislos immer« er über ihr Weggehen ist, bittet er sie zu überdenken: »Flucht läßt nicht nur die Zurückbleibenden im argen, sie schädigt auch, wenn nicht bis ins letzte zu rechtfertigen, den Flüchtenden selber. Nicht jeder Fehler ist gutzumachen, nicht jeder nichtgutzumachende Fehler ist tödlich, aber kein Fehler wird gutgemacht durch einen neuen Fehler. Du solltest das *gut* lesen, es war schwer zu schreiben.« *(Br, 1198.)*
B schickt Peter Suhrkamp die von ihm erbetene Verhandlungsvollmacht (→ Oktober). Der »Wiederaufbau des deutschen Theaters« könne nicht improvisiert werden. »Sie wissen außerdem, daß ich auch schon vor der Hitlerzeit es nötig fand, angesichts des experimentellen Charakters meiner Stücke mich sehr in die Uraufführungen hineinzumischen.« Die Uraufführungsfassung von *Leben des Galilei* (→ 9. 9. 43) könne »unter keinen Umständen aufgeführt werden, da ich eben für Charles Laughton eine völlige Umarbeitung beendet habe, die in deutscher Sprache noch nicht vervielfältigt ist«. Für das noch am ehesten geeignete Stück, *Mutter Courage und ihre Kinder*, habe er »die Hauptrolle für die Weigel geschrieben, die in einigen Exilsaufführungen einen ganz speziellen Stil dafür entwickelt hat«. Sollte ein Theater an der Aufführung interessiert sein, müßte es »also ein Gastspiel der Weigel ermöglichen«. Am leichtesten scheint B eine Zusammenstellung von »Songs und Gedichten«, da stünde »alles zur Verfügung«. B schickt Suhrkamp das Gedicht *Kinderkreuzzug 1939* mit, das er ihn bittet, »auch als ein kleines persönliches Präsent« anzunehmen *(Br, 1200).*
21. Dezember, Freitag. Seinen Tagebucheintragungen zufolge kommt Thomas Mann nach der Lektüre von Szenen aus Bs *Furcht und Elend des III. Reiches* zu dem Urteil: »Gut.« *(Tagebuch 1944-1946,288.)*
25. Dezember, Dienstag. An Weihnachten erfährt B von einem schweren Nervenzusammenbruch Ruth Berlaus. Da er selbst erkrankt ist, kann er nicht sofort nach New York fahren. Genaueres über die Erkrankung Berlaus wird ihm erst später durch ausführliche Berichte von Elisabeth Hauptmann (→ 9. 1. 46) und von Ida Bachmann (→ 11. 1. 46) bekannt.

1946

5. Januar, Sonnabend. Zum Nürnberger Prozeß (→ 14. 11. 45) meint B: »Die Konterrevolution frißt ihre eigenen Kinder. Die Russen tun, was die europäischen Bourgeoisien versäumt haben, sie bringen die Agrarreform. Und, das große Ereignis: sie sind nicht vernichtet.« *(27,239.)*
9. Januar, Mittwoch. Elisabeth Hauptmann berichtet B über Ruth Berlau und deren Aufenthalt in einer Nervenheil-

Berichte über den Nervenzusammenbruch von Ruth Berlau

anstalt. Obwohl sie keineswegs wieder gesund ist, wolle sie unbedingt aus der Klinik heraus und benötigt für die Entlassung Bürgen. Dafür scheint Hauptmann weder Ida Bachmann geeignet noch sie selbst. Gegen beide richte sich »eine Art Haß«, der verschiedene Motive hat. Vor vier Wochen habe ihr Berlau erklärt: »Wouldn't you want to work for Brecht again, I and Brecht are quits« (Wenn du etwa wieder für Brecht arbeiten willst, ist es mit mir und Brecht aus). In ihr seien verschiedene »Strömungen und Gegenströmungen« aktiv, auf der einen Seite wolle sie sich von B »emanzipieren, auf der anderen Seite mit ungeheurer Wucht« bei ihm bleiben. Bachmann wolle an B noch einen ausführlichen Brief (→ 11. 1.) schreiben *(211/23f.)*. In einem weiteren Brief (vom »Donnerstag«) schlägt Elisabeth Hauptmann die Verlegung Ruth Berlaus ins Medical Center vor, wo zur Zeit auch Horst Baerensprung liegt. Es sei unvergleichlich besser und angenehmer, dabei nur wenig teurer.

11. **Januar,** Freitag. Durch einen längeren Bericht Ida Bachmanns, die sich mit Berlau die New Yorker Wohnung in der 57. Straße teilt, erfährt B Genaueres über den Nervenzusammenbruch seiner Mitarbeiterin. Seit Berlau aus Kalifornien nach New York gekommen ist (→ 31. 3. 45), sei sie physisch außerordentlich angeschlagen, bei sehr harter Arbeit und wenig Ruhe. Ihre Enttäuschung über den Verlust des Kindes habe sehr tiefe Spuren hinterlassen, durch ihre Unausgeglichenheit sei sie sogar mit Freunden zerstritten. Als sie sich in einen dänischen Seemann verliebte, schien sie »restlos glücklich« zu sein, und nach dem Eingeständnis des Verhältnisses gegenüber B habe sie sich auch »frei« gefühlt (→ 2. 12. 45). Dann habe der Seemann einige Wochen vor Weihnachten New York verlassen müssen. Ihr Wunsch nach Freiheit, ihre Bewunderung Bs und die Angst um ihren Matrosen hätten zu einer Verschärfung des inneren Konflikts geführt. In dieser Zeit habe sie besonders intensiv gearbeitet, sowohl an der *Kriegsfibel* wie an anderen Bucheditionen. Als Bachmann (am 19. oder 20. 12. 45) nach Hause gekommen sei, habe sie Berlau in einem nur schwer zu beschreibenden Zustand vorgefunden. Sie habe verwirrt gesprochen und sich den Tod gewünscht. Eine junge Laborantin, die ihr bei den Fotoarbeiten zur Hand ging, sei hinausgeworfen worden. Berlau habe sich selbst als Hure bezeichnet, weil sie von Seeleuten Geld »geborgt« und auch Bachmann um Geld für eine neue Kamera angebettelt habe. Zunehmend sei Berlau mit der Frage beschäftigt gewesen, wer sie eigentlich sei. Sie habe angefangen, in der Bibel zu lesen, B sei ihr zuerst als Christus, später als Salomon erschienen, sie sich selbst als Jeanne d'Arc und als Jungfrau Maria und schließlich als »Revolution«: den jungen See-

mann namens Bernhard, der Tag und Nacht bei ihr war, hielt sie für den Satan. Am Weihnachtsvorabend habe sie in der Wohnung dieses Seemanns eine Dinner-Party vorbereitet und sehr viel getrunken. Zu Weihnachten sei ihre geistige Verfassung zunehmend wirrer geworden. Sie habe die Revolution beginnen wollen und ständig B zitiert. Bernhard habe sie bis zu seiner Abreise (am 27. 12.) nicht aus ihrem Zimmer gelassen. Erst da habe Ida Bachmann bemerkt, wie krank Berlau ist. In den Jahren des Zusammenlebens mit ihr habe sie sich an deren unübliches und mitunter theatralisches Verhalten gewöhnt. Als sie (am 27. 12.) ihr gegenüber gewalttätig geworden sei, habe sie Fritz Sternberg anrufen wollen, der aber nicht zu Hause war, schließlich Elisabeth Hauptmann erreicht, die sofort mit einem Arzt (Dr. Gruenthal) gekommen sei. Ruth Berlau habe den Arzt tätlich angegriffen. Hauptmann und Bachmann hätten verhindern können, daß er die Polizei rief. Am Folgetag habe er erreicht, daß sie ins Bellevue-Krankenhaus gebracht und (am 31. 12.) in die geschlossene Nervenheilanstalt in Amityville (auf Long Island) überwiesen wurde. Dort sei sie nur durch Referenzen von Paul Czinner und Elisabeth Bergner aufgenommen worden. Mittlerweile hätten Bachmann und Meta Juul die Patientin besucht. Anfangs habe Berlau Schwierigkeiten gehabt, beide zu erkennen. Sie sei inzwischen ruhiger geworden und könne sich nicht an alle Geschehnisse der Weihnachtszeit erinnern. Sie werde (bis März) mit Elektroschocks behandelt, wolle aber so schnell als möglich nach Hause *(286/4-10)*.

13. Januar, Sonntag. An einem »Sonntag« macht Elisabeth Hauptmann Vorschläge, wie der Krankenhausaufenthalt von Ruth Berlau finanziert werden kann.

18. Januar, Freitag. B erkennt gegenüber dem Basler Theaterverleger Kurt Reiss eine Anwaltsrechnung nicht an, »da meines Wissens niemand in der Schweiz vertragliche Rechte auf die Stücke *Der gute Mensch von Sezuan* und *Das Leben des Galilei* besitzt«. Im übrigen sei er bereit, mit Reiss »Vertriebsverträge für die *Schweiz* abzuschließen« (auf 5 Jahre für 6 Stücke). Über die deutschen Vertriebsrechte möchte B noch nicht entscheiden *(Br, 1201)*.

Ende Januar. B dankt Ferdinand Reyher, daß er Ruth Berlau bei ihrem Anfall geholfen hat. Da sie »wenigstens für Zeit« zu sich kommt, sollte man ihr erlauben, ihn anzurufen. »Der Nervenzusammenbruch kam nicht aus heiterem Himmel. Sie hatte Dummheiten gemacht und meinte, ich würde sie wegschicken. Jedenfalls sollten die Ärzte wissen, daß große seelische Aufregungen vorhergingen.« Einen beigelegten Brief soll Reyher ihr aushändigen, wenn sie »vernünftig« ist *(Br, 1202)*.

Ruth Berlau

9. Februar, Sonnabend. Nach einem FBI-Bericht wird in einem Artikel der *New York Post* mitgeteilt, daß Charles Laughton in der kommenden Saison den Galileo spielen wird in einem Stück Bs, das Ergebnis ihrer Freundschaft sei.

10. Februar - Mitte März 1946 Fünfte Reise nach New York

10. Februar, Sonntag. B fährt nach New York.

Anfang Februar. B hat von Hermann Kasack die Adresse Caspar Nehers erfahren und schreibt ihm, er wolle die »Theaterzusammenarbeit so schnell wie möglich wieder aufnehmen«. Er habe »Anfragen nach Stücken aus Berlin (Deutsches Theater) und Heidelberg (Hartung) und werde in jedem Fall« seine Dekorationen verlangen. Für seine amerikanischen Theaterprojekte wünscht sich B ebenfalls »zumindest Skizzen« von Neher. Helene Weigel schreibt in einem Postskript, B sei »ganz schnell und plötzlich nach New York« abgefahren und schickt den angefangenen Brief ab. »Ich bin froh, daß wir jetzt wenigstens Ihre Adresse haben und wissen, daß es Sie gibt.« *(Br, 1208.)*

Mitte Februar. Nach seiner Ankunft gelingt es B zunächst nicht, im Krankenhaus eine Besuchserlaubnis zu bekommen. Er schreibt vom Eingang an Ruth Berlau, daß er nicht zu ihr ins Zimmer eingelassen werde. Sie möchte den Arzt bitten, ihm Auskunft über ihren Zustand zu geben für ihre »Freunde in New York« *(Br, 1204).*

Überarbeitung von *The Duchess of Malfi* und *Galileo*

In New York beginnt er sofort, mit Wystan Hugh Auden *The Duchess of Malfi* zu überarbeiten. Außerdem geht er mit Ferdinand Reyher, der ebenfalls in New York ist, und Elisabeth Hauptmann nochmals die amerikanische Fassung von *Galileo* durch.

16. Februar, Sonnabend. B berichtet Elisabeth Bergner detailliert über seine Arbeit mit Auden, über konzeptionelle Veränderungen und über deren Konsequenzen auf Personen und Handlungslinien. Die Diskussion sei »interessant, Auden sehr liebenswürdig und aufgeschlossen«. B hat die Hoffnung, »daß die Liebestragödie, in der Tat eine der schönsten der Literatur, sich langsam herausschält«. Ruth Berlau habe er bisher erst einmal gesehen. »Gestern bekam ich zum ersten Mal einen günstigeren Bericht, vielleicht werde ich sie in ein paar Tagen wieder sehen können.« Er dankt Elisabeth Bergner (für ihre Vermittlung des Krankenhauses). *(Br, 1203.)*

27. Februar, Mittwoch. Nach einer Unterredung mit Elisabeth Hauptmann informiert B Eric Bentley von seinen Vorstellungen über eine englische Ausgabe seiner Dramen (beim New Yorker Verlag Reynal & Hitchcock), für die er »eine starke Hilfe« benötige. »Ich schlug Elisabeth Hauptmann vor, die schon in Deutschland meine *Versuche* herausgab und meine Arbeiten im Detail kennt und vor allem immer auf dem laufenden sein wird über die Chancen der einzelnen

Stücke beim Theater.« Die »Zusammenstellung der Dramen für die Bände und Auswahl der Übersetzer oder Bearbeiter« will er sich selbst (mit Hauptmann) vorbehalten. Bentleys Sache wäre der »gesamte Verkehr mit den Übersetzern und Bearbeitern, die Buchausgabe betreffend«. Da die Übersetzungen »schon vom Standpunkt des Theaters aus durchgesehen werden müssen«, ist hier eine »weitere Arbeit von E.H. (wenn irgend möglich, mit mir zusammen) nötig«. Bentley solle das Ganze nicht als »ein Kompetenzproblem« ansehen: »Schließlich bin ich nicht tot wie Ibsen oder Sophokles und das Theater ist eine äußerst lebendige und wechselvolle Angelegenheit, was ja gerade Sie so ausgezeichnet verstehen.« *(Br, 1205.)*

Mit Eric Bentley

Mitte März. B reist vermutlich Mitte März nach Santa Monica zurück.

16. März, Sonnabend. B schließt mit dem Aurora-Verlag, d. h. mit Wieland Herzfelde, einen Vertrag über eine Edition *Neue Gedichte* ab.

23. März, Sonnabend. B gratuliert Heinrich Mann zum 75. Geburtstag (am 27. 3.). Dieser habe in seinen Romanen vorausgesehen, daß die »Verbrechergalerie von Industriellen, Militärs, Beamten und politischen Abenteurern«, die jetzt in Nürnberg auf der Anklagebank (→ 14. 11. 45) sitzt, »Deutschland verwüsten« würde, »als andere Schriftsteller, wie etwa sein talentierter Bruder Thomas, diese Schichten noch munter repräsentierten«. Gerade Heinrich Mann, »der die Verkommenheit unseres Vaterlandes so sehr deutlich sichtete«, sei »besonders zuversichtlich in bezug auf seine Zukunft, jetzt, wo sie vielen so sehr dunkel erscheint« *(23,56).*

29. März, Freitag. Das Wiener Theater in der Josefstadt bringt (als erste Brecht-Aufführung in Österreich nach dem 2. Weltkrieg) *Der gute Mensch von Sezuan* heraus. Regie führt Rudolf Steinboeck, mit Paula Wessely (als Shen Te/ Shui Ta). Im Auftrag Bs hatte Helene Weigel von der Aufführung abgeraten, da in Europa zu wenig über seine im Exil ausgearbeitete Theatertheorie bekannt und Paula Wessely keine geeignete Darstellerin für die Hauptrolle sei. – Die Inszenierung findet durchgehend positive Resonanz *(Palm, 30).* Für B bewegen sich die Wiener Rezensionen, die ihm später zugeschickt werden, allerdings »auf einem ganz idiotischen Niveau, da diese Armen alles symbolisch nehmen, den Gegensatz zwischen Shen-Te und Shui-Ta als einen ewigen, eben menschlichen, auffassen usw.«. Für ihn ist die Zerreißung der Shen Te »ein schrecklicher Akt der bürgerlichen Gesellschaft« *(Br, 1224).*

31. März, Sonntag. Herbert Jhering fordert B erneut (→ 24. 10. 45) zur Rückkehr nach Berlin auf. Am Deutschen

31. März 1946
Einladung an Helene Weigel, am Deutschen Theater in Berlin die Courage zu spielen

Theater hätten alle seine neueren Stücke mit Begeisterung gelesen. »Jeder fühlt sich angesprochen und spürt, daß dies uns heute in Deutschland angeht, was man durchaus nicht von allen berühmten Stücken sagen kann, die von draußen jetzt zu uns kommen.« Helene Weigel wird eingeladen, die Courage zu spielen. Für *Leben des Galilei*, das Gustav von Wangenheim inszenieren will, sei Walter Richter für die Titelrolle vorgesehen. Die Aufführungen würden auf Bs Intentionen eingehen. »Ich verbürge mich dafür, daß ich Ihre Interessen vertreten werde.« *(211/29.)* Gleichzeitig schreibt Jherings Frau Li an Helene Weigel und bittet ebenfalls um Rückkehr. »Mache es doch wahr, Du ahnst es nicht, wie wir uns alle freuen. Und wenn ich Dich wieder auf der Bühne sähe, es wäre gar zu schön!« *(211/30.)*

4. April, Donnerstag. B und Auden melden unter dem Titel *The Duchess of Malfi. By W. H. Auden and Bertold [!] Brecht* das Copyright für ihre Bearbeitung an.

21. April, Sonntag. In der sowjetischen Besatzungszone (SBZ) wird durch Zusammenschluß von KPD und SPD die SED (Sozialistische Einheitspartei) gegründet (Vorsitzende: Wilhelm Pieck und Otto Grotewohl). Außerdem sind in der SBZ zugelassen: die CDU (Christlich-Demokratische Union) und die LPD (Liberaldemokratische Partei) sowie die Massenorganisation FDGB (Freier Deutscher Gewerkschaftsbund) und FDJ (Freie Deutsche Jugend).

25. April, Donnerstag. Im Wiener Theater in der Josefstadt findet ein Gastspiel des Schauspielhauses Zürich mit Bs *Mutter Courage und ihre Kinder* statt (Regie: Leopold Lindtberg, mit Therese Giehse). Die Wirkung ist außerordentlich stark. Für das Gastspiel sind im Vergleich zur Uraufführung (→ 19. 4. 41) zahlreiche Rollen umbesetzt worden.

12. Mai, Sonntag. Erstdruck von *Die Ballade vom angenehmen Leben der Hitlersatrapen (2,311-313)* im deutschsprachigen *Argentinischen Tageblatt*, Buenos Aires. In einer redaktionellen Vorbemerkung heißt es u. a.: »Brecht, der stärkste lebende Bühnendichter der deutschen Sprache, hat einige der alten Songs [der *Dreigroschenoper*] durch aktuelle politische Balladen ersetzt und das Singspiel zum politisch-künstlerischen Forum erhöht.«

28. Mai, Dienstag. Elisabeth Hauptmann beklagt sich (am 27. 5.) bei B, daß sie ihm »ein paarmal kurz, bekümmert, ausführlich, erbittert und resigniert geschrieben« habe und ohne Antwort geblieben sei. Das wäre in Ordnung, wenn sich Eric Bentley mit B inzwischen wegen des einführenden Artikels ins Benehmen gesetzt hat. In der Ausgabe (→ 27. 2.) sähe sie statt *Der kaukasische Kreidekreis* lieber *Mutter Courage und ihre Kinder (2200/17)*. – B kümmert sich um das noch ausstehende Honorar Elisabeth Hauptmanns, das sie von Paul Czinner, dem Produzenten von *The Duchess of Malfi*, zu bekommen hat. »Ich war mehr als froh über Ihre Mitarbeit und weiß gut, daß sie nicht ausbezahlt ist, auch wenn die Restsumme beglichen ist. Wenn es mir finanziell auch nur ein bißchen besser ginge im Augenblick, könnte ich das alles besser ordnen, ich bin tief in Ihrer Schuld, ich weiß es gut.« Die Übersetzungen für die Ausgabe der Dramen müßten alle noch einmal überprüft, teilweise neu gemacht werden *(Br, 1209)*.

Mai. B schreibt seinem Bruder Walter an dessen Dienstadresse (Technische Hochschule Darmstadt): »Wir sind seit vier Jahren in Kalifornien, und es geht uns gesundheitlich ganz gut. Steff, jetzt 21 Jahre alt, studiert Chemie, Barbara (15) ist im College. Helli hält Haus. Amerikanische Bürger sind wir nicht geworden.« *(Br, 1211.)* In einem weiteren Brief erkundigt sich B nach dem Haus in Utting (→ 8. 8. 32). »Ich mache mir, auch jetzt wieder, keine Illusionen über Deutschland.« Walter Brecht reagiert am → 26. 6.

Der Regisseur Leopold Lindtberg (aus Zürich) kommt zu einem Studienaufenthalt nach Hollywood und besucht B. Lindtberg erinnert sich: »Wir trafen uns in Kalifornien wiederholt in seinem Haus, bei Hanns Eisler und in unserem kleinen Bungalow. Anläßlich eines späteren Besuchs in Santa Monica zeigte er mir das Bühnenmodell zu der Aufführung seines *Galilei*, die er damals mit Charles Laughton in der Titelrolle vorbereitete. Es wurde viel über die Möglichkeiten gesprochen, wieder deutsches Theater zu machen, und Brecht entwickelte schon damals seine Theorie der Modellaufführungen.« Außerdem sei u.a. über Jean-Paul Sartre, Albert Camus und Ignazio Silone gesprochen worden. Als Lindtberg Silone als einen Schriftsteller bezeichnet, der sich »bei den linientreuen Kommunisten nur geringer Schätzung« erfreut, sei B »sehr heftig« geworden: »Silone ist einer unserer allerbesten Leute. *Fontamara* und *Brot und Wein* sind großartige Bücher.« *(Lindtberg, 120,123.)*

Ende Mai. B dankt Ferdinand Reyher (in New York) für die Rücksendung der »*Galilei*-Korrekturen für Laughton« (vom 25. 5.). »Die Reise war außerordentlich interessant, änderte mein Bild beträchtlich.« *(Br, 1210.)*

Reyher hat außerdem mit B über sein (verlorengegangenes) Romanfragment *Tin* gesprochen, das vom Leben eines amerikanischen Fotografen handelt. Dazu schreibt ihm B später in 14 Punkten Anmerkungen, kritische Hinweise, Vorschläge und stellt Fragen *(Br, 1218)*.

2. Juni, Sonntag. Deutsche Erstaufführung von *Mutter Courage und ihre Kinder* an den Konstanzer Bodensee-Bühnen; Regie: Wolfgang Engels, Bühnenbild: Ulrich Damrau; mit Lina Carstens als Courage.

2. Juni 1946
Deutsche Erstaufführung von *Mutter Courage und ihre Kinder*
Bodensee-Bühnen, Konstanz

Brechts Stück stellt das Ergebnis des Krieges nicht in der Enge des Nationalen dar. *Mutter Courage* ist die ewige Mutter jedes Landes in jedem Krieg. Das Werk des Künstlers durchbricht also, wenn es rein und ganz persönlich ist, alle Schranken und ist international. *(Der Bote, Konstanz, 1. 7.)*

12. Juni, Mittwoch. Elisabeth Hauptmann pflichtet B bei, daß für den ersten Band seiner geplanten amerikanischen Stücke-Ausgabe außer *Galileo* nichts fertig sei. Man müsse alle anderen Übersetzungen noch einmal überprüfen, und »es wäre ein Verbrechen, nun man schon hier ist, dies nicht zu tun« *(2200/20)*.

14. Juni, Freitag. Bs Bruder Walter berichtet (noch ohne Kenntnis des Briefs vom → Mai) von sich und seiner Familie. Sein Haus in Darmstadt sei »halbwegs bewohnbar«, und B könne jederzeit kommen. Über Frank Banholzer schreibt er: »Er war ein stiller, bescheidener, außerordentlich intelligenter junger Mensch. Wir haben ihn lieb gehabt.« B werde wohl wissen, »daß die Stadt Augsburg fast völlig zerstört ist«. Von den »vier Häusern in der Bleich« stünden nur noch zwei, darunter das, in dem sie einmal gewohnt haben. »Staatsanwalt Hartmann« sei vor einigen Jahren einem Herzleiden erlegen, Georg Pfanzelt lebe. Die Hausdame des Vaters, Marie Roecker, bewohne zwei Zimmer der elterlichen Wohnung Bleichstraße. In Darmstadt seien bei einem Fliegerangriff am 11./12. 9. 1944 etwa 30 000 Menschen ums Leben gekommen und 85% aller Häuser zerstört worden. Er lehre in Ermangelung anderer Räume in seiner Wohnung *(E 25/3f.)*.

26. Juni, Mittwoch. Walter Brecht freut sich über den Brief seines Bruders (→ Mai). Er berichtet von der Notlage, die durch fehlende Unterkünfte und Hunger allerorten entstanden ist, die Leute sähen wie »die wandelnden Wasserleichen« aus. Innenpolitisch herrsche eine »völlige Ungewißheit und Unsicherheit der einzelnen Existenz«. Da er sich bedroht fühlt, bittet er B um Hilfe. Er erinnert ihn an die Gespräche, die er mit ihm geführt hat (→ Ende August 39), und an den Rat seines Bruders, in die Partei einzutreten, um sich vor Verfolgungen zu schützen. 1940 habe er das tun müssen. Obwohl alle wüßten, daß er »kein guter Parteigenosse« war, gilt vor der Spruchkammer eben nur die Mitgliedschaft; er bittet B deshalb um eine Bestätigung seines Rates von 1939 *(E 25/5)*. (B stellt ihm ein solches, nicht überliefertes Schreiben aus, wofür sich Walter am 3. 8. »von ganzem Herzen« bedankt.) Das Uttinger Haus sei 1940 in den Besitz von Hanne übergegangen (→ 24. 1. 40) und seitdem vermietet *(E 25/7)*, derzeit an vier Flüchtlinge. Eine Rückgabe an B werde keine Schwierigkeit bereiten, »wie auch sicher das Haus für Dich frei gemacht wird, sobald Du Dich oder jemand von Dir Beauftragter an den Uttinger Bürgermeister wendet« *(E 25/8)*.

Juni. B ist interessiert an Berthold Viertels Urteil über Orson Welles' Bostoner Aufführung des Musicals *Around the World* von Cole Peters. Außerdem soll er Auden nach dessen Übersetzung von *Kinderkreuzzug 1939* fragen. Zur erneuten Zusammenarbeit mit Elisabeth Hauptmann meint er: »Ich bin sehr froh, daß sie, zum ersten Mal wieder, sich meiner Arbeiten annimmt, sie ist unersetzlich.« *(Br, 1212.)*

Juni/Juli. B berichtet seinem Jugendfreund Georg Pfanzelt nach Augsburg über seine Arbeit und seine Pläne im amerikanischen Exil. Falls B noch Eigentümer des Hauses in Utting (→ 24. 1. 40) sei, könne Pfanzelt einziehen *(Br, 1213)*.

Mitte Juli. Ferdinand Reyhers Vorschläge zu *Galileo* haben B »in neue Arbeit mit Laughton gestürzt, die wir erst heute abschlossen«. Peter Lorre sei mit der Unterbringung des Films *Lady Macbeth of the Yards (20,143-162)* nicht vorangekommen. »Ich hätte Gewissensbisse, Dich da hineingezogen zu haben, wenn nicht das Ding ganz interessant geworden wäre, so daß es sicher noch gelegentlich drankommen wird.« Reyher solle mit ihm und seiner Familie »in die Schweiz oder nach Dänemark kommen im Frühjahr« *(Br, 1214)*. Reyher bittet B (am 23. 7.) um Zusendung der neuen *Galileo*-Fassung, die er »mit dem Mikroskop und einem gut gespitzten Bleistift« durchgehen will.

23. Juli 1946
Ferdinand Reyher bietet kritische Durchsicht des *Galileo* an

Juli. B hat von Gerhart Eisler erfahren, daß Jacob Walcher bis jetzt keine Möglichkeit erhalten hat, nach Deutschland zurückzukehren. Wenn B Geld hätte, würde er Walcher gern helfen. Sollte dieser »hinüberkommen«, bietet ihm B an, in Berlin von seinen »vermutlich dort liegenden Theatertantiemen« etwas für ihn freizumachen *(Br, 1215)*.

Juli/August. B teilt Elisabeth Hauptmann seine Gedanken für eine Einleitung (Eric Bentleys) zu dem Dramenband mit. »Ich denke, er muß zum Beispiel feststellen, daß die Stücke in einer Zeit der Kriege und Revolutionen geschrieben sind (und in diesem Sinn ist es eine ›Übergangszeit‹, nicht in dem Sinn, daß die geschätzten Leser im Augenblick, gesättigt mit Ibsen, einen Ibsen II erwarten und einstweilen B. durchblättern).« B legt großen Wert darauf, daß er Realist ist, »nichts anderes, das poetische Element ist natürlich nichts Unrealistisches!« Dann müsse Bentley auf »die großen Fabeln (Erfindungen) und die großen Individualitäten (Rollen)« eingehen und »diese neue Galerie« seiner Figuren schildern. Als Beispiele für Themen nennt B »*Der gute Mensch von Sezuan* (Tödlichkeit bürgerlicher Ethik in bürgerlichen Verhältnissen); *Der kaukasische Kreidekreis* (Eigentum und Justiz); *Galilei* (Wissenschaft und Gesellschaft)« *(Br, 1216)*.

Gleichzeitig schreibt B an Bentley. Er lese dessen eben erschienenes Buch (*The Playwright as Thinker*; dt. Der Stückeschreiber als Denker) »mit wirklichem Vergnügen und langsam«. Die Auswahl für den 1. Dramenband findet B gut, will aber noch einmal die *Johanna*-Übersetzung lesen. Er schlägt die zusätzliche Aufnahme von *Die Gewehre der*

Frau Carrar vor, »damit etwas Zeitgenössisches im ersten Band steht«. Den *Kaukasischen Kreidekreis* habe Charles Laughton gerade angefangen zu übersetzen. *Die Gesichte der Simone Machard* will er Bentley schicken. »Vielleicht interessiert es Sie als Übersetzungsarbeit.« *(Br, 1217.)*

4. August, Sonntag. Georg Pfanzelt in Augsburg erläutert B seinen jetzigen Wohnsitz: »Santa Monica gehört mit Hollywood zu der Stadt Los Angeles (Stadt der Engel), und ich habe mir die Engel eigentlich immer so vorgestellt.« In Augsburg werde »ein Spaziergang den Lech hinunter [...] wohl etwas niederdrückend werden«; aber immerhin existiere jetzt die Möglichkeit, sich wiederzusehen. B bietet Pfanzelt CARE-Pakete an *(Br, 1219)*.

Mitte August. Gegenüber Ferdinand Reyhers Empfehlung (vom 24. 7.), Harold Clurman die Regie von *Galileo* anzutragen, äußert B Bedenken, weil dieser ein »Stanislawskimann« sei. »Eine ›künstlerische Grundidee‹, ›Regiepersönlichkeit‹ oder ein ›schöpferisches Zentrum‹ brauchen wir nicht.« Clurman müsse, bei B assistierend, erst einmal lernen *(Br, 1220)*.

August. B dankt Ferdinand Reyher für dessen (am 15. 8. übersandte) »Kopfwaschung für die letzte Fassung des *Galilei*«. Er will alles mit dem nun vorgesehenen Regisseur Joseph Losey »durchfechten« *(Br, 1222)*.

B schickt ihm außerdem einen Zeitungsausschnitt über das spurlose Verschwinden von Kunstschätzen, darunter auch der hessischen Kronjuwelen, die während des 2. Weltkriegs aus dem Frankfurter Kunstmuseum in die Kleinstadt Büdingen (Reyhers Mutter stammt von dort) ausgelagert waren. Der »Juwelenfischzug« sei ja nun gelungen. »Die Juwelen waren, wie Du in Schillers *Kabale und Liebe* nachlesen kannst, gekauft mit den Dollars, die die hessischen Fürsten von Amerika für den Verkauf hessischer Bauern in die amerikanische Armee erhielten. Jetzt gingen, nachdem die Bauern gegangen sind, auch die Juwelen hinüber. Ein finsteres Städtchen, dieses Büdingen, mit einer merkwürdigen Anziehungskraft für zweifelhafte Typen.« *(Br, 1221.)*

Eric Bentley legt B seine Auffassung von der Entwicklung der Dramatik und der Einschätzung ihres jetzigen Zustandes dar. »Was mir an Ihrer Methode gefällt, ist immer der ›reine Tisch‹, der gemacht wird, und wichtig ist es nur, daß wir dann auch zu unserer Zeit stehen und gerade ihren ›Übergangscharakter‹ als das eventuell Große ansehen, ohne jedes Schielen nach den Zeiten der ›Erfüllung‹ (trügerische Spiegelungen guter alter Zeiten in unsern Köpfen).« Für Bentleys Vorwort zu der Dramenausgabe stellt er Stichworte *(Notizen zur Einleitung einer Stücke-Ausgabe; 23,57f.)* zusammen, die ihm wichtig erscheinen *(Br, 1224)*.

Ende August. Für *Mutter Courage und ihre Kinder* hat Dessau eine neue Musik komponiert, die B nun über die Agentur Elisabeth Frank, New York, den Bühnenvertrieben und Verlagen gegenüber für verbindlich erklärt.
Elisabeth Hauptmann siedelt nach Kalifornien über.

August 1946
Umzug Elisabeth Hauptmanns nach Santa Monica

31. August, Sonnabend. B bestätigt seinem Basler Verleger Kurt Reiss, daß er »mit keinem der Vertriebe mehr zu tun haben will, die während des Naziregimes kollaboriert haben (etwa zusammen mit dem Felix Bloch Erben Vertrieb in Berlin)«, und erteilt ihm Verhandlungsrechte für eine Aufführung der *Dreigroschenoper* in Holland *(Br, 1223)*.
10. September, Dienstag. Karl Korsch sendet B (aus Seattle) einen Artikel und bittet um sein Urteil *(654/60f.)*.
Mitte September. Sein Sohn Stefan hat B (am 10. 9.) für die Arbeit am *Galileo* auf drei Schriften Luthers hingewiesen und verlangt, »Galilei müßte unbedingt unsympathisch sein«. Darauf gesteht B, daß er »die Galileische Fortschrittlichkeit hätte mehr spezifizieren sollen«. Aber er akzeptiert nicht Stefans Schluß, Galilei sei zu sympathisch gezeichnet: »Beinahe ein Jahrzehnt lang fügt er sich und schweigt wieder. Dann verläßt er sich auf den liberalen Papst (nicht etwa auf das Volk oder das Bürgertum) und, von diesem im Stich gelassen, unterwirft er sich völlig und öffentlich. In der Gefangenschaft kollaboriert er schamlos (im Stück) und läßt sich sein Hauptwerk stehlen – unter heftigsten Bauchschmerzen. Ich glaube wirklich, das ›Sympathische‹, das Dich ärgert, ist seine Vitalität.« *(Br, 1226.)*
Ruth Berlau war nach ihrer Entlassung aus der Klinik nach Kalifornien gekommen. B fährt mit ihr (im Auto von Charles Laughton) von Santa Monica nach New York.

Mitte September - Anfang Dezember 1946
Sechste Reise nach New York

19. September, Donnerstag. B und Wystan Hugh Auden unterzeichnen den endgültigen Vertrag der Dramatists Guild über *The Duchess of Malfi*, der Paul Czinner zur Benutzung ihrer Bearbeitung verpflichtet.
20. September, Freitag. Erste Aufführung von *The Duchess of Malfi* im Metropolitan Theatre von Providence, Rhode Island.
22. September, Sonntag. B kommt mit Ruth Berlau in New York an. Wenige Tage später reist B nach Boston weiter.
25. September, Mittwoch. Paul Czinner hat für die *Malfi*-Produktion den englischen Regisseur Georg Rylands engagiert, der das Stück ein Jahr zuvor erfolgreich am Londoner Haymarket Theatre inszeniert hat. Die Proben beginnen (Ende August) in New York; das Stück wird dann vor der Broadway-Premiere auf der üblichen Probentournee an anderen Orten gezeigt. B ist mitgeteilt worden, daß der Regisseur sich geweigert habe, die Auden-Brechtsche Bearbeitung zu benutzen. B sieht sich in Boston die Probeaufführung von

25. September 1946
Besuch einer Aufführung von *The Duchess of Malfi* in Boston

The Duchess of Malfi (auf deren Programmheft Bs und Audens Namen als Bearbeiter genannt sind) an und will sie noch in seinem Sinne beeinflussen. Unter dem Eindruck der Inszenierung schreibt er: »Die Aufführung wurde von einem englischen Regisseur geleitet und war altmodisch-deklamatorisch, folgend der sogenannten Shakespeare-Tradition, die auf Stile des letzten Jahrhunderts zurückgeht und natürlich mit dem elisabethanischen Theater nicht das geringste zu tun hat. Die Unzulänglichkeit dieser Tradition konnte klar eingesehen werden.« *(24,338.)* Für Elisabeth Bergner schreibt er *Regienotizen (24,336-338).*

26. September 1946
Protest Brechts gegen Bühnenfassung von *The Duchess of Malfi*

26. September, Donnerstag. B teilt Paul Czinner seine Einwände gegen die Inszenierung Rylands mit. Er fordert die unbedingte Wiederherstellung der Adaption, die Auden und er abgeliefert haben. »Ohne unsere gemeinsame Zustimmung dürfen wirklich keine Striche gemacht werden. Noch sollen Zusätze aus dem Websteroriginal ohne Verständigung mit uns gemacht werden (da ja die Adaption zum Teil gerade aus wohlüberlegten und mit Elisabeth Bergner oft durchdiskutierten und von ihr gebilligten Strichen besteht).« Die Rolle des Ferdinand sei »unzureichend besetzt, wie ja auch Elisabeth sagt«, und vom Regisseur falsch angelegt, »und zwar so falsch, daß der Sinn des ganzen Stückes entscheidend verdunkelt und verdreht wird«. B schlägt deshalb neben einer Neubesetzung des Ferdinand auch einen anderen Regisseur vor. »Der bisherige Regisseur hat die Adaption nicht beachtet und scheint überhaupt nicht imstande, so zu inszenieren, daß das Publikum der Handlung folgen kann.« Er bittet um eine Antwort bis zum 30. 9. *(Br, 1225).* Czinner sucht zu vermitteln und läßt B nach der Abreise Rylands erneut Proben leiten.
Henry Schnitzler, Regisseur von *The Private Life of the Master Race* in Berkeley (→ 7. 6. 45), hat von B auf seine und Roger Sessions Anfrage (vom 5. 9.) nach einer neuen Schuloper im Stil des *Jasagers* den englischsprachigen Text von *Das Verhör des Lukullus* zur Vertonung und Aufführung bekommen. »Roger Sessions ist ganz begeistert von den Möglichkeiten in musikalischer Hinsicht und hat bereits mit der Arbeit begonnen.« Schnitzler plant, Bs Stück zusammen mit Strawinskys *Histoire du Soldat* aufzuführen (→ 18. 4. 47) *(1762/24-26).*

1. Oktober 1946
Urteilsverkündung beim Internationalen Kriegsverbrecherprozeß in Nürnberg

1. Oktober, Dienstag. Im Internationalen Kriegsverbrecherprozeß in Nürnberg werden die Urteile verkündet. Zwölf der 22 Angeklagten werden zum Tod durch den Strang verurteilt, sieben zu Zuchthausstrafen. Drei ehemalige Nazi-Funktionäre werden freigesprochen: der Reichswirtschaftsminister und Generalbevollmächtigte für die Wehrwirtschaft, Hjalmar Schacht, der Wegbereiter Hitlers Franz von Papen und der Rundfunkkommentator und Generalbevollmächtigte für die politischen Organisationen des Großdeutschen Rundfunks, Hans Fritzsche. B schreibt daraufhin *An den Allied Control Council, Berlin*, und schlägt ein »zentrales deutsches Gericht zur Aburteilung und Ächtung aller jener Verbrechen« vor, »für die sich das Internationale Militärtribunal in Nürnberg für unzuständig erklärt hat« *(23,58)*.

Anfang Oktober. B studiert in New York mit dem Schauspieler Brainerd Duffield die Rolle des Ferdinand für *The Duchess of Malfi* ein. Seine Vorstellungen für eine Aufführung legt er in dem (unvollständig überlieferten) Text *Wie die »Duchess of Malfi« aufgeführt werden sollte (24,340)* nieder.

5. Oktober, Sonnabend. Herbert Jhering gibt William Dieterle, der in Berlin ist, einen Brief an B mit: »Es ist überhaupt dringend nötig, daß in Berlin ein neuer, d. h.: in Deutschland bisher unbekannter Brecht gespielt wird. Zuviele Mißverständnisse schleichen sich sonst ein, weil zuviele Mittelmäßigkeiten sich sonst auszudehnen versuchen. Wir brauchen gerade Sie! Ihre Stücke und, wenn irgend möglich, Ihre persönliche Anwesenheit!« *(211/31a.)* Gleichzeitig bietet Wolfgang Langhoff Helene Weigel in einer Gastrolle die Courage am Deutschen Theater an.

14. Oktober, Montag. Kurt Horwitz, der am Stadt-Theater in Basel spielt, bittet (am 21. 9.) B im Namen des Regisseurs Ernst Ginsberg für die Aufführung von *Furcht und Elend des III. Reiches* um einen Schluß, der 1946 endet, oder um eine neue Schlußszene. Da Ginsberg aber die rechtzeitige Fertigstellung der Szene bezweifelt, schlägt er B vor, am Ende von Horwitz das Gedicht *Deutschland (11,253f.)* sprechen zu lassen *(1800/16)*. Die Aufführung kommt am → 6. 1. 47 heraus.

15. Oktober, Dienstag. Premiere von *The Duchess of Malfi* im Ethel Barrymore Theatre in New York; Musik: Benjamin Britten; Regie: George Ryland; mit Elisabeth Bergner (Herzogin), John Carradine (Kardinal), Canada Lee (Bosola). Auf dem Theaterzettel wird lediglich Wystan Hugh Auden als Bearbeiter genannt. Die Inszenierung fällt bei der Presse und beim Publikum durch und wird nach vier Wochen abgesetzt.

15. Oktober 1946
Premiere von
The Duchess of Malfi
Ethel Barrymore Theatre,
New York

22. Oktober, Dienstag. Ann Elmo schickt an Richard Rodgers (von der Dramatists Guild) den Vertrag über die Aufführung von *Duchess of Malfi*.

Oktober. B schreibt Helene Weigel, in New York sei es »nicht angenehm«. Wegen eines Visums für die Schweiz müsse man in Los Angeles zum Konsulat. »Aber wir müssen auch um die amerikanische Bürgerschaft einreichen, glaube ich.« *(Br, 1227.)*

Im Mundus-Verlag in Basel erscheint als Band 11 der Reihe »Erbe und Gegenwart« Bs Stück *Die Mutter* mit den *Anmerkungen* von 1938 und einer ausführlichen Einleitung von Karl Götting *(S. 9-41)*.

1. November, Freitag. Alfred Kantorowicz ist bei B zu Besuch. Das Gespräch geht um *Leben des Galilei*, insbesondere um die Verurteilung seines Widerrufs. Was die Zukunft Deutschlands betrifft, scheint B zuversichtlich: »Er glaubt, daß genügend Kräfte im Lande nachgewachsen sind, selbst unter der Besetzung die neuen geschichtlichen Aufgaben zu formen.« *(Kantorowicz, Die Welt, 12. 8. 59.)*

Planung einer neuen Zusammenarbeit mit Caspar Neher

B freut sich, daß Caspar Neher (seit 1946 als Bühnenbildner am Schauspielhaus Zürich verpflichtet) in die Schweiz übergesiedelt ist; »es ist so wichtig, jetzt zu überleben (vollends), und das heißt: Essen, Wärme und Medizin. Auch der Wasserfeuermensch braucht das. Mitunter.« Nehers Anwesenheit in Deutschland könne »absolut nichts nützen«; vom Ausland aus wäre mehr zu machen. Man müsse sich darauf einrichten, daß es ein paar Jahre dauert, bis man in Deutschland, besonders im Osten, arbeiten kann, »das ist freilich schlimm, aber besser, sich darauf einzurichten, Cas«. Das Theater in den USA sei »kältester Verkauf von Abendunterhaltung und ein von Spielern unterhaltener Zweig des Rauschgifthandels«. Er schlägt Neher vor, in der Schweiz oder in Oberitalien »ein paar Jahre lang« zu arbeiten, »mehr oder weniger theoretisch und mitunter eine oder die andere Inszenierung für Deutschland vorbereitend«. B fände es angenehm, »in Berlin zum Beispiel das Theater am Schiffbauerdamm wieder zur Verfügung zu haben«, mit Jacob Geis als Leiter *(Br, 1228)*. In einem weiteren, gleichzeitig geschriebenen Brief (an eine andere Adresse, »damit zumindest einer ankommt«) hält er Nehers Aufenthalt in der Schweiz besonders deshalb für wichtig, weil er dann »nicht so leicht in gewisse Meinungskämpfe verwickelt werden« kann. B erinnert seinen Freund an einige »mit Tusche und Messer« bearbeitete Bretter, die er für ihn machte und die noch in Schweden sind. Er wünscht sich ein weiteres. »Ich bräuchte so was.« *(Br, 1229.)*

5. November, Dienstag. Charles Laughton kommt zu Dreharbeiten nach New York.

8. November, Freitag. B bittet Horst Baerensprung, das Rechtsverhältnis mit dem Verlag Felix Bloch Erben zu klären, und sendet ihm zu diesem Zweck Abschriften seiner Verträge aus den Jahren 1928 (→ 2. 5. 28) und 1929 (→ 17. 5. 29) über die *Dreigroschenoper*. »Ich stehe nunmehr auf dem Standpunkt, daß der Verlag niemals das geringste Recht hatte, meine *Dreigroschenoper*-Einnahmen zurückzuhalten, und daß er auch keinen Anspruch mehr hat, die Renten von mir ersetzt zu bekommen, da er den zweiten Vertrag schon vor Hitlers Machtantritt gebrochen hat. Nur wenn der Verlag dies anerkennt, bin ich bereit, einen neuen Vertrag über die *Dreigroschenoper* abzuschließen.« Er bittet Baerensprung, zu den Verhandlungen auch seinen »Freund Peter Suhrkamp (Leiter des ehemaligen S. Fischer Verlags)« hinzuzuziehen *(748/1f.)*.

11. November, Montag. Ann Elmo sendet den Vertrag zwischen B, Hays und Reynal & Hitchcock über die Herausgabe einer Gedichtauswahl an B zurück.

16. November, Sonnabend. Helene Weigel hat an Hella Wuolijoki über verschiedene Adressen mehrere CARE-Pakete geschickt. »Ich habe nichts von Deinen vielen Freundlichkeiten vergessen, nicht Dein Haus, Deine Geschichten und die vielen Abende bei Dir.« *(2177/12.)*

18. November, Montag. Lion Feuchtwanger läßt B einen von ihm verfaßten Aufruf zukommen, in dem er um Hilfeleistungen für etwa hundert deutsche und österreichische Schauspieler und Schriftsteller bittet, »die sich im Kampf gegen die Nazis besonders ausgezeichnet haben«. Es wird um eine Zahlung von 10 $ gebeten, für die ein CARE-Paket an eine notleidende Familie finanziert werden soll *(Feuchtwanger, 48)*.

Anfang Dezember. Rückkehr nach Santa Monica.

Anfang Dezember 1946 Zurück in Santa Monica

6. Dezember, Freitag. B hat den Theaterverlag Reiss in Basel darum gebeten, seiner Tochter Hanne auf seine Kosten in jeder Woche regelmäßig ein Geschenkpaket zu schicken; dies wird vom Verlag (am 11. 10.) akzeptiert. Hanne (die in Wien Unterricht im Tanzen, Singen und Theaterspielen genommen hat und im Theater kleine Rollen spielt) bedankt sich für die Sendungen, auch für die *Svendborger Gedichte*. Sie bittet um ein Exemplar der *Heiligen Johanna der Schlachthöfe*, deren Titelrolle sie sehr interessiere. »Weil sie die Kraft hat, zugrundezugehen an den falschen Gesetzen der Welt, aber umsonst, sie verläßt keine bessere Welt.« Hanne ist auch an der Stummen Kattrin (in *Mutter Courage und ihre Kinder*) interessiert, »die lauter redet als alle anderen«. Sie berichtet von ihrem Einsatz in einem Lazarett bei Bad Ischl *(654/58f.)*.

16. Dezember, Montag. Wolfgang Langhoff, Darsteller mehrerer Rollen in Brecht-Uraufführungen am Schauspielhaus Zürich, 1945 Generalintendant der Städtischen Bühnen Düsseldorf, übernimmt im August 1946 die Intendanz des Deutschen Theaters Berlin. In dieser Funktion wendet er sich mit einem längeren Brief und zwei Telegrammen an B. In einer Zeit großer Depression würden auf dem Theater »der ausgesprochen tiefe Pessimismus der Existenzialisten von Anouilh bis Sartre und Camus und der neue Romanti-

16. Dezember 1946 Offizielle Einladung des Deutschen Theaters an Brecht und Weigel, nach Berlin zu kommen

zismus der Amerikaner« wenig helfen. »Der Schrei nach dem deutschen Dichter aber verhallt in der Wüste, und Bert Brecht schweigt in Deutschland.« Langhoff möchte im März 1947 *Schweyk* inszenieren (mit Karl Hellmer in der Titelrolle, Kathe Kühl als Kopecka und Ernst Busch als Baloun) und bittet B um die Aufführungserlaubnis *(1762/6-8)*. (B behält sich alle Zusagen für deutschsprachige Inszenierungen vor.)

27. Dezember, Freitag. Albert Einstein sendet Alice K. Orlan in Santa Monica beste Wünsche für das neue Jahr und fügt hinzu: »Grüßen Sie auch Bert Brecht, dessen Kunst ich aufrichtig verehre, am meisten von den mir bekannten, die heute deutsch schreiben.« *(286/3.)*

Hella Wuolijoki bedankt sich für mehrere CARE-Pakete aus Santa Monica. Es sei zum Verzweifeln gewesen, »zwei Jahre nach der Adresse des größten deutschen Dichters zu jagen«. Bs Aussage für sie (→ 6. 9. 43) habe im Prozeß gegen sie keine große Rolle gespielt, weil man B sogleich zum Juden gestempelt habe. Sie schreibt über die Zeit im Gefängnis und ihre jetzige Tätigkeit als Generaldirektorin des Finnischen Rundfunks und Abgeordnete im Finnischen Reichstag. Sie fragt B, warum er nicht nach Deutschland zurückkehrt. »Ich weiß, daß es ein schweres persönliches Opfer ist, zu diesen vergifteten Menschen zurückzukehren, aber ich kann mir nicht vorstellen, daß Du wie Thomas Mann denkst; Du schreibst doch für Deutschland!« *(211/32-36.)*

Dezember. Da Caspar Neher noch keines der Pakete von Helene Weigel und B erhalten hat, will B nun einen Versandweg über den Reiss-Verlag in Basel erproben. Er wünscht sich eine neuerliche Zusammenarbeit mit Neher: »Ich selber bin überzeugt, daß wir wieder ein Theater aufbauen werden; das können wirklich nur wir beide. Es muß nur alles organisiert werden. [...] Diesmal hatte ich die (nicht eben heftig gesuchte) Gelegenheit, allerhand Länder zu sehen, und ich kann Dir mitteilen, daß ich nirgends jemand gefunden habe, der zu meinen Stücken (oder zu andern Stücken) die Bilder machen kann – was Dir, wie ich hoffe, eine kleine Genugtuung bereitet.« *(Br, 1232.)*

B berichtet Neher auch von Angeboten, u. a. einem aus Berlin, »das Schiffbauerdammtheater für gewisse Sachen benutzen zu können«. Er habe darüber noch nicht entschieden. Die Nazis hätten »ihre Schicksalstragödie mit sich« gehabt; »jetzt fischen die Pariser sie als Existentialismus aus ihren Kloaken. Hier machen sie ein wenig Surrealismus, bevor Realismus war, also als Ersatz.« B erinnert Neher an gemeinsame Experimente und entwickelt detaillierte Pläne für die künftige Arbeit an den Beispielen von *Der kaukasische Kreidekreis*, *Der gute Mensch von Sezuan*, *Die Rundköpfe*

und die Spitzköpfe, *Mutter Courage und ihre Kinder* und *Leben des Galilei (Br, 1233).*
Bei Georg Pfanzelt erkundigt sich B, was er brauche, »Schuhe oder Kleidungsstücke oder was immer im Haushalt (mit Angabe von Schuhnummer usw.)«. B will versuchen, bald wieder in Deutschland zu sein. »Oder was davon noch da ist. Diesmal haben sie einen zu tiefen Schluck aus der Pulle genommen, scheint es. Es darf eben nichts übertrieben werden, wie schon Fräulein Roecker [→Januar 1910] über unsere Zinnschlachten sagte.« *(Br, 1234.)*

1947

2. Januar, Donnerstag. B schreibt an Dr. Gruenthal (→ 11. 1. 46), er freue sich, daß sich Peter Lorre in seine Behandlung begeben hat. Allzu viele seien durch Alkohol und Narkotika zugrunde gegangen. »Es ist mir, schon für die Saison 47/48 ein Theater in Berlin angeboten worden. Natürlich bin ich sehr vorsichtig; in dem nahezu völlig zerstörten Berlin braucht es enorme Organisation, wieder ein Theater, wie wir es haben wollen, in Schwung zu bringen. Unterkunft, Ernährung usw. usw., all das muß sorgfältig organisiert werden. Lorre brauche ich unbedingt – ohne ihn kann ich mir das Ganze kaum vorstellen. Er muß meine Rollen spielen und die großen klassischen Rollen auch.« *(Br, 1235.)*
6. Januar, Montag. Schweizerische Erstaufführung von 18 Szenen aus *Furcht und Elend des III. Reiches* im Stadttheater Basel; Regie: Ernst Ginsberg, Bühnenbild: Caspar Neher; mit Kurt Horwitz, Alfred Schlageter, Milena von Eckardt, Bernhard Wicki, Erwin Kohlund.
8. Januar, Mittwoch. Die Agentur Elisabeth Frank informiert B von einer Entscheidung, die Carl Zuckmayer in München durchgesetzt habe: danach sollen für die amerikanische Zone der Zinnen-Verlag in München (Subvertrieb von Reiss) und der Suhrkamp Verlag in Berlin berechtigt sein, Verträge für amerikanische Autoren abzuschließen, die in deutscher Sprache schreiben.
10. Januar, Freitag. B hat Kurt Reiss (am 9. 1.) seine Stellungnahme zu der Haltung des Verlags Felix Bloch Erben in Sachen *Dreigroschenoper* gegeben und autorisiert den Verlag, in seinem Namen »alle schwebenden Rechtsfragen« zu besprechen *(1800/22).*
27. Januar, Montag. Als der Brief Hella Wuolijokis (vom → 27. 12. 46) angekommen ist, habe es, wie Helene Weigel berichtet, ein »großes Freudengeschrei« gegeben. Die Kinder seien groß geworden, »Steff Amerikaner, da er in der Army war, und wir warten auf die Gelegenheit, nach Europa zu kommen«. Sie beneidet Hella Wuolijoki um ihre Energie und

6. Januar 1947
Schweizerische Erstaufführung von *Furcht und Elend des III. Reiches*
Stadttheater Basel

Der Vergleich mit dem Werk eines anderen Deutschen, der sich mit der deutschen Tragödie befaßt, wäre verlockend und ergiebig; wir denken an das Schauspiel von Carl Zuckmayer, das so viele Menschen erleichtert. Brecht gibt diese Erleichterung nicht. Als ich einer Dame erzählte, wann das Stück geschrieben worden sei, fragte sie mich, warum man es damals nicht gespielt hätte, und besann sich plötzlich mit Schrecken darauf, wie es damals mit unserer Freiheit bestellt war. Man vergißt das so gerne. Sicher ist es gut und wichtig, daß dieses Stück auf der Bühne gezeigt wird, und wer es eine Revue nennt, nenne es eine Revue für das Gedächtnis. Vielleicht ist es darum so unangenehm. Wenn der Mensch ein

Gedächtnis besäße, wäre nicht manches schon besser? Er würde sich eine Kugel in die Schläfe geben oder sich verändern. Brecht hofft auf das Letztere. Darum redet er so nüchtern zu uns, rauschlos, ohne Ausflucht ins Vergangene, das sich oft für Poesie hält; seine Poesie ist sein Ernst, seine Liebe zum Menschen. Und seine Schönheit, scheint mir, liegt in der Würde seines Anliegens.
(Max Frisch, Schweizer Annalen, Aarau, Nr. 8, 3. Jg.)

Helene Weigel

Februar 1947
Wunsch, mit Erwin Piscator in Berlin zusammenzuarbeiten

darum, daß sie etwas tut, das Sinn hat. »Ich möchte mit meiner auch bald wieder etwas anfangen.« *(2177/11.)*
Arthur Hellmer vom Deutschen Schauspielhaus Hamburg berichtet B vom großen Erfolg der *Dreigroschenoper*, die an seinem Theater über 100mal gespielt worden sei. »Das Stück wirkt noch ausgezeichnet und gibt zu vielen Diskussionen Anlaß.« Hellmer bittet um die Aufführungsgenehmigung für *Schweyk (1762/10)*.
20. Februar, Montag. B ärgert sich über den Leitartikel *Tod und Auferstehung* von Johannes R. Becher (Auszug aus dessen *Münchener Rede*) in der Wochenzeitung des ost-deutschen Kulturbunds *Sonntag* (vom 5. 1.), weil darin deutschnationale Gedanken in pathetischer Form ausgesprochen sind. Nach einigen bezeichnenden Zitaten daraus notiert er in sein *Journal*: »Der Rattenfänger von Hameln muß aber zumindest pfeifen gekonnt haben.« *(27,239f.)*
Es ist dies die erste Notierung im *Jounal* seit dem 5. 1. 46 (möglicherweise sind Aufzeichnungen aus den vergangenen Monaten verlorengegangen).
28. Februar, Dienstag. Helene Weigel informiert Karin Michaelis, die inzwischen wieder nach Dänemark zurückgekehrt ist, von ihrem und Brechts Wunsch, ebenfalls bald nach Europa zu fahren, und bittet sie um eine »feine Einladung« *(KBK)*.
Februar. B erkundigt sich (»ganz privat«) bei Henry Schnitzler (→ 26. 9. 46), ob er eine experimentelle Aufführung von *Galileo* an der Universität Berkeley für möglich hält. »Die Schüler, selbst mitspielend, würden einen großen Schauspieler seine Rolle aufbauen sehen, auch von ihm manche Hilfe im Sprachlichen und im Spielen bekommen, Laughton ist sehr an derlei interessiert.« Falls so ein Projekt möglich sein sollte, könne ihm B freilich nicht die Regie versprechen. »Wir arbeiteten schon einen ganzen Winter lang mit Joe Losey an der Regie, und am Broadway würden Elia Kazan und Harold E. Clurman die Produktion leiten.« *(Br, 1236.)*
Bei Erwin Piscator erkundigt sich B, wie er »über Theatermachen in Berlin« denke. Er bekomme ständig Anfragen mit Aufführungswünschen, »habe aber bisher keine Aufführung erlaubt«, weil die Stücke nicht besetzt werden könnten. Was er über die Aufführungsstile hört, sei »zum Kotzen, und auf dem Theater ist ja schlecht nicht besser als nichts«. B hält eine Anwesenheit bei den Inszenierungen für dringend erforderlich. Dabei kann er sich »einen erfolgreichen Kampf gegen Provinzialismus, leeren Emotionalismus usw. und für großes politisch reifes Theater« ohne Piscator nicht vorstellen. B und Piscator sollten kein gemeinsames Theater aufmachen, sondern »zumindest von zwei Punkten aus arbeiten« *(Br, 1237)*.

15. März, Sonnabend. B erklärt sich gegenüber Fred O. Harris von der UCLA mit dem Plan von Henry Schnitzler einverstanden, das Radiohörspiel *Das Verhör des Lukullus* mit der Musik von Roger Sessions am Universitäts-Theater in sechs Aufführungen zu spielen (in der Zeit 18.-26. 4.) und bittet um Überweisung der Tantiemen (in Höhe von 100 $) an seine Adresse *(Br, 1238).*

Mitte März 1947
Planung der Rückkehr nach Europa

Mitte März. B hat gehört, daß Peter Lorre in New York wegen des Besitzes von Drogen festgenommen worden ist. Er bittet Ferdinand Reyher um Unterstützung und dankt ihm nun für seine »schnelle Hilfe«. »Es ist nicht nur, daß ich ihn gern habe, ich brauche ihn auch in Deutschland und dringend, mein Theater wieder zusammenzukriegen.« B hat inzwischen wie auch Helene Weigel und Barbara »um Exit- und Reentervisen eingereicht; *Helli* und *Barbara* haben bereits positiven Bescheid, auf meinem Papier waren die Fotos nicht groß genug; ich hoffe, das ist alles«. B erwägt zunächst, sich in Oberitalien oder in der italienischen Schweiz, »Gegend von Lugano«, niederzulassen *(Br, 1239).*

20. März, Donnerstag. B stellt das Gedicht *Freiheit und Democracy oder Der anachronistische Zug (15,183-188)* fertig. »Eine Art Paraphrase von Shelleys *The Masque of Anarchy.*« *(27,242.)* Er hatte die Vorlage bereits für seinen Aufsatz *Weite und Vielfalt der realistischen Schreibweise (22,424-433)* verwendet. B schickt das Gedicht später an George Grosz, meint, es sei »vielleicht brauchbar für Deutschland«, und bittet ihn, dazu ein paar Zeichnungen zu machen: »Wir sollten wirklich für das alte Kulturland was tun.« *(Br, 1242.)* Grosz weist B (am 30. 3.) ab, weil er, »nur ungefähr geschätzt«, in seinem »Leben für zirka 2 000 000 gratis gearbeitet« habe: »ich meine money« *(Grosz, Briefe, S. 389).*

23. März, Sonntag. Ferdinand Reyher dankt B für die Übersendung der *Svendborger Gedichte* und bittet ihn um nähere Auskünfte über seine Pläne in Oberitalien oder in der Schweiz.

24. März, Montag. B liest Andrej Shdanows *Referat über die Zeitschriften »Swesda« und »Leningrad«*, das dieser 1946 in Leningrad gehalten hat. »Dergleichen wird von den Intellektuellen immer als Balsam für ihre Gewissensbisse angewendet, wenn sie sich für die Jobs entschieden haben.« *(27,242.)*

Filmgeschichte
***Der Mantel* (nach Gogol)**
abgeschlossen

B ist »stark beeindruckt« von den Filmen *Sturm über Asien* von Wsewolod Pudowkin und *Monsieur Verdoux* von Charles Chaplin (den er lieber *The Provider* nennen würde). Für Peter Lorre beendet er einen Filmentwurf nach Gogols Novelle *Der Mantel (20,165-180).* Er sieht »keine Aussichten dafür in Hollywood« und denkt an die Schweiz

(27,243). In diesem Zusammenhang beginnt er die Filmgeschichte *Der große Clown Emaël (20,184-190)*, die in der Schweiz fertiggestellt wird. Bei diesem Filmentwurf arbeitet wie auch bei weiteren Geschichten Elisabeth Hauptmann (→ Ende August 46) mit.

27. März, Donnerstag. B hat den Spanienfilm *Man's Hope* (*Hoffnung*) von André Malraux gesehen und findet darin »ausgezeichnete dialektische Elemente«. Ebenso hat ihn der Film *Sturm über Mexiko* beeindruckt, »aus einem ungeheuren Material« (von Sergej Eisenstein) zusammengestellt. »Was für ein Auge dieser Mann hat!« *(27,243.)*

Erteilung der Erlaubnis zur Ausreise aus den USA und Wiedereinreise

29. März, Sonnabend. B, Helene Weigel und Barbara bekommen ein »Exit- und Reenter-Permit, um in die Schweiz zu reisen« *(27,244)*. Dies teilt B Ferdinand Reyher mit, dem er ausdrücklich die Filme *Man's Hope* und *Monsieur Verdoux* empfiehlt.

30. März, Sonntag. B notiert in sein *Journal* ein tabellarisches Schema, in dem er Kriterien des Naturalismus solchen des Realismus gegenüberstellt. Er kommt am Ende zu der Feststellung: »Der Naturalismus ist ein Realismus-Ersatz.« *(27,244.)*

Ende März. Durch Bs Brief (→ Februar) kommt Erwin Piscator noch einmal auf das Zerwürfnis bei der Inszenierung von *Master Race* (→ 2. 6. 45) zu sprechen. Trotz der Meinungsdifferenzen wäre Piscator für ein gemeinsames Theater, nicht für zwei getrennte. Für ihn sei B ein Autor, der wie kein anderer »näher an die Art Theater herangekommen ist, wie ich sie mir vorstelle«. Er verweist auf eine Einladung nach Berlin von Friedrich Wolf und der neuen Volksbühne *(Z 2/108)*.

B versichert Piscator, »der Ordnung halber«, daß ihm niemand »von den Leuten, die in den letzten 20 Jahren Theater gemacht haben«, so »nahegestanden« sei wie er. Deshalb sollten sie »zumindest zwei Punkte besetzen«. Er (Brecht) müsse »einen ganz bestimmten Darstellungsstil entwikkeln«, der sich von dem Piscators »unterscheidet«. Die Hauptsache erscheine ihm, daß sie »für eine Rückberufung der Schauspieler im Exil arbeiten (Weigel, Kortner, Lorre, Homolka, Bois, selbst wenn einige zunächst nur für Gastspiele interessiert wären)«. Gegenwärtig schreibe er eine »Art aristophanischer Revue« (gemeint ist *Der Wagen des Ares*; *10,938-953*), »behandelnd die Rückkehr des Kriegsgotts aus einem fehlgegangenen Krieg in ein ruiniertes Land« *(Br, 1240)*.

März. Der Schriftsteller und Filmregisseur Donald Ogden Stewart (den B bereits 1942, damals als Präsidenten des amerikanischen Schriftstellerverbands, kennengelernt hat) sendet B Anfang 1947 sein Stück *How I wonder* (dt. Wie gern ich wüßte) zu. B hält Stewarts Komödie (wie er in einem im Frühjahr geschriebenen Brief mitteilt) für »so sehr nützlich«, weil darin »bürgerliche Astronomen am Sternhimmel eine Nuova entdecken und mutmaßen, daß auf diesem Stern ähnliche Fortschritte der Physik und ähnliche Verhältnisse bestehen müßten« wie auf der Erde. Hingegen hat B Vorbehalte gegen Stewarts Darstellung der »Intellektuellen in der bürgerlichen Gesellschaft«, die nach seiner Meinung »eine gewisse Grobheit der Behandlung« gestattet und erfordert. Angesichts der neueren Verfahrensweisen in der Atomphysik (→28. und 29.10.45) sind für B die »Gewissensbisse der Atomphysiker [...] als Moralia besonders komisch«. Das Publikum könne durch »tröstliche Hinweise auf die ›immer noch vorhandene menschliche Anständigkeit‹« bestimmt nicht »aktivisiert« werden *(Br, 1196)*.

3. April, Donnerstag. B klebt in sein *Journal* einen Presseausschnitt (aus *World Report)* mit einer Auflistung der »Weltstärke der Kommunisten« *(27,245f.)* und notiert seine Ansicht zu der These eines Schriftstellers, den er besucht, »daß der amerikanische Arbeiter den Marxismus ablehnt, weil er durch das Wohlleben (verursacht durch den »kulturellen Imperialismus des Bürgertums«) bestochen ist – weshalb man sich an andere Schichten wenden müsse« *(27,244)*.

18. April, Freitag. Karl Korsch analysiert in einem ausführlichen Brief an B die »gegenwärtige Lage und Perspektive« und begründet seine »Rückkehr zum Marx-Studium«. Er stellt einen Besuch in Santa Monica in Aussicht und wünscht eine weitere Zusammenarbeit am *Manifest (alternative, H. 105,254-258)*.

Premiere von *Das Verhör des Lukullus* mit der Musik von Roger Sessions (→26.9.46) in Berkeley (Regie: Henry Schnitzler).

18. April 1947
Premiere von
Das Verhör des Lukullus
in Berkeley/Kalifornien

21. April, Montag. Herbert Jhering bedankt sich für ein CARE-Paket. Er zieht mit seiner Familie in sein altes Haus und bietet B, wenn er nach Berlin kommt, Unterkunft an, bis er »etwas Endgültiges« gefunden hat. Jhering bedauert Bs Ablehnung einer *Schweyk*-Inszenierung am Deutschen Theater, versteht aber dessen Grundsatz, sich erst einmal selbst umzusehen. Auf Wunsch Bs informiert er ihn über das Theater am Schiffbauerdamm: Intendant sei Fritz Wisten, »der frühere Oberregisseur des jüdischen Kulturbund-Theaters«. Außer Friedrich Wolfs *Matrosen von Cattaro* in der Inszenierung von Ernst Busch (und mit ihm in der Hauptrolle) habe das Theater »noch nichts Besonderes geleistet«. Bs Rückkehr sei gerade jetzt besonders wichtig. »Berlin hat noch immer die Möglichkeit zu einer wirklichen Theaterstadt. Gerade weil so viel zerstört und so viel Altes weggeräumt ist.« *(Z 2/165f.)*

27. April, Sonntag. Joseph Losey ist zur Vorbereitung der *Galileo*-Inszenierung nach Kalifornien gekommen; er schreibt an Ferdinand Reyher, das Stück mache »gute Fortschritte«. B sei »ausgezeichneter Laune. Sie haben zur Abwechslung anscheinend einmal konstruktive Arbeit am Skript geleistet.« *(Lyon1, 253.)*

Ende April. B verhandelt mit dem Theater- und Filmproduzenten T. Edward Hambleton über *Galileo*. B gewährt keine exklusiven Weltaufführungsrechte und reduziert die Rechtsgültigkeit auf amerikanische Inszenierungen. Nach einem Bericht Loseys bringen Hambleton und Laughton jeweils 25 000 $ für die Inszenierung auf.

April 1947
Abweisung der Kritik an *Freiheit und Democracy*

April. B hat seinem Sohn Stefan das Gedicht *Freiheit und Democracy* geschickt und von ihm in einem langen Brief (am 10./11. 4.) kritische Bemerkungen zur allgemeinen Aussage und zur sprachlichen Gestaltung erhalten. B ist darüber enttäuscht, weil das Urteil »etwas Doktorenhaftes hat«; es drücke »nicht das Mißbehagen eines guten Essers, sondern eines Fleischbeschauers aus«. Nach Bs Meinung dürfte eigentlich nicht der Eindruck entstehen, »ich fände *Freiheit und Democracy* (Du hast natürlich bemerkt, daß ich democracy nicht übersetzt habe) lediglich in den unrechten Händen. Diese Begriffe sind durchaus in den rechten Händen, parlamentarisch gesprochen.« *(Br, 1244.)*

Der junge Berliner Regieassistent Heinz Kuckhahn (der bei B Anfang der dreißiger Jahre hospitierte), hat sich bei B in Erinnerung gebracht. B reagiert darauf mit einem CARE-Paket und der Anfrage, ob er noch Regie führt. Er möge über die Situation in Berlin schreiben und sich wegen Arbeit an Herbert Jhering oder Karl-Heinz Martin wenden *(Br, 1245)*. Vermutlich hat B zu diesem Zeitpunkt über den aus Berlin zurückgekehrten William Dieterle einen (undatierten) Brief Martins erhalten, in dem er Helene Weigel »in aller Form und allem Ernst und aller Liebe« nach Berlin einlädt; »wir möchten von ihr lernen, und ich möchte sie in die wichtigste und bedeutendste Position bringen« *(211/82)*.

Mai 1947
Filmgeschichte *Offenbachs »Hoffmanns Erzählungen« in einer neuen Version*

Mai. B schreibt den Filmentwurf *Offenbachs »Hoffmanns Erzählungen« in einer neuen Version (20,180-184)* und hinterlegt, um eine Verfilmung anzuregen, ein Exemplar in der Screen Writers Guild. (Das Projekt wird nicht realisiert.)

1. Juni, Sonntag. Helene Weigel dankt Karin Michaelis für ihren Brief und bietet ihr CARE-Pakete an. »Hier sind nicht viele Veränderungen: Steff ist schon ein Jahr weg. Er studiert in Havard. Barbara entwickelt sich sehr angenehm, schreibt viele Gedichte und zeigt Verstandesspuren. Brecht ist wie immer.« Sie kündigt die Übersiedlung in die Schweiz für den Herbst an *(KBK)*.

24. Juni - 29. Juli 1947
Proben zu
Galileo
in Beverly Hills

24. Juni, Dienstag. Beginn der Proben von *Galileo*. Der Regisseur John Houseman erinnert sich: »Joe [Joseph Losey] sollte Regie führen, was in Wirklichkeit hieß, daß Brecht zusammen mit Laughton als Produzent und Regisseur fungierte.« Losey hat das Spiel mitgemacht, weil er dabei etwas habe lernen können *(Lyon1,255)*.
Als B von den Arrangierzeichnungen Caspar Nehers erzählt, läßt Laughton durch den Zeichner John Hubley vom Walt-Disney-Studio solche Skizzen entwerfen. Sie seien »etwas boshaft« ausgefallen, Laughton habe sie verwendet, »aber vorsichtig« *(25,13; vgl.14-17)*. B berichtet ausführlich über die Arbeit an der Inszenierung in seinem Modellbuch *Aufbau einer Rolle. Laughtons Galilei (25,7-66)*.

Drei Szenenskizzen von John Hubley aus einer Serie, die Brecht in das Modellbuch *Aufbau einer Rolle. Laughtons Galilei* aufgenommen hat *(25,14-17)*.

Juni. Da sich Fritz Kortner durch Bs Angebot, in *Galileo* den Papst zu spielen, brüskiert fühlt, begründet ihm B seinen Vorschlag: »Die Aufführung ist mein einziges theatralisches Unternehmen in den Staaten; es scheint mir richtig, gerade dieses Stück im Land der fortgeschrittenen Atomphysik aufzuführen.« Alle Schauspieler spielten für Mindestgagen winzige Rollen. »Die Rolle des Papstes ist, außer der des Galilei, die einzige im Stück, die einen großen Schauspieler benötigt. Da das Theater beabsichtigte, in den Pressenotizen Sie nicht anders als Laughton zu behandeln, und da es klargemacht werden sollte, daß Sie in Berlin den Galilei spielen werden, glaubte ich nicht, daß eine berufliche Schädigung für Sie resultieren konnte.« *(Br, 1246.)*
Auf Anfrage von Herta Hanisch (vom 27. 5.) informiert sie B ausführlich über das Schicksal ihrer Schwester Margarete Steffin. Er habe bereits von Wladiwostok aus an sie geschrieben. Grete sei »der edelste Mensch, den man sich denken kann, eine große Person« und für ihn »eine Lehrerin« gewesen. Gleichzeitig legt er einen Brief an deren Mutter (Johanna Steffin) bei, in dem es heißt: »Grete war sich bewußt, daß ihre Krankheit durch die politischen Umstände bedingt war, daß sie in einer ruhigeren Zeit, oder wenn sie selber sich nicht an den Kämpfen beteiligt hätte, eine gute Aussicht gehabt hätte, gesund zu werden. Sie verlor aber nie die Zuversicht, mit uns eines Tages nach Berlin zurückzukehren, und sprach noch in den letzten Tagen in Moskau viel von Ihnen, der Schwester, ihrem Mann, dem Jungen, ihrem Vater. Sie hat sich in ihrer ruhigen, verständigen Weise so tapfer und selbstlos geopfert für die Sache, als wenn sie in Straßenkämpfen gekämpft hätte. Sie ist unersetzlich.« *(Br, 1249.)*
Georg Pfanzelt hat sich bei B (in mehreren Briefen) für die zugesandten CARE-Pakete bedankt und über das zerstörte Augsburg berichtet. B freut sich, »daß zumindest der Lech selber noch vorhanden ist«. Über seine Situation in den USA

30. Juli 1947
Uraufführung der amerikanischen Fassung
Galileo
Coronet Theatre, Beverly Hills

Vielleicht ist es erlaubt zu sagen, daß das Stück, trotz seines gewichtigen Themas, selten langweilig wirkt. Laughton selbst ist zweifellos die treibende Kraft, die es interessant macht. Am Anfang erscheint er nervös, aber er gewinnt an Substanz in seiner Interpretation, die dadurch sehr beachtenswert wird. *(Edwin Schallert, Los Angeles Times, 31. 7.)*

Im siebzehnten Jahrhundert bewies Galilei seine Theorie, daß sich die Erde um die Sonne dreht. Am Mittwochabend wurde eine neue Theorie im Coronet Theatre aufgestellt. Galileo, Bertolt Brechts neues Stück, dreht sich um Charles Laughton. *(Variety, 1. 8.)*

In dem Stück wird Galilei, trotz seines großen Intellekts, als schweinischer Rüpel porträtiert. Charles Laughton spielt die Rolle ohne Schminke. *(Patterson Greene, Los Angeles Examiner, 1. 8.)*

schreibt er: »Hier ist alles zu haben, außer den Dollarchen, ohne die nichts zu haben ist.« *(Br, 1247.)*

18. Juli, Freitag. Nach einer durch Erkrankung verursachten längeren Korrespondenzpause berichtet Wieland Herzfelde B von der finanziell ungünstigen Lage des Aurora-Verlags. Er informiert über die einzelnen laufenden Projekte. Die *Gesammelten Werke* Bs will Herzfelde (als »Aurora-Bibliothek«) in München, Berlin, Wien und in der Schweiz anbieten. Zunächst plant er Verhandlungen mit dem Verlag Kurt Desch in München und mit dem Aufbau-Verlag in Berlin. »Wir sind dann in der Ost- und in der West-Zone von den größten Verlagen verbreitet. Das soll nur für die Dauer der Zonen-Trennung gelten.« *(1762/71f.)*

30. Juli, Mittwoch. Nach mehreren Verschiebungen findet die für den 24. 7. angekündigte Premiere von *Galileo* im Coronet Theatre in Beverly Hills statt; Regie: Joseph Losey; Musik: Hanns Eisler; Bühnenbild: Robert Davison; mit Charles Laughton (Galilei), William Phipps (Andrea), Frances Heflin (Virginia), Eda Reiss Merin (Frau Sarti), Stephan Brown (Bellarmin), Hugo Haas (Barberini), William Cottrell (Kardinalinquisitor).
B schreibt: »Die Aufführung fand in einem kleinen Theaterchen in Beverly Hills statt, und L.s Hauptsorge war die Hitze, die gerade herrschte. Er verlangte, daß Lastwagen mit Eisblöcken um das Theater angefahren und Ventilatoren in Bewegung gesetzt wurden, ›damit die Zuschauer denken konnten‹.« *(25,20.)*
Premierengäste sind u. a. Charles Chaplin, Charles Boyer, Ingrid Bergman, Anthony Quinn, John Garfield, Gene Kelly, Howard da Silva, Sam Wanamaker.
Bis 17. 8. finden insgesamt 18 Aufführungen statt.

August. Karl Korsch macht auf einer Reise nach Mexiko bei B Station und berichtet später Paul Partos (am 4. 6. 48), daß sie in dieser Zeit »an Brechts schöner Versifikation des Kommunistischen Manifests« weitergearbeitet haben *(alternative, H. 105,258).*

3. September, Mittwoch. Kurt Weill hat gute Berichte über *Galileo* gehört und hofft auf eine baldige Aufführung des Stückes in New York. »Was den Verkauf der Filmrechte von *Dreigroschenoper* nach Schweden anbelangt, so will ich natürlich gern behilflich sein, Ihnen zu einigem Zaster für Ihre Reise nach der Schweiz zu verhelfen.« Er sieht aber für einen Vertragsabschluß wenig Chancen, weil der Berliner Verlag Felix Bloch Erben solange die Rechte in Anspruch nehmen kann, »bis wir auf legalem Wege unsere Verträge gekündigt haben«. Da Weill in ein neues Stückprojekt eingestiegen ist, fürchtet er, während der nächsten sechs Monate keine Zeit für die *Schweyk*-Musik zu finden *(211/37).*

5. September, Freitag. Einer Notiz der *Berliner Zeitung* zufolge haben die Teilnehmer der Bühnenautoren- und Dramaturgentagung in Augsburg einen Offenen Brief des Deutschen Bühnenvereins an B gerichtet, in dem es heißt: »Nur aus spärlichen Quellen und Teilausschnitten erfahren wir von Ihrem Schaffen, aber mit jeder noch so bruchstückhaften Begegnung wächst für uns der Wunsch, um der Diskussion willen, in der sich jedes Theater erst wahrhaft erfüllt, Ihre Werke in ihrer Gesamtheit auf der Bühne zu sehen.« Da derzeit wirtschaftliche Gründe Brecht-Aufführungen ausschließen, bitten sie ihn, sein Verfügungsrecht und seinen Einfluß geltend zu machen und eine Änderung zu erreichen (→Januar 49).

Mr. Laughton, der mehr als zwei Jahre an der Übersetzung des Stückes arbeitete, das Mr. Brecht im dänischen Exil schrieb, macht den Wissenschaftler zu einer anziehenden menschlichen Figur. Er ist frei von Anmaßung und zeigt eine liebenswürdige Form der Verachtung gegenüber den Fesseln, die den einfachen Geist binden. Er ist reiner Wissenschaft hingegegeben und insgesamt heroisch, obwohl er zugibt, ein Feigling zu sein. *(Gladwin Hill, New York Times, 1. 8.)*

Aus dem *Galilei*-Modellbuch

15. September, Montag. B liest das in Berlin herausgekommene *Deutsche Stanislawski-Buch* von Ottofritz Gaillard und Maxim Vallentin. Er räumt ein, daß in den USA der »Stanislawskismus einen Protest gegen das merkantile Theater« bedeute und damit »eine Handvoll ernsthafter Schauspieler« einen Tempel bauten. Bemerkenswert sei aber, »wie die Deutschen das System der progressiven russischen Bourgeoisie der Zarenzeit so ganz und gar unberührt konservieren konnten«. Unter den Exerzitien habe er »bisher noch kein einziges Beispiel aus den Klassenkämpfen gefunden« *(27,246f.)*.

September. B teilt Charles Laughton mit, daß er eben dabei ist, den *Galileo* ins Deutsche zurückzuübersetzen, was ein »helluva job« (eine Sauarbeit) sei *(Br, 1250)*.

An Ferdinand Reyher, der nach Paris gereist ist, schreibt B, er sei ihnen nun mit seiner Rückkehr nach Europa zuvorgekommen. »Wir wollten Mitte September segeln, bekamen aber nicht das französische Durchreisevisum und konnten das Haus nicht verkaufen.« Inzwischen sei der Verkauf vollzogen und für Mitte Oktober die Abfahrt von New York aus vorgesehen. B beabsichtigt, mit Reyher in Oberitalien den Galilei-Stoff für Rod E. Geiger als Film zu schreiben. »Für den Winter möchte Helli nicht zu weit von einer Stadt sitzen, Zürich oder Basel am liebsten.« Eventuell wäre auch Luzern »all right«. »Ein bis zwei Monate Berlin wären willkommen, ich würde *Mutter Courage* inszenieren.« B hofft, daß sich Reyher »vorsichtig im wilden Westen Europas« bewegt *(Br, 1251)*.

19. September, Freitag. B erhält eine Vorladung, vor dem Kongreßausschuß für unamerikanische Betätigungen in Washington zu erscheinen.

19. September 1947
Vorladung vor den Kongreßausschuß für unamerikanische Betätigungen

Ende September. Auf eine briefliche Anfrage Emil Burris aus München stimmt B einer Verfilmung des *Guten Menschen von Sezuan* zu, man solle auch prüfen, ob *Mutter Courage und ihre Kinder* »einen Film abgäbe«. Er beabsich-

Mit Stefan in New York

»Oktober 1947
Die Koffer sind gepackt.«

tige, Ende Oktober in die Schweiz zu fahren, dann sei es einfacher zu kommunizieren *(Br, 1252)*. Auch Georg Pfanzelt teilt B seine Rückkehr mit und bittet um Mitteilung, was er dringend brauche. »Ich muß sagen, daß Du schließlich eine Hauptattraktion für mich in den alten Breitengraden darstellst.« *(Br, 1253.)*

1. Oktober, Mittwoch. Ferdinand Reyher bietet B (aus Paris) Hilfe an, falls er sie benötige. Er könne ihm eine Einladung von Pierre Abraham (der Bs Werke ins Französische übersetzt) nach Nizza verschaffen.

12. Oktober, Sonntag. Caspar Neher hat von Bs Absicht gehört, in die Schweiz zu kommen. Er will versuchen, mit ihm »den Augiasstall der Verwirrungen etwas auszuräumen« *(1185/7-10)*.

15. Oktober, Mittwoch. B gibt erneut eine Erklärung ab, daß er seine Verträge mit dem Berliner Bühnenvertrieb Felix Bloch Erben nicht anerkennt. »Tantiemen für die Aufführungen von Werken von mir dürfen an diesen Vertrieb oder seine außerdeutschen Vertreter nicht ausbezahlt werden.« *(2179/7.)* Die Erklärung wird amtlich bestätigt. Eine weitere Erklärung richtet sich gegen den Bühnenvertrieb Carl Strakosch, Kopenhagen, dem B alle Rechte abspricht, Verträge über die *Dreigroschenoper* abzuschließen und Tantiemen zu kassieren (→ 2. 12. 48).

16.-31. Oktober 1947
Siebente Reise nach New York

16. Oktober, Donnerstag. B, Helene Weigel und Tochter Barbara reisen mit dem Zug von Santa Monica nach New York. Am 2. Tag der Fahrt schreibt er an die Familie Dieterle, daß sie immer noch deren Fleisch essen, den »Zucker, Kuchen, das heimgebackene Schwarzbrot und die Butter Eurer Kühe – eine motorisierte Orgie«. »Die Läden auf den Stationen zeigen die Teuerung. Das Volk verliert *jeden* Krieg.« *(Br, 1254.)*

In New York bereitet B sich in einem Rollenspiel auf das Hearing vor: Er antwortet auf fiktive Fragen von Hermann Budzislawski, die dieser in der Rolle verschiedener Ausschußmitglieder stellt.

26. Oktober 1947
Weiterreise nach Washington

26. Oktober, Sonntag. B reist mit Joseph Losey und T. Edward Hambleton nach Washington. Für den Fall, daß der Kongreß Bs weitere Anwesenheit in den USA beschließt, hat Hambleton auf seinen Namen einen Flug für B nach Paris gebucht.

30. Oktober 1947
Verhör im Kongreßausschuß für unamerikanische Betätigungen

Stripling
Also, ich will die ursprüngliche Frage wiederholen: Sind Sie jetzt oder sind

30. Oktober, Donnerstag. Stefan Brecht, der in Boston weiterstudieren will, hat seiner Mutter (am 22. 10.) mitgeteilt, daß er am 30. 10. in New York eintrifft *(977/24)*.

Vormittags wird B vom Kongreßausschuß für unamerikanische Betätigungen (HUAC) über einen möglichen kommunistischen Einfluß auf die amerikanische Filmkunst verhört. Als Ankläger der Regierung führt der Erste Vernehmungsbe-

amte Robert E. Stripling das Gespräch. (Vorsitzender ist der Republikaner J. Parnell Thomas aus New Jersey.) B versucht, eine von ihm vorbereitete Erklärung vorzulesen *(Anrede an den Kongreßausschuß für unamerikanische Betätigungen in Washington, 1947; 23,59-61)*. B möchte darin u. a. eine Darstellung seiner künstlerischen Entwicklung und seiner Flucht aus Nazideutschland geben. »Ich bin mir keines Einflusses bewußt, den ich auf die Filmindustrie ausgeübt haben könnte, weder eines politischen noch eines künstlerischen.« Erstmals wolle er sich über amerikanische Angelegenheiten äußern: »Zurückschauend auf meine Erfahrungen als Stückeschreiber und Dichter in dem Europa der beiden letzten Jahrzehnte, möchte ich sagen, daß das große amerikanische Volk viel verlieren und viel riskieren würde, wenn es irgend jemandem erlaubte, den freien Wettbewerb der Ideen auf kulturellem Gebiet einzuschränken oder gegen die Kunst einzuschreiten, die frei sein muß, um Kunst zu sein.« Der Ausschuß nimmt Kenntnis von der Erklärung, hält sie für »eine sehr interessante Darstellung über das Leben in Deutschland«, die aber mit der Untersuchung nichts zu tun habe und deshalb nicht vorzutragen sei.
In dem Verhör wird mehrfach die Frage nach Bs Parteizugehörigkeit gestellt und von ihm mehrfach verneint.
B notiert über das Verhör in seinem *Journal*: »Nachdem zwei Hollywoodwriters (*Lester Cole* und *Ring Lardner jr.*) die Frage, ob sie der kommunistischen Partei angehörten, nur insofern beantwortet hatten, als sie sagten, die Frage sei unkonstitutionell, wurde ich zum Zeugenstand gerufen, gefolgt von den Anwälten der 19, Bob Kenny und Bartley C. Crum, denen irgendwie einzugreifen nicht erlaubt war. Etwa 80 Pressevertreter, zwei Radiostationen, Filmdreher, Fotografen, im Publikum Theaterleute vom Broadway als uns freundliche Beobachter. Im Einverständnis mit den 18 und den Anwälten beantworte ich, als Ausländer, die Frage, und zwar wahrheitsgemäß mit ›nein‹. Der Ankläger Stripling verliest viel aus der *Maßnahme* und läßt sich von mir die Fabel erzählen. Ich verweise auf das japanische Vorbild, gebe als Inhalt an die Hingabe an eine Idee und verneine die Ausdeutung, es handle sich um einen disziplinarischen Mord mit der Richtigstellung, es handelt sich um eine Selbstauslöschung. Ich gebe zu, daß die Grundlage meiner Stücke marxistisch ist, und stelle fest, daß Stücke, besonders historischen Inhalts, anderswie nicht intelligent geschrieben werden können. Das Verhör ist unverhältnismäßig höflich und endet ohne Anklage; es kommt mir zugute, daß ich mit *Hollywood* beinahe nichts zu tun hatte, in amerikanische Politik nie eingriff und meine Vorgänger auf dem Zeugenstand den Kongreßleuten die Antwort verwehrt hatten.«

Sie jemals Mitglied der Kommunistischen Partei irgendeines Landes gewesen?
Brecht
Herr Vorsitzender, ich habe gehört, daß meine Kollegen diese Frage für unangemessen gehalten haben. Aber ich bin Gast in diesem Lande und möchte nicht auf irgendwelche juristische Streitfragen eingehen. Deshalb möchte ich Ihre Frage vollständig und so gut ich kann beantworten: Ich war und bin kein Mitglied irgendeiner Kommunistischen Partei.
[...]
Stripling
Haben Sie jemals einen Antrag gestellt, um der Kommunistischen Partei beizutreten?
Brecht
Nein, nein, nein, nein, nein, nie.
Stripling
Herr Vorsitzender, wir haben hier...
Brecht
Ich war ein unabhängiger Schriftsteller und wollte ein unabhängiger Schriftsteller sein, und ich habe darauf hingewiesen, und, ich glaube, auch theoretisch war es das beste für mich, überhaupt keiner Partei beizutreten.
(Gespräch, 61,75.)

Vor dem Untersuchungsausschuß

Zurück in New York hört B abends mit Helene Weigel und Hermann Budzislawskis Auszüge seines Verhörs im Radio *(27,247-250)*.

Lion Feuchtwanger hält (in einem Brief vom 20. 11.) Bs Aussage vor dem Komitee für »besonders geschickt und wirksam«; sie sei oft im Radio wiederholt worden. »Ihre gesamten Werke haben Ihnen nicht so viel publicity gebracht und so viel Erfolg wie diese ungeschickt pfiffigen Sätze. Alle Welt von Thomas Mann bis zu meinem Gärtner anerkannten das Schöpferische.« *(Feuchtwanger, 50.)*

31. Oktober - 5. November 1947
Reise über Paris nach Zürich

31. **Oktober,** Freitag. In New York verabschiedet sich B auch von Charles Laughton, »der schon im Galileibart geht und froh ist, daß er nicht speziellen Mut benötigt, den Galilei zu spielen« (weil Bs Verhör keine seinen Auftritt benachteiligende Schlagzeilen gemacht hat). Nachmittags fliegt B nach Paris ab *(27,250)*.

Zürich
und Feldmeilen
Schweiz
1947-1949

1. November, Sonnabend. B landet auf dem Pariser Flughafen Le Bourget. An Ruth Berlau schreibt er (am 4. 11.): »Der Flug war angenehm, und es war angenehm, abzufliegen.« *(Br, 1256.)*

1.-4. November 1947
Zwischenaufenthalt in Paris

Er trifft beim Geldwechseln die Journalistin Ella Winter (die u. a. *Der gute Mensch von Sezuan* übersetzt hat) und deren Mann Donald Ogden Stewart (→ März). Sie verschafften ihm »ein Zimmer in einem Hotel um die Ecke und luden mich zu einigen Essen ein, die ich nicht hätte bezahlen können« *(Br, 1255).*
Da Anna Seghers, seit April 1947 aus Mexiko nach Berlin zurückgekehrt, am 3. 11. in Paris erwartet wird, bleibt B noch in der französischen Metropole, die er »schäbig, verarmt« findet, »ein einziger schwarzer Markt« *(27,250).*
B trifft Joe Forster, einen Redakteur von *New Masses*, der zu einem Interview mit Pablo Picasso unterwegs ist.
3. November, Montag. Abends besucht B das von Jean-Louis Barrault geleitete Théatre de Marigny und sieht dessen Inszenierung (aus dem Jahre 1946) von *Der Prozeß*, einer Bühnenfassung André Gides nach dem Roman von Franz Kafka: »Brillante Aufführung, viele Tricks, statt Darstellung der Verwirrung nur verwirrte Darstellung; Versuch, die Furcht aufs Publikum zu übertragen.« *(27,250.)*
4. November, Dienstag. B trifft Anna Seghers, »weißhaarig, aber das schöne Gesicht frisch«. Sie will ihre in Paris studierenden Kinder besuchen und sich erholen. B läßt sich von Berlin berichten, das ein »Hexensabbat« sei, »wo es auch noch an Besenstielen fehlt«. Sie wohne nicht im russischen Sektor Berlins. »Sie scheint verängstigt durch die Intrigen, Verdächte, Bespitzelungen.« B ermutigt sie, »die 100 Novellen fertigzustellen, die sie mir vor zwölf Jahren versprach« *(27,251).* Durch Anna Seghers' Darstellung kommt B zu dem Schluß: »Es ist klar, man muß eine residence außerhalb Deutschlands haben.« *(Br, 1255.)*
5. November, Mittwoch. Früh fährt B nach Zürich. Er schreibt an Ruth Berlau: »Ich sitze im Zug nach Zürich. Es regnet. Der alte Kontinent ist schäbig und verarmt, aber ich glaube, er wird Dir gefallen, wie er mir gefällt. Wir werden arbeiten können.« Für Berlin, so habe er aus Anna Seghers' Bericht entnommen, müsse »man eine starke Gruppe« bilden. »Allein, oder fast allein kann man da nicht existieren.« *(Br, 1259.)*

5. November 1947
Übersiedlung nach Zürich

In Zürich kommt er zunächst im Hotel Zum Storchen unter. Dort hat er sich mit Caspar Neher verabredet, der gerade für das Zürcher Schauspielhaus die Bühnenbilder von Carl Zuckmayers *Hauptmann von Köpenick* und John van Drutens *Lied der Taube* gestaltet hat. Zu dem Gespräch kommt auch Oscar Wälterlin, der Direktor des Schauspielhauses.

Erstes Wiedersehen mit Caspar Neher seit 1933

6. November, Donnerstag. B geht mit Caspar Neher zum Schauspielhaus; dort lernt er den Dramaturgen Kurt Hirschfeld (→ Ende Januar 33) und dessen Mitarbeiter Uz Oettinger kennen. B verhandelt über Arbeitsmöglichkeiten. Nachmittags zieht er vom Hotel Zum Storchen in das Hotel Urban, Stadelhoferstraße 41, um.
Abends ist er bei Caspar Neher und dessen Frau Erika zum Abendessen.

7. November, Freitag. B ist mittags mit Caspar Neher zusammen.

9. November 1947
Aufruf an die Schriftsteller

Die Erwartung eines neuen Kriegs paralysiert den Wiederaufbau der Welt. Sie steht heute nicht mehr vor der Wahl zwischen Frieden und Untergang. Den Politikern, die dies noch nicht wissen, erklären wir mit Entschiedenheit, daß die Völker den Frieden wollen. *(23,62.)*

9. November, Sonntag. Kurt Hirschfeld lädt in seine Wohnung B, Carl Zuckmayer, Horst Lange, Erich Kästner, Alexander Lernet-Holenia, Werner Bergengruen und Max Frisch ein; sie entwerfen einen *Aufruf (23,62)* an die Schriftsteller aller Nationen.
Der *Aufruf* wird mit einem Begleitbrief versandt, in dem die Unterzeichner feststellen, »daß die Existenz zweier verschiedener ökonomischer Systeme in Europa für eine neue Kriegspropaganda ausgenutzt wird«, und darum bitten, der Erklärung durch Unterschrift beizupflichten.

13. November, Donnerstag. B schreibt Lion Feuchtwanger, die Berichte aus Deutschland seien »finster«. Er schickt ihm den *Aufruf*, bittet ihn um Unterzeichnung und um Weitergabe an Heinrich und Thomas Mann sowie an Upton Sinclair. Herausgegeben werden soll der Aufruf aber nicht, »bevor die deutschen Namen eine Minderheit bilden« *(Br, 1261)*. Weder Feuchtwanger noch Heinrich Mann sehen einen Anlaß, den Aufruf zu unterzeichnen. Wenn B freilich ihre Zeichnung des Aufrufs »aus irgendwelchen undurchsichtigen Gründen« für richtig halten sollte, möge er die Namen hinzufügen *(Feuchtwanger, 50)*.
Über Caspar Neher schreibt B: »Er ist der alte, wenn auch physisch reduziert.« In Zürich seien viele Deutsche, »so erfährt man viel über Deutschland« *(Br, 1260)*.

Mitte November 1947
Vorschrift, die Rolle der Simone mit einem Kind zu besetzen

Mitte November. B hat durch Peter Lotar vom Theaterverlag Reiss in Basel (am 30. 10.) erfahren, daß das Prager Nationaltheater Interesse an *Die Gesichte der Simone Machard* hat. Er schreibt daraufhin an dieses Theater und äußert »im Interesse der Wirkung des Stückes« einen »großen Wunsch«: »Die Rolle der Simone müßte wirklich von einem Kind gespielt werden, da sonst das Kindliche zum Infantilen wird. Ich weiß natürlich, daß dies nicht der Praxis der Theater entspricht, jedoch war es beim Schreiben des Stückes gerade meine Absicht, die Praxis der Theater zu erweitern.« Das Tragische am Stück sei, »daß hier ein Kind den Patriotismus ernst nimmt (während seine Lehrer, die Erwachsenen, versagen)« *(Br, 1267)*.
Gleichzeitig berichtet er Hanns Eisler, einige Journalisten

hätten ihm bei seinem Hearing in Washington selbstherrliches Vorgehen vorgeworfen, »in Wirklichkeit hatte ich einfach den sechs Anwälten zu folgen, die mir anrieten, die Wahrheit zu sagen und *nichts* sonst. Eine Verweigerung der Aussage kam für mich so wenig in Betracht wie bei Dir, der Du ja auch nicht Bürger bist.« Wegen des Prager Interesses an *Gesichte der Simone Machard* bittet er Eisler um Zusendung der vorhandenen Musikpartien *(Br, 1262)*.

Ruth Berlau teilt er mit, daß er jetzt »ernstlich angefangen« habe, »den *Galilei* zu übersetzen und mit Cas Entwürfe zu besprechen« *(Br, 1265)*. Zimmer habe er bisher noch nicht gefunden. »Ich suche zwei Zimmer für Helli und Barbara (mit Küche), und eines für mich.« *(Br, 1264.)*

Mitte November 1947
Beginn einer Rückübersetzung des *Galileo* ins Deutsche

Seine in München lebende Tochter Hanne lädt B für 6-8 Wochen nach Zürich ein. »Der offizielle Grund wird Vorsprechen am Schauspielhaus sein. Ich hoffe sehr, daß dies schnell glückt.« »Ich freu mich sehr / Pappu.« *(Br, 1266.)*

14. November, Freitag. Caspar Neher berichtet über seine Arbeit am Theater in Mailand und über die Lebensmöglichkeiten in Italien.

Über seinen Tagesablauf schreibt B an Ruth Berlau: »In der Frühe gehe ich hinunter, im Regen meistens, Kaffee zu trinken, anstatt die Kanne mit dem Wasser aufzusetzen in der 57.; am Abend trinke ich, in einem kleinen Gasthof, das Bier zu einer Semmel, anstatt Dir gegenüber die gewaltigen Käsebrote zu essen, die *Times* lesend.« Er erwägt, mit Ruth Berlau nach Italien zu gehen. »Ich möchte aber zuvor noch irgendwas für Helli am Schauspielhaus ausmachen. – Dabei habe ich schon versucht, Hanne für ein paar Wochen herzubringen, es soll ihr gesundheitlich nicht gut gehen in München.« *(Br, 1263.)*

15. November, Sonnabend. B bezieht »das gerade freie Atelier eines Dramaturgen am Schauspielhaus, um nicht im Hotel bleiben zu müssen« *(Br, 1263)*. Es ist das Atelier von Uz Oettinger an der Gartenstraße 38. Caspar Neher notiert: »Es ist aufschlußreich, wie ihm von allen Seiten das Rechte zugetragen wird.« *(Völker 1,118.)*

15. November 1947
Einzug in ein Atelier Gartenstraße 38

In dem Interview von Hans Winge äußert sich B zu seinen nächsten Plänen: »Ich will ein Jahr in Europa bleiben und vor allem Deutschland bereisen, über dessen Zustände ich aus der amerikanischen Presse ungefähr so orientiert bin wie während der Weimarer Republik über China. Darüber hinaus habe ich keine bestimmten Pläne. Ich weiß auch noch nicht, in welchem Sektor ich mich vorübergehend niederlassen werde. Ich komme nicht nach Deutschland als Politiker und habe weder die Absicht, mich auf die Tagesstreitigkeiten einzulassen noch mich in politische Debatten zu verwickeln. Ich komme als Schriftsteller, um mir ein Bild von der geistigen, artistischen und technischen Situation der deutschen Bühnen zu verschaffen und um später dazu Stellung zu nehmen.« *(Gespräch mit Brecht, in: Die Tat, Zürich, 15. 11.)*

17. **November,** Montag. B bespricht mit Neher Arbeiten, die beide zusammen in Zürich machen wollen.

18. **November,** Dienstag. B ist abends mit Caspar Neher zusammen.

19. November 1947
Ankunft von Helene Weigel und Barbara in Zürich

19. **November,** Mittwoch. Helene Weigel und Barbara sind von New York mit dem Schiff nach Europa gereist, haben in Paris Zwischenstation gemacht und kommen in Zürich an. Caspar Neher, der mit Franz Theodor Czokor über Mailand spricht, geht abends zu B, »da die Helli kommt« *(NT)*.

Aus Berlin meldet sich Bs Augsburger Freund Otto Müllereisert.

20. **November,** Donnerstag. B trifft sich mit Neher und Czokor im Pfauen.

Abends geht er mit Helene Weigel, Caspar und Erika Neher sowie Erich Kästner in die Theatergaststätte Kropf zum Essen und entdeckt »seine heimatlichen Gefühle«, wie Neher notiert. Anschließend gehen sie ins Kino Cinébref und sehen in den neuesten Wochenschauen die Vorführung »neuer Waffen und anderer Mordinstrumente« *(Völker1,118)*.

22. November 1947
Umzug nach Feldmeilen Bünishoferstraße 14

22. **November,** Sonnabend. B zieht mit Helene Weigel und Tochter Barbara in ein Landhaus nach Feldmeilen, Bünishoferstraße 14, das ihm von Hans-Walter und Renata Mertens zeitweilig zur Verfügung gestellt wird; das Atelier in der Züricher Gartenstraße behält er noch bis Jahresende.

Darüber schreibt er Ruth Berlau: »Ich habe jetzt für Helli und Barbara eine Wohnung, 20 Minuten von Zürich. Ich selber habe noch ein Atelier in Zürich, so ist das in Ordnung.« *(Br, 1268.)*

B trifft Carl Zuckmayer und Alexander Lernet-Holenia. Abends ist er mit Caspar Neher bei Teo Otto.

23. **November,** Sonntag. Abends ist B mit Caspar Neher zusammen.

24. **November,** Montag. B arbeitet nachmittags mit Neher, beide sprechen abends mit Hans Curjel (→ 13. 7. 29) über Möglichkeiten für ein Theaterprojekt am Stadttheater Chur, das Curjel leitet. B hat Curjel zuvor in der Stadelhoferstraße, wie er schreibt, »das erste Mal wieder seit 1933 – zufällig getroffen« *(Antigone, 187)*.

25. **November,** Dienstag. B arbeitet abends wieder mit Caspar Neher.

Jacob Walcher ist in Berlin eingetroffen und schreibt B von den Schwierigkeiten, die »ganz außerordentliche« seien. Aber ob es einem im östlichen Sektor gefällt, hänge »bekanntlich ganz von der inneren Einstellung ab«. Walcher

wünscht, daß B bald nach Berlin kommt. »Wir brauchen Dich.« *(E 1/5.)*
Bs Bruder Walter bedankt sich für mehrere Paketsendungen, die ihn und seine Familie »in einen Zustand unbeschreiblichen Wohlstands« versetzt hätten. Er mache auch anderen Mitgliedern der Familie (z.B. dem Vetter Fritz Reitter, der »alles verloren hat«) eine Freude *(E 25/13)*.
27. November, Donnerstag. Neher notiert: »Abends mit Brecht zusammen (bis 11 Uhr).« *(NT.)*
29. November, Sonnabend. Caspar Neher ist mit B zusammen; sie gehen abends zu Hans Curjel und legen ihm den Plan einer Bearbeitung und Aufführung der *Antigone des Sophokles* vor.

29. November - 13. Dezember 1947
Arbeit an
Die Antigone des Sophokles

1. Dezember, Montag. B fährt nachmittags nach Chur und sieht sich den Kinoraum an, in dem das Stadttheater spielt.

1. Dezember 1947
Reise nach Chur

Anfang Dezember. B schreibt Ruth Berlau, er sei »in eine neue Arbeit hineingefallen, es ist eine Bearbeitung der *Antigone*, das ist interessant wegen der Sprache, ich habe mir was Schweres ausgesucht, als Fleißarbeit (und auch den *Galilei* hab ich halb zurückübersetzt)« *(Br, 1271)*. Er plant im April eine Reise nach Berlin. »Hübsche Schauspielerinnen hab ich nicht gesehen. *Wenn* ich hätte, hätte ich nicht Zeit – noch Appetit, Liebe.« *(Br, 1274.)*
3. Dezember, Mittwoch. Kurt Reiss teilt mit, daß Bs Konto immer noch gesperrt ist. Die Schweizerische Verrechnungsstelle hat aber (am 29. 11.) »einmalig« 1500 Fr. zur »Bestreitung der Aufenthaltskosten in der Schweiz« freigegeben *(1800/28f.)*.
Caspar Neher arbeitet an der Dekoration zur *Antigone des Sophokles* weiter und trifft sich mit B.

Fritz Kortner und Barbara Brecht in Zürich

4. Dezember, Donnerstag. B trifft abends bei einem Essen mit Caspar Neher und dem Opernregisseur Ferenc Friscay zusammen.
5. Dezember, Freitag. Caspar Neher kommt zu B, später auch Ettore Cella vom Schauspielhaus Zürich (um über eine Übersetzung von *Mutter Courage und ihre Kinder* ins Italienische zu sprechen).
6. Dezember, Sonnabend. B trifft sich mit Caspar Neher und dem aus Amerika eingetroffenen Fritz Kortner.
7. Dezember, Sonntag. In New York findet die Premiere von *Galileo* im Maxine Elliott's Theatre statt; Regie: Joseph Losey; mit Charles Laughton als Galilei (insgesamt sechs Aufführungen bis 14. 12.). Die Aufführung wird unterstützt von American National Theatre and Academy sowie von The Experimental Theatre Inc.

7. Dezember 1947
Premiere *Galileo*
Maxin Elliott's Theatre
New York

Das Stück, imponierend durch die leidenschaftslose Objektivität, mit der es den Begriff des »Heroischen« in der Geschichte durch den der

Losey berichtet B (am 10. 12.) von der Probenarbeit, die ausgezeichnet verlaufen sei, auch von einigen Abweichungen gegenüber der kalifornischen Aufführung im Detail.

Zweckmäßigkeit (und der persönlichen Sicherheit) ersetzen will, läßt jedoch viele Fragen offen – zum Beispiel, ob nicht etwa die Darstellung von Galileis Verhalten vor Gericht einer Apologie des Opportunismus gleichkommt. Die Angst vor der Folter, vor dem physischen Schmerz, die einen Galilei bewog, seine Lehre zu widerrufen, ist zwar menschlich plausibel, aber vom Standpunkt einer moralischen Wertsetzung gewiß nicht beispielhaft. Es gäbe sonst keine Heiligengeschichte, keine politischen und religiösen Märtyrer, keine Jeanne d'Arc und keinen Sokrates. Trotz diesen Vorbehalten bleibt jedoch Brechts Galilei eines der interessantesten, denkwürdigsten Experimente, die man seit langem auf einer amerikanischen Bühne sah, nicht zuletzt durch die große Kunst *Charles Laughtons*, dessen darstellerischer Intelligenz der Erfolg des Stückes zu danken ist [...]. Sein Galilei ist keine Heldenfigur des historischen Theaters, sondern ein geistiger Mensch, ein denkender Schauspieler, der Inhalte vermittelt, Thesen auseinandersetzt [...]. *(Hans Sahl, NZZ, 17. 12.)*

13. Dezember 1947
Fertigstellung von
Die Antigone des Sophokles
(1. Fassung)

Der Regisseur ist mit dem Ergebnis sehr zufrieden. Sowohl der Verrat Galileis als auch seine Tragik seien klar herausgekommen. Die Aufführung ist nur für eine Woche angesetzt. Wenn sie beim Publikum ankommen sollte, will man versuchen, das Stück in einer »kommerziellen Produktion« vor Weihnachten oder im Januar am Broadway herauszubringen *(1762/87)*.
Wolf Lipp von der in Reutlingen erscheinenden »Halbmonatsschrift junger Menschen« *Die Zukunft*, der in jeder Ausgabe Verse Bs veröffentlicht hat, bittet B um biographische Angaben und um neue Texte.
9. Dezember, Dienstag. B arbeitet nachmittags mit Caspar Neher.
11. Dezember, Donnerstag. B, Helene Weigel und Fritz Kortner sehen sich die Premiere (der deutschsprachigen Erstaufführung) von Maxim Gorkis *Wassa Schelesnowa* im Zürcher Schauspielhaus an (Regie: Claude Maritz, mit Therese Giehse in der Titelrolle).
12. Dezember, Freitag. B schreibt Ruth Berlau, daß er am Sonnabend das *Antigone*-Stück fertigzustellen hofft. Er hat von der New Yorker *Galileo*-Aufführung noch nichts gehört. »War es ein Mißerfolg? Dann kann man in New York kein Theater machen – sehr möglich.« *(Br, 1272.)*
13. Dezember, Sonnabend. Caspar Neher notiert: »Abends 7^h kommt Brecht / Antigone mit Verfremdungseffekt.« *(NT.)*
15. Dezember, Montag. B, der am späten Nachmittag mit Neher zusammenarbeitet, trifft sich abends mit Kurt Hirschfeld.
16. Dezember, Dienstag. B arbeitet mit Caspar Neher und liest abends bei Hans Curjel aus der Bearbeitung vor. Er schreibt in sein *Journal*: »Habe zwischen 30. 11. und 12. 12. eine *Antigone-Bearbeitung* fertiggestellt, da ich mit *Weigel* und *Cas* die *Courage* für Berlin vorstudieren möchte, dies in Chur, wo Curjel sitzt, tun kann, dafür aber eine zweite Rolle für die Weigel brauche.« Auf Rat Nehers habe er die *Hölderlinische* Übertragung zugrunde gelegt, »die wenig oder nicht gespielt wird, da sie für zu dunkel gilt«. Da sie »schwäbische Tonfälle und gymnasiale Lateinkonstruktionen« enthält, fühle er sich »daheim« *(27,255)*.
17. Dezember, Mittwoch. Neher notiert: »Nachmittags Feldmeilen, abends bis 12 Uhr bei Brecht.« *(NT.)*
19. Dezember, Freitag. Der Schriftsteller und Sinologe Wilhelm Treichlinger zeigt B seine »Übertragungen aus dem ersten Buch der Kungschen Gedichtsammlung« *(»Shu ist jagen gegangen«, Gedichte aus dem Schi-King)*; B sieht zum erstenmal den Urtext. Nach einer Bücherverbrennung seien die Lieder durch Beamte aus der Erinnerung des Volks-

munds wieder eingesammelt worden. »Anscheinend fanden einige Literaten dann einen Schatz in den Polizeiarchiven und machten sich an die Verwertung.« *(27,255.)*

20. Dezember, Sonnabend. Barbara Brecht hat sich Gorkis *Wassa Schelesnowa* (→ 11. 12.) angesehen: Sie ist davon enttäuscht; »das Spiel scheint ihr übertreibend, unreal, alles zu ›clumsy‹, langsam, salzlos«. B sieht die Ursache dieser Wirkung darin, daß seine Tochter in Kalifornien den *Galileo* gesehen hat und nun diese »Theateraufführung von einiger Bedeutung« als »Norm« nimmt. »In der Tat scheint es die hauptsächliche Wirkung einer Produktion wie der meinen heute zu sein, soviel wie möglich vom Theater niederzureißen und zu ruinieren.« *(27,255f.)*

22. Dezember, Montag. »Die *New Yorker Presse* beschwert sich übellaunig über die Zumutung, über den *Galilei* nachzudenken, da sie ihr auch gar nicht entsprechen kann. Das Bürgertum ist überhaupt nicht mehr zu diesem allgemeinen, unspezialisierten Denken bereit, das Stücke verlangen, die sich mit ihm beschäftigen.« *(27,256.)* In einem zuvor an Ruth Berlau geschriebenen Brief vermutet B nach der Lektüre der Kritiken, daß *Galileo* nicht an den Broadway geht. »Im ganzen hat Laughton sich seiner selbstgestellten Aufgabe meisterhaft und in jeder Hinsicht exemplarisch entledigt; er ist *die* Säule, auf der das englisch sprechende Theater jetzt ruht. Ich bin stolz auf unsere Zusammenarbeit und hoffe, er ist es ebenfalls.« *(Br, 1278.)*

23. Dezember, Dienstag. Während im *Galilei* »die Moral natürlich in keiner Weise absolut« ist, werde in der *Antigone*-Bearbeitung »der sittliche Verfall abgeleitet von Unternehmen, für das der Staat nicht stark genug ist«. *(27,257.)*

24. Dezember, Mittwoch. Nach den Meldungen aus Deutschland hat B den Eindruck, daß »man es an einer wirklichen Kritik des *Nationalsozialismus* fehlen« läßt, »indem man ihn als ›unter der Kritik stehend‹ behandelt« und sich auf die »vernichtende Wirkung des Mißerfolgs« verläßt. »Der Nationalsozialismus muß betrachtet werden als der Sozialismus der Kleinbürger, eine verkrüppelte, neurasthenische, pervertierte Volksbewegung, die für das von tiefer unten Geforderte einen der herrschenden Klasse nicht unliebsamen Ersatz lieferte oder zu liefern versprach.« *(27,258.)*

Caspar Neher arbeitet mit B in Feldmeilen weiter an der *Antigone des Sophokles.*

Erneute Arbeit an *Die Antigone des Sophokles*

25. Dezember, Donnerstag. B reflektiert nochmals über seine *Antigone*-Bearbeitung auf der Basis der Hölderlinschen Übersetzung. Sie sei »von erstaunlicher Radikalität« und enthalte einen schwäbischen »Volksgestus«. »Die *Brückenverse* schrieb ich in Hexametern, vornehmlich um

zu prüfen, ob ich für das *Manifest* etwas hinzugelernt habe.« (Als »Brückenverse« bezeichnet B die jeweils unter die Fotos gestellten, die Fabel wiedergebenden Verse; *25,85-159.*) Es sei ihm »tatsächlich« etwas leichter gefallen *(27,258f.)*.
Den Weihnachtsabend verbringen B und Helene Weigel mit Caspar Neher und dessen Frau Erika. Sie bereiten die *Antigone*-Inszenierung vor und hören im Radio die Meldungen von deutschen Soldaten, die in der Sowjetunion vermißt sind *(27,259)*.
26. Dezember, Freitag. B liest im Essay *Briefwechsel zwischen Schiller und Goethe* von Georg Lukács, wie die deutschen Klassiker die Französische Revolution verarbeitet haben, und notiert: »Noch einmal keine eigene habend, werden nun wir die russische zu ›verarbeiten‹ haben, denke ich schaudernd.« *(27,259.)*
Nach langer Zeit trifft sich Armin Kesser (→ 15. 5. 33) in Feldmeilen wieder mit B. Die Wohnung sieht Kesser, wie er in seinem Tagebuch schreibt, »offenbar als selbstverordnete Quarantäne vor dem Wiedersehen mit Deutschland«. »Er bewohnt ein Dachgeschoß. Komfortable Holzverschläge – das Ambiente auch der Berliner Zeit. B. setzt seinen Stil in jeder Lage durch.« Auch Caspar Neher sei anwesend gewesen und »ein Theatermensch (schwäbischer Jude)«. Es sei in der Unterhaltung um Deutschland gegangen, um die deutsche Bourgeoisie, die ohne Nutzen zwei große Kriege geführt hätte. *(NZZ, 14./15. 11. 81.)*
31. Dezember, Mittwoch. B testet im Züricher Volkshaus einige Schauspieler für *Die Antigone des Sophokles*. Mit Caspar Neher besucht er am Nachmittag Hans Curjel, Gustav Knuth und Kurt Hirschfeld.
Dezember. B schickt seinem Sohn Stefan die *Antigone*-Bearbeitung, die er »für Helli« gemacht habe. »Wir werden in Chur, zwei Stunden von Zürich, eine Art preview für Berlin machen.« Er legt ihm dar, was ihn an der Hölderlinschen Vorlage interessiert hat. »Seit dem *Edward* ist es mein zweiter Versuch, aus gegebenen klassischen Elementen eine erhöhte Bühnensprache zu entwickeln.« B bittet seinen Sohn, sich die New Yorker *Galileo*-Aufführung anzusehen und darüber zu berichten *(Br, 1279)*.
Stefan Brecht, der durch seinen Militärdienst amerikanischer Staatsbürger geworden ist, bleibt in den USA.

1948
1. Januar, Donnerstag. Zur Sicherung einer antifaschistischen demokratischen Ordnung in ganz Deutschland hat der Alliierte Kontrollrat 1945 Sühnemaßnahmen gegen die Mitglieder der NSDAP und ihrer Gliederungen eingeleitet.

Über diese »Entnazifizierung« notiert B: »Das deutsche Bürgertum ›entnazen‹ heißt, es entbürgern. Es hat keinen Weg vor sich, immer nur den oder jenen Ausweg.« *(27,259.)* In diesem Zusammenhang schreibt B auch *Wirkung der Doppelniederlage (23,104f.).*

2. Januar, Freitag. B bereitet eine theoretische Zusammenfassung seiner Überlegungen für ein Theater der Zeit vor (→ *Kleines Organon für das Theater,* 18. 8.) und beschäftigt sich mit dem *Briefwechsel zwischen Goethe und Schiller.* Er stellt darin eine »Verschwörung gegen das Publikum« fest: »die Bourgeoisie bekommt seine Literatur aufgezwungen wie sein bürgerliches Gesetzbuch.« *(27, 260.)*

Vorstudien für eine Zusammenfassung der Theatertheorie *(Der Messingkauf)*

Nachmittags bespricht er mit Caspar Neher und Uz Oettinger die Masken und Requisiten für *Antigone.*

3. Januar, Sonnabend. Im *Briefwechsel zwischen Goethe und Schiller* entdeckt B bei Schiller: »Dialektik (widersprüchliche Verknüpfung) in dem Verhältnis *Epos – Drama*«. Seine eigenen »Hinweise, das epische Theater betreffend«, seien »oft mißverständlich, da sie kritisch oppositioneller Natur sind und sich voll gegen das Dramatische meiner Zeit richten, das künstlich undialektisch gehandhabt wird« *(27,260).*

4. Januar, Sonntag. Mit Caspar Neher arbeitet B am Bühnenbild für *Antigone.* Sie entscheiden sich dafür, das Spiel zwischen »die barbarischen Götzenpfähle mit den Pferdekopfskeletten« zu legen: »haben wir doch immer noch den vergötzten Staat der Klassenkämpfe!« *(27,261.)*

Caspar Nehers erster Entwurf für die *Antigone*-Bühne

Abends kommt Kurt Hirschfeld und diskutiert mit beiden über die in Zürich geplante Uraufführung von *Herr Puntila und sein Knecht Matti.*

4. Januar 1948 Gespräch über geplante Uraufführung von *Herr Puntila und sein Knecht Matti* in Zürich

Für die Zusammenfassung seiner Theatertheorie nimmt sich B nochmals das *Deutsche Stanislawski-Buch* (→ 15. 9. 47) vor und ist »besonders« angeekelt von dem »hausbacken moralischen Ton, der sich nicht einmal als handwerksmoralisch auslegen läßt, weil die Kurpfuscher eben keine echte Handwerksmoral haben können« *(27,261).*

Kritik am *Deutschen Stanislawski-Buch*

5. Januar, Montag. Bei seiner Bearbeitung der *Antigone* notiert B, die Gewalt sei »aus der Unzulänglichkeit« zu erklären; er sieht die Ursache für den Krieg gegen Argos in »der Mißwirtschaft« Thebens *(27,261).*

Anläßlich der Lektüre eines Berichtes über den Nürnberger Prozeß (→ 1. 10. 46) findet B, »solch ein Haufen Wirklichkeit« trotze, »einfach durch seinen Umfang, der vernunftsmäßigen oder moralischen Beurteilung« *(27,262).*

Die *Antigone*-Aufführung scheint dadurch gefährdet, daß Gustav Knuth, der für die Rolle des Kreon gewonnen werden soll, im Probenzeitraum nicht verfügbar ist.

6. Januar, Dienstag. B sieht »Zeitschriften von drüben« (Ostdeutschland) durch. Er stellt fest, daß darin wie auch »unter den Intellektuellen hier« niemand zu finden ist, »der sich um die materialistische Dialektik kümmert«: »Wieder erschwindelt sich diese Nation eine Revolution durch Angleichung.« Deutschland müsse sich seine Einheit »durch weitere Zerreißung erkämpfen« *(27,262)*.

7. Januar, Mittwoch. Ein weiteres Gespräch mit Armin Kesser (→ 26. 12.) regt B zu Gedanken darüber an, ob die Mißverständlichkeit seiner Stücke in ihnen selbst liegt *(27,263)*.

Die von B nicht gewünschte Wirkung der Uraufführung von *Mutter Courage und ihre Kinder* am Schauspielhaus Zürich (→ 19. 4. 41) veranlaßt ihn zur Überarbeitung des Stücks für die Berliner Aufführung *(24,260-264)*. In seinen Tagebuchaufzeichnungen notiert Armin Kesser (am 8. 1.) u. a. über das Gespräch: »Seine ›Dialektik‹ und marxistische Dogmatik, alles deutsche Abstraktion, romantische Afterreligiosität. Aber wie brüderlich-nahe den eigenen Möglichkeiten.« B sei am »Wendepunkt« *(NZZ, 14./15. 11. 81)*.

Abends arbeitet B mit Caspar Neher an *Antigone* und *Puntila*.

8. Januar, Donnerstag. Der Schiller-Goethe-Briefwechsel regt B zu weiteren Gedanken über das Verhältnis von Stükkeschreiber und Publikum an *(27,263)*.

Caspar Neher arbeitet abends mit B zusammen.

Das Zimmer hat etwas von einer Werkstatt: Schreibmaschine, Blätter, Schere, Kiste mit Büchern, auf einem Sessel liegen Zeitungen, hiesige, englische, amerikanische, hin und wieder wird etwas ausgeschnitten und in ein Mäpplein gelegt, auf dem großen Tisch sehe ich Kleister und Pinsel, Fotos, Bühnenbilder von einer Aufführung in New York, Brecht erzählt von Laughton, ferner Bücher, die zur gegenwärtigen Arbeit gehören, Briefwechsel zwischen Goethe und Schiller, Brecht liest einiges daraus vor, das Dramatische und das Epische betreffend. Ferner gibt es ein Radio, eine Schachtel mit Zigarren, die Sessel gestatten nur ein aufrechtes Sitzen, einen Aschenbecher stelle ich auf den tannenen Boden, an der Wand gegenüber hängt eine chinesische Malerei, einrollbar, jetzt aber entrollt. Alles ist so, daß man in achtundvierzig Stunden abreisen könnte; unheimisch. *(Max Frisch, Tagebuch 1946-1949, 290.)*

9. Januar, Freitag. B notiert in sein *Journal* ein längeres Zitat aus dem Brief Schillers an Goethe vom 26. 12. 1797 über die dramatische und epische Handlung *(27,263f.)*, das er auch in *das Vorwort* zum *Antigonemodell 1948* übernimmt *(25,75)* und auf das er im *Kleinen Organon für das Theater* gleichfalls hinweist *(23,84)*.

Bei Caspar Neher wird über die Inszenierung der *Antigone* gesprochen. Dazu kommt Teo Otto mit einer Bekannten, die über die Situation in Berlin berichtet.

Max Frisch besucht 1948 mehrfach B und berichtet darüber in seinem Tagebuch.

10. Januar, Sonnabend. Caspar Neher verhandelt mit Hans Curjel und berät sich danach mit B. Abends besprechen beide mit Curjel die Vorproben für *Antigone* im Züricher Volkshaus.

11. Januar, Sonntag. Caspar Neher legt Hans Curjel seine und Bs Vorstellungen von der *Antigone*-Dekoration dar.

12. Januar, Montag. Caspar Neher fährt vormittags nach Chur zu einer Bauprobe.

Unmittelbar vor Beginn der Proben notiert B nochmals Überlegungen zu seiner Bearbeitung der *Antigone des Sophokles*. Während bei Sophokles »der Tyrann« mit »persönlichen Feinden« abrechnet und »den Zerfall seiner Familie«

erfährt, müsse in seiner Version kurz vor dem Sieg »die verzweifelteste Gewalt eingesetzt« werden. »Dieser Einsatz der letzten moralischen Reserven mißlingt und beschleunigt den Untergang, der aber schon aus der Gesamtkonstellation erfolgen muß.« *(27,264.)*

13. / 14. Januar 1948
Vorproben zu
Die Antigone des Sophokles
in Zürich

13. Januar, Dienstag. B und Caspar Neher beginnen nachmittags in Zürich mit Proben zu *Die Antigone des Sophokles* in einem »Modellzimmer«, das sie im Volkshaus eingerichtet haben, und arrangieren das Vorspiel. Als Ismene wird probeweise eine Schülerin ausgewählt *(NT)*.

14. Januar, Mittwoch. Im Volkshaus Zürich wird die 1. Szene probiert. Anschließend spricht B mit Caspar Neher über *Herr Puntila und sein Knecht Matti.*

15. Januar, Donnerstag. Am Nachmittag findet eine weitere *Antigone*-Probe statt. Abends bespricht B mit Neher die Probleme der 1. Szene.

16. Januar - 16. Februar 1948
Reise nach Chur
Proben zu
Die Antigone des Sophokles
Stadttheater Chur

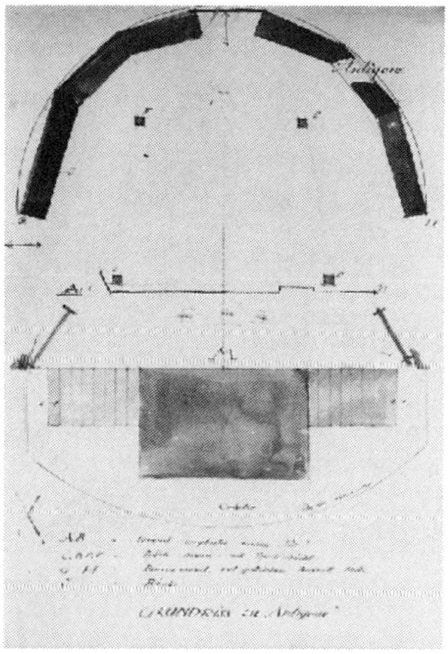

Caspar Nehers Grundriß für die *Antigone*

16. Januar, Freitag. Abends fahren B, Helene Weigel und Caspar Neher nach Chur. Sie wohnen im Hotel Stern, das für fünf Wochen zum »Hauptquartier« für das Team wird, wie sich Hans Curjel erinnert: »Nicht nur unter einem Dach, sondern in ständigem Kontakt miteinander. Es gab nur wenige Stunden, in denen nicht Beobachtungen ausgetauscht und Gespräche geführt wurden.« *(Antigone, 188.)* Das Churer Stadttheater spielt damals an drei bis vier Tagen im Kino »Rätushof«, an den restlichen Tagen laufen Filme. Die Atmosphäre des Raumes gefällt B, weil die Bühne mit einem Minimum an Technik auskommen muß.

17. Januar, Sonnabend. Obwohl die Rollen des Kreon und des Hämon noch nicht besetzt sind, wird mit den Proben in Chur begonnen.

18. Januar, Sonntag. Während der Proben notiert B, er wehre sich dagegen, »im Griechentum Kultur aufzuzeigen, als sei's das Höchstmaß«, im Gegenteil: »Die ganze *Antigone* gehört auf die barbarische Pferdeschädelstätte.« *(27,265.)*

19. Januar, Montag. Caspar Neher notiert, daß er, wie immer, morgens 6.30 Uhr von B geweckt wird, und vor der Probe mit ihm arbeitet.

20. Januar, Dienstag. Hans Curjel versucht, in Zürich einen Schauspieler für den Kreon zu gewinnen. B läßt inzwischen den jungen Schauspieler Hans Gaugler die Rolle markieren.

22. Januar 1948
Ankunft Ruth Berlaus in Zürich

22. Januar, Donnerstag. B und Caspar Neher erwägen einen Abbruch des Churer Experiments. Abends fährt B nach Zürich, um Ruth Berlau zu begrüßen, die aus New York angekommen ist.

23. Januar. Freitag. Da Hans Curjel in Zürich keinen Erfolg hat bei der Suche nach einem Kreon-Darsteller, kommt es zu einer Auseinandersetzung zwischen ihm und B.

Antigone, Seidenmalerei Caspar Nehers

Helene Weigel als Antigone

24. Januar, Sonnabend. Vermutlich an diesem Tage berichtet B Ruth Berlau nach Zürich, daß sich die Probenarbeit »nicht ganz schlecht« anlasse. Das Versesprechen sei nicht so schwer wie angenommen. Die Rolle des Kreon sei bisher immer noch nicht besetzt *(Br, 1280)*. In einem weiteren Brief bittet er sie, im Züricher Landesmuseum »schöne schweizerische Bauernmasken« zu fotografieren *(Br, 1281)*.
Abends verständigt sich B mit Caspar Neher über den Fortgang der Proben.
25. Januar, Sonntag. B entschließt sich, den Kreon mit dem jungen Hans Gaugler zu besetzen, der die Rolle bisher markiert hat, und überarbeitet mit Caspar Neher, unter Beteiligung von Gaugler, erneut den Text. Neher notiert darüber, daß er »immer noch Mängel sieht, wo wir keine mehr sehen« *(NT)*.
B führt Regie von einem zusammensetzbaren Sessel aus, den er in Zürich beschafft hat. Er wird dann auch für die Aufführung (als Thron Kreons) benutzt.
26. Januar, Montag. Nachmittags findet eine Bauprobe statt.
28. Januar, Mittwoch. Der Intendant der Münchener Kammerspiele Hans Schweikart lädt Caspar Neher ein, bei ihm die Bühnenbilder zur *Dreigroschenoper* (später auch für *Timon von Athen* oder *Wallenstein*) zu übernehmen; er schreibt: »Ich höre mit Freude und Neid, daß Sie viel mit Bert Brecht zusammen sind.« Neher möge B fragen, ob er *Mutter Courage und ihre Kinder* für Maria Koppenhöfer freigeben würde *(ÖNB)*.
Mit Hans Curjel einigen sich B und Neher auf eine Verschiebung des (für Ende Januar) vorgesehenen Premierentermins. Abends finden Musikaufnahmen für eine Schallplatte statt; Neher notiert: »Wir klopfen mit Fingern nach einem Takt zu dritt in die Saiten, Brecht, Curjel und ich – und nehmen die Platten gleich auf.« *(Völker2.)*
B kehrt nach einem kurzen Aufenthalt in Zürich (vermutlich an diesem oder am nächsten Tage) wieder nach Chur zurück. Er hat den Anfang eines Berichtes von Ruth Berlau über die New Yorker Aufführung des *Galileo* gelesen und ermutigt sie zum Weiterschreiben: »Tatsächlich finde ich den Ton sehr gut, Du schreibst so was in so leichter Weise und so locker und persönlich.« Die Arbeit in Chur werde behindert durch die schlechte Beheizung und durch kurze Gastspiele der Schauspieler *(Br, 1283)*.
29. Januar, Donnerstag. Die wiederaufgenommenen *Antigone*-Proben sind erneut behindert wegen mehrerer Bühnenproben von Curt Goetz, der seinen Schwank *Das Haus in Montevideo* gleichzeitig im Churer Stadttheater einstudiert. B besucht zeitweilig die Proben, ebenso die bereits im

Spielplan befindliche Komödie *Hokuspokus*, in der Goetz und seine Frau Valerie von Martens mitwirken. Hans Curjel erinnert sich: »Brecht respektierte das von Curt Goetz repräsentierte Theater durchaus, und wenn die beiden zusammensaßen, Goetz, der Bonvivant mit den Zügen eines Grandseigneurs, und Brecht, der Dichter und Theaterlehrmeister, überkreuzten sich Witz und tiefere Schlauheit in faszinierender Weise.« *(Antigone, 189.)*

30. Januar, Freitag. Caspar Neher notiert, daß die Premiere erneut verschoben worden ist.

In Berlin findet am Deutschen Theater die Premiere von *Furcht und Elend des III. Reiches* statt; Regie: Wolfgang Langhoff, Bühnenbild: Werner Zipser; mit Gerhard Bienert, Steffi Spira, Werner Hinz, Angelika Hurwicz, Erich Dunskus u. a. Gespielt werden die Szenen *Das Kreidekreuz, Rechtsfindung, Die Stunde des Arbeiters, Der Spitzel, Die jüdische Frau, Die Bergpredigt, Volksbefragung*, dazwischen singt Kate Kühl Brecht-Songs, vertont von Boris Blacher (musikalische Leitung: Heinz Hartig). Es ist die erste Brecht-Aufführung im sowjetischen Sektor Berlins.

Anfang Februar. B entschuldigt sich bei Ruth Berlau, daß er ihr nicht auf ihren letzten Brief geschrieben hat, und schickt ihr »das erste Lorbeerblatt zu den Siegeskränzen des Chors«. Er freut sich, daß sie inzwischen in Zürich ein Zimmer bekommen hat. Die Proben seien »ziemlich anstrengend«. Er schlägt ihr vor, ab »Mittwoch« zu den Proben zu kommen, sie könne dann für das Fotografieren »alles vorbereiten und, außerdem, auch helfen« *(Br, 1284)*.

3. Februar, Dienstag. Caspar Neher kritisiert bei einer technischen Probe, die bis 13 Uhr dauert, die unzureichende Ausführung der Dekorationen. Nachmittags wird das Stück nochmals durchgegangen.

4. Februar, Mittwoch. Vormittags findet eine erneute technische Probe statt, nachmittags eine Durchlaufprobe. B und Neher empfehlen Curjel eine nochmalige Verschiebung der Premiere. Hans Curjel muß als Theaterleiter »entschieden« eingreifen: »Die Arbeitsmethode war für die Churer Schauspieler und für den Apparat des Theaters so ungewohnt, daß Brecht gegen Ende der vorgesehenen Probezeit unsicher wurde und Schwierigkeiten hatte, den Abschluß zu finden. Die Folge war eine temporäre Nervosität und Unduldsamkeit den Schauspielern gegenüber, die die Gefahr in sich trugen, daß der Arbeitsbogen überspannt wurde.« *(Antigone, 193.)*

5. Februar, Donnerstag. Ruth Berlau nimmt in Chur an der ersten Generalprobe teil und erinnert sich: »Zum erstenmal sah ich, was Regie für Brecht bedeutet. In Amerika war er immer gehandikapt gewesen. Ich war fasziniert, mit wieviel

Mit Helene Weigel und Hans Gaugler (Kreon)

30. Januar 1948
Premiere
Furcht und Elend des III. Reiches
Deutsches Theater, Berlin

Das Ganze ist nur zu werten als ein Einblick in die Gegenpropaganda, die der Nationalsozialismus durch die Emigration im Ausland erfuhr. Jeder andere Wert ist heute durch die Weiterentwicklung der Ereignisse überholt. *(Herbert Pfeiffer, Der Tagesspiegel, 1. 2.)*

Dies alles ist im Stofflichen eminent realistisch, im Stil der Aussage markant, präzise, thesenhaft klar wie ein Katechismus, dessen Fragen und Antworten sich zu Menschen formen. Brecht ist zweifellos – auch in diesem Werk wird es wieder offenbar – der mächtigste deutsche Dramatiker unserer Epoche, nächst Sternheim wohl der bedeutendste des Jahrhunderts. Das entscheidende Moment seiner Kunst aber ist seine Dialektik. Das Kriterium für Wert oder Unwert einer Brecht-Aufführung besteht darin, ob sie dieser Dialektik in aller Schärfe Geltung verschafft. Von Wolfgang Langhoffs Inszenierung kann man das nicht behaupten. Das dialektische Lehrstück ist aufgeweicht zu bravem, konventionellem, landläufigem Theater. *(Wolfgang Harich, Tägliche Rundschau, Berlin, 1. 2.)*

Gewiß – manche Einwände wurden vorgebracht gegen das Stück, mehr noch gegen die Regie. Dennoch ist es gut, daß dies Werk aufgeführt wird: es ist ein Bekenntnis in unseren Tagen nach dieser Vergangenheit. Es ist Auseinandersetzung mit unserer Vergangenheit und deshalb Kritik der Gegenwart. Und mancher Song, manche Szene Brechts ist eine gültige und zwingende Aussage und Gestaltung unserer Zeit, ist echte Dichtung. *(Wolfgang Heise, Tribüne, Berlin, 2. 1.)*

Spaß Brecht die *Antigone* probierte. Alles entwickelte sich ohne Hektik, obwohl gar nicht viel Zeit zur Verfügung stand, amüsant, höflich, voller Bereitschaft zu präziser Arbeit. Helene Weigel war gut gelaunt und sehr graziös.« *(Berlau/Bunge, 213.)*

Nach Fertigstellung der Dekorationen fährt Caspar Neher abends wegen einer anderen Bühnenbildverpflichtung (→ 4. 3.) nach Zürich; er nimmt an den Endproben in Chur nicht teil.

6. Februar, Freitag. B berichtet (am 7. 2.) Neher von der zweiten Generalprobe am Vormittag und von der Durchlaufprobe (mit Publikum) am Abend; die ersten Zuschauer hätten ihn »durch richtigen Applaus« überrascht. Nehers *Antigone*-Bühne sei »exemplarisch« und müsse »beibehalten werden«. »Ich bin sehr froh, daß wir diese Sache machen konnten.« *(Br, 1286.)*

7. Februar, Sonnabend. B ist froh über den Fortgang der Proben und teilt Hans Curjel mit: »Es wird jetzt doch klar, daß die *Antigone*-Aufführung nicht ohne Interesse sein wird. Sie wird genug Angefangenes und Beschäftigendes haben, sowohl für Theaterleute als für solche, die Zuschauer werden wollen.« *(Br, 1285.)*

Bs in der Schweiz gesperrtes »Guthaben aus Schweizer Aufführungen« (→ 3. 12. 47) wird freigegeben *(188/37)*.

9. Februar 1948
Heirat von Elisabeth Hauptmann und Paul Dessau in Santa Monica

9. Februar, Montag. Hans Tombrock, der in Dortmund als Leiter der Schule für bildende und angewandte Kunst tätig ist, gratuliert B zu seinem 50. Geburtstag und fragt ihn, wann er nach Deutschland zurückkehren wird. »Ich entsinne mich, wie Du mir am Tag Deiner Abreise nach Finnland sagtest, wo Du auch seist, wenn das Dritte Reich liquidiert ist, könne Dich nichts halten, sofort nach Deutschland zurückzukehren.« *(211/41.)*

In Santa Monica heiraten Elisabeth Hauptmann und Paul Dessau.

10. Februar 1948
Veranstaltungen und Glückwünsche zu Brechts 50. Geburtstag

Brechts Gestalten sind tiefer an Gedanken und reicher an Gefühlen geworden. Dieser Entwicklung und nicht zuletzt seiner ungewöhnlich plastischen Sprache verdanken wir Werke von dichterischer Vollendung. In Bertolt Brecht vereint sich der Theaterreformator, der Lessing unserer Zeit, mit dem Dichter, der sicherlich nach Shaw der bedeutendste lebende Dramatiker ist. *(Slatan Dudow.)*

10. Februar, Dienstag. Im Rathaussaal von Chur wird von Hans Curjel ein Einführungsabend in die *Antigone*-Aufführung gegeben.

Peter Suhrkamp hält sich in der Schweiz auf, gratuliert B persönlich und bespricht mit ihm in Zürich die weitere Zusammenarbeit.

Georg Pfanzelt aus Augsburg gratuliert B zum Geburtstag und berichtet von einem Brecht-Abend (mit Songs und einer Szene aus *Leben Eduards des Zweiten von England*) in der Augsburger Komödie (»Blaues Krügle«), der »flüssig, allgemein faßlich und gefällig aufgebaut« gewesen sei *(1185/65)*.

Das Deutsche Theater in Berlin veranstaltet einen *Brecht-Abend* mit Ernst Busch, Werner Hinz, Gerda Müller, Kate Kühl, Paul Bildt. Es werden Lieder und Gedichte vorgetragen sowie Szenen aus *Leben des Galilei* (Paul Bildt) und aus *Mutter Courage und ihre Kinder* (Gerda Müller, Werner Hinz) gelesen. Herbert Jhering hält im mittleren Programmteil einen Vortrag, in dem er Leben und Werk Bs darlegt.

11. Februar, Mittwoch. Ruth Berlau fotografiert eine Voraufführung der *Antigone* für das geplante Modellbuch. Walter Schürenberg von der Theaterabteilung des Suhrkamp Verlags (vorm. S. Fischer), zugleich Stellvertreter Peter Suhrkamps, berichtet B über die nach seiner Meinung »sehr gut gelungene« Aufführung von *Furcht und Elend des III. Reiches* (→ 30. 1.) und von dem Brecht-Abend aus Anlaß des 50. Geburtstags von B im Deutschen Theater. Bei diesem Abend sei für Schürenberg interessant gewesen, daß »trotz des Einsatzes so glänzender Interpreten« für die Balladen doch die Szenen zu Höhepunkten geworden sind. »Das zeigte, was mit diesen Stücken noch Bedeutendes des deutschen Theaters harrt.« Der Verlag habe inzwischen die ihm verfügbaren Stücke Bs »hergestellt« und wartet auf deren Freigabe für die Theater *(1764/26f)*.

13. Februar, Freitag. Bs Tochter Hanne hat dem Münchener Jungen Theater die Bereitschaft Bs mitgeteilt, die Szenenfolge *Furcht und Elend des III. Reiches* für diese Bühne freizugeben. Der Intendant des Theaters, Hans von Uslar, bedankt sich dafür, wünscht sich aber lieber die Genehmigung für den *Kaukasischen Kreidekreis* oder für *Mutter Courage und ihre Kinder*.

15. Februar, Sonntag. Uraufführung von *Die Antigone des Sophokles* »nach der Hölderlinschen Übertragung für die Bühne bearbeitet von Brecht« im Stadttheater Chur; Regie: B und Caspar Neher, Bühnenbild: Caspar Neher; mit Helene Weigel (Antigone), Hans Gaugler (Kreon), Marita Glenck (Ismene), Jan Steinberg (Hämon), Hans Sanden (Tiresias). Zur Premiere kommen aus Zürich Erika Neher, Gottfried von Einem und Oscar F. Schuh. Das Stück hat mäßigen Erfolg; die Aufführung wird in Chur dreimal wiederholt. Im Programmheft wird erstmals Bs Gedicht *Antigone (15,191)* gedruckt. Außerdem enthält es u.a. Texte von Hans Curjel (*Die Bühnenbearbeitung Brechts*) und von Caspar Neher (*Zur Inszenierung der »Antigone«*). In einem vermutlich von B geschriebenen Text über Helene Weigel heißt es, sie habe mehrere Brechtsche Bühnenfiguren kreiert »und repräsentiert den viel diskutierten ›epischen‹ Darstellungsstil, den kürzlich auch Charles Laughton in den Vereinigten Staaten in Brechts *Leben des Galilei* realisierte«.

17. Februar, Dienstag. B ist wieder nach Zürich zurückgekehrt. Er berichtet Caspar Neher über die Inszenierung, die er mit ihm und Ruth Berlau dokumentieren und als Modellbuch veröffentlichen will.

Brecht-Abend
Deutsches Theater, Berlin

Brecht will nach Deutschland zurückkehren. Er muß nach Deutschland zurückkehren. Wir brauchen ihn und seine Gattin Helene Weigel, die ausgezeichnete Schauspielerin, die Gorkis *Mutter* in Brechts und Weisenborns Bearbeitung spielte und am Deutschen Theater Mutter Courage geben soll. *(Herbert Jhering, Rede am 10. 2., Dramaturgische Blätter, 3/1948)*

15. Februar 1948
Uraufführung der Bearbeitung
Die Antigone des Sophokles
Stadttheater Chur

Unser Schauspiel-Ensemble mit Helene Weigel a.G. hat sich redlich bemüht, das Stück in der von Brecht und Regisseur Neher gewünschten Form zur Darstellung zu bringen. Die wohlverdiente Anerkennung sei ihm für seine Leistung gezollt! *(Neue Bündner Zeitung, 18. 2.)*

Die Antigone spielt als Gast *Helene Weigel*, die Gattin von Bertolt Brecht. Sie hat vollendet entsprechend den Intentionen des Gestalters und

19. Februar, Donnerstag. B trifft mit Caspar Neher und Oscar Fritz Schuh zusammen, die eine Inszenierung von Richard Wagners *Parsifal* in der Mailänder Scala vorbereiten (Premiere: 26. 3.).

22. Februar, Sonntag. Bei Caspar Neher lernt B den 30jährigen Komponisten Gottfried von Einem kennen, leitendes Mitglied im Direktorium der Salzburger Festspiele. Von Einem versucht, B zur Mitarbeit in Salzburg zu gewinnen.

24. Februar, Dienstag. B berät nochmals mit Neher Details einer eventuellen Mitarbeit in Salzburg.

29. Februar, Sonntag. B erörtert mit Caspar Neher und Günther Weisenborn Probleme des epischen Theaters.

Bs Tochter Hanne beendet ihren mehrwöchigen Aufenthalt in Zürich.

Regisseurs diese heldenhafte Frau gegeben, wobei das Heldentum in der stillen Größe und dem schlichten Beharren ihrer erkannten Pflichten beruhte. *(Bündner Tagblatt. 18./19. 2.)*

Hat auch Brecht mit dieser rhythmisch der alten Vorlage folgenden Bearbeitung gesiegt? Wir bezweifeln es. Allerdings stand ihm ein Ensemble zur Verfügung, das von vornherein keine vorbildliche Aufführung ermöglichte. [...] In der epischen Stilisierung darf die Churer Aufführung jedenfalls als wegweisend gelten. *(Tagesanzeiger, Zürich, 19. 2.)*

1. März, Montag. B verabredet sich im Odeon mit mehreren Personen, u. a. auch mit Neher und Weisenborn.

Bei der Diskussion um die Frage, ob »Typen« wie der Schriftsteller Ernst Glaeser (der 1933 in die Schweiz emigriert und 1939 nach Nazideutschland zurückgekehrt war) in antifaschistischem Auftrag gehandelt hätten, kommt B zu dem Urteil, daß Leute wie er »wohl als Volksfeinde behandelt werden« müssen. »Der Krieg, in den er hineinging, begann nicht als Verbrechen am deutschen Volk, sondern an anderen Völkern.« *(27,265.)*

Die Aufführung, von Bert Brecht und von Caspar Neher inszeniert – der letztere hat auch das Bühnenbild entworfen –, vermied alles, was das Gefühl gefällig hätte ansprechen können; in strenger Stilisierung, in karger Dekoration, in stark rhythmisierter Bewegung ging das Spiel seinen folgerichtigen, atembeklemmenden Gang. Helene Weigel als Antigone, sparsam in Sprache und Bewegung, war vor allem eindrucksvoll. Hans Gaugler steigerte die Figur des Kreon von Szene zu Szene, bis die Bewegungen des Unseligen schließlich zum makabren Tanz wurden. *(Die Tat, Zürich, 19. 2.)*

3. März, Mittwoch. Alte Kunstwerke sind, wie B notiert, heute noch wirksam, weil sich die »Hauptwirkungen« zu konservieren scheinen, »wo die Hauptwendungen, Entscheidungen, Umwälzungen, Katastrophen stattgefunden haben« *(27,265).*

Die Züricher Büchergilde Gutenberg bittet B für den 6. 3. um eine Unterredung.

4. März, Donnerstag. B sieht vermutlich die Premiere von Marcel Geros *Berner Marsch* im Zürcher Schauspielhaus (Regie: Hermann Wlach, Bühnenbild: Caspar Neher; mit Erwin Kalser, Paul Hoffmann, Gustav Knuth, Therese Giehse).

Das »Wort des Dichters« ist nicht heiliger, als es wahr ist, das Theater ist nicht die Dienerin des Dichters, sondern der Gesellschaft. *(Vorwort zum »Antigonemodell 1948«; 25,79.)*

6. März, Sonnabend. B verständigt sich mit Caspar Neher über das Modellbuch zu *Antigone*, für das der Berliner Verlag Gebrüder Weiß interessiert werden konnte.

7. März, Sonntag. Caspar Neher spricht mit B und Günther Weisenborn über seine Bühnenbilder für *Parsifal* (→ 19. 2.). Gottfried von Einem schreibt an Neher, daß er mit dem Leiter der Wiener Bundestheaterverwaltung Egon Hilbert über »den Fall Brecht« (die Einladung für eine Gastinszenierung) gesprochen habe, dieser sei »positiv dafür«; Hilbert habe B eine offizielle Einladung für Salzburg geschickt, mit der er sich beim österreichischen Generalkonsul in Zürich, Walter

Peinsipp, die Papiere für Salzburg verschaffen könne *(ÖNB)*. Lion Feuchtwanger schickt B aus Pacific Palisades einen amerikanischen Aufsatz über Bs Gedichte aus der *Herald Tribune* und fragt ihn, wie es ihm geht. *(Feuchtwanger, 51.)*
9. März, Dienstag. Mit dem Zürcher Schauspielhaus ist ein Gastspiel der Churer *Antigone des Sophokles* vereinbart. Hans Curjel teilt Caspar Neher mit, daß die technische Probe dafür am Sonnabend nachmittag angesetzt ist, anschließend soll eine Durchsprechprobe stattfinden.
12. März, Freitag. B trifft mit Hans Curjel, der sich seit 10. 3. in Zürich zur Vorbereitung des Gastspiels aufhält, einzelne Absprachen.
An Eric Bentley schickt B eine Vollmacht für Verhandlungen über die Herausgabe von Brecht-Stücken in den USA.
13. März, Sonnabend. B ißt mit Caspar Neher und Ruth Berlau zu Mittag. Danach technische Probe und abends Durchsprechprobe für *Antigone* im Zürcher Schauspielhaus.
14. März, Sonntag. Nach einer Morgenprobe wird um 10 Uhr im Schauspielhaus die *Antigone des Sophokles* in einer (einmaligen) Matineevorstellung gegeben. Caspar Neher notiert: »Merkwürdig gute Aufführung. Die Diskussion danach dumm.« *(NT.)*
Abends diskutiert B im Pfauen mit Günther Weisenborn und Mitarbeitern über die Aufführung. Weisenborn notiert darüber: »Die großartige Helene Weigel hatte die Antigone gespielt, und Brecht, der an diesem Tag kriegerisch gestimmt war, fuhr sie an, sie sei nicht gut gewesen, sie habe Tränen in den Augen gehabt. Sie habe sich identifiziert, einwandfrei! Keinerlei Verfremdung, kein Danebenstehen! Sie war wunderbar gewesen.« Danach geraten Weisenborn und B in Streit über die Beurteilung von Chaplins Film *Der große Diktator (Weisenborn, 108)*.
Gottfried von Einem, der inzwischen eine Einladung Bs nach Salzburg in die Wege geleitet hat, bittet ihn, die notwendigen Formalitäten zur Erlangung der Einreisepapiere zu erledigen. Er bereite die Tätigkeit Bs, Caspar Nehers und Berthold Viertels vor und erwarte ihn Anfang April in Salzburg.
15. März, Montag. B beschäftigt sich erneut mit den New Yorker Rezensionen der *Galileo*-Aufführung *(27,265f.)*.
16. März, Dienstag. B findet, daß das Bürgertum »jetzt im Weltmaßstab ein Generalaufgebot der Intellektuellen für einen Kreuzzug der ›westlichen Zivilisation‹« veranstaltet, bei dem »der Faschismus als ein absoluter Gegensatz zur Demokratie dargestellt wird, nicht als ihre natürliche andere Phase, in der die bürgerliche Diktatur nackter auftritt« *(27,266)*.
17. März, Mittwoch. Henry Goverts von Claassen & Go-

Brecht mit Tochter Hanne in Feldmeilen

14. März 1948
Aufführung
Die Antigone des Sophokles
Gastspiel des Stadttheaters Chur im Schauspielhaus Zürich

Wer aber Sophokles vergessen konnte, erlebte ein von großer Konsequenz getragenes Theaterereignis, das uns faszinierend fesselte. Denn Brecht verstand es, sein Werk in der reinsten Form des epischen Theaters auf die Bühne zu stellen, einer Form, der man das spannungsgeladene Interesse, das sie beim Zuschauer weckt, obgleich dieser zum distanzierenden Betrachter wird, nicht absprechen kann. [...] Entgegen allen literarischen Einwänden verließen wir das Theater tief beeindruckt mit dem Dank an das Stadttheater Chur, dessen mutiger Initiative wir dieses außergewöhnlich interessante Theatererlebnis verdanken. *(NZZ, 16. 3.)*

verts, der mit B in Zürich wegen der Veröffentlichung seiner Gedichte gesprochen hat, schreibt aus Hamburg, daß er vereinbarungsgemäß mit den Engländern Fühlung aufgenommen hat. »Im übrigen wartet man brennend auf die Freigabe Ihrer Bühnenstücke.« *(1764/01.)*

Peter Suhrkamp teilt B seine Rückkehr nach Berlin mit. Er hat Bs Wunsch einer Reisemöglichkeit »zwecks Verhandlung über Aufführung Ihrer Stücke in Deutschland« weitergereicht *(1764/28f.)*.

18. März 1948
Brecht erhält Preis der American Academy of Arts and Letters, New York

In einer Zeit wie dieser ist solch ein Preis besonders ermutigend. *(Br, 1290.)*

18. März, Donnerstag. Die New Yorker American Academy of Arts and Letters teilt B mit, daß sie ihm, zusammen mit dem National Institute of Arts und Letters, in Anerkennung seiner »schöpferischen Arbeit auf dem Gebiet der Literatur« einen Preis (mit einer Zuwendung von 1000 $) zugesprochen hat, und lädt ihn für den 21. 5. zur Preisverleihung ein (→ 5. 4.).

Warum die *Galileo*-Aufführung 1948 nicht noch einmal aufgenommen werden konnte, begründet T. Edward Hambleton damit, daß Laughton nur kurze Zeit zur Verfügung gestanden hätte und für zwei Wochen der finanzielle Aufwand zu groß gewesen wäre.

26. März, Freitag. Rod E. Geiger von RKO (Radio Pictures) ist sehr froh darüber, daß Helene Weigel wieder Theater spielt. Alle in Kalifornien zurückgebliebenen Freunde vermissen B sehr; er speziell sei begierig auf eine neue Arbeit in der Art des *Galilei*. In Hollywood habe sich eine Depression wie in den frühen dreißiger Jahren ausgebreitet. An Bs Berliner Theaterprojekt ist Geiger sehr interessiert.

28. März, Ostersonntag. Wieland Herzfelde teilt B aus New York mit, daß er sich der Verpflichtungen des Aurora-Verlags New York gegenüber der Fa. Schoenhof in Cambridge entledigt hat und verschickt als Geschäftsführer des Verlags einen Bericht an die Mitbegründer. Herzfelde ist an einer baldigen Rückkehr nach Deutschland interessiert. Hermann Budzislawski und Ernst Bloch hätten Rufe an die Leipziger Universität erhalten; er fragt, ob B »einen ähnlichen Ruf« für ihn anregen könne.

30. März, Dienstag. Herbert Burgmüller von der Münchener *Literarischen Revue* bittet B um Druckgenehmigung für Texte. »Ich weiß nicht, ob Sie ahnen, wie sehr es uns hier immer noch an einer Literatur mangelt, die, wie Sie sagen würden, nicht ›kulinarisch‹ ist« *(1764/45)*.

Ende März. B berichtet Feuchtwanger über seine derzeitige Situation. Die Inszenierung der *Antigone* in Chur bezeichnet er als »try out für Berlin« *(Br, 1288)*.

Valeska Gert

März. Günther Weisenborn geht in Zürich mit B zur Eröffnung des Kabaretts *Café Valeska und ihr Küchenpersonal* von Valeska Gert.

Der italienische Journalist Vito Pandolfi lernt B kennen und beschäftigt sich mit dessen Theorie des Theaters (→ 18. 7. 50).

1. April, Donnerstag. Caspar Neher war vierzehn Tage in Mailand, er hat auch Verona und Florenz besucht und berichtet B über die Italienreise.

2. April, Freitag. B hat Franz Molnárs *Liliom* in einem Gastspiel mit Hans Albers in der Titelrolle gesehen, »ein großer, eleganter Kerl mit vulgärem Charme, nicht ohne Gewalttätigkeit«, und erwägt, mit ihm »ein Volksstück zu machen, Ulenspiegel etwa«. B will ausnutzen, daß Albers »durch den Film weithin bekannt« ist *(27,266)*. Über das Eulenspiegel-Projekt spricht er mit Günther Weisenborn, der an einer Zusammenarbeit Interesse zeigt. Bei einem Besuch in Feldmeilen sei das Gespräch auf Weisenborns Stück *Ballade vom Eulenspiegel, vom Federle und der dicken Pompanne* gekommen. B habe sein Eulenspiegel-Projekt vorgetragen und einen Vorschlag gemacht: »Vielleicht schreiben wir eine Fortsetzung, ein zweites Stück zusammen? Was halten Sie davon? Es müßte ein alt gewordener Eulenspiegel sein, der würd' einen interessieren. Grau und fadenscheinig müßt' er sein, und seine Späße kommen einfach nicht mehr an.« Sie beschließen, »den Plan auf jeden Fall weiterzuentwickeln, als Fortsetzung meines Stücks, als Stück vom alten Eulenspiegel oder vielleicht als Film«. *(Weisenborn, 138f.)* Weisenborn kümmert sich um eine Filmfirma (→ 25. 5.).

Anfang April 1948
Besuch von Franz Molnárs *Liliom*
Gastspiel mit Hans Albers

2. April 1948
Plan für einen Film *Ulenspiegel*

4. April, Sonntag. Caspar Neher reist nach Salzburg (und Wien).

5. April, Montag. Auf die Einladung zur Entgegennahme des Preises der American Academy of Arts and Letters (→ 18. 3.) teilt B mit, er könne an dem Zeremoniell leider nicht teilnehmen, und bedankt sich für den Preis *(Br, 1290)*.

10. April, Sonnabend. B findet in Diskussionen die *Antigone* häufig als »moralisches Stück« eingeschätzt und wehrt sich dagegen. Er hofft, »daß Unternehmungen, die allzu viel Gewalt benötigen, leicht scheitern«. »Es ist gefährlich, der Kunst eine sittliche Mission auferlegen zu wollen, es sei denn, man wäre imstande, die für einen gewissen Zeitabschnitt praktischen Sitten in ihrer Relativität zu sehen – und wer könnte das?« *(27,267.)*

Emil Oprecht von der Büchergilde Gutenberg ist an Bs neuen Arbeiten interessiert und würde gern *Schweyk* herausbringen; außerdem bittet der Verlag B um die Übersendung eines Leseexemplars vom *Dreigroschenroman.*

12. April, Montag. B genießt das »erste europäische Frühjahr seit acht Jahren« mit »Farben der Pflanzenwelt, so viel frischer und so viel weniger krud als die der kalifornischen« *(27,267)*.

April 1948
Brecht genießt das
»europäische Frühjahr«

Peter Schifferli vom Verlag der Arche hat von Kurt Kläber erfahren, daß B in der Schweiz einen Band seiner Gedichte plane; der Verlag sei an einer solchen Publikation sehr interessiert und denke vor allem an »unpolitische Gedichte« *(1763/40)*.

13. April, Dienstag. B beschäftigt sich mit dem Buch *Die deutsche Katastrophe. Betrachtungen und Erinnerungen* von dem Historiker Friedrich Meinecke, Mitbegründer der Freien Universität Berlin, und findet darin den liberalen bürgerlichen Standpunkt vertreten *(27,267f.)*. B wendet sich gegen die Tendenz, »den Nationalsozialismus geistig zu isolieren, als gewisse Übertreibungen, Überspitzungen«. Die Vergasungslager des IG-Farben-Trusts seien »Monumente der bürgerlichen Kultur dieser Jahrzehnte« *(27,268)*.

14. April, Mittwoch. Rod E. Geiger von RKO berichtet B über die beruflichen Unternehmungen von Charles Laughton.

15. April 1948
Probenbesuch *Woyzeck*

15. April, Donnerstag. B besucht im Schauspielhaus eine Probe von Georg Büchners *Woyzeck*, die unter der Regie von Leonard Steckel stattfindet, und hält den aus Berlin engagierten Walter Richter (in der Titelrolle) für »verkrampft und schmierenhaft«; er findet: »Schon bevor ich die Trümmer der Theaterhäuser sehe, bekomme ich die der Schauspielkunst zu sehen.« *(27,268.)*

16. April, Freitag. Neher kommt aus Salzburg zurück und teilt B den Stand der Verhandlungen über ein gemeinsames Theaterprojekt (→ 22. 2.) mit.

17. April, Sonnabend. Bei Caspar Neher (geb. am 11. 4.) findet eine Geburtstags-Nachfeier statt, an der auch B teilnimmt.

18. April, Sonntag. Bei B sind (in Feldmeilen) Caspar Neher und Teo Otto sowie deren Frauen und einige junge Amerikaner zu Gast. Es wird über die Kriegsschuld der Deutschen gesprochen. Neher notiert: »Die Betrachtungen richten sich immer auf Vergangenes, Gewesenes. Allein Brecht vermag und versucht auch das Kommende in sein Weltbild einzugliedern.« *(NT.)*

19. April, Montag. B plant mit Caspar Neher eine Revue. Abends gehen sie mit Erika Neher und Ruth Berlau zum Bellevue, wo nach einem alten Brauch der Böögg verbrannt wird. Anschließend treffen sie sich mit Hans Albers.

April 1948
Beginn der Arbeit an der Revue
Der Wagen des Ares

20. April, Dienstag. B arbeitet an der Revue, die den Titel *Der Wagen des Ares* erhält (bleibt Fragment; *10,938-953*). Im Zusammenhang mit den Diskussionen über die Schuld der Deutschen liest B das Buch *Der SS-Staat. Das System der deutschen Konzentrationslager* von Eugen Kogon sowie Goebbels *Tagebücher aus den Jahren 1942-43*. Die Nazis hätten weniger getan, »als das deutsche Bürgertum brauch-

te, um an der Macht zu bleiben«, und dabei sei schon »die enormste Blutorgie« zustande gekommen, »welche die Weltgeschichte bis jetzt erfahren hat« *(27,269)*.
Der Verlag Emil Oprechts, dem auch der Europa Verlag zugehört, arbeitet mit dem Gebrüder Weiß-Verlag Berlin zusammen und sieht Möglichkeiten weiterer Kooperationen, über die mit B gesprochen werden soll.

23. April, Freitag. B verhandelt im Schauspielhaus über die Inszenierung von *Herr Puntila und sein Knecht Matti.*

23. April 1948 Brecht-Abend in der Katakombe, Zürich

Abends findet im Volkshaus (Bücherkeller »Katakombe«) ein Brecht-Abend statt (einleitende Worte: Max Frisch; B liest *An die Nachgeborenen*, weitere Rezitationen von Therese Giehse und Helene Weigel).
B bedankt sich (an einem der nächsten Tage) bei Therese Giehse »a) als Autor und b) als Zuhörer für Ihre meisterhafte Vorlesung« und außerdem für eine inzwischen eingetroffene Tasche. Er sei ein »Ledernarr«. »Außerdem sind für die Ausübung meines Handwerks ja Wohnungen mit mehr als einem Ausgang und Taschen für eilige Reisen unentbehrlich.« So dankt er auch noch »c) als Weltreisender« *(Br, 1291)*.

26. April, Montag. B arbeitet mit Ruth Berlau und Caspar Neher am *Antigonemodell 1948*.

Arbeit am *Antigonemodell 1948*

B beklagt sich in einem Brief bei Ruth Berlau über deren Alkoholkonsum: »Du darfst nicht diesen Obstbranntwein trinken, Du hast Trinken nicht nötig und mußt Dir überhaupt nicht einreden, daß Du das nötig hast.« *(Br, 1298.)*

Ende April. B fragt die amerikanische Journalistin und Verlegerin Dorothy Norman nach den Plänen des Coronet Theatres und informiert sie über seine *Antigone*-Bearbeitung *(Br, 1292)*.
Einen ausführlichen Brief richtet er an Ferdinand Reyher. Seine Situation vergleicht er mit der des Vorjahres: »Da warteten wir auf die Abreisemöglichkeit nach Europa, jetzt warten wir auf die Möglichkeit, nach Berlin zu kommen. Und inzwischen reißen überall die Fäden.« Er berichtet ihm über das Churer Experiment und über die amerikanische Preisverleihung. »Im Augenblick denke ich auch daran, mich im Österreichischen, in der Salzburger Gegend niederzulassen, um einen Punkt zu haben, zu dem man zurückkehren kann (und den man verlassen kann).« *(Br, 1293.)*

Ende April 1948 Erwägung einer Übersiedlung nach Österreich

Über eine Einreisevariante (→ Anfang September) nach Berlin berichtet Helene Weigel (Mitte 1955) ihrem Sohn Stefan: »Um über Westdeutschland einzureisen, gab es auch da (sehr vage in meinem Kopf) Beschwernisse. Man verlangte von Brecht bestimmte Zusicherungen, daß er im Westen Deutschlands bleiben würde, bevor man ein Einreisevisum geben wollte, was er abgelehnt hat.« *(E 14/4f.)*
Einen längeren Brief schreibt B an Karl Korsch. Er hat des-

sen Marx-Buch vergeblich einigen Verlagen in der Schweiz angeboten (»der Gegenstand ist fremdartig und man liebt das Populäre«). B berichtet von seinen Arbeiten und Plänen; Korsch solle ein Journal führen, »mit vielen Eintragungen in der Baconischen Form über alle die Gegenstände, die Sie gerade interessieren, unmethodisch im ganzen, ich meine antisystemisch« *(Br, 1294)*.

Max Frisch über Brecht: Der Umgang mit Brecht, anstrengend wie wohl jeder Umgang mit einem Überlegenen, dauert nun ein halbes Jahr, und die Versuchung, solchem Umgang einfach auszuweichen, ist manchmal nicht gering. Es ist Brecht, der dann wieder einmal anruft oder auf der Straße, immer freundlich in seiner trockenen und etwas verhaltenen Art, fragt, ob man einen freien Abend habe. Brecht sucht das Gespräch ganz allgemein. Meinerseits habe ich dort, wo Brecht mit seiner Dialektik mattsetzt, am wenigsten von unserem Gespräch; man ist geschlagen, aber nicht überzeugt.« *(Max Frisch, Tagebuch 1946-1949, 285.)*

28. April, Mittwoch. Mit Neher arbeitet B weiterhin an *Der Wagen des Ares* (→ 20. 4.).

29. April, Donnerstag. Caspar Neher ist über die Generalprobe von *Woyzeck* im Schauspielhaus entsetzt (notiert: »Man soll nicht ins Theater gehen«) und spricht sich mit B über die Situation des Theaters aus *(Völker1,125)*.

30. April, Freitag. Abends arbeitet B mit Caspar Neher an *Der Wagen des Ares*.

1. Mai, Sonnabend. B bestätigt dem Verleger Richard Weiß die mit ihm getroffene Vereinbarung über zwei Bücher: »1) *Kalendergeschichten* / 2) *Antigone* (meine Neubearbeitung zusammen mit circa 30 Aufnahmen der Churer Aufführung und der Neherschen Skizzen dazu, sowie der Beschriftung in Versen, den Regiebemerkungen und einem Essay)«; außerdem geht es um Vertrieb und Honorar. »Der Autor hat sich vergewissert, daß der Verlag nicht beabsichtigt, prokapitalistische oder gegen eine Besatzungsmacht gerichtete oder kriegshetzerische Bücher zu veröffentlichen.« *(Br, 1295.)*

Wegen der zahlreichen Verpflichtungen Caspar Nehers (er gestaltet das Bühnenbild zur Züricher Aufführung von *König Lear*; → 20. 5.) wird Teo Otto die Gestaltung des Bühnenbilds für *Herr Puntila und sein Knecht* übertragen. Dennoch nimmt Neher jede Gelegenheit wahr, nach den Proben mit B (meist an der *Ares*-Revue) zu arbeiten.

Anfang Mai - 6. Juni 1948
Proben zu
Herr Puntila und sein Knecht
Schauspielhaus Zürich

Anfang Mai. B beginnt mit den Proben von *Herr Puntila und sein Knecht*. Bis zur Premiere (→ 6. 6.) ist er nahezu täglich mit der Inszenierung beschäftigt.

2. Mai, Sonntag. In einer Gesprächsrunde (bis 23 Uhr) diskutiert B mit Max Frisch und Caspar Neher über die Anfänge der Dialektik und deren Weiterentwicklung bei Hegel.

3. Mai, Montag. Caspar Neher arbeitet von 16 bis 22 Uhr mit B.

5. Mai 1948
Uraufführung
Der kaukasische Kreidekreis
Studentenbühne, Carlton-College
Nourse Little Theatre,
Northfield/Minnesota (USA)

5. Mai, Mittwoch. In Northfield/Minnesota (USA) findet die englischsprachige Uraufführung von *Der kaukasische Kreidekreis* durch eine Studentenbühne im Carlton-College (Amateuraufführung) statt; Übersetzung: Eric und Maja Bentley, Regie: Henry Goodman, Musik: Katherine Grifith; mit Alvin Tinnin (Azdak) und Frances Heim (Grusche).

6. Mai, Donnerstag. Lion Feuchtwanger berichtet B, daß die Preisverleihung der American Academy (→ 18. 3.) in der

amerikanischen Presse in großer Aufmachung bekanntgegeben wurde und schickt ihm einen Zeitungsausschnitt. Er berichtet von seiner Arbeit und zeigt Interesse an den »weiteren Geschehnissen« in seinem Umkreis *(Feuchtwanger, 53)*.
7. Mai, Freitag. Nachmittags geht Caspar Neher zu B und spricht mit ihm »über die Unzulänglichkeiten des Puntila« *(Neher)*.
8.-10. Mai, Sonnabend-Montag. B bespricht mit Caspar Neher dessen Skizzen zur Revue *Der Wagen des Ares* *(10,938-953)*.
11. Mai, Dienstag. Caspar Neher notiert: »Figurinen. Brecht. – Viel gearbeitet.« *(Neher.)*
12. Mai, Mittwoch. Neher zeichnet auf Bs Wunsch Blätter zu *Puntila*.
Aus Boston bedankt sich Karl Korsch für Bs Bericht über die Churer *Antigone*-Aufführung und bedauert, Helene Weigel nicht auf der Bühne gesehen zu haben. Über die New Yorker Aufführung des *Galileo* urteilt er: »Es wirkte auf mich wie das große geschichtliche Drama unserer Zeit, und Laughton war in jeder Bewegung und in jedem Ausdruck der Galilei, den Sie vorgeschrieben hatten.« Korsch versteht die Schwierigkeiten bei der Unterbringung seines Buches in Deutschland (→ Ende April) und bittet B, seine Bemühungen einzustellen. Angesichts des Jubiläums vom *Kommunistischen Manifest* schreibt er: »Mein Herz blutet ungeheuer, wenn ich daran denke, daß unter diesen Jahrhundertfeierschriften Ihr schönes Lehrgedicht fehlt.« Er schlägt einen eigenen theoretischen Artikel vor, der zusammen mit Bs Gedicht und dem Urtext »ein gutes Buch ausmachen könnte«. Außerdem berichtet er über gelegentliche Besuche von Bs Sohn Stefan (→ 30. 10. 47). »Er scheint mir manchmal in den praktischen Fragen des Lebens nicht so gewandt, wie ich es nach Ihrer gelegentlichen Schilderung gedacht hatte, und es scheint uns etwas hart, daß er sich so ganz allein hier durchfinden muß.« *(977/25-27.)*
13. Mai, Donnerstag. B ist abends mit Neher zusammen.
14. Mai, Freitag. Hans Curjel und Caspar Neher sind abends bei B.
Mitte Mai. B will die Rolle der Branntweinemma (Schmuggleremma), die Therese Giehse spielt, erweitern und schreibt für sie das *Lied der Branntweinemma* (später *Das Pflaumenlied*; *15,192)*.
17. Mai, Montag. Neher notiert, daß er von 17.30 bis 21 Uhr bei B ist.
19. Mai, Mittwoch. Rod E. Geiger berichtet B über verschiedene Projekte, u. a. über eine Möglichkeit, *Galileo* mit Laughton zu verfilmen.
20. Mai, Donnerstag. Hauptprobe von *König Lear* am Zü-

Die Carlton-Players haben ihre Spielzeit mit einem Paukenschlag beendet. Ihre Welt-Premiere von Brechts *Der kaukasische Kreidekreis* erhielt stürmischen Applaus, als sich der Vorhang am ersten Abend schloß. Das Hauptproblem für die Regie war vielleicht, dem Stück eine einheitliche Wirkung zu geben. *Der kaukasische Kreidekreis* ist ein episches Drama und besteht aus vielen kurzen, aufeinanderfolgenden Szenen, während wir hingegen heute das gut gebaute Stück gewöhnt sind. Es ist ein proletarisches Drama, ohne die monotone Simplizität, die gewöhnlich dieser Spezies anhaftet. Mitunter erscheint es fast sentimental und zu simpel, aber insgesamt ist es stark, witzig und ironisch. *(James G. Benziger, Northfield News, 8. 5.)*

Mit Therese Giehse in Feldmeilen

richer Schauspielhaus, für die Caspar Neher das Bühnenbild gestaltet.

22. Mai, Sonnabend. B besucht die Premiere von *König Lear* (Regie: Oskar Wälterlin; mit Wolfgang Heinz als Lear).

Bekanntschaft mit Gottfried von Einem

Der österreichische Komponist Gottfried von Einem (geb. am 24. 1. 1918) arbeitet 1938 als Korrepetitor an der Staatsoper Berlin, studiert 1940/41 bei Boris Blacher. Ab 1944 ist er Hauskomponist an der Staatsoper Dresden. Erfolgreich ist seine Oper *Dantons Tod* (1947). Seit 1948 ist er als Direktor der Salzburger Festspiele tätig.

23. Mai, Sonntag. B entschuldigt sich bei Gottfried von Einem wegen seiner längeren Korrespondenzpause. Er wolle gern nach Salzburg kommen, um am Ort über das Theaterprojekt zu sprechen. »Wir könnten gut arbeiten dort.« *(Br, 1296.)*

Caspar Neher trifft sich nachmittags mit B, um das Salzburger Projekt zu besprechen.

24. Mai, Montag. Caspar Neher reist nach Wien, von wo er sich kurze Zeit später nach Salzburg begibt (zur Gestaltung des Bühnenbilds von Glucks Oper *Orpheus und Eurydike* für die Salzburger Festspiele).

B teilt Rod E. Geiger mit, für eine Verfilmung von *Leben des Galilei* (→ 19. 5.) sei als Regisseur Herbert Marshall vorgesehen; man könne in Oberitalien und in Londoner Studios drehen. (Obwohl 1949 ein Optionsvertrag abgeschlossen wird, kommt der Film nicht zustande.)

25. Mai 1948
DEFA bekundet Interesse an *Ulenspiegel*-Film

25. Mai, Dienstag. Die Sowjetische Militäradministration in Deutschland (SMAD) hat in der Filmstadt Babelsberg (am 17. 5. 46) die DEFA (Deutsche Film-Aktiengesellschaft) gegründet, die nach dem sehr erfolgreichen Start mit Wolfgang Staudtes *Die Mörder sind unter uns* (Premiere: 15. 10. 46; mit Ernst Wilhelm Borchert und Hildegard Knef) bis zu diesem Zeitpunkt vier weitere Spielfilme herausgebracht hat. Am 25. 5. wenden sich Dr. v. Gordon und der Regisseur Kurt Maetzig von der DEFA erstmals an B. Sie freuen sich über Bs Vorschlag, zusammen mit Günther Weisenborn das Drehbuch für einen Film *Ulenspiegel* (→ 2. 4.) zu schreiben. Nach einem Gespräch mit Weisenborn gäbe es Übereinstimmung in der Zeitwahl der Bauernkriege. Sie laden B zu einer Beratung nach Berlin ein. Am Tag zuvor schickt Weisenborn (aus Berlin) in der gleichen Angelegenheit einen Brief an B ab, dem zufolge die DEFA den *Ulenspiegel*-Film als »Spitzenfilm« plant, mit Kurt Maetzig als Regisseur und dem französischen Schauspieler Jean-Louis Barrault (→ 3. 11. 47) in der Titelrolle. Weisenborn habe für Bs Reise nach Berlin bereits »mit Vertretern aller vier Besatzungsmächte« verhandelt *(211/46f.)*.

27. Mai, Donnerstag. Wieland Herzfelde ist nach Leipzig zurückgekehrt. Er schickt B ein Inhaltsverzeichnis der im Aurora-Verlag geplanten *Gedichte im Exil (12,335-338)*, die nun in der Aurora-Bücherei des Berliner Aufbau-Verlags erscheinen sollen: B soll seine Korrekturen und Ergänzungen (für den noch unvollständigen 4. Teil) direkt

nach Berlin schicken. B verbietet später den Druck (→ 26. 10.).
28. Mai, Freitag. Der Schauspieldirektor des Staatstheaters Dresden, Horst van Diemen, bittet den Reiss Verlag in Basel um die Aufführungsrechte für *Mutter Courage und ihre Kinder* und lädt zugleich B für die Regie und Helene Weigel für ein Gastspiel ein. Wenn B durch seine Bindung an das Deutsche Theater nicht könne, dann solle das Dresdner Projekt gleich nach der Berliner Premiere über die Bühne gehen.
Der Verleger Richard Weiß lädt B nach Berlin ein bzw. bittet um schnelle und sichere Übersendung des *Antigonemodells 1948* (geplante Auflage: 10 000) und der *Kalendergeschichten*. In einem weiteren Brief schickt Weiß eine Probeseite für die *Kalendergeschichten* und bittet B erneut um die noch ausstehenden Texte für die beiden Buch-Projekte (→ 1. 5.).
Mai. B fragt den an den Münchener Kammerspielen tätigen Erich Engel (→ 2. 9. 29), ob er für die nächste Saison am Schauspielhaus Zürich arbeiten will.
4. Juni, Freitag. Generalprobe von *Herr Puntila und sein Knecht*. Der schwedische Publizist (und spätere Brecht-Übersetzer) Erwin Leiser nimmt an der Probe teil und erinnert sich: »Zum ersten Male erlebe ich Brechts Selbstverständlichkeit. Er braucht keine Bestätigung von außen. Offiziell ist er nicht Regisseur dieser Vorstellung, und doch steht die Arbeit völlig in seinem Zeichen. Er kontrolliert jede Einzelheit, vom Kopftuch der Schmuggleremma bis zur Aussicht über den Hatelma-Berg vom Rang.« *(Leiser, 42.)*
5. Juni, Sonnabend. Uraufführung von *Herr Puntila und sein Knecht* (so der Titel, der Text ist auf neun Bilder gekürzt). Auf Anordnung der Fremdenpolizei darf B in Zürich offiziell nicht arbeiten (also für die Regie auch nicht selbst zeichnen), deshalb signiert für die Regie Kurt Hirschfeld, Bühnenbild: Teo Otto; mit Leonard Steckel (Puntila), Gustav Knuth (Matti), Helen Vita (Eva), Therese Giehse (Branntweinemma), Blandine Ebinger (Apothekerfräulein), Angelika Arndts (Telephonistin), Regine Lutz (Kuhmädchen).
B schenkt Therese Giehse ein Etui mit einer Handschrift des ihr gewidmeten *Pflaumenliedes (15,192)*.
Eric Bentley schickt B eine Vereinbarung mit The University of Minnesota Theatre über eine Aufführung des *Guten Menschen von Sezuan*.
8. Juni, Dienstag. Paul Th. Hoffmann von der Universität der Hansestadt Hamburg (Theatersammlung) versichert B der »Sympathie«, die ihn in seiner »Heimat erwartet«, und lädt ihn zu einem Vortrag an das Theaterwissenschaftliche Institut ein *(1764/40)*.
10. Juni, Donnerstag. B resümiert in seinem *Journal* über

5. Juni 1948
Uraufführung
Herr Puntila und sein Knecht
Schauspielhaus Zürich

Überhaupt: bei aller Derbheit der Aussage, bei aller handwerklichen Routine und schmucklosen Prosa ist doch in vielen Einzelheiten der Dichter Brecht zu spüren, der trotz aller Illusionslosigkeit das Gefallen an der vielgestaltigen Welt nicht verloren hat. Und so hält es auch *Leonard Steckel*, der Darsteller des Herrn Puntila. Er strotzt vor Leben und Temperament, und wenn man ihm wegen des Allzuviels an Komödiantischem manchmal etwas gram sein will, wird man im nächsten Augenblick wieder fasziniert durch einen witzigen Einfall, ein Hervorblitzen liebenswerter Menschlichkeit, die aus der Fülle einer männlichen Natur kommt. *(Carl Seelig, National-Zeitung, Basel, 8. 6.)*

Der Herr Puntila des Herrn Steckel ist eine Meisterleistung, bei der man keine weiteren Worte verlieren soll, die man nur restlos bewundern kann. Gustav Knuth versucht seinem Matti Leben einzuhauchen – wenn ihm das nicht ganz gelingt, so ist nicht er, sondern der Dichter schuld. Großartig, packend, ist die Erzählung über Ati, den Kommunisten, durch Therese Giehse. Auch die übrigen Schauspieler spielen hervorragend. Von einer vergnüglichen Qualität ist der jeweilige Bühnenwechsel. Alles in Allem: Eine glänzende Aufführung eines sehr mittelmäßigen Stückes! *(E. W., Vorwärts, Basel/Genf, 12. 5.)*

Bertolt Brecht ist ein Kanzelredner der Vernunft. Auch sein *Puntila* will nicht schmunzelnd zeigen, wie die Welt nun einmal ist, sondern beweisen, daß sie anders sein könnte. Aber die Geschichte erkundigt sich nicht beim Dichter, wie sie sich verhalten solle. Dagegen ist es möglich, daß sie sich des Zweckrationalismus eines Brecht bedient, um den Menschen auf eine andere Weise sichtbar zu machen: nicht nur als Teil der Gesellschaft, sondern als Exponent von Mächten, die uns verborgen sind. Daß sie uns aber verborgen sind, gehört, um mit Hegel zu sprechen, zur List der Geschichte. Die neue Komödie wurde in Zürich mit starkem Beifall aufgenommen. *(Egon Vietta, Die Zeit, Hamburg, 24. 6.)*

Mit Max Frisch bei der Besichtigung von neuen Arbeitersiedlungen

die Proben und das Ergebnis von *Herr Puntila und sein Knecht*. Er habe »anfangs Befürchtungen wegen Steckels Vitalität« gehabt. Die »Diskussionszeit« sei von ihm auf »etwa drei Minuten in vier Wochen reduziert« worden, weil sich seine Neuerungen »nur praktisch, durch Ausprobieren, erzielen lassen«. B beklagt sich über die unzureichende Beleuchtungstechnik des Theaters. Den Bühnenbildner Teo Otto hält er für einen »begabten Neherschüler« *(27,270f.)*. Die Ergebnisse seiner Inszenierung faßt er u.a. in den *Notizen über die Züricher Erstaufführung (1948)* zusammen *(24,299-306)*.

11. Juni, Freitag. Der seit 1940 als Architekt tätige Max Frisch zeigt B in Zürich neu gebaute städtische Arbeitersiedlungen mit Komfort, »aber alles winzig, es sind Gefängniszellen, Räumchen zur Wiederherstellung der Ware Arbeitskraft, verbesserte Slums« *(27,271)*.

12. Juni, Sonnabend. B ist erstaunt über »die Fülle der wildwachsenden Blumen auf dem alten zivilisierten Kontinent« *(27,271)*.

15. Juni, Dienstag. Nachdem das (kontingentierte) Papier für den Druck beschafft ist, bittet Richard Weiß erneut um die Manuskripte für das *Antigonemodell* und die *Kalendergeschichten*; beide Titel sollen im Spätsommer herauskommen.

Mitte Juni. Hanns Eisler ist vom Committee for Un-American Activities verhört und danach aus den USA ausgewiesen worden. Nach einem ersten Aufenthalt in Wien ist er in Prag untergekommen und nimmt von dort Verbindung zu B in Zürich auf. Im Anschluß an die *Puntila*-Premiere berichtet ihm B (nach Wien) von seiner Arbeit mit dem Stück. Der Typus Puntila wirke »schon wie eine prähistorische Schmeißfliege, eingeschlossen in Bernstein«. B schickt ihm die *Koloman Wallisch Kantate (14,261-270)*. »Selbstverständlich kannst Du streichen, umstellen, wie es Dir richtig erscheint; solltest Du Neues dazwischen brauchen, formulier es selber und laß es mich dann überarbeiten, wenn möglich.« *(Br, 1302.)* Der Kantate fügt B am Schluß das Lied *Bruder, es ist Zeit* an, das er für den Film *Hangmen Also Die* geschrieben hat *(27,145f.)*. Eisler berichtet Lion Feuchtwanger (am 1. 7.) von der Kantate: »Ich hoffe, das für die Februarfeier in Wien fertigzukriegen, obwohl ich mit anderen Dingen beschäftigt bin.« *(Feuchtwanger, 518.)*

Für die Verwendung in einer Matinee fordert B außerdem Eislers *Weißbrot-Kantate* an, die er 1937 nach einem Text von Ignazio Silone komponiert hat, »damit die Leute etwas von Dir zu hören bekommen« *(Br, 1302)*.

18. Juni, Freitag. Peter Suhrkamp ist über B verärgert. Der Aufbau-Verlag habe ihn darüber informiert, daß er die Produktion des früheren Malik-Verlags und jetzigen Aurora-Verlags »als eine Abteilung bei sich aufgenommen hat und damit auch das Verlagsrecht für Ihre Werke in Deutschland«. Suhrkamp sieht einen Widerspruch zu der Verhandlung mit B (→ 10. 2.), der in Zürich zwar seine Verpflichtung Wieland Herzfelde gegenüber betont, sich aber »gegen eine solche Übernahme en bloc durch den Aufbau-Verlag« ausgesprochen habe. »Ich will Sie in keiner Weise zu meinem Verlag nötigen, das wissen Sie; andererseits möchte ich meine Freundschaftspflichten auch nicht vernachlässigen.« Es ginge auch nicht an, daß B Günther Weisenborn für die Zeitschrift *Ulenspiegel* Texte zur Veröffentlichung mitgebe und dem Verlag darüber keine Mitteilung mache *(1764/30f.)*.

20. und 23. Juni 1948
Separate Währungsreformen in den drei westlichen Zonen und in der Ostzone

20. Juni, Sonntag. In den westlichen Besatzungszonen und den westlichen Sektoren Berlins tritt eine Währungsreform in Kraft. Anstelle der Reichsmark (offizieller Kurs: 1 RM = 0,30 $, inoffizieller Kurs: 1 RM = 0,01 $) wird die Deutsche Mark (DM) eingeführt. Als Reaktion auf die westliche Währungsreform wird am 23. 6. auch in der sowjetisch besetzten Zone und im sowjetischen Sektor von Berlin die Reichsmark außer Kraft gesetzt und dafür die DM der Deutschen Notenbank (1 RM = 1 DM d. Dt. N.) eingeführt.

Beginn der »Berlin-Blockade«

24. Juni, Donnerstag. Die SMAD reagiert auf die separaten westlichen Maßnahmen, indem sie den gesamten Verkehr zwischen Westdeutschland und Berlin (außer der Luftverbindung) sperrt (»Berlin-Blockade«). Ab 26. 6. versorgen die USA und Großbritannien West-Berlin durch eine Luftbrücke.

25. Juni, Freitag. Peter Günther vom Chronos Verlag Martin Mörike (Stuttgart/Berlin) hat gehört, daß B einen deutschen Verleger sucht. Günther stellt B seinen Verlag vor und bietet ihm eine verlegerische Betreuung an.

Juni. B besucht einige Proben zu dem Märchenspiel *Der Schatten* von Jewgeni Schwarz, das Leopold Lindtberg für die Züricher Festwochen einstudiert. Lindtberg erinnert sich: »Gelegentlich machte er Einwände gegen schauspielerische Details, fand aber Stil und Prinzip der Inszenierung richtig.« *(Lindtberg, 122.)*

1. Juli 1948
Erstdruck von *Über experimentelles Theater* in einer Studentenzeitschrift

1. Juli, Donnerstag. Im Organ des Schweizerischen Verbandes Sozialistischer Studenten, *Bewußtsein und Sein*, erscheint in Nr. 3 als Erstdruck der 1. Teil von Bs Aufsatz *Über experimentelles Theater* (→ 4. 5. 39); der 2. Teil folgt am 1. 11. in Nr. 4 *(22,540-557)*.

19. Juli, Sonnabend. Emil Oprecht hat Bs *Dreigroschenroman* »eingehend geprüft« und ist zu dem Entschluß gekommen, ihn nicht neu aufzulegen. Statt dessen sei der Verlag an einem neuen Werk interessiert, »da unsere Leser vor allem Bücher aus der Gegenwart wünschen« *(1764/33)*.

26. Juli 1948
Vertrag über den Vertrieb von *Herr Puntila und sein Knecht Matti* mit dem Münchener Verlag Kurt Desch

26. Juli, Sonntag. Vertrag über den Vertrieb von *Herr Puntila und sein Knecht Matti* mit dem Verlag Kurt Desch. Der Schauspieldirektor des Württembergischen Staatstheaters Stuttgart, Ruppel, hat von dem aus Zürich nach Stuttgart zurückgekehrten Schauspieler Paul Hoffmann ein Textbuch von *Herr Puntila und sein Knecht Matti* erhalten und bittet B um die alleinige deutsche Erstaufführung. (Diese ist aber nach Hamburg vergeben und findet am → 22. 11. statt.)

Ende Juli. Bs Tochter Hanne hat ihrem Vater verschwiegen, daß sie den Arzt Joachim Hiob-Sproesser geheiratet hat. Nachdem »alles aufgekommen ist«, sendet B ihr dazu Glückwünsche. Da ihr Mann über wenig Mittel verfüge, weiß B, daß er »also nicht versorgt« sein wird, rechnet aber wenigstens damit, daß er »uns Arztrechnungen ersparen« kann. B wolle ihren Mann sehen, »sobald der General Clay« (der Militärgouverneur der amerikanischen Zone) es erlaubt, und ihm in München dann »alle die Ratschläge aufhängen, die zu geben ich mich als Dein Vater berechtigt fühlen darf«. B hofft, Hanne in der geplanten Münchener *Dreigroschenoper*-Aufführung unterzubringen *(Br, 1305)*.

Ende Juli 1948
Vereinbarung mit Hans Albers über *Die Dreigroschenoper*

Gleichzeitig teilt er Harry Buckwitz mit, daß er mit Hans Albers eine Vereinbarung über die *Dreigroschenoper* getroffen habe. Wichtiger aber als die von Albers beabsichtigte Tournee sei ihm sein Auftritt als Macheath in München *(Br, 1303)*.

Juli. B läßt Max Frisch wissen, daß er sich mit dessen Stück *Als der Krieg zu Ende war* weiterhin beschäftigt. Obwohl er gerade sein *Kleines Organon für das Theater* schreibt, unterbreche er »die Gedankengänge nicht eigentlich«. Nach Bs Ansicht habe Frisch nicht die adäquate Form für seinen Stoff gefunden. »Ich hoffe, Sie nehmen diese Reklamation auf die leichte Achsel, die wir alle haben müssen, die wir es mit Kunst zu tun haben.« *(Br, 1304.)*

Ruth Berlau wundert sich über Bs Forderung nach einem gesonderten Arbeitszimmer für sich. »Das ist«, schreibt er ihr, »weil ich da gut arbeiten und mich frisch halten kann.« Nun besteht sie ebenfalls darauf. »Nur ist es dumm, wenn Du da nachdrückst und eine Bedingung daraus machst, das stört mich sehr. So dachte ich zum Beispiel, dies mein Kein-Geld-Haben würde schon aufhören hier in der Schweiz, aber es hörte hier noch nicht auf. Jetzt denke ich, in Deutschland wird es aufhören. Aber ich weiß es nicht und ich kann nicht *zu* viel tun dafür. In Berlin werde ich versuchen, für einen längeren Aufenthalt nächstes Jahr eine Einrichtung zu treffen, daß ich es habe.« *(Br, 1299.)*

Juli/August. Da B keine Einreiseerlaubnis in die amerikanische Zone Deutschlands erhält, schickt er an seiner Stelle Ruth Berlau nach München. Sie erinnert sich: »Ich besaß noch einen Journalistenausweis von den Amerikanern und konnte damit nicht nur frei herumreisen, sondern auch im Münchener Pressezentrum wohnen. So hatte ich den Vorteil einer unzensierten, schnellen Postverbindung und konnte mit Zürich telefonieren, was den Deutschen nicht erlaubt war.« *(Berlau/Bunge, 215.)* Bei ihrem mehrmonatigen Aufenthalt in Westdeutschland soll sie u. a. mit Bs Münchener Verleger Kurt Desch verhandeln (und über ihn ein Auto für B beschaffen). Außerdem wird sie beauftragt, mit Bs Freund Jacob Geis (den er sich bereits 1946 als Leiter seines Berliner Theaterprojekts gewünscht hat; → 1. 11. 46) Kontakte aufzunehmen und ihn (an Bs Stelle) für die Wahrnehmung geschäftlicher Verbindungen zu Verlagen und Theatern zu gewinnen.

11. August, Mittwoch. B hat sich an den Züricher Artemis-Verlag wegen der Fortführung seiner *Versuche* gewandt und bekommt vom Verlagsdirektor Friedrich Witz einen ablehnenden Bescheid. Der Theaterbesucher wolle wohl Bs Stücke sehen, sei aber »nicht mit gleichem Eifer entschlossen, diese Stücke auch zu lesen«. Witz verweist B an seinen Verlegerkollegen Emil Oprecht von der Büchergilde Gutenberg, »der seine internationalen Beziehungen bereits viel fester ausgebaut hat als wir«. Für die von B dem Artemis-Verlag angebotene Übersetzung der *Spoon Rivers Anthology* von Edgar Lee Masters bietet der Verlag sFr. 1000 bei einer Lieferung des satzreifen Manuskripts bis Ostern 1949 *(1764/42).*

Hans Schweikart von den Münchener Kammerspielen ist sehr an einer »Reprise der *Dreigroschenoper*« interessiert. Caspar Neher habe ihm berichtet, daß B Bedenken an der alten Fassung des Stückes habe und sich mit einer Neufassung der Songs beschäftige. Mit Jacob Geis, Ruth Berlau und Hans Albers seien sie übereingekommen, mit den Stellproben im September zu beginnen. Schweikart würde auch gern den *Puntila* (mit Fritz Kortner) herausbringen *(211/49 f.).*

Mitte August. B hat von Ruth Berlau aus München erfahren, daß sein Schwiegersohn (→ Ende Juli) »sehr nett und sehr dünn« sei, und schreibt Hanne: »Bei beidem bleibt es natürlich mitunter nicht, aber – wie Du meinst.« Er schlägt ihr, die in der *Dreigroschenoper* mitspielen möchte, anstelle der von ihr gewünschten Jenny die Rolle der Lucy vor *(Br, 1306).* In einem weiteren Brief an Hanne bedauert er die Ungewißheit der Termine und bittet sie, mit Berlau zu besprechen, »ob Du nach Österreich kannst im Sommer, ob Du nach Berlin kannst (und willst) schon jetzt, ob nach Zürich« *(Br, 1307).*

Für Ruth Berlau hat B in Zürich eine neue Unterkunft bei einer jugoslawischen Familie beschafft. Die Geldknappheit

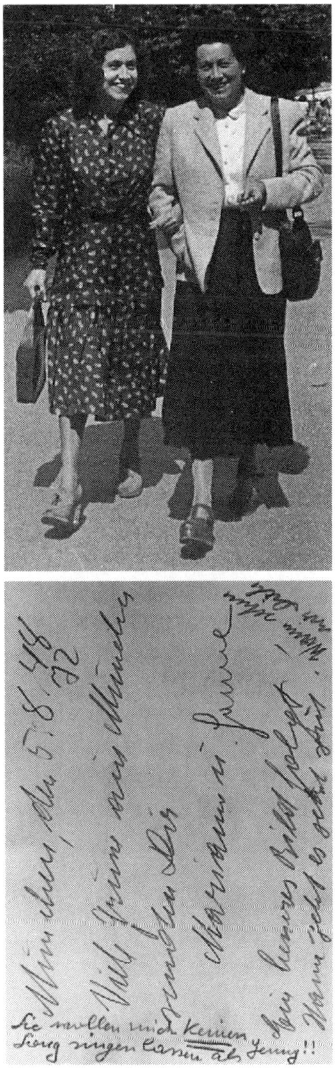

Marianne Lingen-Zoff mit Hanne. Auf der Rückseite des Fotos: Grüße für Brecht aus München.

hofft er bald zu überwinden, »Deine Verhandlungen in München [mit Kurt Desch] haben unsern Wohlstand, denke ich, wieder begründet« *(Br, 1311)*.
Wegen einer Plagiatsanschuldigung des Münchener Rundfunks wendet sich B an Peter Suhrkamp und beschwert sich über die Rundfunkfreigabe von *Leben des Galilei* für diesen Sender. Bei seinen Verhandlungen mit Schweizer Verlagen solle Suhrkamp für ihn eine »Rente« herausschlagen. »Das wäre ungeheuer wichtig, Sie wissen ja.« Elisabeth Hauptmann wolle im Oktober nach Deutschland kommen »und stände dann wohl zur Verfügung« *(Br, 1313)*.

Fertigstellung von *Kleines Organon für das Theater*

18. August, Mittwoch. Auf Anregung und auf Drängen von Helene Weigel hat B seine Überlegungen über zeitgemäßes Theater im *Kleinen Organon für das Theater* »mehr oder weniger fertig« geschrieben; es sei »eine kurze Zusammenfassung des *Messingkauf*« (→ 12. 2. 39). »Hauptthese: daß ein bestimmtes Lernen das wichtigste Vergnügen unseres Zeitalters ist, so daß es in unserm Theater eine große Stellung einnehmen muß. Auf diese Weise konnte ich das Theater als ein ästhetisches Unternehmen behandeln, was es mir leichter macht, die diversen Neuerungen zu beschreiben.« *(27,272.)*

Ins *Journal* eingeklebtes Foto von Hanne

19. August, Donnerstag. B notiert, in der Schweiz gäbe es eine überwältigende Wirkung »der bürgerlichen Propaganda«. Selbst Leute, »welche die USSR als sozialistischen Staat ansehen und für Sozialismus sind, scheinen ihre führenden Männer mit einem jener Gangs von Verbrechern zu vergleichen, deren sich gewisse amerikanische Gewerkschaften im Kampf gegen die Unternehmer bedienen – nicht ohne selber von ihnen geschröpft und tyrannisiert zu werden« *(27,272f.)*.
20. August, Freitag. Der Student Ernst Wies vom Institut für Theaterwissenschaft an der Universität Köln wendet sich an B mit der Bitte, für die erste Theaterpremiere der Studentenbühne nach dem Kriege eines seiner Stücke, z. B. *Die Antigone des Sophokles*, freizugeben. Die Studenten haben von ihren Professoren erfahren, daß B seine Stücke vorläufig noch für Deutschland sperre. »Herr Brecht! Wir sind jung und haben Mut, und wir stehen oft sehr einsam da. Schlagen Sie wieder die Brücke nach Deutschland, und wenn Sie die Hand reichen, dann zuerst uns Jungen. Gelt, Sie werden es tun!« *(1764/38.)*
22. August, Sonntag. Der Publizist und Kritiker Curt Riess, an den sich B um Unterstützung für seine Berlin-Reise gewandt hat, teilt ihm mit, seine »Angelegenheit sei in Ordnung«, er könne »jederzeit kommen«. B hatte sich mit Riess über Goebbels *Tagebücher aus den Jahren 1942-43* (→ 20. 4.) unterhalten.

24. August, Dienstag. Von der Babelsberger DEFA (→ 25. 5.) wird B mitgeteilt, daß dort ein »Fundament für Ihre Mitarbeit am *Ulenspiegel*« geschaffen worden sei. Für eine Zahlung von sFr. 10 000 (verfügbar nach dem 1. 1. 49) soll B zunächst einen »kurzen Entwurf« schreiben, »aus dem wir ersehen können, wie Sie sich die Gestaltung dieses Filmstoffes vorstellen«. Danach soll zusammen mit Günther Weisenborn diskutiert werden *(571/1)*.

25. August, Mittwoch. Elisabeth Hauptmann schreibt Helene Weigel aus den USA, daß es nicht schön sei zu warten: »Ich wollte, es steckte mich einer in eine Kiste und schickte mich nach Europa.« *(211/51.)*

29./30. August, Sonntag/Montag. B erwartet Ruth Berlau aus München zurück. Da er den genauen Ankunftszeitpunkt nicht weiß, teilt er ihr (vermutlich am 28. 8.) mit, daß er »morgen, Sonntag« mit Max Frisch und Kurt Hirschfeld nach Kreuzlingen fahre. Mittags wollen sie über die schweizerisch-deutsche Grenze nach Konstanz (französische Zone) gehen und am Abend im Stadttheater Frischs Stück *Santa Cruz* ansehen. Nach der Vorstellung soll es zurück über die Grenze gehen zum Übernachten in Kreuzlingen. Montag sei die Rückfahrt nach Zürich geplant. Falls Ruth Berlau bereits Sonntag aus München eintrifft und das Auto mitgebracht hat, könne sie damit nach Kreuzlingen kommen. »Bitte, glaub nicht, daß ich einen Wagen erwarte, ich erwarte *Dich*.« *(Br, 1312.)* Das Stadttheater Konstanz (→ 2. 6. 46) war inzwischen von Heinz Hilpert übernommen worden und hatte Frischs »Romanze« als Uraufführung herausgebracht.

Die Gäste werden vom Intendanten Heinz Hilpert und anderen Mitarbeitern des Theaters empfangen. Über den Ausflug nach Konstanz berichtet Frisch in seinem *Tagebuch*. Nach der Aufführung habe sich B über deutsches Bier verbreitet, »das nachwievor das beste Bier sei«. Auf der Rückfahrt nach Kreuzlingen sei B auch auf die deutsche Theaterkunst zu sprechen gekommen: »Hier muß man ja wieder ganz von vorne anfangen.« *(Frisch, Tagebuch 1966-1971, 40.)*

29./30. August 1948
Reise nach Kreuzlingen und Konstanz

Erstmals seit 1933 in Deutschland

Ein alter Züricher Bühnenarbeiter, der einen alten Lancia besaß, fuhr uns bis zum Schlagbaum. Brecht: »Gehen wir zufuß!« Die Kontrolle der Pässe, damals noch immer als sanfte Sensation empfunden, verlief reibungslos. Brecht betontermaßen unberührt. Wir gingen also zufuß in das Städtchen, ein schon sehr deutsches Städtchen unzerstört mit Schildern »Speisewirtschaft« in Fraktur. Nach hundert Metern, mitten in einem Gespräch, über irgend etwas, blieb Brecht stehen, um die Zigarre, die offenbar ausgegangen war, wieder anzuzünden, Blick zum Himmel: »Der Himmel ist hier nicht anders!«, dazu jene unwillkürliche Geste, die öfter vorkam: er schob den hageren Hals im weiten Kragen hin und her, ein Zucken, das ihn lockerte. *(Max Frisch, Tagebuch 1966-1971,39f.)*

30. August, Montag. In Bern wird B vom Chef der Polizeiabteilung der Identitätsausweis Nr. 9180 ausgestellt (gültig bis 28. 2. 49); als Wohnsitz wird weiterhin Zürich angegeben.

31. August, Dienstag. Vertrag über Druck und Vertrieb des *Dreigroschenromans* mit dem Verlag Kurt Desch.

Anfang September. Etwa Anfang September entwirft B einen Brief »an einen amerikanischen General« (vermutlich den Militärgouverneur Lucius D. Clay; → Ende Juli), der aber nicht abgeschickt wird. B hatte einen amerikanischen Theateroffizier in Berlin »vor Monaten« um Unterstützung für einen Berlin-Besuch gebeten, aber keine Antwort erhalten (→ Ende April). »Ich habe die Befürchtung, die zu zerstreuen ich Sie bitte, daß meine Ansichten auf sozialem Gebiet die amerikanischen Besatzungsbehörden abhalten, mich deutschen Boden betreten zu lassen. Daß dies der Fall sein könnte, befürchte ich, weil ich höre, daß Ihre Beamten viele Mitglieder der deutschen Widerstandsbewegung gegen Hitler jetzt in ihrem Kampf gegen die Naziseuche nicht nur nicht unterstützen, sondern behindern, und zwar wegen ihrer sozialen Ansichten.« *(Br, 1314.)*

1. September 1948
Schiller-Lektüre

1. September, Mittwoch. B liest »amüsiert« *Über den Grund des Vergnügens an tragischen Gegenständen* und stellt bei Schiller die gleiche Ausgangsposition fest, wie er sie im *Kleinen Organon für das Theater* eingenommen habe. Schiller bringe dann aber »sogleich alles in Ordnung, indem er das Vergnügen ohne Moral sich nicht denken kann, d.h. das Theater genügt der Sittlichkeit nicht etwa, indem es eben vergnügt, sondern kann angeblich gar nicht vergnügen, wenn es nicht moralisch ist« *(27,273).*

3. September, Freitag. Dem Nürnberger Prozeß folgen weitere Verfahren gegen Kriegsverbrecher, u. a. gegen Ärzte, die sich an medizinischen Experimenten mit KZ-Häftlingen und an Kriegsgefangenen beteiligt haben. Nach Bs Meinung drücke sich in dem Prozeß nur die Abtötung des Staates aus, »indem ihm sein Widerspruch genommen wird« *(27,273).* Ruth Berlau ist von ihrer Reise nach München (ohne Auto; → 29./30. 8.) zurückgekehrt. Sie teilt Harry Buckwitz mit, daß sie Bs Neufassung der *Dreigroschenoper* an Jacob Geis abgeschickt hat.

4. September 1948
Erneutes Ersuchen des Deutschen Theaters, nach Berlin zu kommen

4. September, Sonnabend. Herbert Jhering hofft B bald Näheres über die Reisemöglichkeiten nach Berlin schreiben zu können; B möge ihm schnell seine Stücke senden: »Ich erwarte sie dringend und hoffe sehr, Sie selbst bald wiederzusehen.« *(211/53.)*

6. September, Montag. Jacob Geis erbittet dringend die »Neufassung der *Dreigroschenoper* für Albers« *(211/54).*

14. September, Dienstag. B teilt Wieland Herzfelde mit, daß er für 2-3 Monate nach Berlin fahren will, wo im Deutschen Theater *Mutter Courage und ihre Kinder* aufgeführt werden soll. Ihm scheint jetzt eine Herausgabe seiner Werke wichtig. Mit der Büchergilde Gutenberg (Emil Oprecht; → 11. 8.) verhandele er über eine (gemeinsame) Fortführung der *Versuche*, die Herausgabe der *Gesammelten Werke* sollte aber dem Verlag Herzfeldes überlassen werden. »Es ist natürlich, nach allem, was man hört, alles recht kompliziert, aber für Dich wird es richtig sein, man kann eine Menge tun und wir haben ja nicht erwartet, daß man uns alles auf dem Silberteller reicht.« *(Br, 1316.)*

23. September, Donnerstag. Ein Rechtsanwalt Bs wendet sich an den Rechtsvertreter von Kurt Weill und legt Bs Gründe dar, weshalb der Vertrag über die *Dreigroschenoper* beim Verlag Felix Bloch Erben aufgelöst werden müßte.

23. September 1948
Bemühungen um Auflösung des Vertrags zur *Dreigroschenoper* mit dem Berliner Verlag Felix Bloch Erben

25. September, Sonnabend. B liest in einem Artikel über Paul Cézannes Porträt *Gustave Geffroy*, daß sich zwischen Modell und Bildnis eine »unheimliche Entfremdung« vollziehe, und verweist auf § 67 des *Kleinen Organons (27,273)*.

28. September, Dienstag. Auf die Anfrage des Münchener Rundfunks, ob B der Verfasser von *Herr Puntila und sein Knecht Matti* ist (→ Mitte August), teilt B seinem Verhandlungsbeauftragten Jacob Geis mit, er habe das Stück nach den Erzählungen seiner finnischen Freundin Hella Wuolijoki geschrieben, die ihm »übrigens eben einen Brief mit Glückwünschen über die Züricher Uraufführung« übermittelte *(Br, 1309)*.

Ende September. B erkundigt sich bei seiner erkrankten Tochter Hanne über deren gesundheitliches Befinden. Er ist ärgerlich über die lange Wartezeit auf die Reisepapiere. In Berlin will er sich umsehen, ob er für sie im Theater etwas findet. Für ein Handicap hält er, daß er sie noch nicht auf der Bühne gesehen hat und nicht weiß, »wie weit Du bist (darum hätte ich gern gehabt, wenn Du hättest bleiben und in *Puntila* spielen können)« *(Br, 1317)*.

Jacob Geis hat sein Stück *Die Brüder Allemann* geschickt, das B gelesen hat, »ohne abzusetzen«. Er hält es für sehr aktuell und setzt sich für eine Aufführung ein *(Br, 1322)*.

Auch mit Caspar Neher nimmt B vor seiner Abreise aus Zürich noch einmal Verbindung auf und entschuldigt sich für sein langes Schweigen. »Dieser Sommer war ein Elend: erstens konnte ich, immerfort wartend, nichts Rechtes arbeiten, zweitens wollte ich den *Ares* machen und brauchte Dich dazu, drittens brauchen wir Entwürfe für die *Courage*, viertens kostete der Aufenthalt Franken usw. usw.« Er fragt ihn, ob er für die Berliner Arbeit zur Verfügung steht *(Br, 1323)*.

B legt Peter Suhrkamp einen ausführlichen Plan über die Fortführung der *Versuche* (→ 14. 9.) vor, an denen die Züricher Büchergilde Gutenberg mitzuarbeiten bereit wäre. B könne dadurch auch Wieland Herzfelde im Wort bleiben, indem dieser die *Gesammelten Werke* bekommt, »mit deren Veröffentlichung er ja schon im Exil unter großen Opfern begonnen hat«. »Ich wäre sehr froh, wenn Sie sich zu der Herausgabe entschließen könnten.« *(Br, 1324.)*

September 1948
Plan für eine Fortführung der Reihe *Versuche* (Hefte 9-14)

Nach diesem ersten Plan möchte B in Heft 9 aufnehmen: die Gedichtsammlung *Studien*, *Mutter Courage und ihre Kinder* und *Die Straßenszene*; in Heft 10: *Leben des Galilei* und den Aufsatz *Kurze Beschreibung einer neuen Technik der Schauspielkunst, die einen Verfremdungseffekt hervorbringt*; in

Heft 11: *Der gute Mensch von Sezuan*, *Das Verhör des Lukullus* und *Fünf Schwierigkeiten beim Schreiben der Wahrheit*; in Heft 12: *Herr Puntila und sein Knecht Matti*, *Der aufhaltsame Aufstieg des Arturo Ui* und »Versstücke aus *Der Messingkauf*«; in Heft 13: »*Der neue Schweyk*« und *Die Gesichte der Simone Machard*, und in Heft 14: *Der kaukasische Kreidekreis* sowie *Kleines Organon für das Theater*. (→ November 49.)

30. September, Donnerstag. B schreibt Jacob Geis, daß er es für ausgeschlossen hält, daß Peter Suhrkamp dem Münchener Rundfunk die Erlaubnis für ein Radiospiel über *Galilei* erteilt hat (→ Mitte August), außerdem habe er niemanden für eine Bearbeitung autorisiert *(Br, 1319)*.

Der Aufbau-Verlag in Berlin schließt mit dem Amsterdamer Verlag Allert de Lange einen Lizenzvertrag über den *Dreigroschenroman* ab (→ 25. 10.).

September 1948
Vorbereitung der Reise nach Berlin

September. B bittet Otto Katz, der in die Tschechoslowakei zurückgekehrt ist, ihm (während der bevorstehenden Reise nach Berlin) bei seinem Zwischenaufenthalt in Prag behilflich zu sein *(Br, 1318)*.

Anfang Oktober. B trifft mehrfach mit Berthold Viertel zusammen, der im Zürcher Schauspielhaus *Zuviel Geld* von George Bernard Shaw inszeniert (Premiere: 21. 10.). Von einem Besuch Viertels bei B berichtet Gina Kaus: »Mit ihm und seiner Frau Helene Weigel lasen wir gemeinsam den ersten Akt *Hamlet*. Ich habe niemals jemanden getroffen, der soviel über Shakespeare wußte wie Brecht.« *(Kaus, 270.)*

3. Oktober, Sonntag. B will von Berlin aus die Einreise von Paul Dessau, der sich mittlerweile in Stuttgart aufhält, bewirken. »Ich hoffe Sie in gutem Arbeitszustand, warm gekleidet, mit Vitamin C ausgestattet (bei Erkältungen dreimal die Normaldosis pro Tag) und rücksichtsvoll zu dem letzten Flügel Ihrer Verwandten.« *(Br, 1326.)*

12. Oktober, Dienstag. Bei der Lektüre von August Strindbergs Artikel *Intimes Theater* hat B entdeckt, daß auch für »Zustandsschilderungen (mehr oder minder naturalistischer Art)« bei Stücken »mit echter Fabel« die Verfremdungstechnik ausgebaut werden kann *(27,274)*.

14. Oktober, Donnerstag. Nach Verhandlungen, die Ruth Berlau in Bs Auftrag über eine Aufführung von *Herr Puntila und sein Knecht Matti* (mit Fritz Kortner) in München geführt hat, berichtet Kurt Desch B vom Ergebnis seiner Recherchen: Kortner lebe als amerikanischer Staatsbürger »auf Dollarbasis« in München und dürfe sich nur mit Genehmigung der amerikanischen Besatzungsmacht beruflich betätigen. An einer deutschen Bühne darf Kortner erst auftreten, wenn dafür eine entsprechende Erlaubnis vorliegt, die er selbst beantragen muß.

Mitte Oktober. B macht Desch klar, daß er »noch einige Zeit, vielleicht für ein Jahr«, eine finanzielle Basis für Zürich braucht, sonst riskiere er »sehr viel angesichts der Zerteilung Deutschlands«. »Ich lebe hier keineswegs fürstlich, aber die Schweiz ist sehr teuer. So bedeutet jetzt Geld für mich wirklich Unabhängigkeit in ganz besonderem Sinn.« *(Br, 1329.)*

17. Oktober, Sonntag. B und Helene Weigel werden in Zürich verabschiedet von Tochter Barbara, von Kurt Hirschfeld, dem Fotografen Helmar Lerski sowie von Hans Walter und Renata Mertens (die ihnen ihre Sommerwohnung in Feldmeilen zur Verfügung gestellt hatten). Abends kommen sie in Salzburg an und treffen sich mit Gottfried von Einem und Erika Neher.

17./18. Oktober 1948
Reise nach Salzburg

Hier »gibt es alles«, d. h. schwarz. Man bezahlt mehr und braucht keine Lebensmittelkarten. Strenge Demokratie für die Mittellosen, d. h. Arbeitenden, jeder bekommt gleich wenig. Stadt wirkt ausgepowert, erschöpft. *(27,274f.)*

18. Oktober, Montag. Mit Gottfried von Einem spricht B über die russische Antiformalismusdebatte, »die von den meisten Musikern anscheinend einfach als Zwang abgelehnt wird, nicht als Zwang zu Ungewünschtem oder Unwünschbarem« *(27,274)*.

Im Auftrag Bs teil Jacob Geis dem Bühnenvertrieb Felix Bloch Erben mit, daß B den Generalvertrag mit dem Verlag »spätestens mit dem Zeitpunkt seiner Ausbürgerung aus Deutschland als gegenstandslos« betrachtet *(784/19)*.

19. Oktober, Dienstag. B und Helene Weigel reisen von Salzburg nach Prag weiter.

19.-22. Oktober 1948
Reise nach Prag

Keine Müdigkeit hier, aber jener Zustand, der nach Verarmung aussieht, üblich nach den Umwälzungen. Die Gesellschaft wird zum erstenmal gezwungen, ihre Produktive für alle auf den Tisch zu legen, und es stellt sich heraus, es ist zu wenig. Sie sieht sich ertappt auf der Produktion von Mangel und beginnt sich nicht mehr zu waschen, alles wird schäbig. Kein schwarzer Markt hier, jedenfalls nicht der Rede wert, einmal, als Lebensmittelkarten im großen gestohlen wurden, gab es Todesurteile. *(27,275.)*

Über eine Zusammenkunft, an der außer B Helene Weigel, Hanns und Louise Eisler sowie (der inzwischen ebenfalls in Prag eingetroffene) Helmar Lerski teilnehmen, berichtet Louis Fürnberg: »Es ist angenehm, Bertolt Brechts Nüchternheit dagegenzuhalten, der sehr still und menschenfreundlich an seiner dicken Zigarre zieht und kaut und hie und da ein treffendes Wort in das Gespräch wirft, eine Pointe, die alles andere, was an Geist produziert wird, verrauchen und verblassen macht.« *(Fürnberg, 382.)*

Hanns Eisler, der in Prag untergekommen ist, begleitet B und Helene Weigel nach Berlin. Angeregt durch Erzählungen Eislers, entsteht das Gedicht *Suchte Wachholder für Schnaps (15,194f.)*.

Abends besuchen sie das von Emil Frantisek Burian geleitete Theater D 46 und sehen das Lustspiel *Uferschenke*.

20. Oktober, Mittwoch. B, Helene Weigel und Hanns Eisler sehen sich Prag an; sie besuchen u. a. den alten Judenfriedhof. »Die Steine sind der Form nach häßlich, jedoch bedeckt mit Schriftzeichen, und viele reden von Verfolgungen.« *(27,275.)* B schreibt über den Friedhofsbesuch das Gedicht *Pomp funebre (15,194)*. Als ihm das Geburtshaus Franz Kafkas gezeigt wird, ist B nicht mehr verwundert, daß der Dichter die Welt als Gefängnis gesehen hat.

21. Oktober, Donnerstag. Am Abend sehen sie im Theater

der Satire *Circus Nadeje* (Zirkus der Hoffnung) von Miroslav Hornicek. Die Aufführung (Regie: Jirsíková / Hornicek, Bühnenbild: J. Svoboda) gefällt Brecht sehr, er übermittelt dem Autor und Regisseur seinen Dank auf einem Programmzettel und lädt ihn später zu einem Besuch der *Courage*-Aufführung nach Berlin ein; Hanns Eisler fügt auf dem Zettel ebenfalls seinen Dank hinzu.

22. Oktober 1948
Reise nach Berlin

Als ich kam in die Heimat
Und sah den Rest so stehn
Da bekam ich einen Schrecken
Und wollte schneller gehn.

Doch wär ich auch schnell gegangen
So schnell wie einer, den's bangt:
Aus solcher Trümmerstätte
Wär ich nicht hinausgelangt.
(15,195.)

Ankunft in Dresden

22. Oktober, Freitag. B und Helene Weigel fahren von Prag ab und sind mittags an der tschechisch-deutschen Grenze. Sie werden von dem Schriftsteller Ludwig Renn, damals Landesvorsitzender des Kulturbundes Sachsen, von Theaterleuten und Vertretern der SED begrüßt. »Der Parteivorsitzende erwähnt, daß es jetzt heiße: Erst kommt die Moral, dann das Fressen.« *(27,279.)*
Nach der Erinnerung des Schriftstellers Max Zimmering, der an einer kleinen Empfangsfeier in Dresden teilgenommen hat, sind auch der sächsische Landtagspräsident Otto Buchwitz und die Schauspielerin Charlotte Küter (→ 21. 5. 38) erschienen. B habe sich geweigert, für den Rundfunk zu sprechen. »Er stellte sachliche Fragen über die Lebensbedingungen der Bevölkerung, über die Einstellung der Arbeiter zu den nun in ihren Händen befindlichen Betrieben, über die Kulturbemühungen.« *(Max Zimmering, Der gekreuzigte Grischa, 148.)*
An der Grenze zwischen der SBZ und dem sowjetischen Sektor von Berlin fehlen Wagenpapiere. B telefoniert mit dem Deutschen Theater, von wo sofort einige Autos des Kulturbunds zur demokratischen Erneuerung Deutschlands mit Alexander Abusch geschickt werden. »Die Presse war am Bahnhof gewesen, die sind wir zunächst los.« Es gibt eine erste Begrüßung im Kulturbund, bei der Johannes R. Becher, Herbert Jhering und Slatan Dudow anwesend sind. B und Helene Weigel werden im behelfsweise als Hotel genutzten Wirtschaftsgebäude des ausgebrannten Luxus-Hotels Adlon in der Nähe des Brandenburger Tores untergebracht *(27, 279)*.

23. Oktober 1948
Empfang im Kulturbund

Aus der Rede
von Herbert Jhering:
Diese Begrüßung wird keine Feierlichkeit, nur ein Notruf sein, keine Höflichkeit, sondern eine Feststellung ... Wir wollen nicht reden, sondern wir wollen Brecht spielen. Wir haben lange genug nach ihm gerufen. Wir freuen uns, daß er jetzt da ist.« *(HJN.)*

23. Oktober, Sonnabend. B notiert: »Früh sechs Uhr dreißig gehe ich die zerstörte Wilhelmstraße hinunter zur Reichskanzlei. Sozusagen meine Zigarre dort zu rauchen. Ein paar Arbeiter und Trümmerweiber. Die Trümmer machen mir weniger Eindruck als der Gedanke daran, was die Leute bei der Zertrümmerung der Stadt mitgemacht haben müssen.« *(27,279.)* Über seine ersten Eindrücke von Berlin schreibt er die Gedichte *Berlin 1948* und *Als ich kam in die Heimat (15,195)*.
Am Vormittag verhandelt B mit dem Verleger Richard Weiß. Später trifft er mit Heinz Kuckhahn (→ April 47) zusammen, der sich bei ihm als Regieassistent bewirbt. B hatte ihn

Anfang der dreißiger Jahre bei der Aufführung der Schulopern *Der Jasager* und *Der Neinsager* an der Karl-Marx-Schule Neukölln kennengelernt. Am 28. 10. stellt ihm B eine »Bescheinigung« aus, wonach er bei ihm als »Regieassistent tätig ist« *(E 10/124)*. Am Nachmittag findet für B und Helene Weigel ein offizieller Empfang im Haus des Kulturbundes in der Jägerstraße statt, an dem Künstler und Wissenschaftler teilnehmen. Herbert Jhering, Wolfgang Langhoff und der sowjetische Kulturoffizier Alexander Dymschitz halten kurze Ansprachen. B hat mit Becher abgesprochen, daß er »nichts sagen muß«.

B lernt bei der Zusammenkunft auch Hans Mayer kennen (→November), der von diesem Monat an in der Leipziger Universität als Literaturprofessor tätig ist.

Abends besucht B die Premiere von Julius Hays *Haben* (→27. 7. 38) im Deutschen Theater; Regie: Falk Harnack, Bühnenbild: Heinz Pfeiffenberger; mit Käthe Braun (Ava Mari), Harry Hindemith (Ballo Dani), Paul Bildt (Hochwürden), Gerda Müller (Frau Kepes). »Miserable Aufführung, hysterisch verkrampft, völlig unrealistisch.« *(27,279f.)*

24. Oktober, Sonntag. B und Helene Weigel nehmen an einer Kundgebung des Kulturbundes in der Deutschen Staatsoper (im Admiralspalast) teil, die zugleich den Auftakt für eine »Woche des Kulturbundes-Ost« (bis 30. Oktober) bildet. B wird im Präsidium auf der Bühne neben Johannes R. Becher, Julius Hay, Hanns Eisler, Helene Weigel, Arnold Zweig, Ernst Legal u.a. plaziert. »Ich selber spreche nicht, entschlossen, mich zu orientieren und nicht aufzutreten.«

Nachmittags trifft er mit (dem zurückgekehrten) Jakob Walcher (→25. 11. 47) zusammen. Er spricht »über die schwierige Lage«, »nüchtern und positiv wie gewöhnlich«. B gibt Hays Frau (vermutlich für eine Zeitungspublikation in Ungarn) den Text *Daß die Welt endlich Frieden bekommt* mit. Am Abend ist B bei seinem Schulfreund Otto Müllereisert (→22. 6. 26), der als Facharzt in Berlin tätig ist und »mitgenommen« aussieht »von den apokalyptischen Jahren« *(27,280)*.

25. Oktober, Montag. B ist davon beeindruckt, daß drei Jahre nach Kriegsende bei den Arbeitern immer noch die Panik nachzittert, »verursacht durch die Plünderungen und Vergewaltigungen«, »die der Eroberung von Berlin folgten« *(27,280)*.

»In den Arbeitervierteln hatte man die Befreier mit verzweifelter Freude erwartet, die Arme waren ausgestreckt, aber die Begegnung wurde zum Überfall, der die Siebzigjährigen und die Zwölfjährigen nicht schonte und in voller Öffentlichkeit vor sich ging. Es wird berichtet, daß die russischen

Mit Julius Hay und Helene Weigel

Ich war erfreut, schon einen Tag nach meiner Rückkehr in Berlin, der Stadt, von der einer der furchtbarsten Kriege ausgegangen ist, einer Kundgebung der Intellektuellen für den Frieden beiwohnen zu können. Der Anblick der ungeheuerlichen Verwüstungen erfüllt mich nur mit einem Wunsch: auf meine Weise dazu beizutragen, daß die Welt endlich Frieden bekommt. Sie wird unbewohnbar ohne Frieden. *(23,103f.)*

Berlin, Friedrichstraße/
Ecke Unter den Linden

Berlin, eine Radierung Churchills nach einer Idee Hitlers. Berlin, der Schutthaufen bei Potsdam. *(27,281.)*

Soldaten noch während der Kämpfe von Haus zu Haus, blutend, erschöpft, erbittert, ihr Feuer einstellten, damit Frauen Wasser holen konnten, die Hungrigen aus den Kellern in die Bäckereien geleiteten, die unter Trümmern Begrabenen ausgraben halfen, aber nach dem Kampf durchzogen betrunkene Horden die Wohnungen, holten die Frauen, schossen die Widerstand leistenden Männer und Frauen nieder, vergewaltigten vor den Augen von Kindern, standen in Schlangen an vor Häusern usw. Kuckhahn sah eine Siebzigjährige, erschossen nach der Vergewaltigung, und er sah, wie ein Kommissar zwei Soldaten niederschoß, die geplündert hatten und ihn angriffen, als er sie zur Rede stellte. Nach all den materiellen Verwüstungen, welche die Naziheere in ihrem Land anrichteten, werden die russischen Kommunisten jetzt auch noch den psychischen Verwüstungen begegnen müssen, die der Hitlerraubkrieg unter den eben erst in den Zivilisationsprozeß geworfenen, vom Zarismus entmenschten ›Muschiks‹ angerichtet hat.« *(27,280f.)*

B hat gegen den Lizenzvertrag des Aufbau-Verlags mit dem Verlag Allert de Lange über den *Dreigroschenroman* (→ 30. 9.) Protest eingelegt, weil nach seiner Meinung der holländische Verlag über keine Rechte mehr verfügt. Darauf tritt der Aufbau-Verlag vom Vertrag zurück und schließt am 17. 11. 50 mit dem Kurt Desch Verlag ab, der inzwischen die Rechte über den Roman von B erworben hat.

26. Oktober 1948
Brecht verbietet Druck von ***Gedichte im Exil***

Brecht ist der Ansicht, daß die Gedicht-Sammlung des Aurora-Verlags speziell für New York zusammengestellt wurde, aber für Deutschland nichts taugt. Er ersucht uns deshalb, diese Ausgabe, die leider schon gesetzt ist, nicht herauszubringen. Statt dessen plant er, seine gesammelten Gedichte unter seiner Redaktion herauszubringen. *(Aufbau-Verlag an Wieland Herzfelde, 26. 10.; 12,456.)*

26. Oktober, Dienstag. B hat vom Aufbau-Verlag die Korrekturfahnen für die *Gedichte im Exil* (→ 27. 5.) erhalten und zieht seine Genehmigung für den Druck zurück. Der Aufbau-Verlag informiert Wieland Herzfelde (ähnlich auch den Kurt Desch Verlag).

Max Frisch kommt nach Berlin und berichtet B von einer Friedenskundgebung in Wroclaw (Breslau), an der er im August teilgenommen hat; dort sei es zu einer Attacke gegen den Formalismus in der Kunst gekommen *(27,281)*.

B hat mittags eine Beratung mit Wolfgang Langhoff im Deutschen Theater, nachmittags spricht er mit Günther Weisenborn im Künstlerklub »Möwe«.

27. Oktober, Mittwoch. Mittags findet ein Gespräch mit Vertretern der DEFA (→ 24. 8.) statt.

Am Nachmittag trifft sich B mit dem 1946 aus der Schweiz nach Berlin zurückgekehrten Slatan Dudow. Danach beginnt er mit den Vorbereitungen zur Inszenierung von *Mutter Courage und ihre Kinder* am Deutschen Theater.

28. Oktober, Donnerstag. B spricht erneut mit Jakob Walcher. Am Abend trifft er den Schauspieler und Sänger Ernst Busch, der 1940 in Frankreich interniert und 1943-1945 in Deutschland inhaftiert war.

29. Oktober, Freitag. B nimmt vormittags an einer Betriebsversammlung des Deutschen Theaters teil. Danach setzt er seine Verhandlungen mit der DEFA fort.

30. Oktober, Sonnabend. B bittet Herta Hanisch, die Schwester von Margarete Steffin (→Juni 47), zu ihm zu kommen; er möchte mit ihr über die »Antwort vom Verlag« (wegen der Herausgabe von Arbeiten Steffins) sprechen *(Br, 1331)*.

Am Nachmittag trifft sich B mit sowjetischen Theateroffizieren.

31. Oktober, Sonntag. B zitiert in seinem *Journal* aus der *New York Herald Tribune* eine Passage, der zufolge in einer der Nachfolgeverhandlungen des Nürnberger Prozesses deutsche Beamte von der Planung des Aggressionskrieges freigesprochen worden sind. Als er von Ungerechtigkeiten bei der unterschiedlichen Behandlung von kleinen und großen Schiebern Kenntnis bekommt, ist er für »Doppelorganisationen«, durch die »ein Augenzwinkern in die Kontrolle hineinkommen« kann, »Küchendialektik« *(27,282)*.

1. November, Montag. B beginnt mit dem Erproben junger Schauspieler für *Mutter Courage und ihre Kinder*.

Erprobung junger Schauspieler für *Mutter Courage und ihre Kinder*

Nachmittags spricht er mit Vertretern der Dresdner Volksbühne. Anschließend trifft er sich mit Maximilian Scheer (→15.7.45), der 1947 aus dem amerikanischen Exil zurückgekehrt ist und in Berlin Aufsätze und Rezensionen für Zeitungen und Hörspiele für den Rundfunk schreibt.

3. November, Mittwoch. B verhandelt erneut mit Vertretern der DEFA.

Im Haus der sowjetischen Pressekorrespondenten wird B ein Empfang mit Liedern und Gedichten gegeben. B lernt dabei den Komponisten Kurt Schwaen kennen, der Ernst Busch am Klavier begleitet.

4. November, Donnerstag. Hermann Kasack (→ 12. 10. 30), der jetzt beim Suhrkamp Verlag (vorm. S. Fischer) tätig ist, spricht im Hotel Adlon mit B ausführlich über die Voraussetzungen, die *Versuche* (→Ende September) zu übernehmen. Kasack notiert in seinem Tagebuch: »Brecht gefiel mir ›großartig‹, um einen seiner alten norddeutschen Ausdrücke zu verwenden, den auch Neher oft gebraucht. Er ist bauernschlau, aber nicht eigentlich geschäftstüchtig klug. Ein wenig hinterhältig (aber dies nicht negativ gemeint). Etwas weitschweifig, merkwürdigerweise, in geschäftlichen Aspekten, unkonzentriert. Ungemein sauber, ehrlich, fast naiv, in der Haltung ist Bereitschaft zum Vertrauen.« Nach der Unterredung bringt Kasack B ins Roseneck in den Grunewald *(DLM)*.

B geht mit Ruth Berlau zu Gody Suter, dem Berliner Korrespondenten des *Züricher Tagesanzeigers*, der bei den briti-

schen Behörden akkreditiert ist. Suter gestattet B die Benutzung seines Auslandstelefons.
Elisabeth Hauptmann fährt von New York nach Europa zurück. Wie sie Helene Weigel (am 9. 10.) schreibt, hat sie »Riesenangst vor der Reise, d. h. auch nur vor den Nächten in kleiner stickiger Kabine« *(1646/22)*.
5. November, Freitag. B spricht mit Studenten der Arbeiter-und-Bauern-Fakultät, die in Kursen für ein Studium vorbereitet werden.
B teilt Hermann Budzislawski mit, daß er »nun auch hier« ist und ihn in Leipzig besuchen will. Er erkundigt sich nach Wieland Herzfelde *(Br, 1333)*.
6. November, Sonnabend. B nimmt an einer Versammlung von Gewerkschaftsfunktionären teil und interessiert sich für die Haltungen und Meinungen der Teilnehmer. »In der Berliner Blockade-Frage ist man deutlich in der Defensive.« *(27,283.)*

8. November 1948 - 9. Januar 1949
Proben zu
Mutter Courage und ihre Kinder
Deutsches Theater, Berlin

Erneute Zusammenarbeit mit Erich Engel

8. November, Montag. Erich Engel (→ Mai), den B für die Koregie von *Mutter Courage und ihre Kinder* gewonnen hat, trifft aus München in Berlin ein. »Er ist sehr gealtert, die Augen sind aber noch kenntlich. Der schicke Hut mit Band läßt den Kopf wie einen Totenkopf erscheinen.« *(27,283.)*
Hermann Kasack erfährt von Peter Suhrkamp, daß die Stücke Bs nicht in Berlin, sondern in Frankfurt/M. gedruckt werden sollen, »was heiliger Unfug ist«, wie er in seinem Tagebuch vermerkt *(DLM)*.
11. November, Donnerstag. B wundert sich über »eine merkwürdige Aura von Harmlosigkeit« bei den Proben, »als hätte Hitler auch die Bösartigkeit der Deutschen verbraucht«. Ihm gefällt die Anlage des Feldpredigers durch den Schauspieler Werner Hinz: »als hätte er seinen Glauben verloren, wie ein andrer armer Teufel sein Bein verliert« *(27,283)*.
12. November, Freitag. B wählt sich in einer Buchhandlung am Bahnhof Friedrichstraße ein Buch aus und notiert, daß der Buchhändler, ein Kommunist, sich weigert, es sich von B bezahlen zu lassen.
Da B von seinem Münchener Verleger Kurt Desch keine Nachricht über den Druck der *Kriegsfibel* erhalten hat, teilt er ihm mit, daß er das Buch dann in Berlin machen lassen wird und bittet um Übergabe der Manuskript- und Fotomappe *(Br, 1334)*.

16. November 1948
Arbeit an dem Film
Ulenspiegel

16. November, Dienstag. B und Günther Weisenborn verfassen für die DEFA (→ 25. 5.) einige *Grundgedanken zu dem Film »Eulenspiegel« (571/11)* und schließen am 5. 2. 49 einen Vertrag ab.
18. November, Donnerstag. B und Erich Engel fragen Gott-

fried von Einem telegrafisch, wann sie mit Caspar Nehers Ankunft in Berlin rechnen können.

Der Berliner *Nacht-Express* berichtet von einem Gespräch Helene Weigels mit Kulturreferentinnen im DFB (Deutscher Frauenbund). Helene Weigel verfolge »mit brennendem Interesse« alles, was in Berlin geschieht. »Manches ist ihr unverständlich, da selbst die natürlichsten Dinge schwer zu begreifen sind, z. B. warum es nicht möglich sein sollte, für die unterernährten Kinder Berlins Lebertran aus der Schweiz, Finnland oder einem anderen Ausland zu beziehen.« Hilfsbereitschaft und Menschlichkeit sei ihr angeboren, meint die Berichterstatterin, es gäbe »einen Kontakt des Herzens, der keine Fremdheit aufkommen läßt«.

22. November, Montag. In einer Aktennotiz, die Kurt Desch Jacob Geis für B aushändigt, wird die Vertragssituation zwischen B und dem Verlag Felix Bloch Erben dargestellt. Nach Deschs Ansicht sei der Generalvertrag »als gelöst zu betrachten«, da Bloch vertragsbrüchig geworden ist. Ebenso könne der Vertrag über die *Dreigroschenoper* als gelöst betrachtet werden, da der Verlag die Auslandstantiemen »unter Ausnutzung der Nazi-Anordnungen selbst kassierte und dem Autor seinen Anteil nicht überwies«. Entscheidend sei die Haltung, die Kurt Weill zu diesem Verlag einnimmt *(778/10)*.

22. November 1948
Brecht betrachtet den *Dreigroschenoper*-Vertrag mit dem Verlag Felix Bloch Erben als gebrochen und ungültig

Deutsche Erstaufführung von *Herr Puntila und sein Knecht* am Hamburger Schauspielhaus; Regie: Albert Lippert, Bühnenbild: Heinz Gerhard Zircher; mit Willy A. Kleinau (Puntila), Claus Hofer (Matti), Ursula Burg (Eva).

22. November 1948
Deutsche Erstaufführung
Herr Puntila und sein Knecht
Schauspielhaus, Hamburg

Brecht drapiert nicht, wie's gegenwärtig der Brauch, modisch die großen dramatischen Schöpfungen. Er hat noch die Kraft, neue typenbildende Gestalten zu formen. Er führt dem Drama frisches Blut zu, das es so notwendig braucht. Bewundernswert, wie er im *Puntila*, ohne naturalistisch zu wirken, seiner Bühnensprache einen Schuß Dialektik beimischt. Bewundernswert auch, wie seine scheinbar so nachlässig hingeworfenen Bilder »sitzen«. *(St-e, Hamburger Echo, 16. 11., von B dem Journal beigelegt.)*

Anhaltende Ovationen am Schluß. Nicht zu verhehlen, daß die Schlußbilanz des Abends für das Schauspielhaus (Lippert) recht schmeichelhaft

25. November, Donnerstag. Da er im Sprechen behindert ist, läßt sich B mehrere Zähne ziehen, »um Tabula rasa für Prothesen zu schaffen« *(27,284)*.

Er besorgt sich einige Hegel-Bände, darunter die *Ästhetik*, aus der Hanns Eisler nach seiner Lektüre des *Kleinen Organon* Hegels Ausführungen über Shakespeare empfiehlt. B liest insbesondere Hegels Texte über *Hamlet*.

Nach der Kritik der Züricher Uraufführung von *Mutter Courage und ihre Kinder* ist B daran interessiert, keine Beurteilung der Courage als »Muttertier« zuzulassen. So ändert er die erste Szene: »Jetzt verliert die Courage den ersten Sohn, weil sie sich in ein kleines Geschäft verstricken läßt.« *(27,284.)*

Der Leiter des Bühnenvertriebs vom Verlag Kurt Desch schickt B ein Telegramm, in dem er ihm zum großen Premierenerfolg der deutschen Erstaufführung von *Herr Puntila und sein Knecht* gratuliert. Die Aufführung sei ein »unvergleichlicher, sensationeller Erfolg für das Stück« mit 62 Vorhängen gewesen.

26. November, Freitag. Als Formalisten bezeichnet B Leute, ist. *(R. D., Hamburger Freie Presse, 24. 11., von Brecht dem Journal beigelegt.)*

Als Puntila hatte Willy A. Kleinau einen großen Tag: er breitete behaglich eine Fülle von Betrunkenheitsmotiven aus. Ursula Burg sah man endlich wieder richtig eingesetzt und elastisch geführt: gut, gut! Claus Hofer paßte zum Knecht Matti wie ein Mosaikstein in die Fuge. Bestürzend prächtig war Gustl Busch als Branntweinemma: hier sah man am deutlichsten, was Brecht meint, wenn er für sein neues Volksstück einen Stil fordert, der das Häßliche des Häßlichen schön darstelle. *(Gerhard Sanden, Die Welt, Hamburg, 25. 11., von Brecht dem Journal beigelegt.)*

28. November 1948
Brecht-Matinee in Wien

die »unter Realismus einen Stil und nicht eine Haltung« verstehen. »Ein realistischer Künstler ist, wer in künstlerischen Werken der Wirklichkeit gegenüber eine ergiebige Haltung einnimmt.« *(27,284f.)*

27. November, Sonnabend. B fragt beim Verlag Kurt Desch telegrafisch an, ob seine »Anweisung« befolgt ist und auf den *Puntila*-Büchern steht: »Nach Erzählungen von Hella Wuolijoki« *(776/11)*. Der Verlag bestätigt das am 29. 11.

28. November, Sonntag. In Wien findet im Neuen Theater in der Scala eine Brecht-Matinee (mit dem Titel *Ein Dichter unserer Zeit – Bertolt Brecht*) statt; mit Therese Giehse, Karl Paryla, Wolfgang Heinz, Hortense Raky. Es werden Gedichte, Lieder und Auszüge aus dem *Dreigroschenroman* sowie eine Szene aus *Leben des Galilei* dargeboten.

29. November, Montag. Kurt Desch gratuliert B nochmals zu dem außerordentlichen Erfolg des *Puntila* in Hamburg und bittet ihn um die Vertriebsrechte von *Der kaukasische Kreidekreis*.

2. Dezember, Donnerstag. B antwortet auf einen Brief der Münchener Schauspielerin Maria Wimmer, er habe sie für künftige Projekte bereits vorgemerkt. Sie solle auf Caspar Neher einwirken, daß er für sein Berliner Projekt zur Verfügung steht *(Br, 1337)*.

B schreibt Eric Bentley, daß die *Courage*-Premiere für Ende Dezember vorgesehen ist, und macht ihm Vorschläge, wie er sich die für eine Einreise notwendigen Papiere beschaffen kann. Der Regisseurin Audry Wood erteilt er die Rechte für alle Universitäts-Aufführungen des *Guten Menschen von Sezuan*, und Joseph Losey gibt er sein Einverständnis für eine Aufführung des *Kaukasischen Kreidekreises* »im Circle Theatre in Hollywood, vorausgesetzt, er hat die Regie selber« *(Br, 1335)*.

B schreibt an den Pariser Verlag Les Éditions Nagel (auf dessen Anfrage vom 26. 10.), daß die französischen Rechte für *Galilei* frei sind. Zugleich bittet er Louis Nagel, Charles Laughton herzlich von ihm zu grüßen; er würde sich sehr freuen, »ein Lebenszeichen von ihm zu erhalten, und sei es nur die Adresse« *(Br, 1336)*.

B schreibt erneut (→ 15. 10. 47) eine Erklärung, der zufolge der Bühnenvertrieb Carl Strakosch, Kopenhagen, keinerlei Rechte besitzt, Verträge über die *Dreigroschenoper* abzuschließen und Tantiemen zu kassieren. Zugleich ersucht er (am 3. 12.) den Vertrieb um Auszahlung seiner Tantiemen an seine Mitarbeiterin Ruth Berlau und (zur Absicherung auch) den Custodien for Foreign Property um Einziehung und Aushändigung seiner bei Strakosch liegenden Honorare.

In Wien hat *Mutter Courage und ihre Kinder* (»neu erarbeitet vom Zürcher Team der Uraufführung, Leopold Lindtberg, Teo Otto, Therese Giehse«) Premiere im Neuen Theater in der Scala (Regie: Leopold Lindtberg, Musik: Paul Burkhard und Hanns Eisler, Bühnenbild: Teo Otto; mit Therese Giehse (Courage), Wolfgang Heinz (Feldkoch), Karl Paryla (Eilif), Emil Stöhr (Schweizerkas), Maria Gabler (Kattrin).

6. Dezember, Montag. B schickt an Kurt Weill ein Typoskript mit einer »Fassung der *Dreigroschenoper*« und schreibt ihm, daß sie »juristisch als *Neufassung* gelten kann, das heißt wir brauchen für ihren Vertrieb uns um den Verlag Bloch Erben nicht mehr zu kümmern«. Tatsächlich seien die Änderungen klein, nur die »Krüppelszenen« in den Hintergrund gedrängt. Die Fassung sei bereits von den Münchener Kammerspielen angenommen worden. B bittet Weill um Zustimmung. »Im übrigen bearbeiten wir hier gerade ein größeres Projekt für ein Theater, beginnend im Sommer 1949 (wahrscheinlich wird es das Schiffbauerdamm-Theater sein). Dafür würde ich natürlich Lenja brauchen. Ich halte Euch also auf dem laufenden. Die Lebensbedingungen hier sind für Künstler keineswegs schlecht, wie überhaupt das Bild, das die Zeitungen von Berlin entwerfen, höchst lächerlich ist.« *(Br, 1339.)*

Auch Hans Albers teilt er in diesen Tagen mit, daß er »eine Art Neufassung gemacht« habe, »nämlich Zusatzstrophen zu den Balladen und einige Änderungen in den Peachumszenen, wo ich die Krüppel herausnahm, an denen man heut Anstoß nehmen könnte«. Nachdem der Abschluß für die Aufführung der *Dreigroschenoper* in München »nun perfekt« ist, freue er sich auf seinen Mackie Messer besonders *(Br, 1342)*.

Ruth Berlau teilt Kurt Desch mit, daß sie ihm (im Auftrag Bs) die *Gesammelten Gedichte* zugeleitet hat. Sie bedauert, daß er die *Kriegsfibel* nicht herausbringen will und bittet nochmals um Rücksendung der Mappe. B sei sehr an einem Besuch der Münchener Aufführung des Stückes interessiert und habe darüber schon mit den amerikanischen Theateroffizieren gesprochen.

7. Dezember, Dienstag. Ruth Berlau hat Rudolf Spitzner am Vortag Bs Standpunkt über die Verträge mit dem Verlag Felix Bloch Erben von Ende der zwanziger Jahre (→ 8. 11. 46) dargelegt. Der Verlagsleiter teilt B als Ergebnis der Unterredung mit, daß ein »Schlußstrich unter diese Angelegenheit gezogen werden sollte«. Er ist bereit, B gegenüber dem Verlag als schuldenfrei zu erklären, und erwartet Stückangebote aus dem 1929 geschlossenen Generalvertrag. In Sachen *Dreigroschenoper* erklärt Spitzner, die Wiener Universal-Edition habe seinem Verlag mitgeteilt, daß Kurt Weill von

2. Dezember 1948
Premiere
Mutter Courage und ihre Kinder
Neues Theater in der Scala, Wien

Es scheint schier unmöglich, das Werk in seiner literarischen Struktur aus dieser Scala-Aufführung rein herauszuschälen: weil seine szenische Verwirklichung von einer überwältigenden Persönlichkeit vollkommen durchdrungen und durchfärbt ist, Therese Giehse, die Darstellerin der Titelrolle. Ohne diese eingeweihte, ideale Personalunion von plebejischer Maternität und ihrer eingefleischten Beispielsfigur, ohne diese anschauliche Naturkraft im mütterlichen Menschen, voll entschlossener Güte und verhehlter Schwäche, kurz, ohne diese Giehse kann man sich nach solcher Aufführung das Stück nicht mehr denken. *(Hugo Huppert, Österreichische Zeitung, 4. 12.)*

6. Dezember 1948
»Neufassung« der
Dreigroschenoper

einer Neubearbeitung des Stückes nichts wisse und keine Einwilligung für die Verwendung seiner Musik in einer Neubearbeitung zuließe, die er nicht kennt *(784/21f.)*.

8. Dezember 1948
Die geplante Zeitschrift *Sinn und Form* bereitet ein Sonderheft über Brecht mit Erstdrucken vor

8. Dezember, Mittwoch. Die vom Kulturbund geplante neue Zeitschrift *Sinn und Form* will B ein Sonderheft widmen (→ Februar 49). Es finden Gespräche mit Chefredakteur Peter Huchel statt, in deren Verlauf (am 8. 12.) ein Vertrag über die Erstveröffentlichung von *Der kaukasische Kreidekreis*, vom 2. Buch des Romans *Die Geschäfte des Herrn Julius Caesar* und vom *Kleinen Organon für das Theater* abgeschlossen wird. Hans Mayer (→ 23.10.) erinnert sich, daß er seinen ebenfalls für das Sonderheft geschriebenen Aufsatz *Die plebejische Tradition* (→ Anfang Januar 49) »Satz für Satz« mit B im Hotel Adlon durchgesprochen hat *(Mayer, 72)*. Mayer lädt B zu einer Diskussion an die Leipziger Universität ein (→ 26. 1.).

9. Dezember, Donnerstag. B teilt dem Verlag Kurt Desch telegrafisch mit, daß er mit der Neufassung von *Leben des Galilei* noch nicht fertig ist und an einer Aufführung des Stükkes in Stuttgart nur interessiert ist, wenn Fritz Kortner die Hauptrolle spielt *(Br, 1340)*.

Brecht spürt »die neue deutsche Misere«

B sieht, wie sich in Berlin »die neue deutsche Misere bemerkbar« macht; »nur wenige stehen auf dem Standpunkt, daß ein befohlener Sozialismus besser ist als gar keiner«. Die »Übernahme der Produktion durch das Proletariat« erfolge zu einem Zeitpunkt »der Auslieferung der Produkte an den Sieger«. Durch die unterschiedlichen Leistungsstufen der Russen und der Deutschen wirkten die aufgezwungenen russischen Maßnahmen fehlerhaft. Der Intendant der Komischen Oper Berlin, Walter Felsenstein, habe beispielsweise die von den Russen den Künstlern zugesprochenen Sonderzuteilungen an Lebensmitteln (Pajoks) einmal nicht differenziert, sondern gleichmäßig verteilt. Darauf sei ihm die Sonderzuteilung für zwei Monate gesperrt worden. »Die Russen hatten die Ungleichheit der Entlohnung, Felsenstein hatte die Eingleichung für produktionssteigernd befunden.« *(27, 285f.)*

9. Dezember 1948
Treffen mit Theaterkritikern aus Ost und West

Bei Gody Suter treffen B und Helene Weigel die Theaterkritiker Paul Rilla und Friedrich Luft.

10. Dezember, Freitag. B hat in der elften Szene von *Mutter Courage und ihre Kinder* die alten Bauersleute (gespielt von Gerda Müller und Erich Dunskus) episch probieren lassen.

»Episierung« von Szenen als Probenmethode

Sie mußten zu ihrem Text »sagte der Mann« bzw. »sagte die Frau« hinzufügen. Dieses Vorgehen war in der Probe erfolgreich, aber nun wendet sich Gerda Müller gegen die Lösung und will »einfach das Jammern der Bauersleute« spielen. B kritisiert diese Haltung der Schauspielerin (die er in den zwanziger Jahren sehr geschätzt hatte; → Dezember 23), da

ihr auch das Jammern »schon lange nicht mehr« gelinge, »von einem Exzeß an Ausbrüchen erloschener Krater, der sie ist« *(27,286)*.
B fragt Hans Gaugler, den Kreon der Churer *Antigone*-Aufführung (→ 25. 1.), ob er sich an das Theater engagieren ließe, das er in Berlin aufmachen will *(Br, 1341)*.
11. Dezember, Sonnabend. B notiert: »Das übrige Deutschland kann nicht durch eine Mustermesse zur Revolution gebracht werden. Die Literatur muß sich engagieren, sich in den Kampf bringen über ganz Deutschland hin und einen revolutionären Charakter haben, ihn auch äußerlich, in den Formen, zeigen.« *(27,286-290.)*
12. Dezember, Sonntag. In den Proben arbeitet B weiterhin »vorsichtig mit der Episierung« und findet, daß sich dadurch sofort die Szenen gliedern und »die Drehpunkte sichtbar werden«. Der Darsteller des Feldpredigers, Paul Bildt, habe sofort begriffen, »daß es darauf ankommt, die restlose Verwandlung zu verhindern«.
Zusammen mit Wolfgang Langhoff arbeitet B das »Projekt eines *Studiotheaters*« aus, das dem Deutschen Theater angeschlossen sein soll. Er will dafür als Gäste erste Schauspieler der Emigration gewinnen und zugleich ein eigenes Ensemble aufbauen. Im Jahr sollten drei bis vier Stücke gespielt werden, »etwa *Galilei* (mit Kortner) oder *Schweyk* (mit Lorre); *Schelesnowa* (*Gorki*) mit Giehse und Steckel; ein Lorca oder ein O'Casey«. In einem angeschlossenen Kindertheater solle das epische Spiel entwickelt werden. Als »eigene Pläne« notiert B *Rosa Luxemburg* und *Der Wagen des Ares*. *(27,290.)*

12. Dezember 1948
Ausarbeitung eines eigenen Theaterkonzepts

13. Dezember, Montag. Bei den Proben kritisiert B das Bestreben vieler Schauspieler, »ins Laute zu kommen, als ob die bloße Tonstärke eben Stärke wäre, und dann bleibt von allem möglichen Gestischen nur der Gestus des Zurufens« *(27,290)*.
B freut sich über den Erfolg der Hamburger Aufführung von *Herr Puntila und sein Knecht* (→ 2. 11.). Er habe zur Premiere nicht kommen können, weil er »kein englisches Papier« erhalten hat. Kurt Desch informiert er darüber, daß er das Stück für München erst freigibt, wenn dort eine zulängliche Besetzung des Puntila gewährleistet ist. Ihm schwebe Paul Dahlke, Otto Wernicke »oder am liebsten Steckel aus Zürich als Gast« vor. *Leben des Galilei* kann er nicht weggeben, weil er »die Übersetzung der Neufassung aus dem Englischen noch nicht abgeschlossen« hat. B bittet Desch, dafür zu sorgen, daß er eine Einreiseerlaubnis für die westlichen Zonen bekommt. »Wir müßten wirklich diese Permit-Angelegenheit endgültig in Ordnung bringen, auch Stuttgart müßte in dieser Sache betonen, daß eine Abwicklung der Geschäfte ohne solch ein Permit immer unmögli-

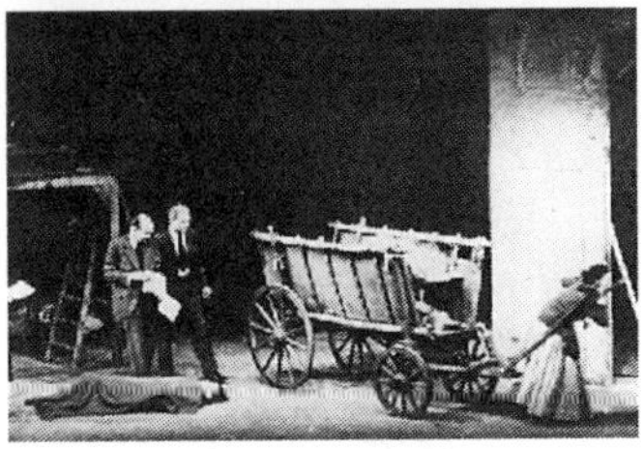
Zwei Probenfotos von *Mutter Courage und ihre Kinder* aus dem *Journal*

cher wird, da ich Uraufführungen nicht in eine Zone geben kann, die mir persönlich die Einreise und die Mitarbeit an diesen für die Bühne schwierigen Werken nicht ermöglicht.« *(Br, 1343.)*
Einem Hamburger Schüler, der darum ersucht hat, erteilt B die Erlaubnis zur Aufführung seiner Lehrstücke und schlägt *Der Jasager*, *Der Neinsager* und *Die Ausnahme und die Regel* vor. Leider könne er dafür aber das Material nicht zur Verfügung stellen, »da wir es selbst nicht mehr besitzen«. Er solle versuchen, die Texte in Hamburg »aufzutreiben«.

Mitte Dezember 1948
Paul Dessau zurück in Berlin

Paul Dessau hat B für diesen Zeitpunkt seine Ankunft in Berlin angemeldet.
14. Dezember, Dienstag. B telefoniert mit Ruth Berlau, die nach Kopenhagen gefahren ist, von West-Berlin aus. Die »ausgezeichnete dänische Kabarettistin Aase Ziegler«, Schwester von Lulu Ziegler (→ 4. 11. 36), zeigt ihm den britischen Klub, in dem sich einige Offiziere und Damen an der Bar aufhalten. »Jeder Gast ein Empire für sich.« *(27,291.)*
Gottfried von Einem hofft er, zusammen mit Caspar Neher, eine baldige Berlin-Reise vermitteln zu können. »Im Augenblick ist alles noch sehr verwirrt.« *(Br, 1344.)* An Berthold Viertel schreibt er: »Ich stehe also mitten in der *Courage*, habe Bildt, Hinz und einige gute, junge Leute und Engel hilft mir. Das in Zürich besprochene Projekt für nächstes Jahr macht gute Fortschritte.« B will Viertel zunächst durch eine Regiearbeit an einem anderen Theater nach Berlin bringen; außerdem sei Peter Huchel (→ 8. 12.) an Viertels Aufsatz über Brechts *Fünf Schwierigkeiten beim Schreiben der Wahrheit* für die neue Zeitschrift *Sinn und Form* interessiert *(Br, 1345)*.
Abends unterhält sich B mit Jacob Walcher und dessen Frau sowie Helene Weigel im Künstlerklub »Möwe« über die »Versäumnisse der deutschen Arbeiter 18, 20 und 23«. Als sie den Klub verlassen, bedroht sie »ein betrunkener blutjunger russischer Leutnant« mit zwei Revolvern; »[...] weder der Portier noch sonst jemand« kümmert sich um den Vorgang *(27,291)*.
17. Dezember, Freitag. B kauft eine Erstausgabe der Gedichte Hölderlins und eine Zweitausgabe von Goethes *Hermann und Dorothea* (»neue Ausgabe mit 10 Kupfern«, Braunschweig 1788). »Das kann man den Druckern zeigen! Welcher Geschmack!« *(27,291.)* Harry Buckwitz berichtet Ruth Berlau (für B) von der Arbeit an *Herr Puntila und sein Knecht Matti* und an der Vorbereitung zur *Dreigroschenoper* an den Münchener Kammerspielen. Er hat für B eine Einladung nach München geschrieben und erwartet ihn dort im Januar.

Da der Verlag Allert de Lange keine Anstrengungen unternommen hat, Bs *Dreigroschenroman* nach 1945 in den deutschsprachigen Ländern zu vertreiben, sieht sich B, wie er in einem Brief schreibt, nicht mehr an seinen Vertrag gebunden und hält den Verlag auch nicht für berechtigt, ohne seine »Zustimmung Lizenzen einem deutschen Verlag anzubieten«. Er habe inzwischen »für Deutschland jetzt – volle drei Jahre nach dem Sturz der Hitlerregierung – Verträge abgeschlossen« *(Br, 1346)*.

18. Dezember, Sonnabend. Über seinen Tageslauf schreibt B: »Ich pflege um 5 Uhr 30 aufzustehen. Dann mache ich mir Kaffee oder Tee auf dem Hartspirituskocher, lese etwas Lukács oder Goethe (den *Sammler*). Wenn ich aufsehe, sehe ich einen großen Druck des Breughelschen Bauerntanzes an der Wand. Gehe etwas herum auf dem roten Teppich und setze mich an die Tische zur Arbeit. Erst gegen acht wird es hell draußen, die Ruinen tauchen auf.« Nach acht Uhr bereitet er mit seinem Assistenten Heinz Kuckhahn die *Courage*-Proben vor, um neun diktiert er in seinem Büro Briefe, und um zehn beginnen die Proben *(27,292)*.

Heinz Kuckhahn

20. Dezember, Montag. B läßt die bisher durchgearbeiteten acht Szenen durchspielen. Herbert Jhering fällt dabei »eine Variabilität der Weigelschen Couragefigur« auf, die er bei den einzelnen Szenen nicht bemerkt hatte. »Die Unterschiedlichkeit ist also von der richtigen Art, sie tritt erst bei genügend großen Abläufen auf.« *(27,292.)*

Kurt Weill erklärt, er könne sich »in Anbetracht dieser verworrenen Lage« erst über die Verwendung seiner Musik der *Dreigroschenoper* entscheiden, wenn er Bs Neufassung (→ 6. 12.) gesehen hat *(Z 23/31)*.

21. Dezember, Dienstag. Beim Probieren kommt B zu der Erkenntnis: »Nötig wären vier Monate Proben. Wirkliche Episierung so nicht möglich.« *(27,292.)*

Für die Jugendorganisation FDJ (Freie Deutsche Jugend), hat B das *Aufbaulied der F. D. J.* *(15,196f.)* geschrieben. Mit Paul Dessau bespricht er eine Vertonung und besteht auf dem schnelleren »Marschtempo der Franzosen« *(27,293)*.

21. Dezember 1948
Aufbaulied der F. D. J.

Besser als gerührt sein ist, sich rühren
Denn kein Führer führt aus dem Salat
Selber werden wir uns endlich führen
Weg der alte, her der neue Staat.
Fort mit den Trümmern
Und was Neues hingebaut
Um uns selber müssen wir uns selber
kümmern
Und heraus gegen uns, wer sich traut.
(Schlußstrophe des »Aufbaulieds der F. D. J.«)

22. Dezember, Mittwoch. B schreibt *Das Zukunftslied* *(15,197-199)*, weil nach seiner Ansicht »alle Erziehung hier zu lokal betrieben wird«. Er wundert sich, daß »Berlin zum Blickpunkt der Welt« geworden ist, »während sich in Asien ungeheure Entwicklungen anbahnen, welche von den Amerikanern einfach übersehen werden« *(27,293)*.

B gratuliert Friedrich Wolf zu dessen 60. Geburtstag: »Mit niemandem lieber als mit Ihnen zusammen möchte ich versuchen, in dieser erstaunlichen Stadt, die immer noch, wiewohl das Leben in ihr nur noch schwach pulsiert, allerorten Theater macht, für dieses Theater etwas zu tun.«

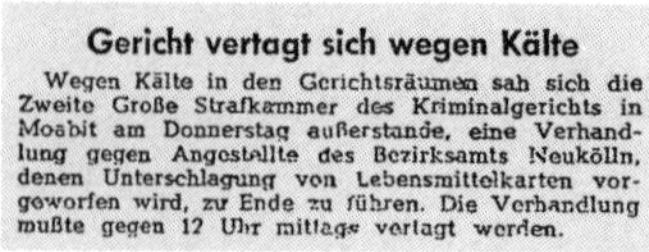

Gericht vertagt sich wegen Kälte

Wegen Kälte in den Gerichtsräumen sah sich die Zweite Große Strafkammer des Kriminalgerichts in Moabit am Donnerstag außerstande, eine Verhandlung gegen Angestellte des Bezirksamts Neukölln, denen Unterschlagung von Lebensmittelkarten vorgeworfen wird, zu Ende zu führen. Die Verhandlung mußte gegen 12 Uhr mittags vertagt werden.

Am 22. 12. 1948 ins *Journal* eingeklebter Zeitungsausschnitt

27. Dezember, Montag. Helene Weigel bedankt sich bei Jacob Walcher für die Beschaffung von Stoffen. Damit hätte sie 43 Kindern hingerichteter und verstorbener Antifaschisten eine anonyme Weihnachtsfreude bereiten können.

28. Dezember, Dienstag. Berthold Viertel schickt B Rezensionen von seiner Züricher Inszenierung der *Hedda Gabler.* Er bedauert, daß er mit der Erarbeitung der *Glasmenagerie* von Thornton Wilder in Wien noch nicht fertig ist, weil er »zur Abwechslung« gern etwas am Deutschen Theater oder am Schiffbauerdamm-Theater gemacht hätte *(E 1/32).*

29. Dezember 1948
Zukunftslied

29. Dezember, Mittwoch. Hanns Eisler ist für vier Wochen nach Berlin gekommen. B versucht, ihn »zu neuen vulgären Exzessen zu verführen, indem ich ihm das *Zukunftslied* aufhänge« (das er aber nicht vertont). Eisler gibt B eine Ode Mao Tse-tungs, »ein herrliches Gedicht, das ich gleich bearbeite« *(27,293;* vgl. *Gedanken bei einem Flug über die Große Mauer* in der Sammlung *Chinesische Gedichte, 11,265 f.).*

Wie B an Caspar Neher schreibt, ist es ihm unverständlich, daß für diesen in Wien kein Visum für die Reise nach Berlin gelegen hat. »Bis zu Deinem Telegramm hatten wir noch Hoffnung und hielten alles offen, so daß jetzt eben die Aufführung bestimmt nicht entfernt das sein wird, was sie eigentlich sein sollte.« B kündigt Neher seine Rückkehr nach Zürich an, er habe dann »allerhand zu erzählen«. »Nimm Dir bitte vor nächste Saison nichts Endgültiges vor. Es gibt da interessante Projekte.« Viele Privilegien machten das Leben der Künstler in Berlin »nahezu normal, und das geistige Klima ist unvergleichlich« *(Br, 1347).*

1949

1. Januar, Sonnabend. Alfred Kantorowicz berichtet (am 5. 1.) Lion Feuchtwanger, er habe »mit Brecht, Zweig, Eislers, Klemperer, Scheers, Uhses, Hermlins und anderen« Neujahr gefeiert. »Wir sind guter Dinge.« *(Feuchtwanger, 591.)*

B meint gegenüber Paul Dessau, das *Horenlied (Das Stundenlied, 15,176 f.)* sei »bei dem gegenwärtigen Stand des Ruinentheaters« nicht akzeptabel, obgleich der Text schön ist und seine Vertonung »bedeutend«; er möchte – unterstützt durch Herbert Jhering und Erich Engel – das Lied vorläufig bei der Aufführung von *Mutter Courage und ihre Kinder* weglassen. *(Br, 1351.)*

2. Januar 1949
Honecker kritisiert Brechts
Aufbaulied der F. D. J.

2. Januar, Sonntag. B wird von der Leitung der FDJ (Vorsitzender: Erich Honecker) aufgefordert, in seinem *Aufbaulied der F. D. J.* den Vers »Und kein Führer führt aus dem Salat« (→ 21. 12. 48) zu überprüfen, »denn Hitler interessiere niemand mehr«, zumal es »eine Führung durch die Partei«

gäbe. »Ich kann aber nicht entsprechen, die Strophe ist auf das Motiv des Sich-Selbst-Führens aufgebaut, und das ganze Lied dazu.« *(27,295.)* Im Zusammenhang mit dieser Auseinandersetzung notiert er über die FDJ: »Man sagt mir, zu euch muß man primitiv reden. / Will ich nicht. / Wie mir der Schnabel gewachsen ist – nicht wie euch die Ohren gewachsen sind. / Dialektik.« *(23,104.)*

3. Januar, Montag. Von Jakob Walcher hört B, daß das von den Nazis 1933 zerstörte Denkmal für Karl Liebknecht und Rosa Luxemburg (1926/27, vom deutsch-amerikanischen Architekten Ludwig Mies van der Rohe entworfen) nicht wieder aufgebaut werden soll. B notiert: »Die Deutschen haben überhaupt keinen Sinn für Geschichte, vermutlich weil sie keine Geschichte haben.« *(27,296.)*

B möchte in der Ostzone seine »Gedichtbände anders als üblich gedruckt herausbringen«, damit man sie in die Tasche stecken kann »in der Art der Ausgaben um 1820 herum«, aber nicht »biedermeierisch« *(27,296).*

Kurt Desch möchte u.a. eine Ausgabe von Bs Gedichten edieren und bittet um ein durchgesehenes Manuskript.

6. Januar, Donnerstag. Von einer der Endproben zu *Mutter Courage und ihre Kinder* wird B zu dem (am 30. 11. 48 gewählten) Oberbürgermeister Ost-Berlins, Friedrich Ebert (SED, Sohn des früheren Reichspräsidenten), »geholt«. Im Beisein von Fritz Wisten, dem Intendanten der Volksbühne im Theater am Schiffbauerdamm, Wolfgang Langhoff und leitenden Vertretern der SED wird über Bs Theaterprojekt (→ 12. 12. 48) gesprochen. Da kein Theatergebäude verfügbar ist, schlägt man ihm eine Realisierung durch Gastspiele im Deutschen Theater oder in der Volksbühne vor.

Einem Schreiben Kurt Borks von der Abteilung für Volksbildung im Magistrat an Stadtrat Kreuziger (vom 13. 1.) zufolge sind B in dem Gespräch die Kammerspiele des Deutschen Theaters angeboten worden, die ihm aber »für die Realisierung seiner Pläne völlig ungeeignet« erschienen seien. »Damit ist das Projekt Brecht vorerst gefallen, wenn nicht in weiteren Verhandlungen die Möglichkeit eines kurzfristigen Gastspiels an einer der Berliner Bühnen gefunden wird.« Bork hält diese Lösung für »unbefriedigend«. Eine Arbeit Bs in Berlin sei »nicht nur von einem außerordentlichen Nutzen für das Theaterleben selbst«, es dürfe »auch einen außerordentlichen propagandistischen Wert« haben. Der Stadtrat unterstützt die Bemühungen um eine Übersiedlung Bs nach Berlin, gibt aber zu bedenken: »Das von Brecht beabsichtigte Ensemble wird nicht sehr billig sein.« *(HWA.)* Zu einer weiteren Beratung kommt es am → 17. 1.

Otto Müllereisert (→ 24. 10. 48) schreibt mehrere Texte zur

Nach der Sitzung beim Oberbürgermeister von Berlin
Zum ersten Mal fühlte ich den erstickenden Atem des Provinzialismus in dieser zerstörten, aber doch großen Stadt. Eine geistige Verödung sondergleichen schien sich anzukündigen. Es war typisch, daß ich sogleich als Stellensuchender behandelt wurde. Die Ruinen schienen schon wieder aufgeteilt, in den Bombentrichtern hatte die Selbstzufriedenheit sich häuslich eingerichtet. [...] Die politische Notwendigkeit, Berlin wieder zum Zentrum des deutschen Kulturlebens zu machen, wurde nicht erwähnt, und als ich darauf kam, mit Stillschweigen übergangen. *(27,358.)*

deutschen Erstaufführung von *Mutter Courage und ihre Kinder*, die in deutschen Zeitungen vor der Premiere erscheinen. Darin heißt es u. a.: »Seine Fahrt nach Europa ist daher kein Besuch, sondern eine Rückkehr. Ein Schuhfabrikant, so erklärt er, mag sich vielleicht in jedem Land wohlfühlen, sobald sein Geschäft blüht. Ein Dichter aber muß dort leben, wo seine Sprache gesprochen wird. Wie Heine, wenn auch mit weniger Überschwenglichkeit, hat Brecht auf den Tag gewartet, der ihm die Tore der Heimat wieder öffnete.« *(Norddeutsches Echo, 6. 1.)*

9. Januar, Sonntag. Voraufführung von *Mutter Courage und ihre Kinder* in einer geschlossenen Vorstellung für Mitglieder der Gewerkschaft (FDGB). B notiert am 17. 1.: »die Arbeiter aus den Hennigsdorfer Stahlwerken zeigten sich als wunderbare Zuschauer« *(27,298)*.

B schreibt im *Couragemodell 1949*: »Was eine Aufführung von *Mutter Courage und ihre Kinder* hauptsächlich zeigen soll: Daß die großen Geschäfte in den Kriegen nicht von den kleinen Leuten gemacht werden. Daß der Krieg, der eine Fortführung der Geschäfte mit andern Mitteln ist, die menschlichen Tugenden tödlich macht, auch für ihre Besitzer. Daß für die Bekämpfung des Krieges kein Opfer zu groß ist.« *(25,177.)*

Mit Helene Weigel nach der Premiere auf der Bühne des Deutschen Theaters.

11. Januar 1949
Premiere
Mutter Courage und ihre Kinder
Deutsches Theater, Berlin

Es war einer der »großen Theaterabende«, wie sie die deutsche Hauptstadt vor 1933 kannte. Es war das in vieler Hinsicht bedeutsamste Theaterereignis seit 1945. *(Fritz Erpenbeck, Vorwärts, 13. 1.)*

Bert Brecht gab uns in der *Mutter Courage und ihre Kinder* eines seiner stärksten, lebensvollsten Werke. In ihm wird die Fratze des Krieges sichtbar, die Fratze, zu der die Menschen werden. Dieses trostlose Gesicht ist Schreckbild, Aufrüttelung zum Kampf für eine menschenfreundlichere Welt, es ist eine Waffe für den Frieden. Diese Aufführung in Berlin ist deshalb auch ein eindeutiges politisches Bekenntnis. Dafür danken wir dem Dichter wie auch den Schauspielern. *(Wolfgang Heise, Die Tribüne, 13. 1.)*

11. Januar, Dienstag. Premiere von *Mutter Courage und ihre Kinder* im Deutschen Theater; Regie: B und Erich Engel, Bühnenbild: Heinrich Kilger (nach dem Züricher Modell Teo Ottos); mit Helene Weigel (Courage), Ernst Kahler (Eilif), Joachim Teege (Schweizerkas), Angelika Hurwicz (Kattrin), Paul Bildt (Koch), Werner Hinz (Feldprediger). Die Aufführung wird ein sensationeller Erfolg mit Wirkung auf alle Sektoren in Berlin und auf alle Zonen in Deutschland.

B notiert: »Die Couragefigur Hellis jetzt herrlich, von großer Kühnheit.« *(27,296.)* Er schreibt für sie das Gedicht *Und jetzt trete* mit den Schlußversen: »Aber den Unbelehrbaren zeige / Mit kleiner Hoffnung / Dein gutes Gesicht.« *(15,203.)*

12. Januar, Mittwoch. B und Engel gehen zu einer Diskussion über *Mutter Courage und ihre Kinder* in die Gewerkschaftsschule am Werlsee bei Berlin. B zeigt sich beeindruckt von den Reaktionen seiner meist jugendlichen Zuschauer. »Welche Bestimmtheit und welche Höflichkeit!« Er befragt sie nach ihren Eindrücken von der Aufführung: »daß die Courage nichts lernt im äußersten Elend, erregte diesen Zuschauern nur Mitleid« *(27,298)*.

13. Januar, Donnerstag. Rudolf Spitzner vom Verlag Felix Bloch Erben dankt B für das Erlebnis, das er durch die Aufführung von *Mutter Courage und ihre Kinder* gehabt hat; er sei »zutiefst beeindruckt und erschüttert« gewesen. »Ich finde keine Worte mehr – und mehr zu sagen, erscheint mir auch banal.« *(784/27.)*

15. Januar, Sonnabend. Als Auftragsarbeit für den Berliner Rundfunk (im sowjetischen Sektor) schreibt B zum 30. Todestag der beiden Kommunisten die *Grabschrift Liebknecht* und die *Grabschrift Luxemburg (15,196)*, die in Heft 1 der Zeitschrift *Ost und West* erstmals gedruckt werden.

17. Januar, Montag. Aufgrund einer Einladung Wolfgang Harichs und Paul Rillas kommt es (nach der erfolgreichen Premiere von *Mutter Courage und ihre Kinder*) zu einer weiteren Gesprächsrunde über das Theaterprojekt Bs (→ 6. 1.), an der B, Helene Weigel, die Regisseure Erich Engel, Slatan Dudow, Ernst Legal, Paul Dessau, Hanns Eisler, einige Theaterkritiker und Vertreter des Magistrats sowie der Leiter der Abteilung Kultur und Erziehung beim ZK der SED, Stefan Heymann, teilnehmen. Nach dem Bericht Kurt Borks an Stadtrat Kreuziger (vom 19. 1.) bestand »Einmütigkeit darüber, daß Brecht im Interesse des Berliner Theaters und in Hinsicht auf die außerordentliche Wirkung seiner Tätigkeit hier weit über die Grenzen Deutschlands hinaus auf alle Fälle in Berlin gehalten werden müßte«. Den Anwesenden aus den Ämtern und dem Vertreter der SED wird empfohlen, sich in ihren Dienststellen für einen entsprechenden Beschluß einzusetzen *(HWA)*. Der Beschluß wird im ZK der SED (nach weiteren klärenden Gesprächen; → 12. und 16. 2.) am → 1. 4. gefaßt.

Kurt Weill, der inzwischen die Neufassung der *Dreigroschenoper* (→ 20. 12. 48) in New York bekommen hat, hält die Änderungen Bs für eine »Abschwächung des Originaltextes« und befürchtet, daß die Textänderungen bei den Songs »als störende Eingriffe empfunden werden müssen«. Er bittet B um Auskunft (→ 28. 1.), ob die Änderungen generell gelten oder nur in der Münchener Aufführung vorgenommen werden sollen *(Z 23/32)*.

18. Januar, Dienstag. Die chinesische Volksarmee unter Mao Tse-tung erringt entscheidende Siege und erobert (am 15. 1.) Tientsin. B notiert, daß ihn »alle diese Wochen hindurch« ständig der Sieg der chinesischen Kommunisten beschäftigt, »der das Gesicht der Welt vollständig ändert« (→ 29. 12. 48) *(27,298)*.

B schreibt an Gustaf Gründgens, den Intendanten der Städtischen Bühnen Düsseldorf, er habe ihn 1932 um die Erlaubnis gebeten, *Die heilige Johanna der Schlachthöfe* spielen zu dürfen. »Meine Antwort ist ja.« *(Br, 1352.)* Gründgens telegrafiert am 31. 1.: »Über Brief zu Tode erschrocken – freue mich aber sehr, daß Sie sich noch daran erinnern, und bitte, mir Buch umgehend zukommen zu lassen.« (→ 15. 3.) (Die

Die zwölf Bilder dieser erschütternden, warnenden Chronik gehören zum Besten und Wichtigsten, was Brecht geschrieben hat. Da ist jede Szene konzentrierte Wahrheit, jede Gestalt von geradezu bedrängender Aktualität und Gültigkeit. [...] Stück und Aufführung sind, alles in allem, ein unvergeßlicher Eindruck. *(Wolfgang Harich, Tägliche Rundschau, 14. 1.)*

Das bleibt aus der Erinnerung nicht wieder zu entfernen: wie der bedeutendste Dramatiker unserer Sprache nach 15 Jahren unwirtlicher Emigration wieder auf einer Berliner Bühne stand und nun den Jubel der Betroffenen aus dem Zuschauerraum über ihn hinging. Unsere Bühne hat mit der authentischen Darstellung seiner *Mutter Courage* eine herzhafte Spritze erhalten. Dieser hartnäckig unbequeme Dichter gibt mit einem dramatischen Schlage wieder Anlaß, Position der Zeit und des Theaters genau zu überdenken und zu revidieren. *(Friedrich Luft, Die Neue Zeitung, 15. 1.)*

Als ein Faktor darf angesprochen werden, daß jeder aufnahmefähige Hörer von einer stilgerechten Brecht-Aufführung ein Gefühl mit nach Hause trägt, als seien ihm wie beim ersten Entziffern des Alphabets die Augen neu aufgegangen, als habe er selbst eine neue Kunst erproben gelernt. *(Max Schröder, Neues Deutschland, 18. 1.)*

18. Januar 1949
Beginn des Kritikerstreites über Brechts episches Theater

Bei der Diskussion um Brechts Werk – nicht nur um dieses –, die nunmehr hoffentlich einsetzt, geht es letztlich um die Grundfrage, die stets an Zeitenwenden neu gestellt werden muß: Wo verliert sich, trotz fortschrittlichen Wollens und höchsten, formalen Könnens, der Weg in eine volksfremde Dekadenz – wo führt, bei fortschrittlichem Wollen und höchstem, formalen Können, der Weg zur Volkstümlichkeit, zur dringend notwendigen Gesundung unserer Dramatik? *(Fritz Erpenbeck, Die Weltbühne, 18. 1.)*

Erpenbeck tadelt die epische Form auf dem Theater als eine volksfremde Dekadenz, auch wenn sie, wie bei Brecht, dichterische Qualität besitzt Die Stücke Brechts, die ich kenne, enthalten alle starke dramatische Handlungen (auch die ausgesprochene Lehroper *Der Jasager*). Damit ist erst einmal dem Theater geworden, was des Theaters ist. Was die Stücke außer reiner Dramatik noch enthalten, dürfte ihnen nicht unbedingt immer Abbruch tun. Das Theater lebt nicht nur von reiner Dramatik. *(Angelika Hurwicz, Die Weltbühne, 1. 2.)*

Aufführung unter Gründgens' Regie kommt erst am 30. 4. 57 im Hamburg zustande.)

Bs Tochter Barbara soll in Zürich in einer »Packschule« (Schule mit Intensivkursen) das Abitur machen, hat aber in den USA keinen geregelten Deutschunterricht gehabt und Schwierigkeiten mit der deutschen Grammatik. Sie bleibt deshalb häufig dem Unterricht fern. Dem Dekan des Züricher Instituts Minerva, Samuel Steinberg, der sich bei B beschwert, erläutert B das Fehlen Barbaras beim Schulunterricht mit ihrer längeren Krankheit und damit, daß sie »auch tatsächlich vom Theaterteufel erfaßt zu sein« scheint, »was mir einige Sorgen bereitet«. B will seine Anwesenheit in Zürich dazu benutzen, mit Barbara zu reden: »Sie ist – denken wir – recht gut betreut von Freunden, jedoch hat sie – wie Sie ja wissen – ihren eigenen Kopf.« *(Br, 1353.)*

Wegen des außerordentlichen Erfolgs von *Mutter Courage und ihre Kinder* wird von seiten der Brecht-Gegner in der SED eine kritische Auseinandersetzung mit Bs ästhetischem Konzept eingeleitet und von Fritz Erpenbeck (→ 5. 8. 45) eröffnet. Der aus dem Moskauer Exil mit der »Gruppe Ulbricht« (→ 29. 4. 45) zurückgekehrte Redakteur der Zeitschrift *Das Wort* war in Berlin mit dem Aufbau des Presse- und Verlagswesens betraut worden. Er wird von der Partei vielfach zur Ausarbeitung konzeptioneller Leitlinien für die Kultur-, speziell die Theaterpolitik herangezogen und hat (seit 1946) als publizistische Foren die Zeitschriften *Theater der Zeit* und *Theaterdienst* zur Verfügung. In der *Weltbühne* erscheint am 18. 1. sein Aufsatz über *Mutter Courage und ihre Kinder*, in dem er sich mit der Aufführung, die ein »sensationeller Premierenerfolg« gewesen sei, kritisch auseinandersetzt. Erpenbeck beginnt eine Diskussion über das epische Theater und wittert darin formalistische Tendenzen.

20. Januar, Donnerstag. Marieluise Fleißer gratuliert B und Helene Weigel zu den Erfolgen, über die sie sich sehr gefreut hat. Sie habe zwei Stücke, die sie B gern zu lesen geben wollte, aber eine Vermittlung über Jacob Geis sei ohne Erfolg geblieben. »Ich würde sehr darum bitten, mir nicht auszuweichen, auch dann nicht, wenn Sie schimpfen.« *(Tax, 192.)*

Helene Weigel schickt Hella Wuolijoki Rezensionen einiger deutscher *Puntila*-Aufführungen und lädt sie nach Berlin ein. Am gleichen Tage dankt sie Fredrik Martner für die Zusendung der *Chinesischen Gedichte* von Arthur Waley, über die sich B sehr gefreut habe.

22. Januar, Sonnabend. *Der Sonntag* veröffentlicht einen Brief Friedrich Wolfs an B vom 1. 1., in dem es heißt: »Ja lieber Brecht, ich bin dabei, mit Ihnen das Berliner Theater wieder aufzumöbeln, besser noch als wir's in den heißen

Jahren zwischen 1925-1932 gewöhnt waren. Also einverstanden – weg mit dem Dilettantismus, der Unverbindlichkeit der Arteriosklerose!«

23. Januar, Sonntag. A.P.J. Kroonenburg vom Verlag Allert de Lange hat (am 7. 1.) B mitgeteilt, daß der Verlag nach wie vor Inhaber der Rechte für den *Dreigroschenroman* ist und beabsichtigt, eine größere Nachauflage zu drucken, die dann mit 10 000 Exemplaren an den Aufbau-Verlag geliefert wird sowie mit weiteren 4000 Exemplaren für den Vertrieb in außerdeutsche Länder zur Verfügung steht. Damit könnte die Vorschußsumme von 3000 Fl., die B bei der Erstauflage in Anspruch genommen hat, verrechnet werden. B antwortet, daß ein deutschsprachiger Druck seiner Bücher in Holland zu teuer sei. Er bietet ihm dafür die *Kalendergeschichten* für eine niederländische Ausgabe an. Zur Abdekkung der Kosten könne man seinen damaligen Vorschuß verrechnen *(Br, 1354).*

24. Januar, Montag. Für sein Theaterprojekt (→ 12. 12. 48) nimmt B Verbindung mit Schauspielern und Regisseuren auf: An Leonard Steckel schreibt er, daß er »moderne Stücke mit Gastspielen machen« will. Er wünscht sich Erich Engel, Berthold Viertel und Steckel als Regisseure. Als erstes Stück soll *Wassa Schelesnowa* mit Therese Giehse gemacht werden, danach *Herr Puntila und sein Knecht Matti.* B hofft, die ersten Monate der neuen Spielzeit mit Steckel rechnen zu können *(Br, 1355).*

B gratuliert Therese Giehse zu ihrem »triumphalen künstlerischen Erfolg« mit der Courage in der Aufführung des Wiener Neuen Theaters in der Scala (→ 2. 12. 48). Gleichzeitig lädt er sie ein, am Berliner Theaterprojekt mitzuwirken. »Das ganze Projekt hier hängt davon ab, daß wir nicht allein bleiben.« *(Br, 1356.)*

B bietet Hans Gaugler erneut (→ 10. 12. 48) ein Engagement in Berlin an *(Br, 1357).*

Kurt Desch hat als Grundlage für den Gedichtband (→ 3. 1.) von Jacob Geis die Sammlungen *Hauspostille*, *Svendborger Gedichte*, *Neue Gedichte* und *Lieder Gedichte Chöre* erhalten. B läßt mitteilen, daß er »die Auswahl der Gedichte selbst vornehmen« und die Titel »telefonisch oder telegrafisch« durchgeben will. Er stellt sich eine vierbändige Ausgabe, auf keinen Fall einen Auswahlband vor *(776/37).* (Das Projekt kommt nicht zustande.)

25. Januar, Dienstag. Für das Theaterprojekt will B auch Caspar Neher gewinnen. Er brauche nur für einen Teil der Saison dazusein. Zur Charakterisierung seiner Repertoirepläne nennt B Autoren wie Sean O'Casey, Federico García Lorca, Clifford Odets und Maxim Gorki. Er versucht, ihm die Arbeit in Berlin attraktiv darzustellen: »Wir haben durch

Ewige Gesetze des Dramas? Du lieber Himmel! Ein Kritiker, der es für »selbstverständlich« hält, daß Theater »dramatisch zu sein hat«, und der dabei das »Dramatische« schlechthin mit den technischen Faustregeln seiner Epoche identisch setzt, ist gewiß kein marxistischer Dialektiker, »trotz fortschrittlichen Wollens«. [...] Nicht wer die Form überhaupt, sondern wer sie lediglich um ihrer selbst willen verändert, ist Formalist. *(Wolfgang Harich, Die Weltbühne, 8. 2.)*

Weil Brecht sich in seiner Theorie polemisch von Aristoteles abgrenzt, ich aber etwas gegen Brechts Theorie äußere, werde ich von Harich recht unlogisch bezichtigt, »konservativ-formalistisch« für eine Theorie des Theaters einzutreten, die definitiv von Aristoteles, Lessing und gar Freytag festgelegt sei! Für wie dumm hält mich Harich eigentlich? [...] Brecht ist bekanntlich Persönlichkeit genug, um nicht persönliche und kulturpolitische Entscheidungen von der Meinung des einen oder anderen Kritikers abhängig zu machen. Wir wollen uns da nicht überschätzen, Kollege Harich! *(Fritz Erpenbeck, Die Weltbühne, 1. 3.)*

Szenenfotos aus dem *Couragemodell 1949*

Der Kampf gegen die Züge von Dekadenz und Formalismus im Schaffen dieser Künstler braucht Zeit, kritische Selbstkontrolle und eine wahrhaft kameradschaftliche, schöpferische Diskussion. Eine Kritik, die aus Geschrei und maßlosen Lobeshymnen besteht – wie es in Harichs Artikel leider der Fall ist –, ist hier kein wirksames Mittel. *(S. Altermann, Tägliche Rundschau, 12. 3.)*

die mannigfachen Privilegien für Theaterleute ebensoviel Komfort, wie man in Zürich hat, nur ist das Arbeiten viel weniger aufreibend. Wir könnten auch für uns arbeiten, und zwar sehr bequem.« B will Neher außerdem in den Film *Hoffmanns Erzählungen* (→ Mai 47), den Engel inszenieren soll, einbeziehen. Das Bühnenbild von *Mutter Courage* sei »nicht gut« gewesen. »Wir warteten ja bis zuletzt auf Dich und mußten dann einfach improvisieren.« *(Br, 1358.)*

Bemühungen um personelle Absicherung des Theaterprojekts

B bietet Berthold Viertel die Position des Chefregisseurs in dem neuen Ensemble an. »Sie sollten in Wirklichkeit aber Helli, die die künstlerische Leitung hat, dabei helfen.« Gleichzeitig soll er sich vertraulich an Karl Paryla wenden »und überhaupt jeden guten Schauspieler, den Sie gern hier haben möchten« *(Br, 1359)*. Viertel schreibt über dieses Angebot (am 28. 1.) an seine frühere Frau Salka, daß er nicht wage, es anzunehmen, »solange der Zonenkrieg währt, schon aus puren Gesundheitsgründen. Ich müßte dazu mindestens zehn Jahre jünger sein.«

B teilt Gottfried von Einem mit, daß die Berliner Premiere seiner Oper *Dantons Tod* (für die sich B beim Intendanten der Deutschen Staatsoper Ernst Legal eingesetzt hat) vermutlich Ende Mai sein wird *(ÖNB)*.

Die Monatsschrift des Bundes der Deutschen Volksbühnen *Volk und Kunst*, die Friedrich Wolf herausgibt, veröffentlicht in Heft 1 den Text *Formprobleme des Theaters aus neuem Inhalt*, ein Zwiegespräch Wolfs mit B. Zur Frage, warum die Courage am Ende nichts »lernt«, meint B in diesem fingierten Dialog: »Wenn jedoch die Courage nichts lernt – das Publikum kann, meiner Ansicht nach, dennoch etwas lernen, sie betrachtend.« *(23,112.)*

26. / 27. Januar 1949
Reise nach Leipzig

Diskussion mit Studenten der Leipziger Universität

Erst bei dem nunmehr fast fünfzigjährigen Bert Brecht finden wir wieder die Sprache, die national und international ist, die in Deutschland und im Ausland verstanden wird, eine Sprache, die mit dem dichterischen Bild den Gedanken nicht zudeckt, sondern schärft, die der sozialen Problemstellung der Gegenwart mit rücksichtsloser Dialektik gewachsen ist. *(Herbert Jhering, Leipziger Volkszeitung, 28. 1.)*

26. Januar, Mittwoch. B fährt auf Einladung von Hans Mayer (→ November 48) nach Leipzig. Herbert Jhering, der B begleiten wollte, ist verhindert, und schickt der *Leipziger Volkszeitung* einige *Bemerkungen über Brecht*.

Der Kulturbund Leipzig gibt B (am 27. 1.) einen Empfang, an dem Schriftsteller und Künstler teilnehmen.

B diskutiert in Mayers Kolleg »über Theater mit Arbeiterstudenten«. Insbesondere geht es um die Szenenfolge *Furcht und Elend des III. Reiches*, der einzige Text Bs in Buchform (Aurora-Bücherei beim Aufbau-Verlag, Berlin 1948), der den Studenten zu dieser Zeit in der SBZ zugänglich ist *(27,299)*.

28. Januar, Freitag. Angeregt durch die schriftlichen Äußerungen von Friedrich Wolf und Fritz Erpenbeck, nach denen die »Wirkung« der Courage hätte »erhöht werden können, wenn sie am Ende zur Einsicht gelangen wäre«, notiert B: »Aber die Schüler der Funktionärschule sind weiter. Sie können die Kleinbürger objektiv anschauen (und doch be-

mitleiden) und erkennen sich selber in der stummen Kattrin wieder.« *(27,299.)*
B teilt Kurt Weill auf seine Anfrage (→ 17. 1.) mit, daß die von ihm vorgenommenen Änderungen bei der *Dreigroschenoper* für die geplante Aufführung an den Münchener Kammerspielen notwendig seien. »Die Krüppelkopien des Herrn Peachum sind im Augenblick in Deutschland nicht attraktiv, da im Zuschauerraum selbst zu viele echte (Kriegs-)Krüppel oder Anverwandte von Krüppeln sitzen.« Die Änderungen, auch in einigen Songs, sollten nur »zeitweilig« vorgenommen werden. B bittet Weill um sein Einverständnis *(Br, 1360).* Daraufhin erteilt Kurt Weill (am 14. 2.) seine Zustimmung; mit den Münchener Kammerspielen habe er inzwischen auch sein »eigenes kleines Intermezzo« wegen der Musik gehabt, die von »einem bekannten Jazz-Arranger« verändert werden sollte. »Ich habe daraufhin gekabelt, daß ich jede Änderung meiner Musik und in meiner Orchestration verbiete.« *(Z 23/34.)*

Dann sollten Fragen an Brecht gestellt werden. Es waren neugierige Fragen von Lesern des Buches. Brecht antwortete freundlich und genau. Die Studenten merkten, da hat einer ernsthaft gearbeitet. Dann aber kam von oben her eine junge und freche Stimme mit der Frage: »Warum sollen wir uns denn immer noch mit diesen alten Geschichten beschäftigen?« Brecht wußte sofort, was hier gespielt wurde. Er dreht sich ein bißchen um, als schaue er nach hinten. Dann sagte er laut und scharf: »Damit künftig nicht mehr solche Fragen gestellt werden!« Stürmischer Beifall. *(Hans Mayer, 74.)*

29. Januar 1949
Diskussion mit Jugendlichen über *Mutter Courage und ihre Kinder*

29. Januar, Sonnabend. B diskutiert mit Mitgliedern der FDJ im Kulturbund über *Mutter Courage und ihre Kinder.* Auf die zentrale Frage, ob der Held nicht richtungweisend sein müsse, antwortet B, man brauche »auf der Bühne keinen Leithammel«, wenn genügend realistische Details gezeigt werden, müsse es möglich sein, »ohne ihn und ohne Predigt die richtige Stimmung zu erzeugen« *(Vorwärts, 2. 2.).*
30. Januar, Sonntag. Helene Weigel bedankt sich bei Lion Feuchtwanger für die Übersendung von 200 $ und berichtet über die Berliner Aufführung von *Mutter Courage und ihre Kinder.* »Endlich konnte ich mal wienerisch reden, und kein Mensch hat was dagegen gehabt.« *(Feuchtwanger, 55.)*
Bei der DEFA wird mit B und Hanns Eisler der Plan (→ 25. 1.) besprochen, *Hoffmanns Erzählungen* zu verfilmen.
Eric Bentley kommt für eine Woche nach Berlin.

Januar 1949
Vorläufiges Verbot Brechts von Aufführungen seiner Stücke in Deutschland

Januar. Nach dem Erfolg von *Mutter Courage und ihre Kinder* melden zahlreiche deutsche Theater erneut ihr Interesse an, das Stück zu spielen. Da B davon ausgeht, daß die tätigen deutschen Theaterkünstler zu ihrem Teil am »Verfall der Kunstmittel unter dem Naziregime« *(25,73)* mitgewirkt haben, erteilt er zunächst keine allgemeine Aufführungserlaubnis. Er läßt im Januar und Februar von Ruth Berlau die Berliner Aufführung in mehreren hundert Fotos dokumentieren und von seinem Regieassistenten Heinz Kuckhahn zahlreiche Regienotate zu einem Konvolut *Regieanmerkungen zu Bertolt Brechts Chronik aus dem Dreißigjährigen Krieg »Mutter Courage und ihre Kinder«* zusammenstellen. Diese Dokumentation sieht B als eine »Regiepartitur« an, Grundlage für das spätere »Modellbuch« des Stückes *(Couragemodell 1949; 25,169-385).*

Januar 1949
Besuch bei Max Pechstein

Walther Pollatschek berichtet in einer Zeitung (überlieferter Ausschnitt ohne Datum) über einen Besuch Bs bei Max Pechstein. Man habe zunächst über George Grosz gesprochen, der zwar in Amerika lebt, sich aber nach Bs Meinung »mit Europa ewig verbunden fühlt«. Zum Offenen Brief des Deutschen Bühnenvereins (→ 5. 9. 47) meint B, er habe in Deutschland zunächst die Aufführung seiner Stücke untersagt, weil er *Mutter Courage und ihre Kinder* erst selbst als »Musterinszenierung mit Helene Weigel« machen wollte. In Deutschland erscheine am schlimmsten nicht die »materielle Zerstörung, sondern die Zerstörung in den Menschen«; er beklagt eine »Provinzialisierung des Lebens«. Seine Hoffnung richtet sich auf die Jugend. »Um der Nazi-Verwüstung Einhalt zu gebieten, müsse man das rationale Denken und Fühlen organisieren, die Logik wieder herstellen«. Seinen Wohnsitz wolle B zunächst in der Schweiz behalten, möchte aber immer wieder nach Deutschland kommen, »besonders nach Berlin, das ja nach wie vor die Theaterhauptstadt sei« *(2046/268f.)*.

Die junge Schauspielerin Isot Kilian nimmt an einer Diskussion über *Mutter Courage und ihre Kinder* teil, stellt sich Helene Weigel vor und erzählt ihr von einem Rezitationsprogramm (*Eine Stunde mit Bert Brecht*), mit dem sie seit 1948 mit Egon Monk, Bruno Lorenz und einem Pianisten das Leben und Werk Bs vorstellt. B bespricht sich im Hotel Adlon mit Egon Monk und bekundet Interesse an einer Zusammenarbeit mit den jungen Leuten. Nach bestätigtem Auftrag zur Gründung eines eigenen Ensembles schließt Helene Weigel mit ihnen Vorverträge ab (→ 17. 9.).

Januar 1949
Erstausgabe der *Kalendergeschichten*

Im Verlag Gebrüder Weiß (Berlin-Schöneberg) erscheint die Erstausgabe von Brechts *Kalendergeschichten (18,339-451)*. Im gleichen Verlag gibt es in diesem Jahr die »Vollständige, durchgesehene und ergänzte Ausgabe« von *Songs aus der Dreigroschenoper (11,150-153; 334-338)*.

1. Februar, Dienstag. Die Darstellerin der stummen Kattrin, Angelika Hurwicz, entgegnet in der *Weltbühne* Fritz Erpenbeck (→ 18. 1.) auf seine Polemik und nimmt für das Theater Bs Partei.

2. Februar, Mittwoch. Berthold Viertel gratuliert B und Helene Weigel zu ihrem »großartigen Berliner Erfolg«. Viertels »Wiener Debut« am Burgtheater sei »besonders glücklich verlaufen. Bs Angebot, am Aufbau seines Ensembles mitzuwirken, freue ihn sehr, aber im Augenblick könne er noch nicht nach Berlin (→ 25. 1.) kommen *(E 1/36f.)*.

3. Februar, Donnerstag. B ist beeindruckt von den schweren Lebensbedingungen im zerstörten Berlin: »Überall chinesischer Hunger.« *(27,300.)*

5. Februar, Sonnabend. B erhält von der DEFA einen Vertrag über die Ablieferung einer Filmnovelle für den *Ulenspiegel*-Film bis Ende 1949, die von B, Caspar Neher und Günter Weisenborn (→ 16. 11. 48) geschrieben werden soll. Die Grundlage dafür bilden *Grundgedanken*, die die DEFA gemeinsam mit B und Weisenborn ausgearbeitet hat *(20,565f.)*. Der Film wird (am 16. 2.) im *Neuen Deutschland* für das Jahr 1949 angekündigt. B und Weisenborn arbeiten am Stoff weiter. Von einer der Beratungen in seiner Wohnung in Schmargendorf berichtet Weisenborn, B wollte als Hintergrund den Bauernkrieg nehmen, ihm habe Eulenspiegel als »Volkstyp«, als ein »völlig politischer Valentin« vorgeschwebt *(Weisenborn, 140f.)*. Pläne und Notizen zum Film sind überliefert *(20,569-571)*, aber B und Weisenborn kommen nicht dazu, das Filmskript fertigzustellen.

5. Februar 1949
Vertrag über den Druck von *Die Geschäfte des Herrn Julius Caesar*

Der Gebrüder Weiß-Verlag legt B einen Vertrag für den Druck von *Die Geschäfte des Herrn Julius Caesar* vor (das Romanfragment wird erst 1957 publiziert).

B autorisiert Eric Bentley für die Publikation von *Galileo*. Audry Wood wird von B (im Einverständnis mit Eric Bentley) die Vollmacht für eine Repräsentation Bs erteilt und die Verfahrensweise für einzelne Werke festgelegt.

7. Februar, Montag. Auf Bruno E. Werners Mitteilung, er wolle das *Kleine Organon für das Theater*, das er von Kurt Desch erhalten hat, auszugsweise in der Münchener Zeitschrift (des Verlags Kurt Desch) *glanz* herausbringen, telegrafiert B, daß er keine Veröffentlichung des *Kleinen Organons* (→ 15. 2.) wünscht.

8. Februar, Dienstag. Wolfgang Harich beteiligt sich in der *Weltbühne* an der Diskussion über Bs *Mutter Courage und ihre Kinder*, die Erpenbeck nach seiner Meinung »verbeckmessert« hat (→ 18. 1.).

B hat sich bei der Redaktion der Monatsschrift *Aufbau* über einen von ihm nicht genehmigten Abdruck von Gedichten beschwert. Chefredakteur Bodo Uhse klärt das Mißverständnis auf und entschuldigt sich – wie auch am Folgetag Ernst Wendt vom Aufbau-Verlag – für das Versehen.

9. Februar 1949
Brecht bietet Piscator nochmals Mitarbeit in Berlin an

9. Februar, Mittwoch. B informiert Erwin Piscator über die Berliner Theatersituation und über seine Pläne. »Dazu nehmen wir das Beste, was es hier gibt, und das ist gar nicht schlecht. (Alles natürlich turmhoch über dem New Yorker Niveau.)« Er bietet ihm die Regie an einem Stück von García Lorca bzw. von O'Casey an »oder am liebsten *Die Niederlage* von Nordahl Grieg« (→ 15. 5. 37; Margarete Steffins Übersetzung ist 1947 im Verlag Bruno Henschel in Berlin erschienen). Über die Wirkung von *Mutter Courage und ihre Kinder* teilt er mit: »Die Presse war gleichermaßen positiv (überdies durch ganz Deutschland) und das Publikum kommt aus allen Sektoren in die Aufführung.« *(Br, 1362.)*

10. Februar, Donnerstag. Als Motto für den Gedichtband, den er für den Aufbau-Verlag machen will (→ 26. 10.; nicht realisiert), erwägt B: »Die Aufregungen der Gebirge liegen hinter uns, vor uns liegen die Aufregungen der Ebenen.« *(27,300.)* Er variiert diese Verse in dem Gedicht *Wahrnehmung (15,205).*

11. Februar, Freitag. B bedankt sich bei Erich Wendt für ein Schachspiel zu seinem Geburtstag *(Br, 1363).*

12. Februar, Sonnabend. Wegen des Drucks von Gedichtbänden fährt B mit dem Leiter des Aufbau-Verlags, Erich Wendt, zu der Potsdamer Verlagsdruckerei von Werner Stichnote.

12. Februar 1949
Vorentscheidung für ein Weigel-Ensemble im Theater am Schiffbauerdamm

Für ein Gespräch mit Wilhelm Pieck (am 14. 2.) unterrichtet Kurt Bork den Stadtrat Kreuziger und Oberbürgermeister Ebert von einer Vor-Entscheidung des ZK der SED (vom 30. 1.) über das »Projekt B«, wonach das Theater am Schiffbauerdamm, dessen Hausherr Fritz Wisten bleibt, »unter der künstlerischen Leitung von Helene Weigel und Erich Engel« B zur Verfügung gestellt werden soll. Bork fügt einen ausgearbeiteten Vorschlag bei, den er mit dem für Kulturfragen zuständigen Oberstleutnant Alexander Dymschitz abgestimmt hat. Der Entwurf bezieht die inzwischen sowohl von B als auch von Fritz Wisten bekundete Ablehnung einer Zusammenarbeit ein *(HWA).*

15. Februar, Dienstag. Auf ein Telegramm Deschs vom 14. 2., daß Teile des *Kleinen Organons* (→ 11. 2.) schon im Druck seien, telegrafiert B, daß dieser gestoppt werden muß, andernfalls löse er alle Verbindungen zum Verlag.

15. Februar 1949
Elisabeth Hauptmann zurück in Berlin

Elisabeth Hauptmann ist nach ihrer Rückkehr nach Deutschland (→ 4. 11. 48) und Aufenthalten in Braunschweig und bei Hermann Budzislawski in Leipzig nach Berlin gezogen.

16. Februar, Mittwoch. Einer Aktennotiz (der Abteilung Kultur und Erziehung des ZK der SED) zufolge findet eine »Besprechung über den Einbau des Brecht-Ensembles in das Deutsche Theater« statt. Danach soll Helene Weigel »ein eigenes Ensemble im Rahmen des Deutschen Theaters« bilden und im Oktober mit einem »Stück aus der Pariser Kommune von Nordahl Grieg« beginnen. Von vornherein sind »Gastspielreisen in die Zone« vorgesehen *(HWA).* In seinem Bericht an Stadtrat Kreuziger führt Kurt Bork außer *Tage der Kommune* noch an: *Wassa Schelesnowa* von Maxim Gorki und *Herr Puntila und sein Knecht Matti.* Die »Aufsicht« über das neue Ensemble werde vom Magistrat ausgeübt, der auch die aufzuwendenden Mittel bereitstellen wird *(HWA).*

17. Februar, Donnerstag. Helene Weigel und der Verwaltungsdirektor des Deutschen Theaters sprechen das Theaterprojekt mit Wolfgang Langhoff durch.

18. Februar, Freitag. Kurt Desch bezieht sich (am 16. 2.) auf das Angebot von Ruth Berlau, die das *Kleine Organon* im Auftrag Bs dem Kurt Desch Verlag zur Verfügung gestellt hat. In der Februar-Ausgabe von *glanz* erscheinen 3 Seiten Auszug. B hält den Druck für ungesetzlich und telegrafiert u. a.: »Nicht genehmigte Kürzung Ungeheuerlichkeit. Beantrage bei Erscheinen Beschlagnahme und beende Zusammenarbeit.« *(776/55.)*

20. Februar, Sonntag. B notiert, er habe wieder die Gewohnheit aufgenommen, sich »am Morgen aus dem Fenster zu beugen; die Luft hier ist so kräftig«. Seine andere Gewohnheit, »Kriminalromane zu lesen vor dem Einschlafen«, sei »beinahe abgelegt« *(27,300).*

Helene Weigel reicht der Abteilung Kultur und Erziehung (→ 16. 2.) eine Kostenaufstellung zur Schaffung eines vorläufigen Etats für das neue Ensemble ein.

20. Februar 1949
Kostenaufstellung für den Etat des neuen Ensembles

Vor seiner Abreise nach Zürich dankt B Johannes R. Becher für die »außerordentliche Gastfreundschaft«. »Besonders eines: das Arbeitsfeld auf dem Theater, das eben geschaffen wird, hätte ohne die energische Unterstützung durch den Kulturbund nicht geschaffen werden können.« *(Br, 1364.)*

In einem (von B auf »Ende Februar« datierten, aber noch in Berlin geschriebenen) Brief an Erich Engel drückt B seine Freude über die Zusammenarbeit bei *Mutter Courage und ihre Kinder* aus. Noch mehr als von dem Resultat spricht er »von dem intellektuellen Vergnügen, das ich bei der Zusammenarbeit hatte«. B meint: »das ganze Theaterprojekt kann überhaupt nur verwirklicht werden, wenn wir beide darin zusammenarbeiten.« Er bietet ihm die »Hauptstücke« an, »ich würde assistieren« *(Br, 1366).*

Von Maxim Vallentin, Otto Lang und Ottofritz Gaillard erhält B das *Deutsche Stanislawski-Buch* mit einer Widmung (nochmals, ebenfalls mit Widmung, von Vallentin am 12. 4.) sowie Vallentins *Vom Stegreif zum Stück. Ein Ensemble-Buch auf der Grundlage des Stanislawski-Systems.*

21. Februar, Montag. B lädt Ferdinand Reyher nach Berlin ein. »Das Theater (und anderes)« seien sehr interessant. Er denkt, daß *Mutter Courage und ihre Kinder* im Herbst noch zu sehen sein wird *(Br, 1365).*

Kurt Desch legt B noch einmal den Tatbestand über die auszugsweise Veröffentlichung des *Kleinen Organons für das Theater* (→ 18. 2.) dar. Ruth Berlau habe ihm, im Beisein von Jacob Geis, im vergangenen Jahr vor ihrer Abreise nach Berlin das Manuskript zusammen mit *Fünf Schwierigkeiten beim Schreiben der Wahrheit*, *Kriegsfibel* und Gedichten des Verlags Reynal & Hitchcook gegeben mit dem Angebot der Verlags- und Abdruckrechte. Desch meint, nicht gegen diese

Abmachung verstoßen zu haben und hofft auf weiteres »angenehmes Zusammenarbeiten« *(776/58-60)*.

22.-24. Februar 1949
Reise über Prag nach Zürich

22. Februar, Dienstag. B reist mit dem Zug nach Prag und kommt im Hotel Palace unter.

Er verhandelt mit den Verlagen Práce Publishers und Mlada Fronta über eine tschechische Ausgabe der *Kalendergeschichten* (nicht realisiert). Dabei macht er die Bekanntschaft des Lektors und späteren Brecht-Übersetzers Rudolf Vápenik, der ihm über die Entwicklung des Landes berichtet. B besucht das »wunderbare Puppentheater« von J. Skupa (mit den Figuren Hurvinek und Spejbl) und bedankt sich im Gästebuch für die Aufführung (»prächtiges realistisches Theater«). Der Zeitung *Mlada Fronta* gibt er ein Interview, in dem er u. a. seine Erlebnisse im amerikanischen Exil darlegt. Außerdem schildert er sein Verhör vor dem Ausschuß für unamerikanische Betätigungen. »Die Diskussionen, die er mit Arbeitern und Jugendlichen über *Mutter Courage* gehabt habe, hätten gezeigt, daß sie rascher als die Intellektuellen auffaßten und realistischer eingestellt seien.« *(Nachtexpreß, Prag, 1. 3.)*

24. Februar 1949
Zurück in Zürich

24. Februar, Donnerstag. Mit einem Darlehen Rudolf Vápeniks, das durch Honorare der geplanten Ausgabe der *Kalendergeschichten* zurückerstattet werden sollte, fliegt B zur »Erneuerung seiner Papiere« von Prag nach Zürich. B berichtet Caspar Neher, Teo Otto und Kurt Hirschfeld von den Arbeitsmöglichkeiten im Osten Berlins und über sein Theaterprojekt.

25. Februar, Freitag. Berthold Viertel teilt B mit, er habe sich auf Bs Rat in Wien »ein Hauptquartier« gesichert und am Burgtheater in der laufenden Saison für eine Inszenierung und in der folgenden für drei Inszenierungen abgeschlossen. Dennoch bestünde die Möglichkeit, zwei Stücke in Berlin zu machen. Eine kontinuierliche Mitarbeit am Aufbau des Berliner Theaters könne er nicht leisten. Viertel bittet B um nähere Angaben über die verfügbaren Schauspieler und über die Reisefrage.

Februar/März 1949
Bemühungen um Mitarbeiter für Berlin

B berichtet Helene Weigel, daß sich Tochter Barbara nach einer Grippe wieder wohlauf befindet. »Freut sich sehr auf Berlin, langweilt sich hier, hat ›nichts zu tun gehabt‹, was sie im Ton der Klage äußert, das heißt sie hat Gedichte geschrieben.« Für Berliner Gastspiele schlägt er das Prager Puppentheater sowie das Theater der Satire vor, da beide Bühnen im November spielen könnten, während der Proben für das geplante Gorki-Stück. Caspar Neher sei bereit, ab 1. 9. »zumindest für acht Wochen« am Berliner Projekt mitzuarbeiten. Von dem ebenfalls geplanten Stück *Die Niederlage* sei er abgekommen, nachdem er es noch einmal gelesen hat. »Es ist erstaunlich schlecht, aber man kann es, glaube ich, ändern, ich machte viele Notizen. Ich verstehe jedenfalls jetzt Engels Horror. Jedoch hat das Stück gute Rollen und kann noch bessere kriegen. Den kleinbürgerlichen Unsinn werde ich eliminieren und auch etwas Schwung hineinbringen, mich nur an den Stoff halten.« Therese Giehse gewinnt er für das Berliner Projekt (für den Zeitraum 1. 11. 49 - 1. 2. 50) *(Br, 1367)*. Bei der Neugestaltung des Stückes über die Pariser Commune greift B auf Margarete Steffins Übersetzung von Nordahl Griegs *Die Niederlage* (→ Januar 38) zurück.

25. Februar 1949
Beginn der Arbeit an
Untergang der Kommune
(später: *Die Tage der Kommune*)

26. Februar, Sonnabend. B bekommt nach einem Gespräch mit Leonard Steckel auch dessen Zusage für das Berliner Projekt.

B entwickelt Helene Weigel einen ersten Spiel- und Probenplan:

26. Februar 1949
Erster Entwurf eines Repertoires für das Berliner Theaterprojekt

1. September	- 1. November	Proben im Deutschen Theater *Untergang der Kommune*
1. November	- 1. Dezember	*Untergang der Kommune*
1. November	- 1. Dezember	Proben in den Kammerspielen Gorki
1. Dezember	- 1. Januar	Gorki
1. Januar	- 1. Februar	Reise mit dem Kommunestück und Gorki
1. Februar	-15. März	Proben im Deutschen Theater *Puntila*
15. März	- 1. Mai	*Puntila*.

Parallel erwägt er die Festlegungen der Regisseure und die Besetzungen. »Die *Courage*-Aufführung hat Wellen bis hierher geschlagen, wo man eigentlich nur die Westzonenzeitungen gelesen hat. Dein Erfolg gilt als enorm.« *(Br, 1367.)*

28. Februar, Montag. Die Aus- und Wiedereinreisepapiere Bs sind von der Kantonalen Fremdenpolizei für die Zeit vom 15. 9. 48 bis zum 28. 2. 49 ausgestellt.

Februar. Im Mitteldeutschen Verlag in Halle erscheint eine zweite Ausgabe der *Kalendergeschichten* (→ Januar).

1. März, Dienstag. B mietet ein Zimmer in dem Haus »Au Bien Etre« in der Hottingerstraße 25 (bei A. Rieser), einer Pension, die ihm Gottfried von Einem empfohlen hat.

In Berlin geht der Kritikerstreit um Brecht in dessen Abwesenheit weiter. Fritz Erpenbeck reagiert beleidigt in der Berliner *Weltbühne* auf Wolfgang Harichs Polemik (→ 18. 1.).

2. März, Mittwoch. B gibt den abgelaufenen Identitätsausweis (Nr. 9180) bei der Fremdenpolizei ab und beantragt für sich und für Barbara die Verlängerung der Ausweise für ein weiteres Jahr. »In der nächsten Zeit möchte ich nach München reisen, wo die Münchener Kammerspiele mein Stück *Die Dreigroschenoper* zur Aufführung bringen. Danach müßte ich in Berlin meine Verhandlungen mit dem Suhr-

Brecht vor dem Haus »Au Bien Etre« in Zürich

kamp Verlag (vorm. S. Fischer), dem Aufbau-Verlag und dem Gebrüder Weiß-Verlag fortsetzen. Meine Frau, die in Berlin als Schauspielerin in meinem Stück *Mutter Courage* auftritt, möchte auch, daß ich meine Tochter Barbara auf einige Wochen nach Berlin bringe.«

B trifft sich (nach der Generalprobe von *Tasso*) mit Caspar Neher.

Brecht behielt seinen Arbeitsrhythmus bei. Er stand um sieben Uhr auf, machte sich sein Frühstück und arbeitete bis gegen zehn Uhr. Danach kam er zu mir – ich wohnte in derselben Pension –, und wir besprachen seine Arbeit. Er zeigte gern, was er zwischen sieben und zehn geschafft hatte. Etwas später kam Caspar Neher dazu, mit dem die Szenen durchgesprochen wurden, wobei Neher wie üblich ununterbrochen zeichnete. *(Berlau/Bunge, 222.)*

Anfang März. Für die Eröffnung des neuen Ensembles in Berlin erscheint B das in Arbeit befindliche Stück über die Pariser Commune nun doch geeignet. Daran arbeitet auch Ruth Berlau mit, die B nach Zürich gefolgt ist. Berlau erinnert sich: »Meine Mitarbeit bestand weniger darin, die Geschichte der Kommunarden zu studieren – die kannte Brecht natürlich –, sondern mit ihm herauszufinden, welche Konsequenzen aus der Niederlage der Kommunarden gezogen werden müssen.« *(Berlau/Bunge, 221.)*

Für die Bearbeitung des *Kommune*-Stückes will B auch einige Gedichte von Eugène Pottier benutzen, die Erich Weinert übersetzt hat *(Br, 1368)*.

B kündigt Helene Weigel den Entwurf und die ersten Szenen von dem Stück *Die Tage der Kommune* an, das sie Erich Engel gegenüber zunächst als »altes französisches Stück« ausgeben soll, das er »etwas bearbeitet« hat. Er ist beunruhigt, daß die ostdeutsche Wirtschaftskommission bisher immer noch keine offizielle Entscheidung für das Berliner Theaterprojekt getroffen und Helene Weigel noch nicht die versprochenen Büroräume in der »Möwe« (→ 26. 10. 48) bekommen hat. »Hier ist es nach Berlin ungeheuer langweilig.« *(Br, 1372.)*

In Berlin zieht Helene Weigel aus dem Hotel Adlon in die Schumannstraße 13a, nahe dem Deutschen Theater, wo sie provisorische Wohnräume erhalten hat.

3. März, Donnerstag. B arbeitet am *Kommune*-Stück und schreibt seiner Frau, was für Schauspieler er dafür benötigt. Er bittet sie, ihm Vertragsformulare zu schicken, damit er in Zürich Schauspieler verpflichten kann *(Br, 1369)*.

3. März 1949
Besuch der Premiere von *Torquato Tasso*

Abends besucht B die Premiere von Goethes *Torquato Tasso* im Zürcher Schauspielhaus; Regie: Oskar Wälterlin, Bühnenbild: Caspar Neher, mit Will Quadflieg als Tasso.

4. März, Freitag. B spricht mit Caspar Neher sein *Kommune*-Stück durch.

5. März 1949
Gottfried von Einem regt Brecht zu einem Salzburger Festspiel an

5. März, Sonnabend. Gottfried von Einem schlägt B ein »Festspiel« für Salzburg vor.

B berichtet Erwin Piscator erneut vom (anhaltenden) Erfolg von *Mutter Courage und ihre Kinder* in Berlin und von der beabsichtigten Gründung eines eigenen Ensembles. Er bietet ihm die Regie für sein *Kommune*-Stück an. »Ich könnte Dir zuerst eine Inszenierung am Züricher Schauspielhaus verschaffen; sie könnte auch nach Deinem Berliner Gastspiel sein, jedoch der offizielle Anlaß zu Deiner Reise sein.« Er habe dabei Gelegenheit, »das Arbeitsfeld« zu überprüfen. »Du würdest mit größter Wärme empfangen und man würde durchaus verstehen, wenn Du zunächst etwas unverbindlich wärest und den Porzellanladen mit einiger Vorsicht beträtest.« Über seine Taktik in Berlin schreibt B: »Ich selber sprach nicht öffentlich, nirgends, äußerte mich überhaupt nicht öffentlich, machte nur meine Arbeit.« *(Br, 1370.)* Piscator antwortet auf die Einladung Bs, die Pläne seien »vielversprechend und wunderbar«, er möchte gern kommen, sobald seine »Angelegenheiten hier es zuließen« *(Z 2/114).*

5./6. März, Sonnabend/Sonntag. Das Deutsche Theater gastiert mit *Mutter Courage und ihre Kinder* während der Frühjahrsmesse in Leipzig. René Schwachhofer erinnert in der *Leipziger Volkszeitung* (vom 5. 3.) an die Uraufführungen von *Baal* 1923 und *Aufstieg und Fall der Stadt Mahagonny* 1930 in Leipzig und die unrühmlichen Reaktionen der Stadtverwaltung. Das Gastspiel und eine geplante Inszenierung der *Mutter* in den Kammerspielen würden beweisen, »daß auch die Leipziger aus der Zeit gelernt haben und ihre wahren Dichter erkennen werden«.

6. März, Sonntag. B fährt mit Ruth Berlau und Barbara nach Basel zum »Fastnachtstrommeln« (Morgenstraich). Berlau läßt er die Masken fotografieren. Danach macht er sich Notizen für ein Stück *Der Tod von Basel* (auch *Die Basler Fastnacht* und *Der Pestkaufmann*; nicht ausgeführt, später eingegangen in *Der Salzburger Totentanz; 10,958-970*). Wie er Helene Weigel in einem Brief mitteilt, hat Barbara »eine große Zeit, mit Empirekostüm auf unzähligen Bällen«; die »unerträgliche Langeweile, verursacht durch Faulheit, scheint so herabgemindert«. Bei der Planung der ersten Aufführung seines Berliner Theaterprojekts ist B sich nicht mehr sicher, ob nicht *Dantons Tod* geeigneter wäre und bittet Helene Weigel, Erich Engel wegen der Regie anzusprechen. Für sein neues Stück, an dem er weiterarbeitet, plant er jetzt die Titel: »*Die Tage der Kommune* (oder *Zur Zeit der Kommune*)« *(Br, 1371).*

6./7. März 1949
Reise nach Basel zum Fastnachtstrommeln

Von Carl Linfert vom NWDR Köln erhält B die Bestätigung, daß Paul Dessau die Partitur für eine *Courage*-Sendung geschickt hat; er teilt B seine konzeptionellen Vorstellungen mit.

7. März, Montag. Nach seiner Rückkehr aus Basel trifft sich B mit Günther Weisenborn und Caspar Neher.

8. März, Dienstag. Helene Weigel berichtet Lion Feuchtwanger über die Arbeitsumstände in Berlin. »Es schreien hier alle nach Heinrich Mann und nach Ihnen, ganz abgesehen davon, daß es uns guttäte, wäre es von großem moralischem Nutzen.« *(Feuchtwanger, 56.)*

Rudolf Vápenik vom Verlag Práce Publishers, Prag, informiert B darüber, daß sein Verlag die *Kalendergeschichten* nicht bringen wird und auch der Verlag Mladá Fronta nicht interessiert sei. Er werde sich mit weiteren Verlagen in Verbindung setzen.

Nach einer Bauprobe im Zürcher Schauspielhaus trifft sich Caspar Neher abends mit B.

12. März, Sonnabend. In der Berliner *Täglichen Rundschau*, der Zeitung der sowjetischen Militärverwaltung, erscheint ein Beitrag von Susanne Altermann, einer sowjetischen Mitarbeiterin der Zeitung, über die »Polemik zu Brechts *Mutter Courage*« (→ 18. 1.). Fritz Erpenbeck habe seine Gedanken »oberflächlich und mit ungenügender Überzeugungskraft dargelegt«, und Wolfgang Harich sei »in jugendlichem Ungestüm für Brecht in die Bresche gesprungen«. Im Artikel wird der erstere verteidigt: in *Mutter Courage* zeigten sich »die Widersprüche in der Brechtschen Position«, einerseits reiße er dem Krieg »die Maske vom Gesicht«, andererseits zeige er »das Drama der großen Kapitulation des Volkes«, »welches sich kampflos dem angeblich unerbittlichen historischen Schicksal unterworfen hat«. Die Diskussion darüber habe grundsätzliche Bedeutung. *(Wo beginnt die Dekadenz?)*

Caspar Neher fährt nach Wien, wo er das Bühnenbild zur Inszenierung von Shakespeares *Julius Cäsar* am Burgtheater macht (Premiere: 19. 3., Regie: Josef Gielen).

Gastspiel des Deutschen Theaters mit *Mutter Courage und ihre Kinder* in Weimar.

13. März, Sonntag. B teilt Eric Bentley mit, daß er dessen Übersetzung von *Mutter Courage und ihre Kinder* erst ansehen will, ehe er sie autorisiert *(Br, 1373)*.

14. März, Montag. Lion Feuchtwanger antwortet Helene Weigel, über deren Courage er ein »einheitlich stürmisches Lob vernommen« habe, daß eine Berlin-Reise für ihn mit großen Schwierigkeiten verbunden sei, aber nach Beendigung seines *Goya*-Romans »ernstlich in Angriff« genommen werden solle *(Feuchtwanger, 57)*.

15. März 1949
Gustaf Gründgens hat Brechts Angebot einer Uraufführung von *Die heilige Johanna der Schlachthöfe* angenommen

15. März, Dienstag. Nach Bs Angebot (→ 18. 1.) schreibt Gustaf Gründgens an Kurt Hirschfeld, der in die Verhandlungen mit B eingeschaltet wird, daß er *Die heilige Johanna der Schlachthöfe* in der ersten Hälfte der nächsten Spielzeit herausbringen will. Zugleich wendet er sich (am 25. 4.) an Fritz Kortner in Zürich, den er als Mauler besetzen will (Marianne Hoppe als Johanna), und bittet ihn, mit B darüber zu sprechen (→ Anfang Mai).

20. März, Sonntag. Die Gültigkeit der DM (→ 20. 6. 48) wird in Berlin auf die Westsektoren eingeschränkt.

22. März, Dienstag. Caspar Neher kommt nach Zürich und arbeitet am Bühnenbild für *Faust, 1. Teil* (→ 9. 4.).

23. März, Mittwoch. Carl Linfert vom NWDR Köln hat den Aufbau-Verlag um eine Druckgenehmigung für einige Brecht-Gedichte gebeten. Cheflektor Max Schröder gibt die Anfrage an Helene Weigel weiter und antwortet Linfert, er sei von B gebeten worden, keine Texte für Vorabdrucke herauszugeben. »Er ist in diesen Fragen sehr penibel, und Sie werden verstehen, daß wir uns strikt an seine Wünsche halten.« *(723/31.)*
27. März, Sonntag. B trifft sich mit Caspar Neher.
Ende März. Berthold Viertel hat den (am 5. 3.) zugesagten Termin seiner Mitarbeit B gegenuber wieder in Frage gestellt. B versucht ihm die Wichtigkeit seiner Arbeit in Berlin klarzumachen: »Und Sie *müssen* mitmachen, das ist für das Projekt lebenswichtig. Es ist nicht nur, weil der große Einwand gegen das teure Gesamtprojekt hier der war, es würde dann doch niemand kommen und was dann? Es ist wirklich das: was dann? Noch ist viel im Fluß, aber viel beginnt sich schon zu verhärten. Produktionsstätten werden zu Posten und Positionen. Risse vertiefen sich, Skepsis wird Verdacht, Vorurteile zementieren sich ein, kleine Leute beziehen große Stellungen und formieren zähe Cliquen usw.« *(Br, 1375.)*
März. B unterrichtet die Schauspielerin Maria Wimmer (→ 2. 12. 48) in München von dem in Gründung befindlichen neuen Ensemble in Berlin und fragt sie, ob sie bereit wäre, unter der Regie von Viertel in *Wassa Schelesnowa* die Rolle der Schwiegertochter zu spielen. »Das ganze diesjährige Unternehmen ist der Versuch, ein endgültiges Ensemble zu bauen und eine Art Selbstverständigung unter einigen guten Leuten herbeizuführen – sehr nötig nach eineinhalb Jahrzehnten Krampf.« *(Br, 1374.)*
Im Frühjahr bringt die (1948 von Johannes R. Becher und Paul Wiegler gegründete) Berliner Monatsschrift *Sinn und Form* (→ 8. 12. 48) das »Sonderheft Bertolt Brecht« (in einer Auflagenhöhe von 8000 Exemplaren) heraus mit den Erstdrucken von *Kleines Organon für das Theater, Der kaukasische Kreidekreis, Die Geschäfte des Herrn Julius Caesar* (*Zweites Buch: Unser Herr C.*), Nachdrucken von 13 Gedichten sowie Texten über B von Herbert Jhering (*Der Volksdramatiker*), Hans Mayer (*Die plebejische Tradition. Über einige Motive im Werk des Bertolt Brecht*), Ernst Niekisch (*Heldendämmerung*) und einer Brecht-Bibliographie von Gerhard Nellhaus. (→ 1. 7.)
1. April, Freitag. Stefan Heymann vom ZK der SED teilt Kurt Bork mit, daß vom Politbüro (nach Zustimmung der beteiligten Einrichtungen) der Beschluß gefaßt worden ist, »ein besonderes Ensemble unter Leitung von Helene Weigel« zu bilden, und fordert ihn auf, sofort alle Schritte einzuleiten bzw. Maßnahmen zu treffen, um das Ensemble auf-

Aus dem kleinen Organon für das Theater

22
Die Haltung ist eine kritische. Gegenüber einem Fluß besteht sie in der Regulierung des Flusses; gegenüber dem Obstbaum in der Okulierung des Obstbaums, gegenüber der Fortbewegung in der Konstruktion der Fahr- und Flugzeuge, gegenüber der Gesellschaft in der Umwälzung der Gesellschaft. Unsere Abbildung des menschlichen Zusammenlebens machen wir für die Flußbauer, Obstzüchter, Fahrzeugkonstrukteure und Gesellschaftsumwälzer, die wir in unsere Theater laden und die wir bitten, ihre fröhlichen Interessen bei uns nicht zu vergessen, auf daß wir die Welt ihren Gehirnen und Herzen ausliefern, sie zu verändern nach ihrem Gutdünken. *(23,73.)*

Sinn und Form
Sonderheft Bertolt Brecht
mit Erstveröffentlichungen:
Der kaukasische Kreidekreis
***Die Geschäfte des Herrn Julius Caesar* (2. Buch)**
Kleines Organon für das Theater

1. April 1949
Beschluß des ZK der SED über Gründung eines Ensembles für Brecht und Helene Weigel

zubauen *(HWA)*. Erst mit diesem Beschluß über die Ensemblegründung sind die finanziellen Mittel für das Theaterprojekt sichergestellt (→ 18. 5.).
Helene Weigel fragt Lion Feuchtwanger, ob er (über die West-Berliner Adresse von Otto Müllereisert) für B und sie sowie für Arnold Zweig CARE-Pakete schicken könne. (»Hauptsächlicher Bedarf: Kaffee, Tee, Zucker, Fett, Kakao.«) Dem in die USA reisenden West-Berliner Kritiker Friedrich Luft, »wirklich ein interessanter und gescheiter Mensch, der Beste, den es hier gibt«, hat sie ein Empfehlungsschreiben mitgegeben und hofft, daß sich Feuchtwanger mit ihm trifft *(Feuchtwanger, 58)*.
Anfang April. Gegenüber Jacob Geis bedauert B, daß er noch keine Möglichkeit hat, ihn in München zu besuchen, da die Herren in Bern »ihre Furcht vor mir immer noch nicht überwunden« haben. Er rechnet im Sommer mit Geis in Berlin, »es würde sich sicher lohnen«. Kurt Desch, der ihm vor einem Jahr ein Auto versprochen hatte, solle am besten 6000 DM als Vorschuß zahlen. Falls er den Vertrag mit Felix Bloch Erben nur durch einen Prozeß lösen kann, dann wolle er prozessieren *(Br, 1376)*.
6. April, Mittwoch. Helene Weigel dankt Hella Wuolijoki für einen Brief und berichtet von ihren Kindern (»sie sind beide in Ordnung«) und der Berliner Arbeit. »Wir planen für nächstes Jahr ein paar Aufführungen, und ich bin dabei beschäftigt – lach Dich nicht schief – ein Theaterbüro aufzuziehen.« *(2177/14.)*
8. April, Freitag. Helene Weigel erhält für sich und B eine Zuweisung in ein geräumiges Haus in Berlin-Weißensee, Berliner Allee 190. Am 26. 4. meldet sie sich in Weißensee amtlich an.
9. April, Sonnabend. B besucht die Premiere von Goethes *Faust, 1. Teil* im Zürcher Schauspielhaus. Regie: Leonard Steckel, Bühnenbild: Caspar Neher; mit Will Quadflieg (Faust), Walter Richter (Mephisto), Käthe Gold (Gretchen), Therese Giehse (Frau Marthe). Danach führt er ein längeres Gespräch mit Caspar Neher (ehe dieser bis zum 15. 4. nach Mailand fährt).
Mitte April. B kümmert sich darum, wie er Helene Weigel schreibt, daß Barbara ihre Grippe ausheilt. (Bei der längeren Erkrankung handelt es sich um eine Nierenentzündung, die später in Berlin eine Operation zur Folge hat.) Barbara würde gern in Berlin Naturwissenschaften studieren, »sonst Theater«: »Ich arbeite konstant. Mit *Die Tage der Kommune* bin ich im letzten Akt, Cas hat schon Skizzen gemacht.« Hanns Eisler soll für das Stück die Musik komponieren *(Br, 1383)*.

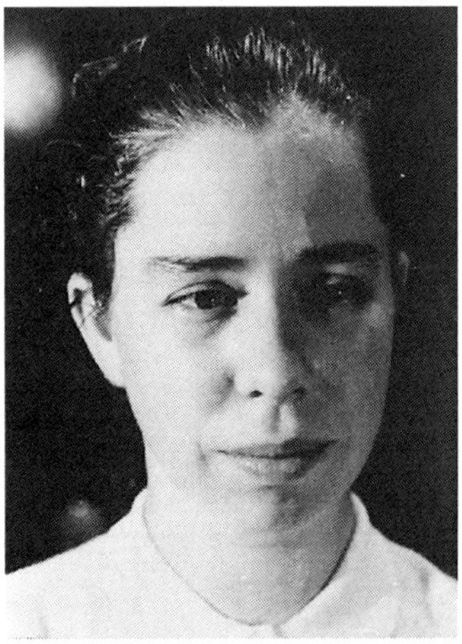
Barbara Brecht

B hat sich in Zürich mit Caspar Neher Gedanken über das

von Gottfried von Einem vorgeschlagene »Festspiel« gemacht und teilt dem Komponisten in Salzburg mit, es sähe so aus, »als ob das ginge«. Als »Äquivalent« dafür scheint ihm »ein Asyl, also ein Paß«, mehr wert »als Vorschuß irgendwelcher Art«. Er stellt sich vor, daß dies am besten zu bewerkstelligen wäre, wenn seine Frau Helene Weigel, die ja Österreicherin war, repatriiert wird und er »einfach als ihr Mann« ebenfalls die österreichische Staatsbürgerschaft bekommt. »Ich kann mich ja nicht in irgendeinen Teil Deutschlands setzen und damit für den andern Teil tot sein. Vielleicht können Sie mir da wirklich helfen?« *(Br, 1377.)*

14. April 1949
Gottfried von Einem sagt Hilfe zu für österreichisches Staatsbürgerschaftsersuchen

14. April, Donnerstag. Gottfried von Einem schreibt aus Salzburg an Caspar Neher u. a.: »Ich werde alles in meinen Kräften Stehende für Brecht tun. Ich werde es gerne tun. Er wäre eine ungeheuere Bereicherung für Österreich, besonders aber für unseren Kreis.« *(ÖNB.)*

18. April, Ostermontag. B trifft sich nachmittags mit Caspar Neher.

20. April, Mittwoch. B muß auf sein schweizerisches Rückreisevisum immer noch warten.

Für den Antrag auf österreichische Staatsbürgerschaft entwirft er (an diesem Tage sowie am 21. 4. und am 29. 4.) für die Behörden mehrere Briefe mit der Begründung, daß er in »einem Lande geistig arbeiten möchte, welches die entsprechende Atmosphäre dazu bietet«; das sei Österreich *(Br, 1378).* »Ich betone, daß ich mich nur als Dichter fühle und keiner bestimmten politischen Ideologie dienen oder gar als deren Exponent ausgegeben werden möchte.«

Caspar Neher gestaltet das Bühnenbild für die Münchener *Dreigroschenoper*-Aufführung (› 27. 4.).

21. April, Donnerstag. B schreibt Helene Weigel von dem Problem mit seinem Rückreisevisum und von seinem Versuch, über Gottfried von Einem zu österreichischen Papieren zu gelangen. »Solch einer gälte dann auch für Dich und Barbara und wäre zumindest ein Papier, mit dem man reisen kann.« Er hat am *Kommune*-Stück »herumgeteilt und es darum noch nicht abgeschickt«. B: »Ich bin natürlich streng der Wahrheit gefolgt, die manchem, wie bekannt, nicht gefällt.« Ihm kommen erneut Zweifel, ob dies der richtige Beginn für die Eröffnung des Theaters ist. »Aber ich halte es jetzt doch für möglich, daß wir besser mit dem *Puntila* anfangen, der viel weniger controversial ist.« *(Br, 1379.)*

22. April 1949
Antrag auf österreichische Staatsbürgerschaft

22. April, Freitag. B schickt an Gottfried von Einem seine Schreiben an den Salzburger Landeshauptmann Josef Rehrl und den österreichischen Bundesminister Felix Hurdes. Er freut sich, daß er beim Komponisten seine »Winke« für dessen Oper *Der Prozeß* »anbringen« konnte, und lehnt eine

Tantiemenbeteiligung ab, die von Einem angeboten hat: »derlei Rat nehme ich ständig in Anspruch bei meinen eigenen Arbeiten« *(Br, 1380).*

27. April, Mittwoch. An den Münchener Kammerspielen wird die *Dreigroschenoper* mit den von B geänderten Szenen und Songs (→ 28. 1.) aufgeführt. Regie: Harry Buckwitz, Bühnenbild: Caspar Neher, mit Hans Albers (Macheath), Maria Nicklisch (Polly), Trude Hesterberg (Frau Peachum), Bruno Hübner (Peachum), Lisa Macheiner (Jenny).

In Berlin veranstaltet die Hochschulgruppe des Kulturbunds mit den Kritikern Fritz Erpenbeck und Wolfgang Harich (→ 18. 1.) eine öffentliche Diskussion über *Mutter Courage und ihre Kinder.* Dabei, berichtet die *Tägliche Rundschau,* sei die »Kernfrage, ob Brecht mit seinem ›epischen Theater‹ auf dem rechten Weg sei, unbeantwortet« geblieben *(29. 4.).*

28. April, Donnerstag. Caspar Neher berichtet B und Ruth Berlau von der Münchener *Dreigroschenoper.*

29. April 1949
Festlegung des Etats für ein »Helene-Weigel-Ensemble« durch das Politbüro der SED

29. April, Freitag. In Berlin teilt Walter Ulbricht dem Vorsitzenden der Deutschen Wirtschaftskommission Heinrich Rau den Beschluß des Politbüros der SED über die Gründung eines »Helene-Weigel-Ensembles« mit; in dem Schreiben heißt es: »Dieses Ensemble beginnt seine Tätigkeit am 1. September 1949 und spielt in der Spielzeit 1949/50 drei fortschrittliche Werke.« Der Etat werde veranschlagt auf 1 125 000 DM (Ost), zusätzlich 340 000 DM (Ost) für laufende Ausgaben und 10 000 $ für die Gagen ausländischer Schauspieler. Rau soll mit »den politischen und Finanzorganen der SMAD« Gespräche führen »zwecks Aufbringung dieser Summen« *(IMLNL182/931B79).*

In Zürich notiert Caspar Neher in seinem Kalender: »Brecht – Theater / abends Steckel« *(NT).*

Ende April. B freut sich über die Zuweisung des Weißenseer Hauses (→ 8. 4.). Er informiert Helene Weigel, daß er »konstant« an den *Tagen der Kommune* arbeitet und jetzt beim letzten Akt ist. Hanns Eisler müsse nach Berlin kommen und für die Musik zur Verfügung stehen. (Der in der Sowjetunion lebende) Bernhard Reich oder (der junge Lyriker Kurt Bartel, mit dem Autorennamen) KuBa wären für die Dramaturgie hilfreich *(Br, 1383).*

Mit Fritz Kortner

Anfang Mai. B versucht Fritz Kortner, der nach Zürich gekommen ist, für eine Mitarbeit am Berliner Theaterprojekt zu gewinnen (hat aber keinen Erfolg). Sie sprechen über Gustaf Gründgens' Angebot, Kortner in seiner geplanten Aufführung der *Heiligen Johanna der Schlachthöfe* als Mauler zu besetzen (→ 15. 3.).

B informiert Lion Feuchtwanger über die Berliner Aufführung von *Mutter Courage und ihre Kinder* und über seine Arbeits- und Verlagssituation. In Berlin sei er zusammen mit

Arnold Zweig im Hotel Adlon untergebracht gewesen. Marieluise Fleißer habe B zwei Stücke geschickt, »die nicht besonders gut sind, wie mir scheint«. Kortner habe ihn besucht, könne aber »nur in der Westzone auftreten, in die zwar meine Stücke, nicht aber ich selbst gelassen werde«. Er erkundigt sich nach Peter Lorre, Oskar Homolka und Heinrich Mann *(Br, 1390)*.
Max Frisch zeigt B Baustellen am Letzigraben; in sein *Tagebuch 1946-1949* notiert Frisch: »Mit Brecht auf der Baustelle. Ich habe ihn, da er das Telefon während der Arbeitszeit nicht abnimmt, vom Schreibtisch holen müssen, seinem Wunsch gemäß. Wie immer, wenn er sich eine sachliche Belehrung verspricht, ist er sofort bereit. Mitten aus einer Szene heraus, die er in der Schreibmaschine hat, zieht er die Schuhe an; auf dem Bett liegen Bühnenbilder für Berlin, Entwürfe, die mich interessieren. Er will aber auf den Bau; über Theater kann man auch bei schlechtem Wetter sprechen.« *(338.)*
B schreibt an Helene Weigel, daß die Umzugskisten besorgt seien, »gepackt werden kann Anfang der nächsten Woche in Feldmeilen und bei Barbara«; sie gehen an eine Desinfektionsanstalt und werden von dort weiterverschickt. *Die Tage der Kommune* sei inzwischen »roh fertig, Zeit genug, es zu polieren in Berlin«. Es sei »eine große Arbeit« gewesen. Mit (der in Berlin eingetroffenen) Elisabeth Hauptmann (→ 15. 2.) bahnt B erneut eine Zusammenarbeit an. Er bittet sie darum, ihm in Berlin Hermann Dunckers Buch über die Pariser Commune und andere Literatur zu besorgen *(Br, 1385)*.

Anfang Mai 1949
Erneute Zusammenarbeit mit Elisabeth Hauptmann

In einem weiteren Brief listet er ihr auf, was er für das Stück außerdem benötigt, u. a. »Material über die Fehler«, über »die verschiedenen Richtungen unter den Kommunarden«, über »Geschäftsbeziehungen mit den siegreichen Deutschen«, über »Stimmungsumschwünge«, außerdem »Witze und Anekdoten«, »Chansons in den Kabaretts«. Gleichermaßen bittet er sie, Material für *Eulenspiegel* zu beschaffen *(Br, 1409)*. Im Nachlaß befindet sich die Buchtitel-Zusammenstellung *(913/18)*, die sie vermutlich daraufhin angefertigt hat.
B schickt Kurt Hirschfeld einige kritische Anmerkungen zu Friedrich Dürrenmatts Stück *Romulus der Große*, die »aber Dürrenmatt auf keinen Fall zu Gesicht bekommen sollte, da er sich Magisterliches bestimmt verbitten würde«. Er empfiehlt Hirschfeld, das Stück in die USA mitzunehmen *(Br, 1387)*.
5. Mai, Donnerstag. B teilt Gottfried von Einem mit, daß er am 4. 5. beim Generalkonsulat für sich und für Barbara »um Ein- und Ausreisevisum für fünf Tage in den Monaten Mai und Juni« nach Österreich nachgesucht hat. Er möchte mit dem Komponisten »die literarischen Dinge [...] gern

Arbeit am *Salzburger Totentanz*

Salzburger Totentanz
Kontrakt des Kaisers mit dem Tod, im kommenden Krieg die Opfer zu begrenzen und ihn und seine Nächsten zu verschonen, wenn sie das vereinbarte Zeichen machten, Vergessen des Zeichens durch den vielbeschäftigten Tod. Moral: mit dem Tod kann man keine Geschäfte machen. *(Br, 1389.)*

mündlich besprechen«. Für den von von Einem angeforderten Chortext solle er eine ihm »gefallende Zeitungsnotiz« auswählen, die B dann neu formuliert. Das »Festspielexposé (*Salzburger Totentanz*)« will er »aus mannigfachen Gründen« nicht schriftlich einreichen *(Br, 1389)*.
B besucht die Generalprobe von Carl Zuckmayers *Barbara Blomberg* im Zürcher Schauspielhaus (Regie: Oskar Wälterlin, Bühnenbild: Teo Otto). Nach der Probe wird B, wie sich der Schauspieler Ernst Ginsberg in seinem Buch *Abschied* erinnert, von Zuckmayer nach seiner Meinung gefragt. B habe einen Ritterhelm aufgesetzt, das Visier heruntergeklappt und geantwortet: »Mir als altem Ritter gefällt es vorzüglich!« *(148.)*
6. Mai, Freitag. Während B noch an *Die Tage der Kommune* arbeitet, erinnert er in seinem *Journal* an einige Dekrete, die die Commune von Paris exakt vor 100 Jahren erlassen hat *(27,303)*.
7. Mai, Sonnabend. Aus Anlaß des Goethejahres 1949 (200. Geburtstag) beschäftigt sich B mit einigen seiner Werke, insbesondere mit *Torquato Tasso* und *Faust*. Er kritisiert den Umgang, den »dieses deutsche Spießbürgertum« mit *Faust* treibt: »Noch jetzt hat man den jungen Faust in den Jünglingen, die forschen, etwas lernen, sich entwickeln wollen, sich, nicht mehr.« *(27,304.)*

12. Mai 1949
Beendigung der Berliner Blockade

12. Mai, Donnerstag. Nach Verhandlungen von amerikanischen und sowjetischen UN-Delegierten wird die Berliner Blockade (→24. 6. 48) beendet und eine Außenministerkonferenz der »Großen Vier« einberufen.
Mitte Mai. Aus Zürich informiert B Helene Weigel, daß Leonard Steckel nicht vor dem 3. 10. zur Verfügung stehen kann, also *Puntila* (falls damit eröffnet wird) vorprobiert werden müßte. Das fertige *Kommune-Stück* will er »am Montag« abschicken. Sie solle es erst noch einmal abschreiben lassen, weil vor allem »Engel es nicht so geflickt sehen« sollte. Er muß jetzt noch auf Barbaras Papiere warten *(Br, 1384)*. Eine neue Schwierigkeit ergibt sich, als B erfährt, daß Staatenlose keinen Aufenthalt mehr in Österreich bewilligt bekommen. Er bittet Gottfried von Einem, »einen Ausweg« zu finden und in Salzburg an Ort und Stelle die Papiere zu beschaffen. Außerdem schickt er ihm für seinen Einbürgerungsantrag die Geburtsbescheinigung und den Ausbürgerungsbeweis. Einen Trauschein aus Berlin-Charlottenburg habe er nicht erhalten können, da die betreffenden Ämter zerstört sind. Für notfalls erforderliche Referenzen schlägt B vor: »Albert Einstein, Princeton, Oskar Wälterlin, Direktor des Schauspielhauses Zürich, Horwitz, Direktor des Baseler Stadttheaters« *(Br, 1394)*.
14. Mai, Sonnabend. B schreibt an die frühere Schauspiele-

rin des Zürcher Schauspielhauses E. Sager, die in Rio de Janeiro lebt, eine Postkarte und fordert sie zur Rückkehr nach Europa und zur Mitarbeit am Berliner Theaterprojekt auf. »Das Leben dort ist hart, aber gutes Arbeiten.« *(Br, 1391.)*

16. Mai 1949
Fertigstellung von *Die Tage der Kommune*

16. Mai, Montag. B schickt vermutlich an diesem Tage sein überarbeitetes und vorläufig fertiggestelltes Stück *Die Tage der Kommune* nach Berlin (ohne Zwischenlieder und Schlußlied). Er hofft, damit im Februar 1950 in die Proben gehen zu können. »Das Kommunestück ist ein Schulstück für das Ensemble, viele können in kleinen, aber runden Rollen ausgebildet werden, und, wenn wir es im Februar machen, könnten wir Schauspieler vom Deutschen Theater hereinnehmen zu einer Art Gesamtproduktion, aber im Stil des NBE [Neuen Berliner Ensemble].« *(Br, 1386.)*

Caspar Neher, der von einer Londonreise nach Zürich zurückkehrt, notiert: »Brecht ist noch da. Wir arbeiten.« *(Neher.)*

18. Mai 1949
Auftrag an Helene Weigel zur Gründung eines Theaterensembles (Neues Berliner Ensemble)

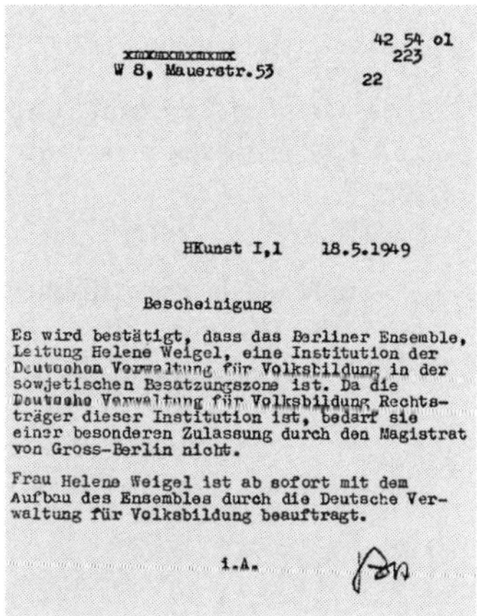

W 8, Mauerstr.53

42 54 o1
223
22

HKunst I,1 18.5.1949

Bescheinigung

Es wird bestätigt, dass das Berliner Ensemble, Leitung Helene Weigel, eine Institution der Deutschen Verwaltung für Volksbildung in der sowjetischen Besatzungszone ist. Da die Deutsche Verwaltung für Volksbildung Rechtsträger dieser Institution ist, bedarf sie einer besonderen Zulassung durch den Magistrat von Gross-Berlin nicht.

Frau Helene Weigel ist ab sofort mit dem Aufbau des Ensembles durch die Deutsche Verwaltung für Volksbildung beauftragt.

i.A.

Bescheinigung der Ensemblegründung

18. Mai, Mittwoch. In Berlin schickt Kurt Bork, der inzwischen als Leiter des neugebildeten Amtes für Kultur eingesetzt ist, an B und Helene Weigel eine von ihm unterzeichnete »Bescheinigung«, in der bestätigt wird, »daß das Berliner Ensemble, Leitung Helene Weigel, eine Institution der Deutschen Verwaltung für Volksbildung in der sowjetischen Besatzungszone ist« und »einer besonderen Zulassung durch den Magistrat von Groß-Berlin nicht« bedarf. »Frau Helene Weigel ist ab sofort mit dem Aufbau des Ensembles durch die Deutsche Verwaltung für Volksbildung beauftragt.« *(AMfK.)* Das Theater wird von B und Helene Weigel zunächst »Neues Berliner Ensemble« (NBE) genannt (später: Berliner Ensemble; → 6. 6.).

Die Internationale Spedition Schenker & Co kündigt Ruth Berlau an, daß der gewünschte Transport mit Kisten und Paketen aus Stockholm für Helene Weigel-Brecht nach Berlin eingeleitet ist.

21. Mai, Sonnabend. B kommt mit Caspar Neher in einer »Abmachung« überein, daß dieser »dem Neuen Berliner Ensemble« in der Zeit »1. 9.-31. 9. 49 und vom 1. 2.-31. 3. 50 als Bühnenbildner zur Verfügung steht«; außer einer »Höchstgage« bekommt Neher »für die Bestreitung seiner laufenden Ausgaben im Ausland« zusätzlich monatlich 100 $. (Diese Abmachung wird dann nochmals am 7. 6. durch eine vertragliche Vereinbarung mit Helene Weigel bestätigt.)

Ferdinand Reyher bittet er um Zusendung einiger amerikanischer Stücke und fragt ihn, wann er nach Berlin kommt, »wo ein Zimmer für Dich in Hellis Haus am Weißen See bereitsteht« *(Br, 1396)*.

22. Mai, Sonntag. B erwartet die Visaerteilung und kündigt

Helene Weigel die sofortige Abreise an. In Salzburg habe er drei Tage zu tun. Für das Neue Berliner Ensemble hat er vertraglich gebunden: Therese Giehse, Teo Otto, Caspar Neher, Benno Besson, Wilfried Seyferth, Leonard Steckel und Berthold Viertel *(Br, 1392)*.

Seine Berliner Sekretärin Ilse Kasprowiak bittet er um Freimachung einiger Tschechenkronen für den kurzen Prager Aufenthalt. Ruth Berlau, die noch kein Visum bekommen hat, will über München nach Berlin reisen. Besorgt ist B, daß sein Stück noch nicht angekommen ist. »Wir schickten es Flugpost eingeschrieben an das British Press Center. Habe nur noch eine einzige Kopie.« Nach Schweden hat B Geld geschickt für den Transport (→ 18. 5.) der 1940 dort zurückgelassenen Habe *(Br, 1393)*.

23. Mai 1949
Verkündung des Grundgesetzes in Bonn

23. Mai, Montag. Das (am 8. 5.) vom westdeutschen Parlamentarischen Rat in dritter Lesung verabschiedete Grundgesetz wird verkündet; als Bundeshauptstadt ist (am 10. 5.) Bonn festgelegt worden.

B freut sich über Berthold Viertels Zusage, für das NBE (Neue Berliner Ensemble) zur Verfügung zu stehen. Er bittet ihn, mit Karl Paryla über eine Berliner Gastrolle zu verhandeln. »Ich habe fleißig gearbeitet und hoffe, daß auch Sie zu schriftstellerischen Arbeiten gekommen sind.« *(Br, 1397.)*

24.-27. Mai 1949
Reise nach Salzburg

»Ständiger österreichischer Wohnsitz« Brechts: Salzburg, Mönchsberg 17

24. Mai, Dienstag. B reist mit Barbara von Zürich nach Salzburg und erhält am Ort eine österreichische Aufenthaltserlaubnis. In Salzburg kommt er in Gottfried von Einems Wohnung am Mönchsberg 17 unter. Mit dieser Adresse meldet sich B (als Untermieter beim »Wohnungsgeber« Dr. Gustav Feichtinger) offiziell beim Meldeamt Salzburg Stadt an und benutzt sie künftig in seinen Briefen an Behörden als Angabe seines »ständigen« österreichischen Wohnsitzes *(Br, 1398)*.

In *Brechts Begründung des Ansuchens auf die österreichische Staatsbürgerschaft* heißt es: »Ich wurde am 10. 2. 98 in Augsburg geboren, und zwar als Sohn des Fabrikdirektors Berthold Brecht und dessen Gattin Sophie Brecht, geb. Brezing. Ich wurde evangelisch getauft und war deutscher Staatsangehöriger. Nach Absolvierung des Gymnasiums studierte ich an den Universitäten München und Berlin Medizin und Naturwissenschaften, widmete mich jedoch dann dem Schriftstellerberuf, nachdem ich, noch sehr jung, den Kleistpreis für Dramatik erhalten hatte. Meine Theaterstücke wurden in- und außerhalb Deutschlands aufgeführt, meine *Dreigroschenoper* zum Beispiel in Wien, Paris, Berlin, Moskau, Tokio, Prag, Warschau, Stockholm, New York usw. Ich war Regisseur an den Münchner Kammerspielen unter Falckenberg und am Deutschen Theater in Berlin unter Reinhardt. Als die Nationalsozialisten 1933 an die Macht kamen, emigrierte ich und wurde ausgebürgert. Ich lebte mit meiner Familie fünf Jahre in Dänemark, ein Jahr in Schweden, ein Jahr in Finnland, sechs Jahre in Amerika (Los Angeles), ein Jahr in der Schweiz. Ich bin staatenlos. Verheiratet bin ich mit der bekannten Schauspielerin Helene Weigel, die eine gebürtige Wienerin ist. Meinen ständigen Wohnsitz habe ich in Salzburg genommen. Ich lebe von den Tantiemen aus meinen Theaterstücken, die an verschiedenen Bühnen Europas aufgeführt werden, und von den Honoraren meiner Bücher, die ebenfalls in verschiedenen Sprachen erscheinen sowie von Einnahmen aus Filmen. Sollte ich hier in Österreich Staatsbürger werden, würde ich natürlich auch mit österreichischen Verlagen arbeiten. Meine Stücke wurden in den letzten zwei Jahren schon in Wien aufgeführt (*Der gute Mensch von Sezuan* und *Mutter Courage und ihre Kinder*), und ich verhandle mit dem Burgtheater über eine Premiere. Außerdem plane ich für die Salzburger Festspiele ein Festspiel *Der Salzburger Totentanz*.« *(Br, 1398.)*

25. Mai, Mittwoch. Rudolf Spitzner vom Verlag Felix Bloch Erben teilt den Städtischen Bühnen München mit, daß er die von B gewünschte Tantiemenzahlung der *Dreigroschenoper*-Aufführung auf ein Sperrkonto nicht akzeptiert. Das Theater habe mit dem Verlag einen gültigen Vertrag abgeschlossen und müsse sich daran halten.

26. Mai, Donnerstag. E. Sager hat Bs Schreiben (→ 14. 5.) erhalten und stellt ihm in einem längeren Brief ihre Beweggründe dar, weshalb sie vom Züricher Schauspielhaus weggegangen ist. Sie bittet B um nähere Angaben, was für Aufgaben er für sie hat, und wünscht seinem Theaterunternehmen »Hals- und Beinbruch und toi toi toi« *(211/64,65)*.

27. Mai, Freitag. B reist mit Barbara von Salzburg nach Prag weiter. Von dort sendet er Gottfried von Einem Texte für das von ihm gewünschte Chorwerk. Es handelt sich um die Bearbeitung eines mittelalterlichen Stundenlieds von Michael Weiße, das er der Wackernagelschen Sammlung alter Kirchenlieder entnommen hat. In einer gekürzten Fassung hatte er es für *Mutter Courage und ihre Kinder* vorgesehen (→ 1. 1.). In dem Brief sendet B dazu einige Zusatzstrophen *(15,176f.)*.

27.-30. Mai 1949 Reise über Prag nach Berlin

Aus Berlin informiert Helene Weigel Gottfried von Einem, daß die Premiere seiner Oper *Dantons Tod* (→ 25. 1.) für den 17. 6. geplant ist. Sie hat sich mit Boris Blacher, der das Libretto geschrieben hat, in Verbindung gesetzt und ihm das Versprechen abgenommen, eine der *Danton*-Proben zu besuchen. Im übrigen kümmert sie sich weiterhin um eine Einreisegenehmigung Gottfried von Einems zur Premiere nach Berlin und bietet ihm eine Unterkunft an.

29. Mai 1949
Bestätigung der Verfassung der DDR in Berlin

29. Mai, Sonntag. In Berlin beginnt unter Leitung von Wilhelm Pieck die Tagung des 3. Deutschen Volkskongresses für die sowjetische Besatzungszone, der die Verfassung der Deutschen Demokratischen Republik bestätigt.

Berlin/DDR
1949-1956

30. Mai, Montag. B fährt mit Barbara aus Prag mit dem Zug bis Jüterbog. Von dort werden sie von Helene Weigel abgeholt und mit dem Auto nach Berlin gebracht. Beide lernen das Haus in Berlin-Weißensee (→ 8. 4.) kennen, das Helene Weigel inzwischen eingerichtet hat. Barbara sieht Anfang Juni ihre Mutter erstmals als Courage im Deutschen Theater und ist sehr stark beeindruckt. »Jetzt erst wurde mir klar, was diese Frau all die Jahre über vermißt haben mußte und versäumt hatte. Ich war hingerissen und bestürzt. Am nächsten Tag bin ich losgezogen und hab mein gesamtes Taschengeld für die schönsten Blumen, die ich fand, ausgegeben.« *(Brecht-Schall, 113.)*
Lion Feuchtwanger hat sich »herzlich gefreut«, von B gehört zu haben. Er werde sich aber von seinem »großen und komfortablen Schreibtisch« nicht eher wegrühren, bevor der 1. Band von *Goya* vollendet ist. Heinrich Mann, den Feuchtwanger ständig sieht, möchte nach Deutschland zurückkehren, sei »zwar geistig sehr frisch, doch sonst sehr klapperig« *(Feuchtwanger, 62).*
1. Juni, Mittwoch. Der Leiter der österreichischen Bundestheaterverwaltung, Egon Hilbert, setzt sich in einem Brief der Abteilung II des Stadtmagistrats Salzburg an die Bezirksverwaltungsbehörde Salzburg für B ein und erklärt, daß die Verleihung der Staatsbürgerschaft an ihn »ein Gewinn für das kulturelle Leben Österreichs« sei. »Im besonderen würde Salzburg, das sich Brecht zum ständigen Wohnsitz erwählt hat, aus seiner Tätigkeit vielseitigen Nutzen schöpfen.«
3. Juni, Freitag. Jacob Geis, der als Produktionsleiter seiner Filmfirma in Göttingen zu tun hat, sendet B zwei Briefe von Felix Bloch Erben, aus denen hervorgeht, daß der Verlag »hartnäckig« auf dem über die *Dreigroschenoper* abgeschlossenen Vertrag mit den Münchener Kammerspielen besteht. Er könne sich jetzt nur entweder mit dem Verlag einigen oder den Prozeßweg beschreiten *(576/36).*
5. Juni, Pfingstsonntag. Berlin. B liest in Goethes *Wilhelm Meister* und ärgert sich darüber, daß »diese Bücher« ihm in der Schule verleidet wurden, »indem sie von den langweiligsten Menschen in der langweiligsten Weise gerühmt wurden« *(27,303).*
6. Juni, Pfingstmontag. »Kinderstimmen, Radiomusik, Blätterrauschen, Trambahnen, Vogelgezwitscher.«
Die bereits avisierten Sachen aus Stockholm (→ 18. 5.), »wenige von den Möbeln, die meisten Bücher«, sind in Berlin eingetroffen, ebenso aus Moskau »die Manuskripte, die Grete hinterließ«. (B erhält damals nur einen Teil der Steffinschen Hinterlassenschaft.)
»Die *Courage* im Deutschen Theater geht immer noch, ausverkauft. Helli hat Büroräume in der Möwe, ein Ensemble

30. Mai 1949
Übersiedlung nach Berlin-Weißensee, Berliner Allee 190

Ein neues Haus
Zurückgekehrt nach fünfzehnjährigem Exil
Bin ich eingezogen in ein schönes Haus.
Meine No-Masken und mein Rollbild, den Zweifler zeigend
Habe ich aufgehängt hier. Fahrend durch die Trümmer
Werde ich tagtäglich an die Privilegien erinnert
Die mir dies Haus verschafften. Ich hoffe
Es macht mich nicht geduldig mit den Löchern
In denen so viele Tausende sitzen. Immer noch
Liegt auf dem Schrank mit den Manuskripten
Mein Koffer.
(15,205.)

Das Theaterprojekt erhält den Namen Berliner Ensemble (BE)

ist zusammengestellt.« Als Bezeichnung für das neue Theater (→ 18. 5.) einigen sich B und Helene Weigel endgültig auf »Berliner Ensemble« (BE) *(27,303)*.

Anläßlich der Feiern, die am 6. 6. zum 150. Geburtstag des russischen Dichters Alexander Puschkin stattfinden, notiert B, daß es »mit den Lyrikern anderer Sprachen« schwierig sei, da »die Übersetzungen für gewöhnlich so schlecht sind«. Es handele sich wohl mehr darum, »die russische Literatur ins Kulturbewußtsein Europas zu schieben« *(27,304)*.

Abends erfolgreiche Premiere der Oper *Dantons Tod* von Gottfried von Einem in der Deutschen Staatsoper Berlin. Nach kritischen Einwänden der SED wird die Oper vorzeitig abgesetzt.

7. Juni, Dienstag. Helene Weigel schickt Therese Giehse einen Vertrag für ihre Gastspiele am BE und will sich um ein »anständiges« Zimmer in der Nähe kümmern, »damit wir endlich unseren von mir lang entbehrten Tratsch weiterführen können« *(notate, 3/81,14)*.

8. Juni, Mittwoch. Der Stadtmagistrat von Salzburg fordert B auf, für sein Staatsbürgerschaftsansuchen die Heiratsurkunde sowie die Geburtsurkunde von Helene Weigel zu schicken. Das an seine Salzburger Adresse gerichtete Schreiben wird ihm nach Berlin nachgesandt.

9. Juni, Donnerstag. B hört von dem Vorgehen der DEFA bei der Aufbereitung von zeitgenössischen Filmstoffen. Die Leitung gibt den Schriftstellern Themen vor, zu denen sie Geschichten erfinden sollen; B notiert: »Das mißglückt natürlich regelmäßig. Ich schlage vor, Leute auszuschicken, die einfach Geschichten sammeln.« *(27,304.)*

B fordert, Kurt Weills Kritik gegenüber den Veränderungen in der Instrumentierung bei der Münchener Aufführung der *Dreigroschenoper* (→ 28. 1.) unterstützend, die Benutzung der Originalmusik in der Originalbesetzung. »Es wird Sie nicht trösten«, schreibt er an Weill, »wenn ich Ihnen mitteile, daß ich Ärger ähnlicher Art immerzu habe. Selbstverständlich ergreife ich auch immerzu strikte Maßnahmen. Es wäre so wichtig, wenn Sie so bald als möglich Deutschland besuchen könnten! Wir könnten dann gemeinsam einen Feldzugplan machen.« *(Br, 1400.)* Weill freut sich (am 14. 6.) über Bs Konformität in dieser Frage; er wendet sich gegen jegliche Abschwächung und Verzuckerung der Musik und fordert eine Absetzung der Münchener Aufführung.

B läßt dem Verlag Kurt Desch den gewünschten *Puntila*-Zusatzvertrag zugehen. Darin wird der Titel des Stückes entweder als *Herr Puntila und sein Knecht* oder *Herr Puntila und sein Knecht Matti* angegeben (jeweils mit dem Zusatz: »Nach Erzählungen von Hella Wuolijoki«); außerdem werden Tantiemenanteile von 50% für Hella Wuolijoki festgesetzt.

10. Juni, Freitag. Zum Konflikt mit Felix Bloch Erben schreibt B drei Briefe: Kurt Weill unterstützt er erneut in dessen Forderung, nur die Orginalpartitur zu benutzen. »Den Bühnenvertrieb möchte ich dem Suhrkamp Verlag übergeben, der jetzt einer der größten Theatervertriebe ist und in Suhrkamp einen völlig verläßlichen Leiter hat.« Im Verlag Felix Bloch Erben säße »immer noch mit Procura Herr Spitzner, der in der Nazizeit unsere Tantiemen aus Skandinavien der Hitlerregierung auslieferte« *(Br, 1402).*

Der Direktion der Münchener Kammerspiele teilt er mit, daß in dem Theater eine »Neufassung« der *Dreigroschenoper* gespielt werde, die »nicht identisch« sei mit der Fassung, die Felix Bloch Erben früher vertrieben habe. »Diese alte Fassung habe ich kassiert, und ich erlaube nicht mehr, daß sie an die Bühnen vertrieben wird. Auch habe ich schon 1945 dem Vertrieb Felix Bloch Erben untersagt, für die *Dreigroschenoper* Verträge abzuschließen.« Seine Tantiemen sollen an Jacob Geis ausbezahlt werden *(Br, 1401).*

Harry Buckwitz, dem er das vorangehende Schreiben beilegt, macht er gleichermaßen mit seiner Neuregelung bekannt und mit der folgenden Tantiemenaufteilung: B 60%, Kurt Weill 25%, Elisabeth Hauptmann 12,5% und K. L. Ammer 2,5%.

B erhält in Ost-Berlin den Deutschen Personalausweis für Staatenlose.

11. Juni, Sonnabend. B macht sich Gedanken über die Produktivität des Menschen und notiert: »Ich liebe: ich mache die geliebte Person produktiv; ich baue an einem Auto: ich mache die Fahrer fahren; ich singe: ich veredle das Gehör des Hörers usw. usw.« *(27,305.)*

13. Juni, Montag. B nimmt an der Weimar-Tournee des Deutschen Theaters mit *Mutter Courage und ihre Kinder* teil.

13. Juni 1949
Reise nach Weimar
Teilnahme am Gastspiel des Deutschen Theaters mit ***Mutter Courage und ihre Kinder***

Mitte Juni. B hat von der beabsichtigen Gründung einer Akademie der Künste gehört und erklärt sich in einem Brief an Arnold Zweig zur Mitarbeit bereit. Er fragt, wann Zweig eine »Gründungsbesprechung« einberufen will. Obwohl er »gar nie zu Besprechungen zugezogen wurde« und »also eigentlich beleidigt« ist, hält er eine solche Akademie für sinnvoll, »besonders wenn sie diesmal nicht eine so äußerlich repräsentative Körperschaft würde wie die weimaranische Akademie« *(Br, 1406).*

14. Juni, Dienstag. Rudolf Spitzner vom Verlag Felix Bloch Erben informiert die Städtischen Bühnen München, daß der Verlag Bs Änderungen an der *Dreigroschenoper* an Kurt Weill weitergeleitet habe.

Brechts Ausweis als Mitglied des Deutschen Theaters

15. Juni, Mittwoch. Die Geschäftsleitung der DEFA fragt bei Caspar Neher an, ob er bereit ist, am Drehbuch des Films *Mutter Courage und ihre Kinder* mitzuwirken. »Brecht würde Mitarbeit sehr begrüßen.« *(ÖNB.)*

16. Juni, Donnerstag. Der Münchener Publizist Ernst Schumacher besucht B und teilt ihm seinen Plan mit, über dessen frühe Dramatik zu promovieren. B empfiehlt ihm als Doktorvater Hans Mayer.

18. Juni, Sonnabend. B erfährt von der beabsichtigten Verteilung von Nationalpreisen in drei Klassen. Er läßt durch Helene Weigel ausrichten, daß er »eine solche Klassifizierung« für sich »als schädigend« betrachtet, und weist einen Preis der niederen Klassen ab *(27,305)*.

20. Juni, Montag. Auf der Pariser Konferenz einigen sich die Außenminister der »Großen Vier« in der Deutschlandfrage nicht, verständigen sich aber über die Grundzüge eines Friedensvertrags mit Österreich.

21. Juni, Dienstag. B wird beim Magistrat von Berlin als freischaffender Schriftsteller geführt und erhält einen »Registrierungsschein« *(971/23)*.

B gibt für die österreichische Paßangelegenheit eine *Erklärung* über seine Tätigkeiten seit 1933 ab.

22. Juni, Mittwoch. B hat sich von Dr. Hüdepohl, dem Chefarzt der urologischen Abteilung des St. Hedwigs-Krankenhauses, untersuchen lassen.

23. Juni, Donnerstag. B antwortet Kurt Weill (auf dessen Brief vom 14. 6.), daß er die *Dreigroschenoper*-Rechte dem Suhrkamp Verlag (vorm. S. Fischer) übertragen möchte. »Es ist einer der angesehensten, wenn nicht der angesehenste deutsche Verlag.« Gleichzeitig bittet er ihn, über die Wiener Universal-Edition, den Musikverlag Weills, seine Bindung an Felix Bloch Erben für ungültig erklären zu lassen. »Wenn Sie mir also einfach mitteilen, daß auch Sie diesen Vertrag nicht mehr für gültig ansehen, regele ich die ganze Sache von hier aus zusammen mit dem Suhrkamp Verlag.« *(Br, 1405.)*

25. Juni, Sonnabend. Jacob Geis teilt Ruth Berlau seine Verwunderung darüber mit, daß B bisher einer Einigung mit dem Verlag Felix Bloch Erben ausgewichen ist, und beschwört sie, mit den zahlreichen Briefen, die er in der Angelegenheit B geschickt hat, unverzüglich zum Verlag zu gehen, um eine für B negative Entscheidung des Verlags »wenigstens hinauszuschieben« *(166/11 f.)*.

28. Juni, Dienstag. Als die Münchener Kammerspiele die Tantiemen für die *Dreigroschenoper*-Aufführung an den Verlag Felix Bloch Erben ausbezahlen wollen, erhebt B Protest. Die Angelegenheit wird der Stadtverwaltung zur Klärung übergeben. Da die Kammerspiele 1946/47 den Aufführungsvertrag mit diesem Verlag abgeschlossen haben,

also an ihn gebunden sind, teilt der Münchener Bürgermeister Dr. von Miller B mit, daß er über eine gerichtliche Hinterlegung der eingehenden Beträge beim Amtsgericht München entschieden hat.
Friedrich Wolf berichtet Lion Feuchtwanger von einem abendlichen Besuch »letzthin« bei B; »er bewohnt ein schönes altes Arzthaus in Weißensee, mit großem parkartigen Garten, mitten in der Stadt, ganz verwunschen« *(Feuchtwanger, 552)*.
29. Juni, Mittwoch. Der Präsident der Deutschen Verwaltung für Volksbildung, Paul Wandel, beruft B als Mitglied eines vorbereitenden Ausschusses »zur Wiedererrichtung einer Deutschen Akademie der Künste in Berlin als Nachfolgerin der ehemaligen Preußischen Akademie der Künste« und lädt ihn zur konstituierenden Sitzung für den 4. Juli ein *(211/66)*. Es ist vorgesehen, die Gründung der neuen Akademie zum Geburtstag Goethes am 28. 8. zu verkünden.
Ende Juni. Wegen einer Nierenbeckenentzündung begibt sich B in das Hedwigskrankenhaus (Berlin-Mitte).

Ende Juni - 17. Juli 1949
Hedwigskrankenhaus

B sagt Paul Wandel seine Teilnahme an den Sitzungen des vorbereitenden Akademie-Ausschusses zu, sobald er wieder gesund ist. Arnold Zweig macht er den Vorschlag, daß die Akademiemitglieder »sich 2-3 Meisterschüler wählen«, die Stipendien bekommen. Unbedingt sollten die »neuen Künste« vertreten sein: Für Plakatkunst schlägt er John Heartfield vor, für Bühnenbau Caspar Neher, für Film Erich Engel. »Kurz, man müßte die modernsten Leute für die modernen Künste bekommen!« *(Br, 1407.)* Außerdem macht er sich *Notizen über eine zu gründende Akademie (23,118f.)*.
Auf 14 schriftlich vorgelegte *Fragen an Brecht* schreibt er die *Antworten auf Fragen eines westdeutschen Schriftstellers.* Zur Frage, ob sich seine Meinung über die Aufgabe des Schriftstellers geändert habe, seit er Deutschland verließ, meint B: »Ich hoffe, daß ich einiges zugelernt habe, aber meine Grundansicht über die Aufgabe eines Schriftstellers in dieser Zeit hat sich nicht gewandelt.« *(23,107.)*
30. Juni, Donnerstag. Caspar Neher hat den Vertrag mit Helene Weigel unterzeichnet und, wie er B mitteilt, Teo Otto mitgegeben, der nach Berlin fährt. Er ist aber in Sorge, weil seine sowjetische Einreisegenehmigung noch nicht in Wien hinterlegt ist. In der Paßangelegenheit für B mühe sich Gottfried von Einem sehr ab.
Jacob Geis informiert Ruth Berlau aus München über das Interesse des Bayerischen Rundfunks an einer Weiterverwertung des Höspiels *Das Verhör des Lukullus* durch den NWDR, den SWF und Radio Frankfurt.
Helene Weigel telegrafiert an Gottfried von Einem aus Ber-

lin, daß sie ihre Geburtsurkunde während der Emigration verloren habe, und macht Angaben zu ihrer Person.

Juni. In Heft 6 der Zeitschrift *Ost und West*, Berlin, erscheint Bs *Gruß an Feuchtwanger* zu dessen 65. Geburtstag (am 7. 7.), in dem es am Ende heißt: »Feuchtwanger hat die Verpflichtung, ein sehr hohes Alter zu erreichen: Dichter seiner Art wissen etwas damit anzufangen.« *(23,113.)* Feuchtwanger bedankt sich am → 15. 8.

1. Juli 1949
Dank an Peter Huchel für das Sonderheft von *Sinn und Form*

1. Juli, Freitag. B lobt in einem Schreiben an Chefredakteur Peter Huchel dessen ersten Hefte von *Sinn und Form* (»geistreiche und planmäßige Kontribution zum Aufbau und Umbau«) und bedankt sich für das Brecht-Sonderheft (→ März). »Es ist eigentlich die erste Publikation, die mich mit den Deutschen zusammenbringt, meine eigenen Bemühungen abgerechnet. – Eine Art Aufnahmegesuch in die Literatur.« *(Br, 1410.)*

6. Juli, Mittwoch. Nach erneuter Einbeziehung von Elisabeth Hauptmann in die Editionsarbeit besteht B gegenüber dem Suhrkamp Verlag auf rückwirkende Zahlungen an sie. Peter Suhrkamp mahnt aber B zu »äußerster Korrektheit«. Seine Mitarbeiterin sei weder an der Aufführung von *Mutter Courage und ihre Kinder* noch an der Vorbereitung des ersten neuen *Versuche*-Heftes beteiligt gewesen, und die Abmachung könne erst von dem Zeitpunkt an gelten, als sie wirklich mitgearbeitet hat. »Lieber möchte ich dann, wenn das nötig ist, Frau Hauptmann aus meiner Privatkasse helfen.« *(1183/55.)*

7. Juli, Donnerstag. B bittet Ferdinand Reyher, Eric Bentley auszureden, daß er den *Guten Menschen von Sezuan* am Broadway aufführt; B möchte »keine kleine experimentelle Aufführung mehr in New York«. Eric Bentley habe »großartige Pionierarbeit geleistet, als er mir die Universitäts-Theater öffnete«, aber er müsse »noch viel lernen, um so schwierige Stücke inszenieren zu können« *(Br, 1411)*.

8. Juli, Freitag. Friedrich Wolf besucht B im Hedwigskrankenhaus.

Der Magistrat von Salzburg leitet Bs Antrag auf Staatsbürgerschaft mit allen Unterlagen an die Landesregierung Salzburg weiter. B sei »der Aktenlage nach unbescholten« und habe »keine Ansprüche«. Aufgrund der Gutachten stelle »die Verleihung der österreichischen Staatsbürgerschaft einen Gewinn für das kulturelle Leben Österreichs« dar; deshalb sei »der Stadtmagistrat Salzburg an einer Einbürgerung des Schriftstellers interessiert und beantragt Stattgebung des vorliegenden Ansuchens« *(Z 17/172)*.

11. Juli, Montag. Nach Verhandlungen mit B und mit Ruth Berlau teilen Vertreter des Verlags Felix Bloch Erben mit, daß sie den mit B »abgeschlossenen Generalvertrag vom

17. 5. 29 und den Vertriebsvertrag über *Die Dreigroschenoper* vom 26. 4. 28 mit dem heutigen Tage als gelöst ansehen« *(784/34)*.
Lion Feuchtwanger schreibt an B u. a.: »Ich höre viel von den verschiedensten Seiten über Ihre Erfolge, und da ich weiß, welchen Spaß es Ihnen immer wieder von neuem macht, auf der Bühne und mit lebendigem Material zu arbeiten, freue ich mich darüber doppelt.« *(Feuchtwanger, 63.)*
Der Dramaturg der Städtischen Bühnen Frankfurt/M., Hans Peter Doll, meldet bei B das Interesse des Theaters an der deutschen Erstaufführung von *Der gute Mensch von Sezuan* an. Als Regisseur sei Eric Bentley gewonnen worden, den Doll bei einem Theaterseminar im April in Salzburg kennengelernt hat, als er – wie auch Berthold Viertel – über das Theater Bs referiert hat.
13. **Juli,** Mittwoch. Die Anfrage der Städtischen Bühnen Freiburg i.B. wegen Aufführungsgenehmigung von *Mutter Courage und ihre Kinder* läßt B vom Suhrkamp Verlag (vorm. S. Fischer) beantworten: »Der Autor hat ganz bestimmte Vorstellungen von der Inszenierung seiner Werke und wünscht keine individuelle Interpretation seitens der Regisseure.« Die Inszenierung am Deutschen Theater wird als »Musteraufführung« gekennzeichnet, die »unter Mitarbeit des Dichters« entstanden sei. Solange von dieser Aufführung noch keine »Regiepartitur« (→Januar) vorliege, heißt es, »ist es der Wunsch von Herrn Brecht, daß Helene Weigel, die Darstellerin der Courage in Berlin, möglichst zu Beginn der Aufführung an einem Abend gastiert und dabei einen Begriff von den Absichten vermittelt«. Brecht bietet die Bereitschaft der Weigel an, bei den letzten Proben mitzuarbeiten *(1118/83)*. In ähnlicher Weise werden auch weitere interessierte Theater benachrichtigt und sehen daraufhin von Aufführungen ab.
14. **Juli,** Donnerstag. Aufgrund einer telefonischen Unterredung mit Elisabeth Hauptmann schickt Felix Bloch Erben eine differenzierte Auflistung der Tantiemensätze und der laufenden gültigen Verträge. Derzufolge müssen die Münchener Kammerspiele bis zum 31. 12. 49 noch über den Verlag abrechnen.
15. **Juli,** Freitag. Der Verlag Felix Bloch Erben unterrichtet B vom Einspruch Kurt Weills gegen Bs Änderungen in der *Dreigroschenoper*; er verlange eine »sofortige Beendigung der Münchener Aufführung des Werkes«.
B teilt dem Münchener Bürgermeister die Vertragsänderung in Sachen *Dreigroschenoper* mit und bittet ihn um Überweisung der gesperrten Tantiemen an den Suhrkamp Verlag (vorm. S. Fischer).

Juli 1949
Vorschrift zum Gebrauch des Berliner Modells von *Mutter Courage und ihre Kinder* bei weiteren Inszenierungen

Als die Benutzung von Modellen von Aufführungen vorgeschlagen wurde, erhob sich ein lautes Geschrei, dies sei Diktatur, »freies Schöpfertum« solle verhindert werden. Der Stückeschreiber, um ein allzu freies Herumschöpfen mit seinen Stücken zu verhindern, griff tatsächlich zu sanfter Erpressung, indem er das Stück eine Zeitlang nur Bühnen zur Verfügung stellte, welche die Vorlage benutzten. *(25,393.)*

Mitte Juli. B teilt Hans Albers seine Freude über dessen Erfolg in der Münchener *Dreigroschenoper* mit. Er schlägt ihm vor, bei der geplanten Aufführung in Zürich den Macheath zu spielen, »wodurch das Stück natürlich mehr ausgenutzt werden könnte als in einem Gastspiel«, und danach ein Tournee-Ensemble für dieses Stück zusammenzustellen *(Br, 1412).*

17. Juli, Sonntag. Bs letzter Tag im Hedwigskrankenhaus.

18. Juli, Montag. B gibt Kurt Weill gegenüber nochmals seiner Freude Ausdruck, daß »jetzt endlich das Vertragsverhältnis bezüglich der *Dreigroschenoper* mit Felix Bloch Erben gelöst« sei: »Bin also froh, daß ich das Pack los bin.« Über seinen neuen Verleger schreibt er: »Suhrkamp ist heute der angesehenste deutsche Verleger (und dazu, wie Sie wissen, mein alter persönlicher Freund).« Er legt Weill eine Abschrift des Briefes von Felix Bloch Erben bei *(Br, 1413).*

21. Juli, Donnerstag. Auf die Anfrage des Wuppertaler Intendanten Erich Alexander Winds an B, sein Stück *Mutter Courage und ihre Kinder* für Wuppertal zu genehmigen, antwortet Elisabeth Hauptmann in dessen Auftrag, daß dies nicht vor dem 1. 10. möglich sei. Sie will ihm Bildmaterial und Regieanweisungen (→ Januar) zukommen lassen. »Später wird dieses Material in Buchform beim Suhrkamp Verlag erhältlich sein, ich lasse es Ihnen jetzt separat von der Herausgeberin, Ruth Berlau, zusammenstellen.« *(721/73.)*

Auf ein Angebot von Harry Buckwitz, an dem in Gründung befindlichen BE mitzuarbeiten, macht ihm Helene Weigel Angaben zur derzeitigen Lage des Theaters: »Wir werden unsere Tätigkeit vorläufig auf ein Jahr beschränken und drei Stücke in Berlin herausbringen und damit gastieren. Die Gastspiele sollen nicht länger als drei Monate, verteilt auf das Jahr, in Anspruch nehmen.« Durch eine »Verfügung des Westmagistrats« würden aber mit Wirkung vom 30. 6. für alle »Verpflichtungen des Ostsektors« keine Auszahlungen in DM (also kein Umtausch) mehr geleistet (→ 20. 3.). Weigel hofft auf eine Änderung dieser Maßnahmen, da Menschen sowohl im Westen wie im Osten darunter leiden *(E 12/63).*

25. Juli, Montag. B hat George Grosz für einen Nationalpreis vorgeschlagen und bekommt vom zuständigen Ausschuß die Mitteilung, daß vor Eintreffen seines Schreibens am 14. 7. die entscheidende Sitzung stattgefunden hat und Bs Vorschlag für dieses Jahr nicht mehr berücksichtigt werden kann.

26. Juli 1949
Anstelle von Blumen für die Opfer des Faschismus Geldspenden für die Nachkommen

26. Juli, Dienstag. Helene Weigel schlägt vor, das Geld für Blumenspenden, die alljährlich für Opfer des Faschismus ausgegeben werden, lieber als Geldspenden Kinderheimen zur Verfügung zu stellen, »denn aus ihnen erwarten wir und erwarten die Gefallenen neue Kämpfer für die neue Zeit«

(Tribüne, 26. 7.). Der Vorstand des FDGB schließt sich dem Vorschlag an und appelliert (in der Ausgabe der Gewerkschaftszeitung vom 7. 9.) an die Arbeiterschaft.

28. Juli, Donnerstag. Jacob Geis hält weder den Vorschlag Bs, mit ihm am Berliner Theaterprojekt zu arbeiten, noch das Angebot, in Dresden die Generalintendanz zu übernehmen, für realisierbar. Einerseits würde ihm eine nochmalige Theaterleitung »keine Freude machen«, andererseits droht ihm die Neue Deutsche Filmgesellschaft, in der er Lizenzträger und Produktionsleiter ist, im Falle des Ausscheidens finanzielle Konsequenzen an, denen er nicht gewachsen ist. Geis stellt eine zeitweilige kurzfristige Mitarbeit in Aussicht *(166/17).*

Erich Engel schlägt dem Ausschuß zur Verleihung von Nationalpreisen B vor, der nach seiner Meinung »die stärkste dichterische Begabung« sei, »die Deutschland heute überhaupt aufzuweisen hat«. Seine »hohe Einschätzung« stamme nicht »von heute«, er habe »sein Schaffen vom Beginn an verfolgt und jede Gelegenheit benutzt, ihn auf der deutschen Bühne durchzusetzen«. Engel schließt seinen Brief mit der Frage: »Seine Preiswürdigkeit steht für mich außer Frage. Ich gehe soweit, zu sagen: Wenn nicht Brecht, wer dann sonst?« *(Engel, 30.)*

28. Juli 1949
Erich Engel schlägt Brecht für den Nationalpreis vor

Juli. B schreibt an Caspar und Erika Neher, daß er mit Otto Müllereisert Nehers Haus in Zehlendorf angesehen hat; es sei »wirklich in bester Ordnung, sauber und gut gehalten«. Sie könnten dort sofort einziehen. Die Berliner Aufführung von Gottfried von Einems Oper *Dantons Tod* an der Deutschen Staatsoper sei ein »großer Publikums- und Presseerfolg in allen Sektoren« geworden. »Ich sammle ihm die Presse.«

1. August, Montag. B wird vom Oberregierungsrat der Salzburger Landeshauptmannschaft, Hanns Georg Kwisda, aufgefordert, die notwendige Bescheinigung des Staatsinteresses für sein Staatsbürgerschaftsersuchen zu beschaffen. In dem Schreiben heißt es: »Da Sie diesen Nachweis kaum werden erbringen können, muß Ihr Ansuchen leider als aussichtslos bezeichnet werden.« *(Z 17/146.)*

Caspar Neher informiert B, daß er am 9. 8. nach Edinburgh fährt, um dort (mit Verdis Oper *Ein Maskenball*) sein »14. Stück in dieser Saison« hinter sich zu bringen. Er hat bislang von sowjetischer Seite immer noch keine Einreiseerlaubnis nach Berlin erhalten. »Ich freue mich immer mehr auf die Gespräche mit Dir.« *(2181/35.)*

Anfang August. Wahrscheinlich zu diesem Zeitpunkt erhält B von Jacob Geis eine Anfrage von Georg Pfanzelt wegen einiger Veranstaltungen, die in Augsburg mit Werken Bs geplant sind. B bittet die Veranstalter, sich an den Suhrkamp

Verlag (vorm. S. Fischer) zu wenden, und hofft auf einen Besuch in Augsburg »in den nächsten Wochen«. »Ich würde gern wieder einen Spaziergang am Lech machen, den es ja wohl auch noch gibt, die modernen Waffen sind vorzüglich, aber eben auch nicht vollkommen.« *(Br, 1415.)*

4. August, Donnerstag. B schließt mit dem Stockholmer Bokförlags AB Tiden einen Vertrag über die schwedische Buchpublikation der *Dreigroschenoper* ab.

5. August, Freitag. Die DEFA legt B einen Vertrag über einem Film *Mutter Courage* vor.

Kurt Weill ist vom Verlag Felix Bloch Erben von einer Auflösung des Vertrags über die *Dreigroschenoper* vom 26. 4. 1928 informiert worden und fragt B, welche neuen Regelungen nun gelten werden. Er habe die Universal-Edition angewiesen, das Stück erst wieder zur Aufführung freizugeben, bis er einen neuen Bühnenvertriebs-Vertrag unterschrieben hat.

6. August 1949
Brechts Engagement in Berlin verzögert Entscheidung über österreichische Staatsbürgerschaft

6. August, Sonnabend. In der Wiener Zeitung *Die Presse* erscheint eine Notiz, der zufolge B »als Theaterleiter im Sowjetsektor Berlins« tätig sei und das Deutsche Theater »unter Brechts Führung die neue Spielzeit beginnen« wird. Aufgrund dieser Meldung verzögert das Unterrichtsministerium eine Entscheidung über Bs Antrag mit der Begründung, sich darüber erst Informationen einzuholen.

Hermann Kasack (→4. 11. 48) hat gehört, daß Caspar Neher an Bs Theater mitwirken will, und schreibt ihm u. a.: »Vielleicht hat es für Dich sogar Vorteile, und ich bin überzeugt, daß Du es Dir mit Deinem Namen auch ohne Schaden für die ›westliche‹ Welt leisten kannst, einmal in einem sowjetisch unterstützten Theater tätig zu sein.« *(ÖNB.)*

11. August, Donnerstag. Berthold Viertel gibt B einen ausführlichen Bericht von seiner Theaterarbeit in Wien und von den Schwierigkeiten mit den Schauspielern, die sich nach seiner Meinung einen »Reichskanzleistil« angewöhnt haben. Er will mit B in »nähere Verbindung, in Sprechnähe« kommen und hat deshalb den Vertrag über die Inszenierung von Gorkis *Wassa Schelesnowa* unterschrieben, ohne die Fassung des Stücks gekannt zu haben. Inzwischen sei aber der Text aus Berlin eingetroffen. Viertel teilt B seine konzeptionellen Vorstellungen mit, die er bereits in Wien mit Teo Otto durchgesprochen hat. Er hält die Besetzung der Titelrolle mit Therese Giehse für einen Glücksfall, der ihn überhaupt zu der Inszenierung ermutigt, und macht sich Gedanken über die Besetzung der anderen Rollen *(211/68-75).*

14. August, Sonntag. In Westdeutschland finden die ersten Bundestagswahlen statt (Ergebnis: CDU 31 %, SPD 29,2 %, FDP 11,9 %).

15. August, Montag. Lion Feuchtwanger hat die Zeitschrift

Ost und West erhalten und bedankt sich bei B für den darin gedruckten Geburtstagsgruß (→Juni). Außerdem informiert er ihn über sein neues Stück *Die Witwe Capet*. Feuchtwanger hält es für »einen Jammer«, daß er »nicht endlich einmal wieder ein ausführliches Streitgespräch« mit B hat *(Feuchtwanger, 64)*.

Verleihung des Nationalpreises an Helene Weigel in Weimar, überreicht vom Präsidenten der Akademie der Wissenschaften Johannes Stroux

25. August, Donnerstag. Für ihre Darstellung in *Mutter Courage und ihre Kinder* erhalten Helene Weigel, Paul Bildt, Werner Hinz, Angelika Hurwicz und Gerda Müller den Nationalpreis II. Klasse.

Marianne Zoff-Lingen teilt B aus Hamburg mit, daß ihre Tochter Hanne mit deren Mann am 28. 8. endgültig nach Berlin kommt. Theo Lingen und sie müssen ab 5. 9. nach Wien. Marianne macht sich aber Sorgen, weil Hanne nach einer längeren Erkrankung noch nicht wieder ganz gesund ist. Sie hätte sich darum gekümmert, daß Hanne für ein halbes Jahr in Berlin genug hat, »um nicht hungern zu müssen«, und bittet B, ihr mit einigen Sachen für den Haushalt auszuhelfen *(973/31-34)*.

26. August, Freitag. B hat Bedenken gegen eine Aufführung von *Mutter Courage und ihre Kinder* ohne fachgemäße Anleitung in Wuppertal (→21. 7.) und schreibt: »Es ist nötig, die Fabel des Stücks durch Gruppierung und Gruppenführung zu *erzählen*; so empfiehlt es sich, Frau Ruth Berlau, meine langjährige Mitarbeiterin und ausgezeichnete Regisseurin, zu gestatten, das Grundarrangement mit den Schauspielern vornehmen zu lassen.« Eigenes sollte erst nach den Arrangierproben »entwickelt« werden *(Br, 1414)*. Winds akzeptiert diese Bedingung.

28. August - 1. September 1949
Reise nach Freilassing und Salzburg

28. August, Sonntag. B fährt mit dem Auto von Berlin nach Freilassing, einem Grenzübergang nach Österreich, und wohnt in der Münchener Str. 22 bei dem ehemaligen Lokomotivführer Fritz Föttinger, einem von Gottfried von Einem ausgefundenen Vertrauensmann. Föttinger hat seine Wohnung zur Verfügung gestellt, die Gottfried von Einem zu einer »Kopfstelle« für die Salzburger Festspiele eingerichtet hat.

Ruth Berlau ist nach Wuppertal gereist und trifft, nach einer Odyssee mit ihren Reisepapieren, am 30. 6. dort ein. Sie prüft die Bedingungen für die Aufführung von *Mutter Courage und ihre Kinder* an den Städtischen Bühnen und teilt B mit, daß nicht – wie vorgesehen – der Intendant Erich Alexander Winds, sondern Oberspielleiter Willi Rohde für die Regie verantwortlich zeichnen wird.

An Ruth Berlau schreibt B nach Wuppertal (Hotel Kaiserhof), er sei bis Freilassing durchgefahren und habe München nur kurz gesehen (»schäbig, halb kaputt und voll Kaufbarem«). Für ihre Regieberatung bei der Inszenierung von

Mutter Courage und ihre Kinder empfiehlt er ihr, sie solle »freundlich und langsam« sein, und erinnert sie an »das kleine Tier«, das »immer in Skovsbostrand auf meinem Schreibtisch [→ 24. 7. 34] stand« (*Br, 1417*).
29. **August,** Montag. Gottfried von Einems Mutter holt B in Freilassing ab. Da der Grenzübergang aus der amerikanischen Zone Deutschlands nach Österreich für Deutsche verboten ist, bedient sich von Einem des mit ihm befreundeten und kooperierenden »amerikanischen CIA-Offiziers Gale Hoffman, der die in Salzburg erwarteten Gäste aus Deutschland in Freilassing zum Schein verhaftet und hinter der Grenze freiläßt« *(Einem)*.
In Salzburg wird B durch Gottfried von Einem empfangen und sieht sich mit ihm das Festspielhaus an. Der Komponist nimmt mit B an einem Gespräch mit Egon Hilbert teil, »der Paßsache betreiben will und mich nach dem Festspiel *Salzburger Totentanz* ausfragt«. Von Einem und B sehen sich verschiedene Höfe in Salzburg an, auf denen das Festspiel aufgeführt werden könnte.
30. **August,** Dienstag. B geht mit der Mutter Gottfried von Einems in Salzburg auf mehrere Ämter wegen seines Antrags auf österreichische Staatsbürgerschaft. Dann setzt er seine Gespräche über die Arbeit in Salzburg mit Gottfried von Einem und mit dem inzwischen eingetroffenen Berthold Viertel fort.
B sieht Carl Orffs Oper *Antigone*, die unter der Regie von Oscar Fritz Schuh mit dem Bühnenbild von Caspar Neher in Salzburg am 9. 8. uraufgeführt wurde. Er schreibt darüber einige kritische *Bemerkungen zu Orffs »Antigone« (23,114)*.
Das österreichische Unterrichtsministerium in Wien schickt aufgrund der *Presse*-Meldung (→ 6. 8.) Bs Einbürgerungsantrag noch einmal nach Salzburg zurück und bittet um Prüfung eventueller beruflicher Bindungen Bs in der SBZ; in dem Schreiben heißt es: »Im Falle der Tätigkeit eines Ausländers im Ausland könnte ein Staatsinteresse der Einbürgerung kaum begründet werden.« *(Z 17/157f.)*
31. **August,** Mittwoch. Gottfried von Einem versucht, neben B auch Berthold Viertel für eine ständige Mitarbeit in Salzburg zu gewinnen. B berät mit Viertel die Winterspielzeit des BE und erörtert mit ihm die Reisemöglichkeiten: »Rate ihm, Österreicher zu werden.« *(27,307.)*
Abends fährt B nach Freilassing zurück. Er schreibt an Gottfried von Einem, daß er dessen Mutter sehr dankbar sei; sie habe »mit den Ämtern wie auf einer Orgel« gespielt. »Die Gespräche mit Hilbert und Dr. Paumgartner waren ganz angenehm. Ich hoffe, beide stehen dem Projekt sympathisch gegenüber – jedenfalls hatte ich diesen Eindruck. Und der

Landeshauptmann war reizend und versprach in der Papierangelegenheit usw. jede Hilfe. Danke!« *(Br, 1420.)*

August. B berichtet Caspar Neher, wie er mit Hilfe von Hermann Reuter die für die österreichischen Ämter notwendigen Papiere auf den Weg nach Wien gebracht hat. Desgleichen hat B Nehers Reise (über Prag) nach Berlin organisiert und gibt ihm Details dazu an.

Erstdruck *Antigonemodell 1948*

Im Gebrüder Weiß-Verlag, Berlin, erscheint das *Antigonemodell 1948*. Das Buch findet wenig Beachtung (→ 24. 1. 51).

1.-3. September 1949 Reise nach München

1. September, Donnerstag. B fährt früh von Freilassing nach München und verhandelt mit Jacob Geis über verschiedene Projekte. Mit Therese Giehse wird über ihr Gastspiel in Berlin und über Bs Wunsch gesprochen, mit ihr in München eine Modellinszenierung von *Mutter Courage und ihre Kinder* an den Kammerspielen zu machen. Ebenfalls verhandelt B mit Maria Wimmer (→ März) und Fritz Kortner (→ Anfang Mai) über mögliche Gastauftritte in Berlin.

Hans Albers, von Berlau in Starnberg fotografiert

2. September, Freitag. Ruth Berlau ist aus Wuppertal in München eingetroffen und berichtet B über die Widerstände gegen das Theatermodell. B entwirft den Text *Über die Verwendung von Vorlagen*, in dem er feststellt, daß bereits »auf die bloße Nachricht hin, daß ein Mitarbeiter an der Berliner Aufführung« in einer anderen Stadt bei der Inszenierung »des einigermaßen schwierigen Stückes« helfen wolle, »eine Flut empörter Äußerungen« gekommen sei *(25,391)*.

Mit Ruth Berlau und Jacob Geis fährt B zu Hans Albers an den Starnberger See und bespricht dessen geplante *Dreigroschenoper*-Tournee (→ Mitte Juli).

3./4. September 1949 Rückreise über Augsburg nach Berlin

3. September, Sonnabend. B verhandelt in den Münchener Kammerspielen über eine Inszenierung von *Mutter Courage und ihre Kinder.* Während des Münchener Aufenthalts spricht B auch mit dem Verleger Kurt Desch über die Abrechnung zu *Herr Puntila und sein Knecht Matti* und *Dreigroschenroman.*

Er schreibt nach einem »sehr kameradschaftlichen Gespräch« mit Fritz Kortner an Maria Wimmer, daß dieser nicht auf ihre Mitarbeit in München verzichten könne und im November ein Probenbeginn am BE für die Schauspielerin illusorisch sei. B würde sich aber »ganz außerordentlich freuen, wenn es sobald als möglich zu einer Zusammenarbeit« käme *(Br, 1422)*.

Nachmittags fährt B nach Augsburg. Er zeigt Ruth Berlau seine Geburtsstadt und läßt sie zahlreiche Fotos machen. Er trifft Georg Pfanzelt, der »der alte« sei. »Augsburg etwas zertrümmert, fremd, läßt mich ziemlich kalt.« *(27,307.)*

Mit Georg Pfanzelt in Augsburg

Bei Therese Giehse entschuldigt sich B, daß er sie vor seiner

Blick vom Perlachturm auf das zerstörte Augsburg, fotografiert von Berlau

Abreise nicht noch einmal angerufen hat, und grüßt sie aus »Augsburg (durch Bombardement unverändert)« *(Br, 1423)*.

4. September, Sonntag. Rückfahrt von Augsburg nach Berlin.

5. September, Montag. Berthold Viertel drückt seine Freude über die Bücher aus, die B ihm mitgegeben hat: Besonders sei das *Antigonemodell 1948* (→ August) eine »*ganz wichtige*, einzigartige Sache, genau das, was ich mir gerade jetzt, nach den Erfahrungen von Salzburg (*Orpheus*, Orff) erwünscht habe«; es »illustriere« auch das *Kleine Organon für das Theater (E 1/41)*.

6. September, Dienstag. B teilt dem Verwaltungsdirektor des Zürcher Schauspielhauses, Walter Oberer, das Ergebnis seiner Besprechung mit Hans Albers mit. Er sei »interessiert an einer Neugestaltung« der *Dreigroschenoper* in Zürich »etwa unter der Regie Lindtbergs oder Steckels«. B denkt, dadurch könne eine Aufführung zustande kommen, »welche die Grundlage für Albers' weiterhin geplante und im In- und Ausland, wie ich mich überzeugte, sehr begehrte Tournee abgeben könnte« *(Br, 1424)*.

7. September 1949
Konstituierung der Bundesrepublik Deutschland

7. September, Mittwoch. In Bonn konstituieren sich als gesetzgebende Gremien der Bundesrepublik Deutschland der Bundesrat und der Bundestag.

9. September, Freitag. Auf einen Brief Eric Bentleys (vom 31. 10.), in dem er sich über Bs Regieverbot des *Guten Menschen von Sezuan* am Broadway (→ 7. 7.) beschwert und sein Interesse anmeldet, das gleiche Stück in Frankfurt/M. zu inszenieren (→ 11. 7.), läßt B antworten, er wolle das Stück in Deutschland noch nicht freigeben.

10. September 1949
Besuch von *Faust* im Deutschen Theater

10. September, Sonnabend. B sieht sich »Teile« der *Faust*-Inszenierung im Deutschen Theater an (Premiere: 28. 8.), Regie: Wolfgang Langhoff, Ausstattung: Heinrich Kilger; mit Ernst Wilhelm Borchert (Faust), Käthe Braun (Margarete), Werner Hinz (Mephistopheles). Ihm fällt bei Goethe »die effekthascherische Ausweitung der alten Fabel« auf, »wobei die Effekte, die mit poetischem Griff gehascht werden, durchaus bedeutend sind«. In der Aufführung »wurde reichlich gebrüllt, was hierzulande der Ausdruck der Leidenschaftlichkeit ist«, aber Hinz habe klargemacht, »daß es nicht den, sondern nur die Teufel gibt, und war einer davon, nervös, schäbig, etwas gaga« *(27,306)*.

12. September, Montag. Die Landesregierung Salzburg fragt B, ob er beabsichtige, »in der Folge auf dem Gebiet der österreichischen Republik und im Interesse dieser als Schriftsteller und Dramaturg zu wirken« *(1644/35)*.

13. September, Dienstag. Der Schriftsteller Edouard Roditi ist in Berlin und schenkt B seinen Gedichtband *Poems 1928-1948* mit einer Widmung.

14. September, Mittwoch. Kurt Desch bestätigt B die in München getroffenen Vereinbarungen, wonach die Tantiemen für *Puntila* zwischen B und Hella Wuolijoki halbiert werden. Der ursprünglich mit Desch vereinbarte Autokauf, der mit Tantiemen aus dem *Dreigroschenroman* gedeckt werden sollte, ist auf Wunsch Bs hinfällig geworden.

15. September, Donnerstag. Mit einer Leseprobe beginnen die Proben zu *Herr Puntila und sein Knecht Matti* (bis 7. 11.). Da Leonard Steckel noch nicht eingetroffen ist, gewinnen die Regisseure (auf Vorschlag von Ruth Berlau) Willy A. Kleinau, der die Rolle am Hamburger Schauspielhaus gespielt hat (→ 22. 11. 48).

16. September, Freitag. Caspar Neher trifft in Berlin ein und wird von Ruth Berlau abgeholt. Abends geht er mit ihr zu B und übernachtet im Weißenseer Haus.

Im Auftrag Bs setzt sich Elisabeth Hauptmann mit Hans Albers wegen der *Dreigroschenoper* in Verbindung. Sie erinnert daran, daß sie mit ihm wegen des von ihr bearbeiteten »Boxerstücks« (*Harte Bandagen*, → 31. 12. 29) zu tun hatte, »das dann den armen Jessner endgültig die Stellung kostete« *(723/2)*.

17. September, Sonnabend. Caspar Neher arbeitet von nun ab (bis 25. 11.) täglich mit B und Erich Engel an *Herr Puntila und sein Knecht Matti*. Als Assistenten wirken Heinz Kuckhahn mit, außerdem der schweizerische Regisseur Benno Besson, den B ans BE engagiert hat.

B hat sich das Programm der von seiner Frau bereits vertraglich gebundenen jungen Schauspieler Bruno Lorenz, Egon Monk, Isot Kilian mit dem Titel *Eine Stunde mit Bert Brecht* (→ Januar) angesehen. Sie erhalten von ihm den Auftrag, wie sich Isot Kilian erinnert, »weiterhin mit dem Brecht-Programm in Betrieben aufzutreten, [...] den direkten Kontakt mit Arbeitern herzustellen und mit ihnen zu reden, um sie für das Theater und für seine Arbeit zu interessieren« (→ 12. 12.) *(notate, 3/86)*.

B ist mit den Kammerspielen Leipzig übereingekommen (→ 5./6. 3.), mit Ruth Berlau als Gastregisseurin eine Inszenierung seines Stückes *Die Mutter* herauszubringen (→ 15. 1. 50). Die Schauspielerin Charlotte Küter (→ 22. 10. 48) bedankt sich bei B für das Vertrauen, daß er sie (ebenfalls als Gast) für diese Inszenierung als Pelagea Wlassowa besetzt hat.

20. September, Dienstag. In Bonn werden die Kabinettsmitglieder der Deutschen Bundesregierung vereidigt, Konrad Adenauer gibt als erster Bundeskanzler eine Regierungserklärung ab.

Der Amsterdamer Verlag Allert de Lange teilt dem Verlag Kurt Desch mit, daß er Eigentümer der deutschen Buch-

15. September - 7. November 1949
Proben zu
Herr Puntila und sein Knecht Matti
Berliner Ensemble
(im Deutschen Theater)

Zusammenarbeit
mit Benno Besson

Der am 4. 11. 1922 in Yverdon, französische Schweiz, als Sohn eines Lehrers geborene Benno Besson studiert Anglistik und Romanistik. Er sieht im Zürcher Schauspielhaus die Stücke Bs und beginnt, sie zu übersetzen. 1947 dramatisiert Besson das Kinderbuch *Die drei Soldaten*. »Als Brecht nach dem Krieg nach Zürich kam, wurde ich mit ihm bekannt. Er war erstaunt und erfreut, daß nicht nur seine Gedichte, sondern auch seine Stücke in der Schweiz Wirkung hatten.« *(Besson, 50f.)* Mit einem Tournee-Ensemble inszeniert Besson in Paris *Die Ausnahme und die Regel* und zeigt die Aufführung in der französischen Zone Deutschlands.

Zusammenarbeit mit Egon Monk und Isot Kilian
Egon Monk (geb. am 18. 5. 1927 in Berlin, Sohn eines Arbeiters) nimmt Unterricht an Hilde Körbers Schauspielschule für Bühne und Film, wird als Schauspieler und Dramaturg am Städtischen Theater in Frankfurt/Oder engagiert, später bei der DEFA. Monk hat *Isot Kilian* (geb. am 11. 4. 1924 in Berlin) im Kabarett »Frischer Wind« am Potsdamer Platz gesehen, wo die junge Schauspielerin nach ihrer Ausbildung mitwirkt. Mit ihr und Bruno Lorenz begründet Monk 1948 in Berlin eine kleine Gruppe junger Schauspieler und macht in einem Rezitationsprogramm *Eine Stunde mit Bert Brecht* (→ Januar) mit Leben und Werk Bs bekannt.

rechte des *Dreigroschenromans* ist (→ 23. 1.) und protestiert gegen die angekündigte Veröffentlichung des Romans in München.

21. September, Mittwoch. Hella Wuolijoki ist, wie sie Helene Weigel aus Helsinki schreibt, nicht mehr Intendantin des finnischen Rundfunks. Dies sei aber »ihre Rettung« gewesen, denn kurz danach ist bei ihr eine Krebserkrankung festgestellt worden. Über Friedrich Ege habe sie Bs Einladung nach Berlin erhalten. Bei ihrer bevorstehenden Reise nach Karlsbad plant sie einen Zwischenaufenthalt in Berlin ein.

September 1949 Pressekampagne gegen Brechts Vorschrift von Modellinszenierungen

Vor der Wuppertaler Premiere von *Mutter Courage und ihre Kinder* (→ 1. 10.) eröffnen einige Zeitungen eine Kampagne gegen die Entscheidung der Theaterleitung, auf Bs Forderung einer Modellinszenierung einzugehen. U. a. heißt es: »Regisseur ist Willi Rohde, der allerdings in diesem Falle auf eigene Initiative verzichten muß, da eine delegierte intime Mitarbeiterin des Autors Brecht ihm assistiert, die dafür sorgen wird, daß die ›Generallinie‹, wenn man so sagen darf, innegehalten wird. Man will auf diese Weise die ›Praxis der Modellaufführung‹ demonstrieren. [...] Nun kommt die Regie›konfektion‹! Man treibt in diesem Falle die künstlerische Selbstvernichtung so weit, daß man sein eigene Inszenierung überwachen läßt, und zwar durch die Delegierte Bert Brechts, Ruth Berlau.« *(H. Sch., Autor befiehl – wir folgen!, Rheinpost, 16. 9.)* Oder: »Im westdeutschen Theater geschieht gegenwärtig in Wuppertal etwas, was geeignet ist, Sensation zu machen, ohne eine zu sein. Leider sind bereits die Stichworte gefallen, die in völliger Verkennung der Situation des deutschen Theaters und in Unkenntnis der Absichten Brechts ein ebenso interessantes wie bedeutsames künstlerisches Unternehmen in eine politische Affäre zu steuern versuchen. Es wurde bereits von ostzonaler Diktatur auf das westdeutsche Theater gesprochen.« *(Rolf Trouwborst, Brecht als Theater-Diktator?, Rhein-Echo, 21. 9.)* Und: »Der Gedanke der Musteraufführung ist so alt wie das Theater selbst. [...] Die Forderung, die Gründgens an die Leute des Theaters stellt, lautet: werkgetreu inszenieren, lieber weniger glänzend, aber richtig, als faszinierend und falsch. Zunächst müsse man die Noten spielen können, dann erst wage man sich an eine Deutung! [...] Wir schreien nicht nach dem Musterkoffer der Regie. Wir wollen keine Schemata um jeden Preis. Wo aber die Qualität einer Einstudierung so außer aller Frage steht wie im Fall der Berliner Aufführung von *Mutter Courage* – warum sollte man da zumindest nicht erst einmal unentdecktes Land erforschen?« *(Grischa Barfuß, Konfektionierte oder anwendbare Regie?, in: Westfälische Rundschau, 21. 9.)*

22. September, Donnerstag. Nach weiteren Beratungen bemüht sich die DEFA erneut (→ 5. 8.) um den »Erwerb des Verfilmungsrechtes an dem Bühnenwerk *Mutter Courage und ihre Kinder*« und legt B den Vertrag in veränderter Fassung vor *(571/16f.)*.

24. September, Sonnabend. Der Verlag Allert de Lange (→ 17. 12. 48) kommt auf seinen Rechtsanspruch hinsichtlich des *Dreigroschenromans* zurück. B antwortet A. F. J. Kroonenburg, daß er bereits am 23. 1. dazu Stellung bezogen hat. »Ich habe den Vertrag mit Ihnen – soweit er Deutschland betrifft – als gelöst angesehen und bedauere, daran auch nichts ändern zu können.« *(Br, 1427.)*

24. September 1949
Verlag Allert de Lange erhebt Rechtsanspruch auf den *Dreigroschenroman*

25./26. September, Sonntag/Montag. Das Deutsche Theater gastiert mit *Mutter Courage und ihre Kinder* in Braunschweig (anschließend → 28./29. 9. in Köln).

26. September, Montag. Jacob Geis ist von Hans Albers davon in Kenntnis gesetzt worden, daß die Münchener Kammerspiele die *Dreigroschenoper* bis Ende November nicht wiederaufnehmen können. Albers ist bereit und interessiert, die Rolle des Macheath in einer Inszenierung des Hamburger Schauspielhauses zu übernehmen. Geis kann sich aber in dieser Zeit nicht für eine Regie freimachen und bittet B um Entscheidung.

28. September, Mittwoch. Das Hamburger Schauspielhaus hat sich wegen der geplanten Inszenierung der *Dreigroschenoper* mit Hans Albers an B gewandt. Ehe er eine Antwort gibt, erkundigt sich B bei Albers über dessen endgültige Pläne *(Br, 1428)*. Gleichzeitig fragt B bei Harry Buckwitz in München wegen der »Fortsetzung des Albersschen Gastspiels« an *(Br, 1429)*.

28./29. September, Mittwoch/Donnerstag. Das Deutsche Theater gastiert mit *Mutter Courage und ihre Kinder* in Köln.

25.-29. September 1949
Gastspiel des Deutschen Theaters mit *Mutter Courage und ihre Kinder* in Braunschweig und Köln (erste Vorstellungen in der Bundesrepublik Deutschland)

Als vor einigen Monaten das Deutsche Theater von Braunschweig und Köln eingeladen wurde, mit *Mutter Courage* zu gastieren, konnte dieser Plan noch nicht verwirklicht werden. In einigen Westzeitungen wurde dagegen mit durchsichtigen Einwänden protestiert und eine Hetze in Szene gesetzt, die ihre Scheinargumente allein aus der Tatsache nahm, daß das Deutsche Theater im Ostsektor Berlins läge. Daß das Gastspiel nun doch fast ein halbes Jahr später stattfinden konnte – dürfen wir es als ein Zeichen nehmen, daß von April bis September sich die Atmosphäre gebessert hat? Auf jeden Fall hat die Macht der Tatsachen gesprochen, das Bewußtsein, daß es ein einheitliches Deutschland gibt, eine gemeinsame deutsche Sprache, eine gemeinsame deutsche Dichtung, eine gemeinsame deutsche Kultur. *(Herbert Jhering, Berliner Zeitung, 5. 10.)*

29. September, Donnerstag. Da es schwer ist, die Schauspielerin Charlotte Küter, die als Pelagea Wlassowa in den Kammerspielen Leipzig engagiert ist (→ 17. 9.), im Oktober und November aus einem Dresdener Engagement freizubekommen, schlägt B dem Intendanten der Leipziger Volksbühne, Wilhelm Gröhl, einen Aufführungstermin Mitte Januar vor, »eventuell am 13. Januar, dem Todestag von Rosa Luxemburg«. Ruth Berlau und Ernst Kahler wären im Dezember und Januar abkömmlich. »Auch ich selber wäre zu dieser Zeit etwas freier und könnte mich ein wenig um die Aufführung kümmern.« *(Br, 1430.)*

1. Oktober. Sonnabend. Caspar Neher arbeitet mit B und geht mit ihm abends zu Otto Müllereisert.

Premiere der Modellaufführung von *Mutter Courage und ihre Kinder* an den Städtischen Bühnen Wuppertal. Regie: Willi Rohde, Bühnenbild: Hanna Jordan; mit Elisabeth

1. Oktober 1949
Premiere der Modellinszenierung *Mutter Courage und ihre Kinder* Städtische Bühnen Wuppertal

Türschmann (Courage), Heinrich Ingenlath (Schweizerkas), Jürgen Brock (Eilif), Hella Alt (Kattrin), Walter Kiesler (Feldprediger).

Der Wuppertaler Intendant Erich Alexander Winds berichtet B (am 4. 11.) darüber, daß die *Courage*-Aufführung gut läuft. Bs »Modellgedanke« sei richtig gewesen und habe »keinerlei sklavische Nachahmung verlangt«. Er möchte die Zusammenarbeit mit B fortsetzen *(724/74)*.

Da Willy A. Kleinau (→ 15. 9.) versucht, seine Hamburger Darstellung des Puntila auch bei den Proben in Berlin durchzusetzen, verzichtet B auf seine weitere Mitarbeit. Die Szenen waren mit den anderen Darstellern im Detail gut durchgearbeitet. Nach Auskunft von Ruth Berlau hatte Steckel (der den Puntila unter Bs Regie in Zürich gespielt hat; → 5. 6. 48) »nicht mehr viel Arbeit« *(Berlau/Bunge, 225)*. Leonard Steckel steht ab 3. 10. für Proben zur Verfügung (→ Mitte Mai).

4. Oktober, Dienstag. B teilt dem Verlag Allert de Lange mit, daß er kein Recht des Verlags anerkennt, seine Bücher in Deutschland zu vertreiben. Er würde sie in diesem Falle »gerichtlich beschlagnahmen lassen« *(Br, 1432)*.

6. Oktober, Donnerstag. Der Intendant der Münchener Kammerspiele, Harry Buckwitz (→ 28. 9.), legt B personelle Gründe dar, die ihn an einer Übernahme der *Dreigroschenoper*-Inszenierung mit Hans Albers in die neue Spielzeit gehindert haben.

Wegen der sich häufenden Anfragen über eine Freigabe der *Dreigroschenoper* teilt Elisabeth Hauptmann in Bs Auftrag Jacob Geis mit, es gehe ihm bei der Vergabe der Aufführungsrechte nicht »um eine Aufführung schlechthin«, sondern um »eine gute Aufführung«, und das sei derzeit nur durch dessen Regie garantiert *(723/87)*.

7. Oktober, Freitag. Generalprobe von *Herr Puntila und sein Knecht Matti* (insgesamt 13 Vorproben und 48 Bühnenproben).

Caspar Neher notiert, daß er mit B ein »langes Gespräch« hat.

7. Oktober 1949
Gründung der Deutschen Demokratischen Republik (DDR)

Nach Bildung der Bundesrepublik Deutschland (→ 7. 9.) beschließt das Präsidium des deutschen Volksrats und des antifaschistischen-demokratischen Blocks aller Parteien und Massenorganisationen in der SBZ, daß der Volksrat eine Regierung bilden soll, und beruft eine Plenarsitzung für den 7. 10. ein, bei der die Deutsche Demokratische Republik als Staat proklamiert wird.

Oktober 1949
Vorschlag für eine deutsche *Hymne*

Unmittelbar nach der Gründung erhält Johannes R. Becher vom ZK der SED den Auftrag, eine Nationalhymne (→ 5. 11.) zu schreiben. Vermutlich ohne Kenntnis dieses Vorgangs gestaltet B ebenfalls eine *Hymne* (→ 5. 11.), sangbar auf die

Melodie des Liedes *Gott erhalte Franz den Kaiser* von Joseph Haydn (benutzt für die Nationalhymne *Deutschland, Deutschland über alles*).

8. Oktober, Sonnabend. Caspar Neher hat auch mit Ruth Berlau ein »langes Gespräch«, vermutlich über seine Gestaltung des Bühnenbilds bei der in der Leipziger Volksbühne für Ende des Jahres vorgesehenen Inszenierung von Bs *Die Mutter.* Berlau soll die Einstudierung nach dem Berliner Modell und ihrem dänischen Modell als Vorarbeit für eine Aufführung des Stücks mit dem BE machen.

10. Oktober, Montag. Axel Eggebrecht berichtet B über ein Treffen mit Peter Lorre in Garmisch und über den Plan beider, eine gemeinsame Funksendung zu gestalten, bei der Lorre auch einige Gedichte Bs sprechen soll. Eggebrecht bittet B um Genehmigung und Elisabeth Hauptmann um Hilfe bei der Auswahl.

12. Oktober, Mittwoch. Angeregt durch die sich verschärfende Formalismusdebatte (→ 28. 1.) notiert B: Die Art, wie »Bekämpfer des Formalismus« gegen »neue und reizvolle Formen« wettern, sei zu vergleichen mit gewissen reizlosen »Hausfrauen, die Schönheit und Bemühungen um Schönheit ohne weiteres als Hurenhaftigkeit (und Kennzeichen der Syphilis) denunzieren« *(27,307).*

Nach den Wahlen zur provisorischen Länderkammer werden Wilhelm Pieck Präsident und Otto Grotewohl Vorsitzender des Ministerrats.

12. Oktober 1949
Wilhelm Pieck
erster Präsident der DDR

Gottfried von Einem hat B davon unterrichtet, daß seine Paßangelegenheit nach Salzburg zurückgekommen ist (→ 30. 8.) und erneut behandelt wird. Es ginge jetzt darum, zu den Anschuldigungen in der *Presse* (→ 6. 8.) Stellung zu beziehen. B ist nach wie vor sehr an der österreichischen Staatsbürgerschaft interessiert und erklärt (aus taktischen Gründen in Abweichung von den Fakten) gegenüber Gottfried von Einem für die weitere Verwendung bei den Ämtern: »Ich habe keinerlei offizielle Funktion oder Verpflichtung in Berlin und empfange keinerlei Gehalt.« Er sei kein Theaterdirektor. »Nach wie vor habe ich vor, als meinen ständigen Wohnsitz Salzburg zu betrachten und mir einen künstlerischen Aufgabenkreis in Österreich zu verschaffen. Im Augenblick arbeite ich an einem Festspiel für die Salzburger Festspiele.« *(Br, 1433.)*

13. Oktober, Donnerstag. Caspar Neher nimmt von nun an häufig an den Proben zu *Herr Puntila und sein Knecht Matti* teil.

B erhält vom Suhrkamp Verlag die Fahnenabzüge von Heft 9 der *Versuche* (→ November).

14. Oktober, Freitag. Beim Nachdenken über den *Courage*-Film (→ 22. 9.) möchte B »eine daguerreotypenhafte Fotografie« ausprobieren und dadurch das »Naturalistische ausschalten« *(27,307)*.

16. Oktober, Sonntag. Um Caspar Neher, der in West-Berlin (Zinsweilerweg 16, Berlin-Zehlendorf) wohnt, für eine mögliche Kontrolle an der Sektorengrenze eine Legitimation in die Hand zu geben, schickt B das Telegramm: »Erwarte Sie Montag 15.30 Uhr mit Zeichnungen, Luisenstraße = Brecht« *(ÖNB)*.

18. Oktober, Dienstag. Caspar Neher notiert, daß er Skizzen für *Puntila* macht und daß Gottfried von Einem in Berlin eintrifft. Der Komponist wird ebenfalls in Bs Haus untergebracht.

19. Oktober, Mittwoch. Gottfried von Einem regelt mit Neher Paßangelegenheiten.

20. Oktober, Donnerstag. B führt mit Gottfried von Einem ein längeres Gespräch, in dem es sowohl um seinen Antrag auf Staatsbürgerschaft geht als auch um den *Salzburger Totentanz (10,958-970)*. Neher ist verärgert darüber, daß B das Festspiel nicht fertiggestellt hat.

B sendet an Dr. Kwisda von der Salzburger Landesregierung die inzwischen beigebrachten Papiere von Helene Weigel (→ 30. 6.) und gibt ihm nochmals die gleiche Erklärung wie Gottfried von Einem (→ 12. 10.). B hofft, daß seine Angelegenheit »durch die törichte Pressenotiz keine weitere Verzögerung« erfährt *(Br, 1434)*.

21. Oktober, Freitag. Kurt Desch teilt B mit, daß der *Dreigroschenroman* ausgedruckt ist und die Werbung für den Vertrieb eingesetzt hat.

23. Oktober, Sonntag. Gottfried von Einem besucht eine *Puntila*-Probe. Er berichtet, daß B gern die Proben unterbricht. »Zu Steckel sagte er z. B.: ›Der Satz liegt Ihnen doch nicht, setzen Sie das Verb doch da hin, wo Sie es besser sprechen können.‹« *(Einem.)*

B »kommt auf zwei Stunden« zu Caspar Neher und arbeitet mit ihm am *Salzburger Totentanz*.

26. Oktober, Mittwoch. Helene Weigel bietet Caspar Neher einen Vertrag als »Ausstattungschef« des Berliner Ensembles für die Zeit 1. 9. 49-31. 3. 50 an.

31. Oktober, Montag. Auf eine Anregung Eric Bentleys (vom 18. 10.) hin gibt B ihm Korrekturen bzw. Ergänzungen des *Kleinen Organons* durch. Die Schrift, schreibt ihm B, werde »übrigens augenblicklich hier besonders von Studenten gelesen«. Größere Diskussionen gäbe es aber über die »Zumutung an die Bühnen, sie sollen unsere Modelle verwenden« *(Br, 1436)*.

Oktober 1949
Bitte an Albert Schreiner und Hermann Duncker um kritische Lektüre von *Die Tage der Kommune*

Oktober. B schickt im Oktober sein Stück *Die Tage der Kommune* an Albert Schreiner und Hermann Duncker. An Schreiner schreibt er: »Ich weiß nicht, ob Dir Deine Zeit gestattet, das Stück auf das Geschichtliche hin zu untersuchen, jedoch wäre ich auch mit einigen Fingerzeigen, selbst mit flüchtigen, die politischen Aspekte betreffend, sehr zufrieden.« *(Br, 1437.)* Duncker gegenüber meint er: »Wahrscheinlich gibt es schreckliche Fehler. Es war sehr schwierig, sowohl die Fehler als auch die Größe der Kommune zugleich darzustellen. Ich hätte Deinen Rat sehr nötig.« *(Br, 1438.)*

2. November, Mittwoch. Mit seiner Gratulation zum Amtsantritt Wilhelm Piecks *(Br, 1439)* als Präsident der DDR (→ 12. 10.) schickt ihm B das für ihn geschriebene Gedicht *An Meine Landsleute (15,205 f.)*.

Ihr Kinder – daß sie euch mit Krieg verschonen
Müßt ihr um Einsicht eure Eltern bitten.
Sagt laut, ihr wollt nicht in Ruinen wohnen
Und nicht das leiden – was sie selber litten:
Ihr Kinder – daß sie euch mit Krieg verschonen!
(Aus: An Meine Landsleute; 15,206.)

4. November, Freitag. Wegen Bs Unlust, das Salzburger Festspiel fertigzustellen, notiert Neher: »Ärger. Nochmals Ärger. Das Ganze wird nichts.« *(NT.)*

5. November, Sonnabend. Kostümprobe von *Herr Puntila und sein Knecht Matti.*

Das Politbüro der SED entscheidet sich in der Frage der Nationalhymne der DDR (→ 7. 10.) für den Text von Johannes R. Becher (*Auferstanden aus Ruinen*) und für die Musik von Hanns Eisler (öffentliche Uraufführung: 7. 11.). B nimmt (1950) an seiner *Hymne* (→ 7. 10.) geringfügige Änderungen vor, gibt ihr den Titel *Kinderhymne (12,294 f.)* und reiht sie in die Sammlung *Kinderlieder* ein; Eisler komponiert dazu eine neue Melodie.

8. November, Dienstag. Erste Voraufführung von *Herr Puntila und sein Knecht Matti* in einer geschlossenen Vorstellung vor Volksbühnen-Publikum.

8. November 1949
Beginn öffentlicher Voraufführungen von *Herr Puntila und sein Knecht Matti*
(als Publikumstest)

9. November, Mittwoch. Zweite (geschlossene) Voraufführung von *Herr Puntila und sein Knecht Matti.* B notiert: Unter seinen Stücken halte er für »eigentliche Repertoirestücke, d. h. Stücke, die nahezu immer gegeben werden können, weil sie im Thema sehr allgemein sind«, nur die *Dreigroschenoper* und den *Kaukasischen Kreidekreis (27,307)*.

11. November, Freitag. Dritte Voraufführung von *Herr Puntila und sein Knecht Matti* für die Presse.

12. November, Sonnabend. B geht auf einen Brief Eric Bentleys ausführlich ein und diskutiert mit ihm über seine Hamlet-Interpretation (im *Kleinen Organon für das Theater*). »Was Ihre Anregung betrifft, ich möge meiner Ironie gegen den Westen Ironie gegen den Osten hinzufügen: meinen Sie, man könne nicht objektiv sein, ohne Partei zu ergreifen?« Auf Bentleys These, man müsse marxistische Gesichtspunkte akzeptieren, um *Die Tage der Kommune* zu akzeptieren, stellt B die Gegenfrage: »Muß man nicht, um den *Hamlet* oder *Troilus und Cressida* zu akzeptieren, die Gesichtspunkte Montaignes oder Bacons akzeptieren?« Was Bentleys Regieambitionen (→ 11. 7.) betrifft, schlägt er ihm vor, daß

er bei B erst einige Zeit praktiziert. »Inzwischen aber, bitte, keine Bitterkeit!« *(Br, 1440.)*
B teilt Friedrich Dürrenmatt mit, daß er *Romulus der Große* an den Intendanten des Berliner Schloßparktheaters, Boleslaw Barlog, weitergegeben habe *(Br, 1441)*.

12. November 1949
Eröffnungsvorstellung des Berliner Ensembles
Premiere
Herr Puntila und sein Knecht Matti
(im Deutschen Theater)

Nach der Premiere mit Leonard Steckel, Erich Engel und Erwin Geschonneck

Das Premierenpublikum gab begeistert Dank und Beifall. Es hatte gelacht, lachend Wahrheit erkannt, mit dem Knecht Matti den Guts- und Menschenbesitzer Puntila verlassen, es hatte das ›vorzeitliche Tier‹ Kapitalismus durch Gelächter zum Aussterben verurteilt. *(Gerhard Kaiser, BZ am Abend, 12. 11.)*

Um es vorweg zu sagen: Es ist ein wirkliches Volksstück, und es hatte in der Inszenierung Erich Engels und des Autors einen durchschlagenden Erfolg. [...] Episches Theater? Nun gut, wenn das ›episches‹ Theater ist, dieser vollsaftige Humor mit unabtrennbarem gesellschaftlichen Hintergrund, dieser bei aller lustigen Überzeichnung unverfälschte Realismus dieses Stücks und dieser Darstellung –, bitte, dann mögen wir uns gelegentlich einmal über die Terminologie weiterstreiten. *(Fritz Erpenbeck, Neues Deutschland, 13. 11.)*

Abends offizielle Premiere von *Herr Puntila und sein Knecht Matti*, zugleich Eröffnungsvorstellung des neugegründeten Berliner Ensembles im Hause des Deutschen Theaters. Regie: Erich Engel und B, Musik: Paul Dessau, Bühnenbild: Caspar Neher, Kostüme und Masken: Kurt Palm; mit Leonard Steckel (Puntila), Erwin Geschonneck (Matti), Gisela Trowe (Eva), Angelika Hurwicz (Schmuggleremma), Regine Lutz (Telefonistin).

13. November, Sonntag. B ist zufrieden mit der Wirkung der *Puntila*-Premiere, die »mit Gelächter und vielen Vorhängen vor sich« gegangen ist. Die epische Spielweise werde akzeptiert. »Aber es ist natürlich nur so viel episches Theater, als heute akzeptiert (und geboten) werden kann. Gewisse Verfremdungen stammen aus dem Zeughaus der Komödie, das 2000 Jahre alt ist.« Er stellt sich die Frage: »Aber wann wird es das echte, radikale epische Theater geben?« *(27,308f.)*

14. November, Montag. Aufgrund aktueller Diskussionen notiert B, er halte »die Erzeugung staatsgewünschter Eigenschaften«, wie sie in den Theater »der fortschrittlichen Länder« mobilisiert wird, eher in der Gattung des Lustspiels für möglich. »Der Einfühlungsakt wird in Helden der Arbeit usw. gelegt. Er empfiehlt sich durch seine Primitivität; aber in der Tat macht er das ganze Unternehmen primitiv.« *(27,309.)*
Erich Kästner teilt B (am 24. 9.) im Auftrag des PEN-Clubs, Zentrum Deutschland, mit, daß er Mitglied des Zentrums geworden ist, und bittet um seine Zustimmung. B dankt ihm und sichert seine Teilnahme an der nächsten Versammlung zu *(Br, 1442)*. Auf der Tagung vom 15. bis 18. 11., an der B noch nicht teilnehmen kann, gibt sich das nunmehr autonom gewordene deutsche Zentrum des PEN-Clubs ein neues Statut und wählt einen neuen Vorstand. Geschäftsführender Präsident ist Hermann Friedemann, 1. weiterer Präsident Johannes R. Becher, 2. weiterer Präsident Erich Kästner; Ernst Penzoldt wird als Generalsekretär gewählt, Johannes Tralow als Schatzmeister.

Mitte November. B klärt Günther Weisenborn darüber auf, daß er in seiner Bearbeitung von Gorkis *Mutter* den Namen Weisenborns weggelassen hat, um ihn während der Hitlerzeit nicht zu gefährden. Wegen der »Aufschiebung des Eulenspiegelfilms« sollte er nicht böse sein; »ich habe nichts Rechtes zustandegebracht, und Sie haben es nicht einmal versucht, das müssen wir zugeben« *(Br, 1444)*.

15. November, Dienstag. Im Auftrag Bs teilt Elisabeth Hauptmann Peter Huchel mit, daß B im Paragraphen 68 des *Kleinen Organon* eine Korrektur wünscht, die im Falle eines Nachdrucks gemacht werden müßte. Die geringfügige Korrektur (statt: »schlachtet...« nun »bringt... zu Tode«; 23,94) wurde in den Nachdrucken nicht beachtet *(837/36)*.
17. November, Donnerstag. Kurt Desch informiert B über den bevorstehenden Rechtsstreit mit dem Verlag Allert de Lange wegen des *Dreigroschenromans*. Der Münchener Rechtsanwalt Reuss, der bei ihm vorgesprochen hat, besitzt die Vollmacht des holländischen Verlags für »eine einstweilige Verfügung gegen das Erscheinen Ihres Buches in meinem Verlag«. Desch bittet B, sich mit Allert de Lange zu arrangieren, »damit sich aus dieser Sache nicht ein ganz großer Krach ergibt« *(777/69f.)*.
Die DEFA schließt mit Caspar Neher einen Vertrag über den Film *Mutter Courage und ihre Kinder* ab und verpflichtet ihn zu vorbereitenden Arbeiten für den Zeitraum 1. 11. 49 - 31. 1. 50.
18. November, Freitag. Unter der Registrier-Nr. P/8217 erhält B die polizeiliche Zulassung für das von ihm gebraucht gekaufte Kabriolett Steyr (55 PS), Baujahr 1938, mit dem Kennzeichen: GB 008-420.
Eric Bentley fragt B (aus Salzburg), wann es zu einer Zusammenarbeit mit ihm kommen wird.
21. November, Montag. Wegen der bevorstehenden erneuten Vorlage von Bs Antrag im österreichischen Unterrichtsministerium bittet Gottfried von Einem den Sektionsrat Peter Lafite um mehr Mut in der Entscheidung über Bs Ersuchen um die österreichische Staatsbürgerschaft: »Bitte nennen Sie mir den Dichter deutscher Sprache, der über eine derartige Gewalt dramatisch-theatralischer Konzeption, über diese Macht der Rede, des Bildes verfügt (ohne in wirkliche Rilkelei zu versinken!)« *(ÖNB.)*
23.-27. November, Mittwoch-Sonntag. In Berlin tagt der 2. Bundeskongreß des Kulturbundes, bei dem B Mitglied des Präsidialrats wird (Bundespräsident: Johannes R. Becher, Bundessekretär: Klaus Gysi).
24. November, Donnerstag. B dankt Boleslaw Barlog für seinen Brief »über unsere Puntilaaufführung« und schlägt ihm vor, das Stück in seinem Theater herauszubringen. Er fände gut, wenn an einem Ort »verschiedene Interpretationen zu Worte« kommen. Für die Titelrolle empfiehlt B, »einen möglichst guten Puntila zu nehmen, etwa Homolka oder Lorre« *(Br, 1445)*. Barlog antwortet am 5. 12.
25. November, Freitag. Caspar Neher reist nach München ab.
Ende November. Hella Wuolijoki (→ 21. 9.) kommt nach

Bertolt Brecht organisiert seinen Stil und seine Wirkung mit hausväterlicher Genauigkeit. Sein Ensemble, das den Brechtton nach der berechneten Vorschrift herstellen und durchhalten kann, steht. Er widerspricht aktiv den verbreiteten Seufzern, es gäbe keinen Schauspielernachwuchs. Er findet ihn durchaus und fängt ihn jung. Auf dem Zettel eigentlich nur vier bekanntere Namen. Der Rest ist neu und vorzüglich und in drei Fällen außergewöhnlich. [...] Diese Aufführung, meisterlich im Detail, kühn in der Konzeption, bedeutet einen Höhepunkt. *(Friedrich Luft, Die neue Zeitung, 13. 11.)*

Wir haben gestern der Geburt der neuen deutschen Komödie beigewohnt. *(Horst Lommer, Tägliche Rundschau, 13. 11.)*

Es ist, als ob Brecht mit der brennenden Zigarre seines tiefgründigen Sprachwitzes aufgeblasene Ballons leicht und spielerisch zum Platzen bringt. Brecht läßt den Angegriffenen sich selbst lächerlich machen, er läßt ihn Harakiri begehen. *(Walter Kaul, Roland von Berlin, 20. 11.)*

Das *Berliner Ensemble* – wir ließen als ständiges Theaterzeichen die Friedenstaube des Picasso auf den Vorhang des Deutschen Theaters nähen – stellt eine riesige Leistung der Weigel dar, die die Mittel beschaffte, ein Bürogebäude mit Probebühne ausbaute, Pässe, Wohnungen und (in der Zone) Möbel für die Wohnungen der Schauspieler besorgte, dazu Sonderessen für das ganze Personal – unbeschreibliche Anstrengungen in der Ruinenstadt. *(27,308.)*

18. November 1949
Kauf eines elf Jahre alten Steyr-Kabrioletts

Mit Hella Wuolijoki

Berlin und ist bei B und Helene Weigel zu Gast. Sie sieht sich die Aufführung von *Herr Puntila und sein Knecht Matti* an (→ 8. 2. 50). Leonard Steckel berichtet über den Besuch am → 8. 12.

28. November, Montag. B gibt Ruth Berlau noch einige konzeptionelle Hinweise für die Regie von *Die Mutter* in Leipzig. »Und nimm Dir Regieassistenz!« *(Br, 1449.)*

November. Max Frisch schickt B sein Schauspiel *Als der Krieg zu Ende war* mit der Widmung: »in Verehrung und Erinnerung an viele Stunden in Zürich« *(BBAB).*

B hat sich (in dieser Zeit) bei einem Gespräch mit Erich Engel über Dialektik dessen Kritik darüber zugezogen, daß er »wie ein Bierkutscher« ins Schimpfen geraten sei. B verteidigt sich in einem Brief damit, daß es sich »um eine Art gesellschaftlichen Erdbebens, damit geistigen Erdbebens« handele. »Es ist für Leute wie Sie und mich weiser, die Dialektik aus ihrer politischen Anwendbarkeit zu begreifen, das heißt die neuen Begriffe aus den Griffen abzuleiten.« Seinen ausführlichen Brief bittet er »als eine kleine Buße« zu betrachten, »die ich mir für meine Heftigkeit auferlegte«. B dankt Engel dafür, daß er, seine »Erschöpfung nicht achtend«, geholfen hat, »das Ensemble in Gang zu bringen« *(Br, 1448).*

Erstdruck Heft 9 der *Versuche (Versuche 20/21)*

BRECHT
VERSUCHE 20/21
Mutter Courage und ihre Kinder
Eine Chronik aus dem Dreißigjährigen Krieg
Fünf Schwierigkeiten beim Schreiben der Wahrheit
9
SUHRKAMP VERLAG VORM. S. FISCHER

Im November (oder Dezember) Fertigstellung und Vertrieb von Heft 9 der *Versuche (Versuche 20/21)* (→ 13. 10.). B setzt damit die 1933 unterbrochene Reihe seiner Werke (→ Januar 33) fort. Textänderungen, die sich bei der Inszenierung von *Mutter Courage und ihre Kinder* ergaben, werden in der sofort vorbereiteten 2. Auflage (1950) berücksichtigt. Der Aufbau-Verlag beginnt 1951 die Reihe *Versuche* mit Heft 9 (auf der Textbasis der 2. Auflage der Suhrkamp-Ausgabe).

Heft 9 enthält:

20. Versuch: *Mutter Courage und ihre Kinder (6,7-86). Anmerkung (24,260-264).*

21. Versuch: *Fünf Schwierigkeiten beim Schreiben der Wahrheit (22,74-89).*

1. Dezember, Donnerstag. Gottfried von Einem wendet sich in Salzburg nochmals wegen Bs Paßangelegenheit an Egon Hilbert und bittet ihn, den Verantwortlichen im Unterrichtsministerium »die Dringlichkeit des Falles Brecht« klarzumachen.

Anfang Dezember. In Leipzig beginnt Ruth Berlau in der Volksbühne mit den Vorbereitungen zu *Die Mutter.* Sie teilt B mit, daß die vorhandenen Mittel des Theaters vermutlich nicht ausreichen, die beiden Gäste (Charlotte Küter als Pelagea Wlassowa und Ernst Kahler vom BE als Pawel) zu bezahlen, und bittet B, Intendant Wilhelm Gröhl bei den Berliner

Ämtern zu unterstützen. Außerdem wäre es ihr eine Hilfe, wenn B mit Ernst Kahler die Rolle des Pawel nochmals in Berlin durchspricht (»er karikiert noch zu viel«) *(974/63)*.

7. Dezember, Mittwoch. B teilt dem Verlag Allert de Lange mit, daß er dem Desch Verlag die Druckrechte für den *Dreigroschenroman* gegeben hat, weil de Lange »in nahezu vier Jahren nach Kriegsschluß immer noch nicht von sich hatte hören lassen und ich auch vorher niemals eine Abrechnung erhalten habe«. Um den Verlag aber nicht zu schädigen, bietet ihm B die Vertriebsrechte des *Dreigroschenromans* im deutschsprachigen Ausland an sowie die holländische Ausgabe der *Kalendergeschichten (Br, 1450)*.

8. Dezember, Donnerstag. Leonard Steckel berichtet in einem Interview für die *BZ am Abend*, daß vor einigen Tagen Hella Wuolijoki die *Puntila*-Aufführung besucht und danach auf der Bühne immer wieder gerufen habe: »Ja, so war Herr Puntila wirklich!«

12. Dezember, Montag. B rät Wieland Herzfelde zu, einen Berliner Verlag zu übernehmen.

Die kleine Werbe-Truppe des BE (→ November) geht mit einem Programm, das B einstudiert hat, in Betriebe. Die Premiere findet im Berliner Kabelwerk Oberspree statt. Unter dem Titel *Enthüllungen auf Puntila* werden Szenenausschnitte und Lieder aus dem Volksstück vorgestellt, Sabine Thalbach wirbt mit dem *Lied vom Gottesvögelchen* für die nächste Premiere (Gorkis *Wassa Schelesnowa*), und mit Bs Clownspiel *Wie dem deutschen Michel geholfen wird* schließt das Programm *(Neues Deutschland, 11. 12.)*.

12. Dezember 1949
Erstaufführung
BE-Werbeprogramm
Kabelwerk Oberspree
Berlin

Dann beginnt eine lebhafte Diskussion mit dem Publikum. Die jungen Schauspieler und die jungen Zuhörer entzünden sich gegenseitig. Ein Junge ruft: »Laßt den deutschen Michel doch nicht hilflos liegen. Stellt einen neben ihn, der ihm zuruft, wie er sich wehren soll.« »Klar«, sagt ein anderer, »genauso, wie wir es tun.« »Wir wollen nichts Vorgekautes und Serviertes«, entgegnet ihm ein dritter. »Gerade weil das Spiel so zu Ende geht, daß sie dem Michel eine Kreuzlage verpaßt haben, muß man nachdenken und sich selber fragen: ›Was kannst du dagegen tun?‹« *(Maurer, BZ am Abend, 13. 12.)*

14. Dezember, Mittwoch. Ruth Berlau bedankt sich in einem Brief bei B, daß er die Rolle mit Ernst Kahler in Berlin vorprobieren konnte, und berichtet vom Fortgang ihrer Leipziger Proben. »Es ist sehr lustig, sehr schön, Dein Stück zu inszenieren«, schreibt sie und dankt B für die Möglichkeit, die er ihr gab *(974/11-14)*.

B teilt der in München erscheinenden *Neuen Zeitung* (der »amerikanischen Zeitung für die deutsche Bevölkerung«) mit, daß er, (am 25. 11.) um einen Beitrag für die Weihnachtsausgabe gebeten, am 10. 12. das Gedicht *Die Söhne der Frau Germer (14,297f.)* abgeschickt habe. Bruno E. Wagner von der *Neuen Zeitung* dankt (am 15. 12.) für das Gedicht, will es in einer der Sonntagsbeilagen bringen und vermeiden, »unseren Lesern eine Mutter an den Weihnachtsbaum zu hängen« *(838/50)*.

Mitte Dezember. In einer Beratung des vorbereitenden Ausschusses für die Gründung einer Deutschen Akademie der Künste (→ 29. 6.) hat sich Paul Wandel gegen die Einführung von Meisterklassen für Akademiemitglieder ausgesprochen. Da Wandel aus der Sitzung geholt wurde, ehe darüber diskutiert werden konnte, wendet sich B mit seinem Widerspruch schriftlich an ihn. Junge Künstler müßten Gelegenheit erhalten, sich Rat zu holen. »Ich wäre seinerzeit sehr froh gewesen, mit meinen Entwürfen zu Hauptmann oder Kaiser oder Wedekind gehen zu können und vor allem: ein Stipendium zu bekommen.« Es müsse darum gehen, die Akademie »produktiv und nicht nur repräsentativ« zu machen. »Sonst bekommen wir eine Akademie, wo die Phrase blüht und der Kalk rauscht.« *(Br, 1451.)* Wandel antwortet B (am 17. 12.), es handele sich um ein Mißverständnis; von seiten des Ministeriums gäbe es keine Einwände gegen Meisterklassen.

17. **Dezember,** Sonnabend. B ist besorgt wegen der Nierenschmerzen der in Leipzig inszenierenden Ruth Berlau und bittet sie, zum Arzt zu gehen. Er arbeite am *Hofmeister* und besuche Berthold Viertels Proben (→ 23. 12.). »Ich vermisse es, in die Charitéstraße [Berlaus Berliner Wohnung] herüberzukommen am Nachmittag.« *(Br, 1453.)*

18. **Dezember,** Sonntag. Das *Neue Deutschland* veröffentlicht Bs 1948 verfaßte Würdigung *Salut Teo Otto! (23, 63f.)*, die auch als Vorwort in den Band des Malers und Bühnenbildners Otto, *Nie wieder. Tagebuch in Bildern,* erschienen 1949 im Verlag Volk und Welt, aufgenommen wird.

19. **Dezember,** Montag. Der Amsterdamer Rechtsanwalt E. Reinhold antwortet B (→ 7. 12.) im Auftrag des Verlags Allert de Lange mit einem Vergleichsvorschlag, wonach der holländische Verlag auf sein Verbot des Drucks von *Der Dreigroschenroman* beim Kurt Desch Verlag verzichtet, dafür die Hälfte des Reingewinns beansprucht, den Desch aus den 10 000 Exemplaren macht. Desch habe dies abgelehnt, worauf Allert de Lange mit dem Vertrieb seiner Exemplare in Deutschland begonnen hat.

20. **Dezember,** Dienstag. Nach einer B zugeleiteten Autorenabrechnung des Verlags Allert de Lange ist der *Dreigroschenroman* folgendermaßen abgesetzt worden: 1716 Exemplare (1934), 772 (1935), 219 (1936), 278 (1937), 55 (1938), 42 (1939), 3 (1940), 53 (1945), 41 (1946), 23 (1947).
Ruth Berlau schreibt B aus Leipzig, der Arzt führe ihre Schmerzen, die inzwischen wieder verschwunden sind, auf Rheumatismus zurück. Sie will über Weihnachten nach Berlin kommen und schlägt für ein Treffen den 25. 12. vormittags vor. »Jedenfalls haben wir eine kleine Zeit für uns.« *(974/60.)*

22. Dezember 1949
Fertigstellung einer Bearbeitung der Tragödie *Der Hofmeister* von Lenz

22. **Dezember,** Donnerstag. B hat »für das *Berliner Ensemble* schnell eine Bearbeitung des Lenzschen *Hofmeister* gemacht«, ein Stück, das nach seiner Meinung »die früheste – und sehr scharfe – Zeichnung der deutschen Misere« gibt.

Das Stück soll den jungen Schauspielern Chancen geben und »eine Vorstudie zu einer neuen Spielweise des Shakespeare abgeben«. *Die Tage der Kommune* stellt er wegen des von ihm nicht geschätzten Volksbühnenpublikums (darunter »nur etwa 0,3 % Arbeiter«) erneut zurück *(27,309)*. B hatte sich bereits 1938 in dem Gedicht *Über das bürgerliche Trauerspiel »Der Hofmeister« von Lenz* für die Sammlung *Studien (11,270f.)* mit dem Stoff beschäftigt.

23. Dezember, Freitag. Ruth Berlau fotografiert in Leipzig ihre Inszenierung der *Mutter* und stellt ein Proben-Modellbuch (mit angedeuteten Dekorationen und Kostümen) her. Auf Bs Wunsch läßt sie von ihren Regieassistenten (Inge Müller und Hans Heinemann) über alle folgenden Proben Notizen herstellen, durch die sich B auf seine Teilnahme an den Endproben vorbereiten kann.

Nach 4 Vorproben und 29 Bühnenproben hat die zweite Inszenierung des Berliner Ensembles Premiere: *Wassa Schelesnowa* von Maxim Gorki. Regie: Berthold Viertel, Bühnenbild: Teo Otto; mit Therese Giehse (Wassa), Friedrich Gnass (Sergej Petrowitsch), Erwin Geschonneck (Prochor C. Chrapow), Regine Lutz (Ludmilla).

24. Dezember, Sonnabend. Als ihm Ruth Berlau mitteilt, daß sie bei der Lektüre von Anton Makarenkos *Der Weg ins Leben* ist, schreibt ihr B, daß er den Roman auch gerade liest: »ein *sehr* gutes Buch!« *(2201/63.)*

Ende Dezember. B hat mit der Volksbühne Dresden Vertrag über eine Inszenierung von *Herr Puntila und sein Knecht Matti* geschlossen unter der Bedingung, daß sein Mitarbeiter Heinz Kuckhahn, der in Berlin assistiert hat, bei der Modellinszenierung Regie fuhrt. Das Projekt ist mittlerweile an das Staatstheater Dresden übergegangen, das aber nicht an einer Modellaufführung interessiert ist. B erläutert in einem Brief an den Intendanten die nach seiner Meinung notwendige Modell-benutzung und droht mit einer Zurückziehung des Vertrags. Kuckhahn bittet er, in Bs Interesse nach Dresden zu fahren und zu prüfen, »welche Sicherungen vorhanden sind, daß das Werk ohne Modellbenutzung oder durch Benutzung des Modells von Seiten eines andern Regisseurs werkgerecht aufgeführt werden kann«. B bittet in dieser Maßnahme »keine unfreundliche Haltung« zu sehen, seine Stücke hätten oft durch »nicht speziell informierte Regisseure starken Schaden gelitten«. »Vielleicht ist es eine Schwäche dieser Stücke, daß sie so außergewöhnliche Maßnahmen benötigen.« *(Br, 1459.)*

Dezember. B bedankt sich bei Henry Peter Matthis, daß er seine Manuskripte in Schweden so gut aufbewahrt hat, »das ist eine große tätige Hilfe«, und überläßt seinem »Ermessen, durch wen die Dinge geschickt werden sollen«: B hofft Mat-

23. Dezember 1949
Premiere
Wassa Schelesnowa
von Maxim Gorki
Berliner Ensemble
(im Deutschen Theater)

Daß mit Berthold Viertel einer der feinsten Künstler der Regie wieder vor eine Berliner Aufgabe gestellt, daß mit Therese Giehse eine der größten deutschen Schauspielerinnen zum erstenmal nach Berlin gebracht wird: das Verdienst des Berliner Ensembles. *(Paul Rilla, Berliner Zeitung.)*

Die Inszenierung Berthold Viertels in den Kammerspielen ist ein künstlerisches Meisterwerk. Alle dramatischen Kräfte sind freigelegt, eine Szene greift organisch in die andere, das Zusammenspiel ist vollendet. *(Heinz Ritter, Telegraf.)*

Viertel selber wird diese Aufführung mit den verminderten Mitteln des Berliner Theaters hoffentlich nur als ein Präludieren auffassen. Der lange und stürmische Beifall drückte aus, wie herzlich er hier erwünscht ist. *(Friedrich Luft, Die Neue Zeitung.)*

Die Inszenierung Berthold Viertels mit dem Berliner Ensemble Helene Weigels wurde höchsten Ansprüchen gerecht. Es war wieder einer der großen, beglückenden Theaterabende unserer Hauptstadt. Wenn es bei den folgenden Aufführungen möglich ist, stellenweise noch etwas den Ton »abzudecken«, bleibt wohl kaum noch ein Wunsch offen. Therese Giehse gab mit der Wassa Schelesnowa eine so überzeugende, in jeder Phase echte, atemverschlagende Meisterleistung, daß dem Kritiker nur Worte des Dankes bleiben. Welches Glück, daß diese Schauspielerin für Berlin gewonnen wurde. *(Fritz Erpenbeck, Neues Deutschland.)*

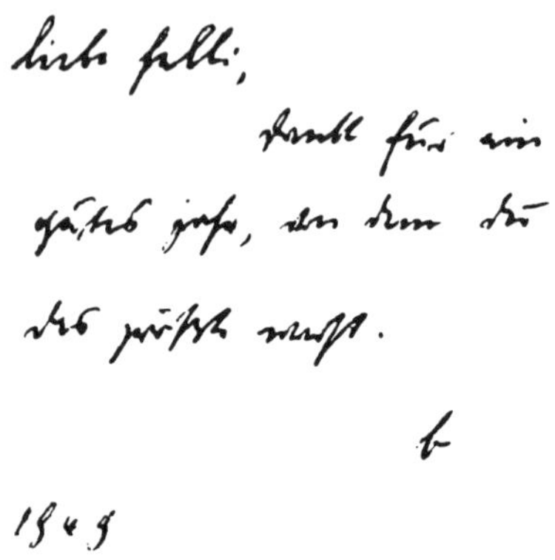
liebe helli,
dank für ein gutes jahr, an dem du das größte warst.
b
1949

this bald in Berlin zu treffen, »daß wir von alten Zeiten reden können – und von den neuen« *(Br, 1455)*.
In einem Brief an Arnold Ljungdal erinnert er an »eine blaue Schachtel (stoffüberzogen) mit Manuskripten zum Aufbewahren in der Bibliothek«, die er ihm vor seiner Abreise aus Stockholm übergeben hat. Er bittet darum, sie Tombrocks Frau nach Berlin mitzugeben *(Br, 1457)*.
Der Graphiker Herbert Sandberg schenkt B seine eben herausgekommene Sammlung *Eine Freundschaft. 30 Holzschnittskizzen* mit der Widmung: »Bertolt Brecht / der im Wort das erreichte, / was mir im Bild vorschwebt.« *(BBAB.)*
Ende des Jahres erscheint eine dritte Ausgabe von Bs *Kalendergeschichten* (mit Anmerkungen) im Verlag Neues Leben, Berlin/DDR (→ Februar).
Nach dem Erfolg der *Courage*-Inszenierung gibt es im Laufe des Jahres aus diesem Stück *7 Lieder zu Mutter Courage und ihre Kinder* im Berliner Verlag Lied der Zeit (mit den Noten von Paul Dessau) und *9 Lieder. Mutter Courage und ihre Kinder* (ebenfalls mit Noten) im Thüringischen Volksverlag. – Hinzu kommt die Einzeledition der Geschichte *Der verwundete Sokrates* im Dresdener Kinderbuchverlag (mit Abbildungen von Frans Haacken).
B schreibt an Helene Weigel: »Dank für ein gutes Jahr, von dem Du das Größte warst.« *(Br, 1454.)*

1950

Anfang Januar. Ruth Berlau fragt B nach einigen musikalischen Details in der *Mutter*.
2. Januar, Montag. B schreibt das Gedicht *An den Schauspieler P.L. im Exil*, in dem er Peter Lorre auffordert: »Arm oder reich / Gesund oder krank / Vergiß alles / Und komm.« *(15,218.)*

2. Januar 1950
Änderung des Titels
Der Flug der Lindberghs
in
Der Ozeanflug

B schickt dem Süddeutschen Rundfunk für eine Radiosendung des *Lindberghflugs* eine Reihe Textänderungen. Charles Lindbergh habe »zu den Nazis enge Beziehungen unterhalten« und in den USA »als Faschist eine ganz dunkle Rolle gespielt«. Deshalb wünscht er die Änderung des Titels in *Der Ozeanflug (3,404f.)* sowie an verschiedenen Stellen die Tilgung des Namens »Lindbergh«. Für den Fall der Zustimmung zu den Änderungen erteilt B die Sendegenehmigung. »Die Änderungen mögen eine kleine Schädigung des Gedichts bedeuten, aber die Ausmerzung des Namens wird lehrreich sein.« *(Br, 1460.)*
In einem Brief an Kurt Desch findet B die Forderung des Verlages Allert de Lange, die Hälfte des Reingewinns aus dem Verkauf des *Dreigroschenromans* an den holländischen Verlag zu zahlen, »für wucherisch und absurd«. Der Verlag habe sich nach Bs Rückkehr aus den USA um nichts gekümm-

mert. Erst nachdem er durch erste Erfolge auf sich aufmerksam gemacht hat, sei dem Verlag klar geworden, »daß mit mir doch wieder ein Geschäft gemacht werden kann«. B sind die Schwierigkeiten unangenehm, in die Desch dadurch gekommen ist, und macht Vorschläge für das taktische Vorgehen *(Br, 1461)*.

Gleichzeitig schreibt B an den Anwalt des Verlags Allert de Lange, der ihm am 19. 12. 49 diesen Vorschlag des holländischen Verlags gemacht hatte. B habe den Vertrag 1933 mit Allert de Lange »nicht im Hinblick auf Deutschland geschlossen«, weil damals seine Bücher dort nicht verkauft werden konnten. Andererseits könne ein ausländischer Verleger im besetzten Deutschland keine Bücher vertreiben. B verweigert seine Zustimmung für eine deutschsprachige Neuauflage des *Dreigroschenromans* bei Allert de Lange und bittet um Zustimmung, das Buch für den westdeutschen Büchermarkt dem Verlag Desch zu überlassen *(Br, 1462)*.

4. Januar, Mittwoch. Im Auftrag des »Vorbereitenden Ausschusses für die Gründung einer Deutschen Akademie der Künste zu Berlin« teilt Arnold Zweig B mit, daß er »einstimmig« für eine Wahl vorgesehen ist, und bittet ihn um sein Einverständnis.

6. Januar, Freitag. Der Vizepräsident der Deutschen Verwaltung für Volksbildung Rudolf Engel (künftiger Direktor der Deutschen Akademie der Künste; DAK) wendet sich an die Kulturabteilung des Zentralvorstandes der SED mit der Anfrage, wie in der künftigen Akademie mit Künstlern fremder Staatsangehörigkeit umgegangen werden soll. Als B davon hört, schreibt er *Warum eine Deutsche Akademie der Künste dieser Jahre ihre Mitglieder nicht nach der formalen Staatszugehörigkeit wählen sollte (23,120f)*.

Wenn wir Schriftsteller und Künstler mit außerdeutschen Staatszugehörigkeiten als aktive Mitglieder aussperren, beraubten wir die Akademie wertvollster Kräfte, solcher Leute, die in der ganzen Welt, welche Papiere sie immer haben mögen, als deutsche Künstler und Schriftsteller angesehen werden (wie Eisler, Felsenstein, Seghers, Brecht, Heinrich Mann, Berthold Viertel, Arnold Zweig, Caspar Neher usw.), und machen die Akademie so sichtbar rumpfhaft und unkomplett, daß auch Leute mit deutschen Papieren zögern werden, ihr beizutreten, sogar als korrespondierende Mitglieder. *(23,120f.)*

9. Januar, Montag. B fordert den Generalintendanten der Dresdener Theater, Martin Hellberg, auf, den zwischen ihm und Bs Mitarbeiter Heinz Kuckhahn abgeschlossenen Vertrag über eine Modellinszenierung von *Herr Puntila und sein Knecht Matti* zu erfüllen (→ 23. 2.) *(Br, 1463)*.

Der Buchillustrator Frans Haacken (→ Dezember 49) schickt B die von ihm mit Holzschnitten versehene und im Umschlag gestaltete Novelle *Die Fahnenflucht* von August Scholtis mit einer Widmung *(BBAB)*.

10. Januar, Dienstag. Helene Weigel bedankt sich bei Lion Feuchtwanger für das Weihnachtspaket und informiert ihn über die Entwicklung des BE. – »Wir haben ein kleines Berliner Haus gefunden in Berlin-Weißensee, es ist hübsch eingerichtet, hat Telefon und ist geheizt.« Wenn Heinrich Mann ihr das überlasse, wolle sie ihm gern in Berlin eine ordentliche Wohnung und einen Sekretär beschaffen *(Feuchtwanger, 65)*.

Der Verleger Kurt Desch bittet B, sich in der Rechte-Angelegenheit beim *Dreigroschenroman* selbst mit dem Verlag Allert de Lange in Verbindung zu setzen; nur dadurch könne ein Gerichtsverfahren gegen seinen Verlag verhindert werden.

11. Januar, Mittwoch. Karin Michaelis (→) stirbt im Alter von 77 Jahren. B und Helene Weigel schreiben in Briefform einen Nachruf, den auch Ruth Berlau, Hermann Duncker, Hanns Eisler, Elisabeth Hauptmann, Alfred und Friedel Kantorowicz, Anna Seghers, Maria Schanda und Auguste Wieghardt-Lazar zeichnen. Darin heißt es: »Du hast in Deinen Büchern und in Deinem Leben immer auf der Seite des menschlichen Anstandes, der Gerechtigkeit, der Wahrheit und des Friedens gestanden. Du hast Dich immer viel mehr für andere Leute interessiert als für Dich selber. Du hast vielen Menschen in vielen Ländern geholfen und Dich immer gewundert, wenn man an Dich dachte.« *(Neues Deutschland, 14. 1.)*

Brecht mit Ruth Berlau bei den Proben zur *Mutter* in Leipzig

Auf eine Anfrage von Ashley Dukes nach der Autorisierung einer englischen Übersetzung von *Mutter Courage und ihre Kinder* teilt B mit, daß bereits Desmond Vesey, der Übersetzer seines *Dreigroschenromans*, eine Übertragung vorgenommen hat, die er aber noch nicht gesehen habe. Er dürfe sie »nicht einfach ungesehen in den Papierkorb stecken« und wolle sie, sobald er sie bekommen hat, an Dukes schikken, da B »mehr als gern« seine Meinung darüber hinzuziehen will und dringend auf eine Zusammenarbeit hofft *(Br, 1464)*.

Mitte Januar 1950
Reise nach Leipzig

Mitte Januar. B reist nach Leipzig und übernimmt die Proben von *Die Mutter*.

Teilnahme an den Endproben für *Die Mutter*

12. Januar, Donnerstag. Nach der Vormittagsprobe findet am Abend in den Kammerspielen Leipzig ein Durchlauf des ganzen Stückes in Kostüm und Maske statt. Bei der sich anschließenden Auswertung werden die kritischen Hinweise zu jedem Bild schriftlich festgehalten und den Schauspielern und Technikern am Folgetag mitgeteilt.

Die DEFA erinnert B an den vertraglich festgelegten Termin, bis 31. 12. 49 seine Entwürfe für den *Eulenspiegel*-Film zu liefern.

15. Januar 1950
Premiere *Die Mutter*
Kammerspiele Leipzig

15. Januar, Sonntag. Premiere von *Die Mutter* in den Leipziger Kammerspielen. Regie: Ruth Berlau, Bühnenbild: Caspar Neher (Projektionen: Hainer Hill); mit Charlotte Küter (Pelagea Wlassowa), Ernst Kahler (Pawel), Curt W. Franke (Iwan Wessowtschikow), Johannes Curt (Nikolai Wessowtschikow), Adelheid Kretzschmar (Mascha), J. P. Dornseif (Kommissar), Otto Stübler (Metzger). Im Programmheft

Was die Darstellung anbetrifft, ist dieser Versuch ein Ruhmesblatt in der Geschichte des sogenannten

sind Bs Gedichte *Grabschrift Luxemburg* und *Grabschrift Liebknecht* (→ 15. 1. 49) abgedruckt, außerdem ein Artikel *Karl und Rosa* von Hans Mayer, ein Aufsatz von Ruth Berlau *Die Einzigartigkeit der Position Brechts* und ein Text von Wieland Herzfelde über das Stück *(Ein Beitrag zur Meisterung der gesellschaftlichen Verhältnisse)*.
Der Stellvertreter des Oberbürgermeisters überreicht B »anläßlich seines Aufenthalts in Leipzig« vom Rat der Stadt Leipzig das Buch *Die Feuerkugel Goethes. Zum Gedenken an den 200. Geburtstag Goethes am 28. 8. 49 (2046/111)*.
Ruth Berlau schreibt über die Erfahrungen bei der Inszenierung in *»Die Mutter«. Berlin 1932 – New York 1935 – Kopenhagen 1935 – Leipzig 1950 – Berlin 1951* (der Text wird in *Theaterarbeit* aufgenommen). Darin heißt es: »Wieder wurde das Modell von 1932 benutzt, aber diesmal mit Berufsschauspielern. Es zeigte sich, wieviel schwieriger es für sie ist, die Gruppierungen und Abstände des Modells einzuhalten. Eine Gruppe von Arbeiterschauspielern bleibt zusammen. Berufsschauspieler streben auseinander; schon bei seinem ersten Satz will ein Schauspieler aus der Gruppe treten.« *(Theaterarbeit, 337.)*
17. Januar, Dienstag. B ist in Berlin zurück und berichtet Berthold Viertel von der guten Wirkung seiner Inszenierung von *Wassa Schelesnowa*. »Sie haben eine große Visitenkarte abgegeben.« Eine Bearbeitung der Lenzschen Tragikomödie *Der Hofmeister* habe B inzwischen abgeschlossen. B bedankt sich bei Viertel für die »pünktliche Rückerstattung Nehers«, der inzwischen die Arbeit am *Hofmeister* aufgenommen hat *(Br, 1465)*. Bs Bearbeitung des Stückes von Lenz gründet sich auf eine Vorarbeit, die Benno Besson, Egon Monk und Peter Palitzsch machen. »Alle vorgenommenen Änderungen wurden mit Brecht in zahlreichen Besprechungen geprüft. Mal wurden diese von Brecht einberufen, mal baten die Regieassistenten darum.« *(Besson, 65.)*
18. Januar, Mittwoch. Fritz Erpenbeck schenkt B sein Buch *Lebendiges Theater, Aufsätze und Kritiken* mit der Widmung: »Trotz allem – herzlichst und in aufrichtiger Hochachtung!« *(BBAB.)*
20. Januar, Freitag. B bedankt sich bei Hans Tombrock für die Zusendung seiner »Rosa- und Gorkibilder« sowie für den *Kriegsknecht*. B macht ihm Vorschläge für die Gestaltung eines Wandbildes zum Gedicht *Fragen eines lesenden Arbeiters*, den Tombrock »in die Ruinen setzen« sollte. »Ihr Erbe ist das Zerstörte.« Je schrecklicher die Zerstörung ist, desto wahrer sei das Bild. »Wer für das Wissen ist, muß alles mitteilen; wer für die Schönheit ist, darf nichts beschönigen.« *(Br, 1466.)*
23. Januar, Montag. B bestätigt Max Frisch die Zusendung

»Provinztheaters«. Die Aufführung (auf der kleinen Bühne der Leipziger Kammerspiele) hat das Niveau eines hervorragenden »hauptstädtischen« Kunstereignisses. Wer noch, von 1932 her, Helene Weigels unvergeßliche Gestaltung der Pelagea Wlassowa im Gedächtnis hatte, war dennoch von der Neubewältigung dieser wunderbaren Rolle durch Charlotte Küter (Dresden) tief beeindruckt; ihr schlichtes, leises, menschliches Spiel machte den Wandel der Mutter von der verschüchterten Analphabetin zur revolutionären Kämpferin überzeugend. *(Heinz Lüdecke, Neues Deutschland, 19. 1.)*

Den schwierigen von Brecht verlangten Darstellungsstil wußte die Volksbühne Leipzig im ganzen gut zu finden. Die Inszenierung, für die Caspar Neher (vom Berliner Ensemble) die symbolischen, äußerlich kargen Bühnenbilder entwarf, besorgte Ruth Berlau (Berliner Ensemble) in Zusammenarbeit mit dem Dichter selbst. *(Walter Thomas, Junge Welt, 20. 1.)*

Großartig, wie Charlotte Küter die Wlassowa spielte. Da war kein falscher Ton zu hören, keine falsche Pose zu sehen. Auf der Bühne stand eine stille, bescheidene, unermüdliche Mutter, voll Wärme und Güte, mit der reinen Gläubigkeit eines jungen Mädchens, groß noch in der Überwindung des Schmerzes und in der Erfüllung selbstgesetzter Pflicht. *(M. Sp, Sächsisches Tageblatt, 21. 1.)*

Man hat »Brecht, Brecht« gerufen, in Sprechchören gebrüllt, vom Balkon herab, vom Parkett hinauf: »Brecht, Brecht«, und als er sich nicht sehen ließ, hat man der Küter zugerufen: »bring den Brecht raus«, und die Küter hat selbst auf der Bühne »Brecht, Brecht« gerufen, weil sie ihn nirgendwo hinter den Kulissen aufstöbern konnte; und so ist denn der

Beifallssturm nur über die Mutter hingefahren und über ihren Sohn und die ganze Horde, die mitgespielt hat. *(-ius, Die Union, 21. 1.)*

von Zitaten aus dessen Tagebuch, die ihn betreffen. »Tatsächlich verspürt man einen kleinen Schreck vor dem Beschriebenwerden, und durch geschätzte mehr als durch gelittene Beschreiber. Aber dann las ich Ihre schöne und freundliche Zeichnung des fremden Zugvogels doch mit Spaß – wie die eines Menschen, den ich selber flüchtig kenne. Sie machte mich neugierig auf das ganze Buch.« *(Br, 1467.)*

26. Januar, Donnerstag. Auf Wunsch Bs fährt Egon Monk nach Rostock, um den Oberspielleiter Grunitzki bei seiner Inszenierung von *Herr Puntila und sein Knecht Matti* zu beraten.

B bittet Ruth Berlau, »alles zu vergessen«, was sie »Böses« gesagt habe. »Du hast zuviel gearbeitet, daran bin ich schuld.« *(Br, 1468.)*

27. Januar, Freitag. Der Wiener Verband demokratischer Schriftsteller und Journalisten Österreichs schickt an Peter Lafite im Unterrichtsministerium eine Erklärung, in der »das ihm vorgelegte Ansuchen des Dichters und Schriftstellers Berthold Brecht um Erlangung der österreichischen Staatsbürgerschaft aufs Wärmste« befürwortet wird. B zähle »unter den heute in deutscher Sprache schaffenden Dramatikern zu den bedeutendsten, vielleicht ist er sogar der Bedeutendste«. *(Palm, 77.)*

Der Intendant der Leipziger Kammerspiele, Wilhelm Gröhl, informiert B davon, daß sich durch die Bibelszene in der Leipziger *Mutter*-Inszenierung viele kleinbürgerliche Besucher »in ihrem Gottglauben verspottet fühlten«, und fragt ihn, ob die Szene gestrichen werden könne *(1959/19-20)*.

28. Januar, Sonnabend. Egon Monk hat in Rostock einen schlechten Eindruck vom Stand der Inszenierung (→ 26. 1.) und hält sie so nicht für spielbar. Nach einer Auseinandersetzung mit Grunitzki überträgt Intendant Heinrich Allmeroth die Regie an Monk, der sich von B dazu eine Zustimmung einholt.

31. Januar, Dienstag. Der künstlerische Direktor der DEFA, Falk Harnack, bedankt sich für Bs Exposé seiner neuen Version von *Hoffmanns Erzählungen (20,180-184.)*, hält aber einen solchen Film in der DEFA nicht für realisierbar, weil bereits mit einem Regisseur und mit einem Drehbuchautor feste Abmachungen über die Verfilmung der Oper bestünden.

Januar. Ruth Berlau ist in Geldschwierigkeiten und schreibt an Helene Weigel einen längeren Brief, in dem sie vorrechnet, was sie vor einem Jahr in der Schweiz für Barbara getan und ausgegeben hat. Sie ist darüber enttäuscht, daß sich die Tochter, der sie schlechte Eigenschaften nachsagt, jetzt mit der Mutter gegen sie solidarisiert. Weigel wird in grober

Weise attackiert. »In der ganzen Emigration habe ich Mitleid mit Dir gehabt, jetzt habe ich keines: Du spielst (obwohl nicht episch, sondern dramatisch) die Hauptrolle in *Courage*, Du leitest Brechts Theater, Du hast ein Haus, ein Auto, so Mitleid wäre nicht am Platze.« Berlau rechnet auch ihre Ausgaben für Bs Zigarren und Grapefruitjuice vor, und verlangt von Helene Weigel die Rückerstattung aller Auslagen. Sie solle aber B nicht in die Auseinandersetzung hereinziehen. »Laß ihn in Ruhe, er muß sich erholen«; er sei unterernährt, und *sie* werde jetzt für ihn kochen *(974/65f.)*.

1. Februar, Mittwoch. B besucht die Premiere von August Strindbergs *Vater* im Hebbel-Theater (Regie und Titelrolle: Fritz Kortner) und entschuldigt sich danach in einem Brief bei Kortner, daß er nach der Vorstellung nicht in seine Garderobe gekommen ist. Er könne aber sich nicht für eine künstlerische Leistung bedanken, »wenn die Aussage mir nicht der Formulierung, der Anlaß mir nicht der Produktion wert scheint«. Er sei um so gereizter gewesen, weil er wisse, daß er in seinem Urteil mit dem Kortners übereinstimmt. B schlägt ihm vor, »spätestens in der nächsten Spielzeit den Galilei zu machen« *(Br, 1469)*.

1. Februar 1950
Besuch der Premiere von Strindbergs *Vater* im Hebbel-Theater

2. Februar, Donnerstag. Hans Schweikart von den Münchener Kammerspielen möchte den Spielplan 1950/51 mit *Mutter Courage und ihre Kinder* beginnen und bietet B drei Varianten an: 1) Erich Engel ist dem Theater verpflichtet und übernimmt die Regie, 2) wenn dies nicht möglich ist, führt B Regie, müßte aber alle Proben selbst leiten, nicht einen Teil davon Ruth Berlau oder Jacob Geis machen lassen (was in München »aus vielen Gründen taktischer und disziplinarischer Art« nicht ginge), 3) Schweikart probiert das Stück nach dem Berliner Modell vor (ohne daß sein Name erwähnt werden muß), und B leitet die letzten zehn Proben *(723/120f.)*.

4. Februar, Sonnabend. Barbara hat ihrem Bruder von dem Plan des BE geschrieben, den *Hofmeister* von Lenz zu spielen. Daraufhin schickt Stefan an Helene Weigel einen längeren Brief, in dem er die Figuren des Stücks analysiert. Nach seiner Meinung bewegen sich um Läuffer »lauter Ungeheuer«. Seine Beziehung zu Gustchen sieht er als das Verhältnis zur »Tochter des ›employers‹«: er verführt sie nicht, sondern paßt sich an. Das öffentliche Schulwesen habe in Deutschland nichts Revolutionäres, auch nicht in der Idee *(977/91f.)*.

Der Verlag Allert de Lange droht dem Desch Verlag wegen seines »illegalen« Drucks vom *Dreigroschenroman* einen Prozeß an, ist aber an einem Vergleich interessiert *(781/16f.)*.

4. Februar 1950
Allert de Lange droht mit Prozeß

7. Februar, Dienstag. Lion Feuchtwanger drückt in einem

Brief an Helene Weigel seine Freude über den Erfolg des BE aus, weil er »offenbar ehrlich« ist und »tief nach dem Westen« hineingeht. Er empfiehlt für den Spielplan eine Zusammenlegung von *Frieden* und *Die Acharner* sowie sein Stück *Die Petroleuminseln (Feuchtwanger, 66).*

8. Februar, Mittwoch. Hella Wuolijoki entschuldigt sich bei B und Helene Weigel, daß sie sich jetzt erst bedankt »für die wunderschönen Tage in Berlin und für alle die Mühe und Plage, die ich Euch verursacht habe« (→ Ende November 49). Sie nennt die Weigel die »Mutter Courage, die Du über Berlin herrschst und doch endlich zu Hause bist, Mutter der Möwe und Mutter der Brechts am Weißensee«. Über *Puntila* meint sie: »und was Du aus dem Puntila gemacht hast, wir hätten es hier doch nie verstanden auf die Bühne zu bringen und den Mut zu einer Groteske zu haben.« Sie möchte mit B noch ein Schauspiel zusammen schreiben über sie und die »schöne Provokateurin« Kerttu Nuorteva, die 1943 von den Russen im Fallschirm in Finnland abgeworfen wurde und die Hella Wuolijoki versteckt hat. – Nach ihrer Rückkehr stellte Hella Wuolijoki fest, daß sie vom Desch Verlag nur einen Teil der zugesagten Tantiemen angewiesen bekommen hat. Inzwischen wurde von ihr in Helsinki ein Gastspiel Bs und Helene Weigels arrangiert: es sollen *Mutter Courage und ihre Kinder* und *Herr Puntila und sein Knecht Matti* unter Bs Regie neu herauskommen. Das Projekt sei für Finnland sehr wichtig und könne den hiesigen »versteiften Regisseuren einen Schlag« auf den Hintern versetzen *(697/42-44).*

9. Februar, Donnerstag. B schickt Elisabeth Hauptmann nach Rostock zur Premiere von *Herr Puntila und sein Knecht Matti* (Gastregie: Egon Monk). Auch Helene Weigel sieht sich die Aufführung an und macht B auf zwei für sie interessante Schauspieler aufmerksam: den Darsteller des Attachés (Norbert Christian) und die Darstellerin der Telefonistin (Waltraut Reichelt).

10. Februar, Freitag. Ruth Berlau schreibt zu Bs Geburtstag das Gedicht *In Ring gehen* und bittet ihn, ihr Deutsch zu entschuldigen: »ich bin Dänin (wir stammen von den Wikingern ab)« *(977/62).*

Ernst Busch und seine Frau schenken B den »Dritten Theil« des *Faust* von Friedrich Theodor von Vischer »treu im Geiste des zweites Theils des Goetheschen Faust gedichtet von Deutobold Symbolizetti Allegoriowitsch Mystifizinsky« mit der Widmung: »zur herzlichen Erfreuung und uns das Herz entzwei« *(BBAB).*

Die Übersetzer Gerhard Nellhaus und Richard Grenier sprechen »zwei oder drei Stunden« mit B über ihre englische Version von *Mann ist Mann* und *Herr Puntila und sein*

Knecht Matti. Auf die Anfrage, warum er das eine »Lustspiel«, das andere »Komödie« genannt hat, meint B, daß diese Bezeichnungen austauschbar seien. Des weiteren befragen sie ihn über die nicht exakte zeitliche Festlegung von *Mann ist Mann* sowie über die Regieanweisungen. In der letzteren Frage vertritt B den Standpunkt, daß Regisseur und Schauspieler nicht festgelegt werden sollen, sondern die Möglichkeit haben müssen, »neue und variierende Interpretationen« zu finden. Nach Anfragen über mehrere Detailprobleme der englischen Fassung erläutert ihnen B die epische Spielweise, die sehr schwierig sei. Seine Schauspieler würde er so trainieren, daß sie in dieser Weise spielen können *(1184/10f.)*.

13. Februar, Montag. B und Caspar Neher besprechen mit dem Regieteam die Inszenierung des *Hofmeisters*.

Zur Frage der Staatsbürgerschaft Bertolt Brechts und Anna Seghers' wird in der in Vorbereitung befindlichen Deutschen Akademie der Künste beschlossen, »über Herrn Rudolf Böhm Herrn Minister Wandel zu bitten, diese Frage mit Herrn Brecht und Frau Seghers dahingehend zu besprechen, daß beiden die deutsche Staatsbürgerschaft gegeben und von ihnen angenommen wird, ohne daß sie gezwungen sind, die inzwischen evtl. erworbene ausländische Staatsbürgerschaft, solange das betreffende Land nicht von sich aus diese zurückzieht, zurückzugeben« *(Dokumente, 117)*.

Der Intendant der Deutschen Staatsoper Berlin Ernst Legal reicht beim Volksbildungsministerium das Textbuch von *Das Verhör des Lukullus* ein und empfiehlt die Oper zur Aufführung an seinem Theater.

14. Februar, Dienstag. Beginn der Proben von *Der Hofmeister*.

14. Februar - 14. April 1950
Proben zu
Der Hofmeister

Mitte Februar. B hat die Ausführungen seines Sohnes über den *Hofmeister* von Lenz, die er an Helene Weigel geschickt hatte, gelesen (»es ist ein hochmoralisches Stück ohne Trompeten«) und kündigt ihm die Zusendung seiner Bearbeitung an. »Inzwischen haben wir uns halbwegs eingewöhnt, zumindest in den Wechsel, in dem hier alles begriffen ist. Helli, seit sie auf dem Planwagen der Courage auf die deutsche Bühne rollte, hat enorm gearbeitet, aber nicht unbemerkt.« B rechnet mit Stefans baldigem Besuch in Berlin und bedauert, daß so wenige Dollar eingehen, die er ihm anweisen kann *(Br, 1470)*.

15. Februar, Mittwoch. Aufgrund von negativen Publikumsreaktionen in der Bibelszene bei der Leipziger *Mutter*-Aufführung (→ 27. 1.) hat sich Ruth Berlau mit B beraten und schreibt an Wilhelm Gröhl, man solle diese Szene vorläufig streichen, weil »das Elend zu groß ist«. »Die Leute müssen noch einen kleinen Halt auf Erden haben, solange sie

Mit Erwin Geschonneck und Leonard Steckel vor dem Deutschen Theater

keine Wurst haben.« Sie wolle aber eine Version der Szene schreiben, die Gröhl dann einstudieren soll *(1186/37-38)*.

17. Februar, Freitag. Nach Intervention zahlreicher Persönlichkeiten und Verbände bekundet das österreichische Unterrichtsministerium durch eine »Bescheinigung« von Minister Felix Hurdes das Staatsinteresse (→ 1. 8. 50) an Brecht. Er genieße als Schriftsteller »internationalen Ruf«, viele seiner Werke seien »über die Bühnen der ganzen Welt gegangen«, viele Bücher »in fremde Sprachen übersetzt«. Aus diesen Gründen wäre seine Einbürgerung ein »Gewinn für das österreichische Kulturleben« *(Z 17/160)*.

21. Februar, Dienstag. B bittet Ruth Berlau, dem Boten Barbaras rote Schuhe mitzugeben. Sie antwortet ihm darauf, daß sie die Schuhe an »arme Leute verschenkt« habe, sie aber sofort zurückholen werde *(974/59)*.

Abends findet im Haus des Kulturbundes eine Diskussion über B statt.

23. Februar, Donnerstag. In Dresden findet die Premiere von *Herr Puntila und sein Knecht Matti* in einer Modellinszenierung von Heinz Kuckhahn statt; mit Hans Joachim Büttner (Puntila), Helmuth Hinzelmann (Matti), Ingeborg Ortmann (Eva).

28. Februar, Dienstag. Ruth Berlau schickt B ihr Gedicht *Die Kälte*, in dem sie eine absterbende Liebe beschreibt; am Schluß heißt es: »Verschwunden ist: / das tiefe schmerzvolle Glück / ich habe nichts und doch genug: / den Drang nach Wahrheit und die Lust am Trug!« *(15,446f.)*. Seine Reaktion drückt B (auf der Rückseite des Blattes) in den Versen *Schwächen* aus: »Du hattest keine / Ich hatte eine: / Ich liebte« *(15,223)*. Eine weitere Abschrift dieser Verse zeichnet er mit »R.B.«.

Februar. Ruth Berlau ist erkrankt. Sie schreibt an B einen 6 Seiten langen Brief, in dem sie ihn kategorisch auffordert, ihr einen offiziellen Vertrag mit dem BE (als Archivleiterin) zu verschaffen. Sie sei immer »still, bescheiden und höflich« gewesen, wenn er allein mit seiner Frau zu Film- oder Theaterpremieren gegangen ist, aber das habe ihr nicht geholfen. Helene Weigel habe gekämpft »wie eine Hyäne«; jetzt wolle sie »kräftig zurückschlagen«. Sie habe »wie eine Irre« Foto-Modellbücher geklebt, die jetzt alle an andere Theater unterwegs sind. Die Position einer Archivleiterin sei dringend notwendig, und B solle der Weigel mit seinem Weggang drohen, wenn sie ihr keine ruhigen Arbeitsbedingungen verschafft und ihr keinen Vertrag gibt. »Was ist denn los mit Dir – alles kann ich nicht entschuldigen damit, daß Du ein Genie bist – alles nicht.« Ruth Berlau ergeht sich in eifersüchtigen bösartigen Anwürfen gegen Helene Weigel. Was Weigel kann, könne sie auch *(974/5ff.)*

Februar 1950
Vergeblicher Versuch, Peter Suhrkamp für den Druck des *Couragemodells* zu gewinnen

B befindet sich seit 1949 mit dem Suhrkamp Verlag (vorm. S. Fischer) wegen der Herausgabe seines *Couragemodells* in Verhandlung. Er teilt Peter Suhrkamp, der kritisch dazu steht, nunmehr mit, daß er eine Form dafür gefunden habe, »die nicht zu pedantisch ist«. Im Text werde »mehr das Prinzipielle der Regie« erläutert, nicht das Arrangement. »Zugleich machen wir neue Detailaufnahmen, wie Sie vorgeschlagen haben.« B erkundigt sich nach Suhrkamps Befinden. »Vielleicht sollten Sie ein wenig schreiben, ich meine nicht Briefe.« *(Br, 1473.)*
Ferdinand Reyher teilt er mit, daß Helene Weigel, Barbara und er sehr auf seine Ankunft warten. Er solle »einige Stücke« mitbringen und Oskar Homolka fragen, ob er in Berlin spielen wolle. »Sehr interessieren hier Piscators Absichten. Sprich doch mit ihm. Er sollte unbedingt wenigstens einen Besuch abstatten der Stätte seiner Triumphe. Und nicht auf Angebote warten, dazu ist hier alles zu sehr im Fluß. Er ist ja so benötigt!« *(Br, 1474.)*
B korrespondiert mit Hans Tombrock über die Gestaltung des Wandbildes (→ 20. 1.). Tombrock möchte anstelle von Ruinen, die »höchstens wie verblassende Schemen« auftauchen könnten, lieber den »Aufbau« zeigen. B besteht auf den Ruinen: »Der Zustand des Erbes macht die enormen Opfer der Werktätigen nötig, das Proletariat übernimmt es, die durch das Bürgertum mit dem endgültigen Ruin bedrohte Welt zu retten.« Er solle sich »in Weimar oder seiner Umgebung reale Ruinen und Neubauten suchen«, das könne seinem Bild dokumentarischen Charakter verleihen *(Br, 1472)*.
2. März, Donnerstag. B erfährt nicht, daß im Unterrichtsministerium bereits das österreichische Staatsinteresse an ihm erklärt ist (→ 17. 2.). Er hört lediglich von Caspar Neher, daß für seinen Antrag »noch ein Papier« fehle. Da er keine entsprechende Aufforderung erhalten hat, bittet er Gottfried von Einem um Auskunft. »Glauben Sie mir, ich bin so interessiert wie je, eher mehr noch. Sie *müssen* mir helfen.« Für die künstlerische Arbeit hänge »soviel davon ab«. Caspar Neher sei soeben nach Wien abgereist, um das Bühnenbild für Berthold Viertels Inszenierung des *Dritten Richard* am Burgtheater zu machen *(Br, 1489)*.
B geht nicht zu der zunehmend an Depressionen leidenden Ruth Berlau in die Charité, weil »immer noch soviel Feindseligkeit« in ihr sei, daß es sie »aufregt, wenn wir länger zusammen sind«. Er selber werde »ja auch irritiert dadurch« *(Br, 1475)*.
3. März, Freitag. Der Aufbau-Verlag schickt B das von ihm bestellte Buch von Patrick Maynard Stuart Blackett *Militärische und politische Folgen der Atombombe* (→ 6. 3.).

Ruth Berlau will B sehen, auch wenn es nur zwei Minuten seien, dann bekomme sie wieder Ruhe. Aus dem Krankenhaus müsse sie heraus, nach Hause oder in eine andere Klinik; sie sei auch einverstanden, wenn sie mit einer Krankenschwester nach Kopenhagen gebracht wird. »Hier muß ich weg, Bertolt.« *(974/19f.)*

4. März, Sonnabend. Ruth Berlau meint, B kümmere sich nicht genügend um sie im Krankenhaus. Er solle doch den Professor einmal darüber aufklären, »daß es eine 15 Jahre alte Liebesgeschichte ist, daß meine Aufregung davon kam, daß ich nicht auf Deinen Proben willkommen war«. Eine Selbstmordabsicht habe sie nie gehabt, sondern nur Theater gespielt. Sie weiß, daß sie für ihn jetzt fünf Jahre zu alt sei. »Große Liebe hin –, große Liebe her: leben wollte ich für Dich, nicht sterben.« Er soll auch deutlich machen, daß sie sich niemals das Leben nehmen wollte, »sondern wollte, daß Du mal eine Nacht bei mir schläfst, was die Wahrheit ist«. Da B immer von sich sage, er sei »der selbständigste Denker in Deutschland«, soll er mal darüber nachdenken, ob sie in dieser Umgebung »frisch werden« kann. Für sie sei das Wichtigste, aus der Charité so schnell als möglich herauszukommen, und sie bittet ihn zu helfen, wenn nicht aus Liebe, so aus Kameradschaft *(974/1-3)*.

5. März, Sonntag. B empfindet das Stück *Der Hofmeister* »gut gewählt für die Übung der Schauspieler im realistischen und zugleich großen Stil«, dadurch werde »der Weg zum Shakespeare« möglich. Mit Hans Gaugler, der den Hofmeister Läuffer spielt, hat er sprachlich Schwierigkeiten und läßt ihn über sein Schwyzerdeutsch einen Ausdruck finden, der »vielfältig, real, unformelhaft« wirkt und »das Plebejische der Figur« hervorkehrt. »Unsere Bühnensprache lebt ja, wo sie lebt, von den Dialekten; sie selbst ist nur eine dünne Kurzschrift ohne Ober- und Untertöne.« *(27,310.)*

Ruth Berlau

Ruth Berlau macht B neue Vorhaltungen, weil er sich nach ihrer Meinung nicht genügend mit ihr befaßt. B beklagt ihre Forderung, er solle darum »kämpfen«, daß sie ihr Fenster aufmachen kann, »das ist jämmerlich«. So wie er fest mit ihrer »guten Vernunft« rechnet, sollte sie es auch tun. Makarenkos Buch *Der Weg ins Leben*, das er schickt, sei »ein schönes Buch«, es werde ihr gefallen. »Ich habe mich auf das *Manifest* gestürzt.« *(Br, 1476.)*

Da sich B nicht an den Direktor der Berliner Charité, Theodor Brugsch, wendet, schreibt sie an ihn: »Wenn ich weinen werde vor Freude, B zu sehen, werdet Ihr sagen: ich bin depressiv – wenn ich froh bin, werdet Ihr sagen: ich bin manisch. Wenn ich ruhig bin, werdet Ihr sagen: sie ist ja zufrieden – hier kann sie bleiben.« Sie habe nicht, wie von ihr angedroht, Selbstmordabsichten gehabt: »Ich hatte einen furchtbar starken, 45prozentigen Wodka getrunken und spielte mal Ophelia, damit B. endlich eine Nacht bei mir blieb, was er mir so lange versprochen hatte.« Inzwischen habe sie eingesehen, daß sie sich falsch verhalten hat und »daß man Ophelia auf einer Bühne spielen soll und nicht auf einer Terrasse«, und bittet Thiele, sie zu entlassen *(Berlau/ Bunge, 265f.)*.

6. März, Montag. B liest das Buch *Militärische und politische Folgen der Atombombe* von Blackett (→ 3. 3.) und findet darin nachgewiesen, daß der amerikanische Präsident Truman die Atombomben auf Hiroshima und Nagasaki »als Gegenzug gegen den Eintritt der USSR in den Krieg gegen Japan abwerfen ließ«. So sei die »Zerstörung Dresdens nur gegen die anmarschierenden Verbündeten, die Russen«, erfolgt *(27,310)*.

Lion Feuchtwanger will bei B vermitteln, daß er dem westdeutschen Theaterdirektor Schroer eine tantiemenfreie Aufführung der *Dreigroschenoper* in seinem Bonner Theater gestattet. Er selber »stecke tief im *Goya*« und würde sich freuen, von B »2 bis 20 Zeilen zu erhalten« *(Feuchtwanger, 67)*.

8. März, Mittwoch. Wie schon bei den Proben zu *Mutter Courage und ihre Kinder* (→ 10. 12. 48) läßt B für die *Hofmeister*-Proben Texte episieren. »Dies klärt Gehalt und Gang der Szene, und der im Naturalistischen ausgezeichnete Geschonneck bekommt zum erstenmal ein Gefühl für das Epische und wird ›transparent‹.« *(27,310.)* Beispiele solcher *Episierungen (24,371-379)* veröffentlicht er im 11. Heft der *Versuche* (→ 1. 7. 51).

B entschuldigt sich bei Ruth Berlau für sein gestriges Verhalten; er habe angefangen, »ein paar Punkte aufzuschreiben, wie wir es machen könnten, *auf einer neuen Basis*.« *(Br, 1477.)* Es ist eine »*Übersicht über die Lage* (bei einer Pfeife zu lesen)«. Darin sind tabellarisch Berlaus positive den negativen Verhaltensweisen bzw. Leistungen gegenübergestellt. Zur Stärkung ihres Selbstbewußtseins sind die positiven ausführlich aufgelistet und hoch gelobt (u. a. »*entscheidend* geholfen, die Idee von Modellaufführungen durchzusetzen«, »herausgegeben ein *entscheidendes* Buch *Antigonemodell*«, »selber beste Modellaufführung in Ostzone inszeniert *(Mutter)*«. Die Tabelle schließt mit dem Absatz »*Was zu tun ist*«, in dem es z. B. heißt: »Schnelle Überwindung der Erschöpfungsphase. Bis dahin Vorsicht bei öffentlichem Auftreten und im Verkehr mit Personen, die im öffentlichen Leben stehen, d. h. Selbstzensur.« B rät auch: »Geldprobleme Brecht überlassen.« *(Br, 1471.)*

Ruth Berlau schreibt B einen längeren Brief mit Klarstellung von Abmachungen über ihre Arbeit und ihre Entlohnung. Sie wünscht von ihm eine Charakterisierung ihrer Fotoarbeiten in den Modellbüchern, damit sie nicht als »Fotograf, sondern als Fachmann« erscheint. Die ärztliche Diagnose hätte »Haßliebe« als Ursache für ihre Erregungszustände ergeben. »Ich aber habe keinen Haß, und die Liebe ist ein bißchen abgekühlt.« Sie ist nicht einverstanden, daß B mit Helene Weigel zusammenwohnt, sie hingegen ausgesperrt ist und nicht kommen kann, wenn er »freie Zeit« hat. Einen versprochenen Besuch pro Woche kann sie nicht akzeptieren (dann wäre sie seine »Wochenfreundin«). Sie möchte auch an seinen »wertvollen« und »lustigen« Gesprächen mit Freunden Anteil nehmen. In der skandinavischen Emigration habe Helene Weigel festgelegt, daß sie ihr Haus nicht betreten durfte, B aber hingehen konnte, wohin er wollte. Ruth Berlau verlangt nun von ihm, sich wieder eine eigene Wohnung zu verschaffen *(974/22-24)*.

10. **März,** Freitag. B mahnt Ruth Berlau, wieder die »dritte Sache« zur Grundlage ihrer Beziehung zu machen. Sie solle im Vordergrund stehen und das Private zurückdrängen. »Die *Dritte Sache* ist der Sozialismus und wichtig ist, was wir für den Sozialismus auf dieser Stufe und in diesen Jahren tun können, konkret.« Statt »gut« und »schlecht« sollten die Urteile wieder zwischen »nützlich« und »unnützlich« unterscheiden. Von der Vergangenheit soll nur »das Gute erinnert, das Böse vergessen« werden – »und gemeint ist: das eigene gut Getane wird vergessen und des andern Gutgetanes wird erinnert« *(Br, 1478)*.

Helene Weigel teilt Caspar Neher die Verlängerung seines Vertrags vom 26. 10. 49 um einen Monat (bis zum 30. 4.) mit und bittet ihn um ein Gespräch für weitere Abschlüsse.

12. März 1950
Tod von Heinrich Mann

12. **März,** Sonntag. Heinrich Mann, der zum ersten Präsidenten der kurz vor ihrer Gründung befindlichen Deutschen Akademie der Künste berufen ist und sich auf seine Rückkehr nach Berlin vorbereitet, stirbt in Santa Monica. B schreibt: »Wäre Heinrich Mann auch nur das Panier gewesen, um das sich die Bezwinger des Faschismus scharten, wäre dieser Mann schon unauslöschlich in der Geschichte.« *(23,122.)*

13. **März,** Montag. Kurt Desch berichtet B über die Verhandlung betreffs der Rechte am *Dreigroschenroman* vor dem Landgericht München. Der Verlag Allert de Lange habe bestritten, die Auflage von 1933 (3600 Exemplare) bereits 1937 ausverkauft zu haben (→ 20. 12. 49). Ein Restbestand (von 120 Exemplaren) sei vorrätig gewesen und noch weiterhin verkauft worden. B solle gegen den Verkauf des Romans durch Allert de Lange eine einstweilige Verfügung erlassen.

14. **März,** Dienstag. B lobt die Großzügigkeit von Ruth Berlau. »Kaum je habe ich Dich für Dich selber etwas kaufen

sehen. Das Geld, das ich Dir mitunter geben konnte, verwandtest Du sofort für mich – nicht nur für Arbeitsmaterial, sondern auch für kleine Bequemlichkeiten.« Sie habe ihre »Pionierarbeiten«, deren Bedeutung die Umgebung oft nicht verstanden hat, »nahezu gegen alle, ohne Furcht vor dem Gelächter oder der Intrige« gemacht *(Br, 1479)*.

Die Dresdener Staatsoper gastiert in der Deutschen Staatsoper Berlin mit *Antigonae* von Carl Orff (deutsche Erstaufführung am 27. 1.; Dirigent: Joseph Keilberth). Die Orffsche Oper und ihre Aufführung werden mit großem Beifall aufgenommen, stoßen aber nach dem Berliner Gastspiel auf scharfe Kritik der SED und werden als ein Beispiel für formalistische Kunst hingestellt.

15. März, Mittwoch. Hella Wuolijoki bittet B nochmals, den Verlag Kurt Desch wegen der *Puntila*-Tantiemen (→ 8. 2.) zu mahnen. Außerdem sollten sich B und Helene Weigel wegen des Gastspiel-Angebots entscheiden. B antwortet am → 3. 5.

Paul Dessau bedankt sich beim Intendanten der Deutschen Staatsoper, Ernst, beglückt für das Dresdener Gastspiel. Diese »künstlerische Tat« sei für ihn »ein Durchbruch für ein neues fruchtbares Musiktheater«, und er hoffe, sich mit ihm bald über die »ihm so sehr am Herzen liegende Sache«, die *Lukullus*-Oper, »aussprechen« zu können *(Lucchesi 2,30)*.

16. März, Donnerstag. Ende 1949 hat B 68 Fotoepigramme der Sammlung *Kriegsfibel (12,127-267)* an den Berliner Verlag Volk und Welt gegeben, der sie zur Genehmigung dem Kulturellen Beirat für das Verlagswesen vorlegt. Das Mitglied des Beirats Pincus sendet die Mappe weiter an Otto Grotewohl (als Vorsitzenden der SED) und äußert sich in einem Beibrief sehr kritisch. Obwohl B meine, »einen Beitrag gegen die imperialistischen Kriegshetzer zu leisten«, sei »das vorliegende Werk in Bild und Text zu wenig profiliert« und nehme »nur allgemein pazifistisch gegen den Krieg Stellung«. Pincus führt Bild und Vers Nr. 43 *(12,215)* als eines der »falschen« Beispiele an, B habe hier anscheinend »den heroischen Partisanenkampf der unterdrückten Völker« vergessen. Er bittet um ein Urteil. Nach der Lektüre schreibt Grotewohl am 19. 3. auf den Brief: »Zurück. Ich teile vollkommen Eure Ansicht; völlig ungeeignet.« (Faksimile in: *Literatur Revue, 3/1960,16.*) B geht später ein Gutachten der Partei zu (→ 26. 4.).

16. März 1950
Ablehnung der *Kriegsfibel* durch den Kulturellen Beirat für das Verlagswesen

B erklärt an Eides statt, daß er den 1933 mit Allert de Lange abgeschlossenen Vertrag über den *Dreigroschenroman* für erloschen hält, da seit Verkauf der Auflage 1937 von diesem Verlag keine neue Auflage herausgekommen ist.

18. März, Sonnabend. Bei einem kleinen literarischen

Brecht-Programm übergibt Helene Weigel dem Jugendgefängnis Berlin-Köpenick eine umfangreiche Bücherspende als Grundstock für eine Bibliothek. Sie hatte sich zu diesem Zweck an verschiedene Verlage gewandt und Unterstützung gefunden.

20. März, Montag. In Salzburg ist Gottfried von Einem über den amtlichen Fortgang der Staatsbürgerschaftsangelegenheit von B im Ungewissen und hat sich an die Münchener Freundin von Gale Hoffman (→ 29. 8. 49) gewandt. Diese schreibt ihm, er mache sich »ganz unnötige Sorgen« um seinen Freund B, denn der »Vielgehaßte« habe »schon längst seine Bescheinigung via Landesregierung Salzburg erhalten« *(ÖNB)*.

24. März 1950
Gründung der Deutschen Akademie der Künste (DAK)

Begründung für die Berufung Brechts
Als einer der stärksten Dramatiker unserer Zeit haben Sie, Herr Berthold Brecht, mit den Ihnen eigenen Ausdrucksmitteln die Welt der Ausbeuter und Kriegstreiber bekämpft und für eine neue Gesellschaftsordnung, für Frieden und Glück der Menschen gewirkt.« *(1486/1.)*

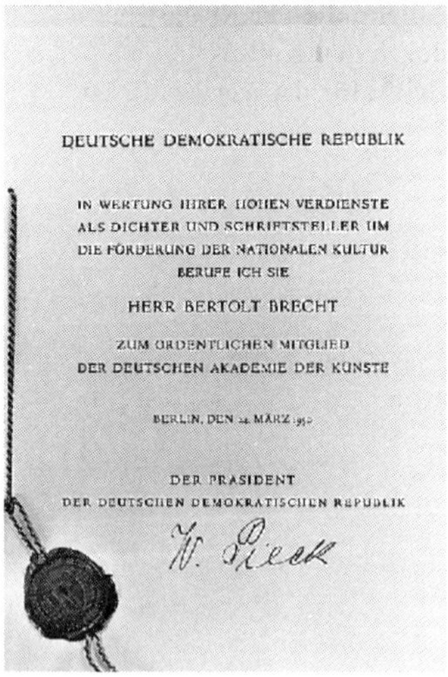
DEUTSCHE DEMOKRATISCHE REPUBLIK

IN WERTUNG IHRER HOHEN VERDIENSTE
ALS DICHTER UND SCHRIFTSTELLER UM
DIE FÖRDERUNG DER NATIONALEN KULTUR
BERUFE ICH SIE

HERR BERTOLT BRECHT

ZUM ORDENTLICHEN MITGLIED
DER DEUTSCHEN AKADEMIE DER KÜNSTE

BERLIN, DEN 24. MÄRZ 1950

DER PRÄSIDENT
DER DEUTSCHEN DEMOKRATISCHEN REPUBLIK
W. Pieck

24. März, Freitag. In Berlin findet bei Anwesenheit von Präsident Wilhelm Pieck ein Staatsakt zur Gründung der Deutschen Akademie der Künste (DAK) in der Deutschen Staatsoper (Admiralspalast) statt. B, Helene Weigel, Hanns Eisler und Erich Engel sitzen mit den anderen Gründungsmitgliedern im Präsidium auf der Bühne. Die Festrede (*Die Regierung ruft die Künstler*) hält Ministerpräsident Otto Grotewohl.

Auf die Rückseite des Programms zum Staatsakt schreibt B die letzten vier Refrainzeilen des Gedichts *An der Ruhr zerfällt ein Haus (15,223f.*; »Doch da kam ...«*)*. B wird als Mitglied berufen.

25. März, Sonnabend. Hans Mayer hat B mitgeteilt, daß er vor Lehrern der Oberschulen über Lenz und den *Hofmeister* spricht. B notiert ihm »einige Punkte, deren Berührung uns helfen könnte«. Einmal sei das die »Unterdrückung Lenzens durch die Literaturgeschichte«, das »Versagen« der deutschen Klassik, zum anderen das »Lehrerproblem des *Hofmeisters* als Teil der deutschen Misere«. B hält das Stück für »eine wirkliche *Komödie*«, eine »realistische Kunstgattung«, welche die Klassiker »eben so gar nicht pflegten« *(Br, 1480)*.

Während der Proben des Stückes lädt B Hans Mayer nach Berlin ein und hört mit den Mitarbeitern des BE seine Vorträge *J. M. R. Lenz und seine Zeit* und *Der deutsche Hofmeister.* Außerdem informiert Ernst Wildangel über *Die demokratische Schulreform*.

Der Leiter des Amtes für Literatur im Ministerium für Volksbildung Kurt Bork hat über die Oper *Das Verhör des Lukullus* ein Gutachten anfertigen lassen und schickt es zusammen mit dem Textbuch zur Kontrolle und Bestätigung an Stefan Heymann ins Zentralsekretariat der SED.

28. März 1950
Österreichischer Ministerrat bestätigt Staatsinteresse an Brecht

28. März, Dienstag. Der österreichische Ministerrat bestätigt in Wien als letzte Instanz das Staatsinteresse an der Verleihung der österreichischen Staatsbürgerschaft an B.

Die inzwischen aus der Charité entlassene Ruth Berlau sieht sich an der Maxim-Gorki-Bühne in Schwerin die Premiere von Bs *Die Mutter* an, die Regisseur Hanns Anselm Perten nach ihrem Leipziger Modell inszeniert hat.

2. April, Sonntag. Nach Ruth Berlaus Darstellung ihres Eindrucks von der Schweriner Inszenierung notiert B, daß es schwer sei, »Humor und Grazie zu übertragen«; das Modell wirke noch als »Zwangsjacke, in der die Werbung ums Publikum natürlich stark behindert ist« *(27,310)*.

3. April 1950
Tod von Kurt Weill

Died. Kurt Weill, 50, German-born composer of topflight musicals (*Lady in the Dark, One Touch of Venus*), who collaborated with Playwright Maxwell Anderson on the current Broadway smash hit, *Lost in the Stars;* of heart trouble; in Manhattan.

3. April, Montag. Kurt Weill stirbt an Herzversagen in New York. B klebt (Ende des Jahres) eine Zeitungsmeldung mit der Todesnachricht in sein *Journal* ein, in der dessen Zusammenarbeit mit B nicht erwähnt ist *(27,317)*.

4. April, Dienstag. Stefan Heymann vom Zentralsekretariat der SED schickt das *Verhör des Lukullus* an Kurt Bork zurück. Am Text von B sei nichts auszusetzen, außer »daß die Fabel an sich sehr dünn ist«. Da er Paul Dessaus Musik nicht kennt, könne er darüber nicht urteilen, sei aber »skeptisch« und befürchte »einen zweiten Fall *Antigonae*« (→ 14. 3.); man müsse die Musik »durch zuverlässige Genossen prüfen lassen« *(Lucchesi 2,33)*.

8. April, Sonnabend. Ernst Legal fragt (in seiner Funktion als Sekretär der Sektion Theater) Caspar Neher, ob er einen Ruf als ordentliches Mitglied der DAK annehmen würde.

12. April 1950
Verleihung der österreichischen Staatsbürgerschaft an Brecht und Helene Weigel

12. April, Mittwoch. Nach Bestätigung durch den Ministerrat (→ 28. 3.) wird die Urkunde über die österreichische Staatsbürgerschaft Bs von der Salzburger Landesregierung ausgestellt. »Die Verleihung erstreckt sich kraft Gesetzes auch auf die Ehegattin, sofern die Ehe im Zeitpunkte der Verleihung zu Recht besteht und nicht gerichtlich von Tisch und Bett geschieden ist« *(Staatsbürgerschaftsurkunde Bertolt Brecht, Akt 3949/LAD/50)*. Die Urkunde wird nach Wien geschickt und über das Bundeskanzleramt, Auswärtige Angelegenheiten, weitergeleitet. B erhält sie im Mai.

Nach Vorlage der Urkunde werden B und Helene Weigel in Berlin/DDR »polizeilich als Doppelstaatler 1) Deutschland, 2) Österreich« geführt und erhalten den Deutschen Personalausweis für Inländer mit dem Vermerk »Doppelstaatler« *(Z 38/114)*.

13. April, Donnerstag. Als Einführung in die bevorstehende Premiere von Jacob Michael Reinhold Lenz' *Hofmeister* veröffentlicht das *Neue Deutschland* Hans Mayers Essay *Das ABC der deutschen Misere. Über den »Hofmeister« von JMR Lenz.*

14. April, Freitag. Ruth Berlau ist nach Holland abgereist. B schreibt ihr, daß er »wieder an das Kinderlied für Eisler« *(vgl. 12,291-295)* gegangen sei *(Br, 1481)*.

15. April 1950
Premiere
***Der Hofmeister* von Lenz**
in der Bearbeitung des
Berliner Ensembles
(Kammerspiele des Deutschen
Theater)

Das ist vollendet. Dieser Abend übertrifft die Vorzüglichkeiten, die Brecht mit seinem Berliner Ensemble bis hier zeigte, noch bei weitem. [...] Eine Entfernung wird eingehalten, die zutiefst künstlerisch ist. Nicht das Gefühl wird strapaziert. Das Gefühl wird nur gelockt, soweit es dienlich ist. Bedient wird der wägende Verstand, der gezwungen ist, jeweils die Summe zu ziehen. Eine Heiterkeit, die aus dem Denken kommt. [...] Dieser Stil straft alles, was sich da »partei-präzeptoral sozialistisch realistisch« gibt, überlegen Lügen. Er macht das Illusions- und Emotionstheater fragwürdig. Dies ist zeitgemäß und förderlich. Die Methode, so zu spielen, wird sich mit diesem dritten Versuch durchgesetzt haben. *(Friedrich Luft, Neue Zeitung, München, 16. 4.)*

Es sei eingestanden: Ich stehe, fast einen ganzen Tag später, immer noch so stark unter der direkten Wirkung dieses künstlerischen Ereignisses, daß es mir einigermaßen widerstrebt, die Ursachen dieser Wirkung analysierend zu untersuchen! Oder etwa polemisch festzustellen, daß ich ebenso wie das große Publikum – entgegen bestimmter Theorien Brechts – »gebannt«, ja »verzaubert« war und daß ich begeistert bin von dem gelösten, aus der Wahrheit des Gefühls der Darsteller quellenden, ganz und gar nicht »verfremdeten«, an Höhepunkten zu heißen Gefühlsausbrüchen gesteigerten, realistischen Theaterspiel! *(Fritz Erpenbeck, Neues Deutschland, 16. 4.)*

15. April, Sonnabend. Aus Anlaß des 50. Geburtstags von Cheflektor Max Schroeder vom Aufbau-Verlag findet mittags im Klubhaus der Kulturschaffenden ein Essen statt, zu dem auch B und Helene Weigel eingeladen sind.
Abends Premiere von *Der Hofmeister*, Tragikomödie von Jacob Michael Reinhold Lenz, in der Bearbeitung des BE (B, Ruth Berlau, Benno Besson, Egon Monk, Caspar Neher) in den Kammerspielen des Deutschen Theaters; Regie: B und Caspar Neher; mit Hans Gaugler (Läuffer), Regine Lutz (Gustchen), Erwin Geschonneck (Geheimer Rat von Berg), Joachim Teege (Fritz), Ernst Kahler (Pastor Läuffer), Friedrich Maurer (Wenzeslaus).
Auf dem Personenzettel der Inszenierung wird die Probenarbeit charakterisiert: »Das Berliner Ensemble stellt sich die Aufgabe, junge Schauspieler und Regisseure zu entwickeln. Junge Regisseure arbeiten an allen Vorstellungen mit. Beim *Hofmeister* nahmen besonders Benno Besson, Wolfgang Böttcher und Egon Monk tätigen Einfluß auf die Bearbeitung des Originalstücks, auf die szenische Gestaltung, auf die Arrangements. Sie leiteten Proben, bei denen Szenen entworfen oder ausgearbeitet wurden.« Bs Vorschlag, die Inszenierung von Monk und Besson zeichnen zu lassen, lehnen beide ab. Da B sich nicht allein für die Arbeit angeben will, setzt er als Koregisseur Caspar Neher ein (der das Bühnenbild gestaltet und lediglich an den Endproben teilnimmt). In *Theaterarbeit* werden für die Arbeit an der Aufführung angegeben: »44 Vorproben, 40 Bühnenproben, zusätzlich Musik-, Tanz-, Schmink- und Dekorationsproben« *(Theaterarbeit, 120)*.
Benno Besson spielt in der Aufführung den Studenten Bollwerk. Er verliert die *Hofmeister*-Notate, die er als Regieassistent gemacht hat. Das veranlaßt B, ihn für eine Zeit »aufzugeben«; Besson schreibt darüber: »Zwei Jahre war ich vom eigentlichen Gang des Theaters ausgeschlossen, von 1950-1952.« Er arbeitet in dieser Zeit in Paris *(Besson, 25)*.
17. April, Montag. Ruth Berlau hat noch nicht von ihrer Reise (→ 14. 4.) berichtet; B fordert sie dazu auf und wünscht, sie möge »fröhlich und stark« sein *(Br, 1482)*.
18. April, Dienstag. Irmgard Schöningh vom Volksbildungsministerium bittet Ernst Legal, die in seinem Spielplanentwurf 1950/51 vorgesehene Oper *Das Verhör des Lukullus* und das Ballett *Hamlet* von Boris Blacher und Tatjana Gsovski abzulehnen. Eine Begründung für die Zensurmaßnahme gegen *Lukullus* wird in dem Brief nicht gegeben.
B erhält vom Magistrat der Stadt Berlin einen Ausweis (Nr. 27494) als anerkanntes »Opfer des Faschismus« *(1536/32)*.
19. April, Mittwoch. B berichtet (in diesen Tagen) Ruth

Berlau über die Pressewirkung des *Hofmeisters*, die in Ost und West »phantastisch gut« gewesen sei. Seinen Tagesablauf schildert er so: vormittags bereite er Bauproben für *Die Tage der Kommune* vor (das Projekt wird verschoben), dann schreibe er Texte für das *Hofmeistermodell* und über *Herr Puntila und sein Knecht Matti*. Er fürchtet Umbesetzungsproben in *Mutter Courage und ihre Kinder*. Mit Erich Engel plant er Termine für den *Courage*-Film *(Br, 1483)*.

23. April, Sonntag. B trifft abends bei einem Akademiemitglied den Maler Carl Hofer, der bestreitet, daß man von der *Courage*-Aufführung gute Fotos machen kann. »Ich erzähle, daß ich für den Schwarzweißfilm den Chemiker Havemann gebeten habe, eine Emulsion zu mischen, durch welche man dem Film Daguerreotypiecharakter geben könnte, und Hofer gibt zu, durch eine Abschwächung der mittleren Farbtöne könne man künstlerische Bilder erhalten.« *(27,311.)*

25. April, Dienstag. B spricht Leopold Lindtberg an, am BE in der folgenden Saison eine Inszenierung zu übernehmen. »Dies wäre eigentlich fällig.« Freilich stünde das Repertoire noch nicht fest *(Br, 1484)*.

26. April. Mittwoch. Der Choreograph Jean Weidt informiert B von folgendem Vorfall: Im März habe ihn die FDJ Brandenburg mit der Einstudierung eines Tanzspiels für das Deutschlandtreffen der Jugend und Studenten beauftragt. Weidt hat als Grundlage Bs *Zukunftslied* benutzt, das von einem Chor gesungen und durch Tänze ergänzt wird. Nach einer der ersten Proben habe der Landessekretär der FDJ Potsdam, Rudi Raupach, das Ballett abgesetzt, weil »der Text nicht den Aufgaben und Zielen der FDJ« entspreche (die FDJ kämpfe unter der blauen Fahne, nicht unter der roten), weil außerdem die Musik Paul Dessaus »atonal und vollkommen unverständlich« und schließlich die Inszenierung Weidts »formalistisch-expressionistisch« sei *(723/79)*.

B erhält vom Parteivorstand der SED durch Stefan Heymann ein kritisches Gutachten über die *Kriegsfibel* (→ 16. 3.).

Im Suhrkamp Verlag wird Heft 10 der *Versuche* ausgeliefert; es erscheint 1950 auch im Aufbau-Verlag.

Das Heft enthält:

22. Versuch: *Herr Puntila und sein Knecht Matti (6,283-370). Anmerkung zur Musik (6,373), Das Puntilalied (6,371-373). Notizen über die Züricher Erstaufführung (1948) (22,24,299-306).*

Zum 9. Versuch (→ Mitte Januar 32): *Anmerkungen zum Volksstück (24,293-299).*

Zum 9. Versuch: *Die Straßenszene. Grundmodell einer Szene des epischen Theaters (1940) (22,370-381).*

23. Versuch: *Chinesische Gedichte (11,261-266). Anmerkungen (11,387f.).*

Zweifellos hat man nicht den *Hofmeister* von Lenz gespielt, sondern eine Brechtsche Interpretation. Aber was an dieser außerordentlichen und beispielhaften Aufführung Textbearbeitung ist, darf nicht mit der unintelligenten Bühnenmache unbefugter Regie-Komödianten verwechselt werden. [...] Den Hofmeister gibt Hans Gaugler. Er hat bei der Churer Aufführung der Brechtschen *Antigone* den Kreon gespielt, Brecht hat ihn aus der Schweiz nach Berlin geholt: für Berlin die Entdeckung eines Schauspielers. Hans Gaugler hält die Rolle in einer pressenden Spannung durch, aber er preßt sie nicht in sich hinein, er stellt sie hinaus. Ein Umriß, ein Schattenriß. *(Paul Rilla, Berliner Zeitung, 18. 4.)*

Erstdruck
Heft 10 der
Versuche (Versuche 22-24)

24. Versuch: *Die Ausnahme und die Regel (3,235-260).*

27. April, Donnerstag. Der Henschelverlag sieht keine Möglichkeit für einen Druck der vom BE (am 24. 3.) eingereichten Regiebemerkungen zu Gorkis *Wassa Schelesnowa.*

28. April 1950
Arbeit an Szenarium der Oper *Der Darmwäscher* von Wagner-Régeny

28. April, Freitag. B beschäftigt sich mit der komischen Oper *Der Darmwäscher,* an der Caspar Neher und der Komponist Rudolf Wagner-Régeny gearbeitet und keinen Schluß gefunden haben. Sie »analysieren das Szenario und mathematisieren einen Schluß aus« *(27,311).* B stellt für die Oper folgende Lieder zur Verfügung (Nummern und Titel nach der Partitur): Nr. 4, *Das Öllied (Lieblich ist, 15,225);* Nr. 5, *In der Stadt Teheran (15,224)* und *Um diese Tafel hier (15,225);* Nr. 15, *Vom Glück des Gebens (→ Lied des Darmwäschers, 15,225);* Nr. 18, *Gegen Verführung (11,116);* Nr. 20, *Wer ließ dich ein (15,447)* sowie Nr. 21, *Finale.*

In einem später (eventuell erst im Juli) geschriebenen Brief an Rudolf Wagner-Régeny regt B ihn an, seine »schöne Komposition« des Liedes *Gegen Verführung* in die Anfangsszene des 4. Aktes einzufügen und schickt ihm noch Korrekturen und Ergänzungen seiner Texte *(Br, 1497).*

Hans Albers teilt Elisabeth Hauptmann auf deren Anfrage vom 21. 4. mit, er halte sich weiterhin an die alte Abmachung mit B hinsichtlich einer Tournee mit der *Dreigroschenoper.*

29. April 1950
Gespräch mit Gottfried von Einem und Boris Blacher über die Zukunft der Oper

29. April, Sonnabend. B trifft sich in Zehlendorf bei Boris Blacher, der seit 1948 an der Musikhochschule Berlin/West unterrichtet, mit Gottfried von Einem. Als sich Blacher pessimistisch über die Zukunft der Oper äußert, findet B, daß das Publikum offensichtlich mit den älteren Werken auskommt. »Ich versuche zu argumentieren, daß diese eben die alte Funktion der Oper besser erfüllen und eine neue Funktion nicht gefunden worden ist.« *(27,311.)*

30. April, Sonntag. Erstmals besucht Publikum, das über die Volksbühne Karten erworben hat, Aufführungen des *Hofmeisters.* B äußert sein Erstaunen darüber, daß gegenüber dem bisherigen Publikum kein Unterschied besteht: »es gibt 30 Vorhänge Abend für Abend – das Volk liebt Kaviar« *(27,311).*

April. B läßt Ruth Berlau ein Fotomodellbuch der *Hofmeister*-Inszenierung herstellen und schreibt dafür mehrere Texte *(24,357-392.).*

April/Mai. Einige westdeutsche Theater sowie Theater aus Wien, London, Stockholm und Mailand bewerben sich um die Aufführungsrechte für die *Dreigroschenoper.* Im Auftrag Bs vertröstet Elisabeth Hauptmann die Interessenten mit einem »vorläufigen« Aufführungsverbot wegen einer von B vorgesehenen »Bearbeitung« des Stücks. Einige Theaterintendanten wenden sich direkt an B und richten an ihn eindringliche Bitten. Jürgen Glücksmann vom Volkstheater Wien schreibt am 13. April: »Sie, Bert Brecht, sind heute der einzige deutsche Dramatiker, um den sich das Theater unserer Zeit neu gruppieren könnte und müßte. Haben Sie wirklich die Absicht, die Aufführung Ihrer Stücke zu verhindern und die sehr schwierige Position des Theaters noch zu erschweren?« *(723/11.)* B fühlt sich weiterhin Hans Albers verpflichtet, erfährt aber am 4. 5. durch einen Brief von Harry Buckwitz an Elisabeth Hauptmann, daß in den Münchener Kammerspielen keine Terminabstimmung mit Albers möglich ist. Der zeitliche Abstand zur *Dreigroschenoper*-Aufführung des vorigen Jahres (→ 27. 1. 49) sei so groß, daß zahlreiche Proben nötig wären. Außerdem sei es wegen des gescheiterten *Dreigroschen*-Projekts in Hamburg zu »Meinungsverschiedenheiten zwischen Herrn Brecht und Herrn Albers« gekommen *(723/16)*. Elisabeth Hauptmann, die bei allen *Dreigroschenoper*-Anfragen in Bs Auftrag Korrespondenz führt, ist über Bs unklare Entscheidungen verärgert. Als Helene Weigel ihrerseits dem Wiener Volkstheater eine definitive Absage gibt, während Hauptmann gleichzeitig den Intendanten vertröstet, schreibt sie an Bs Sekretärin Ilse Kasprowiak: »Das ist doch alles ganz anarchisch. Ent oder Weder.« *(723/17.)*

1. Mai, Montag. Zum 1. Mai findet in Berlin/DDR im Lustgarten am Neuen Museum eine Demonstration vor Mitgliedern der Parteien und der im Oktober 1949 gebildeten Regierung statt. Auf die dort errichteten Tribünen werden Veteranen und Prominente eingeladen, u. a. auch B: »Das Berliner Ensemble fährt auf seinem Lastwagen, Barbara sitzt auf dem Couragewagen und schwenkt eine rote Fahne. Helli wird durch alle Straßen hindurch begrüßt, Frauen halten tatsächlich die Kinder hoch: ›Die Mutter Courage‹!« *(27,312.)* Er schreibt das Gedicht *Das Theater des neuen Zeitalters (15,226)*. Von der Tribüne aus verfaßt B eine Grußbotschaft mit einem Besserungswunsch an den erkrankten Erich Weinert, die auch von Johannes R. und Lily Becher, Hanns und Hilde Eisler, Jakob Walcher, Herbert Sandberg, Wolfgang Langhoff, Gerda Müller u. a. gezeichnet wird.

Abends nimmt Max Frisch, der einige Tage bei B in Weißensee wohnt, nach der Aufführung von *Der Hofmeister* an einer Maifeier des BE teil. Nach seiner Erinnerung zeigten die Feiernden »etwas Entschlossen-Wohlgelauntes, Stimmung mit Gutscheinen, die man an einem Buffet einlösen konnte«. Alles habe »eine leise Nötigung« gehabt, »und wenn man sich ihr verweigerte, spürte man das krasse Mißverständnis, das die Nötigung verschärfte, alles positiv zu sehen« *(Max Frisch, Tagebuch, 128-131)*.

3. Mai, Mittwoch. B entschuldigt sich bei Hella Wuolijoki,

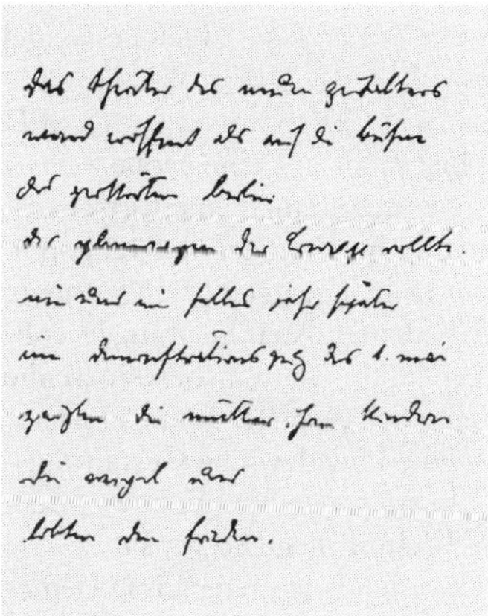

Das Theater des neuen Zeitalters
Ward eröffnet, als auf die Bühne
Des zerstörten Berlin
Der Planwagen der Courage rollte
Ein und ein halbes Jahr später
Im Demonstrationszug des 1. Mai
Zeigten die Mütter ihren Kinder
Die Weigel und
Lobten den Frieden
(15,226.)

daß der Desch Verlag ihre *Puntila*-Tantiemen nicht rechtzeitig angewiesen hat (→ 8. 2.). Ihre Anfrage, ob er im Sommer in Helsinki zwei seiner Stücke inszenieren kann, muß er zu seinem Bedauern abschlägig beantworten. »Du weißt, es liegt dieses ganze Berliner Ensemble mit seinen 60 Leuten auf Hellis und meinen Schultern.« Statt seiner schlägt er als Regisseurin Ruth Berlau vor, die beide Stücke bereits inszeniert und die »Modellbücher für die Regie angefertigt« habe *(Br, 1486).*

6. Mai 1950
Forderung eines absoluten Verbots von Atomwaffen

5. Mai, Freitag. Ettore Cella bedankt sich bei B für dessen Gastfreundschaft; er hat ihm ein Filmscript *Celestina* gegeben und erkundigt sich, ob er es schon an Erich Engel gegeben hat.

6. Mai, Sonnabend. B, Helene Weigel und Tochter Barbara unterzeichnen einen Text, mit dem sie das »absolute Verbot der Atomwaffe als einer Waffe des Schreckens und der Massenvernichtung der Bevölkerung« fordern *(Neues Deutschland).*

10. Mai, Mittwoch. Premiere einer Inszenierung Berthold Viertels im Berliner Schloßparktheater (*Endstation Sehnsucht* von Tennessee Williams, gastweise in der Komödie am Kurfürstendamm). Vermutlich sieht sich B einige Endproben an.

12. Mai 1950
50. Geburtstag von Helene Weigel

Aus dem Glückwunsch der SED
Du bist nicht nur eine große Künstlerin, sondern auch eine fortschrittliche und hervorragende Pädagogin. Wenn Dein Theater-Ensemble heute die bedeutendsten Leistungen vollbringen kann, wenn insbesondere die jungen Schauspieler Deines Ensembles eine künstlerische Gestaltungskraft zeigen, die weit über dem Durchschnitt liegt, so verdanken sie das zweifellos in erster Linie Deiner Erziehungsarbeit, die sich nicht nur mit der technischen Beherrschung der schauspielerischen Ausdrucksmittel begnügt, sondern die zugleich eine gesellschaftliche Erziehung der jungen Schauspieler zu bewußten Anhängern eines einheitlichen demokratischen Deutschlands ist

12. Mai, Freitag. 50. Geburtstag von Helene Weigel. Wilhelm Pieck und Otto Grotewohl gratulieren im Namen des Parteivorstands der SED in einem Brief, der im *Neuen Deutschland* veröffentlicht wird.

In der gleichen Zeitung werden einige Glückwünsche von Mitarbeitern des BE veröffentlicht. U. a. zeigt sich Iva Besson von der Anteilnahme der Weigel »begeistert [...], ihre schnelle Hilfsbereitschaft auch für unsere kleinsten Sorgen«; Benno Besson wünscht sich, daß es so weitergeht, wie bisher: »Ein Zukunftswunsch wäre noch ein eigenes Haus für das Berliner Ensemble.«

B teilt Michel St. Denis vom Londoner Old Vic Theatre mit, daß er Aufführungsgenehmigung für die *Dreigroschenoper*, für *Mann ist Mann*, für *Aufstieg und Fall der Stadt Mahagonny* oder *Galileo* mit Charles Laughton unter Eric Bentleys Regie erteilt.

21. Mai 1950
Bindung an Peter Suhrkamp

21. Mai, Sonntag. Peter Suhrkamp hat (am 28. 4.) B darüber informiert, daß er entsprechend einer Vereinbarung mit den Erben S. Fischers aus dem »Suhrkamp Verlag vorm. S. Fischer Verlag« ausgeschieden ist und beabsichtigt, einen eigenen Verlag zu gründen. Den Autoren des bisherigen Verlags wird freigestellt, sich für den S. Fischer Verlag oder für den neuen Suhrkamp Verlag zu entscheiden. B antwortet: »Lieber Suhrkamp, natürlich möchte ich unter allen Umständen in dem Verlag sein, den Sie leiten.« *(Br, 1490.)*

24. Mai, Mittwoch. B stellt in der Sektion Dichtkunst und Sprachpflege der DAK die Frage der Abgrenzung gegenüber der Kulturellen Kommission beim Ministerium für Volksbildung, die von der Regierung beauftragt worden ist, in der Akademie mitzuarbeiten. In dem im Mai geschriebenen Text *Recht der Akademie auf Entscheidung* legt er einen Vorschlag vor, dem zufolge die Akademie »bei allen staatlichen Entscheidungen über das Verbot der Drucklegung von Werken der schönen Literatur, der Aufführung von Stücken und Opern, der Ausstellung von Bildern und Plastiken, der Drucklegung und Aufführung von musikalischen Werken eingeschaltet wird« *(23,122)*.

25. Mai, Donnerstag. B nimmt zusammen mit Erich Engel an einer Beratung der beiden von der DEFA für den *Courage*-Film verpflichteten Drehbuchautoren Joachim Barckhausen und Graf Alexander Stenbock-Fermor teil. Es wird festgelegt, daß aus Gründen der Zeitersparnis ein »Rohdrehbuch« anstelle eines Treatments hergestellt und in den einzelnen fertiggestellten Teilen gemeinsam besprochen wird. B macht verschiedene Vorschläge für den Beginn des Filmes *(382/1-3)*.

Zum bevorstehenden Deutschlandtreffen der Jugend kommt Ilja Ehrenburg nach Berlin. B geht mit Anna Seghers zu einem Empfang, den der Leiter des Verlags Volk und Welt Michael Tschesno-Hell gibt. »Wir sprechen davon, daß beim Anblick von Auschwitz die Literatur in Ohnmacht fällt.« *(27,312.)*

26. Mai, Freitag. Über Pfingsten (27.-30. 5.) findet in Berlin/DDR das 1. Deutschlandtreffen der Jugend statt, an dem Jugendliche aus der DDR, aus der Bundesrepublik und aus Berlin/West teilnehmen. Schon die Veränderungen am Vorabend, meint B, verändern die Stadt. »Wie eine enthaltsame alte Krämerin, die sich betrinkt, wird sie lustig und versteht sich nicht. Abends, auf den Plätzen, bricht eine Art Neapel aus. Man hört überall ihre kleinen Kapellen.« *(27,313.)*

30. Mai, Dienstag. Willi Bredel schreibt an Lion Feuchtwanger, er sei häufig mit Wieland Herzfelde sowie mit Budzislawskis zusammen und in Berlin mit B und Weigel. »Aber ein richtiger enger Kontakt besteht eigentlich mit niemandem. Alle sind wahnsinnig beschäftigt.« *(Feuchtwanger, 371.)*

Mai. Wieland Herzfelde, der 1950 aus der Emigration zurückgekehrt ist und an der Leipziger Universität unterrichtet, plant eine Auswahl von Brecht-Gedichten für den Aufbau-Verlag (*Hundert Gedichte. 1918-1950*, erscheint 1951; *12,339-342*; →Dezember 51). B schreibt ihm für die Auswahl einige Gedanken auf. »Jedes Gedicht ist der Feind jedes andern Gedichts und sollte also allein herausgegeben

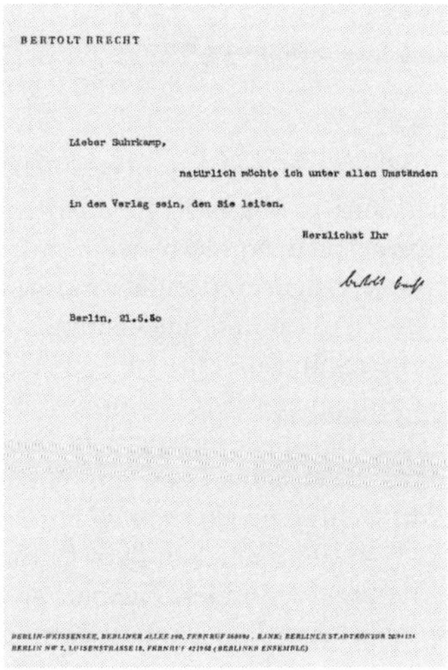

BERTOLT BRECHT

Lieber Suhrkamp,

natürlich möchte ich unter allen Umständen in dem Verlag sein, den Sie leiten.

Herzlichst Ihr

bertolt brecht

Berlin, 21.5.5o

BERLIN NW 7, LUISENSTRASSE 18, FERNRUF 421968 (BERLINER ENSEMBLE)

Weitere Glückwünsche an Helene Weigel:
Es liegt in der Art, wie Helene Weigel das direktoriale Szepter schwingt, eine unverkennbar mütterliche Note. Besonders tritt das zutage, wenn disziplinarische Dinge geregelt werden müssen. Unordnung wird meist mit mündlichem Verweis geahndet, nach jener unwiderstehlichen Erziehungsmanier, die da sagt: Ich bin nicht böse, aber traurig. Ein menschlich bezaubernder und vielleicht deshalb gar nicht so bewußt organisatorisch kluger Zug ist es übrigens, daß die Mutter ihre Kinder voreinander in Schutz nimmt und keinem ein schlechtes Wort über das andere gestattet, nicht einmal ein künstlerisch kritisches. Die schönste Qualität, die ein Theaterleiter haben kann. *(Angelika Hurwicz, Deutschlandstimme, 12. 5.)*

In schönster künstlerischer Reife ist die nun 50jährige Helene Weigel, diese Mutter aus dem Dreißigjährigen Krieg, unpathetisch mit verhaltenem Humor, mit leiser Ironie, von höchster sprachlicher Konzentration, wie es der Dichter Bertolt Brecht verlangt. Sie wird zu einer Anklägerin gegen alle, die an Stelle des friedlichen Nebeneinanderlebens den Gedanken eines neuen Krieges zu setzen wagen. *(F. R. S., Theaterdienst, 13. 5.)*

Helene Weigel hat, glaube ich, niemals eine populäre Rolle im alten Sinne gespielt, sondern sich immer exponiert. Sie stand immer auf gefährdeten Posten und hat sich nie an billige Wirkungen verloren. [...] Sie ist, könnte man sagen, die unwienerischste Schauspielerin, die man sich denken kann, obwohl sie aus Wien stammt, wenigstens dann, wenn man mit Wien den üblichen Begriff des »Charme« verbindet. Niemals gefällig pointierend oder nuancierend, sondern immer klar und eindringlich sprechend, immer den Inhalt und den dramatischen Vorgang herausarbeitend. *(Herbert Jhering, Die fünfzigjährige Helene Weigel, Braunschweiger Zeitung, 24. 5.)*

und gelesen werden. Gleichzeitig benötigen sie einander, ziehen Kraft aus einander und können also vereint werden.« Er solle die Gedichte als bekannt behandeln und »den Leser zum Blättern bringen«. Die Methode, mit der er die Zusammenstellung begonnen hat, sei »glänzend« *(Br, 1491)*.

Mai/Juni. B erfährt (vermutlich zu dieser Zeit) von Gefängnisstrafen für Mitangeklagte aus der amerikanischen Filmindustrie auf Betreiben des Kongreßausschusses für unamerikanische Tätigkeiten (→ 30. 10. 47). In seiner Solidaritätsbekundung *Wir Neunzehn* bringt er zum Ausdruck, die Verurteilten hätten seinerzeit keine Auskunft über ihre Parteizugehörigkeit gegeben, weil dies die Verfassung der USA verbietet. »Ihre Achtung für die Verfassung bezeugend, wurden sie wegen Verachtung des Kongresses zu Gefängnis verurteilt. Ich selbst entging der Verurteilung, da ich als Nichtamerikaner die Frage beantworten mußte: ich war nicht geschützt durch die Verfassung. Meine amerikanischen Kollegen waren geschützt durch die Verfassung, nur war die Verfassung nicht geschützt.« *(23,124.)*

1. Juni, Donnerstag. Elisabeth Hauptmann bittet Neher, der bereits Berlin wieder verlassen hat, im Auftrag Bs, noch andere Zeichnungen zum *Hofmeister* als die von ihm ausgesuchten, für eine Buchausgabe zur Verfügung zu stellen.

2. Juni, Freitag. Nach mehreren Vorstellung des *Hofmeister* schreibt B an Erwin Geschonneck (→ 14. 4.) kritische Bemerkungen zu drei Szenen auf, findet aber »sonst alles schön« *(Br, 1492)*.

Harry Buckwitz bestätigt die Vereinbarung über eine Aufführung von *Mutter Courage und ihre Kinder* an den Münchener Kammerspielen unter der Regie von B: anstelle eines Honorars gibt es Tagesspesen von DM 50 sowie Erstattung der Reisekosten mit dem Zug.

3. Juni, Sonnabend. In Salzburg beginnt ein Max-Reinhardt-Seminar, zu dem auch ein Mitarbeiter des BE eingeladen ist. Der von B ausgewählte Egon Monk bekommt aber die dafür notwendigen Reisepapiere nicht bewilligt.

5. Juni 1950
Teilnahme an Sondervorführung des Films *Paisà* von Rossellini

5. Juni, Montag. »Mit der DEFA verbundene Autoren« werden in die Berliner Räume der DEFA zu einer Sondervorführung des italienischen Film *Paisà* (1946, Regie: Roberto Rossellini) eingeladen, an der B sein Interesse angemeldet hat, mit anschließendem Gespräch der Teilnehmer *(1184/6)*.

6. Juni, Dienstag. Boleslaw Barlog schlägt B vor, den *Galilei* mit Kortner an seinem Theater (Schloßpark) aufzuführen.

7. Juni 1950
Beratung über Verfilmung von *Mutter Courage und ihre Kinder*

7. Juni, Mittwoch. In den Büroräumen des BE findet am Nachmittag eine zweistündige Beratung über den *Courage*-Film statt, an der neben B und den beiden Drehbuchautoren (→ 25. 5.) Erich Engel, Hans Winge und eine DEFA-Mitarbeiterin teilnehmen. Vor allem wird über den Weg der Courage in den Krieg gesprochen. Nach Bs Meinung läuft die Courage dem Krieg nach, weil sie sonst nichts verdienen kann. Für den Film wünscht er »eine flüssige, schnelle, leichte, amüsante Erzählart, damit das Thema nicht zu düster wird« *(382/6-15)*.

Hermann Duncker schenkt Helene Weigel die romanhafte Reportage *Die Volksakademie* von Gennadi Fisch, die auch B liest. Er beschließt, das 6. Kapitel des Buches (*Der Mann, der das Unmögliche wahr machte*) für eine Vertonung in Kinderverse zu bringen (*Tschaganak Bersijew oder Die Erziehung der Hirse*; → August/September).

7. Juni 1950
Reportage von Gennadi Fisch regt Brecht an zu ***Die Erziehung der Hirse***

8. Juni, Donnerstag. B kritisiert den zunehmenden Einfluß von Funktionären der SED oder staatlicher Institutionen auf die Künste. »Und von geduckten Leuten bekommt man nicht leicht souveräne Werke – und man braucht souveräne Werke. Natürlich kann eine Partei von innen zu arbeiten anfangen an den Künstlern, aber nur nach Maßgabe ihrer eben vorhandenen Fähigkeit.« Wichtig sei hingegen die »Mobilisierung der neuen lesenden Massen«. Man könne Künstler eher gewinnen, wenn man ihnen sagt, daß man sie nicht versteht, statt daß man sie angreift. »Das Bedürfnis verführt in der Kunst wie im Beischlaf, aber wie im Beischlaf dürfen keine harten Worte fallen.« *(27,313.)*

10. Juni, Sonnabend. Das BE geht 10.-30. 6. mit *Herr Puntila und sein Knecht Matti*, *Wassa Schelesnowa* und *Der Hofmeister* auf eine Gastspielreise nach Braunschweig, Hannover und Wuppertal. Obwohl die Aufführungen in der Presse sehr gelobt werden, beginnt eine Kampagne gegen das BE als Sendboten des Kommunismus.

Juni 1950
Kampagne gegen das Berliner Ensemble in der Bundesrepublik

In einem Brief an Peter Suhrkamp schreibt B: »Das Gastspiel in Braunschweig und Köln war ein erstaunlicher Erfolg (selbst in den katholischen und sozialdemokratischen Zeitungen)!« Für das *Couragemodell* habe er inzwischen »eine Form gefunden, die nicht zu pedantisch ist« *(Br, 1473)*.

B schreibt für Hanns Eisler »in kleinen Büscheln Kinderlieder«, dies kommt ihm vor wie »Silberschmiedekunst«. Die Gedichte sind in den Sammlungen *Kinderlieder* bzw. *Neue Kinderlieder* zusammengefaßt *(12,289-295 bzw. 12,297-303)*, darunter befinden sich: *Die Vögel warten im Winter vor dem Fenster*; *Lied vom Kind, das sich nicht waschen wollte*; *Die Pappel vom Karlsplatz*. Außerdem entstehen weitere Kinderlieder, die B nicht in die Sammlungen aufgenommen hat wie *Drachenlied*; *Eines nicht wie das andere (15,219)*; *Onkel Ede (15,220)*; *Vom kriegerischen Lehrer*; *Willems Schloß (15,222)*.

Fertigstellung von ***Kinderliedern***

Die Absolventin der Leipziger Universität, Käthe Rülicke, hat bei Hans Mayer eine Abschlußarbeit geschrieben, in der sie Bs *Herr Puntila und sein Knecht Matti* mit Gorkis *Wassa*

Schelesnowa am Beispiel der beiden Inszenierungen des BE vergleicht, und an B geschickt. Er liest die Arbeit und kommt zu dem Urteil: »Ideologie, Ideologie, Ideologie. Nirgends ein ästhetischer Begriff; das Ganze ähnelt der Beschreibung einer Speise, bei der nichts über den Geschmack vorkommt.« *(27,313f.)* Dennoch lädt B die 28jährige Käthe Rülicke ein, nach Berlin zu kommen, und führt mit ihr ein längeres Gespräch über Kunst, Wissenschaft und Vergnügen. Nach ihren Notizen (vom 18.6.) über diese Unterhaltung habe B gesagt: »Die Dialektik is a Witz – und wer net scherzen kann, wird nie a Dialektiker«. Ein Materialist müsse Spaß an der Materie haben: »Wenn die Professoren vernünftig und praktisch leben würden, oan vernünftiges Sexualleben hätten, dann bekämen wir auch oane ganz vernünftige Wissenschaft.« B erklärt ihr an Hand der Modellbücher Prinzipien seiner Theaterarbeit. Es habe keinen Sinn, »stur Theorie zu treiben«, um »einmal« zu leben. Er verwirkliche seine Ziele im Fortschreiten. »Man müsse gleich anfangen, glücklich zu sein, soweit möglich.« B engagiert Käthe Rülicke als Regieassistentin an das BE (→ 1. 10.) und rät ihr, die Ausbildung als Grundlage ihres »Einspruchs zu nehmen und die Assistenzzeit bei ihm als Teil der Ausbildung zu betrachten« *(1264/2)*.

B fügt dem *Journal* ein Fotoepigramm bei *(Ihr Frauen von Texas und Pittsburg; 27,314)*, das er aber nicht in die *Kriegsfibel* aufnimmt.

12. und 14. Juni 1950
Gespräche über den *Courage*-Film

12. Juni, Montag. In Bs Wohnung in Weißensee findet nachmittags ein fast vierstündiges Arbeitsgespräch über die neuesten fertiggestellten Bilder des *Courage*-Films statt (→ 25. 5.). B entwickelt zu den vorgelegten Texten Varianten und wünscht für den Film »poetische« Lösungen. Obwohl er häufig auf Texte aus seinem Stück zurückkommt, meint er: »Zwischen dem Theaterstück und dem Film soll schon ein Unterschied sein.« *(382/31-62.)*

13. Juni, Dienstag. Lion Feuchtwanger hat gelesen, daß Helene Weigel 50 Jahre alt geworden ist, und gratuliert ihr nachträglich. »Ich sehe Sie noch immer als kleines Mädchen vor mir stehen im Schnee von Kohlgrub.« *(Feuchtwanger, 68.)*

14. Juni, Mittwoch. In Bs Wohnung in Weißensee findet nachmittags ein weiteres Arbeitsgespräch über die neu geschriebenen Bilder des *Courage*-Films statt (→ 25. 5.). Es geht um Herauskehrungen von geschäftlichen Aktionen der Courage. Als »Symbol des Wohlstandes« wird ein Schimmel in den Film gebracht, der den Wagen zieht. Auch Eilif sollte in Geschäfte verstrickt sein: er verdient, »weil er bei den Schweden ist, und seine Mutter verdient, weil sie bei den Katholischen ist. Getrennt marschieren und vereint verdienen.« *(382/31-62.)*

B informiert Teo Otto von seiner Forderung, ihn als Bühnenbildner für die geplante Münchener Aufführung von *Mutter Courage und ihre Kinder* (»mit Therese in der Hauptrolle«) zu verpflichten. Darüber hinaus empfiehlt er Otto, die Berufung in die Berliner DAK »nicht ohne weiteres« abzulehnen. Er bekäme als ordentliches Mitglied »nicht nur DM 10000 Ost im Jahr steuerfrei«, sondern hätte auch die Möglichkeit, Schüler zu nehmen *(Br, 1494)*.

16. Juni, Freitag. B hat, wie er Peter Suhrkamp mitteilt, wieder die Verhandlungen über die *Dreigroschenoper* aufgenommen und ist mit einem Partner von Hans Albers darin übereingekommen, »daß Albers im Herbst unter der Regie von Steckel noch einmal probieren und dann eine große Gastspieltournee veranstalten wird«. Er könne den Theatern »vorläufig die *Dreigroschenoper* noch nicht ohne Albers anbieten« und werde mit ihm alles besprechen, sobald das Projekt spruchreif ist *(Br, 1495)*.

21. Juni, Mittwoch. Auf die Forderung des PEN-Club-Schatzmeisters Johannes Tralow (vom 17. 6.) läßt B mitteilen, daß es ihm leider nicht möglich ist, den Jahresbeitrag (von DM 50) zu zahlen, und bittet um eine andere Regelung.

22. Juni, Donnerstag. Willy Krüger von der Niedersachsen-Bühne Goslar bezieht sich auf seine Anfrage vom 2. 6. nach Erlaubnis der Aufführungsrechte für die *Dreigroschenoper*. Nach Bs telegrafischer Absage vom 20. 6. sei das Theater in eine katastrophale Lage gekommen, denn für die ausdrücklich von den Gewerkschaften gewünschte Inszenierung sind mittlerweile schon sehr viele Gelder investiert; B telegrafiert am 26. 6., daß er mit der Aufführung »ausnahmsweise« einverstanden ist.

23. Juni, Freitag. Aus Anlaß des Deutschen Volksbühnentags 1950 (23.-26. 6.) erscheint ein Sonderheft der Monatsschrift der deutschen Volksbühne *Volk und Kunst* (Heft 6/7) u. a. mit Bs Text *Über die Organisationsfrage*; darin bevorzugt B ein »nach Arbeitsstätten einheitliches Publikum« gegenüber einem zufällig zusammengekommenen, weil dadurch »große Möglichkeiten der Diskussion zwischen den Besuchern sowie zwischen den Besuchern und dem Theater« gegeben seien *(23,126)*.

24. Juni, Sonnabend. Aus Anlaß des 60. Geburtstags von Hans Marchwitza (am 25. 6.) veranstalten die DAK und der Kulturbund einen Empfang, zu dem Arnold Zweig auch B einlädt.

24. Juni 1950
Teilnahme an Empfang für Hans Marchwitza

26. Juni, Montag. In Bs Wohnung in Weißensee findet nachmittags mit den Drehbuchautoren das vorerst letzte Gespräch über den *Courage*-Film statt. Die beiden Autoren stellen danach im Juli das Drehbuch fertig (→ 4. 8.).

26. Juni 1950
Vorläufiger Abschluß der Gespräche über einen *Courage*-Film

B schickt an den in Berlin/West tagenden Kongreß für kul-

26. Juni 1950
Memorandum an den Kongreß für kulturelle Freiheit

turelle Freiheit (26.-30. 6.), dessen Initiator und Generalsekretär Melvin Lasky ist, ein Memorandum, in dem er die Teilnehmer u. a. aufruft: »Lassen Sie uns doch alle gesellschaftlichen Systeme, an die wir denken mögen, zuallererst daraufhin untersuchen, ob sie ohne Krieg auskommen. Lassen Sie uns zuallererst um die Freiheit kämpfen, Frieden verlangen zu dürfen.« Alle Regierungen, die den Krieg nicht diffamieren, sollten diffamiert werden, damit nicht »über die Zukunft der Kultur die Atombombe entscheidet« *(23, 125)*.

1. Juli, Sonnabend. Auf die Anfrage von Gerardo Guerrieri vom Salzburg Seminar in American Studies, ob Luchino Visconti die erste italienische Produktion von *Herr Puntila und sein Knecht Matti* mit Eric Bentley als Regisseur übernehmen kann, antwortet B zustimmend.

4. Juli 1950
Leitungsmitglied des Deutschen Schriftstellerverbands

4.-6. Juli, Dienstag-Donnerstag. Auf dem 2. Deutschen Schriftstellerkongreß wird von den Beiteiligten einmütig der Beschluß gefaßt, den Verband dem Kulturbund einzugliedern (als nunmehr neugegründeten Deutschen Schriftsteller-Verband im Kulturbund zur demokratischen Erneuerung Deutschlands; DSV). Präsident ist Bodo Uhse, 2. Vorsitzende: Willi Bredel und KuBa (Kurt Barthel). B wird in die Zentrale Verbandsleitung gewählt.

9. Juli, Sonntag. Helene Weigel schreibt Ferdinand Reyher, daß sich B und sie außerordentlich auf seinen Besuch in Berlin freuen. Da sie bald in Urlaub nach Ahrenshoop fahren, soll er sich, falls er vor dem 1. 9. kommt, an das Theaterbüro wenden.

10. Juli, Montag. Caspar Neher bedauert, so wenig von B zu erfahren. B und Helene Weigel sollen »im Besitz des Gewünschten« (österreichische Staatsbürgerschaft) sein, ohne daß B seine Freunde informiert hat. Mit Recht sei Gottfried von Einem darüber traurig, »da er doch einige Scherereien hatte, die ihm nicht nur Freunde verschafften«. Man erwarte B nun in Salzburg, »jedoch glaubt man nicht, daß Du kommst«. Neher beklagt sich über einige Architekten in Berlin, die mit dem Schlagwort »Raumtheater« operierten und sich nicht über dessen Wirkung im klaren seien *(2181/30)*.

12. Juli, Mittwoch. Der in der Weimaraner Kunsthochschule unterrichtende Hans Tombrock protestiert »auf das Äußerste gegen die unobjektive Berichterstattung« der Tageszeitung *Das Volk* über eine Publikumsdiskussion nach dem Gastspiel des BE *(Kritik der Werktätigen am »Hofmeister«, 12. 7.)* und schickt B eine Kopie seines Briefes.

18. Juli, Dienstag. B läßt Vito Pandolfi (→ März 48) auf dessen Anfrage (vom 8. 7.) mitteilen, daß er mit einem synoptischen deutschen und italienischen Druck des *Guten*

Menschen von Sezuan in der Zeitschrift *Botteghe Oscure* einverstanden ist, der italienische Verleger Giulio Einaudi solle aber darüber informiert werden.

20. Juli, Donnerstag. Helene Weigel bietet Caspar Neher für die Spielzeit 1950/51 einen Jahresvertrag als »Ausstattungschef« des BE mit der Garantie von zwei Inszenierungen an.

20.-24. Juli, Donnerstag-Montag. Auf dem 3. Parteitag der SED werden »außerordentliche Schwächen auf kulturellem Gebiet« festgestellt, weil viele Intellektuelle und Künstler noch nicht erkannt hätten, daß sich der »Aufbau einer fortschrittlichen deutschen Kultur nur im unablässigen Kampf gegen die volksfeindlichen Theorien des Kosmopolitismus, gegen den bürgerlichen Objektivismus und gegen die amerikanische Kulturbarbarei« vollziehen kann *(Protokoll des III. Parteitages SED, 2,263 f.)*.

20.-24. Juli 1950
SED kritisiert Schwächen auf kulturellem Gebiet

21. Juli, Freitag. Helene Weigel berichtet Caspar Neher über die erfolgreiche Juni-Tournee des BE. Die Aufführung vom *Hofmeister* auf der kleineren Bühne der Kammerspiele (des Deutschen Theaters in Berlin) habe zwar gelitten, »aber er ging«. Sie berät gerade mit Hainer Hill (der für den *Hofmeister* die Projektionen gemalt hat) einen Anstellungsvertrag am BE, will aber in der Angelegenheit erst noch B und Neher konsultieren. Neher und seine Frau hofft sie in Ahrenshoop treffen zu können. Stefan sei gerade aus den USA zum Urlaub nach Berlin gekommen *(2181/29)*.

24. Juli, Montag. Elisabeth Hauptmann informiert B über den Versand der Modellbücher an die Theater; über fünf Exemplare verfüge der Suhrkamp Verlag als Leihmaterial. Nach der Gründung des Verlags und der Verlegung nach Frankfurt/M. sei das gesamte Material von dort erhältlich.

Juli 1950
Verleih von illustrierten Modellbüchern an interessierte Theater

27.-29. Juli, Donnerstag-Sonnabend. Das Gastspiel des BE mit *Herr Puntila und sein Knecht Matti*, *Wassa Schelesnowa* und *Der Hofmeister* wird in Düsseldorf vom Publikum mit großem Beifall aufgenommen und von der konservativen Presse einesteils als »echte Ensemble-Leistungen von weltstädtischem Format« gelobt, andererseits wird die Einladung für dieses »Stoßtruppunternehmen östlicher Kommunisten in den Westen« erneut heftig kritisiert (→ 10. 6.); Tendenzkunst solcher Art sei »Leim für politische Gimpel« *(Rhein-Post, 30. 7.)*. Unter der Überschrift *Fährt Gründgens zweigleisig?* schiebt die West-Berliner Zeitung *Der Tag* Gründgens die Alleinverantwortung dafür zu, daß er in Düsseldorf »der SED-Propaganda die ihm anvertrauten führenden Bühnen Westdeutschlands« öffnete. »Mephisto auf der Schaukel – das wäre eine Rolle, in die sich Gründgens nicht drängen lassen sollte.« *(1. 8.)*

30. Juli, Sonntag. Caspar Neher bedauert, daß das BE mit dem *Hofmeister* auf die Bühne der Kammerspiele ausweichen mußte und dadurch einige Wirkungen verlorengegangen sind, die man im Deutschen Theater hätte erzielen können. »Das ist mehr als scheußlich.« Er empfiehlt dringend, den Bühnenbildner Hainer Hill zu engagieren; der »nicht mehr allzu junge Mann muß endlich ein sogenanntes geistiges Heim haben« *(2181/27)*.

Juli. B teilt Caspar Neher mit, daß er zwar die österreichische Staatsbürgerschaft (→ 10. 7.) verliehen bekommen hat, aber keinen Reisepaß, für den er noch den Geburtsschein und andere Dokumente liefern muß. Er bedauert, dadurch nicht nach Salzburg kommen zu können, »auf die Weise kommen wir halt so gar nicht zum Zusammenarbeiten an was Längerem«. Im Herbst möchte B *Leben des Galilei* inszenieren und bittet Neher, sich dafür freizumachen. »Und vergiß nicht ganz den *Lukullus* an der Staatsoper, das hast Du selber gemanaged (und Legal hat auch auf Deinen Rat den Dirigenten aus Göttingen engagiert« (Karl Eugen Glückselig). B bittet Neher, ihn bei Gottfried von Einem zu entschuldigen, aber es sei schwer, »am *Totentanz* zu arbeiten ohne zumindest einige Gespräche mit Dir« *(Br, 1496)*.

1. August, Dienstag. Gemäß einer Bescheinigung des Wiener Bundeskanzleramts für Auswärtige Angelegenheiten an das Amt der Landesregierung Salzburg (vom 12. 12. 51) hat B die Urkunde über die Verleihung der österreichischen Staatsbürgerschaft (→ 12. 4.) am 1. 8. erhalten.

2.-28. August 1950
Reise in das Ostseebad Ahrenshoop

2. August, Mittwoch. B fährt mit Helene Weigel, mit Barbara und Stefan sowie mit Ruth Berlau in das Ostseebad Ahrenshoop, in dem er vom Kulturbund ein Bauernhaus (das »Dornenhaus«) zur Verfügung gestellt bekommen hat. »Es ist eine reine Nazigegend, und nicht viel ist geschehen bisher, nicht viel konnte geschehen; es gibt zu wenige Ansatzpunkte. Die kleinen Fremdenindustriellen sehen sich durch die Maßnahmen gegen den schwarzen Markt allenthalben behindert, als Bauern müssen sie abliefern usw.« *(27,315.)* Einige Schauspieler und Assistenten verbringen ihren Urlaub im nahegelegenen Ostseebad Prerow.

Vorbereitung der Münchener Modellaufführung von *Mutter Courage und ihre Kinder*

Mit Ruth Berlau beginnt B, die Inszenierung von *Mutter Courage und ihre Kinder* in München vorzubereiten.

B läßt das *Verhör des Lukullus* für eine dänische Rundfunkaufführung an Ivan Malinovski (auf dessen Bitte vom 3. 5.) nach Arhus schicken und bittet ihn, »die Bühnenmusik selbst zu machen« *(774/13)*.

4. August 1950
Drehbuch zum Film *Mutter Courage und ihre Kinder* (1. Fassung) abgewiesen

4. August, Freitag. Die DEFA verschickt das von Joachim Barckhausen und Graf Alexander Stenbock-Fermor fertiggestellte Drehbuch des *Courage*-Films an B und an Erich Engel. Da die Zusammenarbeit mit den beiden Autoren nach Bs Meinung zu keiner vertretbaren Vorlage geführt hat, wird das Projekt zunächst unterbrochen (→ 6. 9.).

6. August, Sonntag. Neher versucht, nach der Premiere von Boris Blachers *Romeo und Julia* in Salzburg (9. 8.) nach Ahrenshoop zu kommen, hat aber noch keine Erlaubnis für Aufenthalte außerhalb von Berlin/DDR bekommen. Gottfried von Einem frage täglich nach B, »wann Du kommst? ob Du kommst?« *(2181/25).*
Mitte August. B fordert Arnold Zweig auf, die Vorschläge der Akademie für die Nationalpreise durchzusetzen, soweit es sich um Künstler handelt. »Es darf neben den Interessen der Republik auch das deutsche Gesamtinteresse nicht ganz vergessen werden.« *(220/52.)*
13. August, Sonntag. Therese Giehse berichtet Helene Weigel über eine Kur. Sie freut sich auf die bevorstehende Arbeit mit B in München (→ 4. 9.): »Schließlich verbindet sich mit ihm der Gedanke an die Wiesenmaß, die Brathendln und die Schweinswürscht. Literarisch und menschlich ist eh alles in Ordnung.« *(notate, 3/81,14.)*
16. August, Mittwoch. Eric Bentley fragt Bs Sekretärin Ilse Kasprowiak, ob er bei der Münchener Inszenierung von *Mutter Courage und ihre Kinder* assistieren könnte.
17. August, Donnerstag. Caspar Neher schreibt B, daß er erst ab September (zur Vorbereitung des Bühnenbilds für die Oper *Der arme Matrose* von Darius Milhaus / Jean Cocteau an der Komischen Oper) in Berlin sein wird. Im Salzburger »Festtagsrummel« habe er Arnolt Bronnen getroffen, »der gerne nach Berlin will«. Er möchte B und Neher dort besuchen und benötige dazu eine »offizielle Einladung«. Bronnen fügt hinzu, B habe ihm vor 20 Jahren den Rat gegeben, 10 kg abzunehmen; nachdem er inzwischen »mehr abgenommen hat«, hoffe er, ihm bald wieder ins Auge blicken zu dürfen *(2181/24).*
B gestattet dem Henschelverlag den Abdruck seines Textes *Über die Organisationsfrage (23,126)* auf der Rückseite des *Theaterkalenders 1951.*
18. August, Freitag. Egon Monk und Claus Hubalek sind in Prerow untergebracht und besuchen B in Ahrenshoop. Nach Schilderung der ärmlichen Zustände in Prerow lädt Helene Weigel beide ein, zu ihnen zu ziehen.
28. August, Montag. B fährt von Ahrenshoop nach Berlin zurück.
30. August, Mittwoch. Ferdinand Reyher kommt in Berlin an.
August. B beendet die Versfassung des 6. Kapitels aus dem Buch Gennadi Fischs (→ 7. 6.) unter dem Titel *Tschaganak Bersijew oder Die Erziehung der Hirse (15,228-238).* Die 52 Strophen umfassende Kantate, die B für Schulen vorgesehen hat, beschreibt den ertragreichen Anbau von Hirse unter ungünstigen Witterungsbedingungen durch den Nomaden

August 1950
Tschaganak Bersijew oder Die Erziehung der Hirse
fertiggestellt

Träume! Goldnes Wenn
Sieh die schöne Flut der Ähren
steigen
Säer, nenn
Was du morgen schaffst, schon heut
dein eigen!
(15,234.)

Bersijew, der Erfolge erzielt durch praktisches Erproben der Aufzucht. Nachdem der von B angesprochene Hanns Eisler die Vertonung zu dieser Zeit nicht beginnt, übernimmt später Paul Dessau die Komposition (→ 13. 11. 52). Das Gedicht wird in *Sinn und Form* (1950, Heft 5) veröffentlicht.

B hat Caspar Neher mitgeteilt, daß der *Courage*-Film bis Dezember verschoben werden muß, weil Erich Engel erst noch einen anderen Film macht. Dennoch wollte er Neher noch im August in Ahrenshoop haben, um mit ihm am *Galilei* zu arbeiten *(E 12/06)*.

Ende August. B schreibt an Helene Weigel, sie solle an Johannes R. Becher eine Mitteilung geben, falls der Nationalpreis für ihn »fallengelassen« wird. Er bittet sie und Barbara, schon »Donnerstag« heimzukommen *(Br, 1500)*.

Lieder für ***Leben des Galilei***

In der probenfreien Zeit arbeitet B an den deutschen Fassungen der Lieder zu *Leben des Galilei*, die Hanns Eisler nach der englischen Übersetzung komponiert hatte (→ 30. 7. 47). Außerdem entwirft er eine Konzeption für die Zusammenführung der beiden Stücke Gerhart Hauptmanns *Der Biberpelz* und *Der rote Hahn* (→ 1. 9.); er nimmt sich einzelne Szenen vor. Mit der Konzeption will er bei den Hauptmann-Erben die Autorisierung der einschneidenden Bearbeitung erwirken (→ 9. 10.).

Gerhart Hauptmann, Biberpelz und roter Hahn **Bearbeitung Brechts und des Berliner Ensembles**

1. September, Freitag. B schreibt Berthold Viertel einige Gedanken über die Bearbeitung der Stücke von Gerhart Hauptmann *Der Biberpelz* und *Der rote Hahn* für eine Aufführung an einem Abend auf. »Die Giehse könnte eine riesige Gestalt kreieren, das heißt die beiden Gestalten, die das Stück jetzt hat, zu einer machen.« Er versucht, Viertel (anstelle von Gerhart Hauptmanns *Ratten)* für seine Bearbeitung zu interessieren. »Nirgends so leicht als mit dem Berliner Ensemble könnten Sie doch Ihr großes Unternehmen, das Erbe dem neuen Publikum zu überliefern, noch einen Schritt weiter bringen.« B überläßt ihm aber die Wahl und bereitet beide Stücke vor *(Br, 1502)*.

Bs Tochter Barbara wird mit Beginn der neuen Spielzeit als Kostüm-Assistentin (bei Caspar Neher) an das BE engagiert. Ihren Wunsch, auch als Schauspielerin am BE mitzuwirken, will B erst erfüllen, wenn sie an einem anderen Theater erfolgreich aufgetreten ist (→ 31. 12. 52).

2. September-9. Oktober 1950 Reise nach München

2. September, Sonnabend. B und Ruth Berlau machen auf der Reise von Berlin nach München im bayerischen Pegnitz Zwischenstation. »Der Blick vom Gasthof *Weißes Lamm* am Marktplatz in der Frühdämmerung greift einen zart- und kräftigfarbenen Breughel und ist an Schönheit dem von einem der verwanzten Hotels am Marseiller alten Hafen ebenbürtig.« *(27,315.)*

3. September, Sonntag. B und Ruth Berlau treffen abends in München ein.

4. September, Montag. B beginnt in den Kammerspielen mit Therese Giehse die Stellproben und macht eine Bauprobe. Da Teo Otto, der Bühnenbildner der Aufführung, erkrankt ist, springt für ihn sein Kollege von den Münchener Kammerspielen, Wolfgang Znamenacek, ein und arbeitet nach den Entwürfen Ottos. Als Assistenten fungieren neben Ruth Berlau Egon Monk sowie Eric Bentley; außerdem wird Harald Benesch von Wolfgang Heinz, dem Direktor des Neuen Theaters in der Scala, Wien, zu Hospitationen nach München entsandt. (Auf dem Programmzettel der Aufführung sind nur Egon Monk und Rainer Wolffhardt als Regieassistenten angegeben.)

Proben für
Mutter Courage und ihre Kinder
Kammerspiele München

Nach den Notaten von Egon Monk steht die Bühne der Kammerspiele lediglich am Anfang und für die Endproben zur Verfügung, weil sie die restliche Zeit für gleichzeitige Einstudierung des Stücks *Frauen in New York* benötigt wird. »So war Brecht gezwungen, die Stückproben in einen sehr ungünstigen Behelfsprobenraum zu verlegen. [...] Brecht probierte vormittags, nachmittags und abends, um den Zeitverlust auszugleichen.« *(Theater heute.)*

6. September, Mittwoch. B teilt der DEFA mit, daß die weitere Arbeit am *Courage*-Film mit Emil Burri und Erich Engel organisiert werden kann (→ 4. 8.). Im Dezember soll eine »rohe Niederschrift« vorliegen, an der auch Caspar Neher beteiligt werden könnte. Der Film müsse »eine aufwühlende Warnung werden, und die Figur der stummen Kattrin kann in dichterischer Weise zum Kampf gegen den Krieg begeistern, wenn wir das Drehbuch auch nur halbwegs gut machen« *(Br, 1504)*.

6. September 1950
Neuer Anlauf für den Film
Mutter Courage und ihre Kinder

13. September, Mittwoch. Das BE beginnt in Wien (ohne Bs Teilnahme) ein Gastspiel mit *Der Hofmeister* im Neuen Theater in der Scala (14 Vorstellungen).

14. September, Donnerstag. Da B (am 3. 9.) erst spät in München angekommen ist, hat er eine Verabredung mit der Mutter Gottfried von Einems versäumt und bittet den Komponisten nun, ihr sein Bedauern darüber auszudrücken. Nach Aushändigung der Staatsbürgerschaftsurkunde hofft B, den Paß nach München geschickt zu bekommen, und kündigt von Einem an, daß er während seines Münchener Aufenthalts bei rechtzeitigem Eintreffen des Passes an einem Sonntag nach Salzburg kommen wird, »Ihnen als Landsmann die Hand zu schütteln«. Er habe in den ersten Tagen in München noch mit Caspar Neher gesprochen und für die Salzburger Festspielpläne »den Dezember als Arbeitsmonat« verabredet. »Hoffentlich sind Sie über mein Hauptlaster Nr. 11, das Nicht-Schreiben, nicht schon so verstimmt, daß Sie mich abgeschrieben haben!« *(Br, 1505.)*

21. September, Donnerstag. Nach ihrer Ankündigung (in einem Brief vom 12. 9.) trifft aus Ingolstadt Marieluise Fleißer in München ein und besucht Bs Proben. Sie spricht mit ihm über ihre Komödie *Der starke Stamm*, die er sofort Schweikart nach *Mutter Courage und ihre Kinder* empfiehlt (→ 7. 11.). B macht Fleißer mit Therese Giehse bekannt.

Ende September. B bittet Peter Suhrkamp, möglichst »einen Sprung herüber« zu machen, um sich Proben anzusehen, und lockt ihn damit, daß er für ihn einen »interessanten Arzt« habe, »einen halben Schäfer«. Vor allem aber würde er ihn gern wiedersehen. Das *Courage*-Modellbuch werde »immer wichtiger«, da bei ihm Interessenten aus verschiedenen Ländern assistieren. »Nötig: Lehrmaterial.« Für ein Gastspiel mit Hans Albers habe er in Hamburg die *Dreigroschenoper* erlaubt, »unter der Bedingung, daß sie Nehers Dekoration erproben«. Es wäre aber auch wichtig, daß Elisabeth Hauptmann eingeladen wird, »als Beraterin den Proben beizuwohnen« *(Br, 1507)*.

Bs Jugendfreund Hanns Otto Münsterer besucht einige der Proben. B trifft sich außerdem mit Ernst Fischer und mit dem durch seine Shakespeare-Inszenierungen bekannt gewordenen englischen Regisseur Peter Brook.

Engagement von Käthe Rülicke

Käthe Rülicke, geboren am 31. 5. 1922 in Leipzig, arbeitet nach einer kaufmännischen Lehre 1939-1947 als Stenotypistin und Sekretärin. 1948 studiert sie (nach einem Vorstudienkurs) an der Universität Leipzig Gesellschaftswissenschaften und Kulturpolitik. Bei ihrem Lehrer Hans Mayer schreibt sie eine Abschlußarbeit, durch die sie mit B bekannt wird (→ 10. 6.). Sie arbeitet an allen Inszenierungen Bs mit, dokumentiert die Überlegungen und Festlegungen des Regisseurs in zahlreichen Notaten und Regiebüchern. Viele Äußerungen Bs sind durch ihre Stenogramme überliefert.

1. Oktober, Sonntag. In Berlin beginnt Käthe Rülicke (→ 13. 6.) ihr Engagement am BE.

Anfang Oktober. B nimmt mit Ruth Berlau und dem Münchener Journalisten Ernst Schumacher bei Kurt Desch an einer Zusammenkunft mit jungen Autoren teil. Er stellt in dem Kreis »keinerlei Kenntnis über die DDR« fest, berichtet »von dem schwierigen Kampf der SED im Osten« und agitiert für politische und soziale Maßnahmen. »Man hört höflich zu.« *(27,315 f.)*

Mit Ruth Berlau, Jacob Geis und Emil Burri fährt B zu Peter Lorre (→ 2. 1.), der im Oktober besuchsweise nach Europa gekommen ist und sich zu der Zeit in Garmisch-Partenkirchen aufhält. Er macht ihm das Angebot, im BE den Hamlet zu spielen. (Lorre lehnt ab.) An Elisabeth Hauptmann schreibt B, daß die Münchener Proben »ganz gut gehen«. »Giehse wird großartig, ein derbes Handelsweib.« Mit Jacob Geis verhandele er wegen einer Verfilmung des *Mantel* nach Gogol. Beim Besuch Lorres, der gerade die Gelbsucht gehabt habe, seien Burri und Geis sehr beeindruckt gewesen. Er bittet Hauptmann um Zusendung seines Gedichts *An Meine Landsleute* mit Luftpost *(Br, 1508)*.

4. Oktober, Mittwoch. Auf die Mitteilung Jan van Loewens (vom 4. 7. 50), daß Peter Brook an einer Londoner Inszenierung von *Mutter Courage und ihre Kinder* interessiert ist,

verweist B auf die Schwierigkeiten einer werkgetreuen Inszenierung dieses Stücks und empfiehlt Eric Bentley als Co-Producer oder Berater.
In diesem Zusammenhang teilt B (in einem nicht datierten Brief) Margery Vosper ergänzend mit, die Regieberechtigung Bentleys gelte nur für Stücke, die B bereits inszeniert habe. Dennoch könne sie Verhandlungen für eine evtl. *Galilei*-Aufführung in London mit Laughton führen und entsprechende Vorbereitungen treffen.
5. Oktober, Donnerstag. Die in Berlin ansässige »Österreichische Delegation« teilt B mit, daß sein Antrag auf einen Reisepaß nach Wien weitergeleitet wurde. Es sei mit einer Wartezeit von etwa 3 Monaten zu rechnen (er wird am 3. 11. ausgestellt) *(1644/36)*.
6. Oktober, Freitag. Aus Salzburg kommt Gottfried von Einem und verhandelt mit B über den *Salzburger Totentanz* sowie die Mitarbeit an den Salzburger Festspielen. B gibt in Ermangelung des eigenen versprochenen Festspiels den *Kaukasischen Kreidekreis* für Salzburg frei, bei dem nach seinem Wunsch Berthold Viertel Regie führen und Käthe Gold die Grusche sowie Oskar Homolka den Azdak spielen sollen *(27,316)*. (Das Projekt wird nicht verwirklicht.)
7. Oktober, Sonnabend. In München Generalprobe von *Mutter Courage und ihre Kinder.*
Über den Verlauf der Proben notiert B am 8. 10.: »Während der ganzen Proben nicht ein Disput. Die Giehse baut bewundernswürdig das ganze Arrangement um, das sie mit solchem Erfolg in Zürich und Wien benutzt hatte.« *(27,316.)*
8. Oktober, Sonntag. B besucht Hanns Otto Münsterer, der ihm einige seiner Gedichte vorliest und eines mitgibt.
Abends Premiere von *Mutter Courage und ihre Kinder* in den Münchener Kammerspielen, Regie: B (»nach dem Berliner Modell Brecht-Engel«), Bühnenbild: Teo Otto; mit Therese Giehse (Courage), Friedrich Domin (Koch), Hans Christian Blech (Eilif), Erni Wilhelmi (Kattrin), Peter Lühr (Feldprediger), Karl Lieffen (Schweizerkas). In das Programmheft wird ein Text von Max Frisch (aus dessen eben publiziertem *Tagebuch 1946-1949*) über B aufgenommen, außerdem Rezensionsauszüge von den Berliner und Wuppertaler Aufführungen des Stücks.
B notiert: »Die Arrangements des Modells triumphieren.« *(27,316.)*
B, Ruth Berlau und Eric Bentley besuchen während der Zeit das Münchener Oktoberfest. Nach den Erinnerungen Bentleys empört sich B über antisemitische Äußerungen junger Besucher: »Und sie sagen, diese Leute hätten sich geändert! Sie sind jetzt echte Demokraten, nicht wahr? Ich kenne diese Sorte! Sie werden sich niemals ändern!« *(Bentley, 87.)*

Brechts Umgang mit den Schauspielern ist behutsam und warm. Immer so, als wolle er ihnen den Vorrang lassen. Nebenbei, leise lächelnd, stellt er dann für sie das Ergebnis fest und teilt es ihnen mit, so, als entschuldige er seine, Brechts Meinung. – Eine nicht einfache, aber weise Art der Ehrlichkeit. *(G. v. S., Der Mittag, Düsseldorf, 18. 10.)*

8. Oktober 1950
Premiere der Modellinszenierung
Mutter Courage und ihre Kinder
Kammerspiele München

Hier ist der seltene Fall zu verzeichnen, daß der Regisseur dem Dichter an Kraft und Aussage und der Formung nicht nachsteht. Er moduliert sehr wenig, aber seine einheitliche Tonart hat die Gewalt eines Chorals. Nur Ornamentik herrscht und kein Zierat. Unheimlich die äußere Gelassenheit, mit der das Schreckliche zum Ausdruck kommt. Unheimlich auch der teuflische Humor, der den Magen sauber brennt wie unverdünnter Whisky. [...] Man muß den Kammerspielen danken, dieses reife Werk eines unserer größten Theaterdichter so vollendet zur Aufführung gebracht zu haben. Die Ovationen, die Bert Brecht und den Schauspielern entgegenbrausten, wollten kein Ende nehmen. *(Max Christian Feiler, Münchner Merkur, 10. 10.)*

Die Kammerspiele haben einen Höhepunkt ihrer künstlerischen Arbeit nach dem Kriege erreicht. Es gibt noch Theaterereignisse. *(Karl Heinrich Ruppel, Süddeutsche Zeitung, 10. 10.)*

Die Münchener Aufführung enttäuschte den, der einen Skandal erwartete. Sie wurde vielmehr zu einem echten und nachhaltigen Erfolg für den Dichter und Regisseur Brecht. Der Aufführung lag das Berliner »Modell« zugrunde. So gab es einen Theaterabend aus einem Guß, wie er nur durch die Personalunion von Dichter und genialem Regisseur erreicht werden kann. Das ganze Ensemble war in ein unheimlich wirkungsvolles Gesamtwesen verwandelt. [...] Auf der Landstraße des Krieges stellte sich ein Dichter in das Zentrum des Menschlichen und traf darum, jenseits alles Politischen, ins Herz der Zuschauer, die durch stürmischen Beifall ihre Antwort gaben. *(F. N., Die Welt, Hamburg, 12. 10.)*

11. Oktober 1950
Zurück in Berlin

Vorbereitung der Inszenierung *Die Mutter*

9. Oktober, Montag. Mit Kurt Hirschfeld, der nach München gekommen ist, geht B eine erste Niederschrift von *Biberpelz und roter Hahn* durch, um eine »Linie der Bearbeitung« von Gerhart Hauptmanns *Der Biberpelz* und *Der rote Hahn* zu einem Stück zu finden (→ September). Hirschfeld will die Bearbeitungskonzeption den Hauptmann-Erben gegenüber vertreten.
Emil Burri und Jacob Geis gewinnt er für die Verfilmung von *Der Mantel* (→ Anfang Oktober) mit Peter Lorre, Burri außerdem für den *Courage*-Film bei der DEFA. Später verhandelt er mit einer Managerin des Londoner Group Theatres. Kurz vor seiner Abreise bedankt sich B bei Hanns Otto Münsterer für dessen Gastfreundschaft und dafür, daß er ihm einen Pelz mitgegeben hat; der sei aber zu wertvoll, »ich wage nicht, ihn mitzunehmen«; Münsterer werde ihn von Eric Bentley zurückerhalten. Das Gedicht, das Münsterer ihm gegeben hat, sei sehr schön, »kannst Du mir noch mehr Gedichte schicken?« *(Br, 1511.)* B legt dem Brief ein handgeschriebenes Erinnerungsblatt bei »für viele Freundlichkeiten«, mit dem Motto des zweiten Teils der *Svendborger Gedichte (12,16). (Münsterer, 190.)*
10. Oktober, Dienstag. B fährt mit Ruth Berlau Richtung Berlin und übernachtet in Gera.
Marieluise Fleißer bedauert in einem Brief an Helene Weigel (→ 16. 1. 51), daß B »auf der Rückfahrt keinen Magen hatte, um in Ingolstadt auszusteigen, vielleicht hat er auch im Nebel die Ausfahrt auf der Autobahn überfahren, und dann kann man schlecht zurück« *(Tax, 196).*
11. Oktober, Mittwoch. B beginnt mit Vorbereitungen zur Inszenierung seines Stücks *Die Mutter* am BE. Jakob Walcher hält in der ersten Arbeitsphase mehrere Vorträge über die Geschichte der russischem Revolution und über die Anarchisten. Die Regieassistentin Wera Skupin erinnert sich: »Das Jahr 1905 wurde sehr ausführlich behandelt, dann die weitere Entwicklung nach 1905 und die Auswirkungen, die das Jahr 1905 auf andere Länder hatte.« *(Küchenmeister, 97.)*
Auf eine Empfehlung von Helene Weigel (→ 9. 2.) hat B die damals 24jährige Waltraud Reichelt (die sich Käthe Reichel nennt) ans BE engagiert.
B hat (am 9. 10.) vom Aufbau-Verlag für eine Nachauflage seines *Dreigroschenromans* »auf Grund von Leserzuschriften« fünf Korrekturvorschläge erhalten, »die offenbar zu Mißverständnissen Anlaß gegeben haben«, und akzeptiert drei davon *(835/18).*
13. Oktober, Freitag. Von der DEFA wird B gebeten, für den Vorstand eine genauere Schilderung des Schlusses vom *Courage*-Film zu geben; es müsse »in der augenblicklichen Situation« untersucht werden, »ob ein Film für den Frieden nur

rein pazifistisch wirkt oder ob es möglich ist, mit ihm zum aktiven Kampf gegen den Krieg einen Beitrag zu leisten«. Erst nach Klärung dieser »grundsätzlichen Frage« könne entschieden werden, »ob es möglich und vor allem notwendig ist«, die *Courage* 1951 zu verfilmen *(723/64)*.
14. Oktober, Sonnabend. Für die Volkskammerwahlen, die am Folgetag stattfinden, schreibt B einen kurzen *Aufruf zu den Volkswahlen*, der im *Nachtexpreß*, Berlin/DDR, erscheint. Er verwendet darin einen Vers aus dem Gedicht *An Meine Landsleute* (→ 2. 11. 49): »An die Mütter, die zur Friedenswahl gehen! Ihr Mütter, lasset eure Kinder leben!« *(23,126.)*
Mitte Oktober. B bedauert, daß er und Helene Weigel Ferdinand Reyher nicht angetroffen haben. Er ist daran interessiert, daß Reyhers Roman fertig wird, und fragt ihn, ob er bei dessen Unterbringung in einem Verlag vermitteln kann *(Br, 1509)*.
18. Oktober, Mittwoch. B schickt an die DEFA (→ 13. 10.) einen »kurzen Leitfaden« über den *Courage*-Film.
20. Oktober, Freitag. B erhält die Mitgliedskarte des PEN-Clubs.
Sepp Schwab von der DEFA teilt B mit, daß Emil Burri für das Drehbuch des *Courage*-Films unter Vertrag genommen ist.
25. Oktober, Mittwoch. Ilse Ploog erklärt das Interesse des Kinderbuchverlags Berlin/Dresden an einer Publikation von Bs *Kinderliedern*, zusammen mit den Noten Hanns Eislers.
29. Oktober, Sonntag. Benno Besson teilt B aus Paris mit, daß er *Mann ist Mann* ins Französische übersetzt hat, und in Kürze mit den Vorproben beginnt. Er bittet B um Songs, die er gern vor dem Vorhang singen lassen möchte.
30. Oktober, Montag. In der Salzburger Landesregierung wird bestätigt, daß Bs und Helene Weigels österreichische Reisepässe eingegangen sind.
Oktober/November. B beklagt sich über Ruth Berlaus Verhalten. Während er, nach der längeren Abwesenheit aus Berlin, sehr viel zu tun hat und sich viele Probleme auftun, verlange sie von ihm kleinliche Dienstleistungen. »Geis kam von München, Cas hat (und macht) Schwierigkeiten, die DEFA macht Schwierigkeiten, Steckel und Giehse müssen Ende Januar weg, Engel hat keine Zeit für Regie usw. usw.« Dennoch habe er sich nach ihrer Heizung erkundigt. »Niemand sonst *verlangt* einfach Dienste. Ich bin wirklich böse.« *(Br, 1513.)* Er vermittelt ihr eine Regie von *Mutter Courage und ihre Kinder* am Theater Rotterdams Toneel.
2. November, Donnerstag. George Bernard Shaw stirbt. B schreibt vermutlich aus diesem Anlaß *Originale Auffassung zu Brechtstücken*. Shaw folgend, meint B, würde ihm »die

Engagement von Käthe Reichel
Die (1926 geborene) Käthe Reichel spielt in Egon Monks Rostocker Inszenierung von *Herr Puntila und sein Knecht Matti* mit (→ 9. 2.). Da die junge talentierte Reichel keine schauspielerische Ausbildung hat, kümmert sich B um ihre berufliche Entwicklung; dabei entsteht eine Liebesbeziehung. B besetzt sie in der *Mutter* als Dienstmädchen (in Szene 13: *Vor einer Vaterländischen Kupfersammelstelle*). Für sie schreibt Brecht (1950) das *Liebeslied* (»Als ich nachher von dir ging«; 15,240) sowie *Die Liebste gab mir einen Zweig* (15,240) und *Wenn du mich lustig machst (15,241)*

Käthe Reichel als Gretchen

Für Käthe Rülicke entsteht (ebenfalls 1950) *Sieben Rosen hat der Strauch (15,241)*. Die Liebeslieder gibt er an Paul Dessau, der sie (im Oktober 1951) als Zyklus *Vier Liebeslieder* vertont (und seiner Frau Antje Ruge widmet).

Zulassung originaler Auffassungen von seiten der Regisseure [...] zu viel Geld kosten«. B glaubt, daß er dann »die unvermeidlichen Durchfälle fürchten« müßte. »Die Talente unter den Regisseuren hätte ich am meisten zu fürchten, sie wären am originellsten.« *(23,127.)*

B bietet Leopold Lindtberg (→ 25. 4.) für eine Regiearbeit (mit ihm zusammen) am BE *Die Tage der Kommune* an; die Proben veranschlagt B auf sechs Wochen. Lindtberg stünde aber auch *Bernarda Albas Haus* »zur Verfügung« *(Br, 1515)*. Wenige Wochen später fragt er ihn, ob er *Biberpelz und roter Hahn* inszenieren wolle.

Anfang November. B erhält den österreichischen Reisepaß ausgehändigt, der in Wien am 3. 11. ausgestellt ist.

4. November, Sonnabend. Teilnahme am Kongreß der »Deutschen Kämpfer für den Frieden«.

5. November, Sonntag. B bevollmächtigt Ruth Berlau, die Übertragung von *Mutter Courage und ihre Kinder* ins Holländische zu überprüfen und eventuelle Fehler zu korrigieren.

6. November 1950
Vorschläge für die Ausbildung von Meisterschülern

6. November, Montag. B bringt auf der Plenartagung der DAK den Antrag ein, einige Meisterschüler für Dramaturgie und Regie am BE auszubilden. »Diese Meisterschüler könnten teilnehmen an den laufenden Arbeiten des Berliner Ensembles, von denen einige schon jetzt seminaristischen Charakter haben. So haben unsere jungen Hilfsregisseure mit mir zusammen die Bearbeitung des Lenzschen *Hofmeisters* gemacht und auch an der Regie tätig teilgenommen.« *(DAK,8. 11. 50.)* Da an seinem Theater günstige Voraussetzungen bestehen, wird B zugestimmt, die Einführung von »Meisterklassen« bleibt aber noch längere Zeit in Diskussion (→ 13. 11.).

Erstdruck des Gedichts *Es gilt, den Krieg zu schlagen* (»Der Blitz schlägt ein, und der Regen fällt«) in *Neue Zeit*, Berlin/DDR. Das Gedicht schreibt B für den Ersten Deutschen Friedenskongreß (→ November). Es wird auch um eine Strophe verkürzt unter dem Titel *Den Krieg haben die Menschen gemacht (15,239)* im Januar 1951 gedruckt.

7. November, Dienstag. Uraufführung von Marieluise Fleißers Komödie *Der starke Stamm* an den Münchener Kammerspielen; Regie: Hans Schweikart; mit Therese Giehse (Balbina Puhlheller). Für das *Programmheft* zur Aufführung der Schaubühne am Halleschen Ufer Berlin (1966) schreibt Marieluise Fleißer einen Text, in dem sie gegen die Fehlinterpretation ihrer Komödie als »Heimatstück« vorgeht; darin heißt es u. a.: »Für den frühen Brecht gehörte die Naivität zu den Köstlichkeiten des Schreibens. So hatte auch der späte Brecht nicht die Fähigkeit verloren, dies naive Stück zu mögen. Er nämlich war es, der sich in München dafür einsetzte, daß man es spielt, als ich so völlig aus der Bahn geworfen war, und nicht durch meine Schuld. Hätte er das Stück abgelehnt, hätte ich das nicht getan. Er hätte auch kein Blatt vor den Mund genommen und mir gesagt warum.« (→ 21. 10.)

11. November, Sonnabend. Kurt Desch teilt B mit, daß der Rechtsstreit um den *Dreigroschenroman* mit dem Verlag Allert de Lange weitergeht. Er sendet ihm, aufgefordert vom Landgericht, die »Streitverkündung« im Prozeß, mit der sich B (am 14. 11.) einverstanden erklärt *(779/41-44)*.

13. November, Montag. B sagt eine Einladung des PEN-Clubs, Deutsches Zentrum, 4.-7. 12. in Wiesbaden ab, weil er zu diesem Zeitpunkt mit der Inszenierung seines Stücks *Die Mutter* beschäftigt ist.

Auf Bs Antrag, eine Meisterklasse für Dramaturgie und Regie beim BE einzurichten, den Rudolf Engel zur Begutachtung an das Zentralsekretariat der SED weiterleitet, antwortet Egon Rentzsch kritisch, »die erste Voraussetzung einer marxistischen Schulung« der Meisterschüler, von der B spreche, habe für ihn selbst als »organisatorische Grundkonsequenz die eigene Parteinahme« *(Dokumente, 147)*.

15. November, Mittwoch. B nimmt an der Sitzung der Sektion Darstellende Kunst in der DAK teil, bei der ein am 2. 10. vorgelegter *Entwurf B des Theatergesetzes* diskutiert wird. Nach der Sitzung schreibt B die *Begründung der Änderungsvorschläge der Akademie der Künste zum Theatergesetz* für die §§ 5 und 6. Das Ministerium solle »die Theater individuell behandeln« und »eine gewisse Eigenart zugestehen«, die von »starken künstlerischen Persönlichkeiten geleitet werden«. Als Beispiele nennt er Walter Felsenstein und sich *(23,126f.)*.

Deutsche Akademie der Künste Berlin, Kochplatz

17. November, Freitag. Ernst Wendt vom Aufbau-Verlag bittet B, nachträglich den noch immer nicht beim Verlag eingetroffenen Autorenvertrag zwischen dem Verlag Kurt Desch und dem Aufbau-Verlag über den *Dreigroschenroman* zu unterschreiben. B schickt den Vertrag am 12. 12. ab.

18. November, Sonnabend. Die Fotografin Gerda Goedhart informiert B davon, daß Ruth Berlau ihre Ankunft in Brüssel und Rotterdam für den 17. 11. angekündigt hat, aber weder mit dem Zug noch mit dem Flugzeug gekommen ist. Die Fragen, die Ruth Berlau für ihre *Courage*-Inszenierung stellt, leitet Gerda Goedhart an B weiter.

20. November, Montag. Auf Wunsch Bs teilt Emil Burri der DEFA seine Bereitschaft mit, das Drehbuch für den *Courage*-Film zu schreiben, und nennt seine Bedingungen.

21. November, Dienstag. Trotz der ursprünglichen Ablehnung der Oper *Das Verhör des Lukullus* (→ 18. 4.) reicht sie Ernst Legal mit einem detaillierten Vorschlag erneut beim

21. November 1950
Deutsche Staatsoper reicht *Das Verhör des Lukullus* als Projekt für Frühjahr 1951 ein

Volksbildungsministerium für den Rest der Spielzeit ein (vorgesehene Premiere: 17. 3. 51, Dirigent: Hermann Scherchen, Regie: B und Wolf Völker).

27. November, Montag. Ruth Berlau ist in Rotterdam eingetroffen und hat mit den Proben zu *Mutter Courage und ihre Kinder* am Theater Rotterdams Toneel begonnen (→ 23. 12.). B schreibt ihr, sie solle sich bemühen, die Aufführung »vor allem leicht« zu machen *(Br, 1516).*

30. November, Donnerstag. In einer Sitzung der Sektion Darstellende Kunst der DAK, bei der auch B und Helene Weigel anwesend sind, wenden sich die Teilnehmer gegen einen Brief Wolfgang Langhoffs an Friedrich Luft von der *Neuen Zeitung*, in dem Langhoff den Kritiker auffordert, künftig wegen Mangel an objektiver Berichterstattung nicht mehr an Veranstaltungen des Deutschen Theaters teilzunehmen. Die Redaktion der *Neuen Zeitung* beschuldigt Langhoff der Spaltung und will künftig überhaupt keine Veranstaltungen in Berlin/DDR mehr rezensieren. Die Akademiemitglieder formulieren in einer Erklärung für die Presse: »Wir sind die schärfsten Gegner einer ›radikalen Spaltung Berlins auf kulturellem Gebiet‹. Wir spielen für ganz Berlin und stellen uns nach wie vor jeder Kritik.« *(DAK,148.)* Auf diese Erklärung reagiert Egon Rentzsch von der Kulturabteilung des ZK (in einem Schreiben an Rudolf Engel vom 20. 12.) sehr kritisch: »Wir sind der Meinung, daß die Akademie der Künste kein Tummelplatz zur Behandlung höchstpersönlicher Fragen werden darf, weil man sie sonst zu einem provinziellen Niveau degradiert.« *(DAK,149.)*

Die DEFA geht auf Emil Burris Bedingungen für das Drehbuch des *Courage*-Films ein (→ 20. 11.) und bittet ihn um eine Terminfestsetzung.

November. Berthold Viertel hat mitgeteilt, daß man ihn nicht gern aus Wien weglassen will. B berichtet ihm vom Stand der Arbeit: Die Textfassung von *Biberpelz und roter Hahn* sei gut vorangeschritten, der letzte Akt in Arbeit. Wenn Viertel aber mit der Bearbeitung nicht zufrieden ist, könne er auch die *Ratten* (oder einen Lorca oder einen Ostrowski) inszenieren. Dem BE stünde jetzt »ein neues, sehr schönes Probenhaus in der Reinhardtstraße mit einer Bühne im Ausmaß des Deutschen Theaters« zur Verfügung. »Noch einmal: ich glaube ehrlich, daß wir unsere künstlerische Zusammenarbeit auf keinen Fall unterbrechen dürfen.« *(Br, 1518.)*

Wenig später erläutert B Berthold Viertel in einem weiteren Brief ausführlich die Grundsätze der Bearbeitung von *Biberpelz und roter Hahn (Br, 1519).*

An Rob Geraeds in Amsterdam schreibt B, er habe von Ruth Berlau gehört, daß er *Mutter Courage und ihre Kinder* insze-

nieren wolle. Das Stück sei aber »nicht ganz leicht aufzuführen«. Aus diesem Grunde empfiehlt er, daß Regisseur und Hauptdarstellerin sich die Berliner Aufführung ansehen *(1186/143)*.
In Berlin findet der Erste Deutsche Friedenskongreß statt; B schreibt dafür das Gedicht *Es gilt, den Krieg zu schlagen!* (→ 6. 11.)
1. Dezember, Freitag. B schickt Berthold Viertel das neue Textbuch und rechnet fest mit seiner Regie bei *Biberpelz und roter Hahn*; am 2. oder 3. Januar müsse mit den Proben begonnen werden *(Br, 1521)*. Eine Woche später erinnert er nochmals daran *(Br, 1522)*.
Anfang Dezember. Am BE beginnen B und Caspar Neher mit den Proben zu *Die Mutter*.

Anfang Dezember 1950 - 5. Januar 1951 Proben zu *Die Mutter*

6. Dezember, Mittwoch. B erklärt sein Einverständnis mit einem Druck von *Die Erziehung der Hirse* beim Verlag Volk und Wissen (Schulbuchverlag) und empfiehlt dazu Zeichnungen.
Ruth Berlau schickt B aus Holland einen kurzen Bericht über ihre Arbeit mit *Mutter Courage und ihre Kinder*; sie säße zwischen zwei Direktoren und könne zeigen, daß Bs Stück nicht deutsch, sondern international sei.
11. Dezember, Montag. B hat mit Mitgliedern des BE im Berliner Haus der Presse eine Aufführung von Karl Grünbergs Stück *Golden fließt der Stahl* gesehen (Spielgemeinschaft unter Leitung von Theo Schall) und bedankt sich für den »schönen und erfrischenden Abend« *(Br, 1524)*. Vermutlich in diesem Zusammenhang macht sich B Gedanken über *Zeitstücke (23,128.)*.
12. Dezember, Dienstag. B bittet Berthold Viertel telegrafisch, möglich doch nach Berlin zu kommen.
B nimmt an einer Sitzung der Sektion Dichtkunst und Sprachpflege der DAK teil. In einer Diskussion über die Gewinnung von einzelnen westdeutschen Künstlern für eine Zusammenarbeit schlägt B vor, Günter Weisenborn mit dramatischen Bearbeitungen und mit der Ausarbeitung von Puppenspieltexten zu beauftragen. Außerdem regt er an, in *Sinn und Form* »zur Belebung und Aktualisierung, besonders in Hinblick auf westdeutsche Erfordernisse« auch Nachdrucke aufzunehmen *(1486/2-6)*.
Mitte Dezember. B dankt Ruth Berlau für ihre Berichte aus Holland. »Mit der *Mutter* geht es normal vorwärts, jedoch ist es nicht leicht. Der Stil muß *sehr* rein sein.« Caspar Neher sei durch eine schwere Erkältung ausgefallen *(Br, 1523)*.
In einem vor Weihnachten geschriebenen Brief rät er Ruth Berlau, sich nicht über »Theaterscherereien« aufzuregen. »Ruhe gehört zum Regieführen wie alles andere. Einen nicht geplanten Krach darf man nie machen usw.« Er habe

plötzlich Fieber bekommen, und der inzwischen wiedergenesene Caspar Neher leite jetzt die Proben. Obwohl B damit rechnet, daß sie Weihnachten bei Gerda Goedhart verbringt, werde in ihrer Wohnung in der Charitéstraße ein Baum stehen *(Br, 1525)*.

17. Dezember, Sonntag. B erzählt Käthe Rülicke von seiner Kindheit in Augsburg, u. a. auch über den Wert des Dialekts. »Brecht meint, dieser Zeit sprachlich viel zu danken, so wie die Volkssprache überhaupt die (unerschöpfliche) Quelle einer reichen Sprache sei.« *(1340/39.)* Er macht über die Kindheit in der Augsburger Kastanienallee auch selbst Notizen, u. a.: »Drei alte Kastanienbäume standen auf der Wiese. Der in der Nähe des Hauses war ein wenig verkrüppelt und der kleinste. [...] Wir sammelten die Kastanien im Herbst und verkauften sie sackweise in der Vorstadt. Wir arbeiteten zu zweit: einer kletterte in den Baum und schüttelte, der andere klaubte auf und hielt andere Sammler weg. Es kam immerfort zu blutigen Kämpfen.« *(27,359.)*

23. Dezember, Sonnabend. B bittet Marianne Zoff-Lingen, sich in Wien um einige amtliche Papiere zu kümmern, die Hans Winge und dessen Frau sehr behilflich sein können, ihre Lage zu bessern. Winge sei nach eineinhalb Jahrzehnten aus der amerikanischen Emigration nach Berlin gekommen, um beim Film mitzuarbeiten, habe aber im Osten keine beruflichen Chancen. Weiterhin teilt er mit: Hanne Hiob sei an Grippe erkrankt und könne Weihnachten noch nicht nach Berlin reisen. Er habe inzwischen mit Boleslaw Barlog vom Schillertheater in Berlin/West wegen ihres Engagements gesprochen. »Nach wie vor meine ich freilich, sie gehört zu uns – auch wenn sie nur mit kleinen Rollen anfangen könnte.« *(Br, 1526.)*

Abends Premiere von *Mutter Courage und ihre Kinder* am Theater Rotterdams Toneel (Modellinszenierung von Ruth Berlau, Bühnenbild: Teo Otto; mit Aaf Bober als Courage). Den Bericht Ruth Berlaus über ihre Erfahrungen mit dem Modell im Ausland, den B stark überarbeitet, nimmt B in *Theaterarbeit* auf (*Die holländische Courage; 328-332*).

24. Dezember, Sonntag. Elisabeth Hauptmann schenkt B den *Almanach fürs Theater 1809* mit einer Widmung.

28. Dezember, Donnerstag. Die Hauptabteilungsleiterin Maria Rentmeister vom Volksbildungsministerium fordert Ernst Legal auf, »zur kurzen Einsichtnahme Partitur und Klavierauszug der Oper *Das Verhör des Lukullus* zu übersenden« *(Lucchesi 2,57)*.

29. Dezember, Freitag. B »blättert« in Federico García Lorcas *Gedichten*, die Enrique Beck ausgewählt und übersetzt hat. »Ich lese mit Genuß, halte aber verschiedentlich ein, nachzudenken, wie unsere Werktätigen zu solchem Genuß kommen könnten, und ob sie dazu kommen sollten.« *(27,316f.)*

Dezember. B schreibt für das BE (wie er betont ohne Aufforderung von oben) einen *Brief an die deutschen Theater*, in dem er zum Ausdruck bringt, daß »großes Theater wie große Kunst« nur »durch eine ungeteilte Bemühung ganz Deutschlands« erreicht werden kann. »Wir bitten Euch daher, ebenso wie wir das tun, alle Bestrebungen zu unterstützen, die auf ein geeintes unabhängiges, demokratisches Deutschland gerichtet sind.« *(23,128.)*

Dezember 1950
Aufruf an die deutschen Theater, für ein geeintes unabhängiges, demokratisches Deutschland zu wirken

Die Meisterschülerin und Regieassistentin Bs, Wera Skupin, wird beauftragt, am BE eine SED-Parteigruppe aufzubauen (12 Genossen). Sie erinnert sich: »Brecht hat meine Arbeit sehr neugierig beobachtet. Eigentlich war es ja recht waghalsig, eine naive 20jährige mit dieser Funktion zu betrauen.« *(Küchenmeister, 71.)* Sie sollte Helene Weigel für die Partei gewinnen. »Doch Helene Weigel hat mir auf humorvolle Art und sehr weise beigebracht, daß bei uns kein angemessener Platz für sie sei. Sie sagte, sie wäre der Sproß einer bürgerlichen Familie, hätte sich ganz und gar für unsere Sache eingesetzt. Aber Mitglied der Partei – das müsse man nicht sein.« *(Küchenmeister, 72.)*

1951

Anfang Januar 1951
Täglich Proben zu *Die Mutter*

1. Januar, Montag. B bedankt sich bei Ruth Berlau für detaillierte Hinweise für die *Mutter*-Inszenierung; er wolle alles machen, wie sie es rät. Er trägt Grüße für ihre Mutter auf, die zu Besuch in Berlin ist.

2. Januar, Dienstag. B dankt den Eltern von Margarete Steffin für deren Neujahrsgrüße *(Br, 1528)*.

3. Januar, Mittwoch. Auf eine Einladung des »Kulturpalastes der Werktätigen des Erzgebirges« in Chemnitz (vom 27. 11. 50), wo *Herr Puntila und sein Knecht Matti* für eine Aufführung vorbereitet wird, teilt B mit, daß er selbst »mit Arbeit sehr überlastet« sei und nicht kommen konne. Er bietet dem Chemnitzer Schauspielerensemble für die gewünschte Diskussion über das Stück und den Autor seinen Mitarbeiter Egon Monk an, der das Stück in Rostock »sehr gut inszeniert hat« *(Br, 1637)*.

Anfang Januar. Täglich Endproben von *Die Mutter.*

5. Januar, Freitag. Die Czechoslovak Theatralic and Literary Agency schickt B den Vertrag für eine tschechische Ausgabe des *Dreigroschenromans* im Verlag Melantrich.

Da sich Ruth Berlau seit ihrer Rückkehr aus Holland in der Nervenklinik der Charité befindet, hat B ihre Mutter in Weißensee im Zimmer von Anna Seghers untergebracht und kümmert sich um sie.

Zusammenarbeit mit Peter Palitzsch
Brecht engagiert den 1919 geborenen Dresdener Grafiker Peter Palitzsch 1950 ans Berliner Ensemble und macht ihn zunächst für die Gestaltung der Plakate und Programmhefte verantwortlich. Als Palitzschs vielseitiges Interesse und Talent offensichtlich wird, zieht ihn Brecht auch für andere Arbeiten der Dramaturgie und Regie heran. Er berät die Inszenierungen und erhält später selbst Regieaufgaben.

7. Januar 1951
»Der Versuch, ein neues Theater aufzubauen, nimmt mir die Zeit, dafür zu schreiben.«

6. Januar, Sonnabend. Geschlossene Vorstellung von *Die Mutter* für die Presse.
Peter Palitzsch schickt B die Korrekturabzüge des Programmhefts von *Die Mutter* mit letzten Veränderungen, die durch Einbeziehung einiger Kontrollinstanzen (Kulturabteilung und Abteilung Propaganda des ZK) nötig geworden waren, und bittet um Druckerlaubnis.
7. Januar, Sonntag. B entschuldigt sich bei Gottfried von Einem, daß er mit dem *Salzburger Totentanz* »nicht recht in Fahrt« kommt. Caspar Neher sei »seiner Gastverpflichtungen wegen immer nur kurze Zeit hier«. B skizziert von Einem, wie er sich die Fabelführung des Festspiels vorstellt *(10,958-963)*. Leider verliere er sehr viel Zeit für das Organisieren. »Der Versuch, neues Theater aufzubauen, nimmt mir die Zeit, dafür zu schreiben.« *(Br, 1532.)*
9. Januar, Dienstag. Das Volksbildungsministerium hat noch nicht die angeforderten Auszüge von *Das Verhör des Lukullus* erhalten (→ 28. 12. 50) und mahnt Ernst Legal. Sein Antrag auf Transferierung von DM 18 000 für den vorgesehenen (in der Schweiz lebenden) Dirigenten Hermann Scherchen ist vom Ministerium der Finanzen »beanstandet« worden *(Lucchesi 2,58)*. Mit Verweigerung der Devisenzahlung hofft die Parteispitze, das ungewünschte Werk bereits in der Vorbereitungsphase zu vereiteln.
10. Januar, Mittwoch. B notiert über die »erste (geschlossene) Aufführung« der *Mutter*: »Die Figur der Wlassowa wird durch die Weigel unübertrefflich gegeben. Aber auch Buschs Arbeiter ist herrlich. Das durchschnittliche Volksbühnenpublikum geht gut mit. 40 Vorhänge ungefähr, einige eiserne.« Die »Auflockerung des alten Modells« von 1932 scheine – mit Hilfe der Leipziger Inszenierung von Ruth Berlau- gelungen *(27,317)*.
Nach den Angaben in *Theaterarbeit* finden 22 Vorproben, 40 Bühnenproben, zusätzlich Chor-, Orchester-, Schmink- und Kostümproben statt.
11. Januar, Donnerstag. Helene Weigel schreibt Therese Giehse wegen der nächsten Pläne am BE. B müsse leider am 15. 1. wieder ins Krankenhaus. Sie will Giehse, wenn sie am 20. 1. kommt, »mit leicht lädierten Ehrenjungfrauen« empfangen *(notate, 3/81,14)*.

12. Januar
Premiere *Die Mutter*
Berliner Ensemble

12. Januar, Freitag. B, der sich »im Augenblick« etwas »geschwächt« fühlt, beklagt sich in einem Brief an Ruth Berlau darüber, daß sie »in so hartem, forderndem Ton« spricht, statt einfach einen »Wunsch zu äußern«. Er sei dadurch gekränkt und irritiert. »Ich bin aber jetzt zu schwach, um weise zu sein.« *(Br, 1533)*
Käthe Reichel dankt B »für die Hilfe und große Freundlich-

Es widerspricht eigentlich dem Grundgedanken des Berliner Ensembles als Träger der Aufführung

keit«, die er ihr bei ihren »ersten Gehversuchen in Berlin in so reicher Zahl erwiesen« hat *(2046/50)*.
Abends Premiere (zugleich Pressevorstellung) von *Die Mutter* mit dem Berliner Ensemble im Deutschen Theater. Regie: B, Bühnenbild: Caspar Neher, Projektionen: John Heartfield; mit Helene Weigel (Wlassowa), Ernst Kahler (Pawel), Ernst Busch (Arbeiter Lapkin), Carola Braunbock (Mascha), Gerhard Bienert (Lehrer Lapkin), Erwin Geschonneck (Metzger), Angelika Hurwicz (Hausbesitzerin), Käthe Reichel (Dienstmädchen).
Helene Weigel schreibt 1956 über ihre Darstellung der Wlassowa: »Natürlich war es eine große Freude für mich, als ich das Stück nach 1945 wieder in den Spielplan aufnehmen konnte. Ich habe inzwischen etwas an Wissen über Menschen gewonnen und spiele die Mutter jetzt sowohl etwas sanfter als auch etwas starrköpfiger als damals.« *(Sonntag, 8. 7. 56.)*
13. Januar, Sonnabend. B schreibt Ruth Berlau, die Premiere sei »ein großer Erfolg« gewesen *(Br, 1534)*.
Der Chefdramaturg des Hallenser Landestheaters Sachsen-Anhalt wünscht eine Unterredung mit Brecht im Januar in einer »sehr bedeutsamen Angelegenheit« (wegen der bevorstehenden Eröffnung des neugebauten großen Hauses) *(725/105)*.
14. Januar, Sonntag. B trifft sich mit Peter Suhrkamp und Erich Wendt.
Außerdem kommt er mit Emil Burri zusammen, der zur Bearbeitung des Drehbuchs für den *Courage*-Film aus München eingetroffen ist.
15. Januar, Montag. Die Chorproben von *Das Verhör des Lukullus* haben in der Deutschen Staatsoper begonnen. Vormittags kommt Paul Dessau zu B und berichtet ihm von dem Wunsch des Volksbildungsministeriums, die Partitur nochmals einzusehen. B ist gegen Dessaus Vorschlag, die Aufführung auf den Herbst zu verschieben, weil der Stoff gerade jetzt wichtig sei, »wo die amerikanischen Drohungen so hysterisch sind«; vor der zu erwartenden Kritik der Form dürfe man sich nicht fürchten; »man wird ihr begegnen oder sie verwerten, das ist alles«. Man müsse sich engagieren *(27,317)*.
Paul Dessau schreibt an Ernst Legal, daß er am Vortag mit der Partitur für die Oper *Das Verhör des Lukullus* »endgültig« fertig geworden ist; er müsse nun noch die neuen Szenen in den Klavierauszug eintragen, der fertige Auszug sei erst am 21. 1. verfügbar.
Nachmittags muß B erneut zu einer Nierenbehandlung ins Hedwigskrankenhaus zu Dr. F. Hüdepohl.
Mit Emil Burri spricht B häufig über den *Courage*-Film und

einzelne Namen zu nennen. Aber *Helene Weigels* herzlich-schlichte, so unendlich menschliche Darstellung der Mutter *muß* doch hervorgehoben werden. Und von *Ernst Busch* muß auch erwähnt werden, daß er nicht nur der gute Darsteller seiner Rolle, sondern mit seiner erzenen Stimme der ideale Interpret der Musik Hanns *Eislers* war. – Der Beifall ließ sich durch den eisernen Vorhang noch lange nicht eindämmen. *(Hansheinrich, Berliner Montag, 15. 1.)*

Die Aufführung gehört an sich nicht in die Feder des Theaterkritikers, sondern in die des politischen Kommentators. Bereits 1932 verfaßte Bertolt Brecht frei nach Motiven aus Maxim Gorkis Roman *Die Mutter* diese Szenenfolge, die von dem menschlichen und seelischen Reichtum der literarischen Vorlage nichts widerspiegelt. [...] Diese Bertolt-Brecht-Premiere des Berliner Ensembles war keine Entdeckung, kein Theaterereignis, obwohl das Parkett sich Mühe gab, es durch stürmischen Beifall dazu werden zu lassen. *(Heinz Ritter, Telegraf, 14. 1.)*

Eine nicht zu übertreffende Aufführung mit allen Ingredienzen der Brecht-Bühne stempelte den Abend zu einem wesentlichen Ereignis dieses

Theaterwinters. Die raffinierte Primitivität des Bühnenbildes (Caspar Neher), Projektionen in Foto und Malerei, Szenentitel auf dem Vorhang wie zur Stummfilmzeit, viele Einzel- und Gruppensongs der Schauspieler auf der Bühne in hämmerndem Rhythmus, aufreizende Begleitmusik mit Stopftrompeten aus der Direktionsloge (von Hanns Eisler komponiert): dies alles gehört zu dem eigenwilligen, einmaligen künstlerischen Stil Bertolt Brechts. *(Ypsi, Neue Zeit, 14. 1.)*

Entgegen unserem Grundsatz ist es nötig, auf die Aufführung selbst einzugehen, denn die Leipziger Uraufführung vermittelte nicht diese Klarheit der politischen Konzeption. Es lag entscheidend daran, daß in Leipzig immer noch zu sehr »Theater« im herkömmlichen Sinne gemacht wurde, was aber einen Zwiespalt zu der Brechtschen Absicht ergab, durch das Bühnengeschehen zu lehren. Mit dem Berliner Ensemble nun konnte Brecht seine Absichten restlos verwirklichen, so daß aus dieser Inszenierung der größte und überzeugendste Erfolg des bisher stets außerordentlich erfolgreichen Ensembles erwuchs. *(Georg Wehner, Friedenspost, 21. 1.)*

berichtet ihm von seinem Plan, »durch Veränderung der Filmemulsion Daguerreotypcharakter der Bilder zu erreichen«. Er möchte den Zuschauer in Distanz zur Courage halten, »denn mit ihr sind keine Erfahrungen zu machen, nur über sie« *(27,318)*.
B möchte, wenn er wieder zu Hause ist, gern mit Arnold Zweig »über die Vertreibung der Juden aus Prag« sprechen. Er bedauert, daß sein Berliner Ensemble, da es über kein eigenes Haus verfügt, in dieser Saison nicht mehr als zwei Aufführungen neu herausbringen kann *(Br, 1535)*.
16. Januar, Dienstag. Ruth Berlau, die aus der Charité entlassen worden ist, bietet Peter Suhrkamp ihr Buch *Jedes Tier kann es* (→ 13. 8. 38) an und schreibt ihm über ihre Beziehung zu B: »Hier bin ich halt für die Leute Brechts Freundin, die einmal sehr schön war. Jetzt aber sucht Brecht junges Fleisch.« *(Berlau/Bunge, 268.)*
Marieluise Fleißer schickt Helene Weigel auf deren Wunsch *Der starke Stamm*, obwohl sie nicht glaubt, daß ihre Komödie am BE aufgeführt wird. Die Münchener Uraufführung (→ 7. 11. 50) habe ihr nur gezeigt, daß sie »nicht fürs Theater schreiben kann«. Dennoch soll es B »sich nicht reuen lassen, daß sein Erscheinen so verblüffend die Hemmungen weggesprengt hat, die für eine Aufführung noch bestanden« *(Tax, 196)*.
17. Januar, Mittwoch. Ernst Legal führt mit Paul Dessau »ein überaus heftiges Telefongespräch« und teilt ihm mit, daß er keine weiteren Verhandlungen mit ihm führen wird, »ehe er nicht den endgültigen Klavierauszug des *Lukullus* in den Händen habe« *(Lucchesi 2,80f.)*.
19. Januar, Freitag. Wegen eines Nervenanfalls wird Ruth Berlau erneut in eine psychiatrische Klinik gebracht und verbringt zwei Tage in einer Einzelzelle. Dort besucht sie Bs Freund, der Arzt Otto Müllereisert. Danach hält sie B in einem vorwurfsvollen Brief vor, er habe sich nicht genügend um sie gekümmert. Sie habe keine Krankheit, die so eine Behandlung rechtfertigt; ihre Erschöpfung rühre von einer Überarbeitung in Holland her. Sie brauche in Zukunft keinen »West-Arzt«; sie möchte von ihren Ärzten behandelt werden, nicht von denen »der Frau Brecht« *(971/83-85)*.

20./21. Januar 1951
Beginn der Kampagne gegen westliche Dekadenz

20./21. Januar, Sonnabend/Sonntag. Die *Tägliche Rundschau* eröffnet mit einer Artikelserie von N. Orlow (Pseudonym), *Wege und Irrwege der Moderne*, den »Kampf gegen jeglichen Einfluß der westlichen Dekadenz und des Kultes des Häßlichen in der Kunst der DDR« (zweiter Teil am 23. 1.).
Rudolf Engel teilt Helene Weigel mit, daß eine Regieassistentenklasse geplant wird.
21. Januar, Sonntag. Peter Palitzschs Gestaltung des *Mut-*

ter-Programmheftes findet B »jetzt sehr schön«, so, »als hätte es keine Schwierigkeiten gegeben – nicht zuletzt von mir«. B verspricht ihm »Besserung« *(Br, 1537)*.

23. Januar, Dienstag. In der Sitzung des Politbüros des ZK der SED wird zu dem Tagesordnungspunkt »16 Aufführung von *Die Mutter*« (am BE) beschlossen, mit B darüber zu sprechen, »daß einige Korrekturen vorgenommen werden« *(Lucchesi 2,61)*.

23. Januar 1951
Politbüro wünscht Änderungen in der *Mutter*-Inszenierung

Bs Anfrage nach der geplanten Ausgabe seiner Gedichte in 4 Bänden glaubt Max Schroeder vom Aufbau-Verlag positiv beantworten zu können, nur müsse das Manuskript dann in wenigen Wochen vorliegen.

24. Januar, Mittwoch. Richard Weiß teilt Caspar Neher mit, es könne leider keine Rede davon sein, »daß unser Verlagswerk *Brecht: Antigonemodell 1948* ›großen Anklang‹ gefunden hat«. Gemäß einer Verlagsabrechung sind vom Erscheinungstermin bis zum 31. 12. 50 insgesamt 384 Exemplare im Osten und 327 Exemplare im Westen verkauft worden *(ÖNB)*.

24. Januar 1951
Schlechter Absatz des *Antigonemodell 1948*

27. Januar, Sonnabend. Käthe Rülicke hat Bs Zimmer aufgeräumt und notiert: »Ich freute mich an seiner Freude.« *(1264/4.)* Ruth Berlau schreibt aus dem Künstlerheim Schloß Wiepersdorf einen vorwurfsvollen Brief an B, in dem sie ihm Unfreundlichkeit und Feigheit vorhält; sie sähe B und Helene Weigel wie unter einem Vergrößerungsglas als »zwei komische, böse Affen, die eine Nuß nicht knacken« könnten *(977/100f.)*.

28. Januar, Sonntag. B erzählt Käthe Rülicke von seiner Militärzeit in einem Augsburger Lazarett.

Egon Monk spricht mit dem Bühnenbildner Heinz Pfeiffenberger über *Biberpelz und roter Hahn*.

Auf Anregung Bs sammeln Käthe Rülicke und Claus Hubalek aus den im *Spiegel* veröffentlichten Protokollen des Untersuchungsausschusses des Deutschen Bundestags Material für eine Gerichtsszene *(Bonner Prozeß*, späterer Titel: *Bonn im Spiegel)*. Da in der Situation der Verhandlungen (Untersuchungsführer als Schuldiger) Ähnlichkeiten mit dem *Zerbrochnen Krug* bestehen, beabsichtigt B, den szenischen Bericht an einem Abend zusammen mit dem Lustspiel Kleists aufzuführen.

28. Januar 1951
Materialsammlung für Gerichtsszene *Bonn im Spiegel*

30. Januar, Dienstag. B nimmt an der Sitzung der Sektion Dichtung und Sprachpflege teil. Er schlägt u. a. vor, für die Schriftenreihe der DAK John Heartfield heranzuziehen. Für die geplanten Vorträge in der DAK ist er für die Darbietung von Thesen, »um so die Diskussion zu aktivieren«. Der DAK zugewählt werden sollten nach seiner Meinung: Peter Huchel, Stephan Hermlin und KuBa *(1486/7f.)*. Die Mitarbeit Heartfields wird von staatlichen Stellen abgelehnt, weil sie

Bemühungen um John Heartfield

die von ihm entwickelte Kunst der Fotomontage als Richtung des Proletkults und als formalistisch klassifizieren; Brecht setzt sich weiterhin für Heartfield ein (→ 17. 5.).

Januar 1951
Die Gewehre der Frau Carrar,
gespielt von einer Amateurgruppe
aus Köthen

Januar. Rülicke notiert Bs Meinung, wonach er »Kenntnisse zur Verfügung stellen, Technik, Erfahrungen, aber nicht selbst eine proletarische Kunst aufbauen kann, da er in der bürgerlichen Ideologie aufgewachsen ist« *(1340/41).*
Im Köthener Haus der Volkskunst spielt das Laientheater der Gesellschaft für Deutsch-Sowjetische Freundschaft *Die Gewehre der Frau Carrar.* Regie führen die Lehrer Manfred Wekwerth und Harro Neujahr, Bühnenbild: Harro Neujahr; es spielen u. a. die Lehrerin Irmgard Elze (Teresa Carrar) und der Dreher Erich Franz (Pedro). B wird eingeladen, sich die Premiere anzusehen. Ohne die Antwort abzuwarten, kündigt Wekwerth Bs Teilnahme in der Lokalpresse an und stellt die Meldung B zu. Da B verhindert, aber an der Aufführung interessiert ist, lädt er das Köthener Laientheater nach Berlin ein. Wekwerth erinnert sich: »Wir spielten um unser Leben, das heißt, wir waren viel zu laut. Nachdem Beifall und Lob gespendet war, bat uns Brecht, noch etwas dazubleiben. Dann arbeitete er mit der Gruppe bis Mitternacht.« *(Wekwerth 3,245.)* B verspricht sich für das BE von theaterspielenden Laien einen Zugewinn. »Er engagierte den Hauptdarsteller, der ein bekannter Schauspieler wurde, und engagierte mich als Regieassistenten mit der ausdrücklichen Meinung, daß da gelernt werden müsse.« *(Wekwerth 1,209.)*

1. Februar, Donnerstag. Paul Dessau dediziert dem Ministerpräsidenten Otto Grotewohl »eine kleine Auswahl« seiner Lieder und versichert ihm seine Beteiligung am »täglichen Kampf um die Einheit unseres Vaterlandes« *(Lucchesi 2,63).*
Auf die Einladung, bei der Biennale von Venedig ein eigenes Stück zu inszenieren, läßt B Elisabeth Hauptmann mitteilen, daß er ein Gastspiel des BE mit *Mutter Courage und ihre Kinder* vorziehen würde.

2. Februar, Freitag. Käthe Rülicke notiert, B erzähle ihr »stundenlang von Kindheit und Jugend« *(1264/4).*
Ruth Berlau hat B versprochen, sie würde sich »gern noch einmal in Behandlung« begeben, wenn sie von Dr. Thiele aufgenommen wird. B unterstützt das und rät ihr: »Bitte, tu es also, Ruth, tu es gleich, tu es richtig.« *(Br, 1540.)*

3. Februar, Sonnabend. In der DAK spricht Ernst Fischer aus Wien über *Kunst und Gesellschaft.*

7. Februar 1951
Versuch, eine Opernaufführung von
Das Verhör des Lukullus
zu verhindern

7. Februar, Mittwoch. In einem Gespräch mit Maria Rentmeister, Fritz Erpenbeck und Kurt Bork erklärt sich Paul Dessau bereit, die Oper *Das Verhör des Lukullus* zurückzuziehen, und will dazu Bs Zustimmung einholen. B ist darüber empört und teilt dies Bork mit.

Bei B sind Anna Seghers, Ernst Fischer, Hanns und Louise Eisler.

8. Februar, Donnerstag. Bei einer persönlichen Rücksprache erklärt B gegenüber Bork: Bei Rücknahme des Werkes sei eine nachträgliche Diskussion nicht möglich; deshalb sollten die Proben weitergeführt werden, bis Verantwortliche darüber diskutieren und beschließen können. B will den Beschluß akzeptieren.

9. Februar, Freitag. Johannes R. Becher gratuliert B zum Geburtstag. »Ich möchte nur wünschen, daß uns beiden die Gelegenheit in diesem Jahr gegeben ist, uns öfter zu sehen und das gute Gemeinsame, wie es zwischen uns vorhanden ist, zu stärken.«

10. Februar, Sonnabend. Für das BE ist eine alte Exerzierhalle in der Reinhardtstraße zu einem Probenhaus ausgebaut worden. Sie bietet dem Ensemble störungsfreie Probenmöglichkeiten außerhalb des Deutschen Theaters. B lobt das »angenehme Proben« in »reinlichen Wänden« *(27,318)*. Nach der Verhinderung Berthold Viertels bestimmt B endgültig Egon Monk als Regisseur von *Biberpelz und roter Hahn.*

10. Februar 1951
Ausbau eines Probenhauses für das Berliner Ensemble

Da täglich gleichzeitig Proben zu diesem Stück und zum *Verhör des Lukullus* in der Staatsoper stattfinden, schickt B Käthe Rülicke zunächst zu den Opernproben und geht selbst zum BE, später dann bevorzugt zur Oper. Im Verlauf der Proben werden bei *Biberpelz und roter Hahn* zahlreiche Textänderungen vorgenommen (in *Theaterarbeit*, S. 202-205, beschrieben).

10. Februar - 14. März 1951
Proben zu *Biberpelz und roter Hahn* im Berliner Ensemble sowie zu *Das Verhör des Lukullus* in der Deutschen Staatsoper

11. Februar, Sonntag. Walter Hollitscher und seine Frau sind bei B zu Gast und diskutieren über sowjetische Architektur. Die in der Stalinallee gebauten neuen repräsentativen Wohnhäuser seien »unmöglich«. Alles Nationale komme zu kurz *(1340/45)*.

12. Februar, Montag. Käthe Rülicke und Claus Hubalek sind mit der Gerichtsszene *Bonn im Spiegel* schon so weit vorangekommen, daß bald mit den Proben begonnen werden kann.

13. Februar, Dienstag. Auf Wunsch Bs hat Käthe Rülicke für diesen Tag ein Treffen bei Siemens-Plania vereinbart, um sich mit Hans Garbe zu treffen. Der Ost-Berliner Ofenmaurer Garbe lenkt die Aufmerksamkeit auf sich, als er 1949 bei Siemens-Plania mit einigen Kollegen die Reparatur eines Ringofens ohne dessen Abschaltung durchführt. Damit verhindert er den Produktionsausfall im Wert von etwa einer halben Million Mark. Rülicke notiert Bs Formulierung: »Denken als Ausdruck körperlichen Wohlbehagens« *(1264/4)*.

13. Februar 1951
Beginn einer Reihe von Gesprächen mit dem Ofenbauer Hans Garbe

Im *Neuen Deutschland* erscheint der erste Teil (Schluß am 18. 2.) des Artikels *Wo stehen die Feinde der deutschen*

Kunst? Bemerkungen zur Frage des Formalismus und des Kosmopolitismus von Wilhelm Girnus. Nach einer Notiz von Käthe Rülicke (vom 25. 2.) hat sich B darüber folgendermaßen geäußert: »Der Orlow-Artikel hat viele Diskussionen ausgelöst, recht dumme meist wie der undialektische Artikel von Girnus u. ä.« Er habe vier Seiten über Formalismus geschrieben, »ohne einmal eine Definition zu geben, nur kämpfen sollen wir dagegen« *(1340/45)*.

14. Februar 1951 ZK der SED ordnet Prüfung der Oper *Das Verhör des Lukullus* an

14. Februar, Mittwoch. Auf der Sitzung des Sekretariats des ZK der SED (unter Vorsitz von Walter Ulbricht) wird beschlossen, Ernst Hermann Meyer und Egon Rentzsch zu beauftragen, »Text und Musik« von *Das Verhör des Lukullus* »zu beurteilen und diese Beurteilung dem Sekretariat vorzulegen« *(Lucchesi 2,68)*.

17. Februar, Sonnabend. B findet, daß »seit nunmehr vielen Wochen« alle Begegnungen mit Ruth Berlau »außer einer in Gegenwart eines Arztes – häßlich und peinigend über die Maßen« gewesen seien, »Vorwürfe, Forderungen, Beschimpfungen, Verleumdungen, Faustschläge und Szenen, zu Hause, im Büro, im Krankenhaus, auf der Straße«. Er könne sie sich nicht mehr »ohne haßerfülltes, grimassierendes Gesicht vorstellen«. Sie lehne hingegen jede Behandlung durch einen Arzt ab. »Ich aber wiederhole Dir jetzt, daß ich unter keinen Umständen je wieder freiwillig mit Dir reden werde, bevor Du in einer Klinik untersucht und gesund erklärt worden bist.« *(Br, 1542.)*

23. Februar, Freitag. Von Käthe Rülicke befragt, wie man Regietalente entdecken kann, meint B, er habe es aufgegeben, »Genies« zu finden, »sondern er sucht Menschen mit Interesse und Begeisterung, die er eben doch selbst erziehen muß« *(1340/46)*.

24. Februar, Sonnabend. Käthe Rülicke notiert: »Brecht ist sich klar, ›Klassiker‹ zu sein.« *(1340/41.)*

25. Februar, Sonntag. Den Notizen Käthe Rülickes zufolge macht sich B »Gedanken über einen Garbe-Film« *(1264/5)*.

27. Februar, Dienstag. B läßt dem Deutschen Schriftsteller-Verband mitteilen, daß er »vormittags nie an Sitzungen usw. teilnehmen kann, da er regelmäßig Proben im Theater hat« *(836/28)*.

Martin Andersen-Nexø und seine Frau sind bei B zu Gast.

Februar. Zu Besuch bei B in Weißensee ist Wolfgang Heinz aus Wien und unterhält sich mit ihm über Shakespeare und Schiller. Nach Bs Meinung arbeitet Shakespeare mit Kontrasten zwischen starken und schwachen Szenen, die erhalten bleiben müssen. Schiller hingegen sei, wenn überhaupt, nur noch mit Masken zu spielen. Er habe »mit seinem Gedankenflug der bürgerlichen Klasse« Ideale gegeben, »die sie selbst nie hatte« *(1340/43)*.

Ruth Berlau bittet B um einen Besuch und um Geldzuwendungen. Sie verbrauche im Augenblick »bißchen viel, ich rauche z. B. noch zu viel, aber nicht mehr lang«. Für die Modellbücher, wofür sie »wahnsinnig gearbeitet hat«, erwartet sie Zahlungen, nachdem ihr von der Verwaltung des BE mitgeteilt worden sei, daß »alle Zahlungen an und von Herrn Brecht [...] über das Privatkonto von Frau Weigel« gehen *(971/47f.)*.

28. Februar, Mittwoch. B nimmt an der Sektionssitzung Dichtkunst und Sprachpflege teil.

1. März, Donnerstag. Caspar Neher arbeitet jetzt ebenfalls bei den *Lukullus*-Proben mit.

Anfang März. B macht nach den Probenbesuchen für Hermann Scherchen eine Reihe Notizen mit Vorschlägen für Text-Umstellungen.

2. März, Freitag. B und Caspar Neher arbeiten von 9 bis 23 Uhr an *Lukullus*.

Auf Bs Wunsch sendet die DEFA das Treatment von Eduard Claudius für einen *Garbe*-Film und betrachtet es als »Grundlage für eine Unterhaltung« über Bs Projekt *(725/30-37)*.

3. März, Sonnabend. B nimmt nun regelmäßig an allen Proben von *Das Verhör des Lukullus* teil. Käthe Rülicke assistiert ihm dabei und notiert: »Die bisherigen Proben waren schrecklich – pathetischer Opernstil. Völker ist über Brechts jetzige – und kommende – Änderung verzweifelt. Brecht arbeitet intensiv.«

3.-16. März 1951
Besuch der Opernproben in der Deutschen Staatsoper

Der künstlerische Beirat der DEFA diskutiert über den *Courage*-Film; Rülicke notiert, das Gespräch sei »mäßig« gewesen, »unwissende Menschen« *(1264/5)*.

Kurt Desch informiert B darüber, daß der Verlag Allert de Lange den *Dreigroschenroman*-Prozeß in der 1. Instanz gewonnen hat. Desch will nun in die 2. Instanz gehen. Bei einem vom niederländischen Verlag mit 70 000 DM veranschlagten Streitwert hat Desch bereits außerordentliche Ausgaben gehabt und bittet B um die Überlassung von Stücken für seinen Bühnenvertrieb. Als Desch gelesen habe, daß Suhrkamp den *Guten Menschen von Sezuan* anbietet, schreibt er verärgert an B: »Ich kämpfe hier für Sie einen Prozeß durch, in den ich hineingezogen wurde. Ich habe riesige Kosten, und einem anderen Verlag geben Sie die Möglichkeit, mit Ihren Stücken in Westdeutschland Geld zu verdienen.« *(572/29f.)*

3. März 1951
Desch verliert *Dreigroschenroman*-Prozeß in der 1. Instanz

5. März, Montag. B bedankt sich beim Comité National des Ecrivains, Paris, für die Einladung zum 20. 5. und bittet um Unterstützung bei der Visa-Erteilung für die Einreise.

8. März, Donnerstag. Zur ersten Gesamtprobe von *Das Verhör des Lukullus* erscheinen unangemeldet 16 Genossen

8. März 1951
»Beobachter« der SED in den Opernproben

der Kulturabteilung des ZK der SED, des Volksbildungsministeriums sowie einige von dieser Stelle beauftragte Komponisten und Kritiker. Hermann Scherchen bittet darum, daß alle nicht an der Aufführung beteiligten Personen das Haus verlassen. Nach einer Diskussion erreichen Paul Dessau und B, daß der Kritiker Karl Laux ausgeschlossen wird. Scherchen weigert sich vor Leuten zu dirigieren, die gekommen sind, um eine Partitur zu beurteilen. Erst nach einer Auseinandersetzung wird die Probe im Beisein der ungebetenen Hospitanten fortgesetzt.

9. März, Freitag. Käthe Rülicke notiert, daß an den *Lukullus*-Proben auch Paul Dessau teilnimmt. Vier zur Probe erscheinenden Musikexperten wird der Zutritt verweigert.

10. März, Sonnabend. Paul Dessau schildert das Vorkommnis vom 8. 3. in einem Brief an die Abteilung Kultur beim ZK der SED und begründet seine Bitte, »weitere Besuche nicht vor Montag, dem 12. 3., anzusetzen«. Hermann Scherchen habe »relativ wenig Zeit, das Werk zu studieren«, und es müsse vermieden werden, »daß es zu einem Skandal mit Scherchen kommt« *(Lucchesi 2,75f)*.

Maria Rentmeister vom Volksbildungsministerium empfiehlt Ernst Legal, zu überlegen, »welches Repertoire statt der Premiere« von *Das Verhör des Lukullus* gegeben werden kann *(Lucchesi 2,77)*.

Ruth Berlau, so teilt ihr B mit, könne in Oberhof ab 14. 3. »in einem Kurhaus des Förderungsausschusses ein Einzelzimmer beziehen«. Wenn sie dem Erholungsaufenthalt zustimmt, bittet B sie, am 13. 3. in die *Lukullus*-Probe zu kommen und danach nach Oberhof zu fahren. »Ich würde Dir nach Oberhof dann schreiben, wenn Du Briefe haben willst, und auch Arbeitsmaterial schicken.« *(Br, 1543.)*

11. März 1951
Brecht hält Formalismusdiskussion für groben politischen Fehler: »Zeichen für Tiefstand in der Kunst«

11. März, Sonntag. B meint in einem Gespräch mit Käthe Rülicke, die Künste müßten in dieser Zeit »zurückstehen«, die Formalismusdiskussion »helfe nicht nur nichts«, sie sei »ein grober politischer Fehler, da sie die Spaltung vertiefe«; sie sei ein »Zeichen für Tiefstand in der Kunst«. »Über die Formen diskutierte noch keine gesunde Epoche, es sei wichtiger, über den Inhalt zu sprechen.« Dieser Zeit fehle die »große Kunst«, wie er sie macht – allerdings als »Bürger« und »in Opposition« *(1264/6)*.

B mahnt Ruth Berlau, »richtig« zu essen und etwas mehr zu arbeiten *(Br, 1544)*.

12. März, Montag. Vor der Probe verabschiedet B sich von Ruth Berlau, die ihre Erholungsreise antritt.

Der Verlag Felix Bloch Erben schickt an das BE einen Aufführungsvertrag für *Biberpelz und roter Hahn*.

Mit Paul Dessau

In den Kammerspielen des Deutschen Theaters findet eine Dekorationsprobe für *Biberpelz und roter Hahn* statt.

Gleichzeitig wird in der Deutschen Staatsoper eine technische Probe von *Lukullus* durchgeführt.

In seinem Gutachten für das ZK lehnt Ernst Hermann Meyer nach Anhören eines Teils der Oper *Das Verhör des Lukullus* die Musik Dessaus ab: »Sie enthält alle Elemente des Formalismus, zeichnet sich aus durch ein Vorherrschen destruktiver, ätzender Dissonanzen und mechanischer Schlagzeuggeräusche.« Eine »dem Volke verständliche, humane Musik« fehle bedauerlicherweise ganz *(Lucchesi 2,80)*.

12. März 1951
Beschluß eines Verbots der Oper

Das Sekretariat des ZK der SED beschließt unter Vorsitz von Walter Ulbricht, daß *Das Verhör des Lukullus* »nicht öffentlich uraufzuführen und vom Spielplan abzusetzen« ist. Am 13. 3. müsse nach der Probe in der Staatsoper eine Diskussion über die Oper geführt werden, »an der namhafte Genossen und Künstler sowie Kulturfunktionäre von Berliner Betrieben, FDJ-Funktionäre, Mitglieder der DAK, des Kulturbundes usw. teilnehmen« (Leitung: Fritz Erpenbeck als Vorsitzender der Zentralen Spielplan- Kommission) *(Lucchesi 2,82)*.

B schreibt an Walter Ulbricht, daß die Aufführung von *Das Verhör des Lukullus* »ernstlich gefährdet scheint«. B hält die Oper wegen ihres aktuellen Gehalts für »doch wohl aufführungswert« und meint: »Ich weiß nicht, ob die Musik ohne weiteres verständlich ist, aber die *Oper*, ihre Tendenz und ihr Inhalt, ist ohne weiteres verständlich, und nach meiner Meinung sollten wir uns, bis die schwierigen Formfragen gelöst sind, zunächst am *Inhalt* orientieren. Schließlich können ja die Künstler die Frage der Form auch nur vom Inhalt her lösen.« *(Br, 1545.)*

13. März 1951
Durchlaufprobe von *Das Verhör des Lukullus* mit Teilnahme von Kontrolleuren der SED und anschließender Diskussion

Brecht und Dessau setzen eine öffentliche Aufführung durch

13. März, Dienstag. 10.30 Uhr findet eine Durchlaufprobe von *Das Verhör des Lukullus* statt, an welcher die 150 vom ZK festgelegten Personen (→ 12. 3.) teilnehmen. Danach wird von 13.00 bis 15.30 Uhr diskutiert. Anfangs gibt Ernst Hermann Meyer seine Einschätzung. Er beginnt mit einem Stalin-Zitat, dem zufolge begangene Fehler nicht vertuscht werden sollten. Dessau habe »nicht mit den richtigen Mitteln« gearbeitet, »sondern mit den Mitteln der Negation«. Arnold Zweig ist erkrankt, läßt aber mitteilen, »daß er das Werk großartig findet und nicht begreift, wie über die Zulassung des Werkes diskutiert werden kann, muß und braucht«. In der teilweise unsachlich und ohne ausreichende Kenntnisse geführten heftigen Diskussion bemerkt Dessau bitter, er könne nicht über seine Arbeit sprechen: »Sie kennen sie besser«; er komme sich vor »wie Lukullus, angeklagt der Isolation«. B beklagt sich über die unsinnige Entscheidung, in einer unfertigen Arbeitsphase eine solche Diskussion anzuordnen, statt – wie abgesprochen – nach der Probe mit einigen Musikexperten zu bera-

Brecht in der Deutschen Staatsoper

ten, wie man eine Probe machen könne, »die etwas ergibt«. Auf Vorschlag von Minister Wandel wird die Diskussion abgebrochen und am Abend im Künstlerklub Möwe weitergeführt. An dem mehrstündigen Gespräch nehmen teil: B, Paul Dessau, Helene Weigel, Paul Wandel, Hans Lauter, Kurt Bork, Ernst Hermann Meyer, Karl Laux, Fritz Erpenbeck, Ernst Legal, Hermann Scherchen und Arnold Zweig. Auf Wunsch von B und Paul Dessau wird Zeit eingeräumt, die Inszenierung fertig zu arbeiten, damit man sie im endgültigen Zustand in einer »Probeaufführung« am 17. 3. (in geschlossener Vorstellung) ansehen kann. Weitere Aufführungen werden aber von vornherein ausgeschlossen. Scherchen lehnt eine weitere Mitarbeit ab und kündigt seine Abreise an. Die beteiligten Genossen gehen mit der Gewißheit aus dem Gespräch, daß die Arbeit an der Oper somit eingestellt ist.

Gleichzeitig findet am Abend erneut eine technische Probe von *Lukullus* statt.

14. **März,** Mittwoch. B kann Hermann Scherchen umstimmen, die Arbeit am *Verhör des Lukullus* bis zur Probeaufführung am 17. 3. fortzusetzen. Die veränderte Situation veranlaßt das Politbüro zu neuen Aktivitäten gegen die Oper. In der Deutschen Staatsoper findet die 1. Hauptprobe (nur teilweise mit Kostümen) statt.

Gleichzeitig: Durchlaufprobe von *Biberpelz und roter Hahn.*

Gottfried von Einem widmet B die Komposition eines Liedes aus dem Japanischen *An einen Freund Mitsune* (»Du kommst nie, um die Blumen blühn zu sehn«).

Auf Anfrage in einem (am 19. 2.) zugesandten Brief von Joachim Bodag zu Bs Essay *Über reimlose Lyrik mit unregelmäßigen Rhythmen* schreibt B über die akustischen Veränderungen in der Umwelt, die nötig sind, »damit Musik und Lyrik darauf reagiert« *(Br, 1672).*

15.-17. **März,** Donnerstag-Sonnabend. 5. Tagung des ZK der SED.

15. **März,** Donnerstag. Zweite Hauptprobe von *Das Verhör des Lukullus* (mit Kostümen).

Nach Käthe Rülickes Meinung, die wiederum die Endproben im BE besuchen muß, wird *Biberpelz und roter Hahn* »recht gut, braucht aber noch viel Arbeit« *(1264/7).*

16. **März,** Freitag. Generalprobe von *Das Verhör des Lukullus.* Gleichzeitig: 1. Generalprobe von *Biberpelz und roter Hahn.*

17. März 1951
ZK der SED kritisiert den Formalismus in der Kunst und führt als Beispiele *Das Verhör des Lukullus* und *Die Mutter* an.

17. **März,** Sonnabend. Auf der 5. Tagung des ZK der SED werden Maßnahmen gegen den Formalismus in der Kunst beschlossen. Hans Lauter nennt in seinem Referat als Beispiel für praktizierten Formalismus in der Kunst u.a. die

Musik Paul Dessaus in der Oper *Das Verhör des Lukullus.* Er habe den Eindruck, daß sie »einem direkt Ohrenschmerzen bereitet: viel Schlagzeuge, disharmonische Töne, man weiß nicht, wo man eine Melodie suchen soll«. Fred Oelßner findet auch in der *Mutter*-Aufführung des Berliner Ensembles formalistische Tendenzen: »Aber ich frage, ist das wirklich Realismus? Sind hier typische Gestalten in typischer Umgebung dargestellt? Ich will schon gar nicht reden von den Formen. Warum nicht? Entschuldigt, ich bin der Auffassung, das ist kein Theater; das ist irgendwie eine Kreuzung oder Synthese von Meyerhold und Proletkult.« In dem Stück gäbe es auch Szenen, »die einfach historisch falsch und politisch schädlich sind« *(Lucchesi 2,267,173).*
Am Abend findet in einer geschlossenen Vorstellung die Uraufführung von *Das Verhör des Lukullus* in der Deutschen Staatsoper statt. Um einen Mißerfolg zu organisieren, hat das Volksbildungsministerium alle Karten eingefordert und verteilt sie von sich aus nach vorgegebenen Gesichtspunkten kostenlos an das ZK und das Ministerium (500 Karten), die FDJ (300 Karten), den FDGB (300 Karten), außerdem an die DAK, an die Musikhochschule u. a. Einrichtungen (12 Karten erhält das BE). B, Paul Dessau, Hermann Scherchen und Ernst Legal haben, einem Bericht des Ministeriums vom 19. 6. zufolge, Forderungen nach »Sonderkontingenten« erhoben, »die stets mit Drohungen irgendeines Eklats verbunden waren«. Dadurch seien »etwa 200 Karten« ohne Kontrolle des Ministeriums verteilt worden *(Lucchesi 2,242).* In einem Bericht der Abteilung Kultur beim ZK der SED vom 23. 7. haben »die Vertreter der bekannten Westzeitungen [...] wahrscheinlich auf Veranlassung der Intendanz der Staatsoper Zutritt« zu der geschlossenen Aufführung erhalten *(Lucchesi 2,251).* Insbesondere finden viele Jugendliche am Zwangsbesuch der Oper keinen Gefallen und verkaufen ihre Karten an Interessenten, die durch die öffentlich gewordene Parteikritik zahlreich vor der Oper erschienen sind und einen Skandal erwarten. Zu den Zuschauern gehört auch die Partei- und Regierungsspitze.
Der Intendant Ernst Legal hält vor dem Vorhang eine Ansprache an die Besucher mit erläuternden Bemerkungen zum Inhalt. Die musikalische Leitung hat Hermann Scherchen, Regie: Wolf Völker, Bühnenbild: Caspar Neher; mit Alfred Hülgert (Lukullus), Willi Heyer-Krämer (Totenrichter), Gertraud Prenzlow (Tertullia).
Käthe Rülicke notiert: »Die Aufführung wurde ein triumphaler Erfolg, wie Scherchen sagte, der größte Erfolg, den er je bei einem modernen Werk erlebt hätte.« *(Lucchesi 2,200.)*
Als Augenzeugin erinnert sich Gina Kaus: »Nach jedem Bild

Uraufführung
Das Verhör des Lukullus
Deutsche Staatsoper Berlin

Ohne Oboen, Klarinetten und Fagotte, ohne Hörner, Geigen und Violen, mit Trautonium, Marimbaphon, Ziehharmonika und zwei Flügeln, deren Hämmer statt Filz Nagelköpfe tragen, hat Paul Dessau die zwölf Szenen seiner Oper untermalt. Getragen von der mächtigen Lukullus-Partie, einer kommentierenden Sopranstimme mit Orchester und zahlreichen kleinen Singrollen, ist der Eindruck sehr neuartig. [...] Ein starker Eindruck, ein Werk, das in der künftigen Opernproduktion nicht ohne Folgen bleiben wird. *(Hans Heinz Stuckenschmidt, Die neue Zeitung, 21. 3.)*

Nach den ersten Szenen gab es noch Pfiffe und Buh-Rufe. Doch schon setzte der Beifall ein, der zum Schluß zu einem Orkan der Zustimmung anschwoll. Dichter und Komponist küßten sich vor dem Vorhang ab. Der befohlene Durchfall fiel aus. Auch Ernst Legal stellte sich neben Brecht. Wilhelm Pieck und Walter Ulbricht hatten beim ersten Beifall sofort das Haus verlassen. *(DA, Der Abend, 19. 3.)*

Ein hochbegabter Dramatiker und ein talentierter Komponist, deren fortschrittliche Absicht außer Zweifel steht, haben sich in ein Experiment verirrt, das aus ideologischen und künstlerischen Gründen mißlingen mußte und mißlungen ist. [...] Die Musik ist dünn und bruchstückhaft. Einzelne Gesänge bestätigen Paul Dessaus Talent. Aber er wird verantwortungsbewußt an sich arbeiten und etliche kabarettistische Unarten ablegen müssen, wenn er aus einem Komponisten interessanter Songs und Klanguntermalungen zum musikdramatischen Schöpfer werden will. [...] Es ist unbegreiflich, warum die Deutsche Staatsoper diese Oper einstudiert hat. *(Heinz Lüdecke, Neues Deutschland, 22. 3.)*

brauste der Beifall auf, und nach dem letzten Vorhang raste das Publikum. Die Leute standen nicht nur auf, um zu applaudieren, sie stiegen auf die Sitze und applaudierten wie in Ekstase. Brecht, der Komponist und der Regisseur wurden herausgerufen, die Leute jubelten ihnen zu, sie schrien, es war eine Orgie von Applaus. Ich hatte dergleichen in meinem ganzen Leben – und ich hatte schließlich viele erfolgreiche Premieren mitgemacht – niemals erlebt.« *(Und was für ein Leben, 277.)*

Gleichzeitig findet in den Kammerspielen des Deutschen Theaters die erste geschlossene Voraufführung von *Biberpelz und roter Hahn* statt. B hat Käthe Rülicke hingeschickt und läßt sich in der Pause und nach der Vorstellung über die Wirkung berichten.

18. März, Sonntag. Nach Käthe Rülickes Notizen sagt B u. a. zu Hermann Scherchen: »Im heute diskutierten Sinne (dessen Richtigkeit zu beweisen ist) war selbst Marx Formalist – er opfert der glänzenden Form oft die Verständlichkeit, z. B. im *Kapital.* [...] Diktatur des Proletariats ist deshalb keine günstige Periode für Kunst. Im Vordergrund steht die Politik, die gesellschaftlichen Tendenzen sind oft sogar kunstfeindlich, beschneiden (wegen Diktaturnotwendigkeit) freie Entfaltung, auch der Kunst.« *(Lucchesi 2,178.)*

19. März 1951
Offizielles Verbot von *Das Verhör des Lukullus*

19. März, Montag. Nach der ersten Vorstellung mit Publikum findet mit dem BE nochmals eine Durchsprechprobe von *Biberpelz und roter Hahn* statt.

Das Volksbildungsministerium bestätigt Ernst Legal schriftlich, »daß weder eine Premiere noch eine Aufnahme des *Verhörs des Lukullus* in den Spielplan der Staatsoper erfolgt« *(Lucchesi 2,180).*

B bedankt sich beim Volksbildungsminister Paul Wandel »für die Aufführung des *Lukullus* vor einem Publikum, das den fortschrittlichsten Teil des Publikums unserer jungen Republik ausmachte« *(Br, 1547).* Walter Ulbricht dankt er gleichfalls dafür, daß die Aufführung stattfinden konnte. »Dies zeigt großes, kameradschaftliches Verständnis der Republik für die Schwierigkeiten der Künstler in dieser Phase des Umbaues.« Den großen Beifall schreibt er sowohl »der mustergültigen Aufführung« als auch »der Friedenstendenz des Werkes« zu. Paul Dessau nähme die kritischen Bemerkungen zu seiner Musik ernst und habe als Ziel eine »verständliche, realistische Volksoper, von der neue sozialistische Impulse ausgehen« *(Br, 1548).*

Albert Schreiner hat B das Manuskript einer historischen Arbeit geschickt, mit der sich B aber im Augenblick nicht beschäftigen kann. »Derlei wissenschaftliche Arbeiten kann man ja nicht beim Abendessen lesen.« Er bittet Schreiner, ihm sobald als möglich eine Kopie davon zu geben, denn

»die Klarheit der Darstellung und die Neuartigkeit des Materials« mache auf ihn großen Eindruck *(Br, 1546)*.

20. März, Dienstag. Wilhelm Pieck bedankt sich bei Paul Dessau und bei B für die diversen Briefe an das ZK und an das Volksbildungsministerium, die ihm zugestellt worden seien, und sieht darin eine Veranlassung, beide für den 24. 3. zu sich einzuladen.

Nachmittags findet in der DAK, Sektion Darstellende Kunst, eine Diskussion über *Das Verhör des Lukullus* statt, an der auch Arnold Zweig teilnimmt. B führt den Erfolg der Premiere wiederum auf die ausgezeichnete Aufführung sowie auf den Grundgedanken zurück, die Verurteilung eines Raubkriegs. Paul Dessaus Musik hält er für ausgezeichnet und gerade für eine Oper geeignet. Außerdem kündigt er eine mögliche Umarbeitung des Schlusses an *(Lucchesi 2,186f.)*.

Abends zweite geschlossene Aufführung von *Biberpelz und roter Hahn*.

21. März, Mittwoch. Zweite Generalprobe von *Biberpelz und roter Hahn*.

Der Historiker und Verleger Ernst Niekisch berichtet B über seinen Besuch der Generalprobe von *Das Verhör des Lukullus* am 16. 3. und sieht darin »den gelungenen Versuch, für die Oper neue Wege zu eröffnen«. B habe in Dessau »einen kongenialen Tonsetzer gefunden«. Das Verbot bekümmere ihn tief, die DDR »hätte die Möglichkeit gehabt, sich als kulturelle Bahnbrecherin zu erweisen« *(Lucchesi 2,188)*.

Aufgrund der Kritik an der Aufführung besucht Arnold Zweig abends die BE-Aufführung von *Die Mutter* und schreibt in sein Tagebuch: »Die Weigel still, prachtvoll. Gutes Lehrstück. Lerne was draus für den Roman.« *(Lucchesi 2,306.)*

Kurt Bork vom Ministerium für Kultur fragt B, ob es Abschlüsse über *Das Verhör des Lukullus* mit Bühnen und Verlagen in Berlin/West, der Bundesrepublik oder im Ausland gibt.

22. März, Donnerstag. Pressevorstellung von *Biberpelz und roter Hahn*.

23. März, Karfreitag. Im Probenhaus des BE wird eine Szene aus *Biberpelz und roter Hahn* für den Rundfunk aufgezeichnet.

Im *Neuen Deutschland* erscheinen unter dem Titel *Der Kampf gegen den Formalismus in Kunst und Literatur für eine fortschrittliche deutsche Kultur* Auszüge aus dem Referat von Hans Lauter mit der Kritik an Dessaus Musik in der Oper *Das Verhör des Lukullus*. Damit könne »man selbstverständlich nicht unsere neue demokratische Kultur entwickeln«.

24. März 1951
Beratung bei Pieck über ***Das Verhör des Lukullus***

24. März, Sonnabend. In der Wohnung von Wilhelm Pieck findet die Beratung über *Das Verhör des Lukullus* mit B und Paul Dessau statt, an der auch Ministerpräsident Otto Grotewohl, Minister Paul Wandel, Anton Ackermann und Hans Lauter vom ZK der SED teilnehmen.

Premiere
Biberpelz und roter Hahn
von Gerhart Hauptmann
Berliner Ensemble
(im Deutschen Theater)

Abends hat die Inszenierung des Berliner Ensembles von *Biberpelz und roter Hahn* in den Kammerspielen des Deutschen Theaters Premiere; Regie: Egon Monk, Bühnenbild: Heinz Pfeiffenberger; mit Therese Giehse (Frau Wolff / Frau Fielitz), Erwin Geschonneck (Amtsvorsteher von Wehrhahn), Gerhard Bienert (Julius Wolff), Angelika Hurwicz (Leontine).

Die Aufführung ist sprachlich, inhaltlich und im Ablauf nicht so genau wie die bisherigen Aufführungen des Ensembles. Ihr Vorzug ist es, daß sie kein Museum theaterhistorischer Erinnerungen ist. Sie erreicht Hauptmann-Wirkungen auf dem Wege einer neuen Bewältigung des Hauptmannschen Stoffes. Sie weicht von Hauptmann ab, um den Stoff auf die Probe neuer Einsichten zu stellen. Sie bleibt widerspruchsvoll, nicht so sehr, weil die beiden Hauptmannschen Komödien in dem trickhaft verkürzten und gewendeten Stoff nicht aufgehen, sondern weil der Widerspruch in unserem historischen Verhältnis zu den Vorgängen und ihrer Konsequenz ist. *(Paul Rilla, Berliner Zeitung, 28. 3.)*

Es handelt sich also um einen Versuch der kritischen Aneignung kulturellen Erbes, dessen kritische Bemühungen das Übliche überschreiten: die bei Hauptmann fehlende ideologische »Lösung« des sozialen Konflikts ist hinzugefügt. Aus dieser Arbeitsweise ein Prinzip zu machen, würde heißen, daß fast die gesamte Weltliteratur umgeschrieben werden müßte. Wenn man sich das vor Augen hält, erkennt man die Gefahr, die das Experiment des Berliner Ensembles in sich birgt. Der Schaden, der entstehen könnte, wenn etwa unsere klassischen Dramen in die Hände unberufener Umdichter und Fortsetzer fielen, ist nicht abzusehen. Was einmal unter der Leitung eines Bertolt Brecht und unter be-

25. März, Ostersonntag. In sein *Journal* schreibt B über die Absetzung des *Lukullus*, »daß bei Umwälzungen von solchem Ausmaß die Künste selbst da in Schwierigkeiten kommen, wo sie führend mitwirken«. Neue Formen, von Künstlern gegen die bürgerliche Ästhetik entwickelt, müßten nicht immer »die Formen für die neuen Inhalte« sein. Dies stimme aber nicht immer. »Manchmal nämlich werden die gewohnten Formen verlangt, weil die neuen Inhalte noch keineswegs allgemein bei der zur Herrschaft gelangten Klasse durchgesetzt sind und man die irrige Meinung hat, neuer Inhalt *und* neue Form sei schwerer durchzusetzen als nur eines von beiden.« *(27,318.)*
Nach einer Notiz von Käthe Rülicke hatte *Biberpelz und roter Hahn* zur Pressevorstellung am Ende 38 Vorhänge und zur Premiere am nächsten Tage nur noch 4. »Unserem feigen Publikum sitzt wohl der *Lukullus*-Schreck noch in den Knochen.« Weiterhin notiert sie Bs Ansicht: »Schlechte Zeit für Kunst. Man kann doch nicht den schlechten Geschmack des Proletariats, aufgezwungen von der Bourgeoisie, als Maßstab nehmen. Eine hemmende Kulturpolitik.« *(1264/7.)*
B schreibt nach der Sitzung bei Wilhelm Pieck an Anton Ackermann vom ZK der SED, er habe die Einwände gegen den Text der Oper *Das Verhör des Lukullus* studiert »und sogleich begonnen, den Text so umzugestalten, daß selbst ein *Irrtum* darüber, das Werk könnte pazifistische Tendenzen haben, verhindert wird«. Er legt einige seiner Umgestaltungsabsichten dar. »In der Frage der Musik kann ich mich mit Deiner Haltung nicht einverstanden erklären, schon weil Du da keine *Argumente* vorbrachtest wie in der Frage des Texts, sondern eine generelle Verwerfung, die dem Musiker zu keinen Einsichten verhelfen kann.« Dessau kämpfte doch nicht für Formalismus; er verwahre sich vielmehr dagegen. Man müsse da schon Argumente liefern, sonst stünde Dessau »einer puren Geschmacksäußerung gegenüber« *(Br, 1549).*
Der junge Lyriker Günter Kunert schickt B sein Buch *Weg-*

schilder und Mauerinschriften. Gedichte mit der Widmung: »in Verehrung des von ihm Geschaffenen, Erreichten, Geschafften« *(BBAB)*.

26. März, Ostermontag. B erinnert sich an jemanden, der, unzufrieden mit der laufenden Formalismusdebatte, verlangt habe, ein chinesisches Rollbild mit zwei Fledermäusen zu entfernen, das sei »reiner Formalismus«, und schreibt: »Dieser Maler der zwei Fledermäuse kann einer schwachmütigen Tendenz entgegengetreten sein, die Raumeinteilung allein zum Gegenstand künstlerischer Gestaltung und des Genusses zu machen. Er kann mit seinem Motiv der Forderung nach einem mythologischen Bild oder dem Porträt einer Fürstenschickse ausgewichen sein.« Es könne auch noch ein zweites Bild von ihm geben, »darstellend Lerchen« *(27,319)*.

27. März, Dienstag. Paul Wandel entwirft einen Text über die Absetzung von *Das Verhör des Lukullus* für eine Pressemeldung und schickt ihn an das ZK.

28. März, Mittwoch. B bedauert Erwin Geschonneck gegenüber das »grauenvolle Niveau der hiesigen Kritik, soweit sie bis jetzt sich gezeigt hat«. Eine künstlerische Leistung, wie er sie in *Biberpelz und roter Hahn* gezeigt habe, würde »zu jeder anderen Zeit gewürdigt werden« *(Br, 1551)*.

In der Sitzung des Politbüros berichtet Wilhelm Pieck über seine »Besprechung mit den Autoren der *Lukullus*-Oper« *(Lucchesi 2,201)*.

29. März, Donnerstag. Nachmittags informiert die Sektion Darstellende Kunst der DAK über die Entscheidung der Regierung, daß das *Verhör des Lukullus* abzusetzen und umzuarbeiten sei. Dennoch solle von der Sektion ein Brief an das Volksbildungsministerium geschickt werden. In dem Schreiben, das B später formuliert, ist die Forderung der Akademie ausgedrückt, den Opernbühnen der DDR die Aufführung von *Lukullus* zu erlauben. Die Aufführung vor einem »Publikum, das hauptsächlich von der Kunstkommission ausgewählt wurde«, habe die »Verständlichkeit und Wirksamkeit« der Musik von Paul Dessau erwiesen. Die »Unterdrückung« der Oper wirke »als diktatorisch administrativer Akt« *(23,138)*.

30. März, Freitag. Hermann Scherchen bedankt sich bei B und Helene Weigel; das BE sei für ihn »von tiefster Bedeutung« *(Lucchesi 2,204)*.

31. März, Sonnabend. B beschwert sich bei Wera Skupin, daß sie neben der Arbeit an den Modellbüchern noch eine »soziale Arbeit auf sich nehmen« will. Wenn ihm dies auch »sehr sympathisch« ist, hält er die Redaktion der Modellbücher doch für wichtiger. Er droht ihr mit einem Verzicht auf ihre Mitarbeit *(726/50)*.

sonderen Bedingungen gelungen ist, darf nicht zum Schema werden. *(Heinz Lüdecke, Neues Deutschland, 30. 3.; von Brecht in »Theaterarbeit« aufgenommen.)*

Therese Giehse als Mutter Wolffen und Frau Fielitz

4. April 1951
Nicht bei Ulbricht lernen, wie man dichtet

4. April, Mittwoch. Käthe Rülicke macht Notizen über ein Gespräch mit B im April. Kunst, meine B, benötige eine »souveräne Haltung«, und die sei nicht möglich, »wenn man immer nach den neuesten Richtlinien des ZK schielt«. »Brecht will nicht bei Ulbricht lernen, wie man dichtet, seine Gedanken übersetzen, ausgesprochen durch einen FDJler, sondern die Politiker sollen von den Dichtern, die die ganze Gesellschaft vertreten, lernen (Beispiel Lenin – Gorki).« *(1340/49.)*

B wendet sich wegen einer »unangenehmen Sache« an Peter Suhrkamp und fragt, ob er »gegen die Abmachung« den *Guten Menschen von Sezuan* (wegen eines angedrohten Prozesses) an Desch geben könne *(Br, 1554)*.

6. April, Freitag. Beginn des Engagements von Manfred Wekwerth und Erich Franz (→Januar) am BE.

B informiert Kurt Desch von der Anfrage bei Peter Suhrkamp und bedauert, daß er »mit dem dummen Fall« konfrontiert ist. »Das sind wirkliche Geier, diese Allert de Lange-Leute!« *(Br, 1555.)* Desch bittet B (am 9. 4.) wenigstens um den Bühnenvertrieb vom *Guten Menschen von Sezuan*.

6. April 1951
Projekt eines Theateralmanachs über das Berliner Ensemble (späterer Titel: *Theaterarbeit*)

Der Dresdener Verlag bietet an, einen Theateralmanach über das BE zu machen. B beauftragt Käthe Rülicke, Peter Palitzsch und Claus Hubalek, sich über Inhalt und Aufbau erste Gedanken zu machen (→4. 8.).

Im April beginnen Proben zu *Bonn im Spiegel*; sie müssen aber wegen einer Tournee des BE unterbrochen werden.

An Wilhelm Pieck richtet B ein Dankschreiben für die »Aussprache« vom 24. 2. Er sei sofort an eine Bearbeitung des Textes gegangen, die »zur Beseitigung einiger möglicher Mißverständnisse geführt« hat *(Br, 1557)*.

Pioniere der Grundschule Neudorf/Erzgebirge schreiben (am 28. 2.) an B (»werter Friedensfreund«) und bitten für ihre Schulbibliothek um einige seiner Bücher. »Es wäre ein gewaltiger Ansporn für uns, Deine Werke mit Deiner Widmung studieren zu können.« *(838/57f.)* B teilt ihnen mit, daß die alten Ausgaben »fast völlig vergriffen« seien und neue erst vorbereitet würden. Er bittet seinen Verlag, bei Erscheinen der Bücher an die Schule zu denken *(Br, 1558)*.

7. April, Sonnabend. B spricht nach den Diskussionen, den der Artikel Orlows ausgelöst hat (→20./21. 1.), über den sowjetischen Baustil. Er macht sich Gedanken, über eine mögliche Fabelführung von Shakespeares *Troilus und Cressida* und beginnt die Übersetzung einer Szene.

8. April, Sonntag. Nach Ansicht Bs sind Theaterbesuche »erlernbar«. Die Zuschaukunst müsse der »Schauspielkunst gegenüber etabliert« werden. Der Zuschauer müsse »Einblick in die Arbeitsweise bekommen« *(1340/53)*.

10. April, Dienstag. In der DAK findet nachmittags eine

Tonbandvorführung der Oper *Das Verhör des Lukullus* für die sowjetischen Komponisten Tichon Chrennikow und Juri Schaporin und den Musikwissenschaftler Boris Jarustowski statt, an der auch Paul Wandel und Paul Dessau teilnehmen. Wandel fertigt über die anschließende Diskussion eine Aktennotiz an und schickt sie am 12. 4. an das ZK.
B schließt mit dem Aufbau-Verlag einen Vertrag über die Rechte an den Gedichten.
11. April, Mittwoch. Nach dem Besuch einer Aufführung von *Die Mutter* kritisiert B an Erwin Geschonneck, daß durch seine Darstellung »die Charakterisierung des Gutsmetzgers beim *Lob der Wlassowas* wieder zu stark« hervortritt. Das nähme dem Stück »den poetischen und repräsentativen Charakter« *(Br, 1559)*.
Helene Weigel hat am 3. 4. vom Volksbildungsministerium den Pressetext über die Absetzung von *Das Verhör des Lukullus* erhalten und an B und Dessau weitergegeben. Sie schickt den geringfügig korrigierten Text zurück und teilt Bs Bitte mit, das Einverständnis mit der Korrektur zu bestätigen.

16. April 1951
Versand des Gedichts *An die Nachgeborenen*

16. April, Montag. B fordert Peter Suhrkamp auf, sein Gedicht *An Meine Landsleute (15,205f.)*, das er an alle Theater geschickt habe, auch in den Büros des Verlags aushängen zu lassen (→ 27. 4.) und ihm mitzuteilen, wohin er es noch schicken kann *(Br, 1560)*.
Mit dem Aufbau-Verlag schließt B einen Vertrag über die gesamtdeutschen Verlagsrechte an *Die Erziehung der Hirse (568/11f)*.

18. April 1951
Textänderungen bei *Lukullus*

18. April, Mittwoch. B schickt seine Veränderungen am Text der *Lukullus*-Oper an Wilhelm Pieck, Otto Grotewohl, Anton Ackermann, Kurt Bork, Rudolf Herrnstadt und Hans Lauter und bittet sie um ihre Meinung.
Auf eine Anfrage des Schauspielers Hermann Speelmanns hin erklärt B, er sei damit einverstanden, daß er an einem großen westdeutschen Theater den Galilei spielt, nicht aber mit einer »Truppe, die erst zusammengestellt wird«. Den Puntila erlaubt er ihm, »wenn einer unserer jungen Regisseure die Regie führt« *(Br, 1561)*.
B übermittelt Eric Bentley (und vermutlich weiteren Bekannten in westlichen Ländern) die Durchschrift einer Erklärung über sein und Paul Dessaus Verhalten in der *Lukullus*-Diskussion *(Die Diskussion über »Die Verurteilung des Lukullus«; 24,276f.)*.
19. April, Donnerstag. Der Verlag Felix Bloch Erben teilt dem BE mit, daß die Bearbeitung *Biberpelz und roter Hahn* an die Erben Gerhart Hauptmanns geschickt wird.

21. April 1951
Arbeit am Stück über Hans Garbe (*Büsching*)

21. April, Sonnabend. B entwirft für sein Garbe-Stück eine Probeszene und spricht mit Hanns Eisler über die Musik.

22. April, Sonntag. B und Paul Dessau bestätigen Hermann Scherchen schriftlich ihre bereits mündlich getroffene Vereinbarung, wonach Scherchens Ars Viva-Verlag, Zürich, die Vertriebsrechte für die *Lukullus*-Oper erhält. Sie bitten ihn, die Verhandlungen mit den Opernhäusern in Hamburg und Frankfurt/M. hinauszuzögern, da die Umarbeitung noch nicht fertiggestellt ist und die neuen Texte erst noch komponiert werden müssen (vor Juli nicht verfügbar).

25. April, Mittwoch. B spricht sich für »Starkult« aus. Es gäbe »große, mittlere und kleine Schauspieler«. »Ensemble heißt nicht: alle gleich in der Leistung, nur jede Rolle mit der richtigen Kraft besetzt und aufeinander abgestimmt.« *(1340/54.)*

25. April 1951
Erben von Gerhart Hauptmann verbieten Brechts Bearbeitung von *Biberpelz und roter Hahn*

Der Verlag Felix Bloch Erben teilt Helene Weigel mit, nach Einschätzung von Margarete Hauptmann überschreite die Bühnenfassung des BE, *Biberpelz und roter Hahn*, die »Genehmigung für eine dramaturgische Einrichtung, die die Aufführung beider Werke an einem Abend für ein Gastspiel von Therese Giehse technisch ermöglichen sollte, bei weitem«. Es handele sich um »sinnentstellende Änderungen der Werke Gerhart Hauptmanns« *(723/25)*. Das Stück muß daraufhin nach 14 Aufführungen vom Spielplan abgesetzt werden.

B informiert Max Schroeder vom Aufbau-Verlag, daß »auf Grund unserer Aussprache mit Peter Suhrkamp« sofort mit dem Druck der *Versuche* begonnen werden kann. Er habe an einem schnellen Erscheinen großes Interesse *(Br, 1562)*.

27. April, Freitag. Auf Bs Brief vom → 16. 4. antwortet Peter Suhrkamp Elisabeth Hauptmann, daß ihm Bs Gedicht gut gefalle, aber »nicht der Propagandaversand«, dadurch werde das »eine politische Aktion. Und unsere Lage ist durch politische Aktionen nicht zu klären und nicht zu bessern« *(1118/20)*.

Arnold Zweig schickt die Beschlüsse der SED zur Kunstpolitik an Lion Feuchtwanger und meint (als Präsident der Akademie): »Hier ist alles guter Wille, und dem amusischen Bürokratius stellen wir uns als Front der DAK aufs heiterste entgegen.« *(Lucchesi 2,306.)*

28. April, Sonnabend. Nach den Notizen von Käthe Rülicke hält sich B viel im Garten auf und ist »guter Stimmung«; er erzählt ihr vom kalifornischen Exil *(1264/8)*.

Hermann Scherchen findet, daß Bs neue Szenen ein Gewinn für die Oper *Lukullus* sind. »Es ist herrlich, wie aus Ihrem Werk die neue Handlungs- und Verhaltenssicherheit aus dem *Wissen* heraus aufleuchtet.« *(Lucchesi 2,215.)*

30. April, Montag. Vor Antritt einer Kur schreibt Otto Grotewohl an B, er könne zu den Veränderungen von *Lukullus* »noch keine abschließende Meinung sagen«, aber

Wilhelm Pieck wolle »die Angelegenheit« mit B »und einigen Genossen« in der Zeit seiner Abwesenheit noch einmal besprechen *(Lucchesi 2,216)*.

April. B versucht, Leonard Steckel erneut an das BE zu binden; er will seinetwegen *Herr Puntila und sein Knecht Matti* wieder aufnehmen und mit ihm auch den *Galilei* machen. »Das ist ja auch eine Rolle, die Sie auf Gastspielen in ganz Deutschland zeigen könnten!« *(Br, 1564.)*

2. Mai, Mittwoch. Auf der Sitzung des Politbüros des ZK der SED wird u. a. (als Punkt 6: »Arbeit mit Bert Brecht«) beschlossen: »Genosse W. Girnus erhält den Auftrag, mit Bert Brecht eine ständige politische Arbeit durchzuführen und ihm Hilfe zu leisten.« *(Lucchesi 2,221.)* Wilhelm Girnus (→ 13. 2.) ist zu diesem Zeitpunkt Redakteur der SED-Zeitung *Neues Deutschland.*

2. Mai 1951
ZK der SED bestimmt Wilhelm Girnus als »politischen Berater« Brechts

Tochter Barbara muß sich in Berlin einer Nierenoperation unterziehen, ist aber dafür (mit 44 kg Gewicht) nicht kräftig genug. Sie fährt deshalb zu einer Kur in die von B sehr geschätzte Klinik des Arztes Johann Ludwig Schmitt nach München.

5. Mai, Sonnabend. Wilhelm Pieck lädt die beteiligten Mitarbeiter der SED zu einer Vorbesprechung über die Veränderungen in *Lukullus*, für die er sich umfangreiche Notizen gemacht hat. Ab 11 Uhr dürfen B und Paul Dessau teilnehmen. In der Beratung werden die Textänderungen Bs akzeptiert, man hofft auf eine »weitgehende« Änderung der Musik. Die so veränderte Oper könne in der neuen Spielzeit in das Repertoire der Deutschen Staatsoper aufgenommen werden *(Lucchesi 2,226)*.

5. Mai 1951
Bestätigung der Änderungen an *Lukullus*

Nach der Besprechung teilt B Wolf Völker mit, »die Angelegenheit« *Lukullus* sei »jetzt endlich geklärt« und werde in der nächsten Spielzeit im Repertoire der Staatsoper aufgeführt. Von den »übrigens nicht umfangreichen Änderungen« hofft B, daß sie Völker – ebenso wie bereits Hermann Scherchen – gefallen. B freut sich auf Völkers Inszenierung *(Br, 1567)*.

Nach einer Absage von Leonard Steckel (→ April) fragt B Fritz Kortner, ob er eine Möglichkeit sieht, im Herbst am BE den Galilei zu spielen. Er soll Erich Engel wegen der Regie ansprechen. »Ich glaube, man muß alles Erdenkbare tun, der Spaltung auf kulturellem Gebiet entgegenzuarbeiten.« *(Br, 1566.)*

Bei der Münchener Theaterfotografin Hildegard Steinmetz bedankt sich B für die Übersendung der »schönen Fotos der *Courage*-Aufführung«, von denen er sich für das BE-Archiv weitere Abzüge wünscht *(Br, 1568)*.

Im BE beschäftigt sich B mit einer Bearbeitung von Shakespeares *Coriolan.* »Wohl der einzige halbwegs aktuale Shakespeare, den wir halbwegs besetzen können.« *(27,319.)*

Mai 1951
Beginn der Arbeit an Shakespeares *Coriolan*

Bei Jacob Geis bedankt sich B für die Zigarren, von denen er »je eine der täglichen Ration« zufüge *(725/85)*.

B stellt für eine vom Deutschen Schriftsteller-Verband geplante Broschüre sein Gedicht *An Meine Landsleute* zur Verfügung. Er empfiehlt außerdem Beiträge von Peter Huchel und Günter Kunert sowie von seinen Mitarbeitern Wera Skupin und Martin Pohl *(Br, 1570)*.

9. Mai, Mittwoch. B bedankt sich bei Therese Giehse für ihren Kartengruß und berichtet ihr von den plötzlichen Schwierigkeiten mit den Erben von Gerhart Hauptmann wegen *Biberpelz und roter Hahn;* der Verlag sei aber ganz vernünftig *(Br, 1571)*.

11. Mai, Freitag. Uraufführung des DEFA-Films *Das Beil von Wandsbek* nach dem gleichnamigen Roman von Arnold Zweig (Drehbuch: Hans Robert Bortfeld, Falk Harnack, Regie: Falk Harnack, mit Erwin Geschonneck, Käthe Braun, Sefion Helmke, Willy A. Kleinau). Wegen der Fassung des Schlusses kommt es zu zahlreichen scharfen Auseinandersetzungen, in deren Verlauf der Film verboten wird (→ 7. 7.). B versucht mit seinem Text *Bemühungen um den Film »Das Beil von Wandsbek« (23,153)* eine Schlichtung, die aber zunächst keinen Erfolg hat. Arnold Zweig schreibt dazu: »Brechts Idee für den Schluß des Beilfilms ist ganz richtig, aber wegen der politischen Urteilseinstellung der DEFA nicht möglich: am Ende mußte mit Glanz und Gloria der ›Führer‹ einziehen, der Oberhenker, das Beil selbst.« *(23,494.)*

Bemühungen um Arnold Zweigs Film ***Das Beil von Wandsbek***

13. Mai 1951 Meinung zu Playwriting-Kursen

13. Mai, Pfingstsonntag. Aufgrund eines Berichts über die amerikanische Methode von Playwriting-Kursen hat Ingvelde Müller B einige Fragen gestellt. B hält von dieser Methode »nichts«; man könne das Stückeschreiben nur erlernen, »wenn man Stückeschreiber ist«. Der »Beginn der Karriere« sei zu erleichtern »durch Geld«. Auf die Frage, ob man besser durch den Umweg eines anderen Berufs (wie z. B. Schauspieler, Souffleur) Dramatiker werden soll, meint B: »In gewissen Ländern am besten als Kellner.« *(726/24-26.)*

14. Mai, Pfingstmontag. Die Arbeit an dem Theateralmanach (→ 6. 4.) kommt nicht schnell voran, weil die Bearbeitung des *Coriolan* sehr viel Zeit in Anspruch nimmt. »Obwohl wir Assistenten alle beteiligt sind«, notiert Käthe Rülicke, »trägt natürlich Brecht, der sich als einziger an so etwas wagen kann, die Hauptarbeit.« Da ihnen die Tiecksche Übersetzung unzureichend erscheint, wird alles noch einmal übertragen.

Erneut mit dem Garbe-Stoff beschäftigt, findet B, daß der Ofenbauer zwar ein Held, aber kein shakespearescher Held sei. Er könne die gesellschaftlichen Zusammenhänge nicht ausdrücken, deshalb brauche er für das Stück Lieder und Chöre *(1264/9)*.

15. Mai, Dienstag. Das Politbüro des ZK der SED stimmt in seiner Sitzung »nach Kenntnisnahme der vorgenommenen Änderungen« einer Aufführung des *Lukullus* im Herbst zu *(Lucchesi 2,228)*.

Die Inszenierung von *Mutter Courage und ihre Kinder*, bisher mit dem Deutschen Theater gespielt, will B ins BE übernehmen und beginnt mit den Vorbereitungen. Umbesetzt werden Eilif: Ernst Kahler; Schweizerkas: Joseph Noerden; Koch: Ernst Busch; Feldprediger: Erwin Geschonneck; Yvette: Regine Lutz.

Beginn der Proben für eine Neuinszenierung von *Mutter Courage und ihre Kinder* mit dem Berliner Ensemble

B läßt für sich aus einer Bibliothek das Buch *Handbuch der römischen Altertümer* von Adam Alexander besorgen.

16.-18. Mai, Mittwoch-Freitag. B fährt nach Leipzig und nimmt am Ersten Deutschen Kulturkongreß (»Über die Unteilbarkeit der deutschen Kultur«) teil. Am 16. 5. hält er eine Rede, die später unter der Überschrift *Einige Bemerkungen über mein Fach* erscheint *(23,150-152)*. »Stürmischer Beifall begrüßt Bertolt Brecht, der nur selten auf derartigen großen Kongressen spricht. Er schildert in knappen, aber klaren Sätzen die Situation unserer Theater nach 1945.« *(Der Morgen, Berlin, 18. 5.)*

16.-18. Mai
Reise nach Leipzig
Teilnahme am Ersten Deutschen Kulturkongreß

In dem Teil Deutschlands, in dem die einen von Ihnen zu Hause und die andern zu Gaste sind, werden große Anstrengungen auf dem Gebiet des Theaters unternommen. Lassen Sie mich Ihnen versichern, daß sie nicht nur für diesen Teil Deutschlands unternommen werden. Und lassen Sie mich Ihnen versichern, daß wir, die sie unternehmen, wissen, *wie* fruchtlos sie letzten Endes bleiben müßten ohne die Anstrengungen der andern Teile Deutschlands. Die Losung der Klassik gilt immer noch: wir werden ein nationales Theater haben oder keines. *(23,152)*

B wird von westdeutschen Teilnehmern u. a. nach der *Lukullus*-Affäre befragt. Nach seiner Ansicht sei sie »eine der erfrischendsten Sachen gewesen, die er erlebt habe«. Schließlich habe »eine ganze Regierung über Kunstprobleme diskutiert« *(Lucchesi 2,230)*.

17. Mai, Donnerstag. Wieland Herzfelde wendet sich an die DAK wegen der Ablehnung seines Entwurfs für ein Verlagszeichen zu den Publikationen der Akademie. B schreibt am gleichen Tage an Wilhelm Pieck und bittet um Unterstützung Heartfields, die dieser ihm (am 21. 5.) zusagt *(1697/36)*.

18. Mai, Freitag. B richtet einen Vorschlag an die DAK: »Da Kriege von Regierungen veranlaßt, aber von den Völkern geführt werden sollen, bin ich dafür, daß die Völker von ihren Regierungen gefragt werden, ob sie Kriege haben wollen« *(Br, 1572)*.

19. Mai, Sonnabend. Auf dem 3. Bundeskongreß des Kulturbundes wird B als Mitglied des Präsidialrats bestätigt.

20. Mai, Sonntag. Beim *Coriolan* interessiert B die »Tragödie des einzelnen Mannes [...] natürlich weit weniger als die des Gemeinwesens, veranlaßt durch den einzelnen Mann«. Dennoch müßte sie aber »nahe beim Shakespeare bleiben, wenn wir nicht alle seine Vorzüge gegen uns mobilisieren wollen« *(27,319f.)*.

21. Mai, Montag. B findet, daß seine jungen Schauspielerin-

nen und Schauspieler »mehr oder weniger alle vom Krieg beschädigt« sind und »auch im medizinischen Sinne erst wiederhergestellt werden« müssen *(27,320)*.
Der Rechtsanwalt, der Kurt Desch im Prozeß des Verlags Allert de Lange vertritt, berichtet B über die Verhandlung vor dem Oberlandesgericht in München. Die Lage habe sich insofern zugespitzt, als B »in Unkenntnis des holländischen Rechts« seinen Vertrag mit Allert de Lange als gebrochen angesehen und keine Schritte unternommen hat, »um durch einen Richterspruch vor einem holländischen Gericht die Aufhebung des Vertrages feststellen« zu lassen. Außerdem sei er mit Desch in Verbindung getreten, ohne vorher Allert de Lange davon in Kenntnis zu setzen, daß er sich nicht mehr an den früheren Vertrag gebunden fühlt. Der Anwalt schlägt B (u. a. wegen des hohen Streitwerts von ca. 60 000 - 70 000 Fl) eine eidesstattliche Erklärung vor *(726/60-63)*.
22. Mai, Dienstag. Zum 60. Geburtstag von Johannes R. Becher erscheint im Aufbau-Verlag der Band *Dem Dichter des Friedens Johannes R. Becher zum 60. Geburtstag*, in dem Bs Text *Wandelbar uns stetig (23,149f.)* enthalten ist.
24. Mai, Donnerstag. B macht Paul Wandel genauere Ausführungen über sein Angebot, eine »Meisterklasse der Akademie« für Regie, Dramaturgie und Theaterkritik (→ 6. 11. 50) zu führen (für höchstens sechs Schüler, die 2-3 Jahre bei ihm am Berliner Ensemble mitarbeiten und an der Universität Gastvorlesungen hören) *(Br, 1574)*. Dem Vorschlag wird dahingehend zugestimmt, daß bestimmte Akademiemitglieder Meisterschüler nehmen können, aber keine »Klasse« gebildet wird. Ein Teil der Meisterschüler Bs wird über das BE finanziert (Claus Küchenmeister, Martin Pohl); mit einem Stipendium der Akademie sind nach den Akten der DAK als Meisterschüler Bs geführt: Wera Skupin (1950-1955), Heinz Kahlau (1953-1955) und Bernhard K. Tragelehn (1955-1956).

Meisterschüler Brechts

Johannes R. Becher bedankt sich für Bs »schöne Zeilen« zum Geburtstag (→ 22. 5.) und für Helene Weigels Lesung einiger seiner Gedichte.
26. Mai, Sonnabend. Im Auftrag des Verlags Kurt Desch dankt Friedrich Schultze von der Berliner Geschäftsleitung B für seine Zusage, den *Guten Menschen von Sezuan* dem Bühnenvertrieb des Verlags zu übergeben (→ 3. 3.). Gleichzeitig bestätigt er Bs Bedingung für den Abschluß, ihm keine Schadenersatzforderungen aus dem *Dreigroschenroman*-Prozeß mit Allert de Lange zu stellen.

28. Mai 1951
Vorschläge für den Literaturplan der Schulen

28. Mai, Montag. B übersendet dem Deutschen Pädagogischen Zentralinstitut seine Stellungnahme zum Literaturplan für die Klassen 5 und 6 (vom 22. 5.). Darin fehlen ihm »die abschreckenden Beispiele«; denn: »Weder politische noch geschmackliche Urteile können gebildet werden nur am Guten.« Außerdem sollten im Schulunterricht gute und schlechte »Beispiele von Losungen« durchgenommen werden. Auch fordert er »Beispiele von Lebensläufen, Meldungen und Reden« *(Br, 1575)*.

29. Mai, Dienstag. Käthe Rülicke notiert, B verwerfe Angriffe Außenstehender auf die DDR ebenso wie Urteile von Nichtmitgliedern über die Partei. Hans Garbe habe ein weiteres Mal vor B über sein Leben und seine Arbeit berichtet, sie »schreibe alles auf«. Ebenso protokolliert sie für B, der darüber Lieder schreiben will, die Erzählung von drei Mädchen, die im Herrnburger Kessel (→ 12. 6.) festgehalten waren *(1264/9)*.

Brecht mit Erwin Geschonneck (Feldkoch) bei einer Probe zur Neuinszenierung von *Mutter Courage und ihre Kinder*

30. Mai, Mittwoch. Da die letzte Tagung des PEN-Clubs in Wiesbaden (→ 13. 11. 50) zu »zahlreichen Mißverständnissen, Diskussionen und Polemiken Anlaß« gegeben hat, besteht der alte Vorstand auf einer Neuwahl. Dazu (am 12. 5.) aufgefordert, telegrafiert B, daß er keinen Grund dafür sehe.

B bittet Eric Bentley, in der englischen Ausgabe wie auch auf den Programmzetteln der Aufführungen seiner *Dreigroschenoper* den Hinweis »Nach der *Beggar's Opera* des John Gay« anzubringen *(782/126)*.

31. Mai, Donnerstag. B spricht mit Arnold Zweig über dessen Schauspiel *Bonaparte in Jaffa* sowie, wie dieser notiert, über »die Aufführungsmöglichkeiten und das Theater heute und hier«; die Hauptrolle in Zweigs Stück empfiehlt B mit Hans Gaugler zu besetzen. Außerdem legt B seine Auffassung für einen Schluß des Films *Das Beil von Wandsbek* (→ 11. 5.) dar *(Lucchesi 2,307)*. Bei einer der diesjährigen Zusammenkünfte mit B schenkt ihm Zweig den 1931 erschienenen 3. Band von Artur Kutschers *Frank Wedekind. Sein Leben und seine Werke* mit der Widmung: »Dem ›Münchner‹ Bert Brecht kameradschaftlich, zur Erheiterung« *(BBAB)*.

1. Juni, Freitag. Walter Janka vom Aufbau-Verlag übersendet B den geänderten Vertragsentwurf für die Herausgabe der *Versuche*, in dem Bs Forderungen weitestgehend berücksichtigt sind, und bittet ihn um Unterschrift.

Im Auftrag Bs teilt Elisabeth Hauptmann dem Aufbau-Verlag (Walter Janka) mit, daß er den Schriftsatz von *Die Erziehung der Hirse* »nicht schön« findet und darum bittet, Wieland Herzfelde hinzuzuziehen *(725/6)*.

3. Juni 1951
Text zur Volksbefragung gegen Remilitarisierung und für Friedensvertrag

3. Juni, Sonntag. Zur »Volksbefragung gegen die Remilitarisierung in der Bundesrepublik und für einen Friedensvertrag« (3.-6. 6.) schreibt B einen Text, in dem es heißt: »Muß euch wirklich irgendwer sagen, was ihr antworten sollt? Blickt um euch!« *(23,153.)*

4. Juni, Montag. B bekommt von Ernst Busch, mit dem er den Koch in *Mutter Courage und ihre Kinder* probiert, ein Foto des (am 24. 10. 38 verstorbenen) Ernst Barlach auf dem Totenbett und klebt es in sein *Journal* ein *(27,320)*.
B achtet bei der *Courage*-Inszenierung »scharf« auf die dialektischen Momente. »Die Arbeit an Ruths Modellbuch ist Fleißarbeit; sie muß aber gemacht werden, und wenn nur, damit man sieht, wieviel Betrachtungen nötig sind für eine Inszenierung.« *(27,321.)*
Ernst Schumacher schickt an B eine Anfrage des französischen Literaturwissenschaftlers René Wintzen weiter. Bei dieser Gelegenheit teilt er mit, daß er mit seiner eigenen Arbeit über B beginnen will. Sein Studium sei dadurch beeinträchtigt, daß Ruth Berlau ihm nicht, wie sie versprochen hatte, einige der frühen Werke Bs geschickt hat.
7. Juni, Donnerstag. Heinz Kaschnitzer schickt B ein Exemplar von *New Statesman and Nation* mit dem Artikel *Case of Bert Brecht*.
8. Juni, Freitag. B stimmt Peter Huchels Vorschlag (vom 30. 5.) zu, in Berlin eine Mitgliederversammlung einzuberufen, »welche die bedauerlichen Vorgänge im PEN-Zentrum kameradschaftlich klärt« *(792/29)*.
Mitte Juni. B ist wie seine Mitarbeiter »sehr unzufrieden« darüber, daß Berthold Viertel nichts mehr am BE inszeniert hat. Da Viertel gerade in Salzburg Kleists *Zerbrochnen Krug* macht, bietet B ihm an, das gleiche Stück im Oktober in Berlin neu zu inszenieren. »Geschonneck müßte ein guter *Adam* sein.« Ihm wäre aber auch Oskar Homolka willkommen *(Br, 1577)*.

Mitte Juni 1951
Parteikritik am Eintreten des »Brecht-Kreises« für ein Zusammenwirken der DAK mit dem Westen sowie an Brechts Wirkungen auf die Theater

In einer Analyse der Kulturabteilung der SED über die Arbeit der DAK (für das ZK) wird festgestellt, daß eine bestimmte Gruppe der Mitglieder (Bredel, Marchwitza, Seghers, Meyer, Langhoff, Weinert, Wolf) Grundlagen einer fortschrittlichen deutschen Kultur in Anlehnung an die Sowjetunion und die Volksdemokratien sieht, während eine zweite Gruppe um B (mit Zweig, Becher, Seitz, Weigel, Jhering, Eisler) die Akademie als eine »repräsentative Vertretung für ganz Deutschland« betrachtet und deren Hauptaufgabe darin sieht, »eine Brücke nach dem Westen zu bauen«. Weiter heißt es über die Sektion Darstellende Kunst: »Auf dem Gebiet des Theaters behauptet der Brechtkreis das Feld.« Ihm werden »einseitige Proletkulttendenzen« vorgeworfen und die Vereinfachung schauspielerischer Leistungen »bis an die Grenze der Dürftigkeit«. Im Bericht wird die Meinung Emma Rodenbergs zitiert: »Brecht ist gut, doch darf er keine Schule machen. Dieser Sektion muß neues marxistisches Blut zugeführt werden.« Die Planmäßigkeit der Arbeit werde durch B gehemmt; außerdem werden bei ihm die »proletkultischen Tendenzen« kritisiert *(Dokumente, 168,171)*.

11. Juni, Montag. Bei einer Zusammenkunft verständigen sich B und Wolfgang Harich über Kunst und Theater. Nach Bs Meinung realisiere sich Kunst »im Genuß«. Eine Erkenntnis könne auf vielerlei Art zustande kommen, aber werde erst »dort zum Kunstmittel, wenn sie Genuß vermittelt«. Harich vertritt die Ansicht, daß in allen großen Revolutionsdramen die Situation klargemacht werde, nicht der Ausweg. B glaubt, daß heutige Kunst ihre Welt so baue, »als sei sie für ewig« *(1340/55)*.

12. Juni, Dienstag. Otto Lang (von der Zentralen Kulturkommission für die Weltfestspiele) bittet B im Auftrag des Sekretariats der FDJ, für die Festspiele sein »geplantes Werk über Herrnburg fertigzustellen« *(725/73)*.

Juni/Juli 1951
Arbeit an der Kantate
Herrnburger Bericht

B hat inzwischen schon einige »Herrnburger Lieder« geschrieben, deren Grundlage Ereignisse von 1950 bilden, als 10 000 Jugendliche aus der Bundesrepublik Deutschland, die an dem Pfingsttreffen 1950 in Berlin/DDR teilgenommen haben, an der Zonengrenze bei Herrnburg in der Nähe von Lübeck aufgehalten werden (→ 3. 7.). B hat Sorgen, daß die Lieder »zu einfach sind« *(1264/9)*.

19. Juni, Dienstag. Für die Anerkennung der Kunst von John Heartfield schreibt B (im Juni) den Text *Für John Heartfield*, in dem er ihn als einen »der bedeutendsten europäischen Künstler« bezeichnet (→ 30. 1.). »Er arbeitet auf einem selbst geschaffenen Feld, der Fotomontage. Vermittels dieses neuen Kunstmitttels übt er Gesellschaftskritik.« Von vielen, auch von B, würden »die Blätter dieses großen Satirikers [...] für klassisch gehalten« *(23,154)*. B schickt seinen Text John Heartfield, der zur Behandlung eines Herzinfarkts in die Charité eingeliefert werden mußte, zu dessen 60. Geburtstag (am 19. 6.).

20. Juni 1951
Kritik an mangelhafter ästhetischer Bildung

20. Juni, Mittwoch. B berichtet von zwei Diskussionen, die er mit Studenten der Arbeiter- und Bauernfakultät geführt hat: »Die Studenten zeigen eine niederschmetternde Unkenntnis auf ästhetischem Gebiet. Es scheint, daß gegenüber den natürlich außerordentlich wichtigen soziologischen Analysen beim Unterricht die ästhetischen Analysen zu kurz kommen.« Er regt eine vom Volksbildungsministerium organisierte Aussprache zwischen den Literaturlehrern der Universität und den Mitgliedern der Akademie an *(Br, 1578)*. Zugleich schlägt er der DAK eine Aussprache über den Mißstand vor *(1486/11)*.

Über eine dieser Veranstaltungen notiert er am 1. 7. rückblickend im *Journal*, die jungen Leute witterten »da Skepsis, wo sie auf Ansprüche stoßen«. In dem schnellen Lehrgang werde »zunächst wenig wissenschaftliche Haltung, auch nicht in den neuen Sozialwissenschaften« entwickelt. »Das Denken bleibt verkümmert, wo Denkprodukte auswendig gelernt werden.« *(27,322.)*

23. Juni, Sonnabend. B nimmt an einer im kleinen Kreis der DAK veranstalteten Begegnung mit Erich Kleiber teil.

24. Juni, Sonntag. Käthe Rülicke sucht im Auftrag Bs Projektionen für den *Herrnburger Bericht* aus.

26. Juni, Dienstag. Erste Probeaufführung der *Courage*-Neueinstudierung vor Publikum; die offizielle Premiere findet nach den Theaterferien statt (→ 11. 9.).

29. Juni, Freitag. B hat mit Emil Burri die letzte Fassung des neuen Drehbuchs zum *Courage*-Film abgeschlossen und übergibt es der DEFA (→ 3. 10.). Burri fährt nach München zurück. »Gute Zusammenarbeit. Jammervoll, was für Talente in Deutschland brachliegen.« *(27,321.)*

30. Juni, Sonnabend. B arbeitet an der Ergänzung des *Couragemodells 1949*. »Diese Modelle und die Neueinstudierungen, die sie erweitern und säubern, sind so nötig, weil die Künste auf Grund des kulturellen Ausverkaufs des Spätkapitalismus und trotz der emphatischen Aufnahme der Künste durch die neue Klasse, zumindest zeitweise von schnellem Verfall bedroht scheinen.« *(27,321.)*

Erstdruck Heft 11 der *Versuche (Versuche 25/26/35)*

1. Juli, Sonntag. Im Suhrkamp Verlag wird Heft 11 der *Versuche 25/26/35* ausgeliefert; es erscheint im gleichen Jahr auch im Aufbau-Verlag.

Es enthält:

35. Versuch: *Der Hofmeister (8,319-371). Anmerkungen (24,357-371). Episierungen (24,371-379). Über das Poetische und Artistische (24,379-387).*

Zum 23. Versuch (→ 26. 4. 50): *Studien (11,267-273).*

Zum 9. Versuch (→ Mitte Januar 32): *Kurze Beschreibung einer neuen Technik der Schauspielkunst, die einen Verfremdungseffekt hervorbringt (22,641-659).*

Zum 26. Versuch: *Übungsstücke für Schauspieler (22,830-852).*

25. Versuch: *Das Verhör des Lukullus (6,115-143). Anmerkungen über die Oper »Die Verurteilung des Lukullus« (24,277-282).*

3. Juli, Dienstag. B stellt die Herrnburger Gedichte (→ 12. 6.) zu der geplanten Kantate mit dem Titel *Herrnburger Bericht (15,246-253)* zusammen, die Paul Dessau vertonen soll, »nicht zuletzt, um ihm Gelegenheit zu geben, verhältnismäßig einfache Musik beizusteuern« *(27,322)*. Mit der Inszenierung des *Herrnburger Berichts* wird Egon Monk beauftragt.

B läßt dem Aufbau-Verlag eine Anweisung über die Groß- und Kleinschreibung der Versanfänge in der Ausgabe der *Hundert Gedichte* zukommen.

6. Juli, Freitag. B berät mit Vertretern des Dresdener Verlags die geplante Publikation »*Mutter-Courage*-Modell«.

7. Juli, Sonnabend. B denkt über Auftragsarbeiten nach und kommt zu der Erkenntnis: »Die Gelegenheitsarbeit ist es, die den Künstler zum Professionellen macht, aber mitunter auch zum Kunstgewerbetreibenden. Andrerseits ist es falsch, wenn man die Gelegenheit, statt beim Schopf zu pakken, skalpiert. Es kommt alles drauf an, daß man aus einem Stoff und Auftrag nicht mehr macht, als drin ist. Nötig Kunstverstand.« *(27,322f.)*

Egon Monk führt im Zentralrat der FDJ die Verhandlungen über das Projekt *Herrnburger Bericht* zu den Weltjugendfestspielen.

Die Nominierung des Films *Das Beil von Wandsbek* (→ 11. 5.) für die Filmfestspiele in Karlsbad ist zurückgezogen worden. Arnold Zweig gibt in Tagebuchnotizen seiner Verbitterung über die Formalismusdiskussion Ausdruck, bei denen es auch um die Angriffe auf B geht; darin heißt es u. a.: »Dieser B. Brecht sei der Gipfel des Formalismus. Wir müssen den Generalangriff auf die Akademie durch Gesamt-Rücktritt abdrehen. Ob was andres übrigbleibt, erst versuchen.« *(Lucchesi 2,308.)*

Der Dresdner Verlag ist durch Walter Janka davon in Kenntnis gesetzt worden, daß der Aufbau-Verlag erst dann die »Planbogen für das Textheft« (des *Couragemodells*) schicken kann, »wenn Herr Suhrkamp seine schriftliche Genehmigung hierzu« erteilt hat. Der Verlag bittet B um Vermittlung und außerdem um eine Absprache mit Suhrkamp, ob sein Verlag für den Vertrieb der *Theaterarbeit* in der Bundesrepublik und im Ausland gewonnen werden kann *(725/61)*.

7. Juli 1951
Zustimmung zu *Theaterarbeit* mit gleichzeitigen Maßnahmen zur Einschränkung der Wirksamkeit

Die leitenden Mitarbeiter des Volksbildungsministeriums Helmut Holtzhauer und Kurt Bork stimmen der Veröffentlichung von Bs Almanach *Theaterarbeit* zu, wollen aber »verhindern, daß die Brechtsche Methode als die gültige Theaterarbeit der DDR verstanden wird« und »eine nicht gewünschte Propagierung erfährt« (→ Mitte Juni). Sie wenden sich deshalb an Egon Rentzsch vom ZK der SED mit den folgenden Vorschlägen: Das Deutsche Theater und die Komische Oper sollen aufgefordert werden, ebenfalls solche Publikationen herauszubringen, welche »die Wirkung eines Almanachs des Berliner Ensembles aufzuheben oder zum mindesten einzuschränken in der Lage sind«. Sie untersagen jegliche Subventionierung oder einen verbilligten Vertrieb des Buches über das BE *(HWA)*.

8. Juli, Sonntag. B informiert Peter Suhrkamp von der Bereitschaft des Dresdner Verlags, das *Couragemodell* zu drucken. Der Aufbau-Verlag würde dafür 3000 Exemplare des Stücktextes aus den *Versuchen* »ablassen«. B bittet Suhrkamp, dazu seine Zustimmung zu geben. »Ich *muß* das Modellbuch herausbringen!« *(Br, 1580.)*

10. Juli - 16. August 1951
Reise nach Ahrenshoop

10. Juli, Dienstag. B fährt nach Ahrenshoop (ins »Dornenhaus«).

Für die Arbeit am Theateralmanach kommen auch Käthe Rülicke, Peter Palitzsch, Claus Hubalek, zeitweilig auch Ruth Berlau, in den Ferienort und erhalten von B täglich neue Aufgaben.

Zusammenstellung von *Theaterarbeit*

Käthe Rülicke hatte sich im Auftrag Bs an verschiedene Persönlichkeiten gewandt und um Beiträge für den Almanach gebeten. Caspar Neher, der in Salzburg ist, regte sie an, bis zum 1. 8. »einige Bemerkungen [...] über realistische Bühnenbilder« oder, falls er keine Zeit findet, »wenigstens einige Stichworte, die Hill oder Böttcher ausarbeiten könnten,« zu schicken *(ÖNB)*. Neher antwortet ihr, daß er »prinzipiell auf die ollen Kamellen ›Das realistische Bühnenbild‹ nichts sagen« kann und weder Hill noch anderen erlaubt, »irgend etwas in dieser Hinsicht zu schreiben«. In einem längeren Brief an B äußert er seinen Unwillen über das Ansinnen. Einmal müsse ein Bühnenbild ohnehin realistisch sein, das sei schon in dem »nazistischem Wort« verankert, zum anderen sei er ein Zeichner der Bühne. »Das Bild ist nie realistisch, die Bühne ist immer realistisch.« *(ÖNB.)*

B schreibt daraufhin *Rede des Stückeschreibers über das Theater des Bühnenbauers Caspar Neher (22,853-855)*, in dem es u. a. heißt: »Er macht keine ›Bühnenbilder‹, Hintergründe und Rahmen, sondern er baut das Gelände, auf dem ›Leute‹ etwas erleben«.

Juli 1951
Arbeit an dem Stück *Büsching*

B beschäftigt sich weiterhin mit dem Garbe-Stoff für ein Stück (das er jetzt *Büsching* nennt; *10,971-979*). Er hat sich von Garbe in drei Sitzungen seine »Geschichte« erzählen und von Käthe Rülicke ausführlich protokollieren lassen. »Es wäre der Stücktypus der Historien, d. h. es würde von keiner Grundidee ausgegangen.« *(27,324.)*

Der Verleger Kurt Desch bittet B um Unterstützung im *Dreigroschenroman*-Prozeß, insbesondere um eine Erklärung, daß die Aufbau-Ausgabe des Werkes von B selbst arrangiert wurde und mit dem Münchener Verlag nichts zu tun hat.

11. Juli, Mittwoch. B beschäftigt sich weiterhin mit dem *Büsching*-Stück und findet die »Linie«: »dieser Arbeiter richtet sich auf, indem er produziert.« B will untersuchen, was sich »für ihn und bei ihm ändert, wenn er vom Objekt der Geschichte zu ihrem Subjekt wird«. Formal schwebt ihm ein Fragment vor, »in großen, rohen Blöcken«. Im Zusammenhang mit seinem Stückprojekt liest B den Erzählungsband *Die Linie* von Anna Seghers und interessiert sich insbesondere für die »Identität dessen, was die Partei plant und was der Prolet tut« *(27,324)*.

12. Juli, Donnerstag. Aufgrund der Kritik in der Anleitung kultureller Prozesse durch das Volksbildungsministerium wird auf Beschluß des ZK der SED eine besondere Kommission gebildet (Staatliche Kunstkommission, Vorsitzender: Helmut Holtzhauer). Sie soll künftig u. a. die Arbeit aller Einrichtungen der bildenden und darstellenden Kunst (auch des Berliner Ensembles) sowie der künstlerischen Lehranstalten anleiten und kontrollieren. Als Leiter der beratenden Hauptabteilung Darstellende Kunst und Musik wird Fritz Erpenbeck berufen. Desgleichen wird der Literatursektor in einem Amt für Literatur (→ 16. 8.) aus dem Volksbildungsministerium herausgelöst.

12. Juli 1951
Bildung einer Staatlichen Kommission für Kunstangelegenheiten

13. Juli, Freitag. Vertrag mit dem Aufbau-Verlag über die Herausgabe des Bandes *Hundert Gedichte* in der Bibliothek fortschrittlicher deutscher Schriftsteller.

16. Juli, Montag. In seiner Eigenschaft als Vizepräsident der Akademie der Wissenschaften und der Literatur in Mainz begründet Alfred Döblin dem österreichischen Schriftsteller Alfred Neumann seine Zurückhaltung gegenüber dem PEN-Club Ost und West. Die »Freiheit des Schrifttums im Westen« sei mit dem »Beirat im Osten« unvereinbar. »Die Herren können sagen, was sie wollen, der Fall Brecht, welcher jetzt sich gehorsam beugt im Falle *Lukullus*, ist ganz deutlich.« *(Döblin, 426.)*

19. Juli, Donnerstag. Aus Salzburg schreibt Therese Giehse ihrer »Lieblingsausbeuterin und Courtisanen Mausi am Ostseestrand«, Helene Weigel, einen Brief mit einem Bericht über ihre letzten Arbeiten und schickt einige Fotos mit. »Zeig die Bilder nur dem Brecht, damit er sich meiner Reize erinnert und vielleicht schnell nach Salzburg kommt.« *(notate, 3/81,15.)*

21. Juli, Sonnabend. B wird von der DAK, Sektion Dichtkunst und Sprachpflege, für *Tschaganak Bersijew oder Die Erziehung der Hirse* zum Nationalpreis (→ 7. 10.) vorgeschlagen.

21. Juli 1951
Deutsche Akademie der Künste schlägt Brecht zum Nationalpreis vor (für *Die Erziehung der Hirse*)

Emil Burri erklärt B, daß er das Drehbuch für den *Courage*-Film mehrfach vergeblich Erich Engel übermitteln wollte, ihn aber bislang noch nicht erreichen konnte. Er schlägt B einige kleine Änderungen vor. Bei seiner Rückkehr aus Berlin/DDR hätte man ihn in München »bittersüß und vorwurfsvoll« empfangen, aber wieder »an der allgemeinen Pleite« des Filmgeschäfts beteiligt. Ein Filmprojekt mit B, das er vorgeschlagen hat, sei vorerst nicht angekommen. »Noch halten sich geschäftliche Aussichten und politisches Risiko die Waage.« *(725/28f.)*

23. Juli 1951
Probenbeginn zu
Herrnburger Bericht

23. Juli, Montag. In Berlin beginnt Egon Monk mit Proben für den *Herrnburger Bericht.*

24. Juli, Dienstag. Monk arbeitet mit dem Leiter des Rundfunkchors Leipzig, Hans Sandig, zusammen.

Elisabeth Hauptmann bedauert B gegenüber, daß das *Hofmeister*-Heft (*Versuche*, Heft 11; → 1. 7.) so viele Druckfehler hat. »Es ist eine Schande für mich.« – Sie schreibt: »Berlin ist schon sehr voll von Jugend; das Probenhaus birst vor Aktivität. Aber sonst ist es einsam, und die schönen Rüstern und der Nußbaum, auf die ich sehe, reichen auch nicht immer aus. [...] Und was ist mit Ihnen, Brecht? Arbeit, viel Arbeit? Etwas Spaß oder viel Spaß?« *(973/11-18.)* Am gleichen Tage wird ihre Ehe mit Paul Dessau geschieden (der mit der Schauspielerin Antje Ruge liiert ist).

25. Juli 1951
Einwände Honeckers gegen Brechts
Gedicht *Einladung*

25. Juli, Mittwoch. B sind Einwände des Zentralrats der FDJ gegen den *Herrnburger Bericht* telegrafiert worden, weil in dem Lied *Einladung (15,251)* der Name von Ernst Busch erwähnt wird *(15,456,458)*. B richtet einen Brief an den Vorsitzenden der FDJ, Erich Honecker (B schreibt »Honegger«), und drückt sein Unverständnis über den Einwand aus: Busch sei »einer der größten Volkskünstler der Deutschen Demokratischen Republik« und »weltberühmt«. Er bittet darum, die Gründe für den Wunsch mitzuteilen *(Br, 1585)*.

26. Juli, Donnerstag. B gibt eine eidesstattliche Erklärung ab zur Verweigerung einer Lizenzausgabe des *Dreigroschenromans* vom Allert de Lange Verlag.

28. Juli, Sonnabend. Paul Dessau erklärt B, er habe in Berlin mit Honecker eine »lange ausführliche Aussprache« gehabt und könne die Gründe für die gewünschte Namenstilgung telegrafisch nicht angeben. Dessau bittet B um einen anderen Vorschlag »für die zwei strittigen Worte« *(69/5)*. In seinem Brief, den Honecker im Beisein von Dessau und Chorleiter Sandig schreibt, gibt er an, daß »unsererseits begründete Einwendungen bestehen gegen die Anführung des Namens Ernst Busch in einem Werk, das der FDJ gewidmet ist« *(69/3)*.

29. Juli, Sonntag. B antwortet Erich Honecker, er könne Busch »so wenig aus dem kleinen Lied herausoperieren, wie Altmeister Goethe ihn aus ›Füllest wieder Busch und Tal‹ herausoperieren könnte«; das Lied wäre dann »mausetot« *(Br, 1587)*. Einen weiteren Brief an Honecker schickt er an Dessau, damit er ihn schnell persönlich weiterreichen kann. »Es ist nicht Starrsinn, sondern einfacher Anstand.« *(Br, 1588.)* Gleichzeitig bittet B (den im Deutschen Schriftsteller-Verband tätigen) KuBa, den Grund ausfindig zu machen, warum der Name Ernst Busch herausgelassen werden soll *(Br, 1589)*.

Paul Dessau dankt B telegrafisch für einen Vierzeiler und

bittet erneut um einen »Vorschlag für zwei strittige Worte« *(69/9)*.

30. Juli, Montag. Egon Rentzsch hat mit B und Helene Weigel in Ahrenshoop gesprochen und schreibt Erich Honecker, B sei nur zu einer Änderung der beanstandeten Verszeile bereit, »wenn ihm dafür gewichtige politische Gründe angegeben werden«. Den Vorschlag Otto Langs, statt Ernst Busch »Helene Weigel« zu setzen lehne B ab, »weil er nicht für seine Familie Reklame machen wolle« *(Lucchesi 2,255 f.)*.

Erich Honecker besteht in einem Telegramm weiterhin auf Tilgung des Namens; er sei nicht interessiert, »durch die Arbeit der FDJ Ernst Busch über das bekannte Maß hinaus zu popularisieren« *(69/10 f.)*.

Juli. B bedankt sich bei Ruth Berlau für Fotos (die in *Theaterarbeit* aufgenommen werden sollen).

Er unterrichtet das Politbüromitglied Rudolf Herrnstadt, Chefredakteur des *Neuen Deutschland*, von seiner Kontroverse mit der FDJ-Leitung, die nun argumentiert habe, Ernst Busch »sei kein Begriff« für sie. Dennoch hätten seine Lieder bei den Jugendlichen Resonanz, würden aber meist ohne Kenntnis der Autoren vorgeführt. B bittet Herrnstadt um Unterstützung *(Br, 1593)*.

Seinen »unzufriedenen Leuten« hat B im Juni versprochen, Ostern 1952 in Potsdam eine Studioaufführung von Goethes *Urfaust* (unter der Regie von Egon Monk) zu gestatten, und ist mit dem dortigen Theater in Kontakt getreten. Davon erfährt Hanns Eisler und fürchtet eine Konkurrenz zu seinem Opernprojekt *Johann Faustus*. B versichert, daß er »*jeden* Schaden vermeiden« will, den Eislers Oper erleiden könnte. »Du kannst die jungen Leute das wirklich machen lassen, es wird eine saubere Sache, reiner Goethe natürlich und Programm ist nicht.« Für die Oper wolle er Eisler alles zuschanzen, »was da nur ist, von Neher, wenn Du ihn brauchen kannst, bis zu jedem meiner Schauspieler« *(Br, 1597)*.

Hauptprobe zu *Herrnburger Bericht* unter Teilnahme von führenden Funktionären

2. August, Donnerstag. Im Berliner Deutschen Theater finden zwei Hauptproben vom *Herrnburger Bericht* statt. An beiden Proben nimmt Egon Rentzsch teil, an der zweiten Hauptprobe Erich Honecker und Margot Feist (Vorsitzende des Pionierverbands, spätere Frau Honeckers). Nach den Proben teilt Rentzsch B eine Bitte mit, in der alle Anwesenden übereinstimmten: den (ersatzlosen) Verzicht auf die Zeile mit dem Namen Busch, weil im »Gesamtwerk« ja auch keine anderen Persönlichkeiten »gewürdigt« werden und mit Herausstellung einer Persönlichkeit »Gesetze der Proportionalität vom politischen Standpunkt aus« verletzt würden. Außerdem wird B darum gebeten, in dem Lied »Was gab es denn zu schauen...« den Begriff »Werkstudent« auszutauschen, weil »das Werkstudententum« eine

»verlogene Phrase des Kapitalismus« gewesen sei *(69/12)*. Diesen letzten Wunsch erfüllt B nicht. Mit Auslassung der Verszeile »Und wenn Ernst Busch singt« erklärt er sich für die Aufführung einverstanden. Später nennt er das Lied *Rose und Lattich* und widmet es in der vollständigen Fassung Ernst Busch.
Elisabeth Hauptmann berichtet B über die Straßendekorationen in Berlin für die Weltfestspiele. Dabei beklagt sie auch die großen Schwierigkeiten, eine neue Schreibmaschine zu bekommen. Im Förderungsausschuß des Kulturbundes sei sie abgewiesen worden, weil solche Maschinen nur »Spitzenkräfte« erhalten. »Das heißt, wenn man nicht ganz groß ist, keinem Betrieb fest angehört, wird man behandelt wie der letzte Dreck.« *(973/29f.)*
B bittet Renata Mertens-Bertozzi, für das BE-Programmheft eines geplanten Gastspiels auf der Biennale in Venedig die italienischen Texte der Lieder aus *Mutter Courage und ihre Kinder* über Einaudi zu beschaffen. B bedauert, sie und ihren Mann nicht in Berlin zu sehen.
3. August, Freitag. B fühlt sich in Ahrenshoop erschöpft, arbeitet aber dennoch an den frühen Vormittagen an der Schreibmaschine »frisch«, wie er meint, durch »jahrzehntelange Übung, nur in Frische zu arbeiten«. Dies lohne sich bei Erschöpfungen: »Das Arbeiten erzeugt Frische.« *(27,324.)*
In Berlin findet eine weitere Hauptprobe vom *Herrnburger Bericht* statt.
4. August, Sonnabend. Generalprobe vom *Herrnburger Bericht*. Elisabeth Hauptmann schreibt B (am 6. 8.), die Kantate sei in keinem aufführenswerten Zustand, und es wäre besser, die Aufführung rechtzeitig zu stoppen. »Die ganze Heiterkeit, damit auch der ganze Ernst, war weg.« Sie versteht nicht, daß Dessau und Monk »sich nicht Verstärkung geholt haben«, und schlägt B eine Modellaufführung des *Herrnburger Berichts* im BE vor. Käthe Rülicke habe sie geschrieben, sie empfände es »als ungeheuere Schmach«, wenn sie nicht mit einem Text in *Theaterarbeit* vorkommen würde, und schlägt vor, »etwas über das Dienstmädchen der Grete Steffin zu schreiben, eine der unvergeßlichen Erinnerungen an die Berliner Aufführung« *(937/19ff.)*.

5. August 1951
Uraufführung
Herrnburger Bericht
Deutsches Theater Berlin

5. August, Sonntag. Uraufführung des *Herrnburger Berichts* im Deutschen Theater (musikalische Leitung: Hans Sandig, Regie: Egon Monk, der auch die Zwischentexte spricht; mit dem Chor des Mitteldeutschen Rundfunks Leipzig).

Vorzüge von Dessaus Kompositionsweise sind das Bestreben nach Volkstümlichkeit der Melodie und eine geschmackvolle Aussparung der

Gertrud Heartfield berichtet B und Helene Weigel »die wichtigsten Neuigkeiten«, u. a. auch über ihren Eindruck vom *Herrnburger Bericht*. »Die Jugend ist immer sehr begeisterungsfähig und klatscht wie wild, aber diese Ovation

habe ich noch nicht erlebt. Ein endlos langes Dröhnen erschütterte das Haus. Dessau kam auf die Bühne, und er wurde in die Luft geworfen.« *(726/51f.)*
6. August, Montag. B bittet den Verlag Giulio Einaudi um Übersendung der vorliegenden Bände seiner Stücke nach Venedig, wo ein Gastspiel des BE geplant sei *(Br, 1592)*.
B schlägt der DEFA vor, den *Herrnburger Bericht* als Film aufzunehmen und ihn als Beiprogramm zu zeigen *(Br, 1591)*.
7. August, Dienstag. Helene Weigel will Therese Giehse noch einen Urlaub in Venedig zubilligen, ehe sie wieder am BE »eintrudelt«, um dann u. a. die »olle geliebte Branntwein-Emma« zu spielen, so oft es ihr paßt. Weigel sendet ihr auch Grüße von ihrem »alten Verehrer Bert«, von ihren beiden Kindern und »den reichlichen Trümmern des Ensembles« (Schauspieler und Dramaturgen), die ebenfalls in Ahrenshoop sind *(725/93)*.
Kurt Bork weist Ernst Legal an, daß die Staatsoper weder Verträge abschließt noch Proben von *Lukullus* ansetzt, ehe nicht das Volksbildungsministerium nach Beurteilung der »gründlichen Überarbeitung« offiziell zugestimmt hat. Er fordert ein Textbuch an *(Lucchesi 2,259f.)*.
16. August, Donnerstag. B fährt von Ahrenshoop nach Berlin zurück.
In Berlin wird als Kontrollorgan für das Buchwesen das Amt für Literatur (→ 12. 7.) gegründet (Vorsitzender: Fritz Apelt, Stellvertreter: Karl Böhm).
Mitte August. Angeregt durch eine sowjetische Diskussion im Januar 1948, schickt B Hanns Eisler einige Gedanken für dessen Opernprojekt *Johann Faustus*. Er schlägt ihm vor, für seinen »großartigen« Gedanken, »den Bauernkrieg als Hintergrund der Faustusfabel zu nehmen«, Volkslieder zu verwenden, und schickt ihm einige Texte, die er aus Eislers »Büchlein« abschreibt *(Br, 1599)*.
17. August, Freitag. Paul Dessau arrangiert für 8 Uhr eine Vorführung des *Herrnburger Berichts* vor B, der danach notiert: »Nach dem ersten Vorspielen sollte er jeden Tag aufgeführt werden, wurde aber dann unterdrückt, am Ende auf Beschluß abgesetzt.« Ein Werk, »das irgendwie verurteilt worden ist«, wirke ungewöhnlich. »Alles Originelle erscheint als eigenwillig, Frisches als frech, Leichtes als oberflächlich, Ernstes als vorlaut; überhaupt wirkt nichts mehr auf den, der die Wirkung abschätzt.« *(27,324f.)* B fordert Hans Sandig auf, über den Umgang der Partei und der Jugendorganisation mit der Kantate zu schreiben. In Sandigs Bericht heißt es, daß Erich Honecker ursprünglich dem *Herrnburger Bericht* größte Bedeutung beigemessen hatte und eine tägliche Vorführung während der Weltfestspiele der Jugend und Studenten wünschte. Angesetzte Vorführun-

instrumentalen Einkleidung. Auffallend sind die verhallenden Schlüsse, die es in fast übertriebenem Maße vermeiden, einen Schlußpunkt zu setzen. Die Scheu vor kraftvoller Äußerung führt freilich dazu, daß es im triumphalen Schlußteil nicht zur Entladung der Energie kommt, die dem Optimismus unserer siegreich vordringenden Jugend entspricht. *(Musik und Gesellschaft, Heft 7.)*

»Es wird neu und ein anderes Deutschland sein,« schließt der *Herrnburger Bericht*. Es wirkt in der Knappheit und Treffsicherheit der Brechtschen Diktion ans Herz greifend. Ein großer deutscher Dichter sagt in zwingenden Sätzen, mit plastisch-anschaulichen Worten das aus, was jeden, der sein Vaterland liebt, bewegt. *(Hermann Barkhoff, Tägliche Rundschau, 6. 8.)*

Die Schöpfer des *Lukullus* haben mit dem *Herrnburger Bericht* einen neuen aufwärtsführenden Weg beschritten. Ein heutiger Inhalt hat ihnen eine heutige Form erschlossen, die weiter entwicklungsfähig ist. Ein positiver Beitrag zu den Weltfestspielen, der über den Anlaß hinaus fortzuwirken vermag. *(-ch-, National-Zeitung, 7. 8.)*

Es ist ein Jammer. Jetzt haben sie auch, wie es scheint, den, neben Gottfried Benn und Thomas Mann, größten lebenden deutschen Dichter, Bertolt Brecht, zur Strecke des Verrats an der freien Dichtung gebracht. Es hat zu anackern angefangen. *(Wolfgang Weyrauch, Aussprache, Heft 5.)*

16. August 1951
Zurück in Berlin

gen seien dann aber immer kurzfristig »aus technischen Gründen« abgesetzt worden. Die einzige Aufführung sollte am 15.8. stattfinden (ohne Ankündigung in der Tagespresse), mußte aber ausfallen, weil der Chor nicht auf der Bühne untergebracht werden konnte. Die Recherchen hätten ergeben, daß der *Herrnburger Bericht* auf Veranlassung von Horst Brasch, dem Volksbildungsminister des Landes Brandenburg, der im Programmausschuß arbeitete, auf eine Bemerkung Honeckers hin herausgenommen wurde, man solle das Werk »nicht zu oft herausstellen«. (Brasch selber kannte den *Herrnburger Bericht* nicht.) *(69/13f.)*

21. August 1951
Voraufführung des *Herrnburger Berichts* vor Regierungsvertretern

21. August, Dienstag. Nach einem Anruf Bs bei Wilhelm Pieck ist der *Herrnburger Bericht* vor Regierungsmitgliedern gespielt worden. B erfährt, daß sie »im allgemeinen befriedigt« gewesen seien. Otto Grotewohl habe daran »etwas Kathedermäßiges« ausgesetzt. »Er wird empfinden, daß immer Formales die Lieder aus der unmittelbaren Reichweite entführt.« *(27,325.)*

22. August, Mittwoch. B notiert: »Die Literatur muß wiederum ohne nationalen Widerhall auskommen, und sie bekommt den der Arbeiterklasse nur mit abscheulichen Nebengeräuschen.« *(27,325.)*

Caspar Neher kommt aus Salzburg nach Berlin.

26. August 1951
Suche nach Landhaus im Berliner Umland

26. August, Sonntag. Käthe Rülicke notiert: »Brecht ist sehr abgearbeitet, gar nicht erholt.« Er habe sie gebeten, wegen eines Hauses außerhalb Berlins zu annoncieren, »wo er Sonnabend/Sonntag hinfahren kann, um auszuruhen« *(1264/9)*.

27. August, Montag. Hanns Eisler bedankt sich für Bs Ratschläge zur Oper *Johann Faustus* (→Mitte August), deren Textfassung zügig fortschreite. Er habe sich vorgenommen, die »Späße nicht zu übertreiben« und sich vor »Zynismus zu hüten«. Ernst und Ruth Fischer, die ebenfalls in Ahrenshoop Urlaub machen, sind wie auch Eisler »sehr froh«, daß B an dem »Fridericus-Rex-Stoff Interesse gefunden« hat, denn nur ein Bayer sollte über einen Preußen schreiben. »Und wer ist bayrischer als Du? Das müssen Dir selbst Deine Feinde lassen.« Eisler drückt seinen Respekt aus, daß B »jetzt allein das deutsche Theater reformieren« will. »Herkules soll noch im Augiasstall gesagt haben: Nie wieder!« *(725/65f.)*

30. August, Donnerstag. B klagt gegenüber Käthe Rülicke über seinen allgemeinen Schwächezustand. »Er käme sich vor wie ein Nüchterner unter lauter Betrunkenen. Seine Kraft reiche kaum für die Proben aus, er sei mittags völlig erschöpft. Er habe Depressionen, lebe eingleisig, isoliert – habe andererseits Angst, durch Ablenkung seinen Rhythmus zu unterbrechen. Das Theater fresse seine ganze Kraft.« B

August 1951
Klage über Depressionen und Schwäche

fühle sich mehr als Lehrer, der die Aufgabe hat, »junge Kräfte zu entwickeln« *(1264/10)*.

31. August, Freitag. B schickt Hanns Eisler nach Ahrenshoop einen Aufsatz, den Karl Schönewolf für *Theaterarbeit* über Eislers *Mutter*-Musik geschrieben hat. Er sei zu lang und müsse gekürzt werden *(Br, 1598)*.

Der Immobilienvermittler Otto Sasse bietet B auf das Inserat (→ 26. 8.) ein Grundstück ca. 65 km östlich von Berlin in Buckow (Märkische Schweiz) zum Kauf an, das in der Nähe des Bahnhofs (Hauptstraße 42) gelegen ist. Die Verhandlungen müßten über ihn mit dem Eigentümer (dem Zahnarzt Max Pinkus) geführt werden.

B hat einer Schulausgabe von *Die Erziehung der Hirse* zugestimmt und versäumt, den Aufbau-Verlag davon zu informieren. Er entschuldigt sich deshalb bei Ernst Wendt, auch dafür, daß er nicht auf Korrekturabzügen bestanden hat und Druckfehler nicht vermieden werden konnten. »Bitte, entschuldigt meine Nachlässigkeit, die ich nur mit Überarbeit (schwach) entschuldigen kann.« Für ihn sei das Gedicht »eine wichtige Arbeit« *(Br, 1600)*.

B bedauert, Hans Tombrock bei seinem letzten Berlinbesuch nicht getroffen zu haben; er müsse ihm »ein Buch mit chinesischer Malerei« zeigen. Außerdem berichtet er ihm von der Arbeit mit Curt Bois als Puntila *(Br, 1618)*.

August 1951
Vorbereitung einer Neuinszenierung von *Herr Puntila und sein Knecht Matti* mit Curt Bois

4. September, Dienstag. Gertrud Heartfield, die mit ihrem Mann in ein Sanatorium nach Bad Liebenstein gefahren ist, berichtet über den sich erneut verschlechternden gesundheitlichen Zustand von John Heartfield und bittet B, ihnen behilflich zu sein bei der Beschaffung der richtigen Medizin, die am Ort nicht verfügbar sei.

Endproben für die Neuinszenierung von *Mutter Courage und ihre Kinder* mit dem Berliner Ensemble

Hanns Eisler findet den Artikel Schönewolfs (→ 31. 8.) »erstaunlich gut«. Die »Radaumusik« habe »also doch ihre Meriten«. Eisler ist nicht für Kürzung, sondern für ein Zusammendrängen durch Kleindruck der musikalischen Analyse, denn Bs Arbeit sei »bedeutend und grundlegend« und sein eigener Beitrag »kleiner und bescheidener« *(655/86)*.

5. September, Mittwoch. Hans Tombrock teilt B mit, daß er seine Tätigkeit an der Weimarer Kunsthochschule wahrscheinlich Ende des Jahres beendet, um in Berlin am Zentralhaus für Volkskunst eine Abteilung Bildende Kunst aufzumachen. Er arbeite gerade am einem großen Bild vom *Lesenden Arbeiter* und komponiere eine Strophe des Gedichts *An Meine Landsleute* hinein. Mit Curt Bois habe B »ins Schwarze getroffen« *(211/76)*.

6. September, Donnerstag. B schreibt an Walter Janka (auf dessen Schreiben vom 5. 9.) und drückt seine Freude darüber aus, daß der Vertrag über einen gesonderten Druck von *Die Erziehung der Hirse* wieder gültig ist und Wieland Herzfelde

die Gestaltung des Heftes übertragen bekommen hat *(Br, 1601)*.
Das wieder aufgebaute Schiller-Theater in Berlin/West wird eröffnet mit der Premiere von Schillers *Wilhelm Tell* (Regie: Boleslaw Barlog; Bühnenbild: Caspar Neher). B hat vermutlich eine Probe oder die Premiere besucht.
8. September, Sonnabend. Caspar Neher schreibt in sein Notizbuch: »Versuch, zu Brecht zu kommen. Grenze am Brandenburger Tor.«
Kurt Bork vom Volksbildungsministerium rügt Ernst Legals Einladung des Dirigenten Hermann Scherchen für Oktober. Eine Terminierung von *Lukullus* sei erst nach Genehmigung des Ministeriums möglich. Paul Dessau habe die neue Partitur immer noch nicht fertiggestellt; deshalb sei es zweckmäßiger, »Scherchen überhaupt abzusagen« *(Lucchesi 2,264)*.

10. September 1951
Arbeit an der Oper
Das Verhör des Lukullus
sowie an *Coriolan*
von Shakespeare

10. September, Montag. B arbeitet in den kommenden Tagen täglich mit Caspar Neher zusammen, u. a. an der bevorstehenden Premiere der umgearbeiteten Oper, die nun den Titel erhalten hat *Die Verurteilung des Lukullus* (→ 18. 4.), und an Bs Bearbeitung von Shakespeares *Coriolan*, für den in dieser Zeit mehrere Entwürfe entstehen. Zunehmend wird Nehers Schüler Hainer Hill, der bereits für den *Hofmeister* (→ 15. 4. 50) und die *Mutter* (→ 12. 1.) die Projektionen gezeichnet hat, in die Arbeit einbezogen und für die Aufführung von Kleists *Zerbrochnem Krug* (→ 23. 1. 52) erstmals ganz mit dem Bühnenbild betraut. Caspar Neher arbeitet vorwiegend für Theater im Berliner Westen (Volksbühne im Theater am Kurfürstendamm: *Sechs Personen suchen einen Autor* von Luigi Pirandello, Premiere: 22.10; Schiller-Theater: *Die beiden Nachtwandler* von Johann Nestroy, Premiere: 28. 11.).

11. September 1951
Premiere der Neuinszenierung
Mutter Courage und ihre Kinder
Berliner Ensemble
(im Deutschen Theater)

Die Inszenierung verdient im ganzen Bewunderung, weil sie zu einer unzertrennlichen Einheit geworden ist, in die jedes Detail mit Meisterhand eingefügt ist. Die Schauspieler fügen sich beherrscht einer zentralen Konzeption, und in der Herausarbeitung ihres Parts entwickeln sie ihre individuellen Fähigkeiten weit über das gewohnte Maß. *(M. S., Sonntag, 23. 9.)*

11. September, Dienstag. B schildert Erich Honecker nochmals die Verfahrensweise der FDJ-Leitung beim *Herrnburger Bericht*. Das Chorwerk sei »zunächst sehr gut aufgenommen« worden, dann aber nach erfolgreicher Uraufführung »nicht, wie geplant, täglich gebracht und nur einmal angezeigt« worden, »als die Festspiele bereits zu Ende waren«. Durch die »offenkundig bewußte Vernachlässigung« sei bei den Beteiligten »Unsicherheit« entstanden. B bittet darum, »in dieser Sache Klarheit zu schaffen« *(Br, 1603)*.
Abends Premiere der Neuinszenierung von *Mutter Courage und ihre Kinder* mit dem BE (gleichzeitig als die 100. Aufführung ausgegeben). Die sehr erfolgreiche Inszenierung bleibt auch nach Bs Tod auf dem Spielplan des BE.
16. September, Sonntag. Käthe Reichel, die sich zur Erholung im Schloß Wiepersdorf aufhält, dankt B für die Zusendung der »Vorschriften« *(Über den Schauspielerberuf;*

23,186f.) und für den Tee. Sie übe das Lautespielen und arbeite an der Rolle des Gretchen *(973/64-73)*.
25. September, Dienstag. B schließt mit dem Aufbau-Verlag Vertrag über *Versuche*, Heft 11.
26. September, Mittwoch. In Berlin findet im Beisein Bs ein Gespräch mit Peter Suhrkamp und den leitenden Mitarbeitern des Dresdner Verlags statt. Nach einem brieflichen Bericht der Dresdener Verleger (vom 26. 10.) ist über die gemeinsame Herausgabe des Modellbuchs *Mutter Courage und ihre Kinder* in einer »Kassette« (mit drei eingelegten Broschüren) gesprochen worden, außerdem über einen Mitdruck von *Theaterarbeit* für den Suhrkamp Verlag *(2201/25-27)*.
B verfaßt den *Offenen Brief an die deutschen Künstler und Schriftsteller (23,155f.)*. Er übergibt ihn der Tagespresse und verschickt ihn an zahlreiche Persönlichkeiten in Ost und West. In dem Brief bezieht er sich auf eine Regierungserklärung Otto Grotewohls vom 15. 9., in der »die Wiederherstellung der völligen Souveränität Deutschlands«, die »Vereinigung des Landes«, der »Abschluß eines Friedensvertrages« und der »Abzug aller Besatzungstruppen« gefordert wird. B stellt die Fragen: »Werden wir Krieg haben? Die Antwort: Wenn wir zum Krieg rüsten, werden wir Krieg haben. Werden Deutsche auf Deutsche schießen? Die Antwort: Wenn sie nicht miteinander sprechen, werden sie aufeinander schießen.« B fordert Freiheiten des Buches, des Theaters, der bildenden Kunst, der Musik und des Films, mit einer Einschränkung. »Die Einschränkung: Keine Freiheit für Schriften und Kunstwerke, welche den Krieg verherrlichen oder als unvermeidbar hinstellen, und für solche, welche den Völkerhaß fördern.« *(23,156.)*

26. September 1951
Offener Brief an die deutschen Künstler und Schriftsteller

Das große Carthago führte drei Kriege. Es war noch mächtig nach dem ersten, noch bewohnbar nach dem zweiten. Es war nicht mehr auffindbar nach dem dritten. *(23,156.)*

Harry Buckwitz hat inzwischen die Generalintendanz der Städtischen Bühnen Frankfurt/M. übernommen und berichtet B über die musikalische Vorbereitung der Oper *Die Verurteilung des Lukullus* an seinem Theater.
27. September, Donnerstag. B schickt Fotografien des *Herrnburger Berichts* an Hans Tombrock und regt ihn an, seine Schüler in einem Wettbewerb ein Bild daraus machen zu lassen *(Br, 1606)*.
Wenn er »fortlaufend so subversive Stücke und Verse« veröffentliche, meint Hans Mayer in einem ironischen Brief an B, brauche er sich nicht zu wundern, wenn man ihn »nicht dort haben will, wo die Zitronen blühn«. Für eine erhoffte Besserung »durch die Lektüre« schickt er ihm eine Ausgabe der *Briefe, nebst einer praktischen Anleitung von dem guten Geschmacke in Briefen* von Christian Fürchtegott Gellert (aus dem Jahre 1763). Mayer macht besonders auf einige Seiten des Briefstellers aufmerksam, in denen Gellert rät,

man solle »mit großen Herren nicht frey reden«, und über weitere Schwierigkeiten beim Schreiben der Wahrheit berichtet *(211/77)*.

28. September, Freitag. B arbeitet nachmittags mit Caspar Neher an *Die Verurteilung des Lukullus*.

29. September, Sonnabend. Otto Grotewohl lädt Künstler zu einem Essen ein, an dem B, Arnold Zweig, Hermann Abendroth, Wolfgang Langhoff, Gustav Seitz, Walter Felsenstein, Eduard von Winterstein, Gret Palucca u. a. teilnehmen. Wieland Herzfelde berichtet B von der Schlußkorrektur der *Hundert Gedichte*, bei der er »einfach keine Zeit« hatte, noch eine Revision zu machen, so daß einige Fehler stehen blieben. Da diese aber nicht sinnentstellend seien, schade »es auch weiter nichts«. In seinen Vorlesungen vor 120 »Pflichthörern«, zu denen nochmals ebensoviel freiwillig kämen, bespricht er Bs Werk ausführlich. Herzfelde lädt B zur Teilnahme an einer der Lehrveranstaltungen ein *(837/28)*.

Helene Weigel interessiert Therese Giehse dafür, beim *Zerbrochnen Krug* von Kleist nicht nur die Marthe Rull zu spielen, sondern das Stück selbst zu inszenieren. »Ich würde dazu vorschlagen, daß Angelika [Hurwicz] mit Dir in irgendeiner Form alterniert, so daß Du völlige Freiheit für die Inszenierung hast und selbst nur hineinspringst. Schmeckt Dir das oder nicht?« *(notate, 3/81,15.)*

September. Elisabeth Hauptmann schreibt an B, solange es sie »so entsetzlich deprimiert, Sie zu sehen, ins Ensemble zu gehen oder in die Probebühne«, möchte sie »allein sein, das heißt ganz abgeschnitten von allem«, wo sie »nichts zu suchen hat« *(973/4)*. Sie schickt ihm (in dieser Zeit) korrigierte Texte und angestrichene offene Stellen, die sie lieber mit ihm durchgesprochen hätte. Aber es gäbe zunehmend weniger Gelegenheit für eine Zusammenarbeit. Am meisten irritiert sie, daß B nicht einmal Zeit gefunden hat, nach ihr zu sehen, als sie krank war. »Wenn das nicht drin ist, wenn man sich über 25 Jahre kennt und am selben Ort ist – aber es war ja schon so oft nicht mehr drin, ich sollte es ja wissen.« *(973/6.)*

Beginn einer österreichischen Kampagne gegen die erteilte Staatsbürgerschaft für Brecht

2. Oktober, Dienstag. Nach Bekanntwerden von Bs österreichischer Staatsbürgschaft beginnt in Österreich eine Kampagne gegen die Entscheidung. Die *Salzburger Nachrichten* rechnen B »zum verspäteten Landsturm des kommunistischen Avantgardismus«, er passe nach Salzburg »wie der Dieselmaschinist ins Oratorium«. Man sucht den »Schuldigen«, der den »Edelmarder in den Salzburger kulturellen Hühnerstall« eingelassen hat (→ 13.10) *(Palm, 83)*.

Helmut Holtzhauer teilt der Kulturabteilung beim ZK der SED mit, daß in der Oper *Lukullus* keine Veränderungen vorgenommen worden seien, »die den Charakter des Stükkes ändern«. Die Aufführung werde »deshalb eine kritische Auseinandersetzung zur Folge haben«. Er billigt aber die Aufführung *(Lucchesi 2,268)*.

3. Oktober, Mittwoch. In der DEFA findet mit Dramaturgen und Funktionären eine Beratung über das vorliegende Drehbuch zum *Courage*-Film statt. Danach schreiben B und Emil Burri *Einstweilige Vorschläge für Änderungen des Drehbuchs »Mutter Courage und ihre Kinder« nach der Diskussion vom 3. 10. 1951 (Courage/Materialien, 253-255)*.

3. Oktober 1951
Erneute Beratung über den *Courage*-Film

4. Oktober, Donnerstag. In der Deutschen Staatsoper laufen die Proben zu der überarbeiteten Oper *Die Verurteilung des Lukullus*, an denen B und Paul Dessau von nun an teilnehmen. Auch mit Caspar Neher arbeitet B in diesen Tagen zusammen.

Oktober 1951
Teilnahme an Proben zur Oper *Die Verurteilung des Lukullus* Deutsche Staatsoper Berlin

Sie sprechen über das Bühnenbild und über die Kostüme der Oper und entwickeln für die Neuinszenierung von *Herr Puntila und sein Knecht Matti* (mit Curt Bois) ein verändertes Bühnenbild.

Entwicklung einer Konzeption für die Neuinszenierung von *Herr Puntila und sein Knecht Matti* am Berliner Ensemble

Proben für die Neuinszenierung

5. Oktober, Freitag. Harry Buckwitz teilt B die Verschiebung der *Lukullus*-Aufführung in Frankfurt/M. mit. Bisher sei die Inszenierung für den Börsensaal vorgesehen gewesen, aber die Bühnenskizzen, die Hainer Hill gebracht hat, forderten eine anspruchsvollere Lösung, wie sie nur im Großen Haus verwirklicht werden kann. Buckwitz bittet B (und gleichzeitig Hermann Scherchen) um Einsicht und Unterstützung.

6. Oktober, Sonnabend. Caspar Neher arbeitet an einem neuen *Puntila*-Bühnenbild.

Als B erfährt, daß er den Nationalpreis erhalten soll, stellt Käthe Rülicke bei ihm schon Tage vor der Verleihung eine »große Aufregung« fest, auch »Bange vor unbekannten Menschen« *(1264/11.)*.

Wilhelm Pieck überreicht den Nationalpreis

7. Oktober, Sonntag. Schauspieler des Deutschen Theaters (u. a. Wolfgang Langhoff, Eduard von Winterstein, Curt Bois, Helene Weigel, Angelika Hurwicz) verschicken einen Brief an Theaterleute in beiden Teilen Deutschlands, in dem sie sich auf Bs *Offenen Brief an die deutschen Künstler und Schriftsteller* beziehen. Was B darin fordert, sei auch für die Schauspieler wichtig: »Die Erfüllung der Forderung Brechts bedeutet für uns die Möglichkeit der ungehinderten Ausübung unseres Berufs im gesamten deutschen Sprachgebiet.« *(HWA.)*

7. Oktober 1951
Verleihung des Nationalpreises 1. Klasse

Mittags Staatsakt zur Verleihung der Nationalpreise. B erhält einen Preis I. Klasse. An der Festveranstaltung in der Deutschen Staatsoper nehmen auch Helene Weigel und Elisabeth Hauptmann teil. Über einen Empfang notiert Arnold Zweig: »Abends danach noch Staatsbankett, an langen Tafeln, wir ganz nahe bei den Obersten. Aber da Brecht unser

BEGRÜNDUNG FÜR DEN NATIONALPREIS
Bertolt Brecht ist einer der großen deutschen Dichter der Gegenwart. Mit solchen Dichtungen wie *Svendborger Sonette, An meine Landsleute, Der Kinderkreuzzug, Liberty und Democracy, Erziehung der Hirse* und vielen anderen hilft Bertolt Brecht den Kampf für den Frieden und Fortschritt und für eine glückliche Zukunft der Menschheit zu führen. *(1486/18.)*

Gegenüber, wars ganz nett. Die Weigel [nach dem Festakt] in Cottbus, später kam Becher noch an unseren Tisch als Flaneur.« *(Lucchesi 2,312.)*

8. Oktober, Montag. An den Endproben von *Die Verurteilung des Lukullus* nimmt auch Caspar Neher regelmäßig teil.

9. Oktober, Dienstag. Hauptprobe von *Die Verurteilung des Lukullus.*

10. Oktober, Mittwoch. Zweite Hauptprobe von *Die Verurteilung des Lukullus.*

Ernst Rowohlt schickt B eine Stellungnahme auf den *Offenen Brief an die deutschen Künstler und Schriftsteller*, in der er Bs Vorschlägen »von ganzem Herzen« zustimmt. Rowohlt hofft, daß B auch bei den Politikern ein offenes Ohr findet. Die Deutschen müßten mit Deutschen beraten, »um ein Gesamtdeutschland wieder herzustellen« *(726/47).*

11. Oktober, Donnerstag. Generalprobe von *Die Verurteilung des Lukullus.*

12. Oktober, Freitag. In einem Schreiben an Irma Loos schreibt Alfred Döblin, er habe Bs *Offenen Brief an die deutschen Künstler und Schriftsteller* erhalten und ihn gelesen, aber nicht zweimal, »die einmalige Lektüre genügte mir in diesem Fall« *(Döblin, 432).*

Abends Uraufführung der veränderten Oper *Die Verurteilung des Lukullus* in der Deutschen Staatsoper Berlin. Musikalische Leitung: Hermann Scherchen, Regie: Wolf Völker, Bühnenbild: Caspar Neher; mit Alfred Hülgert (Lukullus), Willi Heyer-Krämer (Totenrichter), Karola Goerlich (Fischweib). B kann an der Premiere wegen Fieber nicht teilnehmen. Nach Arnold Zweigs Tagebuchnotiz seien die Texthinzufügungen Bs »geschickt« gewesen, nicht unbedingt Verbesserungen. »Aber die Frische ist weg, der Elan«. Für ihn ist das ein Beweis dafür, »daß man den Parteileuten nicht gestatten darf, sich einzumischen« *(Lucchesi 2,312).*

13. Oktober, Sonnabend. Die *Salzburger Nachrichten* haben in Gottfried von Einem einen der »Schuldigen« bzgl. Bs österreichischer Staatsbürgerschaft ausgemacht und schreiben in einem Kommentar: »Ob man nicht jetzt doch den Festspielausschuß von Einem oder dem anderen säubern müßte?« *(Palm, 84.)* Aufgrund der Presseangriffe wird die »Affäre Brecht« sowohl im Salzburger Landtag als auch im Österreichischen Nationalrat nochmals »aufgerollt« (→ 24. 10.).

Walter Janka sendet B die ersten Exemplare der *Hundert Gedichte* und weitere Bücher der Reihe Bibliothek fortschrittlicher deutscher Schriftsteller.

Mitte Oktober. Unter den Angeboten auf die Landhaus-

12. Oktober 1951
Uraufführung
Die Verurteilung des Lukullus
Deutsche Staatsoper Berlin

Was die Uraufführung dieses Werkes in der Deutschen Staatsoper anbetrifft, so kann man von ihr sagen, daß sie zu dem darstellerisch Besten gehört, was hier seit langem zu sehen war. Wie bewegten sich die Sänger, welche Ausdruckskraft enthielt ihr Spiel! Wir haben Alfred Hülgert noch nie so gut gesehen und gehört. Welche böse auffahrende und trotzdem überhebliche Vitalität hatte dieser Lukullus! *(Leo Berg, Berliner Zeitung, 16. 10.)*

Es muß auch festgestellt werden, daß die neue Fassung einen erheblichen Fortschritt gegenüber der ursprünglichen Gestalt darstellt, weil eine Reihe von Schwächen, die ihr anhafteten, ausgemerzt sind. Indes, es darf nicht übersehen werden, daß dem Werk trotzdem die eigentliche

Annonce (→28. 8.) ist auch ein Wohnturm in Buckow / Märkische Schweiz, der für B »die Verwirklichung eines Traums« sei; er würde ihn nicht gegen Goethes Gartenhaus tauschen. Käthe Rülicke schreibt: B »durchschritt den ganzen Garten und rief mich zum Zeugen, daß er ihn tatsächlich einmal durchschritten habe« *(1264/11)*. Elisabeth Hauptmann sagt Käthe Rülicke voraus, daß B auch für sie »zeitlebens ›höchste Autorität‹ bleiben« werde. »Unmöglich, sich seinem Einfluß zu entziehen, wenn er einen halten will. Man tut alles für ihn.« *(1264/11.)*

14. Oktober, Sonntag. Käthe Rülicke notiert Bs Ausspruch: »Die Menschen sind nicht politisch übersättigt, sondern unterernährt, weil man ihnen nur Ersatz anbietet.« *(1340/58.)*

16. Oktober, Dienstag. Helene Weigel teilt B in einem Brief Fragen mit, die sie mit ihm klären muß: das Deutsche Theater würde gern *Biberpelz und roter Hahn* bereits ab 27. 10. ins Repertoire aufnehmen; Therese Giehse wolle im *Zerbrochnen Krug* nicht spielen, sondern Regie führen; B müsse den »Ferienaufenthalt von Reichel« klären; außerdem seien Fragen der Bühnenbildgestaltung zu entscheiden. »Wann könnten wir uns mal für eine Stunde zusammensetzen. Soll ich heute nachmittag zu Therese mitkommen?« *(1340/109.)*

B teilt Howard Fast mit, daß bei der Erteilung der Aufführungsrechte zu *Galileo* (amerikanische Fassung 1947; *5,117-181*) Charles Laughton mitbefragt werden muß *(Br, 1607)*.

18. Oktober, Donnerstag. B erfährt von den Maßregelungen, denen Gottfried von Einem wegen seines Eintretens für B ausgesetzt ist und teilt ihm sein Bedauern mit. »Ich verstehe nicht, wie man Ihnen als Künstler übelnehmen kann, daß Sie einem andern Künstler geholfen haben – ich hatte ja damals überhaupt keine Papiere!« *(Br, 1608.)*

In einem Telegramm bietet B für die Salzburger Festspiele *Die Verurteilung des Lukullus* und *Der kaukasische Kreidekreis* an *(ÖNB)*.

21. Oktober, Sonntag. B schickt Benno Besson zu den Pariser Proben von *Mutter Courage und ihre Kinder* und bittet Jean Vilar darum, ihn als seine »Vertretung« zu betrachten. »Er ist durch seine Teilnahme an den Inszenierungen hier ausgezeichnet unterrichtet über die Schwierigkeiten, die eine Inszenierung des Stücks zu überwinden hat.« *(Br, 1609.)*

22. Oktober, Montag. Abends findet die Premiere von Luigi Pirandellos *Sieben Personen suchen einen Autor* an der Volksbühne am Kurfürstendamm mit dem Bühnenbild von Caspar Neher statt (Regie: Oscar Fritz Schuh). Vermutlich hat B eine Probe oder die Premiere besucht.

24. Oktober, Mittwoch. Drei Abgeordnete des Österreichischen Nationalrats reichen eine »Anfrage« über B ein, in der

dramatische Spannung, die den Zuhörer aus innerer Notwendigkeit zum Mitwirkenden und Parteiergreifenden macht, fehlt, weil sich die Überwindung und Vernichtung des Eroberers nicht in der lebendigen Wirklichkeit, nicht im tatsächlichen Kampfe der progressiven Kräfte der Völker gegen ihre Blutsauger vollzieht, sondern sozusagen nachträglich im Reich der Schatten reproduziert, in dem kein eigentlicher Kampf mehr stattfindet, sondern nur noch das Resultat in Gestalt des Urteils erscheint, das von vornherein feststeht. Dadurch gerät die ganze Konzeption in die gefährliche Nähe des Symbolismus. Es zeigt sich hier, daß das heroisierende Kostüm der Antike, dessen sich die bürgerliche Revolution in ihrer heroischen Periode mit Erfolg bediente, den fortschrittlichen Potenzen unserer Epoche nicht mehr paßt. *(Girnus, Neues Deutschland, 19. 10.)*

»Ins Nichts mit ihm und ins Nichts mit allen wie er« heißt der Urteilsspruch, den die Totenrichter gegen den großmächtigen Feldherrn, den erbärmlichen Kriegsverbrecher schleudern, der in langem Verhör keinen Fürsprecher, keinen Zeugen gefunden hat, fähig, in seinen Ruhmestaten etwas Nützliches für die Nachwelt aufzudecken. Daß er den Kirschbaum vom Osten nach Rom gebracht, zählt nichts, da ein Kirschbaum nicht »achtzigtausend Dahingeschlachtete, halbgelebte Leben« aufwiegt. [...] Vor diesem Gericht hilft keine Demagogie. Auch in *Lukullus* – wie in vielen seiner Werke – führt Brecht ein zwingendes Plädoyer, in dem die Demagogie der Kriegshetzer, die heute vom großen Rom des Westens aus wieder ihre Wellen schlägt, auf den Kern entlarvt wird. Entlarvt durch die Stimmen des Volkes, des Lehrers, des Bauern, der Legionäre, der Kurtisane, und vor allem des Fischweibes, das ihre Söhne hergab und sich mitschuldig machte, als sie sie ohne Protest ziehen ließ. *(Max Schroeder, Sonntag, 21. 10.)*

Selbst in seiner gereinigten Form scheint Brecht-Dessaus Oper ein Danaergeschenk für die Kulturhungrigen der Sowjetzone zu sein. Eine bittere Pille, die der Parteipresse, wenigstens vorläufig noch, die Sprache verschlägt. Der Schweizer Dirigent Hermann Scherchen, der schon die erste Fassung dirigierte, ist inzwischen wieder aus Berlin abgereist; in der nächsten Woche erscheint die neue Oper nicht auf dem Spielplan der Staatsoper. Es bleibt abzuwarten, wie sich die neugeschaffene »Kommission für Kunstangelegenheiten« aus dieser heiklen Affäre ziehen wird, die ihr prominentester Zögling ihr bereitet hat. *(Sabina Lietzmann, Frankfurter Allgemeine Zeitung, 22. 10.)*

es u. a. heißt: »Die Einbürgerung Brechts und Weigels steht in einem auffallenden, unvereinbaren Gegensatz zu den wiederholten Erklärungen der Bundesregierung und einzelner Bundesminister, wonach der offenen und versteckten Infiltrierung Österreichs durch die kommunistische Ideologie mit allen Mitteln entgegengetreten werden würde.« *(Z 17/173.)* Nach Auskunft des Bundeskanzlers Figl seien von keiner Stelle Bedenken vorgebracht worden, »die gegen die Zustimmung der Bundesregierung auf Erklärung des Staatsinteresses gesprochen hätten« *(Z 17/174)*. Die Anfrage wird an die Landesregierung Salzburg weitergegeben (→ 21. 11.). Gottfried von Einem bittet B um Übersendung des Exposés zum *Salzburger Totentanz* und um eine Abschrift der ausgeführten Szenen *(ÖNB)*. In einem weiteren Brief dankt er B ironisch »für den Verdruß, den ich noch haben werde« *(725/62)*.

B hat Walter Girnus (den auf ihn angesetzten ZK-»Berater«; → 2. 5.) in den Plan eines Offenen Briefes an den Bundestag eingeweiht und erhält von ihm (auf einem Brief mit dem Kopfbogen des *Neuen Deutschland*) sieben Punkte zugeschickt mit Vorschlägen, über die »absolutes Einverständnis« besteht (u. a. freier Buchaustausch, Freizügigkeit im Theater- und Musikwesen sowie bei Begegnungen von Künstlern; außerdem: Verzicht auf Militarismus und Kriegsverherrlichung in Bild, Film und Wort).

27. Oktober, Sonnabend. Caspar Neher ist bei B.

30. Oktober, Dienstag. Caspar Neher nimmt an Bs Probe der Neuinszenierung von *Herr Puntila und sein Knecht Matti* teil.

Der 23jährige Peter Hacks aus Dachau berichtet B von seiner Rezension über ein Heft der *Versuche*, die er »so harmlos und unpolitisch wie möglich« für die *Neue Zeitung* abgefaßt hat, die aber nun dennoch nicht veröffentlicht wird. Hacks meint, in Wahrheit habe er nur den Vorwand für einen Kontakt mit B gesucht. Da seine Arbeit am bayerischen Kinderfunk für ihn »milde gesagt, unbefriedigend« ist, habe er »wie alle marxistischen Intellektuellen« an »dem Problem, in die Ostzone zu gehen«, laboriert. B sei für sie »so etwas wie ein Papst und infallibel«, und wenn Hacks ihm »je etwas verargt hätte«, so die »Gewohnheit, meine sämtlichen guten Einfälle schon gehabt oder angedeutet zu haben«. Er schickt B »mit der Arroganz des Bewunderers« Chansons und eine Geschichte und bittet ihn »um ein paar tröstende Worte« *(837/2)*. B antwortet am → 15. 1. 52.

31. Oktober 1951
Gottfried von Einem wird die Schuld am »Fall Brecht« zugeschoben

31. Oktober, Mittwoch. In Salzburg wird auf der Sitzung des Kuratoriums der Salzburger Festspiele Gottfried von Einem wegen seines Eintretens für B zur Rede gestellt. Landeshauptmann Josef Klaus wirft ihm Irreführung der Behörden und versuchte kommunistische Unterwanderung der Salzburger Festspiele vor. Da sich von Einem den Unterstellungen widersetzt, wird er auf der Sitzung seiner Funktion als Direktoriumsmitglied enthoben (→ 3. 11.). Um Gottfried von Einem zu helfen, telegrafiert B an ihn: »Anbiete für Festspiele *Lukullus* und *Kreidekreis.*« *(ÖNB.)*

Oktober. Brecht schreibt an den Weltfriedensrat für seine zweite Tagung (1.-6. 11. in Wien), daß er durch Krankheit an einer Teilnahme verhindert ist, und unterbreitet eine Adresse, wonach er die Gründung einer Internationalen Akademie der Wissenschaften und Künste empfiehlt, die sich darum bemüht, den Frieden in der Welt zu erhalten. »Es ist nötig, daß Wissenschaftler wie Künstler sich untereinander verständigen, damit sie der Menschheit jene Impulse und Kenntnisse geben können, ohne die sie echte Fortschritte nicht machen kann.« *(23,158.)* Da Helene Weigel erst während des Kongresses eintrifft und auch nicht die ganze Zeit bleiben kann, wird Bs Text weder verlesen noch dem Sekretariat des Kongresses zur Bechlußfassung vorgelegt. Dies berichtet der Generalsekretär des Deutschen Friedenskomitees Heinz Willman mit großem Bedauern. Der Vorschlag wird am 8. 11. auszugsweise im *Neuen Deutschland* wie auch im *Nachtexpreß* veröffentlicht.

Ernst Bloch schickt B und Helene Weigel sein Buch *Subjekt-Objekt. Erläuterungen zu Hegel* mit der Widmung: »In herzlicher Freundschaft« *(BBAB).*

Oktober/November. Der Schriftsteller Rüdiger Syberberg stimmt in seiner Zuschrift (vom 20. 10.) Bs *Offenem Brief an die deutschen Künstler und Schriftsteller* im allgemeinen zu, er könne aber als Christ nicht an »irgendwelche Vollkommenheit in dieser Welt« glauben. B äußert seine »Lust zu einem Gespräch«. Man müsse herausfinden, »was wir, Leute mit verschiedenen Meinungen über vieles, jedoch einer Meinung darüber, daß sie nicht auf kriegerische Weise ausgetragen werden dürfen, gemeinsam für den bedrohten Frieden machen können«. Er lädt Syberberg nach Berlin ein *(Br, 1613).*

1. November, Donnerstag. Erste Generalprobe der Neuinszenierung von *Herr Puntila und sein Knecht Matti.*

Das Sekretariat Otto Grotewohls teilt B mit, daß Mittel für die Ausbildung junger Schriftsteller zu Dramaturgen und Regisseuren bereitgestellt werden.

2. November, Freitag. Erste geschlossene Aufführung von *Herr Puntila und sein Knecht Matti.*

3. November, Sonnabend. Bei der zweiten Generalprobe der Neuinszenierung von *Herr Puntila und sein Knecht Matti* bricht sich Curt Bois den Knöchel. Die Premiere muß verschoben werden (→ 4. 1. 52).

3. November 1951
Arbeitsunfall Curt Bois:
Verschiebung der Premiere
Herr Puntila und sein Knecht Matti

B wirkt nach dem Eindruck von Käthe Rülicke »sehr müde und deprimiert« *(1264/11)*.
In den *Salzburger Nachrichten* protestiert Gottfried von Einem »energisch« gegen seinen nicht begründeten Ausschluß aus dem Direktorium der Salzburger Festspiele (→ 31. 10.): »Ich habe ein rein künstlerisches Urteil über Brecht selbstverständlich nur als schaffender Künstler und Privatmann abgegeben. Das Direktorium der Salzburger Festspiele hat ausdrücklich festgestellt, daß es mit der Einbürgerung Brechts nicht das Geringste zu tun hat.« *(Palm, 91.)*
5. November, Montag. Otto Ernst Tickardt vom Theater der Stadt Greiz informiert B über seine geplante Inszenierung der *Antigone des Sophokles* nach dem *Antigonemodell 1948*. B mißt dieser ersten Inszenierung des Stückes in Deutschland große Bedeutung bei und schreibt dafür die *Anmerkungen zur Bearbeitung (24,350-353)*.
8. November, Donnerstag. B arbeitet mit Caspar Neher.
11. November, Sonntag. Käthe Reichel beschreibt B einige der Gäste in Schloß Wiepersdorf; sie dankt ihm für das Buch *Education sentimentale* und wünscht sich *Candide* von Voltaire. Zwei Tage später schildert sie ihm die Naturschönheiten im Park des Schlosses. *Education sentimentale* sei ihr in vielem »undeutlich«; sie möchte mit ihm in Berlin darüber sprechen *(971/62f.)*.
12. November, Montag. Die Hamstead Film Society bedankt sich bei B für die Überlassung von Material und teilt ihm mit, daß die Vorführung des Films *Die Dreigroschenoper* wegen großer Nachfrage wiederholt werden muß.
13. November, Dienstag. Da Caspar Neher derzeit nicht mehr vertraglich an das BE gebunden ist, bittet ihn Helene Weigel, zu einem Vertragsgespräch zu kommen.
16./17 November, Freitag/Sonnabend. B berät mit Therese Giehse und Caspar Neher die Arbeit an der Inszenierung von *Der zerbrochne Krug*.

18. November 1951
Deutsche Premiere
Die Antigone des Sophokles
Theater der Stadt Greiz

18. November, Sonntag. Deutsche Premiere von Bs *Antigone des Sophokles* im Theater der Stadt Greiz; Regie: Otto Ernst Tickardt, der auch den Tiresias spielt, Bühnenbild: Hans Reichard; mit Olly Dille (Antigone) und Karl Steinle (Kreon). B hat Ruth Berlau nach Greiz geschickt; sie lernt den Greifswalder Studenten Hans Bunge kennen, der sie zu einer geplanten Aufführung von *Die Gewehre der Frau Carrar* in das Rostocker Studententheater einlädt (→ 5. 5. 52).
20. November, Dienstag. B gratuliert Otto Ernst Tickardt zum Erfolg der *Antigone*-Aufführung und schickt ihm einen neuen Prolog *(8,242)*, »der vielleicht dem Verständnis dienen kann« *(Br, 1614)*.
21. November, Mittwoch. In Salzburg nimmt Landeshauptmann Josef Klaus zu der Anfrage der Bundesregierung

(→24. 10.) über Verfahrensweisen bei der Verleihung der österreichischen Staatsbürgerschaft an B Stellung. Interesse an der Einbürgerung Bs habe lediglich der Komponist Gottfried von Einem geäußert. »Von irgendeinem Interesse anderer Personen, sowohl in Salzburg als auch in Wien, ist der Landesregierung nichts bekannt.« *(Z 17/181.)*
22. November, Donnerstag. B schreibt Hanns Otto Münsterer, daß er »gesundheitlich wieder ziemlich in Ordnung« sei, er war »nur etwas erschöpft« *(Br, 1615).*
Willi Bredel sagt er ab, ein Nachwort für einen Gedichtband KuBas zu schreiben; er habe so etwas noch nie getan. B schlägt Hans Mayer oder Max Schroeder vor, »einfach weil sie literarhistorisch geschult sind« *(Br, 1616).*
23. November, Freitag. B teilt Rudolf Spitzner vom Verlag Felix Bloch Erben mit, daß das BE gern *Biberpelz und roter Hahn* wieder in den Spielplan aufnehmen würde (→25. 4.). Es wäre ihm lieb, »wenn ein Repräsentant der Erben Hauptmanns sich die Vorstellung ansehen würde«. Die Tatsache, daß ein weiteres Berliner Theater den *Biberpelz* spielt, sieht er nicht als Hinderungsgrund an *(Br, 1617).* Der Verlag lehnt das Ersuchen am 1. 12. ab.
26. November, Montag. Auf Wunsch der DAK hat sich B mit Herbert Jhering ein Tanzprogramm von Henn Haas angesehen (das Gret Palucca als »Edelkitsch« bezeichnet) und beklagt sich in der Sitzung der Sektion Darstellende Kunst darüber, daß nach seinem Eindruck bereits vor der Abnahme, ohne Berücksichtigung der negativen Urteile von Akademiemitgliedern, Entscheidungen zugunsten von Haas getroffen worden seien. In der Frage der Anleitung von Künstlern sieht er Fortschritte bei der politischen, nicht aber in der fachlichen Schulung. »Die Leute wissen nicht, daß sie Fachleute an der Hand haben; die Kunstkommission scheint überhaupt auf dem Standpunkt zu stehen, daß es überflüssig ist, künstlerische Berater hinzuzuziehen.« Einen Mangel an Kunstverständnis habe z. B. Kurt Bork von der Kunstkommission gezeigt, der nach der deutschen Erstaufführung von Bs Bearbeitung der Tragödie *Die Antigone des Sophokles* in Greiz (→18. 11.) dem Intendanten mitteilte, das sei »leider kein positives Stück«. Nach diesem Vorfall habe B auf einer Aussprache bei Helmut Holtzhauer bestanden, bei der es nicht mehr um den angeblich negativen Charakter des Stükkes ging, sondern darum, ob man Bearbeitungen machen solle *(795/67-71).*
29. November, Donnerstag. Nachdem die Staatliche Kommission für Kunstangelegenheiten (am 20. 11.) die Zustimmung des Ministerpräsidenten Grotewohl zur Bezahlung von Regieschülern erhalten hat, bittet sie B um Vorschläge. Käthe Rülicke gibt in Bs Auftrag Martin Pohl an; außerdem

Mit Friedrich Eisenlohr vom Bühnenvertrieb des Aufbau-Verlags und Herbert Jhering (rechts)

sei der zur Zeit in Haft befindliche Horst Bieneck vorgesehen.
Rudolf Engel teilt mit, daß zur Ausarbeitung eines Freundschaftsvertrags zwischen den Braunkohlenwerken in Welzow und der DAK eine Kommission zusammengestellt wurde, in der sich für die Sektion Dichtung und Sprachkunst auch B befindet.
30. **November,** Freitag. Caspar Neher arbeitet mit B zusammen.
Aus Helsinki schreibt der Schriftsteller Friedrich Ege an B, daß es im Sinne seines *Offenen Briefes* auch für alle deutschen Schriftsteller, die im Ausland leben, die wichtigste Aufgabe sei, »*überall* für die Einheit Deutschlands und für einen Frieden mit Deutschland zu wirken«. Er grüßt B von Hella Wuolijoki, die im Augenblick gesundheitlich nicht wohlauf sei. Sie habe noch »viele, viele Pläne im Kopf, aber es scheint, daß es zu Ende geht« *(697/10)*. Hella Wuolijoki berichtet in dieser Zeit Helene Weigel von ihrer Erkrankung; nun sei sie aber etwas genesen und freut sich auf eine Theaterpremiere ihres neuen Stückes. Das Schwedische Theater in Helsinki sei immer noch an *Mutter Courage und ihre Kinder* interessiert, aber nur, wenn B die Regie führt. Der Desch-Verlag habe ihr die zustehenden Tantiemen nicht voll ausbezahlt, und sie brauche sie für die Begleichung der Krankenhausgebühren dringend.
1. **Dezember,** Sonnabend. Nach einem Besuch des Arbeitszimmers von Ruth Berlau beschwert sich B über dessen Zustand; alles sei schmutzig gewesen, »das Papier in der Schreibmaschine wie in Jauche getaucht, und ich selber kam mir schmutzig vor«. Ihre Arbeit sei »immer wichtiger und sichtbarer geworden«, ihr *Antigonemodell 1948* wäre schon verfügbar, nun käme »ein ganz großes, wie man es so nicht kennt« *(Theaterarbeit)*. Sie solle sich bemühen, alles so zu sehen, »wie es wirklich ist«. B bittet sie: »Laß mich nicht der Gefangene sein, sondern der Gast, Ruth.« *(Br, 1619.)*
Hans Otto Münsterer teilt B seine Meinung zu einigen Details der Oper *Die Verurteilung des Lukullus* mit. Außerdem schreibt er ihm, daß er einen Druck der *Augsburger Sonette* nicht besitzt. »Meine Abschriften stammen von einem halbausgedruckten Bogen, den ich seinerzeit auf einen Tag ausgeliehen bekam. Ich habe alles, was auf diesem Bogen stand, abgeschrieben, die anderen Teile habe ich nie gesehen, und die in Frage kommenden Personen leugnen, das Manuskript zu haben.« *(726/30f.)*
2. **Dezember,** Sonntag. Das geplante Gastspiel des BE in Venedig (→ 6. 8.) ist wegen Verweigerung der Einreisegenehmigung nicht zustande gekommen. Renata Mertens-Bertozzi schreibt B, daß Band 1 der italienischen Ausgabe seiner

Stücke *(Teatro 1)* erschienen ist wie auch der (für das Gastspiel hergestellte) Separatdruck von *Mutter Courage und ihre Kinder,* »mit einem Hinweis auf die nicht gestattete Einreise des Berliner Ensemble«. *Teatro 2* sei in Vorbereitung. Sie arbeitet mit ihrem Mann an »einer Methode realistischer Literaturkritik« *(840/30)*.

4. Dezember, Dienstag. Heinz Willman vom Deutschen Schriftsteller-Verband bittet B um Annahme seiner Wahl als Mitglied des Deutschen Friedensrates.

13. Dezember, Donnerstag. B hat von Caspar Neher, der an einem Bühnenbild für *Egmont* in Frankfurt/M. arbeitet, die Skizzen zu *Coriolan* erhalten und findet sie, wie er ihm telegrafiert, »wunderbar« *(ÖNB)*.

Gottfried von Einem bestätigt dem Landeshauptmann Josef Klaus den Empfang seines Abberufungsschreibens (→ 31. 10.): er habe zur Kenntnis genommen, daß seine »Abberufung aus der Direktion der Salzburger Festspiele durch das Kuratorium nicht mit der Angelegenheit Bert Brechts zu verbinden sei«. Von Einem stellt fest: »Der Fall Brecht kann auch kein Grund für die Entfernung sein, nachdem Sie selbst dem Landtag die Erklärung abgaben, daß die Einbürgerung Brechts korrekt und legal erfolgte.« *(ÖNB.)*

14. Dezember, Freitag. Eröffnung einer Barlach-Ausstellung in der DAK.

14. Dezember 1951
Eröffnung einer Ausstellung mit Werken von Ernst Barlach in der DAK

18. Dezember, Dienstag. Käthe Rülicke teilt dem Zahnarzt Max Pinkus (→ 31. 8.) mit, daß B an dem Kauf des Grundstücks Hauptstraße 42 (»Wohnturm«; → Mitte Oktober) in Buckow sehr interessiert ist.

24. Dezember, Montag. Caspar Neher ist nach Berlin zurückgekehrt und spricht vormittags mit B.

Jurij Brezan schickt B sein Buch *Auf dem Rain wächst Korn. Sorbische Erzählungen und Gedichte* mit der Widmung: »Mit besten Wünschen für Weihnachten und für das Jahr 1952, das ein Wendepunkt werden soll!« *(BBAB.)*

26. Dezember, Mittwoch. B besucht Caspar Neher in Berlin-Zehlendorf.

29. Dezember, Sonnabend. Im *Neuen Deutschland* eröffnet Kurt Magritz mit seinem Artikel *Ein merkwürdiges Vorwort* eine Kampagne gegen die Barlach-Ausstellung der DAK (→ 14. 12.).

29. Dezember 1951
Beginn der Kampagne gegen die Ernst-Barlach-Ausstellung der DAK

Abends ist B bei Ludwig Renn zu Gast und wird von ihm wegen Urheberrechtsproblemen angesprochen, die er bei einer Übersetzung aus dem Spanischen hat. Weitere Themen sind die sowjetische Monumental-Architektur (»70 m Bügelfalte sind komisch«) und die Bauten in der Stalinallee *(1340/59)*.

30. Dezember, Sonntag. Caspar Neher und Therese Giehse sind bei B.

Käthe Rülicke notiert, daß die Redaktion von *Theaterarbeit* nahezu abgeschlossen ist.

Nach Curt Bois' Genesung sind die *Puntila*-Proben wieder aufgenommen worden. Abends findet die erste (geschlossene) Aufführung des Stücks statt.

Dezember. B schickt an Albert Schreiner seine *Hundert Gedichte* mit der Widmung: »*dem großen Historiker*« *(Z 23/65)*.

1952

Anfang Januar. Albert Schreiner bedankt sich bei B für die *Hundert Gedichte*, die er mit einer Widmung erhalten hat. Er berichtet B von seinen Arbeiten und wünscht ihm »Gesundheit und fruchtbares Schaffen« im neuen Jahr *(838/116f.)*.

1. Januar, Dienstag. Um ein Beispiel für Bs Arbeitsweise und -rhythmus zu geben, listet Käthe Rülicke im Januar 1952 den täglichen Arbeitsplan auf. Darin ist allgemein vermerkt, daß B prinzipiell täglich die Zeit von 7.00 bis 8.45 seiner schriftstellerischen Arbeit vorbehält.

Vormittags erledigt B laufende Angelegenheiten und Korrespondenzen. Nachmittags arbeitet er mit Ruth Berlau und Peter Palitzsch am Modell-Kapitel von *Theaterarbeit*. An diesem Abend besucht ihn Gerhart Eisler.

2. Januar, Mittwoch. In der Dramaturgiebesprechung am Vormittag äußert sich B zu seinen Fabelanalysen. »Wenn ich kritisch ein Werk analysiere, heißt das, ich bringe das Werk in eine Krise, ich kritisiere es.« Aber es müsse natürlich noch da sein, denn es lebe nicht »durch die Krise und für die Krise, sondern überhaupt« *(1503/19)*. Außerdem befaßt er sich mit der Einstudierung von Rollen durch Regieassistenten. Solche Details könnten ohne Nachteil fürs Ganze sein, wenn die Situation herausgearbeitet wird; endgültig entscheide aber dann die Fabel. Diese Vorarbeit biete sich beim *Urfaust* an, denn das Stück sei »in Art eines Kabaretts geschrieben«, habe »›Nummern‹, die einzeln abtrennbar sind« *(1340/60)*.

Januar 1952
Teilnahme an den Proben von Kleists
Der zerbrochne Krug
Berliner Ensemble

Danach besucht B eine Probe von *Der zerbrochne Krug*. Abends kommt der Historiker Jürgen Kuczynski zu B nach Weißensee und analysiert mit ihm *König Lear*.

B hatte sich wegen der Bereitstellung von Mitteln für die Schulung junger Schriftsteller (am 24. 10. 51) an Ministerpräsident Otto Grotewohl gewandt und (am 13. 11. 51) dessen Bewilligung erhalten. B dankt ihm für seine Hilfe »bei der Ausbildung junger Schriftsteller als Dramaturgen und Regisseure im Rahmen des Berliner Ensemble« *(Br, 1529)*.

B beschwert sich beim Berliner Rundfunk über die nichtautorisierte Rezitation des *Kinderkreuzzugs (15,50-56)* und einer Textstelle aus *Puntila*.

B übersendet Marieluise Fleißer »eine wahre Geschichte«, die ihm einmal Jacob Geis erzählt hat (*König für eine Nacht*, von Käthe Rülicke nach der Erzählung von Geis niedergeschrieben). Daraus könne sie vielleicht »ein großartiges Stück« machen, eine Art Gegenstück *Agnes Bernauer*« *(Br, 1632)*.
B bedankt sich bei Walter Janka und Erich Wendt für die »große Mühe und Sorgfalt« bei der Herausgabe seiner Arbeiten *(Br, 1634)*.
B teilt der Münchener Georg-Kaiser-Gesellschaft seine Bereitschaft mit, im Ehrenpräsidium mitzuwirken (→ 25. 3.).
Peter Suhrkamps Anfrage, ob er Lust hätte, Gedichte von Thomas Stearns Eliot zu übersetzen, wehrt B ab, »weil sie sehr viel Arbeit kosten würden, und ich habe schon soviel Arbeit«; außerdem hätten die Gedichte »einen für Nichtengländer schwer erfaßbaren Sinn« *(Br, 1631)*.
3. Januar, Donnerstag. B bedankt sich bei Renata Mertens-Bertozzi (seiner Schweizer Gastgeberin; → 22. 11. 47) für den ersten Band der italienischen Ausgabe seiner Stücke (→ 2. 12. 51) und die dafür geleistete Arbeit. Er wünscht sich die Fortführung der Reihe, bei ihm komme »eben mit dem Essen der Appetit« *(Br, 1636)*.
B sendet an Rudolf Engel von der DAK eine Stellungnahme zu den Deutsch-Lehrplänen der Schulen *(Br, 1635)*. Von seinen eigenen Arbeiten empfiehlt er für die Grundschule *Legende von der Entstehung des Buches Taoteking auf dem Weg des Laotse in die Emigration (12,32-34)* oder *Ulm 1592 (12,19f.)*; außerdem scheinen ihm »abschreckende Beispiele« von Kitschliteratur nötig. »Weder politische noch geschmackliche Urteile können gebildet werden nur an Gutem.« *(23,160.)*.
Vormittags wird in der Dramaturgie der Arbeitsplan 1952 besprochen.
Danach geht B auf die Probe von *Der zerbrochne Krug*. Auf Wunsch von Therese Giehse hat B die Endproben selbst in die Hand genommen.

3. Januar 1952
Brecht übernimmt die Endproben zu *Der zerbrochne Krug*

Nachmittags verhandelt er mit Wieland Herzfelde, danach nimmt er an der Sitzung der SED-Betriebsparteiorganisation des BE teil, bei der alle Interessenten des Theaters zu einer Spielplandiskussion eingeladen sind.
4. Januar, Freitag. Das *Neue Deutschland* setzt seine Kampagne gegen die Barlach-Ausstellung mit einem Artikel von Wilhelm Girnus (→ 2. 5. 51), *Ernst-Barlach-Ausstellung. In der Deutschen Akademie der Künste*, fort.
B besucht früh Rudolf Wagner-Régeny in der Klinik. Anschließend Probe zu *Der zerbrochne Krug*. Am Nachmittag erledigt B laufende Post und berät in der Dramaturgie die bevorstehende Inszenierung von *Urfaust*.

Abends (geschlossene) Aufführung von *Herr Puntila und sein Knecht Matti.*

5. Januar, Sonnabend. Vor der Probe spricht B mit Egon Monk über *Urfaust.* »Vormittags Probe *Der zerbrochne Krug.* Zwei bis drei Kostümbesprechung mit Palm. Drei Uhr bei Barlog im Schillertheater, des Lorcastücks für die Giehse wegen. Schnell gegessen. Dann spielt Dessau im Probenhaus seinen *Appell* vor, Text Skupin vom Ensemble. Abends Presseaufführung *Puntila* mit Bois, Geschonneck, Lutz, Giehse. (Ich lese zu Hause *Peter I.* und bekomme telefonische Berichte.)« *(27,329.)*

Marieluise Fleißer bedankt sich für Bs Zusendung der Geschichte *König für eine Nacht* (→ 2. 1.) und will versuchen, etwas daraus zu machen. Sie ist aber von vornherein skeptisch (→ 23. 2.), weil darin eine »im Grunde monotone Wiederholung immer derselben festgefahrenen Situation« vorherrscht *(Tax, 200).*

5. Januar 1952
Neuinszenierung
Herr Puntila und sein Knecht Matti
Berliner Ensemble
(im Deutschen Theater)

Abends findet die verschobene Premiere (→ 3. 11. 51) der Neuinszenierung (mit einem neuen Bühnenbild Caspar Nehers) von *Herr Puntila und sein Knecht Matti* mit Curt Bois statt. (Bis auf zwei Rollen ist das Stück neu besetzt.) Die Presse wird nochmals gebeten, darüber zu berichten. Neben B und Erich Engel zeichnet dabei auch Egon Monk für die Regie.

Beide *Puntila*-Inszenierungen des BE werden (bis 20. 11. 53) insgesamt 100mal gespielt.

Da reihte sich ein Kabinettstückchen virtuoser Schauspielkunst an das andere. Bois jonglierte souverän mit Körper und Gliedmaßen, verwandelte, strotzend von Einfällen, alle Gefühle und Geschehnisse in Mimik und Bewegung, reagierte wie elektrisiert auf feinste Nuancen und wirbelte über die Szene, wie wir es nur von Marceau oder Chaplin kennen. *(Jürgen Rühle, Berliner Zeitung, 8. 2.)*

Eine Meisterleistung ganz anderer Art bot Therese *Giehse* in der kleinen Rolle der Schmuggler-Emma. Ihre Erzählung von dem, »der nichts von denen nimmt«, war ein Musterbeispiel dafür, wie mit sparsamsten Mitteln größte Wirkung erzielt werden kann. *(Hansheinrich, Berliner Montag, 7. 1.)*

Zur Tochter Puntilas ist jetzt Regine Lutz, die frühere Kuhmagd, avanciert. Ihre Persiflierung der »höheren Tochter«, die bei dem Schofför ihre Zuflucht sucht, vor ihm aber nicht

6. Januar, Sonntag. »Den ganzen Tag an einem Kinderstück der Skupin und Martin Pohls gearbeitet, mittags Therese zu Tisch. Nachmittags Busch hier, seiner Inszenierung des *Glockenspiels* wegen.« *(27,329.)* Das Kinderstück *Waldfest der Tiere* (ursprünglich *Tiergeschichten*), an dessen Entstehen sich B interessiert beteiligt, ist zunächst als Weihnachtsmärchen für die Kinder der Mitarbeiter des BE gedacht.

7. Januar, Montag. Vormittags Dramaturgiebesprechung über *Das Glockenspiel des Kreml* von Nikolai Pogodin und über *Coriolan* von Shakespeare, danach nimmt B an der Probe für *Der zerbrochne Krug* teil. Nachmittags sieht er die Fahnen für das Modell-Kapitel in *Theaterarbeit* durch. Abends Durchsicht der Post.

8. Januar, Dienstag. Nach der Probe für *Der zerbrochne Krug* nimmt B an einer Sitzung der Sektion Darstellende Kunst in der DAK teil. Im Zusammenhang mit der Formalismusdebatte wird (laut Protokoll) vor allem über die Frage diskutiert: »Wen haben wir als Hauptfeind zu betrachten und wogegen hat sich unser Kampf in erster Linie zu richten? Gegen den Formalismus oder gegen den Kitsch?« B meint dazu, Formalismus zerstöre »wie eine Krankheit«. Man müsse die Künstler »frei machen von formalistischen

Äußerungen, die zerstörend wirken und die Künstler impotent machen für ihre sozialen Aufgaben«. Den Jungen solle man »den Respekt vor der Form« verschaffen und sie lehren, daß »die Kunst bei der Formung beginnt«; die DAK sei nicht dazu da, »Zeitungsartikel in Kunst zu verwandeln« *(798/15f.)*.
Abends arbeitet B an *Coriolan*.
Egon Monk, Peter Palitzsch, Käthe Rülicke und andere Mitarbeiter des Theaters diskutieren mit 120 Teilnehmern eines Lehrgangs zur Qualifizierung von Bauern in Berlin-Wartenberg über *Herr Puntila und sein Knecht Matti*; sie berichten B von den Meinungen der Zuschauer.
9. Januar, Mittwoch. Vormittags probiert B *Der zerbrochne Krug*, danach arbeitet er am *Waldfest der Tiere*.
10. Januar, Donnerstag. Vormittags ist B auf der Probe für *Der zerbrochne Krug*, am Nachmittag führt er ein Gespräch mit der Laienspiel-Kommission wegen eines Modellbuchs zu *Die Gewehre der Frau Carrar*, abends spricht er mit dem Regisseur Theo Schall (→ 11. 12. 50) und seinen Assistenten über die Inszenierung eines Zeitstücks am BE.
11. Januar, Freitag. Vormittags leitet B die Probe für *Der zerbrochne Krug*. Abends arbeitet er das Stück auf die »Drehpunkte« durch.
12. Januar, Sonnabend. Vor der Probe macht B Therese Giehse auf die »Drehpunkte« der Marthe Rull aufmerksam, danach Probe von *Der zerbrochne Krug*. Nachmittags wählt er mit Peter Palitzsch *Puntila*-Fotos für *Theaterarbeit* aus. Abends sieht B mit Käthe Rülicke laufende Post durch, in der Theaterpause empfängt er eine polnische Delegation, die die *Puntila*-Vorstellung besucht.
13. Januar, Sonntag. Vormittags arbeitet B einen Artikel über die Umfunktionierung der Figuren durch, der später in das *Krug*-Programmheft aufgenommen wird. Danach spricht er mit Therese Giehse und Angelika Hurwicz über Details von Kleists Lustspiel. Am Nachmittag kommt Gustav Seitz, der eine Rede zur Eröffnung der Barlach-Ausstellung gehalten hat, zu B und berät sich mit ihm über die scharfe Pressekritik (→ 29. 12. 51, → 4. 1. 52). Abends arbeitet B mit Wera Skupin und Martin Pohl am *Waldfest der Tiere*.
14. Januar, Montag. Vormittags erledigt B mit Käthe Rülicke die Post, danach ist er (wie auch abends) auf der Probe für *Der zerbrochne Krug*.
15. Januar, Dienstag. Nach Besprechung der laufenden Angelegenheiten mit Käthe Rülicke geht B auf die Probe *Der zerbrochne Krug*.
Auf den Brief von Peter Hacks (→ 30. 10. 51) fühlt sich B außerstande, einen Rat zu geben. »Gute Leute sind überall

bestehen kann, ist ausgezeichnet, nur wäre eine Dämpfung gewisser exzentrischer Bewegungen für die Gesamtwirkung von Vorteil. *(E. K., Der Morgen, 8. 1.)*

Er spielt ihn mit allem Haß gegen diesen Typ und bringt uns dennoch zum Lachen. Er hat diesen Leuten alle Lächerlichkeit in ihrer Unmenschlichkeit abgeguckt. Er zeigt sie uns in ihrer Niederträchtigkeit, persönlichen Nichtigkeit und weist damit darauf hin, daß ihre Gefährlichkeit nicht in ihrer Person, sondern in ihrer Position, in ihrer Klassenmacht beruht. In dieser Rolle wächst das große clownische Talent Curt Bois' zum Charakterspieler. *(Max Schroeder, Sonntag, 13. 1.)*

Der Irrtum besteht vielmehr darin, daß Curt Bois seinen Puntila verselbständigt und verniedlicht, ihn den Absichten des Stückes und der Inszenierung nicht unterordnet, die Komik in die falsche Richtung treibt. Das ist der Grund, warum das Experiment mißlungen und der »Puntila« von der Gefahr bedroht ist, zu einem Lachreißer entstellt zu werden. *(Henryk Keisch, Neues Deutschland, 15. 1.)*

Januar 1952
Arbeit an dem Kinderstück *Waldfest der Tiere*

gut (und können überall besser werden). Ihre Gedichte hiesigen Zeitschriften anzubieten, zögere ich ein wenig: Sie mögen, wo Sie jetzt sind, keinen Nutzen davon haben, wenn sie hier erscheinen.« *(Br, 1639.)*

Ein Architekt und ein Graphiker aus Celle haben B (am 6. 11. 51) von neo-nationalsozialistischen Umtrieben in ihrer Stadt berichtet und einen Artikel mitgeschickt, der einige »Unverschämtheiten« gegen B enthält. B antwortet: »Dergleichen kann man ebensowenig widerlegen wie den Satz, daß ›zweimal zwei gleich Stiefelschmiere ist‹« *(Br, 1640).*

B dankt dem Münchener Schriftsteller Karl Reinhold Döderlin für seine Neujahrswünsche und für das Gedicht *Die Botschaft,* das er ihm mit der Widmung zuschickt: »dem Dichter gegen Krieg und Zerstörung« *(836/52.).*

Auf eine Anfrage von drei Schülerinnen aus Gottleuba schildert B, wie er Schriftsteller geworden ist.

B bedankt sich bei Ernst Schoen, der ihm (am 23. 10. 51) aus London einige Gedichte zugeschickt hat. Er hofft auf baldige Repatriierung Schoens und freut sich auf ein Wiedersehen mit ihm in Berlin *(Br, 1642).*

16. Januar, Mittwoch. An Rüdiger Syberberg schickt B Thomas Heywoods *A Woman Killed With Kindness* und erklärt sich bereit, ihm seinen »eigenen Anfang« (→ 20. 11. 41) zu überlassen *(Br, 1643).*

B bespricht in der Dramaturgie ein Fremdwörterverzeichnis für *Theaterarbeit.* Danach und am Abend geht er zu den Proben für *Der zerbrochne Krug.*

17. Januar, Donnerstag. Vormittags spricht B mit Käthe Rülicke die Post durch. Danach Probe für *Der zerbrochne Krug.* Nach der Probe »am Mittwoch« (vermutlich 16. 1.) macht B dem Darsteller des Dorfrichters Adam, Erwin Geschonneck, einige grundlegende Vorschläge. Seine Figur werde schöner, je leichter, »d. h. je amüsanter, unbeschwerter und *stiller*« er spielt »und je deutlicher und trockener« er spricht. Er nennt ihm drei Stellen, an denen die Angst des Dorfrichters herauskommen soll *(Br, 1646).*

Abends findet die erste geschlossene Vorstellung von *Der zerbrochne Krug* statt. Danach gibt B im Deutschen Theater ein Abendessen für Therese Giehse, Ernst Busch und dessen Frau, Karl Kleinschmidt sowie Helene Weigel.

18. Januar, Freitag. Vormittags Durchsicht der Post mit Käthe Rülicke, danach Probe für *Der zerbrochne Krug.* Sie notiert, daß er in den letzten zwei Wochen täglich zweimal auf der Probe von *Der zerbrochne Krug* war. »Er ist sehr kaputt und sollte sich besser schonen. Aber die Inszenierung wird interessant.« *(1264/12.)*

In einer Sitzung der Abteilung Kultur beim ZK der SED wird u. a. beschlossen, daß aus dem Lehrplan der Oberschulen

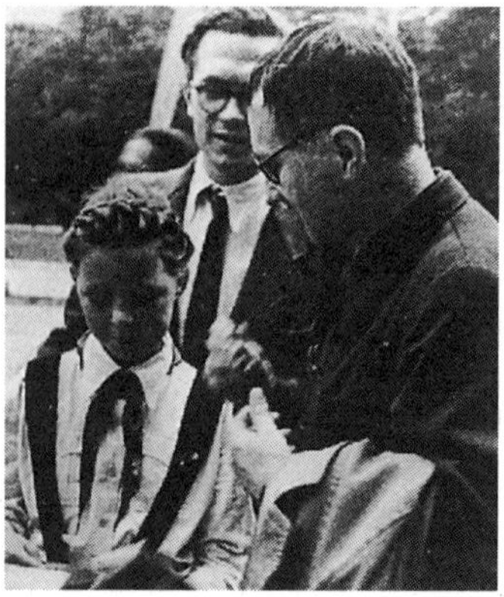

Bei einem Jugendtreffen

ANTWORT AUF DIE FRAGE, WIE BRECHT SCHRIFTSTELLER GEWORDEN IST:

Bei mir war das mit der Berufswahl so: zuerst habe ich Lieder geschrieben, die ich auf der Gitarre meinen Bekannten vorsang, um ihnen und mir Spaß zu machen. Mit Theaterspielen habe ich angefangen, als ich andere Theaterstücke falsch fand. Ich weiß natürlich nicht mehr, ob ich damit recht hatte. Ich dachte mir: Nein, die Leute benehmen sich zueinander nicht so, wie es in diesem Stück heißt, sondern ganz anders, und das versuchte ich zu zeigen. Ich habe damit auch Geld verdient und das hat mir natürlich auch gefallen, und so kam eins zum andern. Eines Tages war ich eben nichts geworden als ein Schriftsteller. So ist es ein wenig spaßhaft geschrieben und warum eigentlich nicht?

Für den Frieden muß man in jedem Beruf kämpfen. *(Br, 1638.)*

»Dramen Bert Brechts, soweit sie als Studienstoff bereits vorgesehen sind, gestrichen werden« *Lucchesi 2,276).*

18. Januar 1952
Streichung von Stücken Brechts aus dem Lehrplan der Oberschulen

Der Augsburger Maler Günther Strupp hat in einem Schreiben (vom 16.12.) auf Bs *Offenen Brief an die deutschen Künstler und Schriftsteller* (→ 26.9.51) die Einmischung der Partei in die Kunst und die wenig überzeugende Propaganda der DDR-Instanzen kritisiert. B gibt in seiner Antwort zu: »Die Propaganda, die hier gemacht wird, ist besonders deshalb so schwach, weil der Tiefgang der Umwälzung, die hier stattfindet, in keiner Weise sichtbar gemacht wird«. So interessiere man sich im Westen für Kunst und Philosophie und entrüste sich darüber. »In Wirklichkeit sind Erscheinungen wie die Formalismus-Realismus-Debatte ohne Kenntnis der großen Umwälzungen nicht zu verstehen und also auch nicht zu beurteilen. Daß die Neu-Organisation, schon durch die ökonomische und politische Umwälzung, auf dem kulturellen Gebiet ohne Irrtümer und Fehler vor sich geht, kann kein vernünftiger Mensch erwarten.« *(Br, 1644.)*

Egon Monk teilt B mit, daß er an einem Angebot des für die Städtischen Theater Halle als Intendanten vorgesehenen Heinrich Allmeroth (→ 28.1.50) interessiert sei, bei ihm als Oberspielleiter anzufangen. B stimmt zu und plant, in Halle Probeaufführungen für das BE machen zu lassen. (Das Vorhaben scheitert daran, daß die Intendanz Allmeroths in Halle nicht zustandekommt.)

19. Januar, Sonnabend. Mittags findet eine weitere Probe für *Der zerbrochne Krug* statt, nachmittags spricht B in der Dramaturgie mit Hans Mayer über Einführungsvorträge zum *Urfaust.* Danach berät sich B mit Herbert Jhering über Piscator. Abends geht B mit Käthe Rülicke laufende Post durch und erläutert ihr seine Methode beim Analysieren.

20. Januar, Sonntag. Am Vormittag diskutiert B über das Plakat für *Der zerbrochne Krug*, danach führt er mit Wilhelm Girnus ein kritisches Gespräch über die *Puntila*-Rezension Henryk Keischs im *Neuen Deutschland* und legt seine Gedanken über Schauspielerbeschreibungen dar. Abends kommen Walter Hollitscher mit Frau sowie Angelika Hurwicz zu B.

21. Januar, Montag. Vormittags bespricht B in der Dramaturgie einige offene Fragen bzgl. *Theaterarbeit*, danach arbeitet er mit Wera Skupin an *Waldfest der Tiere.* Mittags sprechen einige Schauspieler vor, die sich für die neue Spielzeit am BE bewerben. Am Nachmittag kommt der Regisseur Karl Heinz Stroux zu B und verhandelt mit ihm über die Aufführung eines seiner Stücks bei den Ruhrfestspielen. Danach geht B zu einer Sitzung der DAK. Abends liest er die Neufassung des Drehbuchs für den *Courage*-Film.

Mit Regine Lutz (Eve) bei Proben zum *Zerbrochnen Krug*

Die Eltern von Margarete Steffin danken B für die Einladung zu den Aufführungen von *Herr Puntila und sein Knecht Matti* und *Die Verurteilung des Lukullus*; beide Stücke hätten ihnen gut gefallen.

22. Januar, Dienstag. Vormittags geht B mit Wera Skupin und Martin Pohl das *Waldfest der Tiere* durch, danach mit Käthe Rülicke die Post. Nachmittags spricht er mit Emil Burri und Wolfgang Staudte über das Drehbuch des *Courage*-Films. Abends arbeitet er an *Coriolan.*

23. Januar, Mittwoch. Vormittags bespricht B mit Käthe Rülicke laufende Post. Danach nimmt er an den Musikproben für das Vorspiel von *Der zerbrochne Krug* teil und anschließend an der Generalprobe des Stücks.

23. Januar 1952
Premiere
Der zerbrochne Krug
von Heinrich von Kleist
Berliner Ensemble
(im Deutschen Theater)

Abends Premiere des Lustspiels *Der zerbrochne Krug* von Heinrich von Kleist. Regie: Therese Giehse, Bühnenbild: Hainer Hill; mit Erwin Geschonneck (Adam), Gerhard Bienert (Walter), Therese Giehse (Marthe Rull), Regine Lutz (Eve), Gert Schaefer (Ruprecht).

Der zerbrochne Krug wird (bis 6. 11. 55) insgesamt 174mal gespielt.

So ist das, was Therese Giehse in einem ebenso stil- wie materialgerechten Bild Hainer Hills auf die Bühne der Kammerspiele stellte, verständlich: kein klassisches Lustspiel wurde sorgfältig ausgewogen, sondern in Szene und Darstellung dominierte die Turbulenz einer volkstümlichen Episode. Das ist ungewohnt, das ist sogar zuweilen verwirrend in einem Durcheinander von Hin und Her. Aber es hat Farbe, hat buntes vielfältiges Leben, das sich sogar zum lauten Schwank spitzt. *(wede, Nacht-Expreß, 28. 1.)*

Das ist, obwohl Kleists Text erhalten bleibt, ein in vielen Zügen neuer *Zerbrochener Krug*. Das Echo, das er bei der Premiere fand, gibt der Regie recht. Es besteht kein Anlaß, den Dichter Kleist, ob dieser neuen, tieferen Sicht zu bedauern. *(Hermann Martin, BZ am Abend, 28. 1.)*

Erwin *Geschonnecks* fuchsschlauer, mit drastischer Komik sich in den Schlingen des eigenen Lügengewebes verheddernder Adam zuerst, dann, vielleicht noch eigenwilliger und persönlicher profiliert, die bäuerische

24. Januar, Donnerstag. Vormittags arbeitet B mit Emil Burri und Wolfgang Staudte am Drehbuch des *Courage*-Films, nachmittags am *Salzburger Totentanz.*

25. Januar, Freitag. B besucht mit Käthe Rülicke die Barlach-Ausstellung in der DAK. Danach arbeitet er mit Caspar Neher am *Courage*-Film und macht anschließend eine Dramaturgiebesprechung.

Am Nachmittag besucht B die Ausstellung »Künstler schaffen für den Frieden«; er hält »eine tiefere Unterweisung in den Problemen der Formung« für nötig, »mehr Kenntnis ihrer Geschichte und eine ernstere Unterweisung im Sozialismus, namentlich nach der humanistischen Seite hin« *(23,193).* Nach dem Besuch der Ausstellung sagte er zu Käthe Rülicke: »Was nicht künstlerisch ist, ist anti-künstlerisch. Dazwischen ist nichts. Was anti-künstlerisch ist, ist nicht nur wertlos, sondern schädlich.« *(1340/62.)*

Die Regieassistenten fordert B kategorisch auf, sich täglich 10 Uhr im Büro zu melden und »Notizen über die Tätigkeit jedes Tages« zu machen. »Die Notizen sind am Samstag jeder Woche bei Frl. Rülicke abzugeben.« *(Br, 1645.)*

Abends kommt Paul Dessau zu ihm und spricht über den Vertriebsvertrag *Die Verurteilung des Lukullus* und über ein geplantes Buch mit Brecht-Liedern. Beide diskutieren auch über die Situation der Künstler. In der bürgerlichen Epoche hätten sich Dichter von Format unabhängig machen können, sie seien »große Handelsherren« geworden, so etwa Thomas Mann, auch B, »der immer finanziell unabhängig war, irgendeine Rente hatte«. Heute würden hingegen

»Kunst-Aufträge« ausgeführt, es gäbe keine »freie Konkurrenz«, die Künstler seien »abhängig und klein« gemacht worden. »Die« übriggebliebenen Kunst-Handelsherren (Brecht) können nicht diese Art Diktat annehmen. »Eine HO-Generation, stellen Dinge her, die geplant, bestellt und erwünscht sind, nichts darüber hinaus.« *(1340/63.)*
Das Groß-Berliner Komitee der Kulturschaffenden bedankt sich bei B für dessen Zusage, als Einladender einer Konferenz mitzuzeichnen, und rechnet mit seiner Teilnahme.

26. Januar, Sonnabend. Vormittags besucht B eine Probe zu *Das Glockenspiel des Kreml*, das Ernst Busch inszeniert. Mittags arbeitet er am Drehbuch für den *Courage*-Film. Nachmittags Gespräch mit Hanns Eisler über dessen Oper *Johann Faustus*, an dem später auch Therese Giehse teilnimmt. Abends schreibt er erste Notizen zu den Barlach-Plastiken.

27. Januar, Sonntag. B trifft mit Emil Burri und nachmittags mit Hanns Eisler zusammen. Er arbeitet an weiteren Notizen zu den Barlach-Plastiken.

28. Januar, Montag. B schreibt zusätzliche Barlach-Notizen. Vormittags hat er eine Besprechung in der Dramaturgie. Nachmittags arbeitet er mit Caspar Neher. Am Abend besucht ihn Rüdiger Syberberg.

29. Januar, Dienstag. Vormittags erledigt B mit Käthe Rülicke aktuelle Vorgänge. Danach führt er eine Vertragsverhandlung mit Theo Schall über die Inszenierung eines Zeitstücks am BE. Anschließend trifft er sich mit Maximilian Scheer wegen der Zusammenstellung von Texten für eine Brecht-Sendung zu seinem Geburtstag (am 10. 2.). Am Nachmittag besucht B sowohl eine Probe vom *Glockenspiel des Kreml* als auch des *Waldfestes der Tiere*, das Wolfgang Struck inszeniert. Abends arbeitet er an *Coriolan*.
B erhält über den Chef der Polnischen Diplomatischen Mission »im Namen des Komitees für kulturelle Zusammenarbeit mit dem Ausland« eine Einladung (vom 21. 1.) für einen 14tägigen Aufenthalt nach Polen.

30. Januar, Mittwoch. Vormittags diktiert B Briefe und Notizen.
Am Nachmittag vervollständigt er seine Bemerkungen zu den Barlach-Plastiken und stellt sie als *Notizen zur Barlach-Ausstellung (23,198-202)* zusammen. Ihm mißfällt der »ungeduldige und eifernde Ton einiger Äußerungen« in der Zeitung.
Am Abend besucht ihn Ludwig Renn.
In Frankfurt/M. Premiere der westdeutschen Erstaufführung der Oper *Die Verurteilung des Lukullus* im Opernhaus (Musikalische Leitung: Hermann Scherchen, Regie: Werner Jacob; mit Helmut Melchert als Lukullus).

Eve der hochbegabten Regine *Lutz*. Die Sicherheit, mit der diese junge Künstlerin die Gestalt ganz nahe an der Groteske entlang spielt, ohne die Grenze des Natürlichen je zu übersteigen, ist erstaunlich. *(Hans Ulrich Eylau, Berliner Zeitung, 30. 1.)*

Daß Therese Giehse sich mit ihrer Marthe wieder als eine Meisterin der Schauspielkunst zeigt und eine disziplinierte Leistung vollbringt, an der die Zuschauer großes Vergnügen und die junge Künstlergeneration ein gültiges Vorbild haben, entspricht den Erwartungen. *(Jochen Schäder, Tägliche Rundschau, 1. 2.)*

Die Entdeckung unbeachteter inhaltlicher Seiten in Kleists Meisterwerk ist ein Hauptverdienst der Aufführung, die damit ein Stück wertvoller Arbeit in der Pflege unserer Klassiker leistet. *(Max Schroeder, Sonntag, 3. 2.)*

Januar 1952
Teilnahme an Proben zu *Das Glockenspiel des Kreml*

30. Januar 1952
Notizen zur Barlach-Ausstellung

Ich halte Barlach für einen der größten Bildhauer, die wir Deutschen gehabt haben. Der Wurf, die Bedeutung der Aussage, das handwerkliche Ingenium, Schönheit ohne Beschönigung, Größe ohne Gerecktheit, Harmonie ohne Glätte, Lebenskraft ohne Brutalität machen Barlachs Plastiken zu Meisterwerken. *(23,198.)*

Ernst Barlach,
Tanzende Alte (1920)

Ernst Barlach,
Frierende Alte (1937)

Elisabeth Hauptmann und Bs Bruder Walter haben die Aufführung angesehen und schicken B ein Telegramm: »Sehr starken Eindruck und großen Erfolg.« *(837/9.)*

31. Januar, Donnerstag. In der Dramaturgie findet mit einem Verlagsredakteur eine Beratung über *Theaterarbeit* statt. Danach arbeitet B mit Caspar Neher.

Januar. Obwohl er sie für »eine der wichtigsten Stützen des Ensembles« ansieht, teilt B der Schauspielerin Annemarie Haase mit, daß er sie nicht für geeignet hält, nach Beendigung des Engagements von Therese Giehse die Rolle der Marthe Rull zu übernehmen *(Br, 1647)*. (Die Rolle wird später von Mathilde Danegger bzw. Angelika Hurwicz übernommen.)

B teilt Albert Bussmann vom Landestheater Eisenach seine Mißbilligung mit, Kaspar Königshof (den Sohn Herbert Jherings) bei seiner Inszenierung von Bs *Mutter* deshalb in Schwierigkeiten zu bringen, weil er einem Sternheim-Stück die Priorität gibt. Nach seiner Meinung müsse auf jeden Fall Sternheim gespielt, aber deshalb nicht die bereits investierte Arbeit an der *Mutter* »weggeworfen« werden *(Br, 1648)*. Damit wird das Projekt gerettet; die Premiere findet am 1. 3. statt.

1. Februar, Freitag. Die heftigen Attacken gegen die Barlach-Ausstellung in der *Täglichen Rundschau* und im *Neuen Deutschland* haben nach Bs Meinung »die wenigen verbliebenen Künstler in Lethargie geworfen«. Er notiert: »Ich machte mir Notizen dazu, die Werte und das Exemplarische des Werks konkret ins Licht zu setzen gegen eine völlig abstrakte Vernichtung mit gesellschaftskritischen Waffen.« *(27,329.)*

Caspar Neher wird für die Zeiten 1. 2.-30. 4. und 1. 9.-30. 11. vom BE als künstlerischer Beirat mit monatlichen Gagen verpflichtet; seine Ausstattung des *Coriolan* wird gesondert honoriert.

B schickt Erwin Geschonneck kritische Bemerkungen zur Gestaltung seines Dorfrichters Adam: das Pantomimische habe jetzt das Sprachliche »überwuchert«. Bei seinem Feldprediger in der *Courage* solle er versuchen, in dem politischen Gespräch der 3. Szene am Wagen mit »einem Minimum an Spiel dabei auszukommen und das Tempo kräftig anzuziehen«. Er bittet ihn, »mit den Sätzen immer sofort einzufallen, besonders wenn keine Lacher sind. Die Rolle des Feldgeistlichen verleitet etwas zu mimischem Ausspielen!« *(Br, 1649.)*

B wird vom Berliner Rundfunk als Sprecher und Regisseur der Sendung *Musik und Dichtung: Bertolt Brecht* unter Vertrag genommen.

Peter Hacks ist »dankbar und freudig betroffen« über »die Einfachheit und Deutlichkeit« von Bs Rat (→ 15. 1.) und gelobt, ihn nicht zu befolgen. Es sei eben ein Unterschied, wenn man über den Bodensee reitet, ob man »Laterne bei sich führt oder nicht« *(837/4)*.

2. Februar, Sonnabend. B berät sich im Beisein von Caspar Neher mit Kurt Palm (Kostüme), Hainer Hill (Bühnenbild) und Egon Monk (Regie) über *Urfaust*. Neher hatte für die Kostüme die Wertherzeit vorgeschlagen, B plädiert aber »für Dürersches Mittelalter, damit der Teufel, die Magie und das ganze Brimborium des alten Puppenspiels naiv vorkommen können«. Den Erdgeist stellt er sich »als quakendes hockendes Vieh à la Bosch« vor und den Teufel »als Volksteufel mit Hörnern und Klumpfuß« *(27,329)*.

2. Februar 1952
Beratung über *Urfaust*

In einem Beschluß der Abteilung Kultur beim ZK der SED wird der »Sektor Kunst« beauftragt, »ein Exposé über die Arbeit des formalistischen Brecht-Kreises für das Sekretariat auszuarbeiten«; außerdem soll *Theaterarbeit* »einer besonderen Analyse unterzogen werden«. Das Buch dürfe erscheinen, werde aber nicht vom Kulturfonds unterstützt. »Die Kritik des Almanachs ist vorzubereiten.« *(Lucchesi 2,278.)*

Februar 1952
Maßnahmen gegen den »Brecht-Kreis«

Einer Fachschülerin für Krankenpflege aus Jena, die ein Referat über B halten muß, antwortet B auf ihre Frage (vom 10. 12. 51), woran er jetzt schreibt: »Im Augenblick arbeite ich an einer Neu-Übersetzung des Shakespearschen *Coriolan* für das Berliner Ensemble.« *(Br, 1652.)*

3. Februar, Sonntag. Der Bildhauer Fritz Cremer bespricht mit B die Gestaltung einer Gedenkstätte auf dem Gelände des ehemaligen KZ Buchenwald. Cremer denkt an eine Stätte, auf der man Festspiele veranstalten kann; B schlägt eine Steinbühne mit Steinarenen vor.

5. Februar, Dienstag. Der »Aktionsausschuß gegen die Rekrutierung der Jahrgänge 1930/32, Berlin-Wedding«, hat sich (am 23. 11.) unter Bezug auf den *Offenen Brief (23,155f.)* an B gewandt und ihn um den Empfang einiger Mitglieder gebeten. B erklärt sich zu einem solchen Gespräch »gern bereit« *(Br, 1653)*. Auch bei Hugo Salzmann bedankt er sich für dessen Stellungnahme (vom 27. 11.) zum *Offenen Brief*, »vor allem, weil es eine so vernünftige« ist. »Sie glauben nicht, was für Zeug man mir u. a. geschrieben hat.« *(Br, 1654.)* Dem Amberger Studienrat Franz Denk hat B mehrfach im Hinblick auf den *Offenen Brief* geschrieben. B antwortet, er habe »über die Bedingungen, unter denen die Wissenschaft eine Zukunft hat«, in *Leben des Galilei* geschrieben und werde ihm ein Exemplar zusenden wird, sobald es gedruckt ist *(Br, 1651)*. Paul Schurek bekommt ebenso einen Dank für seine Zuschrift: »Haben wir erst ein einheitliches, friedliches und demokratisches Deutschland, wird es an uns liegen, genau so viel Freiheiten zu entwickeln, als für friedliche Produktivität möglich und nötig sind.« *(Br,*

5. Februar 1952
Resonanz auf den *Offenen Brief an die deutschen Künstler und Schriftsteller*

1655.) Auf die Anfrage des Schauspielers Alois Grill aus Straubing (vom 15. 12. 55), warum Schauspieler aus der DDR und aus Berlin nach dem Westen gingen, antwortet B: »aus Dummheit« *(Br, 1659)*. Grill fragt B (am 10. 3.), ob er mit ihm ein Filmmanuskript besprechen könne, zeigt dann aber keine Bereitschaft, es ihm zu schicken.

B antwortet dem Konstanzer Adolf Eiermann auf dessen Stellungnahme (vom 26.10) auf seinen *Offenen Brief an die deutschen Künstler und Schriftsteller*; im Osten seien »die Fragen neuer Gestaltung noch im Fluß«, es gäbe zumindest »erfrischende Diskussionen« *(Br, 1658)*.

7. Februar, Donnerstag. B schreibt für Ruth Berlau das Gedicht *Der Blütenzweig*, in dem das Zerwürfnis der Beziehung angesprochen wird *(15,258)*.

8. Februar, Freitag. B fährt mit Egon Monk im Steyr zu Caspar Neher nach Zehlendorf und spricht mit ihm über das Bühnenbild für *Urfaust*. Wie sich Monk erinnert, platzt in einer unbebauten Gegend ein Reifen. Da beide nicht mit Werkzeugen umgehen können, muß Monk aus der nächstgelegenen Tankstelle einen Monteur holen, während B am Straßenrand wartet. Vermutlich hat ihn dieses Erlebnis zu dem Gedicht *Der Radwechsel (12,310)* angeregt.

9. Februar, Sonnabend. B trifft sich abends mit dem Historiker Jürgen Kuczynski.

10. Februar, Sonntag. Paul Dessau schenkt B das Buch *Zur Geschichte der Musik*, Band 1 einer Ausgabe der *Gesammelten Aufsätze* von Romain Rolland mit einer Widmung *(BBAB)*.

13. Februar, Mittwoch. B erhält mit einer Anfrage vom *Neuen Deutschland* den Brief des finnischen Journalisten und Übersetzers Friedrich Ege, in dem dieser kritisiert, daß in der *Puntila*-Rezension der Zeitung der Name von Hella Wuolijoki als Mitautorin ausgespart sei, obwohl sie tatsächlich die finnische Mitverfasserin des Stückes gewesen sei. Ege bietet der Zeitung eine vergleichende Darstellung an. Brechts Antwort → 14. 3.

14. Februar 1952
Besichtigung von Landhäusern in Buckow

Finden auf schönem Grundstück am Wasser des Schermützelsees unter alten großen Bäumen ein altes, nicht unedel gebautes Häuschen mit einem andern, geräumigeren, aber ebenfalls einfachen Haus daneben, etwa 50 Schritte entfernt. Etwas der Art wäre erschwinglich, auch im Unterhalt. In das größere Haus könnte man Leute einladen. *(27,330.)*

14. Februar, Donnerstag. B sieht sich mit Helene Weigel in Buckow (Märkische Schweiz) Landhäuser an.

Abends nehmen B und Helene Weigel an der Sitzung der Sektion Darstellende Kunst in der DAK teil und diskutieren über den verbotenen Arnold Zweig-Film *Das Beil von Wandsbek*, der den Mitgliedern nachmittags gezeigt wurde. B hält eine Änderung des Schlächters (Teetjen) ins Negative für notwendig, so daß der Zuschauer kein Mitleid mit ihm entwickeln könne. »Hinter dem Henker steht das Nichts. Darüber gibt es keine weitere Diskussion; es darf durch das seelenvolle Auge eines guten Schauspielers kein Mitleid erweckt werden.« Er schlägt die Schaffung einer Arbeitsgruppe vor, die einige Änderungen an dem Film vornimmt, so daß er »sobald als möglich wieder in der Öffentlichkeit erscheinen kann« *(DAK-Protokoll).*

15. Februar, Freitag. Erste Vorproben von *Urfaust* »mit den jungen Leuten« (die nun begonnen haben) lassen sich »lustig an«. »Ein schön realistisches Gedicht! Freilich, so naiv gemacht, mag es Ärger verursachen.« *(27,330.)* B beteiligt sich oft daran; Hanns Eisler erinnert sich: »Also, wer nicht Brecht bei den Proben von *Urfaust* gesehen hat, der hat ja nichts gesehen. Wie Brecht dem Goethe diverse Striche bei den Texten machte, die er für Rabitz hielt, wutschäumend! – Das kann sich aber wirklich nur der Brecht erlauben.« *(Eisler 1,7,58.)*

15. Februar 1952
Vorproben zu *Urfaust*

18. Februar, Montag. B geht zu den Proben von *Urfaust* und *Das Glockenspiel des Kreml.* Danach spricht er mit Caspar Neher, Hainer Hill, Ruth Berlau und Egon Monk über den »*Urfaust*-Stil«. Sie seien bislang »zu naiv vorgegangen, Goethe ist nicht naiv, sondern hat den späten Genuß am Naiven«. Es müsse nun »doch wieder Öl in das Brunnenwasser gegossen werden« *(27,330).*

B liest Hanns Eislers »Brief an die Kulturabteilung, in dem er den Versuch, aus Beethoven einen deutschen Patrioten zu machen, scharf kritisiert« *(27,331).* Es handelt sich um Eislers Stellungnahme zu dem *Entwurf eines Beschlusses des ZK der SED zum 125. Todestag Ludwig van Beethovens,* den ihm Egon Rentzsch zugestellt hatte.

Die zweite Fassung des Drehbuchs vom *Courage*-Film wird abgeschlossen. B schreibt (am 24. 2.) an Sepp Schwab von der DEFA, daß er das »neue Drehbuch von Burri und Staudte für eine beträchtliche Verbesserung in politischer Hinsicht« hält. Dennoch könnte er sich einige politische und poetische Verbesserungen denken und bietet eine (geringfügige) Überarbeitung des Dialogs zusammen mit Burri an *(Br, 1662).*

18. Februar 1952
Drehbuch *Mutter Courage und ihre Kinder* (2. Fassung) abgeschlossen

20. Februar, Mittwoch. B berät bei Hainer Hill mit Caspar Neher die Bühnenbilder zu *Urfaust.*

21. Februar, Donnerstag. B mahnt Erwin Geschonneck, im *Puntila* in der 5. Szene das Stubenmädchen Fina »besonders freundlich zu behandeln, das ist *sozial* wichtig« *(Br, 1661).*

22. Februar, Freitag. Auf Bs Wunsch hat Ruth Berlau von Hans Mayer die *Faust*-Analyse erbeten, die sie nun wieder »mit besten Dank« zurückschickt *(1186/82).*

23. Februar, Sonnabend. Marieluise Fleißer gibt die Geschichte *König für eine Nacht* (→ 2. 1.) an B zurück: »Ich tus nicht gern, daß ich es Ihnen abschlage, ich sehe aber, es wird nichts, und will mich nun nicht mehr zwingen.« *(Tax, 200.)* Versuchsweise findet eine erste *Urfaust*-Probe statt, an der auch Caspar Neher teilnimmt.

23. Februar -
22. April 1952
Teilnahme an den Proben für *Urfaust* von Goethe

Während der Proben schreibt B *Anmerkungen zu einzelnen Szenen (24,425-427)* sowie (in Anlehnung an die Probenarbeit für *Die Antigone des Sophokles* (→16. 1.-16. 2. 48) die *Brückenverse zu »Urfaust« (24,427-429)*. Von vornherein (→Juli 51) ist die Aufführung mit dem Brandenburgischen Landestheater Potsdam (als Test für Berlin) vereinbart.

24. Februar, Sonntag. Die Schauspielerin des BE Annemarie Haase (→Januar) bekommt zunehmend Vorbehalte gegen die Arbeit Bs und teilt ihre Kritik dem englischen Journalisten Hugh Rank u. a. folgendermaßen mit: »Das Erstaunliche und Betrübliche ist, daß Brecht als künstlerischer Leiter alle seine sonstigen Prinzipien über den Haufen wirft, ein Despot und Diktator wird, sich gerade den Kleinen gegenüber, die sich nicht wehren können, unsozial und tyrannisch benimmt und einen geradezu aufreizenden Starkult und eine unerfreuliche Günstlings- und Cliquenwirtschaft betreibt. Frau Weigel bemüht sich oft, zu vermitteln, kann aber gegen ihn überhaupt nicht aufkommen.« B habe in die *Urfaust*-Proben von Therese Giehse eingegriffen und »die ganze Inszenierung völlig auf den Kopf« gestellt *(25. 2., Privatbesitz)*.

Nachts fährt B auf Einladung des polnischen Schriftstellerverbands mit Helene Weigel und dem Schriftsteller Hans Marchwitza (ebenfalls Gründungsmitglied der DAK) nach Warschau.

25. Februar-2. März 1952
Reise nach Warschau und Krakau

25. Februar, Montag. Früh 6 Uhr wird B in Warschau von seinen Gastgebern und von dem Regisseur Leon Schiller am Bahnhof abgeholt.

Bei einer Stadtrundfahrt wird den Gästen etwas »von dem schon sagenhaften Wiederaufbau Warschaus« gezeigt. Teile der Altstadt seien von den Deutschen »planmäßig gesprengt« worden, »damit jede Erinnerung an die eigene Kultur ausgemerzt würde«. Zum Glück seien die Baupläne erhalten geblieben, »und die Polen bauen jetzt ihre Bauwerke wieder auf, schnell und bewohnbarer, als sie je waren« *(27,331)*.

Abends sehen B und Helene Weigel *Kabale und Liebe* von Friedrich Schiller im Teatr Polski.

26. Februar, Dienstag. Das Programm sieht für B und Helene Weigel vormittags einen Besuch des polnischen Nationalmuseums vor. Danach findet eine Zusammenkunft mit Schriftstellern und Künstlern im Klub des polnischen Schriftstellerverbands statt.

Zusammentreffen mit Schriftstellern und Künstlern in Warschau

B macht u. a. die Bekanntschaft mit dem Schriftsteller Leon Kruczkowski, mit dem Regisseur Erwin Axer, dem Schauspieler Aleksander Bardini und dem Kritiker Roman Szydlowski. Schiller zeigt B Fotos seiner Inszenierung der *Dreigroschenoper* am Teatr Polski, die 1929 mit außerordentlichem Erfolg gelaufen ist. B meint, die müsse »sehr schön gewesen sein« *(27,331)*.

27. Februar, Mittwoch. B schickt aus Warschau an Ruth Berlau zwei Postkarten. Er fährt mit Helene Weigel nach Shelesowa Wola, dem Geburtsort von Frédéric Chopin, und von dort abends nach Krakau.

28. Februar, Donnerstag. Dem Programm zufolge besichtigen B und Helene Weigel in Krakau den Wawel und treffen danach mit Krakauer Schriftstellern und Künstlern zusammen. Abends kehren sie nach Warschau zurück.

Zusammentreffen mit Schriftstellern und Künstlern in Krakau

29. Februar, Freitag. Mit seinen Gastgebern führt B ein auswertendes Gespräch über den Polenbesuch. Dabei kommt auch der Wunsch Bs und Helene Weigels zur Sprache, mit dem BE in Polen aufzutreten. Am Abend sind die Gäste zu einer Aufführung von George Bernard Shaws *Frau Warrens Gewerbe* eingeladen.

1. März, Sonnabend. Am vorletzten Tag steht ein Probenbesuch der Stücke *Die Rache* von Aleksander Fredro und *30 Silberlinge* von Howard Melvin Fast auf dem Programm.

Vor seiner Abreise aus Warschau bedankt sich B bei Leon Schiller »für den Empfang, den das polnische Theater uns in Ihrer Person bereitet hat«. Als Gastgeschenk nähme er »neues Wissen über das Format und die Art der großen dramatischen Literatur« Polens mit *(Br, 1664)*.

In Berlin hat eine »kleine Truppe des Ensembles« im Jugendgefängnis Köpenick eine Brecht-Veranstaltung gemacht und an die Jugendlichen Bücher zum Aufbau einer Bibliothek verteilt, die Helene Weigel selbst und mit Hilfe anderer Sponsoren (Autoren und Verlagen) beschafft hat *(837/19)*.

2. März, Sonntag. In Warschau findet mittags eine Rezitationsveranstaltung mit Gedichten Bs statt, bei der auch Helene Weigel mitwirkt.

In der Nacht fahren B und Helene Weigel nach Berlin zurück.

3. März 1952 Zurück in Berlin

Anfang März. Probe zu Goethes *Urfaust*, die nach den Notizen von Käthe Rülicke viel Nerven kostet.

Danach nimmt B an einer Beratung der DAK zur Vorbereitung von Kolloquien für den künstlerischen Nachwuchs teil. Er erklärt sich bereit, im Rahmen einer dieser Veranstaltungen über die Frage zu sprechen: »Was kann man für die zeitgenössische Dramatik von Shakespeare lernen?« *(798/23f.)*

4. März, Dienstag. B und Caspar Neher besprechen erneut die *Urfaust*-Aufführung (auch an den folgenden Tagen).

5. März, Mittwoch. Alfred Kantorowicz schickt B ein Memorandum, das er wegen der »bürokratischen Ablehnung des *Spanischen Tagebuchs*« an Walter Ulbricht geschickt hat *(727/119)*.

B hat Ruth Berlau zur Premiere der *Mutter* nach Eisenach (→ Januar) geschickt und von ihr einen Bericht darüber erhalten; er unterbreitet dem Intendanten detaillierte Vorschläge, wie die Aufführung noch verbessert werden kann *(Br, 1665).*

6. März, Donnerstag. Helene Weigel und Max Schroeder sind Trauzeugen bei der Hochzeit von Isot Kilian (→ 17. 9. 49) mit Wolfgang Harich.

10. März, Montag. Caspar Neher notiert, daß er wegen seines »Österreichertums und der Mitarbeit bei Brecht« die vorgesehene Professor an der Kunstakademie Berlin/West nicht bekommen kann *(Theatersammlung ÖNB).*

12. März, Mittwoch. B verständigt sich mit Paul Dessau über die Musik für *Urfaust.* B singt viel vor, zum Teil unter Benutzung volkstümlicher Lieder. Käthe Rülicke notiert: »Man hat nicht das Gefühl, daß gearbeitet wird, sondern daß sich die beiden die ganze Zeit Witze erzählen. Jeder Ton des andern wird mit ungeheurem Gelächter aufgenommen, variiert und fortgeführt. Es ist schwer zu sagen, wer hier Dichter, wer Musiker ist.« *(1340/32.)*

13. März, Donnerstag. B spricht mit Caspar Neher und Kurt Palm über die Kostüme für *Urfaust.*

Bs Mitarbeiter Claus Hubalek hat ihm (am 6. 3.) Grüße »aus dem Pseudo-Zauberberg« geschickt und von den Bedingungen seines Kuraufenthalts berichtet. Er wundert sich darüber, »was alles in Kultur macht und dafür gefördert wird«. B meint, die Förderung in kultureller Hinsicht sei nicht so leicht zu organisieren und empfiehlt ihm: »Fangen Sie doch wieder an mit einer Novelle; warum nicht beschreiben, was Sie ärgert?« *(Br, 1666.)*

13. März 1952
Manifest für deutsche Einheit

Aus dem Manifest der Deutschen Akademie der Künste
Alle Zeit sind es deutsche Dichter, Denker und Künstler gewesen, die der innigen Sehnsucht ihres Volkes nach Einheit, Unabhängigkeit und Frieden Ausdruck verliehen haben. Eine der edelsten Traditionen unserer Geschichte würde lebendig, wenn wir einmütig unsere Forderung an die Großmächte bekundeten, Deutschlands Vereinigung nichts mehr in den Weg zu legen und ihm endlich nach langen Jahren der Friedlosigkeit und Zerrissenheit den Frieden zu geben, den nicht nur unser Land, sondern die ganze Welt erwartet.
(Dokumente, 200.)

Die Sowjetunion schlägt (am 10. 3.) in einer Note an die Westmächte einen Friedensvertrag mit Deutschland vor (Bildung eines einheitlichen deutschen Staates, Abzug aller ausländischen Streitkräfte, Garantie aller demokratischen Rechte, freie Parteienbildung, Verbot antidemokratischer Organisationen, keine Diskriminierung ehemaliger Soldaten). Als Präsidiumsmitglied der DAK mitunterzeichnet B das *Manifest der Deutschen Akademie der Künste*, in dem »alle deutschen Künstler und Schriftsteller« aufgerufen werden, das sowjetische Angebot für einen Friedensvertrag mit Deutschland (→ 10. 3.) zu unterstützen *(Dokumente, 200).*

14. März, Freitag. B beantwortet zahlreiche Briefe, die liegengeblieben waren. Der Maler Bert Heller, Meisterschüler bei Heinrich Ehmsen, hatte B (als »Geburtstagsgruß«) ein Porträt von Helene Weigel geschickt, für das sich dieser bedankt. B wünscht sich von »derlei über das Theater« mehr: »Es kommt den Künsten zugute, wenn sie sich gegenseitig unterstützen.« *(Br, 1667.)*

Bei Hanns Otto Münsterer bedankt sich B für die Zusendung eines »schönes Gedichts« *(Das Fest des Hirten)* zu seinem

Geburtstag und lädt ihn nach Berlin ein. »Es gibt einiges Theater hier, das mir schon sehenswert scheint.« *(Br, 1668.)*
B erkundigt sich bei dem Botschafter der UdSSR Wladimir Semjonow nach dem Schicksal von Carola Neher. Soviel er weiß, sei sie »wegen eines politischen Vergehens zu Gefängnis verurteilt« worden, die Strafe müsse aber längst verbüßt sein. B bittet darum, etwas über ihr Schicksal zu erfahren *(Br, 1670)*.
Den damaligen Botschafter der DDR in der CSR, Louis Fürnberg, informiert B über die erteilte Autorisierung für *Schweyk* und fragt an, wohin er beim Erscheinen des Stükkes den Tantiemenanteil der Erben abführen soll *(Br, 1671)*.
Joachim Bodag hat B einige Fragen über Probleme zugestellt, die den Aufsatz *Über reimlose Lyrik mit unregelmäßigen Rhythmen (22,357-364)* betreffen. In seiner Antwort meint B, es sei »eine beträchtliche Qualität von akustischen Veränderungen in der Umwelt nötig, damit Musik und Lyrik darauf reagiert« *(Br, 1672)*.
Bs Vorschläge für den Deutsch-Lehrplan (→ 3. 1.) sind an Friedrich Wolf weitergegeben worden, der sie in den Vorschlag der DAK einarbeitet und B zur Kenntnis gibt. B erklärt sich einverstanden, besteht aber auf seiner Empfehlung, »in die Lesebücher auch Beispiele von Kitsch und schlechtem Stil aufzunehmen (schlechte Lyrik, Redeblüten usw.)« *(Br, 1673)*.
Auf eine Analyse des *Puntila*, die Konrad Schrader nach Aufführung des Stückes in Quedlinburg (Premiere: 19. 1. 52) anfertigt und B schickt, antwortet dieser auf die einzelnen Punkte und stellt am Ende fest: »Für die notwendige Einführung eines neuen Humanismus reicht ein Stück nicht aus.« *(Br, 1674.)*
Hermann Scherchen hat B (am 2. 2.) darüber informiert, daß die Frankfurter *Lukullus*-Premiere (→ 30. 1.) trotz einer politisch angespannten Atmosphäre ein Erfolg (mit Vorhängen) gewesen sei. B dankt ihm für die Aufführung, von der er »nur Gutes« hört. »Ich bin gespannt, ob die Oper bei der allgemeinen Feigheit in unserem Vaterland weitergeht.« *(Br, 1675.)*
B schreibt in einem Brief an das *Neue Deutschland* (→ 13. 2.) über die Arbeit an *Herr Puntila und sein Knecht Matti*. Er sei mit Wuolijoki »im besten Einvernehmen«; es handele sich bei deren Stück »keineswegs um das gleiche Stück, sondern um eine andere Dramatisierung derselben tatsächlich vorgefallenen Vorgänge« *(Br, 1676)*.
B dankt dem Potsdamer Lehrer Fritz Firnhaber für die Übersendung (am 31. 12. 50) von Berichten, die Schüler einer Betriebsfachschule für Kartographie über eine *Galilei*-Szene angefertigt haben. Er habe die Arbeiten noch nicht »durchgehen« können, will dies aber bald tun. »Das Stück ist im ganzen noch nicht überarbeitet.« *(Br, 1677.)*

15. März, Sonnabend. Die DEFA lädt zu einer Aussprache über die Zusammenarbeit mit den Autoren ein.

Mitte März. Käthe Rülicke notiert, daß die Arbeiten für *Theaterarbeit* abgeschlossen sind (»die erste große Arbeit, an der ich beteiligt bin«) *(1264/12)*. Nachdem sie ihm ihre letzten Ermittlungen über Hans Garbe erzählt hat, beschreibt sie (am 16. 3.) die Art von Bs Produktivität: »Nach wenigen Minuten schon unterbrach er mich und bat, Papier und Bleistift zur Hand zu nehmen, um ein paar Szenenentwürfe (drei) zu diktieren. So ist es immer: Alles Erzählen, jede Unterhaltung, jede kritische Stellungnahme, jede Feststellung hat nur Berechtigung, wenn sie sogleich produktiv gemacht wird als Folgerung, Konsequenz, Änderungsvorschlag, wirkliche Produktion. Alles wird sofort umgesetzt.« B zweifele daran, ob der *Garbe*-Stoff *(Büsching)* ein Drama ergibt. Der »dramatische Punkt« sei schon überschritten gewesen, als Garbe die Genehmigung für die Reparatur erhalten hat *(1340/64)*.

Der Freiburger Universitätslektor Egon Müller-Franken, der auch eine Studiobühne leitet, hat B (am 29. 1.) in allen Punkten seines *Offenen Briefes (23,155f.)* zugestimmt, aber bezweifelt, ob die Freiheiten auch im Osten gewährt würden. B antwortet darauf, daß seine Forderungen »für ein geeinigtes Deutschland« gelten. Er erteilt ihm die Genehmigung für eine Studioaufführung des *Lukullus (Br, 1678)*.

17. März, Montag. Käthe Rülicke tritt einen Erholungsurlaub in Wiepersdorf an und schreibt dabei die *Garbe-Erzählung* »mit viel Genuß« *(1264/12)*. Nach Fertigstellung schickt sie das Typoskript an den Verlag Rütten & Loening (→ 2. 6.).

18. März, Dienstag. In einem Schreiben, das B zusammen mit anderen Mitgliedern der DAK zeichnet, wird Kultursenator Joachim Tiburtius gebeten, von einer separaten Gründung einer Deutschen Akademie der Künste in Berlin/West abzusehen und mit der bereits existierenden, die sich als »Nachfolgerin der Preußischen Akademie der Künste« betrachtet, in Verbindung zu setzen. »Wir möchten nicht, daß auch auf diesem Gebiet die Zerrissenheit Deutschlands zu einer Schande wird.« *(Dokumente, 201.)*

Auf dem Postwege über Wera Skupin schreibt Käthe Rülicke an B und fordert ihn auf, von sich hören zu lassen. »Telefongespräche liebe ich seit Dezember 1950. Schriftliche Grüße haben darüber hinaus den Vorzug, daß man einen Beweis des Gedenkens in der Hand hat, nachdem das Akustische vorbei ist.« Sie findet es »traumhaft«, daß »weit und breit« kein Berliner Ensemble stört *(972/111)*.

19. März, Mittwoch. »Mittags – leider allein – in der Sonne liegend« schreibt B das Gedicht *(Statt eines Briefes)*

(15,258), das erst »abends im Bett« von Ruth Berlau gelesen werden soll.
In der erneuten Diskussion über den *Courage*-Film wird die Qualität »des letzten von Staudte und Burri unter Redaktion von Bert Brecht verfaßten Drehbuchs« vor allem wegen der verstärkten »filmischen Dynamik« gegenüber der ersten Fassung »sehr gelobt«. Mit der Führung der neu eingefügten Figur eines jungen Müllers gibt es im allgemeinen Einverständnis, aber es wird angeregt, daß diese positive Figur bis zum Ende des Films weitergeführt werden soll. Nach Bs Meinung werde im Film immer noch zuviel gesprochen. Nach Ausführung der Änderungen könne der Film in Produktion gehen *(382/77-79)*.
21. März, Freitag. In einem weiteren Brief aus Wiepersdorf erinnert Käthe Rülicke B an seinen »Plan, mit Ulbricht zu sprechen«. »Vielleicht nützt es, das muß man versuchen, und auf jeden Fall rechtfertigt es Sie.« Dann soll er auch gelegentlich zu Dr. Hüdepohl gehen (»denken Sie an sich«) und im Sommer die Arbeit am *Manifest* zu Ende bringen.

24. März 1952
Pacht- und Kaufverträge über mehrere Grundstücke in Buckow

24. März, Montag. B und Helene Weigel schließen (nach einem Ratsbeschluß vom 10. 3.) mit dem Rat der Stadt Buckow einen Pachtvertrag ab, nach dem sie für zehn Jahre das Pachtrecht für das »Grundstück Seestraße 29 mit den dazugehörigen Gebäuden (›Eiserne Villa‹ und Gärtnerhaus) nebst allem Inventar, außer Möbel« gegen eine Jahrespacht von DM 2400 nutzen dürfen. Beide Pächter müssen sich verpflichten, »die notwendigen Instandsetzungs- und Umbauarbeiten, deren Kostenvoranschlag DM 15 000 beträgt, vorzunehmen und zu bezahlen« *(862/3f.)*. Gleichzeitig schreiben B und Helene Weigel dem Parteisekretär des Betriebes Siemens-Plania, daß sie einen Pachtvertrag über das Buckower Grundstück Seestraße 29 abgeschlossen haben und dort »eine Schaffensstätte« errichten wollen. Sie bitten den Betrieb, den von ihnen erhobenen Anspruch auf das Grundstück zurückzustellen und vom Rat der Stadt als Ersatz für ihre Erholungszwecke ein anderes der in Buckow verfügbaren Objekte zu übernehmen. Am Grundstück müßten unverzüglich »weitgehende Reparatur- und Erneuerungsarbeiten an den Gebäuden« vorgenommen werden, »um einen Totalverlust zu verhindern« *(862/24)*.
Außerdem kauft bzw. pachtet B zwei Grundstücke (unter der Bedingung einer Wertverbesserung) zur Nutzung bzw. zur Verpachtung: ein Grundstück an der Buckowsee-Promenade und das Grundstück Hauptstraße 42 (den »Turm«) am Bahnhof (→ 1. 4.).
25. März, Dienstag. Der Vorsitzende der Münchener Georg-Kaiser-Gesellschaft, Artur Müller, bedankt sich bei B für die Zusage seiner Mitwirkung (→ 2. 1.). In einer beige-

legten Pressemeldung werden außer B als weitere Präsidiumsmitglieder genannt: die Dramatiker Richard Billinger, Franz Theodor Csokor, Hans J. Rehfisch, Carl Zuckmayer, außerdem Georg Kaisers Witwe und der Literaturhistoriker Hugo F. Königsgarten. Das Präsidium soll alljährlich über die Verleihung eines Georg-Kaiser-Preises für (gesamt)deutsche Dramatik entscheiden.

Anton Ackermann weist die Beschwerde Bs über das kritische Verhalten einiger Mitarbeiter des Diplomatischen Corps der DDR in Warschau ab, bei denen sich B (trotz deren Aufforderung) nicht gemeldet hat. Nach Ackermanns Meinung sei die »Gepflogenheit«, bei Auslandsbesuchen die Diplomatische Mission des Landes aufzusuchen, »ein gutes Prinzip« *(727/1)*.

28. März, Freitag. Die *Urfaust*-Proben machen B viel Freude. »Die jungen Leute arbeiten ernsthaft und mit großem Spaß.« Hanns Eisler sei bei der Szene, in der Faust Gretchens Zimmer betritt, »immerfort von einem glücklichen Lachen geschüttelt« gewesen. Ein Eindringling verschaffe sich »verantwortungslos Genüsse« *(27,331)*.

28. März 1952
Premiere von
Das Glockenspiel des Kreml
von Nikolai Pogodin
Berliner Ensemble
(im Deutschen Theater)

Abends Premiere von Nikolai Pogodins *Das Glockenspiel des Kreml* am BE; Regie: Ernst Busch, Bühnenbild: Brüder Heartfield-Herzfelde,; mit Willi Kleinoschegg (Lenin), Ernst Kahler (Stalin), Peter Kalisch (Dserschynski), Wilhelm Koch-Hooge (Rybakow), Theo Schall (Sabelin).

Das Glockenspiel des Kreml wird (bis 13. 6. 53) insgesamt 51mal gespielt.

29. März, Sonnabend. Der Regisseur Kaspar Königshof vom Landestheater Eisenach charakterisiert (auf Wunsch Bs) in 17 Punkten die »krankhaften Symptome«, die sich bei der Mitarbeit Ruth Berlaus an der Inszenierung von *Die Mutter* zeigten. Sie habe mehrere Nächte hintereinander nicht geschlafen, sei während der Proben teils in Enthusiasmus ausgebrochen, die in Weinkrämpfe und Tobsuchtsanfälle übergewechselt sind. Außerdem habe sie mehrfach Bühnenarbeiter und Schauspielerinnen geschlagen, und einmal mit den Bühnenarbeitern fünf Flaschen Schnaps getrunken (so daß die technische Probe verlegt werden mußte). Nach der Premiere, während der sie nur »mit Mühe und Not« von Ausbrüchen zurückgehalten werden konnte, habe sie die Inszenierung vor Regierungsfunktionären verrissen und mit einer Rezensentin eine negative Kritik geschrieben. »Das ganze Theater stand unter einem dumpfen Druck. Nur wenige wagten zu widersprechen. Ständig drohte sie, bei Widerspruch das Stück abzusetzen bzw. sowjetische Offiziere zur Unterstützung zu holen.« *(973/44-46.)*

Käthe Rülicke beschließt, ihren Urlaub in Wiepersdorf abzubrechen und (am 5.4.) noch vor der *Urfaust*-Premiere nach Berlin zurückzukehren, weil sie Sehnsucht nach B hat. Sie bedauert, daß man ihm »keinen Liebesbrief« schreiben kann, »all den törichten Unsinn, den man denkt, nie sagt, den man höchstens schreibt« *(973/91)*.

30. März, Sonntag. B schickt Hainer Hill mit dessen *Urfaust*-Bühnenbildentwürfen zu Caspar Neher.

31. März, Montag. Am Nachmittag berät B mit Caspar Neher über *Urfaust*-Kostüme.

Ruth Berlau ist wiederum in die Nervenstation der Charité eingeliefert worden und fordert B auf, ihm Sachen aus ihrer Wohnung zu holen bzw. zu kaufen und ihr in die Klinik zu bringen.

Auf die Anfrage eines Mitarbeiters vom Mainzer Stadttheater, welche Stücke Bs für eine Aufführung in Westdeutschland in Frage kämen, hatte B (am 2. 2.) *Die Antigone des Sophokles* und *Der Hofmeister* vorgeschlagen, zugleich aber anfragen lassen, ob sie »lieber andere Stücke spielen würden« *(838/14)*. Das Theater bemühe sich seit geraumer Zeit um den *Kaukasischen Kreidekreis*, habe aber »von Herrn Suhrkamp den etwas brüsken Bescheid« bekommen, das Stück könne noch nicht freigegeben werden *(838/15)*. B begründet diese Entscheidung damit, daß noch keine Musik für das Stück vorhanden sei und schlägt nochmals *Die Antigone des Sophokles* vor *(Br, 1679)*.

März. Der westdeutsche Schriftsteller Dolf Sternberger hat B seinen ironischen *Vorschlag an Bertolt Brecht zu einer vierten Fassung seines Stückes »Das Verhör des Lukullus«* (gedruckt in: *Die Gegenwart*, 1. 3.) geschickt. B antwortet ihm u. a.: »Ihre Kritik in dichterischer Form gefällt mir der dichterischen Form wegen, jedoch hätte ich dieser Gestaltung dann noch eine weitere Verurteilung hinzuzufügen, nämlich die der Schöffen, welche Kriege wegen ökonomischer Vorteile gutheißen.« *(Br, 1680.)*

1. April, Dienstag. Ruth Berlau schreibt aus der Charité an B, er solle den Turm in Buckow in seinem und ihrem Namen kaufen. Sie wolle dann, wenn sie beide 90 Jahre alt sind, ihm etwas über »Kin-ye« und seine »Lieblingsschülerin Lai-tu« vorlesen *(1186/20)*.

1. April 1952 Pachtvertrag über ein Haus in Buckow mit Käthe Reichel

Vor dem Berliner Notar Helmut Hensel schließt B (als Verpächter) mit »Käthe Lewi-Reichel« mit Wirkung vom 1. 6. einen Pachtvertrag über das Grundstück in Buckow, Buckowsee-Promenade, ab, »bebaut mit einem stark reparaturbedürftigem Gartenhaus« *(1862/6-8)*.

6. April, Sonntag. Im *Urfaust* stellt B die 2. Gartenszene unmittelbar vor die Domszene. Das Religionsgespräch werde dadurch dramaturgisch wichtig: »Gretchen, die ihre Unschuld bereits geopfert hat, zeigt Unruhe und prüft ihres Liebhabers Moral.« *(27,332.)*

8. April, Dienstag. Der Architekt Hermann Henselmann von der Staatlichen Hochschule für Baukunst und Bildende Kunst und seine Frau sind bei B zu Gast. Er sucht für das (erste) Hochhaus an der Weberwiese, dessen Einrüstung am 20. 4. abgebaut wird, den Text für eine geeignete Inschrift. Nach Henselmanns Meinung werden die »beinahe exklusiven Wohnungen« Rückwirkungen auf die Lebensweise der Bewohner haben. B entwickelt die Idee, die Bewohner »Decken, Geschirr usw.« aussuchen zu lassen und ihnen probeweise zur Verfügung zu stellen *(1340/66)*. B schreibt für Henselmann mehrere Vorschläge für *Inschriften für das Hochhaus an der Weberwiese (23,202f.)*.

Als Inschrift wird ausgewählt:
Als wir aber dann beschlossen
Endlich unsrer eignen Kraft zu traun
Und ein schönres Leben aufzubaun
Haben Kampf und Müh uns nicht verdrossen.
(23,203.)

9. April, Mittwoch. Hanna Budzislawski wendet sich besorgt an B, weil Ruth Berlau bei ihrem Leipziger Aufenthalt im Januar (1950) von ihr Geld ausgeliehen und mit einem Scheck beglichen hat, der nicht gedeckt war. Außerdem habe sie drei Tische, die ihr ein Antiquitätenhändler für den in Berlin wohnenden Rudolf Leonhard mitgegeben hat, offensichtlich für sich behalten. Sie bittet B, ihr »aus der Patsche« zu helfen *(972/53-54)*.
Der Buckower Bürgermeister Müller wiederholt die (bereits am 7. 2. ausgesprochene) Kündigung des Vorpächters Siemens-Plania und fordert den Schlüssel für das Grundstück Buckow, Seestraße 29 (→ 24. 3.), bis zum 14. 4. ein sowie eine Inventur. Der Betrieb habe die »Eiserne Villa« 1951 kaum genutzt (dafür um so mehr das Buckower Bergschlößchen). Aus diesem Grunde sei das Grundstück inzwischen »für die Weiterbildung unserer Künstler Herrn Bert Brecht und Frau Helene Weigel« verpachtet worden *(826/22f.)*.
11. April, Karfreitag. Caspar Neher macht mit B eine »Spazierfahrt« *(NT)*.
13. April, Ostersonntag. Käthe Reichel schenkt B das Buch *Goethe* von Marietta Schaginjan mit einer Widmung *(BBAB)*.
16. April, Mittwoch. B schickt an das Ministerium für Innerdeutschen Handel, Außenhandel und Materialversorgung fünf Briefe mit Bitten um Zement, Leinölfirnis, Luftlack, Nägel und Bauholz, ebenso an den Magistrat von Groß-Berlin.
17. April, Donnerstag. Vormittags nimmt B mit Caspar Neher an einer Kostümprobe von *Urfaust* teil.
Ruth Berlau bittet B, zusammen mit Prof. Thiele ihre Entlassung aus der Charité zu veranlassen; sie habe »drei schwere Wochen« im Krankenhaus verbracht und sei jetzt wieder gesund *(937/43)*.
20. April, Sonntag. Benno Besson ist nach den Regiearbeiten seit einiger Zeit aus Frankreich zurückgekehrt. Auf das Angebot des Volkstheaters Rostock (vom Februar), eine Ko-

mödie Molières zu inszenieren, hat Besson mit Elisabeth Hauptmann eine neue Übersetzung und Bearbeitung von *Don Juan* abgeschlossen. Er beginnt, das Stück in Rostock zu inszenieren. »Bei der Probenarbeit versuchte ich (in der kurzen Zeit, vier Wochen), die Schauspieler zu einer leichten Darstellungsweise zu führen, indem ich sie in den Stellproben gleich auf die Situation spielen ließ.« *(Besson, 84.)*

23. April, Mittwoch. Premiere von Goethes *Urfaust* am Landestheater Potsdam. Gastspiel des BE; Regie: Egon Monk, Musik: Paul Dessau, Bühnenbild: Hainer Hill und Caspar Neher; mit Johannes Schmidt (Faust), Gert Schaefer (Mephisto), Käthe Reichel (Gretchen), Carola Braunbock (Marthe).

Urfaust wird, teilweise neu besetzt, am → 13. 3. 53 ans BE übernommen.

24. April, Donnerstag. B ist auf der Rückfahrt von Potsdam nach Berlin das Benzin ausgegangen. Er bedankt sich bei der Volkspolizei und Feuerwehr Teltow für »die sehr freundliche Hilfe«, die ihm geleistet wird *(Br, 1682)*.

26. April, Sonnabend. B spricht mit dem Schauspieler Gert Schaefer über dessen Gestaltung des Mephisto im *Urfaust*. In der Schüler-Szene sieht B eine strenge Gliederung von Themenbereichen. Schaefer meint, es sei, als schlage Mephisto verschiedene Türen auf. B stimmt dem zu: »Das Materielle ist die Hauptsache – wie der Rekrut zuerst in die Kleiderkammer geht – der Geist kommt erst an zweiter Stelle. Der 2. Abschnitt endet mit dem Zuschlagen des Buches. Dann 3, der praktische Tagesdrill, der Stundenplan. Das erste Kapitel ist sehr getrennt von den äußeren Bedürfnissen, dem Logis und der Bezahlung. Dann kommen Buch, Philosophie und Metaphysik.« *(1340/38.)*

28. April, Montag. B bedankt sich für die Zigarren, die Gerda Goedhart mitgebracht hat.

29. April, Dienstag. B läßt das gesamte vorhandene Mobiliar aus der Buckower »Eisernen Villa« und aus dem Gärtnerhaus abfahren und von nun an Bau- und Einrichtungsarbeiten vornehmen.

Zur Verbreitung von *Theaterarbeit* macht Gerhart Eisler den Vorschlag, durch gute Kritiker (wie Max Schroeder) Rezensionen schreiben zu lassen.

April. Annemarie Auer (von der DAK) vertritt bei einer Unterhaltung mit B den Standpunkt, Stanislawski fordere eine neue Haltung der Schauspieler, B hingegen bestimme sie von der dramaturgischen Analyse des Stückes her. Nach Bs Meinung sind die Methoden nicht »antipodisch«, beide betonten »die Natürlichkeit und die Kunstmäßigkeit«, aber das Stanislawski-Theater sei »fast völlig unpolitisch, sehr schön, aber unpolitisch« *(1340/65)*.

23. April 1952
Premiere
***Urfaust* von Goethe**
Gastspiel des BE im Brandenburgischen Landestheater Potsdam

Es darf freilich nicht übersehen werden, daß ein solcher Inszenierungsstil bei Goethe seine Grenzen findet. In dieser Aufführung werden sie bezeichnet von der Gefahr des formalen, ja formalistischen Experiments und von einer ungenügenden Entfaltung der Charaktere, insbesondere der Gretchentragödie.[...] Das Berliner Ensemble erwies sich wieder als Hohe Schule der dramatischen Kunst. Besonders bemerkenswert ist die Entfaltung junger Kräfte. Monk selbst ist ein junger Regisseur. Sein Faust, Johannes Schmidt, und das Gretchen der Käthe Reichel sind es nicht minder. Beide waren ihrer großen Aufgabe durchaus gewachsen, wenn auch bei Schmidt noch eine gewisse Gekünsteltheit auffiel [...] Ein bravouröser Mephisto war Gert Schaefer, den man endlich einmal in einer Hauptrolle sehen konnte. *(Neue Zeit, 26. 4.)*

Wie erwartet und erhofft, machte das Berliner Ensemble seinem Namen Ehre. Die Aufführung hatte ein so hohes Niveau, daß man in Potsdam noch lange von diesem Gastspiel sprechen wird. *(sigy, Märkische Volksstimme, 29. 4.)*

Goethes Faust in ursprünglicher Gestalt – ein Ereignis für Potsdam, dankenswert der Einsatz des Berliner

Ensembles, Dank der Intendanz des Landestheaters. *(Scha., Brandenburgische Neueste Nachrichten, 6. 5.)*

5. Mai, Montag. B beauftragt Egon Monk und Benno Besson (der inzwischen *Don Juan* in Rostock vorbereitet), mit einer Reise in verschiedene Theater der DDR, um Schauspieler anzusehen und für das BE zu gewinnen. An der Reise nimmt auch der Besetzungschef der DEFA, Erwin Reiche, teil. (Aus Schwerin wird z. B. Fred Düren engagiert, aus Frankfurt/Oder Ekkehard Schall.)
In Greifswald findet eine von Ruth Berlau betreute Aufführung von *Die Gewehre der Frau Carrar* der Hochschul-Arbeitsgemeinschaft »Theater« statt. Regie führt Hans Bunge, den sie in Greiz (→ 18. 11. 51) kennengelernt hat. Sie empfiehlt B den Regisseur für das BE (→ 21. 10. 53).
8. Mai, Donnerstag. B muß in der Charité »eine unangenehme Magensondierung« vornehmen lassen, »die nicht länger aufgeschoben werden kann«, und ist deshalb verhindert, an einer Sitzung der DEFA über die Besetzung des *Courage*-Films teilzunehmen. Er schlägt Sepp Schwab vor, »einige Rollen des *Courage*-Film mit Schauspielern der Nationalität zu besetzen, die sie im Film haben«. Die Couragefamilie müsse mit Deutschen besetzt werden. »Was den Feldkoch angeht, sollte man unbedingt zuerst Probeaufnahmen von Busch machen, der als Darsteller nur sehr schwer übertroffen werden dürfte und ja auch den holländischen Akzent meisterlich beherrscht.« *(Br, 1684.)*
9. Mai, Freitag. In Bs Auftrag bietet Elisabeth Hauptmann die Bearbeitung von Molières *Don Juan* dem Verlag Kurt Desch zum Vertrieb für westdeutsche Bühnen an (mit einer Tantiemenaufteilung: B 50%, Besson 30% und Hauptmann 20%).
Zur Lieferung an B und Helene Weigel gibt die Deutsche Zentralstelle Glas und Keramik der Porzellanmanufaktur Meissen 1 Speiseservice und 1 Kaffeeservice (für jeweils 12 Personen) mit Zwiebelmuster frei (»zur Einrichtung der Regie-Klasse des Berliner Ensemble«) *(859/110).*
10. Mai, Sonnabend. Stephan Hermlin berät mit B sowie Ludwig Renn, Lothar Kusche, Günter Kunert, KuBa und Käthe Rülicke die Gründung einer Literaturbeilage für das *Neue Deutschland* (kommt nicht zustande).

Von Natur bin ich ein schwer beherrschbarer Mensch. Autorität, die nicht durch meinen Respekt entsteht, verwerfe ich mit Ärger, und Gesetze kann ich nur als vorläufige und fortwährend zu ändernde Vorschläge, das menschliche Zusammenleben regulierend, betrachten. *(27,361.)*

11. Mai, Sonntag. Käthe Rülicke besucht die für die Übernahme der Inszenierung ans BE wieder aufgenommenen *Urfaust*-Proben und findet B so »nervös und ungerecht«, wie sie ihn noch nicht erlebt hat. Ihre Kritiken hätten einen »telefonischen Wutanfall« ausgelöst und zu einem Verbot von Probenbesuchen geführt. Zwei Tage später habe sie wieder kommen müssen. Sie klagt über Bs Bevorzugung der Gretchen-Darstellerin Käthe Reichel: »Brecht hat in Reichel $^1/_4$ Jahr tägliche Arbeit investiert, oft noch nachmittags Einzelproben – die anderen wurden schwer vernachlässigt«. Er habe eine »Magengeschichte« gehabt, »laufend Schmerzen, ist bitter und ungerecht« *(1264/12)*.

15. Mai, Donnerstag. In Berlin findet (13.-15.5.) der 3. Schriftstellerkongreß statt. B kann wegen seines gesundheitlichen Zustands nicht teilnehmen, erhält aber (am 12.5.) Mitteilung von der Absicht, ihn in den Vorstand zu wählen; er schreibt: »Ich bitte Euch aber, doch davon Abstand zu nehmen, da ich mich auf ärztlichen Rat eine geraume Zeit sehr zu schonen habe und auch meinen schriftstellerischen Arbeiten jetzt mehr Zeit widmen muß.« *(Br, 1685.)*

Für das »Ehrenpräsidium der Georg-Kaiser-Gesellschaft« schlägt B Artur Müller folgende Persönlichkeiten vor: Friedrich Wolf, Hans Mayer, Herbert Jhering; »das Präsidium wäre zweifellos dann kompletter« *(Br, 1686)*.

B läßt den Leipziger Chefdramaturgen Ferdinand May auf seine Anfrage (vom 25.4.) hin ausrichten, daß *Galilei* und *Die Tage der Kommune* nicht freigegeben werden können, da er sie noch überarbeiten will.

17. Mai, Sonnabend. B fährt mit Käthe Rülicke, Claus Hubalek und Peter Palitzsch nach Rostock, um an den Endproben von Benno Bessons Inszenierung des *Don Juan* teilzunehmen.

17.-22. Mai 1952
Reise nach Rostock
Teilnahme an Endproben zu ***Don Juan***

22. Mai, Donnerstag. B ist nach seinen Probenbesuchen von der Bearbeitung des Molièreschen Stückes und von der Inszenierung sehr angetan. Käthe Rülicke sagt er, es sei »vorzüglich inszeniert, ein Beweis großer Begabung«, und erwägt eine Übernahme des Stücks ins Berliner Ensemble. Rülicke meint, es gehe B gesundheitlich schlecht, und sie trage ständig Medizin mit sich herum. »Natürlich arbeitet er vielzuviel, lädt sich alles Mögliche auf den Hals.« *(1264/13.)* Bei einem Pressegespräch des Rostocker Intendanten stellt B fest, »daß es in Deutschland bisher nicht gelungen ist, eine Aufführung Molièrescher Stücke in französischer Art zu bringen«; es fehle ihnen »die flüssige Eleganz und humorvolle Leichtigkeit, die die große französische Tradition auf dem Gebiet der heiteren Muse ausmache«. Bessons Versuch gehe in die Richtung, Molière der deutschen Bühne zu erschließen. Die Aufführung werde als Modell für eine am BE geplante Inszenierung des Stückes angesehen, für die er die Rostocker Schauspieler Norbert Christian und Erika Dunkelmann verpflichten wolle. »Damit wurde der hohe Leistungsstand unserer Rostocker Schauspieler eindeutig anerkannt.« *(Landeszeitung, Rostock, 24.5.)*

24. Mai, Sonnabend. B bittet Hans Mayer, etwas über *Theaterarbeit* zu schreiben. »Es wäre wirklich schade, wenn das Buch nicht dazu käme, seine Funktion auszuüben. Eine Besprechung von Ihnen würde wirklich sehr helfen.« *(Br, 1688.)*

Premiere von *Don Juan* am Volkstheater Rostock (als Bearbeiter sind Elisabeth Hauptmann und Benno Besson angegeben); Musik: Jean-Baptiste Lully, Regie: »Benno Besson Berlin-Paris, a. G.«, Bühnenbild: Hainer Hill; mit Joseph Noerden (Don Juan; alle drei als Gäste des BE), Norbert Christian (Sganarelle), Erika Dunkelmann (Köchin Sarafine). Die Aufführung ist sehr erfolgreich und wird auch von den aus Berlin (im Juni) angereisten Rezensenten mit Anerkennung bedacht.

25. Mai, Sonntag. Ministerpräsident Otto Grotewohl hält im Rundfunk eine Rede über die Bonner und Pariser Abmachungen. B freut sich darüber, weil dadurch »der Rundfunk – dieses großartige politische Mittel – mehr als bisher eingesetzt wird«. Alles wirke lebendiger als in der Zeitung. »Es ist einfach viel überzeugender, wenn man die persönliche Stimme von Menschen hört.« *(Br, 1687.)*

B bedankt sich beim Bürgermeister von Rostock, daß er ihm und Mitarbeitern des BE ein Auto für die Rückfahrt nach Berlin zur Verfügung gestellt hat.

26. Mai, Montag. B trifft sich nachmittags mit Caspar Neher.

26. Mai 1952
Verschärfung der Teilung Deutschlands:
Unterzeichnung des Vertrags über die Europäische Verteidigungsgemeinschaft (EVG) und des Deutschland- oder Generalvertrags
Blockade des Ost-West-Verkehrs

Unterzeichnung des Vertrags über die Europäische Verteidigungsgemeinschaft (EVG) und Deutschlandvertrags (auch Generalvertrags) zwischen der Bundesrepublik und den Westmächten. Darauf reagieren die Sowjetunion und die DDR mit einer sofortigen verschärften Abriegelung der Grenzen zur Bundesrepublik und zu Berlin/West (breiter Sperrgürtel, Demontage der Bahnverbindungen, Unterbrechung der Telefonleitungen, Sperrung der Transitwege für die Alliierten nach Berlin).

27. Mai, Dienstag. Caspar Neher ist abends bei B und Helene Weigel in Weißensee.

28. Mai, Mittwoch. Entlang der Stadtgrenze von Berlin wird der fünf km breite Sperrgürtel eingerichtet. Berliner aus den Westsektoren dürfen nur noch mit Genehmigungen den sowjetischen Sektor besuchen. B äußert zu Käthe Rülicke, es sei schrecklich, wie alles auf einen neuen Krieg zutreibt *(1264/13)*.

29. Mai, Donnerstag. Herbert Jhering schickt B sein Buch *Auf der Suche nach Deutschland. Die Sendung des Theaters* mit einer Widmung *(BBAB)*.

30. Mai, Freitag. B spricht mit Benno Besson über eine Inszenierung von *Don Juan* am BE.

31. Mai, Sonnabend. Zum dreißigstem Geburtstag von Käthe Rülicke geht B mit ihr Mittagessen.

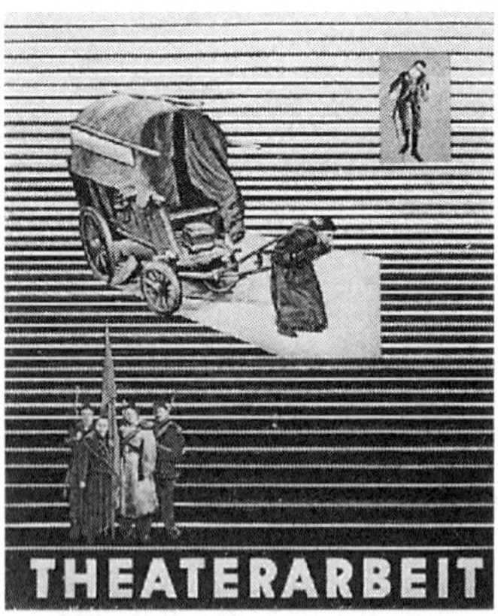

Mai 1952
Erstdruck von
Theaterarbeit

Mai. Das Buch *Theaterarbeit. 6 Aufführungen des Berliner Ensembles* (Redaktion: Ruth Berlau, Bertolt Brecht, Claus Hubalek, Peter Palitzsch, Käthe Rülicke) kommt heraus.

In einem Vorspann steht u. a.: »Das Berliner Ensemble versucht mit seiner Theaterarbeit zum Aufbau eines neuen Deutschlands und eines nationalen Theaters beizutragen.« *(Theaterarbeit, 6.)* An Hand der Inszenierungen *Herr Puntila und sein Knecht Matti*, *Wassa Schelesnowa*, *Der Hofmeister*, *Die Mutter*, *Biberpelz und roter Hahn*, *Mutter Courage und ihre Kinder* wird über die dramaturgische Konzeption, die Fabelfindung, die Methode der Bearbeitung, die Regie und über die Theatermodelle berichtet. Große Bedeutung wird den Beschreibungen schauspielerischer Leistungen und ganzer Szenen beigemessen; es werden einzelne Schauspieler herausgestellt. Außerdem informiert das Buch über die Musiken und Bühnenbilder der Aufführungen und behandelt praktische Erfahrungen bei Theaterfotografie und Werbung sowie bei dem Umgang mit Theaterkritiken.

Brecht über »Theaterarbeit«:

Wir wollen auf der Bühne das wirkliche Leben beschreiben, und zwar so, daß der es sieht, fähiger wird, dieses Leben zu meistern. Das ist für die Theater eine sehr schwierige Aufgabe, und die Theater müssen also ihre Erfahrungen gegenseitig benutzen. Um sie aber benutzen zu können, müssen wir Erfahrungen notieren. Und das haben wir versucht mit dem Buch *Theaterarbeit*. *(Gespräch, 112.)*

Zahlreiche Texte Bs über Schauspielkunst erscheinen in *Theaterarbeit* zum erstenmal *(23,162-175)*, ebenfalls »aus dem *Messingkauf*« die Gedichte *Die Vorhänge, Die Beleuchtung, Die Gesänge, Die Requisiten der Weigel (22, 867-869)* sowie die Prosatexte *Rede des Stückeschreibers über das Theater des Bühnenbauers Caspar Neher (22,853-855)* und *Rede des Dramaturgen (22,856f.)*. Früher geschriebene theoretische Arbeiten und Gedichte werden ebenfalls aufgenommen.

Eine für die Werbung zum Buch geschriebene Sentenz wird auch als Klappentext benutzt: »Es gilt zwei Künste zu entwickeln: die Schauspielkunst und die Zuschaukunst.« *(23,191.)*

Im Mai liest Bs Meisterschüler Martin Pohl die *Ballade von der Anna Simon* vor. Wie Käthe Rülicke festhält, geht B mit ihm Zeile für Zeile »logisch« durch und empfiehlt ihm dabei *Kunst der Definition* des französischen Mathematikers und Philosophen Blaise Pascal und die *Essays* von Francis Bacon.

2. Juni, Pfingstmontag. Käthe Rülicke trifft bei B mit Anna Seghers zusammen; sie sprechen über Rülickes Buch *Hans Garbe erzählt*, das in einer redaktionellen Überarbeitung durch Irene Gysi vom Verlag Rütten & Loening, nach Rülickes Meinung »hoffnungslos verdorben« worden sei (»auf ca. 16 Seiten über 90 Korrekturen – alle falsch«) *(1264/13)*. B schreibt dazu den Text *Bekommen wir eine Lektorenliteratur? (23,208)*, stellt ihn aber nicht fertig.

Juni-8. September 1952
Bearbeitung von Erwin Strittmatters *Katzgraben*

3. Juni, Dienstag. B ist von Hans Marchwitza bei der Reise nach Polen (→ 24. 2.) auf den Bauern, Kommunalpolitiker und Schriftsteller Erwin Strittmatter aufmerksam gemacht worden, der an einer Reihe von Bauernszenen arbeite. B setzt sich mit Strittmatter in Verbindung, liest die Szenen

Zusammenarbeit mit Erwin Strittmatter

Der am 14. 8. 1912 geborene Sohn eines Bäckers und Kleinbauern ist als Neusiedler und Amtsvorsteher in einem Dorf tätig. Lokalreportagen führen zu eigenen literarischen Versuchen, wie z. B. 1950 dem Roman *Ochsenkutscher*.

und ermutigt ihn, daraus ein Stück für das BE zu machen; als Titel wählen sie den Namen eines fiktiven Dorfes Katzgraben.

B arbeitet vormittags mit Erwin Strittmatter, Peter Palitzsch, Käthe Rülicke und Claus Hubalek an *Katzgraben*. Nachmittags findet eine Besprechung mit Wolfgang Böttcher und Claus Hubalek über den Stand der Inszenierung des Lustspiels *Ein fremdes Kind* (→ 6. 6.) statt. Danach geht er mit Käthe Rülicke Wera Skupins Aufsatz über *Der zerbrochne Krug* durch.

B diktiert Käthe Rülicke einige Bemerkungen *Zu Weras Gedicht »An einen bürgerlichen Freund« (23,212f.)*, in denen er dem Gedicht seiner Mitarbeiterin Skupin *(23,522f.)* vorhält, die Verlagerung der Liebe auf eine andere Klasse sei »abstrakt, ja unmenschlich, wiewohl es, begründet, schön sein könnte«.

Caspar Neher spricht im BE mit B.

Helene Weigel verhandelt mit Bürgermeister Müller in Buckow über die Freistellung der gepachteten Häuser. Nach dem darüber abgeschlossenen Protokoll gibt es immer noch Schwierigkeiten mit dem dort wohnenden Ehepaar Sellig. Es habe angeblich keinen Wohnraum in Berlin angeboten bekommen, der den Anforderungen Genüge leistet, und auch eine Ersatzwohnung in Buckow als »zu groß« abgewiesen *(862/30)*.

5. Juni, Donnerstag. Aufgrund eines eingeforderten Berichts der SED-Kreisleitung über einen *Lukullus*-Vortrag Paul Dessaus (am 18. 4. in der Chemnitzer Arbeitsgemeinschaft »Zeitgenössisches Theaterschaffen« vor mehr als 100 Interessierten) teilt Egon Rentzsch der Landesleitung Sachsen der SED mit, daß eine vorgesehene Aufführung der Oper in Chemnitz abgelehnt wird und »entsprechende Maßnahmen« zu veranlassen sind *(Lucchesi 2,283)*.

6. Juni 1952
Rundfunkgespräch über *Theaterarbeit*

6. Juni, Freitag. Der Berliner Rundfunk sendet unter Leitung von Annemarie Auer ein Gespräch über *Theaterarbeit* mit B, Käthe Rülicke, Peter Palitzsch, Claus Hubalek. Die Beteiligten erklären die Absicht des Buches, das einmal den Theaterbesucher in der Kunst schulen soll, Theater zu genießen, zum anderen den Fachleuten Lösungen liefern und auch zur Diskussion anregen soll.

Am BE Premiere des Lustspiels *Ein fremdes Kind* von Aschach Tokajew; Regie: Wolfgang Böttcher, mit Annemarie Schlaebitz (Manja), Friedrich Gnaß (Vater), Annemarie Haase (Mutter).

7. Juni, Sonnabend. B erteilt Hans Tombrock eine Vollmacht zu Verhandlungen mit dem Tessloff-Verlag über die Herausgabe des *Galilei* mit Illustrationen Tombrocks und Textchroniken Bs.

10. Juni, Dienstag. B bittet Hans Schweikart um leihweise Überlassung von Material für eine Bühnenbild-Ausstellung der DAK.
11. Juni, Mittwoch. B und Hanns Eisler formulieren einen Vorschlag für die II. Parteikonferenz der SED *(23,208f.)*, in dem sie verschiedene Möglichkeiten der kulturellen Betreuung in einigen ausgewählten Betrieben darlegen.
12. Juni, Donnerstag. B und Helene Weigel nehmen in der DAK an der Sitzung der Sektion Darstellende Kunst teil. Bei der Diskussion über einen geplanten gesamtdeutschen Theaterkongreß rät B, »große Reden ohne Inhalt, gehalten von Nichtfachleuten«, zu vermeiden. Außerdem regt er eine Ausstellung mit Bühnenbildmodellen an und schlägt vor, den Nachwuchs in einer Studio-Aufführung vorzustellen *(798/27-29)*.
13. Juni, Freitag. Premiere des Films *Frauenschicksale* (von Slatan Dudow, der auch Regie führt, Musik: Hanns Eisler), für den B (1951) das *Lied vom Glück (15,255f.)* geschrieben hat.
14. Juni, Sonnabend. B macht Peter Suhrkamp Vorschläge für künftige Publikationen. Er ist interessiert: an einer Herausgabe seiner frühen Dramen, an zwei Sammelbänden der *Versuche*, Heft 1-8, die vom Aufbau-Verlag mitgedruckt werden könnten, schließlich an Heft 12 der *Versuche*, er mache eben *Lebens des Galilei* dafür fertig *(Br, 1691)*.

14. Juni 1952
Plan für eine Edition der frühen Stücke

17. Juni, Dienstag. B bedankt sich bei Fritz Lange von der Staatlichen Kontrollkommission für zugesandtes Material über die Entwicklung einiger Dörfer. »Das Berliner Ensemble hat ein Stück von Strittmatter über den Klassenkampf auf dem Dorfe angenommen, und die Kenntnis, die ich aus den Akten habe, hilft mir sehr bei der Bearbeitung des Stükkes.« *(Br, 1694.)*
B antwortet dem Dozenten Erdmann vom Erfurter Institut für Lehrerbildung auf dessen Anfrage (vom 13. 3.) nach Vorschlägen für die Behandlung von Bs Arbeiten und verweist auf die inzwischen erschienenen Bücher *Theaterarbeit* und *Hundert Gedichte (Br, 1695)*.
B hat (am 10. 6.) vom Deutschen Schriftsteller-Verband erfahren, daß ihn der Vorstand, zusammen mit Friedrich Wolf, Gustav von Wangenheim und Hermann Werner Kubsch für die Kommission »Drama« (Sektionsleitung) vorgeschlagen hat. B kann sich nicht entscheiden, eine Zusage zu geben; er sei »schon längere Zeit kränklich« und müsse sich »auf Anraten des Arztes sehr schonen«.
Auf eine Anfrage der Städtischen Bühnen Dortmund nach *Leben des Galilei* (vom 20. 5.) schreibt B, daß er das Stück »im Augenblick noch bearbeite«, und schlägt statt dessen *Die Antigone des Sophokles* vor *(Br, 1696)*.

B läßt auf dessen Wunsch Gottfried von Einem seine *Hundert Gedichte* und die *Theaterarbeit* schicken. Die älteren Stücke habe er derzeit nicht verfügbar, will sie aber abschreiben lassen.

18. Juni, Mittwoch. B bittet den Intendanten des Zürcher Schauspielhauses Kurt Hirschfeld darum, ihm einige Modelle und Bühnenbildskizzen für eine Ausstellung der DAK im Herbst leihweise zu überlassen.

19. Juni 1952
Drehbuch
Mutter Courage und ihre Kinder
(3. Fassung) abgeschlossen

19. Juni, Donnerstag. Die dritte Fassung des Drehbuchs für den *Courage*-Film wird abgeschlossen.
Am Nachmittag sind B, Ruth Berlau und Peter Palitzsch bei Caspar Neher.

20. Juni, Freitag. Caspar Neher ist bei B.

21. Juni, Sonnabend. Die DEFA lädt zu einem Gespräch über das Drehbuch zum *Courage*-Film ein.

22. Juni-8. September 1952
Buckow

22. Juni, Sonntag. B ist mit Helene Weigel, Barbara, Stefan und dessen Freundin Alma Gallius sowie Käthe Rülicke, Peter Palitzsch und Claus Hubalek auf das neugepachtete Grundstück nach Buckow gefahren. Nach einigen Baumaßnahmen im Mai und Juni sind die beiden Häuser eingerichtet und zu einem Teil benutzbar.

Helene Weigel mit Sohn Stefan und Alma Gallius in Buckow

25. Juni, Mittwoch. Der Deutsche Schriftsteller-Verband unterrichtet B von den Vorbereitungen für eine Sektion Dramatik innerhalb des Verbandes und lädt zu einer ersten Besprechung am 9. 7. ein.

26. Juni, Donnerstag. Helene Weigel bittet Caspar Neher um Übersendung von Paßbildern und Anträgen für einen Besuch in Buckow.

28. Juni, Sonnabend. B macht seine Honorarforderungen für den *Courage*-Film geltend.

29. Juni, Sonntag. Wera Skupin und Claus Küchenmeister schicken B nach Buckow ein Exemplar des fertiggestellten Märchens *Waldfest der Tiere*.

30. Juni, Montag. Die Sekretärin des BE sendet B das von ihm erbetene *Henri-Martin*-Material von Theo Schall.
Auf eine Anfrage Helene Weigels (vom 17. 6.), ob die Potsdamer BE-Aufführung des *Urfaust* auf der Bühne des Theaters am Schiffbauerdamm gezeigt werden kann, teilt Fritz Erpenbeck im Auftrag der Staatlichen Kunstkommission mit, daß dies »aus bühnen- und arbeitsrechtlichen Gründen dort leider nicht möglich ist« *(775/67)*.

Juli 1952
Arbeit an Shakespeares
Coriolan

1. Juli, Dienstag. Käthe Rülicke notiert, daß B seine Gäste in Buckow »mit Besitzerstolz« durch das Haus führt; er habe gesagt: »Ich gehöre jetzt zu einer neuen Klasse – den Pächtern!« Abends sitze er gern in dem kleinen Pavillon, der auf dem Schuppen der Garage steht, und genieße den Blick auf den Schermützelsee. »Er legte sich einen Spazierstock zu (hätte er auch in Santa Monica gehabt), trägt

weiße Tennisschuhe (kaufte Helli) und entdeckt immer neue Bäume, Winkel, Schönheiten ›seines‹ Gartens.« *(1264/14.)*
B widmet sich jeden Morgen der *Coriolan*-Bearbeitung.
2. Juli, Mittwoch. Der Rat der Stadt Buckow gratuliert B und Helene Weigel zum Einzug in Buckow und dankt für die Stiftung einer Stadtfahne.
3. Juli, Donnerstag. Hanns und Louise Eisler sind aus Ahrenshoop nach Buckow gekommen. Wegen Bs und Eislers Vorschlag (→ 11.6.) erscheint auch Wilhelm Girnus, um den Text für eine Zeitungsveröffentlichung nochmals zu überarbeiten.
Thema der Abendspaziergänge, notiert Käthe Rülicke, ist »noch immer das chinesische Exil« *(1264/16).*

Gärtnerhaus in Buckow

4. Juli, Freitag. Das *Neue Deutschland* druckt den Text Bs und Hanns Eislers unter dem Titel *Kulturelle Betreuung. Vorschläge von Brecht und Eisler für die II. Parteikonferenz der SED (23,208f.).*
4./5. Juli, Freitag/Sonnabend. B fährt für zwei Tage nach Berlin. Er läßt der DEFA mitteilen, daß er das (ihm ausgehändigte) Drehbuch des *Thälmannfilms* Michael Tschesno-Hell übergeben hat.

6. Juli 1952
Gespräch mit Lukács in Buckow

6. Juli, Sonntag. Georg Lukács und seine Frau besuchen B in Buckow. B erkundigt sich nach den Verhältnissen in Ungarn. Das *Coriolan*-Projekt stößt auf Lukács' Interesse. Beim Gespräch über den positiven Helden bei Shakespeare kommen sie auch auf dessen Rolle in Zeitstücken zu sprechen, für die man »doch auch gehobene Formen wählen solle« *(1264/16).*
7. Juli, Montag. B bittet Helmut Holtzhauer, etwas für die Verbreitung von *Theaterarbeit* zu tun. »Das Buch wurde ja keineswegs nur für Fachleute geschrieben; es sollte vor allem auch unserem neuen Publikum den Kunstgenuß erleichtern. Es gehört wirklich in alle unsere Büchereien, vor allem in die Werksbibliotheken.« *(Br, 1698.)*
Ein Brief gleichen Inhalts ist an Volksbildungsminister Paul Wandel gerichtet *(775/68).*

Fortsetzung der Arbeit an einer Bühnenfassung von Strittmatters *Katzgraben*

7./8. Juli, Montag/Dienstag. Erwin Strittmatter bringt nach einer Umarbeitung den ersten Akt von *Katzgraben* und spricht mit B den zweiten durch.
9.-13. Juli, Mittwoch-Sonntag. Während B vorwiegend an *Coriolan* arbeitet, überprüfen Käthe Rülicke, Peter Palitzsch und Claus Hubalek den ersten Akt von *Katzgraben* und machen Vorschläge für die Bearbeitung.
13. Juli, Sonntag. Nachmittags sind zu Besuch in Buckow: Hanns Eisler und Frau, Paul Dessau mit Antje Ruge und Wilhelm Girnus mit Frau. Über Bs Arbeitsweise notiert Käthe Rülicke: »Brecht fühlt sich wohl, steht schon 6 Uhr auf

und ist guter Stimmung. Wir arbeiten von 8 Uhr bis 14 Uhr, dann abends noch 2-3 Stunden.« *(1264/16.)*

Mitunter, das war immer so, gerate ich in eine gewisse geistige Unruhe und schließe mich ab, begebe mich in eine Art Höhle und lese dort die Kriminalromane. Das bedeutet nichts, meine Beziehungen zu meiner Umwelt werden dadurch, außer zeitweise, nicht geändert. Ich habe das nicht in der Hand. *(27,361.)*

15. Juli, Dienstag. Nach Bs Meinung ist es in Buckow »ordentlich genug«, so daß er »wieder etwas *Horaz* lesen kann« *(27,332)*.

16./17. Juli, Mittwoch / Donnerstag. B fordert Helmut Holtzhauer in zwei Briefen auf, das BE bei der Erweiterung einer eigenen Theaterwerkstatt zu unterstützen, da die zahlreichen Projekte seines Theaters von Staatlichen Werkstätten nicht mehr realisiert werden können. Die in der Werkstatt tätigen »hervorragenden Fachleute«, der Modelltischler Anton Schubert und der Theaterplastiker Eduard Fischer, seien bereit, interessierten Nachwuchs auszubilden *(Br, 1702)*.

B beantragt für Ruth Berlau eine zweimonatige Reise nach Schweden, »um in Stockholm über Aufführungen meiner Stücke *Galilei* und *Mutter Courage und ihre Kinder* zu verhandeln« *(728/23)*.

18. Juli, Freitag. Hanns Eisler teilt B mit, daß ihn Siemens-Plania gebeten habe, aufgrund des gemeinsamen Vorschlags mit B (→ 4. 7.) die Patenschaft zu übernehmen; er schreibt: »Ich habe mir das anders vorgestellt, denn die Heranbildung ›junger lebensfroher Laienkünstler‹ ist nicht gerade das, was mir liegt. Ich habe ihnen aber geschrieben, daß ich mich mit Dir ins Einvernehmen setzen werde.« *(Z 2/69.)*

B schickt an das Ministerium für Innerdeutschen Handel, Außenhandel und Materialwirtschaft acht Briefe mit der Bitte um zusätzliche Materiallieferungen wegen »Einrichtung der Regieklasse in Buckow« (Farbe, Markisenstoff, Warmwasserboiler, Material für Wasserleitungen, Gummilitze, Holz; außerdem um zusätzliche Bewilligung von Benzin und fünf Fahrrädern *(863/20-25)*.

19. Juli, Sonnabend. Peter Hacks aus Dachau schickt ein Stück von sich »nicht an Herrn Brecht, der sehr damit beschäftigt ist, der Menschheit zu helfen«, sondern an die Dramaturgie des BE. Natürlich hoffe er, daß es dort gut genug gefunden wird, »um es ihm zu zeigen« *(727/108)*. B läßt Hacks (am 16. 10.) antworten, er würde ihm gern schreiben, »wenn er wüßte, was«, und fragt, woran er jetzt arbeitet *(727/106)*.

22. Juli, Dienstag. Erwin Strittmatter bringt die neue Fassung des zweiten Aktes, bei der die letzten Seiten in Jamben geschrieben seien. »Er kam anscheinend in diesen Rhythmus hinein, wie eine Kuh in ein Loch tritt. Nur mit mehr Genuß.« *(27,333.)*

23./24. Juli, Mittwoch / Donnerstag. B geht mit seinen Mitarbeitern den ersten Akt von *Katzgraben* durch und bespricht ihn dann mit Strittmatter. Nach Käthe Rülickes Aufzeichnungen ist Strittmatter »begeistert über die Arbeit mit Brecht«. Neben der Zusammenarbeit mit B widmen sich Rülicke, Palitzsch und Hubalek auch »eigenen Arbeiten« *(1264/14)*.

25. Juli, Freitag. Hanns Eisler berichtet B über seine Arbeit an der Oper *Johann Faustus*.

29. Juli, Dienstag. Auf dem üblichen langen Amtsweg hat der zuständige Rat des Kreises Seelow jetzt erst entschieden, daß für Bs Bauarbeiten in Buckow keine Materialien aus dem »Kreiskontingent« zur Verfügung gestellt werden können. B, der die hergerichteten Häuser seit einem Monat nutzt (→22. 6.), antwortet, daß er darauf keinen Anspruch erhebe, die Materialien seien vorhanden »und lagern bereits auf der Baustelle« *(862/9)*.

Am Abend führt B mit seinen Gästen in Buckow ein langes Gespräch, das Käthe Rülicke protokolliert hat. Er äußert sich über die biblische Geschichte, zeigt sich angetan vom Alten Testament, während er das Neue für »Kitsch« hält, die Ausgießung des Heiligen Geistes sei »läppisch«, die Maria- und Marthageschichten halte er für »unerträglich«, auch »die schwule Beziehung zu Johannes«. – Seinen *Dreigroschenroman* verteidigte er nicht, er sei geschrieben für einen Hauskauf. – Thomas Mann ist für ihn »dekadent in Haltung, Schreibweise, und als Mensch«; der *Zauberberg* enthalte den Stoff für eine Novelle, »nicht für einen großen Roman«. – Schließlich werden die Wahlaussichten in den USA diskutiert und die Frage, ob die Staaten aus dem Korea-Krieg aussteigen. Bei der Frage, ob dies vielleicht der letzte Sommer sein werde (wie bei seinem Haus in Utting), kommt das Gespräch auf die Gefahr eines neuen großen Krieges. B meint, »jetzt bliebe nur China zur Emigration …« *(1264/15)*.

Juli. B schickt Hanns Eisler eine Totenmaske Arnold Schönbergs (der am 13. 7. 51 gestorben ist); darin komme auch »die Weisheit, tot zu sein, zum Ausdruck« *(Br, 1705)*.

B beschwert sich bei Irene Gysi vom Verlag Rütten und Loening, daß sich der Druck des Buches *Hans Garbe erzählt* (→2. 6.) verzögert. »Das ist eine wirklich politisch und ästhetisch wichtige Veröffentlichung, die wir im Kampf um die Einheit Deutschlands unbedingt brauchen.« *(Br, 1753.)*

B hat von Elisabeth Hauptmann die Korrekturen des ersten Bandes der *Ersten Stücke* erhalten und teilt ihr sein Einverständnis mit. Auf ihren Wunsch, im Verlagsvertrag gestrichen zu werden, geht B nicht ein. »Lassen Sie bitte den Vertrag, wie er ist, wenn Sie auch das Geld nicht wollen, obwohl ich das nicht einsehe. Ich werde es also einstweilen nehmen. Auf dem Vertrag bestehe ich; die Spaltung hört eines Tages auf, dann brauchen wir ihn also, wie er ist.« Er bittet sie, ihm eine Horaz-Ausgabe zu besorgen *(Br, 1704)*.

Pavillon in Buckow

B stellt den Turm in Buckow Ruth Berlau zur Verfügung und wünscht, daß sie daran Freude hat und gern dort ist. Er gehe »eigens nicht mit – nicht nur, weil ich versuchen muß, wieder zu Kräften zu kommen, was ernst ist«; sie müsse wieder »auf eigenen Beinen stehen« *(Br, 1879)*.

Nach Bs Meinung verfüge die Dramatik mit Shakespeare über das »Beste, was die Bourgeoise zu bieten hat«. Schiller sei ein »ungeheures Talent ohne jeden Wert«, es gäbe kein verwendbares Stück, »wenn man die miserable Tendenz wegnimmt«, und *Dantons Tod* von Büchner sei »völlig falsch, politisch reaktionär, nicht aufführbar« *(1340/68)*.

1. August, Freitag. B findet »skandalös«, daß Friedrich Wolf (in einer Veröffentlichung) seinen (Brechts) Vornamen falsch schreibt. »Bertolt wird mit t und nicht mit d am Schluß geschrieben! Derlei sollte unter Kollegen nicht vorkommen!« Er kündigt ihm die *Theaterarbeit* an und bittet ihn um Förderung des Vertriebs »zum Beispiel Auslage in den Geschäftsstellen der Volksbühne« *(Br, 1709)*.

Der Inspizient der Münchener Kammerspiele, der 1922 die Uraufführung von *Trommeln in der Nacht* betreut hat, Paul Fabig, hat B (am 27. 7.) um die Genehmigung einer Dramatisierung von *Der verwundete Sokrates* für Laienspieler gebeten. B zweifelt an »der richtigen Wirkung« der Geschichte »im Augenblick« und schlägt *Die Gewehre der Frau Carrar* vor. »Was uns fehlt, ist ein von vielen zugleich angelegter Anekdotenschatz, aus dem man kurze Stücke formen könnte.« *(Br, 1710.)*

B dankt Emil Burri für seine Vermittlung bei Carl Orff, den er für eine Musik zum *Kaukasischen Kreidekreis* gewinnen will. In der DEFA geschehe nichts für den *Courage*-Film; sie liege »im Sommerschlaf« *(Br, 1711)*.

B lädt Hanns Eisler ein, für die Oper *Johann Faustus* »im August hier Richtfest« zu halten »und dann an die Feinarbeit« zu gehen. Wegen des Patenschaftsangebotes von Siemens-Plania (→ 18. 7.) »sollten wir, glaube ich, warten« (er schreibt das auch an den Betrieb). B ist an Eislers Besuch in Buckow sehr interessiert, »weil wir dann den Garbe-Stoff gemeinsam betrachten können. Außerdem könnten wir die Musik der Strittmatter-Komödie besprechen.« *(Br, 1712.)*

Gleichzeitig fragt er bei Louise Eisler an, ob ihr Mann, während sie in Ahrenshoop ist, nicht nach Buckow »in den Turm« kommen kann. Er wolle sich um seine Gesundheit kümmern. »Die Zimmer sind Mitte August spätestens fertig.« *(Br, 1713.)*

Gottfried von Einem teilt er mit, daß er sich auf dessen Berliner Besuch freut *(Br, 1714)*.

2. August, Sonnabend. Nach einer Notiz von Käthe Rülicke hätten die drei Mitarbeiter Strittmatters *Katzgraben* schon längst aufgegeben; B sei aber »zäh«; jede Szene müsse umgearbeitet werden. – Im Zusammenhang mit der Versfassung vergleicht B die sehr unterschiedliche Qualität der Jamben bei Schiller *(Jungfrau)*, Goethe *(Tasso)* und Kleist *(Homburg, Krug)*. Bei seiner Versfassung des *Manifests* habe er mit der großen Form auch ein Akzeptieren des Inhalts anregen wollen, aber Lion Feuchtwanger habe ihm nachgewiesen, »daß von den 200-300 Hexametern nur 2-3 stimmen« (→ 3. 3. 45), dadurch sei er so entmutigt, daß er bis heute nicht daran weitergeschrieben hat.

Als Strittmatter darauf zu sprechen kommt, daß eine seiner Novellen abgelehnt wurde, lehnt B alle »Funktionärs-Einwände« ab: »Sie haben alle zu lernen. Wenn Ulbricht und Grotewohl nicht mitlernen, brauchen wir keine Stücke mehr zu schreiben. Dann ergreifen wir einen anderen Beruf.«

Alles, was B mache, geschehe »höchst konzentriert« und so, als sei es seine eigene Sache. »Er könnte auf eine eigene Arbeit unmöglich mehr Sorgfalt verwenden als auf Strittmatters.« *(1264/18.)*

August 1952
Arbeit mit Paul Dessau an ***Die Erziehung der Hirse***

Paul Dessau sei »wochenlang« dagewesen und hat an der Vertonung von *Die Erziehung der Hirse* gearbeitet; außerdem verfolge er einen Plan, ein Buch über B und die Musik zu schreiben, gäbe aber einer Fertigstellung wenig Chancen, da er »schwer« schreibt *(1264/17)*.

5. August, Dienstag. Der Aufbau-Verlag bittet B um einen Beitrag zum 50. Geburtstag von Verlagsleiter Erich Wendt (am 29. 8.) für einen Gratulationsband. B schreibt den Text *Für Erich Wendt*, in dem es u. a. heißt: »Er ist nicht ein Verleger, der Drucker war, sondern ein Drucker, der Verleger wurde.« *(23,210.)* Der Text wird publiziert in dem Band *Erich Wendt zum 50. Geburtstag, 29. August 1952*.

Mit Dessau in Buckow

12. August, Dienstag. Jakob Walcher und seine Frau Herta, die Lenin und dessen Frau Nadeshda Krupskaja persönlich gekannt hat, kommen für zwei Wochen nach Buckow und erzählen B von Rosa Luxemburg, über die er ein Stück (für Helene Weigel) plant.

B erhält eine Bescheinigung der DAK für die Beförderung von westdeutschen und ausländischen Zeitungen und Zeitschriften von Berlin nach Buckow.

13. August. Mittwoch. Hanns Eisler hat das Libretto für *Johann Faustus* fertiggestellt.

14. August, Donnerstag. Käthe Rülicke notiert: »Manchmal erschrecke ich, wie grau und zusammengefallen Brecht morgens aussieht, wenn er – am Gartentisch draußen – seine Haferflockensuppe löffelt. Mir ist erst hier klargeworden, daß Brecht alt wird – vorzeitig eigentlich.« Erwin Strittmatter kommt für die Endarbeiten an *Katzgraben* für mehrere

Tage nach Buckow *(1264/19)*. Auch Egon Monk nimmt in dieser Zeit an der Arbeit teil.

16. August, Sonnabend. Annemarie Auer bittet B um einen Aufsatz über Arnold Zweig zu dessen bevorstehenden 65. Geburtstag (am 10. 11.). B wolle gern etwas schreiben, antwortet er, »aber kann bestimmt keine literaturwissenschaftliche Arbeit über sein Werk zustande bringen« *(Br, 1716)*. Bs Text *Arnold Zweig zum 65. Geburtstag (23,213)* erscheint in *Sinn und Form* (→ Oktober).

18. August, Montag. B informiert Peter Suhrkamp davon, daß *Die Gewehre der Frau Carrar* in den »Leseplan der Schulen« (der DDR) aufgenommen worden ist und »also gedruckt werden« muß. Es sollte ein Sonderheft der *Versuche* für Kinder gemacht werden, das außer dem Einakter noch den *Augsburger Kreidekreis*, den *Herrnburger Bericht* und die *Kinderlieder* enthalten könnte. B ist einverstanden, wenn die Suhrkamp-Ausgabe des Heftes »einiges« nicht enthielte »(schließlich haben Sie ja das Recht als Verleger, mit Zustimmung des Autors einzelne Arbeiten, die Ihnen nicht druckbar erscheinen, auszulassen)« *(Br, 1717)*.

24. August-3. September 1952
Arbeit an Hanns Eislers Opernlibretto *Johann Faustus*

24. August, Sonntag. Abends kommt Hanns Eisler nach Buckow.

25. August-3. September, Montag-Mittwoch. In diesem Zeitraum arbeiten B und Hanns Eisler an dessen Opernlibretto *Johann Faustus*. Sie »bringen alles so gut wie möglich in Fokus, oft keine Kleinigkeit bei der Eigenwilligkeit des Werks, das ohne Eislers Kunstverstand ein Sammelsurium von Stilelementen wäre«. Das *Orpheusballett* im dritten Akt wird umgeformt *(27,333)*. Nach Meinung Käthe Rülickes handelt es sich um die »Schlußredaktion«. Da Helene Weigel, Peter Palitzsch und Claus Hubalek in Berlin sind, versorgt sie die beiden »und hatte viel Spaß dabei«. Abends spielten sie Schach *(1264/19)*. Eisler bedankt sich (am 31. 9. aus Ahrenshoop) für die »Tage im Buckower Tusculum«; Bs Ratschläge und Korrekturen wären »hervorragend« gewesen. Er entwickelt B den Plan einer Trilogie *Die deutsche Misere (Z 2/77f.)*.

Hanns Eisler

26. August, Dienstag. Auf einen Antrag von Helene Weigel (vom 21. 8.) erhält B von Gerhart Eisler (Amt für Information) die Berechtigung, folgende westdeutsche und ausländische Zeitungen zu abonnieren: *Die Welt*, *Die Neue Zeitung*, *Der Spiegel*, *Revue*, *Quick*, *Münchener Illustrierte*, *Newsweek*, *Time*, *Life*.

27. August, Mittwoch. Elisabeth Hauptmann teilt dem amerikanischen Literaturwissenschaftler Walter Nubel in New York mit, daß sie »wegen der neuen Berliner Situation« gezwungen sei, ihre Tätigkeit am BE einzustellen. »Warum, wäre sehr umständlich zu erklären«, es sei »auch privat«; als neue Adressatin gibt sie Käthe Rülicke an *(686/16)*.

30. August, Sonnabend. B hält Orpheus für einen »Opernstoff, wenn man das antike Werk wäscht und nicht schminkt wie Cocteau« *(27,333)*.

B beschreibt seine Buckower Umgebung so: »Vor meiner Tür ist eine Ecke, gebildet von einem demolierten Gewächshaus und einer andern Mauer. Es gibt Gras und Tannen, wilde Rosenstöcke an den Mauern. Ich habe einen dünnen Wirtsgartentisch und die Bank dazu aufgetrieben, mit eisernen Beinen und den Resten eines weißen Anstrichs, sehr elegant.« *(27,333.)*

August. B ist (am 10. 7.) erneut gebeten worden, für einen Sammelband etwas über sein Leben und Schaffen für den Frieden zu schreiben. Es entsteht dafür *Wie man Gedichte lesen muß (23,213-215)*, in dem er Johannes R. Bechers Gedicht *Deutschland* analysiert. Den Text schickt er Becher mit der Bitte um Einverständnis und »als kleine Gegengabe für den Genuß, den mir die *Verteidigung der Poesie* bereitet hat« *(Br, 1708)*.

Bemühungen um Ernst Busch

Auf Beschluß der Staatlichen Kommission für Kunstangelegenheiten wird Ernst Busch ab August aus seinem eigenen Verlag (seit 12. 8. 46: Lied der Zeit GmbH) ausgeschlossen. Als Gründe sind »Sektierertum«, »Proletkult« und »Rechtsopportunismus« angegeben; der Verlag wird verstaatlicht. B bringt in der DAK den Vorschlag ein, für Busch eine »selbständige Produktion in der Firma« einzurichten, »in der er sein weltberühmtes Genre des kämpferischen Liedes weiterführen kann« *(Eine selbständige Produktion für Ernst Busch; 23,212)*.

Ernst Busch und Helene Weigel in Buckow

Ernst Bloch schickt B sein Buch *Avicenna und die aristotelische Linke* mit der Widmung: »Für Bertolt Brecht herzlich« *(BBAB)*.

Carl Zuckmayer schenkt B den Druck seiner Rede in der Paulskirche (am 28. 8.) *Die langen Wege* mit einer Widmung.

2. September, Dienstag. Abends wird der von Hermann Scherchen für den Rundfunk eingerichtete *Lukullus* in Frankfurt/M. übertragen.

3. September, Mittwoch. B erhält vom Ministerium für Außenhandel und Innerdeutschen Handel eine (bis zum 31. 12. gültige) Sondergenehmigung, »auf seinen Fahrten von Berlin nach Buckow und umgekehrt eine *Reiseschreibmaschine* Royal A, Nr. 1099815 sowie einen Koffer, enthaltend Theatermanuskripte, mit sich zu führen, und den KPP Hoppegarten zu passieren« *(1644/37)*.

8. September 1952
Zurück in Berlin

8. September, Montag. Abschluß der Arbeiten an Erwin Strittmatters *Katzgraben*. Mittags fährt B mit Ruth Berlau und Käthe Rülicke nach Berlin zurück.

Er nimmt (wie auch Helene Weigel) nachmittags in der DAK an der Sitzung der Sektion Darstellende Kunst teil. In der Diskussion über eine mögliche Zuwahl von Hans Rodenberg (der die Intendanz des Theaters der Freundschaft aufgegeben hat und jetzt Leiter der Spielfilmabteilung der DEFA ist) hält sich B zurück. Helene Weigel wehrt sich gegen einen Mann, der erst die praktischen Verbindungen zu Organisationen schaffe. Ernst Busch lehnt die Zuwahl Rodenbergs ab.

9. September 1952
Bearbeitung des Hörspiels von Anna Seghers *Der Prozeß der Jeanne d'Arc zu Rouen 1431*

9. September, Dienstag. B beginnt zusammen mit Benno Besson, unter teilweiser Mitarbeit von Anna Seghers, deren Hörspiel *Der Prozeß der Jeanne d'Arc zu Rouen 1431* zu einem »Zweistundenstück« umzuschreiben. Er erörtert die Fabelführung und Funktion der 1. Szene, in der das Volk zurückgedrängt wird, »es soll nichts erfahren« *(1340/69)*.

10. September 1952
Beschwerde über Grenzpolizisten

10. September, Mittwoch. B beschwert sich bei der Hauptverwaltung der Deutschen Grenzpolizei über den groben Ton und die Art der Behandlung durch Polizisten, die ihn, aus Buckow kommend, beim Passieren der Grenze am Kontrollpunkt Hoppegarten zwischen der DDR und dem sowjetischen Sektor Berlins eine Dreiviertelstunde trotz der Sondergenehmigung für den Transport seiner Schreibmaschine aufgehalten haben. In gleicher Weise sei auch vorher Paul Dessau grob behandelt worden, als er der Aufforderung, seine Scheinwerfer vom Auto abzumontieren nicht nachkam, weil er sich in technischen Dingen nicht auskenne. »Ich bitte Sie, den jungen Menschen, die dort Dienst tun, einzuschärfen, daß sie das in der Sache fest und zugleich in einem menschlichen Ton tun.« *(Br, 1718.)* In der Antwort dieser Dienststelle des Ministeriums für Staatssicherheit (vom 21. 11.) wird das Verhalten der Grenzpolizisten nicht gebilligt. Der an dem Vorfall beteiligte »Genosse Gefreite Höhn« habe in einer »selbstkritischen Stellungnahme eingesehen, daß sein Verhalten« das Ansehen der Grenzpolizei und auch der DDR schädigt. Alle Kontrollpunkte seien angewiesen, »insbesondere das Verhalten gegenüber Persönlichkeiten, die in unserem gesellschaftlichen Leben eine besondere Rolle spielen«, zu verbessern *(728/24)*.

12. September, Freitag. Auf Max Schroeders Bitte (vom 1. 9.), B möge einen Beitrag zum 65. Geburtstag Arnold Zweigs für eine Festschrift des Aufbau-Verlags schreiben, läßt B mitteilen, daß er bereits einen Text (→ 16. 8.) für den Sonderband von *Sinn und Form* geschrieben hat. Der Aufbau-Verlag übernimmt den Text auch in seine Festschrift. B meint, daß aus Zweigs Romanen viel gelernt werden kann: »Da ist die Erfindung oder Herausschälung einer Fabel, die langsame und bedachte Enthüllung ihrer Bedeutung, da ist das graziöse Spiel mit den Ängsten und Hoffnungen des Lesers, da sind die eingestreuten Meinungen allgemeiner Art des Erzählers, bei Zweig fast immer in heiterer Haltung geäußert.« *(23,213.)*

17. September, Mittwoch. B (mit »sehr geehrter Herr« angeredet) wird von der Landesleitung der SED von Groß-Berlin aufgefordert, »zu einer Aussprache betreffs Realisierung der von Ihnen anläßlich der II. Parteikonferenz eingegangenen Selbstverpflichtung« (→ 11. 6.) vorzusprechen *(1184/14)*.

19. September, Freitag. B leitet einen Brief Hans Henny Jahnns (vom 14. 8.), in dem dieser Vorschlage fur den Orgelbau in der DDR macht, an Johannes R. Becher weiter, an den sich Jahnn bereits gewandt hatte *(Br, 1719.)*. B formuliert gleichzeitig für die DAK *Hans Henny Jahnn schlägt vor (23,212)*.

25. September, Donnerstag. Caspar Neher teilt B mit, daß er durch Ministerialrat Egon Hilbert aufgefordert worden sei, »vorläufig nicht im Osten zu arbeiten«. Die Situation für Gottfried von Einem, Oskar Fritz Schuh und für ihn selbst werde »immer unhaltbarer«. Hilbert sei wegen seines Eintretens für B ebenso gefährdet wie die drei Genannten. Gottfried von Einem sei deshalb seine Stellung in der Leitung der Salzburger Festspiele losgeworden und sitze »auf dem Trokkenen« *(Theatersammlung ÖNB)*.

25. September 1952
Wegen ihrer Zusammenarbeit mit Brecht: Schikanen gegen Caspar Neher und Gottfried von Einem

B antwortet Paolo Grassi vom Piccolo Teatro Milano auf dessen Anfragen (vom 19. 2. und 22. 9.), daß in Padua *Mann ist Mann* gespielt werden darf.

26. September, Freitag. Elisabeth Hauptmann fühlt sich gesundheitlich wieder in Ordnung und will zu den *Sezuan*-Proben nach Frankfurt/M. fahren. Sie bittet B um eigene Kürzungsvorschläge und Mitteilung von Anweisungen für die Regie.

29. September, Montag. Caspar Neher, der wieder in Berlin ist, spricht mit B.

30. September, Dienstag. In einem Schreiben der DAK an Wilhelm Pieck, das von B, Wolfgang Langhoff, Friedrich Wolf und Hanns Eisler unterzeichnet ist, wird die Aufnahme Paul Dessaus in die Akademie mitgeteilt und mit seiner großen Begabung und seinen Werken begründet. Sie richten das Schreiben an Pieck, weil gegen Dessau »bei aller Anerkennung seiner Bedeutung, anläßlich seiner Oper *Das Verhör des Lukullus* der Vorwurf des Formalismus erhoben wurde« *(Lucchesi 2,284)*.

September. B fragt Hans Gaugler, ob er für die kommende Spielzeit schon mit einem anderen Theater abgeschlossen hat. »Wir könnten hier den *Hofmeister* neu herausbringen, außerdem planen wir den Molièreschen *Don Juan* und *Coriolan.*« Es sei schade, daß Gaugler zögere, »stehend an der

Schwelle einer größeren Laufbahn« *(Br, 1720)*. Außerdem nennt B Inszenierungen von *Don Juan* und *Coriolan*. Das Reengagement Gauglers kommt nicht zustande (→ 15. 4. 50).

Bei der Mutter Käthe Rülickes bedankt sich B für ein inzwischen angekommenes Ledersofa, das sie besorgt hat (»es sieht wunderbar aus«). Er hofft, daß sie sich in der Zeit, als sie in Buckow war, erholt hat und den nächsten Sommer wiederkommt.

B empfiehlt Günther Weisenborn, der am Hamburger Schauspielhaus tätig ist, die Schauspielerin Eleonore Zetsche, die zwei Jahre am BE gearbeitet und erfolgreich die Rolle der Yvette in *Mutter Courage und ihre Kinder* gespielt hat.

September 1952 Die DEFA verzichtet auf den Erwerb der Filmrechte für den *Courage*-Film.

DEFA gibt *Courage*-Filmprojekt auf

3. Oktober, Freitag. Elisabeth Hauptmann findet es »etwas unfair«, daß sie B zu Harry Buckwitz, der den *Guten Menschen von Sezuan* in Frankfurt/M. vorbereitet, geschickt hat, ohne mit ihr vorher Striche, Textänderungen und Dekorationsentwürfe durchzusprechen. Sie gibt von allem, was sie gesehen hat, eine ausführliche Darstellung. Als einzige Schauspielerin habe sie die Shen Te (Solveig Thomas) akzeptiert, »jung, slender, mit einem netten Gesicht, das man sicher gut herrichten kann, nicht ohne Kraft.« *(973/36-40.)*

4. Oktober, Sonnabend. Caspar Neher und Oskar Fritz Schuh, die zusammen die Inszenierung *Der Alpenkönig und der Menschenfeind* von Ferdinand Raimund im Schloßpark-Theater vorbereiten (Premiere: 13. 11.), treffen sich mit B.

Die Staatliche Kommission für Kunstangelegenheiten will die Aufführung von Bs *Die Mutter* bei dem vorgesehenen Gastspiel des BE in Polen verhindern. B wendet sich an Helmut Holtzhauer und setzt sich für die Inszenierung ein; es sei »aber – mit Weigel und Busch – eine der schönsten Aufführungen des Ensembles, das Gegenstück zu *Mutter Courage*, positiv und sozialistisch«. Er bittet um ein Gespräch. (*Die Mutter* wird beim Gastspiel in Krakau, Lodz und Warschau gezeigt; → 4. 12.)

5. Oktober, Sonntag. Elisabeth Hauptmann, die inzwischen zum Auskurieren ihrer Krankheit (zu Horst Baerensprung) nach Braunschweig weitergereist ist, gibt einige von Buckwitz (→ 3. 10.) gewünschte Textänderungen zur Entscheidung an B weiter.

10. Oktober, Freitag. Nachmittags findet eine Kostümbesprechung für das *Jeanne d'Arc*-Stück statt, an der B, Caspar Neher, Kurt Palm und Helene Weigel teilnehmen.

B bittet Alfred Kantorowicz, den Journalisten Ernst Schoen zu beraten, der aus der Emigration aus London komme

(»ein zutiefst anständiger Mann«). *(Br, 1724.)* Einen Brief mit der gleichen Bitte schickt er an Arnold Zweig.

11. **Oktober,** Sonnabend. Bei den Tourneeproben für *Die Mutter* kritisiert B die Darbietung der Musik als »Kaffeehaus-Musik«, was den musikalischen Leiter Adolf-Fritz Guhl (am 4. 10.) zur Kündigung seines Arbeitsvertrags veranlaßt *(836/107)*. B präzisiert seine Kritik: »Die Eislersche Musik bedarf echter Spannung und jede Laschheit und Weichlichkeit nimmt ihr allen Charakter.« Er hat Verständnis dafür, daß Guhl »infolge eines Mangels an Proben sich nach den Solisten richten« mußte. »Es liegt also nicht am Können, und gerade daher mußte Ihnen meine Kritik doch unbedingt willkommen sein. Ich würde bedauern, wenn Ihre Arbeit beim Berliner Ensemble aus einem solchen Grunde zu Ende ginge.« *(Br, 1725.)*

13. **Oktober,** Montag. B erhält von der Gewerkschaftsgruppe des BE die »Medaille für ausgezeichnete Leistungen« in »Anerkennung seiner großen Leistungen als Dichter, für richtungsweisende Anleitung junger Autoren in kollektiver Zusammenarbeit und die erzieherische Arbeit der Schauspieler zum sozialistischen Realismus«, außerdem »für hervorragende Inszenierungen als Regisseur der Bühnenstücke *Die Mutter, Mutter Courage* und *Herr Puntila und sein Knecht Matti*« *(1536/39)*.

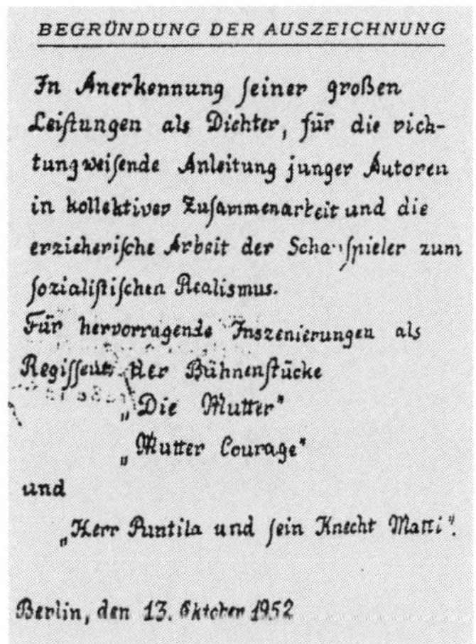
BEGRÜNDUNG DER AUSZEICHNUNG

In Anerkennung seiner großen Leistungen als Dichter, für die richtungweisende Anleitung junger Autoren in kollektiver Zusammenarbeit und die erzieherische Arbeit der Schauspieler zum sozialistischen Realismus.
Für hervorragende Inszenierungen als Regisseur der Bühnenstücke
„Die Mutter"
„Mutter Courage"
und
„Herr Puntila und sein Knecht Matti".

Berlin, den 13. Oktober 1952

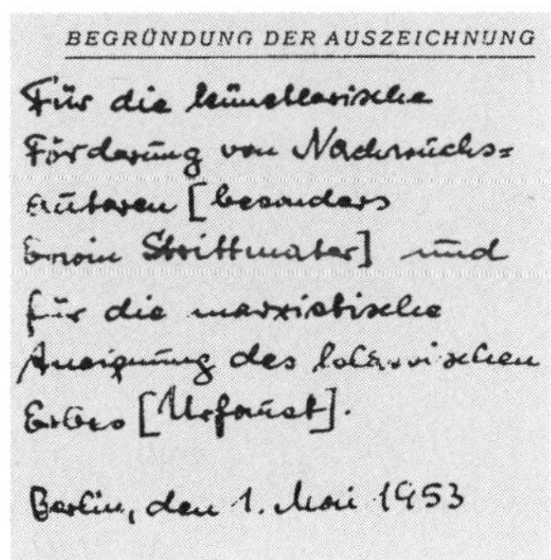
BEGRÜNDUNG DER AUSZEICHNUNG

Für die künstlerische Förderung von Nachwuchs-Autoren [besonders Erwin Strittmatter] und für die marxistische Aneignung des klassischen Erbes [Urfaust].

Berlin, den 1. Mai 1953

18. **Oktober,** Sonnabend. Leopold Infeld schenkt Helene Weigel sein Buch *Albert Einstein. Sein Werk und sein Einfluß auf unsere Welt* mit einer Widmung *(BBAB)*.

20. **Oktober,** Montag. B fragt noch einmal (→ 1. 8.) bei Carl Orff nach, ob er an einer Bühnenmusik zu *Der kaukasische Kreidekreis* interessiert sei. »Ich würde mich sehr freuen darüber.« *(Br, 1731.)* Orffs Antwort → 5. 11.

B bedankt sich bei Eric Bentley für die Übersendung des Sammelbandes seiner Stücke mit dem *Galileo* und fragt an, was Laughton dazu meint. Auf die Anfrage nach einer Brecht-Inszenierung Bentleys meint B, es hinge von der Besetzung ab *(Br, 1726)*.

Gegenüber dem Verwaltungsdirektor des Zürcher Schauspielhauses hält sich B bei der Aufschlüsselung der Tantiemen für die *Dreigroschenoper* an seinen Originalvertrag, nach dem Kurt Weill 25% erhält. Weills Wunsch, 15 Jahre nach Abschluß des Vertrags seinen Anteil zu erhöhen, habe er »nie anerkannt« und werde er auch nicht anerkennen *(Br, 1728)*.

B erteilt Renata Mertens-Bertozzi die Erlaubnis zur Übersetzung seiner Gedichte ins Italienische.

Aus dem Verlagsangebot von Kurt Desch bestellt B u.a. die Titel: André Gide, *Tagebuch 1939-1942*; Artur Kutscher, *Grundriß der Theaterwissenschaft*; Alberto Moravia,

Adriana, ein römisches Mädchen; Theodor Plivier, *Stalingrad*; Frank Wedekind, *Chansons*.
In seinem Bericht *Die Lage und die Aufgaben der Deutschen Akademie der Künste* schätzt Rudolf Engel die künstlerischen Leistungen der Akademiemitglieder sehr hoch ein, kritisiert aber ihre divergierenden Meinungen über Kunst, die »keine einheitlichen Auffassungen über den Realismus« erkennen ließen. »So wird es außerordentlich schwer sein, mit Bertolt Brecht, Helene Weigel, Herbert Jhering, Ernst Busch und Wolfgang Langhoff, Dr. Kurt Maetzig und Hans Rodenberg zu einer einheitlichen Auffassung über die Lage des epischen und dramatischen Theaters zu kommen.« *(Dokumente, 223.)*
23. Oktober, Donnerstag. Der Vorsitzende des Staatlichen Komitees für Filmwesen, Sepp Schwab, betont B gegenüber, daß »keinerlei Absicht« bestünde, den *Courage*-Film zu drehen. Es seien Hunderttausende von Mark aufgewendet worden, ohne daß das Stück in ein verwendbares Drehbuch gefaßt worden sei. Man könne nicht noch einmal eine »bedeutende Summe« aufwenden »für den Erwerb von Rechten, mit denen wir nicht das Geringste anfangen können« *(728/73)*.
Oktober. B entschuldigt sich bei Friedrich Wolf wegen der Falschschreibung seines Namens (»Wolff«) in *Theaterarbeit*. »Nachdem ich mir aber schon das Wohlwollen der FDJ zu einem erheblichen Teil verscherzt habe, weil ich in einem Telegramm den Namen Honecker mit zwei g anstatt mit einem ck geschrieben habe, muß ich jetzt doppelt vorsichtig sein. Ein paar Freunde muß ich mir ja schließlich noch erhalten.« *(Br, 1722.)*
1. November, Sonnabend. Da B an einer politischen Veranstaltung in Bayreuth nicht teilgenommen hatte, kommt es zwischen ihm und Johannes R. Becher zu einer Verstimmung. B beklagt sich über die mangelhafte Kommunikation, an der er wie auch Becher schuld seien. »Aber vor allem müßten wir einmal prinzipiell darüber sprechen, wie mein Name und meine Mitwirkung in dem Kampf um die Einheit Deutschlands richtig eingesetzt werden kann.« *(Br, 1733.)*

1. November 1952
Fragen Wolfgang Weyrauchs an Brecht

Wolfgang Weyrauch veröffentlicht in der Zeitschrift *Die Literatur* seine polemischen *13 Fragen an Bertolt Brecht*, zu denen er durch Bs *Offenen Brief an die deutschen Künstler und Schriftsteller (23,155 f.)* provoziert worden sei. B schreibt dazu seine *Antworten auf die Fragen des Schriftstellers Wolfgang Weyrauch (23,216-220)*, hält sie aber zurück. Die letzten Fragen Weyrauchs gehen nach Bs Meinung auf eine einzige hinaus: ob er durch die Machthaber im Osten bestochen worden sei; er erwidert: »Ich glaube, diese Frage würde auch erhoben, wenn ich etwa vorschlüge, den Blinden das Augenlicht und den Tauben das Gehör wiederzugeben. Ich habe meine Meinungen nicht, weil ich hier bin, sondern ich bin hier, weil ich meine Meinungen habe.« *(23,220.)*

2. November, Sonntag. Im BE beginnen die Proben zu *Der Prozeß der Jeanne d'Arc zu Rouen 1431*. Unter der künstlerischen Leitung Bs zeichnet Benno Besson für die Regie verantwortlich. B nimmt an zahlreichen Proben teil.

2.-22. November 1952
Proben zu
Der Prozeß der Jeanne d'Arc zu Rouen 1431

Brecht auf der Probe

Käthe Reichel als Jeanne d'Arc

3. November, Montag. B notiert: »Wenn ich in einem Buch lese ›ein Mann von siebenundvierzig‹, denke ich: was, und er will noch mitreden? Und ich selbst bin dreiundfünfzig.« *(27,335.)*

B bietet Willi Bredel, der die Buchreihe des Aufbau-Verlags »Bibliothek fortschrittlicher deutscher Schriftsteller« betreut, die *Kalendergeschichten* an *(Br, 1734)*.

B erkundigt sich bei der Polnischen Diplomatischen Mission nach seinen Honoraren für die polnische Ausgabe des *Dreigroschenromans* und bittet darum, sie bei der Polentournee des BE zur Verfügung zu stellen.

Walter Janka hat den Vorschlag gemacht, B solle eine neue Gedichtauswahl treffen. B zieht eine 3. Auflage der *Hundert Gedichte* vor, weil er »bestimmt in den nächsten Monaten nicht die Zeit für diese Auswahl« findet; er vertröstet ihn auf den nächsten Sommer *(Br, 1735)*.

B gestattet dem Institut für Lehrerbildung Leipzig (auf eine Anfrage vom 28. 10.) die Aufführung seines Stücks *Die Mutter* und macht, »da das Stück für eine Laienspielgruppe nicht einfach ist«, den Vorschlag, das Modellbuch des BE zu benutzen *(Br, 1736)*.

5. November, Mittwoch. Carl Orff erklärt sich zu einem Gespräch mit B über die Bühnenmusik zu *Der kaukasische Kreidekreis* (→ 20. 10.) bereit und hofft, B in Frankfurt/M. zu sehen.

9. November, Sonntag. Bei der Matinee des Deutschen Theaters zum 65. Geburtstag von Arnold Zweig wirken auch Ernst Busch, Helene Weigel und Ernst Kahler mit.

In Prag findet die Premiere von Johannes R. Bechers *Winterschlacht* statt (Regie: Frantisek Burian). Der dabei anwesende Becher lobt die Aufführung als »technisches Wunder«, bei der die Mechanismen »der Entfaltung des Menschen dienen«. Auch F. C. Weiskopf und Max Schroeder berichten lobend über die Aufführung. B bekommt durch Becher von der großartigen Regieleistung Burians Kenntnis und erinnert sich bei dem späteren Plan einer Aufführung der Tragödie am BE (→ 2. 2. 54) an den auch von ihm sehr geschätzten tschechischen Regisseur (→ Anfang Mai 55) *(notate, 88/1/18)*.

12. November, Mittwoch. B wollte, wie er an Peter Suhr-

kamp schreibt, an diesem Tag schon zu den Endproben von *Der gute Mensch von Sezuan* in Frankfurt/M. sein, kann aber noch nicht aus Berlin weg. Er habe deshalb Harry Buckwitz in einem Brief einige Hinweise »über Tempo und Leichtigkeit« gegeben. Er hofft, daß Paul Dessau, der schon in Frankfurt ist, hilfreich eingreift. »Ihn muß man vielleicht nur etwas zurückhalten von einer gewissen Schärfe und Aggressivität, die er seiner Musik gern verleiht. Sie muß eben auch leicht sein.« *(Br, 1737.)*
Nachmittags findet in der DAK ein Empfang des französischen Pantomimen Marcel Marceau statt, zu dem B eingeladen ist.

13.-16. November 1952
Reise nach Frankfurt/Main
Teilnahme an den Endproben zur Deutschen Erstaufführung *Der gute Mensch von Sezuan* Schauspielhaus Frankfurt/Main

Das Stück reizt ungewöhnlich stark zur Stellungnahme – ebenso wie sein Autor Bertolt Brecht. Freuen wir uns, daß es noch Hechte im Karpfenteich des Theaters gibt. Die politischen Akten über den Autor Brecht sind geschlossen. Lassen wir es dabei bewenden. Sehen wir nicht in erster Linie rot, wenn die Peitsche knallt und der soziale Nerv getroffen wird. [...] Harry Buckwitz ist die Annahme dieser deutschen Erstaufführung zu danken. Er hat das Stück elastisch und vital angepackt, die bittere Lauge verdünnt, aber in schlankem Strahl ausgeschenkt. Die beträchtlichen Längen sind überbrückt. – Doch man empfindet sie manchmal noch als solche. Zwei Bilder sind schauspielerisch von lang haftender Wirkung. Die Liebesszene mit dem Mädchen, das an einem Regentag den stellungslosen Flieger im Park findet. Zwischen aller Trostlosigkeit, in Schlamm und Nässe beginnt hier ein menschliches Gefühl zu wachsen, das wie ein zarter Duft die kalten Worte des Mannes enthüllt. Und dann die Runde in der Tabakfabrik, wenn das Arbeitstempo die Lungen auspumpt und dazu der Song von den sieben Elefanten ertönt. Hier

13. November, Donnerstag. Bs Sohn Stefan und seine Freundin, die den Sommer über zu Besuch waren, fahren wieder ab. Stefan wollte in dieser Zeit »seine These für Harvard fertigschreiben *(Hegel und die Naturwissenschaften)*«, hat es aber nicht geschafft. Nun sei er dennoch weggefahren, »als sei sie fertig, in allem dem Plan folgend, der für andere Bedingungen gemacht war«. So würden, meint B, auch Kriege beschlossen und »bei inzwischen völlig veränderten Bedingungen, geführt« *(27,335)*.
Sepp Schwab teilt mit, daß er den von B unterzeichneten Vertrag über »die Option auf die Weltverfilmungsrechte« von *Leben des Galilei* an die DEFA, deren Forderungen damit erledigt seien, weiterreicht *(728/74)*.
B fährt zu den Endproben von *Der gute Mensch von Sezuan* nach Frankfurt/M. Er notiert (am 16. 11.), er habe versucht, »der Aufführung zu Deutlichkeit und Leichtigkeit zu verhelfen« *(27,335)*. Hingegen schreibt er an Carl Orff (in einem auf den 15. 11. datierten Brief), daß er nicht nach Frankfurt kommen konnte, weil er im BE zwei Premieren (wegen einer Polentournee) früher herausbringen müsse.
Der Bühnenbildner der *Sezuan*-Aufführung, Teo Otto, erinnert sich: »Brecht wohnte in Frankfurt auf der Sachsenhausener Seite im Sauna-Hotel. Ich holte ihn fast täglich ab, und wir frühstückten miteinander. Die Tagesaktualitäten standen im Vordergrund. Nach der Arbeit geschah die Suche nach einer Kneipe mit Bedacht. Er bevorzugte die kleinen einfachen Kneipen. Er hatte eindeutig bayrische Gewohnheiten. Das einzige Bier, das er gelten ließ, war Münchner Bier. Wer Budweiser, Prager oder dänisches Bier nannte, war erledigt. Über Politik und Kunst ließ Brecht mit sich reden, über Bier nicht.« *(Otto, 41.)*
Paul Dessau, den er in Frankfurt trifft, arbeitet an der Musik zu dem Gedicht *Erziehung der Hirse*. B empfiehlt ihm die Mißachtung der »ihm vorgestellten Beispiele Meyerscher Oratorienmusik mit ihrem Schmalzersatz und Kunsthonig«; er soll mit seiner Musik den Kindern Spaß bereiten *(27,337)*.

15. November, Sonnabend. B fragt Carl Orff erneut (→ 20. 10.) wegen der Musik zu *Der kaukasische Kreidekreis* an. Wenn es zu keinem Gespräch kommen kann, will er ihm seine »Gedanken darüber zumindest schriftlich mitteilen« oder ihn bei nächster Gelegenheit in München treffen *(Br, 1738)*.

16. November, Sonntag. B fährt nach Berlin zurück. Er hat bei der Arbeit an Erwin Strittmatters Komödie *Katzgraben* entdeckt, daß sich nicht der Kleinbauer, wie ursprünglich beabsichtigt, als »Held« durchgesetzt hat, sondern der Parteisekretär, »da nur dieser eine leidenschaftliche Haltung einnehmen konnte«. Möglicherweise seien also »tiefergehende seelische Bewegung« nur noch »in der Schicht der politischen Initiatoren« anzutreffen *(27,337.)*

In Frankfurt/M. findet die deutsche Erstaufführung von *Der gute Mensch von Sezuan* statt; Musik: Paul Dessau; Regie: Harry Buckwitz, Bühnenbild: Teo Otto; mit Solveig Thomas (Shen Te / Shui Ta), Arno Assmann (Yang Sun), Otto Rouvel (Wang), Ernstwalter Mitulski (Shu Fu), Anita Mey (Mi Tsü), Elisabeth Kuhlmann (Witwe Shin).

Harry Buckwitz telegrafiert B (nach der Vorstellung), daß *Der gute Mensch von Sezuan* ein Erfolg geworden ist.

Abends hat gleichzeitig am BE *Die Gewehre der Frau Carrar* Premiere. Künstlerische Leitung: B, Regie: Egon Monk, Bühnenbild: Hainer Hill; mit Helene Weigel (Carrar), Ekkehard Schall (José), Erwin Geschonneck (Pedro), Norbert Christian (Padre).

Die Presse wird erst nach der Polentournee des BE eingeladen, als *Carrar* zusammen mit *Prozeß der Jeanne d'Arc zu Rouen 1431* (→ 23. 11.) an einem Abend gespielt wird.

Die Gewehre der Frau Carrar wird (bis 1. 3. 55) insgesamt 49mal gespielt.

17. November, Montag. Zu *Der Prozeß der Jeanne d'Arc zu Rouen 1431*, »das wir jetzt inszenierten«, schreibt B, es handele sich um einen interessanten »Stücktypus, sehr leichte dünne Bögen mit zartem Zwischenspiel der Wandlungen des Volks und der Heldin« *(27,337)*.

B hat »ganz zufällig« erfahren, daß der *Courage*-Film nicht gedreht werden soll (→ 23. 10.). Er wendet sich an den Direktor der DAK, Rudolf Engel, und schreibt: »Die DEFA selbst fand es nicht der Mühe wert, mich zu verständigen. Als Gründe wurden mir mündlich von Direktor Schwab ein bis zwei genannt, die mir – im Gegensatz zu früheren Kritizismen der DEFA-Kommission – nicht einleuchteten.« B meint, er sei »so schäbig« in seiner »ganzen bisherigen Praxis als Schriftsteller noch nicht behandelt« worden. Die DEFA habe mehrere Jahre lang die Vergabe der Rechte an eine andere Filmfirma blockiert. »Unter keinen Umständen

packt es elementar, wie einst zu Zeiten der *Dreigroschenoper.* Hier brach auch der Beifall bei offener Bühne los. *(Thomas Halbe, Frankfurter Neue Presse, 18. 11.)*

Harry Buckwitz, der auch den Lukull in Frankfurt aufführen ließ, inszenierte in seinem »Kleinen Haus« eine deutsche Erstaufführung von Bert Brecht. *Der gute Mensch von Sezuan* ist ein Beitrag zum epischen Theater, ein echter Brecht, der heute weder recht in den Osten noch in den Westen passen will. [...] Die Frankfurter Aufführung war eine stilistisch überzeugende, durchgearbeitete, von präzisen Einzelleistungen getragene Interpretation. Bildlich bot Teo Otto eine zünftige Brecht-Szenerie. Buckwitz hielt das epische Theater sinngemäß im Bereich dokumentarischer Aussage. Die große Doppelrolle des Titels stand Solveig Thomas mit Konzentration und Differenzierung anerkennenswert durch. *(Johannes Jacobi, Die Zeit, Hamburg, 20. 11.)*

16. November 1952
Zurück in Berlin

Premiere
Die Gewehre der Frau Carrar
Berliner Ensemble
(im Deutschen Theater)

Unter der künstlerischen Leitung von Bertolt Brecht spürte man eine überaus sorgfältige, gewissenhafte und durchdachte Regiearbeit, für die der junge Regisseur Egon Monk verantwortlich zeichnet. Helene Weigels schlichte, aufwühlende Schauspielkunst fügte der Reihe ihrer unvergeßlichen Frauenverkörperungen eine neue ergreifende Gestalt hinzu. *(Jürgen Rühle, Sonntag, 8. 2. 53.)*

Eine Regie, die die klare, straffe Handlung ebenso klar und straff exponiert, steigert, Ritardandi setzt, zum Höhepunkt führt und abklingen läßt. Bestes Theater. Bertolt Brecht möge verzeihen: bestes Illusionstheater. – Und der Darstellungsstil? Wenn das, was wir von Erwin Geschonneck als Pedro, von Ekkehard Schall als José, von Norbert Christian in der sehr schwierigen Rolle des Padre und nicht zuletzt von Helene Weigel als Frau Carrar sahen und tief erlebten, die von Bertolt Brecht *gewollte* Art der Menschendarstellung ist, dann sind unsere kunsttheoretischen Meinungsverschiedenheiten auf diesem Gebiet in der Praxis sehr gering. *(Fritz Erpenbeck, Theater der Zeit, März 53.)*

23. November 1952
Uraufführung
***Der Prozeß der Jeanne d'Arc zu Rouen 1431* von Anna Seghers**
Berliner Ensemble
(im Deutschen Theater)

Ebenfalls unter Brechts Leitung von Benno Besson eingerichtet, fand das Stück eine starke schauspielerische Interpretation. Unscheinbar und zerbrechlich, mit ergreifender Schlichtheit und einer wie selbstverständlich wirkenden Unerschütterlichkeit der Überzeugung, hatte die junge, bisher wenig bekannte Schauspielerin Käthe Reichel ihren großen Tag. Die Intensität ihres mit so wenigen sichtbaren Mitteln geführten Spieles beherrschte durchgehend das Stück. *(Jürgen Rühle, Sonntag, 8. 2. 53.)*

Die Aktualität des Themas [...] kommt durch Käthe Reichel in der Titelrolle nicht zum Durchbruch. Bei aller bestechenden schauspielerischen Vertiefung erlebten wir ein mehr pathologisches als kämpferisch-bewußtes Mädchen; eine Rollenauffassung, die uns dem historischen Charakter dieser Rolle zu widersprechen scheint. *(Rudolf Harnisch, Nationalzeitung, 3. 2. 53.)*

kann eine solche Praxis bei uns geduldet werden. Schon der Versuch, Schriftsteller in dieser Weise übers Ohr zu hauen, müßte streng behandelt werden.« *(Br, 1739.)*

21. November, Freitag. Das von B angeregte und von Käthe Rülicke nach den Gesprächsprotokollen redigierte Buch *Hans Garbe erzählt* (→ 2. 6.) kommt heraus.

Käthe Rülicke schreibt in ihr Tagebuch, daß Ruth Berlau eine Schlaf-Therapie mache, und hofft, daß dies hilft: »Es wäre schrecklich für Brecht, wenn wieder solch ein Theater wie im Vorjahr käme.« *(1264/20.)*

22. November, Sonnabend. Auf eine Einladung vom Rat des Bezirks Chemnitz (vom 14. 11.) zu einer »Arbeitstagung mit den leitenden Mitarbeitern der sieben im Bezirk beheimateten Theater« läßt B sich durch Helene Weigel entschuldigen; er sei wegen der zwei laufenden Neuinszenierungen des BE nicht abkömmlich *(838/81)*.

23. November, Sonntag. Uraufführung von *Der Prozeß der Jeanne d'Arc zu Rouen 1431* von Anna Seghers (Bearbeitung: B und Besson); künstlerische Leitung: B, Regie: Benno Besson, Bühnenbild: Hainer Hill; mit Käthe Reichel (Jean d'Arc), Erwin Geschonneck (Bischof), Georg-Peter Pilz (Jean Beaupere), Paul Albert Krumm (La Fontaine), Wolf Kaiser (de Chatillion), Norbert Christian (Erard).

Die Presse wird erst nach der Polentournee des BE eingeladen, als das Stück zusammen mit *Die Gewehre der Frau Carrar* (→ 16. 11.) an einem Abend aufgeführt wird.

Der Prozeß der Jeanne d'Arc zu Rouen 1431 wird (bis 13. 6. 54) insgesamt 33mal gespielt.

26. November, Mittwoch. B hält es für verfehlt, nach Volkskunst in hochindustrialisierten Ländern »nur in die Richtung der etablierten Künste« zu schauen, sondern eher auf Künste »wie Möbeltischlerei, Eisenschmiedekunst, Theaterschneiderei usw.« *(27,339)*.

27. November, Donnerstag. B bittet Rudolf Engel über den Förderungsausschuß, ihm ein »zinsloses Darlehn von etwa 25.000,-- DM« zu vermitteln. Er habe in diesem Jahr das Geld des Nationalpreises dazu verwendet, »in Buckow eine Villa mit Nebengebäuden zu pachten und auszubauen sowie einen kleinen Turm in der Nähe«. Die Kostenvoranschläge seien um mehr das Doppelte überschritten worden. Das Geld sei insofern sicher, als er von der DEFA noch die gleiche Summe einzufordern hat, wenngleich darüber noch »ein Streit« zu überstehen ist *(Br, 1740)*.

B kündigt Egon Rentzsch vom ZK der SED einen Beitrag zum Thema über den »Ruf nach Qualität und fachlicher Ausbildung« sowie über »die Kritik an oberflächlicher, schematischer Behandlung gesellschaftlich wichtiger Themen« an. Angeregt worden sei er dazu durch die Ausführungen vom XIX. Parteitag der KPdSU, soweit sie Literatur und Kunst betreffen *(Br, 1741)*.

28. November, Freitag. Erwin Reiche von der DEFA versichert B, mit dem er wenige Tage zuvor darüber telefoniert hat, daß er bevorzugt junge Schauspieler des BE in Filmen untergebracht hat. Um alle rechtzeitig in ihren neuesten Leistungen beurteilen zu können, bittet Reiche um Hinweise auf deren Auftritte.

Hermann Henselmann sucht bei B Rat für Motive, nach denen Plastiken in der im Wiederaufbau befindlichen Stalinallee gemacht werden könnten. B schlägt vor: »*Die drei Trümmerweiber. Der Konditorlehrling. Kohlhaas mit den Gäulen.*« *(27,339.)*

29. November, Sonnabend. Vertrag Bs mit dem Aufbau-Verlag über Verlagsrechte *Versuche*, Sonderheft *Die Gewehre der Frau Carrar.*

Tod von Horst Baerensprung (→ April 43).

Ende November. Zur Vorbereitung der Inszenierung von *Katzgraben* fährt Erwin Strittmatter mit B und Schauspielern des BE zu Milieustudien in die Lausitzer Dörfer Klein-Kölzig und Eichwege, die »Modelle« für das (fiktive) Dorf Katzgraben. Die Schauspieler zeigen dort das Stück *Ein fremdes Kind* (→ 27. 6.).

In einem Bericht für die Wochenzeitung *Sonntag* beschreibt Ruth Berlau die Exkursion und stellt die Frage: »Was haben wir geerntet? Anregungen für die Dekorationen unseres Stücks, realistische Details. Wir haben den alten einsinkenden Grubenweg gesehen, der in Strittmatters Stück Streitpunkt ist, und den neuen Weg, um den gekämpft wird. Wir haben den Meisterbauern gesehen und den jungen Traktoristen – sie sind jetzt für uns nicht mehr nur Figuren in einem Stück – wir haben sie kennengelernt.« *(2. 12.)*

November. Bs Sohn Stefan ist sich über seinen Berufswunsch nicht sicher. B schreibt ihm, daß er Chemie vorgeschlagen habe, aber Stefans Ablehnung respektiere. Im Sommer habe ihn die Anwesenheit von Alma gehindert, einen Ratschlag zu geben. Er müsse nun selbst sehen, »wie Du aus einer Lage herauskommst, in der nicht mehr zulässige Gründe über Deine Entschlüsse entscheiden«. Nach seinen »Kritizismen strenger Art« würdigt B die »Intelligenz und Integrität« seines Sohnes *(Br, 1742)*.

1. Dezember, Montag. B bedankt sich bei Leopold Infeld mit einer Entschuldigung für die späte Antwort auf dessen Zusendung des Buches *Whom the Gods Love. The Story of Evariste Galois* (das er B am 22. 5. mit einer Widmung geschickt hatte). Er habe es »mit sehr großem Interesse gelesen, sowohl seines literarischen Inhalts als auch seiner glänzenden Behandlung wegen«, halte aber eine Dramatisierung

Unter der künstlerischen Leitung von Bertolt Brecht hat Benno Besson den *Prozeß der Jeanne d'Arc* vor einer unveränderlichen dreiflügeligen Hintergrunddekoration von Hainer Hill, die an ein gotisches Altarbild erinnert, als eine Art mittelalterlichen Bilderbogen inszeniert, sehr farbenprächtig, Auftritt für Auftritt auf der hellerleuchteten Bühne fast wie ein Gemälde komponiert. Die beim Berliner Ensemble zur Tradition gewordene Sorgfalt und Genauigkeit ist auch diesmal im Spiel durchweg aller Darsteller zu finden. *(Henryk Keisch, Neues Deutschland, 19. 3. 53.)*

Es war eine inhaltreiche Erzählung in Bildern, aber ohne den Fluß einer Erzählung, den sie im Hörspiel oder Film (durch Überblendung und Schnitt) oder im Roman (durch Beschreibung, Kommentar und Überleitung) haben würde. – Wir stoßen immer wieder auf das Problem: Dramatik und Epik. *(Fritz Erpenbeck, Theater der Zeit, März 53.)*

Ende November 1952
Reise in die Lausitz

In Klein-Kölzig

der Geschichte von Galois für zu schwierig. »Das politische Schicksal dieses jungen Genius gewinnt seine Bedeutung hauptsächlich aus seiner wissenschaftlichen Größe.« *(Br, 1743.)*
Franz Josef Reinthaler aus München, der selbst mehrfach Shakespeares *Coriolan* übersetzt hat, interessiert sich für Bs Bearbeitung der Tragödie und legt ihm (in einem Brief vom 23. 11.) seine Probleme der sprachlichen Bewältigung dar. B hat die DAK auf Reinthaler aufmerksam gemacht. Er will ihm sein Stück schicken, sobald es fertig ist, und bittet ihn um seine »kritische Meinung« *(Br, 1744)*.
4. Dezember, Donnerstag. Käthe Rülicke macht für B eine Aktennotiz, wonach ein Exemplar von *Katzgraben* am 1. 11. mit der Bitte um Meinungsäußerung an Helmut Holtzhauer von der Staatlichen Kunstkommission geschickt wurde. Als sie am 2. 12. dort anrief, wußten weder das Sekretariat noch der für die Abteilung Dramatische Kunst zuständige Mitarbeiter etwas von dem Stück.

4.-30. Dezember 1952 Gastspiel in Polen, erste Auslandstournee des Berliner Ensembles

Erste große Auslandstournee des BE mit *Mutter Courage und ihre Kinder*, *Die Mutter* und *Der zerbrochne Krug* sowie einem Brecht-Abend in Krakau (7.-10. 12.), in Lodz (14.-17. 12.) und Warschau (20.-28. 12.). An der Tournee nehmen vom BE 83 Mitglieder teil (B bleibt in Berlin). An allen Orten finden zahlreiche Diskussionen mit Schriftstellern, Theaterleuten und Kritikern statt.
Der Generalsekretär des Deutschen Friedenskomitees informiert B, daß ihn die Teilnehmer des Deutschen Kongresses für Verständigung und Frieden einstimmig »als Mitglied des Deutschen Friedenskomitees« gewählt haben, und bittet ihn, die Wahl anzunehmen *(727/67)*.
5. Dezember, Freitag. B hat von der Sektion Dramatik des Deutschen Schriftsteller-Verbands (am 27. 11.) eine Liste der in der DDR lebenden Dramatiker bekommen. Er berät mit Mitarbeitern des Verbandes über die künftigen Aufgaben der Sektion.
6. Dezember, Sonnabend. B fragt Boris Blacher, ob er eine Bühnenmusik für *Der kaukasische Kreidekreis* komponieren würde *(Br, 1745)*.
Aus München kommt Ernst Schumacher zu B und konsultiert ihn wegen seiner Dissertation (*Die dramatischen Versuche Bertolt Brechts*). U. a. spricht er mit ihm über *Dickicht*. B mißt dem Stück einen »enormen Fortschritt in der Dramatik« bei und stellt es in eine Reihe mit *Galilei* und *Der kaukasische Kreidekreis* *(27,339)*.
8. Dezember, Montag. B bittet seinen Sohn Stefan, der in Paris studiert, sich von Jean-Marie Serreau die originale Dessausche Partitur von *Mann ist Mann* geben zu lassen und eine Kopie davon nach Padua zu schicken.

12. Dezember, Freitag. B kann aus gesundheitlichen Gründen in Wien nicht am Völkerkongreß zum Schutze des Friedens (12.-15. 12.) teilnehmen und hat dem Komitee einen Brief geschrieben, dem er den Text *Salut, Teo Otto (23,63f.)* beilegt. Helene Weigel ist Mitglied der gesamtdeutschen Delegation, kommt von der Polentournee für zwei Tage nach Wien und verliest Bs Text *Zum Kongreß der Völker für den Frieden (23,215f.)*.

12. Dezember 1952
Zum Kongreß der Völker für den Frieden

Laßt uns das tausendmal Gesagte immer wieder sagen, damit es nicht einmal zu wenig gesagt wurde! Laßt uns die Warnungen erneuern, und wenn sie schon wie Asche in unserem Mund sind! Denn der Menschheit drohen Kriege, gegen welche die vergangenen wie armselige Versuche sind, und sie werden kommen ohne jeden Zweifel, wenn denen, die sie in aller Öffentlichkeit vorbereiten, nicht die Hände zerschlagen werden. *(23,216.)*

13. Dezember, Sonnabend. B schreibt an Käthe Rülicke, die mit auf die Polentournee gefahren ist, er sitze mit Erwin Strittmatter, Egon Monk und Peter Palitzsch täglich über der Endredaktion von *Katzgraben*. Er hat ihr *Garbe*-Buch wieder gelesen. »Es ist eine schöne, reine Arbeit.« Solange sie weg ist, bleibe seine »Post alle liegen« *(Br, 1747)*.

15. Dezember, Montag. B schreibt an Helene Weigel, daß *Katzgraben* seit der »letzten Bearbeitung sehr gewonnen« hat und »anständig« wird. Durch den Kaminumbau ginge in dem Haus jetzt »alles ganz gut«. »Gibt Barbara auf sich acht? Bitte, gib Du auf Dich acht.« *(Br, 1749.)*

15. Dezember 1952
Meinung über Drehbuch des Thälmann-Films

B trifft sich mit Albert Schreiner und spricht mit ihm über das Drehbuch (Willi Bredel, Michael Tschesno-Hell) des in Vorbereitung befindlichen DEFA-Film *Ernst Thälmann – Sohn seiner Klasse* (1954, Regie: Kurt Maetzig), das er wegen seiner Geschichtsfälschung ablehnt, weil Thälmann darin zum »Feldherrn im Hauptquartier« gemacht wird, »während er auf dem Fahrrad von Betrieb zu Betrieb fuhr« *(27,339)*.

19. Dezember, Freitag. Wladislaw Bronewski schickt B sein Buch *Isbrannoje stichi* (russische Ausgabe seiner ausgewählten Gedichte) mit einer Widmung *(BBA)*.

20. Dezember, Sonnabend. B schreibt in diesen Tagen »für die letzte Post vor Weihnachten« an die aus Polen zurückgekehrte Käthe Rülicke und bedankt sich für ihren Brief mit Zeitungsausschnitten vom Gastspiel. Er freut sich »auf den mündlichen Bericht« und wünscht ihr »ein gutes Weihnachten« *(Br, 1750)*.

Egon Monk und Peter Palitzsch arbeiten an einem Drehbuch für eine Fernseh-Verfilmung von *Die Gewehre der Frau Carrar* (→ 4.-7. 2. 53).

23. Dezember, Dienstag. In einem Interview für die Warschauer Zeitung *Zycie Warszawy* sagt Helene Weigel, »Hauptregisseur« des BE sei B, aber im Theater gäbe es »viele junge, ungewöhnlich fähige Regisseure« wie Egon Monk und Benno Besson; es bestünde die Möglichkeit für »eine Art Studium, das junge Anwärter der Bühnenkunst, vor allem Regisseure bildet«.

24. Dezember, Mittwoch. Helene Weigel schenkt B ein chinesisches Buch (in grünem Seideneinband), in dem Theater-

figuren und Pantomimen wiedergegeben sind, mit der Widmung: »von Deiner ältesten Verehrerin« *(2046/56)*.
25. Dezember, Donnerstag. B notiert an diesem Tage: »Ich habe meiner Erinnerung nach niemals eine Zeile geschrieben, wenn ich mich nicht wohl befand, körperlich. Allein dieses Wohlbefinden verleiht die Souveränität, die zum Schreiben nötig ist. Es muß ein von oben nach unten Schreiben sein, über dem Thema muß man sitzen. Allerdings entsteht umgekehrt ein solches Wohlbefinden mehr oder weniger, wenn ich mich an den Tisch mit der Maschine setze.« B meint, daß im epischen Spiel »der natürlich vorhandene Widerspruch zwischen dem Darsteller und der dramatischen Figur seinen wohlbestimmten Ausdruck findet«. Die »Kritik des Darstellers an der Figur« müsse voll verkörpert sein. »In diesem wie in einigem anderen löst der Einzug der Dialektik in das Theater einen deutlichen Schock auch bei denen aus, die auf anderen Gebieten die Dialektik anerkennen.« *(27,340.)*
27. Dezember, Sonnabend. B arbeitet an der Szene mit der Ermordung des Coriolan. »Coriolan versucht, für seine Klasse neue oder alte Privilegien zu erpressen unter den beständigen Kriegen, und er kehrt um im Interesse seiner Klasse.« Das Stück, meint er, könne in Westdeutschland »heute aufgeführt werden, wie es ist« *(27, 340f.)*.
28. Dezember, Sonntag. B hält Langeweile für ein untrügliches Zeichen dafür, »daß etwas nicht Kunst ist oder jemand Kunst nicht versteht«, und fügt hinzu: »Die Kunst sollte ein Mittel der Erziehung sein, aber ihr Zweck ist das Vergnügen.« *(27,341.)*
29. Dezember, Montag. Hanns Otto Münsterer wünscht B »stets gute Arbeit und Erfolg«; er bedauert, ihn lange nicht gesehen zu haben, und wird »also doch einmal nach Berlin müssen«, kann es aber wegen seiner Arbeit (als Arzt) momentan nicht *(728/37)*.
30. Dezember, Dienstag. Rückkehr des BE von der Polentournee (→ 4. 12.).
31. Dezember, Mittwoch. Erwin Strittmatter dankt B für die Hilfe bei der Bearbeitung von *Katzgraben* und schreibt: »Ich habe noch nie in meinem Leben soviel auf einen Sitz gelernt, wie in dem reichlichen halben Jahr bei Ihnen. Ich habe aber auch noch nie so willig einem Lehrer zugehört wie Ihnen. Trotzdem verspreche ich, daß ich mir bei allem, was ich Ihnen ablerne, selber treu bleiben werde, weil ich weiß, wie sehr Ihnen Nachäffer zuwider sind.« *(728/79-82.)*
Bs und Helene Weigels Tochter Barbara, die als Kostümbildnerin am BE und am Berliner Theater der Freundschaft tätig war, debütiert unter der Regie von Curt Bois am Deutschen Theater in Werner Bernhardys Stück *Ein Polterabend* erfolg-

Mit Erwin Strittmatter in der Lausitz

reich in der Rolle von Guste. B sieht sich die Aufführung an und lobt ihre Darstellung; bei einer solchen Leistung, meint er, hätten früher sechs Dramatiker etwas für sie geschrieben. Barbara wird als Schauspielerin ans BE engagiert und behält den Künstlernamen bei, den sie sich schon für ihr Debüt gegeben hat (»Barbara Berg«).

31. Dezember 1952
Nach erfolgreichem Debüt am Deutschen Theater Engagement von Tochter Barbara ans Berliner Ensemble

Dezember. Als Bilanz des Jahres schreibt B einen kritischen Bericht *An die Dramaturgen, Regisseure, Assistenten und Schüler des Berliner Ensemble* und läßt ihn öffentlich aushängen. Danach lobt er als »Leistungen«: »Die Programme und Plakate (Palitzsch) / *Theaterarbeit* (Berlau, Hubalek, Palitzsch, Rülicke) / *Modellbücher* (Berlau) / Auerbachs Keller und Gartenszenen aus *Urfaust* (Monk) / *Don Juan* (Besson) und *Hans Garbe erzählt* (Rülicke).« Als »Schwächen« stellt er heraus, die Abendregie (allabendliche Kontrolle der Aufführungen) werde »oberflächlich und mechanisch durchgeführt«, die Modellbücher zu wenig studiert, die Diskussion der *Katzgraben*-Bearbeitung im größeren Kreis sei »beschämend« gewesen. »Die Mehrzahl stand diesem wichtigen Versuch, dem Theater eine dichterische Lösung seiner neuen politischen Aufgaben zu geben, hochmütig, das heißt hilflos gegenüber.« Er bittet um »rückhaltlose Hinweise«, woran er es fehlen lasse, und Vorschläge für eine Besserung. »Die Arbeit beim Berliner Ensemble ist aufgebaut auf dem Interesse, das die Mitarbeiter am Theater nehmen, dem eigentlichen Gradmesser des Talents.« *(23,220f.)*
B dankt Gottfried von Einem für die Zusendung von dessen *Japanischen Blättern*: »Das ist schöne Musik und schöner Text.« *(Br, 1751.)*

1953

1. Januar, Donnerstag. Der Wirtschaftshistoriker Jürgen Kuczynski schickt B sein Buch *Die politökonomische Apologetik des Monopolkapitals in der Periode der allgemeinen Krise des Kapitalismus* mit der Widmung: »mit vielen guten Wünschen« *(BBAB)*.
7. Januar, Mittwoch. Das *Neue Deutschland* veröffentlicht ein Telegramm Bs an Albert Einstein, in dem er diesen auffordert, etwas gegen die Verurteilung von Ethel und Julius Rosenberg zu tun. Darin heißt es u. a.: »Habe Akten gelesen, sie sind unschuldig.« *(Br, 1756.)* Gleichlautende Telegramme richtet B an Arthur Miller und Ernest Hemingway.
10. Januar, Sonnabend. Carl Orff, der sich mit B wegen der *Kreidekreis*-Musik treffen will (→ 5. 11. 52), teilt mit, daß er vorerst nicht nach Berlin reisen wird; er sei in verschiedenen Projekten »eingesponnen« und könne »an keine neue Arbeit denken« *(731/90)*.
12. Januar, Montag. B hat die zahlreichen Kritiken über die

Aufführungen des BE in Polen übersetzen lassen und gelesen. Ihm fällt auf, daß *Mutter Courage und ihre Kinder* »immer wieder als pazifistisch bezeichnet« wird *(27,345)*.

15. Januar 1953
Kritik der Funktionäre an *Sinn und Form*

15. Januar, Donnerstag. In der Präsidiumssitzung der DAK wird die Konzeption der Akademie-Zeitschrift *Sinn und Form* kritisch untersucht. Den Anstoß dazu bildet die Aufnahme des Essays von Ernst Fischer *Doktor Faustus und der deutsche Bauernkrieg (Sinn und Form, 6/52)*. Im Protokoll der Sitzung heißt es: »Die Chefredaktion hätte vorher prüfen müssen, ob sie den Druck übernehmen kann.« Becher habe sich über eine Umbesetzung des Chefredakteurs (Peter Huchel; → 13. 5.) »schon lange« Gedanken gemacht und schlage F. C. Weiskopf vor *(AdK)*.

17. Januar, Sonnabend. B läßt den Vertrag über *Die Gewehre der Frau Carrar* unterzeichnet an den Aufbau-Verlag schicken; das Stück *(4,305-334)* erscheint in diesem Jahr als Sonderheft der *Versuche*, das auch die Erzählung *Der Augsburger Kreidekreis (18,341-354)* und *Neue Kinderlieder (12,297-303)* enthält.

Auf Emil Burris Anfrage (vom 14. 12. 52) nach dem Stand der *Courage*-Verfilmung klagt B über den »hoffnungslosen Sumpf-Zustand«, in dem sich das Projekt befinde, obwohl »doch wirklich eines der großartigsten Filmskripte, die ich kenne«, vorläge; er »habe schon gar keine Lust mehr, darin weiter etwas zu tun« *(Br, 1757)*.

Dem neuen Hauptdirektor der DEFA, Hans Rodenberg, schickt B die Verträge über *Mutter Courage und ihre Kinder* und weist darauf hin, daß er »während dieser Jahre keinerlei Recht hatte, die Verfilmungsrechte irgendwo anders hin zu vergeben« *(Br, 1759)*.

B bittet den (seit 1952) 1. Sekretär des Schriftstellerverbands, KuBa (Kurt Barthel), dem westdeutschen Schriftsteller Roettges zu einem Visum für die DDR zu verhelfen. Er habe ein Bauernkriegsdrama geschrieben, das B der DEFA zur Verfilmung empfiehlt *(Br, 1758)*.

B erlaubt dem Deutschen Friedenskomitee den honorarfreien Abdruck einiger seiner Gedichte in einer Anthologie *Lieder und Gedichte für den Frieden* nur für den Fall, »daß das Werk weder im Buchhandel erscheint noch auf andere Weise von den Lesern bezahlt wird« *(Br, 1760)*.

18. Januar, Sonntag. Harry Buckwitz berichtet über den großen Erfolg des *Guten Menschen von Sezuan* in Frankfurt/M. (→ 16. 11. 52); es sei »das wichtigste und größte Theatererlebnis der letzten Jahre« gewesen. Buckwitz lädt B nach Frankfurt ein, um mit ihm über neue Projekte zu sprechen *(655/7f.)*.

19. Januar, Montag. B nimmt an der Sitzung der Sektion Darstellende Kunst der DAK teil, in dem über den

I. Deutschen Theaterkongreß (Thema: *Das sowjetische Theater unser Vorbild*) beraten wird, vor allem über dessen Beschluß, eine Stanislawski-Konferenz durchzuführen. Nach der Beratung beschließt B, sich auf die Konferenz durch ein Studium der verfügbaren Schriften Stanislawskis vorzubereiten und dessen System bei der Inszenierung von *Katzgraben* praktisch zu testen.
In der Phase der Vorbereitung und während der Inszenierung von *Katzgraben* entstehen zahlreiche Notizen zum System Stanislawskis und zur Einbeziehung einiger methodischer Details in die eigene Arbeit *(23,224-230)*.

Januar - Mai 1953
Studium der Schriften Stanislawskis über sein System

20. Januar, Dienstag. Bei einer Arbeitsbesprechung der Regie- und Dramaturgieassistenten des BE, die B leitet, wird u. a. festgelegt, daß »Studienmaterial über Stanislawski« beschafft und durchgearbeitet wird. B schlägt die Herstellung von Modellbüchern vor, »die lebendig gemacht, abweichend vom Schema, eine selbständige Arbeit« darstellen. B hält (weiterhin) Voraufführungen (vor der Premiere) für sehr wertvoll, weil dann noch »mancherlei Änderungen und Verbesserungen angebracht« werden könnten. Er empfiehlt die Verbindung zu einem Produktionsbetrieb mit einem »Freundschaftsvertrag«. Die nächste Arbeitsbesprechung wird für den 22. 2. festgelegt *(1299/2f.)*.
Bei seinen Studien zu Stanislawski notiert B, die »ausgesuchten Übungen« seien wohl nötig gewesen, weil der einzelne sich »nur durch Insichselbstversenkung [...] aus sich selbst« aufbauen konnte *(27,345)*.
22. Januar, Donnerstag. Helene Weigel bedankt sich bei Lion Feuchtwanger für die Übersendung einer Überraschung. »Das Zeichen der alten Liebe hat uns alle herzlichst gefreut.« Sie wünschte, er säße näher und hätte »die Möglichkeit von Streitigkeiten« mit B. »Meine Lage rentiert sich jetzt wirklich. Ich bin zwar unendlich mager wegen Überarbeit, aber aufgeblüht. Wie man das beides auf einmal kann, weiß ich nicht, aber ich habe es fertiggebracht.« *(Feuchtwanger, 69.)*

23. Januar 1953
Erstsendung der Rundfunkfassung *Die Gewehre der Frau Carrar*
Sender Berlin 1

Durch zwischengeblendeten Kommentar, der fast in poetischer Schönheit die im Funk nicht sichtbaren Vorgänge beschreibt, ist eine Art episches Werk entstanden. Regisseur Egon Monk hat das Ganze straff und klar inszeniert. Sämtliche Sprecher sind die Darsteller des

23. Januar, Freitag. Erstsendung einer Hörspielfassung von *Die Gewehre der Frau Carrar* unter der Regie von Egon Monk und der Besetzung des BE (→16. 11. 52), mit Josef Noerden als Sprecher.
26. Januar, Montag. B antwortet Walter Janka auf dessen Brief (vom 11. 12. 52), er sei mit dem Abdruck einiger seiner Arbeiten im Rahmen der Reihe *Schriftsteller der Gegenwart* (Heft *Bertolt Brecht / Friedrich Wolf*) beim Schulbuchverlag Volk und Wissen nur dann einverstanden, wenn er ein »volles Honorar« erhält. Es handele sich dabei nicht um »Leseproben« *(Br, 1762)*. Gleichzeitig informiert er davon Friedrich Wolf und empfiehlt ihm ein ähnliches Vorge-

Berliner Ensembles. Ein Hörspiel von hohen künstlerischen Qualitäten.
(B., Nachtexpreß, 23. 1.)

Selten ist es möglich, ein dramatisches, für die Szene geschriebenes Werk unmittelbar als Hörspiel im Funk zu übertragen. Der Handlungsort, die Aktionen der Darsteller, alles, was auf der Bühne her vors Auge des Zuschauers kommt, bleibt dem Hörer verschlossen. Bei der Übertragung des Schauspiel-Einakters von Bertolt Brecht *Die Gewehre der Frau Carrar* durch den Funk konnte man es völlig beim Original belassen. Die knappen Dialoge, die Prägnanz ihrer Aussage, die dichterische »Verkürzung« ist so stark und eindeutig, daß nichts am Text ausgelassen oder verändert werden brauchte.
(H. B., Berliner Zeitung, 24. 1.)

hen, »sonst bürgert sich hier die tollste Piraterie ein« *(Br, 1761)*.

27. Januar, Dienstag. B setzt sich im Zusammenhang mit seinen Stanislawski-Studien mit dessen Inszenierung der Oper *Werther* von Jules Massenet (1892, nach Goethe) im Opernstudio des Moskauer Bolschoi-Theaters (Premiere: 2. August 1921) auseinander *(27,345)*.

28. Januar, Mittwoch. Als Erwin Geschonneck erwägt, ans Deutsche Theater überzuwechseln, fordert ihn B auf, sich für eine weitere Verlängerung seines Engagements am BE zu entscheiden: »Sie sind ein so bedeutender Künstler, daß Sie in einer solchen Phase Ihrer Entwicklung nach einiger Überlegung einsehen werden, was Sie jetzt brauchen, nämlich eine weitere stetige planmäßige Arbeit. Außerdem benötigt Sie Ihr Theater, und Sie tragen für das Berliner Ensemble die Verantwortung, die nach Ihrem Talent bemessen werden muß.« B schlägt ihm einen Vertrag vor, der ihm erlaubt, als Gast auch am Deutschen Theater arbeiten zu können *(Br, 1763)*.

B bietet dem polnischen Schauspieler Alexander Bardini, der bei einem Gastspiel in Berlin zu sehen war, die Rolle des Galilei am BE an *(Br, 1764)*. Bardini antwortet am 20. 3., daß er sich sehr freuen würde, den Galilei in Berlin zu spielen, die Einladung dazu müßte aber über die Ministerien laufen *(1856/7)*.

29. Januar - 9. Februar 1953
Hedwigskrankenhaus

29. Januar, Donnerstag. B begibt sich zu einer klinischen Behandlung in das Hedwigskrankenhaus.

Januar. Bs *Kalendergeschichten* erscheinen bei Rowohlt als Taschenbuch.

3. Februar, Dienstag. B faßt seine Überlegungen zu einer zeitgenössischen Malerei zusammen und sieht deren Unterschied zu den »als realistisch geltenden holländischen Malern« darin, daß sich in der modernen Malerei (der DDR) noch kein Stil ausgebildet habe, der dem Lebensstil entnommen ist. Die Ursache sei der noch in Entwicklung befindliche neue »Stil, zu leben« *(27,345f.)*.

4. - 7. Februar 1953
Dreharbeiten zu
Die Gewehre der Frau Carrar
Erster Film des
Deutschen Fernsehfunks

4. - 7. Februar, Mittwoch-Sonnabend. Egon Monk dreht im Studio des Deutschen Fernsehfunks Berlin-Johannisthal *Die Gewehre der Frau Carrar* auf der Grundlage der BE-Inszenierung und eines von ihm und Peter Palitzsch angefertigten Drehbuchs (das aber aufgrund der knappen Zeit nicht in allen Absichten verwirklicht werden kann). Der Film wird in der zweiten Februarhälfte in Babelsberg geschnitten und am → 11. 9. zum erstenmal gesendet.

5. Februar, Donnerstag. Helmut Holtzhauer schickt B das ihm eingereichte Stück *Katzgraben* zurück; er hält es für gelungen, vermißt darin aber einen »echten Konflikt« *(960/39f.)*.

9. Februar, Montag. B ergänzt Vorschläge, die Wolfgang Langhoff für einen Arbeitsplan 1953 gemacht hat. Demnach sollten »Zeitstücke neuer Autoren« nach den Aufführungen diskutiert werden. Außerdem erscheint ihm wichtig, einen »Kontakt mit Theaterkritikern« herzustellen und die Diskussionen mit ihnen zu veröffentlichen *(Br, 1765)*.
Wie Hans Mayer B mitteilt, hatte er mit einer Widmung zu dessen Geburtstag für die Zeitschrift *Aufbau* einen Aufsatz über *Brechts Theaterarbeit* geschrieben, der in zwei Teilen im Februar und im März erscheinen sollte. Bodo Uhse habe aber noch eine »ausführliche Stellungnahme« zu Stanislawski haben wollen, die Mayer für überflüssig hält, weil man da »einen mißverstandenen Brecht gegen einen mißverstandenen Stanislawski auszuspielen« sucht. Mayer habe daraufhin seinen Aufsatz ganz zurückgezogen und seine weitere Mitarbeit an der Zeitschrift aufgekündigt. Er wünscht B u. a. »gute Nerven und gute Arbeitsstimmung« *(731/75)*.
10. Februar, Dienstag. Zum 55. Geburtstag Bs eröffnet die »Öffentliche Wissenschaftliche Bibliothek, vormals Staatsbibliothek Berlin« eine Brecht-Ausstellung, über die der Hauptdirektor Horst Kunze B (am 12. 1.) um Unterstützung gebeten hat.
Wolfgang Harich schickt B zum Geburtstag das 1920 erschienene Buch *Von Kiel bis Kapp. Zur Geschichte der deutschen Revolution* von Gustav Noske, in dem sich viele Anstreichungen Harichs befinden, mit der Widmung: »Mit herzlichen Grüßen und Glückwünschen« *(BBAB)*.
11. Februar, Mittwoch. B findet, in der Potsdamer *Urfaust*-Inszenierung sei das Negative an Faust neu herausgearbeitet worden, »wir haben aber darüber das Positive vernachlässigt« *(1340/36)*. Mit Beratungen über die Inszenierung werden die Umbesetzungsproben für eine Übernahme der Aufführung nach Berlin eingeleitet. Sie finden in den folgenden Wochen unter Leitung von Egon Monk statt. B schreibt dazu mehrere konzeptionelle Texte *(24,429-434)* und besucht wegen seiner Arbeit an *Katzgraben* nur wenige Proben.
12. Februar, Donnerstag. Im Aufbau-Verlag findet mit den Autoren eine Diskussion über die Jahresplanung 1953 statt, zu der auch B eingeladen ist.
16. Februar, Montag. In Buckow spricht B über die *Courage* und beklagt, daß die meisten Zuschauer die Figur nicht als Händlerin sehen. »Welche Naivität von mir, daß ich annahm, sie würden sich als Händler erkennen. Nein, sie sehen sich als Menschen. Sie müssen handeln, um Menschen sein zu können.« Schriftsteller wie Ibsen hätten das Stück vom »Standpunkt der Kattrin aus geschrieben«, »am Ende wäre der Befreiungsakt der Kattrin gekommen, das Publikum,

sich mit ihr identifizierend, wäre zufrieden gewesen« *(1340/71f.)*.

17. Februar, Dienstag. B verfaßt ein Begrüßungsschreiben der DAK für Leon Schiller (→ 26. 2. 52), der für eine Operninszenierung nach Berlin kommt *(23,225)*.

22. Februar, Sonntag. B wendet sich wegen der »Negativität« des Eislerschen *Johann Faustus* an Hans Mayer und dessen Meinung, daß »jede neue Gestaltung der Faustfigur [...] die Goethesche beschädigen« müsse. »Aber wie ist es dann mit den Werken des Euripides, der die Gestalten des Äschylos und des Sophokles noch einmal gestaltete und meist sehr kritisch?« Außerdem bittet B um Mayers »Traktat über die *Theaterarbeit*« *(Br, 1766)*.

23. Februar, Montag. In der DAK wird in der Sektion Darstellende Kunst u. a. über die Auseinandersetzung mit dem System Stanislawskis gesprochen, worüber die Staatliche Kunstkommission eine Konferenz angesetzt hat. B schlägt vor, daß dort Wolfgang Langhoff und Hans Rodenberg als Mitglieder der Fachsektion auftreten und Kritik an der bisher in der DDR erschienenen Stanislawski-Literatur üben.

24. Februar - 22. Mai 1953
Proben
Katzgraben
von Erwin Strittmatter

24. Februar, Dienstag. Beginn der Proben von *Katzgraben*, die B leitet. Erwin Strittmatter nimmt an allen Proben teil. Er erinnert sich: »Als die Proben begannen, wohnte ich ein Vierteljahr bei Brecht in Berlin-Weißensee. Wir saßen abends bis zuletzt zusammen und teilten uns morgens (manchmal wirklich gleich in Unterhosen) Einfälle und Gedanken, die uns nachts gekommen waren, mit. – Nachdem wir morgens ein bis zwei Stunden gearbeitet hatten, fuhren wir zusammen ins Theater, philosophierten unterwegs oder spielten uns unsere Auffassungen über bestimmte Situationen im Stück *Katzgraben* vor.« *(Gesellenjahre bei Brecht.)*

B mißt der Arbeit an einem Stück, das in der Gegenwart der DDR spielt, große Bedeutung zu und läßt die Probenarbeit von allen Mitarbeitern der Regie und Dramaturgie protokollieren. Einige der Notate, die er überarbeitet, sowie eigene Aufzeichnungen faßt er später in dem Proben-Modellbuch *»Katzgraben«-Notate 1953* (→ Mai) zusammen.

Zusammenarbeit
mit Karl von Appen

Der am 12. 5. 1900 geborene Karl von Appen beginnt nach dem Studium an der Kunstgewerbeschule in Frankfurt/M. 1921 als Bühnenbildner am dortigen Künstlertheater (bis 1925), danach bis 1941 freischaffend an verschiedenen Theatern. 1941-1945 ist er in faschistischer Haft, 1945-1954 Ausstattungsleiter des Staatstheaters Dresden (als dessen Intendant er außerdem von 1947 bis 1950 fungiert).

Für die Gestaltung des Bühnenbilds und der Kostüme engagiert B Karl von Appen, mit dem er seitdem eng zusammenarbeitet.

Karl von Appen äußert in seiner Antwort auf eine Rundfrage, welches Erlebnis nach 1949 »bestimmenden Einfluß« auf ihn ausgeübt habe: »Es war meine Begegnung mit Bertolt Brecht. Dreieinhalb Jahre, von Anfang 1953 bis zu seinem Tode im Jahre 1956, habe ich als Bühnenbildner mit ihm gearbeitet. Es war – was die Arbeit betrifft – die schönste Zeit meines Lebens.« *(Theater der Zeit, 1969, 9, 5.)*

25. Februar, Mittwoch. Erwin Strittmatter und Mitglieder des BE diskutieren mit Studenten der Hochschule für Planökonomie über das Stück *Katzgraben*, das ihnen zur Lektüre vorgelegen hat.

27. Februar, Freitag. Für seine Gastinszenierung der Oper *Halka* von Stanislaw Moniuszko an der Deutschen Staatsoper hatte Leon Schiller B um Unterstützung durch seine Mitarbeiter gebeten. Bs Zusage, daß die Pianistin Iva Besson und der Regieassistent Manfred Wekwerth vom BE helfen werden, ist aber, wie B dies der Staatlichen Kunstkommission mitteilt, von der Intendanz der Staatsoper als »Einmischung in die ›inneren Angelegenheiten‹« ausgelegt worden. B ist der Meinung, daß der »Geist von Auschwitz« jenseits unserer Grenzen noch nicht vergessen ist und daß nur durch »besondere, ausnehmende, ungewöhnliche Kameradschaftlichkeit« Menschen von dort zu Freunden gemacht werden können *(775/72f.)*. In den Tagen seiner Berliner Gastregie trifft B mehrfach mit Leon Schiller zusammen. Von einem der Gespräche notiert Käthe Rülicke, B wolle nicht dem Betrachter überlassen, wie sich die Natur spiegelt, er habe sich »selbst seinen Vers darauf« gemacht. »B will nicht, daß die ›Vögel an seinem Bild picken‹«. Hierbei könne die Verfremdung helfen, aber auch die »Verfremdungsmittel« müßten entwickelt werden *(1340/94)*.

Karl von Appen

Ende Februar. B schreibt über den Beginn der Arbeit an *Katzgraben* die Notate *Probenbeginn* und *Probenweise*, außerdem *Dekoration* und *Besetzung der Hauptrollen* *(25,402-407)*.

In einer Diskussion mit einem chilenischen Theaterwissenschaftler geht B u. a. auf seine derzeitige Erprobung des Systems von Stanislawski bei den *Katzgraben* Proben ein: »Wir werden versuchen, von Stanislawski zu verwenden, was uns bei unseren Aufgaben hilft, und wir werden das, was uns nicht hilft, weiterentwickeln. Wir werden nicht einfach diese Methode übernehmen. Wenn Stanislawski die *Courage* gesehen hätte, hätte er sicher viele Widersprüche zu seinen Prinzipien gefunden, aber im gleichen Moment hätte er gefunden, daß auch seine Arbeitsweise bei uns repräsentiert ist.« *(1340/70.)*

Erprobung des Systems von Stanislawski durch praktische Anwendung im Berliner Ensemble

3. März, Dienstag. Annemarie Auer hat B (am 17. 2.) die märchenhafte Erzählung des Berliner Lehrers Ernst Karsten zur Beurteilung zugesandt. B antwortet ihr, sie solle das Märchen Kindern vorlesen, »das ist noch immer die beste Prüfung«; die Geschichte erscheine ihm nicht »einfach und nicht vermenschlicht« genug, außerdem sei die Moral »zu faustdick, und die Faust scheint mir, wie gesagt, keine Kinderfaust« *(Br, 1768)*.

4. März, Mittwoch. B notiert über die Wirkung seiner Theaterarbeit: »Unsere Aufführungen in Berlin haben fast

kein Echo mehr. In der Presse erscheinen Kritiken Monate nach der Erstaufführung, und es steht nichts drin, außer ein paar kümmerlichen soziologischen Analysen.« Die Bemühungen seien »nur dann nicht ganz sinnlos, wenn die Spielweise späterhin aufgenommen werden kann, d. h. wenn ihr Lehrwert einmal realisiert wird« *(27,346)*.
Auf die Einsendung (vom 26. 1.) seines Stückes *Es geht uns alle an* gibt B dem Geraer Hans Klecha den Rat, sich erst einmal mit Erzählungen zu versuchen. Bei der Lektüre habe er nicht den Eindruck, daß Klecha das »Stück Wirklichkeit« kennt, das er beschreibt *(Br, 1769)*.
B autorisiert den tschechischen Lyriker und Übersetzer Ludvik Kundera, Bs Gedichte ins Tschechische zu übertragen *(Br, 1770)*.
Der Graphikerin Gerda von Stengel dankt B für ihre Zeichnungen und für einen »kleinen Aufsatz«. B schreibt: »Selbstverständlich halte ich mich für beträchtlich schöner, aber ich muß mich ja auch nicht sehen.« *(Br, 1771.)*
B dankt einer FDJ-Gruppe des Leipziger Kommissions- und Großbuchhandels für einen Bericht (vom 13. 3.) über die Beschäftigung mit seinem Werk und erlaubt die Benennung der Gruppe mit seinem Namen *(Br, 1772)*.

Tod Stalins

5. März, Donnerstag. Stalin stirbt. B unterzeichnet mit den anderen Präsidiumsmitgliedern und Mitgliedern der DAK ein Beileidsschreiben an die sowjetische Akademie der Schönen Künste mit einem Gelöbnis, »in unserer Arbeit die Lehren Stalins zu verwirklichen und ihm, dem Genius des Friedens, die Treue zu halten« *(23,531)*. Das *Neue Deutschland* veröffentlicht (am 8. 3.), zusammen mit anderen Beileidsbekundungen, einen Text Bs, in dem es heißt, Stalin sei die Verkörperung der Hoffnung der »Unterdrückten von fünf Erdteilen« gewesen: »Aber die geistigen und materiellen Waffen, die er herstellte, sind da, und da ist die Lehre, neue herzustellen.« *(23,225.)* In einem (damals nicht veröffentlichten Text) zollt B ihm »aus vielen Gründen« Lob: »Aber zumeist, weil unter seiner Führung die Räuber geschlagen wurden. Die Räuber, meine Landsleute.« *(23,226.)*
10. März, Dienstag. In Bs Auftrag informiert der Rechtsanwalt F. K. Kaul den Staatsanwalt des Bezirks Frankfurt/Oder von Unterschlagungen, die der von B mit Vollmachten für Umbauten in Buckow ausgestattete Alfred Lindemann und der Bauleiter Günzel begangen haben, und beantragt Überprüfungen.
12. März, Donnerstag. Helene Weigel informiert Curt Bois über seine Möglichkeiten bei dem Projekt einer »Filiale« des BE mit dem »Theater im Pressehaus«. Sie habe sich darüber mit B »eingehend beraten«. Da sie selbst nicht zwei Theater leiten kann, solle der BE-Regisseur Wolfgang Böttcher als

»Intendanzvertreter« fungieren. Bois könne als »führender Schauspieler dort auftreten«. Die 1. Aufführung wird B als Regisseur bzw. als künstlerischer Leiter machen *(729/69-71)*. Die Staatliche Kunstkommission hält, wie dies Helmut Holtzhauer (am 24.3) Helene Weigel mitteilt, ein solches Theater für nicht möglich *(731/26)*.

13. März, Freitag. In den Kammerspielen des Deutschen Theaters findet (als Studio-Aufführung des BE) die erste Aufführung von Goethes *Urfaust* auf der Grundlage der Potsdamer Inszenierung statt, für Berlin überarbeitet und teilweise neu besetzt; Regie: Egon Monk, Bühnenbild: Hainer Hill; mit Paul Albert Krumm (Faust), Norbert Christian (Mephistopheles), Käthe Reichel (Margarethe), Angelika Hurwicz (Marthe). Die Aufführung wird im Zusammenhang mit der laufenden Diskussion über das klassische Erbe von der SED sehr kritisch beurteilt.

In einem nicht datierten (vermutlich vorher geschriebenen) Brief fragt B Wolfgang Langhoff, ob er die in Potsdam gelaufene Studio-Inszenierung nicht in das Deutsche Theater (große Bühne) übernehmen kann. »Es wäre ein Novum, daß ein Theater den ganzen *Faust* und den *Urfaust* spielt, aber kein schlechtes.« *(Br, 1779.)* Langhoff lehnt (am 16.4.) die Studio-Aufführung des *Urfaust* auf der gleichen Bühne, auf dem seine Inszenierung läuft, ab, weil sie »allen Auffassungen, die wir im Deutschen Theater von diesem Werk haben, so entgegengesetzt« ist, daß es ihm »nicht ratsam erscheint, dieses große Thema in diesen beiden Varianten in ein- und demselben Haus vor dem gleichen Publikum zu bringen« *(730/40f.)*.

Urfaust wird auf der kleinen Bühne der Kammerspiele bis zum 3.5. einige Male gespielt; einschließlich der Potsdamer Vorstellungen 1952 kommen 19 Aufführungen zustande.

14. März, Sonnabend. Helene Weigel als Intendantin und Erich Franz als Gewerkschaftsvorsitzender des BE schicken B ein Schreiben, in dem sie über »erhebliche Kürzung der Haushaltmittel« für das Jahr 1953 informieren und Disziplin im Umgang mit Finanzen bei Neuanschaffungen, Doppelproben und Fahrten fordern. »Alle Bestellungen müssen daher in der Verwaltung abgezeichnet werden und mit einem Durchschlag für die Verwaltung versehen sein.« *(732/83)*.

16. März, Montag. B bedankt sich bei Maria Krüger für ihre »ausgezeichnete Arbeit« und »große Mühe« bei den Dekorationen zu *Urfaust (Br, 1774)*.

Zur schon nach der Berliner Premiere geäußerten Empörung über die *Urfaust*-Aufführung sagt B: »Wir haben eine ganz schöne Wolke steigen lassen. In Berlin geht das nicht, aber in Potsdam.« *(1340/33.)*

13. März 1953
Berliner Premiere
***Urfaust* von Goethe**
Berliner Ensemble
(Kammerspiele des Deutschen Theaters)

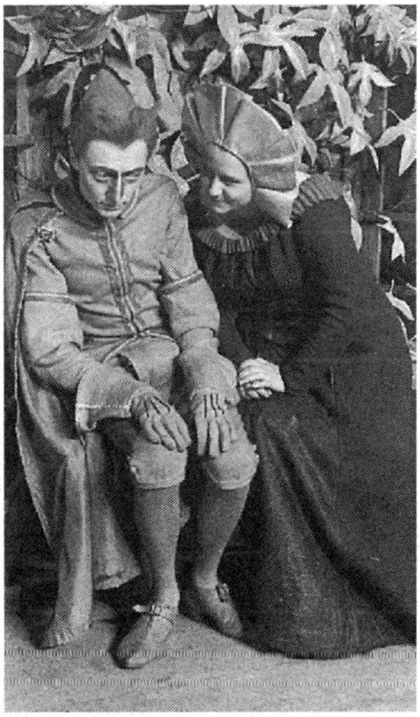

Norbert Christian (Mephisto) mit Angelika Hurwicz (Marthe)

Willkür des Textes, Entstellung durch angebliche »Einfälle«, Entstellung der Gestalten – das bedeutet nichts anderes, als daß das Werk seines humanistischen Inhalts entleert, seines Sinnes beraubt ist. Doch es genügt nicht, die Entstellung eines großen Werkes des nationalen Erbes abzulehnen. Wenn eine solche Inszenierung möglich war, dann muß man sich fragen: Ist es nicht an der Zeit, daß das Berliner Ensemble sein Schaffen ernstlich überprüft? Das gilt von der Frage der Treue dem dichterischen Wort und der dichterischen Absicht gegenüber, es gilt von den

Fragen des realistischen Bühnenbildes, des realistischen Darstellungsstiles. Das Berliner Ensemble hat jede Möglichkeit, wichtiger Helfer auf dem Wege zu einer großen nationalen Theaterkunst zu sein – das wird es sein, wenn es über solche Gefahren des Formalismus Herr wird, wie sie die *Urfaust*-Inszenierung als ein Alarmsignal gezeigt hat. *(Wir blenden auf, Rundfunkkritik, 29. 3.)* Aber die Inszenierung durch das Berliner Ensemble war, in Abkehr von der klassischen Tradition, auf marionettenhafte Wirkung angelegt, die keine tiefen menschlichen Gefühle auslösen konnte. Die Regie griff die alte Fabel da auf, wo sie ›ins Grelle und Formlose geht‹, machte sie noch greller und formloser. Das Bühnenbild war darauf abgestellt, durch gewollte Primitivität ein symbolisches Abbild der ›deutschen Misere‹ zu schaffen. Der Renaissancegeist, der auch die geistig-schöpferischen Deutschen dieser Epoche durchpulste, wurde nirgends sichtbar, sondern schwebte in Gestalt einer symbolischen Dekoration, die der italienischen Renaissance entlehnt war, im Hintergrund. [...] Wir glauben, sagen zu müssen, daß die jungen Mitarbeiter des Berliner Ensembles, von denen viele sehr begabt sind und mit denen – im Gegensatz zu manchem anderen Theater – erzieherisch viel gearbeitet wird, durch methodische Prinzipien in eine falsche Richtung geführt werden, die Bertolt Brecht als künstlerischer Leiter des Berliner Ensembles bei der Bearbeitung von Klassikern anwendet. [...] Bertolt Brecht und Hanns Eisler, die sich zur Zeit mit dem *Faust*-Problem befassen, sollten sich vergegenwärtigen, in welcher Situation das deutsche Volk sich befindet, welche Aufgaben vor ihm stehen. *Faust* ist ein Spiegelbild des Besten im deutschen Volk. Die Verteidigung dieser großen Schöpfung unserer Nationalkultur, der Kampf

19. März, Donnerstag. Bs schwedischer Verleger Lars Schmidt teilt Elisabeth Hauptmann (für B) mit, daß er mit dem Kopenhagener Det Kongelige Teater Vertrag über *Mutter Courage und ihre Kinder* abgeschlossen hat.

20. März, Freitag. B schreibt an die Präsidentin der Deutschen Notenbank, Greta Kuckhoff, daß die Tantiemen seiner in der DDR und in Berlin/DDR aufgeführten Stücke seit Mai des vorigen Jahres auf einem Berliner Sperrkonto liegen und nicht verfügbar sind. Er bittet sie um Hilfe, an das von ihm »dringend benötigte Geld« heranzukommen *(Br, 1775)*.

In der Sitzung der Sektion Dichtkunst und Sprachpflege erklärt sich B bereit, im Rahmen einer Reihe »Junge Dichterinnen und Dichter« in *Sinn und Form* über Erwin Strittmatter zu schreiben (→ 3. 6.). Die Sektion beschließt u. a., »Werk-Diskussionen« durchzuführen und mit Hanns Eislers *Faustus* zu beginnen. Die Auseinandersetzung soll mit Beiträgen (von B, Abusch, Langhoff, Wolf und Mayer) in der Zeitschrift eingeleitet werden *(799/32-35)*.

21. März, Sonnabend. B beantragt bei Helmut Holtzhauer von der Staatlichen Kunstkommission ein Stipendium, das Erwin Strittmatter ermöglicht, an den Proben seines Stückes *Katzgraben* im BE teilzunehmen *(731/24)*; Holtzhauer lehnt den Antrag (am 29. 4.) ab.

23. März, Montag. B schreibt über die *Komische Reaktion* des Großbauern *(25,409f.)*. In *Politik auf dem Theater* fordert er die »Lust am Erkennen« und »den Spaß an der Veränderung der Wirklichkeit«: »Unsere Zuschauer müssen nicht nur hören, wie man den gefesselten Prometheus befreit, sondern auch sich in der Lust schulen, ihn zu befreien.« *(25,418.)*

Laut »Sondergenehmigung« des Ministeriums für Außenhandel und Innerdeutschen Handel wird B erlaubt, seine beiden Schreibmaschinen Mercedes Nr. 215553 und Olympia Nr. 50359 in seinem »Pkw GB 008-420, Fabrikat Steyr« von Berlin nach Buckow zu transportieren und am 23. 6. wieder mit zurückzubringen *(972/77)*.

26. März, Donnerstag. B schreibt das Notat *Die Abhängigkeit des Neubauern (25,410)*.

In der Plenarsitzung der DAK verliest Friedrich Wolf einen Brief an Alexander Abusch mit einer heftigen Kritik an der »Schriftleitung« von *Sinn und Form*; sie sei unfähig, die Zeitschrift (seit 1951 offiziell von der DAK übernommen) »weiterhin verantwortlich zu redigieren«. Auf Vorschlag Johannes R. Bechers wird Alexander Abusch einen »grundsätzlichen Aufsatz« (→ 13. 5.) zum *Faustus*-Libretto von Hanns Eisler und zu dem Essay von Ernst Fischer schreiben.

28. März, Sonnabend. B schreibt über *Die Figur der Kleinschmidtin* und über die *Pantomime* von Elli *(25,413f.)*.

31. März, Dienstag. In *Lage der Mittelbauern (25,414-416)* beschäftigt sich B mit den Krisen dieser Figur im Stück.
Bs Meisterschüler Martin Pohl ist (am 22. 2. auf Grund einer politischen Intrige) festgenommen worden. B schreibt über ihn in einer Beurteilung: »Er ist einer der talentiertesten unserer jungen Lyriker, sieht die Dinge neu und schreibt wirklich gute Verse.« Pohl ist »ein scheuer, vielfach gehemmter Mensch und wenig aktiv, jedoch ist er, wenn es sich um Dichtung handelt, aufgeschlossen, empfänglich für Kritik« *(1827/11).*
B antwortet auf Walter Victors Anfrage (vom 21. 3.) mit einer Zusage, für dessen *Shakespeare-Lesebuch* ein Geleitwort zu schreiben.
Für eine geplante Arbeitsbesprechung der Sektion Dramatik bittet B den Deutschen Schriftsteller-Verband, auch Gerhard W. Menzel, Heinar Kipphardt und Erwin Strittmatter einzuladen.
März. Vor Erwin Strittmatter zieht B den »Beruf« des Lyrikers in Zweifel. »Es sei ›wahnsinnig‹«, notiert Käthe Rülicke, »das für einen ›Beruf‹ zu halten. Man könne doch nicht sitzen und warten, bis einem etwas einfällt.« *(1340/73.)*
1. April, Mittwoch. B schreibt das Notat *Krisen (25,422f.).*
B teilt Herrn Bagdahn mit, daß er seinen bereits am 17. 1. angedrohten Rücktritt von der Jury des Dramatiker-Wettbewerbs nunmehr wahr macht, weil er die »merkwürdige Art, zeitgenössische Dramatik zu unterstützen«, nicht mehr verantworten kann *(Br, 1777).*
2. April, Donnerstag. In *Figur der Bäuerin Kleinschmidt (25,420-422)* gibt B einen Dialog mit Angelika Hurwicz über psychologische und gestische Gestaltung wieder.
7. April, Dienstag. In *Etablieren der Verssprache / Umfall Kleinschmidts (25,424f.)* verarbeitet B die Probenarbeit am 1. Akt.
8. April, Mittwoch. In den Notaten *Etablieren der Verssprache* und *Die Verssprache (25,426)* beschreibt B, wie er die »Irregularität der Verse« benutzt, um den Rhythmus durch bestimmte Tätigkeiten (wie Klopfen auf den Tisch) fortzusetzen. Die bisherigen »Objekte der Geschichte und der Politik« würden durch die Jamben wie große Dramenhelden sprechen.
9. April, Donnerstag. B beschreibt in *Anlage der Großbäuerin (25,427)* die Arbeit mit Helene Weigel. Er habe in der Probe, einer methodischen Empfehlung Stanislawskis folgend (»Mache«), anfangs den »frömmlerischen Singsang« zugelassen, hole nun aber mit den Versen »etwas Natürliches« heraus.
10. April, Freitag. B beschäftigt sich mit der Gestaltung der

gegen die Verfälschung des Klassischen sollte jedem humanistischen Schriftsteller unserer Zeit Bedürfnis sein. *(Johanna Rudolph, Neues Deutschland, 28. 5.)*

Bemühungen um Martin Pohl

Helene Weigel als Großbäuerin

Figur Steinerts und beschreibt sie in dem Notat *Über Parteisekretär Steinert (25,427f.)*.
In einer Regie- und Dramaturgiesitzung spricht B über das System Stanislawskis. Käthe Rülicke notiert u. a.: »Gut an Stanislawski: Er ist nie primitiv, er bekämpft das Primitive, Platte, Schablonenhafte. Aber er hat keine echten Widersprüche, nur bürgerliche Differenzen: bürgerlicher Reformismus auf dem Theater.« Seine Etüden müsse man ausprobieren: »Der Pudding beweist sich beim Essen!« *(1898/4f.)*
In einem Schreiben an das Präsidium der DAK protestiert B gegen die »Auflösung« seines Einzelvertrags mit dieser Institution (vom 13. 3. 52) und erklärt die vorzeitige Beendigung des Vertragsverhältnisses, die eine finanzielle Einbuße mit sich bringen würde, für rechtswidrig *(Br, 1778)*.
11. April, Sonnabend. Vor der Probe diskutiert B mit einem Mitarbeiter und hält den Dialog in *Verfremdung (25,429f.)* fest. B bestätigt, daß er eigentlich nicht mit den Verfremdungen arbeitet, wie er sie im *Kleinen Organon für das Theater* beschreibt: »Nein, wir sind noch nicht weit genug.« Das Theater sei »wie ein Schwimmer, der nur so schnell schwimmen kann, wie es ihm die Strömung und seine Kräfte erlauben«.
Über die Arbeit mit Erwin Geschonneck schreibt er das Notat *Dekorationsprobe (25,432f.)*.
Nach der Probe beschäftigt er sich noch einmal mit der Kleinschmidtin, seiner »Lieblingsfigur« *(Die neue Bluse; 25,433)*.
13. April, Montag. B arbeitet in der Probe weiterhin am Aufbau der Figur von Kleinschmidt und von Elli *(25,433f.)*.
Helene Weigel fordert von der Staatlichen Kommission für Kunstangelegenheiten das grundlegende Referat Wolfgang Langhoffs (→ 18. 4.) für die Stanislawski-Konferenz an, erhält es aber nicht.

Mit Erwin Geschonneck, Friedrich Gnass, Bella Waldritter und Gerhard Bienert bei einer *Katzgraben*-Probe

14. April, Dienstag. Anhand eines Szenendetails (I, 2) stellt B heraus, wie man die Fabel bedienen muß *(25,435)*.
Der Direktor des Deutschen Theater-Instituts Weimar, Otto Lang, schickt Helene Weigel ein (von B am 9. 4. angefordertes) übersetztes Manuskript von Gortschakows Buch *Regie. Unterricht bei Stanislawski (730/36)*. Zugleich informiert er B darüber, daß Gortschakow sein Buch wesentlich überarbeitet und ergänzt hat. Lang wünscht sich mit ihm einen »Gedankenaustausch über unsere Arbeit« *(730/37)*.
15. April, Mittwoch. B notiert in *Einigendes und Trennendes (25,436-438)* die Ergebnisse der Tagesprobe zu *Katzgraben*.
16. April, Donnerstag. Durch neues Arrangement der Großbäuerin fängt die Szene an, »ihre Komik, eine stille und tiefgründige, aus der makabren tragischen Stimmung zu zie-

hen, in welche der zunehmende Wohlstand des Dorfes seine bisherigen Herrscher versetzt« *(25,438)*. Für die Beziehung Steinerts zu Elli erweist es sich als belebend, daß er das Privatgespräch »von seiner Seite nebenbei« führt *(25,439)*.

17. April, Freitag. B probiert die Massenszene am Schluß *(Neuartiges Volksfest; 23,440f.)*. Arnold Zweig, der sein zunehmendes »Unbehagen mit der Kunstentwicklung« nicht verhehlen kann, will als Präsident der DAK zurücktreten und spricht in einer Probenpause mit B über die bevorstehenden Wahlen in der Akademie *(Lucchesi 2,314f.)*.

Am Abend wird mit der 85. Aufführung von *Egmont* am Deutschen Theater (Premiere: 27. 10. 51; Regie: Wolfgang Langhoff, mit Hans-Peter Thielen in der Titelrolle) die Erste deutsche Stanislawski-Konferenz eröffnet.

18. April, Sonnabend. Die Staatliche Kommission für Kunstangelegenheiten veranstaltet im Plenarsaal der DAK die Erste deutsche Stanislawski-Konferenz unter dem Thema: »Wie können wir uns die Methode Stanislawskis aneignen?« Die Leitung wird Fritz Erpenbeck übertragen. Helene Weigel, Käthe Rülicke, Peter Palitzsch u. a. Mitarbeiter des BE nehmen durchgängig an der Konferenz teil; B kommt am 19. 4. dazu.

B setzt die Probe des Schlußbildes fort und macht dabei »eine Etüde à la Stanislawski«: Er läßt den Chor beim Singen arbeiten (Kulissentragen, Tischdecken usw.) Das beschreibt er in den Notaten *Details III, 3* und *Lied vom Wettbewerb (25,442f.)*.

Wolfgang Langhoff hält auf der Grundlage seiner *Egmont*-Inszenierung ein umfangreiches Referat unter dem Titel *Die Darstellung der Wahrheit auf der Bühne mit Hilfe der Stanislawski-Methode*. B setzt sich in seinem Text *Einige Gedanken zur Stanislawski-Konferenz* (nur schriftlich) mit der Rede auseinander. Sein »Freund Langhoff« habe »einige Verwirrung angestiftet«, weil er »zuweilen in einfachen Idealismus« verfallen sei, »d. h., er schob der Bühne lediglich die Aufgabe zu, die Ideen des Dichter zu ›verkörpern‹« *(23,236f.)*.

19. April, Sonntag. B beteiligt sich an der Diskussion mit einem kurzen, frei gesprochenen Beitrag über Gemeinsamkeiten und Unterschiede der Spielweise zwischen Stanislawski und B (im Protokoll nicht überliefert). Helene Weigel meldet sich »zum gestrigen Tage [...] als Intendantin des Berliner Ensembles« mit einer (von B geschriebenen) Rede *(23,234-236)* zu Wort, die sie durch einige Aktualisierungen erweitert: »Was das Referat Langhoffs betrifft, möchte ich dazu die Worte des Klassikers anführen: – ich meine Brecht: ›Gott hat ihm die Gabe der Sprachgewalt verliehen, er predigt, daß uns Hören und Sehen vergeht.‹« (Als Rede Helene

18./19. April 1953
Erste deutsche Stanislawski-Konferenz

Aus Brechts Rede für die Stanislawski-Konferenz

3) Ich möchte nicht mißverstanden werden. Ich sage nicht, daß zwischen der Arbeitsweise Brechts und der Arbeitsweise Stanislawskis eigentlich kein Unterschied besteht. Es ist klar, daß ein Unterschied besteht, wenn es auch noch nicht so klar ist, in was der Unterschied besteht oder wie groß der Unterschied ist. Dazu kennen wir Stanislawskis Arbeitsweise noch zu wenig. Es ist einfach zu wenig veröffentlicht!

4) Ganz unsinnig schiene es mir aber, eine ganz und gar künstliche Kluft zwischen unserer Arbeitsweise und der Stanislawskischen aufzureißen. Das würde nur von einer ganz oberflächlichen Kenntnis der Arbeiten Brechts, der theoretischen und der praktischen, zeugen – und von einer oberflächlichen Kenntnis Stanislawskis. Brecht selbst kennt eine solche Kluft nicht.

Er würde sonst nicht mit solchem Interesse alles ausprobieren, was er über Stanislawskis Arbeitsweise in Erfahrung bringen kann. Ihm kommt es wirklich darauf an, zu großem sozialistisch realistischem Theater zu kommen, und nicht darauf, recht zu haben in irgendeiner Frage. *(23,235.)*

Brecht inspiziert die Kommode des Großbauern

Weigels unter dem Titel *Gemeinsam studieren* in *Theater der Zeit, 1953, H. 5*, veröffentlicht.) Nach dem (unvollständig überlieferten) Protokoll der Konferenz und der Berichterstattung in *Theater der Zeit* reagieren auf Weigels Diskussionsbeitrag mehrere Teilnehmer: Intendant Maxim Vallentin äußert sich zur schöpferischen Kraft der Künstler. DEFA-Chef Hans Rodenberg gibt Brecht recht, daß ein gründliches Studium erst nach Publikation der wichtigsten Schriften Stanislawskis stattfinden kann und daß es notwendig ist, mehr von ihm als über ihn zu lesen; nach seinem Wunsch sollte die Konferenz ergeben, »daß es nicht mehr heißt: Hie Brecht (alles andere ist natürlich Neese), oder hie Maxim-Gorki-Bühne oder hie Deutsches Theater-Institut«. Der Schriftsteller Harald Hauser findet durch Betonung der Gemeinsamkeiten die »ernsthaften Unterschiede« zwischen Brecht und Stanislawski heruntergespielt. B und Helene Weigel verlassen die Konferenz vor ihrem Abschluß. Langhoff ist (in seinem Schlußwort) gegen eine Unterbewertung der Unterschiede zwischen Stanislawski und B. Sie weichen »in vielen entscheidenden und wesentlichen Punkten« voneinander ab. Das versucht er mit Zitaten der Thesen aus den Abschnitten 48-52 des *Kleinen Organons für das Theater* zu belegen. Langhoff hält die Konferenz für den Anfang einer nötigen und möglichen Diskussion.
In der am Ende angenommenen Entschließung verpflichten sich die Teilnehmer zum Studium der Werke Stanislawskis und zur Anwendung seiner Methode.
20./21. April, Montag/Dienstag. Nach einer Probe des Schlußbildes von *Katzgraben* beschäftigt sich B nochmals mit dem *Arrangieren einer Massenszene (25,443f.)*.
22. April, Mittwoch. B informiert Rechtsanwalt Kaul über seine Ansprüche auf DEFA-Honorare für den *Courage*-Film, von dessen Rechtserwerb sich die Filmfirma nachträglich zurückgezogen hat *(Br, 1784)*. Kaul räumt B (am 2. 6.) keine Chancen ein, da kein rechtsgültiger Vertrag zustande gekommen sei.
Benno Besson probiert mit Kindern die *Katzgraben*-Schlußszene in vielen Details *(25,444f.)*.
23. April, Donnerstag. B schreibt das Notat *Unterbrechungen (25,446f.)*.
Annemarie Rost vom Dresdner Jugendtheater, die bei Karl von Appen (→ 24. 2.) an der Kunsthochschule Dresden studiert hat, wird probeweise am Berliner Ensemble beschäftigt. B beauftragt sie, mit Hainer Hill und Benno Besson die Kostüme zu *Don Juan* (für die Aufführung am BE) vorzubereiten.
Auf der Plenartagung der DAK wird Johannes R. Becher zum neuen Präsidenten (→ 17. 4.) gewählt.

24. April, Freitag. Über die *Katzgraben*-Probe schreibt B das Notat *Pathos (254,451f.)*.
26. April, Sonntag. In Buckow diskutiert B über die bisherigen Probenergebnisse von *Katzgraben* und schreibt darüber den Dialog *Was machen eigentlich unsere Schauspieler?. (25,447-451.)*
28. April, Dienstag. Nach Beschwerden von Zuschauern, die Schauspieler würden zu undeutlich sprechen, bittet B um mehr Verständlichkeit; sie sollten vor allem lernen zu verstehen, was sie sprechen *(Die Bühnensprache; 25,455)*.
29. April, Mittwoch. B möchte Steinert bescheiden zeigen, wenn er belehrt: »Denn der Belehrende berührt immer eine Schwäche des zu Belehrenden.« *(25,456.)* Bei den Tänzen im Schlußbild findet B wichtig, daß gleichzeitig »seitab der Bühne« eine Prämierung stattfindet und sich hin und wieder ein Tänzer löst, um seine Prämie abzuholen *(25,457)*.
Der Schweriner Volkswirtschaftler Heinz Schmidt, dem das Textbuch von *Katzgraben* zugestellt wurde, schreibt an Helene Weigel einen 19seitigen Brief mit kritischen Anmerkungen zum Stück. B bittet um eine genaue Prüfung der Einwände. Strittmatter findet nichts von Bedeutung und teilt das dem Kritiker mit. Er fügt aber im 3. Akt vier Verse ein. B meint, damit hätte der »theaterfremde Brief des Experten [...] immerhin zu etwas verholfen« *(25, 460)*.
30. April, Donnerstag. Bei der Gestaltung der Großbäuerin arbeitet B u.a. heraus, wie das Ehepaar beim Betrug eines Kleinbauern »das gutgeölte Zusammenspiel zweier Räuber« praktiziert *(25,457f.)*.
Ende April. B richtet nach dem Tod von Erich Weinert (am 20.4.) seiner Frau Li »aufrichtige Anteilnahme« aus: »Wir haben mit ihm eine große Kraft verloren.« Zugleich bietet er ihr seine Hilfe an *(Br, 1780)*.
1. Mai, Freitag. B fühlt sich gesundheitlich nicht wohl und richtet für eine Feier vor der Maidemonstration einen Brief an die Gewerkschaftsleitung des BE, in dem er für die künstlerische und politische Weiterentwicklung die Bildung verschiedener Interessengruppen (»Brigaden«) vorschlägt *(25,458)*. Zur Maifeier erhält B von der Gewerkschaftsgruppe des BE erneut eine »Medaille für ausgezeichnete Leistungen«, in diesem Jahr »für die künstlerische Förderung des Nachwuchses (besonders Erwin Strittmatter) und für die marxistische Aneignung des klassischen Erbes (*Urfaust*)« *(1536/39)*.

Erneute innerbetriebliche Auszeichnung Brechts

2. Mai, Sonnabend. Da in einer Szene verschiedene Lösungen ausprobiert und wieder verworfen werden, stellt man B die Frage, ob es nicht besser sei, mit fertigen Lösungen auf die Probe zu kommen; er meint: »Man muß in aller Öffentlichkeit das ungelöste Problem hinstellen und das Falsche verwerfen, auch wenn das Richtige nicht gewußt wird« *(25,459)*.

3. Mai, Sonntag. An der Karl-Marx-Feier des Deutschen Theaters wirken auch Helene Weigel und Ernst Busch mit.

4. Mai, Montag. B schreibt das Notat *Die Rede Steinerts (25,463)*.

In der DAK-Sektion Darstellende Kunst wird über die in diesem Monat beginnenden Gespräche einer »Mittwochs-Gesellschaft« informiert.

B bestätigt den Empfang des vom Deutschen Theater-Institut Weimar übersetzten Manuskripts von Gortschakows *Regie. Unterricht bei Stanislawski* (→ 14. 3.), das er inzwischen der DAK zur Verfügung gestellt hat.

6. Mai, Mittwoch. B läßt während der Beleuchtungsprobe die Schauspieler alle Gänge und Gesten wie im Stummfilm »herunterspielen«, wodurch die »Drehpunkte« an Deutlichkeit gewinnen *(25,464)*.

7. Mai, Donnerstag. B notiert Mängel, die sich beim »Durchrollen des ganzen Stücks« zeigen *(25,465)*.

9. Mai, Sonnabend. Vor den *Schlußproben (25,466)* werden die einzelnen Figuren nochmals durch das ganze Stück verfolgt.

10. Mai 1953
Wahl zum Präsidenten des PEN-Zentrums Deutschland (Ost und West)

10. Mai, Sonntag. B nimmt an der 5. Generalversammlung des PEN-Zentrums Deutschland (Ost und West) in Berlin-Charlottenburg teil. In einer Resolution bekennen sich die versammelten Schriftsteller »zur Überparteilichkeit des PEN-Clubs und zur Unteilbarkeit ihrer nationalen Literatur«. B wird als Präsident gewählt.

In dem »Probenbericht« *Die Sache ist nämlich so ...* macht die Wochenzeitung *Sonntag* (mit einem Probenfoto und drei Figurinen Karl von Appens) auf die Proben zu *Katzgraben* aufmerksam. In einem Vorspann schreibt Ruth Berlau, die auch die Notate ausgewählt hat: »Strittmatter sitzt neben Brecht und wird von Brecht immer wieder aufgefordert, auf die Bühne zu gehen und den Schauspielern zu zeigen, wie ein Bauer sich in dieser oder jener Situation benimmt.« Es folgt der Erstdruck von: *Ein großer historischer Vorgang* (Variante von *Rückzahlung der Schulden;* 25,411*f.*), *Einfühlung (25,439f.)*, *Politik auf dem Theater (25,418)* sowie *Nichteinmischungspolitik des Bauern Mammler*, *Der Schauspieler als Ochsenkenner*, *Leerlauf (25,487-489)*.

11. Mai, Montag. Die Kostüme für *Katzgraben* sind von Karl von Appen (→ 24. 2.) entworfen und von Erwin Strittmatter geprüft worden. Ihr Gestalter, Kurt Palm, wird in die Durchlaufprobe einbezogen *(25,466f.)*.

12. Mai, Dienstag. B notiert seine Eindrücke von der *1. Hauptprobe (25,467f.)*. Auf der Abendprobe ändern

Benno Besson und Peter Palitzsch den Schluß der Szene I, 1 *(25,468)*.

13. Mai, Mittwoch. In der 2. *Hauptprobe (25,468f.)* wird in allen Punkten versucht, »die Fabel durch Vergrößerung des Gestus immer klarer zu gestalten«.

In der Präsidiumstagung der DAK werden Beschlüsse gefaßt, die u. a. die Liquidation der Zeitschrift *Sinn und Form* und die Kündigung des Chefredakteurs Peter Huchel (der am 30. 4. mit einer Delegation des Schriftstellerverbands nach Moskau gereist ist) vorbereiten. B verteidigt Peter Huchel, dem man Hilfe angedeihen lassen müsse. Die in Vorbereitung befindlichen Hefte werden der Verantwortung der Sektion Dichtkunst entzogen, direkt dem Präsidium unterstellt und von Alexander Abusch kontrolliert.

13. Mai 1953
Mittwochs-Gesellschaft beginnt eine *Faust*-Diskussion

Das inzwischen im Aufbau-Verlag veröffentlichte Opern-Libretto *Johann Faustus* von Hanns Eisler (→ 13. 8. 52) ist in den Blickpunkt der Kritik geraten. Nachdem Ernst Fischer in seinem Essay *Doktor Faustus und der deutsche Bauernkrieg (Sinn und Form, 1952, H. 6)* das Libretto als Entwurf für eine deutsche Nationaloper bezeichnet hat, trägt Alexander Abusch in der ersten Zusammenkunft der Mittwochs-Gesellschaft (→ 3. 5.) seine im Präsidium der DAK bestellte (→ 26. 3.) *Faust*-Polemik (→ 17. 5.) vor. Für die Eislersche Konzeption äußern sich B und Arnold Zweig, dagegen (außer Abusch) Wilhelm Girnus, Heinz Kamnitzer und Hans Rodenberg. B verliest die *Confessio*; Hanns Eisler macht einige Zwischenbemerkungen zu den Ausführungen von Girnus und kündigt eine vorbereitete Erwiderung für die nächste Zusammenkunft an.

14. Mai, Donnerstag. Im *Neuen Deutschland* kritisiert »das Redaktionskollegium« (verantwortlich für den Text: Wilhelm Girnus) den Eislerschen Text aufs schärfste *(Das »Faust«-Problem und die deutsche Geschichte. Bemerkungen aus Anlaß des Erscheinens des Operntextes »Johann Faustus« von Hanns Eisler)*. Hanns Eisler schreibt seiner Frau nach Wien, daß am Vortag »sehr scharf und wuchtig« gegen ihn polemisiert wurde. »Enormer Artikel im ND gegen *Faustus*. Ich muß auf alles antworten.« *(Eisler 2,277.)*

15. Mai, Freitag. Von 11.30-17 Uhr findet die 1. Generalprobe von *Katzgraben* statt; abends wird das letzte Bild probiert *(25,469f.)*.

Peter Huchel wird die Kündigung als Chefredakteur von *Sinn und Form* (→ 13. 5.) zugeschickt (die er erst nach seiner Rückkehr aus Moskau erhält).

Mitte Mai. Der polnische Journalist, Theaterkritiker und Schriftsteller Roman Szydłowski, der B bei seinem Besuch in Warschau (→ 25. 2. 52) kennengelernt hat, kommt als Berichterstatter der *Trybuna Ludu* zu der (gemeinsam von dieser Zeitung, der *Rude Pravo* und dem *Neuen Deutschland* veranstalteten) Internationalen Friedensfahrt nach Berlin. Er wird von B zum Mittagessen eingeladen und spricht mit ihm über das chinesische Theater und über Bs Werke. B gestattet Szydłowski die Übersetzung seiner Stücke ins Polnische und empfiehlt besonders *Leben des Galilei* und *Der Aufstieg des Arturo Ui (Szydłowski, 82).*

16. Mai, Sonnabend. Am Tage findet die 2. Generalprobe von *Katzgraben* statt, am Abend Proben zu einzelnen Szenen und Akten. B macht erneut Änderungen: »Wenn alles gut gearbeitet ist, kann man unglaubliche Eingriffe vornehmen und tiefe Änderungen erreichen.« *(25,471.)*

17. Mai, Sonntag. Die *Faust*-Kritik (→ 14. 5.) wird im *Sonntag* fortgeführt mit dem Aufsatz von Alexander Abusch *Faust – Held oder Renegat in der deutschen Nationalliteratur? Bemerkungen zu einem Textbuch Hanns Eislers und zu einem Essay Ernst Fischers.*

17. Mai 1953 Erste öffentliche Voraufführung von *Katzgraben* für Bauern und Bäuerinnen mit anschließender Diskussion

Abends 1. öffentliche Voraufführung von *Katzgraben.* B lädt dazu Bauern und Bäuerinnen aus der näheren Umgebung ein sowie Mitarbeiter des Bauernverlags. Nach der Aufführung findet eine Diskussion statt, die B am Ende so zusammenfaßt: »Ich fand auch die Ausbeute für die Regie sehr gut, wir können eine Menge davon gebrauchen und noch gewisse Änderungen machen.« *(Protokoll, BE.)* Er schreibt darüber das Notat *1. Voraufführung / Bauern als Publikum (25,477f.).*

Vorbereitung der Proben für Molières *Don Juan*

19. Mai, Dienstag. B schreibt das Notat *Detail (25,470).* Benno Besson beginnt gleichzeitig mit Proben zu *Don Juan.*

21. Mai, Donnerstag. B setzt sich bei Peter Suhrkamp für Ernst Schoen ein, der aus der Londoner Emigration nach Berlin/West zurückgekehrt ist. Schoen ist an der Übersetzung von Texten aus dem Englischen oder Französischen interessiert, und B bittet Suhrkamp, ihm eine Probeübersetzung aufzutragen *(Br, 1783).*

Nach der 2. Voraufführung von *Katzgraben* findet eine Diskussion mit Kulturfunktionären der Berliner Betriebe statt.

22. Mai, Freitag. Die Zuschauer der 2. Voraufführung haben u. a. Regine Lutz kritisiert, weil ihre Darstellung der Elli zu »doof« wirke. Es sei aber gerade der Einfall der Schauspielerin gewesen, meint B, »in Dingen der Liebe sehr unbeholfen« zu sein. Da dies nicht herauskommt, fügt Strittmatter auf Vorschlag von Helene Weigel einen entsprechenden Vers ein *(25,478f.).* Auf den gleichen Einwand geht B nochmals in *Kritik an Elli 2 (25,479f.)* ein.

Nach der Voraufführung ist B über die Angetrunkenheit des Schauspielers Friedrich Gnass so verärgert, daß er ihm auf den Personenzettel schreibt, in solchem Zustand könne er »in Berlin nicht mehr lang auftreten«; er habe sich »eine wundervolle Figur weggesoffen« *(Br, 1785).* Käthe Rülicke will aber dem Schauspieler »das Herz nicht brechen« und reicht Bs Brief nicht weiter *(1340/99)*.

23. Mai, Sonnabend. B antwortet Renata Mertens-Bertozzi (auf deren Brief vom 17. 4.) wegen der *Katzgraben*-Inszenierung verspätet auf verschiedene italienische Verlagsangelegenheiten, deren Tantiemenerlöse er durch sie in der Schweiz zusammenführen will *(709/24)*.

B rät dem Greizer Intendanten Ernst Otto Tickardt ab, an seinem Theater jetzt schon den *Kaukasischen Kreidekreis* herauszubringen, weil dafür »einige Schwierigkeiten bestehen« und noch keine Musik existiert. B will das Stück selbst erst im BE inszenieren und bittet Tickardt, seinen Plan auf die nächste Spielzeit zu verschieben *(Br, 1786)*.

Abends Premiere der Komödie *Katzgraben* von Erwin Strittmatter. Regie: B; Bühnenbild: Karl von Appen; mit Friedrich Gnass (Kleinschmidt), Angelika Hurwicz (Frau Kleinschmidt), Gerhard Bienert (Mittelländer), Bella Waldritter (Frau Mittelländer), Erwin Geschonneck (Großmann), Helene Weigel (Frau Großmann), Willi Kleinoschegg (Steinert). Im Programmheft zu *Katzgraben* sind die Notate *Die Verssprache (25,426)*, *Das Interesse des Publikums (25,489f.)*, *Die Dekoration (25,452f.)*, *Politik auf dem Theater (25,418)* erstmals veröffentlicht.

B geht selbst nicht zur Premiere und beauftragt Käthe Rülicke, ihm zu berichten. Da sie im Anschluß an die Vorstellung nach Leipzig verreist, ist ihr Bericht schriftlich überliefert; darin heißt es u. a.: »Haus nur 2/3 voll, fieses Publikum. Während der ersten zwei Bilder lauter blöde Fressen, keiner wagte zu lachen, Szenenapplaus eigentlich nur im Dunkeln. Scheußliche Stimmung, jeder wartete erst die Reaktion des andern ab. Sowas habe ich im Theater noch nie erlebt. [...] Schlimm war, daß keiner mit der Absicht gekommen war, sich zu unterhalten, sondern man wollte dabei sein bei einem Skandal (wenn's keiner wird, auch gut).« *(655/46f.)*

Katzgraben wird (bis zum 26. 4. 55) 37mal aufgeführt, am 28. 12. 55 mit Veränderungen wiederaufgenommen und dann (bis zum 21. 6. 56) insgesamt 62mal gespielt.

23. Mai 1953
Uraufführung
***Katzgraben* von Erwin Strittmatter**
Berliner Ensemble
(im Deutschen Theater)

Strittmatters Stück ist nun das längst erwartete Brechtsche Propaganda-Drama, voll von halben Wahrheiten und ganzen Lügen, wie die Gattung es verlangt. Darüber täuschen auch die brechtschen Meriten dieser Darbietung nicht hinweg. *(Der Spiegel, 6. 6.)*

Das Berliner Ensemble hat sich für diese Einstudierung bereits einige Erkenntnisse Stanislawskis zunutze gemacht. Ich glaube, daß die Fehler dieser Aufführung hätten vermieden werden können, wenn man sich noch stärker der Methode Stanislawskis bedient hätte. Man hätte auf alle Fälle eine Überaufgabe erarbeiten müssen, etwa: »Wir wollen, daß das werktätige Volk auf dem Lande sein Geschick in seine eigenen Hände nimmt.« *(Jürgen Rühle, Sonntag, 14. 6.)*

27. Mai, Mittwoch. Auf einer Konferenz der Angehörigen der Intelligenz kritisiert Walter Ulbricht die »formalistische Verunstaltung« des Goetheschen *Faust* »zu einer Karikatur«, »wie das in einigen Werken, auch in der DDR, geschehen ist, z. B. in dem sogenannten *Faust* von Eisler und in der Inszenierung des *Urfaust*«. *(Neues Deutschland, 28. 5.)*

Käthe Rülicke fragt B in einem Brief nach der Wirkung der *Katzgraben*-Inszenierung; die Premiere hätte keine eindeutige Prognose zugelassen: »Da investiert jemand eine Jahresarbeit, und dann wartet er darauf, ob er dafür ›erledigt‹ wird.« *(551/100.)*

27. Mai 1953
Verschärfung der Erbe-Diskussion um *Faust*

Thesen zur »Faustus«-Diskussion

Hat Eisler versucht, unser klassisches Faustbild völlig zu zerstören (ND)? Entseelt, verfälscht, vernichtet er eine wunderbare Gestalt des deutschen Erbes (Abusch)? Nimmt er den Faust zurück (Abusch)? Ich denke nicht.

Eisler liest das alte Volksbuch wieder und findet in ihm eine andere Geschichte als Goethe und eine andere Gestalt, ihm bedeutsam erscheinend. Freilich bedeutsam in einer anderen Weise als die der Goetheschen Gestaltung. So entsteht für mein Empfinden ein dunkler Zwilling des Faust, eine finstere, große Figur, die den helleren Bruder nicht ersetzen noch überschatten kann oder soll. Von dem dunklen Bruder hebt sich der helle vielmehr ab und wird sogar heller. So etwas zu machen, ist nicht Vandalentum. *(23,248f.)*

Mit der Auflage, seinen *Lukullus* dem fortschrittlichen Geiste des sowjetischen Paradieses anzupassen, hatten die Nörgeleien gegen Brecht begonnen, jetzt beschuldigt man ihn bereits massiver, wenn es heißt, bei seinen »fatalistisch-pessimistischen Zustandsschilderungen gebe es nur einen negativen Helden, die deutsche Misere«. Es ist allerdings kaum zu erwarten, daß Brecht jemals die Konsequenzen aus der sowjetdeutschen Misere ziehen wird. Dazu ist er wohl schon zu sehr roter Fatalist geworden. *(Der Tagesspiegel, 28. 5.)*

Helene Weigel

Bei der zweiten Zusammenkunft der Mittwochs-Gesellschaft (→ 14. 5.) trägt Hanns Eisler seine Erwiderung auf die *Faustus*-Polemik vor. Der Eislerschen Konzeption schließen sich Walter Felsenstein an und B, der seine *Thesen zur »Faustus«-Diskussion (23,246-249)* liest. Darin hält er Eislers Libretto für »ein bedeutendes literarisches Werk durch sein großes nationales Thema, durch die Verknüpfung der Faust-Figur mit dem Bauernkrieg, durch seine großartige Konzeption, durch seine Sprache, durch seinen Ideenreichtum« *(23,246)*. Gegen *Johann Faustus* äußern sich Ernst Hermann Meyer, Wilhelm Girnus (mit sechs Fragen), Hans Rodenberg, Alexander Abusch, Heinz Kamnitzer und Walter Besenbruch. Es wird festgelegt, die Fragen von Girnus und Bs Thesen allen Teilnehmern für die nächste Zusammenkunft (→ 10. 6.) zur Verfügung zu stellen. Eisler schreibt (am 28. 5.) seiner Frau: »Es gab wieder einen heftigen Abend mit viel Deklamation. *Brecht* brachte prachtvolle Thesen über und für den *Faustus*, den er nicht weniger schätzt als Ernst Fischer. Kein Ergebnis.« *(Eisler 2,278.)*

28. Mai, Donnerstag. In der DAK macht B bei der Sitzung der Sektion Dichtkunst und Sprachpflege den Vorschlag, den Nationalpreis auch Persönlichkeiten aus der Bundesrepublik zu verleihen und die Vorschläge dafür nach zwei Gesichtspunkten zu behandeln: 1. Gesamtdeutschland, 2. DDR *(799/54-56)*.

Johanna Rudolph greift im *Neuen Deutschland* die *Urfaust*-Inszenierung des BE scharf an (→ 13. 3.).

Abends findet in der DAK ein Konzert mit Werken von Paul Dessau statt, bei dem zahlreiche Lieder Bs vorgetragen werden.

30. Mai, Sonnabend. Peter Palitzsch notiert über ein Gespräch mit B, er habe (u. a.) als »Übung für dialektische Methodik« vorgeschlagen, ein Kapitel des Marxschen *Kapital* zu untersuchen auf den Stand der damaligen Philosophie und Ökonomie und auf die »dialektischen Sprünge« von Marx. »In unserer Phase müßten den bestehenden Institutionen des Staates neue, entgegengesetzte gegenübergestellt werden, etwa den Gerichten, die das Individuum vertreten, die Gerichte, die das Kollektiv vertreten, sie müßten sich bis aufs Messer bekämpfen.« B meint, er habe für sein »begrenztes Gebiet, das Theater«, nicht nur Dialektik verwendet, sondern gezeigt, »wie man Dialektik handhabbar macht« *(2130/62)*.

Mai. Bereits während der Proben von *Die Gewehre der Frau Carrar* (→ 16. 11. 52) hatte sich B seiner Frau gegenüber – wie auch bei den Proben zu *Katzgraben* – unbeherrscht benommen und sie mehrfach vor seinen Mitarbeitern und den Schauspielern laut kritisiert. Das nimmt

Helene Weigel im Frühjahr zum Anlaß, die gemeinsame Wohnung in Weißensee zu verlassen und in eine dem BE zur Verfügung gestellte Wohnung in der Reinhardtstraße 1, nahe dem Theater, umzuziehen.

B diskutiert nach einem Kurzreferat von Paul Wiens die Grundfrage *Ist das Zurückgehen hinter Goethe schädlich oder nützlich?* mit Hanns Eisler, Erwin Strittmatter, Boris Djacenko, Peter Palitzsch und Käthe Rülicke über dieses Thema.

Erwin Strittmatter schenkt B seinen Erzählungsband *Eine Mauer fällt* mit der Widmung: »Vielen Dank« *(BBAB)*.

Mai 1953
Zusammenstellung der Probendokumentation in den *»Katzgraben«-Notaten 1953*

Aus der Dokumentation des Probenverlaufs von *Katzgraben* stellt B die *»Katzgraben«-Notate 1953 (25,399-490)* zusammen und fügt die während der Proben verwendeten *Lebensläufe* der Hauptpersonen, die Strittmatter geschrieben hat *(23,554-558)*, sowie einige Fotos hinzu. Das Konvolut überläßt er Elisabeth Hauptmann für eine geplante Publikation, die dann – wegen der Kritik an Stück und Aufführung – nicht weiter verfolgt wird.

2. Juni, Dienstag. Zum 50. Geburtstag von Kurt Desch dankt ihm B für »die große Freundlichkeit, mit der Sie mich empfingen, als ich aus dem Exil zurückkam. Mögen Sie noch lange die Möglichkeit haben, deutsche Dichtung ohne Vorurteil vor die Leser zu bringen!« *(Br, 1787.)*

Bemühungen um Peter Huchel

Peter Huchel (→ 15. 5.) kehrt von seiner Reise aus der Sowjetunion zurück und wendet sich wegen seiner Kündigung an B, der sich für ihn eingesetzt hat. Als Huchel erklärt, daß ihm nunmehr nichts anderes übrigbleibe, als der Kündigung zuzustimmen, fordert ihn B auf: »Sie müssen Ihren Laden verteidigen, genauso, wie ich meinen Laden verteidige. Das Berliner Ensemble und *Sinn und Form* sind die beste Visitenkarte der DDR.« *(Peter Huchel,* in: *Europäische Ideen, 1975, H. 12.)*

3. Juni, Mittwoch. B schreibt den Text *Erwin Strittmatters ›Katzgraben‹* (→ 20. 3.), der in Heft 3/4 von *Sinn und Form* veröffentlicht wird *(24,437-441)*.

4. Juni, Donnerstag. Alfred Döblin bedankt sich bei Hans Henny Jahnn u. a. dafür, daß er mit B und Becher über ihn gesprochen hat. »Ich fühlte und fühle mich ja immer beiden alten Mitkämpfern trotz ideeller Divergenzen freundschaftlich verbunden« *(Döblin, 460)*.

Nach der Vorstellung von *Katzgraben* findet eine Diskussion mit Mitgliedern des Zentralvorstands der VdgB statt (Vereinigung der gegenseitigen Bauernhilfe, einer Organisation der DDR-Genossenschaftsbauern und -bäuerinnen). Sie wünschen Aufführungen von *Katzgraben* »möglichst bald in geeigneten Theatern«, weil ihnen das Stück »wertvolle Hilfe leisten würde« *(960/7)*.

5. Juni - 15. Oktober 1953 Proben zu Molières *Don Juan*

5. Juni, Freitag. Besprechung von B, Helene Weigel, Benno Besson, Hainer Hill und Annemarie Rost über das Stück *Don Juan*, das nun am BE (→ 22. 5. 52) unter der Regie Benno Bessons geprobt wird (mit Unterbrechungen bis zur Voraufführung am → 16. 10.; Erstaufführung → 19. 3. 54.)

8.-15. Juni, Montag - Montag. Auf dem Weltkongreß des Internationalen PEN-Clubs in Dublin, zu dem die dahin delegierten Mitglieder B und Stephan Hermlin aus Berlin keine Einreisepapiere bekommen, vertritt Johannes Tralow (aus München) die Interessen der Sektion (→ 2. 7.).

Mit Hanns Eisler

10. Juni, Mittwoch. B nimmt am Vormittag an der Sitzung der Sektion Darstellende Kunst teil.
Bei der dritten Zusammenkunft der Mittwochs-Gesellschaft (und der letzten, die sich mit dem Eislerschen *Faustus*-Libretto befaßt) stehen die Fragen von Wilhelm Girnus und Bs *Thesen zur »Faustus«-Diskussion* (→ 27. 5.) im Mittelpunkt der Auseinandersetzung, an der sich immer mehr Akademiemitglieder beteiligen. Zu Eislers Position bekennen sich wiederum B und Arnold Zweig, nun auch Hermann Dunkker und Helene Weigel. Außer denen, die bereits in den vorigen Sitzungen gegen Eisler aufgetreten waren, polemisieren gegen das Faust-Konzept in der Oper Johannes R. Becher, Kai von Brockdorf, Günther Cwojdrak, Gustav Just, Max Schroeder, Kurt Magritz und Ernst Hoffmann. Eisler ist über die festgefahrene Diskussion verärgert und liest seine vorbereiteten Antworten auf die Fragen von Girnus *(Eisler 2,296-300)* nicht vor. Er reist kurze Zeit später nach Wien (bis Februar 54) und gerät nach der heftigen Kritik an seinem Opernlibretto und wegen anderer Schikanen in einen Zustand tiefster Depressionen, die eine Schaffenskrise auslösen. Er schreibt über diese Situation (→ Ende Oktober) einen Brief an das ZK des SED.

11. Juni, Donnerstag. B bittet Max Schroeder vom Aufbau-Verlag, die *Kalendergeschichten* sobald als möglich herauszubringen, »man kann sie nirgends bekommen« *(Br, 1789)*.

12. Juni, Freitag. B wendet sich wegen der bevorstehenden Auflösung der Besucherorganisation Volksbühne »besorgt« an den Mitarbeiter der Kulturabteilung des ZK der SED Gustav Just, weil er einen erheblichen Besucherrückgang befürchtet. Die Volksbühne sei »immerhin eine gute, eingearbeitete, große Organisation« gewesen. Er ist für eine Auflösung erst dann, wenn dafür eine neue Theaterorganisation geschaffen wurde *(Br, 1790)*.

15. Juni 1953 Bewerbung um das Theater am Schiffbauerdamm

15. Juni, Montag. Da nach (dem bevorstehenden) Wiederaufbau des Theatergebäudes der Volksbühne am Luxemburgplatz das Theater am Schiffbauerdamm frei wird, erinnert B Ministerpräsident Otto Grotewohl an das Versprechen, dieses Theater dem BE zu überlassen; er schreibt:

»Sie haben vielleicht gehört, daß in Westdeutschland die unsinnigen Gerüchte über Zwistigkeiten zwischen mir und der Regierung der Deutschen Demokratischen Republik wieder sehr verstärkt aufgemacht werden. Die Übernahme des Theaters am Schiffbauerdamm durch das Berliner Ensemble, das weit über Deutschland hinaus bekannt ist, würde meine Verbundenheit mit unserer Republik deutlichst dokumentieren.« *(Br, 1791.)* Im gleichen Zusammenhang schreibt B an Helene Weigel, er habe im Ministerium für Volksbildung erklärt, wenn das BE das Theater am Schiffbauerdamm nicht erhalte, baue er in dieser Spielzeit ab. Sein Vorschlag ist, daß er am 1. 1. 54 das Schiffbauerdammtheater übernimmt und Fritz Wisten die Volksbühne. Wenn das Theatergebäude am Luxemburgplatz bis dahin noch nicht fertiggestellt ist, könne Wisten seine auslaufenden Stücke noch im Schiffbauerdammtheater (an zweiter Stelle) spielen.

16. Juni, Dienstag. Der Philosoph Cornu, bei dem sich Stefan (in Paris) befindet, schreibt B und Helene Weigel, daß ihr Sohn »recht interessante und neue Ansichten über Hegel gewonnen hat«. Stefan beklagt sich darüber, daß Cornu ihn zwinge, sich »als Sohn zu benehmen«; er freut sich auf den Urlaub in Buckow *(730/1)*.

16. Juni 1953
Erste Demonstrationen gegen Normerhöhung

Aufgrund der Rechtfertigung von Normerhöhungen (→ 28. 5.) in der Gewerkschaftszeitung *Tribüne* formieren sich Bauarbeiter, die an der Stalinallee und am Krankenhaus Friedrichshain arbeiten, zu einem Demonstrationszug, um Vertreter der Regierung zu einer Zurücknahme der Normerhöhung zu bewegen. Ihnen schließen sich andere Demonstranten an. Vor dem Haus der Ministerien in der Leipziger Straße ruft eine schnell auf 10 000 Personen angewachsene Menge nach Walter Ulbricht und Otto Grotewohl. Mittags stellt sich ihnen der Minister für Schwerindustrie und teilt mit, daß der Beschluß über die Normerhöhung zurückgenommen worden sei. Er wird niedergeschrien. Forderungen nach dem Rücktritt der Regierung und nach freien Wahlen werden laut.

B hört in Buckow von den Demonstrationen in Berlin, über die der RIAS ausführlich berichtet, und fährt nach Berlin. Er verständigt sich mit seinen engeren Mitarbeitern und erhofft sich genauere Informationen von einer Tagung des Berliner Parteiaktivs der SED, an der Manfred Wekwerth und Elisabeth Hauptmann teilnehmen. Von Hertha Walcher, die in der Leipziger Straße war, erfährt er Einzelheiten über die Demonstration.

17. Juni, Mittwoch. Am Morgen bilden sich in Berlin/DDR zahlreiche Demonstrationszüge und marschieren zum Haus der Ministerien. Sie fordern den Sturz der Regierung und freie Wahlen.

17. Juni 1953
In Berlin/DDR: Demonstrationen gegen die Regierung

B fährt sehr früh ins BE (Helene Weigel ist beim Weltfriedenskongreß in Budapest). Er schreibt an den Ersten Sekretär der SED, Walter Ulbricht, die Geschichte werde »der revolutionären Ungeduld der Sozialistischen Einheitspartei Deutschlands ihren Respekt zollen. Die große Aussprache mit den Massen über das Tempo des sozialistischen Aufbaus wird zu einer Sichtung und zu einer Sicherung der sozialistischen Errungenschaften führen.« B drückt ihm zugleich seine »Verbundenheit mit der Sozialistischen Einheitspartei Deutschlands« aus *(Br, 1792)*.

Brecht am 20. August: Der 17. Juni hat die ganze Existenz verfremdet. In aller ihrer Richtungslosigkeit und jämmerlicher Hilflosigkeit zeigen die Demonstrationen der Arbeiterschaft immer noch, daß hier die aufsteigende Klasse ist. Nicht die Kleinbürger handeln, sondern die Arbeiter. [...] Alles kam darauf an, diese erste Begegnung voll auszuwerten. Das war der Kontakt. Er kam nicht in der Form der Umarmung, sondern in der Form des Faustschlags, aber es war doch der Kontakt. – Die Partei hatte zu erschrecken, aber sie brauchte nicht zu verzweifeln. *(27,346.)*

Dem Botschafter der UdSSR, Wladimir Semjonow, erklärt er seine »unverbrüchliche Freundschaft zur Sowjetunion« *(Br, 1793)*. In einem weiteren Brief fragt B Ministerpräsident Otto Grotewohl, was in dieser Situation vom BE oder von der DAK getan werden kann. Falls Grotewohl im Rundfunk spricht, will B davor und danach »Lieder und Rezitationen von Ernst Busch und anderen Künstlern« bringen *(Br, 1795)*. Die Briefe werden durch Mitarbeiter des BE sofort zu den Adressaten gebracht.

Am Vormittag verschafft sich B mit Mitarbeitern des Theaters einen Eindruck von den Demonstrationen in der Straße Unter den Linden. Im BE laufen inzwischen unter Leitung von Benno Besson die Proben zu *Don Juan* weiter.

Teilnahme an Betriebsversammlungen im Berliner Ensemble

Mittags setzt B spontan eine Betriebsversammlung an, auf der er seine Meinung wiederholt, die er auch Ulbricht geschrieben hat: Eine Klärung der Situation könne und werde nur über die große Aussprache mit der Bevölkerung stattfinden. Das Ensemble bekennt sich in einer Entschließung einstimmig zu politischen Aktionen. B versucht, mit dem Theater über den Rundfunk Einfluß zu nehmen, wird aber dort abgewiesen. In einem Brief macht er Gustav Just darauf aufmerksam, »daß der Rundfunk heute von großer Bedeutung ist. Wir würden gerne vom Berliner Ensemble aus eine Veranstaltung am Rundfunk organisieren.« *(Br, 1794.)*

Präsidiumssitzung der Deutschen Akademie der Künste

Erklärung des Ausnahmezustandes im sowjetischen Sektor von Berlin

BEFEHL
des Militärkommandanten
des sowjetischen Sektors
von Berlin

Betrifft: Erklärung des Ausnahmezustandes
im sowjetischen Sektor von Berlin

Für die Herbeiführung einer festen öffentlichen Ordnung im sowjetischen Sektor von Berlin wird befohlen:

1. Ab 13.00 Uhr des 17. Juni 1953 wird im sowjetischen Sektor von Berlin der Ausnahmezustand verhängt.
2. Alle Demonstrationen, Versammlungen, Kundgebungen und sonstige Menschenansammlungen über 3 Personen werden auf Straßen und Plätzen wie auch in öffentlichen Gebäuden verboten.
3. Jeglicher Verkehr von Fußgängern und der Verkehr von Kraftfahrzeugen wird von 9 Uhr abends bis 5 Uhr morgens verboten.
4. Diejenigen, die gegen diesen Befehl verstoßen, werden nach den Kriegsgesetzen bestraft.

MILITÄRKOMMANDANT
DES SOWJETISCHEN SEKTORS
VON BERLIN

Berlin, den 17. Juni 1953

Generalmajor Dibrowa

Am Mittag werden sowjetische Panzer gegen die Demonstranten eingesetzt; um 13.30 Uhr erklärt die SMAD (Sowjetische Militäradministration in Deutschland) den Ausnahmezustand für den sowjetischen Sektor von Berlin.

Am Nachmittag findet in der DAK eine improvisierte erweiterte Präsidiumssitzung statt. Alexander Abusch und Rudolf Engel schlagen vor, ein Manifest als Vertrauenserklärung der DAK zur Regierung zu verfassen. B hält das nicht für möglich, da die Anwesenden nicht für die ganze Akademie sprechen könnten; außerdem müsse zuerst die Regierung zur aktuellen Situation Stellung nehmen. Das hindere Einzelpersonen nicht, originell und ehrlich hervorzutreten *(1493/12)*.

18. Juni, Donnerstag. B nimmt an einer einberufenen Plenarsitzung der DAK teil, in der es um die Frage geht, was in der Kulturpolitik »geändert oder positiv entwickelt werden« muß. B und Becher werden in eine Kommission gewählt, die ein Papier vorbereiten soll. Es kommt zu einem Eklat, als sich B strikt gegen eine Zuwahl des Komponisten Ernst Hermann Meyer wehrt, da dieser nach seiner Meinung (laut Protokoll) »von vornherein eine Stellung einnehmen wird, die eine fruchtbringende Arbeit der Kommission erschwert« *(1493/14f.)*.

18. Juni 1953
Teilnahme an Plenarsitzung der Akademie

21. Juni, Sonntag. Das *Neue Deutschland* veröffentlicht (neben einer Vielzahl von Ergebenheitsadressen für die SED und für die Regierung) aus Bs Brief an Walter Ulbricht (→ 17. 6.) lediglich den letzten Satz, in dem er seine »Verbundenheit mit der SED« zum Ausdruck bringt. B ist darüber sehr verärgert (→ 5. 7.), protestiert aber nicht öffentlich gegen den verstümmelten Abdruck. Er schreibt sofort einen weiteren Text und gibt ihn an das *Neue Deutschland* (→ 23. 6.).

21. Juni 1953
Verstümmelte Veröffentlichung von Brechts Brief an Ulbricht

22. Juni, Montag. B nimmt an einer Sondersitzung der DAK teil, in der Helmut Holtzhauer, der Vorsitzende der Staatlichen Kunstkommission, vor Vertretern aus allen Sektionen über die »diktatorischen und administrativen Eingriffe« seiner Institution sprechen soll. Nach einem Bericht, der handschriftliche Korrekturen Bs aufweist, verteidigt Holtzhauer statt dessen die Maßnahmen der Kunstkommission. Die Mitglieder der DAK »empfanden das Auftreten der Kunstkommission als ein Auftreten im schlechten alten Stil« *(799/73f.)*. In Begleitung von Käthe Rülicke trifft sich B in Berlin/West mit dem schwedischen Publizisten und Übersetzer Erwin Leiser, der (wie alle westlichen Journalisten) über die veröffentlichte Ergebenheitserklärung Bs sehr verwundert ist. B klärt ihn über die Verstümmelung seines Briefes im *Neuen Deutschland* auf und verspricht Leiser die Zustellung einer zusätzlichen politischen Erklärung (vom 21. 6.) für eine Publikation in westlichen Zeitungen. Käthe Rülicke, die den Text Leiser sofort ins Hotel bringen soll, hält ihn von sich aus zurück (→ 9. 11.).

22. Juni 1953
Teilnahme an Sondersitzung der Akademie

23. Juni, Dienstag. Bs (am 21. 6. geschriebene) Erklärung *Dringlichkeit einer großen Aussprache* wird im *Neuen Deutschland*, zusammen mit Beiträgen von Otto Buchwitz, Slatan Dudow, Theo Balden und Wolfgang Langhoff, unter der Überschrift *Für Faschisten darf es keine Gnade geben* veröffentlicht. B gibt seiner Hoffnung Ausdruck, »daß die Arbeiter, die in berechtigter Unzufriedenheit demonstriert haben, nicht mit den Provokateuren auf eine Stufe gestellt werden, damit die so dringliche große Aussprache über die allseitig gemachten Fehler nicht von vornherein unmöglich gemacht wird« *(23,250)*.

In einem Schreiben an Johannes R. Becher fordert B, die »Massen« jetzt besser mit »Zeitungen, Zeitschriften, Filmen usw.« zu versorgen. Auch die DEFA solle ihr Programm bereichern. »Wir dürfen ja auch nicht jetzt einfach alle unsere Reserven an Kitsch verschleudern und unsere belehrenden Filme aus dem Verkehr ziehen.« *(Br, 1796.)*

24. Juni 1953
Betriebsversammlung des Berliner Ensembles über die aktuellen Ereignisse

24. Juni, Mittwoch. Vor Probenbeginn findet eine (von Erwin Geschonneck geleitete) Betriebsversammlung des BE statt, bei der anfangs die aus Budapest zurückgekehrte Helene Weigel über den Friedenskongreß berichtet. Vor allem wird aber über die Ursachen des 17. Juni gesprochen. B sagt dazu u. a.: »Wenn ich das ansehe, was zu sehen war, so hatte ich den Eindruck in der Frühe, daß es eine ernste und entsetzliche Angelegenheit war, daß gerade Arbeiter hier demonstrieren. Ich spreche ihnen auch 100%ig jede Berechtigung zu. Ich wußte, daß sie abgehalten worden waren, ihrer Erbitterung Luft zu verschaffen, nun verschafften sie sich Luft.« Er sieht einen Fehler darin, daß die Regierung den Nazismus nicht beseitigt, sondern nur unterdrückt hat. »Die ganze Nazibande ist immer noch da, sie hat nicht mehr geherrscht, geistig war sie noch immer ganz lebendig.« *(23,546f.)* Ein großes Versagen sei außerdem, »daß man die großen Verdienste zwar ständig in Art von Lobhudeleien und Phrasen zur Sprache gestellt, aber nicht wirklich bekannt gemacht hat«. Er spricht sich zu dem Zeitpunkt gegen freie Wahlen aus *(1447/1-15).*

25. Juni 1953
Weitere Betriebsversammlung über Kulturpolitik

25. Juni, Donnerstag. In einer weiteren Betriebsversammlung des BE setzt sich B aufgrund von schriftlich eingereichten Fragen mit der Kulturpolitik auseinander. B sagt u. a.: »Man beschwert sich mit Recht über die geringe Fachkenntnis bei Leuten, die über Kunst schreiben oder mit ihr zu tun haben. In der Akademie war eine Besprechung mit der Leitung der Staatlichen Kunstkommission. Dabei wurde wieder festgestellt, daß die Referenten nahezu keine Fachkenntnis haben auf Gebieten, auf denen sie sehr diktatorisch handeln.« *(1447/16-29.)*

25. Juni 1953
Kritik an administrativer Kulturpolitik

Am Nachmittag berichtet B in einer Sitzung der Sektion Darstellende Kunst von der »Kommission zur Ausarbeitung von Vorschlägen für eine verbesserte Kulturpolitik«, der er angehört. Bisher sei »seitens der verantwortlichen Stellen alles ohne Kontakt mit den Künstlern gemacht« worden. Im Protokoll der Sitzung heißt es: »Herr Brecht empfindet das bisherige Verhalten als überstürzten, rein schematischen, administrativen Angriff auf die Künstler, was nichts mit Sozialismus zu tun habe. Seiner Meinung nach kann ein solcher Aufbau nur in einer organischen, auf ernsthaften Diskussionen fußenden Entwicklung erreicht werden.« *(799/77-79.)*

Juni. B fragt Peter Suhrkamp, ob er einverstanden ist mit einem unveränderten Nachdruck der *Hundert Gedichte* bei Rowohlt. Gleichzeitig bietet er dem Verlag eine Übernahme des Bandes an. »Könnte *Die Erziehung der Hirse* dabei sein oder scheint Ihnen das ganz unmöglich?« B empfiehlt Suhrkamp Ludwig Renns Roman *Adel im Untergang (Br, 1797).*
Premiere einer Studio-Aufführung des BE von Aschach Tkajews *Ein fremdes Kind*; Regie: Wolfgang Böttcher; mit Annemarie Schlaebitz (Mutter), Friedrich Gnass (Vater), Ekkehard Schall (Kostja), Barbara Berg (Sina).
Ende Juni. Wegen der Differenzen zwischen B und seiner Frau fährt Helene Weigel mit Barbara allein nach Sellin (Rügen) in Urlaub. B fühlt sich in dem großen Weißenseer Haus nicht mehr wohl und kümmert sich ebenfalls um eine andere Wohnung in der Nähe des Theaters. Aus Buckow, wohin er nun wieder fährt, informiert er Helene Weigel, daß Hainer Hill für ihn eine geeignete Wohnung in einem Hinterhaus der Chausseestraße 125 gefunden habe; sie werde am 1. 8. frei: »Hoffentlich ist Euer Wetter nicht zu schlecht und die Polizei vergnügungssüchtig. Bitte, schon Dich und schwimme auch nicht zu viel, das ist anstrengend im Salzwasser und man merkt es erst nach Wochen.« *(Br, 1799.)*
Käthe Reichel schickt B (in der Zeit vor den Baumaßnahmen) eine Zeichnung der vier Räume in der Chausseestraße mit einem ausführlichen Vorschlag für die Einrichtung der Wohnung. »Fragen sind erbeten und werden sehr gern mit Ratschlägen beantwortet.« *(2046/45-48.)*
Käthe Rülicke ist nach Thüringen in Urlaub gefahren und beschreibt B die Wirkungen des 17. Juni. Er berichtet, daß die »Weißwäscherei [...] in vollem Gang« sei. Sie solle sich »planmäßig« erholen, »*mit* einigem Unnötigen eingebaut« *(Br, 1798).*
1. Juli, Mittwoch. Von Peter Suhrkamp nach seiner Stellungnahme zu den Ereignissen des 17. Juni befragt, schreibt ihm B einen ausführlichen Brief, der endet mit: »Die Sozialistische Einheitspartei Deutschlands hat Fehler begangen, die für eine sozialistische Partei sehr schwerwiegend sind und Arbeiter, darunter auch alte Sozialisten, gegen sie aufbrachten. Ich gehöre ihr nicht an. Aber ich respektiere viele ihrer historischen Errungenschaften, und ich fühlte mich ihr verbunden, als sie – nicht ihrer Fehler, sondern ihrer Vorzüge wegen – von faschistischem und kriegstreiberischem Gesindel angegriffen wurde. Im Kampf gegen Krieg und Faschismus stand und stehe ich an ihrer Seite.« *(Br, 1801.)*
B bittet Justizminister Max Fechner um Auskunft, warum Martin Pohl (→ 31. 3.) verhaftet worden ist. »Ich wäre Ihnen dankbar, wenn Sie mir Näheres darüber mitteilen könnten, da im Berliner Ensemble darüber natürlicherweise

Ende Juni 1953
Suche nach einer neuen Wohnung

Brecht an Helene Weigel
Hinterhaus (wie das Vorderhaus sehr alt, zweistöckig, aus den dreißiger Jahren, also sehr hübsch, ziemlich ärmlich, für kleine Leute gebaut), ein riesiger Raum mit sehr großem Fenster, ein mittelgroßer und ein kleinerer Raum (nicht sehr klein). Küche klein, da muß eine Dusche hinein, Gas und Elektrizität sind da. Klo auf halber Treppe. Unten eine Garage, gehört dazu. Hinter dem Hinterhaus kleiner Garten, der hoffentlich dazu gehört, mit einem bescheidenen Baum. Fenster gehen auf Friedhof hinaus, da ist alles grün und weit. Ich bin also sehr zufrieden. *(Br, 1799.)*

große Beunruhigung herrscht.« *(Br, 1800.)* Fechner teilt (am 8. 7.) B auf seine Anfrage mit, das Schreiben sei dem Generalstaatsanwalt von Groß-Berlin zur Aufklärung des Sachverhalts weitergeleitet worden. B erfährt vom Inhalt der Anschuldigungen erst durch den Verteidiger Pohls am → 12. 9. Der Minister antwortet B am → 8. 7.

Zeichnung: Herbert Sandberg

Die Karikatur von Helene Weigel, die Herbert Sandberg (am 3. 6.) in der satirischen Zeitung *Eulenspiegel* veröffentlicht hat, hält ein Hallenser Leser für eine »beleidigende Zeichnung«. Die Redaktion der Zeitung berichtet, daß Helene Weigel »tatsächlich beleidigt« gewesen sei, und zwar »darüber, daß viel zu wenig solcher hervorragenden satirischen Porträtkarikaturen im *Eulenspiegel* erscheinen«.

2. Juli, Donnerstag. In der DAK kommt es bei einer Sitzung des Ausschusses für *Sinn und Form*, wie Arnold Zweig notiert, zu heftigen Auftritten »von Huchel, Brecht gegen Abusch. Meine Leitung erfolgreich: bis Ende des Jahres bleibt alles.« Die Kündigung Huchels wird zurückgenommen.

In der Nachmittagssitzung diskutieren Mitglieder der Sektion Darstellende Kunst mit Vertretern der Staatlichen Kunstkommission und der Gewerkschaft über die Gründung eines Verbands deutscher Bühnenangehöriger. B schlägt vor, den Verband so zu organisieren, daß er als »eine Geste des Verständigungswillens mit Westdeutschland« auf dem Gebiet des Theaters angesehen werden kann *(799/83-85)*.

3. Juli, Freitag. Fritz Erpenbeck hat von Bs Kritik an der Benutzung seines (im *Neuen Deutschland* verstümmelt wiedergegebenen) Briefes an Walter Ulbricht (→ 21. 6.) zu Beginn eines Geburtstagsartikels für Ulbricht in der Zeitschrift *Theaterdienst* gehört und entschuldigt sich, beabsichtigt aber keine Richtigstellung.

Juli bis September 1953
Buckow

Arbeit an
Turandot oder Der Kongreß der Weißwäscher

Buckower Elegien

5. Juli, Sonntag. B hält sich vom Juli bis September vorwiegend in Buckow auf und arbeitet an *Turandot oder Der Kongreß der Weißwäscher* sowie an den *Buckower Elegien.* Vor Gustav Just empört sich B erneut über die Verstümmelung seines Briefes an Ulbricht (→ 21. 6.). Just macht einen Bericht über das Gespräch und gibt ihn in einer »SED-Hausmitteilung« an Ulbricht weiter; darin heißt es u. a.: »Er hielte dieses Verfahren für taktlos, da niemand mit ihm über die Veröffentlichung in dieser Form gesprochen hätte. Seiner Ansicht nach wäre er in seinen Möglichkeiten der gesamtdeutschen Arbeit durch diesen Vorfall sehr beeinträchtigt.« *(23,548.)*

7. Juli, Dienstag. Die Staatliche Kunstkommission berät in einer Sitzung, zu der auch B eingeladen ist, die Spielpläne der »republikwichtigen Theater« für die Spielzeit 1953/54 *(731/33)*.

8. Juli, Mittwoch. In der Sektionssitzung der DAK wird

über die Gründung eines Verbandes Deutscher Bühnenangehöriger gesprochen. B fordert eine Anerkennung der künstlerischer Leistungen von technischen Kräften. Solche Leute, wie beispielsweise der Kascheur des BE (Eduard Fischer), wären für die Theater wichtig und müßten Aufstiegsmöglichkeiten bekommen.

10. Juli, Freitag. Walter Victor, dem er eine Geleitwort zu seinem Shakespeare-Lesebuch versprochen hatte (→ 31. 3.), muß B absagen. Er habe mit einem Aufsatz begonnen *(Die Kunst, Shakespeare zu lesen*; 23,252*)*, sei durch die »uns alle so beschäftigenden Juni-Ereignisse« aber nicht weitergekommen und habe »einfach jetzt nicht die Pferdenerven, mich in das Studium des Globe-Theaters zu versenken«. Er empfiehlt Victor, »irgend etwas Klassisches« von Goethe oder Lessing zu nehmen *(Br, 1802)*.

11. Juli, Sonnabend. B und Johannes Tralow wenden sich an Ministerpräsident Otto Grotewohl und stellen die Situation der internationalen Zusammenarbeit der Ost- und West-Sektionen des PEN-Clubs dar. Schriftsteller aus östlichen Ländern wird die Einreise in westliche Länder versagt (wie z. B. Bs und Hermlins nach Dublin; → 8.-15. 6.). Nachdem der Kongreß 1954 bereits an Amsterdam gegeben worden sei, schlagen B und Tralow vor, den Kongreß 1955 nach Berlin/DDR einzuladen. Der weitere Interessent Israel habe bereits verlauten lassen, daß keine Garantien für Zulassung von Schriftstellern östlicher Länder gewährleistet seien.
Am Nachmittag wird in der DAK in einer erweiterten Sitzung der Sektion Darstellende Kunst mit Vertretern verschiedener Theater und Institutionen über den zu gründenden Verband Deutscher Bühnenangehöriger (→ 8. 7.) diskutiert. B geht auch in diesem Gremium nochmals auf die Interessen der technischen Kräfte am Theater ein.

12. Juli, Sonntag. B klagt bei Otto Grotewohl darüber, daß dem »Neuen Kurs« überall »noch die Steifheit der Verwaltungsbehörden im Wege« stünde. Er schlägt vor, die »verschiedenartigen Umgestaltungen« zu erleichtern und »einen gewissen Schwung« hineinzubringen. Er bittet ihn, Wolfgang Harichs Vorschlag zu erwägen und »kleine fliegende Kommissionen zu schaffen, die überall den neuen Stil hineinbringen«; sie sollten »ganz unorthodox zusammengesetzt sein« *(Br, 1803)*.

15. Juli 1953
Öffentliche Kritik des Amts für Literatur

15. Juli, Mittwoch. Erstveröffentlichung des Gedichts *Das Amt für Literatur (15,267f.)* in der *Berliner Zeitung*. Anlaß ist das Verbot von drei Büchern Ludwig Renns (*Der spanische Krieg*, *Castro Garcia Roza* und *Krieg ohne Schlacht*; → 29. 8.). B kritisiert in dem Gedicht die Argumentation des Kontrollamts (→ 12. 7. 51), es stehe nicht genügend Papier zur Verfügung, »des seltenen Materials für willkommene

Werke«. Genehmigungen würden nur ausgegeben für Bücher, die Zeitungsideen »verarzten«. »So daß / Für die Werke manchen Meisters / Dann das Papier fehlt.« *(15, 268.)*

16. Juli, Donnerstag. Der Lyriker und Übersetzer Martin Remané schickt B seinen Gedichtband *Zwischen-Rufe* mit einer Widmung *(BBAB)*.

17. Juli, Freitag. Peter Suhrkamp schreibt B, er habe nach seinem nächtlichen Telefongespräch mit ihm nunmehr das Material für die Hefte 1-8 der *Versuche* an ihn (für den Aufbau-Verlag) weitergeleitet. Er stellt sich einen »mechanischen« Nachdruck vor und bringt für Bs Wunsch Verständnis auf, mit dem Druck der Bücher in der DDR seine »dortige Position« zu stärken. Außerdem schiene ihm eine übereinstimmende gleichzeitige Ausgabe in beiden Verlagen schon wegen des günstigeren Herstellungspreises besser *(655/35)*. Die Hefte 1-8 erscheinen erst postum.

21. Juli, Dienstag. Auf Bs geplante Umbesetzungen in den Stücken *Die Mutter*, *Der Prozeß der Jeanne d'Arc zu Rouen 1431*, *Mutter Courage und ihre Kinder* und *Herr Puntila und sein Knecht Matti* äußert Helene Weigel in einem längeren Brief zahlreiche Bedenken und macht Gegenvorschläge. Sie bedauert, daß er in den Ferien nicht zu ihr an die Ostsee gekommen ist (→ Ende Juni); ein »wirklicher Klimawechsel wenigstens für kurze Zeit« wäre auch für ihn wichtig gewesen. Wegen seiner neuen Wohnung in der Chausseestraße 125 habe sie die Materialbeschafferin des BE informiert *(732/84)*.

22. Juli 1953
Zusage für Übergabe des Theaters am Schiffbauerdamm an das Berliner Ensemble

22. Juli, Mittwoch. Vom Büro des Ministerpräsidenten Grotewohl wird mitgeteilt, daß Bs Wunsch, das Theater am Schiffbauerdamm zu übernehmen (→ 15. 6.), »grundsätzlich gebilligt« wird. Die endgültige Entscheidung könne aber erst getroffen werden, »sobald das Haus der deutschen Volksbühne fertiggestellt ist« *(655/37)*.

25. Juli, Sonnabend. Wilhelm Girnus führt mit B in Buckow ein längeres Gespräch, über dessen Inhalt er (am 27. 7.) Mitteilung an Walter Ulbricht macht. B habe Girnus zur Veröffentlichung im *Neuen Deutschland* einen Artikel (*Kulturpolitik und Akademie der Künste*; → 13. 8.) überreicht, nach dem »unsere gesamte bisherige Kunstpolitik, basierend auf den Beschlüssen des V. Plenums, falsch war«. Den gleichen Standpunkt vertrete in einem weiteren der Zeitung zugegangenen Artikel auch Wolfgang Harich. B hielte auch die Beschlüsse des Plenums »von Anfang bis zum Ende« für falsch, weil die Meinungen Shdanows über die Sowjetunion »für uns absolut nicht in Frage kommen« könnten. B habe sich heftig gegen den Begriff »Volk« gewandt, der für ihn ein »Nazibegriff« sei. »Die Beziehung der Kunst zum Volk seien Unsinn. Kampf gegen Formalismus und Dekadenz sei eine nazistische Sache. Der Begriff ›Volk‹ habe nur eine Beziehung zur Nation«; man solle »entweder von Arbeiterklasse oder von Nation« sprechen. Trotz dieser grundlegenden Abweichungen Bs tritt Girnus für eine »elastische Behandlung der ganzen Angelegenheit« ein und plädiert für eine Übergabe des Schiffbauerdamm-Theaters an das BE, da es international untragbar sei, »Brecht die Überlassung eines Theaters« zu verweigern. Das hätte auch auf B »eine erzieherische Wirkung«; er sei dann gezwungen, das Publikum zu gewinnen. »Deshalb müßte man ihm nicht irgendeine kleine Quetsche, sondern ein richtiges Theater geben, damit er seinen Primitivismus und Puritanismus nicht durch mangelnde Technik entschuldigen kann«. Girnus verspricht, im *Neuen Deutschland* »entsprechende Kritiken« der Aufführungen des BE zu veranlassen *(Bundesarchiv)*.

25. Juli 1953
Girnus berichtet Ulbricht von Brechts Abweichungen gegenüber der Kulturpolitik

Ende Juli. B antwortet auf einen (nicht überlieferten) Brief von Renata Mertens-Bertozzi im Zusammenhang mit der beabsichtigten Publikation von theoretischen Schriften Brechts im Turiner Verlag Giulio Einaudi (→ 30. 4.) nur sehr kurz: »Um in die Ästhetik zu gehen, ist im Augenblick hier zu viel los (mehr im Sinne der Schraube als der Wasserkräfte).« *(Br, 1806.)*

B schreibt zwei Vorschläge für Nationalpreise: Helene Weigel schlägt er wegen ihrer Darstellung von Theresa Carrar und der Großbäuerin in *Katzgraben* vor. Sie habe bewiesen, »daß sie, bei einer außerordentlichen Fähigkeit der Verwandlung, sowohl die tragische als auch komische Kunst großer Menschendarstellung beherrscht«; außerdem habe sie sich verdient gemacht beim »Aufbau des international bekannt gewordenen Berliner Ensembles, das Meister der Schauspielkunst mit jungen Künstlern unseres Nachwuchses vereint« *(23,255)*. Des weiteren schreibt er (auf Wunsch Alexander Abuschs; vom 15. 7.) die Begründung für seinen Vorschlag, Erwin Strittmatter für die Komödie *Katzgraben* ebenfalls mit dem Preis auszuzeichnen. Das Stück habe eine »kunstvoll gebaute Fabel, die klar und zugleich amüsant zeigt, wie sich das Bewußtsein der Menschen wandelt«, außerdem »sehr natürliche Verse von starker Bildkraft und Eigenart«. Somit werde die »nachklassische deutsche Dramatik« bereichert, »die arm an dichterischen Komödien ist« *(23,255f.)*. Am 6. 10. werden sowohl Helene Weigel wie auch Strittmatter mit Nationalpreisen ausgezeichnet.

Elisabeth Hauptmann informiert B davon, daß Herr Herrmann von der Herstellung des Aufbau-Verlags stolz darauf ist, für das *Versuche*-Heft 12 schönes Papier »aufgetrieben« zu haben, und von B ein Buch mit Widmung bekommen sollte. In diesem Zusammenhang schreibt sie: »Ach, die Zeiten, wo ich Widmungen in die ersten *Versuche*-Hefte bekam, sind lang vorbei wie vieles andere, Jugend und Schönheit, und es ist jammerschade, wenn so gar keine Traditionen geschaffen sind, mit denen man rechnen kann, weil sie hübsch sind.« Sie weiß wegen einer Verschlechterung ihrer Sehkraft noch nicht, ob sie im September, wenn die Korrekturen kommen, für ihn an den Buchausgaben weiterarbeiten kann *(747/44)*. In einem später geschriebenen Brief droht sie mit einer Aufkündigung ihrer Redaktionsarbeit für die *Ersten Stücke* und für die *Versuche*. »Dieser Entschluß ist sehr schmerzhaft.« *(654/85.)*

B teilt dem Intendanten des Königlichen Theaters in Kopenhagen mit, daß Ruth Berlau in seinem Auftrag bei den Proben zu *Mutter Courage und ihre Kinder* (→ 19. 3.) behilflich sein wird *(Br, 1804)*. Zugleich informiert er auch Lars Schmidt davon und bittet den Verleger um eine größere Geldüberweisung an sie und um Unterstützung »bei etwaigen Verhandlungen oder wenn sie Hilfe benötigt« *(Br, 1805)*.

Anfang August. Der sich vorwiegend in Buckow aufhaltende B teilt Emil Burri mit, daß die DEFA – nach einem Interesse von Wien-Film am gleichen Projekt – *Herr Puntila und sein Knecht Matti* verfilmen will und fragt ihn, ob er in der Lage sei, für eine der beiden Produktionen das Drehbuch zu schreiben (→ 14. 8.) *(Br, 1809)*.

3. August, Montag. Besprechung über die Inszenierung kleinerer Stücke, die auch für Laientheater geeignet sind. Käthe Rülicke soll ein Hans-Sachs-Stück übernehmen, Angelika Hurwicz die Berliner Posse *Schuster Pinne* und Manfred Wekwerth ein chinesisches Stück bearbeiten und erproben; die Gestaltung des Bühnenbilds und der Kostüme wird Annemarie Rost übertragen. (Statt des Sachs-Stückes kommt *Meister Pfriem* heraus; die Berliner Posse wird zurückgestellt.)

4. August 1953
Bemühungen um Auflösung der Staatlichen Kunstkommission und um Bildung eines Ministeriums für Kultur

4. August, Dienstag. B schreibt »in wirklicher Sorge« an Volksbildungsminister Paul Wandel (auch für andere Gleichgesinnte) und fordert, »daß die Kunstkommission energisch und großzügig aufgelöst werden sollte«. Sie habe u.a. die Mitglieder der DAK von konstruktiven Vorschlägen abgehalten und »es nicht verstanden, einen einzigen Freund unter den Künstlern zu gewinnen«. Die Aufgaben müßte ein zu gründendes Ministerium für Kultur übertragen bekommen *(Br, 1808)*.

5. August, Mittwoch. Die Verteilung von Lebensmittelpaketen aus amerikanischen Beständen in Berlin/West für die Bevölkerung der DDR kommentiert B mit dem Gedicht *Jakobs Söhne ziehen aus, im Ägyptenland Lebensmittel zu holen (15,272f.)*, das am 9. 8. in der *Berliner Zeitung* gedruckt wird.

6. August, Donnerstag. Ruth Berlau verabschiedet sich von

B mit einem Brief in ihr »kleines lausiges Land«. Sie schreibt: »Gute Nacht, du mein Leben. Danke für alles. Versuch zu vergessen und verzeihen *und verstehen*.« Dem Brief fügt sie einen Kommentar zu dem Gedicht *Der Blumengarten* sowie eine Betrachtung zu *B und die Natur* bei *(973/77-80)*.

13. August, Donnerstag. Erstveröffentlichung von *Kulturpolitik und Akademie der Künste* (*23,256-260*) im *Neuen Deutschland* (→ 25. 7.). B geht darin polemisch auf den am 19. 7. in der gleichen Zeitung veröffentlichten Text *Über berechtigte Kritik und über Erscheinungen des Opportunismus in der Kunst* von Walter Besenbruch ein. B verwahrt sich dagegen, die DAK als ein »marxistisches Gremium« anzusehen. Den Grund vieler Künstler für die Ablehnung »der Kulturpolitik in wesentlichen Teilen« sieht B darin, »daß sie ein großes Gedankengut den Künstlern nicht dartat, sondern wie saures Bier aufdrängte«. Anregungen für die Kunst könnten nicht durch Administration wirksam werden: »Aber der Schrei nach Lebendigem ist dann ein Schrei nach Lebendigem für Särge. Die Kunst hat ihre eigenen Ordnungen.« Am gleichen Tage solidarisiert sich der Bildhauer Fritz Cremer in einem Brief an die Redaktion des *Neuen Deutschland* mit Bs Gedanken. Die »Zugehörigkeit zu einer marxistischen Partei« mache »allein nicht den wirklichen Marxisten« aus. »Gerade in der Kunstpolitik und gerade auch in unserem geteilten Deutschland sollten wir uns gründlicher darüber klar sein, daß es Parteimitglieder gibt, die keine Marxisten sind, daß es aber Marxisten geben kann, die keine Parteimitglieder sind.« *(Bundesarchiv, Büro Kurella.)*

13. August 1953
Kulturpolitik und Akademie der Künste im ND

14. August, Freitag. B unterstützt den Vorschlag, den ihm Wolfgang Steinitz (am 29. 7.) zugeschickt hat, Prof. Hüdepohl für seine Arbeit im Hedwigskrankenhaus auszuzeichnen. »Er scheint mir so gründlich, daß ich nur ein paar Sätze anfügte.« Er entschuldigt sich, daß er nicht auf einen Essay von Steinitz über estnische Dichtung geantwortet hat. B will ihm gelegentlich »die Übertragung estnischer Kriegslieder zeigen, die ich zusammen mit Hella Wuolijoki gemacht habe« *(Br, 1812)*.

Bemühungen um Prof. Hüdepohl

B entschuldigt sich bei Renata Mertens-Bertozzi, daß er ihr nicht immer rechtzeitig auf ihre Fragen im Zusammenhang mit den italienischen Verlags- und Aufführungsfragen geantwortet hat, »mit Arbeit« und bittet sie, nicht, wie angedroht, »die Geschäftsfreundschaft« zu kündigen: »Im Frühjahr machte ich eine Inszenierung (*Katzgraben* von Strittmatter), und jetzt habe ich mich nach Buckow zurückgezogen, um an einem Turandot-Stück zu schreiben.« *(709/25.)*

Emil Burri lehnt »schweren Herzens« eine Arbeit an *Herr*

Puntila und sein Knecht Matti (→ Anfang August) mit der Begründung ab, daß er »seit *Mutter Courage* hier suspekt« sei *(729/78)*.

Mitte August. B schickt »sozusagen zu innerem Gebrauch« das Gedicht *Die Wahrheit einigt (12,315)* an Paul Wandel. Man müsse den Arbeitern die Wahrheit sagen und nicht wieder »den Kopf in den märkischen Sand stecken«, denn »wir haben unsern eigenen Westen bei uns« *(Br, 1814)*.

Bemühungen um Hanns Eisler

B empfiehlt Hanns Eisler, der wegen der Anfeindungen (→ 10. 6.) zeitweilig nach Wien gezogen ist, für die weitere Arbeit an seiner *Faustus*-Oper die Verwendung von Volksliedern. Er soll Ernst Fischer für »die Fridericus-Rex-Idee« danken. Eisler drückt (am 27. 8.) seine Freude darüber aus, daß B Interesse an dem Stoff über den Preußenkönig gefunden hat. »Was ist eher geeignet, verfremdet zu werden, als das vertraute Bild des Friedrich mit dem Krückstock?« B legt den Stoff seiner Geschichte *Der Müller von Sanssouci (20,199)* zugrunde.

16. August, Sonntag. B schickt eine Rezension Karl Grünbergs über das Buch *Menschen an unserer Seite* von Eduard Claudius an den Kulturredakteur der *Berliner Zeitung*, Jürgen Rühle. »Hans Garbe, die Hauptperson des Buches, legt großen Wert darauf, daß die Besprechung gebracht wird, und ich meine, wir sollten ihm da helfen.« *(Br, 1816.)*

Im *Neuen Deutschland* wird ein Interview mit dem früheren Intendanten der Städtischen Bühnen Wuppertal, Erich Alexander Winds, abgedruckt, der mit der neuen Spielzeit die Leitung der Städtischen Bühnen Leipzig übernimmt. Darin bringt Winds zum Ausdruck, er sei seit seinem Eintreten für B im Zusammenhang mit der Aufführung von *Mutter Courage und ihre Kinder* (→ 3. 11. 49) zunehmend »scharfen Angriffen und Verleumdungen« ausgesetzt gewesen.

19. August, Mittwoch. B telegrafiert Peter Suhrkamp, daß er den Titel *Erste Stücke* besser findet als *Frühe Stücke*; die Änderung lohne sich *(Z 2/200)*.

Der Kabarettist Erich Brehm teilt B (am 7. 8.) mit, daß der Berliner Magistrat »nach langem Hin und Her« ein Kabarett fördern wird, und bittet B um einen Text für das Eröffnungsprogramm. B schickt sein Gedicht *Jakobs Söhne ziehen aus, im Ägyptenland Lebensmittel zu holen* (→ 5. 8.) und empfiehlt eine Vertonung durch Rudolf Wagner-Régeny *(Br, 1817)*.

Auf die Anfrage von Horst Haubold aus Blankenburg (vom 6. 8.), ob er am BE als Regie-Eleve arbeiten kann, antwortet B: »Wenn Sie Regisseur werden wollen, müssen Sie, solange es keine Regie-Schule bei uns gibt, die Talent- und Wissensprüfungen veranstalten kann, selber versuchen, eventuell mit einer kleinen Laienspielgruppe etwas einzustudieren,

damit Aufsehen erregen, Fotos von der Aufführung machen, sie einschicken usw. usw.« *(Br, 1818)*.
Der Schauspieler Gert Schaefer hat B (am 17. 7.) eine Interpretation des Polizeihauptmanns in Ostrowskis *Heißes Herz* geschickt und sich eine Besetzung mit dieser Rolle gewünscht. Am 4. 8. bittet er B um ein Gespräch über seine weitere künstlerische Entwicklung am BE. B antwortet ihm, daß er den ersten Brief an Benno Besson weitergegeben hat, der das Ostrowski-Stück inszenieren wird (nicht realisiert). Nach seiner Rückkehr wolle B gern mit ihm sprechen. Den Simon Chachawa im *Kaukasischen Kreidekreis*, schreibt er dem 33jährigen Schaefer, stelle er sich »übrigens nicht unter vierzig Jahre vor« *(Br, 1819)*.
20. **August**, Donnerstag. Während der Arbeit an *Turandot oder Der Kongreß der Weißwäscher (9,127-192)* und an den *Buckower Elegien (12,305-315)* beschäftigen B weiterhin die Ereignisse des 17. Juni, der »die ganze Existenz verfremdet« habe. Er könne »den schrecklichen 17. Juni als nicht einfach negativ« bewerten. Als er das Proletariat »wiederum ausgeliefert dem Klassenfeind sah, dem wieder erstarkenden Kapitalismus der faschistischen Ära, sah ich die einzige Kraft, die mit ihm fertig werden konnte« *(27,346f.)*. In dieser Zeit entsteht auch eine Notiz über Aufgaben der SED: sie müsse »sich zum Anwalt der kleinen Leute machen, ihre Interessen durchfechten, ihr Vertrauen gewinnen«; sie sollte »eingreifen [...] im Gegensatz zu der Beamtenschaft« *(971/22)*.
Der Bühnenbildner von *Die Gewehre der Frau Carrar* im Landesschauspiel Sachsen, Hans J. Leupold (Premiere: 8. 1.), berichtet B von einer Diskussion, der zufolge die Dekorationen des Stückes in Paris und Kopenhagen, beeinflußt vom Proletkult, dadaistisch gewesen sein sollen. B antwortet u. a.: »Die weißgekalkten Wände und das riesige dunkle Fischernetz darüber sahen sehr schön aus und unterstützten das Spiel. Mit Dadaismus hatten die Dekorationen natürlich nichts zu tun und eigentlich auch nichts mit Proletkult, gegen den ich nichts habe, im Gegenteil.« *(Br, 1824.)*
B informiert den Intendanten des neu gegründeten Berliner Maxim-Gorki-Theaters, Maxim Vallentin, vom Vorschlag eines Regieassistenten-Austauschs und von den Proben zu *Don Juan* im BE *(Br, 1822)*.
Der Hamburger Regisseur Heinz Guss hat B in einer Reihe von Briefen zahlreiche Fragen gestellt. Es sei »schon schweinemäßig«, schreibt B an Guss, daß er nicht geschrieben hat. »Ich kann mich wirklich nur mit vieler Arbeit entschuldigen.« *(Br, 1823.)* Am gleichen Tag läßt B die Dramaturgie antworten.
23. **August**, Sonntag. Der junge Schriftsteller Heinz Kahlau sendet B einige seiner Gedichte und bewirbt sich bei ihm als

Meisterschüler. B nimmt Kahlau in seine Meisterklasse auf, gibt ihm Arbeiten für seine Inszenierungen und berät ihn bei der Abfassung von Gedichten (im Nachlaß sind mehrere Gedichte Kahlaus gesammelt, einige mit Korrekturvorschlägen Brechts; 1216/1-17).

24. August, Montag. Der Schlosser Johannes Barthel, der sich als Dramatiker versucht, hat B einige Szenen eines Stükkes geschickt und (am 17. 8.) um ein Gespräch gebeten, das am 24. 8. stattfindet *(Br, 1820).*

Ilse Galfert vom Bühnenvertrieb des Henschelverlags charakterisiert Bs *Tage der Kommune* im Vergleich mit *Die Niederlage* von Nordahl Grieg als negativ und schickt ihr entsprechendes Gutachten an die Kulturabteilung des ZK der SED. Das Stück Bs verursache eine »Depression des Lesers (ebenso wie höchstwahrscheinlich auch des Zuschauers)«, auf die der Autor bewußt hinziele. Die Kämpfer würden »abgeknallt wie die Hasen«. Sie habe nach der Lektüre die Erkenntnis: »es hat ja keinen Zweck gehabt«. Griegs Stück sei dagegen »künstlerischer und tiefer gestaltet« und jedenfalls dem Stück Bs vorzuziehen *(Bundesarchiv).*

25. August, Dienstag. Jürgen Rühle schickt B die Rezension von Karl Grünberg zurück (→ 16. 8.). Sie sei für einen Feuilletonbeitrag zu umfangreich.

28. August, Freitag. B hat sich wegen einer Beschleunigung der Dissertation von Ernst Schumacher (→ 6. 12. 52) an Hans Mayer gewandt, der ihm mitteilt, daß das Promotionsverfahren noch in diesem Jahr über die Bühne gehen kann.

29. August 1953
Empfehlung eines Kritiker-Wettstreits

29. August, Sonnabend. Unter Bezug auf das Gespräch mit Girnus (→ 25. 7.) empfiehlt ihm B junge Leute, »die an unseren Universitäten geschult wurden und Freude am Theater haben«. Am Ende schlägt er vor: »Macht doch eine Art ›Kritiker-Krieg auf der Wartburg‹, einen kleinen Wettstreit.« *(Br, 1826.)* Girnus schenkt B die von ihm herausgegebene und eingeleitete Auswahlausgabe *Über Kunst und Literatur* von Goethe mit einer Widmung *(BBAB).*

B bittet Hanns Otto Münsterer, an Walter Nubel in die USA Kopien einiger Arbeiten von ihm zu schicken. Nubel habe »eine nahezu komplette Sammlung« seiner Arbeiten, wie er sie selbst »ja seit langem nicht mehr habe«. »Bei der rapiden Entwicklung unserer Physik in der Richtung auf Zerstörungsmittel ist es vielleicht nicht schlecht, an verschiedenen Punkten der Erdoberfläche das eine oder andere, was Mühe gekostet hat, zu haben.« *(Br, 1827.)*

B informiert die Feuilleton-Redaktion des Berliner Verlags darüber, daß mehrere Bücher Ludwig Renns für einen Druck abgelehnt wurden (→ 15. 7.). »Geradezu skandalös ist es dann natürlich, daß Renn, einer der bedeutendsten deutschen Prosaisten, auch nicht für einen Nationalpreis

vorgeschlagen werden kann, weil er in der letzten Zeit nichts herausbrachte!« *(Br, 1828.)*
Der Präsident des PEN-Zentrums Ost und West, Johannes Tralow, hat B (am 29. 7.) über seinen Protest gegen die Absetzung von Brecht-Stücken in Mannheim und Wuppertal informiert. B dankt ihm für sein »tapferes Einschreiten gegen das Verbot«. Zur noch ausstehenden Antwort Otto Grotewohls über eine Einladung des PEN-Kongresses 1955 nach Berlin (→ 11. 7.) gibt B die Meinung von Paul Wandel wieder, wonach dies aussichtsreich wäre, wenn man die PEN-Club-Mitglieder aus den Volksdemokratien für den Kongreß in Berlin mobilisieren könnte. »Das würde es für die DDR sehr viel leichter machen, allen PEN-Mitgliedern die Einreise zu ermöglichen.« *(Br, 1830.)*
30. August, Sonntag. Da die abendliche Stromsperre seine Arbeit in Buckow (Kreis Strausberg) behindert, beantragt B beim Amt für Materialversorgung in Strausberg Petroleum sowie 300 Zentner Briketts, die er für die Beheizung von zwei Häusern benötige *(Br, 1831)*.
August. B fragt Emil Burri (→ 14. 8.), ob er eventuell unter der Bedingung, daß sein Name nicht genannt wird, das Drehbuch für den Film *Herr Puntila und sein Knecht Matti* schreiben könnte. *(Br, 1833.)*
Als B davon hört, daß Ernst Busch vorgeworfen wird, er habe vor seinem Weggang von der Plattenfirma »Lied der Zeit« schadhafte Schallplatten aussortiert, dankt er ihm dafür, daß er die »Platten mit Liedern von mir, die technische und künstlerische Fehler enthielten«, entfernt habe, »so daß weniger gewissenhafte oder weniger künstlerisch geschulte Leute sie nicht in den Handel bringen konnen« *(Br, 1834)*.
B bittet Hans Mayer um einen baldigen Abschluß der Promotion von Ernst Schumacher, weil gegen den Münchener Publizisten zwei Prozesse vorbereitet werden und er mit einer Verhaftung rechnen muß *(Br, 1835)*.
B teilt Ruth Berlau aus Buckow mit: »Ich bin fleißig und stecke schon im zweiten Akt *Turandot*.« Peter Palitzsch sei (zur Beratung der Inszenierung von *Der gute Mensch von Sezuan*) nach Malmö abgereist *(Br, 1815)*.
In einem weiteren Brief an sie heißt es über die Arbeit an *Turandot*: »Hier ist sonniges Wetter, regnerisches wäre schöner für die Arbeit, aber es geht ganz gut, vor allem schnell, ich bin ungefähr in der Mitte angelangt, mit dem rohen Entwurf. Die Zeit habe ich mir genau eingeteilt, es sind nur ein paar Wochen zur Verfügung, und so muß ich jeden Tag ein bestimmtes Quantum schreiben.« Da Ruth Berlau wegen einer eventuellen Übernahme der Regie bei dem *Courage*-Film mit Astrid und Bjarne Henning-Jensen verhandelt, teilt B die Bedingungen für die Arbeit mit *(Br, 1832)*.

Das große Haus in Buckow

Anfang September. B hat eine Besprechung im Rundfunk *(732/29f.)*.

2. September, Mittwoch. B schlägt vor, für die am 6. 9. stattfindende Bundestagswahl über die laufenden Sendungen des Deutschlandsenders eine Einblendung zu bringen mit dem (von Ernst Busch gesprochenen) Text: »Adenauer ist der Krieg. Wählt nicht den Krieg.« Danach sollte das Lied *Bitten der Kinder* (aus dem *Herrnburger Bericht; 15,249f.*) gesungen werden. Da der Brecht-Text vom Rundfunk verstümmelt wird, verweigert Busch die Rezitation. Erst nach Bs Eingreifen wird der originale Text aufgezeichnet, dann aber (am 3. 9.) in der verstümmelten Fassung, von einem Rundfunksprecher vorgetragen, ausgestrahlt. B untersagt daraufhin die weitere Sendungen seines Beitrags.

3. September 1953
Vertrag über Gastinszenierung in Wien

Zusammenarbeit mit Manfred Wekwerth

Manfred Wekwerth, am 3. 12. 1929 in Köthen geboren, ist zunächst als Lehrer tätig, leitet eine Laienspielgruppe, deren *Carrar*-Aufführung Brecht ansieht (→ Januar 51). Als Regieassistent arbeitet er an zahlreichen Inszenierungen mit.

3. September, Donnerstag. Der Direktor des Neuen Theaters in der Scala, Wolfgang Heinz, hat B für eine Gastinszenierung der *Mutter* in Wien gewonnen und schickt den Vertrag. Wegen eines vorgezogenen Premierentermins erwartet Heinz Bs Regiemitarbeiter Manfred Wekwerth für die Vorproben bereits am 22. 9. und B am 15. 10.
Ruth Berlau bittet B um einen Text für das Kopenhagener *Courage*-Programmheft (→ 12. 9.).

5. September, Sonnabend. B trifft sich mit Peter Suhrkamp.

8. September, Dienstag. B beschwert sich bei Fritz Apelt darüber, daß dieser in einem Artikel der *Täglichen Rundschau* (Messe-Sondernummer) seine Arbeiten überhaupt nicht erwähnt hat. B vermutet, es handele sich um eine Rache für das satirische Gedicht *Das Amt für Literatur* (→ 15. 7.), und verbittet sich das: »Immerhin zeichnen Sie als Leiter des Amtes für Literatur, und ich bezweifle, ob Sie das Recht haben, eventuelle private Rachegefühle zu befriedigen.« *(Br, 1838.)* Apelt antwortet am → 17. 9.
Auf Bitte von Michail Apletin (vom sowjetischen Schriftstellerverband) schickt B ihm Ausgaben seiner Werke, die nach 1945 erschienen sind *(Br, 1839)*.

10. September, Donnerstag. B bespricht in einer Regie- und Dramaturgiesitzung die drei kleinen Studio-Projekte (→ 3. 8.). Annemarie Rost erinnert sich: »War hochinteressant, wie so ein Gespräch läuft. Wenn er einen Gedanken entwickelt, kann man glasklar den Weg verfolgen bis zum Ergebnis, man bekommt also nichts Fertiges vorgesetzt. Das ist unwahrscheinlich anregend.« *(Brecht Yearbook 19,277.)*

11. September 1953
Erstsendung Fernsehfilm
Die Gewehre der Frau Carrar
Deutscher Fernsehfunk Berlin

11. September, Freitag. Erstsendung von *Die Gewehre der Frau Carrar*, des ersten Fernsehfilms im Deutschen Fernsehfunk (→ 4.-7. 2.).

12. September, Sonnabend. B geht in Buckow *Turandot oder Der Kongreß der Weißwäscher* durch.

Er skizziert eine »Chronik« für die Kopenhagener Aufführung (24,271-274; der Text erscheint als fremdsprachiger Erstdruck am 7. 10. in der Kopenhagener Zeitung *Politiken*).

Von einem Klempner, der am Haus Reparaturen vornimmt, hört er von vielen Mißständen, die das Leben der Handwerker erschweren. Der Beamtenapparat sei zu sehr »aufgebläht«, »das Geld geht in unproduktive Arbeit«. Ehemalige Nazis und wenig intelligente Personen seien in der Volkspolizei untergekommen. »Das Maul kann man nicht aufmachen, schon zwanzig Jahre lang nicht mehr.« *(27,347.)*

Vor Vertragsabschluß über einen *Puntila*-Film mit der Firma Wien-Film will Dr. Rottensteiner wissen, ob B Verpflichtungen gegenüber der DEFA hat. B berichtet den »wahren Verlauf der Verhandlungen«: Da Curt Bois an einem solchen Film interessiert sei, hat er ihn zunächst der DEFA angeboten. Hans Rodenberg habe aber keine Produktionsmöglichkeit gesehen, so sei über Bois eine Verbindung zu Wien-Film zustande gekommen. »Es kann überhaupt keine Rede davon sein, daß Wien-Film in Verhandlungen mit der DEFA eingegriffen habe. Solche Verhandlungen fanden nicht statt.« *(Br, 1840.)*

Der Karl-Marx-Städter Rechtsanwalt O. Althammer ist als Offizialverteidiger in dem Strafverfahren gegen Martin Pohl (→ 1. 7.) bestellt und wendet sich im Auftrag seines Mandanten mit der Bitte an B, eine Beurteilung (→ 23. 9.) des Inhaftierten zu verfassen. Nach Auskunft von Althammer bestreitet Pohl, mit zwei anderen Angeklagten »im Auftrag des amerikanischen und französischen Geheimdienstes von 1951 bis 1952 Spionage im demokratischen Sektor von Berlin betrieben« zu haben *(731/101)*.

Nachdem B schon mehrfach Korrekturen an den Texten für die *Ersten Stücke* vorgenommen hat, lehnt Peter Suhrkamp weitere Eingriffe im vorliegenden Satz ab und hält auch den von B für die ersten beiden Bände neu geschriebenen Text *Bei Durchsicht meiner ersten Stücke* (→ 19. 11.) für überflüssig.

12. September 1953
Fertigstellung
Turandot oder
Der Kongreß der Weißwäscher
(1. Fassung)

13. September, Sonntag. Nach Fertigstellung der ersten Fassung von *Turandot oder Der Kongreß der Weißwäscher* macht sich B Gedanken über die Einschätzung des Werkes, das »recht außerhalb der deutschen Literatur« steht. Auch mit seiner »Botschaft« stünde es »nicht einfach«: »Das formulierende, das unproduktive Denken wird in *Turandot* ertappt zu einem Zeitpunkt, wo die (kapitalistische) Produktionsweise es den Produktivkräften nicht mehr erlaubt, sich weiterzuentwickeln; es stellt sich dar als unpraktisch, also lächerlich. Und es wird eine Zeitlang noch weitergehen, so lang bis die Intellektuellen dem Rest der Bevölkerung nicht mehr gegenüberstehen, sondern die ganze Bevölkerung intellektualisiert ist.« *(27,348.)*

15. September, Dienstag. B wendet sich an die Staatliche Kommission für Kunstangelegenheiten und unterstützt deren Bemühen, Curt Bois in der DDR zu halten. Der Schauspieler sei aber daran interessiert, nach Berlin/West überzusiedeln. In diesem Fall, meint B (wie auch Hans Rodenberg), sei das Risiko der Beeinflussung seiner künstlerischen Verpflichtungen im Osten durch Stellen im Westen der Stadt zu groß, als daß man jetzt schon mit Bois bindende Abschlüsse tätigen kann *(Br, 1841)*.

15. September 1953
Vertrag über *Puntila*-Film

B schließt mit der Wien-Film den Vertrag über die Verfilmung von *Herr Puntila und sein Knecht Matti* ab.

Mitte September. Ruth Berlau berichtet B ausführlich von der Arbeit an *Mutter Courage und ihre Kinder* in Kopenhagen. »Ich möchte hierbleiben. So wie Dein Land, Dein Arbeitsplatz Berlin ist – so ist Kopenhagen mein Arbeitsplatz. [...] Ich möchte hier sterben.« Wenn sie daran denkt, daß »Käthe oder Kattrin oder – wie heißt sie – Kilian meinen Brief liest«, möchte sie B lieber aus der Ferne lieben. Sie würde gern weiter bei ihm arbeiten, wenn sie nützlich sein kann. Er solle ihr einen deutlichen Brief schreiben, z.B. »Ich hab neue, junge, genug Lieblingsschüler«; dennoch wolle sie nach Kattrin, Käthe, Kilian, Weigel »lieber No. 5 bei Dir als No. 1 bei meine viele Liebhaber hier« sein. Sie bittet ihn um weitere Geldsendungen für ihren Unterhalt und zur Unterstützung ihrer Mutter und ihrer Schwester *(971/26-31)*.

16. September 1953
Beschwerde bei Erpenbeck über unerträgliche Behandlung

16. September, Mittwoch. B beschwert sich beim Redaktionskollegium von *Theater der Zeit* über die dort veröffentlichte Rezension Lily Leders zu seiner Inszenierung von Strittmatters *Katzgraben* (→ 23. 5.). Er fragt, »welche Qualifikation (ästhetische und politische Schulung)« die Rezensentin besitze. »Eine solche Behandlung verantwortungsbewußt unternommener künstlerischer Arbeit ist ganz unerträglich und kann nicht geduldet werden.« *(Br, 1842.)* Die Redaktion der Zeitschrift antwortet am → 21. 9.

Vorschlag, die Redaktion von *Theater der Zeit* zu reorganisieren

Eine Kopie seines Briefes schickt er an die DAK und schlägt vor, »daß die Sektion eine Reorganisation der einzigen Theaterzeitschrift, die die Theaterleute der DDR informiert, fordert« *(Br, 1843)*. Auch an Helmut Holtzhauer schickt er seinen Brief und bittet darum, die Redaktion »gründlich zu reorganisieren« *(Br, 1844)*.

B bittet Lars Schmidt um eine weitere größere Geldüberweisung an Ruth Berlau in Kopenhagen *(Br, 1845)*.

17. September, Donnerstag. Fritz Apelt entschuldigt sich für seinen Zeitungsartikel, in dem Bs Name nicht erwähnt ist (→ 8. 9.). Am meisten habe ihn gewundert, daß B in dem Ge-

dicht *Das Amt für Literatur* von der Annahme ausgehe, »das Amt verteile Papier« *(729/3)*.
Auf die Beschwerde Peter Suhrkamps, daß die Korrekturen bei den *Ersten Stücken* erhebliche Mehrkosten verursacht haben, entschuldigt sich B. Er vermißt eine »Gratulation für die kunstvoll ausgeführten Restaurierungsarbeiten«. Für den Druck der *Versuche*-Hefte 1-8 (→ 17. 7.) sieht er »keinerlei Korrekturen von mir aus voraus«. Als nächste Hefte schlägt B vor: Heft 13 mit dem *Kaukasischen Kreidekreis* und *Schweyk im 2. Weltkrieg* sowie dem Aufsatz *Weite und Vielfalt der realistischen Schreibweise* und »einige neue Gedichte« (aus den *Buckower Elegien*); Heft 14 mit *Furcht und Elend des Dritten Reiches* und *Arturo Ui* sowie den Reden auf den Schriftstellerkongressen 1935 und 1937; Heft 15 mit *Galilei* (»wenn fertig«) oder *Die Tage der Kommune* bzw. *Turandot (Br, 1848)*. (Die Hefte werden später inhaltlich anders konzipiert.)
19. September, Sonnabend. B bittet Michail Apletin um die Zusendung der Stücke *Der Schuß* von A. Besimjenski, *Mein Freund* und *Tempo* von Nikolai Pogodin, *Der Wunderliche* von Afinogenow, *Die Wanze* und *Das Schwitzbad* von Wladimir Majakowski *(Br, 1850)*.
Die Leitung des BE bespricht mit Technikern Umbaumaßnahmen des Theaters am Schiffbauerdamm vor der Übernahme (→ 22. 7.).
21. September, Montag. Das Redaktionskollegium von *Theater der Zeit* antwortet B auf seine Polemik gegenüber der Rezension von Ilse Galfert (→ 16. 9.), daß die Zeitschrift von einem beabsichtigten Nachdruck des Aufsatzes *Erwin Strittmatters ›Katzgraben‹* (→ 3. 6.) zurücktritt, und bittet B, seine Einwände zu präzisieren.
23. September, Mittwoch. B schreibt die gewünschte Beurteilung (→ 12. 9.) über Martin Pohl. Darin hält er ihn für einen »der begabtesten unserer jungen Dichter«. »Persönliche Äußerungen gegen die DDR von ihm« seien im BE nicht bekannt. Er sei B »als ein nervöser, vielfach gehemmter und sehr weicher Mensch; vollkommen unpraktisch und weltfremd; jedoch freundlich und hilfsbereit« erschienen *(zu Br, 1800)*. Pohl wird zu vier Jahren Zuchthaus verurteilt.

23. September 1953
Beurteilung von Martin Pohl

24. September, Donnerstag. B spricht vormittags mit Erwin Strittmatter, Käthe Rülicke, Karl von Appen, Peter Palitzsch und Annemarie Rost über die laufenden Produktionen am BE. Manfred Wekwerth trifft in Wien ein und beginnt im Auftrag Bs mit den Arrangierproben zu *Die Mutter* am Neuen Theater in der Scala (→ 3. 9.).
25. September, Freitag. Karl Kleinschmidt schickt B sein Buch *Martin Luther. Ein Beitrag zur Geschichte der deutschen Reformation* mit einer Widmung *(BBAB)*.

Berthold Viertel

29. September, Dienstag. B nimmt an einer Sitzung der Kommission für *Sinn und Form* teil, in der konzeptionelle Erweiterungen zur Diskussion stehen.
Zum Tode von Berthold Viertel (am 24. 9.) schicken B, Helene Weigel und Elisabeth Hauptmann ein Beileidstelegramm an Elisabeth Viertel-Neumann.
Ende September. Der im Teaterförlag Lars Schmidt neu eingestellte Dramaturg Lennart Lagerwall spricht in Berlin mit B und Elisabeth Hauptmann über die Pläne der skandinavischen Theater und die künftigen Brecht-Projekte des Verlags.
September. Auf eine Kritik der Sprache in dem Aufsatz *Kulturpolitik und Akademie der Künste* (→ 13. 8.) antwortet B dem Einsender Wenk, für einen Artikel dieser Art könne »nicht einfach ›die Sprache der Arbeiter angewendet werden‹, da diese nicht reich genug dafür ist«, und begründet die Notwendigkeit des Gebrauchs von Fremdwörtern, wenn diese in ihrer Übersetzung nicht das gleiche ausdrücken *(Br, 1856).*
B gibt Ruth Berlau Ratschläge für die Inszenierung der *Courage* in Kopenhagen. Für *Turandot* habe er »noch zwei und eine halbe Szene zu schreiben, von im ganzen elfen«. Es sei aber alles »noch roh«. Die Walchers seien in Buckow, auch Hans Garbe habe ihn besucht. »Ich separiere mich aber streng an den Vormittagen.« *(Br, 1851.)*
In einem weiteren Brief an sie schreibt B, daß das Theater am Schiffbauerdamm ab Januar zur Verfügung stünde, seine neue Wohnung in der Chausseestraße bekomme er im Oktober.

7. Oktober 1953
Helene Weigel erhält Nationalpreis

Die Schauspielerin Angelika Hurwicz schreibt zur Auszeichnung von Helene Weigel in der Gewerkschaftszeitung *Tribüne* u. a.:

Wohl niemand unserer vielen jungen Schauspieler, die Rat und Hilfe bei Helene Weigel suchten, ging fort, ohne nicht wenigstens ein ermunterndes Wort mitbekommen zu haben. Gleich vorn in der Anmeldung ihrer Büroräume ist die Leiterin des Berliner Ensembles meist zu finden. Auf den Proben bescheiden, geduldig und hilfsbereit für junge Kollegen, sorgt sie dafür, daß keine Hemmungen aufkommen. *(30. 10.)*

5. Oktober, Montag. Der Stellvertretende Leiter des Amtes für Literatur, Karl Böhm, schreibt an den Aufbau-Verlag, daß Bs Klage über eine Ablehnung der Bücher von Ludwig Renn (→ 29. 8.) nicht dem Amt, sondern dem Aufbau-Verlag anzulasten ist, der »die Bücher dem Amt gar nicht zugeleitet hat« *(729/4).*
6. Oktober, Dienstag. In Kopenhagen findet die Generalprobe von *Mutter Courage und ihre Kinder* in Det Kongelige Teater statt. Ruth Berlau, die zur Unterstützung der Regie dort ist, nimmt an, daß es »eine enorme Erfolg« wird. Sie schreibt B, die Aufführung wäre überhaupt nicht zustande gekommen, wenn sie nicht dagewesen wäre, und bedankt sich für die 2000 DKr, die B ihr über Lars Schmidt hat auszahlen lassen. Für das Archiv habe sie von der Aufführung 500 Modellfotos aufgenommen.
7. Oktober, Mittwoch. In Berlin erhält Helene Weigel den Nationalpreis 2. Klasse für die Gestaltung ihrer Mutterfiguren in *Die Mutter* und *Die Gewehre der Frau Carrar* sowie der Großbäuerin in *Katzgraben.*

8. Oktober, Donnerstag. Kopenhagener Premiere von *Mutter Courage und ihre Kinder* (Regie: Torsten Anton Svendsen, Bühnenbild: Erik Nordgreen, Courage: Ellen Gottschach). In dänischer Sprache erscheint der Text *Für das Programmheft der Kopenhagener Aufführung (24,274).*

9. Oktober, Freitag. Friedrich Wolf ist am 5. 10. verstorben und wird beigesetzt (→ 18. 10.). B bietet Else Wolf seine Hilfe an *(Br, 1857).*

Oktober 1953
Umzug von Berlin-Weißensee nach Berlin-Mitte, Chausseestraße 125

Berlin, Chausseestraße 125, Hinterhaus

In dieser Zeit findet der Umzug Bs von Weißensee nach Berlin-Mitte, Chausseestraße 125, statt (Umzugsrechnung vom 19. 10.).

10. Oktober, Sonnabend. B hält es für eine »Schweinerei« und für »ganz unhaltbar«, daß der Gebrüder Weiß-Verlag »für die Erteilung einer Lizenz zum Druck meines Buches *Kalendergeschichten* Erlaubnis innerhalb einer Westberliner Behörde« benötigt, und entzieht demonstrativ dem Verlag das Recht der Lizenzerteilung *(Br, 1858).*

B kündigt Ruth Berlau mehrere Geldüberweisungen an und bedankt sich für die Zusendung von Kriminalromanen, »das ist Futter für Wochen« *(Br, 1859).*

15. Oktober, Donnerstag. B bittet die Staatliche Kommission für Kunstangelegenheiten, den polnischen Regisseur und Schauspieler Alexander Bardini (→ 28. 1.) zu unterstützen, der in Dresden eine Inszenierung übernehmen wird *(Br, 1860).*

Erstdruck
Heft 12 der *Versuche (Versuche 27/32)*

Im Suhrkamp Verlag erscheint Heft 12 der *Versuche*, im gleichen Jahr auch im Aufbau-Verlag. Es enthält:
27. Versuch: *Der gute Mensch von Sezuan (6,175-279).*
32. Versuch: *Kleines Organon für das Theater (23,65-97).*
Zum 23. Versuch: *Über reimlose Lyrik mit unregelmäßigen Rhythmen (22,357-464).*
Zum 2. Versuch: (12) *Geschichten vom Herrn Keuner (18,23-27).*

16.-30. Oktober 1953
Reise nach Wien

15./16. Oktober, Donnerstag/Freitag. B fährt mit Helene Weigel und Ernst Busch per Bahn über Prag nach Wien und wohnt in einer Pension am Karlsplatz.

Proben zu *Die Mutter*

16.-30. Oktober. B leitet die Endproben von *Die Mutter* im Theater an der Scala, die Manfred Wekwerth »ausgezeichnet« vorbereitet hat. »Die Schauspieler der Scala gut, aber an Psychologie und Diskussion gewöhnt.« Er ißt »eine Cassata bei Sacher« und sieht sich im Wiener Kunsthistorischen Museum »die Breughels und einen Bosch« an. Häufig kommt B mit Hanns Eisler (→ 10. 6.) zusammen. Nach Bs Notizen hält Eislers »Produktionskrise« an. Er habe sich abgewöhnt zu trinken. B bespricht mit ihm das *Büsching*-Stück, das er sich im »Stil der *Maßnahme* oder *Mutter*« denkt, »mit einem vollen Akt über den 17. Juni« *(27,348f.).* Da die Schauspieler des Neuen Theaters nach dem System

Stanislawskis zu arbeiten gewohnt sind, müssen B, Helene Weigel und Manfred Wekwerth häufig Auskünfte über Bs Spielweise geben. Conny Hannes Meyer, der die öffentlichen Proben besucht hat, erinnert sich: »Bei den Proben gab es [...] ungeheuere Diskussionen. Man hat diese Schwierigkeiten vorausgesehen und hat Stellproben gemacht – und dann waren die Schauspieler randvoll mit Problemen und Konflikten. Dann hat man Diskussionen gemacht im kleinen Kaffeehaus neben der Scala, aber leider war es mit diesen Gesprächen nicht abgetan, man hat dann auch die Proben ununterbrochen unterbrochen, und manche Schauspieler kamen richtig in eine Sackgasse.« *(Palm, 110.)*

16. Oktober 1953
Voraufführung
Don Juan
von Molière
Berliner Ensemble
(im Deutschen Theater)

16. Oktober, Freitag. Erste Voraufführung von *Don Juan* (fünf weitere Vorstellungen bis 12. 11., die offizielle Premiere wird zurückgestellt und kommt als erste Vorstellung des BE im Theater am Schiffbauerdamm → 19. 3. 54 heraus).

Engagement von Hans Bunge

Der am 3. 12. 1919 geborene Hans Bunge hat bis 1953 in Greifswald Kunstwissenschaft und Theatergeschichte studiert. Durch Vermittlung von Ruth Berlau wird er als Dramaturg ans Berliner Ensemble engagiert und erhält den besonderen Auftrag, das Archiv zu betreuen.

21. Oktober, Mittwoch. Hans Bunge berichtet B nach Wien von den künstlerischen Fortschritten, die *Don Juan* in den drei Voraufführungen gemacht hat und schickt ihm einen Entwurf über die Verbesserung der Arbeit mit dem Theater-Archiv.

Während seines Aufenthalts in Wien verhandelt B mit der Wien-Film (→ 15. 9.) über Details der Verfilmung von *Herr Puntila und sein Knecht Matti* (→ 15. 9.). Dabei trifft er auch Vladimir Pozner (→ 9. 6. 43), der mit Roger Vailland an dem Film *Bel Ami* arbeitet. B gewinnt Pozner als Autor für das *Puntila*-Drehbuch.

22. Oktober, Donnerstag. Aus Wien wendet sich B an die Staatliche Kommission für Kunstangelegenheiten in Berlin und bittet um Genehmigung einer Reise von Käthe Rülicke nach Polen, wo sie über Projekte des BE mit polnischen Schauspielern und Regisseuren verhandeln soll *(Br, 1862)*. Maria Rentmeister von der Kunstkommission gibt Helene Weigel (am 11. 11.) zu bedenken, daß über den künstlerischen Austausch nicht direkt, sondern auf diplomatischer Ebene jährlich feste Verträge abgeschlossen werden. B spricht danach mit Rentmeister, die sich bereit erklärt, zu veranlassen, daß von polnischer Seite eine Einladung an Käthe Rülicke ausgesprochen wird.

Ende Oktober. B schreibt an Ruth Berlau, daß das Ensemble des Neuen Theaters in der Scala gut sei. »Das Essen ist sensationell, sogar Busch *frißt*.« Er bittet sie, die Büste von Helene Weigel, die Ninnan Santesson angefertigt hat (→ August 39), aus Stockholm mitzubringen.

Hanns Eisler zeigt B seinen Entwurf für einen Brief, den er an das ZK der SED schicken will. Durch die »Faust-Attacke« (→ 10. 6.) sei ihm »jeder Impuls, noch Musik zu schreiben, abhanden gekommen« und er sei in einen »Zustand tiefster Depression« gekommen, wie er »sie kaum jemals erfahren habe«. Er brauche »eine Atmosphäre des Wohlwollens, des Vertrauens und der freundlichen Kritik, um künstlerisch arbeitsfähig zu sein«. Seinen künftigen Platz als Künstler könne er sich dennoch »nur in dem Teil Deutschlands vorstellen, wo die Grundlagen des Sozialismus aufgebaut werden« *(Eisler 2,278f.)*. B macht für den Brief Änderungsvorschläge und verfaßt schließlich einen neuen Entwurf. Den daraus formulierten Brief schickt Eisler am 30. 10. ab. Es kommt zu einer Übereinkunft mit der Parteiführung, und Eisler kehrt nach Berlin zurück (→ 5. 2. 54).

30. Oktober, Freitag. B fährt mit Vladimir Pozner nach Berlin zurück. Er schreibt Helene Weigel, der Zug sei »scheußlich«, sie solle das Flugzeug nehmen.

30. Oktober 1953
Zurück in Berlin

In Bs neuer Wohnung in der Chausseestraße (→ 9. 10.) funktioniere manches noch nicht, »sie kann aber sehr schön werden«. Er bittet Weigel um ihre »Ansicht über die Premiere« und mahnt sie: »Zieh Dich warm an und mach nicht zu viel.« *(Br, 1866.)*

»In dem Zimmer standen viele merkwürdige, verschiedenartige Sessel und ganz kleine Tische und ein winziges Harmonium, auf dem eines Tages Paul Dessau, der auch aus Hollywood zurückgekommen war, die ersten Entwürfe zur Partitur des *Kaukasischen Kreidekreises* spielte, sowie eine tragbare Schreibmaschine, die Brecht lieber benutzte als Feder und Bleistift. Halbgerauchte Zigarren lagen auf Zinntellern; an den Wänden hingen ein chinesischer Druck und chinesische Masken und zwei kleine alte, wenig bekannte Fotos, das eine vom jungen Engels, das andere von Marx, als sein Bart noch schwarz war. Alle horizontalen Flächen verschwanden unter einem Wust von Papieren: Notizen, Manuskripte, Briefe, Plakate, Bücher. Durch das Fenster sah man das Gärtchen, den Baum, in dem die Amseln sangen, und weiter weg den alten Hugenottenfriedhof. – ›Hegel ist da unten begraben‹, sagte mir Brecht am ersten Tag.« *(Pozner, 27.)*

Chausseestraße 125, Bibliothekszimmer

31. Oktober, Sonnabend. Premiere von *Die Mutter* im Neuen Theater in der Scala Wien. Künstlerische Leitung: B, Regie: Manfred Wekwerth, Bühnenbild: Berliner Ensemble (Caspar Neher), mit Helene Weigel (Wlassowa), Alfons Lipp (Pawel), Ernst Busch (Semjon Lapkin), Otto Tausig (Lapkin), Erika Pelikowski (Mascha), Karl Bachmann (Lehrer Fjodor Lapkin), Walter Sofka (Metzger).

31. Oktober 1953
Premiere
Die Mutter
Neues Theater
in der Scala Wien

Es war ein großes Theatererlebnis, das bedeutsamste Theaterereignis in Wien seit 1945. Wir hörten den größten lebenden Dramatiker und Lyriker, der gegenwärtig in deutscher Sprache dichtet: Bert *Brecht*. – Die

Anfang November. Nach Angaben von Vladimir Pozner arbeitet B mit ihm (»etwa zehn Tage«) in der neu bezogenen Wohnung an dem Drehbuch zu *Herr Puntila und sein Knecht Matti*. »Wie zehn Jahre zuvor in Hollywood machten wir uns an die Arbeit [...]. Wir saßen einander gegenüber und redeten. Einmal mehr ging es darum, ein Szenarium aufzubauen. Wir arbeiteten, während wir Witze machten, von denen jeder den nächsten zutage förderte. Ich weiß nicht, ob sie was taugten, aber wir hörten nicht auf zu lachen: niemals habe ich so fröhlich gearbeitet. Brecht liebte es zu lachen und andere zum Lachen zu bringen.« *(Pozner, 27f.)* Nach dem in Berlin fertiggestellten (nicht überlieferten) Exposé schreibt Pozner ein Treatment (→ 12. 2. 54).

4. November, Mittwoch. B beschäftigt sich mit dem Buch *Die politische Ökonomie des Rentners. Die Wert- und Profittheorie der Österreichischen Schule* von N. Bucharin *(27,349).*

5. November, Donnerstag. B nimmt an der Sitzung der Sektion Dichtkunst und Sprachpflege in der DAK teil. Dem Protokoll zufolge setzt er sich für die Entwicklung der Fähigkeit ein, »eine schlechte Sprache zu erkennen und eine gute zu würdigen«. Die stärkste Überzeugungskraft ginge vom guten Vorbild aus. Beispiele dieser Art sollte die DAK in Publikationen bekanntmachen. Er schlägt für die Personalpolitik außerdem vor, bei der Auswahl von Kulturfunktionären die DAK zu konsultieren. »Unsere Regierung muß auf diese Funktionen Menschen berufen, die nicht nur den selbstverständlich zu stellenden ideologischen Anforderungen genügen, sondern auch ein persönliches Verhältnis zur Kunst haben und imstande sind, eine Atmosphäre aktiven künstlerischen Schaffens herzustellen.« *(796/34-38.)*

8. November, Sonntag. Helene Weigel schreibt B aus Wien, ihre Arbeit (für einige Aufnahmen beim Rundfunksender RAVAG) sei an diesem Tage zu Ende gegangen, und es werde für sie nun langweiliger. *Die Mutter* wäre ein großer Erfolg, nach der Meinung von Ernst Fischer besonders unter den Arbeitern, »die Funktionäre haben die üblichen Einwände«. Die bisher erschienenen Rezensionen hat sie B nach Berlin geschickt. »Ich wollte, Du wärest da, es waren freundliche Wochen, danke schön.« *(971/95-98.)* Durch die gemeinsame Arbeit in Wien hat sich das private Verhältnis zwischen ihr und B wieder verbessert. Nach ihrer Rückkehr zieht sie im Einvernehmen mit B von der Reinhardtstraße 1 (→ Mai) in die über seiner Wohnung in der Chausseestraße 125 gelegenen Räume um.

9. November, Montag. Ruth Berlau bittet Käthe Rülicke um Bs neue Berliner Adresse und Telefonnummer. Sie sollte bei B veranlassen, daß er das Gedicht *An die Nachgeborenen* auf Tonband spricht und Erwin Leiser (für den Rundfunk) zur Verfügung stellt, der in Schweden eine Kampagne für die Verleihung des Nobelpreises vorbereitet. Sie bedauert, daß

Aufführung der *Mutter* in der Scala unter der künstlerischen Leitung des Autors Bert *Brecht* und der Regie (nach dem Modell des Berliner Ensembles) von Manfred *Wekwerth* hinterließ eine aufwühlende und künstlerisch tiefgreifende Wirkung. Eine Revolte gegen die traditionelle Dramatik und Regiekunst, die zur Diskussion anregt. [...] Der enthusiastische Applaus, der nach jedem Aktschluß einsetzte, steigerte sich am Schluß zu einem Beifallsorkan. Das war die beste Kritik, die sich der Dichter, die Gäste und das Scala-Ensemble über ihre künstlerische und politische Tat wünschen konnten. *(Richard Neumann, Volksstimme, 3. 11.)*

Die Hauptgestalt des Werkes, Pelagea Nilowna Wlassowa, die Mutter, wird von Brechts Gattin, der Leiterin des Berliner Ensembles, Helene Weigel, verkörpert – es ist eine schauspielerische Leistung, wie man sie nur höchst selten zu sehen bekommt. Verhalten und womöglich noch knapper als der Dichter, erlaubt sich Helene Weigel keinerlei Ausbruch; ihr Maßhalten verrät eine innere Dynamik, die ihresgleichen sucht. *(Richard Hoffmann, Österreichische Zeitung, 3. 11.)*

November 1953
Helene Weigel zieht in das Haus Chausseestraße 125

Rülicke Bs Text über den 17. Juni (→ 22. 6.) erst so spät Leiser zugestellt hat.
Günter Kunert (→ 5. 5. 51) schickt B seinen Gedichtband *Unter diesem Himmel* mit der Widmung: »Dies hier ist gewidmet Bertolt Brecht / (Nicht, um nur 'nen Reim zu drechseln) / Doch aus Dank, und der ist echt / Und gehört nicht zu den faulen Wechseln.« *(BBAB.)*

Helene Weigel in der Chausseestr. 125

13. November, Freitag. B bittet Pablo Picasso um Erlaubnis, daß er seine Graphik (vier Köpfe um die Friedenstaube, entworfen für die Halstücher der französischen Jugenddelegation zu den Weltfestspielen 1951) für Plakate verwenden darf. »Lassen Sie mich Ihnen auch gleich gestehen, daß wir Ihre Taube seit Gründung des Theaters als Vorhangzeichen benutzen.« *(Br, 1870.)*
B beschwert sich bei Alfred Kantorowicz darüber, daß er seine PEN-Funktion abgegeben hat, und bittet ihn, sich nicht aus dem Club zurückzuziehen *(Br, 1868)*; gleichzeitig fragte er Johannes Tralow, wie diese »unverständliche Ausrangierung« zustande gekommen ist *(Br, 1869)*.
Mitte November. B bedankt sich bei Peter Suhrkamp für die *Ersten Stücke*, die »sehr schön geworden« sind, so daß er sich wünschte, die Reihe schnell fortzusetzen. »Warum eigentlich nicht – anstatt der *Versuche* 1-8 – einfach die Dramen daraus drucken? Mit einem theoretischen Band dazu? Und dazu die Gedichte?« Im Sommer habe B *Turandot* »im rohen fertiggemacht, aber sie ist noch ziemlich roh«. Zur Privatlektüre schickt er ihm einige »Buckowlische Elegien« *(Br, 1871)*.
15. November, Sonntag. In einer Tagebucheintragung versucht sich Ruth Berlau über ihre Beziehung zu B klar zu werden. Während beider Gestirn, die Kassiopeia, unerreichbar ist »für Hohn und Spott und Schläge«, sei »Ute jetzt eine Aufdringliche, Überflüssige geworden« *(971/37f.)*.
16. November, Montag. Ruth Berlau verhandelt mit Lars Schmidt über eine Skandinavien-Tournee des BE mit *Mutter Courage und ihre Kinder*, desgleichen mit Theaterleitern in Uppsala, Olso und anderen Städten.

17. November - 15. Dezember 1953
Proben zu
Der kaukasische Kreidekreis
(Erste Phase)

17. November, Dienstag. B beginnt die Proben von *Der kaukasische Kreidekreis*. Er bestellt die Schauspieler des 2. Aktes, führt sie zunächst kurz in das Stück ein und arrangiert mit ihnen den 2. Akt (vorläufige Festlegungen der Gänge und Standorte). *(944/4.)*
19. November, Donnerstag. B stellt den 3. Akt des *Kaukasischen Kreidekreises*. Hans Bunge notiert in seinem *Tagebuch einer Inszenierung*: »Brecht ist bemüht, die Proben leicht zu halten, fast flüchtig. Er läßt vieles probieren und probiert selbst vieles aus. Dabei amüsiert er sich über allerlei Einfälle der Schauspieler und scheint eher Wert darauf zu legen, daß

keine festen Stellungen gefunden werden, als daß die Schauspieler fertige Lösungen mitnehmen.« *(944/12.)*

Erstdruck von *Erste Stücke* Bände 1 und 2

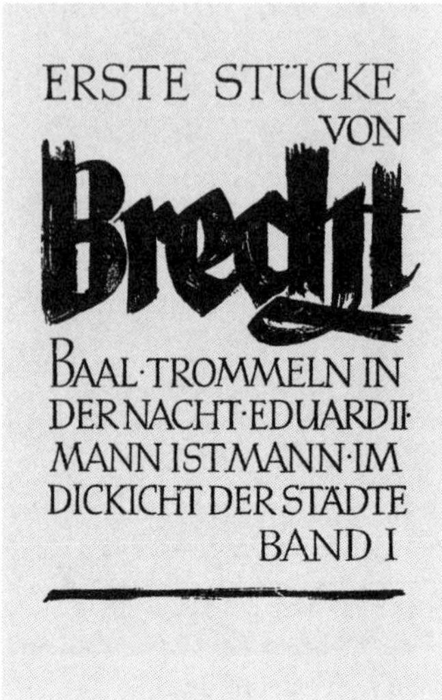

Vom Suhrkamp Verlag werden die Bände 1 und 2 von *Erste Stücke* (→ 19. 8.) ausgeliefert. 1955 erscheinen sie auch im Aufbau-Verlag unter dem Titel *Stücke*, Band 1 und 2.
Band 1 der *Ersten Stücke* enthält: *Baal (1,83-137 u. 528-533)*; *Trommeln in der Nacht (2,175-239)*; *Im Dickicht der Städte (2,437-497)*. In der Aufbau-Ausgabe (1955) wird der Band eingeleitet mit *Bei Durchsicht meiner ersten Stücke (23,239-245)*; der Text wird in der 2. Auflage (1957) auch der Suhrkamp-Ausgabe (→ 12. 9.) beigefügt.
Band 2 der *Ersten Stücke* enthält: *Leben Eduards des Zweiten von England (2,7-91)*; *Mann ist Mann (2,169-227)*; *Anmerkungen zum Lustspiel »Mann ist Mann« (24,45-51)*.
21. November, Sonnabend. Stellprobe des 1. Aktes. Bunge schreibt: »Brecht interessiert sich nur für den Gesamtablauf, Einzelheiten sind ihm zunächst gleichgültig und noch belangloser als bei den bisher probierten beiden Akten, wo er eine Reihe von Details immerhin andeutete.« *(944/13.)*
23. November, Montag. Stellprobe des 4. Aktes. Dabei werden wichtige Rollen wie z. B. die des Azdak zunächst markiert, da Ernst Busch noch in Wien gastiert.
24. November, Dienstag. B wiederholt die Stellprobe des 3. Aktes und spricht mit dem Bühnenbildner Karl von Appen über die vorläufigen Lösungen.
27. November, Freitag. B probiert vormittags den 5. Akt (Stellprobe) und abends den 4. Akt. Bunge notiert in seinem *Tagebuch einer Inszenierung*, B scheine vergessen zu haben, daß das Stück von ihm geschrieben wurde: »Er tut nicht nur so, sondern ist völlig unvoreingenommen, benutzt bei den Proben selten ein Buch [...], verwechselt die Akte miteinander und läßt jede Darstellung auch bei mehrmaliger Wiederholung auf sich wirken, als sähe er sie zum ersten Male.« Bei den Proben führt er Ernst Busch (Azdak), der nach Berlin zurückgekommen ist (→ 23. 11.), in die bereits durchgestellten Akte ein *(944/15)*.
Ende November. B teilt Peter Suhrkamp mit, daß der Aufbau-Verlag auch daran interessiert ist, die Dramenbände herauszubringen. Wegen der Auslandsrechte wünscht er sich mit ihm eine mündliche Aussprache und eine Abmachung. »Sie wissen, wie gern ich alles in Ihrer Hand weiß.« *(Br, 1872.)*
November. Erstveröffentlichung des Textes *Bei Durchsicht meiner ersten Stücke (23,239-245)*, die B im Frühjahr für die Ausgabe der *Ersten Stücke* im Suhrkamp Verlag geschrieben hat, in Heft 11 der Monatsschrift *Aufbau*.
B berichtet darin über Entstehung, Thematik und Fragestellung der Stücke *Trommeln in der Nacht*, *Baal*, *Im Dickicht*,

Leben Eduards des Zweiten von England und *Mann ist Mann*. Am Ende schreibt er: »Wozu darauf zurückkommen? Warum da nicht reinen Tisch machen? Warum nicht von heute reden? Aber der den großen Sprung machen will, muß einige Schritte zurückgehen. Das Heute geht gespeist durch das Gestern in das Morgen. Die Geschichte macht vielleicht einen reinen Tisch, aber sie scheut den leeren.« *(23,245.)*

1. Dezember, Dienstag. B probiert (auch an den folgenden Tagen) den *Kaukasischen Kreidekreis*, mit dem er bisher im Probenhaus in der Reinhardtstraße war, erstmals auf der Bühne des BE, um das bisher festgelegte Arrangement aller Akte und des Vorspiels in den originalen Ausmaßen zu überprüfen.

Der russische Lyriker und Brecht-Übersetzer Semjon Kirsanow schickt B seine Gedichtsammlung *Towarischtschi stichi* mit einer Widmung *(BBAB)*.

Im Probenhaus des Berliner Ensembles, Reinhardtstraße

2. Dezember, Mittwoch. Abends sind Wera (Skupin) und Claus Küchenmeister, die inzwischen geheiratet haben, mit dem Komponisten Kurt Schwaen (→ 3. 11. 48) bei B, der sich die Musik für *Meister Pfriem* vorspielen läßt.

3. Dezember, Donnerstag. Helene Weigel bietet, auch im Namen von B, Wilhelm Pieck zu Weihnachten »ein kleines altes Theaterstückchen« aus dem 16. Jahrhundert an; es spiele im Himmel und sei »komisch und frech«, und man könne es ihm im Schloß vorspielen *(HWA)*. Pieck nimmt das Angebot an (→ 28. 12.).

4. Dezember, Freitag. B läßt vom 1. Akt des *Kaukasischen Kreidekreises*, der probiert wird, bei markierter Ausstattung, Fotos machen, »um das Arrangement bildmäßig überprüfen und danach weiterarbeiten zu können« *(944/25)*.

5. Dezember, Sonnabend. Als Prinzip des Arrangements vom 1. Akt findet B »viele, lautlose, rasche, einzelne Gänge, die maschinell ablaufen und zahnradmäßig ineinandergreifen« *(944/28)*.

9. Dezember, Mittwoch. B hat seine Assistenten in den ersten Probenwochen ausführliche Notate schreiben lassen, die alle Lösungen ausführlich festhalten. Er empfiehlt, anstelle der »totalen Notate«, die kaum ausgewertet werden können, lieber »einen kleinen Teil, einen Akt oder besser eine Szene für die Notierung möglichst aller Details der Arbeit« zu wählen *(944/43f.)*.

11. Dezember, Freitag. Nach der Regierungserklärung zur friedlichen Lösung der deutschen Frage, die am 25. 11. vor der Volkskammer der DDR vorgetragen worden ist, schlägt B Johannes R. Becher vor, daß die DAK noch vor der Berliner Außenminister-Konferenz der Alliierten (25. 1.-18. 2. 54) »die Initiative bei der Aufstellung eines Gremiums humanistischer Schriftsteller und Wissenschaftler ergreifen sollte«.

Die Reaktionen auf seinen *Offenen Brief an die deutschen Künstler und Schriftsteller* (→26. 9. 51) habe ihm klargemacht, »daß wir nicht nur eine Aufforderung an Westdeutsche richten, sondern sogleich mit gutem Beispiel vorangehen sollten« *(Br, 1875)*.

12. Dezember, Sonnabend. B teilt Walter Ulbricht mit, daß er mit besonderer Freude seinen »Aufruf zur Gründung eines gesamtdeutschen Gremiums zur Überwachung des Schrifttums gelesen« hat; dadurch könne der »Spaltung auf kulturellem Gebiet« entgegengewirkt werden. Um aber »einige Sicherheit im Diskutieren von unserer Seite« zu gewinnen, wäre es nötig, den »Geist der Administrierung«, wie ihn Holtzhauer u.a. praktiziert haben, abzuschaffen. »Ich glaube, dafür wäre es wichtig, daß die geplante Errichtung eines Kulturministeriums nicht mehr allzu lange hinausgezögert wird: es geht sonst zu viel von dem Schwung des Neuen Kurses verloren, der sich schon anzeigte.« *(Br, 1876.)*

B wird von der Oberpostdirektion Berlin davon unterrichtet, daß er (unter der Lizenznr. 193) eine »Zulassung zum zwischenstaatlichen Telegramm- und Fernsprechverkehr« erhält. Seine Auslandsgespräche dürfen nur von seinem Privatapparat (428042) aus über das »Kennwort *Kreidekreis*« geführt werden *(971/105)*.

15. Dezember, Dienstag. Mit einer Probe des 3. Aktes (19. Probentag) wird die erste Phase der Inszenierung vom *Kaukasischen Kreidekreis* abgeschlossen. Grund für die Unterbrechung sind mehrere unbesetzte wichtige Rollen. B führt die Proben am → 11. 1. 54 fort.

B bittet Hermann Henselmann um Hilfe: In der Schumannstraße 14b dürfe für ein Mitglied des BE deshalb kein WC eingebaut werden, weil das Haus unter Denkmalschutz steht. B findet, daß »Klosettlosigkeit [...] in denkwürdigen Gebäuden doch nicht geschützt zu werden« braucht, und fordert von Henselmann »als Gegenleistung für gewisse Verse über besseres Leben, die Du gelegentlich in Deine Häuser einmeißelst«, ein WC in der Schumannstraße *(Br, 1877)*.

16. Dezember, Mittwoch. B ist mit den neuen Kompositionen Kurt Schwaens für *Meister Pfriem* zufrieden, obwohl sie nur in einer Akkordeonbegleitung vorgespielt werden.

Frederik Martner (»Crassus«) beklagt sich bei Helene Weigel über das Verhalten Ruth Berlaus (die inzwischen wieder in Berlin eingetroffen ist) während ihres Aufenthalts in Kopenhagen. Sie habe ihn als »Dieb«, »Schwindler« und »Schuft« bezeichnet, wie überhaupt alle, die sie getroffen hat, von ihr »Verbrecher« genannt worden seien. Überall, wo sie gewesen ist, habe man sie für »geisteskrank oder verrückt wegen Trunksucht« gehalten. »Glücklicherweise glaubt kein Mensch mehr, daß sie vom Berliner Ensemble nach Kopenhagen geschickt war.« *(2201/28.)*

19. Dezember, Sonnabend. Kurt Schwaen erhält von Wera und Claus Küchenmeister zur Vertonung Texte von Volksliedern für *Meister Pfriem,* die sie bearbeitet und B zur Durchsicht gegeben haben.

Ab Dezember 1953
Arbeit mit dem Komponisten Kurt Schwaen

21. Dezember, Montag. Zur Weihnachtsfeier des BE wird *Meister Pfriem oder Kühnheit zahlt sich aus* probeweise vorgestellt, nach Kurt Schwaens Meinung war es »eine schlechte Aufführung« *(Schwaen).*

22. Dezember, Dienstag. Hans Rodenberg informiert B über ein Gespräch mit Wolfgang Staudte, der an dem *Courage*-Film »weiterhin sehr interessiert« sei, aber in der Besetzung freie Wahl verlange *(730/6).*

Meister Pfriem wird vom Rundfunk übertragen.

23. Dezember, Mittwoch. Im Beisein von Wera und Claus Küchenmeister spielt Kurt Schwaen B seine Kompositionen der Volkslieder vor. B will sie in eine geplante Matinee aufnehmen. Sie diskutieren mit ihm über die allgemeine Situation, über die Arbeit des BE und über die Staatliche Kunstkommission. B schlägt Schwaen Stoffe für Opern vor.

28. Dezember, Montag. Abends wird *Meister Pfriem* in einer Voraufführung im Amtssitz Niederschönhausen vor Wilhelm Pieck, Otto Grotewohl, Paul Wandel u. a. geladenen Gästen gespielt (Premiere: →4. 3. 54.).

31. Dezember, Donnerstag. B informiert Hans Rodenberg über den Vorschlag von Joris Ivens, für die Verfilmung von *Mutter Courage* den italienischen Regisseur P. de Santis zu nehmen *(Br, 1878).*

Dezember. Von Max Frisch erhält B dessen Komödie *Don Juan oder Die Liebe zur Geometrie* mit der Widmung: »Für Bert Brecht, den Meister des deutschen Theaters« *(BBAB).*

Peter Suhrkamp schickt B das Buch *Reise der drei Könige* von Thomas Stearns Eliot mit der Widmung: »Den Freunden des Verlags mit herzlichen Wünschen zum Weihnachtsfest und für das Neue Jahr 1954« *(BBAB).*

Dezember 1953
Klage Elisabeth Hauptmanns über ihre Arbeitsbedingungen

Elisabeth Hauptmann klagt in einem Brief an B erneut über ihre schlechten Arbeitsbedingungen. »I am neither a lady of leisure nor a call-girl.« Für die Verlagsarbeiten und einige Programmheft-Artikel bekomme sie zuwenig Geld und muß Übersetzungen und Bearbeitungen machen, die sie daran hindern, Proben im BE zu besuchen. Sie werde »von niemandem ausgehalten, bekomme keine Alimente«, sei auch nicht »prämiiert, ausgezeichnet, überhaupt nicht gelobt« worden, »was auf die Dauer schwer zu ertragen ist, denn ich bin auch nur ein Mensch«. Obwohl B um die Ecke wohnt, treiben beide immer mehr auseinander, »because of anarchy and Lebensunterhalt«. Sie erwartet von B auf ihre Klage weder mündliche noch schriftlich Antwort, auch keinen Kommentar *(972/75f.)*.

1954

1. Januar, Freitag. Kurt Schwaen ist mit Wera und Claus Küchenmeister bei B und spricht mit ihm über Stoffe für Opern. Er spielt ihm einige Lieder aus dem *Rattenfänger* vor. B erzählt von seinem Projekt *Salzburger Totentanz*.

Januar - März 1954 Umbau des Theaters am Schiffbauerdamm für das Berliner Ensemble

3. Januar, Sonntag. Aus Anlaß der beschlossenen Übernahme des Theaters am Schiffbauerdamm durch das BE (→ 22. 7.) schreibt Ingeborg Byhan nach einer Pressekonferenz im *Sonntag*, für den Umzug des Theaters müsse alles verkleinert werden: »Die Kulissen, die den Bühnenverhältnissen des Deutschen Theaters angepaßt waren, sind zu groß, die Drehscheibe ist zu klein und macht einen Lärm, den die dünnen Vorhänge des Ensembles nicht dämpfen können, die 1,20 m breite Tür zum Magazin ist zu eng für den Courage-Wagen, Puntilas Auto und den Traktor, den sie für *Katzgraben* benötigen.« Dennoch freut sich Helene Weigel auf den Umzug ganz besonders und sagt der Journalistin: »Denn eigentlich kehren wir nur nach einer langen Unterbrechung in das alte Haus zurück, in dem Brecht Regie geführt hat.«

6. Januar, Mittwoch. B spricht mit dem Physiker und Philosophen Robert Havemann und mit dem Historiker Heinz Kamnitzer über Möglichkeiten einer Stärkung von Friedenspotentialen unter Schriftstellern und Künstlern in Westdeutschland und in westlichen Ländern. Er regt dazu eine Ost-West-Konferenz an, für die Arnold Zweig, er und andere namhafte Schriftsteller direkt einladen müßten. Hans Mayer sollte zu Thomas Mann und Hermann Hesse fahren, »um persönliche Äußerungen zur Situation zu erhalten«, ebenso ist B an einer Stellungnahme Albert Einsteins interessiert. Er schlägt außerdem vor, Sartre für eine Regiearbeit seiner *Ehrbaren Dirne* einzuladen. Während der Konferenz sollten »12-15 Losungen – Aussprüche bekannter Schriftsteller und Wissenschaftler, Künstler [...] als Plakate in ausgezeichneter Ausführung an den Ruinen« angebracht werden. Den Rundfunk müßte man gewinnen, die Konferenz durch zwanglose Round-table-Gespräche mit Persönlichkeiten zu unterstützen, und an den Sektorengrenzen Buchpavillons »mit sehr guter Auswahl« aufstellen *(1155/23f.)*.
Heinz Kamnitzer schenkt ihm in dieser Zeit sein Buch *Zur Vorgeschichte des deutschen Bauernkrieges* mit der Widmung: »in Verbundenheit« *(BBAB)*.

7. Januar 1954 Gründung eines Ministeriums für Kultur

7. Januar, Donnerstag. In der DDR wird ein Ministerium für Kultur gegründet (Minister: Johannes R. Becher; Stellvertreter: Alexander Abusch und Fritz Apelt), das die Aufgaben der Staatlichen Kunstkommission und des Amts für Literatur übernimmt (→ 4. 8. 53). Bei der Gründungssitzung im Ministerrat trägt B den Text *Es liegt jetzt bei uns* ... vor (gedruckt am 8. 1. im *Neuen Deutschland* und in der *Täglichen Rundschau*), in dem es heißt: »Es liegt jetzt an uns Schriftstellern und Künstlern, neue Initiativen zu entwickeln, das heißt, Kühnheit, Phantasie, Weisheit und Humor.« *(23,272.)*

Kulturminister Johannes R. Becher

8. Januar, Freitag. B teilt Peter Suhrkamp mit, er sei jetzt für eine Freigabe der *Dreigroschenoper*, wenn dafür die »Vorbedingungen« gegeben sind. »An und für sich muß ja das Eis da drüben wieder gebrochen werden, und eine Hamburger Aufführung wäre aus diesem Grunde ganz gut.« Auf die Verstimmung von Harry Buckwitz, daß das BE den *Kaukasischen Kreidekreis* nun vor ihm in Berlin herausbringen wolle, erklärt B, daß er noch geraume Zeit daran zu arbeiten hätte, und Buckwitz könne ihm »ohne weiteres noch zuvorkommen«. Zugleich bietet er ihm *Turandot oder Der Kongreß der Weißwäscher* zur Uraufführung an. »Das kommt allerdings erst für Herbst in Frage, da ich das Stück noch überarbeiten muß.« *(Br, 1881.)*

9. Januar, Sonnabend. Der Aufbau-Verlag schickt B den Vertrag über den Druck von *Der kaukasische Kreidekreis* in *Versuche*, Heft 13.

11. Januar - 11. März 1954 Proben zu *Der kaukasische Kreidekreis* (Zweite Phase)

11. Januar, Montag. B setzt die seit dem 15. 12. 53 unterbrochenen Proben von *Der kaukasische Kreidekreis* mit dem 4. Akt fort. Hans Bunge schreibt in seinem *Tagebuch einer Inszenierung*: »Der Text wird geändert, wenn das Spiel es erfordert. Dann setzt sich der Regisseur Brecht über den Autor Brecht hinweg. Er beurteilt nicht, was im Buche steht oder was gemeint ist, er entscheidet nach dem, was er sieht.« *(944/53.)*

12. Januar, Dienstag. Kurt Schwaen spielt B und dem hinzukommenden Wilhelm Girnus die Volkslieder für *Meister Pfriem* vor.

13. Januar 1954 Reise nach Leipzig

Besuch von Bechers *Winterschlacht* an den Städtischen Bühnen

13. Januar, Mittwoch. B besucht mit Johannes R. Becher die Premiere von dessen Tragödie *Winterschlacht* an den Städtischen Bühnen Leipzig (Regie: Johannes Arpe, mit Manfred Zetzsche als Johannes Hörder).

16. Januar, Sonnabend. Der italienische Filmregisseur Aldo Vergano hat nach dem Besuch der Wiener *Mutter*-Aufführung, die ihm sehr gefallen hat, (am 1. 11. 53) an B geschrieben und ihm sein Interesse an einer Mitarbeit bei der Verfilmung von *Mutter Courage und ihre Kinder* bekundet. B dankt ihm für die Zusage und teilt mit, daß die Verhandlungen über den *Courage*-Film noch nicht abgeschlossen sind *(689/58)*. Käthe Rülicke fordert von ihm (am 5. 5.) das Drehbuch zurück.

17. Januar, Sonntag. B wendet sich an das Ministerium für

Kultur und bittet um Unterstützung der Reise seiner Mitarbeiterin Käthe Rülicke nach Polen *(Br, 1882)*.

18. Januar, Montag. B stimmt der Idee des amerikanischen Bühnenbildners Leo Kerz (auf seine Anfrage vom 26. 12. 53) zu, daß die Handlung von *Mann ist Mann* in Korea angesiedelt werden könnte, und weist ihn auf die letzte Fassung des Stückes hin *(Br, 1883)*.

Maskenzeichnungen von Karl von Appen

19. Januar, Dienstag. Bei einer Probe des 4. Aktes von *Der kaukasische Kreidekreis* spricht B mit Karl von Appen, dem Kostümbildner Kurt Palm und Käthe Reichel (die die Gouverneursfrau spielt) über die Verwendung von Masken. Palm äußert Bedenken gegen die von B gewünschten starren Masken der herrschenden Feudalherren und nicht ganz starren Masken bei deren Hofstaat, weil er sich die Mischung von verschiedenen Maskentypen »schwer vorstellen« kann. B besteht aber darauf, daß die Herrschenden bereits wie ihre eigenen Monumente aussehen, während die »Unteren« Menschen bleiben sollen. Er meint, das Spiel von Grusche und Azdak sei mit Maske nicht denkbar *(944/61)*.

20. Januar, Mittwoch. B läßt für eine Festschrift zum 85. Geburtstag Martin Andersen Nexøs an Günter Gerstmann von der Landesbibliothek Weimar (der am 8. 1. um einen Beitrag gebeten hat) das Gedicht *Wie künftige Zeiten unsere Schriftsteller beurteilen werden (14,433 f.)* schicken, das er 1939 (→ Juni 39) für Nexø geschrieben hat *(736/61)*.

24. Januar, Sonntag. B hat an den letzten drei Tagen die Vorgänge im 4. Akt des *Kaukasischen Kreidekreises* festgelegt, läßt aber »wie üblich viele Freiheiten zum Ausprobieren«. »So bleibt der Eindruck, daß Brecht keinerlei Wert auf Endgültigkeit legt und das Gefüge der einzelnen Szenen noch bewußt locker, in unfertigem Zustand hält.« *(944/62 f.)*

26. Januar, Dienstag. B ist vom Rowohlt Verlag die Anfrage von Miriam Blaukopf (vom 1. 12. 53) zugeleitet worden, ob Interesse an einer englischen Übersetzung der *Kalendergeschichten* bestünde. B würde sich, wie er ihr mitteilt, darüber freuen, fürchtet aber, daß sie keinen englischen Verlag dafür gewinnen kann. Zu klären wäre dann noch, wer die darin befindlichen Gedichte übersetzt. Isherwood hat sie »früher« übertragen, habe aber dazu vielleicht »keine Lust« mehr *(Br, 1884)*.

30. Januar 1954
Brecht im Künstlerischen Beirat des neuen Ministeriums für Kultur

30. Januar, Sonnabend. B wird in den Künstlerischen Beirat des neugeschaffenen Ministeriums für Kultur berufen.

Januar. Da sich im Theater am Schiffbauerdamm Schwierigkeiten andeuten, rechtzeitig die Baugenehmigung für die notwendigen technischen Änderungen (→ 3. 1.) zu erhalten, wendet sich B an Paul Wandel und besteht weiterhin auf dem vereinbarten 10. Februar als Termin für den Baubeginn. Er müßte sonst alle seine Projekte verschieben. »Weder mit jungen Nachwuchsschauspielern noch mit Ernst Busch könnte ich so umspringen, wir *müssen* künstlerische Erwägungen über Erwägungen administrativer oder äußerlich politischer Art stellen (es dürfen nicht Kunstwerke gefährdet oder vernichtet werden, damit ›ein Theater offen gehalten wird‹)« *(Br, 1880).*

B hat von Egon Monks Übersiedlung nach Berlin/West (→ 23. 4. 53) gehört und schickt Isot Kilian zu ihm mit dem Auftrag, ihn umzustimmen. Kilian erinnert sich später: »Wir waren uns am vertrautesten, denn wir kannten uns ja am längsten und hatten viel miteinander gearbeitet. Wir saßen an einem kleinen Kaffeehaustisch uns gegenüber, und ich stellte ihm gleich die Frage, ob er nicht zurück an unser Ensemble kommen wolle. [...] Es gibt kein Zurück mehr für ihn, wenn auch alles nicht leicht sei, so will er drüben arbeiten. Unverrichteter Dinge zog ich wieder ab. Es war keine heftige Auseinandersetzung, sondern ein ruhiges Gespräch mit Monk.« *(Kilian, 14.)*

Januar 1954
Erfolgloser Versuch, Egon Monk ans Berliner Ensemble zurückzuholen

1. Februar, Montag. Im Zusammenhang mit der Diskussion über das Niveau der Zeitschrift *Theater der Zeit* (→ 16. 9. 53) macht B in der DAK-Sitzung der Sektion Darstellende Kunst Vorschläge für eine Qualifikation der Redakteure in Theatertheorie.

2. Februar, Dienstag. B schreibt nach seinem Besuch der Aufführung von *Winterschlacht* in Leipzig (→ 13. 1.) an Johannes R. Becher: »Hoffentlich hat Dir das hohle Pathos und die generelle Unmenschlichkeit der Leipziger Aufführung nicht den Abend verdorben.« Er habe das Stück auf der Rückfahrt nochmals gelesen. Dabei sei ihm klargeworden, wieviel bei dieser Aufführung an »frischen und dramatischen Schönheiten bis zu beinahe allen Regiebemerkungen« ausgelassen wurde. Er habe mit Helene Weigel beschlossen, das Stück ihren »jungen Leuten zu übergeben, damit sie es gründlich durcharbeiten; wir müssen sehen, ob sie einer solchen Aufgabe gewachsen sind« *(Br, 1885).*

2. Februar 1954
Nach Besuch der Leipziger Aufführung von *Winterschlacht* Plan einer Inszenierung der Tragödie Bechers am Berliner Ensemble

Hella Wuolijoki stirbt im Alter von 67 Jahren in Helsinki.

Hella Wuolijoki

4. Februar, Donnerstag. Bei der Probe des Zuges von Azdak (im 4. Akt) schwebt B »ein Mittelding zwischen Rinaldo Rinaldini und einem Säulenheiligen« vor. Auf die Anfrage, ob das nicht »Klamotte« wird, antwortet B: »Ja, natürlich. Haben Sie was dagegen? Wir sind im Theater.« *(944/72.)*

5. Februar, Freitag. Aus Wien kündigt Louise Eisler B den Besuch ihres Mannes für den 8. 2. an; er sei wieder »in sehr guter Verfassung, gesundheitlich und auch arbeitsmäßig« *(2201/32).*

6. Februar, Sonnabend. Kurt Schwaen macht B mit seinem Projekt einer Märchenoper bekannt, findet aber nicht des-

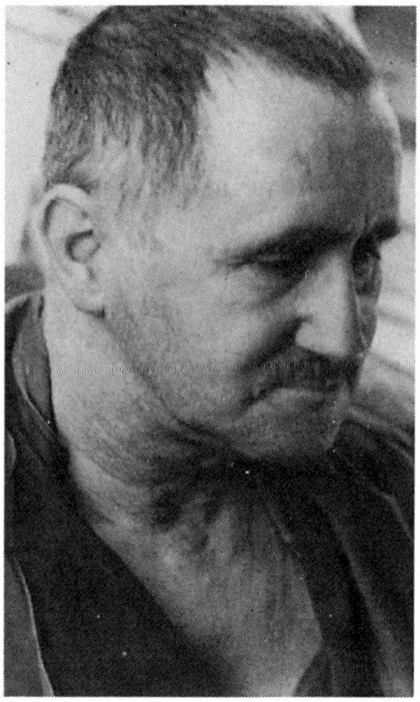

Das erste untrügliche Zeichen des Alterns geben uns die Augen, denke ich. Es ist nichts weiter als das Gefühl, daß die Augen eben nicht mehr jung sind. *(27,362.)*

Natürlich war ich auch begabt, vor 40 Jahren besonders. Jüngere Leute sind meistens begabt, das sind Geschlechtskrankheiten. *(27,363.)*

sen Zustimmung. Sie suchen andere Fabeln und kommen auf die alte Tell-Sage.

7. Februar, Sonntag. Bei den Proben zu *Der kaukasische Kreidekreis* notiert B, Rollen wie der Azdak und die Grusche könnten »in unserer Zeit nicht durch Regiearbeit gestaltet werden«; fünf Jahre Arbeit am BE hätten dafür bei Angelika Hurwicz die Grundlage gegeben. »Und das ganze Leben Buschs, von der Kindheit im proletarischen Hamburg, über die Kämpfe in der Weimarer Republik und im spanischen Bürgerkrieg zu den bitteren Erfahrungen nach 45, war nötig, diesen Azdak hervorzubringen.« *(27,349.)*

10. Februar, Mittwoch. Bs 56. Geburtstag.

12. Februar, Freitag. Vladimir Pozner (→ 30. 10. 53) hat für den *Puntila*-Film ein Treatment (1. Fassung) hergestellt und arbeitet ein französisches Drehbuch aus (→ 23. 6.).

15. Februar, Montag. In der DAK findet eine Sitzung der Sektion Darstellende Kunst statt mit der Tagesordnung: *»Aufgaben und Ziele der Darstellenden Kunst im neuen Kurs* – Das Schaffen einer theoretischen Plattform gemäß den Vorschlägen von Herrn Bertolt *Brecht* in der Sitzung vom 1. 2. 54.« *(797/19.)*

Unter den jungen Regisseuren des BE hat sich (der am → 6. 4. engagierte) Manfred Wekwerth bei der Wiener Inszenierung der *Mutter* (→ 31. 10. 53) so bewährt, daß ihm B nunmehr eine selbständige Regie anvertraut und in den Folgejahren eng mit ihm an allen folgenden Projekten zusammenarbeitet.

Zusammen mit Elisabeth Hauptmann hat Wekwerth das chinesische Volksstück (→ 3. 8. 53) *Hirse für die Achte* von Loo Ding, Chang Fan und Chu Shin-nan (nach einer Übersetzung von Yuan Miautse) für das BE bearbeitet. Er bittet Kurt Schwaen (am 12. 2.), dazu eine Musik zu komponieren.

18. Februar, Donnerstag. Kurt Schwaen besucht eine Probe von *Meister Pfriem*. Danach geht er zu einer musikalischen Probe Paul Dessaus, um mit dem Akkordeonspieler einen Termin auszumachen. »Dessau kam auf mich zu und sagte, es sei unmöglich, an der Probe teilzunehmen. Ich sagte: ›Ich bin uninteressiert.‹ – ›Ach so‹, meinte Dessau verdutzt. Brecht lachte. Ich wechselte einige Worte mit dem Spieler und ging.«

21. Februar, Sonntag. B spricht erneut mit Kurt Schwaen über Opernpläne.

22. Februar, Montag. An diesem (41.) Probentag äußert sich B zu der bisherigen Arbeit am *Kaukasischen Kreidekreis*. »Ich habe Angst, daß wir zu zeitig fertig werden.« Auf keinen Fall will er gefundene Lösungen vorzeitig als »endgültig« fixieren. Bunge schreibt in seinem *Tagebuch einer Inszenierung*: »Das künstlerische Betriebsbüro hat es schwer, wenn

Brecht Regie führt. Man kann ihn nicht bewegen, einen ›Probenplan‹ aufzustellen. Brecht läßt sich nicht ›festlegen‹, auch nicht für zwei Tage im voraus. In der Regel kann man mit etwas Mühe in der Probenpause herausbekommen, was er am Tage darauf arbeiten will.« *(944/92f.)*
Als Kultursenator Joachim Tiburtius verhindert, daß der sowjetische Violinvirtuose David Oistrach im Rahmen einer Deutschlandtournee auch in Berlin/West auftritt, erklärt B, daß dies eine »Schande für Berlin« sei: »Was für eine Furcht vor der Kunst!« *(23,272.)*
Unter Berufung auf die ständig geforderten freien Wahlen notiert B, es könne nichts dabei herauskommen, »wenn man einen Mann, der weder Notenlesen noch Klavierspielen lernen durfte, vor ein Klavier stellt und ihm die freie Wahl der Tasten läßt« *(23,272).*
24. Februar, Mittwoch. Johannes R. Becher teilt B mit, daß er in den Künstlerisch-Wissenschaftlichen Rat berufen ist (→ 30. 1.), der dem Minister für Kultur »bei wichtigen Entscheidungen« zur Seite steht.
27. Februar, Sonnabend. B schlägt auf Anfragen der DAK (vom 22. 2.) als Kandidaten für den ersten Heinrich-Mann-Preis Ludwig Renn vor und schreibt: »Eine Begründung dafür erübrigt sich.« Den zweiten Preis möchte er Alfred Kantorowicz geben, »der ja das Heinrich-Mann-Archiv gegründet hat und dessen eigene Bücher sehr gut sind«, den dritten Preis einem jungen Schriftsteller, jemandem »wie Georg Maurer« *(Br, 1887).*
Februar. Bei einer Diskussion mit »Stanislawski-Schülern« macht B Ausführungen über den Aufbau der Figuren im Theater. Wenn man beispielsweise den Ferdinand spielt, dürfe man keine Figur in einer allgemeinen Situation vorstellen, etwa »den edlen Jüngling«. Er sagt: »Edel an sich gibt es nicht, nur in der Überwindung des Unedlen.« Mit Verfremdungen beginne er am BE erst, sie gäbe es noch nicht. Er warnt davor, sein *Kleines Organon für das Theater* als Lehrbuch anzusehen *(1340/23f.).*
3. März, Mittwoch. Auf das Ersuchen des Dresdener Theaters der Jungen Generation, ihnen eine Lektüre von *Leben des Galilei* zu ermöglichen, läßt B antworten, daß sich die endgültige Textfassung immer noch in Arbeit befindet *(741/3).*
4. März, Donnerstag. Premiere der Studioaufführung *Meister Pfriem oder Kühnheit zahlt sich aus*, Komödie von Martinus Hayneccius, in der Bearbeitung des BE (Wera und Claus Küchenmeister); Regie: Käthe Rülicke, Bühnenbild: Annemarie Rost; mit Heinz Schubert (Hans Pfriem), Annemarie Schlaebitz (Sostrata), Alfred Land (Petrus), Bella Waldritter (Petrona), Fred Düren (Paulus), Inge Herbrecht (Magdalena).

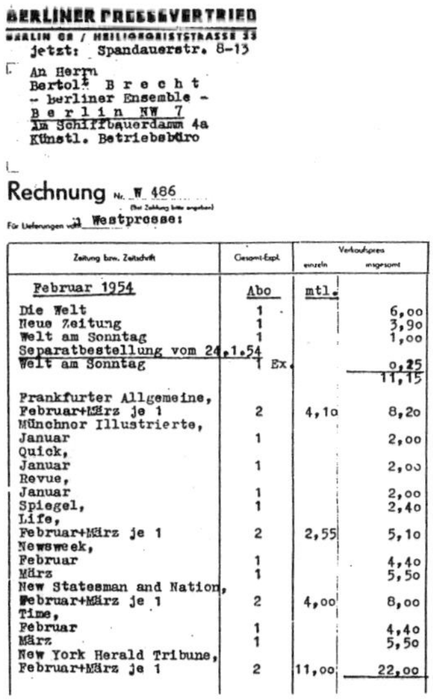
BERLINER PRESSEVERTRIEB
BERLIN C2 / HEILIGEGEISTSTRASSE 33
jetzt: Spandauerstr. 8-13

An Herrn
Bertolt Brecht
– Berliner Ensemble –
Berlin NW 7
Am Schiffbauerdamm 4a
Künstl. Betriebsbüro

Rechnung Nr. W 486
(Bei Zahlung bitte angeben)
Für Lieferungen von Westpresse:

Zeitung bzw. Zeitschrift	Gesamt-Expl.	Verkaufspreis einzeln	Verkaufspreis insgesamt
Februar 1954	Abo	mtl.	
Die Welt	1		6,00
Neue Zeitung	1		3,90
Welt am Sonntag	1		1,00
Separatbestellung vom 24.1.54			
Welt am Sonntag	1 Ex.		0,25
			11,15
Frankfurter Allgemeine,			
Februar+März je 1	2	4,10	8,20
Münchner Illustrierte,			
Januar	1		2,00
Quick,			
Januar	1		2,00
Revue,			
Januar	1		2,00
Spiegel,	1		2,40
Life,			
Februar+März je 1	2	2,55	5,10
Newsweek,			
Februar	1		4,40
März	1		5,50
New Statesman and Nation,			
Februar+März je 1	2	4,00	8,00
Time,			
Februar	1		4,40
März	1		5,50
New York Herald Tribune,			
Februar+März je 1	2	11,00	22,00

Rechnung mit den Titeln der von Brecht bezogenen »Westpresse« (→ 26. 8. 52.)

4. März 1954
Premiere
Meister Pfriem oder Kühnheit zahlt sich aus
von Martinus Hayneccius
Studioaufführung
des Berliner Ensembles

Von der Aufführung wird als Regieanleitung für Amateure ein umfangreiches Modellbuch herausgegeben (Martino Hayneccio, *Hans Pfriem oder Kühnheit zahlt sich aus,* Leipzig 1955; mit Notaten von Käthe Rülicke und zahlreichen Fotos der Aufführung). Bis zum 2. 10. 1955 wird das Stück insgesamt fünfmal aufgeführt.

5. März, Freitag. Rudolf Engel von der DAK teilt B mit, daß seinem Ersuchen, für den inhaftierten Martin Pohl (→ 23. 9. 53) »eine Arbeitsberechtigung im Rahmen seiner Fähigkeiten« zu erhalten, stattgegeben wurde und darüber ein Vertrag mit der DAK gemacht werden sollte. Da vertragliche Verpflichtungen in einem solchen Fall für die DAK »zumindest neuartig« seien, bittet er B um eine Unterredung *(797/23).*

6. März, Sonnabend. Nach der 6. Generalversammlung des Deutschen PEN-Zentrums Ost und West in Berlin/West notiert B, daß sich westdeutsche Dramatiker über die ignorante Behandlung durch DDR-Theater beschwert haben. B ist für eine besondere Prüfung dieser Stücke und auf jeden Fall für eine höfliche Beantwortung *(23,276).*

Mit Dmitri Schostakowitsch

Joris Ivens bittet B, für den Film *Lied der Ströme* (Auftragsarbeit des Weltgewerkschaftsbundes), Musik: Dmitri Schostakowitsch, ein Lied zu schreiben. »Es soll ein Lied sein, das in viele Sprachen übersetzt und überall von den Arbeitern als ihr Lied gesungen wird, wie es z. B. mit dem *Friedenslied* von Schostakowitsch geschah. In unserem Film soll dieses Lied einige Male zu hören sein und auf diese Weise popularisiert werden.« *(15,477.)* Vladimir Pozner berichtet von einem Besuch, den er wegen dieses Liedes mit Schostakowitsch und Ivens bei B gemacht habe. Sie hätten sich auf die gemeinsame Arbeit gefreut, aber die Qualität ihrer Kunst vom »Glück« abhängig gemacht. »Die beiden Männer waren einander ähnlich, was nicht nur mit ihrem Haarschnitt zu tun hatte.« *(Pozner, 25.)*

Der Verlag der Kunst Dresden teilt B mit, daß der Düsseldorfer Progreß-Verlag 2000 Exemplare von *Theaterarbeit* in Westdeutschland verkaufen will.

8. März, Montag. B stellt Peter Suhrkamp in einem Brief »zur Unterhaltung« seine neue Wohnung vor »in der Chausseestraße, neben dem ›französischen‹ Friedhof, auf dem Hugenottengeneräle und Hegel und Fichte liegen, meine Fenster gehen alle auf den Friedhofpark hinaus. Er ist nicht ohne Heiterkeit.« *(Br, 1889.)*

»Ich wohne in drei Zimmern der ersten Etage im Hinterhaus, das wie das Vorderhaus etwa 150 Jahre alt sein soll. Die Zimmer sind hoch und so die Fenster, die angenehme Proportionen haben. Das größte Zimmer hat etwa neun Meter im Geviert, so daß ich für verschiedene Arbeiten mehrere Tische aufstellen kann. Eigentlich alle Maße sind anständig, es ist wirklich ratsam, in Häusern und mit Möbeln zu wohnen, die zumindest 120 Jahre alt sind, also in früherer kapitalistischer Umgebung, bis man eine spätere sozialistische haben wird. Seit ich dem Theater soviel näher wohne, habe ich meine jungen Leute noch öfter auf dem Hals, sie kommen in Rabenschwärmen, aber Sie wissen, ich bin dafür.« *(Br, 1889.)*

Chausseestr. 125, Großes Arbeitszimmer

9. März, Dienstag. An diesem und am folgenden Tag probiert B eine Tanzszene, die er für den Schluß des *Kaukasischen Kreidekreises* vorsieht.

11. März, Donnerstag. Mit einer Probe der Szenen zwischen Azdak und Schauwa im 4. und 5. Akt schließt B die zweite Probenphase des *Kaukasischen Kreidekreises* ab und setzt die Arbeit an der Inszenierung – nach dem Einzug des BE in das Theater am Schiffbauerdamm (→ 19. 3.) – erst am 29. 4. fort.

12.-18. März 1954 Teilnahme an den Proben zu *Don Juan*

12. März, Freitag. B besucht (bis zum 18. 3.) die Wiederaufnahmeproben zu *Don Juan* (→ 16. 10. 53).

B hat (in einem nicht überlieferten Brief von Mitte Februar) dem Intendanten der Münchener Kammerspiele Käthe Reichel für ein Jahresengagement empfohlen. Hans Schweikart bedauert, dafür keine zusätzlichen Mittel zu haben, erklärt sich aber für eventuelle Gastrollen Käthe Reichels bereit.

13. März, Sonnabend. B und Kurt Schwaen verständigen sich über die Musik zu dem (in Proben gegangenen) chinesischen Volksstück *Hirse für die Achte*, die aufgenommen und während der Vorstellung vom Band abgespielt werden soll.

B stimmt Harry Buckwitz zu, daß Fritz Kortner ein »hochinteressanter Galilei« werden könnte, er habe mit ihm kürzlich darüber gesprochen. Er schickt Buckwitz das *Volksbuch vom Herzog Ernst*, das ihm Peter Hacks zugesandt hat, ein Drama mit »poetischen Schönheiten«, das aber für das BE »wegen des etwas abseitigen Themas nicht in Frage« kommt. Auf kulturellem Gebiet erwartet B (auf dem neuen Kurs nach dem 17. 6. 53) wie Buckwitz »wenigstens *einige* Erleichterungen« *(Br, 1890)*.

14. März 1954 Wertschätzung von George Tabori

14. März, Sonntag. B erteilt (über Elisabeth Hauptmann) George Tabori, den ihm Joseph Losey (am 12. 3.) wärmstens empfiehlt, die Genehmigung für eine Übersetzung von *Herr Puntila und sein Knecht Matti* ins Englische; er wisse, was für ein begnadeter Schriftsteller Tabori ist.

15. März, Montag. In einer Besprechung drücken B und Helene Weigel ihr Interesse an einer weiteren Zusammenarbeit mit dem Komponisten Kurt Schwaen aus.

16. März, Dienstag. B macht Otto Grotewohl mit dem Problem bekannt, nach Übernahme des Theaters am Schiff-

Theater am Schiffbauerdamm

19. März 1954
Premiere
Don Juan
von Molière
Eröffnungsvorstellung
des Berliner Ensembles
im Theater am Schiffbauerdamm

Wer glaubte oder, besser gesagt, fürchtete, daß mit Brechts Einzug der Zuschauerraum dieses monströsen, aber von allen Berlinern mit Recht innig geliebten Musentempels einem durchgreifenden Umbau unterzogen wurde, hat sich getäuscht. Die baulichen Veränderungen betrafen nur den technischen Betriebsbereich. Aber vor dem Vorhang prangt nach wie vor der Stuck und lächeln die Putten. So werden sich neue Wirkungen aus dem Kontrast ergeben – aus dem Kontrast zwischen der strengen Geradlinigkeit Brechtschen Theaters und der schweifenden Phantasie des Berliner Bauunternehmer-Barocks der Gründerjahre. *(Hans Ulrich Eylau, Berliner Zeitung, 18. 3.)*

bauerdamm in den ersten Monaten ein Besucherdefizit zu haben. Erst ab September werde das BE der Zentralen Anrechtsorganisation (mit 85 000 Mitgliedern) angeschlossen sein. Er wirbt deshalb in Betrieben und Institutionen und bittet Grotewohl um eine Kampagne in den Ministerien. Er bietet »Sonder-Anrechtsverträge für Aufführungen des Berliner Ensemble am Schiffbauerdamm« an. »Es wäre für unsere Schauspieler ganz ungewohnt und absolut demoralisierend, wenn sie vor halbleeren Häusern spielen müßten, auch das Publikum kommt da niemals zu vollem Genuß, es würde sich außerdem den unsinnigsten Vermutungen darüber hingeben, warum zu uns so wenig Leute kommen, während alle anderen Theater doch voll besetzt sind.« *(Br, 1892.)*
Elisabeth Hauptmann nimmt an den Wiederaufnahmeproben von *Don Juan* teil und macht B in einem längeren Brief Vorschläge für die Führung des Sganarelle.
18. März, Donnerstag. B hat seinem inhaftierten Meisterschüler Martin Pohl einige Gedichte des mittelalterlichen Dichters Neidhart von Reuenthal geschickt und fragt ihn, ob sie ihm gefallen hätten (→ 7. 7.) oder ob er andere bevorzugen würde. Er bittet ihn um Zusendung seiner Übertragungen *(Br, 1893)*.
19. März, Freitag. B schreibt an Erwin Geschonneck einen Brief mit Bemerkungen zu dessen Gestaltung des Don Juan, hauptsächlich zur »Fixierung« dessen, was er erreicht hat *(Br, 1894)*.
Abends findet die erste Vorstellung des BE im neuen Haus, dem Theater am Schiffbauerdamm, statt. B läßt den Vierzeiler, den er 1951 für die Eröffnung des Großen Hauses in Frankfurt/M. geschrieben hat, in der Kassenhalle des Theaters anbringen *(15,255)*.
Offizielle Premiere von *Don Juan*, Komödie von Molière, in der »Bearbeitung: Elisabeth Hauptmann und Berliner Ensemble«; Musik: Jean-Baptiste Lully, eingerichtet von Paul Dessau; Regie: Benno Besson, Bühnenbild: Hainer Hill; mit Erwin Geschonneck (Don Juan), Norbert Christian (Sganarelle), Georg August Koch (Don Luis), Lothar Bellag (Don Carlos), Ekkehard Schall (Don Alfonso), Sabine Thalbach (Donna Elvira), Barbara Berg (Angelica), Regine Lutz (Charlotte), Käthe Reichel (Mathurine), Carola Braunbock (Serafine).
Käthe Reichel ist vom Ereignis der Theatereröffnung tief beeindruckt und schreibt an B: »In meinem kleinen Leben ist das der größte Tag, und ich bin voll Freude für Dich. Wenn wir erst Deine Stücke spielen, werden wir einen Ruhm ernten, wie sonst kein Theater in der Welt, denn Du bist der größte aller Theaterdichter.« *(971/72.)*

Don Juan wird (bis zum 31. 8. 55) insgesamt 80mal aufgeführt.

23. März, Dienstag. Der italienische Filmregisseur Aldo Vergano (→ 16. 1.) fragt B (am 9. 3.), ob er sich wegen des *Courage*-Films auch an andere italienische Regisseure gewandt habe. B schreibt ihm, er habe Verganos Bereitschaft der DEFA mitgeteilt, dort aber leider »kein rechtes Interesse« gefunden. Als er von Freunden erfuhr, daß auch Giuseppe de Santis bereit wäre, habe er davon ebenfalls die DEFA informiert, aber von dort noch keinen Bescheid bekommen. Er entschuldigt sich, nicht früher geschrieben zu haben, »aber die ganze Angelegenheit ist in großer Unordnung, und ich selbst kann wenig machen« *(Br, 1895)*.

27. März, Sonnabend. Auf einer Probe zu *Der Prozeß der Jeanne d'Arc* für die Übernahme in das neue Haus (→ 23. 11. 52) soll nach Bs Vorstellung ein »Strophenlied« als Moritat gesungen werden, während ihm Schwaen in seiner Musik eher den Charakter eines Kampfliedes gegeben hatte. Es wird neu vertont, für zwei Frauenstimmen.

B informiert den (an der Hamburger Staatsoper tätigen) Regisseur Günter Rennert von seinem Plan, »im nächsten Jahr hier – wo die Uraufführung stattfand – die *Dreigroschenoper* zu geben«, und bietet ihm die Regie an: »Ich wüßte niemanden, dem ich das Stück lieber übergäbe.« *(Br, 1896.)* (Rennert sagt wegen zahlreicher anderweitiger Verpflichtungen am 30. 4. ab.)

Ende März. B beklagt sich in einem Brief über den Alkoholismus von Ruth Berlau. »Wahrscheinlich kannst Du Dir gar nicht vorstellen, was für eine Veränderung mit Dir vorgeht, wenn Du trinkst. Du bist dann ein ganz anderer Mensch, verworren, keifend, lügnerisch und so aggressiv, daß jeder Mensch einfach Angst bekommt.« Im Falle erneuter Trunkenheit oder einer »einzigen Keiferei« müßte ihre Mitarbeit am BE abgebrochen werden *(Br, 1897)*.

März. Für eine geplante »Europäische Jugendkonferenz gegen die Verträge von Bonn und Paris, für Frieden und Freundschaft unter der Jugend Europas« überarbeitet B den *Entwurf eines Aufrufs an die Jugend (23,276f.)*.

1. April, Donnerstag. Premiere des Stückes *Hirse für die Achte* von Lo Ding / Tschang Fan / Tschu Dschin-nan in der Bearbeitung des BE (Elisabeth Hauptmann, Manfred Wekwerth); Musik: Kurt Schwaen; Regie: Manfred Wekwerth, Bühnenbild: Annemarie Rost; mit Raimund Schelcher (Bürgermeister), Norbert Christian (Partisan), Ekkehard Schall (japanischer Ortskommandant), Heinz Schubert (Ausrufer), Carl M. Weber (Ausrufer).

Hirse für die Achte wird (bis zum 7. 3. 57) 77mal gespielt. Von der Aufführung wird als Regieanleitung für Amateure

Schon vom Bahnhof Friedrichstraße aus bemerkt man eine Veränderung jenseits der Weidendammbrücke: Auf dem Dach, auf dem Turm des *Theaters am Schiffbauerdamm* dreht sich abends ein leuchtender Kreis, in dem in Lichtbuchstaben »Berliner Ensemble« geschrieben steht. Einiges hat sich auch in dem alten Haus verbessert und verändert, bevor das Wirken des Brecht-Ensembles dieser Tage im eigenen Theater begann. Die *Drehbühne* wurde vergrößert. Sie ruht auf einer Holzkonstruktion und dreht sich lautlos auf Gummirädern. Eine hölzerne Brücke verbindet jetzt Bühnenhaus und das Magazin auf dem Hof, ein verbreiteter Bühnenzugang für sperrige Kulissen und große Versatzstücke wurde geschaffen. *(Berliner Zeitung, 24. 3.)*

Die Inszenierung des seit vier Jahren in Deutschland wirkenden Franzosen Benno Besson ist genau durchdacht und mit künstlerischem Geschick ausgeführt. Sie folgt nicht Molière, sondern der Bearbeitung, die nach Anregung von Brecht und Besson durch Elisabeth Hauptmann geschrieben wurde. (Das Stück wurde in dieser Gestalt schon in der Zone gezeigt.) Wir lernen nicht die ernste hintergründige Ironie Molières kennen, sondern eine satirische Parodie auf Herrenmacht und Höflingszeit. *(G., SOS...,*
Berlin, 1. 4.)

1. April 1954
Premiere
Hirse für die Achte
Berliner Ensemble

ein umfangreiches Modellbuch herausgegeben (Loo Ding, Chang Fan, Chu Shin-nan, *Hirse für die Achte. Ein chinesisches Volksstück*, deutsche Fassung für das Berliner Ensemble von Elisabeth Hauptmann und Manfred Wekwerth nach der Übersetzung aus dem Chinesischen von Yuan Miautse, Leipzig 1955; mit einem Bericht über die Inszenierung des Berliner Ensembles von Manfred Wekwerth und zahlreichen Fotos der Aufführung).

4. April, Sonntag. In einer Matinee des BE werden zuerst Volkslieder in der Vertonung von Kurt Schwaen gesungen (der auch die Klavierbegleitung übernimmt), danach *Meister Pfriem* gespielt.

6. April, Dienstag. Karl von Appen hat B mitgeteilt, daß an der Dresdener Akademie für bildende Künste untersagt sei, sich mit Werken »von Picasso bis zu den Impressionisten (inklusive)« zu beschäftigen. »Die Begründung scheint zu sein, daß sie zuerst sozialistischen Realismus begriffen haben müßten, ehe sie sich mit zeitgenössischer Kunst überhaupt bekanntmachen dürfen.« B bittet Otto Nagel (in seiner Funktion als Vizepräsident der DAK) um eine Überprüfung, weil er interessiert ist »an einem Nachwuchs für Bühnenbild, der wirklich gebildet und allgemein informiert ist« *(Br, 1899)*. Nagel antwortet am → 26. 5.

Gleichzeitig schickt B das Schreiben an den Vorsitzenden des VBKD (Verband der Bildenden Künstler Deutschlands), Fritz Dähn, und schreibt ihm, daß sich Studenten Karl von Appens über »diese vormittelalterlichen Zustände« beklagt hätten. »Vielleicht können Sie sich die pädagogischen Prinzipien – besonders auf dem Gebiet der Kunstgeschichte – zum Beispiel der Dresdner Kunstschule kommen lassen!« *(Br, 1900.)*

Elisabeth Hauptmann schickt eine Abrechnung von Lars Schmidt an Ruth Berlau weiter, »da ich annehme, daß Sie jetzt die skandinavischen Angelegenheiten betreuen«. Sie habe sich »auf Bs Wunsch [...] um die Auslandssachen gekümmert« und die Verbindung zu dem Teaterförlag Lars Schmidt geknüpft. »Nebenbei möchte ich nur sagen, daß ich mich idiotischerweise auch nicht mit einer Schwedenkrone während all dieser Jahre bereichert habe an Brechts schwedischen Aufführungen oder einer Kommission dafür.« *(704/ 42.)*

13. April, Dienstag. Ruth Berlau notiert in einer Tagebuch-Notiz, daß Elisabeth Bergner, die zur Zeit im Theater am Kurfürstendamm spielt, eine Wiederholungsprobe von *Der Prozeß der Jeanne d'Arc* besucht hat.

15. April, Donnerstag. B fordert von Hans Rodenberg, daß im Vorspann der Filme die Zugehörigkeit der entsprechenden Schauspieler zum BE vermerkt werden soll. »Wir müs-

sen versuchen, wieder Schauspieler bekannt und volkstümlich zu machen.« *(Br, 1903.)*
Schüler der Grundschule Wahrensbrück bitten B (am 27. 3.), die Patenschaft für die Ferienreise eines Kindes (an die Ostsee) zu übernehmen. B sagt zu und fragt an, was die Ferienreise kostet; er würde »natürlich am liebsten die Patenschaft für einen Pionier übernehmen, der aus einer Arbeiterfamilie stammt« *(Br, 1901)*. (B überweist am 18. 5. den Betrag für zwei Kinder.)
Auf Wunsch von Oscar Wälterlin hat Angelika Hurwicz für eine Zeitschrift einen Text über das epische Theater geschrieben, gegen den Wälterlin (am 2. 4.) Einwände geltend macht. B schreibt ihm, es sei »sehr schwierig, jemanden zu finden, der in kurzer Form und klar einen Überblick über das epische Theater geben kann«. Er empfiehlt für den Druck die *Straßenszene* oder Auszüge aus dem *Kleinen Organon für das Theater (Br, 1904)*.
20. April, Dienstag. B schlägt dem Intendanten der Komischen Oper, Walter Felsenstein, ein »gemeinsames Besucherheft« vor. »Es ist jetzt sehr wichtig, auf den Geschmack des Publikums Einfluß zu nehmen, und man kann das wohl nur, indem man ihm verschiedenartige Aufführungen bietet, die aber künstlerisches Niveau haben, und keine Aufführungen ohne Niveau.« *(Br, 1905.)*

22. April 1954
Alkoholverbot in der Kantine des Berliner Ensembles

22. April, Donnerstag. Im BE wird in einem Aushang mitgeteilt, daß »auf Wunsch von Brecht, Besson und Wekwerth« wegen der hohen Anforderungen für die ersten Aufführungen im Theater am Schiffbauerdamm die Kantine »während des Tages keine alkoholischen Getränke mehr verabreichen« wird *(23,277)*.
B teilt Anton Ackermann mit, daß er seinem Bühnenbildner Hainer Hill gebeten hat, Versuche anzustellen, wie man Aufführungen des BE verfilmen kann *(Br, 1906)*.
In der Tageszeitung *BZ am Abend* fragen Leser nach der Bedeutung des Symbols mit den vier Masken auf dem Plakat des BE (→ 13. 11. 53). B antwortet: »Es sind die vier Rassen, verbunden durch die Friedenstaube, was der große Maler Picasso in wunderbaren Farben zu den Jugendweltfestspielen für die Jugend der ganzen Welt entworfen hat.« *(23,277.)* Im gleichen Zusammenhang entsteht der Text *Über Plakate (23,278)*.
Aus Anlaß des 65. Geburtstags von Ludwig Renn (an diesem Tage) findet in der DAK ein Empfang statt, zu dem B eingeladen ist.

Bemühungen um Paul Rilla

23. April, Freitag. B informiert Kurt Bork, jetzt Leiter der Abteilung Darstellende Kunst im Ministerium für Kultur, daß Paul Rilla in Berlin noch keine Wohnung erhalten konnte. Wegen seines angegriffenen Gesundheitszustandes müsse er einen großen Teil des Jahres auf dem Lande verbringen. »Er könnte jedoch meiner Ansicht nach, auch wenn er nur einen kleinen Teil des Jahres in Berlin wohnen kann, die Theaterkritik der DDR durch vorbildliche Kritiken entscheidend beeinflussen.« B bittet Bork zu helfen, »selbst wenn es dem Schema F der Wohnungszuweisungsverordnungspraxis entgegen ist« *(Br, 1908)*. In der gleichen Angelegenheit wendet er sich auch an Rudolf Engel von der DAK *(Br, 1907)*.

B dankt Martin Pohl (→ 18. 3.) für seinen Brief und verspricht ihm die Zusendung weiterer Literatur. Das Stück *Der Prozeß der Jeanne d'Arc zu Rouen 1431* werde jetzt allein aufgeführt mit zwei zugefügten Szenen, in denen »einige Strophen des Liedes der Christine de Pisan, das Sie übersetzt haben«, verwendet sind. Dafür hat B einen Geldbetrag auf ein für Pohl angelegtes Konto überweisen lassen *(Br, 1909)*. Für die Arbeit sendet B an das Zuchthaus Zwickau 500 Blatt Schreibmaschinenpapier und bittet die Aufsicht, Martin Pohl »das Papier reichlich zuzumessen« *(739/43)*.

25. April, Sonntag. Im BE findet eine *Friedensmatinee* statt.

26. April, Montag. Schüler der Klasse 9b der August-Bebel-Oberschule in Leuna haben B (am 3. 4.) auf einen Fehler im *Carrar*-Modellbuch aufmerksam gemacht und über das Stück geschrieben. Er bedankt sich bei ihnen, korrigiert aber ihre Interpretation: »Es ist nicht so, daß der Kampf zwischen Mutterliebe und Dienst am Volke gegenübergestellt wurde, der Kampf sich aber als wichtiger herausstellt. Natürlich ist es so, daß die Mutterliebe sich hier im Kampf am besten beweist.« *(Br, 1910.)*

Karl Bittel vom Institut für Zeitgeschichte ist durch eine Publikation des BE auf *Bonn im Spiegel* aufmerksam gemacht worden, bittet um den Text und bietet seine Hilfe an. Käthe Rülicke schickt ihm ein Exemplar der schon vor drei Jahren zusammengestellten Gerichtsszene (→ 28. 1. 51) und teilt ihm die ursprüngliche Absicht mit, sie zusammen mit dem *Zerbrochnen Krug* zu spielen; aber jedesmal habe sich die politische Situation so geändert, so daß es taktisch falsch gewesen wäre, das Stück zu spielen.

27. April, Dienstag. R. Barry teilt B mit, daß Luchino Visconti und Anna Magnani (erst ab Winter verfügbar) ihre Mitarbeit am *Courage*-Film zugesagt haben.

29. April - 19. Juni 1954 Proben zu *Der kaukasische Kreidekreis* (Dritte Phase)

29. April, Donnerstag. B nimmt die Arbeit am *Kaukasischen Kreidekreis* (mit dem insgesamt 46. Probentag) wieder auf und läßt das ganze Stück durchlaufen. Bei dieser (und den folgenden) Proben will er feststellen, »was nach der langen Probenpause von der Anlage der Inszenierung noch vorhanden ist« *(944/100)*.

April. In *Probleme, die das neue Ministerium lösen muß*

(23,271), nennt B für das Kulturministerium (→ 7. 1.) u. a. die Vermittlung von Auslandsbesuchen und den Austausch von Theaterleuten auch zwischen den beiden deutschen Staaten, denn »weder die Gestaltung der klassischen noch der bedeutenden zeitgenössischen Stücke kann ohne nationalen Austausch der Gesichtspunkte zu wirklicher nationaler Theaterkultur führen«. B hält auch das »Beispiel« des BE für nachahmenswert, »Musteraufführungen für Laienspielgruppen zu veranstalten«.

1. Mai, Sonnabend. B teilt dem Schauspieler Norbert Christian mit, daß er ihn für eine Auszeichnung wegen seiner erfolgreichen Bemühung vorgeschlagen hat, »die Rolle des Sganarelle in Molières *Don Juan* für die neue Berliner Aufführung neu zu beleben« *(Br, 1912)*.

3. Mai, Montag. Nachmittags findet in Bs Wohnung in der Chausseestraße 125 eine Präsidiumssitzung des PEN-Zentrums statt.

4. Mai, Dienstag. B bittet den Schauspieler Raimund Schelcher, sich das Trinken abzugewöhnen: »Sie sind aber ein Schauspieler von der Art, die man nicht einfach ersetzen kann. Also: Was anderes machen, als was ich Ihnen vorschlage, eine kleine radikale Kur. Die heutige Probe hat mir unwiderleglich gezeigt, daß Sie ohne Alkohol weit besser spielen als mit *einigem* Alkohol (denn mit so viel Alkohol, wie gestern, ist das Spiel ja einfach schrecklich: niedrig).« *(Br, 1913.)*

5. Mai, Mittwoch. Auf die Anfrage der DAK (vom 28. 4.), ob B bereit wäre, an den Mittwochs-Gesprächen in der Kölner Bahnhofsbuchhandlung, die sich »großen Zuspruchs und großer Beliebtheit« erfreuen, teilzunehmen *(797/37)*, bekundet B sein Interesse. »Ich kann aber im Augenblick nicht übersehen, wann ich dazu in der Lage sein werde, da ich jetzt sehr mit Theater beschäftigt bin« *(Br, 1914)*.

Johannes Tralow macht auf einer Reise nach Warschau in Berlin Zwischenstation und bespricht mit B anstehende Fragen des PEN-Zentrums.

Konstantin Simonow antwortet auf Bs (nicht überlieferten) Brief an Ilja Ehrenburg, in dem die sowjetischen Schriftsteller gebeten werden, den Eintritt in den Internationalen PEN-Club zu erwägen. Nach Simonows Meinung seien seine Kollegen dazu bereit, und er erbittet entsprechendes Material.

6. Mai, Donnerstag. B nimmt nach einer Voraufführung der Neuinszenierung von *Katzgraben* an einer Diskussion mit etwa 50 Bauern im Foyer des Theaters teil.

B hat gehört, daß Günter Rennert zugesagt hat, in Hamburg die *Dreigroschenoper* zu inszenieren. B schlägt Günther Weisenborn vor, gleich Vertrag zu machen.

7. Mai, Freitag. An diesem (51.) Probentag beginnt B wie-

der, an Details des 1. Aktes von *Der kaukasische Kreidekreis* zu arbeiten. Nun werden in den Proben auch alle Lieder nach der inzwischen von Paul Dessau fertigkomponierten Musik (zu Klavierbegleitung) gesungen.
B setzt Joris Ivens davon in Kenntnis, daß »im Rohbau alle Strophen, außer der Wolga-Strophe«, seines *Lieds von den Flüssen (15,277f.)* für den Film (→ 6. 3.) fertiggestellt sind. Die fehlende Strophe möchte B am liebsten durch Semjon Kirsanow (einen seiner russischen Übersetzer) verfaßt wissen, er wolle sie dann ins Deutsche übertragen. »Das wäre doch eine lustige kleine Zusammenarbeit.« *(Br, 1916.)* (Sie kommt nicht zustande.)

7. Mai 1954
Der Prager Regisseur František Burian wird für *Winterschlacht* an das Berliner Ensemble verpflichtet

B schickt Käthe Rülicke mit den konzeptionellen Vorstellungen des BE für Johannes R. Bechers *Winterschlacht* nach Prag. Sie spricht mit František Burian und einem Bühnenbildner am Wochenende in einem Schriftstellerheim die Konzeption durch und gewinnt ihn für die Regie (→ 9. 11. 52).
8. Mai, Sonnabend. Gespräch mit Slatan Dudow.
11. Mai, Dienstag. Elisabeth Hauptmann beklagt sich über Käthe Rülicke bei B wegen mangelhaft einlaufender Zahlungen aus ihren Tantiemenanteilen an der *Dreigroschenoper*. Wenn B keine Zeit habe, sich darum zu kümmern, müßten dies seine Mitarbeiter für ihn erledigen. »Ihr, die Ihr jeden Ersten Euer festes Geld bekommt und wahrscheinlich auch nicht auf die Bezahlung von Extra-Leistungen verzichtet, benehmt Euch wie die Säue.« *(737/28.)*
12. Mai, Mittwoch. B berät sich in der DEFA mit Albert Wilkening und dem italienischen Produzenten R. Barry über den *Courage*-Film, an dem sich der Regisseur Luchino Visconti und die Schauspielerin Anna Magnani für das folgende Jahr interessiert gezeigt haben. B schlägt der DEFA vor, noch in diesem Jahr zusätzlich einen deutschen Film mit Helene Weigel in der Titelrolle zu drehen, und wenn dies nicht möglich ist, wenigstens eine Verfilmung der Theatervorstellung des BE.
Käthe Rülicke schreibt einen Bericht über ihre Bemühungen um eine Neuaufführung des *Herrnburger Berichts* zu den Weltfestspielen. Nach langwierigen Bemühungen um Erich Honeckers Zustimmung zu der Verszeile »und wenn Ernst Busch singt« (→ 25. 7. 51) werden die Verhandlungen über die Kosten für einen Kinderchor so in die Länge gezogen, daß am Ende bereits alle Chöre anderweitig eingesetzt sind und damit die Neuaufführung unmöglich gemacht wird.
Helene Weigel informiert in einer (von B stark überarbeiteten) Aktennotiz Paul Wandel, Johannes R. Becher und Kurt Bork davon, daß durch »die Abreise des gesamten künstlerischen Kopfes« der Staatstheater-Werkstätten (mit der

Staatsoper zu einem Gastspiel nach Paris) die Dekorationen für den *Kaukasischen Kreidekreis* in der laufenden Spielzeit nicht mehr realisiert werden können. B habe, weil »er weder die Lust noch die Kraft hat, im Herbst von vorn anzufangen«, die Regie niedergelegt *(771/12)*.
Premiere der Neuinszenierung von Erwin Strittmatters Komödie *Katzgraben* (→ 23. 5. 53) in einer veränderten Textfassung und teilweise neuer Besetzung. B hat als Koregisseur Manfred Wekwerth hinzugezogen. Die Presse wird erneut eingeladen und kommt zu günstigeren Einschätzungen.
14. Mai, Freitag. B beschwert sich bei Kulturminister Johannes R. Becher sowie bei Wolfgang Langhoff über Heinrich Allmeroth, der durch seine Entscheidung, alle leitenden Mitarbeiter der ihm unterstellten Staatlichen Werkstätten auf das Gastspiel der Deutschen Staatsoper mit nach Paris zu nehmen (→ 12. 5.), ein rechtzeitiges Fertigstellen der Dekorationen für *Der kaukasische Kreidekreis* verhindert hat. »Ein solches Verhalten eines Intendanten gefährdet die kameradschaftliche Zusammenarbeit der großen Theater tödlich.« *(Br, 1920.)*
B schickt an Kurt Bork mehrere Anträge, die in der Fachkommission des Ministeriums für Kultur behandelt werden sollen, u. a. den Vorschlag, die Leitung der Staatlichen Theaterwerkstätten nicht weiterhin der Deutschen Staatsoper zu unterstellen und den Stellvertretenden Intendanten der Staatsoper Heinrich Allmeroth nicht die Intendanz zu übertragen, da er seines »Erachtens weder das Vertrauen seiner künstlerischen und technischen Mitarbeiter noch der künstlerischen Kreise der Hauptstadt« genieße *(Br, 1921)*.
B sucht bei Walter Felsenstein Unterstützung für die Regelung der Personalfrage der Deutschen Staatsoper in seinem Sinne *(Br, 1921)*. Felsenstein bittet B (am 17. 5.) um Verständnis, wenn er sich an der Aktion nicht beteiligt, da ihn die maßgebenden Stellen gern die Intendanz der Staatsoper übertragen würden, er sich aber davon nichts verspricht.
Es findet eine separate Vorführung des Arnold-Zweig-Films *Das Beil von Wandsbek*, veranstaltet von der DAK für Mitglieder des ZK, des Kulturministeriums und geladenen Gästen statt; die danach geplante Diskussion wird auf den → 17. 5. verschoben.
17. Mai, Montag. In der Sektion Darstellende Kunst der DAK wird über den Film *Das Beil von Wandsbek* diskutiert. Dabei wird größtenteils die Meinung vertreten, daß der Film in dieser Form nicht aufführbar sei. Auf Bs Initiative wird der Beschluß gefaßt, dem Kulturministerium eine Überarbeitung (durch Schnitte und Neudrehen des Schlusses) zu empfehlen *(771/6)*. Käthe Rülicke macht in Bs Auftrag dazu konkrete Vorschläge.

12. Mai 1954
Premiere
Neuinszenierung
Katzgraben
Berliner Ensemble

Schon auf den ersten Eindruck hin, ohne die Änderungen im einzelnen nachzuprüfen, fällt auf, wieviel leichter, lustiger, optimistischer die Aufführung geworden ist, so wie es sich für eine Komödie gehört. [...] Die Regie, an der neben Bert Brecht auch Manfred *Wekwerth* beteiligt war, richtete diesmal ihr Augenmerk nicht nur auf die minutiöse Malerei der gesellschaftlichen Verhältnisse, sondern kostete vor allem auch den theatralischen Spaß schwankhaft aus. *(R., Sonntag, 16. 5.)*

Strittmatters Werk hat seit der Uraufführung im vorigen Jahr viele Diskussionen hervorgerufen. Nun sehen wir das Stück beim Berliner Ensemble am Schiffbauerdamm in einer Neufassung wieder. Sie ist befreit vom Ballast allzu vieler Probleme, befreit auch von etlichen skurrilen Einzelzügen und jener etwas düsteren Atmosphäre, die Stück und Darstellung damals noch zu eigen waren. *(Peter Edel, BZ am Abend, 21. 5.)*

Bemerkenswert sind zwei Umbesetzungen: Harry Gillmann, der jetzt den Mittelländer gibt, reicht nahezu an die vortreffliche Verkörperung der Rolle durch Gerhard Bienert heran, Raimund Schelcher als der Parteisekretär Steinert übertrifft die frühere Darstellung durch Willi Kleinoschegg. Es ist eine Glanzrolle Schelchers: proletarisch, kämpferisch, dabei Müdigkeit, Aufbrausen, auch Momente des Zurückweichens menschlich echt verdeutlichend. *(Walther Pollatschek, Neues Deutschland, 30. 5.)*

Die holländische Zeitung *Algemeenen Handelsblad* beabsichtigt zum Kongreß des Internationalen PEN-Clubs eine Spezialausgabe und bittet B (am 17. 5.) um einen Beitrag. B ist infolge der Arbeit am *Kaukasischen Kreidekreis* nicht in der Lage, einen neuen Aufsatz zu schreiben, und läßt Ruth Berlau seine Breughel-Texte nach Amsterdam schicken *(Verfremdungstechnik in den erzählenden Bildern des älteren Breughel* und *V-Effekte in einigen Bildern des älteren Breughel; 22,270-273).*

20. Mai, Donnerstag. Bei der Arbeit an der *Kreidekreis*-Inszenierung werden die inzwischen fertiggestellten Masken benutzt; sie machen in vielen Fällen einen anderen Darstellungsstil erforderlich: Bewegungen müssen dezimiert, Gänge geändert werden. B setzt Paul Dessau auseinander, daß nach seiner Meinung zu viele der kommentierenden Texte komponiert sind und streicht mehrere Musikpassagen *(945/20-26).*

20. Mai 1954
Neue Bemühungen um den Courage-Film

B beschwert sich bei Johannes R. Becher über »den erstaunlichen Mangel an Interesse«, den die DEFA »für eine historische Aufgabe, wie die Verfilmung der doch weithin bekannten Aufführung von *Mutter Courage und ihre Kinder* des Berliner Ensembles bekundet«. Es fehlten »Leute, die nicht einen Plan durchführen, sondern auch Pläne machen«. B stellt »den Antrag«, die Aufführung »so schnell wie möglich« zu verfilmen, und schlägt »zunächst« Wolfgang Staudte für die Regie vor *(Br, 1923).*

B hat mit Johannes Tralow über den Wunsch Konstantin Fedins gesprochen, durch Vermittlung des PEN-Clubs in München eine Vorlesung zu halten, und schätzt dessen Möglichkeiten einer Unterstützung »sehr begrenzt« ein. In seinem Brief an Fedin erinnert er an die Gespräche mit ihm in Belgien, an die er gern zurückdenke *(Br, 1924).*

In einer Planbesprechung legt B mit Helene Weigel, Karl von Appen, Peter Palitzsch, Käthe Rülicke, Benno Besson, Hans Bunge, Ruth Berlau und Isot Kilian zwei Voraufführungen, eine Presseaufführung und die Premiere (vorgesehen am 21. 6.) vom *Kaukasischen Kreidekreis* fest. Die danach verbleibenden Tage sollen für Umbesetzungsproben (Paris-Tournee) verwendet werden.

Auf Bitten der Freien Akademie der Künste in Hamburg (vom 8. 3.) schreibt B für die Festschrift *Hans Henny Jahnn* zu dessen 60. Geburtstag (am 17. 12.) *Ein Brief*. Darin erinnert er ihn an die Proben zu *Pastor Ephraim Magnus*, die er 1923 geleitet hat (→ 23. 8. 23), und an verschiedene Begegnungen danach. Er schließt: »Und ich freute mich, daß es Sie gab, und freue mich, daß es Sie gibt.« *(23,282.)*

Auf Anfrage des Rates der Bezirksleitung von Neubrandenburg schlägt B seinen Regiemitarbeiter Carl M. Weber für

eine Intendanz in Neubrandenburg vor. (Der Brief wird zu spät abgeschickt.)
Beim Direktor der Reichsbahndirektion führt B Klage darüber, daß der Interzonenzug von München nach Berlin 16 Stunden braucht (ohne Schlafwagen). Er meint, das sei für »eine solche Fahrt, die früher nur die halbe Zeit dauerte, doch gar nicht zumutbar«, und fragt, was man dagegen machen kann *(Br, 1925)*.
21. Mai, Freitag. B beschwert sich bei dem Leiter der Hauptabteilung Film im Ministerium für Kultur, Anton Ackermann, über die Verzögerung beim Erwerb des italienischen Films *Das Wunder von Mailand* (Regie: Vittorio de Sica). Der Film sei wegen »seiner scharfen Sozialkritik« wichtig. »Der mystische Schluß wird doch niemanden zum Aberglauben verführen, wo hier in der DDR jedermann weiß, daß man mit Mißständen ohne Wunder fertig werden kann.« *(Br, 1926.)*
Er läßt Walter Janka mitteilen, daß er mit einer Preissenkung bei der Buchausgabe von *Furcht und Elend des III. Reiches* einverstanden ist.
22. Mai, Sonnabend. Auf die Anfrage Rudolf Engels (vom 4. 5.), wie Bs Meisterschüler Heinz Kahlau nach Ablauf seines Vertrages eingesetzt werden kann, schlägt B vor, Kahlau solle »solange unter unserer Obhut arbeiten«, bis das (ab Januar 55) geplante Institut für Literatur in Leipzig gegründet ist *(Br, 1927)*.
Käthe Rülicke informiert im Auftrag Bs die DAK, daß er sich dem Vorschlag Herbert Jherings anschließt und Ludwig Renn für den Nationalpreis vorschlägt. In seiner Begründung nennt er Renn »den bedeutenden Humanisten und Meister der deutschen Prosa«, der eine »vorbildliche Darstellung des imperialistischen Krieges in den großen Büchern *Krieg* und *Nachkrieg* und der korrupten Aristokratie in *Adel im Untergang* gegeben habe« (797/45).
Im Auftrag Bs schickt Käthe Rülicke an Erwin Strittmatter ein Exemplar der Szenenfolge *Furcht und Elend des III. Reiches*, damit er dadurch inspiriert wird, »Ähnliches für heute zu machen« *(740/93)*.
23. Mai, Sonntag. B ist nach Buckow gefahren. An die Tür seines Arbeitszimmers heftet er (in dieser Zeit) einen Text für seine Gäste und Besucher.
24. Mai, Montag. Auf eine Anfrage der Gewerkschaftszeitung *Tribüne* nach seinem »schwierigen Anfang« erzählt B Käthe Rülicke auf der Fahrt von Buckow nach Berlin: »Ich habe angefangen zu schreiben, weil ein sehr junges Mädchen von mir ein Kind erwartete und ich unbedingt Geld brauchte. Ich beschloß, einen Reißer zu schreiben unter dem Titel *Spartakus*. Das Stück *Trommeln in der Nacht* brachte

22. Mai 1954
Bemühungen um den Film
Das Wunder von Mailand

Ende Mai
Buckow

In Erwägung, daß ich nur ein paar
Wochen im Jahr für mich arbeiten
kann
in Erwägung, daß ich, arbeitend, auf
meine Gesundheit achten muß
in Erwägung, daß bei dem Schreiben
von Stücken und dem Lesen von
Kriminalromanen jede menschliche
Stimme im Haus oder vor dem Haus
eine willkommene Ausrede für eine
Unterbrechung bildet
habe ich beschlossen, mir eine Sphäre
der Isolierung zu schaffen, und
benutze dazu das Stockwerk mit
meinem Arbeitszimmer und den
kleinen Platz vor dem Haus, begrenzt
durch Gewächshaus und Laube.
Ich bitte, diese Regelung nicht als
allzu bindend aufzufassen. Prinzipien
halten sich am Leben durch ihre
Verletzung. *(27,363.)*

Buckow, Arbeitszimmer im Gärtnerhaus

mir 1. den Kleist-Preis ein und 2. eine Rente von einem großen Verlag für zwei Jahre. Mein Anfang war alles andere als schwierig.« Auch den *Dreigroschenroman* habe er, um im Exil einen finanziell guten Start zu bekommen, des Geldes wegen geschrieben. »Ich habe es immer für richtig gehalten, im Kapitalismus Geld zu verdienen.« *(1340/77.)*
Auf eine Bitte des Kostümbildners Kurt Palm unterstützt B dessen Ersuchen, daß sich die DAK für die Förderung von Handdruckereien für Textilien einsetzt.
B teilt Friedrich Schultze vom Verlag Kurt Desch mit, das ihm zugesandte Stück *Michael Kohlhaas* von Arnolt Bronnen sei »sehr schön«, könne aber wegen der großen Anzahl von Schauspielern im BE vorläufig nicht gespielt werden. Er habe es an den Chefdramaturgen der DEFA weitergegeben, »weil es zur Verfilmung sehr geeignet ist« *(Br, 1929)*.
Beim Bürgermeister der Stadt Buckow beklagt sich B über ein Boot, das trotz Verbots am Sonntag mit einem Außenbordmotor auf dem Schermützelsee gefahren sei. »Mir scheint, daß das Vergnügen der wenigen Bootsinsassen zu teuer bezahlt wird mit der Ruhe sämtlicher Anlieger des Sees.« *(Br, 1931.)*
Nach den gescheiterten Versuchen Bs, den verbotenen DEFA-Film *Das Beil von Wandsbek* (→ 11. 5. 51) durch eine Veränderung des Schlusses zu »retten«, wendet er sich mit folgendem »ganz offiziellen« Vorschlag an Hans Rodenberg: Er solle eine Kopie und das Drehbuch Käthe Rülicke geben, die mit einem Cutter den Film einkürzen wird. Ob die Ergänzungen, über die er sich Gedanken gemacht hat, noch nachgedreht werden müssen, werde sich danach herausstellen *(Br, 1932)*.
25. Mai, Dienstag. B schlägt Kulturminister Becher »einen kleingehaltenen Aktionsausschuß der Fachgruppe für darstellende Kunst vor«, dem außer ihm Walter Felsenstein, Wolfgang Langhoff, Helene Weigel, Karl von Appen, Herbert Jhering und Max Burghardt angehören sollen *(Br, 1935)*.
Er schlägt Erwin Geschonneck für einen Nationalpreis vor: »Sein Humor, seine Wandlungsfähigkeit und seine fortschrittliche politische Gesinnung machen ihn zu einem der bedeutendsten Schauspieler Deutschlands.« *(23,284.)* (Geschonneck erhält am 6. 10. den Nationalpreis III. Klasse.)
B schickt Ferdinand Reyher als »ein kleines Lebenszeichen« das (1953 erschienene) *Versuche*-Heft 12 *(Br, 1934)*.
26. Mai, Mittwoch. B teilt Anna Seghers mit, daß er an diesem Tag »durch Theaterproben« verhindert ist, zur Sitzung des Weltfriedensrates zu kommen, und bittet sie, ihm eine Zusammenkunft mit Ilja Ehrenburg und »vielleicht auch« Jean-Paul Sartre zu vermitteln *(Br, 1936)*.
Otto Nagel teilt B mit, daß nach Information des Ministeri-

ums für Kultur keine »Anordnung des Staatsapparates« die Benutzung von Büchern in öffentlichen Bibliotheken (→ 6. 4.) verbietet. An der Hochschule für bildende Künste in Dresden habe die dortige Direktion festgelegt, »Bildbände, die formalistische Werke zeigen«, an Studenten nur für den Unterricht auszuleihen. Die Regelung treffe aber nicht auf Werke von Impressionisten zu *(797/120)*.

28. Mai, Freitag. In einer Kostümprobe für *Der kaukasische Kreidekreis* stellt Kurt Palm u. a. die Kostüme des Gesindes vor, die soziale Differenzierungen ausdrücken. B findet gelungen, daß sie in der »Art des Krippenspiels« wirken, ihm scheinen sie aber teilweise noch zu fahl. Es wird festgelegt, daß das Gesinde keine Ganzmasken trägt. Die »Erstarrung« hat sich noch nicht auf das ganze Gesicht – wie bei ihren Herrschaften – erstreckt *(945/52-57)*.

28. Mai 1954
Rede zum Weltfriedenskongreß

B schickt an den Kongreß seine *Rede Brecht (gehalten auf dem Weltfriedenskongreß in Berlin, am 28. Mai 1954). Ein Vorschlag (23,279f.)*. Er erklärt darin, daß im Atomzeitalter schon die Vorbereitungen zur Vernichtung der Welt ausreichen. Aus diesem Grunde soll eine große Aufklärungskampagne die »Millionen in allen fünf Erdteilen« von der Gefahr informieren, in der sie sich befinden.

29. Mai, Sonnabend. B verwendet »besonders viel Zeit« für die Szene von der Einsetzung des Richters im 4. Akt, weil in ihr »der Schlüssel für die Handlungsweise des Azdak als Richter gegeben« sei, »seine Enttäuschung über die nicht stattgefundene Revolution und – daraus folgend – das Herauswinden aus einer für ihn ziemlich verzweifelten Situation und ihrer Benutzung zu seinem Vorteil« *(945/60)*.

Im Feuilleton der *Frankfurter Allgemeinen Zeitung* erscheint ein Artikel von Hermann Kasack, dem Präsidenten der Deutschen Akademie für Sprache und Dichtkunst (Darmstadt), über *Sinn und Möglichkeiten einer deutschen Akademie*. Darin legt Kasack die Aufgaben der westdeutschen Akademie dar und stellt einen Unterschied seiner Institution zur DAK heraus: Die Mitglieder der westdeutschen Akademie seien ehrenamtlich tätig »im Gegensatz etwa zur sowjetzonalen Akademie in Ost-Berlin, die jedem Mitglied jährlich 12 000 Mark vergütet, ihm freilich damit auch die freie Meinung abkauft«. B erhebt mit anderen Akademiemitgliedern »wegen Beleidigung« Privatklage (→ 20. 8.).

Mai. In *Mutter Courage und ihre Kinder* hat Ekkehard Schall die Rolle des Eilif von Ernst Kahler übernommen. B schreibt ihm dazu anerkennend: »Der Eiliftanz soll die große Anstrengung zeigen, die er Ihnen bereitet. Dabei war er ausgezeichnet durch die Lässigkeit und die Eleganz, mit der Eilif andeutete, wie ungefähr der Tanz war, den er einmal gesehen hatte.« *(Br, 1937.)*

Bemühungen um Raimund Schelcher

Da sich der Schauspieler Raimund Schelcher in eine mehrwöchige ärztliche Behandlung (→ 4. 5.) begibt, schreibt ihm B, daß ihm »sehr viel daran liegt, Sie wieder gesünder zurückzubekommen«. Alle hätten sich über seine Darstellung des Bürgermeisters in *Hirse für die Achte* (→ 1. 4.) und des Parteisekretärs Steinert in der Neuinszenierung von *Katzgraben* (→ 12. 5.) gefreut. So will B lieber mit der nächsten Premiere warten, bis Schelcher wieder zur Verfügung steht (B hat mit ihm den Simon Chachawa im *Kaukasischen Kreidekreis* probiert; die Premiere sollte am 19. 6. stattfinden und wird verlegt; → 7. 10.) *(Br, 1939)*.

Ende Mai. B verteidigt gegenüber Peter Suhrkamp, der Einwände gemacht hat, das Vorspiel im *Kaukasischen Kreidekreis*: »Ohne das Vorspiel ist weder ersichtlich, warum das Stück nicht der chinesische Kreidekreis geblieben ist (mit der alten Richterentscheidung), noch, warum es der kaukasische heißt.« *(Br, 1938.)*

1. Juni, Dienstag. Auf Bitten des Aufbau-Verlages (vom 22. 2. und 5. 4.) läßt B an den Verlag einen Beitrag für eine Festschrift zum 70. Geburtstag von Lion Feuchtwanger (→ 7. 7.) und ein Gedicht schicken.

B bittet Kurt Bork, sich für eine Reise von Käthe Rülicke nach Moskau einzusetzen, weil er mit ihrer Hilfe Recherchen für geeignete Stücke aus der Sowjetunion und aus den Volksdemokratien für das Repertoire des BE betreiben will *(Br, 1940)*.

Zur Erlangung eines Autotriptics für seine Reise zur Tagung des Internationalen PEN-Klubs beantragt B beim Deutschen Schriftstellerverband 30 DM (West) *(735/55)*.

4. Juni, Freitag. Bei einer Abendprobe des *Kaukasischen Kreidekreises* mit Ernst Busch und Helene Weigel (die u. a. Mütterchen Grusinien spielt) wird herausgefunden, daß die Alte »unschuldig nur in den Augen des Azdak ist« *(27,349)*.

6. Juni, Sonntag. In Buckow notiert B, daß seine jungen Mitarbeiter in der Dramaturgie und im Regiestab während des Krieges zum großen Teil an der Front gewesen sind und unter nazistischem Einfluß standen. Gerade die, die heute Kommunisten seien, kritisieren Bechers *Winterschlacht* heftig. B will ihre Reaktion berücksichtigen, weil das Publikum nicht viel anders empfinden wird *(1852/40)*.

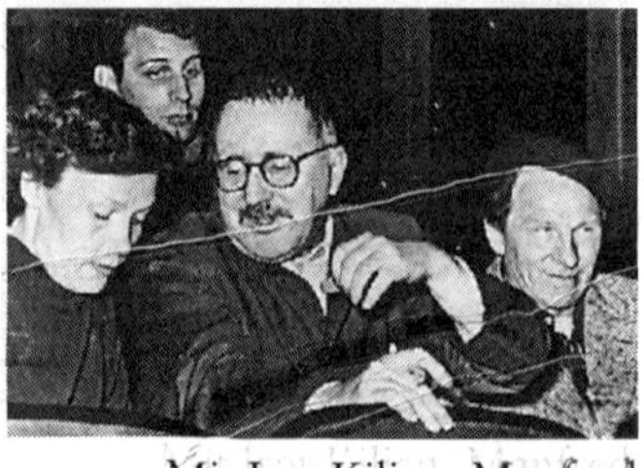

Mit Isot Kilian, Manfred Wekwerth und Ernst Busch

8. Juni, Dienstag. *Der kaukasische Kreidekreis* wird für die erste Aufführung technisch eingerichtet.

9. Juni, Mittwoch. Am 77. Probentag läßt B vormittags das ganze Stück durchlaufen und probiert am Abend Details aus dem 1. und 4. Akt. »Während der letzten Proben läßt Brecht das Stück gern durchlaufen. Er unterbricht im allgemeinen nur, wenn größere Fehler gemacht werden. Alle kleineren

Korrekturen diktiert er stichwortartig einer Assistentin, während das Stück auf der Bühne abläuft. Diese Bemerkungen werden den Schauspielern dann bis zur folgenden Probe schriftlich zugestellt.« *(945/79.)*

10. Juni, Donnerstag. Hans Bunge notiert in seinem *Tagebuch einer Inszenierung*: »Brecht ändert bis kurz vor der Premiere. Er ist rücksichtslos gegen sich selbst.« *(945/83.)*

Da B bei Hans Rodenberg kein Gehör findet (→ 15. 4.), bittet er Kurt Bork um Unterstützung, bei der DEFA durchzusetzen, daß bei der Nennung seiner Schauspieler in einem Filmvorspann ihre Tätigkeit beim BE erwähnt wird. »Bis heute ist es noch nicht gelungen, unseren Schauspielern und Theatern die Popularität zu verschaffen, die Schauspieler und Theater früher genossen.« *(Br, 1941.)*

11. Juni, Freitag. Vormittags Hauptprobe des *Kaukasischen Kreidekreises* (ganzes Stück ohne 4. Akt, der am Abend probiert wird). Vor der Probe meint B, daß die vorgesehene Premiere »ganz fraglich geworden« sei. »Das ist solch ein Saustall gewesen mit den Werkstätten.« Man habe sich mit anderen Arbeiten beschäftigt, ohne ihm Bescheid zu geben. »Das ist ein Riesenskandal. Wenn heute nicht alles da ist und wunderbar klappt, ist keine Premiere. Dann sind Voraufführungen – und Schluß.« *(945/85.)*

12. Juni, Sonnabend. 1. Generalprobe von *Der kaukasische Kreidekreis.*

13. Juni, Sonntag. Technische Probe von *Der kaukasische Kreidekreis.*

14. Juni, Montag. Proben zu Details von *Der kaukasische Kreidekreis.*

B teilt dem Leipziger Romanisten Werner Kraus mit, daß er ihn bei seinem nächsten Berlin-Besuch gern treffen will, um vor allem mit ihm über die *Schustersfrau* zu sprechen *(738/68).*

B bedankt sich bei den Technikern des BE für ihre großen Anstrengungen, um die Voraufführungen des *Kaukasischen Kreidekreises* vor den Ferien zu ermöglichen. Es sei wegen der »besonderen technischen Schwierigkeiten des Stücks« wichtig gewesen, diese Arbeiten abzuschließen, sonst würde »die Aufführung bis zum Herbst ganz auseinanderfallen« *(Br, 1942).*

Walter Janka berichtet B vom Ausverkauf der 3. Auflage der *Hundert Gedichte* und bittet um eine Durchsicht der Sammlung für eine Nachauflage.

Isot Kilian hat im Auftrag Bs dem Oberstaatsanwalt Puatalla angeboten, seinem inhaftierten Meisterschüler Martin Pohl durch Medikamente und Lebensmittelgaben zu helfen. Er erhält von der Generalstaatsanwaltschaft die Mitteilung, daß solche Sonderzuwendungen »grundsätzlich« nicht ge-

Mit Barbara und Helene Weigel bei einer Probenpause im Hof des Berliner Ensembles (»Garten des Azdak«)

stattet sind. In diesem Fall sei außerdem »keine zwingende Notwendigkeit dafür vorhanden« *(736/48)*.

15. Juni, Dienstag. B informiert Anton Ackermann darüber, daß sich die DEFA für eine eventuelle Synchronisation des Films *Gil Blas* von dem spanischen Kommunisten und Spanienkämpfer José Quevedo beraten ließ und dafür ein Honorar von DM 12 (abzügl. der Steuern: 9,10) ausbezahlt bekommen hat. Obwohl Quevedo B gebeten hat, in der Sache nichts zu unternehmen, bittet B Ackermann um eine Prüfung »dieser unmöglichen Haltung der DEFA« *(Br, 1943)*.
Nachmittags findet im Ministerium für Kultur eine Sitzung der von B initiierten Fachkommission (→ 25. 5.) statt. Dabei wird u. a. sein Vorschlag besprochen, an den Theatern in der Woche einen spielfreien Tag einzuführen.

15. Juni 1954
Öffentliche Generalprobe von *Der kaukasische Kreidekreis*

Erste öffentliche (2.) Generalprobe von *Der kaukasische Kreidekreis* mit Publikum.

16. Juni, Mittwoch. 3. Generalprobe von *Der kaukasische Kreidekreis*.

Mit Helene Weigel, Juni 1954

17. Juni, Donnerstag. Nach einer weiteren technischen Probe, zu der B parallel im Probenhaus Details aus dem 1., 2. und 4. Akt probiert, findet abends die 1. Voraufführung von *Der kaukasische Kreidekreis* statt. »Während der Aufführung sitzt der ganze Regiestab in der Mittelloge. Brecht diktiert einer Assistentin seine Beobachtungen, ebenso wie alle anderen Assistenten Bemerkungen zur Aufführung aufschreiben.« Um die zu lange Aufführungszeit herabzusetzen, streicht B einige Lieder und einen Teil der Musik *(945/93)*.

18. Juni, Freitag. B probiert Details aus dem 5. Akt.

19. Juni, Sonnabend. B entschuldigt sich bei dem tschechischen Regisseur František Burian (→ 7. 5.), der am BE Johannes R. Bechers *Winterschlacht* inszenieren soll, daß er wegen seiner bevorstehenden Reise nach Amsterdam bei dessen Vorbereitungsarbeiten (zu *Winterschlacht*) nicht in Berlin sein kann. Er sagt ihm die Hilfe seiner Mitarbeiter zu, mit der Stückfassung sei er noch nicht ganz fertig, aber ein Besetzungsvorschlag sei vorbereitet *(Br, 1944)*.
Abends 2. Voraufführung von *Der kaukasische Kreidekreis*.

20.-26. Juni 1954
Reise nach Amsterdam

Teilnahme am PEN-Kongreß

20. Juni, Sonntag. B fährt nach Brügge und Amsterdam und nimmt am PEN-Kongreß teil.

21. Juni, Montag. Im Amsterdam besucht B das Reichsmuseum. Ein holländischer Fotograf erkennt B und bittet darum, ihn fotografieren zu dürfen. B stimmt unter der Bedingung zu, daß die Aufnahme vor dem Bild seiner Wahl, Rembrandts *Anatomische Vorlesung des Doktor Joan Daijman*, gemacht wird.
Der ebenfalls zum PEN-Kongreß in Amsterdam weilende Hermann Kesten erinnert sich: »Zuletzt sah ich Brecht im Rijksmuseum in Amsterdam. Ich stand mit Arnold Zweig

vor Rembrandts gereinigter *Nachtwache*, da lachten zwei Männer hinter uns, am Lachen erkannte ich beide, Schalom Asch und Bert Brecht [...]« *(Lauter Literaten, München 1963, S. 423f., 436-441.)* Der Schriftsteller Robert Neumann trifft B zum erstenmal; »er hat mir starken Eindruck gemacht« *(Feuchtwanger, 661)*.

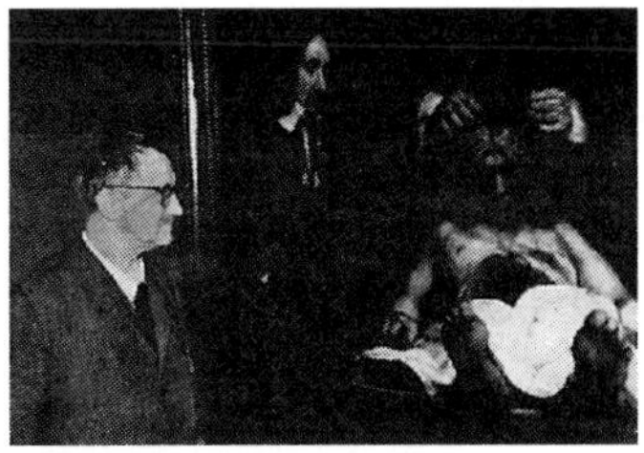

Brecht im Amsterdamer Reichsmuseum vor Rembrandts *Anatomische Vorlesung des Doktor Joan Daijman* (1656)

23. Juni, Mittwoch. Bei der Wien-Film geht das (französischsprachige) Drehbuch Vladimir Pozners für den *Puntila*-Film ein und wird von Ruth Fischer, Leiterin der Dramaturgie der Filmfirma, ins Deutsche übersetzt.

26. Juni-6. Juli 1954
Reise nach Paris

26. Juni, Sonnabend. B reist von Amsterdam nach Paris, wo das BE anläßlich des ersten Interkantonalen Festivals der dramatischen Kunst mit drei Vorstellungen von *Mutter Courage und ihre Kinder* im Théâtre Sarah Bernhardt gastiert. Obwohl B Ruth Berlau mit Vorbedacht aus der Paris-Tournee herausgelassen hat, ist sie auf eigene Faust (mit einem Auftrag der Zeitschrift *Das Magazin*) dem BE gefolgt. B schreibt ihr, er habe sie nicht nach Paris eingeladen, weil er über ihr »Trinken und Beschimpfen in Berlin noch nicht hinweg« ist. »Und ich habe immerzu Angst, wenn ich Dich sehe, weil es immer sein kann, daß Du betrunken bist. Es gibt nichts Schrecklicheres für mich, als wenn jemand seine Vernunft wegsauft. Ich will Dich also nicht sehen.« *(Br, 1948.)* Wegen des unberechenbaren Zustands seiner Mitarbeiterin sagt B einen geplanten Besuch ihrer Mutter in Berlin ab. Er begründet dies Bianca Berlau gegenüber damit, daß ihre Tochter der Tod von Martin Andersen Nexø (am 1. 6.) »sehr getroffen« habe, »so daß sie ein wenig zusammenklappte« *(Br, 2008)*.

29. Juni, Dienstag. Nachdem Elisabeth Hauptmann mit B den Inhalt der *Stücke*-Bände 7-10 sowie *Versuche* Heft 15 abgestimmt hat, teilt sie in Berlin das Ergebnis Max Schroeder vom Aufbau-Verlag mit. Außerdem schreibt sie: »Brecht würde sehr gern und sehr schnell Lyrik-Bände vorbereiten. Er hat mit der Durchsicht und Zusammenstellung schon in Buckow angefangen.« Wenn Suhrkamp nicht mitmachen will, sollen die Bände separat im Aufbau-Verlag erscheinen *(759/30f.)*.

Gastspiel des Berliner Ensembles mit *Mutter Courage und ihre Kinder* im Théâtre Sarah Bernhardt

30. Juni, Mittwoch. Erste Aufführung von *Mutter Courage und ihre Kinder* in Paris. Das Gastspiel wird zu einem Triumph für Brecht. Das BE erhält den ersten Preis für das beste Stück und die beste Inszenierung.

Ende Juni. B bedankt sich bei Ruth Berlau für Zigarren und läßt ihr 10000 Frs. für Einkäufe zukommen *(Br, 1949)*; sie schickt das Geld zurück.

1. Juli, Donnerstag. Das BE gibt in Paris für namhafte Vertreter der französischen Öffentlichkeit einen Empfang.

2. Juli. Freitag. Helene Weigel, B und Mitglieder des BE werden im Pariser Rathaus empfangen und erhalten eine Ehrenmedaille der Stadt Paris.

2./3. Juli, Freitag/Sonnabend. Weitere Aufführungen von *Mutter Courage und ihre Kinder.*

Anfang Juli
Zurück in Berlin

7. Juli, Mittwoch. Wieder in Berlin zurück, wundert sich B (in einer *Journal*-Eintragung) darüber, »daß die schwächeren Werke der Shakespeare und Molière, die doch immer noch über den besten der minderen Stückschreiber stehen müßten, weniger gefallen als diese« und schlußfolgert daraus: »Auch Liebende können ihre Ansprüche ja nicht zurückschrauben und sich etwa mit Partnern begnügen, die minder sind, als einmal angenommen.« Ihm ist »das Land [...] immer noch unheimlich«. Als er vor ein paar Tagen mit »jungen Leuten der Dramaturgie« in Buckow war, sei ihm plötzlich eingefallen, vor zehn Jahren »hätten alle drei, was immer sie von mir gelesen hätten, mich, wäre ich unter sie gefallen, schnurstracks der Gestapo übergeben...« *(27, 350.)*

B telegrafiert Lion Feuchtwanger zum Geburtstag: »In alter Freundschaft Brecht.« *(Br, 1950.)*

Martin Pohl schickt B (aus dem Zuchthaus Zwickau) die ersten Proben seiner Übertragungen Neidhart von Reuenthals (→ 18. 3.). Er schlägt für eine geplante Liedersammlung der DAK Volkslieder vor, die er in seiner Kindheit gehört hat, und bittet B um seine Meinung. Vermutlich stammt aus dieser Zeit ein Antrag an die Staatsanwaltschaft, in der B um eine Verkürzung der Strafzeit bittet. Darin hält B Pohl für »eine große Begabung als Lyriker«. Auf seine Bitte sei Pohl erlaubt worden, während seiner Inhaftierung »mittelalterliche deutsche Lyrik zu übersetzen und zu bearbeiten«, was er »mit Fleiß und Geschick« getan habe. Pohl sei ein »sehr sensitiver (und im übrigen wohl kaum sehr gesunder) Mensch«, so daß seine Verurteilung »einen tiefen und nachhaltigen Eindruck auf ihn gemacht hat« *(1340/86)*. Pohl wird »dank der Fürsprache Brechts« nach 22 Monaten Haft »bedingte Strafaussetzung gewährt und eine Bewährungsfrist von 3 Jahren auferlegt« *(Pohl, in: Der Monat, H. 85, 1955)*. Im Januar 1955 verläßt Martin Pohl die DDR und geht nach Berlin/West.

Anfang Juli -
2. August 1954
Buckow

Überarbeitung von *Turandot oder Der Kongreß der Weißwäscher*

Arbeit an der Bühnenfassung von Bechers *Winterschlacht*

Anfang Juli. B verbringt den Sommer, mit einigen Abstechern nach Berlin, vorwiegend in Buckow.

8. Juli, Donnerstag. B hat von seinem Sohn Stefan die »lange und gründliche Verteidigungsschrift Oppenheimers« erhalten. Sie lese sich »wie die eines Mannes, der von einem Kannibalenstamm angeklagt wird, er habe sich geweigert, Fleisch zu besorgen. Und der jetzt, sich zu entschuldigen, vorbringt, er sei während der Menschenjagd beim Holzsammeln für den Kochkessel gewesen! Was für eine Finsternis!« *(27,350.)*

12. Juli, Montag. Ilja Fradkin bittet B um einen Vorschlag bzgl. der Auswahl seiner Werke für eine russische Ausgabe und um Übersendung der Texte für die Übersetzung (→ 19. 8.).
Rudolf Engel schickt B das Protokoll der Sitzung des Plenums der DAK vom 22. 6. und informiert ihn darüber, daß er »zum Vizepräsidenten vorgeschlagen und einstimmig gewählt worden« ist (wie auch Otto Nagel und Max Butting) *(797/52)*.
13. Juli, Dienstag. B schreibt für Isot Kilian das Gedicht *An eine Mitarbeiterin, die während der Sommerferien im Theater zurückgeblieben ist (15,279)*. In einem Begleitbrief beruft sich B auf »Zeugen dafür, daß ich Sie antrieb, endlich Ihre Ferien zu beginnen«, andererseits »macht mir natürlich doch Spaß, Sie immer noch im Theater herumgeistern zu wissen« *(15,479)*. Als das Gedicht in fremde Hände gerät, schreibt B Isot Kilian drei Gründe auf, weshalb sie es wiederbeschaffen muß: es enthalte einmal »eine gute und vorläufig die einzige Beschreibung des Schiffbauerdammtheaters«, zum anderen »ein Lob für Sie, das Sie verdient haben«, und schließlich zeige es, daß »der Schreiber [...] Sie gern hat« *(zu Br, 1957)*. Für Isot Kilian ist auch das Gedicht *1954, erste Hälfte* geschrieben.
Mitte Juli. B teilt Käthe Rülicke mit: »Ich habe mich wieder der *Turandot* zugewendet und mache Fleißarbeit.« *(Br, 1963)*. In einem weiteren Brief rät er ihr bei der Arbeit zur Lektüre von Mao Tse-tungs Aufsatz *Über den Widerspruch*, den er »eben wieder mit Genuß« lese. »Nie nur die eine Seite und alles sich entwickeln lassen!« Die Arbeit an *Turandot* sei nach einem Jahr »nicht leicht« *(Br, 1962)*.
14. Juli, Mittwoch. Kurt Schwaen, Wera und Claus Küchenmeister besuchen B in Buckow und sprechen mit ihm über Musik und Tanz.
15. Juli, Donnerstag. B erklärt sich bereit, seine Stücke *Der kaukasische Kreidekreis* und *Der gute Mensch von Sezuan* dem Komponisten Eric Chisholm aus Kapstadt (der ihn am 26. 4. und am 11. 6. darum gebeten hatte) für Opern zur Verfügung zu stellen, falls er (B) an Hand der Libretti erkennen kann, »ob die Tendenz der Stücke darin zum Ausdruck kommt« und Chisholm damit einverstanden ist, nicht die alleinigen Rechte für die Vertonung zu besitzen *(Br, 1952)*.
B hat auf der Presse-Konferenz des BE in Paris versäumt, den anwesenden Benno Besson als Regisseur von *Don Juan* vorzustellen. Er entschuldigt sich bei ihm und schreibt: »Das ist ein wirkliches Versäumnis, und ich bin tatsächlich erschrokken darüber.« B sagt Besson zu, über seine Aufführung einen Artikel zu schreiben und zur Veröffentlichung nach Paris zu schicken *(Br, 1953)*. Es handelt sich um *Bessons In-*

1954, ERSTE HÄLFTE
Ohne schwere Krankheit, ohne
schwere Feindschaft.
Genug Arbeit.
Und ich bekam meinen Teil von den
neuen Kartoffeln
Den Gurken, den Spargeln, den
Erdbeeren.
Ich sah den Flieder in Buckow, den
Marktplatz von Brügge
Die Grachten in Amsterdam, die
Hallen von Paris.
Ich genoß die Freundlichkeiten der
lieblichen A. T.
Ich las die Briefe des Voltaire und
Maos Aufsatz über
den Widerspruch.
Ich machte den Kreidekreis am
Schiffbauerdamm.
(15,281.)

Die Freundin, die ich jetzt habe und die vielleicht meine letzte ist, gleicht sehr meiner ersten. Wie jene ist auch sie leichten Gemüts; wie bei jener überrascht mich tiefere Empfindung. Diese Frauen weinen, wenn sie gescholten werden, ob mit Recht oder nicht, einfach weil sie gescholten werden. Sie haben eine Sinnlichkeit, die niemand zu erregen braucht und niemandem viel hilft. Sie suchen allen zu gefallen, lassen sich aber nicht jeden gefallen, dem sie gefallen. Meine jetzige Freundin ist wie meine einstige am lieblichsten, wenn sie genießt. Und von beiden weiß ich nicht, ob sie mich lieben. *(27,362.)*

szenierung des »Don Juan« beim Berliner Ensemble (24,414-416).

16. Juli, Freitag. B fragt seinen schwedischen Verleger Lars Schmidt (→ 17. 10. 50), ob er daran interessiert wäre, auch für andere Länder den Vertrieb seiner Stücke zu übernehmen, er denke an Italien, Frankreich, Amerika, Belgien und England. »Das alles liegt sehr im argen, da ich von hier aus keinen Überblick habe.« Bs Wunsch ist, daß Schmidt seine Tantiemen in Schweden oder in anderen Ländern so deponiert, »daß ich an sie herankomme, wenn ich sie brauche« *(Br, 1956).*

16. Juni 1954
Gegen Reform der Rechtschreibung

B schickt Ludwig Renn *(Br, 1954)* auf Bitte der DAK (vom 7. 7.) zu der laufenden Diskussion über eine Reform der deutschen Rechtschreibung einen Text, in dem er sich »gegen eine reform der rechtschreibung von solchem ausmass« ausspricht, »dass alle die bücher, die auf alte weise gedrukkt sind, schwer lesbar werden«. Gleichzeitig lädt er ihn ein, nach Buckow zu kommen. Mit seinem Text bereitet sich B auf eine Sektionssitzung in der DAK (am 9. 9.) vor, ebenso mit dem Text *Sprachwissenschaftler und Schriftsteller zur Rechtschreibreform (23,282).*

B fragt Hans Rodenberg, ob mit der Verfilmung von *Mutter Courage* im September begonnen werden kann und ob er mit Wolfgang Staudte darüber gesprochen hat. Außerdem mahnt er ihn, auf die Anfrage zum Film *Das Beil von Wandsbek* (→ 24. 5.) zu antworten *(Br, 1955).*

19. Juli 1954
Empfehlungen an Grotewohl für eine Demokratisierung der Volkskammer

19. Juli, Montag. Seine »Ferien auf dem Lande verbringend«, schreibt B an Otto Grotewohl, könne er »gewisse Beobachtungen machen« und schickt ihm Notizen über die Arbeit der Volkskammer, die er in »in größeren Schwung« versetzen möchte *(Br, 1958).* In dem Text *Die Volkskammer* kritisiert B, daß deren Arbeit zu sehr »hinter verschlossenen Türen« vor sich geht. Er wünscht sie sich eingerichtet »als ein großes Kontaktinstrument von Regierung zu Bevölkerung und von Bevölkerung zu Regierung, [...] als ein großes Horch- und Sprechinstrument«. Die Abgeordneten der Volkskammer müßten freilich »nicht nur reden, sondern auch fragen« *(23,283).* Grotewohl reicht den Vorschlag nicht weiter. (Der Präsident der Volkskammer, Johannes Dieckmann, lernt den Text erst nach seiner ersten Publikation 1968 kennen und äußert über seine Begegnungen mit B: »Wir haben Gespräche geführt, er fand den Weg zu mir, wenn es sich um menschliche Belange Dritter handelte. Aber über die Aufgaben der Volkskammer haben wir nicht gesprochen, und ich kannte seine Meinungen nicht.«; *Brecht-Dialog 1968, 214.*)

22. Juli, Donnerstag. Der polnische Schriftsteller und Literaturkritiker Wilhelm Mach schenkt B bei einem Besuch in Berlin sein Buch *Doswiadczenia i Przypadki* (Erfahrungen und Zufälle) mit der Widmung: »Dem großen Künstler Bertolt Brecht« *(BBAB)*.

27. Juli, Dienstag. Der Hauptdirektor der DEFA, Hans Rodenberg, erklärt B sein Einverständnis mit einem Umschnitt des Films *Das Beil von Wandsbek* (→24. 5. u. 16. 7.). Wegen des *Courage*-Films will er sich mit B nochmals über die Regie Wolfgang Staudtes verständigen *(744/34)*.

Ende Juli. Der Schauspieler Erwin Geschonneck hat (am 7. 4.) mit Ende der Spielzeit 54/55 gekündigt, weil er wegen der Probleme bei der Freistellung für Filmarbeiten im BE »auf so große Schwierigkeiten und Auseinandersetzungen stößt«, daß er ihnen »nervlich nicht gewachsen« ist. B versucht ihn am BE zu halten.

Theater am Schiffbauerdamm

B schreibt an Lion Feuchtwanger, das BE sei mittlerweile ins Schiffbauerdammtheater umgezogen (→19. 3.). »Die Bühne bauen wir um, die Putten im Zuschauerraum lassen wir, damit es nicht aussieht, als hätten wir zu große Illusionen.« Er berichtet über das Repertoire sowie über seinen privaten Umzug »in ein 140 Jahre altes Hinterhaus, das auf den Hugenottenfriedhof hinausgeht, wo Hegel und Fichte liegen«. Im Sommer, wie eben jetzt, seien Helene Weigel und er »in Buckow, in der Märkischen Schweiz, in zwei kleinen Landhäusern in einem großen Park am See«. B hätte gern wieder regelmäßige Gespräche mit Feuchtwanger. »Im großen und ganzen lebt man in Hinsicht auf ein vorgestelltes Publikum und einige wenige Leute, die man dann schmerzlich vermißt.« *(Br, 1983.)* Feuchtwanger bedankt sich (am 28. 8.) für den Brief. Er hält den internationalen Erfolg Bs für bemerkenswert, zumal »man ihn auch hier im Feindesland zur Kenntnis nimmt«. Feuchtwanger bedauert ebenfalls den Mangel an Gesprächen. »Wie ich überhaupt ein beredtes Streitgespräch mit Ihnen, geführt im Münchner Humanisten- und Augsburger Renaissance-Deutsch sehr vermisse.« *(Feuchtwanger, 72.)*

In einem Brief an den Schriftsteller Pierre Abraham (der die Szenenfolge *Furcht und Elend des III. Reiches* ins Französische übersetzt hat; →27. 8. 39) drückt B seine Freude über ihre Begegnung beim Gastspiel des BE in Paris aus. Schon deshalb habe sich seine Reise gelohnt. Er möchte wieder mit ihm zusammenarbeiten und macht ihm Vorschläge *(Br, 1951)*.

28. Juli, Mittwoch. Käthe Rülicke schickt B ihre durchgesehene Fassung von Bechers *Winterschlacht* mit einigen Bearbeitungsvorschlägen. Sie macht B auf Aleksander Fredro aufmerksam, den nach ihrer Ansicht »polnischen Molière«, der als einziger für das BE in Frage käme.

29. Juli, Donnerstag. Walter Janka lädt B zu einer Besprechung mit Peter Suhrkamp über die weitere Herausgabe der »Gesammelten Stücke« ein.

Mit Pierre Abraham in Paris

30. Juli, Freitag. B hat Hanns Eisler angesprochen, die Musik für die BE-Aufführung der *Winterschlacht* von Becher zu komponieren. »Die Musik könnte völlig konzessionslos sein, Du könntest eine kleine Ouvertüre ganz nach Deinem Geschmack schreiben usw.« B vermißt die Gespräche mit ihm sehr und das Schachspielen *(Br, 1960)*. Hanns Eisler geht auf den Vorschlag ein und will zu ihm nach Buckow kommen.

2. August 1954
Zurück in Berlin

2. August, Montag. Nach einer Mitteilung Bs (von Ende Juli) an einen Schauspieler ist er von diesem Tage an wieder (vorwiegend) in Berlin und will mit ihm einen Gesprächstermin vereinbaren.

3. August 1954
Elisabeth Hauptmann kündigt Arbeit mit Brecht auf

3. August, Dienstag. Elisabeth Hauptmann, die kein festes Einkommen hat, schickt B Korrekturen und kündigt ihm an, daß sie danach »etwas anderes machen« wird. In einem Brief (aus dieser Zeit) zitiert sie zwei Aussprüche Bs: »1954: Fast jeder Mensch muß heute etwas anderes machen. 1930: Ich habe Ihr Unglück mit meinen Augen gesehen, *zwingen Sie mich nicht, das meine mit den Ihren zu sehen*. Diesen schönen Schluß liehen Sie mir mal für eine Geschichte.« *(Privatbesitz.)*

4. August, Mittwoch. B spricht mit der Dozentin Inge Moossen von der Leipziger Theaterhochschule, die ihm die Geschichte ihrer Entlassung dargelegt hat. Daraufhin fordert B beim Ministerium für Kultur die Einberufung eines Ausschusses zur Überprüfung dieses Vorgangs *(Br, 1961)*. Inge Moossen bedankt sich (am 5. 8.) bei B, daß er ihr »soviel Zeit und Aufmerksamkeit geschenkt« hat.

Käthe Rülicke antwortet auf die Anfrage (vom 2. 8.) der Redaktion von *Theater der Zeit*, die ein *Katzgraben*-Notat abdrucken will, daß die Initialen der Gesprächsteilnehmer (außer B) nicht ausgeschrieben werden dürfen, weil die Texte bearbeitet sind und jeder Beteiligte erst um Erlaubnis gefragt werden müßte.

12. August, Donnerstag. Das Ministerium für Kultur bestätigt den Eingang von Bs »Darlegungen über eine Verbesserung der Schauspielausbildung«, kann aber dazu noch keine Stellung beziehen, da der zuständige Abteilungsleiter im Urlaub ist.

14. August, Sonnabend. Mitarbeiter des BE haben Berichte über das Pariser Gastspiel des BE der *Wochenpost* zur Verfügung gestellt, die (am 9. 8.) als nicht mehr aktuell abgewiesen werden. B beklagt sich bei der Kulturredaktion der Zeitung über dieses Verhalten, denn das Gastspiel werde »allgemein als ganz außerordentliches Ereignis gewertet«. B fordert zu einem Druck der Berichte auf: »Wir müssen in der DDR endlich damit aufhören, unser Licht unter den Scheffel zu stellen.« *(Br, 1964.)* Die Chefredakteurin Hilde Eisler entschuldigt sich bei B (am 19. 8.) und erklärt, warum die

Wochenpost aus Gründen der Aktualität den Text eines französischen Kritikers über das Gastspiel des BE in Paris gebracht hat. Zugleich bittet sie B um ein Interview für ihre Zeitung.

19. August, Donnerstag. B schickt Texte für die russische Ausgabe seiner Werke an Fradkin (→ 12. 7.).

Käthe Rülicke gibt in einem Aushang den Mitarbeitern des BE bekannt, daß sie einen »Zirkel bzw. ein Seminar über Brechts *Kleines Organon für das Theater*« durchführen will und bittet um Meldungen von Interessenten *(771/32)*.

Privatklage gegen Hermann Kasack

20. August, Freitag. B erhebt zusammen mit Stephan Hermlin, Peter Huchel und Rudolf Engel (als geschäftsführendem Direktor der Deutschen Akademie der Künste Berlin) Privatklage gegen den Präsidenten der Deutschen Akademie für Sprache und Dichtkunst Darmstadt, Hermann Kasack. Sie werfen ihm vor, eine Unwahrheit verbreitet zu haben, die »geeignet ist, dieselben verächtlich zu machen oder in der öffentlichen Meinung herabzuwürdigen« (→ 29. 5.). Die Klage wird abgewiesen (→ 4. 2. 55).

22. August-6. Oktober 1954
Proben zu
Der kaukasische Kreidekreis
(Vierte Phase)

22. August, Sonntag. Nach zwei Monaten Pause nimmt B die Proben von *Der kaukasische Kreidekreis* wieder auf, abends findet die 4. Voraufführung des Stückes statt.

23. August, Montag. B probiert den 1. Akt von *Der kaukasische Kreidekreis*. Er wechselt alle Kleindarsteller, deren »mechanisches, interesseloses Spiel« die Aufführung zu stark belaste, gegen Schauspieler aus. Mehrere Arrangements werden geändert *(945/95f.)*

Nachdem Ruth Berlau (zu einer Probe) erneut betrunken erschienen ist, schlägt ihr B vor, sich ein paar Wochen entfernt zu halten. Er könne ihre Trunkenheit wie ihre Beschimpfungen und Drohungen »nicht ohne weiteres verdauen« *(Br, 2007)*.

24. August, Dienstag. In einer Regiebesprechung (vor der Probe) diskutiert B mit dem Regiestab über die von ihm vorgeschlagenen Kürzungen der Panikszene. Mit Karl von Appen werden mögliche Änderungen im Bühnenbild erörtert. Da B mit dem Tanzbild am Schluß nicht zufrieden ist, werden Möglichkeiten erörtert, Verbesserungen zu erreichen.

Bühnenbildzeichnung
Karl von Appens

25. August, Mittwoch. Kurt Bork fragt Helene Weigel, ob das BE im Schiller-Jahr das vorgeschlagene Stück *Der Parasit* spielen kann oder ein anderes Stück Schillers bevorzugt. Helene Weigel hält (am 31. 8.) das Stück für ungeeignet, da es einmal »für Schiller ganz untypisch« sei, zum anderen kein Grund gefunden werden kann, »dieses sehr schwache Stück bei uns zu inszenieren«. Sie schlägt statt dessen eine Schiller-Matinee vor *(734/80)*. B erklärt in *Über Friedrich Schiller (23,308)*, für das BE käme nur *Kabale und Liebe* in Frage, aber das werde schon vom Deutschen Theater einstudiert.

Ihm schwebe ebenfalls eine Schiller-Matinee vor. Er bemüht sich dann aber nicht um eine Realisierung. Das BE überläßt lediglich dem Zittauer Stadttheater im Rahmen der »Berliner Schiller-Wochen 1955« (am 15. und 16. 11.) die Bühne für ein Gastspiel mit *Don Carlos.*

26. August, Donnerstag. Hella Brock, eine wissenschaftliche Assistentin für Musikerziehung an der Pädagogischen Fakultät der Universität Halle, spricht (wegen eines Forschungsauftrags zu diesem Thema) mit B über seine Schulopern.

Ende August. Kurt Schwaen diskutiert mit B über die geplante Oper (→21. 2.), deren Fabel Wera und Klaus Küchenmeister entworfen haben. »Brecht änderte sie vollkommen.« *(Schwaen.)*

1. September 1954
Vertrag über die Herausgabe der *Kriegsfibel*

1. September, Mittwoch. B schließt mit dem Eulenspiegel-Verlag einen Vertrag über die Herausgabe der *Kriegsfibel* (→ 16. 3. 50) ab und stellt im September/Oktober (71) Fotogramme neu zusammen.

2. September 1954
Anstellung Elisabeth Hauptmanns am Berliner Ensemble

2. September, Donnerstag. Durch die schwierige finanzielle Lage, auf die Elisabeth Hauptmann mehrfach aufmerksam gemacht hat, auch durch ihre Drohung, nicht mehr für B zu arbeiten, sorgt B dafür, daß sie (ab 1. 9.) im BE einen Anstellungsvertrag als Dramaturgin erhält. Wie sie an Hanns Eisler schreibt, sei sie jetzt »avanciert«, verfüge über »einen Schreibtisch im Theater am Schiffbauerdamm« und dürfe ihre Briefe diktieren. Hauptmann informiert Eisler (im Auftrag Bs) darüber, daß der Stockholmer Verlag für den Vertrieb von *Furcht und Elend des III. Reiches* seine Aufführungsmusik braucht *(701/12).* Jan van Loewen in London teilt sie mit, daß sie sich »erst seit dem 1. September wieder etwas um Herrn Brechts Sachen« kümmert *(693/9f.).*

4. September, Sonnabend. B fragt Therese Giehse, ob sie die Generalintendanz für die Theater in Leipzig oder in Dresden übernehmen würde. Er bietet ihr Hilfe und Gastspiele in Berlin an. »Für uns wäre es überhaupt großartig.« *(Br, 1965.)* Therese Giehse antwortet am 28. 9. u. a.: »Aber – du liebe Zeit – *ich* als Intendantin – was Ungeeigneteres gibt's wohl nicht mehr.« *(736/103-105.)*

7. September, Dienstag. B nimmt an der Vorstandssitzung des Deutschen PEN-Zentrums Ost und West im Berliner Hotel Johannishof teil (mit den Vorstandsmitgliedern Johannes Tralow, Bodo Uhse und Herbert Burgmüller).

10. September, Freitag. B ist (am 10. 8.) vom Ministerpräsidenten Otto Grotewohl in den Ausschuß Kunst und Literatur zur Verleihung der Nationalpreise 1954 berufen worden und nimmt an den Sitzungen am 10. und 11. 9. teil.

14. September, Dienstag. B lädt Otto Müllereisert und seine Frau zu einem Besuch in Buckow ein *(Br, 1966).*

16. September, Donnerstag. B autorisiert Hideo Kikumouri, Leiterin der Theatergruppe Kurumi-za (in Kioto/Japan), für eine Aufführung von *Mutter Courage und ihre Kinder* und bittet um Fotos *(687/71)*.
Im Auftrag Bs sendet Elisabeth Hauptmann eine Zeichnung Caspar Nehers für die Neuauflage *Hundert Gedichte* an den Aufbau-Verlag. Sie schreibt an den Schriftsteller und Übersetzer Johannes von Guenther nach Seehaupt (Oberbayern), daß sich B und Helene Weigel über seinen Besuch in Berlin gefreut haben. B hat in dem Gespräch sein Interesse an Stükken von Ostrowski und Turgenjew zum Ausdruck gebracht.
17. September, Freitag. Auf Einladung des FDGB gehen B und Helene Weigel zur deutschen Uraufführung des DEFA-Dokumentarfilms der Weltgewerkschaftsbewegung *Lied der Ströme* (→ 6. 3.) und nehmen anschließend an einem Empfang teil.

17. September 1954
Besuch der deutschen Uraufführung des Films *Lied der Ströme*

18. September, Sonnabend. B dankt Johannes Berndt (Mitarbeiter am Institut für Technologie kultureller Einrichtungen), weil er im Theater am Schiffbauerdamm »die schwierige Aufgabe des Umbaues der Bühne und des Einbaues neuer Lichtanlagen in der so kurzen Zeit bewundernswert ausgeführt« hat *(Br, 1967)*.
20. September, Montag. B freut sich auf die bevorstehende Gastregie František Burians (Bechers *Winterschlacht*; → 7. 5.), weil er sich »damit eine produktive Zusammenarbeit der Künste unserer Völker« verspricht und das Stück zum Zeitpunkt einer westdeutschen militärischen Aufrüstung aktuelle Bedeutung bekommt *(Br, 1968)*.
Im Rahmen einer »Leistungsschau der Bühnen der DDR« zeigt das BE eine Sondervorstellung von *Katzgraben*.
Ehm Welk dankt B für dessen Gruß zu seinem 70. Geburtstag. Wenn er auch bedauert, daß er B zu der Feier nicht treffen konnte, »so weiß ich doch auch, daß Du über solche Festivitäten genauso denkst wie ich« *(741/63)*.
22. September, Mittwoch. B dankt dem technischen Direktor des BE, Walter Meier, für seine »große Arbeit beim Umbau des Schiffbauerdamm-Theaters« *(Br, 1969)*.
24. September, Freitag. Im Ministerium für Kultur findet eine Beratung des Künstlerisch-Wissenschaftlichen Rates über den Plan 1955 statt.
25. September, Sonnabend. Elisabeth Hauptmann setzt Lars Schmidt darüber in Kenntnis, daß B ihr wieder (→ 6. 4.) die Korrespondenz mit dem Teaterförlag, der nun auch die Aufführungsrechte in anderen europäischen Ländern vertritt, übertragen hat. Sie kündigt dem Verleger eine Information über die verschiedenen Länder an.

Elisabeth Hauptmann

27. September, Montag. Im Auftrag Bs teilt Elisabeth Hauptmann dem Aufbau-Verlag mit, daß für die 4. Auflage des *Dreigroschenromans* von B keine Veränderungen gewünscht werden.

29. September 1954
Teilnahme an Versammlung des Aufbau-Verlags

29. September, Mittwoch. Nachmittags nehmen (auf Einladung von Walter Janka vom 20. 9.) B und Elisabeth Hauptmann an einer Versammlung im Aufbau-Verlag teil, in der die Hauptabteilung Verlage und Buchhandel des Kulturministeriums »Rechenschaft über die Politik der Regierung, insbesondere über die Kulturpolitik und Tätigkeit des Amtes« ablegt *(733/38)*.

30. September, Donnerstag. B empfiehlt Peter Huchel für *Sinn und Form* einen Aufsatz von Thomas Mann, der kürzlich in *Lettre Française* erschienen ist.

Da eine von B vorgeschlagene Zusammenkunft von Vertretern des Ministeriums für Kultur, des Rundfunks und des Präsidiums der DAK nicht stattfindet, aber Ende der Woche die Planbesprechung beim Rundfunk angesetzt ist, bittet B die DAK um Weiterleitung des Akademiebeschlusses, dem Rundfunk zwei Projekte zu empfehlen: eine allwöchentlich stattfindende »Stunde der Kritik« mit Herbert Jhering und eine »Stunde der Akademie der Künste« (→ 9. 10.) *(Br, 1970)*.

Anfang Oktober 1954
Beginn der Proben zu *Winterschlacht*

Anfang Oktober. František Burian nimmt am BE die Proben zu *Winterschlacht* auf. Da er gleichzeitig in Prag eine Regieverpflichtung hat, probiert er im Wechsel jeweils zwei Wochen dort und zwei Wochen in Berlin. Es wird abgesprochen, daß in der Zwischenzeit Manfred Wekwerth die Regie im BE weiterführt.

2. Oktober, Sonnabend. Erstdruck des Gedichts *Lied von den Flüssen (*→ *7. 5.)* in der Gewerkschaftszeitung *Tribüne*.

4. Oktober, Montag. Auf eine Beschwerde der Universal-Edition (vom 21. 7.), daß bei der Vergabe von Aufführungsgenehmigungen für die *Dreigroschenoper* »X Personen vorher ihre Zustimmung geben müssen« und dadurch Aufführungen verhindert werden, stellt Elisabeth Hauptmann in Bs Auftrag klar: »Die Rechtsvergabe für die *Dreigroschenoper* liegt ausschließlich bei Herrn Brecht und bei sonst niemand. Die Universal-Edition nimmt in diesem Fall lediglich die Rechte von Frau Weill wahr.« *(702/27.)*

Während des Berliner Aufenthalts von Ingrid Gedda vom Stockholmer Teaterförlag Lars Schmidt führen B, Helene Weigel, Elisabeth Hauptmann und Ruth Berlau mit ihr mehrere Gespräche. Unter anderem trägt B seinen Wunsch vor, in der Schweiz ein Sonderkonto einzurichten. (Gedda teilt am 20. 10. mit, daß dies geschehen wird.)

5. Oktober 1954
Betriebsversammlung des Berliner Ensembles mit Rückblick auf fünf Jahre

5. Oktober, Dienstag. Abends findet eine Betriebsversammlung des BE mit einem Bericht von Helene Weigel über die ersten 5 Jahre und einer anschließenden Diskussion statt. Die Gereiztheit mehrerer Mitarbeiter erklärt Isot Kilian damit, daß durch die Übernahme der Vorstellungen in das

Haus am Schiffbauerdamm ungewöhnliche Arbeitsanforderungen entstanden sind. Alle Kollegen hätten jede Woche mindestens eine Haupt- und eine Generalprobe gehabt. Die sehr anstrengenden Proben zum *Kaukasischen Kreidekreis* und die Proben für die Paris-Tournee waren dazugekommen, so daß es scheine, daß »Raubbau« mit den Mitarbeitern getrieben worden ist *(Protokoll, BE)*.

6. Oktober, Mittwoch. B teilt Vladimir Pozner sein Unbehagen über eine Kritik der Dramaturgie von Wien-Film am *Puntila*-Drehbuch mit. »Selbstverständlich hast Du das Theaterstück an einigen Stellen mit neuen Zügen versehen – was unbedingt nötig ist, damit daraus ein Film wird.« *(Br, 1972.)* Einen Tag vor der Premiere von *Der kaukasische Kreidekreis* richtet B einen Brief an die Schauspieler und Techniker des BE, den er öffentlich aushängen läßt. Die Darstellung des Stückes »mit nahezu 150 Rollen, ungewohnten Masken und Kostümen und großen Problemen für die Technik« bedürfe besonderer Anstrengungen. Er dankt den Mitarbeitern »vor allem für das Talent und die Mühe« *(23,308)*. Einen besonderen Dank richtet er an den Schauspieler Peter Kalisch für die Figur, die er »aus der kleinen Rolle des Holzkopfes« gemacht hat *(Br, 1973)*. In einem Brief an Rüdiger Graf lobt er dessen »Leistung in der winzigen Rolle des Rechtschaffenden im Hochzeitsbild« (einer der Hochzeitsgäste) und findet sie »ganz ausgezeichnet« *(Br, 1975)*. Auch dem Schauspieler Axel Triebel dankt er für die »Übernahme der Rolle des Großfürsten im letzten Augenblick« und vor allem dafür, daß er »das so gut« macht *(Br, 1974)*.

7. Oktober, Donnerstag. Premiere von *Der kaukasische Kreidekreis*. Regie: Bertolt Brecht, Assistenzregie: Manfred Wekwerth, Bühnenbild: Karl von Appen; mit Angelika Hurwicz (Grusche Vachnadze), Ernst Busch (Azdak / Arkadi Tscheidse), Raimund Schelcher (Simon Chachava), Erwin Geschonneck (Georgi Abaschwili), Helene Weigel (Natella Abaschwili / Mütterchen Grusinien), Ekkehard Schall (Shalva), Norbert Christian (Jussup), Friedrich Gnass (Mönch).

Der kaukasische Kreidekreis wird (bis zum 22. 12. 58) insgesamt 175mal aufgeführt.

8. Oktober, Freitag. B schreibt an den Schauspieler Fred Düren, daß er dessen Gestaltung des Gefreiten im *Kaukasischen Kreidekreis* »großartig« findet, »besonders die Szene mit dem Holzkopf ist eine reine Freude« *(Br, 1976)*.

Bei Ruth Berlau führen Benno Besson, Hans Bunge und Manfred Wekwerth ein Gespräch mit fünf Studenten der Leipziger Theaterhochschule über deren Hospitation bei den *Kreidekreis*-Proben in den letzten vier Wochen und erörtern dabei auch das Verhältnis Bs zu Stanislawski.

7. Oktober 1954
Premiere
Der kaukasische Kreidekreis
Berliner Ensemble

Um dieses Stück und um diese Inszenierung erhitzten sich die streitbaren Gemüter in den Berliner Theatersekten schon vor der ersten Voraufführungs-Vorführung bis zu ziemlicher Weißglut. [...] Was man dann erlebte, war einer der interessantesten und in vieler Hinsicht bedeutendsten, zugleich aber doch auch wieder fragwürdigsten Abende seit Jahren. *(Hans-Ulrich Eylau, Berliner Zeitung, 12. 10.)*

So sind die Höhepunkte der Aufführung die Songs Ernst Buschs, der den Volksrichter spielt, und die

Szene mit Norbert Christian, Helene Weigel, Ekkehart Schall, Wolf von Beneckendorf

Szenen zu Beginn, in denen Angelika Hurwicz, die großartige Darstellerin der Dienstmagd Grusche, einsam gegen die leere Drehbühne anwandert, das Kind auf dem Rücken, Lieder und Satzfetzen gegen den Wind stoßend. Oder die böse Herrschsucht der Helene Weigel, Marionette einer Mongolenfürstin, quittegelb gekleidet und wie eine majestätische Säule über die Bühne wandelnd. Hier konzentriert sich die Schwarz-Weiß-Technik von Brechts Moralstück zu faszinierender Wirkung, der Paul Dessaus Musik eindrucksvoll sekundiert. *(Sabina Lietzmann, Die Zeit, 14. 10.)*

Ernst *Busch* gab den Azdak. Seine Intensität setzt in Erstaunen; aber bringt sein Spiel auch die wesentlichen Seiten des Azdak zum Ausdruck? Es ist gewiß richtig, bei der Darstellung des positiven Helden das ewige Einerlei der Wiederholung und Konfliktlosigkeit über Bord zu werfen. Das tut Busch – gemäß dem Brechtschen Text. Aber beide tun des Bösen zuviel, so daß von dem wagemutigen Richter Azdak der Eindruck vorherrscht, er sei eigentlich eine niedrige Kreatur. *(Rudolf Harnisch, Tägliche Rundschau, 3. 11.)*

9. Oktober, Sonnabend. B, Herbert Jhering und Theo Piana von der DAK beraten mit Vertretern des Staatlichen Rundfunkkomitees den Vorschlag einer Kritik-Sendung Jherings sowie die »Stunde der Akademie« (→ 30. 9.) und legen Modalitäten fest.

11. Oktober, Montag. B spricht mit Vertretern des Volkstheaters Rostock und Mitarbeitern seines Theaters über den Plan, den *Guten Menschen von Sezuan* unter der Regie von Benno Besson in Rostock herauszubringen *(739/80)*.

Mitte Oktober. B schreibt für Käthe Rülicke (als Parteisekretärin des BE) einen Bericht über die Arbeit des Theaters. Darin weist er den Vorwurf der Planlosigkeit zurück. Die Tourneeverpflichtungen sowie die Übernahme des Theaters am Schiffbauerdamm hätten in der vergangenen Spielzeit außerordentliche Anstrengungen notwendig gemacht. B führt als Leistungen die Schaffung eines Archivs und der Modellbücher von allen Aufführungen an, die Ausbildung von zwei jungen Regisseuren (Besson und Wekwerth) sowie mehrere Sonntags-Matineen und Rundfunksendungen, außerdem in Zusammenarbeit mit dem Zentralhaus für Laienkunst die Bearbeitung von kleinen Stücken *(23,309-311)*.

Da die *Kreidekreis*-Aufführung von der SED ignoriert wird (das *ND* bringt keine Rezension), lädt B Paul Wandel erneut ein, die Aufführung zu besuchen *(758/17)*.

16. Oktober, Sonnabend. Joseph Losey schickt B die Kopie eines Briefes an Charles Laughton, in dem er ihm vorschlägt, im Londoner Old Vic Theatre unter seiner Regie den Galilei zu spielen (das Projekt kommt nicht zustande). Er schildert seinen Eindruck von der BE-Aufführung der *Courage*, die er in Paris gesehen hat (→ 30. 6.). Durch die Courage der Weigel sei ihm zum erstenmal einiges von dem klargeworden, was B gedacht und geschrieben hat.

18. Oktober, Montag. Auf eine Einladung, zur 50. Aufführung von *Die Gewehre der Frau Carrar* zu den Landesbühnen Sachsen nach Dresden-Radebeul zu kommen, zeigt B großes Interesse, kann aber nicht endgültig zusagen: »das Theater hier frißt fast meine ganze Arbeit« *(735/98)*.

Desgleichen sagt B die Teilnahme an einem Seminar über »Das Drama heute« der Evangelischen Akademie Tutzing ab und wünscht der Veranstaltung guten Erfolg *(735/118)*.

21. Oktober, Donnerstag. B wendet sich noch einmal wegen der Rechte am *Dreigroschenroman* an Kurt Desch. Er erkennt die Entscheidung des Bundesgerichts »in gar keiner Weise« an; er sei dort auch nicht gehört worden. Er weist alle im Detail aufgeführten Feststellungen ab. Nach wie vor hält er die Rechte des Verlags Allert de Lange für erloschen *(Br, 1979)*.

22. Oktober, Freitag. In einer Planbesprechung werden die nächsten Sonntags-Matineen des BE festgelegt. Nach Bs Meinung sollen sie besser genutzt und wiederholt angeboten werden *(771/56)*. Er unterzeichnet einen Brief des Präsidiums der DAK an die Deutsche Arbeitsgruppe für Sprachpflege, in dem vorgeschlagen wird, über die Rechtschreibreform (→ 16. 7.) eine »dreitägige gesamtdeutsche Konferenz« abzuhalten, »abwechselnd in beiden Teilen Berlins« *(797/101)*.

B erhält eine Einladung zu einer Tagung des Groß-Berliner Komitees der Kulturschaffenden, an der »Vertreter der hervorragendsten Ost- und West-Berliner Kunst sowie eine Anzahl in allen Sektoren Berlins anerkannter Persönlichkeiten des kulturellen Lebens« teilnehmen sollen, zu spät und läßt um das Protokoll bitten, »damit er auf dem Laufenden ist« und »eventuell Vorschläge machen kann« *(736/125)*.

Die Schriftstellerin Hedda Zinner(-Erpenbeck) hat (am 12. 10.) B als »unseren größten heute lebenden deutschen Dramatiker« gebeten, an den Sitzungen der Sektion Dramatik des Schriftstellerverbands teilzunehmen. Elisabeth Hauptmann erklärt in seinem Auftrag (am 22. 10.) seine Zustimmung zur Mitarbeit; er wolle sich mit ihr »über alle Fragen, den Dramatikernachwuchs betreffend, unterhalten« *(735/63)*. Nun muß B aber mitteilen, daß er zur Zeit doch sehr stark überlastet sei; er möchte sich »natürlich vor dem 12. 11.« mit Hedda Zinner verabreden *(741/127)*.

Im Auftrag Bs sendet Käthe Rülicke an Peter Huchel für *Sinn und Form* einen Aufsatz Ernst Fischers über Sartres Stück *Die schmutzigen Hände*, den B »ausgezeichnet« findet *(740/24)*.

John Heartfield schickt B sein Buch *Fotomontagen zur Zeitgeschichte* mit einer Widmung *(BBAB)*.

Bis heute ist Bert Brechts *Kreidekreis*-Inszenierung, das bedeutendste künstlerische Ereignis Ost-Berlins in den letzten Monaten, von der Parteizeitung verschwiegen worden. Nicht nur aus dieser Tatsache läßt sich das Unbehagen ablesen, das ihr zugleich prominentester und eigenwilligster Künstler den Kulturfunktionären bereitet; die Besprechungen in anderen Zeitungen Ost-Berlins zeigen deutlich, wie schwer die Bewertung von Produktionen fällt, deren künstlerische Qualität wohl offensichtlich ist, die jedoch, nach östlichem Sprachgebrauch, unbestreitbar »formalistische« Züge tragen. *(S. L., Frankfurter Allgemeine, 13. 11.)*

23. Oktober, Sonnabend. Die Pariser Konferenz nimmt den formellen Antrag der Bundesrepublik Deutschland auf Beitritt in die NATO entgegen.

23. Oktober 1954
Beitritt der Bundesrepublik Deutschland in die NATO beantragt

25. Oktober, Montag. Die Münchener Klinik von Dr. Ludwig Schmitt teilt B (auf seine Anfrage vom 15. 10.) mit, daß sie »jederzeit bereit ist, eine Patientin aufzunehmen« *(740/52)*. Zwei Tage später läßt B anfragen, ob Schmitt wie früher »Konsultationen in Berlin« vornehmen kann, »da eine veränderte Position eingetreten ist« *(740/54)*. Aus dem Briefwechsel geht nicht hervor, für wen sich B einsetzt.

27. Oktober, Mittwoch. B und Helene Weigel zitieren aus einer Rezension der Osloer Kritikerin Hall, nach der sich Ernst Busch als Azdak im *Kaukasischen Kreidekreis* »durch ständige Arm- und Handbewegungen von den Mitspielenden« abgesondert habe, und erklären, »daß das Ensemble keineswegs so über Ernst Buschs große Leistung« denke. »Gerade Busch ist eine Hauptstütze unseres Ensemblespiels.« *(697/56.)*

28. Oktober, Donnerstag. B dankt dem Intendanten des Landestheaters Darmstadt, Gustav Rudolf Sellner, für seine Einladung zu dessen Premiere von Tennessee Williams' *Camino Real* und sieht möglicherweise im Februar 1955 die Möglichkeit eines Besuchs *(Br, 1980)*.
Käthe Rülicke schickt B kritische Bemerkungen zu einem Einleitungsartikel *(12,129)* der *Kriegsfibel.*

29. Oktober, Freitag. B teilt in einem Rundschreiben den Schauspielern des BE mit, daß František Burian verlangt, jeder Schauspieler solle zur Probe am Montag mit gelerntem Text erscheinen, und läßt das Papier von allen betroffenen Schauspielern unterschreiben *(1076/42)*.

29. Oktober 1954
Eindrucksvollstes Buch:
Über den Widerspruch
von Mao Tse-tung

Auf eine Rundfrage der *Neuen Deutschen Literatur* (vom 22. 10.) nach dem Buch, das den größten Eindruck auf ihn gemacht hat, nennt B Mao Tse-tungs *Über den Widerspruch (23,339)*. Er beschafft 50 Exemplare (Rechnung vom 10. 11.) des Aufsatzes und läßt sie verteilen.
B bittet das Fernsprechrechnungsamt Berlin, für seine »erste Assistentin und Leiterin des Studios des ›Berliner Ensemble‹«, Isot Kilian (die am 1. 11. eine Wohnung im Vorderhaus des Grundstücks Chausseestraße 125 zugesprochen bekommt), bei der schnellen Beschaffung eines Telefons behilflich zu sein *(Br, 1981)*.

29. Oktober 1954
Uraufführung der Kantate
Tschaganak Bersijew oder
Die Erziehung der Hirse
Klubhaus der Gewerkschaft Halle

Uraufführung der Kantate *Tschaganak Bersijew oder Die Erziehung der Hirse* mit einer Musik von Paul Dessau im Klubhaus der Gewerkschaft in Halle/Saale.

Ende Oktober. B weist in einem Brief František Burian auf die aktuelle Bedeutung der Szene der fliehenden Wehrmacht in *Winterschlacht* hin, »weil die Armee von 400 000 Mann, die Adenauer aufzustellen sich anschickt, ja ausschließlich gegen den Osten aufgestellt werden soll« (→ 23. 10.). Deshalb müsse das »Versacken (in geistiger wie materieller Bedeutung) der Wehrmacht auf ihrem Rußlandfeldzug warnend vor Augen geführt« werden *(Br, 1984)*. Zwischen den konzeptionellen Vorstellungen Burians und Bs treten Diskrepanzen auf, die Manfred Wekwerth später so beschreibt: »Während der Arbeit zeigte es sich aber, daß Burian sehr psychologisch an die Figuren und an die Geschichte heranging und durch ein ständiges Halbdunkel sozusagen kein Licht in den Faschismus brachte, wie es Brecht wünschte.« *(notate, 85/2/13.)*

3. November, Mittwoch. B ist unzufrieden mit der Umschlaggestaltung der Gesamtausgabe seiner Stücke beim Aufbau-Verlag und schlägt Walter Janka vor, John Heartfield für diese Arbeit heranzuziehen *(Br, 1985)*.
Im Auftrag Bs teilt Elisabeth Hauptmann Alfred Schlee von der Universal-Edition Wien dessen Einverständnis mit, die Tantiemen der amerikanischen Fassung der *Dreigroschen-*

oper (Marc Blitzsteins) folgendermaßen zu verteilen: 25% Weill, 30% Blitzstein, 45% Brecht, von dessen Honorar 5% Elisabeth Hauptmann zustehen *(576/57)*. Bereits am 28. 4. hatte er festgelegt, daß sein Tantiemenanteil an seinen Sohn Stefan nach Cambridge zu zahlen ist *(Br, 1911)*.

5. November, Freitag. Der Ausschuß für Deutsche Einheit hält nachmittags eine Sitzung ab, zu der B eingeladen ist. Das Thema lautet: »Das Pariser Komplott gegen die Wiedervereinigung Deutschlands« *(733/51)*.

7. November, Sonntag. Matinee-Veranstaltung: Revolutionsfeier (Oktoberrevolution 1917) des BE (mit B, Helene Weigel, Stephan Hermlin, Ernst Busch, Hanns Eisler, Raimund Schelcher u. a.; verantwortlich: Isot Kilian).

7. November 1954
Revolutionsfeier
Matinee-Veranstaltung
Berliner Ensemble

Mit Stephan Hermlin, Isot Kilian, Helene Weigel, Raimund Schelcher

9. November, Dienstag. In einer Dramaturgiesitzung werden die Einsätze von BE-Mitarbeitern bei einer Diskussion im Finanzministerium, der Humboldt-Universität und in der Chemischen Fabrik Grünau festgelegt, außerdem auch die Beteiligung von zwei Schauspielern bei einer Wahlveranstaltung des Kulturbundes in Wedding.

11. November, Donnerstag. Für die Generalintendanz der Städtischen Bühnen Leipzig (→ 3. 9.) ist inzwischen Johannes Arpe (→ 13. 1.) berufen worden. B schreibt ihm, daß er fürchtet, eine sich anbahnende Zusammenarbeit mit dem Leipziger Schauspielhaus (die Uraufführung von *Schweyk* »unter der Regie unseres sehr begabten jungen Regisseurs Manfred Wekwerth«) komme nun nicht mehr zustande. Ursache für diese Annahme sei eine »ziemlich hochfahrende Auskunft« von Chefdramaturg Ferdinand May *(Br, 1987)*. Den gleichen Sachverhalt teilt B auch Alexander Abusch mit und schreibt: »Ich als Autor verliere einfach die Möglichkeit, an der größten Bühne der Deutschen Demokratischen Republik aufgeführt zu werden.« *(Br, 1988.)* Abusch verhandelt mit Arpe und schreibt B (am 16. 12.) einen beschwichtigenden Brief.

B informiert Ernst Busch, daß in einem Bericht über die Revolutionsfeier des BE (→ 7. 11.) weder Busch noch B erwähnt worden seien. Er habe dies dem ZK gemeldet, das »sich der Sache annehmen« will *(Br, 1989)*.

12. November, Freitag. Die *Tägliche Rundschau* veröffentlicht den Text *Zum Tode Paul Rillas*, den B für die DAK auf den (am 5. 11.) verstorbenen Theaterkritiker schreibt. Rilla habe, »Stimmgabel und Seziermesser mit gleicher Meisterschaft hantierend«, die klassische und die zeitgenössische Literatur gesichtet und lieben gelehrt *(23,319)*. Helene Weigel trägt den Text bei der Trauerfeier der DAK vor.

Paul Rilla

16. November, Dienstag. Jacob Geis telegrafiert, daß er am Freitag mit B zusammentreffen möchte.

Mitte November. B und seine Mitarbeiter beraten mit dem

Fernseh-Chefdramaturgen Fehlig, was gemeinsam mit dem BE im Fernsehen der DDR geplant werden kann.

18. November, Donnerstag. Für das Programmheft eines Gastspiels des französischen Pantomimen Marcel Marceau (2. 12. 54-1. 1. 55) in Berlin und in der DDR schreibt B (auf Wunsch Marceaus) als »Vorwort«: »Die Pantomime ist eine in Deutschland nahezu unbekannte Kunst. / Marcel Marceau ist ein Meister in ihr.« *(23,319.)*

B bietet dem Bürgermeister von Dahlewitz-Hoppegarten seine Unterstützung an, durch Einschaltung einer »höheren Stelle« Straßenbaumaßnahmen schneller zum Abschluß zu bringen *(734/114)*.

Beim Bürgermeister von Buckow läßt B um Entschuldigung bitten, daß Helene Weigel am 23. 11. nicht, wie ausgemacht, in Buckow eine Lesung veranstaltet, weil sie an diesem Tage im Theater spielen muß. Sie wird sich mit dem Bürgermeister über einen neuen Termin verständigen *(734/115)*.

19. November, Freitag. H. Brockmann aus Hamburg hat sich wegen eines Kulturaustauschs auf dem Gebiet des Theaters in der Bundesrepublik an Jacob Kaiser und in der DDR an Johannes R. Becher gewandt. Er bittet B um Unterstützung, erhält aber die Antwort, daß das BE für 1955 bereits Verpflichtungen übernommen hat, die weitere Aktivitäten auf diesem Gebiet kaum realisierbar erscheinen lassen.

23. November, Dienstag. Wegen Meinungsverschiedenheiten mit B ist Käthe Reichel erkrankt in der Charité zur Behandlung. Der Direktor der Klinik, Theodor Brugsch, hat auf Wunsch Bs mit der Schauspielerin gesprochen; er schickt einen Brief von Reichel an B und teilt ihm mit, daß die Schauspielerin aus finanziellen Gründen am BE weiterarbeiten will, aber zu einem Gastspiel nach Frankfurt/M. (→ 15. 1. 55) gehen wird, sobald B das arrangiert hat. B antwortet Käthe Reichel, daß er den Brief »nicht besonders schön« findet. Sie habe den »obersten Leitsatz« ihrer Profession, wonach »das Spielen allem andern vorgeht, arg verletzt«. Dennoch soll sie am BE »als vollwertiges Mitglied« behandelt und weiterbeschäftigt werden. Das Frankfurter Gastspiel wolle er arrangieren, sobald ein Termin bekannt ist *(Br, 1996)*.

26. November, Freitag. Einer Aktennotiz Käthe Rülickes über Burians Probenarbeit zufolge hat der tschechische Regisseur bereits bei seiner ersten Unterbrechung der *Winterschlacht*-Regie (→ Anfang Oktober) Bs Assistenten die Weiterführung der Proben untersagt. Obwohl die Inszenierung unfertig ist, will Burian aber den Premierentermin (15. 12.) halten *(notate, 88/1/19)*. B läßt sich *Winterschlacht* im derzeitigen Probenzustand vorführen und beschließt, selbst einzugreifen. Seine Änderungen sind grundsätzlich und betreffen auch das nach seiner Meinung zu expressionistische

Bühnenbild. Als Burian Ende November mitteilt, daß seine Anwesenheit in Prag weiterhin erforderlich sei, stimmt er mit B darin überein, die Arbeit am BE gänzlich abzubrechen (→ 1. 12.).

26. November 1954
Abbruch der Proben mit Burian zu *Winterschlacht*

B schickt Johannes R. Becher eine Aktennotiz über die Probensituation von *Winterschlacht*. Dem Anschreiben zufolge gibt es für ihn nur zwei Möglichkeiten: »1. das Stück abzusetzen, 2. zu ändern«. Am liebsten wäre B eine Einigung »auf die Version, daß Burians Inszenierung in seiner Abwesenheit von uns weiterentwickelt« wird *(Br, 1990)*.

In Bs Wohnung findet nachmittags die Vorstandssitzung des Deutschen PEN-Zentrums Ost und West statt (Teilnehmer: B, Bodo Uhse, Herbert Burgmüller, Kretzschmar). Auf Bs Vorschlag wird sich der Almanach für das Jahr 1956 mit dem Thema Literatur und Wasserstoffbombe beschäftigen *(793/78-80)*.

26. November 1954
Becher bietet Brecht Lieferung eines Pkw-Sportmodells an

Auf Veranlassung Johannes R. Bechers wird B vom Persönlichen Referenten des Ministers mitgeteilt, daß nach Berlin in Kürze drei Pkw-Sportmodelle geliefert werden, von denen eines für B reserviert ist. Es handele sich um ein »Export-Modell, das hier bei uns nur in beschränkter Zahl für den privaten Bedarf geliefert werden kann, weil der Export vorrangig ist« *(832/71)*.

27. November, Sonnabend. B bittet den Generalsekretär des Internationalen PEN, David Carver, um die Kopie seines Briefes an Konstantin Simonow, und bietet an, in Moskau nachzufragen *(Br, 1991)*.

Erwin Leiser dankt Elisabeth Hauptmann für die Gastfreundschaft in Berlin und sendet für B einen Sonderdruck seines Brecht-Essays.

29. November, Montag. B drückt Raimund Schelcher (→ 4. 5.) seinen Respekt darüber aus, daß er »mit solcher Konsequenz und zugleich Leichtigkeit« die »Abmachung« (keinen Alkohol mehr zu trinken und diszipliniert zu spielen) einhält. In diesem Zusammenhang lobt er Schelchers Gestaltung des Simon Chachawa im *Kaukasischen Kreidekreis* in seinem Text *Zeigen ist mehr als Sein*: »Freilich, wenn ich in den Kulissen stehe und ihm zusehe, merke ich immer noch, was ihn jeden Abend seine Zurückhaltung kostet, die seinem Publikum so viel gibt.« *(23,315.)*

Intendant Otto Ernst Tickardt (→ 5. 11. 51) bietet B (am 29. 11.) seinen Regisseur Gerd Keil für eine Arbeit am BE an. B kann aber nur eine Regieassistenz bei *Coriolan* möglich machen, den er für den nächsten Sommer plant, weil er an seinem Theater bereits fertig ausgebildete Regisseure verpflichtet hat *(Br, 1993)*.

Gustav Rudolf Sellner (→ 28. 10.), der gerade am Schiller-Theater inszeniert, teilt mit, daß er Bs Einladung wahrnimmt, am 30. 11. den *Kaukasischen Kreidekreis* anzusehen, und bittet um eine Unterredung nach der Vorstellung *(740/46)*.

B macht Wolfgang Langhoff auf eine gegenseitige Vereinbarung aufmerksam, der zufolge sie sich keine Schauspieler »wegfischen«, sondern sich »kameradschaftlich verständigen« wollten. Er bittet Langhoff, den hinter seinem Rücken abgeschlossenen Vertrag mit Erwin Geschonneck (→Ende Juli) rückgängig zu machen *(Br, 1994)*.

30. November, Dienstag. Hermann Duncker hat (am 29. 11.) den *Kaukasischen Kreidekreis* am BE zum zweiten Male gesehen und ist »immer mehr gepackt« worden; er schreibt: »Das ist wirklich eine Verschmelzung von Lyrik und Dramatik von unwiderstehlicher Kraft!« *(735/102-104.)*

Jacob Geis schickt B auf dessen Wunsch Prospekte des Mercedes 170 S-D und des 180 D; er rät zu einem Kauf des letzteren, weiß aber nicht, ob »der Import in die Ostzone möglich« ist *(736/47)*. Da Bs gültige Bescheinigung für Fahrten zwischen den Teilen Berlins mit seinem Pkw verlorengegangen ist, sucht er beim Polizeipräsidium Berlin um eine neue Bescheinigung nach *(739/34)*.

November. B erklärt Eric Bentley, daß er immer daran interessiert ist, »alle Monopole auf Übersetzungen, Kompositionen, Bühnenrechte zu vermeiden«. Er hält Bentley in seinem Urteil »über Übersetzungen, Theater, Schauspieler, Regisseure« für kompetent; er könne aber die »gleiche Autorität« nicht auch als Regisseur und Übersetzer beanspruchen. Seine eigenen Übersetzungen Brechtscher Werke sollen »mehr lesbar als sprechbar« sein, die Inszenierungen Bentleys könne er nicht beurteilen, da er nichts gesehen hat. B lädt Bentley zur Teilnahme an der »Arbeitsgemeinschaft für Dramatik« ein, die er bei der DAK eingerichtet hat. Wenn das »momentane politische Klima in den USA ungünstig für derlei ist«, würde B eine Verschiebung verstehen, wollte aber mit dem »Antrag« zeigen, welchen Wert er auf Bentleys Mitarbeit legt *(Br, 1995)*.

Erwin Strittmatter, der auf Bs Betreiben an der Paris-Tournee des BE teilnehmen konnte, schenkt B seinen Roman *Tinko* mit der Widmung: »mit Dank für Paris« *(BBAB)*.

Fritz Erpenbeck

Anfang Dezember 1954
Fortsetzung des Kritikerstreites über Brechts episches Theater

Es geht um den deutschen Dichter Bertolt Brecht, der den *Kaukasischen Kreidekreis* geschrieben und insze-

Anfang Dezember. Aus Anlaß der *Kreidekreis-Aufführung* am BE beginnt Fritz Erpenbeck in der von ihm herausgegebenen Zeitschrift *Theater der Zeit* eine erneute Debatte über Bs episches Theater. In Heft 12 äußert er sich in zwei Artikeln kritisch zur Aufführung und listet zahlreiche Details auf, die er nicht versteht. Er kommt zu der Schlußfolgerung: »Und hier bedrückt mich vieles. Denn ich liebe Brecht. Mehr aber noch liebe ich das Theater. Unser deutsches

Theater.« *(»Der kaukasische Kreidekreis« von Bertolt Brecht beim Berliner Ensemble am Schiffbauerdamm).* Im gleichen Heft von *Theater der Zeit* setzt Erpenbeck mit *Episches Theater oder Dramatik?* seine grundsätzliche Diskussion über Bs Theater fort.

Kaum ein Theaterereignis seit 1945 habe so »heftige Diskussionen« ausgelöst wie Bs Inszenierung. Ein »Teil der Berliner Presse« habe sie »bei aller Anerkennung ihres hohen Niveaus mehr oder minder scharf, mehr oder minder berechtigt kritisiert«, aber B sei der Diskussion darüber ferngeblieben. Erpenbeck stellt die Frage, ob Bs Weg »ein Weg in die Zukunft des deutschen Theaters ist«. Er wiederholt damit seine Warnungen vor Bs Theater, wie er sie seit der Berliner *Dreigroschenoper*-Aufführung von 1945 (→ 15. 8. 45) ohne Unterlaß (→ 18. 1. 49) vorgebracht hat. B schreibt über Erpenbecks Aufforderung zum Gespräch den Text *Diskussion meiner Arbeiten am Theater*, veröffentlicht ihn aber nicht. Die Auseinandersetzung mit Erpenbeck überläßt er Angelika Hurwicz (→ Februar 55) und Hans Bunge (→ März 55).

»X spricht über die Notwendigkeit einer Diskussion meiner Arbeiten auf dem Theater, und angesichts der vielen Irrtümer, die über sie verbreitet werden und die auch seinen ersten Beitrag entstellen, scheint mir diese Notwendigkeit durchaus gegeben. Jedoch darf sie nicht so rein formal geführt werden, wie es E. anscheinend vorschwebt. Wenn die neuen (und die alten) Kunstmittel, die ich verwende, solchen gegenübergestellt werden, die andere Stückeschreiber, neue oder alte, verwendet haben, so müssen unbedingt ihre gesellschaftlichen Zwecke untersucht werden. [...] Und zu guter Letzt in der Aufzählung *einiger* Vorbedingungen für eine fruchtbare Diskussion: Wie soll eine Linde mit jemandem diskutieren, der ihr vorwirft, sie sei keine Eiche?« *(23,314.)*

1. Dezember, Mittwoch. B einigt sich hinsichtlich der *Winterschlacht* mit František Burian, der am Vortag aus Prag eingetroffen ist, auf eine Formulierung, der Burian zustimmt: »Es gelang jedoch dem Ensemble nicht, die Inszenierung unter Beibehaltung von Burians Regiekonzeption weiterzuführen. Da Burian aber außerstande war, der Inszenierung noch ein paar zusätzliche Wochen zu widmen, einigte er sich kameradschaftlich mit dem Berliner Ensemble, daß dieses die Proben unter Verwendung bestimmter Teile der Burianschen Regie auf eigene künstlerische Verantwortung zu Ende führen würde. Daraufhin übernahm Brecht (zusammen mit Manfred Wekwerth) die für uns sehr wichtige Inszenierung selber.« *(notate, 88,1,18.)* Vorausgegangen war Bs Entwurf *Über die Zusammenarbeit mit Burian (24,450).* Nach der *Mutter*-Premiere (→ 3. 12.) finden täg-

niert hat. Um den deutschen Dichter Bertolt Brecht, dessen Werk die Kulturwelt kennt. Um den deutschen Dichter Bertolt Brecht, der einen ganz bestimmten Weg in der Dramatik und Darstellungskunst für gangbar hält und als überragende künstlerische Persönlichkeit, als praktischer Theatermann *beispielgebend* wirkt. Es kommt lediglich darauf an, ob man dieses Beispiel kunstästhetisch bejaht oder verneint, ob Brechts schöpferischer Weg ein Weg in die Zukunft des deutschen Theaters ist. – Ist es einer, dann müßte unsere Folgerung lauten: Dramatiker, Regisseure und Schauspieler, insbesondere ihr jungen, studiert gewissenhaft die Thesen des *Organon*, wendet sie lebendig und sinnvoll an; schafft, sofern es eurer Neigung und Begabung zusagt, *auch* Episches Theater. – Hält man jedoch, wie der Schreiber dieser Zeilen, den Weg für grundsätzlich unrichtig, dann gebietet die Aufrichtigkeit, besorgt zu warnen: Vorsicht, Sackgasse! – So einfach stellt sich die Sache dar. *(Fritz Erpenbeck, Episches Theater oder Dramatik?, Theater der Zeit, 1954, 12, 16-21.)*

Erpenbeck fragt, warum Brecht einen Erzähler rezitieren läßt, was die handelnden Personen an gewissen Stellen dachten, nicht sagten. »Warum geht nun Brecht gerade auf dieses primitive Frühstadium des ›epischen Theaters‹ (das noch gar keins war) zurück? Ich sehe den Grund nicht«, fragt Erpenbeck. [...] Durch den Einsatz der Rezitation von außen an diesen drei Stellen hat Brecht die größere Wahrheit gestaltet, daß Menschen in solchen Augenblicken schweigen. Er hat dies Schweigen als Charakteristik, aber auch zugleich (was wichtig ist) als Handlungselement benutzt, denn aus dem Schweigen ergeben sich neue Situationen und Konflikte. *(Angelika Hurwicz, Rezitierter Kommentar, Theater der Zeit, 1955,2,9f.)*

Erpenbeck polemisiert gegen Brecht, weil (man verzeihe mir die sophistische Formulierung) – weil Brecht nicht das macht, was Brecht nach Erpenbecks Meinung machen müßte, wenn Brecht Brecht-Theater spielte, was aber, wenn Brecht es machte, chinesisches Theater und deshalb in Deutschland eigentlich gar nicht möglich wäre. – So kompliziert ist das! Erpenbeck kommt nicht auf das Einfachste, daß seine Gleichung deshalb nicht aufgeht, weil er falsche Werte einsetzt. *(Hans Bunge, Einige Mißverständnisse Fritz Erpenbecks, Theater der Zeit, 1955, 3, 15-19.)*

lich Proben zu Bechers *Winterschlacht* statt. Ein Grundlage für die Arbeit bilden Bs Notizen *Schwierigkeiten, denen Burians Konzeption in Berlin begegnet (24,448-450).*

2. Dezember, Donnerstag. Im Rahmen der »Gespräche mit Johannes R. Becher« findet ein *Gesamt-Berliner Kulturgespräch* statt, zu dem der Arzt Ulrich Wallner in das Restaurant des Hotels Sachsenhof (Berlin/West) einlädt. Unter den ca. 150 Teilnehmern befinden sich u.a. B, Harald Hauser, Melvin J. Lasky, Richard Löwenthal, Ernest J. Salter. Auf Vorschlag Wallners bilden die Diskussionsgrundlage die Themen: Staat und Kultur, Freiheit und Persönlichkeit, der Begriff der Moderne, das neue Bild des Menschen sowie nationale Existenz und Koexistenzialismus. Als Johannes R. Becher von dem Journalisten Lasky auf seine Weigerung angesprochen wird, mit Spitzeln und Kriegsverbrechern zu diskutieren, greift B in die Debatte ein. Auch er halte es für »vollständig wertlos, mit Kriegshetzern zu diskutieren«. Nach seiner Ansicht sind das »Feinde der Menschheit, und sie müssen vernichtet werden, das ist im Sinne der Humanität«. Lasky bietet als Mitherausgeber der Zeitschrift *Der Monat* B an, auf fünf Seiten einen seiner Texte zu veröffentlichen; dafür beansprucht Lasky in *Sinn und Form* oder in einer anderen Zeitschrift der DDR ebenfalls fünf Seiten. B meint dazu: »Über Ihre Zeitschrift haben Sie Machtvollkommenheit zu sagen: ich habe fünf Seiten. Ich selbst habe keine Zeitschrift... Ich kann aber versuchen, daß eine Zeitschrift diese fünf Seiten hergibt.« Auf einen Termin legt sich B nicht fest *(924/1-25)*. Gabriele Müller berichtet über das Gespräch in der *Süddeutschen Zeitung*: »Ein seltsames Gespann, diese beiden. Der 63jährige Johannes R. Becher, Bonhomie und gepflegte Verbindlichkeit aus allen Poren seines rundlichen Gesichtes ausstrahlend, und der sieben Jahre jüngere eigenbrötlerische Brecht, mürrisch dreinblickend, mit unordentlichem Simpelsfransen-Haarschnitt, der sonst im östlichen Bereich als Zeichen ›amerikanischer Unkultur‹ gilt.« *(8. 12.)*

Auf Valeska Gerts Anfrage (vom 29. 11.), ob aus Ihrem Buch *Bettlerbar* ein Film zu machen wäre, läßt B antworten, daß er das Buch auf »eine Verfilmungsmöglichkeit hin« nicht noch einmal lesen konnte, weil er es nicht zur Verfügung hat *(736/63)*.

3. Dezember 1954
Premiere der Neuinszenierung
Die Mutter
Berliner Ensemble

Das Wesentliche dieser Inszenierung tritt jedoch heute ebenso eindrucksvoll und brillant hervor wie seinerzeit. Ihre Züge sind durch die Jahre nicht ausgewaschen worden, sondern haben sich vertieft. *(B., Berliner Zeitung am Abend, 8. 12.)*

3. Dezember, Freitag. Premiere der Neuinszenierung Bs von *Die Mutter*, zugleich 100. Aufführung des Stückes (Regie nach dem Modell von 1951: Manfred Wekwerth, mit Helene Weigel).

5. Dezember, Sonntag. Nach Abbruch der Arbeiten von František Burian an Bechers *Winterschlacht* schreibt ihm B einen Brief, in dem er das Scheitern bedauert und ihm Mut macht, die Inszenierung zu einem späteren Termin fortzuführen. »Bei dem Arbeitstempo, das durch die unerbittlichen Termine diktiert war, durften wir nicht hoffen, Ihren Intentionen und unseren Pflichten gerecht zu werden.« *(Br, 2006.)* Helene Weigel kandidiert als Parteilose für die Liste der SED bei den Wahlen in Berlin/West.

5. Dezember 1954-11. Januar 1955 Teilnahme an den Proben für Bechers *Winterschlacht*

Zur Kandidatur von Helene Weigel schreibt die Potsdamer *Märkische Volksstimme* (am 10. 11.) u. a.: »Wann immer und wo es auch sein mag, stets ist sie für jedermann ihres 230 Kollegen umfassenden Betriebs zu sprechen. Für sie gibt es keine festgesetzte Sprechstunde, wenn es etwas zu verbessern oder zu helfen gibt. Sie ist nicht nur die berühmte ›Mutter Courage‹, sie ist in Wahrheit die Mutter ihres Ensembles, von der die Mitarbeiter in Liebe und Verehrung als ›unserer Heli‹ sprechen.«

Helene Weigel kandidiert als Parteilose für die SED in Berlin / West

11. Dezember, Sonnabend. Ilja Fradkin hatte (am 26. 10.) für die russische Ausgabe mit Texten von B (→ 12. 7., → 19. 8.) um Übersendung des *Schweyk* gebeten. B will das Stück erst noch »abschreiben« lassen und bittet um Geduld *(Br, 1997).*

13. Dezember, Montag. B fragt Charles Laughton (in Hollywood) nach dem Buch aus seiner Bibliothek, das farbige Abbildungen von Kleidungsstücken des Papstes und der Kardinäle enthält. Er könne in Berlin nichts dergleichen finden, und es wäre eine große Hilfe bei der Vorbereitung seiner Inszenierung von *Leben des Galilei (Br, 2229).*

B informiert Konstantin Simonow von der Bereitschaft des Generalsekretariats des Internationalen PEN-Clubs, die sowjetischen Schriftsteller aufzunehmen, und drückt seine Hoffnung aus, daß sie dies tun werden. Der PEN-Club könne durch deren »Mitwirkung für den Friedenskampf einige Bedeutung erlangen« *(Br, 1998).*

B bedauert gegenüber R. Barry, daß ein Visconti-Film von der DEFA zunächst abgelehnt wurde, aber noch Gespräche mit Ackermann stattfinden werden, wenn dieser wieder gesund ist. B bedankt sich bei Barry, daß er ihm die Vorführung des Films *Das Wunder von Mailand* ermöglicht hat. »Auch für diesen Film werde ich mich einsetzen.« *(Br, 1999.)*

14. Dezember, Dienstag. B schreibt die erste Fassung der *Erklärung (23,580)* gegen die Pariser Abmachungen (→ 23. 10.) und gibt sie mit der Aufforderung, sich durch Unterschrift dem Text anzuschließen, an den Friedensrat (→ 29. 12.).

An die Botschaft der UdSSR schickt B seine Grußadresse *Kongreß der Sowjetschriftsteller (23,320)* mit der Bitte, ihn an die in Moskau weilenden DDR-Autoren weiterzuleiten, die ihn dort verlesen sollen *(715/11).*

18. Dezember, Sonnabend. Einem Protokoll des Preiskomitees zufolge hat der erste Kandidat für den Stalin-Preis, Tho-

18. Dezember 1954
In Moskau wird Brecht der Stalin-Preis zugesprochen

mas Mann, im Gespräch (mit einem Vertrauten am 13. 12.) eine Annahme abgewiesen, weil er fürchtet, damit als Kommunist ausgewiesen zu werden. Das internationale Komitee (u. a. Alexander Fadejew, Ilja Ehrenburg, Louis Aragon, Anna Seghers, Pablo Neruda) entscheidet sich daraufhin für den zweiten Kandidaten B und gibt die Wahl bekannt. B erklärt (am 21. 12.) in einem Schreiben für die Regierungszeitung *Iswestija*, er freue sich über die Preisverleihung und hoffe, daß der Preis seine »Arbeit für den Frieden erleichtern wird«. Eine »Hauptaufgabe der deutschen Schriftsteller« sei es, »für die friedliche Wiedervereinigung Deutschlands zu arbeiten«; die in der DDR lebenden Schriftsteller sollten außerdem »zugleich die Ideen der kommunistischen Klasse« verbreiten *(23,320)*. Am 4. 1. 55 bedankt er sich bei Dmitri Skobelzyn, dem Vorsitzenden des Komitees für die Preisverleihung. »Ein solcher Preis scheint mir der höchste und am meisten erstrebenswerte von allen Preisen, die heute verliehen werden können.« *(Br, 2018.)* (Überreichung des Preises → 25. 5. 55.)
B teilt dem Darsteller des Mönches (»Bruder Anastasius«) im *Kaukasischen Kreidekreis*, Friedrich Gnass, mit, daß sich am 20. 12. zwei polnische Bischöfe die Vorstellung ansehen werden. Er bittet ihn, die Betrunkenheit des Mönches zurückzunehmen, »so daß diese Gäste keinen Anstoß nehmen können«, und rechnet mit seinem Verständnis für »den politischen Aspekt einer solchen Korrektur« *(Br, 2000)*.
Nachmittags spricht B mit Caspar Neher über die zweite Hälfte von *Der zerbrochne Krug*.
21. Dezember, Dienstag. B gibt Kurt Schwaen das *Liebeslied aus einer schlechten Zeit (15,286)* zur Vertonung.

21. Dezember 1954
Umgearbeitetes Drehbuch für den *Puntila*-Film fertiggestellt

Ruth Fischer von Wien-Film schickt B das von Vladimir Pozner geschriebene und nach ihren Vorschlägen umgearbeitete Drehbuch für die Verfilmung von *Herr Puntila und sein Knecht Matti*.
22. Dezember, Mittwoch. Siegfried Bersing aus Peking gratuliert B zur Verleihung des Stalin-Preises. In der Pekinger *Volkszeitung* von diesem Tage, die die Verleihung bekanntgibt, sei der Name so transkribiert, daß er etwa »Beetort Blaicht« oder »Beetort Blecht« gesprochen wird. »Das ist in Anbetracht dessen, daß in Ihrem Namen dreimal die für die chinesische Artikulation so schwierigen ›r‹ und ›l‹ vorkommen, ein sehr gutes Ergebnis.« *(719,26.)*
23. Dezember, Donnerstag. B entschuldigt sich bei Ernst Busch dafür, daß er am 25. 12. (wegen einer Gratulationscour zur Verleihung des Stalin-Preises) nicht zu dessen Premiere ins Deutsche Theater (Mephisto in *Faust*, Regie: Wolfgang Langhoff) kommen kann. »Ich bin gerade wie ein roter Hund und ziehe allgemeine und leider auch herzliche Gra-

tulationen auf mich, wo immer ich gehe.« B will sich die Vorstellung »gleich nach Weihnachten, wenn alles vergessen sein wird«, ansehen *(Br, 2001)*.

23. Dezember 1954
Druckgenehmigung für *Kriegsfibel*

Der Eulenspiegel-Verlag teilt B mit, daß die Hauptverwaltung für Literatur die Druckgenehmigung für die *Kriegsfibel* erteilt hat.

26. Dezember, Sonntag. Wieland Herzfelde verbindet in einem Brief an B seine Gratulation zum Stalin-Preis mit dem Wunsch, daß »damit jene unqualifizierten ›Kritiken‹ wohl aufhören dürften, über die ich mich zuweilen vielleicht mehr geärgert habe als Du« *(E 44/18)*.

27. Dezember, Montag. Auf Bitten Hans Schweikarts (vom 17. 12.), ihm eine Aufführung des *Guten Menschen von Sezuan* zu erlauben, bekundet ihm B sein Interesse. Da die Musik »nicht ganz leicht einzustudieren ist«, empfiehlt er ihm vorzeitige Musikproben *(Br, 2002)*.

28. Dezember, Dienstag. Heinz Thiel vom DEFA-Studio für Spielfilme hat (am 22. 12.) Helene Weigel davon in Kenntnis gesetzt, daß von der Theaterabteilung der Universität in Leeds künftig eine europäische Theaterzeitschrift herausgegeben werden soll, die auch an Beiträgen von B interessiert ist. Nach einer Beratung mit B läßt Weigel Thiel durch Elisabeth Hauptmann antworten, daß sie am BE auf jeden Fall die Zeitschrift kennenlernen möchten. »Vielleicht findet sich dann die Möglichkeit eines Beitrags von Herrn Brecht.« *(741/20.)*

29. Dezember, Mittwoch. B bittet Heinz Willmann (vom Friedensrat) um Teilnahme an einer Beratung (am 4. 1.) über die inzwischen in einer zweiten Fassung (→ 14. 12.) vorliegende *Erklärung* gegen die Pariser Abmachungen (→ 23. 10.), zu der »etwa 6000 Unterschriften« eingegangen seien *(Br, 2003)*. In der Erklärung heißt es: »Wir wollen kein Deutschland, das in einem Kriegslager steht, denn ein dritter Krieg würde Deutschland unbewohnbar machen.« *(23,320.)*

B erteilt dem Kraftfahrer Werner Lindemann die Vollmacht, für B ein fabrikneues EMW-Kabriolett (→ 26. 11.) am 31. 12. für ihn in Empfang zu nehmen und nach Berlin zu überführen *(739/31)*.

30. Dezember, Donnerstag. B autorisiert Erwin Leiser (der am 27. 11. anfragt), *Mann ist Mann* und *Aufstieg und Fall der Stadt Mahagonny* ins Schwedische zu übertragen. »Ich weiß, daß die Arbeit bei Ihnen in guten Händen ist.« Für schwierige Passagen empfiehlt er, »unseren guten Freund Edfelt« heranzuziehen *(Br, 2004)*.

Dezember. Im Suhrkamp Verlag erscheint Heft 13 von *Versuche (Versuche 31)* (Auslieferung am 15. 1. 55), 1955 auch im Aufbau-Verlag. Es enthält:

Erstdruck Heft 13 der *Versuche (Versuche 31)*

31. Versuch: *Der kaukasische Kreidekreis (8,93-185).* Zum 23. Versuch gehörig: *Weite und Vielfalt der realistischen Schreibweise (22,424-433)*; außerdem: *Buckower Elegien (Der Blumengarten; Gewohnheiten noch immer; Rudern, Gespräche; Der Rauch; Heißer Tag; Bei der Lektüre eines sowjetischen Buches; 12,308f.).*
B hat von Ernst Schumacher und seiner Frau eine Sendung Münchener Paulaner-Bier bekommen und trinkt es »mit Rührung«; die »Orgien, die ich in gewissen Grenzen zu halten versuche, bringen es mir zu Gedächtnis, daß ich ja eigentlich im Exil lebe, wenn auch in einem sehr freiwilligen«. Er erkundigt sich nach dem Druck von Schumachers Dissertation, für die »wohl einige Wälder daran glauben« müssen *(Br, 2005).*
Nach Zuerkennung des Stalin-Friedenspreises erhält B eine Flut von persönlichen Glückwunschschreiben seiner Freunde und Bekannten, aber auch zahlreicher leitender Mitglieder der Regierung der DDR und der SED. In der Bundesrepublik wird die Preisverleihung zum Teil mit heftiger Kritik kommentiert.
Elisabeth Hauptmann schenkt B zur Preisverleihung die Horaz-Ausgabe *Quinti Flacci Horatii Omnia Opera* von 1545 mit einer Widmung *(BBAB).*

1955

3. Januar, Montag. Während der Proben zu Bechers *Winterschlacht* schreibt B zahlreiche Texte zum Stück und zu schauspielerischen Lösungen *(24,442-454).*
Er bricht das Projekt ab, einen *Galilei*-Band mit Zeichnungen von Hans Tombrock herauszubringen.
Für die Einladung zur Kulturtagung der FDJ bedankt sich B und läßt zugleich seine Teilnahme wegen seiner Probenarbeit absagen.
Wilhelm Gerstacker, einer der Initiatoren der »Deutschen Begegnung«, an der sich auch B beteiligt, fragt (am 17. 12. 55) B, ob er Paula Ludwig helfen kann. B bittet um Gedichte der Lyrikerin (→ 28. 2.) *(Br, 2047).*
4. Januar, Dienstag. Die bereits gegebene Druckgenehmigung der Behörde (→ 23. 12. 54) ignorierend, schreibt B an Walter Heinowski vom Eulenspiegel-Verlag, daß er sich die Druckgenehmigung für die *Kriegsfibel* selbst erteilt habe. »Nachdem ich das Amt für Literatur darauf aufmerksam machte, daß die Arbeiten von Mitgliedern der Akademie der Künste nicht der Kontrolle dieses Amtes unterstehen.« *(Br, 2016.)*
Nach dem Tod von Leon Schiller schickt dessen Frau Irena B eine Arbeit des polnischen Regisseurs über episches Theater. B lobt Schillers Aufsatz, kann ihn aber nicht »in Bausch

und Bogen« akzeptieren, weil darin »die Theorie der Verfremdung, welche mir ein wichtiger Bestandteil einer neuen Ästhetik des Theaters zu sein scheint«, nicht »zentral genug« abgehandelt ist *(Br, 2017)*.

5. Januar, Mittwoch. Wolfgang Harich bereitet für den Aufbau-Verlag eine Festschrift zum 70. Geburtstag von Georg Lukács vor und bittet B (am 27. 12. 54) um einen Beitrag. B teilt mit, daß er dies »mitten unter Proben« nicht leisten kann. Ihm scheinen die Arbeiten des ungarischen Kritikers und Philosophen interessant, sofern sie die Literatur vor 1900 betreffen. »Es müßte aber hinzugesetzt werden, daß sie kaum einen Wink für das Schreiben enthalten und gelegentlich wohl sogar zu Schädigungen geführt haben, wenn seine Ausführungen über Technik praktisch verwertet wurden.« *(Br, 2020.)*

5. Januar 1955
Verweigerung eines Artikels zum Geburtstag von Georg Lukács

Für eine Gedichte-Ausgabe stellt B Texte zusammen und schlägt Peter Suhrkamp vor, »vorweg ein kleines Bändchen *Politische Gedichte* zu schicken, die nächste Zeit vielleicht den Wert einer Verwarnung haben können« *(Br, 2021)*.

B bedankt sich bei Johannes R. Becher für die »Loseisung« des EMW-Kabrioletts (→ 29. 12.): Sein alter Steyr sei »schon sehr fahrunsicher« gewesen. »Mit dem Äußeren des neuen werde ich schon fertig werden. Man gebe mir zwei Monate und man wird ihn nicht wiedererkennen.« *(Br, 2019.)*

Die Wien-Film hat auf Empfehlung von Vladimir Pozner für *Herr Puntila und sein Knecht Matti* den brasilianischen Regisseur Alberto Cavalcanti verpflichtet. Wie Pozner berichtet, hat Cavalcanti »kein Wort Deutsch« gesprochen und »damals Brechts Werk sehr wenig« gekannt. »Er ging an die technische Ausarbeitung meiner Bearbeitung, ebenfalls auf Französisch, und ohne dabei zu vergessen, das Gericht nachzuzuckern. Später wurde der Text in ein leicht wienerisches Deutsch übersetzt. Bürger und Bauern waren zu geschniegelten, herausstaffierten, zurechtgemachten Figuren geworden.« *(Pozner, 29.)* Mit der »technischen Ausarbeitung« hat Cavalcanti bereits am 10. 12. 1954 begonnen; sie führt zu einer erneuten Überarbeitung des Drehbuchs, die Pozner (und Cavalcanti) am 1. 2. fertigstellen. Wegen der problematischen Übersetzung des *Puntila*-Drehbuchs wendet sich Elisabeth Hauptmann im Auftrag Bs, der »bis über den Schädel in Proben steckt (Bechers *Winterschlacht*)«, an den in Wien weilenden Hans Winge, der sich bereit erklärt hat, am *Puntila*-Film ebenfalls mitzuwirken. Es sei »ein großer Glücksfall«, daß Winge die Dialogregie übernehmen kann. B fragt nach der Besetzung des Films *(702/102)*.

5. Januar 1955
Verpflichtung Cavalcantis für den *Puntila*-Film

7. Januar, Freitag. Hans Bunge schreibt aus einem Kuraufenthalt an Käthe Rülicke, daß er mit seiner Entgegnung (→ Anfang Dezember 54) auf die Angriffe Fritz Erpenbecks

Ekkehard Schall und Raimund Schelcher in *Winterschlacht*

12. Januar 1955
Premiere
Winterschlacht
von Johannes R. Becher
Berliner Ensemble

Das *ganze* Ensemble ist es, dem ich zu danken habe. Jedem einzelnen von Euch drücke ich die Hand; ich freue mich, daß Ihr mich durch Eure Aufführung in den Kreis Eurer Mitarbeiter aufgenommen habt, und bitte Euch, mich als einen solchen zu betrachten. *(Johannes R. Becher an das BE.)*

Bei Brecht fällt alles auseinander. Die ersten Bilder lassen fast keine Beziehung zueinander erkennen; vor allem: das von Becher dramatisch Gemeinte, aber oft im Epischen oder (zum Vorteil von Dichtung und Aussage) im lyrisch Überhöhten Haftengebliebene wurde leider nur wenig mit den Mitteln der Bühne und Darstellung ins Dramatische übertragen. Dadurch wird oft weitgehend der menschliche und politische Kern der Dinge verdeckt oder zumindest unaufgedeckt gelassen. *(Günter Kaltofen, Theater der Zeit, 1955, H. 2.)*

am 4. 1. bei ihm in der Redaktion von *Theater der Zeit* war, seinen Text aber erst im Februar-Heft gedruckt bekommt. Daraufhin hat Bunge seinen Artikel wieder mitgenommen und hat nun Erpenbecks Randglossen in der Hand.

9. Januar, Sonntag. Wolfgang Harich schickt B die von ihm mit einer Einleitung versehenen zwei Bände *Herder* von Rudolf Heym mit der Widmung: »in aufrichtiger Verehrung und mit herzlichen Grüßen« *(BBAB)*.

11. Januar, Dienstag. Caspar Neher, der das Bühnenbild für Strindbergs *Traumspiel* (Premiere: 6. 3. für die Volksbühne im Theater am Kurfürstendamm) vorbereitet, ist nachmittags bei B.

Käthe Rülicke schreibt Hans Bunge, er soll froh sein, daß er die letzten *Winterschlacht*-Proben nicht miterlebt: »Es ist alles dran.« *(743/81.)* Wegen der noch notwendigen Arbeit an der Inszenierung fällt die geplante Abendvorstellung aus; statt dessen findet (in Anwesenheit von Johannes R. Becher) eine geschlossene Generalprobe von *Winterschlacht* statt.

Wien-Film mahnt B wegen seiner noch nicht geäußerten Meinung zum Drehbuch für den *Puntila*-Film (→ 21. 12. 54). Nach der Lektüre rät B in einem Telegramm, Manfred Wekwerth »für eine Umarbeitung des Drehbuchs sogleich zuzuziehen« *(702/78)*.

12. Januar, Mittwoch. Premiere von *Winterschlacht, eine deutsche Tragödie* von Johannes R. Becher in der Fassung des BE (B, Peter Palitzsch, Käthe Rülicke, Manfred Wekwerth), Musik: Hanns Eisler, Regie: B / Manfred Wekwerth, Bühnenbild: Karl von Appen / Dieter Berge; mit Ekkehard Schall (Gefreiter Johannes Hörder), Raimund Schelcher (Oberfeldwebel Gerhard Nohl), Hans Hamacher (SS-Obergruppenführer Karl Hörder), Ernst Busch (Kommandeur der Roten Armee).

B legt in Ekkehard Schalls Garderobe einen Dankesbrief, in dem er dessen Hörder-Figur »jetzt von großer Art« beurteilt *(Br, 2022)*. Seine Darstellung des jungen Hörder, insbesondere seine Angst vor der Liquidierung am Schluß, wird von Kulturfunktionären stark kritisiert. Als Schall daraufhin in der zweiten Vorstellung einige Akzentverschiebungen vornimmt, beschwert sich B in großer Erregung darüber und fordert den Schauspieler auf, nicht auf spießige Urteile zu hören, sondern zu spielen, was festgelegt war.

15. Januar, Sonnabend. B verspricht Asja Lacis die Zusendung seiner Stücke, möchte sie aber am liebsten mit Bernhard Reich nach Berlin einladen, damit sich beide die Inszenierungen ansehen können. Er wünscht sich Reich an sein Theater. »Wir haben einen großen Mangel an Regisseuren und Lehrern, vor allem an marxistisch geschulten. Wir könnten ihn brauchen.« *(Br, 2023.)*

Käthe Rülicke spricht mit B über einige Erzählungen, die Erwin Strittmatter geschickt hat. Wie Rülicke Strittmatter mitteilt, empfiehlt ihm B die Lektüre der Erzählungen von Tschechow, Maupassant, Tolstoi, Gorki und O'Henry.
Rülicke bedauert gegenüber Hans Mayer, daß er nicht zur *Winterschlacht*-Premiere kommen konnte, und schreibt: »Becher war entsetzlich nervös, und wir alle sind froh, daß wir dieses sehr schwierige Stück hinter uns gebracht haben.« Sie trägt ihm die Bitte Bs vor, »ab und zu in Brechts Wohnung mit ein paar Leuten kleine Diskussionen über philosophische und ästhetische Probleme zu leiten.« Es gäbe wenig Möglichkeiten, »solche Fragen grundsätzlich zu besprechen«, und B schwärme immer noch von Mayers Hegel-Seminar *(752/29)*.
Der tschechische Schauspieler und Schriftsteller Jan Werich schickt B aus Prag das mit seinem Partner Jirí Voscovec (→ 3. 4. 43) geschriebene Buch *Hry Osvobozeného* mit der Widmung: »Meinem lieben Freund Bert Brecht« *(BBAB)*.
17. Januar, Montag. Elisabeth Hauptmann gibt Helene Weigel in einem Brief Auskünfte über die Stückbearbeitungen, an denen sie beteiligt ist. Sie habe sich mit B, Benno Besson und Manfred Wekwerth Gedanken über die Vertriebsmöglichkeiten gemacht, »als Bearbeiter einiger Stücke und nicht als Dramaturgin des Berliner Ensembles«, vor allem, weil sie »in den ganzen letzten Jahren auf solche Einnahmen angewiesen war«. Das Projekt, die Bearbeitungen in zwei Bänden beim Suhrkamp Verlag und beim Aufbau-Verlag herauszubringen, tangiere nicht Helene Weigels Vorschlag, Bühnenfassungen der Bearbeitungen des BE »in irgend einer hübschen Bühnenmanuskriptform« zu machen *(773/92f.)*.
18. Januar, Dienstag. In einem Brief an B teilt die Betriebsparteiorganisation der SED mit, wie sich die Leitung zusammensetzt. Die ebenfalls in die Leitung wiedergewählte Käthe Rülicke »hat den Auftrag, speziell die Verbindung zwischen Ihnen, Helene Weigel und der Parteileitung zu halten« *(771/66)*.
20. Januar, Donnerstag. B bittet Otto Grotewohl um Hilfe bei der Beschaffung von Zuzugsgenehmigungen und Wohnungen für zwei junge begabe Dramatiker, die an der von B geleiteten Arbeitsgemeinschaft der DAK teilnehmen wollen: den Dachauer Peter Hacks (→ 19. 7. 52) und Lubertus Jaconus Swaanswyk (Lucebert) aus Bergen/Niederlande (→ 18. 2.).

Bemühungen um Peter Hacks und Lucebert

25. Januar, Dienstag. B erläutert seinen Mitarbeitern Probleme der Bühnenbildgestaltung.
26. Januar, Mittwoch. Käthe Rülicke und Hans Bunge halten in der Theaterhochschule Leipzig ein Seminar über die Arbeit des BE am *Kaukasischen Kreidekreis* ab.

28. Januar, Freitag. Wie Käthe Rülicke Helene Weigel mitteilt, hat sich B von Besson »als Geburtstagsgeschenk eine ›epische Vorstellung‹« von *Don Juan* (am 10. 2.) gewünscht. »Brecht stellt sich dabei vor, daß die Schauspieler völlig ohne Druck und ohne Spannung eigentlich nur markieren.« Sie bittet Weigel, noch einmal mit Besson darüber zu sprechen. »Brecht hat doch sicher Spaß daran, wenn man ihm diesen Wunsch erfüllt.« *(773/97.)*

29. Januar 1955
Deutsches Manifest
für Wiedervereinigung in Frankfurt/M.

29. Januar, Sonnabend. Unter dem Motto »Rettet Einheit, Freiheit, Frieden. Gegen Kommunismus und Nationalismus« wird das *Deutsche Manifest* (das u. a. von Helmut Gollwitzer, Gustav Heinemann, Erich Ollenhauer unterzeichnet ist) in der Frankfurter Paulskirche verabschiedet. Darin wird der deutschen Wiedervereinigung als Schicksalsfrage der Gegenwart Vorrang vor militärischer Blockbildung erteilt.

Vladimir Pozner, der am Drehbuch für den *Puntila*-Film weitergearbeitet hat, hält jetzt Cavalcanti (→ 5. 1.) doch für den »richtigen Mann« *(1119/11)*.

30./31. Januar 1955
Diskussion über Mißstände der Theaterkritik

30. Januar, Sonntag. Nach der Abendvorstellung bitten die Schauspieler (auf eine Initiative von Wolf Kaiser hin) B um eine Diskussion über Theaterkritiken. Aufgebracht kritisieren sie unberechtigte Tadel und nicht entsprechende Bewertungen von Aufführungen des BE. B sieht es als einen Nachteil an, daß sich die Kritiker eine Aufführung nur einmal ansehen. »Sie bekommen mehr einen atmosphärischen Eindruck und machen etwas schnell.« Er würde Beschreibungen der schauspielerischen Leistungen vorziehen: »über das Stück fünf Zeilen, über die politische Seite zehn Zeilen, der ganze Rest für die Arbeit der Schauspieler.« Jetzt sei es umgekehrt. Um bald zu Lösungen zu kommen, schlägt B vor, daß die Schauspieler zu den Rezensionen kritische Briefe schreiben, die man in den Programmheften veröffentlichen kann. »Wenn das Theater dahintersteht, können wir das jeden Tag beginnen: Kampf gegen die Verluderung und verlumpte Theaterberichterstattung.« Auf keinen Fall könne es um die Angleichung an den Publikumsgeschmack gehen: »Wirkliche Kunst ist nicht gefällig.« *(Gespräch, 88-197.)* Die Diskussion wird nach Mitternacht abgebrochen.

31. Januar, Montag. B bittet das Chinesische Friedenskomitee in Peking um Zusendung der Anthologie *The People Speak Out* (übersetzt von Levi Alley).

In den letzten Januartagen trifft B (bis Mitte Februar) mehrfach mit Elisabeth Hauptmann und Benno Besson zu Beratungen über Farquhars *Der Werbeoffizier* zusammen.

1. Februar, Dienstag. Auf eine Anfrage von Elisabeth Bergner (vom 9. 1.) schickt ihr B die Texte der Stücke *Mutter Courage und ihre Kinder* und *Der gute Mensch von Sezuan.*

Er empfiehlt ihr für London die Rolle Shen Te / Shui Ta, für die er sie aber auch zu einem Gastspiel an das »Schiff« nach Berlin einlädt *(Br, 2028)*.
B beschwert sich beim Rektor der Leipziger Universität über eine Gruppe von Studenten des Germanistischen Instituts, die nach dem Besuch des *Kaukasischen Kreidekreises* bei einer Diskussion unzureichende Kenntnisse gezeigt hätten. »Ich gewann den Eindruck, daß meine theoretischen Arbeiten vermutlich auf Grund der Unkenntnis meiner Praxis an diesem Institut sehr entstellend interpretiert werden.« B schlägt den Dozenten den Besuch von Aufführungen des BE (→ 9. 2.) vor *(Br, 2027)*.
B begründet seine Ablehnung, einen Beitrag für eine Festschrift des »Schiller-Komitees 1955« zu schreiben, mit Mangel an Zeit und schlägt vor, »von einigen Kunsthistorikern Artikel über Schiller schreiben« zu lassen *(756/14)*.
2. Februar, Mittwoch. B gestattet dem Zentralen Dramatischen Zirkel der Universität Leipzig die von ihm (am 26. 2.) gewünschte Inszenierung einiger Szenen aus *Furcht und Elend des III. Reiches* und zeigt sich interessiert an den bei dieser Arbeit geplanten Probennotaten und Aufführungsfotos *(747/60.)*.
B bestätigt einer Mitarbeiterin der Buchungsstelle des Fernsprechamtes schriftlich den bereits telefonisch mitgeteilten Wunsch, seine Telefonnummer (428042) nicht im neuen Fernsprechbuch zu drucken.
3. Februar, Donnerstag. B spricht mit Slatan Dudow über dessen neuen Film (vermutlich *Stärker als die Nacht*).
Über den Berliner Notar Helmut Hensel erteilt B der Schauspielerin Käthe Reichel die Vollmacht, in seinem Namen das Grundstück Buckowsee-Promenade »käuflich zu erwerben und alle rechtsgeschäftlichen Erklärungen abzugeben, die zum Erwerb und zur Umschreibung des Eigentums im Grundbuch erforderlich sind« *(1862/123)*. Einen Tag später kauft Käthe Reichel das Grundstück (von dem Rentner Alfred Achterberg) zum Gesamtpreis von 4500 Mark.
4. Februar, Freitag. B erhält von seinem Rechtsanwalt Friedrich Karl Kaul die Mitteilung über die Abweisung der Klage gegen Hermann Kasack (→ 20. 8. 54). In der Begründung des Amtsgerichts Stuttgart heißt es, man müsse dem Artikel Kasacks »schon Gewalt antun, wenn man ihn als eine Verunglimpfung der ostzonalen Akademie und ihrer Mitglieder in Ost-Berlin werten wollte, wie die Privatkläger dies mit starken Worten tun. Die Privatkläger verkennen aber die Lage in der Bundesrepublik, wo absolute Pressefreiheit herrscht.« Der Beschuldigte habe »einen Erfahrungssatz ausgesprochen, aber nicht mit dem Vorsatz, die Akademie und ihre Mitglieder zu diffamieren« *(1083/5f.)*. Kaul

4. Februar 1955 Abweisung der Klage gegen Kasack

legt gegen den »unerhörten Beschluß«, wie er an B schreibt, Beschwerde ein *(1083/2)*. Der Verweis des Gerichts auf eine beiläufige Bemerkung Kasacks, die Anstoß erregt hätte, drängt Kaul in seiner Beschwerde »die Erinnerung an jene bekannte Verteidigung der jungen Mündelmutter auf, die angesichts erhobener Vorwürfe darauf hinweist, daß es sich doch nur um ein ganz kleines Kind handele« *(1083/7)*.

5. Februar, Sonnabend. B bittet beim Stellvertretenden Leiter des Amtes für Literatur, Oskar Hoffmann, um eine Erklärung, warum seine *Kriegsfibel* so lange Zeit für eine Druckgenehmigung vorgelegen hat *(742/19)*.

8. Februar, Dienstag. Die Fotos von der Vorstellung des *Kaukasischen Kreidekreises* am 4. 2. haben ergeben, daß die Beleuchtung nicht nach den festgelegten Parametern erfolgt ist. B schreibt an die Beleuchter: »Die künstlerische Leitung kann eine solche Schlamperei, Fahrlässigkeit und unverantwortliche Pfuscherei der Beleuchter nicht zulassen.« B droht im Falle der Wiederholung solcher Fehler Geldstrafen an *(Br, 2031)*.

Lion Feuchtwanger schickt B die *Saturday Review*, New York (vom 22. 1.), mit einem Brecht-Interview sowie dem Aufsatz *Berlin and Brecht* von Henry Hewes. Feuchtwanger meint, er könne sich »ungefähr« denken, was B wirklich gesagt hat; »man erkennt es unter all dem Firnis von Dummheit«. Er habe »mit Vergnügen gelesen«, daß B den Stalin-Friedenspreis erhalten hat und fragt ihn: »Werden Sie nun aber dort auch gespielt?« *(Feuchtwanger, 73.)*

B läßt sich bei Erich Honecker für die Teilnahme an einer von diesem einberufenen konstituierenden Tagung des Nationalen Vorbereitenden Komitees der 5. Weltfestspiele in der DDR entschuldigen, da er an diesem Tage (8. 2.) eine für ihn »wichtige Sitzung in der Akademie der Künste« habe *(758/146)*.

9. Februar, Mittwoch. B kündigt Harry Buckwitz den Besuch von Käthe Reichel in Frankfurt/M. (für den 12. 2.) an, bei dem sie ihm zwei Szenen aus dem *Kaukasischen Kreidekreis* vorspielen will *(Br, 2032)*.

B beanstandet in dem Buch *Bertolt Brecht* von Geneviève Serreau einige »politisch sehr unangenehme Fehler«. Er habe den deutsch-sowjetischen Nichtangriffspakt nicht verurteilt. »Meine Beziehungen zur Sowjet-Union waren auch in dieser Zeit normal und freundlich, und ich fuhr auch während der Paktzeit durch die Sowjet-Union, sorgsam geleitet vom sowjetischen Schriftstellerverband.« Auch habe er bei seiner Übersiedlung nach Berlin/DDR keine Schwierigkeiten mit den »damaligen Sowjet-Zonen-Behörden« gehabt. »Ich konnte lediglich nicht, nachdem die Amerikaner meine Identitätskarte kassiert hatten, durch das von den

Amerikanern besetzte Süddeutschland fahren und mußte erst die schwierige Reise außen herum über Österreich usw. arrangieren.« *(Br, 2033.)*
Hans Mayer antwortet B auf dessen Beschwerde über eine Diskussion mit Leipziger Studenten (→ 1. 2.). Die Studenten seien durch einen seiner Assistenten gut vorbereitet worden. Daß in der Diskussion »einzelne auf eigene Faust Dummheiten gesagt haben«, sei »nicht sehr tragisch« zu nehmen, da die Aufführung auf alle einen starken Eindruck gemacht hat. Unmittelbar nach der Messe will Mayer für das ganze erste Studienjahr als Pflichtveranstaltung eine Sondervorlesung über Bs Theaterarbeit halten und bittet B, danach mit den Studenten in Leipzig (→ 12. 12.) zu diskutieren *(752/30f.)*.
Am Nachmittag findet eine Präsidiumssitzung der DAK statt.
11. Februar, Freitag. B nimmt nachmittags an der Vorstandssitzung des PEN-Zentrums Ost und West im Berliner Künstlerklub Die Möwe teil (mit Johannes Tralow, Bodo Uhse, Herbert Burgmüller und Frau Kretzschmar). Für die Generalversammlung in Hamburg wird das Thema *Die Auswirkung der Atomenergie* festgelegt.
Im Auftrag Bs dankt Elisabeth Hauptmann für die Glückwünsche Siegfried Bersings aus Peking (→ 22. 12. 54) und übermittelt eine Bitte: Vor Jahren habe er von Agnes Smedley »das klassische Konfutse-Bild geschenkt« erhalten, das ihm dann aber im Exil abhanden gekommen sei. »Diesen schwarz-weißen Stein-Abzug – er war ungefähr 1 m x 1½ m groß – wiederzuhaben, ist Brechts sehnlichster Wunsch« *(743/12.)*. (Nach einer Notiz Hauptmanns kam der Brief zurück, weil Bersing schon abgereist war.)
Im Auftrag Bs fragt Elisabeth Hauptmann bei Stefan Brecht in Berkeley/Cal. an, »welche Lyriker von drüben man wohl hier übersetzen sollte« *(685/16)*.
Rechtsanwalt Kaul teilt B mit, daß die Klage gegen Hermann Kasack (→ 4. 2. 29) und ein Einspruch gegen die Abweisung der Klage (vom 4. 2.) vom Landgericht Stuttgart endgültig abgewiesen worden sind.

Brecht in Dresden

12. Februar, Sonnabend. B reist mit Isot Kilian nach Dresden zur Tagung des Deutschen Friedensrates. Maximilian Scheer unterhält sich im Zug mit ihm. »Grundstimmung: Heiterkeit. Wir scherzten, spotteten, lächelten; wir waren ernst dann und wann, doch immer mit dem Spaß des Ernstes.« *(Scheer, 291.)*
Bei der Veranstaltung zum Jahrestag der Zerstörung Dresdens übergibt B dem Deutschen Friedensrat 176 203 Unterschriften unter die *Erklärung* gegen die Pariser Abmachungen (→ 29. 12. 54) zur Weiterleitung an den Weltfriedensrat *(23,320)*. Vladimir Pozner fragt B am Tag darauf nach dem

12. Februar 1955
Reise nach Dresden

***Erklärung* gegen die Pariser Abmachungen**

Übergabe der Unterschriftensammlung an den Deutschen Friedensrat

13.-22. Februar 1955 Überarbeitung des Drehbuchs für den *Puntila*-Film

Motiv für die riesige Beteiligung; B habe geantwortet: »Weil die Teilung des Landes unerträglich ist. Wir haben alle – alle! – Verwandte auf der anderen Seite. Und auch, weil die Leute Angst vor dem Atomkrieg haben.« *(Pozner, 31.)*

15. Februar, Dienstag. Harry Buckwitz hat sich Käthe Reichel angesehen (→ 9. 2.) und will sie in seiner Inszenierung des *Kaukasischen Kreidekreises* als Grusche besetzen. Er bittet B um ihre Beurlaubung vom BE (ab 13. 3.).

16. Februar, Mittwoch. Alberto Cavalcanti, Vladimir Pozner und Ruth Fischer sehen mit B (bis zum 20. 2.) gemeinsam das Drehbuch zu *Herr Puntila und sein Knecht Matti* durch. Pozner berichtet, daß B wütend gewesen sei. »Alles mißfiel ihm, von seinen Dialogen, die er unter ihrer doppelten französisch-wienerischen Maske nicht wiedererkennen konnte, bis zu den Farben, die Cavalcanti vorgesehen und im Drehbuch bezeichnet hatte.« *(Pozner, 29.)*

B notiert seine grundsätzliche Kritik am Drehbuch in dem Text *Über das »Puntila«-Drehbuch (23,356f.)* und teilt sie auch (am 20. 2.) der Wien-Film in einem Brief mit: Die Puntilageschichte sei »jetzt in ein *Genre* hineingerutscht, das sie nicht komisch, sondern eher lächerlich macht. Es ist eine verfeinerte Salonkomödie geworden, in der die groben Späße des Stücks befremdlich und beinahe roh wirken.« Matti stünde als »Dummkopf« da und wirke lediglich »wegen seiner Muskeln«, statt die Ideen des Gutsbesitzers durch Humor und Überlegenheit »ad absurdum« zu führen *(Br, 2042)*. Pozner erinnert sich: »Wir machten uns wieder an die Arbeit, ausgerüstet mit zwei Exemplaren des Stückes, dem Drehbuch Cavalcantis, Schere, Kleister, Papier und einer blonden Mitarbeiterin [Isot Kilian].« *(Pozner, 29.)* Der Überarbeitung des Drehbuchs wird die *Neue Linie der Puntila-Fabel (20,611-613)* zugrunde gelegt. Bei der weiteren Arbeit am Drehbuch zieht B auch Hanns Eisler hinzu, der die Musik komponieren soll (→ 25. 3.).

Wegen Meinungsverschiedenheiten Cavalcantis mit B teilt der Regisseur der Wien-Film (am 23. 2.) mit, er wolle aus dem Projekt ausscheiden, läßt sich dann aber zur Weiterarbeit überreden.

17. Februar, Donnerstag. B bittet Kulturminister Johannes R. Becher um Verständnis für die finanziellen Ansprüche des BE. Eine Kürzung des Etats, wie sie geplant sei, würde das Theater nicht ohne Schädigung der künstlerischen Qualität durchhalten. »Abstriche dürfen nicht mechanisch gemacht werden. Man muß die wichtigen Theater anders behandeln als die unwichtigen. Das kann man ohne weiteres: wir haben nicht so viele wichtige.« *(Br, 2034.)*

B hält es für »außerordentlich niederdrückend« und unverantwortlich »der Bevölkerung gegenüber«, daß Plastiken, die Künstler mit staatlichen Mitteln angefertigt haben, nicht zugänglich gemacht werden. Er schlägt vor, diese Arbeiten »ohne viel Federlesen, vor allem in Schulen, Kulturhäusern von Betrieben und in solchen Gebäuden, wie das Gästehaus der Regierung, das Regierungskrankenhaus und gewisse Ministerien« aufstellen zu lassen *(Br, 2035).*

Bemühungen um Erhaltung der Umwelt

Bei dem Stadtbaumeister Hermann Henselmann beklagt sich B über geplante Beschädigungen der Umwelt. In Berlin-Mitte wolle man auf Kosten einer Erweiterung der Tierärztlichen Klinik »die alte Hugenotten-Siedlung zunächst einengen und verschandeln«. Henselmann solle sich »zwischen werfen« und so etwas verhindern. »Jetzt sehen die Leute da noch auf alte Bäume. Sollen sie in unserer Zeit der Sorge um den Menschen auf eine Hausmauer schauen, wo wir von nichts soviel haben als von Platz. Schon das Hereinschauen ist beim Vorübergehen angenehm jetzt.« *(Br, 2036.)*

18. Februar, Freitag. B macht den Göttinger Atomphysiker Werner Heisenberg auf die Zusammenkunft des Internationalen PEN-Clubs in Wien aufmerksam, bei der über die Gefahren der Atombomben-Versuche gesprochen werden soll, und bittet ihn, das Deutsche PEN-Zentrum Ost und West beim nächsten Treffen Ende März im Hamburg (zur Vorbereitung auf die Wiener Konferenz) »über die Folgen von Bombenexperimenten zu informieren« *(Br, 2037).* Heisenberg schreibt am 2. 3., daß B sein Augenmerk zu sehr »auf die Symptome für den Krankheitszustand unserer Zeit« heftet und nicht versucht, »nach den Ursachen zu fragen«. Er meint, daß Bs Bestrebungen »nur Verwirrung stiften können« und sagt ab *(717/64).*

B informiert Otto Grotewohl über die Weiterleitung der *Erklärung* gegen die Pariser Abmachungen (→ 13. 2.) an den Weltfriedensrat. Er schreibt: »Wir wandten uns hierbei hauptsächlich an die Intelligenz. Diese Schicht ist, wie Sie wissen, gewöhnlich besonders schwer zu bewegen, politisch Stellung zu nehmen. Ihre Erklärung kann durchaus als Willensäußerung gewertet und verwendet werden.« *(Br, 2038.)*

Auf eine Anfrage der finnischen Übersetzerin Elvi Sinervo (vom 27. 1.), ob das Arbeitertheater Helsinki den *Guten Menschen von Sezuan* tantiemenfrei aufführen darf, antwortet B, er könne auf Tantiemen »schon verzichten«, meint aber, »daß mit geringen Mitteln gerade dieses Stück kaum aufgeführt werden kann«. Er empfiehlt statt *Sezuan* das Lehrstück *Die Ausnahme und die Regel.* »Das könnt Ihr aufführen, ohne Euch wegen der Tantiemen den Kopf zu zerbrechen.« *(Br, 2040.)*

B bittet Staatssekretär Geyer vom Präsidium des Ministerrats, daß dem westdeutschen Schriftsteller Peter Hacks und dem niederländischen Schriftsteller Lucebert, die bereits auf

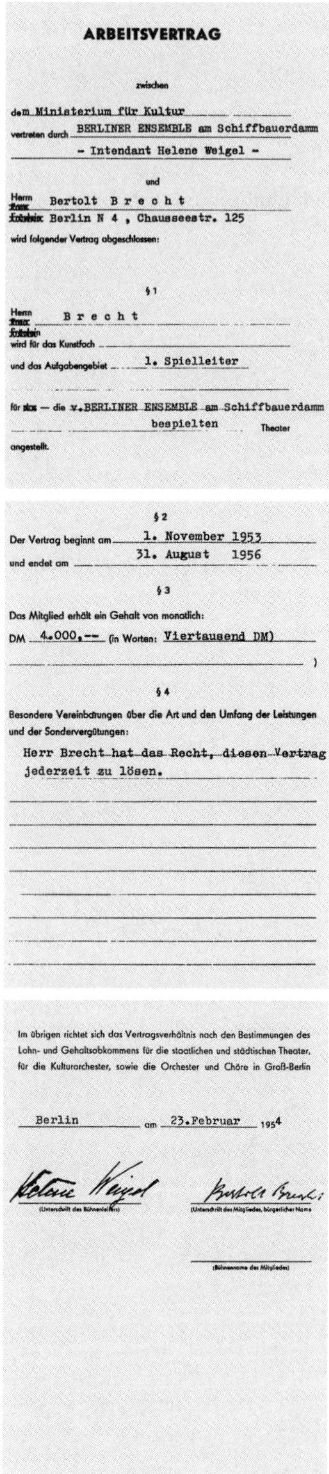

ARBEITSVERTRAG

zwischen

dem Ministerium für Kultur

vertreten durch BERLINER ENSEMBLE am Schiffbauerdamm

- Intendant Helene Weigel -

und

Herrn Bertolt Brecht

Berlin N 4, Chausseestr. 125

wird folgender Vertrag abgeschlossen:

§ 1

Herrn Brecht

wird für das Kunstfach

und das Aufgabengebiet 1. Spielleiter

für — die v. BERLINER ENSEMBLE am Schiffbauerdamm bespielten Theater

angestellt.

§ 2

Der Vertrag beginnt am 1. November 1953

und endet am 31. August 1956

§ 3

Das Mitglied erhält ein Gehalt von monatlich:

DM 4.000,-- (in Worten: Viertausend DM)

§ 4

Besondere Vereinbarungen über die Art und den Umfang der Leistungen und der Sondervergütungen:

Herr Brecht hat das Recht, diesen Vertrag jederzeit zu lösen.

Im übrigen richtet sich das Vertragsverhältnis nach den Bestimmungen des Lohn- und Gehaltsabkommens für die staatlichen und städtischen Theater, für die Kulturorchester, sowie die Orchester und Chöre in Groß-Berlin

Berlin am 23. Februar 1954

Helene Weigel (Unterschrift des Bühnenleiters)

Bertolt Brecht (Unterschrift des Mitgliedes, bürgerlicher Name

(Bühnenname des Mitgliedes)

Initiative der DAK den Zuzug nach Berlin/DDR genehmigt bekamen (→ 20. 1.), nun auch Wohnungen zur Verfügung gestellt werden *(746/36)*.

19. Februar, Sonnabend. B setzt sich bei Otto Grotewohl für Professor Hüdepohl ein, »der im katholischen Hedwigs-Krankenhaus die größte europäische Station für Urologie leitet«. Als Mitarbeiter eines Privatkrankenhauses hätte er keine Möglichkeit, einen Einzelvertrag zu bekommen, und müsse, um noch Geld zu beschaffen in Berlin/West operieren, wo er auch wohnt. Um den Arzt nicht zu verlieren, empfiehlt B »eine besondere außergewöhnliche Entscheidung«, da Hüdepohl »auch ein besonders außergewöhnlicher Gelehrter« sei *(Br, 2041)*.

21. Februar, Montag. Helene Weigel nimmt an der Sitzung der Sektion Darstellende Kunst in der DAK teil, in der es um Fragen des Schauspielernachwuchses geht. Sie schlägt vor, das Mindestalter der Schüler herabzusetzen. Die Schulen sollten das Angebot erster Schauspieler und Regisseure annehmen, Unterricht zu geben. Auch B sei daran interessiert. In einem Briefentwurf an Slatan Dudow klagt B über eine Erkältung, die sich verstärkt hat, so daß er »nicht auf die Straße gehen möchte« *(Br, 2043)*.

23. Februar, Mittwoch. B spricht mit Erwin Strittmatter im Beisein von Ruth Berlau über Heroismus und über literarische Figuren, hinter denen sich ihr Schöpfer verstecken kann.

25. Februar, Freitag. B will versuchen, mit Hans Schweikart in München über den *Guten Menschen von Sezuan* zu sprechen. »Ich freue mich, daß Sie das Stück machen werden.« *(Br, 2046.)*

B hat Renata Mertens-Bertozzi gebeten, eine Kiste mit in der Schweiz verbliebener Bücher nach Berlin zu schicken.

26. Februar, Sonnabend. Elisabeth Hauptmann lädt im Auftrag Bs den Kölner Regisseur Friedrich Siems nach Berlin zu einem Gespräch über die von ihm in Vorbereitung befindliche Aufführung von *Leben des Galilei* ein.

28. Februar, Montag. B bietet Paula Ludwig (→ 3. 1.) seine Hilfe an und bittet um Zusendung einiger ihrer Gedichte »aus der letzten Zeit« *(Br, 2047)*.

B ist (am 19. 2.) von der Osloer Studentenvereinigung im Zusammenhang mit der Aufführung von *Mutter Courage und ihre Kinder* in Det Norske Teatret Oslo eingeladen worden. Er schreibt: »Mein Bedarf an Reisen ist in 15 Jahren Emigration reichlich gedeckt worden.« In Skandinavien sei er aber gern gewesen und werde versuchen, eine Reise nach Oslo im Herbst möglich zu machen *(Br, 2048)*.

Der Münchener Autor Heinz Becker-Trier, der sich als Bs »Schüler und PEN-Bruder« bezeichnet, bittet seinen Präsidenten um Hilfe, sich für sein Buch *Die Pavianherde* einzusetzen, von dem der Leiter des Ostberliner Verlags der Nation, Hofé, Schwierigkeiten mit dem Literaturamt befürchtet. Er schreibt: »Als Sozialist habe ich in Westdeutschland nichts zu fressen, und als Satiriker muß ich in Ost-Berlin die Bibel lesen.« *(743/11.)*

Erwin Leiser kündigt B an, daß er im schwedischen Verlag Tiden unter dem Titel *Bertolt Brecht und sein Theater* eine Studie herausbringen wird und bittet um die neuesten Veröffentlichungen von und über B.

Februar. Im Februar führen die bildenden Künstler Fritz Cremer, Gustav Seitz und Herbert Sandberg ein Gespräch mit B, Alfred Kurella und Hermann Besenbruch über Malerei, das auf Tonband aufgezeichnet wird. Bei der Diskussion über den Zweck der Kunst vertritt B den Standpunkt: »Also die These, daß zum Beispiel Kunst dann Kunst ist, wenn sie keine negativen Wirkungen haben kann oder soll, kann man nicht aufstellen. Denn sonst kommen wir in die moralinsaure Definition der Kunst.« Es gäbe auch »sozial gefährliche Künste«, die lähmend wirken. Er könne beispielsweise, wenn er von André Gides Abkehr von der Sowjetunion hört, nicht erklären, der Mann habe »nie etwas mit Kunst zu tun« gehabt. Andererseits müßten sich die Künstler »schon wehren gegen eine allzu einförmige Gleichschaltung der moralischen Qualitäten mit dem Inhalt, weil sie sonst mit der Sowjetkunst überhaupt nicht fertig werden« *(Gespräch, 139-157).*

Februar 1955
Gespräch über Malerei

In Heft 2 von *Theater der Zeit* polemisiert die Darstellerin der Grusche im *Kaukasischen Kreidekreis*, Angelika Hurwicz, gegen Fritz Erpenbecks Behauptung, der rezitierte Kommentar (besonders in der letzten Szene des Komplexes 3 »In den nördlichen Gebirgen«; *8,148-150.*) sei ein Zurückgehen auf ein »primitives Frühstadium des ›epischen Theaters‹« (→ Dezember 54).

1. März, Dienstag. B schreibt Harry Buckwitz über die Dessausche Musik zum *Kaukasischen Kreidekreis*. Sie sei für die Musiker und für die Sänger schwer, dadurch entstunde in keinem Augenblick »das Gefühl der präzisen Lässigkeit des lustigen Beitrags«. B wünschte sich, daß die Musik »weise reduziert« wird. Außerdem schickt er Buckwitz eine Beschreibung (des Theaterplastikers am BE, Eduard Fischer) der Arbeitsvorgänge zur Herstellung von Masken *(Br, 2052).*

Mit der holländischen Fotografin Gerda Goedhardt vereinbart B die Honorarbedingungen für ihre Arbeit am BE.

Otto Nagel schickt B die Veröffentlichung der DAK *H. Zille* mit der Widmung: »Für Bert Brecht dieses Buch über einen Berliner von einem Berliner« *(BBAB).*

3. März, Donnerstag. B findet, daß Ernst Busch in der *Mutter* »zu sonnengebräunt und jung« aussieht *(Br, 2055).*

An Erich Franz, der in *Winterschlacht* die Rolle des Oberkofler spielt, schreibt B, daß diese Figur, nach Manfred Wekwerths und seiner Meinung, ins Operettenhafte verrutscht ist: »Bitte, lassen Sie es doch bei der verabredeten, mit soviel Mühe gebauten Figur der Premiere, die uns allen gefallen hat.« *(Br, 2054.)*

4. März 1955
Brecht sieht den Film *Salz der Erde*

4. März, Freitag. Abends besucht B mit Weigel und Kilian den (von Herbert Bibermann, Michael Wilson und Paul Jarrico 1953 gedrehten) amerikanischen Film *Salz der Erde*. Die Hauptrolle spielt die mexikanische Schauspielerin Rosaura Revueltas, die B gewinnt, am BE die Nadja in *Die Ziehtochter oder Wohltaten tun weh* (12. 12.) zu spielen.

5. März, Sonnabend. B führt ein Gespräch über Mängel in der Arbeit der Staatstheater-Werkstätten.

7. März 1955
Ablehnung eines *Dreigroschenoper*-Films mit Curd Jürgens und Hannelore Schroth

7. März, Montag. B teilt am 9. 3. Jacob Geis mit, daß »die Herren Collande und Klemm von der Deutschen Spielfilmgemeinschaft Hamburg« das Angebot gemacht haben, einen *Dreigroschenoper*-Film zu produzieren (für 40 000 Mark und eventueller Beteiligung an den Auslandseinnahmen). »Als Regisseur denken sie sich Robert Siodmak, der mir nicht geeignet erscheint; aber wer wäre geeignet? Macheath sollte jemand wie Curd Jürgens spielen, der mir ebenfalls ungeeignet erscheint; die Polly Hannelore Schroth, die mir auch nicht geeignet erscheint, usw.« *(Br, 2058.)* Das Projekt kommt nicht zustande.

8. März, Dienstag. Elisabeth Hauptmann macht den schwedischen Verleger Lars Schmidt noch einmal Bs Grundsatz bei Übersetzungen klar: »Alle Theateraufführungen und Radiosendungen bedürfen als Grundlage einer Übersetzung, die Herr Brecht gebilligt hat. Er muß sie vorher kennenlernen.« *(705/23.)*

11. März, Freitag. Trotz Bs Einwand (→ 18. 2.) hat das Finnische Arbeitertheater Helsinki unerlaubt *Der gute Mensch von Sezuan* aufgeführt. B bezeichnet das als »eine ganz freche Freibeutermethode, die sich vor allem ein Arbeitertheater nicht gestatten kann« und droht entsprechende Schritte an. Elvi Sinervo erklärt (am 16. 3.), sie habe Bs Brief erst am Tage der Premiere erhalten, und entschuldigt sich: »Was wir getan haben, darf man nicht tun. Aber wie das Arbeitertheater Brecht spielt, so darf man spielen.« *(697/36f.)* Dazu äußert sich auch Friedrich Ege am → 18. 3.

B bittet den Intendanten der Deutschen Staatsoper, Max Burghardt, um eine andere Arbeitsorganisation der ihm unterstehenden Theaterwerkstätten. Wegen ihrer Zuständigkeit für alle Staatstheater (bei verwaltungsmäßiger Anbindung an die Staatsoper) ergäben sich unvermeidbare Spannungen. »Wir müssen wirklich eine Trennung zwischen

Werkstätten und den von ihnen betreuten Theatern durchführen.« *(Br, 2061.)*

12. März, Sonnabend. B erbittet vom Leiter der Theatre Workshop London, Gerald C. Raffles, der *Mutter Courage und ihre Kinder* aufführen will, Angaben über Regie, Besetzung und Übersetzung, ehe er seine Zustimmung gibt. Im Verlauf weiterer Verhandlungen kommt es zu einer Übereinkunft, daß Bs Assistent Carl M. Weber bei der Inszenierung behilflich ist (→ 22. 6.).

14. März, Montag. Friedrich Siems hat mit B (→ 26. 2.), Helene Weigel, Ruth Berlau und Isot Kilian gesprochen und zwei Aufführungen des BE angesehen. Er bedankt sich für »die liebenswürdige Aufnahme« und »die großartigen Eindrücke« *(755/30)*.

15. März, Dienstag. Aus Wien schreibt Curt Bois an B, daß er einige Seiten des *Puntila*-Drehbuchs gelesen hat. Darin sei »ein großer Schritt vorwärts« getan worden, und Bs Wünsche seien berücksichtigt *(701/3)*.

16. März, Mittwoch. B protestiert (wie schon am 8. 2.) gegen ein »Mützchen«, das sich Ernst Busch für den Azdak im *Kaukasischen Kreidekreis* ausgewählt hat; es stimme »folkloristisch« und sehe »bulgarisch« aus. Er solle, bis eine bessere Kopfbedeckung gefunden ist, »lieber keine aufsetzen« *(Br, 2063)*.

B wendet sich an den Gebrüder Weiß-Verlag mit der dringenden Bitte, ihm bei der Beschaffung eines Werkes von Traven über die IWW (Internationale Arbeiter der Welt) behilflich zu sein *(Br, 2064)*.

Elisabeth Hauptmann bittet Stefan Brecht um die Beschaffung von Material zu Joe Hill.

17. März, Donnerstag. B informiert Günther Weisenborn von seiner bevorstehenden Reise nach Hamburg (→ 22./23. 3.) und bittet ihn um die Vermittlung eines Treffens mit einigen Theaterleuten und Schriftstellern *(Br, 2065)*.

18. März, Freitag. Der finnische Journalist Friedrich Ege, der von Elvi Sinervo darum gebeten wurde, versucht B die Situation zu erklären, in der die »Freibeuteraufführung« des *Guten Menschen von Sezuan* am Finnischen Arbeitertheater (→ 11. 3.) zustande gekommen ist. Sinervo habe sich von den besten künstlerischen und den fortschrittlichsten politischen Motiven leiten lassen, und die Aufführung sei in den finnischen Medien (zusammen mit einer anderen) als beste beurteilt worden. Es handele sich »um Freunde, die allen Widerständen zum Trotz der guten Sache des Fortschritts dienen«. B brauche deshalb »weder ein Gericht zu Hilfe nehmen noch die Partei«. Ege verspricht B, die Kritiken zu übersetzen und ihm zuzusenden *(697/11 f.)*.

19. März, Sonnabend. Ruth Fischer von Wien-Film schickt

B einen weiteren Teil des von Hanns Eisler und Vladimir Pozner durchgesehenen Drehbuchs für den *Puntila*-Film.

20. März, Sonntag. Erwin Leiser führt mit B ein Gespräch über sein Buch (→ 28. 2.). Er sieht sich in den Folgetagen Aufführungen des BE an, trifft sich mehrfach mit Elisabeth Hauptmann, Ruth Berlau und anderen Mitarbeiterinnen und Mitarbeitern des BE. B gewährt ihm Einsicht in unveröffentlichte Manuskripte. Am 25. 4. bedankt Leiser sich bei B »für die freundliche Aufnahme in Berlin« *(708/64f.)*.

21. März, Montag. B läßt (durch Isot Kilian) eine englische Übersetzung von *Mutter Courage und ihre Kinder* an seine Tochter Barbara zur Beurteilung geben.

B stimmt dem Wunsch einer Klasse für Heimerziehung am Nordhausener Institut für Lehrerbildung (vom 8. 2.) zu, seinen Namen zu tragen, und bittet »ab und zu« um »einen Bericht über Ihre Arbeit und Ihre Themen« *(750/15)*.

Valeska Gert hat B (am 4. 3.) gebeten, ihr bei der Beschaffung von Filmen aus den zwanziger Jahren, in denen sie tanzt, behilflich zu sein. B läßt mitteilen, daß er dazu keine Möglichkeit hat.

Peter Hacks berichtet B von seiner Premiere (am 12. 3.) von *Eröffnung des indischen Zeitalters* in den Münchener Kammerspielen, die Hans Schweikart allerdings »nicht auf Sinn« inszeniert habe. Er bedauert, daß B nicht gekommen ist und fragt, wie es um seine geplante Übersiedlung nach Berlin/DDR stehe.

22./23. März 1955
Reise nach Hamburg
Tagung des PEN-Zentrums Ost und West

22./23. März, Dienstag/Mittwoch. B reist nach Hamburg und wohnt im Hotel Atlantic. Die 7. Generalversammlung des PEN-Zentrums Ost und West findet im Hotel statt; sie beginnt am 22. nachmittags mit einem Geschäftsbericht und der Neuwahl des Vorstandes (B wird als Präsident wiedergewählt). Am 23. 3. wird die Versammlung mit einer Diskussion und der Beschlußfassung vormittags fortgesetzt und mittags beendet.

23. März, Mittwoch. Auf Einladung Günther Weisenborns findet (im Künstlerklub »die insel«) ein Treffen des Hamburger Autoren-Kollegiums statt, an dem Schriftsteller, Verleger und Theaterleute teilnehmen. In einem Bericht heißt es: »Brecht stand nicht an zuzugeben, daß es daran [an Experimentierfreudigkeit] auch im Osten fehle und traf am Rande – in seiner leisen, leicht stockenden, überaus bedächtigen Art zu reden – die interessantere Feststellung: ›Bei uns werden die jungen Autoren mehr subventioniert als gespielt.‹ Im übrigen könne man nicht mehrere Weltkriege hintereinander führen, ohne mit gewissen kulturellen Einbußen zu rechnen.« *(Ingeborg Brandt, Die Welt, 25. 3.)*

Gustav Rudolf Sellner lädt B zum 5. Darmstädter Gespräch ein.

24. März, Donnerstag. Teilnahme an der 5-Jahres-Feier der Akademie.

25. März, Freitag. Caspar Neher, der aus München nach Berlin zurückgekommen ist, besucht B.

26. März, Sonnabend. Der Generaldirektor von Wien-Film und Ruth Fischer verhandeln mit B in Berlin über den *Puntila*-Film. Es finden anschließend (bis zum 2.4.) Konsultationen mit Alberto Cavalcanti und Ruth Fischer statt.

26. März - 2. April 1955
Erneute Umarbeitung des Drehbuchs für den *Puntila*-Film

Die Dramaturgin berichtet (am 18.4.) Pozner, das Treffen mit B sei »in einer sehr freundschaftlichen und künstlerischen Atmosphäre vor sich gegangen. Fern von allem Theoretisieren, einfach bei der konkreten Arbeit, wurde das Drehbuch von Bertolt Brecht, Cavalcanti und mir in einer Woche in die jetzige Form gebracht [...].« *(20,385-488.)*
Neben Isot Kilian beteiligt B in dieser Phase auch Manfred Wekwerth an der Umarbeitung, der dann auch zur Kontrolle der Dreharbeiten nach Wien geschickt wird (→ Mitte Juli).
Vor einem Kinobesuch wollen B und Helene Weigel in einer HO-Verkaufsstelle im Bahnhof Friedrichstraße Süßigkeiten kaufen und werden unhöflich behandelt. Darüber beschwert sich B (am 6.4.) bei der Bezirksdirektorin der HO *(756/38).*
B sieht sich im Kino den Film *Guten Tag, Elefant* an.

26. März 1955
Brecht sieht den Film *Guten Tag, Elefant*

Caspar Neher ist nachmittags bei B.

27. März, Sonntag. Erwin Leiser verhandelt mit B über die Herausgabe und Übersetzung von Gedichten Bs ins Schwedische. B gewährt ihm Einsicht in unveröffentlichte Typoskripte.

28. März, Montag. B spricht mit einem Vertreter der französischen Gastgeber über die Tournee des BE mit dem *Kaukasischen Kreidekreis* in Paris. Es werden Festlegungen über Einblendungen französischer Texte bei den Gesängen, eine Kürzung des 4. Aktes und publizistische Vorbereitungen getroffen. Gleichzeitig wendet sich B an den Verleger Robert Voisin (von Editions de l'Arche) mit der Bitte, die französische Übersetzung von *Der kaukasische Kreidekreis* zu forcieren und in einer geeigneten Zeitschrift als Vorabdruck im Juni verfügbar zu haben.

28. März 1955
Beratung über Gastspiel in Paris mit *Der kaukasische Kreidekreis*

B fragt nochmals Konstantin Simonow, ob die Sowjetschriftsteller in den Internationalen PEN-Club eintreten wollen (→ 5.5.54) oder ob »ein Besuch der Tagung des Internationalen PEN in Wien in Frage kommt« *(Br, 2066).*
B fragt im Auftrag des PEN Leonhard Frank, ob er dem PEN-Zentrum Ost und West beitreten würde *(Br, 2067).*

29. März, Dienstag. B wendet sich an die französische Übersetzerin Lilo Damert Aisner und bittet um eine vordringliche Übertragung der Musiktexte des *Kaukasischen*

Kreidekreises, damit diese Texte (bei dem diesjährigen Pariser Gastspiel) auf Tafeln hinter den Musikern aufgehängt werden können. B ist für den Vorabdruck des Stückes kurz vor der Aufführung *(Br, 2069)*.

März 1955
Teilnahme an Proben zu *Pauken und Trompeten*

B teilt John Heartfield mit, daß er an dem *Puntila*-Film arbeitet und an den Proben zu *Pauken und Trompeten* von Farquhar teilnimmt. Er hat von Umzugsabsichten Heartfields nach Berlin gehört und fragt, ob er ihm dabei behilflich sein kann *(Br, 2068)*.

B bedauert, daß er nicht, wie vorgesehen, mit Hans Schweikart in München über dessen Projekt des *Guten Menschen von Sezuan* sprechen konnte. Er habe sich aber mit Caspar Neher verständigt und ihn gebeten, einige Skizzen zu machen. Sein Besuch könne wahrscheinlich Mitte April stattfinden. »Ich habe Neher vorgeschlagen, daß er ein kleines Modell bauen läßt und ein paar primitive Puppen, so daß wir Arrangements schnell austüfteln können.« *(Br, 2070.)*

Von der Diskussion über Kritiker (→ 30. 1.) angeregt, hat B der Betriebsgewerkschaftsleitung vorgeschlagen, aus Anlaß der bevorstehenden Kritikerkonferenz (→ 5./6. 4.) an die Rezensenten einen Brief mit der Aufforderung zu schreiben, sie möchten »dem Übergang zum Ensemblespiel in unserem Theater mehr Rechnung tragen«. Nötig sei jetzt, »große Leistungen in den kleinen Rollen zu beachten« *(773/6)*.

März. *Theater der Zeit* setzt in Heft 3 die Auseinandersetzung mit dem epischen Theater fort. Fritz Erpenbeck bedauert in einem redaktionellen Vorspann, daß sich B nicht selbst an der Diskussion beteiligt; er beklagt sich bei Bs Mitarbeitern über »den stellenweise überheblichen Ton, in dem das geschieht«. Mit der *Kreidekreis*-Kritik beschäftigt sich Hans Bunge in seinem ausführlichen Artikel *Einige Mißverständnisse Fritz Erpenbecks* (→ Dezember 54). Der kritisierte Chefredakteur reagiert auf die Polemik beleidigt in *Theater der Zeit*, Heft 4, mit seinem Artikel *Imago oder die sechste Figur.*

In einem weiteren kritischen Aufsatz (*Leipziger Allerlei*) beschäftigen sich Manfred Wekwerth und Peter Palitzsch mit der *Winterschlacht*-Rezension von Günter Kaltofen (→ 12. 1.) in *Theater der Zeit.* Einleitend polemisieren die beiden Mitarbeiter Bs zunächst »gegen eine ganz und gar mangelhafte, unqualifizierte Kritik, nicht etwa gegen eine sehr scharfe« in der »einzigen deutschen Theater-Zeitschrift«. Dann befassen sie sich mit fünf Details der Rezension des Dramaturgen der Leipziger *Winterschlacht*-Aufführung (→ 13. 1. 54), die sich »Unsystematik, Denk- und Sprachfaulheiten schlimmster Sorte« leiste. Grundsätzlich verwechsle Kaltofen »fortwährend die Urfassung 1942 und die Fassung 1952 mit der Berliner und mit der Leipziger Bearbeitung, diese wiederum mit dem Ergebnis der Inszenierung, diese wiederum mit der Anlage der Rollen und diese wiederum mit der Art ihrer Darstellung, was ein ungegliedertes allgemeines Durcheinander ergibt, sozusagen ›Leipziger Allerei‹«. (Erpenbeck gibt auch Kaltofen in *Theater der Zeit*, Heft 4, Raum für eine Entgegnung mit dessen Artikel *Doch man sieht nur die im Lichte ...)*

2. April, Sonnabend. Hans Mayer bittet B, an der Kritikerkonferenz (→ 5./6. 4.) teilzunehmen, da er in seinem Referat die Absicht hat, »sehr unbequeme Dinge zu sagen« *(752/32)*. Das *Puntila*-Drehbuch wird abgeschlossen.

3. April, Sonntag. B ermahnt Ruth Berlau erneut, das Trinken aufzugeben. »Jetzt sehe ich Dich oft eine halbe Woche nicht, und wenn ich Dich sehe, bekomme ich einen Schock.« *(Br, 2072.)*

5. April, Dienstag. B hat die ihm (auf seinen Wunsch, → 28. 2.) zugesandten Gedichte von Paula Ludwig gelesen und teilt ihr mit, daß ihm vieles gefallen habe. Da sie um Hilfe gebeten hat, fragt B, ob sie nach Berlin kommen will. »Soll ich trotz meiner Bedenken, ob Sie sich hier wohl fühlen würden, doch versuchen, Ihnen einen Ruf hierher zu beschaffen?« *(Br, 2073.)* In ihrer Antwort (vom 30. 6.) teilt sie B mit, daß sie erst einmal in Düsseldorf einen Neuanfang versuchen will.

B appelliert ein weiteres Mal an Erwin Geschonneck, am BE zu bleiben. »Sie sind wichtig für die Entwicklung des Ensembles, und das Ensemble scheint mir wichtig für Ihre Entwicklung.« *(Br, 2074.)*

B sagt dem Botschafter der CSSR in Berlin, der ihn als »Vertreter der deutschen Kulturinstitutionen« für die tschechoslowakische I. gesamtstaatliche Spartakiade Ende Juni nach Prag eingeladen hat, mit der Begründung ab, daß er sich zu diesem Zeitpunkt mit dem BE in Paris befindet *(710/49)*.

Jacob Geis hat in Paris eine Aufführung von *Mann ist Mann* gesehen und B (am 11. 3.) über die Aktualität des Stückes berichtet. B schreibt ihm, man könne dies durch »eine ganz leichte Bearbeitung, was das Milieu betrifft«, noch verstärken *(Br, 2075)*.

B hat auf den PEN-Tagung erfahren, daß Wilhelm Kütemeyer ihn vergeblich ersucht hat, in Berlin zu sprechen. B kann sich nur denken, daß er »tief in den Proben steckte«, und bittet ihn zu schreiben, worüber er mit ihm sprechen wollte *(Br, 2076)*.

5./6. April, Dienstag/Mittwoch. B nimmt (jeweils vormittags) an einer Kritikerkonferenz des Ministeriums für Kultur teil (Hauptreferat von Hans Mayer, *Kritik und Kritiker heute und hier*; Gesprächsleitung: Johannes R. Becher). Mayer führt aus, daß die Kunst dieser Zeit weder unter den

5./6. April 1955
Teilnahme an einer Kritikerkonferenz

Verhältnissen der Weimarer Republik noch denen des Sozialismus entsteht. Man dürfe die Zwischenstufen nicht überspringen und müsse die Gegebenheiten einer Übergangsperiode berücksichtigen. B fordert in seinem Diskussionsbeitrag richtige Maßstäbe: Der Kritiker solle »das Neue, Fortschrittliche jedes Kunstwerkes popularisieren«. Kunstwerke mit einem »großartigen neuen Ideengehalt« würden »häufig noch nach alten Methoden und mit alten Mitteln hergestellt«. Eine Kritik habe darüber Auskunft zu geben, »ob die Ausführung des Werkes richtig, dem Ideengehalt adäquat sei und sich mit unserer Wirklichkeit decke« *(Deutsche Filmkunst, 3, 1955, 88).*

6. April 1955
Beantragung eines Studios für das Berliner Ensemble

6. April, Mittwoch. Um der Doppelbeschäftigung von Theaterschauspielern beim Film eine Basis zu schaffen, schlägt Helene Weigel in einem Brief an den Ministerpräsidenten Grotewohl vor, am BE und am Deutschen Theater Studios mit zusätzlichen 15-20 Schauspielern zu schaffen, die den Filmurlaub anderer Kollegen ermöglichen können. B wolle zu einigen Premieren seiner Stücke nach West-Deutschland fahren »und möchte sofort Abschlüsse machen können, sofern dies möglich ist« *(746/68f.).*

8. April, Freitag. B drückt dem Kölner Regisseur Friedrich Siems sein Bedauern aus, daß er keine Proben von *Leben des Galilei* besuchen kann. »Eigene Proben und unaufschiebbare Arbeiten machen es mir leider doch nicht möglich.« Zur Premiere will er »lieber nicht« kommen, das sei »immer gleich ein Politikum unter den jetzigen miserablen Umständen, und es ist für das Theater wohl leichter, nur das Werk und nicht auch noch den Autor zu präsentieren« *(Br, 2078).*

12. April, Dienstag. B hat die Fahnen zu *Die dramatischen Versuche Bertolt Brechts 1919-1933* von Ernst Schumacher (→ 30. 12. 54) gelesen und gibt ihm einige Korrekturhinweise. B schreibt: »Entschuldigen Sie, wenn das schlechtgelaunt klingen sollte, aber im allgemeinen gerate ich immer in schlechte Laune, wenn ich etwas über meine alten Arbeiten höre, Gutes oder Schlechtes.« *(Br, 2079.)*

Hanns Eisler berichtet aus Wien über den *Puntila*-Film: »Cavalcanti ist bester Laune, und seine Arbeit beginnt nun endlich.« Wegen der Festlegung, daß Eisler die Musik für den *Puntila*-Film komponiert, ist es zu einem Konflikt mit Paul Dessau gekommen. Eisler besteht auf einer schriftlichen Erklärung Dessaus *(972/32-35).*

Auf Bs Wohnungs-Antrag für Peter Hacks und Lucebert (→ 20. 1.) teilt die Stellvertreterin des Oberbürgermeisters B mit, daß beiden ab dem 2. Quartal Wohnraum zur Verfügung gestellt wird.

13. April, Mittwoch. B dankt dem Darmstädter Oberbürgermeister Ludwig Engel für dessen nun auch von der Stadt ausgesprochene »sehr freundliche Einladung« (vom 30. 3.) zum *Darmstädter Gespräch*. Er teilt ihm mit, daß er Hans Bunge einen »kleinen Diskussionsbeitrag« von sich verlesen lassen möchte *(Br, 2080)*.

14. April, Donnerstag. Während B für eine Neuauflage des *Versuche*-Heftes 11 keine Textänderungen wünscht, teilt er (durch Elisabeth Hauptmann) dem Aufbau-Verlag für die Neuauflage der *Hundert Gedichte* in der 2. Strophe von *Keiner oder alle* die folgende Textänderung mit: »Hungernd werden wir dich speisen« (statt: »Hungernde werden dich speisen«).

Harry Buckwitz teilt B die Termine der Endproben von *Der kaukasische Kreidekreis* mit.

16. April, Sonnabend. B informiert seinen Bruder Walter in Darmstadt, daß Hans Bunge »an den Darmstädter Gesprächen in meinem Auftrage« teilnehmen werde, und bittet, »bei der Unterbringung behilflich zu sein« *(Br, 2083)*.

B schickt Bodo Uhse seine Unterschrift unter einen Bewilligungsbescheid des PEN-Zentrums mit der Auflage, daß er nicht bereit ist, Gelder zu verwalten. Er habe seiner Funktion nur unter der Bedingung zugestimmt, daß er sich »um keinerlei administrative Angelegenheiten kümmern muß« *(Br, 2081)*.

Deutsche Erstaufführung von *Galileo Galilei* an den Kammerspielen der Stadt Köln; Regie: Friedrich Siems, Bühnenbild: Max Fritzsche; mit Kaspar Brüninghaus (Galilei), Elinor Lang (Virginia), Kurt Beck (Andrea).

B schickt gute Wünsche zur Premiere *(Br, 2078)*.

17. April, Sonntag. Friedrich Siems telegrafiert B über die Premiere: »Ganz starker unbestrittener Erfolg Ensemble glücklich« *(755/35)*.

B trifft mit Joris Ivens (→ 6. 3. 54) zusammen.

B gibt dem Regisseur Horst Gnekow vom Nordmark-Landestheater Schleswig Empfehlungen für die Darstellung der Tabakfabrikszene in *Der gute Mensch von Sezuan*: »Man muß da auf eine billige revolutionäre Wirkung unbedingt verzichten gegenüber der etwas bitteren Wahrheit. Das Lied wird von den Tabakarbeitern zwar als Spottlied auf den Aufseher gesungen, der Sinn der Szene besteht aber darin, daß der Aufseher schlauerweise die Tabakarbeiter zur schnelleren Arbeit anpeitscht, indem er den Rhythmus des Gesangs beschleunigt.« Vermutlich hat B den Brief nicht abgeschickt, weil die Premiere des Stückes in diesem Theater bereits (am 15. 4.) stattgefunden hat *(Br, 2084)*.

18. April, Montag. Albert Einstein stirbt im Alter von 76 Jahren in Princeton (USA). B beschäftigt sich mit einem Dramenprojekt *Leben des Einstein*, notiert erste Entwürfe *(10,984-986)* und beschafft sich Quellenmaterial.

16. April 1955
Deutsche Erstaufführung
Galileo Galilei
Kammerspiele
der Stadt Köln

Ein sonderbarer und bezeichnender Abend: Während man das Stück von der unterdrückten und bevormundeten Wahrheit wahrnahm, mußte man unversehens immer wieder an den Dichter dieses Stückes denken, der sein heutiges Dilemma vor zwanzig Jahren hier schon vorgezeichnet zu haben scheint. Nur: Wenn er heute selber sich der Zensur unterwirft und dem Parteiklerus Zugeständnisse macht, Aussagen widerruft und Diktatoren Huldigungstelegramme schickt – man vermißt bei ihm das Galileische Augenzwinkern des listigen Aufruhrs. Und die Frage, ob ein wahrhaftiges Stück und ein gutes Drama selbst an Wahrhaftigkeit und Güte einbüßt, weil der Autor inzwischen sündigt, bleibe offen.
(Friedrich Luft, Die Welt, Essen, 19. 4.)

Innerhalb der westdeutschen Brecht-Welle, zu der sich unsere Bühnen in einer ebenso plötzlichen wie auffälligen Konzentration ermutigt fühlen, brachte Köln nach der Aufführung in Zürich (vor mehr als einem Jahrzehnt) und der amerikanischen Inszenierung mit Charles Laughton die eigentliche deutsche Erstaufführung des *Galileo Galilei*. Die Premiere wurde ein von wiederholtem Szenenapplaus unterbrochener, spürbar unpolitischer, also künstlerischer Erfolg. Sie bekräftigte, was Herbert Jhering, der kritische Anwalt Brechts über mehrere Jahrzehnte hinaus, feststellte: daß nämlich dieses Werk für das dramatische Schaffen seines Freundes Klassizität gewonnen hat. *(Rolf Trouwborst, Hessische Nachrichten, Kassel, 20. 4.)*

Siegfried Unseld

22.-25. April 1955
Reise nach Frankfurt/Main

Teilnahme an den Endproben
Der kaukasische Kreidekreis

20. April, Mittwoch. Bei B findet eine Besprechung über den Spielplan des BE für 1955/56 statt, der einen Tag später beim Ministerium für Kultur eingereicht wird. Danach sind vorgesehen: *Joe Hill* von Barrie Stavis, *Die Tage der Kommune* von B oder *Die erste Reiterarmee* von Wsewolod Wischnewski, *Coriolan* von Shakespeare oder *Schweyk* von B.

In der DAK wird der Film *Dreigroschenoper* (1931) gezeigt.

21. April, Donnerstag. Der Pfarrer Karl Kleinschmidt hat bei B (am 6. 4.) angefragt, ob Bs Lob seines Buches *Martin Luther* (→ 25. 9. 53) während eines Gespräches im Hause von Ernst Busch ironisch aufzufassen sei. B antwortet, seine Äußerungen seien »völlig ernsthaft« gewesen *(Br, 2089)*.

B bietet Wolfgang Heinz und dessen Frau Erika Pelikowski sowie Karl Paryla für den Fall einer Schließung der Scala in Wien eine Beschäftigung am BE an *(Br, 2086)*. (In seiner Antwort vom 9. 5. teilt Heinz B mit, daß er mit allen Mitteln versuchen wird, die Scala zu halten, aber im anderen Falle »mit Freuden« von Bs Angebot Gebrauch mache *(701/57)*.) Paryla antwortet am → 9. 5.

B gibt Ruth Fischer von der Wien-Film Hinweise für weitere Änderungen im *Puntila*-Drehbuch *(Br, 2088)*.

B bittet Friedrich Ege um die Zusendung einer Kopie des Vertrags, den er mit Hella Wuolijoki über *Herr Puntila und sein Knecht Matti* abgeschlossen hat (da er sein Original nicht findet). Ihm geht es dabei vor allem um die Verfilmungsrechte. Was die »illegale« Aufführung des *Guten Menschen von Sezuan* (→ 18. 3.) angeht, findet er »vertragslose Aufführungen nicht richtig [...], wie immer der Ausgang sein mag«. Er habe »da allerhand Erfahrungen, wie Sie sich denken können, und keine guten« *(Br, 2087)*. Ege rät B (am 1. 5.), die Angelegenheit im Mai zu »bereinigen«, wenn Elvi Sinervo und der Regisseur der Aufführung Ritva Arvelo zur Schillerfeier nach Weimar auf Durchreise sind *(697/15)*.

21./22. April, Donnerstag/Freitag. B fährt mit dem Nachtzug nach Frankfurt/M. Siegfried Unseld vom Suhrkamp Verlag holt ihn am Bahnhof ab.

22./23. April, Freitag/Sonnabend. B nimmt an Endproben zu *Der kaukasische Kreidekreis* teil. Käthe Reichel vom BE gastiert als Grusche. Siegfried Unseld holt B nach der Probe ab und bringt ihn ins Hotel Sauna. B trifft sich täglich mit Peter Suhrkamp.

23. April, Sonnabend. Zu dem am 23. 4. beginnenden »Darmstädter Gespräch« (bis 25. 4.) delegiert B seine Mitarbeiter Hans Bunge, Wera und Claus Küchenmeister. Bunge verliest Bs (im März geschriebenen) Text *Kann die heutige Welt durch Theater wiedergegeben werden? (23,340f.)* Darin heißt es: »Für heutige Menschen sind Fragen wertvoll der Antworten wegen. Heutige Menschen interessieren sich für Zustände, denen gegenüber sie etwas tun können.« Nach Bs Meinung kann »die heutige Welt auch auf dem Theater wiedergegeben werden [...], aber nur wenn sie als veränderbar aufgefaßt wird«.

Mit Harry Buckwitz und Peter Suhrkamp in Frankfurt/M.

Peter Hacks hat (über Käthe Rülicke) erfahren, daß durch Bs Vermittlung für ihn eine Wohnung in Berlin/DDR zur Verfügung steht und teilt Termine für die Übersiedlung mit.
Arnolt Bronnen, der sich bei einem Besuch von *Der kaukasische Kreidekreis* am BE mit B getroffen hat, dankt B für alle seine »Freundlichkeiten« und hofft, ihn »bälder und dann öfter« wiederzusehen *(743/58)*.
24. April, Sonntag. B schreibt an Ruth Berlau, die Frankfurter Aufführung »scheint nicht übel«. Käthe Reichel ist als Grusche »sehr interessant«; Teo Ottos Bühnenbilder findet er »glänzend« *(Br, 2091)*.
Helene Weigel liest im Rundfunk Bs Geschichte *Der Mantel des Ketzers (18,374-382.)*.

25.-27. April 1955
Reise nach München

25. April, Montag. B fährt von Frankfurt/M. nach München weiter und spricht mit Hans Schweikart und Caspar Neher über die in Vorbereitung befindliche Inszenierung von *Der gute Mensch von Sezuan* an den Münchener Kammerspielen.
Auf eine Anfrage (vom 19. 3.) des Rektors der Greifswalder Universität, Gerhard Katsch, ob B zum Jubiläum der Hochschule im Oktober 1956 ein Festspiel schreiben und mit dem BE aufführen könnte, läßt B mitteilen, er schlage statt dessen ein Gastspiel mit *Mutter Courage und ihre Kinder* vor.
26. April, Dienstag. Auf eine Anfrage Prof. Gropps vom Leipziger Institut für Philosophie der Karl-Marx-Universität laßt B antworten, daß er »selbstverständlich einverstanden« ist, zum 70. Geburtstag von Ernst Bloch (am 8. 7.) auf der Gratulationsliste zu stehen *(752/14)*.
B trifft sich mit Caspar Neher.
27. April, Mittwoch. Louis Fürnberg empfiehlt B die tschechischen Schriftsteller und Übersetzer Rudolf Vápenik und Ludvik Kundera für die Übertragung seiner Werke ins Tschechische. Indem er »den beiden verantwortungsvollsten und besten Übersetzern aus dem Deutschen, die heute in der Tschechoslowakei leben, einen Dienst erweise«, wolle er B zugleich für alles danken, »womit mich Ihr Werk beglückt und bereichert« *(548/17)*. B antwortet am → 12. 5.

27./28. April 1955
Rückreise nach Berlin

27./28. April, Mittwoch/Donnerstag. B fährt mit dem Nachtzug von München nach Berlin zurück.
28. April, Donnerstag. Premiere von *Der kaukasische Kreidekreis* an den Städtischen Bühnen in Frankfurt/M. Regie: Harry Buckwitz, Bühnenbild: Teo Otto; mit Käthe Reichel (Grusche), Klausjürgen Wussow (Simon), Hanns Ernst Jäger (Azdak), Friedrich Schoenfelder (Gouverneur Aba-

schwili), Hannelore Hinkel (Natella Abaschwili). B schickt zur Premiere Glückwunschtelegramme an Buckwitz, Jäger und Käthe Reichel.
Das Stück wird ohne das Vorspiel aufgeführt. Auf Hermann Dunckers (spätere) Anfrage, warum er der Streichung zugestimmt habe, antwortet B: »Bei der Abhängigkeit der künstlerischen Leiter dieser Theater von Staat oder Stadt könnten sie, selbst wenn sie es wollten, das Stück *mit* dem Vorspiel nicht zur Aufführung bringen.« *(Br, 2141.)*
29. April, Freitag. B verständigt sich mit Bodo Uhse (in dessen Funktion als Schatzmeister des PEN-Zentrums) über den Druck einer Broschüre, die in Englisch, Französisch und Deutsch herauskommen soll (vorgesehener Titel: *Material über den Atomkrieg für einen Resolutionsentwurf des Deutschen PEN-Zentrums Ost und West*), und über eine Resolution. 400 Exemplare der Broschüre sollen nach Wien, 200 nach Helsinki geschickt werden.
30. April, Sonnabend. B teilt Johannes Tralow mit, daß er den Resolutionsentwurf zur PEN-Tagung nach London telegrafiert hat. Er könne an der Wiener Konferenz nicht teilnehmen und schlägt als seinen Vertreter Bodo Uhse vor *(Br, 2094)*.
B schreibt an Ruth Berlau, es sei nötig, daß sie sich »eine realistische, kühne und weise Übersicht über Deine Lage, meine Lage, Dich und mich« verschaffe. Sie laufe herum wie »ein Shylock, der alte Schulden eintreiben will oder ein Pfund Fleisch dafür« und sei »voll Ressentiment und (gelegentlich sogar) Rachedurst«, so daß er immer das Gefühl hat, »urplötzlich einen Schlag über den Kopf« zu bekommen *(Br, 2092)*.
April. B ist die Karikatur des polnischen Graphikers Andrzej Stopka zugesandt worden, die in einen Almanach zum zehnjährigen Bestehen des Aufbau-Verlags aufgenommen werden soll. Er schreibt, die Karikatur zeige »nur eine Seite«, sei aber »köstlich unvollständig, und sie bringt auf durchaus freundliche Art die andern Seiten und das Ganze in eine lustige Krise« *(23,342)*.

Karikatur A. Stopkas

1. Mai, Sonntag. Harry Buckwitz berichtet B vom Erfolg der *Kreidekreis*-Aufführung und bietet an, damit in Berlin zu gastieren.
2. Mai, Montag. B schickt Kurt Schwaen das Lehrstück *Die Horatier und die Kuriatier* zur Vertonung, über die am Folgetag eine Beratung mit dem Komponisten, Wera und Claus Küchenmeister sowie Isot Kilian stattfindet.
3. Mai, Dienstag. B fragt Helmut Holtzhauer nach den Gründen für das Verbot der Ausstellung *Kabale und Liebe*; er verstünde diese Maßnahme nicht, zumal Holtzhauers »wissenschaftliche Qualitäten für die Beurteilung einer sol-

chen Ausstellung ja wohl kaum ausreichen dürften« *(Br, 2096)*.

Erstdruck der *Stücke* Bände 3 und 4

4. Mai, Mittwoch. Im Suhrkamp Verlag erscheinen *Stücke*, Band 3 und Band 4 (Auslieferung) mit den *Stücken für das Theater am Schiffbauerdamm*; im gleichen Jahr auch im Aufbau-Verlag.

Band 3 der *Stücke* enthält: *Die Dreigroschenoper (2,229-308)*, Die Schlußstrophen des Dreigroschenfilms *(14,101f.)*, *Anhang (*Neufassung von Songtexten; *2,309-315)*; *Aufstieg und Fall der Stadt Mahagonny (2,333-392)*, *Anmerkungen zur Oper »Aufstieg und Fall der Stadt Mahagonny« (24,74-84)*; *Das Badener Lehrstück vom Einverständnis (3,25-46)*, *Anmerkung zum »Badener Lehrstück« (24,90f.)*.

Band 4 der *Stücke* enthält: *Die heilige Johanna der Schlachthöfe (3,127-234)*, *Anmerkungen zur »Heiligen Johanna der Schlachthöfe« (24,106-108)*; *Der Jasager und der Neinsager (3,57-72)*, *Protokolle von Diskussionen über den »Jasager« in der Karl-Marx-Schule, Neukölln (24,92-95)*; *Die Maßnahme (3,73-125)*, *Anmerkungen (24,97-101)*.

7. Mai, Sonnabend. B hält die »ganze Aufführungswelle« seiner Stücke in Westdeutschland für »wichtig, weil danach, was immer Neues drüben in den Weg gelegt werden mag, immerhin die Erinnerung bestehen bleiben wird«. Er schreibe »in der Frühe« einige Anmerkungen und Nachträge zum *Kleinen Organon für das Theater (23,289-295)*. Außerdem sammle er Material über Albert Einstein (→ 18. 4.) *(Br, 2097)*.

7. Mai 1955 Nachträge zum *Kleinen Organon für das Theater*

Ein großer Teil der Nachträge zum *Kleinen Organon für das Theater (23,289-295)* war bereits 1954 entstanden. Bei der Übergabe der Texte an das Archiv schreibt Käthe Rülicke: »Den Nachträgen voraus gingen Gespräche, in denen ich der Ansicht war, daß Brecht im *Organon* die Hauptsache, die Dramaturgie, vergessen hätte. Brecht fand: nicht vergessen, aber als selbstverständlich vorausgesetzt.« Er habe das *Organon* charakterisiert »als Beschreibung einer bestimmten Art, Theater zu spielen«, die *Nachträge zum Organon* als »Folgen dieser Art, Theater zu spielen« *(23,567f.)*.

Fritz Erpenbeck von *Theater der Zeit* schickt B einen für die Veröffentlichung vorgesehenen Artikel. Nach seiner Meinung wäre es »sehr sachdienlich – da Sie leider nicht *selbst* eingreifen –, wenn Sie mir wenigstens (telefonisch oder noch lieber in direktem Gespräch) mitteilten, ob Sie mit der Interpretation, die der Autor gibt, inhaltlich einverstanden sind« *(745/17)*. B läßt den Artikel Bernhard K. Tragelehns, *Theater des wissenschaftlichen Zeitalters*, (am 13. 5.) von Käthe Rülicke ohne Kommentar zurückschicken.

B schreibt seinem Sohn, daß er sich auf sein Kommen freut; das gewünschte Geld will er ihm aus der Schweiz zukommen lassen *(Br, 2099)*. Zugleich bittet er Victor N. Cohen um die Zusendung von $ 500 an Stefan *(Br, 2098)*. Am 13. 5. erfährt B von Cohen, daß er bei ihm nur noch über ein Guthaben von $ 80 verfügt, aber am Zürcher Schauspielhaus noch Tantiemen einfordern kann; B wendet sich daraufhin (am 23. 5.) an Kurt Hirschfeld *(Br, 2119)*.

9. Mai, Montag. Karl Paryla bedankt sich für Bs Angebot, im BE zu arbeiten (→ 21. 4.): »Ich stelle zwei höher als alle anderen: Chaplin und Brecht, weil sie die unverwechselbare Gabe haben, auf dem fortschrittlichen Weg so einzigartig und persönlich voranzugehen.« *(702/11.)*

10. Mai, Dienstag. Abends spricht B mit Kurt Schwaen, Annemarie Rost und Isot Kilian über ein Modell für *Die Horatier und die Kuriatier.*

12. Mai, Donnerstag. B schreibt an Louis Fürnberg (→ 27. 4.) und autorisiert »gern Ludwig Kundera für die Übertragung meiner Verse und Vápenik für die meiner Stücke und Prosawerke« und bittet Fürnberg (der inzwischen nach Weimar übergesiedelt ist), »dies nach Prag zu übermitteln« *(Br, 2101)*.

Die Frage des Lehrers Walter Meusel (vom 26. 8.), ob der V-Effekt auch beim Theaterspielen mit Kindern angewendet werden kann, interessiert B sehr; er will ihm in Kürze das Lehrstück *Die Horatier und die Kuriatier* schicken. »Es enthält Möglichkeiten.« *(Br, 2100.)*

13. Mai, Freitag. B bittet den Verlag Gebrüder Weiß um eine Auflistung der Honorare für das Buch *Antigonemodell 1948 (Br, 2102)*.

B schickt den Vertrag über die Herausgabe eines Gedichtbandes in Schweden an den Verlag und bittet Erwin Leiser, der die Auswahl besorgt, um eine rechtzeitige Vorlage (→ 10. 6.) der ausgewählten Gedichte *(708/75)*.

B erlaubt Leo Kerz, in New York *Mann ist Mann* aufzuführen und läßt ihm weitere Stücke zusenden.

Käthe Rülicke schreibt im Auftrag Bs an den Leiter der Hauptverwaltung Film im Kulturministerium Anton Ackermann wegen der Verschleppung eines internen Vorführtermins für den verbotenen Arnold-Zweig-Film *Das Beil von Wandsbek*. Wegen der Paris-Tournee gäbe es für B nur in der ersten Junihälfte eine Möglichkeit, sich den Film nochmals anzusehen.

14. Mai, Sonnabend. Curt Bois hat (am 6. 5.) B gebeten, im *Puntila*-Film den Satz benutzen zu dürfen: »Das juckt keinen Menschen – nicht mal einen toten ... und das ist der Unterschied.« *(701/4.)* B läßt Bois mitteilen, daß dieser Satz »nicht unbedingt zum Puntila paßt und auch nicht die Komik verstärkt« *(701/5)*.

B konnte einer Einladung des Regisseurs Franz Reichert (vom 27. 4.) zum Besuch der Wuppertaler *Sezuan*-Aufführ-

rung nicht nachkommen und dankt ihm für die Inszenierung, von der er »viel Gutes« gehört habe *(Br, 2103)*.
Der Intendant des Hessischen Landestheater Darmstadt, Gustav Rudolf Sellner, hat während des Darmstädter Gesprächs (→ 23. 4.) Interesse an einer Brecht-Inszenierung angemeldet; B schlägt ihm *Mann ist Mann* oder *Schweyk* vor *(Br, 2105)*.
B bittet die Kurverwaltung von Saßnitz (Rügen) um die Reservierung von zwei Zimmern für Ruth Berlau von 15. 7. bis 1. 8. *(750/125)*.
15. Mai, Sonntag. B gibt an Rudolf Engel von der DAK das folgende Schreiben: »Im Falle meines Todes möchte ich nirgends aufgebahrt und öffentlich ausgestellt werden. Am Grab soll nicht gesprochen werden. Beerdigt werden möchte ich auf dem Friedhof neben dem Haus, in dem ich wohne, in der Chausseestraße.« *(Br, 2107.)*

15. Mai 1955
Allgemeine testamentarische Festlegungen

In einem (vermutlich gleichzeitig geschriebenen) *Testament 1955. Nach meinem Tod zu öffnen* bittet B Helene Weigel, zu veranlassen:
»1) daß der Tod sichergestellt wird,
2) daß der Sarg aus Stahl oder Eisen ist,
3) daß der Sarg nicht offen ausgestellt wird,
4) daß er, wenn er ausgestellt werden soll, im Probenhaus ausgestellt wird,
5) daß weder am Sarg noch am Grab gesprochen, höchstens das Gedicht *An die Nachgeborenen* verlesen wird,
6) daß die Totenwache, wenn eine solche gewünscht wird, nur von Schauspielern gehalten wird,
7) daß keine Musik gespielt wird,
8) daß das Grab im Garten in Buckow oder im Friedhof neben meiner Wohnung in der Chausseestraße liegt und nur den Namen Brecht auf einem Stein hat.« *(1646/46)*
In einer Beratung bei B werden Aufgaben für Peter Palitzsch, den Fotografen Percy Paukschta und den Assistenten Carl M. Weber fixiert. Als Redaktionsgremium für das »endgültige *Kreidekreis*-Modellbuch« legt B fest: Peter Palitzsch, Elisabeth Hauptmann, Hans Bunge, Peter Voigt, Lothar Bellag und Isot Kilian.

16. Mai, Montag. B teilt dem Ministerium für Kultur mit, daß der Regisseur des BE Carl M. Weber am Londoner Workshop Theatre *Mutter Courage und ihre Kinder* inszenieren soll, und bittet um Befürwortung sowie um Bereitstellung der Reisepapiere *(Br, 2110)*.
Da B wegen seiner bevorstehenden Reise nicht an der für den 18. 5. vorgesehenen Sitzung der DAK teilnehmen kann, läßt er sein besonderes Einverständnis mit den Nationalpreisvorschlägen mitteilen für: Ludwig Renn, Ernst Bloch, Leonhard Frank und Hans Mayer.

Er bittet den erkrankten Schauspieler Raimund Schelcher, sich bis zu seiner Rückkehr »auf überhaupt nichts« einzulassen und seinen »Stimmbändern Erholung« zu gönnen *(Br, 2108)*.

Gleichzeitig wird Kurt Palm aufgefordert, über das Kostüm der Victoria Balance in *Pauken und Trompeten* nachzudenken. »Vielleicht wäre es richtiger, eine grobe Landjunker-Kleidung von der Art des Brazenschen Zivilkostüms für sie zu erfinden, eventuell ohne Stiefel, mit großen Schuhen. Sie müßte darin eher ungelenk aussehen und das Kostüm nicht ganz ausfüllen.« *(Br, 2109.)* Bei Gelegenheit der Umbesetzungsproben von Raimund Schelcher in *Winterschlacht* bittet B den Assistenten Lothar Bellag, auch »noch einmal mit Schall alle schwierigen Szenen durchzuprobieren«. Dessen »schöne Leistung« sei mitunter »durch plötzliche Verhärtungen und Verzerrungen gefährdet« *(Br, 2111)*.

Helene Weigel bittet Angelika Hurwicz, auch im Namen Bs, während ihrer Abwesenheit stellvertretend »für Arbeitsdisziplin zu sorgen«, Zuspätkommen zu Proben soll »mit den höchstmöglichen Strafen belegt werden« *(749/77)*.

17.-27. Mai 1955 Reise über Warschau nach Moskau

17. Mai, Dienstag. B nimmt in der DAK an der Sitzung der Sektion Dramatische Kunst teil, in der erneut (→ 14. 2. 52) über den immer noch verbotenen Arnold-Zweig-Film *Das Beil von Wandsbek* diskutiert wird.

Danach reist er mit Helene Weigel und Käthe Rülicke im Zug nach Warschau.

17./18. Mai, Dienstag/Mittwoch. B besucht die Warschauer Internationale Büchermesse, »eine Ausstellung neuer und alter Bücher«. Spaziergänge durch die Stadt regen ihn zu einer Frage an, die er später mit Hermann Henselmann beraten will: »Könnte man nicht eine durchsichtige Masse erfinden, die wetterfest ist und den schönen, ungleichmäßigen Backstein sichtbar läßt?« Außerdem ficht er »das lineare Grundkonzept unseres Bauens« an, »die Harmonie hängt nicht von der Regularität ab«. Er trifft sich mit dem Graphiker Tadeusz Kulisiewicz und lernt dessen »kleine Tierzeichnungen« kennen, die nach Bs Ansicht »auf Kacheln gut für Kindergärten« wären. Bei einer Begegnung mit Leopold Infeld fragt er den Atomphysiker über Albert Einstein (→ 18. 4.) aus. Einstein eigne sich nach Infelds Meinung nicht als Dramenfigur *(27,364)*.

B fliegt am Nachmittag mit Helene Weigel und Käthe Rülicke nach Moskau und wird im Hotel Gostiniza Sowjetskaja untergebracht.

19. Mai, Donnerstag. B schreibt aus Moskau an Bernhard Reich nach Valmiera (Lettische SSR): »Wir würden Sie so sehr brauchen im Berliner Ensemble am Schiffbauerdamm. Könnten Sie nicht einmal wenigstens für eine Inszenierung zu uns kommen? Sie könnten auch unsere jungen Schauspieler unterweisen, sie hätten es nötig.« *(Br, 2113.)* Als Reich und seine Frau Asja Lacis von Bs Besuch hören, machen sie sich sofort auf die Reise nach Moskau.

19./20. Mai, Donnerstag/Freitag. B werden verschiedene Sehenswürdigkeiten gezeigt. Er wird durch die Stadt gefahren und interessiert sich ebenso für die Menschentypen der unterschiedlichen Nationalitäten wie für das Treiben in den Geschäften.

Mehrfach läßt er sich zur Lomonossow-Universität fahren, einem monumentalen Hochschulkomplex auf den Leninbergen, der ihn stark beeindruckt. Es sei »ein lustiger Bau in großen Linien und schönen Einzelheiten«. Das Gebäude sei »unprofessoral, wie für die Künste gebaut« *(27,365)*.

B verbringt einen heiteren Nachmittag in der Wohnung Ilja Fradkins im Schriftstellerhaus. Der ehemalige sowjetische Kulturoffizier für Berlin ist inzwischen als Literaturprofessor tätig. Mit ihm führt er Verhandlungen in einem Moskauer Verlag über die Herausgabe seiner Werke. Es wird vereinbart, daß ein erster Band folgende Stücke enthält: *Die Rundköpfe und die Spitzköpfe*, *Die Gewehre der Frau Carrar*, *Furcht und Elend des III. Reiches*, *Mutter Courage und ihre Kinder*, *Leben des Galilei*, *Die Gesichte der Simone Machard*, *Schweyk*, *Das Verhör des Lukullus*. Ein weiterer Band wird vorbereitet.

Mai 1955
Plan einer Edition der Stücke in russischer Übersetzung

20.-23. Mai, Freitag-Montag. B trifft sich an einem Nachmittag mit Regisseuren und Schauspielern des MCHAT, des Mossowjet-Theaters, des Mali Teatr, des Wachtangow-Theaters und des Theaters des Leninschen Komsomol.

Zusammenkunft mit Regisseuren und Schauspielern

Besuche von Aufführungen

In diesen Tagen sieht sich B mehrere Vorstellungen an. Um sich möglichst viele Eindrücke zu verschaffen und Schauspieler ausfindig zu machen, die für Hauptrollen in seinen Stücken in Frage kommen, geht er mitunter in der Pause in eine weiteres Theater.

Das Schwitzbad von Wladimir Majakowski im Theater der Satire hält er für »ein vitales Kammermysterium, sehr lebendig gespielt«. Am gleichen Abend sieht er im MCHAT *Was ihr wollt* von Shakespeare, »unter der Regie eines Stanislawskischülers [..], mit hohlem Pathos, kleinbürgerlicher Innigkeit, Nippfigurenkomik«.

Ein Stück des Romanciers Halldór Laxness im Mali Teatr, *Das verkaufte Wiegenlied*, enttäuscht ihn, »altmodisch in Inhalt und Form«, von mittleren Schauspielern »grob« dargestellt, »pathetischer Naturalismus«.

In dem Revolutionsstück *Sturm* von Wladimir Bill-Bjelozerkowski im Puschkin-Theater (Regie: Juri Sawadski) ist er besonders von Faina Ranewskaja angetan, die eine Händle-

rin spielt: »ein wandelnder V-Effekt«, ein »großes überraschendes Stück Mensch, sehr kühn artistisch« *(27,365)*. (Sawadski hat sie als Courage vorgesehen.)
Nach der Aufführung kommen B, Helene Weigel und Käthe Rülicke mit Asja Lacis und Bernhard Reich in der dem Theater nahe gelegenen Wohnung der Kritikerin Lidia Toom zusammen. Reich schreibt: »Er hatte sich äußerlich recht verändert. Das Gesicht breit (Anna Lacis war wenigstens zufrieden, daß er den Schnurrbart, den er auf der Fotografie der *Prawda* trug, abrasiert hatte), der Körper stämmig. Die Weigel hingegen wie früher zierlich. Die Begrüßung war freundschaftlich, ohne jede Spur von überschwenglicher oder betonter Herzlichkeit; denn wir sahen uns nach vierzehn Jahren zum erstenmal wieder.« *(Reich, 380.)* Von nun an trifft B täglich mit Reich und Lacis zusammen. Er spricht mit ihnen über das Repertoire des BE, über das System Stanislawskis sowie über Shakespeare. B wiederholt den Wunsch, Reich ans BE zu holen und entwickelt den Plan, dem Theater ein Studio oder eine Schauspielschule anzugliedern. Reich erinnert sich: »Er stellte Nachforschungen über das Schicksal von Carola Neher an und kümmerte sich um die Instandhaltung der Grabstätte von Margarete Steffin, die in Moskau gestorben war. Auch für mich setzte er sich mit Nachdruck ein, um die Erledigung meines Rehabilitierungsgesuchs zu beschleunigen.« *(Reich, 387.)*
B ist angetan von Majakowskis *Wanze* in einer Aufführung des Theaters der Satire, in dem er die Traditionen des MCHAT am besten aufgehoben sieht.
21. Mai, Sonnabend. Mit Bedauern wendet sich B an Nikolai Ochlopkow, weil er seine Theaterarbeit mit dem BE in der Sowjetunion noch nicht vorstellen konnte; er bittet den Regisseur um Unterstützung eines Gastspiels (es kommt erst nach Bs Tod 1957 zustande).
23. Mai, Montag. B berät mit Bernhard Reich, wer seine Rede bei der Preisverleihung am besten übersetzen könne. Reich schlägt Boris Pasternak vor. Von sowjetischer Seite wird davon abgeraten, da dieser Dichter ein ganz unpolitischer Mensch sei. Aber B besteht darauf, und Pasternak, der isoliert auf seiner Datsche lebt, sagt sofort zu; er schickt die Übersetzung am nächsten Tag. (B bedankt sich bei Pasternak durch einen Band der *Hundert Gedichte* mit der Widmung: »Pasternak in herzlicher Kameradschaft«.)
Die 581. Aufführung von *Ein heißes Herz* von Alexander Ostrowski (in einer Inszenierung des MCHAT aus dem Jahre 1926, Regie: Michail Tarchanow unter der künstlerischen Leitung von Konstantin Stanislawski) sieht B »mit enormem Vergnügen«: »Die ganze Größe Stanislawskis wird sichtbar.« *(27,365.)* Nach der Aufführung sagt B: »Jetzt werde ich Sta-

nislawski gegen seine Anhänger in Schutz nehmen müssen. [...] Ich muß ihm nachsagen, was man mir nachsagt: daß die Theorie der Praxis widerspräche.« *(Rülicke-Weiler, 169.)*

24. Mai, Dienstag. B dankt in einem Brief der Schauspielerin Faina Ranewskaja »für das Vergnügen« ihrer Darstellung der Händlerin und wünscht sich von ihr die Courage gespielt *(Br, 2116)*.

Gleichzeitig dankt er auch dem Schauspieler Grybow für seine Darstellung des Bauunternehmers Chlynow in Tschechows *Heißes Herz*; er interessiert ihn für die Rolle des Puntila *(Br, 2117)*.

25. Mai, Mittwoch. Im Swerdlow-Saal des Moskauer Kreml wird B der Stalin-Friedenspreis verliehen. Eine kurze Festrede hält der Schriftsteller Nikolai Tichonow, der Vorsitzende des sowjetischen Friedenskomitees. B liest seine Rede *»Der Friede ist das A und O« (23,345-347)* vor. Konstantin Fedin und Boris Polewoi gratulieren B im Namen der sowjetischen Schriftsteller, Jelena Gogolewa und Nikolai Ochlopkow überbringen Glückwünsche der Theaterleute.

Käthe Rülicke erinnert sich: »Die Atmosphäre im Saal, der etwa 300 bis 400 Personen faßt, war heiter und hatte etwas Historisches: Über die Gesichter der Anwesenden, hauptsächlich Künstler, ging ein Lächeln, als Nikolai Ochlopkow zum Rednerpult trat und zu Brecht sprach – wußte doch jeder, daß zwanzig Jahre zuvor sein Theater während einer Brecht-Inszenierung geschlossen worden war.« *(Rülicke-Weiler, 172.)*

Am Abend findet im Saal des Hotels ein Bankett statt, bei dem mehrere Reden gehalten werden, u.a. von Konstantin Fedin. Auf Bitten von Asja Lacis rezitiert Helene Weigel mit großem Erfolg aus *Hundert Gedichte*.

M. Guss schenkt B sein in deutscher Sprache erschienenes Buch *Die amerikanischen Imperialisten als Inspiratoren der Münchener Politik* mit der Widmung: »dem leidenschaftlichen Kämpfer für den Frieden und die Einheit Deutschlands« *(BBAB)*.

26. Mai, Donnerstag. B bittet Ilja Fradkin, die Übersetzungen seiner Stücke vor ihrer Drucklegung an Bernhard Reich zu schicken, »der ein Theaterfachmann ist, meine Schreib- und Spielweise kennt und die Übersetzungen auch vom theatralischen Standpunkt aus beurteilen kann« *(Br, 2122)*.

Von seinem Übersetzer, dem Lyriker Semjon Kirsanow, erhalten B und Helene Weigel dessen Ausgabe *Werke in zwei Bänden* mit einer Widmung *(BBAB)*.

27. Mai, Freitag. Der Schriftsteller Lew Kassil übermittelt B sein (in deutscher Sprache erschienenes) Buch *Das Mädchen Ustja. Eine Erzählung* mit der Widmung: »in der Hoffnung, daß die Fortsetzung unserer Begegnungen bald in Moskau

25. Mai 1955
Verleihung des Stalin-Preises

Ich selbst habe zwei Weltkriege erlebt, jetzt, an der Schwelle des Alters, weiß ich, daß von neuem ein ungeheurer Krieg vorbereitet wird. Aber ein Viertel der Welt ist jetzt befriedet, und in anderen Teilen befinden sich die sozialistischen Ideen im Vormarsch. Der Friedenswunsch der einfachen Menschen allüberall ist tief. In den intellektuellen Berufen kämpfen viele, auch in den kapitalistischen Staaten, mit verschiedenen Graden des Wissens für den Frieden. Aber es sind die Arbeiter und Bauern in ihren eigenen Staaten und in den Staaten des Kapitalismus, auf denen unsere beste Hoffnung für Frieden beruht. *(23,347.)*

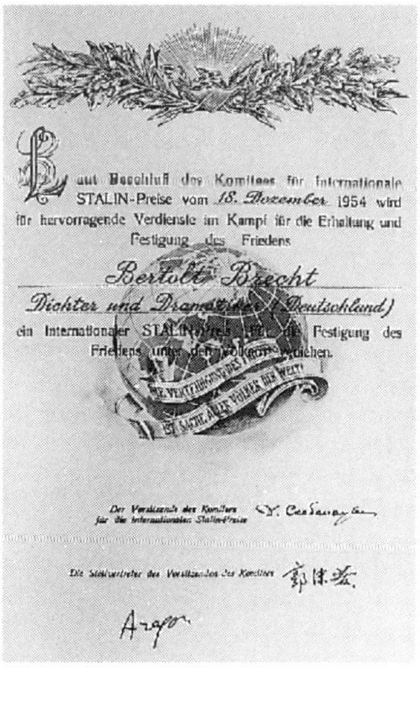
Laut Beschluß des Komitees für Internationale STALIN-Preise vom 18. Dezember 1954 wird für hervorragende Verdienste im Kampf für die Erhaltung und Festigung des Friedens
Bertolt Brecht
Dichter und Dramatiker (Deutschland)
ein Internationaler STALIN-Preis für die Festigung des Friedens unter den Völkern verliehen.
Der Vorsitzende des Komitees für die Internationalen Stalin-Preise
Die Stellvertreter des Vorsitzenden des Komitees

27. Mai 1955
Rückreise nach Berlin

stattfinden wird und er die Fortsetzung dieses Buches in Berlin finden wird...« *(BBAB)*.
B, Helene Weigel und Käthe Rülicke fliegen von Moskau nach Warschau. Auf dem Flughafen wird B vom DDR-Botschafter empfangen. Alexander Bardini überbringt Glückwünsche im Namen der polnischen Theaterleute. Roman Szydłowski wartet mit B auf die Erledigung der Zollformalitäten und begleitet ihn in die Stadt. Er nutzt die Zeit zu einem Interview, in dem B seine Moskauer Eindrücke wiedergibt. Eine »freudige Überraschung« sei für B gewesen, daß »ihn derselbe Betreuer« (Apletin) abgeholt hat, »der mit ihm damals [1941] reiste und ihn während seines Aufenthalts in der Sowjetunion unterstützte« *(Tägliche Rundschau, 17. 6.)*. Szydłowski bringt B und seine Begleiterinnen zum Bahnhof.
31. Mai, Dienstag. B erinnert den polnischen Graphiker Tadeusz Kulisiewicz an dessen Zusage, am BE Zeichnungen über Motive des *Kaukasischen Kreidekreises* zu machen. Er braucht sie »für die künstlerische Propagierung« des Pariser Gastspiels *(Br, 2124)*.
Mai. B teilt (eventuell schon früher) Caspar Neher mit, der das Bühnenbild des *Guten Menschen von Sezuan* in den Münchener Kammerspielen gestaltet: Wenn für die Hauptrolle nicht Erni Wilhelmi zur Verfügung stünde, soll er Bs Tochter Hanne vorschlagen. »Ich glaube, sie könnte sehr gut sein.« *(Br, 2095.)*
1. Juni, Mittwoch. B erklärt dem Direktor des Wiener Raimund-Theaters sein Einverständnis für eine Aufführung der *Dreigroschenoper* mit Hans Albers als Macheath.
3. Juni, Freitag. B dankt Fritz Kortner für dessen Zusage, in London *Mutter Courage und ihre Kinder* oder *Galileo* zu inszenieren. Leider sei das Workshop-Theatre »ein ganz kleines (da linkes) Unternehmen, das sich eigentlich nichts leisten kann« *(Br, 2126)*.
Auf Hans Henny Jahnns Anfrage (vom 18. 5.), ob er an einer Inszenierung seines (eben fertiggestellten) Stückes *Thomas Chatterton* interessiert sei, antwortet B, das Stück würde ihn reizen, »aber ich habe dafür ebenso wenig einen Hauptdarsteller wie für die Hälfte meiner eigenen Stücke« *(Br, 2127)*.
Die Einladung zu den Händel-Festspielen in Halle, die in diesem Jahr wegen der Gründung einer Georg-Friedrich-Händel-Gesellschaft mit dem Besuch exponierter Künstler aus ganz Deutschland rechnen, kann B nicht annehmen, weil er zum Zeitpunkt der Veranstaltung das BE auf eine Tournee nach Paris begleiten wird.
6. Juni, Montag. Auf die Befürchtung von Harry Buckwitz (vom 4. 6.), daß das Gastspiel des Frankfurter Schauspielhauses mit *Der kaukasische Kreidekreis* bei den Ruhr-Fest-

spielen wegen Bs Annahme des Stalin-Preises von dort abgesagt wird, schreibt B: »Es wäre meines Erachtens ein Skandal ohnegleichen, wenn Recklinghausen einen solchen Preis zum Vorwand nähme, einen abgeschlossenen Vertrag zu brechen.« Der Preis sei ein »internationaler Friedenspreis, etwa entsprechend dem Nobel-Preis, der für Bemühungen um den Weltfrieden verliehen wird« *(Br, 2129)*. (Das Gastspiel findet 14.-16. 6. statt.)

6. Juni 1955
Wegen der Stalin-Preis-Verleihung an Brecht: Gefährdung des Brecht-Gastspiels aus Frankfurt/M. bei den Ruhr-Festspielen

B wendet sich an den Hauptabteilungsleiter Lass im Ministerium der Finanzen, der keine Mittel für das Schriftstellerprojekt (→ 20. 1.) bewilligen will, und fordert ihn auf, »ohne alle bürokratischen Verzögerungen den Antrag der Akademie zu genehmigen« *(Br, 2131)*.
B telegrafiert seinem Sohn, daß er die bei der Pudor Publishing Company erschienene Autobiographie Albert Einsteins mitbringen soll *(685/19)*.
B erhält vom Magistrat von Groß-Berlin einen VDN-Ausweis Nr. 695 (Verfolgte des Naziregimes).
7. Juni, Dienstag. Nach Angaben von Käthe Rülicke hat B sich die Hälfte des Stalin-Preises (100 000 Rubel) in DDR-Währung auszahlen, die andere Hälfte »an seinen schwedischen Verleger [...] für den Kauf eines Hauses in Dänemark für Ruth Berlau« überweisen lassen *(Rülicke-Weiler, 172)*.
Elisabeth Hauptmann empfiehlt Käthe Rülicke, wegen der Auszahlung des Stalin-Preises ein Telegramm nach Moskau zu schicken mit der Bitte, den »Frankenbetrag auf Konto Lars Schmidt«, Zürich, zu überweisen *(705/74)*. Oberer soll einen Geldbetrag ebenfalls an das schweizerische Konto von Schmidt überweisen. Hauptmann schreibt dazu: »Lars Schmidt ist Brechts literarischer Vertreter für ganz Europa, und er erledigt auch Brechts auswärtige Geldangelegenheiten.« *(705/76.)*
Peter Hacks schreibt an Rülicke, die sich in Bs Auftrag um seine Übersiedlung kümmert: »Aber wir haben bemerkt, was Sie (und Frau Kilian, von Frau Weigel und Herrn Brecht red ich nicht) für uns getan haben. Wir werden diese Kenntnis in unseren moralischen Organen aufheben.« *(747/17.)*
8. Juni, Mittwoch. B fragt Alberto Cavalcanti (→ 12. 4.), ob er interessiert sei, eine Aufführungen des BE (*Mutter Courage und ihre Kinder* oder *Die Mutter* oder *Der kaukasische Kreidekreis*) zu verfilmen. »Das wäre für uns von großer Bedeutung.« *(Br, 2133.)*
B schreibt an den sowjetischen Schauspieler, Regisseur und Theatertheoretiker Wassili Toporkow, daß er gern mit ihm in Moskau diskutiert hätte, dazu aber keine Gelegenheit fand. Sein Buch *Stanislawski bei der Probe* hält B für seine bisher »beste Quelle über die Arbeitsweise Stanislawskis«. B regt Toporkow an, den Galilei zu spielen *(Br, 2134)*.

B sagt wegen des Paris-Gastspiels seine Teilnahme am 27. Jahreskongreß des Internationalen PEN-Clubs in Wien ab. Er bittet um Diskussion eines Resolutionsentwurfs, der auf seine Initiative hin eingebracht worden sei *(Br, 2135)*. In dieser Resolution wird betont, daß das »Fortbestehen von Schriftstellern und Lesern« bereits durch die bloße Vorbereitung eines Atomkrieges in Frage gestellt werden. »Es ist so durchaus Sache der Schriftsteller, sich und ihre Leser von dieser Gefahr zu unterrichten.«

Lotte Lenya hält sich eine Zeitlang in Berlin auf und trifft (erstmals am 17. 4.) mehrfach mit B und Helene Weigel zusammen. Ihr Partner Georg Davis, der sie bei einem der Besuche begleitet, schreibt darüber an Irving Drutman u. a.: »Wir tranken Kaffee bei ihnen und aßen köstliches Wiener Gebäck, das die Weigel Lenya zu Ehren gebacken hatte. Wenn sie zusammen sind, wirken Brecht und die Weigel wie schlaue, zähe Bauersleute, aber manchmal bricht auch eine ganz andere Atmosphäre durch, dann sind sie wie ein zwielichtiges Intrigantenehepaar oder wie zwei Leute, die zur Tarnung eine Pfandleihe betreiben. Du kannst Dir also vorstellen, daß sie einen enormen Reiz auf mich ausüben.« Für die Paris-Tournee des BE hätten sie Lotte Lenya angeboten, Brecht-Songs zu singen. »Aber Lenya sagte: ›Das ist schrecklich reizend von euch, aber für so etwas ist mir mein amerikanischer Paß wirklich zu schade.‹ So läuft das hier.« *(Spoto, 267f.)*

10. **Juni,** Freitag. B läßt Erwin Leiser durch Elisabeth Hauptmann mitteilen, daß er mit der von ihm (am 6. 6.) zugesandten Liste der ausgewählten Gedichte (→ 13. 5.) »an und für sich einverstanden« ist. Er besteht aber darauf, daß zusätzlich die Gedichte *Legende von der Entstehung des Buches Taoteking auf dem Weg des Laotse in die Emigration (12,32-34)*, *Und was bekam des Soldaten Weib? (15,71f.)* sowie *An Meine Landsleute (15,205f.)* aufgenommen werden, auch wenn dadurch andere Gedichte herausgenommen werden müssen *(708/79)*.

13. **Juni,** Montag. B schlägt über die DAK Ernst Busch zum Nationalpreis vor. Da die Kommission Busch ablehnt, wiederholt B seinen Vorschlag im Folgejahr (→ 24. 5. 56).

14. **Juni,** Dienstag. B hält Marc Blitzsteins Bearbeitung der *Dreigroschenoper* »für großartig«. Lotte Lenya hätte ihm mitgeteilt, sie sei gekränkt, weil er Briefe nicht beantwortet hat: B bittet Blitzstein, ihn zu entschuldigen *(Br, 2136)*.

Der Wien-Film läßt B telegrafisch die Nachricht zukommen, daß er mit dem jetzigen Drehbuch für die Verfilmung von *Herr Puntila und sein Knecht Matti* einverstanden ist.

15.-26. Juni 1955
Reise nach Paris

14./15. **Juni,** Dienstag/Mittwoch. Mit dem Nachtzug fährt B nach Paris.

16.-20. Juni, Donnerstag-Montag. Einrichtung der Technik und Verständigungsproben für *Der kaukasische Kreidekreis*. Wladimir Pozner, der B täglich begleitet, hilft ihm bei den Proben und bei zahlreichen Gesprächen mit Künstlern und Journalisten als Übersetzer. Pozner erinnert sich, daß der *Der kaukasische Kreidekreis* in Paris »wie ein Blitz« einschlug. Er habe B in ein Restaurant an den Seine-Quais eingeladen, wo man auf Holztellern »alle möglichen Käsesorten« servierte, »von Trester und Branntwein durchzogen, in Weinblätter gewickelt, in Gewürzen gewälzt, mit Asche bestreut«. Nach dem Essen soll B gesagt haben: »Ich würde diese Käseplatten gern im Foyer meines Theaters ausstellen, um den Deutschen beizubringen, was Kultur ist.« *(Pozner, 9f.)*

20.-24. Juni, Montag-Freitag. Im Théâtre Sarah Bernhardt wird *Der kaukasische Kreidekreis* aufgeführt.

22. Juni, Mittwoch. Aus London erfährt B von Carl M. Weber, den er zur Unterstützung der Inszenierung von *Mutter Courage und ihre Kinder* zum Theatre Workshop geschickt hat, daß anstelle von Joan Littlewood die Schauspielerin Catherine Parr die Courage übernehmen soll und die Anwesenheit seines Assistenten unerwünscht sei. B besteht auf Littlewood als Courage, was vertraglich festgelegt sei. Er bedauert die Irritation durch Weber: »Ich respektiere durchaus strikt individuelle Arbeitsmethoden, aber ich warne vor solchen, die eine *technische Beratung* bei neuartigen Stücken ausschließen. Damit die Kunst mit der Zeit Schritt halten kann, müssen die Künstler die neuen Kunstmittel zur Kenntnis nehmen und sie dann souverän und nach ihrer Art anwenden.« *(Br, 2138.)*

Wie Vladimir Pozner mitteilt, ist B in Paris »niemals in den überfüllten Theatersaal, nicht einmal hinter die Kulissen« gegangen. »Auf seinem Caféhausstuhl sitzend, trank er Bier, rauchte seine ewige Zigarre und wartete darauf, daß man ihm, sobald der Vorhang nach dem letzten Applaus gefallen war, von der Aufführung in allen Einzelheiten berichtete.« *(Pozner, 15.)*

26. Juni, Sonntag. B erklärt dem Kritiker von *Le Monde* Henri Magnan in einem längeren Brief Herkunft und Bedeutung des Verfremdungseffekts in seinem Theater. Er schließt: »In einigen theoretischen Arbeiten habe ich nachzuweisen versucht, daß und warum wir in der Kunst des Theaters eine Verfremdungstechnik benötigen – übrigens nicht unbedingt die meine.« *(Br, 2139.)*

26./27. Juni, Sonntag/Montag. Brecht fährt von Paris nach München, um die Endproben zu *Der gute Mensch von Sezuan* in den Münchener Kammerspielen anzusehen. Caspar Neher notiert: »Mit Bert 9h / dann Probe / später getroffen, abends mit Bert 8h Weißwürste.« *(NT.)*

Gastspiel des Berliner Ensembles mit *Der kaukasische Kreidekreis* Théâtre Sarah Bernhardt

Endlich das Theater, von dem man träumte! Ein Theater, in dem man die unnötigen Gewissenskonflikte des Salontheaters verwirft und das beste seiner Wirkungskraft den Elisabethanern, den Chinesen, den großen epischen Romanen, der Volksdichtung entnimmt. Eine Inszenierung, die auf der Materialität der Schauspieler und der Gegenstände beruht. Die Spielweise dieser Schauspieler ist klar, ohne Gefühlsduselei oder Chargierung. Alle Zuschauer (außer denen, die sich unehrlicherweise dagegen sträubten und irgendwelche politischen Beweggründe vortäuschten) haben empfunden, daß das Theater der Zukunft da war. *(L'Express, 26. 6.)*

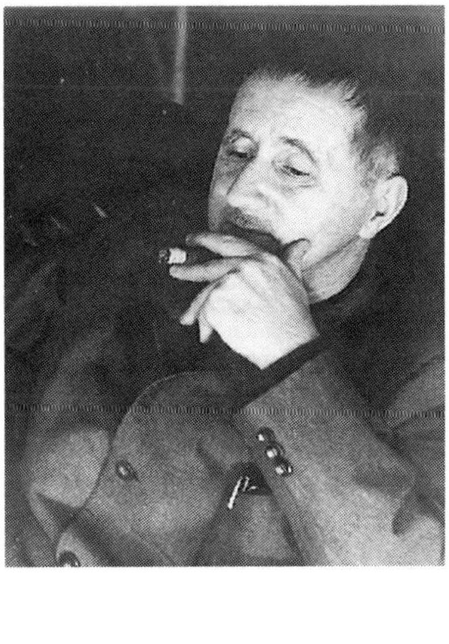

26.-29. Juni 1955
Reise von Paris nach München
Teilnahme an den Endproben von
Der gute Mensch von Sezuan
Kammerspiele München

Erneuter Anlauf für
die Verfilmung von
*Mutter Courage und
ihre Kinder*

28. Juni, Dienstag. B trifft vormittags mit Caspar Neher und Therese Giehse zusammen und besucht (bis zum Nachmittag) die Probe. Auch am Abend arbeitet er mit Neher. Er läßt sich in der Klinik von Dr. Ludwig Schmitt untersuchen. Mit einem Stempel von diesem Tage wird das endgültige Drehbuch zum Film *Mutter Courage und ihre Kinder* (»Fassung DVII/29«) als Grundlage für die Dreharbeiten vervielfältigt *(20,215-384)*. Als Autoren sind genannt: Emil Burri, B sowie Wolfgang Staudte, der inzwischen von der DEFA als Regisseur unter Vertrag genommen wurde.

29. Juni, Mittwoch. B nimmt (bis 17 Uhr) an der Generalprobe des *Guten Menschen von Sezuan* teil und fährt nachts nach Berlin zurück *(NT)*.

30. Juni, Donnerstag. Premiere des *Guten Menschen von Sezuan* an den Münchener Kammerspielen; Regie: Hans Schweikart, Bühnenbild: Caspar Neher, mit Erni Wilhelmi (Shen Te/Shui Ta), Arno Assmann (Yang Sun), Therese Giehse (Frau Yang), Paul Bildt (Wang).

B erhält einen vom Präsidium des Ministerrates (»Regierung der DDR – HO«) ausgestellten Ausweis Nr. 462 zum bevorzugten Einkauf in Einrichtungen der HO (Handelsorganisation).

Juni. B schenkt Roman Szydłowski eine Ausgabe seiner Werke mit der Widmung: »Für Tapferkeit vor dem Freund mit Respekt und herzlich.« *(17/21.)*

Er beklagt sich bei Ruth Berlau, die aus ihrer Kur zurückgekehrt ist, über ihr Verhalten. »Das Ensemble wird, auch wenn ich es wünschte, die Art, wie Du Dich als eine Lagerkommandeuse aufführst, wenn Du betrunken bist, und Du bist wieder seit Tagen betrunken, nicht mehr dulden.« B sieht nur noch die Möglichkeit, ihren Wunsch zu unterstützen, nach Dänemark zu gehen *(Br, 2128)*.

Auf die Anfrage der Lehrerin Liselot Huchthausen, weshalb er in *Der verwundete Sokrates (18,410-425)* aus der Niederlage der Athener gegen die Spartaner einen Sieg gegen die Perser bei Delion gemacht habe, antwortet B: »Ich könnte vielleicht sagen: Nachdem die Historiker soviel gedichtet haben, dürfen die Dichter doch auch ...« Er glaubt, damals kein Nachschlagewerk zur Hand gehabt zu haben, und will prüfen, »ob er den Schlachtort ohne Schaden für die Geschichte ändern kann« *(Br, 2137)*.

Der portugiesische Kritiker und Schriftsteller Pano de Ferro Redondo jun. schickt B sein Buch *Critica. Polémica. Ensaios de Estético Teatral* mit der Widmung: »Bertolt Brecht, dessen Werk als Dramatiker und Regisseur meinem unersättlichen Kenntnisdrang über das Theater neue und leuchtende Horizonte enthüllte mit der lebhaftesten Bewunderung« *(BBAB)*.

1. Juli, Freitag. B verwendet sich bei Nathan Notowicz für eine Teilnahme der Bühnenbildnerin des BE, Annemarie Rost, an den Weltfestspielen in Warschau. Sie habe für eine Darbietung des Staatlichen Volkskunstensembles die Kostüme entworfen. Die »Eindrücke, die sie dort bekommen wird«, wären »in jeder Weise für ihre Weiterentwicklung wichtig« *(Br, 2142)*.
B wendet sich an das Wohnungsamt Berlin-Mitte und bittet um bessere Wohnungszuweisung für Benno Slupianek, der zusammen mit Elisabeth Hauptmann für den Aufbau-Verlag an der Herausgabe der *Gesammelten Gedichte* Bs arbeitet *(Br, 2143)*.
2. Juli, Sonnabend. B schreibt für Claus Küchenmeister, der sich bei der DEFA beworben hat, eine Beurteilung, in der es u. a. heißt: »Er ist begabt, gebildet und fortschrittlich, außerdem versteht er gut mit Schauspielern zu arbeiten. Ich kann ihn als Regisseur empfehlen. Das Berliner Ensemble würde eine Wiederaufnahme seiner Mitarbeit jederzeit willkommen heißen.« *(23,348.)*

2. Juli 1955
Empfehlung von Claus Küchenmeister für die DEFA

5. Juli, Dienstag. B schickt an das Ministerium für Kultur eine Befürwortung Willi Bredels für die Rückkehr von Bernhard Reich nach Berlin.
Für die freiwerdende Stelle von Claus Küchenmeister (→ 2. 7.) schlägt B der DAK den Dresdener Bernhard K. Tragelehn als Meisterschüler vor *(Br, 2146)*.
Im Auftrag Bs beantragt Isot Kilian beim Innenministerium einen Sonderausweis für freie Fahrten zwischen Berlin und Buckow; B passiere »hauptsächlich den Kontrollpunkt Hoppegarten« *(752/66)*.
6. Juli, Mittwoch. B hat einen »kleinen Aufsatz«, den er zu Ernst Blochs Geburtstag schrieb, »verlegt«, schickt ihm statt dessen den Entwurf und bietet damit »mehr die Arbeit an als ihr Resultat« *(Br, 2147)*.
8. Juli, Freitag. Albert Wilkening hat Alberto Cavalcanti eingeladen, nach Berlin zu kommen, um mit B und ihm über eine Verfilmung des *Kaukasischen Kreidekreises* (→ 8. 6.) zu sprechen.
14. Juli, Donnerstag. B bietet Hilde Hildebrandt eine Rolle in dem Stück *Die Ziehtochter* von Alexander Ostrowski im BE an *(749/18)*. Sie ist an der Arbeit sehr interessiert, muß aber »leider« absagen, da ihr Gastspiel in Stuttgart verlängert worden sei *(749/19,20)*.
Mitte Juli. Isot Kilian ist mit ihrer Tochter nach Ahrenshoop in Urlaub gefahren und berichtet B (am 9. u. am 12. 7.) ausführlich darüber. Sie schreibt: »Ich bin sehr glücklich über uns und ich danke Dir sehr.« *(2046/39.)* B freut sich über die Genesung der Tochter. »Ich lese Kriminalromane (die Pariser Kollektion) und einiges über die Feldtheorie.«

Im *Sonntag* sei von Max Lingner das Gemälde *Der große deutsche Bauernkrieg* abgebildet gewesen, das für B »geradezu ein Ereignis« ist. Er überlegt sich, wie man dem Maler dafür noch einen Nationalpreis geben kann *(Br, 2148)*. Für diesen Zweck schreibt er den Text *Zu Lingners »Bauernkrieg« (23,348)*.

B hat Manfred Wekwerth mit dem Auftrag nach Wien geschickt, bei den Dreharbeiten Alberto Cavalcantis (→ 29. 1.) darauf zu achten, daß die Fabel von *Herr Puntila und sein Knecht Matti* nicht verlorengeht. Wekwerth berichtet von einigen Mängeln in der Arbeit. Besonders werde die von Cavalcanti bevorzugte »unruhige Kamera« nicht »zur Verfremdung benutzt, sondern, im Gegenteil, zur Verwicklung des Zuschauers in ein Gestrüpp von Eindrücken, Empfindungen usw.« Das sei aber, wie er hört, »ein ehernes Gesetz des Films« *(1119/20-22)*.

16. Juli 1955
Bemühungen um den Import von bayrischem Bier

16. Juli, Sonnabend. Nach einem Angebot (vom 14. 7.) der Bier-Import GmbH, Berlin/West, bittet Käthe Rülicke im Auftrag Bs den Stellvertretenden Kulturminister Alexander Abusch um eine Einfuhrgenehmigung für monatlich 100 Flaschen Bier. Bisherige Anträge seien mit der Begründung abgelehnt worden, »daß wir selbst Importbier hätten«. »Brecht kann aber das Pilsner Bier gar nicht vertragen und besteht auf seinem Münchener (was Sie als Bayer verstehen werden).« *(833/44.)* Am 18. 7. schickt der Persönliche Referent des Kulturministers einen Warenbegleitschein an den Magistrat von Groß-Berlin und befürwortet den Antrag »wärmstens«, denn: »Herr Brecht, Stalinpreisträger und Nationalpreisträger, benötigt dies Bier zur Erhaltung seiner Gesundheit und seiner Schaffenskraft.« *(833/45.)* Die Einfuhrgenehmigung wird bewilligt. Die Bier-Import GmbH bekommt aber von den Behörden in Berlin/West keine Ausfuhrgenehmigung.

18. Juli, Montag. B wendet sich an Walter Janka, weil bei der Edition seiner »Gesammelten Stücke« »unbegreiflicherweise vergessen worden« ist, »die herausgeberische Arbeit von Elisabeth Hauptmann zu vermerken«. Er bittet, das »möglichst schnell« nachzuholen *(Br, 2149)*.

B läßt bei dem Leipziger Theaterwissenschaftler Armin-Gert Kuckhoff nachfragen, ob im Vorlesungsplan der Theaterhochschule »Lektionen über Brecht vorgesehen sind, und wenn ja, welcher Art«; gleichzeitig bietet er Vorlesungen von Hans Bunge an der theaterwissenschaftlichen und von Manfred Wekwerth an der Schauspielabteilung an *(750/106)*.

18. Juli 1955
Zusammenstellung von *Dialektik auf dem Theater*

B stellt einige (früher entstandene) Texte zu einem Konvolut *Dialektik auf dem Theater (23,386-413)* zusammen, überarbeitet und ergänzt sie.

Elisabeth Hauptmann teilt dem Übersetzer Johannes von Günther mit, daß im BE die Entscheidung für Ostrowskis *Ziehtochter* gefallen ist. »Auf jeden Fall wird Brecht die Vorbereitung der Inszenierung selber überwachen.« *(746/86.)*

20. Juli, Mittwoch. Das Innenministerium lehnt das Ersuchen (→ 5. 7.) um einen Sonderausweis für freie Fahrten Bs mit der Begründung ab, daß diese nur an die »leitenden Mitarbeiter des Staatsapparates (Minister, Staatssekretäre und Stellvertreter der Minister) ausgegeben« werden. B solle am Kontrollpunkt nur seinen Nationalpreisträger-Ausweis vorlegen *(752/6)*.

25. Juli, Montag. B autorisiert die englische Übersetzung seines *Caesar*-Romans von Dorothea Alexander und Eric Paice und erlaubt ihnen weitere Übersetzungen *(Br, 2150)*.

B bedankt sich bei Willi Bredel für ein (am 3. 7.) zugesandtes Konfuzius-Bild (das er aus der Kaiserstadt Sian beschafft hat) und für dessen Hilfe bei dem Bemühen um eine Einreise von Bernhard Reich *(Br, 2151)*.

B beglückwünscht Hans Schweikart nochmals zum Erfolg seiner *Sezuan*-Aufführung in den Münchener Kammerspielen und schickt ihm *Schweyk im zweiten Weltkrieg* und *Don Juan* in der Bearbeitung des BE.

Helene Weigel leitet einen Antrag Bs an die Hauptverwaltung der Volkspolizei (Paß- und Meldewesen) weiter, in dem er für Hanns Eisler eine ständige Ausreisebewilligung für Flüge nach Wien erbittet, »weil dort eilige Arbeiten zu erledigen sind« *(747/49)*.

29. Juli, Freitag. Herbert Sandberg macht B auf Juri Soyfer aufmerksam, der nach Auskunft eines seiner Wiener Freunde »ein Nachfolger Nestroys« geworden wäre, und schickt ihm eines seiner Werke. Sandberg hat Soyfer im KZ Buchenwald kennengelernt *(755/10)*.

Alberto Cavalcanti teilt B mit, daß der *Puntila*-Film am 4. 8. fertiggestellt sein wird. Er habe versucht, Bs »Gedanken zu respektieren«, der Film sei »sehr bunt, vielleicht zu viel für Ihren Geschmack«. Es habe ihm Probleme gemacht, »die Interpretation Curt Bois' unter Kontrolle zu halten«. Manfred Wekwerths Vorschlägen habe er nicht immer folgen können, weil er sich »voll verantwortlich für die filmische Interpretation« des Stoffes gefühlt habe. Auf dem Rückweg aus Warschau im August will Cavalcanti B in Berlin treffen und ihm einen »genauen Bericht über die abgelieferte Arbeit« geben *(701/9f.)*.

Juli/August. Käthe Reichel ist bei ihrem Aufenthalt in Frankfurt/M. (→ 15. 2.) auf Ingeborg Bachmann aufmerksam geworden und hat sich deren Band *Die gestundete Zeit* gekauft. Als sie mit B in Buckow die Gedichte noch einmal liest, unterstreicht B einige Verse. »Alles, was nicht unter-

Zeichnung von Herbert Sandberg

strichen ist, könnte nach Brecht – oder müßte nach Brecht – weg.« *(Gerhard Wolf, Im deutschen Dichtergarten, S. 98.)* Die dadurch entstehenden »Bearbeitungen« sind die Gedichte *Im Gewitter der Rosen* (nach Bachmanns *Die gestundete Zeit*), *Mit Meerhauch und Eichenblatt* (nach *Abschied von England*), *Die Liebe hält manchmal* (nach *Reigen*), *Unter dem Schnee* (nach *Sterne im März*), *Holz* (nach *Holz und Späne*), *In diesem Sommer* (nach *Thema und Variation*), *Sieben Jahre später* (nach *Früher Mittag*), *Maria am Gestade* (nach *Große Landschaft bei Wien*) *(15,279f.)*.

2. August, Dienstag. B erhält das Szenarium der Filmsatire *Der Hauptmann von Köln* (von Slatan Dudow, Henryk Keisch und Michael Tschesno-Hell), versieht es bei der Lektüre mit zahlreichen zum Teil sarkastischen Anmerkungen und nimmt an einer Diskussion teil (Premiere des Films: 7. 12. 56).

4. August, Donnerstag. Lion Feuchtwanger informiert B darüber, daß eine Moskauer Zeitschrift *Die Gesichte der Simone Machard* abdrucken will und schickt B ein Exemplar zur eventuellen Überarbeitung. Wie er schreibt, liest er »schmunzelnd und mit ehrlicher Freude« von Bs Erfolgen: »Wenn die Welt so weiterläuft, werden Sie der einzige Autor sein, der den Stalin- und den Nobel-Preis kriegt.« *(Feuchtwanger, 74.)*

6. August, Sonnabend. B macht den Vorschlag für eine *Wochenschrift für ganz Deutschland (23,349f.)* und reicht ihn über die DAK beim Ministerium für Kultur und am 18. 8. bei Wilhelm Girnus (als dessen Sekretär beim Ausschuß für Deutsche Einheit) ein. (Das Projekt kommt nicht zustande.)

Helene Weigel mit dem Schäferhund Rolf in Buckow

7. August, Sonntag. B schlägt Schweikarts Inszenierung des *Guten Menschen von Sezuan* an den Kammerspielen München (→ 30. 6.) als Austauschgastspiel vor. »Das Berliner Publikum kennt meine Stücke nur in meiner Inszenierung, und das halte ich nicht für gut: diese Aufführungen lassen keinen Schluß zu auf ihre *allgemeine* theatralische Eignung.« *(Br, 2156.)*

8. August, Montag. B informiert das Ministerium für Kultur über den Stand der Bemühungen um Bernhard Reich. Dieser habe inzwischen bei der Botschaft der DDR in Moskau seine Rückkehr nach Deutschland beantragt. B möchte Reich für den Aufbau eines Studios an das BE engagieren und schickt eine Begründung für das sowjetische Kulturministerium mit. Darin werden besonders Reichs »Kenntnis der Entwicklung des sowjetischen Theaters und seine Erfahrungen mit deutschen Schauspielern als damaliger Regisseur am Deutschen Theater Max Reinhardts und den Kammerspielen München« hervorgehoben *(zu Br, 2151)*.

B schickt den Vertrag über die »Gesammelten Stücke« mit

einigen »kleinen Änderungen« an den Aufbau-Verlag zurück und teilt Walter Janka mit, daß die Bände 1-4 »sehr schön geworden« seien *(Br, 2158)*.

9. August, Dienstag. B sieht sich in einer Sondervorführung der DEFA den Film *Entwicklung der Arbeiterbewegung* von Andrew Thorndike und Karl-Eduard von Schnitzler an.

Curt Bois schickt B einen gleichzeitig an Ruth Fischer geschriebenen Brief. Darin gibt er seiner Enttäuschung über die Realisierung des *Puntila*-Films Ausdruck. »Im Falle *Puntila* kann ich nicht umhin, Ihnen vor meiner Abreise zu sagen, daß Sie wohl für manche etwas getan haben mögen, aber nicht für das von mir geliebte Werk Bertolt Brechts, dessen Aufnahme ich bei der Wien-Film erwirkt habe.« *(701/6f.)*

Vom 9. 8. bis 9. 9. ist Ruth Berlau im St. Josef-Krankenhaus Berlin-Weißensee bei Chefarzt Dr. A. Wand (Facharzt für Nervenkrankheiten) in Behandlung.

10. August, Mittwoch. B autorisiert Gianni Bosio von Avanti Editioni Mailand zur Herausgabe seiner Gedichte *(Br, 2159)*.

Im Zeitkino sieht sich B Wochenschauen und Filme der satirischen Reihe *Das Stacheltier* an.

13. August, Sonnabend. B bittet den Produktionsdirektor der DEFA, Albert Wilkening, wie vertraglich abgemacht, Heinrich Kilger, der für die Theaterinszenierung *Mutter Courage und ihre Kinder* Bühnenbild und Kostüme gemacht hat, auch für die Kostüme des Films (→ 20. 6.) hinzuzuziehen. Hinsichtlich der Entscheidung, ob der Film als Farbfilm, als Schwarz-Weiß-Film oder als »Film mit bestimmter Tönung« gezeigt wird, sei seine Bedingung, darüber spätestens zu entscheiden, »wenn das gedrehte Material« vorliege: »Eine andere Lösung war deshalb kaum möglich, weil Staudte auf einem Film bestand, der von uns allen, ihn eingeschlossen, als Experiment betrachtet werden muß, nachdem die bis jetzt vorliegenden Versuche weder ihn noch Sie noch mich überzeugt hatten.« *(Br, 2160.)*

15. August, Montag. B bittet Rudolf Engel, sich um Einreise und Versorgung des polnischen Regisseurs Konrad Swinarski zu kümmern, ebenso um die immer noch nicht geregelte Einreise der holländischen Familie Lucebert *(Br, 2161)*.

17. August, Mittwoch. Hanns Eisler schickt B die Musik des »Zweiten Traumes« der Simone Machard. Er sei an »der Arbeit, den *Puntila*-Film zu komponieren«. »Es ist eine Plage und macht mir wenig Spaß.« *(701/16.)*

18. August, Donnerstag. Der Herstellungsleiter des Henschelverlags fixiert das von Peter Palitzsch (am 16. 8.) telefonisch durchgesagte Imprimatur Bs für den Neudruck des *Antigonemodells 1948*.

18. August 1955
Beginn der Dreharbeiten
Mutter Courage und ihre Kinder

Wolfgang Staudte beginnt mit den Dreharbeiten für *Mutter Courage und ihre Kinder* in den Babelsberger Studios der DEFA, mit Helene Weigel (Courage), Simone Signoret (Yvette), Siegrid Roth (Kattrin), Ekkehard Schall (Eilif), Joachim Teege (Schweizerkas), Bernard Blier (Koch) und Erwin Geschonneck (Feldprediger). B hat vertraglich vereinbart, daß Manfred Wekwerth als seine Vertrauensperson mitarbeitet.

Ruth Berlau stellt in einem Brief aus dem Krankenhaus an B und an die anderen Leitungsmitglieder des BE sechs Bedingungen für den Fall ihrer weiteren Mitarbeit.

20. August Sonnabend. B informiert Lion Feuchtwanger, daß er dem russischen Übersetzer gegenüber darauf bestanden hat, daß die Darstellerin der Simone in *Die Gesichte der Simone Machard* ein Kind sein muß. Dies sei für eine mögliche Aufführung in der Sowjetunion schon deshalb notwendig, weil dort die Schauspieler »so gut und lang erzogen werden, daß sie 23 sind, wenn sie zum ersten Mal auftreten können«. B informiert Feuchtwanger außerdem über die Arbeit an *Pauken und Trompeten (Br, 2163)*.

23. August, Dienstag. B beschwert sich bei seiner Autoreparaturwerkstatt über die unzulänglich ausgeführte Reparatur seines neuen Kabrioletts (→ 5. 1.). Er weigert sich, die Rechnung von 47,75 M zu bezahlen. Der Wagen stinke immer noch, und wenn er nicht reparierbar ist, wolle er ihn zurückgeben und sein Geld zurückverlangen, »welches nicht stinkt« *(Br, 2165)*.

26. August, Freitag. B bedankt sich bei Umberto Campagnolo aus Venedig dafür, das die Europäische Kulturgesellschaft ihn zum Mitglied gewählt hat. Wegen seiner laufenden Arbeiten sei aber eine Teilnahme an Tagungen außerhalb von Berlin kaum möglich. »Sonst stehe ich Ihnen gern zur Verfügung.«

Ende August. B ist mit Peter Palitzsch einen »kleinen Aufsatz« *(Die Wahrheit ist konkret*, in: *Berlau/Bunge, 280-284)* von Ruth Berlau für den Neudruck des *Antigonemodells 1948* beim Henschelverlag »sehr genau durchgegangen« und hat dann »einen Extrakt gemacht«; er bittet sie um ihr Einverständnis *(Br, 2164)*. Sie möchte aber nicht nur als Fotografin fungieren und einen neuen Text entwerfen. B fordert sie (am 30. 8.) auf, »die 20 Zeilen« nicht allzu persönlich zu schreiben. »Je nüchterner, trockener, vernünftiger da alles ist, desto besser, das weißt Du ja.« *(Br, 2167.)*

29. August, Montag. B ist in Bad Saarow und unterhält sich mit Alexander Abusch über die literarische Gattungseinordnung seiner Biographie *Schiller. Größe und Tragik eines deutschen Genius*. (Abusch schickt ihm am 1. 9. ein Exemplar des Buches.)

30. August, Dienstag. Bernhard Reich schickt B eine Analyse von Ostrowskis *Ziehtochter* und kommt zu dem Ergebnis, daß sich das Stück auf Bs »Linie« befindet *(749/78)*.

Nach Unterzeichnung des österreichischen Staatsvertrags (am 15. 5. 55, also nach Drehbeginn des Films *Herr Puntila und sein Knecht Matti*) scheiden die Vertreter der USIA (Zusammenschluß der Betriebe unter sowjetischer Verwaltung) aus der Wien-Film aus. Einer Meldung der *Weltpresse*, Wien, zufolge legen B und Hanns Eisler »gegen die Weiterführung der Filmarbeiten durch eine österreichische Firma« Protest ein. Die neue österreichische Leitung der nun »Wien Film Rosenhügel« genannten Firma läßt aber den Film fertigstellen (→ Dezember).

30. August 1955
Brecht und Eisler fordern Abbruch der Arbeiten am *Puntila*-Film

31. August, Mittwoch. B bedankt sich bei Yüan Miau-tse für seine Abschrift des Gedichts *Gedanken bei einem Flug über die Große Mauer (11,265 f.)* in chinesischer Schrift und teilt ihm mit, daß er es in seiner Wohnung ausgehängt hat *(Br, 2168)*.

B teilt Lore Espay von der Berliner Schauspielschule mit, daß Angelika Hurwicz gern bereit ist, Schauspielunterricht zu erteilen. »Sie scheint mir dafür hervorragend geeignet.« *(Br, 2169.)*

Ruth Berlau will ihren Artikel über die Fotografie für das *Antigonemodell 1948* umschreiben (→ Ende August), sich aber nicht an Peter Palitzschs Aufforderung halten, ihn »so schnell als irgend möglich« zu schicken *(2201/52)*.

August. Als B erstmals den Schauspieler Bernard Blier als Koch sieht, schreibt er an Staudte, man müsse für ihn einige Änderungen im Drehbuch machen, »da er als der aus den Nähten geplatzte Don Juan des Buchs kaum besonders interessant sein dürfte«. Er schickt einige Anmerkungen dazu, die er mit Wekwerth ausgearbeitet hat *(Br, 2154)*.

Auf die Forderung Caspar Nehers (vom 10. 8.), ihm seine *Hofmeister*-Blätter für einen Verkauf nach England zu überlassen, erklärt sich B zur Zahlung bereit. »Sie sind das, was wir von glücklicher Zusammenarbeit behalten haben. Sollest Du in Not kommen, weißt Du, daß ich Dich nicht im Stich lassen werde.« *(Br, 2162.)*

August/September. B schlägt Wolfgang Staudte vor, an dem Entschluß festzuhalten, »uns nicht zu krachen«. Anlaß dafür ist ein Mißverständnis Staudtes wegen eines Telefongesprächs, das Manfred Wekwerth mit B geführt hat. B stellt klar: »Wekwerth ist schließlich kein Spion, schon weil ich keine feindliche Macht darstelle.« *(Br, 2170.)*

August 1955
Meinungsverschiedenheiten mit Staudte über *Courage*-Film

1. September, Donnerstag. Der polnische Regisseur Konrad Swinarski (→ 15. 8.) wird Meisterschüler Bs *(768/37)*.

5. September, Montag. B beklagt sich bei Hans Rodenberg darüber, daß der *Courage*-Film »mit fast unglaublichem

Leichtsinn vorbereitet wurde«. Er hat ernsthaft Einwände gegen die Kostüme, gegen die Besetzung, die zum großen Teil ohne seine Zustimmung vorgenommen wurde, und gegen das Ausbleiben von Schminkversuchen. Seinem Assistenten Wekwerth sei nahegelegt worden, »nicht mehr das Atelier zu betreten«. Eine Nachsynchronisierung von schon gedrehten Szenen scheint B bei so einem Film »total unmöglich«. Er habe vergeblich versucht, am 4. 9. Staudte und den Produktionsleiter Willi Teichmann »zu einer Diskussion dieses ernsten Problems zu treffen«. B bittet Rodenberg um Hilfe. »Ich weiß nicht mehr, was ich tun kann, um wenigstens zu verhindern, daß künstlerische Arbeit und riesige Kosten hier verschwendet werden.« *(Br, 2173.)*

5. und 7. September 1955 Besuch der Filme *Stärker als die Nacht* und *Adresse unbekannt*

B besucht eine Voraufführung der DEFA von *Stärker als die Nacht* (Premiere: 24. 9.; Buch Jeanne und Kurt Stern, Regie: Slatan Dudow).

6. September, Dienstag. B sieht sich erneut den Film *Das Beil von Wandsbek* (→ 12. 5.) an.

7. September, Mittwoch. B sieht in einer Sonder-Vorführung den französischen Film *Adresse unbekannt* (Regie: Jean-Paul Le Chanois), in dem Bernard Blier (→ August) die Hauptrolle spielt.

B wünscht von Ruth Berlau, daß sie sich einer »richtigen Kur« unterzieht und daß sie wieder »ruhig« wird, »nüchtern, lustig und produktiv« *(Br, 2174)*.

9. September, Freitag. Renata Mertens-Bertozzi hat mit Walter Marti eine Filmfirma gegründet und bittet B (am 30. 7.) um ein Darlehen oder um Beteiligung. B lehnt ab, denn mit der Finanzierung von Filmen hätten sich schon Upton Sinclair und Sergej Eisenstein ruiniert, und andererseits seien fast alle seine Tantiemen im Ausland eingefroren. »Es würde zu viel Pädagogik brauchen, um sie wieder aufgetaut zu bekommen.« *(Br, 2175.)*

B übermittelt der Philips Ton Gesellschaft, die ihn (am 24. 8.) zu einer Vorführung der zehn neuen Aufnahmen von Brecht-Weill-Songs mit Lotte Lenya nach Hamburg eingeladen hat, daß er wegen der laufenden Theaterproben nicht kommen kann, aber die Aufnahmen gern in Berlin haben möchte.

12. September 1955 Planung eines Gastspiels mit dem Berliner Ensemble in London

12. September, Montag. Nach dem Besuch der Voraufführung von *Pauken und Trompeten* diskutieren B, Helene Weigel sowie Mitarbeiter des BE mit einer Delegation der englischen Schauspieler-Gewerkschaft, die ein baldiges Gastspiel des Theaters in London wünschen. In der Delegation befindet sich auch John Fernald, der Direktor der Königlichen Akademie für dramatische Kunst.

13. September, Dienstag. B nimmt zu dem Publikationsplan des Henschelverlags Stellung und schreibt dem Cheflektor

Karl Heidkamp, die geplante Veröffentlichung *Dramaturgische Gesetze auf Grund der »Poetik« des Aristoteles* (von Theodor Bahrisch) rieche ihm »zu sehr nach ›ewigen Gesetzen‹, welche von der mittelalterlichen und bourgeoisen, neuzeitlichen metaphysisch gerichteten Ästhetik immer wieder dem guten Aristoteles abgezogen werden«. Er empfiehlt, diese Publikation wie auch das Buch *Einführung in die Formenlehre der Dichtkunst* (vom gleichen Autor) mit den Mitgliedern der DAK gründlich durchzusprechen *(Br, 2177)*.
B bittet den in Dänemark lebenden deutschen Maler, Bildhauer und Kunstpädagogen Harald Isenstein, der (am 2. 9.) seinen Besuch in Berlin angekündigt hat, ihn im Theater am Schiffbauerdamm aufzusuchen *(Br, 2178)*.
Kurt Schwaen besucht (auch am 15. und 17. 9.) Proben zu *Meister Pfriem*.
14. September, Mittwoch. B erkundigt sich beim Königlichen Theater in Kopenhagen danach, mit welchem Verlag für die Aufführung der *Sieben Todsünden* (→ 12. 11. 36) Vertrag geschlossen wurde und bittet (am 30. 9.) um die Noten. Das Theater antwortet (am 21. 9.), es habe sich um den nicht mehr existierenden Skandinavisk Teaterforlag gehandelt, die Noten seien zurückgegeben worden. Abends hört B in der DAK einen Vortrag von Carl Niessen über Gestik und Mimik.
15. September, Donnerstag. B schreibt an Johannes R. Becher: »Wir müssen jetzt mit der Verschrottung unserer besten Leute aufhören; zumindest dürfen wir sie nicht auch noch planen!« *(Br, 2179.)*
Werner Kraft schenkt B nach einem Gespräch sein Buch *Figur der Hoffnung. Ausgewählte Gedichte* mit der Widmung: »dem von mir verehrten Dichter in dankbarer Erinnerung an unsere heutige Begegnung« *(BBAB)*.
16. September, Freitag. B schreibt Anton Ackermann (→ 13. 5.), »die Erklärung Helene Weigels, sie sei aus künstlerischen und gesundheitlichen Gründen außerstande, die Arbeitsbedingungen zu erfüllen, die ihr von Herrn Staudte plötzlich gestellt wurden«, entbinde die DEFA nicht von ihrer vertraglichen Verpflichtung. Es müßten »eben diese Arbeitsbedingungen« geändert werden *(Br, 2180)*.

16. September 1955
Helene Weigel protestiert gegen die Arbeitsbedingungen bei den Dreharbeiten für *Mutter Courage und ihre Kinder*

19. September, Montag. B richtet an Hans Winge einige Fragen über technische Prozesse des Schwarz-Weiß-Kopierens von Farbnegativen *(Br, 2181)*.
B drückt Friedrich Siems sein Bedauern aus, daß es ihm immer noch nicht geglückt ist, zu einer *Galilei*-Aufführung nach Köln zu kommen, und daß er »die allererste Gelegenheit« nutzen wird *(Br, 2182)*.
Premiere von *Pauken und Trompeten* (George Farquhars Komödie *The Recruiting Officer*, übersetzt und bearbeitet

19. September 1955
Premiere
Pauken und Trompeten
Berliner Ensemble

Die Qualitäten Brechts und seiner Schule, der Denk- und Lerneifer, die künstliche und oft kunstreiche Einfalt, der exakte Witz und auch die unterkühlende Regie-Methode haben nicht immer ein so unterhaltendes Objekt gefunden. Besonders die junge Regine Lutz in der Haupt- und Hosenrolle herzlich beklatscht. *(Der Spiegel, 21. 9.)*

Niemals habe ich Regine Lutz so lebendig, so freigespielt durch Genauigkeit gesehen wie hier als verliebte Viktoria, die sich als Soldat verkleidet, um ihren Geliebten vom Militär abzuziehen. Regine Lutz erinnert in dem gestochenen Witz ihres Spiels an chinesische Schauspielkunst. [...] Es war eine Aufführung, die durch artistische Vollkommenheit Substanz ansetzte. *(Herbert Jhering, Sonntag, 25. 9.)*

Pauken und Trompeten? Nein, mit Flöte und Fagott, ab und zu mit Bratsche hat Benno Besson, bestimmt, wenn auch nicht vermerkt, angeleitet von Bert Brecht, in Berlin am Schiffbauerdammtheater die Komödie *Der Werbeoffizier* von George Farquhar wieder in Szene gesetzt. Dies vor allem, die Leichtigkeit, die Eleganz, das Spielerische, mit der diese Bearbeitung geschah, muß am Anfang hervorgehoben werden. Man wünschte allen Regisseuren, hüben und drüben, sich diese Inszenierung des Berliner Ensembles anzusehen, damit sie wissen, wie man zwischen der Skylla des Naturalismus und der Charybdis der Abstraktion in hoher Form Theater machen kann. *(Ernst Schumacher, Deutsche Zeitung, 12. 10.)*

für das BE von B, Benno Besson, Elisabeth Hauptmann), Musik: Rudolf Wagner-Régeny, Regie: Benno Besson, Bühnenbild: Karl von Appen; mit Dieter Knaup (Captain William Plume), Wolf Kaiser (Captain Brazen), Norbert Christian (Sergeant Kite), Regine Lutz (Victoria Brazen), Annemarie Schlaebitz (Melinda Morhill), Barbara Berg (Zofe der Melinda).

20. September, Dienstag. B berät sich mit Mitgliedern der Leitung und der Dramaturgie. Er schlägt eine Erweiterung des Repertoires vor, weil bestimmte Stücke wie z. B. *Winterschlacht* nicht »überanstrengt« werden dürfen. Abends trifft sich B. mit Peter Hacks.

21. September, Mittwoch. B trifft sich nachmittags in seiner Wohnung mit dem Darmstädter Intendanten Gustav Rudolf Sellner (→ 14. 5.).

22. September, Donnerstag. In einer Beratung mit B, an der Helene Weigel, Elisabeth Hauptmann, Karl von Appen, Peter Palitzsch, Käthe Rülicke und weitere Mitarbeiter der Regie und Dramaturgie teilnehmen, wird über das *Galilei*-Projekt gesprochen. Falls Ernst Busch die Titelrolle übernimmt, soll im Dezember mit den Proben begonnen werden. Es werden weitere Besetzungsvorschläge gemacht. Danach ist *Schweyk* (mit Friedrich Richter vom Deutschen Theater) vorgesehen. Abends Diskussion mit Herbert Sandberg, Peter Hacks und Lucebert über neue Stücke und über Architektur. Hans Mayer teilt über Käthe Rülicke B mit, daß sein Vortrag über *Brecht und das deutsche Theater*, den er aus Anlaß der Eröffnung der Deutschen Staatsoper (am 15. 9.) im Auftrag des Kulturbundes halten sollte, ganz unzureichend propagiert worden sei. Daraufhin hat Mayer den Vortrag abgesagt und ist nach Leipzig zurückgefahren. Er ist überzeugt, daß B an seiner Stelle auch so gehandelt hätte.
Auf Veranlassung von B und Helene Weigel fahren Mitarbeiter des BE (Rülicke, Besson, Böttcher, Wekwerth) an verschiedene Theater der DDR (bis zum 16. 10.) und sehen sich Schiller-Inszenierungen an.

24. September, Sonnabend. Ruth Berlau besteht darauf, daß sie als Mitarbeiterin von *Leben des Galilei* genannt wird. Auf Elisabeth Hauptmanns Nachfrage bei B schickt er folgende Erklärung: »Bei dem Stück *Leben des Galilei* arbeitete Margarete Steffin, bei der kalifornischen Fassung Charles Laughton mit, der aber meines Erachtens keinen Wert auf Namensnennung legen dürfte. Ruth Berlau beteiligte sich an der Schlußredaktion zusammen mit andern. Ihre Mitarbeit wird bei der Publikation des Modellbuchs festgestellt.« *(EHN, 200/2.)*

27. September, Dienstag. In einer öffentlich ausgehängten Erklärung schreibt B an die Mitglieder des BE, die Arbeit der jungen Regisseure werde »falsch eingeschätzt« und ihnen sein »Anteil an ihren Inszenierungen vorgehalten«. Er stellt richtig: »Die jungen Regisseure haben bei uns nicht nur das sogenannte Handwerk gelernt, sie lernen darüber hinaus eine ganz besondere Art Theater, die sich noch in der Entwicklung befindet und mir selbst genug Schwierigkeiten bereitet. So ist immer noch, und hoffentlich noch geraume Zeit, jede Aufführung ein Experiment.« Insbesondere lobt B Benno Bessons Inszenierung *Pauken und Trompeten (23,359).*

Figurinen Karl von Appens zu *Pauken und Trompeten*

28. September, Mittwoch. B informiert Lion Feuchtwanger vom Interesse der English Stage Society in London an *Galileo* und bittet ihn, sich bei Charles Laughton zu erkundigen, ob er die Rolle dort spielen würde. Während eines Gastspiels in Berlin habe er mit Peggy Ashcroft, John Gielgud und George Devine gesprochen; sie seien interessiert, Aufführungen des BE nach England zu bringen *(Br, 2183).*

29. September 1955
Beginn der Erkrankung Brechts

29. September, Donnerstag. B fühlt sich gesundheitlich nicht wohl und läßt Dr. Otto Mertens, Facharzt für Innere Medizin vom Westsanatorium (Berlin/West) kommen, der ihn bereits seit August medizinisch betreut. In einer Notierung von Isot Kilian heißt es: »Die Krankheit äußerte sich immer in kleinen Temperaturen, die meist nicht über 37.3 gingen. Brecht kontrollierte seine Temperatur besorgt, da er meist 36.5 für sich als normal bezeichnete. Hinzu kam ein besonderer Erschöpfungszustand. Oft ähnelte die Krankheit einer Grippe. Meist war sie nach ca. drei Tagen wieder vorbei. Brecht ging laufend zum Arzt in Abständen von ca. drei Wochen.« *(1826/1.)*

1. Oktober, Sonnabend. Auf eine Anfrage Ruth Berlaus hin schreibt B, daß er erkältet sei und Fieber hatte. Obwohl der gestrige Tag »etwas wacklig« gewesen wäre, ist es schon besser geworden: »Heute bin ich aufgestanden.« *(Br, 2186.)*

3. Oktober, Montag. B besucht Caspar Neher in Berlin/West und spricht mit ihm über die Bühnenbildgestaltung in *Leben des Galilei.*

B sagt eine Einladung des Germanistenvereins der Stockholmer Studenten (vom 18. 9.) ab, im Herbst einen Vortrag zu halten. »Die Arbeit an unserem Theater und noch vieles andere lassen mir dazu leider keine Zeit.« *(Br, 2187.)*

4. Oktober, Dienstag. Der Schauspieler und Regisseur Gerhard Klingenberg vom Wiener Burgtheater schreibt Helene Weigel, daß er sich über sein Engagement am BE freut und die Möglichkeit, »mit einem Mann wie Brecht arbeiten zu können«. Ihm könne »nichts erstrebenswerter erscheinen, als *Ihr* Theater mit seinem epochalen Stil«. Er komme dem Auftrag nach, in Wien nach Schauspielern für das BE Ausschau zu halten *(701/28f.).*

5. Oktober 1955
Vorbereitung der Inszenierung von *Leben des Galilei*

5. Oktober, Mittwoch. B spricht erneut mit Caspar Neher über *Leben des Galilei*. Nach einer Notiz Bs soll die Bühne »auf italienische Art leicht aufmontiert« sein und »nichts Steinernes, Wuchtiges, Massives« enthalten. »Die Bühne zeigt das Milieu Galileis in zeitgenössischen Zeugnissen (technische Handzeichnungen Lionardos, die Wölfin mit Romulus und Remus, ein Kriegsschiff aus dem Arsenal von Venedig usw.« Es wird festgelegt, einen Steinboden zu wählen und keine Projektionen zu benutzen *(24,251)*.
In der Vorbereitungsphase der Inszenierung entstehen die Texte *Zur 1. Szene (24,249)* und *Fabelskizze (24,249-251)*.

Abbruch der Dreharbeiten von *Mutter Courage und ihre Kinder*

B beschreibt Therese Giehse die unerträgliche Arbeitssituation bei der Verfilmung von *Mutter Courage und ihre Kinder*, so daß Helene Weigel die Rolle »widerstrebend« aufgegeben hat. Staudte habe »den Film als einen Superkolossalfilm geplant und dazu noch völlig unzureichend vorbereitet – er war den Sommer über bis zehn Tage vor Drehbeginn mit einem Film in Holland beschäftigt«. Bs Argumente wären auch auf das Verständnis der Regierung gestoßen. »Sie war sofort bereit, lieber die erheblichen Geldverluste zu tragen als einer solchen planmäßigen Verschrottung unentbehrlicher Leute Vorschub zu leisten.« B dankt Therese Giehse, die eine Übernahme der Rolle für den Film abgewiesen hat, für ihre »feste Haltung« *(Br, 2188)*.

Zeichnung von Tadeusz Kulisiewicz

6. Oktober, Donnerstag. Wie B »mit Freude« hört, hat Tadeusz Kulisiewicz seinen Zyklus über den *Kaukasischen Kreidekreis* beendet; er lädt ihn ein, damit nach Berlin zu kommen und eine Publikation der Zeichnungen zu besprechen *(Br, 2189)*. In einem Begleitbrief informiert Käthe Rülicke den polnischen Grafiker darüber, daß B im November mit den Proben von *Leben des Galilei* beginnen will. Sie schreibt: »Den Galilei spielt Busch, interessant besonders deshalb, weil er sich überhaupt nicht mit Brechts Vorstellung der Figur (in Amerika: Laughton) deckt.« *(711/71.)*
7. Oktober, Freitag. B sendet telegrafische Glückwünsche zum Nationalpreis an Max Lingner, Hans Mayer und Ernst Bloch *(757/23)*.
10. Oktober, Montag. B gratuliert Ludwig Renn zum Nationalpreis, »wenn ich auch mit der Klassifizierung nicht einverstanden bin« *(Br, 2191)*. Gleichzeitig gratuliert er auch Leonhard Frank zum Nationalpreis *(Br, 2192)*.

Teilnahme an Proben von *Der Tag des großen Gelehrten Wu*

Im BE probiert Peter Palitzsch das alte chinesische Volksstück *Der Tag des großen Gelehrten Wu* (→ 8. 12.). B besucht Proben und gibt dem Schauspieler Wolf Kaiser Hinweise für seine Gestaltung der Titelrolle; darin heißt es: »Auch die groben Späße verlangen eine besondere Leichtigkeit der Darstellung. Gerade das Grobe wird leicht schwer. Es muß aber mit besonderer Feinheit dargeboten werden.« *(750/37.)*

B mahnt Kurt Bork, eine schriftliche Bestätigung für die Eröffnung des beantragten Studios (→ 6. 4.) zu schicken *(Br, 2193)*. Bork erteilt (am 13. 10.) die Genehmigung des Kulturministeriums, die aber noch der Bewilligung der erforderlichen finanziellen Mittel im Volkswirtschaftsplan bedürfe.

11. **Oktober,** Dienstag. Der österreichische Bundeskanzler Julius Raab hat B zur Eröffnung des wiederaufgebauten Burgtheaters eingeladen. B muß zu seinem Bedauern absagen, weil seine »im Augenblick etwas schwankende Gesundheit« eine solche Reise nicht zuläßt. Er gibt seiner Freude Ausdruck, »daß dieses große Theater seine ganz unersetzliche kulturelle Mission wieder ausüben wird« *(Br, 2195)*.

12. **Oktober,** Mittwoch. B möchte, daß Hugo Huppert aus Tbilissi zum Schriftstellerkongreß (→ 9. 1. 56) eingeladen wird *(744/97)*.

B beschwert sich beim Ministerium des Innern über die erneut rüpelhafte Behandlung von ihm und Helene Weigel beim Passieren des Kontrollpunkts Hoppegarten. Er fordert »eine persönliche selbstkritische Entschuldigung dieser beiden Grenzpolizisten« *(Br, 2196)*.

B läßt Herbert Jhering, der nach Wien fährt, bitten, sich nach Schauspielern umzusehen, die am BE spielen würden, und sich deshalb mit Gerhard Klingenberg (→ 4. 10.), der einige Vorschläge hat, in Verbindung zu setzen *(830/83)*.

15. **Oktober,** Sonnabend. B läßt sich bei Professor Hüdepohl ambulant die Harnröhren behandeln und fährt trotz großer Schmerzen und einer außerordentlichen Erschöpfung nach Buckow.

17. **Oktober,** Montag. B beantragt beim Minister des Innern, Karl Maron, einen Sonderausweis, mit dem er ungestört nach Buckow fahren kann. »Seinerzeit habe ich meinen Nationalpreis dazu verwendet, mir in einem Gärtnerhaus in Buckow ein Arbeitszimmer usw. einbauen zu lassen, wo ich meinen Urlaub verbringe.« Inzwischen sei »der Ton der Volkspolizei am Kontrollpunkt derartig deprimierend geworden, daß mir diese Urlaube schon völlig verleidet sind« *(Br, 2198)*. B erhält den Sonderausweis am 19. 12., bedankt sich dafür *(Br, 2234)* und bittet am 27. 12. um Verlängerung der Gültigkeit.

Auf die Anfrage (vom 7. 10.) des Teilnehmers eines literarischen Zirkels im Leipziger Schriftstellerverband, Carl-Emil Binkenstein, ob auf die Geschichte *Der verwundete Sokrates* der Begriff Novelle anzuwenden sei, antwortet B: »Ich glaube, daß man die Bezeichnung ›Novelle‹ nur gebrauchen sollte, wenn man der Novelle gestattet, sich gelegentlich zu wandeln.« *(Br, 2201.)*

H. J. Zeller hat B (am 1. 10.) Christopher Marlowes *Tamburlaine the Great* geschickt und schlägt ihm eine Bearbeitung für einen Film vor. B schreibt: »Marlowes Werke gefallen mir sehr. Mit dem heutigen Film würde er durchaus nichts zu tun haben wollen.« *(Br, 2200.)*
Auf Bs Anfrage (→28. 9.) teilt Feuchtwanger mit, daß Charles Laughton »a great devotee« (Verehrer) von B sei, »aber unter keinen Umständen in London auftreten« wolle. Nach einer Auskunft von William Dieterle habe Laughton »in London schlechte Erfahrung gemacht und sei gekränkt« *(Feuchtwanger, 79)*.

19. Oktober 1955
Vorbereitung auf den IV. Deutschen Schriftstellerkongreß

19. Oktober, Mittwoch. Auf Bs Bitten nehmen für ihn Elisabeth Hauptmann und Käthe Rülicke an einer Vorbereitungsveranstaltung zum IV. Deutschen Schriftstellerkongreß (→9. 1. 56) teil, in der ein Beitrag von Hedda Zinner (der Frau von Fritz Erpenbeck) über die Gegenwartsdramatik diskutiert wird.
21. Oktober, Freitag. B bittet den Leiter der Abteilung für feste Brennstoffe beim Ministerium für Handel und Versorgung um eine Sonderzuteilung von Kohlen für den holländischen Schriftsteller Lucebert *(Br, 2202)* und mahnt nochmals am 27. 10.

21. Oktober 1955
Beratung über eine Hörspielfassung von *Leben des Galilei*

Nach einer Notierung von Maximilian Scheer berät er an diesem Tage mit B in dessen Wohnung die Hörspielfassung von *Leben des Galilei*, die B zuvor einigen Mitarbeitern zu lesen gegeben hatte. B habe mit ihm über die bevorstehende Inszenierung des Stücks am BE mit Ernst Busch in der Titelrolle gesprochen. Dieser Schauspieler sei freilich nicht »*der* Galilei. Er ist die Ingenieur-Variante.« *(Scheer, 296.)* Als B in der Vorbereitungsphase der Inszenierung erfährt, daß der Deutsche Fernsehfunk erstmals mit elektronischen Kameras Aufzeichnungen macht, bespricht er (im Herbst) mit dem Intendanten Heinz Adameck Möglichkeiten einer umfassenden Fernseh-Dokumentation der Aufführung. Nach Adamecks Erinnerung habe B eine Skizze des Zuschauerraums mit Kreuzen für die Standorte von Kameras versehen, die gleichzeitig, mit jeweils gesondertem Auftrag, die Aufführung aufzeichnen sollen. »Sie geben mir 50 Kameras, und ich liefere Ihnen eine neue Kunst-Variante für die Übertragung wichtiger Theaterstücke im Fernsehen.« *(alles was brecht ist ..., 128.)*
22. Oktober, Sonnabend. B bittet den Leipziger Thomaskantor Günther Ramin, für »etwa 12 Stanzas« in seinem Stück *Leben des Galilei*, das ab Dezember in die Proben geht, drei »junge Sänger (bis zu 12 Jahren)« (Sopran, Mezzo, Alt) zur Verfügung zu stellen, die in den ersten 10 Aufführungen singen sollen *(Br, 2203)*. Ramin antwortet (am 7. 11.), der Chor sei leider so verplant, daß er ihm nicht helfen könne.

B veranlaßt, daß für Ruth Berlau vom Teaterförlag Lars Schmidt nach Kopenhagen (→ 24. 10.) 100 dänische Kronen überwiesen werden. Die Zahlungen läßt B mehrfach im Rhythmus und in der Höhe verändern.
Ruth Fischer schreibt an B über Cavalcantis Arbeit u. a.: »Wegen des *Puntila*-Films hat er regelrechte Angst vor Dir. Er ist seiner Sache sicher und weiß nicht, ob der Film vor Dir bestehen wird. Darum möchte er ihn Dir so bald als möglich vorführen, unbeschadet der Gefahr, daß er Dir nicht gefällt.« Erst danach wolle er sich zur Frage der Filmregie vom *Kaukasischen Kreidekreis* entscheiden. Ruth Fischer fürchtet eine »Sabotage« der neuen Generaldirektion gegen den *Puntila*-Film (→ 30. 8.): Sie wolle den Film entweder unterdrücken oder verstümmelt herausbringen und es »ruhig auf Prozesse mit den Autoren und dem Regisseur ankommen lassen« *(702/93f.)*. B fordert auf ihren Rat telegrafisch eine Vorführung des Films in Berlin an. Nach Besichtigung des Rohschnitts äußert sich B in den Texten *Die Erzählenden Frauen in der Gutsküche (23,357f.)* und *Billardzimmer im Hotel Tavastberg (23,358f.)* kritisch u. a. über die Kameraführung, Schnitt-Technik und die Dekoration.
Der Film wird im → Dezember endgültig fertiggestellt.
24. Oktober, Montag. B beantragt bei der Devisenabteilung des Ministeriums für Kultur 100 DKR (= 32,17 DM Ost) für »Frau Lund, geborene Berlau«, die »am Montag der kommenden Woche« zur Nachkur und Erholung nach Kopenhagen fliegen wird. Das Geld wäre nötig, weil sie »sehr krank« ist und »vom Flugplatz aus nur mit einer Taxe in die Wohnung ihrer Mutter« fahren kann *(Br, 2204)*.
Der Warschauer Regisseur Konrad Swinarski trifft im BE ein (→ 1. 9.) und arbeitet bei B als Regieassistent.
25. Oktober, Dienstag. B und Elisabeth Hauptmann führen mit Giorgio Strehler in Berlin ein längeres Gespräch über die *Dreigroschenoper*, die der italienische Regisseur für eine Aufführung am Piccolo Teatro in Mailand vorbereitet (→ 10. 2. 56). Die von Strehler vorbereiteten 27 Fragen werden ausführlich durchgesprochen. Die Wirkung der Uraufführung des Stückes 1928 sei gewesen, meint B, zum einen das junge Proletariat ins Theater zu bekommen, zum anderen das Großbürgertum zum »höhnischen Lachen über sich selbst« zu veranlassen. Es müsse auch heute noch »gleichzeitig Amüsement und Schärfe« gegeben werden »statt nur gemütliche Lächerlichkeit«. B erklärt sich mit einer »Aus- und Bearbeitung im Sinne von Aktualisierung« einverstanden. Man könne für die italienische Aufführung beispielsweise das Stück »vielleicht im italienischen Viertel von New York spielen lassen«; es könne alles sein »wie in Mailand, aber weit weg von Mailand«. Als Strehler befürchtet, daß in

25. Oktober 1955
Gespräch mit Strehler über die *Dreigroschenoper*

Italien von der Zensur einige »unanständige Wörter« herausgestrichen werden, schlägt B vor, die Zensur mit hineinzunehmen, »so daß die schlechten Wörter dann immer sofort korrigiert werden. Das ist sogar großartig. Wir stellen den Versuch dar, anständig zu sein. Leider mißlingt uns das immer.« *(Dreigroschenbuch, 130-134.)*

27. Oktober, Donnerstag. Auf Anfrage Irma von Hugos, ob in eine Anthologie die beiden Gedichte *Großer Dankchoral* und *Von der Freundlichkeit der Welt* aufgenommen werden dürfen, legt B fest, daß zu einem frühen Gedicht jedenfalls ein Gedicht aus einer späteren Periode gestellt werden muß und schlägt (am 10.11.) *An Meine Landsleute* vor.

28. Oktober, Freitag. Kurt Schwaen spielt B die Musik für *Die Horatier und die Kuriatier* vor und findet dessen Zustimmung.

Oktober. B dankt Ruth Berlau für die Filme »und die farbigen Platten« der kalifornischen Aufführung von *Galileo.* »Das wird uns enorm helfen.« *(Br, 2208.)*

30. Oktober, Sonntag. B gibt Ruth Berlau, die inzwischen in Kopenhagen eingetroffen ist, Verhaltensregeln und beschreibt seine Wohnung: »Im großen Zimmer habe ich von Dir zum Beispiel den Lehnstuhl, das Konfutse-Rollbild und in den Kästen viele Fotos. Auf dem Schreibtisch einen kleinen braunen Strohkorb für Papier und ein kupfernes Becherchen. Im Bücherzimmer habe ich die zwei neuen Lederstühle aus Kopenhagen, die kupferne französische Pfannenuhr und abends das schöne Brotmesser und das Bierglas. Im Schlafzimmer habe ich den schönen Eichenstuhl mit den Gurten und ein Kupfergefäß für Bleistifte. Das ist nicht wenig, zumal alles schön ist.« *(Br, 2207.)*

1. November, Dienstag. Nach einer Leitungssitzung spricht B mit dem Schauspieler Erich Franz, der auch Vorsitzender der Gewerkschaftsgruppe ist, über die bevorstehenden Arbeiten.

B bedauert gegenüber dem Prager Regisseur Alfred Radok, daß er bei seinem Besuch in Berlin nur *Mutter Courage und ihre Kinder* sehen konnte, und sagt ihm zu, bei einer Regiearbeit im BE hospitieren zu können *(Br, 2209).*

2. November, Mittwoch. Isot Kilian übergibt im Auftrag Bs, der sich wegen Erkrankung entschuldigen läßt, der Österreichischen Mission in Berlin/West den österreichischen Reisepaß zur Verlängerung der Gültigkeit (→ 15. 12.).

B schreibt an George Devine vom Royal Court Theatre, er würde sich freuen, wenn Peggy Ashcroft die Titelrolle in *Der gute Mensch von Sezuan* spielt. Für den Fall, daß Devine seinen Plan verwirklicht, verspricht B ihm Streichungsvorschläge; als Bühnenbildner empfiehlt er Caspar Neher *(690/114).*

B sagt dem Polnischen Schriftstellerverband, der ihn (am 26. 9.) zu den Feierlichkeiten anläßlich des 100. Todestages von Adam Mickiewicz eingeladen hat, wegen seiner Arbeitsüberlastung und seines Gesundheitszustandes ab *(Br, 2210)*.

6. November, Sonntag. Peter Hacks bedankt sich bei B für eine Einladung nach Buckow und wünscht sich eine Wiederholung, »wenn es irgend wieder ginge«. B hatte ihn auf den Müller Arnold von Sanssouci aufmerksam gemacht, und Hacks fragt nun, ob B diesen Stoff »übrig« habe, weil er »herausgefunden« hat, daß er daraus gern etwas machen würde. Für Bs Lektüre stünde seine Bibliothek und die Kriminalromansammlung seiner Frau (Elisabeth Wiede) »ganz« zur Verfügung *(747/20)*.

Im *Sonntag* erscheint der Artikel *Brechts Arbeit mit dem Schauspieler* von Angelika Hurwicz, in dem sie die Methode Bs mit der Stanislawskis vergleicht.

7. November, Montag. Erwin Leiser schickt an B die ersten Exemplare seiner Brecht-Gedichtauswahl (→ 13. 5.) *Sånger mellan krigen (Gesänge zwischen den Kriegen)*.

8. November, Dienstag. Der Direktor der Königlichen Akademie für dramatische Kunst, London (→ 12. 9.), schreibt an B, daß er sich sehr darum bemüht, ein Gastspiel des BE in London zu arrangieren. Außerdem bittet er B um Erlaubnis, in seiner Schule mit Studenten den *Kaukasischen Kreidekreis* einzustudieren. B erteilt ihm (durch Elisabeth Hauptmann) am 6. 12. die Genehmigung für eine interne Studentenaufführung.

9. November, Mittwoch. Die Philips Pressestelle (→ 9. 9.) schickt B eine Mitteilung, der zufolge die neue Platte mit Weill-Songs von Lotte Lenya am 19. 11. auf einem Empfang im Beisein der Schauspielerin vorgestellt wird.

Elisabeth Hauptmann klärt die Universal-Edition über die Zusammenarbeit Bs mit Kurt Weill an der *Dreigroschenoper* auf: Als Weill B fragte, ob er für eines seiner Stücke die Musik schreiben dürfe, sei B »schon sehr bekannt« gewesen. »Die *Dreigroschenoper* hatten Herr Brecht und ich allein angefangen, und wir hätten sie auch ohne Herrn Weill mit der Musik irgend eines Komponisten zu Ende geführt.« B habe den »Hauptvertrag« gehabt, und wie in allen anderen Fällen habe der Komponist nach Vereinbarung an den Autorenhonoraren partizipiert und keinen gesonderten Vertrag mit dem Verlag geschlossen *(702/42)*.

10. November, Donnerstag. B sagt seine Teilnahme an der IV. Kulturtagung in Linz (Einladung vom 18. 10.) wegen seines Gesundheitszustands ab *(701/42)*. Aus dem gleichen Grunde läßt er sich bei der Max-Halbe-Gesellschaft München entschuldigen, die ihn (am 7. 11.) bei einem B gewid-

meten Vortragsabend (mit Gertrud Dahlmann-Stolzenbach) am 15. und 17. 11. gern als Gast gesehen hätte.
B bestätigt dem Leipziger Friedrich Hofmeister Verlag auf dessen Anfrage vom 15. 10. die Abdruckerlaubnis des *Einheitsfrontliedes*, stellt aber klar, daß mit der Honorierung keine Rechte an den Verlag übergehen: »Die Frage danach ist eine Unverschämtheit.« *(747/21.)*
14. November, Montag. B nimmt in der DAK an einer Sitzung der Sektion Darstellende Kunst teil.
15. November, Dienstag. Käthe Rülicke teilt Peter Hacks u. a. mit, daß B mit ihm über die Arbeit sprechen will, und schlägt ein Treffen an einem der nächsten Vormittage vor, »da ist Brecht noch frisch« *(747/21)*. Hacks schickt für das (auf den 20. 11. vereinbarte) Gespräch seine Überlegungen für den *Müller von Sanssouci* (→ 6. 11.) und fragt, ob Bs Pläne mit dem Stoff in diese Richtung gingen. Für das Gespräch möchte er seine Frau mitbringen: »ich bedarf ihrer Belehrung und sie Ihrer« *(747/22)*.
18. November, Freitag. Der Rostocker Literaturwissenschaftler Bruno Markwardt kündigt B einen Besuch mit einer Studentengruppe in Berlin an und bittet B um Zulassung bei einer Probe und um eine Aussprache.
20. November, Sonntag. Lars Schmidt ist mehrere Stunden bei B zu Gast. Er habe, schreibt er (am 28. 11.), jeden Augenblick der Unterhaltung genossen, die ihm durch die herzliche Atmosphäre immer im Gedächtnis bleiben werde.
22. November, Dienstag. B entnimmt einem Artikel im Nachrichtenmagazin *Der Spiegel*, daß sich Wolfgang Staudte und die Leitung der DEFA wegen des gescheiterten *Courage*-Films an Walter Ulbricht gewandt haben. B bittet Ulbricht, falls die Angelegenheit wirklich mit ihm besprochen worden ist, auch seinen Standpunkt anzuhören. »Hier ist Talent, Kraft und Geld vertan worden.« *(Br, 2214.)*
24. November, Donnerstag. B schreibt an den 1. Sekretär des Deutschen Schriftstellerverbandes, Eduard Claudius, daß er die *Zauberflöte* »als Eröffnungsvorstellung des Schriftstellerkongresses nicht für besonders geeignet« hält, und schlägt statt dessen Strittmatters *Katzgraben* oder Bechers *Winterschlacht* am BE vor. »Solch eine Aufführung könnte auch der Diskussion vorwärtshelfen. Beides sind realistische und zugleich dichterische Stücke.« *(Br, 2216.)*
B läßt für sich im Münchener Kösel-Verlag das Buch *Worte in Versen* von Karl Kraus bestellen.
26. November, Sonnabend. B hat von Paul Wandel (am 2. 11.) den Entwurf eines »Gelöbnisses« vom Zentralen Ausschuß für Jugendweihe in der DDR bekommen und schickt es mit einigen »Vereinfachungen« *(23,360)* zurück *(Br, 2218)*.

29. November, Dienstag. B autorisiert den Londoner Theateragenten Jan van Loewen als seinen Vertreter für die geplante Londoner Aufführung der *Dreigroschenoper (Br, 2219)*.

30. November, Mittwoch. Auf die Anfrage des Hallenser Studenten Manfred Wolff (vom 6. 11.), warum B sein Gedicht mit Kinderhymne betitelt hat, läßt B antworten, daß es »ein einfaches Lied« sei »und besonders schön, wenn es von Kindern gesungen wird« *(758/118)*.

November. An einem Mittwoch berichtet B Ruth Berlau, daß im Theater nach *Der Tag des großen Gelehrten Wu* »eine kleine Windstille entstanden« sei. Angelika Hurwicz probiere Ostrowskis *Ziehtochter*, da müsse er »noch nicht hin«. Er habe gerade einen »Aufsatz in der Art der *Straßenszene*« geschrieben *(Br, 2222)*. Gemeint ist *Studium des ersten Auftritts in Shakespeares »Coriolan« (23,386-402)* aus dem Jahre 1953, den er nun überarbeitet und erweitert.

November/Dezember. B kümmert sich jetzt um die Ostrowski-Inszenierung. »Diese Stücke erscheinen leicht, sind aber schwierig, da die Fabel streckenweise versinkt wie ein Wüstenfluß.« Abends besuche ihn oft Hanns Eisler, »der viel komponiert und ›gut beisammen ist‹«. An den Galilei, den Ernst Busch gern spielen würde, wagt er sich noch nicht heran, »ich bin immer noch sehr schnell erschöpft« *(Br, 2224)*.

November / Dezember 1955
Teilnahme an Proben zu Ostrowskis *Die Ziehtochter*

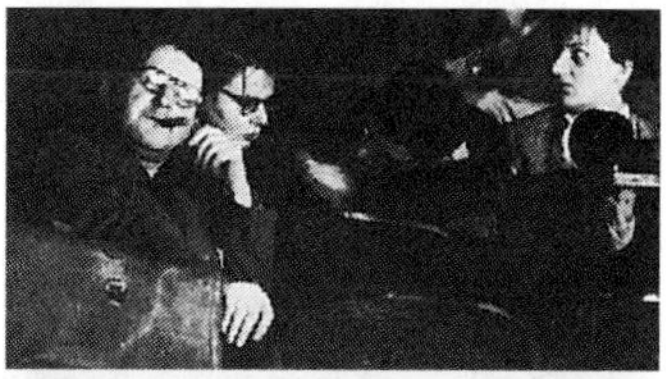

Anfang Dezember. Nach Bs Meinung hat »der Druck in der Herzgegend, der ihn sehr beunruhigte, nachgelassen«. In einer Konsultation Anfang Dezember bei Dr. Otto Mertens (→ 29. 9.) wird eine Besserung der Herzerkrankung Bs festgestellt. Der Arzt hat keine Bedenken, daß B täglich zwei Stunden probiert *(1826/1)*.

B spricht mit Caspar Neher über *Leben des Galilei*.

Der englische Regisseur Sam Wanamaker sieht sich Aufführungen des BE an und verständigt sich mit B über seine bevorstehende Inszenierung der *Dreigroschenoper* in London. B verschafft ihm einen Kontakt zu Caspar Neher, der die Gestaltung des Bühnenbilds übernimmt.

1. Dezember, Donnerstag. B schickt Ruth Berlau das Gedicht *Schicke mir ein Blatt (15,293)*. Sie antwortet mit dem Gedicht *Ich ging, ein Blatt zu holen (15,494)*. Dieser Text steht in einem Brief mit Berlaus Bitte an B, seine Antipathie gegenüber Hans Bunge zu überwinden. Wenn auch B dessen »Offiziersgeist« verachte, habe dieser, »richtig verwendet«, etwas Schönes: Bunge habe sie (und B) nie im Stich gelassen. B sollte Bunges Arbeiten günstiger einschätzen, als dies andere Dramaturgen mit ihrer »niederschmetternden Kritik« tun. Durch die Tonbänder, mit denen er die Regie Bs beim *Kaukasischen Kreidekreis* festgehalten hat, sei eine wichtige

Arbeit geleistet. B sollte ihm für die *Galilei*-Proben noch eine Chance geben *(2201/53-55)*.
Wegen der Klagen über Mangel an Arbeitsdisziplin, die von ihr, Käthe Rülicke und Peter Palitzsch kommen, schlägt Helene Weigel B vor, Hans Bunge für die im Archiv der Dramaturgie und Käthe Rülicke für die bei der Regie tätigen jüngeren Mitarbeiter Kontrollfunktionen zu übertragen.
2. Dezember, Freitag. Marieluise Fleißer hat B (am 27. 11.) »um Hilfe in großer Not« gebeten. Sie will sich von ihrem Mann trennen, weil er sie »völlig aufreibt mit seinem mörderischen Geschäft« (Tabakwarengroßhandel). Um wieder schreiben zu können, braucht sie eine finanzielle Sicherung: »Bitte, seien Sie mir nicht böse, wenn ich mit einem solchen Anliegen zu Ihnen komme, ich habe niemand als meine alten Freunde, ich setze mein ganzes Vertrauen darein.« Gleichzeitig bittet sie Lion Feuchtwanger, für sie bei B ein Wort einzulegen *(Tax, 207f.)*. B schreibt Marieluise Fleißer, daß er ihr »besonders gern helfen« will. Nach seiner Meinung wäre es wichtig, daß sie wieder zum Schreiben käme. B lädt Fleißer ein, sich in Berlin niederzulassen und in einer Arbeitsgemeinschaft für Dramatik mitzumachen, die er in der DAK gegründet hat. »Es würde mir Freude machen, für Sie zu tun, was ich kann.« *(Br, 2225.)*

Bemühungen um Marieluise Fleißer

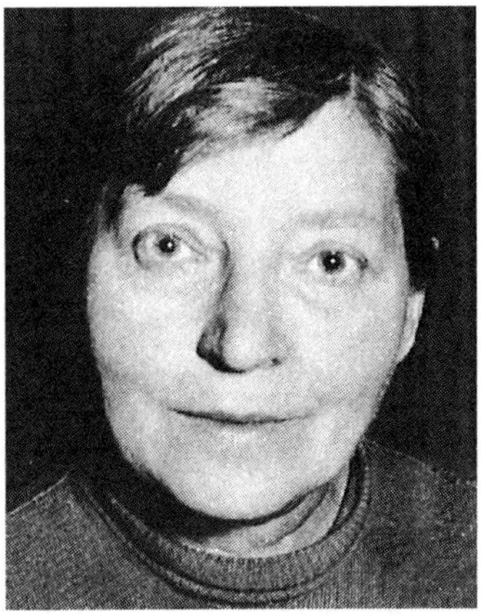

5. Dezember, Montag. Zwei von B ausgewählte Szenen (Szene mit Grusche und Simon sowie die Packszene) aus dem *Kaukasischen Kreidekreis* werden vom Fernsehen für die Theater-Jahresschau im BE aufgenommen.
Lion Feuchtwanger schreibt den von Marieluise Fleißer gewünschten Brief (→ 27. 11.), in dem er B bittet, etwas für sie zu tun. Er empfiehlt B das Satyrspiel *Der Cyclop* von Euripides, das er in der Übersetzung von Shelley lesen sollte.
Hedda Zinner dankt B für die Teilnahme an der Sitzung der Sektion Dramatik des Schriftstellerverbandes. Der erste Abend dieser Art habe dadurch »ein anderes Gesicht« bekommen.
6. Dezember, Dienstag. B mahnt Walter Janka, die vereinbarten Belegexemplare der beim Aufbau-Verlag herauskommenden *Versuche*-Hefte unverzüglich nach Erscheinen dem Suhrkamp Verlag in Frankfurt/M. zukommen zu lassen *(Br, 2226)*.
Nachmittags arbeitet B mit Caspar Neher. Dazu kommt der englische Regisseur Sam Wanamaker (→ Anfang Dezember).
8. Dezember, Donnerstag. B will dem Wunsch von Tadeusz Kulisiewicz, einige Zeilen für den Ausstellungskatalog seiner Zeichnungen zu schreiben, gern nachkommen. Er entschuldigt sich, daß er sich bei dessen Berlin-Besuch nicht genügend um ihn kümmern konnte. »Im Augenblick mache ich eine Di-

gitalis-Kur und fühle mich noch erheblich schlechter, als ich vermutlich aussehe. Das Theater beansprucht doch ziemlich viel der reduzierten Kräfte.« *(Br, 2227.)*

Elisabeth Hauptmann informiert Jan van Loewen von Bs Empfehlung, die Londoner Inszenierung der *Dreigroschenoper* (→ 6. 12.) nicht zu überstürzen, auch weil Lotte Lenya, die sich zur Zeit in Berlin aufhält (→ 10. 12.), erst ab April 1956 verfügbar ist; »ihm liegt an einer künstlerisch guten Produktion« *(693/40f.)*.

Abends Premiere *Der Tag des großen Gelehrten Wu*, ein Volksstück aus dem alten China, nach der Übersetzung von Yuan Miau-tse in der Bearbeitung des BE (Peter Palitzsch, Carl M. Weber), Regie: Peter Palitzsch / Carl M. Weber, Bühnenbild: Dieter Berge; mit Wolf Kaiser (Wu Tsang), Heinz Schubert (Meister Sung), Norbert Christian (Tsai Mi).

8. Dezember 1955
Premiere
Der Tag des großen Gelehrten Wu
Berliner Ensemble

9. Dezember, Freitag. Mittags spricht B mit Caspar Neher über das Bühnenbild der Londoner *Dreigroschenoper.*

B schreibt Harald Isenstein (→ 13. 9.), daß seine »Einstein-Büste wieder im Einstein-Turm im Gelände des Observatoriums steht« *(684/97)*.

Aus Dresden fragt (am 1. 12.) der Darsteller des Puntila, Hansjoachim Büttner (der sich auch auf seine Gestaltung des Garga in der Darmstädter Aufführung von *Mann ist Mann* 1926 beruft), ob B einverstanden ist, daß er in der kommenden Spielzeit den Galilei spielt. B läßt antworten, am BE werde der *Galilei* in der laufenden Spielzeit herauskommen, und bittet Büttner, noch zu warten.

12. Dezember, Montag. Zum Auftakt der Proben für *Leben des Galilei* versammelt B alle Schauspieler im Zuschauerraum und bittet sie, ihm ihre Rollenwünsche und Fragen über Stück und Aufführung schriftlich zu übergeben.

Nach dem Besuch von Aufführungen des BE (*Mutter Courage und ihre Kinder* am 9. 12., *Der kaukasische Kreidekreis* am 10. 12. und *Winterschlacht* am 11. 12.) diskutieren B, Helene Weigel und Käthe Rülicke mit einer Gruppe von Studenten der Leipziger Universität (die Hans Mayer in einem Seminar darauf vorbereitet hat). Neben konkreten Diskussionspunkten zu den besuchten Aufführungen geht es um die Frage, warum Bs Stücke so wenig in der Provinz gespielt werden. B führt das auf die »Antipropaganda gegen diese Art Theater« zurück, besonders durch *Theater der Zeit*, »das einzige Organ, das sich mit den Theatern der Republik befaßt«; der »Kampf des Neuen mit dem Alten« sei »immer heftig«. Der Student Manfred Riedel fragt, ob das epische Theater, das eine »bedeutsame Rolle beim Übergang vom Kapitalismus zum Sozialismus« spiele, dann, »wenn die Beziehungen der Menschen vollkommen geworden sind«,

noch eine Zukunft hat. B antwortet: »Auf keinen Fall ist das epische Theater eine Übergangserscheinung, denn vollkommene Beziehungen zwischen den Menschen können nie eintreten, weder im Kommunismus noch in den darauf folgenden Phasen. Sonst müßte man jede Entwicklung leugnen. Auch im Theater muß das Prinzip der Entwicklung angewendet werden.« *(Gespräch, 158-165.)*
Kurt Schwaen hat die Musik für *Die Horatier und die Kuriatier* fertiggestellt und spielt sie B vor. Es werden Pläne für eine Aufführung besprochen.
Marieluise Fleißer bedankt sich bei B für seinen Brief (→ 2. 12.) und kündigt an, daß sie im Januar (zum Schriftstellerkongreß) nach Berlin kommen und mit ihm sprechen will.

12. Dezember 1955
Premiere
Die Ziehtochter oder Wohltaten tun weh
von Alexander Ostrowski
Berliner Ensemble

Abends Premiere *Die Ziehtochter oder Wohltaten tun weh*, Szenen aus dem Dorfleben von Alexander Ostrowski, Regie: Angelika Hurwicz, Bühnenbild: Karl von Appen, Kostüme: Annemarie Rost; mit Anneliese Reppel (Ulanbekowa), Lothar Bellag (Leonid), Helene Weigel (Wassilissa), der mexikanischen Filmschauspielerin Rosaura Revueltas (Nadja), Ekkehard Schall (Grischa).
B schickt Helene Weigel »ein winziges Geschenklein zum Ostrowski« *(1697/30)*.
13. Dezember, Dienstag. Bauprobe für *Leben des Galilei*.

14. Dezember 1955-27. März 1956
59 Proben von
Leben des Galilei

14. Dezember, Mittwoch. B beginnt mit den Proben zu *Leben des Galilei*, 1. Szene (12 Proben bis zum 27. 3. 1956). Er schreibt an Ruth Berlau: »Ich probiere nur zwei Stunden, von 10-12 Uhr.« Für die Kostüme seien ihre Farb-Dias der New Yorker Aufführung des *Galileo* hilfreich.
Nach einer Notiz von Isot Kilian ist B trotz der kurzen Probenzeit sehr erschöpft.
15. Dezember, Donnerstag. Zweite Bauprobe für *Leben des Galilei*.
B fragt Erich Engel, ob er »nicht doch den *Courage*-Film in der DEFA machen« würde *(Br, 2231)*. Engel bittet daraufhin am 22. 12. um einen Gesprächstermin.
Den österreichischen Konsul in Berlin/West bittet B, sich um die Verlängerung seines Passes (→ 2. 11.) zu kümmern: »Ich benötige ihn.« *(Br, 2232.)*
16. Dezember, Freitag. B beginnt mit den Proben der 6. Szene (drei Proben bis zum 2. 3. 1956) und der 7. Szene (sechs Proben bis zum 15. 3. 1956).
17. Dezember, Sonnabend. B beginnt mit den Proben der 2. Szene (fünf Proben bis zum 1. 3. 1956) sowie der 3. Szene (neun Proben bis zum 19. 3. 1956).

B findet die Ausgabe der *Kriegsfibel* »ganz besonders schön« und dankt dem Eulenspiegel-Verlag »für die große Sorgfalt und auch Kühnheit der Druck- und Bildgestaltung« *(Br, 2233)*.

19. Dezember, Montag. B schickt dem Aufbau-Verlag den unterschriebenen Vertrag über die weiteren *Stücke*-Bände. Wie auch mit Peter Suhrkamp abgesprochen, soll in jedem Band der Vermerk stehen: »Die Herausgabe dieses Bandes besorgte...« *(742/65.)*
B bedankt sich bei Innenminister Karl Maron für den »Sonderausweis zum Passieren des Grenzkontrollpunkts bei Hoppegarten«, der ihm um so mehr helfe, als er »im Augenblick gesundheitlich nicht auf der Höhe« ist *(Br, 2234)*.
21. Dezember, Mittwoch. B schreibt an die GOKS (Georgische Gesellschaft für Kulturverbindungen mit dem Ausland) auf die Anfrage (Hugo Hupperts vom 6. 12.) über Ort und Zeit des *Kaukasischen Kreidekreises*: »Wie ich gehört habe, stimmen die Vorgänge historisch überein mit solchen aus dem feudalen Grusinien. Es genügt jedoch vollauf, Motive aus Grusinien und Persien aus alten Bildern für die Dekoration und Kostüme zu verwenden. Jedes naturalistisch-historische Kostüm wäre schrecklich.« *(Br, 2235.)*
22. Dezember, Donnerstag. B wünscht Fritz Lange alles Gute für dessen Gesundheit und bittet ihn um einen Termin, »wo ich mit einer jungen Freundin zu Dir kommen darf«. Er setzt in ihn Vertrauen, weil er »in schwierigen menschlichen Situationen schnelle und kluge Entscheidungen« treffe *(Br, 2236)*.
23. Dezember, Freitag. Vor Beginn der *Dreigroschenoper*-Proben in London (→ 6. 12.) schickt Oscar Lewenstein eine Liste mit der endgültigen Besetzung (Bill Owen als Macheath, Eric Pohlmann als Peachum, Daphne Anderson als Polly, Maria Remusat als Jenny).
24. Dezember, Sonnabend. Caspar Neher schreibt B einen Brief über die Dekoration zu *Leben des Galilei* und zeichnet dazu die Grundrißskizze, die B später auch verwendet.
26. Dezember, Montag. B geht mit Isot Kilian in einen Karl-Valentin-Film, muß aber wegen einsetzender Atemnot das Kino vorzeitig verlassen.
27. Dezember, Dienstag. B hat aufgefordert, für die Besetzung des *Galilei* Rollenwünsche zu äußern. Er schreibt den Schauspielern, deren Wünsche er nicht erfüllen kann, Begründungen für seine Ablehnung. Wolf von Beneckendorff möchte den Großinquisitor spielen, B sieht aber in der Figur »einen modernen, wendigen, in allen Formulierungen durchaus einleuchtenden Jesuiten [...], einen noch jungen Mann, der dank seiner großen Fähigkeiten Karriere machen würde, eine beinahe Stendhalsche Figur, nicht ohne ›Sex-Appeal‹« *(Br, 2237)*. Die Rolle des Ludovico kann nach Bs Meinung Dieter Knaup noch nicht leisten; ihm seien bei der Darstellung des Captain Plume in *Pauken und Trompeten* Passagen gelungen, »in denen Plume humori-

stisch sein kann, aber nicht die Passagen, in denen er komisch sein muß« *(Br, 2238)*. Da B die »Gegner Galileis, die Kirchenfürsten und Hofleute, so positiv wie möglich dargestellt« wissen möchte, kann er auch den Wunsch Axel Triebels nicht erfüllen: »Sie würden aber zweifellos den Hofmarschall des Mediceer Hofes kaum anders als sehr kritisch darstellen.« *(Br, 2239.)* Auf die Anfrage des Schauspielers Ralf Bregazzi, ob Ludovico eine Rolle für ihn wäre, antwortet B, er könne sich ihn nicht darin denken, weil er für Galilei »ein durchaus ernst zu nehmender Gegner sein« muß. B will ihm die Rolle des Philosophen geben *(Br, 2240)*. Für Erich Franz scheint ihm die Rolle des Linsenschleifers Federzoni im Interesse seiner »künstlerischen Entwicklung« ungeeignet. »Ich glaube mit Wekwerth, daß die besten Rollen in der nächsten Zeit die sein werden, in denen Sie sich möglichst verwandeln können. Ich schlage Ihnen deshalb den dicken Prälaten in der Observationsszene vor.« *(Br, 2241.)*

Von Stephan Hermlin ist B (am 19. 12.) auf das neue Stück *Der Abgeordnete* von Rafael Alberti hingewiesen worden, das dieser für den 20. Jahrestag des Spanienkrieges geschrieben hat; es würde gut zu *Die Gewehre der Frau Carrar* passen. B dankt für die Empfehlung, weil er den Einakter in Ermangelung eines passenden zweiten Stücks absetzen mußte *(Br, 2243)*.

Ende Dezember. B schreibt an Ruth Berlau: »Was Kopenhagen angeht, Du solltest vielleicht den Versuch machen, wirklich Fuß zu fassen, nicht um dort zu bleiben, aber um einen festen Fuß in dem Land zu haben und einen Standpunkt gegenüber hier. Das wird nicht in zwei Monaten gehen und vielleicht nicht auf einmal. Aber es wäre nützlich für Dich, Du würdest Dich selbständiger fühlen und frische Eindrücke bekommen, das heißt sowohl Kopenhagen als auch Berlin würde sich verfremden und vergleichen lassen.« *(Br, 2245.)*

28. Dezember, Mittwoch. B beginnt mit den Proben der 13. Szene (zehn Proben bis zum 23. 3. 1956).

28. Dezember 1955
Bildung eines künstlerischen Rates am Berliner Ensemble

B macht die folgenden Vorschläge für die Bildung eines künstlerischen Rates beim BE: die Schauspieler Angelika Hurwicz und Norbert Christian, der Bühnenbildner Karl von Appen, die Regie- und Dramaturgiemitarbeiter Elisabeth Hauptmann, Käthe Rülicke, Peter Palitzsch, Benno Besson, Manfred Wekwerth sowie die technischen Mitarbeiter Walter Meier, Gustav Hoffmann, Gerhard Szameit.

29. Dezember, Donnerstag. B beginnt mit den Proben der 4. Szene (sechs Proben bis zum 18. 2. 1956).

Auf die Bitte von David M. Holtzmann (vom 7. 12. aus New York), dem Regisseur Henry Weinstein die Rechte für eine

Inszenierung von *Mutter Courage und ihre Kinder* zu geben, schreibt B, es habe bereits aus New York die Anfrage eines anderen Theaters gegeben und er müsse erst die Entscheidung abwarten. Außerdem erkundigt er sich, ob Weinstein Inszenierungen des BE gesehen hat *(685/85)*.

30. Dezember, Freitag. B beginnt mit den Proben der 8. Szene (sechs Proben bis zum 15. 3. 1956).

30. Dezember 1955
Repertoireplanung für 1956

B läßt den Mitarbeitern der Dramaturgie und Regie für eine Besprechung die folgende Liste von Stücken aushändigen, die er für das BE in Erwägung zieht: »*Die Tage der Kommune* / *Der Müller von Sanssouci* / *Schweyk* (evtl. mit dem Wiener Schauspieler Taussig.) / *Coriolan* / *Der Abgeordnete* / das spanische Stück von Alberti zur *Carrar*, das jetzt von Ahrendt übersetzt wird / *Die wundersame Schustersfrau* / *Emilia Galotti* / *Dreigroschenoper*, wenn Rennert einverstanden ist / *Wirbelwind* von Scheglow / *Medea* von Euripides.« *(771/53.)*

Max Lingner teilt B mit, daß die Sektion Bildende Kunst der DAK beschlossen hat, die Zeichnungen von Tadeusz Kulisiewicz dem Verlag der Kunst in Dresden zu empfehlen.

Auf die wiederholte Einladung (vom 30. 11.) des Germanistenvereins der Stockholmer Studenten (→ 3. 10.) sagt B einen Vortrag in Stockholm im April 1956 zu, wenn es seine Gesundheit erlaubt *(708/115)*.

Im Zusammenhang mit einer Vereinbarung, die B mit seinem Sohn abschließen will, teilt Stefan seine Meinung zu Eric Bentley (für B) Elisabeth Hauptmann mit: »Ich kann Bentley nicht ausstehen und halte zudem seine Übersetzungen BBs für so skandalös schlecht, daß sie durch ihre bloße Existenz hier seinem Renommee und seiner Aufführbarkeit hier ernstlich *schaden*.« *(685/23.)*

31. Dezember, Sonnabend. B schreibt an Ruth Berlau, daß er langsam am *Galilei* arbeite, »Cas hat, glaube ich, schöne Gedanken für die Dekorationen, Busch belehrt die Bühnenarbeiter ausgiebig über Astronomie usw.« *Die Ziehtochter* sei »eine interessante Aufführung« geworden, Angelika Hurwicz habe sich gut mit den Schauspielern verstanden.

B telegrafiert Neujahrswünsche an Jacob Geis, Giorgio Strehler, Peter Suhrkamp, Paul Dessau, Erwin Strittmatter, Harry Buckwitz, Hans Schweikart und Kurt Palm.

Dezember. Im Suhrkamp Verlag erscheint Heft 14 der *Versuche (Versuche 19)* (Auslieferung: 25. 1. 1956.); ebenso im Aufbau-Verlag.

Dezember 1955
Erstdruck
Heft 14 der
Versuche (Versuche 19)

Es enthält:

19. Versuch: *Leben des Galilei (*Berliner Fassung*: 5,187-289)*.

26. Versuch: *Gedichte aus dem »Messingkauf« (22,857-869 und 12,317-331)*.

Zum 24. Versuch gehörig: *Die Horatier und die Kuriatier (4,279-303)*, mit *Anweisungen für die Spieler (24,221 f.)*.

Dezember 1955
Fertigstellung des Films *Herr Puntila und sein Knecht Matti*
Wien Film Rosenhügel

Der Film *Herr Puntila und sein Knecht Matti* wird Ende des Jahres fertiggestellt. Regie und Drehbuch: Alberto Cavalcanti, filmische Bearbeitung: Vladimir Pozner, Ruth Wieden (d.i. Ruth Fischer), Musik: Hanns Eisler; mit Curt Bois (Puntila) und Heinz Engelmann (Matti).
Die Leitung der Wien Film Rosenhügel (→ 15. 5.), die der Verleger Heinrich Bauer übernommen hat, untersagt nach Fertigstellung des Films den offiziellen Vertrieb, weil er dann als österreichisches Produkt auf den Markt kommen und dem Exportkontingent angelastet würde. Damit wird eine offizielle Uraufführung verhindert. Der Film läuft lediglich außerhalb Österreichs in nicht öffentlichen Veranstaltungen und auf Initiative Cavalcantis (am 29. 3. 59) in Brüssel. (Zu einer »deutschen Uraufführung« kommt es erst am 21. 10. 1960 in München.)

1956

1. Januar, Sonntag. B besucht Walter Felsenstein.
2. Januar, Montag. B bedankt sich für einen Bericht von Ruth Berlau aus Dänemark; er sei »heiter bei aller Tristesse des Stoffes« und fügt hinzu: »Ich denke immer, Heiterkeit ist der größere Teil aller Güte.« *(Br, 2249.)*
3. Januar, Dienstag. Probenbeginn der 10. Szene von *Leben des Galilei* (7 Proben bis 19. 3.). In der Probenzeit hat er mehrfach »Grippe« und sucht oft Dr. Otto Mertens im Westsanatorium auf *(1826/2)*.
Die Wochenzeitung *Sonntag* bittet (am 28. 12. 55) B, seine »Begegnungen mit dem Werk Heines oder die Anregungen«, die er ihm »verdankt, zu schildern«. B antwortet: »Ich begegnete dem Werk Heinrich Heines und verdanke ihm manche Anregung.« *(755/68.)*
B läßt der Theaterhochschule Leipzig für die Einladung zum 10. Jahrestag ihres Bestehens danken; wegen der Proben an *Leben des Galilei* könne er nicht kommen *(757/29)*.
Walter Ulbricht entschuldigt sich bei B. Er habe mit ihm vor dem Schriftstellerkongreß »über einige Fragen der Literatur« sprechen wollen, sei aber nicht dazu gekommen, da er sich »vor allem mit Fragen des Volkswirtschaftsplanes beschäftigen muß« *(676/48)*.
4. Januar, Mittwoch. B unterrichtet Prof. Hüdepohl (→ 15. 10. 55) von seinen Bemühungen, ihm einen Lehrstuhl an der Humboldt-Universität zu verschaffen *(Br, 2250)*.

4./5. Januar 1956
Reise nach Rostock

4./5. Januar, Mittwoch/Donnerstag. B besucht die Endproben von *Der gute Mensch von Sezuan* in Rostock (→ 6. 1.).

Teilnahme an den Endproben zu *Der gute Mensch von Sezuan*

6. Januar, Freitag. In Berlin beginnt B mit den Proben der 12. Szene von *Leben des Galilei* (3 Proben bis zum 28. 1.).

Bei Johannes R. Becher protestiert B erneut »gegen die Verschrottung hochwertiger Künstler«. Raimund Schelcher sei von der DEFA in einer großen Rolle besetzt worden, er müsse sich aber nach einer schweren Operation schonen. Becher solle ein »Machtwort« sprechen *(Br, 2251)*.

Nachmittags sehen sich Caspar Neher und B den amerikanischen Film *Saat der Gewalt* an.

6. Januar 1956
Brecht sieht den Film ***Saat der Gewalt***

Abends Premiere von *Der gute Mensch von Sezuan* im Volkstheater Rostock (Regie: Benno Besson, Bühnenbild: Willi Schröder; Shen Te / Shui Ta: Käthe Reichel).

Auf Bs Veranlassung fahren zahlreiche Mitarbeiterinnen und Mitarbeiter des BE sowie Berliner Theaterkritiker zur Premiere nach Rostock.

7. Januar, Sonnabend. Probenbeginn der 11. Szene von *Leben des Galilei* (drei Proben bis 25. 2.).

9. Januar, Montag. Probenbeginn der 9. Szene (sechs Proben bis 24. 2.).

9.-14. Januar 1956
Teilnahme am
IV. Deutschen Schriftstellerkongreß

B läßt dem Organisationsbüro des Schriftstellerkongresses mitteilen, daß er »für seine engsten Mitarbeiter« fünf Karten wünscht *(761/52)*.

Auf Veranlassung Bs schickt Elisabeth Hauptmann an das Organsationsbüro eine Liste mit den Namen von Dramatikern, die unbedingt zur Sitzung der Sektion Dramatik am 12. 1. eingeladen werden sollten, u. a. Harald Hauser, Alfred Matusche, Joachim Knauth, Paul Herbert Freyer, Hans Lucke, Peter Hacks, Heinar Kipphardt, Karl Grünberg sowie Slatan Dudow und Alfred Kantorowicz.

Am Nachmittag wird der IV. Deutsche Schriftstellerkongreß im Deutschen Theater Berlin mit einer Rede von Kulturminister Johannes R. Becher *(Von der Größe unserer Literatur)* eröffnet und tagt bis zum 14. 1.

Im Dezember 1955 hat Elisabeth Hauptmann (auf Bs Bitte und im Auftrag des Schriftsteller-Verbands) an junge Dramatiker einen Fragebogen verschickt, in dem diese über ihre Schaffensprobleme Auskunft geben sollten. B wertet die Antworten für seinen Beitrag vor der Sektion Dramatik aus (→ 12. 1.). Vgl. auch die zahlreichen Texte zum Schriftstellerkongreß *(23,365-382)*.

10. Januar, Dienstag. Das Hauptreferat *Der Anteil der Literatur an der Bewußtseinsbildung des Volkes* hält Anna Seghers. Außerdem spricht u. a. Arnold Zweig über die *Selbstverantwortung unserer freien Schriftsteller.*

B trifft sich mehrfach mit dem türkischen Dichter Nazim Hikmet (→ 4. 2.).

B verweist das Gericht, das ihm wegen einer ausstehenden Restzahlung für die Buckower Haussanierung (am 29. 12. 55) einen Zahlungsbefehl schickt, an seinen Rechtsanwalt *(765/90)*.

11. Januar, Mittwoch. Probenbeginn der 5. Szene von *Leben des Galilei* (drei Proben bis 31. 1.).
B wendet sich an Alexander Abusch, weil er das Schauspielerensemble des BE vergrößern will, da durch die Verdoppelung der DEFA-Produktion viele Schauspieler vom Theater abgezogen würden.
Hans Bunge, der auch als Mitglied der Gewerkschaftsleitung des BE fungiert, teilt B mit, daß die Kommission für Arbeitsschutz in den Aufführungen von *Mutter Courage und ihre Kinder* und *Der kaukasische Kreidekreis* die Szenen mit Stichwaffen für die beteiligten Schauspieler für sehr gefährlich hält (→ 2. 3.). *(771/79.)*

12. Januar 1956
Ausführungen vor der Sektion Dramatik

12. Januar, Donnerstag. Die Teilnehmer des Kongresses diskutieren getrennt in den Sektionen Kinder- und Jugendbuch (Einführung: Alex Wedding), Lyrik (Einführung: Georg Maurer) und Dramatik. B hält seine *Ausführungen vor der Sektion Dramatik zum IV. Deutschen Schriftstellerkongreß (23,36-373)*. Er geht, in Auswertung der Umfrage (→ 9. 1.), auf die Zusammenarbeit der Dramatiker mit den Theatern ein und auf die Einmischung der Theaterleitungen und anderer Institutionen in den Schaffensprozeß. Ein »beträchtlicher Teil« der Theater in der DDR befände sich außerdem »in sehr schlechten Händen«, z. B. von Intendanten »aus der Gattung der Operettenbuffos«. Andere hätten ihre Posten aus karitativen Gesichtspunkten erhalten, weil man Leute, »die zu alt geworden sind, nicht mehr gern weggehen« läßt. Er schlägt vor, Dramatiker als Dramaturgen in die Theater einzustellen. »Ich denke dabei an mich selber, der ich dadurch, daß ich ein Theater leite, meine Stücke aufgeführt bekomme.« In seinen Ausführungen gibt B Anregungen, neben den großen Stücken »wieder zu kleinen, wendigen Kampfformen zu kommen, wie wir sie einmal in der Agitprop-Bewegung gehabt haben«, und erörtert Realisierungsmöglichkeiten dafür. Man müsse durch Experimente in der Kunst heute »neue Kunstmittel schaffen und die alten umbauen«. »Experimente ablehnen heißt, sich mit dem Erreichten begnügen, das heißt zurückbleiben.« *(23,373.)*
Käthe Rülicke teilt dem Literaturwissenschaftler Ilja Fradkin Bs Meinung zu seinem Brecht-Aufsatz mit und empfiehlt eine Überarbeitung für den Abdruck (als Vorwort) in der russischen Brecht-Ausgabe des Verlags Iskusstwo. B sei in der letzten Zeit mit der Deutung des Begriffs »episches Theater« immer unzufriedener. Sie gibt Fradkin Korrekturen und einzelne Hinweise zu seinem Aufsatz und schickt ihm *Die Dialektik auf dem Theater* (→ 25. 1.). B sei nicht dazu gekommen, *Turandot* noch einmal zu überarbeiten; er hoffe, im kommenden Sommer »ein paar Monate Zeit« für

ein neues Stück zu finden. »Am meisten interessiert ihn jetzt die Rückkehr der Kriegsverbrecher aus der Sowjetunion nach Deutschland.« *(715/78-82.)* Fradkin bedankt sich bei B (am 13. 3.) für die Hinweise und kündigt ein Buch über B an. Der Verlag Iskusstwo habe ihn bisher noch nicht zur Mitarbeit an der Ausgabe eingeladen.

13. Januar, Freitag. Während des Kongresses sprechen B, Helene Weigel und Elisabeth Hauptmann mehrfach mit Marieluise Fleißer (→ 2. 12. 55) über ihre Situation und über Möglichkeiten einer Hilfe. Fleißer schreibt später (→ 23. 1.) an Lion Feuchtwanger, daß B sich »wirklich Mühe gegeben« habe, »das Ganze von meiner Seite her zu sehen, und ich hoffe aufrichtig, daß sich daraus noch etwas ergeben wird, wenn ich erst was geschrieben habe« *(Tax, 211).*

14. Januar, Sonnabend. Im *Neuen Deutschland* erscheint der Schlußabsatz von Bs Rede vom 12. 1. vor der Sektion Dramatik.

B und Helene Weigel geben in einem Aushang bekannt, daß in Klein-Kölzig, dem »Ort, den sich Strittmatter als Vorbild« für sein Stück *Katzgraben* nahm, mittlerweile »nicht nur die Straße fertiggebaut worden« ist. Außerdem sei »ein Kulturhaus für 1200 Zuschauer gebaut« worden, in das die Bauern das BE mit einer Vorstellung von *Katzgraben* eingeladen haben *(23,365).*

Auf der Abschlußveranstaltung des Schriftstellerkongresses hält B seine *Rede auf dem IV. Deutschen Schriftstellerkongreß (23,382).*

Im Auftrag Bs schickt Isot Kilian an die niederländische Fotografin Gerda Goedhart (→ 14. 3. 55) ein Schreiben der DAK mit der offiziellen Mitteilung, daß sie am 29. 1. in Berlin zum Abschluß ihres Vertrags erwartet wird und bis dahin ihre Wohnungsangelegenheit geregelt ist.

M. Pawlowa hat B (am 6. 1.) ihre russische Übersetzung von *Mutter Courage und ihre Kinder* geschickt. Er bestätigt ihr, durch seine Freunde habe er erfahren, »daß sie besonders gut« sei, und deshalb dem Verlag Iskusstwo empfohlen, sie in die Ausgabe aufzunehmen *(Br, 2254).*

15. Januar, Sonntag. Nach einem Gespräch mit Nazim Hikmet diskutiert B am Abend mit Georg Lukács, Wolfgang Harich, Erich Engel und Friedrich Bassenge über philosophische Probleme.

16. Januar, Montag. B bedauert (in einem Telegramm), daß Louis Fürnberg wegen seiner Erkrankung nicht am Schriftstellerkongreß teilnehmen konnte, und wünscht ihm gute Besserung. Er bittet ihn um Mitarbeit beim Aufbau von Spielgruppen für kleine politische Programme und fragt nach Texten »als Anfang und Vorbild« *(Br, 2255).*

B rät Ruth Berlau, nicht aus Kopenhagen wegzugehen, be-

14. Januar 1956
Rede auf dem IV. Deutschen Schriftstellerkongreß

Wir schreiben unter neuen Bedingungen. Die sozialistische und realistische Schreibweise, die wir als Sozialisten und Realisten für unsere neuen Leser, Erbauer einer neuen Welt, entwickeln, kann, wie wir sahen, für den großen Kampf in vielfacher Weise dichterisch ausgebaut werden, nach meiner Meinung besonders durch das Studium der materialistischen Dialektik und das Studium der Weisheit des Volkes. Bauen wir doch unseren Staat nicht für die Statistik, sondern für die Geschichte, und was sind Staaten ohne die Weisheit des Volkes! *(23,382.)*

vor sie »ein wenig Fuß gefaßt« hat: »Wenn Du zwei Orte hättest (Berlin *und* Kopenhagen), wo Du arbeiten und leben kannst, wann Du willst, wäre es keine Emigration mit solcher Isolierung.« *(Br, 2256.)*
B bedankt sich bei Rechtsanwalt Friedrich Karl Kaul, daß er ihn im Rechtsstreit gegen den Bauleiter Günzel vertreten wird (→ 10. 1.). Günzel hatte 1952 und 1953 Gelder für Bauleistungen in Buckow verlangt, die mangelhaft ausgeführt worden waren *(vgl. Br, 2257)*.
Käthe Rülicke informiert im Auftrag Bs Gerhard Otto vom Zentralhaus für Volkskunst Leipzig, daß B »eine Lanze für Agitprop-Trupps (er nannte es die kleine Form) gebrochen hat«, und fragt ihn, ob er beim Aufbau solcher Truppen helfen kann. Sie lädt ihn zu einer Besprechung nach Berlin ein *(770/55)*.
17. Januar, Dienstag. B hat einen Brief des Hamburger Schriftstellers Ernst von Salomon in der *Welt am Sonntag* gelesen und schreibt ihm, er würde gern bei dessen nächsten Berlin-Besuch »wieder einmal« mit ihm sprechen *(Br, 2258)*. Salomon antwortet: »Ich halte es für eine Schweinerei, daß Fäulnis und Feigheit unseres hiesigen Literaturbetriebes die persönliche Verbindung zu unseren Kollegen in der DDR derart abreißen ließ; keinesfalls darf bei Ihnen der Eindruck entstehen, als ob die Wortsoße der RIAS-Deutschen das einzige Echo sei, das hierseits auf Ihre und Ihrer Kollegen Bemühungen ertönt.« Am liebsten würde sich von Salomon mit B »beim alten Rowohlt« treffen, »der ebenso gerne wie ich einmal mit Ihnen von den Dingen reden möchte, die uns wirklich angehen« *(770/2)*.
Der Herausgeber der neuen Taschenbuchreihe *rowohlts deutsche enzyklopädie*, Ernesto Grassi, möchte, wie Ernst Rowohlt B (am 10. 1.) mitgeteilt hat, in einem Buch von etwa 120 Seiten Umfang Texte Bs über sein Theater herausbringen (das Projekt wird nicht realisiert). Auf Grassis Wunsch nach einer persönlichen Rücksprache antwortet B, daß er ihn gern demnächst in München besuchen wird *(763/54)*.
19. Januar, Donnerstag. B nimmt an der Sonder-Vorführung eines Kinderfilms (→ 7. 2.) teil, über den anschließend diskutiert wird.
Der Obermagistratsrat Julius Hahn aus Frankfurt/M., der wegen »prokommunistischer Betätigung« von seinem Posten suspendiert und in Untersuchungshaft genommen worden ist, hat B geschrieben und ein Gedicht geschickt, wofür sich B bedankt: Das Härteste sei, daß sich nur wenige um Hahns Geschick zu kümmern scheinen. »Aber das Volk bekommt nur wenig zu erfahren und hat kaum eine öffentliche Stimme, zu reden. Und doch ist es das höchste Gericht und spricht den endgültigen Spruch.« *(Br, 2259.)* Der Bundesge-

richtshof Karlsruhe händigt das Schreiben nicht an Hahn aus, »da beleidigender Inhalt und Solidaritätserklärung« *(764/8)*. Als Hahn der Brief schließlich nach seiner Entlassung am 9. 2. gegeben wird, ist er (wie er B schreibt) »aufs Tiefste erschüttert« und fühlt sich in seiner Überzeugung gestärkt *(764/10)*.

20. Januar, Freitag. Da Ruth Berlau ihre Rückkehr nach Berlin in Aussicht gestellt hat, ist B an einer Klarstellung ihrer Beziehung interessiert. »Bitte, werd nicht gleich wieder böse, wenn ich sage, daß Du Berlin wie eine Pfründe betrachtet hast und alles auf Grund von alten Ansprüchen beurteilst. Du verlangtest vom *Ensemble* ein gutes Gehalt, ob Du arbeitetest oder nicht, und von mir die Bezahlung aller Rechnungen, ob Du mich verleumdetest und beschimpftest oder nicht.« Er sei selbst »kein Rentner geworden, der von den Zinsen seiner alten Arbeiten lebt«. Zur Mitarbeit Berlaus schreibt er: »Wir sind nicht zwei Dramatiker, die zusammen Stücke geschrieben haben. Wenn Du mir hin und wieder einen Rat gegeben hast, so habe auch ich Dir Rat erteilt, und wenn ich aus Deinem Rat mehr machte als Du aus meinem, so ändert das nichts daran, daß Du einen so winzigen Teil bekommen würdest von, sagen wir *Puntila*, daß es noch kein Hundertstel wäre. Das ist die Wahrheit und wir müssen uns daran halten.« B lobt ihre »Kritik von entstehenden Stücken«, den »Rat bei Proben« und ihre »Erfindung des Modellbuchs«. Sie sei bei der Herausgabe der *Svendborger Gedichte* und der *Kriegsfibel* »eine freundliche und viele begeisternde Helferin« gewesen, so daß er ihr helfen will, wo er nur kann. Er rät ihr, jetzt noch nicht zurückzukommen *(Br, 2260)*. In diesem Zusammenhang entsteht das Gedicht *Veränderung, aber zum Schlechten (15,298f.)*, in dem es heißt: »Aber ich lade heute Shen Te / Und es kommt Shui Ta.«

20. Januar 1956
Charakteristik der Zusammenarbeit mit Ruth Berlau

Auf die Frage, wohin ein Tantiemen-Vorschuß für die argentinische Ausgabe des *Dreigroschenromans* (→ 26. 12. 55) überwiesen werden soll, gibt B die amerikanische Adresse seines Sohnes Stefan an *(685/87)*.

23. Januar, Montag. Marieluise Fleißer schreibt an Lion Feuchtwanger, daß sie während ihres Berlin-Besuchs (→ 13. 1.) »die Angelegenheit mit Brecht gründlich durchgesprochen habe«. »Ich konnte mich nicht entschließen, nach Ost-Berlin überzusiedeln, so wie mir Brecht zunächst vorschlug.« Sie hätte zwar für ein Jahr ein Stipendium bekommen, fürchte aber, dann so »festgelegt« zu sein, daß sie nicht wieder zurückkann. Sie fühle sich ihrer Landschaft und Sprache zu stark verwurzelt, und die Vorstellung einer Auslieferung an die »Kunstbeamten« wirke auf sie »geradezu lähmend«. »Ich hätte freilich hin und wieder einmal die Begegnung mit Genialität, die mir hier so sehr fehlt, ich meine die Begegnung mit einem genialen Menschen, nicht nur mit seinen Werken. Das wäre aber nur selten, um Brecht möglichst wenig zu stören.« Sie wolle lieber »wieder ein paar Tage nach Berlin« fahren, »um Brecht zu sehen«, davon könne sie »lange zehren« *(Tax, 211)*.

24. Januar, Dienstag. B wird als Ehrengast zum 28. Internationalen PEN-Kongreß für Juli nach London (→ 22. 3.) eingeladen.

Der Hamburger Schriftsteller Peter Martin Lampel bittet B, ihm behilflich zu sein, daß er einen Teil seines in Berlin/DDR eingefrorenen Autorenhonorars (für Bücher beim Kinderbuchverlag und beim Verlag der Nation) nach Westdeutschland überwiesen bekommt. B unterstützt einen entsprechenden Antrag an den Deutschen Schriftsteller-Verband.

Nach der Mitteilung des Kölner Regisseurs Friedrich Siems, in Nürnberg *Leben des Galilei* zu inszenieren, schreibt ihm B, daß er jetzt »die Strophen zwischen den Bildern für die Sängerknaben« übersetzt habe und Hanns Eislers Musik dazu »herrlich« klinge *(Br, 2261)*.

Helene Weigel teilt dem musikalischen Leiter des BE, Hans-Joachim Geisthardt, mit, daß B über dessen Vorschlag, alle früheren Musiken zu Brecht-Stücken zu sammeln und zu archivieren, froh ist, und bittet zu einem Gespräch über die Realisierungsmöglichkeiten.

Caroline Kohn hat von dem Plan einer Karl-Kraus-Feier aus Anlaß des 20. Todestages im Juni an der Pariser Sorbonne berichtet und B gefragt, ob das BE auch eine Feier machen wird. Isot Kilian antwortet, daß das Theater »auf Grund der Überbeschäftigung der Schauspieler« sich keine Matineen mehr leisten kann *(699/51)*. Dennoch hat B den Plan noch nicht aufgegeben (→ 19. 2.).

25. Januar, Mittwoch. Mittags bespricht B mit dem technischen Leiter des Verlags der Kunst Dresden, Pachnicke, sowie mit Peter Palitzsch und Isot Kilian einen neuen Schutzumschlag für *Theaterarbeit*. Außerdem wird für die Aufbindung der vorhandenen Rohbogen eine Aktualisierung erwogen: Für einen zusätzlichen Bogen will B ein Vorwort schreiben. Außerdem sollen die seit 1952 am BE herausgekommenen Stücke und die Resonanz der Aufführungen im Ausland dokumentiert werden.

Das Ministerium für Kultur genehmigt die Herstellung von 50 Exemplaren der Sammlung *Die Dialektik auf dem Theater (23,386-413)*. Sie werden an Mitarbeiter, Freunde und Interessenten verschickt. In einer (später geschriebenen) Vorbemerkung wird die Sammlung als 37. Versuch eingeordnet und folgendermaßen charakterisiert: »Hier wird versucht, die Anwendung materialistischer Dialektik auf dem

Theater zu beschreiben. Der Begriff ›episches Theater‹ scheint immer mehr einer solchen inhaltlichen Ausarbeitung bedürftig.« *(23,603.)*

26. Januar, Donnerstag. Der Leiter der Abteilung Volkskunst im Ministerium für Kultur bittet B um eine Unterredung über Fragen einer Belebung der Agitprop-Bewegung, einem »Hauptanliegen« des Ministeriums *(834/05)*.

27. Januar, Freitag. B erklärt Anton Ackermann (→ 14. 5. 55), daß er den Schauspieler Raimund Schelcher, der bei ihm im *Galilei* den Papst probiert, für Filmarbeiten bei der DEFA (→ 6. 1.) »unter keinen Umständen freigeben« wird *(Br, 2262)*.

27. Januar 1956
Urlaubssperre im Zeitraum der *Galilei*-Proben

B gibt in einem Aushang bekannt, daß er »aus künstlerischen Gründen und um den Ablauf der Proben nicht zu gefährden«, ab sofort den Beteiligten »keinen größeren Urlaub mehr gewähren« kann *(771/47)*.

B sagt eine Einladung der FDJ-Kreisleitung Stollberg (vom 3. 1.) zu einem Dikussionsabend wegen seiner Arbeit an *Leben des Galilei* ab *(762/87)*.

28. Januar, Sonnabend. Gespräch mit Mitarbeitern des BE über Filme.

B erteilt dem Warschauer Puppentheater Lalka die Genehmigung, den *Kaukasischen Kreidekreis* als Puppenspiel herauszubringen *(Br, 2264)*. (Das Projekt kommt erst 1957 zustande.)

30. Januar, Montag. Vor der *Galilei*-Probe findet früh bei B eine Besprechung mit Helene Weigel, Kurt Palm, Karl von Appen und Gustav Hoffmann über die Kostüme und über das Modellbuch statt.

B hat Lion Feuchtwanger die *Kriegsfibel* geschickt, für die dieser sich nun bedankt. Er erinnere sich noch, wie ihm B in Santa Monica die Bilder und die Verse gezeigt hat. »Ich freue mich sehr, daß sich das Ganze jetzt so eindrucksvoll präsentiert.« Feuchtwanger möchte für die Verbreitung des Buches in den USA etwas tun *(Feuchtwanger, 81)*.

30. Januar 1956
Plan eines Hauskaufs in Dänemark für Ruth Berlau

B will in Dänemark ein Haus kaufen und Ruth Berlau darin eine Wohn- und Lebensmöglichkeit geben. Er fragt sie, was »ein Häuschen wie Wallenspaek, aber näher an Kopenhagen kosten« würde. »Oder eine kleine Wohnung? Ich möchte so gern, daß Du *zwei* Unterkünfte hast.« *(Br, 2265.)*

31. Januar, Dienstag. Der Schauspieldirektor der Städtischen Bühnen Erfurt, Eugen Schaub, spricht mit B über die von ihm geplante Inszenierung des *Kaukasischen Kreidekreises*.

B läßt das korrigierte Exemplar der Broschüre des Schriftstellerverbandes vom IV. Kongreß zurückschicken und bittet um die Aufnahme »der schönen Rede von Max Schroeder« sowie seiner Schlußrede (→ 14. 1.) *(761/57)*.

1. Februar, Mittwoch. Auf Louis Fürnbergs (→ 16. 1.) Zusage lädt ihn B zu einer »Besprechung mit Leitern politischer Kabaretts, jungen satirischen Schriftstellern, Vertretern des Zentralhauses und des Ministeriums usw.« in seine Wohnung ein *(Br, 2266)*.

Der Schauspieler Raimund Schelcher hat (am 31. 1.) wegen seiner vertraglichen Bindung an die DEFA zum Ende der laufenden Spielzeit am BE gekündigt. Helene Weigel nimmt die Kündigung nicht an. »Wie Sie wissen, sind wir bestrebt, Ihren DEFA-Vertrag in einer vernünftigen und für das Theater möglichen Form als Zweitvertrag festzulegen, so wie es geplant war.« *(HWA.)* Über die Schwierigkeiten mit der DEFA spricht B auch mit Erich Engel.

2. Februar 1956
Proben zu *Der Held der westlichen Welt*

2. Februar, Donnerstag. Inzwischen haben Manfred Wekwerth und Peter Palitzsch mit der Inszenierung des Stückes *Der Held der westlichen Welt* von John Millington Synge begonnen (in der Übersetzung von Peter Hacks und Anna Elisabeth Wiede, bearbeitet von B und den beiden Regisseuren). B besucht an diesem Tage eine Probe.

Nachmittags trifft er Stephan Hermlin und Paul Wiens zu einem Gespräch über die Herausgabe der Dichtungen von Nazim Hikmet. Wiens schickt die von ihm übersetzten Hikmet-Gedichte am 7. 2. an B, Hermlin am 5. 2.

3. Februar, Freitag. B rät Ekkehard Schall, die Betrunkenheit des Eilif in der Zeltszene von *Mutter Courage und ihre Kinder* nicht zu übertreiben: »Es ist in dieser Szene nicht gut, wenn der junge Mensch irgendwie verlumpt erscheint. Der Trunk kann ihm die Zunge für die Erzählung lösen; das ist alles. [...] Hoffentlich lassen Sie die Natürlichkeit, die Sie in anderen Rollen jetzt erstreben, auch der Rolle des Eilif zugute kommen.« *(Br, 2267.)*

4. Februar 1956
Plan zur Herausgabe eines Bandes mit Gedichten von Nazim Hikmet

4. Februar, Sonnabend. B teilt Rudolf Engel mit, er habe mit Stephan Hermlin, Paul Wiens und Anna Seghers über die Herausgabe eines »kleinen Bandes von Gedichten Nazim Hikmets« gesprochen (→ 2. 2.). Dazu könne man Übersetzungen von Ernst Fischer und Max Schroeder benutzen; er selbst wolle sich auch »an einigen versuchen«. Obwohl Hikmet einen Vertrag mit dem Verlag Volk und Welt hat, schiene es besser, »wenn der kleine Band unter dem Protektorat der Akademie der Künste herauskommen könnte« *(Br, 2269)*. B übersetzt das Hikmet-Gedicht *Meine Einzige* *(15,296)*. Gleichzeitig bittet er Ernst Fischer, seine Hikmet-Übertragungen zur Verfügung zu stellen *(Br, 2270)*.

Wilfried Ziemann hat sich an B wegen einer von ihm geplanten Inszenierung des Lehrstücks *Die Maßnahme* gewandt. B rät ihm davon ab, »da es anscheinend zu schwer verständlich zu sein scheint und überhaupt nicht für Publikum, sondern für Selbstbelehrung der Spieler geschrieben ist«. Er empfiehlt statt dessen *Die Gewehre der Frau Carrar* *(Br, 2268)*.

B schlägt Peter Huchel vor, vom Abdruck *Der Silbermond* von Halldor Laxness in *Sinn und Form* abzusehen, da »bei uns« alles, was auf der Bühne erscheint, als Belehrung aufgefaßt werde. »Der Leser würde hier einfach den Rat herauslesen, die künstlerische Laufbahn für eine unmoralischere zu halten als etwa die Existenz einer Hausfrau – und wenn diese geistig noch so unbefriedigt sein mag.« *(Br, 2271.)*

Im Auftrag Bs teilt Elisabeth Hauptmann auf die Anfrage einer Filmfirma in Berlin/West nach einer Möglichkeit der Verfilmung von *Leben des Galilei* Walter Janka mit, daß dies B sehr interessiert, aber zu klären wäre, wer das Drehbuch schreibt, wer spielt und wieviel Geld zur Verfügung steht.

B erklärt dem Bayerischen Rundfunk auf eine Anfrage (vom 30. 1.) hin, daß er an einer Fernsehsendung von *Mutter Courage und ihre Kinder* interessiert ist *(Br, 2272)*.

B besucht erneut Peter Suhrkamp, der seit einiger Zeit zu einer Untersuchung seiner schweren Bronchienerkrankung im Westsanatorium liegt, und spricht mit ihm über dessen Auswahl für einen Brecht-Gedichtband, die er (am 30. 1.) zugeschickt hat.

5. Februar, Sonntag. B schreibt an Ruth Berlau wegen der von ihr gewünschten Geldüberweisungen *(Br, 2273)*.

6. Februar, Montag. Henry Peter Matthis, der zum Schriftstellerkongreß in Berlin war und sich mehrfach mit B und Helene Weigel getroffen hat, teilt beiden seine Eindrücke mit: »Nichts überraschend, es ist gut gegangen, ganz einfach, unsere Arbeit ist gelungen, könnt Ihr sagen – für mich war es aber, als ob ich in einem Bild den Sieg des deutschen Volks und der freien Geisteswelt über ›Wehrmacht‹, ›Streitkräfte‹ und alles sehen konnte.« *(708/128.)* B läßt (am 2. 3.) für den Brief danken und verspricht ihm alle seine Bücher, die Matthis noch nicht besitzt.

B teilt dem Aufbau-Verlag mit, daß er während der Proben zu *Leben des Galilei* »eine ganze Reihe kleiner und kleinster Veränderungen« im Text vorgenommen hat, die bei einer Neuauflage von Heft 14 der *Versuche* berücksichtigt werden müssen.

7. Februar, Dienstag. B dankt dem Dokumentarfilmer Wegener für seinen Kinderfilm und rät ihm zu einigen Änderungen *(Br, 2274)*.

Der Schauspieler Hans Hamacher hat B (am 5. 2.) gefragt, ob er am BE häufiger eingesetzt oder »aufs tote Gleis« geschoben wird; für seine Entwicklung sei dieses Theater sehr wichtig, weil »in unserer Zeit der planlosen und sinnlosen Theaterspielerei bei Ihnen das Theater noch einen Sinn hat« *(747/32f.)*. B erklärt Hamacher die Gründe der momentanen Unterbeschäftigung und hofft, mit ihm weiterarbeiten zu können *(Br, 2276)*.

7.-11. Februar 1956 Reise über Basel nach Mailand B, seine Tochter Hanne und Elisabeth Hauptmann sind über Frankfurt/M., wo sie sich beim Suhrkamp Verlag Reisegeld auszahlen lassen, nach Basel gefahren. Von dort schreibt B Therese Giehse und bedauert, daß er sie nicht sehen kann. Er gratuliert zu ihrem Erfolg als Claire Zachanassian bei der Uraufführung von Friedrich Dürrenmatts Stück *Besuch der alten Dame* (im Züricher Schauspielhaus am 29. 1.) *(Br, 2277)*.

Isot Kilian schickt B einen Geburtstagsbrief und berichtet, daß Ernst Busch auf der *Galilei*-Probe alle Hinweise der jungen Assistenten nicht anerkannt hat und selbst Regie führt.

8. Februar, Mittwoch. Friedrich Bassenge (→ 15. 1.) hat in Berlin »neulich« mit B ein »(vielleicht nicht ganz überflüssiges) Gespräch« über eine »sicher nicht sehr wichtige Sache (die formale Logik)« geführt und schickt ihm seine Aufzeichnungen darüber, um sich auf diese Weise »für die gewährte Gastfreundschaft erkenntlich« zu zeigen *(760/6)*.

B und seine Begleiterinnen fahren von Basel nach Mailand. Sie sehen sich die Stadt an, B kauft eine Olivetti-Reiseschreibmaschine. Er schreibt darauf für die Mailänder Aufführung der *Dreigroschenoper* ein neues Finale (das in deutscher Sprache nicht überliefert ist).

Er trifft sich im Piccolo Teatro mit Direktor Paolo Grassi, Giorgio Strehler und Teo Otto. Er besucht eine Tag- und eine Nacht-Probe. Das Bühnenbild von Otto sei »glänzend«, schreibt er (am 9. 2.) an Ruth Berlau. »Hanne ist lustig, aber sie muß wie ich auch am Montag in Berlin zurück sein, sie hat auch Probe.« *(Br, 2279.)* Auf Teo Otto bezieht sich vermutlich das in dieser Zeit geschriebene Gedicht *Teo, schwanke nicht! (15,299.)*

Im Auftrag Bs hat Käthe Rülicke in Berlin mit einer Schnittmeisterin den verbotenen Arnold-Zweig-Film *Das Beil von Wandsbek* (→ 13. 5. 55) neu geschnitten und schickt einen Text für fünf nachzudrehende Szenen an das Ministerium für Kultur.

9. Februar, Donnerstag. Nach der Generalprobe führt B ein längeres Gespräch mit Strehler; es handelt von »Theater, von der Kunst und auch von Politik. Und es war, als kennten wir uns seit altersher. Wenige Stunden einer Nachtprobe, ein geliebtes Stück, miteinander erlebt und gesehen, hatten wir gemeinsame Gewohnheiten und Ansichten enthüllt.« *(Strehler, 86.)* Auf einer Postkarte teilt B Ruth Berlau mit: »Die Aufführung hier scheint *sehr* gut zu werden.« *(Br, 2278.)*

Das Piccolo Teatro und der Verlag Einaudi geben für B einen Empfang, zu dem mehrere hundert Persönlichkeiten eingeladen sind. Horst Rüdiger berichtet darüber in der *Welt*:

»Brecht erschien in seiner bekannten, bis zum Hals geschlossenen dunkelgrünen Joppe, stand in einer Ecke des Foyers eingeklemmt, ließ sich die Prominenz vorstellen, war aber offensichtlich zu einem ausführlicheren Gespräch nicht bereit. Nach dreiviertel Stunden verschwand er unauffällig und überließ das Publikum dem Erstaunen über die ausgestellten Bühnenbilder des Berliner Ensembles und über die Ausgaben seiner Werke in italienischer Übersetzung.« *(28. 2.)* Teo Otto ist bei dem Empfang an Bs Seite; er erinnert sich: »Gesundheitlich angegriffen, war er ungeheuer allergisch gegen Menschen und Lärm. Um den Rücken frei zu halten, stellte er sich in eine Ecke. Er zupfte mich am Rock, als es ihm zuviel wurde. Sein Gesicht war schweißüberströmt vor Schwäche. Ich brachte ihn in einen Nebenraum, wo er erschöpft niedersank. Die Augen standen wie zwei Punkte im weißen Gesicht. Sein Hals zuckte nervös.« *(Otto, 42.)*

B mit Giorgio Strehler in Mailand

B fordert Peter Suhrkamp auf, die erste westdeutsche Ausgabe seiner Gedichte nicht in der »Bibliothek Suhrkamp« herauszubringen. »Wenn es nicht möglich ist, die Gedichte repräsentativ – als einen einzelnen Band, im Format der *Ersten Stücke* – herauszubringen, sollten wir das ruhig als eine historische Gegebenheit ansehen und sie eben nicht herausbringen.« *(Br, 2280.)*

Nach einigen Voraufführungen in Brighton findet im Royal Court Theatre London (→ 23. 12. 55) die Premiere der *Dreigroschenoper* statt. Jan van Loewen schreibt (am 10. 2.) an B: »Das gestrige Publikum war begeistert, und ich glaube, bei aller Zurückhaltung, eine ziemliche Aufführungsserie voraussagen zu können.« *(693/51.)*

10. Februar, Freitag. Helene Weigel übermittelt B telegrafisch »die allerschönsten Wünsche« zum Geburtstag.

Erwin Leiser, der zur Premiere nach Mailand gekommen ist, schreibt über das Frühstück mit B: »Der Schneesturm prasselt gegen die Fensterscheiben des Hotels Manin. Wir scherzen vorsichtig über gemeinsame, bei mir nur zufällige, Herzbeschwerden. Plötzlich verschleiert sich seine Stimme, und er sagt: ›Man weiß jedenfalls, daß es ein leichter Tod sein wird, ein leises Klopfen an die Fensterscheiben.‹« *(Leiser, 47.)* Leiser berichtet B auch über die Uraufführung von Friedrich Dürrenmatts *Der Besuch der alten Dame* im Zürcher Schauspielhaus (am 29. 1.).

Mit Grassi und Strehler kommt er überein, daß sie nach Bs Berliner Inszenierung von *Leben des Galilei* gemeinsam in Italien zwei Monate Sommerurlaub verbringen. B trifft auch seinen italienischen Verleger Giulio Einaudi.

Bei einer am Nachmittag angesetzten Diskussion in der Casa della Cultura läßt sich B entschuldigen, denn sein Herz

sei zu schwach. »Der Arzt hat mir verordnet, Strapazen zu vermeiden.« *(La Nova Stampa, 11. 2.)*
Abends ist die Premiere der *Dreigroschenoper*; Regie: Giorgio Strehler, Bühnenbild: Teo Otto; mit Tino Carraro (Macheath), Marina Bonfigli (Polly), Mario Carotenuto (Peachum), Giusi Dandolo (Celia Peachum), Milly Monti (Jenny). Es gelingt Grassi und Strehler, B nach der Aufführung auf die Bühne zu bringen.
B bedankt sich bei Strehler: »Ich wollte, ich könnte Ihnen in Europa alle meine Stücke überlassen, eins nach dem andern. Danke.« *(Br, 2281.)*
11. Februar, Sonnabend. B berichtet: »Die Aufführung – glänzend in Anlage und Detail und sehr aggressiv – dauerte von halb zehn bis zwei Uhr nachts; die Oper ist ungekürzt. Man war, wegen Grippe, nicht ganz fertig und hatte das Stück niemals durchrollen lassen, so war man erstaunt über die Länge. Aber es war anscheinend ein großer Erfolg und, tatsächlich, das Stück wirkt sehr frisch. Strehler, vermutlich der beste Regisseur Europas, hatte das Stück auf 1914 verlegt, und Teo Otto hat herrliche Dekorationen gemacht (statt Pferdestall jetzt Autogarage usw.).« *(Br, 2283.)*
In einem Brief an Käthe Rülicke bezeichnet er die Aufführung als »artistisch großartig«; die rechte Zeit, das Stück aufzuführen, sei »etwa 11 Jahre nach einem Weltkrieg; man macht einen Weltkrieg und dann die *Dreigroschenoper*, bis man ganz Europa für drei Groschen wird kaufen können« *(Br, 2282)*.
B wird vom Bürgermeister Mailands, Dr. Ferrari, eingeladen. Teo Otto, der ihn begleitet, schreibt, daß sich beide »wie zwei Weise über die Vergänglichkeit des Menschen« unterhalten hätten *(Otto, 42)*.
In einem Gespräch mit Studenten wird B nach der Gültigkeit des *Kleinen Organons für das Theater* gefragt. Nach der Erinnerung von Giorgio Strehler antwortet B u.a.: »Verlaßt euch nicht zu sehr darauf. Theater wird auf der Bühne gemacht. Und außerdem ist alles noch zu klären. Die Erfahrung zählt, das Experiment, die Realität muß begriffen werden...« *(Strehler, 67.)*
B wird abends von Paolo Grassi und anderen Mitarbeitern des Piccolo-Theaters am Bahnhof verabschiedet; er sagt: »Es ist für mich eine Ehre, daß ich hier in dem Piccolo und doch so großen Teatro di Milano von allen Leuten gekannt werde. Auf Wiedersehen!« *(Riccardo D'Amico, Wochenpost, 1. 9.)*
B schreibt *Kollektiv selbständiger Künste* für den Katalog der Berliner Ausstellung der Graphiken von Tadeusz Kulisiewicz *(23,413)*.

10. Februar 1956
Premiere
Die Dreigroschenoper
Piccolo Teatro di Milano

Giorgio Strehler hat sich nach meiner Meinung mit dieser Inszenierung der *Dreigroschenoper* zu voller Reife eines Theatermannes entfaltet; es war seine beste Regie. [...] Viertel vor zwei war das Schauspiel zu Ende. Brecht bedankte sich beim Publikum, das ihm wie auch Strehler und den anderen Mitwirkenden leidenschaftlich applaudierte. Gut fünfundzwanzigmal zwang das Publikum trotz der späten Stunde die Künstler auf die Bühne / Seit langem hat man so etwas nicht mehr erlebt, Ist die *Dreigroschenoper* denn solch ein Meisterwerk? *(Icillo Ripamonti, Avanti, 11. 2.)*

Brecht und Strehler wurden stürmisch gefeiert. Aber der Autor ließ sich nur kurz blicken, markierte eine Umarmung des Regisseurs und verschwand, ohne dem Publikum sein Gesicht zugewandt zu haben. ›Un timido‹, bemerkte ein italienischer Zuschauer mit leisem Bedauern: ›ein schüchterner Mensch‹. *(Horst Rüdiger, Stuttgarter Zeitung, 21. 2.)*

12. Februar, Sonntag. B berichtet Therese Giehse, die ihm gute Wünsche zum Geburtstag und zur *Dreigroschenoper* geschickt hat, ebenfalls von der *Dreigroschenoper*. B erwägt mit Giehse und Hanne eine Aufführung von Alexander Ostrowskis Drama *Gewitter*, entweder bei O. F. Schuh oder am BE *(Br, 2284)*.

12. Februar 1956
Zurück in Berlin

13. Februar, Montag. Berlin. B führt in seiner Wohnung eine Besprechung über den Aufbau einer kleinen Spieltruppe am BE (→ 1. 2.).

14. Februar, Dienstag. B verhandelt (telefonisch) mit dem Generalintendanten der Städtischen Bühnen von Karl-Marx-Stadt (Chemnitz) über die Uraufführung der *Tage der Kommune* unter Beteiligung von Mitarbeitern des BE an diesem Theater.

Helene Weigel schreibt an B, Kurt Palm habe ihr einen Schneider vermittelt, der ihr einen Mantel und B einen Anzug macht, den er »dringlich« brauche. »Bitte, sei einverstanden, Palm hat das geordnet.« *(972/14.)*

15. Februar, Mittwoch. B bereitet mit Erich Engel sein Gespräch (am Folgetag) über die Verfilmung des *Kaukasischen Kreidekreises* vor.

16. Februar, Donnerstag. Mit Hanns Eisler und Alberto Cavalcanti, bei dem er angefragt hatte, ob er die Regie übernehmen würde (→ 8. 7. 55 und 22. 10. 55), spricht B über die Verfilmung von *Der kaukasische Kreidekreis*.

B schreibt Ruth Berlau noch einmal wegen des Hauskaufes in Dänemark (→ 30. 1.), macht Angaben zur gewünschten Lage und Ausstattung *(Br, 2285)*.

Max Schroeder schickt B drei Friedenslieder von Nazim Hikmet in deutscher Fassung.

17. Februar, Freitag. Auf die Bitte des Rates vom Kreis Königs Wusterhausen (vom 8. 2.) gibt B für den bei ihm in Buckow beschäftigten Bauleiter Paul Prendke, der sich um die Stelle des Kreisbauleiters beworben hat, ein Gutachten ab, in dem er ihn als »gut und zuverlässig« charakterisiert *(Br, 2286)*.

18. Februar, Sonnabend. Nach der Probe von *Leben des Galilei* singen nachmittags vor B und Hanns Eisler Kinder die von Hans-Joachim Geisthardt einstudierten Lieder (vor den Szenen).

Lion Feuchtwanger hat aus Stockholm erfahren, daß sich unter den dreißig Vorgeschlagenen für den Nobelpreis auch B und er befänden. »Freilich meint mein Gewährsmann, daß wir beide nicht gerade die besten Aussichten haben.« *(Feuchtwanger, 82.)*

19. Februar, Sonntag. Auf Bs Anfrage, ob er sich an einer Karl-Kraus-Feier (→ 24. 1.) beteiligen würde, antwortet Leopold Lindtberg, daß er daran sehr interessiert sei, und

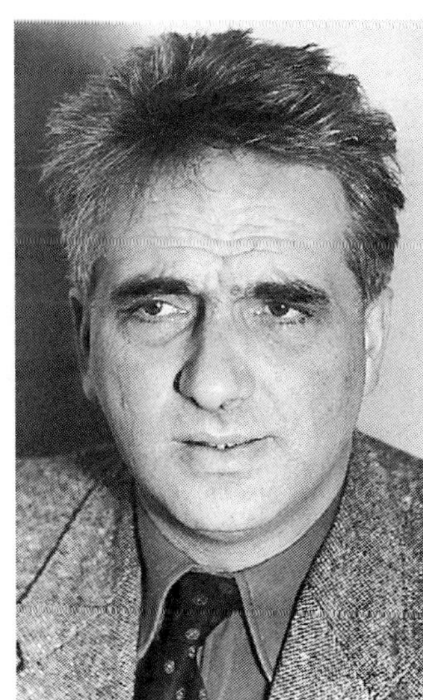
Teo Otto

erkundigt sich wegen seiner zahlreichen Verpflichtungen nach dem genauen Termin.

20. Februar 1956
Gespräch über kleine politische Programme

20. Februar, Montag. Gespräch Bs (unter Beteiligung von Elisabeth Hauptmann, Käthe Rülicke u.a.) mit etwa 50 Mitarbeitern politischer Kabaretts und Laienspielgruppen über kleine politische Programme (→26. 1.). B schlägt die Entwicklung solcher Programme durch die Theater vor, die sie neben den Vorstellungen machen und dann an Laienspielgruppen weiterreichen könnten. Das würde freilich die Initiative der Kabaretts zu sehr einschränken. Diese sollten in einer ersten Phase bereits vorhandene Texte benutzen. »Aber gleichzeitig müßte man die zweite Phase vorbereiten und neue Programme extra dafür schaffen.« Bei der Realisierung könnten durchaus Berufsschauspieler mit Laien zusammen auftreten. Der Anlauf einer Initiative für die Programme sei über das BE möglich, die eigentliche Arbeit könne aber von dem Theater nicht geleistet werden, weil es da »eigene Schwierigkeiten und Sorgen« gibt *(Gespräch, 175-184)*.

22. Februar, Mittwoch. B wird (am 7. 2.) vom Münchner Deutschen Kulturtag für den 8. 5. zu einer gesamtdeutschen Dichterlesung mit dem Thema *Dichtung und Zeitstimmung* (im Deutschen Museum) eingeladen. Er läßt sein Interesse daran bekunden, kann sich aber wegen der für Mai vorgesehenen Premiere seiner Inszenierung von *Leben des Galilei* noch nicht festlegen.

23. Februar, Donnerstag. Asja Lacis schreibt an Helene Weigel und B aus einem Sanatorium, daß sie einen Orden bekommen habe und Bernhard Reich Arbeitsaufträge von der Akademie der Wissenschaften. In Moskau werde ein Gastspiel des BE vorbereitet.

24. Februar, Freitag. Beim Direktor der Zentralstelle für Bibliothekswesen beschwert sich B darüber, daß das Buch *Theaterarbeit* noch nicht »in die Empfehlung für Bibliotheken der DDR aufgenommen« worden ist *(Br, 2288)*. In seiner Antwort (vom 17. 3.) verweist Direktor Rückl darauf, daß das Buch in der Fachzeitschrift *Der Bibliothekar* 1953 rezensiert und den Bibliotheken zur Anschaffung empfohlen wurde.

Desgleichen beklagt sich B bei der Leiterin der Deutschen Buch-Export und -Import GmbH darüber, daß ausländische Interessenten das Buch *Theaterarbeit* nicht über die Leipziger Vertriebstelle kaufen können *(Br, 2287)*. Daraufhin teilt die Firma (am 29. 5.) mit, daß ein großer Teil des Auslandsbedarfs durch die Lizenzausgabe des Buches beim Düsseldorfer Progreß-Verlag abgedeckt werde.

25. Februar, Sonnabend. B bespricht die für *Leben des Galilei* vorgesehenen Filmpassagen.

Der XX. Parteitag der KPdSU geht in Moskau zu Ende. Nikita Chruschtschow beginnt eine kritische Analyse der Herrschaft Stalins und legt eine schonungslose Bilanz seiner bei den »Säuberungen« begangenen Verbrechen offen. Die Rede wird in der DDR nicht veröffentlicht. B tauscht sich über die Stalin-Kritik mit seinen engsten Mitarbeitern aus, außerdem (am 14. 2.) mit Erwin Strittmatter, (am 1. 3.) mit Karl Kleinschmidt und (am 7. 3.) mit Jacob Walcher.

25. Februar 1956
Ende des XX. Parteitags der KPdSU in Moskau

Eben die Zeit, wo man am schwersten ohne Wissen auskommt, ist die Zeit, wo es am schwersten zu beschaffen ist. Es ist der Zustand des untersten Elends, wo es scheint, daß man ohne Wissen auskommt. Nichts mehr ist kalkulierbar. Die Maßstäbe sind mitverbrannt, die nahen Ziele verdecken die fernen; da entscheidet das Glück. *(24,256.)*

27. Februar, Montag. B bedankt sich nochmals schriftlich bei den Mitgliedern des Piccolo Theaters in Mailand. »Feuer und Kühle, Lockerheit und Exaktheit zeichnen diese Aufführung vor vielen aus, die ich gesehen habe. Sie verschaffen dem Werk eine echte Wiedergeburt.« B lädt das Piccolo Teatro mit der Aufführung nach Berlin ans BE ein *(Br, 2289).*

Vladimir Pozner hat B (am 21. 2.) von der Festnahme des spanischen Filmregisseurs Juan Antonio Bardem durch die Franco-Polizei informiert und um eine Stellungnahme gebeten. B schreibt in seinem Protest an den Generaldirektor der Cinematografia y Teatro, Madrid, daß die Verhaftung dieses »untadeligen Menschen und Meisters der Filmkunst alle denkenden Menschen mit Zorn erfüllen wird« *(Br, 2291).*

Nach einer Bitte von Wolfgang Heinz, gegen die beabsichtigte Schließung des Neuen Theaters in der Scala durch Wiener Behörden zu intervenieren, schreibt B Briefe an verschiedene österreichische Persönlichkeiten. Dem zuständigen Wiener Stadtrat für Kultur und Volksbildung, Fritz Mandl, gibt B zu bedenken: »Dieses Theater, gegründet von bedeutenden Schauspielern, die während der Hitlerzeit in die Schweiz emigriert waren, hat einen geradezu vorbildlichen Spielplan und ermöglicht durch seine niedrigen Preise auch der Arbeiterschaft den regelmäßigen Besuch künstlerisch hochstehender Aufführungen.« Briefe mit einer Aufforderung zur Intervention sendet er auch an Theaterleiter und andere Persönlichkeiten in ganz Europa.

28. Februar, Dienstag. B bittet seinen schwedischen Verlag Lars Schmidt, »in den nächsten 12 Tagen etwa 42 000 Dänenkronen so bereit zu halten, daß sie jederzeit ausgezahlt werden können« (→ 16. 2.). Falls die in Schweden liegenden Gelder dafür nicht ausreichten, sollte das fehlende Geld von dem Schweizer Konto genommen werden *(706/21).*

28. Februar 1956
Besuch einer Probe zu *Der Held der westlichen Welt*

Inzwischen haben Manfred Wekwerth und Peter Palitzsch mit der Inszenierung des Stückes *Der Held der westlichen Welt* begonnen. B besucht an diesem Tag eine Probe.

29. Februar, Mittwoch. B schenkt Herbert Jhering zu des-

Herbert Jhering

sen 68. Geburtstag ein Exemplar der *Kriegsfibel* mit Widmung.
Der Intendant des Volkstheaters Rostock, Hanns Anselm Perten, dankt B für die Unterstützung bei dem erfolgreich durchgeführten Projekt *Der gute Mensch von Sezuan* (→ 6. 1.) und bittet ihn, ein Gastspiel des Rostocker Theaters im BE zu unterstützen. Zum anderen möchte er in der folgenden Spielzeit erneut ein Brecht-Stück unter der Regie von Benno Besson herausbringen und ersucht B um die Freigabe eines seiner Stücke, »das in der DDR bisher noch nicht aufgeführt wurde« *(767/99f.)*.
Februar. B teilt Ruth Berlau nochmals seine Vorstellungen und Bedingungen für den Hauskauf (→ 16. 2.) mit *(Br, 2293)*.
1. März, Donnerstag. Der Direktor des Künstlerclubs »Möwe« informiert von einer beabsichtigten Diskussion über Theaterkritik in Ost und West unter dem Thema »Wir antworten Herrn Luft« und bittet u. a. B und seine Dramaturgen um Teilnahme. Käthe Rülicke schreibt ihm, B halte es nicht für gut, »daß wir an der Diskussion teilnehmen, solange wir mit unseren eigenen Theaterkritiken noch im Glashaus sitzen« *(766/49)*.
Wie B gehört hat, honoriert das polnische Panstwowy Institut Wydawniczy (Staatliches Institut für Verlagswesen) Gedichte nach Zeilen. »Das ist ein so kunstfeindliches Prinzip, daß ich es nicht unterstützen kann. Ich verzichte lieber auf die Veröffentlichung meiner Gedichte und rate Ihnen, dies Ihren Finanzbehörden vorzulegen.« *(Br, 2294.)*
2. März, Freitag. Im Auftrag Bs schreibt Isot Kilian an die Gewerkschaftsleitung (→ 11. 1.), er sei selbstverständlich nicht dafür, »daß durch die Darstellung Schauspieler mit gefährlichen Instrumenten gefährdet werden«, und bittet darum, mit den betreffenden Kollegen zu sprechen *(771/80)*.
B setzt sich in einem Brief an den Berliner Magistrat dafür ein, daß Angelika Hurwicz ihre Wohnung im Prenzlauer Berg mit einer in Berlin-Mitte (Friedrichstraße 124) tauschen kann. Sie sei »eine unserer hervorragendsten Schauspielerinnen« und habe »jetzt auch als Regisseurin viel zu tun« *(Br, 2295)*.

3.-10. März 1956
Unterbrechung der *Galilei*-Proben wegen Virusgrippe

3. März, Sonnabend. Wegen einer Virusgrippe unterbricht B für eine Woche die Proben.
Anton Ackermann nimmt gegenüber Paul Wandel vom ZK der SED einen Artikel von Curt Bois (in *Der neue Film*, 30. 1.) zum Beweis der Schwierigkeiten bei der Verfilmung eines Brechtschen Werkes. Er will daraus für eine eventuelle Wiederaufnahme des Films *Mutter Courage und ihre Kinder* eine zusätzliche Lehre ziehen.

5. März, Montag. Bei Karl von Appen findet eine von B gewünschte Vorbesprechung der 10. Szene von *Leben des Galilei* am Bühnenmodell statt.

6. März, Dienstag. B spricht mit Käthe Rülicke und einigen Schriftstellern (u. a. Carl Andrießen, Lothar Creutz, Lothar Kusche, Paul Wiens) über Themen für Agitpropstücke. Von B wird zunächst eine fingierte Betriebsversammlung vorgeschlagen mit der Kritik an vermeintlich schuldigen Kollegen (mit erfundenen Namen) in einem Rollenspiel, die für einen bekannten Mißstand verantwortlich gemacht werden. Die Darstellung soll die Zuschauer zu Protesten und Nennung der tatsächlich Schuldigen provozieren. »Diese Art Agitprop-Darbietung würde also von der Bühne übergehen in eine echte politische Versammlung.« In einem zweiten Vorschlag geht es um die »A.- und B.-Fakultät, Berlin«, ein Programm, das, nachdem es in Berlin/West ausprobiert wurde, auch in Berlin/DDR gezeigt werden soll (mit Texten, die Creutz, Kusche, Andrießen schreiben sollen). Darin werden »die positiven Errungenschaften der DDR« so dargestellt, »daß Vorzüge als negativ geschildert und damit die Angriffe ad absurdum geführt werden«. B gibt als Beispiel: »Ich muß Philosophie studieren, sonst bekomme ich meinen Lebensunterhalt (Stipendium) nicht.« In der Besprechung werden weitere Möglichkeiten erwogen *(1299/17f.)*.

6. März 1956
Beratung mit Schriftstellern über Agitpropstücke

B führt ein Gespräch über eine neue Verfilmung der *Dreigroschenoper.*

Wegen der internationalen Erfolge der *Dreigroschenoper* in London, New York und in Mailand bittet Elisabeth Hauptmann in Bs Auftrag Jacob Geis um Rat wegen einer Vergabe und wegen des Verkaufswertes der Weltrechte für einen neuen *Dreigroschen*-Film *(763/6)*. Geis empfiehlt (am 10. 3.) zunächst eine Klarstellung der Rechtssituation. Er bezweifelt, »daß ein *Dreigroschenoper*-Film filmisch wirklich ankommt« *(763/7)*.

8. März, Donnerstag. B beklagt sich bei Bernhard Reich, daß er seinen Antrag für eine Reise in die DDR noch nicht gestellt hat. B hat die Hoffnung, daß alles ohne Schwierigkeiten erledigt werden kann. Im gleichen Sinne schreibt er auch Asja Lacis.

Nachmittags ist Caspar Neher bei B.

B erteilt Hein Kohn von dem Internationaal Literatuur Bureau Hilversum eine Vollmacht zur Vergabe seiner Schallplattenrechte.

Die 1935 mit Hanns Eisler (als dessen damalige Lebensgefährtin) in die UdSSR gekommene Hedi Gutmann (→ 17. 2. 35) war als Mitarbeiterin am Moskauer Marx-Engels-Institut tätig. 1941 beschuldigt sie der NKWD, ihre Wohnung sei Sitz der Moskauer Gestapo-Zentrale und sorgt für

ihre Verhaftung (am 23.6.41); 1955 wird sie zur Arbeit in ein Sägewerk eines 200 km von der nächsten Bahnstation entfernt gelegenen kleinen sibirischen Dorfes verpflichtet. Am 19. 2. berichtet Hedi Gutmann B, daß im Werk während der Mittagspause ein Artikel Nazim Hikmets (aus der *Literaturnaja gazeta* vom 24. 1.) über B vorgelesen worden sei. Sie habe dann erzählt, »soviel ich über Sie weiß«. B dankt ihr für den »netten Brief«. Von Hanns Eisler habe er erfahren, daß ihr die Rückkehr erlaubt worden ist. Er erwartet sie bald in Berlin und schreibt ihr deshalb »nichts weiter von unserem Theater, weil ich denke, Sie können es sich bald selbst ansehen« *(Br, 2296)*. (Am 4. 8. dankt Hedi Gutmann für Bs »Hilfe«, die Geldanweisung habe sie ausgezahlt bekommen und rechnet im Oktober/November mit ihrer Rückkehr nach Berlin.)
Oscar Lewenstein teilt B mit, daß die *Dreigroschenoper* am 21. 3. vom Royal Court Theatre in das größere Aldwych Theatre überwechselt und lädt ihn nach London ein, vor dem Umzug die Vorstellung anzusehen und Ratschläge für Änderungen zu geben.
9./10. März, Freitag/Sonnabend. B, der an der 9. Generalversammlung des Deutschen PEN-Zentrums Ost und West nicht teilnehmen kann, wird (zusammen mit den anderen Präsidiumsmitgliedern) als Präsident wiedergewählt.
12. März, Montag. B leitet eine Dramaturgieberatung über eine Ausstellung anläßlich der Aufführung von *Leben des Galilei* im Foyer des BE.
13. März, Dienstag. Da B durch die Proben verhindert ist, bittet er Erich Engel, an seiner Stelle nach London zu reisen *(Br, 2300)*, um für den Umzug der Londoner *Dreigroschenoper* in ein größeres Haus Ratschläge für die Inszenierung zu geben. (Engel wird von der englischen Seite nicht als Vertreter Bs akzeptiert.)
Zum Tode des polnischen Politikers und Staatsmanns Boleslaw Bierut kondolieren B und Helene Weigel in einem Brief beim polnischen Botschafter.
Ruth Berlau schreibt aus Dänemark, sie wolle jetzt das Haus suchen, »damit wir fern sind«. Dennoch möchte sie gern im September, wie er ihr geraten hat, in Berlin sein *(2201/59)*.

Mit Erich Engel bei einer *Galilei*-Probe

14. März, Mittwoch. Auf die Anfrage eines dramatischen Zirkels aus Wernigerode läßt B durch Käthe Rülicke mitteilen, daß er deren Arbeit gern unterstützen will. Sie könnten sich »immer mit Fragen an Brecht wenden« *(761/89f.)*.
15. März, Donnerstag. B schließt mit der Intendantin Helene Weigel den Arbeitsvertrag als »1. Spielleiter« des BE für die Zeit 1. 9. 56-31. 8. 57 ab.
Da man auf ihn nicht zurückgekommen ist, will B den Vorschlag, den er zusammen mit Hanns Eisler zur II. Partei-

konferenz gemacht hat (→ 11. 6. 52), nochmals für die III. Parteikonferenz unterbreiten, und bittet Paul Wandel um ein Gespräch *(Br, 2301)*.
Alexander Bauer von der Dramaturgie der Dresdener Staatstheater will im Seminar des dortigen Opernstudios über Bs *Kleines Organon für das Theater* referieren und fragt ihn (am 23. 1.) nach verschiedenen Deutungsmöglichkeiten des letzten Satzes (»die leichteste Weise der Existenz ist in der Kunst«; 23,97). B antwortet: »In der Kunst wird das Leben (die Existenz überhaupt) zum Genuß umgearbeitet. Deshalb ist die leichteste Form der Existenz nämlich die genußvolle in der Kunst, d.h. natürlich, daß die Kunst Genuß in der Existenz verschafft.« *(761/94.)*
B hat (am 9. 3.) das Ministerium für Innerdeutschen Handel um den Export von 70 m Gardinenstoff für seine Tochter Hanne »nach dem Westen« gebeten. Vermutlich auf eine Nachfrage des Ministeriums hin gibt er nachträglich die Erklärung, daß er während seiner 15jährigen Emigration für sie nichts tun konnte. »Es ist mir aus diesem Grunde wichtig, ihr eine Freude machen zu können.« *(Br, 2302.)*
B erteilt seinem schwedischen Verleger Lars Schmidt verschiedene Verhandlungsvollmachten für die Vergabe von Aufführungsrechten seiner Stücke im Ausland *(577/62f.)*.
Dem Chefredakteur der Moskauer *Literaturnaja gazeta (Literaturzeitung)*, der ihn gebeten hat, über ein Buch zu schreiben, das auf ihn den größten Eindruck gemacht hat (→ 29. 10. 54), läßt B erwidern, er wolle über Mao Tse-tungs *Über den Widerspruch* schreiben, aber erst nach seiner Inszenierung von *Leben des Galilei*.
17. März, Sonnabend. Auf Hanns Anselm Pertens telegrafische Anfrage, ob ein Gastspiel des Rostocker Volkstheaters mit *Der gute Mensch von Sezuan* am BE möglich ist, antwortet B am gleichen Tag, dazu gäbe es im März keine Möglichkeit, weil das BE derzeit zwei Stücke parallel probiere. Auch sei Benno Besson zur Zeit in Mailand, und Käthe Reichel stünde nach einem Gastspiel in Frankfurt/M. erst wieder ab 16. 6. zur Verfügung. B schlägt eine Beratung mit Perten im Mai vor *(Br, 2303)*.
19. März, Montag. In der Dramaturgie bespricht B die Konzeption des Programmheftes von *Leben des Galilei* und die weitere Arbeit an der Foyer-Ausstellung.
Er beantragt beim Ministerium für Kultur ein Visum für eine Reise Käthe Rülickes nach Warschau, wo sie sich *Der gute Mensch von Sezuan* und andere Aufführungen ansehen soll *(Br, 2304)*.
Peter Palitzsch informiert B darüber, daß der Henschelverlag in das *Galilei*-Modellbuch die zusätzlichen Notate Bs über Ernst Busch aufnehmen wird. Der dem Verlag vorlie-

gende Text des Stückes sowie die 1947 entstandenen Laughton-Notate sollen aber, um keine Zeit zu verlieren, jetzt gesetzt und gedruckt werden.

20. März, Dienstag. B teilt der Deutschen Spielfilm Gesellschaft (→ 7. 3. 55) mit, daß er »vorläufig« keinen neuen *Dreigroschenoper*-Film haben möchte *(Br, 2306)*. Er wiederholt das auch (am 4. 6.) gegenüber der CCC-Film *(Br, 2352)*, von der er (am 11. 4. und 22. 5.) danach gefragt wurde.

B beantragt bei Rudolf Engel von der DAK Reisen von Käthe Rülicke und Elisabeth Hauptmann nach Moskau und Leningrad und bittet um Beschaffung der Visen. Als Reisegrund gibt er Besprechungen mit verschiedenen Verlagen über die Herausgabe seiner Arbeiten und die Beratung bei geplanten Inszenierungen seiner Stücke an. Am 28. 3. bittet er Boris Polewoj vom Schriftstellerverband der UdSSR gleichfalls um Unterstützung der Reise.

B bedankt sich bei Henry Peter Matthis (→ 6. 2.) für die Zusendung eines seiner Bücher: »Da sind ja nun etwas mehr Wörter drin als in den Zeitungen, so wird das Lesen schwer.« *(Br, 2305.)*

Auf die Bitte der *ABC-Zeitung* (vom 2. 3.) um ein Gedicht für ein Jubiläumsheft schägt B vor, Gedichte mit Noten abzudrucken, »so daß diese in den Schulen Verwendung finden« *(588/46,47)*.

21. März, Mittwoch. B kann Ruth Berlau, die früher als vorgesehen aus Dänemark zurückkehrt, nicht am Flughafen abholen, »ich vermeide immer noch Anstrengungen, auch kleinere«.

Brecht probiert die 13. Szene von *Leben des Galilei*

22. März, Donnerstag. B sagt dem Internationalen PEN-Kongreß in London (→ 24. 1.) seine Teilnahme zu für den Fall, daß es seine Gesundheit erlaubt *(Br, 2310)*.

B ist mit einer Fassung des *Kaukasischen Kreidekreises* für eine Aufführung in den Städtischen Bühnen Erfurt im allgemeinen einverstanden, teilt aber dem Regisseur Eugen Schaub (→ 30. 1.) mit, daß die (vermutlich versehentlich gestrichenen) Lieder gesungen oder rezitiert werden müssen. Nicht einverstanden ist B mit der beabsichtigten Streichung der Ludowika-Szene, »da die Figur des Richters sonst ihren Widerspruch verliert« *(Br, 2307)*.

B schickt an Asja Lacis' Tochter Dagmar Kimelis Material über das BE für ein Theater in Riga *(Br, 2308)*.

Emil Burri hat B (am 7. 2.) zugesagt, am neuen Drehbuch des *Courage*-Films mitzuarbeiten. B gibt seinen Brief an Erich Engel weiter und sieht eine Möglichkeit, im Juni mit Burri zu arbeiten *(Br, 2309)*.

B läßt einem dramatischen Zirkel in Magdeburg (auf dessen Anfrage vom 15. 3.) sein Einverständnis für eine geringfügige Textänderung in der Szene *Moorsoldaten* aus der Szenenfolge *Furcht und Elend des III. Reiches* mitteilen.

25. März, Sonntag. In der Dramaturgie bespricht B nochmals das Programmheft von *Leben des Galilei* und die Foyer-Ausstellung (→ 19. 3.).

Caspar Neher arbeitet an den Kostümen für *Leben des Galilei* und trifft sich mit Ernst Josef Aufricht.

26. März, Montag. B bedankt sich bei der Abteilung Investitionen und Planung im Ministerium für Kultur für die Unterstützung bei der Beschaffung einer größeren Menge von Kupferblech für die Dekoration von *Leben des Galilei.* Er wisse, »wie wertvoll und rar Buntmetalle sind, und selbst wenn das Metall nur für gewisse Zeit, während das Stück läuft, benutzt wird, so wird es doch auch für diese Zeit anderen für vielleicht wichtige Zwecke vorenthalten«. Er betrachtet die Hilfe als einen »Beweis des Kunstverständnisses unserer Behörden« *(Br, 2311).*

Siegfried Unseld, der seit 1952 im Suhrkamp Verlag tätig ist, fragt B (am 28. 2.), ob er sich an den Kosten für einen Privatdruck von Schriften Peter Suhrkamps zu dessen 65. Geburtstag beteiligt und in einer Legende der Autoren genannt werden möchte. B stimmt zu, beschwert sich aber, daß er als letzter genannt wird, und zahlt nichts, als er erfährt, daß die Reihenfolge der Gratulanten nach der Höhe der Spenden geordnet wurde.

27. März, Dienstag. Einem Notat Käthe Rülickes zufolge probiert Ernst Busch die 1. Szene unkonzentriert, »laut und glatt sprechend, wodurch der private Charakter der Sätze verlorenging«. Brecht habe Buschs Arbeit am Deutschen Theater kritisiert, die dem Schauspieler schade. Die Probe sei vorzeitig abgebrochen worden, »da nichts herauskam« *(1134/17).* Es ist die 59. Probe Bs zu *Leben des Galilei.*

Während der Proben schreibt B die Texte *Galilei für Busch (24,251f.),* *»Galilei«* sowie *Wissenschaft und Macht (24,252).* Außerdem entstehen mehrere Texte für ein *Galilei*-Vorwort *(24,253-256).*

Erwin Leiser schickt B einen Sonderdruck seines Essays über *Breughel und Brecht* und erinnert ihn an sein Versprechen, theoretische Texte für ein Theaterjahrbuch zu schicken.

28. März, Mittwoch. Olga Tretjakowa hat B (am 17. 3.) gefragt, ob es seinem Wunsch entspricht, daß in die russische Ausgabe seiner Werke Übersetzungen Sergej Tretjakows kommen sollen. B bestätigt das und kündigt eine Reise von Käthe Rülicke nach Moskau an, die Einzelheiten klären soll *(Br, 2312).*

B fragt den Minister für Schwerindustrie, Fritz Selbmann, ob er Material über die ökonomische Entwicklung (das unter Verschluß steht) einsehen kann. »Mich interessieren für lite-

27. März 1956
Unterbrechung der Proben Brechts zu *Leben des Galilei*

»Galilei«
Die Bourgeoisie isoliert im Bewußtsein des Wissenschaftlers die Wissenschaft, stellt sie als autarke Insel hin, um sie praktisch mit *ihrer* Politik, *ihrer* Wirtschaft, *ihrer* Ideologie verflechten zu können. Das Ziel des Forschers ist »reine« Forschung, das Produkt ist weniger rein. Die Formel $E = mc^2$ ist ewig gedacht, an nichts gebunden. So können andere die Bindungen vornehmen: die Stadt Hiroshima ist plötzlich sehr kurzlebig geworden. Die Wissenschaftler nehmen für sich in Anspruch die Unverantwortlichkeit der Maschinen. *(24,252.)*

rarische Arbeiten Angaben über Demontagen, Reparationen, Steigerung der Arbeitsproduktivität, Steigerung des Reallohnes usw.« *(Br, 2314.)*

28. März 1956
Teilnahme an einer Probe zu *Der Held der westlichen Welt*

An diesem Tage wechselt das Regieteam mit *Held der westlichen Welt* (→ 2. 2.) von der Probebühne auf die Hauptbühne, so daß *Galilei* pausieren muß. B besucht eine weitere Probe seiner jungen Kollegen Wekwerth und Palitzsch. Nach der Probe untersucht ihn Dr. Otto Mertens und stellt fest, daß ihm die Arbeit gesundheitlich nicht schadet.
Als B am späten Nachmittag Fieber (39.5) bekommt, holt seine Tochter Barbara Dr. Mertens mit dem Auto aus dem Westsanatorium ab.
Der englische Literaturwissenschaftler und Übersetzer John Willett schickt B seinen Artikel über ihn, der in *Times Literary Supplement* erschienen ist (→ 4. 4.), und macht ihn auf die an verschiedenen Orten ohne Kommunikation miteinander arbeitenden (englischen) Übersetzer aufmerksam. Um Bs »Einfluß [...] auf die englische Dramatik (und auf die englische Literatur überhaupt)« zu gewährleisten, schlägt er eine Koordinierung der Übersetzungen vor *(695/30f.)*.
29. März, Donnerstag. Wegen seiner Erkrankung fühlt sich B nicht in der Lage, zu einer Probe zu gehen.
Anfang April. Unmittelbar nach der 3. Parteikonferenz der SED (24.-30. 3.) spricht der Schweriner Domprediger und Publizist Karl Kleinschmidt mit B über die »Erweiterung der Demokratie«, die u. a. auf dieser Konferenz angesprochen wurde. B dachte darüber »sehr nüchtern« nach und goß »ätzende Säure auf das ranzige Fett« von Kleinschmidts Begeisterung; er habe gesagt: »Man kann sie [die Demokratie] weder beschließen noch anordnen und auch nicht so durchziehen, wie Sie sich das vorstellen. Die Demokratie erweitert sich in dem Maße, in dem Subalterne zu Demokraten werden.« Zwar säßen »oben« Demokraten, »aber je tiefer man nach unten kommt, um so autoritärer« werde regiert *(Neue Zeit, 19. 8.)*.

Brecht und Erich Engel auf einer *Galilei*-Probe

1. April, Ostersonntag. Kurt Kläber schickt B sein (unter dem Pseudonym Kurt Held erschienenes) Buch *Giuseppe und Maria* mit der Widmung: »zur Erinnerung an unsere gemeinsamen Kanonenjahre« *(BBAB)*.
3. April, Dienstag. Wegen seines sich verschlimmernden Gesundheitszustandes bittet B Erich Engel, der an den Proben der letzten Tage teilgenommen hat, die Arbeit am *Galilei* weiterzuführen (→ 19. 4.) »Ohne Sie wäre die ganze Arbeit vermutlich jetzt einfach zusammengefallen. Es ist angenehm, wieder mit Ihnen zusammenzuarbeiten.« *(Br, 2317.)*
Käthe Rülicke notiert zur Arbeit Erich Engels: »Engel verstand großartig, mit den Schauspielern umzugehen, die sich auch sofort auf ihn einstellten und glücklich waren über

seine Geduld. Erstaunlich war die Offenheit, mit der er den Schauspielern seine – auch negative – Meinung sagte.« Ernst Busch habe Engel sehr respektiert, aber gleichzeitig versucht, Lösungen wieder durchzusetzen, »die ihm Brecht ausgetrieben hatte«. Dadurch sei die Zusammenarbeit zunehmend schwieriger geworden. »Im übrigen arbeitete Engel vor allem Tonfälle, Gesten, d. h., er arbeitete aus, was Brecht angelegt hatte. Er war dabei unbestechlich und ließ auch Busch einen Satz fünfmal wiederholen, bis er ihn wirklich verstand.« *(2071/15.)*

4. April, Mittwoch. Auf eine telegrafische Mitteilung Bernhard Reichs (vom 15. 3.) drückt B in einem Brief seine Freude darüber aus, daß Reich in der UdSSR politisch rehabilitiert wurde. Er schickt ihm erneut eine Einladung nach Berlin *(Br, 2318).*

B wendet sich an den Moskauer Verlag Iskusstwo, der jetzt (anstelle des Verlags für internationale Literatur) die Ausgabe seiner Stücke übernommen hat. Er will die Auswahl der Stücke vorher besprechen und kündigt den Besuch von Käthe Rülicke an, die den Verlag in seinem Sinne beraten wird. B fragt, ob Ilja Fradkin (→ 12. 1.) hinzugezogen werden kann. »Er gehört zu den wenigen in Moskau, die sich mit meinen Arbeiten ausführlicher beschäftigt haben.« *(Br, 2320.)*

4. April 1956
John Willett schlägt Gründung einer Brecht-Gesellschaft vor

Durch Elisabeth Hauptmann läßt B John Willett mitteilen, daß er dessen Aufsatz (→ 28. 3.) »mit großem Interesse und Freude an seiner Ernsthaftigkeit und Gründlichkeit gelesen« hat. Er hält Willetts Vorschlag, eine Art »Übersetzer-Kollektiv« zu schaffen, für gut und praktisch (695/47-49). Willett hat die Gründung einer »Brecht-Gesellschaft« (in der Art der Diderot-Gesellschaft) vorgeschlagen, innerhalb der sich auch eine Gruppe mit den Übersetzungen beschäftigt.

Für B antwortet Elisabeth Hauptmann auf einen Brief des Herausgebers der englischen Studentenzeitschrift *Encore*, Antony Ferry, der (am 19. 3.) B um einen Beitrag gebeten hat. Ferry hält die Behinderungen des BE-Gastspiels, die unter dem außenpolitischen Einfluß der Bonner Regierung im Gange sind, für »both shameful and unpardonable« (sowohl beschämend als auch unverzeihlich). Leider könne B wegen seiner Erkrankung derzeit keinen neuen Artikel schreiben; er empfiehlt den Abdruck eines Aufsatzes aus einem der *Versuche*-Hefte *(961/13).*

5. April, Donnerstag. B ist immer noch nicht offiziell zu seinem Import-Bier gekommen (→ 16. 7. 55). Er schreibt an die Radeberger Exportbierbrauerei, er sei »Bayer und gewohnt, zum Essen Bier zu trinken«. Da er in der DDR nur das Radeberger Bier (dessen Produktion fast ausschließlich exportiert wird) für gut hält, bittet er darum, ihm »ausnahmsweise eine Zeitlang im Monat zwei Kästen« dieses Bieres zu liefern *(Br, 2321)*. (Die Brauerei kommt seinem Wunsch nach.)

Lion Feuchtwanger teilt B mit, daß der amerikanische Regisseur Norman Lloyd an einer New Yorker Aufführung von *Die Gesichte der Simone Machard* interessiert ist. Die Rechte für das Stück seien an B und Feuchtwanger zurückgefallen. Er fragt, ob B das Stück erst unter seiner Regie herausbringen will (→ 3. 5.). »Ich achte darauf«, schreibt Feuchtwanger, »manchmal mit Opfern, daß meine Bücher zuerst in deutscher Fassung erscheinen und nicht in irgendeiner Übersetzung.« *(Feuchtwanger, 84.)*

7. April, Sonnabend. B schreibt eine Empfehlung für seinen Bühnenbildassistenten Igael Tumarkin, der bei Bessons Inszenierung des *Guten Menschen von Sezuan* in Rostock »ausgezeichnete Arbeit« geleistet habe. B will dadurch die Gründung einer Meisterklasse für Bühnenbild initiieren *(23,414)*.

Im Auftrag Bs schickt Isot Kilian ein Stück, das ihm Leonhard Frank zur Beurteilung gegeben hat, mit der Meinung zurück, daß es »nicht ganz für unser Publikum geeignet« ist *(762/77)*.

Paul Dessau soll seine Musik für *Mann ist Mann* überarbeiten, die für eine Aufführung des Stückes am Staatstheater Stuttgart benötigt wird. B läßt ihm durch Elisabeth Hauptmann mitteilen, falls er mag, könnten sie »am Anfang der Woche [...] über das Ausmaß der Musik« reden *(761/20)*.

9. April, Montag. B läßt sich entschuldigen, daß er an einem für den 12. 4. angesetzten »geselligen Beisammensein« von Mitgliedern des PEN-Zentrums Ost und West wegen seiner Erkrankung nicht teilnehmen kann *(794/77)*.

B läßt seine Teilnahme am Gesamtdeutschen Dichter- und Schriftstellertag auf der Wartburg, zu dem er (am 15. 3.) eingeladen wird, wegen seiner Erkrankung absagen.

In Bs Auftrag schickt Isot Kilian an Erwin Leiser für das Theaterjahrbuch (→ 27. 3.) die Aufsatzsammlung *Die Dialektik auf dem Theater* (→ 25. 1.). B sei leider nicht gesund, »und er wird jetzt endlich einmal etwas für sich tun, was wir alle sehr begrüßen, obwohl es für das Theater schade ist, daß wir ihn entbehren müssen« *(708/104)*.

11. April, Mittwoch. Wieland Herzfelde schickt B sein Buch *Im Gehen geschrieben. Verse aus vierundvierzig Jahren* mit einer Widmung *(BBAB)*.

12. April - 12. Mai 1956
Krankenhausaufenthalt in der Charité

12. April, Donnerstag. B begibt sich zur Behandlung der Folgen seiner Virusgrippe in die Charité; er wird vom Klinikdirektor Prof. Theodor Brugsch behandelt.

Während des Krankenhausaufenthalts erledigt er die laufende Post und empfängt in beschränktem Umfang Freunde.

13. April, Freitag. Caspar Neher und Ernst Josef Aufricht besuchen B.

14. April, Sonnabend. Auf Veranlassung von Erwin Leiser, der mit Elisabeth Hauptmann telefoniert und Näheres von von Bs Erkrankung erfahren hat, wird an B ein Telegramm abgeschickt von seinen »schwedischen Freunden« Ninnan Santesson, Naima Wifstrand, Erwin Leiser, Anders Ek, Bengt Ekerot, Hans Dahlin, Arnold Ljungdal und Henry Peter Matthis; sie wünschen ihm »von ganzem Herzen eine baldige Gesundung und alles Gute« *(708/105)*.

Albert Wilkening teilt B mit, daß die DEFA mit Erich Engel einen Regievertrag über den Film *Mutter Courage und ihre Kinder* abgeschlossen hat, und bittet B um eine Besprechung für die »Wiederaufnahme der Arbeiten« am Film *(761/8)*.

Peter Martin Lampel bedankt sich bei B dafür, daß er durch seine Fürsprache (→ 24. 1.) zu einem Teil des eingefrorenen Honorars gekommen ist. Er wünscht B gute Besserung und rät ihm »aus eigener Erfahrung«: »nie sich selber aufgeben, weiter leben *wollen*!« *(765/112f.)*

15. April, Sonntag. B läßt Marieluise Fleißer mitteilen, daß er ihre Novellen (*Das Pferd und die Jungfer*, *Im Netz*) erhalten und an Bodo Uhse von *Sinn und Form* weitergeleitet hat. Fleißer schreibt ihm am gleichen Tage, sie habe von seiner schweren Erkrankung gehört und hofft aufrichtig auf baldige Besserung.

16. April, Montag. Stefan wünscht (auf einer Karte aus Cambridge) seinem Vater, daß er »rasch und völlig gesund« wird *(655/70)*.

Fritz Erpenbeck schickt an B einen handgeschriebenen Brief mit dem Wunsch: »Werden Sie recht bald ganz gesund!« Es unterschreiben auch die Mitarbeiter der Redaktion von *Theater der Zeit* Anne-Lise Harich und Martin Linzer *(764/51)*.

Käthe Rülicke hält sich im Auftrag Bs vom 14. bis zum 18. 4. in Warschau auf und spricht am 16. 4. u. a. mit dem Lyriker Adam Wazyk über die Übersetzung seiner Gedichte.

17. April, Dienstag. Auf Wolf Kaisers Intervention, daß er für seine Darstellung des Wu (in *Der Tag des großen Gelehrten Wu*; → 8. 11. 55) nicht zur Prämiierung vorgeschlagen worden ist, erklärt ihm B, Kaisers »großartige Figur [...] verrutsche« immer wieder und verliere »ihre schönsten Feinheiten«. »An und für sich ist natürlich Ihr *Wu* durchaus preiswürdig, auch wie er ist, aber einige haben doch recht, wenn sie die Ansprüche mit der Leistung steigern.« *(Br, 2322.)*

Karl Freiherr von Feilitzsch (der musikalische Leiter der Kammerspiele München) wünscht B gute Genesung und schreibt: »Es wäre unvorstellbar entsetzlich, wenn Ihnen etwas zustoßen würde.« B läßt für die Anteilnahme danken,

doch sei »sein Gesundheitszustand nicht so besorgniserregend, wie er bei Ihnen publiziert wurde« *(762/61)*.
Auch Jacob Geis hat von Bs Erkrankung gehört und ist »beunruhigt«; er bittet (am 17. 4.) um eine Nachricht über das Befinden. Im Auftrag Bs schreibt Isot Kilian, daß B »die Nachwirkungen einer Virusgrippe« auskuriere. Er werde vermutlich zu einer weiteren ärztlichen Behandlung im Mai »nach München zu Schmitt« (→ 8. 6.u.25. 7.) kommen *(763/12)*.
B hat wegen seiner Erkrankung die Einladung zur Premiere des *Kaukasischen Kreidekreises* in Erfurt (→ 31. 1.) am 14. 4. nicht annehmen können und drückt in einem Telegramm seine Freude über den Erfolg mit einem Dank an das Ensemble aus.
In Bs Auftrag teilt Elisabeth Hauptmann dem amerikanischen Theatermanager Leo Kerz auf dessen Anfrage (vom 3. 4.) mit, daß B eine Aufführung von *Courage und ihre Kinder* in New York »wirklich sehr wichtig« sei und er zustimmen werde, wenn dafür ein erfahrener Regisseur (nach Bs Wunsch: Orson Welles) und eine gute Besetzung gefunden sein werden. Die von Kerz vorgeschlagene Grete Mosheim hält B für »eine sehr gute Schauspielerin«, aber die Courage sei »ganz und gar nicht ihre Rolle«. Kerz solle sich mit seinem Projekt »ruhig Zeit lassen«. »Sie wissen, daß er immer warten konnte. Er hat sich nie nach Aufführungen seiner Stücke gedrängt. Ihm war wichtig, daß sie künstlerisch so gut wie möglich herauskamen.« *(685/96.)*
Auf die Anfrage des Literaturwissenschaftlers John Cairncross (vom 28. 3.), ob er Bs Werke ins Englische übersetzen darf, läßt ihm B mitteilen, daß sie gerade einen »kleinen Kreis von Fachleuten zu einem Ausschuß zusammenschließen, der über die Qualität der Übersetzungen wachen will«. Cairncross soll sich an John Willett (→ 4. 4.) wenden *(709/5)*.
Elisabeth Hauptmann sieht das von B gewünschte Gastspiel des Piccolo Teatro mit der *Dreigroschenoper* in Berlin gefährdet, weil das Theater auf seiner Tournee, die in Island und Skandinavien beginnt, nur seine italienischen Stücke mitnimmt und die Dekoration des Brecht-Stückes extra nach Berlin gebracht werden müßte. Sie schlägt Erwin Leiser nach einer Absprache mit B vor, die *Dreigroschenoper* schon mit nach Skandinavien zu nehmen.
18. April, Mittwoch. Caspar Neher hat mit Annemarie Rost Vorschläge für die Requisiten in *Leben des Galilei* ausgearbeitet und gibt sie B zur Entscheidung. Erich Engel läßt die bisher gearbeiteten Szenen 1-7 von *Leben des Galilei* durchlaufen.
19. April, Donnerstag. Nach einem Durchlauf des zweiten

Teils von *Leben des Galilei* (Szenen 8-13) bricht Erich Engel die Proben ab (→ 30. 4.).

18./19. April 1956
Nach Durchlauf aller Szenen Abbruch der Proben für *Leben des Galilei*

20. April, Freitag. Auf Initiative des BE findet in der DAK für die Mitarbeiter des BE eine geschlossene Vorführung des Films *Die Dreigroschenoper* statt.

Wegen der geplanten Uraufführung des Stücks hatte B (durch Käthe Rülicke) den Lektor Sander vom Henschelverlag gebeten, *Die Tage der Kommune* mit Nordahl Griegs *Niederlage* zu vergleichen. Er wolle sich keinem Plagiatsvorwurf aussetzen. Sander stellt in seinem Gutachten zwar gemeinsame historische Vorgänge und historische Figuren fest, aber unterschiedliche konzeptionelle Absichten *(768/3)*. B läßt daraufhin anfragen, ob er Grieg im Titel nennen soll und wie die Tantiemen zu regeln sind (→ 15. 5.).

21. April, Sonnabend. Aus der Charité bedankt sich B bei Kurt Kläber (→ März 33) für eine Buchgabe, die dieser (am 29. 3.) mit einer Einladung nach Carona geschickt hat. B schreibt, er könne im Moment »noch nichts Vernünftiges lesen«. Er dankt für die Einladung in das neue Haus von Kläber und seiner Frau Lisa Tetzner, das eine Arbeitsstätte für Schriftsteller sein soll. »Ich denke gern an Carona und die gemeinsame Zeitungslektüre im Grünen.« *(Br, 2323.)*

B fordert den Rat der Stadt Buckow auf, den zur Unterschrift vorliegenden Pachtvertrag zu unterzeichnen und die Unterschrift nicht vom Ausgang des Prozesses mit Herrn Günzel (→ 16. 1.) abhängig zu machen *(Br, 2325)*.

Im Auftrag Bs dankt Isot Kilian für die Genesungswünsche, die Fritz Wisten (→ 6. 1. 49) in die Charité geschickt hat.

Der schwedische Lehrer Paul Patera (ein Vertreter der »Jungen Rechten«) ersucht B (am 6. 4.) um eine Aufführungserlaubnis für die *Maßnahme* am Kammarteater Uppsala. B verbietet das mit der Begründung: »*Die Maßnahme* ist nicht für Zuschauer geschrieben worden, sondern nur für die Belehrung der Aufführenden. Aufführungen vor Publikum rufen erfahrungsgemäß nichts als moralische Affekte für gewöhnlich minderer Art beim Publikum hervor. Ich gebe daher das Stück seit langem nicht für Aufführungen frei.« (→ 26. 4.) Er empfiehlt *Die Ausnahme und die Regel (Br, 2324)*.

21. April 1956
Aufführungsverbot von *Die Maßnahme*

Isot Kilian dankt Walter Janka im Auftrag Bs »für die Botschaft mit dem Kaviar«; er »schmeckt ihm großartig und nützt sicher der Förderung seiner Gesundheit« *(764/114)*.

23. April, Montag. Caspar Neher besucht B.

Der DAK läßt B die »bisher gesammelten Gedichte von Nazim Hikmet für das kleine Bändchen« zukommen und bittet um eine Diskussion in der Sektion Dichtkunst *(831/39)*.

B untersagt eine Amateuraufführung der *Dreigroschenoper* im Studentenhaus der Frankfurter Goethe-Universität. »Schon die professionellen Bühnen haben sich angewöhnt, das Stück so zu verniedlichen, daß ihm alle politische Aggressivität genommen wird.« Er empfiehlt statt dessen *Mann ist Mann* bzw. *Hans Pfriem oder Kühnheit zahlt sich aus (Br, 2326).*

B fragt Rudolf Engel von der DAK, ob ein Austausch junger Theaterkritiker, Regisseure und Dramaturgen aus Polen und der DDR (für ein etwa achtwöchiges Studium) organisiert werden kann *(Br, 2327).*

24. April, Dienstag. Der dramatische Zirkel aus Wernigerode (→ 20. 3.) hat (am 13. 4.) B (für die Aufführung der Szenen *Die jüdische Frau* sowie *Der Spitzel*) nach dem Alter von Judith Keith und dem »Milieu« der Figuren gefragt. Im Auftrag Bs antwortet Käthe Rülicke, Judith Keith solle »nicht unter 30 und nicht über 40 sein«. Das Milieu sei durch die Szenen selbst gegeben. Zum *Spitzel* heißt es: »Brecht hat weder bestimmte Menschen als Motive benutzt, noch spielt ihre soziale Herkunft in dieser Szene eine Rolle.« *(761/92.)*

25. April, Mittwoch. B teilt dem polnischen Panstwowy Institut Wydawniczy (→ 1. 3.) mit, daß er »niemals und in keiner Sprache das Übersetzungsrecht für ein Stück an nur eine Person« gibt. Sein Einverständnis mit einer Übersetzung schließe »also niemals andere Übersetzungen aus« *(Br, 2328).*

Aufgrund seiner Unzufriedenheit mit der russischen Übersetzung einiger seiner Gedichte fragt B Boris Pasternak, ob er Lust hätte, seine »beiliegenden Gedichte zu übersetzen« *(Br, 2329).*

26. April 1956
Angebot der Ehrendoktorwürde der Universität Greifswald

Bertolt Brecht verkörpert sowohl in der Dramengeschichte als auch in der Theatergeschichte eine unverkennbare Entwicklungswende. Der Dramentheoretiker und der Dramendichter gehen dabei in einem Grade Hand in Hand, wie es bislang selten in der Dramengeschichte und Theatergeschichte nachzuweisen ist. Und wenn man gesagt hat, daß G. E. Lessing zu seiner Dramentheorie zugleich die überzeugenden schöpferischen Belege geboten hat, so ist ein Ähnliches am ehesten noch von Bertolt Brecht unter den modernen Dramendichtern und Theaterkennern der Gegenwart zu behaupten. *(Aus dem Entwurf Bruno Markwarths für eine Laudatio zur Verleihung der Ehrendoktorwürde, 4. 6.)*

26. April, Donnerstag. Caspar Neher stellt die Kostümskizzen zu *Leben des Galilei* fertig und trifft sich mit Kurt Palm. Lion Feuchtwanger hat von Bs Erkrankung gehört. »Ich bin etwas beunruhigt.« *(Feuchtwanger, 85.)*

Der Rektor der Greifswalder Universität, Gerhard Katsch, hat Bs Zustimmung zu einer Verleihung der Ehrendoktorwürde aus Anlaß der 500-Jahrfeier der Hochschule (am 16. 10.) erhalten (→ 4. 6.). Nun informiert Hans Bunge, an den Katsch geschrieben hat, B davon, daß der Rektor am 26. oder 27. 4. mit ihm »gern einige Minuten« sprechen will *(760/48).*

Paul Patera führt trotz des Verbots von B (→ 21. 4.) *Die Maßnahme* auf und nutzt sie, wie B befürchtet hat, zu antikommunistischer Propaganda. B spricht danach ein prinzipielles Aufführungsverbot für das Lehrstück aus, dem sich Hanns Eisler anschließt.

27. April, Freitag. Der in London lebenden Schauspieler Philo Hauser hat (am 23. 4.) um die Übersetzungrechte für *Aufstieg und Fall der Stadt Mahagonny* gebeten; Elisabeth Hauptmann teilt im Auftrag Bs mit, er solle sich zur Koordinierung der englischen Übersetzungen an das von John Willett geleitete Übersetzer-Gremium wenden.

28. April, Sonnabend. Käthe Rülicke informiert das Ministerium für Kultur über die Verhandlungen Bs mit den Städtischen Bühnen von Karl-Marx-Stadt (Chemnitz) über eine Inszenierung von *Die Tage der Kommune* (→ 14. 2.).

30. April, Montag. B schreibt an Ernst Busch: »Die *Galilei*-Proben müssen also jetzt doch ausgesetzt werden, da meine Gesundung sich verzögert; ich werde dieses Frühjahr noch nicht wieder anfangen können. Und Engel will nicht allein fertigmachen.« *(Br, 2330.)*

April. Im Berliner Haus der polnischen Kultur wird die Ausstellung der Kulisiewicz-Zeichnungen eröffnet. Im Katalog *(Tadeusz Kulisiewicz zeichnet Bertolt Brechts »Kaukasischen Kreidekreis«)* ist Bs Text (→ 11. 2.) unter dem Titel *Kollektiv selbständiger Künste – zu Kulisiewicz* gedruckt. Im Herbst erscheint der Katalog auch in einer Buchhandelsausgabe (→ 6. 8.).

Käthe Rülicke, die B täglich im Krankenhaus besucht, schreibt, er sei die ganze Zeit bettlägerig gewesen und habe viel gelesen. Nach *Leben des Galilei* wolle er nicht mehr inszenieren, das könnten jetzt seine Schüler tun. »Er wollte seine Theorie ausarbeiten.« Auf seine Bitten habe sie ihm Samuel Becketts *Warten auf Godot* ins Krankenhaus gebracht, das er zu bearbeiten begann. Während Estragon und Wladimir warten, sollten »im Hintergrund Filme über Revolutionen in aller Welt laufen«.

Käthe Rülicke hat sich den in der DDR immer noch nicht veröffentlichten Text der Rede Chruschtschows auf dem 20. Parteitag (→ 20. 2.) besorgt, läßt sie übersetzen und bringt sie B zur Lektüre. »Er war tief getroffen.« (→ Juli.)

Ende April. B bedankt sich bei Ruth Berlau für einige Geschenke, die sie ihm ins Krankenhaus geschickt hat. »Wenn ich Dich jetzt wegschicke, daß Du alles ordnest für den Herbst und weil ich selbst jetzt keine rechte Kraft habe, so ist das nicht nur ein Wegschicken und Deine Stirn soll glatt sein.« *(Br, 2331.)*

1. Mai, Dienstag. Die Betriebsparteiorganisation der SED im BE (darunter Elisabeth Hauptmann, Käthe Rülicke, Karl von Appen, Norbert Christian) sendet ihm die besten Wünsche für seine Gesundheit.

Angelika Hurwicz hat an B geschrieben, was sie ihm »schon oft sagen wollte«. Sie sei jetzt alt genug, um sich zu fragen, was sie als »Krönung« ihres Lebens ansieht: »die Nähe und die Befruchtung eines der großen Geister dieses Jahrhunderts genießen zu können«. Sie gibt eine Analyse von Leo Tolstois Drama *Und das Licht leuchtet aus der Finsternis* mit dem Wunsch, das Stück am BE zu inszenieren *(655/5f.)*. B schlägt ihr statt dessen *Der lebende Leichnam* vor. In diesem Stück sieht aber Angelika Hurwicz bestenfalls eine

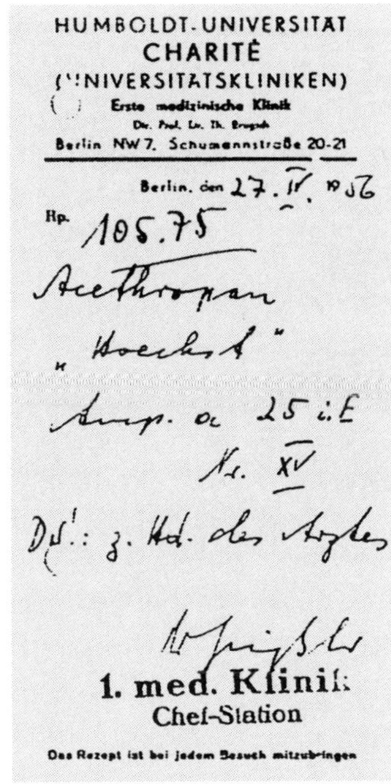
HUMBOLDT-UNIVERSITÄT
CHARITÉ
(UNIVERSITÄTSKLINIKEN)
Erste medizinische Klinik
Berlin NW 7, Schumannstraße 20-21
Berlin, den 27. IV. 1956
Rp. 105.75
Acethropan
„Hoechst"
Amp. à 25 i.E
Nr. XV
DS: z. Hd. des Arztes
1. med. Klinik
Chef-Station
Das Rezept ist bei jedem Besuch mitzubringen

Offizielles Rezept der Charité für ein westdeutsches Medikament, das B benötigt und das in Charlottenburg beschafft wird.

Rolle für sich und ist, wie sie B (am 11. 6.) schreibt, »auf keinen Fall« an der Regie interessiert *(764/103)*.

Anfang Mai. B zweifelt, ob der Hauskauf für Ruth Berlau (→ 30. 1.) richtig ist, ihm scheine, daß sie »vielleicht besser eine kleine Wohnung in Kopenhagen« nehmen soll »als ein Haus weiter weg«. Mit einem Haus habe man »auch immer Schwierigkeiten und Auslagen«, darüber hinaus brauche man einen Mieter, »wenn es nicht zerfallen oder ausgeraubt werden soll« *(Br, 2334)*.

2. Mai, Mittwoch. Auf Anregung Bs wendet sich der Leipziger Insel-Verlag an Elisabeth Viertel-Neumann und bekundet sein Interesse an der Herausgabe von Schriften aus dem literarischen Nachlaß ihres (1953 verstorbenen) Mannes Berthold Viertel, weist aber gleichzeitig darauf hin, daß der Verlag wegen der verfügbaren »Papierkapazität zur Zurückhaltung genötigt« ist *(764/111)*.

3. Mai, Donnerstag. B antwortet Lion Feuchtwanger (→ 26. 4.) nur kurz, weil er »im Augenblick in der Charité liege«. Es handele sich um »eine Endokarditis, die aber gutartig ist und auch schon abzuklingen scheint«. Wegen der Aufführung von *Die Gesichte der Simone Machard* vertritt B den Standpunkt, daß die Hauptrolle eine »Elfjährige« spielen muß, und zwar eine, »die wie ein Kind aussieht«. Man sollte mit der Aufführung »wirklich nicht hastig sein«; Eisler müsse auch noch eine Musik für die Pantomime machen *(Br, 2332)*.

B habe sich »besonders gefreut« über die Grüße und Genesungswünsche des 1. Sekretärs der SED-Bezirksleitung Mitte (vom 30. 4.) »zum Kampf- und Feiertag der internationalen Arbeiterklasse«, läßt er durch Isot Kilian ausrichten *(768/6)*.

Elisabeth Hauptmann schreibt Peter Suhrkamp, daß B »an allen Ecken und Enden« fehle. Was seine Krankheit angeht, habe sie etwas Gutes und etwas Schlechtes: »Das Gute: Brechts Herz ist an und für sich weit besser, als zunächst angenommen wurde. Das Schlechte: Eine Herzklappe ist von diesem elenden Infekt befallen, der so schlecht wegzukurieren ist.« Besucher dürfe er nur kurzzeitig empfangen *(791/1)*.

4. Mai, Freitag. Elisabeth Hauptmann ergänzt für Peter Suhrkamp ihre Mitteilungen über B vom Vortag. Vor allem werde versucht, ihm »eine seiner Hauptsorgen«, das BE, abzunehmen, damit er wirklich eine längere Erholungspause bis September hat. In dieser Zeit der Ruhe fehle ihm Lektüre. »Es gibt kaum noch einen Kriminalroman, den er nicht kennt. Dann liest er, was er bekommen kann über den zweiten Weltkrieg. Er ist z. B. gerade dabei, Churchills Memoiren zu lesen, am liebsten überhaupt Dokumentarisches, Faktisches. Eben auch Englisches. Vielleicht fällt Ihnen da auch etwas ein.« *(791/3.)*

Der russische Übersetzer des *Kaukasischen Kreidekreises*, Salomon Apt, schreibt an B, daß einige der verwendeten Namen im Georgischen ganz unüblich und von ihm entsprechend geändert seien und bittet um Zustimmung. B läßt (am 2.6. über Bernhard Reich) antworten, daß auf keinen Fall Grusche und Azdak geändert werden dürften. »Es ist Brecht völlig egal, ob diese Namen üblich sind, ob türkisch oder was immer.« *(717/49.)*

7. Mai, Montag. Paul Wandel, der von B den Text von *Die Tage der Kommune* bekommen hat, schreibt ihm, daß die Lektüre »ein Genuß« war, »besonders in einer Zeit, wo wieder einige schwanken und glauben, die Geschichte habe sich falsch bewegt und es ginge alles so nett, wenn wir nur artig wären.« *(769/48f.)*

Hermann Duncker schreibt an B, daß ihn sein *Leben des Galilei* »nicht losläßt«. Es sei für ihn die »*Tragödie des Widerrufs*, in der die Größe des Menschen sich doch behauptet«. Duncker ist »glücklich [...], dieses Werk noch kennengelernt zu haben« *(744/169-172)*.

9. Mai, Mittwoch. B bittet Boris Pasternak nochmals (→ 25.4.) um die Übersetzung »einiger kleinerer Arbeiten«, denn er möchte seine »Lenin-Gedichte in der bestmöglichen Übertragung in der UdSSR veröffentlichen« *(Br, 2333)*.

9. Mai 1956
Plan zur Uraufführung von *Die Tage der Kommune* in Chemnitz

Im Auftrag Bs teilt Käthe Rülicke dem Chefdramaturgen der Städtischen Theater Karl-Marx-Stadt (Chemnitz) mit, daß Bs Mitarbeiter Benno Besson und Manfred Wekwerth voraussichtlich Anfang der neuen Spielzeit frei sind und die Inszenierung der *Tage der Kommune* (→ 14.2.) beginnen können, und lädt ihn zur Präzisierung der Termine nach Berlin ein.

Auf die Anfrage des Darmstädter Dramaturgen Franz Heinen, ob er am BE tätig werden könne, teilt Käthe Rülicke im Auftrag Bs mit, daß B mit jungen Leuten zusammenarbeitet, die er selbst ausgebildet hat. »Dramaturgen im herkömmlichen Sinne gibt es an unserem Theater gar nicht. Unsere Dramaturgen machen Regieassistenz, und umgekehrt arbeiten Regisseure in der Dramaturgie.« *(764/37.)*

10. Mai 1956
Änderungen an der Gedichtausgabe Peter Suhrkamps

10. Mai, Donnerstag. Elisabeth Hauptmann bekundet Bs Einverständnis mit der *Vorbemerkung* Peter Suhrkamps zu seiner Ausgabe von Bs *Gedichte und Lieder* (→ 9.1.). Auf keinen Fall wolle B aber die *Ballade von den Seeräubern* in der Ausgabe haben, sie sei für ihn »schädigend«. Statt dessen schlägt er das Geschäftslied der Courage vor. »An *Freiheit und Democracy* wäre ihm sehr viel gelegen gewesen.« Unbedingt müsse noch vermerkt werden, daß das *Lied des Stückeschreibers* ein Fragment ist. B wünsche bald den Beginn der Gesamtausgabe der Gedichte; dann erst »hätte man einen wirklichen Überblick über die fast vier Jahrzehnte« *(791/10)*.

11. Mai 1956
Premiere
Der Held der westlichen Welt
von Synge
Berliner Ensemble

Barbara Brecht (Pegeen Mike) und Ekkehard Schall (Shawn Keogh)

11. Mai, Freitag. Am BE Premiere von *Der Held der westlichen Welt (The Playboy of the Western World)*, Komödie von John Millington Synge, Übersetzung von Peter Hacks, Lieder von Anna Elisabeth Wiede und Hacks, in der Einrichtung des BE (B, Palitzsch, Wekwerth), Musik: Hanns Eisler, Regie: Peter Palitzsch / Manfred Wekwerth, Bühnenbild: Karl von Appen; mit Heinz Schubert (Christopher Mahon), Barbara Berg (Pegeen Mike), Ekkehard Schall (Shawn Keogh), Friedrich Gnass (Pegeens Vater), Agnes Kraus (Witwe Quin).

12. Mai, Sonnabend. B kann mit Einverständnis von Prof. Brugsch die Charité verlassen, bleibt aber unter täglicher ärztlicher Kontrolle.

Caspar Neher schickt B aus Rom gute Genesungswünsche auf einer Postkarte, die Romulus und Remus an den Zitzen der Wölfin zeigen: »Bei dieser Sache erinnere ich mich an Galilei.« *(655/71 f.)*

Herbert Jhering schickt B sein zusammen mit Marcel Marceau geschriebenes Buch *Die Weltkunst der Pantomime. Ein Gespräch* mit der Widmung: »mit herzlichen Grüßen und Wünschen« *(BBAB)*.

15. Mai, Dienstag. Peter Suhrkamp schreibt Elisabeth Hauptmann, daß er das *Lied von den Seeräubern* auf Bs Wunsch gegen andere Gedichte ausgetauscht hat (→ 10. 5.), aber bei einem Abdruck von *Freiheit und Democracy* würde er in Schwierigkeiten kommen. »Brecht wird das verstehen. Ich wäre sonst gern seinem Wunsch gefolgt.« Die Verhandlungen mit Londoner Verlagen über Buchausgaben Bs seien von Siegfried Unseld (→ 26. 3.) geführt worden, der darüber bereits ausführlich berichtet hat. Nach Recherchen bei zahlreichen Verlagen tendiere Unseld dazu, die Brecht-Rechte an den Verlag Methuen zu geben.

Elisabeth Hauptmann teilt John Willett den Termin des Londoner BE-Gastspiels mit und fragt an, ob bis dahin gute Übersetzungen der gezeigten Stücke vorliegen können. Bei der Bildung seines »Brecht-boards« (→ 4. 4.) solle er Eric Bentley nicht vergessen *(695/80)*.

Elisabeth Hauptmann unterrichtet Lion Feuchtwanger von Bs Interesse, *Die Gesichte der Simone Machard* (durch eine französische Filmfirma unter Cavalcantis Regie) verfilmen zu lassen, und fragt, ob anderweitige Abmachungen bestehen. B sei glücklicherweise aus dem Krankenhaus entlassen worden, müsse aber »bis zum Oktober dem Theater fernbleiben« *(719/12)*.

Sie nimmt in einem weiteren Brief an den Henschelverlag Bezug auf das Gutachten des Lektors Sander (→ 20. 4.) und schlägt vor, »den Erben von Nordahl Grieg einen Anteil von 2% einzuräumen« *(570/23)*.

Helene Weigel teilt der Gewerkschaftsleitung des BE mit, daß sie in Putgarten auf der Insel Rügen ein Haus gekauft hat, das sie bis zum Sommer (mit Hilfe einiger Techniker des Theaters) auf ihre Kosten herrichten lassen will. Im Juli will sie es selbst nutzen und bietet es in der übrigen Zeit den Kollegen der Technik und der Verwaltung an.

Mitte Mai. B schreibt das Gedicht *Als ich in weißem Krankenzimmer der Charité (15,300).*

17. Mai, Donnerstag. B informiert den Verleger Bruno Henschel von seiner Erkrankung und der Unterbrechung der *Galilei*-Proben. Dadurch konnte das in Vorbereitung befindliche *Galilei*-Modellbuch noch nicht erscheinen, denn er wollte die Beschreibung der Galilei-Darstellung von Charles Laughton nach wie vor durch die von Ernst Busch ergänzen. »Man wird sehen, wie zwei bedeutende Schauspieler dieselbe Rolle ganz individuell aufbauen.« Obgleich er »die finanziellen und organisatorischen Schwierigkeiten« des Verlags, der Teile des Modellbuchs schon im Druck hat, versteht, bittet er Henschel, in dieser Sache auf seine »ernste Erkrankung Rücksicht zu nehmen« *(Br, 2335).*

Die bereits 1956 vorliegende Teil-Broschüre *Aufbau einer Rolle. Laughtons Galilei (25,7-69)* erscheint mit den anderen Teilen des Modellbuchs erst 1958.

Der Aufbau-Verlag unterrichtet B darüber, daß die 5. Auflage von *Mutter Courage und ihre Kinder* vergriffen ist und eine Neuauflage geplant wird.

18. Mai, Freitag. B bedankt sich bei der Leitung des 2ème Festival International de Musique et de Chants Populaires in Straßburg, daß er für das Ehrenkomitee vorgesehen ist. Er nehme es gern an. »Dabei sein kann ich leider nicht, da ich mich erst von einer schweren Krankheit langsam erhole.« *(Br, 2337.)* In einem Schreiben (vom 19. 5.) erinnern die Veranstalter B daran, daß er 1935 bereits bei der Straßburger Olympiade (→ 8. 6. 35) als Mitglied des Ehrenkomitees gezeichnet hat.

Auf die Anfrage Walter Jankas vom Aufbau-Verlag wegen des Prozesses zwischen Allert de Lange und dem Kurt Desch Verlag über der Rechte am *Dreigroschenroman* (vom 6. 2. und mehrfachen späteren Mahnungen) schickt Elisabeth Hauptmann in Bs Auftrag den bisherigen Schriftwechsel über den Prozeß und kündigt einen Vorschlag Bs an Allert des Lange an (→ 2. 7.).

B autorisiert Eva Tisell vom Teaterförlag Lars Schmidt, wegen der Vergabe von Schallplattenrechten Verhandlungen »mit den entsprechenden Institutionen für mechanische Rechte, mit Frau Weill-Davis und mit der Universal-Edition« zu führen *(Br, 2336).*

Peter Suhrkamp beklagt sich bei Elisabeth Hauptmann, weil

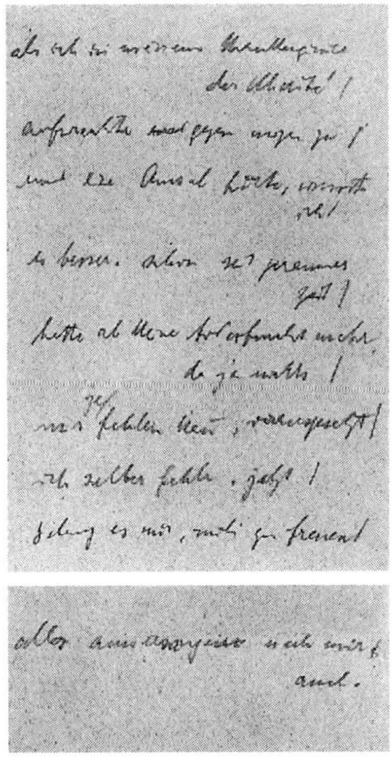

Als ich in weißem Krankenzimmer
der Charité
Aufwachte gegen Morgen zu
Und eine Amsel hörte, wußte ich
Es besser. Schon seit geraumer Zeit
Hatte ich keine Todesfurcht mehr, da
ja nichts
Mir je fehlen kann, vorausgesetzt
Ich selber fehle. Jetzt
Gelang es mir, mich zu freuen
Alles Amselgesanges nach mir auch.

B Aufführungsmaterial für *Leben des Galilei* direkt an Wolfgang Heinz von der Wiener Scala weitergegeben habe, und nicht, wie vertraglich festgelegt, über den Suhrkamp Verlag. Hierüber solle sie aber jetzt mit B nicht sprechen, sondern erst, »sobald Brecht widerstandsfähiger ist« *(791/20)*.

19. Mai, Sonnabend. Auf die Anfrage von Studenten der Berliner Arbeiter- und Bauernfakultät, warum er ein Gedicht *Kinderhymne* genannt hat, läßt B antworten, es sei »so leicht verständlich geschrieben, daß Kinder es verstehen und davon lernen können« *(759/52)*.

Elisabeth Hauptmann schreibt Peter Suhrkamp über die Londoner Verlagssituation und über Bs Befinden. Seine Gesundheit mache »wirklich sprunghaft Fortschritte«. »Er liegt viel, eingemummelt, im Garten, beteiligt sich wieder an diesem und jenem, sofern er zu Hause ist, und liest sogar Korrekturen für den nächsten Band der Stücke mit. Das ist ein großer Vorteil.« *(791/21f.)*

20. Mai, Sonntag. Auf die Anfrage (vom 28. 3.) des Theaterkritikers Kenneth Tynan, der auch im Londoner Ealing Studio arbeitet, nach den Rechten für eine Neuverfilmung der *Dreigroschenoper* antwortet Elisabeth Hauptmann, er solle sich bis zur Wiedergenesung Bs gedulden. B habe Tynans Aufsatz über ihn und das BE im *Observer* »mit großem Interesse« gelesen *(965/13)*.

22. Mai, Dienstag. B gratuliert Johannes R. Becher zum Geburtstag: »Die Zeit des Kollektivismus ist zunächst eine Zeit der Monologe geworden; ich wünsche mir auch noch die Fortsetzung unserer Gespräche.« *(Br, 2338.)*

Die von Peter Suhrkamp besorgte Zusammenstellung von *Bertolt Brechts Gedichte und Lieder* (→ 10. 5.) erscheint in der *Bibliothek Suhrkamp* (→ 9. 1., Auslieferung am 1. 6.).

22. Mai 1956
Erstausgabe von
Bertolt Brechts Gedichte und Lieder

Meine Auswahl ist also persönlich orientiert, aber deshalb nicht von meinem Geschmack bestimmt. Ihr Prinzip ist den Gedichten und Liedern Brechts immanent. Sie sind Ausdruck eines Zeiterlebens. Daß Brecht als Dichter, im Gedicht und im Drama, die Historie unseres Volkes seit 1918 schreibt, wird noch viel zuwenig gesehen, es wird aber dem, der diese Zeit intensiv miterlebt hat, bei einer zusammenhängenden Lektüre seiner Gedichte sowie seiner Dramen vehement deutlich. Seine Gedichte und Lieder bewahren nicht nur die Zeitatmosphäre, sie sind in Sprache und Vorgang vom Gestus be-

24. Mai, Donnerstag. Peter Hacks hat B (am 20. 5. über Käthe Rülicke) einen theoretischen Aufsatz *(Einige Gemeinplätze über das Stückeschreiben)* mit der Bitte zugeschickt, B solle »alles einfach durchstreichen, was er für falsch befindet« *(764/1)*. Sie teilt Hacks Bs Warnung mit, nicht zu eilig damit an die Öffentlichkeit zu treten. Er habe mit dem *Kleinen Organon für das Theater* jedenfalls schlechte Erfahrungen gemacht. B schlägt Hacks vor, in der nächsten Woche »mit ein paar Leuten, z.B. Wolfgang Harich, Stephan Hermlin usw., über die kleine Arbeit zu diskutieren«. Er solle sie zu B einladen und seinen Text vorlesen *(764/3)*.

Der Leiter des Förderungsausschusses im Büro des Ministerpräsidenten, Günther, setzt B davon in Kenntnis, daß er »als Mitglied in den Ausschuß zur Verleihung der Nationalpreise berufen« worden ist *(762/74)*.

B reicht nochmals (→ 13. 6. 55) seine Begründung für einen Nationalpreis Ernst Buschs ein: »Ernst Busch gehört zu den großen international anerkannten Antifaschisten und verdient für seine fortschrittlich künstlerischen Leistungen unbedingt einen Nationalpreis.« *(23,414.)* Diesmal wird der Vorschlag angenommen; Busch erhält den Nationalpreis 2. Klasse.

Kulturminister Johannes R. Becher gibt B auf seine Anfrage, ob eine Verfilmung des *Kaukasischen Kreidekreises* möglich wäre, einen negativen Bescheid. Der erste Versuch einer Verfilmung von *Mutter Courage und ihre Kinder* habe einen »Verlust von über 1,5 Millionen DM eingebracht«, so daß es schon schwierig sei, die Mittel für eine neue *Courage*-Verfilmung aufzubringen. Ein gleichzeitiges neues Projekt sei nicht möglich *(591/63)*.

25. Mai, Freitag. František Burian hat (am 16. 5.) um die Aufführungserlaubnis der *Dreigroschenoper* für sein wieder in D 34 umbenanntes Prager Theater gebeten. Er wolle gegenüber seiner früheren Inszenierung einige Änderungen an dem Stück vornehmen. Die Arbeit könne die »Freundschaftsbeziehungen zwischen dem Berliner Ensemble und D 34 stärken«. B freut sich über Burians Aufführungsabsicht; es sei selbstverständlich, daß er »Änderungen machen« müsse, »vor allem in der Angriffsrichtung des Werkes«, das »noch nicht historisch« ist. Auf die Änderungen Burians ist B »ganz besonders« gespannt: »Das Ensemble wollte das Stück auf Grund vieler Publikumswünsche aufführen, aber es sind uns noch keine Änderungen eingefallen, und so können wir das Stück noch nicht spielen.« *(Br, 2339.)*

Da der Prozeß des Bauleiters Günzel gegen B (→ 16. 1.) nicht vorangeht, schreibt B nochmals an Rechtsanwalt Friedrich Karl Kaul *(Br, 2340)*.

26. Mai, Sonnabend. Der Kölner Regisseur Friedrich Siems hat B ausführlich über seine Nürnberger Inszenierung von *Leben des Galilei* berichtet und ihn zur Premiere eingeladen. B bedauert, daß er wiederum nicht kommen kann, und wünscht telegrafisch »Hals- und Beinbruch Ihnen und Ihrem Ensemble« *(768/25)*. B wolle sich gern mit Siems in Buckow treffen.

Erwin Strittmatter sendet B die von ihm angeforderten Vorschläge für Nationalpreise und rät ihm, »wirklich einmal von Buckow« zu profitieren; das fördere »auch Gesundungsprozesse« *(768/96f.)*.

Von dieser Zeit an bis zum 8. 8. hält sich B, mit nur wenigen Tagesreisen nach Berlin, hauptsächlich in Buckow auf.

29. Mai, Dienstag. B schreibt an die DAK, er sehe keinen Grund, dem Intendanten der Städtischen Theater Leipzig, Johannes Arpe, einen Nationalpreis zu geben. »Ich glaube, man sollte überhaupt nicht mit dem Feldstecher Kandidaten suchen.« *(Br, 2342.)* In einem zweiten Brief weist B die Sek-

stimmter Figuren und Ereignisse der Zeit geprägt. Auch das Lyrische sagt Brecht nicht nur in seiner Person und Sprache aus, selbst nicht, wo er die Ich-Form verwendet. In Brechts Gedichten und Liedern sind Haltungen vieler Menschen mannigfacher Art verwendet, sie machen sie in jedem Moment und immer wieder aktuell. (Aus der *Vorbemerkung* Peter Suhrkamps.)

26. Mai - 8. August 1956
Buckow

tion Dramatik der DAK (für eine Preisverleihung) auf Willi Bredels *Gastmahl im Dattelgarten* und auf Benno Voelkners *Die Leute von Karvenbruch* hin *(Br, 2341)*. Als korrespondierende Mitglieder schlägt er František Burian, Jean-Paul Sartre und Nikolai Ochlopkow vor.

Brecht in Buckow, 1954

B läßt Hermann Duncker um »Schriften von Marx über Dialektik, ältere und neuere«, bitten, »da er jetzt Zeit hätte, sich damit zu beschäftigen«. Da *Die Tage der Kommune* im Herbst in Karl-Marx-Stadt (Chemnitz) inszeniert werden, bittet B ihn außerdem, sich das Stück in seiner jetzigen Fassung vorlesen zu lassen und ihm seine Vorschläge mitzuteilen *(764/82)*. Duncker antwortet am → 5.6.

Isot Kilian stellt B drei Mappen mit Texten für die Arbeit in Buckow zusammen: mit Gedichten und *Turandot*, außerdem mit Material über Paris und Italien. Sie hofft, B bald zu sehen, und wäre froh, wenn sie »am Wochenende wieder in Buckow sein dürfte« *(1451/24)*.

B stellt beim Fernsprechamt Frankfurt/Oder erneut einen Antrag auf einen Telefon-Nebenanschluß für die »Eiserne Villa« in Buckow. Dies sei jetzt besonders dringend geworden, weil er »lange Wochen schwer krank war« und sich »jetzt in Buckow bis zum Herbst erholen muß«. Im gegebenen Falle müsse er in der Lage sein, sofort jemanden in das Gartenhaus zu rufen *(762/63)*. (Am 4. 6. bedankt er sich für die schnelle Genehmigung.)

B, Helene Weigel und Elisabeth Hauptmann wünschen (über den Suhrkamp Verlag) das rechtzeitige Vorliegen englischer Buchausgaben der beiden Stücke, die das BE zum Gastspiel des BE in London vorstellt (*Mutter Courage und ihre Kinder* und *Der kaukasische Kreidekreis*).

Zur Vorbereitung der Tournee des BE reist Elisabeth Hauptmann für mehrere Tage nach London und verhandelt mit dem gastgebenden Theater sowie mit Verlagen.

1. Juni 1956
Autorisierung von Bernhard Reich als Brechts Vertreter gegenüber Moskauer Verlagen

1. Juni, Freitag. B bedankt sich bei Bernhard Reich, daß er ihn beim Verlag Iskusstwo in Moskau vertritt. Trotz seiner Anträge sei Käthe Rülicke nicht eingeladen worden. »Ich kann also – was mir noch in keinem Land passiert ist – keinen Einfluß auf die Ausgabe meiner eigenen Sachen nehmen.« Er bittet Reich, ein (vom Verlag in Auftrag gegebenes) Vorwort zu prüfen, das »eine Studentin geschrieben« (→ 24. 7.) hat, außerdem die (B unbekannten) Übersetzungen der neun Stücke. Für das 1957 vorgesehene Gastspiel des BE in Moskau seien dringend verfügbare Übersetzungen von *Leben des Galilei, Mutter Courage und ihre Kinder* und *Der kaukasische Kreidekreis* nötig *(Br, 2344)*. Käthe Rülicke teilt den Sachverhalt (am 2. 6.) auch Ilja Fradkin mit. Da sie nicht reisen darf, habe B Reich mit allen Verhandlungsvollmachten ausgestattet.

B bittet Rechtsanwalt Kaul (→25.5.) um ein Gespräch, da sein Prozeß in Buckow »ziemliche Ausmaße« angenommen habe. So werde von der Stadtverwaltung seine schon unterschriebene Vertragsverlängerung (→21.4.) über sein Buckower Haus deshalb zurückgehalten *(Br, 2345)*.
Der jugoslawische Literaturwissenschaftler Oto Bihalji-Merin bedankt sich bei Isot Kilian, daß sie bei seinem Berlin-Besuch eine Zusammenkunft mit B arrangiert hat. In der kurzen Zeit habe man nicht über alles sprechen können, »dennoch bleibt uns das Wiedersehen mit Brecht denkwürdig, denn es zeigte uns, was wir ahnten und wünschten, wie unsere Gedanken in vielem denen von Brecht parallel gehen« *(687/87)*.
4. Juni, Montag. B bedauert gegenüber Wolfgang Heinz, nicht zur Premiere seiner Inszenierung von *Leben des Galilei* nach Wien kommen zu können. Er erinnert ihn an sein Angebot (→21.4.55) *(Br, 2347)*. (Heinz wird vom Deutschen Theater engagiert, ist aber, wie er B am 19.6. mitteilt, zu Gastspielen am BE bereit.) Auch an Karl Paryla schreibt er einen Brief ähnlichen Inhalts. Erich Engel werde ihm »erzählen, wie wacklig« er noch ist. B fragt Paryla, ob er in der nächsten Spielzeit am BE im *Lebenden Leichnam* den Fedja und Hortense Raky, »die Gegenrolle«, spielen könnte *(Br, 2348)*.
Wie er dem Leipziger Reclam Verlag mitteilt, sieht B keinen Grund, »bei einer Wiederauflage der Gedichte *weniger* Honorar« zu bekommen; er schlägt vor, »daß Sie dieses im Gegenteil auf 15% erhöhen« *(Br, 2346)*.
B schreibt über den Bühnenbildner Karl von Appen: »Seine Szenenskizzen, die der Regie köstliche Anregungen gewähren, gehören in ein Theatermuseum.« *(23,415.)*
Wegen einer geplanten Vortragsreise von Hans Bunge durch Skandinavien (für die er am 4.4. um Zustimmung gebeten hatte) rät ihm B zur exakten Ausarbeitung einiger Vorlesungen und bittet ihn, »einmal für einige Stunden nach Buckow zu kommen« *(Br, 2349)*.
B informiert den Kostümbildner Kurt Palm von der bevorstehenden London-Tournee des BE mit *Mutter Courage und ihre Kinder*, *Pauken und Trompeten* und *Der kaukasische Kreidekreis*. Da Palm »doch die Figurinen der Bühnenbildner ebenso frei und schöpferisch« behandelt »wie der Regisseur den Text des Stückschreibers«, habe B beschlossen, seinen Namen ins Programmheft zu setzen *(Br, 2350)*. Palm bittet (am 25.6.) B in einem Brief aus Bayreuth, von der Nennung seines Namens »zugunsten von Kilger und Appen Abstand« zu nehmen, da diese, im Gegensatz zu ihm, »für ihre künstlerische Entwicklung noch internationale Presse nötig« haben *(760/10)*.

Kurt Palm

B will (nach mehrfachen Anfragen W. Bergolds von der CCC, Berlin/West) vorläufig die Rechte für eine Verfilmung der *Dreigroschenoper* nicht vergeben *(Br, 2352)*.
Otto Zarek vermittelt dem Londoner Journalisten Ronald Hayman ein Gespräch mit B in Buckow, damit dieser sachkundig über das epische Theater berichten kann.
Der Greifswalder Literaturwissenschaftler Bruno Markwarth formuliert für die Verleihung der Ehrendoktorwürde an B (→26. 4.) den Entwurf einer Laudatio. (Die Philosophische Fakultät stimmt der Verleihung einstimmig zu.)
5. Juni, Dienstag. Hermann Duncker ist »unendlich froh«, von B ein Lebenszeichen erhalten zu haben (→29. 5.). Er hält es aber nicht für nötig, B dialektische Schriften von Marx zu benennen, das hieße »doch wahrhaftig Eulen nach Athen tragen«. U. a. empfiehlt Duncker ihm die Lektüre von Ernst Blochs Untersuchung der Marxschen Feuerbach-Thesen im *Prinzip Hoffnung*, Georgi Plechanows eben erst in deutsch erschienene Arbeit *Zur Frage der monistischen Geschichtsauffassung* und Auguste Cornus *Karl Marx und Friedrich Engels*. Für die *Tage der Kommune* könne er nicht mehr behilflich sein, weil ihm der Stoff fern gerückt ist. Er wünscht B »guten Fortgang der Genesung, die Welt hat Dich ja so nötig« *(654/107-109)*.
Kurt Schwaen besucht B in Buckow und spielt ihm die Tonbandaufnahmen mit der Musik zu *Die Horatier und die Kuriatier* vor.
Peter Suhrkamp berichtet B über das Frankfurter *Galilei*-Projekt mit Fritz Kortner und eine Aufführung von *Mann ist Mann* in Stuttgart, die er sich angesehen hat.
7. Juni, Donnerstag. B läßt wegen seines Gesundheitszustandes die Teilnahme an der 6. Sitzung des Künstlerisch-Wissenschaftlichen Rates beim Ministerium für Kultur absagen.
8. Juni, Freitag. In »der Öffentlichkeit und bei verschiedenen unserer Dienststellen« sei immer noch die Ansicht verbreitet, schreibt B an Alexander Abusch, »daß der *Courage*-Film wegen künstlerischer Differenzen zwischen Wolfgang Staudte und mir nicht zustande kam und daß ich deshalb einen großen Teil Schuld an diesem Verlust von eineinhalb Millionen Mark trage«. B bittet um eine »Erklärung« darüber, daß er sich korrekt verhalten hat, und fügt ein Dossier über die Vorgänge bei *(Br, 2353)*.
B bedauert in einem Brief an Hans Schweikart, daß er nicht mit auf die Gastspielreise des BE (10.-12. 6. mit *Pauken und Trompeten*) nach München kommen kann, »anstandshalber, der Therese [Giehse] wegen, um meinen guten Doktor Schmitt zu konsultieren, der Weißwürste wegen, um eine Ihrer Vorstellungen zu sehen usw. usw.« Vor allem wollte B Schweikart anbieten, am BE mit Therese Giehse Friedrich

Dürrenmatts *Besuch der alten Dame* zu inszenieren. Er bittet ihn, darüber mit Benno Besson zu sprechen, dem er die Tourneeleitung übergeben hat, da er die Weigel seiner »Krankheit wegen jetzt nicht weglassen möchte« *(Br, 2354)*. Da Schweikart nicht in München ist, wird ihm der Brief nicht übergeben. Käthe Rülicke notiert, daß B darüber froh gewesen sei, weil dadurch der »Dürrenmatt-Vorschlag nicht zur Verhandlung kam« *(1340/99)*.

9. Juni, Sonnabend. Harry Buckwitz schreibt B, er könne seine Empfehlung, in Frankfurt mit Käthe Reichel als Pegeen den *Held der westlichen Welt* zu inszenieren, erst im Folgejahr realisieren. Unter der Regie Erich Engels plant Buckwitz eine *Galilei*-Inszenierung (mit Fritz Kortner in der Titelrolle), die aber nur gemacht werden kann, wenn Engels Regie des *Courage*-Films terminlich koordinierbar ist.

Premiere von *Leben des Galilei* im Wiener Neuen Theater an der Scala, das damit seine letzte Vorstellung (→ 27. 2.) gibt; Musik: Hanns Eisler, Regie: Wolfgang Heinz, Bühnenbild: Erika Thomasberger, mit Karl Paryla als Galilei.

11. Juni, Montag. B setzt Alexander Abusch davon in Kenntnis, daß seine bei der westdeutschen GEMA einlaufenden Devisen-Honorare für Texte aus der *Dreigroschenoper* in die AWA (Anstalt zur Wahrung der Aufführungsrechte in der DDR) transferiert werden. Er habe aber »bei seiner Rückkehr nach Europa« die »Einnahmen aus älteren Stücken und im Ausland« seinen »beiden nicht in der DDR lebenden Kindern überschrieben«. B bittet darum, daß diese Honorare nicht von der AWA eingezogen, sondern dem Teaterförlag Lars Schmidt in Stockholm und dem Suhrkamp Verlag Frankfurt/M. überwiesen werden *(Br, 2355)*.

In Notizen für diesen Brief gibt B als Argumente für eine Nichtüberführung von Devisen in die DDR (aus seinen älteren Stücken) an: Entschädigung der »Dienste« von Übersetzern und Schriftstellern, deren Reisen in die DDR ebenfalls zu bezahlen sind; Ausgaben bei eigenen Reisen »für teure Hotels, Autospesen, Einladungen usw.«. »Ich möchte in der Lage sein, jederzeit Auslandsreisen zu unternehmen, auch längere.« *(2051/10.)*

Walter Brecht ist in Sorge um das Befinden seines Bruders und bittet ihn um eine Auskunft. Zugleich teilt er mit, daß er für das kommende Amtsjahr vom Senat der Darmstädter Technischen Hochschule zum Rektor gewählt worden ist.

12. Juni, Dienstag. Peter Palitzsch schickt B vorbereitete Texte und Bilder für ein *Mutter*-Modellbuch und bietet ihm an, ab Freitag für eine Woche nach Buckow zu kommen und die Bücher »weiterzutreiben« *(655/16)*.

14. Juni, Donnerstag. B muß an diesem Tage zu einer Probe nach Berlin.

14. Juni 1956
Fahrt nach Berlin

Auf Einladung Bs kommt Kurt Schwaen für einige Tage nach Buckow.

16. Juni, Sonnabend. B gibt in Buckow einem jungen Berliner aus dem Westteil der Stadt Auskünfte. Nach der Erinnerung von Kurt Schwaen wirkte B sehr ermüdet, und Schwaen beschließt, seinen Besuch abzubrechen.

B bedauert gegenüber Kurt Desch, daß er »soviel Schwierigkeiten und Kosten durch die *Dreigroschenroman*-Sache« hat. »Ich bin Ihnen dankbar, daß Sie sie mit soviel Geduld und Nachsicht mir gegenüber behandeln.« Er schickt ihm den Entwurf eines Briefes an den Verlag Allert de Lange mit einem Vorschlag der außergerichtlichen Einigung (→ 2. 7.) *(Br, 2356)*.

Arnolt Bronnen, der sich im Schriftstellerheim in Petzow bei Werder aufhält, schickt B den »erwähnten Schekschpir« und bittet bei der Lektüre »um gütige Nachsicht, und freundliche Schonung und wohlwollende Retournierung«. Falls B »Lust und Zeit« hat, mit ihm zu sprechen, würde er gern nach Buckow kommen.

Der polnische Schriftsteller und Theaterkritiker Jerzy Pomianowski schickt sein Buch *Wiecej Kurashu!* mit einer Widmung für Helene Weigel und B *(BBAB)*.

B bittet Erich Engel um Angabe einiger persönlicher Daten, um seinen (von B gewünschten) Besuch in Buckow bei den Ämtern vorzubereiten. Am 27. 6. muß Engel die für den 28. 6. geplante Reise nach Buckow wegen einer unvorhergesehenen Zahnoperation telegrafisch absagen.

Für einen angekündigten Besuch Salka Viertels, auf den sich B und Helene Weigel freuen, wird sie (für die Reise nach Buckow) ebenfalls um Angabe einiger Personalien gebeten.

18. Juni, Montag. Elisabeth Hauptmann bespricht mit B in Buckow Ergebnisse ihrer Londoner Reise in Fragen der englischen Übersetzung seiner Stücke. B vertritt dabei die Meinung (die sie am Folgetag Peter Suhrkamp mitteilt), daß verschiedene Übersetzer ausprobiert werden müssen und der Verlag Methuen »für solche Versuche etwas Geld aussetzen« muß. B sei bereit, dafür seine Tantiemen niedrig zu halten *(791/35)*.

Durch einen offiziellen Brief des BE läßt sich B bei dem Übersetzer Leopold Beck, der (am 28. 5.) um die Übersetzungsgenehmigung der *Dreigroschenoper* für eine Aufführung im Jaracz-Theater in Lodz gebeten hat, entschuldigen, daß er noch keine Zusage geben kann. B will erst die Bearbeitung durch František Burian (→ 25. 5.) abwarten und Beck dann sofort Bescheid geben.

Die Gewerkschaftsleitung fragt (wie bei allen Mitglieder des Theaters) auch bei B an, ob er sich durch eine persönliche Spende an der Verschönerung des BE-Kinderferienlagers beteiligen will. B ist für Sachspenden und läßt sich Vorschläge für Gaben machen, die er dann beschafft (Mikroskop, Tauchsieder, Wärmflaschen, Erste-Hilfe-Material).

19. Juni, Dienstag. Wolfgang Heinz berichtet B über die Aufführung von *Leben des Galilei* in Wien (→ 9. 6.). Das Stück habe während der Proben »schwierige Aufgaben« gestellt, aber »mit jedem tieferen Eindringen« immer mehr begeistert und »bei dem größten Teil des Publikums und auch den meisten Kritikern große Anerkennung gefunden« *(701/72).*

B läßt sein Einverständnis mit dem Vorschlag Walter Jankas (vom 15. 6.) erklären, die Grafiken von Tadeusz Kulisiewicz in die Neuauflage von *Der kaukasische Kreidekreis* aufzunehmen, bittet aber darum, daß für den Druck der Henschelverlag seine Zustimmung gibt.

Buckow, Steg am Schermützelsee

21. Juni, Donnerstag. Käthe Rülicke schickt B aus dem Urlaub (im Schriftstellerheim Friedrich Wolf in Werder bei Potsdam) Notizen zu *Leben des Galilei.* Sie will über die Schlußszene eine größere Arbeit schreiben, weil sie nach ihrer Meinung »eine Meisterleistung der Dialektik« ist *(655/38f.).*

Bernhard Reich fordert bei B telegrafisch ein Vorwort für die russische Stücke-Ausgabe an. B antwortet am → 26. 6.

22. Juni, Freitag. B bittet das Ministerium für Kultur, bei der schnellen Besorgung eines bereits beantragten Autos für Barbara behilflich zu sein. »Meine Tochter wird während der Ferien, die Helene Weigel und ich in Buckow zubringen, für uns, da ich selbst krank bin, die Verbindung mit Berlin aufrechterhalten müssen.«

23. Juni, Sonnabend. Der Chefredakteur der Moskauer Zeitschrift *Inostrannaja Literatura* (Ausländische Literatur), A. Tschakowski, will das Stück *Der gute Menschen von Sezuan* drucken. B genehmigt den Abdruck, bittet aber, die Übertragung erst Bernhard Reich zu zeigen.

25. Juni, Montag. Käthe Rülicke schreibt Anmerkungen zu Bs *Geschichte vom kaukasischen Kreidekreis. Für die Betrachter der Kulisiewicz'schen Zeichnungen erzählt (20,204-210).* Sie findet den Aufsatz »sehr schön« und ist froh, daß er ihn »jetzt geschrieben« hat *(655/40).*

26. Juni, Dienstag. B dankt Bernhard Reich für seine hilfreiche Mitarbeit an der russischen Brecht-Ausgabe. Er will über ein Vorwort zu dieser Ausgabe (→ 21. 6.) nachdenken. »Ich brauche ja immer eine Menge Zeit, bis so etwas kurz genug ist, und außerdem bin ich nicht gesund.« *(Br, 2359.)*

Der polnische Schauspieler Alexander Bardini möchte gern am BE arbeiten. Käthe Rülicke schreibt ihm (am 7. 6.), daß er ab Januar 57 für sechs Monate ein Stipendium der DAK bekommen wird und sowohl am BE als auch an der Komischen Oper hospitieren kann. Außerdem wäre es möglich, am BE etwas zu inszenieren. B freut sich über die in Aussicht stehende Zusammenarbeit: »Aufgaben für Sie sind genügend da.« *(Br, 2358.)*

27./28. Juni 1956
In Berlin

27. Juni, Mittwoch. B ist für zwei Tage nach Berlin gekommen. Auf eine Anfrage des Studentischen Theaterkreises der Universität Münster (vom 21. 6.) nach einer Aufführungserlaubnis für *Die Maßnahme* läßt B durch Elisabeth Hauptmann antworten, daß er sein Aufführungsverbot nicht zurücknehmen kann. Er bietet Mitgliedern der Gruppe an, wenn sie in Berlin sind, mit ihnen darüber zu diskutieren.

Leonhard Frank ist mit seiner Frau in Berlin und sieht sich Vorstellungen des BE an. Sie wollen B und Helene Weigel treffen. Isot Kilian informiert sie darüber, daß es B zwar besser geht, er sich aber in Buckow erholen muß.

B und Elisabeth Hauptmann gehen auf einen Vorschlag von Ernst Josef Aufricht (vom 3. 6.) ein, für eine Broadway-Aufführung von *Mutter Courage und ihre Kinder* die Hauptrolle mit Lotte Lenya zu besetzen, B schreibt dazu: »Sicher wäre die Lenya eine gute Mutter Courage, den einen Teil der Figur – die Händlerin und die immer noch reizvolle Person – kann sie glänzend spielen. Man muß ihr aber auch die wirklich tiefen Muttergefühle glauben, die Allerweltskümmerin, die Helli z. B. ja von Haus aus ist.« *(589/65.)*

Planung der *Stücke*-Bände 7-10

28. Juni, Donnerstag. B spricht mit Elisabeth Hauptmann über die in Herstellung befindlichen Bände 5 und 6 der *Stücke* sowie über die Planung der Bände 7-10. Sie teilt Suhrkamp die Ergebnisse der Unterredung mit: »Brecht war zwei Tage in der Stadt. Er sieht ganz wohl aus, fühlt sich aber sehr nach Ferien. Nebenbei will er sich u. a. gern mit dem Zusammenstellen der großen Gedichtbände (Format wie *Stücke*) befassen und hat jetzt, glaube ich, aus allen Ekken, Schubfächern usw. alles, was wie ein Gedicht aussieht, draußen in Buckow.« B möchte mit der Herausgabe der Bände 1957 beginnen und hofft auf Suhrkamps Zustimmung *(791/44)*.

Juni 1956
Arbeit an einer Gesamtausgabe der Gedichte

Für diese Gesamtausgabe der Gedichte schreibt B u. a. neue Texte zur *Hauspostille* (z. B. *Orges Wunschliste, 15,297f.*) und stellt eine veränderte Abfolge der Sammlung her *(11,284f.)*.

B bedankt sich bei Käthe Rülicke für ihre Hinweise zur *Kreidekreis*-Geschichte und für ihre Anmerkungen zu *Leben des Galilei* (→ 21. u. 25. 6.). Er schickt ihr seinen Entwurf eines Appells, »der nach Bonn zur Wehrmachtsdebatte gebracht [...] und dann veröffentlicht« werden soll, und bittet sie um ihre Meinung (→ 2. 7.) *(Br, 2361)*.

B ersucht Erwin Geschonneck, beim Gastspiel des BE in London den Irakli in *Der kaukasische Kreidekreis* zu übernehmen, »da diese Rolle bisher nie wirklich gespielt wurde« *(Br, 2360.)*.

B gibt Bernhard Reich einige Hinweise für die russische Ausgabe seiner Werke. Er soll, wenn er die Schauspielerin Faina Ranewskaja (→ 20.-23. 5. 55) trifft, fragen, »warum sie die Courage nicht bei Sawadski gespielt hat. Sehr schade!« Reichs Mitarbeit an der russischen Ausgabe ist für B jetzt sehr wichtig, aber dann sollte er nach Berlin kommen, »selbst wenn es vorläufig noch nicht für lange ist« *(Br, 2362)*.

Im Namen des künstlerischen Personals wünscht der Schauspieler Rüdiger Graf Helene Weigel und B »schöne Ferienwochen« und B »eine ganz rasche Genesung, [...] daß er in der neuen Spielzeit wieder voll zu seiner Arbeit zurückkehren kann« *(772/77)*.

29. Juni, Freitag. B möchte mit Otto Grotewohl sprechen und schlägt ihm bei dessen »Arbeitsüberlastung« vor, er solle »als gutes Alibi für ein paar Stunden Luft holen einmal einen kleinen Besuch in Buckow/Mark bei uns planen« *(Br, 2363)*.

B teilt der GEMA, Berlin/West (→ 11. 6.), mit, daß alle Schallplattentantiemen, die die Firma bisher an die AWA, Berlin/DDR, überwiesen hat, künftig an den Suhrkamp Verlag gehen sollen *(Br, 2365)*.

Seinem schwedischen Verleger Lars Schmidt gegenüber bedauert B, daß er wegen seiner Krankheit nur beschränkt arbeiten kann. Er werde aber von Elisabeth Hauptmann auf dem laufenden gehalten *(Br, 2364)*.

In Bs Auftrag teilt Elisabeth Hauptmann Max Schroeder den Inhalt der Bände 7-10 der *Stücke* sowie den von *Versuche*, Heft 15, mit. Ebenso informiert sie über die Gedichtausgabe: »Brecht würde sehr gern und sehr schnell Lyrik-Bände vorbereiten. Er hat mit der Durchsicht und Zusammenstellung schon in Buckow angefangen. Wir werden an Suhrkamp schreiben, ob er mitmachen will.« *(759/30f.)*

30. Juni, Sonnabend. B bittet das Ministerium für Kultur um die Kulturabkommen mit der Sowjetunion, China und den Volksdemokratien. Er hält den Abschluß solcher Abkommen nur mit Beteiligung von Institutionen wie der DAK für sinnvoll. Ihm sei es z. B. nicht gelungen, eine Mitarbeiterin in die Sowjetunion zu schicken (→ 1. 6.), »wo Verhandlungen über die Ausgaben meiner Bücher und Stücke mit Verlagen, Übersetzern und Theatern nötig waren« *(Br, 2366)*.

Nach einer Festlegung Bs wird der Schauspieler Friedrich Gnass nicht mit nach London fahren. Helene Weigel schreibt ihm, durch seinen Alkoholismus habe er schon des öfteren das Ansehen des Theaters geschädigt. »Außerdem geht es noch um die Nerven der anderen Kollegen.« *(772/76.)*

Juni. Karl Kleinschmidt spricht (→ Anfang April) mit B und wird von ihm angeregt (»unsentimental und unpathetisch wie jedes mit ihm geführte Gespräch«), über einen Nachruf im Falle von Bs Tod zu sprechen. »Er bedauerte lächelnd«, schreibt Kleinschmidt, »ihn und alle die anderen schönen Nachrufe nicht lesen zu können, in denen seine Nachwelt ihr erleichtertes Aufatmen aushauchen würde.« B empfiehlt ihm: »Schreiben Sie nicht, daß Sie mich bewundern. Schreiben Sie, daß ich unbequem war und es auch nach meinem Tode zu bleiben gedenke. Es gibt auch dann noch gewisse Möglichkeiten.« *(Neue Zeit, 19. 8.)*

Juni 1956
Vorschlag für einen Nachruf

Der italienische Lyriker Salvatore Quasimodo, den B in Mailand kennengelernt hat, schickt B seinen eben erschienenen Band *Il Falso et Vero Verde. Con un discorso sulla poesia* mit einer Widmung *(BBAB)*.

Anfang Juli. Wilhelm Girnus hat mit B »in Buckow ein langes Gespräch [...], etwa 2 1/2 Stunden, besonders über seine Arbeit« *(Sinn und Form, Heft 2/1977, 293)*.

2. Juli 1956
Appell an den Deutschen Bundestag

Wollt ihr wirklich den ersten Schritt tun, den ersten Schritt in den Krieg? Den letzten Schritt, den in das Nichts, werden wir dann alle tun. Und wir wissen doch alle, daß es friedliche Möglichkeiten der Wiedervereinigung gibt, freilich nur friedliche. [...] Da ich gegen Krieg bin, bin ich gegen die Einführung der Wehrpflicht in beiden Teilen Deutschlands, und da es eine Frage auf Leben und Tod sein mag, schlage ich eine Volksbefragung darüber in beiden Teilen Deutschlands vor. *(23,415 f.)*

2. Juli, Montag. B stellt eine überarbeitete Fassung von *Bertolt Brecht appelliert an den Bundestag* (→ 20. 6.) fertig. Das an den Präsidenten Eugen Gerstenmaier gerichtete Schreiben wird als Brieftelegramm auch an die Vorsitzenden der Bundestagsfraktionen von SPD (Wilhelm Mellies), CDU/CSU (Heinrich Krone), FDP (Thomas Dehler), FVP (Martin Euler), BHE (Erwin Feller) und DB (Ernst-Rudolph Krone) geschickt. Über die DAK wird der Appell, wie Rudolf Engel B (am 4. 7.) schreibt, zugleich »an die Vertreter der wichtigsten West-Agenturen« gegeben, die »ihn sofort der Weltpresse zuleiten wollen«.

In dem Appell wendet sich B entschieden gegen das am 8. 2. im Bundeskabinett verabschiedete Gesetz zur Wiedereinführung der allgemeinen Wehrpflicht (→ 9. 7.)

In diesem Zusammenhang schreibt B auch die Notiz: »Wenn Deutschland einmal vereint sein wird, jeder weiß, das wird kommen, niemand weiß, wann – wird es nicht sein durch Krieg.« *(23,416.)*

B schlägt (auf der Basis eines Briefes von Kurt Desch vom 23. 6.) dem Verlag Allert de Lange (zur Beilegung des Streites um die Rechte am *Dreigroschenroman*) einen Vergleich vor. B will mit Zustimmung des holländischen Verlags das Werk an den Rowohlt Verlag und an einen weiteren Verlag verkaufen und auf sein Honorar zugunsten von Lange verzichten, »bis eine bestimmte Summe, über die man verhandeln müßte, abgedeckt wäre« *(Br, 2367)*.

In Bs Auftrag sendet Isot Kilian dem Verlag Giulio Einaudi ein Exemplar der *Kriegsfibel* und bietet leihweise die Klischees des Eulenspiegel-Verlags an.

3. Juli, Dienstag. B verschickt auf einem eigenen Briefbogen

den Appell an Freunde und an Theaterleute, mit der einleitenden Ergänzung: »Folgenden Brief richtete ich an den Deutschen Bundestag« *(23,610.)*
B läßt dem künstlerischen Direktor der English Stage Company, George Devine, durch Elisabeth Hauptmann mitteilen, daß er und seine Tochter Barbara John Willetts Übersetzung von *Der gute Mensch von Sezuan* gelesen und akzeptiert haben.
4. Juli, Mittwoch. Das *Neue Deutschland* veröffentlicht *Bertolt Brecht appelliert an den Bundestag.*
5. Juli, Donnerstag. Elisabeth Hauptmann teilt Peter Suhrkamp mit, daß John Willett zur Vorbereitung des London-Gastspiels zwei Wochen in Berlin war und »viel Material zusammengetragen hat«; er habe auch ein paarmal mit B gesprochen. Bei der englischen Buchausgabe der Stücke will B nicht chronologisch vorgehen, sondern mit denen anfangen, die in England »etwas bekannt« sind *(791/50).*
Die Schauspielerin Rosaura Revueltas (→ 12. 12. 55) ist nach Mexiko zurückgekehrt und schreibt B und Helene Weigel, daß sie es in ihrer Heimat schwer hat, Arbeit zu bekommen. Sie sei »der rote Star, der im roten Berlin gespielt hat« *(686/54).*
7. Juli, Sonnabend. Der Deutsche Bundestag stimmt nach heftigen Debatten am 6. und 7. 7. dem Gesetz zu, das in der Bundesrepublik die allgemeine Wehrpflicht einführt. Bs Offener Brief findet in der Aussprache keine Resonanz, B erhält aber dazu zahlreiche persönliche Zuschriften.
8. Juli, Sonntag. Peter Suhrkamp erklärt Elisabeth Hauptmann die schwierige Situation, in die er durch Eric Bentleys Anspruch auf die englischen Rechte der Brecht-Stücke gerät. B ist der Meinung, er habe Bentley nur die Rechte für die Übersetzung gegeben, aber da er ihm auch deren Publikation gestattet hat, sei Bentley nun auch im Besitz der Brecht-Rechte und im übrigen auch den Verlagen gegenüber verpflichtet. Suhrkamp bittet um baldige Klärung, die nur über B und die zwischen ihm und Bentley abgeschlossenen Verträge erfolgen kann.
9. Juli, Montag. Hans Bunge schickt Alfred Kurellas Übersetzung von Nazim Hikmets *Hat es Iwan Iwanowitsch überhaupt gegeben?* an B, der das Stück für eine Aufführung am BE plant und sich von Hikmet dafür die Option eingeholt hat.
11. Juli, Mittwoch. Peter Suhrkamp schreibt an B, die Lektüre von *Die Gesichte der Simone Machard* habe auf ihn »großen Eindruck« gemacht. »Das ist ein kleines Meisterwerk.« Dennoch würde er von einer Publikation in den *Versuchen* abraten, weil das Stück »dafür steht, die Franzosen an ihrer empfindlichsten Stelle aufzuregen« *(791/58f.).*

Reaktionen auf Brechts Appell:

Zu jedem Ihrer klaren und eindringlichen Sätze sage ich ohne Vorbehalt Ja. Nun, die dritte Lesung ist gewesen, das Gesetz über die Einführung der allgemeinen Wehrpflicht im »freien Westen« ist pro forma verabschiedet. Aber unser Kampf dagegen ist noch nicht verloren. *(Hans Graf, Bildhauer aus Karlsruhe, 8. 7.; 1226/8f.)*

Ich stimme mit Ihnen völlig überein. Leider berichten die Zeitungen, daß das Wehrpflichtgesetz in Bonn angenommen ist. Ich bin erst zweieinhalb Jahre wieder in Deutschland und lebe zurückgezogen in einem kleinen Orte. Und doch habe ich den Eindruck, daß die Wehrpflicht im Volke, und besonders bei der Jugend, höchst unpopulär ist. *(Max Born, Lindau, 9. 7.; 1226/2-4.)*

Zu Ihrem eindrucksvollen Brief kann ich nur Ja sagen. Von der ersten bis zu letzten Zeile. Ich habe mich auch wiederholt an führende Männer gewandt in großer Sorge um die Zukunft. *(Fritz Griebel, Direktor der Akademie der bildenden Künste in Nürnberg, 14. 7.; 1226/22f.)*

Herr Rowohlt hätte Ihnen sehr gern persönlich auf das ihm übermittelte Rundschreiben Ihres Briefes an den Deutschen Bundestag geantwortet – er befindet sich jedoch seit einigen Wochen zu einem längeren Erholungsurlaub auf der Bühlerhöhe und hat mich deshalb beauftragt, Ihnen für diese Stellungnahme, der Herr Rowohlt voll und ganz beipflichtet, zu danken. *(v. Weding, Rowohlt Verlag, Hamburg, 16. 7.; 1226/28.)*

7
Ich glaube es nicht, mein Lieber, daß der Löwe ein Lamm ist.
Ich glaube es nicht, mein Lieber, daß das Lamm ein Löwe ist.
Ich glaube nicht, mein Lieber, an magische Formeln.
Ich glaube nicht an Verstand unter Glas
Ich glaube jedoch, daß der Tisch vier Beine hat.
Ich glaube jedoch, daß das fünfte ein Krampf ist.
Und wenn der Krampf sich häuft, mein Lieber
Dann stirbt der Mensch langsam am Herzkrampf
(15, 302.)

12. Juli, Donnerstag. Käthe Rülicke ist aus dem Urlaub zurückgekehrt und korrespondiert mit B über laufende Arbeiten; seine gerade fertiggestellten Anmerkungen zu *Leben des Galilei* seien »wunderbar, auch fürs Programmheft« *(654/119)*.
Elisabeth Hauptmann weiß, wie sie Suhrkamp berichtet, von den Verträgen Bentleys nichts und fordert Kopien an. »Bentley, den *Literaturkritiker*, schätzt Brecht, aber mit Bentley, dem *Übersetzer*, hat Brecht Schwierigkeiten.« *(791/60.)*
Der Rektor der Universität Greifswald, Gerhard Katsch, war in Berlin und hat gehört, daß das BE seine nächste Spielzeit vermutlich mit *Leben des Galilei* eröffnen will. Er hofft, daß ein *Galilei*-Gastspiel aus Anlaß des Jubiläums der Universität (→ 26. 4.) doch noch möglich wird.
13. Juli, Freitag. Sybille Binder bittet B um Auskunft über sein gesundheitliches Befinden. Sie hat vor zwei Jahren, ohne ihn um Erlaubnis zu bitten, in Holland einige seiner Gedichte rezitiert, hofft aber, daß er »darüber nicht böse« sein wird. Seinen letzten Gedichtband habe sie mit (zu einer Kur) aufs Land genommen. »Warum ich und wie ich deshalb an Sie gedacht habe, das kann man brieflich sehr schwer ausdrücken.« Es sei »etwas so Schönes und eine so andere Welt« gewesen, »daß es mir einen ganz unsagbaren Eindruck machte« *(760/17f.)*.
Mitte Juli. B erinnert Gustav Just an ein »Gespräch neulich« und bittet ihn, in der Wochenzeitung *Sonntag* »mehr und mehr über das politisch-kulturelle Leben unserer Bruderstaaten« zu bringen *(Br, 2368.)*. Nach Justs Erinnerung hat er bei seinem Besuch in Buckow (im Beisein von Helene Weigel und Jacob Walcher) mit B über den polnischen Schriftsteller Adam Wazyk gesprochen. B habe den Plan mitgeteilt, dessen *Poem für Erwachsene (15,302-311)* nachzudichten (→ 3. 8.). Das Poem und andere Gedichte hatte Käthe Rülicke von ihrer Reise (→ 16. 4.) mitgebracht; der am BE beschäftigte polnische Regisseur Konrad Swinarski (→ 1. 9. 55) stellt eine Rohübersetzung her. Die Veröffentlichung einiger Gedichte Wazyks im *Sonntag* (am 17. 6.) stößt auf heftige Kritik von Parteifunktionären.
17. Juli, Dienstag. Käthe Rülicke erinnert B daran, daß er, wenn er aus Buckow zurückkommt, folgendes tun müßte: Er sollte Verbindung aufnehmen zu dem russischen Theaterkritiker J. Jukowski, der die Tournee des BE nach Moskau (1957) vorbereiten will. Außerdem müßte er der russischen Studentin Nina Poljakowa, obwohl er ihr Vorwort zu der Brecht-Ausgabe mißbilligt (→ 1. 6.), »zwei freundliche Zeilen« schreiben, weil sie ihre Promotion über B in Opposition »gegen die allgemein herrschende Ansicht und gegen den

Rat der Professoren« geschrieben hat. Schließlich wollte B für Bernhard Reich Farben besorgen, die aber nur gegen DM zu erhalten sind *(767/110)*.

24. Juli, Dienstag. Im Auftrags Bs schickt Isot Kilian dem Dramaturgen des Deutschen Theaters in Göttingen Hans-Gert Falkenberg das von ihm gewünschte Material zu der geplanten Aufführung von *Mutter Courage und ihre Kinder* (→ 30. 7.). Sie macht ihn auf einen Textzusatz Bs aufmerksam. In der 1. Szene gibt die Courage auf die Frage, wie sie hierher kommt, die Antwort: »Ich kann nicht warten, bis der Krieg gefälligst nach Bamberg kommt.« Die Veränderung soll deutlich machen, »daß die Courage nicht etwa vom Krieg überrannt oder überrascht wird, sondern ihm nachläuft. Sie ist eine Mitmacherin.« *(1083/48f.)*

B schreibt an Nina Poljakowa (→ 1. 6., 17. 7.), es sei nicht das erste Mal, »daß jemand, angewiesen nur auf meine eigenen Anmerkungen, Erklärungen usw., eine unvollständige Darstellung meiner Stücke und der Art ihrer Aufführung zu geben vermag«. Er hält die Aufführungen am BE für wichtig und lädt sie nach Berlin ein *(Br, 2369)*. (Der Besuch kommt nicht zustande; Poljakowas Artikel wird als Nachwort in den Band aufgenommen.)

25. Juli, Mittwoch. B schreibt an Peter Suhrkamp: »Mir geht es wieder besser, aber die letzte Augustwoche und die zwei ersten Septemberwochen möchte ich zu Schmitt in München gehen zu einer Nachkur. Könnten Sie da nicht mitkommen?« Zu Suhrkamps Bedenken gegenüber *Die Gesichte der Simone Machard* (→ 11. 7.) meint er, seine Darstellung der Vorgänge sei wahrheitsgetreu. »Kann also nicht schaden, höchstens dem, der die Wahrheit sagt. Nun, legt's zu dem übrigen! Wir können das kleine Stück ruhig drucken, denke ich.« *(Br, 2370.)* Suhrkamp antwortet am → 3. 8.

B beklagt sich bei Albert Wilkening, daß er »noch immer nicht die Bestätigung meiner korrekten Haltung und gerechtfertigten Forderungen bei dem Staudteschen Verfilmungsversuch der *Courage* erhalten« (→ 8. 6.) habe *(Br, 2371)*.

Käthe Rülicke gesteht B, es gäbe niemanden, dem sie lieber schreibt als ihm: »Es ist schön, daß Sie so eine zentrale Stelle in meinem Leben einnehmen. Wenn ich hin und wieder böse bin – oder Sie – ändert das nichts. Auch sonst ist nichts, was das ändern könnte.« Der XX. Parteitag wirke sich erst jetzt bei ihr aus. Die letzten Jahre seien bedrückend gewesen, weil sie sich selbst beschwindelt und »immer Dinge verteidigt habe, die es nicht wert waren«. Sie berichtet ihm von einem Treffen mit Diplomaten aus Polen und Jugoslawien und über die jetzt viel offenere politische Aussprache *(655/1-4)*.

B bittet das Ministerium für Innen- und Außenhandel um die Genehmigung, daß Ruth Berlau ein zusammenklappbares Bett »zu ihrer eigenen vorübergehenden Benutzung nach Dänemark mitnehmen kann« *(766/35)*.

26. Juli, Donnerstag. Einer Mitteilung des Eulenspiegel-Verlags (vom 9. 7.) zufolge ist der Absatz der *Kriegsfibel* (mit bisher 3400 Exemplaren) nicht sehr ermutigend; dies liege »an der politischen Schonungslosigkeit sowohl der Bilder als auch der Verse«. In dieser Hinsicht seien »wohl die Deutschen schwer zu erziehen« *(762/50)*. B schlägt in seiner Antwort vor allem die Werbung in Bibliotheken, Kulturhäusern und Schulen vor. Er wolle sich gern direkt dafür einsetzen, »denn diese tolle Verdrängung aller Fakten und Wertungen über die Hitlerzeit und den Krieg bei uns muß aufhören« *(Br, 2372)*.

Es wird jetzt, wo das deutsche Wirtschaftswunder und die Politik der Stärke in so drohender Weise Arm in Arm auftreten, besonders wichtig, die Courage als Händlerin zu spielen, die im Krieg ihren Schnitt machen möchte. Ihr Händlertum hält sie für Muttertum, aber es zerstört ihre Kinder, eines nach dem anderen. *(24,274.)*

30. Juli, Montag. B schreibt (auf Wunsch des Dramaturgen Hans-Gert Falkenberg) für die Aufführung von *Mutter Courage und ihre Kinder* (→ 24. 7.; Regie: Eberhard Müller-Elmau) am Deutschen Theater in Göttingen (Premiere: 22. 9.) einen kleinen Text über die Aktualität des Stückes in der Zeit des bundesdeutschen Wirtschaftswunders *(24,274)*. Elisabeth Hauptmann fragt Peter Suhrkamp, ob er B nicht in Schmitts Münchener Klinik treffen will. »Sie wissen, daß Brecht ungeheuer viel von Dr. Schmitt hält, nicht zuletzt deswegen, weil er jetzt wieder sofort die richtige Diagnose gestellt hatte, die dann auch durch langwierige Laboratoriumsuntersuchungen bestätigt wurde. Schmitts letztes Buch hält Professor Brugsch, eine Weltkapazität auf dem Gebiet der inneren Medizin, für ganz außerordentlich.« *(791/62.)* B weist über den Verlag Lars Schmidt an den Kopenhagener Rechtsanwalt Chr. Vilh. Hagens, der auch die laufenden Zuwendungen Bs für Ruth Berlau regelt, einen Betrag von 10 000 Dänenkronen an, die »ausschließlich für einen Hauskauf bestimmt sind und für nichts anderes« *(975/78)*. Für den Kauf stünden weitere 40 000 Dänenkronen zur Verfügung.

31. Juli, Dienstag. Um den *Kreidekreis* für die Londoner Zuschauer verständlicher zu machen, will B im Vorspiel »ganz auf optische Lösungen ausgehen« und kündigt dem Schauspieler Erich Franz Änderungen an *(Br, 2374)*.

Juli. Nach einem Telefongespräch mit Ruth Berlau über die geplante Hausangelegenheit (→ 30. 7.) fixiert B noch einmal seine Absicht: »Die Erwerbung des Hauses soll einerseits eine Sicherung für Dich sein, andrerseits ein Versuch zur Besserung unseres Verhältnisses zueinander. Du gewinnst dadurch mehr Freiheit und gehst mehr Verpflichtungen ein. Du kannst Dich dadurch leichter dem Trinken zuwenden und ich kann Dich leichter, wenn Du das tust, ›abschieben‹.« Dem Brief legt er »für die dänischen Freunde« den Text *Über die Kritik an Stalin (23,417f.)* bei *(Br, 2373)*. Berlau

antwortet (am 2. 8.): »Dein Schreiben an die dänische Genossen hat das ganze Lager aufgeheitert: ›Stalin als Motor und Stalin als Bremse‹ ist so weise.« *(2201,56.)*
»2) Eine der schlimmen Folgen des Stalinismus ist die Verkümmerung der Dialektik. Ohne Kenntnis der Dialektik sind solche Übergänge wie der von Stalin als Motor zu Stalin als Bremse nicht verstehbar. Auch nicht die Negierung der Partei durch den Apparat. Auch nicht die Verwandlung von Meinungskämpfen in Machtkämpfe. Noch das Mittel der Idealisierung und Legendisierung einer führenden Person zur Gewinnung der großen rückständigen Massen in eine Ursache der Distanzierung und Lahmlegung dieser Massen. – 3) Die geschichtliche Würdigung Stalins bedarf der Arbeit der Geschichtsschreiber. Die Liquidierung des Stalinismus kann nur durch eine gigantische Mobilisierung der Weisheit der Massen durch die Partei gelingen. Sie liegt auf der geraden Linie zum Kommunismus. – 4) Die Anbetung Stalins (schmerzlich) übergehen in einen Verzicht auf das Beten.« *(23,417f.)*
Nach Diskussionen mit Freunden über den XX. Parteitag der KPdSU entstehen auch die Texte *Quelle der Unzufriedenheit (23,416f.)* und *Über die russische Partei (23,418)*, außerdem die Gedichte *Der Zar hat mit ihnen gesprochen (15,300f.)*, *Der Gott ist madig (15,301)* und *Die Gewichte auf der Waage (15,301f.)*. Auf dem Blatt mit dem gleichzeitig entstandenen Gedicht *Zur Züchtung winterfesten Weizens (15,301)* notiert B: »Die geschichtliche Einschätzung S.s hat im Augenblick kein Interesse und kann mangels Fakten nicht vorgenommen werden. Seine Autorität muß jedoch zur Beseitigung der Schädigungen durch sein Beispiel liquidiert werden.« *(15,499.)*
Willi Bredel schickt B sein Buch *Das Gastmahl im Dattelgarten* mit der Widmung: »in Dankbarkeit und Verehrung« *(BBAB)*.
Juli/August. Für die Edition von Hanns Eisler, *Lieder und Kantaten* schreibt B ein *Vorwort*. Darin heißt es: »Er schöpft seine Texte nicht einfach aus, er behandelt sie und gibt ihnen, was des Eislers ist. Aber so eigenwillig, unverkennbar, überraschend er sein mag, er ist kein Einzelgänger. In sein Werk eintretend, übergebt ihr euch den Antrieben und Aussichten einer neuen Welt, die sich eben bildet.« *(23,419)*. Das Vorwort wird nicht aufgenommen.
Anfang August. B bearbeitet Gedichte von Adam Wazyk *(15,311-314)*. Außerdem entsteht das Gedicht *Warum soll (15,315)*.
Gespräche in Buckow (bis zu seiner Rückkehr nach Berlin → 9. 8.) mit Benno Besson und Manfred Wekwerth über deren bevorstehende Inszenierung von *Die Tage der Kom-*

Der Zar hat mit ihnen gesprochen
Mit Gewehr und Peitsche
Am blutigen Sonntag. Dann
Sprach zu ihnen mit Gewehr und
Peitsche
Alle Tage der Woche, alle Werktage
Der verdiente Mörder des Volkes.

Die Sonne der Völker
Verbrannte ihre Anbeter.
Der größte Gelehrte der Welt
Hat das Kommunistische Manifest
vergessen.
Der genialste Schüler Lenins
Hat ihn aufs Maul geschlagen.

Aber jung war er tüchtig
Aber alt war er grausam
Jung
War er nicht Gott

Der zum Gott wird
Wird dumm.

Warum soll
Frau Mielke
Dem Sozialismus frönen?
Sie hatte doch schon Unglücks
Genug mit zwei Söhnen?

Wieso hat
Frau Mielke
Schon zu tun mit Revolution?
Wir meinen, weil die Mielke
Sie hat nur einen Sohn!

mune in Karl-Marx-Stadt (Chemnitz). Wekwerth macht sich Notizen. B sei in der Regel nach einer Stunde von dem Stück abgekommen und habe »über alles mögliche« gesprochen. Hanns Eisler, der an einigen dieser Gespräche teilgenommen hat, sei es gelungen, »Brecht ohne Anstrengung Gedanken abzuverlangen wie einst der Zöllner dem Laotse«. B hat u. a. darauf hingewiesen, daß er in seiner Theorie alles weggelassen habe, was für ihn in der Kunst selbstverständlich ist, wie z. B. das Naive: »Das Naive ist eine ästhetische Kategorie, die konkreteste.« B sei besorgt gewesen »über die einseitige und unlebendige Auslegung seiner Theorie durch die Wissenschaft« und habe seine siebenjährige Theaterarbeit am BE noch einmal theoretisch überarbeiten wollen. Dabei sei die Unterhaltung u. a. auf das Theater der Zukunft gekommen. Auf Wekwerths Frage, welches seiner Stücke die Form für ein solches neues Theater vorgibt, habe B die *Maßnahme* genannt *(Wekwerth 2,73,78)*.

Anfang August 1956
Vorbereitung der Inszenierung ***Die Tage der Kommune***

2. August, Donnerstag. B dankt dem technischen Direktor des BE, Walter Meier, für seine »große Arbeit in der letzten Spielzeit und während der Ferien«, vor allem aber dafür, daß er nicht nur vom technischen Standpunkt ausgeht, sondern »künstlerische Gesichtspunkte zur Geltung« bringt *(Br, 2378)*.

Ruth Berlau informiert B (aus Dänemark) über ein 14 km von Kopenhagen entfernt gelegenes Bauernhaus, das ihr geeignet erscheint, und über die Zahlungsbedingungen. Gleichzeitig schickt sie B ihr Testament, dem zufolge sie B als Universalerben einsetzt.

3. August 1956
Entschluß, eine Kur in einer Münchener Klinik anzutreten

3. August, Freitag. B kündigt seine Ankunft in der Münchener Klinik von Johann Ludwig Schmitt für den 20. 8. an *(Br, 2379)*. Am gleichen Tage läßt er bei einer ihm bekannten Schwester der Klinik anfragen, »ob er seinen kleineren Wagen im Hof oder sehr nahe bei der Klinik« für die Zeit seines Aufenthalts unterstellen kann *(768/63)*.

Peter Suhrkamp schreibt auf Bs Einladung, mit ihm einige Zeit in der gleichen Klinik zu verbringen (→ 25. 7.), er könne sich leider nicht freimachen, da er mit den Vorbereitungen für die Frankfurter Buchmesse beschäftigt ist. Er will sich aber mit B möglichst bald, vielleicht noch vor Antritt der Reise nach München treffen, da »eine Reihe von sehr entscheidenden Dingen zu besprechen« ist. Eric Bentley schaffe in England »große Verwirrung«. B solle verhindern, daß »Korrespondenzen zwischen Frau Hauptmann und Bentley und zwischen Mr. Willett und Bentley zustande kommen« *(791/67)*.

Im Auftrag Bs teilt Isot Kilian dem polnischen Lyriker Adam Wazyk mit, daß er das *Poem für Erwachsene* (→ Mitte Juli) in *Sinn und Form* veröffentlichen möchte und bittet um die

Zusendung von Gedichten, auf die er am meisten Wert legt.
4. August, Sonnabend. Michael C. A. Mott vom Londoner Magazin *Adam* teilt B die Absicht der Redaktion mit, aus Anlaß des bevorstehenden BE-Gastspiels eine Sondernummer herauszubringen mit dem Abdruck des *Guten Menschen von Sezuan* sowie anderen Texten von B und über ihn. Falls es ihm trotz seiner Krankheit möglich ist, bittet er um einen neuen Beitrag über seine Theaterarbeit oder über die Situation des Theaters in dieser Zeit.

5. August, Sonntag. B läßt im BE einen Aushang mit Hinweisen für die Spielweise beim Londoner Gastspiel anbringen. Danach müsse zum einen großer Wert auf die Pantomime gelegt werden, zum anderen müsse gegen die englische Befürchtung angespielt werden, »die deutsche Kunst (Literatur, Malerei, Musik) sei schrecklich gewichtig, langsam, umständlich und ›fußgängerisch‹«. Nach seiner Meinung ist »schnell, leicht und kräftig« zu spielen: »Es handelt sich nicht um hetzen, sondern um eilen, nicht nur um schnell spielen, sondern um schnell denken. Wir müssen das Tempo der Durchsprechproben haben, aber dazu leise Kraft, eigenen Spaß fügen.« *(Br, 2380.)*

5. August 1956
Aushang im Berliner Ensemble mit Hinweisen für die Spielweise in London

6. August, Montag. B hat (für die Buchausgabe) zur Korrektur der Titel noch einmal die Blätter von Tadeusz Kulisiewicz (→ 1. 2.) durchgesehen und schreibt ihm, daß es »ein herrliches Buch« wird. Er schlägt die Streichung einiger Graphiken vor, die Themen wiederholen *(Br, 2381)*.
In einem offiziellen Brief des BE bittet Elisabeth Hauptmann den Suhrkamp Verlag, während des Gastspiels in London (27. 8.-15. 9.) Brecht Bücher zur Verfügung zu stellen für Buchhandlungen, die kleine Ausstellungen arrangieren wollen. Ähnliche Schreiben richtet sie an den Verlag Kurt Desch und an den Verlag Gebrüder Weiß sowie an verschiedene ausländische Verlage.
7. August, Dienstag. B wird zur ersten Beratung des Ausschusses zur Verleihung der Nationalpreise (→ 24. 5.) für den 17. 8. eingeladen.
B läßt eine Teilnahme bei einer Zusammenkunft der Lyriker des Deutschen Schriftsteller-Verbands, zu der ihn Georg Maurer (am 1. 8.) eingeladen hat, wegen »einer Kur außerhalb Berlins« absagen.
Ebenso sagt er »aus gesundheitlichen Gründen« die Einladung der Goethe-Gesellschaft (vom 30. 6.) zu einer Lesung aus Anlaß der Aufführung des *Guten Menschen von Sezuan* im Staatstheater Kassel ab *(768/16)*.
8. August, Mittwoch. B schreibt an Paul Dessau: »Vorher war Brugsch immer enthusiastisch, wie gesund ich sei, aber tatsächlich hielt ich nicht ein Gespräch von fünf Minuten aus. Es geht mir immer noch nicht besonders, aber hoffent-

lich sehe ich Dich jetzt bald.« *(Br, 2382.)* Dessau antwortet am → 13. 8.

B schreibt (für Käthe Reichel) einen Brief an den sowjetischen Schriftstellerverband, in dem er sie als »eine der begabtesten Schauspielerinnen des Berliner Ensembles« vorstellt, die »auch in Westdeutschland sehr bekannt« ist. Er bittet darum, daß sie bei ihrem Besuch in der Sowjetunion Theaterkarten und einen Rubelbetrag von seinem Honorarkonto erhält *(Br, 2385)*.

B schreibt der Schauspielerin Bella Waldritter, daß zur Einsparung für die Tournee ihre Rolle der Aniko mit der von Mutter Grusinien zuammengelegt wird *(Br, 2384)*.

Elisabeth Hauptmann macht B darauf aufmerksam, daß Max Schroeder schwer erkrankt in einer Klinik liegt, und rät ihm, »ein bis zwei Zeilen« zu schreiben. B schickt Schroeder einen Brief mit der Aufforderung, er solle alles organisieren, daß er »schnell (oder langsam) wieder *gesund*« wird, er werde »absolut gebraucht« *(Br, 2383)*. Schroeder dankt (am 15. 8.) »für die guten Worte und die Herzstärkung« und wünscht auch B gute Gesundheit *(654/110)*.

Dorothea Alexander bittet wegen Bs vorläufigem Verbot ihrer englischen *Caesar*-Übersetzung B um eine Unterredung während des BE-Gastspiels in London.

9. August, Donnerstag. B entschuldigt sich beim Verlag Iskusstwo. Das Vorwort, das er für die russische Ausgabe verfassen wollte, sei das einzige gewesen, das er »in diesem Sommer« zu schreiben versucht hat, aber er habe es nicht geschafft *(23,419f.)*. »Ich bin im Augenblick einfach zu erschöpft.« Er schlägt statt des Vorworts das Gedicht *Über alltägliches Theater (12,319-322)* vor *(Br, 2386)*. Beim Zeitungsvertriebsamt bestellt B die *Welt am Sonntag* ab und bittet, dafür »sobald als möglich« die Wochenzeitschrift *Simplizissimus* zu liefern *(769/76)*.

Helene Weigel teilt Therese Giehse mit, daß sie »ab 20. dieses Monats den Bert nach München verfrachten« will zu Dr. Schmitt, und richtet an sie die »Geheimbitte«, sich außerdem nach einem weiteren Herz- und Kreislaufspezialisten umzusehen und B zuzureden, auch noch diesen zu konsultieren. »Ich hoffe, Du wirst mich nicht verraten, weil er vermutlich eher auf Deinen Rat dabei hört als auf mein Gerede, das er so viele Jahre um die Ohren hat.« Da sie mit dem Ensemble am Gastspiel in London teilnehmen muß, sei sie »sehr nervös«, wenn sie nichts von Bs gesundheitlichem Zustand erfährt, und bittet Therese Giehse ab und zu um eine telegrafische Nachricht. Die Verfassung Bs beschreibt sie so: »Die Herzklappeninfektion ist behoben, aber er ist in einem Erschöpfungszustand, der mir unbegreiflich ist und der ihn beunruhigt, weil er ihn arbeitsunfähig macht.« *(Giehse, 106.)*

B fährt nach Berlin und wird in seiner Wohnung erstmalig von Prof. Hennemann, Oberarzt der I. medizinischen Klinik der Charité, untersucht (→ 13. 8.).

10. August, Freitag. B nimmt an einer Probe des *Kaukasischen Kreidekreises* für das Londoner Gastspiel teil.

10. August 1956
Rückkehr nach Berlin

Teilnahme an einer Tourneeprobe von *Der kaukasische Kreidekreis*

Er hatte Käthe Rülicke, die in einem Erholungsheim bei Potsdam an Texten für das *Galilei*-Modellbuch arbeitet, gebeten, ebenfalls zu dieser Probe zu kommen. Sie schreibt: »Wie viele Kollegen war ich erschrocken über Brechts krankes Aussehen. Er sprach mit leiser Stimme, die kaum bis zur Bühne drang, und verließ die Probe vorzeitig – er hatte nicht die Kraft, sie durchzustehen.« *(Rülicke-Manuskript, 181.)*
Die Ärzte diagnostizieren »Zeichen starker Abspannung ohne ausgesprochene Herzsymptome«.
B entwirft an Theodor Brugsch, der im Urlaub ist, einen Brief. Obwohl »von dem Gewinn der Behandlung« nichts verlorengegangen sei, »setzte keine Erholung ein«. Aus diesem Grund habe er sich zu einer Weiterbehandlung in Johann Ludwig Schmitts Münchener Sanatorium entschlossen (er will jetzt bereits am 15. 8. mit seinem Sohn Stefan und Isot Kilian nach München fahren). »Schmitt wird Ihnen Bescheid geben, und ich hoffe, bald wieder bei Ihnen zu sein.« *(Br, 2387.)*
Elisabeth Hauptmann weist B auf Peter Suhrkamps Entschluß hin, auf keinen Fall den Abschnitt *Ist der Kommunismus exklusiv? (24,128-134 bzw. 183-189)* aus den *Anmerkungen* zu *Die Mutter* in der *Stücke*-Ausgabe zu drucken. B entscheidet, daß Suhrkamp dies in der westdeutschen Ausgabe weglassen kann, aber der Aufbau-Verlag solle alles drucken.

13. August, Montag. Paul Dessau schreibt auf Bs Brief (→ 8. 8.): »Lieber großer bb: between you and me: Das ist aber keine ›saubere Arbeit‹ des Allopathen Brugsch!« Er rät ihm, auf jeden Fall Schmitt oder einen anderen Arzt heranzuziehen *(761/24)*.
Elisabeth Hauptmann teilt im Auftrag Bs dem Kopenhagener Rechtsanwalt Hagens mit, das für Ruth Berlau zu kaufende Haus (→ 30. 7.) solle in der Nähe von ihren Freunden liegen, »die leicht erreichbar sind« *(975/84)*.
Prof. Hennemann untersucht B erneut; er ist mit Bs Plan einer Kurbehandlung bei Dr. Schmitt einverstanden und teilt (am 14. 8.) seinem Münchener Kollegen den Befund und die Behandlungsart mit.

14. August, Dienstag. Helene Weigel schreibt an Dr. Schmitt, daß sie »in tiefster Besorgnis um Brechts Zustand« ist. B sei »völlig kraftlos« und habe »außerdem das Gefühl, sehr krank zu sein«. »Ich muß Sie bitten, sich ihm völlig zur Verfügung zu stellen, auch wenn Sie gerade Ihren Urlaub haben, so daß er Sie jeden Tag, ja jede Stunde sprechen kann, weil er wirklich Vertrauen zu Ihnen hat und Sie jetzt braucht.« Sie sieht zu diesem Zeitpunkt keine Möglichkeit, die London-Tournee abzubrechen, um B nach München zu begleiten. Ihr Sohn Stefan werde zur Verfügung sein, solange es Schmitt für richtig hält, und auch Isot Kilian wird helfen, wo es ihr möglich ist. Helene Weigel bittet Schmitt um »jede notwendige Sache oder Konsultation, mit wem auch immer Sie für richtig halten«. Kosten spielten dabei keine Rolle »und dürfen keine spielen« *(768/64)*.

Die Mitglieder der SED-Parteigruppe wünschen B für seine Erholungskur »von Herzen gründliches Gesundwerden«. Sie wollen während seiner Abwesenheit alles tun, »um zu helfen, das ›Schiff‹ durch alle Wogen der Spree und der Themse zu steuern« *(771/109)*. Auch die Gewerkschaftsleitung des BE versichert ihm, daß sie »Helli zur Seite stehen« werde, »damit die Arbeit weitergeht« *(771/112)*.

Letzte testamentarische Festlegungen

Im Auftrag Bs veranlaßt Elisabeth Hauptmann die Zahlung der restlichen 40 000 Dänenkronen an Rechtsanwalt Hagens (→ 30. 7.), der sich um den Hauskauf für Ruth Berlau kümmert. Obgleich das Haus, wie der Rechtsanwalt (am 14. 8.) mitteilt, zu »Berlaus Zufriedenheit« gefunden ist, »bequem mit Zug und Bus von Kopenhagen zu erreichen« *(975/85 f.)*, entschließt sich Ruth Berlau bei Kenntnisnahme der Bedingungen Bs (nach seinem Tod) zu einer anderen Verwendung des überwiesenen Geldes.

B weist seiner Frau das Recht des Einzugs von Tantiemen und der Verhandlungen in seinem Namen zu (»My wife, Mrs. Helene Weigel, is authorized by me to collect any royalties due me and negotiate on my behalf.«) *(655/59.)*

Seit es ihm schlechter geht, konsultiert B neben den Ärzten der Charité auch Otto Müllereisert. Über den 14. 8. notiert Müllereisert, daß B, »körperlich in einem Schwächezustand, der es ihm nicht erlaubte, selbst zu schreiben, geistig bei völlig klarem Bewußtsein und zurechnungsfähig«, die folgende von ihm bestimmte »letztwillige Verfügung« diktiert hat: »Mein alleiniger Erbe ist meine Frau, Helene Weigel. Sie ist nicht nur mein einziger Erbe, sondern hat auch die Verfügungsgewalt in der Durchführung meiner Wünsche.« Sie soll das BE weiterführen, »und zwar solange sie glaubt, den Stil halten zu können«. Die von B diktierten fünf Wünsche bestimmen, daß Tochter Barbara das Turmgrundstück Hauptstraße 42 in Buckow (→ 24. 3. 52) erhält, Sohn Stefan die Einnahmen aus den amerikanischen Aufführungen, Käthe Reichel das Haus Buckowsee-Promenade (→ 1. 4. 52; 3. u. 4. 2. 55), wenn sie im BE die Rolle Shen Te / Shui Ta spielt, Isot Kilian die Einnahmen aus den Songs. Ruth Berlau soll 50 000 dänische Kronen für den Kauf eines Hauses

(→ 30. 1.) erhalten unter der Bedingung, daß dies »nach Ableben an Frau Helene Weigel fällt« *(1646/48)*.
23.45 Uhr (laut Bericht von Dr. Müllereisert und Professor Beyer) stirbt B in seiner Wohnung Chausseestraße 125.
Von seiten der Ärzte der Charité wird folgender Krankheitsverlauf des letzten Tages dokumentiert: »Am 14. August traten vorübergehende Bewußtseinstrübungen auf unter gleichzeitigem körperlichen Verfall. Um die Mittagszeit dieses Tages kam ein ausgesprochener Kollapszustand mit Tachykardie hinzu, der im Laufe des Nachmittags zunahm. Der Blutdruck war tief gesunken und kaum meßbar. Am Herzen selbst war perikarditisches Reiben zu hören. Das Elektrokardiogramm bot die Zeichen eines ausgesprochenen und ausgedehnten Herzinfarkts. Trotz intensiver Stützung des Herzens und des Kreislaufes gelang es nicht, das zunehmende Versagen des Herzens aufzuhalten. – Am 14. August 23.30 Uhr ist Bert Brecht schmerzlos in den Tod gegangen.« *(Aus dem ärztlichen Abschlußbericht vom 15. 8. 56, gez. von Prof. Brugsch, Prof. Beyer, Dr. Krocker.)*
Nach Auskunft von Tochter Barbara, die mit am Sterbebett stand, waren die letzten Worte ihres Vaters: »Laßt mich in Ruhe!«
B wird – nach seinem Wunsch (→ 15. 5. 55) – neben seiner Berliner Wohnung in der Chausseestraße 125 auf dem Dorotheenstädtischen Friedhof, gegenüber vom Grab Hegels, begraben. Bei der Beerdigung (am 17. 8.) wird nicht gesprochen.

14. August 1956
23.30 Uhr
Tod Brechts
in der Chausseestraße 125
Berlin

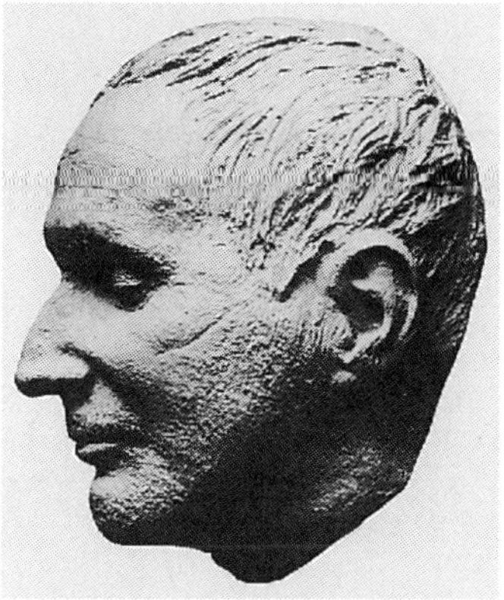

Totenmaske Brechts, am 15. 8. von Gerhard Thieme und Fritz Cremer abgenommen

Anhang

Nachwort

Zum Abschluß der *Chronik*

Die Leidenschaft des Chronisten entzündet sich an Fakten und Daten. Die Suche nach den Quellen ist zeitaufwendig und fordert Durchstehvermögen, aber die Prüfung der Funde macht die Mühe wieder wett: sie gleicht der Suche nach Perlen in Muscheln. Es war nicht abzusehen, welche Schätze und ob gar eine Fülle davon ans Tageslicht gefördert werden konnten.

Bertolt Brecht hat in der unglückseligen ersten Hälfte dieses Jahrhunderts zwei Weltkriege erlebt und befand sich einen großen Teil seiner Zeit, »öfter als die Schuhe die Länder wechselnd«, auf der Flucht. Da konnte von vornherein keine Berichterstattung von Tag zu Tag erhofft werden, mit Verlusten war zu rechnen, es konnte nur auf das Überlieferte zurückgegriffen werden: der Torso war vorprogrammiert. Aber dennoch ergaben die Perlen, Steine und Steinchen, über lange Zeit immer wieder aus anderen überraschenden Quellen bezogen, in vielen Fällen ein so dichtes Mosaik, daß die Persönlichkeit des Menschen und des Dichters in manchen Phasen der Existenz und Entwicklung deutlich heraustreten wird. Vorhandene Biographien werden zu überprüfen sein. Dabei kann die *Chronik* nur das Fundament liefern.

In ihr bleibt die Interpretation ausgespart; die Fakten sprechen für sich und überlassen dem Leser das Urteil. Schon die chronologische Abfolge oder Gleichzeitigkeit bekannter Quellen ergibt, wenn man sie heranzieht, nicht selten eine andere »Lesart« eines Lebens- und Schaffensabschnitts, als mitunter bisher gesehen. Im Falle von datierbaren Äußerungen sind deshalb neben deskriptiven Zusammenfassungen auch zahlreiche Brecht-Zitate benutzt. Sie zeugen von seinem klaren Urteilsvermögen, von Wissensdurst und Taktik, von Charme und Witz. Sie vermitteln dem Leser etwas von dem Reiz, der Unwiderstehlichkeit, der Autorität des Dichters und Menschen, also von jenen Eigenschaften, die alle schätzten, die mit ihm zu tun hatten. Das Nachschlagebuch wird auf diese Weise auch hintereinander lesbar. Die Zitate sollen zum anderen einem weiteren Hauptzweck der *Chronik* dienen: sie will Anregungen geben zu erneuter verständnisvoller und vergnüglicher Lektüre des Werkes.

Ohne Frage ist wohl jeder Chronist an einer Art »Vollkommenheit« seiner Nachforschungs-Ergebnisse interessiert. Der Gedanke, diese Arbeit zu einem festgelegten Zeitpunkt abzubrechen, scheint absurd. Siegfried Unseld, der 1962 die *Chronik* angeregt hat, war im Verlaufe der letzten drei Jahrzehnte mehrmals der Meinung, ich möge endlich einen Schlußpunkt setzen. Es kamen aber immer wieder neue

Werner Hecht, geboren 1926 in Leipzig, Studium bei Hans Mayer und Ernst Bloch an der Leipziger Universität.

1959-1974 Dramaturg und Regiemitarbeiter am Berliner Ensemble. *Brechts Weg zum epischen Theater* (1962). Herausgeber der theoretischen Schriften Brechts (11 Bände: 1963-1968), *Helene Weigel zu ehren* (mit Siegfried Unseld 1970), zahlreiche Materialienbände; *Texte für Filme* (1969), *Arbeitsjournal* (1973); 1977-1990 Direktor des Berliner Brecht-Zentrums. Zahlreiche Fernseh-Filme. Buchausgaben: Bertolt Brecht. *Sein Leben in Bildern und Texten* (1978). *Gedichte über die Liebe* (1982), Mitherausgeber der Großen kommentierten Berliner und Frankfurter Ausgabe der *Werke* Brechts (1988-1997).

hochinteressante Arbeiten über Brecht dazwischen, auch neue »Funde«: verschollen geglaubte Tagebücher, unbekannte Briefe in Bündeln, zuletzt schließlich die von ihm initiierte kommentierte Ausgabe der Werke von Brecht. All das war unbedingt zu sichten und zu nutzen. Dennoch ist der »Redaktionsschluß« (Juni 1997) so etwas wie der gewaltsame Abbruch eines laufenden Arbeitsprozesses, das Einverständnis mit der Unfertigkeit des Ganzen. Möglicherweise ist es auch die Zustimmung, eine Arbeit zu beenden, die schon zu viel Zeit in Anspruch genommen hat. In Kenntnis weiterer (neuer oder übersehener) Quellen, die eigentlich noch hätten geprüft werden müssen (gleich, mit welchem Ergebnis), schließe ich die Arbeit an der *Chronik* (und mit ihr meine Beschäftigung mit Brecht) dennoch mit Zuversicht ab. Zusammengetragen sind Fakten, die in jedem Jahr überraschende Neuigkeiten vorstellen. Sie werden Material liefern für sachkundige neue Untersuchungen. Lücken werden die Forschenden provozieren, sie zu füllen, hoffe ich.

Für den Chronisten, der sich viele Jahre mit der Edition und Rezeption von Werken Brechts beschäftigt hat, erscheint nach dem Abschluß der Arbeit der Dichter und Mensch selbst in anderem Licht, wie von anderen Seiten beleuchtet. Sichtbar werden die Anlässe von Haltungen, erkennbar die Gründe von Meinungen über Freunde und Feinde, und was kaum zu erwarten war: nicht wenige Fakten ermöglichen Einblicke in die Organisation des Privatlebens, das Brecht in die Arbeit voll integriert hat.

Nicht nur seine literarische Kunst und sein theoretisches Werk sind von bleibender Bedeutung, es ist auch – im anspruchsvollen Sinne des Wortes – seine »Kunst, das Leben zu meistern«. Diese hielt Brecht für die höchste aller Künste, und er beherrschte sie, um im Wort zu bleiben, mit großer Meisterschaft. Es war die große Kunst, in diesem Jahrhundert zu überleben, »in finsterer Zeit«. Und wie immer sich Unbilden in den Weg stellten, wie immer politische Umstände und vorgegebene Moralvorstellungen das Leben bestimmten und prägten, er verstand nicht nur, damit fertig zu werden, sondern Genuß und Lebenswillen daraus zu schöpfen. Machten schon die unvorstellbare Fülle und der noch nicht ausgeschöpfte Reichtum des Werkes den Betrachter zum Bewunderer, so erst recht die praktizierte Kunst, tagtäglich ein im Wortsinn ausgefülltes Leben von früher Jugend an zu führen und die Konflikte, die sich aus so verstandenem Lebensgefühl und -genuß ergeben mußten, gleichermaßen »zu meistern«. Trotz großer Energien nahm im letzten Lebensjahr das Herz sein Kommando nicht mehr an. Wenn man liest, womit er in dem Staat seiner Wahl konfrontiert wurde, begreift man die Ursachen.

Quellen

Ich hatte die günstige Gelegenheit, mit Helene Weigel, mit Erich Engel und mit Elisabeth Hauptmann über ein Jahrzehnt lang fast täglich zusammenzuarbeiten und mit Walter Brecht, Käthe Rülicke-Weiler, Herbert Jhering, Hanns Eisler, Paul Dessau, Karl von Appen, Isot Kilian, Herbert Sandberg, Gottfried von Einem, mit Bernhard Reich, Asja Lacis, Arnolt Bronnen, Fritz Erpenbeck, Marta Feuchtwanger, Fredrik Martner und Hermann Greid ausführlich zu sprechen. Aber zu meinem Bedauern muß ich gestehen: ich hatte in den sechziger und siebziger Jahren noch nicht alle Fragen zur Verfügung, die ich ihnen hätte stellen müssen.

Die Hauptquelle der *Chronik* ist so das Bertolt-Brecht-Archiv mit seinen schier unendlichen Materialien, die in jahrzehntelanger Arbeit gesammelt, wenn auch bislang dem elektronischen Zugriff noch nicht zugänglich gemacht worden sind. Weitere Nachlaßsammlungen der Akademie der Künste und anderer Archive waren hilfreich. Eine wesentliche Grundlage bildeten schließlich die Forschungsergebnisse, die in den Kommentaren der neuen großen Ausgabe der *Werke* Brechts niedergelegt sind. Neben den primären Quellen (Briefe, Tagebücher, Selbstaussagen Brechts) erwiesen sich insbesondere die Aufzeichnungen und Briefe von Mitarbeiterinnen wie Elisabeth Hauptmann (1926), Margarete Steffin (1933-1941) und Käthe Rülicke (1950-1956) als sehr aufschlußreich.

Die Standardwerke der Brecht-Forschung gaben weitere wertvolle Auskünfte, insbesondere die von meinem Lehrer Hans Mayer, von Werner Mittenzwei, Klaus Völker, Jan Knopf, Ernst Schumacher, Manfred Wekwerth, Egon Monk, Joachim Lucchesi, Jürgen Schebera, Harald Engberg, Jan Olsson, Hans Peter Neureuter, James K. Lyon, Sabine Kebir, Stefan Hauck, um nur einige zu nennen. Die Überprüfung von Fakten in John Fuegis Buch legten so eklatante Fehler bloß, daß sich diese Veröffentlichung für eine *Chronik* als ungeeignet erwies.

Daten

Als seriöse Fakten für eine *Chronik* konnten nur die mit verbürgten Tages-Daten angesehen werden, die äußerste Toleranz war der Bezug auf einen Monat. Dadurch fiel eine Reihe von Werken aus der *Chronik* heraus; die wichtigsten von ihnen konnten aber dennoch eingeordnet werden, wenn ihr Erstdruck oder andere konkrete Ereignisse Datierungshinweise lieferten. Daten von Briefen sind den Briefen entnommen, sie geben aber keinen Aufschluß über den Empfangstag. Mit der Angabe »Anfang« (eines Monats) ist die Zeitspanne vom 1. bis 9., mit »Mitte« die vom 10. bis 20. und mit »Ende« die vom 21. bis 31. umrissen; eine Monatsangabe bezieht sich auf alle Tage.

Wohnorte Als Wohnorte sind die Orte angegeben, in denen sich Brecht offiziell angemeldet hat. Mehrmonatige Aufenthalte außerhalb unter Beibehaltung eines »festen« Wohnsitzes gelten als Reisen. Unter diesem Gesichtspunkt war Brecht z.B. den größten Teil des Jahres 1933 auf der Suche nach einem Exilort, also »auf Reisen«. Der viermonatige Aufenthalt in Berlin 1948/49 (zur Inszenierung von *Mutter Courage und ihre Kinder*) gilt ebenfalls als Reise bis zur endgültigen Übersiedlung im Mai 1949.

Hilfeleistungen Bei der Arbeit an der *Chronik* wurde mir von vielen Seiten tatkräftige Hilfe zuteil.

Zu Dank verpflichtet bin ich Barbara Brecht-Schall, die mich zur Weiterarbeit an der *Chronik* mahnte, als ich aufgeben wollte, weiterhin: Ekkehard Schall, Manfred Wekwerth sowie Käthe Rülicke-Weiler, Rudolf Vapenik, Roman Szydlowski, Vladimir Pozner, Vappu Tuomioja und Erwin Leiser. Ich danke für Hilfeleistungen von Hans Bunge und Herta Ramthun, in den letzten Jahren von Erdmut Wizisla, Günter Glaeser und Erika Pfotenhauer vom Bertolt-Brecht-Archiv für die Bereitstellung der Materialien und fachkundige Beratung, ebenso meinen Herausgeberkollegen Jan Knopf, Werner Mittenzwei und Klaus-Detlef Müller.

Durch kritische Durchsicht von Teilabschnitten haben geholfen: Klaus Völker, Paul-Gerhard Wenzlaff, James K. Lyon, Jürgen Schebera, Joachim Lucchesi und Hans Christian Nørregaard.

Produktiven Anteil an der *Chronik* in allen Phasen hatte Marianne Conrad, die auch zahlreiche Quellen erschloß. Die Idee zur typographischen Gestaltung der *Chronik* stammt von Günter Berg; unverzichtbar war die aufopferungsvolle, zuverlässige, kritische und umsichtige Arbeit von Wolfgang Jeske bei der Überarbeitung der Datei für den Druck.

Das Brecht-Titelregister und das Personenregister wurden erstellt von Judith Platz, Susanne Schmidt und Katrin Ziegler.

Berlin, 22. August 1997 *Werner Hecht*

Nachweis der Quellen und Abkürzungen

Von Brecht sind grundsätzlich alle Bezüge nachgewiesen, von anderen Autoren nur die wörtlichen Zitate. Sofern eine Quelle mehrfach benutzt wird, sind als Quellennachweis Abkürzungen und Siglen verwendet.

Brecht-Zitate aus der Brecht-Ausgabe

Ziffer,Ziffer: Bandnummer, Seitenzahl(en) von:
Bertolt Brecht, *Werke*, Große kommentierte Berliner und Frankfurter Ausgabe, hg. v. Werner Hecht, Jan Knopf, Werner Mittenzwei, Klaus-Detlef Müller, Berlin und Weimar, Frankfurt/M. 1988-1997.
Br,Ziffer:
Briefnummer in der obengenannten Ausgabe in den Bänden 28-30.

Brecht-Zitate aus dem Bertolt-Brecht-Archiv (BBA)

Ziffer/Ziffer: Mappen-Nummer, Blattzahl von:
Stiftung Archiv der Akademie der Künste, Berlin. Archivabteilung Literatur. Bertolt-Brecht-Archiv. (Wenn vor der Mappen-Nummer der Buchstabe E bzw. Z steht, handelt es sich um Ergänzungsmappen des BBA.)

Abkürzungen und Siglen

AdK
Akademie der Künste Berlin
ANN
Augsburger Neueste Nachrichten
Antigone
Brechts Antigone des Sophokles, hg. v. Werner Hecht, Frankfurt/M. 1988
Aufricht
Ernst Josef Aufricht, *Erzähle, damit du dein Recht erweist*, Frankfurt/M. 1966
BBC
Berliner Börsen-Courier
Baxandall
Baxandall, Lee, *Brecht in Amerika 1935*, in: *The Tulane Drama Review*, Nr. 1, 1967, S. 69-87
BBAB
Bertolt-Brecht-Archiv, Nachlaßbibliothek
BE
Berliner Ensemble (in der Gründungsphase NBE: Neues Berliner Ensemble)
Benjamin
Benjamin, Walter, *Gesammelte Schriften*, hg. v. Rolf Tiedemann und Hermann Schweppenhäuser, Frankfurt/M. 1989ff.
Benjamin, Briefe
Benjamin, Walter, *Briefe*, hg. u. mit Anmerkungen versehen von Gershom Scholem und Theodor W. Adorno, 2 Bände, Frankfurt/M. 1966
Benjamin, Versuche
Benjamin, Walter, *Versuche über Brecht*, Frankfurt/M. 1971 (darin 12 Briefe Walter Benjamins an Brecht)
Bentley
Bentley, Eric, *Erinnerungen an Brecht*, Berlin 1995
Berger
Berger, Friedemann, *Die nichtgedruckte »Hauspostille«. Die Beziehungen zwischen Bertolt Brecht und dem Kiepenheuer Verlag 1922 bis 1925*, in: *notate*, Berlin, 1984, Heft 6, S. 1-2, 13-15.
Berlau/Bunge
Brechts Lai-tu. Erinnerungen und Notate von Ruth Berlau, hg. v. Hans Bunge, Darmstadt 1985
Besson
Benno Besson, *Jahre mit Brecht*, hg. v. Christa Neubert-Herwig, Mitarbeit: Ulrike Jauslin-Simon, Willisau [o. J.]
Bi
Bertolt Brecht, *Liebste Bi, Briefe an Paula Banholzer*, hg. v. Helmut Gier und Jürgen Hillesheim, Frankfurt/M. 1992
BJ
Brecht-Jahrbuch (jeweils folgend die Jahreszahl), hg. v. John Fuegi, Reinhold Grimm und Jost Hermand, Frankfurt/M. ab 1974
Bock
Bock, D. Stephan, *»Brecht (der eigentlich Baruch heißen sollte)*, in: *ndl (neue deutsche literatur)*, Berlin, Mai/Juni 1994, S. 196-201
Bois
Bois, Curt, *Zu wahr, um schön zu sein*, Berlin 1982
Brecht
Brecht, Walter, *Unser Leben in Augsburg, damals. Erinnerungen*, Frankfurt/M. 1984
Brecht-Schall
Brecht-Schall, Barbara, *Familien-Geschichten. Barbara Brecht-Schall im Gespräch mit Ingeborg Pietzsch und Martin Linzer*, in: *Theater der Zeit*, Heft 6, Nov./Dez. 1994, S. 12 15

Bronnen 1
Bronnen, Arnolt, *Tage mit Bertolt Brecht. Geschichte einer unvollendeten Freundschaft*, Wien, München, Basel 1960
Bronnen 2
Arnolt Bronnen gibt zu Protokoll. Beiträge zur Geschichte des modernen Schriftstellers, Berlin und Weimar 1985
Bundesarchiv
Deutsches Bundesarchiv, Zweigstelle Berlin
Chaplin
Chaplin, Charles, *Die Geschichte meines Lebens*, Frankfurt/M. 1964
Courage/Materialien
Brechts »Mutter Courage und ihre Kinder«, hg. v. Klaus-Detlef Müller, Frankfurt/M. 1982
DAD
Deutscher Autoren-Dienst
DAK
Deutsche Akademie der Künste Berlin (Ost)
DEFA
Deutsche Film-Aktiengesellschaft
Dessau
Paul Dessau – Aus Gesprächen, Mitarbeiter: Dieter Boeck, Helga Götze, Fritz Hennenberg, Günter Mayer, Christa Müller, Max Pommer, Otto Zengel, Leipzig 1980
DLM
Deutsches Literaturarchiv Marbach
DGB/Dreigroschenbuch
Bertolt Brechts Dreigroschenbuch. Texte Materialien Dokumente, hg. v. Siegfried Unseld, Frankfurt/M. 1960
Döblin
Döblin, Alfred, *Briefe*, Olten und Freiburg i. Br. [1970]
Dokumente
»Die Regierung ruft die Künstler«. Dokumente zur Gründung der »Deutschen Akademie der Künste« (DDR) 1945-1953, ausgewählt und kommentiert von Petra Uhlmann und Sabine Wolf, Berlin 1993
Dreigroschenoper
Brechts »Dreigroschenoper«, hg. v. Werner Hecht, Frankfurt/M. 1985
EEN
Erich-Engel-Nachlaß, Stiftung Archiv der Akademie der Künste Berlin
EHN
Elisabeth-Hauptmann-Nachlaß, Stiftung Archiv der Akademie der Künste Berlin
Einem
Werner Hecht, Notizen von Gesprächen mit Gottfried von Einem (unveröffentlicht)
Eisler 1
Eisler, Hanns, *Gesammelte Werke*, hg. v. Stephanie Eisler u. Manfred Grabs im Auftrag der Akademie der Künste der DDR, Hanns-Eisler-Archiv, 7 Bde., Berlin 1975-1982
Eisler 2
Eisler, Hanns, *Musik und Politik*, 2 Bände, Textkritische Ausgabe v. Günter Mayer, Leipzig 1982-1985
Eisler 3
Wer war Hanns Eisler. Auffassungen aus sechs Jahrzehnten, ausgewählt und eingeleitet von Manfred Grabs, Berlin 1983
Eisler/Bunge
Hanns Eisler, *Gespräche mit Hans Bunge. Fragen Sie mehr über Brecht*, übertragen und erläutert von Hans Bunge, Leipzig 1975
Engberg
Engberg, Harald, *Brecht auf Fünen. Exil in Dänemark 1933-1939*, Wuppertal 1974
Engel
Engel, Erich, *Schriften. Über Theater und Film*, Berlin 1971
Eser
Marianne Zoff-Brecht-Lingen erzählt Willibald Eser über ihre Zeit mit Bert Brecht, in: Banholzer, Paula, *So viel wie eine Liebe. Der unbekannte Brecht*, Erinnerungen und Gespräche, hg. v. Axel Poldner u. Willibald Eser, München 1981, S. 153-193
FDJ
Freie Deutsche Jugend
Feuchtwanger
Feuchtwanger, Lion, *Briefwechsel mit Freunden 1933-1958*, Band 1, Berlin 1991
Fleißer
Fleißer, Marieluise, *Gesammelte Werke*, 3 Bände, Frankfurt/M. 1972
Frisch
Frisch, Werner / Obermeier, K.W., *Brecht in Augsburg. Erinnerungen, Dokumente, Texte, Fotos*, Berlin und Weimar 1975
Fürnberg
Fürnberg, Louis, *Gesammelte Werke in sechs Bänden*, Berlin und Weimar, Band 5, 1971
Gersch
Gersch, Wolfgang, *Film bei Brecht. Bertolt Brechts praktische und theoretische Auseinandersetzung mit dem Film*, Berlin 1975
Gespräch
Brecht im Gespräch. Diskussionen, Dialoge, Interviews, hg.v. Werner Hecht, Frankfurt/M. 1975
Giehse
Giehse, Therese, *»Ich hab nichts zum Sagen«. Gespräche mit Monika Sperr*, München 1973
Greid
Greid, Hermann, *Der Mensch Brecht. Wie ich ihn erlebt habe*, Stockholm 1974
Grosz
Grosz, George, *Briefe 1913-1959*, hg. v. Herbert Knust, Reinbek bei Hamburg
Hauptmann
Hauptmann, Elisabeth, *Julia ohne Romeo. Geschichten Stücke Aufsätze Erinnerungen*, hg. v. Rosemarie Eggert u. Rosemarie Hill, Berlin 1977
Huppert
Huppert, Hugo, *Schach dem Doppelgänger*, Halle und Leipzig 1979
HJN
Herbert-Jhering-Nachlaß, Stiftung Archiv der Akademie der Künste Berlin

HWA
Helene-Weigel-Archiv, Stiftung Archiv der Akademie der Künste Berlin
Jahres-Bericht
Jahres-Bericht über das Königliche Realgymnasium zu Augsburg, Augsburg [jährlich erschienen]
Jung
Jung, Franz, *Der Weg nach unten. Aufzeichnungen aus einer großen Zeit*, Hamburg ^{2}1988
Kantorowicz
Kantorowicz, Alfred, *Deutsches Tagebuch*, München 1960
Kaus
Kaus, Gina, *Und was für ein Leben... mit Liebe und Literatur, Theater und Film*, Hamburg 1979
KBK
Königliche Bibliothek Kopenhagen, Ausstellungskatalog: *Geflüchtet unter das dänische Strohdach*, Katalog, von Willy Dähnhardt und Birgit S. Nielsen, Heide in Holstein 1988
KBS
Königliche Bibliothek Stockholm
Kebir
Kebir, Sabine, *Frage nicht nach deinem Anteil. Elisabeth Hauptmanns Arbeit mit Bertolt Brecht*, Berlin 1997
Kesten
Kesten, Hermann, *Lauter Literaten. Porträts, Erinnerungen*, Wien, München, Basel 1963
Kesten 2
Kesten, Hermann, *Meine Freunde, die Poeten*, Frankfurt/M., Berlin, Wien 1980
Kilian
Kilian, Isot, *Aufzeichnungen* (unveröffentlicht)
Kortner
Kortner, Fritz, *Aller Tage Abend*, München 1950
Kraft
Kraft, Werner, *Gedanken über Brecht*, in: *NZZ*, 16. 10. 1965
Küchenmeister
»Eine Begabung muß man entmutigen...« b.b.1952. Wera und Klaus Küchenmeister, Meisterschüler bei Brecht, erinnern sich an die Jahre der Ausbildung. Aufgeschrieben u. hg. v. Ditte Buchmann, Berlin 1986
Kuhle Wampe
Bert Brecht, *Kuhle Wampe. Protokoll des Films und Materialien*, hg. v. Wolfgang Gersch u. Werner Hecht, Frankfurt/M. 1969
Lacis
Lacis, Asja, *Revolutionär im Beruf. Berichte über proletarisches Theater, über Meyerhold, Brecht, Benjamin und Piscator*, München 1971
Lang
Lang, Fritz, *Die Erinnerung von Fritz Lang*, in: *Filmkritik*, Nr. 223, München, Juli 1975, S. 298-310
Leiser
Leiser, Erwin, *Der freundliche Frager*, in: *Brecht, Gespräch auf der Probe*, Zürich 1960, S. 42-48
Lenya-Weill
Lenya-Weill, Lotte, *Das waren Zeiten!*, in: *Bertolt Brechts Dreigroschenbuch*, Frankfurt/M. 1960, S. 220-225
Lindtberg
Lindtberg, Leopold, *Reden und Aufsätze*, Zürich u. Freiburg i. Br. 1972
Lucchesi 1
Lucchesi, Joachim / Shull, Ronald K., *Musik bei Brecht*, Berlin 1988
Lucchesi 2
Das Verhör in der Oper. Die Debatte um die Aufführung »Das Verhör des Lukullus« von Bertolt Brecht und Paul Dessau, hg. v. Joachim Lucchesi, Berlin 1993
Lukács, Säuberung
Lukács, Georg / Johannes R. Becher / Friedrich Wolf u. a., *Die Säuberung. Moskau 1936: Stenogramm einer geschlossenen Parteiversammlung*, hg. v. Reinhard Müller, Reinbek 1991
Lyon 1
Lyon, James K., *Bertolt Brecht in Amerika*, Frankfurt/M. 1984
Lyon 2
Brecht in den USA, hg. v. James K. Lyon, Frankfurt/M. 1994
MAAZ
München-Augsburger Abendzeitung
Mann, K
Mann, Klaus, *Tagebücher 1931-1933*, München 1989
Mayer
Mayer, Hans, *Erinnerung an Brecht*, Frankfurt/M. 1996
Mierau
Mierau, Fritz, *Erfindung und Korrektur. Tretjakows Ästhetik der Operativität*, Berlin 1976
Münsterer
Münsterer, Hanns Otto, *Brecht. Erinnerungen aus den Jahren 1917-22*, Zürich 1963
MW
Musikbibliothek Wien (Korrespondenz der Universal-Edition Wien)
ND
Neues Deutschland
Neher
Neher, Caspar, Tagebücher, (in der Stadt- und Staatsbibliothek Augsburg, SBA und in der Österreichischen National-Bibliothek, Theatersammlung, NT)
Neureuter
Neureuter, Hans Peter, *Brecht in Finnland*, Habilitationsschrift, Juli 1987 (unveröffentlicht)
Nielsen
Nielsen, Birgit S., *Karin Michaelis – Porträt einer Helferin deutscher Emigranten*, in: *Deutschsprachiges Exil in Dänemark nach 1933. Zu Methoden und Einzelergebnissen*, Kopenhagen und München 1986, S. 153-177
Nørregaard
Nørregaard, Hans Christian, *UDL.NR. 36316-57120. Bertolt Brecht und die dänischen Behörden*, in: *Deutschsprachiges Exil*

in Dänemark nach 1933. Zu Methoden und Einzelergebnissen, Kopenhagen und München 1986, S. 95-120
notate
notate, hg. v. Brecht-Zentrum der DDR; Zitatnachweise: Jahr, Heft, Seite
NT
Neher-Tagebücher (späte), in der ÖNB
NZZ
Neue Zürcher Zeitung
ÖNB
Österreichische National-Bibliothek, Wien, Theatersammlung
Otto
Otto, Teo, *Meine Szene*, Köln 1965
Olsson
Olsson, Jan E., *Bertolt Brechts schwedisches Exil*, Dissertation, Lund 1969 (unveröffentlicht)
Palm
Palm, Kurt, *Vom Boykott zur Anerkennung. Brecht und Österreich*, Berlin 1984
Parmet
Parmet, Simon, *Die ursprüngliche Musik zu »Mutter Courage und ihre Kinder«*, in: *Schweizerische Musikzeitung*, Zürich, 1. 12. 1957, S. 465-468
Petersen
Petersen, Klaus, *Die »Gruppe 1925«. Geschichte und Soziologie einer Schriftstellervereinigung*, Heidelberg 1981
Pozner
Vladimir Pozner erinnert sich, Leipzig 1986
Rasch
Rasch, Wolfdietrich, *Bertolt Brechts marxistischer Lehrer. Aufgrund eines ungedruckten Briefwechsels zwischen Brecht und Karl Korsch*, in: *Merkur*, München, 17, 1963, S. 998-1003
Reich
Reich, Bernhard, *Im Wettlauf mit der Zeit. Erinnerungen aus fünf Jahrzehnten deutscher Theatergeschichte*, Berlin 1970
Rülicke-Weiler
Begegnungen. Brecht-Porträts in Wort und Bild von Gerda Goedhart und Käthe Rülicke-Weiler (unveröffentlichtes Manuskript 1991)
SBA
Staats- und Stadtbibliothek Augsburg (sowie Stadtarchiv): frühe Tagebücher von Caspar Neher
SBM
Staatsbibliothek München
SBZ
Sowjetisch besetzte Zone Deutschlands (ab Oktober 1949: DDR)
Scheer
Scheer, Maximilian, Ein unruhiges Leben. Autobiographie, Berlin 1975
Schulthess
Schulthess' Europäischer Geschichtskalender, hg. v. Ulrich Thürkauf, München (Jahresbände)
Schwaen
Tagebuch Kurt Schwaen, unveröffentlichtes Typoskript
SED
Sozialistische Einheitspartei Deutschlands
SMAD
Sowjetische Militäradministration in Deuschland
SuF
Sinn und Form, Berlin
Steffin
Steffin, Margarete, *Konfutse versteht nichts von Frauen. Nachgelassene Texte*, hg. v. Inge Gellert, Berlin 1991
Sternberg
Sternberg, Fritz, *Der Dichter und die Ratio. Erinnerungen an Bertolt Brecht*, Göttingen 1963
Stephan
Stephan, Alexander, *Im Visier des FBI. Deutsche Schriftsteller in den Akten amerikanischer Geheimdienste*, Stuttgart und Weimar 1995
Strehler
Strehler, Giorgio, *Für ein menschliches Theater*, Frankfurt/M. 1975
Suhrkamp
Peter Suhrkamp. Zur Biographie eines Verlegers in Daten, Dokumenten und Bildern, vorgelegt v. Siegfried Unseld unter Mitwirkung von Helene Ritzerfeld, Frankfurt/M. 1975
Szydłowski
Szydłowski, Roman, *Meine Brecht-Erinnerungen*, in: *Die Weltbühne*, Berlin, 17. 1. 1978, S. 81-84
Taub
Taub, Valtr, *»Um Klarheit ging es ihm vor allem«*, in: *notate*, 1982,1,6
Tax
Tax, Sissi, *Marieluise Fleißer. Schreiben, Überleben. Ein biographischer Versuch*, Basel und Frankfurt/M. 1984
Theaterarbeit
Theaterarbeit. 6 Aufführungen des Berliner Ensemble, Redaktion: Ruth Berlau, Bertolt Brecht, Claus Hubalek, Peter Palitzsch, Käthe Rülicke, Dresden 1952
VEGAAR
Verlagsgenossenschaft ausländischer Arbeiter in der UdSSR
Viertel
Viertel, Berthold, *Schriften zum Theater*, Berlin 1970
Völker 1
Völker, Klaus, *Brecht-Chronik*, München 1984
Völker 2
Völker, Klaus, *Bertolt Brecht in Zürich*, in: *Tages-Anzeiger*, Zürich, 6. 2. 1971.
Vw
Volkswille, Organ der USPD für Schwaben und Neuburg
WBA
Walter-Benjamin-Archiv, Stiftung Archiv der Akademie der Künste, Berlin
WeigelTb
Tonbandaufzeichnung eines Gesprächs von Helene Weigel und Werner Hecht am 16.9.1969, im Besitz von W.H. (auszugsweise publiziert)

Weill 1
Weill, Kurt, *Ausgewählte Schriften*, hg. und mit einem Vorwort von Daniel Drew, Frankfurt/M. 1975
Weill 2
Weill, Kurt, *Speak Low (When You Speak Love): The Letters of Kurt Weill and Lotte Lenya*, hg. v. Lys Symonette u. Kim Kowalke, Berkeley und Los Angeles 1996
Weisenborn
Weisenborn, Günther, *Der gespaltene Horizont*, München, Wien, Basel 1964
Wekwerth 1
Wekwerth, Manfred, *Notate. Zur Arbeit des Berliner Ensembles 1956-1966*, Berlin 1967
Wekwerth 2
Wekwerth, Manfred, *Schriften. Arbeit mit Brecht*, Berlin 1975
Wekwerth 3
Wekwerth, Manfred, *Theater in der Diskussion, Notate Gespräche Polemiken*, Berlin 1982
Wizisla
Wizisla, Erdmut, *Walter Benjamin und Bertolt Brecht. Eine Bestandsaufnahme. Mit einer Chronik der Beziehungen*, Dissertation Berlin 1993 (unveröffentlicht)
ZGALI
Zentrales Staatsarchiv Moskau, Bestand 631,12,141
Zoff
Bertolt Brecht, *Briefe an Marianne Zoff und Hanne Hiob*, hg. v. Hanne Hiob, Redaktion und Anmerkungen v. Günter Glaeser, Frankfurt/M. 1990

Alphabetisches Register der Brecht-Titel

Personenregister

Bildnachweise

Die Mehrzahl der Fotos ist entnommen dem Band:
Bertolt Brecht. Sein Leben in Bildern und Texten, hg. v. Werner Hecht, Frankfurt/M.: Suhrkamp Verlag 1978.

Die darin enthaltenen Abbildungen aus dem Besitz der Bertolt-Brecht-Erben sind übergegangen an die Stiftung Archiv der Akademie der Künste, Bertolt-Brecht-Archiv, Berlin.

Außerdem:

Akademie der Künste, Berlin 984
Archiv der Gesellschaft der Musikfreunde, Wien 822
Märkisches Museum, Berlin 53
Museum Mayer van den Bergh, Antwerpen 736
ADN/Zentralbild, Berlin 227 257 278 346 702 705 835 836 885 939 983 989 1018 1098 1211
Beata Bergström, Stockholm 573
Ruth Berlau 645 732 752 778 848 850
Georg Birzele, Augsburg 9
Karl-Heinz Drescher, Berlin 1021
Wolfgang Diekamp, Augsburg 1257
Fohrer, Königsbrunn 47
Werner Frisch/K. W. Obermeier, Brecht in Augsburg, Berlin und Weimar 1986 13 33 41 42
Gerda Goedhart, Scheveningen 1008 1163 1171 1188
Haindl, Augsburg 41
Martha Holmes (Life Magazine) 795
Asja Lacis, Revolutionär im Beruf, München 1976 168 327
Klaus Morgenstern, Berlin 1095
Percy Paukschta, Berlin 1054 1125
Fred Stein, New York 469
Maria Steinfeldt, Berlin 875 1083 1099 1119
V. Vdovemko 438
Klaus Völker 406 803 824 859 861 888

Weitere Nachweise über das Bildarchiv des Suhrkamp Verlags, Frankfurt/M.

Bertolt Brecht
Ausgewählte Werke in sechs Bänden

Jubiläumsausgabe zum 100. Geburtstag
1997. 4000 S. Geb. in Kassette

Erster Band: *Stücke 1*: Die Bibel. Baal. Trommeln in der Nacht. Die Hochzeit. Prärie. Die Dreigroschenoper. Der Flug der Lindberghs. Der Jasager, Der Neinsager. Die Maßnahme. Die heilige Johanna der Schlachthöfe. Die sieben Todsünden der Kleinbürger. Die Gewehre der Frau Carrar. Furcht und Elend des III. Reiches. 704 S.

Zweiter Band: *Stücke 2*: Leben des Galilei. Mutter Courage und ihre Kinder. Der gute Mensch von Sezuan. Herr Puntila und sein Knecht Matti. Der Aufstieg des Arturo Ui. Schweyk. Der kaukasische Kreidekreis. 784 S.

Dritter Band: *Gedichte (Sammlungen)*: Lieder zur Klampfe. Psalmen. Bertolt Brechts Hauspostille. Die Augsburger Sonette. Die Songs der Dreigroschenoper. Aus dem Lesebuch für Städtebewohner. Geschichten aus der Revolution. Sonette. Englische Sonette. Lieder Gedichte Chöre. Chinesische Gedichte. Studien. Svendborger Gedichte. Steffinsche Sammlung. Hollywoodelegien. Gedichte im Exil. Deutsche Satiren (Zweiter Teil). Kinderlieder. Buckower Elegien. 528 S.

Vierter Band: *Gedichte*. 1913-1956. 592 S.

Fünfter Band: *Prosa*. Flüchtlingsgespräche. Kalendergeschichten. Geschichten und Filmgeschichten 1913-1956. 592 S.

Sechster Band: *Schriften*. 1920-1956. 800 S.

Suhrkamp Verlag

Bertolt Brecht
Werke

Große kommentierte
Berliner und Frankfurter
Ausgabe

Herausgegeben von
Werner Hecht, Jan Knopf, Werner Mittenzwei, Klaus-Detlef Müller

Band 1: *Stücke 1*. 1989. Bearbeitet von Hermann Kähler.
Band 2: *Stücke 2*. 1988. Bearbeitet von Jürgen Schebera.
Band 3: *Stücke 3*. 1988. Bearbeitet von Manfred Nössig.
Band 4: *Stücke 4*. 1988. Bearbeitet von Johanna Rosenberg, Manfred Nössig.
Band 5: *Stücke 5*. 1988. Bearbeitet von Bärbel Schrader, Günther Klotz.
Band 6: *Stücke 6*. 1989. Bearbeitet von Klaus-Detlef Müller.
Band 7: *Stücke 7*. 1991. Bearbeitet von Michael Voges.
Band 8: *Stücke 8*. 1992. Bearbeitet von Klaus-Detlef Müller.
Band 9: *Stücke 9*. 1992. Bearbeitet von Carl Wege.
Band 10: *Stücke 10*: Stückfragmente und Stückprojekte. 2 Teilbände. 1997. Bearbeitet von Günter Glaeser.

Band 11: *Gedichte 1: Sammlungen 1918-1938*. 1988. Bearbeitet von Jan Knopf, Gabriele Knopf.
Band 12: *Gedichte 2: Sammlungen 1938-1956*. 1988. Bearbeitet von Jan Knopf.
Band 13: *Gedichte 3: Gedichte und Gedichtfragmente 1913-1927*. 1993. Bearbeitet von Jan Knopf, Brigitte Bergheim.
Band 14: *Gedichte 4: Gedichte und Gedichtfragmente 1928-1939*. 1993. Bearbeitet von Jan Knopf, Brigitte Bergheim.
Band 15: *Gedichte 5: Gedichte und Gedichtfragmente 1940-1956*. 1993. Bearbeitet von Jan Knopf, Brigitte Bergheim.

Band 16: *Prosa 1*. 1990. Bearbeitet von Wolfgang Jeske.
Band 17: *Prosa 2: Romanfragmente und Romanentwürfe*. 1989. Bearbeitet von Wolfgang Jeske.
Band 18: *Prosa 3: Sammlungen und Dialoge*. 1995. Bearbeitet von Jan Knopf.
Band 19: *Prosa 4: Geschichten, Filmgeschichten, Drehbücher 1913-1939*. 1997. Bearbeitet von Brigitte Bergheim.
Band 20: *Prosa 5: Geschichten, Filmgeschichten, Drehbücher 1940-1956*. 1997. Bearbeitet von Jan Knopf.

Band 21: *Schriften 1: Schriften 1914-1933.* 1992. Bearbeitet von Werner Hecht.
Band 22: *Schriften 2: Schriften 1933-1942.* 2 Teilbände. 1993. Bearbeitet von Inge Gellert, Werner Hecht.
Band 23: *Schriften 3: Schriften 1942-1956.* 1993. Bearbeitet von Barbara Wallburg.
Band 24: *Schriften 4: Texte zu Stücken.* 1991. Bearbeitet von Peter Kraft.
Band 25: *Schriften 5: Theatermodelle.* 1994. Bearbeitet von Werner Hecht.

Band 26: *Journale 1: 1913-1941.* 1994. Bearbeitet von Marianne Conrad, Werner Hecht.
Band 27: *Journale 2: 1941-1955.* 1995. Bearbeitet von Werner Hecht.

Band 28: *Briefe 1: 1913-1936.* 1997. Bearbeitet von Günter Glaeser.
Band 29: *Briefe 2: 1937-1949.* 1997. Bearbeitet von Günter Glaeser.
Band 30: *Briefe 3. 1950-1956.* 1997. Bearbeitet von Günter Glaeser.

Gesamtregister-Band. 1998. Bearbeitet von Günter Berg, Karin Flörchinger und Wolfgang Jeske.

Suhrkamp Verlag